EUROPA-FACHBUCHREIHE
für metalltechnische Berufe

Jürgen Burmester
Josef Dillinger
Walter Escherich
Dr. Eckhard Ignatowitz
Stefan Oesterle
Ludwig Reißler
Andreas Stephan
Reinhard Vetter
Falko Wieneke

Fachkunde Metall

58., neu bearbeitete Auflage

VERLAG EUROPA-LEHRMITTEL · Nourney, Vollmer GmbH & Co. KG
Düsselberger Straße 23 · 42781 Haan-Gruiten

Europa-Nr.: 10129

Autoren:

Burmester, Jürgen	Dipl.-Ing.	Soest
Dillinger, Josef	Studiendirektor	München
Escherich, Walter	Studiendirektor	München
Ignatowitz, Dr. Eckhard	Dr.-Ing.	Waldbronn
Oesterle, Stefan	Dipl.-Ing.	Amtzell
Reißler, Ludwig	Studiendirektor	München
Stephan, Andreas	Dipl.-Ing. (FH)	Marktoberdorf
Vetter, Reinhard	Oberstudiendirektor	Ottobeuren
Wieneke, Falko	Dipl.-Ing.	Essen

Die Autoren sind Fachlehrer der technischen Ausbildung und Ingenieure.

Lektorat:	Josef Dillinger
Bildentwürfe:	Die Autoren
Fotos:	Leihgaben der Firmen (Verzeichnis Seite 680)
Bildbearbeitung:	Zeichenbüro des Verlages Europa-Lehrmittel, Ostfildern
Englische Übersetzung:	OStRin Christina Murphy, Wolfratshausen

58. Auflage 2017, korrigierter Nachdruck 2018

Druck 6 5 4 3

Alle Drucke derselben Auflage sind im Unterricht nebeneinander einsetzbar, da sie bis auf korrigierte Druckfehler und kleine Änderungen, z. B. aufgrund neuer Normen, identisch sind.

ISBN 978-3-8085-1290-6

Satz: Satz+Layout Werkstatt Kluth GmbH, 50374 Erftstadt
Umschlag: Grafische Produktionen Jürgen Neumann, 97222 Rimpar
Umschlagfotos: Sauter Feinmechanik GmbH, 72555 Metzingen, und TESA/Brown & Sharpe, CH-Renens
Druck: M.P. Media-Print Informationstechnologie GmbH, 33100 Paderborn

Vorwort

Die Fachkunde Metall dient der Ausbildung und der Weiterbildung in den Maschinenbauberufen.

Zielgruppen

- Industriemechaniker
- Feinwerkmechaniker
- Fertigungsmechaniker
- Zerspanungsmechaniker
- Technischer Produktdesigner
- Meister und Techniker
- Praktiker in der metallverarbeitenden Industrie und im Handwerk
- Schüler technischer Schulen
- Praktikanten und Studierende der Fachrichtung Maschinenbau

Inhalt

Der Inhalt des Buches ist in zehn Hauptkapitel gegliedert. Er ist auf die Bildungspläne und Ausbildungsordnungen der oben genannten Berufsgruppen als auch mit den KMK-Lehrplänen abgestimmt und berücksichtigt neueste Entwicklungen im technischen Bereich.

Das **Sachwortverzeichnis** enthält die technischen Fachbegriffe auch in **englischer** Sprache.

Unterricht nach Lernfeldern

Die lernfeldorientierten Rahmenlehrpläne erfordern handlungsorientierte Unterrichtsformen, durch die der Lernende das erworbene Wissen in die betriebliche Praxis übertragen kann. Der Erwerb dieser Fähigkeit wird in dreizehn Lernfeldern durch je ein Leitprojekt mit einem Vorschlag für die Umsetzung angeboten.

Vorwort zur 58. Auflage

In der vorliegenden Auflage wurden folgende Inhalte neu aufgenommen bzw. aktualisiert:

- Längenprüfmittel:
  Koordinatenmessgeräte,
  Geometrische Produktspezifikation (GPS)
- Fertigungstechnik:
  Drehwerkzeuge,
  Entgraten von Werkstücken,
  Selektives Schmelzen
- Automatisierung der Fertigung:
  Industrie 4.0
- Automatisierungstechnik:
  Alle Schaltpläne nach der Referenznorm DIN EN 81346-2
- Technische Projekte:
  Erstellen von technischen Unterlagen und Dokumentationen, Anleitungen, Technische Kommunikation, Office-Lösungen in der Dokumentation

Die Autoren und der Verlag sind allen Nutzern der „Fachkunde Metall" für kritische Hinweise und Verbesserungsvorschläge an lektorat@europa-lehrmittel.de dankbar.

Frühjahr 2017 Die Verfasser

Inhaltsverzeichnis

1 Prüftechnik

2 Qualitätsmanagement

3 Fertigungstechnik

4 Automatisierung der Fertigung

5 Werkstofftechnik

6 Maschinentechnik

7 Elektrotechnik

8 Montage, Inbetriebnahme, Instandhaltung

9 Automatisierungstechnik

10 Technische Projekte

Informationen zum lernfeldorientierten Unterrichten

Lernfeldkompass

Mit dem Lernfeldkompass wird dem Nutzer an Berufsschulen in der Metalltechnik eine Hilfe an die Hand gegeben, mit der der Lernfeldunterricht zielgerichtet durchgeführt werden kann.

Die Inhalte der Fachkunde Metall sind sachlogisch strukturiert, um dem Lehrenden und Lernenden ein Höchstmaß an didaktischer und methodischer Freiheit zu ermöglichen. Die im Buch gewählte Sachstruktur soll den Lernenden zu selbstständigem Erarbeiten der in den Lernfeldern geforderten unterschiedlichen fachlichen Inhalte führen.

Die folgende Kapitelauswahl zu den Lernfeldern aus den einzelnen Rahmenlehrplänen zeigt die Zuordnung der Kapitel und Inhalte des Fachbuches zu den einzelnen Lernfeldern. Sie dient als Anregung und Hinweis, um den lernfeldorientierten Unterricht zielgerichtet durchführen zu können.

Lernfeld	Sachinformationen im Buch (Beispiele)	
	1.2.1	Grundbegriffe
	1.2.2	Messabweichungen
	1.2.3	Messmittelfähigkeit
	1.3	Längenprüfmittel
	2	Qualitätsmanagement
	2.3	Qualitätsforderungen
	2.4	Qualitätsmerkmale und Fehler
	2.7.1	Prüfplanung
Dokumentieren und Präsentieren der Arbeitsergebnisse.	10.5	Technische Projekte dokumentieren
Bestimmungen des Arbeits- und Umweltschutzes beachten.	3.1	Arbeitssicherheit
	3.11	Fertigungsbetrieb und Umweltschutz
	4.12	Umweltproblematik der Werk- und Hilfsstoffe
Herstellen einfacher Baugruppen	**Projekt: Bohrständer für Handbohrmaschine** 658	
Gruppenzeichnungen und Schaltpläne lesen und verstehen.	5.1	Einteilen der Maschinen
Planen einfacher Steuerungen.	5.4	Funktionseinheiten von Maschinen
Montage von Baugruppen.	5.6	Antriebseinheiten
Teile normgerecht kennzeichnen.	5.5	Funktionseinheiten zur Energieübertragung
	8.3.3	Schaltpläne pneumatischer Steuerungen
	8.3.4	Systematischer Schaltplanentwurf
	8.3.5	Grafcet
Fügeverfahren unterscheiden.	3.8	Fügen
Auswahl von Werkzeugen und Normteilen.	4.4	Stähle und Eisen-Gusswerkstoffe
Dokumentieren und Präsentieren der Arbeitsergebnisse.	2	Qualitätsmanagement
	2.1	Arbeitsbereiche QM
	2.2	Normen QM
	2.3	Qualitätsforderungen
	2.4	Qualitätsmerkmale und Fehler
	10.1.1	Arbeitsorganisation Linie und Projekt
	10.5.1	Textverarbeitung
	10.5.2	Tabellenkalkulation
	10.5.3	Präsentationssoftware
	10.5.4	Technische Kommunikation
Bestimmungen des Arbeits- und Umweltschutzes beachten.	3.1	Arbeitssicherheit
	3.11	Fertigungsbetrieb und Umweltschutz
	4.12	Umweltproblematik der Werk- und Hilfsstoffe
Warten technischer Systeme	**Projekt: Warten einer Säulenbohrmaschine** 660	
Bewertung der Instandhaltungsmaßnahmen.	1	Prüftechnik
	1.1	Größen und Einheiten
	8.3	Instandhaltung
	8.4	Korrosion und Korrosionsschutz
	8.5	Schadensanalyse und Schadensvermeidung
	8.6	Beanspruchung und Festigkeit der Bauteile
Wartungsarbeiten planen, Werkzeuge und Hilfsstoffe bestimmen.	4.1.3	Hilfsstoffe und Energie
	5.6	Antriebseinheiten
	5.5	Funktionseinheiten zur Energieübertragung
	7.3.6	Schmierstoffe
	7.3.7	Inspektion
Dokumentieren und Präsentieren der Arbeitsergebnisse.	10.5	Technische Projekte dokumentieren
Bestimmungen des Arbeits- und Umweltschutzes beachten.	3.1	Arbeitssicherheit
	3.11	Fertigungsbetrieb und Umweltschutz
	4.12	Umweltproblematik der Werk- und Hilfsstoffe

Lernfeld	Sachinformationen im Buch (Beispiele)
Fertigen von Einzelteilen mit Werkzeugmaschinen	**Projekt: Hydraulisches Spannelement** 662
Fertigen von Werkstücken aus verschiedenen Werkstoffen auf Werkzeugmaschinen.	3.7 Fertigen mit Werkzeugmaschinen 4.4.3 Bezeichnungssystem der Stähle 2.4 Qualitätsmerkmale und Fehler 2.7.1 Prüfplanung
Geeignete Fertigungsverfahren auswählen und Spannmittel für Werkzeuge und Werkstücke wählen.	1.2 Grundlagen der Messtechnik 1.3 Längenprüfmittel 1.4 Oberflächenprüfung 1.5 Toleranzen und Passungen 1.6 Form- und Lageprüfung
Glühen, Härten, Vergüten. Prüfpläne mit den Mitteln des Qualitätsmanagements entwickeln.	4.4 Stähle und Eisen-Gusswerkstoffe 2.4 Qualitätsmerkmale und Fehler 2.7.1 Prüfplanung 4.8 Wärmebehandlung der Stähle
Installieren und in Betrieb nehmen steuerungstechnischer Systeme	**Projekt: Vereinzelung unterschiedlicher Metallkugeln** 664
Steuerungstechnische Systeme installieren und in Betrieb nehmen.	5.1 Einteilung der Maschinen 10.3 Projekte in Phasen erarbeiten
Aus Steuerungen in unterschiedlichen Gerätetechniken Komponenten und Funktionsabläufe ermitteln. Aufbau und Inbetriebnahme unterschiedlicher Steuerungen.	5.6 Antriebseinheiten 8.2 Grundlagen und Elemente von Steuerungen 8.3 Pneumatische Steuerungen 8.4 Elektropneumatische Steuerungen 8.5 Hydraulische Steuerungen
Montieren von technischen Teilsystemen	**Projekt: Kegelradgetriebe** 666
Montage technischer Teilsysteme planen und Montagepläne erstellen. Baugruppen montieren. Funktionskontrolle durchführen und Prüfprotokolle erstellen. Festigkeitskenngrößen.	1.5 Toleranzen und Passungen 1.6 Form- und Lageprüfung 3.8 Fügen 5.4 Funktionseinheiten zum Stützen und Tragen 4.11 Werkstoffprüfung
Arbeitsergebnisse dokumentieren und präsentieren.	10.5 Technische Projekte dokumentieren
Fertigen auf numerisch gesteuerten Werkzeugmaschinen	**Projekt: Getriebewelle und Lagerdeckel** 668
Bauelemente auf numerisch gesteuerten Werkzeugmaschinen fertigen. Arbeits- und Werkzeugpläne erstellen.	9.1 CNC-Steuerungen 9.1.2 Koordinaten, Null- und Bezugspunkte 9.1.3 Werkzeugvermessung und Korrekturen 9.1.4 Grundlagen der CNC-Programmierung 9.1.5 Zyklen und Unterprogramme 9.1.6 Programmieren von CNC-Drehmaschinen 9.1.7 Programmieren von CNC-Fräsmaschinen 9.2 Automatisierte Fertigungseinrichtungen 2.3 Qualitätsforderungen 2.4 Qualitätsmerkmale und Fehler
Einrichten der Werkzeugmaschine. CNC-Programme entwickeln.	9.1.2 Koordinaten, Null- und Bezugspunkte 9.1.3 Werkzeugvermessung und Korrekturen 9.1.4 Grundlagen der CNC-Programmierung 9.1.5 Zyklen und Unterprogramme 9.1.6 Programmieren von CNC-Drehmaschinen 9.1.7 Programmieren von CNC-Fräsmaschinen
Prüfpläne mit den Mitteln des Qualitätsmanagement entwickeln.	2.7.1 Prüfplanung 1.2 Grundlagen der Messtechnik 1.4 Oberflächenprüfung 1.5 Toleranzen und Passungen 1.6 Form- und Lageprüfung

Lernfeld	Sachinformationen im Buch (Beispiele)
Instandsetzen von technischen Systemen	**Projekt: Motorspindel einer CNC-Fräsmaschine** . . . 670
Instandsetzungsmaßnahmen planen.	7.5 Schadensanalyse und Schadensvermeidung 7.6 Beanspruchung und Festigkeit der Bauteile 3.8 Fügen
Demontage von Teilsystemen. Analyse und Dokumentation von Fehlern.	4.8 Wärmebehandlung der Stähle 4.11 Werkstoffprüfung 5.4.1 Reibung und Schmierstoffe 7.3.6 Schmierstoffe 7.3.8 Instandsetzung 7.3.9 Verbesserungen
Ersatz und Montage defekter Bauteile.	10.5 Technische Projekte dokumentieren
Herstellen und in Betrieb nehmen von technischen Teilsystemen	**Projekt: Vorschubantrieb einer CNC-Fräsmaschine** . . . 672
Funktionszusammenhänge von Bauelementen und Baugruppen beschreiben. Geeignete Fertigungsverfahren und Montagehilfsmittel wählen.	3.7.10 Räumen 3.7.11 Feinbearbeitung 3.8 Fügen
Teilsysteme zu Gesamtsystemen zusammenfügen und in Betrieb nehmen.	7.2 Inbetriebnahme
Übergabe protokollieren.	10.5 Technische Projekte dokumentieren
Überwachen der Produkt- und Prozessqualität	**Projekt: Richtwaage** . . . 674
Prozessdaten aufnehmen und Kenngrößen bewerten. Unterscheiden von systematischen und zufälligen Einflussgrößen. Den Produktionsprozess in der Massen- und Serienfertigung mit den Methoden der Qualitätssicherung überwachen, den Verlauf dokumentieren und Korrekturmaßnahmen ableiten. Maschinen und Prozessfähigkeitsuntersuchungen durchführen.	2.5 Werkzeuge des Qualitätsmanagements 2.6 Qualitätslenkung 2.7 Qualitätssicherung 2.8 Maschinenfähigkeit 2.9 Prozessfähigkeit 2.10 Statistische Prozessregelung mit Qualitätsregelkarten 2.12 Kontinuierlicher Verbesserungsprozess 10.5 Technische Projekte dokumentieren
Instandhalten von technischen Systemen	**Projekt: Getränkeabfüllanlage** . . . 676
Technische Systeme instandhalten. Ursachen für Fehler untersuchen. Schwachstellenanalyse durchführen und geeignete Prüfverfahren und Prüfmittel wählen.	2.12 Kontinuierlicher Verbesserungsprozess 2.5 Werkzeuge des QM 7.3 Instandhaltung 7.5 Schadensanalyse und Schadensvermeidung 7.6 Beanspruchung und Festigkeit der Bauteile 7.2.3 Abnahme von Maschinen oder Anlagen 10.3.3.1 Projektorganisation
Technische Systeme übergeben.	10.3.5 Projektabschluss
Sicherstellen der Betriebsfähigkeit automatisierter Systeme	**Projekt: Automatisieren eines Handarbeitsplatzes** . . . 678
Automatisierte Systeme analysieren und Betriebsfähigkeit sichern. Betriebsstörungen beheben, Strategien zur Fehlereingrenzung entwickeln und Prozessabläufe optimieren. Arbeitsschutz beim Umgang mit Fertigungs- und Handhabungssystemen beachten.	2.12 Kontinuierlicher Verbesserungsprozess 8.6 Speicherprogrammierbare Steuerungen 8.7 Handhabungstechnik in der Automation 10.3.2 Definitionsphase 10.3.3.1 Projektorganisation 10.3.5 Projektabschluss

1 Prüftechnik

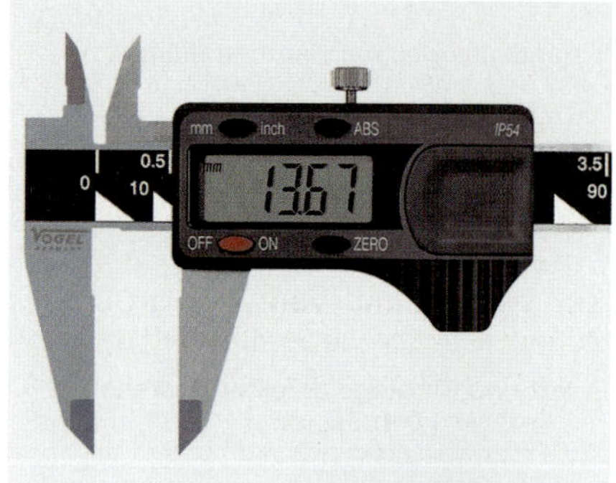

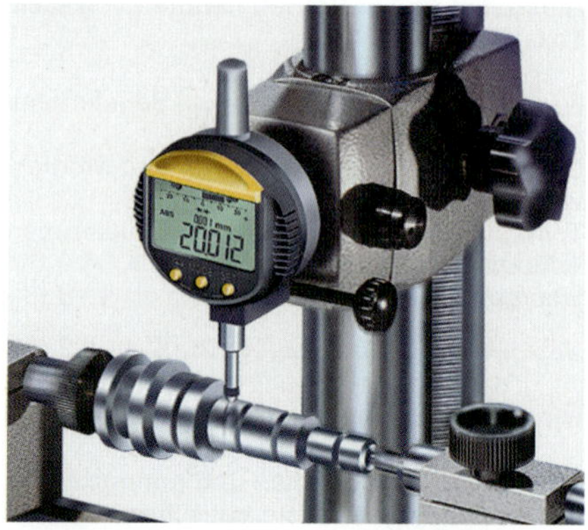

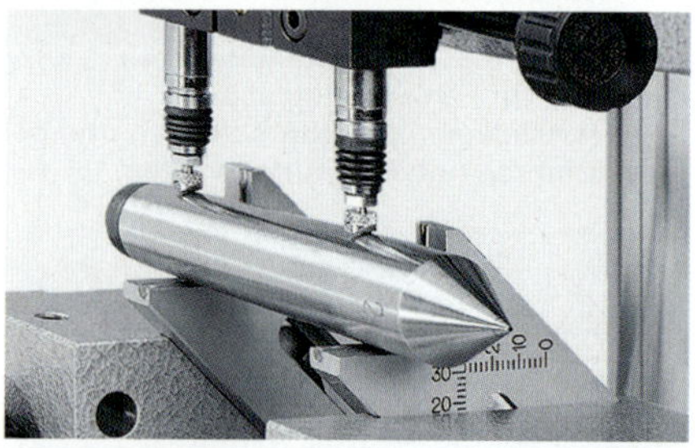

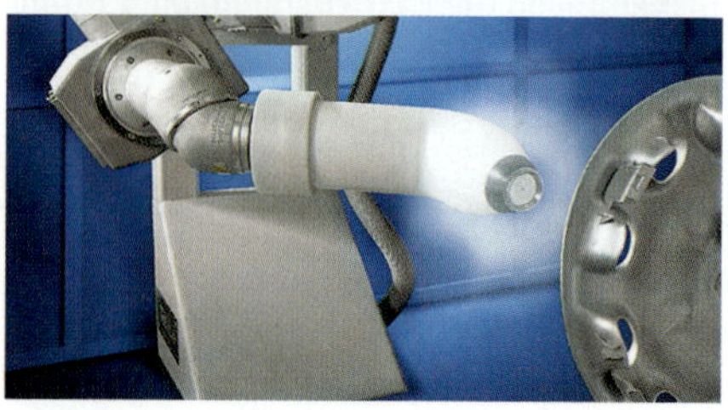

2 Qualitätsmanagement

1 Prüftechnik

1.1 Größen und Einheiten

Größen beschreiben Merkmale, z. B. Länge, Zeit, Temperatur oder Stromstärke **(Bild 1)**.

Im internationalen Einheitensystem **SI** (System International) sind Basisgrößen und Basiseinheiten festgelegt **(Tabelle 1)**.

Zur Vermeidung von sehr großen oder kleinen Zahlen werden dezimale Vielfache oder dezimale Teile den Namen der Einheiten vorangestellt, z. B. Millimeter **(Tabelle 2)**.

Länge

Die Basiseinheit der Länge ist das Meter. Ein Meter ist die Länge des Weges, den das Licht im luftleeren Raum in einer 299 729 458stel Sekunde durchläuft.

In Verbindung mit der Einheit Meter sind einige Vorsätze gebräuchlich, die zweckmäßige Angaben von großen Entfernungen oder von kleinen Längen ermöglichen **(Tabelle 3)**.

Neben dem metrischen System wird in einigen Ländern noch das Inch-System verwendet.

Umrechnung: 1 Inch (in) = 25,4 mm

Winkel

Die Einheiten des Winkels bezeichnen Mittelpunktswinkel, die sich auf den Vollkreis beziehen.

Ein **Grad (1°)** ist der 360ste Teil des Vollwinkels **(Bild 2)**. Die Unterteilung von 1° kann in Minuten (′), Sekunden (″) oder in dezimale Teile erfolgen.

Der **Radiant (rad)** ist der Winkel, der aus einem Kreis mit dem Radius 1 m einen Bogen von 1 m Länge schneidet (Bild 2). Ein Radiant entspricht einem Winkel von 57,295 779 51°.

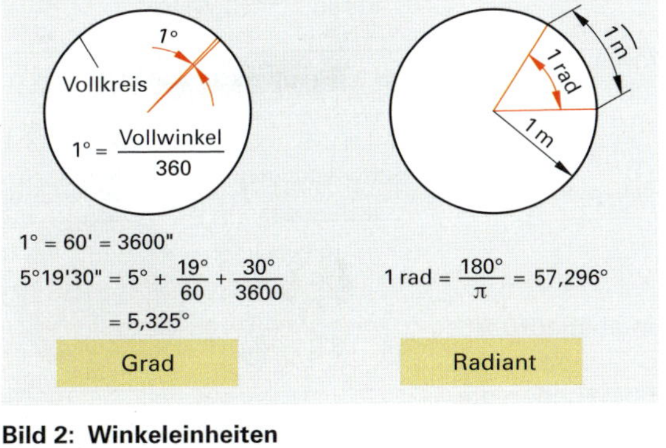

Bild 2: Winkeleinheiten

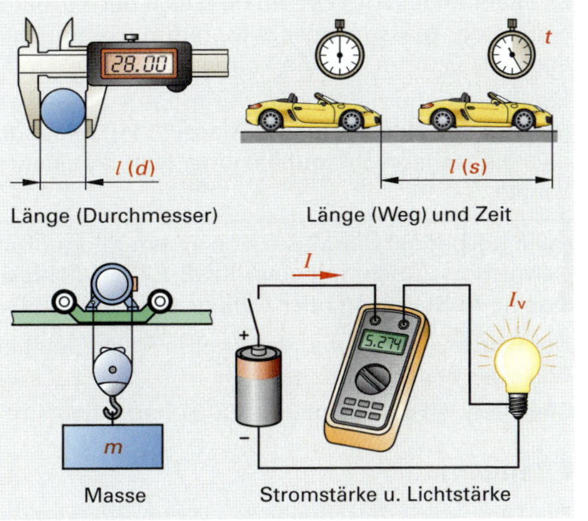

Bild 1: Basisgrößen

Tabelle 1: Internationales Einheitensystem

Basisgrößen und Formelzeichen	Basiseinheiten	
	Name	Zeichen
Länge l	Meter	m
Masse m	Kilogramm	kg
Zeit t	Sekunde	s
Thermodynamische Temperatur T	Kelvin	K
Elektrische Stromstärke I	Ampere	A
Lichtstärke I_v	Candela	cd

Tabelle 2: Vorsätze zur Bezeichnung von dezimalen Vielfachen und Teilen der Einheiten

Vorsatz		Faktor		
M	Mega	millionenfach	10^6	= 1 000 000
k	Kilo	tausendfach	10^3	= 1000
h	Hekto	hundertfach	10^2	= 100
da	Deka	zehnfach	10^1	= 10
d	Dezi	Zehntel	10^{-1}	= 0,1
c	Zenti	Hundertstel	10^{-2}	= 0,01
m	Milli	Tausendstel	10^{-3}	= 0,001
µ	Mikro	Millionstel	10^{-6}	= 0,000 001

Tabelle 3: Gebräuchliche Längeneinheiten

Metrisches System	
1 Kilometer (km)	= 1000 m
1 Dezimeter (dm)	= 0,1 m
1 Zentimeter (cm)	= 0,01 m
1 Millimeter (mm)	= 0,001 m
1 Mikrometer (µm)	= 0,000 001 m = 0,001 mm
1 Nanometer (nm)	= 0,000 000 001 m = 0,001 µm

Masse, Kraft und Druck

Die **Masse *m*** eines Körpers ist abhängig von seiner Stoffmenge. Sie ist unabhängig vom Ort, an dem sich der Körper befindet. Die Basiseinheit der Masse ist das Kilogramm. Gebräuchliche Einheiten sind auch das Gramm und die Tonne: 1 g = 0,001 kg, 1 t = 1000 kg.

Ein Platin-Iridium-Zylinder, der in Paris aufbewahrt wird, ist das internationale Normal für die Masse 1 kg. Es ist die einzige Basiseinheit, die bisher nicht mithilfe einer Naturkonstanten definiert werden konnte.

Ein Körper mit der Masse von einem Kilogramm wirkt auf der Erde (Normort Zürich) mit einer **Kraft F_G** (Gewichtskraft) von 9,81 N auf seine Aufhängung oder Auflage **(Bild 1).**

Der **Druck *p*** bezeichnet die Kraft je Flächeneinheit **(Bild 2)** in Pascal (Pa) oder Bar (bar).

Einheiten: 1 Pa = 1 N/m² = 0,00001 bar; 1 bar = 10^5 Pa = 10 N/cm²

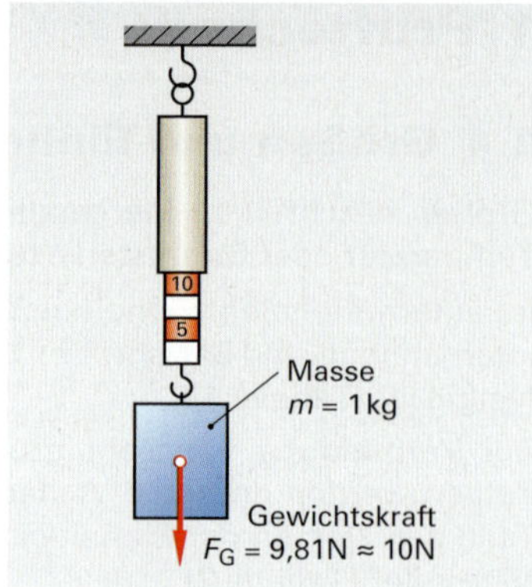

Bild 1: Masse und Kraft

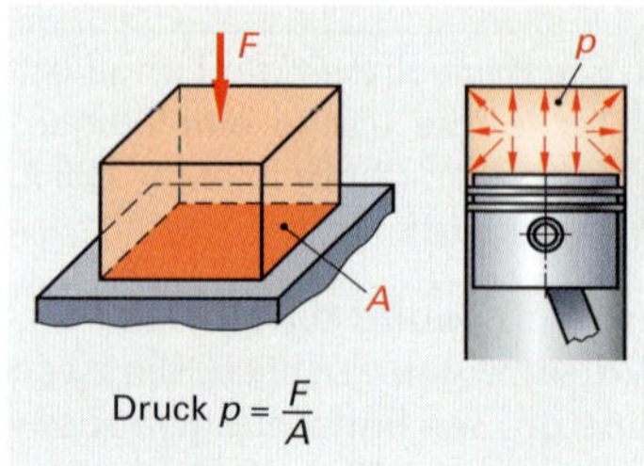

Bild 2: Druck

Temperatur

Die Temperatur beschreibt den Wärmezustand von Körpern, Flüssigkeiten oder Gasen. Das **Kelvin (K)** ist der 273,15te Teil der Temperaturdifferenz zwischen dem absoluten Nullpunkt und dem Gefrierpunkt des Wassers **(Bild 3).** Die gebräuchlichste Einheit der Temperatur ist das **Grad Celsius (°C).** Der Gefrierpunkt des Wassers entspricht 0 °C, der Siedepunkt des Wassers 100 °C.

Umrechnung: 0 °C = 273,15 K; 0 K = −273,15 °C

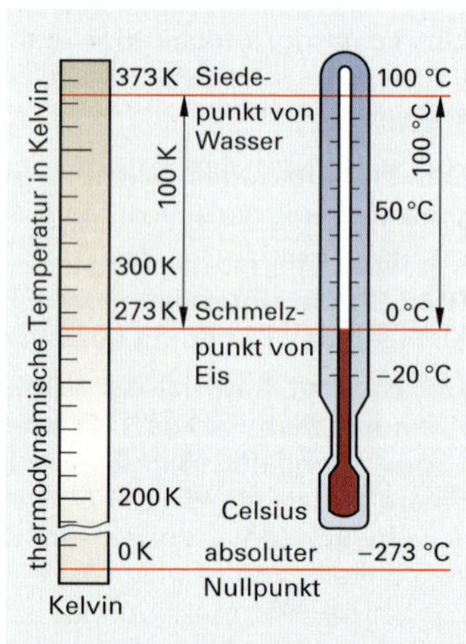

Bild 3: Temperaturskalen

Zeit, Frequenz und Drehzahl

Für die **Zeit *t*** ist die Basiseinheit Sekunde (s) festgelegt.

Einheiten: 1 s = 1000 ms; 1 h = 60 min = 3600 s

Die **Periodendauer *T*,** auch Schwingungsdauer genannt, ist die Zeit in Sekunden, in der sich ein Vorgang regelmäßig wiederholt, z. B. eine volle Schwingung eines Pendels oder die Umdrehung einer Schleifscheibe **(Bild 4).**

Die **Frequenz *f*** ist der Kehrwert der Periodendauer T ($f = 1/T$). Sie gibt an, wie viele Vorgänge je Sekunde stattfinden. Sie wird in 1/s oder Hertz (Hz) angegeben.

Einheiten: 1/s = 1 Hz; 10^3 Hz = 1 kHz; 10^6 Hz = 1 MHz

Die **Umdrehungsfrequenz *n* (Drehzahl)** ist die Anzahl der Umdrehungen je Sekunde oder Minute.

Beispiel: Eine Schleifscheibe mit dem Durchmesser von 200 mm macht 6000 Umdrehungen in 2 min.
Wie groß ist die Drehzahl?

Lösung: Drehzahl (Umdrehungsfrequenz) $n = \frac{6000}{2\ \text{min}} = \mathbf{3000/min}$

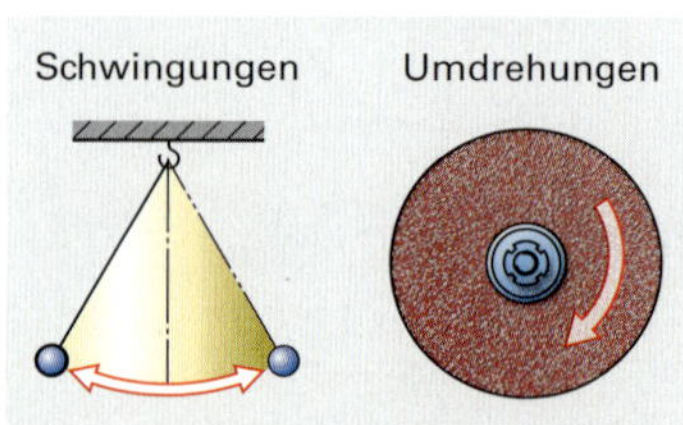

Bild 4: Periodische Vorgänge

Größengleichungen (Formeln)

Formeln stellen Beziehungen zwischen Größen her.

Beispiel: Der Druck p ist die Kraft F je Fläche A.

$$p = \frac{F}{A}; \quad p = \frac{100\ \text{N}}{1\ \text{cm}^2} = 100\ \frac{\text{N}}{\text{cm}^2} = \mathbf{10\ bar}$$

Beim Rechnen werden die Größen durch Formelzeichen ausgedrückt. Der Größenwert wird als Produkt aus Zahlenwert und Einheit angegeben, z. B. F = 100 N oder A = 1 cm². Einheitengleichungen geben die Beziehung zwischen Einheiten an, z. B. 1 bar = 10^5 Pa.

1.2 Grundlagen der Messtechnik

1.2.1 Grundbegriffe

Beim Prüfen werden vorhandene Merkmale von Produkten wie Maß, Form oder Oberflächengüte mit den geforderten Eigenschaften verglichen.

> Durch Prüfen wird an einem Prüfgegenstand festgestellt, ob er die geforderten Merkmale aufweist, z. B. Maße, Form oder Oberflächengüte.

Prüfarten

Subjektives Prüfen erfolgt über die Sinneswahrnehmung des Prüfers ohne Hilfsgeräte **(Bild 1).** Er stellt z. B. fest, ob die Gratbildung und Rautiefe am Werkstück zulässig sind (Sicht- und Tastprüfung).

Objektives Prüfen erfolgt mit Messeinrichtungen, d. h. mit Messgeräten und Hilfsmitteln **(Bild 1 und Bild 2).**

> **Messen** ist das Vergleichen einer Länge oder eines Winkels mit einem Messgerät. Das Ergebnis ist ein Messwert.
>
> **Lehren** ist Vergleichen des Prüfgegenstandes mit einer Lehre. Man erhält dabei keinen Zahlenwert, sondern stellt nur fest, ob der Prüfgegenstand Gut oder Ausschuss ist.

Messeinrichtungen

Messeinrichtungen umfassen die jeweiligen **Messgeräte** und **Hilfsmittel** (zusätzlich erforderlichen Einrichtungen).

Alle anzeigende Messgeräte und Lehren bauen auf **Maßverkörperungen** auf. Sie verkörpern die Messgröße z. B. durch den Abstand von Strichen (Strichmaß), durch den festen Abstand von Flächen (Endmaß, Lehre) oder durch die Winkellage von Flächen (Winkelendmaß).

Anzeigende Messgeräte besitzen bewegliche Marken (Zeiger, Noniusstrich), bewegliche Skalen oder Zählwerke. Der Messwert kann unmittelbar abgelesen werden.

Lehren verkörpern entweder das Maß oder das Maß **und** die Form des Prüfgegenstandes.

Hilfsmittel sind z. B. Messständer und Prismen, aber auch Messverstärker oder Messumformer.

Messtechnische Begriffe

Um Missverständnisse bei der Beschreibung von Messvorgängen oder Auswerteverfahren zu vermeiden, sind eindeutige Grundbegriffe unerlässlich **(Tabelle folgende Seite).**

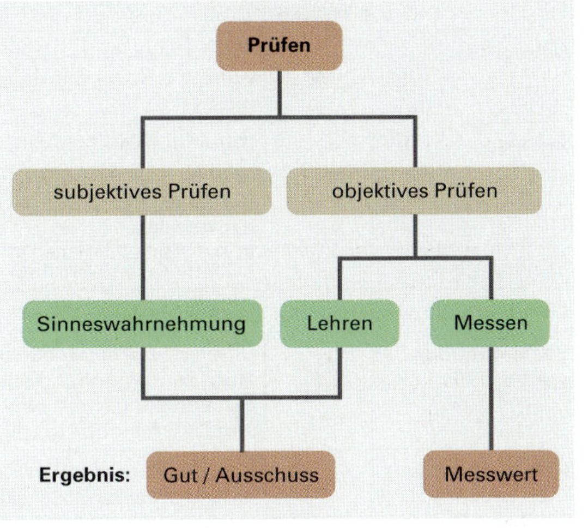

Bild 1: Prüfarten und Prüfergebnis

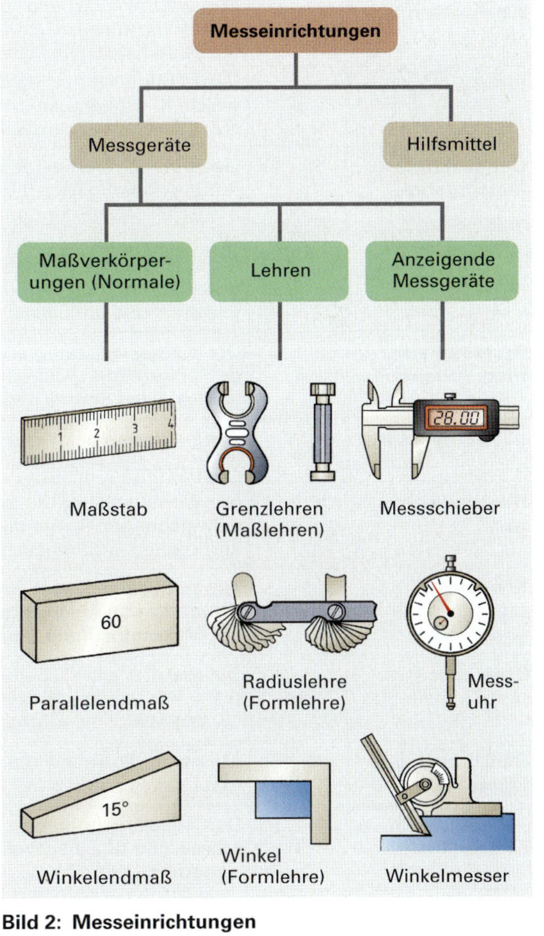

Bild 2: Messeinrichtungen

Tabelle 1: Messtechnische Begriffe

Begriff	Kurzzeichen	Definition, Erklärung	Beispiel, Formeln
Messgröße	M	Die zu messende Länge bzw. der zu messende Winkel, z. B. ein Bohrungsabstand oder ein Durchmesser.	
Anzeige	–	Der angezeigte Zahlenwert des Messwertes ohne Einheit (vom Messbereich abhängig). Bei Maßverkörperungen entspricht die Aufschrift der Anzeige.	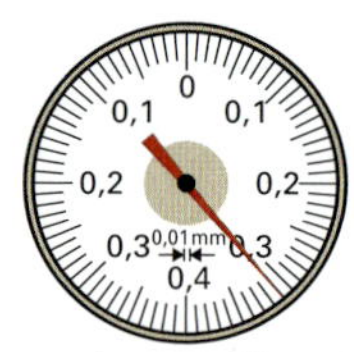
Skalenanzeige	–	Kontinuierliche Anzeige auf einer Strichskale	
Ziffernanzeige	–	Digitale Anzeige auf einer Ziffernskale	
Skalenteilungswert*	**Skw oder →||←**	Differenz zwischen den Messwerten, die zwei aufeinander folgenden Teilstrichen entsprechen. Der Skalenteilungswert *Skw* wird in der auf der Skale stehenden Einheit angegeben.	Skalenanzeige $Skw = 0{,}01\,mm$ 
Ziffernschrittwert	Zw	Der Ziffernschrittwert entspricht dem Skalenteilungswert einer Strichskale.	Ziffernanzeige $Zw = 0{,}01\,mm$
Angezeigter Messwert	x_a $x_1, x_2 \ldots$	Einzelne Messwerte oder Mittelwerte setzen sich aus dem richtigen Wert und den zufälligen sowie systematischen Messabweichungen zusammen.	
Mittelwert	$\bar{x}$	Der Mittelwert $\bar{x}$ ergibt sich in der Regel aus fünf Wiederholungsmessungen.	
Wahrer Wert	x_w	Den wahren Wert würde man nur bei einer idealen Messung erhalten. Der wahre Wert x_w ist ein aus vielen Wiederholungsmessungen ermittelter und um die bekannten systematischen Abweichungen korrigierter „Schätzwert".	
Richtiger Wert	x_r	Der richtige Wert x_r wird bei Maßverkörperungen durch Kalibrierung ermittelt. Er weicht meist vernachlässigbar vom wahren Wert ab. Bei einer Vergleichsmessung, z. B. mit einem Endmaß, kann dessen Maß als richtiger Wert angesehen werden.	
Unberichtigtes Messergebnis	x_a $x_1, x_2 \ldots$ $\bar{x}$	Gemessener Wert einer Messgröße, z. B. ein unkorrigierter Einzelmesswert oder ein durch Wiederholungsmessungen ermittelter Messwert, der noch nicht um die systematischen Abweichungen A_s korrigiert wurde. In der Fertigungstechnik werden aufgrund bekannter Abweichungen aus früheren Messreihen oder von Fähigkeitsuntersuchungen überwiegend einmalige Messungen durchgeführt. Das Messergebnis bleibt bei Einzelmessungen durch die zufälligen sowie durch die unbekannten systematischen Messabweichungen unsicher.	
Systematische Messabweichung	A_s	Die Messabweichung ergibt sich durch Vergleich des angezeigten Messwertes x_a oder des Mittelwertes $\bar{x}_a$ mit dem richtigen Wert x_r (Seite 20).	$\mathbf{A_s = x_a - x_r}$ $(A_s = \bar{x}_a - x_r)$
Korrektionswert	K	Ausgleich von bekannten, systematischen Abweichungen, z. B. Abweichung der Temperatur.	$\mathbf{K = -A_s}$ $(K = K_1 + K_2 \ldots + K_n)$
Messunsicherheit*	u	Die Messunsicherheit beinhaltet alle zufälligen Abweichungen sowie die unbekannten und nicht korrigierten systematischen Messabweichungen.	
Kombinierte Standardunsicherheit	u_c	Gesamtwirkung vieler Unsicherheitsanteile an der Streuung von Messwerten, z. B. durch Temperatur, Messeinrichtung, Prüfer und Messverfahren.	$u_c = \sqrt{u^2_{x1} + u^2_{x2} + \ldots\ u^2_{xn}}$
Erweiterte Messunsicherheit	U	Die erweiterte Unsicherheit gibt den Bereich $y - U$ bis $y + U$ um das Messergebnis an, in dem der „wahre Wert" einer Messgröße erwartet wird.	$\mathbf{U = 2 \cdot u_c}$ (Faktor 2 für Vertrauensniveau 95 %)
Berichtigtes Messergebnis	y	Messwert, korrigiert um bekannte systematische Messabweichungen (K – Korrektion).	$\mathbf{y = x + K}$ $(y = \bar{x} + K)$
Vollständiges Messergebnis	Y	Das Messergebnis Y ist der wahre Wert für die Messgröße M. Es schließt die erweiterte Messunsicherheit U ein.	$\mathbf{Y = y \pm U}$ $(Y = \bar{x} + K \pm U)$

* Merkmale von Messgeräten, die in Katalogen angegeben werden.

Tabelle 1: Messtechnische Begriffe

Begriff	Kurzzeichen	Definition, Erklärung	Beispiel
Wiederholpräzision*	f_w	Wiederholpräzision ist die Fähigkeit eines Messgerätes, bei meist 5 Messungen derselben Messgröße in gleicher Messrichtung unter denselben Messbedingungen nahe beieinander liegende Anzeigen zu erreichen. Je kleiner die Streuung ist, umso „präziser" arbeitet das Messverfahren.	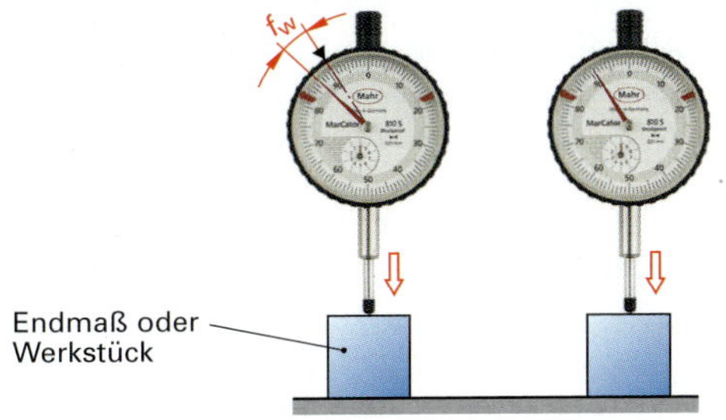
Wiederholgrenze* (Wiederholbarkeit)	r	Die Wiederholgrenze ist der Differenzbetrag für zwei einzelne Messwerte bei einer Wahrscheinlichkeit von 95 %.	
Messwertumkehrspanne*	f_u	Die Messwertumkehrspanne eines Messgerätes ist der Unterschied der Anzeige für dieselbe Messgröße, wenn einmal bei steigender Anzeige (bei hineingehendem Messbolzen) und einmal bei fallender Anzeige (bei herausgehendem Messbolzen) gemessen wird. Die Messwertumkehrspanne kann durch einzelne Messungen bei beliebigen Werten innerhalb des Messbereiches bestimmt oder aus dem Abweichungsdiagramm entnommen werden.	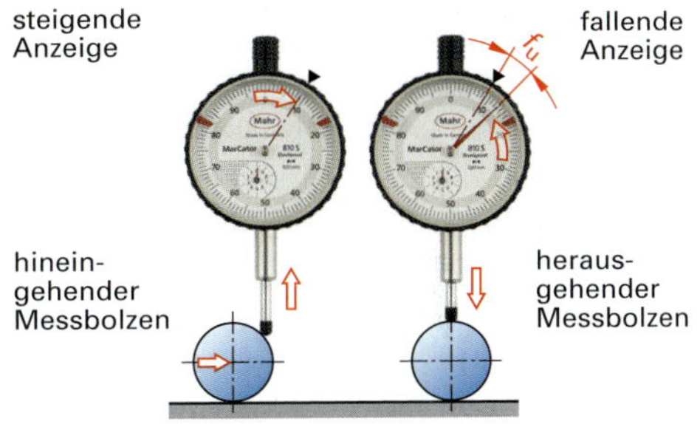
Abweichungsspanne*	f_e	Die Abweichungsspanne f_e ist die Differenz zwischen der größten und kleinsten Messabweichung im gesamten Messbereich. Sie wird bei Messuhren und Feinzeigern bei hineingehendem Messbolzen ermittelt.	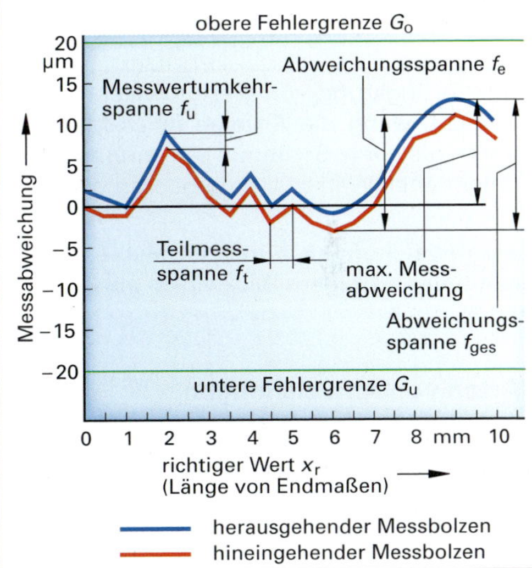
Gesamtabweichungsspanne	f_{ges}	Die Gesamtabweichungsspanne f_{ges} von Messuhren wird durch Messungen im ganzen Messbereich mit hinein- und herausgehendem Messbolzen ermittelt.	
Fehlergrenze*	G	Fehlergrenzen sind vereinbarte oder vom Hersteller angegebene Abweichungsgrenzbeträge für Messabweichungen eines Messgerätes. Werden diese Beträge überschritten, sind die Abweichungen Fehler. Wenn die obere und untere Grenzabweichung gleich groß sind, gilt der angegebene Wert für jeden der beiden Grenzabweichungen, z. B. $G_o = G_u = 20$ µm	
Messbereich*	*Meb*	Der Messbereich ist der Bereich von Messwerten, in dem die Fehlergrenzen des Messgerätes nicht überschritten werden.	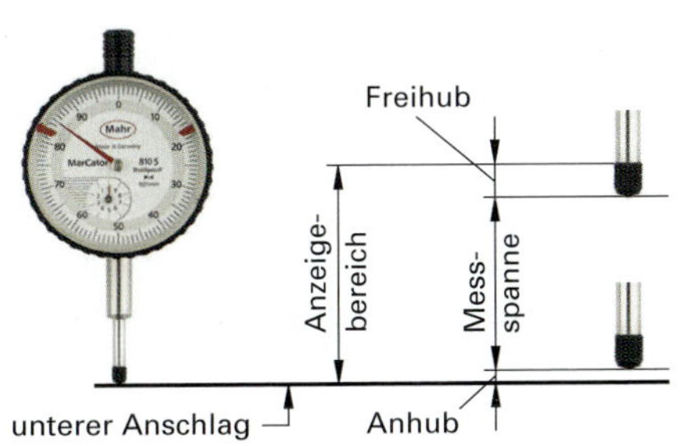
Messspanne	*Mes*	Die Messspanne ist die Differenz zwischen Endwert und Anfangswert des Messbereiches.	
Anzeigebereich	*Az*	Der Anzeigebereich ist der Bereich zwischen der größten und der kleinsten Anzeige.	

* Merkmale von Messgeräten, die in Katalogen angegeben werden.

1.2.2 Messabweichungen

Ursachen von Messabweichungen
(Tabelle 1, folgende Seite)

Die **Abweichung von der Bezugstemperatur** 20 °C bewirkt immer dann Messabweichungen, wenn die Werkstücke und die zur Kontrolle eingesetzten Messgeräte und Lehren nicht aus dem gleichen Material sind und nicht dieselbe Temperatur haben **(Bild 1).**

Bereits bei der Erwärmung eines 100 mm langen Endmaßes aus Stahl um 4 °C, z. B. durch die Handwärme, tritt eine Längenänderung von 4,6 µm auf.

Bei der **Bezugstemperatur von 20 °C** sollen Werkstücke, Messgeräte und Lehren innerhalb der vorgeschriebenen Toleranzen liegen.

Formänderungen durch die Messkraft treten an elastischen Werkstücken, Messgeräten und Messstativen auf.

Die elastische Aufbiegung eines Messstativs bleibt ohne Wirkung auf den Messwert, wenn beim Messen mit gleicher Messkraft wie bei der Nullstellung mit Endmaßen gemessen wird **(Bild 2).**

Die Verringerung von Messabweichungen wird erreicht, wenn die Anzeige eines Messgerätes unter gleichen Bedingungen eingestellt wird, unter denen Werkstücke gemessen werden.

Messabweichungen durch Parallaxe entstehen, wenn unter schrägem Blickwinkel abgelesen wird **(Bild 3).**

Arten von Abweichungen

Systematische Messabweichungen werden durch konstante Abweichungen verursacht: Temperatur, Messkraft, Radius des Messtasters oder ungenaue Skalen.

Zufällige Messabweichungen können hinsichtlich Größe und Richtung nicht erfasst werden. Ursachen können z. B. unbekannte Schwankungen der Messkraft und der Temperatur sein.

Systematische Messabweichungen machen den Messwert unrichtig. Wenn Größe und Vorzeichen (+ oder –) der Abweichungen bekannt sind, können sie ausgeglichen werden.

Zufällige Messabweichungen machen den Messwert unsicher. Unbekannte zufällige Abweichungen sind nicht ausgleichbar.

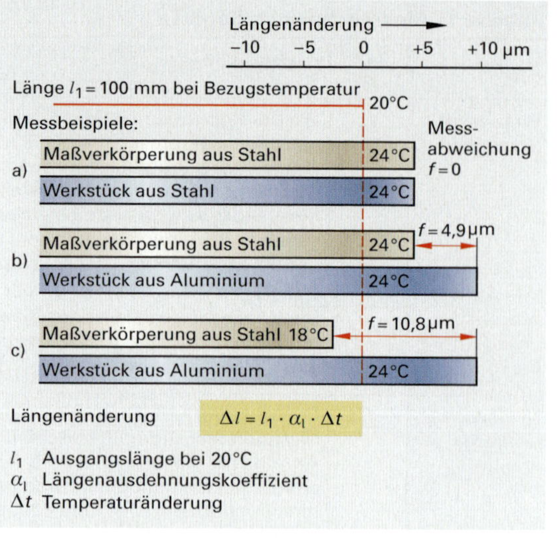

Bild 1: Messabweichungen durch die Temperatur

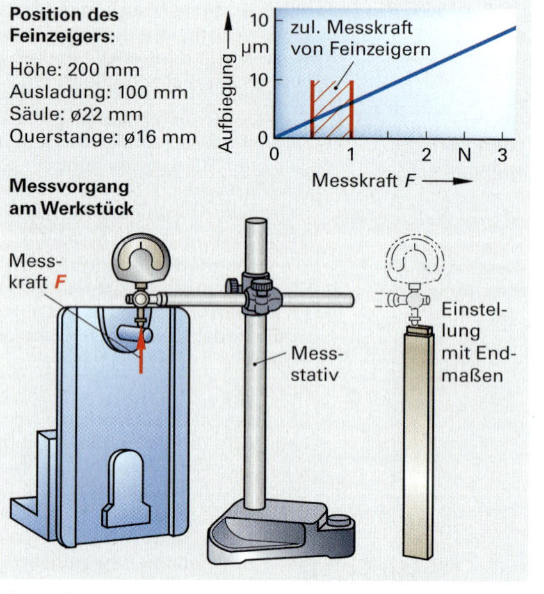

Bild 2: Messabweichungen durch elastische Formänderung am Messstativ durch die Messkraft

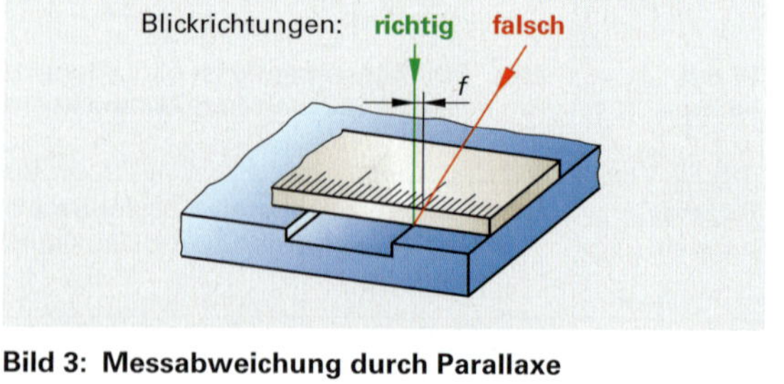

Bild 3: Messabweichung durch Parallaxe

Tabelle 1: Ursachen und Arten von Messabweichungen

Systematische Messabweichungen

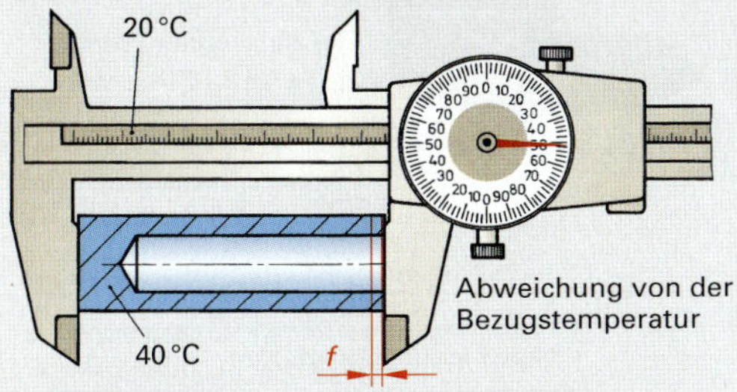

zu großer Messwert durch zu hohe Werkstücktemperatur

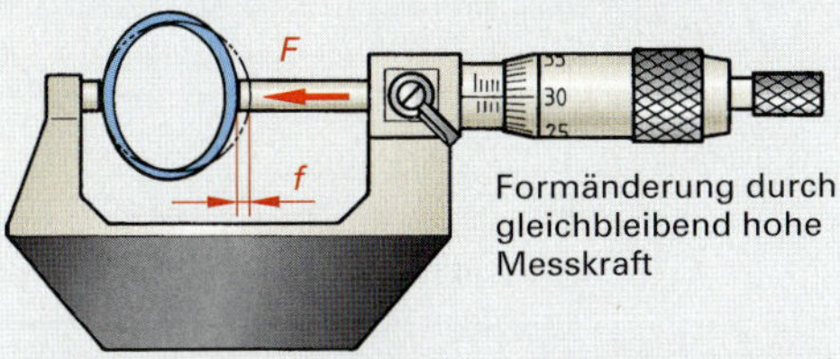

zu kleiner Messwert durch den Einfluss der Messkraft

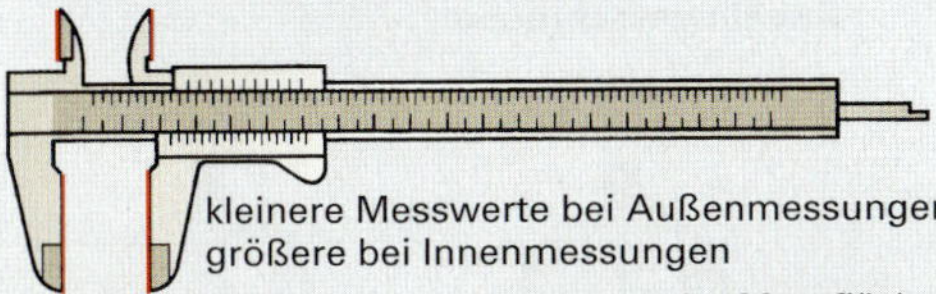

Messabweichungen durch Abnutzung der Messflächen

Messwertunterschiede bei Maßstäben

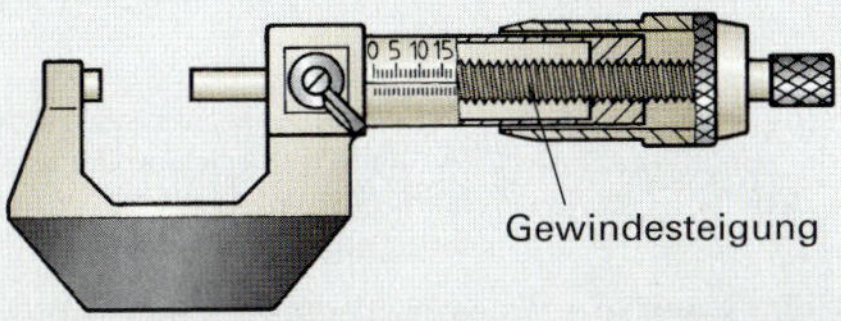

Einfluss von Steigungsabweichungen auf die Messwerte

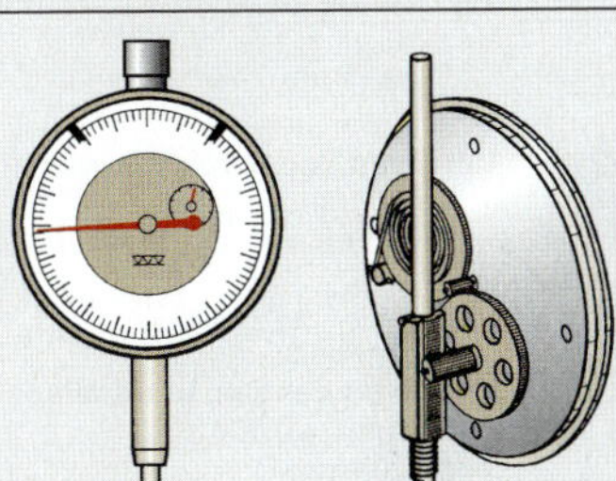
Kleine Abweichungen der Übersetzung bewirken, dass je nach der Position des Messbolzens die Anzeige messbar abweicht.

ungleichmäßige Übertragung der Messbolzenbewegung

Zufällige Messabweichungen

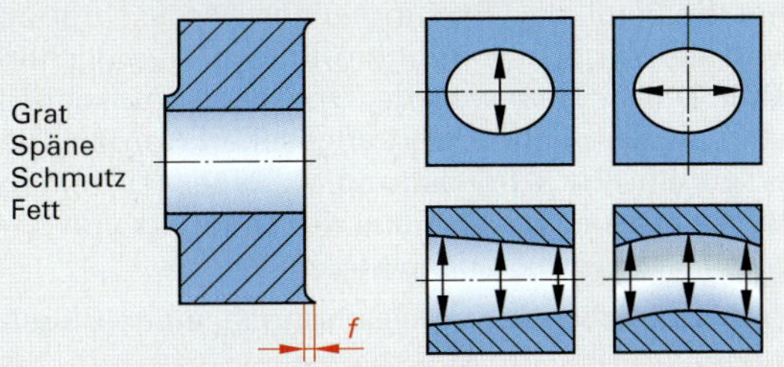

Unsicherheiten durch unsaubere Flächen u. Formabweichungen

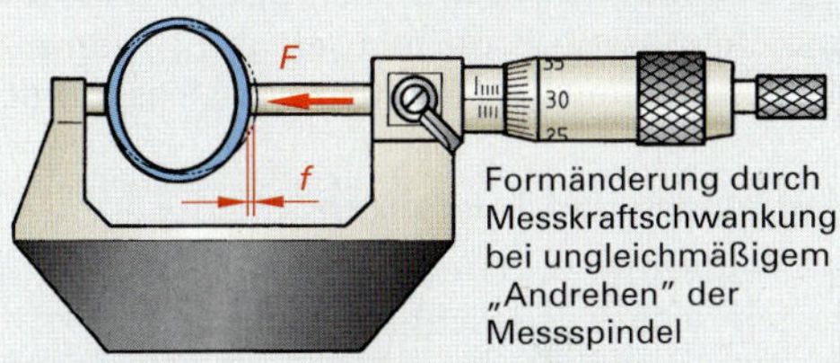

Streuung der Messwerte durch Messkraftschwankung

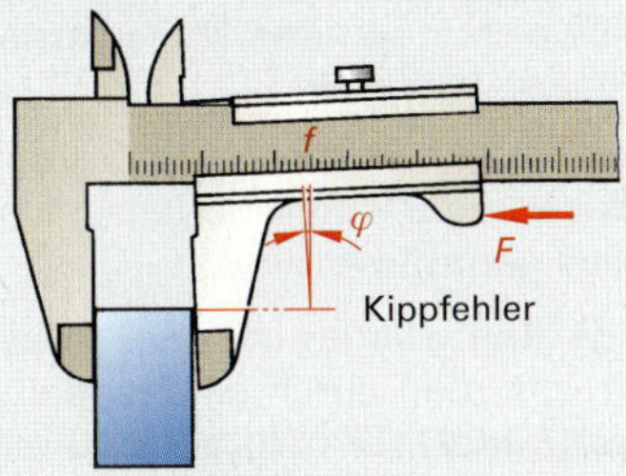

„Kippfehler" in Abhängigkeit von Messkraft und Führungsspiel

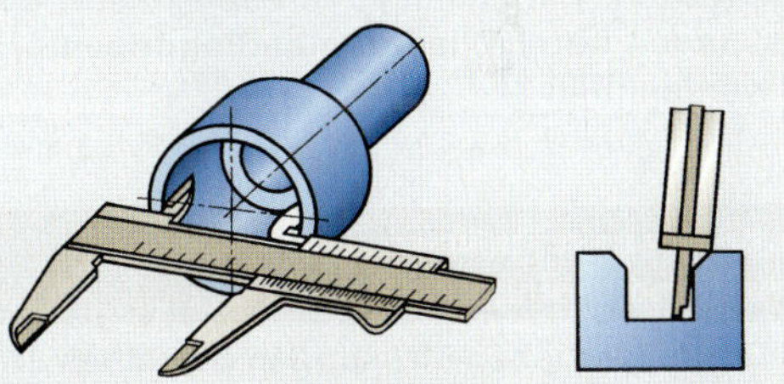
unsicheres Ansetzen des Messschiebers bei Innenmessungen

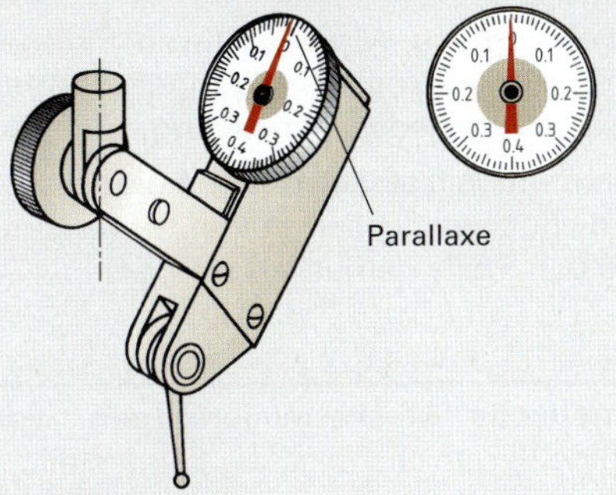

Ablesefehler durch schrägen Blickwinkel (Parallaxe)

Systematische Abweichungen können durch eine **Vergleichsmessung** mit genauen Messgeräten oder Endmaßen festgestellt werden.

Am Beispiel der Prüfung einer Messschraube wird die Anzeige mit einem Endmaß verglichen **(Bild 1)**. Der Nennwert der Endmaße (Aufschrift) kann als der richtige Wert angesehen werden. Die systematische **Abweichung A_s** eines einzelnen Messwertes ergibt sich aus der Differenz von angezeigtem Wert x_a und richtigem Wert x_r.

Prüft man die Messabweichungen einer Bügelmessschraube im Messbereich von 0 mm bis 25 mm, erhält man das Diagramm der Messabweichungen **(Bild 1)**. Bei Messschrauben erfolgt die Vergleichsmessung mit festgelegten Endmaßen bei verschiedenen Drehwinkeln der Messspindel.

Fehlergrenzen und Toleranzen

- Die Fehlergrenze *G* darf an keiner Stelle des Messbereiches überschritten werden.
- Der Normalfall in der Messtechnik sind symmetrische Fehlergrenzen. Die Fehlergrenzen enthalten die Abweichungen des Messelements, z.B. Ebenheitsabweichungen.
- Die Einhaltung der Fehlergrenze *G* kann mit Parallelendmaßen der Toleranzklasse 1 nach DIN EN ISO 3650 geprüft werden.

Die Verringerung systematischer Messabweichungen erreicht man durch eine **Nulleinstellung der Anzeige (Bild 2)**. Die Nulleinstellung erfolgt mit Endmaßen, die dem Prüfmaß am Werkstück entsprechen. Die zufällige Streuung kann durch **Messungen unter Wiederholbedingungen** ermittelt werden **(Bild 3)**:

Arbeitsregeln für Messungen unter Wiederholbedingungen

- Die wiederholten Messungen derselben Messgröße am selben Werkstück sollen aufeinanderfolgend durchgeführt werden.
- Messeinrichtung, Messverfahren, Prüfperson und die Umgebungsbedingungen dürfen sich während der Wiederholmessung nicht ändern.
- Wenn Rundheitsabweichungen die Messstreuung nicht beeinflussen sollen, muss stets an derselben Stelle gemessen werden.

Systematische Messabweichungen werden durch eine Vergleichsmessung festgestellt.

Zufällige Abweichungen können durch Wiederholmessungen ermittelt werden.

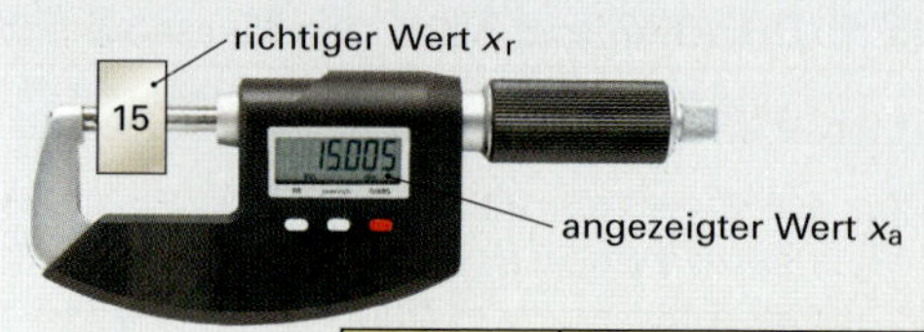

richtiger Wert x_r	Abweichung A_s	Korrektion K
7,700 mm	−2 µm	+2 µm
10,300 mm	0	0
15,000 mm	+2 µm	−2 µm
17,600 mm	+3 µm	−3 µm

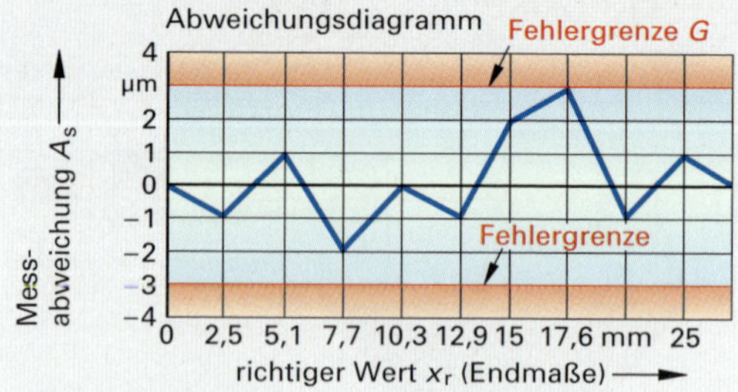

Bild 1: Systematische Abweichungen einer Bügelmessschraube

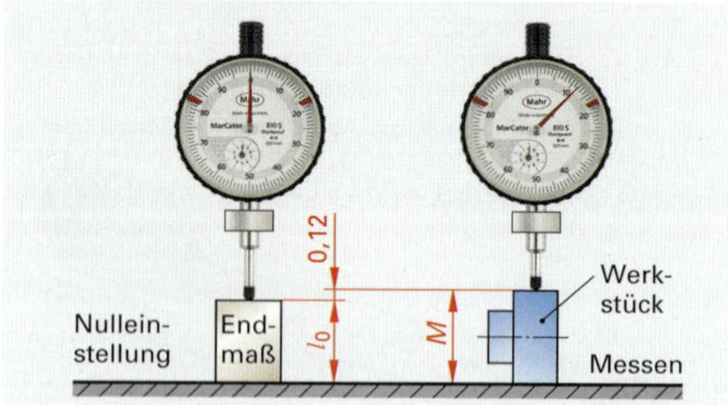

Bild 2: Nulleinstellung der Anzeige und Unterschiedsmessung

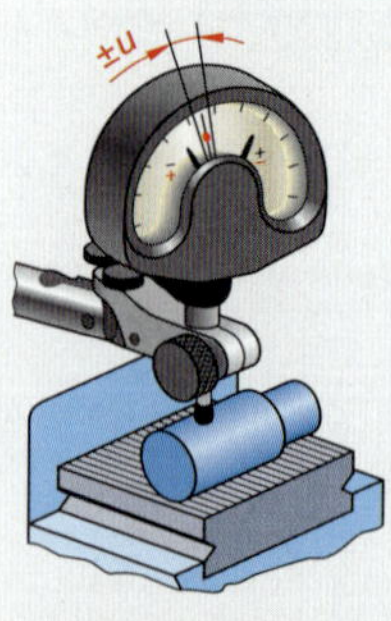

A. Nulleinstellung des Feinzeigers auf den Drehteildurchmesser mit Nennmaß 30,0 mm mit einem Endmaß.

B. 10 **Wiederholmessungen**
Spannweite der angezeigten Werte
$R = x_{a\,max} - x_{a\,min}$
$= 6\,\mu m - 2\,\mu m = 4\,\mu m$

Mittelwert der 10 Anzeigewerte
$x_a = \frac{+40\ \mu m}{10} = +4\,\mu m$

Anzeigewerte in µm			
+3	+4	+5	+4
+5	+4	+6	+3
+4	+2		

C. **Messergebnis**
Mittelwert des Durchmessers
$x = 30{,}0\,mm + 0{,}004\,mm$
$\mathbf{x = 30{,}004\,mm}$

Bild 3: Zufällige Abweichungen eines Feinzeigers bei Messungen unter Wiederholbedingungen

1.2.3 Messmittelfähigkeit und Prüfmittelüberwachung

Messmittelfähigkeit

Die Auswahl von Messmitteln richtet sich nach den Messbedingungen am Einsatzort und der vorgegebenen Toleranz der Prüfmerkmale, z. B. Länge, Durchmesser oder Rundheit. Von Bedeutung ist auch die Anzahl der Prüfer, da z. B. im Schichtbetrieb mit wechselnden Prüfern für die gleichen Teile die Messunsicherheit insgesamt zunimmt.

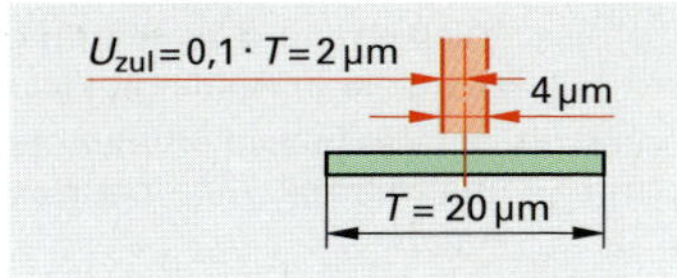

Bild 1: Zulässige Messunsicherheit

Messmittel gelten als fähig, wenn die Messunsicherheit höchstens 10 % der Maß- oder Formtoleranz beträgt.

Messunsicherheit $\quad U_{zul} = 1/10 \cdot T$ **(Bild 1)**

Messverfahren mit einer wesentlich kleineren Unsicherheit als 1/10 · *T* sind zwar geeignet, aber zu teuer. Eine größere Messunsicherheit würde dazu führen, dass zu viele Werkstücke nicht mehr eindeutig als „Gutteil" oder „Ausschussteil" erkannt werden, da mehr Messwerte im Bereich der Messunsicherheit *U* liegen **(Bild 2)**. Der messtechnisch sichere Bereich ist umso größer, je kleiner die Messunsicherheit *U* ist.

Liegen die Messwerte im messtechnisch sicheren Bereich, ist eine Übereinstimmung des Maßes mit der Toleranz mit Sicherheit gegeben.

Beispiel für die Folgen einer zu großen Messunsicherheit *U* = 0,2 · *T* (Bild 2): Obwohl der richtige Messwert 15,005 mm außerhalb der Toleranz liegt, wird durch eine Messabweichung von + 7 µm der Messwert 15,012 mm angezeigt, ein Maß, das in der Toleranz zu liegen scheint. Ein Ausschussteil wird dadurch nicht erkannt. Umgekehrt kann ein toleranzhaltiges Maß durch eine Messabweichung zu einem angezeigten Messwert außerhalb der Toleranz führen. Ein Gutteil würde in diesem Fall irrtümlich aussortiert.

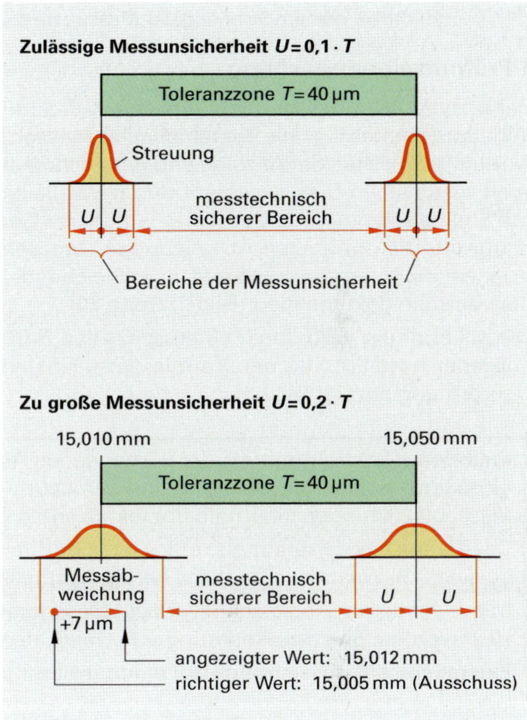

Bild 2: Messunsicherheit im Verhältnis zur Toleranz

Die **Beurteilung der Messmittelfähigkeit** ist näherungsweise möglich, wenn die voraussichtliche Messunsicherheit bekannt ist **(Tabelle 1)**.

Unter Werkstattbedingungen beträgt die Messunsicherheit bei neuen oder neuwertigen mechanischen Handmessgeräten etwa einen Skalenteilungswert (1 Skw) und bei elektronischen etwa drei Ziffernschrittwerte (3 Zw).

Messgeräte für die Fertigung werden so ausgewählt, dass im Verhältnis zur Werkstücktoleranz die Messunsicherheit *U* vernachlässigbar klein ist. Dadurch kann der angezeigte Messwert dem Messergebnis gleich gesetzt werden.

Tabelle 1: Messunsicherheit

Messgerät		Voraussichtliche Messunsicherheit	Fehlergrenze *G* neuer Messgeräte
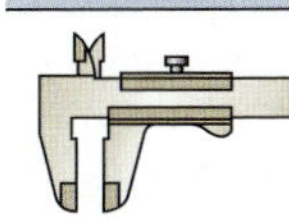	Skw = 0,05 mm Messbereich: 0…150 mm	**$U \geq 50\,\mu m$**	50 µm
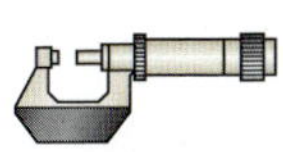	Skw = 0,01 mm Messbereich: 50…75 mm	**$U \approx 10\,\mu m$**	5 µm
	Skw = 1 µm Messbereich: ± 50 µm	**$U \approx 1\,\mu m$**	1 µm

Messmittelfähigkeit bei vorgegebener Toleranz

Beispiel: Mit einer mechanischen Bügelmessschraube (*Skw* = 0,01 mm) soll ein Durchmesser mit den Grenzmaßen 20,40 mm und 20,45 mm gemessen werden. Zu beurteilen ist die Messmittelfähigkeit (Eignung) der Messschraube in Abhängigkeit von der erwarteten Messunsicherheit und der vorgegebenen Toleranz.

Lösung: Die Messunsicherheit entspricht näherungsweise 1 Skalenteilungswert (0,01 mm). Aufgrund dieser Messunsicherheit kann bei der Anzeige 20,45 mm der richtige Messwert zwischen 20,44 mm und 20,46 mm liegen.

Erwartete Messunsicherheit der Messschraube: $U = 0{,}01$ mm

Zulässige Messunsicherheit: $U_{zul} = 0{,}1 \cdot T = 0{,}1 \cdot 0{,}05$ mm $=$ **0,005 mm**

Die Bügelmessschraube ist bei der vorgegebenen Toleranz nicht geeignet, da die voraussichtliche Messunsicherheit zu groß ist. Zu empfehlen sind elektronische Messuhren oder Feinzeiger, da diese Messgeräte durch die kleinere Streuung der Messwerte präziser arbeiten.

Prüfmittelüberwachung

Bei anzeigenden Messgeräten wird durch das Kalibrieren (Einmessen) die systematische Messabweichung zwischen der Anzeige und dem richtigen Wert festgestellt. Dies geschieht durch Vergleich mit Endmaßen oder mit Messgeräten höherer Genauigkeit. Die ermittelten Abweichungen werden in einem Kalibrierschein und evtl. in Abweichungsdiagrammen dokumentiert **(Bild 1, Seite 20)**.

Die Kalibrierung wird durch einen speziellen Prüfaufkleber bestätigt, der den Termin der nächsten Überprüfung anzeigt **(Bild 1)**.

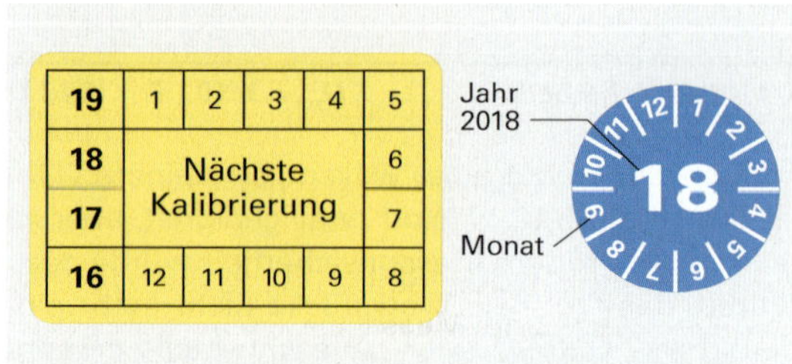

Bild 1: Aufkleber für kalibrierte Messgeräte

Kalibrieren ist das Ermitteln der vorhandenen Abweichung eines Messgerätes vom richtigen Wert. Ein Messgerät ist dann in Ordnung und kann zum Gebrauch freigegeben werden, wenn die ermittelten Messabweichungen innerhalb der festgelegten Grenzen liegen.

Das **Eichen** eines Prüfmittels umfasst die Prüfung und Stempelung durch eine Eichbehörde. Eichpflichtig sind z. B. Waagen, aber keine Fertigungsmessgeräte.

Durch **Justieren** (Abgleichen) wird ein Messgerät so verändert, dass die Messabweichungen möglichst klein werden. Beispiel: Änderung von Gewichten einer Waage.

Einstellen heißt, die Anzeige auf einen bestimmten Wert stellen, z. B. Nulleinstellung.

Wiederholung und Vertiefung

1 Wie wirken sich systematische und zufällige Messabweichungen auf das Messergebnis aus?

2 Wie kann man systematische Messabweichungen einer Messschraube ermitteln?

3 Warum ist das Messen dünnwandiger Werkstücke problematisch?

4 Warum können durch das Abweichen von der Bezugstemperatur bei Messgeräten und Werkstücken Messabweichungen entstehen?

5 Worauf können systematische Abweichungen bei Messschrauben voraussichtlich zurückgeführt werden?

6 Warum wird beim Messen in der Werkstatt der angezeigte Messwert als Messergebnis angesehen, während im Messlabor oft der angezeigte Wert korrigiert wird?

7 Welche Vorteile hat die Unterschiedsmessung und Nulleinstellung bei Messuhren?

8 Warum ist bei Aluminiumwerkstücken die Abweichung von der Bezugstemperatur messtechnisch besonders problematisch?

9 Wie groß ist etwa die Längenänderung eines Parallelendmaßes (l = 100 mm, a = 0,000016 1/°C), wenn es durch die Handwärme von 20 °C auf 25 °C erwärmt wird?

10 Wie viel Prozent der Werkstücktoleranz dürfen die Messabweichungen höchstens betragen, damit sie beim Prüfen vernachlässigt werden können?

11 Welche Messunsicherheit ist bei einer mechanischen Messuhr (*Skw* = 0,01 mm) zu erwarten?

1.3 Längenprüfmittel

1.3.1 Maßverkörperungen und Formverkörperungen

Maßstäbe

Strichmaßstäbe verkörpern das Längenmaß durch den Abstand von Strichen. Die Präzision der Strichteilung drückt sich in den Fehlergrenzen der Maßstäbe aus **(Tabelle 1)**. Wenn das obere Grenzabmaß G_o eines Maßstabes überschritten oder das gleich große untere Grenzabmaß G_u unterschritten wird, entstehen Messfehler.

Maßstäbe für Wegmesssysteme, z. B. aus Glas oder Stahl, arbeiten nach dem fotoelektronischen Abtastprinzip. Fotoelemente erzeugen entsprechend den abgetasteten Hell-Dunkel-Feldern ein Spannungssignal.

Tabelle 1: Fehlergrenzen von Maßstäben der Länge 500 mm

Arten		Grenzabmaße $G_o = G_u$
Vergleichsmaßstab	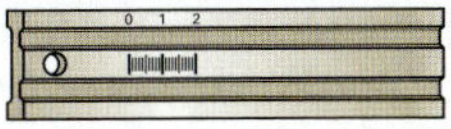	7,5 µm
Arbeitsmaßstab		30 µm
Biegsamer Stahlmaßst.		75 µm
Bandmaßstab		100 µm
Gliedermaßstab	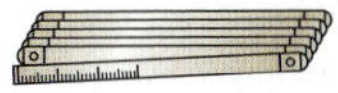	1 mm
Impulsmaßstab	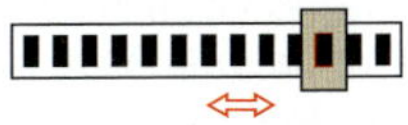	0,5 ... 20 µm
Absolutmaßstab	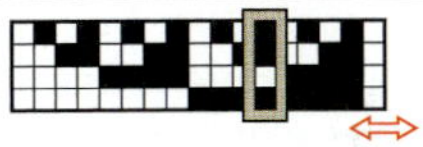	

Bei Inkrementalmaßstäben wird der Verfahrweg von Werkzeug- und Messmaschinen durch Aufsummierung von Lichtimpulsen gemessen. Als Maßverkörperung dient ein sehr genaues Strichgitter. Absolutmaßstäbe ermöglichen durch ihre Codierung die Anzeige der augenblicklichen Position des Messkopfes.

Lehren

Lehren verkörpern Maße oder Formen, die in der Regel auf Grenzmaße bezogen sind **(Bild 1)**.

Maßlehren sind Teile eines Lehrensatzes, bei dem das Maß von Lehre zu Lehre zunimmt, z. B. Parallelendmaße (Seite 25) oder Prüfstifte.

Grenzlehren (Seite 24) verkörpern die zulässigen Höchstmaße und Mindestmaße. Manche Grenzlehren verkörpern neben den Grenzmaßen auch noch die Form, um z. B. die Zylinderform einer Bohrung oder das Profil von Gewinden prüfen zu können.

Formlehren ermöglichen die Prüfung von Winkeln, Radien und Gewinden nach dem Lichtspaltverfahren.

Lineale werden als Formlehren zum Prüfen der Geradheit und Ebenheit eingesetzt **(Bild 2)**. Haarlineale besitzen geläppte Prüfschneiden mit hoher Geradheit, die es ermöglichen, mit bloßem Auge unterschiedliche kleine Lichtspalte zu erkennen.

> Werden Werkstücke mit Haarlinealen gegen das Licht geprüft, erkennt man Abweichungen ab 2 µm am Lichtspalt zwischen Prüfschneide und Werkstück.

Feste Winkel sind Formlehren und verkörpern meist 90°. Haarwinkel bis zur Messschenkellänge 100 x 70 mm mit dem Genauigkeitsgrad 00 haben einen Grenzwert der Rechtwinkligkeitsabweichung von nur 3 µm **(Bild 3)**. Beim Genauigkeitsgrad 0 beträgt der Grenzwert 7 µm. Mit Haarwinkeln kann die Rechtwinkligkeit und die Ebenheit geprüft werden oder es können zylindrische oder ebene Flächen ausgerichtet werden.

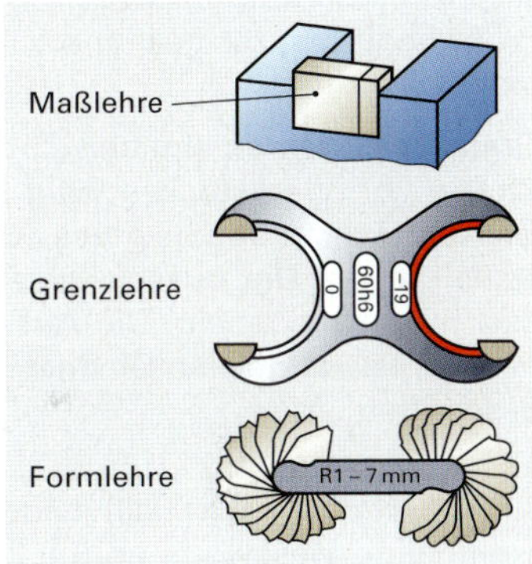

Bild 1: Lehrenarten

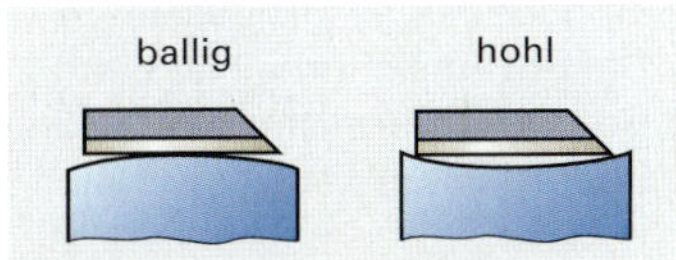

Bild 2: Geradheitsprüfung mit Haarlineal

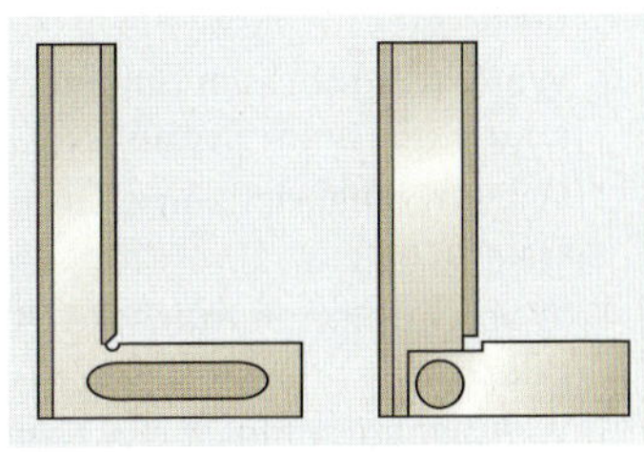

Bild 3: Haarwinkel 90°

Grenzlehren

Die Grenzmaße von tolerierten Werkstücken können mit entsprechenden Lehrdornen bei Bohrungen oder mit Lehrringen bei Wellen geprüft werden **(Bild 1, Bild 2** und **Bild 3).**

Taylorscher Grundsatz: Die Gutlehre muss so ausgebildet sein, dass Maß und Form eines Werkstückes bei der Paarung mit der Lehre geprüft werden (Bild 1). Mit der Ausschusslehre sollen nur einzelne Maße geprüft werden, z. B. der Durchmesser.

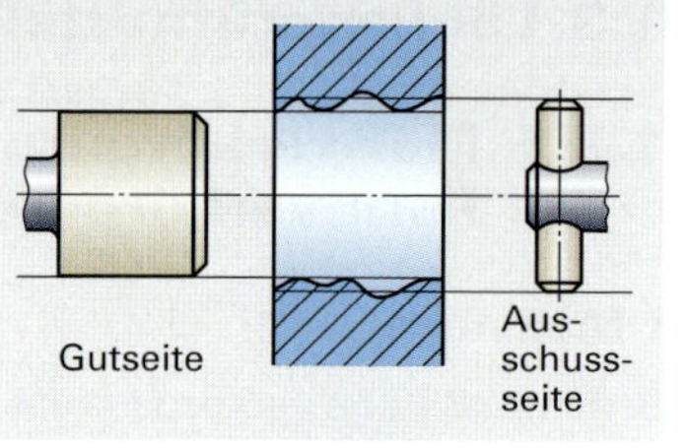

Bild 1: Grenzlehre nach Taylor

Gutlehren verkörpern Maß **und** Form.

Ausschusslehren sind reine Maßlehren.

- **Gutlehren** verkörpern das Höchstmaß bei Wellen und das Mindestmaß bei Bohrungen.
- **Ausschusslehren** verkörpern das Mindestmaß von Wellen oder das Höchstmaß von Bohrungen. Ein Werkstück, das sich mit der Ausschusslehre paaren lässt, ist daher Ausschuss.

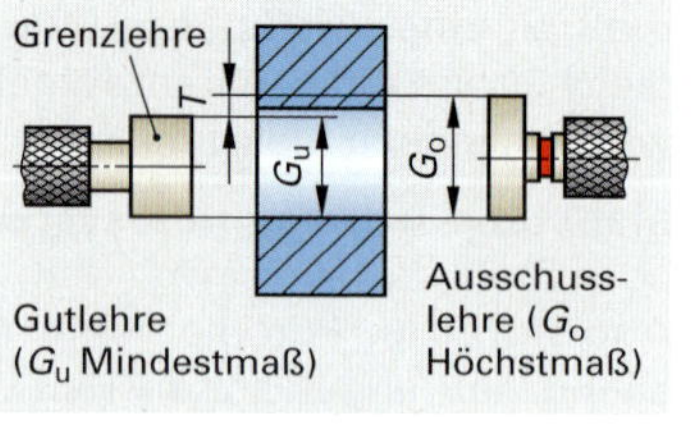

Bild 2: Grenzlehrdorn

Grenzlehrdorne verwendet man zum Prüfen von Bohrungen und Nuten **(Bild 4).** Die Gutseite muss durch ihr Eigengewicht in die Bohrung gleiten, die Ausschussseite darf nur anschnäbeln. In den längeren Zylinder der Gutseite sind häufig Hartmetallleisten zur Verschleißminderung eingesetzt. Die Ausschussseite hat einen kurzen Prüfzylinder, ist rot gekennzeichnet und mit dem oberen Grenzabmaß beschriftet.

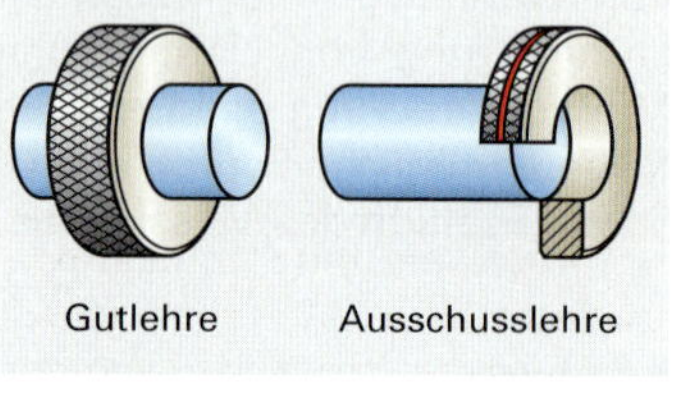

Bild 3: Lehrringe

Grenzrachenlehren eignen sich zur Prüfung von Durchmessern und Dicken von Werkstücken **(Bild 5).** Die Gutseite verkörpert das zulässige Höchstmaß. Sie muss durch das Eigengewicht über die Prüfstelle gleiten. Die Ausschussseite ist um die Toleranz kleiner und darf nur anschnäbeln. Die Ausschussseite hat angeschrägte Prüfbacken, ist rot gekennzeichnet und mit dem unteren Grenzabmaß beschriftet.

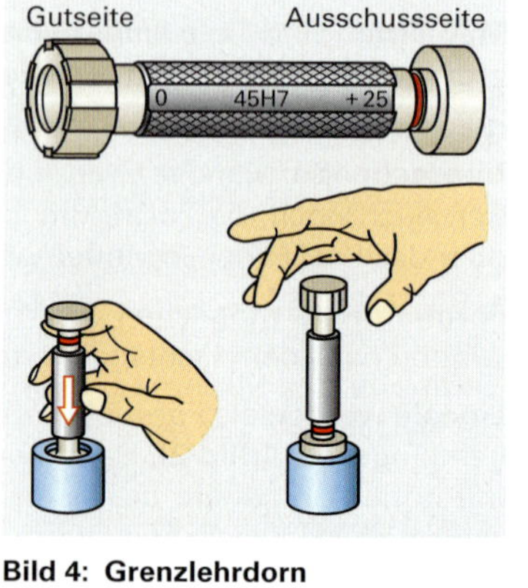

Bild 4: Grenzlehrdorn

Das Prüfergebnis ist beim Lehren **Gut** oder **Ausschuss.** Da das Lehren keine Messwerte ergibt, können die Prüfergebnisse nicht zur Qualitätslenkung eingesetzt werden.

Prüfkraftschwankungen und der Lehrenverschleiß beeinflussen sehr stark die Prüfergebnisse.

Die Prüfunsicherheit ist beim Lehren umso höher, je kleiner die Maße und Toleranzen sind. Toleranzgrade kleiner 6 (< IT6) sind mit Lehren daher kaum prüfbar.

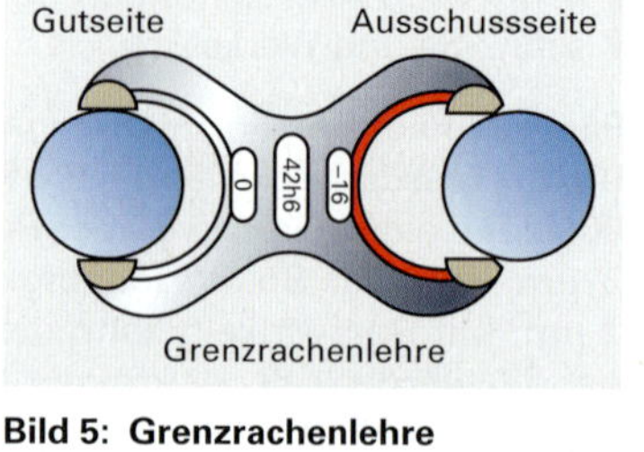

Bild 5: Grenzrachenlehre

Wiederholung und Vertiefung

1 Warum haben Haarlineale und Haarwinkel geläppte Prüfschneiden?

2 Warum eignet sich das Prüfen mit Lehren nicht zur Qualitätslenkung, z. B. beim Drehen?

3 Warum entspricht eine Grenzrachenlehre nicht dem Taylorschen Grundsatz?

4 Woran erkennt man die Ausschussseite eines Grenzlehrdornes?

5 Warum verschleißt die Gutseite einer Grenzlehre schneller als die Ausschussseite?

Parallelendmaße

Parallelendmaße sind die genauesten und wichtigsten Maßverkörperungen zur Längenprüfung. Die Maßgenauigkeit der Endmaße ist abhängig von der Toleranzklasse und vom Nennmaß **(Tabelle 1** und **Bild 1)**. Die Toleranz für die Abweichungsspanne t_v begrenzt die Ebenheits- und Parallelitätsabweichungen und das Grenzabmaß t_e beschreibt die zulässige Längenabweichung vom Nennmaß.

Tabelle 1: Parallelendmaße (Werte in µm für Nennmaße 10 ... 25 mm)

Toleranzklasse	Toleranz für die Abweichungsspanne t_v	Grenzabmaße der Länge t_e	Verwendung
K	0,05	+ 0,3	Bezugsnormale zum Kalibrieren von Endmaßen und zum Einstellen präziser Messgeräte und Lehren
0	0,1	+ 0,14	Einstellen und Kalibrieren von Lehren und Messgeräten in klimatisierten Messräumen
1	0,16	+ 0,3	Meistbenutzte Gebrauchsnormale zum Prüfen in Messräumen und in der Fertigung
2	0,3	+ 0,6	Gebrauchsnormale zum Einstellen und Prüfen von Werkzeugen, Maschinen und Vorrichtungen

Endmaße der **Kalibrierklasse K** haben die kleinsten Abweichungen der Ebenheit und Parallelität, was für genaue Messungen und Endmaßkombinationen sehr wichtig ist **(Bild 3)**. Die relativ großen Grenzabmaße der Länge werden durch den bekannten Korrektionswert *K* ausgeglichen (Seite 16). Endmaße der **Toleranzklassen K** und **0** kann man ohne Druck anschieben **(Bild 2)**.

Beim Zusammenstellen einer Endmaßkombination beginnt man mit dem kleinsten Endmaß **(Tabelle 2** und Bild 3). Angeschobene **Stahlendmaße** neigen nach einiger Zeit zum Kaltverschweißen und sollten daher nach dem Gebrauch getrennt werden.

Endmaße aus Hartmetall sind gegenüber Stahlendmaßen 10-mal verschleißfester. Nachteilig ist die um 50 % geringere Wärmedehnung, die bei Werkstücken aus Stahl zu Messabweichungen führen kann. Hartmetall besitzt die besten Hafteigenschaften beim Anschieben.

Endmaße aus Keramik haben eine stahlähnliche Wärmedehnung. Sie sind extrem verschleißfest, bruchfest und korrosionsbeständig.

Mit Endmaßen und Prüfstiften werden Messgeräte und Lehren geprüft **(Bild 4)**. Parallelendmaßsätze sind meist 46-teilig, sortiert in 5 Maßbildungsreihen **(Tabelle 3)**.

Arbeitsregeln für den Gebrauch von Endmaßen

- Die Endmaße werden vor Gebrauch mit einem nicht fasernden Stoff (Leinenlappen) sauber abgewischt.
- Endmaßkombinationen sollen wegen der Gesamtabweichung aus möglichst wenigen Endmaßen bestehen.
- Stahlendmaße dürfen nicht länger als 8 Stunden angesprengt bleiben, da sie sonst kaltverschweißen.
- Nach Gebrauch müssen Endmaße aus Stahl oder Hartmetall gereinigt und mit säurefreier Vaseline eingefettet werden.

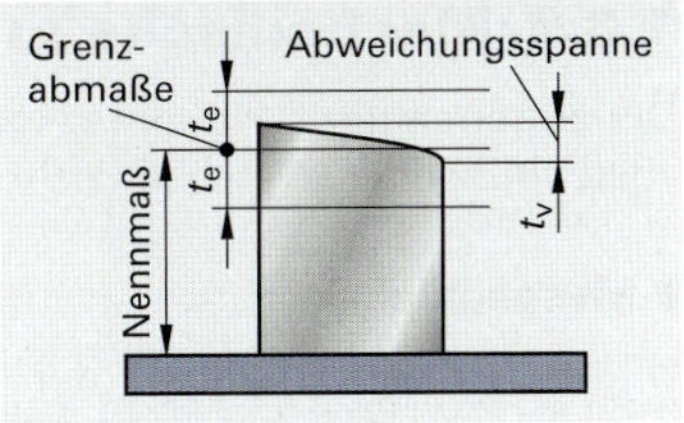

Bild 1: Abmaße von Endmaßen

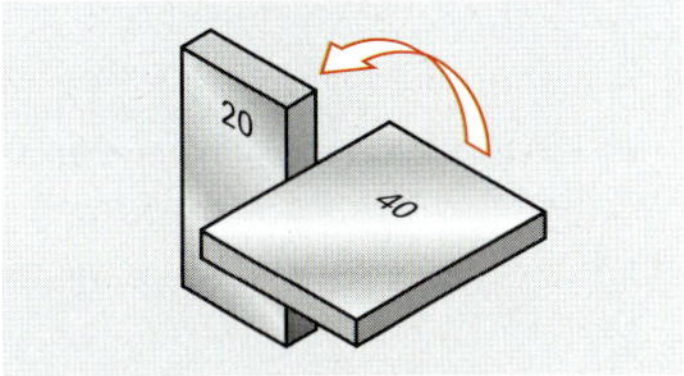

Bild 2: Ansprengen von Endmaßen

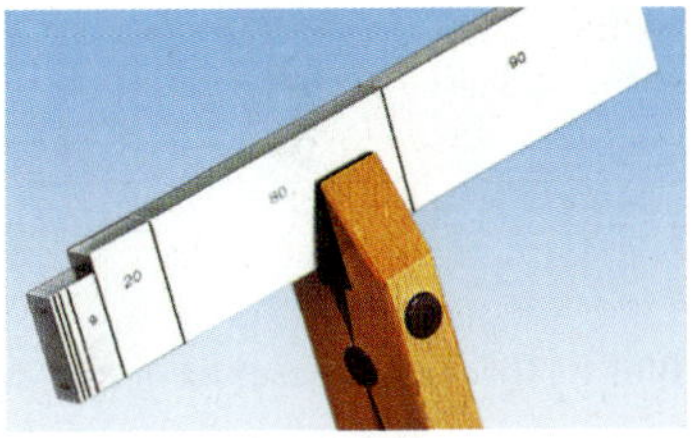

Bild 3: Endmaßkombination

Bild 4: Prüfen von Rachenlehren mit Endmaß und Prüfstift

Tabelle 2: Maßkombination

1. Endmaß	1,003 mm
2. Endmaß	9,000 mm
3. Endmaß	50,000 mm
Maßkombination:	60,003 mm

Tabelle 3: Endmaßsatz

Reihe	Nennmaße mm	Stufung mm
1	1,001 ... 1,009	0,001
2	1,01 ... 1,09	0,01
3	1,1 ... 1,9	0,1
4	1 ... 9	1
5	10 ... 100	10

1.3.2 Mechanische und elektronische Messgeräte

Die sogenannten „Handmessgeräte“ wie Messschieber, Messuhren oder Feinzeiger werden in der kostengünstigeren mechanischen Ausführung oder mit dem elektronischen Messsystem eingesetzt.

SimMetall S26

Messschieber

Messschieber sind wegen der einfachen Handhabung beim Messen von Außen-, Innen- und Tiefenmaßen das am meisten verbreitete Messgerät im Metallgewerbe **(Bild 1)**.

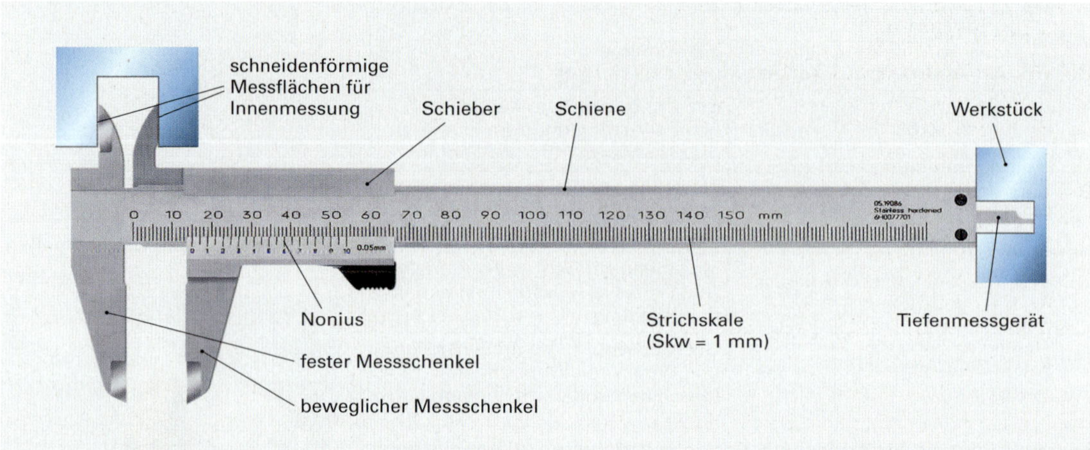

Bild 1: Taschenmessschieber mit Zwanzigstel-Nonius

Der **Taschenmessschieber** besteht aus der Schiene mit Millimeterteilung und einem beweglichen Messschenkel (Schieber) mit dem Nonius (Bild 1). Die Ablesemöglichkeit des Nonius ergibt sich aus dem Unterschied zwischen der Hauptteilung auf der Schiene und der Noniusteilung.

Beim **Zwanzigstel-Nonius** sind 39 mm in 20 Teile geteilt **(Bild 2)**. Dadurch ergibt sich ein **Noniuswert Now = 0,05 mm,** die kleinste Messgrößenänderung, die angezeigt werden kann.

Bei dem **1/50-Nonius** ist die Grenze des Auflösungsvermögens des Auges erreicht (Bild 2). Dies und der Noniuswert 0,02 mm (1/50 mm) führen häufig zu Ablesefehlern.

Zoll-Nonien in der Einheit Inch (1 in = 25,4 mm) gibt es mit **Noniuswert 1/128 in** oder **0,001 in (Bild 3).**

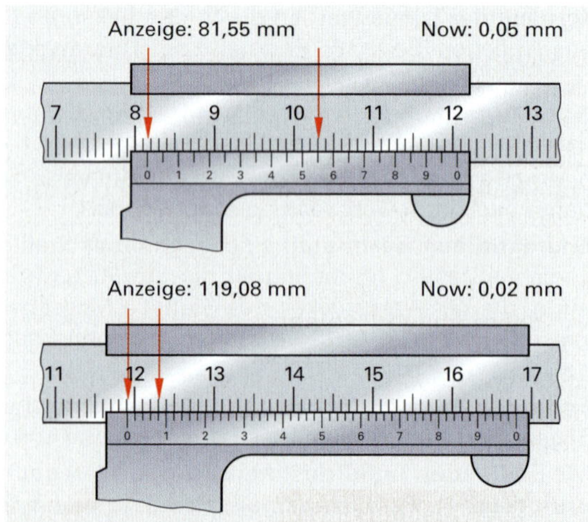

Bild 2: Ablesen von 1/20- und 1/50-Nonien

Beim Ablesen betrachtet man den Nullstrich des Nonius als Komma (Bild 2). Links vom Nullstrich liest man auf der Strichskale die vollen Millimeter ab und sucht dann rechts vom Nullstrich den Teilstrich des Nonius aus, der sich mit einem Teilstrich der Strichskale am deutlichsten deckt.

Die Anzahl der Teilstrichabstände gibt dann je Nonius die Zwanzigstel- oder Fünfzigstel-Millimeter an.

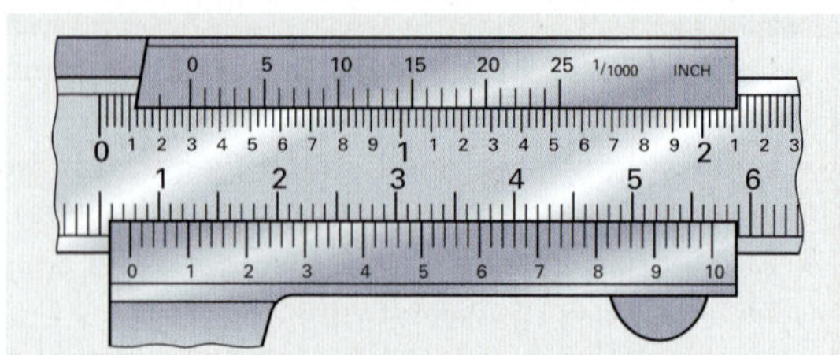

Bild 3: 1/1000-INCH-Nonius und 1/50-Nonius

Messschieber mit Rundskale übersetzen die Schieberbewegung in eine Zeigerbewegung (10 : 1 bis 50 : 1). Gegenüber dem Nonius erreicht man dadurch eine Anzeige, die schneller und sicherer abgelesen werden kann **(Bild 1)**. Die Grobanzeige der Schieberstellung erfolgt am Lineal, die Feinanzeige an der Rundskale mit Skalenteilungswerten von 0,1 mm, 0,05 mm oder 0,02 mm.

Messungen mit dem Taschenmessschieber (Bild 2)

Bei der **Außenmessung** sollen die Messschenkel möglichst weit über das Werkstück geführt werden. Die Messschneiden sollen nur zum Messen von schmalen Nuten und Einstichen benutzt werden.

Bei **Innenmessungen** wird zuerst der feste Messschenkel in der Bohrung angelegt und danach der bewegliche. Durch die sich kreuzenden Messschenkel (Kreuzschnäbel) wird der Messwert direkt angezeigt, während beim Werkstatt-Messschieber noch die Breiten der abgesetzten Messschenkel hinzugerechnet werden müssen.

Abstandsmessungen können mit den Stirnseiten der Messschenkel oder mit der Tiefenmessstange durchgeführt werden. In beiden Fällen muss der annähernd auf Maß eingestellte Messschieber senkrecht angesetzt und die Schieberbewegung vorsichtig ausgeführt werden.

Die abgesetzte Seite der Tiefenmessstange soll am Werkstück liegen, um Abweichungen durch Übergangsradien oder Schmutz zu vermeiden.

Tiefenmessungen erfolgen mit der Tiefenmessstange. Bei abgesetzten Bohrungen und zur Vermeidung des schrägen Ansetzens ist die Verwendung einer Tiefenmessbrücke empfehlenswert.

Fehlergrenzen gelten für Messungen mit Messschiebern ohne Richtungswechsel der Messkraft, z. B. bei reinen Außenmessungen. Sind am gleichen Werkstück Außenmessungen **und** Innen- oder Tiefenmessungen durchzuführen, erhöhen sich die Messabweichungen.

Arbeitsregeln für das Messen mit Messschiebern

- Die Mess- und Prüfflächen sollen sauber und gratfrei sein.
- Ist die Ablesung an der Messstelle erschwert, klemmt man bei den mechanischen Messschiebern den Schieber fest und zieht den Messschieber vorsichtig ab.
- Messabweichungen durch Temperatureinflüsse, zu hohe Messkraft (Kippfehler) und schräges Ansetzen des Messgerätes sollten vermieden werden.

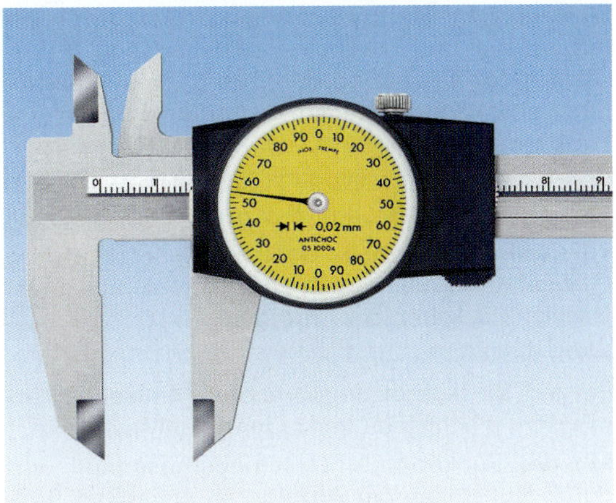

Bild 1: Messschieber mit Rundskale

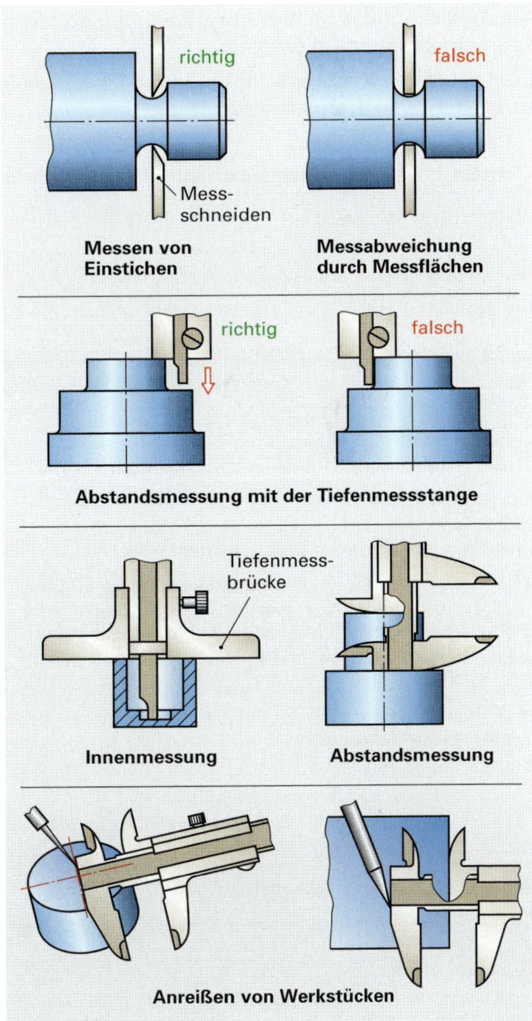

Bild 2: Handhabung von Messschiebern

Elektronische Messschieber sind durch große Ziffern schnell und irrtumsfrei ablesbar **(Bild 1).** Zusätzlich zur Absolutmessung im ganzen Messbereich sind Unterschiedsmessungen und weitere Funktionen wählbar:

- Ein-/Ausschalten (ON/OFF) und Nullstellen (ZERO) an beliebiger Stelle, d.h. die Anzeige auf 0,00 setzen
- Funktion wählen, z.B. Umstellung mm/in (Inch), Absolutmessung (ABS) oder Unterschiedsmessung, Blockieren der Anzeige usw.
- Voreinstellung von Toleranzwerten (○→)

Ein am Messgerät angebrachter Minisender ermöglicht die Infrarotübertragung der Messwerte.

Mit der Funktion „Unterschiedsmessung" und durch Nullstellen der Anzeige an beliebiger Stelle werden viele Messungen einfacher **(Tabelle 1):** Die Differenz der Messgröße zu einem bekannten Einstellwert oder der Unterschied zwischen zwei Messwerten muss nicht mehr berechnet, sondern kann direkt angezeigt werden.

Eine automatische Sparschaltung und die Abschaltung nach zwei Stunden schonen die Batterie.

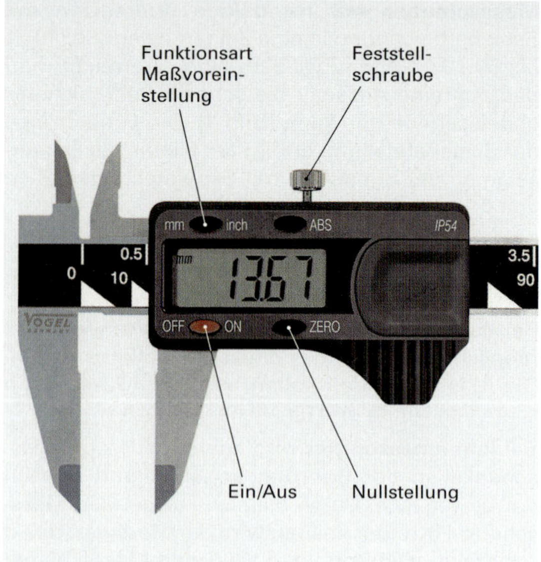

Bild 1: Elektronischer Messschieber

Tabelle 1: Messmöglichkeiten mit elektronischen Messschiebern

<table>
<tr><td>Messen von Abmaßen
Abmaße von Nennmaßen werden durch Vergleich mit einem Bezugsendmaß vorzeichenrichtig angezeigt.</td><td>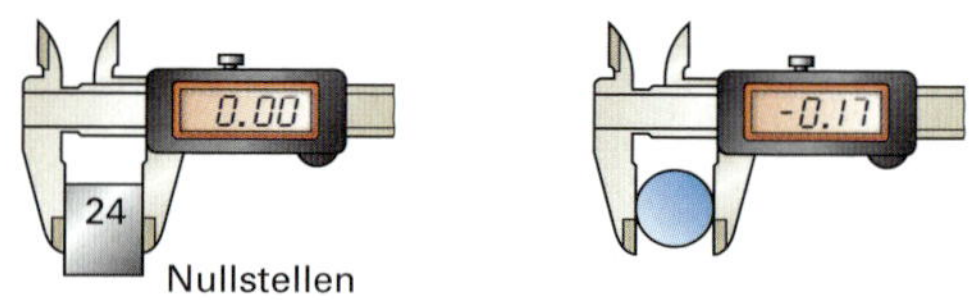
</td></tr>
<tr><td>Messen von Passungen (Spiel oder Übermaß)
Spiel oder Übermaß werden durch die Vergleichsmessung direkt angezeigt.</td><td>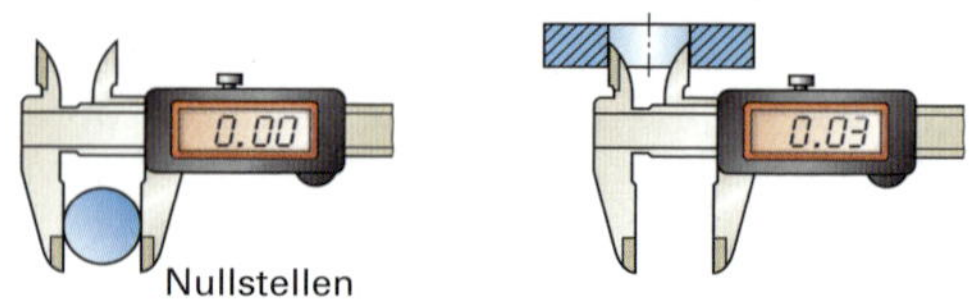
</td></tr>
<tr><td>Messen von Bohrungs- und Achsabständen
Bei Bohrungen mit gleichem Durchmesser kann der Abstand direkt angezeigt werden, wenn zunächst eine Bohrung gemessen, die Anzeige auf Null gestellt und anschließend der größte Abstand der Bohrung gemessen wird.</td><td>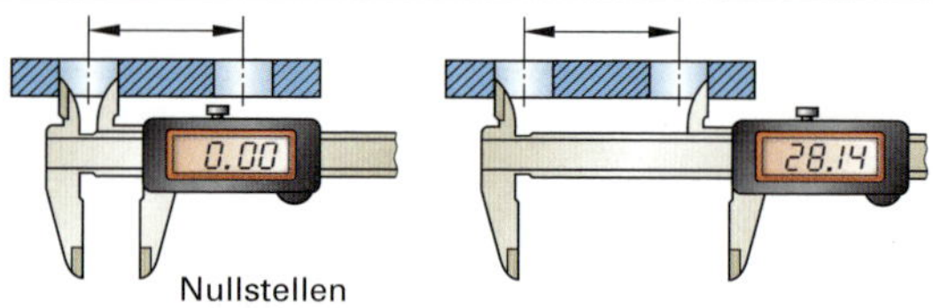
</td></tr>
<tr><td>Messen von Wanddicken
Die Wanddicke des Bodens wird durch eine Vergleichsmessung mit der Bohrungstiefe angezeigt.</td><td>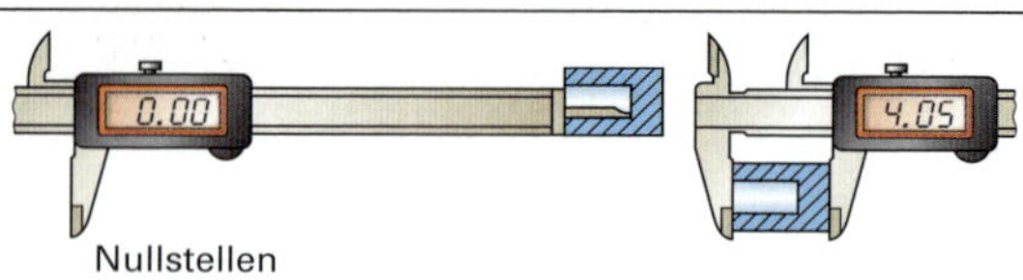
</td></tr>
<tr><td>Messen an schwer zugänglicher Stelle
Das Blockieren der Anzeige trotz Schließens der Messschenkel ermöglicht das Lesen der Anzeige in blickgünstiger Position.</td><td>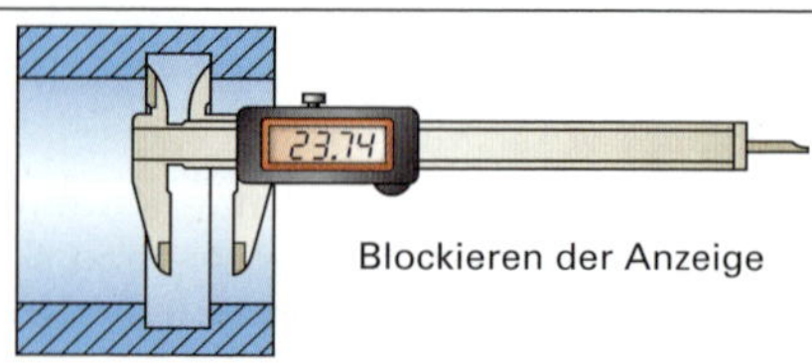
</td></tr>
</table>

Messschrauben

Das wichtigste Teil der mechanischen Bügelmessschraube ist die geschliffene Messspindel **(Bild 1)**. Sie verkörpert durch die Gewindesteigung das Maß 0,5 mm. Wird die Skalentrommel um einen der 50 Teilstriche gedreht, verschiebt sich die Messspindel um 0,5 mm : 50 = 0,01 mm. Die Hundertstel-Millimeter werden auf der Skalentrommel abgelesen **(Bild 2)**.

> Der Skalenteilungswert beträgt bei mechanischen Bügelmessschrauben meist 0,01 mm.

Durch die Messspindel wird nicht nur die Anzeige vergrößert, sondern auch die Messkraft stark erhöht. Eine Kupplung begrenzt daher die Messkraft auf 5 N bis 10 N, vorausgesetzt man dreht die Messspindel über die Kupplung langsam an das Werkstück heran.

Übliche Messbereiche sind: 0 ... 25 mm (bei elektronischen Bügelmessschrauben 0 ... 30 mm), 25 ... 50 mm, 50 ... 75 mm bis 275 ... 300 mm.

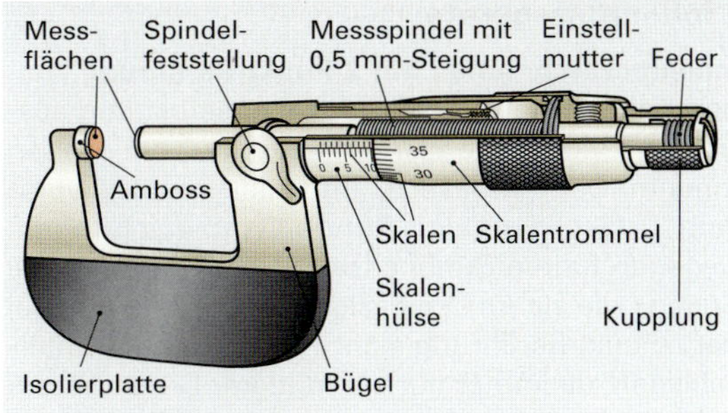

Bild 1: Schnittbild der Bügelmessschraube

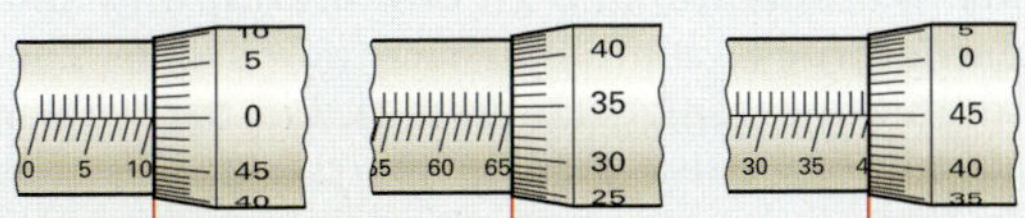

Anzeige an der			
Skalenhülse:	10	65	38
	0,0	0,0	0,5
Skalentrommel:	0,00	0,34	0,45
Messwert in mm:	10,00	65,34	38,95

Bild 2: Ablesebeispiele

Elektronische Bügelmessschrauben (Bild 3)

Das elektronische Messsystem ermöglicht:

- Ziffernschrittwert Zw = 0,001 mm
- Nullstellen an beliebiger Stelle (ZERO), um eine Unterschiedsmessung durchzuführen
- Funktionen wählen (M = MODE), z.B. Umrechnung mm/in (Inch), Absolutmessung (ABS) oder Unterschiedsmessung, Blockieren der Anzeige
- Voreinstellung von Toleranzwerten
- Infrarotübertragung (bzw. Funkübertragung) der Messwerte auf Knopfdruck an den PC

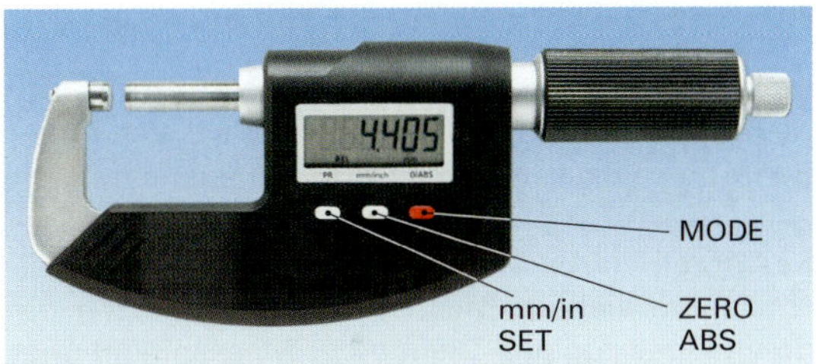

Bild 3: Elektronische Bügelmessschraube

Einflüsse auf Messabweichungen

- Steigungsabweichungen der Messspindel sowie Parallelitäts- und Ebenheitsabweichungen der Messflächen **(Bild 4)**
- Aufbiegung des Bügels durch die Messkraft
- Abweichen von der Bezugstemperatur
- zu schnelles Drehen der Messspindel

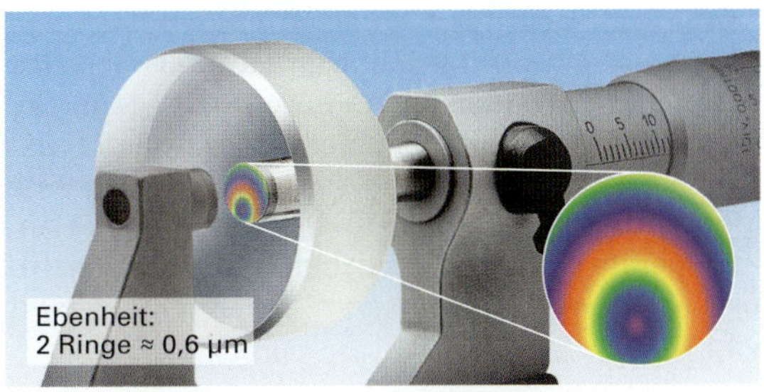

Bild 4: Prüfung von Parallelität und Ebenheit der Messflächen mit planparallelem Prüfglas

Wiederholung und Vertiefung

1 Aus welchen Parallelendmaßen lässt sich das Maß 97,634 mm zusammensetzen?

2 Worin unterscheiden sich Parallelendmaße der Toleranzklasse „K" und „0"?

3 Warum dürfen Stahlendmaße nicht tagelang angesprengt bleiben?

4 Welchen Vorteil hat das Nullstellen der Anzeige bei elektronischen Messschiebern?

5 Warum sollte man die Messspindel einer Messschraube nicht zu schnell an das Werkstück herandrehen?

SimMetall S28

Innenmessgeräte

Innenmessschrauben mit 2-Punkt-Berührung können sich zur Bohrungsachse nicht selbsttätig ausrichten **(Bild 1)**. Sie werden daher nur bei großen Innenmaßen eingesetzt, und hier vorzugsweise zum Erfassen ovaler Rundheitsabweichungen. Dagegen führen Rundheitsabweichungen mit drei Bogen, wie sie im Dreibackenfutter entstehen, bei der 2-Punkt-Berührung nicht zu Durchmesserunterschieden, da immer nur ein mittlerer Durchmesser gemessen wird.

Innenmessgeräte mit 2-Punkt-Berührung und **Zentrierbrücke** zentrieren sich durch eine Zentrierbrücke automatisch **(Bild 2)**. Bei der axialen Ausrichtung muss der Umkehrpunkt, d. h. das Kleinstmaß, durch eine Pendelbewegung des Messgerätes gefunden werden.

> Innenmessgeräte mit 2-Punkt-Berührung und Zentrierbrücke erreichen eine hohe Wiederholpräzision, d. h. eine kleine Messstreuung.
>
> Durch die breite Zentrierbrücke werden auch Rundheitsabweichungen angezeigt.

Innenmessgeräte mit 3-Linien-Berührung der Messbolzen haben den Vorteil, dass sie sich in der Bohrung selbst zentrieren und axial ausrichten.

Selbstzentrierende Innenmessschrauben erreichen eine sichere Messbolzenanlage durch ein dreimaliges zügiges Drehen der Messspindel über die Ratsche **(Bild 3)**. **Innenmessgeräte mit Hebelbetätigung,** sogenannte Messpistolen oder Innen-Schnellmessgeräte **(Bild 4),** benötigen keine Ratsche, denn die Messbolzen werden mit stets gleicher Messkraft an die Bohrungswand gedrückt. Wegen der Zuverlässigkeit der Messwerte und der Schnelligkeit der Messung sind diese Messgeräte ideal für Serienprüfungen in der Fertigung. Als Anzeigegeräte eignen sich mechanische oder elektronische Messuhren mit einem Skalenteilungswert von 1 µm.

> Die 3-Linien-Berührung ermöglicht eine optimale Selbstzentrierung und Selbstausrichtung in der Bohrung.
>
> Abweichungen der Rundheit oder Zylindrizität ergeben Durchmesserunterschiede.

Für Unterschiedsmessungen wird das Innenmessgerät mit geläppten Einstellringen auf das Nennmaß der Bohrung eingestellt und der gemessene Bohrungsdurchmesser mit dem eingestellten Nennmaß verglichen.

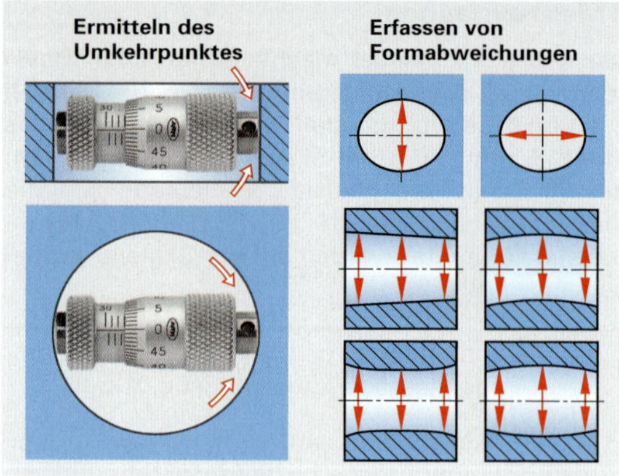

Bild 1: Innenmessschraube (2-Punkt-Berührung)

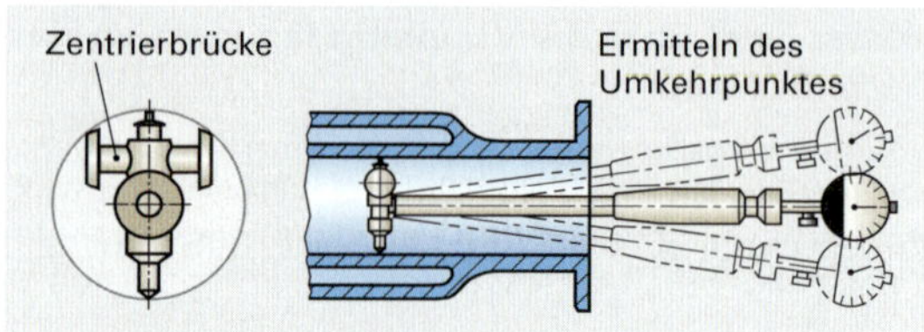

Bild 2: Innenmessgerät mit 2-Punkt-Berührung und Zentrierbrücke

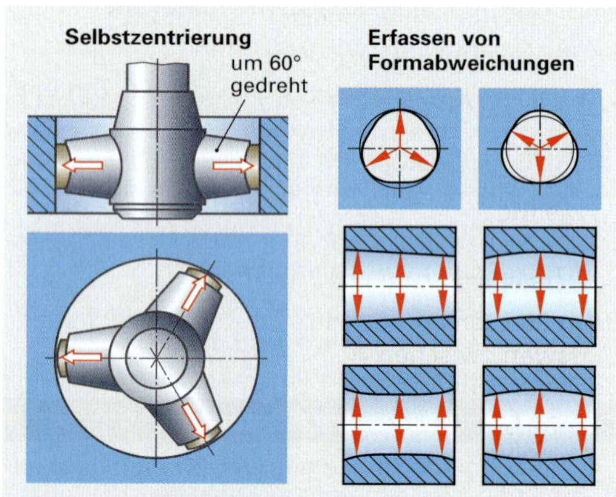

Bild 3: Selbstzentrierende Innenmessschraube mit 3-Linien-Berührung

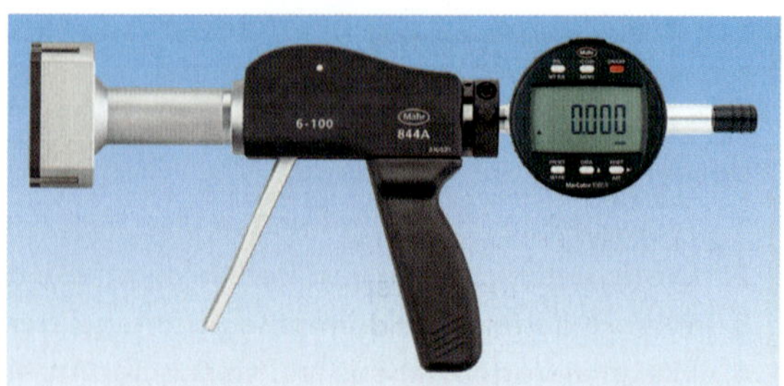

Bild 4: Selbstzentrierendes Innen-Schnellmessgerät mit 3-Linien-Berührung

Messuhren

Mechanische Messuhren vergrößern die Anzeige über eine Zahnstange und Zahnräder **(Bild 1)**. Bei Messuhren (mit *Skw* = 0,01 mm) sind Messbereiche von 1 mm, 5 mm und 10 mm üblich.

Feinmessuhren messen präziser, da sie ein ähnliches Übertragungssystem wie Feinzeiger besitzen. Die kleineren Messabweichungen und der kleine Messbereich von 1 mm ermöglichen den Skalenteilungswert *Skw* = 1 µm. Zur Nullstellung der Anzeige an beliebiger Stelle kann die Skalenanzeige gedreht werden.

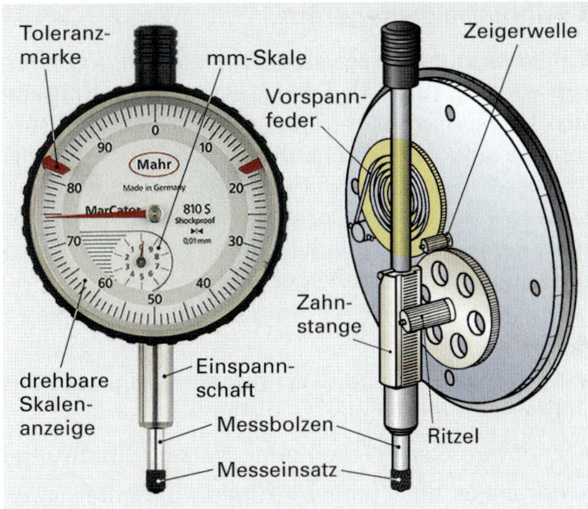

Bild 1: Mechanische Messuhr

Elektronische Messuhren (Bild 2) besitzen gegenüber den mechanischen Ausführungen viele zusätzliche **Funktionen (MODE)**:

- Wahl des Ziffernschrittwertes (Zw = 0,001 mm oder 0,01 mm) und des Messbereichs sowie Umschaltung von mm auf Zoll (Inch)
- Wahl zwischen Absolutmessung (ABS) oder Unterschiedsmessung (DIFF) bzw. Nullstellen der Anzeige an beliebiger Stelle im Messbereich (RESET oder ZERO)
- Voreinstellung (PRESET) von Toleranzwerten und der Zählrichtung (+ bedeutet steigende Anzeige bei hineingehendem Messbolzen)
- Speicherfunktionen: aktueller Messwert, Höchstwert, Kleinstwert, Höchstwert minus Kleinstwert, z. B. bei Rundlaufprüfungen
- Datenausgang zur Messdatenverarbeitung
- Grafische Anzeige der Toleranzlage an der Strichskale

Bild 2: Elektronische Messuhr

Manche elektronischen Messuhren haben zusätzlich zur Eingabe von Toleranzgrenzen noch mechanisch einstellbare Toleranzmarken (Bild 2). Die Messwertklasse wird durch Leuchtdioden angezeigt, grün für „Gut", gelb für „Nacharbeit" und rot für „Ausschuss". Das Anzeige- und Tastenfeld ist meist um 270° drehbar.

Beim Messen von Rundlauf, Planlauf und Ebenheit bewegt sich der Messwert zwischen Höchstwert und Kleinstwert **(Bild 3)**. Durch die Bewegungsumkehr des Messbolzens entsteht die **Messwertumkehrspanne f_u**, da dieselbe Messgröße bei herausgehendem Messbolzen eine größere Anzeige ergibt als bei hineingehendem Messbolzen. Die Ursache dafür ist bei mechanischen Messuhren die Reibung des Messbolzens, die bei hineingehendem Messbolzen die Messkraft erhöht und sie bei herausgehendem Messbolzen erniedrigt.

Bild 3: Rundlaufprüfung

Arbeitsregeln für das Messen mit Messuhren

- Bei Rundlauf- und Planlaufmessungen sind Messgeräte mit möglichst kleiner Messwertumkehrspanne gefordert. Gut geeignet sind dafür elektronische Messuhren (f_u = 2 µm), Feinmessuhren (f_u = 1 µm) und Feinzeiger (f_u = 0,5 µm).
- Die Messwertumkehrspanne kann vermieden werden, wenn z. B. nur bei herausgehendem Messbolzen gemessen wird. Bei solchen Messungen sind daher auch mechanische Messuhren und Fühlhebelmessgeräte (f_u = 3 µm) gut geeignet.
- Die Messbolzen dürfen weder geölt noch gefettet werden.

Fühlhebelmessgeräte

Fühlhebelmessgeräte sind sehr vielseitig verwendbare Vergleichsmessgeräte **(Bild 1)**. Die Messwertumkehrspanne beträgt wie bei den Messuhren 3 µm. Trotz dieser relativ großen Messwertumkehrspanne sind die Fühlhebelmessgeräte unverzichtbar für Messungen auf der Prüfplatte sowie für Messungen von Form-, Positions- und Lageabweichungen. Durch die automatische Umschaltung im Messwerk kann in zwei Tastrichtungen gemessen werden. Dadurch bleibt die Laufrichtung des Zeigers stets gleich.

Bild 1: Zentrierung einer Bohrung mit einem Fühlhebelmessgerät

Anwendungen

- Messungen von Abweichungen: Rundlauf, Planlauf, Ebenheit, Parallelität und Position
- Zentrieren von Wellen oder Werkstückbohrungen
- Paralleles oder rechtwinkliges Ausrichten von Teilen oder Messhilfsmitteln.

> Aufgrund des schwenkbaren Tasters eignen sich Fühlhebelmessgeräte gut für Messungen an schwer zugänglichen Messstellen.
> Die Messkraft beträgt nur etwa 1/10 der Messkraft von Messuhren. Die geringe Messkraft ist vorteilhaft für Messungen an nicht formstabilen Teilen.

Anwendungshinweise

- Bei Stellung des Tasters parallel zur Prüffläche ist der Messwert ohne Korrektur richtig **(Bild 2)**.
- Bei nicht paralleler Lage ändert sich die wirksame Hebellänge. In Abhängigkeit vom Winkel α sind die angezeigten Werte zu korrigieren (Bild 2).

Beispiel: Der geschätzte Anstellwinkel α des Tasters beträgt 30°, der Korrekturfaktor damit 0,87. Der angezeigte Messwert ist 0,35 mm.
Korrigierter Messwert = 0,35 mm · 0,87 = **0,3 mm**

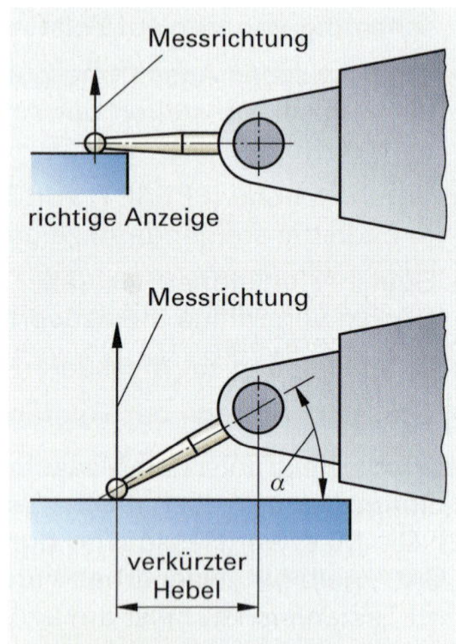

Abweichung der Anzeige

Winkel α	15°	30°	45°	60°
Korr.-Faktor	0,96	0,87	0,7	0,5

Bild 2: Einfluss des Anstellwinkels auf den Messwert

Unterschiedsmessung

Messuhren, Fühlhebelmessgeräte und Feinzeiger werden wegen des kleinen Messbereiches meist nur für Unterschiedsmessungen eingesetzt **(Bild 3)**.

> Unterschiedsmessungen beruhen auf dem Vergleich der Messgröße mit dem eingestellten Nennmaß der Messgröße.
> Entsprechend den kleinen Messwegen bei Unterschiedsmessungen sind auch die systematischen Messabweichungen klein.

Zur Unterschiedsmessung müssen die Messgeräte mit Endmaßen oder anderen Normalen auf das Nennmaß der Messgröße am Werkstück eingestellt werden. Nach der Nullstellung der Anzeige sind beim Messen die Maßunterschiede gegenüber dem Nennmaß direkt ablesbar. Die Nullstellung kann über eine Feinstelleinrichtung des Messständers erfolgen, bei elektronischen Messuhren und Feinzeigern durch Tastendruck und bei mechanischen Messuhren durch Drehen der Skalenanzeige.

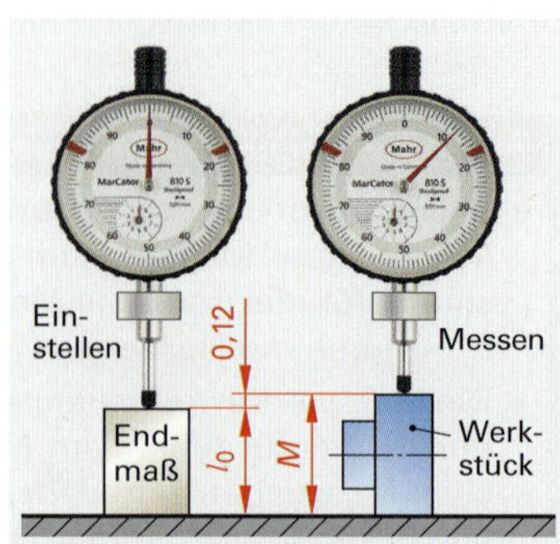

Bild 3: Unterschiedsmessung

Feinzeiger

Mechanische Feinzeiger (Feintaster) eignen sich für Messaufgaben, bei denen die Präzision der Messuhren nicht mehr ausreicht. Sie haben meist einen Skalenteilungswert von 1 µm.

Das bessere Übertragungsverhalten der Feinzeiger gegenüber den Messuhren wird vor allem durch präzisionsverzahnte Zahnradsegmente (als Übertragungshebel) und durch eine Kugellagerung des Messbolzens erreicht **(Bild 1).** Dadurch ist keine volle Zeigerumdrehung, aber eine kleine Messwertumkehrspanne möglich. Der Messbereich beträgt meist 50 µm oder 100 µm.

Elektronische Feinzeiger (Bild 2) haben die gleichen Messfunktionen (MODE) wie die elektronischen Messuhren (Bild 2, Seite 31).

Unterschiede gegenüber Messuhren sind:

- präziseres induktives Messsystem, das Ziffernschrittwerte von 1 µm, 0,5 µm oder 0,2 µm ermöglicht
- eine kleine Abweichungsspanne f_e = 0,6 µm (0,3 µm) und eine entsprechend kleine Messwertumkehrspanne f_u < 0,5 µm

Die Messdaten können bei elektronischen Feinzeigern und Messuhren über Kabel oder über einen am Messgerät angebrachten kleinen Funk- oder Infrarotlichtsender an einen PC übertragen werden.

Feinzeiger sind die genauesten mechanischen und elektronischen Handmessgeräte. Ihre Messwertumkehrspanne beträgt höchstens 0,5 µm. Sie eignen sich daher besonders gut zum Messen von Rundlauf, Planlauf, Geradheit und Ebenheit.

Wiederholung und Vertiefung

1. Warum kann mit Innenmessschrauben mit 3-Linien-Berührung präziser gemessen werden als mit Innenmessschrauben mit 2-Punkt-Berührung?
2. Warum soll mit Messuhren nur in einer Bewegungsrichtung des Messbolzens gemessen werden?
3. Warum eignen sich Fühlhebelmessgeräte gut zum Zentrieren und zur Rundlaufprüfung von Bohrungen?
4. Warum sind bei Rundheits- und Rundlaufprüfungen Feinzeiger günstiger als Messuhren?
5. Eine elektronische Messuhr **(Bild 3)** zeigt bei der Rundlaufprüfung den Höchstwert + 12 µm und den Kleinstwert − 2 µm an. Wie groß ist die Rundlaufabweichung ($f_L = M_{wmax} - M_{wmin}$)?

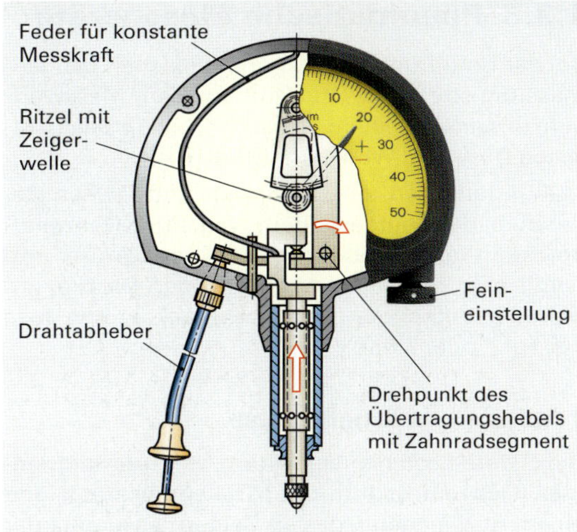

Bild 1: Mechanischer Feinzeiger

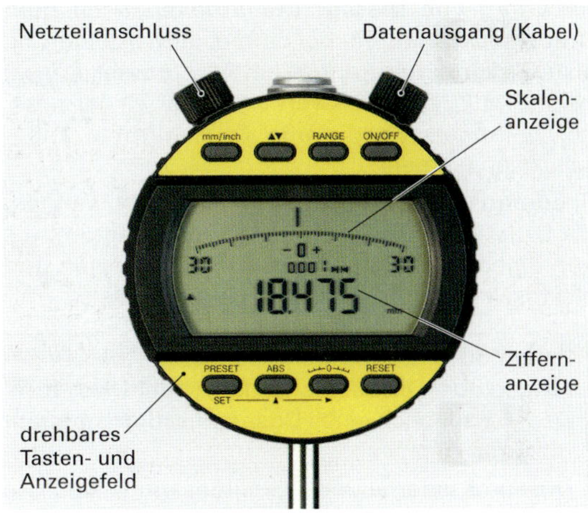

Bild 2: Elektronischer Feinzeiger

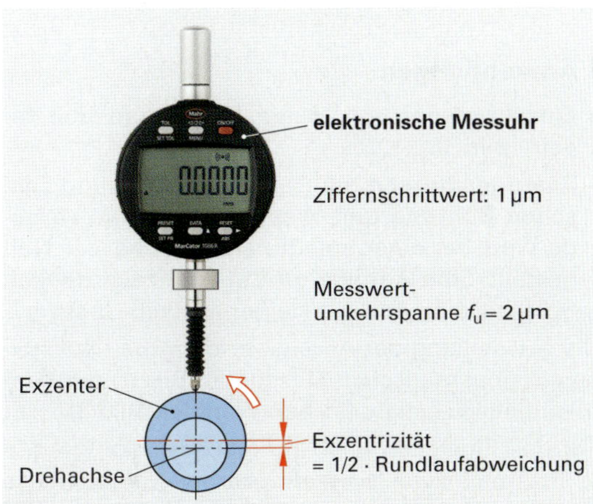

Bild 3: Prüfung von Rundlauf und Exzentrizität

1.3.3 Pneumatische Messgeräte

Bei der berührungslosen, pneumatischen Längenmessung strömt die Druckluft aus dem Messwertaufnehmer, z. B. einem Messdorn, in den Spalt zwischen Düse und Werkstück **(Bild 1).**

Maßänderungen an Bohrungen und Wellen gegenüber dem eingestellten Werkstück-Nennmaß bewirken eine Änderung der Spaltgröße und damit eine messbare Änderung des Druckes im Messwertaufnehmer. Der Messdruck an der Düse beträgt 2 oder 3 bar.

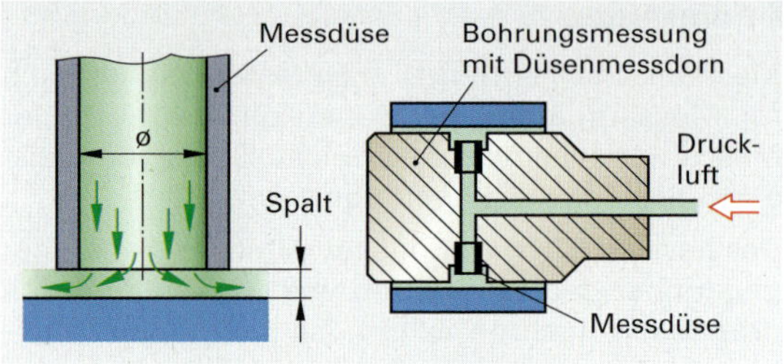

Bild 1: Messdüse und Düsenmessdorn

Aufbau und Arbeitsweise

Die Geräte bestehen aus einem **Messwertaufnehmer** (Düsenmessdorn oder Düsenmessring) und einem Anzeigegerät, das als Zeigermessgerät oder Leuchtsäule ausgeführt sein kann (Bild 1 und Bild 2, folgende Seite).

Pneumatische Messgeräte arbeiten nach dem **Druckmessverfahren,** bei dem eine Maßänderung als Druckänderung durch ein Manometer erfasst wird **(Bild 2).** Der Messwert wird über Zeigermessgeräte angezeigt, die ans Druckluftnetz angeschlossen werden.

Pneumatisch-elektronische Messgeräte wandeln die Druckänderung in eine Wegänderung um, die von einem induktiven Messtaster gemessen und elektrisch verstärkt angezeigt wird **(Bild 3).**

Pneumatische Messgeräte erfassen Maßänderungen über Druckänderungen an der Messdüse. Der Messbereich eines Düsenmessdorns beträgt maximal 76 µm.

Düsenmessdorne und Düsenmessringe sind wie die Einstellnormale nur für eine Messaufgabe einsetzbar. Pneumatische Messgeräte eignen sich daher nur für die Serienfertigung.

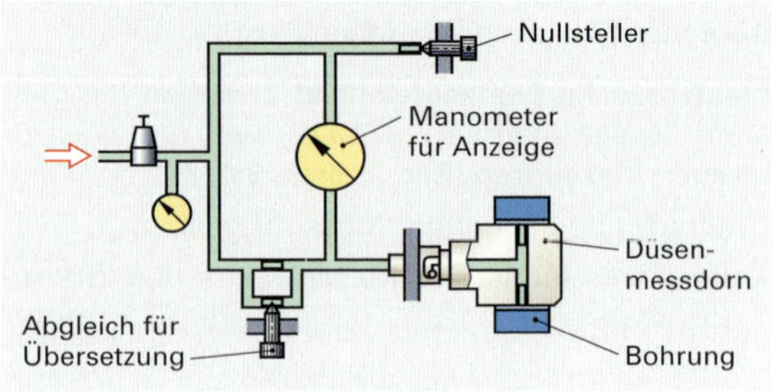

Bild 2: Pneumatisches Messgerät

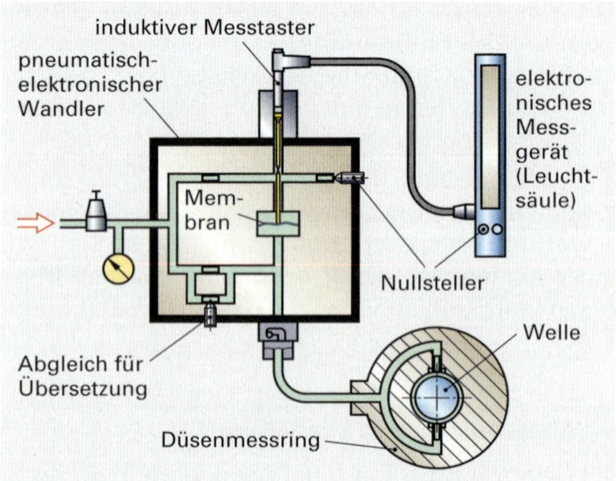

Bild 3: Pneumatisch-elektronisches Messgerät

Anwendungen

- **Einzelmessung** von Wellen, Bohrungen oder Kegeln (Bild 3).
- **Paarungsmessen** durch Differenzmessung zwischen Bohrung und Welle **(Bild 4).** Die Anzeige wird bei einer spielfreien Paarung auf Null gestellt. Eine Anzeige größer Null zeigt danach Spiel an, eine Anzeige kleiner Null ein Übermaß.

Die Nullstellung der Anzeige erfolgt über Nullsteller am pneumatischen Messgerät (Bild 2) oder am pneumatisch-elektronischen Wandler (Bild 3).

Für das Einstellen des Anzeigebereiches werden je Prüfmaß zwei **Einstellnormale** (Einstellringe oder Einstelldorne) verwendet, die den oberen und unteren Grenzwert des Prüfmaßes verkörpern.

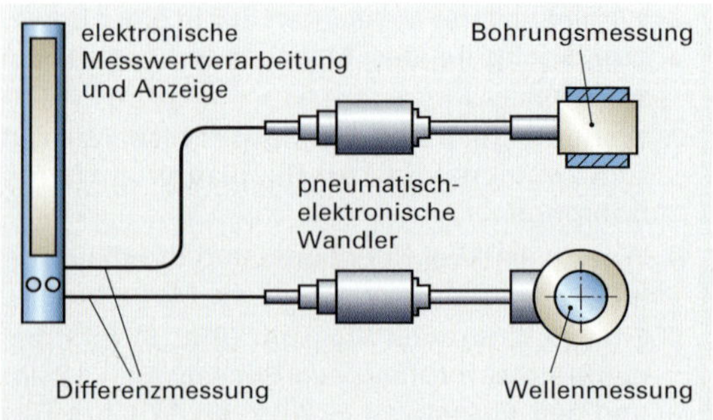

Bild 4: Paarungsmessen von Bohrung und Welle

An Messgeräten mit Leuchtsäulen sind Messwerte mit einem Blick erkennbar und bewertbar **(Bild 1)**. Grüne, gelbe oder rote Leuchtbalken zeigen „Gut", „Nacharbeit" oder „Ausschuss" an. Beim Überschreiten der programmierten Warn- und Toleranzgrenzen wechselt Grün nach Gelb oder Rot. Bis zu vier Leuchtsäulen können zu einer Einheit verbunden werden.

Messgeräte mit Skalen- und Ziffernanzeige ermöglichen Differenzmessungen bei der Paarung von Wellen und Bohrungen oder die Einteilung des Toleranzfeldes in Messwertklassen.

Pneumatische Messwertaufnehmer

Überwiegend werden die Messwertaufnehmer beim Messen von Bohrungen und Wellen eingesetzt **(Bild 2)**. Die Messdorne und Messringe haben meist zwei um 180° versetzte Messdüsen, was eine Zweipunktmessung ergibt. Vor allem bei Bohrungen können Rundheits- und Zylinderformabweichungen auftreten, die durch Messungen an verschiedenen Stellen festgestellt werden können **(Bild 3)**. Die Rundheitsabweichung bei einem „Dreibogengleichdick" ist durch eine Zweipunktmessung nicht feststellbar, während eine ovale Rundheitsabweichung der Hälfte der Differenz $d_{max} - d_{min}$ entspricht.

Einflüsse auf die Messwerte

- Die Rautiefe an der Messstelle beeinflusst den Messwert. Bei Rautiefen $Rz < 5$ µm sind die pneumatisch gemessenen Messwerte mit denen von Feinzeigern vergleichbar. Bei Rautiefen $Rz > 5$ µm ergeben nur Kugelkontaktmessdorne vergleichbare Messwerte (Bild 2).
- Obwohl berührungslos gemessen wird, wirken durch die Druckluft kleine Messkräfte, die z.B. an sehr dünnwandigen Werkstücken elastische Formänderungen hervorrufen können.
- Die messtechnisch erfasste Werkstückfläche sollte mindestens den Durchmesser der Messdüse überdecken.

Vorteile der pneumatischen Längenmessung

- Die Messkraft durch die Druckluft ist meist vernachlässigbar klein.
- Sicheres und schnelles Messen mit hoher Wiederholpräzision auch bei ungeübten Prüfern, da sich die Zylinder von Messdornen und Messringen zur Bohrung oder zur Welle automatisch ausrichten.
- Die Druckluft reinigt die Messstellen von Kühlschmierstoffen, Öl oder Läpp-Paste. Das Werkstück kann daher bei laufender Maschine gemessen werden.

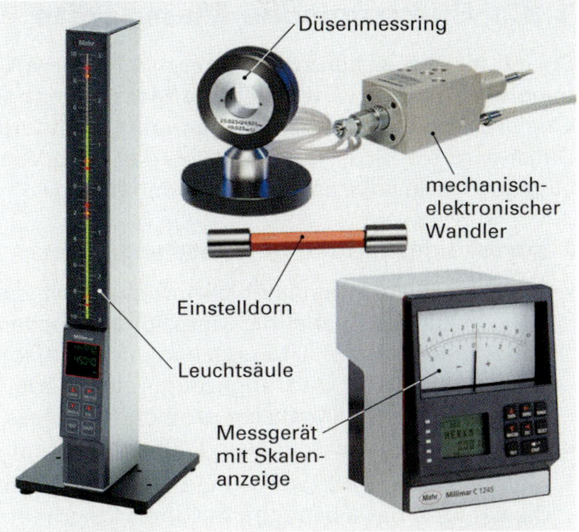

Bild 1: Pneumatisch-elektronische Messeinrichtung

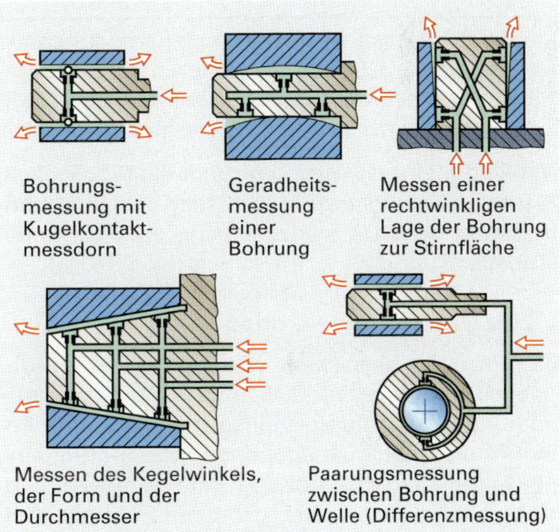

Bild 2: Anwendungen von Messwertaufnehmern

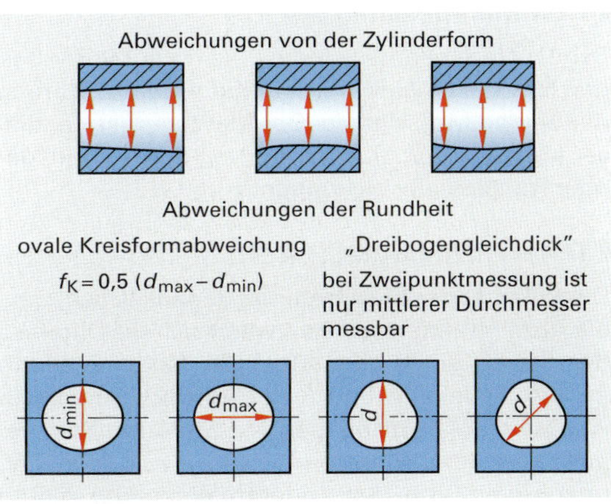

Bild 3: Messen von Maß- und Formabweichungen

1.3.4 Elektronische Messgeräte

Bei der elektronischen Längenmessung mit induktiven Messtastern wird durch die Messbolzenbewegung im Messtaster die Spannung geändert. Dabei wird ein Messsignal erzeugt, das nach Verstärkung direkt angezeigt werden kann **(Bild 1)**.

Vorteile des induktiven Messverfahrens

- Die induktiven Messtaster berühren die Messstelle mechanisch, aber die Messsignale werden ohne mechanische Übersetzung elektronisch erzeugt, verstärkt und angezeigt. Die Wiederholpräzision ist dadurch sehr groß und die Messwertumkehrspanne sehr klein (0,01 ... 0,05 µm).
- Die größte Messwertauflösung beträgt 0,01 µm. Die Grenzabmaße betragen maximal 1,9 µm (bei Messtastern in Normalausführung und einem maximalen Messwert von 2 mm).

Induktive Messtaster eignen sich für hochgenaue Messungen, z. B. zum Kalibrieren von Endmaßen. Als Messwertaufnehmer werden sie auch in anderen elektronischen Messgeräten eingesetzt.

Neben der Einzelmessung besteht die Möglichkeit, Messsignale von zwei Messtastern zur Summenmessung oder Differenzmessung zu verknüpfen **(Tabelle 1)**.

Einzelmessung (+A oder –A)

Ein einzelner Messtaster wird wie eine Messuhr oder ein Feinzeiger zur Dickenmessung, Rundheits- oder Rundlaufprüfung eingesetzt. Bei positiver **Polarität** ergibt ein hineingehender Messbolzen eine positivere, steigende Anzeige. Eine negative Polarität bewirkt, dass bei einer größeren Bohrung auch ein größerer Messwert angezeigt wird.

Summenmessung (+A +B)

Bei der Summenmessung ist die Polarität der beiden Messtaster gleich. Angezeigt wird die Summe der beiden Messsignale. Der Messwert ist bei dieser Messfunktion unabhängig von Form-, Auflage- oder Rundlaufabweichungen.

Differenzmessung (+A –B)

Die Polarität der Messtaster ist gegensätzlich, d.h., die Anzeige ändert sich nur, wenn sich die Differenz der Tastersignale gegenüber der Nulleinstellung ändert (Tabelle 1, Bild 1 und **Bild 2)**. Angezeigt werden z. B. Abweichungen von Stufenmaßen, Kegelsteigungen, Winkeln oder von der Koaxialität, unabhängig von den anderen Werkstückmaßen oder der Werkstücklage.

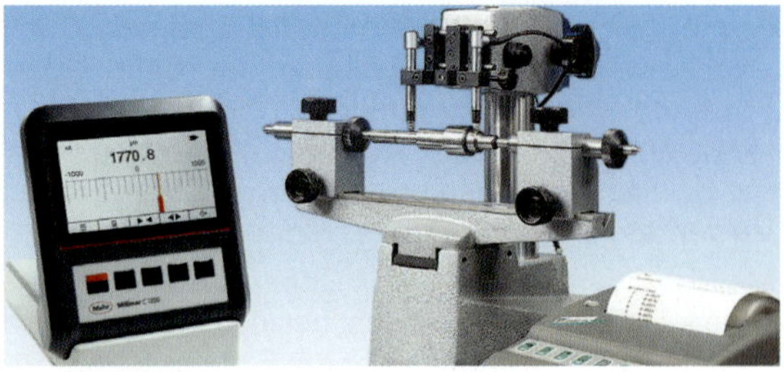

Bild 1: Rundlaufabweichung zwischen zwei Zylindern (Differenzmessung)

Tabelle 1: Messfunktionen

	Polarität	Änderung der Messgröße und der Anzeige	Anwendungsbeispiele
Einzelmessung	+A –A	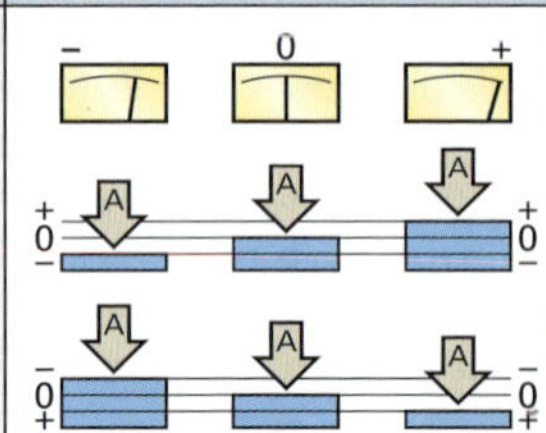	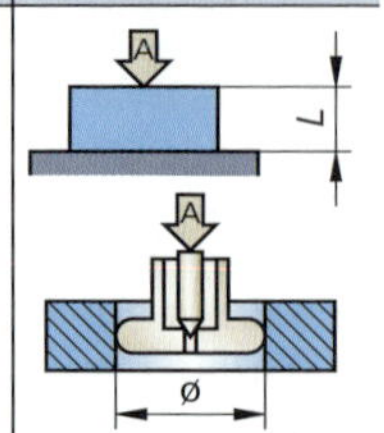
Summenmessung	+A+B	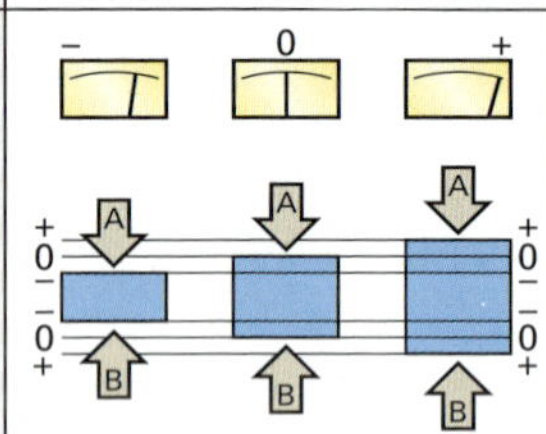	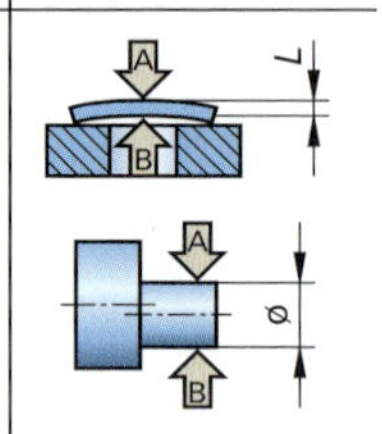
Differenzmessung	+A–B	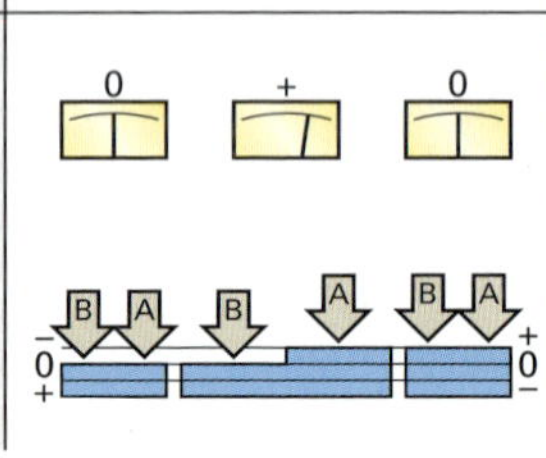	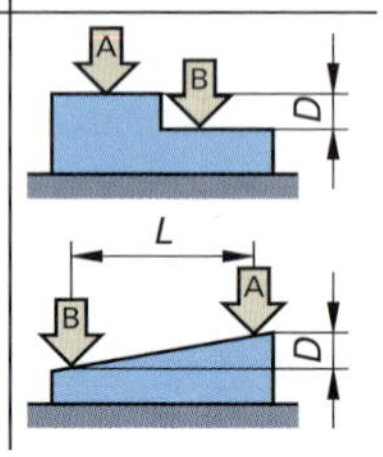

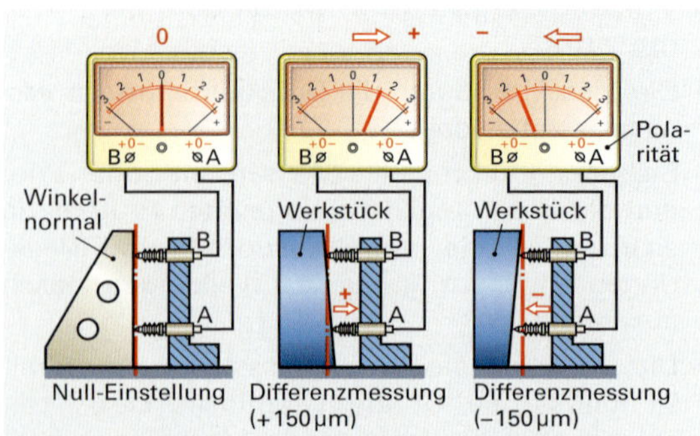

Bild 2: Differenzmessung der Rechtwinkligkeit

1.3.5 Optoelektronische Messgeräte

Bei der optoelektronischen Längenmessung wird der Prüfgegenstand mit Lichtstrahlen berührungslos angetastet. Im Empfänger, meist ein CCD-Sensor (Fotodiode), wird das optische Messsignal elektronisch erfasst und verarbeitet.

CCD-Sensoren (engl. Charge Coupled Device) bestehen aus vielen lichtempfindlichen Elementen (Pixel), die beim Zeilensensor in Zeilen und bei der CCD-Kamera in Zeilen und Spalten (Matrixsensor) angeordnet sind.

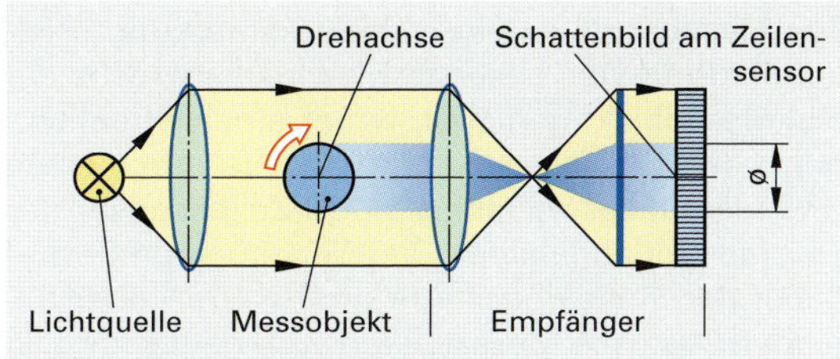

Bild 1: Messprinzip der Durchmessermessung mit einem Wellenmessgerät

Optoelektronische **Wellenmessgeräte** erfassen nach dem Schattenbildverfahren Profile von Rundteilen **(Bild 1)**. Durch die parallelen Lichtstrahlen entsteht am Empfänger (CCD-Zeilensensor) ein Schattenprofil, dessen Maße dem Werkstück entsprechen **(Bild 2)**. Um die vollständige Wellenkontur zu erfassen, wird eine Längsbewegung gegenüber der Welle ausgeführt und bei langen Wellen mit mehreren Zeilensensoren gemessen (Bild 2). Wird die Längsbewegung mit einer Drehbewegung des Werkstücks kombiniert, können mit hoher Punktdichte auch Geradheits- und Rundlaufabweichungen gemessen werden.

Durchmesser oder Längen sind sekundenschnell messbar. Beim Messen von Durchmessern können Fehlergrenzen von 2 µm erreicht werden. Bei Längenmessungen, z. B. von Einstich- oder Fasenbreiten, liegen die Fehlergrenzen bei etwa 6 µm, da Längenmaße auch von der Bewegung des Messschlittens und der Sauberkeit der Werkstückaufnahmen beeinflusst werden. Vergleichsmessungen mit hochgenauen Stufenscheiben ermöglichen eine Kalibrierung der Messgeräte (Bild 2).

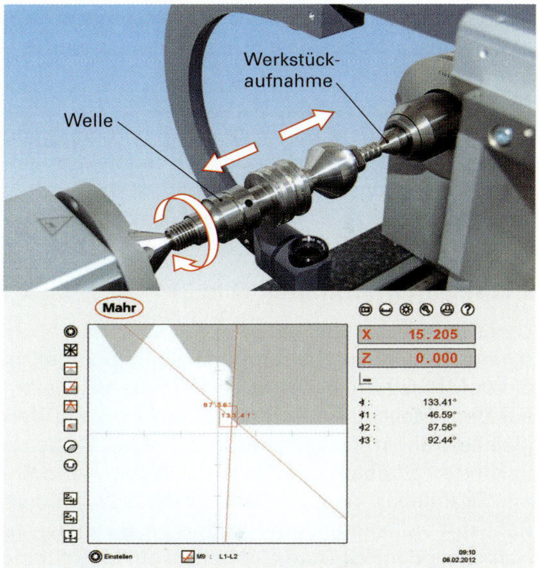

Bild 2: Wellenmessung (Längen und Durchmesser)

Laserscanner suchen kontinuierlich den Messbereich nach Messobjekten ab **(Bild 3)**. Mit der Drehung des Polygonspiegels (mit 8 ... 16 Spiegelflächen) wird von jeder Spiegelfläche der Laserstrahl parallel ausgerichtet durch den Messbereich bewegt. Solange der Strahl über das Werkstück läuft, gibt es am CCD-Zeilensensor einen Spannungsabfall. Die Dauer der Lichtunterbrechung ist daher ein Maß für die Durchmesser oder Längen einer Welle. Beim Messen von Durchmessern können Fehlergrenzen von 2 µm und bei Längenmaßen von 10 µm erreicht werden.

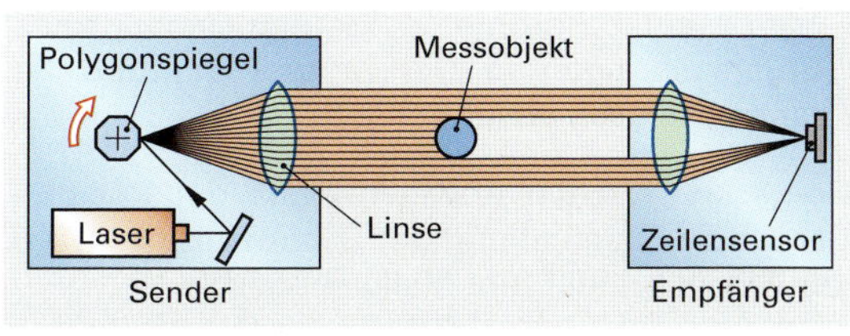

Bild 3: Laserscanner (Messprinzip)

Laserscanner können mit 25 bis 40 Abtastungen je Sekunde auch durchlaufende Drähte oder Fasern messen, denn die Messungen sind unabhängig von der Lage des Messobjektes im Messbereich.

Laserscanner werden zur Überwachung von Durchmessern, Foliendicken und Breiten von Metall- oder Kunststoffbändern in Fertigungslinien eingesetzt **(Bild 4)**.

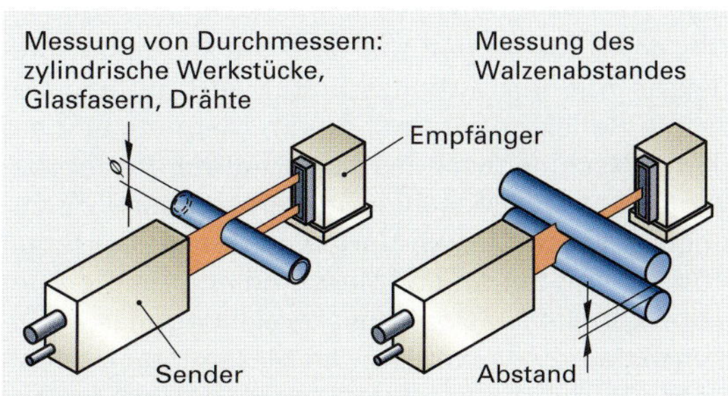

Bild 4: Anwendungen von Laserscannern

Laser-Abstandsmessgeräte werden im Bereich von 30 mm bis 1 m eingesetzt **(Bild 1** und **Bild 2)**. Das Messprinzip ist eine „Dreiecksmessung" (Triangulation): Der Laserstrahl wird senkrecht auf das Messobjekt gerichtet, wo er einen Streulichtpunkt erzeugt. Dieser Lichtpunkt wird durch einen reflektierten Laserstrahl am CCD-Zeilensensor des Empfängers abgebildet. Die Werkstückkontur darf dabei den Reflexionsstrahl nicht stören oder behindern. Je nach Messabstand wird der Lichtpunkt an einer anderen Stelle am Zeilensensor abgebildet. Bei einem Messabstand von 100 mm muss mit einer Messunsicherheit von 0,2 mm gerechnet werden. Abstandssensoren von Messmaschinen haben das gleiche Messprinzip, aber erweiterte Messmöglichkeiten (Bild 2, Seite 42).

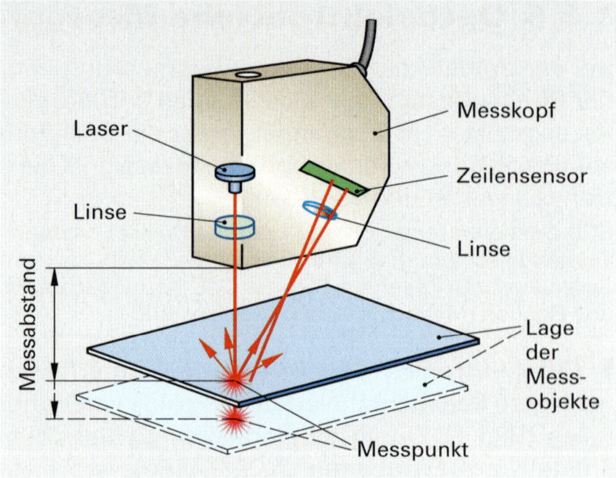

Bild 1: Laser-Abstandsmessung

Laser-Abstandsmessgeräte werden vorwiegend bei streuend reflektierenden Messobjekten eingesetzt. Spiegelnde oder wenig reflektierende Flächen ergeben ein zu kleines Messsignal.

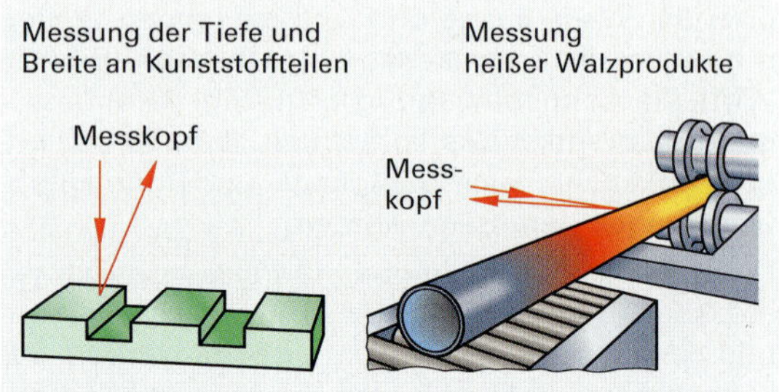

Bild 2: Anwendungen der Laser-Abstandsmessung

Laser-Interferometer (Bild 3)

Laser-Interferometer teilen einen Laserstrahl an einem Strahlteiler (halbdurchlässiger Spiegel) in einen Messstrahl, der zum verfahrbaren Reflektor auf dem Maschinentisch geht, und in einen Vergleichsstrahl im feststehenden Reflektor. Beide reflektierten Strahlen überlagern sich (interferieren) am Strahlteiler. Wird der Maschinentisch mit dem Reflektor auf eine andere Position gefahren, ist die Häufigkeit der Hell-Dunkel-Wechsel ein Maß für die Verfahrbewegung.

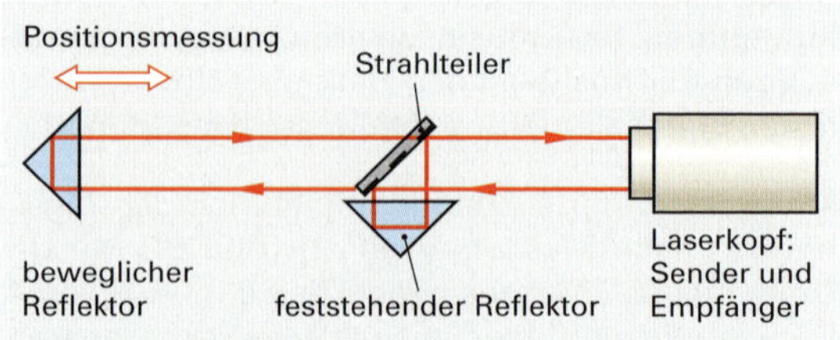

Bild 3: Messprinzip des Laser-Interferometers

Mit Laser-Interferometern werden Genauigkeitsuntersuchungen an Werkzeug- oder Koordinatenmessmaschinen durchgeführt.

Gemessen werden Abweichungen der Position, Geradheit, Ebenheit und der Rechtwinkligkeit, z. B. der Arbeitsspindel zum Maschinentisch.

Bei Positionsmessungen in der X-Achse einer Fräsmaschine geht der Laserstrahl vom Laserkopf parallel zum Maschinentisch zum Strahlteiler **(Bild 4)**. Dieser ist zusammen mit dem feststehenden Reflektor mit der Arbeitsspindel verbunden. Der zweite Reflektor wird mit einem Magnetstativ auf dem Maschinentisch fixiert und durch Verfahrbewegungen der Maschine in verschiedene Positionen gebracht. Durch Vergleich der gemessenen Position mit der an der Maschine angezeigten Position können alle Positionsabweichungen in der X-Achse gemessen werden. Die Messungen sind mit hoher Verfahrbewegung (1 m/s) und mit kleiner Messunsicherheit (1,1 µm/m) durchführbar.

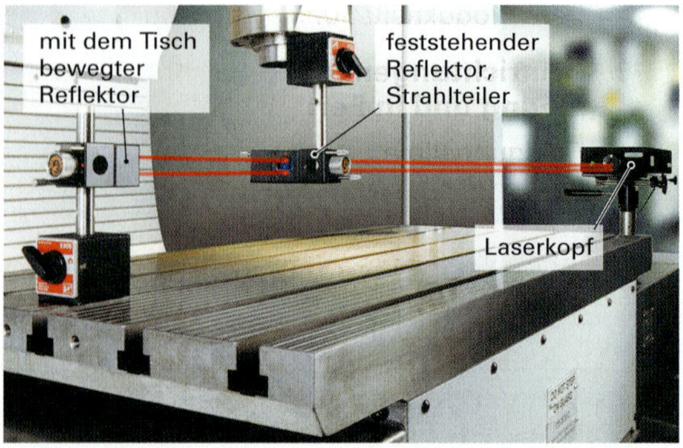

Bild 4: Positionsmessung in der x-Achse einer Fräsmaschine mit dem Laser-Interferometer

1.3.6 Koordinatenmessgeräte

Grundlagen Koordinatenmesstechnik

Bei der Koordinatenmesstechnik (KMT) werden Punkte einer Werkstückoberfläche als räumliche Koordinaten erfasst. Mit leistungsfähigen Rechnern können daraus die Geometrieelemente berechnet und ausgewertet werden **(Bild 1)**.

Die Bestimmung der Koordinatenwerte erfordert, dass das Messkopfsystem (Sensor) und das Messobjekt in ihrer Position exakt definiert zueinander bewegt werden können.

Koordinatenmesstechnik ist Teil der Fertigungsmesstechnik. Direkt auf Werkzeugmaschinen, integriert in Fertigungslinien oder in klimatisierten Messräumen wird sie für unterschiedlichste, hochpräzise Messaufgaben eingesetzt.

Messkomponenten für Werkzeugmaschinen

Trotz der schwierigen Messumgebung in der Bearbeitungsmaschine werden immer mehr Messkomponenten direkt in CNC-Maschinen eingesetzt.

Typische Messaufgaben im Bearbeitungsraum der Werkzeugmaschine sind das Erfassen der Bauteilposition und Bauteillage vor Bearbeitungsbeginn, Kontrollmessungen zwischen einzelnen Arbeitsschritten, die Kontrolle der gefertigten Bauteile sowie die Werkzeugeinstellung und Werkzeugüberwachung **(Bild 2)**.

Vorteile der KMT in Werkzeugmaschinen

- Verringerung der Rüstzeit, da zeitaufwendiges Ausrichten der Bauteile durch Antastung und entsprechendes Anpassen des CNC-Programmes an die ermittelte Bauteillage ersetzt wird,
- Verringerung weiterer Nebenzeiten wie Werkzeugvermessung, Transportzeiten, Liegezeiten, Eingriffszeiten, Prüfzeiten,
- mannloser Betrieb möglich,
- höhere Produktivität und Fertigungsqualität.

Messeinrichtungen in Produktionsumgebung und in Fertigungslinien

In die Fertigungslinie integriert als In-Line-Modul oder als Stand-Alone-Messzelle übernehmen Koordinatenmessmaschinen neben verschiedenen Handling-, Sortier-, Klassier- und Kennzeichnungsaufgaben z. B. die 100 %-Messung als automatisierte Messung ohne zusätzlichen Personaleinsatz **(Bild 3)**. Korrekturschnittstellen zur Bearbeitungsmaschine ermöglichen die Rückmeldung der Fertigungsqualität an die Bearbeitungsmaschine und somit eine produktionsbegleitende Qualitätssicherung und höchste Produktivität.

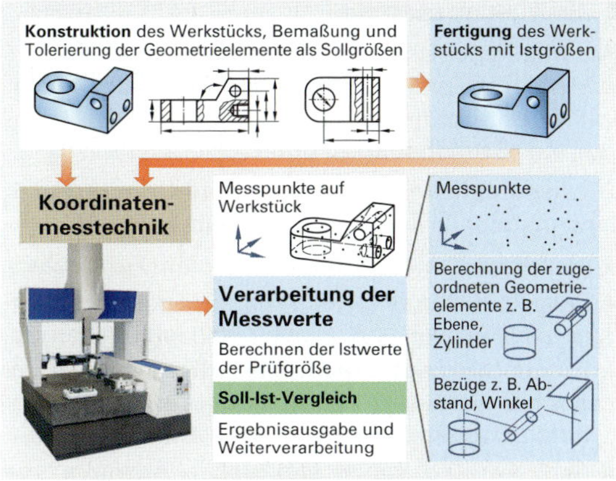

Bild 1: Grundprinzip Koordinatenmesstechnik

Bild 2: Messkomponenten in CNC-Maschinen

Bild 3: Mess- und Automatisierungszelle

3D-Messmaschine

Am häufigsten sind Koordinatenmesssysteme, bei denen drei Geräteschlitten ein kartesisch rechtwinkliges Koordinatensystem ergeben. Dabei werden vier **Grundbauarten** unterschieden **(Bild 1)**.

Die wesentlichen **Bau- und Funktionsgruppen** sind in jeder Grundbauart enthalten **(Bild 2)**.

- Messtisch, meist aus thermostabilem Hartgestein.
- Präzise, leichtgängige, verschleißarme Führungen der Achsen, z. B. als aerostatische Lagerung.
- Längenmesssysteme für alle Achsen mit elektronischer Messwerterfassung und Maßverkörperung z. B. als Inkrementalglasmaßstab (Seite 565).
- Achsantriebe, meist elektrische Antriebe, die die Achsbewegungen möglichst schwingungsfrei in einem Lageregelkreis realisieren.
- Mess- und Tastsysteme (Folgeseiten).
- Steuer- und Auswertecomputer zur Steuerung des Messablaufs und der Verfahrbewegungen.

Typische fertigungsnahe Messaufgaben an 3D-Messmaschinen sind das Prüfen von Musterteilen, die Abnahme von Erstteilen vor der Serienproduktion, die Stichprobenprüfung aus der laufenden Fertigung sowie die Überwachung und Kalibrierung von Prüfmitteln.

Vorteile der KMT mit der 3D-Messmaschine:

- Geschützte günstige Umgebungsbedingungen bezüglich Verschmutzungen, Schwingungen, Temperaturschwankungen usw.
- Umfangreiche, zeitaufwendige Messaufgaben können parallel zur Fertigung erfolgen.

Messwerterfassung und -verarbeitung

Durch die KMG-Software werden die im **Gerätekoordinatensystem** erfassten Koordinatenwerte in Koordinatenwerte des **Werkstückkoordinatensystems** transformiert. Das ebenfalls von der Bauteillage bestimmte **Steuerkoordinatensystem** wird nur zur kollisionsfreien Steuerung der Tastelemente verwendet **(Bild 2)**.

Erst im Werkstückkoordinatensystem kann die Auswertung bezüglich den Vorgaben der technischen Zeichnung oder der CAD-Daten des Bauteils erfolgen. Für diesen Soll-Ist-Vergleich müssen die einzelnen Antastpunkte durch eine Ausgleichsrechnung zu sogenannten **Standardformelementen** als Geometrieelemente verarbeitet werden. Sie beschreiben die Oberfläche des Werkstücks in idealisierter Form **(Bild 3)**. Als Bezüge zwischen Elementen werden z. B. Winkel und Abstand ermittelt. Neben den Standardelementen können auch spezielle Oberflächengeometrien wie Gewinde, Verzahnungen und Freiformflächen erfasst und verrechnet werden.

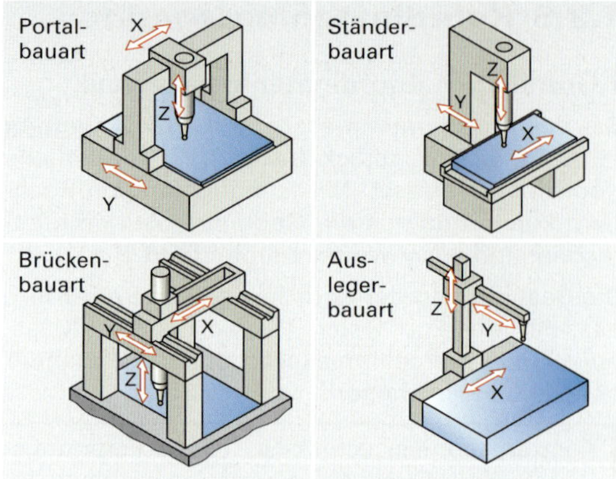

Bild 1: Grundbauarten von 3D-Messmaschinen

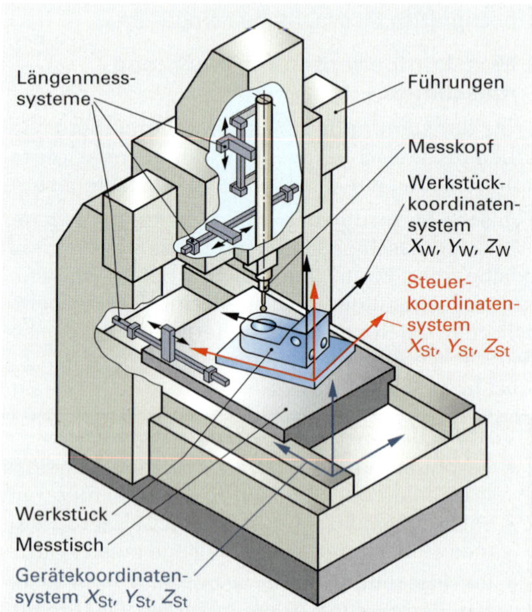

Bild 2: Grundprinzip Mehrkoordinatenmessgerät

Standard-formelement	Mindest-punktzahl	Antastpunkte und Ausgleichselement
Punkt Linie	1 2	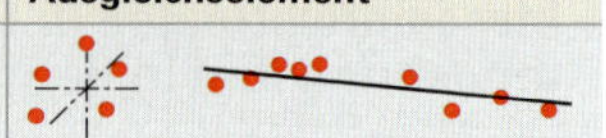
Ebene/Fläche	3	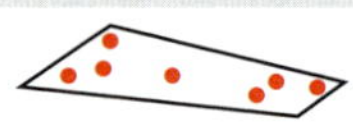
Kreis Kugel	3 4	
Zylinder Kegel	5 6	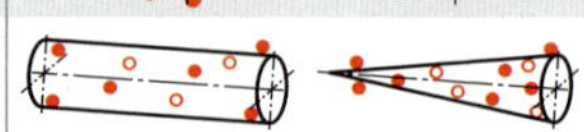
Torus	7	

Bild 3: Standardformelemente (Auswahl)

Berührende (taktile) Messköpfe (Bild 1)

Schaltende Tastsysteme übernehmen bei Berührung mit dem Werkstück die Messwerte in den Antastrichtungen X, Y und Z. Die kleine Messkraft (< 0,01 N) ist bei Kunststoffteilen vorteilhaft.

Messende Tastsysteme sind kleine 3D-Messgeräte, denn induktive Wegaufnehmer messen bei einer Tasterbewegung kontinuierlich die Messwege in drei Achsen. Diese Messwege werden zu den vom Koordinatenmessgerät gemessenen Längen in der X-, Y- und Z-Achse addiert.

Messende Tastsysteme können das Messobjekt kontinuierlich mit vielen Messpunkten abtasten. Dadurch ist das Scannen von beliebig geformten Flächen möglich.

Scannen oder Scanning bedeutet in der englischen Sprache etwas absuchen. In der Koordinatenmesstechnik versteht man darunter das berührende oder optische Abtasten von Messobjekten in enger Punktfolge. Die Steuerung der Messachsen muss sehr schnell sein, da bei messenden Tastsystemen 200 Messpunkte je Sekunde ertastet werden können. Die Antastkraft kann stufenlos zwischen 0,05 N und 1 N gewählt werden. Die Genauigkeit von Formprüfungen nimmt beim Scannen mit der Punktdichte zu.

Optischer Messkopf mit CCD-Kamera (Bild 2)

Der optische Messkopf besteht aus einer hochauflösenden CCD-Kamera mit lichtempfindlichen Elementen, die in Zeilen und Spalten angeordnet sind (Matrixsensor). Das optisch erfasste Bild wird als digitalisierte Bildpunkte (Pixel) im Bildspeicher abgelegt. Das bedeutet, dass jedem Bildpunkt ein Grauwert (hell oder dunkel) zugeordnet wird. Bei der Bildverarbeitung erkennt man daher Werkstückkonturen an den Hell-Dunkel-Übergängen, wie sie an Kantenverläufen, Bohrungen, Nuten oder an Trägerplatten von integrierten Schaltkreisen (ICs) vorkommen **(Bild 3)**. Durchmesser und Bohrungsabstände können bei Durchlicht am besten gemessen werden, Nuten besser bei Auflicht.

Optische Sensoren tasten in der gleichen Zeit 20-mal mehr Punkte an als berührende (taktile) Taster.

Optische „Kantensensoren" werden auch bei Profilprojektoren und Messmikroskopen eingesetzt.

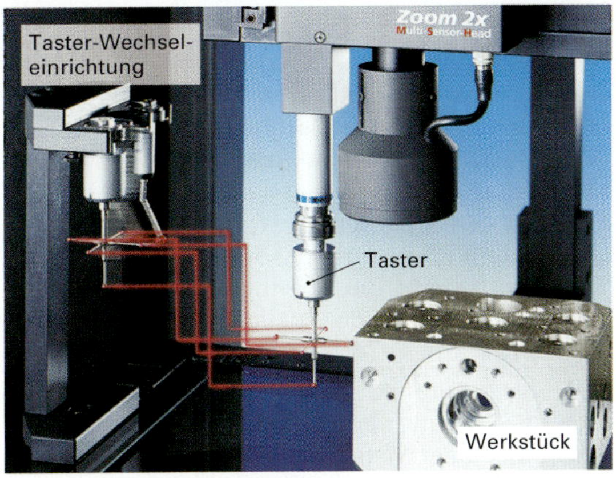

Bild 1: Berührender (taktiler) Messtaster und Tasterwechseleinrichtung

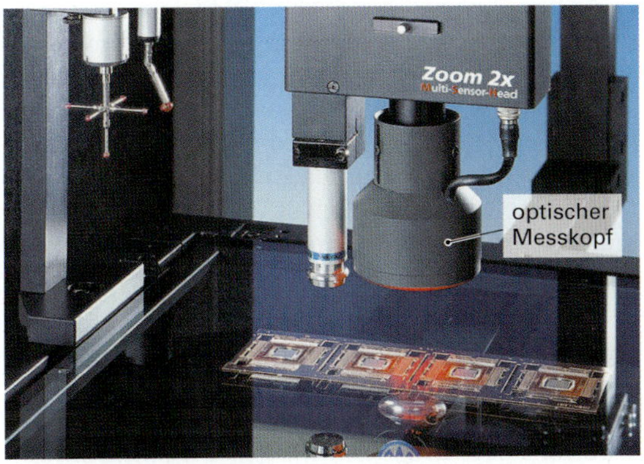

Bild 2: Bilderfassung von Trägerplatten mit dem optischen Messkopf

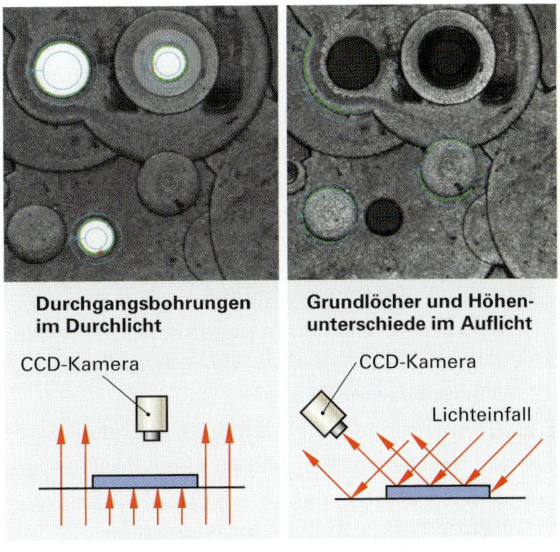

Bild 3: Erkennung von Formelementen im Bildfenster

Laser-Autofokussensor (Bild 1)

Autofokussensoren vereinigen (fokussieren) die Laserstrahlen automatisch in einem Punkt auf der Oberfläche. Die Fokussierlinse wird so nachgeführt, dass der Lichtpunktdurchmesser auf dem Messobjekt ein Minimum erreicht. Wenn z. B. die Ebenheit von Trägerplatten für integrierte Schaltkreise gemessen werden soll (Bild 2, vorherige Seite), entspricht die Ebenheitsabweichung der Nachführbewegung der Fokussierlinse.

Mit dem Autofokussensor können glatte (spiegelnde) ebene oder leicht gewölbte Glas-, Keramik- oder Metallflächen gemessen werden.

Beim Scannen werden bis zu 500 Punkte je Sekunde ertastet.

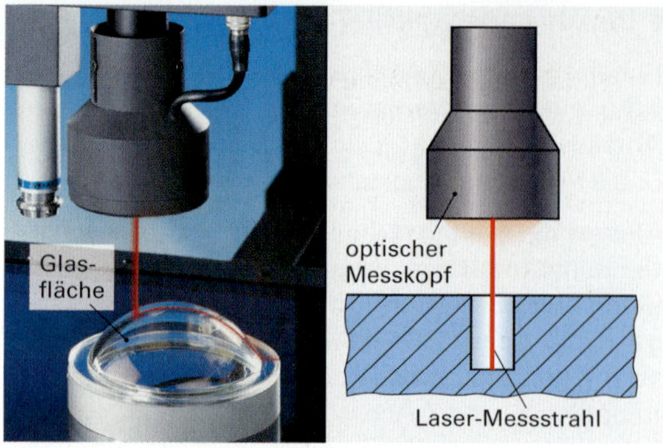

Bild 1: Messung von Formabweichungen und Bohrungstiefen mit dem Autofokussensor (integriert im optischen Messkopf)

Laser-Abstandssensor (Bild 2)

Das Messprinzip entspricht den Abstandsmessgeräten (Bild 1, Seite 38). Der Laserstrahl wird senkrecht auf die Oberfläche eines Formmodells gerichtet. Von allen Strahlen, die an der Oberfläche streuend reflektiert werden, trifft nur der unter 20° reflektierte Strahl auf den CCD-Zeilensensor. Dort entsteht ein Lichtpunkt, dessen Lage vom Messabstand abhängt.

Laser-Abstandssensoren eignen sich bei streuend reflektierenden Werkstoffen wie Hartschaum, Plastilin oder Stoffen. Sie werden daher bei Messungen an Formmodellen, Kunststoffteilen oder Gummiprofilen eingesetzt **(Bild 3)**.

Zur Einhaltung einer Fehlergrenze von unter 15 µm werden Abstandssensoren automatisch so nachgeführt, dass sie sich immer in der richtigen Messposition zur Werkstückoberfläche befinden. Abstandssensoren mit einem rotierenden Prisma im Strahlengang können gleichzeitig bis zu zehn parallele Messlinien je Bahn im Abstand von 1 ... 10 mm abtasten (Bild 2). Dadurch werden bis zu 400 Messpunkte je Sekunde gemessen.

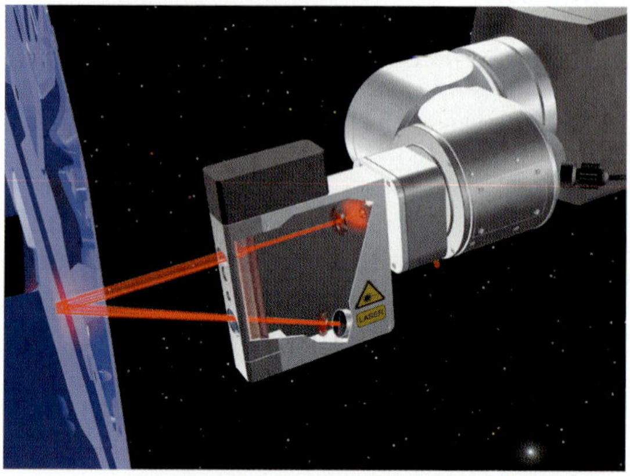

Bild 2: Scannen des Modells einer Autotür mit dem Abstandssensor auf 10 Messlinien gleichzeitig

Bild 3: Ausrichten des Abstandssensors und Scannen eines Freiformmodells

Wiederholung und Vertiefung

1 Welche Vorteile haben pneumatische Messungen?

2 Warum wirken sich bei der Dickenmessung mit induktiven Messtastern Formabweichungen des Werkstückes nicht aus?

3 Warum können bei Wellenmessgeräten Durchmesser genauer gemessen werden als Längen?

4 Mit welchem Messgerät kann die Positionsgenauigkeit von Werkzeugmaschinen geprüft werden?

5 Welche Vorteile haben optische Formmessungen auf Koordinatenmessgeräten gegenüber den berührenden (taktilen) Tastsystemen?

6 Welche Vorteile hat das Scannen gegenüber der Einzelpunktmessung?

1.4 Oberflächenprüfung

Die **wirkliche Oberfläche** weist fertigungsbedingte Abweichungen von der in der Zeichnung festgelegten Oberflächenqualität auf **(Tabelle 1)**.

Das **ertastete Profil** (Primärprofil) zeigt die mit einer Tastspitze aus Diamant abgetastete Oberfläche mit allen Abweichungen **(Bild 1)**. Die Mittellinie für das jeweilige Profil wird vom Rechner so gebildet, dass die oberen und unteren Profilanteile gleich groß sind **(Bild 3)**.

Das ertastete Primärprofil ist die Ausgangsbasis für das Welligkeits- und Rauheitsprofil sowie für die Rauheitskenngrößen.

Die Messung wird auf dem Flächenbereich durchgeführt, auf dem die höchste Rauheit oder Welligkeit erwartet wird. Bei fehlerhaften Flächen durch Kratzer oder Druckstellen erübrigt sich eine Messung.

Tabelle 1: Gestaltabweichung von Oberflächen

Gestaltabweichung		Beispiele	Ursachen
1.Ordnung		Unebenheit Unrundheit	Durchbiegung Führungsfehler
2.Ordnung		Wellen	Schwingungen
3.Ordnung	Rauheit	Rillen	Vorschub
4.Ordnung	Rauheit	Riefen Schuppen	Spanbildung

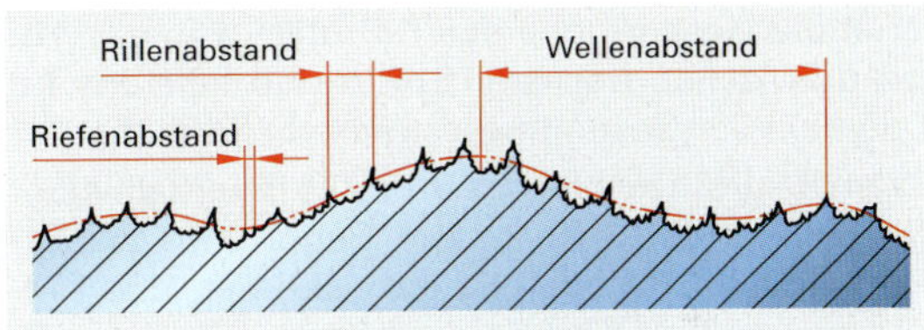

Bild 1: Ertastetes Primärprofil (P-Profil)

1.4.1 Oberflächenprofile

Tastschnittgeräte wandeln die Tastbewegungen der Diamantspitze in elektrische Signale um. Sie nehmen das Profil auf und berechnen die Kenngrößen Profiltiefe *Pt*, Wellentiefe *Wt* und Rautiefe *Rt* **(Bild 2)**.

In Profildiagrammen werden die Abweichungen vertikal vergrößert dargestellt (Bild 3). Die Flanken erscheinen dadurch steiler als sie wirklich sind.

Die vertikale Vergrößerung der Diagramme soll so gewählt werden, dass das Profil etwa die halbe Breite des Messprotokolls einnimmt.

Durch eine Profilfilterung wird aus dem ungefilterten Primärprofil **(P-Profil)** das Rauheitsprofil **(R-Profil)** und das Welligkeitsprofil **(W-Profil)** ermittelt (Bild 3).

Profilfilter trennen die kurzwelligen Rauheitsanteile des ertasteten Profils von den langwelligen Welligkeitsanteilen.

Die Oberflächenkenngrößen werden überwiegend im Rauheitsprofil (R-Profil) ermittelt.

Das **Rauheitsprofil (R-Profil)** entsteht aus dem ertasteten Profil durch Hochpassfilterung, wobei die Welligkeitsanteile unterdrückt werden (Bild 2 und Bild 3). Das **Welligkeitsprofil (W-Profil)** entsteht durch Tiefpassfilterung, wobei die Rauheitsanteile ausgefiltert werden.

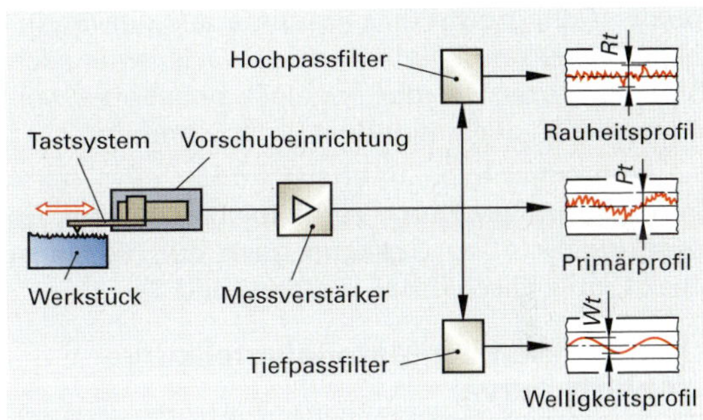

Bild 2: Prinzip eines Tastschnittgerätes

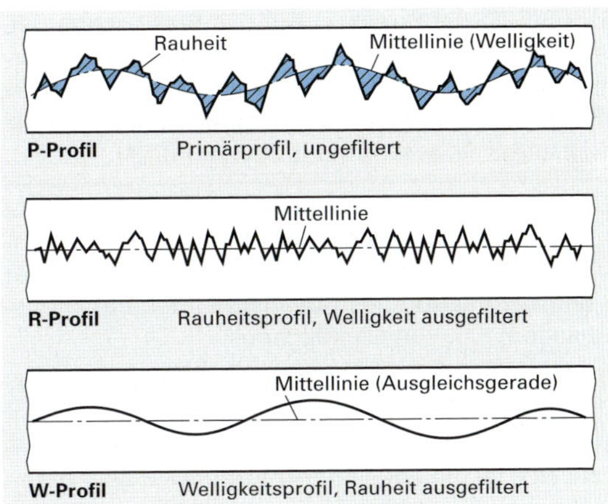

Bild 3: Oberflächen-Profildiagramme

1.4.2 Kenngrößen von Oberflächen

Aus den drei Oberflächenprofilen werden Kenngrößen abgeleitet, benannt mit ***P, W*** und ***R,*** z. B. die Profiltiefe *Pt* des Primärprofils, die Wellentiefe *Wt* aus dem Welligkeits- und *Rz* aus dem Rauheitsprofil. In DIN EN ISO 4287 sind zahlreiche Rauheitskenngrößen definiert.

Konventionelle Rauheitskenngrößen

Ra ist der arithmetische Mittelwert der Beträge aller Ordinatenwerte *z* des R-Profils innerhalb einer Einzelmessstrecke *lr. Ra* entspricht damit der Höhe eines Rechtecks, das den gleichen Flächeninhalt hat, wie die zwischen Profil- und Mittellinie eingeschlossene Fläche **(Bild 1).**

Rt ist die Gesamthöhe des R-Profils, d. h. der Abstand zwischen höchster Spitze und tiefstem Tal innerhalb der Gesamtmessstrecke *ln* **(Bild 2).**

Rz ist die größte Höhe des R-Profils innerhalb einer Einzelmessstrecke *lr.* In der Regel wird zur Ermittlung von *Ra* oder *Rz* der arithmetische Mittelwert aus fünf Einzelmesswerten gebildet, z. B. $Rz = 1/5 \cdot \Sigma\, Rz_i$ (Bild 2). Ansonsten wird die Anzahl dem Kennzeichen angefügt, z. B. *Rz*3 4.

Rmax ist die größte Einzelrautiefe aus den 5 Einzelmessstrecken *lr* (Bild 2). Sie wurde zwar nach ISO von *Rt* bzw. *Rz*1max abgelöst, findet aber weiterhin, z. B. in der Autoindustrie, Anwendung.

Die konventionellen Rauheitsgrößen sind reine Senkrechtgrößen. Durch Verhältnisbildung, z. B. ***Rp*** (Glättungstiefe) zu ***Rz,*** kann auch auf die Form eines Profils geschlossen werden **(Bild 3).**

Kenngrößen der Materialanteilkurve (Abbott-Kurve)

Die Abbott[1)]-Kurve entsteht, indem die Materialanteile in möglichst vielen Schnittebenen des R-Profils ermittelt werden. Man addiert auf jeder Schnittlinie die Strecken, die das Profil schneidet, und setzt sie ins Verhältnis zur Messstrecke. Es ergibt sich der Materialanteil in Prozent, z. B. ***Rmr*** ≈ 25 % in Schnitthöhe c1. Eine Auswertung ist nur bei S-förmiger Abbott-Kurve möglich **(Bild 4).**

Der Profilverlauf der Materialanteilkurve gibt einen schnellen Aufschluss über die Profilstruktur einer Oberfläche. Die Kenngrößen dienen der Beurteilung von hoch beanspruchten Funktionsflächen, z. B. von Gleitflächen.

Die Materialanteilkurve teilt man in drei Profilbereiche, die durch die Kenngrößen reduzierte Spitzenhöhe ***Rpk,*** Kernrautiefe ***Rk*** und reduzierte Riefentiefe ***Rvk*** festgelegt sind. ***Mr*1** und ***Mr2*** geben den Materialanteil an den Grenzen des Kernbereiches an **(Bild 5).**

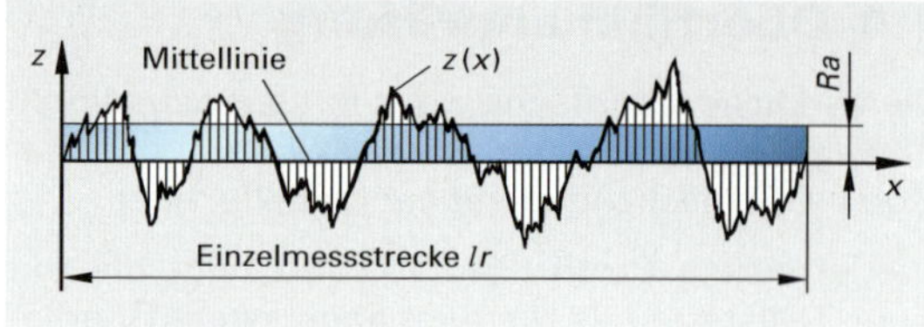

Bild 1: Mittenrauwert *Ra*

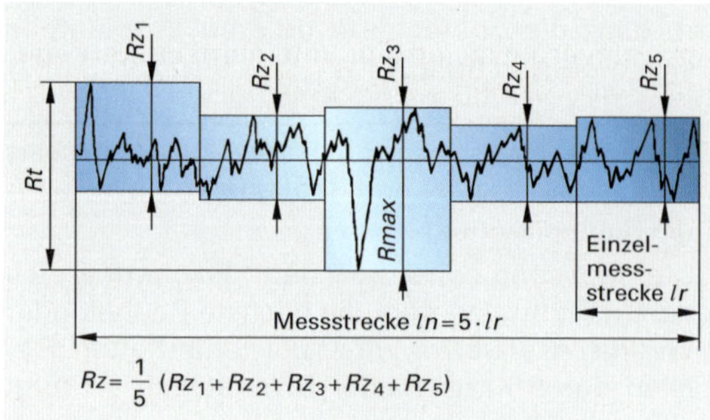

Bild 2: Rautiefe *Rt,* maximale Rautiefe *Rmax*

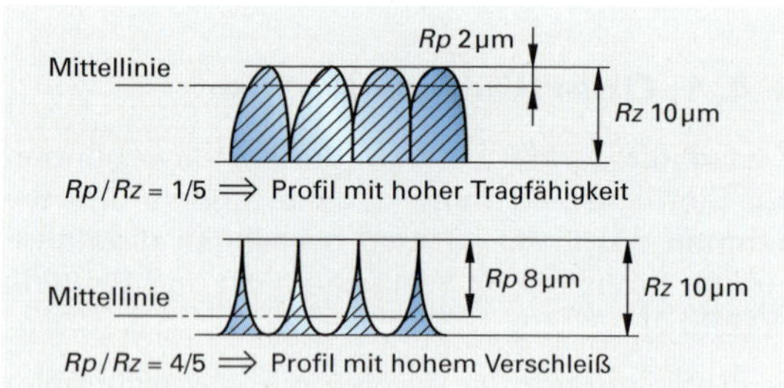

Bild 3: Rund- und Spitzkammprofil mit jeweils gleichem *Rmax* und *Rz* (10 µm) sowie *Ra* (2 µm)

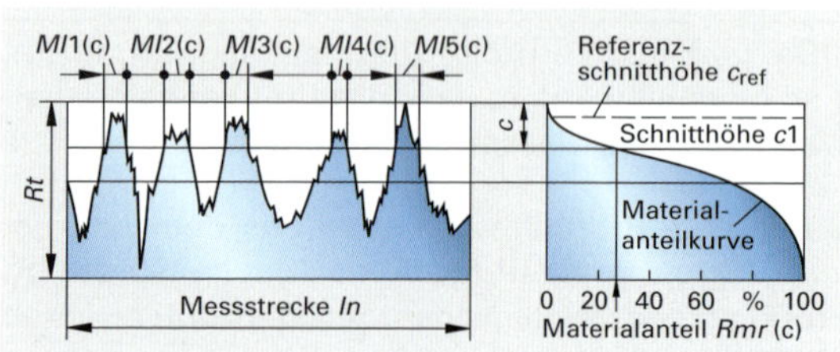

Bild 4: Ableitung der Materialanteilkurve

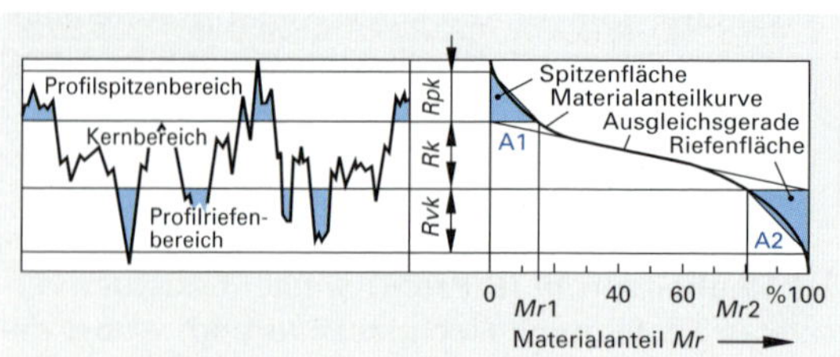

Bild 5: Profilbereiche und Kenngrößen der Materialanteilkurve

1) Benannt nach dem Amerikaner Abbott

1.4.3 Oberflächen-Prüfverfahren

Arten von Prüfverfahren

Oberflächen-Vergleichsmuster werden zum Tast- oder Sichtvergleich von Oberflächen eingesetzt. Voraussetzungen für die Vergleichbarkeit der Werkstückoberfläche mit dem Vergleichsmuster sind gleiche Werkstoffe und ein gleiches Herstellverfahren, z. B. Längsdrehen **(Bild 1)**.

Der Tastvergleich erfolgt mit dem Fingernagel oder einer kleinen Kupferscheibe (in der Größe einer Münze). Der Sichtvergleich wird durch einen optimalen Lichteinfallwinkel und die Benutzung einer Lupe begünstigt.

Oberflächenmessgeräte, die nach dem Tastschnittverfahren arbeiten, erfassen die Abweichungen der Oberfläche mit einer Tastspitze aus Diamant **(Bild 2)**. Die ideale Form der Tastspitze ist ein Kegel (60° oder 90°) mit gerundeter Spitze. Bei Rautiefen $Rz > 3$ µm ist ein Spitzenradius r_{sp} = 5 µm gewählt, bei $Rz > 50$ µm r_{sp} = 10 µm). Bei Rautiefen $Rz < 3$ µm ist ein Spitzenradius von 2 µm empfehlenswert, denn kleine Spitzenradien können kleine Profiltäler besser ertasten.

Das **Kufen-Tastsystem** eignet sich nur für die Rauheitsmessung mit tragbaren Oberflächenmessgeräten (Bild 2 und **Bild 3**). Bei diesem Tastsystem erfasst die Tastspitze das Rauheitsprofil relativ zur Bahn der Gleitkufe. Die Welligkeit wird durch den Gleitkufenradius von 25 mm größtenteils „mechanisch ausgefiltert".

Beim **Bezugsebenen-Tastsystem,** auch Freitastsystem genannt, bildet die hochgenaue Geradführung im Vorschubgerät die Bezugsebene **(Bild 4)**. Über eine Neigungseinstellung wird die Bezugsebene möglichst parallel zur Werkstückoberfläche ausgerichtet. Zeigt das ungefilterte D-Profil **(Bild 1, folgende Seite)** eine zu starke Schräglage, muss die Bezugsebene besser ausgerichtet werden. Gemessen wird die Bewegung der Tastspitze relativ zur Bezugsebene. Dadurch können alle Kenngrößen gemessen werden.

- Der Tastspitzenradius beschränkt die Fähigkeit, Riefen zu ertasten.
- Kufentaster erfassen nur die Rauheit.
- Das Bezugsebenen-Tastsystem ist in der Lage, Rauheit, Welligkeit und Anteile der Formabweichung zu messen.
- Die Vergleichbarkeit von Messergebnissen unterschiedlicher Messgeräte ist nur möglich, wenn Angaben zum Messverfahren gemacht werden können, z. B. Tastsystem, Tastspitzenradius und Profilfilter.

Längsdrehen II

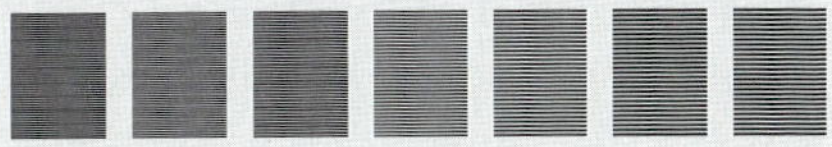

Ra µm	2,5	4	6	10	15	35	50
Rz µm	8	12	23	37	53	110	160

Bild 1: Oberflächen-Vergleichsmuster

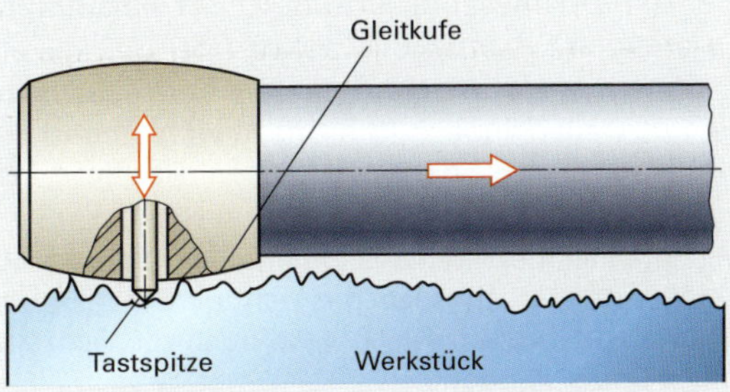

Bild 2: Kufen-Tastsystem

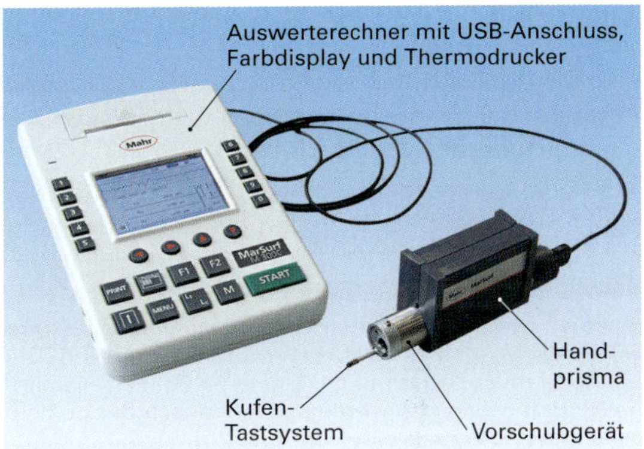

Bild 3: Tragbares Messgerät mit Kufen-Tastsystem

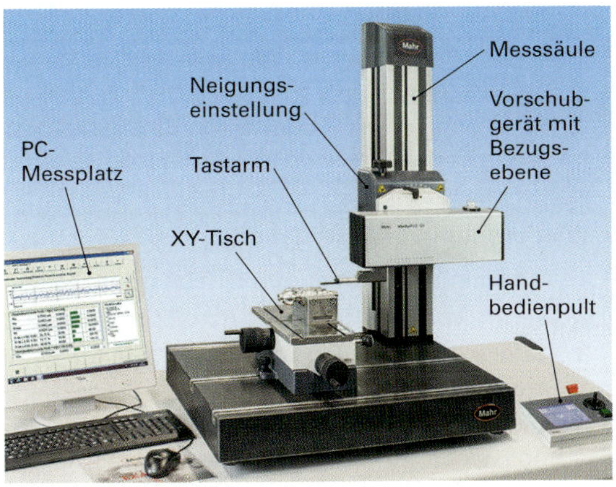

Bild 4: Vorschubgerät mit Bezugsebenen-Tastsystem (wahlweise auch mit Kufen-Tastsystem)

Messung der Rauheitskenngrößen

Messungen müssen an der Stelle der Oberfläche durchgeführt werden, an der die schlechtesten Messwerte zu erwarten sind. Bei periodischen Profilen, z. B. Drehprofilen, muss die Tastrichtung rechtwinklig zur Rillenrichtung gewählt werden. Bei aperiodischen Profilen mit wechselnder Rillenrichtung, wie sie beim Schleifen, Stirn-Planfräsen oder Läppen entstehen, ist die Tastrichtung beliebig.

Vorgehensweise bei periodischem Rauheitsprofil:

- Die mittlere Rillenbreite *RSm* wird über einen Tast- und Sichtvergleich geschätzt oder durch eine Probemessung ermittelt. Bei bekanntem Drehvorschub entspricht dieser *RSm*.
- Ausgehend von *RSm* ist die normgerechte Grenzwellenlänge λ_c (Cut-off) zu wählen und die Messung, z. B. der gemittelten Rautiefe *Rz*, durchzuführen **(Tabelle 1)**.

Mit der Wahl der Grenzwellenlänge wird am Messgerät automatisch auch die richtige Einzelmessstrecke zugeordnet. Für λ_c wird auch die Schreibweise Lc verwendet.

Vorgehensweise bei aperiodischem Profil:

- Der unbekannte Wert von *Ra* oder *Rz* wird über einen Tast- und Sichtvergleich geschätzt oder über eine Probemessung mit angenommener Rautiefe untersucht.
- Unter Verwendung der Schätzwerte für *Ra* und *Rz* wird mit der entsprechenden Grenzwellenlänge die Messung durchgeführt.

Wenn die gemessenen *Ra*- oder *Rz*-Werte nicht in dem erwarteten Bereich liegen, muss die Messung mit einer größeren oder kleineren Grenzwellenlänge wiederholt werden (Tabelle 1).

Beispiel: Mit der gewählten Grenzwellenlänge 2,5 mm wurde ein zu kleiner Wert *Ra* = 1,5 µm gemessen. Die Messung muss daher mit der kleineren Grenzwellenlänge 0,8 mm wiederholt werden. Liegt danach der gemessene Wert *Ra* zwischen 0,1 µm und 2 µm, ist der Messwert richtig.

Plateauartige Oberflächen sollen mit einem Bezugsflächen-Tastsystem und mit einer Grenzwellenlänge von 0,8 mm gemessen werden **(Bild 1)**.

Ein oberer Grenzwert der Rautiefe gilt als eingehalten, wenn der erste Messwert 70 % des Wertes nicht überschreitet oder wenn die ersten drei Messungen den Grenzwert nicht überschreiten.

Tabelle 1: Wahl der Grenzwellenlänge (Auszug)

Periodische Profile	Aperiodische Profile		Grenzwellenlänge Cut-off	Einzel-/Gesamtmessstrecke
Rillenbreite R_{sm} mm	R_z µm	R_a µm	λ_c mm	l_r / l_n mm
>0,013 ... 0,04	bis 0,1	bis 0,02	0,08	0,08/0,4
>0,04 ... 0,13	>0,1 ... 0,5	>0,02 ... 0,1	0,25	0,25/1,25
>0,13 ... 0,4	>0,5 ... 10	>0,1 ... 2	0,8	0,8/4,0
>0,4 ... 1,3	>10 ... 50	>2 ... 10	2,5	2,5/12,5
>1,3 ... 4	>50 ... 200	>10 ... 80	8	8/40

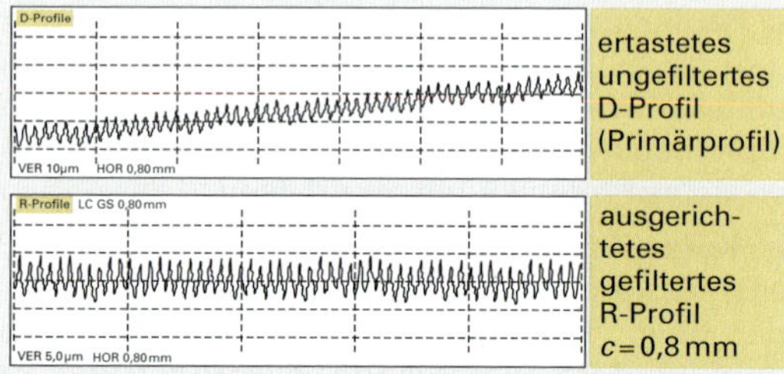

Bild 1: Profildiagramme (Bezugsebenen-Tastsystem)

Tabelle 2: Oberflächenprofile

Rmax µm	*Rz* µm	Profilform	Materialanteilkurve Abbott-Kurve
1	1	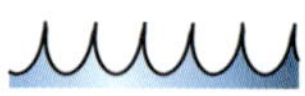	
1	1		
1	0,4	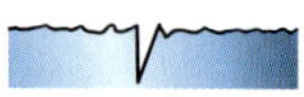	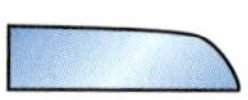
1	1	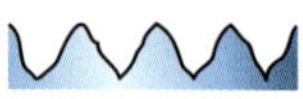	

Wiederholung und Vertiefung

1 Wie kann die Rauheit durch Tast- oder Sichtvergleich geschätzt werden?

2 Warum wird bei Rautiefen *Rz* < 3 µm eine Tastspitze mit einem Spitzenradius von 2 µm empfohlen?

3 Welche Funktionseigenschaften eines Motorzylinders können aufgrund einer Materialanteilkurve beurteilt werden?

4 Ein Werkstück wurde mit 0,2 mm Vorschub gedreht. Mit welcher Grenzwellenlänge λ_c und mit welcher Gesamtmessstrecke *ln* ist die Oberfläche zu prüfen?

5 Worauf ist die leichte Schräglage des ungefilterten D-Profils in Bild 1 zurückzuführen?

6 Welches Profil in **Tabelle 2** besitzt die besten Funktionseigenschaften für ein Gleitlager?

1.5 Toleranzen und Passungen

Bauteile von Maschinen müssen unabhängig vom Hersteller und ohne Nacharbeit montiert oder ausgetauscht werden können **(Bild 1)**. Ihre Maße dürfen deshalb nur begrenzt von den geforderten Maßen abweichen. Die zulässigen Abweichungen werden durch Toleranzen festgelegt.

Für die Toleranzen und Passungen der Zahnradpumpe ist die Hüllbedingung (Seite 57) anzuwenden.

> Maßtoleranzen sollen die Funktion der Produkte und die Montierbarkeit von Bauteilen sicherstellen. Aus Kostengründen werden die Toleranzen jedoch nicht kleiner als notwendig gewählt.

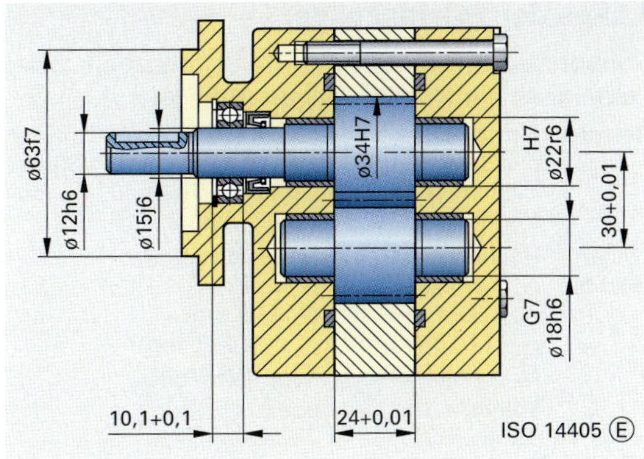

Bild 1: Toleranzen und Passungen bei einer Zahnradpumpe (Auswahl)

1.5.1 Toleranzen

Bei den Toleranzen unterscheidet man zwischen Maßtoleranzen und Form- und Lagetoleranzen. Die Maßtoleranzen beziehen sich auf Längen- und Winkelmaße, die Form- und Lagetoleranzen auf die Form, z. B. die Ebenheit oder die Lage, z. B. die Rechtwinkligkeit.

Grundbegriffe der Maßtoleranzen

Für Bohrungen (Innenmaße) und Wellen (Außenmaße) werden für die maßgeblichen Größen einheitliche, genormte Begriffe verwendet **(Bild 2)**. Die Kurzzeichen sind jedoch nur teilweise genormt.

Das **Nennmaß** *N* ist das in der Zeichnung genannte Maß. In bildlichen Darstellungen entspricht das Nennmaß der **Nulllinie.**

Die Größe der Toleranz wird durch das **obere Abmaß** *ES* bzw. *es* und das **untere Abmaß** *EI* bzw. *ei* festgelegt **(Bild 3)**. Die Großbuchstaben werden bei Bohrungen, die Kleinbuchstaben bei Wellen verwendet. Bei der bildlichen Darstellung der Toleranzen wird der Bereich zwischen dem oberen und dem unteren Abmaß auch als **Toleranzfeld** bezeichnet.

Toleranz der Bohrung	$T_B = ES - EI$
Toleranz der Welle	$T_W = es - ei$

Durch das obere und das untere Abmaß sind auch die **Grenzmaße** festgelegt. Grenzmaße sind das **Höchstmaß** (G_o, oberes Grenzmaß) und das **Mindestmaß** (G_u, unteres Grenzmaß).

Höchstmaß	**Bohrung**	$G_{oB} = N + ES$
	Welle	$G_{oW} = N + es$
Mindestmaß	**Bohrung**	$G_{uB} = N + EI$
	Welle	$G_{uW} = N + ei$

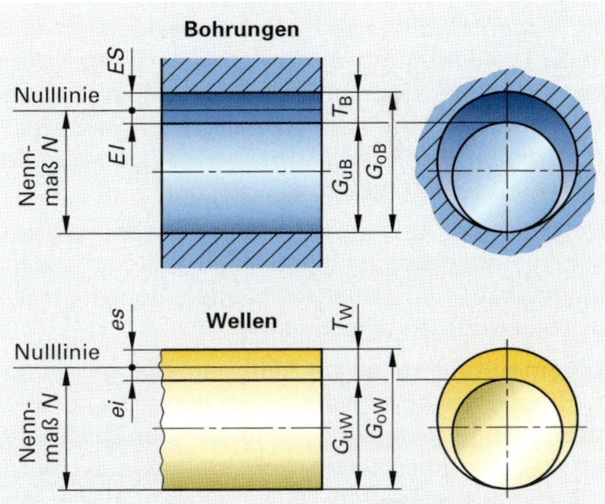

N	Nennmaß	*ES*	Oberes Abmaß (Bohrung)
G_o	Höchstmaß	*EI*	Unteres Abmaß (Bohrung)
G_u	Mindestmaß	*es*	Oberes Abmaß (Welle)
T	Toleranz	*ei*	Unteres Abmaß (Welle)

(französisch: *ES* = **é**cart **s**upérieur, *EI* = **é**cart **i**nférieur)

Bild 2: Begriffe und Kurzzeichen bei Maßtoleranzen

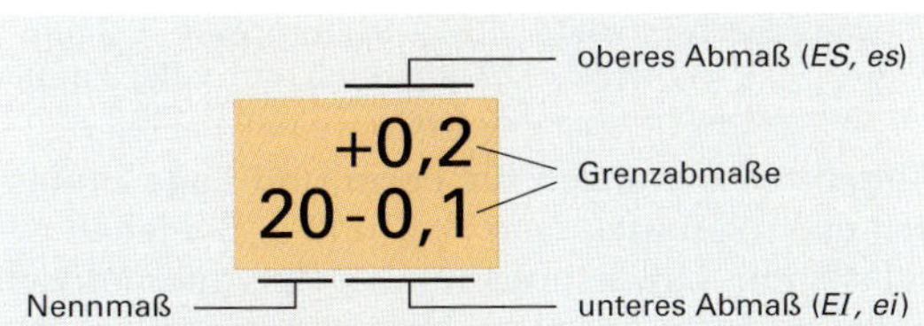

Bild 3: Nennmaße und Abmaße

Der Unterschied zwischen dem Höchtsmaß und dem Mindestmaß ergibt wieder die Toleranz:

Toleranz (Bohrung oder Welle)	$T = G_o - G_u$

Lage der Toleranzfelder

Toleranzfelder können oberhalb, unterhalb oder beiderseits der Nulllinie liegen **(Bild 1)**.

Beispiel: Eine Welle mit dem Nennmaß N = 80 mm hat die Grenzabmaße es = −30 µm und ei = −60 µm. Zu berechnen sind das Höchstmaß G_o, das Mindestmaß G_u und die Toleranz T.

Lösung: **(Bild 2):**

Höchstmaß G_o:	**Mindestmaß G_u:**
$G_o = N + es$	$G_u = N + ei$
G_o = 80 mm + (− 0,03 mm)	G_u = 80 mm + (− 0,06 mm)
G_o = 79,97 mm	**G_u = 79,94 mm**
Toleranz T:	oder
$T = G_o - G_u$	$T = es - ei$
T = 79,97 mm − 79,94 mm	T = − 0,03 mm − (− 0,06 mm)
T = 0,03 mm	**T = 0,03 mm**

Allgemeintoleranzen

Die Allgemeintoleranzen sind so festgelegt, dass sie in der Fertigung normalerweise eingehalten werden können. Man unterscheidet Allgemeintoleranzen für Längenmaße **(Tabelle 1)**, Winkel, Rundungshalbmesser und Fasen sowie Allgemeintoleranzen für Form **(Tabelle 2)** und Lage.

Wird auf einer Zeichnung auf die Verwendung von Allgemeintoleranzen hingewiesen, gelten diese für Längen bzw. für Formen und Lagen, bei denen keine Toleranzen angegeben sind.

Allgemeintoleranzen für Längenmaße gelten somit für die Zeichnungsmaße, bei denen keine Toleranzen eingetragen sind, wenn auf der Zeichnung auf die Allgemeintoleranzen hingewiesen wird, z. B. durch den Eintrag „ISO 2768-m". Allgemeintoleranzen für Längenmaße sind Plus-Minus-Toleranzen.

Die Größe der Allgemeintoleranzen richtet sich nach dem Nennmaßbereich und der Toleranzklasse. Diese sind in die vier Klassen fein, mittel, grob und sehr grob eingeteilt (Tabelle 1).

Beispiel: In einer Zeichnung steht für Maße ohne Toleranzangabe: ISO 2768-m. Welche Grenzmaße sind beim Nennmaß N = 120 mm zulässig?

Lösung: Nach Tabelle 1: ES = + 0,3 mm, EI = − 0,3 mm
G_o = $N + ES$ = 120 mm + 0,3 mm = **120,3 mm**
G_u = $N + EI$ = 120 mm − 0,3 mm = **119,7 mm**

Allgemeintoleranzen für Form und Lage umfassen die Toleranzklassen H, K und L. Sie legen die zulässigen Abweichungen von der geometrisch genauen Form oder Lage fest, wenn dafür in der Zeichnung keine Toleranzen angegeben sind. Auf die Anwendung der Allgemeintoleranzen muss aber durch einen Zeichnungseintrag hingewiesen werden, z. B. ISO 2768-K. Gelten gleichzeitig die Allgemeintoleranzen für Längenmaße, können beide Einträge zusammengefasst werden, z. B. zu ISO 2768-mK.

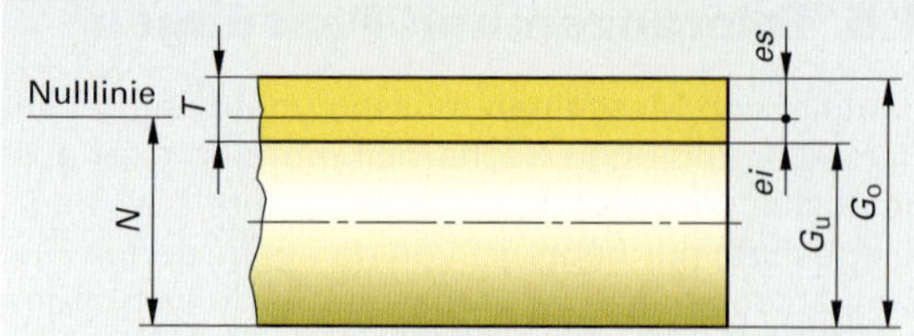

Das Toleranzfeld liegt beiderseits der Nulllinie. Das Höchstmaß ist größer, das Mindestmaß kleiner als das Nennmaß.

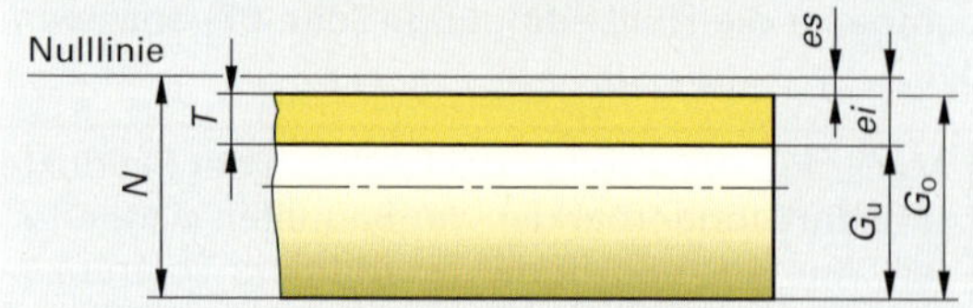

Das Toleranzfeld liegt unterhalb der Nulllinie. Höchst- und Mindestmaß sind kleiner als das Nennmaß.

Bild 1: Lage der Toleranzfelder (Auswahl)

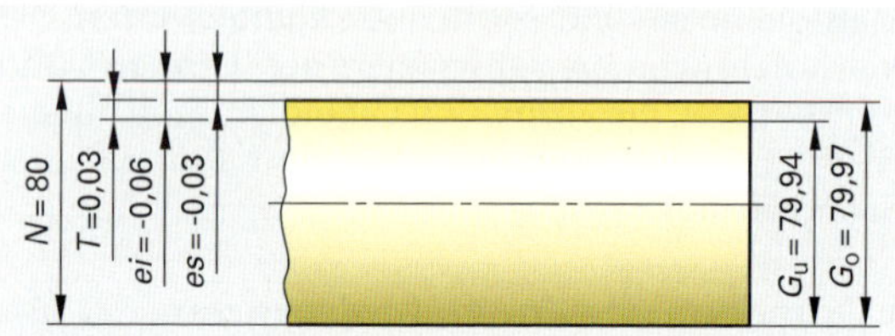

Bild 2: Grenzmaße und Toleranz

Tabelle 1: Allgemeintoleranzen für Längenmaße

Toleranzklasse	Grenzabmaße in mm für Nennmaßbereiche in mm					
	0,5 bis 3	über 3 bis 6	über 6 bis 30	über 30 bis 120	über 120 bis 400	über 400 bis 1000
f fein	± 0,05	± 0,05	± 0,1	± 0,15	± 0,2	± 0,3
m mittel	± 0,1	± 0,1	± 0,2	± 0,3	± 0,5	± 0,8
c grob	± 0,2	± 0,3	± 0,5	± 0,8	± 1,2	± 2
v sehr grob	–	± 0,5	± 1	± 1,5	± 2,5	± 4

Tabelle 2: Allgemeintoleranzen für Form

Toleranzklasse	Toleranzen in mm für Geradheit und Ebenheit für Nennmaßbereiche in mm					
	bis 10	über 10 bis 30	über 30 bis 100	über 100 bis 300	über 300 bis 1000	über 1000 bis 3000
H	0,02	0,05	0,1	0,2	0,3	0,4
K	0,05	0,1	0,2	0,4	0,6	0,8
L	0,1	0,2	0,4	0,8	1,2	1,6

Frei gewählte Toleranzen

Toleranzen können auch durch frei gewählte Abmaße angegeben werden (**Bild 1,** Maße 1,6 und 63), wenn dies wegen der Funktion der Bauteile erforderlich ist. Im Unterschied zu den Allgemeintoleranzen und den ISO-Toleranzen können die Abmaße direkt der Zeichnung entnommen werden. Oft werden alle drei Methoden der Toleranzangabe in einer Zeichnung zusammen angewandt.

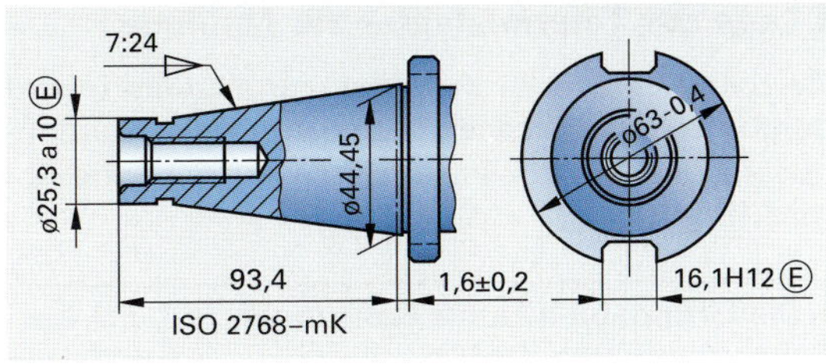

Bild 1: Möglichkeiten der Toleranzangabe

ISO-Toleranzen

Bei den international verwendeten ISO-Toleranzen werden die Größe der Toleranz und ihre Lage zur Nulllinie durch die Toleranzklasse, z. B. H7, verschlüsselt angegeben. Der Buchstabe gibt dabei das **Grundabmaß,** die Zahl den **Toleranzgrad** an.

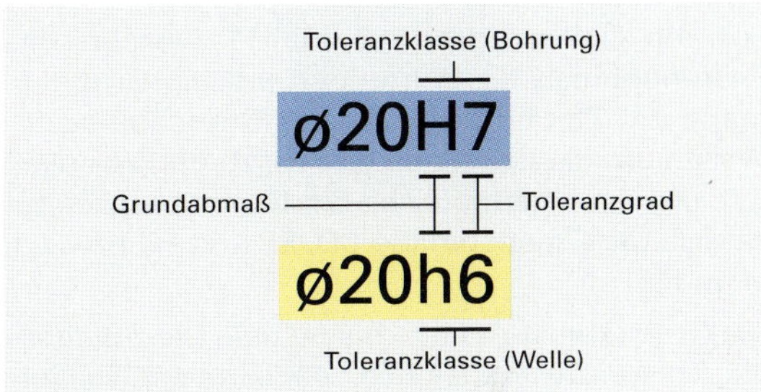

Bild 2: Bezeichnung der Toleranzklasse

Das **Grundabmaß** legt die Lage der Toleranz zur Nulllinie fest. Der **Toleranzgrad** weist auf die Größe der Toleranz hin.

Größe der Toleranz (Bilder 3 und 4)

Die Größe der Toleranz hängt vom Toleranzgrad und vom Nennmaß ab.

Die Toleranz ist umso größer, je größer das Nennmaß und je größer der Toleranzgrad ist.

Beispiel:	Einfluss des Nennmaßes	50H8	→	T = 39 µm
		100H8	→	T = 54 µm
	Einfluss des Toleranzgrades	100H7	→	T = 35 µm
		100H8	→	T = 54 µm

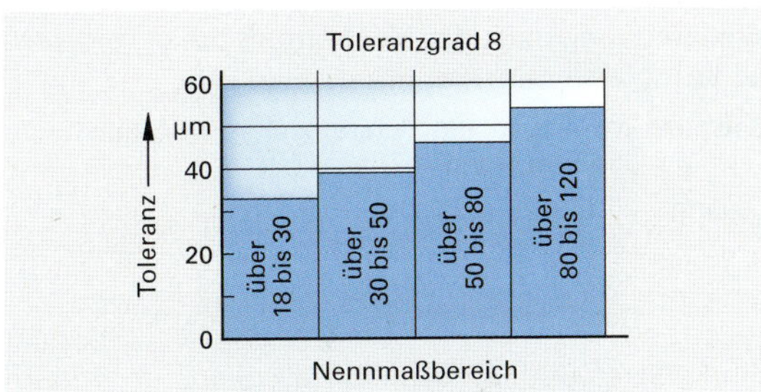

Bild 3: Abhängigkeit der Toleranz vom Nennmaß

Festgelegt sind 20 Toleranzgrade von 01, 0, 1 bis 18 **(Tabelle 1)** und 21 Nennmaßbereiche zwischen 1 mm und 3150 mm.

Die Größe der Toleranz ist gleich, wenn der Toleranzgrad und das Nennmaß gleich sind.

Diese einheitlichen Toleranzen nennt man Grundtoleranzen. Sie können Tabellenbüchern entnommen werden.

Beispiel:	50H7 =	50 +0,025 / 0	→	T = 0,025 mm
	50G7 =	50 +0,034 / +0,009	→	T = 0,025 mm
	10h9 =	10 0/–0,036	→	T = 0,036 mm
	10d9 =	10 –0,040 / –0,076	→	T = 0,036 mm

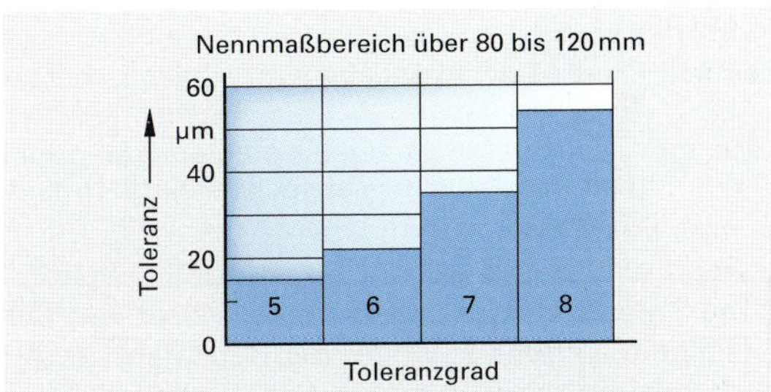

Bild 4: Abhängigkeit der Toleranz vom Toleranzgrad

Tabelle 1: ISO-Toleranzgrade

ISO-Toleranzgrade	01 0 1 2 3 4	5 6 7 8 9 10 11	12 13 14 15 16 17 18
Anwendungsgebiete	Prüfmittel, Arbeitslehren	Werkzeugmaschinen, Maschinen- und Fahrzeugbau	Halbfabrikate, Gussteile, Konsumgüter
Fertigungsverfahren	Feinbearbeitung: Läppen, Honen	Reiben, Drehen, Fräsen, Schleifen, Feinwalzen	Walzen, Schmieden, Pressen

Lage der Toleranzfelder zur Nulllinie

Die Lage der Toleranzfelder zur Nulllinie wird durch das **Grundabmaß** festgelegt. Das Grundabmaß ist das der Nulllinie am nächsten liegende Abmaß **(Bild 1)**.

> Die **Grundabmaße für Bohrungen** (*ES, EI*) werden durch die Großbuchstaben A bis Z, die **Grundabmaße für Wellen** (*es, ei*) durch die Kleinbuchstaben a bis z benannt.

Für die Toleranzgrade 6 bis 11 werden das Z-Grundabmaß für Bohrungen um die Grundabmaße ZA, ZB und ZC und das z-Grundabmaß für Wellen um die Grundabmaße za, zb und zc erweitert. Die Nennmaßbereiche bis 10 mm besitzen zusätzlich die Grundabmaße CD, EF und FG bzw. cd, ef und fg.

Die Grundabmaße H und h sind null. Die zugehörigen Toleranzfelder beginnen daher an der Nulllinie **(Bilder 2** und **3)**.

Für **Bohrungen** ist das Mindestmaß bei H-Toleranzfeldern gleich dem Nennmaß (Bild 2). Bei **Wellen** dagegen ist das Höchstmaß bei h-Toleranzfeldern gleich dem Nennmaß (Bild 2).

Beispiel: Wie liegen die Toleranzfelder von 25H7 und 25h9 zur Nulllinie?

Lösung: 25H7 = 25 +0,021/ 0
Das Toleranzfeld liegt oben an der Nulllinie an.
25h9 = 25 0 / – 0,052
Das Toleranzfeld liegt unten an der Nulllinie an.

Sind oberes und unteres Abmaß gleich groß, liegt die Toleranz symmetrisch zur Nulllinie. Die Grundabmaße für diese symmetrischen Toleranzen werden für Bohrungen mit JS und für Wellen mit js bezeichnet.

Beispiel: Für die Toleranzangabe 80js12 sind die Abmaße zu bestimmen.

Lösung: Aus einer Tabelle für Grundtoleranzen erhält man *T* = 0,3 mm. Damit ist 80js12 = 80 ± 0,15 mm.

> Die **Toleranzfelder** liegen umso weiter von der Nulllinie entfernt, je weiter der Buchstabe im Alphabet von H bzw. h entfernt liegt.

Die Großbuchstaben I, L, O, Q und W und die entsprechenden Kleinbuchstaben werden nicht verwendet, um Verwechslungen zu vermeiden.

Beispiel: Wie liegen die Toleranzfelder von 25k6 und 25r6 zur Nulllinie?

Lösung: 25k6 = 25 +0,015 / +0,002
Das Toleranzfeld liegt knapp über der Nulllinie.
25r6 = 25 +0,041/ +0,028
Das Toleranzfeld liegt weit über der Nulllinie.

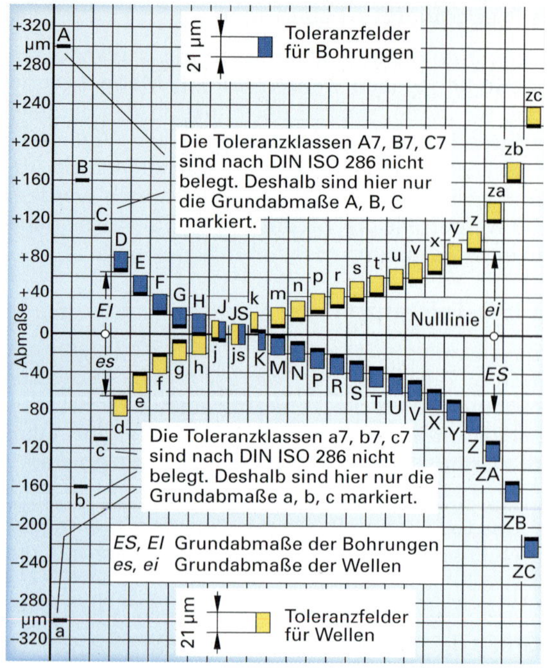

Bild 1: Lage der Toleranzfelder zur Nulllinie, Beispiel: Nennmaß 25, Toleranzgrad 7

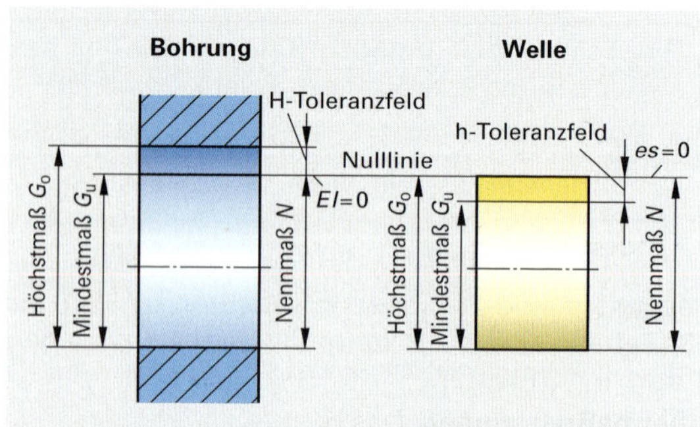

Bild 2: Lage der Toleranzfelder H und h

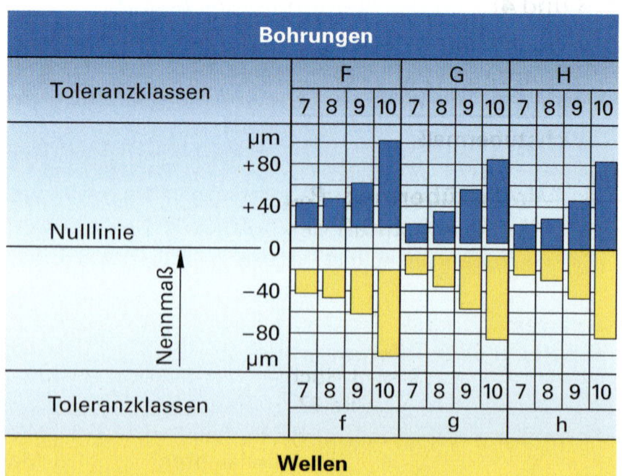

Bild 3: Größe und Lage der Toleranzfelder für das Nennmaß 25

1.5.2 Passungen

Werden zwei Bauteile zusammengebaut, müssen die Maße an der Fügestelle „passen". Bei den Passungen bezeichnet man das Innenteil immer als „Welle", das Außenteil als „Bohrung".

Passungen werden durch den Unterschied zwischen dem Maß der Bohrung und dem Maß der Welle bestimmt.

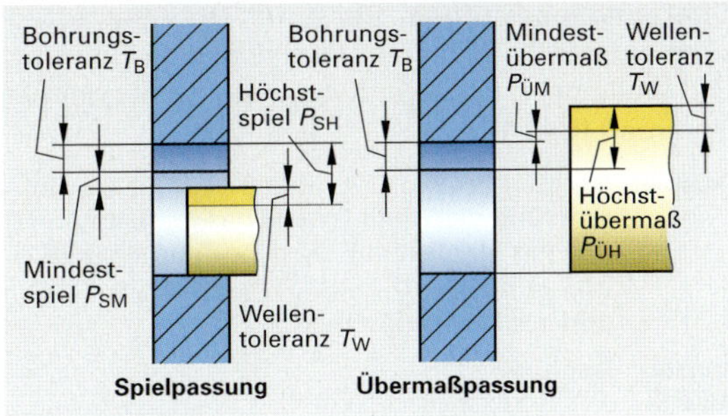

Bild 1: Spielpassung und Übermaßpassung

Passungsarten

Durch die Wahl der Toleranzklassen von Bohrung und Welle ergeben sich beim Zusammenbau entweder Spiel oder Übermaß.

Bei **Spielpassungen** tritt immer ein Spiel („Luft"), bei **Übermaßpassungen** immer ein Übermaß auf. Kann bei den gewählten Toleranzklassen Spiel oder Übermaß auftreten, spricht man von **Übergangspassungen.**

Spielpassungen. Das Mindestmaß der Bohrung ist immer größer, im Grenzfall auch gleich groß wie das Höchstmaß der Welle **(Bilder 1, 2 und 4).**

Das **Höchstspiel P_{SH}** ist die Differenz zwischen dem Höchstmaß der Bohrung G_{oB} und dem Mindestmaß der Welle G_{uW}.

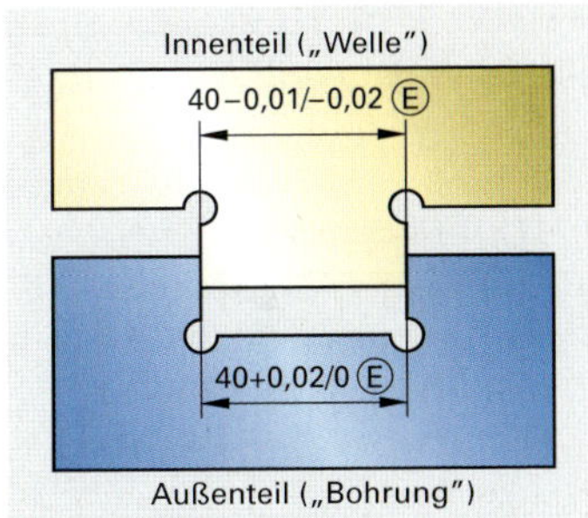

Bild 2: Spielpassung

Höchstspiel $P_{SH} = G_{oB} - G_{uW}$

Das **Mindestspiel P_{SM}** ist die Differenz zwischen dem Mindestmaß der Bohrung G_{uB} und dem Höchstmaß der Welle G_{oW}.

Mindestspiel $P_{SM} = G_{uB} - G_{oW}$

Beispiel: Wie groß sind Höchst- und Mindestspiel bei der Passung **Bild 2?**

Lösung: $P_{SH} = G_{oB} - G_{uW}$ = 40,02 mm − 39,98 mm = **+ 0,04 mm**
$P_{SM} = G_{uB} - G_{oW}$ = 40,00 mm − 39,99 mm = **+ 0,01 mm**

Übermaßpassungen. Das Höchstmaß der Bohrung ist immer kleiner, im Grenzfall auch gleich groß wie das Mindestmaß der Welle **(Bilder 1, 3 und 4).**

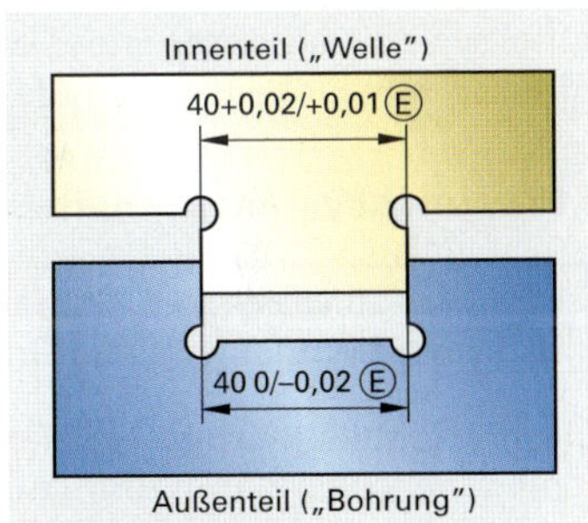

Bild 3: Übermaßpassung

Das **Höchstübermaß $P_{ÜH}$** ist die Differenz zwischen dem Mindestmaß der Bohrung G_{uB} und dem Höchstmaß der Welle G_{oW}.

Höchstübermaß $P_{ÜH} = G_{uB} - G_{oW}$

Das **Mindestübermaß $P_{ÜM}$** ist die Differenz zwischen dem Höchstmaß der Bohrung G_{oB} und dem Mindestmaß der Welle G_{uW}.

Mindestübermaß $P_{ÜM} = G_{oB} - G_{uW}$

Beispiel: Wie groß sind Höchst- und Mindestübermaß der Passung **Bild 3?**

Lösung: $P_{ÜH} = G_{uB} - G_{oW}$ = 39,98 mm − 40,02 mm = − 0,04 mm

$P_{ÜM} = G_{oB} - G_{uW}$ = 40,00 mm − 40,01 mm = − 0,01 mm

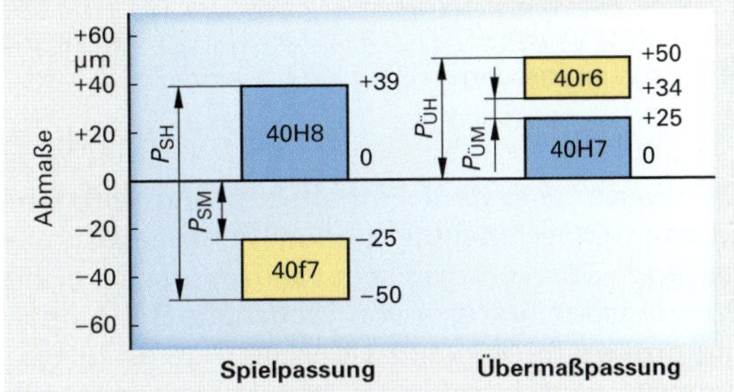

Bild 4: Lage der Toleranzfelder bei Spiel- und Übermaßpassung

Übergangspassungen. Bei einer Übergangspassung entsteht je nach den Istmaßen von Bohrung und Welle beim Fügen entweder ein Spiel oder ein Übermaß **(Bild 1).**

Beispiel: Für die Passung Ø 20 H7/n6 sind für die Bohrung und die Welle jeweils das Höchstmaß G_o und das Mindestmaß G_u zu bestimmen **(Bild 2).**
Wie groß sind außerdem das Höchstspiel P_{SH} und das Höchstübermaß $P_{ÜH}$?

Lösung: **(Bild 3)** Bohrung:

$G_{oB} = N + ES$
$= 20\ \text{mm} + 0{,}021\ \text{mm} = \mathbf{20{,}021\ mm}$

$G_{uB} = N + EI$
$= 20\ \text{mm} + 0\ \text{mm} = \mathbf{20{,}000\ mm}$

Welle:

$G_{oW} = N + es$
$= 20\ \text{mm} + 0{,}028\ \text{mm} = \mathbf{20{,}028\ mm}$

$G_{uW} = N + ei$
$= 20\ \text{mm} + 0{,}015\ \text{mm} = \mathbf{20{,}015\ mm}$

Höchstspiel:

$P_{SH} = G_{oB} - G_{uW}$
$= 20{,}021\ \text{mm} - 20{,}015\ \text{mm} = \mathbf{0{,}006\ mm}$

Höchstübermaß:

$P_{ÜH} = G_{uB} - G_{oW}$
$= 20{,}000\ \text{mm} - 20{,}028\ \text{mm} = \mathbf{-\ 0{,}028\ mm}$

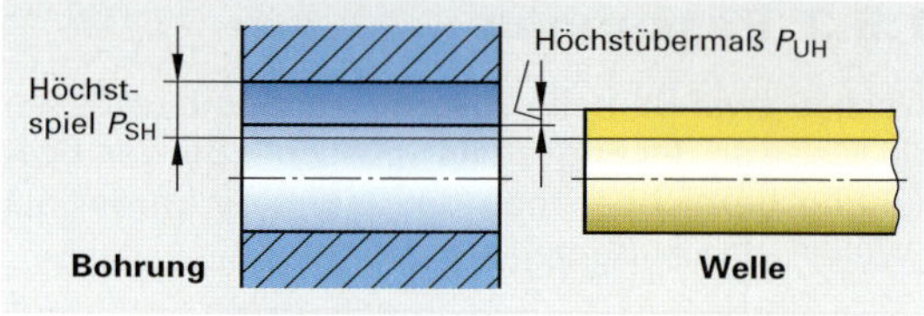

Bild 1: Übergangspassung

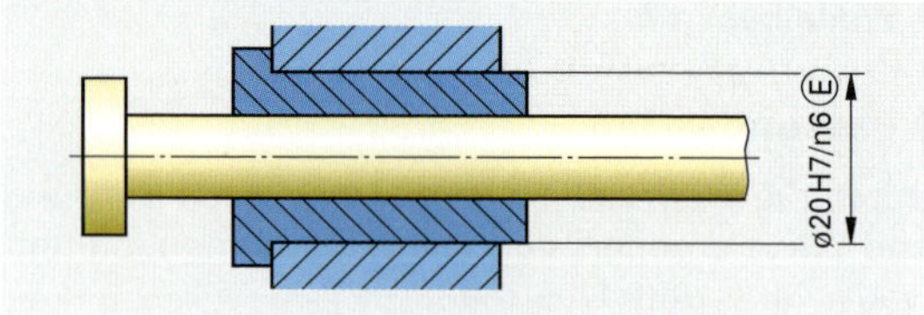

Bild 2: Beispiel einer Übergangspassung

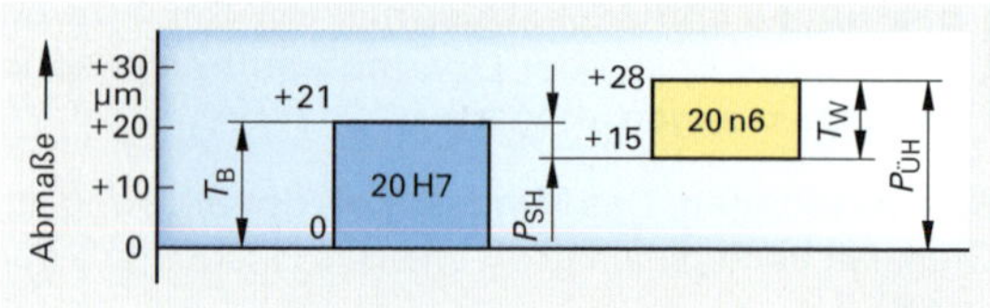

Bild 3: Passung 20 H7/n6

Passungssysteme

Um die Fertigungs- und Prüfkosten niedrig zu halten, werden tolerierte Maße meist nach dem Passungssystem Einheitsbohrung oder nach dem Passungssystem Einheitswelle gefertigt.

Passungssystem Einheitsbohrung

> Beim **Passungssystem Einheitsbohrung** erhalten die Bohrungsmaße das Grundabmaß H.

Dieser Einheitsbohrung werden Wellen mit verschiedenen Grundabmaßen zugeordnet, um die gewünschte Passungsart zu erreichen **(Bilder 4 und 5).**

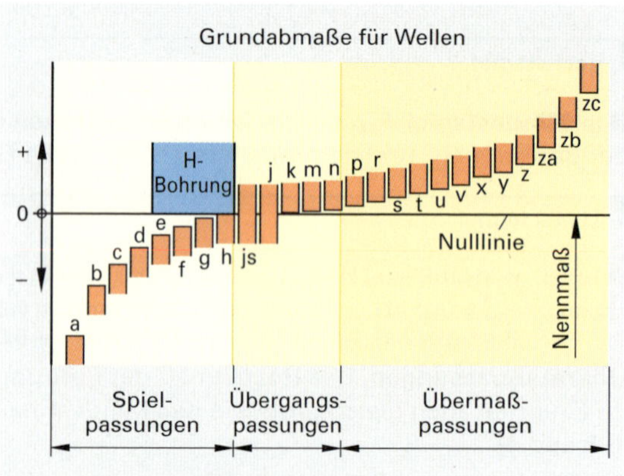

Bild 4: Passungssystem Einheitsbohrung

Bereiche der Passungsarten	
Spielpassungen:	H / a ... h
Übergangspassungen:	H / j ... n oder p
Übermaßpassungen:	H / n oder p ... z

Das Passungssystem Einheitsbohrung wird vor allem im Maschinenbau und im Fahrzeugbau angewandt. Dort kommen sehr viele unterschiedliche Bohrungsdurchmesser vor. Da genaue Bohrungen mit größerem Aufwand als Wellen gefertigt und geprüft werden müssen, beschränkt man die möglichen Grundabmaße A ... Z auf das Grundabmaß H.

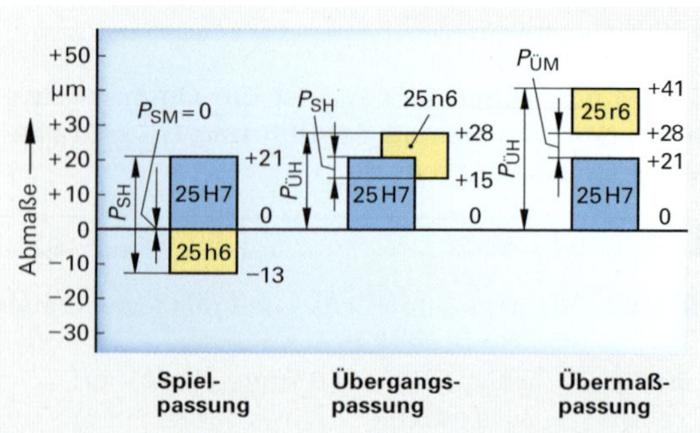

Bild 5: Lage der Toleranzfelder beim Passungssystem Einheitsbohrung

Weitere Beispiele zur Berechnung von Passungen im System Einheitsbohrung

Für die Spiel-, Übergangs- und Übermaßpassungen in Bild 5, vorherige Seite, sind Höchst- und Mindestspiel bzw. Höchst- und Mindestmaß zu berechnen.

Lösung:

Spielpassung 25 H7/h6:	**Höchstspiel** **Mindestspiel**	$P_{SH} = G_{oB} - G_{uW}$ = 25,021 mm – 24,987 mm = **0,034 mm** $P_{SM} = G_{uB} - G_{oW}$ = 25,000 mm – 25,000 mm = **0 mm**
Übergangspassung 25 H7/n6:	**Höchstspiel** **Höchstübermaß**	$P_{SH} = G_{oB} - G_{uW}$ = 25,021 mm – 25,015 mm = **0,006 mm** $P_{ÜH} = G_{uB} - G_{oW}$ = 25,000 mm – 25,028 mm = **– 0,028 mm**
Übermaßpassung 25 H7/r6:	**Höchstübermaß** **Mindestübermaß**	$P_{ÜH} = G_{uB} - G_{oW}$ = 25,000 mm – 25,041 mm = **– 0,041 mm** $P_{ÜM} = G_{oB} - G_{uW}$ = 25,021 mm – 25,028 mm = **– 0,007 mm**

Passungssystem Einheitswelle

Beim **Passungssystem Einheitswelle** erhalten die Wellenmaße das **Grundabmaß h.**

Dieser Einheitswelle werden Bohrungen mit verschiedenen Grundabmaßen zugeordnet, um die gewünschte Passungsart zu erhalten **(Bild 1).**

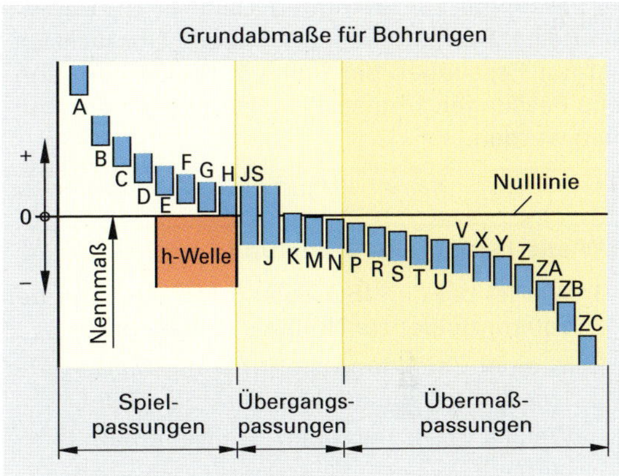

Bild 1: Passungssystem Einheitswelle

Bereiche der Passungsarten

Spielpassungen:	h / A ... H
Übergangspassungen:	h / J ... N oder P
Übermaßpassungen:	h / N oder P ... Z

Das Passungssystem Einheitswelle wird vor allem dort eingesetzt, wo lange Wellen mit durchgehend gleichem Durchmesser verwendet werden. Dies ist teilweise bei Hebezeugen, Textilmaschinen und landwirtschaftlichen Maschinen der Fall.

Beispiel: Bei einem Antrieb ist die Scheibe auf die Welle aufgepresst. Die Welle selbst läuft in zwei Gleitlagern und nimmt in der Mitte ein Zahnrad auf **(Bild 2).**

a) Ermitteln Sie aus ISO-Toleranztabellen die Abmaße der 4 Toleranzklassen.

b) Stellen Sie die drei Passungen mit Toleranzfeldern grafisch dar.

c) Berechnen Sie Höchst- und Mindestspiele sowie Höchst- und Mindestübermaße und tragen Sie diese in die grafische Darstellung ein.

Lösung: Grafische Darstellung **Bild 3.**

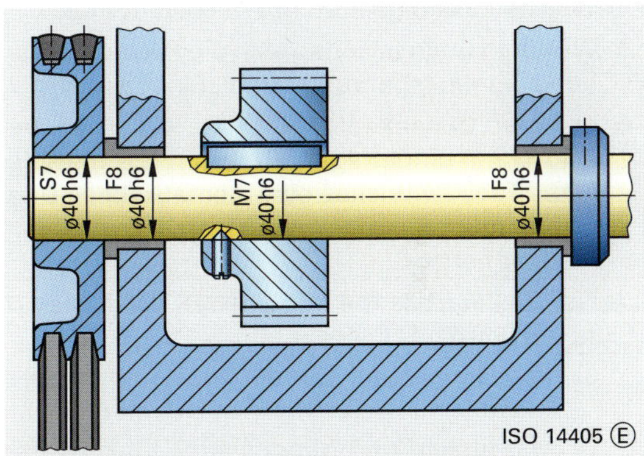

Bild 2: Passungen im System Einheitswelle

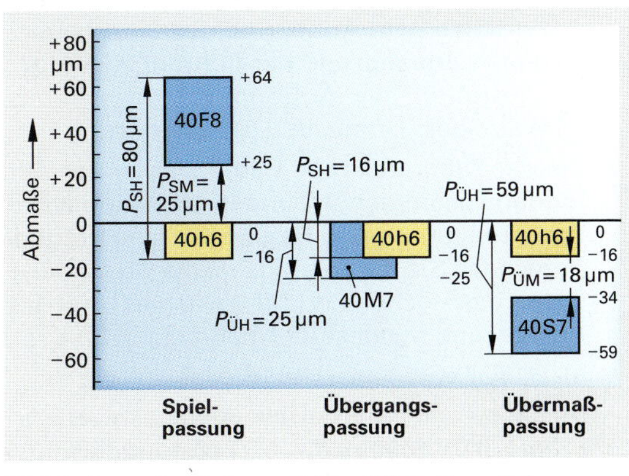

Bild 3: Lage der Toleranzfelder (Einheitswelle)

Gemischte Passungssysteme

In allen Betrieben werden Bauteile und Normteile von anderen Herstellern zusammen mit den eigenen Produkten verwendet. Diese Teile haben ganz unterschiedliche Toleranzklassen. Damit können die Passungssysteme Einheitsbohrung und Einheitswelle nicht konsequent durchgehalten werden.

Beispiel: Ein Betrieb, der nach dem System Einheitsbohrung fertigt, verwendet Passfedern mit der Toleranzklasse h6. Die gewünschte Übergangspassung erfordert dann bei der Passfedernut die Toleranzklasse P9. Die Passung h6/P9 gehört aber zum System Einheitswelle.

Passungsauswahl

Jede Wellen-Toleranzklasse könnte mit jeder Bohrungs-Toleranzklasse kombiniert werden. Dadurch würden sich bei den vielen vorkommenden Nenndurchmessern sehr viele Möglichkeiten ergeben, für die Werkzeuge, Messgeräte und Lehren bereitgehalten werden müssten. Diese Vielfalt ist nicht notwendig und wirtschaftlich nicht vertretbar. Für die Auswahl stehen zwei **genormte Vorzugsreihen** für Passungen zur Verfügung. Dabei ist die Reihe 1 der Reihe 2 vorzuziehen. Die **Tabelle 1** berücksichtigt nur Passungen der Reihe 1. Weitere empfohlene Passungen können Tabellenbüchern entnommen werden.

Tabelle 1: Passungsauswahl (Beispiele)

Auswahl	Eigenschaften
Spielpassungen	
H8/f7	Kleines Spiel. Die Teile sind leicht verschiebbar.
H8/h9	Kaum Spiel. Die Teile sind noch von Hand verschiebbar.
H7/h6	Sehr geringes Spiel. Die Teile sind nicht mehr von Hand verschiebbar.
Übergangspassungen	
H7/n6	Eher Übermaß als Spiel. Zum Fügen ist ein geringer Kraftaufwand notwendig.
Übermaßpassungen	
H7/r6	Geringes Übermaß. Die Teile lassen sich mit mäßiger Kraft fügen.
H7/u8	Großes Übermaß. Fügen nur durch Dehnen oder Schrumpfen möglich.

Wiederholung und Vertiefung

1 Wie ist bei den ISO-Toleranzen die Lage der Toleranzfelder zur Nulllinie festgelegt?

2 In einer Zeichnung steht für die Maße ohne Toleranzangabe der Hinweis: ISO 2768-f. Welche Grenzmaße darf das Nennmaß 25 haben?

3 Wovon hängt die Größe einer Toleranz ab?

4 Welche Passungsarten unterscheidet man?

5 Wodurch unterscheiden sich die Passungssysteme „Einheitsbohrung" und „Einheitswelle"?

6 In einer Gesamtzeichnung ist die Passung ∅40H7/m6 eingetragen. Erstellen Sie mithilfe eines Tabellenbuches eine Abmaßtabelle und berechnen Sie das Höchstspiel und das Höchstübermaß.

7 Für die Laufrolle mit Lagerdeckel **(Bild 1)** sind zu bestimmen

a) die Höchst- und Mindestmaße sowie die Toleranz für sechs Maße nach freier Wahl,

b) das Höchst- und Mindestspiel für die Passung des Deckels in der Laufrolle,

c) das Höchstspiel und das Höchstübermaß zwischen dem Außenring des einzubauenden Wälzlagers und der Bohrung 42M7 der Laufrolle. Der Außendurchmesser des Wälzlagers ist mit 42-0,011 toleriert.

8 Bei der Zahnradpumpe **Bild 2** sind einige der für den Zusammenbau und die Funktion wichtigen Toleranzen und Passungen eingetragen. Berechnen Sie die Toleranzen, die Grenzmaße sowie das Höchst- und Mindestspiel bzw. das Höchst- und Mindestübermaß für

a) ∅18G7 (Gleitlager)/h6 (Welle)

b) ∅22H7 (Deckel)/r6 (Gleitlager)

c) 24 + 0,01 (Platte)/24 – 0,01 (Zahnräder)

d) ∅12h6 (Welle)/∅12H7 (Riemenscheibe)

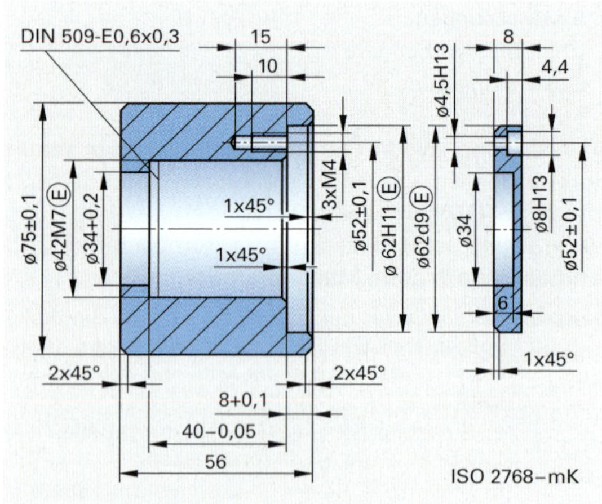

Bild 1: Laufrolle mit Lagerdeckel

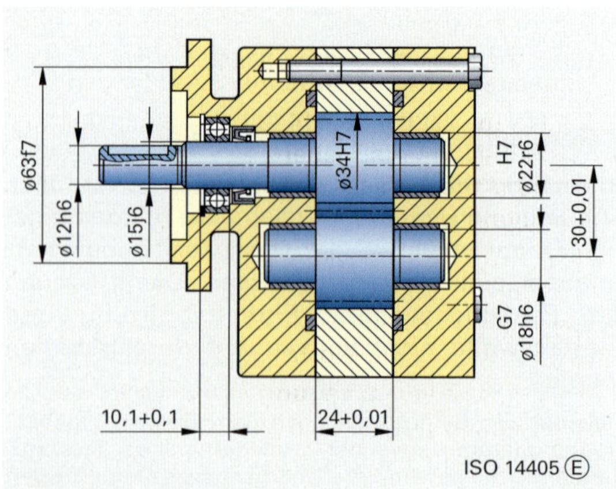

Bild 2: Zahnradpumpe

1.6 Geometrische Produktspezifikation (GPS)

Geometrische Tolerierung

Die Spezifikationen von Werkstücken müssen möglichst eindeutig festgelegt sein, um Austauschbarkeit, Funktions- und Montagefähigkeit der Bauteile zu gewährleisten. Die **Geometrische Produktspezifikation (GPS)** dient der Verständigung zwischen Entwicklung, Konstruktion, Fertigungsplanung, Fertigung und Qualitätssicherung. Das wesentliche Kommunikationsmittel dafür ist die technische Zeichnung **(Bild 1 und Bild 2)**.

> Die GPS-Normen sind wichtig für die Konstruktion, die Fertigung, die Fertigungsmesstechnik und das Qualitätsmanagement.

Durch GPS werden in technischen Zeichnungen mithilfe verschiedener Normen Maße und Gestalt der Geometrieelemente eines Werkstücks mit der geforderten Fertigungsgenauigkeit festgelegt.

> **Spezifizieren** bedeutet, zulässige Abweichungen durch Toleranzen und Normen sowie durch Vorschriften für Messmethoden und Auswerteverfahren eindeutig festzulegen.

GPS-Normen-System

Die GPS-Normen bilden ein zusammenhängendes hierarchisches Normensystem. Wird in einer technischen Zeichnung eine GPS-Norm benannt, erlangen alle GPS-Normen für die Zeichnung Gültigkeit. Steht z.B. im oder am Schriftfeld „ISO 2768-mK“, gilt automatisch ebenso das Unabhängigkeitsprinzip als Tolerierungsgrundsatz nach ISO 8015, auch ohne ausdrücklichen Hinweis.

Normenhierarchie mit Beispielen **(Tabelle 1)**

- DIN EN ISO 14638 erläutert als „Grundnorm“ das **Konzept** der Geometrischen Produktspezifikation.
- Die Norm DIN EN ISO 8015 stellt die GPS-„Grundnorm“ für Zeichnungsangaben dar und beinhaltet Konzepte, **Prinzipien** und Regeln.
- Die Norm DIN EN ISO 14405-1 ist als „allgemeine“ GPS-Norm maßgebend für technische Zeichnungen. Sie befasst sich ausführlich mit den Zeichnungseintragungen für lineare **Längenmaße** wie z.B. Durchmesser.
- Die **Anwendung** und Eintragung von **Form- und Lagetoleranzen** ist in DIN EN ISO 1101 geregelt („allgemeine“ GPS-Norm).
- Die **Zeichnungseintragung** der **Oberflächenbeschaffenheit** erfolgt nach DIN EN ISO 1302.
- ISO 2768 legt als „ergänzende“ GPS-Norm die **Allgemeintoleranzen** für die spanende Bearbeitung fest.

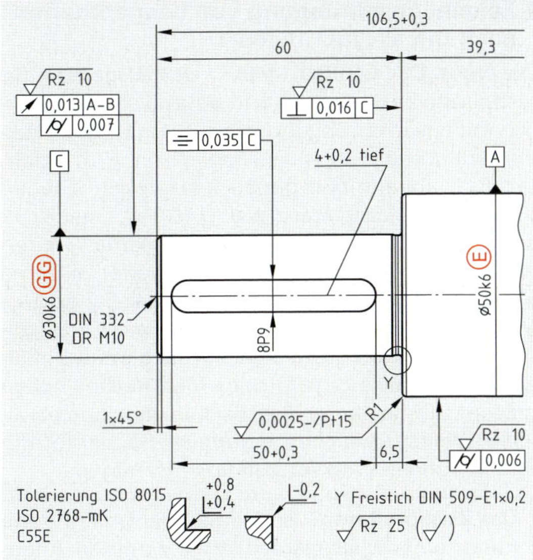

Bild 1: Tolerierung einer Getriebewelle

Aus den Zeichnungsangaben (Bild 1) lässt sich ableiten:

- Für diese Zeichnung sind die GPS-Normen anzuwenden.
- Maß-, Form- und Lagetoleranzen gelten unabhängig voneinander.
- **Ausnahme:** Für das Maß ⌀50 k6 gilt das „Hüllprinzip“ (Ⓔ = Envelope, Hülle), d. h. Maß- und Formabweichungen müssen hier innerhalb der Maßtoleranz liegen. Die „Gut“-Prüfung von Maß und Form muss gleichzeitig erfolgen, z. B. mit Lehrring.
- Das Maß ⌀30 k6 muss als mittlerer Zylinder-Durchmesser nach Gauß (GG) berechnet werden. Dazu ist ein Formtester oder eine Koordinatenmessmaschine erforderlich (Seite 65).

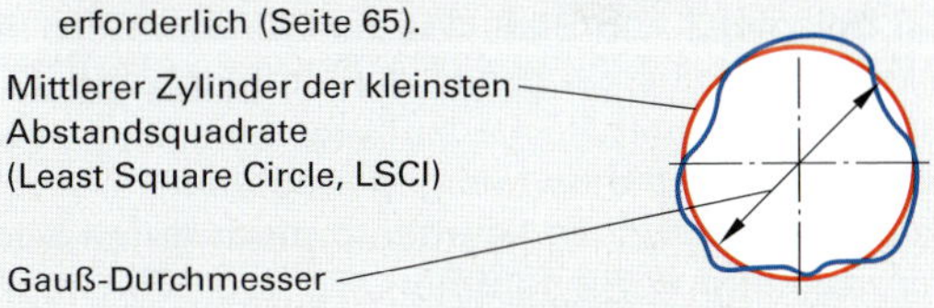

Bild 2: Erläuterungen zur technischen Zeichnung (Bild 1)

Tabelle 1: Die wichtigsten Normen zur geometrischen Festlegung eines Werkstücks

GPS-Grundnorm:	
DIN EN ISO 8015	Konzepte, Regeln, Prinzipien, z.B. „Unabhängigkeitsprinzip“
Allgemeine GPS-Normen:	
DIN EN ISO 14405	Tolerierung von Längenmaßen
DIN EN ISO 1101	Form- und Lagetoleranzen
DIN EN ISO 1302	Oberflächenbeschaffenheit
Ergänzende GPS-Norm:	
ISO 2768	Allgemeintoleranzen

Zeichnungseintragung von Längenmaßen nach DIN EN ISO 14405-1

Die Norm DIN EN ISO 14405-1 ist maßgebend für technische Zeichnungen und befasst sich ausführlich mit linearen Längenmaßen. Sie gibt Konstrukteuren nunmehr auch die Möglichkeit, Prüfverfahren für Längenmaße genau festzulegen. Stehen hinter einer Maßtoleranz, z. B. Ø 40 0/-0,1, keine zusätzlichen Angaben, gilt das Zweipunktmaß weiterhin als Normalfall. Das bedeutet, jeder einzelne Messwert muss innerhalb der Toleranz liegen. Das Messen mit Bügelmessschrauben liefert z. B. solche Zweipunktmaße, auch wenn sie gemäß Definition idealerweise kugelförmige Messflächen haben müssten. Denn ebene Messflächen liegen an parallelen Werkstückflächen eigentlich flächenförmig und an runden Werkstücken linienförmig an.

Das **Zweipunktmaß** ist das Standardmaß. Wenn hinter einer Maßtoleranz keine weiteren Angaben stehen, muss das Modifikationssymbol (LP) auch nicht angegeben werden.

Die beiden Tolerierungsbeispiele in **Bild 1** zeigen exemplarisch, welche Möglichkeiten die Norm Konstrukteuren bietet, um in der Fertigung und Messtechnik für mehr Klarheit zu sorgen. Die Bemaßungen enthalten neben den Informationen über die zulässigen Grenzmaße des tolerierten Durchmessers, in den Beispielen 39,9 mm und 40,0 mm, weitergehende Angaben mithilfe sogenannter Modifikationssymbole für Längenmaße **(Tabelle 1)**. Diese legen z. B. die anzuwendenden Messverfahren (LP) bzw. (CC) und die statistischen Auswertungen (SD) bzw. (SA) der erfassten Messwerte fest.

Bei **Beispiel 2** von Bild 1 ist der Durchmesser als lokales Maß aus der Länge der Umfangslinie (CC) einer Querschnittsfläche zu berechnen. Das kann bei flexiblen, dünnwandigen Bauteilen sinnvoll sein. Die Messungen könnten optisch durch Bildverarbeitung vorgenommen werden. Von mehreren Messwerten ist dann als Messergebnis der arithmetische Mittelwert (SA) zu bilden. Der Buchstabe „S" steht hier für „statistical" und „A" für „average", also Mittelwert. Der Modifikator (F) steht für nicht formstabile Werkstücke. Mit den zusätzlichen Angaben „ACS" oder „SCS" könnten hier auch noch die zu wählenden Querschnittsflächen für die Messungen festgelegt werden.

Die Norm unterscheidet zwischen **lokalen** und **globalen** Maßen.

Lokale Maße hängen von dem auf der Prüffläche gewählten Messort ab. Für globale Maße ergibt sich je Prüffläche nur ein Messwert, z. B. der Hüll-, Pferch- oder Gaußdurchmesser einer Zylinder-Mantelfläche.

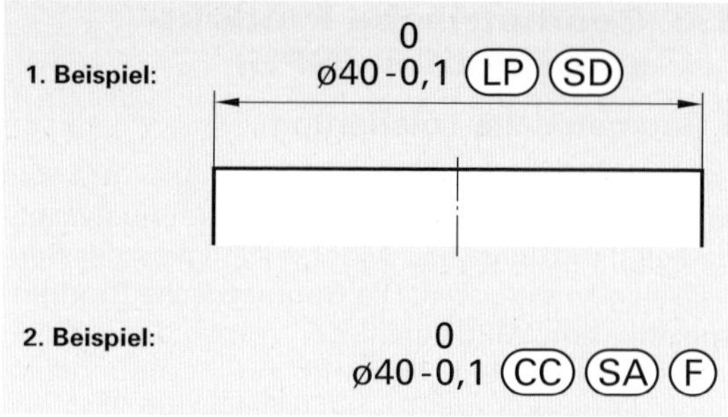

Bild 1: Tolerierungsbeispiele nach GPS-Standard

Tabelle 1: Modifikationssymbole für Längenmaße nach DIN EN ISO 14405-1

Lokale Maße	
(LP)	Zweipunktmaß (local, point)
(LS)	Kugelmaß (local, sphere)
(CC)	Durchmesser, aus dem Umfang berechnet (circle, circumference)
(CA)	Kreisdurchmesser, aus der Fläche berechnet (circle, area)
Globale Maße	
(GN)	Hüllmaß (global, Minimum)
(GG)	Gauß-Maß (kleinste Abstandsquadrate)
(GX)	Pferchmaß (global, Maximum)
(CV)	Volumen-Durchmesser (cylinder, volume)
Rangordnungsmaße (Statistikwerte)	
(SX)	Größtmaß (statistical, Maximum)
(SN)	Kleinstmaß (statistical, Minimum)
(SR)	Spannweite (statistical, range)
(SA)	arithmetischer Mittelwert (statistical, average)
(SM)	Median, Zentralwert
(SD)	Mittelwert der Spannweite (statistical, deviation)
Allgemeine Symbole für Maße	
(E)	Hüllbedingung (envelope)
ACS	Beliebige Querschnittsfläche (any cross section)
SCS	Festgelegte Querschnittsfläche (specified cross section)
CT	Gemeinsame Toleranz (common tolerance)
s	Mehrere tolerierte Geometrieelemente
(F)	Freier Zustand, nicht-formstabile Werkstücke
l Länge	Einschränkung der Tolerierung

Zeichnungseintragung und Prüfung von Maß-, Form- und Lagetoleranzen

Für die Eintragung von Maß-, Form- und Lagetoleranzen in technische Zeichnungen sind zwei grundlegende **Tolerierungsgrundsätze** zu beachten: die Unabhängigkeitsbedingung und die Hüllbedingung.

- **Unabhängigkeitsbedingung** (ISO 8015)

Die Unabhängigkeitsbedingung bedeutet, dass jede in die Zeichnung eingetragene Anforderung für Maß-, Form- und Lagetoleranzen unabhängig voneinander eingehalten werden muss **(Bild 1)**.

Durch eine Maßtoleranz werden nur die örtlichen Maße begrenzt, nicht aber die Form- und Lageabweichungen. Maß-, Form- und Lagetoleranzen sind separat zu prüfen. Auf die GPS-Grundnorm ISO 8015 muss in der technischen Zeichnung nicht explizit hingewiesen werden, die Angabe „Tolerierung ISO 8015" beim Schriftfeld ist zulässig.

Die Anwendung des Unabhängigkeitsgrundsatzes bei technischen Zeichnungen ist internationaler Standard. Eine Abweichung davon in Form des Hüllprinzips ist nur für Geometrieelemente mit zylinder- und kugelförmigen sowie planparallelen Passflächen geboten, um Passungsfähigkeit sicher zu gewährleisten.

- **Hüllbedingung** (ISO 14405-1)

Soll für ein Geometrieelement die Hüllbedingung zur Anwendung kommen, wird hinter die zugehörige Maßtoleranz das Symbol (E) angefügt **(Bild 2)** oder die Tolerierung erfolgt mithilfe der Modifikationssymbole (GN) oder (GX) und (LP). Bei Wellen ist dann das obere Grenzmaß als Hüllmaß (GN) und das untere als Zweipunktmaß (LP) zu definieren und zu prüfen. Bei Bohrungen wird das untere Grenzmaß mit (GX) als Pferchmaß und das obere mit (LP) als Zweipunktmaß festgelegt und geprüft.

Die Einhaltung der Hüllbedingung verlangt, dass ein maßlich toleriertes Geometrieelement die geometrisch ideale Hülle mit Maximum-Material-Grenzmaß nicht durchbrechen darf. Maß und Form stehen hier in gegenseitiger Beziehung. Steht im Schriftfeld die Angabe ISO 14405 Ⓔ, gilt die Hüllbedingung für die ganze Zeichnung.

Das Maximum-Material-Grenzmaß (MMS, **Ma**ximum **Ma**terial **S**ize) einer Welle ist das Höchstmaß, und das einer Bohrung das Mindestmaß des tolerierten Durchmessers.

Die Prüfung **(Bild 3)** erfolgt durch Gutlehrung nach dem Taylor'schen Grundsatz (siehe Seite 24) oder durch simulierte Lehrung auf dem Koordinatenmessgerät. Gutlehren verkörpern und prüfen gleichzeitig Maß und Form. Die Ausschussprüfung erfolgt durch Zweipunktmessung.

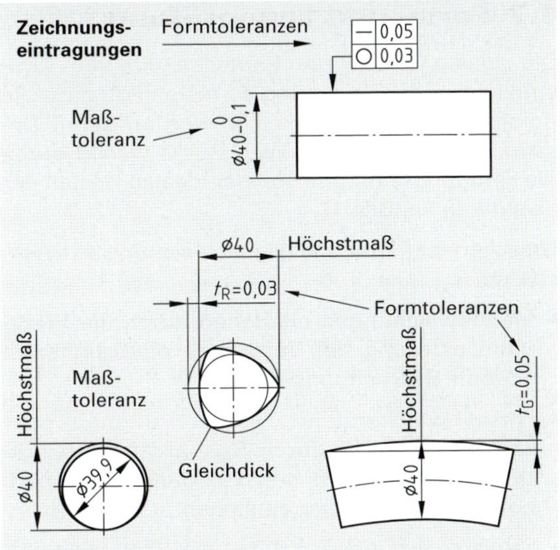

Bild 1: Zulässige Abweichungen für Maß- und Formtoleranzen nach der Unabhängigkeitsbedingung am Beispiel einer Welle

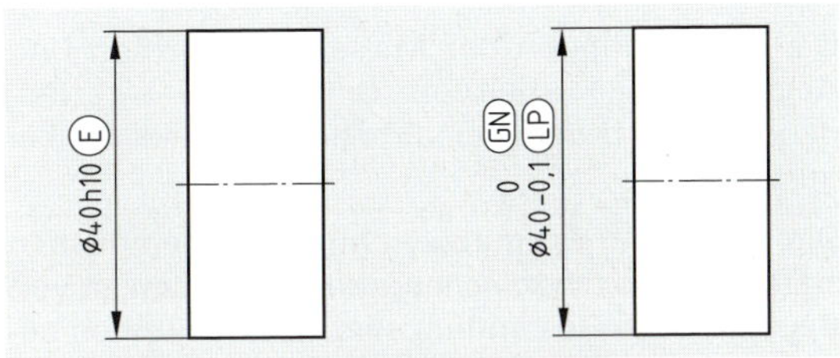

Bild 2: Tolerierung der Hüllbedingung mithilfe des Symbols Ⓔ oder nach GPS-Standard

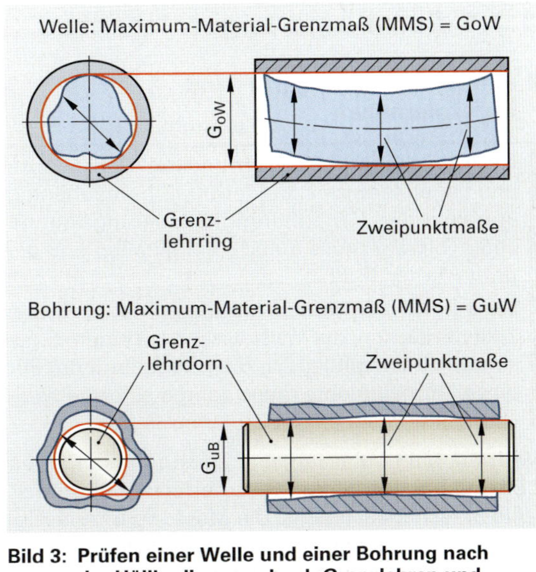

Bild 3: Prüfen einer Welle und einer Bohrung nach der Hüllbedingung durch Grenzlehren und Zweipunktmessung

1.7 Form- und Lageprüfung

Die „ideale Gestalt“ von Bauteilen wird vom Konstrukteur in der Zeichnung so festgelegt, dass die geforderte Funktion erreicht werden kann. Die „wirkliche Gestalt“ des Werkstücks weicht durch die Fertigungseinflüsse von der idealen Gestalt der Zeichnung ab **(Bild 1).**

Ursachen für Form- und Lageabweichung an Werkstücken:

- Maßabweichungen entstehen durch die Werkzeugeinstellung, den Verschleiß, die Schnittkraft oder die Bearbeitungswärme.
- Formabweichungen, z.B. bei Rundheit oder Ebenheit, können durch Spannkräfte, Schnittkräfte und Schwingungen oder durch Eigenspannungen im Werkstück entstehen.
- Lageabweichungen, z.B. bei der Parallelität von Achsen oder Flächen, können durch Abdrängkräfte beim Spanen, Spannkräfte oder durch Positionsabweichungen der Maschine entstehen.

Die Abweichungen der Maße, Rundformen und Achsen beim Kurbeltrieb (Bild 1) sind entscheidend für das Lagerspiel und den Traganteil der Lagerflächen.

Die Maß- und Formabweichungen beeinflussen stärker als die Oberflächengüte die Fügbarkeit von Bauteilen. Die Gesamtheit aller Abweichungen bestimmt, ob die Funktion von Bauteilen gewährleistet ist.

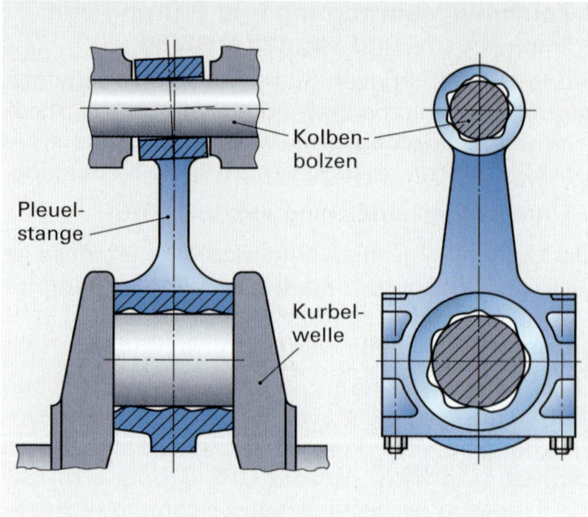

Bild 1: Form- und Lageabweichungen bei einem Kurbeltrieb (vergrößert dargestellt)

Tolerierung von Maß und Form	Maß-toleranz	Zulässige Rundheits-abweichung
⌀32 h6 ○ 0,005	$T = 16\,\mu m$	$f_K \leq 5\,\mu m$ f_K gilt unabhängig von T
⌀32 h6 Ⓔ ○ 0,005	$T = 16\,\mu m$	$f_K \leq 5\,\mu m$ f_K wird durch die Maßtoleranz T begrenzt

Bild 2: Maß- und Rundheitstoleranz

1.7.1 Form- und Lagetoleranzen

Größe der Maß-, Form- und Lagetoleranzen

Nach dem ISO-GPS-System gelten Maß-, Form- und Lagetoleranzen standardmäßig unabhängig voneinander (Unabhängigkeitsbedingungen). Jede Toleranz muss für sich eingehalten und geprüft werden **(Bild 2).**

Wird bei bestimmten Formelementen, z.B. bei Zylinderflächen, die Maßtoleranz mit einem E gekennzeichnet, gilt jedoch die Hüllbedingung. Für diese Formelemente muss dann die Formabweichung innerhalb der Maßtoleranz liegen.

Werden beim Messen die Zeichnungsangaben „Bezugselemente“ und „toleriertes Element“ **(Bild 3)** nicht beachtet, ist die Messung unzulässig, z.B. wenn eine Welle auf einem Formmessgerät am tolerierten Zylinder gespannt und die Rundlaufabweichung am Zapfen gemessen wird.

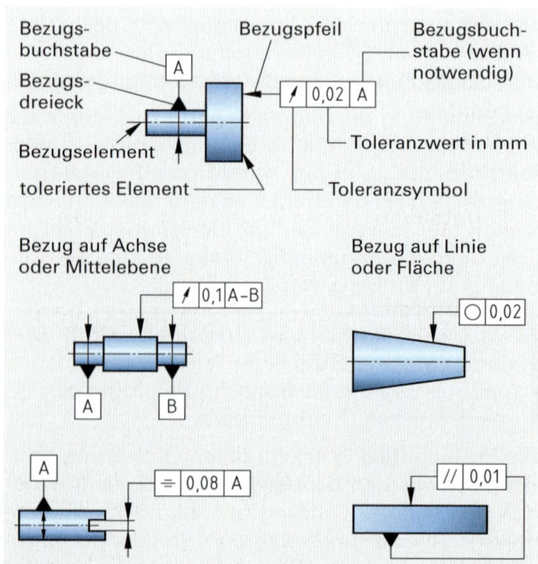

Bild 3: Toleranzangaben in Zeichnungen

Toleranzarten

Nach der Toleranzart unterscheidet man die Lagetoleranzen mit den Gruppen Richtungs-, Orts- und Lauftoleranzen, die Formtoleranzen mit den Gruppen Flachform- und Rundformtoleranzen und die Profiltoleranzen **(Tabelle 1).**

Als **Kurzzeichen** wird allgemein der Buchstabe *t* für Toleranzen und für die entsprechenden Abweichungen der Buchstabe *f* verwendet (Tabelle 1). Die insgesamt 14 Einzeltoleranzen und ihre Abweichungen werden durch Indizes gekennzeichnet, z. B. t_K und f_K für die Rundheit (Kreisform).

Alle **Lagetoleranzen** sind bezogene Toleranzen, denn die Lage des tolerierten Elementes bezieht sich immer auf ein Bezugselement oder eine Bezugsachse.

Richtungstoleranzen sind für die Funktionsfähigkeit von Maschinen entscheidend, z. B. für die **Parallelität** von Führungsbahnen oder die **Rechtwinkligkeit** der Arbeitsspindel einer Fräsmaschine zum Maschinentisch. Die **Neigung**stoleranz ist mit der Winkeltoleranz verwandt. Eine tolerierte Bohrung wie in Tabelle 1, die unter 60° zur Bezugsfläche A geneigt sein soll, muss zwischen zwei parallelen Ebenen im Abstand 0,1 mm liegen.

Ortstoleranzen begrenzen z. B. die Abweichung einer Bohrung von der richtigen **Position.** Wegen der kreisförmigen Toleranzzone bei der Position und der röhrchenförmigen bei der **Koaxialität** wird vor den Toleranzwert ein Durchmesserzeichen gesetzt. Eine **Koaxialitätstoleranz** begrenzt den Achsenversatz eines tolerierten Zylinders zur Achse des Bezugszylinders. Typische Beispiele für **Symmetrie** sind die Lage von Nuten und Bohrungen, die symmetrisch zu einer Mittelebene liegen.

Alle **Lauftoleranzen** haben eine Achse als Bezug. Bei der Messung dreht sich das Werkstück um diese Achse, während Rundlauf oder Planlauf gemessen werden.

Formtoleranzen begrenzen die Form von einzelnen Elementen eines Körpers, z. B. eines Zylinders oder einer ebenen Fläche (Tabelle 1).

Flachformtoleranzen sollen die Abweichungen von geraden Kanten, Mantellinien von Zylindern oder von ebenen Flächen begrenzen.

Rundformtoleranzen beziehen sich auf Zylinder und Kegel mit ringförmigen Toleranzzonen.

Profiltoleranzen grenzen die Form von Flächen oder Linienprofilen ein, z. B. das Profil eines Tragflügels. Mit der Flächenprofiltoleranz können die Formabweichungen eines ganzen Tragflügels oder eines Autodaches begrenzt werden.

Tabelle 1: Toleranzarten

Art	Gruppe	Symbol	Bezeichnung	Zeichnungsangabe	Zeichen: Toleranz	Zeichen: Abweichung
Lagetoleranzen	Richtungstoleranzen	//	Parallelität	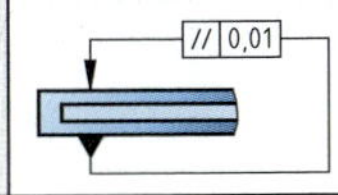	t_P	f_P
		⊥	Rechtwinkligkeit	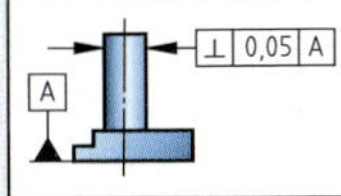	t_R	f_R
		∠	Neigung	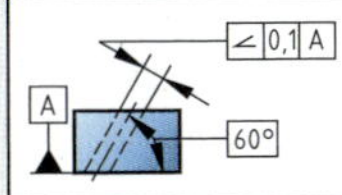	t_N	f_N
	Ortstoleranzen	⌖	Position	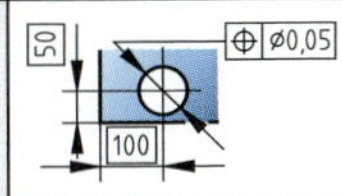	t_{PS}	f_{PS}
		◎	Koaxialität Konzentrizität	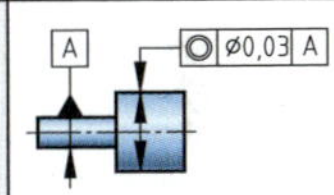	t_{KO}	f_{KO}
		⌯	Symmetrie	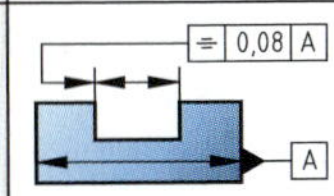	t_S	f_S
	Lauftoleranzen	↗	Lauf Rundlauf Planlauf	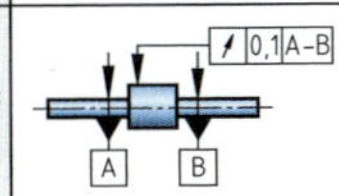	t_L	f_L
		⌰	Gesamtlauf Rundlauf Planlauf	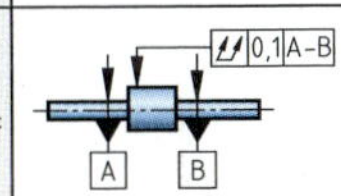	t_{LG}	f_{LG}
Formtoleranzen	Flachformtoleranzen	—	Geradheit	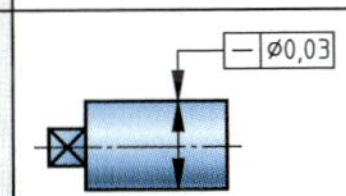	t_G	f_G
		▱	Ebenheit	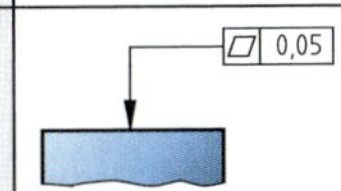	t_E	f_E
	Rundformtoleranzen	○	Rundheit (Kreisform)	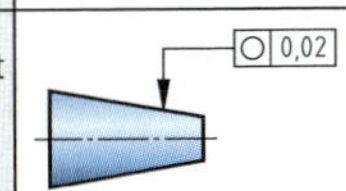	t_K	f_K
		⌭	Zylindrizität (Zylinderform)	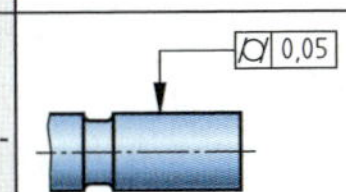	t_Z	f_Z
Profiltoleranzen	Profiltoleranzen	⌒	Linienprofil	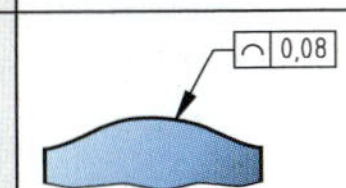	t_{LP}	f_{LP}
		⌓	Flächenprofil	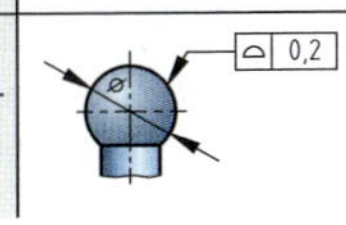	t_{FP}	f_{FP}

1.7.2 Prüfung von ebenen Flächen und Winkeln

Die zu prüfende Toleranz ist in technischen Zeichnungen durch die Toleranzart sowie durch die Lage und Größe der Toleranzzone festgelegt **(Tabelle 1)**.

Tabelle 1: Toleranzen bei Geraden, ebenen Flächen und Winkeln

Sinnbild und tolerierte Eigenschaften			Toleranzzone	Anwendungsbeispiele	
				Zeichnungsangabe	Erklärung
Flachformtoleranzen	—	Geradheit	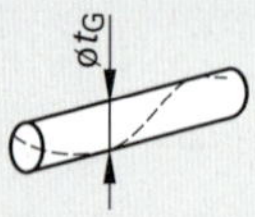	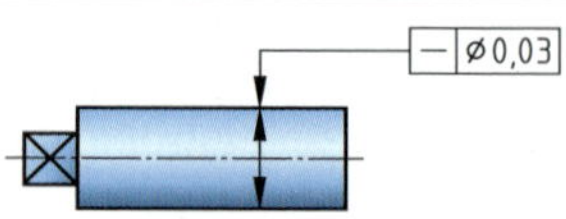	Die Achse des zylindrischen Teiles des Bolzens muss innerhalb eines Zylinders vom Durchmesser t_G = 0,03 mm liegen.
Flachformtoleranzen	⏥	Ebenheit	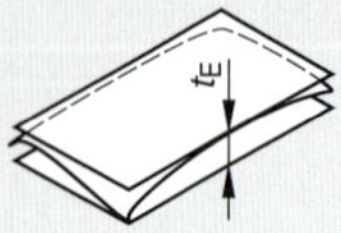	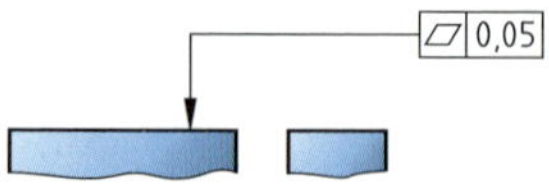	Die tolerierte Fläche muss zwischen zwei parallelen Ebenen vom Abstand t_E = 0,05 mm liegen.
Richtungstoleranzen	//	Parallelität		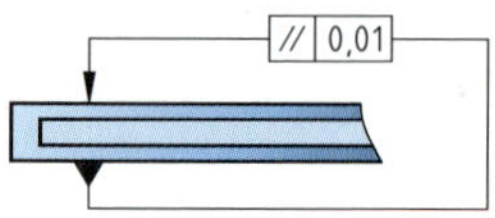	Die tolerierte Fläche muss zwischen zwei zur Bezugsfläche parallelen Ebenen vom Abstand t_P = 0,01 mm liegen.
Richtungstoleranzen	⊥	Rechtwinkligkeit	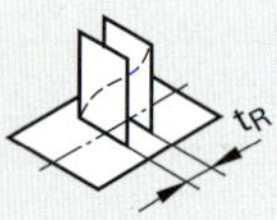	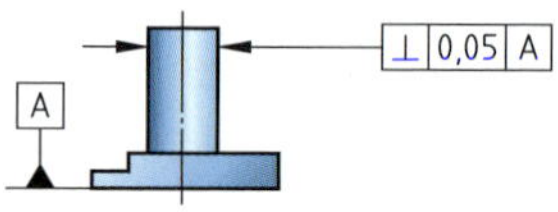	Die tolerierte Achse muss zwischen zwei parallelen, zur Bezugsfläche A und zur Pfeilrichtung senkrechten Ebenen vom Abstand t_R = 0,05 mm liegen.
Richtungstoleranzen	∠	Neigung	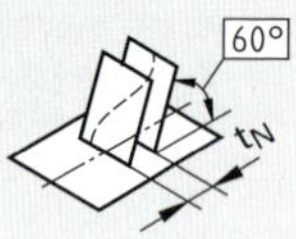	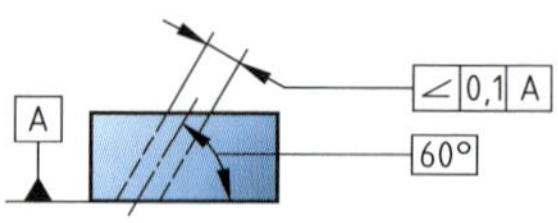	Die Achse der Bohrung muss zwischen zwei zur Bezugsfläche A im Winkel von 60° geneigten und zueinander parallelen Ebenen vom Abstand t_N = 0,1 mm liegen.

Messung von Formabweichungen nach der Minimumbedingung

Ebenen oder Linien müssen das tolerierte Werkstück so eingrenzen, dass ihr Abstand ein Minimum wird. Dieser Abstand ist die Formabweichung **(Bild 1** und **Bild 2)**.

Die **Geradheit** wird durch zwei parallele, gerade Linien begrenzt. Die Minimumbedingung ist erfüllt, wenn der kleinste Abstand der beiden Geraden erreicht ist.

Bei der **Parallelitätsmessung** wird die ebenere Fläche des zu prüfenden Werkstückes als Bezugsebene gewählt. Da auch diese Fläche Abweichungen besitzt, muss sie z. B. mit Prüfstiften nach der Minimumbedingung auf der Messplatte ausgerichtet werden. Die Parallelitätsabweichung f_P wird als Abstand von zwei parallelen Ebenen gemessen, welche die tolerierte Fläche einschließen.

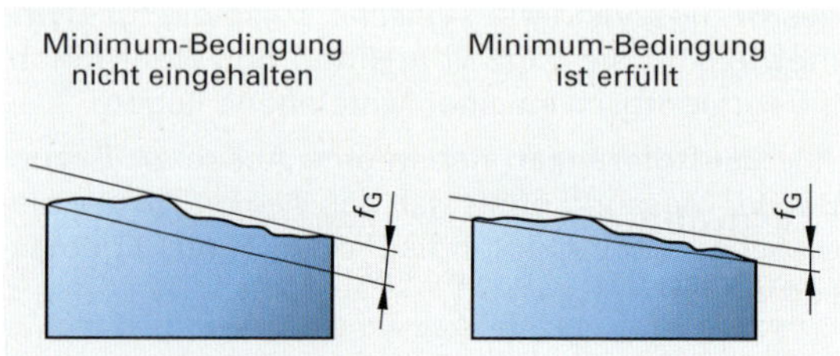

Bild 1: Messung der Geradheit

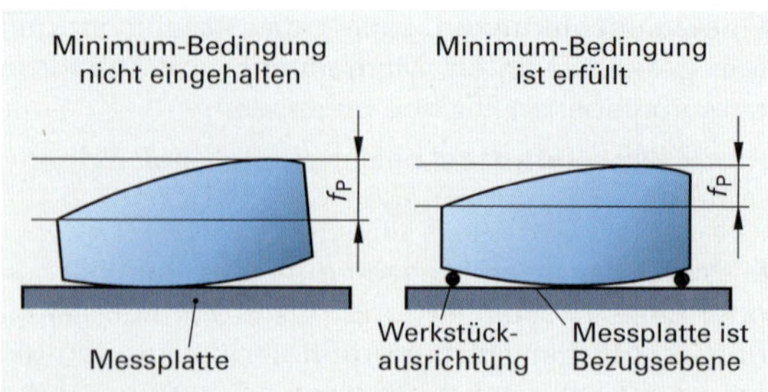

Bild 2: Messung der Parallelität

Prüfung der Geradheit und Ebenheit

Zur Prüfung von Geradheit und Ebenheit werden in der Werkstatt **Haarlineale** eingesetzt **(Bild 1)**. Unebenheiten ab 2 µm erkennt man am Lichtspalt. Die Ebenheit ist auch bei Wiederholmessungen mit dem Haarlineal nur annähernd prüfbar, da immer nur die Geradheit in einem Flächenbereich geprüft werden kann. Die Prüfung der Geradheit von Zylindern ist mit dem Haarlineal mindestens zweimal am Umfang um 90° versetzt durchzuführen.

Beim **Ebenheitsvergleich** mit einer Messplatte als Ebenheitsnormal wird das Werkstück mit der zu prüfenden Fläche auf die Messplatte gelegt und mit einem Messtaster die größte Ebenheitsabweichung gesucht **(Bild 2)**.

Die Ebenheit von Messflächen an Endmaßen oder Messschrauben kann mit einem **Planglas** hoher Genauigkeit geprüft werden **(Bild 3)**. Die Prüfmethode beruht auf der Überlagerung (Interferenz) von Lichtwellen. Ebenheitsabweichungen werden durch die Krümmung und die Anzahl der Interferenzstreifen sichtbar und messbar. Von einem Interferenzstreifen zum nächsten hat sich der Abstand der Messfläche zur Messplatte um etwa 0,3 µm geändert.

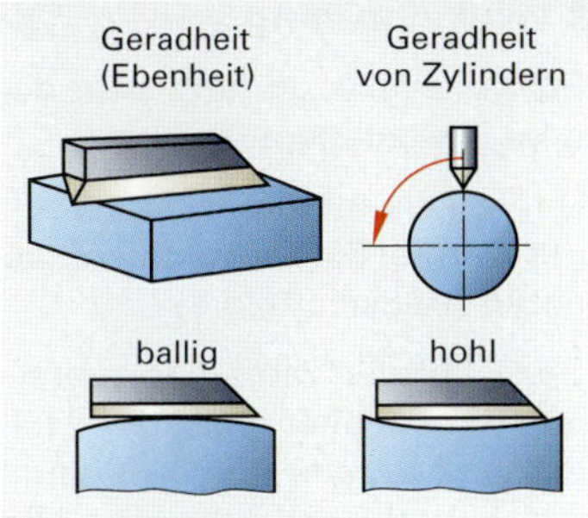

Bild 1: Geradheits- und Ebenheitsprüfung

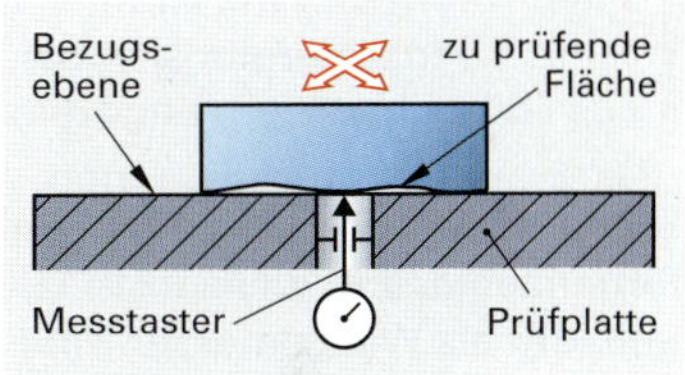

Bild 2: Ebenheitsprüfung

Messung der Parallelität

Die Parallelität kann auf einer Messplatte mit einem Feinzeiger geprüft werden **(Bild 4)**. Das Werkstück wird mit der Fläche höchster Ebenheit auf die Messplatte als Bezugsfläche ausgerichtet. Um die größte Abweichung der tolerierten Fläche zu finden, werden die Messpunkte gleichmäßig auf der Fläche verteilt. Die Parallelitätsabweichung ist der Unterschied zwischen dem größten und dem kleinsten angezeigten Messwert.

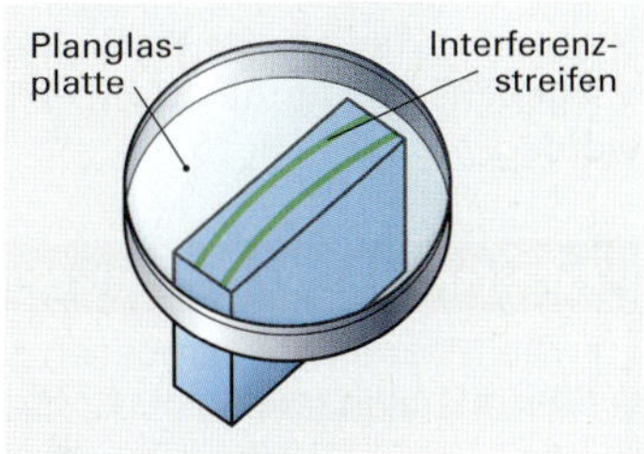

Bild 3: Ebenheitsprüfung

> Eine Prüfung von Geradheit, Ebenheit und Parallelität mit vielen Messpunkten ist sehr aufwendig. Eine Beschränkung auf einige gleichmäßig auf dem Messobjekt verteilte Messpunkte ist daher sinnvoll.
>
> Die größte gemessene Abweichung ist mit dem in der Zeichnung vorgegebenen Toleranzwert zu vergleichen.

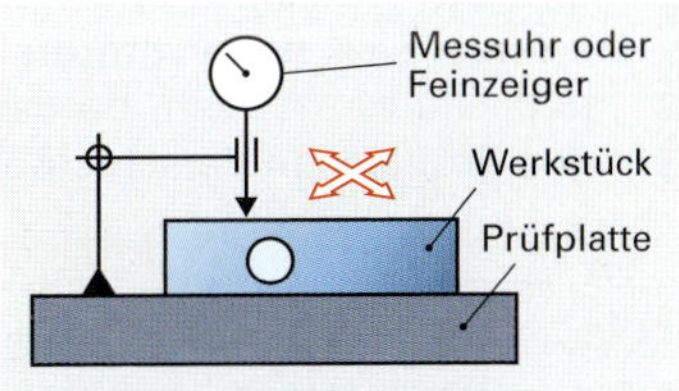

Bild 4: Parallelitätsprüfung

Richtungs- und Neigungsprüfung

Richtwaagen mit Röhrenlibellen (sogenannte Wasserwaagen) werden zum Prüfen oder Ausrichten von ebenen und zylindrischen Flächen in horizontaler Lage eingesetzt **(Bild 5)**. Sie sind beim Aufstellen von Maschinen unerlässlich. Die kleinste anzeigbare Winkelabweichung beträgt 0,01 mm/m.

Elektronische Neigungsmessgeräte eignen sich besonders für Präzisionsmessungen kleiner Neigungen. Es gibt sie als Horizontalmodell mit einer Messfläche oder als Winkelmodell mit einer horizontalen und einer vertikalen Messfläche (Bild 5). Mit diesen Neigungsmessgeräten sind Abweichungen von der Ebenheit an Prüfplatten und Maschinen sowie Abweichungen von der Parallelität und Rechtwinkligkeit messbar. Die kleinste messbare Neigung beträgt 0,001 mm/m und der größte Messbereich ± 5 mm/m.

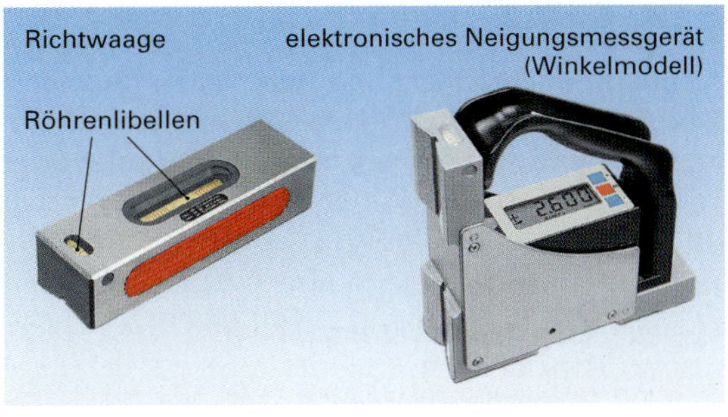

Bild 5: Richtwaage und Neigungsmessgerät

Winkelprüfung

Bei der Winkelprüfung wird die Lage von Kanten oder Flächen geprüft.

Universalwinkelmesser haben eine Hauptskale mit viermal 90° und Nonien, die noch 5 Winkelminuten auflösen **(Bild 1)**.

Beim Ablesen zählt man zuerst an der Hauptskale von 0° ausgehend bis zum Nullstrich des Nonius die Winkelgrade und liest dann am Nonius in der gleichen Ableserichtung die Minuten ab **(Bild 2)**.

Der gemessene Winkel entspricht beim Universalwinkelmesser mit Nonius nicht immer der Anzeige, sondern ergibt sich bei stumpfen Winkeln aus 180° minus dem angezeigten Winkel.

Digital arbeitende **Universalwinkelmesser mit Ziffernanzeige** sind wesentlich leichter ablesbar und genauer als Winkelmesser mit Nonius **(Bild 3)**. Sie können wahlweise Winkelgrade, Winkelminuten oder Dezimalgrade anzeigen. Der Ziffernschrittwert beträgt 1 Winkelminute oder 0,01°. Durch die Nullung in beliebiger Winkelposition können bei Vergleichsmessungen Abweichungen angezeigt werden.

Arbeitsregeln für die Winkelprüfung

- Die Messschenkel müssen rechtwinklig zu den Prüfflächen stehen.
- Zwischen den Mess- und Prüfflächen soll kein Lichtspalt mehr erkennbar sein.
- Soll die Winkelprüfung an mehreren Stellen erfolgen, ist das Prüfmittel stets abzuheben und neu anzusetzen, da das Verschieben auf den Prüfflächen Verschleiß verursacht.

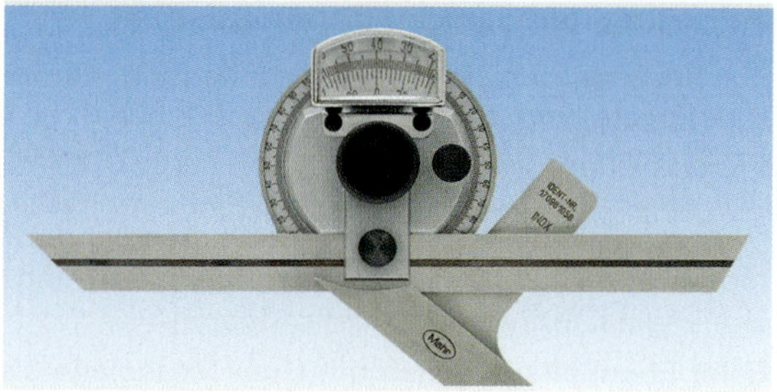

Bild 1: Universalwinkelmesser

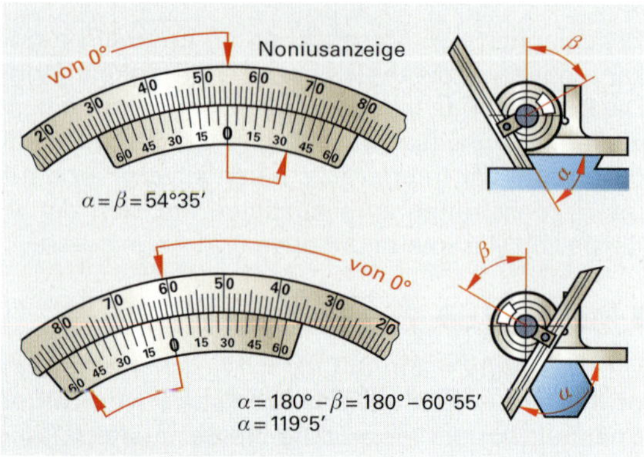

Bild 2: Winkelanzeigen

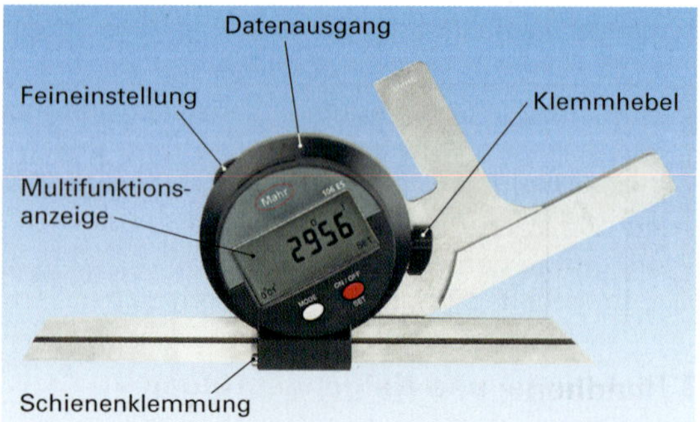

Bild 3: Universalwinkelmesser mit Ziffernanzeige

Einstellbare Winkelmessgeräte

Ein einstellbares Winkelmessgerät ist das **Sinuslineal (Bild 4)**. Mit ihm lassen sich beliebige Winkel zwischen 0° und 60° einstellen oder prüfen. Es besteht aus einem Lineal und zwei Rollen (Zylinderendmaße), die mit dem Lineal fest verbunden sind. Der Abstand der Rollen beträgt 100 mm oder 200 mm. Mit dem Sinuslineal können noch Winkelunterschiede von 3″ bis 10″ eingestellt werden.

Beispiel: $L = 100$ mm, $\alpha = 12°\ 10'3''$

Lösung: $E = L \cdot \sin\alpha = 100\ \text{mm} \cdot 0{,}21077$
$E = 21{,}077$ mm
Endmaßkombination:
1,007 mm + 1,07 mm + 9 mm + 10 mm

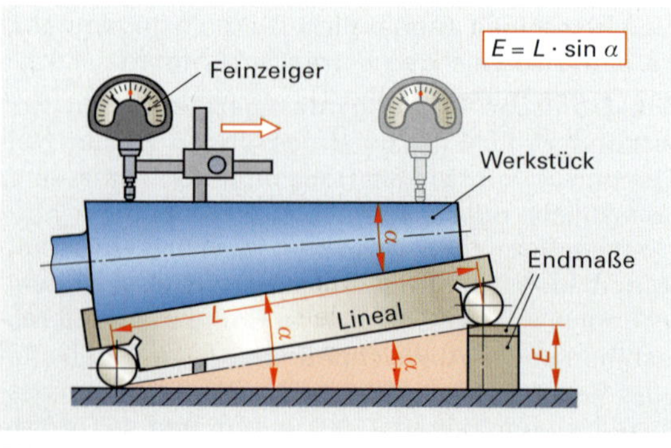

Bild 4: Sinuslineal

1.7.3 Rundform-, Koaxialitäts- und Rundlaufprüfung

Durch die hohe Zahl von Getriebewellen, Wälzlagern und Lagerbuchsen kommen Rundformprüfungen in der Fertigung sehr häufig vor. Die Fähigkeit, in Abhängigkeit von der Tolerierung ein funktionsgerechtes Prüfverfahren anzuwenden, ist daher bei diesen Bauteilen besonders wichtig **(Tabelle 1)**.

Rundheitsabweichungen können durch Maschinenschwingungen oder unrunde Schleifscheiben entstehen. Gleichdickformen entstehen durch die Spannkräfte im Dreibackenfutter **(Bild 1)**.

Zylinderformabweichungen kann man sich als Überlagerungen von Rundheits-, Geradheits- und Parallelitätsabweichungen vorstellen.

Koaxialitäts- und Rundlaufabweichungen sind Abweichungen, die sich auf eine Bezugsachse beziehen. Um diese Achse dreht sich die Welle, wenn das tolerierte Element gemessen wird.

Tabelle 1: Rundform-, Orts- und Lauftoleranzen

Sinnbild und tolerierte Eigenschaften			Toleranzzone	Anwendungsbeispiele Zeichnungsangabe	Erklärung
Rundformtoleranzen	○	Rundheit (Kreisform)	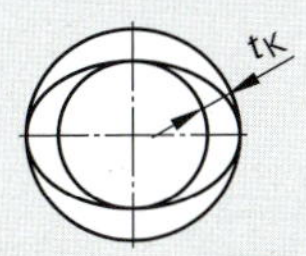	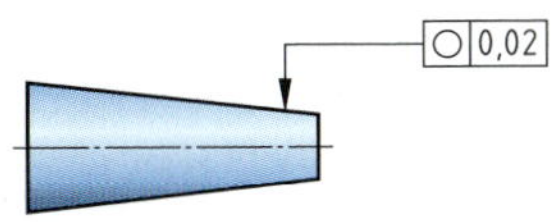	Die Umfangslinie jedes Querschnittes (Kreisform) muss in einem Kreisring von der Breite t_K = 0,02 mm enthalten sein.
	⌭	Zylindrizität (Zylinderform)	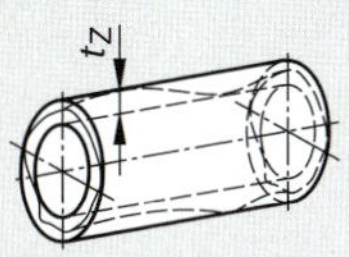	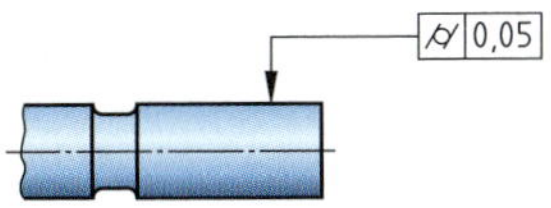	Die tolerierte Fläche muss zwischen zwei koaxialen Zylindern liegen, die einen radialen Abstand von t_Z = 0,05 mm haben.
Ortstoleranz	◎	Koaxialität, Konzentrizität	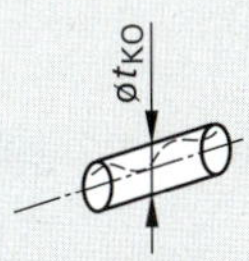	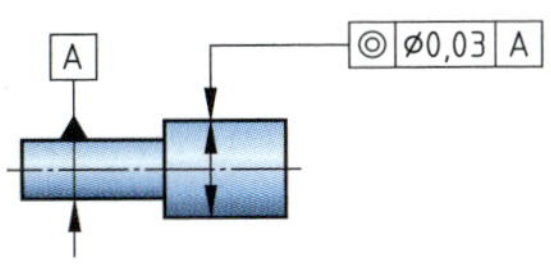	Die Achse des tolerierten Teiles der Welle muss innerhalb eines Zylinders vom Durchmesser t_{KO} = 0,03 mm liegen, dessen Achse mit der Achse des Bezugselementes fluchtet.
Lauftoleranz	↗	Rundlauf	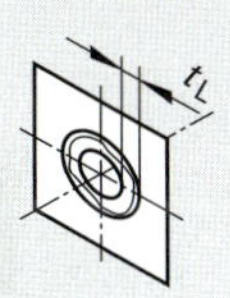	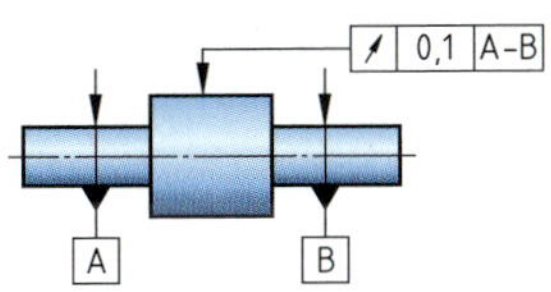	Bei Drehung um die Bezugsachse AB darf die Rundlaufabweichung in jeder senkrechten Messebene t_L = 0,1 mm nicht überschreiten.

Rundheitsprüfung

Zweipunktmessungen, z. B. mit Messschrauben oder Messuhren senkrecht zur Messfläche, erfassen Rundheitsabweichungen nur als Durchmesserunterschiede. Da bei Zweipunktmessungen von Gleichdickformen die Anzeige immer gleich bleibt, sind Rundheitsabweichungen nur durch eine Dreipunktmessung mit zwei Auflagepunkten im Prisma messbar (Bild 1). Noch genauer können Rundheitsabweichungen auf Formmessgeräten gemessen werden **(Bild 1, Seite 65)**.

Bei ovalen Formabweichungen (Bogenzahl n = 2) und einer ebenen Messplatte (Winkel α = 180°) ist der Anzeigeunterschied zwischen dem großen und dem kleinen Durchmesser doppelt so groß wie die Rundheitsabweichung **(Tabelle 1, folgende Seite)**. Die Rundheitsabweichung f_K ist daher gleich der Differenz zwischen größter und kleinster Anzeige, dividiert durch den Korrekturwert k.

Rundheitsabweichung $$f_K = \frac{A_{max} - A_{min}}{k}$$

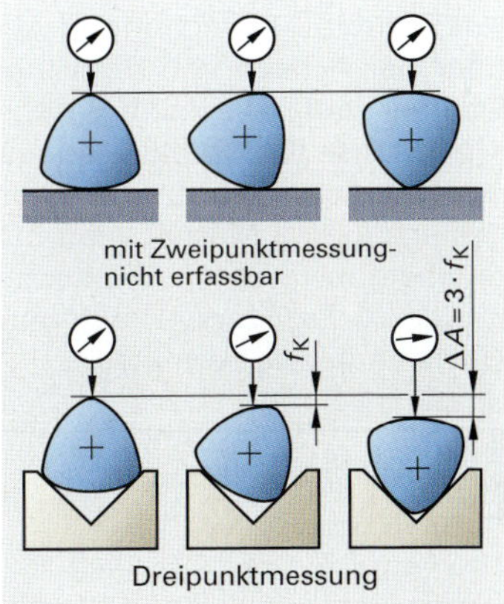

Bild 1: Erfassen der Rundheitsabweichung von Gleichdicken

Dreipunktmessungen mit Prismen und einem Messwertaufnehmer, z. B. einem Feinzeiger, ergeben eine Anzeigeänderung ΔA, die vom Prismenwinkel α und der Bogenzahl n der Rundheitsabweichung abhängt **(Tabelle 1)**. Die Bogenzahl einer Gleichdickform kann durch Zählen der Höchst- oder Kleinstwerte während einer Umdrehung des Werkstücks im Prisma ermittelt werden.

Beispiele: Bei einem Oval, das in einem 90°-Prisma gemessen wird, entspricht bei einem Korrekturwert $k = 1$ die Anzeigenänderung der Rundheitsabweichung.

Wird in einem 90°-Prisma ein 3- oder 5-Bogen-Gleichdick gemessen, ist die Anzeigenänderung doppelt so groß wie die Rundheitsabweichung. Dem entspricht der Korrekturwert $k = 2$.

Tabelle 1: Korrekturwerte *k* zur Rundheitsmessung

Prismenwinkel α	k bei Bogenzahl n: 2	3	5	Bemerkungen
60°	–	3	–	Oval- und 5-Bogen-Gleichdick nicht feststellbar
90°	1	2	2	3- und 5-Bogen-Gleichdick gut feststellbar
108°	1,4	1,4	2,2	Gleicher Korrekturwert k bei Bogenzahl $n = 2$ und 3
120°	1,6	1	2	–
180°	2	–	–	Zweipunktmessung

Da es ideale Gleichdicke nicht gibt, sind bei Zwei- und Dreipunktmessungen die Messabweichungen größer als bei einer Rundheitsmessung im Formmessgerät.

Messen des Rundlaufs

Eine einfache Rundlaufmessung ist durch die Aufnahme des Werkstückes zwischen Spitzen möglich **(Bild 1)**. Funktionsgerechter prüft man z. B. eine Getriebewelle, indem man sie an den Lagerzapfen in Prismen aufnimmt. Rundlaufabweichungen entstehen durch Achsenversatz (fehlende Koaxialität) oder durch Rundheitsabweichungen **(Bild 2)**.

Die Rundlaufabweichung f_L ist die Differenz zwischen größter Anzeige $\boldsymbol{A}_{\mathbf{max}}$ und kleinster Anzeige $\boldsymbol{A}_{\mathbf{min}}$ während einer ganzen Umdrehung.

Rundlaufabweichung $f_L = A_{max} - A_{min}$

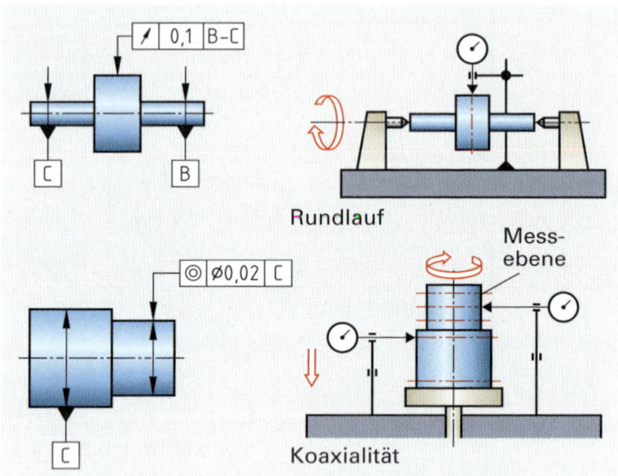

Bild 1: Tolerierung und Prüfung von Rundlauf und Koaxialität

Messen der Koaxialität

Koaxialitäts-Abweichungen können bei Wellen oder bei Achsen von Bohrungen auftreten. Das Drehteil wird mit seinem Bezugszylinder (*C* in Bild 1) zur Achse des Drehtisches ausgerichtet. Um den größten Achsenversatz zu erkennen, sollten mindestens in drei Messebenen Rundlaufmessungen durchgeführt werden. Die Koaxialitätsabweichung f_{KO} (der Achsenversatz) wird aus der größten und kleinsten Anzeige ermittelt.

Koaxialitätsabweichung $f_{KO} = \frac{A_{max} - A_{min}}{2}$

Aufgrund der Röhrchenform der Toleranzzone entspricht der größte zulässige Achsenversatz der halben Koaxialitätstoleranz t_{KO}.

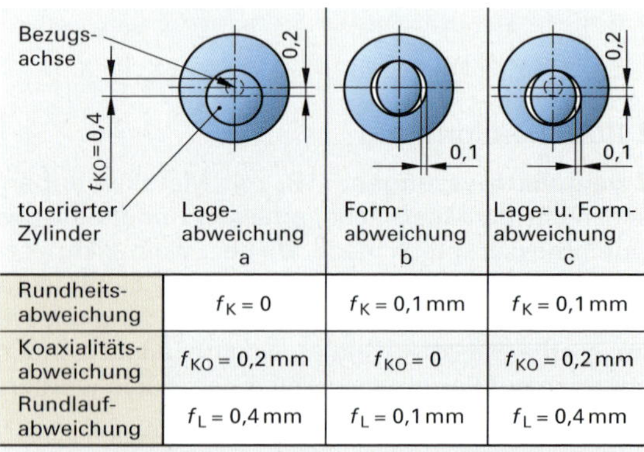

	a	b	c
Rundheitsabweichung	$f_K = 0$	$f_K = 0,1\,mm$	$f_K = 0,1\,mm$
Koaxialitätsabweichung	$f_{KO} = 0,2\,mm$	$f_{KO} = 0$	$f_{KO} = 0,2\,mm$
Rundlaufabweichung	$f_L = 0,4\,mm$	$f_L = 0,1\,mm$	$f_L = 0,4\,mm$

a: Wenn Rundheitsabweichungen vernachlässigbar sind, ist die Rundlaufabweichung f_L doppelt so groß wie der Achsversatz, das heißt wie die Koaxialitätsabweichung f_{KO}.

c: Zur Koaxialitätsabweichung wird immer auch eine Rundheitsabweichung hinzukommen. Meistens wird dadurch die Rundlaufabweichung aber nicht größer.

Bild 2: Zusammenhänge zwischen Rundheit, Rundlauf und Koaxialität

Formprüfung auf Formmessgeräten

Das induktive Tastsystem und vor allem der präzise Rundlauf der Rundheitsmessachse (Achse des Drehtisches) ermöglichen die Ermittlung von Form- und Lagemerkmalen mit einer Messunsicherheit kleiner 0,1 µm **(Bild 1** und **Tabelle 1).**

- Messbare Formmerkmale sind z. B. Rundheit, Zylindrizität, Ebenheit und Kegelform.
- Messbare Lagemerkmale sind z. B. Rundlauf, Koaxialität und Rechtwinkligkeit.

Zum Messen wird das Werkstück im Spannfutter aufgenommen. Die **Ausrichtung** eines tolerierten Zylinders oder einer Bezugsachse (fluchtend zur Rundheitsmessachse) erfolgt über einen Zentrier- und Kipptisch entweder motorisch oder manuell durch Stellschrauben (Bild 1). Zunächst muss gekippt und danach zentriert werden. Die Messgenauigkeit wird erheblich verbessert, wenn die tolerierten Zylinder oder die Bezugsachsen vor der Messung sorgfältig im µm-Bereich ausgerichtet werden.

Rundheitsmessung

Während der Kreisbewegung ertastet der Messtaster bis zu 3600 Messpunkte. Gleichzeitig entsteht am Bildschirm das Rundheitsprofil.

Auswerteverfahren: Zur Bestimmung der Rundheitsabweichungen sind verschiedene Auswerteverfahren wählbar **(Bild 2).** Das Standard-Auswerteverfahren ist das Referenzkreis-Verfahren **LSCI** (LSCI = Least Square Circle). Der Referenzkreis berücksichtigt alle gemessenen Profilpunkte. Der Einfluss extremer Profilpunkte ist daher gering. Das LSCI-Verfahren wertet das Rundheitsprofil schnell und zuverlässig aus.

> Die Rundheitsabweichung f_K ist der Abstand von zwei konzentrischen Kreisen, die das Profil einschließen (Tabelle 1 und Bild 2).
>
> Aus mehreren Profilen kann der Auswerterechner die Zylindrizität und die Koaxialität berechnen (Tabelle 1).

Alle vom Rechner durchführbaren Auswerteverfahren **LSCI, MICI, MCCI** und **MZCI** gehen vom selben Rundheitsprofil aus (Bild 2). Während der Rechner beim LSCI-Verfahren konzentrisch zum Referenzkreis den Hüllkreis und Pferchkreis bildet, wird beim MICI-Verfahren ein konzentrischer Kreis zum Pferchkreis und beim MCCI-Verfahren ein konzentrischer Kreis zum Hüllkreis gebildet. In Abhängigkeit vom Auswerteverfahren unterscheiden sich die Rundheitsabweichungen und die Lage der Profilmitten im µm-Bereich.

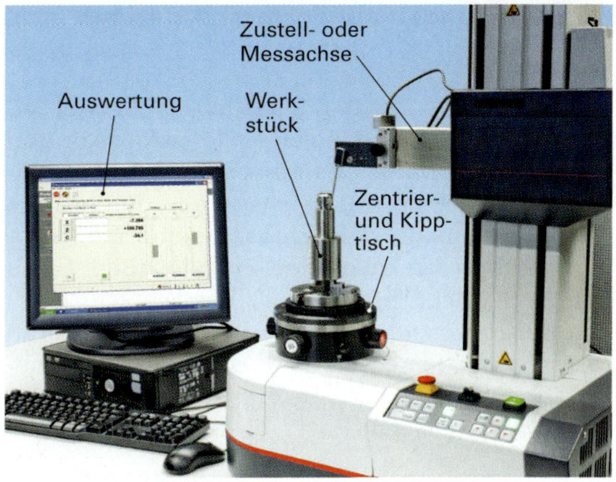

Bild 1: Formmessgerät

Tabelle 1: Messen von Form- und Lagemerkmalen

○ Rundheit	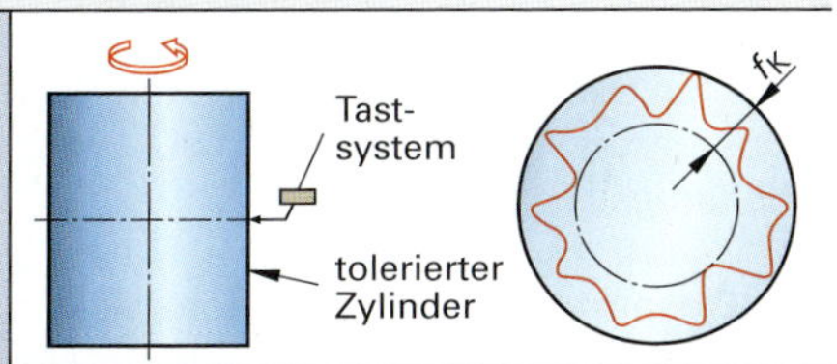
⌭ Zylindrizität	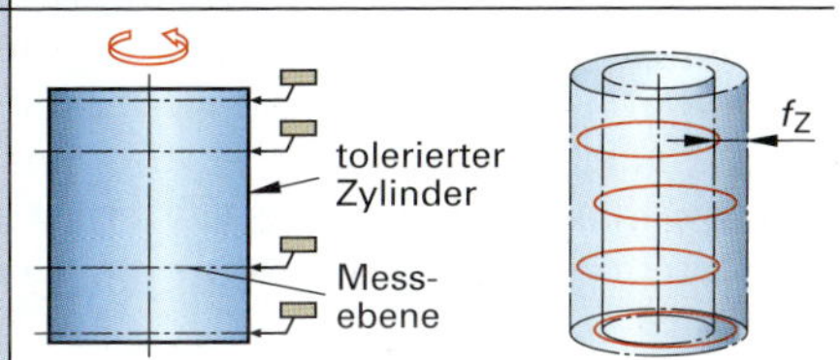
↗ Rundlauf	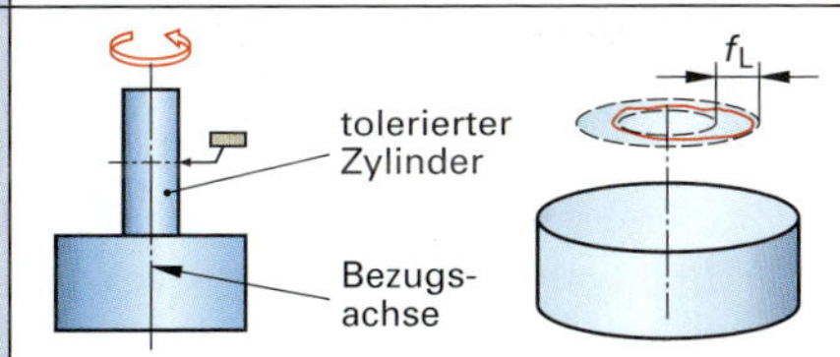
◎ Koaxialität	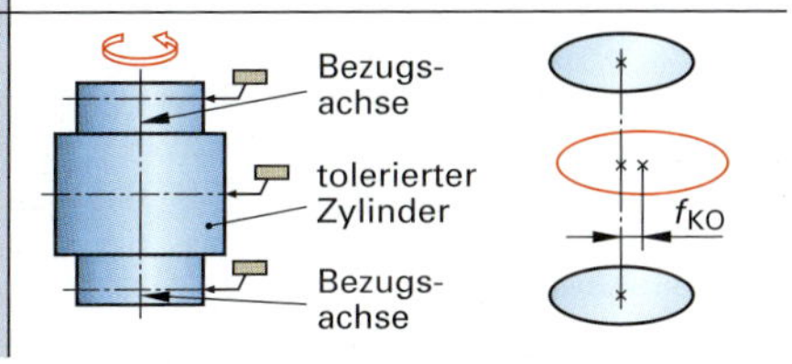

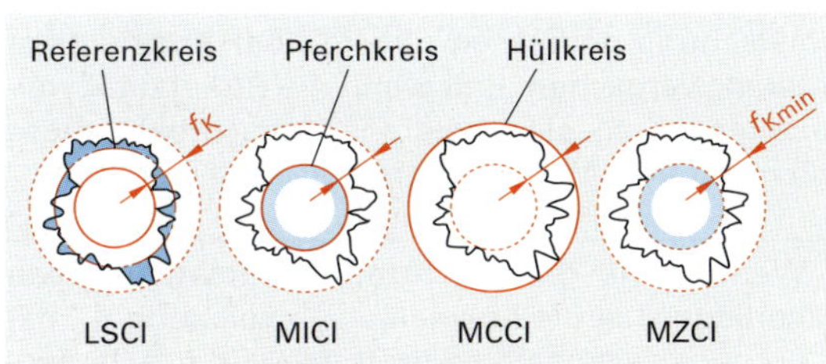

Bild 2: Auswerteverfahren der Rundheitsprüfung

Laufprüfungen auf Formmessgeräten

Rundlaufmessung

An dem ausgerichteten Bezugszylinder werden zwei oder mehr Rundheitsprofile gemessen und nach dem Auswerteverfahren LSCI die Mittelpunkte bestimmt. Eine Ausgleichsgerade durch diese Mittelpunkte bildet die Bezugsachse für die Rundlaufmessung am tolerierten Zylinder **(Bild 1** und **Bild 2)**. Bei der Messung wird das Werkstück um die Bezugsachse gedreht. Wenn in mehreren Messebenen gemessen wird, ist die größte Rundlaufabweichung $f_L = A_{max} - A_{min}$ mit dem Toleranzwert t_L zu vergleichen.

> Der Messtaster sollte bei Rund- und Planlaufmessungen möglichst senkrecht zur Fläche stehen.
>
> Bei der Prüfung von Lageabweichungen wird stets das Bezugselement ausgerichtet und nicht wie bei der Formmessung das tolerierte Element. Das unterscheidet die Rundlauf- von der Rundheitsmessung.

Der **Gesamtrundlauf** entspricht dem des Rundlaufs, es werden nur in vielen Messebenen Messungen durchgeführt oder der Messtaster wird über die ganze Länge des tolerierten Zylinders axial bewegt **(Bild 3)**. Die Gesamtrundlaufabweichung f_{LG} ist die Differenz zwischen größter und kleinster Anzeige im Bereich des Zylinders.

Planlaufmessungen werden vorwiegend am größten Radius durchgeführt, da hier die größte Planlaufabweichung zu erwarten ist (Bild 3).

Zur Prüfung der **Koaxialität** wird am tolerierten Zylinder in jedem gemessenen Profil vom Auswerterechner der Achsenversatz berechnet **(Bild 4** und **Tabelle 1, vorherige Seite)**.

> Die Koaxialitätsabweichung f_{KO} darf nicht größer sein als der halbe Toleranzwert t_{KO}.

Die Messung der Koaxialitätsabweichung ist ohne Formmessgerät nur näherungsweise möglich. Oft wird daher die einfacher zu messende Rundlaufabweichung gemessen und mit der Koaxialitätstoleranz verglichen. Erst wenn die Rundlaufabweichung die Koaxialitätstoleranz überschreitet, muss ein genaueres Messverfahren gewählt werden.

> Wenn keine großen Rundheitsabweichungen vorliegen, ist die Koaxialitätsabweichung f_{KO} näherungsweise halb so groß wie die Rundlaufabweichung f_L.

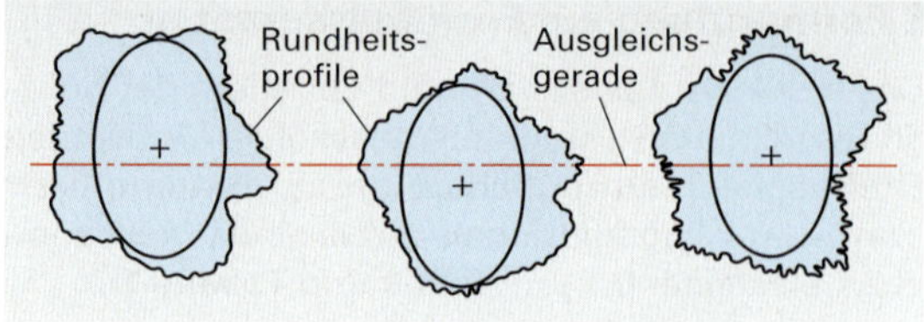

Bild 1: Ausgleichsgerade durch drei Mittelpunkte

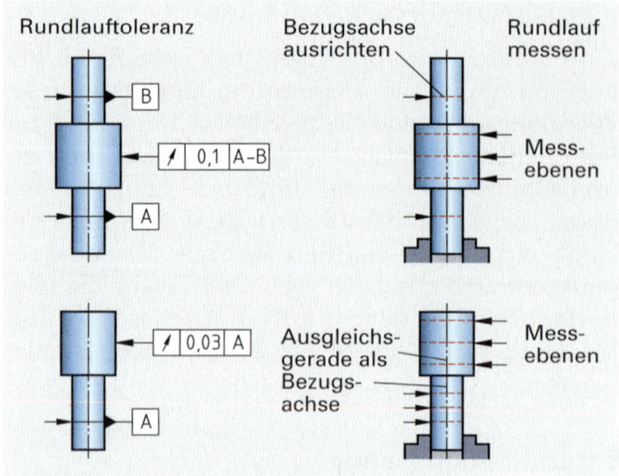

Bild 2: Rundlaufmessung

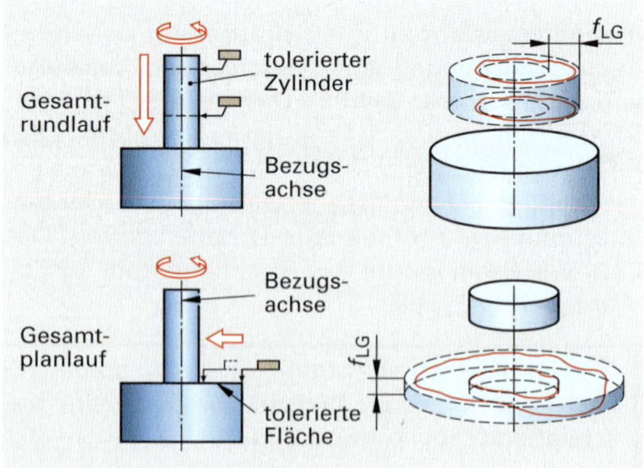

Bild 3: Gesamtrundlauf und Gesamtplanlauf

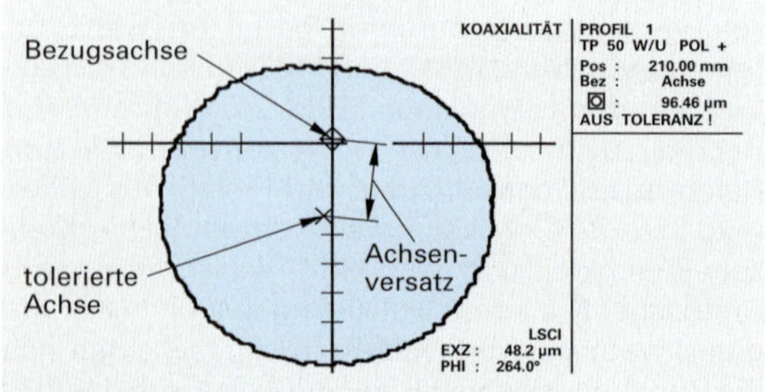

Bild 4: Messprotokoll der Koaxialität

Zylindrizitätsmessung auf Formmessgeräten

Die Tolerierung und Prüfung der Zylinderform ist meist bei Wellen und Achsen zur Sicherung der Funktion notwendig. Die Zylinderformabweichung setzt sich zusammen aus Rundheitsabweichungen in den Querschnitten sowie Geradheits- und Parallelitätsabweichungen der Mantellinien.

Die Messung mittels Formmessgerät erfolgt durch Antastung in mehreren Radial- oder Axialschnitten oder entlang einer Schraubenlinie. Am schnellsten geht die Helixmessung **(Bild 1)**.

Zu bereits aufgenommenen und gespeicherten Rundheitsprofilen kann die Software ebenfalls zwei koaxiale Hüllzylinder bilden und die Zylindrizitätsabweichung berechnen.

> Die Radiendifferenz der beiden Hüllzylinder ist die Zylindrizitätsabweichung f_Z.

Ohne ein Formmessgerät oder eine Messmaschine sind Zylinderformabweichungen nicht ausreichend genau messbar. Deshalb werden in der Praxis ersatzweise oft die schnell messbaren Komponenten gemessen.

> Prüft man anstelle der Zylindrizität die Rundheit und Parallelität mit Feinzeigern, erhält man meist ein ausreichend genaues Prüfergebnis.
>
> Die aufwendigen Zylindrizitäts- und Koaxialitätsprüfungen werden zunächst durch die Prüfungen ihrer Komponenten ersetzt **(Tabelle 1).** Erst wenn eine „Toleranzüberschreitung" festgestellt wird, muss das genauere Messverfahren gewählt werden.

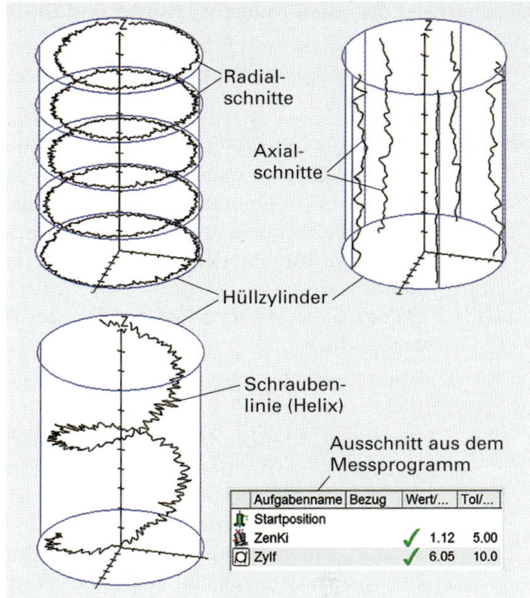

Bild 1: Zylinderformprüfung mit dem Formtester

Tabelle 1: Form- und Lagetoleranzen

Zusammengesetzte Toleranzen	Symbol	Ersatzweise prüfbare Komponenten
Ebenheit	⏥	—
Parallelität	//	—, ⏥
Zylindrizität	⌭	—, ○, //
Koaxialität	◎	↗, ⌰
Gesamtrundlauf	⌰	—, ○, ↗
Gesamtplanlauf	⌰	⊥, ↗, ⏥

Messbeispiele

Prüfung einer Planfläche (Bild 2): Welche Tolerierung ersetzt die Ebenheits- und Planlauftolerenz und vereinfacht die Messung?

Lösung: Mit einem Gesamtplanlauf kann der Planlauf und die Ebenheit der Planfläche sehr einfach überwacht werden.

Koaxialitätsprüfung (Bild 3): Drehteile, die zur Bearbeitung der zweiten Seite umgespannt wurden, sollen auf Koaxialität geprüft werden. Ein einfaches Prüfverfahren ist zu wählen.

Lösung 1: Aufnahme des großen Durchmessers in Prismen.
Der tolerierte Zylinder wird mit einem Feinzeiger angetastet. Anstelle einer Koaxialitätsmessung wird eine einfachere und ausreichend genaue Rundlaufmessung durchgeführt. Die Koaxialitätsabweichung entspricht der halben Rundlaufabweichung.

Lösung 2: Aufnahme zwischen Spitzen (wenn möglich)
Koaxialitätsmessung mit induktiven Tastern auf dem Bezugszylinder und dem tolerierten Zylinder. Tasterverknüpfung bei der Differenzmessung: +A –B (Tabelle 1).

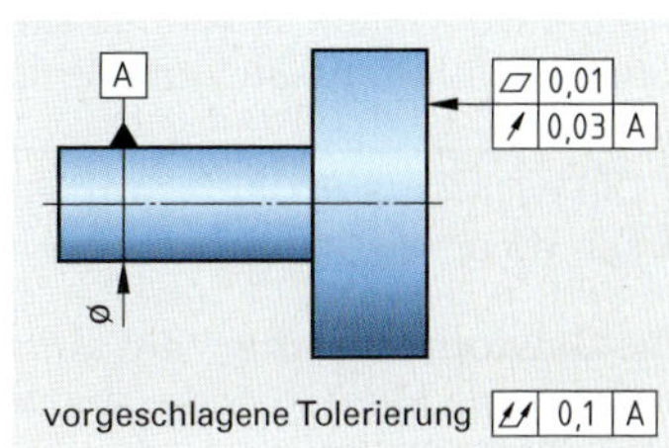

Bild 2: Tolerierung einer Planfläche

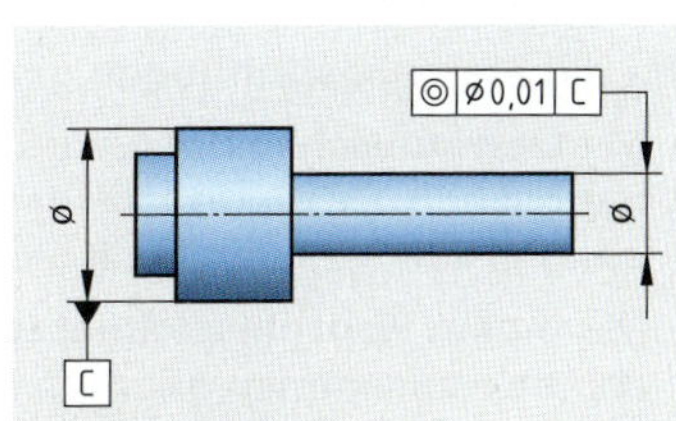

Bild 3: Drehteil

Messbeispiel: Rundlaufmessung (Bild 1 und Bild 2)

Der Rundlauf des tolerierten Elementes einer Welle zur Bezugsachse A-B ist zu prüfen. Mögliche Werkstattprüfverfahren sind zu beschreiben und zu bewerten.

Lösung A: Aufnahme der Welle zwischen Spitzen.

Die Rundlaufabweichung f_L ist die Differenz zwischen größter und kleinster Anzeige während einer Umdrehung. Wird die Prüfung mit Messuhren oder Feinzeigern an mehreren Messebenen durchgeführt, ist die größte Rundlaufabweichung mit dem Toleranzwert zu vergleichen. Dieses Messverfahren ist auch in der Werkzeugmaschine anwendbar.

Messabweichungen sind zu erwarten, wenn die Spitzen nicht zueinander fluchten.

Bei der Aufnahme einer Welle zwischen Spitzen ist die Bezugsachse für die Rundlaufmessung meist identisch mit der Drehachse bei der Fertigung. Bei diesem Prüfverfahren ist daher eine kleine Rundlaufabweichung zu erwarten. Bei einer wälzgelagerten Welle wird dagegen die Bezugsachse durch die Wälzlager A und B gebildet, was eine andere Rundlaufabweichung ergeben muss.

Lösung B: Aufnahme der Welle in Schneidenprismen mit Sicherung gegen axiales Verschieben.

Da bei diesem Prüfverfahren die Drehbewegung wie bei einer wälzgelagerten Getriebewelle durch die Zylinderform der Bezugselemente A und B bestimmt wird, ist diese Prüfung funktionsgerechter als das Messen zwischen Spitzen.

Messabweichungen können durch Rundheitsabweichungen an den Bezugselementen A und B in Abhängigkeit vom Prismenwinkel entstehen **(Tabelle 1, Seite 64)**.

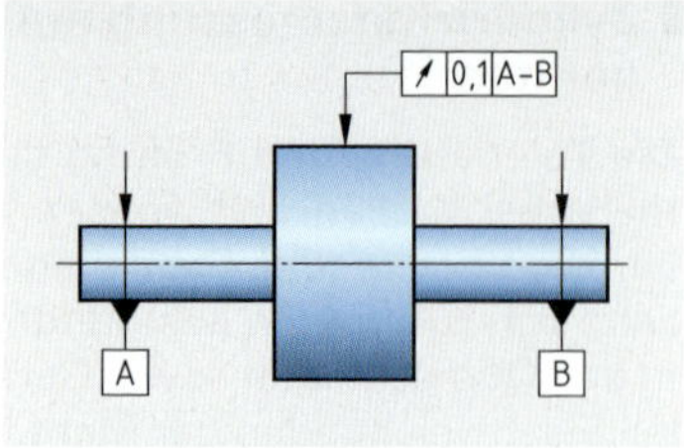

Bild 1: Rundlauftoleranz

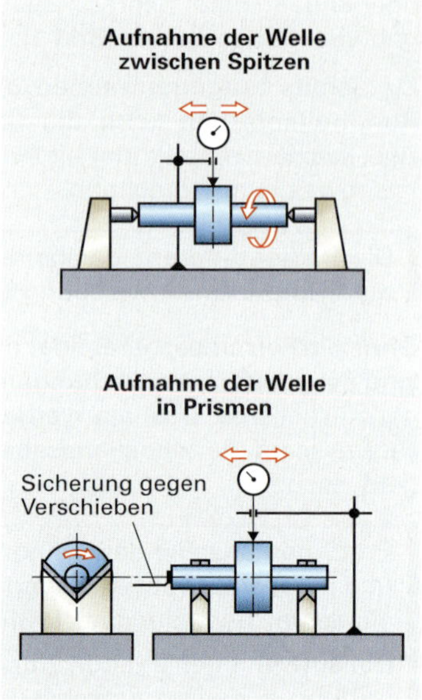

Bild 2: Rundlaufmessverfahren

1.7.4 Gewindeprüfung

Für die Güte eines Gewindes sind der Flankendurchmesser, der Flankenwinkel und die Steigung entscheidend **(Bild 3)**.

> Die wichtigste Prüfgröße eines Gewindes ist der Flankendurchmesser, da er von allen Bestimmungsgrößen beeinflusst wird.

Die **Gewindemessung** wird aus Kostengründen nur bei Präzisionsgewinden wie Messspindeln und Vorschubspindeln angewandt.

Der **Außendurchmesser** des Gewindebolzens wird mit der Bügelmessschraube und der **Kerndurchmesser** der Mutter mit der Innengewinde-Messschraube gemessen.

Für die **Steigungsprüfungen** gibt es verschiedene Prüfmethoden.

- Mit **Gewindeschablonen** wird auf Lichtspalt geprüft **(Bild 4)**. Beim metrischen Gewinde mit dem Flankenwinkel 60° können Steigungen von 0,25 mm bis 6 mm geprüft werden.
- Mit einem **Koordinatenmessgerät** kann die Steigung von Messspindeln zusammen mit dem Muttergewinde funktionsgerecht gemessen werden, wodurch auch der Einfluss der tragenden Flanken berücksichtigt wird.

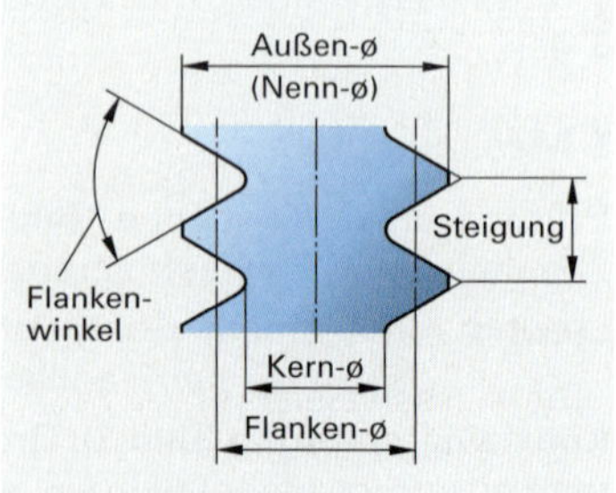

Bild 3: Bestimmungsgrößen eines Gewindes

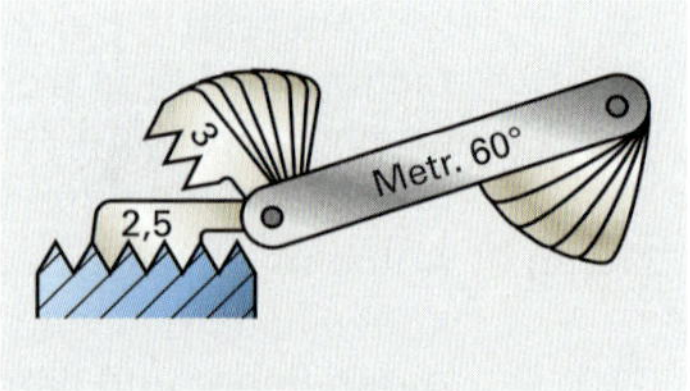

Bild 4: Gewindeschablonen

Das Messen des Flankendurchmessers erfolgt am einfachsten mit Gewindemessschrauben nach der **Kegel-Kimme-Methode (Bild 1)**.

Bei der genaueren **Dreidraht-Methode** wird der Flankendurchmesser entsprechend dem Prüfmaß aus Tabellen entnommen **(Bild 2)**.

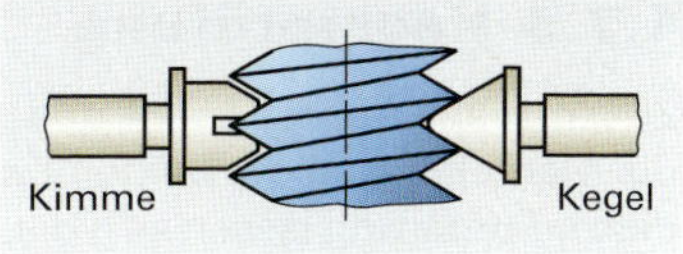

Bild 1: Kegel-Kimme-Methode

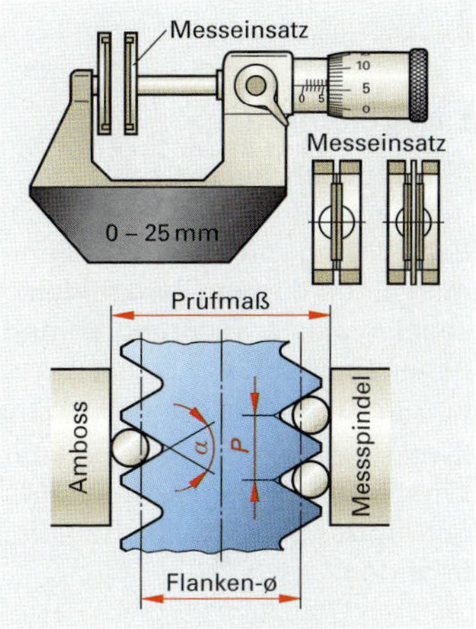

Bild 2: Dreidraht-Methode

Arbeitsregeln für die Gewindemessung mit Messeinsätzen

- Bei der Wahl der Messeinsätze und Messdrähte sind die Gewindesteigung und der Flankenwinkel zu berücksichtigen.
- Messeinsätze und Drahthalter müssen leicht drehbar sein, damit sie sich in Steigungsrichtung einstellen können.
- Nach dem Auswechseln der Messeinsätze (Kegel und Kimme) muss die Gewindemessschraube mit einer Lehre neu eingestellt werden.

Die **optische Gewindeprüfung** beruht auf der optischen Antastung des vergrößerten Schattenbildes des Gewindes auf dem Profilprojektor **(Bild 3)**. Mit diesem Messverfahren können alle Maß- und Winkelabweichungen des Gewindes präzise gemessen werden. Bei guter Scharfstellung der Schattenkanten beträgt die Messunsicherheit 2 µm bei einer Länge von 100 mm.

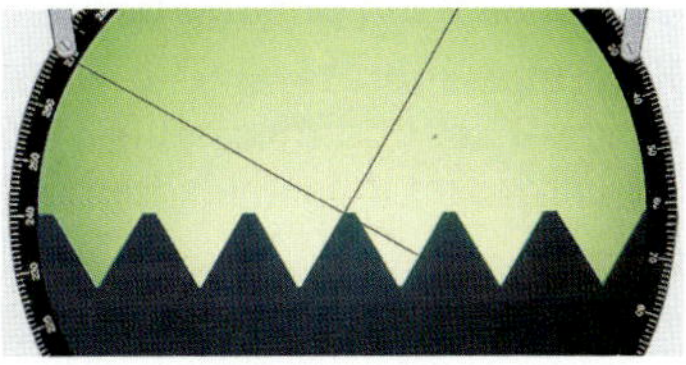

Bild 3: Optische Gewindemessung

Gewindelehren prüfen nur die Aufschraubbarkeit von Gewinden, denn die Prüfgrößen von „lehrenhaltigen" Gewinden sind häufig nicht maßhaltig **(Bild 4)**.

Bild 4: Steigungsfehler

Bei den **Lehren für Innengewinde** unterscheidet man Gut- und Ausschusslehrdorne sowie die Gewinde-Grenzlehrdorne **(Bild 5)**.

Als **Lehren für Außengewinde** sind Gewinde-Lehrringe oder Gewinde-Grenzrachenlehren einsetzbar **(Bild 6** und **Bild 7)**.

Bei **Gewinde-Grenzrachenlehren** werden Rollenpaare verwendet, um die Abnutzung der Gutseite zu verringern. Die „Gutrollen" haben das volle Gewindeprofil, die dahinter liegenden Ausschussrollen nur einen Gang zur Prüfung des Flankendurchmessers.

Rechts- und Linksgewinde können mit Rollen ohne Steigung in gleicher Weise geprüft werden. Ein weiterer Vorteil ist die Einstellbarkeit der Rollen auf die gewünschte Toleranzklasse über einen Exzenter.

Gewinde-Ausschusslehren prüfen nur den Flankendurchmesser und dürfen höchstens anschnäbeln.

Die Ausschusslehren haben nur wenige Gewindegänge und sind rot gekennzeichnet.

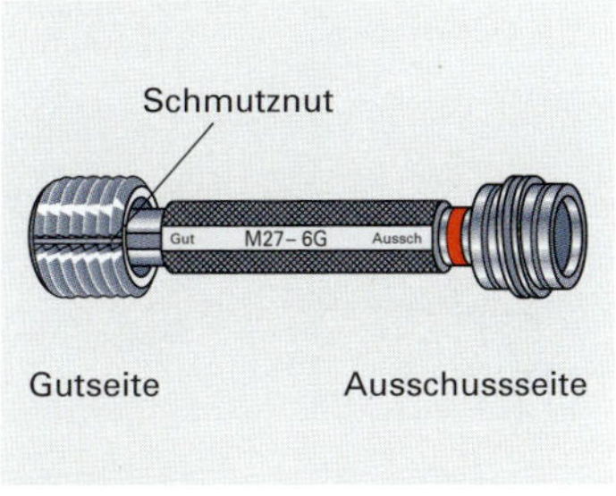

Bild 5: Gewinde-Grenzlehrdorn

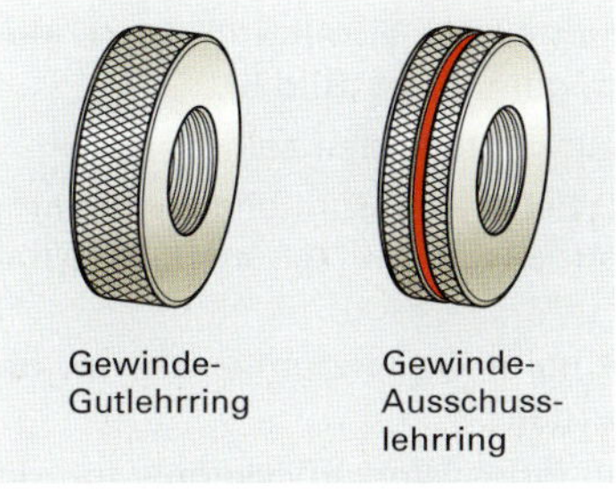

Bild 6: Gewinde-Lehrringe

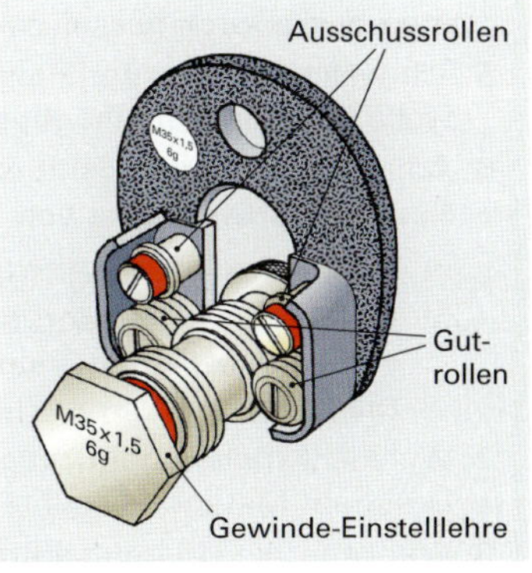

Bild 7: Gewinde-Grenzrachenlehre

1.7.5 Kegelprüfung

Zusammengefügte Innen- und Außenkegel müssen „tragen", d. h., die Mantelflächen der beiden Kegel sollen sich überall berühren. Aus dieser Forderung lassen sich die meisten **Prüfgrößen** ableiten **(Bild 1)**.

- Durchmesser *D* und *d*
- Kegellänge *L*
- Kegelwinkel α
- Kegelverjüngung $C = 1 : x$
- Formabweichung und Rautiefe der Mantelfläche

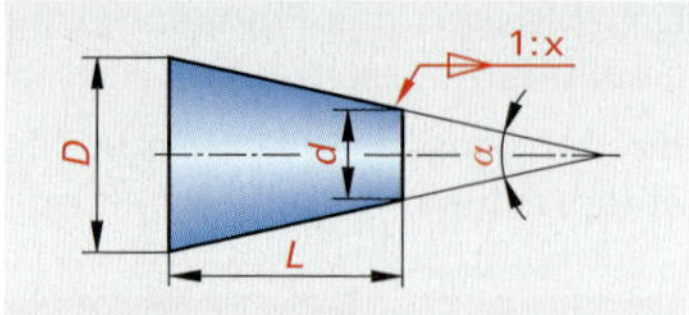

Bild 1: Kegelmaße

Kegellehren

Mit **Kegellehrhülsen** prüft man z. B. die Werkzeugkegel von Fräsern, mit **Kegellehrdornen** die Innenkegel von Werkstücken **(Bild 2)**. Vor dem Prüfen mit dem Kegellehrdorn bzw. der Kegellehrhülse bringt man einen dünnen Fettkreidestrich am Lehrdorn bzw. am Werkstückkegel in axialer Richtung an und verdreht dann Werkstück und Lehre gegeneinander. Der Strich muss gleichmäßig verwischt sein. An Stellen, wo dies nicht der Fall ist, trägt der Kegel nicht.

Zwei Ringmarken am Kegellehrdorn dienen als Bezugsdurchmesser. Wenn die Durchmesser des Innenkegels innerhalb der Toleranz liegen, muss sich der große Durchmesser zwischen den Ringmarken befinden.

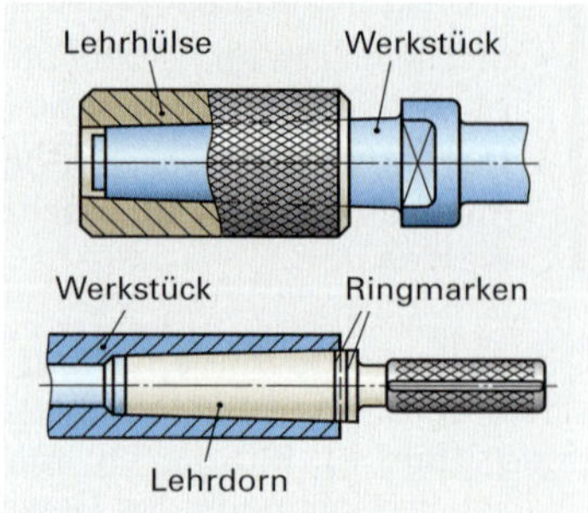

Bild 2: Kegellehrdorn und Kegellehrhülse

Kegelmessung

Das Messen von Maß- und Formabweichungen des Kegels ist am einfachsten mit **pneumatischen Messgeräten** möglich.

Kegelmessgeräte sind mit Feinzeigern oder induktiven Tastern ausgerüstet und messen entweder den Kegelwinkel oder zwei Prüfdurchmesser in festgelegtem Abstand **(Bild 3)**.

Bild 3: Kegelmessung

Wiederholung und Vertiefung

1 Welche Rundlaufabweichung muss mit der Toleranz verglichen werden, wenn der Rundlauf in mehreren Messebenen gemessen wurde?

2 Worin unterscheidet sich eine Rundheits- von einer Rundlaufmessung?

3 Warum ist das sorgfältige Ausrichten der Bezugsachse vor einer Rundlaufmessung wichtig?

4 Beim Schleifen eines Zylinders entsteht eine leicht tonnenförmige Abweichung **(Bild 4)**. Liegt die Zylinderform aufgrund der gemessenen Durchmesser noch in der Toleranz von 0,01 mm?

5 Mit welchem Messverfahren kann der Rundlauf einer Getriebewelle funktionsgerecht geprüft werden?

6 Auf dem Formmessgerät wird an einer gedrehten Buchse eine Rundheitsabweichung von 7 µm gemessen **(Bild 5)**.
   a) Wodurch kann die Abweichung entstanden sein?
   b) Welche Anzeigeänderung ist bei einer Rundheitsabweichung von 7 µm bei einer Dreipunktmessung mit einem 90 °-Prisma (Seite 64) zu erwarten?

7 Welche Arbeitsregeln müssen beim Gewindemessen mit der Dreidraht-Methode beachtet werden?

8 Wie kann die Übereinstimmung eines Werkstückkegels mit der Kegellehre sichtbar gemacht werden?

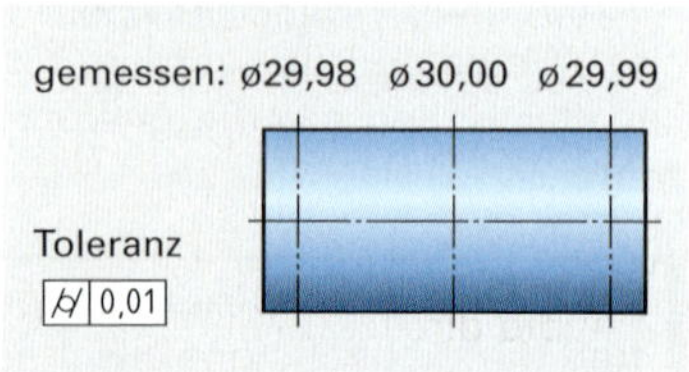

Bild 4: Zylinder

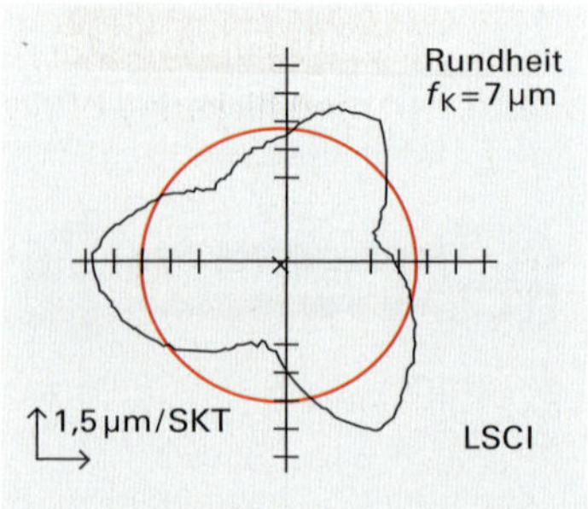

Bild 5: Rundheit einer Buchse

1.8 Practise your English

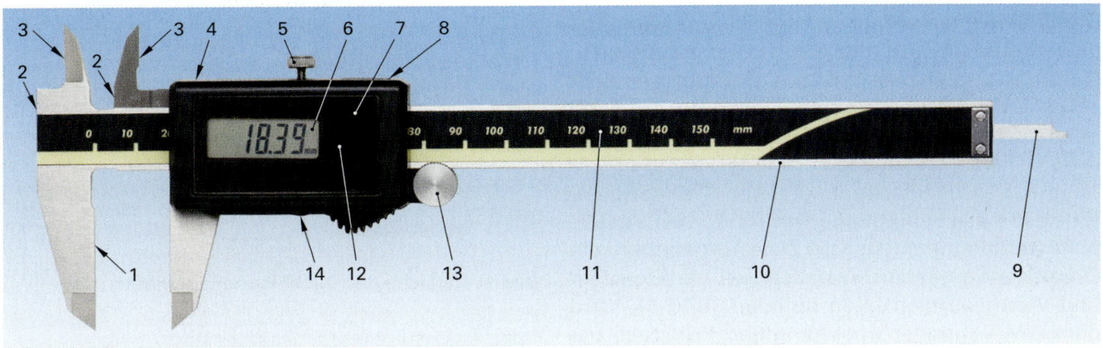

Figure 1: Solar-Vernier Caliper

Manual

Names and function of the parts

1 external measuring jaws
2 step measuring jaws
3 internal measuring jaws
4 slide
5 lock
6 LCD-display
7 cover of the solar cell
8 data output
9 depth gauge
10 main scale
11 surface of scale
12 solar cell
13 pull roller
14 ORIGIN-button

Commissioning and operation

Preparation

First, wipe off the rust protection oil with a soft cloth before using the caliper. The caliper is powered by solar cells. It requires a minimum light level of 60 lux, for switchover more than 300 lux (normal room- or workplace lighting) may be needed for operation.

Adjusting the zero point

- Before setting the zero point, an arbitrary value or "E" appears in the LCD display.
- First, set the zero point at an illuminance of over 300 lux. Hold down the ORIGIN button for more than one second until "0:00" appears with the measuring faces in the closed position: The zero point is set.

Note

- Avoid direct sunlight and pressure on the solar cell.
- The surface of the measurement areas and the scale must not be scratched.
- The pull roller is only for fine adjustment and should not have excess pressure applied.

Meaning and remedy of error messages

Err C or **E**	and flickering of the display on the last digit indicates contamination of the surface of the scale	→	clean the surface of the scale
Err T	means insufficient illuminance during a switchover	→	increase the illuminance to more than 300 lux

Specifications

- Range: up to 150 mm
- Measurement accuracy: ± 0,02 mm
- Power supply: Solar cells
- Scale interval: 0.01 mm
- Operating temperature: 0–40 °C
- Maximum speed: unlimited
- Repeatability: 0.01 mm
- Data interface: Digimatic

2 Qualitätsmanagement

Damit ein Unternehmen erfolgreich am Markt bestehen kann, müssen den Kunden Produktqualität, Liefertreue sowie Service- und Beratungsqualität zuverlässig geboten werden. Neben der Produktqualität ist die Qualität der Arbeitsabläufe wichtig, um z. B. Fehlerkosten und Fertigungskosten zu verringern. Das Qualitätsmanagement (QM) sorgt dafür, dass diese Bedingungen erfüllt werden. Außerdem werden durch das QM Ziele vorgegeben, die Organisation geplant, Arbeitsmittel bereitgestellt und Verantwortlichkeiten definiert **(Bild 1)**. Wird dem QM von einer unabhängigen Prüfstelle bescheinigt, dass es die Forderungen international vereinheitlichter Normen erfüllt, so nennt man es ein zertifiziertes Qualitätsmanagementsystem (folgende Seite). Durch das Zertifikat wird das Vertrauen der Kunden und der Mitarbeiter in die Qualitätsfähigkeit des Unternehmens gestärkt.

Das Qualitätsmanagement umfasst alle Tätigkeiten, welche die Qualitätsziele und Verantwortlichkeiten festlegen und verwirklichen.

2.1 Arbeitsbereiche des QM

- Die **Qualitätsplanung** umfasst alle planerischen Aufgaben vor Fertigungsbeginn. Die qualitätsbezogenen Ziele und Anforderungen müssen festgelegt, die erforderlichen Prozessabläufe geplant und die notwendigen Sach- und Geldmittel zur Erfüllung dieser Ziele bereitgestellt werden **(Bild 2)**.
- Die **Qualitätslenkung** begleitet den Fertigungsprozess. Sie umfasst Tätigkeiten zur Überwachung aller Produktionsprozesse sowie zur Beseitigung von Fehlerursachen.
- Die **Qualitätssicherung** soll Vertrauen schaffen und den Nachweis erbringen, dass die festgelegten Qualitätsforderungen im gesamten Entstehungs- und Fertigungsprozess des Produktes erfüllt werden.
- Die **Qualitätsverbesserung** umfasst alle Tätigkeiten mit dem Ziel der kontinuierlichen Verbesserung und der Steigerung der Kundenzufriedenheit.

Der Qualitätskreis **(Bild 3)** veranschaulicht das Ineinandergreifen verschiedener Tätigkeiten zur Erreichung der geforderten Produktqualität.

Für die Verwirklichung der Qualitätsziele ist jeder Mitarbeiter in seinem Arbeitsbereich verantwortlich.

Bild 1: Bereiche des Qualitätsmanagements

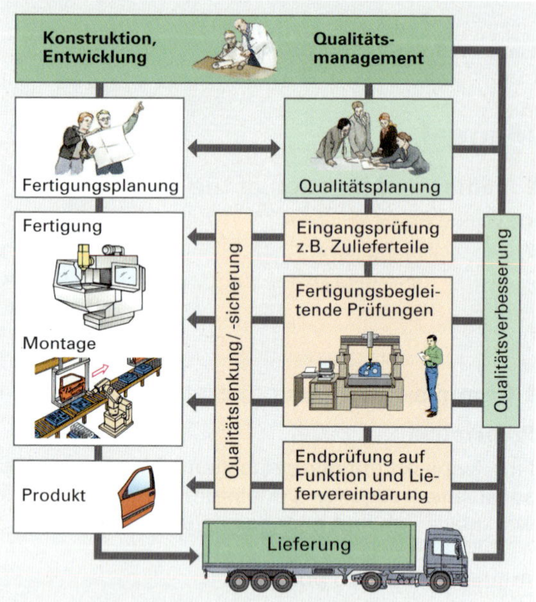

Bild 2: Planung, Lenkung und Sicherung im Entstehungsprozess eines Produktes

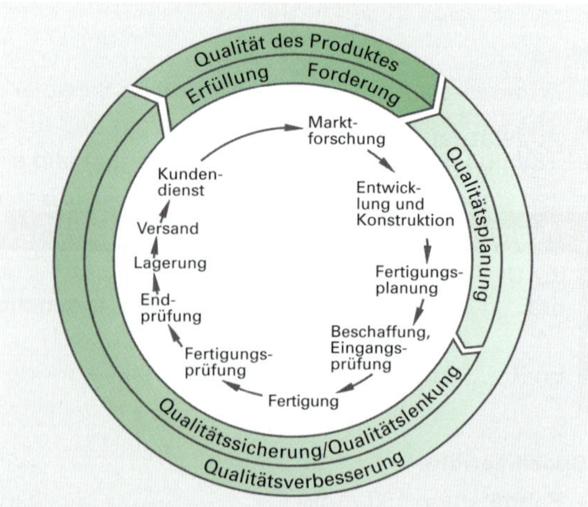

Bild 3: Qualitätskreis mit ineinander greifenden Tätigkeiten zur Erreichung der Produktqualität

2.2 Die Normenreihe DIN EN ISO 9000

Die Normen der ISO-9000-Familie wurden entwickelt, um Unternehmen beim Aufbau, der Aufrechterhaltung und der ständigen Verbesserung von QM-Systemen zu unterstützen. Zusätzlich ermöglichen die Normen eine allgemein gültige Zertifizierung der QM-Systeme durch eine qualitätsprüfende Institution **(Bild 1)**.

Die **DIN EN ISO 9000** beschreibt grundlegende Konzepte und wesentliche Grundsätze des Qualitätsmanagement. Sie legt die Terminologie für diese fest **(Bild 2)**.

In der **DIN EN ISO 9001** werden umfangreiche Anforderungen an ein QM-System festgelegt. Die DIN EN ISO 9001 ist somit die Nachweisnorm.

> Die Anforderungen der DIN EN ISO 9001 können für firmeninterne Anwendungen, für Vertragszwecke und für eine Zertifizierung verwendet werden.

DIN EN ISO 9004 stellt einen Leitfaden zur Betrachtung der Wirksamkeit, Wirtschaftlichkeit und Gesamtleistung eines QM-Systems dar und gibt Empfehlungen zur Verbesserung der Organisation und der Kundenzufriedenheit.

ISO 19011 dient als Anleitung für das Auditieren (Seite 90) von Qualitäts- und Umweltmanagementsystemen und wird zur ISO-9000-Normenfamilie gezählt.

2.3 Qualitätsforderungen

Die Qualität eines Produktes muss mit den Kundenforderungen übereinstimmen. Darin enthalten sind auch die nicht ausgesprochenen Erwartungen, z. B. an das Design einer Maschine.

> Qualität ist die erreichte Beschaffenheit eines Produktes bezüglich der einzelnen Qualitätsforderungen, die festgelegt sind oder vorausgesetzt sein können.

Festgelegte oder vorausgesetzte Kundenforderungen:

- Zuverlässigkeit, Funktionsfähigkeit, Instandhaltungsfähigkeit
- Berücksichtigung von Gesetzen und Vorschriften zum Schutz der Sicherheit, Gesundheit und der Umwelt
- Beratung, Betreuung und Kundendienst
- Kurze Lieferzeiten und termingerechte Lieferung

Bild 1: Normen zum Qualitätsmanagement (ISO-9000-Familie)

Kundenorientierung
Die Erfordernisse, Anforderungen und Erwartungen des Kunden müssen verstanden, erfüllt und möglichst übertroffen werden.
Führung
Die Führungskräfte schaffen und gewährleisten ein betriebliches Umfeld, das die Erreichung der Qualitätsziele ermöglicht und erleichtert.
Engagement von Personen
Engagierte, fähige und befugte Personen sind wesentlich, um die Organisation und deren Leistungsfähigkeit zu verbessern.
Prozessorientierter Ansatz
Ergebnisse werden effizienter erreicht, wenn alle Tätigkeiten und dazugehörigen Mittel als zusammenhängende Prozesse verstanden, geführt und gesteuert werden. Ein wirksames Prozessmanagement, das Prozesse optimiert, besondere Anstrengungen auf Schlüsselprozesse legt und prozessübergreifende Barrieren verringert, verbessert die Organisation nachhaltig.
Ständige Verbesserung
Die ständige Verbesserung der Gesamtleistung des Betriebes muss als dauerhaftes Ziel gelten.
Sachbezogene Entscheidungsfindung
Wirksame Entscheidungen müssen auf der sachlichen Analyse von Daten und Informationen beruhen.
Beziehungsmanagement
Eine gute Beziehung zu allen interessierten Personen, wie z. B. Kunden, Zuliefererbetrieben, Partnerbetrieben, Behörden usw. fördern den nachhaltigen Erfolg der Organisation.

Bild 2: Grundsätze des Qualitätsmanagements

2.4 Qualitätsmerkmale und Fehler

Arten von Qualitätsmerkmalen (Tabelle 1)

Quantitative (variable) Merkmale sind messbare und zählbare Merkmale. Die Messwerte von messbaren Merkmalen können jeden Zahlenwert annehmen. Der festgestellte Merkmalswert eines Zählmerkmales heißt Zählwert.

Qualitative Merkmale, welche eine Eigenschaft betreffen, nennt man „attributive Merkmale". Beispiele sind Prüfentscheide „i. O." (in Ordnung) oder „n. i. O." (nicht in Ordnung) sowie Fehlersammelkarten (folgende Seite). Die Merkmalswerte von einer Ordnungsbeziehung werden häufig auch „Noten" genannt, z. B. sehr gut, gut oder schlecht. In einer Ordnungsbeziehung stehen z. B. auch die Endmaße der Toleranzklassen 2, 1, 0 und K.

Fehler liegen vor, wenn eine oder mehrere Qualitätsforderungen nicht erfüllt werden. Das können Messwerte, die außerhalb der Toleranz liegen, oder auch Funktionsstörungen sein.

Nach der **Zehnerregel** verzehnfachen sich die Folgekosten für nicht entdeckte Fehler von Stufe zu Stufe **(Bild 1)**. Kostet die Fehlerbeseitigung während der Entwicklung noch Cent- bis Eurobeträge, so steigen die Kosten, wenn Fehler erst bei der Endprüfung oder beim Kunden entdeckt werden, ums Tausendfache. Gravierende Beispiele dafür sind die Rückrufaktionen von Fahrzeugherstellern wegen Sicherheitsmängeln.

Durch die **Null-Fehler-Strategie** sollen bei jedem einzelnen Fertigungsschritt Fehler vermieden werden, um am Ende der Fertigungslinie fehlerfreie Teile zu erhalten. Gelingt das von 100 Mitarbeitern einer Fertigungslinie jedem nur zu 99 %, ist das Fertigteil nur noch zu 37 % fehlerfrei **(Bild 2)**. Da Nacharbeit, Ausschuss und spätere Reklamationen teuer sind, sollte jeder Mitarbeiter die Aufforderung ernst nehmen: **„Mach's gleich richtig"**.

> Produktqualität entsteht aus Arbeitsqualität. Fehlervermeidung ist wirtschaftlicher als Fehlerbeseitigung.

Tabelle 1: Arten von Qualitätsmerkmalen

Quantitative Merkmale		Qualitative Merkmale	
messbare Merkmale	zählbare Merkmale	attributive Merkmale	Ordnungsmerkmale
z. B. Länge, Durchmesser, Ebenheit, Rautiefe	z. B. Umdrehungen, gefertigte Werkstücke je Stunde	z. B. Fehler je Prüfeinheit, Funktion „in Ordnung" oder „n. i. O."	z. B. Lackierung der Qualität 1, 2 oder 3

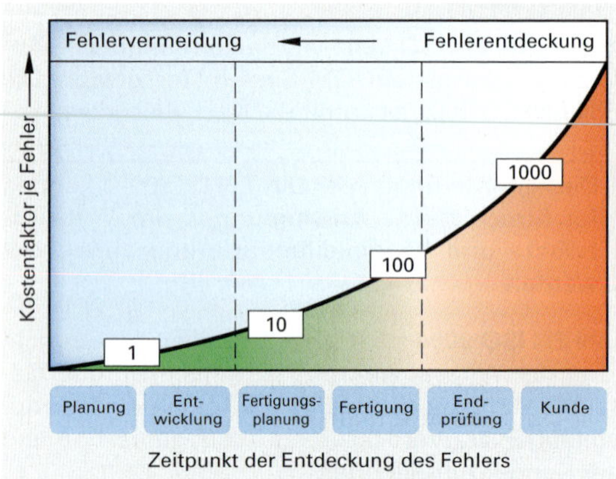

Bild 1: Zehnerregel der Fehlerkosten

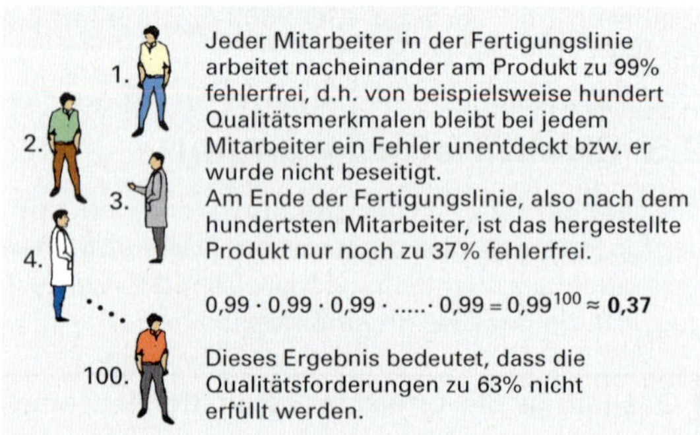

Bild 2: Fehlerzunahme durch Weitergabe fehlerhafter Teile in der Fertigungslinie

Einteilung der **Fehlerarten bei Fertigprodukten** nach ihrer Bedeutung für Sicherheit und Brauchbarkeit.

Kritischer Fehler	Fehler, von dem anzunehmen ist, dass er für Personen gefährliche oder unsichere Situationen schafft. Oder dass im Schadensfall mit hohen Folgekosten zu rechnen ist, z. B. defekte Bremse oder Korrosion am Lenksystem eines Autos.
Hauptfehler	Fehler, der voraussichtlich zu einem Ausfall (Unfall) führt oder die Brauchbarkeit für den vorgesehenen Zweck wesentlich herabsetzt, z. B. defekter Scheibenwischer.
Nebenfehler	Fehler, der voraussichtlich die Brauchbarkeit für den vorgesehenen Zweck nicht wesentlich herabsetzt, z. B. Lackfehler oder schwer gängiger Fensterheber.

2.5 Werkzeuge des Qualitätsmanagements

Um Qualitätsanforderungen zu erfüllen und Qualitätsverbesserungen einleiten und überwachen zu können, genügt es nicht, nur die auftretenden Probleme zu lösen oder Fehler zu beheben. Die Ursachen der Probleme oder Fehler müssen erkannt und beseitigt werden.

> Im Qualitätsmanagementbereich wendet man verschiedene grafische Analysemethoden und Dokumentationsmethoden an, die als **Qualitätswerkzeuge** (englisch: **Tools**) bezeichnet werden.

Grafische Methoden eignen sich besonders, weil sie von den Mitarbeitern einfach anzuwenden sind. Gleichzeitig werden dadurch die einzelnen Mitarbeiter in den Verbesserungsprozess mit einbezogen.

- **Flussdiagramme** stellen grafisch den Ablauf aller verknüpften Tätigkeiten bzw. Arbeitsschritte eines Prozesses dar **(Bild 1)**. Vom Startpunkt aus wird jeder Schritt als Rechteck und jede Verzweigung als Raute dargestellt. Verbindungspfeile symbolisieren den möglichen Ablauf des Prozesses. Flussdiagramme können komplexe Prozessabläufe verständlicher und übersichtlicher darstellen als eine Textbeschreibung. Die Handlungsschritte und Handlungsmöglichkeiten werden überschaubar und auf Vollständigkeit und eventuelle Denkfehler prüfbar.

- Die **Fehlersammelkarte** ist eine einfache Methode zur Erfassung von Fehlern nach deren Art und Anzahl **(Bild 2)**. In einer Tabelle werden die zu erwartenden Fehlerarten aufgelistet. Festgestellte Fehler werden z. B. durch einen Zählstrich protokolliert. Eine zusätzliche Leerzeile für unvorhergesehene, neue Fehlerarten ist sinnvoll. Fehlersammelkarten eignen sich als übersichtliche Datenerfassung und -statistik nur für eine begrenzte Anzahl von Fehlerarten. Sie dienen meist als Grundlage für eine Pareto-Analyse.

- Die **Pareto-Analyse**, auch als **ABC-Analyse** bezeichnet, klassifiziert Fehler oder Fehlerursachen nach ihrer Häufigkeit **(Bild 3)**. Die Pareto-Analyse zeigt, dass sich unter vielen Fehlern meist nur wenige als besonders häufig hervorheben. Das bedeutet, dass durch das Beheben sehr weniger aber wichtiger Probleme oder Fehler schon eine große Verbesserung zu erreichen ist. Das Diagramm hilft also bei der Entscheidung, welche Probleme oder Fehlerursachen vorrangig zu lösen sind und welche Verbesserung durch eine Problemlösung zu erwarten ist.

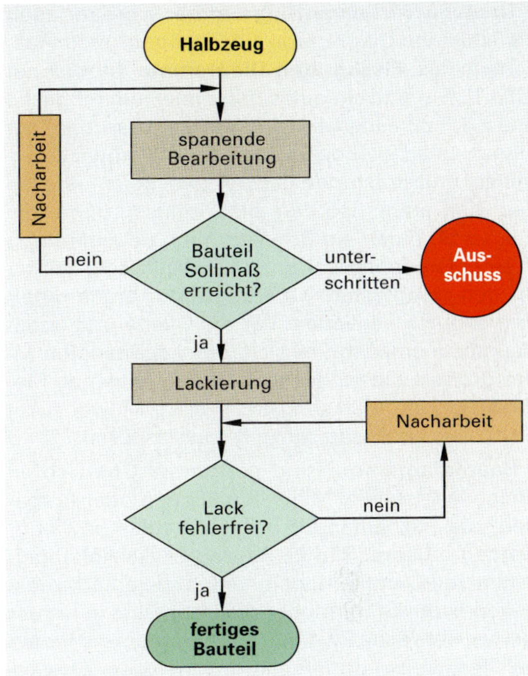

Bild 1: Flussdiagramm einer Bauteilfertigung

Fehlerart	Okt.	Nov.	Dez.	Σ
Werkstück verkantet	𝍸 III	III	𝍸 II	**18**
Übergabefehler	𝍸 𝍸 I	𝍸 𝍸 II	𝍸 𝍸 𝍸	**38**
Steuerungsfehler	III	IIII	II	**9**
Programmfehler	I	II	III	**6**
Werkstück lose	𝍸 𝍸 𝍸 I	𝍸 𝍸 𝍸 II	𝍸 𝍸 II	**45**
Rollenverschleiß	III	IIII	II	**9**
E-Kabel abgerissen		I		**1**
Gesamt:	42	43	41	**126**

Bild 2: Fehlersammelkarte einer Bauteilzuführeinrichtung

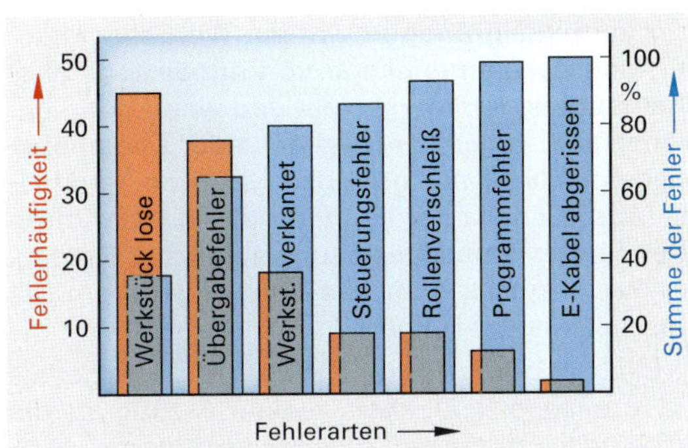

Bild 3: Pareto-Analyse der Fehlerzahlen einer Bauteilzuführeinrichtung

▌ **Ursache-Wirkungs-Diagramme** werden auch als **Ishikawa-Diagramme** oder wegen ihres Aussehens als **Fischgräten-Diagramme** bezeichnet **(Bild 1).** Sie sind ein gutes Hilfsmittel, um mögliche und z. T. noch unerkannte Einflüsse (Ursachen) auf eine zu bearbeitende Problematik (Wirkung) zu ermitteln und strukturiert darzustellen. Beim Erstellen des Diagramms werden alle Einflussgrößen, die z. B. vorab durch ein Brainstorming (Ideenfindung in einer Gruppe) gesammelt wurden, als Einzeläste an den Hauptästen (Überbegriffen) eingetragen und dadurch gegliedert. Für die Gliederung durch Hauptäste empfiehlt es sich, den sogenannten M-Störgrößen wie Mensch, Maschine, Material, Methode, Money, Marketing, Motivation, Mitwelt (Umwelt) usw. als Ansatzpunkten nachzuspüren.

▌ **Baumdiagramme** sind geordnete Übersichten über alle wichtigen Mittel, Funktionen oder Aufgaben, die nacheinander beschafft oder bewältigt werden müssen **(Bild 2).** Sie zeigen die Abhängigkeiten und Gruppierungen der Einzelelemente ausgehend vom Stamm über die Hauptäste in immer kleiner werdende Zweige. Baumdiagramme finden bei Tätigkeits- und Funktionsanalysen Anwendung, die in einer Abhängigkeit stehen oder nur in einer bestimmten Abfolge erlaubt sind. Als Fehlerbaumanalyse hilft das Diagramm, Probleme in mehreren aufeinander folgenden Schritten systematisch auf mögliche Ursachen oder Lösungsmöglichkeiten hin zu untersuchen.

▌ In **Korrelationsdiagrammen (Streudiagrammen)** werden Wertepaare (X,Y) eingetragen **(Bild 3).** Die Diagramme zeigen, ob eine vermutete Beziehung (Korrelation) zwischen den beiden Größen, die auf den Achsen aufgetragen sind, besteht und welche Stärke (Eindeutigkeit) sie aufweist. Je dichter die erfassten Punkte an einer Geraden liegen, umso stärker bzw. eindeutiger ist die Beziehung zwischen den Größen. Nach der Steigungsrichtung der Geraden wird zwischen positiver und negativer Korrelation unterschieden.

▌ In **Matrixdiagrammen** werden Wechselwirkungen und Zusammenhänge von mindestens zwei Themenbereichen dargestellt und wenn nötig bewertet bzw. gewichtet **(Bild 4).** Jeder Themenbereich enthält dabei eine Aufzählung von Merkmalen. Aus Kundenanforderungen können z. B. Prioritäten für die Produktgestaltung abgeleitet werden. Als Paarvergleich hilft das Matrixdiagramm bei Entscheidungsfindungen.

Im Bild 4 ist der Preis (erste Zeile) z. B. wichtiger als die Kraglänge (= 2), aber weniger wichtig als die Sicherheit (= 0). An der Zeilensumme lässt sich erkennen, dass die Sicherheit das wichtigste Kriterium für den Kauf des Wandkrans darstellt.

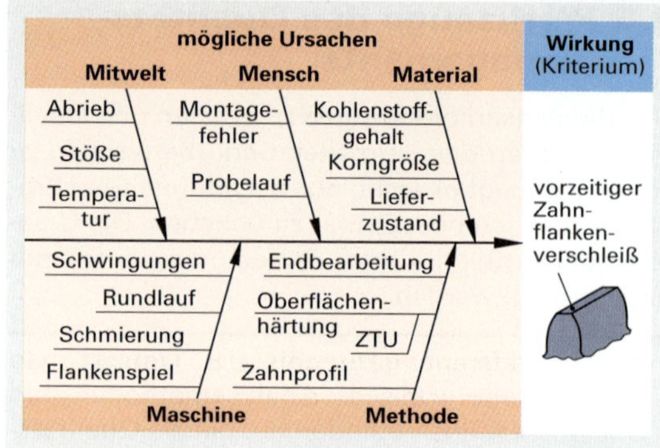

Bild 1: Ursache-Wirkungs-Diagramm für vorzeitigen Zahnflankenverschleiß (unvollständig)

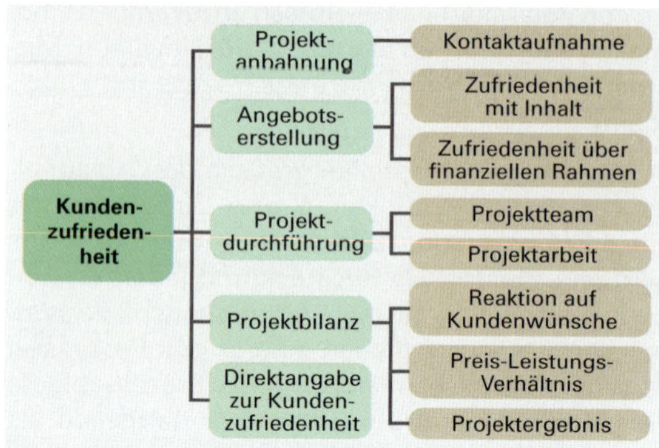

Bild 2: Baumdiagramm zur Kundenzufriedenheit

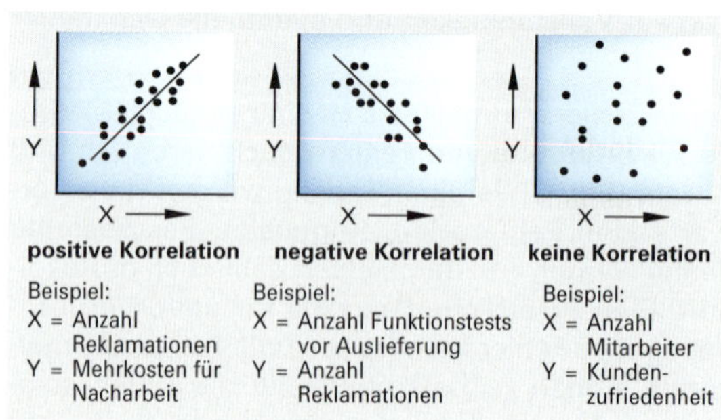

Bild 3: Beispiele für Korrelationsdiagramme

Kriterien	Preis	Kraglänge	Sicherheit	Motorleistung	max. Hubkraft	Verarbeitung	Farbe	Summe
Preis		2	0	2	0	2	2	8
Kraglänge	0		0	2	0	2	2	6
Sicherheit	2	2		2	2	2	2	12
Motorleistung	0	0	0		0	0	2	2
max. Hubkraft	2	2	0	2		2	2	10
Verarbeitung	0	0	0	2	0		2	4
Farbe	0	0	0	0	0	0		0

2 = wichtiger als...; 0 = weniger wichtig als...
→ wichtigste Kriterien

Bild 4: Matrixdiagramm zur Entscheidungsfindung beim Kauf eines Wandkrans

Verlaufsdiagramme stellen eine einfache Methode dar, um Entwicklungen und Tendenzen einer zu untersuchenden Größe über einen bestimmten Zeitraum darzustellen und auszuwerten **(Bild 1)**. Aufgrund der bereits erfassten und eingetragenen Daten lassen sich auch Prognosen für den weiteren Verlauf der Größe aufstellen. Sie werden als Qualitätsregelkarten (Seite 87) zur Überwachung von einzelnen Merkmalswerten in der Fertigung genauso verwendet wie zur Darstellung von weitreichenden Geschäftsentwicklungen, z. B. Umsatz-, Gewinn- oder Kostengrößen einer Firma.

Das **Histogramm** ist ein Balkendiagramm, bei dem die Höhen der Balken proportional zu den Häufigkeiten der eingetragenen Einzelwerte sind **(Bild 3)**. Es dient der Erkennung und Darstellung der Verteilung von bereits erfassten Einzelwerten. Sollen mehrere mögliche Messwerte wegen der Übersichtlichkeit und Anzahl der Balken in Klassen zusammengefasst dargestellt werden, müssen vorab die Anzahl der Klassen, die Klassengrenzen und die Klassenbreite festgelegt werden. Als Vorbereitung bietet sich das Erstellen einer **Strichliste** als Häufigkeitstabelle an **(Bild 2)**. Die Darstellung als Histogramm wird vor allem in der statistischen Auswertung angewendet.

Verbindet man die Mitten der Balkenhöhen in einem Histogramm, so erhält man eine Verteilungskurve der Häufigkeiten, die die Verteilung der Einzelwerte charakterisiert **(Bild 4)**.

Wiederholung und Vertiefung

1 Weshalb ist das Qualitätsmanagement für einen Betrieb von großer Bedeutung?

2 In welche Arbeitsbereiche lässt sich das Qualitätsmanagement eines Betriebes einteilen?

3 Weshalb zählen die Normen DIN EN ISO 9000 und DIN EN ISO 9001 zu den wichtigsten Normen im Qualitätsmanagementbereich?

4 Beschreiben Sie mindestens drei Beispiele für Verlaufsdiagramme, die Ihnen in Ihrem beruflichen oder privaten Umfeld begegnet sind.

5 Welches Ergebnis liefert die Überprüfung eines quantitativen Merkmals und welches die Überprüfung eines qualitativen Merkmals?

6 Formulieren Sie die „Null-Fehler-Strategie" mit eigenen Worten.

7 Wodurch unterscheidet sich ein kritischer Fehler von einem Nebenfehler?

8 Wodurch unterscheidet sich eine Fehlersammelkarte von einer Strichliste?

9 Welches Ergebnis liefert eine Pareto-Analyse?

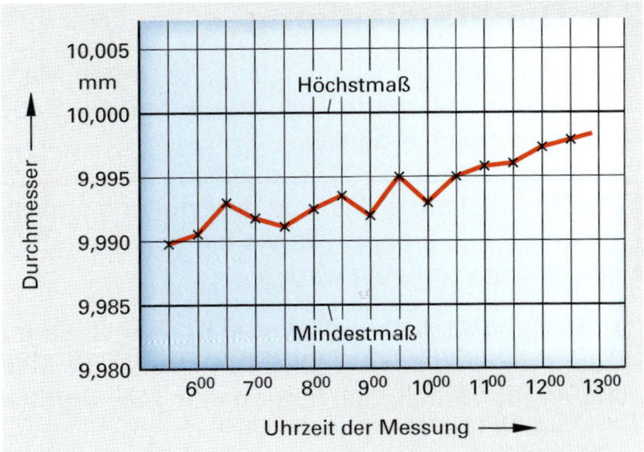

Bild 1: Verlaufsdiagramm einer Bolzenfertigung

Klassen Nr.	Messwert d in mm ≥ <	Häufigkeit	Σ
1	8,00 – 8,02	|	1
2	8,02 – 8,04	~~||||~~ ||||	9
3	8,04 – 8,06	~~||||~~ ~~||||~~ ~~||||~~ |	16
4	8,06 – 8,08	~~||||~~ ~~||||~~ ~~||||~~ ~~||||~~ ~~||||~~ ||	27
5	8,08 – 8,10	~~||||~~ ~~||||~~ ~~||||~~ ~~||||~~ ~~||||~~ ~~||||~~ |	31
6	8,10 – 8,12	~~||||~~ ~~||||~~ ~~||||~~ ~~||||~~ |||	23
7	8,12 – 8,14	~~||||~~ ~~||||~~ ||	12
8	8,14 – 8,16	|||	3
9	8,16 – 8,18	||	2
10	8,18 – 8,20		0

Bild 2: Strichliste einer Bolzenfertigung

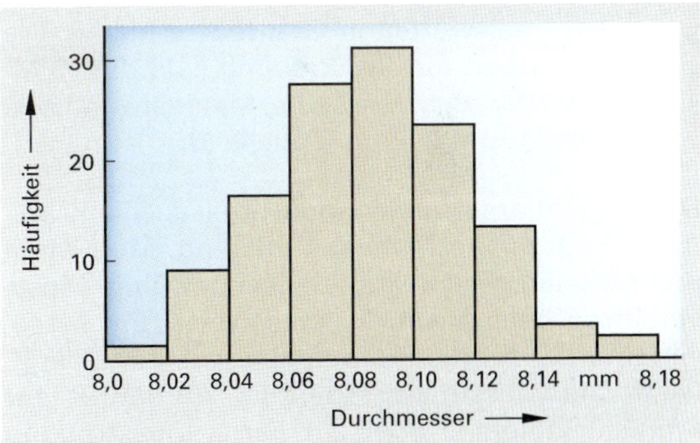

Bild 3: Histogramm einer Bolzenfertigung

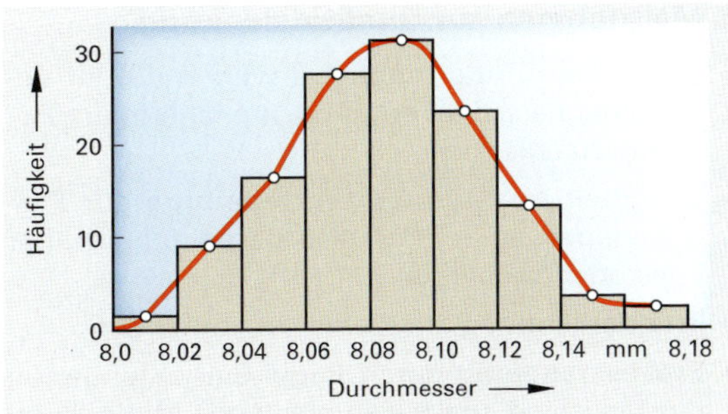

Bild 4: Verteilungskurve einer Bolzenfertigung

2.6 Qualitätslenkung

Im Vordergrund der Qualitätslenkung stehen Maßnahmen zur Erreichung sicherer Prozesse in allen Bereichen, um fehlerhafte Teile zu vermeiden. Dabei garantiert eine gute Qualitätsprüfung alleine noch keine fehlerfreien Produkte.

Ziel der Qualitätslenkung ist die Erfüllung von Qualitätsforderungen durch vorbeugende, überwachende und korrigierende Tätigkeiten sowie die Beseitigung von Fehlerursachen, damit eine hohe Wirtschaftlichkeit erreicht wird.

Bei der Qualitätslenkung werden in festgelegten Abständen aus der laufenden Fertigung Stichproben entnommen und geprüft **(Bild 1)**. Weichen die Messwerte von den geforderten Werten ab, werden Maßnahmen zur Vermeidung fehlerhafter Teile ergriffen.

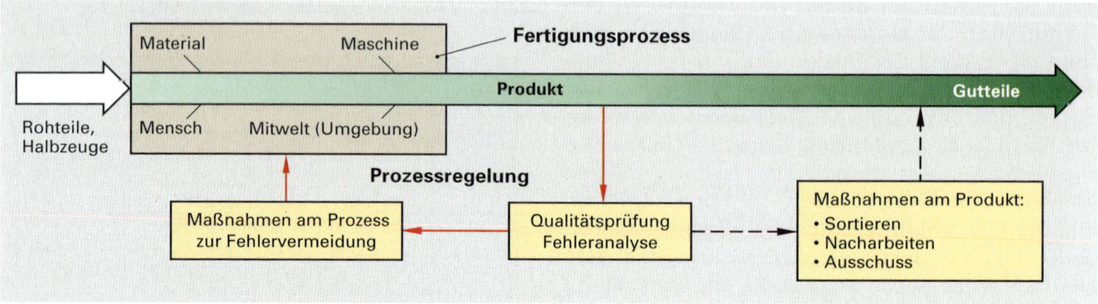

Bild 1: Qualitätslenkung zur Fehlervermeidung

Ziel der Qualitätslenkung bei der Überwachung von Produktionsprozessen ist es, die Streuung von Merkmalswerten in Grenzen zu halten. Die Hauptursachen für die Streuung sind die „5 M-Einflüsse" Mensch, Maschine, Material, Methode und Mitwelt/Umgebung **(Tabelle 1)**.

Die 5 M-Einflüsse werden manchmal auch um weitere Einflüsse wie Money, Marketing, Motivation und Messfähigkeit erweitert. Das gewählte Messverfahren beeinflusst die Messwerte. Ein Messverfahren ist für die Prüfaufgabe geeignet (fähig), wenn die Messunsicherheit im Verhältnis zur Werkstücktoleranz oder zur Fertigungsstreuung vernachlässigbar klein ist.

Tabelle 1: 5 M-Einflüsse auf die Streuung von Merkmalswerten

Mensch	Qualifikation, Motivation, Belastungsgrad, Verantwortungsbewusstsein
Maschine	Steifigkeit, Bearbeitungsstabilität, Positionsgenauigkeit, Gleichförmigkeit der Bewegung, Wärmeverzug, Werkzeug- und Spannsystem
Material	Abmessungen, Festigkeit, Härte, Spannungen, z. B. durch Wärmebehandlung oder Bearbeitung
Methode	Fertigungsverfahren, Arbeitsfolge, Schnittbedingungen, Prüfverfahren
Mitwelt	Temperatur, Bodenerschütterungen

Maßnahmen zur Qualitätslenkung

- **Qualitätsprüfung** möglichst während oder unmittelbar nach der Fertigung, um fehlerhafte Teile früh zu erkennen
- Unmittelbare **Messwertverarbeitung** zur Produktsteuerung, z. B. Aussortieren fehlerhafter Teile oder Nacharbeit
- **Trenderkennung,** um Fehler zu vermeiden
- **Prozessregelung** durch Regel-Einrichtungen in der Maschine, um gleich bleibende Maße zu erhalten **(Bild 2)**.

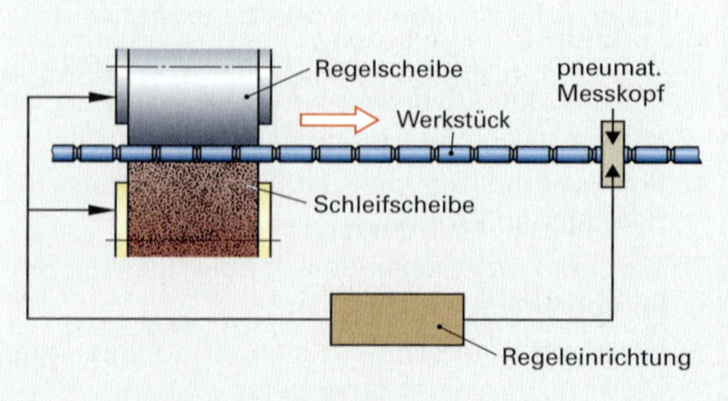

Bild 2: Prozessregelung beim Schleifen

2.7 Qualitätssicherung

Hauptziel der Qualitätssicherung ist der Nachweis, dass die Qualitätsforderungen in der Produktion erfüllt werden. Damit schafft die Qualitätssicherung beim Kunden, aber auch firmenintern, das Vertrauen in die Qualitätsfähigkeit des Betriebes. Im Bereich der Qualitätsprüfung überschneiden sich Qualitätssicherung und Qualitätslenkung.

2.7.1 Prüfplanung

Die **Prüfplanung** legt die zu prüfenden Qualitätsmerkmale fest. Für jede durchzuführende Prüfung wird ein Verfahren beschrieben, wie die Merkmale zu prüfen und wie die Prüfergebnisse zu dokumentieren sind.

Prüfpläne können aus einzelnen Verfahrensanweisungen bestehen, welche die Reihenfolge der Prüfungen von der Wareneingangsprüfung über Prüfungen in der Fertigung bis zur Endprüfung beschreiben **(Tabelle 1)**.

Tabelle 1: Prüfplan

Ident-Nr.: 18012 Zeichnungs-Nr.: 241074

Benennung: **Buchse für Gleitlager** Prüfplan-Nr.: 81

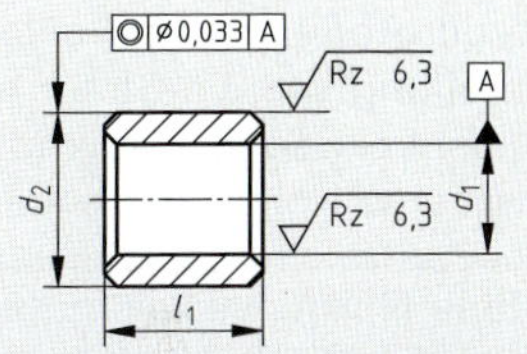

lfd. Nr.	Prüfmerkmal	Prüfmittel	Prüf-umfang	Prüfme-thode[1]	Prüf-zeitpunkt	Prüfdoku-mentation
1	Länge l_1 20 h11 = 20 0/–0,13 mm	Messschieber	n = 1	1/V	jede Stunde	Prüf-protokoll
2	Innendurchmesser d_1 20 E6 = 20 +0,053/+0,040 mm	selbstzentrierendes Innenmessgerät	n = 5	1/V	alle 15 min	Regel-karte
3	Außendurchmesser d_2 26 s6 = 26 +0,048/+0,035 mm	Feinzeiger	n = 5	1/V	alle 15 min	Regel-karte
4	Koaxialität t_{KO} = 0,033 mm	Formmessgerät	n = 1	3/V	jede Stunde	Prüf-protokoll

[1] Prüfmethoden: 1 = Prüfung durch Mitarbeiter; 2 = Prüfung durch QS-Abteilung; 3 = Prüfung durch Messlabor
V = variabel (quantitativ, messend ermitteln)
A = attributiv (qualitativ, Eigenschaften ermitteln)
n = Stichprobenumfang

Prüfort und Prüfzeitpunkt

Die **Wareneingangsprüfung** dient der Sicherstellung der geforderten Qualität von zugelieferten Produkten. Vor der Freigabe der Produkte dürfen diese nicht verwendet werden. Die Prüfungen umfassen Identitäts- und Mengenprüfungen sowie Qualitätsprüfungen entsprechend den Prüfplänen.

Die **Zwischenprüfungen** in Produktion und Montage finden im Arbeitsablauf statt. Sind nach bestimmten Fertigungsabschnitten Zwischenprüfungen erforderlich, werden diese im Arbeitsplan vorgeschrieben. Für eine Prüfung durch die Mitarbeiter werden die Kompetenzen der Mitarbeiter schriftlich festgelegt. Über festgestellte Fehler und eingeleitete Maßnahmen zur Qualitätslenkung werden Prüfberichte angelegt.

Bei der **Endprüfung** werden wichtige Funktionswerte und Anschlussmaße geprüft. Durch eine geeignete Schlussprüfung sollen die auszuliefernden Produkte fehlerfrei zum Kunden gehen.

Fehlerhafte Werkstücke müssen vor der Auslieferung gesperrt oder nachgearbeitet werden.

2.7.2 Wahrscheinlichkeit

Geht man von der Gesamtheit sehr vieler Zufallseinflüsse aus, kann nach den Regeln der Wahrscheinlichkeit das Eintreffen bestimmter Ereignisse erwartet werden. Die Wahrscheinlichkeit P (engl. Probability) errechnet sich, indem die Anzahl geglückter Versuche g durch die Anzahl möglicher Versuche m dividiert wird. Angegeben wird die Wahrscheinlichkeit als Bruch, als Dezimalzahl zwischen 0 und 1 oder in Prozent.

$$P = \frac{g}{m} \cdot 100\,\%$$

2.7.3 Die Normalverteilung von Merkmalswerten

Zufällige Einflüsse auf einen Merkmalswert führen nach den Regeln der Wahrscheinlichkeit zu einer symmetrischen Verteilung der Werte um einen Mittelwert. Ein anschauliches Beispiel für die Wirkung zufälliger Einflüsse ist das Fallen von Kugeln am Galton'schen Brett **(Bild 1)**. Die Kugeln können in jeder Nagelreihe an einem Nagel entweder nach rechts oder links abgelenkt werden. Diese zufällige Ablenkung führt in der Mitte unter dem Trichter zu einer größeren Häufung von Kugeln. Liegt eine große Anzahl von Nagelreihen vor, so nimmt die Häufigkeitsverteilung die Form einer **Gauß'schen Glockenkurve** an, die bei Normalverteilung typisch ist. Die zufälligen Ablenkungen an den Nägeln des Galton'schen Bretts entsprechen den zufälligen Einflüssen bei Fertigungsprozessen und in der Natur. Die Körpergröße einer Bevölkerung z. B. entspricht ebenso einer Normalverteilung wie die Streuung von Werkstückmaßen in der Fertigung. Selbst bei Stichproben mit nur 25 Werkstücken liegt näherungsweise noch eine Normalverteilung der Messwerte vor.

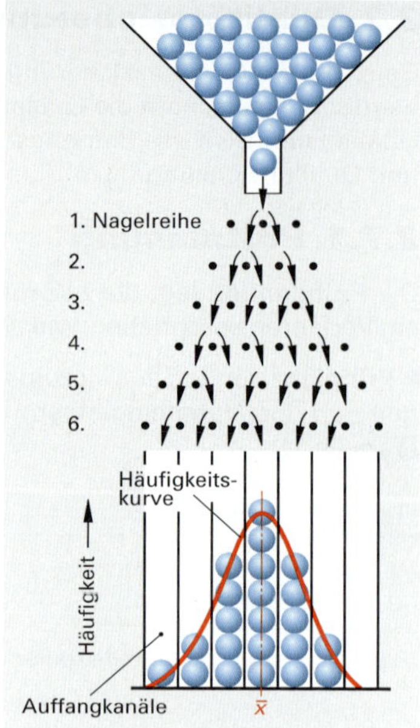

Bild 1: Verteilung von Kugeln am Galton'schen Brett

Eine Normalverteilung von Merkmalswerten entsteht, wenn viele zufällige Einflüsse wirksam sind. Die grafische Darstellung der Normalverteilung ist eine glockenförmige Häufigkeitskurve.

Häufigkeitsverteilung bei Normalverteilung

Wenn die Merkmalswerte normal verteilt sind, entsteht bei der Darstellung der Häufigkeitsverteilung eine Gauß'sche Glockenkurve, die sich durch den Mittelwert μ und die Standardabweichung σ beschreiben lässt **(Bild 2)**.

Die Fläche unter der Glockenkurve ist ein Maß für die Gesamtheit aller Merkmalswerte. Teilmengen ergeben sich durch die Bereiche der Standardabweichungen (Bild 2):

Zwischen $\mu + 1\sigma$ und $\mu - 1\sigma$ liegen 68,27 %

Zwischen $\mu + 2\sigma$ und $\mu - 2\sigma$ liegen 95,45 %

Zwischen $\mu + 3\sigma$ und $\mu - 3\sigma$ liegen 99,73 %

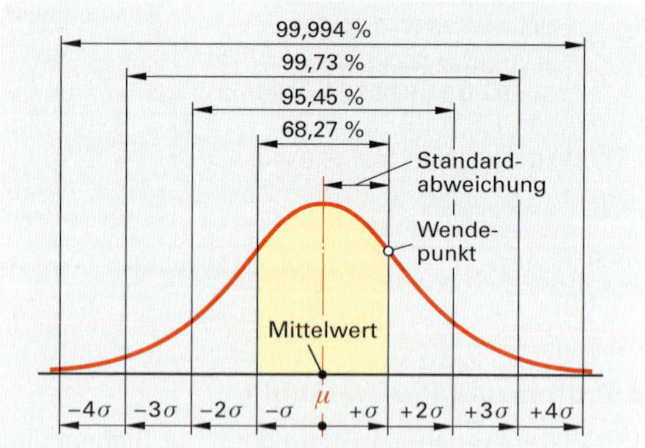

Bild 2: Häufigkeiten in Normalverteilung

2.7.4 Mischverteilung von Merkmalswerten

Systematische Einflüsse auf Merkmale verhindern eine Normalverteilung. Dadurch entstehen statistisch nicht auswertbare Mischverteilungen **(Bild 3)**.

Mischverteilungen können z. B. entstehen durch:

- Mischung der Teile von verschiedenen Maschinen oder Serien
- Wechsel des Werkstoffs innerhalb einer Serie
- Starker Werkzeugverschleiß und Wärmegang der Maschine

Liegt eine Mischverteilung vor, darf das mathematische Modell der Normalverteilung nicht zur Beschreibung der Verteilung angewendet werden, da dessen Gesetzmäßigkeiten nicht zutreffen.

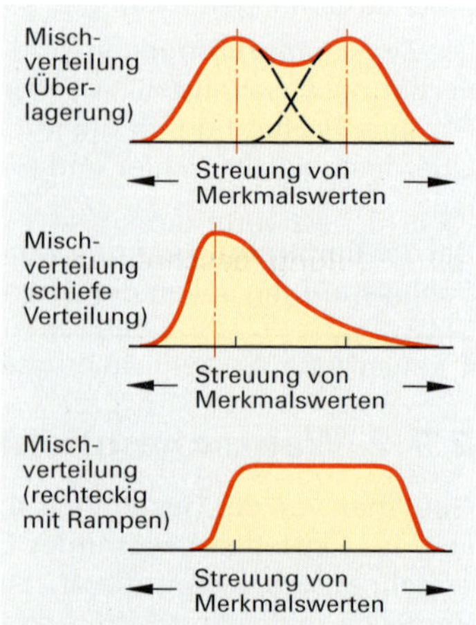

Bild 3: Mischverteilungen

Bevor ein Prozess statistisch überwacht werden darf, muss im Vorfeld überprüft und nachgewiesen werden, dass eine Normalverteilung vorliegt.

2.7.5 Kennwerte der Normalverteilung von Stichproben

Der **Mittelwert $\bar{x}$**[1] fällt mit der maximalen Häufigkeit zusammen. Er liegt auf der Kurvenmitte und ist ein Maß für die Lage der Verteilung **(Bild 1)**. Der Mittelwert wird aus der Summe aller Einzelwerte x und dem Stichprobenumfang n berechnet.

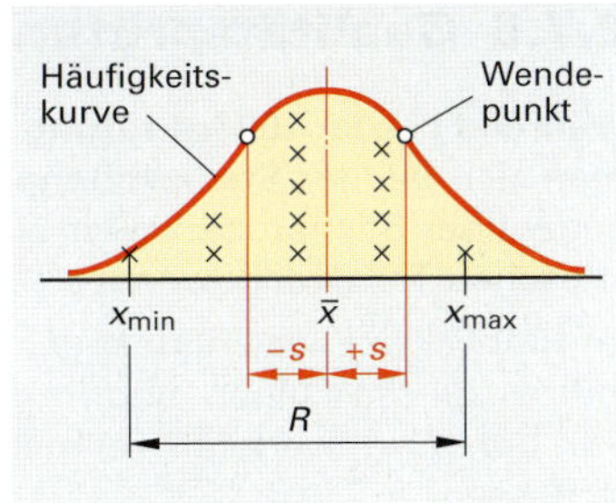

Bild 1: Kennwerte der Normalverteilung

Mittelwert $$\bar{x} = \frac{x_1 + x_2 + x_3 + \ldots + x_n}{n}$$

Der **Medianwert** (Zentralwert) **$\tilde{x}$**[2] ist der mittlere Wert der nach Größe geordneten (rangierten) Einzelwerte. Bei geradzahligem Stichprobenumfang bildet man dazu den arithmetischen Mittelwert aus den beiden mittleren Werten.

Der Mittelwert $\bar{x}$ und der Medianwert $\tilde{x}$ sind Maße für die Lage der Häufigkeitsverteilung und damit für die Prozesslage.

Die **Spannweite *R*** (Range) entspricht der Differenz zwischen dem größten und kleinsten Einzelwert einer Stichprobe. Sie ist ein einfacher Kennwert für die Streuung der Einzelwerte.

Spannweite $$R = x_{max} - x_{min}$$

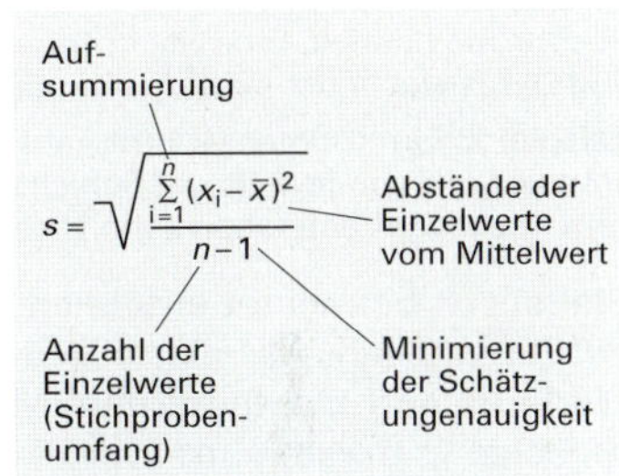

Bild 2: Standardabweichung einer Stichprobe (beurteilende Statistik)

Die **Standardabweichung *s*** ist der Abstand vom Mittelwert zum Wendepunkt der Häufigkeitskurve (Bild 1). Man berechnet sie aus den Abweichungen der Einzelwerte vom Mittelwert ($x_i - \bar{x}$) nach einer Berechnungsformel **(Bild 2)**. Die Stichprobenprüfung beurteilt anhand weniger Stichprobenwerte eine Grundgesamtheit. Eine solche Beurteilung ist mit einer Schätzungenauigkeit behaftet. Mit zunehmendem Stichprobenumfang wird die Schätzungenauigkeit kleiner. Um diese Ungenauigkeit zu minimieren, wird im Nenner vom Stichprobenumfang n die Zahl Eins subtrahiert.

Die Spannweite R und die Standardabweichung s sind Maße für die Breite der Häufigkeitskurve und damit für die Streuung der Einzelwerte und der Prozessstreuung.

Beispiel: Stichprobenwerte eines Wellendurchmessers in mm, bereits nach Größe sortiert (rangiert):
$d_1 = 80{,}31$; $d_2 = 80{,}42$; $d_3 = 80{,}44$; $d_4 = 80{,}46$; $d_5 = 80{,}52$

Auswertung: **Mittelwert $\bar{x}$** = (80,31 + 80,42 + 80,44 + 80,46 + 80,52) : 5 = **80,43 mm; Medianwert $\tilde{x}$ = 80,44 mm;**
Spannweite *R* = 80,52 – 80,31 = **0,21 mm; Standardabweichung *s* = 0,077 mm**

Kennwerte der Normalverteilung im Prüflos

Die Kennwerte der Grundgesamtheit (Prüflos) werden beim Stichprobenverfahren durch beurteilende Statistik anhand der Kennwerte aus der Stichprobe geschätzt. Um die geschätzten Parameter, bezogen auf die Grundgesamtheit, klar von den Stichprobenkennwerten unterscheiden zu können, werden andere Kurzbezeichnungen verwendet. Durch die Kennzeichnung mit einem ^ (gesprochen „Dach") werden diese Schätzwerte auch deutlich gegenüber den rechnerisch ermittelbaren Prozesswerten bei einer 100%-Prüfung (beschreibende Statistik) abgegrenzt **(Tabelle 1)**.

Tabelle 1: Kennwerte und Kurzbezeichnungen in der Qualitätsprüfung

Stichprobenprüfung (beurteilende Statistik)		100%-Prüfung (beschreibende Statistik)
Stichprobe	Grundgesamtheit	
Anzahl der Messwerte n	Anzahl der Messwerte $m \cdot n$[3]	Anzahl der Messwerte N
Arithmetischer Mittelwert $\bar{x}$	geschätzter Prozessmittelwert $\hat{\mu}$	Prozessmittelwert μ
Standardabweichung s	geschätzte Prozessstandardabweichung $\hat{\sigma}$ (Taschenrechner σ_{n-1})	Prozessstandardabweichung σ (Taschenrechner σ_n)

[1] gesprochen x quer [2] gesprochen x-Tilde oder x-Schlange [3] m = Anzahl der Stichproben

2.7.6 Qualitätsprüfung nach dem Stichprobenverfahren

Während bei der **100%-Prüfung** alle Einheiten einer Lieferung oder eines Loses geprüft werden, begnügt man sich bei der **Stichprobenprüfung** mit einer oder mehreren Teilmengen. 100%-Prüfungen bieten gegenüber Stichproben zwar eine höhere Sicherheit, sie sind aber teuer und werden deshalb nur bei kritischen Teilen angewendet.

Im Hinblick auf kostengünstiges Prüfen in der Serienfertigung und bei der Bestimmung von Fähigkeitsindizes zur Maschinen- und Prozessfähigkeit kommt der Stichprobenprüfung besondere Bedeutung zu. Von den ausgewerteten Teilmengen (Stichproben) wird auf die Gesamtmenge (Grundgesamtheit) geschlossen.

Beispiel 1: Ein Zulieferer fertigt Bolzen, die eine bestimmte Härte aufweisen müssen. Aus einem angelieferten Los mit $N = 2400$ Teilen wird eine Stichprobe mit $n = 80$ Stück entnommen und das verlangte Merkmal Härte geprüft. Werden in der Stichprobe zwei Ausschussteile gefunden, muss man für die Grundgesamtheit, also für das gesamte Los, mit zirka 60 fehlerhaften Teilen rechnen. Diese Aussage kann man aber nur treffen, wenn es sich um eine repräsentative Stichprobe handelt. Eine Stichprobe ist dann repräsentativ, wenn die Werte des zu prüfenden Merkmals im gleichen Verhältnis wie in der Grundgesamtheit vorkommen.

Beispiel 2: Ein Roboter lackiert Fahrzeugteile. Jede Stunde werden dem Lackierprozess Stichproben mit $n = 5$ Teile entnommen und jeweils die Schichtdicken gemessen. Ziel ist es, den Prozess so zu überwachen und zu regeln, dass kein Ausschuss entstehen kann (→ statistische Prozessregelung).

Statistisch betrachtet entspricht eine Liefermenge, ein Fertigungs- oder Prüflos der Grundgesamtheit mit N Einheiten. Aus dieser Grundgesamtheit werden eine bestimmte Anzahl Stichproben *(m)* mit dem Werteumfang n entnommen. Man erfasst die Messwerte eines bestimmten Merkmals, z. B. die Härte, zunächst in Urlisten und wertet sie dann tabellarisch, rechnerisch und grafisch aus. Für jede Stichprobe werden Lagewerte wie $\bar{x}$ oder $\tilde{x}$ und Streuwerte wie s oder R bestimmt. Bei mehreren Stichproben können Einzelkennwerte durch Mittelwertbildung zusammengefasst werden, z. B. zu $\bar{\bar{x}}$[1] oder $\bar{s}$. Diese entsprechen bei genügend Stichprobenergebnissen ($m \geq 25$) in der statistischen Prozessregelung (SPC) dem Prozess-Mittelwert $\hat{\mu}$ und der Prozess-Standardabweichung $\hat{\sigma}$. Beim Stichproben-Verfahren führen die Stichproben-Kennwerte folglich mit einer bestimmten Wahrscheinlichkeit zu Schätzwerten für die unbekannten Parameter der Grundgesamtheit **(Bild 1)**.

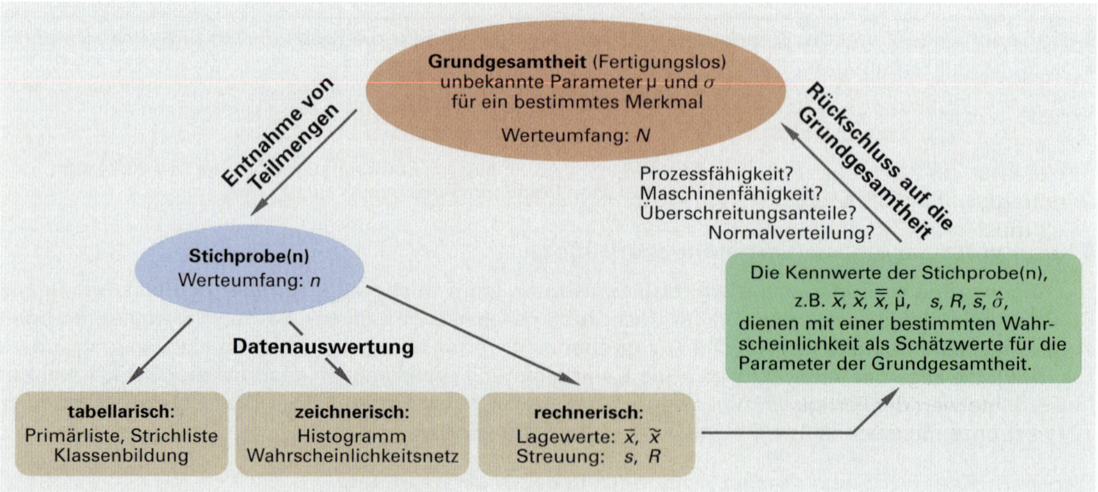

Bild 1: Modell der Stichprobenprüfung (induktive Statistik)

Bei der **dynamisierten Stichprobenprüfung** werden Prüfungsumfang oder Prüfhäufigkeit den Prüfergebnissen angepasst. Werden gefertigte Teile aufgrund einer Zwischenprüfung zurückgewiesen, so sind alle Teile, die seit der letzten Stichprobe gefertigt worden sind, hundertprozentig zu sortieren.

[1] gesprochen: x-doppelquer

SimMetall S25

2.8 Maschinenfähigkeit

Unter der Maschinenfähigkeit versteht man die Fähigkeit einer Maschine, bei gleich bleibenden Bedingungen fehlerfreie Teile fertigen zu können. Die Maschinenfähigkeit ist Voraussetzung für die Prozessfähigkeit, für die statistische Prozessregelung und den Einsatz von Qualitätsregelkarten.

Die **Maschinenfähigkeitsuntersuchung** (MFU) ist eine Kurzzeituntersuchung über die Fertigungsgenauigkeit einer Maschine. Äußere Einflüsse auf die Maschine sollen während der MFU möglichst gering und konstant bleiben. Die MFU wird eingesetzt vor der Einführung von Qualitätsregelkarten, vor dem Einsatz oder der Änderung von Maschinen und Betriebsmitteln, bei Maschinenabnahmen, Werkzeug- und Vorrichtungswechseln sowie nach Wartungsarbeiten und Reparaturen.

> Die MFU ist eine Kurzzeituntersuchung über die Fertigungsgenauigkeit einer Maschine.

Für die MFU ist eine Stichprobe von mindestens 50 Teilen erforderlich, welche direkt nacheinander und ohne Nachstellen der Maschine gefertigt wurden. Die Messwerte des zu prüfenden Qualitätsmerkmals werden erfasst und ausgewertet. Die Auswertung geschieht rechnerisch oder grafisch mithilfe eines Wahrscheinlichkeitsnetzes (Seite 85). Sind die Messwerte normalverteilt, können $\bar{x}$ und s bestimmt und die Kennwerte C_m und C_{mk} für die Maschinenfähigkeit berechnet werden.

Für den Nachweis der Maschinenfähigkeit müssen **zwei Forderungen** erfüllt sein:

1. Die Fertigungsstreuung $6 \cdot s$ der Maschine darf die Toleranz nur zu 60 % = 3/5 ausnutzen. Das bedeutet, die Toleranz muss mindestens $10 \cdot s$ betragen bzw. der **Maschinenfähigkeitsindex** C_m muss größer oder gleich 5/3 = 1,67 sein. Der Wert für C_m zeigt, ob die Fertigungsstreuung klein genug ist, um die Toleranz einzuhalten **(Bild 1)**.
2. Der **Maschinenfähigkeitskennwert** C_{mk} berücksichtigt die Lage der Verteilung im Toleranzfeld. Der Mittelwert der Fertigung soll von jeder Toleranzgrenze mindestens $5 \cdot s$ (Empfehlung DGQ[1] und VDA[2]) entfernt sein. Das führt für C_{mk} zu einem Mindestwert von 1,67. Der Wert für C_{mk} zeigt, ob die Maschine richtig zentriert ist, sodass tatsächlich Teile gefertigt werden, die innerhalb der Toleranz liegen **(Bild 2)**.

Sind beide Forderungen erfüllt, ist die Maschine fähig.

[1] DGQ = Deutsche Gesellschaft für Qualität
[2] VDA = Verband der Automobilindustrie

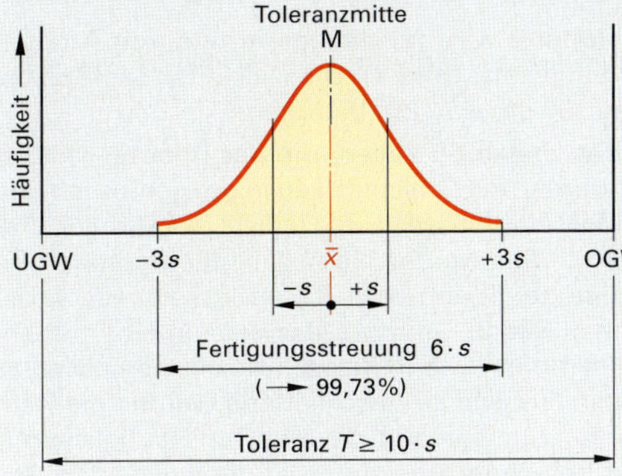

$$C_m = \frac{T}{6 \cdot s}$$

Forderung:
$C_m \geq 1{,}67$

Bei Normalverteilung liegen im Bereich von $\mu \pm 3 \cdot \sigma$ der Grundgesamtheit 99,73 % aller Merkmalswerte.
Für die normalverteilte Stichprobe ist es folglich der Bereich $\bar{x} \pm 3 \cdot s$.
Da in diesem Bereich so gut wie alle Merkmalswerte einer konkreten Fertigung liegen, nennt man ihn **Fertigungsstreuung**.

$$6 \cdot s \leq 0{,}6 \cdot T \Rightarrow T \geq 10 \cdot s$$

$$C_m = \frac{T}{6 \cdot s} = \frac{10 \cdot s}{6 \cdot s} = 1{,}67$$

Bild 1: Maschinenfähigkeitsindex C_m

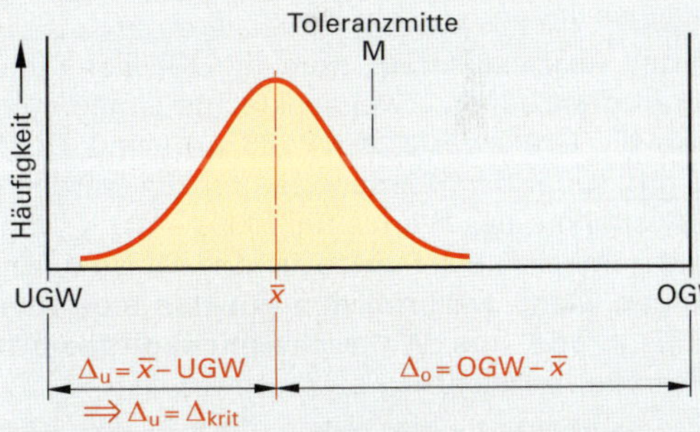

$$C_{mk} = \frac{\Delta_{krit}}{3 \cdot s}$$

Forderung:
$C_{mk} \geq 1{,}67$
(nach DGQ[1]) und VDA[2])

Δ_{krit} ist der kleinere Abstand von $\bar{x}$ zu einer Toleranzgrenze, in dieser Darstellung Δ_u.
Δ_{krit} kann auch aus dem Wahrscheinlichkeitsnetz herausgelesen werden (Seite 85).

Die Forderung $C_m \geq 1{,}67$ und $C_{mk} \geq 1{,}67$ sind kundenabhängig. Sie variieren je nach Fertigung und werden vom Kunden festgelegt.
Ferner ergibt sich stets:
$C_{mk} \leq C_m$

Bild 2: Maschinenfähigkeitsindex C_{mk}

Beispiel einer Maschinenfähigkeitsuntersuchung (MFU)

Ein Roboter wird für die Lackierung von Autofelgen eingesetzt **(Bild 1)**. Die Dicke der Lackschicht muss 100 µm ± 20 µm betragen.

An den ersten 56 Teilen, die der Roboter lackiert hat, wurden die Schichtdicken in µm gemessen und die Messergebnisse in eine Urliste eingetragen **(Tabelle 1)**. Dann werden die Anzahl der Klassen *k* und mithilfe der Spannweite *R* die Klassenweite *w* berechnet **(Bild 2)**, um die Messwerte in einer Strichliste sammeln und in Klassen zusammenfassen zu können **(Tabelle 2)**. Anschließend werden die Häufigkeiten n_j ausgezählt, die relativen Häufigkeiten h_j in % berechnet und durch stufenweise Addition von h_j die Häufigkeitssummen F_j in % gebildet.

Es folgt die grafische Analyse der Stichprobe mithilfe des Wahrscheinlichkeitsnetzes **(Bild 1, folgende Seite)**.

Wahrscheinlichkeitsnetz (W-Netz)

Das W-Netz dient dazu, die Stichprobe auf Normalverteilung zu testen und dann die Werte $\bar{x}$, *s* und Δ_{krit} für die Berechnung der Maschinenfähigkeit grafisch zu ermitteln. Ferner kann man damit auf die Überschreitungsanteile in der Grundgesamtheit schließen.

Das W-Netz besitzt als logarithmische Ordinaten[1)] Maßstäbe in Prozent für die Häufigkeitssummen F_j bzw. (100-F_j). Die Variable *u* hat einen linearen Maßstab und ermöglicht auf der Abszisse das einfache Ablesen der Standardabweichung *s* bzw. ein Vielfaches davon.

Auf der Abszisse[2)] trägt man die Klassen- und Toleranzgrenzen ein. Zwei senkrechte Linien markieren die Grenzwerte *UGW* (80 µm) und *OGW* (120 µm). Über den Klassenobergrenzen werden – mit Ausnahme des Wertes für 100 % – die Häufigkeitssummen F_j als Punkte in das W-Netz eingetragen. Dann wird mit den Punkten eine Ausgleichsgerade, die **Wahrscheinlichkeitsgerade** (W-Gerade), gezeichnet.

Eine waagrechte Linie durch $u = 0$ bzw. $F_j = 50\,\%$ schneidet die W-Gerade bei $\bar{x}$. Die Schnittpunkte von zwei weiteren waagrechten Linien durch $u = \pm 3$ ergeben auf der Abszisse als Abstand die Fertigungsstreuung $6 \cdot s$. Δ_{krit} ist der kleinere Abstand von $\bar{x}$ zum unteren oder oberen Grenzwert. Schneidet die W-Gerade die Linien der Toleranzgrenzen (hier nur bei *OGW*), so können die Überschreitungsanteile $\hat{p}_u$ und $\hat{p}_o$ als Schätzwerte für die Ausschussanteile in der Grundgesamtheit abgelesen werden.

Mit den Ergebnissen aus dem W-Netz können schließlich die Maschinenfähigkeitsindizes C_m und C_{mk} berechnet werden **(Bild 3)**.

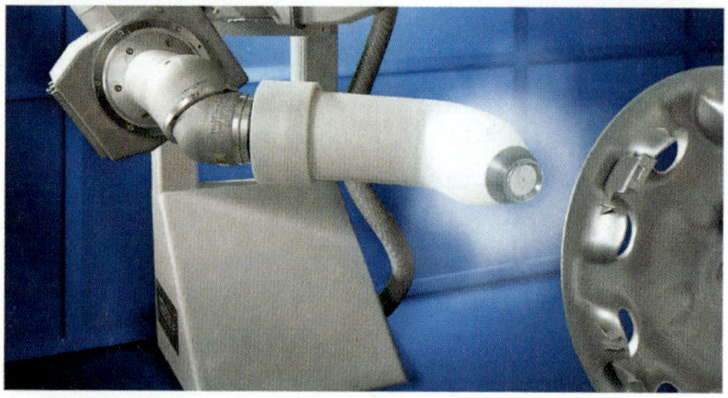

Bild 1: Roboter-Lackieranlage

Tabelle 1: Urliste der Schichtdicken in µm

107	106	109	103	101	113	104	107
107	110	110	**116**	107	112	101	107
113	105	106	107	110	104	109	110
112	106	107	106	111	106	107	101
104	105	108	104	102	106	104	100
110	109	112	109	109	107	103	104
107	105	**97**	102	106	107	109	112

$$k \approx \sqrt{n} = \sqrt{56} = 7{,}48 \implies k = 7$$

$$R = x_{max} - x_{min} = 116\,\mu m - 97\,\mu m = 19\,\mu m$$

$$w \approx \frac{R}{k} = \frac{19\,\mu m}{7} = 2{,}7\,\mu m \implies w = 3\,\mu m$$

Bild 2: Berechnung der Klassenweite *w*

Tabelle 2: Strichliste

Kl. Nr.	Messwert ≥	Messwert <	Zählstriche	n_j	h_j in %	F_j in %
1	96	99	I	1	1,8	1,8
2	99	102	IIII	4	7,1	8,9
3	102	105	~~IIII~~ ~~IIII~~	10	17,9	26,8
4	105	108	~~IIII~~ ~~IIII~~ ~~IIII~~ ~~IIII~~ I	21	37,5	64,3
5	108	111	~~IIII~~ ~~IIII~~ II	12	21,4	85,7
6	111	114	~~IIII~~ II	7	12,5	98,2
7	114	117	I	1	1,8	100,0
			Summe:	56	100,0	

$$C_m = \frac{T}{6 \cdot s} = \frac{40\,\mu m}{22\,\mu m} = 1{,}82 > 1{,}67!$$

Ergebnis:
Der Lackierroboter ist fähig, die Toleranz einzuhalten.

$$\Delta_o = OGW - \bar{x} = (120 - 107)\,\mu m = 13\,\mu m$$

$$\Delta_u = \bar{x} - UGW = (107 - 80)\,\mu m = 27\,\mu m$$

$$C_{mk} = \frac{\Delta_{krit}}{3 \cdot s} = \frac{13\,\mu m}{11\,\mu m} = 1{,}18 < 1{,}67!$$

Ergebnis:
Die Roboter-Lackieranlage ist nicht fähig. Sie muss nachjustiert werden, indem z. B. die Farbzufuhr etwas verringert wird.

Bild 3: Berechnung der Maschinenfähigkeit

1) Ordinate = senkrechte Achse 2) Abszisse = waagrechte Achse

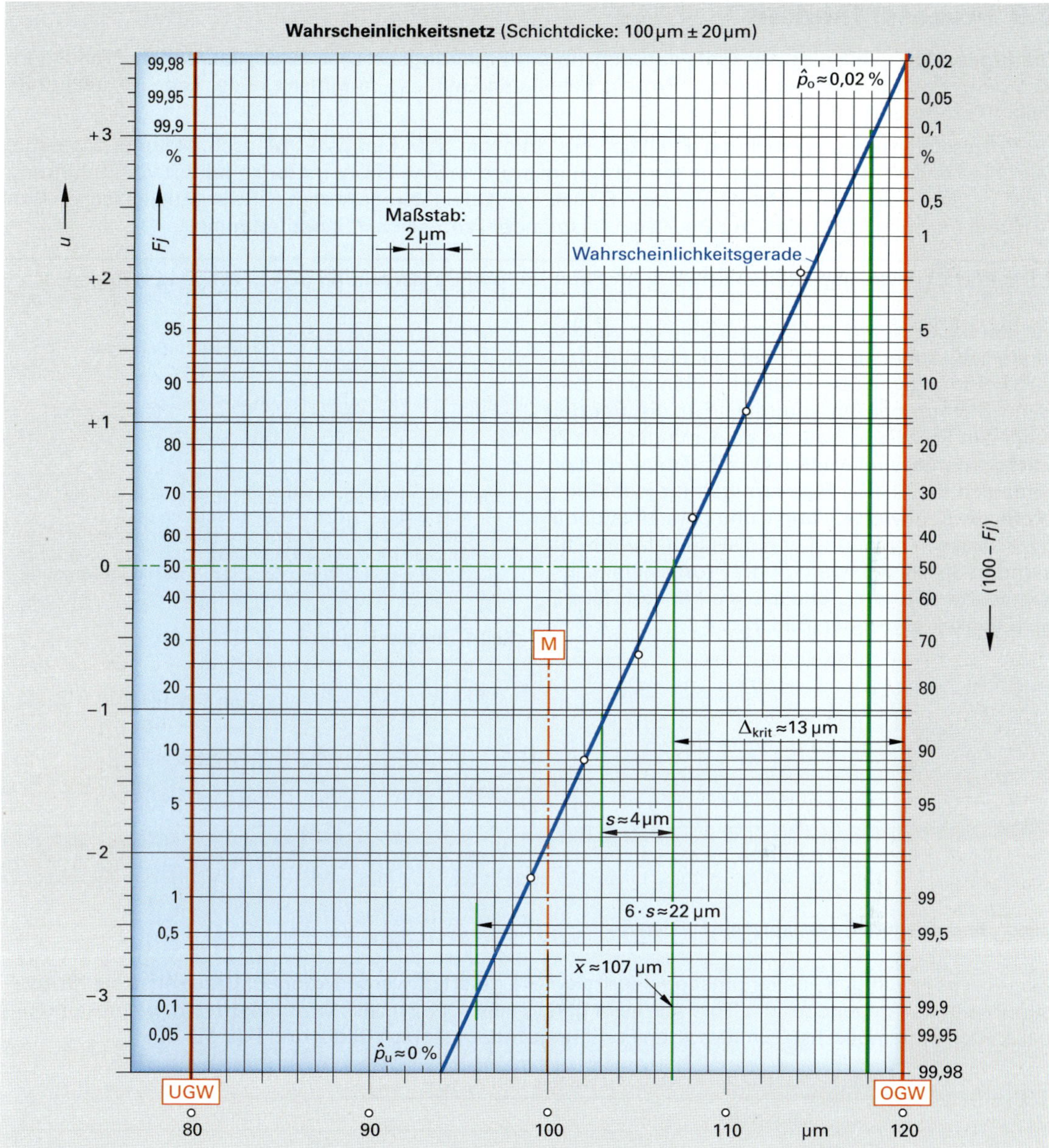

Bild 1: Analyse der Stichprobe mithilfe des Wahrscheinlichkeitsnetzes

Aus **Bild 1** kann gefolgert werden:

- Die Messwerte sind normalverteilt, denn die Punkte für die Häufigkeitssummen liegen klar ersichtlich entlang einer Geraden.
- Arithmetischer Mittelwert und Standardabweichung: $\bar{x} \approx 107$ µm; $6 \cdot s \approx 22$ µm → $s \approx 3{,}7$ µm
- Die Gerade verläuft ziemlich steil, das bedeutet, die Verteilung besitzt eine relativ geringe Streuung.
- Der obere Überschreitungsanteil $\hat{p}_o$ beträgt ≈ 0,02 %, der untere praktisch 0 % (kein Schnittpunkt der Wahrscheinlichkeitsgeraden mit der Linie für UGW auf dem Auswerteblatt).
- Der Mittelwert $\bar{x}$ liegt deutlich rechts von der Toleranzmitte *M*, sein Abstand zum oberen Grenzwert OGW beträgt 13 µm und stellt somit den „kritischen Abstand“ Δ_{krit} dar.

2.9 Prozessfähigkeit

Die **Prozessfähigkeit** gibt Auskunft darüber, ob ein Fertigungsprozess in der laufenden Produktion, also unter Berücksichtigung aller am Prozess beteiligten Einflüsse, langfristig in der Lage ist, fehlerfreie Teile zu produzieren.

Die Prozessfähigkeitsuntersuchung (PFU) berücksichtigt die „5 M-Einflüsse" **M**ensch, **M**aterial, **M**ethode, **M**aschine und **M**itwelt (Umwelt) auf den Fertigungsprozess. Eine PFU wird durchgeführt vor Einführung eines neuen Fertigungsprozesses, vor dem Einsatz von Qualitätsregelkarten (QRK) zur statistischen Prozessüberwachung (SPC), oder zur Beurteilung laufender Prozesse bei Serienfertigung.

Die PFU ist eine Langzeituntersuchung zur Fähigkeit und Beherrschung eines Fertigungsprozesses.

Für die Bestimmung der Prozessfähigkeit werden in einer Voruntersuchung oder aus einem laufenden Fertigungsprozess über einen längeren Zeitraum Stichproben entnommen. Für die Beurteilung des Prozessverhaltens sind mindestens 25 Stichproben des relevanten Qualitätsmerkmals erforderlich (bei $n = 5$). Man ermittelt für jede Stichprobe die Kennwerte $\bar{x}$ und s und berechnet damit die Prozess-Kennwerte $\hat{\mu}$ und $\hat{\sigma}$ als Schätzwerte für μ und σ. Schließlich werden die Prozessfähigkeitskennwerte C_p und C_{pk} ähnlich wie bei der Maschinenfähigkeit berechnet **(Bild 1)**.

$$C_p = \frac{T}{6 \cdot \hat{\sigma}}$$

$$C_{pk} = \frac{\Delta_{krit}}{3 \cdot \hat{\sigma}}$$

Mindestforderungen
$C_p \geq 1{,}33$
$C_{pk} \geq 1{,}33$

Die Erfahrung zeigt, dass die Prozessstreubreite $6 \cdot \hat{\sigma}$ die Toleranz nur zu 75% ≙ 3/4 ausnutzen darf.
Das bedeutet, die Toleranz muss größer oder gleich $8 \cdot \hat{\sigma}$ und damit $C_p \geq 4/3 = 1{,}33$ sein.
$C_{pk} \geq 1{,}33 = 4/3$ bedeutet, dass der Prozessmittelwert von jedem Grenzwert mindestens $4 \cdot \hat{\sigma}$ entfernt sein muss.

Bild 1: Prozessfähigkeit

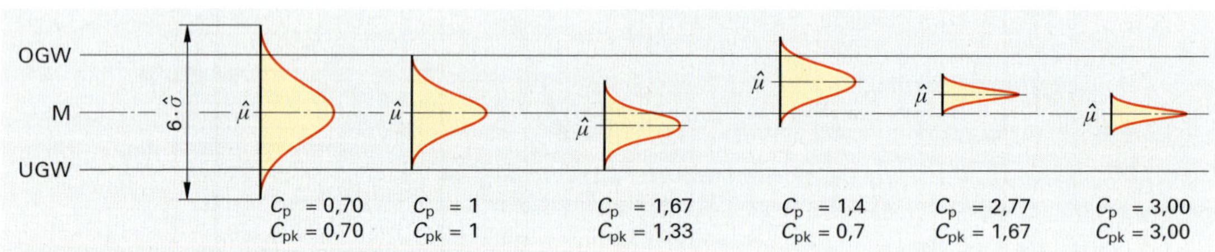

Bild 2: Beispiele für Prozessfähigkeitskennwerte

Ein Prozess ist **fähig,** wenn langfristig fehlerfreie Teile gefertigt werden können. Dazu muss die Prozessstreubreite $6 \cdot \hat{\sigma}$ gegenüber der Toleranz klein genug sein. Der Prozess wird **beherrscht,** wenn keine unbekannten systematischen Einflüsse den Fertigungsverlauf stören **(Bild 2** und **Bild 3)**.

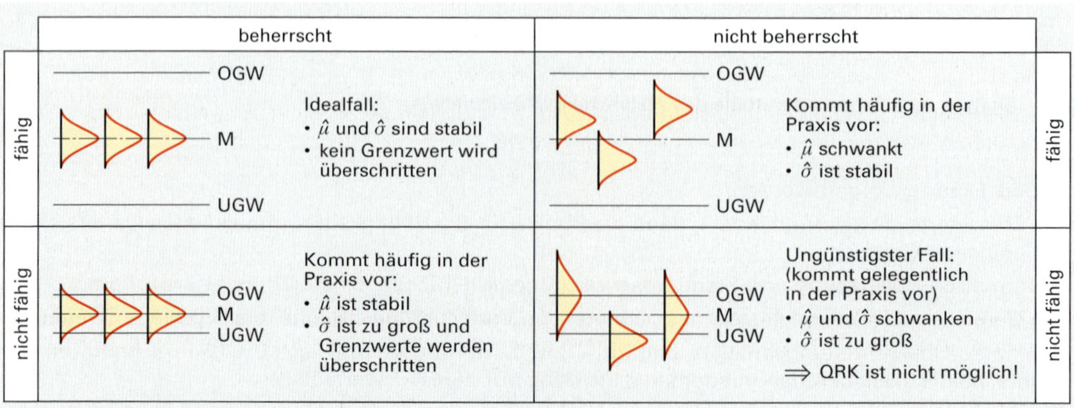

Bild 3: Matrix möglicher Prozesszustände

2.10 Statistische Prozessregelung mit Qualitätsregelkarten

Statistische Prozessregelung (Statistical Process Control, SPC)

Bei der statistischen Prozessregelung wird ein Fertigungsprozess mithilfe von Qualitätsregelkarten fortlaufend beobachtet und geregelt. Das Ziel besteht darin, systematische Abweichungen frühzeitig zu erkennen, damit rechtzeitig in den Prozess eingegriffen und Ausschuss vermieden werden kann.

Statistische Prozessregelung wird vorwiegend bei der Produktion großer Stückzahlen eingesetzt. Angestrebt wird eine Fertigung durch fähige und beherrschte Prozesse. Ein bereits vor Serienanlauf optimierter Fertigungsprozess (→ Prozessfähigkeitsuntersuchung) wird dabei mithilfe von Stichproben ständig überwacht. Dazu werden der laufenden Fertigung in regelmäßigen Abständen Stichproben mit meist fünf hintereinander gefertigten Werkstücken entnommen und geprüft. Dies muss umso häufiger geschehen, je mehr Störeinflüsse im Fertigungsprozess zu erwarten sind und je kürzer die Fertigungszeit je Teil ist. Bei Störungen soll durch frühzeitiges Eingreifen eine Null-Fehler-Produktion bzw. eine rasche Fortführung einer optimalen Fertigung bei geringen Prüfkosten gewährleistet werden.

Systematische Abweichungen bzw. Störungen im Fertigungsprozess werden durch die Änderung der **SPC-Merkmale** erkannt. Das sind häufig wichtige Funktionsmaße, die vom Kunden vorgeschrieben und bei sicherheitsrelevanten Teilen zudem dokumentationspflichtig sein können.

Aufbau von Qualitätsregelkarten (QRK)

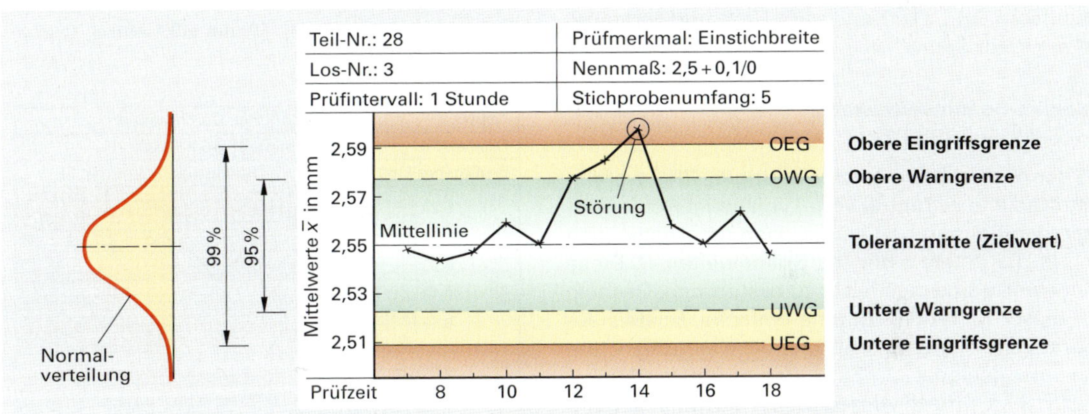

Bild 1: Qualitätsregelkarte für Mittelwerte ($\bar{x}$-Karte) und Verteilung der Mittelwerte

Das Beispiel einer Mittelwertkarte **(Bild 1, Mitte)** zeigt den typischen Aufbau einer QRK. Auf der Abszisse werden die Prüfzeiten oder die Stichprobennummern angegeben, während eine Skala für das Qualitätsmerkmal die Ordinate bildet. Je nach Typ können Einzelmesswerte oder Stichprobenkennwerte wie hier $\bar{x}$ in die QRK als Punkte eingetragen und verbunden werden.

Eine Strich-Punkt-Linie bildet die **Mittellinie** *(M)* und stellt die Toleranzmitte bzw. den Zielwert dar. **Warngrenzen** *(OWG, UWG)* und gegebenenfalls **Grenzwerte** *(OGW, UGW)* werden als gestrichelte Linien gezeichnet. Die Warngrenzen umfassen 95 % der Merkmalswerte.

Die **Eingriffsgrenzen** *(OEG, UEG)* werden durch breite Volllinien markiert. Sie schließen den Bereich der zulässigen Werte ein. Durch ihre Hervorhebung soll angezeigt werden, dass bereits bei ihrem Überschreiten der Prozess korrigiert werden muss, also noch bevor Ausschuss entsteht. Sie werden meist so gewählt, dass bei störungsfreier Fertigung 99 % aller Merkmalswerte in diesem Bereich liegen. Bei Überschreitung müssen alle seit der letzten Stichprobe gefertigten Teile einer 100 %-Prüfung unterzogen werden, um auszuschließen, dass nach der Entnahme der letzten Stichprobe fehlerhafte Teile produziert wurden. Die Fertigung muss deshalb gestoppt und die Störgröße beseitigt werden.

Eine QRK zeigt den zeitlichen Verlauf der Merkmalswerte und das Auftreten von Störungen an.

Arten von Qualitätsregelkarten

Es existiert eine Vielzahl verschiedener Qualitätsregelkarten (kurz QRK). Man unterscheidet zunächst QRK für zählbare (diskrete) Merkmalswerte, z. B. Fehlersammelkarten (Seite 75) und QRK für messbare (stetige) Prüfmerkmale. Diese unterteilt man in Annahme- und in Prozess- bzw. Shewart-QRK (nach seinem Erfinder). Die Eingriffs- und Warngrenzen werden bei Annahme-QRK über die Toleranz-Grenzwerte, bei Prozess-Regelkarten über die Prozess-Kennwerte $\hat{\mu}$ und $\hat{\sigma}$, also über die Schätzwerte für die Grundgesamtheit bestimmt (Prozessorientierung). Auf die Angabe der Warngrenzen wird zunehmend verzichtet. Um die Lage und Streuung eines Prozesses parallel im Auge zu behalten, werden zweispurige QRK eingesetzt. In der oberen Spur wird die Lage, in der unteren die Streuung überwacht. Führt man die QRK von Hand, kombiniert man die Parameter $\tilde{x}$ oder $\bar{x}$ mit R. Bei der Prozessregelung mit Computer kommt vorwiegend die $\bar{x}$-s-Karte zum Einsatz.

Urwertkarte (Bild 1).

Es werden Stichproben zu je fünf Messwerten eingetragen. Gleiche Werte erhalten eine Häufigkeitszahl. Die Karte wird so angelegt, dass die Eingriffsgrenzen 75 % der Toleranz umfassen, denn eine kostengünstige Fertigung ist nur möglich, wenn die Fertigungsstreuung maximal 75 % der Toleranz ausnutzt. Die Urwertkarte wird eingesetzt, wenn nur wenige Werte vorliegen, oder als Vorstufe zur regulären QRK. Die Karte zeigt Lage und Streuung in nur einer Spur.

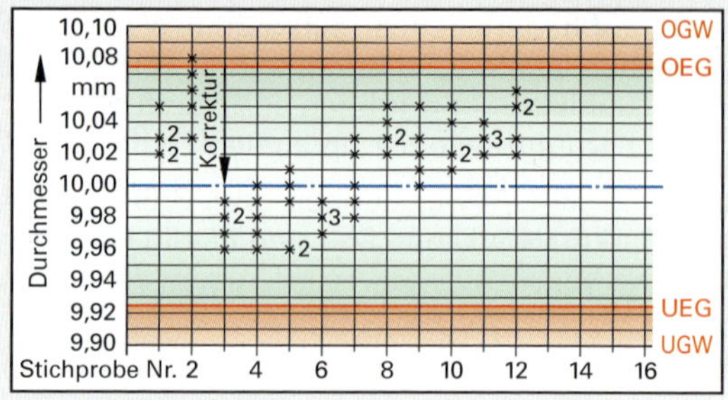

Bild 1: Urwertkarte für D = 10 mm ± 0,1 mm

Median-Spannweitenkarte
$\tilde{x}$-R-Karte (Bild 2)

In der oberen Spur der zweispurigen QRK werden die Mediane $\tilde{x}$ (Zentralwerte) von meist kleinen ungeraden Stichproben eingetragen (alternativ auch $\bar{x}$), in die untere Spur die Spannweiten R. Diese Kennwerte sind sehr leicht zu bestimmen. Deshalb ist dieser Kartentyp für eine einfache, überschaubare Lage- und Streuungsüberwachung ohne Rechner geeignet. Die Eingriffsgrenzen werden bei der $\tilde{x}$-R-Karte nach vorgegebenen Formeln berechnet. Die Berechnung basiert auf dem Zufallsstreubereich der Parameter. Die Karte wird verwendet bei der Einführung von QRK oder bei rauer Arbeitsumgebung.

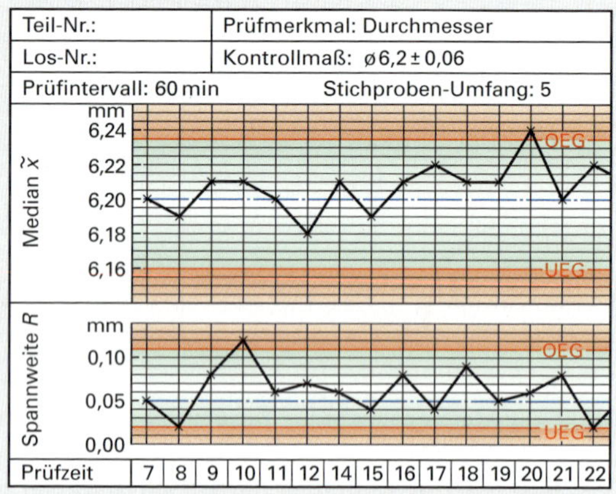

Bild 2: Median-Spannweitenkarte ($\tilde{x}$-R-Karte)

Mittelwert-Standardabweichungskarte
$\bar{x}$-s-Karte (Bild 3)

In der oberen Spur der zweispurigen QRK werden die arithmetischen Mittelwerte $\bar{x}$ und in die untere Spur die Standardabweichungen s der einzelnen Stichproben eingetragen. Sind die Prozess-Parameter noch nicht bekannt, werden $\hat{\mu}$ und $\hat{\sigma}$ als Schätzwerte aus den vorhandenen Stichproben-Kennwerten durch Mittelwertbildung unter Verwendung von zusätzlichen Konstanten aus Tabellen berechnet. Die Eingriffsgrenzen werden nach vorgegebenen Formeln berechnet. Die $\bar{x}$-s-Karte ist für eine empfindliche Lage- und Streuungsüberwachung mit Rechner geeignet.

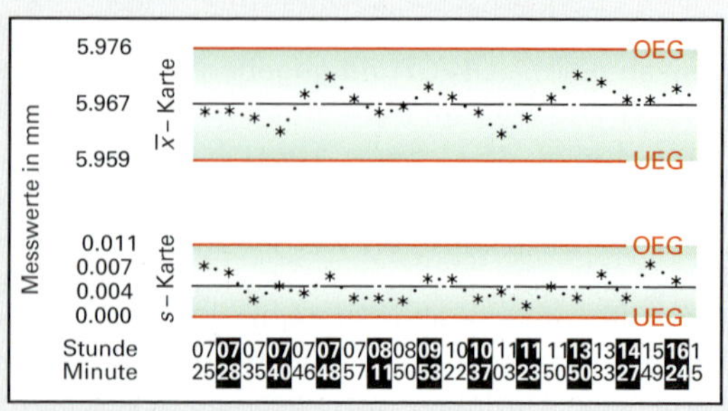

Bild 3: Mittelwert-Standardabweichungskarte ($\bar{x}$-s-Karte)

Regeln für die Beurteilung von Fertigungsprozessen (Bild 1)

① Liegen die Kennwerte für Lage und Streuung eines Fertigungsprozesses **innerhalb der Warngrenzen,** kann von einem beherrschten Prozess ausgegangen werden.

② Liegt mindestens ein Kennwert **zwischen Warn- und Eingriffsgrenze,** besteht die Gefahr einer systematischen Veränderung. Die Prüfintervalle sind zu verkürzen.

③ Liegt mindestens ein Kennwert **außerhalb der Eingriffsgrenzen,** ist die Produktion zu stoppen. Fehlerhafte Teile sind auszusortieren und die Ursachen zu beseitigen. (Bei 99%-Zufallsstreubereich besteht eine Irrtumswahrscheinlichkeit von 1%, d. h. bei 100 Ergebnissen außerhalb der Eingriffsgrenzen würde man ein Mal unnötigerweise eingreifen.)

④ Wird bei einer ***s*- oder *R*-Karte** die **UEG unterschritten,** liegt eine systematische Verringerung der Streuung und damit eine Verbesserung des Prozesses vor.

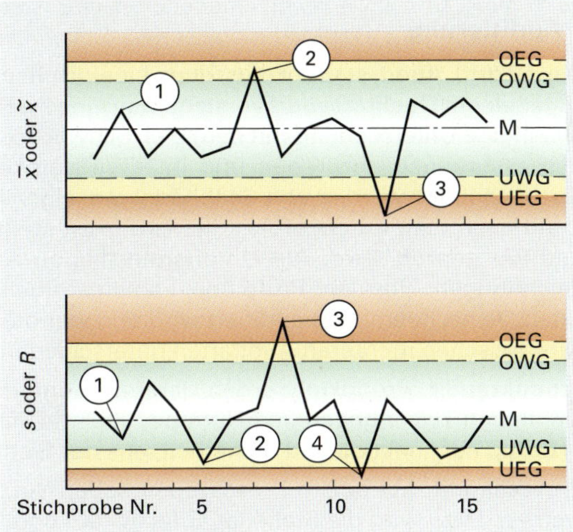

Bild 1: Beurteilungsregeln

Im Fertigungsprozess können spezielle Prozessverläufe vorkommen **(Bild 2).**

Störungen im Prozessverlauf	Beobachtung	Maßnahmen
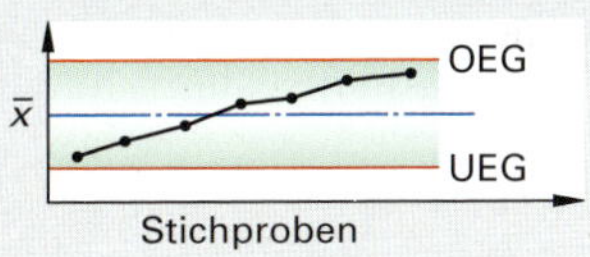	**Trend** 7 Mittelwerte oder R-Werte steigen oder fallen hintereinander	**Fertigungsprozess unterbrechen** Ursache ergründen, z.B. • Wärmeverhalten der Maschine • Werkzeugverschleiß
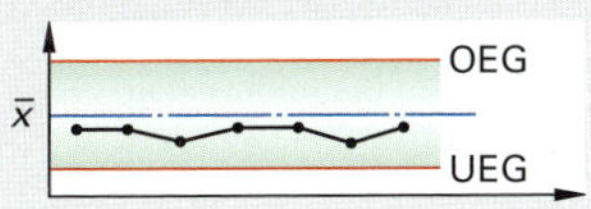	**Run** 7 Werte liegen hintereinander oberhalb oder unterhalb der Mittellinie	**Fertigungsprozess unterbrechen** Ursache ergründen, z.B. • Werkzeugverschleiß • Wechsel des Materials, Prüfmittels oder des Kühlschmierstoffes
a) 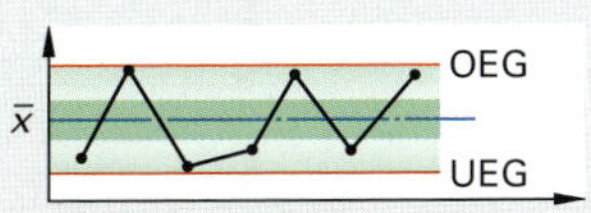 b) 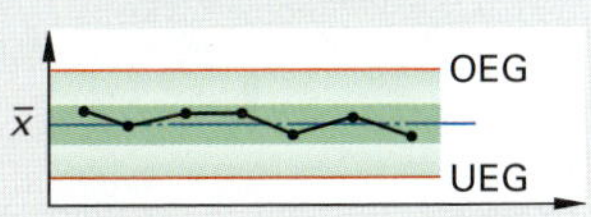	**Middle Third** 2/3 der Messwerte liegen nicht mehr im mittleren Drittel zwischen den Eingriffsgrenzen a) Werte liegen zu nahe an den Eingriffsgrenzen b) Werte liegen zu nahe an der Mittellinie	Ursache ergründen, z.B. • Material aus anderer Charge • Streuung der Messwerte • Wechsel der Anlagenführer • Mischen von Teilen, die auf mehreren Maschinen gefertigt werden • Fähigkeit des Prüfmittels, das Messverfahren und die messtechnische Qualifikation des Anlagenführers untersuchen

Bild 2: Spezielle Prozessverläufe

Wiederholung und Vertiefung

1 Welche Vorteile hat eine Stichprobenprüfung gegenüber einer 100%-Prüfung?

2 Welches Ziel verfolgt man mit der statistischen Prozessregelung (SPC)?

3 Was bedeutet es, wenn die Prozessfähigkeitsindizes C_p und C_{pk} gleich groß sind?

4 Welche Maßnahmen sind zu ergreifen, wenn im Prozessverlauf ein Mittelwert die Eingriffsgrenze überschreitet?

5 Welche Regelkarte ist für eine Auswertung von Hand geeignet? Geben Sie eine Begründung an.

2.11 Auditierung und Zertifizierung

Auditierung

Der Begriff Audit stammt aus dem Lateinischen: audire = hören. Unter einem **Qualitätsaudit** versteht man eine systematische und unabhängige Untersuchung mit dem Ziel, Schwachstellen aufzudecken, Verbesserungen anzuregen und ihre Wirksamkeit zu überprüfen. Qualitätsaudits werden von unabhängigen, eigens geschulten Auditoren nach Plan durchgeführt. Im Auditplan steht, was, wann, wie und wo geprüft wird. Als Unterlagen dienen z. B. Pflichtenhefte, Zeichnungen, Normen, Prüfpläne, Fehlersammelkarten und Checklisten. Je nachdem, was auditiert wird und wer das Audit durchführt, wird zwischen mehreren Auditarten unterschieden **(Bild 1)**.

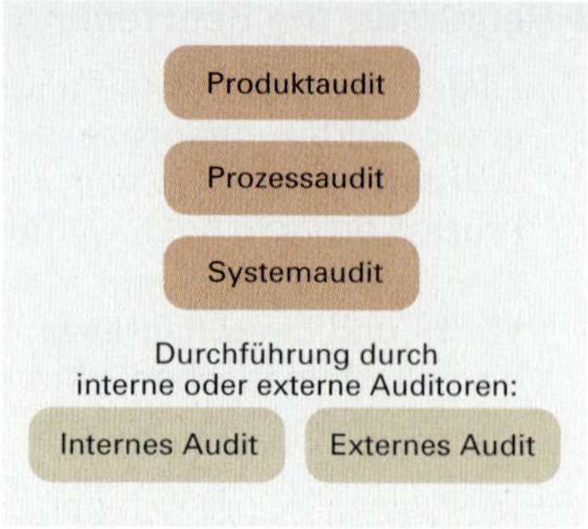

Bild 1: Auditarten

Produktaudit. Produkte werden daraufhin untersucht, ob die Qualitätsmerkmale mit den Vorgaben, z. B. in den Zeichnungen und Normen, übereinstimmen und ob die Qualitätsforderungen, insbesondere in Bezug auf Funktion und Sicherheit, aus der Sicht des Kunden bzw. Auftraggebers erfüllt werden.

Prozessaudit. Mit einem Prozessaudit sollen Verbesserungsmöglichkeiten eines Prozesses aufgezeigt werden. Dazu wird die Stabilität, Effektivität[1] und Effizienz[2] von Prozessen sowie die Übereinstimmung mit gesetzlichen Anforderungen, Normen und mit den Prozessdokumentationen überprüft.

Systemaudit. Das gesamte QM-System eines Unternehmens wird auf seine Wirksamkeit und Funktionsfähigkeit hin beurteilt und Schwachstellen, Korrektur- und Verbesserungsmaßnahmen werden ermittelt.

Interne und externe Audits. Das interne **Audit** dient als Managementwerkzeug zur Beurteilung der eigenen Leistungen. Beim **externen Audit** wird unterschieden zwischen Lieferanten- und Zertifizierungsaudits. Durch **Lieferantenaudits** bewerten Firmen ihre Lieferanten, meist in Form von Prozessaudits. Beim **Zertifizierungsaudit** wird die Fähigkeit eines Unternehmens und seines Managementsystems auditiert.

Zertifizierung

Als Zertifizierung versteht man ein Verfahren, bei dem eine unabhängige akkreditierte[3] Zertifizierungsgesellschaft einem Unternehmen sein QM-System anerkennt **(Bild 2)**. Die Zertifizierung erfolgt grundsätzlich freiwillig, allerdings wird heute von mehreren Seiten ein starker Druck auf die Unternehmen ausgeübt, sich zertifizieren zu lassen. Automobilhersteller z. B. dürfen ihre Fahrzeuge nur dann zulassen, wenn sie ihre Fähigkeit durch ein Zertifikat beim Kraftfahrtbundesamt nachgewiesen haben. Viele Endkunden vergeben ihre Aufträge nur noch an zertifizierte Unternehmen. Zulieferer ohne ein zertifiziertes QM-System **(Bild 1, Seite 73)** haben praktisch keine Chance, in den Lieferantenstamm von größeren Unternehmen aufgenommen zu werden.

Die Zertifizierung erfolgt nach den Vorgaben international standardisierter Normen, z. B. nach der ISO-9000-Normenreihe oder entsprechend der ISO/TS 16949 (Automobilindustrie). Sie wird von unabhängigen Prüfstellen durchgeführt wie z. B. der DQS (Deutsche Gesellschaft zur Zertifizierung von Managementsystemen), dem TÜV oder der DEKRA. Ein Zertifikat wird üblicherweise auf drei Jahre vergeben. Geprüft werden

- die Dokumentation des Qualitätsmanagementsystems (Handbuch, Prozess-, Arbeits- und Prüfanweisungen),
- die Umsetzung der dokumentierten Abläufe in die Praxis
- die Effektivität und Effizienz der Prozesse.

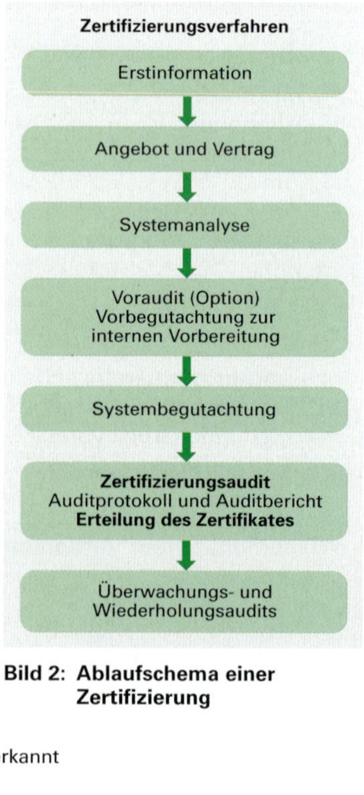

Bild 2: Ablaufschema einer Zertifizierung

[1] Effektivität = Wirksamkeit [2] Effizienz = Wirtschaftlichkeit [3] akkreditiert = anerkannt

2.12 Kontinuierlicher Verbesserungsprozess: Mitarbeiter optimieren Prozesse

Die Betriebe sind bemüht, durch Innovationen und ständige Verbesserungen ihre Produkte weiterzuentwickeln, um konkurrenzfähig zu sein.

Unter **Innovation** (lat. innovatio: Erneuerung) versteht man einen sprunghaften Fortschritt, der durch eine neue Erfindung, einen neuen Fertigungsprozess oder durch eine große Investition in neue Maschinen und Anlagen erzielt wird.

KVP steht für **Kontinuierlicher Verbesserungsprozess,** englisch „Continuous Improvement Process (CIP)". Die Japaner, die diese Methode zur Verbesserung der Qualität entwickelt haben und seitdem besonders erfolgreich anwenden, prägten dafür den Begriff **KAIZEN**[1] **(Bild 1).**

> Die Zielsetzung von KVP und KAIZEN ist die fortdauernde Verbesserung der Qualität und die Senkung der Kosten.

KVP und KAIZEN streben deshalb die Verbesserung von Produkt, Prozess und Organisation in kleinen Schritten als Ergebnis laufender Bemühungen an. Das Vorgehen orientiert sich an den Mitarbeitern sowie an der Optimierung von Prozessdetails. Die Optimierung der Prozesse beginnt nach der KAIZEN-Philosophie in der Produktion. Nur wer täglich Umgang mit der Produktion hat, kann die Schwachstellen effektiv erkennen und weiß folglich auch, wie es besser gemacht werden kann. Die auftretenden Probleme werden vor Ort von allen am Prozess beteiligten Mitarbeitern gelöst. Es geht um die ständige Verbesserung von Arbeitsverfahren, Arbeitsabläufen und Methoden, um einen besseren Informations- und Teilefluss und eine höhere Qualität der Produkte und Dienstleistungen **(Tabelle 1).**

KVP und KAIZEN setzen Akzeptanz, Motivation und Schulung in problemlösendem Verhalten, regelmäßige Information der Mitarbeiter sowie eine intensive Gruppenarbeit voraus. Die Mitglieder eines Teams mit maximal zehn Mitarbeitern sollen aus verschiedenen Bereichen des Betriebes kommen. Die Grundregeln der KVP-Praxis zeigt **Tabelle 2.**

KVP und KAIZEN zielen außerdem auf die Eliminierung von Verschwendung. Was nicht der Wertsteigerung dient, wie z.B. Nacharbeiten oder Wartezeiten, ist Verschwendung von Ressourcen **(Tabelle 3).**

[1] gesprochen: Kai-sen

Bild 1: Fortschritt durch große Sprünge und kleine Schritte

Tabelle 1: Gegenüberstellung von Innovationen und kontinuierlicher Verbesserung

Innovationen	KVP (KAIZEN)
Drastische Veränderungen durch: • große Sprünge • hohe Investitionen • individuelle Ideen • ziel- bzw. ergebnisorientiertes Denken • Technologieorientierung • wenige Spezialisten	Kontinuierliche Verbesserung durch: • kleine Schritte • Mitarbeiterprämien • Gruppenarbeit • prozessorientiertes Denken • Mitarbeiterorientierung • Einbezug aller Mitarbeiter

Tabelle 2: Grundregeln der KVP-Praxis

- Werfe konventionelle Ansichten über Bord.
- Stelle die derzeitigen Methoden infrage.
- Denke darüber nach, wie etwas getan werden kann, nicht darüber, warum es nicht geht.
- Besser eine 50%-Lösung eines Problems sofort, als eine 100%-Lösung nie („just do it").
- Korrigiere Fehler sofort.
- Suche stets nach kostengünstigen Lösungen!
- Fürchte keine Hindernisse.
  Klugheit tritt erst durch Hindernisse zutage.
- Frage 5 x „Warum?", suche die wahre Ursache.
- Ein Team löst ein Problem besser als ein einzelner Spezialist.
- KVP endet nicht.

Tabelle 3: Arten der Verschwendung in der Produktion

- Überproduktion
- Wartezeiten
- Unnötige Transporte
- Mangelhafte Produktionsprozesse
- Unnötige Bestände
- Qualitätsmängel und Reparaturen
- Überflüssige Wege

2.13 Practise your English

Quality management

Many companies have become certified and implemented a quality management system according to ISO 9000 standards. Modern quality management encompasses all activities in a company. It is carried out successfully if all employees follow the guidelines of the ISO standards.

Quality is an important element for the success of a company. It plays a major role and it is the result of systematic planning and management of products and processes. Its importance is highlighted by the provision of awards and prizes **(Figure 1)**.

Figure 1: Samples for logos by accredited certification companies and special awards

Quality tools

Quality tools are graphical aids for representing quality-related analysis and/or findings **(Figure 2)**.

- The **defect chart** detects and lists errors in a production process.
- The **histogram** shows the frequency of quality relevant data into classes.
- The **quality control chart** is a graphical aid for for continuous process monitoring.
- The **Pareto chart** displays causes of problems in order of importance.
- The **cause-and-effect diagram** ("fishbone chart") is used to find the causes of problems.
- The **scatter diagram** determines a relationship between two features.

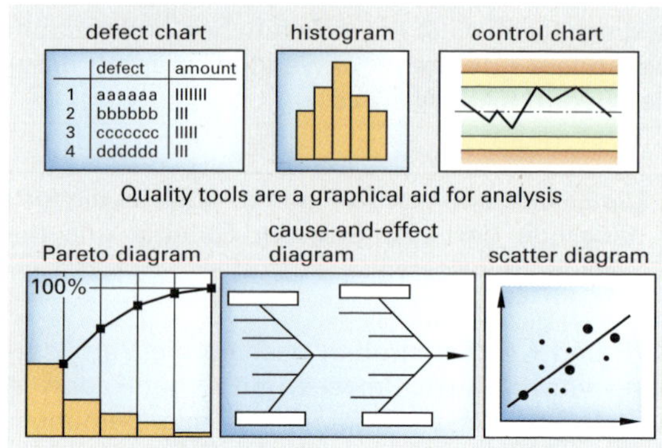

Figure 2: Quality tools

Distribution of measured values

If the sample size is increased and the class intervals are reduced, the staircase shape of the histogram of normally distributed values turns into a normal distribution bell curve **(Figure 3)**. The measured values of many industrial processes are normally distributed, e.g. length measurements. The normal distribution is a continuous, symmetric and bell-shaped curve. The characteristics of a sample are the arithmetic mean and the standard deviation ***s***. $\bar{x}$ provides information of the location of the distribution with respect to the limits, *s* describes the scattering of the measured values around the mean.

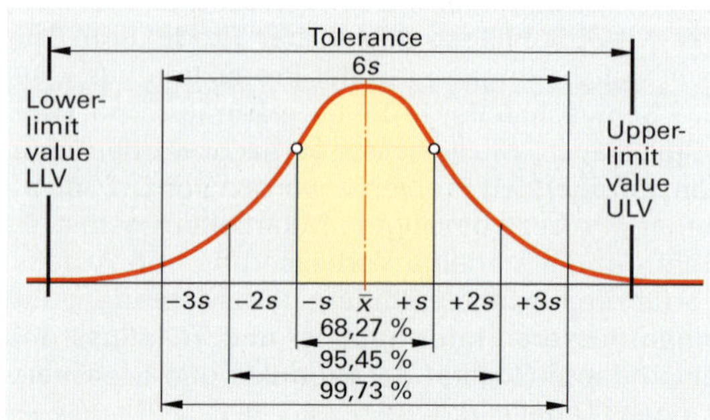

Figure 3: Normal distribution of values

Statistical process control (SPC)

Statistical evaluation methods such as sampling inspection, capability studies and the use of quality control charts are part of the statistical process control, and thus of the quality assurance **(Figure 4)**. Quality control charts (QCC) are used to monitor key products or process characteristics in mass production.

	Machine capability	Process capability
Item	machine	production process
Volume	1 sampling testing, $n \geq 50$	permanent testing of samles, $n \geq 5$
Aim	evaluation of machine	evaluation of process
Application	e. g. new acquisition	current manufacturing process
Values	C_m, C_{mk}	C_p, C_{pk}

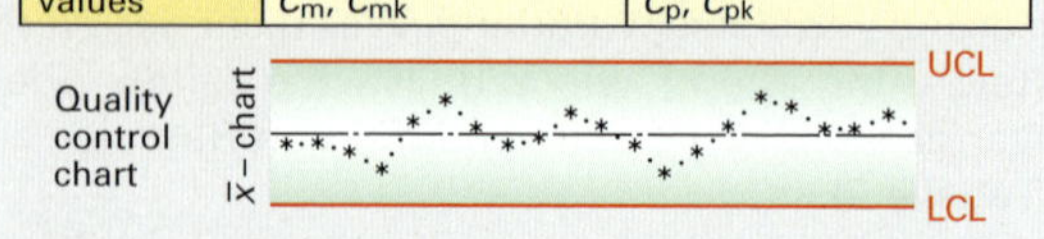

Figure 4: Capability study and quality control chart

3 Fertigungstechnik

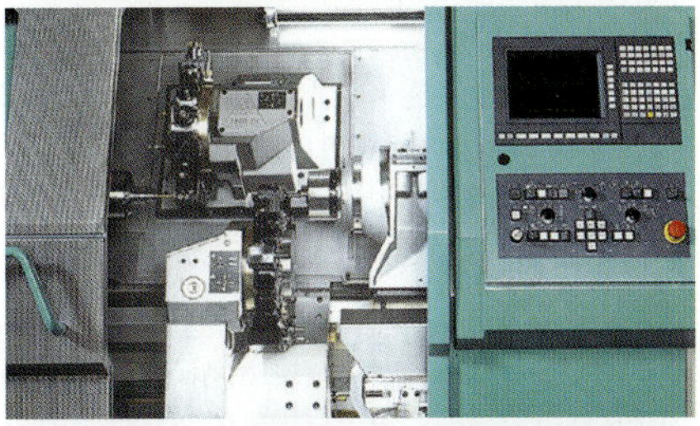

3 Fertigungstechnik

3.1 Arbeitssicherheit

Zur Arbeitssicherheit und damit zur Unfallverhütung gibt es für jeden Berufszweig Unfallverhütungsvorschriften (UVV). Sie werden von den Berufsgenossenschaften erlassen und müssen in jedem Betrieb ausgelegt werden **(Bild 1)**.

Jeder Betriebsangehörige muss diese Vorschriften genau beachten. Unfallverhütendes Verhalten kann man erlernen. Durch sicherheitswidriges Verhalten können Krankheiten, Körper- und Sachschäden entstehen. Sicherheitswidrig verhält sich, wer durch Nichtbeachten von Vorschriften und Sicherheitszeichen sich und seine Mitarbeiter sowie die Anlagen und Einrichtungen des Betriebes gefährdet.

Durch Unfallverhütung am Arbeitsplatz sollen Menschen und Einrichtungen vor Schaden bewahrt werden.

UK|BG
Unfallkassen und Berufsgenossenschaften
Deutsche Gesetzliche Unfallversicherung

Bild 1: Zeichen der gewerblichen Berufsgenossenschaften

3.1.1 Sicherheitszeichen

Zur Kennzeichnung eines Arbeitsbereiches benutzt man verschiedene Arten von Kennzeichen.

Gebotszeichen

Die kreisförmigen Gebotszeichen in den Farben Blau und Weiß zeigen die gebotenen Schutzmaßnahmen **(Bild 2)**. Sie schreiben bestimmte Verhaltensweisen zwingend vor. So muss z. B. beim Arbeiten am Schleifbock eine Schutzbrille getragen werden.

Verbotszeichen

Auch diese Zeichen sind rund und zeigen die verbotene Handlung als schwarzes Bild auf weißem Grund **(Bild 3)**. Man erkennt sie durch ihren roten Rand und den roten Querbalken.

Brennbare Flüssigkeiten und Gase sowie fein verteilte Stäube können mit der Luft explosible Gemische bilden. Räume, in denen solche Stoffe, wie z. B. Benzin, Acetylen oder Holzstaub, lagern oder verarbeitet werden, gelten als explosionsgefährdet. In ihnen muss ein Verbotszeichen angebracht werden, das Feuer, offenes Licht und Rauchen untersagt.

Warnzeichen

Die dreieckigen Warnzeichen mit nach oben zeigender Spitze sind in den Farben Gelb und Schwarz ausgeführt **(Bild 1, folgende Seite)**. An Stellen, wo z. B. giftige oder ätzende Stoffe gelagert sind, weist das entsprechende Warnzeichen darauf hin, dass diese Stoffe nur mit großer Vorsicht und den entsprechenden Sicherheitsmaßnahmen gehandhabt werden dürfen.

Rettungszeichen

Rettungszeichen sind quadratisch oder rechteckig in den Farben Grün und Weiß **(Bild 2, folgende Seite)**. Sie weisen z. B. auf Rettungswege hin oder kennzeichnen Stellen, an denen Verbandskästen oder Tragen für erste Hilfe bereitstehen.

Zur Erhöhung der Sicherheit am Arbeitsplatz werden Gebots-, Verbots-, Warn- und Rettungszeichen angebracht.

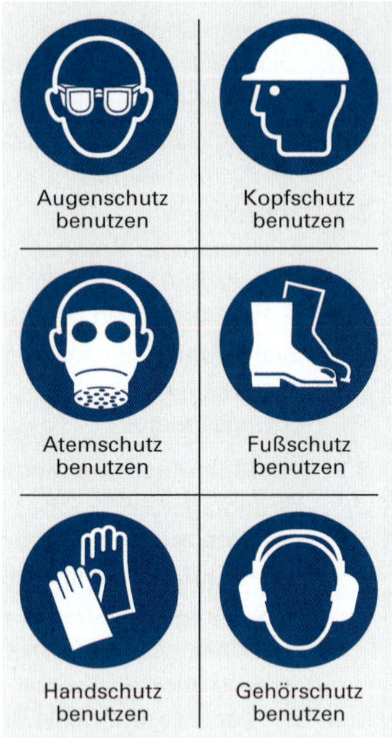

Bild 2: Gebotszeichen

Bild 3: Verbotszeichen

3.1.2 Unfallverhütung

Unfälle werden verursacht durch menschliches Versagen, wie Unkenntnis der Gefahr und Leichtsinn, sowie durch technisches Versagen.

Menschliches Versagen lässt sich trotz gründlicher Schulung und Sorgfalt nicht ganz ausschließen. Durch angebrachte Sicherheitseinrichtungen, z.B. durch Abschrankungen, sollen die Folgen jedoch in möglichst engen Grenzen gehalten werden.

Technisches Versagen kann z.B. durch Werkstoffermüdung oder nichtvorhersehbare Überlastung eintreten. Aber auch im Versagensfall, wenn z.B. an einer Maschine der Spanndruck der Spanneinrichtung abfällt, darf die Maschine nicht anlaufen bzw. muss sofort selbsttätig stillgesetzt werden.

3.1.3 Sicherheitsmaßnahmen

Unfälle müssen durch vorbeugende Sicherheitsmaßnahmen verhindert werden. Dazu gehören die Beseitigung der Unfallgefahren, die Abschirmung und Kennzeichnung von Gefahrstellen sowie die Verhinderung der Gefährdung:

- **Gefahren müssen beseitigt werden.**

  Mängel an Maschinen, Werkzeugen und Anlagen müssen sofort dem zuständigen Mitarbeiter gemeldet werden.

  Verkehrs- und Fluchtwege sind freizuhalten.

  Scharfe und spitzige Werkzeuge dürfen nicht in der Kleidung getragen werden.

  Schmuckstücke, Uhren und Ringe sind vor der Arbeit abzulegen.

- **Gefahrstellen müssen abgeschirmt und bezeichnet werden.**

  Schutzvorrichtungen, Hinweisschilder und Sicherheitseinrichtungen dürfen nicht entfernt werden.

  Zahnrad-, Riemen- und Kettenantriebe sowie ineinander greifende Bauteile sind abzudecken.

  Gefäße mit entzündlichen, explosiblen, ätzenden oder giftigen Stoffen müssen gekennzeichnet und sicher aufgestellt werden.

- **Gefährdung muss verhindert werden.**

  Gegen Funkenflug, Hitze, Lärm und Strahlung muss geeignete Schutzkleidung getragen werden.

  Durch Schutzbrillen, Schutzschilder, Schutzhauben und Schutzschirme werden Gefahren für Gesicht und Augen ausgeschlossen.

  Für elektrische Anlagen und Betriebsmittel gelten besondere Schutzmaßnahmen (Seite 504).

> Wenn es um die Sicherheit von Maschinen, Anlagen und Fertigungsprozessen, vor allem aber auch um Leben und Gesundheit der Mitarbeiter geht, muss jeder mitdenken, mitsorgen und mithelfen.

Wiederholung und Vertiefung

1 Welche Sicherheitszeichen unterscheidet man?
2 Wodurch werden Gefahren für Gesicht und Augen verhindert?
3 Wodurch können Unfälle verursacht werden?
4 Welche Schutzmaßnahmen gelten für elektrische Betriebsmittel?

Bild 1: Warnzeichen

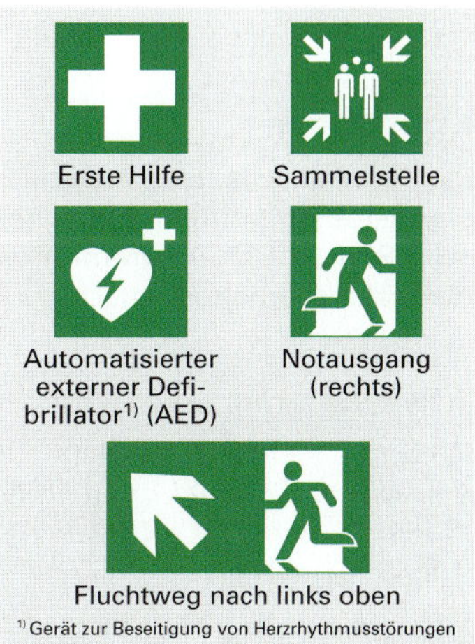

Bild 2: Rettungszeichen

3.2 Gliederung der Fertigungsverfahren

Die industriellen und handwerklichen Fertigungsverfahren können danach eingeteilt werden, ob bei einem Verfahren die Form des Werkstückes geschaffen, geändert oder beibehalten wird. Wird zudem berücksichtigt, ob der Zusammenhalt des Werkstoffes bei der Fertigung erst entsteht oder ob er beibehalten, verkleinert oder vergrößert wird, ergeben sich für die Fertigungsverfahren sechs Hauptgruppen **(Bild 1)**.

<table>
<tr><td colspan="6">Die Form der Werkstücke wird durch das Verfahren</td></tr>
<tr><td>geschaffen</td><td colspan="3">geändert</td><td colspan="2">beibehalten</td></tr>
<tr><td>Urformen
(Hauptgruppe 1)</td><td>Umformen
(Hauptgruppe 2)</td><td>Trennen
(Hauptgruppe 3)</td><td>Fügen
(Hauptgruppe 4)</td><td>Beschichten
(Hauptgruppe 5)</td><td>Änderung der Stoffeigenschaft
(Hauptgruppe 6)</td></tr>
<tr><td colspan="6">Der Zusammenhalt des Werkstoffes wird durch das Verfahren</td></tr>
<tr><td>geschaffen</td><td>beibehalten</td><td>verkleinert</td><td colspan="2">vergrößert</td><td>beibehalten
oder
verkleinert
oder
vergrößert</td></tr>
</table>

Bild 1: Hauptgruppen der Fertigungsverfahren

Fertigungsverfahren der einzelnen Hauptgruppen

Urformen

Das Werkstück wird aus formlosem Stoff geschaffen **(Bild 2)**. Der Zusammenhalt des Werkstoffes entsteht beim Ablauf des Fertigungsverfahrens.

Ausgangszustand	Verfahren (Beispiele)
• flüssig	Gießen
• plastisch, teigig	Extrudieren
• körnig, pulvrig	Sintern
• ionisiert	Galvanoplastik

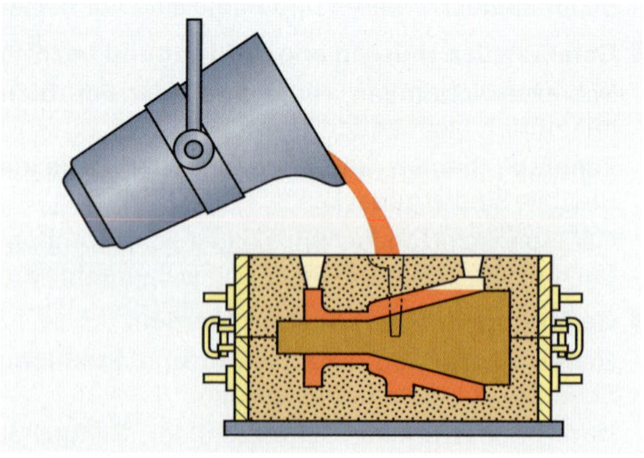

Bild 2: Urformen (Gießen)

Umformen

Die Form eines festen Werkstückes oder eines Vorproduktes wird durch plastisches Verformen geändert **(Bild 3)**. Der Zusammenhalt des Werkstoffes bleibt dabei erhalten.

Vorgang	Verfahren (Beispiele)
• Druckumformen	Walzen, Gesenkformen
• Zugdruckumformen	Tiefziehen
• Zugumformen	Längen, Weiten
• Biegeumformen	Abkanten, Gesenkbiegen
• Schubumformen	Winden einer Druckfeder

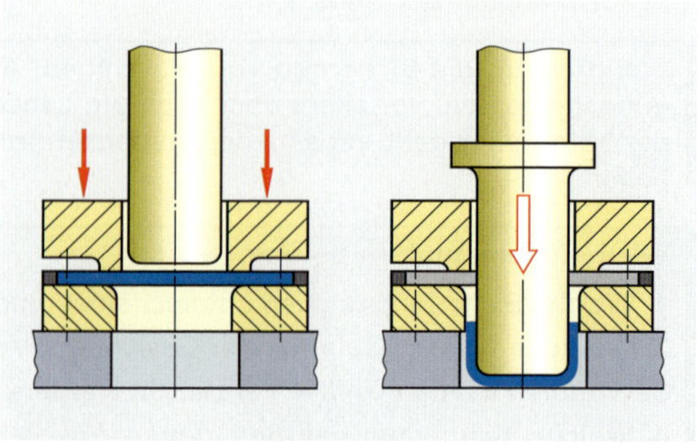

Bild 3: Umformen (Tiefziehen)

Trennen

Durch Trennen werden Werkstücke aus Rohteilen hergestellt **(Bild 1)**. Die Form wird dabei geändert und der Zusammenhang des Werkstoffes im Bereich der Bearbeitung aufgehoben.

Vorgang	Verfahren (Beispiele)
• Zerteilen	Scher-, Strahlschneiden
• Spanen	Fräsen, Schleifen
• Abtragen	Funkenerosion
• Zerlegen	Abschrauben

Bild 1: Trennen (Fräsen)

Fügen

Durch Fügen werden zwei oder mehr Teile lösbar oder unlösbar verbunden **(Bild 2)**.

Vorgang	Verfahren (Beispiele)
• Zusammensetzen	Verschrauben
• Einpressen	Wälzlagermontage
• Schweißen	Schutzgasschweißen
• Löten	Hart-, Weichlöten
• Kleben	mit Reaktionsklebern

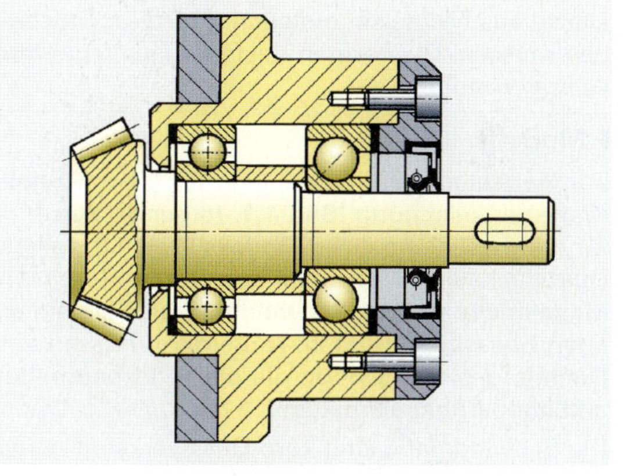

Bild 2: Fügen (Verschrauben)

Beschichten

Beim Beschichten wird formloser Stoff als festhaftende Schicht auf ein Werkstück aufgebracht **(Bild 3)**.

Stoffzustand	Verfahren (Beispiele)
• gas-, dampfförmig	Aufdampfen
• flüssig, pastös	Lackieren
• ionisiert	Galvanisieren
• fest, körnig	Thermisches Spritzen

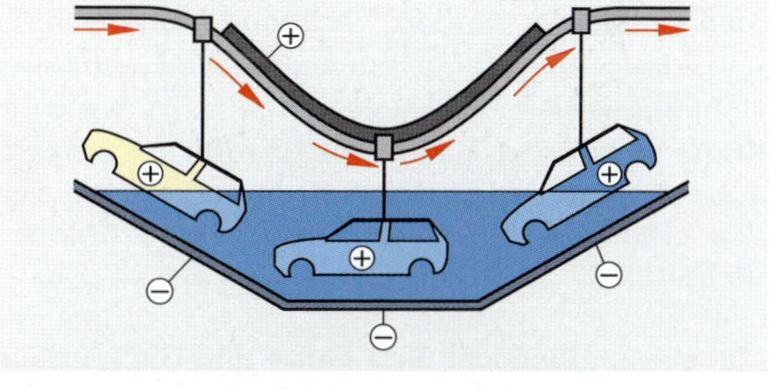

Bild 3: Beschichten (Elektrotauchlackieren)

Ändern der Stoffeigenschaft

Durch Umlagern, Aussondern oder Einbringen von Stoffteilchen werden die Eigenschaften eines Stoffes geändert **(Bild 4)**.

Vorgang	Verfahren (Beispiele)
• Umlagern	Härten, Anlassen
• Aussondern	Entkohlen
• Einbringen	Aufkohlen, Nitrieren

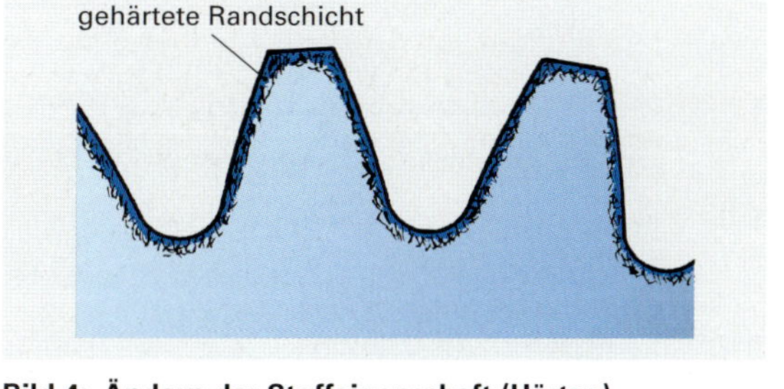

Bild 4: Ändern der Stoffeigenschaft (Härten)

Wiederholung und Vertiefung

1 Welche Hauptgruppen werden bei den Fertigungsverfahren unterschieden?

2 Beschreiben Sie je ein Verfahren einer Hauptgruppe.

3.3 Gießen

Werkstücke werden gegossen, wenn ihre Herstellung durch andere Verfahren unwirtschaftlich oder nicht möglich ist oder wenn besondere Eigenschaften des Gusswerkstoffs, wie z.B. gute Gleiteigenschaften, genutzt werden sollen **(Bild 1)**.

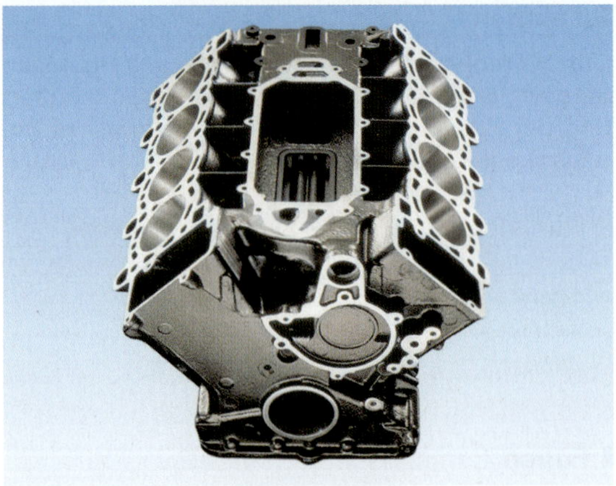

Bild 1: Zylinderkurbelgehäuse eines V8-Dieselmotors

3.3.1 Formen und Modelle

Formen

Zur Herstellung von Gussstücken werden verlorene Formen oder Dauerformen verwendet **(Tabelle 2)**.

Verlorene Formen werden beim Entformen der Gussstücke zerstört. Sie bestehen meist aus Quarzsand und einem Bindemittel.

Dauerformen werden verwendet, wenn Gussstücke aus Nichteisenmetallen in großer Stückzahl hergestellt werden müssen. Die Formen bestehen aus legiertem Stahl oder Eisen-Gusswerkstoffen.

Modelle

Zur Herstellung verlorener Formen sind **Modelle** erforderlich. Die Werkstückzeichnung **(Bild 1.1, folgende Seite)** dient als Grundlage für die Herstellung eines Modells **(Bild 1.2, folgende Seite)**. Weil die Gussstücke beim Abkühlen schrumpfen („schwinden"), müssen die Modellmaße um das Schwindmaß größer sein als die Maße der fertigen Gussstücke **(Bild 2)**. Außerdem müssen am Modell diejenigen Flächen des Gussstücks, die spanend bearbeitet werden, eine Bearbeitungszugabe erhalten.

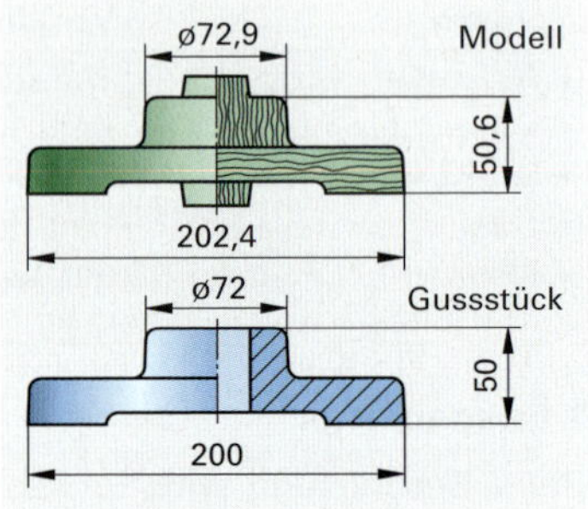

Bild 2: Modellmaße für ein Gussstück aus einer Al-Legierung

Die Schwindmaße sind vom Gusswerkstoff abhängig und betragen, bezogen auf die Modellmaße, bis 2% **(Tabelle 1)**.

Bei den Modellen unterscheidet man **Dauermodelle** und **verlorene Modelle**. Dauermodelle können wiederholt zur Herstellung von Formen verwendet werden. Verlorene Modelle verbleiben in der Form und werden beim Eingießen des flüssigen Metalls zerstört (Seite 101).

Hohlräume oder Hinterschneidungen in Gussstücken werden durch **Kerne** ausgespart. Sandkerne werden in Kernkästen hergestellt **(Bild 1.3, folgende Seite)**. Durch **Kernmarken,** die sich am Modell befinden, erhält man in der Form die Kernlager **(Bilder 1.2** und **1.7, folgende Seite)**.

Tabelle 1: Schwindmaße

Gusswerkstoff	Schwindmaß in %
Gusseisen (EN-GJL)	1,0
Stahlguss	2,0
Al- und Mg-Legierungen	1,2

Tabelle 2: Übersicht über Form- und Gießverfahren

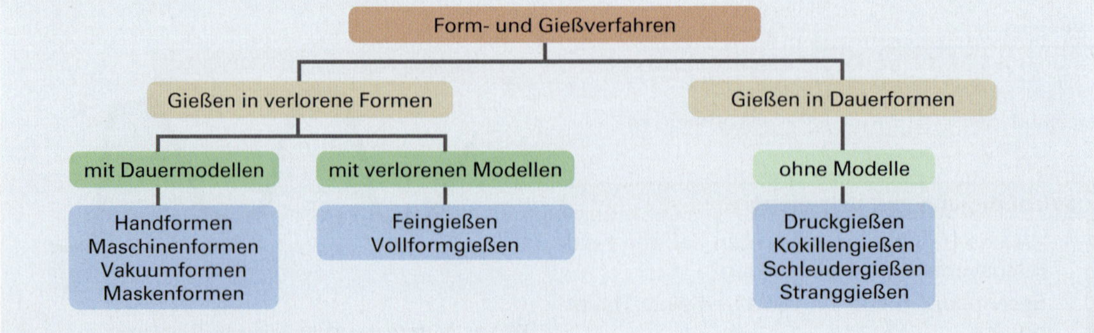

3.3.2 Gießen in verlorene Formen

3.3.2.1 Formverfahren mit Dauermodellen

Zu den Formverfahren mit Dauermodellen gehören das Hand- und Maschinenformen, das Vakuumformen und das Maskenformen.

Hand- und Maschinenformen

Zum Einformen der Modelle verwendet man zwei- oder mehrteilige Formkästen **(Bild 1)**. Bei großen Gussstücken und bei Gussstücken, die nur in geringer Stückzahl benötigt werden, werden die Gießformen durch **Handformen** hergestellt.

Zum Einformen eines zweiteiligen Modells wird eine Modellhälfte in den **Unterkasten** gelegt. Der eingefüllte Formstoff wird von Hand verdichtet **(Bild 1.5)**. Auf den gewendeten Unterkasten wird der Oberkasten gesetzt, dessen Lage Führungsstifte sichern. Danach wird die andere Modellhälfte eingelegt und eingeformt **(Bild 1.6)**. Nach dem Abheben des Oberkastens vom Unterkasten werden **Lauf** und **Anschnitt** eingeschnitten. Anschließend werden die Modellhälften ausgehoben und der **Kern** eingelegt. Wegen der Auftriebskraft beim Gießen werden Ober- und Unterkasten miteinander verklammert oder durch Gewichte beschwert **(Bild 1.7)**.

Die Form wird durch den **Einguss** gefüllt. Dabei entweicht die Luft über die **Speiser**. Mit flüssigem Metall aus den Speisern wird die Flüssigkeitsschwindung in der Form ausgeglichen. Dadurch werden Schwindungshohlräume (Lunker) vermieden.

Anwendungsbeispiele: Gießen von Turbinenrädern für Wasserkraftwerke und Palettentischen für Bearbeitungszentren.

Beim **Maschinenformen** sind die Arbeitsgänge der Formherstellung dieselben wie beim Handformen, jedoch übernehmen hier Maschinen z. B. das Verdichten des Formstoffs und das Entnehmen des Modells. Bei vollautomatisierten Gießanlagen werden darüber hinaus die gefertigten Formen abgegossen und die Gussstücke nach dem Erstarren entformt. Dadurch werden die Herstellzeiten verkürzt. Maschinenformen ist erst bei mittleren Stückzahlen wirtschaftlich.

> Maschinengeformte Gussstücke sind maßgenauer als handgeformte und besitzen eine bessere Oberfläche.

Anwendungsbeispiel: Gießen von Kurbelwellen für Personenkraftwagen.

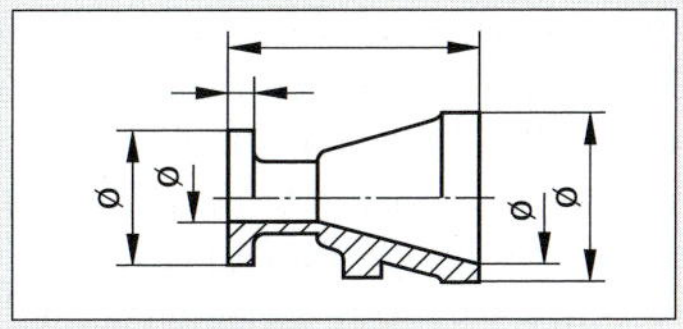

1.1 Werkstückzeichnung

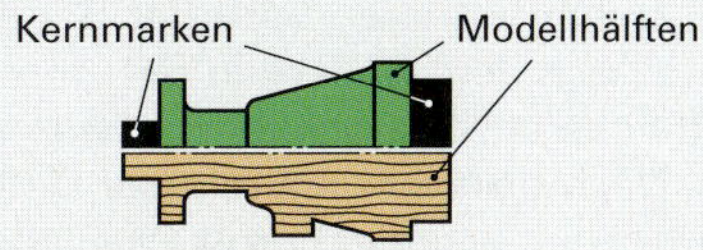

1.2 Modell (zweiteilig)

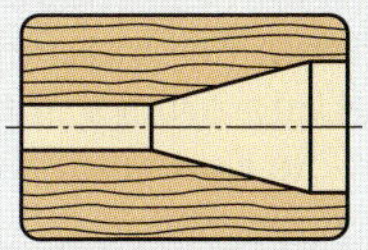

1.3 Kernkasten (zweiteilig)

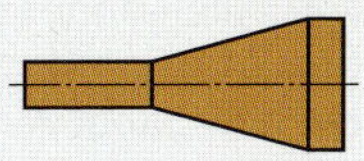

1.4 Ausgeformter Kern

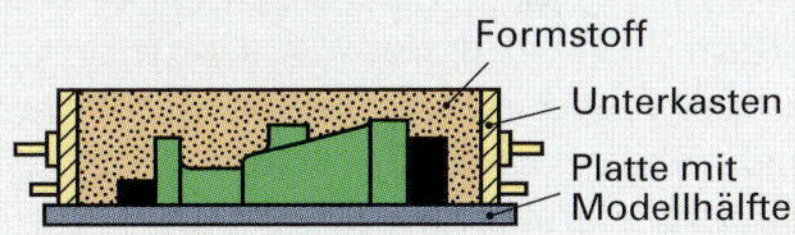

1.5 Eingeformtes Modellunterteil

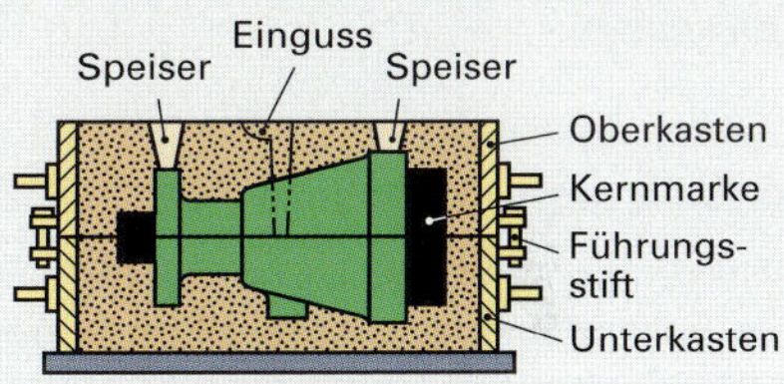

1.6 Eingeformtes Modelloberteil

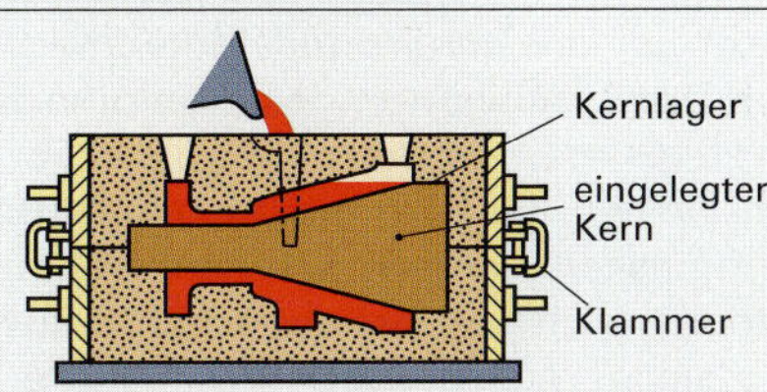

1.7 Abgießen

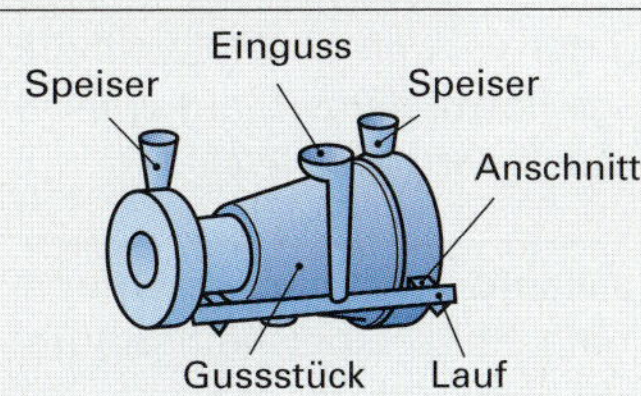

1.8 Ausgeformtes Gussstück

Bild 1: Herstellung eines Gussstücks mit Dauermodell

Vakuumformen

Zum Vakuumformen wird binderfreier Sand verwendet. Die Modellhälften besitzen kleine Bohrungen, welche mit dem Hohlraum des Vakuumkastens verbunden sind **(Bild 1.1)**. Eine Kunststoff-Folie wird auf die Modellhälfte gelegt und durch Wärmestrahlung formbar gemacht. Sie schmiegt sich durch Unterdruck an die Modelloberfläche an **(Bild 1.1)**. Durch Vibrieren wird der Sand vorverdichtet und nach dem Abdecken mit einer zweiten Kunststoff-Folie durch Unterdruck fertigverdichtet **(Bild 1.2)**. Nach dem Abschalten des Unterdrucks im Vakuumkasten wird der Formkasten abgehoben **(Bild 1.3)**.

Nach der Herstellung der zweiten Formhälfte werden beide miteinander verklammert und unter Beibehaltung des Formkasten-Unterdrucks abgegossen **(Bild 1.4)**. Dabei vergast die Kunststoff-Folie.

> Beim Vakuumformen wird der Formhohlraum durch Unterdruck aufrechterhalten.

Nach dem Erstarren des Gussstücks wird der Unterdruck aufgehoben. Dadurch fällt das Gussstück aus dem Formkasten **(Bild 1.5)**. Der Formstoff kann wiederverwendet werden.

Anwendungsbeispiele: Gießen von Tischen für Werkzeugmaschinen und Seitenständern für Druckmaschinen.

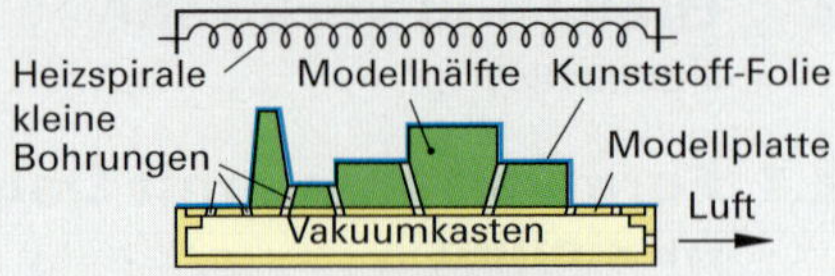

1.1 Vakuumkasten mit Modellplatte und am Boden anliegender Kunststoff-Folie

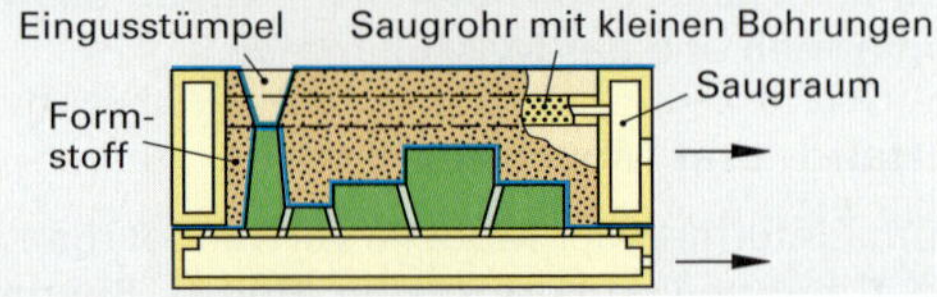

1.2 Gefüllter Formkasten mit zweiter Kunststoff-Folie

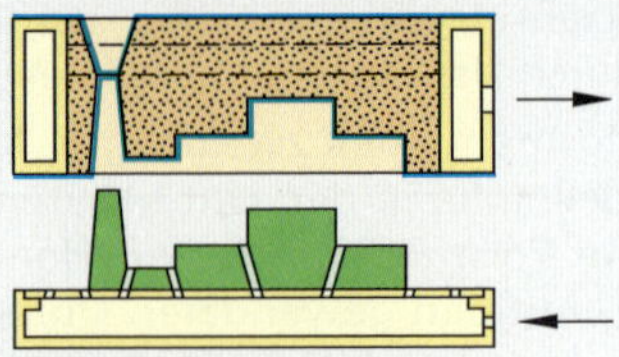

1.3 Abgehobener Formoberkasten

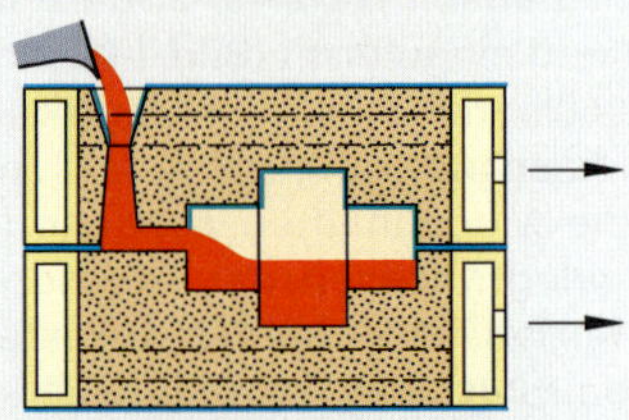

1.4 Zusammengesetzte Formkastenhälften

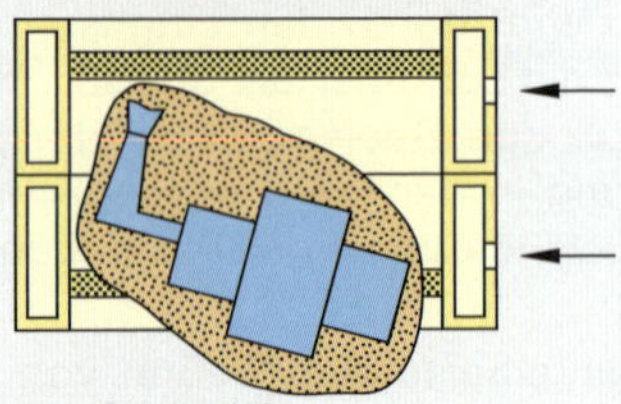

1.5 Ausgeformtes Gussstück

Bild 1: Vakuumformen

Maskenformen

Beim Maskenformen werden nur wenige Millimeter dicke Formmasken und Hohlkerne aus einem Phenolharz-Quarzsand-Gemisch verwendet.

Zur Herstellung von Masken und Kernen wird der Formstoff auf die erwärmten Modellhälften geschüttet. Durch Aushärten des Phenolharzes entsteht in 20 bis 40 Sekunden eine 8 bis 12 mm dicke Schicht, welche die Formmaske bildet **(Bild 2.1)**. Die Formmasken werden nach dem Abheben aus der Modelleinrichtung bei etwa 550 °C ausgehärtet. In gleicher Weise werden die Kerne hergestellt.

Die miteinander verklebten Maskenhälften bilden die gießfertige Form, die z. B. auf einer Sandunterlage abgegossen wird **(Bild 2.2)**.

> Durch Maskenformen hergestellte Gussstücke besitzen eine hohe Oberflächengüte und sind maßgenau.

Anwendungsbeispiele: Gießen von Turbinenrädern für Abgasturbolader und Zylinderköpfen für Kfz-Motoren.

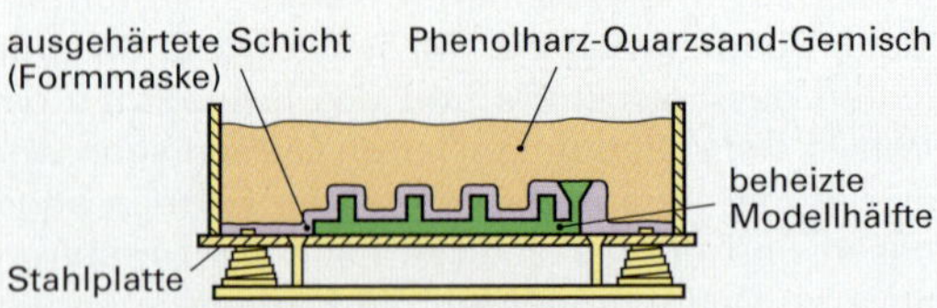

2.1 Herstellung einer Formmaske

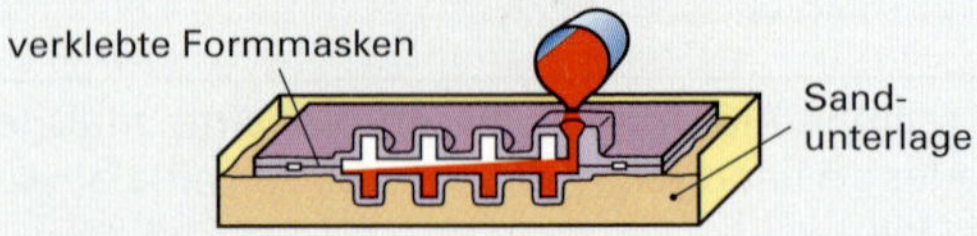

2.2 Abgießen

Bild 2: Maskenformen

3.3.2.2 Formverfahren mit verlorenen Modellen

Zu diesen Verfahren gehören das Feingießen und das Vollformgießen.

Feingießen (Modellausschmelzverfahren)

Beim Feingießen wird das Modell aus einem niedrigschmelzenden Werkstoff, wie z. B. Wachs oder Kunststoff, hergestellt **(Bild 1.1)**. Mehrere Modelle werden zusammen mit Einguss- und Anschnittelementen zu einer Modelltraube zusammengesetzt **(Bild 1.2)**. Durch mehrmaliges Tauchen in eine keramische, breiige Masse und durch Bestreuen mit keramischem Pulver **(Bilder 1.3 bis 1.5)** erhält die Traube einen feinkeramischen, hochtemperaturbeständigen Überzug, der anschließend getrocknet wird. Dieser Überzug bildet später die Gießform.

Durch Ausschmelzen wird der Modellwerkstoff entfernt **(Bild 1.6)**. Um der Form die für das Gießen notwendige Festigkeit zu geben, wird sie bei etwa 1000 °C gebrannt. Dabei verbrennen gleichzeitig zurückgebliebene Reste des Modellwerkstoffs. Die so erzeugten Formen werden in noch heißem Zustand ausgegossen **(Bild 1.7)**.

Wegen der hohen Formtemperaturen können durch Feingießen komplizierte und großflächige Gussstücke aus legierten Stählen mit sehr geringen Wanddicken und kleinen Querschnitten hergestellt werden. Die Gussstücke besitzen eine hohe Oberflächengüte und sind maßgenau.

Nach dem Erstarren des Gusswerkstoffs wird der Keramiküberzug entfernt. Anschließend werden die einzelnen Gussstücke vom Eingusssystem abgetrennt **(Bild 1.8)**.

Anwendungsbeispiele: Gießen von Gasturbinenschaufeln und Turbinenlaufrädern für Turbolader.

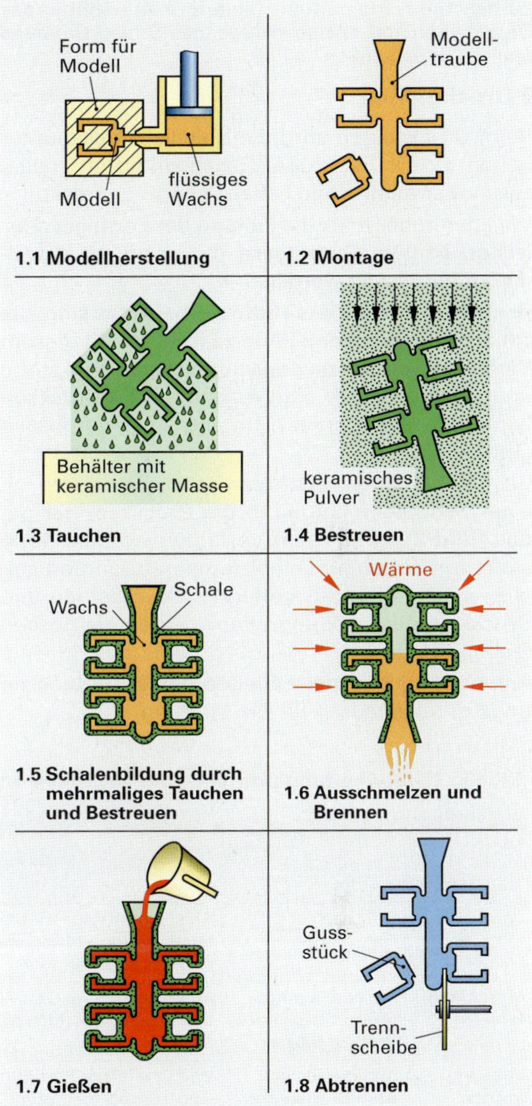

Bild 1: **Feingießen**

Vollformgießen

Beim Vollformgießen wird ein Modell aus Kunststoff-Hartschaum hergestellt und mit Formsand eingeformt **(Bild 2)**. Das Modell bleibt nach dem Einformen in der Form und verbrennt bzw. vergast durch die Hitzeeinwirkung beim Gießen.

Die Fertigungszeiten und die Kosten für Schaumstoffmodelle sind geringer als die für Holzmodelle.

Das Vollformgießen eignet sich besonders für die Herstellung von Einzelstücken und Prototypen.

Anwendungsbeispiele: Gießen des Maschinenbetts für Werkzeugmaschinen und der Planscheiben für große Karusselldrehmaschinen.

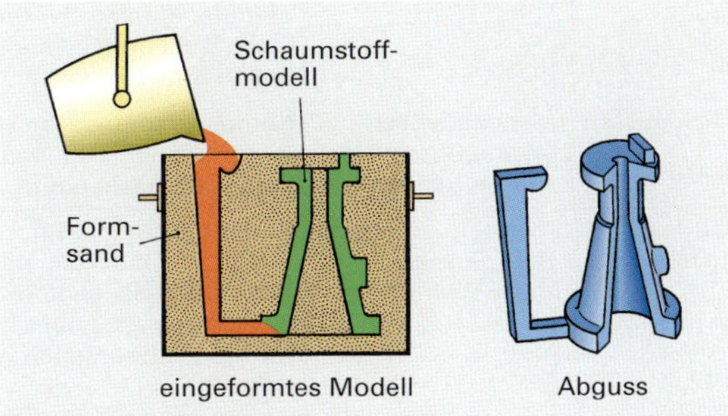

Bild 2: **Vollformgießen**

3.3.3 Gießen in Dauerformen

Zu den Gießverfahren mit Dauerformen gehören das Druckgießen, das Kokillengießen, das Schleudergießen und das Stranggießen.

Druckgießen

Beim Druckgießen wird die Metallschmelze unter hohem Druck und großer Geschwindigkeit in eine zwei- oder mehrteilige beheizte Form gepresst.

Weil der hohe Druck die Füllung der Form gewährleistet, können Gussstücke mit geringen Wanddicken hergestellt werden.

Beim **Warmkammerverfahren** befindet sich die Druckkammer in der Schmelze **(Bild 1).** Mit diesem Verfahren werden niedrigschmelzende Werkstoffe und solche, welche die Werkstoffe von Druckkolben und Druckkammer nicht angreifen, vergossen **(Tabelle 1).**

Beim **Kaltkammerverfahren** wird die Schmelze mit einer Schöpfeinrichtung in die Druckkammer gefüllt **(Bild 2).** Mit diesem Verfahren werden Werkstoffe mit höheren Schmelztemperaturen und solche, welche die Werkstoffe von Druckkolben und Druckkammer stark angreifen würden, vergossen (Tabelle 1).

Anwendungsbeispiele: Gießen von Motorblöcken und Kurbelgehäusen für Kfz-Motoren.

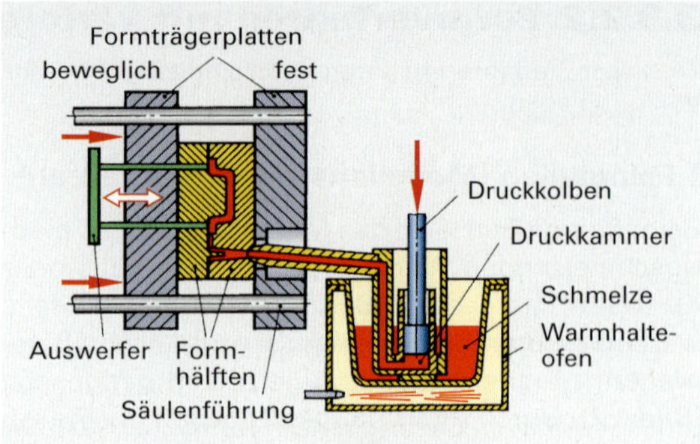

Bild 1: Warmkammer-Druckgießen

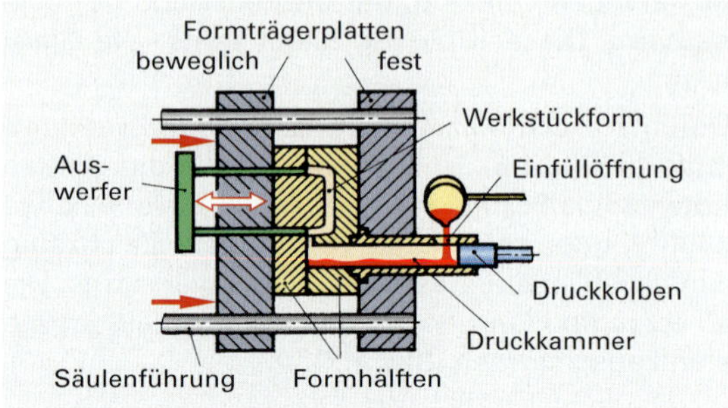

Bild 2: Kaltkammer-Druckgießen

Tabelle 1: Anwendung und Vor- und Nachteile wichtiger Form- und Gießverfahren

Verfahren	Bevorzugte Anwendung	Vor- und Nachteile	Vorwiegend angewendet für die Gusswerkstoffe	Erreichbare relative Maßgenauigkeit[1] in mm/mm	Erreichbare Rauheit in µm
Handformen	Sehr große Gussstücke	Alle Gussstückgrößen herstellbar; teuer, geringe Maßgenauigkeit und Oberflächengüte	EN-GJL, EN-GJS, GS, GT, EN AC, G-Cu	0,00…0,10	40…320
Maschinenformen	Kleine bis mittelgroße Gussstücke; mittlere Serien	Maßgenau, gute Oberflächengüte; begrenzte Gussstückgröße	EN-GJL, EN-GJS, GS, GT, EN AC	0,00…0,06	20…160
Vakuumformen	Mittlere bis größere Gussstücke; Einzelabgüsse und Serien	Wirtschaftliche Fertigung größerer Gussstücke, maßgenau, gute Oberflächengüte; hohe Investitionskosten	EN-GJL, EN-GJS, GS, EN AC, G-Cu	0,00…0,08	40…160
Maskenformen	Kleine Gussstücke; große Serien	Maßgenau, gute Oberflächengüte, geringer Formstoffverbrauch; teure Metallmodelleinrichtung, hohe Formstoffkosten	EN-GJL, GS, EN AC, G-Cu	0,00…0,06	20…160
Feingießen	Ausschließlich kleine Gussstücke; große Serien	Komplizierte Gussstücke mit geringen Wanddicken, maßgenau, hohe Oberflächengüte	GS, EN AC	0,00…0,04	10…80
Druckgießen	Kleinere bis mittlere Gussstücke; große Serien	Komplizierte Gussstücke mit geringen Wanddicken, maßgenau, hohe Oberflächengüte; feinkörniges Gefüge mit hoher Festigkeit; nur bei großen Serien wirtschaftlich	Warmkammerverfahren: G-Zn, G-Pb, G-Sn, G-Mg Kaltkammerverfahren: G-Cu, EN AC	0,00…0,04	10…40

[1] Als relative Maßgenauigkeit bezeichnet man das Verhältnis von größtem Abmaß zum Nennmaß.

3.3.4 Gusswerkstoffe

Gusswerkstoffe müssen außer den Forderungen, die an das gegossene Werkstück gestellt werden, wie z. B. Festigkeit und Dämpfungsfähigkeit, weitere Eigenschaften aufweisen. So müssen Gusswerkstoffe wirtschaftlich schmelzbar, als Schmelze dünnflüssig und nach dem Gießen gut bearbeitbar sein.

3.3.5 Gussfehler

Beim Einformen, Gießen und Erstarren können Fehler auftreten.

Fehler beim Einformen

Schülpen. Schülpen sind raue, warzenartige Erhöhungen der Gussstückoberfläche. Sie entstehen, wenn z. B. Restfeuchtigkeit des Formstoffes verdampft. Das Kondensieren der Feuchtigkeit in dahinter liegenden Sandschichten führt zur Erweichung der Formwand. Dadurch können Teile der Formwand ausbrechen **(Bild 1.1)**. Die ausgebrochenen Teile führen zudem zu Sandeinschlüssen im Gussstück.

Versetzter Guss. Versetzter Guss entsteht, wenn beim Gießen die ausgeformten Hohlräume von Ober- und Unterkasten, z. B. wegen schlechter Formkastenführung, gegeneinander verschoben sind **(Bild 1.2)**.

Fehler beim Gießen und Erstarren

Schlackeneinschlüsse. Schlackeneinschlüsse bewirken flache, glatte Oberflächenvertiefungen am Gussstück. Sie werden verursacht durch unzureichendes Entschlacken der Schmelze und durch ein falsches Eingusssystem.

Gashohlräume (Gasblasen). Gashohlräume entstehen, wenn Gase im erstarrenden Metall nicht mehr entweichen können. Durch Einhalten der richtigen Gießtemperatur können Gasblasen weitgehend vermieden werden.

Lunker. Lunker sind Schwindungshohlräume, die beim Abkühlen und Erstarren dann entstehen, wenn vom Speiser durch das Erstarren des dazwischen liegenden Werkstoffs kein flüssiges Metall nachfließen kann **(Bild 1.3)**.

Seigerungen. Seigerungen sind Entmischungen einer Schmelze. Sie entstehen z. B. durch stark unterschiedliche Dichten von Legierungselementen. Durch Seigerungen ergeben sich unterschiedliche Werkstoffeigenschaften innerhalb eines Gussstücks.

Gussspannungen. Durch unterschiedliche Wanddicken und scharfkantige Übergänge sowie durch Konstruktionen, welche die Schwindung behindern, ergeben sich im Gussstück Spannungen. Sie zeigen sich äußerlich durch ein Verziehen des Gussstücks, oft auch durch Rissbildung **(Bild 1.4)**.

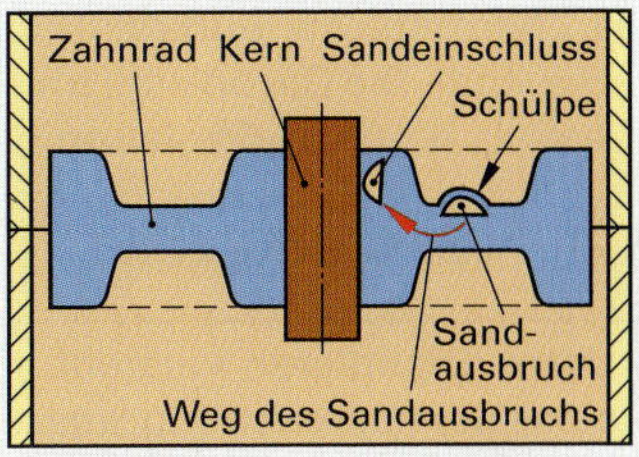

1.1 Schülpen

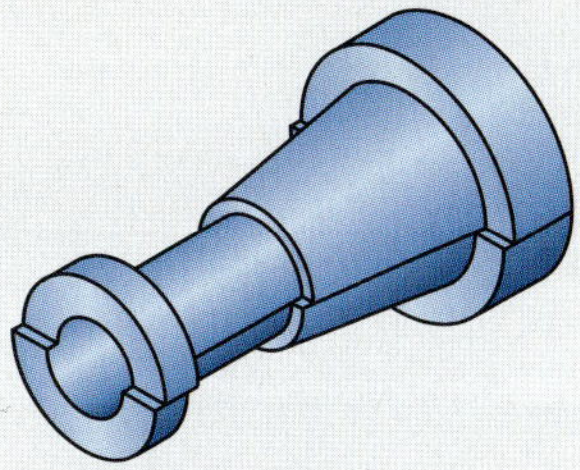

1.2 Versetzter Guss

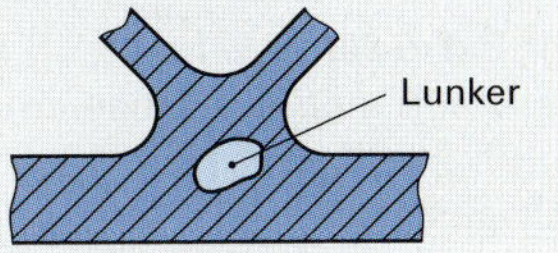

1.3 Lunker

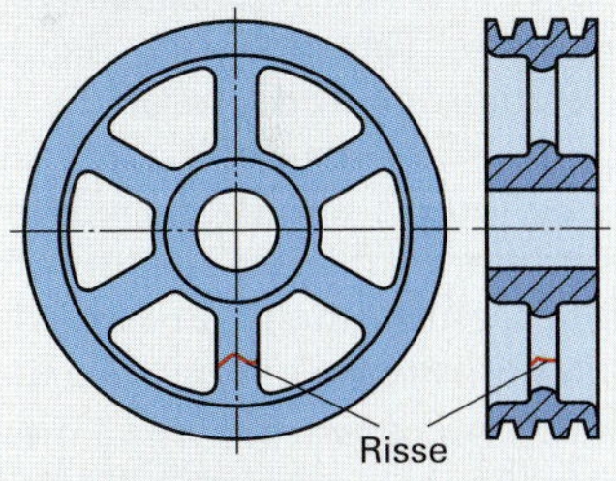

1.4 Rissbildung durch Gussspannungen

Bild 1: Gussfehler

Wiederholung und Vertiefung

1 Aus welchen Gründen werden Werkstücke durch Gießen hergestellt?
2 Warum sind die Modellmaße größer als die Maße des herzustellenden Gussstücks?
3 Wozu benötigt man beim Gießen Kerne?
4 Wodurch unterscheiden sich maschinengeformte Gussstücke von handgeformten?
5 Wie werden die Formen für das Vakuumformen hergestellt?
6 Welches Gießverfahren eignet sich zur Herstellung dünnwandiger Werkstücke aus NE-Metallen bei großen Stückzahlen?
7 Wie werden die Gussstücke durch Feingießen hergestellt?
8 Welche Fehler können beim Einformen, Gießen und Erstarren von Gussstücken auftreten?

3.4 Formgebung der Kunststoffe

Die thermoplastischen und elastomeren Kunststoffe werden vom Kunststoffhersteller als mittelfeines Granulat (etwa erbsendicke Körner oder Streifen) und die Duroplaste als Pulver oder als Flüssigkeiten bzw. Pasten angeliefert. Beim Kunststoffverarbeiter werden diese Ausgangsstoffe durch verschiedene Verfahren zu **Halbzeugen** (Rohre, Stangen, Profile) oder zu **Formteilen** verarbeitet.

Die Thermoplaste und die thermoplastischen Elastomere werden durch Extrudieren und Spritzgießen verarbeitet. Die Duroplaste und die nicht-thermoplastischen Elastomere werden durch Formpressen oder ebenfalls durch Spritzgießen geformt.

3.4.1 Extrudieren

Unter Extrudieren versteht man die kontinuierliche Herstellung eines endlosen Kunststoffstrangs mit einer Schneckenstrangpresse, dem Extruder **(Bild 1)**.

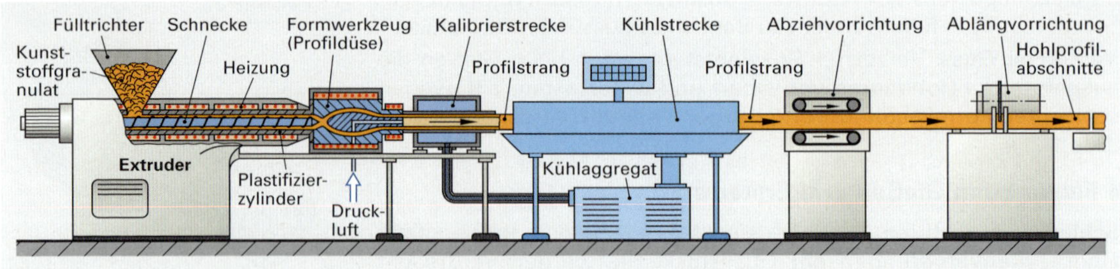

Bild 1: Extrusionsanlage zur Fertigung von Hohlprofilen

Der **Extruder** ist eine stetig arbeitende, beheizte Schneckenstrangpresse mit einem vorgesetzten Formwerkzeug, der Profildüse. Im Extruder erfolgt die Aufbereitung des Ausgangs-Kunststoffgranulats in eine formbare Masse. Herzstück des Extruders ist eine Dreizonenschnecke **(Bild 2)**. In der Einzugszone der Schnecke wird das Granulat eingetragen, verdichtet und die Erwärmung beginnt. In der Kompressionszone wird weiter erwärmt, verdichtet, entgast und geknetet. In der Meteringzone wird weiter geknetet und homogenisiert. Durch die ansteigende Temperatur entsteht eine zähfließende Kunststoffschmelze. Die drehende Schnecke erzeugt einen Arbeitsdruck und presst die plastifizierte Kunststoffmasse fortlaufend nach vorne durch die Profildüse, wo sie als Strang austritt. Die Austrittsöffnung der Profildüse bestimmt das Profil des austretenden Stranges. Er wird durch eine Kalibrier- und Kühlstrecke geführt, wo er erstarrt.

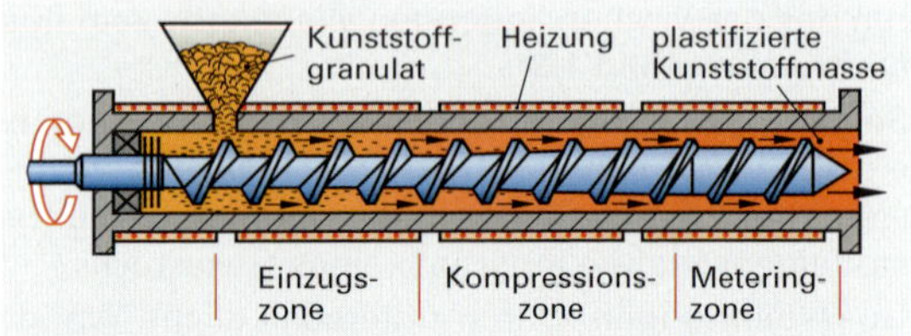

Bild 2: Dreizonenschnecke im Plastifizierzylinder

Durch Auswechseln des Formwerkzeugs (Profildüse) können unterschiedliche Halbzeuge gefertigt werden. Typische Extrudererzeugnisse sind Profile, Rohre, Stäbe, Platten, Bänder.

Kunststoffbahnen und Dickfolien (0,5 bis 3 mm) werden durch **Kalandrieren,** d. h. Warmauswalzen eines extrudierten Flachbandes, hergestellt.

Dünne Kunststofffolien (10 µm bis 30 µm) werden nach zwei Verfahren hergestellt:

Beim **Folienextrudieren** wird aus einer engen Breitschlitzdüse ein dünnes Kunststoffband extrudiert, das warm breit ausgewalzt und nach dem Abkühlen auf die Enddicke kalt gestreckt wird.

Beim **Blasextrudieren** wird die Kunststoffmasse durch eine Ringdüse zu einem dünnen Schlauch extrudiert, der durch Aufblasen zur Folie gereckt wird **(Bild 3)**.

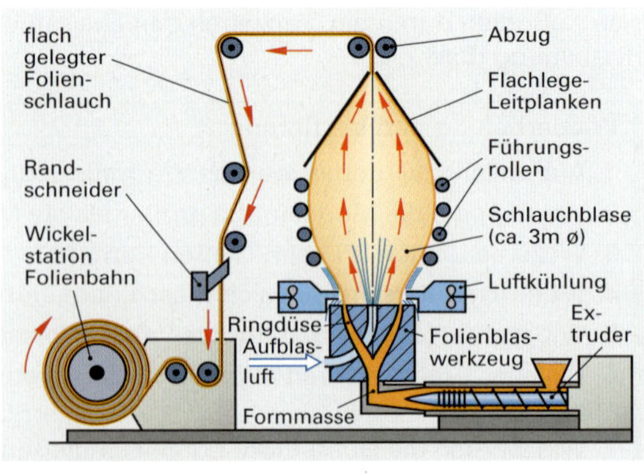

Bild 3: Folienherstellung durch Blasextrudieren

Extrusionsblasen

Hohlkörper, wie Tanks, Fässer und Kanister, werden in einem mehrschrittigen Arbeitsvorgang durch Extrusionsblasen gefertigt **(Bild 1).**

Ein noch warmes und damit plastisch formbares Kunststoff-Schlauchstück, das in einem Extruder aufbereitet wurde, wird in ein Hohlformwerkzeug geführt ①. Nach Schließen der Hohlform bläst Druckluft das Schlauchstück auf und presst es an die gekühlte Hohlformwand. Dort erstarrt es und nimmt deren Form an ②. Dann öffnet das Hohlformwerkzeug und stößt das fertige Bauteil aus ③. Danach schließt das Werkzeug und es beginnt ein neuer Fertigungszyklus.

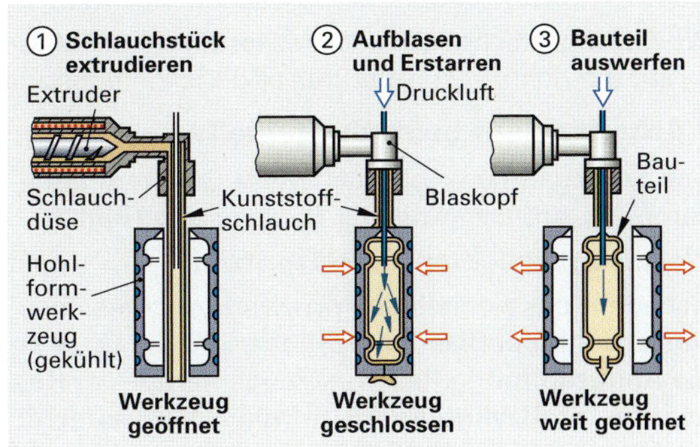

Bild 1: Extrusionsblasen von Hohlkörpern

3.4.2 Spritzgießen

Beim Spritzgießen werden durch Einspritzen einer formbaren Kunststoffmasse in ein Hohlform-Werkzeug in einem taktweisen Fertigungsverfahren kompliziert gebaute Formteile gefertigt.

Spritzgießmaschine

Die Spritzgießmaschine besitzt auf einem gemeinsamen Maschinenbett eine Antriebseinheit, eine Plastifizier- und Spritzeinheit sowie eine Öffnungs- und Schließeinheit mit zweiteiligem Formwerkzeug **(Bild 2).**

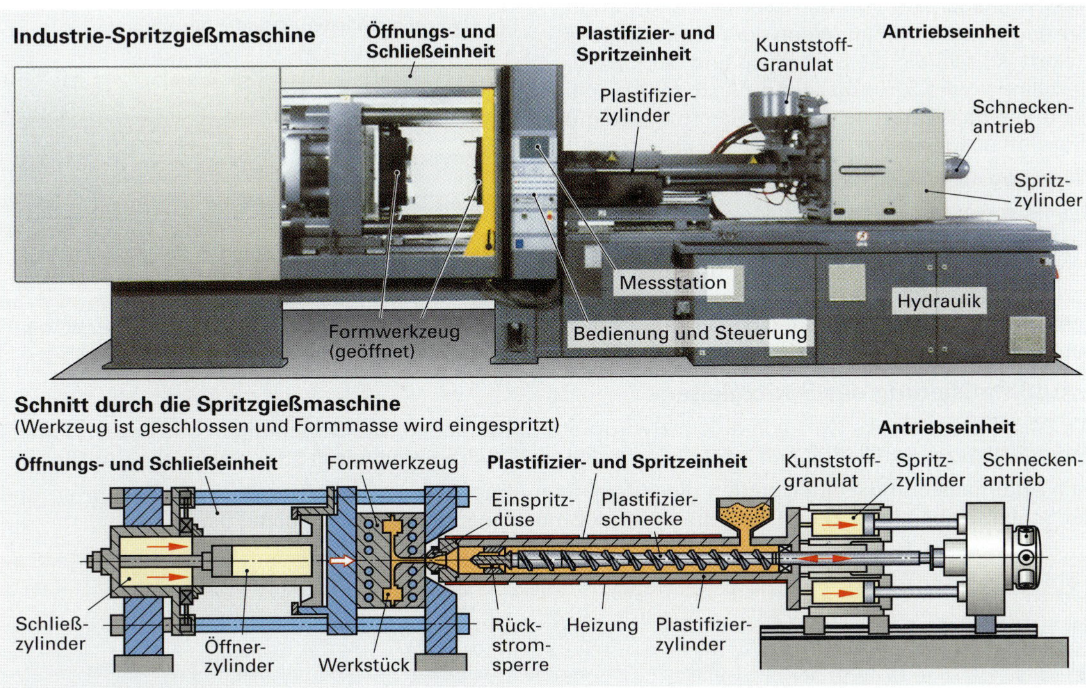

Bild 2: Spritzgießmaschine

Die **Plastifiziereinheit** besteht aus einem Plastifizierzylinder mit Schnecke und den Spritzzylindern. Die Schnecke ist ähnlich wie bei einem Extruder gebaut. Sie hat zusätzlich eine Rückstromsperre, der Plastifizierzylinder besitzt eine verschließbare Einspritzdüse.

Die **Öffnungs- und Schließeinheit** hat einen Schließzylinder und einen Öffnerzylinder. Der Schließzylinder schließt das zweiteilige Werkzeug und hält es in der Einspritzphase gegen den Spritzdruck geschlossen. Der Öffnungszylinder öffnet die Werkzeughälften nach dem Abkühlen, sodass das Formteil von einem Auswerfer oder durch Druckluft aus dem Werkzeug gestoßen werden kann.

Die Plastifizierschnecke arbeitet kontinuierlich. Sie fördert, knetet, erwärmt und plastifiziert die Formmasse auf die richtige Temperatur und Viskosität, sodass fließfähige Masse zum Spritzgießen bereitsteht.

Arbeitsablauf beim Spritzgießen

Das Spritzgießen erfolgt taktweise in einem abgestimmten Arbeitszyklus der Baugruppen **(Bild 1)**.

Werkzeug schließen und einspritzen

Nachdem das zweiteilige Formwerkzeug geschlossen ist, fährt der Plastifizierzylinder mit der Düse an die Angussöffnung des Werkzeugs heran. Der Kolben des Stoßzylinders drückt die Schnecke nach vorn und presst die fließfähige Kunststoffmasse über den Angusskanal in den Werkzeughohlraum ①. Er hat die Fertigteilform. Die drehende Schnecke steigert den Spritzdruck und drückt weitere Masse zum Ausgleich der Abkühlungsschwindung nach. Der maximale Spritzdruck beträgt ca. 2000 bar. Die Luft im Werkzeughohlraum entweicht an den Werkzeugtrennflächen.

Kühlen und Formteil auswerfen

Beim Spritzgießen von Thermoplasten sind die beiden Werkzeughälften gekühlt. Die Formmasse erstarrt ausgehend von den Wänden und nimmt ihre endgültige Form an. Wenn der Formteilanguss erstarrt ist, schließt die Spritzdüse und der Plastifizierzylinder wird zurückgezogen. Nach der Abkühlzeit öffnet das Werkzeug und das Formteil wird mit Druckluft ausgeworfen ②.

Werkzeug schließen, Zylinder heranfahren

Das Formwerkzeug wird geschlossen. Die drehende Schnecke plastifiziert in der Zwischenzeit im Plastifizierzylinder Formmasse und baut den erforderlichen Spritzdruck auf. Er drängt die Schnecke zurück und sammelt (dosiert) im Schneckenvorraum die Formmasseportion, die im Spritzhub in das Formwerkzeug gespritzt wird. Ist der Spritzdruck erreicht, dann fährt die Spritzeinheit an das Werkzeug heran ③ und ein neuer Fertigungszyklus beginnt ①.

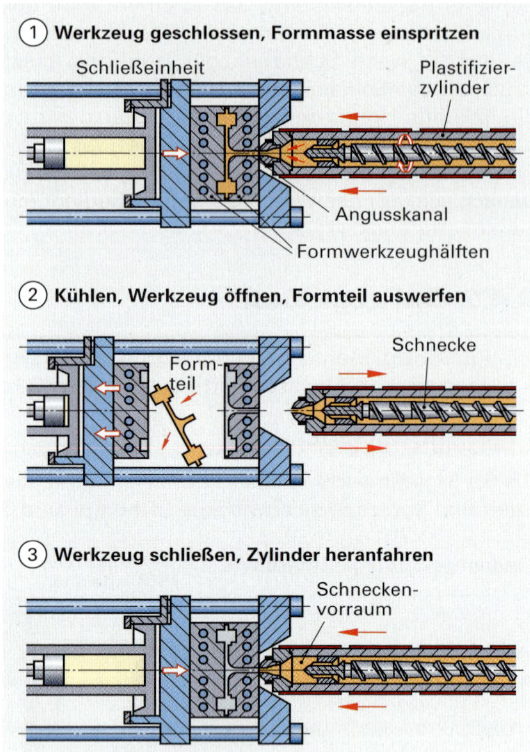

Bild 1: Arbeitsablauf beim Spritzgießen

Automatisierung des Spritzgießens

Die Plastifizierschnecke wird von einem Hydromotor angetrieben. Die Bewegungen des Spritzzylinders und der Werkzeugschließeinheit erfolgen entweder mit Hydraulikzylindern oder elektrischen Antrieben.

Eine Automatisierungseinheit steuert die aufeinander abgestimmten Arbeitsabläufe der Plastifizier- und der Schließeinheit **(Bild 2)** und lässt die Spritzgießmaschine weitgehend selbsttätig arbeiten.

	Plastifizierschnecke							
Plastizifiereinheit	Fördern →	Homogenisieren →	Plastifizieren →	Dosieren	Spritzzylinder vor →	Einspritzen →	Nachdrücken →	Spritzzylinder zurück
Schließeinheit	→ Werkzeug kühlen →	Werkzeug öffnen →	Formteil auswerfen →	Werkzeug schließen	→ Werkzeug kühlen →			

Bild 2: Synchrone Arbeitsabläufe in der Plastifizier- und Schließeinheit

Die Vorteile des Spritzgießens sind:

- Die Formgebung erfolgt in einem Arbeitsgang vom Rohstoff direkt zum Fertigteil.
- Die Spritzgussteile müssen nicht oder nur geringfügig nachgearbeitet werden.
- Das Verfahren ist vollautomatisierbar und besitzt eine hohe Reproduzierbarkeit der Formteile.

Prozessparameter beim Spritzgießen

Nur bei optimal auf die Kunststoffsorte, die Spritzgießmaschine sowie die Spritzteilform und -größe abgestimmten Einstellwerten erhält man fehlerfreie Spritzgussteile. Die Prozessparameter werden an vielen Stellen der Spritzgießmaschine gemessen und auf die erforderlichen Werte geregelt (**Bild 2**, Seite 105).

Die wichtigsten Prozessparameter sind die Schmelze- und Werkzeugtemperatur sowie der Einspritzdruck.

Schmelzetemperatur. Mit der Schmelzetemperatur wird die Fließfähigkeit der Formmasse eingestellt. Sie liegt je nach Kunststoffsorte zwischen 200 °C bis 250 °C z. B. bei thermoplastischem Polyurethan und bei 260 °C bis 300 °C bei Polyamiden und Polycarbonaten. Eine zu niedrige Schmelzetemperatur führt zur unvollständigen Werkzeugfüllung, eine zu hohe Schmelzetemperatur bewirkt eine Schädigung der Formmasse.

Werkzeugtemperatur. Sie bestimmt das Abkühlverhalten der Formmasse und die Erstarrung im Formteil. Eine niedrige Kühltemperatur führt zu einer stärkeren Ausrichtung der Kunststoffmakromoleküle im Formteil **(Bild 1)**. Dies hat Auswirkungen auf seine mechanischen Eigenschaften. Die Werkzeugtemperatur liegt normalerweise zwischen 80 °C und 120 °C. Bei diesen Temperaturen ist das Formteil beim Auswerfen flexibel (biegsam), aber formtreu.

Einspritzdruck und Nachdruck. Der Einspritzdruck muss so bemessen sein, dass sich mit dem vorliegenden Spritzdüsendurchmesser und der über die Schmelzetemperatur eingestellten Fließfähigkeit der Schmelze eine Einspritzgeschwindigkeit ergibt, die eine gleichmäßige Fließfront der Schmelze im Werkzeug bewirkt. Sie führt zur vollständigen und nahtlosen Füllung des Werkzeughohlraums. Dazu muss der Werkzeuginnendruck in der Einspritzphase zuerst langsam und dann in der Kompressionsphase schnell ansteigen **(Bild 2)**. Der Nachdruck dient zum Ausgleich der Schwindung während des Abkühlens und wird so lange aufrechterhalten, bis der Anguss erstarrt ist.

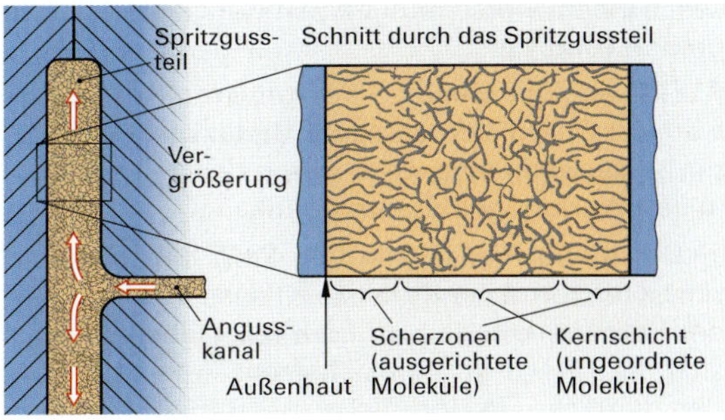

Bild 1: Gefüge in einem Spritzgussteil

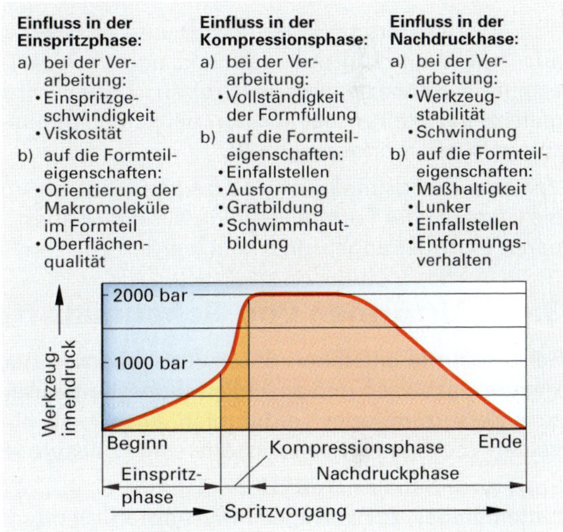

Bild 2: Werkzeuginnendruck und beeinflusste Größen beim Spritzgießvorgang

Spritzgießen von Duroplasten und Elastomeren

Die Duroplaste und Elastomere erhalten ihre feste Form durch Reaktionshärten (Vernetzen) in der Wärme. Dies bedingt veränderte Prozessparameter, Maschinenabmessungen und Einstellungen beim Spritzgießen dieser Kunststoffe. Die Schmelzetemperatur im Plastifizierzylinder beträgt 80 °C bis 120 °C, da hier noch keine Vernetzung erfolgen darf. Die Werkzeugtemperatur liegt hingegen bei 160 °C bis 200 °C, sodass im Werkzeug die Vernetzung und Erstarrung eintritt. Auch faserverstärkte Duroplastmassen können spritzgegossen werden.

Beim Spritzgießen von Elastomeren und elastischen Integralschäumen (Seite 109) setzt man z. B. eine Maschine mit Schneckenvorplastifizierung und getrennter Kolbeneinspritzung ein **(Bild 3)**.

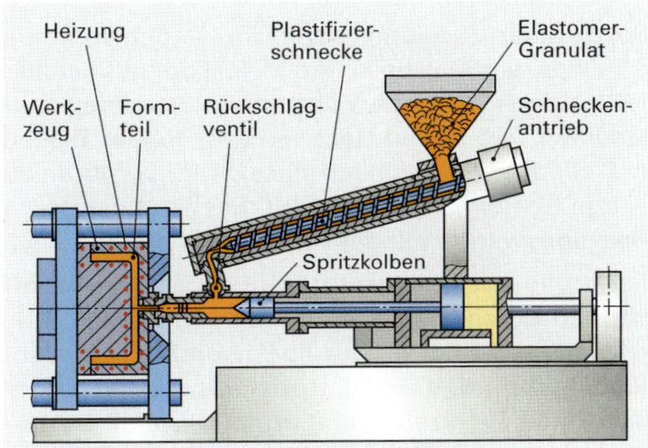

Bild 3: Spritzgießmaschine für Elastomere

3.4.3 Formpressen

Das Formpressen dient zur Fertigung von Formteilen aus Duroplasten, die mit Füllstoffen oder mit Kurzfasern verstärkt sind, sowie von aushärtbaren Elastomeren. Es wird auf vollautomatisierten Pressen in einem vierschrittigen Fertigungsgang durchgeführt **(Bild 1)**.

① Eine abgemessene Portion unvernetzter, vorgewärmter Duroplastmasse, der Härter und Katalysator beigegeben sind, wird durch den Füllschieber in den Werkzeughohlraum gefüllt.

② Der obere Pressenstempel fährt herunter und presst die formbare Kunststoffmasse im Hohlraum des Formwerkzeugs zum Formteil. Dabei erwärmt sich die Masse an den beheizten Werkzeugwänden, wird flüssig und fließt zusammen. In dieser Position wird das Formteil gehalten, bis es ausgehärtet ist.

③ und ④ Das fertige Formteil wird vom Auswerfer aus dem Werkzeug hochgedrückt und vom Füllschieber seitwärts weggeschoben. Dabei wird gleichzeitig Formmasse für den nächsten Arbeitszyklus in das Werkzeug gefüllt.

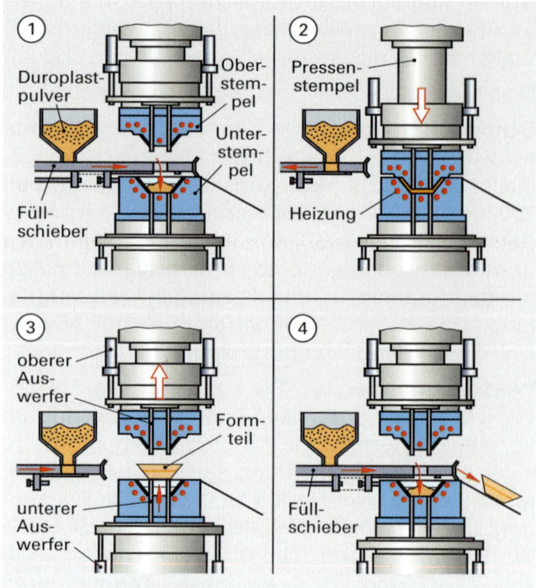

Bild 1: Arbeitsgänge beim Formpressen

Verbesserte Formteilqualität erzielt man durch Vorwärmen der Duroplastmasse in einem Extruder. Da die Härtezeit der Formteile einige Minuten dauert, sind bis zu acht Formpressen im Kreis um einen drehbaren Extruder angeordnet und werden von ihm nacheinander mit vorbereiteter Formmasse befüllt.

3.4.4 Urformen von Schaumstoffen

Schaumstoffe entstehen durch Aufschäumen geeigneter Kunststoffe im flüssigen Zustand mit vielen kleinen Gasblasen und anschließendem Aushärten dieser Struktur. Die Gasblasen werden durch chemische Zersetzung oder Verdampfen eines Treibmittels gebildet, das dem Kunststoff beigemischt ist. Die beiden wichtigsten Schaumstoffe sind Polystyrol-Schaumstoff und Polyurethan-Schaumstoff.

Polystyrol-Schaumstoff (Handelsname Styropor) wird in zwei Schritten hergestellt. Zuerst wird treibmittelhaltiges, feinkörniges Polystyrol mit heißem Wasserdampf erwärmt. Dabei verdampft das Treibmittel im Kunststoff und schäumt die rund 1 mm großen Kunststoffkörnchen zu Erbsengröße auf. Dieses Schaumstoff-Granulat wird zwischengelagert. Zur Formgebung wird eine Schaumstoff-Granulatportion kurz mit Wasserdampf erwärmt. Dadurch schäumen die Granulatteilchen weiter auf. Sie werden sofort in ein gekühltes Formwerkzeug gefüllt (Bild 1) und dort leicht verdichtet. Die Schaumstoff-Granulatteilchen kleben zusammen und erstarren zum Schaumstoff-Bauteil.

Polyurethan-Schaumstoffblöcke werden kontinuierlich gefertigt **(Bild 2)**. Die flüssigen Polyurethan-Vorprodukte werden von einem Mischkopf mit Schlitzdüse als dünne Lage auf eine stetig fortlaufende Trennfolie aufgebracht. Die Vorprodukte reagieren miteinander und setzen Gase in Form kleiner Blasen frei. Sie treiben das noch flüssige Polyurethan zu einem Schaumstoffkörper auf. Er härtet durch die Reaktionswärme auf der Ablaufbahn aus.

Formteile aus **Polyurethan-Integralschaumstoff** werden durch Spritzgießen der gemischten Vorprodukte in ein gekühltes Formwerkzeug gefertigt **(Bild 3, vorherige Seite)**. Durch das rasche Abkühlen an der Werkzeugwand erhalten sie eine kompakte Außenschicht, während der Kern des Formteils geschäumt ist (**Bild 5**, nächste Seite).

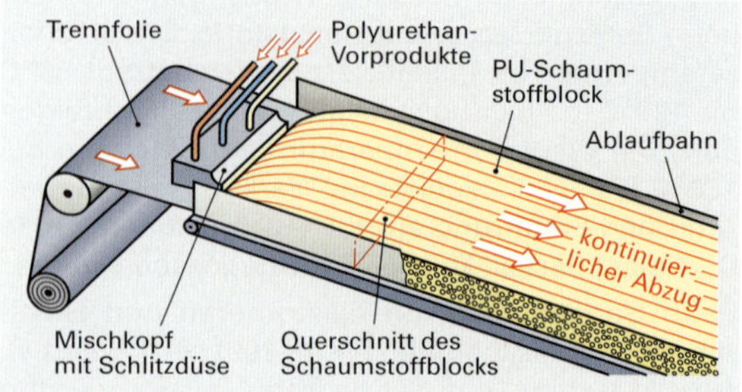

Bild 2: Schäumen von Polyurethanblöcken

3.4.5 Weiterverarbeitung der Halbzeuge und Fertigteile aus Kunststoffen

Warmumformen von Thermoplast-Halbzeugen

Die Warmumform-Verfahren dienen zur Herstellung großformatiger Bauteile aus thermoplastischen Kunststoffen. Ausgangsprodukte sind Tafeln, Hartfolien, Stangen und Rohre. Sie werden an den umzuformenden Stellen erwärmt und anschließend auf Umformeinrichtungen gebogen, abgekantet oder in Werkzeugen geformt.

Beim **Vakuumtiefziehen** z. B. wird eine gleichmäßig erwärmte Tafel von Vakuum in den Werkzeughohlraum gesaugt und erstarrt an der gekühlten Werkzeugwand zum Formteil **(Bild 1)**. Größere Bauteile mit dicken Wandungen, wie z. B. Bootskörper oder Gartenteiche, werden zusätzlich mit einem Stempel und Druckluft in die Form gepresst.

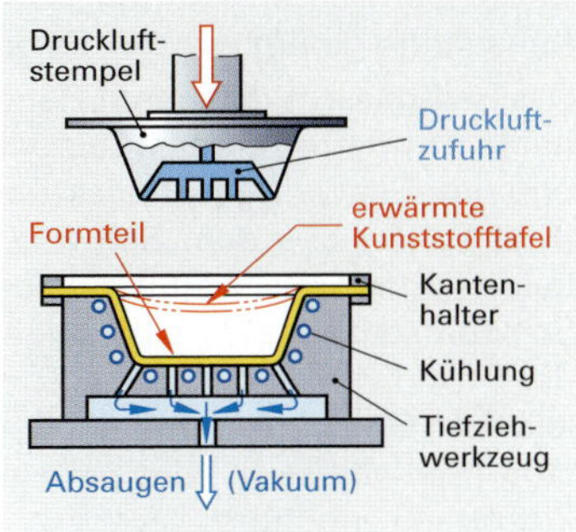

Bild 1: Vakuumtiefziehen einer Badewanne

Trennen und spanende Bearbeitung

Dünne Kunststofftafeln können geschnitten und gelocht werden. Dickere Stücke trennt man durch Sägen. Bauteile aus Kunststoff können durch Feilen und Schaben von Hand nachgearbeitet werden.

Für die **maschinelle spanende Bearbeitung** eignen sich nur harte Kunststoffe. Sie können gebohrt, gedreht, gesägt und gefräst werden. Beim Spanen der Kunststoffe muss berücksichtigt werden, dass sie eine wesentlich geringere Wärmeleitfähigkeit als Metalle besitzen. Deshalb wird die beim Spanen entstehende Wärme schlecht abgeleitet. Geeignete Werkzeuge und Bearbeitungsrichtwerte sind zu verwenden (siehe Tabellenbuch).

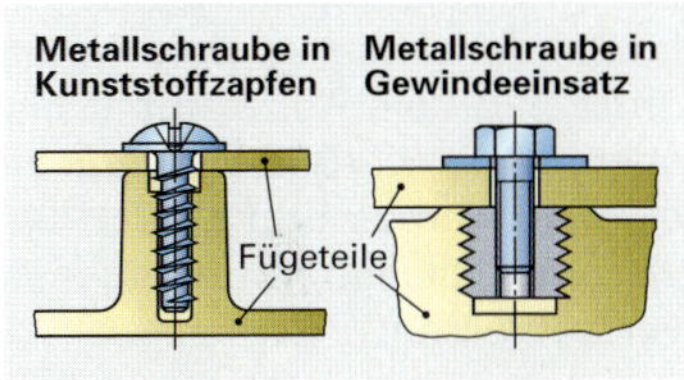

Bild 2: Schraubverbindungen

Verbinden von Bauteilen

Thermoplaste können durch Schrauben, Schnappverbindungen sowie durch Eingießen, Kleben und Schweißen verbunden werden. Bei Duroplasten sind alle Verfahren außer Schweißen möglich.

Schraubverbindungen. Die übliche Schraubverbindung besteht aus einer Metallschraube, die sich ihr Gewinde im Kernloch eines Kunststoffzapfens selbst formt **(Bild 2)**. Höher belastete Schraubverbindungen haben einen Gewindeeinsatz aus Metall im Kunststoffbauteil.

Schnappverbindungen. Sie werden zum Fixieren von Gehäuseteilen, Radkappen, Stecksystemen, Zahnradsätzen und Achsen eingesetzt **(Bild 3)**. Je nach Ausbildung des Schnapphakens bzw. des Schnappwulstes sind die Verbindungen lösbar oder unlösbar (Seite 239).

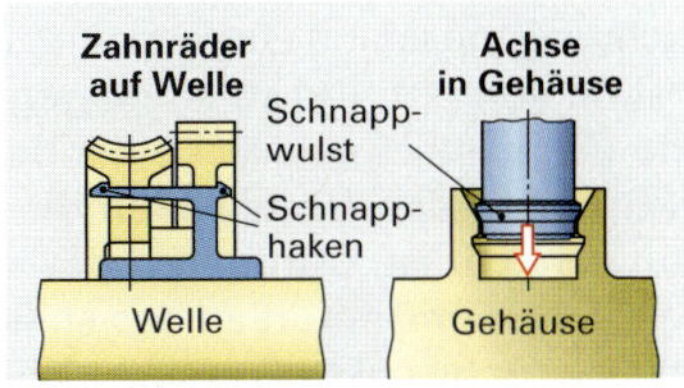

Bild 3: Schnappverbindungen

Eingießen. Festsitzende Metallteile in Kunststoffgehäusen von Kleingeräten, z. B. Lagerschalen oder Achsen, werden eingegossen **(Bild 4)**. Die Metallteile werden vor dem Spitzgießen in das Formwerkzeug eingesteckt. Der eingespritzte Kunststoff umfließt das Einlegeteil und bettet es unlösbar ein.

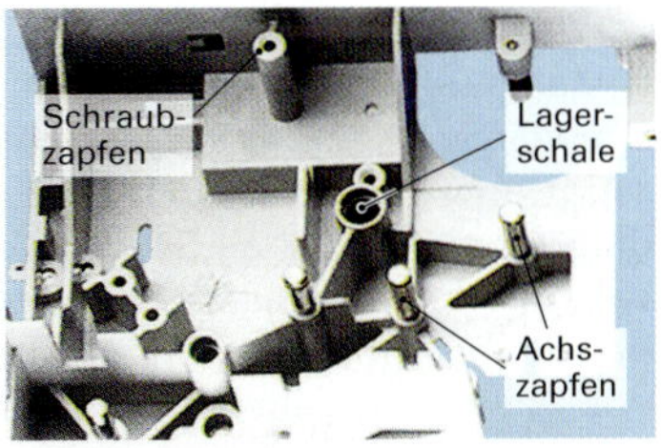

Bild 4: Gerätechassis mit eingegossenen Achsen und Lagern

Kleben

Viele Kunststoffe können durch Kleben fest verbunden werden. Die Klebestellen müssen vorbehandelt, der geeignete Klebstoff verwendet und die Klebeteile klebegerecht geformt sein.

Anlösbare Kunststoffe, wie PVC, Acrylglas, Polystyrol und die Polycarbonate, werden mit einem Lösungsmittelkleber an der Klebefläche angelöst und dann zusammengepresst. Die Klebenaht erreicht die Festigkeit des Grundwerkstoffs.

Nicht anlösbare Kunststoffe, wie die Polyurethane und die Duroplaste, lassen sich durch Reaktionskleber verkleben **(Bild 5)**.

Nicht verklebbar sind Polyethylen (PE), Polypropylen (PP), Tetrafluorethylen (PTFE) und die Silikone.

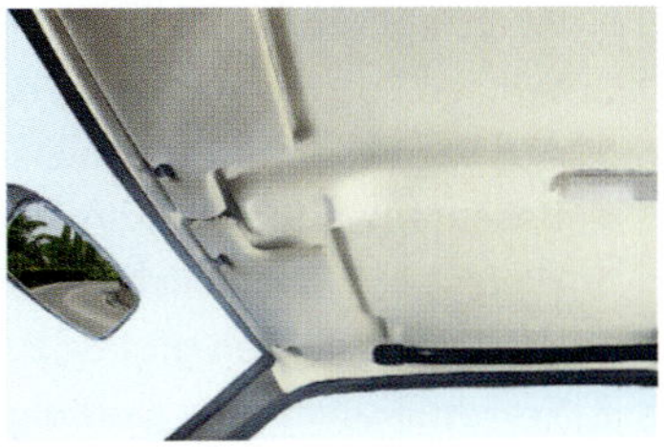

Bild 5: Verklebter Autohimmel aus PUR-Integralschaum

Schweißen von Kunststoffen

Durch Schweißen können nur thermoplastische Kunststoffe gefügt werden. Es gibt viele Verfahren.

Das **Heißgasschweißen** mit Hand erfolgt mit einem heißen Luftstrom, der in einem Gebläse erzeugt und im Schweißgerät elektrisch erwärmt wird **(Bild 1)**. Der aus dem Schweißgerät austretende heiße Luftstrom erwärmt die Fügeflächen und den Schweißstab bis zum zähfüssigen Zustand, sodass der Grundwerkstoff und der Zusatzwerkstoff unter leichtem Druck zusammenfließen. Der Zusatzwerkstoff (Schweißstab) wird per Hand oder mit einer Zuführung zugeführt.

Dicke Kunststoff-Schweißnähte werden mit einem **Hand-Schweißextruder** ausgeführt.

Beim **Heizelementschweißen** werden die zu verbindenden Teile an den Fügeflächen durch Andrücken an ein Heizelement bis zum teigigen Zustand erwärmt **(Bild 2)**. Dann zieht man das Heizelement heraus und presst die Teile mit den erwärmten Flächen sofort gegeneinander, sodass sie verschweißen.

Durch **Reibschweißen** verbindet man zwei rotationssymmetrische Teile wie Stangen und Rohre **(Bild 3)**. Dazu werden die beiden Teile in eine Reibschweißmaschine eingespannt. Ein Teil wird in Rotation versetzt und so lange gegen das stillstehende Gegenstück gedrückt, bis durch die Reibungswärme an den Fügeflächen die Schweißtemperatur erreicht ist. Dann wird das rotierende Teil abgebremst und sofort an das stillstehende gedrückt, bis der Schweißstoß erstarrt ist.

Das **Ultraschallschweißen** eignet sich für das Fügen dünnwandiger Teile, z. B. für Kfz-Innenraumverkleidungen und für Folien. Die Schweißanlage besteht aus einem Hochfrequenzgenerator und der Schweißpresse **(Bild 4)**. Der Schallerzeugerkopf erzeugt energiereiche, nicht hörbare Schallwellen, die von einem Schall-Schweißkopf auf die Fügeteile übertragen werden. Sie erwärmen den Fügebereich bis zum teigigen Zustand, sodass die Teile unter einem aufgegebenen Pressdruck zusammenschweißen.

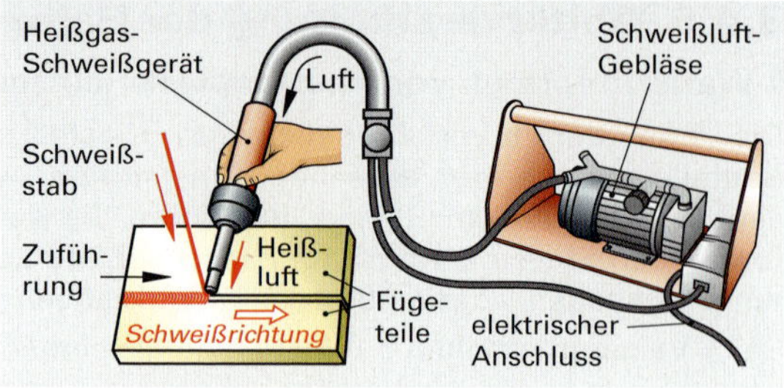

Bild 1: Heißgasschweißen mit Hand

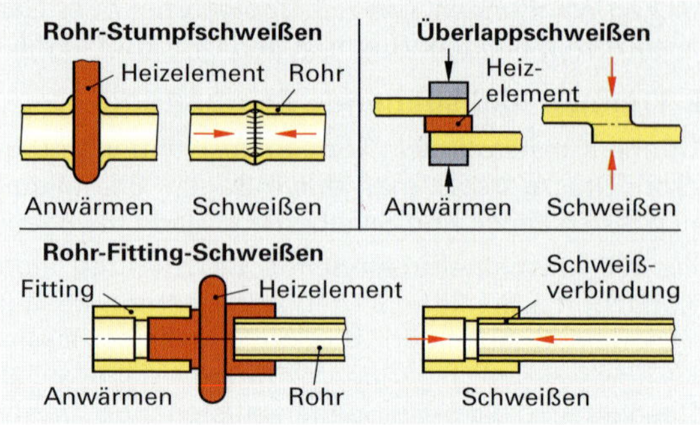

Bild 2: Heizelement-Schweißverfahren

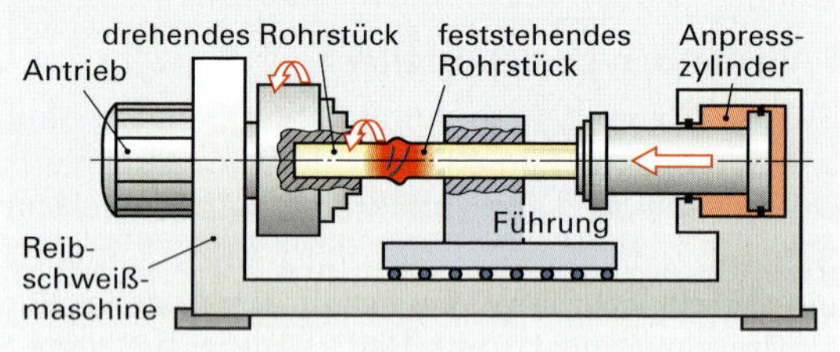

Bild 3: Reibschweißen

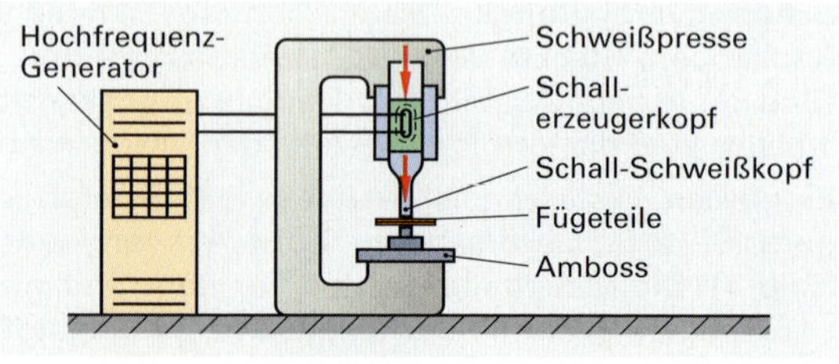

Bild 4: Ultraschallschweißen

Wiederholung und Vertiefung

1 Welche Formgebungsverfahren gibt es für Thermoplaste bzw. für Duroplaste und Elastomere?

2 Welche Formteile werden durch Extrudieren hergestellt?

3 Aus welchen Maschinen-Baugruppen besteht eine Spritzgießmaschine?

4 Beschreiben Sie einen Arbeitszyklus einer Spritzgießmaschine.

5 Welches sind die wichtigsten Prozessparameter beim Spritzgießen?

6 Welche Verfahren gibt es zur Fertigung von Bauteilen aus Schaumstoff?

7 Welche Kunststoffe sind nicht klebbar?

8 Zwei PE-Kunststoffrohre sollen durch Schweißen zu einem langen Rohr gefügt werden. Welche Schweißverfahren sind dazu geeignet?

3.5 Umformen

Bei allen Umformverfahren werden Werkstücke durch plastisches Verformen (Seite 336) eines Ausgangsteiles hergestellt. Viele Werkstückformen können durch Umformen kostengünstiger als mit anderen Fertigungsverfahren hergestellt werden **(Bild 1).** Außerdem werden meist die mechanischen Eigenschaften, wie z. B. die Dauerfestigkeit, gegenüber dem Ausgangszustand verbessert.

Vorteile des Umformens sind:

- nicht unterbrochener Faserverlauf
- verbesserte Festigkeit
- auch schwierige Formen herstellbar
- gute Maß- und Formgenauigkeit
- kein Werkstoffverlust
- kostengünstig bei hohen Stückzahlen

3.5.1 Verhalten der Werkstoffe beim Umformen

Notwendige Eigenschaften der Werkstoffe

Nur Werkstoffe mit ausreichender Zähigkeit sind umformbar. Aufschluss über die Eignung gibt das Spannungs-Dehnungs-Diagramm **(Bild 2).** Das Umformen erfolgt in dem plastischen Bereich zwischen der Streckgrenze R_e bzw. der Dehngrenze $R_{p0,2}$ und der Zugfestigkeit R_m. Werkstoffe mit großer plastischer Dehnung lassen sich gut umformen und federn nur wenig zurück. Unlegierte Stähle und Aluminium-Legierungen eignen sich deshalb besonders gut zum Umformen. Die Umformbarkeit hängt aber auch von der Temperatur ab.

Kalt- und Warmumformen

Kaltumformen erfolgt bei Raumtemperatur. Dabei verfestigt sich der Werkstoff. Diese Kaltverfestigung muss durch Zwischenglühen beseitigt werden, um die Versprödung zu beseitigen und der Rissbildung vorzubeugen.

Warmumformen erfolgt über der Rekristallisationstemperatur (Seite 119). Die Werkstoffe lassen sich durch die geringeren Umformkräfte leichter als beim Kaltumformen verformen. Auch die Neigung zur Rissbildung und Versprödung ist kleiner.

3.5.2 Umformverfahren

Die Umformverfahren können nach der Art und der Richtung der Kräfte und der verwendeten Werkzeuge in die Hauptgruppen Biegeumformen, Zug-Druck-Umformen, Druckumformen und Zug-Umformen eingeteilt werden **(Bild 3).**

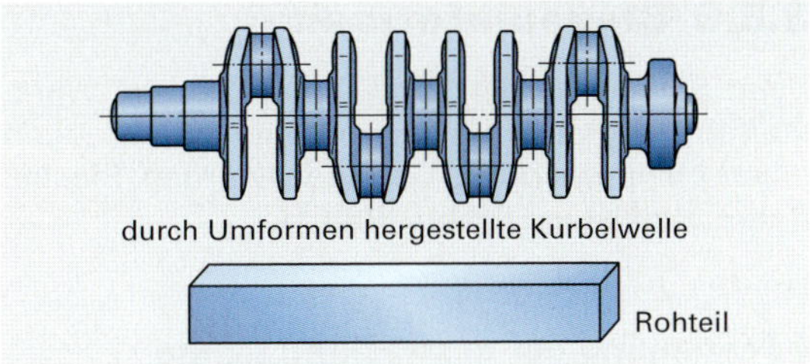

Bild 1: Plastische Verformung beim Umformen

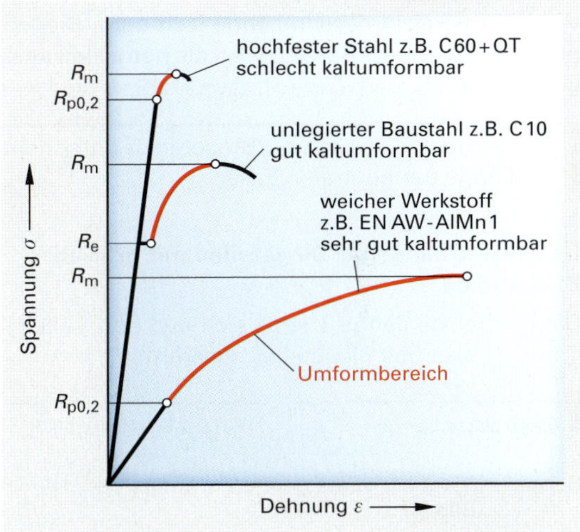

Bild 2: Umformbereiche im Spannungs-Dehnungs-Diagramm

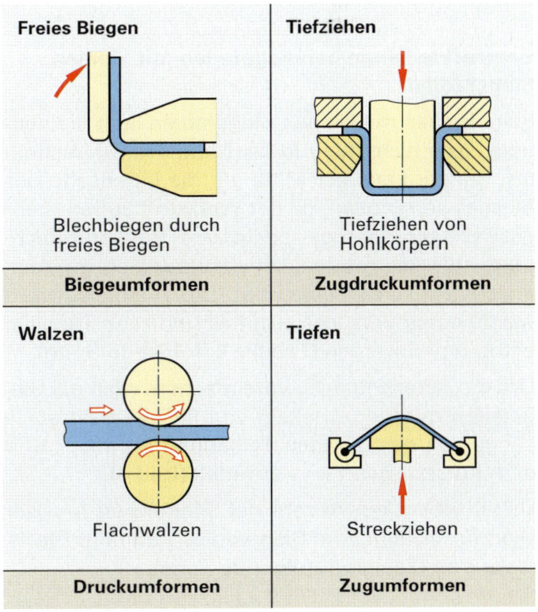

Bild 3: Umformverfahren (Beispiele)

3.5.3 Biegeumformen

Beim Biegen werden die Werkstücke aus Werkstoffabschnitten mithilfe von Biegewerkzeugen plastisch umgeformt. Gebogen werden Bleche, Rohre, Profile und Drähte **(Bild 1)**.

Bild 1: Aus Biegeteilen hergestelltes Werkstück

Festlegung der gestreckten Länge

Beim Biegen werden die äußeren Bereiche des Werkstückes gestreckt, die inneren dagegen gestaucht **(Bild 2)**. Zwischen beiden befindet sich ein Werkstoffbereich, dessen Länge sich beim Biegen nicht ändert. Dieser Bereich wird als **neutrale Faser** bezeichnet.

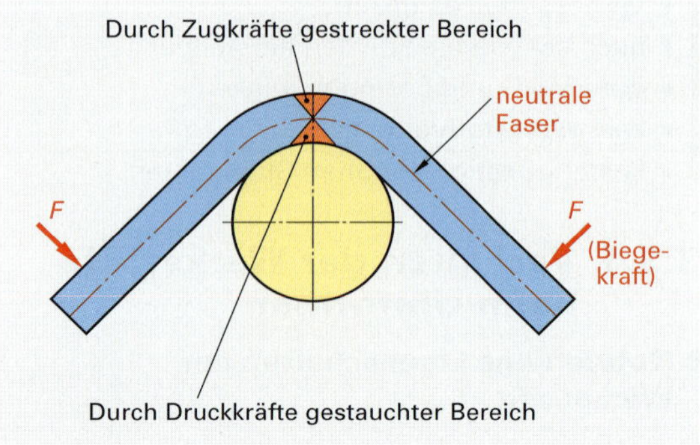

Bild 2: Neutrale Faser beim Biegen

Die gestreckte Länge von Biegeteilen entspricht der Länge der neutralen Faser.

Gestreckte Länge bei Biegeteilen mit großen Biegeradien

Die gestreckte Länge L setzt sich aus den Teillängen l_1, l_2, l_3 ... des Biegeteiles zusammen.

Gestreckte Länge $L = l_1 + l_2 + l_3 + \ldots + l_n$

Beispiel: Wie groß ist die gestreckte Länge des Hakens **(Bild 3)**?

Lösung: $L = l_1 + l_2 + l_3$ $l_1 = 30$ mm $l_3 = 50$ mm

$$l_2 = \frac{\pi \cdot d \cdot \alpha}{360°} = \frac{\pi \cdot 114 \text{ mm} \cdot 150°}{360°} = 149 \text{ mm}$$

$L = 30$ mm $+ 149$ mm $+ 50$ mm $=$ **229 mm**

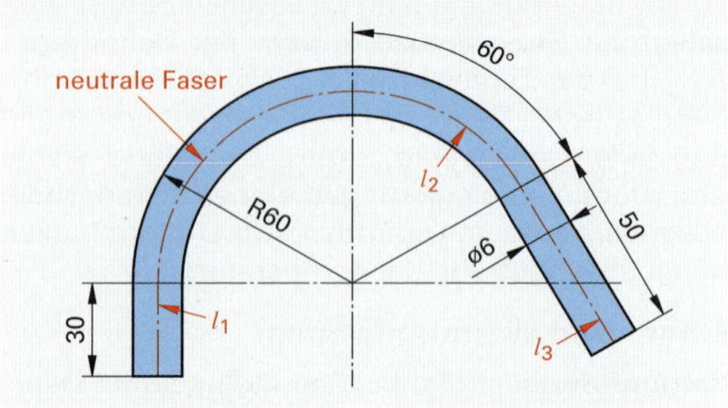

Bild 3: Berechnung der gestreckten Länge bei großen Biegeradien

Gestreckte Länge bei Biegeteilen mit kleinen Biegeradien

Beim Biegen mit kleinen Biegeradien liegt die neutrale Faser nicht mehr in der Mitte des Querschnittes. Sie wird aus der Mitte auf die Innenseite des Bleches verschoben, da der Werkstoff außen mehr gestreckt als innen gestaucht wird. Bei der Berechnung der gestreckten Länge wird dies im Ausgleichswert v berücksichtigt. Der Ausgleichswert wurde durch Versuche ermittelt und kann Tabellen entnommen werden **(Tabelle 1, folgende Seite)**.

Um die Berechnung zu vereinfachen, wird bei Biegeteilen mit Biegewinkeln von 90° die gestreckte Länge aus den geraden Teillängen l_1, l_2, l_3 ... und dem Korrekturwert $n \cdot v$ ermittelt **(Bild 4)**.

Dabei gibt n die Anzahl der Biegungen an. Der Wert für v hängt vom Biegeradius r und der Blechdicke s ab (Tabelle 1, folgende Seite).

Gestreckte Länge $L = l_1 + l_2 + l_3 + \ldots + l_n - n \cdot v$

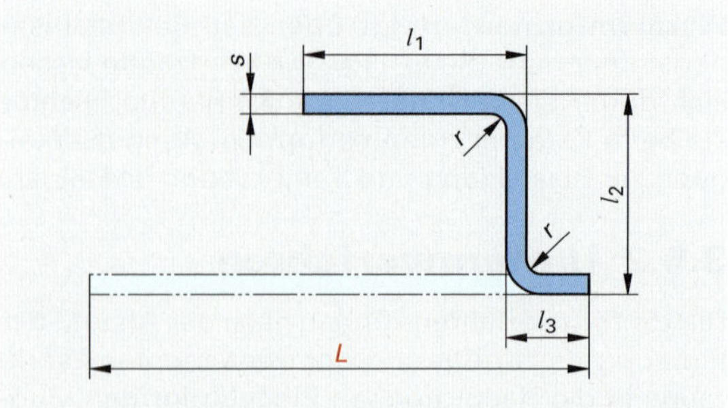

Bild 4: Berechnung der gestreckten Länge bei kleinen Biegeradien

Beispiel: Aus einem Blechstreifen der Dicke $s = 1$ mm wird ein Halter gebogen **(Bild 1)**.

Wie groß ist die gestreckte Länge für dieses Biegeteil?

Lösung: Die Ausgleichswerte für die 90°-Biegungen werden der **Tabelle 1** entnommen:

$r = 1\ \text{mm} \Rightarrow v_1 = 1{,}9\ \text{mm}$

$r = 1{,}6\ \text{mm} \Rightarrow v_2 = 2{,}1\ \text{mm}$

$\mathbf{L} = l_1 + l_2 + l_3 - n \cdot v_1 - n \cdot v_2$

$= (40 + 60 + 30 - 1 \cdot 1{,}9 - 1 \cdot 2{,}1)\ \text{mm}$

$= \mathbf{126\ mm}$

Tabelle 1: Ausgleichswerte v für Biegewinkel $\alpha = 90°$

Biegeradius r in mm	Ausgleichswert v je Biegestelle in mm für Blechdicke s in mm						
	0,4	0,6	0,8	1	1,5	2	2,5
1	1,0	1,3	1,7	1,9	–	–	–
1,6	1,3	1,6	1,8	2,1	2,9	–	–
2,5	1,6	2,0	2,2	2,4	3,2	4,0	4,8
4	–	2,5	2,8	3,0	3,7	4,5	5,2
6	–	–	3,4	3,8	4,5	5,2	5,9
10	–	–	–	5,5	6,1	6,7	7,4
16	–	–	–	8,1	8,7	9,3	9,9
20	–	–	–	9,8	10,4	11,0	11,6

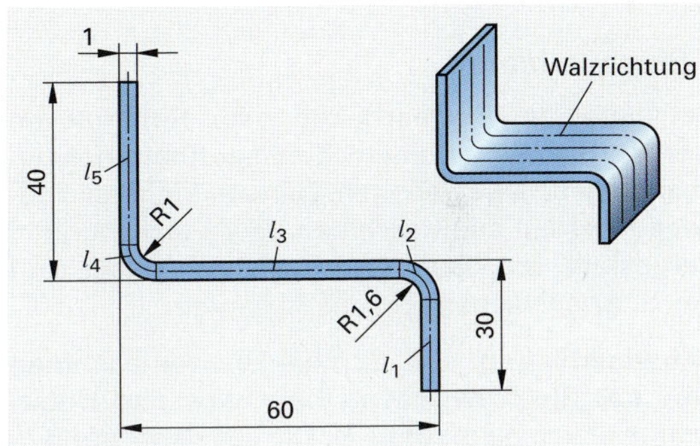

Bild 1: Halter

Biegeradius

Mindestbiegeradius beim Biegen

Als Biegeradius bezeichnet man den an der Innenseite des Biegeteiles liegenden Radius nach dem Biegen. Um Risse und Querschnittsänderungen in der Biegezone zu verhindern, darf ein Mindestbiegeradius nicht unterschritten werden. Der Mindestbiegeradius ist vom Werkstoff und von der Blechdicke abhängig **(Tabelle 2)**.

- Beim Biegen darf der Biegeradius nicht beliebig klein gewählt werden.
- Bleche sollten möglichst quer zur Walzrichtung gebogen werden.

Tabelle 2: Mindestbiegeradien

Werkstoff	Blech	Rohr
Stahl	1 x Blechdicke	1,5 x Rohr-∅
Kupfer	1,5 x Blechdicke	1,5 x Rohr-∅
Aluminium	2 x Blechdicke	2,5 x Rohr-∅
Cu-Zn-Legierung	2,5 x Blechdicke	2 x Rohr-∅

Festlegung des Biegestempelradius r_1 und des Biegewinkels α_1 am Biegewerkzeug

Nach dem Biegevorgang federn die Werkstücke etwas zurück. Deshalb muss das Werkstück überbogen und der Stempelradius etwas kleiner gewählt werden als der Radius am fertigen Werkstück **(Bild 2)**.

Der Stempelradius r_1 hängt vom Radius r_2 des Werkstückes, der Blechdicke s und dem Rückfederungsfaktor k_R ab **(Tabelle 1, folgende Seite)**.

Stempelradius $r_1 = k_R \cdot (r_2 + 0{,}5 \cdot s) - 0{,}5 \cdot s$

Der Rückfederungsfaktor k_R wurde durch Versuche ermittelt. Er hängt vom Werkstoff und dem Verhältnis Biegeradius r_2 zur Blechdicke s ab.

Der Überbiegungswinkel α_1 wird ebenfalls mit dem Rückfederungsfaktor k_R berechnet.

Überbiegungswinkel $\alpha_1 = \dfrac{\alpha_2}{k_R}$

Beim Biegen muss das Werkstück um die Größe der elastischen Rückfederung nach dem Biegen überbogen werden.

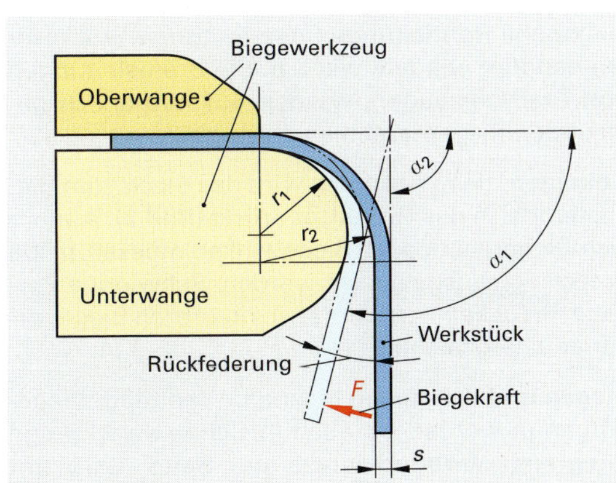

Bild 2: Biegestempelradius und Überbiegungswinkel

SimMetall S30

Beispiel: Ein Blech aus AlCuMg1 mit der Dicke s = 1,5 mm wird um α_2 = 60° gebogen. Der Biegeradius beträgt r_2 = 3 mm.

Zu berechnen sind:

a) das Verhältnis $r_2 : s$,

b) der Rückfederungsfaktor k_R,

c) der Winkel α_1 am Werkzeug,

d) der Radius r_1 am Werkzeug.

Lösung: a) $\boldsymbol{r_2 : s}$ = 3 mm : 1,5 mm = **2**

b) $\boldsymbol{k_R}$ = **0,98** (nach Tabelle 1)

c) $\alpha_1 = \frac{\alpha_2}{k_R} = \frac{60°}{0{,}98} = \mathbf{61{,}2°}$

d) $r_1 = k_R \cdot (r_2 + 0{,}5 \cdot s) - 0{,}5 \cdot s$

$r_1 = 0{,}98 \cdot (3\text{ mm} + 0{,}5 \cdot 1{,}5\text{ mm}) - 0{,}5 \cdot 1{,}5\text{ mm}$

$\boldsymbol{r_1} = \mathbf{2{,}93\ mm}$

Biegeverfahren

Bei einfachen Biegearbeiten oder Reparaturen werden Bleche mit einem Kunststoffhammer um eine Biegebeilage gebogen. Genaue Biegeteile dagegen werden mit Maschinen oder Vorrichtungen hergestellt. Die häufigsten Verfahren dabei sind das Schwenkbiegen und das Abkanten.

Schwenkbiegen. Bei Schwenkbiegemaschinen wird das Blech zwischen Oberwange und Unterwange eingespannt **(Bild 1)**. Die schwenkbare Biegewange biegt das freie Blechstück um die Biegeschiene.

Rohre für Hydraulikleitungen oder Leitungen für Kühlschmierstoffe werden in besonderen Rohr-Biegevorrichtungen gebogen **(Bild 2)**. Die Stütz- und die Biegerolle besitzen einen bogenförmigen Querschnitt, der auf den Rohr-Außendurchmesser abgestimmt ist. Dadurch wird das Rohr beim Biegen gestützt und Verformungen des Rohrquerschnittes sowie Einknicken vermieden. Der Innendurchmesser der Biegerolle richtet sich nach dem geforderten Biegedurchmesser.

Gebogene Rohrleitungen, die in hohen Stückzahlen benötigt werden, wie z. B. die Bremsleitungen von Kraftfahrzeugen, werden auf numerisch gesteuerten Biegemaschinen hergestellt.

Abkanten. Beim Abkanten wird das Blech vom Biegestempel in das Gesenk gedrückt **(Bild 3)**. Ändern sich Biegeradius oder Biegewinkel, müssen beide Werkzeuge ausgetauscht werden. Schwierige Profile, z. B. für Fenster, werden in mehreren Biegevorgängen hergestellt.

Biegen und Schneiden in einem Werkzeug. Biegevorgänge werden oft auch in Schneidwerkzeuge integriert (Verbundwerkzeuge, Seite 126), um Werkstücke durch Schneiden und Umformen in einem Arbeitsgang herstellen zu können.

Tabelle 1: Rückfederungsfaktoren k_R

Werkstoff der Biegeteile	Verhältnis $r_2 : s$							
	1	1,6	2,5	4	6,3	10	16	25
	Rückfederungsfaktor k_R							
DC04	0,99	0,99	0,99	0,98	0,97	0,97	0,96	0,94
X12CrNi18-8	0,99	0,98	0,97	0,95	0,93	0,89	0,84	0,76
CuZn33F29	0,97	0,97	0,96	0,95	0,94	0,93	0,89	0,86
EN AW-AlCu4Mg1	0,98	0,98	0,98	0,98	0,97	0,97	0,96	0,95

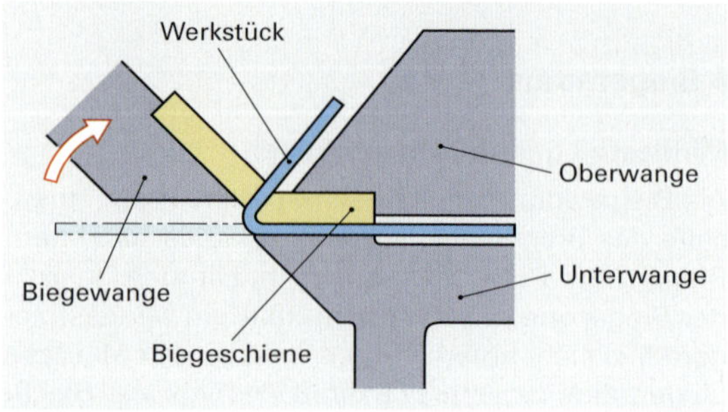

Bild 1: Schwenkbiegen

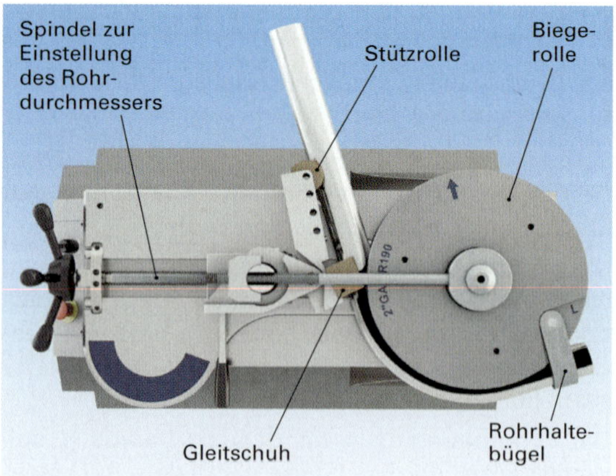

Bild 2: Rohr-Biegevorrichtung

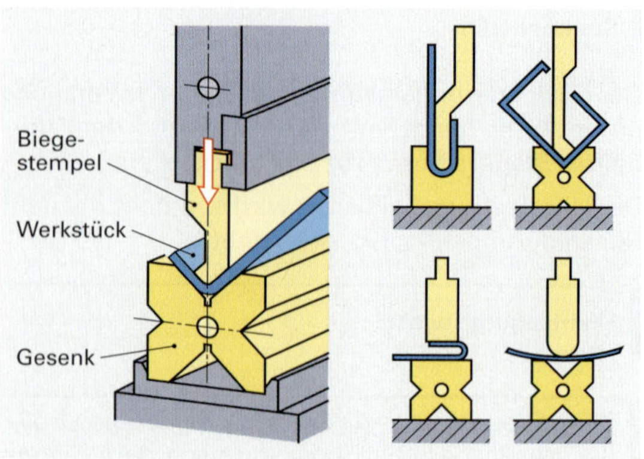

Bild 3: Abkanten mit Beispielen

3.5.4 Zugdruckumformen

Beim Zugdruckumformen wird der Zuschnitt durch Zug- und Druckkräfte zum fertigen Werkstück umgeformt. Die wichtigsten Verfahren sind Tiefziehen, Durchziehen und Drücken.

3.5.4.1 Tiefziehen

Beim Tiefziehen wird ein Blechzuschnitt in einem oder mehreren Zügen zu einem Hohlkörper umgeformt. Die Blechdicke ändert sich dabei kaum.

Ziehvorgang

Der Zuschnitt wird durch den Niederhalter auf die Ziehmatrize gepresst **(Bild 1)**. Danach zieht der Ziehstempel das Blech durch die gerundete Ziehkante in die Matrize. Aus der Kreisringfläche A_2 des Zuschnittes wird der Mantel des fertigen Ziehteiles gebildet **(Bild 2)**. Da diese Fläche A_2 einen größeren Durchmesser als der fertige Napf hat, fließt der „übrige" Werkstoff in den Mantel des Ziehteiles. Dessen Höhe *h* ist damit größer als die Breite *b* des Kreisringes.

Einflussgrößen

Niederhalterkraft. Der Niederhalter verhindert die Bildung von Falten am Mantel des Ziehteiles. Die Klemmkraft darf jedoch nur so groß sein, dass der Boden des Ziehteiles beim Ziehen nicht reißt.

Ziehspalt. Der richtige Ziehspalt ist etwas größer als die Blechdicke, damit der Werkstoff richtig fließen kann. Er darf jedoch nicht zu groß sein, damit keine Falten entstehen. Die Größe des Ziehspaltes hängt vom Werkstoff und der Blechdicke *s* ab **(Tabelle 1)**.

Ziehkantenradius. Ein großer Radius an der Ziehmatrize vermindert die Ziehkraft und damit die Rissgefahr, erhöht aber die Gefahr der Faltenbildung, da das Blech gegen Ende des Ziehvorganges nicht mehr geklemmt wird.

Ziehverhältnis. Das Ziehverhältnis β drückt die Formänderung eines Bleches beim Tiefziehen aus. Es ist das Verhältnis vom Zuschnittdurchmesser *D* zum Stempeldurchmesser d_1, bei Folgezügen das Verhältnis der Stempeldurchmesser d_1/d_2 usw.

Das zulässige Ziehverhältnis hängt ab von:

- der Festigkeit des Werkstoffes
- der Blechdicke
- dem Stempel- und Ziehkantenradius
- der Niederhaltekraft
- dem verwendeten Schmiermittel

Ziehstufen. Ist bei Ziehteilen das Verhältnis von Höhe zu Durchmesser groß, wird in mehreren Stufen gezogen **(Bild 3** und **Tabelle 1, folgende Seite)**.

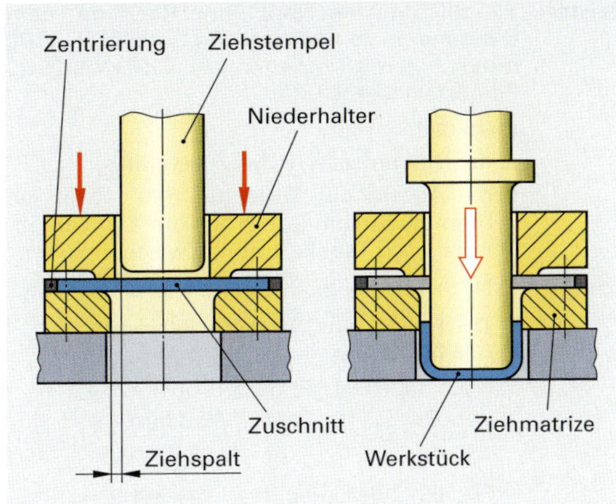

Bild 1: Tiefziehen

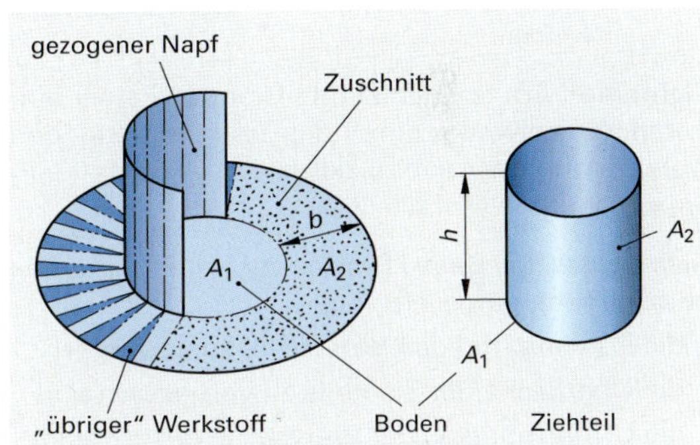

Bild 2: Werkstoffverteilung beim Tiefziehen

Tabelle 1: Ziehspalt *w* beim Tiefziehen

Werkstoffe	Ziehspalt
Stahlbleche	$w = s + 0{,}07 \cdot \sqrt{10 \cdot s}$
CuZn-Legierungen	$w = s + 0{,}04 \cdot \sqrt{10 \cdot s}$
Al-Legierungen	$w = s + 0{,}02 \cdot \sqrt{10 \cdot s}$

Ziehverhältnisse $\beta_1 = \frac{D}{d_1}$ $\beta_2 = \frac{d_1}{d_2}$ $\beta_3 = \frac{d_2}{d_3}$

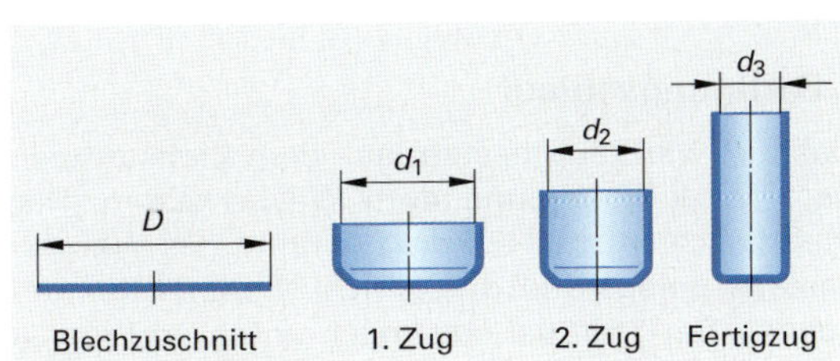

Bild 3: Ziehstufen

Beispiel: Ein zylindrischer Napf ohne Rand mit dem Durchmesser d = 60 mm und der Höhe h = 70 mm soll durch Tiefziehen aus X15CrNiSi25-20 hergestellt werden.

Zu berechnen sind:

a) der Durchmesser D des Zuschnittes,

b) die Anzahl der Züge mit den jeweiligen Stempeldurchmessern für die Ziehverhältnisse nach **Tabelle 1** ohne Zwischenglühen.

Lösung: a) Nach Tabellenbuch ist $D = \sqrt{4 \cdot d \cdot h + d^2}$

$$\boldsymbol{D} = \sqrt{4 \cdot 60\ \text{mm} \cdot 70\ \text{mm} + (60\ \text{mm})^2} = \mathbf{142,8\ mm}$$

b) Nach Tabelle 1 gilt bei X15CrNiSi25-20

$$\beta_1 = \frac{D}{d_1} = 2{,}0 \qquad \boldsymbol{d_1} = \frac{D}{\beta_1} = \frac{142{,}8\ \text{mm}}{2{,}0} = \mathbf{71{,}4\ mm}$$

Für den Zweitzug gilt $\beta_1 = \frac{d_1}{d_2} = 1{,}2$

$$\boldsymbol{d_2} = \frac{d_1}{\beta_2} = \frac{71{,}4\ \text{mm}}{1{,}2} = \mathbf{59{,}5\ mm}$$

Damit kann der Napf in 2 Zügen tiefgezogen werden.

Ziehfehler. Am fertigen Ziehteil können Fehler auftreten, die entweder durch das Ziehwerkzeug, den Ziehvorgang oder den zu ziehenden Werkstoff verursacht werden **(Tabelle 2).**

Schmierstoffe. Beim Tiefziehen werden Ziehöle und Ziehfette eingesetzt, um

- die Reibung und den Verschleiß zu verringern,
- die Oberfläche der Ziehteile zu verbessern und
- die Umformbarkeit der Werkstoffe besser auszunutzen.

Die Schmiermittel müssen so gut am Blech haften, dass ein Schmierfilm auch bei den hohen Flächenpressungen während des Tiefziehens erhalten bleibt.

3.5.4.2 Hydromechanisches Tiefziehen

Beim hydromechanischen Tiefziehen erhält das umzuformende Blech seine Form durch die Form des Ziehstempels. Während des Ziehvorganges wird das Blech durch Druckflüssigkeit an den Stempel gepresst und dadurch umgeformt **(Bild 1).** Im Unterschied zum mechanischen Tiefziehen entfällt die Ziehmatrize.

Fertigungsablauf

Das Ziehwerkzeug besteht aus dem Ziehstempel, dem Niederhalter und dem Wasserkasten. Der Blechzuschnitt wird auf die Dichtung des Wasserkastens gelegt und durch den Niederhalter gespannt. Der Stempel fährt nach unten und presst die Platine in das Wasserkissen. Dadurch baut sich im Wasser ein hoher Druck auf.

Tabelle 1: Erreichbare Ziehverhältnisse β

Ziehwerkstoff	erreichbares Ziehverhältnis Erstzug β_1	1. Weiterzug ohne Zwischenglühen β_2	1. Weiterzug mit Zwischenglühen β_2
FeP01A (USt 1203)	1,8	1,2	1,6
RRSt 1404, RRSt 1405	2,0	1,3	1,7
X15CrNiSi25-20	2,0	1,2	1,8
CuZn 28 w	2,1	1,3	1,8
CuZn 37 w	2,0	1,3	1,7
Cu 95,5 w	1,9	1,4	1,8
EN AW-Al 99,5	1,95	1,4	1,8
EN AW-AlMg1 (C)	2,05	1,4	1,9

Tabelle 2: Fehler beim Tiefziehen

Fehler	mögliche Ursachen
Risse am Boden	Werkstofffehler, Ziehspalt zu klein, Niederhalterkraft zu groß
Falten	Niederhalterkraft zu gering
Ziehriefen	Verschleiß am Ziehring, unzureichende Schmierung, Ziehspalt zu klein

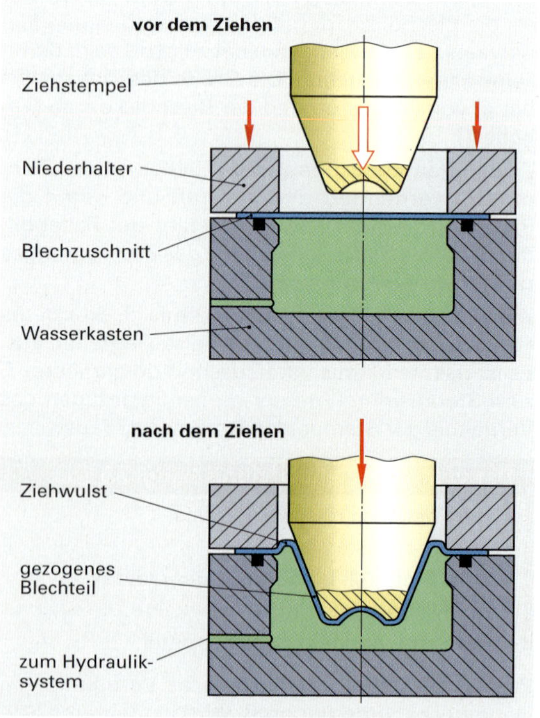

Bild 1: Hydromechanisches Tiefziehen

Die Höhe des Druckes wird durch ein Druckbegrenzungsventil bestimmt, durch das die verdrängte Flüssigkeit abfließen kann. Der Druck wird durch die Pressensteuerung geregelt und kann während des Ziehvorganges verändert werden. Mit diesem Verfahren können im Unterschied zum konventionellen Tiefziehen auch kegelige oder parabolförmige Blechteile in einem Zug hergestellt werden.

Vorteile des hydromechanischen Tiefziehens gegenüber dem konventionellen Tiefziehen

- Das erreichbare Ziehverhältnis ist wegen der Gefügeumformung im Blech im Bereich des Ziehwulstes größer als beim konventionellen Tiefziehen.
- Die Änderung der Blechdicke an den Bodenradien ist sehr gering. Damit können auch sehr kleine Radien gezogen werden.
- Die äußere Oberfläche der Ziehteile ist besser, weil keine Matrize benötigt wird. Dadurch entfällt beim Umformen die Reibung des Bleches an der Ziehkante des Ziehringes.
- Die Fertigungskosten sind geringer durch
  - geringere Werkzeugkosten
  - weniger Ziehstufen

Das hydromechanische Tiefziehen eignet sich vor allem für Blechteile mit schwieriger kegeliger oder parabolartiger Form **(Bild 1)**.

Weitere hydraulische Blechformverfahren

Beim **Hydroformverfahren** ist das Blechteil durch eine Membran von der Flüssigkeit getrennt. Beim **Aktiven hydromechanischen Tiefziehen** wird das Blech vor dem eigentlichen Tiefziehen in Gegenrichtung vorgereckt. Dadurch wird es kaltverfestigt. Dieses Verfahren wird zur Herstellung großflächiger Karosserieteile eingesetzt.

Bild 1: Hydromechanisch tiefgezogene Werkstücke

3.5.4.3 Durchziehen

Beim Durchziehen, oft auch nur Ziehen genannt, werden Drähte, Flachprofile oder Rohre durch ein sich verengendes Ziehwerkzeug gezogen **(Bild 2)**. Man erhält dadurch formgenaue Fertigerzeugnisse mit kleiner Rautiefe, z. B. Präzisionsstahlrohre für Hydraulikleitungen.

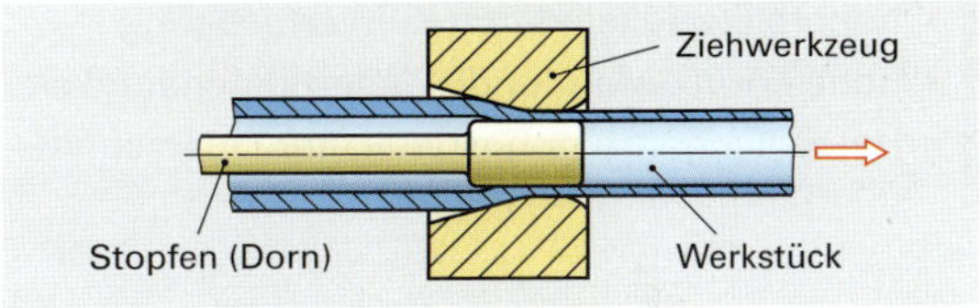

Bild 2: Durchziehen eines Rohres

3.5.4.4 Drücken

Beim Drücken wird ein runder Blechzuschnitt mit einer Drückrolle an eine rotierende Drückform gepresst **(Bild 3)**. Dadurch lassen sich Stahlbleche bis etwa 20 mm Dicke z. B. zu Felgen oder Kesselböden umformen.

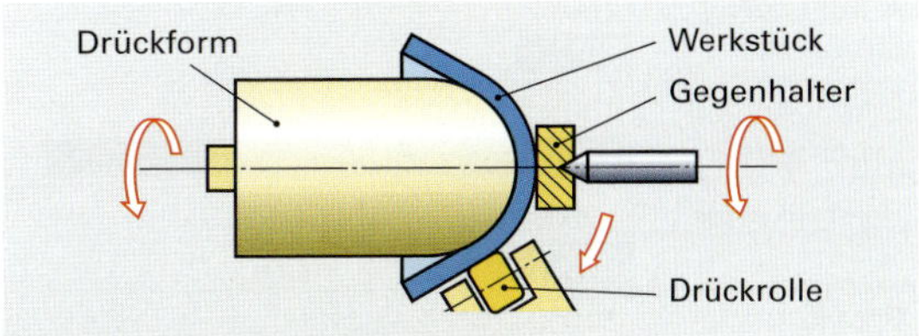

Bild 3: Drücken einer Hohlform

Wiederholung und Vertiefung

1 Wie wird die gestreckte Länge von Biegeteilen ermittelt?
2 Warum darf der Biegeradius nicht zu klein gewählt werden?
3 Wovon hängt der Überbiegungswinkel beim Biegen ab?
4 Aus welchen Bauteilen bestehen Tiefziehwerkzeuge?
5 Welche Fehler können an Ziehteilen auftreten?
6 Was versteht man unter dem maximalen Ziehverhältnis eines Bleches?
7 Wovon hängt dieses maximale Ziehverhältnis ab?
8 Welche Vorteile hat das hydromechanische Tiefziehen gegenüber dem konventionellen Tiefziehen?

3.5.4.5 Innenhochdruckumformen (IHU)

Beim Innenhochdruckumformen werden Rohre durch Aufweiten mit Druckflüssigkeiten in Hohlkörper umgeformt.

Fertigungsablauf

Die geraden oder vorgeformten Rohrstücke werden in das geöffnete zweiteilige Werkzeug eingelegt **(Bild 1)**. Dieses wird durch eine hydraulische Presse geschlossen und während des Umformens zugehalten. Nachdem die beiden Rohrenden durch Stempel verschlossen sind, wird Druckflüssigkeit in das Rohr gepresst. Das Rohr weitet sich durch den bis zu 4000 bar hohen Druck an den Stellen, an denen es nicht an der Werkzeugwand anliegt. Gleichzeitig werden die Rohrenden gestaucht. Der Umformvorgang dauert so lange, bis der Rohrwerkstoff die Innenform des Werkzeuges angenommen hat.

Vorteile IHU-gefertigter Bauteile

- Herstellung schwierig geformter Werkstücke aus einem Stück, die sonst aus mehreren Teilen gefertigt werden **(Tabelle 1)**
- Reduzierung von Gewicht und Einbauvolumen
- hohe Steifigkeit und Dauerfestigkeit
- höhere Festigkeit durch Kaltverfestigung
- hohe Form-, Maß- und Wiederholgenauigkeit
- Herstellung strömungsgerechter Querschnittsübergänge möglich **(Bild 2)**

Tabelle 1: Vorteile des IHU-Verfahrens am Beispiel eines Abgaskrümmers

	konventionelle Fertigung	IHU-Fertigung
Anzahl der Einzelteile	100%	50%
Erhöhung der Lebensdauer	100%	250%
Herstellkosten	100%	85%
Entwicklungszeit	100%	38%
Gewicht	100%	85%

Nachteile:

- verhältnismäßig lange Fertigungszeit
- hohe Anlagekosten
- nur für die Serienfertigung geeignet

Anwendungsbeispiele aus dem Automobilbau:

Abgassysteme, Überrollbügel, Dachsäulen, Radträger **(Bild 3)**

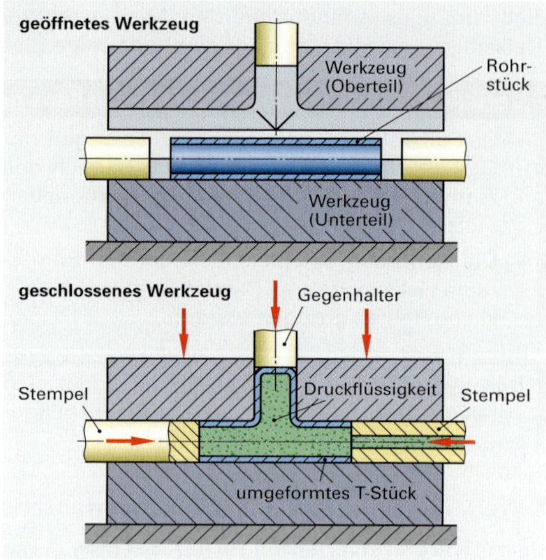

Bild 1: Prinzip des Innenhochdruckumformens am Beispiel eines T-Stückes

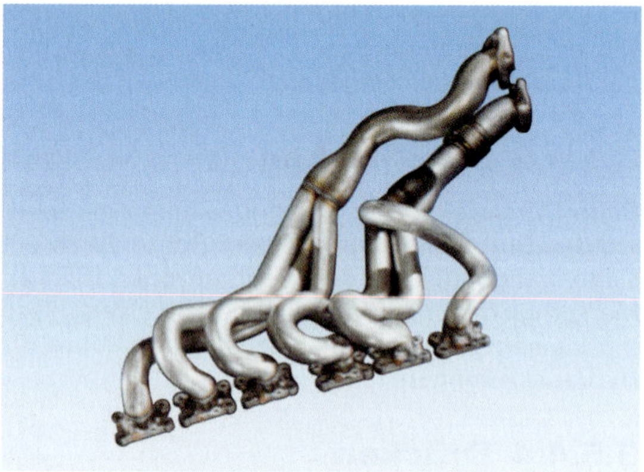

Bild 2: Abgaskrümmer für Sechszylinder

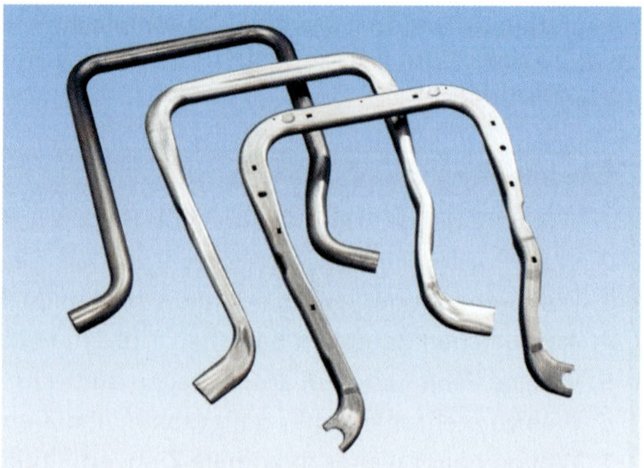

Bild 3: Vorderradträger für Pkw (Fertigungsstufen)

3.5.5 Druckumformen

Beim Druckumformen wird das Werkstück durch Druckkräfte umgeformt **(Bild 1)**. Zum Druckumformen gehören die Fertigungsverfahren Freiformen (Schmieden), Gesenkformen (Gesenkschmieden), Eindrücken und Durchdrücken.

3.5.5.1 Frei- und Gesenkformen

Beim Schmieden werden Werkstücke durch Schlag oder Pressen in glühendem Zustand umgeformt. Durch die Erwärmung des Werkstoffes auf Schmiedetemperatur nimmt die Formbarkeit zu und der Energieaufwand beim Umformen ab.

Schmiedetemperatur

Die Schmiedetemperatur richtet sich nach dem Werkstoff und muss Tabellen entnommen werden. Sie beträgt z. B. für unlegierten Baustahl ca. 1000°C **(Bild 2)**. Unterhalb der Endschmiedetemperatur darf nicht mehr geschmiedet werden, damit sich am Werkstück keine Risse bilden. Bei zu hoher Schmiedetemperatur verbrennt der Stahl.

Schmiedbarkeit der Werkstoffe

Die wichtigsten schmiedbaren Metalle sind die Stähle sowie die Aluminium- und Kupfer-Knetlegierungen. Bei Stählen nimmt die Schmiedbarkeit mit zunehmendem Kohlenstoffgehalt ab. Außerdem ist der Temperaturbereich, in dem geschmiedet werden kann, kleiner als bei Stählen mit niedrigem C-Gehalt.

> Beim Schmieden sind die Angaben der Werkstoffhersteller über Anwärmzeiten und Schmiedetemperaturen zu beachten.

Freies Schmieden

Beim freien Schmieden entsteht die Fertigform durch gezielte Schläge aus dem Rohteil. Dabei kann der Werkstoff frei zwischen den Werkzeugen fließen. Durch freies Schmieden werden Einzelstücke und Vorformen von Gesenkschmiedestücken hergestellt.

Gesenkformen

Beim Gesenkformen wird das Schmiedestück in einem zweiteiligen Gesenk aus einem Rohteil geschlagen **(Bild 3)**. Gesenke sind Stahlformen aus warmfestem Werkzeugstahl. Sie sind stark auf Verschleiß beansprucht und müssen nach 10 000 bis 100 000 Werkstücken ersetzt werden.

Vorteile des Gesenkschmiedens sind:

- geringer Werkstoffverlust
- hohe Wiederholgenauigkeit
- günstiger Faserverlauf
- Herstellung schwieriger Formen möglich

Anwendungsbeispiele: Kurbelwellen, Nockenwellen, Pleuelstangen, Schraubenschlüssel.

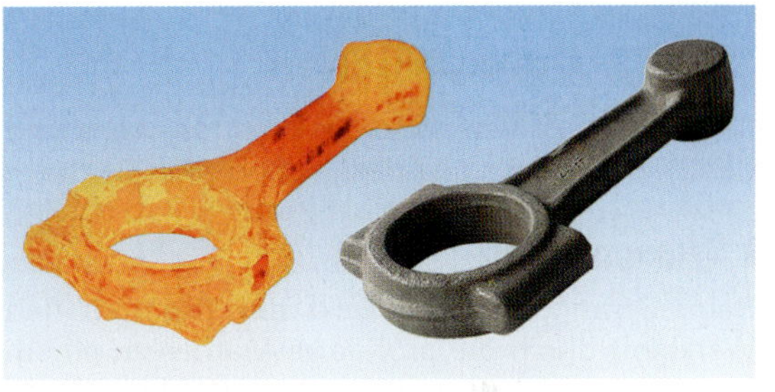

Bild 1: Gesenkgeschmiedete Pleuelstange

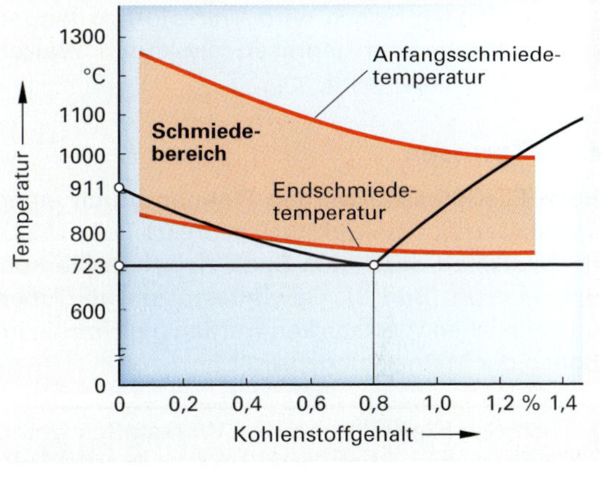

Bild 2: Schmiedebereich unlegierter Stähle

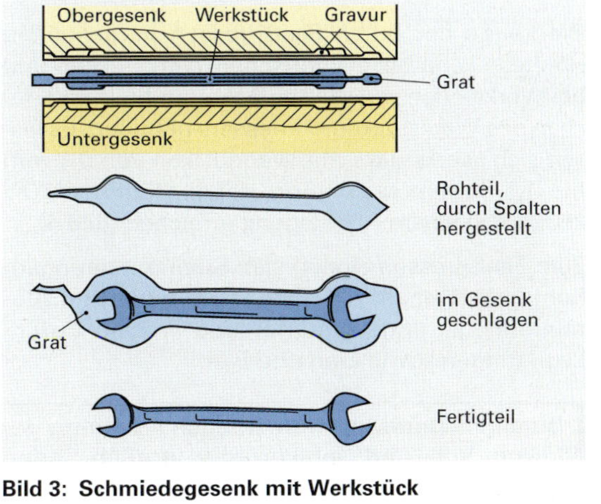

Bild 3: Schmiedegesenk mit Werkstück

3.5.5.2 Eindrücken

Beim Eindrücken unterscheidet man Verfahren mit drehender Bewegung des umformenden Werkzeuges, wie z. B. Rändeln und Gewindeformen (Seite 152), und Verfahren mit geradliniger Bewegung, wie z. B. das Einsenken **(Bild 1)**. Das Einsenken von Innensechskanten oder Kreuzschlitzen in Schraubenköpfe kann bei kaltem oder warmem Werkstoff erfolgen.

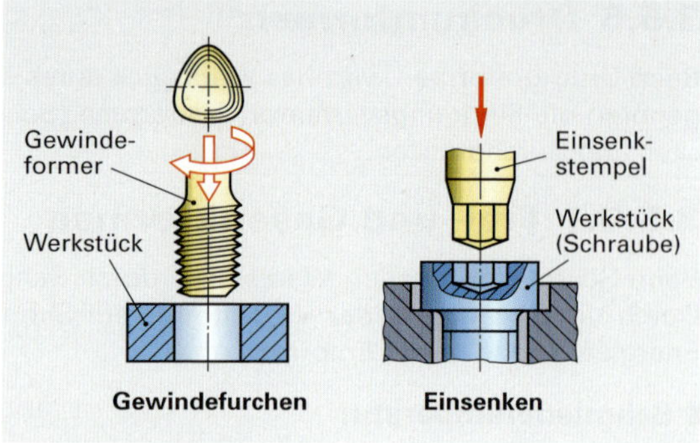

Bild 1: Eindrückverfahren

3.5.5.3 Durchdrücken

Die wichtigsten Verfahren des Durchdrückens sind das Strangpressen und das Fließpressen.

Strangpressen

Beim Strangpressen drückt der Stempel den Werkstoff durch die profilierte Matrize zu einem langen Strang mit vollem oder hohlem Querschnitt **(Bild 2)**.

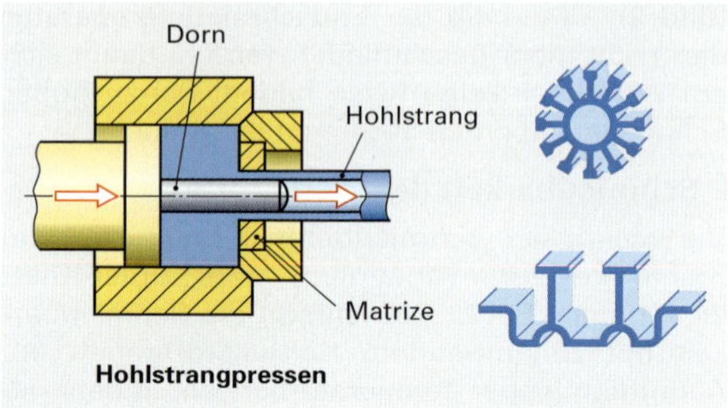

Bild 2: Strangpressen

> Beim Strangpressen wird Werkstoff zu langen Halbzeugprofilen gepresst, die durch Walzen nicht herstellbar sind.

Fließpressen

Beim Fließpressen werden Platinen durch einen Stempel zu einem Werkstück gepresst. Dabei fließt der Werkstoff durch den Spalt zwischen Stempel und Matrize **(Bild 3)**. Gewindestutzen an Tuben und ähnlichen Werkstücken werden gleichzeitig im Boden der Matrize mitgepresst.

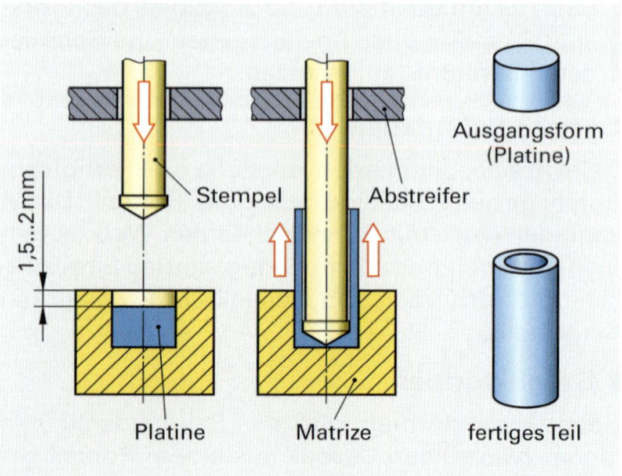

Bild 3: Rückwärts-Fließpressen

> Nach der Fließrichtung des Werkstoffes unterscheidet man Rückwärts- und Vorwärts-Fließpressen sowie Vorwärts-Rückwärts-Fließpressen.

Die Länge der durch Fließpressen hergestellten Hohlteile kann bei zylindrischen Werkstücken und bei Werkstoffen mit großer Dehnung bis zum 6-fachen des Werkstückdurchmessers betragen. Es lassen sich Werkstücke mit Wanddicken von 0,1 mm bis 1,5 mm pressen und dabei Höhen bis zu 250 mm in einem Arbeitsgang erreichen **(Bild 4)**.

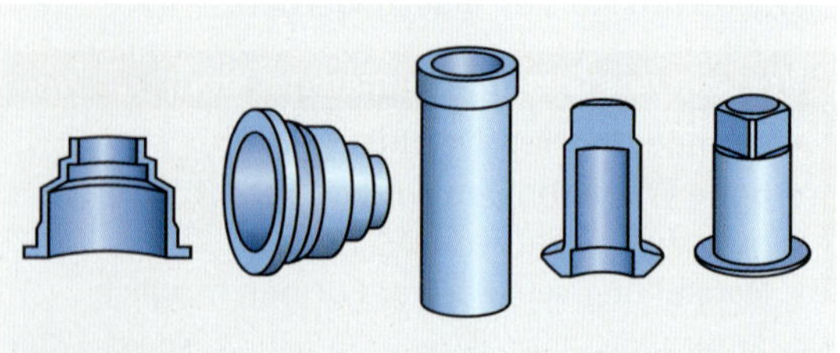
Bild 4: Fließgepresste Werkstücke

Zum Fließpressen eignen sich Stahl mit geringem Kohlenstoffgehalt, z. B. C10, Aluminium und Aluminiumlegierungen, Kupfer und weiche Cu-Zn-Legierungen sowie Zinn und Blei.

> Durch Fließpressen werden auch schwierig geformte Voll- und Hohlkörper in großen Serien wirtschaftlich hergestellt.

3.5.6 Maschinen zum Umformen

Die für die verschiedenen Umformverfahren geeigneten Maschinen unterscheiden sich durch die Antriebsart, die erreichbaren Kräfte und Hübe sowie durch die Geschwindigkeit bzw. Hubzahl des Umformwerkzeuges **(Tabelle 1)**. Für einige Umformverfahren wie z. B. für das Strangpressen, Biegen von Draht oder Drücken von Blechen werden besondere Maschinen verwendet, die wie die Pressen mechanisch oder hydraulisch angetrieben werden.

Tabelle 1: Einteilung, Kenngrößen, Eigenschaften und Einsatzgebiete der Umformmaschinen

Antriebsart	Kenngrößen, Eigenschaften	Einsatzgebiete
Mechanische Pressen 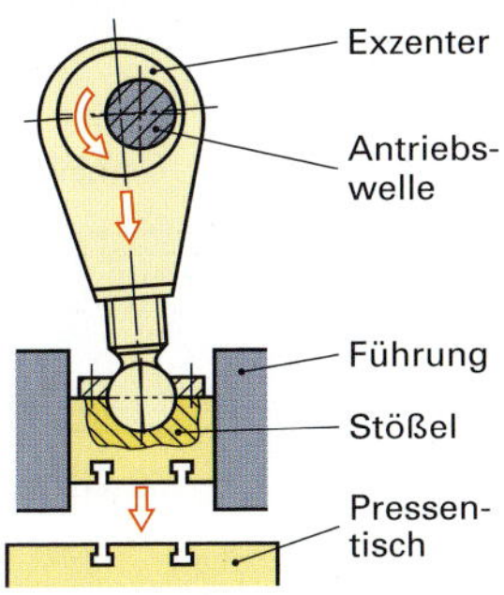	• Kraft über den Hub nicht konstant • Arbeitsvermögen im Schwungrad gespeichert • Hub genau einstellbar • hohe Hubzahlen möglich • hohe Geschwindigkeiten • Bauarten: Exzenter-, Kurbel- und Kniehebelpressen	Gesenkschmieden Tiefziehen Schneiden Prägen Fließpressen Biegen
Hydraulische Pressen 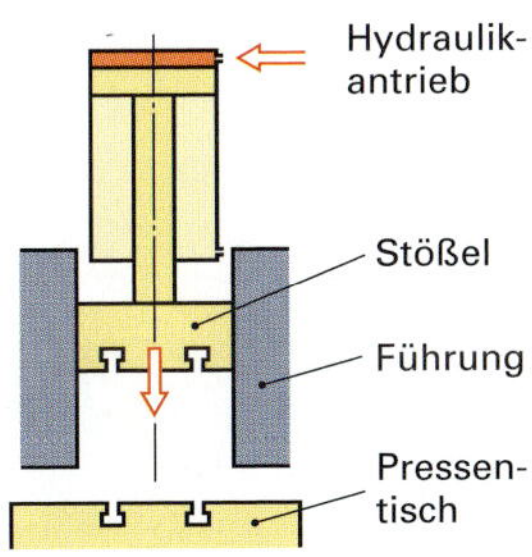	• Hub, Kraft und Geschwindigkeit einstellbar • Kraft über den ganzen Hub konstant • Hubbewegung kann jederzeit unterbrochen werden • schnelle Anpassung an schwierige Ziehbedingungen • sicherer Überlastungsschutz • Zuschaltung von Automatisierungsgeräten möglich • Ablauf durch CNC-Steuerung leicht änderbar • Bauarten: Einfach- und mehrfachwirkende Pressen	Tiefziehen Fließpressen Prägen Strangpressen
Maschinenhämmer 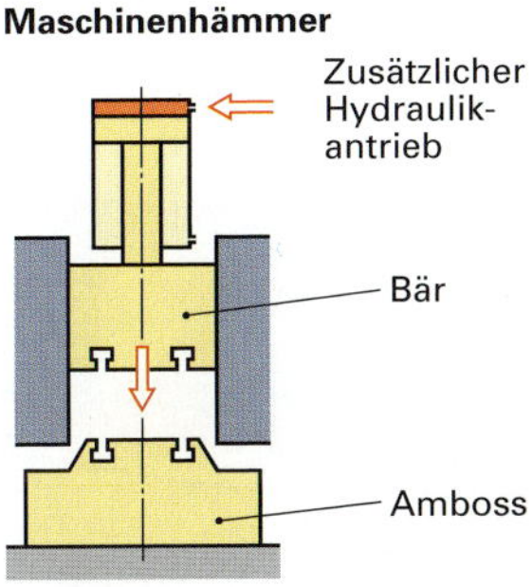	• hohe Umformgeschwindigkeit • Gewicht und Fallhöhe des „Bärs" bestimmen Energie • oft zusätzlicher Antrieb durch Drucköl oder Druckluft • Umformhub endet, wenn Energie aufgebraucht ist • Umformvorgang wird meist auf mehrere Arbeitsgänge aufgeteilt • Bauarten: Fallhämmer, Oberdruckhämmer, Gegenschlaghämmer	Gesenkschmieden Freies Schmieden

Wiederholung und Vertiefung

1 Wovon hängt die Schmiedetemperatur ab?

2 Welche Vorteile hat das Gesenkschmieden?

3 Nennen Sie einige typische Werkstücke, die durch Gesenkschmieden hergestellt werden.

4 Wodurch unterscheiden sich Gewinde, die durch Gewindeformen hergestellt wurden, von geschnittenen Gewinden?

5 Welche Eigenschaften müssen Werkstoffe haben, die sich zum Fließpressen eignen?

3.6 Schneiden

Bleche und Profile können durch Scherschneiden oder durch Strahlschneiden zerteilt werden.

3.6.1 Scherschneiden

Durch Scherschneiden werden vor allem Werkstücke aus Blech hergestellt **(Bild 1)**. Dabei unterscheidet man das Schneiden mit Scheren und das Schneiden mit Schneidwerkzeugen.

3.6.1.1 Schneiden mit Scheren

Hand- und Maschinenscheren werden vor allem zum Abschneiden von Blechteilen eingesetzt. Die beiden Schneiden dringen zuerst in das Blech ein, bevor sie schneiden. Danach wird der restliche Querschnitt vollends abgeschert **(Bild 2)**.

Handscheren

Mit Handscheren können wegen der beschränkten Betätigungskraft nur dünne Bleche geschnitten werden. Außerdem ist die Formgenauigkeit der geschnittenen Kanten gering. Sie werden deshalb nur für Einzelanfertigungen und Reparaturen eingesetzt.

Je nach der zu schneidenden Form werden verschiedene Handscheren verwendet. Mit Durchlaufscheren werden gerade Schnitte, mit Lochscheren gerundete Formen geschnitten.

Maschinenscheren

Nibbelscheren dienen zum Ausschneiden beliebiger Formen in Blechen. Der Werkstoff wird durch einen Stempel mit kurzen, schnell aufeinander folgenden Hüben getrennt **(Bild 3)**. Nibbelwerkzeuge werden auch auf NC-gesteuerten Maschinen für die Formen eingesetzt, die nicht mit den Standardwerkzeugen des Werkzeugmagazins gestanzt werden können. Dabei wird die Blechtafel unter dem Werkzeug so verfahren, dass die gewünschte Form entsteht.

Mit **Tafelscheren** werden von Blechtafeln Streifen abgeschnitten. Damit diese Streifen gratfrei sind und eine senkrechte Schnittkante entsteht, müssen die beiden Schermesser genau geschliffen sein. Vor dem Schneiden wird die Blechtafel durch einen Niederhalter geklemmt, damit das Blech beim Schneiden nicht kippt. Beim Schneiden bewegt sich das Obermesser je nach Bauart entweder senkrecht oder schwingend gegen das Untermesser **(Bild 4)**.

Der Antrieb des Messerbalkens und des Niederhalters erfolgt entweder hydraulisch durch Zylinder oder mechanisch, z. B. durch einen Kurbelantrieb. Für dünne Bleche werden auch handbetätigte Tafelscheren eingesetzt.

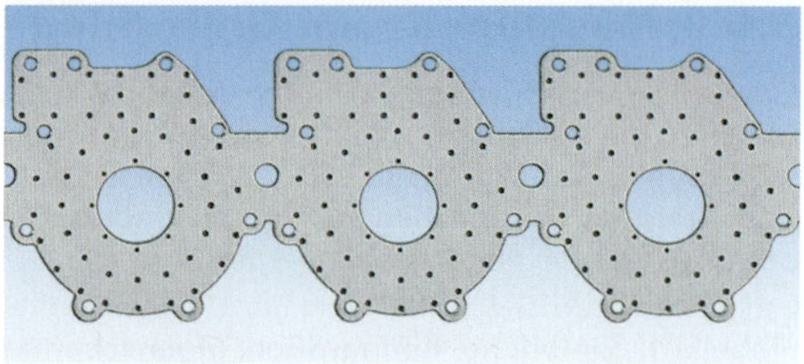

Bild 1: Blechstreifen mit Werkstücken vor dem Abschneiden

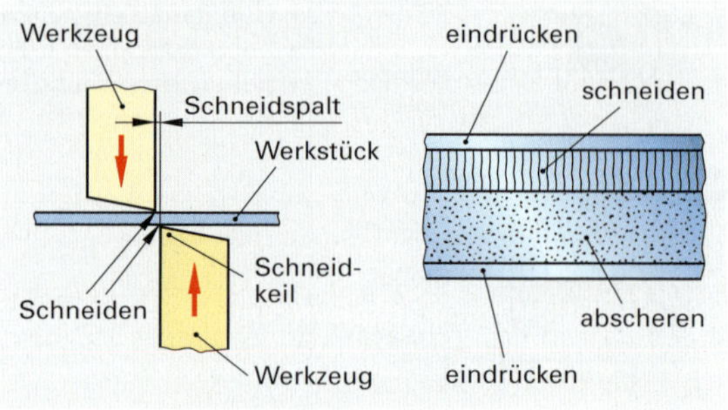

Bild 2: Vorgang beim Scherschneiden

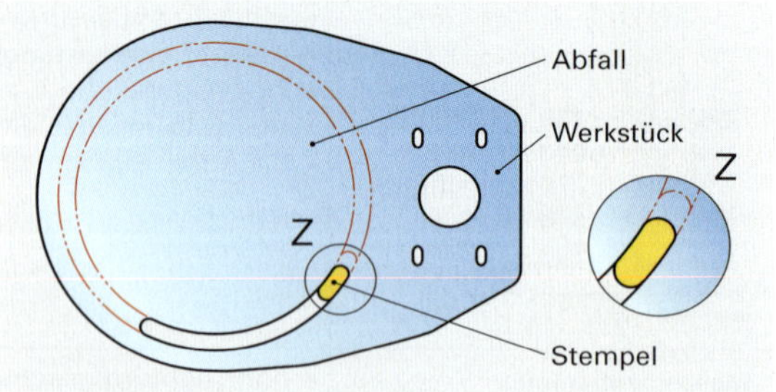

Bild 3: Trennen durch Nibbeln

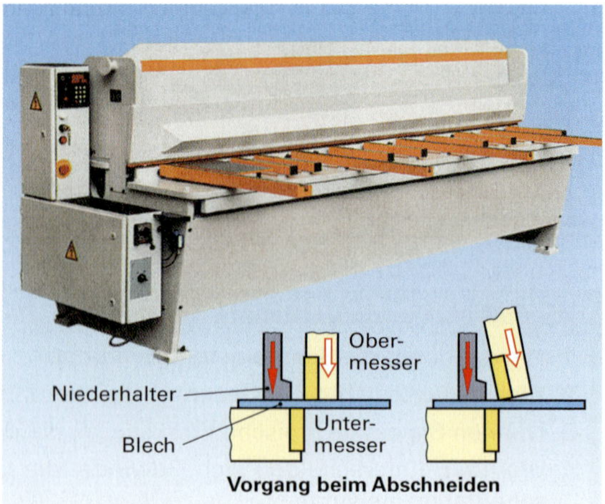

Bild 4: Tafelschere

3.6.1.2 Schneiden mit Schneidwerkzeugen

Viele Werkstücke aus Blech werden in hohen Stückzahlen mit Schneidwerkzeugen hergestellt. Die Schneidwerkzeuge werden dann in Pressen eingesetzt.

Schneidkraft

Die zum Trennen erforderliche Schneidkraft F ist abhängig von der Schnittfläche S und der maximalen Scherfestigkeit τ_{aBmax} **(Bild 1)**. Die Schnittfläche S ist das Produkt aus der Länge l der Schnittlinie und der Blechdicke s.

Schnittfläche $S = l \cdot s$

Die maximale Scherfestigkeit τ_{aBmax} wird aus der maximalen Zugfestigkeit R_{mmax} berechnet.

Maximale Scherfestigkeit $\tau_{aBmax} = 0{,}8 \cdot R_{mmax}$

Damit erhält man für die Schneidkraft F:

Schneidkraft $F = S \cdot \tau_{aBmax}$

Beispiel: Eine Scheibe mit einem Durchmesser d = 20 mm wird aus Stahlblech S275J2 mit der Dicke s = 5 mm ausgeschnitten (Bild 1). Zu berechnen sind:

a) die Länge der Schnittlinie,
b) die Schnittfläche,
c) die maximale Scherfestigkeit,
d) die Schneidkraft.

Lösung:
a) $\boldsymbol{l} = \pi \cdot d = \pi \cdot 20\text{ mm} = \mathbf{62{,}8\text{ mm}}$
b) $\boldsymbol{S} = l \cdot s = 62{,}8\text{ mm} \cdot 5\text{ mm} = \mathbf{314\text{ mm}^2}$
c) Aus Tabellen: $R_m = 410 \dots 560\text{ N/mm}^2$
$\boldsymbol{\tau_{aBmax}} = 0{,}8 \cdot 560\text{ N/mm}^2 = \mathbf{448\text{ N/mm}^2}$
d) $\boldsymbol{F} = S \cdot \tau_{aBmax} = 314\text{ mm}^2 \cdot 448\text{ N/mm}^2 = 140\,672\text{ N} \approx \mathbf{141\text{ kN}}$

Blechbedarf

Zwischen den Werkstücken sind Stege mit der Breite e und am Streifenrand Ränder mit der Breite a notwendig **(Bild 2)**. Bei der Ermittlung des Blechbedarfs A_o je Werkstück aus einem Blechstreifen der Breite B mit dem Streifenvorschub V bleibt der Abfall an den Streifenenden unberücksichtigt.

Blechbedarf je Vorschub $A_o = V \cdot B$

Schneidspalt

Schneidspalt. Zwischen Stempel und Schneidplatte muss ein Schneidspalt vorhanden sein **(Bild 3)**. Die Größe des Schneidspaltes hängt von der Blechdicke, der Scherfestigkeit des Bleches, der geforderten Standmenge und der Qualität der Scherfläche ab. In der Regel beträgt der Schneidspalt beim Feinschneiden 0,5% und sonst bis zu 5% der Blechdicke. Ob die richtige Größe des Schneidspaltes eingehalten wurde, erkennt man an der Schnittfläche. Ist sie rau und brüchig und zeigt sich ein starker Grat, ist der Schneidspalt zu groß.

Die richtigen Schneidspaltgrößen können Tabellen entnommen werden **(Tabelle 1)**.

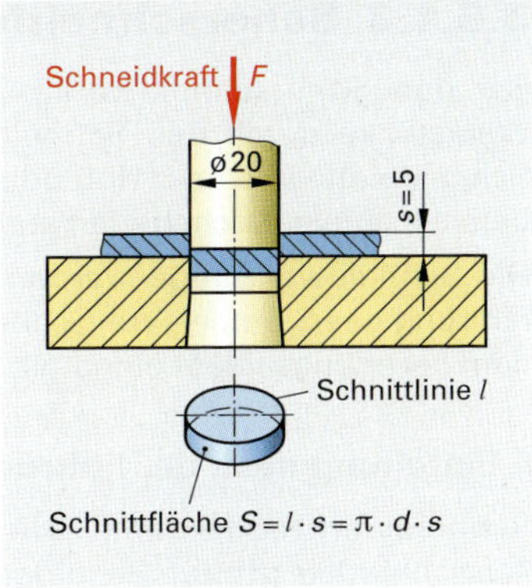

Bild 1: Berechnung der Schneidkraft

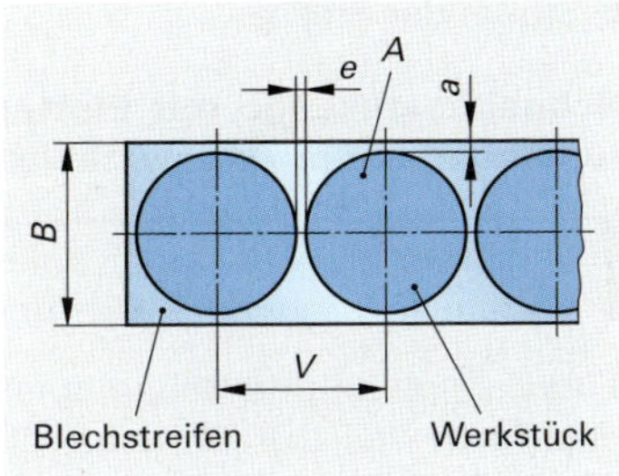

Bild 2: Blechbedarf

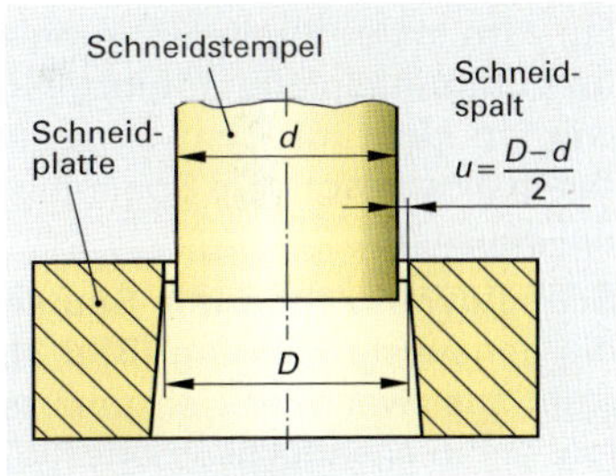

Bild 3: Schneidspalt

Tabelle 1: Größe des Schneidspaltes

Blechdicke s in mm	Schneidspalt u in mm für Scherfestigkeit τ_{aB} in N/mm²	
	250 ... 400	400 ... 600
0,4 ... 0,6	0,015	0,02
0,7 ... 0,8	0,02	0,03
0,9 ... 1,0	0,03	0,04
1,5 ... 2,0	0,04 ... 0,05	0,05 ... 0,07
2,5 ... 3,0	0,06 ... 0,07	0,09 ... 0,10
3,5 ... 4,0	0,08 ... 0,09	0,11 ... 0,13

3.6.1.3 Scherschneidwerkzeuge

Bei den Scherschneidwerkzeugen werden die Werkstücke durch den Schneidstempel und die Schneidplatte in einem Hub oder in mehreren Hüben aus einem Blechstreifen ausgeschnitten.

Die Schneidwerkzeuge werden nach der Art der Führung des Stempels zur Schneidplatte und nach dem Fertigungsablauf eingeteilt.

Einteilung nach der Führungsart

Schneidwerkzeuge ohne Führung werden zum Ausschneiden großer Scheiben und bei kleinen Stückzahlen verwendet **(Bild 1).**

Der Stempel wird gegenüber der Schneidplatte nicht im Werkzeug geführt, sondern durch den Stößel der Presse.

Schneidwerkzeuge mit Plattenführung werden für mittlere bis hohe Stückzahlen gebaut **(Bild 2).**

Der Stempel wird durch eine mit der Schneidplatte fest verbundene Führungsplatte geführt.

Führungsplatte und Schneidplatte haben die gleiche Form des Durchbruchs. Die Führungsplatte dient gleichzeitig als Abstreifer. Der Stempel wird von der Stempelhalteplatte aufgenommen. Sie bildet mit der Kopfplatte und dem Einspannzapfen den Stempelkopf. Der zu schneidende Blechstreifen wird in der Streifenführung zwischen Schneid- und Führungsplatte geführt. Größere Werkzeuge werden nicht mit dem Einspannzapfen, sondern durch eine besondere Spannplatte am Pressenstößel befestigt.

Schneidwerkzeuge mit Säulenführung besitzen die genaueste Führung **(Bild 3).** Die Führung besteht aus zwei oder vier gehärteten Führungssäulen, die in Gleitbuchsen oder Wälzlagerelementen geführt werden **(Bild 4).** Die Führungssäulen werden in Gestelle eingebaut, die als Normteile fertig bezogen werden können.

Gleitführungen eignen sich für kleine Hubzahlen und bei größeren Seitenkräften. Wälzführungen werden bei großen Hubzahlen je Minute und kurzen Hüben eingesetzt.

Wälzführungen sind spielfrei, wartungsarm, leichtgängig und erwärmen sich wenig.

Vorschubbegrenzung

Der Vorschub des Schnittstreifens erfolgt taktweise nach jedem Hub. Er wird durch Anschläge, Suchstifte, Seitenschneider oder besondere Vorschubapparate begrenzt.

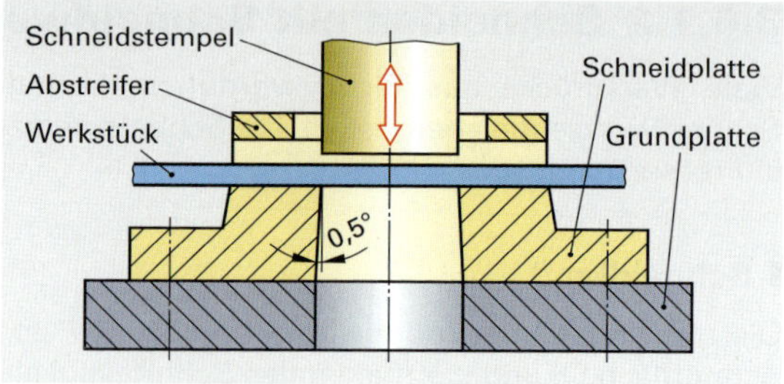

Bild 1: Schneidwerkzeug ohne Führung

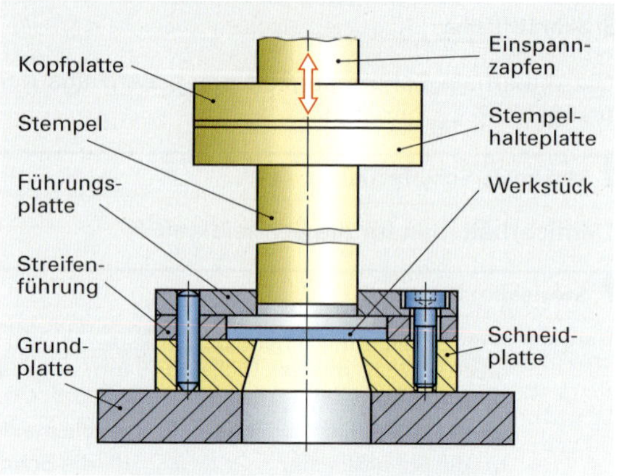

Bild 2: Schneidwerkzeug mit Plattenführung

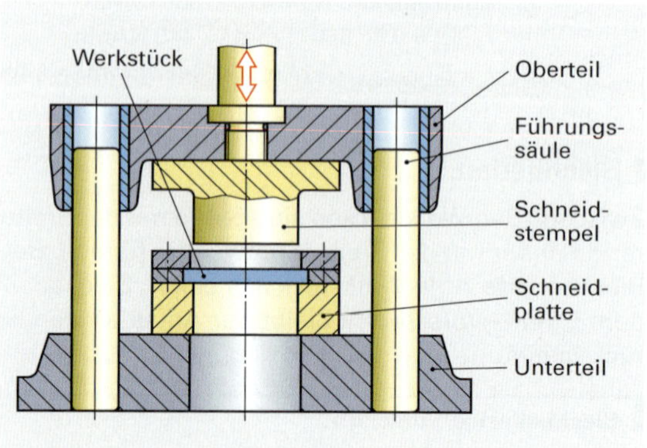

Bild 3: Schneidwerkzeug mit Säulenführung

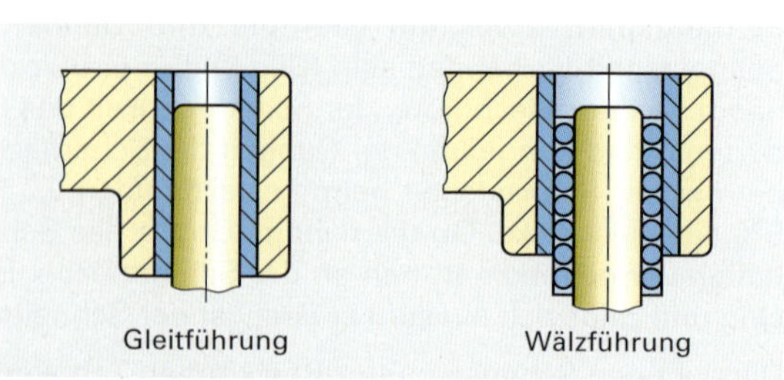

Bild 4: Säulenführungen

Einteilung nach dem Fertigungsablauf

Beim Scherschneiden werden die Verfahren und damit die Werkzeuge unterschieden nach:

- der Anzahl der Hübe je Werkstück ⇒ Einverfahren- und Folgewerkzeuge,
- dem gleichzeitigen Fertigen von Außen- und Innenform ⇒ Gesamtschneidwerkzeuge,
- der besonderen Qualität der Schnittflächen ⇒ Feinschneidwerkzeuge,
- dem Schneiden und Umformen in einem Werkzeug ⇒ Verbundwerkzeuge.

Einverfahrenwerkzeuge werden vielfach als Ausschneidwerkzeuge für geringe Stückzahlen gebaut **(Bild 1)**. Das Werkstück wird mit einem Stempel fertig ausgeschnitten. Nach dem Arbeitshub zieht der hochgehende Stempel den Blechstreifen mit sich über den Anlagestift. Das Blech wird an der Führungsplatte abgestreift und kann nun bis zum Anschlagstift weitergeschoben werden.

Folgeschneidwerkzeuge stellen die Form des Werkstückes durch mehrere aufeinanderfolgende Schnitte her **(Bild 2)**. Jeder Stempel führt einen bestimmten Schnitt aus. So wird z.B. das Werkstück in Bild 2 zuerst mit dem Lochstempel vorgelocht und dann mit dem Ausschneidstempel aus dem Blechstreifen ausgeschnitten.

Bei allen Folgeschneidwerkzeugen muss der Blechstreifen nach jedem Pressenhub sehr genau um den Streifenvorschub vorgeschoben werden.

> Mit Folgeschneidwerkzeugen werden Werkstücke in einem Werkzeug in mehreren Stufen hergestellt.

Gesamtschneidwerkzeuge stellen Innen- und Außenform eines Schnittteiles in einer Lage des Streifens mit einem Pressenhub her **(Bild 3)**.

Dadurch werden Lageabweichungen zwischen Innen- und Außenform durch ungenauen Vorschub oder durch Spiel des Blechstreifens in der Führung ausgeschlossen.

Der Ausschneidstempel dient zugleich als Schneidplatte für das Herstellen der Innenform. Das Werkstück wird vom Ausschneidstempel nach oben in die Schneidplatte geschoben und von einem Ausstoßer wieder ausgeworfen.

Der Ausstoßer hat außerdem die Aufgabe, die Lochstempel zu führen. Er muss deshalb in der Schneidplatte mit sehr geringem Spiel gleiten.

> Gesamtschneidwerkzeuge werden für Werkstücke eingesetzt, bei denen die Lagetoleranz von Außen- zu Innenform sehr klein ist und die in hohen Stückzahlen hergestellt werden.

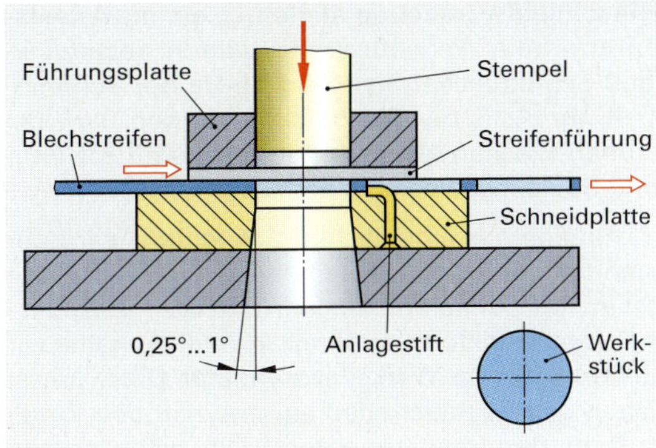

Bild 1: Einverfahren-Schneidwerkzeug

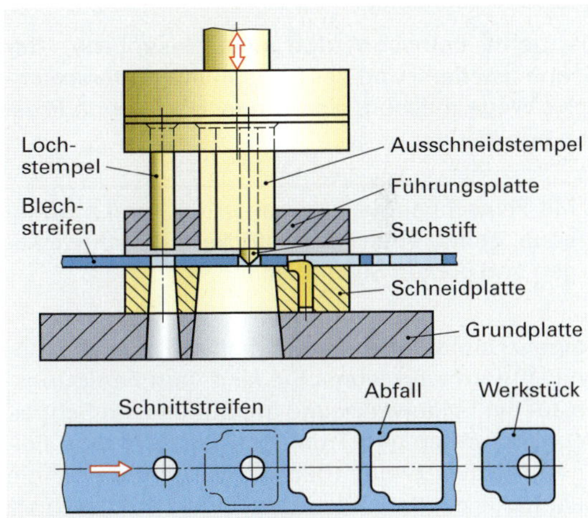

Bild 2: Folgeschneidwerkzeug

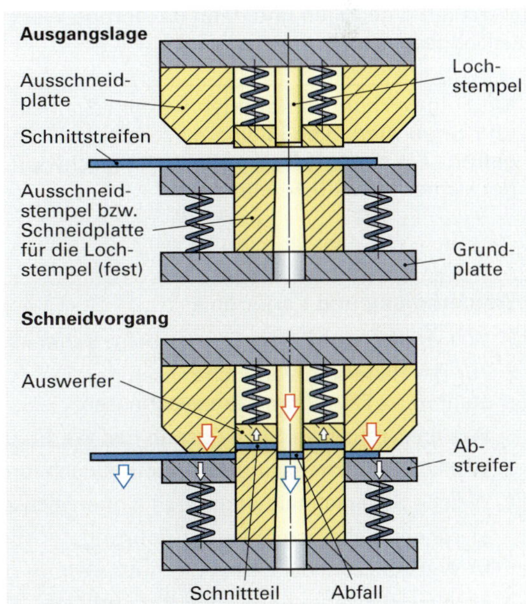

Bild 3: Gesamtschneidwerkzeug

Feinschneidwerkzeuge stellen in einem Arbeitshub gratfreie Werkstücke mit glatten, rechtwinkligen Schnittflächen her **(Bild 1)**. Da der Schneidspalt nur 0,5 % der Blechdicke betragen darf, bei dünnen Blechen also sehr klein ist, sind zur Führung Säulengestelle erforderlich.

Vor Beginn des eigentlichen Schneidens wird der Schnittstreifen durch eine bewegliche Pressplatte fest auf die Schneidplatte gedrückt. Die Pressplatte besitzt eine keilförmige Ringzacke, die parallel zur Außenkontur des Werkstücks verläuft. Diese presst sich in den Schnittstreifen ein und hält den Werkstoff in der Scherzone fest. Die erforderliche Schneidkraft ist etwa doppelt so groß wie beim reinen Scherschneiden.

Da beim Feinschneiden die Pressplatte, der Schneidstempel und der Gegenhalter unterschiedliche Wege machen, sind dreifach wirkende Pressen erforderlich.

> Mit Feinschneidwerkzeugen erhält man maßgenaue, genau ebene Werkstücke mit rechtwinkligen und glatten Schnittflächen.

Folgeverbundwerkzeuge enthalten Scherschneid- und Umformwerkzeuge. Sie sind vom Fertigungsablauf her Folgewerkzeuge mit Stufen zum Schneiden, Umformen und Trennen **(Bild 2)**. In dem Folgeverbundwerkzeug (Bild 2) werden zuerst die Seiten des entstehenden Werkstücks freigeschnitten, danach die Längskanten der zu biegenden Schenkel geschnitten und vorgebogen, im Biegegesenk fertig gebogen und dann das fertige Werkstück abgeschnitten.

> Mit Folgeverbundwerkzeugen werden Schneid- und Umformarbeiten in einem Werkzeug durchgeführt. Sie eignen sich zur Herstellung schwieriger kleiner Werkstücke aus Blech.

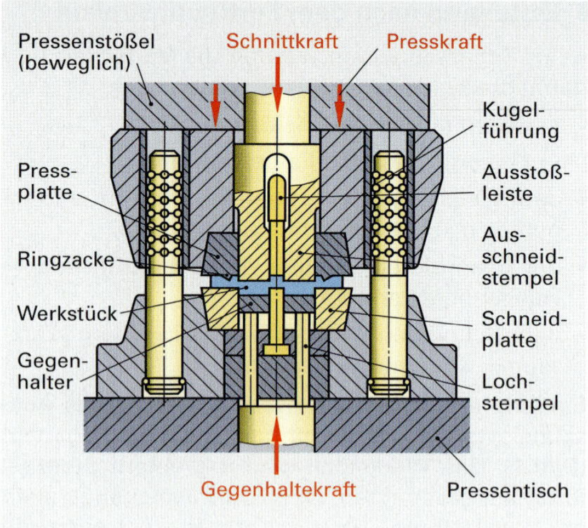

Bild 1: Feinschneidwerkzeug

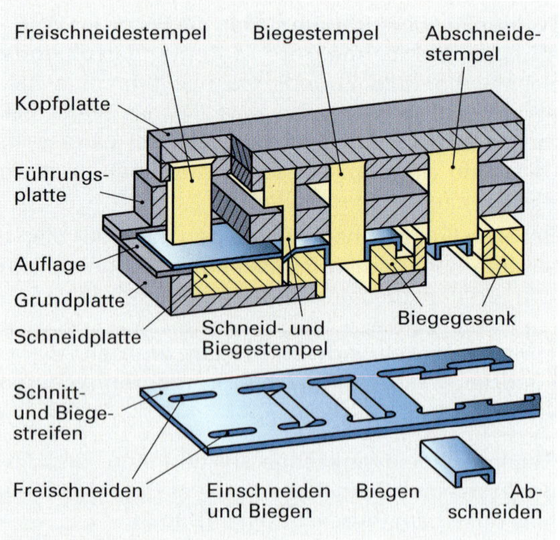

Bild 2: Folgeverbundwerkzeug

Wiederholung und Vertiefung

1 Wie verläuft der Trennvorgang beim Scherschneiden?

2 Für die Halterung von Lichtmaschinen in Kraftfahrzeugen werden 1 mm dicke Blechteile aus Baustahl (R_m = 520 N/mm²) ausgeschnitten.
Wie groß muss der Schneidspalt des Werkzeuges sein?

3 Wie können Scherschneidwerkzeuge nach ihrer Führungsart eingeteilt werden?

4 Welche Scherschneidwerkzeuge eignen sich zum Herstellen von
- a) runden Scheiben mit einer Bohrung,
- b) Werkstücken, bei denen die Außenkontur genau zur Bohrung liegen muss,
- c) Werkstücken mit gratfreier Schnittfläche,
- d) Werkstücken mit gebogenen Bereichen?

3.6.2 Strahlschneiden

Beim Strahlschneiden wird der Werkstoff mit einem Gas- oder Wasserstrahl getrennt. Man unterscheidet Thermisches Schneiden und Wasserstrahlschneiden. Das geeignete Verfahren hängt vom zu schneidenden Werkstoff, der Werkstoffdicke und der gewünschten Qualität der Schnittkanten ab.

3.6.2.1 Thermisches Schneiden

Die Trennstelle wird erwärmt und danach durch einen Gasstrahl getrennt. Die wichtigsten Verfahren sind: Autogenes Brennschneiden, Plasma-Schmelzschneiden und Laserstrahlschneiden.

Autogenes Brennschneiden (Tabelle 1)

Unlegierte und niedriglegierte Stähle verbrennen in reinem Sauerstoff, wenn ihre Entzündungstemperatur überschritten wird. Diese beträgt etwa 1200 °C und liegt unter der Schmelztemperatur.

Das Brennschneiden nutzt dieses Verhalten. Mit einer Brenngas-Sauerstoff-Flamme wird die Anschnittstelle am Werkstück bis auf Entzündungstemperatur erwärmt und danach der Schneidsauerstoff zugeschaltet. Dadurch verbrennt der Stahl an der weißglühend erwärmten Anschnittstelle. Das entstehende Eisenoxid wird zusammen mit geschmolzenem Stahl durch den Druck des Sauerstoffstrahles aus der Schnittfuge geblasen. Durch den Vorschub des Schneidbrenners entsteht eine Schnittfuge **(Bild 1)**.

Bei richtiger Schneidgeschwindigkeit entsteht eine Schnittfuge mit senkrechten Schnittmarkierungen **(Bild 2)**.

Bei schrägen Markierungen ist die Geschwindigkeit zu hoch. Bildet sich an der Unterkante ein Schlackenbart, ist die Schneidgeschwindigkeit zu niedrig (Bild 2).

Als Brenngase werden vor allem Acetylen und Propan verwendet.

Die Oberflächengüte der Schnittfuge entspricht etwa der beim Sägen oder Hobeln. Sie hängt ab von

- dem Düsenabstand zur Schnittoberkante,
- der Größe der Schneiddüse,
- dem Sauerstoffdruck,
- der Vorschubgeschwindigkeit.

Blechpakete können nur dann brenngeschnitten werden, wenn mit dem Schnitt am Rande begonnen werden kann und die Bleche aufeinander gepresst werden.

Autogenes Brennschneiden ist auch **unter Wasser** einsetzbar.

Mineralische Werkstoffe, wie z. B. **Beton,** können mit Stahlrohrlanzen, mit denen zusätzlich eisenreiches Pulver eingeblasen wird, bis zu einer Dicke von 4 m „gebohrt" werden.

Tabelle 1: Autogenes Brennschneiden

Anwendung	Unlegierte und niedriglegierte Stähle
Werkstoffdicke	5 mm bis 1000 mm
Schneidegeschwindigkeit	800 mm/min bei 5 mm Dicke 400 mm/min bei 80 mm Dicke
Vorteile	Einsatz handgesteuerter Brenner und CNC-gesteuerter Maschinen möglich
Nachteile	Nicht für dünne Bleche, legierte Stähle und NE-Metalle geeignet

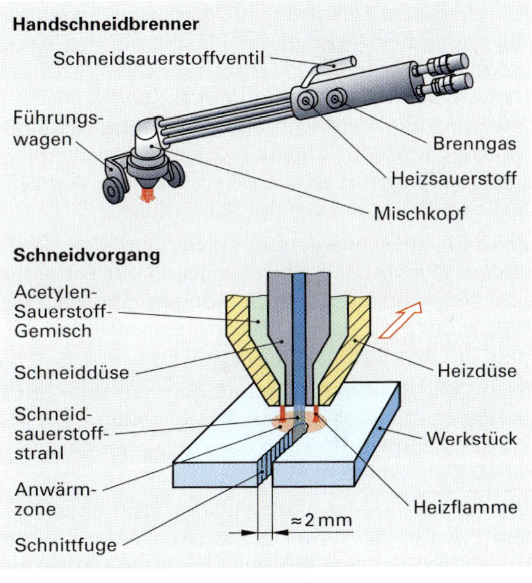

Bild 1: Autogenes Brennschneiden

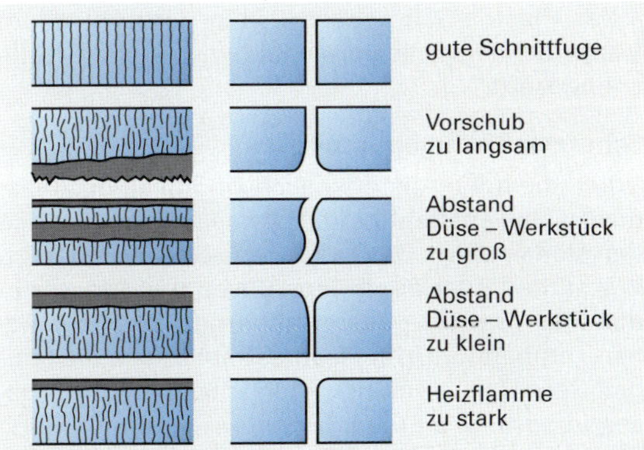

Bild 2: Fehler beim Brennschneiden

Plasma-Schmelzschneiden

Das Plasma-Schmelzschneiden eignet sich besonders zum Trennen von legierten Stählen und NE-Metallen **(Tabelle 1)**. Bei diesen Metallen sind die Schmelztemperaturen der entstehenden Oxide höher als die der Metalle selbst. Deshalb ist damit Autogenes Brennschneiden nicht möglich.

Tabelle 1: Plasma-Schmelzschneiden

Anwendung	Legierte Stähle, NE-Metalle und Nichtmetalle
Werkstoffdicke	1 mm bis 100 mm
Schneide-geschwindigkeit	bis 6 m/min beim Trennschnitt bis 4 m/min beim Güteschnitt
Schneidgase	Argon, Stickstoff, Gemische aus beiden, Helium, Druckluft
Vorteile	Schneiden aller Metalle mit hohen Schneidgeschwindigkeiten und guter Schnittgüte möglich
Nachteile	Schutzeinrichtungen gegen entstehenden Lärm, Staub und Rauch nötig; teure Maschinen

Schneidvorgang

Beim Plasma-Schmelzschneiden wird der Werkstoff durch einen Plasmastrahl getrennt, der mit sehr hoher Temperatur und hoher Geschwindigkeit auf die Schnittstelle trifft. Als Plasma bezeichnet man ein elektrisch geladenes, hoch erhitztes Gas.

Zuerst wird zwischen der Wolframelektrode und der Schneiddüse ein Pilotlichtbogen gezündet **(Bild 1)**. Das zugeführte Schneidgas durchströmt den Lichtbogen und wird dabei durch die hohen Temperaturen in den Plasmazustand gebracht. Eine zwischen Elektrode und Werkstück angelegte Spannung beschleunigt das Plasma auf das Werkstück zu. Sobald der Plasmastrahl das Werkstück berührt, springt der Lichtbogen auf das Werkstück über und der Pilotlichtbogen wird abgeschaltet. Der bis ca. 30 000 °C heiße und energiereiche Plasmastrahl schmilzt den Werkstoff an der Auftreffstelle und bläst ihn aus der Schnittfuge.

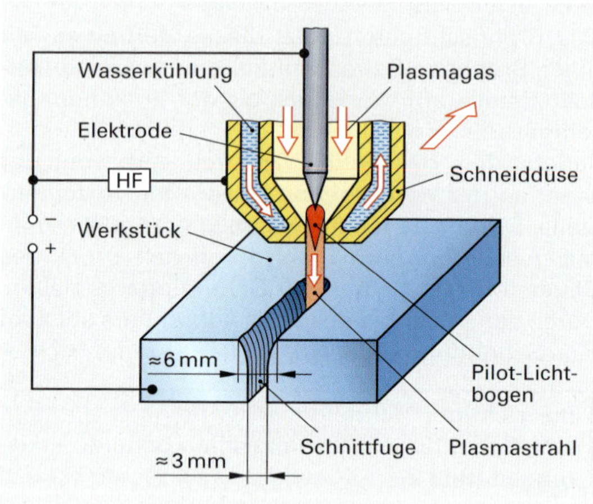

Bild 1: Plasma-Schmelzschneiden

Beim Plasmaschneiden von nicht leitenden Werkstoffen (Nichtmetallen) ist zwischen der Elektrode und dem Werkstück kein Lichtbogen möglich. Deshalb muss eine weitere Elektrode verwendet werden, um den Stromkreis zu schließen.

Beim Plasma-Schmelzschneiden werden hohe Schneidgeschwindigkeiten erzielt. Dadurch ist die Wärmebeeinflussung und der Verzug der geschnittenen Teile gering.

Die Schnittfuge ist beim Plasma-Schmelzschneiden oben etwas weiter als unten, da die Energie des Plasmastrahles mit der Schnitttiefe abnimmt **(Bild 2)**.

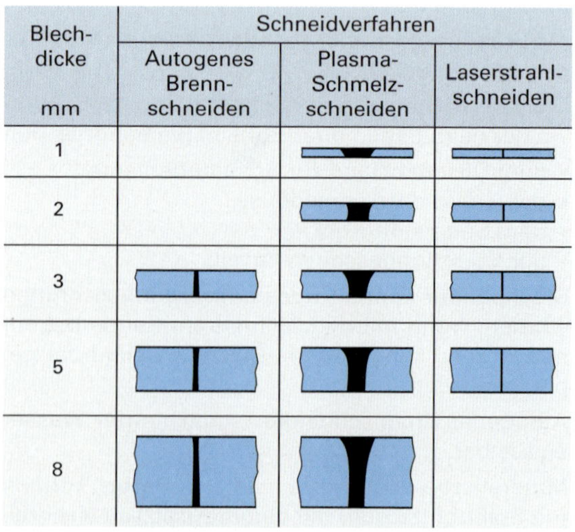

Bild 2: Schnittfugen beim Autogen-, Plasma- und Laserstrahlschneiden

> Das Plasma-Schmelzschneiden wird vor allem zum Schneiden legierter Stähle und NE-Metalle eingesetzt.

Schutzmaßnahmen

Durch die hohe Austrittsgeschwindigkeit des Plasmastrahles entsteht beim Plasma-Schmelzschneiden starker Lärm. Dieser kann durch Schneiden im Wasserbad oder durch Einspritzen von Wasser in den Plasmastrahl gedämpft werden. Die sehr hohen Temperaturen im Plasmastrahl lassen die giftigen Gase Ozon und Stickoxide entstehen. Sie müssen abgesaugt werden. Die intensive ultraviolette Strahlung wird durch Schutzgläser oder Abdeckungen abgeschirmt.

Laserstrahlschneiden (Tabelle 1)

Beim Laserstrahlschneiden dient ein Laserstrahl zum Schneiden **(Bild 1)**. Laserstrahlen sind gebündelte, energiereiche Lichtstrahlen. Sie werden mithilfe von Gasen (Gaslaser) oder von Kristallen (Festkörperlaser) erzeugt und durch ein Linsensystem wie mit einem Brennglas auf eine sehr kleine Fläche der Werkstoffoberfläche fokussiert (gebündelt). Dadurch entsteht eine hohe Energiedichte. Der Werkstoff schmilzt oder verdampft und wird von einem Gasstrahl aus der Schnittfuge geblasen. Nach der Wirkungsweise unterscheidet man Laser-Schmelzschneiden und Laser-Brennschneiden.

Schneidvorgang

Beim **Laserstrahl-Schmelzschneiden** wird der durch den Laserstrahl geschmolzene Werkstoff durch ein inertes Gas, meist Stickstoff oder Argon, aus der entstehenden Schnittfuge geblasen (Bild 1). Dieses Verfahren eignet sich besonders für Metalle, deren Schmelzpunkt unter dem Entzündungspunkt liegt, also z. B. für nichtrostende Stähle und Aluminiumlegierungen, für Halbleitermaterialien, Kunststoffe, andere brennbare Stoffe und für keramische Werkstoffe.

Beim **Laser-Brennschneiden** erwärmt der Laserstrahl den Werkstoff auf Entzündungstemperatur. Dieser verbrennt im gleichzeitig zugeführten Sauerstoffstrahl, der auch die Oxide aus der Trennfuge bläst. Mit **wasserstrahlgeführten Lasern** kann die Wärmebeeinflussung der Schneidkanten verringert und damit auch z. B. Werkstoffe der Halbleitertechnik (Silicium-Wafer) geschnitten werden. Außerdem ist ein wesentlich größerer Abstand des Schneidkopfes zum Werkstück möglich als ohne Wasserstrahlführung. Dadurch können z. B. dreidimensionale Schnitte besser durchgeführt werden.

Der besondere Vorteil des Laserstrahlschneidens ist der glatte Schnitt **(Bild 2)**. Damit entfällt in den meisten Fällen die Nachbearbeitung der geschnittenen Teile.

Mit dem Laserstrahlschneiden werden auch sehr kleine Bohrungen und Konturen hergestellt.

Schutzmaßnahmen

Auch beim Laserstrahlschneiden entstehen Rauch und Reizgase. Diese müssen abgesaugt werden.

Weitere Einsatzmöglichkeiten (Auswahl)

Laserstrahlen werden auch zum **Gravieren und Beschriften** metallischer und nichtmetallischer Teile, zum Härten von Oberflächen, in der **Schweißtechnik** (Seite 258) und in der **Messtechnik** (Seite 42) eingesetzt.

Tabelle 1: Laserstrahlschneiden

Anwendung	Alle Stähle, Al-Legierungen, Kunststoffe, Keramik
Werkstoffdicke (Beispiele)	12 mm bei Stahl 1 mm bei Aluminium
Schneide-geschwindigkeit	1,1 m/min bei Stahl 22 m/min bei Aluminium
Schneidgase	Stickstoff, Argon, Sauerstoff
Vorteile	Schneiden vieler Stoffe möglich, sehr gute Schnittgüte; hohe Schneidgeschwindigkeit
Nachteile	Schutzeinrichtungen nötig; teure Maschinen

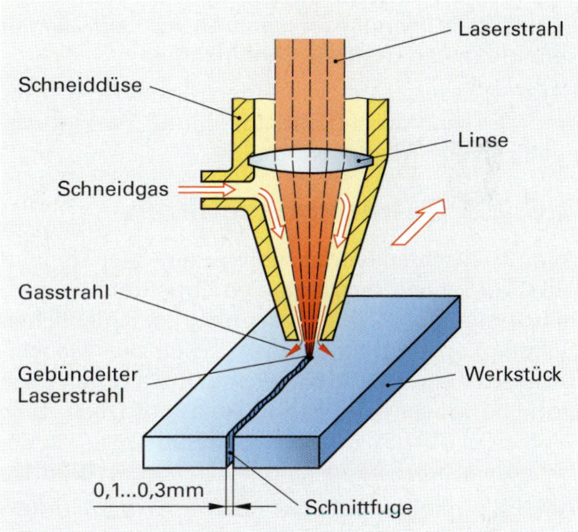

Bild 1: Laserstrahl-Schmelzschneiden

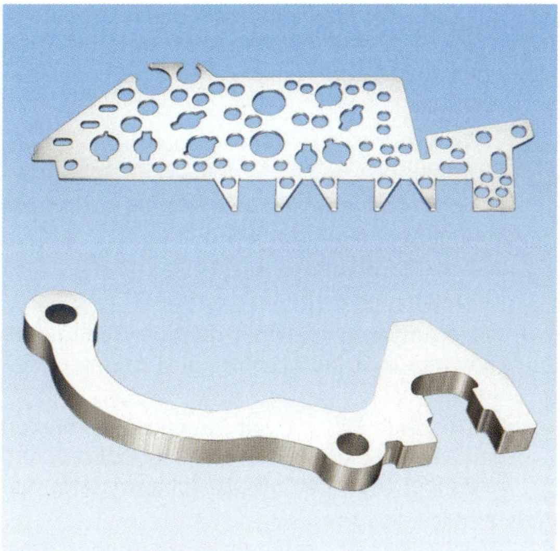

Bild 2: Mit Laserstrahl geschnittene Werkstücke

3.6.2.2 Wasserstrahl-Schneiden

Das Wasserstrahl-Schneiden **(Tabelle 1)** arbeitet mit einem dünnen Wasserstrahl, dem meist Strahlmittel, z. B. Quarzsand, beigemischt sind, um die abtragende Wirkung zu verstärken.

Schneidvorgang

Das Schneidwasser wird durch eine Pumpe auf einen Druck von etwa 4000 bar gebracht und dem Schneidkopf zugeleitet. Dort wird das Strahlmittel beigemischt. Der 0,1 mm bis 0,5 mm dicke Strahl trennt, von einem Startloch im Werkstück ausgehend, den Werkstoff. Die Schneidgeschwindigkeit hängt von der Härte und der Zähigkeit des Werkstoffes sowie von der geforderten Schnittgüte ab. Beim Feinschnitt, der etwa mit 25 % der möglichen Schneidgeschwindigkeit gefahren wird, erhält man sehr glatte und gratfreie Schnittkanten.

Beim Wasserstrahl-Schneiden entsteht großer Lärm. Er kann durch Schneiden unter Wasser wesentlich vermindert werden.

Tabelle 1: Wasserstrahl-Schneiden

Anwendung	Metalle, NE-Metalle, Kunststoffe, Textilien, Verbundwerkstoffe, laminierte Werkstoffe
Werkstoffdicke	1 mm bis 100 mm
Schneide-geschwindigkeit	0,4 m/min bei Stahl 0,8 m/min bei Aluminium
Schneidstoff	Wasser mit abtragenden (abrasiven) Zusätzen
Vorteile	Schneiden aller Stoffe möglich; keine Wärmebeeinflussung und damit kein Verzug
Nachteile	Einsatz nur, wenn die thermischen Trennverfahren nicht geeignet sind

3.6.2.3 Schneidmaschinen

Alle Strahlschneidverfahren werden überwiegend auf CNC-Schneidmaschinen durchgeführt. Je nach Schneidverfahren sind diese mit unterschiedlichen Schneidköpfen ausgestattet. Über die Maschinensteuerung können die wichtigen Parameter wie Vorschubgeschwindigkeit, Abstand Düse zum Werkstück, Druck der verwendeten Gase, Spannung und Stromstärke eingestellt werden **(Bild 1)**.

Am PC erstellte **Schachtelpläne** ordnen unterschiedliche Werkstücke so an, dass die Blechtafel optimal ausgenutzt wird **(Bild 2)**.

Formschnitte an Rohren, z. B. für Rohrknoten, werden auf CNC-Rohrschneidmaschinen hergestellt. Damit können die räumlich gekrümmten Kanten exakt geschnitten und gleichzeitig die Schweißfasen angebracht werden.

Bild 1: CNC-Brennschneidmaschine

Wiederholung und Vertiefung

1. Welche Aufgabe hat die Vorwärmflamme beim autogenen Brennschneiden?
2. Welche Strahlschneidverfahren eignen sich für das Trennen von unlegiertem Stahl?
3. Woran erkennt man die richtige Schneidgeschwindigkeit beim autogenen Brennschneiden?
4. Mit welchen Schneidverfahren können die folgenden Werkstoffe geschnitten werden: Nichtrostender Stahl, AlCuMg3, Schaumstoffe, Keramik?
5. Welche Sicherheitsregeln müssen beim Plasma-Schmelzschneiden eingehalten werden?

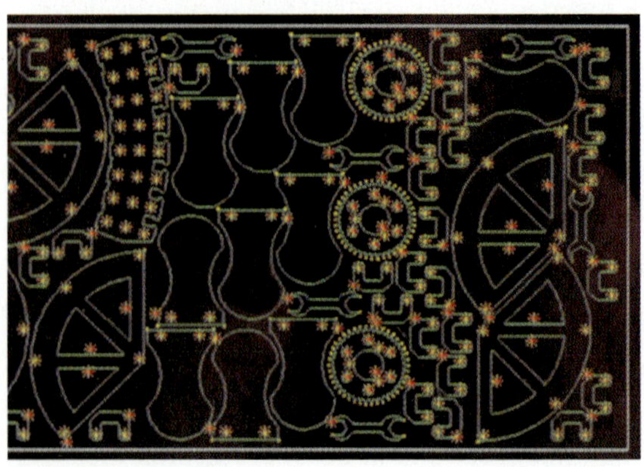

Bild 2: Schachtelplan

3.7 Handgeführte spanende Fertigung

3.7.1 Grundlagen

Bei allen spanenden Fertigungsverfahren sind besonders wichtig:

- die Form der Werkzeugschneide und damit die Spanbildung an der Werkzeugschneide
- die auftretenden Kräfte und Temperaturen
- die Verschleißfestigkeit der Schneidstoffe

Die Grundform aller Werkzeugschneiden ist ein **Keil (Bild 1)**. Die beim Zerspanen auftretenden Kräfte und Temperaturen verursachen am Schneidkeil Verschleiß. Die Werkzeugschneide muss deshalb auch bei hohen Temperaturen verschleißfest und ausreichend zäh sein.

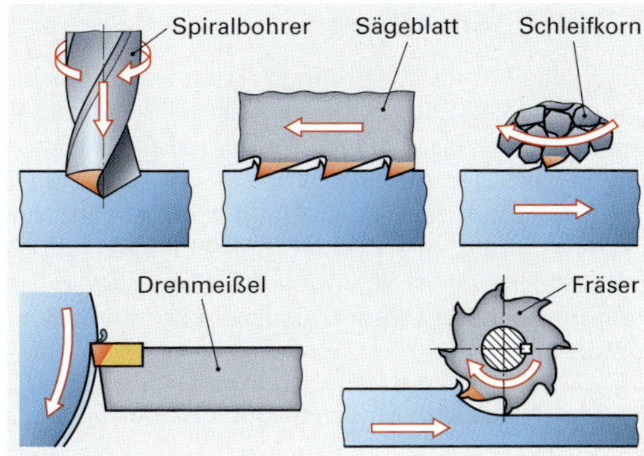

Bild 1: Keilform der Werkzeugschneide

Flächen und Winkel am Schneidkeil

Der in das Werkstück eindringende Schneidkeil wird durch die Spanfläche und die Freifläche gebildet **(Bild 2)**. Der Winkel zwischen beiden Flächen wird als **Keilwinkel** β bezeichnet. Seine Größe richtet sich im Wesentlichen nach dem zu zerspanenden Werkstoff **(Tabelle 1)**. Eine Werkzeugschneide dringt umso leichter in den Werkstoff ein, je kleiner ihr Keilwinkel ist. Damit aber bei der Bearbeitung von Werkstoffen mit höherer Festigkeit die Schneide nicht ausbricht, muss der Keilwinkel genügend groß sein.

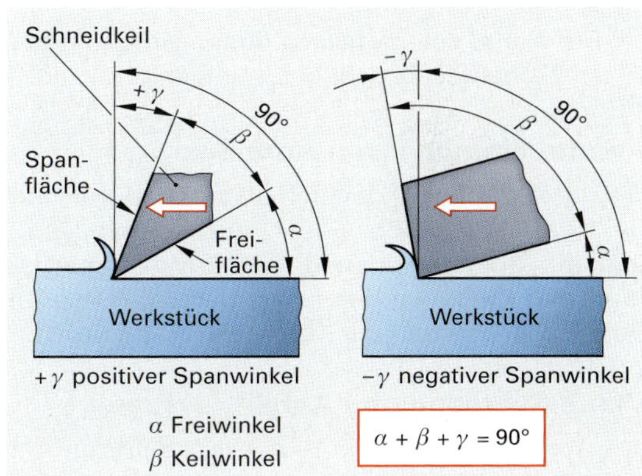

Bild 2: Flächen und Winkel am Schneidkeil

Der **Spanwinkel** γ ist der Winkel zwischen der Spanfläche und einer Senkrechten zur Bearbeitungsfläche. Der Spanwinkel beeinflusst hauptsächlich die Spanbildung. Er wird umso größer gewählt, je weicher der Werkstoff ist. Ein großer positiver Spanwinkel führt zur Bildung von langen Spänen.

Liegt ein kleiner positiver Spanwinkel vor, so kann der Keilwinkel vergrößert werden. Beim Bearbeiten von harten und spröden Werkstoffen ist der Schneidkeil dann stabiler.

Bei Wendeschneidplatten mit einen Keilwinkel von 90° bildet sich ein negativer Spanwinkel. Diese Platten können von zwei Seiten verwendet werden. Eine wirtschaftliche Fertigung ist hiermit möglich. Ein negativer Spanwinkel führt bei „normalen Stählen" zu einem schnellen Spanbruch. Durch den großen Schneidkeil sind diese Platten für einen unterbrochenen Schnitt gut geeignet.

Der **Freiwinkel** α zwischen der Freifläche und der bearbeiteten Fläche ist notwendig, um die Reibung zwischen Werkzeug und Werkstück zu vermindern. Man wählt ihn gerade so groß, dass das Werkzeug genügend frei schneidet. Freiwinkel, Keilwinkel und Spanwinkel ergeben in der Summe immer 90°.

Tabelle 1: Größe und Winkel am Schneidkeil

Keilwinkel β		Spanwinkel γ			Freiwinkel α	
groß	klein	positiv klein	positiv groß	negativ	klein	groß
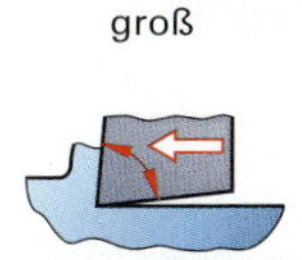	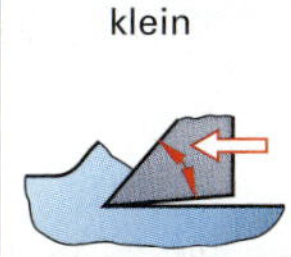	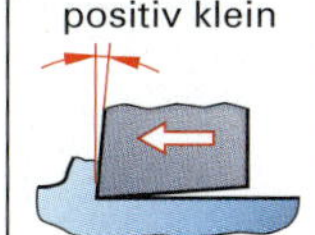	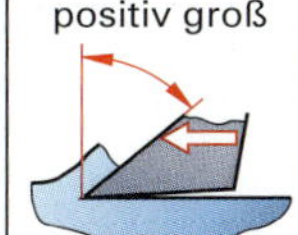	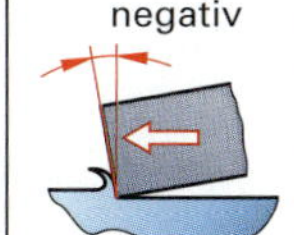	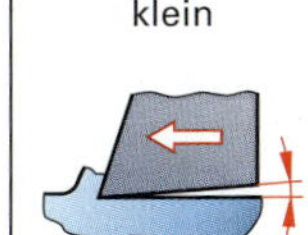	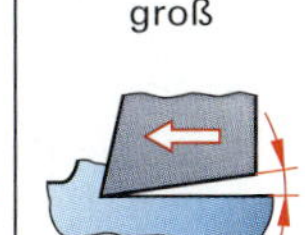
Harte Werkstoffe mit höherer Festigkeit, z. B. Vergütungsstähle	Weiche Werkstoffe, z. B. Aluminium-Legierungen	Werkstoffe mit hoher Festigkeit, harte, spröde Werkstoffe	Weiche Werkstoffe, beim Schlichten	„normale" Strähle, bei unterbrochenem Schnitt, wirtschaftliche Fertigung	Harte und kurzspanende Werkstoffe, z. B. hochlegierte Stähle	Weiche, plastisch verformbare Werkstoffe, z. B. Kunststoffe

3.7.2 Fertigen mit handgeführten Werkzeugen

3.7.2.1 Anreißen

Durch das Anreißen werden Werkstücke für die weitere Fertigung wie z. B. Bohren, Sägen oder Feilen vorbereitet. Beim Anreißen werden die Zeichnungsmaße auf das Werkstück übertragen. Das Anreißen wird nur noch für die Fertigung mit handgeführten Werkzeugen oder für die maschinelle Einzelfertigung angewendet. Beim Einsatz von CNC-Werkzeugmaschinen ist das Anreißen überflüssig geworden. Folgende Forderungen müssen beim Anreißen beachtet werden:

- Die Anrisslinien müssen gut sichtbar angebracht werden.
- Die Zeichnungsmaße sind möglichst genau zu übertragen.
- Der Anriss soll möglichst dünn sein und darf die Werkstückoberfläche nicht beschädigen.

Vorbereitungen zum Anreißen

Um die Anrisslinien deutlich sichtbar zu machen, werden die Oberflächen von Guss- und Schmiedestücken mit Schlämmkreide bestrichen. Glatte Metalloberflächen und Leichtmetallteile werden mit Anreißlack besprüht, blanke Stahlflächen werden mit Kupfervitriol verkupfert.

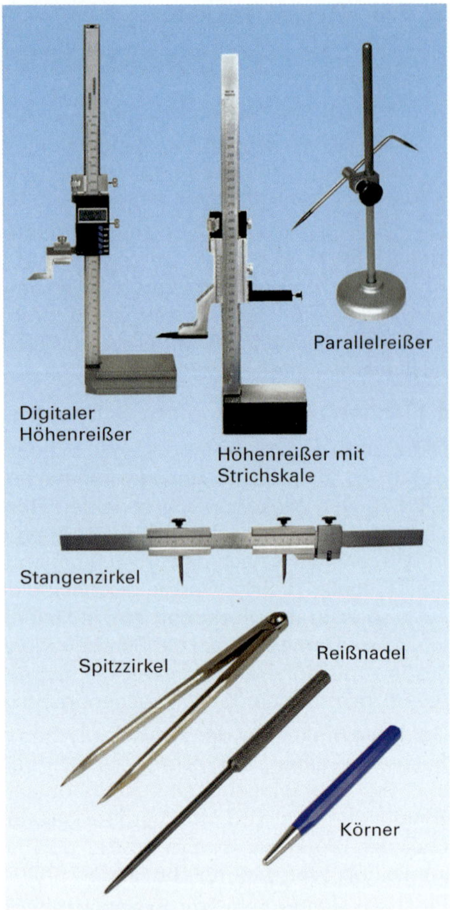

Bild 1: Anreißwerkzeuge (Auswahl)

Anreißvorgang und Anreißwerkzeug

Das Anreißen mit den in **Bild 1** aufgeführten Anreißwerkzeugen wird häufig auf einer ausgerichteten Anreißplatte aus Gusseisen oder Granit durchgeführt. Die Spitze der Anreißwerkzeuge ist gehärtet oder besteht aus einem hartmetallbestückten Einsatz. Zum Anreißen von dünnwandigen, gehärteten oder kerbempfindlichen Werkstücken wird eine Messingreißnadel verwendet. Leichtmetallbleche werden mit einem Bleistift angerissen.

Zum Anreißen von Kreisen und zum Abtragen von Teilstrecken werden Spitzzirkel oder Stangenzirkel verwendet. Die Kreismittelpunkte werden mit dem Körner angekörnt, damit der Zirkel nicht verrutscht. Zum Ankörnen von Bohrlochmittelpunkten wird der Körner zur Erleichterung des Anbohrens kräftiger eingeschlagen.

Risslinien, besonders an Krümmungen, werden durch Kontrollkörnerpunkte besser hervorgehoben. Nach der Bearbeitung sollen die Körnerpunkte noch zur Hälfte sichtbar sein.

Risslinien beliebiger Höhe können mit dem Parallelreißer oder dem Höhenreißer parallel zur Anreißplatte gezogen werden **(Bild 2)**. Höhenreißer sind mit einer Strichskale oder einer digitalen Anzeige ausgeführt.

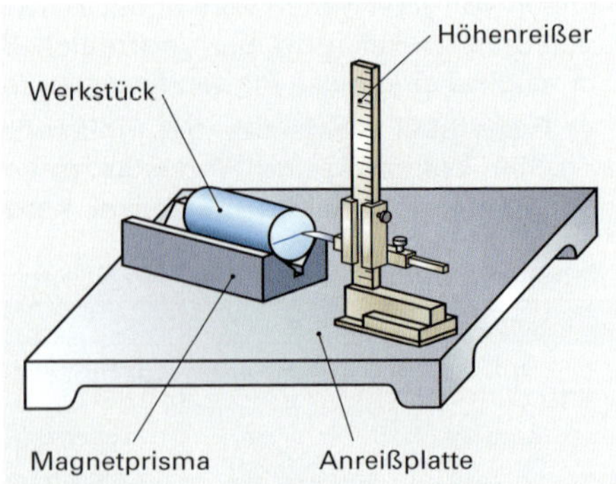

Bild 2: Anreißen auf der Anreißplatte

Digitale Höhenreißer (Bild 1) arbeiten opto-elektronisch (→ Seite 37) nach dem inkrementalen Messverfahren. Ein in der Vertikalsäule eingebauter Glasmaßstab dient als Maßverkörperung. Ein Abtastkopf liest die Teilung des Maßstabes ab. Der digitale Parallelreißer kann an jeder Stelle durch Tastendruck auf Null gestellt werden. Bei Bedarf können die Maße über Tasten addiert oder subtrahiert werden.

3.7.2.2 Sägen von Hand

Sägen von Hand ist ein spanendes Fertigungsverfahren mit einer geradlinigen Schnittbewegung. Es wird zum Trennen von kleineren Werkstücken, Stangenmaterial, Rohren oder zum Einschneiden von Nuten und Schlitzen angewandt. Dabei wird durch das handgeführte Werkzeug die Schnittbewegung erzeugt.

Das Sägeblatt ist ein vielschneidiges Werkzeug mit hintereinanderliegenden Zähnen. Die keilförmigen Zähne sind gehärtet und haben eine geringe Schnittbreite. Die Spanräume (Zahnlücken) nehmen die Späne auf und führen sie aus der Schnittfuge heraus **(Bild 1)**.

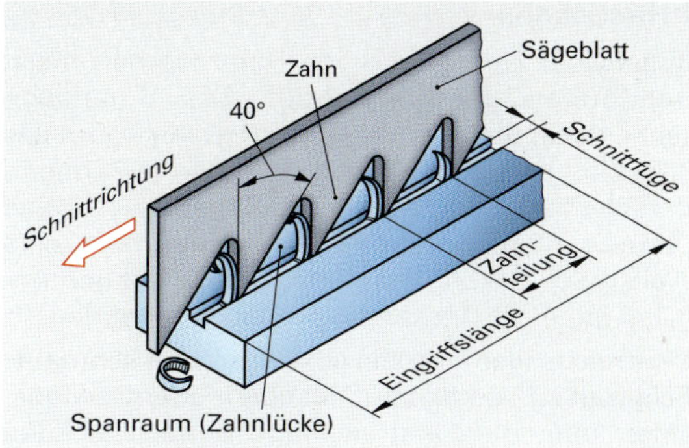

Bild 1: Wirkungsweise des Sägeblatts

Die Zähne des Sägeblatts müssen immer in Schnittrichtung zeigen.

Zahnteilung des Sägeblatts

Der Abstand der Zahnspitzen wird als Zahnteilung bezeichnet. Zur Kennzeichnung der Zahnteilung wird bei Sägeblättern die Anzahl der Zähne auf ein Inch (1 Inch = 25,4 mm) Länge angegeben. Damit das Sägeblatt nicht einhakt, müssen immer mehrere Zähne im Eingriff sein. Für dünnwandige Werkstücke und Hohlprofile (Rohre) sind deshalb Sägeblätter mit feiner Zahnteilung einzusetzen **(Bild 2)**. Bei einer großen Eingriffslänge müssen Sägeblätter mit grober Zahnteilung verwendet werden.

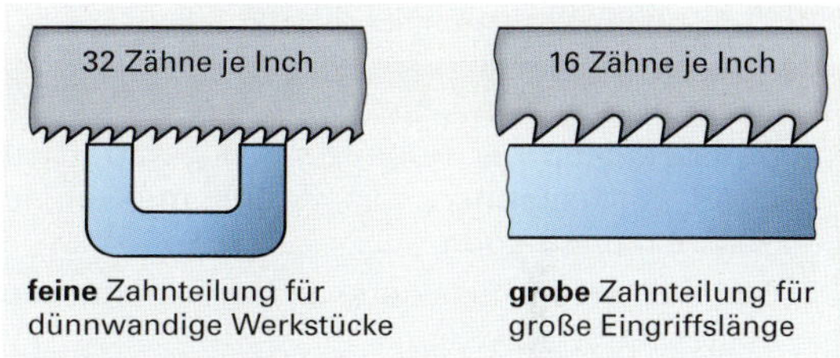

Bild 2: Zahnteilung des Sägeblatts

Die Zahnteilung richtet sich außerdem nach der Festigkeit des Werkstoffs, der gesägt wird **(Tabelle 1)**. Werkstoffe mit höherer Festigkeit erfordern eine feine Zahnteilung, damit mehr Zähne im Eingriff sind. Werkstoffe mit einer geringen Festigkeit benötigen einen größeren Spanraum und somit eine grobe Zahnteilung. Für die Auswahl der Sägeblätter gilt:

Tabelle 1: Zahnteilung beim Sägen von verschiedenen Werkstoffen

Zahnteilung	Werkstoffe
16 Zähne je Inch ≙ grob	Aluminium, Kupfer, Kunststoffe
22 Zähne je Inch ≙ mittel	Unlegierte Baustähle, CuZn-Legierungen
32 Zähne je Inch ≙ fein	Legierte Stähle, Stahlguss

- Sägeblätter mit grober Zahnteilung werden zum Sägen von weichen Werkstoffen und bei einer großen Zahnteilung eingesetzt.
- Sägeblätter mit feiner Zahnteilung werden zum Sägen von Werkstoffen mit höherer Festigkeit und bei dünnwandigen Werkstücken eingesetzt.

Freischneiden des Sägeblatts

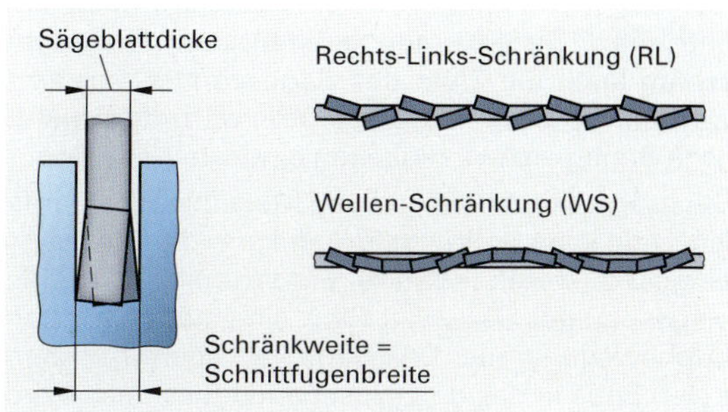

Bild 3: Freischneiden des Sägeblatts

Beim tiefen Eindringen eines glatten Sägeblatts in den Werkstoff vergrößert sich die Reibung an den Seiten. Damit das Sägeblatt nicht heiß läuft und in der Schnittfuge klemmt, muss es seitlich freischneiden. Daher wird das Sägeblatt geschränkt oder gewellt **(Bild 3)**. Bei der Rechts-Links-Schränkung werden die Zähne abwechselnd nach rechts und links gebogen und verhindern so ein Klemmen des Sägeblatts. Gewellte Sägeblätter werden insbesondere bei feiner Zahnteilung eingesetzt.

Das Freischneiden des Sägeblatts wird durch eine Rechts-Links-Schränkung oder Wellen-Schränkung der Zähne erreicht.

Handsägen

Bügelsäge. Zum Sägen von Hand werden meist Handbügelsägen verwendet. Die Bügelsäge schneidet in Stoßrichtung **(Bild 1)**. Daher muss das Sägeblatt so eingespannt sein, dass die Zähne in Vorschubrichtung zeigen. Das Sägeblatt hat eine Dicke von 0,6 mm bis 1 mm und hat meist eine Wellen-Schränkung. Das Ansägen kann durch Anfeilen mit einer Dreikantfeile erleichtert werden.

Einstreichsäge. Zum Einschneiden von schmalen Schlitzen z. B. an Schraubenköpfen oder Gewindestifte kann die Einstreichsäge benutzt werden **(Bild 2)**. Bei dieser Säge wird das Sägeblatt nur einseitig gespannt und eignet sich besonders zum Sägen an schlecht zugänglichen Stellen.

Arbeitsregeln

- Das Sägeblatt der Bügelsäge ist gerade und straff einzuspannen. Die Zähne müssen in Stoßrichtung zeigen.
- Das Werkstück muss nahe an der Schnittstelle eingespannt werden.
- Bei der Sägearbeit muss die ganze Sägeblattlänge benutzt werden.

Maschinenunterstützte Handsägen

Die Verwendung der oben beschriebenen Handsägen erfordert beim Sägen von Stahl für den Bediener einen hohen Arbeitseinsatz. Zur Erleichterung der manuell durchzuführenden Sägearbeiten können daher maschinenunterstützte Handsägen zum Einsatz kommen.

Handbandsäge. Das Sägen von Rohren und Profilen, besonders auf Baustellen, kann mit der Handbandsäge durchgeführt werden **(Bild 3)**. Das endlose Sägeband wird durch einen Elektromotor angetrieben. Durch einen einstellbaren Tiefenanschlag kann die Tiefe des Sägeschnitts begrenzt werden. Je nach Werkstoff können unterschiedliche Bandgeschwindigkeiten eingestellt werden.

Stichsäge. Für das Sägen von Metallblechen, Profilen und kleineren Werkstücken kann die Stichsäge eingesetzt werden **(Bild 4)**. Ein schmales, einseitig eingespanntes Sägeblatt führt eine stetige Pendelhubbewegung aus. Das Sägeblatt sticht mit dem freien Ende in das durchzusägende Blech ein. Wird vor dem Sägen ein Startloch gebohrt, können Ausschnitte auch mittig im Blech erzeugt werden. Durch die geringe Breite des Sägeblatts ist es möglich, dass auch kurvige Schnitte gesägt werden können.

Handkreissäge. Werden gerade Schnitte an Blechen, Rohren oder Profilen benötigt, eignet sich der Einsatz einer Handkreissäge **(Bild 5)**. Das HSS- oder hartmetallbestückte Sägeblatt führt eine kreisförmige Schnittbewegung aus.

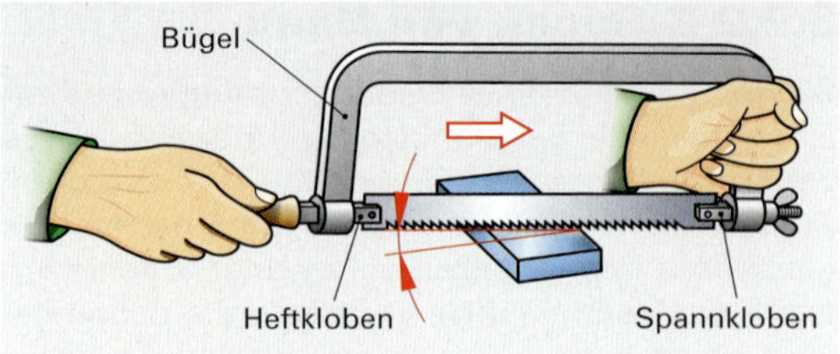

Bild 1: Verwendung der Bügelsäge

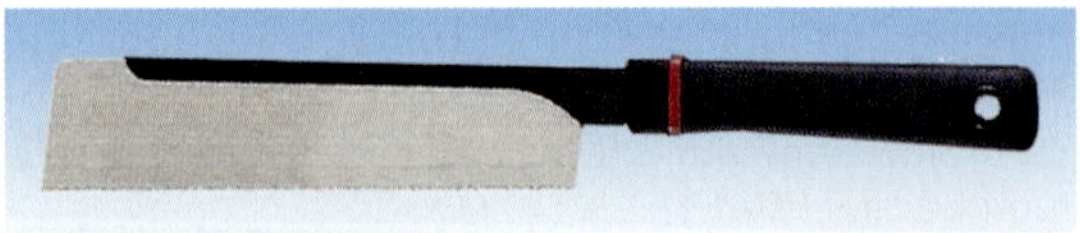

Bild 2: Einstreichsäge

Bild 3: Handbandsäge

Bild 4: Stichsäge

Bild 5: Handkreissäge für die Metallbearbeitung

3.7.2.3 Feilen

Feilen sind mehrschneidige Werkzeuge zum Abtragen geringer Mengen von Werkstoff **(Bild 1)**. Bei der Herstellung der Feilen werden die Zähne eingehauen oder eingefräst und anschließend gehärtet. Gehauene Feilenzähne haben einen negativen Spanwinkel, gefräste Feilenzähne besitzen einen positiven Spanwinkel bei meist großer Zahnteilung **(Bild 2)**. Die linienförmig angeordneten Zähne werden als Hieb bezeichnet. Nach der Hiebart wird zwischen dem Einhieb, Kreuzhieb und Raspelhieb unterschieden. Feilen werden nach Länge, Hieb und insbesondere nach der Querschnittsform **(Bild 3)** eingeteilt.

Gehauene Feilen. Der **Einhieb** auf gehauenen Feilen wird bei weichen Werkstoffen eingesetzt. Der **Kreuzhieb** entsteht durch zweimaliges Hauen des Feilenblatts. Durch den Kreuzhieb wird die Riefenbildung am Werkstück vermieden. Mit Kreuzhieb gehauene Feilen eignen sich zur Bearbeitung von Stahl, Gusseisen, Messing oder Kunststoffe. Der **Raspelhieb** hat punktförmig gehauene Zähne, die weit auseinander liegen **(Bild 4)**. Die auch als Raspel bezeichnete Feile ist geeignet für Holz, Leder, Kunststoff und Stein.

Je nach **Hiebzahl** (Zahl der Hiebe pro Zentimeter) werden gehauene Feilen mit der Hiebnummer 0 bis 8 bezeichnet. Durch die unterschiedliche Hiebteilung entstehen Feilen für die Grob- bis Feinbearbeitung. Sehr feine Feilen können aber auch bis zur Hiebnummer 10 gehen. Mit steigender Hiebnummer und konstanter Länge wird die Hiebzahl größer. Bei gleicher Hiebnummer, aber längerer Feile verringert sich die Hiebzahl, da unabhängig von der Feilenlänge immer die gleiche Anzahl an Hieben vorhanden ist. Bei Feilen zwischen der Hiebnummer 0 bis 4 spricht man von **Werkstattfeilen.** Feilen mit höherer Hiebnummer werden als **Präzisionsfeilen** bezeichnet.

Gefräste Feilen. Mit ihren gebogenen oder schrägen Zähnen sind gefräste Feilen immer einhiebig (Bild 4). Sie werden vorwiegend zur Bearbeitung weicher Werkstoffe eingesetzt. Bei gefrästen Zähnen unterscheidet man die Zahnungen 1, 2 und 3 für grob, mittel und fein.

Feilbewegung. Beim Feilen ist auf die richtige Kraftverteilung und auf die Bewegungsrichtung zu achten. Die Bewegung erfolgt in Richtung Feilenachse, wobei sich die Feile um die halbe Feilenbreite nach rechts oder links verschiebt. Nur in Schnittrichtung der Feile darf Druck auf sie ausgeübt werden.

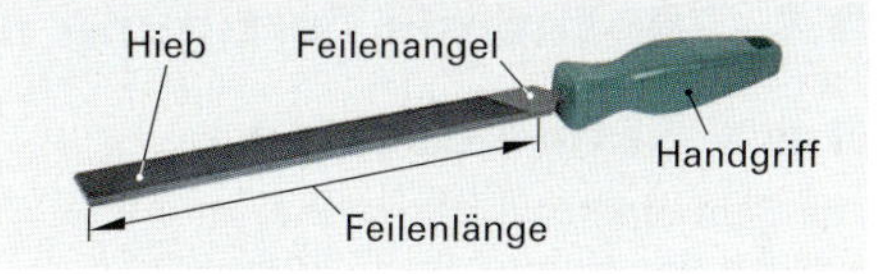

Bild 1: Flachfeile

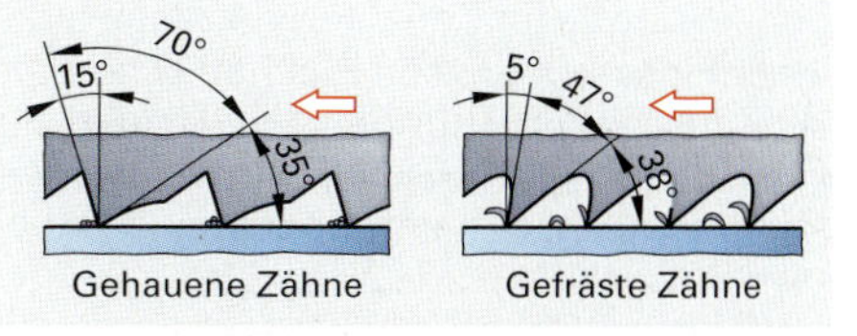

Bild 2: Gehauene und gefräste Zähne

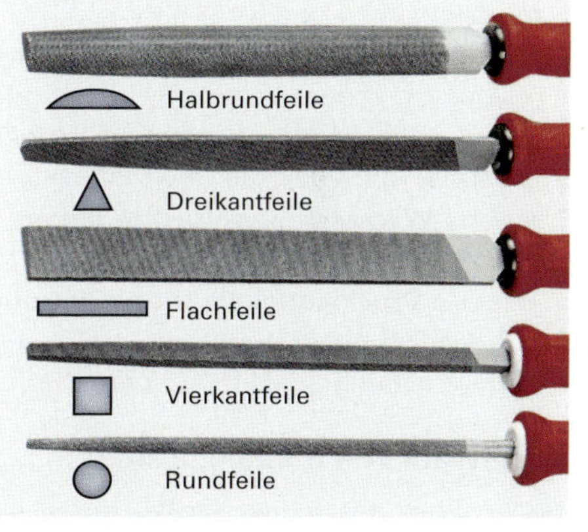

Bild 3: Querschnittsformen der Feilen

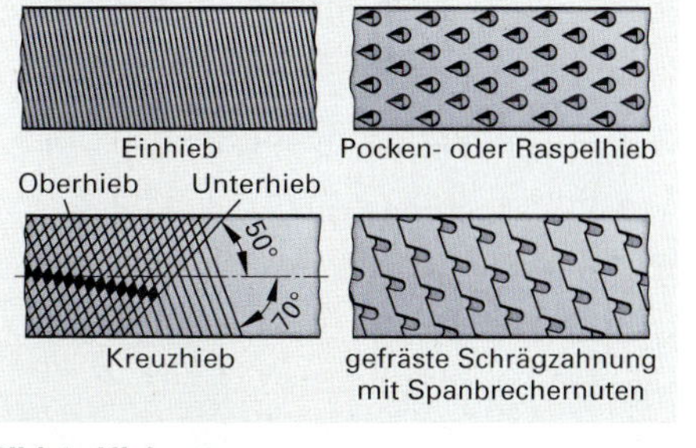

Bild 4: Hiebarten

Wiederholung und Vertiefung

1 Welcher Winkel beeinflusst hauptsächlich die Spanbildung?
2 Welche Forderungen müssen beim Anreißen beachtet werden?
3 Nach welchem Prinzip arbeitet der digitale Höhenanreißer?
4 In welcher Richtung muss das Sägeblatt gespannt werden?
5 Wodurch erreicht man das Freischneiden von Sägeblättern?
6 Welche Arbeitsregeln müssen beim Sägen beachtet werden?
7 Für welche Sägearbeiten ist die Stichsäge geeignet?
8 Weshalb werden Feilen kreuzhiebig gehauen?
9 Welche Unterschiede bestehen zwischen gehauenen und gefrästen Feilen?

3.8 Spanende Fertigung mit Werkzeugmaschinen

3.8.1 Schneidstoffe

Als Schneidstoffe bezeichnet man die Werkstoffe, welche den Schneidkeil bilden.

Anforderungen an Schneidstoffe

Schneidstoffe für Zerspanwerkzeuge sind während ihres Einsatzes großen mechanischen und thermischen Beanspruchungen ausgesetzt, die zu starkem Verschleiß durch Abrieb oder zum Bruch des Schneidwerkzeuges führen können **(Bild 1)**.

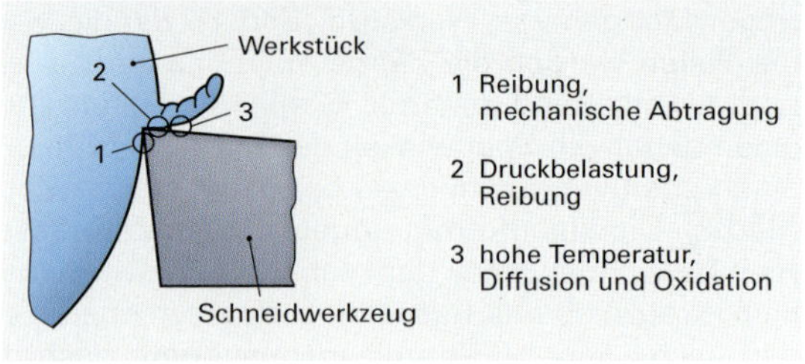

Bild 1: Beanspruchung von Schneidwerkzeugen

Notwendige Eigenschaften der Schneidstoffe

Damit die Schneiden eine möglichst große Standzeit haben, sollten sie die folgenden Eigenschaften besitzen:

- große **Warmhärte,** d.h. die Werkzeugschneide muss auch bei hohen Temperaturen noch hart genug sein, um in den Werkstoff einzudringen
- hohe **Verschleißfestigkeit,** d.h. Widerstandsfähigkeit gegen mechanischen Abrieb sowie gegen chemische und physikalische Einflüsse wie Oxidation und Diffusion
- hohe **Wärmewechselbeständigkeit,** damit sich bei stark wechselnden Arbeitstemperaturen keine Risse bilden
- große **Druckfestigkeit,** um Verformungen und Ausbröckelungen der Schneidkanten zu vermeiden
- große **Zähigkeit** und **Biegefestigkeit,** damit die Werkzeugschneide auch schlagartig auftretende Beanspruchung aushält und die scharfe Schneidkante nicht ausbricht

Auswahl von Schneidstoffen

Die Auswahl des Schneidstoffes richtet sich nach dem Fertigungsverfahren, dem zu zerspanenden Werkstoff und der Wirtschaftlichkeit. Wichtige Eigenschaften für die Auswahl des geeigneten Schneidstoffes sind dessen Verschleißfestigkeit und Zähigkeit **(Bild 2)**. Durch Beschichtungen erhalten HM- und HSS-Schneidstoffe eine wesentlich verbesserte Verschleißfestigkeit (Seite 139).

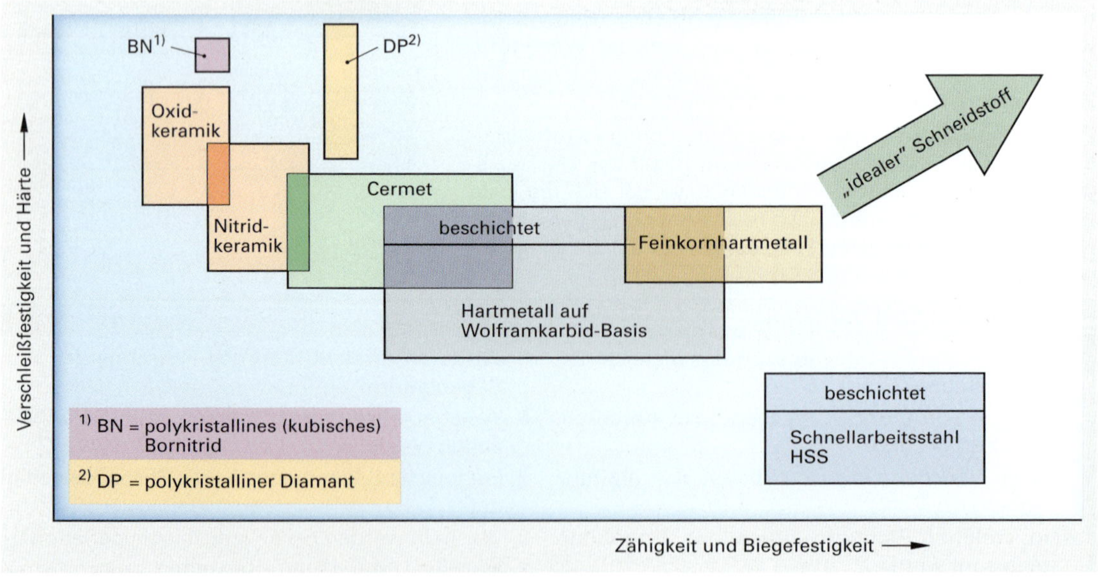

Bild 2: Verschleißfestigkeit und Zähigkeit von Schneidstoffen

Aufgrund ihrer unterschiedlichen Verschleißfestigkeit, Zähigkeit und Kosten haben Schneidstoffe verschiedene Einsatzgebiete.

Schnellarbeitsstahl (HS)

Schnellarbeitsstahl ist ein hochlegierter Werkzeugstahl, der als Hauptlegierungselemente Wolfram, Molybdän, Vanadium und Kobalt enthält. Beispiel: HS 2-9-1-8 enthält 2 % W, 9 % Mo, 1 % V und 8 % Co. Schnellarbeitsstahl hat von allen Schneidstoffen die größte Zähigkeit, aber auch die geringste Härte. HSS wird eingesetzt, wenn die Schneidkante sehr scharf sein muss und die Schnitttemperatur nicht zu hoch ist **(Bild 1)**. Durch Beschichten lassen sich die Verschleißfestigkeit und dadurch die mögliche Schnittgeschwindigkeit erhöhen.

Hartmetall

Aufbau. Hartmetall ist ein Verbundwerkstoff, der durch Sintern aus pulverförmigen Grundstoffen hergestellt wird (Seite 367). Dabei werden harte Wolframkarbide mit dem weicheren Bindemittel Kobalt verbunden. Zur Verbesserung der Verschleißfestigkeit bei hohen Temperaturen dienen Anteile von Titan- und Tantalkarbiden. Der Anteil der harten Metallkarbide an der Zusammensetzung des Hartmetalls liegt meist zwischen 80 und 95 Prozent. Hartmetalle sind durch unterschiedliche Zusammensetzung, Korngröße und Beschichtung für die Bearbeitung nahezu aller Werkstoffe einsetzbar **(Bild 1)**.

Eigenschaften. Ein hoher Anteil an harten Metallkarbiden erhöht die Verschleißfestigkeit des Hartmetalls. Ein höherer Anteil des Bindemetalls Kobalt führt zu größerer Zähigkeit. Auch die Korngröße der Metallkarbide, die bis zu 10 µm betragen kann, beeinflusst die Härte und Zähigkeit des Hartmetalls.

Feinkornhartmetalle (Korngröße kleiner 2,5 µm) besitzen eine hohe Kanten- und Verschleißfestigkeit und werden für das Zerspanen gehärteter Werkstoffe eingesetzt.

Beschichten. Durch Beschichten mit verschiedenen Hartstoffen (Seite 139) werden Hartmetalle verschleißfester, wobei die Zähigkeit des Grundwerkstoffes erhalten bleibt. Aufgrund dieses Vorteils werden unbeschichtete Hartmetalle zunehmend vom Markt verdrängt.

Einteilung. Die Einteilung der Hartmetalle erfolgt in die Hauptgruppen P, M, K, N, S und H **(Tabelle 2)**. Die Auswahl der Hauptgruppe richtet sich nach dem Werkstoff, der zerspant werden soll. Die weitere Unterteilung erfolgt mit einer Anhängezahl. Diese gibt Auskunft über den geeigneten Einsatz des Hartmetalls von der Schrupp- bis zur Schlichtbearbeitung.

Tabelle 1: Eigenschaften und Einsatzgebiete von Schnellarbeitsstahl HSS

Eigenschaften	Einsatzgebiete
• Große Zähigkeit • Hohe Biegefestigkeit • Einfach herstellbar • Härte unter 70 HRC • Temperaturbeständigkeit bis 600 °C	Spiralbohrer, Fräser, Räumwerkzeuge, Gewindebohrer und Schneideisen, Formdrehmeißel, Werkzeuge für die Kunststoffbearbeitung, Einsatz bei stark wechselnder Schnittkraft

Werkzeuge aus Hartmetall

Eigenschaften	Einsatzgebiete
• Große Warmhärte (bis 1000 °C) • Hohe Verschleißfestigkeit • Hohe Druckfestigkeit • Schwingungsdämpfend	Wendeschneidplatten für Fräs- und Drehwerkzeuge, Wendeplattenbohrer, schwingungsdämpfende Werkzeuge aus Vollhartmetall, für nahezu alle Werkstoffe einsetzbar

Bild 1: Eigenschaften und Einsatzgebiete von Hartmetall

Tabelle 2: Einteilung der Hartmetalle

Kennbuchstabe Kennfarbe	Anwendungsgruppe	Werkstück – Werkstoff	Schneidstoffeigenschaften (in Pfeilrichtung zunehmend)
P blau	P01 P10 ... P50	alle Arten von Stahl und Stahlguss, ausgenommen nichtrostender Stahl	Verschleißfestigkeit ↑ Zähigkeit ↓
M gelb	M01 M10 ... M40	nichtrostender Stahl (austenitisch und ferritisch), Stahlguss	Verschleißfestigkeit ↑ Zähigkeit ↓
K rot	K01 K10 ... K40	Gusseisen mit Lamellengrafit und Kugelgrafit, Temperguss	Verschleißfestigkeit ↑ Zähigkeit ↓
N grün	N01 N10 ... N30	Nichteisenmetalle (Aluminium-, Kupferlegierungen) Verbundwerkstoffe	Verschleißfestigkeit ↑ Zähigkeit ↓
S braun	S01 S10 ... S30	hochwarmfeste Speziallegierungen, Titan und Titanlegierungen	Verschleißfestigkeit ↑ Zähigkeit ↓
H grau	H01 H10 ... H30	gehärteter Stahl, gehärtete Gusseisenwerkstoffe	Verschleißfestigkeit ↑ Zähigkeit ↓

Je kleiner die Anhängezahl ist, z. B. P01, desto größer ist die Verschleißfestigkeit des Hartmetalls. Diese Sorten werden vor allem für das Schlichten mit hoher Schnittgeschwindigkeit eingesetzt. HM-Schneidplatten mit größerer Anhängezahl, z. B. P50, haben eine größere Zähigkeit und eignen sich daher besser für die Schruppbearbeitung.

Die Wahl der HM-Sorte erfolgt nach dem zu spanenden Werkstoff, den Bearbeitungsbedingungen (z. B. Schruppen oder Schlichten) sowie den Sortenempfehlungen der Hersteller.

Cermet

Hartmetall auf der Basis von Titankarbid anstelle Wolframkarbid und mit Nickel bzw. Kobalt als Bindemittel wird als Cermet (**Cer**amic – **Met**al) bezeichnet. Cermets werden als Wendeschneidplatten zum Drehen und Fräsen eingesetzt **(Tabelle 1)**. Aufgrund der großen Verschleiß- und Kantenfestigkeit sind Cermets besonders für die Schlichtbearbeitung, bei der eine scharfe Schneidkante benötigt wird, geeignet.

Schneidkeramik

Keramische Schneidstoffe haben eine sehr große Warmhärte und reagieren nicht mit dem Werkstoff **(Bild 1)**.

Schneidplatten aus **Oxidkeramik** bestehen aus Aluminiumoxid (Al_2O_3) und sind empfindlich gegen starke Temperaturwechsel. Aus diesem Grund wird meist ohne Kühlschmierung zerspant. Oxidkeramik wird vorwiegend beim Zerspanen von Gusseisen eingesetzt.

Mischkeramik (Al_2O_3 mit TiC) ist zäher als Reinkeramik und besitzt eine bessere Widerstandsfähigkeit gegen Temperaturwechsel.

Siliziumnitrid (Si_3N_4) ist eine nichtoxidische Keramik mit großer Zähigkeit und Stabilität der Schneidkante. Mit Spiralbohrern aus Siliziumnitrid können Bohrungen in Grauguss mit großer Schnittgeschwindigkeit hergestellt werden.

Polykristallines kubisches Bornitrid (BN)

Kubisches Bornitrid ist nach Diamant der härteste Schneidstoff und besitzt die größte Warmhärte. BN wird hauptsächlich für die Schlichtbearbeitung harter Werkstoffe (Härte größer als 48 HRC) eingesetzt, wobei die erzielbare Oberflächengüte sehr hoch ist **(Bild 2)**. In vielen Fällen kann dadurch auf das Schleifen verzichtet werden. Durch Aufsintern einer etwa 0,7 mm dicken CBN-Schicht auf eine HM-Unterlage erhält man Wendeschneidplatten mit der Verschleißfestigkeit von Bornitrid und der Zähigkeit von Hartmetall.

Tabelle 1: Eigenschaften und Einsatzgebiete von Cermets

Eigenschaften	Einsatzgebiete
• Hohe Verschleißfestigkeit • Große Warmhärte • Große Stabilität der Schneidkante • Große chemische Beständigkeit	Wendeschneidplatten für die Dreh- und Fräsbearbeitung, hauptsächlich für die Schlichtbearbeitung bei hoher Schnittgeschwindigkeit

Wechselschneidplatten aus Keramik

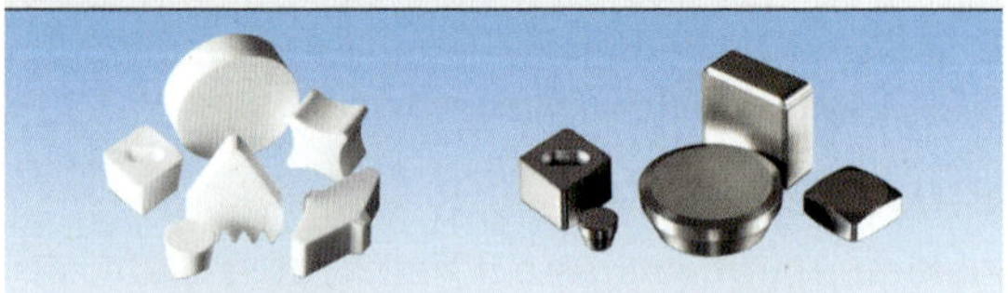

Oxidkeramik — Mischkeramik

Bearbeitungsbeispiel

Eigenschaften	Einsatzgebiete
• Große Härte • Warmhärte bis ca. 1200 °C • Hohe Verschleißfestigkeit • Hohe Druckfestigkeit • Große chemische Beständigkeit	Bearbeitung von Gusseisen und warmfesten Legierungen, Hartfeindrehen von gehärtetem Stahl, Zerspanen mit hoher Schnittgeschwindigkeit

Bild 1: Eigenschaften und Einsatzgebiete von Schneidkeramik

BN-Schneidplatte

HM-Wendeschneidplatten mit aufgesinterter CBN-Schicht

Eigenschaften	Einsatzgebiete
• Sehr große Härte • Warmhärte bis 2000 °C • Hohe Verschleißfestigkeit • Große chemische Beständigkeit	Hartdrehen: Schlichten von gehärtetem Stahl mit hoher Oberflächengüte und kleinen Toleranzen

Bild 2: Eigenschaften und Einsatzgebiete von kubischem Bornitrid

Polykristalliner Diamant (DP, PKD)

Polykristalliner Diamant ist nahezu so hart wie der natürliche, monokristalline Diamant **(Bild 1).** Er wird aus Kohlenstoff bei großem Druck und hoher Temperatur hergestellt. Die Verschleißfestigkeit ist sehr hoch. Dadurch können hohe Standzeiten erzielt werden. Aufgrund der Sprödigkeit von DP müssen stabile Schnittbedingungen herrschen. Schnittgeschwindigkeit und Vorschub sollten wegen der Temperaturempfindlichkeit nicht zu hoch sein.

DP-Wendeschneidplatte

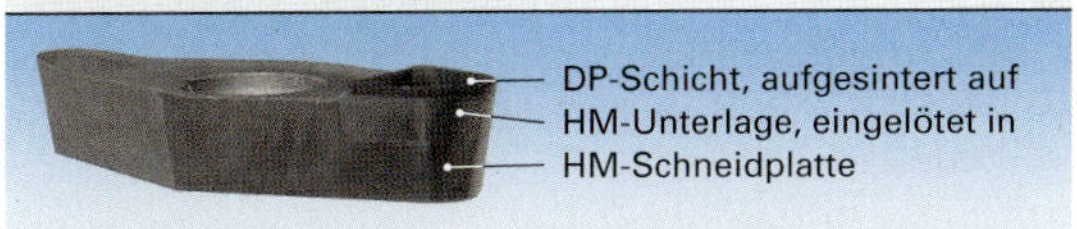

Eigenschaften	Einsatzgebiete
• Härtester Schneidstoff • Hohe Verschleißfestigkeit • Temperaturbeständigkeit bis 600 °C • Chemische Reaktion mit Legierungsmetallen von Stählen	Zerspanen von nichteisenhaltigen Werkstoffen und von siliziumhaltigen Aluminiumlegierungen, die sonst zu starkem mechanischen Abrieb führen

Bild 1: Eigenschaften und Einsatzgebiete von Diamant

Beschichtung von Schneidwerkzeugen

Die Verschleißfestigkeit von Schneidwerkzeugen wird durch Beschichtung erhöht. Durch höhere Temperaturbeständigkeit lassen sich größere Schnittgeschwindigkeiten und Vorschübe und damit eine wirtschaftlichere Fertigung erzielen. Die wichtigsten Beschichtungsstoffe sind Titannitrid (TiN), Titankarbid (TiC), Titankarbonitrid (TiCN), Aluminiumoxid (Al_2O_3) und Diamant **(Bild 2).** Die Beschichtung erfolgt ein- oder mehrlagig mit einer Schichtdicke von 2–15 µm **(Bild 3). Titannitrid** eignet sich aufgrund seines kleinen Reibungskoeffizienten gut als Deckschicht. **Aluminiumoxid** bildet eine sehr harte Schicht und dient zusätzlich als Wärmesperre und zur Verhinderung chemischer Reaktionen zwischen Span und Grundmetall. **Titancarbonitrid** eignet sich aufgrund seiner guten Haftungseigenschaften besonders für die Grundbeschichtung. Beschichtet werden Werkzeuge aus Schnellarbeitsstahl, Hartmetalle und Cermets.

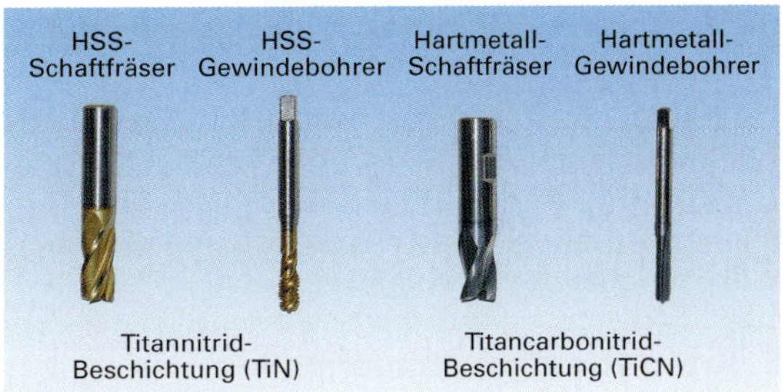

Bild 2: Werkzeuge mit verschiedenen Beschichtungen

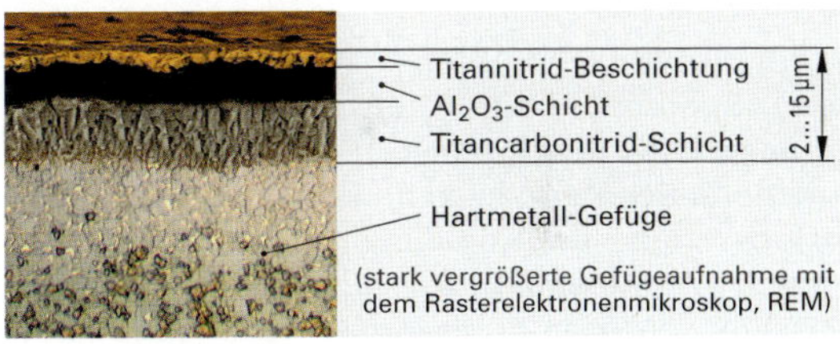

Bild 3: Mehrlagige Beschichtung von HM

> Aufgaben der Beschichtung von Schneidstoffen sind:
> - Erhöhung der Verschleißfestigkeit
> - Verhinderung von Oxidation und Diffusion
> - Wärmesperre gegenüber dem HSS- oder HM-Grundwerkstoff
> - Verhinderung der Aufbauschneidenbildung

Anteile der eingesetzten Schneidstoffe

Beschichtete und unbeschichtete Hartmetalle sind aufgrund ihrer vielfältigen Eigenschaften der wichtigste Schneidstoff. Dies wird durch den prozentualen Anteil an den verschiedenen Schneidstoffen deutlich **(Bild 4).**

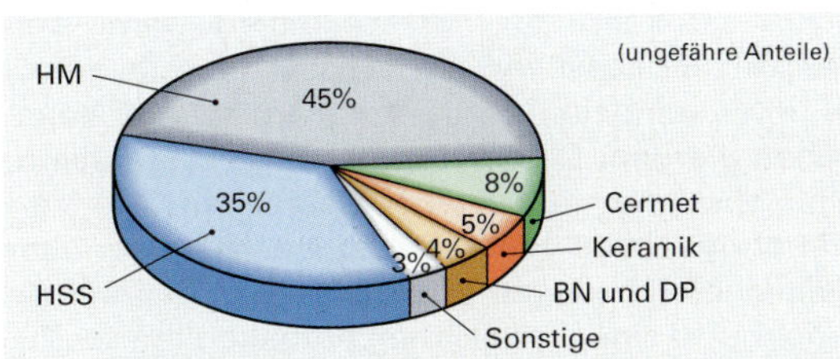

Bild 4: Anteile der Schneidstoffe

Wiederholung und Vertiefung

1 Warum ist die Schnittgeschwindigkeit beim Einsatz von HSS niedriger als bei HM?

2 Worin unterscheiden sich die HM-Sorten P20 und K20, sowie die Sorten P01 und P50?

3 Welche Vorteile hat Mischkeramik gegenüber Oxidkeramik?

4 In welchen Fällen ist die Verwendung von Diamant als Schneidstoff vorteilhaft?

3.8.2 Kühlschmierstoffe

Kühlschmierstoffe sind Hilfsstoffe, auf die bei der spanenden Fertigung meist nicht verzichtet werden kann.

Aufgaben der Kühlschmierstoffe

Die Hauptaufgabe der Kühlschmierstoffe (KSS) besteht in der Kühlung und Schmierung von Werkstück und Werkzeug. Darüber hinaus erfüllen Kühlschmierstoffe auch noch weitere Aufgaben **(Bild 1)**. Späne und Werkzeugabrieb werden von der Wirkstelle, z. B. aus der Bohrung, weggespült und aus dem Arbeitsraum der Maschine entfernt **(Bild 2)**. Die Bearbeitungsstelle wird gereinigt und die Werkstücke erhalten einen kurzzeitig wirkenden Korrosionsschutz. Eine wichtige Aufgabe ist beim Schleifen neben der starken Kühlung auch die Bindung des Staubes.

Kühlschmierstoffe senken die Temperatur von Werkzeug, Werkstück und Maschine. Sie erhöhen die Standzeit der Werkzeuge und die Oberflächengüte der Werkstücke.

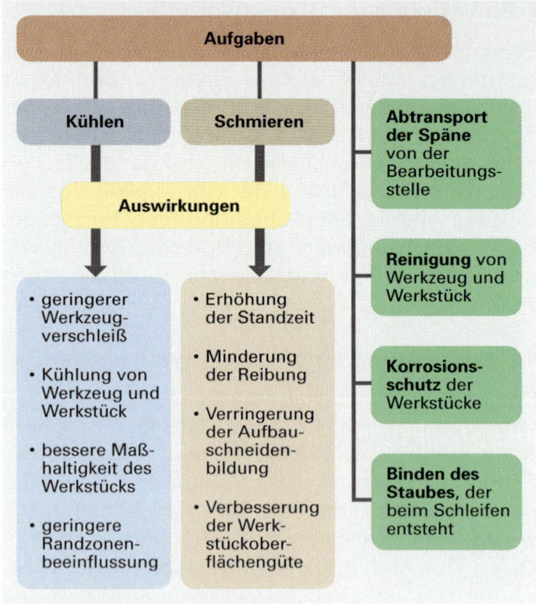

Bild 1: Aufgaben und Wirkungen von Kühlschmiermitteln

Arten von Kühlschmierstoffen

Kühlschmierstoffe lassen sich in zwei Hauptgruppen unterteilen:

- Reine Schneidöle
- Wassermischbare Kühlschmierstoffe

Reine **Schneidöle** sind meist Mineralöle, denen teilweise Zusätze beigemischt werden. Sie besitzen eine hohe Schmierfähigkeit und bieten guten Korrosionsschutz. Ihre Kühlwirkung ist durch die geringere Wärmeleitfähigkeit nicht so hoch wie bei wassermischbaren Kühlschmierstoffen **(Bild 3)**.

Bei **wassermischbaren Kühlschmierstoffen** wird die große Kühlwirkung des Wassers mit der Schmierwirkung von Ölen kombiniert. Damit sich das Öl möglichst fein im Wasser verteilt, muss es unter ständigem Umrühren dem Wasser zugegeben werden. Dadurch entsteht eine **Emulsion,** eine Mischung aus zwei Flüssigkeiten. Die Verwendungsdauer von Emulsionen ist gegenüber Schneidölen geringer, da sie anfälliger gegen Bakterienbefall sind. Emulsionen enthalten immer Zusätze, damit ihre Eigenschaften erhalten bleiben.

Synthetische Kühlschmierstoffe bestehen aus Lösungsmitteln, die in Wasser emulgiert oder aufgelöst werden. Dadurch entstehen transparente KSS, welche die Beobachtung des Fertigungsvorgangs ermöglichen. In manchen Fällen, z. B. bei der Zerspanung von Kunststoffen, werden auch Gase, vor allem Luft, zur Kühlung und zur Entfernung von Spänen eingesetzt.

Bild 2: Kühlschmierung mit Emulsion

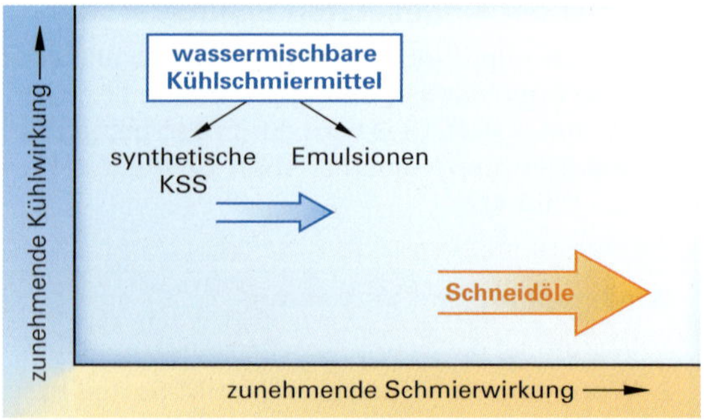

Bild 3: Kühl- und Schmierwirkung von Kühlschmierstoffen

Auswahl der Kühlschmierstoffe

Die Wahl des Kühlschmierstoffs wird durch das Fertigungsverfahren, den Werkstoff des Werkstücks, den Schneidstoff sowie durch die Schnittdaten bestimmt **(Tabelle 1)**.

Wirkung von Zusätzen in Kühlschmierstoffen

Durch Zusätze, sogenannte **Additive,** können die Eigenschaften von Kühlschmierstoffen beeinflusst werden **(Tabelle 2).** In wassermischbaren Kühlschmierstoffen sind immer Zusätze enthalten. **Emulgatoren** sind notwendig, damit sich das Öl in kleinen Tröpfchen im Wasser verteilen kann. Damit das Wasser nicht zu Korrosion führt, muss der Kühlschmierstoff **Korrosionsschutzmittel** enthalten. Wassermischbare Kühlschmierstoffe können besonders bei hohen Temperaturen und bei starker Verschmutzung von Bakterien und Pilzen befallen werden. Zur Vermeidung werden **Konservierungsstoffe** zugesetzt.

Hochdruck-Zusätze (EP-Additive, engl. extreme pressure = extrem hoher Druck) sind in Schneidölen enthalten, wenn bei der Bearbeitung große Schnittkräfte auftreten **(Bild 1).** Die Zusätze, hauptsächlich Schwefel und Phosphor, bilden am Werkstück Reaktionsschichten. Diese verhindern bei den auftretenden hohen Zerspanungstemperaturen und dem hohen Druck ein Verschweißen der Metalle. Den Kühlschmiermitteln können noch weitere Zusätze, wie z.B. Antischaumbildner, zugesetzt sein.

Umgang mit Kühlschmierstoffen

Beim Umgang mit Kühlschmierstoffen müssen Schutzmaßnahmen beachtet werden, damit keine Gesundheitsgefährdung oder Umweltbelastung eintreten. Vor allem die Zusätze in den Kühlschmierstoffen können gesundheitliche Schäden verursachen. Eine möglichst vollkommene Kapselung der Maschine und Absaugung von Kühlschmierstoff-Dämpfen verhindert eine Aufnahme von gefährlichen Stoffen durch den Mitarbeiter.

Die Konzentration der Emulsion muss regelmäßig überwacht werden, um die Wirksamkeit des Kühlschmierstoffes sicherzustellen. In den Emulsionen enthaltene Biozide können Allergien auslösen, außerdem entfetten Wasser und Öl die Haut. Längerer Hautkontakt mit Kühlschmierstoffen sollte deshalb vermieden werden. Zur Vorbeugung werden die Hände mit Hautschutzsalbe eingecremt.

Kühlschmierstoffe sind Sonderabfall, dessen Entsorgung nur durch einen zugelassenen Fachbetrieb erfolgen darf. Über die Entsorgung muss ein Nachweisbuch geführt werden.

Tabelle 1: Auswahl des Kühlschmierstoffes

Art	Anwendung
Emulsion Kühlwirkung überwiegt gegenüber Schmierwirkung	• bei hohen Arbeitstemperaturen • beim Drehen, Fräsen, Bohren • bei leicht bearbeitbaren Werkstoffen
Schneidöl Schmierwirkung überwiegt gegenüber Kühlwirkung	• bei niedriger Schnittgeschwindigkeit • bei hoher Oberflächengüte • bei schwer zerspanbaren Werkstoffen

Tabelle 2: Beeinflussung der Eigenschaften durch Zusätze im Kühlschmierstoff

Zusatz	Zweck, Auswirkung
Emulgator	Verhinderung der Trennung von Öl und Wasser
Korrosionsschutzmittel	Verhinderung von Korrosion am Werkstück, Werkzeug und an der Maschine
Konservierungsmittel (Biozide)	Verhindern von Bakterien- und Pilzvermehrung, Keimabtötung
Hochdruck-Zusätze	Verhinderung des Verschweißens von Metallen bei hohen Drücken

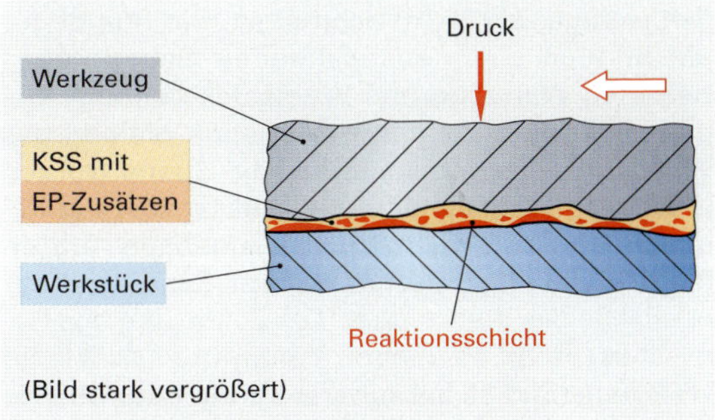

Bild 1: Wirkung von EP-Zusätzen

Schutzmaßnahmen beim Umgang mit Kühlschmierstoffen

- Maschinen kapseln, Einrichtungen für die Ölabsaugung verwenden
- Konzentration der KSS-Emulsion regelmäßig überwachen
- Längeren Hautkontakt mit KSS vermeiden
- Hautschutzcremes verwenden
- Wenn möglich, Handschuhe tragen
- KSS-verschmutzte Arbeitskleidung wechseln
- KSS-Kontakt mit Schleimhäuten vermeiden
- Kühlschmierstoffe sachgemäß entsorgen

Trockenbearbeitung

Die Gesamtkosten für den Einsatz von Kühlschmierstoffen (einschließlich Pflege und Entsorgung) an den Fertigungskosten sind teilweise höher als die Werkzeugkosten **(Bild 1)**. Bei unsachgemäßem Umgang mit KSS können gesundheitliche Probleme und Umweltbelastungen hinzukommen. Aus diesen Gründen versucht man, auf den Einsatz von Kühlschmierstoffen zu verzichten. Bedingt durch die fehlende Kühlung, muss der Schneidstoff bei der Trockenbearbeitung eine große Warmhärte haben. Beschichtungen verringern die Wärmebelastung und den Abrieb des Schneidstoffs. Die Späne dürfen sich nicht im Arbeitsraum anhäufen, damit die Fertigungsgenauigkeit nicht durch Wärmeverzug der Maschine beeinträchtigt wird. Für Fertigungsverfahren, bei denen große Torsions- und Reibungskräfte wie z. B. beim Gewindebohren auftreten, ist die Trockenbearbeitung nicht geeignet.

Minimalmengenschmierung

Unter Minimalmengenschmierung (MMS) versteht man die Zuführung sehr geringer Mengen eines Schmierstoffes zur Zerspanstelle. In einem Dosiergerät wird mithilfe von Druckluft ein Öl-Luftgemisch erzeugt und an die Werkzeugschneide geleitet. Bei richtiger Einstellung des Systems werden weniger als 20 ml Schmierstoff je Stunde für die Bildung eines ausreichenden Schmierfilms zwischen Werkzeug und Werkstück benötigt. Bei dieser geringen Schmierstoffmenge bleiben das Werkstück, die Maschine und die Späne trocken **(Bild 2)**. Entscheidend für die Wirksamkeit der Minimalmengenschmierung ist das genaue Auftreffen des Öl-Luftgemisches auf der Span- und der Freifläche des Werkzeuges. Die Zuführung des Gemisches erfolgt bei innerer Zufuhr über Kanäle im Werkzeug **(Bild 3)**, bei äußerer Zufuhr über Gelenkschläuche und Sprühdüsen **(Bild 4)**.

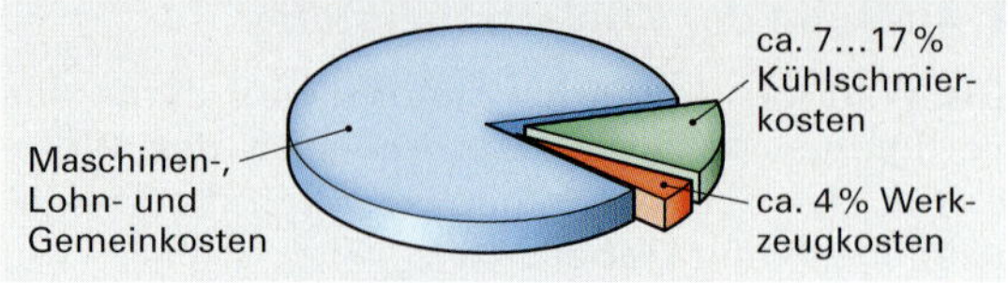

Bild 1: Anteil der Kühlschmierkosten an den Gesamtherstellkosten

Bild 2: Minimalmengenschmierung beim Fräsen mit einem Messerkopf

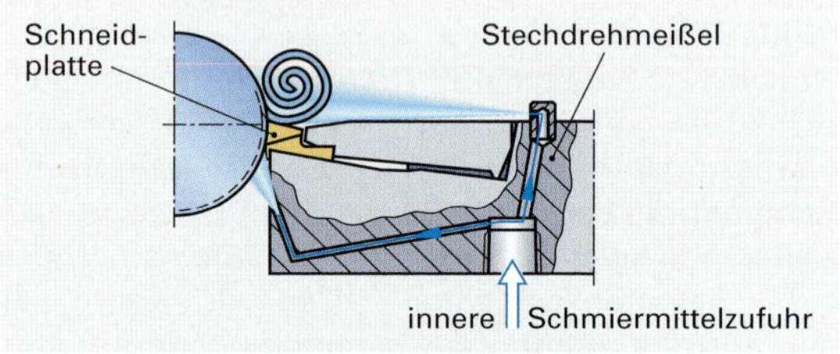

Bild 3: Innere Zufuhr des Schmiermittels

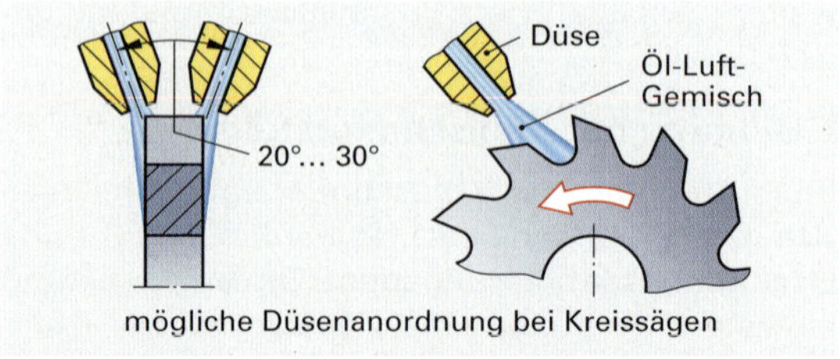

Bild 4: Äußere Zufuhr des Schmiermittels

Vorteile der Minimalmengenschmierung gegenüber der Nassbearbeitung sind:

- meist höhere Standzeit der Werkzeuge
- trockene Werkstücke und saubere Späne, die nicht gereinigt werden müssen
- Schmiermittel enthält keine Zusätze und ist biologisch abbaubar
- keine Pflege- und Entsorgungskosten des Kühlschmiermittels notwendig
- geringer Schmiermittelverbrauch
- sauberes Arbeitsumfeld, keine gesundheitliche Gefährdung der Mitarbeiter, geringe Umweltbelastung.

Wiederholung und Vertiefung

1 Wozu enthalten Emulsionen Zusätze?
2 Welche gesundheitlichen Probleme können bei unsachgemäßem Umgang mit Kühlschmierstoffen auftreten?
3 Welche Anforderung wird bei der Trockenbearbeitung an den Schneidstoff gestellt?

3.8.3 Sägen

Die zunehmend kleiner werdenden Losgrößen bei der Fertigung von Werkstücken führen dazu, dass flexible Rohteil-Zuschnitte benötigt werden. Das Sägen als erster Schritt einer Werkstückfertigung wird dadurch immer wichtiger. Hierfür werden Bügel-, Band- und Kreissägemaschinen eingesetzt.

Bügelsägemaschinen

Zum Sägen von Halbzeug bis zu einem Durchmesser von 500 mm werden wegen der geringen Anschaffungs- und Werkzeugkosten häufig Bügelsägemaschinen eingesetzt **(Bild 1)**. Das Sägeblatt der Bügelsägemaschine besteht meist aus Schnellarbeitsstahl (HSS). Beim Rückhub wird es vom Werkstück abgehoben.

Bandsägemaschinen

Bandsägemaschinen sind sowohl für kleinere als auch für sehr große Schnittlängen geeignet **(Bild 2)**. Das endlose Sägeband hat eine Banddicke von 0,65 ... 1,3 mm. Dadurch ist die Schnittfuge schmal und der Werkstoffverlust gering. Die Schnittsteifigkeit des Sägebandes ergibt sich im Wesentlichen durch die Bandbreite. Bei großen Schnittlängen muss deshalb ein breites Sägeband eingesetzt werden.

Die Zahnform des Sägebandes richtet sich nach dem zu sägenden Werkstoff und dem Materialquerschnitt **(Bild 3)**. Mit Sägebändern aus Werkzeugstahl mit gehärteten Zahnschneiden können unlegierte und niedriglegierte Stähle gesägt werden. Bei Bimetall-Sägeblättern bestehen die Zähne aus verschleißfestem Werkzeugstahl, das Trägerband aus legiertem Vergütungsstahl. Sägebänder mit Schneiden aus Hartmetall werden für das Sägen von Stählen (bis zu einer Härte von 60 HRC) und von faserverstärkten Kunststoffen eingesetzt.

Kreissägemaschinen

Kreissägemaschinen eignen sich für das Sägen von Halbzeugen bis zu einem Durchmesser von ca. 140 mm, da das Kreissägeblatt nur bis zu einem Drittel des Durchmessers als Arbeitsbereich genutzt werden kann. Sägeschnitte mit den HSS- oder hartmetallbestückten Kreissägeblättern weisen eine geringe Rautiefe auf. Der Sägevorschub kann über eine CNC-Vorschubregelung mit konstanter Schnittkraft dem Materialquerschnitt angepasst werden **(Bild 4)**.

Wiederholung und Vertiefung

1 Wonach richtet sich die Auswahl der Zahnteilung von Sägeblättern?

2 Für welchen Einsatz eignen sich die verschiedenen Sägemaschinen?

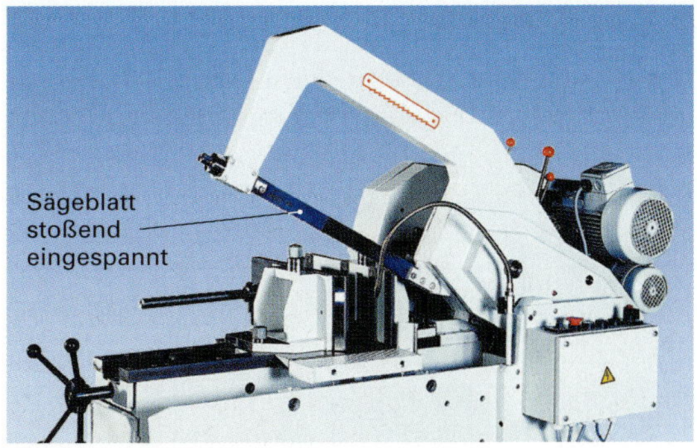

Bild 1: Bügelsägemaschine

Bild 2: Bandsägemaschine

Zahnform	Anwendung
Standardzahn, Spanwinkel 0°	für Stähle mit hohem Kohlenstoffgehalt, bei dünnwandigen Profilen
Klauenzahn, Spanwinkel 5 bis 10°	für Stähle mit C-Gehalt < 0,8 %, NE-Metalle, für große Querschnitte
Lückenzahn, Spanwinkel 0°	für spröde Werkstoffe, z. B. spröde Cu-Legierungen, für große Querschnitte
Trapezzahn, Spanwinkel positiv	für hohe Zerspanungsleistung, für hartmetallbestückte Sägebänder

Bild 3: Zahnformen von Sägebändern

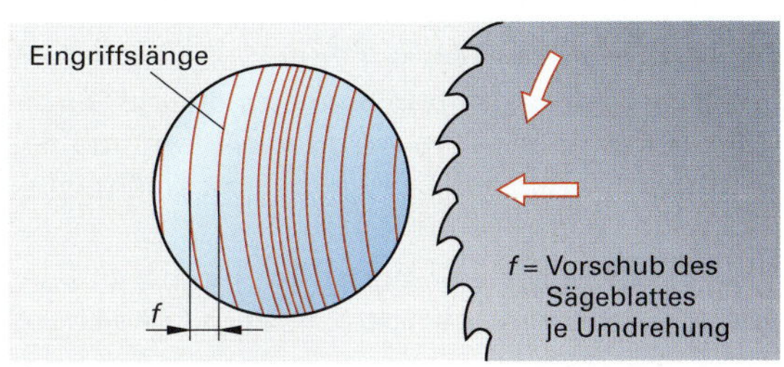

Bild 4: CNC-gesteuerte Vorschubbewegung

3.8.4 Bohren

Bohren, Gewindebohren, Senken und Reiben sind spanende Fertigungsverfahren mit meist mehrschneidigen Werkzeugen und mit ähnlichen Schnitt- und Vorschubbedingungen **(Bild 1)**.

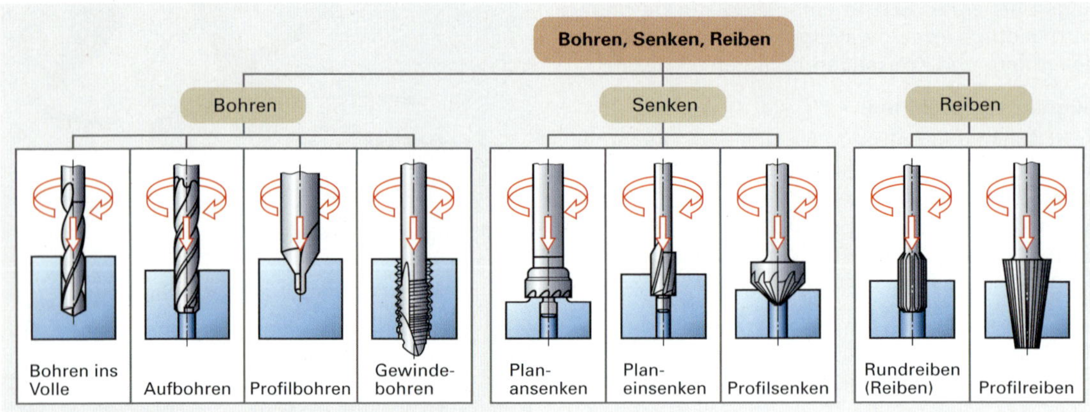

Bild 1: Fertigungsverfahren Bohren, Senken, Reiben

3.8.4.1 Bohren

Bohrvorgang und Spanungsgrößen

Beim Bohren führt meist das Werkzeug eine kreisförmige Schnittbewegung aus, wobei die Vorschubbewegung geradlinig in Richtung der Rotationsachse erfolgt **(Bild 2)**. Durch die Vorschubkraft dringen die Werkzeugschneiden in den Werkstoff ein. Die kreisförmige Schnittbewegung erzeugt die Schnittkraft.

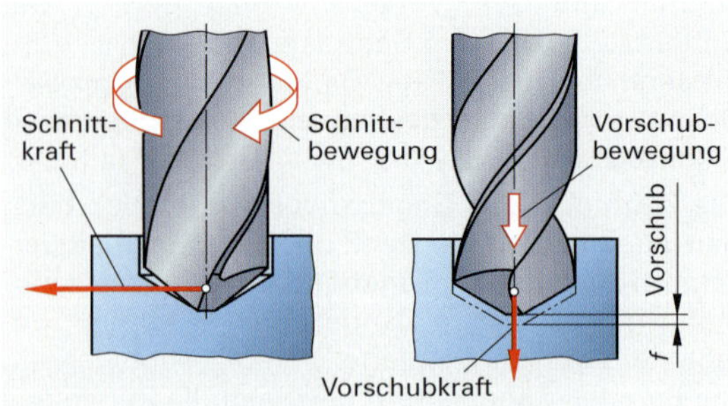

Bild 2: Kräfte und Bewegungen beim Bohren

Die Schnittgeschwindigkeit v_c richtet sich nach dem Bohrertyp bzw. dem Bohrverfahren, dem Werkstoff und der geforderten Arbeitsqualität **(Tabelle 1)**. Sie hat den größten Einfluss auf die Standzeit. Wegen der Vielzahl von Bohrertypen, Schneidstoffen und Beschichtungen sind die Richtwerte der Werkzeughersteller zu beachten.

Die **Drehzahl *n*** kann aus Drehzahldiagrammen abgelesen oder aus der Schnittgeschwindigkeit v_c und dem Bohrerdurchmesser d berechnet werden.

Drehzahl $$n = \frac{v_c}{\pi \cdot d}$$

Der **Vorschub *f*** in mm je Umdrehung hängt vor allem vom Werkstoff, vom Schneidstoff und Durchmesser des Bohrers, vom Bohrverfahren und der Bohrtiefe ab (Tabelle 1). Er beeinflusst die Spanbildung und den Leistungsbedarf.

Die **Vorschubgeschwindigkeit v_f** in mm/min wird aus der Drehzahl n und dem Vorschub f berechnet.

Vorschubgeschwindigkeit $$v_f = n \cdot f$$

Tabelle 1: Schnittwertempfehlungen für beschichtete Spiralbohrer aus HSS bei Bohrtiefen bis 5 × Bohrerdurchmesser

Werkstoff des Werkstücks	v_c in m/min[1]	f in mm für Bohrungs-∅ >3…6	>6…12	>12…25	Kühlung[2]
Stahl $R_m \le 800$ N/mm²	40	0,10	0,15	0,28	E, S
Stahl $R_m = > 800$ N/mm²	20	0,08	0,10	0,15	E, S
Nichtrostende Stähle $R_m \ge 800$ N/mm²	12	0,06	0,08	0,12	E, S
Gusseisen, Temperguss ≤ 250 HB	20	0,20	0,30	0,40	E, M, T
Aluminium-Legierung $R_m \le 350$ N/mm²	45	0,20	0,30	0,40	E, M, S
Thermoplaste	50	0,15	0,30	0,40	T

[1] Die Richtwerte werden bei günstigeren Bedingungen erhöht, bei ungünstigen Bedingungen herabgesetzt.

[2] E = Emulsion (10–12 %), S = Schneidöl, M = Minimalmengenschmierung, T = trocken, Druckluft

Um Bohrungen fachgerecht herzustellen, müssen die Forderungen an die Genauigkeit der Bohrung sowie technologische (z. B. Schnittgeschwindigkeit, Spannmöglichkeit), wirtschaftliche und Umweltgesichtspunkte berücksichtigt werden.

Aus der gewählten Schnittgeschwindigkeit und dem Bohrdurchmesser erhält man die Drehzahl und aus der Drehzahl und dem Vorschub die Vorschubgeschwindigkeit.

Beispiel: Ein 30 mm dickes Werkstück aus Vergütungsstahl 34Cr4 soll Bohrungen mit dem Durchmesser $d = 10$ mm erhalten.

a) Welche Schnittgeschwindigkeit v_c und welcher Vorschub f ist für einen HSS-Spiralbohrer zu wählen?

b) Welche Drehzahl und Vorschubgeschwindigkeit ergeben sich?

Lösung: Gewählt nach **Tabelle 1, vorherige Seite**

a) $v_c = 20$ m/min, $f = 0{,}10$ mm

b) $\boldsymbol{n} = \frac{v_c}{d \cdot \pi} = \frac{20\ \text{m/min}}{0{,}01\ \text{m} \cdot \pi} = \mathbf{637/min}$

$\boldsymbol{v_f} = f \cdot n = 0{,}10\ \text{mm} \cdot 637/\text{min} = \mathbf{63{,}7\ mm/min}$

Für normale Bohrbedingungen sind die Richtwerte der Werkzeughersteller anzuwenden. Bei abweichenden Bedingungen müssen die Schnittwerte korrigiert werden (Tabelle 1, vorherige Seite).

Spiralbohrer

Für das Bohren im Durchmesserbereich bis 20 mm und bei Bohrtiefen bis 5 × Bohrerdurchmesser ist der Spiralbohrer das am häufigsten verwendete Werkzeug. Der Spiralbohrer besteht im Wesentlichen aus Schaft und Schneidteil mit Bohrerspitze **(Bild 1)**.

Schneidengeometrie

Die Grundform der Bohrerschneide ist der Keil. Zwei gegenüberliegende, wendelförmige Spannuten bilden die **Haupt-** und **Nebenschneiden** und die **Führungsfasen.** Die geringfügige Verjüngung des Spiralbohrers von 0,02 mm bis 0,08 mm auf 100 mm Spannutenlänge zum Schaft hin verringert die Reibung der Führungsfase in der Bohrung.

Form und Steigung der Drallnut bestimmen die Größe des **Spanwinkels** γ, der von seinem größten Winkel an der Schneidenecke zur Bohrermitte hin abnimmt und an der Querschneide negativ ist. Als Ersatzmerkmal für den eigentlichen Spanwinkel wird der **Seitenspanwinkel** γ_f herangezogen, der am Umfang dem **Drallwinkel** entspricht. Dieser richtet sich nach dem zu bearbeitenden Werkstoff und wird den **Typen N, H** und **W** zugeordnet **(Tabelle 2)**.

Tabelle 1: Bohrbedingungen

normale Bohrbedingungen

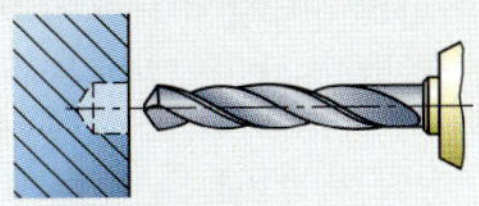

gerade Oberfläche

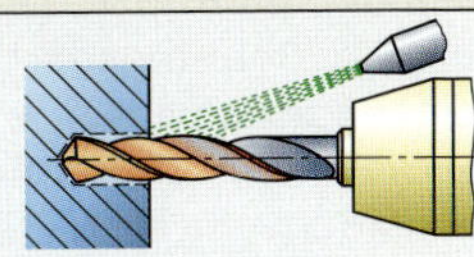

ausreichende Kühlung

Die Richtwerte sind anzuwenden.

angepasste Bohrbedingungen

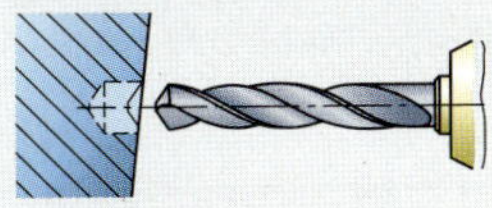

schräger Bohrein- bzw. -austritt

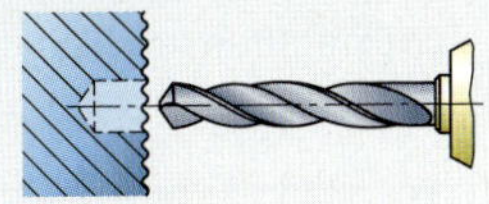

unregelmäßige Oberfläche

Wenn Ein- oder Austrittsfläche bis zu 20° von der Senkrechten zur Bohrerachse abweichen, muss der Vorschub verringert werden, bis der Bohrer mit vollem Durchmesser schneidet, oder die Flächen vorher eben gefräst werden.

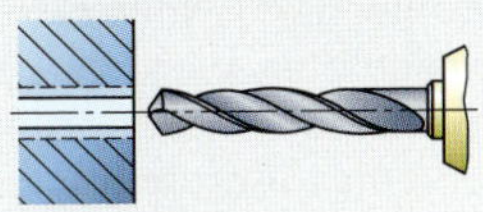

Bohrer in Vorbohrung

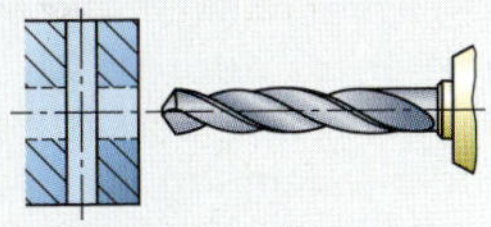

Bohrer in Querbohrung

Vorschub und Schnittgeschwindigkeit müssen reduziert werden.

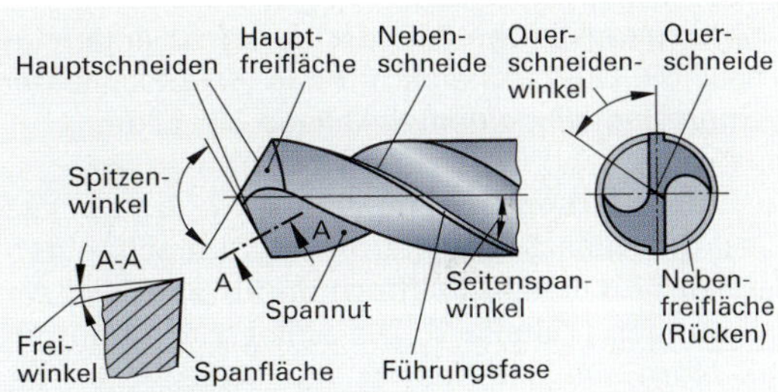

Bild 1: Schneidteil am Spiralbohrer

Tabelle 2: Spiralbohrertypen

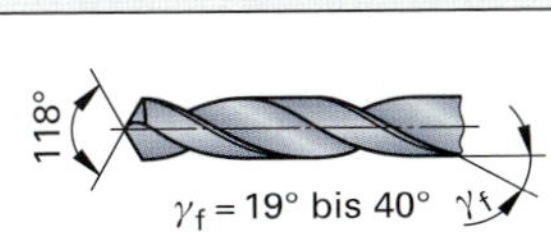	**Typ N** normale Ausführung für weichen Stahl, Grauguss, nichtrostenden Stahl
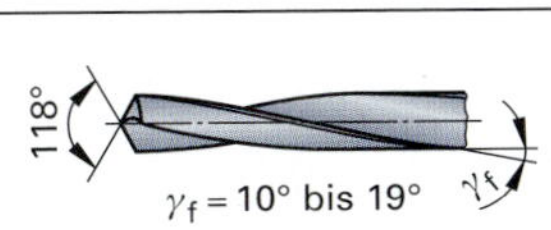	**Typ H** für harte und spröde Werkstoffe, z. B. hochfester Stahl, Schichtpressstoffe
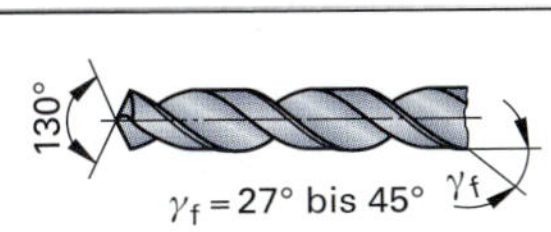	**Typ W** für weiche und zähe Werkstoffe, z. B. Aluminium-, Kupfer- und Zink-Legierungen

Der Winkel zwischen den Hauptschneiden wird als **Spitzenwinkel** bezeichnet. Ein großer Spitzenwinkel führt eher zum Verlaufen des Bohrers, wodurch sich der Bohrungsdurchmesser vergrößert. Ein kleiner Spitzenwinkel gewährleistet zwar eine gute Zentrierung und Wärmeabfuhr, erhöht aber den Schneidenverschleiß. 90° Spitzenwinkel werden für das Bohren harter, meist stark verschleißend wirkender Kunststoffe verwendet. 130° Spitzenwinkel ergeben bei weichen und zähen Werkstoffen eine bessere Spanabfuhr. Bei langspanenden Leichtmetallen wird ein Spitzenwinkel von 140° angeschliffen.

Die meisten Spiralbohrer haben einen Spitzenwinkel von 118°.

Durch Hinterschleifen der Hauptfreiflächen entsteht der **Freiwinkel.** Er muss ausreichend groß sein, damit der Bohrer auch bei großen Vorschüben frei schneidet. Der Freiwinkel darf jedoch nicht größer als erforderlich angeschliffen werden, da dadurch eine Schwächung der Schneide erfolgt und die Neigung zum Rattern vergrößert wird.

Die **Querschneide** erschwert den Spanungsvorgang, da sie den Werkstoff nur quetscht.

Der richtige Hinterschliff bei Bohrern mit einem Spitzenwinkel von 118° ist daran zu erkennen, dass die Querschneide mit den Hauptschneiden einen Querschneidenwinkel von 55° bildet.

Zur Verringerung der Vorschubkraft und zur Verbesserung des Spanablaufes im Querschneidenbereich gibt es Anschliffformen für spezielle Anwendungen **(Tabelle 1).** Die einfachste Änderung des Normalanschliffes ist das **Ausspitzen der Querschneide.** Die Restlänge der Querschneide soll mindestens 1/10 des Bohrerdurchmessers betragen, damit die Bohrerspitze nicht zu schwach wird.

Schleifen der Spiralbohrer

Der Bohrer muss an der Freifläche so weit nachgeschliffen werden, bis der Verschleiß an der Haupt- und Querschneide sowie an der Führungsfase beseitigt ist. Wird der Verschleiß an der Führungsfase nicht beseitigt, klemmt der Bohrer.

Schleiffehler wirken sich auf die Maßgenauigkeit und die Oberflächengüte der Bohrung sowie auf die Standzeit des Bohrers aus **(Tabelle 2).** Um diese Fehler zu vermeiden, müssen die Bohrer sorgfältig nachgeschliffen und mit **Schleiflehren** oder Werkzeugmikroskopen überprüft werden **(Bild 1).**

Tabelle 1: Anschliffformen bei Spiralbohrern

ausgespitzte Querschneide 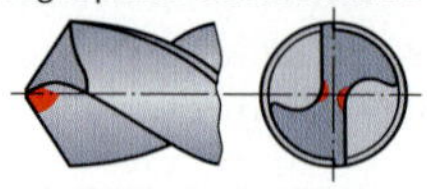	geringere Vorschubkraft, verbesserte Zentriereigenschaften
Ausgespitzte Querschneide mit korrigierter Hauptschneide 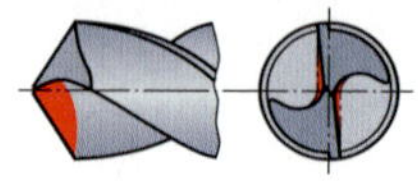	Stabilisierung des Bohrers, verhindert, dass der Bohrer sich in den Werkstoff einhakt und einzieht, ohne zu schneiden
Kreuzanschliff 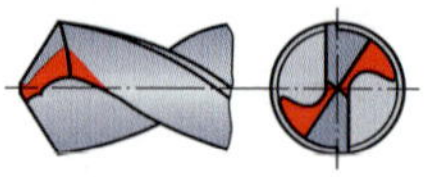	Querschneiden wird in zwei Nebenschneiden aufgeteilt, Querschneidenrest 0,3 bis 0,5 mm, Anwendung bei Tieflochbohrern
Anschliff für Grauguss 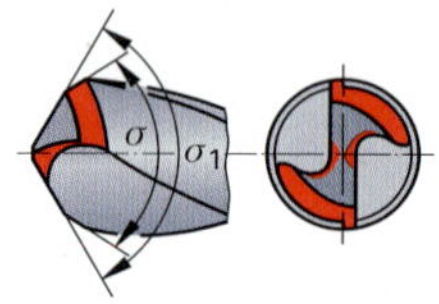	Spitzenwinkel von 118° ist durch einen zweiten von 90° ergänzt, Ausbrechen an der Schneidenecke wird verhindert, die Ableitung der Zerspanungswärme wird verbessert

Tabelle 2: Schleiffehler beim Spiralbohrer

Freiwinkel zu klein 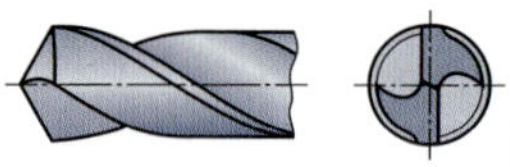	Vorschubkraft zu groß, Bohrerbruch
Freiwinkel zu groß 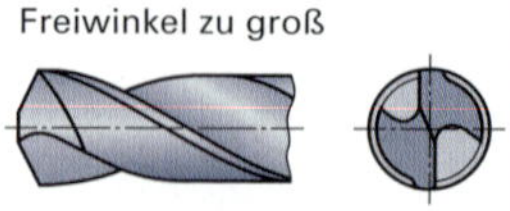	Schneide bricht aus, Bohrer hakt ein
Schneiden ungleich lang 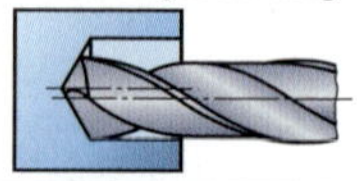	Bohrung zu groß
Winkel ungleich 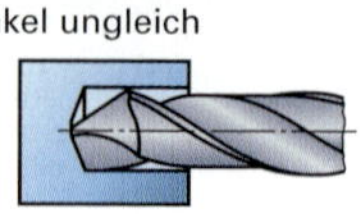	Nur eine Schneide schneidet, sie wird schnell stumpf

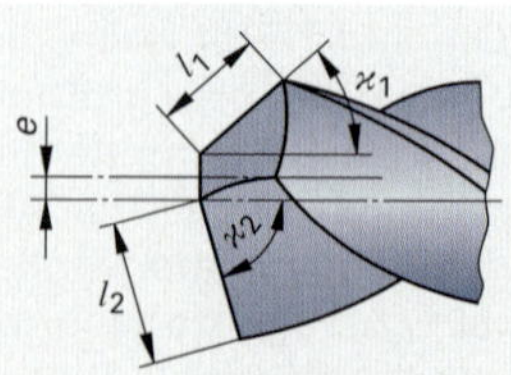

l_1, l_2 Hauptschneidenlänge

$\varkappa_1, \varkappa_2$ Einstellwinkel

e Außermittigkeit der Querschneide

Grenzwerte für $d = 10 \dots 20$ mm: $l_1 - l_2 < \pm 0{,}1$ mm
$\varkappa_1 - \varkappa_2 < \pm 0{,}33°$

Bild 1: Kontrollgrößen für Spiralbohrer

Werkstoffe für Spiralbohrer

Als Werkstoffe für Spiralbohrer werden Schnellarbeitsstahl und Hartmetall (HM) verwendet.

Schnellarbeitsstahl (HSS) besitzt eine hohe Zähigkeit und ist deshalb für Spiralbohrer besonders geeignet. Ist zusätzlich Kobalt enthalten (HSS-E), erreicht man einen hohen Verschleißwiderstand und eine hohe Warmhärte.

Bohrer aus Schnellarbeitsstahl können mit einer verschleißmindernden **Beschichtung**, meist Titannitrid (TiN), versehen werden. Diese Schicht ist sehr hart, verschleiß- und temperaturbeständig.

Vorteile beschichteter HSS-Spiralbohrer:

- verwendbar für alle Werkstoffe, mit Ausnahme von verschleißend wirkenden faserverstärkten Kunststoffen (z. B. glasfaser- oder kohlefaserverstärkte Kunststoffe)
- gute Oberflächengüte, weil Gleitbedingungen an Schneide und Spannut optimiert sind
- große Standzeit bei höherer Schnittgeschwindigkeit und größerem Vorschub

Spiralbohrer mit eingelöteten bzw. geklemmten Hartmetallschneidplatten oder auswechselbaren Bohrerspitzen nutzen die höhere Verschleißfestigkeit der Hartmetalle an der Bohrerspitze und die Elastizität des HSS-Bohrkörpers gut aus **(Bild 1)**.

Mit **Wendeschneidplatten** bestückte Bohrer eignen sich für das Bohren bis zu einer Tiefe von 5 x D bei hohen Schnittgeschwindigkeiten und nicht zu großen Vorschüben, auch bei schwer zerspanbaren Werkstoffen.

Im Vergleich zu beschichteten HSS-Bohrern sind **Vollhartmetallbohrer** kostengünstig nachzuschleifen, da kein Nachbeschichten erforderlich ist.

Vorteile der Vollhartmetallbohrer:

- wegen hoher Steifigkeit Anbohren ohne Vorzentrieren und Bohrbuchse sowie Anbohren auf schrägen Flächen bis 8° Neigung möglich
- bis IT 8 kann direkt ins Volle gebohrt werden
- gute Standzeit bei hohen Schnittgeschwindigkeiten
- Eignung auch für harte und verschleißende Werkstoffe

Werkzeugverschleiß

Der Verschleiß der Bohrer wird durch gleichzeitige mechanische und thermische Beanspruchung hervorgerufen. Die wichtigsten Ursachen sind Diffusion, mechanischer Abrieb, Verzunderung und Ausbrüche durch die Aufbauschneide **(Tabelle 1)**.

Bild 1: Bohrer mit gelöteten und geklemmten Wendeschneidplatten, auswechselbaren Bohrerspitzen und Vollhartmetallbohrer

Tabelle 1: Ursachen von Verschleißproblemen bei HM-Bohrern

Verschleißformen	Ursachen
Aufbauschneidenbildung 	Zu niedrige Schnittgeschwindigkeit, keine Beschichtung, zu wenig Ölanteile im Kühlschmiermittel
Ausbröckelung an der Schneide 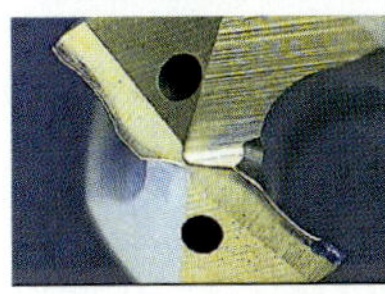	Unterbrochener Schnitt, mangelhafte Kühlschmierung, Schneidstoffe zu spröde
Verschleiß an Schneidenecke und Fase 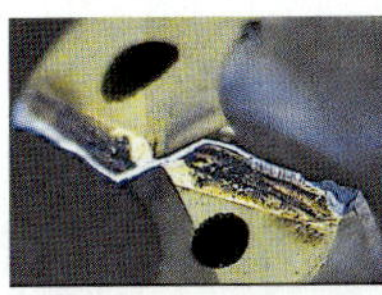	Schnittgeschwindigkeit zu hoch, Vorschub zu niedrig, Schneidstoff zu wenig verschleißfest, mangelhafte Kühlschmierung
Fasenverschleiß 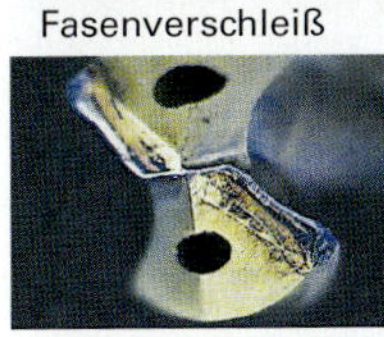	Mangelhafte Kühlschmierung, Schnittgeschwindigkeit zu groß, zu hartes Werkstück
Verschleiß der Querschneide 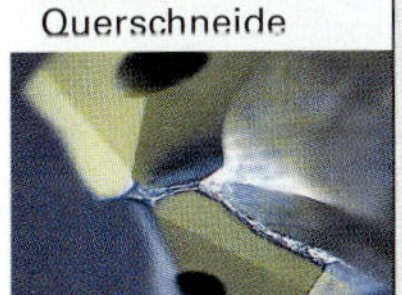	Schnittgeschwindigkeit zu gering, Vorschub zu hoch, Querschneidenbreite zu klein

Werkzeugwahl und Bohrprobleme

Die Wahl des Bohrers ist abhängig von der geforderten Bohrungsqualität, von der Wirtschaftlichkeit sowie von den Bohrbedingungen **(Tabelle 1)**.

Vorgehensweise bei der Werkzeugwahl:

- Wahl des Bohrertyps entsprechend dem Durchmesser, der Bohrtiefe und dem Anwendungsfall
- Überprüfen, ob mit dem gewählten Bohrertyp die geforderte Bohrungstoleranz und Oberflächengüte erreichbar sind und der Werkstoff zerspanbar ist
- Bei HM-Bohrern Wahl der Schneidstoffsorte nach dem zu bearbeitenden Werkstoff, bei Wendeschneidplatten zusätzlich Wahl der Plattenform
- Wahl des Aufnahmetyps, z. B. Zylinderschaft in hydraulischem Kraftspannfutter

Wahl der Schnittwerte

Die Schnittgeschwindigkeit und der Vorschub werden entsprechend dem Werkstoff des Werkstücks und dem Bohrertyp festgelegt **(Tabelle 1, Seite 144)**. Bei Werkstücken aus hochlegierten Stählen werden für die Schnittgeschwindigkeit z. T. höhere Werte gewählt, um die Aufbauschneidenbildung gering zu halten. Bei Bohrlängen über 5 x D wird der Vorschub um ca. 25 % reduziert.

In jedem Fall ist das vom Hersteller empfohlene Kühlschmiermittel und Kühlverfahren zu beachten.

Der Späneaustritt und die Spanform sind beim Bohrvorgang zu bewerten und die Schnittwerte sind unter Umständen zu korrigieren **(Tabelle 2)**.

Maßnahmen bei Bohrproblemen (Tabelle 3) sind notwendig, wenn Qualitätsmerkmale nicht erreicht und die Wirtschaftlichkeit und Fertigungssicherheit gefährdet sind.

Tabelle 1: Bohrerauswahl (Auszug)

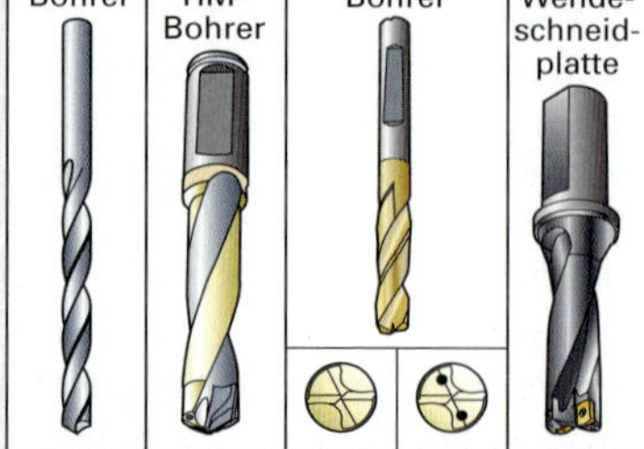

••• = sehr gut
•• = gut
• = möglich

	HSS-Bohrer	gelötete HM-Bohrer	Voll-HM-Bohrer		HM-Wendeschneidplatte
Bohrdurchmesser	2,5 ... 12	9,5 ... 30	3 ... 20		12 ... 60
Bohrungstiefe	2 ... 6 x D	3 ... 5 x D	2 ... 5 x D		2 ... 4 x D
Werkstoff:					
Stahl	•••	•••	•••	•••	•••
Stahl, gehärtet	•	•••	••	•••	•••
Stahl, rostfrei	••	••	•	•••	•••
Grauguss	•••	•••	•••	•••	•••
Aluminiumlegierung	••	••	••	•••	•••
Oberflächengüte R_z	3 µm	1 ... 2 µm	1 ... 2 µm		1 ... 5 µm
Bohrungstoleranz	IT 10	IT 8-10	IT 8-10		+0,4/–0,1
Anwendbarkeit:					
allgemeines Bohren	•••	•••	•••		•••
geneigte Fläche	••		•		•••
Querbohrung	••		•		•••
Eintauchen					•••
Paketbohren	••	••	••		•

Tabelle 2: Optimieren der Spanform

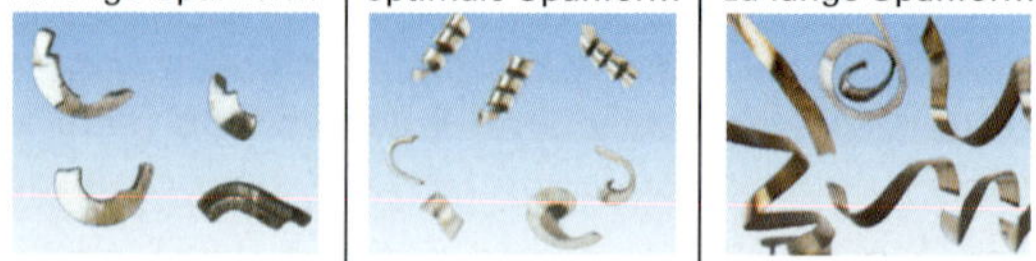

zu enge Spanform	optimale Spanform	zu lange Spanform
v_c innerhalb der zulässigen Werte erhöhen, falls nicht zufriedenstellend, f senken	–	v_c innerhalb der zulässigen Werte senken, falls nicht zufriedenstellend, f erhöhen

Tabelle 3: Maßnahmen bei Bohrproblemen

	Verschleißprobleme			allgemeine Probleme					
Abhilfe-Maßnahmen	starker Hauptschneidenverschleiß	starker Fasenverschleiß	Schneideckenverschleiß	Bohrerspitze zerstört, Bohrerbruch	Bohrung zu groß im Durchmesser	Spänestau in Spannut	Vibration, Rattern	Formabweichung der Bohrung	geringe Standzeit
Schnittgeschwindigkeit erhöhen					•	•			
Schnittgeschwindigkeit verringern			•						
Vorschub verringern	•				•	•	•	•	
Schneidstoffwahl überprüfen	•	•	•	•					•
Stabilität von Werkzeug und Werkstück erhöhen		•	•	•	•		•	•	•
Kühlschmierstoffzufuhr erhöhen, Filter reinigen	•					•			•

Weitere Bohrverfahren und Bohrwerkzeuge

Profilbohren

Zentrierbohrer fertigen Aufnahmebohrungen für das Drehen und Schleifen zwischen Spitzen **(Bild 1)**.

Für das positionsgenaue Anbohren ins Volle und zum Zentrieren auf NC-Maschinen dienen **NC-Anbohrer (Bild 2)**. Sie werden mit einem Spitzenwinkel von 90° oder 120° hergestellt und können mit der Zentrierung gleichzeitig die Senkung der späteren Gewindebohrung erzeugen.

Systemwerkzeuge

Mit modernen **Systemwerkzeugen** können hochgenaue Bohrungen und Profilbohrungen, z.B. in Pumpengehäusen, mit einem Werkzeug komplett bearbeitet werden. Als Werkzeuge stehen **Mehrstufenbohrer (Bild 3)** bzw. **Systembohrer** zur Verfügung, die aus einem Träger, einstellbaren Führungsleisten und einem Schneidteil mit austauschbaren und einstellbaren Schneiden bestehen. Auf die Nachbearbeitung wie Reiben und Senken kann häufig verzichtet werden.

Systemwerkzeuge werden häufig in **Bohrwerkzeugsystemen (Bild 4)** eingesetzt. Der Grundhalter bildet die Schnittstelle zwischen dem Bohrwerkzeug und der Maschine. Damit das Drehmoment und die Vorschubkraft problemlos übertragen werden, darf kein Durchdrehen und keine Längsverschiebung im Spannmittel auftreten. Rundlauffehler und zu geringe Steifigkeit sind häufige Ursachen für Bohrprobleme (vorherige Seite).

Aufbohren

Aufbohren ist Bohren zur Vergrößerung vorgebohrter, vorgegossener oder vorgestanzter Löcher oder dient zum gemeinsamen Aufbohren von zwei versetzt liegenden Bohrungen.

Aufbohrer (Spiralsenker) sind ein- bis vierschneidige Werkzeuge **(Bild 5)**. Der Anschnitt-Durchmesser ist so dimensioniert, dass der vorbereitete Bohrungsdurchmesser mindestens 70 % des Aufbohrerdurchmessers erreichen muss. Schnittgeschwindigkeit und Vorschub wählt man wie beim Bohren mit HSS-Bohrern.

Aufbohrwerkzeuge mit HM-Platten werden zum Aufbohren großer Durchmesser eingesetzt **(Bild 6)**. **Feinbohrköpfe (Bild 7)** ermöglichen durch eine Skala mit Nonius eine Einstellung des Bohrungsdurchmessers im µm-Bereich.

> Das Aufbohren dient zur Fertig- oder Feinbearbeitung vorgebohrter Bohrungen. Aufbohrwerkzeuge verbessern die Maß-, Form- und Lagegenauigkeit sowie die Oberflächengüte von Bohrungen.

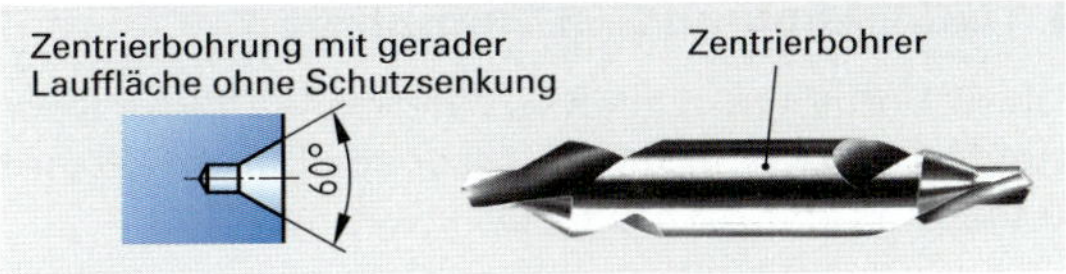

Bild 1: Zentrierbohrung mit Zentrierbohrer

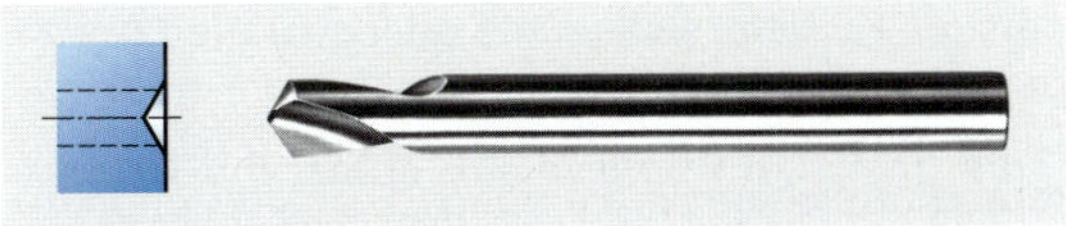

Bild 2: NC-Anbohrer

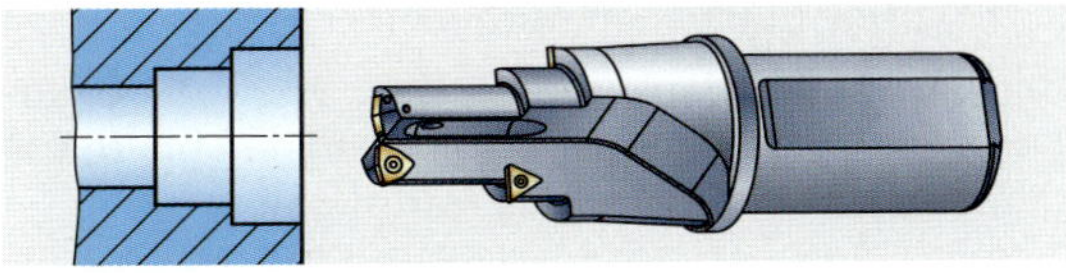

Bild 3: Mehrstufenbohrer

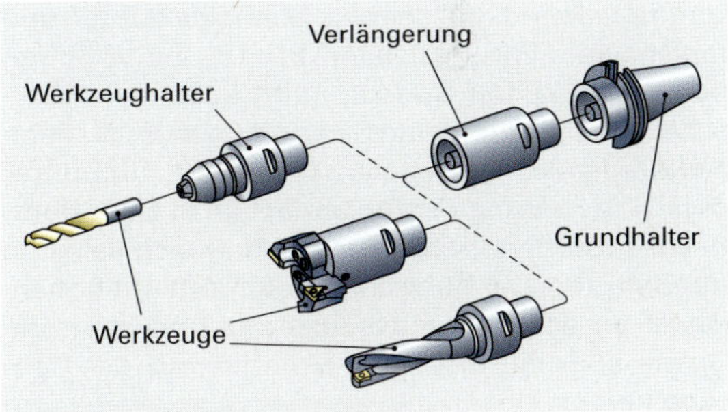

Bild 4: Bohrwerkzeugsystem

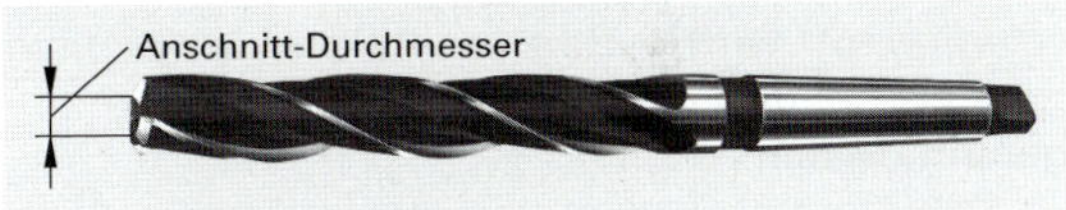

Bild 5: Aufbohrer (Spiralsenker)

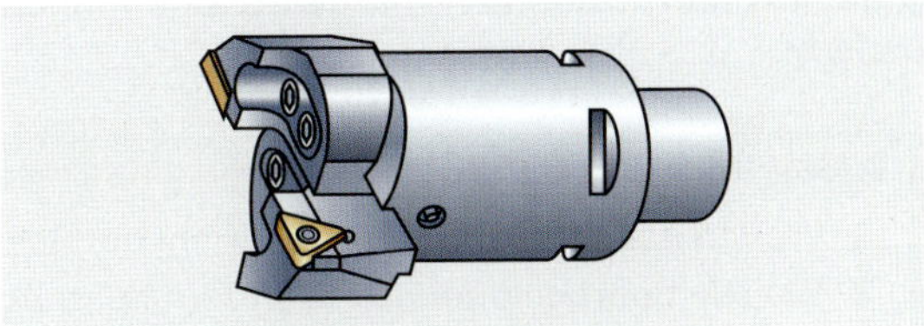

Bild 6: Zweischneidiges Aufbohrwerkzeug

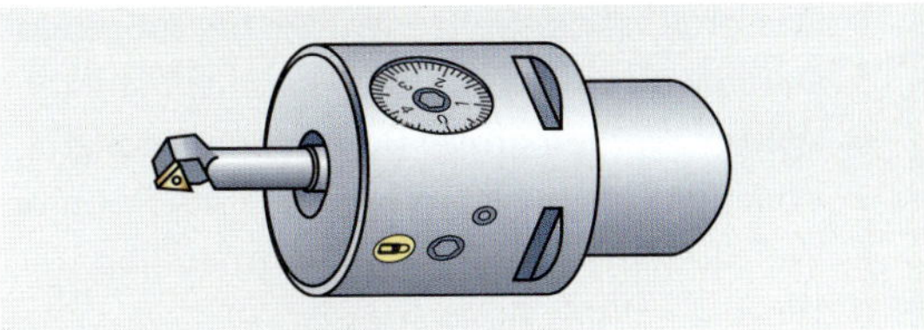

Bild 7: Einschneiden-Feinbohrkopf

Tieflochbohren und Tiefbohren

Diese Verfahren dienen zur Herstellung von Bohrungen mit einem Durchmesser von 0,8…1500 mm und Bohrtiefen ab ca. 3 x D.

Tieflochbohren

Tiefloch-Spiralbohrer (Bild 1) aus HSS sind besonders gut für tiefe, senkrechte oder schräge Bohrungen bis zum Durchmesser von 30 mm geeignet. Durch ihre verstärkte Kerndicke und große Spanräume erreichen sie die nötige Stabilität und können die Späne gut aus der Bohrung abführen. In Stahl sind Bohrtiefen bis 15 x D, in Grauguss bis 25 x D ohne Entspänen möglich.

Bei kurzspanenden Werkstoffen, wie z. B. Grauguss, verwendet man für Bohrungstiefen bis 10 x D geradegenutete Bohrer aus Hartmetall.

Tiefbohren

Beim **Einlippen-Bohrverfahren** wird mit einem Hartmetallbohrkopf, der eine Schneide (Lippe) und meist zwei Führungsleisten besitzt, ins Volle gebohrt **(Bild 2)**. Der Bohrkopf sitzt auf einem Rohrschaft, in den eine kleine Sicke eingewalzt ist. Beim Anbohren des Werkstückes wird der Tiefbohrer durch die Führungsleisten am Schaft in einer Bohrbuchse zentriert. Danach zentriert er sich selbst in der Bohrung. Der Kühlschmierstoff tritt mit hohem Druck an der Bohrungsspitze aus und spült die Späne über die Sicke des Schaftes aus der Bohrung heraus.

Beim **BTA-Bohrverfahren** werden Bohrungen von 6 bis 1500 mm ins Volle gebohrt. Der Kühlschmierstoff wird außen am Rohrschaft entlang zugeführt und mit den Spänen im Rohrinnern abgeführt **(Bild 3)**.

Beim **Zweirohrsystem** wird der Kühlschmierstoff zwischen den konzentrisch angeordneten Rohren zugeführt und zusammen mit den Spänen innen entfernt.

Bild 1: Tiefloch-Spiralbohrer

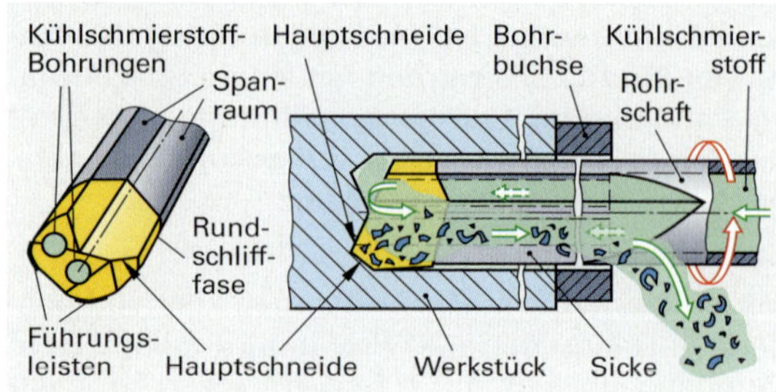

Bild 2: Einlippen-Tiefbohrer

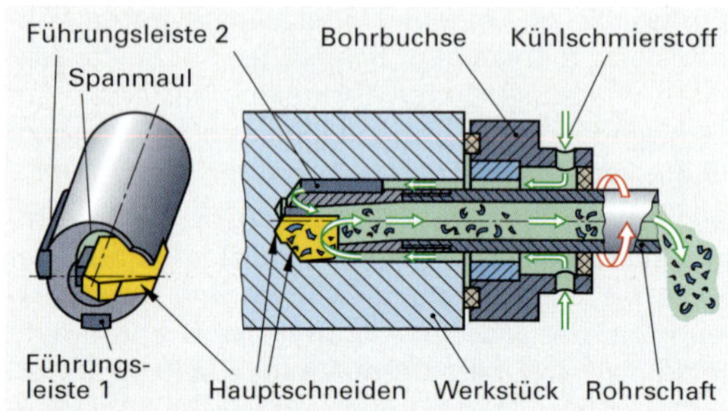

Bild 3: BTA-Tiefbohrverfahren

Vorteile der Tiefbohrtechnik:

- hohe Oberflächengüten (bis IT 8 und Rz = 2 µm)
- hohes Zeitspanungsvolumen
- Kühlschmierung an der Wirkstelle
- geringer Bohrungsverlauf bei Bohrtiefen bis 100 x D
- geringe Gratbildung bei Querbohrungen

Wiederholung und Vertiefung

1 Wovon hängt beim Bohren die Wahl der Schnittgeschwindigkeit ab?
2 Welche Bohrbedingungen erfordern beim Bohren eine Änderung der Schnittgeschwindigkeit oder des Vorschubes?
3 Bei welchen Bohrtiefen ist der Spiralbohrer das meist verwendete Werkzeug?
4 Wie groß ist der Spitzenwinkel beim Spiralbohrer für Stahl?
5 Durch welche Maßnahmen kann ein starker Hauptschneidenverschleiß verringert werden?
6 Warum werden große Bohrer ausgespitzt?
7 Welche Vorteile haben beschichtete Spiralbohrer?
8 Welche Vorteile haben Vollhartmetallbohrer?
9 Wozu dient das Aufbohren?
10 Welche Vorteile haben die Tiefbohrverfahren?

3.8.4.2 Gewindebohren

Innengewinde können mit Gewindebohrern von Hand oder auf Maschinen hergestellt werden **(Bild 1)**.

Spanungsvorgang

Zum Schneiden von Innengewinden müssen zuerst die Kernlöcher gebohrt werden.

Kernlochdurchmesser $d_k = d - P$

Kernlöcher dürfen nicht kleiner als Nenndurchmesser *d* minus Steigung *P* gebohrt werden. Das erleichtert das Gewindebohren und vermeidet Gewindebohrerbrüche.

Der Gewindebohrer führt die Schnitt- und Vorschubbewegung aus; dabei wird der Vorschub durch die Gewindesteigung bestimmt.

Der kegelförmige Anschnitt übernimmt die Zerspanung **(Bild 2)**. Je nach Größe des Anschnittwinkels wird das Gewinde mit den ersten zwei bis acht Gängen des Gewindebohrers geschnitten. Der Führungsteil führt den Gewindebohrer in den eben entstandenen Gewindegängen.

Der Gewindebohrer drückt beim Schneiden zähe Werkstoffe etwas nach innen, sodass die Bohrung kleiner wird („Aufschneiden").

Durch das **Ansenken** der Kernlöcher mit einem 90°-Senker erreicht man, dass der Gewindebohrer besser anschneidet und die äußeren Gewindegänge nicht herausgedrückt werden. Für Gewinde, die in **Grundlöcher** geschnitten werden, bohrt man die Kernlöcher tiefer als die nutzbare Gewindelänge, da das Gewinde nicht bis auf den Grund der Bohrung geschnitten werden kann.

Zur Erzielung einer guten Oberflächengüte ist für den jeweiligen Werkstoff der geeignete **Kühlschmierstoff** (z.B. Schneidöl für Stahl, Emulsion für Grauguss, Druckluft für Mg-Legierungen und Kunststoffe) zu verwenden.

Gewindebohren von Hand

Der Gewindebohrer muss genau axial in das Kernloch eingeführt werden. Bei langspanenden Werkstoffen und größeren Gewinden brechen durch wiederholtes kurzes Zurückdrehen des Gewindebohrers die Späne ab **(Bild 3)**. Frischer Schmierstoff gelangt dabei an die Schneiden.

Gewindebohren auf Maschinen

Das Gewindebohren auf Maschinen erfolgt mit starr eingespannten Gewindebohrern, mithilfe eines Gewindeschneidapparates oder eines Längenausgleichsfutters **(Bild 4)**.

Bei **starr eingespannten Gewindebohrern** müssen Spindelumdrehung und axiale Vorschubbewegung **synchronisiert** werden. Dadurch erreicht man gleich bleibend hohe Gewindequalitäten.

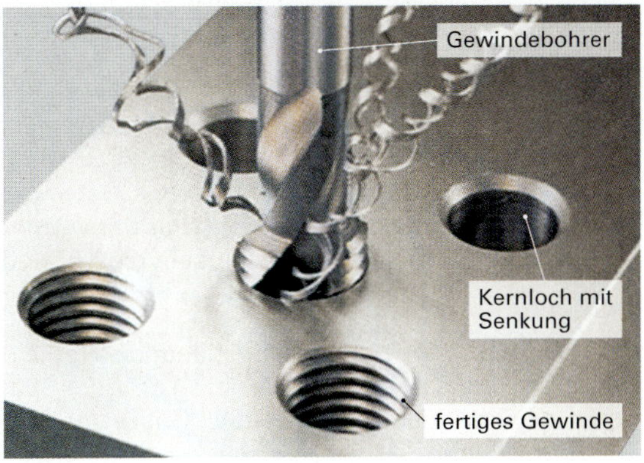

Bild 1: Gewindebohren

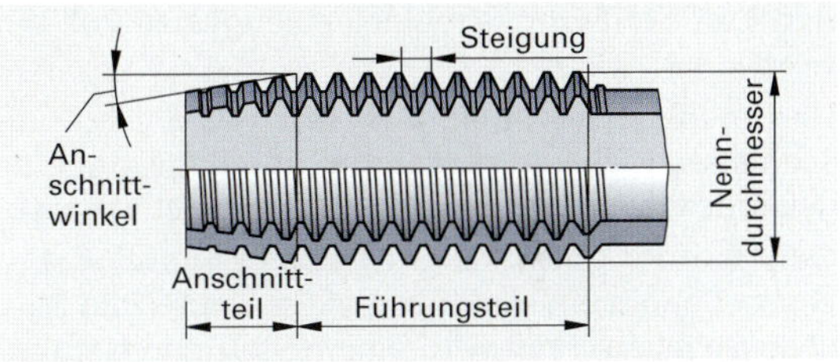

Bild 2: Schneidteil bei Gewindebohrer

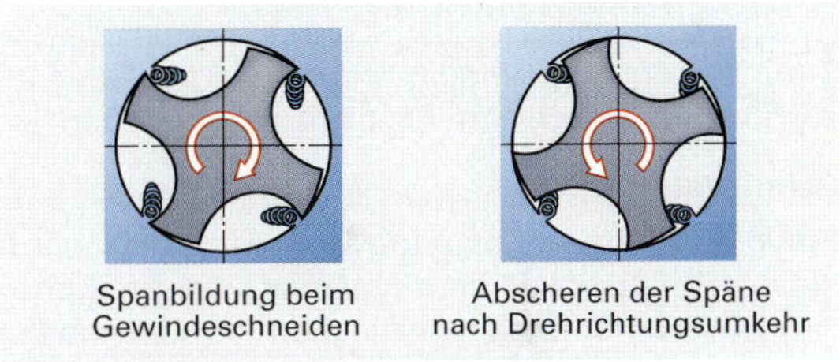

Bild 3: Spanbildung und Abscherung

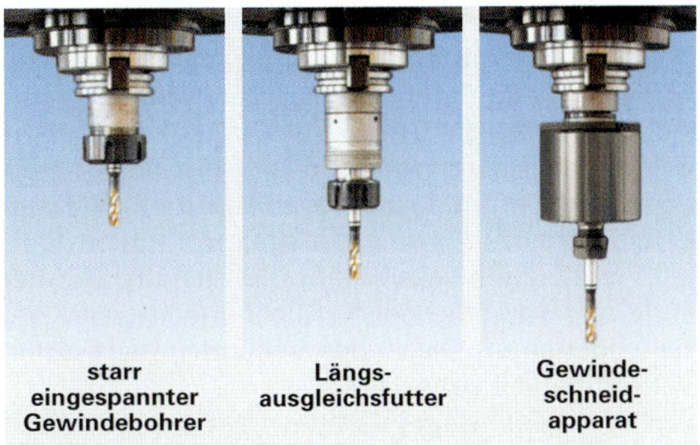

Bild 4: Gewindebohren auf Maschinen

Der **Gewindeschneidapparat** arbeitet während des gesamten Schneidvorgangs mit konstanter Drehzahl. Durch ein Wendegetriebe wird die Drehrichtung des Gewindebohrers zum Rücklauf geändert.

Beim Gewindebohren mit einem **Längenausgleichsfutter** wird zu Beginn des Schneidprozesses durch das Ausgleichsfutter eine Axialkraft erzeugt, die zum Anschneiden des Gewindes führt. Nach dem Anschneiden läuft das Ausgleichsfutter mit vermindertem Vorschub. Der Gewindebohrer zieht sich selbst in die Kernlochbohrung.

Gewindebohrerarten

Gewindebohrer für weiche, langspanende Werkstoffe, z. B. Leichtmetall- oder Kupferlegierungen, besitzen größere Spanwinkel und Spannuten als Gewindebohrer für Stahl, Gusseisen oder Messing **(Bild 1)**.

Mit dem **3-teiligen Handgewindebohrersatz** schneidet man Gewinde in Grundlöcher oder in lange durchgehende Bohrungen **(Bild 2)**. Dieser Gewindebohrersatz besteht aus **Vor-, Mittel- und Fertigschneider**. Erst der Fertigschneider erzeugt das voll ausgeschnittene Gewinde.

Der **2-teilige Gewindebohrersatz** besteht nur aus Vor- und Fertigschneider. Man verwendet ihn für Feingewinde und Witworth-Rohrgewinde wegen der geringeren Gewindetiefe als bei Regelgewinden.

Gerade oder gewendelte **Maschinengewindebohrer** schneiden in einem Schnitt ein maßhaltiges Gewinde **(Bild 3)**. Durch den zusätzlichen Schälanschnitt wird eine hohe Spanleistung erzielt. Für Durchgangslöcher können Gewindebohrer mit Linksdrall bei Rechtsgewinden verwendet werden, welche die anfallenden Späne vor sich her aus dem Bohrloch entfernen.

> Mit Maschinengewindebohrern werden Gewinde in einem Schnitt und bei Grundlöchern bis dicht an den Grund geschnitten.

Schneidstoffe

Für Werkzeuge zur Innengewindefertigung werden Schnellarbeitsstähle und Hartmetalle eingesetzt. Zur Steigerung der Verschleißfestigkeit werden die Oberflächen der Gewindebohrer durch Nitrieren, Vaporisieren und Hartverchromen veredelt oder mit einer Hartstoffschicht (z. B. TiN, TiAlCN, TiCN) beschichtet.

Gewindeformer

Das **Gewindeformen** (Gewindefurchen) ist ein spanloses Verfahren zur Herstellung von hochbelastbaren Innengewinden und für Werkstoffe mit geringer Zugfestigkeit. Der Faserverlauf wird dabei nicht unterbrochen. Das Werkzeug hat einen polygonförmigen Querschnitt und weist keine Spannuten auf **(Bild 4)**. Während des Eindrehvorgangs wird das Gewinde ausgeformt, indem der verdrängte Werkstoff in die Zahnlücken fließt. Da das umzuformende Material nicht entfernt wird, muss der Kernlochdurchmesser größer sein als beim Gewindebohren. Die zu bearbeitenden Werkstoffe müssen eine gute Verformbarkeit aufweisen.

Wiederholung und Vertiefung

1 Warum werden Gewindekernlöcher angesenkt?
2 Was versteht man unter Aufschneiden beim Gewindebohren?
3 Wann werden Maschinengewindebohrer eingesetzt?
4 Worauf ist beim Gewindeschneiden in Grundlöchern zu achten?
5 Wann verwendet man den 2-teiligen Gewindebohrersatz?

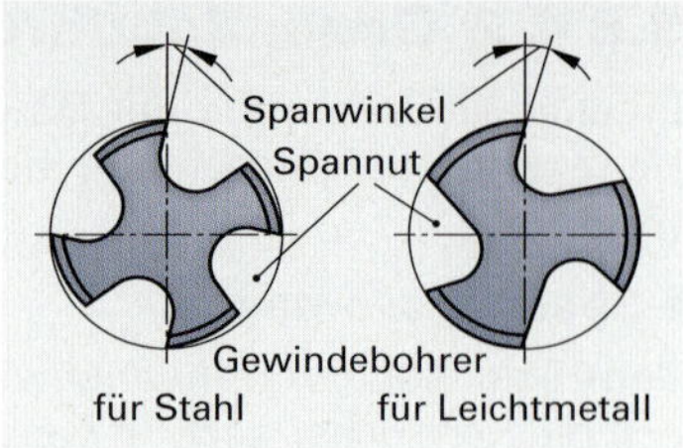

Bild 1: Spannuten am Gewindebohrer

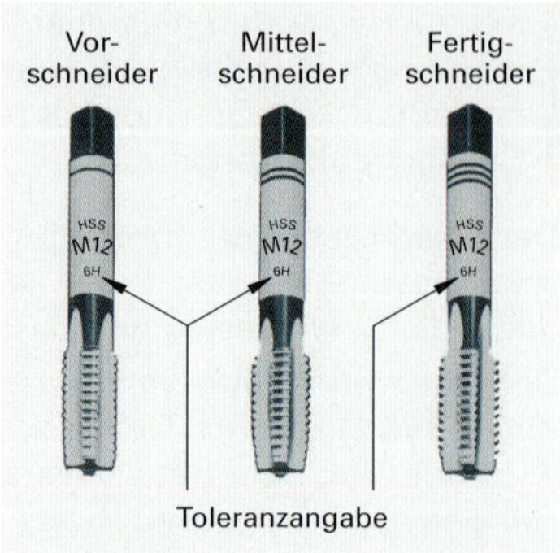

Bild 2: 3-teiliger Gewindebohrer

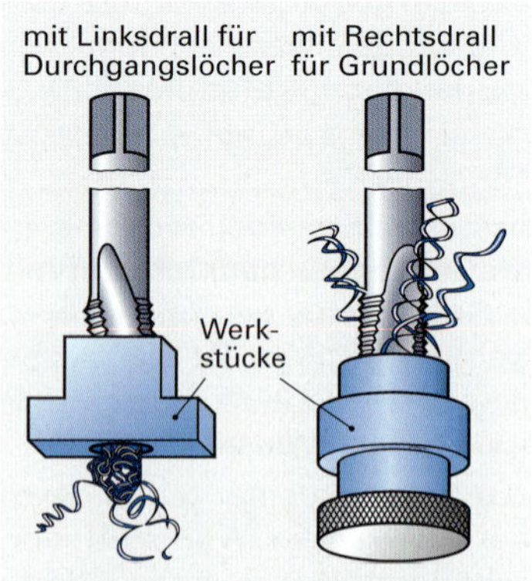

Bild 3: Maschinengewindebohrer

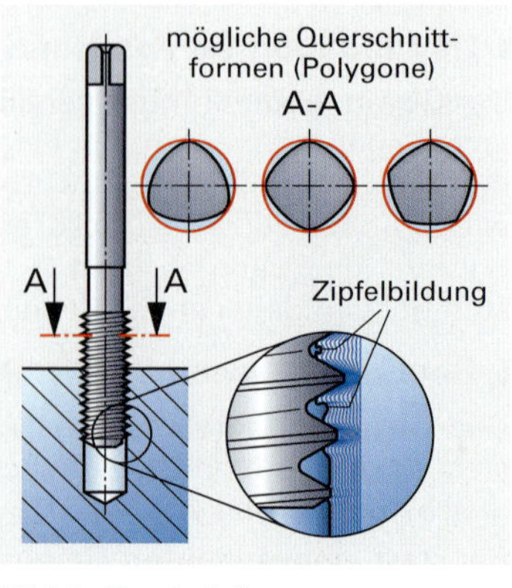

Bild 4: Gewindeformer

3.8.5 Senken

Senken ist ein Bohrverfahren zur Erzeugung von Profil- oder Kegelflächen in vorhandenen Bohrungen. Man unterscheidet:

Planansenken z. B. der Auflagefläche für den Kopf einer Sechskantschraube

Planeinsenken z. B. einer zylindrischen Einsenkung für den Kopf einer Zylinderschraube

Profilsenken z. B. einer kegeligen Senkung für Senkschrauben

Senkvorgang

Die Senkwerkzeuge haben im Vergleich zu den Bohrern einen kleineren Freiwinkel und eine größere Freifläche. Dadurch „stützt" sich der Senker auf der Schnittfläche auf und verhindert Rattermarken.

> Beim Senken soll die Schnittgeschwindigkeit gleich oder kleiner als beim Bohren gewählt werden. Der Vorschub kann bis 50 % kleiner sein.

Senkwerkzeuge

Flachsenker werden zum Planansenken und Planeinsenken verwendet **(Bild 1, Seite 144)**.

Kegelsenker dienen zum Profilsenken von kegeligen Schrauben- und Nietsenkungen und zum Entgraten von Bohrungen **(Bild 1)**. Die Spitzenwinkel sind genormt, z. B. 60° zum Entgraten, 75° für Nietköpfe, 90° für Senkschrauben und 120° für Blechniete.

Kegel- und Flachsenker gibt es mit festen und auswechselbaren Führungszapfen **(Bild 2)**. Der Führungszapfen führt das Werkzeug in der vorgebohrten Bohrung. Auswechselbare Zapfen erleichtern das Nachschleifen der Senker und ermöglichen den Einsatz bei verschiedenen Bohrungsdurchmessern.

Mit **Stufenwerkzeugen** können mehrere Senkungen in einem Arbeitsgang ausgeführt werden.

Im Bereich von Lagerstellen und Bolzensitzen sind planparallele An- oder Einsenkungen im Innenbereich nötig. Rückwärtiges Bearbeiten ist hier mit **Rückwärtssenkern** möglich (**Bild 1**, Seite 199). Bei Werkzeugen mit festem Plattensitz wird das Werkzeug soweit über das Zentrum der Bohrung herausgefahren, dass es mit seinem größten Durchmesser in die Bohrung einfahren kann.

Senkwerkzeuge werden aus Schnellarbeitsstahl bzw. Hartmetall gefertigt oder sind mit Hartmetall-Schneidplatten oder Hartmetall-Wendeschneidplatten bestückt.

Maßnahmen bei Senkproblemen

Maßnahmen bei Senkproblemen sind notwendig, wenn Qualitätsmerkmale nicht erreicht werden **(Tabelle 1)**. Ist z. B. die Senkung unrund, so hat die Bohrspindel ein axiales und radiales Spiel oder der Senker ist falsch angeschliffen. Stimmt die Mitte von Bohrung und Senkung nicht überein, so ist der Führungszapfen am Senker zu klein oder die Vorbohrung zu groß.

Wiederholung und Vertiefung

1 Welche Vorteile bieten Senker mit auswechselbaren Führungszapfen?

2 Wozu können Kegelsenker verwendet werden?

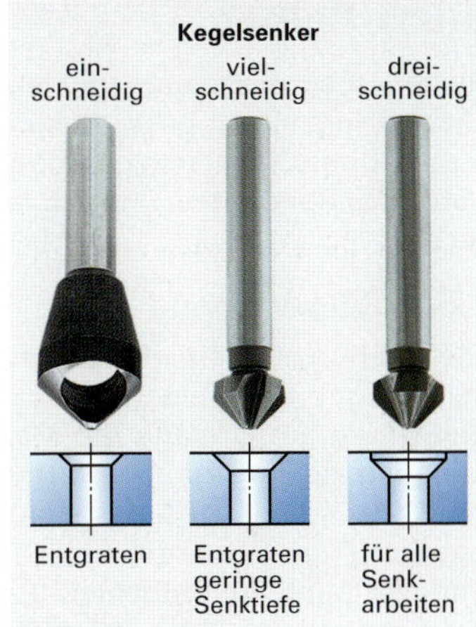

Bild 1: Kegelsenker

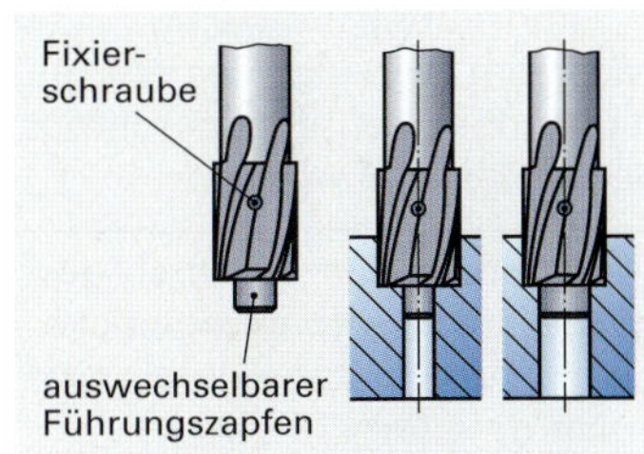

Bild 2: Flachsenker mit auswechselbarem Führungszapfen

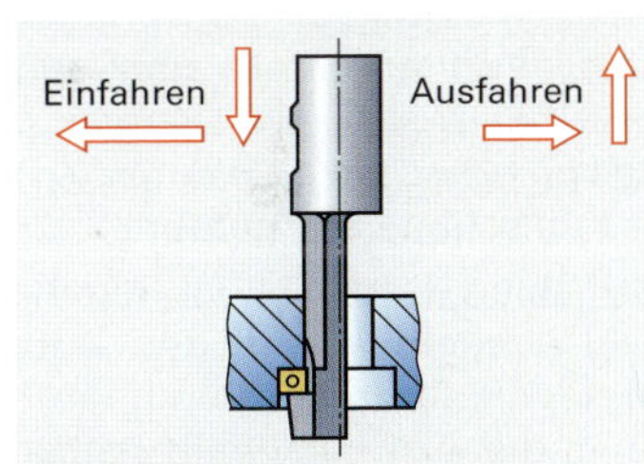

Bild 3: Rückwärtssenker mit festem Plattensitz

Tabelle 1: Maßnahmen bei Senkproblemen

Probleme	v_c	f
schlechte Oberfläche	⇑	⇓
Bohrung unrund		⇓
Ausbröckelungen an den Schneiden		⇓
Aufbauschneidenbildung	⇑	
Starker Verschleiß der Hauptschneide	⇓	
Vibration	⇓	⇑

3.8.6 Reiben

Reiben ist ein Aufbohren mit geringer Spanungsdicke zur Herstellung passgenauer Bohrungen bis IT 5 mit hoher Oberflächengüte. Man unterscheidet dabei das Rundreiben und Profilreiben **(Bild 1, Seite 144)**.

Spanungsvorgang

Die Spanungsarbeit wird hauptsächlich vom Anschnitt der Reibahle ausgeführt, während die Schneiden am Umfang die Maßhaltigkeit, Formgenauigkeit und die Oberflächengüte herstellen **(Bild 1)**. Die Bearbeitungszugabe für das Reiben beträgt je nach Bohrungsdurchmesser für gerad- und drallgenutete Reibahlen 0,2 mm bis 0,6 mm, bei Schälreibahlen für langspanende Werkstoffe bis 0,8 mm **(Bild 2)**. Die Schnittgeschwindigkeit ist etwa halb so groß wie beim Bohren. Der Vorschub je Umdrehung von 0,05...1,00 mm richtet sich nach dem Werkstoff des Werkstücks und des Werkzeugs, dem Bohrungsdurchmesser und der geforderten Oberflächengüte.

Reibzugaben müssen so gewählt werden, dass eine Mindestspanungsdicke gegeben ist, aber keine Überlastung durch eine zu große Spanabnahme erfolgt.

Reibwerkzeuge

Reibahlen bestehen aus Anschnitt, Führung, Hals und Schaft **(Bild 3)**. Sie werden aus Schnellarbeitsstahl, Vollhartmetall, aber auch mit hartmetall- oder polykristallinem Diamant bestückten Schneiden gefertigt. Einige Bauformen besitzen eine innere Kühlschmierstoffzufuhr.

Reibahlen werden in der Regel mit gerader Zähnezahl ausgeführt, um den Durchmesser leichter messen zu können. Durch die ungleiche Zahnteilung, die sich nach dem halben Umfang wiederholt, sollen Schwingungen, Rattermarken und Rundheitsabweichungen vermieden werden **(Bild 4)**.

Die Führungsfasen der Nebenschneiden werden meist als Rundschlifffasen ausgeführt (Bild 4). Je breiter die Fase ist, desto besser wird die geometrische Form, desto schlechter aber die Oberflächengüte.

Die Schneiden der Reibahlen sind entweder gerade genutet oder besitzen einen Linksdrall von 7° oder 15°, bei Schälreibahlen 45° **(Tabelle 1)**.

Bei Reibwerkzeugen unterscheidet man

- mehrschneidige Reibahlen, nicht einstellbar
- mehrschneidige Reibahlen, einstellbar
- einschneidige Reibahlen mit Führungsleisten, einstellbar

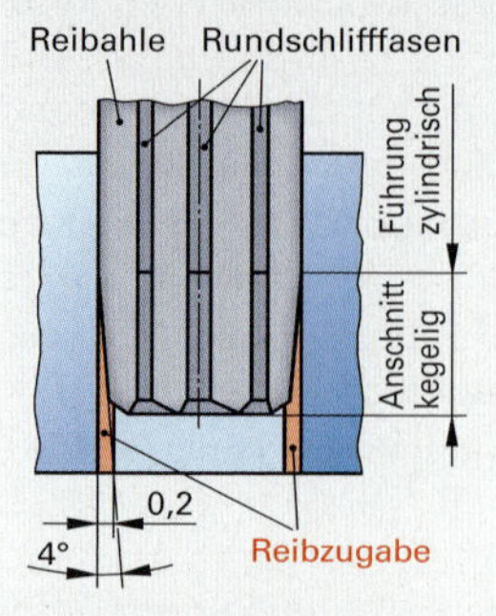

Bild 1: Anschnitt einer Reibahle

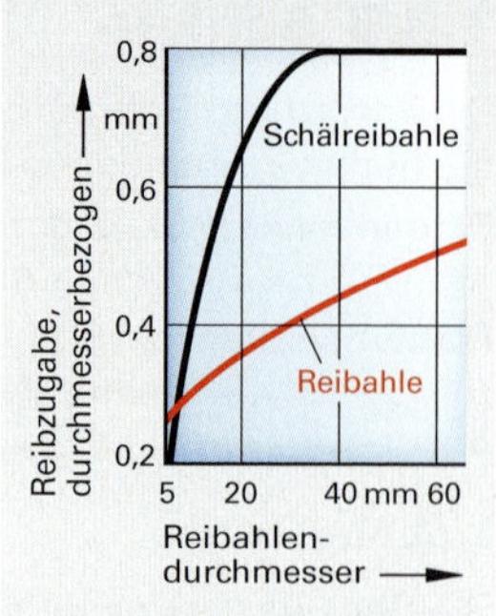

Bild 2: Reibzugabe bei Metallen

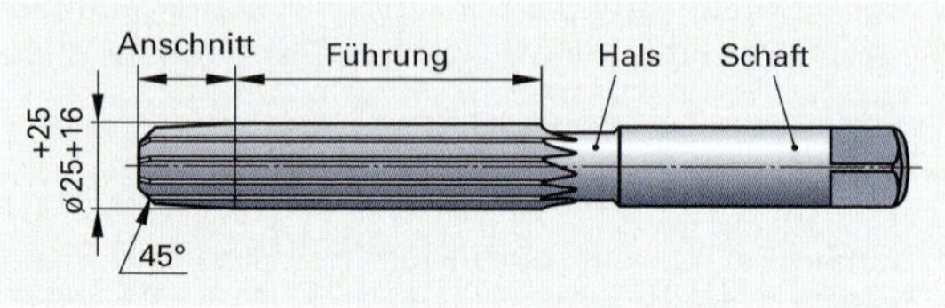

Bild 3: Handreibahle 25 H8

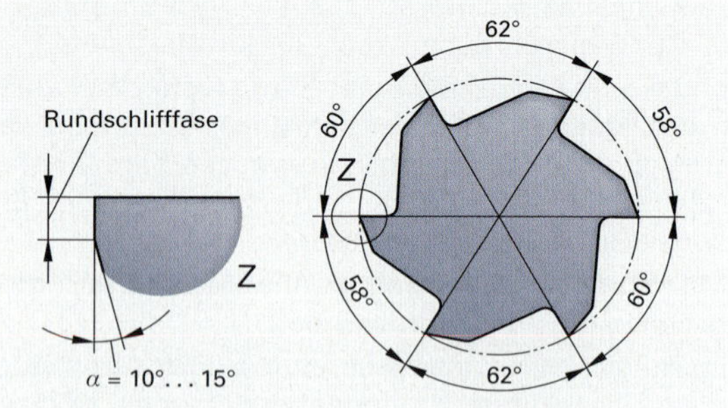

Bild 4: Ungleiche Zahnteilung einer Reibahle

Tabelle 1: Anwendung von Reibahlen

geradgenutet 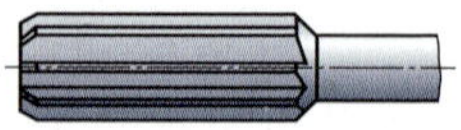	Bohrungen ohne Unterbrechung; harte und spröde Werkstoffe, z. B. Stähle über 700 N/mm², Gusseisen, Messing; Grundlöcher, die bis auf den Grund gerieben werden.
Linksdrall ≅ 7° 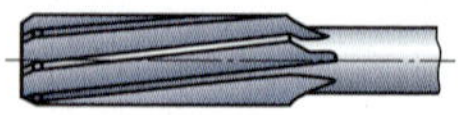 Schälreibahle, Linksdrall ≅ 45° 	Durchgangsbohrungen; Bohrungen mit Schnittunterbrechung, z. B. Schlitze, Kanäle, Querbohrungen. Linksgedrallte Reibahlen sind rechtsschneidende Werkzeuge. Bei einer Rechtswendelung würde das Werkzeug in die Bohrung hineingezogen. Durch den leichten Linksdrall gelangt das Kühlschmiermittel leichter an die Schneiden.

Mehrschneidige, nicht einstallbare Reibahlen werden als Hand- oder Maschinenreibahlen hergestellt.

Handreibahlen haben zur besseren Führung einen langen Anschnitt von ca. ¼ der Schneidenlänge und einen längeren Führungsteil **(Bild 3, vorherige Seite)**.

Maschinenreibahlen sind im Anschnitt und im Führungsteil kürzer, weil die Führung durch die Maschinenspindel erfolgt **(Bild 1)**. Mit Maschinenreibahlen können auch Grundlöcher gerieben werden. Für größere Durchmesser werden Maschinenreibahlen als Aufsteckreibahlen hergestellt **(Bild 2)**.

In der Serienfertigung werden **modulare Einwegköpfe** z. T. mit innerer Kühlschmiermittelzufuhr verwendet. Bei Verschleiß wird nur der abgenutzte Reibkopf ersetzt.

Bei großen Reiblängen oder hintereinander liegenden Bohrungen (z. B. Gabelstück) bewähren sich sogenannte „extrem ungleich" geteilte Maschinenreibahlen in Verbindung mit einem Vorschneidteil, meist aus Hartmetall **(Bild 3)**. Die Hauptzerspanung übernimmt der im Durchmesser etwas dünnere Vorschneidteil. Für den Hauptteil verbleibt ein definiertes Aufmaß, was bei fluchtenden Bohrungen das genaue Fluchten gewährleistet.

Mehrschneidige, nachstellbare Reibahlen sind geschlitzte, nachstellbare Reibahlen oder Spreizreibahlen **(Bild 4)**. Geschlitzte Reibahlen sind über einen Konus, eine Konusbuchse oder Konusschraube im elastischen Bereich zur Kompensation vom Verschleiß nachstellbar. Reibahlen mit einem Schneidring können im plastischen Bereich für das Nachschleifen bis zu 5 % verstellt werden.

Ein- bzw. zweischneidige Reibahlen mit Wendeplatte besitzen eine bzw. zwei Schneiden und Führungsleisten am Umfang **(Bild 5)**. Die Führungsleisten dienen zur Führung des Werkzeuges in der Bohrung. Sowohl die Wendeschneidplatte als auch die Führungsleisten sind aus Hartmetall.

Kegelreibahlen spanen über die gesamte Schneidenlänge. Sie werden zum kegeligen Profilreiben von Bohrungen verwendet, die z. B. Kegelstifte aufnehmen sollen.

Wiederholung und Vertiefung

1 Wie unterscheiden sich Schnittgeschwindigkeit und Vorschub beim Reiben und Bohren?
2 Wodurch unterscheidet sich eine Hand- von einer Maschinenreibahle?
3 Welche Vorteile haben Reibahlen mit Linksdrall?
4 Warum verwendet man Reibahlen mit gerader Zähnezahl und ungleicher Teilung?

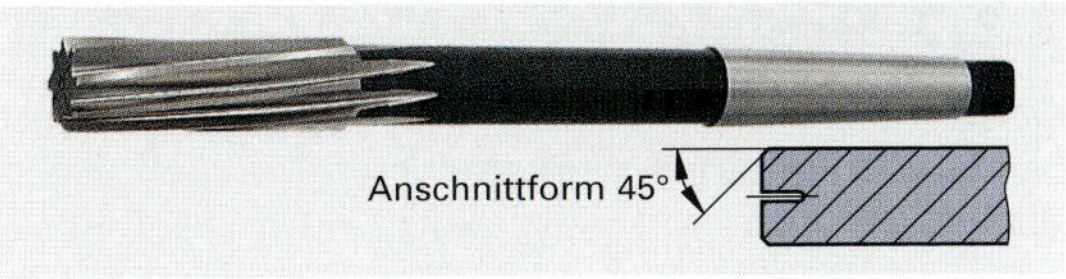

Bild 1: Maschinenreibahle

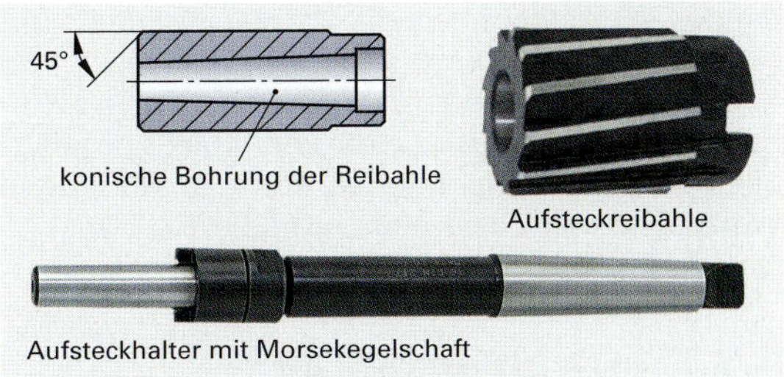

Bild 2: Aufsteckreibahle mit Halter und Morsekegelschaft

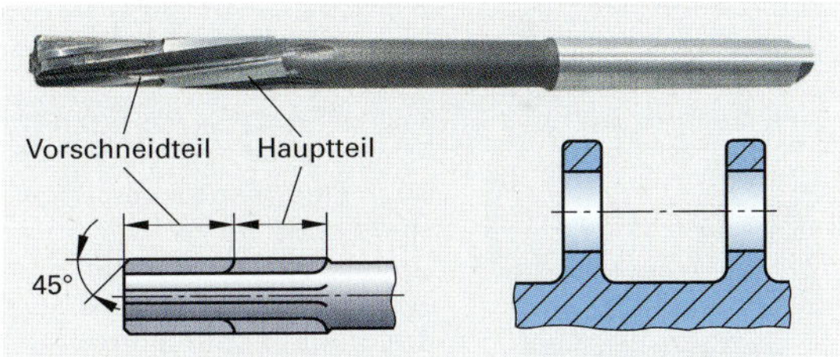

Bild 3: Extrem ungleich geteilte Maschinenreibahle

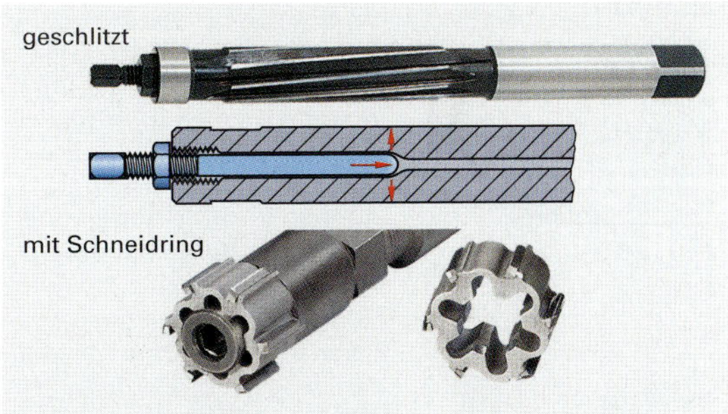

Bild 4: Nachstellbare Reibahlen

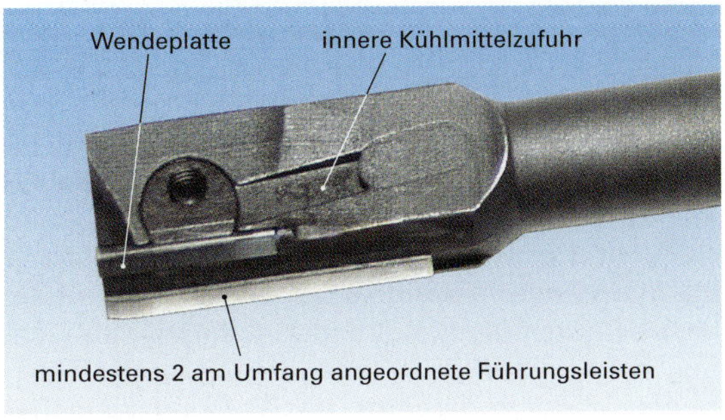

Bild 5: Reibahlen mit Führungsleisten

3.8.7 Drehen

Drehen ist die spanende Bearbeitung der Umdrehungsflächen eines Werkstückes mit einem meist einschneidigen Werkzeug, dem Drehmeißel. Beim Drehen führt das Werkstück **(Bild 1)** die Drehbewegung (Schnittbewegung) aus. Das Werkzeug wird mit einem Werkzeugschlitten entlang des sich drehenden Werkstücks bewegt. Werden Drehteile mit zusätzlichen Fertigungsverfahren (z.B. Fräsen von Schlüsselflächen) vollständig auf der Drehmaschine gefertigt, so spricht man von einer Komplettbearbeitung. Hierbei können durch angetriebene Werkzeuge und Zusatzeinrichtungen Flächen, Nuten und Querbohrungen hergestellt werden.

Bild 1: Fertigungsbeispiel Gewindebolzen

3.8.7.1 Drehverfahren

Nach der Art der erzeugten Fläche unterscheidet man die Drehverfahren Querplandrehen, Längsrunddrehen, Konturdrehen, Gewindedrehen, Ein-/Abstechdrehen und Profildrehen **(Tabelle 1)**. Je nach Drehverfahren bewegt sich der Drehmeißel mit der Vorschubbewegung quer oder längs zur Drehachse.

Tabelle 1: Drehverfahren

Beispiel/Benennung	Kennzeichen/Einzelverfahren	Beispiel/Benennung	Kennzeichen/Einzelverfahren
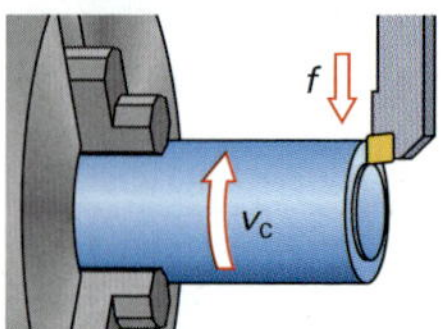 **Querplandrehen**	Beim Querplandrehen wird eine Ebene senkrecht zur Drehachse des Werkstücks erzeugt. Es wird ein Plandrehmeißel oder Schruppdrehmeißel eingesetzt.	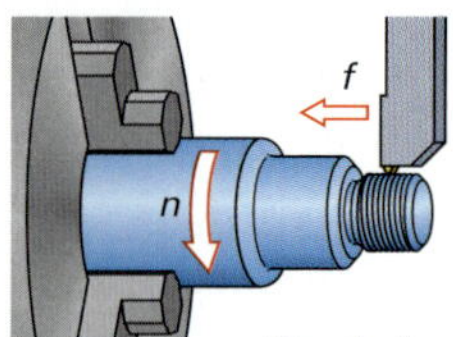 **Gewindedrehen**	Beim Gewindedrehen werden durch den Gewindedrehmeißel schraubenförmige Konturen erzeugt. Der Vorschub des Drehmeißels entspricht der Steigung des Gewindes.
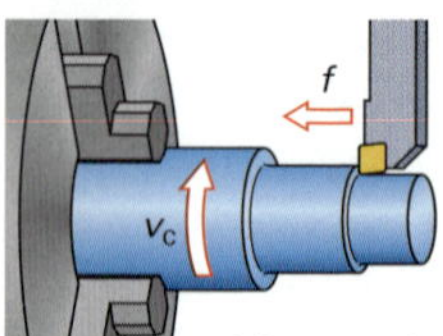 **Längsrunddrehen**	Beim Längsrunddrehen (Schruppen) werden zylindrische Flächen mit einem Schruppdrehmeißel erzeugt. Mit einer CNC-Steuerung können auch Schrägen und Radien gedreht werden.	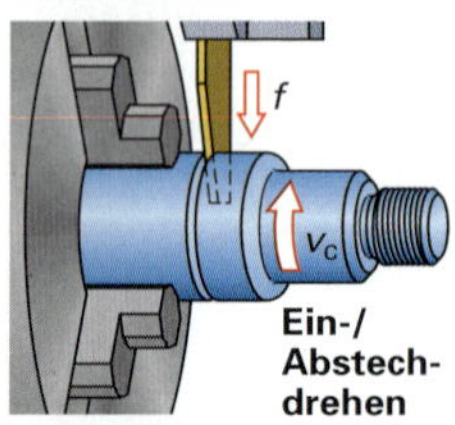 **Ein-/Abstechdrehen**	Beim Einstechdrehen wird mit dem Stechmeißel ein Einstich quer oder längs zur Drehachse erzeugt. Beim Abstechdrehen verfährt der Drehmeißel bis zur Drehmitte und trennt das Werkstück.
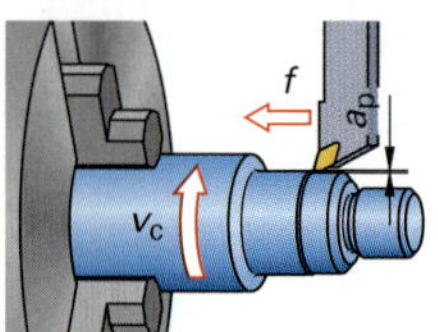 **Konturdrehen**	Beim Konturdrehen (Schlichten) werden die fertigen Werkstückflächen erzeugt. Der Schlichtdrehmeißel bewegt sich von der Planfläche bis zum Enddurchmesser am Werkstück entlang.	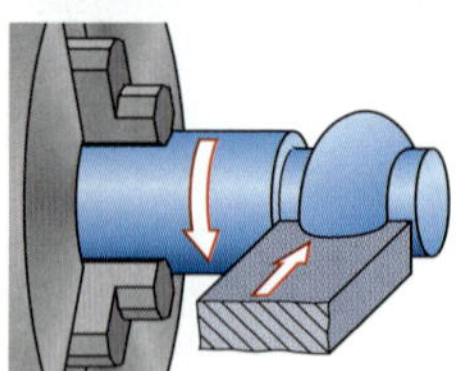 **Profildrehen**	Beim Profildrehen bildet das Drehwerkzeug die Form des Werkzeugs auf das Werkstück ab. Das Längs- und Querprofildrehen wird hauptsächlich an konventionellen Drehmaschinen ausgeführt.

Nach der Lage der Bearbeitungsstelle am Werkstück können die Drehverfahren in **Außendrehen** und **Innendrehen** unterteilt werden **(Bild 2)**. Beim Außendrehen ist für das Drehwerkzeug genügend Platz vorhanden. Es kann so groß gewählt werden, dass es durch die auftretenden Schnittkräfte nicht abgedrängt wird. Beim Innendrehen ist die Werkzeugwahl durch die Form des Werkstücks eingeschränkt.

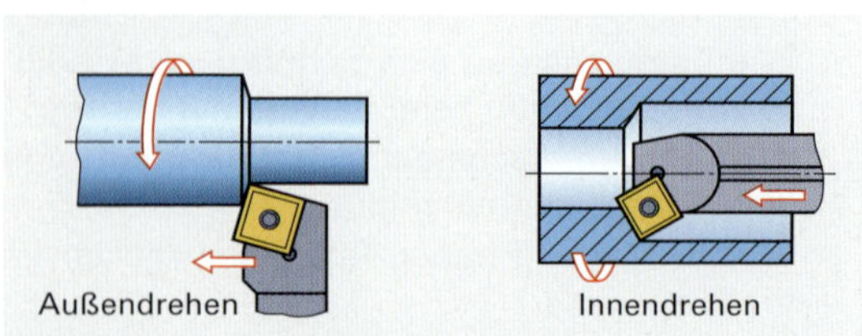

Bild 2: Lage der Bearbeitungsstelle

3.8.7.2 Bewegungen und Spanungsgrößen

Beim Drehen erfolgt die Spanabnahme durch die Schnittbewegung und die Vorschubbewegung **(Bild 1).**

Die Größe der **Schnittgeschwindigkeit v_c** richtet sich im Wesentlichen nach der Festigkeit des Werkstoffes, der Verschleißfestigkeit und Warmfestigkeit des Schneidstoffes sowie der zu erzielenden Oberfläche am Werkstück. Beim Schruppen wird eine kleinere Schnittgeschwindigkeit, beim Schlichten eine größere Schnittgeschwindigkeit eingestellt.

Der **Vorschub f** ist der Weg des Werkzeugs bei einer Umdrehung des Werkstücks. Beim Schruppen arbeitet man mit großem, beim Schlichten mit einem kleinen Vorschub.

Durch die Zustellbewegung wird die **Schnitttiefe a_p** eingestellt. Beim Schruppen wird eine größere Schnitttiefe gewählt, beim Schlichten wird meist mit einer kleineren Schnitttiefe gedreht.

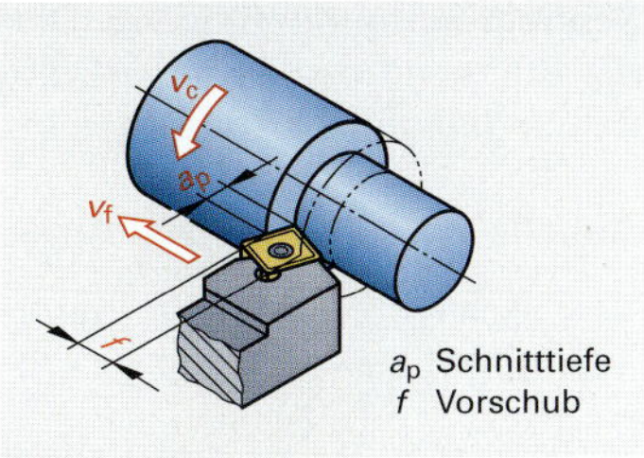

Bild 1: Spanungsgrößen beim Drehen

3.8.7.3 Schneidengeometrie am Drehmeißel

Der Schneidkeil des Drehmeißels wird durch die Spanfläche und die Freifläche begrenzt **(Bild 2).** Die Schnittkante der beiden Flächen bildet die **Hauptschneide.** Diese liegt in Vorschubrichtung und leistet die Hauptzerspanungsarbeit. Sie geht über die gerundete Schneidenecke in die **Nebenschneide** über.

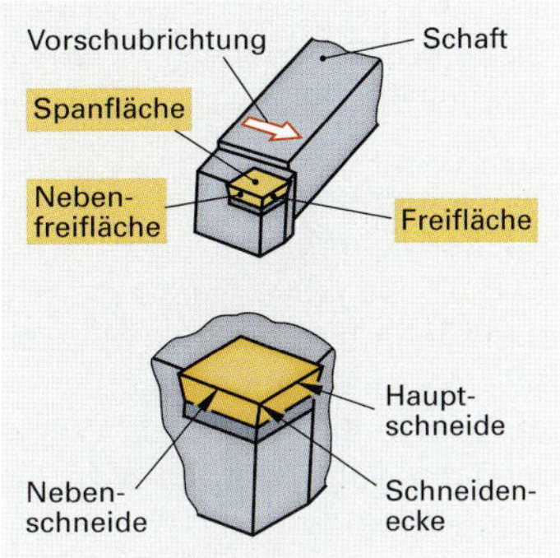

Bild 2: Flächen und Schneiden am Drehwerkzeug

Haupt- und Nebenschneide bilden den **Eckenwinkel ε (Bild 3).** Dieser sollte möglichst groß sein, um die Wärmeabfuhr und die Stabilität des Drehmeißels zu verbessern. Zur Vermeidung von Schneidenausbrüchen ist die Schneidenecke gerundet. Üblich sind Eckenradien von 0,4 mm bis 1,6 mm. Die Größe des **Eckenradius r_ε** und der Vorschub f bestimmen die theoretische Rautiefe R_{th} am Werkstück. Sie entspricht ungefähr der Rautiefe Rz **(Bild 4).**

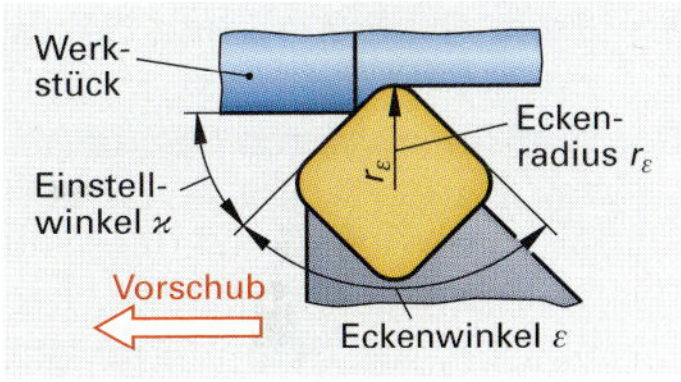

Bild 3: Schneidenecke

Theoretische Rautiefe $R_{th} \approx Rz = \dfrac{f^2}{8 \cdot r_\varepsilon}$

Beispiel: Welche Rautiefe Rz ist bei einem Eckenradius r_ε = 0,4 mm und einem Vorschub f = 0,1 mm zu erwarten?

Lösung: $R_{th} \approx Rz \dfrac{f^2}{8 \cdot r_\varepsilon} = \dfrac{0{,}1^2\ \text{mm}^2}{8 \cdot 0{,}4\ \text{mm}} = 0{,}0031\ \text{mm} = \mathbf{3{,}1\ \mu m}$

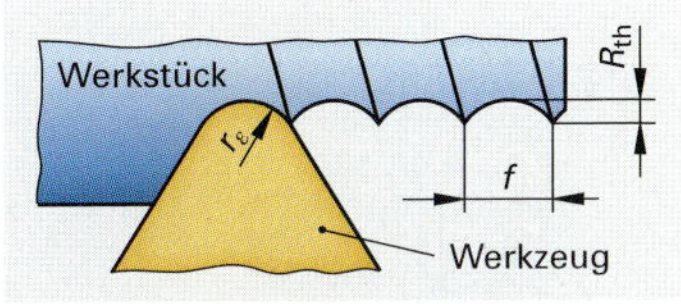

Bild 4: Einfluss des Eckenradius

Die Stabilität einer Wendeschneidplatte vergrößert sich mit zunehmendem Eckenwinkel und Eckenradius.

Beim Schruppen ist wegen der hohen Schneidenbelastung mit größeren Eckenwinkeln und Eckenradien als beim Schlichten zu arbeiten. Größere Eckenradien ermöglichen bei gleichem Vorschub höhere Oberflächengüten als kleine Eckenradien. Trotzdem werden bei der Schlichtbearbeitung meist kleine Eckenradien eingesetzt, da in der Regel auch mit kleinem Vorschub gedreht wird. Beim Einsatz größerer Eckenradien wird die Abdrängkraft für das Werkzeug und das Werkstück durch die größere Passivkraft F_p stärker **(Bild 5).** Dies kann zu Schwingungen und einer Verschlechterung der Oberflächengüte führen. Beim Konturdrehen an CNC-Drehmaschinen wird die Größe des Eckenwinkels ε durch zu drehende Vertiefungen (z. B. Freistiche) am Werkstück begrenzt.

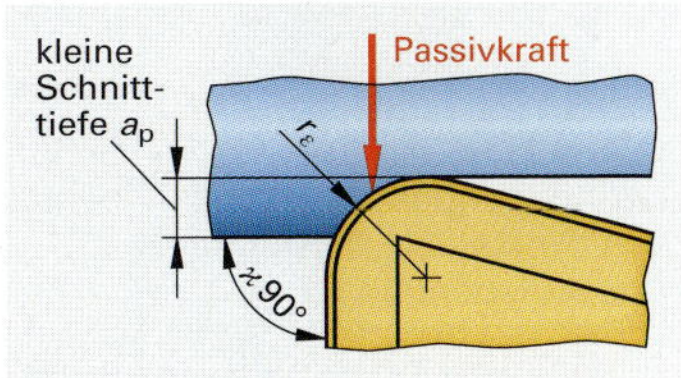

Bild 5: Eckenradius beim Schlichten

Beim Schruppen arbeitet man mit großem Eckenwinkel und großem Eckenradius, beim Schlichten mit kleinem Vorschub und kleinem Eckenradius bei einer höheren Schnittgeschwindigkeit.

Schneidkantenausführung. Der Übergang von der Freifläche zur Spanfläche beeinflusst ganz wesentlich die Standzeit des Drehwerkzeugs. Für unterschiedliche Anwendungen sind daher auch verschiedene Schneidkantenausführungen vorzusehen **(Tabelle 1)**.

Tabelle 1: Merkmale und Anwendung verschiedener Schneidkantenausführungen

Scharfkantig 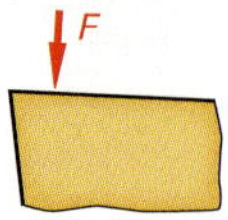 Ausführung F	Verrundung 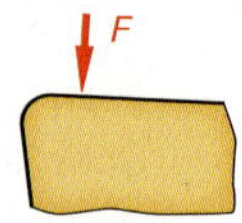 Ausführung E	Fase 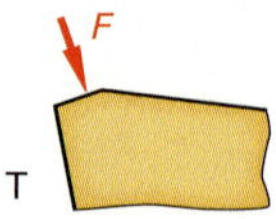 Ausführung T	Fase und Verrundung 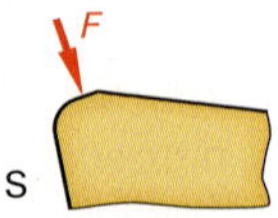 Ausführung S
Geringste Schnittkraft, bruchgefährdet	Schutz der Schneidkante, bei beschichteten Schneidstoffen in geringem Maß immer vorhanden	Größere Stabilität der Schneidkante, Schnittkraft wird größer	Höchste Bearbeitungssicherheit, jedoch Erhöhung von Schnittkraft, Temperatur und Ratterneigung
Schlichten, Zerspanung von Kunststoffen	Zerspanung von Stahl, bei Schnittunterbrechungen	Bearbeitung von gehärtetem Stahl und Hartguss	Für schwere Schnitte

Der **Neigungswinkel** λ bestimmt den Auftreffkontakt des Werkstücks auf der Spanfläche und ist für die Spanlenkung von Bedeutung **(Bild 1)**. Negative Neigungswinkel lenken den Span zur Werkstückoberfläche hin, positive Winkel von der Werkstückoberfläche weg. Bei unterbrochenem Schnitt verlegt ein negativer Neigungswinkel den Erstkontakt zwischen Werkstück und Werkzeug von der Schneidenecke weg. Dadurch wird die Gefahr von Schneidkantenausbrüchen vermindert.

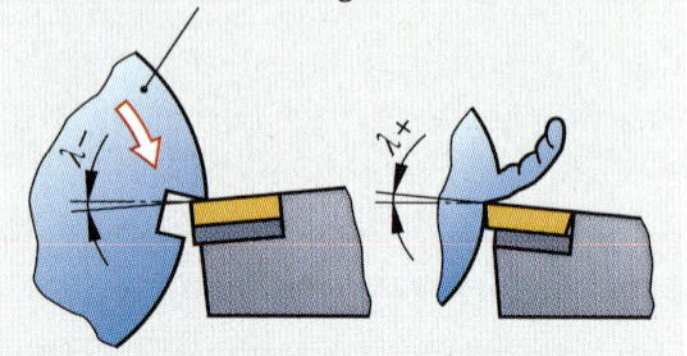

Bild 1: Neigungswinkel

- Bei unterbrochenem Schnitt und bei schwerer Schruppbearbeitung ist ein negativer Neigungswinkel (– 4° bis – 8°) vorzusehen.
- Beim Schlichten und bei Innendreharbeiten sind neutrale oder positive Neigungswinkel vorzuziehen, damit die Werkstückoberfläche durch Späne nicht beschädigt wird.

Der **Einstellwinkel** $\varkappa$ ist der Winkel zwischen der Hauptschneide und der gedrehten Oberfläche. Er beeinflusst die Spanformung, den Spanbruch, die Schnittkraft und die Ratterneigung. Die Größe des Einstellwinkels ist vom Drehwerkzeug und der Werkstückkontur abhängig **(Bild 2)**. Die Auswahl des geeigneten Einstellwinkels richtet sich nach der jeweiligen Bearbeitung **(Tabelle 2)**.

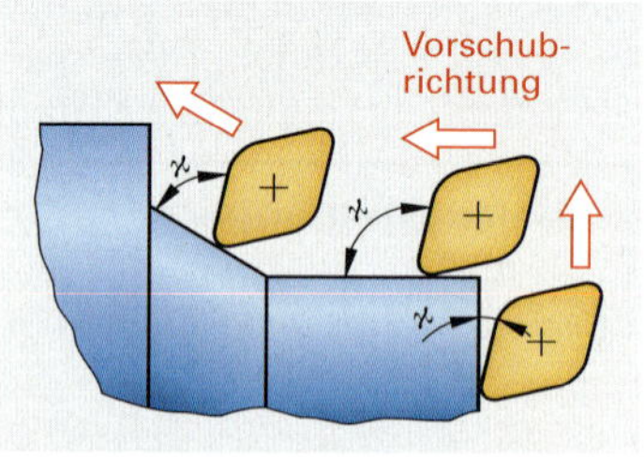

Bild 2: Einstellwinkel beim Konturdrehen

Tabelle 2: Einstellwinkel bei verschiedenen Bearbeitungen

$\varkappa = 0° \dots 30°$ 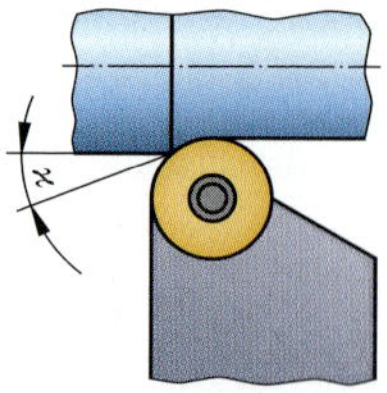	$\varkappa = 45 \dots 75°$ 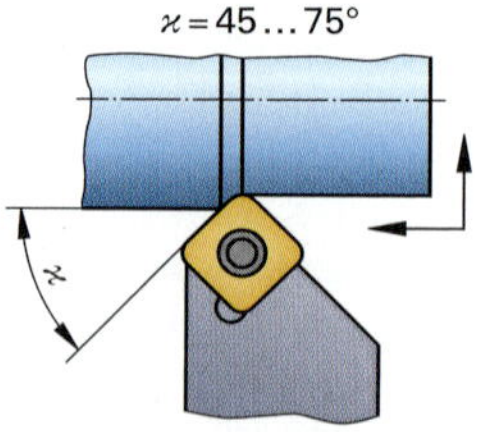	$\varkappa = 90°$ 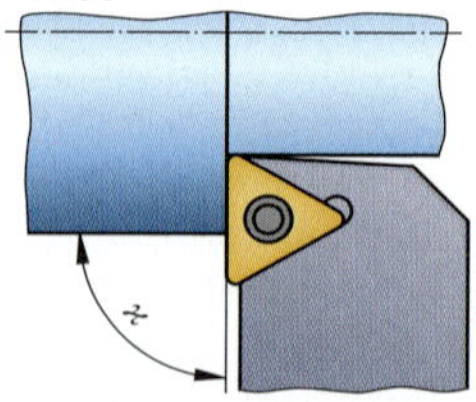	$\varkappa > 90°$ 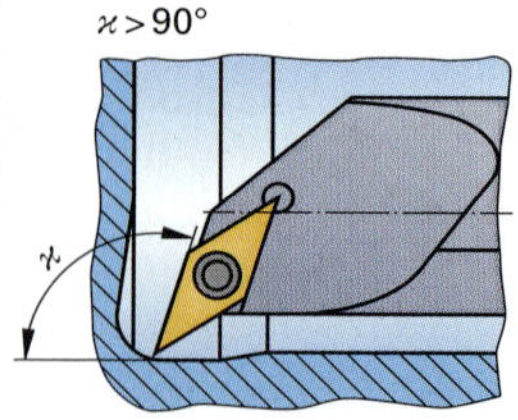
Große Passivkräfte erfordern eine hohe Stabilität von Werkstück, Maschine und Aufspannung	Schutz der Schneidenecke beim Anschnitt	Kleine Passivkraft, dadurch weniger Durchbiegung des Drehteils und geringere Ratterneigung	Voreilende Schneidenecke ist bruchgefährdet
Bearbeitung von harten Werkstoffen, Schlichtdrehen mit hohem Vorschub	Schruppbearbeitung	Schlichtbearbeitung, Innendrehen	Konturdrehen und Drehen von Freistichen

3.8.7.4 Drehwerkzeuge

Drehwerkzeuge bestehen meistens aus einem **Halter** mit geklemmter oder geschraubter **Wendeschneidplatte (Bild 1)**. Drehmeißel mit aufgelöteten Platten kommen nur noch in Sonderfällen vor.

Um eine möglichst große Steifigkeit und damit auch eine hohe Stabilität der Schneidenkante zu erhalten, sollte der Halter so groß wie möglich gewählt werden. Durch die Auswahl des Halters liegen auch die mögliche Form und die Größe der Wendeschneidplatte fest (vgl. Kapitel 3.8.7.7).

Bild 1: Wendeschneidplatten und Halter

Grundform der Schneidplatte

Wendeschneidplatten erhält man mit einer negativen oder positiven Grundform. Schneidplatten mit einer negativen Grundform **(Bild 2)** besitzen einen Normalfreiwinkel α_n = 0° und somit einen Keilwinkel β = 90°. Durch diesen Keilwinkel kann die Wendeschneidplatte von der oberen und unteren Seite genutzt werden.

Befinden sich an den Schneidkanten der Platte nur auf einer Seite Spanleitstufen (vgl. Seite 163), so spricht man von einer einseitigen negativen Grundform. Diese Platten werden in der Regel bei höheren Schnitttiefen und Vorschüben verwendet.

Sind die Schneidkanten der Wendeschneidplatte sowohl auf der Ober- als auch auf der Unterseite mit Spanleitstufen versehen, liegt eine beidseitige negative Grundform vor. Durch das Wenden der Platte ist eine wirtschaftliche Fertigung möglich.

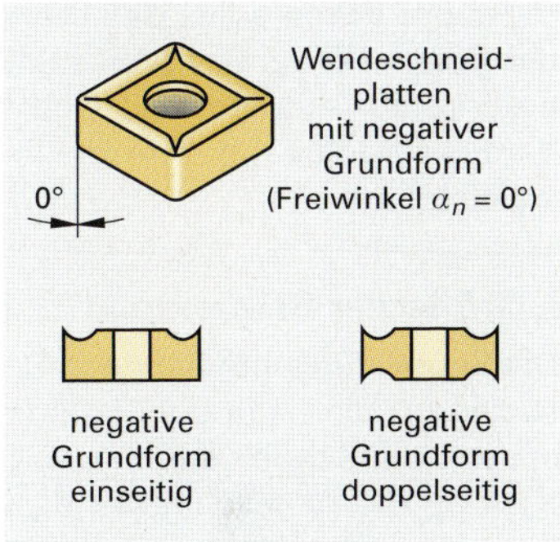

Bild 2: negative Grundform

Wendeschneidplatten mit einer positiven Grundform **(Bild 3)** haben einen Normalfreiwinkel α_n zwischen 3° und 30°. Je größer der Normalfreiwinkel ist, desto kleiner wird der Keilwinkel der Schneide. Ungünstig zu zerspanende Werkstoffe, wie z. B. nichtrostende Stähle, lassen sich mit einem kleineren Keilwinkel besser zerspanen, da hier geringere Schnittkräfte vorliegen.

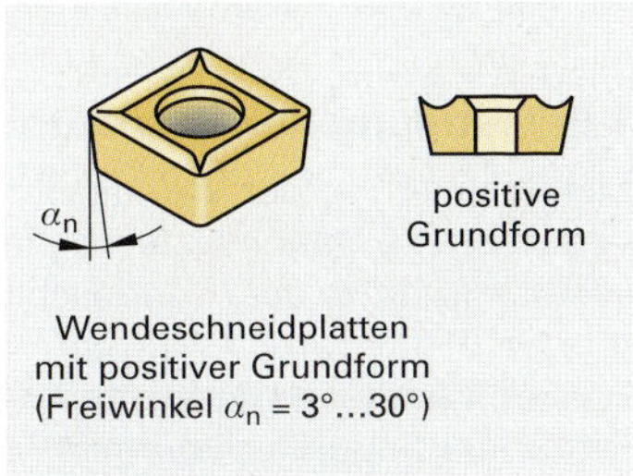

Bild 3: positive Grundform

Geometrie der Schneidplatte

Wendeschneidplatten unterscheiden sich am deutlichsten durch ihre Plattengeometrie **(Bild 4)**. Neben der runden Form sind verschiedene eckige Formen verfügbar. Zum Drehen wird häufig eine rautenförmige Platte verwendet.

Wendeschneidplatten mit einem Eckenwinkel ε = 80° (Plattengeometrie C und W) werden hauptsächlich beim Längsrunddrehen (Schruppen) oder Plandrehen eingesetzt. Der große Eckenwinkel bildet ein stabiles Werkzeug und ermöglicht die Aufnahme größerer Schnittkräfte.

Zum Konturdrehen der Werkstückform (Schlichten) werden Wendeschneidplatten mit einem Eckenwinkel von 55° (Plattengeometrie D) oder 35° (Plattengeometrie V) genutzt. Je spitzer der Eckenwinkel ist, desto besser ist das Werkzeug zum Drehen von fallenden Konturen (z. B. Freistiche) am Werkstück geeignet. Durch den spitzen Eckenwinkel verliert die Platte aber auch an Stabilität. Daher sollte je nach Werkstückkontur der Eckenwinkel so groß wie möglich gewählt werden.

Runde Schneidplatten (Plattengeometrie R) haben eine sehr große Stabilität und sind besonders gut zum Drehen von harten Werkstoffen geeignet.

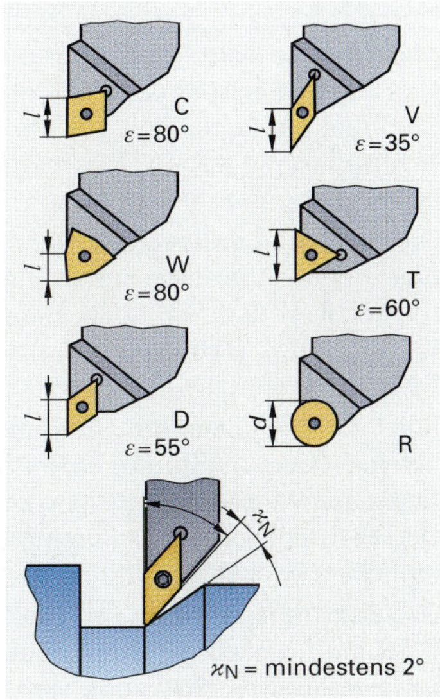

Bild 4: Plattengeometrie der Wendeschneidplatte

Eckenradius der Schneidplatte

Für die Festlegung des Eckenradius r_ε der Wendeschneidplatte muss zwischen dem Vordrehen (Schruppen) und dem Fertigdrehen (Schlichten) des Werkstücks unterschieden werden. Allgemein gilt, dass ein großer Eckenradius die Stabilität der Schneidplatte erhöht. Daher ist in der Regel beim Schruppen die Größe des Eckenradius r_ε = 0,8 bis 1,6 mm.

Beim CNC-Konturdrehen (Schlichten) fährt der Drehmeißel mit der Schneidenecke an der Kontur entlang. Damit dieser Vorgang gelingt, muss der **Eckenradius des Werkzeugs r_ε** kleiner sein, als der **Radius der Innenecke r_W** des Werkstücks **(Bild 1)**. Da durch einen größeren Eckenradius eine geringe Oberflächenrauigkeit erreicht wird, sollte der Eckenradius r_ε nur im kleinen Maße vom Werkstückradius r_W abweichen.

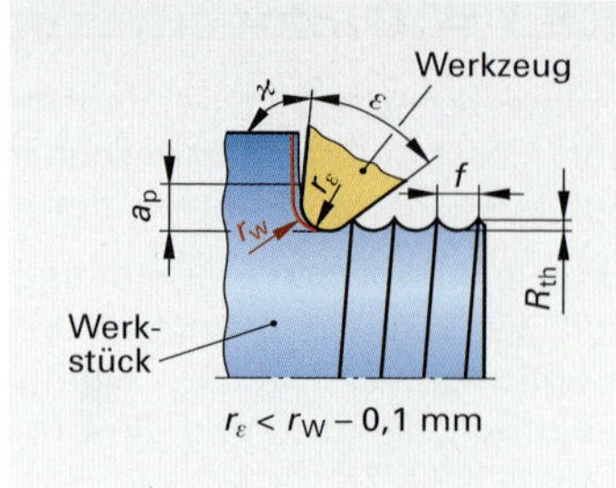

Bild 1: Schneidenecke an Bauteilkontur

Größe der Schneidplatte und Schneidenrichtung

Die Schneidenkantenlänge darf maximal die Hälfte der Plattengröße betragen. Die Lage der Hauptschneide zum Schaft des Halters bestimmt die Schneidenrichtung **(Bild 2)**. Man unterscheidet die Ausführung R (rechtsschneidend), L (linksschneidend) und N (neutral). Kann eine Wendeschneidplatte sowohl in einem rechten, linken oder neutralen Halter zum Drehen eingesetzt werden (vgl. folgende Seite), wird keine Schneidenrichtung in der Plattenbezeichnung angegeben.

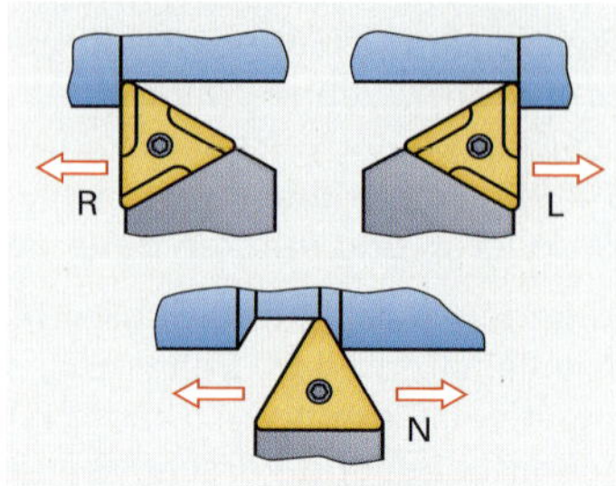

Bild 2: Schneidenrichtung

Befestigung der Schneidplatten am Halter

Zur Befestigung der Wendeschneidplatten im Klemmhalter werden verschiedene Spannsysteme eingesetzt **(Bild 3)**. Eine Hartmetallzwischenlage unter der Wendeschneidplatte dient zum Schutz des Halters bei Plattenbruch. Mit dem **Spannfingersystem** (Ausführung C) können Wendeschneidplatten ohne Mittelbohrung befestigt werden. Die Spannfingerklemmung ohne zusätzliche Mittellochbefestigung ist nicht für schwere Schruppbearbeitung geeignet, da die Wendeschneidplatte aus dem Plattensitz herausgezogen werden kann.

Durch das **Spannpratzensystem** (Ausführung D) greift die Pratze von oben in die Mittelbohrung der Wendeschneidplatte. Die Pratze klemmt die Schneidplatte von oben und zieht sie zum Halter hin. Hierdurch ist ein fester Sitz gewährleistet. Dieses Spannsystem ist zum Schruppen mit hohen Schnittkräften und für das Drehen mit Schnittunterbrechungen geeignet.

Beim **Hebelspannsystem** (Ausführung P) wird die Wendeschneidplatte beim Anziehen in den Plattensitz gedrückt. Die Positioniergenauigkeit ist dadurch hoch. Beim Plattenwechsel gibt es keine losen Bauteile. Das Hebelspannsystem ermöglicht einen ungehinderten Spanabfluss.

Beim **Keilspannsystem** (Ausführung M) wird die Mittelbohrung der Wendeschneidplatte auf einen Stift des Halters gesetzt. Der Spannfinger befestigt die Platte von oben und verkeilt sie gegen den Stift. Dieses Spannsystem ist besonders für Schneidplatten mit einem kleinen Eckenwinkel geeignet.

Das **Schraubspannsystem** (Ausführung S) eignet sich besonders bei Werkzeughaltern mit wenig Platz zum Spannen. Die Gewindebohrung im Halter sitzt gegenüber der Senkbohrung in der Wendeschneidplatte etwas näher an der Anlagefläche des Plattensitzes. Dadurch wird die Platte beim Anziehen in den Plattensitz gedrückt.

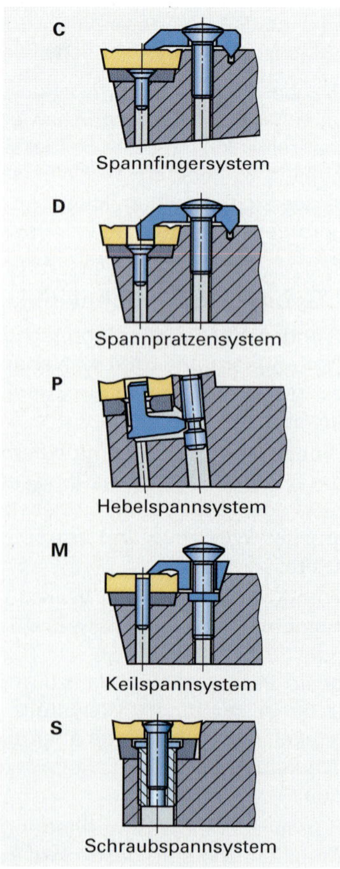

Bild 3: Spannsysteme

Bezeichnung der Wendeschneidplatte

Zur eindeutigen Festlegung der Wendeschneidplatten wird ein genormtes Bezeichnungssystem verwendet **(Bild 1)**. Die Kennzeichnungen 8 und 9 werden nur bei Bedarf verwendet. Das Kennzeichen 10 enthält Angaben nach Wahl des Herstellers. Häufig wird mit diesem Kennzeichen die Art des Schneidstoffs angegeben.

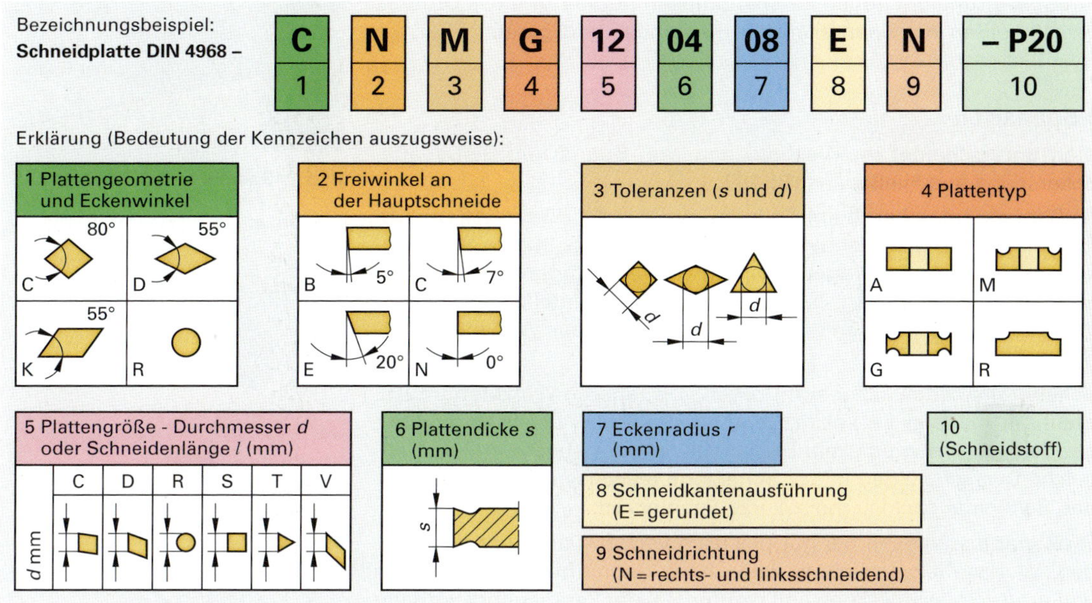

Bild 1: Bezeichnungssystem für Wendeschneidplatten

Bezeichnung des Klemmhalters

Je nach Werkzeugaufnahme der Drehmaschine wird ein Klemmhalter für die Wendeschneidplatte mit einem Polygonschaft (ISO 26623) oder einem Vierkantschaft (DIN 4984) verwendet. Die Bezeichnung des Klemmhalters **(Bild 2)** richtet sich sowohl nach der Plattenbefestigung (vgl. vorherige Seite) als auch nach der einzusetzenden Wendeschneidplatte. Daher finden sich die Kennzeichnungen 1, 2 und 5 der Schneidplatte aus Bild 1 in der Bezeichnung des Klemmhalters wieder.

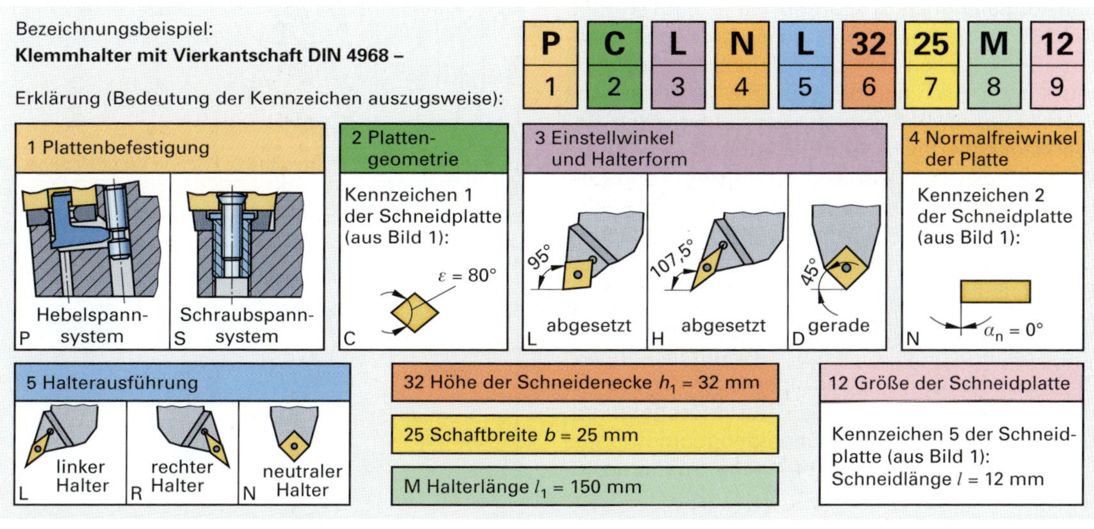

Bild 2: Bezeichnungssystem für Klemmhalter mit Vierkantschaft

3.8.7.5 Spanbildung beim Drehen

Bei der Spanbildung wird der Werkstoff nach dem Eindringen des Schneidkeils zunächst stark gestaucht **(Bild 1)**. Nach Überschreiten der Streckgrenze erfolgt eine plastische Verformung des Werkstoffes, die schließlich zum Abscheren von Spanteilchen in der Scherzone führt. Aufgrund der hohen Zerspanungstemperatur und des Druckes verschweißen die Spanteilchen miteinander und gleiten über die Spanfläche ab.

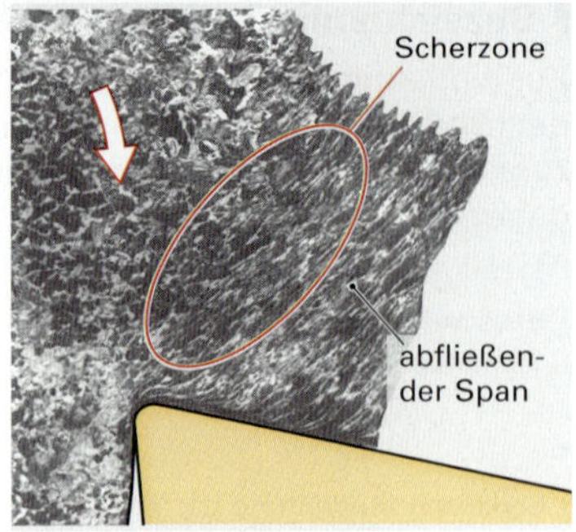

Bild 1: Spanbildung

Spanarten

Man unterscheidet im Wesentlichen drei Spanarten: Reißspäne, Scherspäne und Fließspäne **(Bild 2)**.

Reißspäne entstehen beim Drehen von spröden Werkstoffen, z.B. Gusseisen, Kupfer-Zink-Legierungen und Hartguss. Kleine Spanwinkel und niedrige Schnittgeschwindigkeit begünstigen ebenfalls die Bildung von Reißspänen. Durch die einzelnen Spanteile, die aus dem Werkstoff herausgerissen werden, entsteht eine raue Werkstückoberfläche.

Scherspäne bilden sich beim Drehen von zäheren Werkstoffen, z.B. Stahl mit mittlerer Festigkeit, bei mittleren Spanwinkeln und niedriger Schnittgeschwindigkeit. Die lamellenförmig abgetrennten Spanteilchen verschweißen in der Scherzone teilweise wieder miteinander. Scherspäne bilden meist kurze Spanlocken.

Fließspäne entstehen bei gut plastisch verformbaren (langspanenden) Werkstoffen, vor allem wenn hohe Schnittgeschwindigkeiten und große Spanwinkel gewählt werden. Da der Zerspanungsvorgang gleichmäßig und ohne größere Schnittkraftschwankungen abläuft, ist die dabei erzielte Oberflächengüte meist hoch.

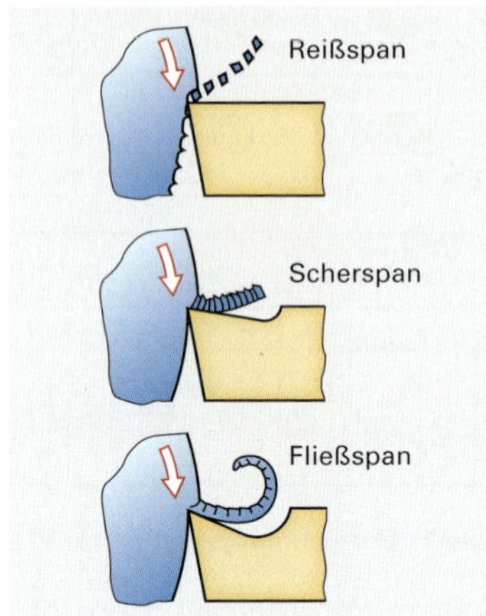

Bild 2: Spanarten

Um eine gute Oberfläche zu erzeugen, ist beim Drehen die Bildung von Fließspänen anzustreben.

Spanformen

Durch die Wahl geeigneter Zerspanungsbedingungen können günstige Spanformen erzeugt werden **(Bild 3)**. Lange Späne ergeben ein großes Spanvolumen und lassen sich schlecht aus dem Arbeitsraum der Maschine abführen. Sie behindern die Werkzeuge und können zu Beschädigungen der Werkstückoberfläche führen. Außerdem wird die Verletzungsgefahr durch die scharfen Späne erhöht. Bei zu kleinen Spänen besteht die Gefahr, dass die Filter der Kühlschmierung zugesetzt werden. Beim Drehen sind deshalb kurze Wendel- oder Spiralspäne anzustreben.

Durch Verwendung legierter Werkstoffe wird deren Spanbrüchigkeit erhöht, z.B. durch höheren Zinkanteil bei CuZn-Legierungen oder Zugabe geringer Schwefelanteile bei Automatenstählen. Durch Veränderung der Schneidengeometrie lassen sich ebenfalls kurz gebrochene Späne erzeugen.

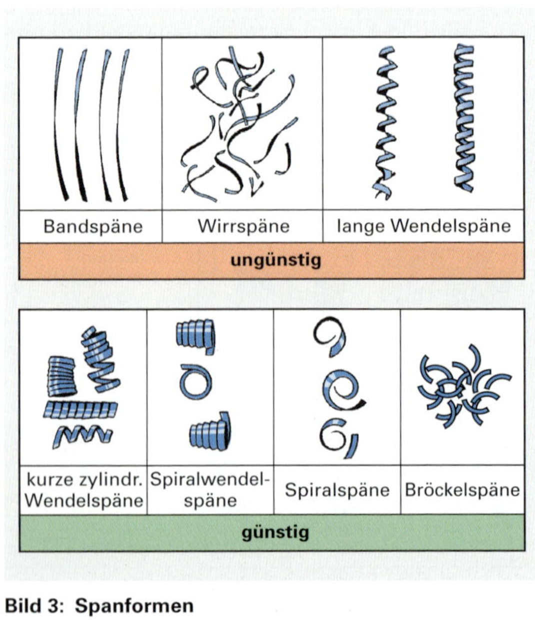

Späne sollen kompakt und rollfähig sein.

Bild 3: Spanformen

Spanleitstufen und Spanformschaubild

Spanleitstufen sollen günstige Spanformen erzeugen **(Bild 1)**. Spanformschaubilder zeigen den Einsatzbereich von Schneidplatten mit eingesinterten Spanleitstufen zur Erzielung günstiger Spanformen **(Bild 2)**.

Schlichtplatten erzeugen auch bei kleiner Schnitttiefe und kleinem Vorschub günstige Späne. Bei Schruppplatten sind zur Erzielung günstiger Spanformen größere Schnitttiefen und Vorschübe erforderlich.

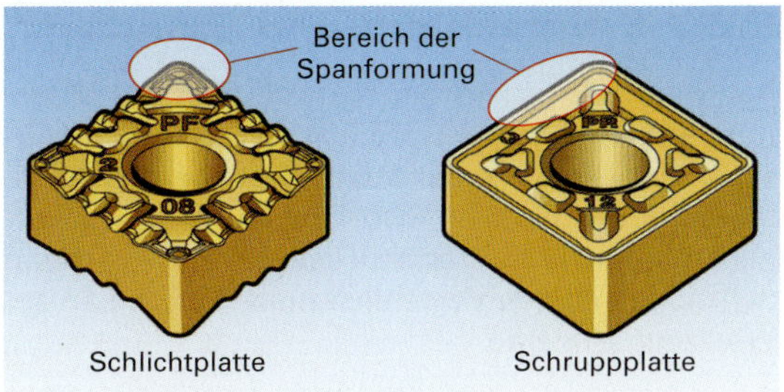

Bild 1: Eingesinterte Spanleitstufen

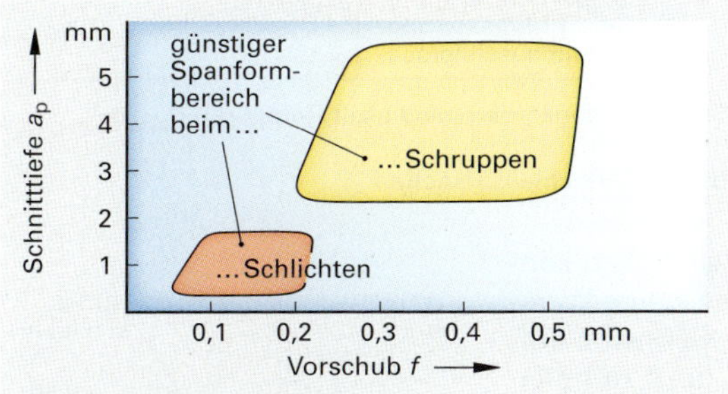

Bild 2: Günstige Spanformbereiche

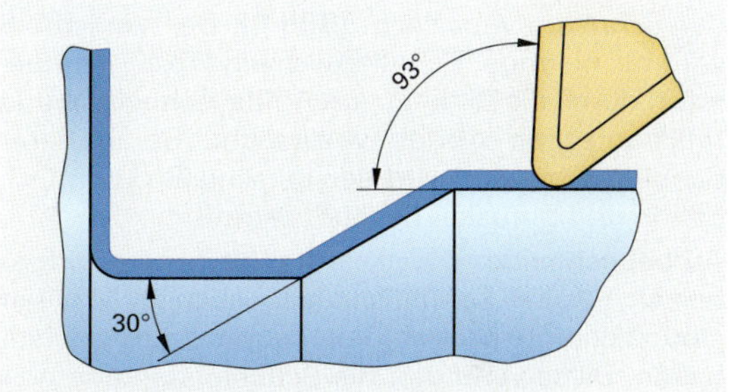

Bild 3: Einstellwinkel beim Konturdrehen

Möglichkeiten zur Erzeugung günstiger, kurz gebrochener Späne:

- Verwendung von Wendeschneidplatten mit Spanleitstufen, durch die ein günstiger Spanablauf und Spanbruch erzielt werden
- Auswahl der passenden Spanleitstufe für den vorgesehenen Vorschub und die Schnitttiefe
- Einsatz von Werkstoffen, deren Spanbrüchigkeit durch entsprechende Legierungselemente erhöht wurde
- Erhöhung des Vorschubs, wenn dies möglich ist

Wiederholung und Vertiefung

1 Durch welche Flächen wird der Schneidkeil des Drehmeißels begrenzt?

2 Berechnen Sie die theoretische Rautiefe beim Drehen, wenn der Eckenradius 0,4 mm und der Vorschub 0,15 mm betragen.

3 Wie ist der Einstellwinkel des Drehwerkzeuges zu verändern, wenn Vibrationen auftreten?

4 Warum werden beim Schlichten meist kleine Eckenradien verwendet?

5 Unter welcher Voraussetzung kann die Wendeschneidplatte auch beim Schlichten einen großen Eckenradius haben?

6 Wie sollte die Schneidkante der Wendeschneidplatte ausgeführt sein, wenn ein Werkstück mit Schnittunterbrechungen gedreht wird?

7 Welchen Vorteil bietet ein negativer Neigungswinkel des Werkzeughalters?

8 Warum sollte beim Schlichten von Bohrungen ein positiver Neigungswinkel des Werkzeughalters vorgesehen werden?

9 Ermitteln Sie den jeweils kleinsten und größten Einstellwinkel beim Konturdrehen des Einstichs **(Bild 3)**.

10 Bei welchem Einstellwinkel ist die Passivkraft am kleinsten?

11 Wodurch wird die Bildung unterschiedlicher Spanarten beeinflusst?

12 Warum sind lange Späne beim Drehen unerwünscht?

13 Welche Möglichkeiten gibt es, kurz gebrochene Späne zu erzeugen?

3.8.7.6 Verschleiß und Standzeit

Als Standzeit bezeichnet man die Zeit des Werkzeugeingriffs bis zum Erreichen des zulässigen Verschleißes. Das Ende der Standzeit ist beim Schlichten an der schlechten Oberfläche und an Maßabweichungen des Werkstückes erkennbar, beim Schruppen an den Verschleißauswirkungen an der Werkzeugschneide.

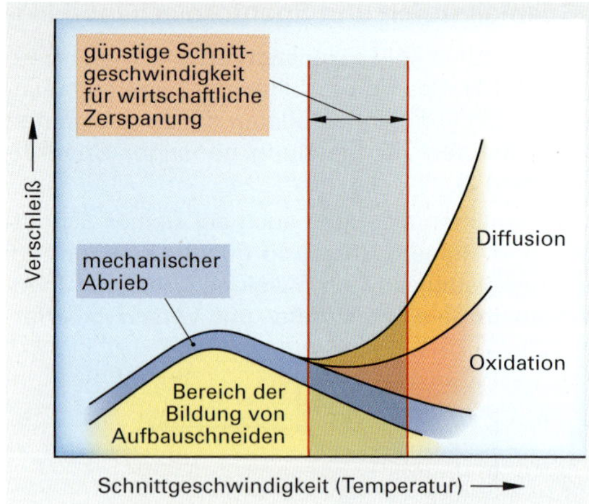

Bild 1: Verschleißursachen

Ursachen des Verschleißes

Der Verschleiß wird durch die gleichzeitig wirkende mechanische und thermische Beanspruchung der Schneide verursacht **(Bild 1)**. Der Verschleiß wird bei niedriger Schnittgeschwindigkeit (Temperatur) durch die Bildung von Aufbauschneiden und mechanischen Abrieb verursacht. Bei höherer Schnitttemperatur wird der Verschleiß durch Oxidation und Diffusion besonders groß.

Aufbauschneide. Vor allem bei kleiner Schnittgeschwindigkeit können sich an der Spanfläche, aber auch an der Freifläche kleine Werkstoffteilchen festschweißen, die dann eine künstliche Schneide aufbauen. Diese verändert die Schneidengeometrie und führt zu höheren Schnittkräften **(Bild 2)**. Beim Abscheren der Aufbauschneide können auch Teile der Schneidkante ausbrechen, sodass verstärkt Verschleiß auftritt.

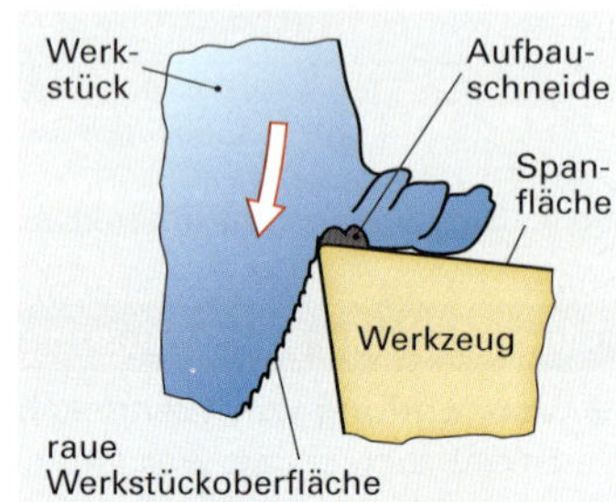

Bild 2: Bildung von Aufbauschneiden

Die Bildung von Aufbauschneiden kann verringert werden durch:

- Erhöhung der Schnittgeschwindigkeit
- Einsatz von beschichteten Schneidstoffen
- Glatte, geläppte Spanflächen
- Reichliche Verwendung von Kühlschmierstoffen

Abrieb. Durch den ablaufenden Span auf der Spanfläche und die Reibung des Werkstückes an der Freifläche erfolgt ein mechanischer Abrieb an diesen Flächen. Die Größe der Abtragung ändert sich mit zunehmender Temperatur nur wenig.

Oxidation. Bei hohen Temperaturen oxidieren Teile des Schneidstoffes. Dies führt vor allem am Rande der Kontaktzone des Werkzeuges mit dem Werkstück zu Kerben und Ausbrüchen.

Diffusion. Wenn eine chemische Ähnlichkeit zwischen Schneidstoff und Werkstückstoff vorhanden ist, z. B. bei HM oder HSS und Stahl, findet bei hohen Temperaturen ein Atomaustausch statt. Dies führt dazu, dass Teile der Spanfläche abgetragen werden.

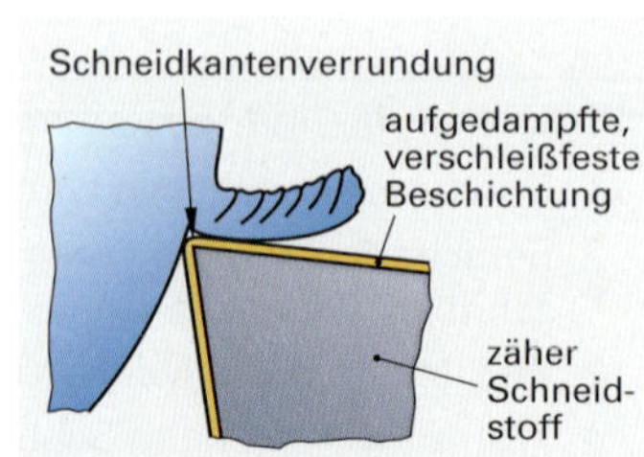

Bild 3: Beschichtetes Werkzeug

Durch Beschichten des Werkzeuges (Seite 139) können die Bildung von Aufbauschneiden, der mechanische Abrieb, Oxidation und Diffusion vermindert werden **(Bild 3)**. Die aufgedampfte Schicht verleiht dem zähen Grundwerkstoff eine hohe Oberflächenhärte und eine große Verschleißfestigkeit.

Verschleißarten

Die Verschleißursachen führen an Drehwerkzeugen zu verschiedenen Verschleißauswirkungen **(Bild 4)**.

Der **Freiflächenverschleiß** (**Bild 1**, nächste Seite) ist gekennzeichnet durch die Verschleißmarkenbreite V_B. Er beeinflusst die Maßgenauigkeit und Oberflächengüte des bearbeiteten Werkstückes und führt zudem zu höheren Temperaturen an der Schneide und einem Ansteigen der Schnittkräfte.

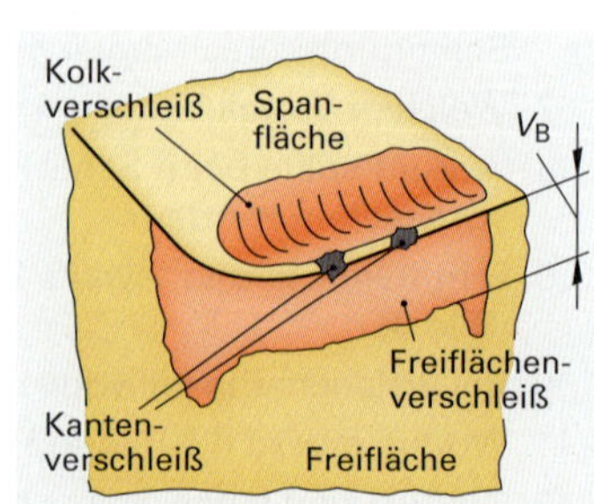

Bild 4: Verschleißarten

Der **Kolkverschleiß** wird durch Diffusion und mechanischen Abrieb verursacht. Die Spanfläche wird muldenförmig ausgehöhlt. Dadurch wird die Schneidkante geschwächt und es entsteht die Gefahr von Schneidkantenausbrüchen. Die Auskolkung führt zu größerer Spanverformung und dadurch auch zu einem Anstieg der Schnittkräfte.

Kantenverschleiß und Ausbröckelungen der Schneidkante können durch unterbrochene Schnitte entstehen und wirken sich auf die Oberflächengüte des Werkstücks und die Schnittkräfte aus. Sie können zum Bruch der Schneidkante führen.

Schneidkantenbruch kann eintreten, wenn der Schneidstoff zu spröde und den Bearbeitungsanforderungen nicht gewachsen ist. Wird die Schneidplatte trotz starker Verschleißerscheinungen nicht rechtzeitig ausgewechselt, kann ebenfalls Schneidkantenbruch eintreten.

Zur Beurteilung und Optimierung des Zerspanprozesses sollte der Werkzeugverschleiß mit einer Lupe oder unter dem Mikroskop untersucht werden **(Bild 1)**. Ein gleichmäßiger Verschleißfortschritt ist normal, Plattenbruch durch zu starke Verschleißauswirkungen ist aber in jedem Fall zu vermeiden.

Bei übermäßigen Verschleißerscheinungen am Drehwerkzeug sollten Maßnahmen zur Abhilfe ergriffen werden **(Tabelle 1)**.

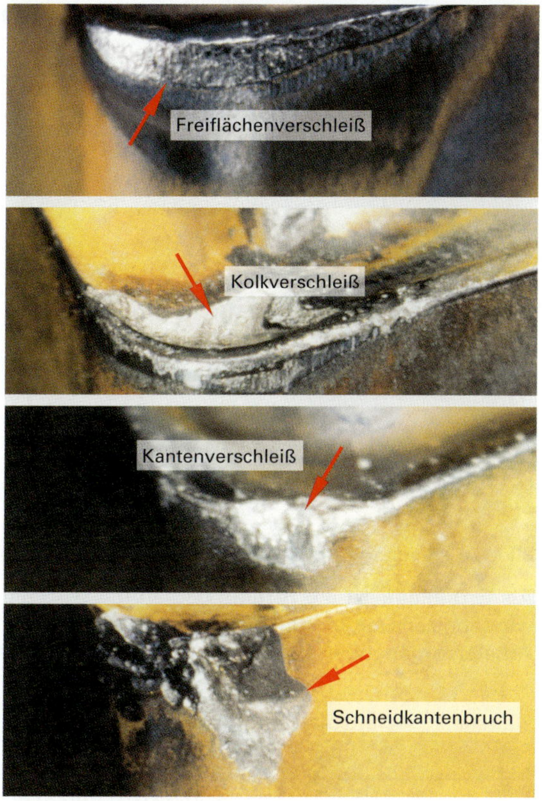

Bild 1: Verschleißarten (Maßstab ≈ 50 : 1)

Tabelle 1: Maßnahmen bei Verschleißproblemen

Starker Freiflächenverschleiß	Starker Kolkverschleiß	Kantenausbröckelung	Schneidkantenbruch	Abhilfe-Maßnahmen (Zur Beurteilung, ob der übermäßige Verschleiß verringert wurde, darf jeweils nur eine Maßnahme ergriffen werden.)
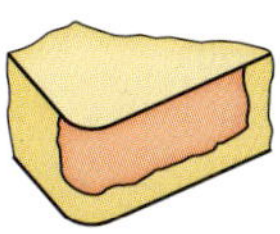	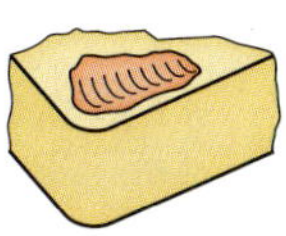	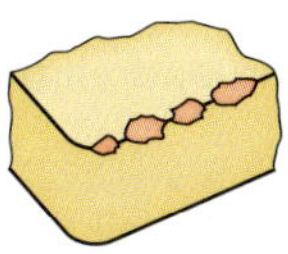	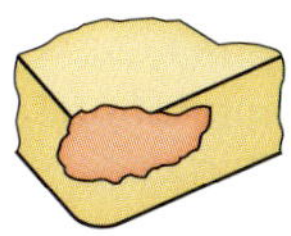	
		•		Schnittgeschwindigkeit erhöhen
•	•			Schnittgeschwindigkeit verringern
•		•		Vorschub erhöhen
			•	Vorschub verringen
			•	Schnitttiefe verringern
•	•			Verschleißfesteren Schneidstoff wählen
		•	•	Zäheren Schneidstoff wählen
•	•			Beschichteten Schneidstoff wählen
	•	•		Spanwinkel vergrößern
			•	Eckenwinkel und Eckenradius vergrößern
•	•			Kühlschmierung verstärken

3.8.7.7 Fertigungsplanung beim Drehen

Am Beispiel des Gewindebolzens **(Bild 1)** wird nachfolgend die Fertigungsplanung für die Drehbearbeitung des Werkstücks auf einer CNC-Drehmaschine (vgl. Seite 179) beschrieben. Der Gewindebolzen soll aus warmgewalzten Stangenmaterial Ø42 gedreht werden. Als Werkstoff steht für den Rundstab der Automatenstahl 11SMnPb30 zur Verfügung.

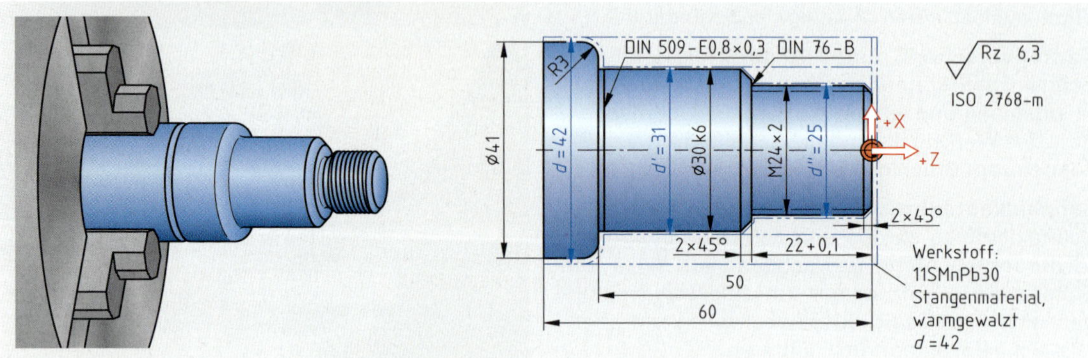

Bild 1: Fertigungszeichnung für die Drehbearbeitung des Gewindebolzens

Als Grundlage für die Fertigungsplanung wird ein Arbeitsplan **(Tabelle 1)** für das CNC-Drehen des Gewindebolzens angefertigt. Im Arbeitsplan werden die Arbeitsvorgänge nacheinander angegeben. Je nach Arbeitsvorgang werden Spannmittel, Prüfmittel, Werkzeuge und Schnittgrößen aufgeführt.

Tabelle 1: Arbeitsplan zum CNC-Drehen des Gewindebolzens

	Nr.	Arbeitsvorgang	Werkzeug, Prüfmittel	Schnittgrößen
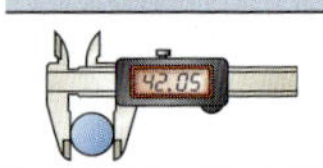	10	Halbzeug prüfen und in ein 3-Backenfutter einspannen	Messschieber Stahlmaßstab	–
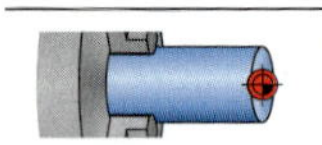	20	Werkstücknullpunkt setzen	–	–
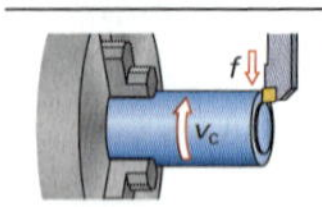	30	Werkstück auf Nennlänge in zwei Schnitten querplandrehen	Plandrehmeißel T1	v_c = 250 m/min f = 0,2 mm a_p = 1 mm $i = 1$
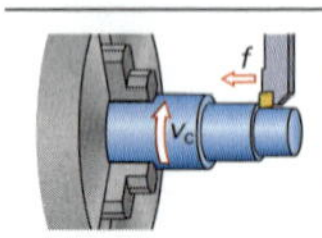	40	Werkstückansätze durch längsrunddrehen mit Aufmaß in mehreren Schnitten vordrehen (schruppen)	Schruppdrehmeißel T2	v_c = 200 m/min f = 0,45 mm $i_1 = 2$ a_p = 3 mm $i_2 = 1$
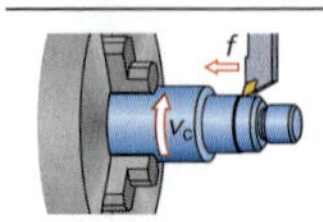	50	Kontur des Werkstücks in einem Schnitt fertigdrehen (schlichten)	Schlichtdrehmeißel T3	v_c = 300 m/min f = 0,1 mm a_p = 0,5 mm $i = 1$
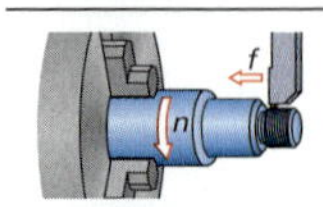	60	Feingewinde M24x2 in mehreren Schnitten drehen	Gewindedrehmeißel T4	v_c = 150 m/min f = 2 mm $i = 12$
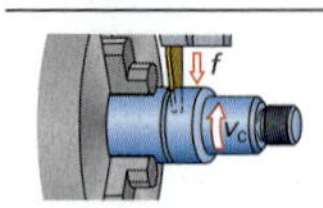	70	Werkstück abstechdrehen (es verbleibt ein Butzen zum Halten des Werkstücks)	Abstechdrehmeißel T5	v_c = 155 m/min f = 0,05 mm $i = 1$
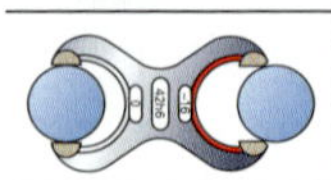	80	Werkstück vom Butzen abtrennen und prüfen	Messschieber, Tiefenmessschieber, Grenzrachenlehre, Bügelmessschraube, Gewindelehre	

Im Arbeitsplan **(Tabelle 1, vorherige Seite)** wird festgelegt, wie und womit das Werkstück produziert wird. Der Arbeitsplan stellt eine tabellarische Zusammenfassung der grundlegenden Angaben dar. Die Festlegung aller erforderlichen Angaben für die Fertigungsplanung wird schrittweise durchgeführt.

Schritt 1: Bestimmung des Ausgangsmaterials

Ausgangsmaterial zur Fertigung des Gewindebolzens **(Bild 1)** ist ein warmgewalzter Rundstab nach DIN EN 10060 mit dem Nenndurchmesser 42. Da mit der Beendigung der Drehbearbeitung ein Abstechdrehen (vgl. Arbeitsvorgang Nr. 70 im Arbeitsplan) vorgesehen ist, können die Gewindebolzen ohne vorheriges Zusägen des Ausgangsmaterials auf Rohteillänge direkt aus dem Rundstab gefertigt werden.

Der Rundstab besteht aus Automatenstahl DIN EN 10087. Durch den geringen Kohlenstoffgehalt von 0,11 % hat dieser Werkstoff eine hohe Zähigkeit, die ohne den Schwefelanteil zur Bildung von Bandspänen (vgl. Seite 162) führen würde. Durch den Schwefelanteil von 0,3 % wird die Spanbrüchigkeit erhöht und es bilden sich kurze Wendelspäne. Die kurzen Späne können auf der CNC-Schrägbettdrehmaschine (vgl. Seite 177) ungehindert herunterfallen und werden vom Späneförderer aus dem Maschinenraum transportiert.

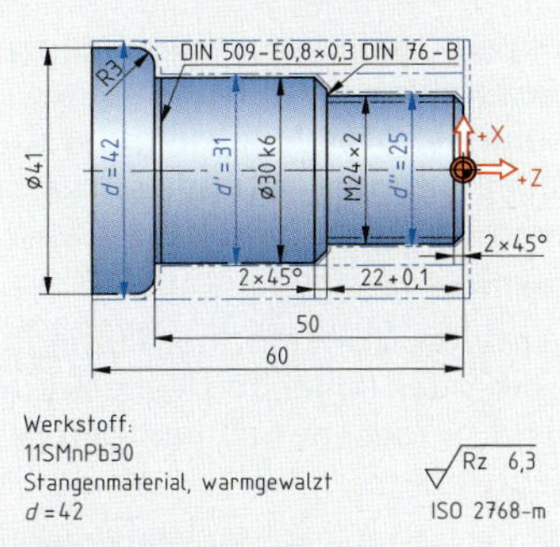

Bild 1: Gewindebolzen

P P10...30	Stahl
M M10...30	Nichtrostender Stahl
K K01...30	Gusseisen
N N10...20	Nichteisenmetalle und Kunststoffe
S S01...20	Warmfeste Speziallegierungen und Titan
H H01...15	Harte Werkstoffe

Bild 2: Hartmetall-Schneidstoffgruppen

Schritt 2: Bestimmung des Schneidstoffs

Zum CNC-Drehen von Werkstücken werden vorwiegend Werkzeuge mit einem Schneidstoff aus **Hartmetall** genutzt. Je nach Werkstoff des Ausgangsmaterials wird eine bestimmte Schneidstoffgruppe eingesetzt **(Bild 2)**. Besonders bei sehr harten Werkstoffen werden auch weiterentwickelte Schneidstoffe wie z. B. Cermets, Schneidkeramik oder Bornitrid verwendet (vgl. Seite 138).

Innerhalb der Schneidstoffgruppe wird die Zähigkeit des Schneidstoffs berücksichtigt. Je größer die Zahl ist, desto zäher ist der Schneidstoff innerhalb seiner Gruppe. Welche Zahl innerhalb einer Schneidstoffgruppe gewählt wird, ist vorwiegend von der **Art des Schneideneingriffs (Bild 3)** abhängig.

Findet ein glatter, gleichmäßiger Schnitt auf einer vorbearbeiteten Oberfläche statt, kann ein Schneidstoff mit einer geringeren Zähigkeit und einer hohen Verschleißfestigkeit zum Einsatz kommen (z. B. P10). Bei wechselnden Schnitttiefen, Schnittunterbrechungen oder beim Drehen einer warmgewalzten Oberfläche sowie einer Guss- oder Schmiedehaut sollte ein Schneidstoff mit einer höheren Zähigkeit, aber damit auch mit einer geringeren Verschleißfestigkeit (z. B. P20 oder P30) verwendet werden.

Für das Fertigungsbeispiel Gewindebolzen aus Automatenstahl mit einer warmgewalzten Oberfläche wird die Schneidstoffgruppe P20 gewählt.

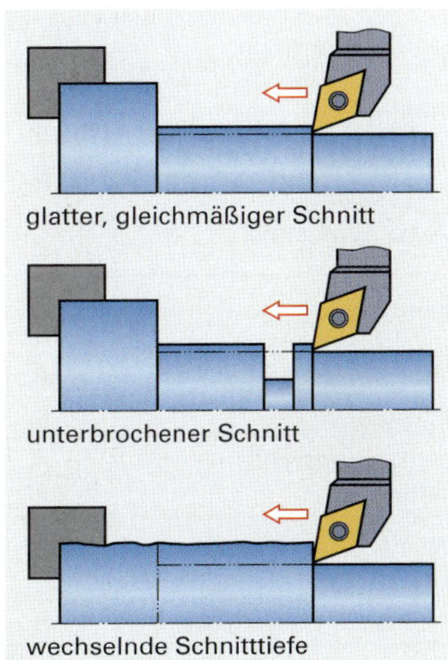

Bild 3: Art des Schneideneingriffs

Schritt 3: Bestimmung der Schneidplatte mit dem Halter

Je nach Bearbeitungsverfahren wird die Wendeschneidplatte mit ihrer Grundform und der Schneidkantenausführung sowie der erforderlichen Plattengeometrie ausgewählt. Unter Berücksichtigung der zu drehenden Innenecken am Werkstück und der Plattenstabilität wird der Eckenradius der Wendeschneidplatte festgelegt. Hat man den geeigneten Klemmhalter für die Wendeschneidplatte festgelegt, können alle Angaben zur Wendeschneidplatte und Halter (vgl. Kapitel 3.8.7.4) getroffen werden.

Schritt 4: Festlegung der Bearbeitungsbedingungen

Je nach Bearbeitungsbedingung können die auszuwählenden Schnittgrößen in Schritt 5 erheblich variieren. Daher ist es notwendig, die vorzufindenden Bearbeitungsbedingungen für die Durchführung der Fertigungsaufgabe im Vorfeld festzulegen.

Es wird zwischen ungünstigen, normalen und günstigen Bearbeitungsbedingungen unterschieden. Wird die Drehbearbeitung auf einer CNC-Maschine (vgl. Seite 179) durchgeführt, so kann durch die Verkleidung der Maschine ein guter Kühlmitteleinsatz erfolgen. Befindet sich das Werkstück in einer guten Einspannung und kann der Drehmeißel einen gleichmäßigen Schnitt (vgl. vorherige Seite) ausführen, so wird von einer normalen Bearbeitungsbedingung gesprochen. Schnittgeschwindigkeiten für normale Bearbeitungsbedingungen sind in **Tabelle 1** als fettgedruckte Werte dargestellt.

Wird das Werkstück auf einer konventionellen Drehmaschine (vgl. Seite 178) bearbeitet, so kann aufgrund der fehlenden Verkleidung der Maschine nur unzureichend Kühlmittel eingesetzt werden. Daher wird in diesem Fall von einer ungünstigen Bearbeitungsbedingung ausgegangen. Für die Schnittgeschwindigkeit wird jeweils der kleinere Wert aus dem Schnittgeschwindigkeitsbereich gewählt.

Je nach Stabilität der Werkzeugmaschine, Geometrie und Einspannung des Werkstücks sowie der Art des Schneideneingriffs können sich die Bearbeitungsbedingungen verbessern oder verschlechtern. Bei sehr guten Bearbeitungsbedingungen wird aus dem Schnittgeschwindigkeitsbereich der größere Wert gewählt.

Schritt 5: Wahl der Schnittgrößen beim Drehen

Die Schnittdaten, welche für das Drehen festgelegt werden, sind die Schnittgeschwindigkeit v_c, der Vorschub f und die Schnitttiefe a_p. Durch die richtige Auswahl der geeigneten Schnittdaten sollen erreicht werden:

- optimale Standzeit des Werkzeuges
- günstige Spanbildung
- die geforderte Oberflächengüte
- großes Spanungsvolumen
- möglichst kleine Schnittkraft

Schnittgeschwindigkeit und Drehzahl

Die Wahl der Schnittgeschwindigkeit v_c ist im Wesentlichen von den Bearbeitungsbedingungen (vgl. Schritt 4), der Bearbeitbarkeit des Werkstoffs, dem eingesetzten Schneidstoff und dem Drehverfahren abhängig. Richtwerte für die Schnittgeschwindigkeit können aus Tabellen (Tabelle 1) oder aus den Schneidstoffkatalogen der Hersteller entnommen werden. Soll z.B. der Gewindebolzen (Seite 166) aus dem Automatenstahl 11SMnPb30 bei einer mittleren Zugfestigkeit von 470 N/mm² mit einer beschichteten Hartmetallplatte HC-P20 vorgedreht werden, so ergibt sich nach Tabelle 1 bei normalen Bearbeitungsbedingungen eine Schnittgeschwindigkeit von 200 m/min.

Tabelle 1: Richtwerte für das Drehen mit beschichteten Hartmetall(HM)-Werkzeugen

Werkstoff der Werkstücke			Querplandrehen	Längsrunddrehen	
Werkstoffgruppe		mittlere Zugfestigkeit R_m in N/mm² bzw. Härte HB		Schruppen	Schlichten
			Schnittgeschwindigkeit v_c[1)] in m/min		
Baustahl		$R_m \leq 500$	210 – **280** – 350	150 – **220** – 300	280 – **340** – 400
		$R_m > 500$	160 – **230** – 300	100 – **170** – 240	220 – **290** – 350
Automatenstahl		$R_m \leq 570$	180 – **250** – 320	130 – **200** – 270	240 – **300** – 360
		$R_m > 570$	130 – **200** – 270	100 – **160** – 220	200 – **250** – 360
Einsatzstahl		$R_m \leq 570$	200 – **270** – 320	150 – **210** – 260	250 – **320** – 300
		$R_m > 570$	160 – **220** – 270	110 – **160** – 210	200 – **270** – 340
Vergütungstahl, unlegiert		$R_m \leq 650$	180 – **250** – 320	120 – **190** – 240	220 – **300** – 380
		$R_m > 650$	110 – **200** – 280	110 – **150** – 200	190 – **250** – 310
Vergütungstahl, legiert		$R_m \leq 750$	100 – **160** – 220	90 – **130** – 180	125 – **185** – 245
		$R_m > 750$	80 – **130** – 180	70 – **110** – 160	100 – **150** – 200
Nichtrostender Stahl	austenitisch	$R_m \leq 680$	140 – **170** – 200	90 – **110** – 130	200 – **230** – 260
		$R_m > 680$	100 – **120** – 140	70 – **90** – 110	130 – **150** – 170
	ferritisch	$R_m \leq 700$	180 – **215** – 240	160 – **180** – 200	230 – **250** – 270

1) Bearbeitungsbedingungen: fettgedruckter Wert = normale Bedienungen, kleines v_c = ungünstige Bedingungen, großes v_c = günstige Bedingungen

Bei konventionellen Drehmaschinen mit Drehzahlstufung muss die Drehzahl n nach der gewählten Schnittgeschwindigkeit v_c und dem Drehdurchmesser ermittelt werden. Die einzustellende Drehzahl kann aus einem Drehzahlschaubild **(Bild 2)** abgelesen oder aus der Schnittgeschwindigkeit v_c und dem Werkstückdurchmesser d berechnet werden.

Drehzahl $$n = \frac{v_c}{\pi \cdot d}$$

Beispiel: Der Gewindebolzen **(Bild 1)** aus dem Automatenstahl 11SMnPb30 mit dem Durchmesser $d = 42$ mm soll mit einem Vorschub $f = 0,4$ mm vorgedreht werden. Als Schneidstoff wird eine beschichtete Hartmetall-Wendeschneidplatte HC-P20 eingesetzt. Welche Drehzahl n ist an einer konventionellen Drehmaschine mit Getriebestufung nach Bild 1 einzustellen?

Lösung: Durch den Einsatz einer konventionellen Drehmaschine ohne Kühlmitteleinsatz liegen ungünstige Bearbeitungsbedingungen vor. Daher wird nach **Tabelle 1 (vorherige Seite)** der kleinere Schnittgeschwindigkeitswert mit v_c = 130 m/min gewählt. Aus dem Drehzahlschaubild (Bild 2) erhält man eine einzustellende Drehzahl n = 1000 1/min.

Berechnung der Drehzahl: $$n = \frac{v_c}{\pi \cdot d} = \frac{130\ \text{m/min}}{\pi \cdot 0,042\ \text{m}} = \mathbf{985\ 1/min}$$

Vorschub und Schnitttiefe

Die Größen des Vorschubs f und der Schnitttiefe a_p hängen im Wesentlichen vom auszuführenden Drehverfahren ab **(Bild 3)**. Beim **Vordrehen (Schruppen)** wird mit einem möglichst großen Vorschub f und Schnitttiefe a_p gedreht. Hier kommt es auf einen maximalen Materialabtrag an. Begrenzt werden beim Schruppen Vorschub und Schnitttiefe durch die Antriebsleistung der Drehmaschine (vgl. folgende Seite), der Größe der Wendeschneidplatte (vgl. Seite 159) und den vorliegenden Bearbeitungsbedingungen. Um ein Ausbrechen der Schneidenecke zu vermeiden, sollte ein maximaler Vorschub nicht überschritten werden.

$$f_{\text{max Schruppen}} \approx \mathbf{0,5 \cdot Eckenradius}\ r_\varepsilon$$

Beim **Fertigdrehen (Schlichten)** wird im Allgemeinen mit kleinem Vorschub und kleiner Schnitttiefe gedreht. Der Vorschub richtet sich beim Schlichten nach der geforderten Oberflächenrauigkeit. Je nach Eckenradius r_ε des Werkzeuges (vgl. Seite 160) und der vorgegebenen Rautiefe Rz kann aus **Tabelle 1** der maximale Vorschub festgelegt werden. Vergrößert man den Eckenradius, so kann eine gleichbleibende Rauigkeit auch bei einem größeren Vorschub erzielt werden (vgl. Seite 157). Die Schnitttiefe beim Schlichten wird möglichst klein gehalten, weil durch die kleineren Schnittkräfte eine bessere Maß- und Formtoleranz erreicht wird.

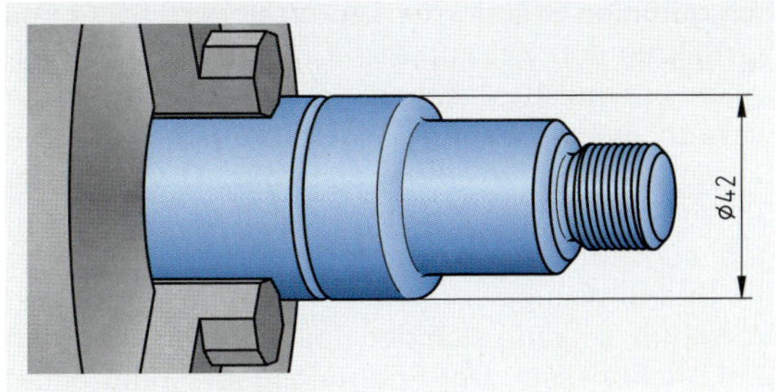

Bild 1: Gewindebolzen

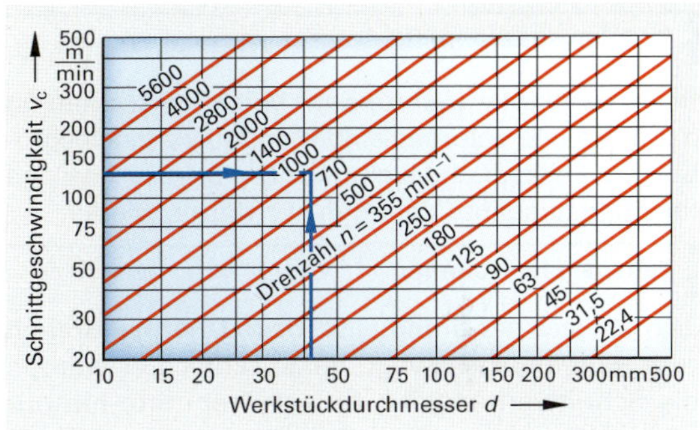

Bild 2: Drehzahldiagramm

Längsrunddrehen	
Schruppen	Schlichten
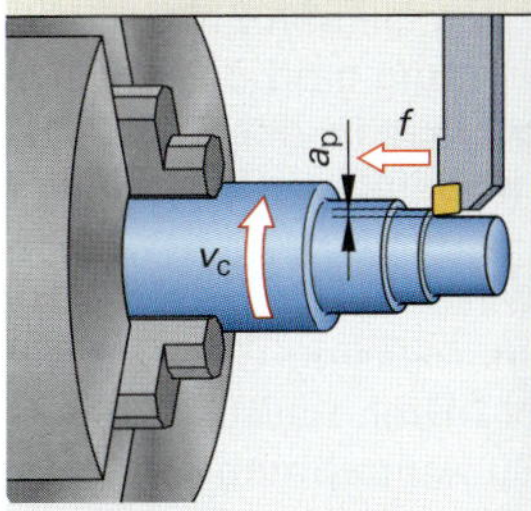	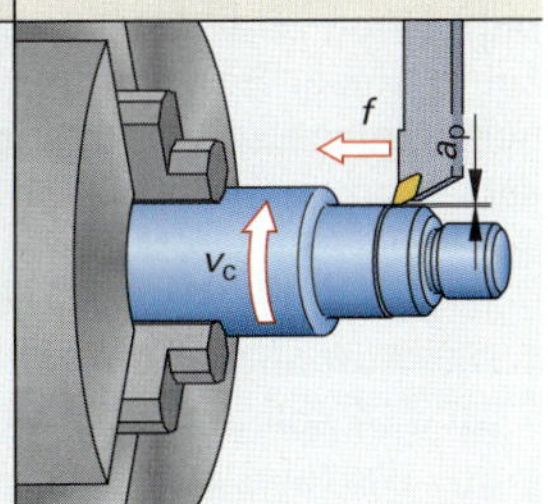
a_p = 2 ... 6 mm	a_p = 0,2 ... 2 mm
Vorschub f in mm	
0,6 ... 0,25	0,25 ... 0,1

Bild 3: Vorschub und Schnitttiefe

Tabelle 1: Erreichbare Rautiefe in Abhängigkeit vom Eckenradius und Vorschub

Rautiefe Rz in µm	Eckenradius r_ε in mm			
	0,2	0,4	0,8	1,2
	Vorschub f in mm			
1,6	0,05	0,07	0,10	0,12
4	0,08	0,11	0,16	0,20
6,3	0,10	0,14	0,20	0,25
10	0,13	0,18	0,25	0,31
16	0,16	0,23	0,32	0,39

Um günstige Spanformen zu erreichen, sollte das Verhältnis von Schnitttiefe a_p zu Vorschub f zwischen 4 : 1 und 10 : 1 liegen. Je nach Drehverfahren werden verschiedene Arbeitsbereiche für die Schneidplatten vorgegeben **(Bild 1)**. Wird die Schnitttiefe innerhalb eines Arbeitsbereichs verringert, so kann sich die Spanform verschlechtern, da die Späne weniger brechen. Vergrößert man den Vorschub, so kann sich der Span stärker krümmen und bricht besser. Der Spanungsquerschnitt bildet die Schnittfläche des Spans, dessen Größe sich aus der Schnitttiefe und dem Vorschub ergibt.

Spanungsquerschnitt $A = a_p \cdot f$

Beim Vordrehen (Schruppen) von Werkstücken ist das zerspante Volumen eine wichtige Vergleichsgröße. Das Zeitspanungsvolumen Q gibt eine Aussage über das zerspante Volumen in cm³/min wieder.

Zeitspanungsvolumen $Q = A \cdot v_c$

Je mehr sich der Drehmeißel beim **Querplandrehen** zum Mittelpunkt bewegt, desto schlechter werden die Schnittverhältnisse, da zur Drehmitte hin nur geringe Schnittgeschwindigkeiten vorliegen. Beim Querplandrehen können aus diesem Grund nur kleinere Schnitttiefen und Vorschübe verwendet werden **(Bild 2)**. Beim Schlichten (Konturdrehen) einer Planfläche wird der Drehmeißel vom Mittelpunkt weg bewegt. Durch den kleinen Einstellwinkel in dieser Bewegungsrichtung sind die Schnittverhältnisse so ungünstig, dass in der Regel nur sehr geringe Schnitttiefen gewählt werden können.

Wiederholung und Vertiefung

Der Aufnahmebolzen aus Messing CuZn21Si3P **(Bild 3)** soll auf einer CNC-Drehmaschine gefertigt werden. Es sollen 30 Aufnahmebolzen aus dem Stangenmaterial Ø80 gedreht werden.

1 Welcher Schneidstoffgruppe soll für diesen Messingwerkstoff verwendet werden?

2 Die Schneidplatte soll für eine wirtschaftliche Fertigung ausgelegt werden. Welche Grundform sollte dann gewählt werden?

3 Wie groß darf der Eckenradius beim Schlichten höchstens sein?

4 Welche Plattengeometrie kann für das Schruppen und Schlichten eingesetzt werden?

5 Geben Sie die Bezeichnung der Wendeschneidplatte und des Klemmhalters mit Hebelspannsystem zum Schruppen und Schlichten an. Übernehmen Sie unbekannte Größen aus Bild 1 und 2, Seite 161.

6 Erstellen Sie einen Arbeitsplan mit Angabe der Arbeitsvorgänge, Werkzeuge, Prüfmittel und Schnittgrößen.

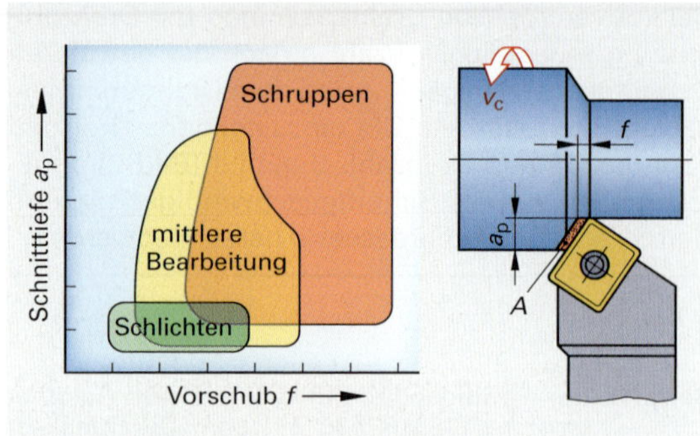

Bild 1: Arbeitsbereiche von Schneidplatten

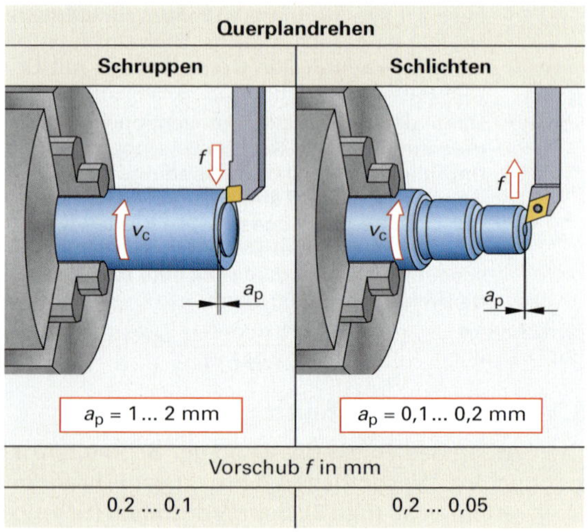

Bild 2: Querplandrehen

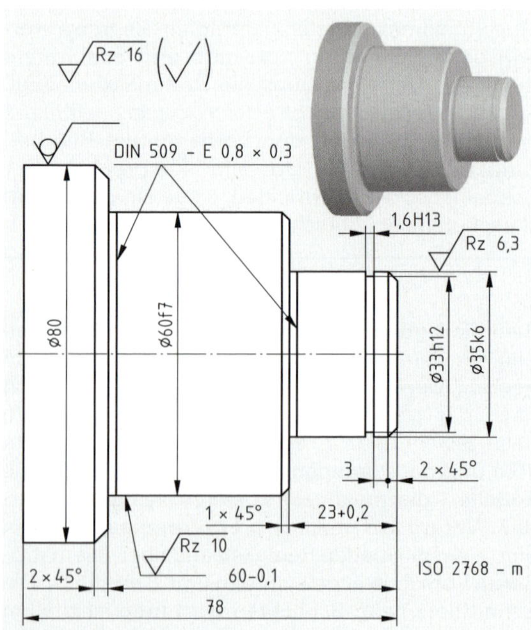

Bild 3: Aufnahmebolzen

3.8.7.8 Gewindefertigung

Das Gewinde kann an der Drehmaschine durch Zerspanen oder Umformen gefertigt werden **(Bild 1)**. Beim Zerspanen wird das Gewinde mit Gewindedrehmeißeln oder Gewindeschneidern gefertigt. Durch Umformen wird das Gewinde durch Gewindewalzen oder Gewinderollen hergestellt.

Gewindedrehen (Bild 1 und 2) mit wendeplattenbestückten Gewindedrehmeißeln wird am häufigsten angewendet. Die Schneiden an der Platte sind mit dem Flankenwinkel des Gewindes ausgeführt (z.B. Metrisches Gewinde: Flankenwinkel = 60°). Der Gewindedrehmeißel wird bis zum Erreichen der entsprechenden Gewindetiefe in mehreren Schnitten längs am Werkstück bewegt. Die Anzahl der Schnitte **(Bild 3)** ist von der Steigung des Gewindeprofils abhängig. Zum Erzielen einer hohen Oberflächengüte und kleinen Maßtoleranzen können noch 2 bis 4 Leerdurchläufe ohne Zustellung des Werkzeugs hinzugefügt werden. Die Größe des Vorschubs f entspricht der Steigung P des Gewindes.

Beim Gewindedrehen auf konventionellen Drehmaschinen befindet sich das Werkzeug vor der Drehmitte. Der Vorschub wird über Leitspindel und Schlossmutter realisiert (vgl. Seite 178).

Auf einer CNC-Drehmaschine befindet in der Regel der Drehmeißel hinter der Drehmitte. Der Vorschub wird von der Steuerung über Drehzahl und Gewindesteigung errechnet. Daher muss bei den meisten Steuerungen zum Gewindedrehen eine konstante Drehzahl programmiert werden. Schnittgeschwindigkeiten zur Ermittlung der Drehzahlen können aus Katalogen der Schneidstoffhersteller oder aus dem Tabellenbuch entnommen werden. Je nach Drehrichtung des Werkstücks kann ein Rechts- oder Linksgewinde gedreht werden (Bild 2). Der Drehmeißel hinter der Drehmitte muss bei einem Rechtsgewinde auf dem Kopf gewendet werden, wenn sich das Werkzeug zum Spannfutter hinbewegt.

Beim Einstechwalzen **(Bild 4)** werden zwei Gewinderollen seitlich in das Werkstück gedrückt und formen so das Gewinde aus. Das Durchlaufwalzen (Bild 1) wird dann angewendet, wenn das Werkstück länger als die Rollwerkzeugbreite ist. Hierbei bewegt sich das Werkstück zwischen zwei oder drei Rollen längs zur Drehachse.

Durch das Gewindewalzen wird der Faserverlauf an den Gewindeflanken nicht unterbrochen. Die Kaltumformung bewirkt zusätzlich eine Verfestigung des Gewindeprofils. Daher liegen beim Gewindewalzen höhere Festigkeiten als beim Gewindedrehen oder Gewindeschneiden vor. Nachteilig sind die höheren Werkzeugkosten und größeren Rüstzeiten.

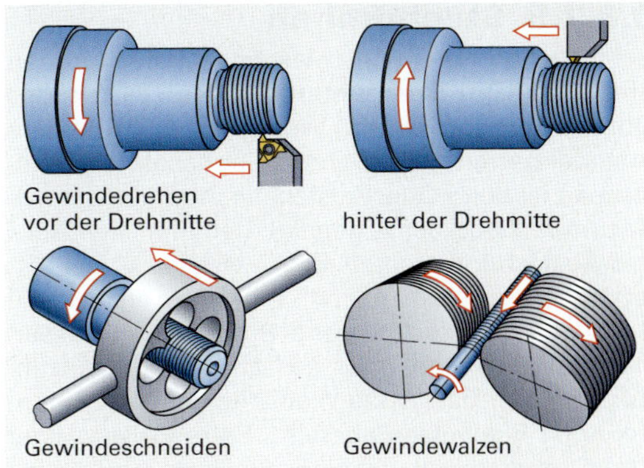

Bild 1: Fertigung des Gewindes durch Zerspanen oder Umformen

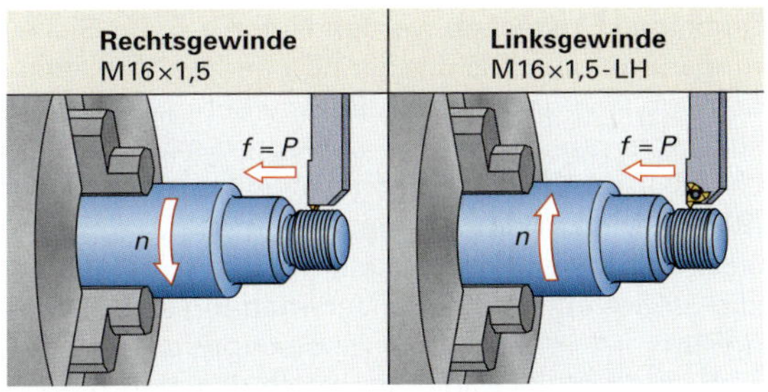

Bild 2: Gewindedrehen hinter der Drehmitte

Steigung P in mm	Anzahl der Schnitte	Steigung P in mm	Anzahl der Schnitte
0,25 ≤ 0,75	5	1,50 ≤ 1,75	9
0,75 ≤ 1,00	6	1,75 ≤ 2,00	10
1,00 ≤ 1,50	7	2,00 ≤ 2,50	11

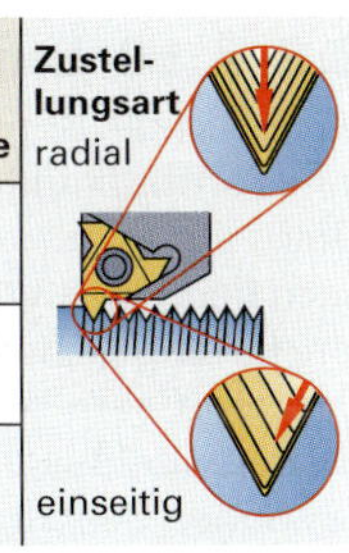

Bild 3: Anzahl der Schnitte beim Gewindedrehen

Bild 4: Einstechwalzen mit Gewinderollen

3.8.7.9 Stechdrehen

Beim Stechdrehen wird zwischen Abstechdrehen und Einstechdrehen unterschieden. Durch das **Quer-Abstechen** wird das Werkstück vom Stangenmaterial getrennt **(Bild 1)**. Im Gegensatz zum Einstechen ist beim Quer-Abstechen die Hauptschneide zur Werkstückachse geneigt. Der Einstellwinkel κ des Abstechdrehmeißels liegt zwischen 0° bis 25°. Ist der Einstellwinkel über 0°, entstehen am Ende in der Nut zwei verschiedene Butzendurchmesser. Dies hat zur Folge, dass das am kleinen Butzendurchmesser hängende Werkstück nur mit einem geringen Restbutzen abbricht. Beim Einsatz einer CNC-Drehmaschine mit einer synchron zur Arbeitsspindel angetriebenen Gegenspindel (vgl. Seite 179) kann ein butzenloser Abstich erfolgen.

Durch das **Einstechen** werden Nuten z. B. für Sicherungsringe oder Dichtungsringe gedreht. Je nachdem, ob sich der Einstechdrehmeißel parallel oder senkrecht zur Drehachse bewegt, wird zwischen Längs- und Quer-Einstechdrehen unterschieden **(Bild 2)**. In der Regel ist die Schnitttiefe a_p des Einstechdrehmeißels kleiner als die Breite b des Einstichs. Dies ermöglicht die Verwendung eines Drehmeißels für verschiedene Einstechbreiten und die Einhaltung der Maßtoleranz durch das mehrmalige Einstechen bis zur erforderlichen Breite b.

3.8.7.10 Innendrehen

Vorgefertigte Bohrungen oder Rohre erhalten durch Innendrehen die angegebene Maßtoleranz und Oberflächengüte. Wie beim Außendrehen kann auch beim Innendrehen ein Schruppen und Schlichten durchgeführt werden. Besonders bei kleinen Durchmessern oder längeren Bohrungen kann die Bohrstange des Innendrehmeißels abdrängen und es können Schwingungen auftreten. Die Schnittkraft F_c führt zu einer Durchbiegung, die Passivkraft F_p zu einem Ablenken der Bohrstange zur Drehmitte hin **(Bild 3)**. Um die Schwingungs- und Durchbiegungsgefahr so gering wie möglich zu halten, dürfen Bohrstangen höchstens bis zum Vierfachen ihres Durchmessers aus dem Werkzeughalter herausragen **(Bild 4)**. Bohrstangen mit schwingungsgedämpftem Schaft erlauben eine siebenfache Auskraglänge. Um eine höchstmögliche Stabilität zu erreichen, muss dann die Einspannlänge mindestens dem Dreifachen der Bohrstange entsprechen.

Werkzeugauswahl für das Innendrehen

- Großen Einstellwinkel wählen (κ > 90°), damit die Passivkraft klein bleibt.
- Zum Schlichten Wendeschneidplatten mit positivem Spanwinkel verwenden.
- Größtmöglichen Schaftdurchmesser verwenden.

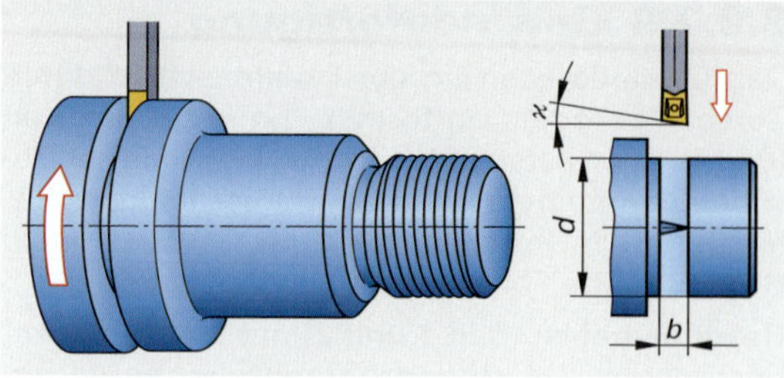

Bild 1: Quer-Abstechen des Gewindebolzens

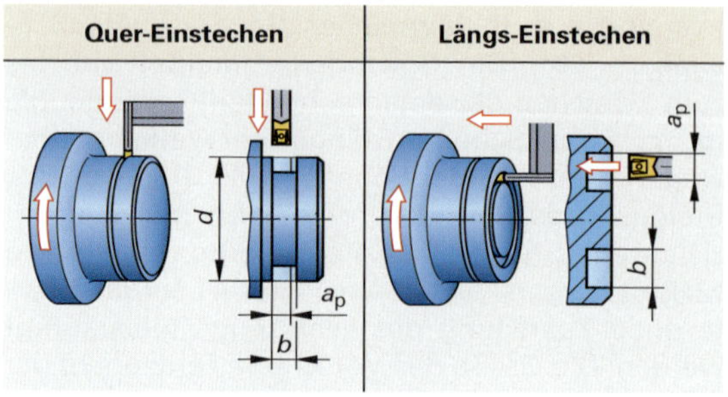

Bild 2: Einstechdrehen

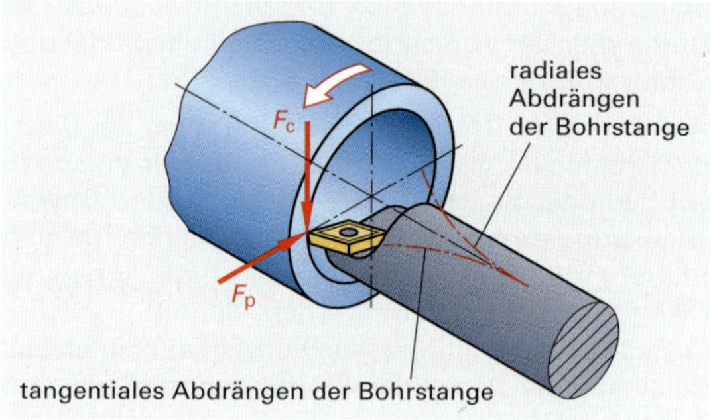

Bild 3: Abdrängung der Bohrstange

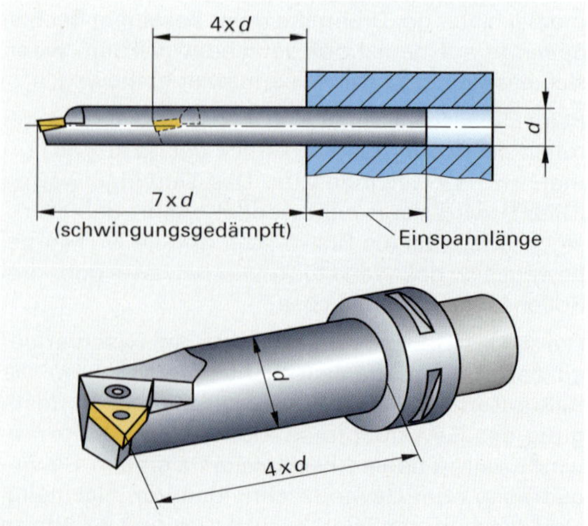

Bild 4: Auskraglänge von Bohrstangen

3.8.7.11 Hartdrehen

Beim Hartdrehen werden gehärtete Werkstücke durch Drehen fertig bearbeitet **(Bild 1)**. Als Schneidstoff werden hierfür oxidkeramische Schneidplatten oder polykristallines kubisches Bornitrid (CBN) verwendet. Für gehärteten Stahl bis zu einer Härte von 64 HRC eignet sich Schneidkeramik sehr gut. Mit kubischem Bornitrid (CBN) können Werkstoffe bis zu einer Härte von 70 HRC bearbeitet werden. Im Bereich niedriger Werkstoffhärten unterhalb 50 HRC weist CBN einen erhöhten Verschleiß auf.

Vorteile des Hartdrehens

Durch Hartdrehen kann teilweise das Schleifen ersetzt werden. Die Maschineninvestitionen und die Werkzeugkosten für das Drehen sind gegenüber dem Schleifen geringer, die Aufbereitung und Entsorgung der Kühlschmiermittel wird kostengünstiger oder entfällt bei der Trockenbearbeitung ganz. Mit Standardwerkzeugen können durch Hartdrehen Innen- und Außenkonturen mit hoher Maßgenauigkeit und Oberflächengüte hergestellt werden.

Zerspanungsvorgang und Schnittgrößen

Im Vergleich zum Drehen von ungehärteten Stählen treten beim Hartdrehen große Zerspankräfte auf. Dies erfordert stabile Maschinen und eine sichere Spannung von Werkzeug und Werkstück. Das Hartdrehen von längeren Werkstücken mit kleinen Durchmessern bereitet aufgrund der großen radialen Abdrängkräfte Schwierigkeiten. Der größte Teil der Zerspanungswärme wird mit den glühenden Spänen, die eine Temperatur von über 1000 °C haben, abgeführt. Das Werkstück erwärmt sich nur wenig; das Härtegefüge bleibt nahezu unbeeinflusst.

Je größer die Werkstoffhärte ist, desto geringer sollte die Schnittgeschwindigkeit sein. Üblich sind Werte von 70 ... 220 m/min **(Tabelle 1)**. Bei Vorschüben $f = 0{,}05 \dots 0{,}1$ mm lassen sich Rautiefen Rz von 1,5 ... 4 µm einhalten **(Bild 2)**. Im Bereich der kleinen Schnitttiefen $a_p = 0{,}1 \dots 0{,}5$ mm ist bei größeren Eckenradien die Passivkraft sehr groß und kann die Größe der Schnittkraft übersteigen **(Bild 3)**.

Bild 1: Hartdrehen einer Außenkontur

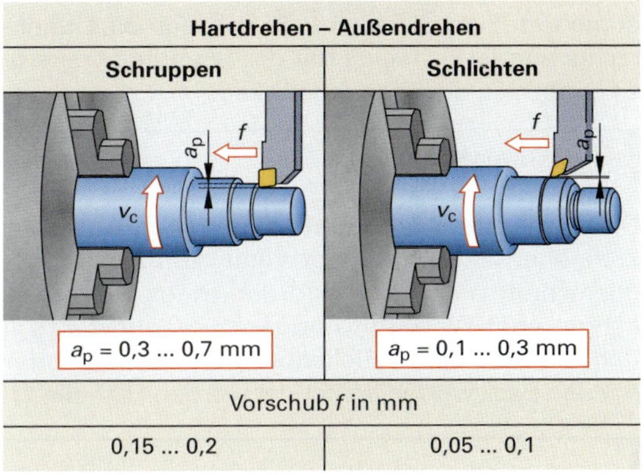

Bild 2: Vorschub und Schnitttiefen

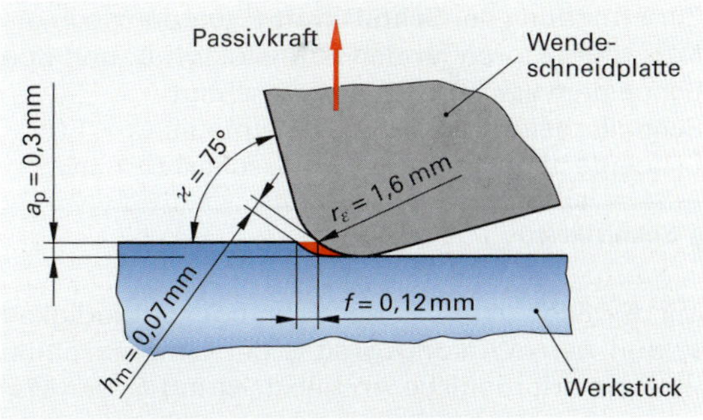

Bild 3: Eingriffsgrößen und Eckenradius

Tabelle 1: Schnittgeschwindigkeiten beim Hartdrehen mit Schneidkeramik und CBN

Werkstoff der Werkstücke		Querplandrehen	Längsrunddrehen	
			Schruppen	Schlichten
Werkstoffgruppe	Härte HRC	Schnittgeschwindigkeit v_c [1)] in m/min		
Gehärteter Stahl, gehärtet und angelassen	≤ 50 HRC	135 – **175** – 215	110 – **145** – 185	165 – **205** – 220
	≤ 55 HRC	115 – **140** – 190	95 – **110** – 155	140 – **175** – 210
	≤ 60 HRC	100 – **120** – 165	80 – **95** – 135	120 – **145** – 180
	≤ 65 HRC	85 – **100** – 140	70 – **80** – 120	105 – **120** – 160
Gehärtetes Gusseisen	≤ 55 HRC	135 – **150** – 170	100 – **110** – 120	170 – **190** – 220

1) Bearbeitungsbedingungen: fettgedruckter Wert = normale Bedienungen, kleines v_c = ungünstige Bedingungen, großes v_c = günstige Bedingungen (vgl. Seite 168)

3.8.7.12 Kräfte und Leistungen beim Drehen

Die **Schnittkraft** F_c wirkt tangential am Umfang des Werkstücks. Zusammen mit der **Vorschubkraft** F_f bilden sie die **Aktivkraft** F_a. Die **Passivkraft** F_p drückt den Drehmeißel vom Werkstück ab. Aktivkraft und Passivkraft zusammen ergeben die Größe und Richtung der **Zerspankraft** F **(Bild 1).**

Der Spanungsquerschnitt ***A*** bildet die Schnittfläche des Spans **(Bild 2).** Er bildet sich aus den Größen des Vorschubs f und der Schnitttiefe a_p.

Spanungsquerschnitt $A = a_p \cdot f = b \cdot h$

Die Form des Spanungsquerschnitts ergibt sich durch den Einstellwinkel κ. Bildet man eine Senkrechte auf der Schneide mit der Spanungsbreite b, so ergibt sich die Spanungsdicke h.

Spanungsdicke $h = f \cdot \sin \kappa$

Die **spezifische Schnittkraft k_c** ist die Kraft, die zum Zerspanen eines Werkstoffs mit dem Spanungsquerschnitt A = 1 mm² erforderlich ist. Sie ist abhängig vom Werkstoff und der Spanungsdicke h und kann aus dem Tabellenbuch entnommen oder mit den Basiswerten berechnet werden **(Tabelle 1).**

spezifische Schnittkraft $k_c = \frac{k_{c1.1}}{h^{m_c}}$

Zur Ermittlung der **Schnittkraft** F_c werden noch die Korrekturfaktoren für den Schneidstoff C_1 und den Schneidenverschleiß C_2 berücksichtigt.
Schnellarbeitsstahl C_1 = 1,2; Hartmetall C_1 = 1,0.
Schneide abgestumpft C_2 = 1,3, scharf C_2 = 1,0

Schnittkraft $F_c = A \cdot k_c \cdot C_1 \cdot C_2$

Mit der Schnittkraft F_c, der Schnittgeschwindigkeit v_c und dem Wirkungsgrad η der Drehmaschine wird die erforderliche Antriebsleistung P_1 der Maschine errechnet

Antriebsleistung $P_1 = \frac{F_c \cdot v_c}{\eta}$

Wiederholung und Vertiefung

Der Gewindebolzen aus dem Automatenstahl 11SMnPb30 soll auf der CNC-Drehmaschine mit dem Wirkungsgrad η = 82 % vorgedreht werden. Der Einstellwinkel κ des Schruppdrehmeißels beträgt 95°. Verwenden Sie die Schnittgrößen aus dem Arbeitsplan Seite 166.

Wie groß ist die erforderliche Antriebsleistung P_1?

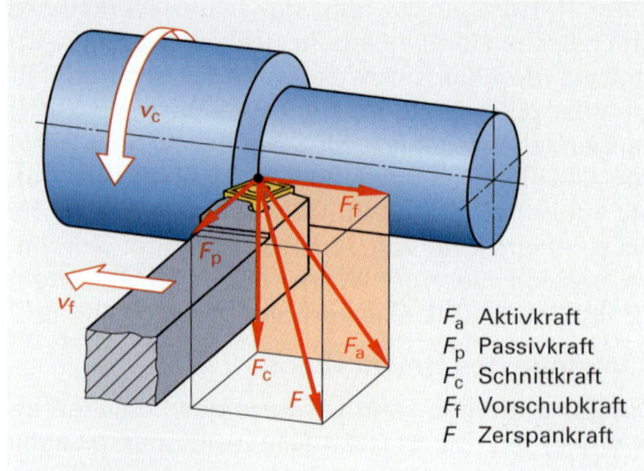

Bild 1: Kräfte beim Drehen

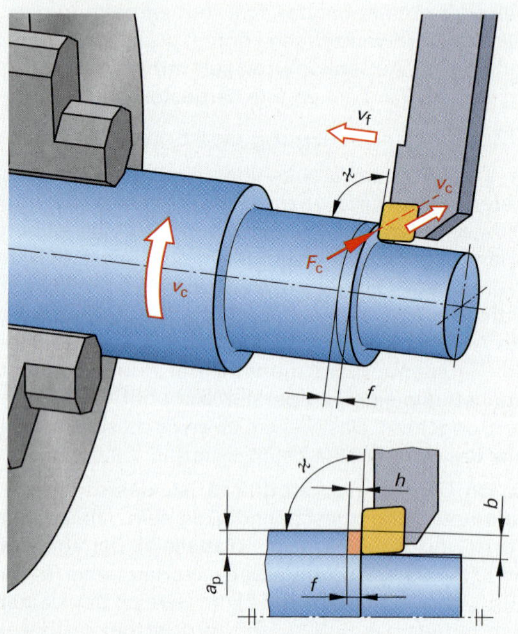

Bild 2: Schnittkraft und Schnittgrößen

Tabelle 1: Richtwerte für spezifische Schnittkraft k_c beim Drehen

Werkstoff	Basiswerte		spez. Schnittkraft k_c in N/mm² für die Spannungsdicke h in mm		
	$k_{c1.1}$	m_c	0,3	0,4	0,4
E295	1990	0,26	2721	2525	2383
11SMnPb30	1200	0,18	1490	1415	1359
16MnCr5	2100	0,26	2872	2665	2515
42CrMo4	2500	0,26	3419	3173	2994

3.8.7.13 Werkzeug- und Werkstück-Spannsysteme

Spannen der Drehwerkzeuge

Das Drehwerkzeug muss möglichst kurz und fest gespannt werden, damit Schwingungen verhindert werden. Die Schneidkante muss auf Mitte eingestellt werden. Abweichungen verursachen Änderungen der wirksamen Winkel an der Schneide **(Bild 1)**. Eine Einstellung über der Mitte verkleinert den Freiwinkel; das Werkzeug drückt. Eine Einstellung unter der Mitte erzeugt beim Abstechen einen Butzen. Um die Rüstzeit zu verkürzen, werden Werkzeuge meist außerhalb der Maschine im Werkzeughalter montiert und in einem Voreinstellgerät auf die richtige Höhenlage und Auskraglänge eingestellt.

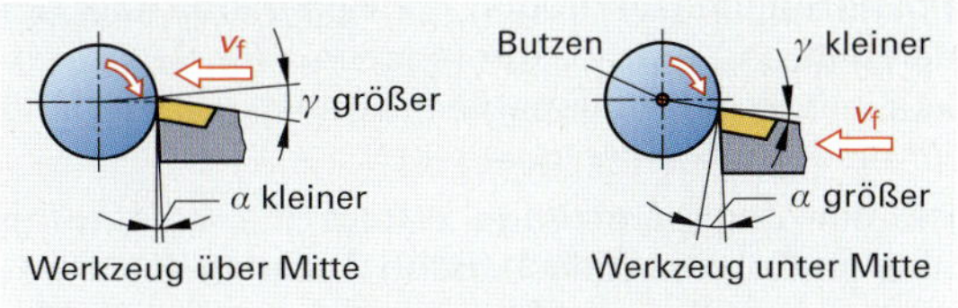

Bild 1: Fehlerhafte Höhenlage des Werkzeuges beim Querdrehen

Werkstückspannung

Das Werkstück muss sicher, einfach, mit möglichst kleinem Rund- und Planlauffehler und mit geringer Werkstückverformung gespannt werden. Mit **Spannfuttern** können Werkstücke außen oder in einer Bohrung gespannt werden. Im Dreibackenfutter werden runde oder regelmäßig geformte 3- und 6-kantige Werkstücke gespannt **(Bild 2)**. Bei handbetätigten Spannfuttern erfolgt die Bewegung der Spannbacken über eine Planspirale oder eine Keilstange **(Bild 3)**. Die Spannbacken dürfen nicht zu weit aus dem Futter herausragen, da sie sonst ungenügend geführt sind, die Spannkraft zu gering ist und die Unfallgefahr erhöht wird.

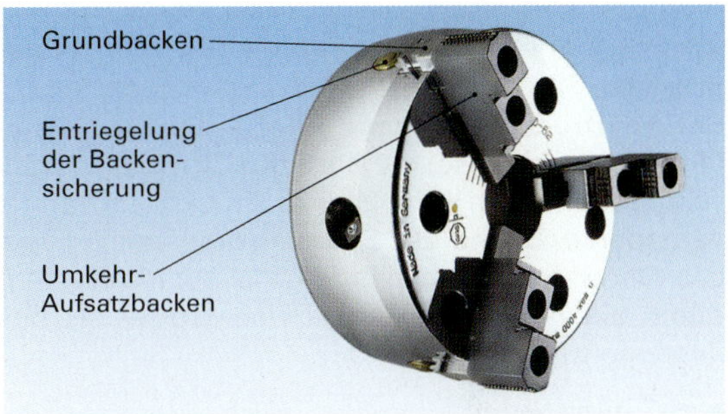

Bild 2: Dreibackenfutter

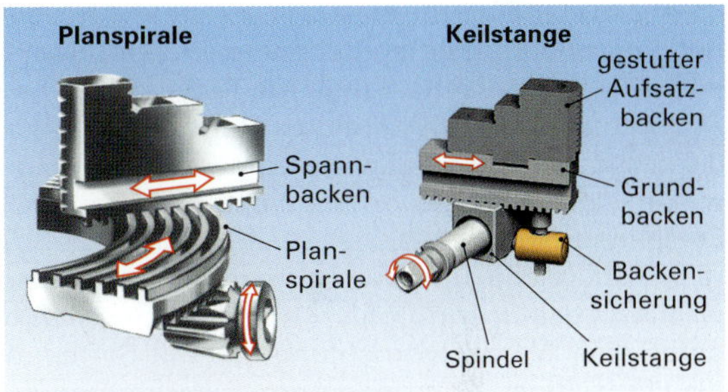

Bild 3: Bewegung der Spannbacken

> Vorstehende Spannbacken erhöhen die Unfallgefahr.

Bei **Kraftspannfuttern** wird die Spannkraft pneumatisch oder hydraulisch erzeugt. Bei hohen Drehzahlen wird die Spannkraft der Spannbacken durch die Fliehkraft verringert. Spannfutter für hohe Drehzahlen besitzen daher einen Fliehkraftausgleich **(Bild 4)**. Die Fliehkraft des Ausgleichsgewichtes wirkt der Fliehkraft der Spannbacke entgegen und hält so die Spannkraft bis zur zulässigen Grenzdrehzahl annähernd gleich.

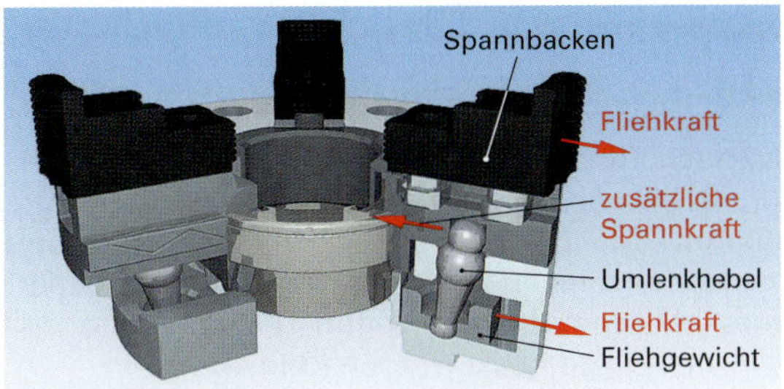

Bild 4: Kraftspannfutter mit Fliehkraftausgleich

Spannkraft. Zu große Spannkräfte führen zur Beschädigung der Werkstückoberfläche durch die Spannbacken und können am Werkstück Formabweichungen erzeugen **(Bild 5)**. Bei zu starkem Spannen verformen sich dünnwandige Werkstücke elastisch. Ausgedrehte Bohrungen z.B. sind deshalb nach dem Ausspannen unrund, weil die elastische Verformung zurückfedert.

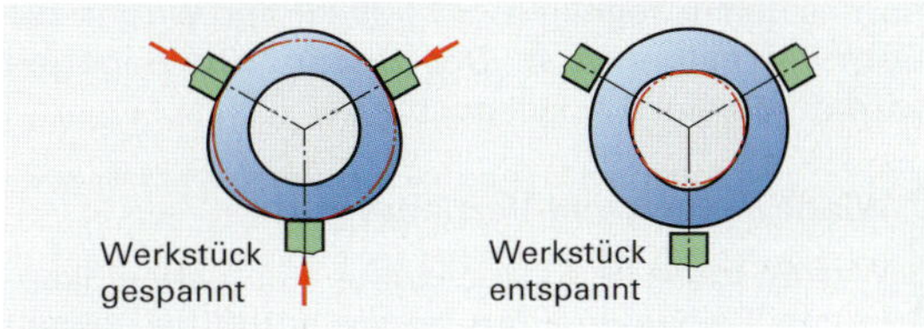

Bild 5: Formfehler durch Spannung

> Die Spannkraft muss der Größe der Zerspankraft sowie der Form und der Stabilität des Werkstücks angepasst sein.

Spannzangen

Spannzangen übertragen die Spannkraft fast auf den ganzen Werkstückumfang, was für den Rundlauf und die Drehteiloberfläche günstig ist. Sie sind für hohe Drehzahlen geeignet.

Bei der **Zugspannzange** erfolgt die Betätigung über ein Zugrohr **(Bild 1)**. Beim Spannen des Werkstücks wird die geschlitzte Spannzange in die Kegelhülse gezogen. Durch die Längsbewegung der Zugspannzange wird das Werkstück ebenfalls geringfügig mitgezogen. Dies muss beim nachfolgenden Drehen von Längenmaßen berücksichtigt werden.

Bei der **Druckspannzange** erfolgt die Spannung über die Druckhülse, die über das Druckrohr axial verschoben wird **(Bild 2)**. Die Druckspannzange verändert während des Spannens die axiale Lage des Werkstücks nicht, allerdings ist der Platzbedarf durch die zusätzliche Druckhülse größer als bei Zugspannzangen.

Spannkopf

Beim **Spannkopf** sind die einzelnen Spannsegmente durch Gummi elastisch miteinander verbunden **(Bild 3)**. Die Segmente liegen beim Spannen über die gesamte Länge am Futterkörper an. Dadurch erfolgt die Spannung gleichmäßig über die gesamte Länge der Spannsegmente. Die Federwirkung des Gummis drückt die Segmente beim Entspannen wieder auseinander. Es können größere Maßbereiche überbrückt werden. Zum Auswechseln des Spannkopfes werden die Segmente durch eine Wechselvorrichtung, die mit Stiften in die stirnseitigen Bohrungen greift, zusammengedrückt. Der Spannkopf kann dadurch von vorn aus der Zugstange gelöst und ein anderer Spannkopf eingesetzt werden.

Weitere Spannmöglichkeiten

Müssen Drehteile auf ihrer ganzen Länge überdreht werden, werden sie **zwischen Spitzen** gespannt. Die Mitnahme des Werkstücks erfolgt meist durch einen Stirnmitnehmer, dessen gehärtete Mitnehmerzähne gegen die Planseite des Werkstücks gedrückt werden **(Bild 4)**.

Werkstücke mit Bohrungen können auch auf **Dreh- oder Spanndornen** gespannt werden. Der Drehdorn ist leicht kegelig ($C = 1 : 2000$) und wird in die Bohrung eingepresst. Der Spanndorn dagegen wird durch einen Kegel gespreizt.

Wiederholung und Vertiefung

Warum muss beim Querdrehen die Schneidkante des Drehwerkzeuges genau auf Mitte gestellt werden?

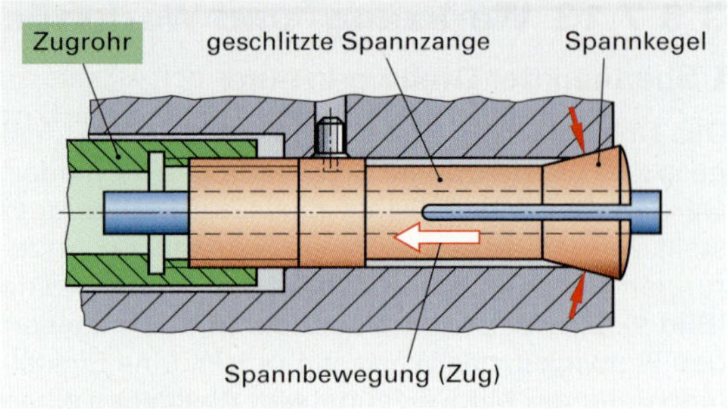

Bild 1: Zugspannzange

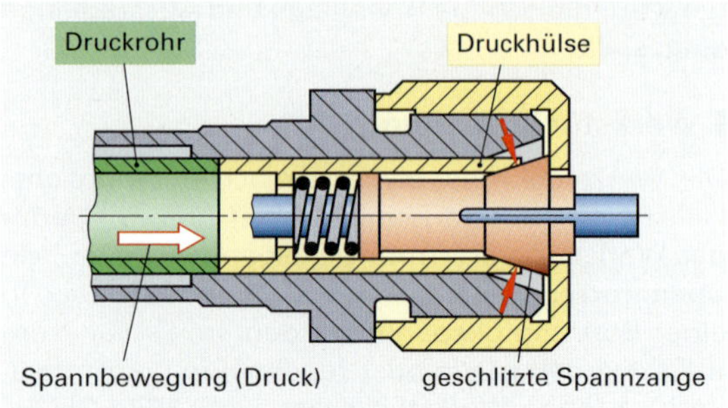

Bild 2: Druckspannzange

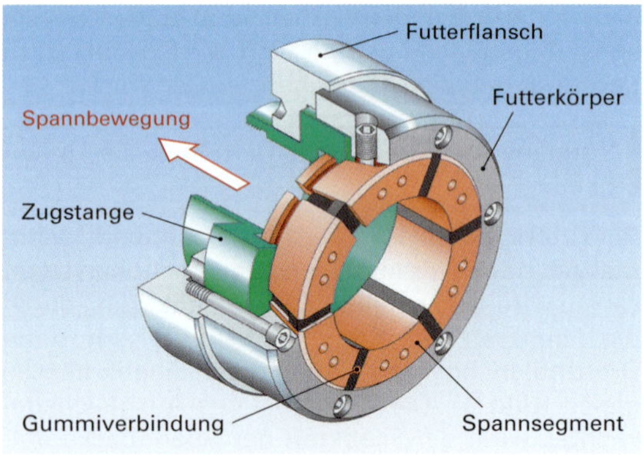

Bild 3: Spannkopf

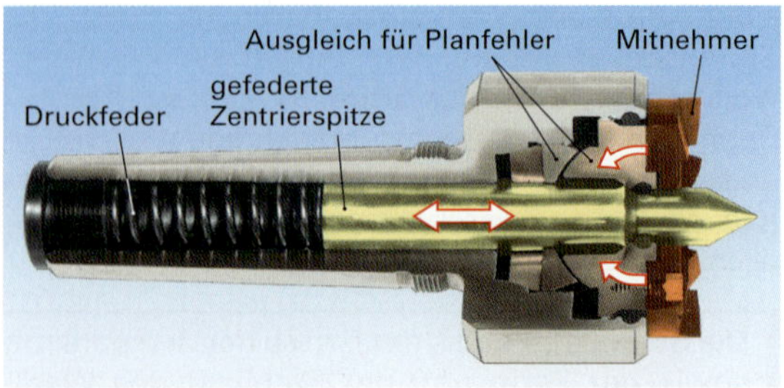

Bild 4: Stirnmitnehmer

3.8.7.14 Drehmaschinen

Drehmaschinen werden meist nach der Art des Maschinenbettes, der Lage der Spindel oder der Anzahl der Spindeln eingeteilt **(Bild 1)**. Wichtige Kenngrößen sind der Spindeldurchlass, der maximale Drehdurchmesser und die Drehlänge des Werkstückes, die Antriebsleistung und die maximale Spindeldrehzahl sowie die Anzahl der Werkzeugträger mit den verfügbaren Werkzeugplätzen.

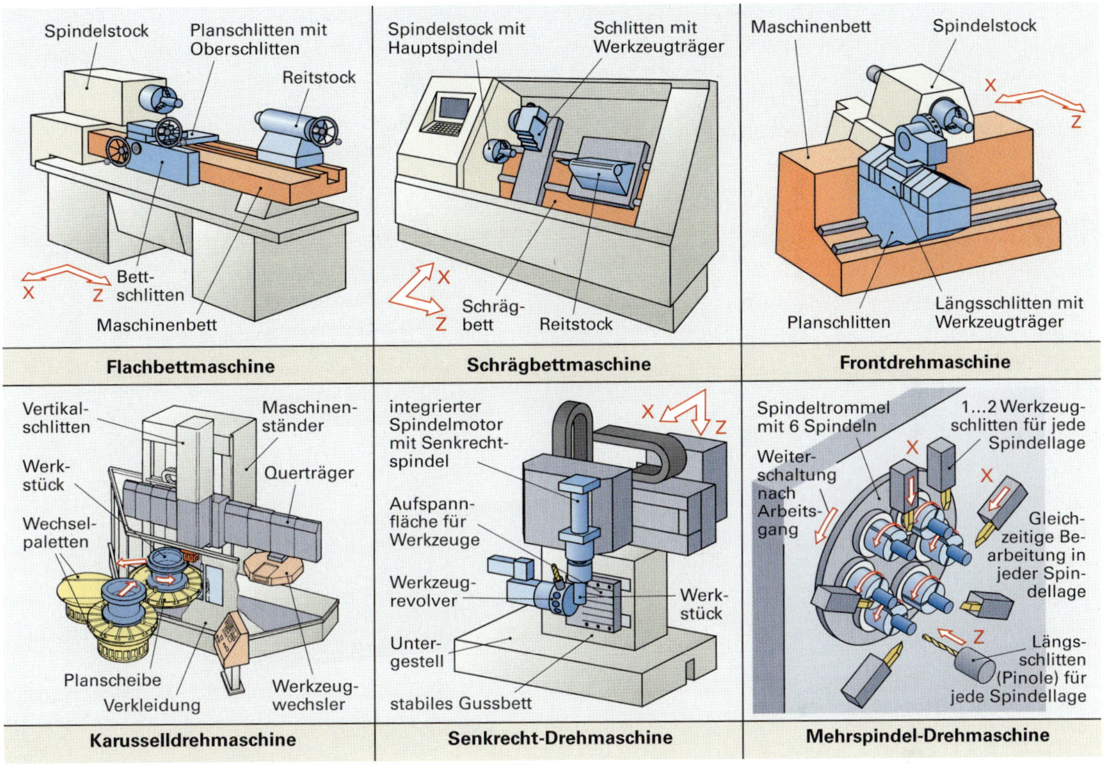

Bild 1: Arten von Drehmaschinen

Hauptbaugruppen

Drehmaschinen sind häufig modular aufgebaut, d. h. die Werkzeugmaschine wird nach den Bedürfnissen des Anwenders mit den benötigten Baueinheiten, z. B. Reitstock oder Gegenspindel, geliefert. Auf dem Untergestell ist das Drehmaschinenbett, welches den Spindelstock trägt, befestigt **(Bild 2)**. Der Werkzeugschlitten mit dem Werkzeugträger wird meist durch Wälzführungen geführt. Diese sind mit dem Maschinenbett verschraubt. Das Maschinenbett muss besonders verwindungssteif und schwingungsdämpfend ausgeführt sein, damit die Oberflächenqualität des gedrehten Werkstückes und die Werkzeugstandzeit nicht durch Schwingungen verringert werden. Das Maschinenbett wird deshalb meist aus Gusseisen, dessen Hohlräume mit kunstharzgebundenem Granit (Polymerbeton) gefüllt sind, oder aus massivem Mineralguss (Reaktionsharzbeton) hergestellt.

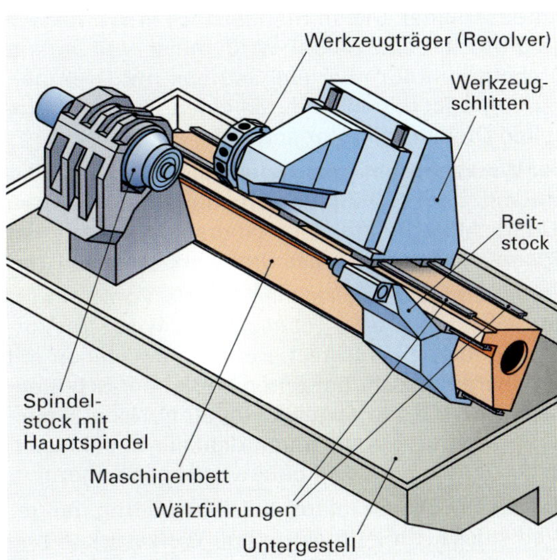

Bild 2: Hauptbaugruppen einer Drehmaschine

Universal-Drehmaschinen

Universaldrehmaschinen werden in der Einzelteil- und Kleinserienfertigung sowie im Werkzeug- und Vorrichtungsbau eingesetzt **(Bild 1)**.

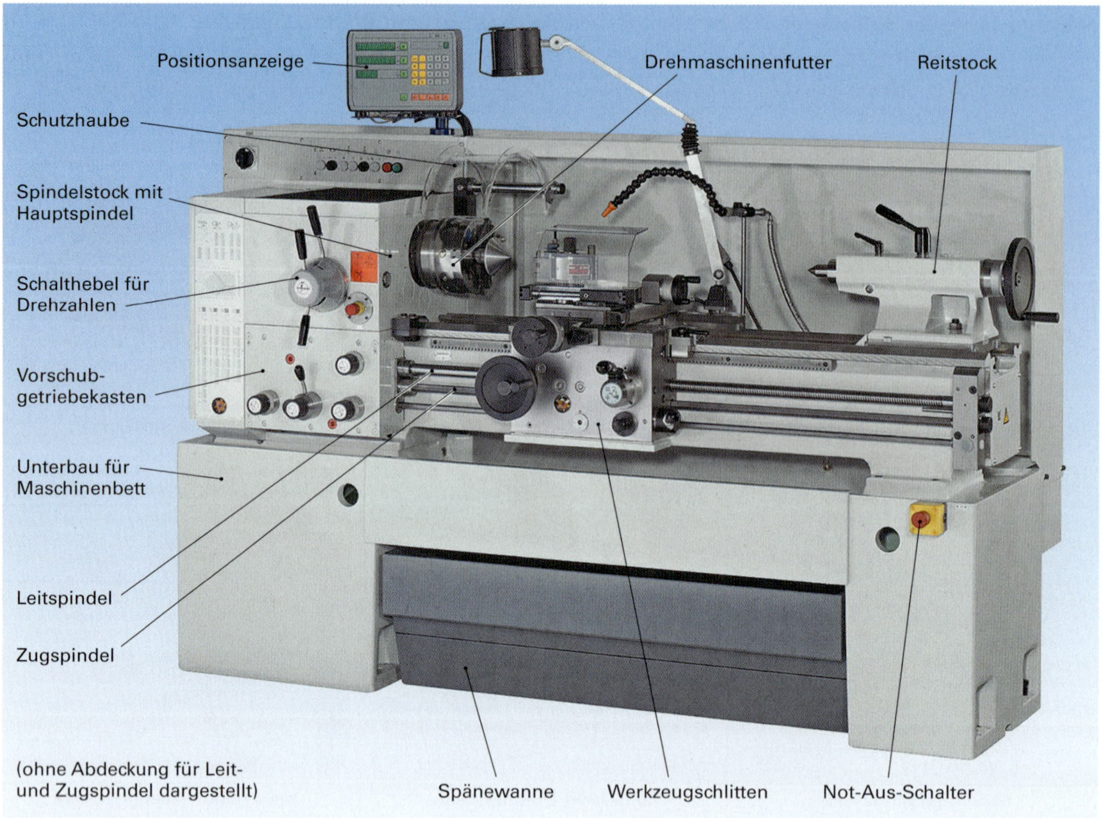

Bild 1: Universaldrehmaschine

Arbeitsspindel. Die im Spindelstock in Wälzlagern geführte Arbeitsspindel wird meist von einem Drehstrommotor über ein Getriebe mit Drehzahlstufung oder stufenlos durch einen frequenzgeregelten Drehstrommotor angetrieben.

Der **Werkzeugschlitten** besteht aus dem Bettschlitten mit dem Schlosskasten, dem Planschlitten (Querschlitten) und dem Oberschlitten mit der Spannvorrichtung für das Drehwerkzeug **(Bild 2)**.

Vorschubgetriebe. Der maschinelle Vorschub für den Werkzeug- oder Planschlitten wird am Vorschubgetriebe eingestellt. Bei Drehmaschinen mit regelbaren Vorschubmotoren erfolgt der Schlittenantrieb über einen Kugelgewindetrieb. Über eingebaute Wegmesssysteme mit digitaler Positionsanzeige werden die Schlittenbewegungen angezeigt.

Reitstock. Dieser dient zur Abstützung langer Werkstücke, zur Aufnahme des Werkstückes zwischen Spitzen oder zur Aufnahme von Bohrwerkzeugen.

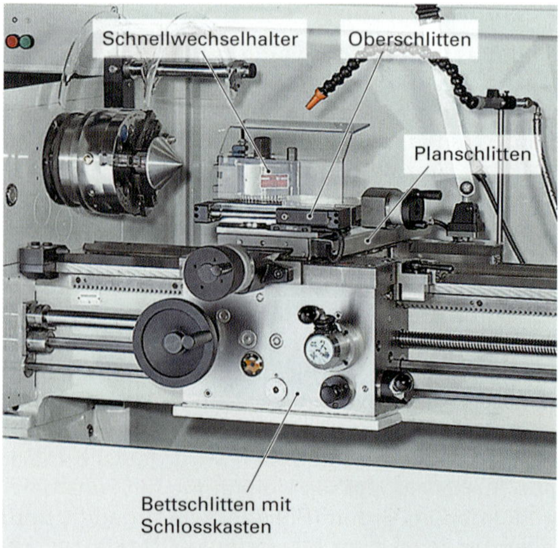

Bild 2: Werkzeugschlitten

CNC-Drehmaschinen

In der Fertigung werden meist CNC-gesteuerte Drehmaschinen eingesetzt. Eine einfache Grundmaschine mit einer Arbeitsspindel besitzt als Werkzeugträger einen Revolver, der in X- und Z-Richtung bewegt werden kann. Durch weitere Ausbaustufen, z. B. einen zweiten Revolver, angetriebene Werkzeuge oder Werkzeuge für die Rückseitenbearbeitung ist die Komplettbearbeitung von Werkstücken möglich **(Bild 1)**.

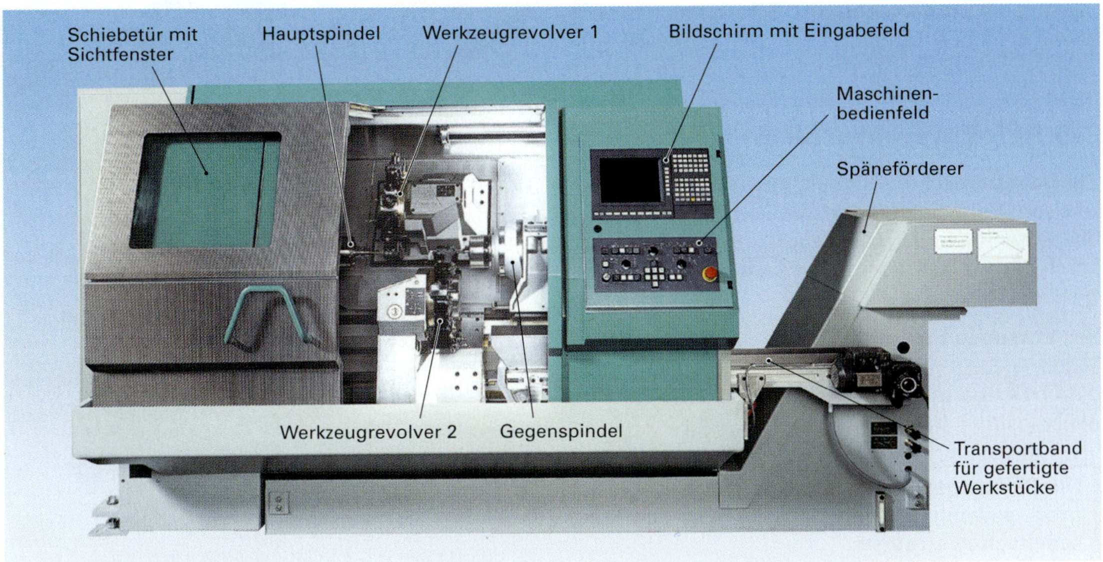

Bild 1: CNC-Drehmaschine

Ausbaustufen von CNC-Drehmaschinen

Mit einer Gegenspindel, welche synchron zur Arbeitsspindel angetrieben werden kann, ist es möglich, das Werkstück am gedrehten Ansatz zu spannen. Dadurch bleibt beim Abstechen kein Butzen stehen **(Bild 2)**. Das in der Gegenspindel gespannte, abgestochene Werkstück kann anschließend auf der Rückseite durch Werkzeuge in einem zweiten Revolver komplett fertig bearbeitet werden. Mit dem ersten Revolver kann gleichzeitig an der Arbeitsspindel das nächste Werkstück bearbeitet werden. Eine Spindelstopp- und Schalteinrichtung und eine zusätzliche Y-Achse ermöglichen mit angetriebenen Werkzeugen Fräsoperationen und die Herstellung von außermittigen Querbohrungen **(Bild 3)**. Maschinen mit einer C-Achse, bei denen sich die Arbeitsspindel in 1/1000°-Schritten drehen lässt, lassen weitere Bearbeitungsmöglichkeiten zu, z. B. das Beschriften oder Fräsen von Konturen in allen drei Achsrichtungen.

Wiederholung und Vertiefung

1 Nach welchen Merkmalen können Drehmaschinen eingeteilt werden?

2 Welche Einrichtungen muss eine CNC-Drehmaschine zum außermittigen Bohren besitzen?

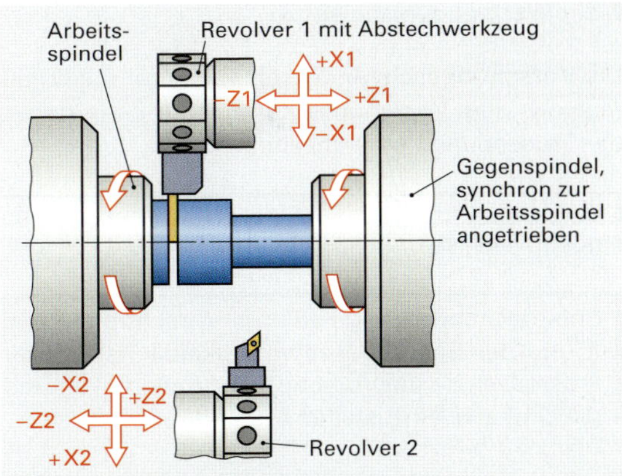

Bild 2: Butzenloses Abstechen

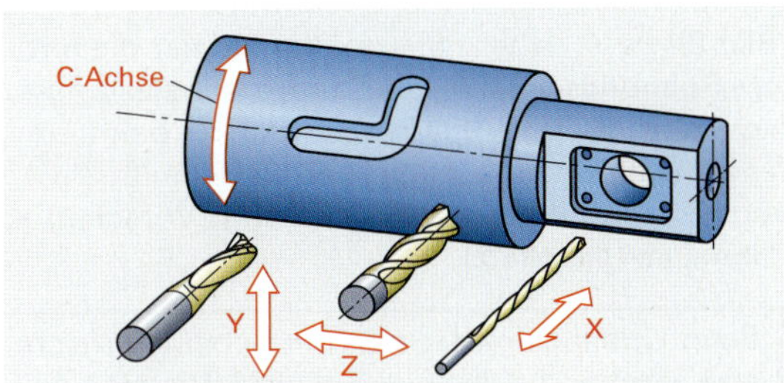

Bild 3: Bearbeitungsmöglichkeiten mit angetriebenen Werkzeugen

3.8.8 Fräsen

Beim Fräsen werden meist ebene Flächen oder Konturen hergestellt **(Bild 1)**. Bei jeder Umdrehung des Fräsers folgt auf den Eingriff der Schneiden der Austritt aus dem Werkstück und die Kühlung. Durch den **unterbrochenen Schnitt** schwanken Schnittkraft und Temperatur an der Schneide.

Bild 1: Konturfräsen

3.8.8.1 Zerspangrößen

Die **Schnittgeschwindigkeit v_c** wird in Abhängigkeit vom Schneidstoff und Werkstoff gewählt. Dabei sollten Richtwertempfehlungen der Werkzeughersteller für das Vor- und Fertigfräsen beachtet werden **(Tabelle 1)**.

Der **Vorschub f** je Fräserumdrehung und der **Vorschub je Zahn f_z** jeder Fräserschneide bestimmen die erreichbare Oberflächengüte und die Schneidenbelastung.

Die **Schnittgeschwindigkeit v_c** sollte möglichst groß gewählt werden, um die Frästeile wirtschaftlich zu erzeugen.

Mit der **Vergrößerung des Vorschubes je Zahn** nehmen die **Spanungsdicke,** die Schnittkraft und der Werkzeugverschleiß zu.

Tabelle 1: Richtwerte für v_c in m/min und f_z in mm für Fräser mit Hartmetallschneiden

	großer Arbeitseingriff		kleiner Arbeitseingriff	
	Vorfräsen	Fertigfräsen	Vorfräsen	Fertigfräsen
v_c in m/min / f_z in mm				
unlegierter Stahl	100–250	200–400	100–300	250–450
R_m < 800 N/mm²	0,1–0,4	0,1–0,2	0,15–0,3	0,1–0,2
legierter Stahl	100–200	150–250	100–250	200–350
R_m > 800 N/mm²	0,15–0,25	0,1–0,2	0,1–0,25	0,1–0,2
Gusseisen	100–150	150–300	100–200	150–300
	0,15–0,3	0,1–0,2	0,15–0,25	0,1–0,15

Die **Vorschubgeschwindigkeit v_f** in mm/min erhält man aus dem Vorschub je Zahn f_z, der Zähnezahl z des Fräsers und der Drehzahl n.

Vorschubgeschwindigkeit

$$v_f = f \cdot n$$
$$v_f = f_z \cdot z \cdot n$$

Entsprechend dem gewählten Vorschub je Zahn f_z und der Schnittgeschwindigkeit v_c ist an der Fräsmaschine die Vorschubgeschwindigkeit und die Drehzahl einzustellen.

Die **Spanungsdicke h** ist beim Stirnfräsen eine feste Größe, während sie beim Umfangsfräsen wegen des kommaförmigen Spanes schwer anzugeben ist **(Bild 2)**. Es ist daher zweckmäßiger, über die **mittlere Spanungsdicke h_m** die Schneidenbelastung zu bewerten. Welche Spanungsdicke h_m beim Umfangsfräsen entsteht, hängt von der Schnitttiefe a_e, vom Fräserdurchmesser d und vom Vorschub je Zahn f_z ab **(Tabelle 2)**.

Beim Umfangsfräsen, z. B. mit Scheibenfräsern, erreicht man bei kleinen Schnitttiefen eine ausreichende Spanungsdicke, wenn der Vorschub je Zahn erhöht wird (Tabelle 2).

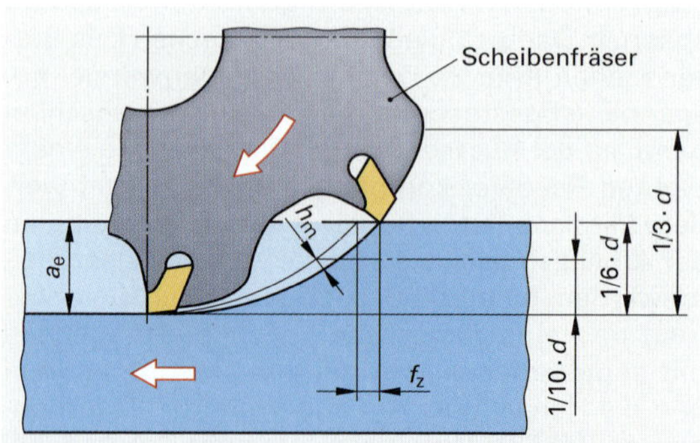

Bild 2: Zerspangrößen beim Nutenfräsen

Tabelle 2: Erhöhung des empfohlenen Vorschubes je Zahn f_z beim Nutenfräsen in Abhängigkeit von der Schnitttiefe a_e

a_e =	$1/3 \cdot d$	$1/6 \cdot d$	$1/8 \cdot d$	$1/10 \cdot d$	$1/20 \cdot d$
Vorschub	empfohlener Vorschub f_z	Erhöhung des Vorschubes f_z			
		15 %	30 %	45 %	100 %
f_z in mm	z. B. 0,25	0,29	0,32	0,36	0,5
h_m in mm	0,22	0,26	0,28	0,32	0,45

Die **Schnittbreite a_e**, auch **Fräsbreite** oder **Eingriffsbreite** genannt, gibt an, wie breit der Fräser ins Werkstück eingreift **(Bild 1** und **Bild 3)**.

Die radiale **Schnitttiefe a_e** bezeichnet bei Schaftfräsern und Scheibenfräsern die radiale Eingriffstiefe (Fräsbreite) des Werkzeuges **(Bild 2)**.

Die axiale **Schnitttiefe a_p** bestimmt bei Schaft- und Planfräsern die axiale Einstelltiefe des Werkzeuges und damit auch wesentlich das Zeitspanungsvolumen.

Das **Zeitspanungsvolumen Q** in cm³/min gibt das abgetragene Werkstückvolumen je Minute an und ist ein Maß für die Wirtschaftlichkeit eines Fertigungsverfahrens.

Zeitspanungsvolumen $Q = a_p \cdot a_e \cdot v_f$

Der Eingriffswinkel φ_s ist der Winkel zwischen Fräsereintritt und Fräseraustritt **(Bild 4)**. Er bestimmt, wie viele Schneiden gleichzeitig im Eingriff sind.

Eingriffswinkel beim symmetrischen Stirnfräsen $\sin = \frac{\varphi_s}{2} = \frac{a_e}{d}$

Anzahl der Schneiden im Eingriff $z_e = \frac{\varphi_s \cdot z}{360°}$

Je mehr Schneiden gleichzeitig in Eingriff sind, umso ruhiger ist der Schnittverlauf.

Beispiel: Ein Werkstück aus 16MnCr5 soll plan gefräst werden (Bild 3). Dazu wird ein Planfräser mit Durchmesser $d = 80$ mm gewählt, der mit sechs Hartmetall-Wendeschneidplatten bestückt ist.

Die Fräsbreite beträgt 60 mm, die Schnitttiefe wird mit 4 mm gewählt.

Zerspangrößen: $v_c = 120$ m/min, $f_z = 0{,}2$ mm, $a_e = 60$ mm, $a_p = 4$ mm.

Wie groß sind n, v_f und Q?

Lösung: $n = \frac{v_c}{\pi \cdot d} = \frac{120 \text{ m/min}}{\pi \cdot 0{,}08 \text{ m}} = \mathbf{477/min^{-1}}$

$\mathbf{v_f} = f_z \cdot z \cdot n = 0{,}2 \text{ mm} \cdot 6 \cdot 477/\text{min}^{-1}$

$= \mathbf{572\ mm/min}$

$\mathbf{Q} = a_p \cdot a_e \cdot v_f$

$= 4 \text{ mm} \cdot 60 \text{ mm} \cdot 572 \text{ mm/min}$

$= \mathbf{137\ cm^3/min}$

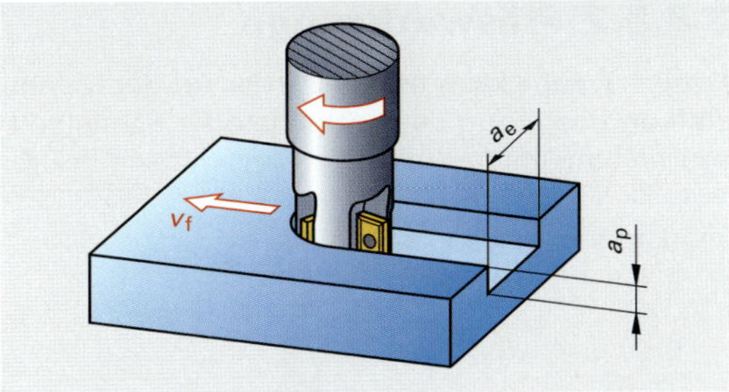

Bild 1: Axiale Schnitttiefe a_p und radiale Fräsbreite a_e beim Stirnfräsen

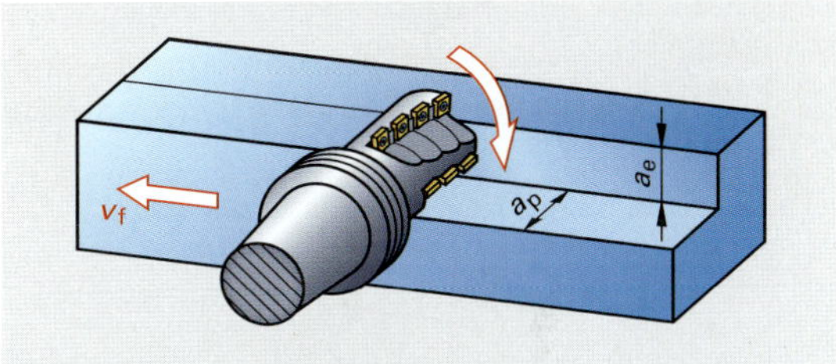

Bild 2: Axiale Schnitttiefe a_p und radiale Fräsbreite a_e beim Umfangsfräsen

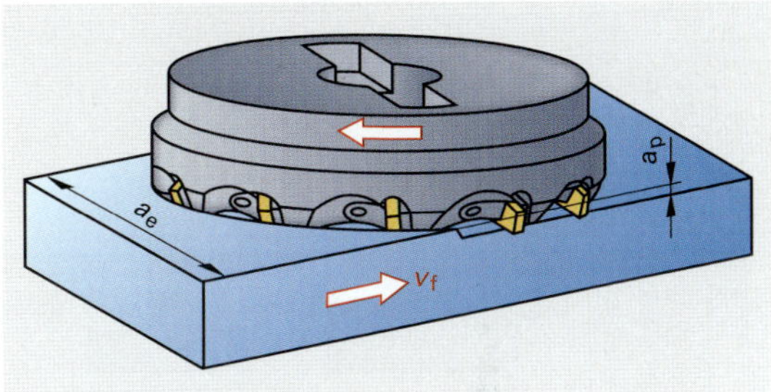

Bild 3: Axiale Schnitttiefe a_p und Fräsbreite a_e beim symmetrischen Stirnplanfräsen

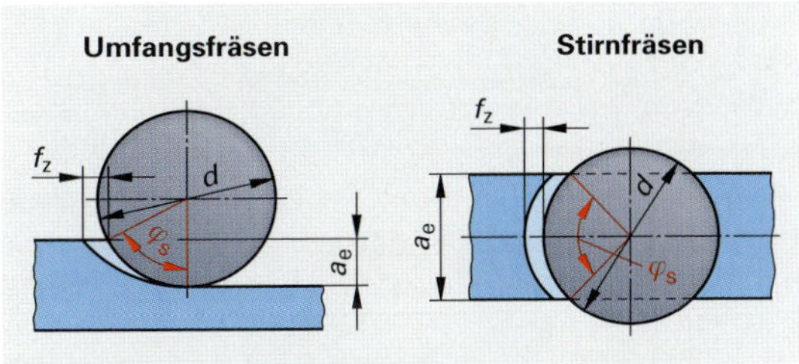

Bild 4: Eingriffswinkel φ_s

Wiederholung und Vertiefung

1. Welche Wirkungen ergeben sich aus dem unterbrochenen Schnitt beim Fräsen?
2. Warum sollte eine möglichst große Schnittgeschwindigkeit gewählt werden?
3. Warum muss beim Nutenfräsen mit kleinen Schnitttiefen a_e der Vorschub f_z erhöht werden?
4. Mit einem Planfräser ($d = 100$ mm) mit sechs Hartmetall-Schneidplatten soll ein 80 mm breites Werkstück fertig gefräst werden ($v_c = 300$ m/min, $f_z = 0{,}1$ mm). Wie groß sind n, v_f und Q, wenn $a_p = 3$ mm beträgt?

3.8.8.2 Fräswerkzeuge

Fräswerkzeuge kann man nach der Art der Mitnahme (Aufsteck- oder Schaftfräser), nach dem Schneidstoff und der Form der Schneide oder Schneidplatte (Schrupp- und Schlichtfräser) oder nach der Fräsbearbeitung unterscheiden, z. B. Planfräser, Eckfräser, Nutenfräser, Kopierfräser **(Tabelle 1)**.

Tabelle 1: Fräswerkzeuge

Schaftfräser	Werkzeuge aus Schnellarbeitsstahl, Vollhartmetall oder Cermet	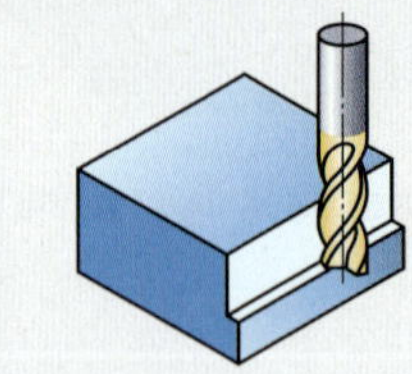 Schaftfräser (90°-Eckfräser) 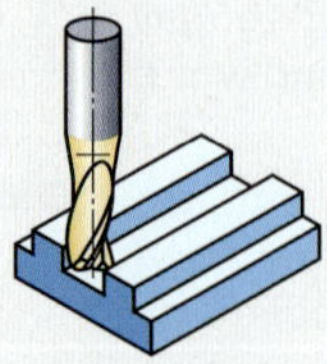 Nutenfräser (passgenaues Nutenfräsen) 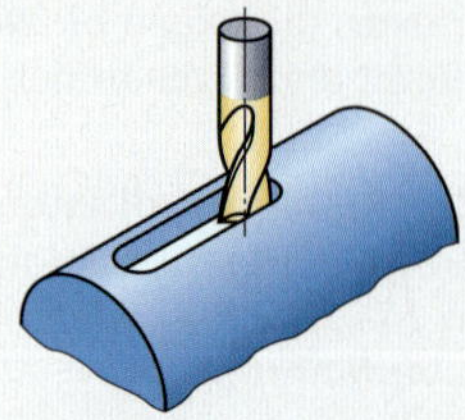 Bohrnutenfräser (Langlochfräsen) 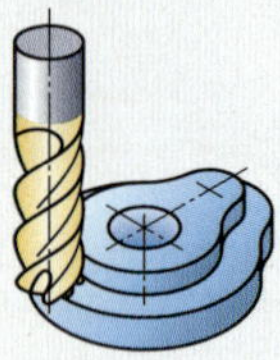 Schaftfräser (Umfangsfräsen, Konturfräsen) 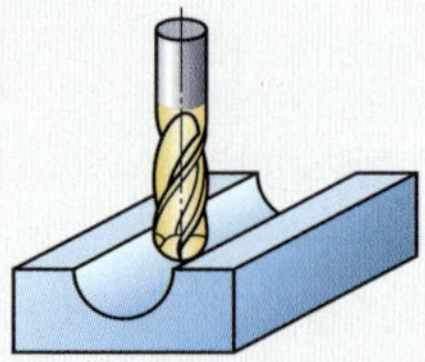 Radiusfräser oder Kugelschaftfräser (Kopierfräsen, Auskammern) 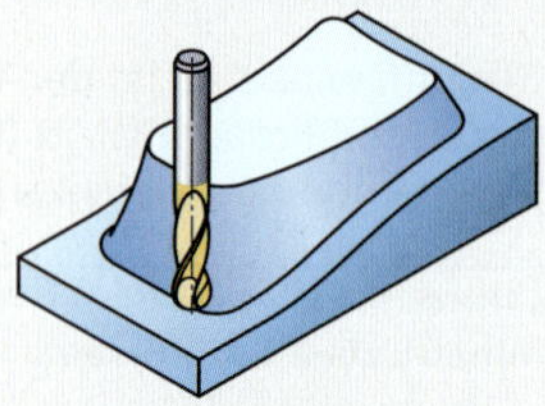 Gesenkfräser, z. B. Kopierfräser oder Kugelschaftfräser
Aufsteckfräser	Werkzeuge aus Schnellarbeitsstahl oder mit gelöteten HM-Schneiden	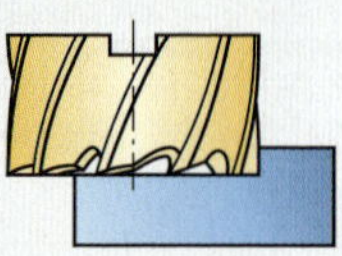 Walzenstirnfräser 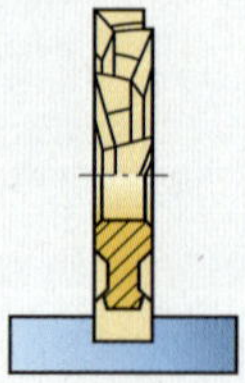 Scheibenfräser 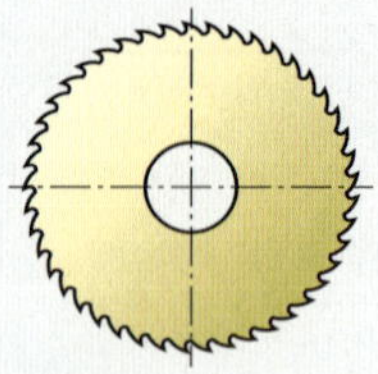 Metallkreissägeblatt 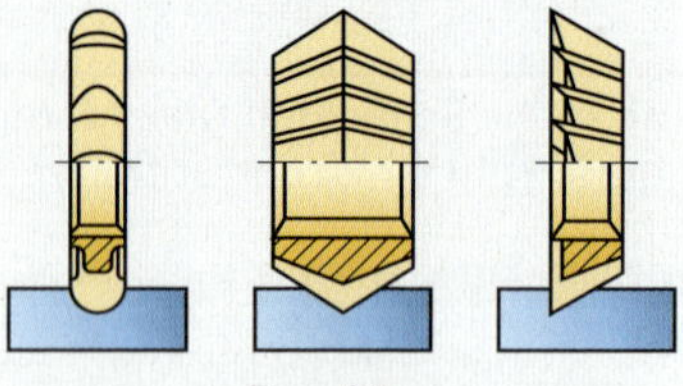 Formfräser (Halbrund-Profile, Prismen, Winkel)
Fräswerkzeuge mit Wendeschneidplatten	Schneidplatten aus Hartmetall, (Nitrid-)Keramik oder mit Schneidteil aus Diamant (PKD) bzw. Bornitrid (PKB)	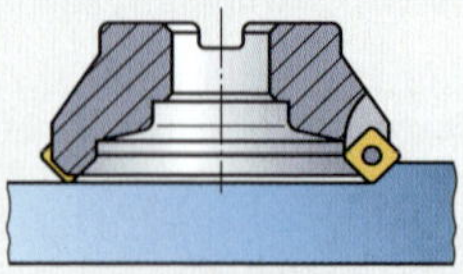 Planfräser 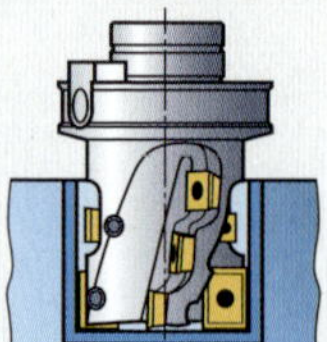 Walzenstirnfräser (90°-Eckfräsen, Nutenfräsen) 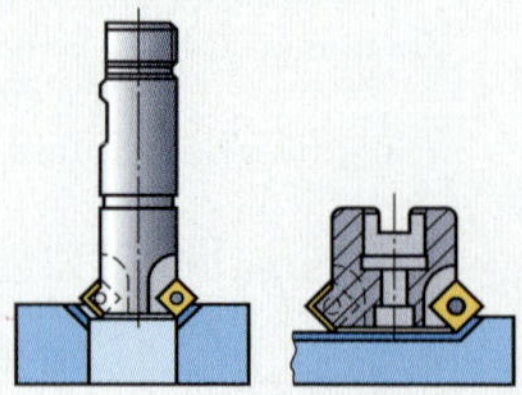 Fasenfräser (Anfasen, Senken, Profilnutenfräsen) 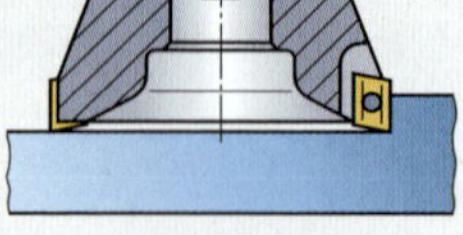 Eckfräser 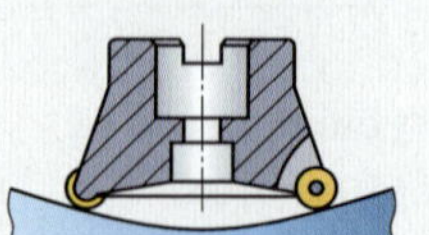 Kopierfräser (Fräsen von Formen und Gesenken, Auskammern) 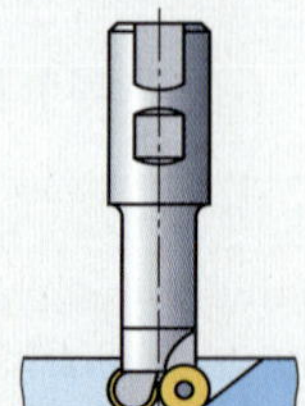 Kopierfräser (Fräsen von Formen und Gesenken, Auskammern) 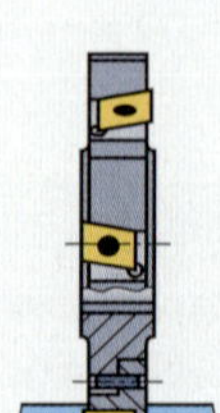 Scheibenfräser 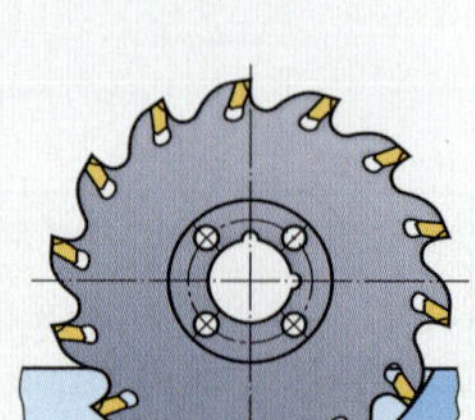 Trennfräser (Nutenfräsen, Trennen, Schlitzen)

Die **Anwendungsgruppen (Fräsertypen) N, H** und **W** unterscheiden die Schaftfräser hinsichtlich Drallwinkel und Spanwinkel **(Tabelle 1)**.

HSS-Schruppfräser bilden kurze, dicke Späne, die eine relativ kleine Schnittkraft erzeugen und sich gut abführen lassen **(Bild 1)**. Die Schrupp-Kordelverzahnung mit rundem Profil eignet sich zum Vorfräsen. Die Schrupp-Schlichtverzahnung mit dem flachen Profil lässt schmälere Späne entstehen. Fräser ohne Spanteiler ergeben die höchste Oberflächengüte, es entstehen jedoch breite Späne.

Nach dem **Schneidkantenverlauf** unterscheidet man geradgezahnte, kreuzgezahnte und wendelgezahnte Fräser **(Bild 2)**. Durch den Drall entstehen beim Fräsen Axialkräfte, die sich bei einer Kreuzverzahnung gegenseitig aufheben. Wendelgezahnte Schaftfräser haben meistens einen Rechtsdrall, um die Späne vom Werkstück wegzuführen.

Große Drallwinkel ermöglichen, dass mehr als eine Schneide gleichzeitig im Eingriff ist. Dadurch ergeben sich gleichmäßigere Schnittkräfte und ein ruhiger Lauf der Maschine.

Schneidstoffe bei Fräswerkzeugen

HSS-Schaft- und Aufsteckfräser besitzen gegenüber Fräsern aus Hartmetall eine höhere Zähigkeit, bei geringerer Schneidstoffhärte und Temperaturbeständigkeit.

Schaftfräser aus **Vollhartmetall** (VHM) oder **Cermet** (Titancarbid + Titannitrid) haben gegenüber HSS eine höhere Standzeit und Steifigkeit. Sie eignen sich auch für das Hochgeschwindigkeitsfräsen HSC (Seite 192) und die Hartbearbeitung.

Fräser mit Schneidplatten:

Hartmetall-Schneidplatten, die meist beschichtet sind, ermöglichen den Einsatz bei nahezu allen Fräsbearbeitungen einschließlich der HSC- und Hartbearbeitung sowie der Trockenbearbeitung.

Mit Schneidplatten aus **Nitridkeramik** und **Oxidkeramik** können gehärtete Werkstücke und Grauguss gefräst werden.

Schneidplatten mit einer Schicht aus polykristallinem **Diamant** (DP) ermöglichen bei der Bearbeitung von Leichtmetallen, Kupfer und Thermoplasten hohe Schnittgeschwindigkeiten und hohe Oberflächengüten **(Bild 3)**.

Schneidplatten mit einer Schicht aus kubischem **Bornitrid** (Abkürzung: BN) eignen sich zum Fräsen von gehärteten Stählen und zum Schlichten von Grauguss bei hohen Schnittgeschwindigkeiten.

Tabelle 1: Werkzeug-Anwendungsgruppen

Anwendungsgruppe	Werkstoffbereiche	Werkzeug
N	Stahl und Gusseisen mit normaler Festigkeit	
H	Harte, zähharte oder kurzspanende Werkstoffe	
W	Weiche, zähe oder langspanende Werkstoffe	

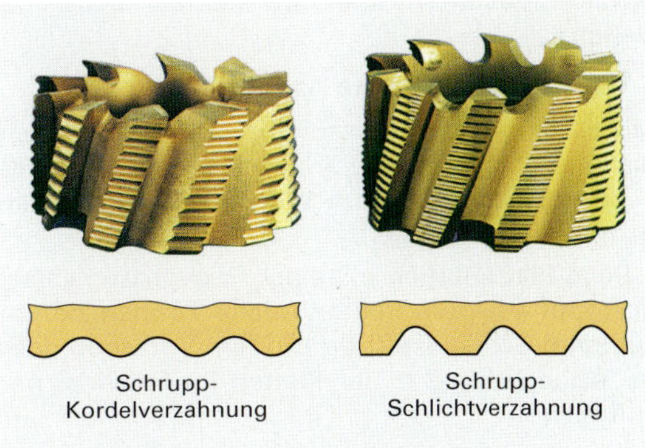

Bild 1: HSS-Schruppfräser mit Spanteiler

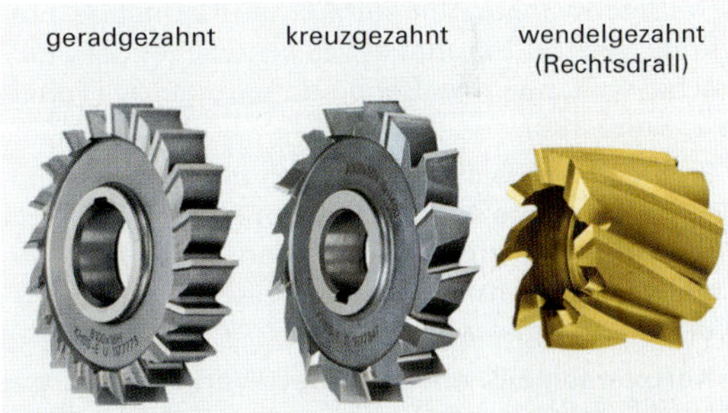

Bild 2: Schneidkantenverlauf

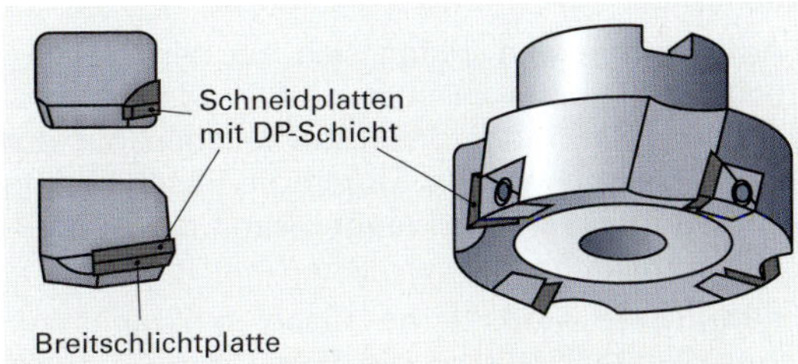

Bild 3: Fräser zur Bearbeitung von Aluminium mit DP-Schneidplatten

Werkzeugverschleiß

Fräser arbeiten immer im unterbrochenen Schnitt. Nach dem Schneideneingriff mit entsprechender Erwärmung kühlt sich die Schneide wieder ab, wodurch große Temperaturwechsel an der Schneide entstehen.

Bei jedem Anschnitt der Schneidplatten entstehen schlagartige Belastungen **(Bild 1).** Liegt die Fräserachse außerhalb des Werkstücks, können durch den Schlag der Schneidkanten beim Eintreten ins Werkstück Kantenausbrüche entstehen. Liegt die Fräserachse innerhalb des Werkstücks, nimmt die stabilere Spanfläche die Schlagbelastung auf.

Auch beim Austritt aus dem Werkstück können durch die plötzliche Druckentlastung bei sprödharten Schneidstoffen Risse oder Plattenbrüche entstehen.

Verschleißprobleme (Tabelle 1)

Mit zunehmendem Verschleiß verschlechtert sich die Oberflächengüte, beim Freiflächenverschleiß auch noch das Maß am Werkstück, da sich die Schneidkante verlagert.

- Beim **Plattenbruch** sollte der Fräsvorgang sofort gestoppt werden. Plattenbrüche können bei zu sprödem Schneidstoff, zu großem Vorschub oder bei schlechtem Sitz der Platten im Fräserkörper auftreten.
- **Kantenausbröckelungen** entstehen bei sehr verschleißfesten und daher spröden Schneidkanten. Ursachen können zu hohe Schnittkräfte oder Temperaturschwankungen sein, eine ungünstige Fräserposition (Bild 1) oder ein zu schwacher Schneidkeil bei stark positiver Schneidengeometrie **(Tabelle 2, Seite 188)**.
- **Freiflächenverschleiß** lässt sich nicht vermeiden. Der mechanische Abrieb ist besonders hoch, wenn ähnliche Stoffe zusammentreffen, z. B. wenn ein Stahlwerkstück mit einem unbeschichteten HSS-Werkzeug gefräst wird.
- **Kerbverschleiß** entsteht bei Werkstücken mit einer Schmiedehaut, Gusshaut oder Zunderschicht durch die harte Werkstückrandzone. Kerbverschleiß erhöht auch die Gefahr des Schneidkantenbruches.
- **Aufbauschneiden** bilden sich bei der Stahlbearbeitung mit unbeschichteten HSS- oder Hartmetall-Schneiden, indem Werkstoffteilchen mit der Schneide verschweißen. Durch die Beschichtung von HSS- und HM-Werkzeugen kann die Aufbauschneidenbildung fast vermieden werden.
- **Kammrisse** sind kleine Risse senkrecht zur Schneidkante. Sie sind die Folge von häufigen Temperaturwechseln, die durch Dehnen und Schrumpfen den Schneidstoff ermüden.

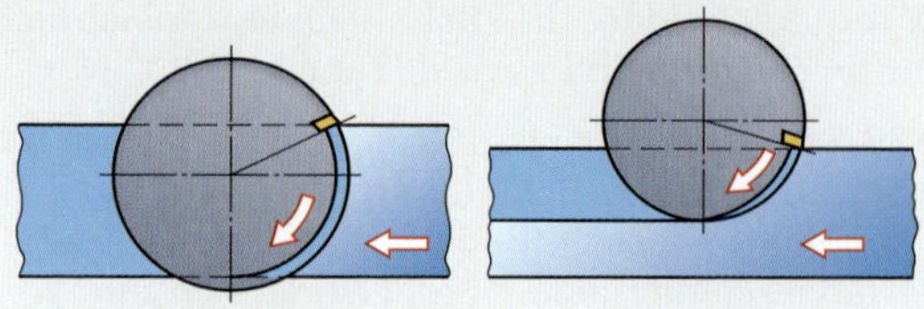

Bild 1: Fräserposition und Schneidenkontakt

Tabelle 1: Werkzeugverschleiß

Verschleißprobleme		Ursachen
Plattenbruch		zu spröder Schneidstoff, falscher Spanformer, ungünstige Schnittbedingungen
Kantenausbröckelung Ausbrüche an der Freifläche		zu spröder Schneidstoff, zu großer Spanwinkel, Aufbauschneidenbildung
Starker Freiflächenverschleiß Verschleißmarke	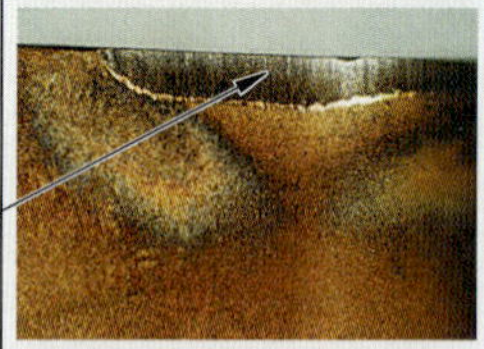	zu hohe Schnittgeschwindigkeit, zu kleiner Vorschub, geringe Verschleißfestigkeit
Kerbverschleiß Kerbverschleiß Freiflächenverschleiß		kaltverfestigter Werkstoff, Guss- oder Schmiedehaut, Zunder
Aufbauschneidenbildung Werkstoffaufschweißung		negative Schneidengeometrie, niedrige Schnittgeschwindigkeit, niedriger Vorschub
Kammrisse Ausbröckelung	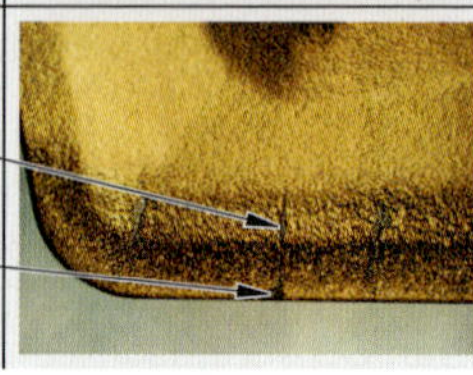	Wärmewechselbelastung durch unterbrochenen Schnitt, ungleichmäßige Kühlschmierung

3.8.8.3 Fräseraufnahmen

Werkzeugaufnahmen bilden die Schnittstelle zwischen dem Werkzeug und der Maschine. Sie beeinflussen die Maß- und Formgenauigkeit der Frästeile.

Anforderungen an die Fräseraufnahme:

- Plan- und Rundlaufgenauigkeit der Schneiden
- Wiederholgenauigkeit beim Werkzeugwechsel
- Steifigkeit gegen axiale Kräfte und Verdrehung
- Eignung für hohe Drehzahlen

Steilkegel (SK) sind durch ihren großen Kegelwinkel gut einführbar und mit geringer Kraft wieder lösbar. Ihre wesentlichen Nachteile sind die geringe Steifigkeit und die unsichere axiale Fräserlage **(Bild 1)**. Die weite Verbreitung des Steilkegels ist auf die große Zahl von Fräsmaschinen zurückzuführen, die nur Werkzeuge mit Steilkegel aufnehmen können.

Hohlschaftkegel (HSK) erfüllen die Anforderungen an ein gutes Spannsystem besser als Steilkegel **(Bild 2)**. Durch die Plananlage und den Spannkegel wird beim Werkzeugwechsel eine hohe Wiederholgenauigkeit der Schneidenposition erreicht.

Aufsteck-Fräserdorne eignen sich für Fräser mit Längs- oder Quernut **(Bild 3)**.

Fräserdorne übertragen das Drehmoment über Passfedern **(Bild 4)**. Die Durchbiegung des Fräserdornes ist problematisch, daher sollten ein Gegenlager verwendet und die Fräswerkzeuge möglichst nahe an der Spindellagerung gespannt werden.

Werkzeugaufnahmen mit großen Übertragungsmomenten auch bei hohen Drehzahlen und hoher Wuchtgüte sind:

Warmschrumpffutter, durch thermisches Schrumpfspannen wird der zylindrische Werkzeugschaft in der Aufnahmebohrung des Spannfutters gespannt.

Kraftschrumpffutter, durch elastische Rück-Verformungskräfte der Aufnahmebohrung und durch Reibung wird das Drehmoment übertragen.

Hydro-Drehspannfutter, durch die gleichmäßige Druckausbreitung des Hydrauliköls im Kammersystem der Aufnahme wird der zylindrische Fräserschaft gespannt.

Spannfutter mit Spannzangensystem (Bild 5), durch das Anziehen der Spannmutter wird der zylindrische Fräserschaft über Reibungskräfte gespannt.

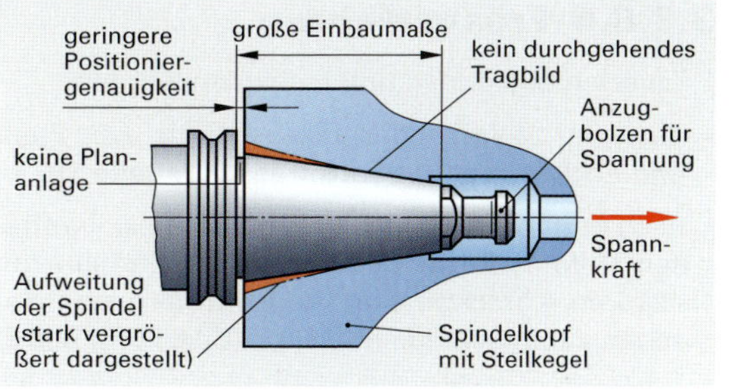

Bild 1: Mängel der Steilkegelaufnahme

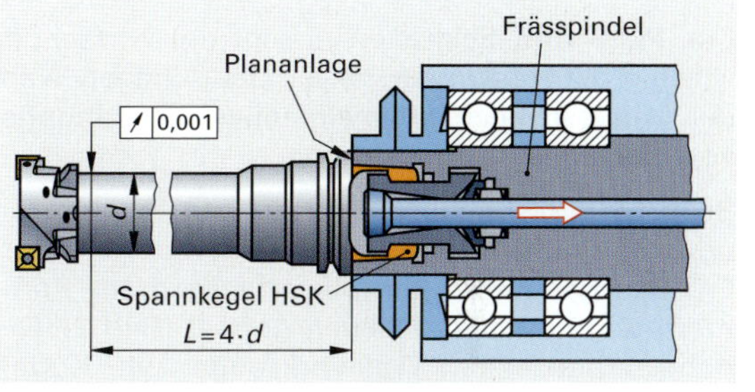

Bild 2: Hohlschaftkegelaufnahme

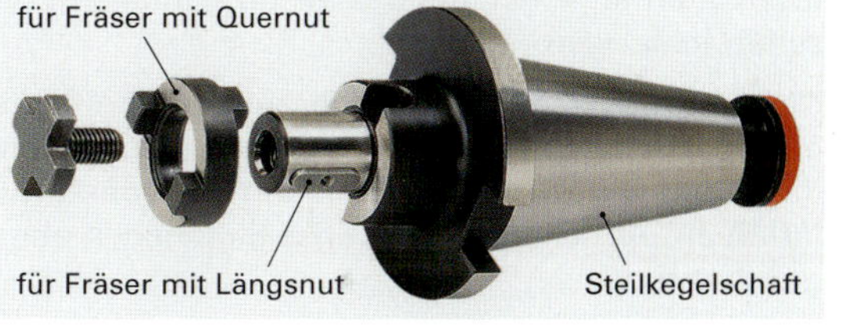

Bild 3: Aufsteck-Fräserdorn für Fräser mit Längs- oder Quernut

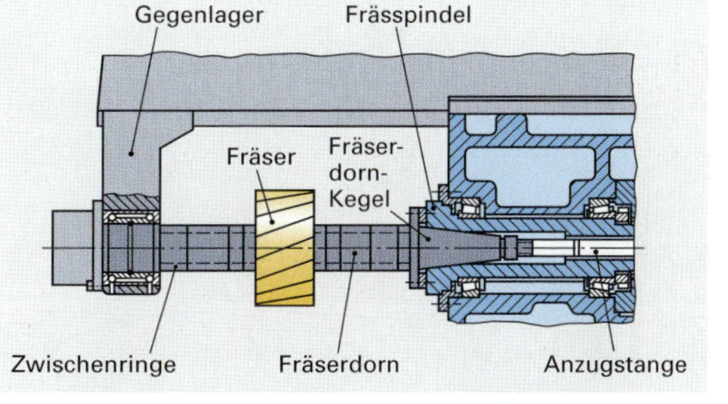

Bild 4: Frässpindel mit Fräserdorn und Gegenlager

Bild 5: Fräserspannfutter für Fräser mit Zylinderschaft

3.8.8.4 Fräsverfahren

Fräsverfahren können unterschieden werden:

- nach der zu fräsenden Flächenform, z. B. Plan- und Eckfräsen sowie Formfräsen **(Tabelle 1).**
- nach der Vorschubbewegung, z. B. Gleichlauffräsen **(Bild 1, folgende Seite),** Tauchfräsen mit axialem Vorschub und Auskammern von Taschen durch Schrägeintauchen **(Bild 1** und **Bild 2)**
- nach der Lage der Fräserschneiden, welche die Hauptzerspanung leisten, z. B. Umfangs- und Stirnfräsen (Tabelle 1).

Das **Plan- und Eckfräsen** erfolgt am wirtschaftlichsten mit Fräsköpfen, da mit der richtigen Wahl der Wendeschneidplatten ein hohes Zeitspanungsvolumen erreicht werden kann.

Beim **Formfräsen** (auch Kopierfräsen, Profilfräsen oder Gesenkfräsen genannt) werden durch Bohr-Fräsbearbeitungen komplizierte Formen, Kammern und gewölbte Flächen gefräst (Bild 2). Die dabei eingesetzten Fräswerkzeuge, wie Kugelschaftfräser, Schaftfräser mit runden Wendeschneidplatten und bohrfähige Schaftfräser (Bild 1), ermöglichen die Bearbeitung in allen Vorschubrichtungen.

Der axiale Vorschub mit beschränkter Schnitttiefe ermöglicht das **Tauchfräsen, Schrägeintauchen,** das **Auskammern** von Taschen und das **Bohrzirkularfräsen,** ein schraubenförmiges Eintauchen ohne Startbohrung.

Tabelle 1: Fräsverfahren

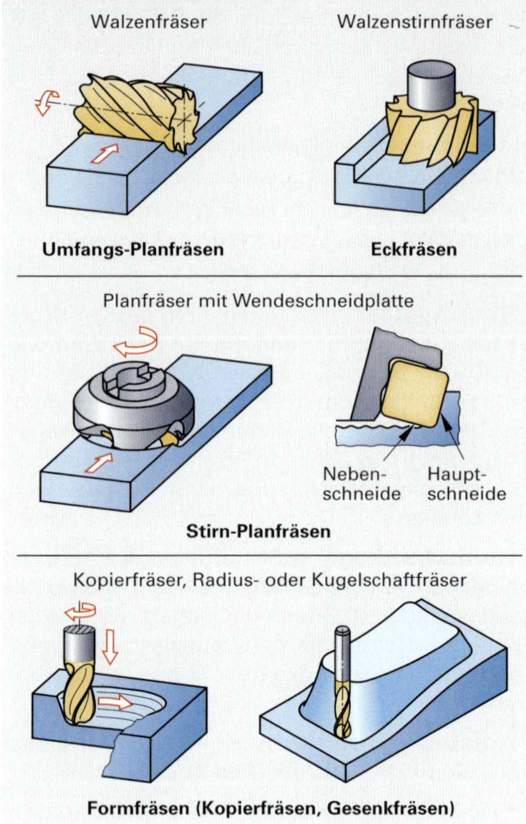

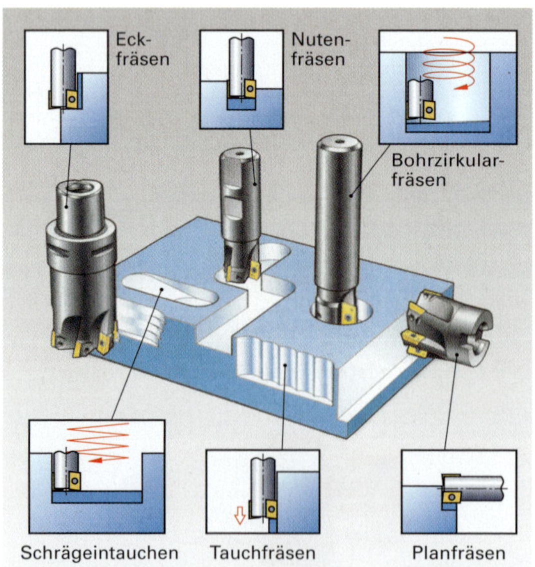

Bild 1: Formfräsen mit bohrfähigen Schaftfräsern

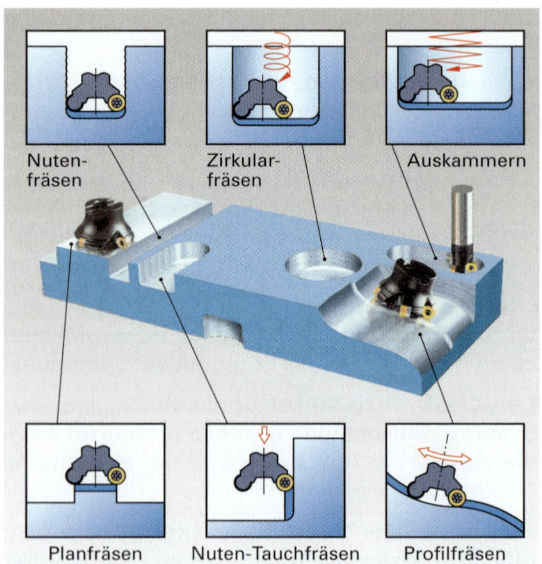

Bild 2: Formfräsen mit Plan- und Kopierfräsern mit runden Wendeschneidplatten

Gegenlauffräsen und Gleichlauffräsen

Nach der Richtung der Vorschubbewegung zur Schnittbewegung unterscheidet man zwischen Gegenlauffräsen und Gleichlauffräsen.

Beim **Umfangsfräsen im Gegenlauf** ist die Drehbewegung des Fräsers gegen die Vorschubrichtung des Werkstücks gerichtet **(Bild 1).** Bevor die Spanbildung einsetzt, kommt es zum Anfangsgleiten der Schneide mit starkem Freiflächenverschleiß. Wenn die Schneide Späne bildet, wird der Fräser zum Werkstück gezogen. Nachgiebige Werkstücke können aufgrund der Zerspankräfte vom Aufspanntisch abgehoben werden.

Das **Gegenlauffräsen** ist nur vorteilhaft, wenn die Werkstücke harte und verschleißend wirkende Randzonen aufweisen, z. B. Gussteile, und wenn der Tischantrieb nicht spielfrei ist.

Beim **Umfangsfräsen im Gleichlauf** dringt die Schneide schlagartig in das Werkstück ein (Bild 1). Fräser und Werkstück drängen sich gegenseitig ab. Mit abnehmender Spanungsdicke verringert sich die Schnittkraft, wodurch gegenüber dem Gegenlauffräsen eine bessere Oberflächenqualität erreicht werden kann.

Die Vorteile des Gleichlauffräsens können voll genutzt werden, wenn stets eine Schneide im Eingriff ist und der Tischvorschub spielfrei arbeitet.

Beim **Stirnfräsen** mit symmetrischer Lage des Fräskopfes zum Werkstück heben sich die Wirkungen von Gleichlauf und Gegenlauf auf **(Bild 2).**

Durch die unterschiedliche **Kraftrichtung** wird der Fräser beim Gegenlauffräsen zum Werkstück hingezogen und beim Gleichlauffräsen abgedrängt **(Bild 3).**

Die Abdrängkräfte wirken sich umso stärker aus, je dünnwandiger die Werkstücke und je nachgiebiger z. B. die Schaftfräser sind **(Bild 4).**

Die elastischen Formänderungen am Schaftfräser und an den dünnen Stegen des Werkstücks gehen wieder zurück, wenn der Fräser aus dem Eingriff geht. Durch die Überlagerung der Formänderungen am Werkstück und am Fräser entstehen am Werkstück Winkel-, Ebenheits- und Parallelitätsabweichungen.

Beim **Konturfräsen** führen die Schnittkräfte zu elastischen Formänderungen an Schaftfräsern und dünnwandigen Werkstücken. Es können dadurch Maß- und Formabweichungen entstehen.

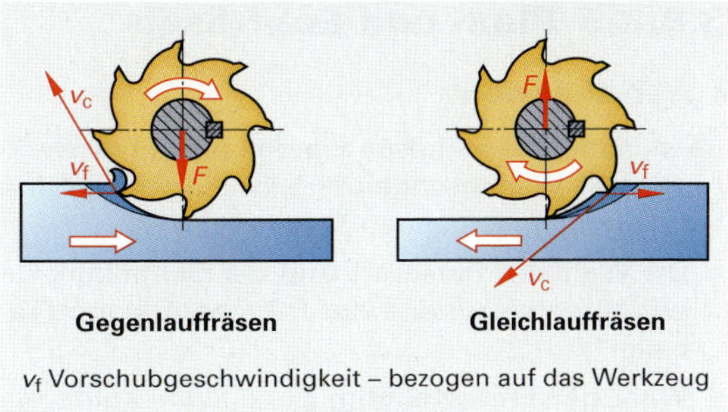

Bild 1: Gegenlauf und Gleichlauf beim Umfangsfräsen

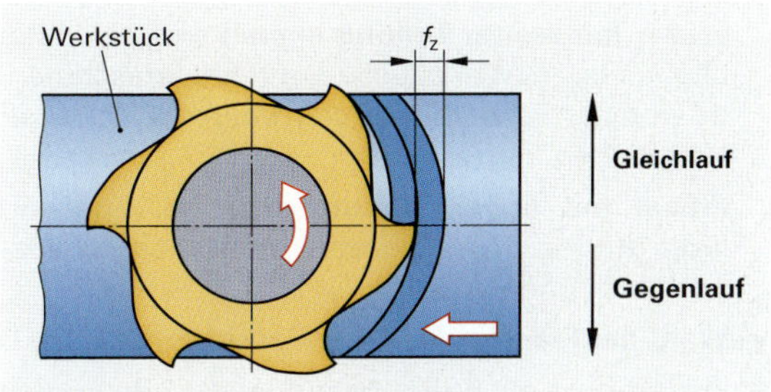

Bild 2: Gegenlauf und Gleichlauf beim Stirnfräsen

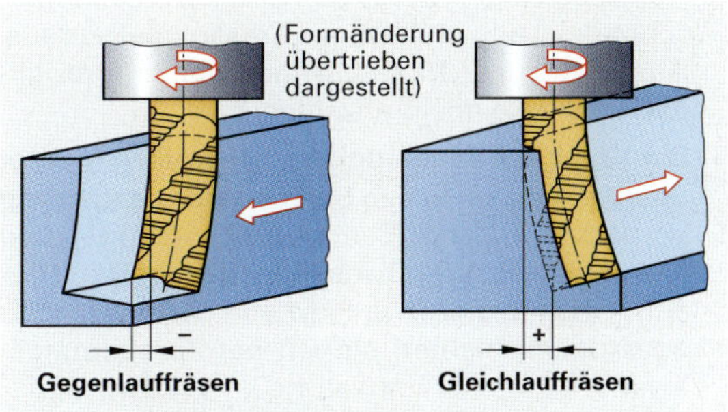

Bild 3: Winkelabweichung beim Gegenlauf- und Gleichlauffräsen durch elastische Formänderung des Schaftfräsers beim 90°-Eckfräsen oder Konturfräsen

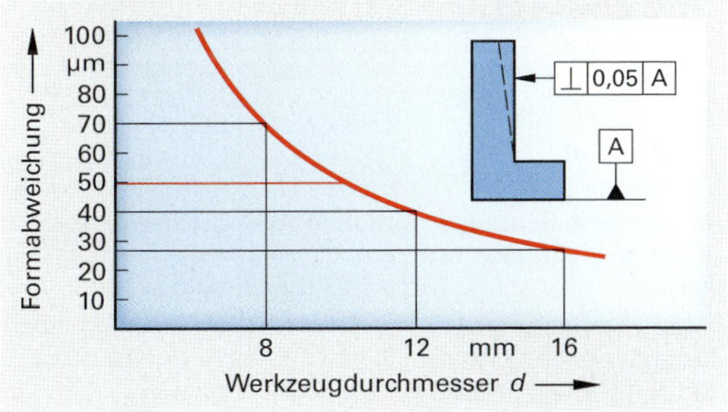

Bild 4: Entstehung von Konturabweichungen beim Gleichlauffräsen durch Formänderungen an Schaftfräser und Werkstück

3.8.8.5 Plan- und Eckfräsen

Werkzeugwahl

Beim Plan- und Eckfräsen werden meist Fräswerkzeuge mit Wendeschneidplatten eingesetzt. Ihre Wahl erfolgt in folgenden Schritten:

- Die **Wahl der Fräserart und der Schneidplatte** erfolgt entsprechend der Fräsbearbeitung **(Tabelle 1)**.
- **Wahl der Fräserteilung**: Erste Wahl sollte ein **Fräser mit mittlerer Teilung** sein **(Tabelle 3)**. Nur bei besonderen Bearbeitungsbedingungen sind andere Fräserteilungen empfehlenswert.

  Fräser mit weiter Teilung eignen sich bei instabilen Fräsern, Werkstücken und Fräsmaschinen, da weniger Schneiden auch weniger Schnittkräfte erzeugen.

  Fräser mit enger Teilung ergeben aufgrund ihrer großen Schneidenzahl ein hohes Zeitspanungsvolumen.
- **Wahl der Fräseraufnahme** (Seite 185)

  Fräserdorne mit Steilkegelaufnahme eignen sich für Schaftfräser, Aufsteckfräser und Planfräser (Flanschbefestigung). Werkzeughalter mit einer Hohlschaftkegelaufnahme HSK setzen eine Maschine mit entsprechender Frässpindel voraus. Ausgewuchtete HSK-Werkzeughalter ermöglichen hohe Spindeldrehzahlen.
- Die **Wahl der Schneidplattengeometrie** erfolgt überwiegend nach den Schnittbedingungen wie Vorschub je Zahn, Bearbeitungsstabilität und Maschinenleistung **(Tabelle 2)**. Bei der Wahl der Schneidstoffsorte (z. B. P, M oder K, beschichtet oder unbeschichtet) stehen die Zerspanungseigenschaften der Werkstoffe im Vordergrund.

Tabelle 1: Wahl der Fräserart und der Schneidplatte

Fräserart	Schneidplatte	Fräsbearbeitungen
Planfräser	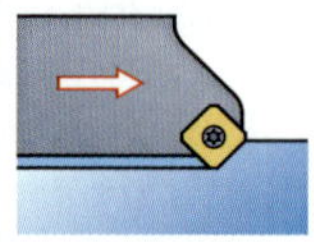	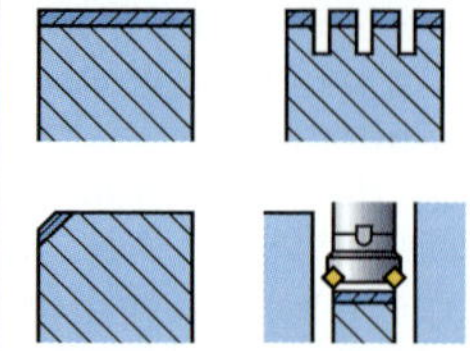
Eckfräser	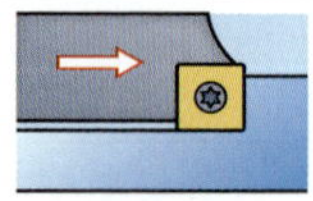	
Eckfräser (begrenzt bohrfähig)		
Kopierfräser	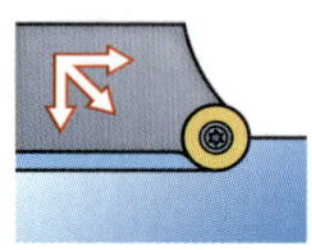	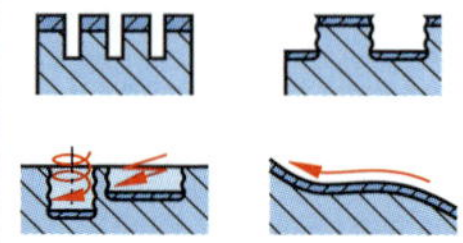
Schaftfräser (begrenzt bohrfähig)	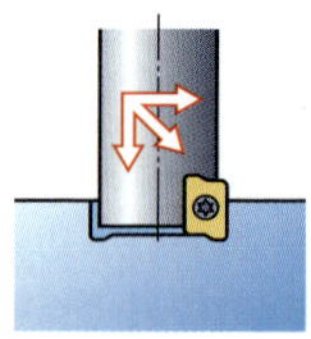	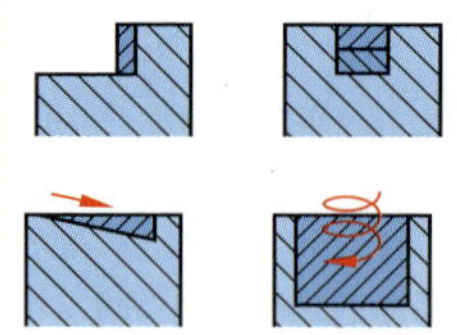

Tabelle 2: Wahl der Schneidplattengeometrie

Haupttypen entsprechend den Schnittbedingungen		
leicht (L)	mittel (M)	schwer (H)

Leichte Schnitte (Schlichten) Großer Spanwinkel und scharfe Schneide ergeben kleine Schnittkräfte. Gute Zerspanung bei langspanenden Werkstoffen (Al-Leg.) und antriebsschwachen Maschinen. Kleine Vorschübe	Erste Wahl bei den meisten Werkstoffen. Vorschub je Zahn bis 0,25 mm	Schwere Bearbeitung: warmfeste Werkstoffe, Schmiedeteile, Teile mit Gusshaut Große Vorschübe bis 0,4 mm. Höchste Schneidkantenstabilität

Tabelle 3: Wahl der Fräserteilung

Bearbeitungsstabilität (Maschine, Werkzeug, Werkstück)		
niedrig (L)	mittel (M)	hoch (H)
	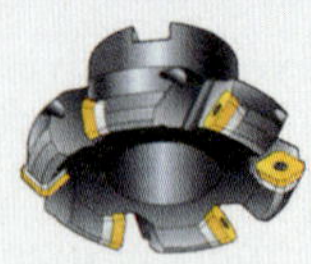	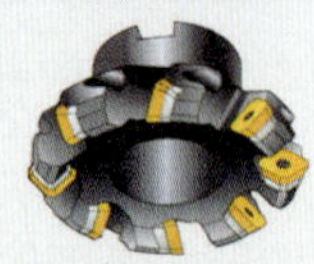
weite Teilung	mittlere Teilung	enge Teilung
Wenn kleine Kräfte erforderlich sind, z. B. bei kleinen Maschinen mit begrenzter Stabilität und Antriebsleistung. Bei großer Werkzeugauskragung.	Bei üblichen Fräsmaschinen und Bearbeitungszentren. Erste Wahl bei gemischter Fräsbearbeitung.	Bei steifen Maschinen mit hoher Antriebsleistung für höchste Produktivität. Kurzspanende Werkstoffe

Wahl von Plan- und Eckfräsern (Tabelle 1)

- **Planfräser** mit Einstellwinkeln von 45° haben relativ große Spanwinkel und eignen sich daher gut für das Fräsen auf antriebsschwachen Maschinen. Nahezu alle Werkstoffe (außer Titan) sind mit diesen Fräsern bearbeitbar. Planfräser mit einem Einstellwinkel von 70° oder 75° haben einen kleinen positiven Spanwinkel.
- **Eckfräser** ergeben aufgrund des Einstellwinkels von 90° kleinere axiale Kräfte auf die Spindel als Planfräser mit Einstellwinkeln von z.B. 45°. Aufgrund dieser kleineren axialen Kräfte entstehen beim Planfräsen mit Eckfräsern bei nachgiebigen Werkstücken keine Durchbiegungen und Schneidkantenausbrüche. Andererseits kann eine wenig belastete Spindel zu Vibrationen neigen.
- **Fräser mit weiter Teilung** bringen nur wenige Schneiden in Eingriff. Daraus ergeben sich beim Vorfräsen große Spankammern und beim Fertigfräsen mit kleiner Schnitttiefe besonders kleine Schnittkräfte. Das vermindert bei großer Werkzeugauskragung die Fräserauslenkung (Tabelle 1).
- **Fräser mit enger Teilung** bringen mehr Schneiden in Eingriff, was einen ruhigeren Lauf ergibt. So lassen sich Kantenausbrüche an Gusswerkstücken vermeiden. Allgemein gilt: Wenn die Fräsbreite oder Stegdicke kleiner als 60 % des Fräserdurchmessers ist, werden durch enge Teilungen Vibrationen vermieden (Tabelle 1).

> Zum Planfräsen wird meist ein Einstellwinkel von 45° und eine weite oder mittlere Teilung gewählt.

Wahl des Fräserdurchmessers

Beim Planfräsen sollte der Fräserdurchmesser etwa das 1,2-fache bis 1,5-fache der Schnittbreite betragen, um die Schneiden beim Eintritt in das Werkstück vor Kantenausbrüchen und beim Austritt vor Plattenbruch durch extreme Druckentlastung zu schützen **(Bild 1)**.

Bei großen Schnittbreiten ist darauf zu achten, dass die Antriebsleistung der Fräsmaschine für die Fräsbearbeitung ausreicht.

Wahl der Position des Plan- oder Eckfräsers

Bei mittiger Fräserlage kann eine wechselnde Richtung der Zerspankraft Vibrationen (Rattern) auslösen **(Bild 2)**. Ursachen sind z.B. die fehlende Steifigkeit des Werkzeuges oder der Maschine. Bei außermittiger Lage des Fräskopfes werden Vibrationen vermieden, da in dieser Position die Abdrängkraft auf den Fräser konstant auf eine Seite gerichtet ist.

Tabelle 1: Wahl von Plan- und Eckfräsern mit weiter und enger Teilung

	Planfräsen 45° Teilung		Eckfräsen 90° Teilung	
Bearbeitungseinflüsse auf die Fräserwahl	weit	eng	weit	eng
steifes Werkstück stabile Maschine	•			
nachgiebiges Werkstück			•	
dünnwandige Stege		•		
Eckfräsen				•
Neigung zu Kantenausbrüchen (Guss)		•		
große Werkzeugauskragung	•			
Neigung zu Vibrationen		•		
bestmögliche Oberfläche	•		•	

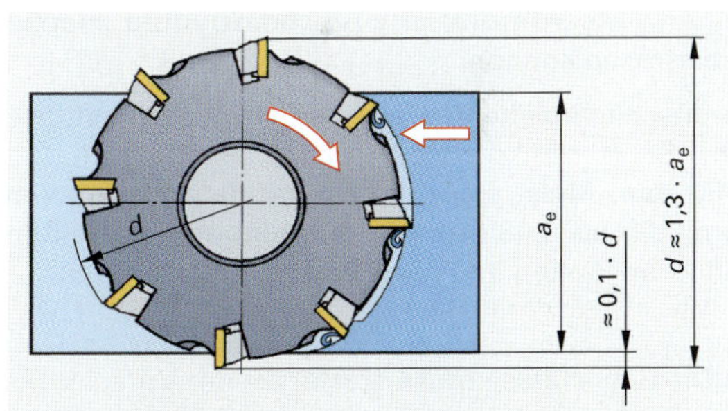

Bild 1: Durchmesser und Position des Fräsers

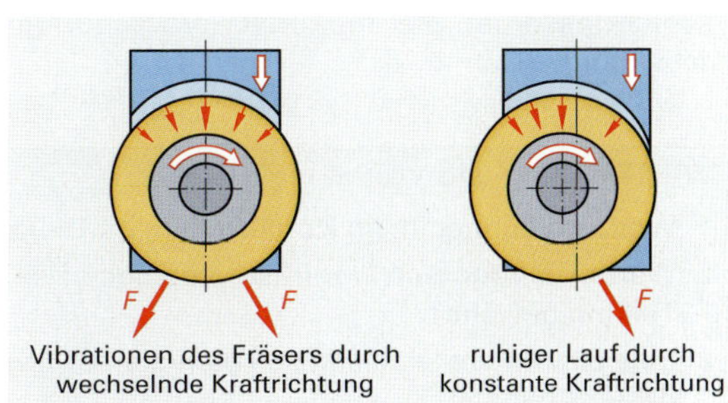

Bild 2: Einfluss der Fräserposition zum Werkstück

Wahl der Schnittwerte beim Fräsen

Die Hersteller von Wendeschneidplatten empfehlen für den Anwendungsbereich einer bestimmten Schneidplatte meist „Startwerte" für die wichtigsten Schnittwerte beim Fräsen, den Vorschub je Zahn f_z und die Schnittgeschwindigkeit v_c **(Bild 1).**

Der maximale Vorschub sollte wegen der Bruchgefahr der Schneidplatte nicht überschritten werden, die maximale Schnittgeschwindigkeit muss wegen des zulässigen Verschleißes und der Standzeit ebenfalls beachtet werden.

Die im v_c-f_z-Diagramm (Bild 1) empfohlenen Startwerte haben das Ziel, bei hohem Vorschub je Zahn f_z und mittlerer Schnittgeschwindigkeit v_c ein großes Zeitspanungsvolumen zu erreichen.

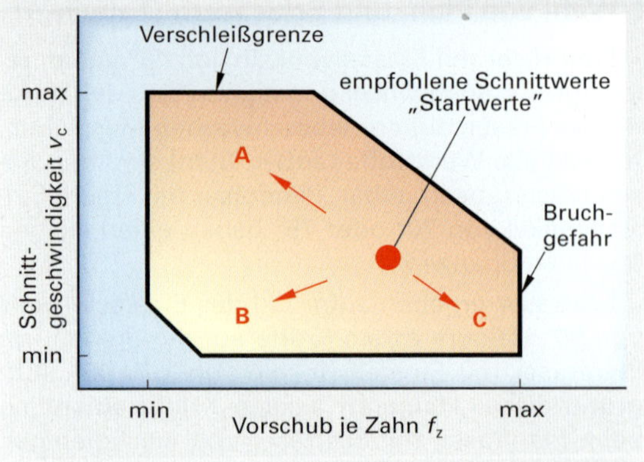

Die Änderung der Schnittwerte gegenüber den empfohlenen „Startwerten" in Richtung A, B oder C bewirkt:

A – Verbesserung der Oberflächengüte durch Vergrößerung der Schnittgeschwindigkeit und Verkleinerung des Vorschubes

B – Höhere Standzeit und Frässicherheit bei labilen Werkstücken, schlechtem Maschinenzustand oder problematischen Schmiedeteilen

C – Verringerung von Vibrationen durch Vergrößerung des Vorschubes

Bild 1: Anwendungsbereich einer Wendeschneidplatte

Wendeschneidplatten zum Fertigfräsen

Zum Vorfräsen verwendet man Platten mit Eckenradius, zum Fertigfräsen Platten mit Planfasen oder Breitschlichtfasen **(Bild 2** und **Bild 3).**

Wiper-Wendeschneidplatten (gesprochen: Waiper-WSP) besitzen gegenüber der Breitschlichtplatte vier Schneidkanten, die gewechselt werden, wenn die Oberflächengüte abnimmt. Die Wiper-Platte steht axial um 0,1 bis 0,15 mm vor den anderen Platten im Fräser. Meist genügt eine Wiper-Platte im Fräskopf, denn die Planfase von etwa 6 mm muss nur die von den Schruppplatten während einer Fräserumdrehung vorbearbeitete Fläche überfräsen können.

Breitschlichtplatten haben eine breite Schlichtfase ($b = 8 \dots 10$ mm) mit Radien zwischen 100 mm und 900 mm. Meist steht die Breitschlichtplatte axial um 0,05 bis 0,08 mm vor und glättet die von den anderen Platten im Fräser vorbearbeitete Fläche.

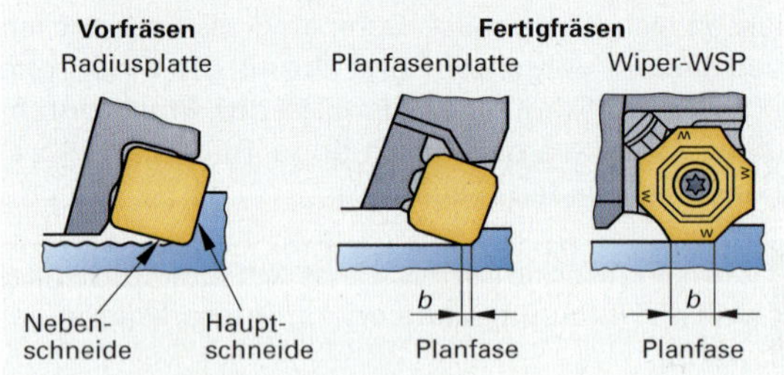

Bild 2: Vorfräsen und Fertigfräsen mit Wendeschneidplatten

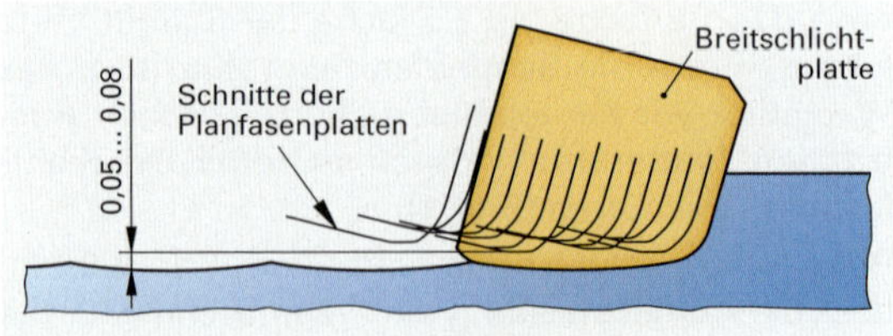

Bild 3: Oberfläche nach dem Fräsen mit Planfasenplatte und Breitschlichtplatte

> Die Schlichtfase muss größer als der Vorschub je Fräserumdrehung sein, um eine Überdeckung der vorgefrästen Schnitte zu erhalten.
>
> Bei Schneidplatten mit Planfasen oder Breitschichtfasen ist die maximale Vorschubgeschwindigkeit $v_f = b \cdot n$.

Wiederholung und Vertiefung

1 Wodurch können beim Konturfräsen im Gleichlauf am Werkstück Formabweichungen entstehen?

2 Warum werden zum Planfräsen vorzugsweise Fräser mit einem Einstellwinkel von 45° und mit weiter Teilung gewählt?

3 Eine 80 mm breite Fläche soll plan gefräst werden. Welchen Durchmesser sollte der Planfräser mindestens haben?

4 Warum ist beim Planfräsen die außermittige Fräserposition zum Werkstück vorteilhaft?

3.8.8.6 Maßnahmen zur Optimierung und Problembeseitigung

Minderung der Verschleißprobleme beim Fräsen durch Trockenbearbeitung

Der Einsatz von Kühlschmierstoffen (KSS) führt beim Fräsen zu erhöhten Temperaturwechseln an den Schneiden mit Kammrissen als Folge **(Tabelle 1, Seite 184)**. Bei der Trockenbearbeitung sind die Temperaturwechsel an den Schneiden geringer, die Zerspanungstemperaturen aber wesentlich höher. Deshalb ist bei der Schneidstoffauswahl auf eine große Temperaturbeständigkeit zu achten. Temperaturbeständige Hartstoffschichten schützen als Hitzeschild den darunter liegenden Schneidstoff. Die häufigsten Verschleißprobleme bei der Trockenbearbeitung sind der Kolkverschleiß auf der Spanfläche, die Schneidkantenverrundung und der Freiflächenverschleiß. Bei einigen Aluminiumlegierungen und legierten Stählen kann die Bildung einer Aufbauschneide durch den Einsatz der Minimalmengenschmierung mit 8 bis 20 ml zerstäubtem Öl pro Stunde wirksam verhindert werden. Gusswerkstoffe können wegen des eingelagerten Grafits trocken bearbeitet werden.

Maßnahmen bei Fräsproblemen (Tabelle 1)

Maßnahmen zur Abhilfe sind notwendig, wenn z. B. die Oberflächengüte, die Wirtschaftlichkeit oder die Fertigungssicherheit verbessert werden müssen. Zur Problemlösung versucht man, nacheinander die voraussichtlichen Hauptursachen zu beseitigen.

Beispiel: Ein großer Freiflächenverschleiß verkürzt die Standzeit und ist die Hauptursache für die schlechte Oberflächengüte. Mit der Erhöhung des Vorschubes f_z kann der Freiflächenverschleiß voraussichtlich verringert und dadurch auch die Oberflächengüte verbessert werden.

Tabelle 1: Maßnahmen bei Fräsproblemen

Verschleißprobleme						Allgemeine Probleme					
Plattenbruch	Kantenausbröckelung	Starker Freiflächenverschleiß	Starker Kolkverschleiß	Aufbauschneide	Kammrisse	Rattern, Vibrationen	Schlechte Oberflächengüte	Ausbröckeln der Werkstückkanten	Überlastung der Maschine	Maßnahmen zur Abhilfe	
	•			•		•	•			Schnittgeschwindigkeit v_c erhöhen	Schnittwerte
		•	•		•				•	Schnittgeschwindigkeit v_c vermindern	Schnittwerte
		•		•	•	•				Vorschub je Zahn f_z erhöhen	Schnittwerte
•	•						•	•	•	Vorschub je Zahn f_z vermindern	Schnittwerte
								•	•	Schnitttiefe vermindern	Schnittwerte
•	•				•					Zähere Schneidplatte wählen	Schneidplatte
		•	•				•			Verschleißfestere bzw. beschichtete Sorte wählen	Schneidplatte
	•		•	•		•		•	•	Positiveren Spanwinkel wählen	Schneidplatte
	•				•					Höhere Schneidkantenstabilität wählen	Schneidplatte
						•		•		Einstellwinkel kleiner wählen	Schnittbedingungen
						•	•			Plan- und Rundlauf der Schneiden prüfen	Schnittbedingungen
•						•		•		Fräserposition zum Werkstück ändern	Schnittbedingungen
•	•					•	•			Fräser und Werkstück stabiler spannen	Schnittbedingungen
	•				•					Keinen Kühlschmierstoff verwenden	Schnittbedingungen

3.8.8.7 Hochgeschwindigkeitsfräsen (HSC-Fräsen)

Typische Merkmale: Gegenüber den üblichen (konventionellen) Fräsverfahren unterscheidet sich das Hochgeschwindigkeitsfräsen (engl. High Speed Cutting HSC) durch wesentlich höhere Schnittgeschwindigkeiten bei allen Werkstoffen **(Bild 1)**. Im HSC-Bereich liegen die Schnittgeschwindigkeiten fünf- bis zehnmal höher als beim üblichen Fräsen. Kennzeichnend ist auch die Erhöhung der Vorschubgeschwindigkeit bei kleinem Vorschub pro Zahn und die kleine radiale Schnitttiefe a_e des Schaftfräsers. Die axiale Schnitttiefe a_p liegt meist im Bereich von 0,1 % bis 5 % des Fräserdurchmessers.

Viele Leistungsmerkmale wie hohe Oberflächengüte und großes Zeitspanungsvolumen sind nur durch HSC-Fräsen mit hohen Drehzahlen erreichbar **(Bild 2** und **Tabelle 1)**. Durch die hohe Schnittgeschwindigkeit wird über 90 % der Zerspanungswärme mit dem Span abgeführt. An wärmeempfindlichen Präzisionsteilen treten daher weniger Spannungen, Verzug oder Randzonenveränderungen auf. Dadurch wird die **Maßgenauigkeit** verbessert. Auf Kühlschmierung kann verzichtet werden.

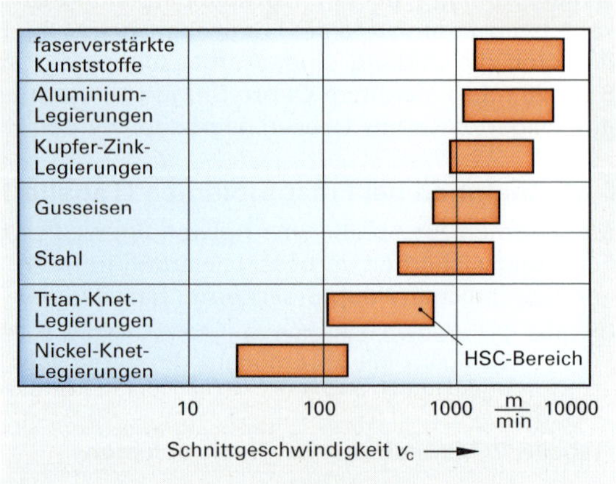

Bild 1: Schnittgeschwindigkeitsbereiche für das Hochgeschwindigkeitsfräsen

Typisch für das Hochgeschwindigkeitsfräsen sind hohe Vorschub- und Schnittgeschwindigkeiten. Kurze Fräszeiten bzw. kurze Nebenzeiten sind jedoch nur möglich, wenn die HSC-Fräsmaschine in allen Achsen mit hohen Beschleunigungen arbeitet.

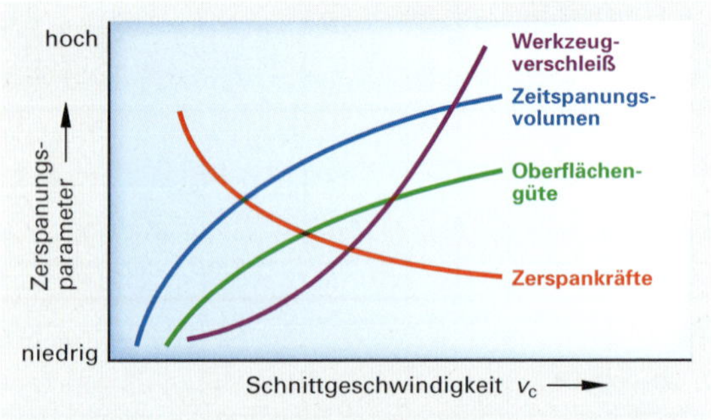

Bild 2: Leistungsmerkmale in Abhängigkeit von der Schnittgeschwindigkeit

Anwendungsgebiete des HSC-Fräsens:

- Werkzeug- und Formenbau wegen der Komplettbearbeitung und Hartbearbeitung auf einer Maschine (Arbeitsschritte wie Erodieren, Schleifen und Polieren fallen dadurch weg).
- Herstellung von Grafit- und Metall-Elektroden für das Senkerodieren
- Herstellung von Präzisionsteilen und dünnwandigen Bauteilen aus Stahl, Guss oder Leichtmetall, z. B. für den Motorenbau, die Raumfahrt und die optische Industrie (Tabelle 1 und **Bild 3)**.

Tabelle 1: Anwendungsgebiete der Hochgeschwindigkeitsbearbeitung

Vorteile	Anwendungsgebiete
hohes Zeitspanungsvolumen	Bearbeitung von Formen, Gesenken, Aluminiumteilen und Grafit
hohe Oberflächengüte	feinmechanische und optische Teile, Spritzgießformen, Schmiedegesenke
niedrige Zerspankräfte	Bearbeitung dünnwandiger Werkstücke
hohe Maß- und Formgenauigkeit	Präzisionsteile
Wärmeableitung durch die Späne	Bearbeitung wärmeempfindlicher Werkstücke (Magnesium)

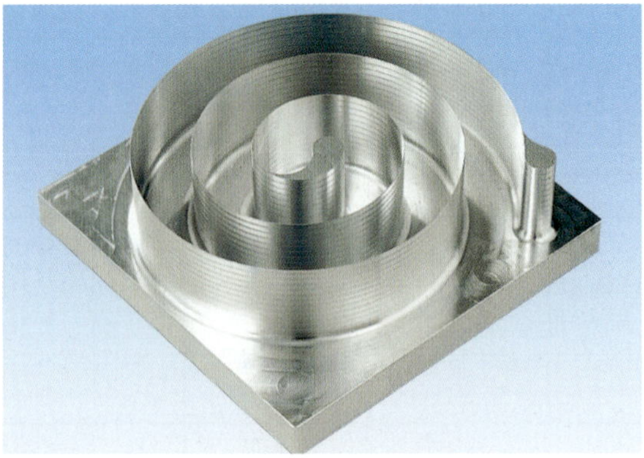

Bild 3: Dünnwandige Aluminiumspirale

Hochgeschwindigkeitsfräsen als Alternative zum Erodieren

Durch die Möglichkeiten zur **Hartbearbeitung** im Härtebereich zwischen 46 und 63 HRC hat das HSC-Fräsen in vielen Fällen das Senkerodieren ersetzt **(Bild 1).** Schmiedegesenke oder Tiefziehwerkzeuge können fast vollständig hart gefräst werden. Nachträgliches Polieren kann entfallen. Dies führt zu wesentlich kürzeren Bearbeitungszeiten und zur Verbesserung der Qualität.

Oft werden die Werkzeuge und Formen auch konventionell vorgefräst und danach auf der HSC-Fräsmaschine fertig gefräst.

Hochgeschwindigkeits-Fräsmaschine (Bild 3)

HSC-Fräsmaschinen und Universal-Fräsmaschinen können über die gleiche Hochleistungsspindel verfügen, bei der Fräsbearbeitung das gleiche NC-Programm mit gleichen Vorschüben und Drehzahlen verwenden und unterscheiden sich trotzdem bei der Fräszeit und der Oberflächengüte **(Bild 2).** Der Vorteil der kürzeren Fräszeit bei der HSC-Fräsmaschine wird durch die viermal höhere Beschleunigung aller Vorschubachsen erreicht. Ihre höhere Steifigkeit und die optimalen Dämpfungseigenschaften ermöglichen die höhere Oberflächengüte. Die erreichbare Maß- und Formgenauigkeit beträgt ± 8 µm.

Die **Hochleistungsspindel (Bild 4)** besitzt eine hohe Rundlaufgenauigkeit und erreicht Drehzahlen zwischen 100 min^{-1} und 42 000 min^{-1}.

Die **Vorschubgeschwindigkeit** ist von 0 ... 20 000 mm/min in der X-, Y- und Z-Achse programmierbar, sodass auch bei schnellen Richtungswechseln in Verbindung mit einer sehr schnellen Steuerung die genaue Geometrie des Werkstückes entsteht. Die Eilganggeschwindigkeit beträgt in allen Achsen bis 40 m/min.

Anforderungen an **HSC-Werkzeuge:**

- Verschleißfestigkeit bei hohen Schnittgeschwindigkeiten. Eingesetzt werden beschichtete Vollhartmetall-Schaftfräser, polykristalline Diamantfräser (PKD) oder Bornitrid-Fräser (PKB).
- Geringe Unwucht und kleine Rund- und Planlaufabweichungen.
- Hohe Steifigkeit unter Fliehkrafteinwirkung durch die Restunwucht.

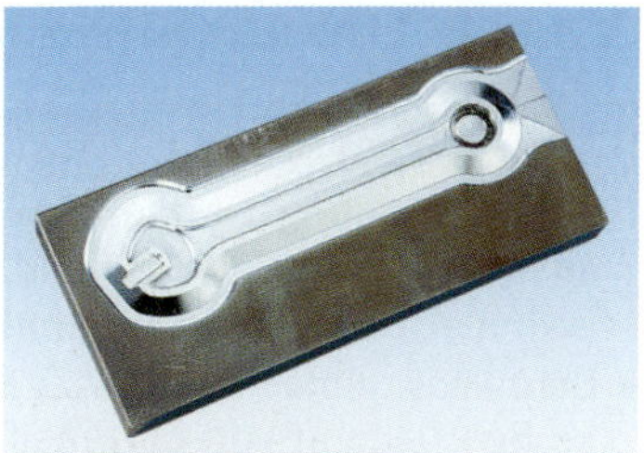

Fertigung der Elektrode, Erodieren und Polieren	HSC-Fräsen
17 Stunden	88 min

Bild 1: Schmiedegesenk eines Gabelschlüssels (Hartbearbeitung)

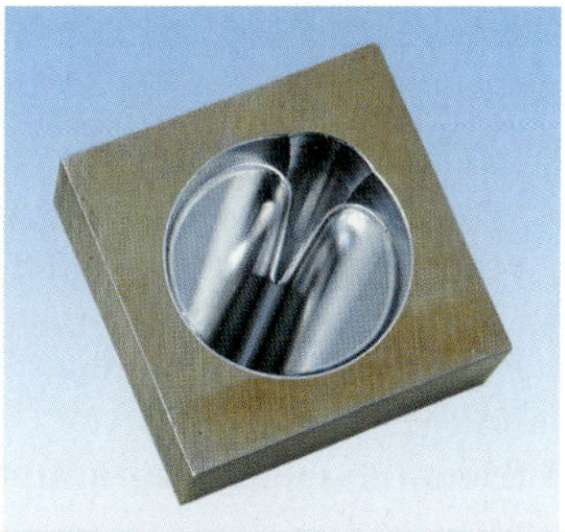

Merkmal	übliches Fräsen	HSC-Fräsen
Fräszeit	84 min	39 min
Rautiefe	$Ra = 0{,}6\,\mu m$	$Ra = 0{,}4\,\mu m$

Bild 2: Spritzgießform (Drehschalter)

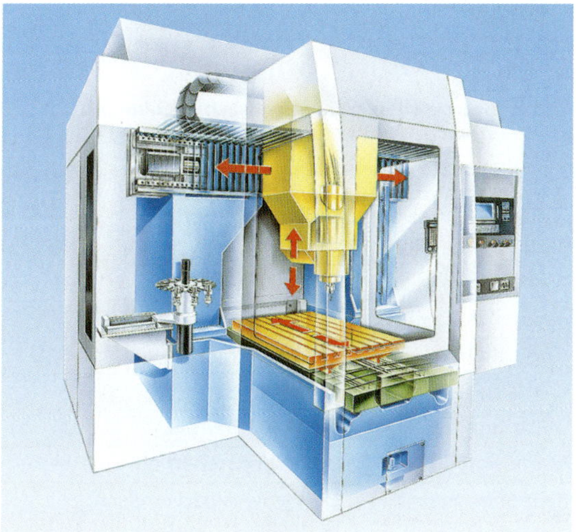

Bild 3: HSC-Bearbeitungszentrum

Bild 4: HSC-Fräsen im Formenbau

3.8.8.8 Universalfräsmaschinen

Im Werkzeug- und Formenbau, in der Fertigung von Mustern (Prototypen) oder Kleinserien sowie in der Ausbildung werden universell einsetzbare Fräsmaschinen benötigt **(Bild 1)**.

Merkmale von **Universalfräsmaschinen** sind:

- Schnelles, einfaches Umrüsten für die komplexe Bearbeitung von Einzelteilen oder für Kleinserien.
- Ein **schwenkbarer Fräskopf,** der zwischen 0° (vertikal) und 90° (horizontal) beliebig schräg gestellt werden kann, sodass der Fräser die optimale Lage zum Werkstück einnehmen kann (Bild 1 und **Bild 1, folgende Seite**). Dadurch können bis zu fünf Seiten bearbeitet werden.
- **Tischvarianten,** z.B. der starre Winkeltisch für schwere Werkstücke und der Universal-Aufspanntisch, um das Werkstück in fast jede Winkellage zum Fräser stellen zu können (Bild 1 und Bild 1, folgende Seite). NC-Rundtische und NC-Teilapparate erweitern die Bearbeitungsmöglichkeiten **(Bild 2, folgende Seite)**.
- Eine am Fräskopf ausfahrbare **Pinole** ist vor allem beim Bohren in schräger Spindellage vorteilhaft (Bild 1).

Steuerung und Programmierung

- **Manuell gesteuerte Fräsmaschinen,** bei denen alle drei Achsen über Handräder manuell verfahren werden, finden in der Ausbildung und in Reparaturwerkstätten ihren Einsatz. Auch bei CNC-Fräsmaschinen für die Ausbildung ist über elektronische Handräder für die X-, Y- und Z-Achse ein manuelles Fräsen möglich (Bild 1).
- **CNC-Fräsmaschinen** arbeiten mit einer **Bahnsteuerung** für drei oder mehr Achsen (Bild 1 und **Bild 2**). Eine weitere Achse bietet z.B. die Drehachse des NC-Rundtisches. Damit können auch Wendelnuten, Gewinde und Spiralverzahnungen gefräst werden. Verfahrbewegungen, z.B. für Kreise und Schrägen, sind mit Bahnsteuerungen in mehreren Achsen gleichzeitig möglich. In Verbindung mit einem Werkzeugwechsler und einem Werkzeugmagazin kann der Programmablauf voll automatisiert werden **(Bild 3, folgende Seite)**.

Werkstattorientierte Programmiersysteme ermöglichen das schnelle Programmieren mit Grafikunterstützung bei anspruchsvollen Fräsbearbeitungen. Ergänzend kommen die Werkzeugverwaltung mit der Standzeitüberwachung und die grafische Echtzeit-Simulation der Werkstückbearbeitung dazu.

Technische Daten über den Arbeitsbereich, die Antriebe und Optionen werden vom Hersteller in der **Maschinenkarte** aufgeführt **(Tabelle 1)**.

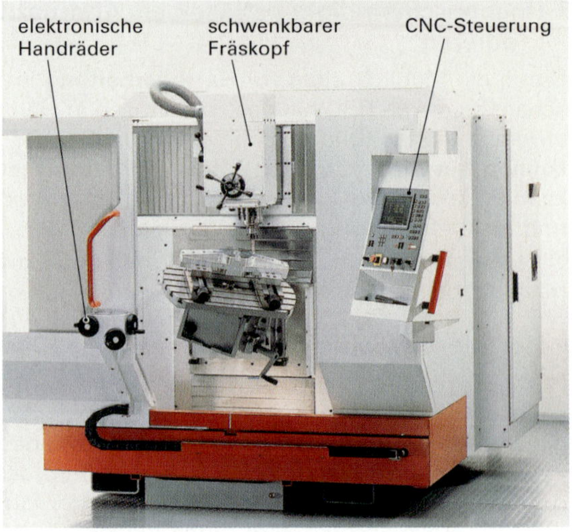

Bild 1: Universalfräsmaschine mit Universal-Aufspanntisch

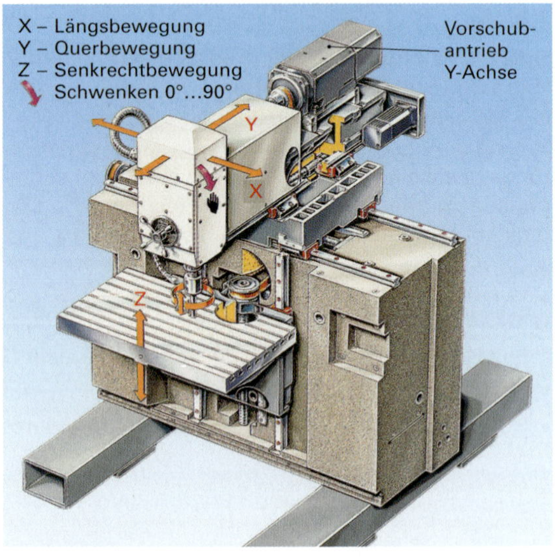

Bild 2: Bauweise der Universalfräsmaschine mit starrem Winkeltisch

Tabelle 1: Technische Daten aus der Maschinenkarte

Verfahrweg X, Y, Z	630, 500, 500 mm
Antriebsleistung	11 kW
Drehzahlbereich	20...7000/min
Eilgang X, Y, Z	15 m/min
Vorschubbereich	bis 1500 mm/min
Steuerung	CNC-Bahnsteuerung
Optionen (nach Kundenwunsch)	Universal-Aufspanntisch, Winkeltisch, NC-Rundtisch, Werkzeugwechsler

Der **Universal-Aufspanntisch** kann als Schwenk-, Kipp- oder Rundtisch eingesetzt werden **(Bild 1)**. Das aufgespannte Werkstück lässt sich universell in die passende Winkellage zum Fräser kippen und schwenken.

Ein **NC-Rundtisch** kann als 4. NC-Achse gesteuert werden. In Verbindung mit einem schwenkbaren Fräskopf kann eine 5-Seiten-Bearbeitung eines Werkstückes in einer Aufspannung durchgeführt werden **(Bild 2)**. Möglich sind auch wendelförmige Bearbeitungen, Mantelkurven oder Spiralverzahnungen. Der Schwenkvorgang kann von Hand oder NC-gesteuert erfolgen.

Werkzeugwechsler (Bild 3) für automatische Programmabläufe wechseln entsprechend der Arbeitsfolge die Werkzeuge aus dem Magazin in die senkrecht stehende Frässpindel und auch wieder zurück. Dabei wird auf eine kurze Werkzeugwechselzeit („Span-zu-Span-Zeit") Wert gelegt. Eingesetzt werden die Werkzeugwechsler vor allem bei der automatisierten Fertigung in Kleinserien.

> Die sogenannte „Span-zu-Span-Zeit" gibt an, wie viele Sekunden die Maschine benötigt, bis mit dem neuen eingewechselten Werkzeug die Zerspanung fortgesetzt werden kann.

Bettfräsmaschinen (Bild 4)

Bettfräsmaschinen werden zur Bearbeitung von großen und schweren Werkstücken eingesetzt. Das Werkstückgewicht und die Zerspankräfte werden vom steifen Maschinenbett aufgenommen, sodass im Bettschlitten kaum Lageabweichungen entstehen können. Da der höhenverstellbare Tisch fehlt, übernimmt der Spindelkasten im Ständer die Höhenverstellung der horizontalen Frässpindel, während die vertikale Frässpindel über den Querbalken positioniert wird.

Fräs-Bohr-Zentren sind eine Sonderform der Bettfräsmaschinen. Mit der Frässpindel können große Vorschubwege ausgeführt werden.

Wiederholung und Vertiefung

1 Welche Schneidstoffeigenschaften sind zur Trockenbearbeitung notwendig?

2 Welche Vorteile hat das Hochgeschwindigkeitsfräsen gegenüber dem herkömmlichen Fräsen?

3 Wie sollen beim Hochgeschwindigkeitsfräsen (HSC) Schnittgeschwindigkeit, Vorschub und Zustellung gewählt werden?

4 Warum werden im Werkzeugbau vor allem Universal-Fräsmaschinen eingesetzt?

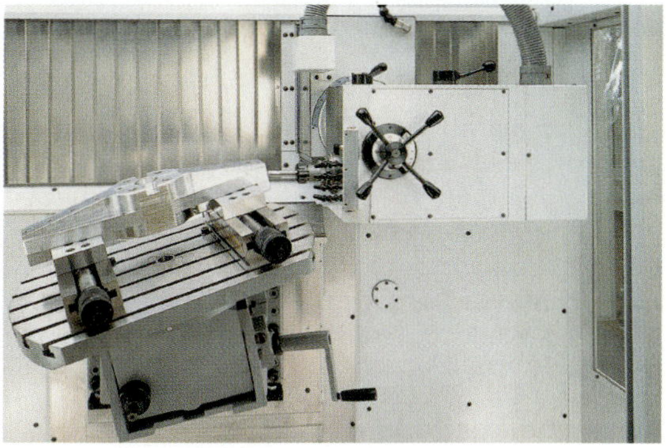

Bild 1: Universal-Aufspanntisch und Fräskopf in horizontaler Spindellage (um 90° geschwenkt)

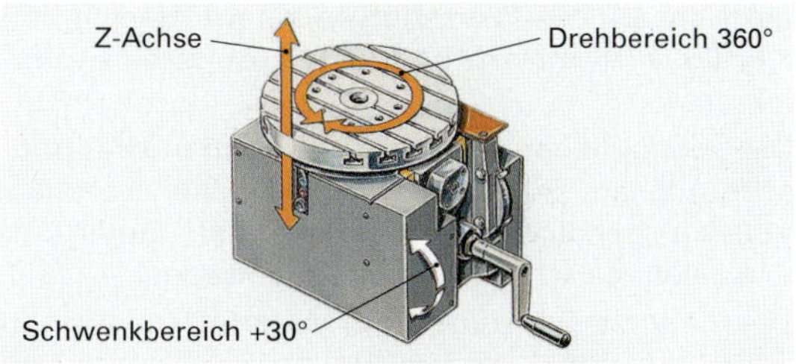

Bild 2: NC-Rundtisch, manuell schwenkbar

Bild 3: Werkzeugwechsler

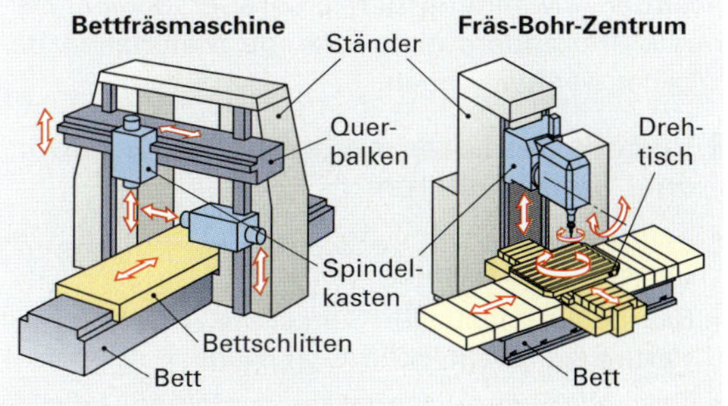

Bild 4: Bettfräsmaschine und Fräs-Bohr-Zentrum

3.8.8.9 Laserbearbeitung

Laserbearbeitung auf einer Fräsmaschine

Während beim Fräsen ein hohes Zeitspanungsvolumen erzielt werden kann, eignet sich die Laserbearbeitung mehr zur Herstellung oder Nacharbeit von feinen Konturen. Die Stärke der Fräs-Laser-Kombination besteht darin, dass in einer Aufspannung zunächst vorgefräst und danach mit dem Laser das Werkstück fertig bearbeitet werden kann **(Bild 1)**.

Laserbearbeitung (Bild 2)

Drei mechanische Achsen bringen das Werkstück in die richtige Position zum feststehenden Laserkopf. Die Laseroptik mit ihren Ablenkspiegeln ermöglicht es, das Werkstück in einem Bereich von z.B. 70 × 70 mm zu bearbeiten, ohne es zu verfahren.

Die hochgenauen Ablenkspiegel bilden drei optische Achsen. Durch sie kann der Laserstrahl das Material genau an der gewünschten Stelle und unter dem gewünschten Winkel abtragen.

Der Laserstrahl trägt das Material in dünnen Schichten von 1...5 µm ab. An Präzisions- und Formteilen können dadurch Maß- und Formabweichungen von ±5 µm erreicht werden. Je dünner die Schicht, desto besser ist die Oberflächengüte ($Ra > 1$ µm). Der Laser verdampft den größten Teil des Materials. Dabei wird ein Materialabtrag von 1...25 $\frac{mm^3}{min}$ erreicht. Durch die Vollkapselung der Maschine ist keine zusätzliche Schutzmaßnahme notwendig.

Anwendungsbereiche:

- Spritzgieß- und Druckgussformen und Werkstücke mit feinen (filigranen) Konturen **(Bild 3)**.
- Bauteile der Mikrotechnik und Elektronik, z.B. Schalter, Sensoren und Steckerverbindungen
- Schmuck- und Besteckherstellung
- Bau von Funktionsmodellen oder Serienmustern

Wie beim Senkerodieren wird bei der Laserbearbeitung nur wenig Material abgetragen. Dafür ist aber der Anwendungsbereich größer, da auch Keramik und andere nicht leitende Materialien bearbeitet werden können.

Vorteile der Laserbearbeitung gegenüber dem Senkerodieren:

- Bearbeitung feiner Konturen mit Strahldurchmessern ab 0,04 mm
- Bearbeitung fast aller Werkstoffe, z.B. Keramik, Hartmetall, Grafit, gehärteter Stahl.
- Das „Werkzeug Laserstrahl" unterliegt keinem Verschleiß wie die Elektroden beim Erodieren.

Bild 1: Laserbearbeitung auf einer Fräsmaschine

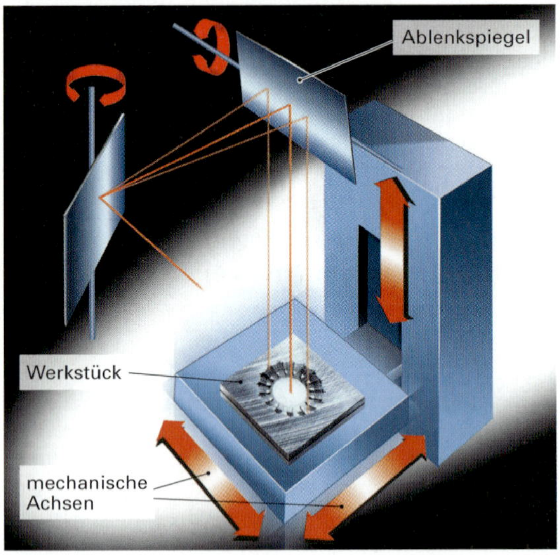

Bild 2: Lenkung des Laserstrahls über Spiegel

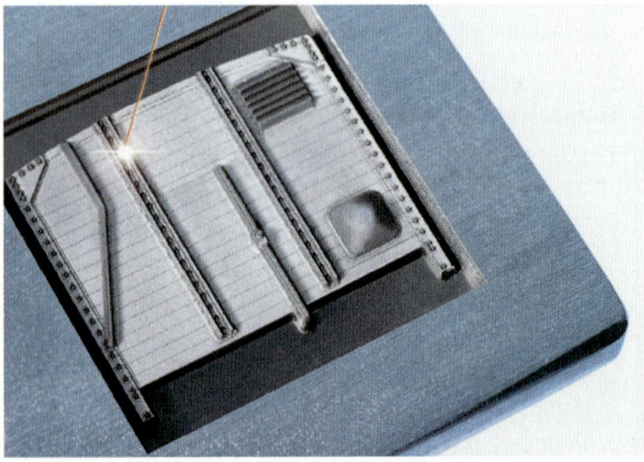
Bild 3: Spritzgießform (Modelleisenbahn)

3.8.9 Entgraten von Werkstücken

Bei der spanenden Herstellung von Bauteilen lässt sich eine Gratbildung oft nicht vermeiden. Durch konstruktive Maßnahmen, wie das Vorsehen von Fasen und Verrundungen, kann die Gratbildung minimiert werden. Besonders die an Innenkanten von Werkstücken entstehenden Grate, wie z. B. bei verschneidenden Bohrungen **(Bild 1)**, sind unvermeidbar und zudem schwierig zu entfernen.

Das Entgraten der Bauteile ist sowohl für deren Funktion als auch zum Schutz vor Verletzungen unerlässlich.

Die Beseitigung der Grate erfolgt per Hand oder maschinell mit unterschiedlichen Methoden und Verfahren.

Methoden und Verfahren (Auswahl)

Durch **Handentgraten** werden Grate an Bohrungen und Kanten mithilfe von verschiedenen Entgratwerkzeugen entfernt **(Bild 2)**. Das Verfahren ist bei komplexen Formen aufwendig, personalintensiv, nicht prozesssicher, aber vielseitig einzusetzen und nicht verzichtbar.

Beim Entgraten durch **Gleitschleifen** werden Werkstücke und Schleifkörper, sogenannte Chips, relativ zueinander in Bewegungen versetzt. Das bewirkt einen Materialabtrag vor allem an den Werkstückkanten. Die zu bearbeitenden Werkstücke gibt man zusammen mit den Schleifkörpern als Schüttgut **(Bild 3)** in einen Behälter. Hinzu kommen noch chemische Additive in wässriger Lösung (Compound = Mischung), um z. B. die Schleifleistung zu erhöhen. Die in Keramik oder Polyesterharz gebundenen Schleifmittel gibt es als Chips in den verschiedensten Formen, Größen und Qualitäten. Je nach Erzeugung der Relativbewegung zwischen Werkstücken und Schleifkörpern unterscheidet man verschiedene Verfahrensvarianten, z. B. Vibrations-, Fliehkraft-, Durchlauf-, Trommel-, Tauch- oder Schleppschleifen.

Beim **thermischen Entgraten (TEM)** bzw. Explosionsentgraten wird die Entgratkammer mit einem Sauerstoff-Brenngasgemisch gefüllt **(Bild 4)**. Nach der Zündung erfolgt eine Erwärmung auf bis zu 3000 °C. Die Grate verbrennen dadurch in sehr kurzer Zeit, wobei sich die Werkstücke selbst nur unwesentlich auf 100–160 °C erwärmen. Ein Werkstoffabtrag an deren Oberfläche findet nicht statt. Das thermische Entgraten eignet sich für Bauteile aus nahezu allen metallischen Werkstoffen und aus Thermoplasten, um innen- und außenliegende Grate zu beseitigen. Es bleiben keine Späne übrig.

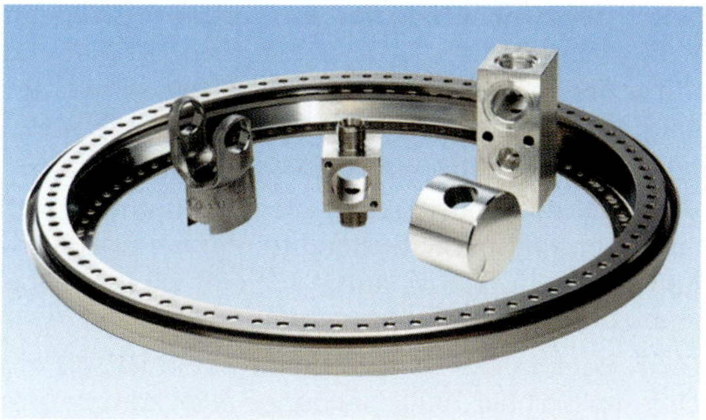

Bild 1: Werkstücke mit Bohrungsverschneidungen

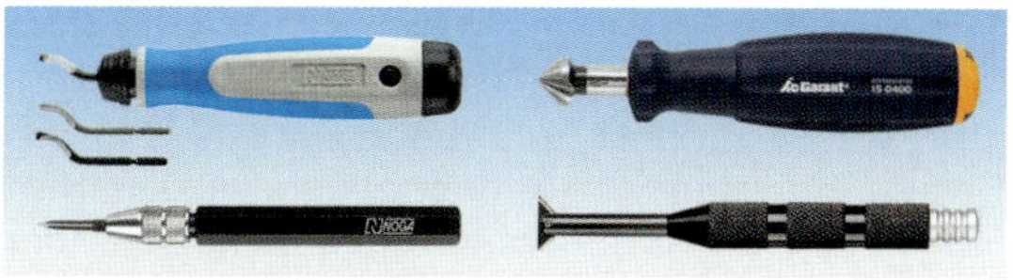

Bild 2: Typische Handentgratwerkzeuge

Bild 3: Werkstücke und Chips als Schüttgut

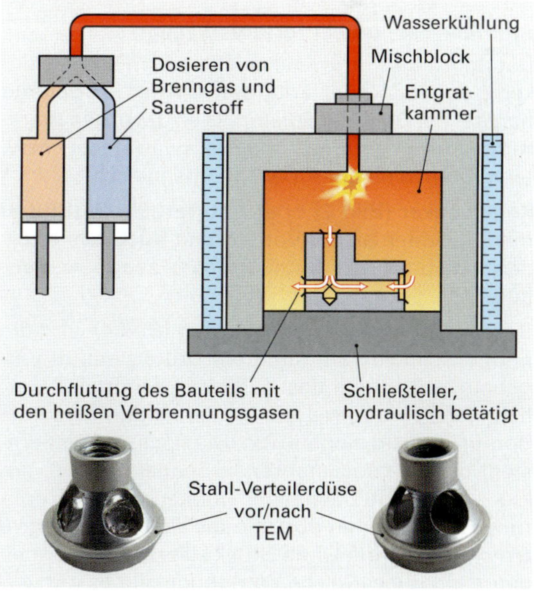

Bild 4: Thermisches Entgraten, Verfahren

Durch **elektrochemisches Entgraten (ECM),** mit Formelektroden als Kathode, werden vorwiegend in der Serienfertigung komplizierte bzw. schwer zugängliche Werkstückkanten durch anodische Materialauflösung verrundet (Elektrolyse).

Bei der **Bürstenentgratung** kommen unter Einsatz von Robotern und SPS-Steuerungen motorisch angetriebene Bürstensysteme für einfachere Werkstück-Geometrien zur Anwendung.

Beim **Hochdruckwasserstrahlentgraten (HDW)** mit Drücken bis über 2000 bar können auch komplexere Bauteile, besonders aus Leichtmetall, ganz gezielt von Graten befreit und zugleich gereinigt werden.

Maschinelles Anfasen, Verrunden und Entgraten

Diverse einfachere Entgratwerkzeuge, wie z. B. HM-Frässtifte, werden in hochtourigen elektrisch oder pneumatisch angetriebenen Spindeln eingesetzt und per Hand oder Roboterarm an den zu entgratenden Kanten entlang geführt **(Bild 1).**

Spanend hergestellte Werkstücke weisen häufig Konturen mit innenliegenden und sich kreuzenden Bohrungen auf. Bei größeren Teilen erfolgt das Entgraten am zweckmäßigsten direkt im Anschluss an den Fertigungsschritt bei unveränderter Aufspannung. Mit Spezialwerkzeugen können Kanten und Bohrungen CNC-gesteuert angefast, verrundet oder entgratet werden. Das Werkstück kommt dann fertig aus dem Bearbeitungszentrum.

Das Haupteinsatzgebiet der speziellen Fas- und Entgratwerkzeuge liegt im Entgraten von Kreisprofilen wie Bohrungen.

Spezielle Fas- und Entgratwerkzeuge

Der Bohrungseintritt kann leicht, z. B. mit Kegelsenkern, angefast oder entgratet werden. Probleme bereitet der Bohrungsaustritt. Hierzu wurden Werkzeuge zum Vorwärts- und Rückwärtsfasen bzw. -entgraten in einem Arbeitsgang entwickelt.

Kegelsenker (Bild 2) oder **Entgratgabeln (Bild 3)** mit Schneiden an der Vorder- und Rückseite erfordern entsprechend gesteuerte Werkzeugbewegungen.

Bei dem **Spezialentgratwerkzeug (Bild 4)** wird die nötige Schneidkraft durch ein Druckmedium aufgebaut, z. B. durch das Kühlschmiermittel. Innerhalb der Bohrung werden die Schneiden durch die Bohrungswand eingedrückt. Die höchste Kraft entsteht bei weit ausgefahrenen Schneiden, z. B. am Ein- und Austritt oder an den Kanten von Querbohrungen, also genau dort, wo die Kraft zum Entgraten benötigt wird. Ohne Druck klappen die Schneiden kraftlos ein. Solche Werkzeuge gibt es mit verschiedenen Schneidengeometrien.

Bild 1: Maschinelles Entgraten per Roboter

Bild 2: Kegelsenker für Vor- und Rückwärtsentgratung

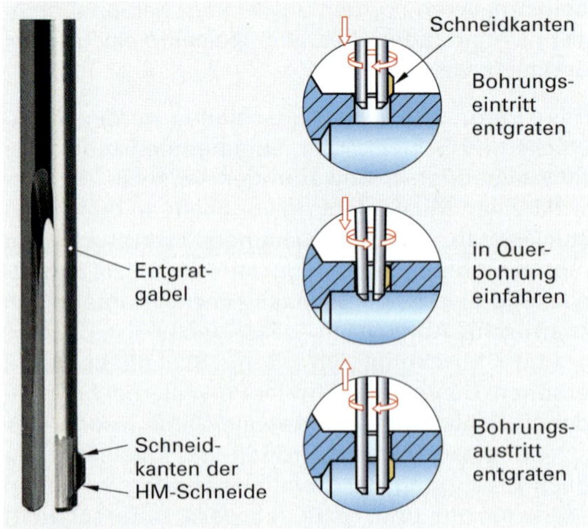

Bild 3: Entgratgabel

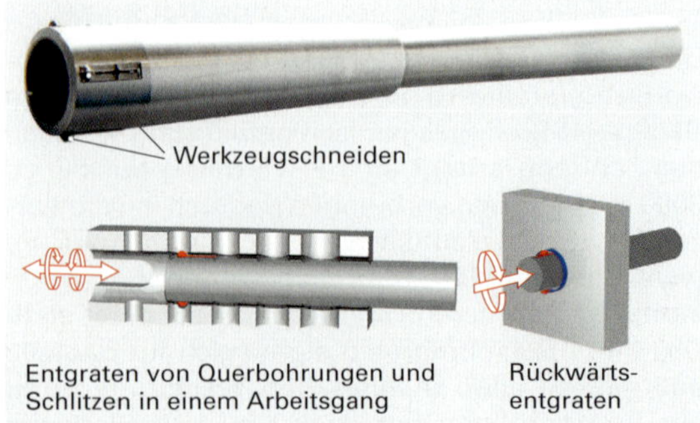

Bild 4: Spezialentgratwerkzeug

Fas- und Entgratwerkzeug für ebene Bohrungskanten

Das Werkzeug **(Bild 1)** wird verwendet, um in einem Arbeitsgang Bohrungskanten vorwärts sowie rückwärts zu entgraten oder zu fasen. Mit drehender Spindel und ohne Änderung der Drehrichtung kann das Werkstück ähnlich wie mit einem Bohrwerkzeug bearbeitet werden.

Funktionsprinzip:

Das Fasmesser wird von einem durch Federkraft vorgespannten Steuerbolzen im Werkzeuggrundkörper beweglich gehalten. Das speziell geschliffene, vor- und rückwärts oder nur rückwärts schneidende Messer erzeugt im Arbeitsvorschub die gewünschte Fase. Größe und Winkel der Fase sind am Messer geometrisch definiert. Ist eine Fase fertig, fährt das Messer automatisch radial in den Grundkörper ein. Eine speziell ausgebildete ballig geschliffene Gleitpartie am Fasmesser verhindert beim Durchfahren der Bohrung im Eilgang das Verletzen auch einer geriebenen Bohrungsfläche. Beim Bohrungsaustritt wird das Messer über den gefederten Steuerbolzen wieder in Ausgangsstellung gebracht. Ohne einen Spindelstopp oder eine Drehrichtungsänderung schneidet das Werkzeug beim Zurückfahren die Rückwärtsfase.

Entgratwerkzeug für ebene und unebene Bohrungskanten

Das Entgratwerkzeug **(Bild 2)** eignet sich zum Vorwärts- und Rückwärtsentgraten von ebenen und unebenen Bohrungskanten. Diese werden in einem Arbeitsgang in etwa radiusförmig entgratet ohne das Werkstück zu wenden oder die Spindel zu stoppen. Das Werkzeug ist für den manuellen und automatisierten Einsatz geeignet.

Funktionsprinzip und Arbeitsweise:

Das Hartmetallmesser ist im Werkzeug-Grundkörper um einen Drehpunkt federnd gelagert. Durch die Federsteifigkeit wird die Schneidkraft an das Material angepasst. Beim Einfahren in die Bohrung schwenkt das Messer in den Werkzeug-Grundkörper ein. Die Schneide hat stirnseitig eine Kugelfläche, um Verletzungen der Bohrungsfläche zu vermeiden. Durch die federnde Lagerung des Messers im Werkzeug-Grundkörper kann die Schneide auch unebenen Bohrungskanten folgen. Es resultiert eine radiusförmige, gleichmäßige Entgratung der Bohrungskante.

Das Werkzeug wird zuerst im Eilgang bis vor die obere Bohrungskante bewegt. Diese wird dann im Arbeitsvorschub entgratet. Danach fährt das Werkzeug im Eilgang und ohne Spindelstopp durch die Bohrung. Nach Richtungsumkehr erfolgt im Arbeitsvorschub das Entgraten der unteren Bohrungskante, dann im Eilgang der Rückhub.

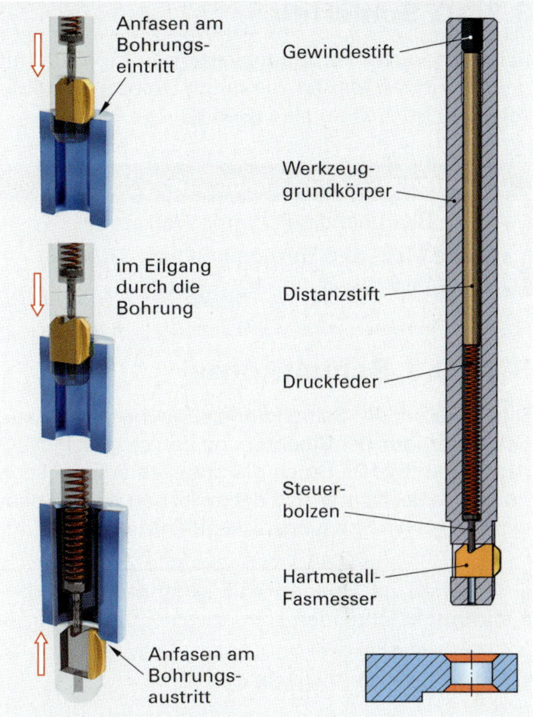

Bild 1: Fas- und Entgratwerkzeug für ebene Bohrungskanten

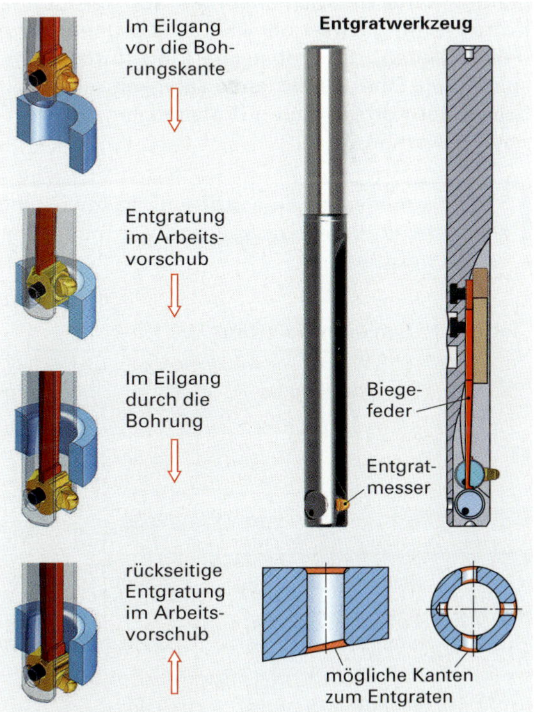

Bild 2: Entgratwerkzeug für ebene, schiefe oder gekrümmte Bohrungskanten

3.8.10 Schleifen

Schleifen ist ein Fertigungsverfahren für Teile mit eng tolerierten Maßen, die durch Drehen oder Fräsen nicht herstellbar sind **(Bild 1)**.

Die Vorzüge des Schleifens sind:

- Gute Bearbeitbarkeit harter Werkstoffe
- Hohe Maß- und Formgenauigkeit (IT 5 ... 6)
- Kleine Welligkeit und Rauheit (*Rz* = 1 ... 3 µm)

Bild 1: Schleifbeispiele

3.8.10.1 Schleifkörper

Die rotierenden Schleifwerkzeuge bestehen aus Schleifkörnern, der Bindung und den eingeschlossenen Poren **(Bild 2)**. Durch die unterschiedliche Lage und Form der Körner sind die meist negativen Spanwinkel und die Spanungsdicke je Korn unbestimmt.

Schleifen ist Spanen mit geometrisch unbestimmten Schneiden.

Schleifmittel (Tabelle 1)

Die meisten Schleifscheiben enthalten Schleifkörner aus Korund (weiß, rosa) oder Siliciumcarbid (grün, schwarz). Die Kornzähigkeit nimmt mit steigender Härte des Schleifkornes ab. Sprödharte Körner ermöglichen bei kleiner Kornbelastung (Feinschleifen) die Selbstschärfung durch Kornsplitterung. Eine ausreichende Zähigkeit verhindert bei großer Kornbelastung (Vorschleifen) den vorzeitigen Kornbruch.

Schleifkörner sollen eine große Härte sowie eine ausreichende Kornzähigkeit und Wärmebeständigkeit besitzen.

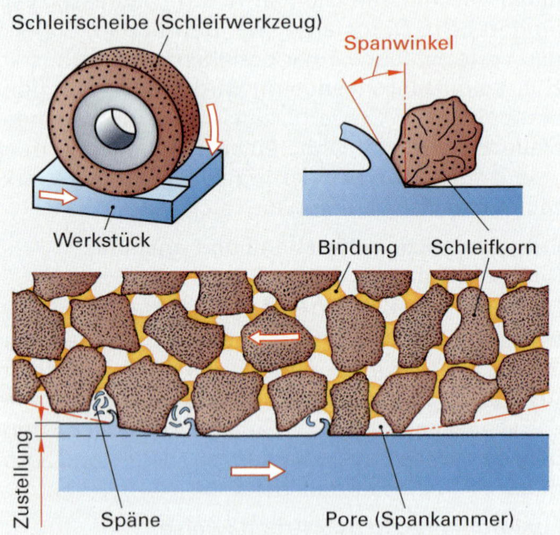

Bild 2: Spanbildung bei Schleifwerkzeugen

Tabelle 1: Schleifmittelarten

Zeichen	Schleifmittel	Knoophärte* N/mm²	Wärmebeständigkeit bis	Anwendungsgebiete
A	Normalkorund (Al_2O_3)	18000	2000 °C	unlegierter, ungehärteter Stahl, Stahlguss, Temperguss
	Edelkorund (Al_2O_3)	21000		hoch- und niederlegierter Stahl, gehärteter Stahl, Einsatzstahl, Werkzeugstahl, Titan
C	Siliciumkarbid (SiC)	24800	1370 °C	harte Werkstoffe: Hartmetall, Gusseisen, HSS, Keramik, Glas; weiche Werkstoffe: Kupfer, Aluminium, Kunststoffe
CBN	Bornitrid (BN)	60000	1200 °C	Schnellarbeitsstähle, Kalt- und Warmarbeitsstähle
D	Diamant (C)	70000	800 °C	Hartmetall, Gusseisen, Glas, Keramik, Stein, Nichteisenmetalle, nicht für Stahl, Abrichten von Schleifscheiben

* Nach Knoop wird die Eindringtiefe mit einer Diamantpyramide mit den Öffnungswinkeln 172,5° und 130° gemessen.

Verschleiß am Schleifkorn (Bild 1)

Bei hoher Schnittkraft überwiegt das Brechen und Ausbrechen der Körner aus der Bindung. Bei kleiner Schnittkraft wird erst mit zunehmendem Reibungsverschleiß an der Schneidkante die Kornbelastung so hoch, dass vom Korn kleine Partikel absplittern.

> Durch das Splittern und Ausbrechen der Körner bilden sich neue Schneiden. Der Schleifkörper schärft sich dadurch selbst.

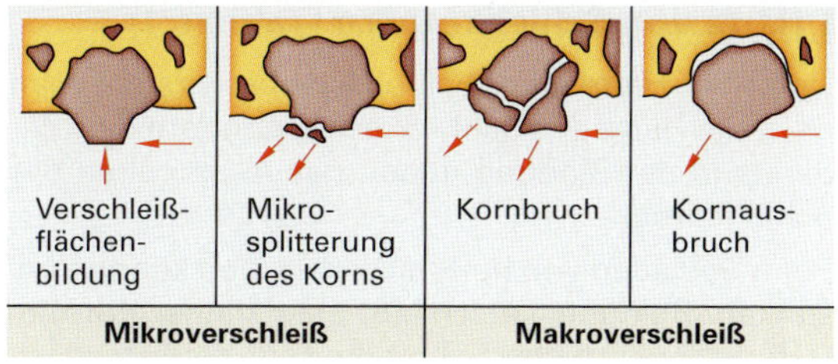

Bild 1: Verschleißformen

Kornarten (Bild 2)

Spitze Körner eignen sich gut für langspanende Werkstoffe. Blockige Körner sind bei spröden Werkstoffen verschleißfester. Monokristalline Körner (Einkornkristalle) besitzen eine große Kornfestigkeit. Sie sind daher für das Schleifen von Glas und Keramik gut geeignet. Polykristalline Körner bilden beim Schleifen durch die Mikrosplitterung viele kleine Schneidpartikel, bevor sie ganz ausbrechen. Die Körner werden dadurch beim Schleifen von harten Metallen besser ausgenutzt.

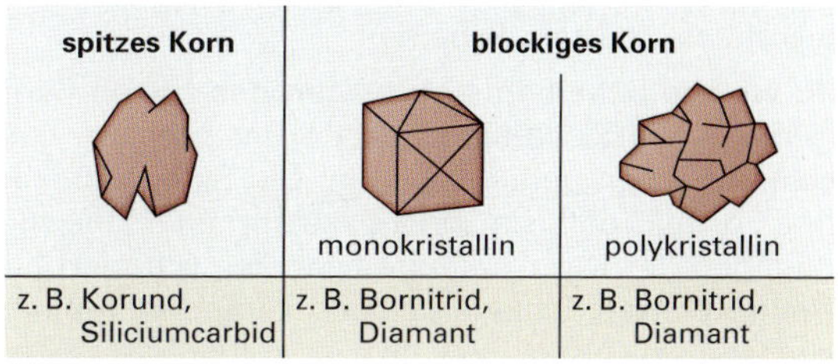

Bild 2: Kornarten

Körnung (Tabelle 1)

Die Körnungsnummer entspricht der Maschenzahl des Siebes auf 1 inch Länge, durch welches das bezeichnete Korn gerade noch hindurchfällt, während es auf dem nächstengeren Sieb liegen bleibt. Die sehr feinen Körnungen werden im Schlämmverfahren getrennt. Die Körnungen von Diamant und Bornitrid werden entsprechend der Siebmaschenweite in µm angegeben. Die Körnung mit der Bezeichnung D 150 (Diamantkorn) bzw. B 150 (CBN-Korn) hat eine Korngröße zwischen 125 µm und 150 µm.

> Die Körnung muss umso feiner sein, je kleiner die geforderte Rautiefe und je scharfkantiger die Schleifprofile werden sollen.

Tabelle 1: Einsatz der Körnungen

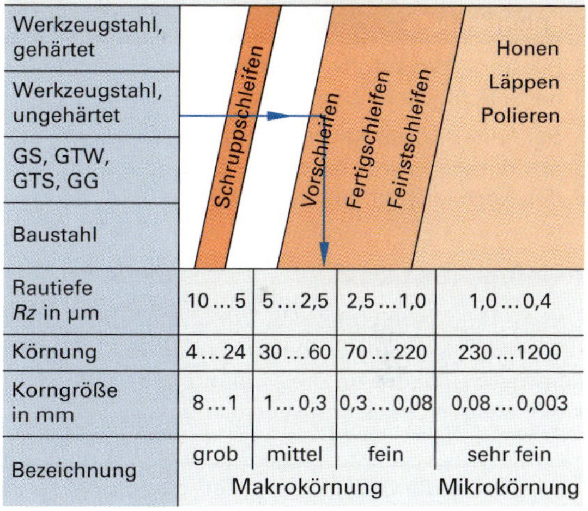

Rautiefe *Rz* in µm	10 ... 5	5 ... 2,5	2,5 ... 1,0	1,0 ... 0,4
Körnung	4 ... 24	30 ... 60	70 ... 220	230 ... 1200
Korngröße in mm	8 ... 1	1 ... 0,3	0,3 ... 0,08	0,08 ... 0,003
Bezeichnung	grob	mittel	fein	sehr fein
	Makrokörnung			Mikrokörnung

Bindung der Schleifkörner (Tabelle 2)

Die Bindung hat den Zweck, die einzelnen Körner so lange festzuhalten, bis sie stumpf geworden sind.

> Schleifscheiben mit keramischer Bindung haben Porenräume und sind gut abrichtbar. Kunstharzbindungen halten das Korn stärker fest, wodurch höhere Schleifkräfte auftreten. Die freiliegenden Kornspitzen ergeben jedoch einen kühleren Schliff.

Tabelle 2: Bindung der Scheifkörper

Zeichen	Bindungsart	Einsatzgebiete
V	Keramische Bindung	Schrupp- und Feinschleifen von Stählen mit Korund und Siliciumcarbid
B BF	Kunstharz-bindung faserstoff-verstärkt	Schrupp- und Trennschleifen, Hochdruckschleifen mit Zirkonkorund, Profilschleifen mit Diamant und Bornitrid
M	Metall-bindung	Profil- und Werkzeugschleifen mit Diamant oder Bornitrid (Nassschliff)
G	Galvanische Bindung	Innenschleifen von HM, HSS Handschleifen
R RF	Gummibind. faserstoffv.	Trennschleifen Regelscheiben

Härte von Schleifkörpern (Tabelle 1)

Unter der Härte einer Schleifscheibe versteht man nicht die Härte des Schleifkornes, sondern den Widerstand der Bindung gegen das Ausbrechen der Schleifkörner.

Beim Schleifen von harten Werkstoffen können bei starkem Reibungsverschleiß, aber kleiner Kornbelastung, nur weiche Scheiben den „Selbstschärfeffekt" sicherstellen. Bei weichen Werkstoffen erfordern die dickeren Späne eine größere Kornhaltekraft, also härtere Scheiben.

Tabelle 1: Härte von Schleifkörpern

Härtegrad	Bezeichnung	Einsatzgebiete
A, B, C, D E, F, G	außerst weich sehr weich	Tiefschleifen und Seitenschleifen harter Werkstoffe
H, I, J, K L, M, N, O	weich mittel	herkömmliches Metallschleifen
P, Q, R, S T, U, V, W X, Y, Z	hart sehr hart äußerst hart	Außen-Rundschleifen, weiche Werkstoffe

Zu weiche Scheiben sind wegen des hohen Scheibenverschleißes immer unwirtschaftlich: Die Körner brechen aus, bevor sich Verschleißflächen gebildet haben. Die Schleifscheibe verliert dadurch ihre Form (Profil), sie „bricht zusammen". Eine zu harte Scheibe hält dagegen das Korn zu lange fest, sie „schmiert" und glänzt. Gleichzeitig wachsen Schleifdruck und Temperatur in der Kontaktzone.

Die **Wirkhärte** einer Scheibe im Schleifprozess ist nicht allein vom Härtegrad abhängig, sondern auch von der Körnung, dem Porenvolumen und der Spanungsdicke **(Bild 1)**.

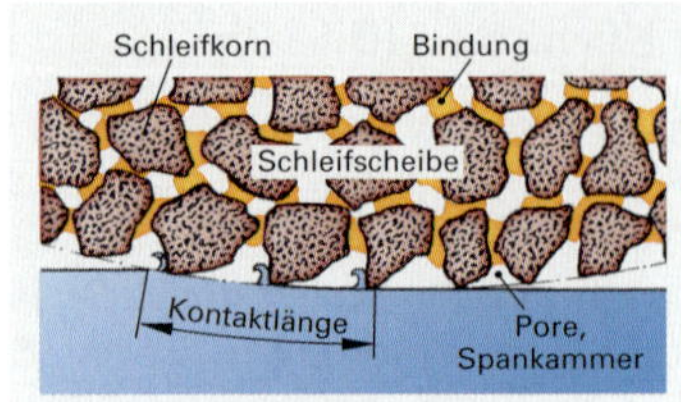

Bild 1: Gefüge und Kontaktlänge der Schleifscheibe

Arbeitsregeln

Für harte Werkstoffe wählt man weiche und für weiche Werkstoffe harte Schleifscheiben.

Bei feiner Körnung und dünnen Spänen sollten wegen der größeren Wirkhärte weichere Scheiben verwendet werden, da bei diesen das Korn leichter ausbricht.

Gefüge (Struktur)

Das Gefüge bezeichnet das Verhältnis von Schleifkörnern, Bindung und Porenraum im Schleifkörper **(Bild 2)**. Die Poren bilden Spankammern und fördern die Kühlung beim Schleifen. Sind die Poren zu klein, steigen Druck und Wärme beim Schleifen.

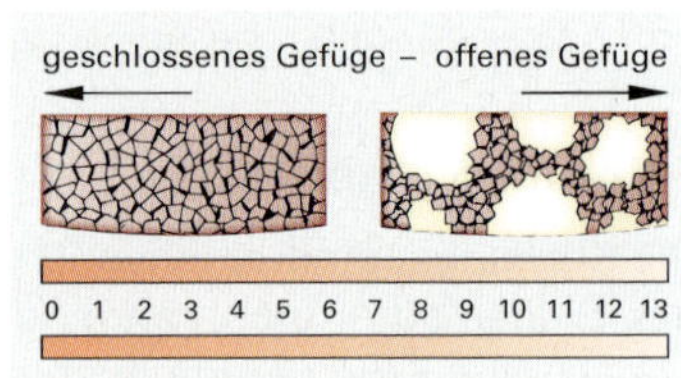

Bild 2: Gefügekennziffer

Je größer die Gefügekennziffer, desto poröser ist die Schleifscheibe.

Das Gefüge muss umso offener sein, je mehr Späne innerhalb der Kontaktzone in die Poren aufgenommen werden müssen.

Tabelle 2: Schleifkörper

Form – Nr.	Gruppe
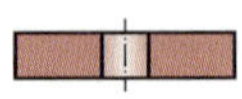 1	Gerade Schleifscheibe
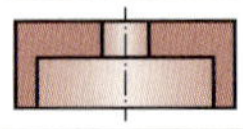 6	Zylindrischer Schleiftopf
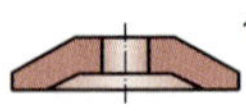 12	Schleifteller
 52	Schleifstift-Zylinderform

Die **Bezeichnung der Schleifkörper** erfolgt in der Reihenfolge des dargestellten Schemas. Der Ziffer für die Form können Großbuchstaben für die Randformen angefügt werden **(Tabelle 2)**.

Schema: Bezeichnung | Form | Nennmaß | Werkstoff

Beispiel: **Schleifscheibe ISO 603-1 – 1 N-450 x 80 x 127 – A/F60 K 8 V-40**

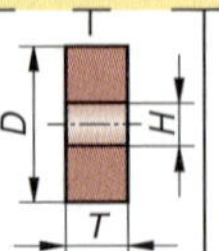

- Form 1: gerade Schleifscheibe
- Randform *N*
- Außendurchmesser *D* = 450 mm
- Breite *T* = 80 mm
- Bohrungsdurchmesser *H* = 127 mm
- Schleifmittel A: Korund
- Korngröße (60 Maschen/inch)
- Härtegrad K: weich
- Gefüge 8: mittel
- Bindung V: keramisch
- Arbeitshöchstgeschwindigkeit 40 m/s

Auswuchten der Schleifscheiben

Durch eine ungleiche Korn- und Bindemittelverteilung entstehen durch die Scheibenunwucht Fliehkräfte. Bei großen, breiten Schleifscheiben und besonders bei hohen Umfangsgeschwindigkeiten ist daher das Auswuchten äußerst wichtig.

Zum statischen Auswuchten wird die Schleifscheibe auf eine Auswuchtwaage oder einen Abrollbock gelegt **(Bild 1)**. Die Ausgleichgewichte werden in der Ringnut verschoben, bis die Schleifscheibe in jeder Lage in Ruhe bleibt.

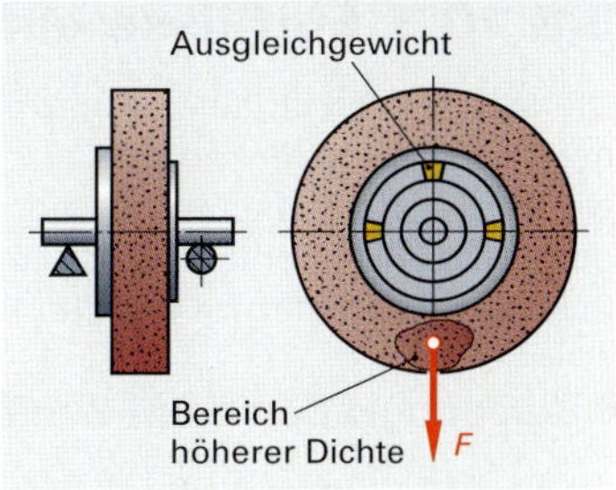

Bild 1: Statisches Auswuchten

Abrichten (Bild 2)

Das Abrichten von Schleifkörpern hat zwei Ziele:

- **Profilieren,** um Profile, Radien und Maße innerhalb der Toleranzen zu erreichen. Bei frisch aufgespannten Schleifscheiben muss auch der Rund- und Planlauf verbessert werden.
- **Schärfen,** um durch den Abtrag der Bindung den Spanraum zu vergrößern und um den Eingriff der Schleifkörner zu verbessern.

Korund- und Siliciumcarbid-Schleifscheiben sind nach dem Profilieren mit Abrichtwerkzeugen aus Diamant oder Stahl bereits ausreichend geschärft **(Bild 3)**. Diamant- oder CBN-Schleifscheiben werden mit Siliciumcarbid-Abrichtscheiben oder Diamant-Profilabrichtrollen profiliert. Beim Schärfen wird mit Schärfsteinen aus Korund die Bindung abgetragen, bis der optimale Kornüberstand von etwa einem Drittel der Korngröße erreicht ist.

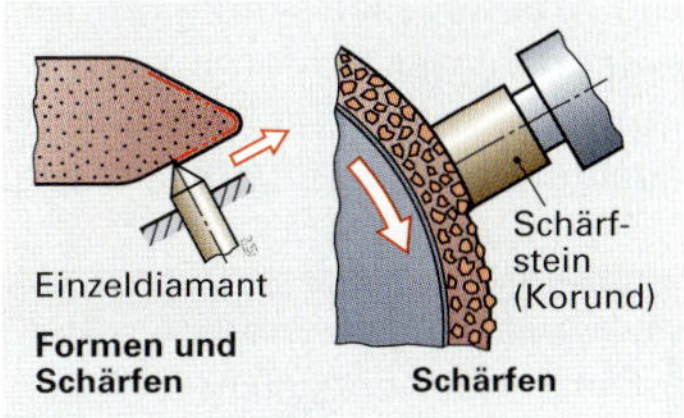

Bild 2: Abrichten

3.8.10.2 Sicherheit beim Schleifen

Die Schleifscheiben mit keramischer Bindung sind bruchempfindlich. Kommt es durch Haarrisse oder unsachgemäße Aufspannung zum Zerspringen der Schleifscheibe, werden bei einer Scheibenumfangsgeschwindigkeit von 80 m/s (entspricht 288 km/h) die wegfliegenden Bruchstücke zu einer tödlichen Gefahr. Nur wenn Sicherheitsregeln eingehalten werden, ist Schleifen ein sicheres Fertigungsverfahren.

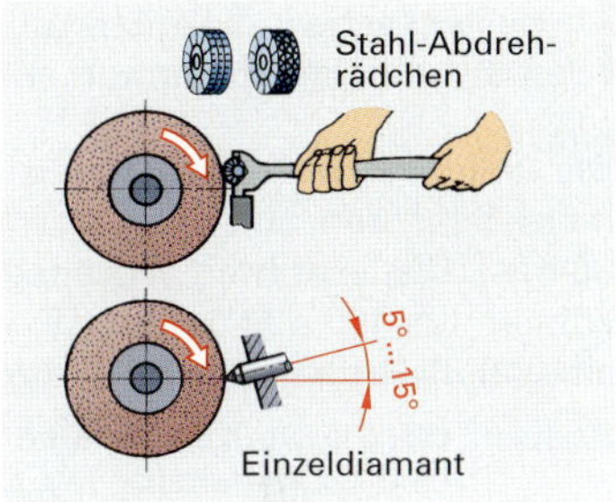

Bild 3: Abrichtwerkzeuge

Sicherheitsregeln

- Eine **Klangprobe** ist vor jedem Aufspannen einer keramischen Scheibe durchzuführen. Dabei werden kleine Schleifscheiben in der zentralen Bohrung mit dem Finger oder einem Dorn gehalten und an mehreren Stellen mit einem nichtmetallischen Gegenstand leicht angeklopft. Rissfreie Scheiben ergeben einen klaren Klang.
- Die Schleifscheiben müssen sich ohne Gewalt auf die Spindel schieben lassen.
- Der Mindestdurchmesser der **Spannflansche** beträgt bei geraden Schleifscheiben 1/3 · D, bei konischen Scheiben 1/2 · D **(Bild 4)**.
- Es dürfen nur gleich große, gleich geformte und hinterdrehte Spannflansche mit weichen, elastischen Zwischenlagen verwendet werden, um den Planlauf zu gewährleisten.
- Schleifkörper mit D > 80 mm müssen nach dem Aufspannen einen **Probelauf** von mindestens 5 Minuten im Leerlauf bei der höchstzulässigen Drehzahl im abgesicherten Gefahrenbereich bestehen.
- Die Werkstückauflage oder die Schutzhaube dürfen nur bei stillstehender Schleifmaschine nachgestellt werden **(Bild 5)**.
- Beim Schleifen muss eine **Schutzbrille** getragen werden.

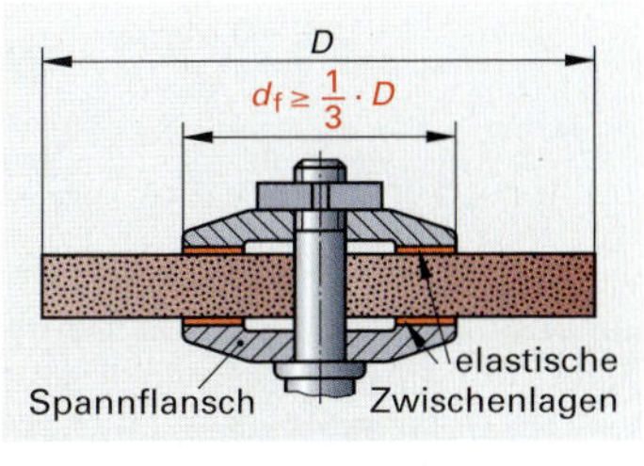

Bild 4: Aufspannen von Schleifscheiben

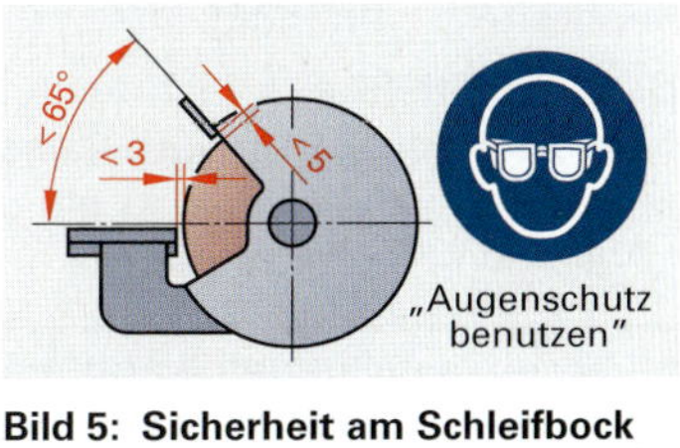

Bild 5: Sicherheit am Schleifbock

3.8.10.3 Einflüsse auf das Schleifergebnis

Die geforderten Qualitätsmerkmale von geschliffenen Werkstücken können nur erreicht werden, wenn die Schleifscheibe und die Schnittbedingungen an der Schleifmaschine sorgfältig auf das Schleifteil abgestimmt werden **(Bild 1)**.

Zerspangrößen beim Schleifen

Jedes Schleifverfahren ist durch typische Bewegungen und Zerspangrößen (Maschinen-Einstellgrößen) gekennzeichnet **(Bild 2** und **Tabelle 1)**.

Die **Arbeitsgeschwindigkeit der Schleifscheibe v_c** entspricht der Umfangsgeschwindigkeit. Auf dem Etikett ist neben der Arbeitshöchstgeschwindigkeit auch die zulässige Drehzahl angegeben.

Sicherheitsregeln

Die in der Kennzeichnung der Schleifscheibe angegebene Arbeitshöchstgeschwindigkeit darf in keinem Fall überschritten werden.

Schleifscheiben und Maschinen für erhöhte Arbeitsgeschwindigkeiten müssen den nationalen Sicherheitsvorschriften entsprechen.

Die übliche Arbeitshöchstgeschwindigkeit beträgt beim Schleifen auf ortsfesten Schleifmaschinen 35 m/s. Die erhöhten Arbeitsgeschwindigkeiten können bis 160 m/s gehen. Diese Schleifscheiben sind durch Farbstreifen gekennzeichnet **(Tabelle 2)**.

Beispiel: Welche Drehzahlen sind einzustellen, damit eine Schleifscheibe mit D_{max} = 450 mm auch noch bei D_{min} = 250 mm mit v_c = 35 m/s läuft?

Lösung: $n_s = \frac{v_c}{\pi \cdot D}$

$$n_{smin} = \frac{35 \cdot 60 \text{ m/min}}{\pi \cdot 0{,}45 \text{ m}} = \mathbf{1486/min}$$

$$n_{smax} = \frac{35 \cdot 60 \text{ m/min}}{\pi \cdot 0{,}25 \text{ m}} = \mathbf{2675/min}$$

Die **Vorschubgeschwindigkeit v_f** (Werkstückgeschwindigkeit) entspricht beim Planschleifen der Tisch-Vorschubgeschwindigkeit und beim Rundschleifen der Werkstück-Umfangsgeschwindigkeit.

Der **Quervorschub *f*** in mm je Hub bzw. beim Rundschleifen der **Längsvorschub *f*** in mm je Werkstückumdrehung ist von der Schleifscheibenbreite b_s abhängig.

Die **Zustelltiefe *a* (a_e)** ist der Arbeitseingriff senkrecht zur Hauptvorschubrichtung. Das Fertigschleifen ohne Zustellung wird als „Ausfunken" oder „Ausfeuern" bezeichnet.

Große Zustellungen wählt man beim Vorschleifen, kleine Zustellungen beim Fertigschleifen.

Schleifeinflüsse

Werkstück	Schleifscheibe	Schnittbedingungen
Form Werkstoff	Körnung Härte Form	Schleifverfahren Zerspangrößen Kühlung

⇩

Wirkungen im Schleifprozess

Spanbildung Kornverschleiß	Schleifkräfte Schleifwärme

⇩

Bewertung von Schleifergebnissen

Arbeitsqualität	Wirtschaftlichkeit
Maßgenauigkeit Formgenauigkeit Oberflächengüte Gefügezustand in der Randzone	Bearbeitungszeit Werkstoffabtrag Scheibenabtrag Abrichtkosten

Bild 1: Einflüsse und Schleifergebnisse

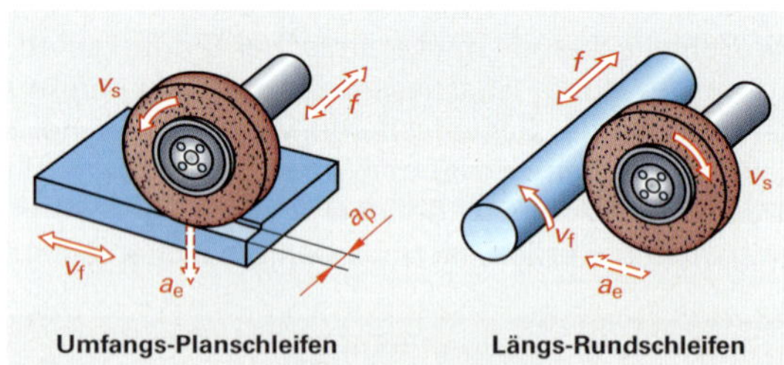

Bild 2: Zerspangrößen beim Schleifen

Tabelle 1: Zerspangrößen in Abhängigkeit vom Schleifverfahren

Zerspangrößen	herkömmliches Schleifen	Hochgeschwindigkeitsschleifen	Tiefschleifen
v_c in m/s	20 … 25	80 … 280	10 … 35
v_f in m/min	4 … 40	1 … 4	0,003 … 0,3
$q = v_s : v_f$	20 … 120	500 … 7000	500 … 200000
a in mm	0,002 … 0,1	0,01 … 20	0,5 … 20

Tabelle 2: Zulässige erhöhte Arbeitsgeschwindigkeiten

Farbstreifen	blau	gelb	rot	grün
v_{szul} in m/s	50	63	80	100

Das **Geschwindigkeitsverhältnis *q*** ist ein Maß für die Spanungsdicke und damit auch für die Kornbelastung.

$$q = \frac{v_c}{v_f} \qquad \frac{m/s}{m/s}$$

Dünne Späne entstehen bei hohen Geschwindigkeitsverhältnissen und auch bei großen Kontaktlängen, z.B. beim Tiefschleifen, Seitenschleifen und Innenschleifen **(Bild 1)**.

Das Geschwindigkeitsverhältnis q wird entsprechend dem Schleifverfahren und dem Werkstoff ausgewählt **(Tabelle 1, vorherige Seite** und **Tabelle 1)**.

Beispiel: Eine Stahlwelle wird mit einer Arbeitsgeschwindigkeit von 35 m/s geschliffen (q = 125). Wie groß ist die Umfangsgeschwindigkeit v_f der Welle?

Lösung: $v_f = \frac{v_c}{q} = \frac{35\,\frac{m}{s}}{125} = 0{,}28\,\frac{m}{s} = \mathbf{16{,}8\,\frac{m}{min}}$

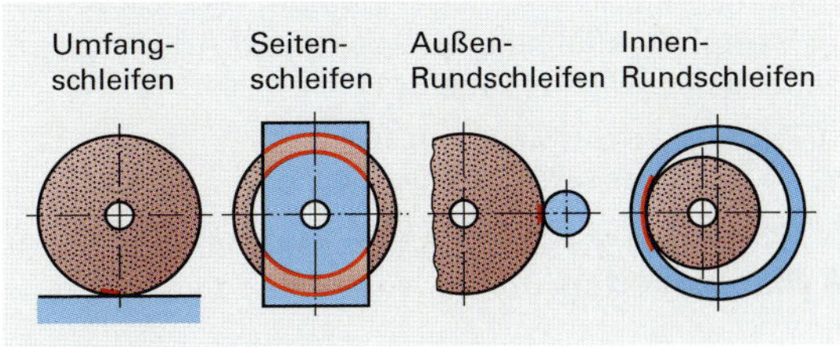

Bild 1: Kontaktlänge in Abhängigkeit vom Schleifverfahren

Eine Erhöhung der Vorschubgeschwindigkeit bei konstanter Arbeitsgeschwindigkeit vergrößert den Scheibenverschleiß und die Rautiefe und vermindert die Randzonentemperatur.

Tabelle 1: Geschwindigkeitsverhältnis *q* (herkömmliches Schleifen)

Werkstoff	Planschleifen		Rundschleifen	
	Umfangs-schleifen	Seiten-schleifen	außen	innen
Stahl	80	65	130	80
Gusseisen	70	60	110	65
Cu, Cu-Leg.	55	40	90	50
Leichtmetall	45	35	45	30

Schleifwärme und Kühlschmierung

Beim Schleifen entsteht viel Wärme durch die Kornreibung bei der Spanbildung. In der Werkstückrandzone können dadurch Temperaturen von über 1 000 °C auftreten.

Die Schleifwärme verursacht Schleifschäden wie Maßabweichungen, Spannungen und Rissbildung infolge der Temperaturwechsel in der Schleifzone **(Bild 2)**. Brandflecken sind ein Zeichen dafür, dass in der Werkstückrandzone das Werkstoffgefüge durch Überhitzung geschädigt wurde. Als Folge hoher Schleiftemperaturen kann auch eine Weichhautschicht und danach durch die abschreckende Wirkung des Kühlmittels eine Neuhärtung an der Oberfläche entstehen **(Bild 3, Seite 214)**.

Geringe Randzonentemperaturen sind erreichbar durch:

- kleine Zustellung und kleine Kontaktlänge
- kleines Geschwindigkeitsverhältnis q
- Schleifkörper mit hoher Griffigkeit, geringer Kornhaltekraft und sprödem Korn
- intensive Kühlschmierung

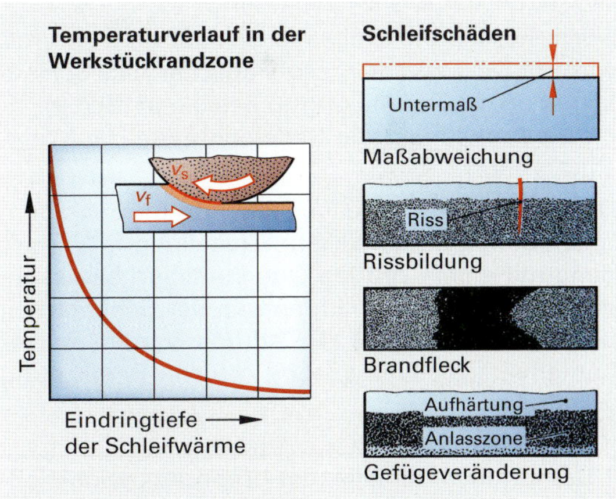

Bild 2: Schleifschäden durch Erwärmung der Randzone

Durch **Kühlschmierung** erreicht man eine Verminderung der Reibungswärme, die Reinigung der Spankammern und die Kühlung des Werkstücks. Der wirksamste Kühlschmierstoff ist Schleiföl, da es die Reibungswärme stärker verringert als Schleifölemulsion. Bei Verwendung von Schleifölemulsionen wird die Randzone wärmer und danach schroffer abgekühlt, sodass häufiger Schleifrisse auftreten.

Bei hoher Scheibengeschwindigkeit muss der Kühlschmierstoff unter hohem Druck zugeführt werden. Je niedriger die Vorschubgeschwindigkeit ist und je mehr Wärme entsteht, desto größer soll die Durchflussmenge des Kühlschmierstoffes sein.

3.8.10.4 Schleifverfahren

Benennung der Schleifverfahren

Die Benennung enthält die kennzeichnenden Merkmale des Verfahrens in der Reihenfolge Vorschubrichtung, Wirkfläche sowie Lage und Art der zu erzeugenden Fläche **(Tabelle 1)**.

Beispiele: Längs-Umfangs-Planschleifen, Quer-Außen-Profilschleifen.

Tabelle 1: Einteilung der Schleifverfahren

Merkmale		Schleifverfahren
Vorschubrichtung		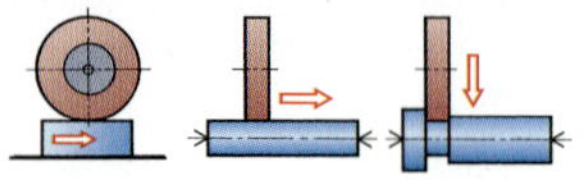 Längsschleifen, Querschleifen
Wirkfläche des Schleifkörpers		 Umfangsschleifen, Seitenschleifen
zu erzeugende Fläche	Lage	Außenschleifen, Innenschleifen
	Art	Planschleifen, Rundschleifen
		 Profilschleifen, Formschleifen
Schnittgeschwindigkeit		herkömmliches Schleifen, Höchstgeschwindigkeitsschleifen
Zustellung		Pendelschleifen, Tiefschleifen
Rauigkeit		Vor-, Fertig-, Feinstschleifen

Planschleifen

Seiten-Planschleifen

Beim Seiten-Planschleifen sind die Spankammern selten groß genug, um die Späne in der großen Kontaktzone aufzunehmen (**Bild 1** und **Bild 1, vorherige Seite)**. Die Folgen davon sind: hoher Schleifdruck, hohe Leistungsaufnahme und geringe Schleifqualität. Um die Kontaktlänge zu verkleinern, kann man die Schleifspindel um 0,5° bis 3° aus der Senkrechten schwenken (Bild 1).

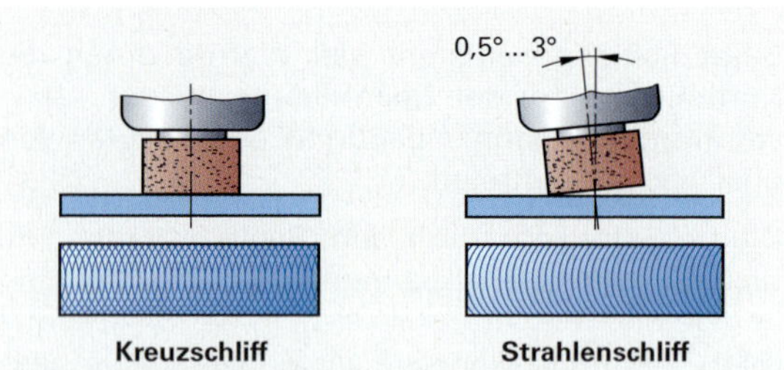

Bild 1: Schliffbild beim Seiten-Planschleifen

Umfangs-Planschleifen

Beim Umfangsschleifen wird die Zerspanungsarbeit von den Körnern am Umfang geleistet. Die Kontaktlänge ist klein, sodass die Spankammern der Schleifscheibe selten vollgepresst werden und sich auch durch die Fliehkraft und den Druck des Kühlschmierstoffes leicht reinigen.

Durchmesser und Breite der Scheibe sind so groß wie möglich zu wählen, um möglichst viele Schleifkörner an der Zerspanung zu beteiligen **(Bild 2)**. Im Idealfall entspricht die Scheibenbreite der Werkstückbreite.

Der Quervorschub soll 1/2 bis 4/5 der Scheibenbreite betragen. Eine kleine Zustellung in Verbindung mit einem großen Quervorschub bewirken, dass alle Körner am Umfang an der Schleifarbeit beteiligt sind **(Tabelle 2)**. Dadurch werden starker Kantenverschleiß und hohe örtliche Erwärmung vermieden.

> Das Umfangsschleifen ist besonders wirtschaftlich, wenn mit möglichst großen und breiten Schleifscheiben und mit großem Quervorschub gearbeitet wird.

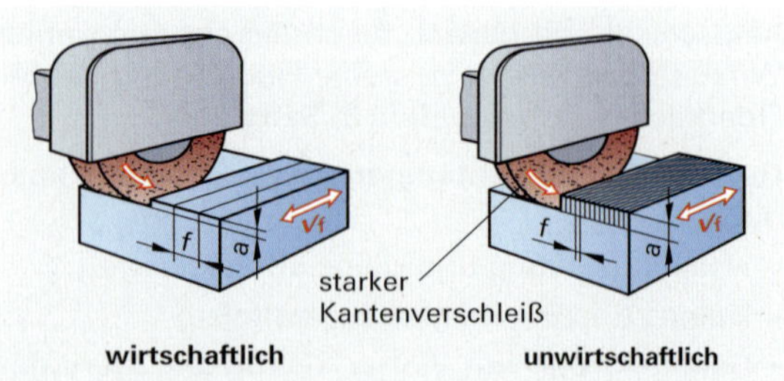

Bild 2: Einfluss von Quervorschub und Zustellung beim Planschleifen

Tabelle 2: Richtwerte zum Schleifen von Stahl und Gusseisen mit Korund oder Siliciumcarbid

Schleifverfahen	Aufmaß in mm	Körnung	Zustellung in mm	*Rz* in µm	v_c m/s	v_f m/min
Vorschleifen	0,5...0,2	14...36	0,1...0,02	25...6,3	20...35	20...30
Fertigschleifen	0,2...0,02	46...60	0,02...0,005	6,3...2,5		
Feinschleifen	0,02...0,01	80...220	0,005...0,003	2,5...1		
Feinstschleifen	0,01...0,005	800...1200	0,003...0,001	1...0,4		

Pendelschleifen und Tiefschleifen

Beim **Pendelschleifen** wird mit kleiner Zustellung und hoher Tischgeschwindigkeit mit mehreren Hin- und Herbewegungen auf volle Tiefe geschliffen **(Tabelle 1)**. Dabei muss jedesmal die Werkstückkante überfahren werden, was vor allem an den Profilspitzen zu starkem Kantenverschleiß führt. Besonders ungünstig wirken sich Überlaufwege und Scheibenverschleiß beim Profilschleifen kurzer Werkstücke aus.

Beim **Tiefschleifen** (Vollschnittschleifen) wählt man eine große Zustellung und wegen der großen Kontaktlänge eine kleine Vorschubgeschwindigkeit. Dadurch entstehen dünne Spänchen, ein kleiner Kornverschleiß und somit eine große Profilstandzeit. Das verringert deutlich die Abrichtkosten.

Die größere Schleifwärme muss durch eine höhere Kühlmittelmenge abgeführt werden. Wegen der dünnen, langen Späne sind weiche, hochporöse Schleifscheiben erforderlich.

Zur Auswahl der Schleifverfahren lässt sich feststellen:

> Das Pendelschleifen ist beim Planschleifen mit Aufmaßen unter 1 mm vorteilhaft, das Tiefschleifen ist beim Profilschleifen günstig.

Flach- und Profilschleifmaschinen (Bild 1)

Bei allen Schleifmaschinen soll die Schleifspindel eine hohe Steifigkeit und Rundlaufgenauigkeit besitzen, denn sie bestimmt die Schleifqualität hinsichtlich Welligkeit, Rautiefe und Maßhaltigkeit.

CNC-Schleifmaschinen verfügen über steuerbare Achsen (Bild 1). Die Längsbewegung in der X-Achse wird meist hydraulisch ausgeführt. Die Querbewegung des Kreuztisches (Support) und die Vertikalbewegung erfolgen über Servomotoren.

CNC-Streckensteuerungen ermöglichen das Nutenschleifen, Profilschleifen im Einstechverfahren und das Abrichten mit automatischer Maßkompensation **(Bild 2)**.

CNC-Bahnsteuerungen mit vier und mehr gleichzeitig steuerbaren Achsen erweitern die Schleifmöglichkeiten (Bild 2):

- Gekrümmte Bahnkurven in Tischlängsrichtung
- Bahngesteuertes Formschleifen von Profilen
- Bahngesteuertes Abrichten (Profilieren) von Schleifscheiben mit Diamant-Abrichtern

> CNC-Steuerungen automatisieren Schleif- und Abrichtvorgänge.

Tabelle 1: Vergleich Pendelschleifen – Tiefschleifen (Vollschnittschleifen)

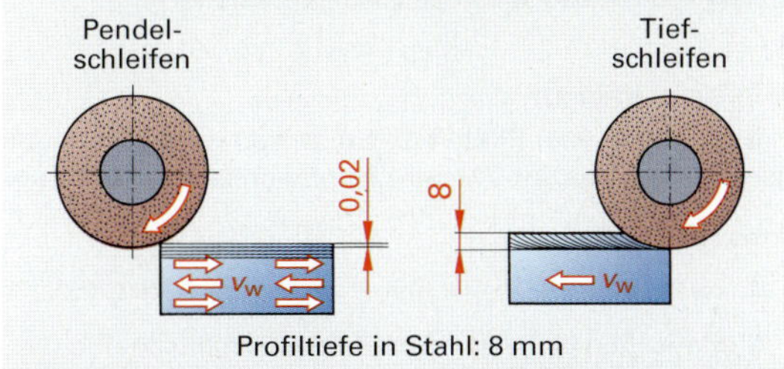

Vergleich einer Schleifarbeit		
Merkmale	Pendelschleifen	Tiefschleifen
Überschliffe	400	1
Zustellung	0,02 mm	8 mm
Vorschub-geschwindigkeit	250 mm/s	1 mm/s
Spanform	dick, kurz	dünn, lang
Kantenverschleiß	größer	kleiner
Profilabweichung	größer	kleiner

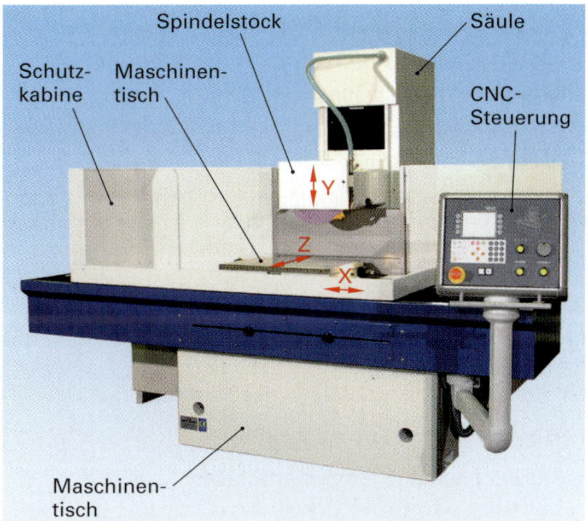

Bild 1: Flach- und Profilschleifmaschine

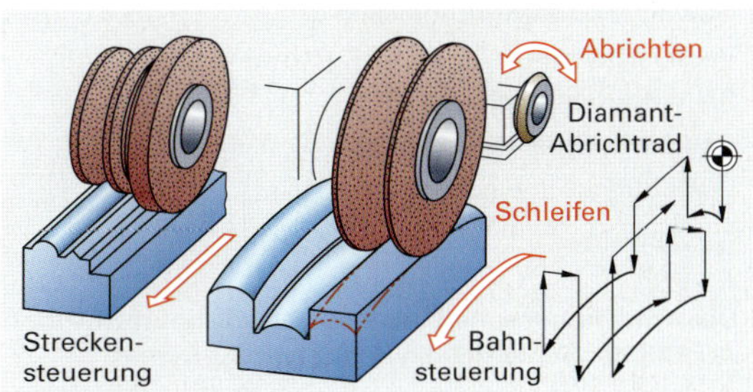

Bild 2: CNC-Profilschleifen

Arbeitsplanung beim Plan- und Nutenschleifen

Als Planungsgrundlagen dienen die Richtwerte und Empfehlungen auf den Seiten 200 bis 206 sowie aus Tabellenbüchern.

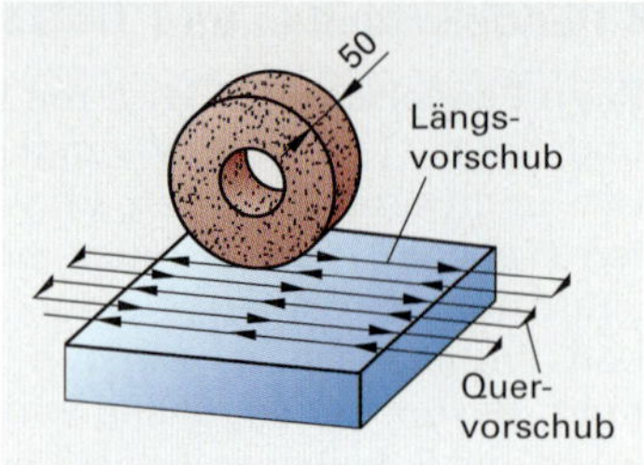

Bild 1: Planschleifen

1. Beispiel (Bild 1):

Planschleifen einer Platte aus Gusseisen mit einer Rautiefe $Rz = 4$ µm. Das Aufmaß beträgt 0,5 mm. Zu planen ist der **Arbeitsverlauf.**

Lösung:

- Auswahl einer Schleifscheibe: 350 x 50 x 27 – C/F36J-10V-35
- Aufflanschen und Auswuchten der Schleifscheibe
- Abrichten mit Einzeldiamant
- Auswahl des Kühlschmierstoffes:
  Schleiföl oder Emulsion mit 2 ... 5 % Konzentratanteil
  Das Mischungsverhältnis von Konzentrat und Wasser beträgt bei 2 %: 1 : 50 und bei 5 %: 1 : 20
- Spannen des Werkstücks auf einer Magnetspannplatte
- Planschleifen mit den gewählten Werten:
  Schnittgeschwindigkeit $v_c = 30$ m/s
  Vorschubgeschwindigkeit $v_f = 30$ m/min
  Geschwindigkeitsverhältnis (Richtwert $q = 70$)
  $$q = \frac{v_s}{v_f} = \frac{30 \cdot 60 \text{ m/min}}{30 \text{ m/min}} = 60 \text{ (zulässig)}$$
  Quervorschub je Hub: $f = 0{,}5 \cdot 50$ mm $= 25$ mm
  (Richtwert: $f = 0{,}5 \dots 0{,}66 \cdot b_s$)
  Zustellung: $a = 0{,}05$ mm
- Das Werkstück abspannen und bei Verwendung einer Permanentmagnet-Spannplatte entmagnetisieren
- Sichtprüfung der Schleiffläche auf Brandflecken oder Rattermarken sowie Prüfung der Rautiefe Rz

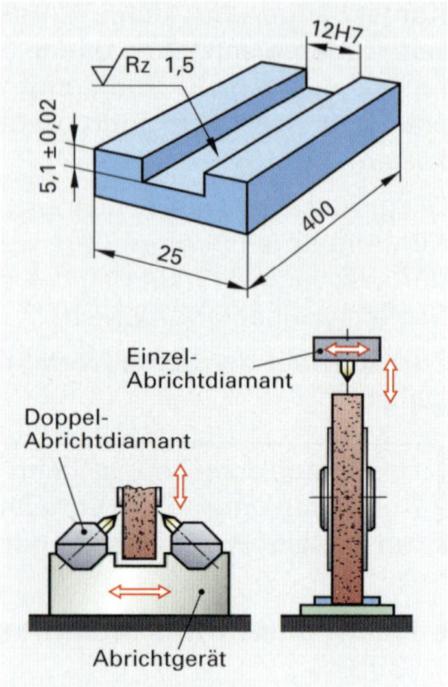

Bild 2: Schleifen einer Nut

2. Beispiel (Bild 2):

Pendelschleifen der Nut 12 H7 in eine Platte aus gehärtetem Stahl. Zu planen sind die Schleifscheibe, das Abrichten und die Einstellgrößen an der Maschine.

Lösung:

- Auswahl der geraden Schleifscheibe:
  150 x 13 x 32 – A/F46H-9V-40
- Abrichten mit Einzeldiamant und mit Doppeldiamant zum „Stufen" der Scheibenbreite auf Toleranzmitte 12,012 mm (12 H7 = 12 + 0,025)
- Gewählte Einstellgrößen **(Bild 3)**
  Vorschubweg = 400 mm + 2 · 16 mm = 432 mm
  Schnittgeschwindigkeit v_c = 30 m/s
  Geschwindigkeitsverhältnis q = 80
  Vorschubgeschwindigkeit
  $$q = \frac{v_c}{q} = \frac{30 \cdot 60 \text{ m/min}}{80} = 22{,}5 \text{ m/min}$$
  Die Vorschubgeschwindigkeit beträgt beim Ein- und Austritt der Schleifscheibe nur etwa 3,3 m/min.
  Zustellung: Vorschleifen $a_1 = 0{,}1$ mm
  Fertigschleifen $a_2 = 0{,}005$ mm

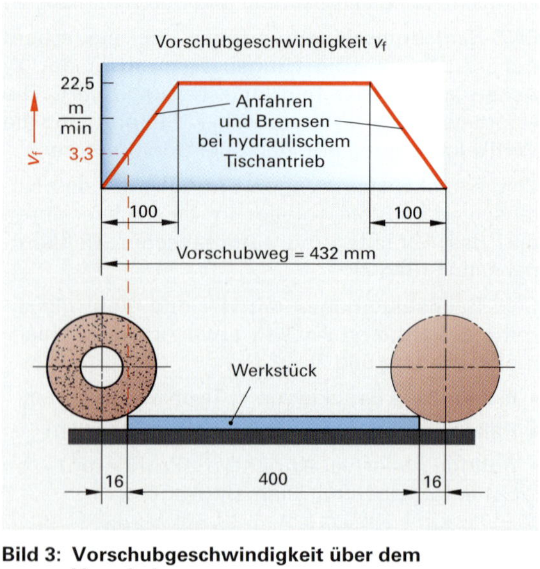

Bild 3: Vorschubgeschwindigkeit über dem Vorschubweg

Rundschleifen

Außen-Rundschleifen

Typisch für das Außen-Rundschleifen sind die sehr kurzen Kontaktlängen zwischen Werkstück und Schleifscheibe. Das bedeutet geringe Schleifwärme, günstige Kühlung und leichte Spanaufnahme durch die Porenräume der Schleifscheibe.

Beim **Längsschleifen** wird über den Längsvorschub des Werkstückschlittens das Werkstück an der Schleifscheibe entlanggeführt **(Bild 1)**. Bei durchgehend zylindrischen Werkstücken soll die Schleifscheibe am Ende eines Hubes etwas überlaufen, da sonst das Werkstückende einen größeren Durchmesser behält.

> Lange Werkstücke werden durch die Schleifkräfte stark abgedrängt und müssen durch Setzstöcke abgestützt werden.
> Der Längsvorschub sollte beim Vorschleifen 2/3 ... 3/4 der Scheibenbreite betragen, beim Fertigschleifen 1/4 ... 1/2.

Beim **Einstechschleifen** (Quer-Rundschleifen) erfolgt die Zustellung der Schleifscheibe stetig bis zum Erreichen des Fertigmaßes am Werkstück **(Bild 2)**. Die Schleifscheibe ist etwas breiter als das Werkstück, sodass der Längsvorschub entfällt. Längere Werkstücke werden zunächst abschnittsweise auf Fertigmaß „eingestochen", um sie danach durch 1 ... 2 Längsschleifhübe ohne Zustellung zu glätten. Beim Schräg-Einstechschleifen wird die Scheibe um 30° schräggestellt, um hohe Bundflächen planschleifen zu können.

> Das Einstechschleifen ist durch sein hohes Zeitspanvolumen sehr wirtschaftlich.

Innen-Rundschleifen (Bild 3)

Im Gegensatz zum Außen-Rundschleifen ergeben sich in Bohrungen größere Kontaktlängen zwischen Schleifkörper und Werkstück. Die Folgen sind dünne, lange Späne, die zum Vollpressen der Spankammern führen. Die Schleifkörper sind durch die Bohrung im Durchmesser begrenzt und ändern daher beim Schleifen rasch ihr Maß. Werkstück und Schleifspindel dürfen keinen großen Schleifkräften ausgesetzt werden. Entsprechend klein sind die Schleifkörperbreite und die Zustellung zu wählen.

> Der Schleifkörperdurchmesser soll 6/10 bis 8/10 des Bohrungsdurchmessers betragen.
> Günstig sind möglichst große, offenporige Schleifkörper mit grober Körnung und kleiner Härte.

Spitzenlosschleifen (Bild 4)

Beim **Spitzenlos-Durchlaufschleifen** wird das Werkstück zwischen Auflage, Schleifscheibe und Regelscheibe geführt und in einem Durchlauf geschliffen. Die Schleifscheibe führt die Spanungsarbeit aus, während die langsamer laufende gummigebundene Regelscheibe durch ihre Neigung um 2° bis 15° den Vorschub bewirkt. Das Werkstück dreht sich etwa mit der Umfangsgeschwindigkeit der Regelscheibe. Das Verfahren eignet sich gut für zylindrische Teile ohne Ansatz, z. B. für Zylinderstifte.

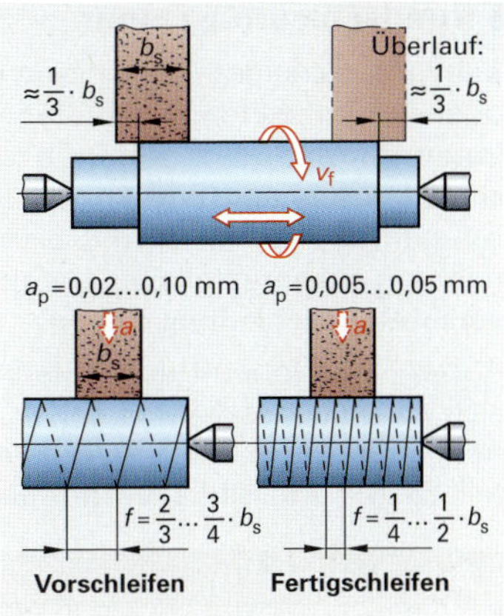

Bild 1: Längsschleifen

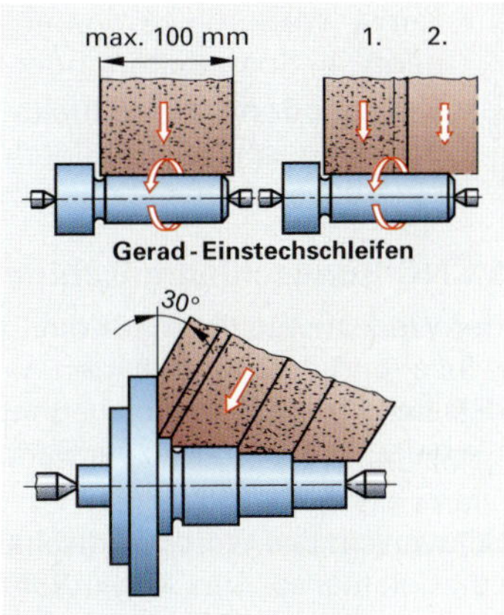

Bild 2: Einstechschleifen

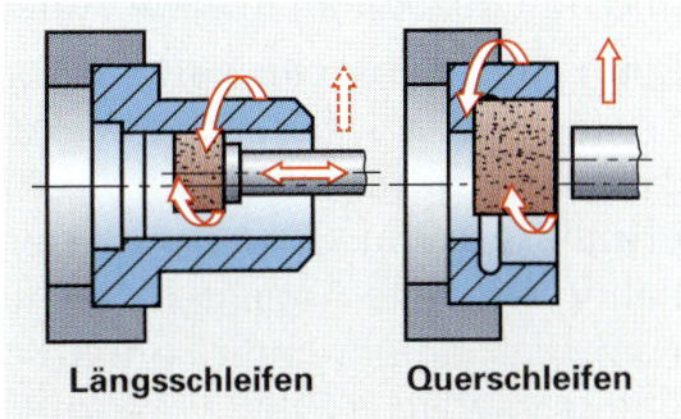

Bild 3: Innen-Rundschleifen

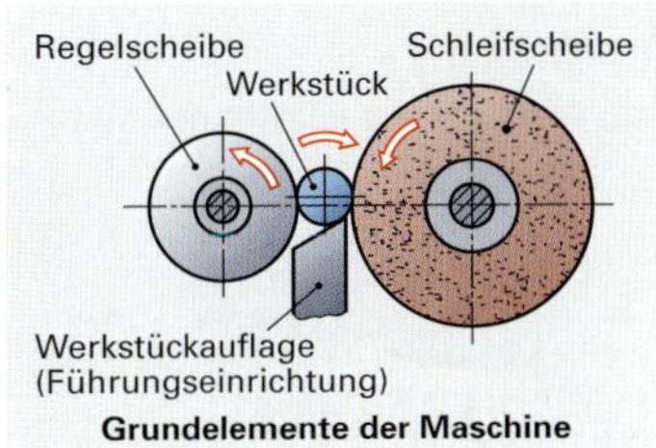

Bild 4: Spitzenlosschleifen

Rundschleifmaschinen

Man unterscheidet, je nachdem ob nur Bohrungen oder Außenflächen geschliffen werden, zwischen **Innen-Rundschleifmaschinen** und **Außen-Rundschleifmaschinen (Bild 1)**. Außen-Rundschleifmaschinen, die zusätzlich mit einer Innenschleifeinrichtung ausgerüstet sind, bezeichnet man als **Universal-Rundschleifmaschinen**.

Außen- und Innen-Rundschleifmaschinen eignen sich zum Längsschleifen oder Querschleifen, das man in Gerad- und Schräg-Einstechschleifen unterteilt **(Bild 4** und **Bild 2, vorherige Seite)**.

Arbeitsregeln

Das **Spannen** der sich drehenden Werkstücke ist von der Abdrängung durch die Schleifkräfte bestimmt:

- **Kurze Werkstücke** spannt man meist „fliegend“ in Spannfuttern oder Spannzangen.
- **Lange, dünne Werkstücke** werden zwischen Spitzen gespannt und durch Setzstöcke gegen die Abdrängkräfte abgestützt.

CNC-Rundschleifmaschinen

Der Werkstückschlitten für die Längsbewegung (Z-Achse) und der Querschlitten mit dem Schleifspindelstock für die Zustellbewegung (X-Achse) bilden die beiden Hauptachsen der Bahnsteuerung **(Bild 2)**.

Die wichtigste Hilfsachse ist die B-Achse zum Schwenken des Werkstücktisches oder des Schleifspindelstockes, um Kegel schleifen zu können. Über die B-Achse können auch die Schwenkwinkel der Schleifeinheit mit mehreren Spindeln programmiert werden **(Bild 3)**. Das ermöglicht das Außen- und Innenschleifen in einer Aufspannung.

Beim CNC-Schleifen können mit nur einer Scheibenform unterschiedliche Werkstückformen bahngesteuert geschliffen werden (Bild 4). Auch das Profilieren von Schleifscheiben wird durch das bahngesteuerte Abrichten sehr flexibel, d. h., mit einem Diamantabrichter können an Schleifscheiben unterschiedliche Profile geformt werden **(Bild 5)**.

Mit CNC-Steuerungen können die Schleifprozesse optimiert, automatisiert und überwacht werden.

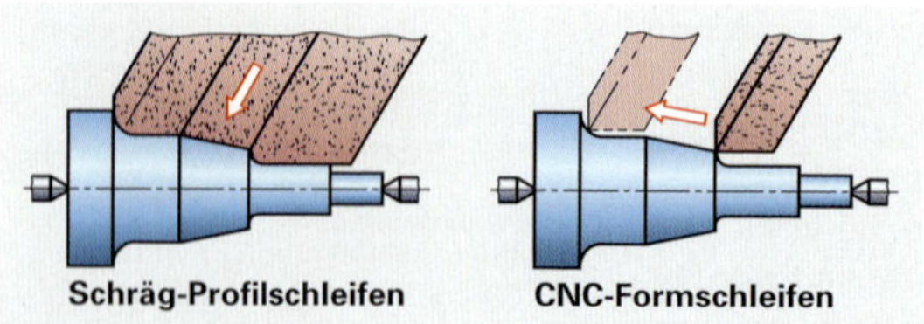

Bild 4: Profilschleifen

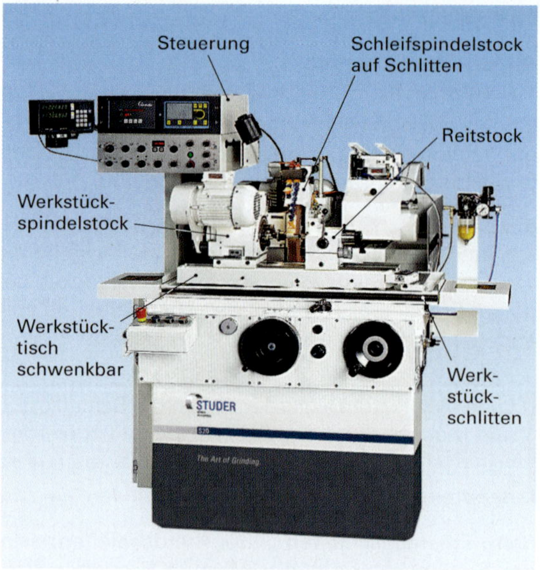

Bild 1: Außen-Rundschleifmaschine

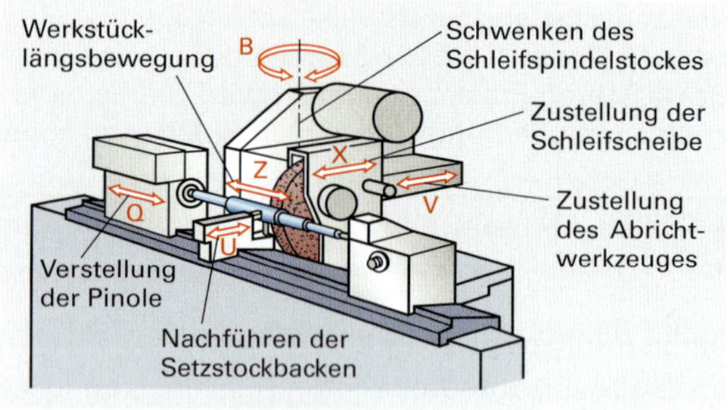

Bild 2: Verfahrbewegungen an einer CNC-Rundschleifmaschine

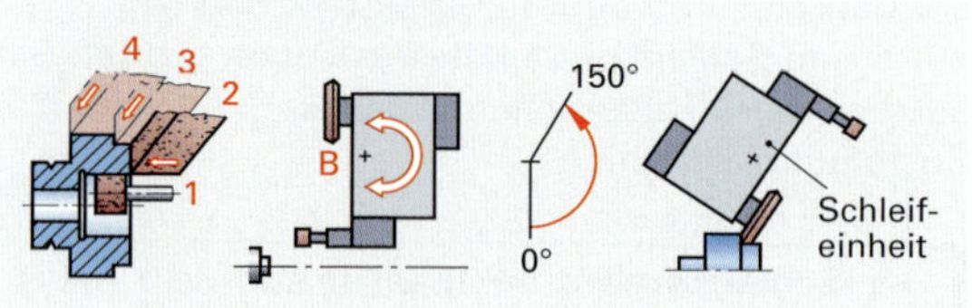

Bild 3: CNC-Doppelspindel-Schleifeinheit

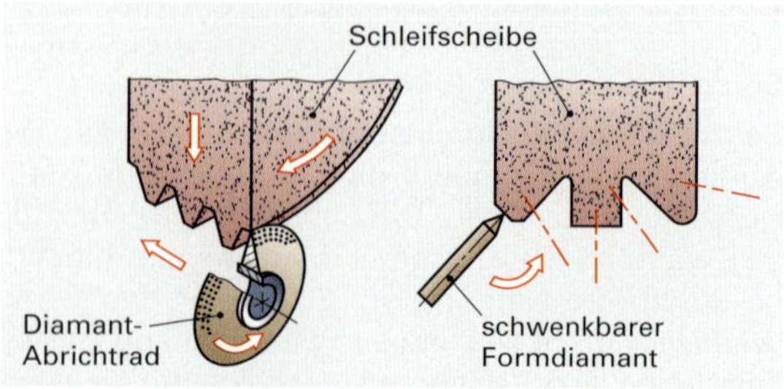

Bild 5: Bahngesteuertes Profilieren

Arbeitsplanung beim Rundschleifen

1. Beispiel (Bild 1):

Schräg-Einstechschleifen eines Spindeleinsatzes. Zu planen ist der Arbeitsablauf.

Lösung:

- Spannen des Werkstückes im Dreibackenfutter
- Abrichten der abgeschrägten Schleifscheibe
- Positionieren des Werkstückes zur Schleifscheibe
- Vorschleifen des Durchmessers (Aufmaß: 0,3 mm)
- Planschleifen der Schulter (Aufmaß: 0,1 mm)
- Rückzug von der Planschulter
- Fertigschleifen des Durchmessers

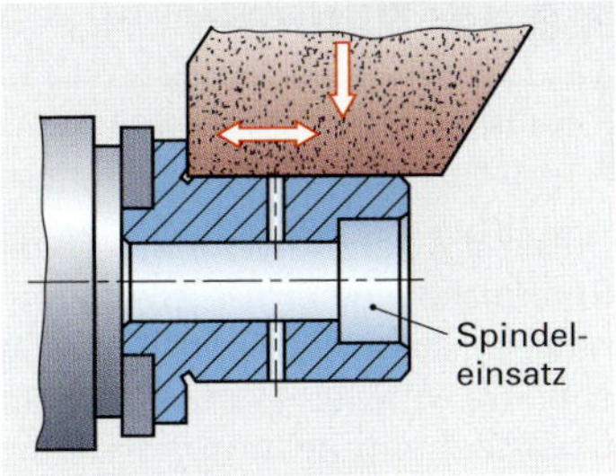

Bild 1: Einstechschleifen

2. Beispiel (Bild 2):

Bohrungsschleifen an Kugellagerinnenringen aus gehärtetem Chromstahl. Eine Schleifscheibe (Schnittgeschwindigkeit: 25 m/s) sowie die Einstellgrößen an der Maschine sind auszuwählen.

Lösung:

- Auswahl der Schleifscheibe: 37 x 16 x 10 – A/F100K-6V-60
  Gewählte Einstellgrößen:
- Geschwindigkeitsverhältnis $q = 80$ **(Tabelle 1, Seite 205)**
- Vorschubgeschwindigkeit $v_f = \frac{v_c}{q} = \frac{25 \cdot 60 \text{ m/min}}{80} = 18{,}75 \text{ m/min}$
- Werkstückdrehzahl $n_w = \frac{v_f}{\pi \cdot d} = \frac{18{,}75 \text{ m/min}}{\pi \cdot 0{,}04 \text{ m}} = 149/\text{min}$

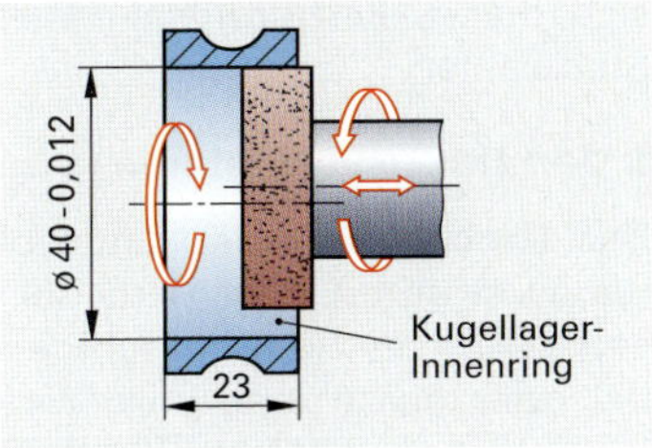

Bild 2: Bohrungsschleifen

3. Beispiel (Bild 3):

Längsschleifen einer Stahlwelle mit der Schleifzugabe $z = 0{,}5$ mm. Zu planen ist die Werkstückdrehzahl n_w und die Tischgeschwindigkeit v_T.

Lösung:

- Tischgeschwindigkeit $v_T = 1/3 \cdot b \cdot n_w$
  ($1/3 \cdot b$ = gewählter Längsvorschub je Umdrehung)
  Die Scheibenbreite wird mit $b = 80$ mm gewählt.
- Werkstück-Vorschubgeschwindigkeit $v_f = 10$ m/min (gewählt)
- Werkstückdrehzahl $n_w = \frac{v_f}{\pi \cdot d} = \frac{10 \text{ m/min}}{\pi \cdot 0{,}095 \text{ m}} = 33{,}5/\text{min}$
- Tischgeschwindigkeit $v_T = \frac{1}{3} \cdot b_s \cdot n_w = \frac{1}{3} \cdot 80 \text{ mm} \cdot 33{,}5 \frac{1}{\text{min}}$

  $v_T = 893 \text{ mm/min}$

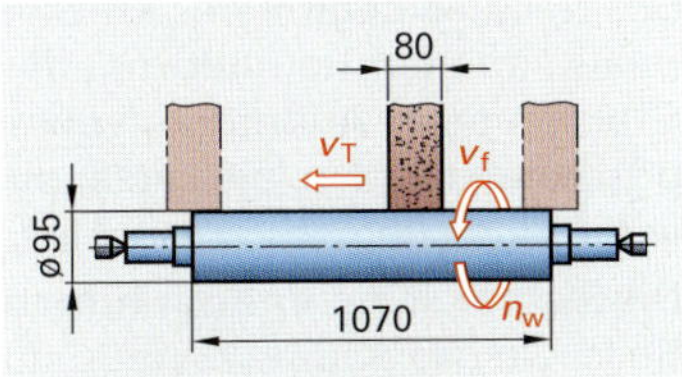

Bild 3: Längsschleifen

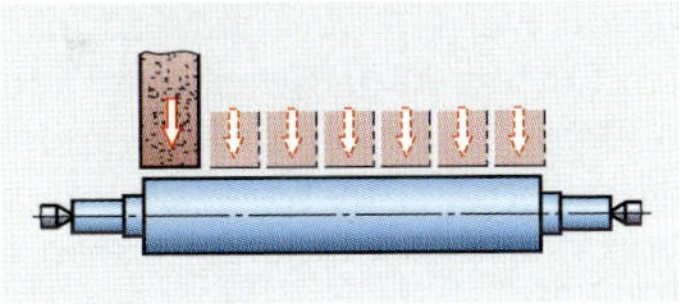

Bild 4: Einstechschleifen

Wiederholung und Vertiefung

1 Welche Rautiefe kann mit der Körnung 60 etwa erreicht werden?
2 Welche Aufgabe hat die Bindung einer Schleifscheibe?
3 Welche Vorteile haben keramische Bindungen beim Profilschleifen?
4 Was versteht man unter der Härte einer Schleifscheibe?
5 Warum ist der Verschleiß auch von der Scheibenhärte abhängig?
6 Warum verwendet man für harte Werkstoffe weiche Schleifscheiben und für weiche Werkstoffe harte Schleifscheiben?
7 Warum werden beim Bohrungs- und Tiefschleifen offenporige Schleifscheiben empfohlen?
8 Warum müssen Schleifscheiben abgerichtet werden?
9 Welche Unfallverhütungsvorschriften sind beim Prüfen und Aufspannen der Schleifscheiben zu beachten?
10 Welche Auswirkungen hat eine große Schleifwärme auf das Werkstück?
11 Welchen Vorteil hat das abschnittsweise Einstechschleifen **(Bild 4)** gegenüber dem Längsschleifen (Bild 3)?

3.8.11 Räumen

Räumen ist ein spanendes Verfahren mit mehrschneidigem Werkzeug. Dabei erhält das Werkstück eine bestimmte Kontur, die im Räumwerkzeug vorgegeben ist.

Durch die versetzten Schneiden kann bei geringer Spandicke eine große Zustellung in einem Arbeitsgang erreicht werden **(Bild 1)**. Dadurch können besonders schwierig herzustellende Profile mit hoher Oberflächengüte und Formgenauigkeit in kurzer Zeit hergestellt werden. Da das Räumwerkzeug nur für eine bestimmte Form zu verwenden ist, eignet sich dieses Fertigungsverfahren nur für große Stückzahlen.

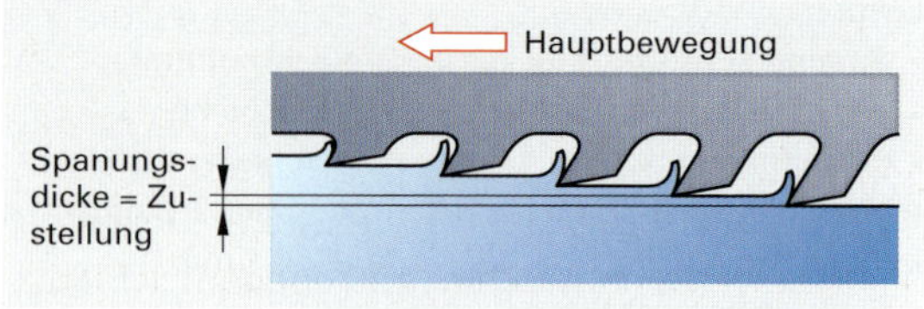

Bild 1: Schneidengeometrie eines Räumwerkzeuges

Verfahrensvarianten

Das **Druckräumen** ist das technisch einfachste Räumverfahren. Hier wird der **Räumdorn** durch den Stößel der Räummaschine am Werkstück vorbei oder durch eine vorgefertigte Öffnung des Werkstückes gedrückt **(Bild 2)**. Es ist für die Klein- und Mittelserienfertigung besonders geeignet.

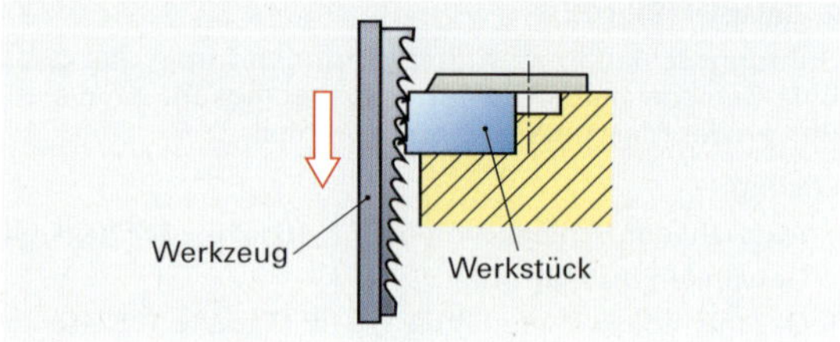

Bild 2: Räumdorn

Der Nachteil liegt in der Knickbeanspruchung des relativ dünnen Räumdorns, die der Belastbarkeit Grenzen setzt. Außerdem können nur Werkstücke bearbeitet werden, die kürzer sind als die maximale Hubhöhe der Räummaschine.

Dieses spielt beim **Zugräumen** kaum noch eine Rolle. Da das Räumwerkzeug durch Zug höher belastbar ist, können größere Schnittgeschwindigkeiten als beim Druckräumen eingestellt werden. Dadurch werden geringere Stückzeiten erreicht und ein Einsatz in der Massenfertigung lohnt trotz des höheren technischen Aufwands bei Werkzeug und Maschine. Das Werkzeug zum Zugräumen von Werkstück-Innenkonturen ist die **Räumnadel (Bild 3)**.

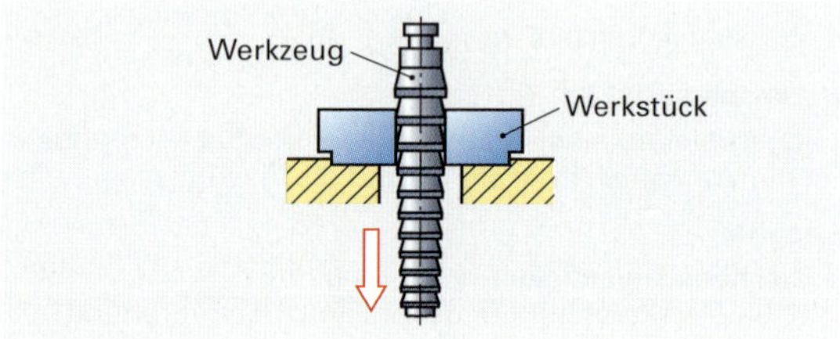

Bild 3: Räumnadel

Ein spezielles Verfahren zum Zugräumen von Außenkonturen ist das **Kettenräumen**. Hier wird das Werkstück von Werkstückträgern, die an einer Kette befestigt sind, aufgenommen und an der feststehenden **Räumplatte (Bild 4)** vorbeigezogen.

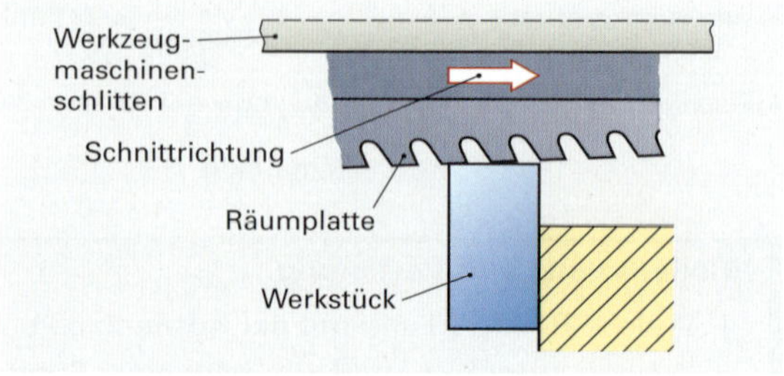

Bild 4: Räumplatte beim Planräumen

Schraubräumen ist ein dem Gewindebohren ähnliches Spanungsverfahren. Das Werkstück wird drehbar gelagert und durch die schraubenförmig angeordneten Zahnflanken des Räumwerkzeuges so gedreht, wie es die Steigung vorgibt. Ebenso findet es bei der Herstellung von Außengewindeflächen Anwendung.

Beim **Formräumen** führt das Werkzeug eine gesteuerte, kreisförmige Schnittbewegung aus. So können Formflächen erzeugt werden. Wird zusätzlich das Werkstück um seine Achse gedreht, heißt das Verfahren **Drehräumen**.

Durch die Lage der Profile und Flächen unterscheidet man **Innen- und Außenräumen (Bild 5)**.

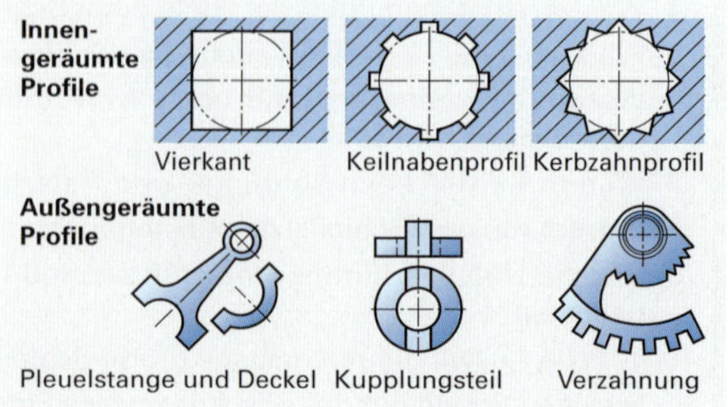

Bild 5: Einige durch Räumen gefertigte Profile

Räummaschinen

Auf der Räummaschine wird das mehrschneidige Werkzeug an der zu bearbeitenden Werkstückfläche vorbeigedrückt oder -gezogen. Dabei wird die Fläche in einem Arbeitsgang fertiggestellt.

Die Schnittbewegung wird je nach Verfahren meistens vom Werkzeug, manchmal auch vom Werkstück, ausgeführt. Durch die Schnittgeschwindigkeit kann die Oberflächenrauheit beeinflusst werden. Die Zustellung ist durch das Räumwerkzeug vorgegeben.

Die Arbeitswerte für die Bearbeitung sind abhängig vom Material des Werkstückes sowie den Schneiden des Werkzeuges. Sie werden aus Richtwerttabellen ermittelt. Je nach Aufgabe wird in Innen- oder Außenräummaschinen unterschieden. Außerdem gibt es sie in senkrechter und waagerechter Bauform.

Waagerechträummaschinen benötigen viel Platz, da sie zur Bearbeitung besonders langer Werkstücke verwendet werden **(Bild 1)**. Durch Teilung des Räumwerkzeuges, dessen Teile numerisch gesteuert nacheinander zum Einsatz gebracht werden, kann die Maschinenlänge erheblich geringer sein als das Gesamtwerkzeug.

Bild 1: Waagerecht-Außenräummaschine

Bild 2: Senkrecht-Innenräummaschine

Senkrechträummaschinen stehen oft wegen ihrer Höhe in einer Grube oder verfügen über einen erhöhten Bedienstand **(Bild 2)**.

Dies ist bei **Hebetischmaschinen** nicht mehr nötig. Hier führt das Werkstück den Arbeitshub aus. Räummaschinen werden hydraulisch betrieben und können numerisch gesteuert sein.

Werkstückeinspannung beim Innenräumen

Nachdem das Werkstück auf der Spannplatte befestigt wurde, wird das am Endstückhalter hängende Werkzeug in die Bohrung des Werkstückes eingeführt und im Schafthalter verriegelt.

Räumwerkzeuge

Räumwerkzeuge bestehen meist aus beschichtetem Schnellarbeitsstahl oder sind mit Hartmetall-Wendeschneidplatten bestückt. Damit sie nachgeschliffen werden können, ohne das Endmaß zu verlieren, sind am Ende eines jeden Räumwerkzeuges, dem Kalibrierteil, Reservezähne vorgesehen **(Bild 3)**.

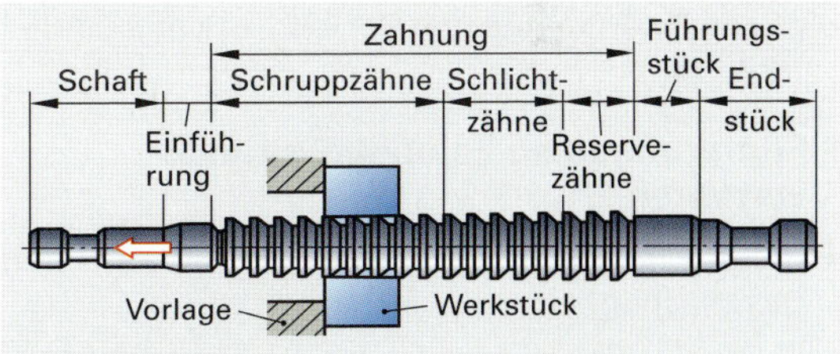

Bild 3: Prinzipieller Aufbau eines Räumwerkzeuges

Wiederholung und Vertiefung

1 Warum ist Räumen nur für Mittel- und Großserienfertigung rationell?
2 Wann spricht man von einem Räumdorn, einer Räumnadel oder einer Räumplatte?
3 Wie hängen Aufbau und Funktion eines Räumwerkzeuges zusammen?
4 Wie kann eine Waagerecht-Außenräummaschine kürzer gebaut werden als das Werkzeug?
5 Wozu dienen die Reservezähne am Räumwerkzeug?

3.8.12 Feinbearbeitung

Ein typisches Anwendungsbeispiel für die Feinbearbeitung ist die Kolbenlaufbahn in Otto- und Dieselmotoren **(Bild 1)**. Die Zylinderbohrungen in einem Motorblock müssen so bearbeitet werden, dass zwischen der Kolbenlaufbahn und dem Kolbenring gute Gleiteigenschaften entstehen.

Plateaugehonte Oberflächen ergeben ein gutes Gleitverhalten durch die kleine Rauheit der erhabenen Plateauflächen (Seite 43). Schon bei kleinem Materialabtrag ergibt sich ein hoher Materialanteil (Traganteil). Die tieferen Riefen in der Oberfläche haben die Aufgabe, Öl für die Schmierung aufzunehmen. Das Einlaufverhalten von Motoren oder Getrieben wird dadurch verbessert.

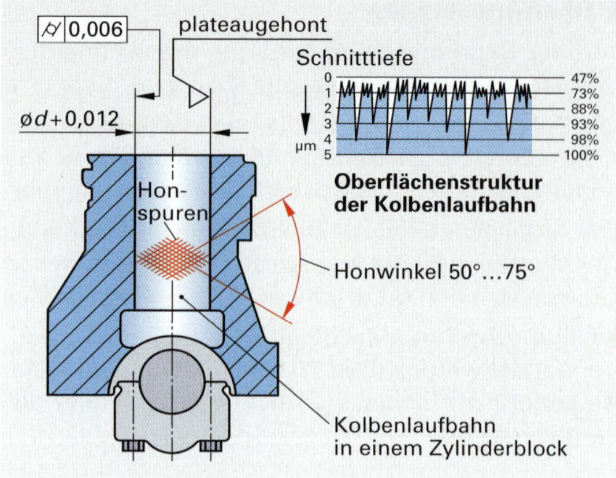

Bild 1: Feinbearbeitung einer Kolbenlaufbahn

Forderungen an Motoren (Tabelle 1)

- Hohe Belastbarkeit der Zylindergleitfläche
- Kurze Einlaufzeit bei neuen Motoren
- Geringer Verschleiß der Gleitflächen durch hohe Schmierfähigkeit und einen hohen Materialanteil **(Bild 2)**
- Niedriger Kraftstoff- und Ölverbrauch
- Vermeidung von Kolbenfressern durch gute Notlaufeigenschaft

Die Notlaufeigenschaft wird durch die Härte der Werkstoffe und durch die Spannungen oder Gefügeänderungen in der Randzone, die bei der Bearbeitung entstehen, beeinflusst. Geschliffene Teile müssen daher noch feinbearbeitet werden, um die geschädigte Randzone zu beseitigen, die durch die Schleifwärme und den Schleifdruck entstanden ist **(Bild 3)**.

Tabelle 1: Qualitätsanforderungen bei Motoren

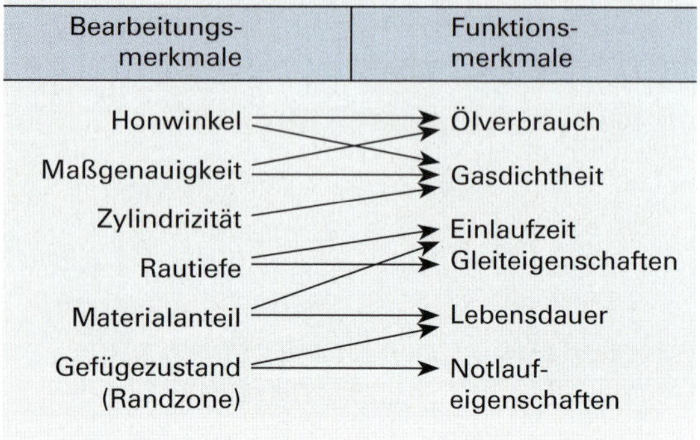

Forderungen an Feinbearbeitungsverfahren

- Hoher **Materialanteil** (Traganteil) bei Gleit- und Dichtflächen.
- Kleine **Rautiefe** zur Erhöhung des Materialanteils und der Verschleißfestigkeit. Eine Rautiefe von $Rz = 1 \dots 3$ µm ist jedoch wegen der Ölhaftung auf Gleitflächen notwendig (Bild 2).
- Hohe **Maß-, Form- und Lagegenauigkeit.** Erreichbar ist der Toleranzgrad 4 oder besser.
- **Keine Schädigung der Werkstückrandzone** durch Druck oder Wärme bei der Bearbeitung.

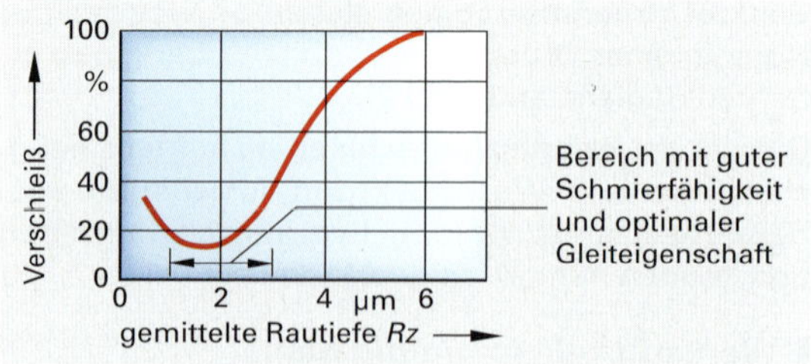

Bild 2: Einfluss der Rautiefe auf den Verschleiß von Laufflächen

> Beim Honen werden Dicht- und Gleitflächen mit sehr kleinen Druckspannungen erzielt. Diese erhöhen die Belastbarkeit und Dauerfestigkeit von Funktionsteilen.
>
> An geläppten Teilen sind in der Randzone keine Wärme- oder Druckeinflüsse erkennbar.

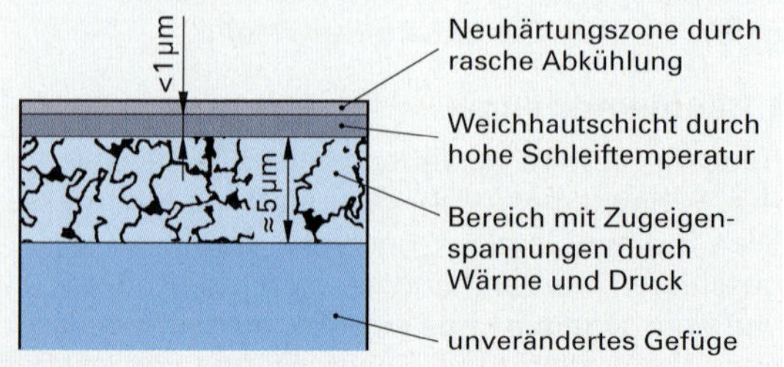

Bild 3: Durch Schleifen geschädigte Randzone

3.8.12.1 Honen

Die Bohrungen der Zylinder und Pleuel von Motoren sowie der Steuergehäuse von Hydraulikventilen benötigen verschleißarme Schmiergleitflächen **(Bild 1)**. Diese erreicht man am sichersten durch Honen, da die gehonten Flächen mit ihren gekreuzten Bearbeitungsriefen ein hervorragendes **Ölhaltevermögen** aufweisen.

> Kennzeichnend für das Honen ist die Überlagerung der Dreh- und Axialbewegung beim Werkstoffabtrag sowie die sehr geringe Erwärmung der Werkstückrandzone.

Honen ist Spanen mit gebundenem Korn unter ständiger Flächenberührung des Honsteines. Die Honverfahren werden nach der Hublänge in Langhubhonen und Kurzhubhonen unterteilt.

Langhubhonen

Beim Langhubhonen führt das Werkzeug, die Honahle, die Dreh- und Hubbewegung aus, sodass sich die erzeugten Bearbeitungsriefen unter einem vorbestimmten Winkel kreuzen **(Bild 2)**. Die Umfangsgeschwindigkeit v_t und die Axialgeschwindigkeit v_a ergeben zusammen die Schnittgeschwindigkeit v_c.

Die **Honahle** kann je nach Bohrungsgröße in radial verschiebbaren Haltern 3 bis 12 Honsteine aufnehmen. Die Zustellung der **Honsteine** erfolgt formschlüssig über Spreizkegel. Honahlen mit pneumatischen Messdüsen unterbrechen die Zustellung automatisch, wenn das Sollmaß der Bohrung erreicht ist.

Formkorrektur. Die große Überdeckung durch die relativ langen Honsteine und ihre formschlüssige Zustellung ermöglichen die Korrektur von Zylinderformfehlern bei Bohrungen. Bei der Bearbeitung von Durchgangsbohrungen muss die Hublage und Hublänge so eingestellt werden, dass etwa ein Drittel der Honsteinlänge aus der Bohrung herausragt **(Bild 3)**. Weicht die vorbearbeitete Bohrung von der Zylinderform ab, wird der Überlauf an der engen Seite vergrößert und an der weiten Seite verkleinert **(Bild 4)**.

Wenn bei Grundlöchern der Überlauf fehlt, kann mit kurzen Honahlen und kleinen Hüben am Grund vorgehont werden.

Honvorgang. Die Honsteine werden mit einem Druck von 10 N/cm² bis 100 N/cm² an das Werkstück gedrückt. Der kleine Druck und die niedrige Schnittgeschwindigkeit (kleiner 30 m/min) lassen auch beim Schruppen die Randzonentemperatur nicht über 100 °C ansteigen.

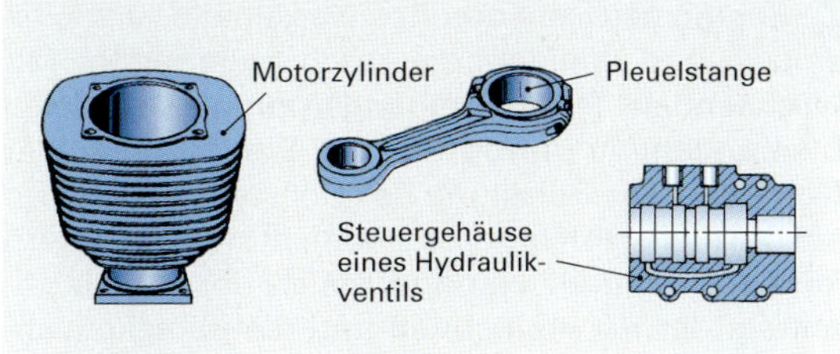

Bild 1: Typische Langhub-Honbeispiele

Bild 2: Bewegungen und Oberfläche beim Langhubhonen

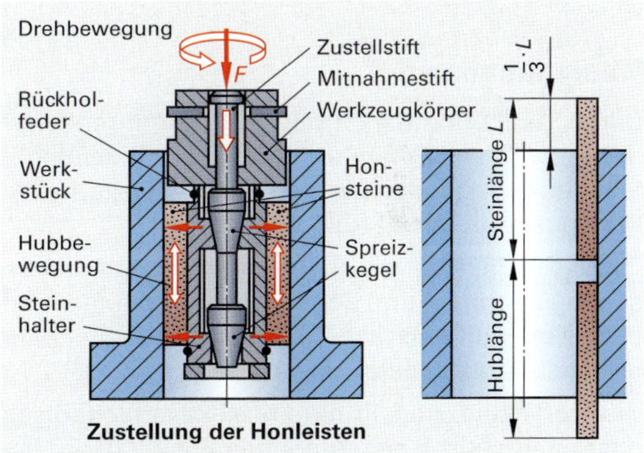

Bild 3: Zustellung und Hubbewegung der Honahle

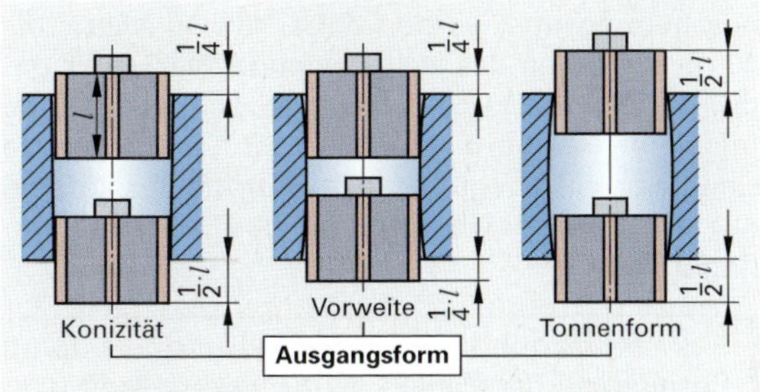

Bild 4: Einfluss des Honleistenüberlaufes auf die Bohrungsform

Zu Beginn des Honvorgangs werden die Rauheitsspitzen und Wellenberge rasch abgetragen. Mit wachsendem Flächentraganteil nimmt bei gleich bleibendem Anpressdruck die Eindringtiefe der Körner ab. Die Belastung der Honsteinkörner wird schließlich so klein, dass sie nicht mehr splittern können. Dadurch verringern sich der Werkstoffabtrag, der Honsteinabrieb und die Rauigkeitsabnahme mit der Honzeit **(Bild 1)**.

> Mit zunehmender Honzeit nehmen die Maß- und Rautiefenänderungen je Minute ab.

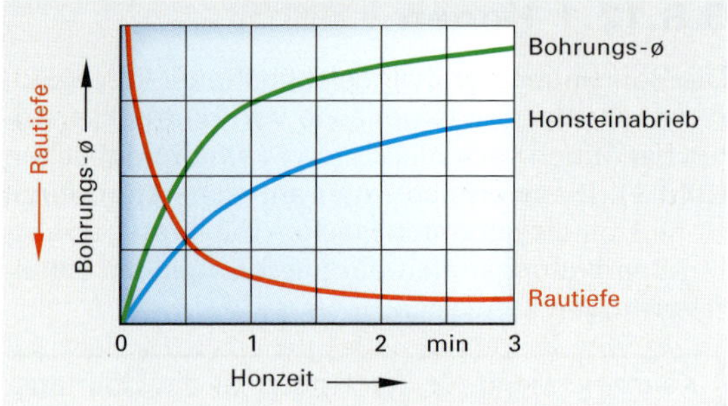

Bild 1: Einfluss der Honzeit auf Werkstoffabtrag, Honsteinabrieb und Rautiefe

Aufbau der Honsteine

Der Aufbau der Honsteine gleicht dem von Schleifscheiben. Die Honsteine sollen auch bei kleinem Anpressdruck selbstschärfend arbeiten, d.h. die Körner müssen trotz kleiner Kornbelastung splittern und ausbrechen können. Die meistverwendeten Kornarten Diamant und Bornitrid werden in den Korngrößen 20 µm bis 200 µm eingesetzt, wobei das kleinere Korn auch die kleinere Rautiefe (Rz = 0,1...10 µm) ergibt.

> Korngröße, Anpressdruck und Schnittgeschwindigkeit beeinflussen die erreichbare Oberflächengüte beim Honen.

Kurzhubhonen

Durch Kurzhubhonen (Superfinish-Verfahren) werden vorwiegend zylindrische Außenflächen feinbearbeitet, z.B. Lagerstellen von Kurbelwellen oder Wälzlagerlaufbahnen **(Bild 2)**.

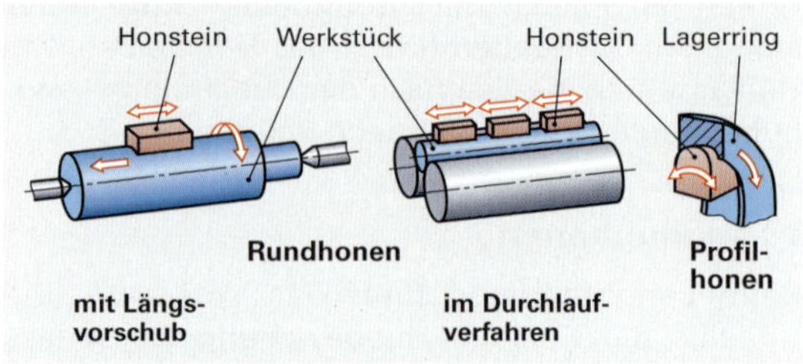

Bild 2: Verfahren des Kurzhubhonens

Durch die Beseitigung der beim Schleifen entstandenen Weichhaut und der Bearbeitungsriefen wird beim Kurzhubhonen die Dauerfestigkeit von hochbelasteten Bauteilen stark verbessert.

Die Honsteine sind in einem elektromechanisch oder pneumatisch angetriebenen Schwingkopf befestigt. Sie schwingen auf dem Werkstück in Längsrichtung mit einer Auslenkung von 1 mm bis 6 mm quer zu den Dreh- oder Schleifriefen der Vorbearbeitung und werden dabei mit 10 N/cm² bis 40 N/cm² gegen das sich drehende Werkstück gedrückt **(Bild 3)**. Durch die kurzen, schnellen Hübe mit einer Frequenz von 2300...3000/min ist die Honsteingröße begrenzt, d.h., Formfehler können nur innerhalb der Überdeckung des Honsteins verringert werden.

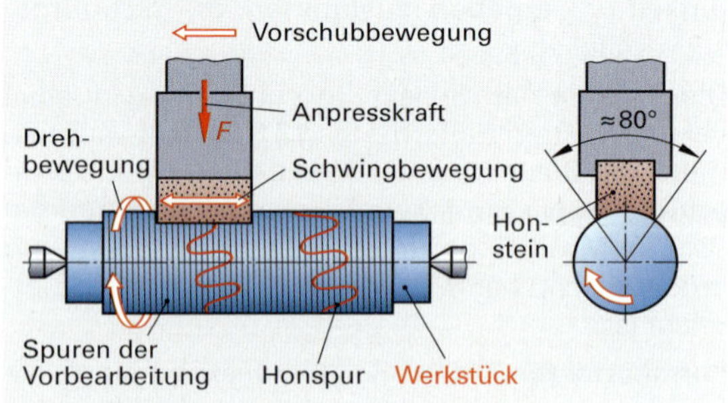

Bild 3: Bewegungen beim Kurzhubhonen

> Beim Kurzhubhonen kann die Rundheit durch Beseitigung der Wellen deutlich verbessert werden, während die Abweichungen von der Zylinderform kaum korrigierbar sind **(Bild 4)**.

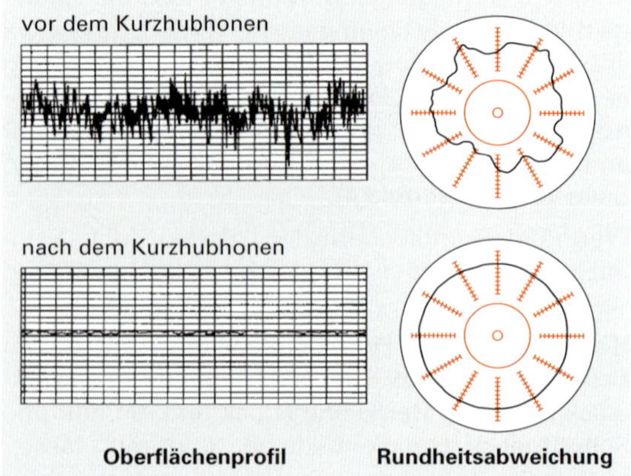

Bild 4: Oberfläche und Kreisform beim Kurzhubhonen

3.8.12.2 Läppen

Beim Läppen rollen unzählige lose Körner zwischen Werkstück und Läppscheibe ab **(Bild 1)**. Der Abrolleffekt mit seiner Knetwirkung führt zum Werkstoffabtrag und im Gegensatz zum Honen zu ungerichteten Bearbeitungsspuren.

Einflüsse auf den Läppvorgang

- Grobe Körnungen ergeben einen hohen Abtrag, feine Körnungen kleine Rautiefen.
- Mit steigendem Anpressdruck erhöht sich der Werkstoffabtrag **(Bild 2)**. Mit hohem Druck arbeitet man daher zu Beginn, mit kleinerem Druck am Ende der Läppbearbeitung.
- Die Läppgeschwindigkeit hat wenig Einfluss auf den Abtrag und die Oberflächengüte.

Läppgemische bestehen aus Läppkörnern und Wasser oder Läppöl (Bild 1). Damit nur die Kornspitzen aus dem Wasser- oder Ölfilm herausragen, werden bei großen Körnungen spezielle Läppöle eingesetzt.

Die **Läppkörner** (Läpp-Pulver) sollen einen möglichst hohen Werkstoffabtrag und eine gleichmäßige Rauheit erzielen. Wichtig ist, dass die Korngrößenunterschiede klein sind, da einzelne größere Körner Kratzer verursachen. Die meist verwendeten Kornnummern 400, 500 und 600 haben mittlere Korngrößen von 9,3 µm, 12,8 µm und 17,3 µm. Die bisher häufig verwendeten Läpp-Pulver aus Siliciumcarbid, Korund und Borcarbid werden zunehmend durch Diamantkörnungen verdrängt.

Einscheiben-Läppmaschine (Bild 3 und Bild 4)

Merkmale der Einscheiben-Läppmaschine sind die drehende Läppscheibe und die Abrichtringe.

Die **Läppscheiben** (Arbeitsscheiben) bestehen meist aus feinkörnigem Gusseisen. Mittelharte Läppscheiben sind gut abrichtbar und begünstigen das Rollen der Körner. Geläppte Teile erhalten dadurch die typische matte Oberfläche.

Für das Polierläppen werden z. B. Läppscheiben aus Kupfer, Stahl oder Aluminium eingesetzt. Mit feinem Korn entstehen auf diesen „weichen" Läppscheiben spiegelnde Flächen.

Aufgaben der Abrichtringe sind:

- Aufnahme und Führung der Werkstücke auf Bahnkurven, die einen gleichmäßigen Abtrag der Läppscheibe erzielen sollen
- Abrichten der Läppscheibe, indem die Abrichtringe am großen Durchmesser der Läppscheibe in gleicher Drehrichtung mitgedreht werden
- Verteilen des Läppgemisches und Entfernen des Abtrages über Nuten zum Läppscheibenrand

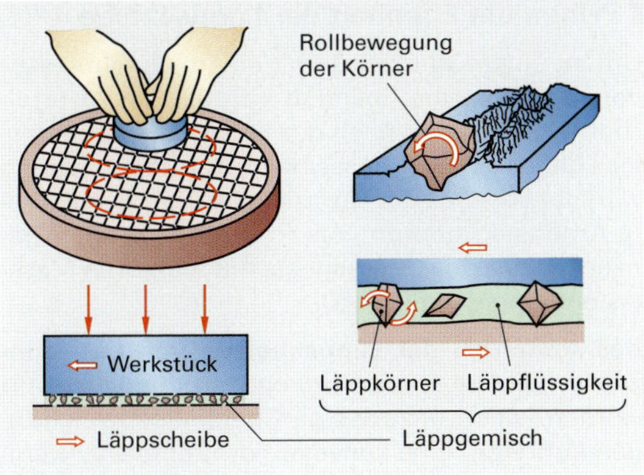

Bild 1: Läppvorgang

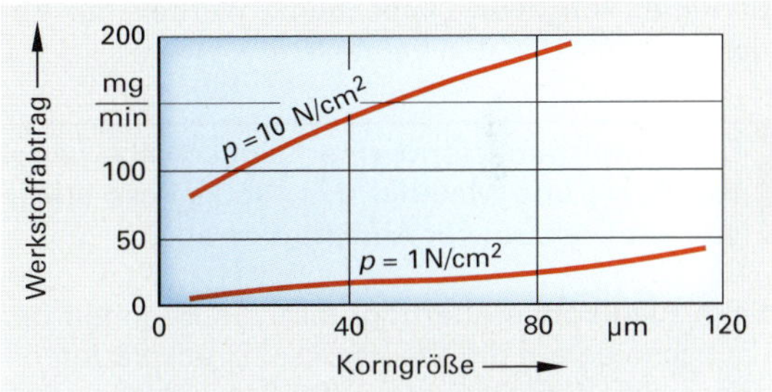

Bild 2: Abhängigkeit des Werkstoffabtrags von Korngröße und Anpressdruck

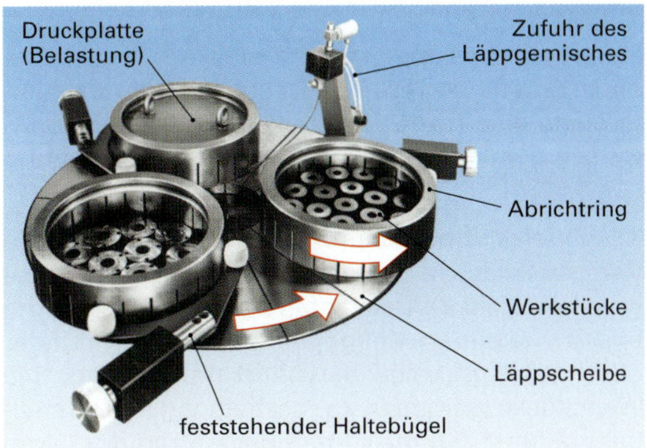

Bild 3: Planläppen auf einer Einscheiben-Läppmaschine

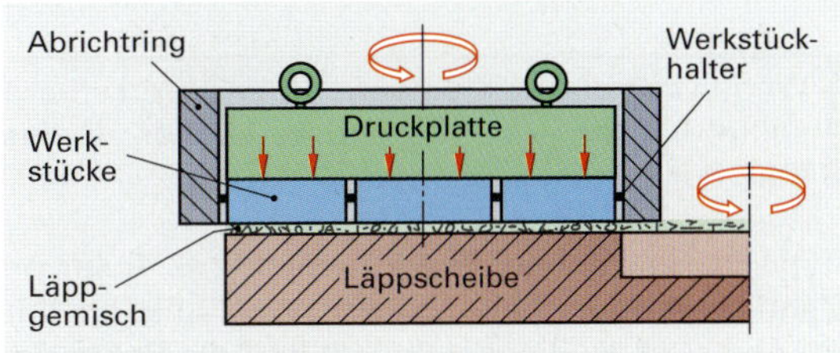

Bild 4: Läppen mit einer Druckplatte

Prüfen der Ebenheit der Läppscheibe

Um an einem Werkstück mit einem Durchmesser von 100 mm eine Ebenheit von 0,1 µm zu erreichen, muss die Ebenheit der Läppscheibe mindestens gleich gut oder besser sein. Zur Überwachung wird die Ebenheit der Läppscheibe ein- bis zweimal je Arbeitstag geprüft. Als Prüfmittel werden genaue Lineale oder Messlineale mit mehreren Messtastern eingesetzt **(Bild 1)**.

Das **Abrichten der Läppscheiben** von Ein- oder Zweischeiben-Läppmaschinen muss durchgeführt werden, wenn unzulässige Ebenheitsabweichungen auftreten. Eine konvexe Form entsteht, wenn der Abtrag außen zu groß ist (Bild 1). Zur Abhilfe werden die Abrichtringe in Stufen von 2,5 mm nach innen verstellt, bis die Ebenheit erreicht ist. Bei einer konkaven Läppscheibe werden die Abrichtringe nach außen verstellt.

Die Abweichungsform einer Läppscheibe hängt von Form und Material des Werkstücks sowie von der Drehzahl der Abrichtringe ab.

Beim **Planläppen** überträgt sich die Ebenheit der Läppscheibe auf die Werkstücke. Druckplatten erhöhen den Werkstoffabtrag **(Bild 4, vorherige Seite)**. Unebene Werkstücke werden mit elastischen Zwischenlagen gegen die Läppscheibe gedrückt. Kleine Werkstücke werden in die Aussparungen des Werkstückhalters im Abrichtring eingelegt.

Planparalleles Läppen erfolgt mit einer Druckplatte ohne Zwischenlagen. Die Unterseite der Druckplatte muss eine hohe Ebenheit und Sauberkeit aufweisen. Erreichbar ist eine Parallelitätsabweichung von 0,2 µm.

Die **Zweischeiben-Läppmaschine** bearbeitet die Werkstückflächen gleichzeitig zwischen zwei Läppscheiben **(Bild 2)**. Das laufend zugeführte Läppgemisch in dosierter Menge und die Anpresskraft der oberen Läppscheibe bewirken den Abtrag. Die Werkstücke werden in Zahnscheiben (Läuferscheiben) geführt. Ein gleichmäßiger Abtrag der Läppscheiben wird durch den Drehrichtungswechsel der Läppscheiben und den Überlauf der Werkstücke über den Scheibenrand angestrebt.

Wegen möglicher Kippwirkung der Werkstücke sollte die Höhe der Werkstücke kleiner als das Maß der Auflagefläche sein.

Typische Anwendungsbeispiele sind z. B. Teile von Zahnradpumpen **(Bild 3)**. Für die Funktion der Pumpe sind die Planparallelität und die Breite der Zahnräder sowie der Zwischenplatte sehr wichtig.

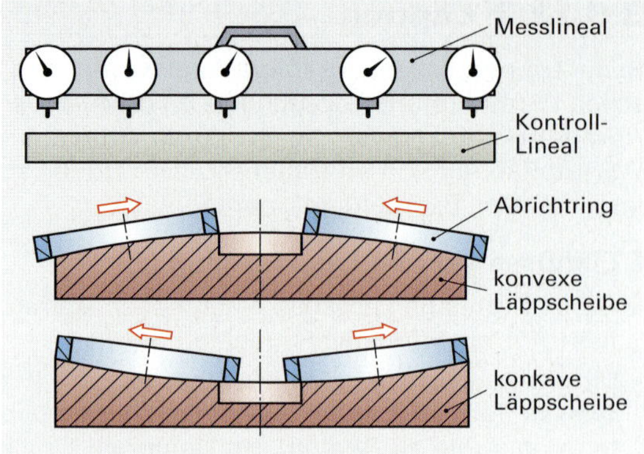

Bild 1: Verstellung der Abrichtringe bei Ebenheitsabweichungen

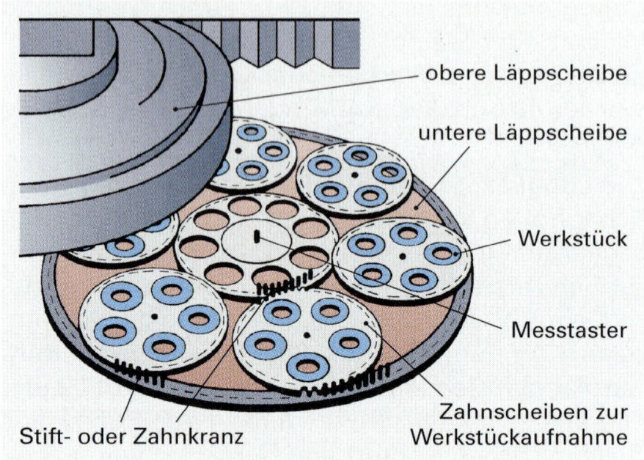

Bild 2: Zweischeiben-Läppmaschine

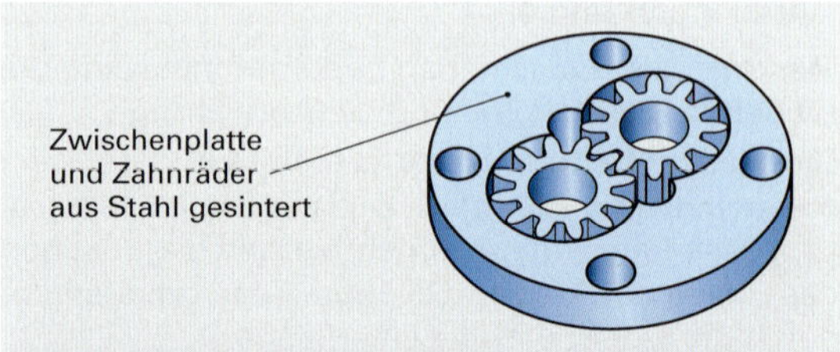

Bearbeitungsmerkmale	Zwischenplatte	Zahnräder
Dicke	5+0,002	5−0,001/−0,003
Läppaufmaß	0,2 … 0,3 mm	
Läppkorn (Diamant)	60 … 100 µm	40 … 75 µm
Läppflüssigkeit	Wasser	
Läppzeit	~ 8 min	~ 10 min
Ebenheit	1 µm	
Parallelität	2 µm	1,5 µm
Rautiefe	$Rz = 0{,}6$ µm	

Bild 3: Planparallelläppen von Teilen einer Zahnradpumpe

Beim **Flachhonen,** auch **Feinschleifen** genannt, werden anstelle der Läppscheiben Arbeitsscheiben mit aufgeklebten runden CBN- oder Diamantplatten („Pellets") verwendet **(Bild 1).** Dadurch entstehen Arbeitsscheiben mit großen Zwischenräumen für die Spülung mit Honöl oder Wasser.

Gegenüber dem Läppen wird der Materialabtrag wesentlich erhöht. Bei einer Materialzugabe von 0,6 ... 0,8 mm kann in einer Minute ein Maß mit einer Abweichung von ± 2 µm erreicht werden.

Die erreichbare Parallelität liegt beim Flachhonen bei 0,5 ... 2 µm und beim Läppen bei 0,2 ... 1 µm.

> Das Flachhonen (Feinschleifen) ist eine wirtschaftliche Alternative zum Läppen. Verglichen mit dem Schleifen erfolgt der Materialabtrag mit niedriger Schnittgeschwindigkeit und geringem Druck auf großer Kontaktfläche.

Das **Außenrundläppen** erfolgt ebenfalls auf einer Zweischeiben-Läppmaschine. Die Schrägstellung der Werkstücke in der Läuferscheibe führt zu einer Roll- und Gleitbewegung zwischen den Läppscheiben **(Bild 2).** Um die Ebenheit der Läppscheiben zu erhalten, überlaufen die Werkstücke die Läppscheiben auf ganzer Fläche bei jeder Umdrehung des Exzenters.

Die Linienberührung der Werkstücke führt z. B. bei Düsennadeln, Prüfzylindern oder Hydraulik-Steuerkolben zur Verbesserung der Geradheit, Zylindrizität und Maßgenauigkeit **(Bild 3).**

Die **Anwendung der Läppverfahren** ist immer zu empfehlen, wenn sehr genaue Werkstücke mit ebenen oder parallelen Flächen zu bearbeiten sind **(Bild 4).** Alle Werkstoffe sind läppfähig, z. B. Stahl, Hartmetall, Aluminium, Keramik und Kunststoffe. Der Werkstoffeinfluss ist nur bei der Abtragsleistung und der Oberflächengüte bemerkbar.

Wiederholung und Vertiefung

1 Welche Motoreigenschaften werden durch die Maßgenauigkeit und die Rautiefe der Kolbenlaufbahn beeinflusst?

2 Welche Forderungen werden an Feinbearbeitungsverfahren gestellt?

3 Wie entstehen die gekreuzten Bearbeitungsriefen beim Honen?

4 Wodurch kann eine tonnenförmige Zylinderabweichung beim Langhubhonen korrigiert werden?

5 Welche Wirkung hat ein hoher Anpressdruck auf den Läppvorgang?

6 Warum muss beim Läppen ein gleichmäßiger Abtrag der Läppscheibe erreicht werden?

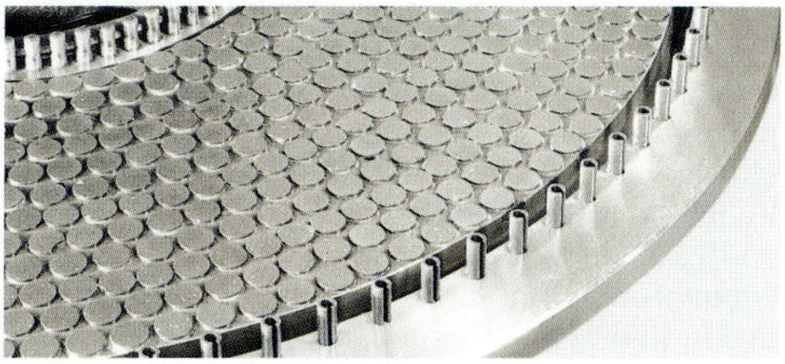

Bild 1: Flachhonen mit „Pellets"

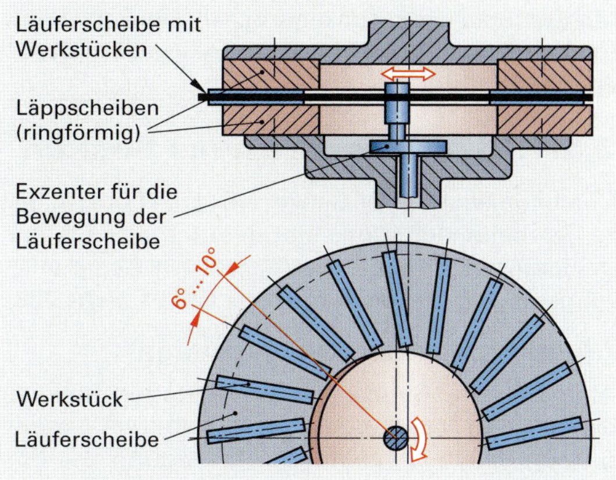

Bild 2: Außenrundläppen auf einer Zweischeiben-Läppmaschine

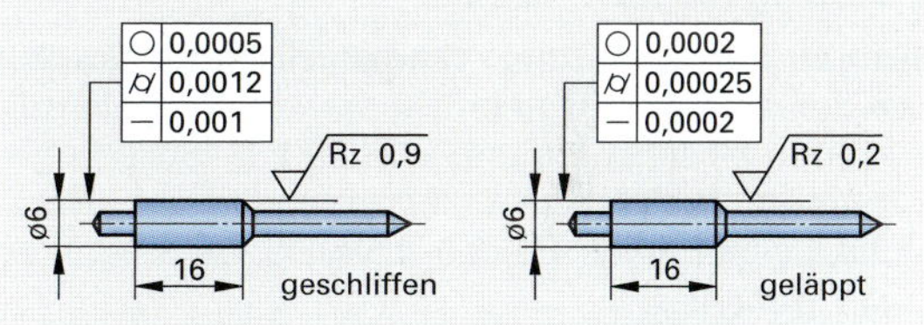

Bild 3: Vorbearbeitete und geläppte Düsennadel

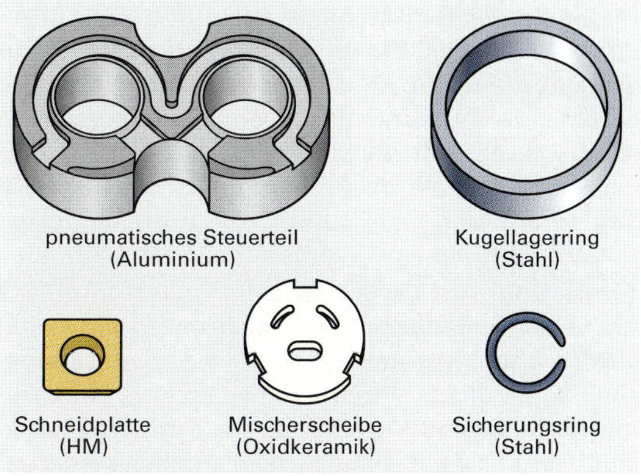

Bild 4: Auf Einscheiben- und Zweischeiben-Läppmaschinen geläppte Teile

3.8.13 Funkenerosives Abtragen

Durch funkenerosives Abtragen (Erodieren) können alle elektrisch leitenden Werkstoffe unabhängig von ihrer Härte bearbeitet werden. Das Verfahren ist deshalb besonders für die Einzelfertigung schwierig herzustellender Hohlformen, Senkungen und Durchbrüche in gehärteten Stählen und in Hartmetallen geeignet.

Durch funkenerosives Abtragen können alle metallischen Werkstoffe bearbeitet werden.

Man unterscheidet funkenerosives Senken (Senkerodieren) und funkenerosives Schneiden (Drahterodieren) **(Bild 1)**.

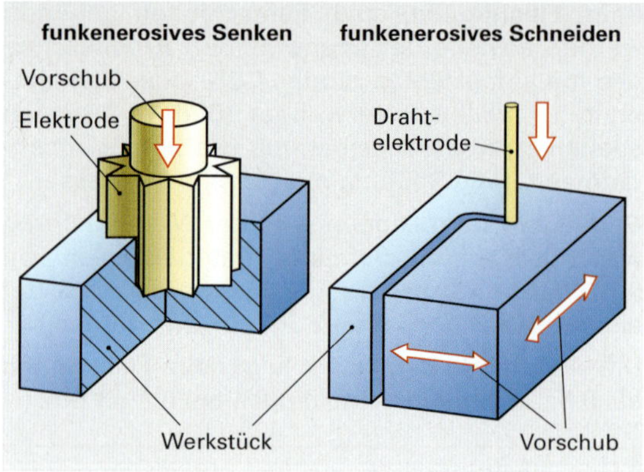

Bild 1: Verfahren des funkenerosiven Abtragens

3.8.13.1 Funkenerosives Senken

Durch funkenerosives Senken wird die Form in den zu bearbeitenden Werkstücken durch eine Elektrode hergestellt. Die Elektrode stellt ein Gegenstück zur geplanten Werkstückform dar **(Bild 1, Seite 222)**.

Aufbau einer Senkerodieranlage

Anlagen zum Senkerodieren bestehen aus der eigentlichen Maschine mit Vorschub- und Lageregelung, einem Generator zur Erzeugung des Entladestromes und einem Behälter mit Pumpe, Filter und Spülung für das Dielektrikum **(Bild 2)**. Die Vorschubbewegungen sind NC-gesteuert.

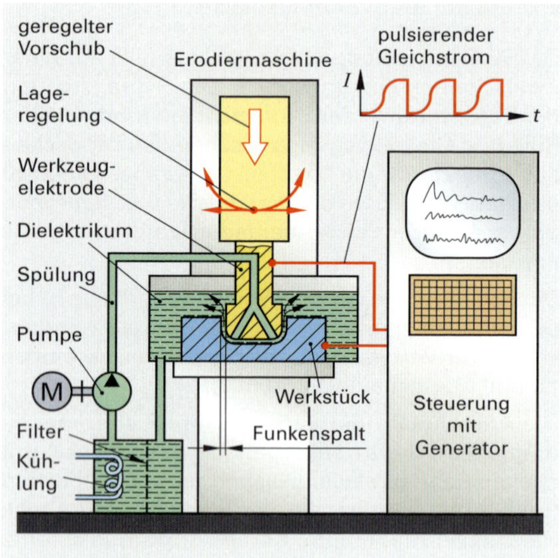

Bild 2: Aufbau einer Senkerodieranlage

Abtragvorgang (Bild 3)

Aufbau der Spannung. Werkstück und Elektrode werden an eine von einem Generator erzeugte pulsierende Gleichspannung von 20 bis 150 V angeschlossen. Die Werkzeugelektrode wird dem Werkstück bis auf einen kleinen Abstand, dem Funkenspalt, genähert.

Entladungsvorgang. Zwischen Elektrode und Werkstück befindet sich eine elektrisch nicht leitende Flüssigkeit, das Dielektrikum. An der engsten Stelle des Funkenspaltes sammeln sich unter der Wirkung des elektrischen Feldes Ionen und Werkstoffteilchen. Diese Konzentration führt zu einem Funkenüberschlag. Der Entladungsstrom steigt bis auf den einstellbaren Höchstwert von 0,5 A bis 80 A an. Im Entladungskanal entstehen Temperaturen bis zu 12 000 °C, die zum Schmelzen und Verdampfen von Werkstoffteilchen führen.

Abtragung. Am Ende des elektrischen Impulses bricht der Entladungskanal zusammen. Die Werkstoffteilchen werden aus dem Kanal herausgeschleudert. Jeder einzelne Funke erzeugt eine kleine kraterförmige Vertiefung. Die erodierte Werkstückform ist das Ergebnis vieler solcher Vertiefungen. Auch an der Elektrode tritt ein Abtrag (Verschleiß) auf.

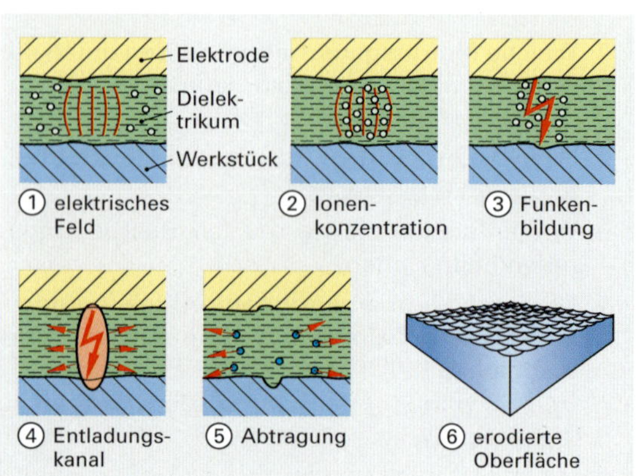

Bild 3: Abtragvorgang

Elektrische Kenngrößen

Der Generator erzeugt eine Folge von Impulsen und Impulspausen. Die Werte für die Spannung U, die Stromstärke I, die Impulsdauer t_i und die Impulspause t_0 sind einstellbar und werden meist durch ein Programm gesteuert. Jeder einzelne Impuls besteht aus der Zeit für den Aufbau des Entladungskanals unter der Wirkung der Zündspannung und der eigentlichen Entladungszeit **(Bild 1)**. Je höher die eingestellte Stromstärke und je größer die Impulsdauer im Verhältnis zur Impulspause ist, desto größer ist die abgetragene Werkstoffmenge und desto geringer sind Formgenauigkeit und Oberflächengüte **(Bild 2)**.

Höhere Stromstärke und längere Impulse vergrößern die Abtragmenge, verringern aber Oberflächengüte und Formgenauigkeit.

Form- und Maßgenauigkeit, Oberflächengüte und Abtragmenge sowie Verschleiß der Elektrode werden wesentlich von der Steuerung des Generators während des Abtragvorgangs bestimmt **(Bild 3)**.

Die Gefügeänderungen in der Randschicht des Werkstücks **(Bild 4)** müssen nach dem Fertigerodieren so gering sein, dass die Funktion und die Verschleißfestigkeit des Werkstücks nicht beeinträchtigt werden.

Funkenspalt

Der Funkenspalt ist der allseitige Zwischenraum zwischen Werkzeugelektrode und Werkstück. Je kleiner der Funkenspalt ist, desto größer ist die Abbildungsgenauigkeit. Je nach gewünschter Abtragleistung und Oberflächengüte beträgt der Funkenspalt 0,03 mm bis 0,1 mm.

Dielektrikum

Als Dielektrikum werden Mineralöle oder synthetische Kohlenwasserstoffe, beim funkenerosiven Schneiden auch entsalztes (entionisiertes) Wasser, verwendet. Abtrag, Zersetzungsprodukte und die entstehende Wärme müssen vom Dielektrikum abgeführt werden. Daher sind eine intensive Spülung, Filterung, Kühlung und regelmäßige Erneuerung des Dielektrikums erforderlich. Wegen der entstehenden Dämpfe und Zerfallsprodukte sind Absaugungen sowie das strikte Einhalten der Arbeits- und Brandschutzbestimmungen erforderlich.

Abtragleistung

Der beim Senkerodieren je Minute mögliche Werkstoffabtrag hängt im Wesentlichen ab von

- dem Werkstück- und Elektrodenwerkstoff,
- der Querschnittsfläche der Elektrode,
- dem Verfahren Vor- oder Fertigerodieren.

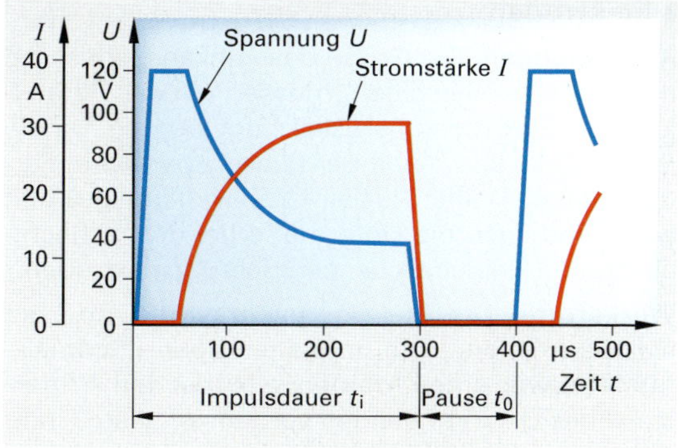

Bild 1: Zeitlicher Verlauf der Entladung

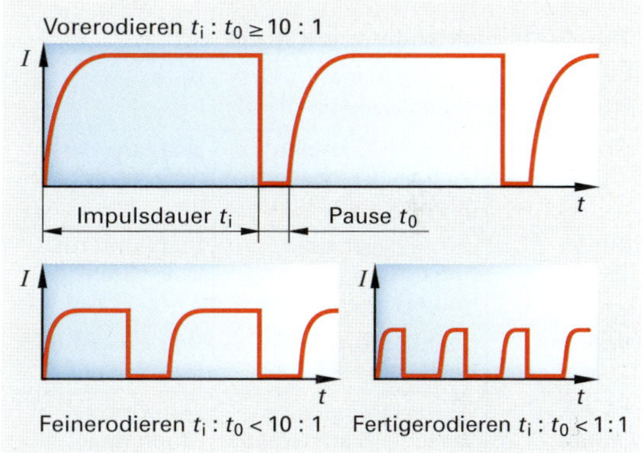

Bild 2: Einstellwerte beim funkenerosiven Abtragen

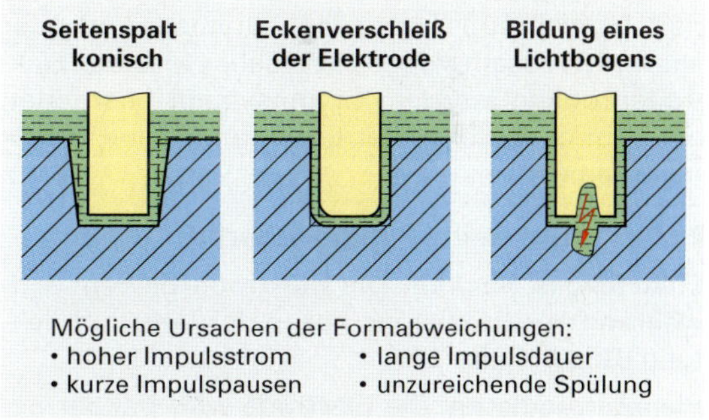

Bild 3: Formabweichungen beim Senkerodieren

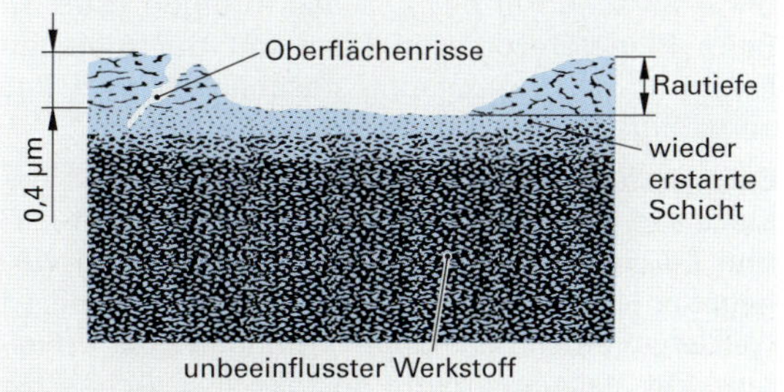

Bild 4: Gefügeänderungen an erodierter Werkstückoberfläche

Elektroden

Abmessungen. Die Größe des Funkenspaltes und der Elektrodenverschleiß müssen bei der Herstellung der Elektroden berücksichtigt werden. Da die Stromstärke und damit der Funkenspalt beim Fertigerodieren kleiner als beim Vorerodieren gewählt wird, sind auch die Untermaße bei den Schlichtelektroden kleiner als bei den Schruppelektroden.

Werkstoffe. Die Elektrodenwerkstoffe müssen elektrisch leitend sein und einen hohen Schmelzpunkt sowie einen kleinen elektrischen Widerstand besitzen. Verwendet werden vor allem Grafit **(Bild 1)**, Kupfer **(Bild 2)**, Wolfram-Kupfer und Kupfer-Zink-Legierungen **(Tabelle 1)**.

Tabelle 1: Elektrodenwerkstoffe

Elektroden-Werkstoff	Eigenschaften der Elektrode	Anwendung
Grafit	durch HSC-Fräsen leicht zu bearbeiten, geringer Verschleiß	Stahl und rostfreier Stahl
Kupfer	gut zu bearbeiten, hohe Abtragleistung, mittlerer Verschleiß	Stahl und rostfreier Stahl
Wolfram-Kupfer	geringer Verschleiß bei Hartmetall	Werkzeugstähle, Hartmetall
Messingdraht	vernachlässigbarer Verschleiß am Draht	zum Drahterodieren

Herstellung. Die Elektroden werden entweder aus dem Vollen gefräst, gegossen, drahterodiert oder aus Teilen zusammengesetzt. Dabei wird der Elektrodenrohling auf dem Spannsystem bearbeitet, mit dem er später in der Erodiermaschine aufgenommen wird.

Verfahren beim Senkerodieren

Einachsiges Senken. Die Elektrode bewegt sich während des Erodierens nur in der Vorschubrichtung **(Bild 1, Seite 220)**.

Planetärerodieren. Die Elektrode wird bei der Bearbeitung durch das Planetärgerät in der X- und Y-Achse ausgelenkt. Diese Bewegung kann mit oder ohne Vorschub in der Z-Achse erfolgen **(Bild 3)**. Beim Planetärerodieren kann mit der gleichen Elektrode geschruppt und geschlichtet und das endgültige Erodiermaß korrigiert werden.

Bahngesteuertes Erodieren. Die Bewegungen der Elektrode bzw. des Aufspanntisches in der X-, Y- und Z-Achse werden von der NC-Steuerung vorgegeben. Damit können z. B. Querschnitte erodiert werden, die sich nach unten verengen oder erweitern. Oft steht auch eine gesteuerte C-Achse zur Verfügung, die z. B. das Erodieren schraubenförmiger Nuten ermöglicht **(Bild 4)**.

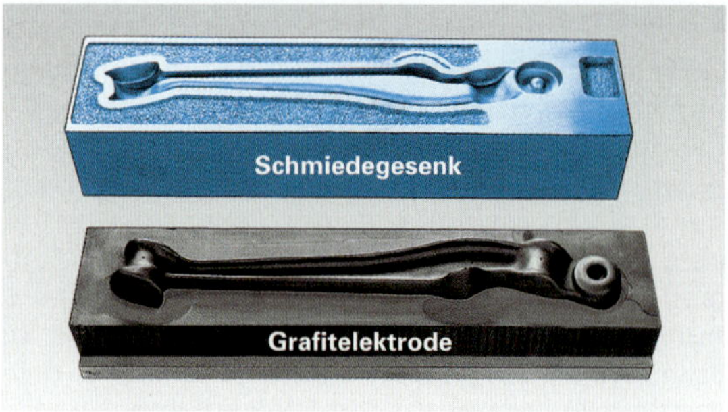

Bild 1: Grafitelektrode mit erodiertem Schmiedegesenk

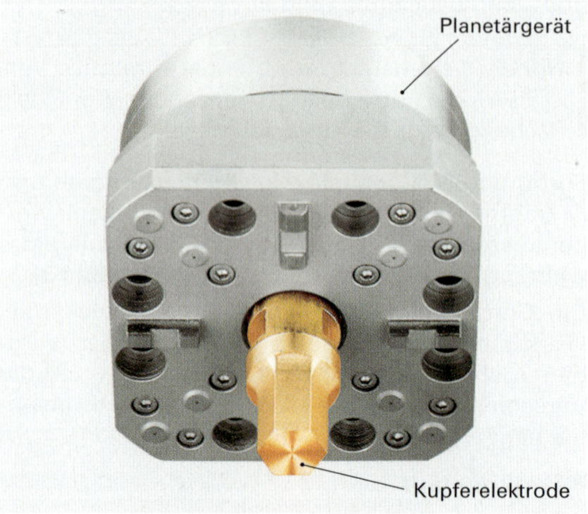

Bild 2: Kupferelektrode in einem Planetär-Erodiergerät

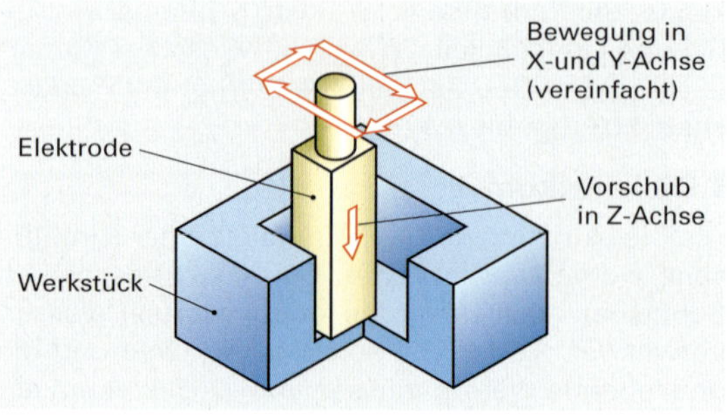

Bild 3: Planetärerodieren eines Innenvierkantes

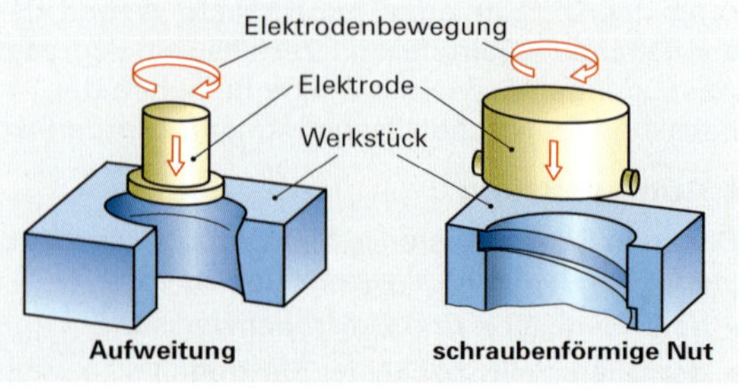

Bild 4: Bahngesteuertes Erodieren

3.8.13.2 Funkenerosives Schneiden (Drahterodieren)

Beim Drahterodieren dient ein ablaufender Messingdraht als Werkzeugelektrode. Der Abtrag am Werkstück erfolgt wie beim Senkerodieren durch elektrische Entladungen zwischen Draht und Werkstück. Für das Drahterodieren sind besondere Maschinen erforderlich **(Bild 1).**

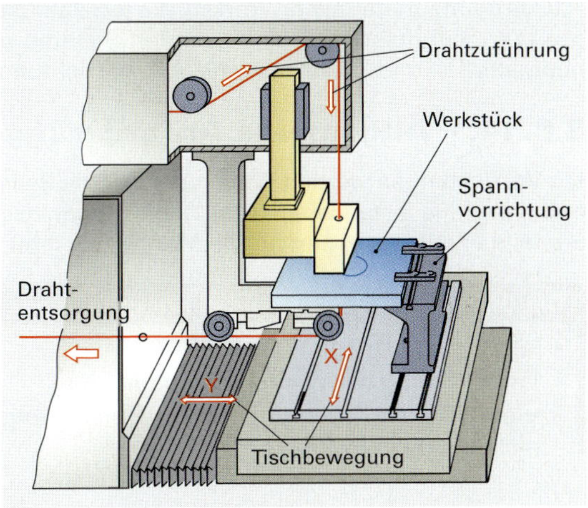

Bild 1: Drahterodiermaschine

Schneidvorgang

Der 0,1 mm bis 0,3 mm dicke Draht ist auf einer Spule aufgewickelt und wird von dort durch Antriebsrollen straff gespannt durch das Werkstück gezogen und danach entsorgt. Die Drahtführungen oberhalb und unterhalb des Werkstückes stützen den Draht, unterdrücken Schwingungen und garantieren einen geraden Schnitt.

Die Werkstücke werden in einem Dielektrikum geschnitten. Dieses besteht meist aus entsalztem Wasser.

Der Erodiervorgang beginnt in einer Startlochbohrung, die vorher durch Bohren oder Senkerodieren hergestellt wurde. Durch diese muss der Draht eingefädelt werden.

Mit der numerischen Steuerung der Tischbewegungen und der Schrägstellung des Drahtes durch Auslenken der Drahtführungen lassen sich vielfältige Innen- und Außenformen herstellen **(Bild 2).** Dadurch können z.B. die Schneidplatte, die Führungsplatte und der Schneidstempel eines Schneidwerkzeuges mit Plattenführung (Seite 124) mit dem gleichen NC-Programm hergestellt werden.

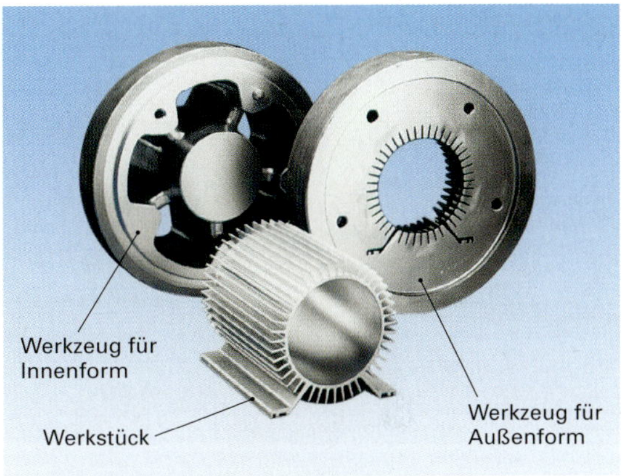

Bild 2: Strangpresswerkzeug, hergestellt durch Drahterodieren

Spannen der Werkstücke

Zum Spannen der Werkstücke werden besondere Vorrichtungen oder Vorrichtungssysteme eingesetzt. Sie sind so aufgebaut, dass der Erodiervorgang im ganzen Arbeitsbereich unbehindert erfolgen kann (Bild 1).

Vorteile und Nachteile des funkenerosiven Senkens und Schneidens

Vorteile

- Senkungen, Durchbrüche und Gewinde in gehärteten Stählen und Hartmetall herstellbar.
- Herstellung auch sehr schwieriger Innenformen mit sehr kleinen Eckenradien und hoher Maß- und Formgenauigkeit möglich.
- Gleichmäßige, allerdings nicht sehr hohe Oberflächengüte der erzeugten Flächen.

Nachteile

- Geringe Abtragsleistung beim Fertigerodieren
- Maß- und Formabweichungen durch Elektrodenverschleiß
- Hohe Maschinenkosten
- Gefügeänderungen in der Randschicht durch hohe Temperaturen während des Erodierens

Wiederholung und Vertiefung

1 Welche Werkstoffe können durch funkenerosives Abtragen bearbeitet werden?
2 Welche Vorteile besitzt das Senkerodieren gegenüber dem Fräsen?
3 Wovon hängen Form- und Maßgenauigkeit beim Senkerodieren ab?
4 Welche Werkstoffe werden für die Elektroden beim Senk- bzw. Drahterodieren verwendet?
5 Wodurch unterscheidet sich das Senkerodieren vom Drahterodieren?

3.8.14 Vorrichtungen und Spannelemente an Werkzeugmaschinen

Zur Fertigung metallischer Werkstücke werden überwiegend die Verfahren der spanenden Formgebung mit Werkzeugmaschinen angewendet. Sie sind gekennzeichnet durch bestimmte Bewegungen, Spanungsgrößen und Spannsysteme, wie Vorrichtungen und vielfältige Spannelemente.

3.8.14.1 Allgemeine Anforderungen

Mit Vorrichtungen werden Werkstücke für die Bearbeitung in einer genau bestimmten, eindeutig wiederholbaren Lage festgehalten **(Bild 1)**. Sie dienen auch dazu, Werkstücke nach der Fertigung zu prüfen oder Bauteile und Baugruppen für die Montage in ihrer Lage zu bestimmen.

Der Einsatz von Vorrichtungen bringt folgende Vorteile:

- Verkürzung der Fertigungszeit
- Verbesserung der Wiederholgenauigkeit
- Viele Werkstücke können ohne Vorrichtung nicht bearbeitet werden
- Verkürzung der Nebenzeiten für Ausrichten und Spannen
- Wegfall von Nebenarbeiten wie Anreißen und Körnen

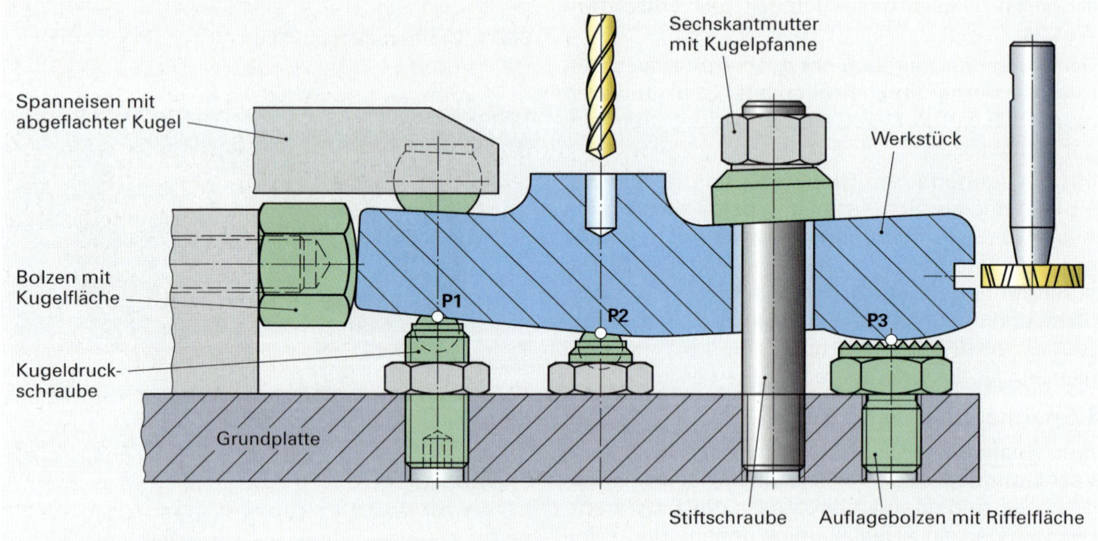

Bild 1: Spannvorrichtung

Dreipunktauflage

Rohe Werkstücke (Bild 1) werden zum Spannen auf drei nicht in einer Reihe stehenden Punkten aufgelegt **(Bild 2)**. Die Auflagepunkte sollen untereinander einen möglichst großen Abstand aufweisen. Durch diese Dreipunktauflage liegt das Werkstück zwangsläufig an jedem dieser Punkte sicher auf. Seitlich wird das Werkstück z. B. durch Anlagen mit Kugelfläche (Bild 1) positioniert.

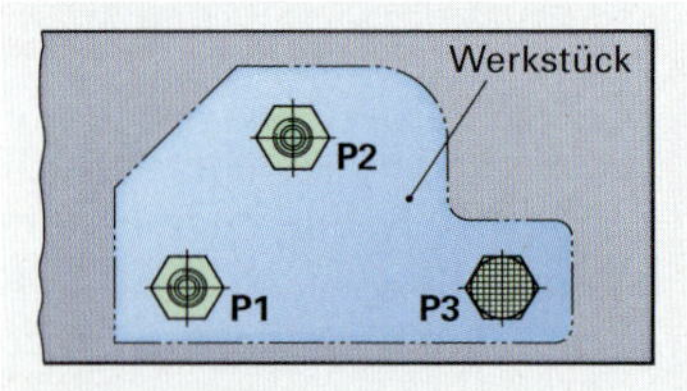

Bild 2: Dreipunktauflage

Anforderungen an Spannvorrichtungen von Werkzeugmaschinen:

- Sicheres Spannen der Werkstücke
- Möglichst geringe Verformung der Werkstücke beim Spannen
- Hohe Wiederholgenauigkeit der Aufspannung
- Leichter Austausch der Spannelemente
- Vielseitigkeit und Wiederverwendbarkeit der Spannelemente
- Einfache, schnelle und sichere Handhabung
- Möglichst geringe Vorrichtungskosten

Spannelemente bringen die Spannkräfte mechanisch, hydraulisch, pneumatisch oder magnetisch auf.

3.8.14.2 Mechanische Spannelemente

Die Spannkräfte der mechanischen Spannelemente werden durch Schrauben, Kniehebel, Spannkurven oder Spannexzenter aufgebracht.

Vorteile:	Nachteile:
• Große Spannkräfte • Selbsthemmung der Spannelemente	• Zeit raubendes Spannen • Ungleiche Spannkräfte, Gefahr des Verspannens

Spannschrauben, Spanneisen und Spannunterlagen

Oft werden Werkstücke mit T-Nutenschrauben, Spannmuttern, Spanneisen und Spannunterlagen auf den Maschinentisch gespannt **(Bild 1)**.

Das Spanneisen wirkt als einseitiger Hebel (Bild 1). Je näher die Spannschraube am Werkstück liegt, umso größer ist die Spannkraft. Das Spanneisen sollte also so angelegt werden, dass der Abstand *a* möglichst klein ist.

Beispiel: Wie groß ist die Spannkraft F_{Sp} bei $F = 4{,}6\ \text{kN}$, $l_1 = 60\ \text{mm}$ und $l_2 = 95\ \text{mm}$ (Bild 1)?

Lösung: $\mathbf{F_{Sp}} = \frac{F \cdot l_1}{l_2} = \frac{4{,}6\ \text{kN} \cdot 60\ \text{mm}}{95\ \text{mm}} = \mathbf{2{,}9\ kN}$

Bei Spanneisen muss die Spannschraube möglichst nahe am Werkstück angebracht werden.

Spannmuttern besitzen wegen der großen Beanspruchung eine Höhe von etwa 1,5 · Gewindedurchmesser **(Bild 2)**. Zwischen Spanneisen und Spannmutter ist eine gehärtete Scheibe einzulegen. Schräglagen zwischen Spanneisen und Werkstück werden durch Kugelscheibe und Kegelpfanne ausgeglichen. Mit Schraubböcken ist eine stufenlose Höhenverstellung möglich (Bild 2).

Richt- und Stützelemente werden zum Ausrichten oder Abstützen der Werkstücke verwendet **(Bild 3)**. Schwere Werkstücke können durch Richtkeile in ihrer Lage zum Werkzeug eingestellt werden. Unter dünnwandigen Werkstücken werden Stützelemente angebracht, damit sich die Werkstücke beim Bearbeiten nicht durchbiegen.

Flachspanner

Mit Flachspannern oder Tiefspannern werden flache Werkstücke so gespannt, dass das Werkzeug beim Bearbeiten nicht behindert wird **(Bild 4)**. Durch die Schrägstellung der Spannschraube wird das Werkstück beim Spannen gegen die Anlage und gleichzeitig auf den Maschinentisch gepresst.

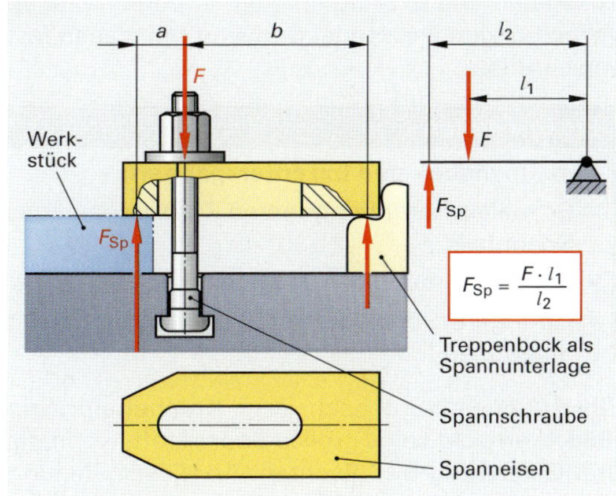

Bild 1: Spanneisen

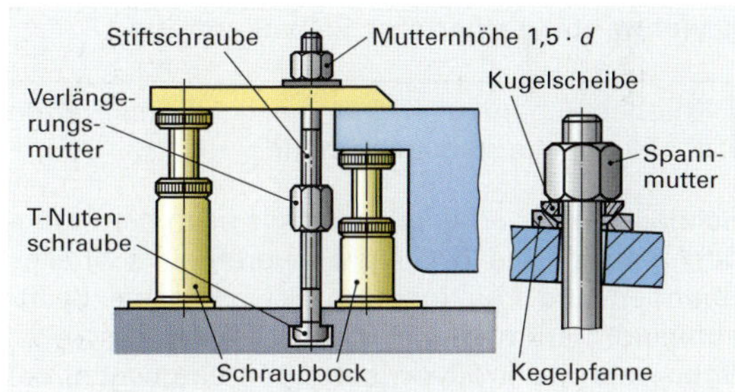

Bild 2: Verstellbare Spannunterlagen

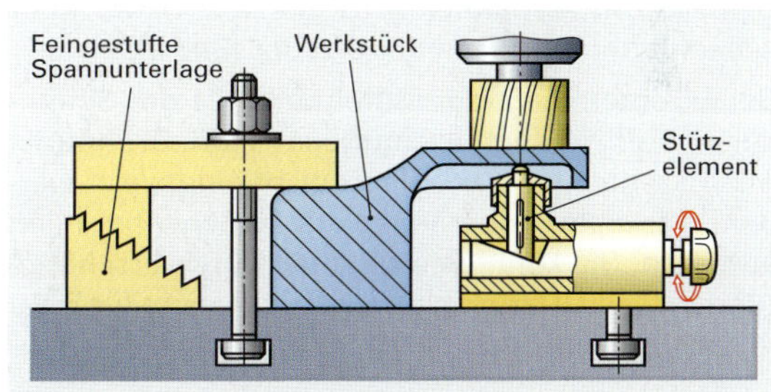

Bild 3: Stütz- und Richtelemente

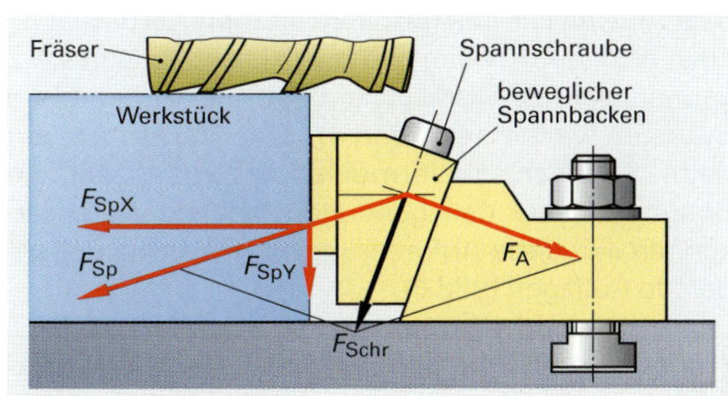

Bild 4: Flachspanner

Kniehebelspanner und Exzenter

Kniehebel- und Exzenterspanner werden meist an Vorrichtungen verwendet und sind mit diesen fest verschraubt.

Eigenschaften

von Kniehebel- und Exzenterspannern:

- Schnelles Heranbringen und Zurückziehen des Spannteils
- Selbsthemmung des Spannelementes
- Geringere Spannkraft als beim Spannen mit Schrauben

Ein Spannelement nach dem Kniehebelprinzip **(Bild 1)** erreicht seine größte Spannkraft, wenn die drei Gelenke A, B, C fluchten. Ab dieser Stellung ist es nicht mehr möglich, dass der Kniehebel von einer Gegenkraft zurückgedrückt wird. Überschreitet er diese Strecklage, ist eine sichere Spannung gewährleistet. Es herrscht Selbsthemmung.

Kniehebelspanner wirken nach Überschreiten der Fluchtlinie selbsthemmend.

Schnellspanner arbeiten ebenfalls nach dem Kniehebelprinzip **(Bild 2)**. Sie garantieren ein schnelles Spannen und Positionieren bei geringem Kraftaufwand. Darum werden sie häufig bei Schweiß-, Bohr- oder Kontrollvorrichtungen eingesetzt, bei denen keine sehr hohen Spannkräfte erforderlich sind.

Beim **Exzenterspanner** wird die Spannkraft über selbsthemmende Exzenter erzeugt **(Bild 3)**.

Bei Exzentern liegt der Mittelpunkt M1 der Spannkurve außermittig (exzentrisch) zum Drehpunkt M2. Exzenterspanner sollten nicht eingesetzt werden, wenn beim Bearbeiten starke Schwingungen auftreten. Sie könnten sich sonst durch Erschütterungen lösen. Darum eignen sie sich nicht für Fräsvorrichtungen.

Pendelauflagen

Werkstücke, z.B. Gussstücke, müssen oft an den unbearbeiteten Flächen gespannt werden. Da diese Flächen nicht genau eben und meist leicht geneigt sind, können sich die Werkstücke beim unsachgemäßen Spannen verformen **(Bild 4)**. Um Verformungen beim Spannen zu vermeiden, müssen sich die Spannelemente den geneigten Flächen anpassen können. Für diese Anforderung eignen sich z.B. pendelnde Auflagen **(Bild 5)**.

Pendelnde Auflagen passen sich der Werkstückform an. Mit ihnen lassen sich Werkstücke ohne Beschädigung der Oberfläche sicher spannen.

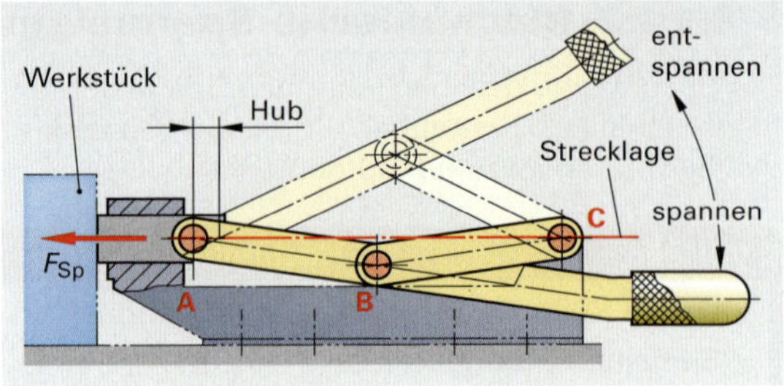

Bild 1: Kniehebelspanner

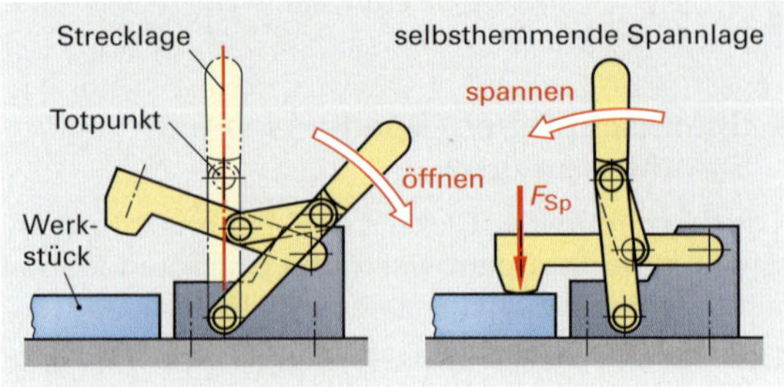

Bild 2: Schnellspanner

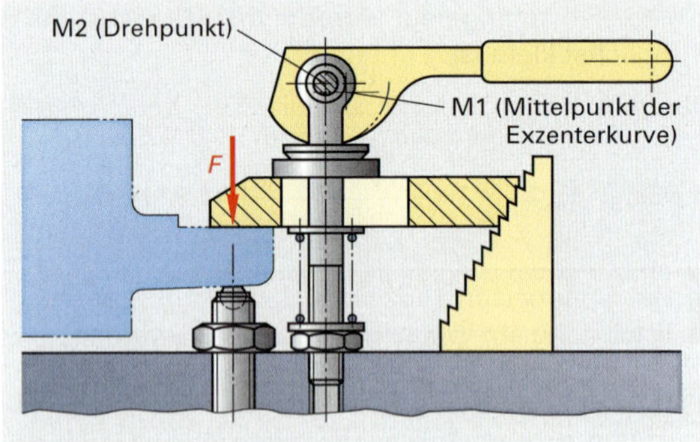

Bild 3: Exzenterspanner

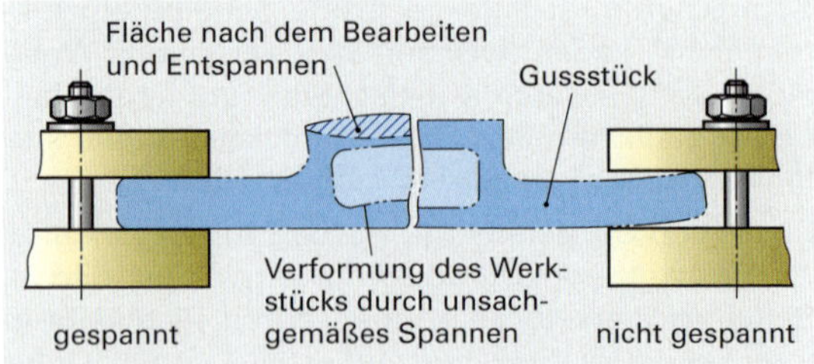

Bild 4: Spannen ohne pendelnde Auflagen

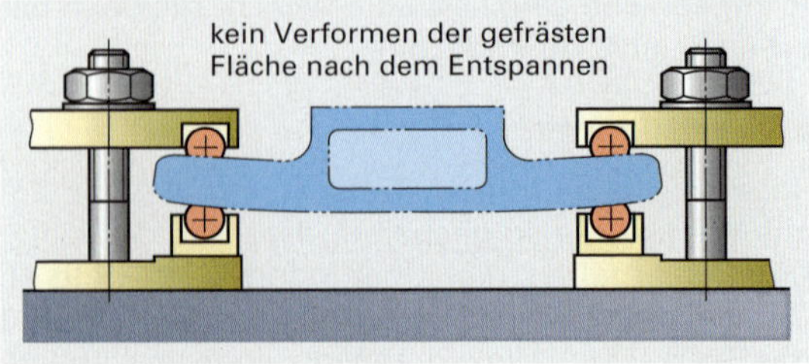

Bild 5: Pendelnde Auflagen

Maschinenschraubstöcke

Maschinenschraubstöcke dienen zum Spannen kleiner und mittelgroßer Werkstücke mit geeigneter Form in der Einzel- und Kleinserienfertigung **(Bild 1)**. Die Spannbewegung kann mechanisch oder hydraulisch erfolgen. Bei mechanischer Betätigung mittels einer Handkurbel wird die Spannkraft mechanisch oder durch sogenannte Hochdruckspindeln hydraulisch verstärkt **(Bild 2)**.

Bei **Hochdruck-Maschinenschraubstöcken** wird mit Vorspannung gearbeitet, um die Nachgiebigkeit der Spannelemente oder auch des Werkstücks auszugleichen und dadurch einen eventuellen Spannkraftverlust zu vermeiden. Darum rastet die Handkurbel der **mechanisch-hydraulischen Hochdruckspindel** (Bild 2) nach Erreichen einer einstellbaren Vorspannkraft aus. Der Kolben wird nur noch über die Griffhülse in den Ölraum getrieben und erzeugt durch den entstehenden Überdruck die entsprechende Spannkraft.

Die Betätigung kann auch hydraulisch-hydraulisch in Verbindung mit der Maschinenhydraulik erfolgen. Die Ansteuerung geschieht dann mittels Handschalter, Fußschalter oder durch einen elektrischen Impuls der Maschinensteuerung.

3.8.14.3 Magnetisches Spannen

Mit Magnetspannplatten können nur ferromagnetische (magnetisierbare) Werkstoffe gespannt werden. Die Magnetfeldlinien schließen sich durch die zu spannenden Werkstücke hindurch und halten diese im magnetischen Feld fest **(Bild 3)**. **Elektro-Dauermagnetspannplatten** benötigen zum Umschalten von Spannen auf Entspannen oder umgekehrt nur einen kurzen Stromimpuls. Zur Erzeugung der Spannkraft werden z. B. Dauermagnetkerne durch das Magnetfeld von Elektrospulen aufmagnetisiert. Während der Bearbeitung wird das Werkstück durch die Dauermagnete gehalten. Die Platte ist stromlos und erwärmt sich nicht. Dadurch ergibt sich eine hohe Bearbeitungsgenauigkeit.

Zum verformungsarmen Spannen von unebenen und gebogenen Werkstücken setzt man Magnetspannplatten mit beweglichen Magnetpolen ein **(Bild 4)**.

> Durch magnetisches Spannen können Werkstücke schnell, sicher und verzugsarm gespannt werden. Es wird eine Fünf-Seiten-Bearbeitung ohne Behinderung durch Spannelemente ermöglicht.

Magnetisierte Werkstücke müssen nach dem Spannen entmagnetisiert werden.

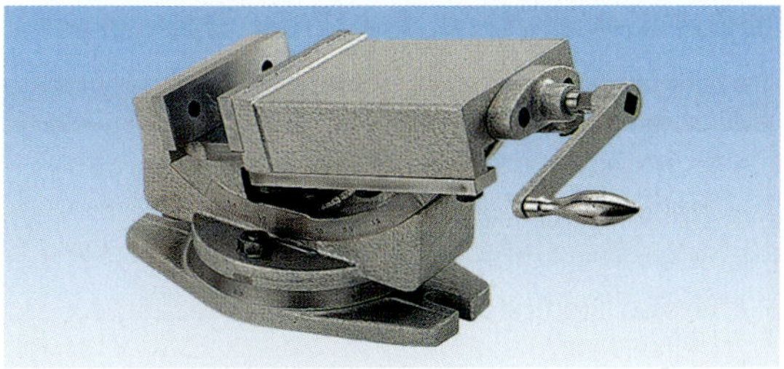

Bild 1: Maschinenschraubstock

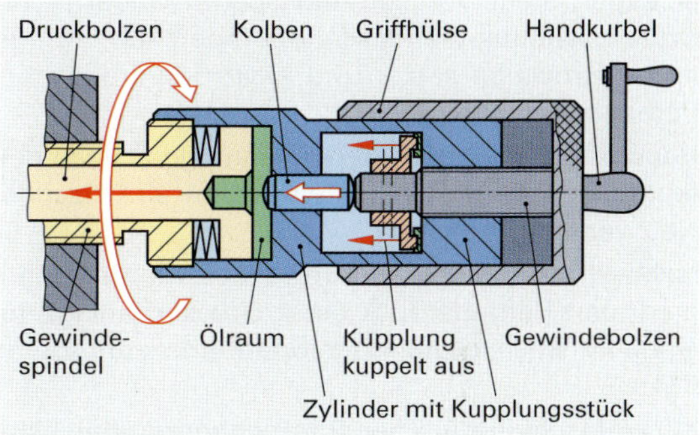

Bild 2: Hochdruckspindel

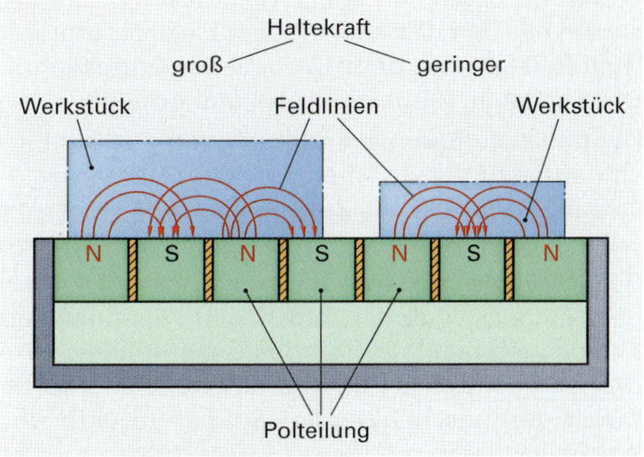

Bild 3: Magnetisches Spannen

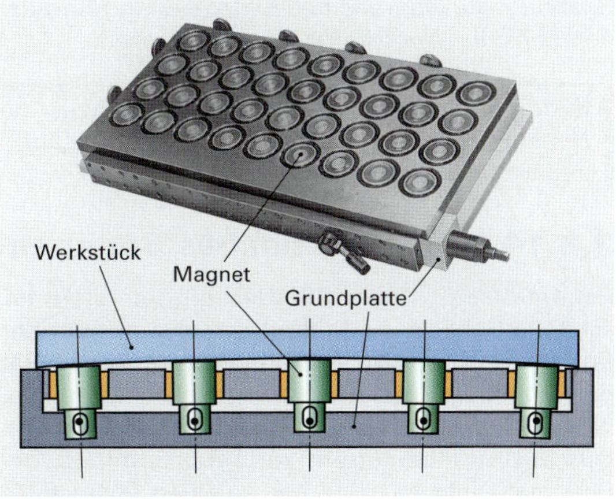

Bild 4: Spannen mit beweglichen Magnetpolen

3.8.14.4 Hydraulisches Spannen

Hydraulische Spannsysteme besitzen folgende Vorteile:

- Hohe Spannkraft bei geringem Platzbedarf
- Vielseitiger Einsatz
- Schneller Aufbau des Spanndrucks
- Große Steifigkeit der Spanneinrichtung
- Spannkrafteinstellung und -änderung über die Maschinensteuerung (Vor- und Fertigbearbeitung)
- Gleich große Spannkräfte an allen Spannstellen verringern Formabweichungen am Werkstück

Hydraulische Spannsysteme bestehen aus Druckerzeuger, Steuerventilen und Spannzylindern. Zur Druckerzeugung dienen Handpumpen, lufthydraulische Druckübersetzer und elektro-hydraulische Pumpenaggregate.

Handpumpen werden in der Montagetechnik, bei fehlender Druckluft oder fehlendem elektrischen Netz verwendet.

Lufthydraulische Druckübersetzer wandeln den niedrigen Betriebsdruck einer Druckluftanlage in einen hohen, hydraulischen Spanndruck um (Seite 611).

Mit **elektrohydraulischen Pumpenaggregaten** sind die meisten hydraulischen Spanneinrichtungen an Werkzeugmaschinen ausgerüstet **(Bild 1)**. Sie bestehen aus dem Ölbehälter, dem Elektromotor mit Hydraulikpumpe, dem Druckbegrenzungsventil, Druckschalter, Wegeventil und Manometer.

Hydraulische Spannzylinder können z. B. als Einschraubzylinder in die Vorrichtungen eingeschraubt oder z. B. als Zugzylinder aufgeschraubt werden **(Bild 2)**.

Bei **Schwenkspannern** können die Werkstücke von oben eingelegt werden **(Bild 3)**. Beim Spannen und Entspannen dient ein Teil des Gesamthubes zum Drehen des Kolbens und damit der Spannpratze. Durch den anschließenden Spannhub wird das Werkstück gespannt.

Schwenkspanner werden dort eingesetzt, wo die Spannpunkte während des Einlegens und Herausnehmens der Werkstücke frei sein müssen.

Hydraulische Spanneinrichtungen verkürzen die Nebenzeiten erheblich und werden daher häufig in der Serienfertigung eingesetzt.

3.8.14.5 Pneumatisches Spannen

Pneumatische Spannzylinder eignen sich für schnelle Schließ- und Öffnungsbewegungen der Spannvorrichtungen. Wegen der Kompressibilität der Luft sind sie meist mit selbsthemmenden Kniehebelspannern kombiniert. Durch den Einsatz von Luft/Öl-Druckübersetzern kann der Luftdruck der Pneumatikanlage, z. B. 6 bar, in einen Öldruck bis 500 bar gewandelt werden. In Kombination mit

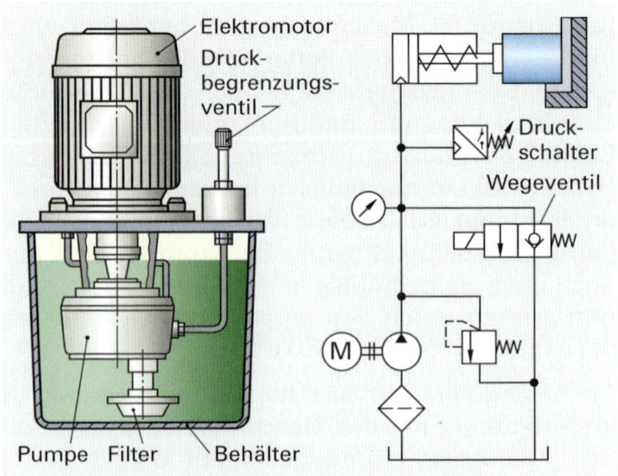

Bild 1: Elektrohydraulisches Pumpenaggregat

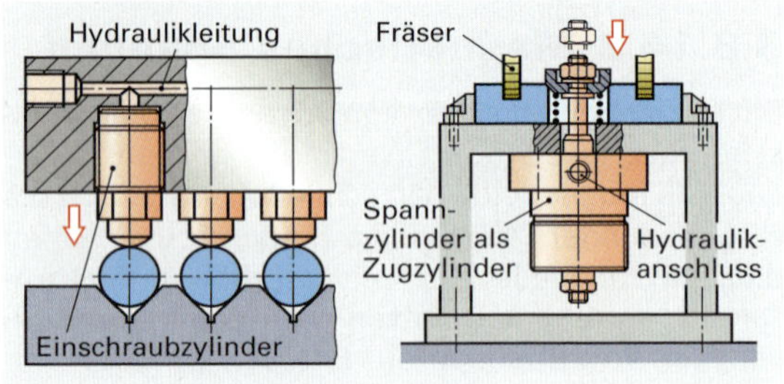

Bild 2: Hydraulische Spannzylinder

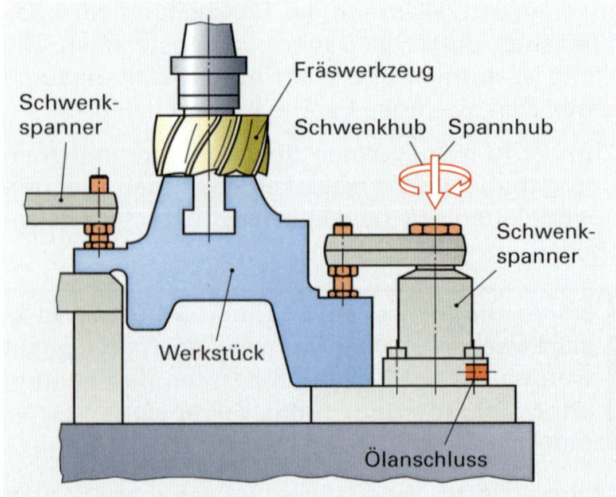

Bild 3: Schwenkspanner

Hydraulik-Spannzylindern werden somit hohe Spannkräfte bei schneller Arbeitsgeschwindigkeit erzielt. Druckübersetzer eignen sich für das Spannen von Werkstücken, Stanz- und Prägeoperationen und in Montageeinrichtungen. Die Energieversorgung mit Druckluft ermöglicht den Einsatz in explosionsgefährlicher Umgebung.

3.8.14.6 Modulare Vorrichtungssysteme

Modulare Vorrichtungssysteme (Baukastenvorrichtungen) bestehen aus zueinander passenden und zusammenfügbaren Elementen. Diese Bauteile, z. B. Grundplatte, Winkel, Aufbau-, Positionier-, Stütz-, Spann- und Verbindungselemente, werden durch lösbare Verbindungen zu einer Vorrichtung zusammengesetzt **(Bild 1)**. Sie eignen sich besonders für die flexible Fertigung.

Nach Gebrauch wird die Vorrichtung demontiert. Um sie später in derselben Weise wieder verwenden zu können, erstellt man vor der Demontage eine Dokumentation der Vorrichtung mit folgenden Unterlagen:

- Fotografie der Vorrichtung, in welche die wesentlichen Maße eingetragen werden.
- Zeichnung des zugehörigen Werkstücks
- Liste aller verwendeten Teile

> Modulare Vorrichtungssysteme lassen sich einfach und schnell an geänderte Werkstückformen anpassen. Sie sind dadurch sehr flexibel einsetzbar und eignen sich somit auch für die Herstellung kleiner und mittlerer Serien auf NC-Maschinen und Bearbeitungszentren.

Bauformen

Bei modularen Vorrichtungssystemen unterscheidet man **Nutsysteme** und **Bohrungssysteme.**

Beim **Nutsystem** besitzen die Grundplatte und die einzelnen Aufbauelemente T-Nuten **(Bild 2)**. Die Verbindung der Elemente erfolgt mit eingefügten Nutensteinen. Dadurch ergibt sich in zwei Richtungen, quer und senkrecht zur Nut-Längsrichtung, eine formschlüssige Verbindung. Beim Zusammenbau der Vorrichtung lassen sich die Aufbauelemente in Nut-Längsrichtung beliebig verschieben. Somit ist ein gutes Anpassen an die Geometrie des Werkstücks und eine stufenlose Einstellung möglich. Die Herstellung der Bauteile ist allerdings aufwendiger als beim Bohrungssystem.

Beim **Bohrungssystem** werden die einzelnen Elemente durch Passstifte und Schrauben miteinander verbunden **(Bild 3)**. Die Passbohrungen der Grundplatte befinden sich entweder über den Gewindebohrungen **(Bild 1, folgende Seite)** oder sie

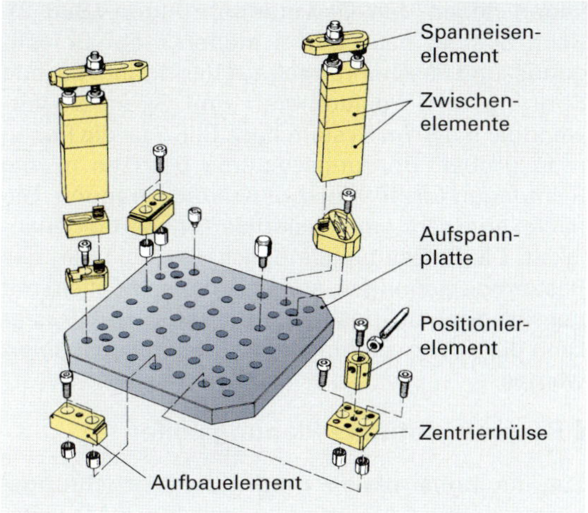

Bild 1: Elemente eines Vorrichtungsbaukastens

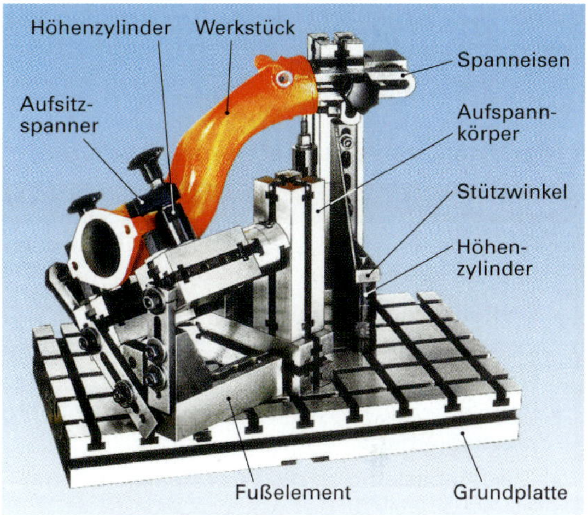

Bild 2: Nutsystem

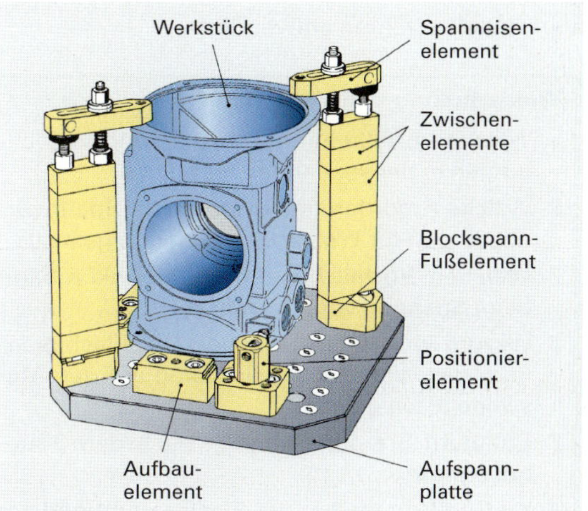

Bild 3: Bohrungssystem

liegen neben den Gewindebohrungen **(Bild 2)**. Beim System nach **Bild 1** stehen mehr Befestigungs- und Passbohrungen zur Verfügung, da jede Bohrung zum Positionieren **und** Spannen verwendbar ist. Beim System nach Bild 2 ist die Rasterung grober. Bohrungssysteme besitzen in alle Richtungen formschlüssige Kraftübertragung. Sie haben eine sehr gute Positionier-Wiederholgenauigkeit. Die Befestigungsmöglichkeiten sind an das Rastermaß gebunden, sodass man nicht allein mit der Grundplatte positionieren kann. Das Raster kann durch Verwendung von Aufbauteilen halbiert werden.

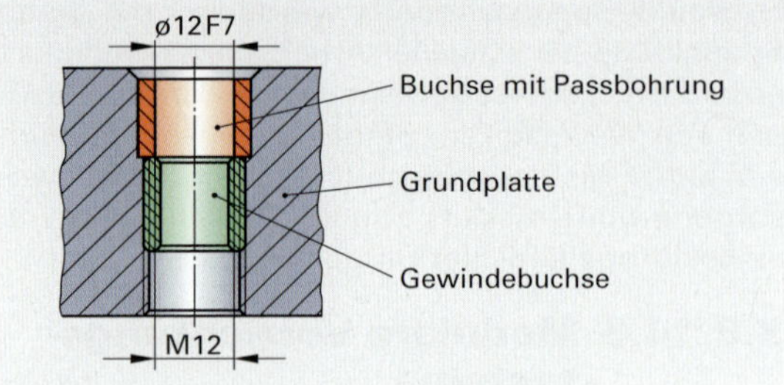

Bild 1: Passbohrung in Gewindebohrung

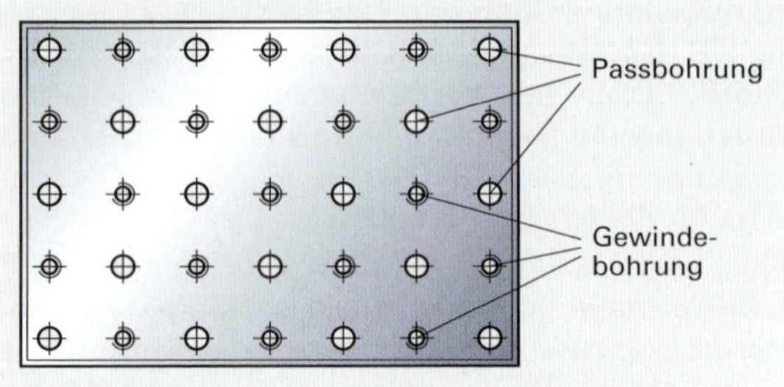

Bild 2: Passbohrung neben Gewindebohrung

Rechnergestützte Planungshilfen

Für die Konstruktion modularer Vorrichtungssysteme mit CAD-Anlagen werden CAD-Teilebibliotheken angeboten, welche alle Informationen über die zur Verfügung stehenden Systemteile enthalten. Dies vereinfacht die Neukonstruktion, die Dokumentation für einen späteren Nachbau sowie die Vorlagen für ähnliche Konstruktionen wesentlich.

Merkmale von Baukastenvorrichtungen

Nutsystem

- Grundplatte ist dicker als beim Bohrungssystem, da sie durch die Nut geschwächt wird
- Kraftübertragung quer und senkrecht zum Nutverlauf formschlüssig, in Nut-Längsrichtung kraftschlüssig
- Bauelemente in Nut-Längsrichtung beliebig positionierbar
- Gute Anpassung an die Werkstückgeometrie
- Große Vielfalt an Bauelementen
- In Nutlängsrichtung Gefahr des Verschiebens der Bauelemente
- Herstellverfahren aufwendiger

Bohrungssystem

- Grundplatte stabiler als beim Nutsystem
- Kraftübertragung in allen Richtungen formschlüssig
- Werkstückposition an das Rastermaß gebunden
- Beliebiges Einfügen von Bauelementen ohne Teilmontage, da Bohrungen von oben zugänglich
- Hohe Wiederholgenauigkeit beim Positionieren der Werkstücke
- Positionierung des Werkstücks allein mit der Grundplatte nicht möglich
- Herstellung einfacher

Wiederholung und Vertiefung

1 Welche Vorteile hat der Einsatz von Vorrichtungen in der spanenden Fertigung?

2 Welche Anforderungen werden an Spannvorrichtungen für Werkzeugmaschinen gestellt?

3 Welchen Vorteil hat eine Dreipunktauflage beim Spannen von Werkstücken?

4 Warum wird beim Spannen mit Flachspannern das Werkstück gleichzeitig auf den Maschinentisch gedrückt?

5 Erläutern Sie das Spannen nach dem Kniehebelprinzip.

6 Welche Vorteile hat der Einsatz von pendelnden Auflagen?

7 Welche Vorteile hat das magnetische Spannen?

8 Warum erlaubt das Spannen mit Elektro-Dauermagnetspannplatten besonders hohe Bearbeitungsgenauigkeit?

9 Welche Vorteile haben hydraulische Spannsysteme?

10 Warum ist gerade in der Serienfertigung das hydraulische Spannen vorteilhaft?

11 In welchen Fällen werden Schwenkzylinder zum Spannen eingesetzt?

12 Für welche Einsatzzwecke eignen sich Baukastenvorrichtungen besonders?

3.8.15 Fertigungsbeispiel Spannpratze

Mit hydraulischen Spannelementen werden Werkstücke in Vorrichtungen oder direkt auf Maschinentische gespannt **(Bild 1** und **Bild 2)**. Die Spannpratze (1) wirkt als zweiseitiger Hebel und überträgt dabei die Druckkraft des Einschraubzylinders (12) auf die Spannschraube (10), die auf das Werkstück drückt. Die Spannkraft kann durch den Druck am Hydraulikzylinder eingestellt werden. Fährt der Kolben mit der Druckschraube (2) zurück, kann die Spannpratze von Hand zurückgezogen werden. Das Werkstück liegt nun frei und kann aus der Vorrichtung entnommen werden. Bei unterschiedlich dicken Werkstücken stellt sich die Spannpratze etwas schräg. Diese Schrägstellung der Spannpratze zur Sechskantschraube (5) wird durch die Kugelscheibe (7) und die Kegelpfanne (8) ausgeglichen.

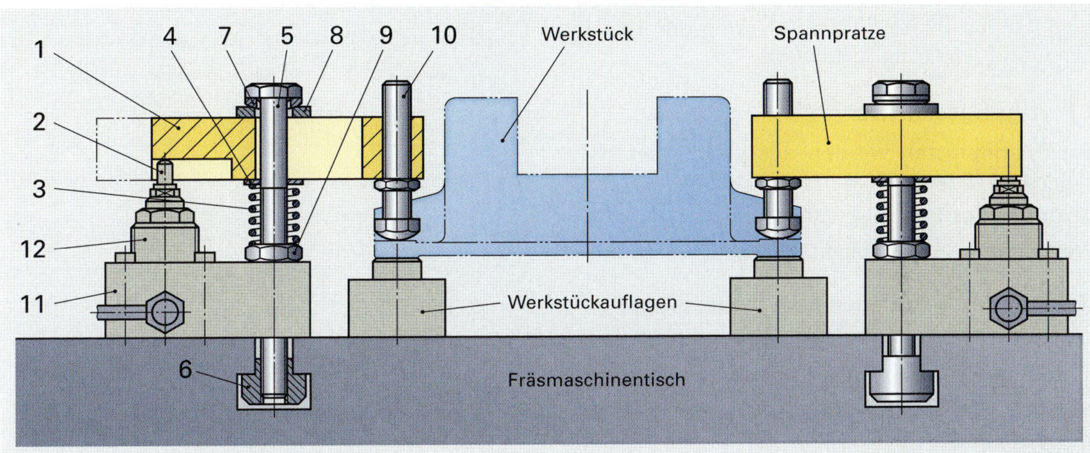

Bild 1: Hydraulische Spannelemente

Die Fertigung der Spannpratzen für die hydraulischen Spannelemente soll im Folgenden geplant werden. Bei den spanenden Fertigungsverfahren sind dabei auch die Schnittwerte festzulegen.

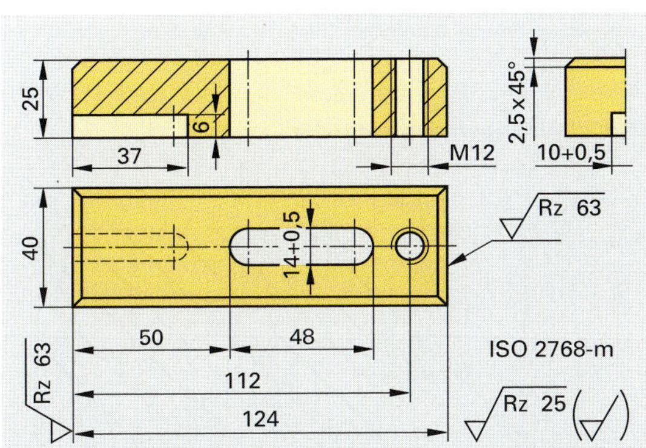

Bild 2: Spannpratze

Pos.	Menge	Benennung	Norm-Kurzbezeichnung bzw. Werkstoff
1	1	Spannpratze	C45E
2	1	Druckschraube	16MnCr5
3	1	Druckfeder	DIN 2098 – 1,6 x 15 x 70
4	1	Scheibe	ISO 7090 – 13 – 200HV
5	1	Sechskantschraube	ISO 4014 – M12 x 130-8.8
6	1	Mutter	DIN 508 – M12 x 25
7	1	Kugelscheibe	DIN 6319 – C13
8	1	Kegelpfanne	DIN 6319 – D13
9	1	Sechskantmutter	ISO 6768 – M12
10	1	Spannschraube	16MnCr5
11	1	Grundkörper	S235JR (St 37-2)
12	1	Hydraulik Einschraubzylinder	∅ 16 x 12

Bild 3: Stückliste zum hydraulischen Spannelement

Wahl des geeigneten Werkstoffes

Die Spannpratze (1) wird als Hebel auf Biegung und an den Berührungsflächen mit der Druckschraube (2) und der Kegelpfanne (8) auf Flächenpressung beansprucht. Deshalb wurde der vergütbare Stahl C45E gewählt, der nach der spanenden Bearbeitung auf die hohe Zugfestigkeit von 900 N/mm² vergütet und außerdem randschichtgehärtet werden kann.

Arbeitsplan

Der Fertigungsablauf wird in einem Arbeitsplan festgelegt **(Bild 1)**. In diesen Plan werden neben den einzelnen Arbeitsvorgängen weitere Angaben aufgenommen wie Auftrags-Nummer, zu fertigende Stückzahl (Losgröße), die vorgesehenen Maschinen, Werkzeuge und Vorrichtungen sowie die Vorgabezeiten. Der Arbeitsplan läuft mit dem Auftrag durch die Fertigung. Jeder Arbeitsgang wird durch den Ausführenden abgezeichnet und die benötigten Zeiten eingetragen. Damit erhält der Betrieb genaue Werte für die Belegung der Maschinen und für die Nachkalkulation.

Fertigungsschritte

Die Spannpratzen werden aus warmgewalztem Flachstahl 45 mm x 30 mm hergestellt.

Ablängen des Rohteiles (Bild 2)

Werkzeug: HSS-Sägeblatt ∅ 200 x 2,5

Tabelle 1: Schnittwerte für HSS-Sägeblätter

Art der Bearbeitung		Stahl mit der Zugfestigkeit R_m bis 600 N/mm²	bis 800 N/mm²	bis 1000 N/mm²	Gusseisen bis 180 HB
Schnitttiefe bis 30 mm	v_c	35 ... 40	25 ... 30	15 ... 20	20 ... 30
	v_f	25 ... 30	20 ... 25	12 ... 15	30 ... 35

Der flammhärtbare Stahl C45E hat im Anlieferungszustand eine Zugfestigkeit von 650 bis 800 N/mm². Aus **Tabelle 1** erhält man damit die folgenden Schnittwerte:

$v_c = 25 \frac{\text{m}}{\text{min}}$; $v_f = 20 \frac{\text{mm}}{\text{min}}$

Die Drehzahl kann entweder aus einem Drehzahl-Diagramm **(Bild 3)** entnommen oder berechnet werden:

$$\boldsymbol{n} = \frac{v_c}{\pi \cdot d} = \frac{25\ \text{m/min}}{\pi \cdot 0{,}2\ \text{m}} = \mathbf{40 \frac{1}{min}}$$

Das Ende der Stange wird zuerst gerade gesägt, danach der Anschlag der Kreissäge auf die Länge der Spannpratze eingestellt. Nachdem die Vorschubgeschwindigkeit und die Drehzahl ermittelt und eingestellt sind, wird mit zugeschaltetem Kühlschmierstoff das erste Stück 124 mm lang abgesägt. Die Stirnseiten werden nicht mehr bearbeitet. Wenn die eingestellte Länge stimmt, können die weiteren Stücke ebenfalls abgesägt werden. Steht eine Säge mit selbsttätigem Stangenvorschub zur Verfügung, kann die gewünschte Stückzahl eingestellt werden.

Alle ermittelten Drehzahlen können an Maschinen mit stufenlosem Antrieb direkt eingestellt werden. Besitzen die Maschinen gestufte Drehzahlen, wird bei HSS-Werkzeugen wegen der Standzeit die nächstniedrigere Drehzahl gewählt.

Arbeitsplan Auftrags-Nr.: 140782.2		Bearbeiter: ... Datum: 25.07.2003
Benennung: Spannpratze Wirkstoff: C45E Abmessungen: 45 x 30 x 124		Losgröße: 10 Gewicht/Teil: 0,97 kg Termin: 10.08.2003
Arb.-gang	Arbeitsvorgang	Werkzeug
10	Sägen (L = 124)	HSS-Sägeblatt ∅ 200 x 2,5
20	Fräsen außen 40 x 25	HSS-Walzenstirnfräser ∅ 63
30	Fräsen 45°-Fasen	HSS-Winkelfräser 90°
40	Fräsen Nut 10 x 32	Bohrnutenfräser ∅ 10
50	Fräsen Langloch 14 x 35	Bohrnutenfräser ∅ 14
60	Bohren ∅ 10,2; Senken	Spiralbohrer ∅ 10,2; Kegelsenker 90°
70	Gewindebohren M12	Gewindebohrer M12
80	Entgraten	Flachfeile
90	Vergüten (R_m = 900 N/mm²)	
100	Nut randschichthärten	
110	Phosphatieren	

Bild 1: Arbeitsplan (Auszug)

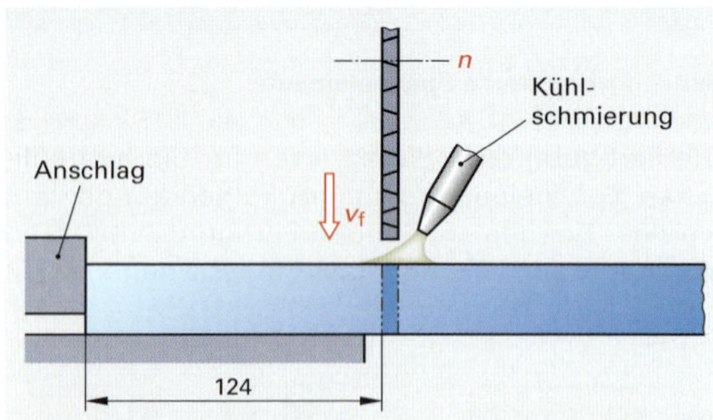

Bild 2: Ablängen des Rohteiles

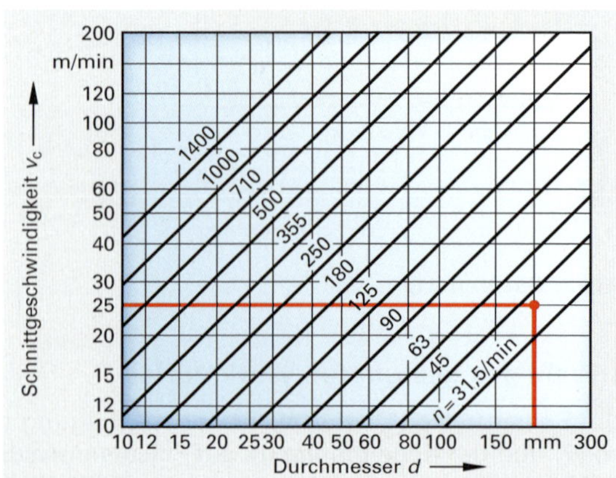

Bild 3: Drehzahl-Diagramm

Fräsen der Außenflächen (Bild 1)

Werkzeug: Walzenstirnfräser ∅ 63 mm, 8 Zähne, HSS

Die Rohteile werden einzeln im Maschinenschraubstock auf dem Tisch einer Fräsmaschine gespannt. Sie liegen dabei auf zwei Parallel-Unterlagen und werden mit einem Walzenstirnfräser oder mit einem Fräskopf überfräst. Bei HSS-Fräsern sollte grundsätzlich mit Kühlschmierung gearbeitet werden. Entsprechen die vorgegebenen Maße und die Oberflächengüte der Flächen den geforderten Werten, können die folgenden Werkstücke mit den gleichen Einstellungen bearbeitet werden.

Bei der geforderten Rautiefe $Rz \leq 25$ µm kann mit einem Vorschub je Zahn von $f_z = 0{,}1$ mm gefräst werden.

Gewählte Werte (Tabelle 1) für C45E ($R_m \approx 800$ N/mm²):

$v_c = 25$ m/min; $f_z = 0{,}1$ mm

$$n = \frac{v_c}{\pi \cdot d} = \frac{25\text{ m/min}}{\pi \cdot 0{,}063\text{ m}} = 126/\text{min}$$

Gewählt: $\boldsymbol{n} = \mathbf{125/min}$

$\boldsymbol{v_f} = z \cdot f_z \cdot n = 8 \cdot 0{,}1\text{ mm} \cdot 125/\text{min} = \mathbf{100\ mm/min}$

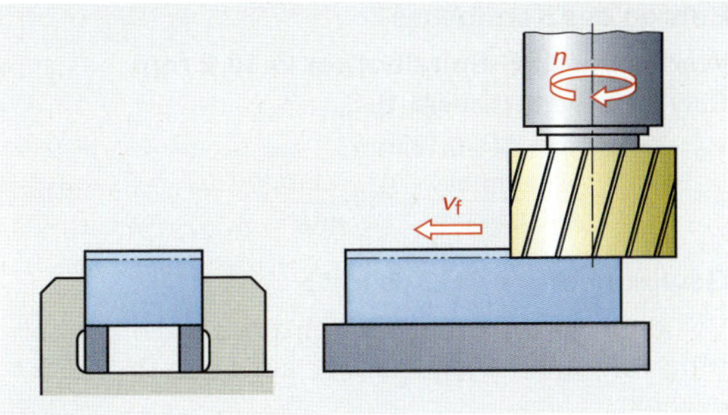

Bild 1: Fräsen der Außenflächen

Tabelle 1: Schnittwerte für Walzenstirnfräser v_c in m/min, f_z in mm

Art der Bearbeitung		Stahl mit einer Zugfestigkeit bis 600 N/mm²	bis 800 N/mm²	bis 1000 N/mm²	Gusseisen bis 180 HB
Fräser aus Schnellarbeitsstahl					
Schruppen	v_c	30...40	25...30	15...20	20...25
	f_z	0,1...0,2	0,1...0,2	0,1...0,15	0,15...0,3
Schlichten	v_c	30...40	25...30	15...20	20...25
	f_z	0,05...0,1	0,05...0,1	0,05...0,1	0,1...0,2
Fräser mit Hartmetallschneiden					
Schruppen	v_c	80...150	80...150	60...120	70...120
	f_z	0,1...0,3	0,1...0,3	0,1...0,3	0,1...0,3
Schlichten	v_c	100...300	100...300	80...150	100...160
	f_z	0,1...0,2	0,1...0,2	0,06...0,15	0,1...0,2

Fräsen der Nut und des Langloches (Bild 2)

Werkzeug: Bohrnutenfräser ∅ 10 bzw. ∅ 14 mm, 2 Zähne, HSS

Die Nut 10 x 37 und das Langloch 14 x 48 können mit Bohrnutenfräsern ohne seitliche Zustellung gefräst werden, da die Nutbreiten eine große Toleranz besitzen. Das erste Werkstück wird mit dem Kantentaster auf die Mitte der Frässpindel ausgerichtet. Nachdem man mit dem Fräser das Ende der Spannpratze angekratzt hat, werden die Länge der Nut bzw. des Langloches nach Skale angefahren und danach die Anschläge gesetzt. Als Fräser werden Bohrnutenfräser mit einer bis zur Mitte reichenden Querschneide verwendet, um im Werkstück zustellen zu können. Die Werkstücke, die im Maschinenschraubstock aufgespannt sind, müssen beim Fräsen im Bereich des Langloches freiliegen, damit der Fräser beim letzten Schnitt aus dem Werkstück heraustreten kann.

Gewählte Werte (Tabelle 2): $v_c = 25$ m/min

$f_z = 0{,}15$ mm; $\boldsymbol{n} = \frac{v_c}{\pi \cdot d} = \frac{25\text{ m/min}}{\pi \cdot 0{,}01\text{ m}} = \mathbf{796/min}$

(bei ∅ 14: $\boldsymbol{n} = \mathbf{568/min}$)

$\boldsymbol{v_f} = z \cdot f_z \cdot n = 2 \cdot 0{,}15\text{ mm} \cdot 796/\text{min} = \mathbf{239\ mm/min}$ **(170 mm/min)**

Die ringsum verlaufenden 45°-Fasen werden mit einem Schaftfräser angefräst, dessen Schneiden einen 90°-Kegel bilden. In der gleichen Aufspannung wird das Kernloch für das Gewinde M12 mit einem Spiralbohrer ∅ 10,2 mm gebohrt.

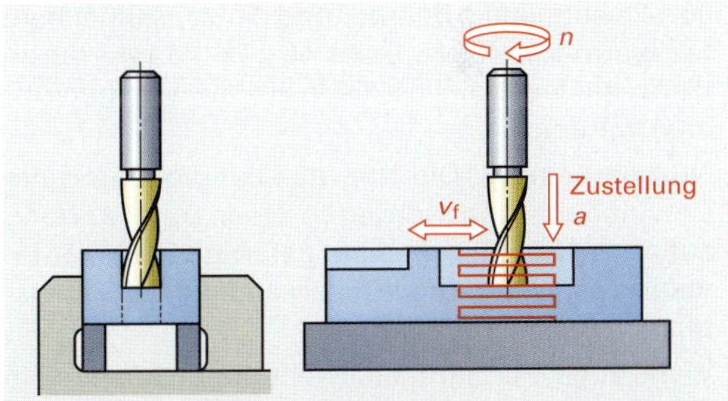

Bild 2: Fräsen von Nut und Langloch

Tabelle 2: Schnittwerte für Schaftfräser

Art der Bearbeitung		Stahl mit einer Zugfestigkeit bis 600 N/mm²	bis 800 N/mm²	bis 1000 N/mm²	Gusseisen bis 180 HB
Fräser mit Schnellarbeitsstahl					
Schruppen	v_c	30...40	25...30	15...20	20...25
	f_z	0,1...0,2	0,1...0,15	0,05...0,1	0,15...0,3
Schlichten	v_c	30...40	25...30	15...20	20...25
	f_z	0,04...0,1	0,04...0,1	0,02...0,1	0,07...0,2

Bohren des Kernloches

Werkzeug: HSS-Spiralbohrer Ø 10,2 mm

Gewählte Werte (Tabelle 1):

$v_c = 25$ m/min; $f = 0{,}18$ mm

$$\boldsymbol{n} = \frac{v_c}{\pi \cdot d} = \frac{25 \text{ m/min}}{\pi \cdot 0{,}0102 \text{ m}} = \mathbf{780 \frac{1}{min}}$$

Gewindebohren M12 (Bild 1)

Vor dem Gewindebohren wird die Kernlochbohrung mit einem Kegelsenker auf etwa Ø 12,5 angesenkt.

Das Gewinde wird auf der Bohrmaschine geschnitten. Schneidöl vermindert die Reibung und erhöht damit die Oberflächenqualität des Gewindes und die Standzeit der Gewindebohrer.

Gewählte Werte (Tabelle 2): $v_c = 10$ m/min

$$\boldsymbol{n} = \frac{v_c}{\pi \cdot d} = \frac{10 \text{ m/min}}{\pi \cdot 0{,}012 \text{ m}} = \mathbf{265 \frac{1}{min}}$$

Abschließende Fertigungsschritte

Nach der spanenden Bearbeitung wird das Werkstück entgratet. Anschließend werden Maße, Form und Oberflächen geprüft. Danach wird das ganze Teil vergütet und die 10 mm breite Nut randschichtgehärtet. Nach dem Vergüten erhält die Oberfläche durch Phosphatieren einen Korrosionsschutz und ein schöneres Aussehen.

Tabelle 1: Schnittwerte für HSS-Spiralbohrer

Werkstoff	Zugfestigkeit R_m in N/mm²	Schnittgeschwindigkeit v_c in m/min	Vorschub *f* in mm je Umdrehung bei Bohrerdurchmesser *d* in mm				
			4	6,3	10	16	25
Stähle	bis 600	30 … 35	0,08	0,12	0,18	0,25	0,32
	über 700 bis 1000	20 … 25					

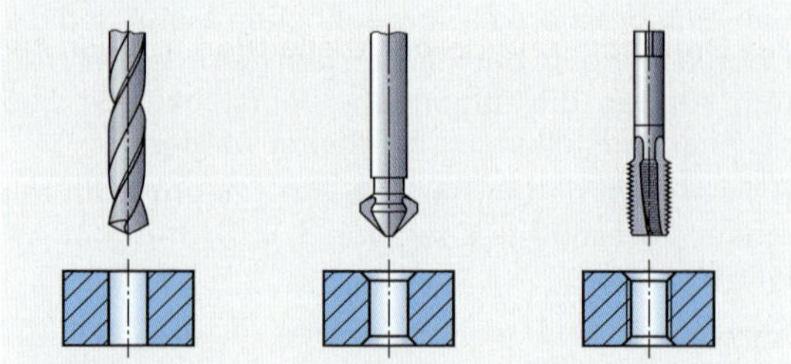

Bild 1: Gewindebohren M12

Tabelle 2: Schnittwerte für HSS-Gewindebohrer

Werkstoff	Zugfestigkeit R_m in N/mm²	Schnittgeschwindigkeit v_c in m/min	Werkzeugtyp nach DIN 1836
Unlegierte Stähle	bis 700	16	N
	über 700	10	H (N)
Legierte Stähle	bis 1000		

Mögliche Maßnahmen zur Einsparung von Fertigungskosten

Werkstoff: Bei blankgezogenem Rechteckstahl 40 x 25 entfällt die Bearbeitung der Außenflächen; bei warmgewalztem Stahl 40 x 25 könnte durch Planschleifen lediglich die Walzhaut weggenommen werden.

NC-Bearbeitung: Die Nut, das Langloch und die Gewindebohrung werden in einer Aufspannung auf einer NC-Fräsmaschine gefertigt. Durch automatischen Werkzeugwechsel kann die Fertigungszeit verkürzt werden.

Werkzeuge: Mit Hartmetallwerkzeugen können die Schnittgeschwindigkeiten beim Fräsen erhöht und damit die Bearbeitungszeiten verkürzt werden.

Rüst- und Nebenzeiten: Die Zeiten für den Wechsel der Werkzeuge können verringert werden, wenn mehrere Spannpratzen in einer Aufspannung bearbeitet werden.

Kleinere Fertigungstiefe durch Fremdaufträge: Manche Fertigungsverfahren erfordern besondere Maschinen und Einrichtungen, z. B. für die Wärmebehandlung, oder Anlagen, die strengen Umweltauflagen unterliegen, z. B. Phosphatieranlagen. Solche Einrichtungen lohnen sich nur bei guter Auslastung. Aufträge dafür werden deshalb oft an andere Firmen vergeben.

Wiederholung und Vertiefung

1 Warum wird die Spannschraube aus dem Stahl 16MnCr5 gefertigt?

2 Welche Angaben sind in einem Arbeitsplan enthalten?

3 Erstellen Sie den Arbeitsplan für die Herstellung der Spannschraube.

4 Welche Kenntnisse muss ein Sachbearbeiter in der Fertigungsplanung haben?

5 Warum werden die hydraulischen Spannelemente mit einer Schnellkupplung versehen? Vergleichen Sie dazu die Darstellung im Kapitel „Hydraulische Steuerungen“.

6 Wovon hängen die einzustellende Drehzahl und der Vorschub f_z beim Fräsen ab? Begründen Sie Ihre Meinung mithilfe eines Tabellenbuches.

3.9 Fügen

Maschinen, Vorrichtungen und Geräte bestehen aus verschiedenen Einzelteilen **(Bild 1)**. Bei der Herstellung bzw. bei der Montage werden die einzelnen Teile so miteinander verbunden, dass sich die geforderte Funktion ergibt. Das Verbinden von Einzelteilen zu Funktionseinheiten bezeichnet man als Fügen.

Gefügte Teile können Kräfte oder Drehmomente übertragen. So wird bei der Kreissägewelle (Bild 1) das Drehmoment von der Welle (Pos. 1) über die Passfeder (Pos. 2) auf die Anlage (Pos. 3) übertragen. Die auf das Pendelkugellager (Pos. 9) wirkenden Kräfte werden direkt über die Gehäusebohrung oder indirekt über den Deckel (Pos. 10) und die Sechskantschrauben (Pos. 11) auf das Lagergehäuse (Pos. 7) geleitet.

Das Verbinden von Einzelteilen nennt man Fügen. Durch Fügen wird der Zusammenhalt der Einzelteile an der Fügestelle hergestellt oder verstärkt.

3.9.1 Fügeverfahren

Nach der Wirkungsweise unterscheidet man formschlüssiges, kraftschlüssiges, vorgespannt formschlüssiges und stoffschlüssiges Fügen **(Tabelle 1, Seite 237)**.

Formschlüssiges Fügen

Beim formschlüssigen Fügen sind die Werkstücke durch ineinander passende Formen miteinander verbunden. So überträgt z. B. die Passfeder (Pos. 2) das Drehmoment von der Welle (Pos. 1) auf die Anlage der Nabe (Pos. 3 – Bild 1 und **Bild 2)**.

Formschlüssige Verbindungen werden hergestellt mit

- Passfedern
- Keilwellen
- Passschrauben
- Stiften
- Bolzen
- Nieten

Kraftschlüssiges Fügen

Beim kraftschlüssigen Fügen werden Kräfte und Drehmomente durch Reibungskräfte übertragen, die durch das Aufeinanderpressen von Bauteilen entstehen **(Bild 3)**.

Bei der Kreissägewelle (Bild 1) z. B. wird beim Anziehen der Sechskantmutter (Pos. 6) das Sägeblatt zwischen der Anlage (Pos. 3) und der Spannscheibe (Pos. 4) verspannt. Die Reibungskräfte an den Berührungsstellen des Sägeblattes nehmen das Sägeblatt mit.

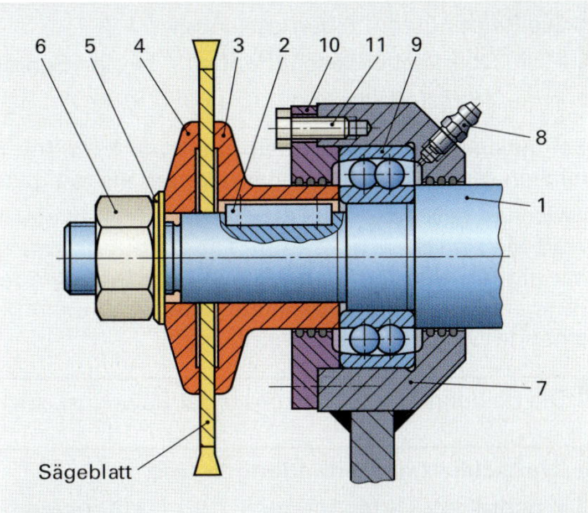

Pos.-Nr.	Menge Einheit	Benennung	Norm-Kurzbezeichnung bzw. Werkstoff	Bemerkung
1	1	Welle	E295	Rd 45
2	1	Passfeder	DIN 6885-A-8x7x30	
3	1	Anlage	S275JR	
4	1	Spannscheibe	S275JR	
5	1	Scheibe	ISO 7090-20-300 HV	
6	1	Sechskantmutter	ISO 8673-M20x1,5-8-LH	
7	1	Lagergehäuse	S275J2G3	
8	1	Schmiernippel	DIN 71412-AM6	
9	1	Pendelkugellager	DIN 630-2206 TV	
10	1	Deckel	S275JR	Rd 90 x 15
11	6	Sechskantschraube	ISO 4017-M6 x 16-8.8	

Bild 1: Kreissägewelle mit Lagerung

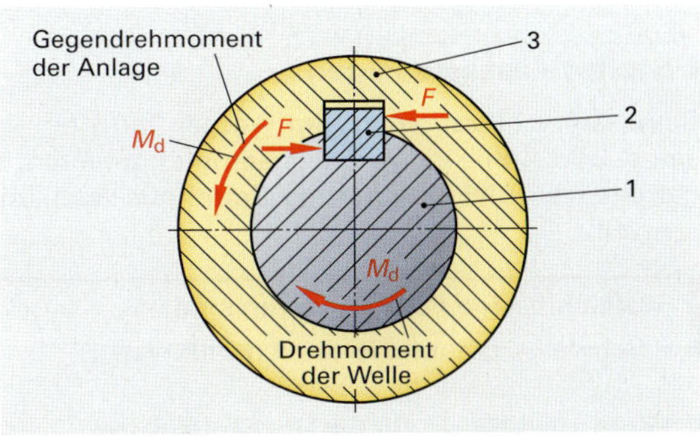

Bild 2: Drehmomentübertragung durch Formschluss

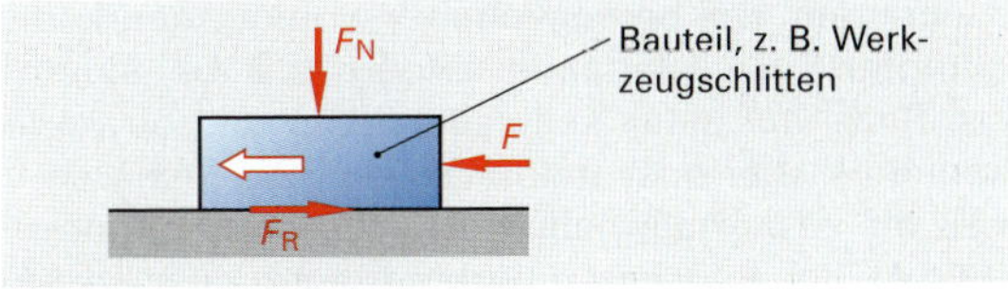

Bild 3: Reibungskraft F_R

Die Reibungszahl μ berücksichtigt
- die Oberflächenbeschaffenheit
- die Werkstoffpaarung
- den Schmierzustand
- die Art der Reibung

Bei gleicher Anpresskraft (Normalkraft) kann mit rauen Bauteiloberflächen mehr Kraft übertragen werden als mit glatten.

Zwischen geschmierten Oberflächen entsteht eine kleinere Reibungskraft als zwischen trockenen. Die Reibungskraft ist auch davon abhängig, ob sich die Bauteile aufeinander bewegen (Bewegungsreibung) oder ob sie sich auch unter Krafteinwirkung nicht gegeneinander verschieben (Haftreibung).

Die Reibungskraft wirkt immer der Bewegungsrichtung entgegen.

Kraftschlüssige Verbindungen sind
- Schraubenverbindungen
- Klemmverbindungen
- Kegelverbindungen
- Einscheibenkupplungen

Beispiel: Die Spannscheiben werden durch Anziehen der Sechskantmutter mit einer Kraft von 25 kN gegen das Sägeblatt gepresst **(Bild 1)**. Wie groß ist bei 2 Reibflächen und $\mu = 0{,}1$ die entstehende Reibungskraft F_R?

Lösung: $F_R = \mu \cdot F_N \cdot 2 = 0{,}1 \cdot 25\,000\text{ N} \cdot 2 =$ **5000 N**

Vorgespannt formschlüssiges Fügen

Beim vorgespannt formschlüssigen Fügen erfolgt die Drehmomentübertragung zunächst kraftschlüssig. Eingetriebene Keile **(Bild 2)** verspannen Welle und Nabe, wobei der Keil seitlich in der Nabennut nicht anliegt. Beim Überschreiten der Reibungskraft wird das Drehmoment hauptsächlich formschlüssig übertragen, weil jetzt die Seitenflächen von Wellen- und Nabennut am Keil anliegen.

Vorgespannt formschlüssige Verbindungen sind
- Keilverbindungen
- Stirnzahnverbindungen
- Kegelverbindungen mit Scheibenfedern

Stoffschlüssiges Fügen

Beim stoffschlüssigen Fügen werden die Werkstücke durch Kohäsions- und Adhäsionskräfte zusammengehalten. So ist z. B. das Lagergehäuse **(Bild 1, vorherige Seite)** aus zwei Teilen zusammengeschweißt.

Stoffschlüssige Fügeverfahren sind
- Schweiß-, Löt- und Klebeverbindungen

Feste und bewegliche Verbindungen

Durch Fügen entstehen feste oder bewegliche Verbindungen **(Bild 3)**. Bei **festen** Verbindungen haben die Werkstücke stets die gleiche Lage zueinander. Bei **beweglichen** Verbindungen kann sich die Lage der gefügten Teile zueinander ändern, z. B. bei einem axial verschiebbaren Ritzel auf einer Keilwelle. Feste und bewegliche Verbindungen können lösbar oder unlösbar sein. Bei **lösbaren** Verbindungen können die zusammengebauten Teile ohne Zerstörung zerlegt werden **(Bild 4)**. Bei **unlösbaren** Verbindungen müssen zum Zerlegen Verbindungsstellen oder Bauteile zerstört werden **(Bild 5)**.

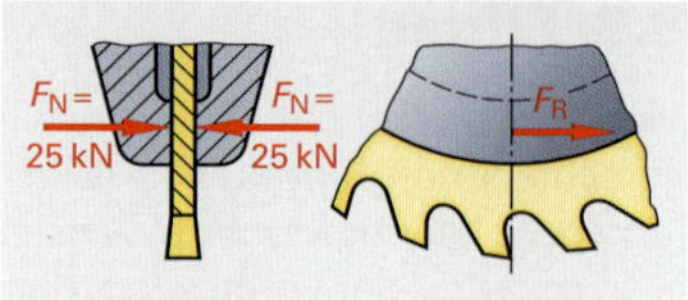

Bild 1: Sägeblatt

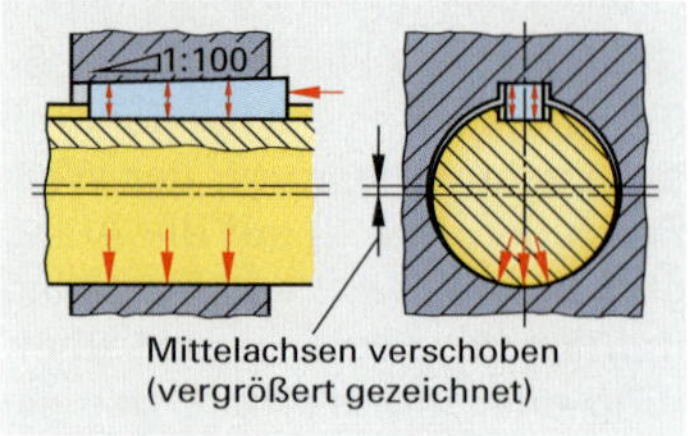

Bild 2: Keilverbindung

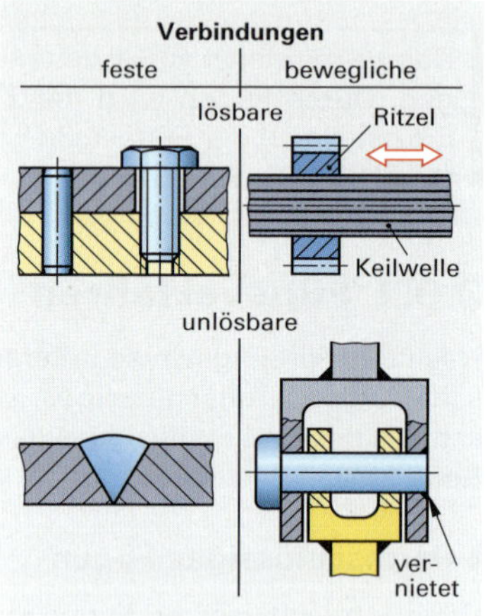

Bild 3: Feste und bewegliche Verbindungen

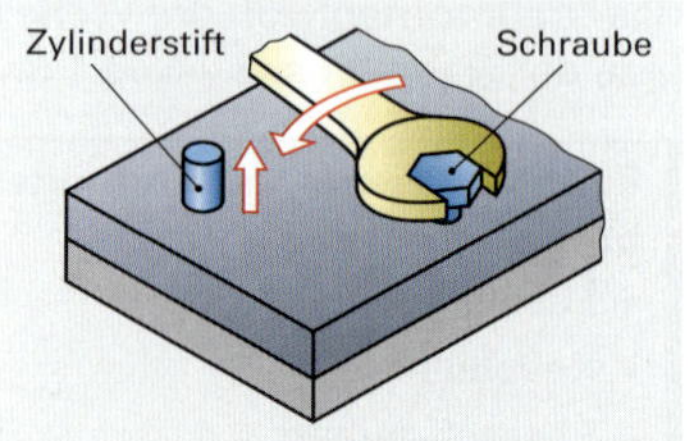

Bild 4: Lösbare Verbindungen

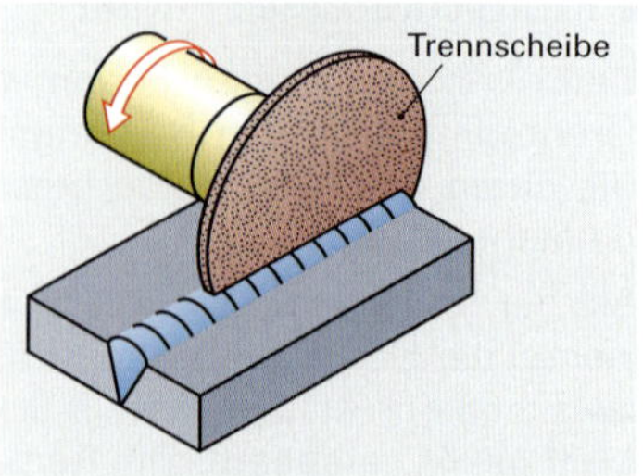

Bild 5: Trennen einer unlösbaren Verbindung

Tabelle 1: Übersicht über wichtige Fügeverfahren

<table>
<tr><td>Formschlüssiges Fügen durch ineinander passende Formen</td><td>
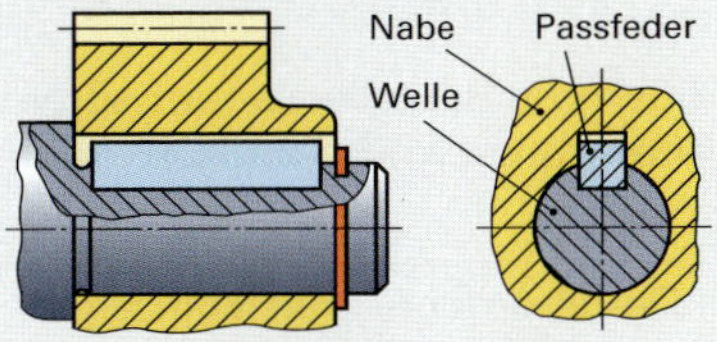

Passfederverbindung

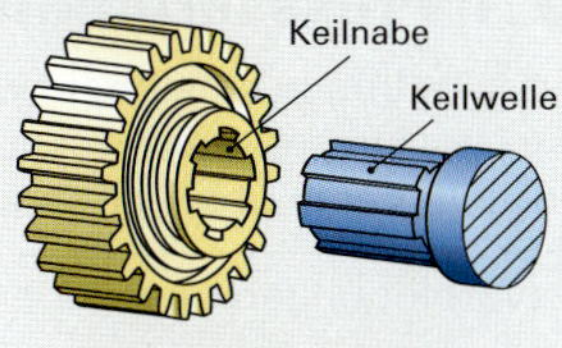

Keilwellenverbindung

Stiftverbindungen

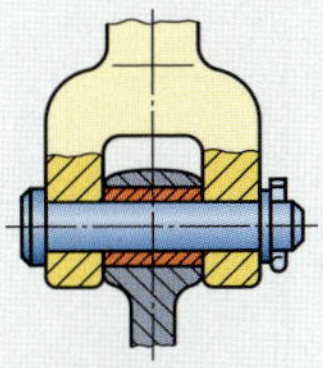

Bolzenverbindung

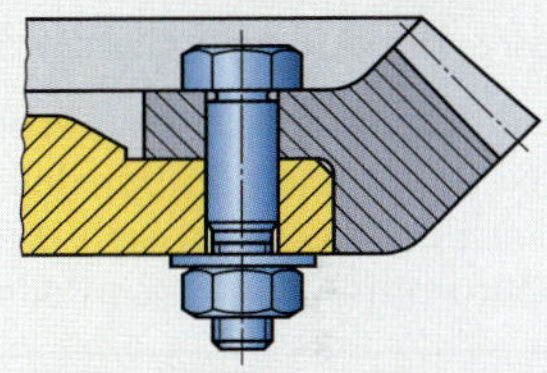

Passschraubenverbindung
</td></tr>
<tr><td>Kraftschlüssiges Fügen durch Reibungskräfte</td><td>
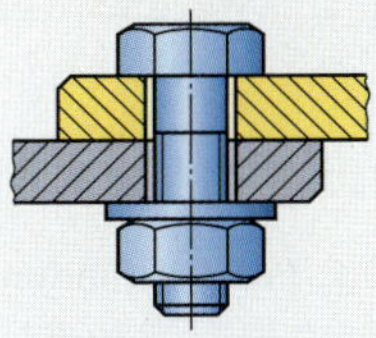

Schraubenverbindung

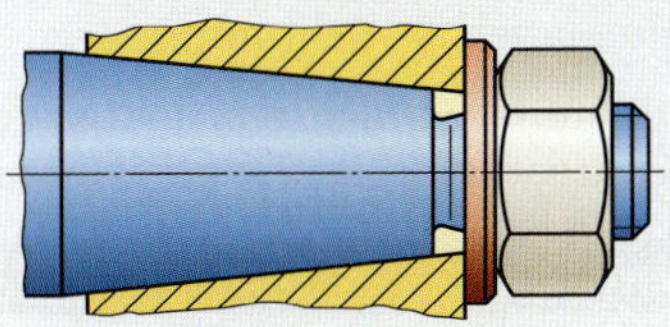

Kegelverbindung

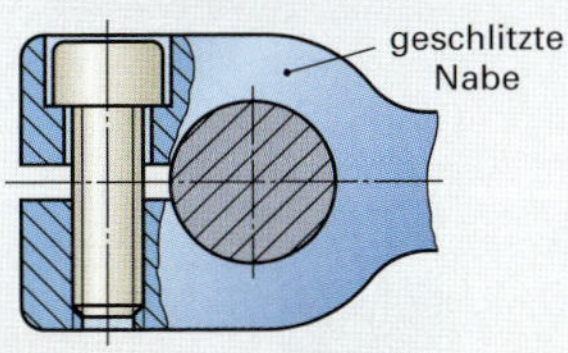

Klemmverbindung

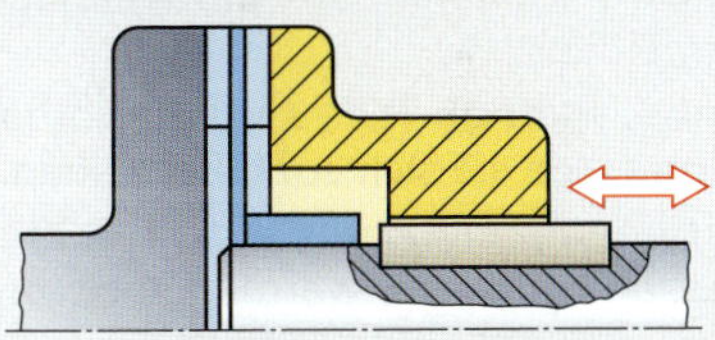

Einscheibenkupplung
</td></tr>
<tr><td>Vorgespannt formschlüssiges Fügen durch Kraft- und Formschluss</td><td>
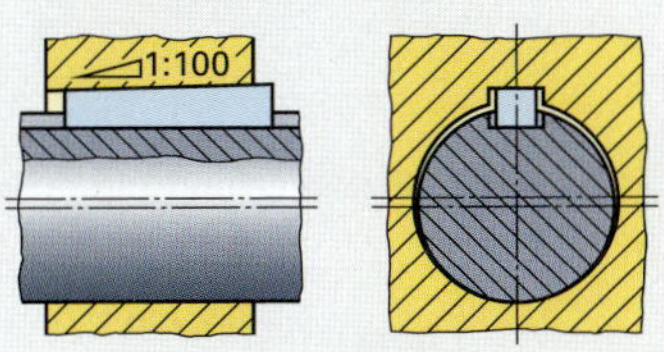

Keilverbindung

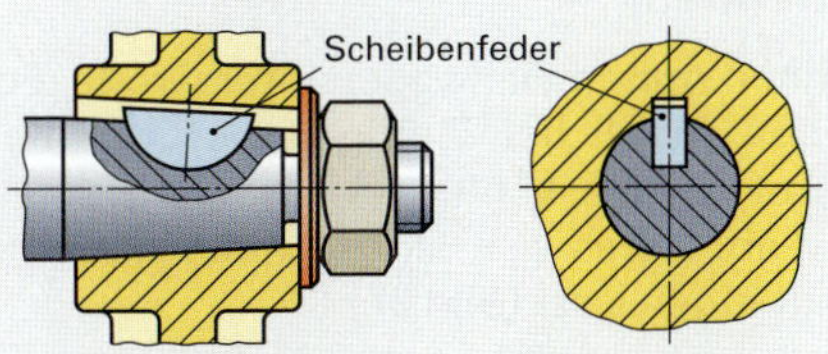

Kegelverbindung mit Scheibenfeder
</td></tr>
<tr><td>Stoffschlüssiges Fügen durch Kohäsions- und Adhäsionskräfte</td><td>
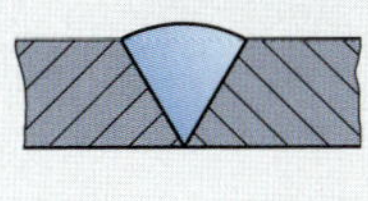

Schweißverbindung

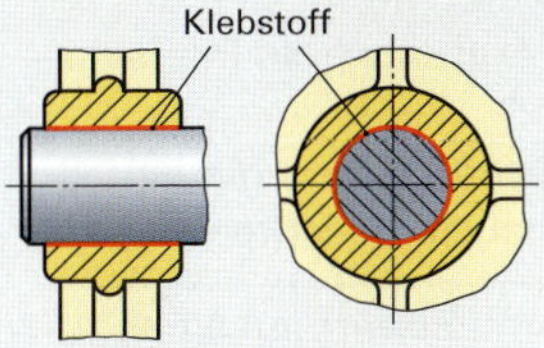

Klebeverbindung

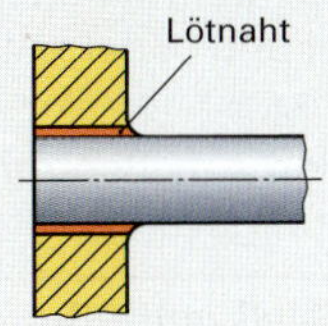

Lötverbindung
</td></tr>
</table>

3.9.2 Press- und Schnappverbindungen

3.9.2.1 Pressverbindungen

Pressverbindungen entstehen, wenn beim Fügen von Bauteilen Übermaß zwischen den Passflächen vorhanden ist. Durch die auftretenden Presskräfte können Kräfte und Drehmomente ohne zusätzliche Verbindungselemente übertragen werden.

Pressverbindungen übertragen Kräfte und Drehmomente kraftschlüssig.

Pressverbindungen durch Längseinpressen

Beim Längseinpressen werden die Bauteile mithilfe einer Presse gefügt **(Bild 1)**. Weil scharfkantige Innenteile beim Einpressen die Rauheitsspitzen der Bohrungsfläche abschaben und damit den Bohrungsdurchmesser vergrößern und die Haftkraft verringern würden, erhält das Innenteil eine 2 bis 5 mm lange Einpressfase mit einem Winkel von maximal 5°. Das Einölen der Fügeflächen vor dem Einpressen verhindert das Festfressen der Bauteile.

Pressverbindungen durch Schrumpfen

Vor dem Fügen der Pressverbindung wird das Außenteil erwärmt und über das Innenteil geschoben. Beim Erkalten bildet sich die Pressverbindung durch Schrumpfen des Außenteils **(Bild 2)**.

Die Maßverkleinerung beim Abkühlen eines zuvor erwärmten Bauteiles mit Innenpassflächen bezeichnet man als Schrumpfen.

Zur Erwärmung werden z.B. induktive Anwärmgeräte, Ölbäder und Gasbrenner verwendet.

Arbeitsregeln

- Vorgeschriebene Anwärmtemperaturen sind genau einzuhalten, um Gefügeänderungen zu vermeiden.
- Große, sperrige Teile sind gleichmäßig zu erwärmen, da sie sich sonst verziehen.
- Wärmeempfindliche Teile, z.B. Dichtungen, müssen vor dem Erwärmen entfernt werden.

Pressverbindungen durch Kühlen (Dehnen)

Können Außenteile wegen ihrer Größe, Form oder wegen möglicher Gefügeänderungen nicht erwärmt werden, kühlt man das Innenteil (Welle) soweit ab, bis es sich leicht in das Außenteil (Bohrung) fügen lässt **(Bild 3)**.

Als Kühlmittel dienen Trockeneis (festes Kohlendioxid, bis –79 °C) und flüssiger Stickstoff (bis –190 °C). Beim Wiedererwärmen dehnt sich das Innenteil und bildet mit dem Außenteil die Pressverbindung.

Bei allen Arbeiten mit Kühlmitteln sind die Unfallverhütungsvorschriften genau zu beachten.

Die Maßvergrößerung durch Erwärmen eines zuvor abgekühlten Bauteiles mit Außenpassflächen bezeichnet man als Dehnen.

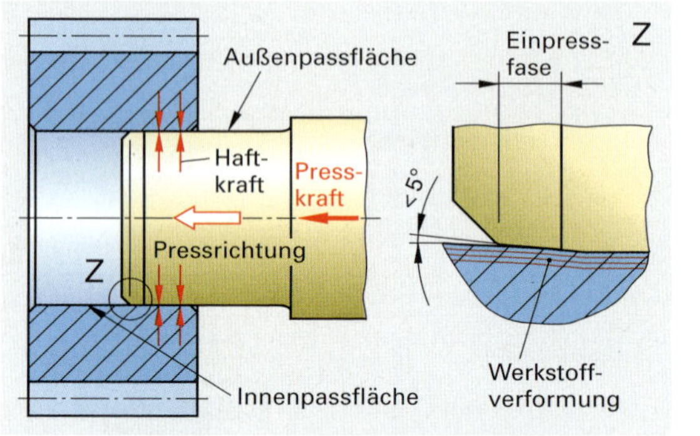

Bild 1: Pressverbindung durch Längseinpressen

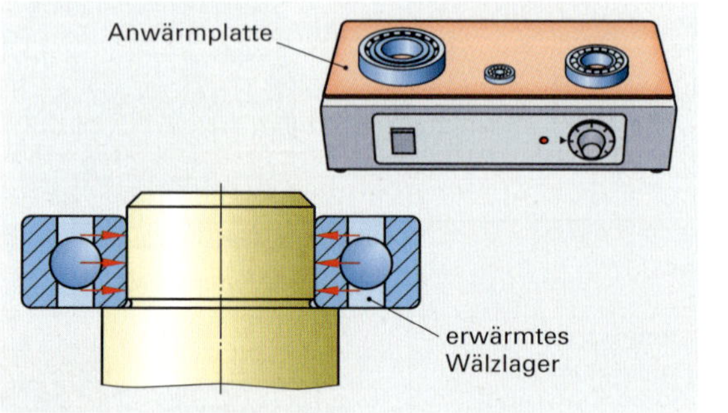

Bild 2: Pressverbindung durch Schrumpfen

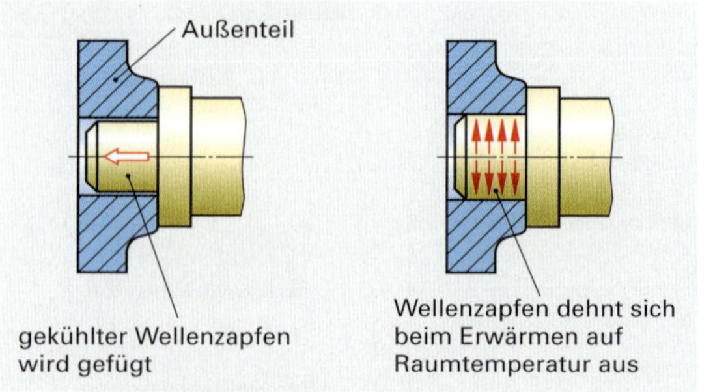

Bild 3: Pressverbindung durch Kühlen

Pressverbindungen mithilfe des Hydraulikverfahrens

Beim Hydraulikverfahren wird Maschinenöl durch eine in die Welle oder die Bohrung eingearbeitete Ringnut zwischen die Passflächen gepresst **(Bild 1)**. Die Bauteile verformen sich dabei elastisch und können mit geringem Kraftaufwand gegeneinander verschoben werden.

Bauteile mit kegeligen Passflächen können mit diesem Verfahren gefügt und getrennt werden. Zylindrische Bauteile werden meist durch Schrumpfen gefügt. Die Demontage kann mit dem Hydraulikverfahren erfolgen, solange z. B. die Wellen-Ringnut von der Nabe überdeckt wird (Bild 1). Anschließend kann die Nabe, weil sich zwischen den Passflächen noch Öl befindet, mit verhältnismäßig geringem Kraftaufwand vollends demontiert werden.

Das Hydraulikverfahren wird hauptsächlich zur Montage und Demontage von großen Wälzlagern verwendet (Seite 455).

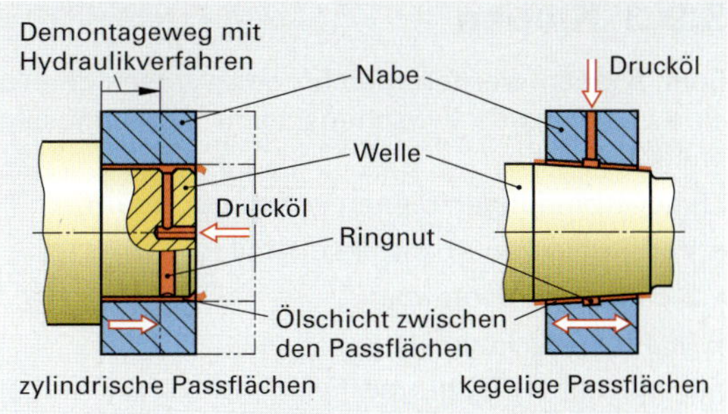

Bild 1: Hydraulisch hergestellte Pressverbindung

3.9.2.2 Schnappverbindungen

Bei den Schnappverbindungen wird die Elastizität der Werkstoffe, meist Kunststoffe oder Federstahl, für die Verbindung zweier Bauteile ausgenutzt.

Eine Kugel, ein Stirnwulst oder ein Haken greifen in die Hinterschneidung des anderen Teils ein und bilden eine formschlüssige Verbindung **(Bild 2)**.

Mindestens ein Teil der Verbindung muss aus elastischem Werkstoff sein, der sich beim Fügen oder Lösen um die Wulsthöhe verformen lässt.

Man unterscheidet unlösbare und lösbare Schnappverbindungen **(Bild 3)**. Unlösbare Verbindungen haben auf ihrer Innenseite eine Planfläche, die das Trennen der Teile verhindert. Bei lösbaren Verbindungen haben die Wülste in beiden Bewegungsrichtungen Schrägen.

> Bei Schnappverbindungen verformt sich ein Fügeteil elastisch und verhakt anschließend lösbar oder unlösbar.

Durch Schnappverbindungen mit zusätzlichen Befestigungselementen werden z. B. Zierleisten aus Kunststoff mit Pkw-Karosserieteilen gefügt.

Typische Befestigungselemente für Schnappverbindungen sind Klammern und Klipse, die geringe Fügekräfte benötigen und Fertigungsabweichungen in Bohrungen überbrücken können **(Bild 4)**.

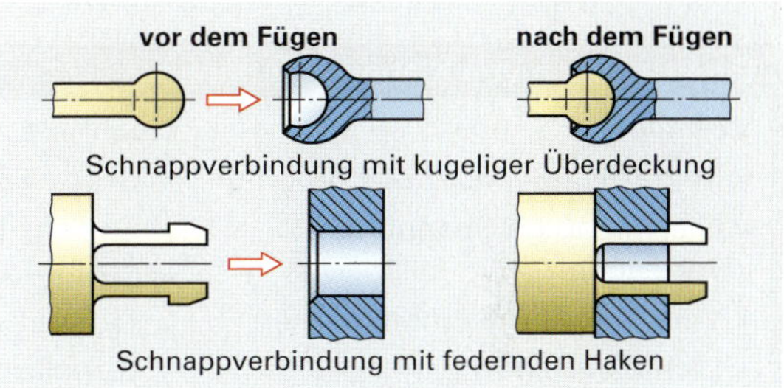

Bild 2: Bauformen von Schnappverbindungen

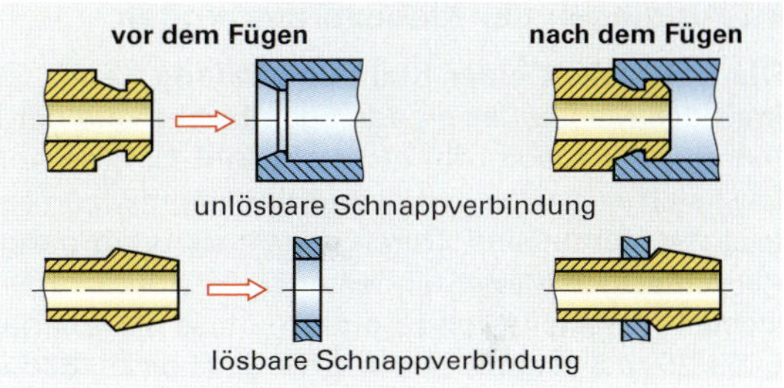

Bild 3: Arten von Schnappverbindungen

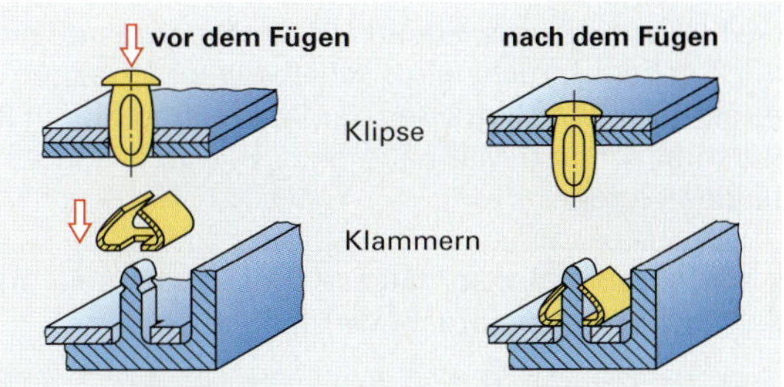

Bild 4: Schnappverbindungen mit Befestigungselementen

Wiederholung und Vertiefung

1 Welche Arbeitsregeln sind beim Anwärmen von Werkstücken für eine Pressverbindung zu beachten?
2 In welchen Fällen werden Pressverbindungen durch Kühlen angewendet?
3 Wie wird eine kegelige Pressverbindung mithilfe des Hydraulikverfahrens hergestellt?
4 Wodurch unterscheiden sich lösbare und unlösbare Schnappverbindungen?

3.9.3 Kleben

Beim Kleben werden gleiche oder verschiedenartige Stoffe durch eine aushärtende Zwischenschicht stoffschlüssig miteinander verbunden.

Klebeverbindungen dienen vorwiegend zum

- **Verbinden** von Konstruktionsteilen
- **Sichern** von Schrauben
- **Dichten** von Fügeflächen

Sie werden im Flug- und Fahrzeugbau für Aufbauten und Hauben, zum Befestigen von Bremsbelägen, im Maschinenbau zum Befestigen von Buchsen und Lagern, zum Sichern von Schrauben und zum Abdichten von Gehäusen verwendet **(Bild 1)**.

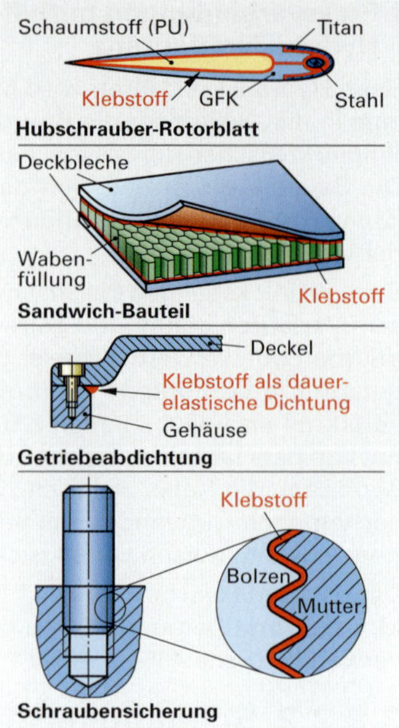

Bild 1: Klebeverbindungen

Eigenschaften von Klebeverbindungen

Vorteile

- Keine Gefügeänderung
- Gleichmäßige Spannungsverteilung
- Viele Werkstoffkombinationen
- Dichte Verbindungen
- Wenig Passarbeit erforderlich

Nachteile

- Große Fügeflächen nötig
- Geringe Dauerfestigkeit
- Geringe Warmfestigkeit
- Teilweise lange und komplizierte Aushärtung

Grundlagen der Klebeverbindungen

Die Haltbarkeit einer Klebeverbindung hängt von der **Adhäsionskraft** des Klebstoffes an den Fügeflächen und der **Kohäsionskraft** im Inneren der Klebstoffschicht ab **(Bild 2)**. Eine hohe Adhäsionskraft lässt sich nur erreichen, wenn die Fügeflächen sauber, trocken und leicht aufgeraut sind. Durch den Aushärtevorgang entsteht aus dem dünnflüssigen Kleber ein fester Kunststoff. Um die Festigkeit der geklebten Metallteile voll zu nutzen, muss die Überlappungslänge etwa 5- bis 20-mal so groß sein wie die Blechdicke **(Bild 3)**.

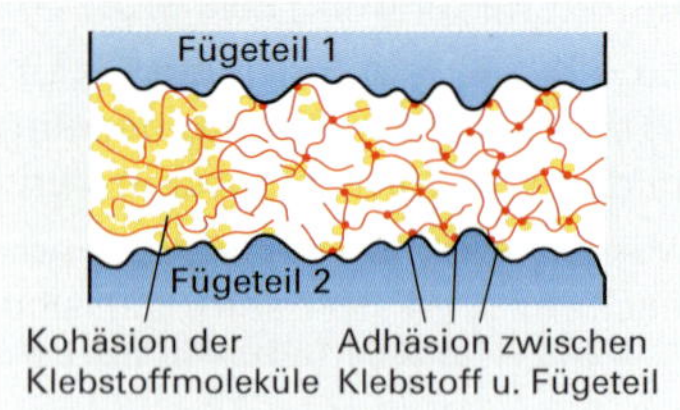

Bild 2: Kräfte bei Klebeverbindungen

Die Belastbarkeit einer Klebeverbindung hängt nicht nur von der Größe der Fügeflächen, sondern wesentlich auch von der Art der Beanspruchung ab. Klebeverbindungen sollen so ausgeführt werden, dass die Klebschicht vorwiegend auf Abscherung und nur in geringem Maß auf Zug beansprucht wird. Schälbeanspruchungen sind nicht zulässig, da sie leicht zum Aufreißen der Verbindung führen **(Bild 4)**. Sie müssen durch besondere Maßnahmen, z.B. durch Bördeln oder Nieten, verhindert werden.

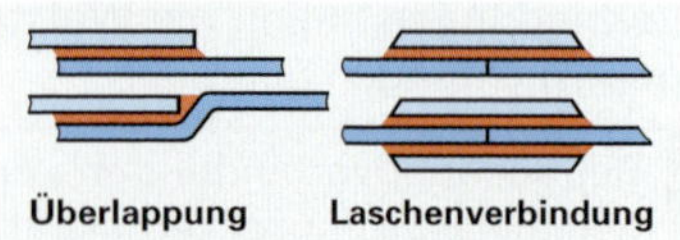

Bild 3: Ausführung von Klebeverbindungen

Klebeverbindungen müssen großflächig sein und dürfen nicht auf Abschälen beansprucht werden.

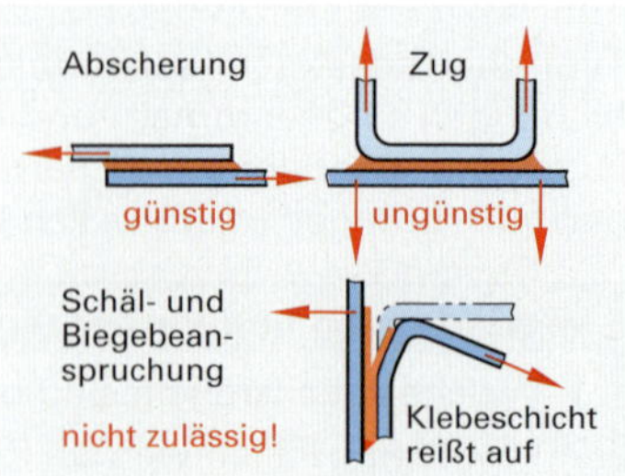

Bild 4: Beanspruchung von Klebeverbindungen

Klebstoffarten

Schmelzklebstoffe erstarren rein physikalisch durch Abkühlung.

Nassklebstoffe härten durch Verdunsten eines Lösungsmittels.

Reaktionsklebstoffe sind die am häufigsten verwendeten Klebstoffe für Metalle **(Tabelle 1, folgende Seite)**. Sie härten durch eine chemische Reaktion aus. Nach der Verarbeitungstemperatur werden sie in Warm- und Kaltkleber, nach der Zusammensetzung in Ein- und Zwei-Komponentenkleber unterteilt.

Tabelle 1: Reaktionsklebstoffe

	Klebstoff	Komponenten	Härtung °C	Härtung Dauer	Scherfestigkeit N/mm²	Einsatzbereich °C	Besondere Eigenschaften
Kaltkleber	Epoxidharz	2	20	48 h	bis 32	−60 … +80	Hohe Festigkeit und gute Elastizität, bei Erwärmung schnelle Härtung
	Acrylat	2	20	10 min	8 … 20	bis +100	Kleber und Härter werden getrennt aufgetragen, die Härtung beginnt mit dem Fügen
	Polyurethan	2	20	bis 80 h	7 … 15	−200 … +30	Die Aushärtezeit kann bis auf 0,5 h beschleunigt werden; Härtung ist auch mit Luftzutritt möglich
	Cyanacrylat	1	20	3 … 180 s	bis 25	−40 … +120	Sehr kurze Härtung („Sekundenkleber"); Klebstoffschicht 0,2 mm; auch für Elastomere geeignet
	Anaerobe Kleber	1	20	6 … 24 h	bis 40	−60 … +200	Härten bei Luftabschluss; vorwiegend zur Befestigung von Buchsen und als Schraubensicherung
Warmkleber	Epoxidharz	2	120	15 min	bis 40	−60 … +80	Hohe Festigkeit und Verformbarkeit; auch zum Füllen großer Zwischenräume
	Phenolharz	1	180	120 min	bis 40	−60 … +200	Hohe Festigkeit, hohe Wärmebeständigkeit, geringe Verformbarkeit; beim Härten Druck nötig
	Polymidklebstoffe	1	400	–	25	−60 … +200	Härtung in mehreren Stufen unter Luftabschluss und Druck; kurzzeitig bis 500 °C beständig

Vorbehandlung der Oberflächen

Die **mechanische Vorbehandlung** erfolgt durch Feinsandstrahlen oder durch Schleifen mit Schmirgelleinen. Das **Entfetten** ist nach der mechanischen oder vor der chemischen Vorbehandlung erforderlich. Es erfolgt durch Dampfentfetten, Tauchentfetten oder Abreiben mit einem sauberen, lösungsmittelgetränkten Lappen. Anstelle der mechanischen Vorbehandlung kann eine **chemische Vorbehandlung** durch Beizen erfolgen. Sie ist die wirkungsvollste Art der Vorbehandlung, da die Oberfläche gleichzeitig gereinigt und aufgeraut wird. Nach dem Beizen oder Entfetten muss sorgfältig getrocknet werden.

Klebeflächen müssen trocken, sauber, fettfrei und leicht aufgeraut sein.

Klebstoffverarbeitung

Zweikomponentenkleber müssen in der erforderlichen Menge und im richtigen Mischungsverhältnis unmittelbar vor dem Auftrag gemischt werden. Ihre Verarbeitungszeit (Topfzeit) ist begrenzt. Je nach Lieferform wird der Kleber mit der Spritzpistole, mit dem Pinsel oder der Spachtel oder durch Auflegen einer Klebefolie dünn und gleichmäßig aufgetragen.

Aushärten

Viele Klebstoffe, die während des Auftragens honigartig zäh sind, werden bei Aushärtungsbeginn dünnflüssig. Daher müssen die Fügeteile gegen Verschieben gesichert, bei einigen Klebstoffen zusätzlich gepresst werden. Zeit und Temperatur der Aushärtung richten sich nach der Klebstoffart und sind den Herstellervorschriften zu entnehmen.

Arbeitsregeln für die Herstellung einer Klebeverbindung

- Die Fügeflächen müssen trocken, sauber, fettfrei und leicht aufgeraut sein.
- Der Klebstoffauftrag soll unmittelbar nach der Oberflächenvorbehandlung erfolgen.
- Die Dicke der Klebstoffschicht soll 0,1 mm bis 0,3 mm betragen.
- Während der Aushärtung müssen die Teile gegen Verrutschen gesichert werden.
- Klebstoffe sollen im ungehärteten Zustand nicht mit der Haut in Berührung kommen.
- Die Arbeitsräume sind gut zu lüften, da gesundheitsschädliche Dämpfe auftreten können.

Wiederholung und Vertiefung

1 Weshalb sind beim Kleben große Fügeflächen wichtig?

2 Wie müssen Klebeflächen vorbehandelt werden?

3.9.4 Löten

Löten ist ein stoffschlüssiges Fügen und Beschichten von Werkstoffen mithilfe eines geschmolzenen Zusatzmetalls, dem **Lot**. Die Schmelztemperatur des Lotes liegt unterhalb der Schmelztemperatur der zu verbindenden Grundwerkstoffe. Die Grundwerkstoffe werden vom Lot benetzt, ohne geschmolzen zu werden. Das Löten erfolgt vielfach unter Anwendung von Flussmitteln, Schutzgasen oder im Vakuum.

Durch das Löten entstehen unlösbare, stoffschlüssige Verbindungen, die fest, dicht und leitfähig für Wärme und elektrischen Strom sind **(Bild 1)**. Die zu verbindenden Grundwerkstoffe können sehr unterschiedliche Eigenschaften und Zusammensetzung haben, sofern das Lot sich mit beiden Stoffen verbindet. So können z. B. Hartmetall-Schneidplatten auf Drehmeißelschäfte aus Baustahl gelötet werden.

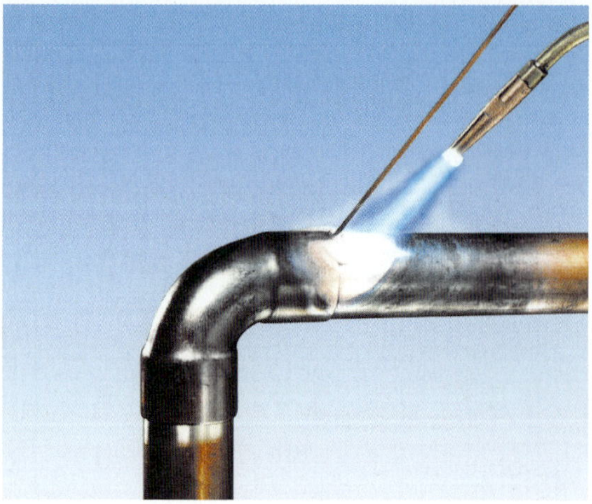

Bild 1: Löten eines Kupferrohres

> Durch Löten lassen sich gleiche oder verschiedenartige metallische Werkstoffe fest, dicht und leitfähig verbinden.

3.9.4.1 Grundlagen des Lötens

Benetzungsvorgang

Voraussetzung für eine Lötverbindung ist, dass das flüssige Lot den Grundwerkstoff benetzt. Dabei kommt es zu einer raschen Ausbreitung des flüssigen Lotes auf der Werkstückoberfläche **(Bild 2)**. Das Lot dringt in das Gefüge des Grundwerkstoffes, löst einen Teil davon und bildet eine Legierung **(Bild 3)**. Diesen Vorgang der gegenseitigen Durchdringung nennt man **Diffusion**.

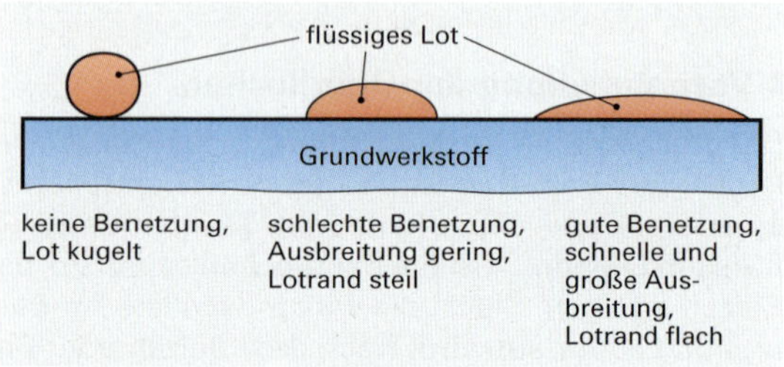

Bild 2: Benetzungsformen beim Löten

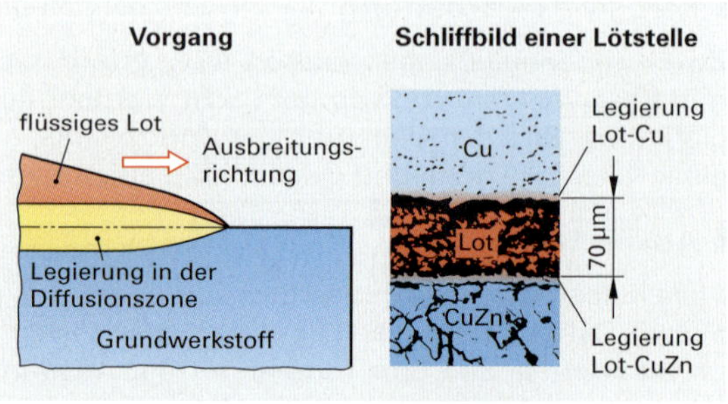

Bild 3: Legierungsbildung durch Diffusion

> **Eine gute Benetzung wird nur erreicht, wenn**
> - der Grundstoff mit dem Lot eine Legierung bilden kann,
> - die Lötstelle metallisch rein ist,
> - Werkstücke und Lot genügend erwärmt werden.

Lötspalt und Lötfuge

Der Abstand der beiden Fügeflächen ist von besonderem Einfluss auf den Lötvorgang. Einen Zwischenraum von weniger als 0,25 mm bezeichnet man als **Lötspalt**. Ist der Zwischenraum größer, so wird er als **Lötfuge** bezeichnet **(Bild 4)**. Durch die beiden dicht gegenüberliegenden Flächen des Lötspaltes wird die Adhäsion zwischen Werkstück und Lot größer als die Kohäsion im flüssigen Lot. Durch diese **Kapillarwirkung** wird das Lot in den Lötspalt hineingezogen.

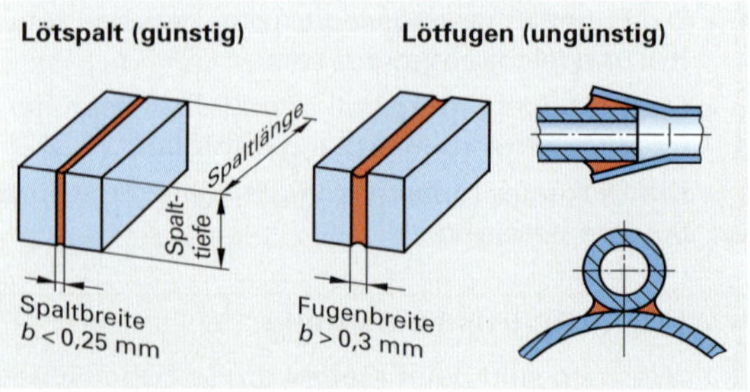

Bild 4: Lötspalt und Lötfuge

Die Kapillarwirkung ist umso größer, je geringer die Lötspaltbreite ist. Bei richtig bemessener Lötspaltbreite entsteht ein Fülldruck, der das Lot auch gegen die Schwerkraft in den Lötspalt zieht **(Bild 1)**.

Ist die Lötfuge breiter als 0,3 ... 0,5 mm, so wird das Lot nicht genügend in die Lötfuge hineingezogen **(Bild 2)**. Auch ein zu enger Lötspalt wird ungenügend gefüllt, da er nicht ausreichend Flussmittel zum Entfernen der Oxidhaut aufnimmt (Seite 246).

Der Lötspalt soll 0,05 mm bis 0,2 mm breit sein.

Lötspalttiefen über 15 mm sollten vermieden werden, da sie meist nur ungenügend gefüllt werden. Bei richtiger Bemessung des Lötspaltes und richtiger Wahl des Lotes erreichen die Lötverbindungen die gleiche Belastbarkeit wie die Grundwerkstoffe.

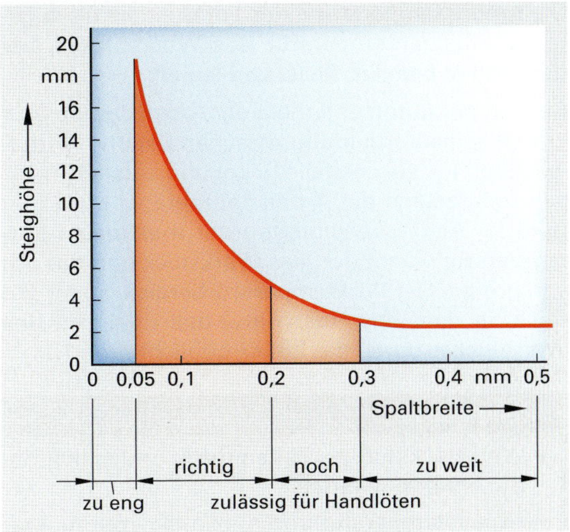

Bild 1: Steighöhe des Lotes in Abhängigkeit von der Breite des Lötspaltes

Temperaturen beim Löten

Reine Metalle und Zweistofflegierungen mit eutektischer Zusammensetzung besitzen einen festen **Schmelzpunkt**. Dabei liegt der Schmelzpunkt der eutektischen Legierung niedriger als die einzelnen Schmelzpunkte der reinen Grundmetalle. So schmilzt z. B. reines Zinn bei 232 °C, reines Blei bei 327 °C, eine Legierung aus 63 % Zinn und 37 % Blei dagegen bei 183 °C **(Bild 3)**.

Legierungen, die keine eutektische Zusammensetzung besitzen, haben keinen festen Schmelzpunkt, sondern einen **Schmelzbereich**.

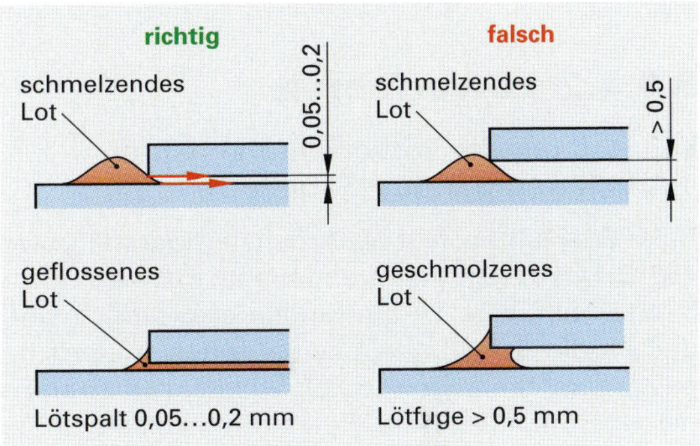

Bild 2: Kapillarwirkung beim Löten

Eutektische Legierungen besitzen einen Schmelzpunkt, andere Zusammensetzungen einen Schmelzbereich.

Erwärmt man z. B. eine Legierung aus 30 % Zinn und 70 % Blei, so schmelzen nur einzelne Kristalle bei 183 °C. Mit zunehmender Erwärmung werden immer mehr Kristalle geschmolzen. Erst beim Erreichen der Linie a–b im Schaubild ist die Legierung vollständig geschmolzen. Im Schmelzbereich zwischen 183 °C und 260 °C liegt dagegen ein breiiges Gemisch aus Schmelze und Kristallen vor (Bild 3).

Beim Erstarren wird das flüssige Lot zunächst wieder breiig und anschließend fest. Erschütterungen während des Erstarrens vermindern den Zusammenhang des Lotes und verringern damit wesentlich die Festigkeit der Lötverbindung.

Lot muss erschütterungsfrei erstarren.

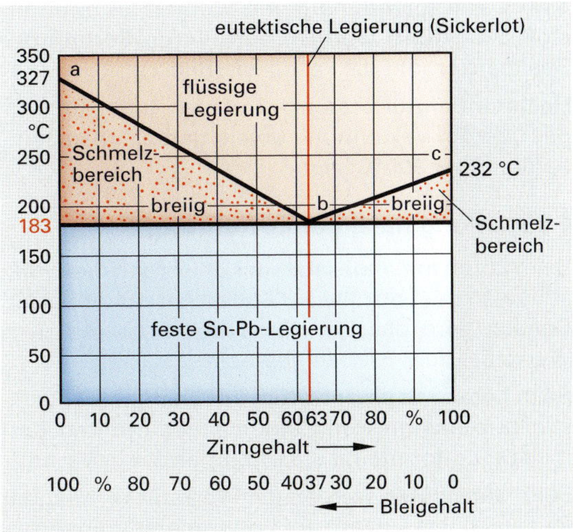

Bild 3: Zinn-Blei-Zustandsschaubild

Die **Arbeitstemperatur** eines Lotes ist die niedrigste Oberflächentemperatur des Werkstückes, bei der das Lot **benetzt, fließt und legiert**.

Bei Temperaturen unterhalb der Arbeitstemperatur erfolgt keine Verbindung zwischen Lot und Grundwerkstoff („kalte Lötstelle"). Lot und Lötstelle müssen mindestens die Arbeitstemperatur erreichen **(Bild 1)**. Beim Überschreiten der **maximalen Löttemperatur** verzundert das Werkstück und das Lot versprödet. Der **Wirktemperaturbereich** ist der Bereich, in dem das Flussmittel das Benetzen des Werkstückes durch das Lot ermöglicht (Bild 1).

Arbeitsregeln

- Werkstück und Lot sollen rasch und gleichmäßig erwärmt werden.
- Arbeitstemperatur und maximale Löttemperatur begrenzen den Löttemperaturbereich.
- Der Wirktemperaturbereich des Flussmittels muss größer sein als der Löttemperaturbereich.

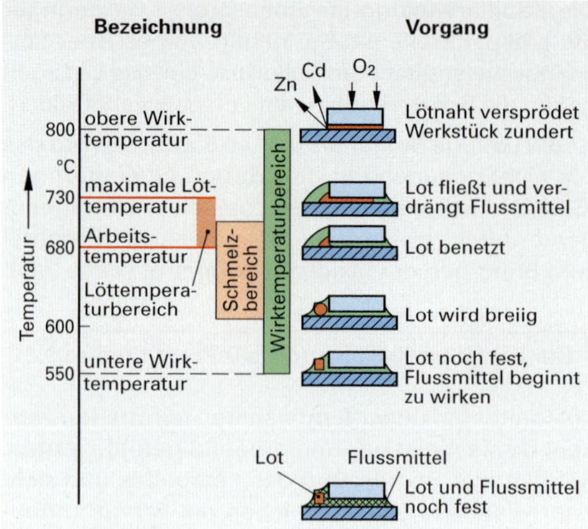

Bild 1: Wichtige Löttemperaturen für das Lot L-Ag30Cd und das Flussmittel FH10

Tabelle 1: Lötverfahren und Arbeitstemperatur

Weichlöten	Hartlöten	Hochtemperaturlöten
unter 450 °C mit Flussmittel	**über 450 °C** mit Flussmittel, unter Schutzgas oder im Vakuum	**über 900 °C** unter Schutzgas oder im Vakuum

3.9.4.2 Lötverfahren

Einteilung der Lötverfahren nach der Arbeitstemperatur (Tabelle 1)

Beim **Weichlöten** liegt die Arbeitstemperatur **unter 450 °C**. Das Weichlöten wendet man an, wenn dichte oder leitfähige Verbindungen erforderlich sind und an die Belastbarkeit keine hohen Ansprüche gestellt werden oder wenn die zu lötenden Bauteile wärmeempfindlich sind. Durch formschlüssige Gestaltung kann die Belastbarkeit der Weichlötstelle erhöht werden **(Bild 2)**.

Beim **Hartlöten** liegt die Arbeitstemperatur **über 450 °C**. Hartlötverbindungen können als Stumpfstoß ausgeführt werden; eine Vergrößerung der Spalttiefe erhöht die Festigkeit (Bild 2).

Hochtemperaturlöten ist ein Löten unter Schutzgas oder im Vakuum mit Loten, deren Arbeitstemperatur **über 900 °C** liegt.

Einteilung nach der Lotführung

Beim **Löten mit angesetztem Lot** werden die Werkstücke an der Lötstelle auf Löttemperatur erwärmt. Danach wird das Lot durch Berühren mit dem Werkstück zum Fließen gebracht.

Beim **Löten mit eingelegtem Lot** werden die Werkstücke zusammen mit einer abgestimmten Lotmenge (Lotformteil) auf Löttemperatur erwärmt.

Beim **Tauchlöten** werden die Werkstücke in einem Bad aus flüssigem Lot auf Löttemperatur erwärmt, wobei das geschmolzene Lot den Lötspalt ausfüllt.

Art der Lötstelle	Lötspalttiefe gering	Lötspalttiefe vergrößert	zusätzliche Erhöhung der Festigkeit
Blechnaht gerade	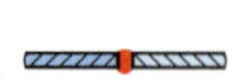	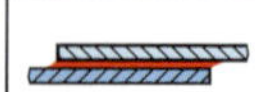	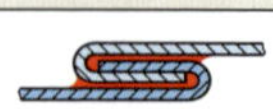
Blechnaht T-förmig	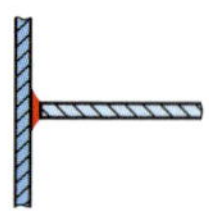	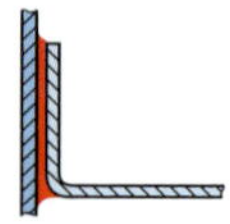	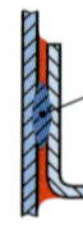
Rundteil mit Flachteil	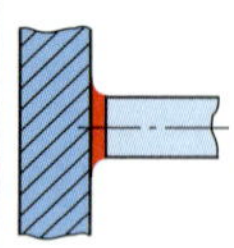	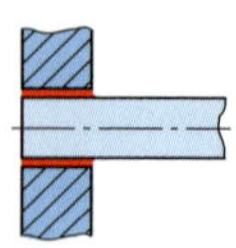	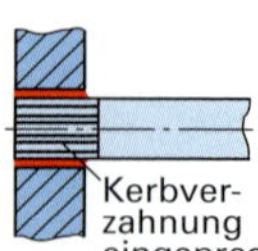
Rohrverbindung	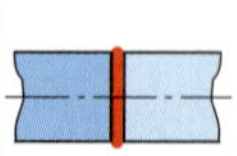	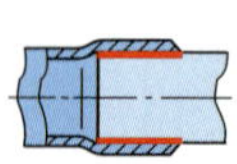	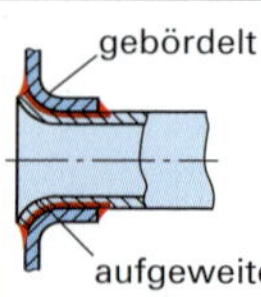
Eignung zum Weichlöten	ungeeignet	gut geeignet	sehr gut geeignet
Eignung zum Hartlöten	möglich	sehr gut geeignet	unnötiger Aufwand

Bild 2: Lötverfahren und Form der Lötstelle

Energiezufuhr beim Löten

Nach dem **Energieträger zum Erwärmen** unterscheidet man

- Löten durch Gas (Flammlöten, Ofenlöten),
- Löten durch feste Körper (Kolbenlöten, Blocklöten),
- Löten durch Flüssigkeiten (Lotbadlöten, Tauchlöten),
- Löten durch Strahlen (Laserstrahllöten),
- Löten durch elektrischen Strom (Widerstandslöten, Induktionslöten).

Beim **Flammlöten** werden die zu verbindenden Teile mit einer Gasflamme erwärmt. Das Lot wird erst zugeführt, wenn die Lötstelle die Arbeitstemperatur erreicht hat. Werden Lotformteile eingelegt, so muss die zugeführte Wärme über das Werkstück zum Lot fließen, andernfalls würde das Lot überhitzt **(Bild 1)**.

Beim **Kolbenlöten** werden die Werkstücke an der Lötstelle durch einen Lötkolben erwärmt **(Bild 2)**. Kolbenlöten ist nur zum Weichlöten geeignet. Der Lötkolben wird elektrisch oder mit Gas beheizt. Temperaturgeregelte Lötkolben sind besonders bei längeren Arbeitsunterbrechungen oder zum Löten von wärmeempfindlichen Bauelementen vorteilhaft.

Die Spitze des Lötkolbens besteht aus Kupfer oder einer Kupferlegierung. Die erwärmte Lötkolbenspitze muss vor Beginn der Lötarbeit von Oxiden gereinigt und durch Lotzugabe verzinnt werden.

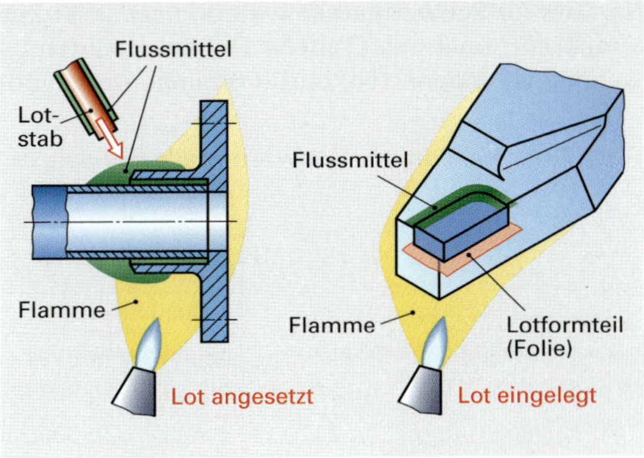

Bild 1: Flammlöten

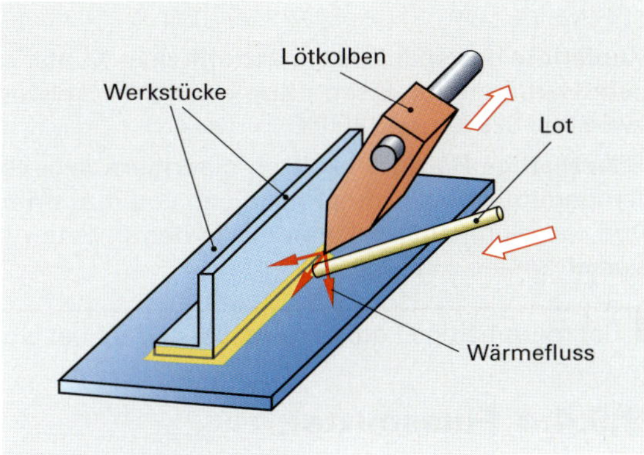

Bild 2: Kolbenlöten

3.9.4.3 Lote

Als Lote werden Legierungen, seltener reine Metalle, verwendet, deren Schmelzpunkt unter dem Schmelzpunkt der zu verbindenden Metalle liegt. Die Lote werden unterteilt in Weichlote, Hartlote, Hochtemperaturlote und Lote für Aluminium-Werkstoffe. Die Lote werden in Blöcken, Bändern, Folien, Stangen, Drähten, Fäden, als Lotformteile sowie in Pulver- und Pastenform geliefert **(Bild 3)**.

Weichlote für Schwermetalle sind in Gruppen eingeteilt **(Tabelle 1)**.

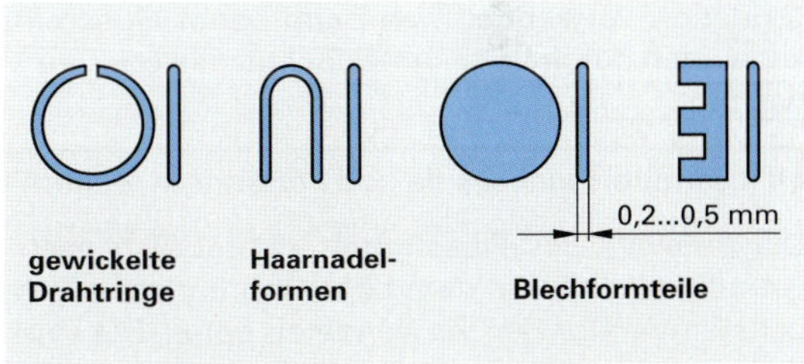

Bild 3: Lotformteile

Tabelle 1: Weichlote für Schwermetalle (Beispiele)

Gruppe	Leg.-Nr.	Legierungs-Kurzzeichen	Schmelz-temperatur	Hinweise für die Verwendung
Zinn-Blei	101	S-Sn63Pb37	183 °C	Feinwerktechnik, Elektrotechnik, Elektronik
Blei-Zinn	103	S-Pb50Sn50	183 ... 215 °C	Elektroindustrie, Verzinnung
	110	S-Pb98Sn2	320 ... 325 °C	Kühlerbau
Zinn-Blei-Kupfer	124	S-Sn97Cu3	230 ... 250 °C	Elektrogerätebau, Feinwerktechnik
	126	S-Sn50Pb49Cu1	183 ... 215 °C	
Zinn-Blei-Silber	128	S-Sn96Ag4	221 °C	Kupferrohrinstallation, Edelstahl
	134	S-Pb93Sn5Ag2	304 ... 365 °C	Für hohe Betriebstemperaturen

Hartlote für Schwermetalle werden nach ihrer Zusammensetzung, ihrer Verwendung und ihrer Arbeitstemperatur unterteilt **(Tabelle 1)**. Zum Hochtemperaturlöten werden Hartlote von großer Reinheit verwendet, vorwiegend Nickel-Chromlegierungen oder Silber-Gold-Palladium-Legierungen.

Tabelle 1: Hartlote für Schwermetalle (Beispiele)

Gruppe	Kurzzeichen DIN EN ISO 17672	Kurzzeichen DIN EN ISO 3677	Schmelztemperatur	Hinweise für die Verwendung
Kupferhartlote	CU 141	B-Cu100(P)-1085	1085 °C	Stähle, Hartmetall-Schneidplatten
	CU 670	B-Cu60Zn 890/900	890 ... 900 °C	Stahl, Cu, Ni und deren Legierungen
Silberhaltige Hartlote	Ag 212	B-Cu55ZnAg-800/830	800 ... 830 °C	Stahl, Cu, Ni und deren Legierungen
	Ag 244	B-Ag44CuZn-680/740	680 ... 740 °C	
	Ag 330	B-Ag30CuCdZn-600/690	600 ... 690 °C	
Phosphorhaltige Hartlote	CuP 279	B-Cu92PAg-645/825	645 ... 825 °C	Kupfer und Nickelfreie Legierungen, **nicht** für Stahl oder Nickelwerkstoffe

Kupferlote bestehen aus sauerstofffreiem Kupfer oder Kupferlegierungen mit Zink und Zinn. Sie werden zum Hartlöten von Eisen-, Kupfer- und Nickelwerkstoffen verwendet. Die Arbeitstemperaturen liegen zwischen 825 °C und 1100 °C.

Silberhaltige Hartlote besitzen niedrigere Arbeitstemperaturen als Kupferlote. Die niedrigste Arbeitstemperatur ist mit cadmiumhaltigen Loten zu erreichen. Da Cadmium sehr giftig ist, ist die Verwendung von cadmiumhaltigen Loten nur in begründeten Ausnahmefällen und mit entsprechenden Sicherheitsvorkehrungen zulässig.

Cadmiumhaltige Lote können, besonders bei Überhitzung, giftige Dämpfe entwickeln.

3.9.4.4 Flussmittel

Erwärmte Metalle verbinden sich rasch mit Sauerstoff und bilden eine Oxidschicht. Diese verhindert das Benetzen durch das Lot **(Bild 1)**. Zum Lösen der Oxidschicht und zur Verhinderung weiterer Oxidation verwendet man beim Löten Flussmittel. Eine Oxidation kann auch durch Löten unter Schutzgas oder im Vakuum verhindert werden.

Flussmittel lösen Oxide und verhindern weitere Oxidation.

Die Auswahl des Flussmittels richtet sich nach dem zu lötenden Grundwerkstoff und dem Lötverfahren, vor allem aber nach der Arbeitstemperatur des verwendeten Lotes. Die Wirkung des Flussmittels muss unterhalb der Arbeitstemperatur einsetzen und über die maximale Löttemperatur hinaus reichen. Flussmittel werden daher nach ihrem **Wirktemperaturbereich** eingeteilt.

Um ein sicheres Löten der gesamten Fügefläche zu erreichen, werden die flüssigen oder pastenförmigen Flussmittel meist kurz vor dem Zusammensetzen der Teile auf den Lötbereich aufgetragen. Nach dem Löten müssen die Reste der Flussmittel von der Lötstelle entfernt werden, da sonst Korrosion entstehen kann.

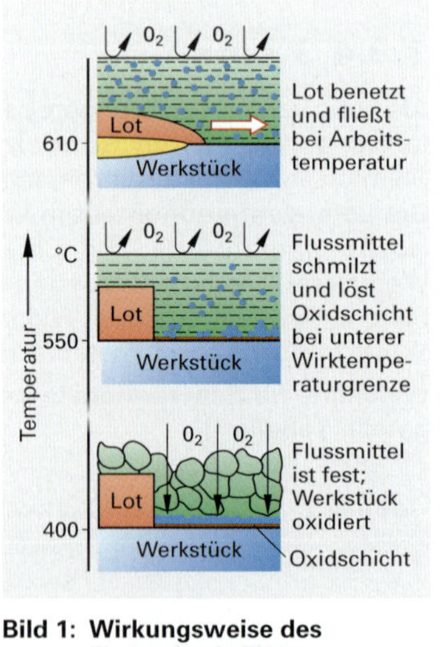

Bild 1: Wirkungsweise des Flussmittels FH10

Arbeitsregeln

- Lötstelle vor dem Löten gründlich reinigen und mit Flussmittel bestreichen.
- Nach dem Löten sind die Flussmittelreste von der Lötstelle zu entfernen.
- Flussmittel sollen nicht mit der Haut in Berührung kommen.
- Der Arbeitsplatz ist ausreichend zu lüften.

Die Kennzeichnung der Flussmittel erfolgt nach internationaler Norm durch Ziffern für Flussmitteltyp, Flussmittelbasis und Flussmittelaktivator sowie die Kennbuchstaben A für flüssig, B für fest und C für pastenförmig **(Tabelle 1)**. Die bisherige Kennzeichnung enthält die Buchstaben F für Flussmittel, S für Schwermetall, L für Leichtmetall und H für Hartlöten **(Tabelle 2)**.

Tabelle 1: Flussmittel zum Weichlöten DIN EN ISO 9454-1 (Beispiele)

Typ	Rückstände	Zusammensetzung, Hinweise für die Verwendung
3224	stark korrodierend	Säurehaltige Lösung von Zink- und Ammoniumchlorid (Lötwasser), für stark oxidierte Oberflächen. Rückstände müssen abgewaschen werden.
2123	leicht korrodierend	Pastenförmiges Gemisch aus Zink- und Ammoniumchlorid mit organischen Ölen oder Fetten (Lötfett), vorwiegend für Kupferlötungen. Rückstände müssen mit Lösungsmitteln entfernt werden.
2124	nicht korrodierend	Natürliche oder synthetische Harze (Kolophonium), vorwiegend für Elektrotechnik und Elektronik. Rückstände müssen nicht entfernt werden.

Tabelle 2: Flussmittel zum Hartlöten DIN EN 1045 (Beispiele)

Typ	Wirktemperatur	Zusammensetzung, Hinweise für die Verwendung
FH11	550 °C ... 800 °C	Fluor- und borhaltiges Flussmittel für Lote mit Arbeitstemperaturen von 600 °C bis 750 °C. Rückstände stark korrodierend.
FH21	750 °C ... 1100 °C	Borhaltiges Flussmittel (Borax) für Lote mit Arbeitstemperaturen über 800 °C. Die glasartigen Rückstände wirken wasseranziehend und korrodierend.

3.9.4.5 Beispiel einer Lötarbeit

Ein dünnwandiges, blankgezogenes Stahlrohr für eine Hochdruck-Gasleitung soll mit einer Kugelbuchse aus der Kupfer-Zinklegierung G-CuZn15 (Messing) verbunden werden **(Bild 1)**.

Lötverfahren. Aus Sicherheitsgründen und wegen der hohen mechanischen Belastung der Leitungsenden ist Hartlöten erforderlich.

Lot und Flussmittel. Um die Festigkeit des Stahlrohres zu erhalten, muss das Lot eine niedrige Arbeitstemperatur haben. Gewählt wird AG106. Das dazu passende Flussmittel ist F-SH1 in Pastenform.

Arbeitsvorgang. Aus Lotdraht mit 1,5 mm Durchmesser wird ein Ring gebogen (Bild 1), mit Flussmittel bestrichen und in die Buchse gelegt. Das Stahlrohr wird ebenfalls mit Flussmittel bestrichen und eingeschoben. Durch den Durchmesserunterschied von 0,2 mm zwischen Rohr und Buchse ergibt sich ein Lötspalt von 0,1 mm.

Zum Löten wird das Fügeteil senkrecht gestellt und mit der Flamme so erwärmt, dass Rohr und Buchse möglichst gleichzeitig die Arbeitstemperatur von 710 °C erreichen. Sobald das Lot schmilzt, sinkt die Buchse nach unten und der Lötspalt wird durch die Kapillarwirkung mit dem Lot gefüllt. Während des Erstarrens des Lotes sind Erschütterungen unbedingt zu vermeiden, da sonst die Festigkeit der Verbindung nicht gewährleistet ist.

Nach dem Erkalten werden in einer heißen, 10%igen Schwefelsäurelösung Oxide und Flussmittelreste abgebeizt. Anschließend spült man das Rohr mehrmals in kaltem Wasser, trocknet es und ölt es zum Korrosionsschutz leicht ein.

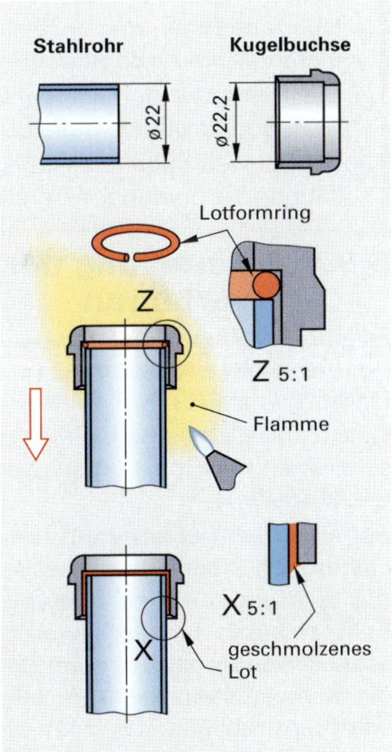

Bild 1: Lötbeispiel

Wiederholung und Vertiefung

1 Was versteht man unter Löten?
2 Welche Anforderungen können an eine Lötnaht gestellt werden?
3 Was versteht man unter der Arbeitstemperatur eines Lotes?
4 Wodurch unterscheidet sich das Weichlöten vom Hartlöten?
5 Welche Aufgaben haben die Flussmittel?
6 Warum müssen Flussmittelreste meist entfernt werden?

3.9.5 Schweißen

Beim Schweißen werden zwei Teile stoffschlüssig miteinander verbunden **(Bild 1)**. Dabei wird der Werkstoff an der Fügestelle durch Wärme oder Reibung in flüssigen oder plastischen Zustand gebracht. Bei den meisten Schweißverfahren muss Zusatzwerkstoff zum Füllen der Fugen zugegeben werden.

Das Schweißen wird wegen seiner besonderen Eigenschaften in vielen Bereichen der Technik eingesetzt, z.B. im Anlagenbau, bei Stahl- oder Leichtmetallkonstruktionen, beim Brückenbau, bei Fahrzeugen, Maschinenständern und Behältern, aber auch für Teile aus Kunststoff (Schweißen von Kunststoffen, Seite 110).

Schweißverbindungen sind stoffschlüssige und unlösbare Verbindungen.

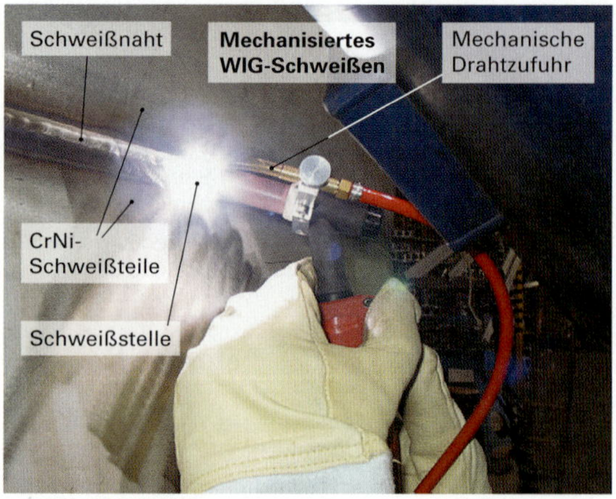

Bild 1: Schweißen einer Naht

Vorteile und Nachteile des Schweißens

Vorteile

- Schweißen ermöglicht vielfältige Form- und Gestaltungsmöglichkeiten.
- Überlappungen und zusätzliche Verbindungselemente, wie z.B. Schrauben, entfallen.
- Die Festigkeit der Schweißnaht ist meist so groß oder größer wie die der Bauteile.
- Mit Schweißnähten lassen sich dichte und unlösbare Verbindungen herstellen.

Nachteile

- Gefügeveränderungen in der Schweißzone können die Festigkeit der Bauteile herabsetzen.
- Der Verzug und die Schrumpfung der geschweißten Teile müssen beachtet werden.
- Nicht alle Werkstoffe sind zum Schweißen geeignet.
- Unterschiedliche Werkstoffe sind nicht bzw. nur bedingt miteinander verschweißbar.

3.9.5.1 Einteilung der Schweißverfahren

Es gibt eine Reihe von Schweißverfahren. Sie werden nach DIN EN ISO 4063 in die Hauptgruppen Lichtbogenschweißen, Widerstandsschweißen, Gasschmelzschweißen, Pressschweißen, Strahlschweißen und Sonstige Schweißverfahren eingeteilt **(Tabelle 1)**.

Bei den **Schmelzschweißverfahren**, z.B. beim Lichtbogen- oder Gasschmelzschweißen, werden die Bauteile an der Schweißstelle über den Schmelzpunkt hinaus erwärmt. Bei den **Pressschweißverfahren**, z.B. beim Reibschweißen, wird die Schweißstelle bis zum teigigen Zustand erwärmt. Anschließend werden die zu fügenden Teile durch Zusammenpressen verbunden.

Die **Schweißverfahren** können weiter eingeteilt werden nach

- den **zu schweißenden Werkstoffen,** z.B. in Metall- und Kunststoffschweißen,
- dem **Zweck des Schweißens,** z.B. in Verbindungs- und Auftragsschweißen,
- der **Art der Fertigung,** z.B. in Hand- und automatisches Schweißen.

Tabelle 1: Einteilung der Schweißverfahren nach DIN EN ISO 4063 (Auswahl)

	Kennzahl
Lichtbogenschweißen	**1**
• Lichtbogenhandschweißen	111
• Unterpulverschweißen	12
• Wolfram-Schutzgasschweißen	14
• Plasmaschweißen	15
Widerstandsschweißen	**2**
• Punktschweißen	21
• Rollennahtschweißen	22
• Buckelschweißen	23
Gasschmelzschweißen	**3**
• Autogenschweißen	311
Pressschweißen	**4**
• Ultraschallschweißen	41
• Reibschweißen	42
Strahlschweißen	**5**
• Elektronenstrahlschweißen	51
• Laserstrahlschweißen	52
Andere Schweißverfahren	**7**
• Bolzenschweißen	78

3.9.5.2 Gestaltung der Schweißstelle

Bei einer Schweißkonstruktion werden in speziellen Schweißplänen Schweißstoß, Nahtart, Position und Schweißfolge festgelegt. Bei sicherheitsrelevanten Bauteilen ist eine einwandfreie Durchschweißung durch den gesamten Querschnitt zu gewährleisten. Die **Schweißeignung eines Bauteils** hängt ab von der Schweißbarkeit des Werkstoffes, der Schweißsicherheit der Konstruktion und der Schweißmöglichkeit in der Fertigung.

Schweißstoß und Schweißnahtformen

Als Schweißstoß bezeichnet man die Anordnung der zu verschweißenden Teile zueinander **(Bild 1)**. Die **Form der Schweißnaht hängt** von der Stoßart, der Dicke der zu verbindenden Teile und dem Schweißverfahren ab. Die wichtigsten Nahtformen sind Bördel-, I-, V-, Kehl-, X- und U-Naht **(Bild 2)**. Sie werden in Schweißzeichnungen durch Sinnbilder angegeben. Bei einigen Nahtformen müssen die Fügekanten der Bauteile vor dem Schweißen entsprechend der geforderten Schweißfuge angefast werden. Die Fasen werden durch Fräsen oder Strahlschneiden (Seite 127) hergestellt.

Bezeichnungen bei Schweißnähten

Eine wichtige Kenngröße bei Schweißnähten ist die Nahtdicke. Sie entspricht bei V- und Kehlnähten der Höhe der Naht (Bild 2). Größere Nähte werden in mehreren Lagen geschweißt **(Bild 3)**. Nach der Wurzellage müssen die Füll- und Decklagen hergestellt werden. Wird eine glatte Oberfläche gefordert, müssen die Überhöhung im Bereich der Decklagen und die Wurzelüberhöhung durch Schleifen entfernt werden. Hier ist auf kerbfreien Übergang zum Grundwerkstoff zu achten.

Schweißpositionen

Die Schweißpositionen **(Bild 4)** sind in DIN EN ISO 6947 genormt. Schweißnähte lassen sich am einfachsten in Wannenposition schweißen. Schweißvorrichtungen, mit denen die zu verbindenden Teile gespannt und die Schweißfugen in Wannenposition geschwenkt werden können, erleichtern das Schweißen wesentlich. Bei großen Bauteilen, auf Baustellen oder bei Pipelines muss dagegen oftmals in **Zwangslage**, z. B. in Überkopf- oder Querposition, geschweißt werden. Dazu werden meist spezielle Stabelektroden verwendet. Solche Arbeiten stellen hohe Anforderungen an das Können der Schweißer.

> Bei vielen Schweißaufgaben dürfen nur geprüfte Schweißer eingesetzt werden. Schweißprüfungen sind genormt und müssen regelmäßig wiederholt werden.

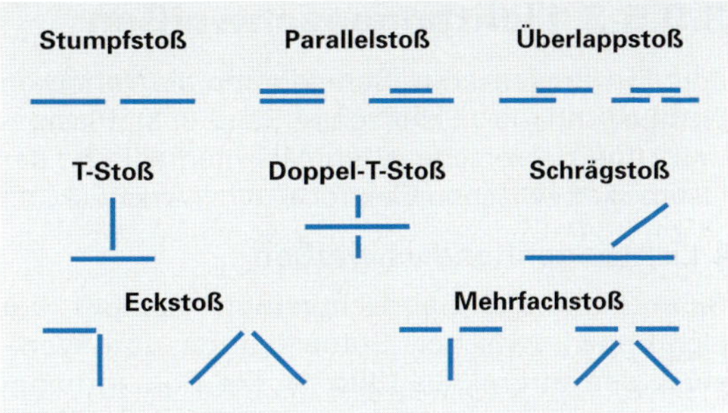

Bild 1: Stoßarten beim Schweißen und Löten

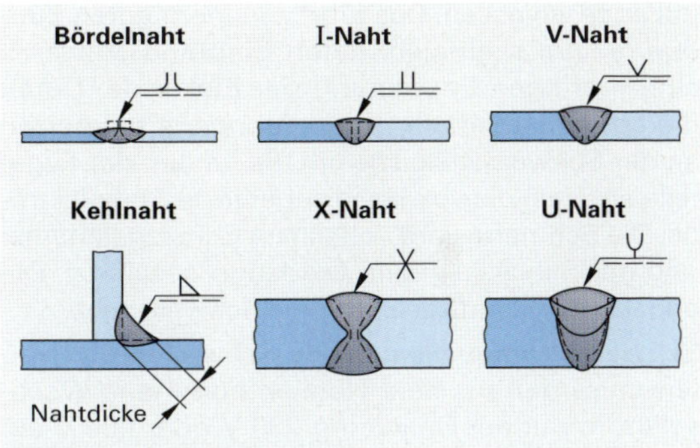

Bild 2: Schweißnahtformen

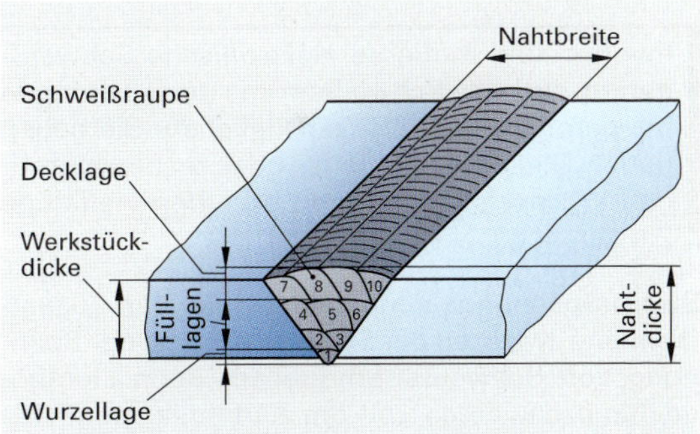

Bild 3: Bezeichnungen bei Schweißnähten am Beispiel einer dicken V-Naht

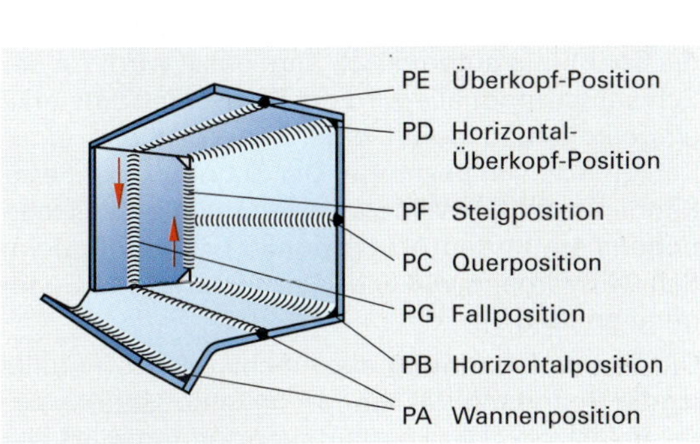

Bild 4: Schweißpositionen

3.9.5.3 Lichtbogenschweißen

Zum Lichtbogenschweißen gehören die Verfahren Lichtbogenhand-, Schutzgas- (Seite 253), Plasma- und Unterpulverschweißen. Wärmequelle ist der Lichtbogen zwischen Elektrode und Werkstück.

Lichtbogenhandschweißen

Beim Lichtbogenhandschweißen schließt der Lichtbogen zwischen Stabelektrode und Werkstück den Stromkreis **(Bild 1)**. Die Polung hängt vom Umhüllungstyp der verwendeten Stabelektrode ab. In der Regel wird mit Gleichstrom geschweißt und die Stabelektrode an den Minuspol angeschlossen. Das führt zu einem guten Zünden, einem schmalen, tiefen Einbrand sowie zu einer geringen Erwärmung der Elektrode. Durch die hohe Temperatur des Lichtbogens schmelzen an der Schweißstelle sowohl die Kanten der Fügeteile als auch die von Hand zugeführte Stabelektrode. Die Schmelze wird von einem Schutzgasmantel und der Schlacke gegen Oxidation geschützt. Die abgekühlte Schmelze bildet die Schweißnaht.

Schweißstromquellen. In den Schweißstromquellen muss der aus dem Netz entnommene Wechselstrom mit der Spannung 230 V oder 400 V auf die Schweißspannung von 15 V bis 30 V transformiert werden. Beim Schweißen mit Gleichstrom wird der Wechsel- in Gleichstrom umgeformt.

Inverter sind moderne elektronische Schweißgeräte, die hohe Schweißströme und Leistungen bei geringer Baugröße ermöglichen. Sie geben neben Gleich- auch sinus- oder rechteckförmigen Wechselstrom ab und erlauben vielfältige Einstellmöglichkeiten **(Bild 2)**.

Strom-Spannungs-Kennlinien zeigen den Zusammenhang zwischen der Stromstärke und der Spannung von Schweißstromquellen. Beim Lichtbogenhandschweißen soll die Kennlinie möglichst steil fallen. Dann bewirken ungewollte Längenänderungen des Lichtbogens durch den Schweißer nur geringe oder keine Schwankungen der Schweißstromstärke (Konstantstrom), während die Spannung automatisch angepasst wird. An der Schweißstromquelle wird die Schweißstromstärke eingestellt und damit eine Kennlinie aus einer Kennlinienschar bestimmt. Der Schnittpunkt dieser Kennlinie mit der Widerstandskennlinie des Lichtbogens ergibt den Arbeitspunkt. Er gibt die beim Schweißvorgang wirkende Stromstärke und Spannung an **(Bild 3)**.

Die **Leerlaufspannung** einer Schweißstromquelle ist die Spannung des eingeschalteten Gerätes ohne Belastung. Die Leerlaufspannungen sind aus Sicherheitsgründen begrenzt **(Tabelle 1)**.

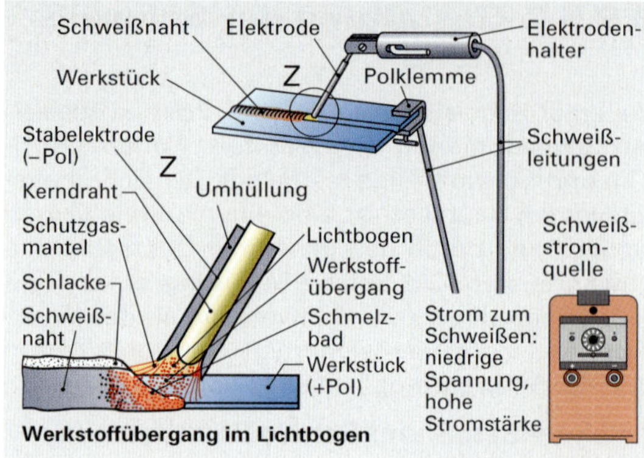

Bild 1: Anlage zum Lichtbogenhandschweißen

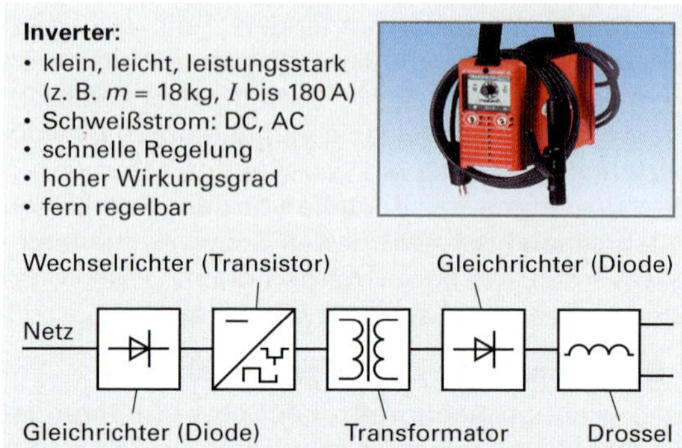

Bild 2: Moderne elektronische Schweißstromquelle mit Inverter-Technologie, Blockschaltbild

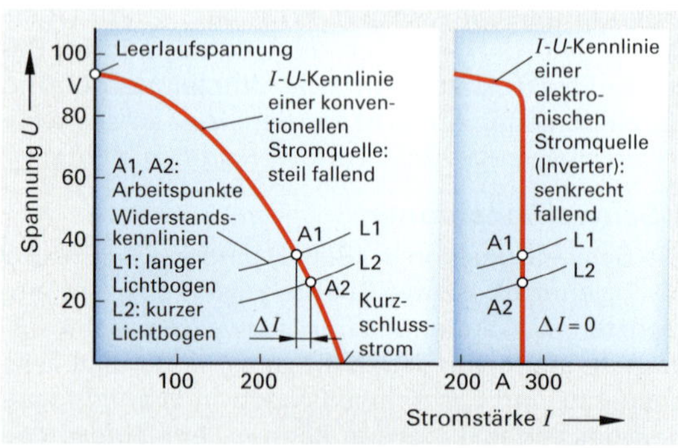

Bild 3: Strom-Spannungs-Kennlinien konventioneller und elektronischer Schweißstromquellen

Tabelle 1: Leerlaufspannungen

Betriebsbedingungen	Stromart Gleichstrom	Stromart Wechselstrom
Normalbetrieb	<113 V	< 80 V
in Kesseln und engen Räumen	< 100 V	< 42 V
neue Kombigeräte	< 113 V	< 48 V

Stabelektroden. Sie bestehen aus dem **Kerndraht** und der **Umhüllung (Bild 1)**. Diese entwickelt beim Abschmelzen einen Schutzgasmantel, der den Lichtbogen stabilisiert und den flüssigen Werkstoffübergang und das Schmelzbad gegen die Umgebungsluft abschirmt **(Bild 2)**. Die abgeschmolzene Umhüllung schwimmt als Schlacke auf der Schweißnaht. Sie verhindert eine Verzunderung und zu schnelle Abkühlung der Schweißstelle. Schrumpfspannungen und eine Aufhärtung des Schweißnahtbereiches werden so vermindert. Die Umhüllung enthält meist Legierungselemente, welche die Festigkeit und Zähigkeit der Schweißnaht verbessern.

Eigenschaften. Die Eigenschaften einer Stabelektrode sind aus dem genormten Kurzzeichen ablesbar **(Bild 3)**. Es gibt die vier Umhüllungsgrundtypen **R, B, C, A (Tabelle 1)**, die Mischtypen **RA, RB, RC, RR** sowie verschiedene Umhüllungsdicken. Jeder Elektrodentyp hat spezifische Schweißeigenschaften für typische Schweißaufgaben.

Lichtbogen. Der Lichtbogen wird durch kurzes Berühren des Werkstückes mit der Stabelektrode gezündet. Durch Zurückziehen der Elektrode um einige Millimeter erhält er die zum Schweißen richtige Länge. Die kinetische Energie der Elektronen erhöht beim Auftreffen auf die Anode (Pluspol) die Temperatur. Am Minuspol entsteht eine Temperatur von etwa 3600 °C, am Pluspol, der meist an das Werkstück gelegt wird, etwa 4200 °C.

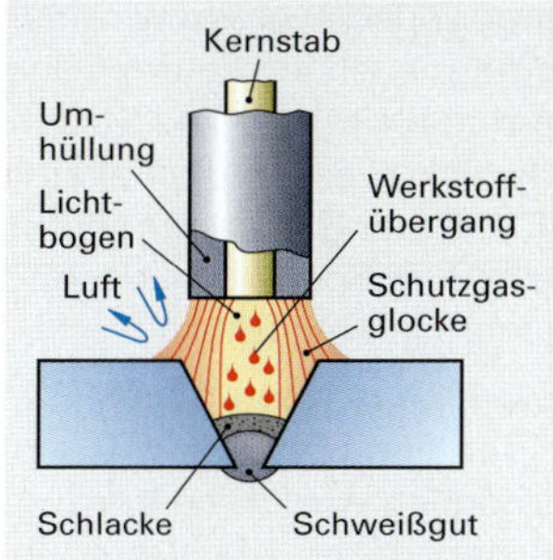

Bild 1: Abschmelzvorgang einer Stabelektrode

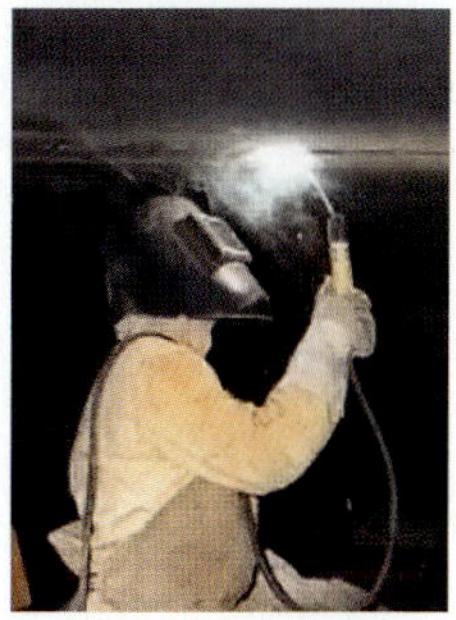

Bild 2: Lichtbogenhandschweißen

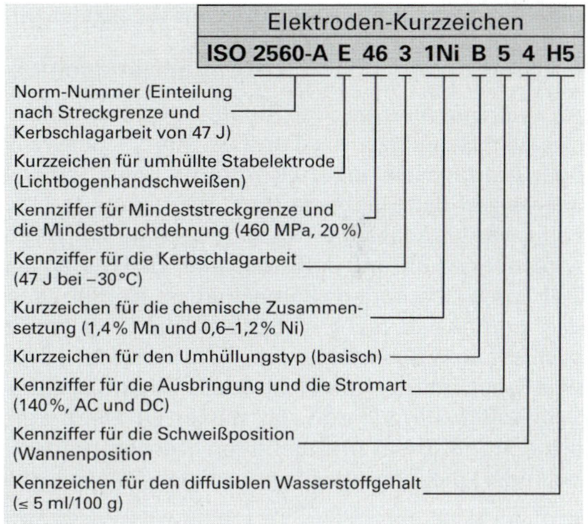

Bild 3: Bezeichnung der Stabelektroden (Beispiel)

Tabelle 1: Umhüllungsgrundtypen von Stabelektroden

	Rutil	Basisch	Zellulose	Sauer
Tropfenübergang	Feintropfiger Werkstoffübergang 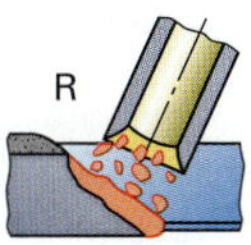 R	Grobtropfiger Werkstoffübergang 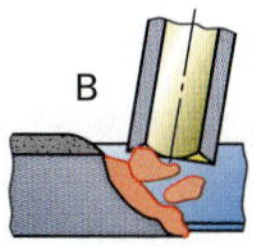 B	Feintropfiger Werkstoffübergang 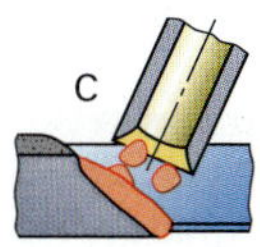 C	Sehr feintropfiger Werkstoffübergang 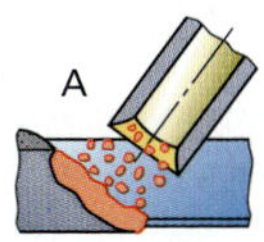 A
Zusammensetzung	Rutil TiO_2 45 % Quarz SiO_2 20 % Fe-Mn 15 % Magnetit Fe_3O_4 10 % Kalkspat $CaCO_3$ 10 % Wasserglas	Flussspat CaF_2 45 % Kalkspat $CaCO_3$ 40 % Quarz SiO_2 10 % Fe-Mn 5 % Wasserglas	Zellulose 40 % Quarz SiO_2 25 % Rutil TiO_2 20 % Fe-Mn 15 % Wasserglas	Magnetit Fe_3O_4 50 % Quarz SiO_2 20 % Fe-Mn 20 % Kalkspat $CaCO_3$ 10 % Wasserglas
Vorteile	• leicht zu verschweißen • schöne, flache Naht • AC und DC möglich	• leichte Nahtüberhöhung • hohe mech. Güte • meist DC +	• tiefer Einbrand • alle Positionen, besonders fallend • gute mech. Güte	• starker Einbrand • glatte, flache Naht • mittlere mech. Güte
Nachteile	• nicht alle Positionen möglich • niedrigere mech. Gütewerte als basische Elektroden • schlechte Spaltüberbrückbarkeit	• etwas schwieriger zu verschweißen • sollte rückgetrocknet werden	• sehr schwierig zu verschweißen • nicht für alle Schweißmaschinen geeignet • große Rauchentwicklung	• für Zwangslagen nur bedingt geeignet • Neigung zur Rissbildung

Blaswirkung. Beim Lichtbogenschweißen wird der Lichtbogen durch den Einfluss des elektromagnetischen Feldes abgelenkt, das sich um jeden stromdurchflossenen Leiter bildet. Steht die Elektrode z. B. senkrecht auf dem Werkstück, werden die Feldlinien in der zum Polanschluss gerichteten Krümmung zusammengedrängt und auf der gegenüberliegenden Seite aufgelockert. In diesen aufgelockerten Bereich wird der Lichtbogen abgelenkt **(Bild 1)**.

Die Blaswirkung tritt vorwiegend beim Schweißen mit Gleichstrom, besonders beim Schweißen von Stahl auf. Sie kann so stark werden, dass ein Schweißen unmöglich wird. Eine Verringerung der Blaswirkung kann erreicht werden durch die Verlegung der Polklemme am Werkstück, die Änderung der Schweißrichtung, die Verwendung dick umhüllter Elektroden, die Neigung der Elektrode gegen die Blasrichtung oder durch Schweißen mit Wechselstrom.

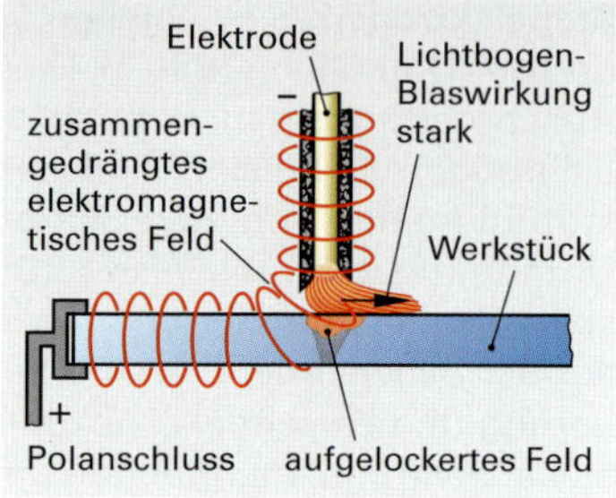

Bild 1: Einfluss der Blaswirkung auf den Lichtbogen

Arbeitstechnik des Lichtbogenhandschweißens

Art und Durchmesser der Stabelektrode werden von der Materialdicke, dem Bauteilwerkstoff und der Art des Schweißens (Verbindungs- oder Auftragsschweißen) bestimmt. Beim Schweißen muss das **Abschmelzen der Elektrode** durch laufendes Nachführen so ausgeglichen werden, dass die Lichtbogenlänge konstant bleibt. Durch entsprechende Führung der Stabelektrode können die Richtung und der Druck des Lichtbogens so beeinflusst werden, dass das nachfließende Schmelzbad nicht in Schweißrichtung vorläuft. Schlackeneinschlüsse und Bindefehler werden vermieden. Erreicht das Reststück einer abschmelzenden Elektrode Glühtemperatur, ist der eingestellte Schweißstrom zu groß. Ist dieser zu klein, kann der Lichtbogen schlecht gezündet und gehalten werden und die flüssige Schlacke behindert die Bildung einer normalen Schweißnaht.

> Beim Lichtbogenhandschweißen sollte die Lichtbogenlänge etwa dem Kerndrahtdurchmesser der Elektrode entsprechen.

Große **Schweißfugen** werden in mehreren Lagen geschweißt **(Bild 2)**. Die Schlacke der zuvor geschweißten Lage muss vollständig entfernt werden. Die Decklage ist mit Pendelbewegungen zu schweißen. **Steignähte** werden mit besonderen Elektrodenbewegungen geschweißt **(Bild 3)**.

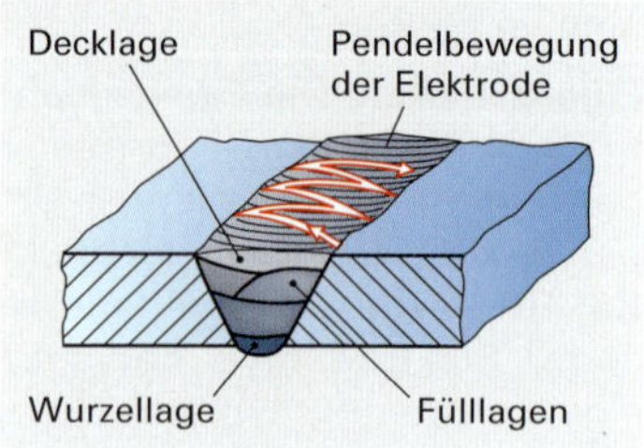

Bild 2: Schweißlagen

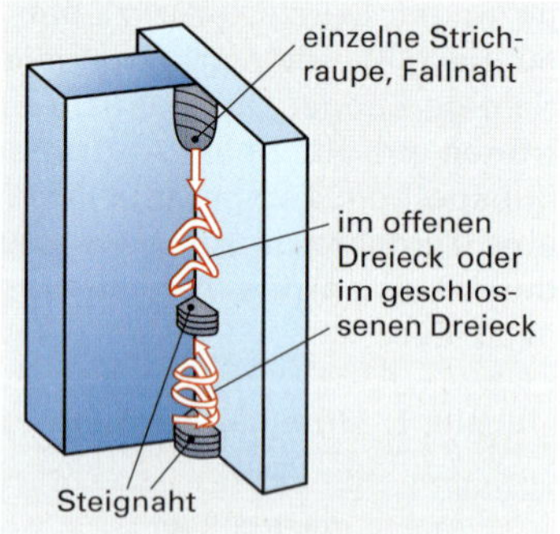

Bild 3: Führung der Stabelektrode bei einer Steignaht

Arbeitsregeln für das Lichtbogenhandschweißen

- Das Schweißen ist mit geeigneter Arbeitskleidung und Arbeitsschuhen durchzuführen: Sicherheitsschuhe, Lederbekleidung mit Nackenschutz, Schutzschild mit Seitenschutz.
- Schweißen mit entblößten Armen und freiem Oberkörper ist verboten. Die Strahlung des Lichtbogens würde zu Haut- und Augenschäden, die Schweißgutspritzer zu Verbrennungen führen.
- Beim Lichtbogenhandschweißen ist die Arbeitsstelle so abzuschirmen, dass andere Personen durch die Strahlen nicht geschädigt werden (Verblitzen der Augen).
- Die Schlacke auf der Naht darf erst nach dem Erkalten entfernt werden, damit der Nahtbereich langsam abkühlen kann. Auch für diese Arbeit ist der Schutzschild zu benutzen.

Wiederholung und Vertiefung

1 Welche Stromquellen eignen sich für das Lichtbogenschweißen?

2 Welche Kriterien sind bei der Auswahl einer Stabelektrode zu beachten?

3 Welche Aufgabe hat die Umhüllung der Stabelektrode beim Schweißen?

4 Wie kann die Blaswirkung beim Schweißen verringert werden?

3.9.5.4 Schutzgasschweißen

Wichtige Schutzgas-Schweißverfahren sind MIG- und MAG-Schweißen, WIG-Schweißen und Plasmaschweißen. Bei allen Verfahren des Schutzgasschweißens werden der Lichtbogen und das Schmelzbad durch ein Schutzgas gegen die Atmosphäre abgeschirmt. Dadurch können Schweißdrähte (meist ∅ 0,8 mm bis 2 mm) als Zusatzwerkstoff verwendet werden. Man unterteilt in Schweißverfahren mit abschmelzender Metallelektrode und in Verfahren mit nicht abschmelzender Wolframelektrode **(Tabelle 1)**. Das eingesetzte Schutzgas hängt vom Werkstoff und vom Schweißverfahren ab. Als Schutzgase werden inerte (reaktionsträge) Gase (Ar, He), reduzierende Gase (H_2), oxidierende Gase (CO_2) und Mischgase verwendet **(Tabelle 2)**. Inertgase verwendet man vor allem zum Schweißen von NE-Metallen und korrosionsbeständigen Cr-Ni-Stählen, Aktivgase überwiegend für C-Stähle. Aktivgase sind reaktionsfreudige Gase wie z. B. CO_2 und Mischgase, z. B. das häufig verwendete Aktivgas „Corgon 18" (Argon + 18 % CO_2).

Metall-Schutzgasschweißen (MIG, MAG)

Beim MIG/MAG-Schweißen (nach ISO 857-1 Gasgeschütztes Metall-Lichtbogenschweißen) brennt ein Gleichstrom-Lichtbogen zwischen der positiv gepolten Drahtelektrode und dem Werkstück **(Bild 1)**. Der abschmelzende Draht wird von einer Spule über ein Vorschubgerät durch das Schlauchpaket dem Schweißbrenner zugeführt. Der Drahtvorschub richtet sich nach der Abschmelzgeschwindigkeit. Der Schweißstrom wird im Schweißbrenner kurz vor dem Lichtbogen über die Strom-Kontaktdüse auf die Drahtelektrode übertragen. Die Stromdichte im kurzen freien Drahtende ist wegen des kleinen Drahtquerschnittes der Elektrode hoch. Dadurch wird eine hohe Abschmelzleistung und ein tiefer Einbrand erzielt. Als Zusatzwerkstoff dienen Massiv- oder Fülldrähte. Die mineralische Füllung der Fülldrähte bildet auf der Schweißnaht zum Schutz vor Oxidation und Aufhärtung eine Schlacke.

Einstellungen. Vor dem Schweißen werden Schweißspannung und Drahtvorschub eingestellt. Sie sind abhängig vom Werkstoff, vom Schutzgas, von der Werkstückdicke und dem Drahtdurchmesser. Bei modernen Schweißgeräten können unterschiedliche Parameter, wie z. B. Grund- und Hochstrom oder Pulsfrequenz, eingestellt sowie spezielle Schweißprogramme, die auf den Werkstoff und die Materialdicke abgestimmt sind, abgerufen werden. Die MIG/MAG-Schweißverfahren eignen sich sehr gut für automatisiertes Schweißen.

Tabelle 1: Schutzgasschweißverfahren

Zuordnung		Kurzzeichen
Metall-Schutzgasschweißen mit abschmelzender Elektrode	**M**etall-**A**ktiv**g**asschweißen	**MAG**
	Metall-**I**nert**g**asschweißen	**MIG**
Wolfram-Schutzgasschweißen mit nicht abschmelzender Elektrode	**W**olfram-**I**nert**g**asschweißen	**WIG**
	Wolfram-**P**lasmaschweißen	**WP**

Tabelle 2: Arten und Anwendung der Schutzgase

Kurzzeichen	Gasgruppe	Zusammensetzung	Anwendung
R	Reduzierende Mischgase	Ar + H_2	WIG, WP
I	Inerte Gase u. Mischgase	Ar, He, Ar + He	MIG, WIG, WP
M1	Mischgase, schwach oxidierend ↓ stark oxidierend	Ar + O_2 Ar + CO_2	MAG
M2		Ar + CO_2 Ar + O_2	
M3		Ar + CO_2 + O_2	
C		CO_2 + O_2	

Bild 1: Schweißanlage zum MIG- und MAG-Schweißen

Werkstoffübergang. Der an der Elektrode abgeschmolzene Werkstoff geht tropfenförmig auf das Werkstück über und verschmilzt dort zur Schweißnaht. Die Art des Lichtbogens bestimmt den Tropfenübergang, wobei je nach Elektrodenabstand und Tropfengröße kurzzeitig auch Kurzschlüsse zwischen Elektrode und Werkstück auftreten können **(Tabelle 1)**. Gleichstrom kann zu Sprüh-, Lang- oder Kurzlichtbögen führen. Mit Impulsstrom (folgende Seite) wird ein kurzschlussfreier Werkstoffübergang bei geringer Spritzerneigung erreicht. Das Schweißen mit Impulslichtbogen wird bei allen Werkstoffdicken, bei legierten Stählen, Leichtmetallen, dünnen Blechen und zum Schweißen in Zwangslagen eingesetzt. Durch den Einsatz von Impulsstrom wird im Vergleich zum Gleichstromschweißen deutlich weniger Wärme in das Bauteil eingebracht, was zu geringeren Verzugs- und Schrumpfspannungen führt.

Tabelle 1: Lichtbogenarten

Art/Kurzzeichen	Werkstoffübertrag	Anwendungsbereiche
Sprühlichtbogen (s)	feintropfig, kurzschlussfrei	hohe Abschmelzleistung bei waagrechten Fülllagen; für Mittel- und Grobbleche
Langlichtbogen (l)	grobtropfig, nicht kurzschlussfrei	
Kurzlichtbogen (k)	feintropfig, mit Kurzschluss	für Zwangslagen, Dünnbleche
Impulslichtbogen (p)	einstellbar, kurzschlussfest	für Cr-Ni-Stähle und Al-Legierungen

Schweißverfahren. Beim **MIG-Schweißen** (**M**etall-**I**nert**g**as-Schweißen) wird Argon oder Helium als inertes (reaktionsträges) Schutzgas verwendet. Diese Schutzgase sind erforderlich zum Schweißen von NE-Metallen, Al-Legierungen und hochlegierten Stählen.

Beim **MAG-Schweißen** (**M**etall-**A**ktiv**g**as-Schweißen) verwendet man aktive (reaktionsfähige) Schutzgase. Dazu gehören CO_2 (Verfahrensbezeichnung **MAGC**) und Mischgase aus Argon mit CO_2 und O_2 **(MAGM)**. Diese Schutzgase beeinflussen den Werkstoffübergang im Lichtbogen, die Einbrandtiefe, die Nahtform und die Spritzerbildung. Nachteile der Aktivgase sind der Abbrand von Legierungselementen und dadurch die Verminderung der Festigkeit der Schweißnaht. Durch entsprechende Auswahl der Zusatzwerkstoffe kann dem entgegengewirkt werden. Die MAG-Schweißverfahren werden zum Schweißen von unlegierten und legierten Stählen mit hoher Abschmelzleistung eingesetzt.

Wolfram-Schutzgasschweißen

Dazu gehören das **W**olfram-**I**nert**g**as-Schweißen (**WIG**-Schweißen) und das **W**olfram-**P**lasma-Schweißen (**WP**-Schweißen). Beide Verfahren arbeiten mit einer nicht abschmelzenden Wolfram-Elektrode. Der Schweißstab für den Zusatzwerkstoff wird dem Lichtbogen meist von Hand zugeführt und schmilzt dort ab. Die Schweißanlage besteht aus einer Stromquelle, die auf Gleich- oder Wechselstromschweißen geschaltet werden kann, und einem Schweißbrenner, der mit der Stromquelle durch ein Schlauchpaket verbunden ist. Im Schlauchpaket befinden sich die Schweißstrom- und die Steuerleitung, die Schutzgasschläuche, und bei großen Brennern der Zu- und Rücklauf des Kühlwassers **(Bild 1)**. Als Schutzgase werden die inerten Gase Argon und Helium oder ein Gemisch aus beiden verwendet.

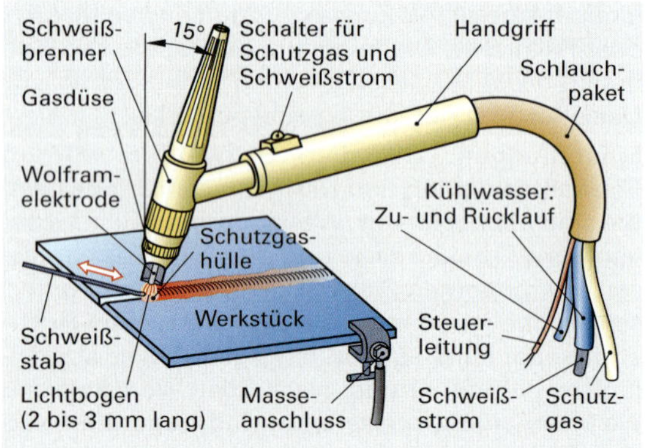

Bild 1: WIG-Schweißbrenner

Beim Wolfram-Schutzgasschweißen wird Gleichstrom, Wechselstrom oder pulsierender Strom eingesetzt **(Bild 1, folgende Seite)**. Durch einen **pulsierenden Schweißstrom** erreicht man eine gute Spaltüberbrückung und ein sicheres Schweißen in Zwangslagen. Schweißnahtfehler am Nahtende, z. B. beim Rohrschweißen, werden durch langsame Stromabsenkung vermieden.

Das **WIG-Gleichstromschweißen** mit negativ gepolter Wolframelektrode wird vorwiegend zum Schweißen von legierten Stählen und NE-Metall und deren Legierungen eingesetzt.

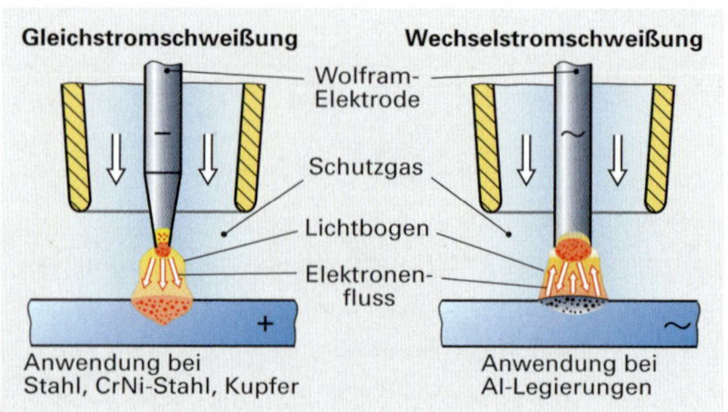

Bild 2: Lichtbogen beim WIG-Schweißen

Wird die Wolframelektrode spitz zugeschliffen, brennt der Lichtbogen stabil und kann beim Schweißen besser geführt werden. Die Schmelzzone (der „Einbrand") ist schmal und tief **(Bild 2, vorherige Seite)**.

Das **WIG-Wechselstromschweißen** wird meist zum Schweißen von Aluminium-Werkstoffen und anderen Leichtmetallen eingesetzt. In der positiven Halbwelle des Wechselstromes fließen die Elektronen vom Werkstück zur Wolframelektrode und reißen dabei die hochschmelzende Oxidschicht des Leichtmetalles auf. In der negativen Halbwelle fließen die Elektronen zum Werkstück und erzeugen die Wärme zum Schmelzen des Metalles. Das WIG-Schweißverfahren wird besonders für hochwertige Schweißverbindungen dünner Bauteile und Bleche aus hochlegierten Stählen und Al-Legierungen eingesetzt **(Bild 2)**.

Arbeitstechnik des WIG-Schweißens

Beim WIG-Schweißen wird der Brenner etwa 15° schräg zur Schweißrichtung in einem Abstand von 2 bis 3 mm (Lichtbogenlänge) über der Schweißstelle geführt **(Bild 1, vorherige Seite)**. Der Zusatzwerkstoff (Schweißstab) wird seitlich von Hand mit tupfenden Bewegungen zugeführt. Durch das Absenken des Schweißstromes am Ende der Naht werden Endkrater und Risse vermieden. Nach dem Abschalten des Schweißstromes muss zur Vermeidung von Verzunderung der Schweißnaht die Brennerdüse noch so lange über der Schweißstelle gehalten werden, bis das Schmelzbad unter dem nachströmenden Schutzgas erkaltet ist.

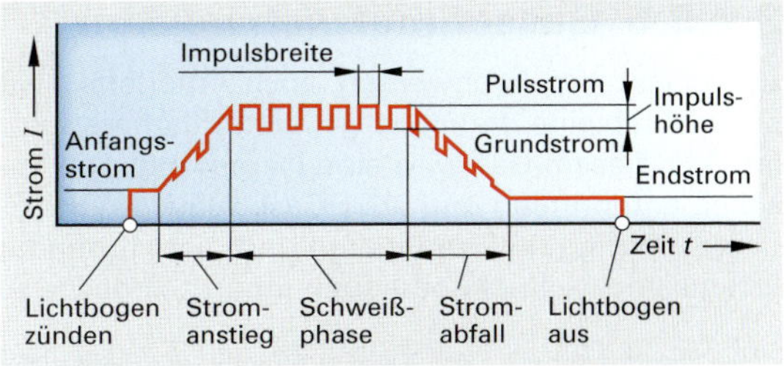

Bild 1: Stromverlauf beim WIG-Schweißen mit pulsierendem Gleichstrom

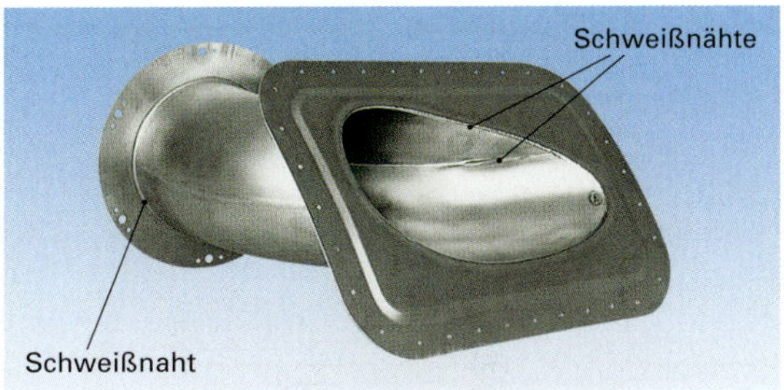

Bild 2: WIG-geschweißtes Bauteil

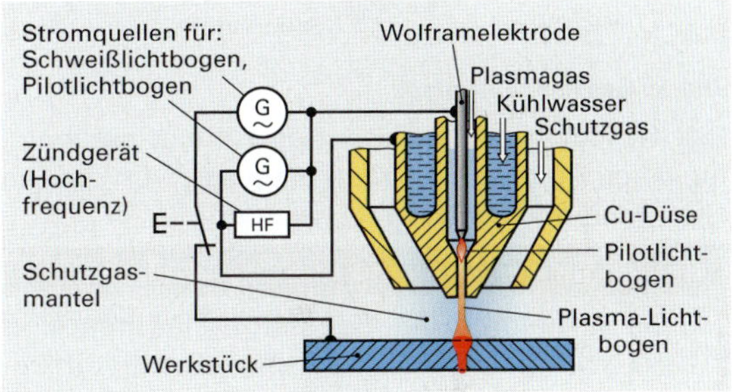

Bild 3: Plasma-Schweißen

Wolfram-Plasmaschweißen (WP)

Das WP-Schweißen wird mit einer WIG-Anlage mit einer besonderen Plasma-Schweißdüse **(Bild 3)** durchgeführt. Als Wärmequelle dient ein Plasmastrahl (Seite 128). Er wird in der Brennerspitze erzeugt, indem der Gasstrom mithilfe des Lichtbogens bis zum Plasma-Gaszustand erwärmt wird. Der Plasma-Gasstrahl wird durch eine wassergekühlte Kupferdüse eingeschnürt und trifft als scharf gebündelter Plasmastrahl mit hoher Energiedichte auf die Schweißstelle. Ein zusätzlicher Schutzgasmantel stabilisiert den Plasmalichtbogen und schützt das Schmelzbad vor der umgebenden Luft. Durch den sehr dünnen und energiereichen Plasma-Gasstrahl können dicke Bleche mit einer sehr schmalen Schweißnaht verbunden werden. Wegen der sehr schmalen Schweißnaht wird das WP-Schweißen auch in der Mikro-Schweißtechnik eingesetzt. Angewendet wird das Mikroplasma-Schweißen bei Blech- bzw. Auftragdicken bis ca. 1 mm.

Arbeitsregeln für das Schutzgasschweißen

- Beim Schutzgasschweißen muss die Schweißstelle vor Zugluft geschützt sein, damit der Schutzgasmantel nicht beeinträchtigt wird.
- Da beim Schutzgasschweißen giftige Gase entstehen, muss mit Absaugung gearbeitet werden.

Wiederholung und Vertiefung

1 Welche Vorteile hat das Schutzgas-Schweißen gegenüber dem Lichtbogenhandschweißen?
2 Wann wird beim WIG-Schweißen mit Wechselstrom und wann mit Gleichstrom geschweißt?
3 Wodurch unterscheidet sich das WIG-Schweißen vom MIG- und MAG-Schweißen?
4 Für welche Anwendungen ist das Plasmaschweißen geeignet?

3.9.5.5 Gasschmelzschweißen

Beim Gasschmelzschweißen, auch Autogenschweißen genannt, werden die Fügeteile an der Schweißstelle durch eine Brenngas-Sauerstoffflamme zum Schmelzen gebracht. Als Brenngas dient meist Acetylen. Mit diesem Gas wird eine Flammentemperatur von etwa 3200 °C erreicht. Die Gase werden Gasflaschen entnommen und über Gasschläuche zum Schweißbrenner geleitet **(Bild 1)**. Um Verwechslungen beim Umgang mit brennbaren und nicht brennbaren Gasen auszuschließen, sind die Gasflaschen farblich gekennzeichnet und haben unterschiedliche Anschlüsse **(Tabelle 1)**.

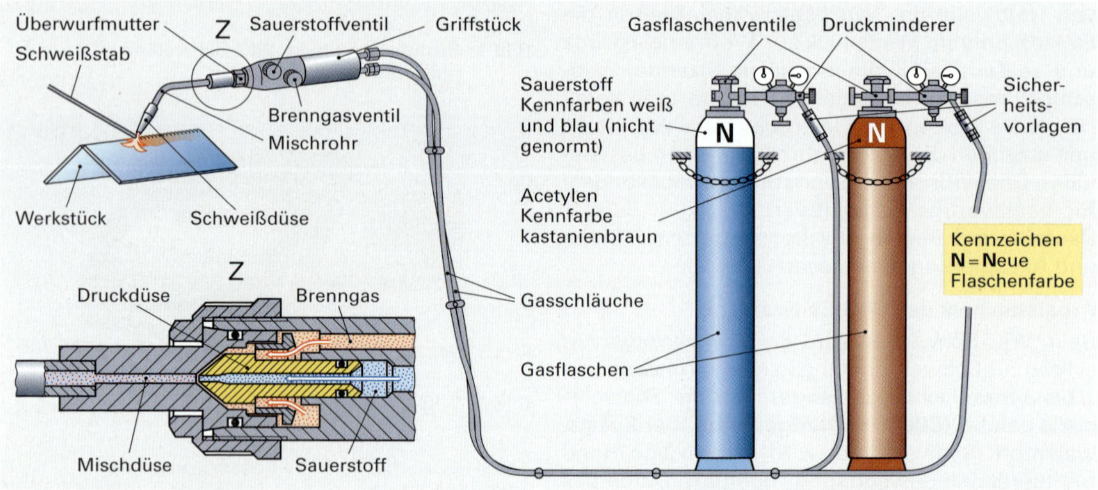

Bild 1: Gasschweißanlage

Das Gasschmelzschweißen wird meist nur noch für kleine Reparaturarbeiten eingesetzt. Es kann in allen Positionen geschweißt werden.

Regeln für den Umgang mit Gasflaschen

- Die Armaturen der Sauerstoff-Flaschen sind frei von Öl und Fett zu halten. Sauerstoff reagiert mit diesen Stoffen explosionsartig.
- Acetylenflaschen sind gegen Umfallen zu sichern und vor Stoß, Erwärmung und Frost zu schützen. Ansonsten kann Acetylenzerfall und als Folge ein Flaschenbrand ausgelöst werden.
- Gasflaschen dürfen nur mit abgeschraubtem Druckminderer und aufgeschraubter Schutzkappe transportiert werden.

Armaturen einer Gasflasche

Gasflaschen haben ein Flaschenventil, einen Druckminderer mit Einstellschraube und ein Absperrventil. Zusätzlich besitzen sie eine Sicherheitsvorlage, die bei einem Flammenrückschlag die Gaszufuhr sperrt.

Druckminderer. Zum Schweißen muss der hohe Gasdruck in den Flaschen durch den Druckminderer auf den erforderlichen Arbeitsdruck reduziert werden **(Bild 2)**. Der Druck in der Gasflasche wird vom Inhaltsmanometer, der einstellbare Arbeitsdruck vom Arbeitsmanometer angezeigt. Der Arbeitsdruck für Sauerstoff beträgt 2,5 bar, für Acetylen 0,25 bis 0,5 bar.

Tabelle 1: Anschlüsse der Druckgasflaschen und Kennfarbe der Flaschenschulter[1)]

Gasart		Kennfarbe	Anschlüsse
*	Sauerstoff	weiß	R3/4
brennbar	Acetylen	kastanienbraun	Spannbügel
	Wasserstoff	rot	W21,80x1/14
nicht brennbar	Stickstoff	schwarz	W24,32x1/14
	Kohlendioxid	grau	W21,80x1/14
	Argon	dunkelgrün	W21,80x1/14
	Helium	braun	W21,80x1/14
	Druckluft	leuchtend grün	R5/8

1) Die Kennfarbe des zylindrischen Flaschenkörpers ist nicht genormt.

* Brandfördernd

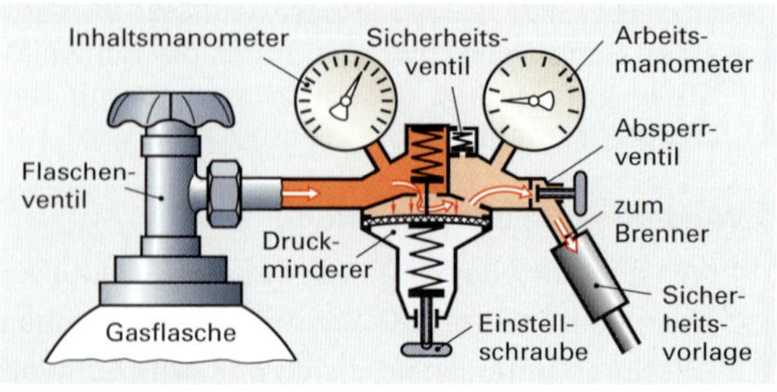

Bild 2: Druckminderer

Die Acetylen-Sauerstoff-Flamme wird mit den Ventilen am Schweißbrenner eingestellt **(Bild 1, vorherige Seite)**.

Bei der **normalen** Einstellung der Flamme werden Acetylen und Sauerstoff im Volumenverhältnis 1:1 gemischt. Die Verbrennung dieses Gemisches in der 1. Verbrennungsstufe ist unvollständig, weil zur vollständigen Verbrennung des Acetylengases das 2,5-fache Sauerstoffvolumen erforderlich ist. Die entstehenden Gase Kohlenmonoxid und Wasserstoff bilden in der Flamme eine reduzierende Zone. In diesem Flammenbereich wird 2 bis 4 mm vor dem Flammenkegel die höchste Temperatur von etwa 3200 °C erreicht. Der für die vollständige Verbrennung noch fehlende Sauerstoff wird in der 2. Verbrennungsstufe aus der umgebenden Luft angesaugt **(Bild 1)**.

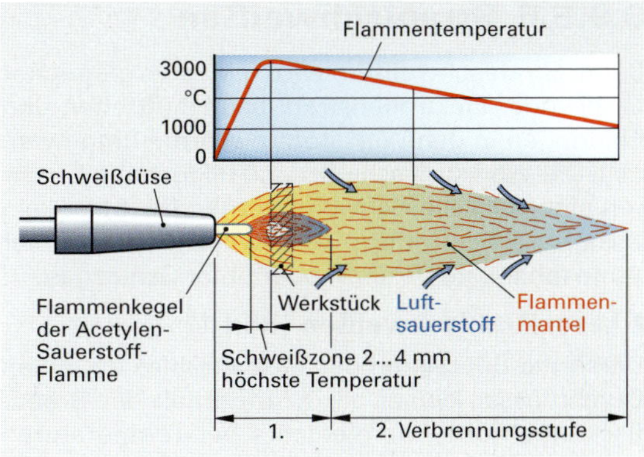

Bild 1: Acetylen-Sauerstoff-Flamme

Arbeitstechnik des Gasschweißens

Bei gleicher Brenner- und Stabhaltung kann „nach links“ **(Bild 2)** und „nach rechts“ **(Bild 3)** geschweißt werden.

Nach-links-Schweißen. Die Flamme zeigt in Schweißrichtung (Bild 2). Das Schmelzbad liegt dadurch außerhalb der höchsten Temperaturzone und kann klein gehalten werden. Dies ist für das Schweißen von dünnen Blechen vorteilhaft. Außerdem ermöglicht die Vorwärmung des Schweißstoßes durch die Flammenrichtung eine höhere Schweißgeschwindigkeit. Der Verzug wird dadurch verringert. Der Schweißstab wird unter dem Flammenkegel mit tupfenden Bewegungen in das Schmelzbad abgeschmolzen.

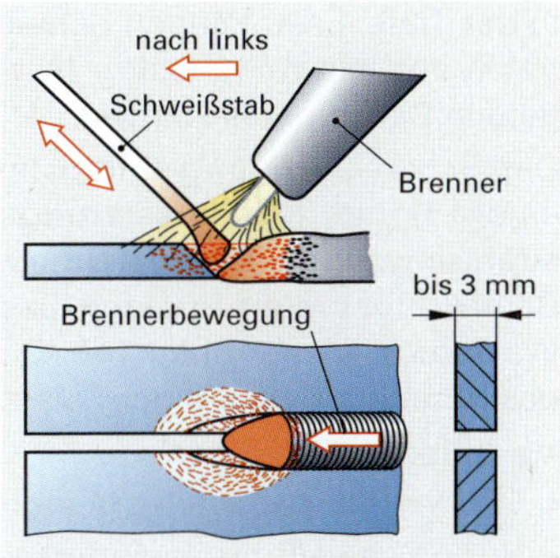

Bild 2: Nach-links-Schweißung

Nach-rechts-Schweißen. Die Flamme ist auf die schon geschweißte Naht gerichtet (Bild 3). Dadurch wird eine langsame Abkühlung und somit eine Verbesserung der Schweißverbindung erreicht. Beim Schweißen wird der Brenner ruhig und mit dem Flammenkegel auf das Schmelzbad gehalten. Durch diese Wärmekonzentration können dicke Bleche geschweißt werden. Der Schweißstab wird vor dem Flammenkegel mit kreisenden Bewegungen im Schmelzbad abgeschmolzen.

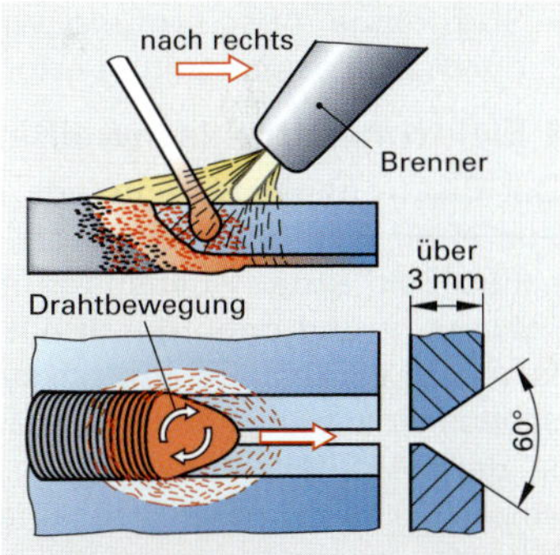

Bild 3: Nach-rechts-Schweißung

Die Nach-links-Schweißung wird bis zu 3 mm Blechdicke angewandt. Über 3 mm Blechdicke wird nach rechts geschweißt.

Die zugeführten **Schweißstäbe** werden beim Gasschweißen als Zusatzwerkstoff zum Füllen der Schweißfuge abgeschmolzen. Sie sind für das Verbindungsschweißen von Stählen in die Klassen O I (für unlegierte Baustähle) bis O V (für legierte Stähle) eingeteilt. Ihre Eigenschaften können Tabellenbüchern entnommen werden.

Arbeitsregeln für das Gasschweißen

- Zum Schutz der Augen vor Blendung und vor Schweißspritzern muss eine Schutzbrille mit dunklen Gläsern getragen werden.
- Beim Schweißen in kleinen Räumen ist für Frischluftzufuhr zu sorgen. Sauerstoff aus der Gasflasche darf dafür nicht verwendet werden (Brandgefahr).

Wiederholung und Vertiefung

1 Welche Drücke werden für das Gasschmelzschweißen an den Arbeitsmanometern eingestellt?

2 Bei welchen Anwendungen wird nach links bzw. nach rechts geschweißt?

3 Welche Regeln müssen beim Umgang mit Gasflaschen beachtet werden?

3.9.5.6 Strahlschweißen

Beim Strahlschweißen wird ein energiereicher Laser- oder Elektronenstrahl beim Auftreffen und Eindringen in den Werkstoff in Wärme umgewandelt. Der Werkstoff schmilzt und bildet beim Erstarren eine schmale Schweißnaht. Es ist meist kein Zusatzwerkstoff nötig. Geschweißt wird in freier Atmosphäre, im Vakuum oder unter Schutzgas.

Laserstrahlschweißen (Bild 1)

Durch die Bündelung des Laserstrahles auf einen Durchmesser kleiner als 1 mm erhält der Brennfleck eine hohe Energiedichte bei Temperaturen bis 20000 °C. Der Werkstoff verdampft und bildet in Strahlrichtung eine Dampfkapillare, in der sich ein Plasma bildet. Der Werkstoff schmilzt deshalb auch in der Tiefe. Es entstehen Schweißnähte mit Nahttiefen von bis zu 10-facher Nahtbreite (z. B. Nahttiefe in Baustahl bis 20 mm).

Der Schweißvorgang erfolgt meist stationär bei einem hohen Mechanisierungsgrad. Eine Laserstrahlschweißanlage besteht aus dem Laser, dem Bewegungssystem für den Laserstrahl oder das Werkstück, einem optischen System zur Führung des Laserstrahles und der Fokussier-Optik.

Vorteile:

- Für fast alle Werkstoffe geeignet
- Hohe Schweißgeschwindigkeit und Nahtgüte
- Schmale tiefe Schweißnähte **(Bild 2)**

Nachteil:

- Sorgfältige Abschirmung wegen Gefährdung durch die Laserstrahlung erforderlich

Elektronenstrahlschweißen (Bild 3)

Der Elektronenstrahl entsteht, indem Elektronen aus einer Kathode freigesetzt, in einem elektrischen Feld unter Hochspannung zur Anode beschleunigt und dann durch ein Linsensystem fokussiert werden. Ein Ablenksystem aus elektrischen Feldern lenkt den Strahl an die Schweißstelle. Beim Aufprall der Elektronen auf das Werkstück setzen sie den Großteil ihrer kinetischen Energie in Wärme um, wodurch der Werkstoff schmilzt und verdampft. Es entsteht ein Gaskanal mit rotierender Schmelze. Dadurch wird es möglich, Stahlwerkstücke bis zu 200 mm Dicke in einem Arbeitsgang stumpf zu verschweißen. Die Schweißnaht ist schmal mit leicht keilförmigen Flanken **(Bild 4)**.

Vorteile:

- Für fast alle Metalle und Legierungen sowie für Mischverbindungen geeignet
- Hohe Schweißleistung und kaum Verzug

Nachteil:

- Sorgfältige Abschirmung wegen Gefährdung durch Röntgenstrahlen erforderlich

Bild 1: Laserstrahl-Schweißstation zum Schweißen von Schaltkomponenten

Bild 2: Lasergeschweißtes Zahnrad

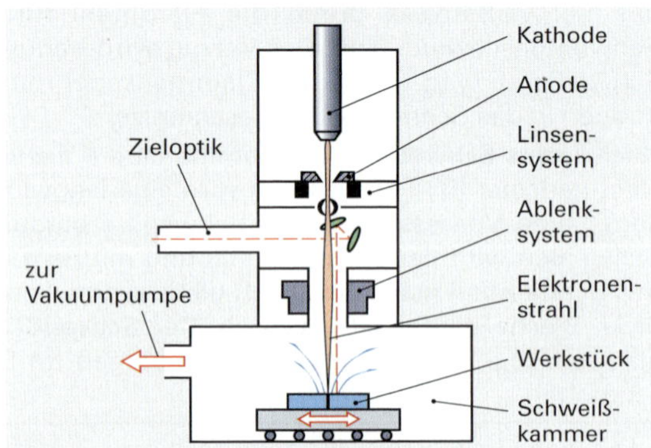

Bild 3: Elektronenstrahlschweißanlage

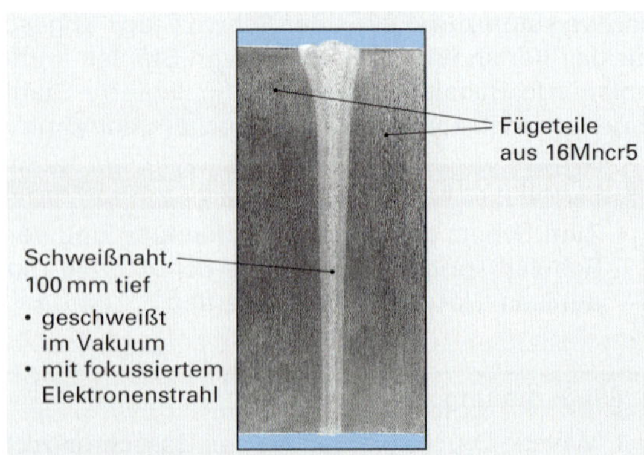

Bild 4: Tiefschweißung in Stahl durch Elektronenstrahlschweißen

3.9.5.7 Pressschweißen

Bei den Press-Schweißverfahren werden die zu verschweißenden Teile in der Schweißzone auf Schweißtemperatur erwärmt und dann durch Zusammenpressen miteinander verbunden.

Widerstandspressschweißen

Beim Widerstandspressschweißen wird die Wärme genutzt, die der elektrische Strom beim Durchgang durch die Kontaktzone der Schweißteile erzeugt. Man unterscheidet das Punkt-, Buckel- und Rollennahtschweißen.

Beim **Punktschweißen (RP[1])** werden aufeinanderliegende Bleche mit einzelnen Schweißpunkten verbunden. Dazu werden die Bleche von zwei wassergekühlten Kupferelektroden punktuell zusammengedrückt. Kurzfristig fließt ein hoher Strom von einer Elektrode durch die Bleche zur anderen Elektrode. Durch den hohen elektrischen Widerstand an der Berührungsstelle der aufeinandergepressten Bleche entsteht die erforderliche Schweißtemperatur. Es bildet sich ein linsenförmiger Schweißpunkt **(Bild 1)**.

Beim **Buckelschweißen (RB[1])** werden zwei Werkstücke verschweißt, von denen das eine Schweißbuckel besitzt **(Bild 2)**. Zwei Elektroden aus Kupfer pressen die Werkstücke aufeinander. Beim Stromdurchgang verschweißen die Buckel des Werkstücks punktförmig mit dem anliegenden Bauteil.

Beim **Rollennahtschweißen (RR[1])** durchlaufen zwei zu schweißende Bleche zwei Rollenelektroden aus Kupfer und werden aufeinandergepresst **(Bild 3)**. Stromimpulse erzeugen Schweißpunkte. Bei einer hohen Impulsfrequenz überlappen sich die Punkte und ergeben eine zusammenhängende, dichte Schweißnaht. Bei den Widerstandspressschweißverfahren müssen Stromstärke, Zeit und Anpressdruck sowie die Abmessungen der Schweißstellen aufeinander abgestimmt sein.

Reibschweißen (FR[1])

Beim Reibschweißen wird die Wärme, die durch Reibung entsteht, zum Schweißen genutzt. Dazu wird auf einer Reibschweißmaschine eines der zu verbindenden Teile in Drehung versetzt und dann gegen das ruhende Teil gedrückt **(Bild 4)**.

Durch die Reibung erwärmen sich die Berührungsflächen sehr schnell. Sobald der Werkstoff dort plastisch ist, wird das drehende Teil gestoppt. Mit einer zusätzlichen Stauchkraft werden beide Teile zusammengedrückt und verschweißen. Es entsteht ein kleiner Wulst.

Anwendungsbereich: Rotationssymmetrische Teile, z. B. Gelenkwellen.

[1] Kurzzeichen nach DIN EN ISO 857

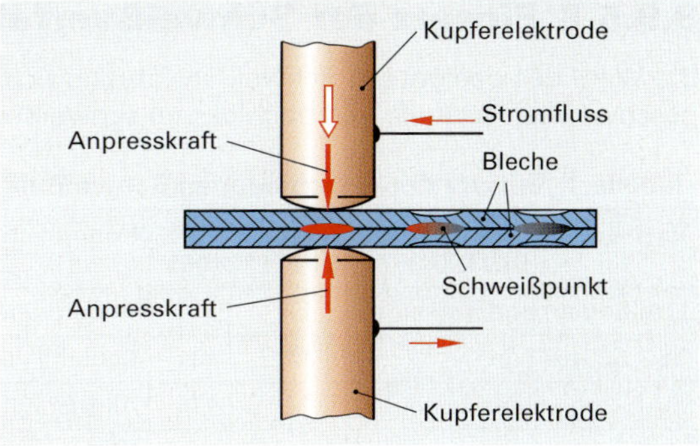

Bild 1: Punktschweißen

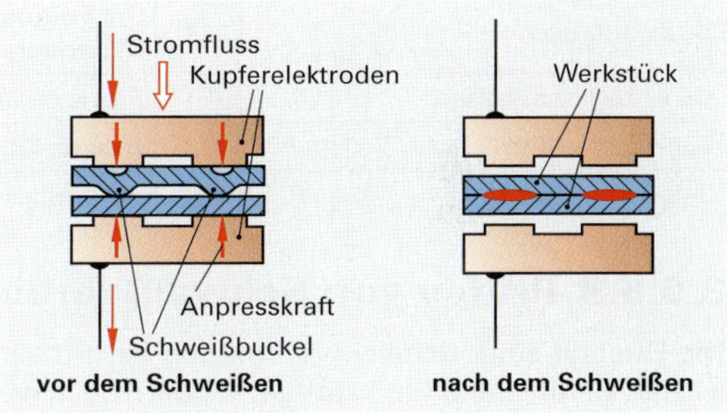

Bild 2: Buckelschweißen

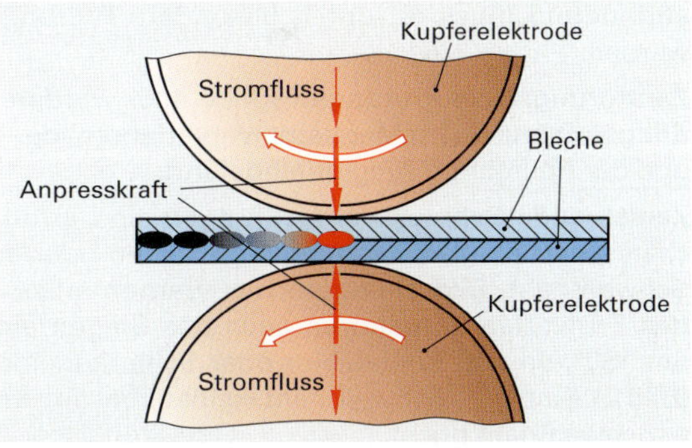

Bild 3: Rollennahtschweißen

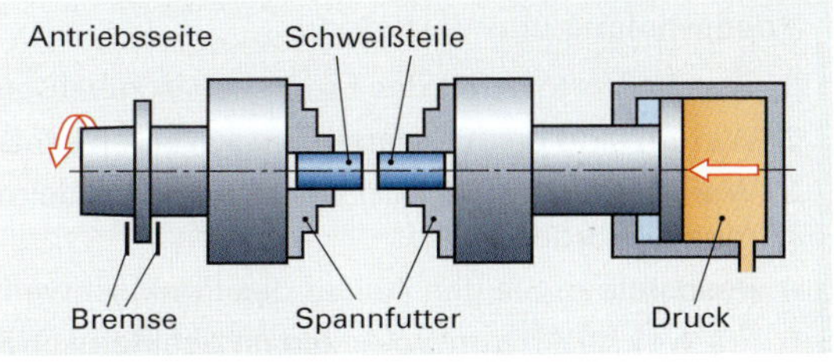

Bild 4: Reibschweißen (schematisch)

3.9.5.8 Einsatz der Schweißverfahren

Die Wahl des geeigneten Schweißverfahrens richtet sich vor allem nach dem Anwendungsbereich der geschweißten Bauteile und nach den zu schweißenden Werkstoffen **(Tabelle 1)**.

Tabelle 1: Einsatz der verschiedenen Schweißverfahren

Verfahren,	Kurzzeichen DIN ISO 857,	Kennzahl DIN EN 24063	Hauptsächliche Anwendungsgebiete	Schweißbare Werkstoffe
Lichtbogenhandschweißen	E	111	Allgemeiner Stahlbau, Metallbau	Alle schweißbaren Stähle
MIG-Schweißen	MIG	131	Bauteile aller Dicken	Al und andere NE-Metalle
MAG-Schweißen	MAG	135	Allg. Stahlbau; hohe Abschmelzleistung	Alle schweißbaren Stähle
WIG-Schweißen	WIG	141	Dünnbleche; Luft- und Raumfahrt; Apparate- und Rohrleitungsbau	Alle schweißbaren Metalle
Wolfram-Plasma-Schweißen	WP	15	Dicke Querschnitte; schmale Schweißfugen	Stähle, Leichtmetalle
Gasschmelzschweißen	G	311	Rohrleitungen; Installationen; Reparaturen	Unlegierte Stähle
Laserstrahlschweißen	LA	751	Präzisionsteile	Stähle, Leichtmetalle
Punktschweißen	RP	21	Bleche, Karosseriebau	Alle Metalle
Reibschweißen	FR	42	Rotationssymmetrische Bauteile	Metalle, Kunststoffe

3.9.5.9 Prüfen von Schweißverbindungen

Die Qualität einer Schweißverbindung ist nicht nur von den eingesetzten Geräten und Werkstoffen, sondern auch wesentlich vom fachlichen Können und der Zuverlässigkeit des Schweißers abhängig. Im Stahlbau, Rohrleitungsbau, Maschinenbau, in der Kerntechnik, Verkehrstechnik und in der Luft- und Raumfahrt werden an die Schweißverbindungen hohe Anforderungen gestellt. Die Güte einer Schweißverbindung muss oft durch besondere Prüfungen nachgewiesen werden.

Zerstörungsfreie Prüfungen (Seite 406) werden mit dem Farbeindringverfahren, dem Magnetpulververfahren, der Ultraschallprüfung und der Röntgenprüfung durchgeführt.

Zerstörende Schweißnahtprüfungen sind erforderlich, wenn mechanische Festigkeitswerte nachgewiesen oder der Querschnitt der Schweißnaht **(Bild 1)** begutachtet werden muss. Zu den zerstörenden Prüfverfahren gehören auch das Biegen einer Schweißprobe um 180°, um auf Bindefehler oder Schlackeneinschlüsse zu prüfen **(Bild 2)**. Eine gute Schweißnaht bleibt dabei unversehrt, eine schlechte Schweißnaht bricht.

Für abnahmepflichtige geschweißte Bauteile, z. B. Druckbehälter, dürfen nur geprüfte Schweißer eingesetzt werden.

Bild 1: Schnitt durch eine Kehlnaht

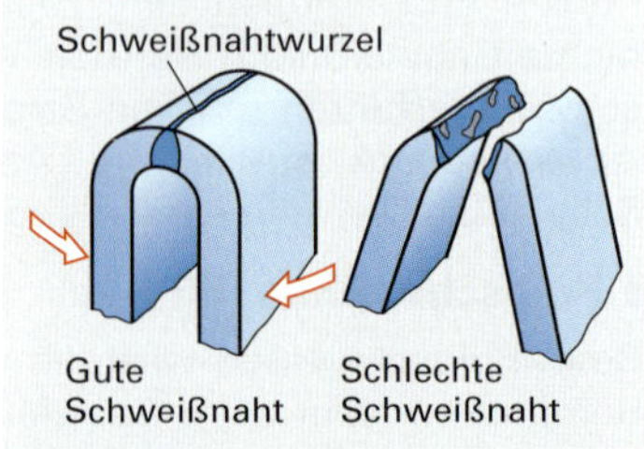

Bild 2: Prüfen von Schweißproben durch Biegen

Wiederholung und Vertiefung

1 Welche Vorteile hat das Laserstrahlschweißen gegenüber dem Metall-Lichtbogenschweißen?
2 Warum sind beim Laserstrahlschweißen große Vorschubgeschwindigkeiten möglich?
3 Warum ist sowohl beim Laser- als auch beim Elektronenstrahlschweißen eine sorgfältige Abschirmung erforderlich?
4 Beschreiben Sie den Ablauf des Punktschweißens.
5 Für welche Art von Bauteilen ist das Reibschweißen geeignet?
6 Welche Fehler einer Schweißnaht können mithilfe der Biegeprobe (Bild 2) festgestellt werden?

3.10 Generative Fertigungsverfahren

Grundsätzlich lassen sich die Fertigungsverfahren einteilen in:

Subtraktive Fertigungsverfahren erzeugen die gewünschte Geometrie durch Abtragen bestimmter Bereiche, z. B. durch Fräsen, Drehen oder Bohren.

Formative Fertigungsverfahren formen ein Bauteil bei gleichbleibendem Volumen um, z. B. durch Gesenkschmieden oder Tiefziehen.

Additive Fertigungsverfahren erzeugen die gewünschte Geometrie durch den Zusammenhalt einzelner Atome (z. B. Gießen) oder den schichtweisen Aufbau von Volumenelementen (Schichtbauverfahren).

Unter den Generativen Fertigungsverfahren (engl. Rapid Technology) versteht man Fertigungsverfahren, die vorhandene CAD-Volumenmodelle (3D-Konstruktion) schnell und direkt aus den CAD-Daten schichtweise aus formlosem Material erzeugen. Dabei wird vor der Fertigung aus dem CAD-Volumenmodell rechnergesteuert ein Schichtenmodell (STL-Datei) erzeugt. Die Fertigung erfolgt dann CNC-gesteuert meist durch Urformverfahren, die das Werkstück schicht- oder punktweise aufbauen **(Bild 1)**. Während des Herstellungsprozesses entstehen die Geometrie und die Stoffeigenschaften, ähnlich wie beim Gießen oder Auftragsschweißen.

Bei den Generativen Fertigungsverfahren sind für kleine Stückzahlen bei starker Produktindividualisierung äußerst komplizierte Bauteile mit feingliedrigen Details zu angemessenen Stückkosten herstellbar. Bislang ist die generative Fertigung auf die Prototypenfertigung (Musterfertigung, Modellbau), auf kleine filigrane Bauteile (Mikrosystemtechnik, leichte Automatisierungskomponenten), auf hochwertige Bauteile mit komplizierter Geometrie (Werkzeug- und Formenbau, Schmiedegesenke), Bauteile mit hohlen Strukturen (Leichtbau, Medizintechnik) und ineinander übergehenden Freiformflächen (Luft- und Raumfahrttechnik, Fahrzeugbau) beschränkt.

Ein weiterer Schwerpunkt der Generativen Fertigungsverfahren liegt in der Fertigung schwer zu bearbeitender Werkstoffe, wie Keramik oder Stähle für besondere Anwendungen.

Nach geplanter Anwendung des Bauteils ist die jeweilige Fertigungstechnologie auszuwählen. In der Endteilefertigung und der individualisierten Serienfertigung (vergleichbare Bauteile ähnlicher Geometrie) werden Lasersysteme eingesetzt. Dabei schmilzt ein Laser ein Pulver exakt an jenen Stellen auf, die später die Geometrie ergeben sollen und verbindet die Schmelzschicht mit der Schicht darunter. 3D-Drucktechniksysteme kommen vor allem in der Mikrosystemtechnik und der Biotechnologie zum Einsatz.

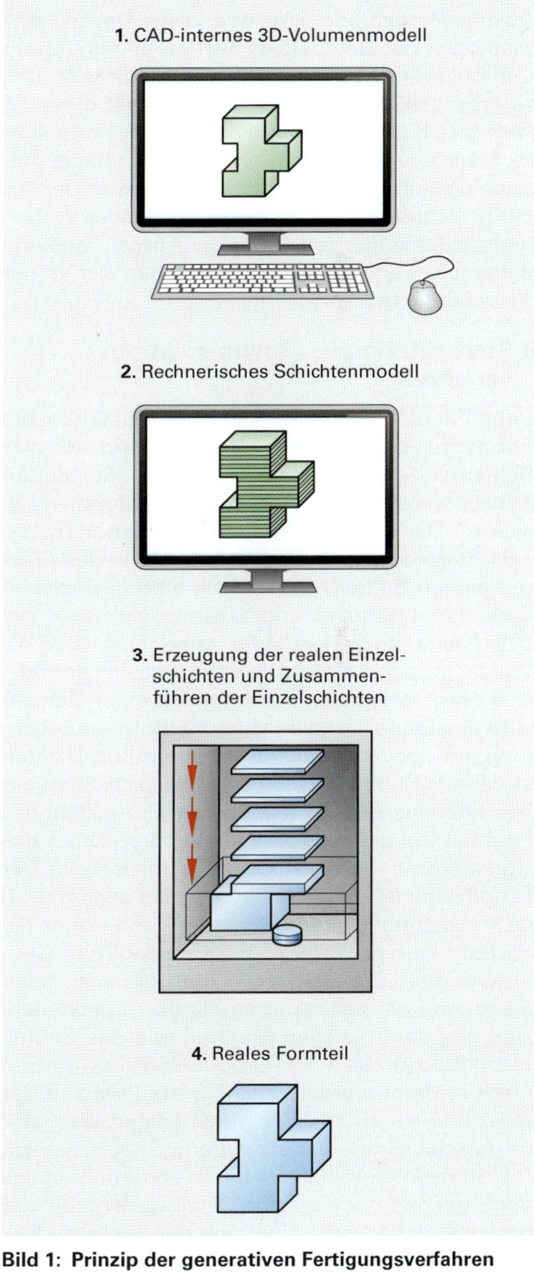

Bild 1: Prinzip der generativen Fertigungsverfahren

Generative Fertigungsverfahren lassen sich nach der Anwendung unterteilen **(Tabelle 1)**.

3.10.1 Rapid Prototyping

Voraussetzung für die generative Fertigung ist ein vollständiges 3D-CAD-Volumenmodell. Dieses geometrische Modell ermöglicht es dem Konstrukteur, das Bauteil bezüglich aller seiner Eigenschaften zu betrachten: es zu drehen, zu wenden, einzufärben und anderweitig zu manipulieren. Es ermöglicht nicht das reale Belasten, den Ein- und Ausbauversuch oder sonstige Tests. Um mit den Methoden der Generativen Fertigung aus diesem Computermodell ein reales physikalisches Modell zu erzeugen, wird das Computermodell digital in viele gleich große, etwa 0,02 mm bis 0,1 mm starke, Schichten geschnitten. Die einzelnen Rapid Prototyping-Verfahren unterscheiden sich in der Art der Schichterzeugung sowie in der Art der Verbindung aufeinander folgender Schichten. Folgende generative Fertigungsverfahren haben sich in der Anwendung bewährt.

Stereolithografie (Polymerisationsverfahren)

Beim Stereolithografie-Verfahren entstehen die Formteile durch lokale Verfestigung dünner Schichten eines flüssigen, lichtaushärtenden Kunststoffs durch einen Laserstrahl (Fotopolymerisation). Diese Kunststoffe sind Basismonomere, z. B. Kunst- oder Epoxidharze. Die Kontur des zu erzeugenden Bauteils wird durch eine Laserstrahl-Einheit mit Spiegel und Linsensystem auf die Oberfläche eines Harzbades gezeichnet **(Bild 1)**. Wo der Laserstrahl auftrifft, verfestigt sich das flüssige Harz. Nach der Verfestigung einer Schicht wird das Bauteil mithilfe einer Plattform in Z-Richtung um eine Schichtdicke (ca. 25 µm) nach unten verfahren. Dann wird eine neue Harzschicht in der beschriebenen Weise ausgehärtet. Es entsteht das Formteil von unten nach oben. Beim 3D-Druck des Objekts sind Stützstrukturen erforderlich. Der Grund dafür ist, dass das Bauteil nicht in das flüssige Kunststoffbad gedruckt werden kann – ohne die Stützstrukturen würde es im Kunststoffbad wegschwimmen. Die Stützstrukturen, die wie kleine Säulen auf der absenkbaren Plattform entstehen, sind aus dem gleichen Material wie das Bauteil selbst **(Bild 2)**. Nach dem Druck müssen sie mechanisch entfernt werden. Das Formteil wird in der Maschine nur zu ca. 95 % polymerisiert und wird im Anschluss in einer UV-Kammer nachvernetzt. Die Stereolithographie als Laser-Verfahren ist das Verfahren mit der höchsten Detailwiedergabe, der besten Oberflächenqualität und der höchsten Präzision.

Tabelle 1: Anwendungsbereiche generativer Fertigungsverfahren

Generative Fertigungsverfahren	Anwendung
Prototypen-Fertigung (Rapid Prototyping)	Fertigung von **Konzeptmodellen** und **Funktionsprototypen** im Prototypenbau und Werkzeugbau. Fertigung von Endprodukten in der Vorserienproduktion (< 1000 Stück), z. B. in der Medizintechnik oder im Automobilbau
Werkzeug-Fertigung (Rapid Tooling)	Reparatur von Spritzgieß- und Umformwerkzeugen, Fertigung von Aluminium-Vorserienwerkzeugen in Kleinstserie
Endprodukt-Fertigung (Rapid Manufacturing)	Fertigung von Serienteilen mit komplizierter Geometrie. Herstellung von Serienbauteilen mit besonderen Fuktionsmerkmalen, z. B. Spritzgießwerkzeuge oder Medizinimplantate

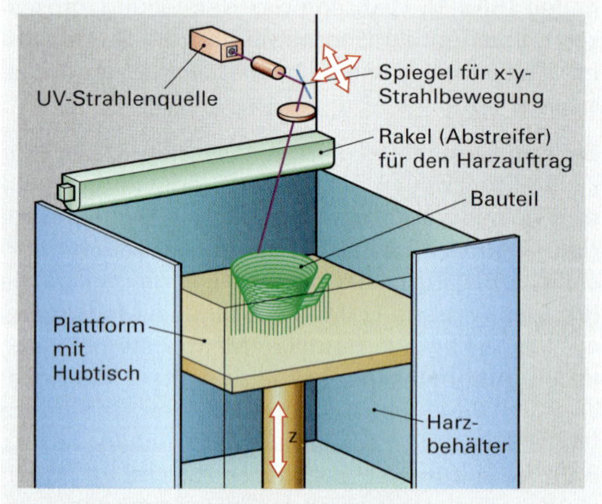

Bild 1: Stereolithografie eines Formteils

Bild 2: Filigrane Bauteilstruktur mit Stützen

Extrusionsverfahren

Beim Extrusionsverfahren werden Modelle durch Anschmelzen und anschließendes Extrudieren thermoplastischer Materialien erzeugt. Dieses Verfahren wird auch als „Fused Layer Modeling" (FLM) bezeichnet. Dabei wird ein in Drahtform vorliegendes thermoplastisches Material, meist Kunststoff, in einer beheizten Düse aufgeschmolzen und durch diese in pastösem Zustand als Strang auf die zuvor gefertigte Schicht aufgebracht. Die Schichtbildung erfolgt durch Zusammenschmelzen mit dem schon teilfertigen Modell. Die Bauteile müssen während des Bauvorgangs abgestützt werden. Durch den Einsatz von eingefärbtem Material können mehrfarbige Bauteile erzeugt werden. Neben speziellen Rapid Prototyping-Materialien sind auch Serienkunststoffe wie ABS mit näherungsweise serienidentischen Eigenschaften zu verarbeiten **(Bild 1)**.

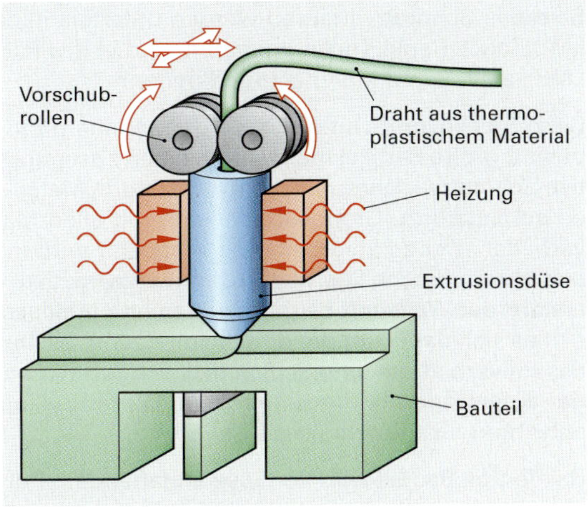

Bild 1: Extrusionsverfahren

Vorteile des Extrusionsverfahrens

- Große Volumenmengen in relativ kurzer Zeit herstellbar
- Extrusionswerkstoff weist eine große Ähnlichkeit zu Serienwerkstoffen auf
- Relativ einfache technische Umsetzung
- Vollständige Verwendung des Materials
- Keine Lösungsmittel erforderlich
- Verwendung unterschiedlicher Materialien innerhalb eines Bauprozesses
- Extrusionsverfahren kann auch in Büroumgebung betrieben werden

Nachteile des Extrusionsverfahrens

- Kleinere Strukturen als die Extrusionsbreite nicht herstellbar
- Feine Schlitze oder feine Rippen nicht darstellbar
- Beginn der Extrusion ergibt immer einen Ansatz, Nachbearbeitung eventuell erforderlich
- Fadenbildung durch Kunststoffe oder Bildung von Kondenswasser möglich
- Reinigungsmechanismus gegen Verstopfung der Düsen erforderlich

3D-Printing

Das 3D-Printing-Verfahren ist ein Pulver-Binderverfahren. Mithilfe eines Druckkopfes wird flüssiges Bindemittel in ein Pulverbett eingespritzt und so die aktuelle Schicht des Modells entsprechend der gewünschten Kontur verfestigt **(Bild 2)**. Durch entsprechende Wahl der Pulver-Binder-Kombination lassen sich eine Vielzahl von Werkstoffen wie z. B. Kunststoffe, Keramiken oder Metalle verarbeiten. Die Modelle müssen nach dem Bau durch Infiltration nachbehandelt werden. Bei Kunststoffen geschieht dies meist mit Epoxydharz, bei Edelstahlpulver mit Bronze. Das 3D-Printing mit Kunststoffen arbeitet kalt, Keramikwerkstoffe und Metalle werden bei bis zu 1200 °C gebrannt bzw. gesintert. Die Modelle weisen eine schlechte Oberflächenqualität auf und müssen nachbearbeitet werden, sind jedoch sehr preisgünstig.

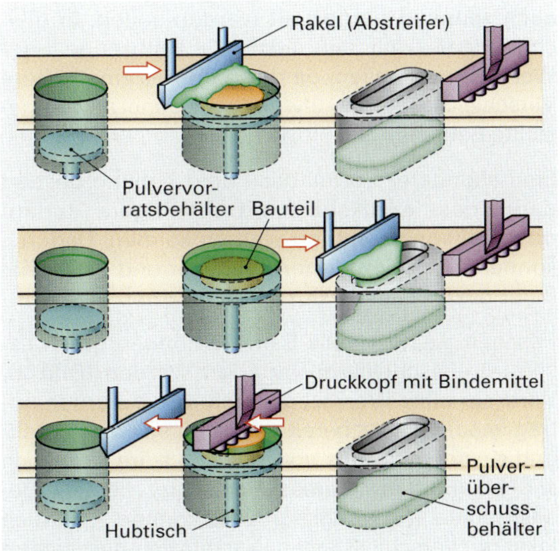

Bild 2: 3D-Printing

3.10.2 Selektives Schmelzen

Selektive Schmelzverfahren werden unterteilt in das Laserauftragsschweißen (Laser Metal Deposition – LMD), auch Rapid Tooling genannt, und in das Pulverbettbasierte Laserschmelzen (Laser Metal Fusion – LMF), auch Rapid Manufacturing genannt.

Beim Selektiven Schmelzen werden in einem Pulverbett 10 µm (Metallpulver) bis 100 µm (Kunststoffpulver) große Partikel meist durch einen Laserstrahl örtlich begrenzt aufgeschmolzen **(Bild 1).** Das Selektive Schmelzverfahren wird mit Kunststoff-, Metall- und Keramikpulver sowie kunstharzgebundenen Sande durchgeführt. Grundsätzlich kann mit allen Materialien gearbeitet werden, die sich thermoplastisch verhalten. Der zu verarbeitende Werkstoff wird in Pulverform in einer dünnen Schicht auf eine Grundplatte aufgebracht. Das Werkstoffpulver wird lokal vollständig aufgeschmolzen. Nach dem Aufschmelzen erstarrt der Werkstoff beim Abkühlen und bildet so eine feste Materialschicht. Technisch betrachtet handelt es sich dabei um dreidimensionale Mikroschweißvorgänge. Nach der Erzeugung einer Schicht wird das Pulverbett um eine Schichtdicke abgesenkt und aus einem Vorratsbehälter eine neue Schicht Material aufgetragen und geschmolzen. Dieser Zyklus wird sooft wiederholt, bis das Formteil aus seinen Schichten zusammengesetzt ist.

Das fertige Bauteil wird von lose anhaftendem Pulver gereinigt und nachbearbeitet. Das ungenutzte Pulver wird gefiltert, gereinigt und dem Fertigungsprozess wieder zugeführt. Dadurch kann umweltverträglich und vor allem bei der Verwendung von hochleistungsfähigen Cr-Co-Mo-Legierungen kostengünstig produziert werden.

Eine Zeitersparnis gegenüber dem Wachsausschmelzverfahren (Seite 101) bei gleichzeitig geringeren Fertigungsabweichungen ergibt sich vor allem bei der individualisierten Massenfertigung mit geringer Losgröße.

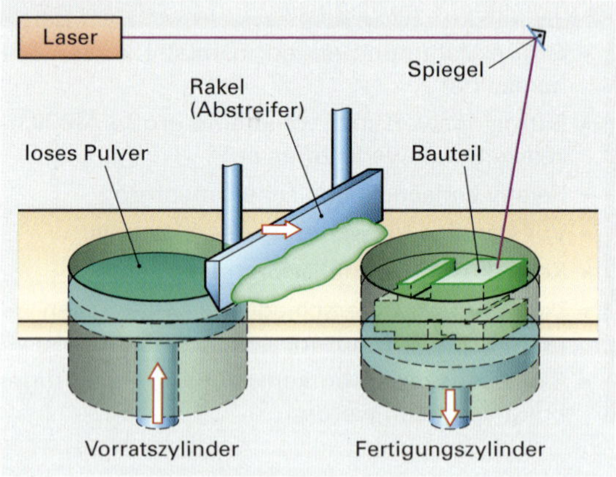

Bild 1: Selektives Laser-Schmelzen

Rapid Tooling

Mit Rapid Tooling wird die generative Herstellung von Werkzeugen und Werkzeugeinsätzen bezeichnet. Dies gilt für Bauteile von Spritzgießwerkzeugen oder Vakuumgießwerkzeugen, die nicht oder nicht mit der geforderten Qualität spanend herzustellen sind. Grundsätzlich gilt, dass alle Werkzeugelemente, die spanend hergestellt werden können auch spanend hergestellt werden sollen. In gleichem Maße gilt dies auch für Halbzeuge oder Werkzeugnormalien, da diese immer eine höhere Verschleißfestigkeit aufweisen als generativ hergestellte Bauteile.

Ein besonderer Vorteil des Rapid Tooling besteht darin, dass Kühlkanäle mit beliebigem Verlauf oberflächennah platziert werden können. Dadurch können Spritzgießformen schneller und gleichmäßiger gekühlt und Zykluszeiten reduziert werden.

Beschädigte, wertvolle Bauteile können durch Laserauftragsschweißen repariert werden **(Bild 2).** Wird ein altes Werkzeug durch den Volumenauftrag wieder einsatzbereit gemacht, so ist eine Zeit- und Kostenersparnis von über 80 % im Vergleich zur Neuanfertigung eines Werkzeugs möglich. Beanspruchte Werkzeugsegmente können zusätzlich lokal mit verschleißfesten Werkstoffen beschichtet werden.

Bild 2: Werkzeugreparatur durch Selektives Schmelzen

ative
dere
ngs-
eitig
net
os-

nd
en
nd
e-
k-
e-
n

F
te
ch

Bild 1: Additiver Schmelzprozess eines Turbinenrads

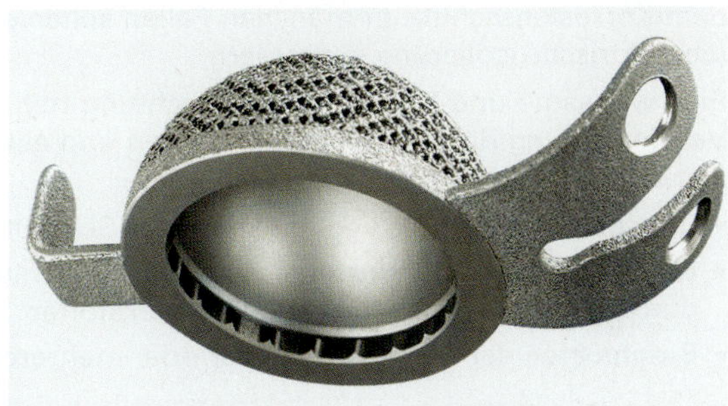

Bild 2: Hüftpfannenimplantat aus TiAl6V4

Nachteile des Selektiven Schmelzens

- Vorheizen der Baukammer erforderlich
- Verzögerungen durch Abkühlung der Baukammer
- Ungleiche thermische Ausdehnung des Bauteils während des Laserschmelzprozesses
- Teure Produktionsanlagen

Eine … au kombiniert das 3D-Printingverfahren mit dem Selek… den dabei mittels feinsten Tröpfchen das aufgetrage… meleitfähigkeiten. Die wärmeleitfähige Flüssigkeit bi… ere Flüssigkeit als thermischer Isolator fungiert und a… ächig wirkende Infrarot-Wärmequelle über dem Druck… ragene Schicht mit der darunterliegenden. Der Einsat… für scharfe Kanten und eine gute Oberflächenqualitä… heblich, da die Wärmequelle flächenhaft und nicht w…

Wied…

1 Be… d Prototypings.
2 Bes… Schmelzens.
3 Wo… sich das Rapid Tooling vom Rapid Manufacturing?

3.11 Beschichten

Viele technische Produkte erhalten nach der Fertigung eine dem Einsatzzweck angepasste Oberflächenbehandlung oder Beschichtung. Dadurch werden bestimmte Eigenschaften verbessert, wie z. B. die Gleitfähigkeit, oder es wird die Attraktivität und die Lebensdauer der Produkte erhöht.

Oberflächenbehandlungen dienen dem kurzzeitigen Korrosionsschutz oder der Vorbereitung auf eine Beschichtung. Beim anschließenden **Beschichten** wird eine meist dünne, fest haftende Schicht aus Lack, Kunststoff, Metall, Email oder Keramik auf das Bauteil aufgebracht.

Bei den Vorbehandlungs- und Beschichtungsverfahren sowie bei der Auswahl der Beschichtungsstoffe ist die Umweltverträglichkeit und die gesundheitliche Unbedenklichkeit zu beachten.

3.11.1 Beschichten mit Lacken und Kunststoffen

Beschichtungen mit Lacken und Kunststoffen dienen neben der Verbesserung des Aussehens vor allem dem Korrosionsschutz. In manchen Fällen sollen sie auch die Gleitfähigkeit bzw. Rutschsicherheit oder die elektrische Isolierung verbessern.

Eine wirksame und langlebige Beschichtung mit Lacken und Kunststoffen verlangt eine sachgerechte Vorbehandlung der Beschichtungsflächen und eine fachgerecht ausgeführte Beschichtung. Sie besteht aus den nachfolgend genannten Schritten.

- **Reinigen der Bauteile** von anhaftendem Schmutz, Öl, Fett und Wasser durch Waschen und Trocknen.
- **Erzeugen eines Haftgrundes** für die Beschichtung durch Phosphatieren bei Stahlwerkstoffen bzw. durch Chromatieren bei Aluminiumwerkstoffen.
- **Beschichten** der Bauteile mit einer oder mehreren Lackschichten oder einer Kunststoffschicht.

Phosphatieren und Chromatieren

Beim **Phosphatieren** wird das Stahlbauteil, z. B. eine Pkw-Rohkarosserie, entweder in einer Kammer mit Zinkphosphatlösung besprüht oder in ein Zinkphosphatbad getaucht **(Bild 1)**. Dabei bildet sich auf der Stahloberfläche eine ca. 20 µm dünne, mit dem Grundwerkstoff fest verbundene Eisenphosphatschicht. Sie dient als Haftgrund für eine Lackbeschichtung und verhindert ein Unterrosten der Lackschicht. Die Phosphatschicht kann auch als Kurzzeit-Korrosionsschutz **(Bild 3, Seite 539)** sowie als Gleitschicht auf Umformblechen dienen.

Durch **Chromatieren** erhalten Bauteile aus Aluminiumwerkstoffen einen Haftgrund und einen Schutz gegen Unterwandern der Lackschicht. Die Chromatschicht wird wie beim Phosphatieren durch Tauchen oder Besprühen der Bauteile erzeugt.

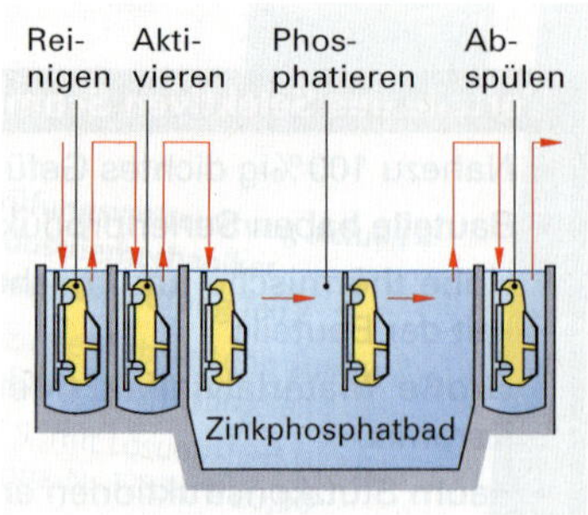

Bild 1: Kontinuierliches Phosphatieren von Pkw-Karosserien durch Tauchen

Lackieren und Kunststoffbeschichten

Das **Lackieren** erfolgt durch die verschiedenen Sprüh-, Spritz- oder Tauchverfahren **(Bild 2)**.

Der Beschichtungsstoff Lack besteht im Wesentlichen aus einem flüssigen Bindemittel, wie z. B. Alkyd-, Acryl-, Polyurethan- oder Epoxidharzen sowie den pulverförmigen Pigmenten zum Korrosionsschutz und zur Farbgebung. Mit einem Lösemittel oder Wasser wird die geeignete Konsistenz eingestellt. Nach dem Auftrag verdampft das Lösemittel und die Lackschicht härtet aus. Lösungsmittelarme oder Wasserbasis-Lacke sind zu bevorzugen.

Die zum **Kunststoffbeschichten** verwendeten Kunststoffe sind je nach Beschichtungsverfahren Duroplaste, wie z. B. Polyester-, Polyurethan- und Epoxidharz oder Thermoplaste, wie PVC oder Polyamide. Zum Aufbringen der Beschichtung kommen Spritz- und Sprühverfahren zum Einsatz **(siehe folgende Seite)**.

Bild 2: Sprühlackieren einer Pkw-Rohkarosserie

Verfahren zum Lackieren und Kunststoffbeschichten		Vorteile⊕, Nachteile⊖	Anwendung
Pinselauftrag Auftragen des Lacks mit dem Pinsel in abwechselnden Waagrecht- und Senkrechtstrichen.	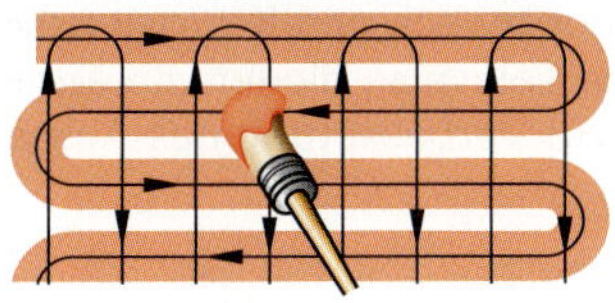	Einfaches Verfahren, geringer Werkzeugaufwand⊕ Gutes Eindringen des Lacks in Unebenheiten und Risse⊕ Zeitaufwendig⊖	Kleine Reparaturen. Grundanstrich für Stahlbauteile und Maschinengestelle bei Einzelfertigung.
Spritzlackieren (Druckluftspritzen) Druckluft von 2 bis 6 bar zerstäubt den Beschichtungsstoff (Lack) und sprüht ihn auf das Bauteil.	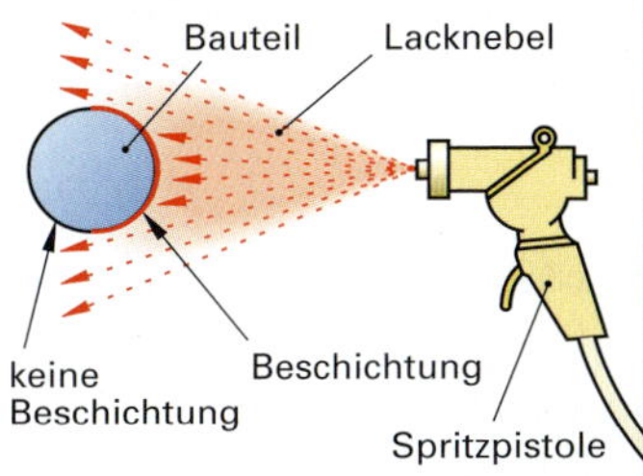 	Nur für flächige, nicht gegliederte Bauteile geeignet. Großer Lackverlust (Overspray)⊕ Nur einseitige Beschichtung⊖	Standardbeschichtung für flächige Bauteile in der Einzel- und Kleinserienfertigung.
Hochdruckspritzen (Airless-Spritzen) Der Lack wird in der Spritzpistole unter einem Druck von ca. 250 bar gesetzt und zerstäubt feinneblig beim Austritt aus der Spritzdüse.		Feinneblige Zerstäubung auch zähflüssiger Lacke⊕ Ungeeignet für gegliederte Bauteile. Keine allseitige Beschichtung⊖	Große, flächige Bauteile: Schiffsrümpfe, Tanks, Stahlbauten, Maschinenverkleidungen.
Elektrostatisches Lackieren (Elektrospritzlackieren) Aus einem Sprühkopf wird der Lack feinneblig versprüht und dabei die Tröpfchen von einer anliegenden Hochspannung elektrostatisch aufgeladen. Sie bewegen sich entlang der elektrischen Feldlinien zum geerdeten Bauteil und haften dort an.	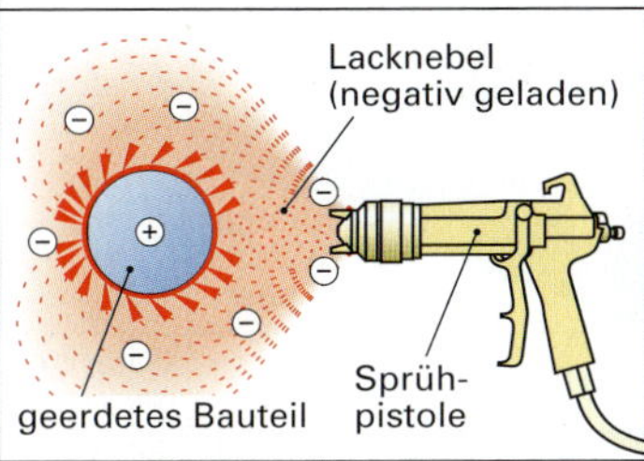 	Allseitige und gleichmäßige Beschichtung auch feingliedriger Bauteile⊕ Geringer Lackverlust (Overspray)⊕ Mit lösungsmittelfreien Lacken umweltfreundlich⊕	Beschichtung gegliederter Bauteile in der Spritzkabine: Pkw-Karosserien. Maschinengehäuse in der Klein- und Mittelserienfertigung. Fahrradrahmen.
Elektrotauchlackieren (Elektrophorese-Tauchlackieren) Das geerdete Bauteil wird in ein Lackbad getaucht, an dem eine Spannung anliegt. Die Lackteilchen laden sich auf, wandern durch elektrische Anziehungskräfte zum Bauteil und bleiben dort haften.	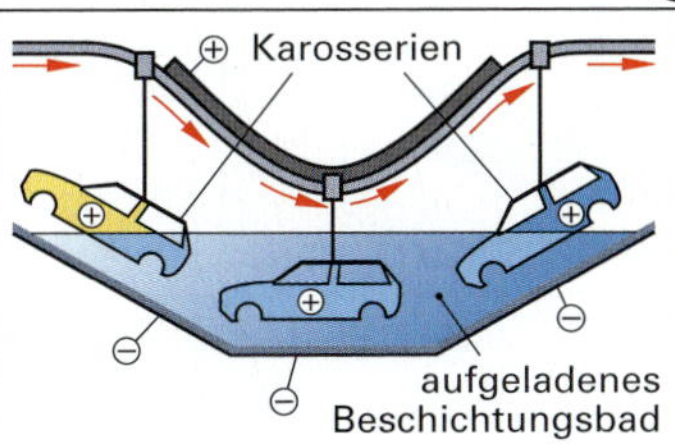 	Gleichmäßiger und tief in Unebenheiten eindringender Auftrag auch an schwer zugänglichen Stellen und in Hohlräumen⊕	Korrosionsschutzbeschichtung für Pkw-Karosserien und andere stark gegliederte Bauteile (Korrosionsgrundbeschichtung).
Elektrostatisches Pulverbeschichten In Kabinen werden aus Sprühköpfen die Kunststoff-Pulverteilchen zu einem feinen Nebel versprüht. Sie laden sich durch eine angelegte Hochspannung elektrostatisch auf und bewegen sich entlang elektrischer Feldlinien zum geerdeten Bauteil. In einem Einbrennofen (200 °C) schmilzt die Pulverschicht zusammen und härtet aus.	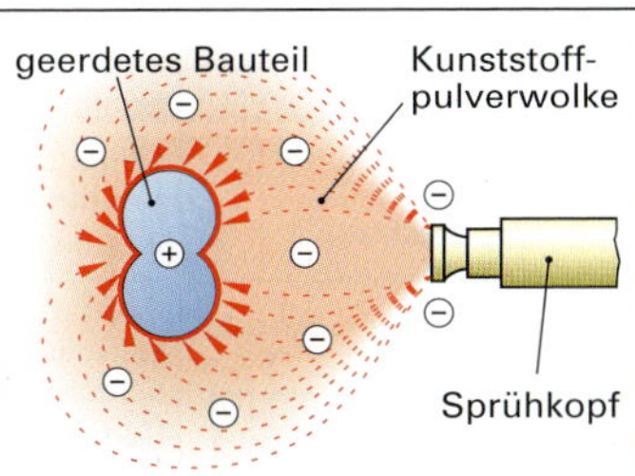 	Lösungsmittelfreies Beschichten mit duroplastischen Harzen⊕ Rückgewinnung des Overspray-Lackpulvers. Umweltfreundlich⊕ Allseitige Beschichtung und gute Haftung auf dem Bauteil⊕	Beschichtung flächiger und gegliederter Bauteile in der Klein- und Großserienfertigung.
Kunststoffspritzen Mit einer Acetylen-Sauerstoff-Flamme wird Kunststoffpulver in einer Spritzpistole erwärmt und vom heißen Strom der Verbrennungsgase auf das Bauteil gespritzt.	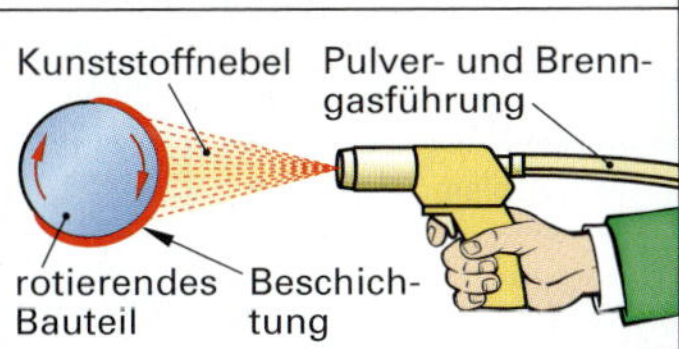 	Lösungsmittelfreies Beschichten mit thermoplastischen Kunststoffen⊕ Für kleinflächige, dicke Beschichtungen⊕ Keine allseitige Beschichtung⊖	Beschichtung für Führungs- und Leitwalzen, Transportrollen. Rutschsichere Bodenbeläge.

Beim Beschichten industrieller Massengüter mit hohen Korrosionsschutzanforderungen, z. B. von Pkw-Karosserien, werden mehrere Beschichtungsverfahren zu einer kontinuierlichen Lackieranlage zusammengestellt, die z. B. folgende Schritte umfasst: Reinigen → Phosphatieren → Elektrotauchlackieren → Unterboden-PVC-Spritzen → Zweimal-Elektrospritzlackieren → Trocknen.

Einfache Beschichtungen, z. B. von Maschinenverkleidungen, werden bevorzugt durch elektrostatisches Pulverbeschichten oder Kunststoffspritzen auf phosphatierten Blechen aufgebracht.

3.11.2 Beschichten mit Metallen

Beschichtungen mit Metallen haben als Hauptzweck den Korrosionsschutz und/oder die Erhöhung der Verschleißfestigkeit der Bauteiloberflächen. Teilweise dienen sie auch zur Instandhaltung und Erneuerung abgenutzter Verschleißflächen sowie zur Verbesserung des Aussehens und der Abschirmung elektromagnetischer Felder.

Als Beschichtungsmetalle kommen zum Einsatz:

- als Korrosionsschutz: Zink, Nickel, Chrom, Molybdän, Chrom-Nickel-Eisen-Legierungen.
- als Verschleißschutz: Hartnickel, Hartchrom sowie Nickelschichten mit eingelagerten Schmier- und Hartstoffteilchen.

Verfahren zum Beschichten mit Metallen		Vorteile⊕, Nachteile⊖	Anwendung
Auftragsschweißen Auftrag des Werkstoffs durch Lichtbogenhandschweißen oder MAG-Schweißen mehrerer, nebeneinander liegender Schweißraupenlagen oder durch Unterpulverbandschweißen, Elektroschlackeschweißen und Laserauftragsschweißen geschlossener Schichten.	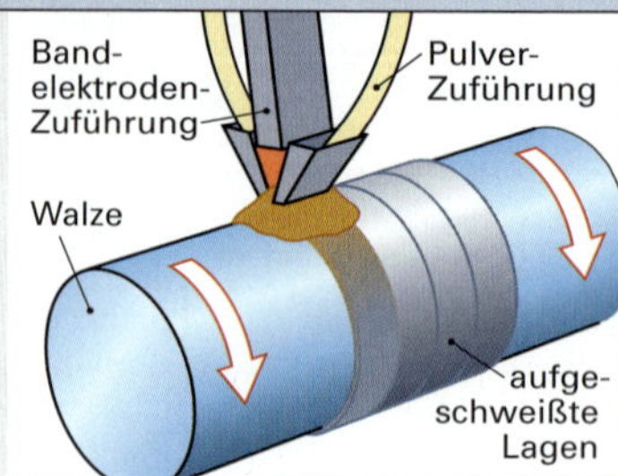	Auftrag von harten Verschleißschichten auf stahlelastischen, vergüteten Bauteilen⊕ Reparatur und Werterhalt abgenutzter Bauteile⊕	Gleitbahnen an Werkzeugmaschinen. Verschleißschichten auf Walzen, Mahlkörpern, Turbinenschaufeln, Pumpenlaufrädern.
Schmelztauchen von Metallen (z. B. Feuerverzinken) Das Stahlbauteil wird in eine Zinkschmelze (Temperatur ca. 450 °C) getaucht und reagiert mit dem Metall. Nach dem Herausheben aus der Schmelze bleibt eine Zinkschicht auf dem Bauteil haften.	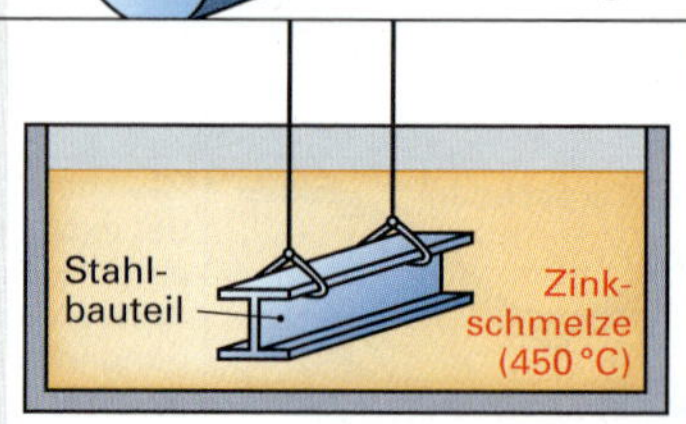	Guter Korrosionsschutz gegen Atmosphäreneinflüsse⊕ Fest mit dem Bauteil verbundene Metallschicht⊕ Verzug der Bauteile durch Erwärmung⊖	Pkw-Karosserien, Lkw-Chassis, Schrauben, Kleinteile, Träger- und Stahlbauprofile.
Thermisches Spritzen Das Beschichtungsmetall (Draht oder Pulver) wird in der Spritzpistole geschmolzen und von einem heißen Druckgasstrom auf das Bauteil gespritzt. Je nach Erschmelzungsart unterscheidet man Flammspritzen, Lichtbogenspritzen, Plasmaspritzen.	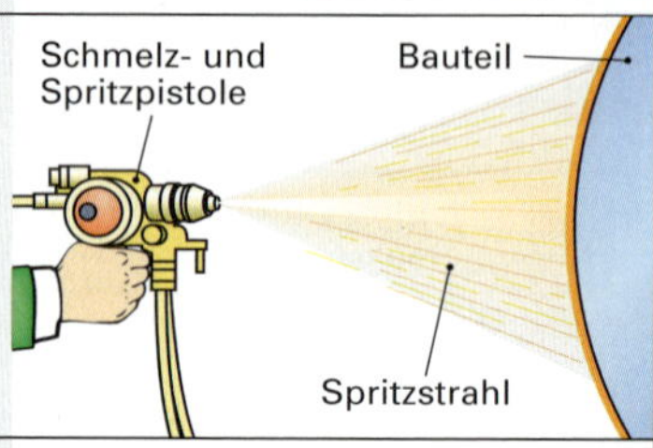	Auftrag beliebiger Metalle, Legierungen und Verbindungen⊕ Mechanisch-thermisches Haften der Schicht⊕ Keine thermische Veränderung des Basiswerkstoffs⊕	Verschleiß- oder Gleitschichten, z. B. aus Molybdän oder NiCrBSi-Legierungen auf Walzen. Erosionsschutzschichten auf Turbinenschaufeln.
Galvanisieren Das zu beschichtende Bauteil wird in ein Elektrolysebad (Metallsalzlösung) gehängt und in einem Galvanikbecken als Katode geschaltet. Auf dem Bauteil schlägt sich durch elektrochemische Vorgänge eine Metallschicht ab.	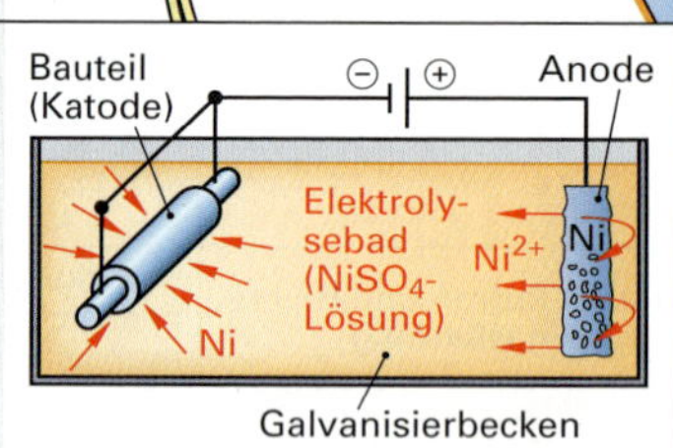	Auftrag glatter, geschlossener Metallschichten mit dekorativem Aussehen⊕ Hoher Aufwand zur Vermeidung der Umweltbelastung durch Chemikalien der Galvanik⊖	Vernickeln und Verchromen, z. B. von Pkw-Teilen und vielen Kleinteilen. Verschleißschutz mit Hartnickel und Hartchrom auf Glättwalzen.
Metallisieren von Kunststoffbauteilen Das Kunststoffbauteil wird in einem Tauchbad chemisch leicht angeätzt und dann in einem Palladium-Kupfer-Bad durch Anhaften einer sehr dünnen Kupferschicht elektrisch leitend gemacht. Anschließend wird z. B. eine Chrom- oder Nickelschicht galvanisch abgeschieden.	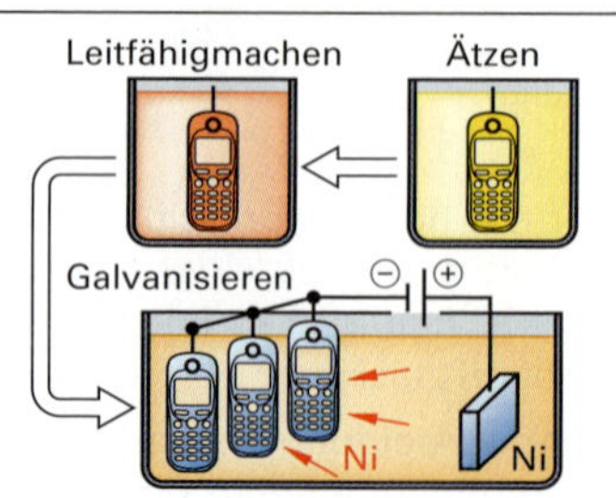	Ersatz schwerer Metallteile durch leichte Kunststoffbauteile mit Metallaussehen⊕ Abschirmung elektromagnetischer Strahlung (Elektrosmog) durch metallüberzogene Kunststoffgehäuse⊕	Kunststoffbauteile mit Metallaussehen für Pkws, Maschinen und Haushaltsgeräte. Metallbeschichtete Kunststoffgehäuse elektronischer Bauteile und Geräte.

3.11.3 Beschichtungen mit besonderen Eigenschaften

Diese Beschichtungen erzeugen zusätzlich zu ihren Korrosions- und Verschleißschutzwirkungen ganz spezifische Eigenschaften, wie z.B. eine hohe Gleitfähigkeit, extreme Härte, Temperaturbeständigkeit.

Zum Einsatz kommen Beschichtungen aus Email, Keramik und Hartstoffen, Verbundschichten aus Metallen mit eingelagerten Partikeln sowie auf dem Bauteil erzeugte Oxidschichten.

Beschichtungsverfahren für besondere Eigenschaften	Vorteile⊕, Nachteile⊖	Anwendung
Emaillieren Eine lose Schicht aus feinpulvrigem Emailpulver wird durch Tauchen in einer Emailpulver-Aufschlämmung auf das Stahlbauteil aufgebracht. Nach dem Trocknen wird die Pulverschicht im Brennofen bei ca. 1000 °C zur Emailschicht gebrannt. 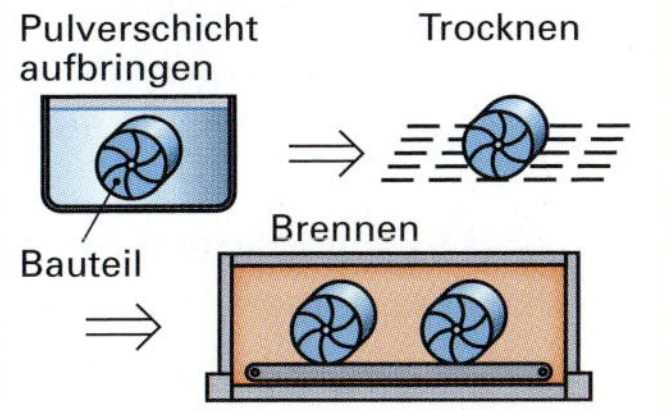 	Chemisch sehr widerstandsfähige, leicht zu reinigende und hitzebeständige Beschichtung⊕ Anfällig gegen Schlagbelastung⊕ Teuer⊖	Innenbeschichtung für Pumpengehäuse, Rohrleitungen und Apparate aus Stahl in der Chemie- und Lebensmittelindustrie. Wasserboiler, Pumpenlaufräder.
Plasmaspritzen und Hochgeschwindigkeitsflammspritzen In einer Plasmagas- oder Hochgeschwindigkeits-Spritzpistole wird Metall- oder Keramikpulver geschmolzen und mit großer Geschwindigkeit auf das vorgeheizte Bauteil geschossen. Es bildet dort eine festhaftende Schicht. 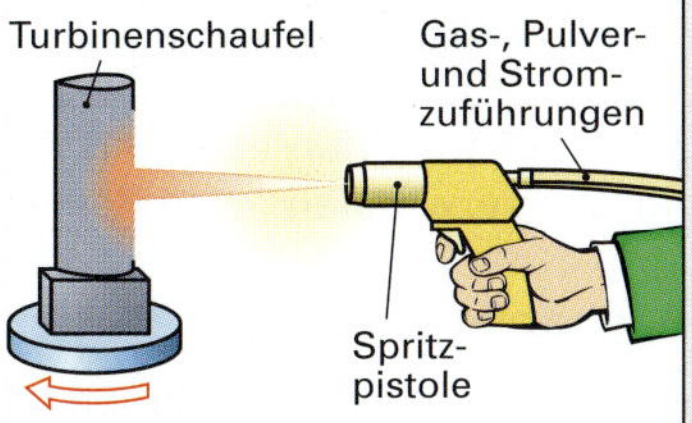 	Auftrag hochschmelzender Einkomponentenschichten und zusammengesetzter Verbundschichten⊕ Nachträglicher und mehrmaliger Auftrag nach Abnutzung ist möglich⊕	Beschichtung von Turbinenschaufeln, Verschleißplatten, Messerschneiden, Prägewalzen. Schichten aus NiCr80-20 mit Wolframkarbid-Partikeln sowie aus Keramik.
Galvanisches Abscheiden von Verschleiß- und Gleitschichten Aus einem Elektrolysebad (Metallsalzlösung) mit fein verteilten (suspendierten) Partikeln der einzubauenden Komponente wird gleichzeitig eine galvanische Schicht abgeschieden und die Partikel in die Schicht eingelagert. 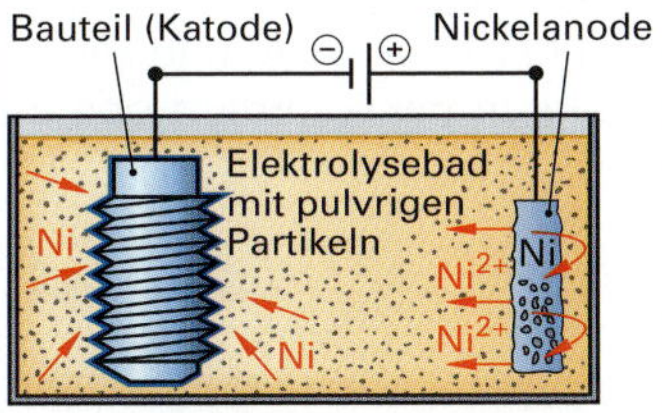 	Erzeugung von galvanischen Beschichtungen mit hervorragenden Verschleiß- und Gleiteigenschaften⊕ Aufwendige Entsorgung der Galvanisierflüssigkeit⊖	Beschichtungen von Schaltelementen, Ventilstößeln, Spritzgießformen, Extruderschnecken z.B. mit PTFE- und SiC-haltigen Nickelschichten.
CVD-Beschichten (engl.: **C**hemical **V**apor **D**eposition) Eine gasförmige Metallverbindung wird in Schutzgas über die 1000 °C heißen, zu beschichtenden Werkzeuge geleitet. An der heißen Oberfläche zerfällt die Metallverbindung und scheidet sich als Hartschicht auf dem Werkzeug ab. 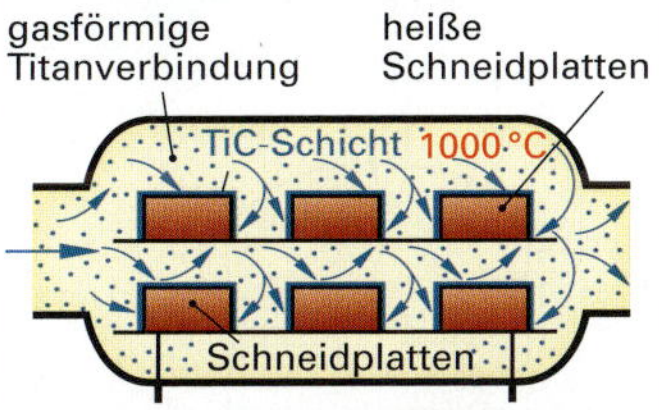 	Möglichkeit der Beschichtung mit Oxiden, Metallkarbiden und Metallnitriden⊕ Auch dünne Mehrlagenschichten sind möglich⊕ Aufwendige Entsorgung der Abgase⊖	Beschichtung von Werkzeugen und Wendeschneidplatten, Führungsrollen, Fadenführungen und Ähnlichem mit Hartstoffschichten aus Al_2O_3, TiC, TiN, TiAIN und AlCrN.
Anodisieren von Al-Bauteilen Das Aluminium-Bauteil wird in einem Schwefelsäure-Elektrolyse-Becken als Anode geschaltet. Am Al-Bauteil scheidet sich atomarer Sauerstoff (O*) ab, der auf der Oberfläche mit dem Al eine dichte Al_2O_3-Schicht bildet. 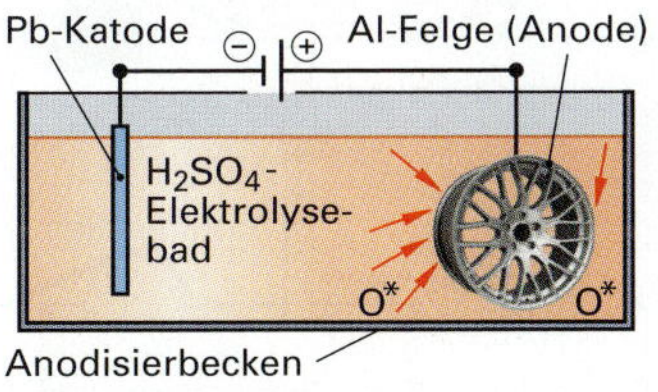 	Durchscheinende, fest mit dem Bauteil verbundene, harte Al_2O_3-Schicht mit guter Korrosionsbeständigkeit⊕ Erhalt des dekorativen Metallaussehens⊕ Aufwendige Entsorgung der Chemikalien ⊖	Korrosionsschutz und Verschönerung von Al-Bauteilen: Pkw-Bauteile, wie z.B. Felgen, Getriebegehäuse sowie Bauteile von Kleinmaschinen.

Wiederholung und Vertiefung

1 Mit welchem Verfahren erhält ein Stahlbauteil einen Haftgrund für das Beschichten?

2 Welche Vorteile hat das elektrostatische Pulverbeschichten gegenüber dem Spritzlackieren?

3 Wozu setzt man das Auftragsschweißen ein?

4 Welche Metallbeschichtungen werden bevorzugt durch Galvanisieren hergestellt?

5 Welche Schichten fertigt man mit Plasmaspritzen?

6 Welche Bauteile werden CVD-beschichtet?

3.12 Fertigungsbetrieb und Umweltschutz

Die Fertigungsverfahren sind so auszuwählen und die Fertigungsanlagen so zu betreiben, dass

- keine Giftstoffe freigesetzt werden, die die Gesundheit der Mitarbeiter beeinträchtigen
- keine Schadstoffe in die Umgebung abgelassen werden, die die Umwelt belasten oder schädigen.

Wo es möglich ist, müssen Schadstoffe ganz vermieden werden. Beispiele dafür sind das Asbestverbot, der Verzicht auf Blei und Cadmium in Weichloten und zum Korrosionsschutz sowie der Ersatz von gesundheitsschädlichen Kaltreinigern (Chlorierte Kohlenwasserstoffe CKW wie Per und Tri) durch ungiftige Reinigungsmittel zum Reinigen von ölverschmutzten Werkstücken.

Dort, wo die Vermeidung bzw. der Ersatz eines Schadstoffes technisch nicht möglich ist, sollten die eingesetzten Mengen so weit als möglich vermindert werden. Dies erreicht man z.B. beim Lackieren durch die Verwendung lösungsmittelarmer Lacke.

Erst wenn alle Möglichkeiten des Vermeidens und Verminderns ausgeschöpft sind, dürfen in streng begrenzten Fällen Fertigungsverfahren mit Schadstoffen eingesetzt werden. Diese Anlagen sind mit einem geschlossenen Stoffkreislauf zu betreiben, sodass keine Schadstoffe austreten können.

Die unvermeidlich anfallenden Reststoffe sind zu sammeln und nach der Aufarbeitung möglichst mehrfach zu verwenden (Recycling). Der unbrauchbare Rest der Schadstoffe ist sachgemäß zu entsorgen.

Im Umweltschutz gilt für den Umgang mit Schadstoffen eine Rangfolge der Maßnahmen: Möglichst **vermeiden** – Mengen **vermindern** – mehrfach **verwenden** – den Rest sachgerecht **entsorgen**.

Entsorgung bei spanenden Fertigungsanlagen

Der Betrieb spanender Werkzeugmaschinen und Fertigungsanlagen verursacht nicht zu vermeidende Schadstoffe und Abfälle. Sie müssen nach den Richtlinien des Abfallbeseitigungsgesetzes sachgemäß entsorgt werden. Zum Schutz der Gesundheit der Mitarbeiter und zum Erhalt einer unbeschädigten Umwelt dürfen Grenzwerte der Schadstoffgehalte in der Raumluft und im Abwasser des Betriebes nicht überschritten werden.

Entsorgungsmaßnahmen bei der spanenden Fertigung **(Bild 1)**:

- Der Öl- oder Emulsionsnebel der Kühlschmierstoffe muss abgesaugt und abgeschieden werden. Dies geschieht durch die Kapselung der Maschinen und die Abscheidung des Ölnebels in Filtern.
- Die Metallspäne müssen abgeführt und entölt werden.
- Der gebrauchte Kühlschmierstoff wird von Metallabrieb, kleinen Spänen und Schmutz mit Magnetabscheidern und Filtern grob gereinigt.
- Verbrauchter Kühlschmierstoff wird aufgearbeitet. Der Kühlschmierstoffschlamm wird verbrannt oder auf Sondermülldeponien entsorgt.

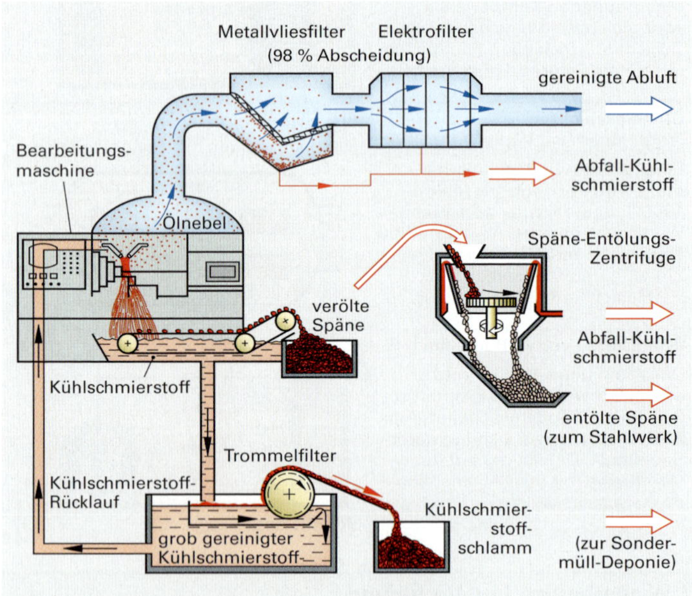

Bild 1: Entsorgung bei der spanenden Fertigung

Gesundheitsgefahren gehen beim Spanen von den Kühlschmierstoffen aus. Es sind Mineralöle mit einer Vielzahl chemischer Zusätze, z.B. gegen Korrosion oder Bakterienbefall. Bei empfindlichen Menschen kann es zu Erkrankungen der Haut (Ölekzeme) und der Atmungsorgane (Infektionen) kommen. Maschinenkapselung, Ölabsaugung und Anwendung von Hautcremes schaffen Abhilfe.

Reinigen von Werkstücken

Werkstücke müssen nach der Formgebung (z. B. dem Drehen) und vor der Weiterbehandlung, z. B. vor dem Lackieren, von anhaftenden Kühlschmierstoffresten und Schmutz gereinigt werden.

Früher reinigte man die Werkstücke durch Tauchen in Kaltreiniger-Flüssigkeiten. Diese Kaltreiniger wie Tetra (Tetrachlormethan) oder Tri (Trichlorethylen) bestehen aus **c**hlorierten **K**ohlen**w**asserstoffen (CKW) und sind stark gesundheitsschädlich und umweltbelastend.

Um diese Giftstoffe zu vermeiden, wurden Heißdampf-Waschanlagen entwickelt, die mit Heißdampf und seifenartigen Waschlaugen (Tensiden) genauso gut wie Kaltreiniger öl- und fettverschmutzte Werkstücke reinigen **(Bild 1)**. Die schmutzbeladene Waschlauge wird in einer Kläranlage gereinigt.

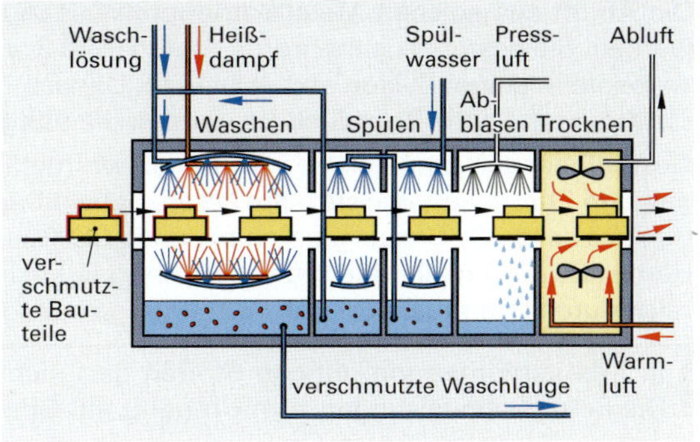

Bild 1: Reinigungsanlage für verschmutzte Werkstücke

Lackieren von Metallteilen

Beim Spritzlackieren von Metallteilen mit Lösemittel-Basislacken wird die Umwelt durch das nach dem Lackieren verdunstende Lösungsmittel und durch den anfallenden Lackschlamm belastet.

Durch Verwendung lösungsmittelarmer Lacke oder von Wasserbasis-Lacken beim Spritzlackieren wird die Umwelt weniger bzw. gar nicht belastet.

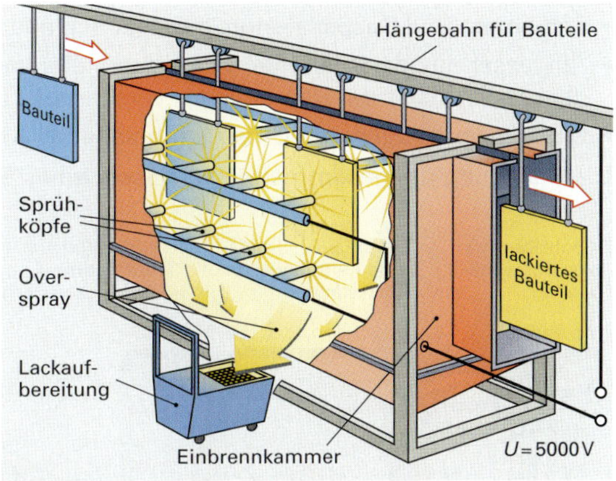

Bild 2: Pulverlackier-Durchlaufanlage

Eine ebenfalls umweltschonende Beschichtung von Bauteilen ist durch **Pulverlackieren** möglich **(Bild 2)**. Hierbei werden pulverförmige Lackpartikel in Sprühköpfen mit mehreren Tausend Volt elektrostatisch aufgeladen und mit Druck in Richtung des als Gegenpol geschalteten Bauteils versprüht. Die aufgeladenen Lackpartikel werden vom Werkstück angezogen und haften elektrostatisch auf ihm. Das lose beschichtete Bauteil läuft anschließend durch eine Einbrennkammer, wo die Lackpartikel bei etwa 200 °C zur Lackschicht zusammenschmelzen und aushärten. Die nicht am Bauteil anhaftenden Lackpartikel (Overspray) werden aufgefangen und erneut versprüht.

Abluft-Reinigung

Die Abluft von Metallbetrieben mit schmutzintensiver Fertigung enthält eine Reihe von Schadstoffen **(Bild 3)**:

- **Schwermetallhaltige Feinstäube** und Dämpfe (Blei, Cadmium, Zinn usw.) aus Gießereien, Putzereien, Schweiß- und Lötanlagen.
- **Stickoxid-** und **Kohlenmonoxidgas** aus Verbrennungsanlagen, Schweißereien, Härteöfen, Salzschmelzen.
- **Dämpfe** und **Aerosole** (Nebel) von Säuren und giftigen Salzen, z. B. aus Beizereien, Härtereien und Galvanikbetrieben.

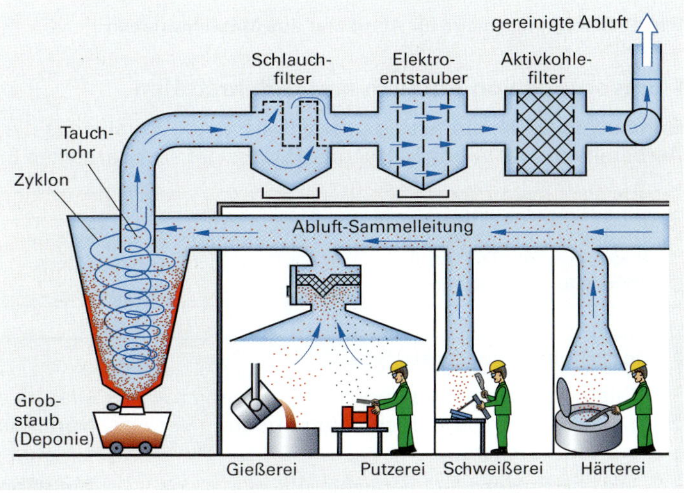

Bild 3: Abluft-Reinigungsanlage eines Fertigungsbetriebes

Die Abluft aus solchen Metallbetrieben muss in einer Abluft-Reinigungsanlage gefiltert und entgiftet werden. Sie besteht aus mehreren Stufen **(Bild 3, vorherige Seite).** Zuerst werden der Grobstaub und die Aerosole in einem Zyklon abgeschieden. Danach folgt die Feinstaubabscheidung in Schlauchfiltern und Elektroentstaubern. Zum Schluss werden die giftigen Gase in einem Aktivkohlefilter festgehalten.

Gesundheitsgefahren gehen z. B. von schwermetallhaltigen Feinstäuben mit Blei, Cadmium, Zink, Mangan und Chrom aus, wie sie beim Löten, Schweißen und Gießen entstehen. Auch das beim MAG-Schweißen aus dem CO_2-Schutzgas sich bildende CO-Gas (Kohlenmonoxid) sowie die beim Härten eingesetzten Härtesalze sind hochgiftig. Für ausreichende Frischluftzufuhr und staubfreie Atemluft ist im Arbeitsbereich durch Lüftung und durch Absaugung zu sorgen.

In Arbeitsräumen mit giftigen Stoffen darf nicht gegessen, getrunken oder geraucht werden. Die Betriebsanweisungen zum Umgang mit Giftstoffen sind zu beachten.

Reinigung des Abwassers aus Metallbetrieben

In metallverarbeitenden Betrieben fällt verschmutztes Abwasser in vielen Arbeitsbereichen an:

- Schlämme und Suspensionen, z. B. aus Schleifereien oder der Nass-Rauchgasreinigung.
- Abwasser aus der spanenden Fertigung, aus Lackieranlagen und aus Beizereien, das mit Ölrückständen, Lackresten oder Kaltreinigern verschmutzt ist.
- Mit Säuren, Laugen und Giftsalzen beladenes Abwasser aus Härtereien und Galvanikbetrieben.

Die Reinigung der gesammelten Abwässer eines Betriebes erfolgt in einer vielstufigen Anlage **(Bild 1)**.

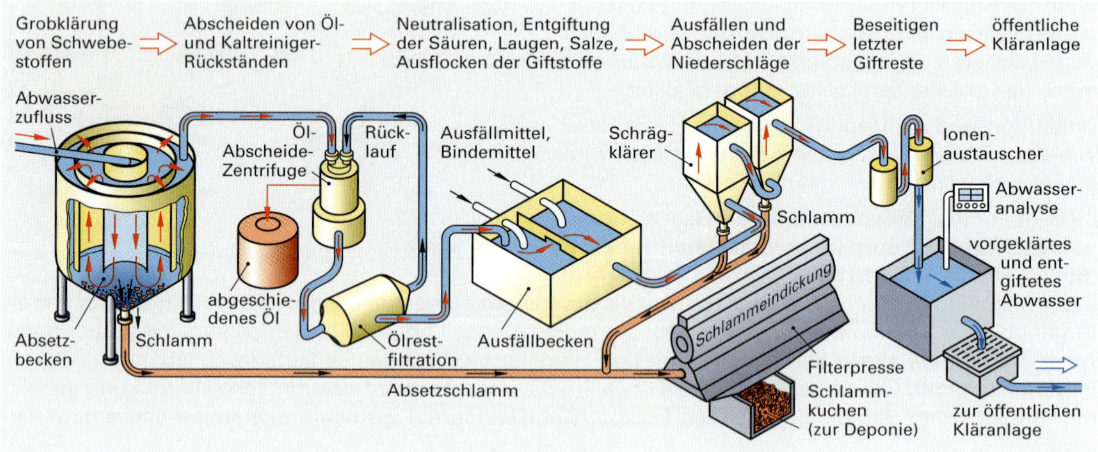

Bild 1: Reinigungsanlage für Abwässer aus Metallbetrieben

Entsorgung von Abfällen und Gefahrstoffen

Gebrauchte Gefahrstoffe und umweltbelastende Abfälle aus der Fertigung müssen gesammelt und der Aufbereitung und Wiederverwendung oder der sachgerechten Entsorgung zugeführt werden. Beispiele:

Verbrauchtes Öl (Altöl)
Verbrauchte Entfettungs- und Reinigungsmittel (Tri, Tetra)
Verbrauchte Härtesalze
⇒ Getrenntes Sammeln in gekennzeichneten Behältern ⇒ Aufbereitung und Entsorgung durch Spezialbetriebe

Wiederholung und Vertiefung

1 Erläutern Sie die Forderung beim Umgang mit Schadstoffen: Vermeiden – Vermindern – Verwerten – Entsorgen.

2 Welche Entsorgungsbereiche gibt es bei spanenden Fertigungsanlagen?

3 Warum müssen Abgase aus Schweißereien und Härtereien gereinigt werden?

4 Nennen Sie einige umweltbelastende Abfälle in Metallbetrieben, die gesammelt und entsorgt werden müssen.

3.13 Practise your English

Overview: Manufacturing technologies

Manufacturing processes can be classified according to the making, changing or maintaining the form of a workpiece. Casting is a process by which a liquid material is poured into a mold and then left to solidify. Forging or bending produces the shape of a workpiece by plastic deformation of a blank.

There are different joining methods to connect two or more components permanently or non-permanently. Depending on the application, methods such as screw or pin joints, compression molding, soldering, gluing or welding can be used.

The shape of the workpiece can also be produced by cutting off excessive material during machining. Common machining processes are drilling, milling and turning **(Figures 1 and 2)**.

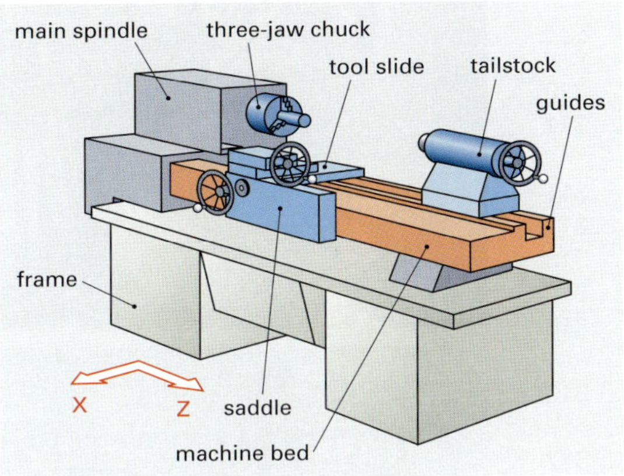

Figure 1: Components of a lathe

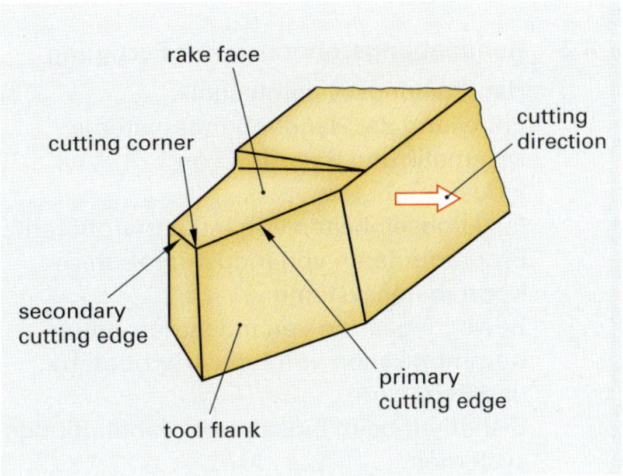

Figure 2: Cutting edges and surfaces of a cutting

Work plan of a piston

The dimensions of the workpiece "piston" **(Figure 3 and Table 1)** are ∅ 41 mm x 50 mm. The material is non-alloy steel C15.

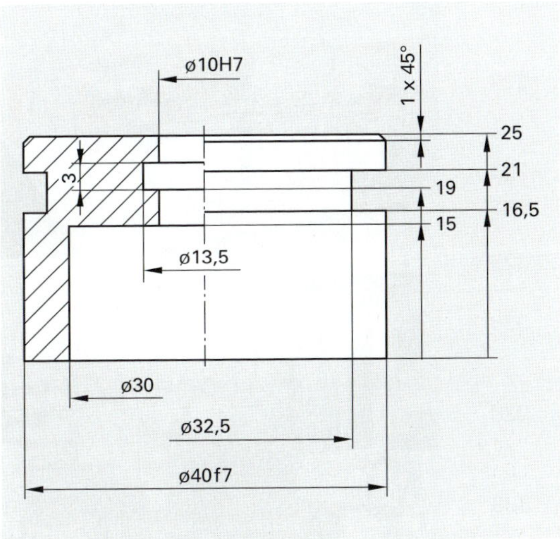

Figure 3: Technical drawing piston

Table 1: Work plan of a piston

Nr.	Work steps
1	facing
2	centering with NC-centre drill
3	drilling ∅ 9 mm, 28 mm deep
4	drilling ∅ 28 mm, 15 mm deep
5	drilling ∅ 9 mm turning to ∅ 10 mm H7
6	drilling ∅ 28 mm turning to ∅ 30 mm
7	turning an internal recess ∅ 13.5 mm, 3 mm wide
8	deburring all edges of the bores with an internal turning tool
9	turning the external diameter of ∅ 40f7, fit sized, length 26 mm
10	turning an external recess ∅ 32.5 mm, 4.5 mm wide
11	deburring all sharp edges
12	grooving at 25.1 mm length to ∅ 20 mm
13	turning the chamfer of 1 x 45°
14	cutting off the workpiece at 25 mm length
15	deburring the bore of ∅ 10 mm in the second clamping position

4 Automatisierung der Fertigung

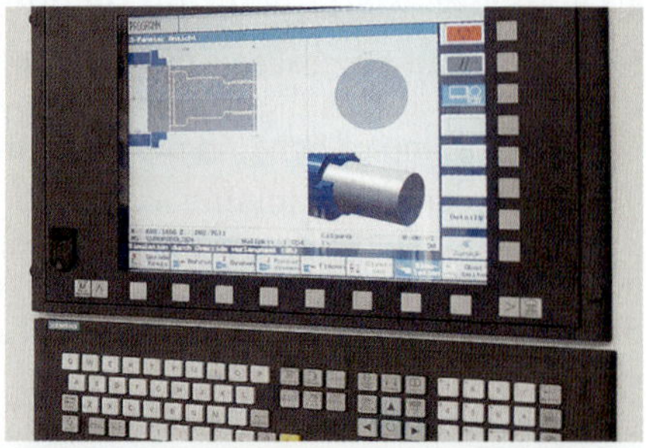

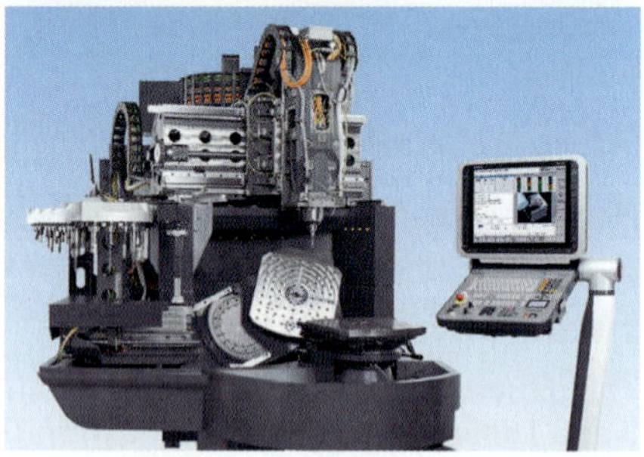

4 Automatisierung der Fertigung

4.1 CNC-Steuerungen für Werkzeugmaschinen

4.1.1 Merkmale CNC-gesteuerter Maschinen

Numerisch gesteuerte Maschinen (NC-Maschinen) sind in der Lage, Programmanweisungen, die durch Buchstaben und Zahlen verschlüsselt sind, auszuführen **(Tabelle 1)**. Bei CNC-Steuerungen können Steuerbefehle jederzeit geändert werden. Änderungen, die an der Maschine zur Programmoptimierung durchgeführt wurden, können in der Steuerung gespeichert werten. Bei DNC-Steuerungen werden die Programme von einem Zentralrechner aus für mehrere NC-Maschinen verwaltet.

Die Programme für die CNC-Steuerung können von einem Datenträger oder vom Server überspielt werden. Die direkte Eingabe des Programms kann über ein Bedienfeld erfolgen **(Bild 1)**. Dieses ist in verschiedene Bereiche aufgeteilt. Auf dem **Bildschirm** werden Programmanweisungen, Positionswerte der Achsen, Bilder oder Hilfstexte angezeigt. Die **Bedientafel**, häufig mit einer alphanumerischen Tastatur ausgestattet, dient der Handeingabe des Programmes. Steuerbefehle für die Maschinenfunktionen, wie zum Beispiel Spindel Start oder Halt und NOT-AUS, werden über die **Maschinensteuertafel** eingegeben. Aus Gründen des Umweltschutzes, der Arbeitssicherheit und der Nutzung eines hohen Kühlschmiermitteleinsatzes sind die Maschinen meist vollständig gekapselt **(Bild 2)**.

Tabelle 1: Arten numerischer Steuerungen

Zeichen	Abkürzung für	Erläuterung
NC	**n**umerical **c**ontrol	durch Zahlen gesteuert
CNC	**c**omputerized **n**umerical **c**ontrol	NC-Steuerung mit Computer
DNC	**d**irect **n**umerical **c**ontrol	mehrere Maschinen durch übergeordneten Rechner gesteuert

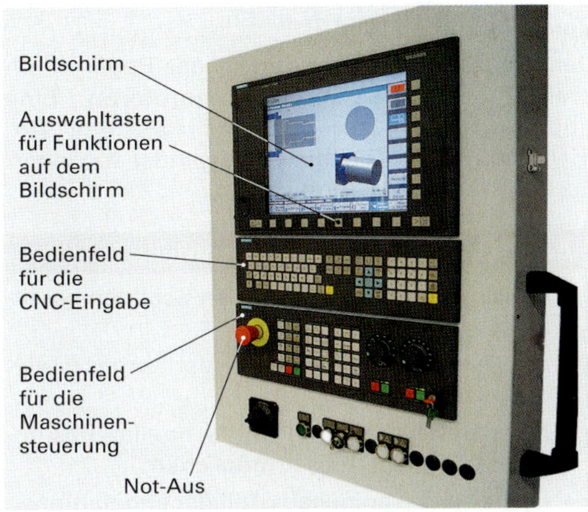

Bild 1: Bedienfeld einer CNC-Steuerung

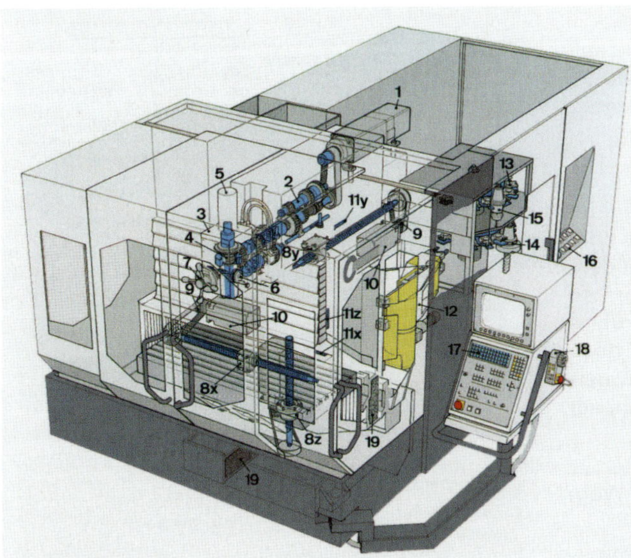

1 AC-Hauptspindelmotor
2 Getriebe 3-stufig
3 Vertikalfräskopf
4 Auffahrsicherung vertikal
5 hydromechanische Werkzeugspannung
6 Pinolenfeinverstellung
7 Bohrhebel
8 Kugelgewindetriebe
9 Kollisionsschutzkupplungen
10 AC-Vorschubmotoren
11 Linear-Wegmesssysteme
12 Vertikalwerkzeugwechsler
13 Werkzeugmagazin, 32 Plätze
14 Bohrwerkzeug
15 Messtaster, kabellos
16 Bedienpult Werkzeugwechsler
17 CNC-Bahnsteuerung
18 Handbedienmodul
19 Grauguss-Mineralguss-Verbundwerkstoffe am Maschinenständerfuß, Kreuzsupport und Gegenhalter

Bild 2: Baugruppen einer CNC-Fräsmaschine

Antriebe

Die Drehzahlen der Antriebe für die Hauptspindel und für die Vorschubbewegungen können stufenlos geregelt werden.

Spindelantrieb (Bild 1)

Für den Antrieb der Hauptspindel verwendet man in der Regel drehzahlgeregelte Drehstrommotoren mit einem Frequenzumrichter. Die Drehzahl wird durch einen Tachogenerator gemessen. Dieser erzeugt als Maß für die Drehzahl eine Ausgangsspannung. Diese Istdrehzahl wird in der CNC-Steuerung mit dem Sollwert der Drehzahl verglichen und bei Abweichungen der Motor entsprechend nachgeregelt.

Vorschubantrieb (Bild 2)

Der Vorschubantrieb erfolgt in der Regel durch drehzahlgeregelte Gleichstrommotoren. Eine Kupplung mit Überlastschutz zwischen Antriebsmotor und Kugelgewindespindel verringert die Schäden bei Kollision:

Anforderungen an Vorschubantriebe

- große Vorschubkräfte auf den Schlitten bereitstellen
- sehr kleine und sehr große Verfahrgeschwindigkeiten sowie
- hohe Beschleunigung und schnelles Positionieren des Schlittens ermöglichen
- große Wiederholgenauigkeit der angefahrenen Positionen und
- hohe Steifigkeit haben, um die Achsposition zu halten

Bei CNC-Vorschubantrieben kommt zur Drehzahlregelung noch eine Lageregelung hinzu **(Bild 3)**. Jede Achse enthält hierfür ein Wegmesssystem.

Wegmesssysteme

Das Wegmesssystem ist Bestandteil des Lageregelkreises. Die Position des Maschinentisches oder Werkzeuges wird gemessen (Istwert) und mit dem Sollwert verglichen. Der Vorschubmotor wird so lange angesteuert, bis Istwert und Sollwert übereinstimmen. Wegmesssysteme arbeiten nach unterschiedlichen Verfahren **(Bild 4)**. Sie unterscheiden sich vor allem durch Genauigkeit, Anbaumöglichkeit an die Maschine und Kosten.

Die genauesten Messwerte liefern direkte Wegmesssysteme.

Am häufigsten werden inkrementale Wegmesssysteme verwendet.

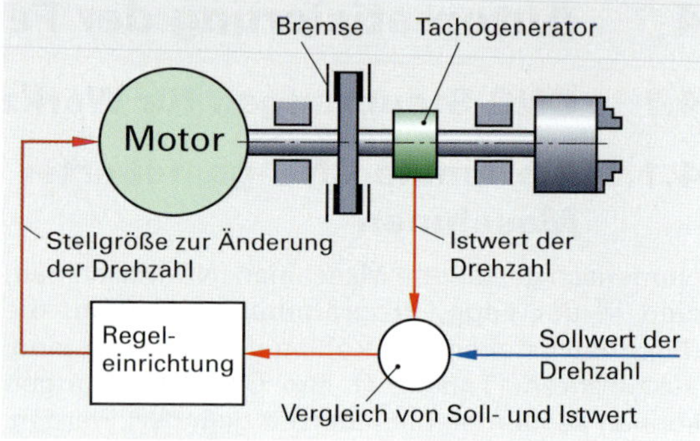

Bild 1: Spindelantrieb mit Drehzahlregelung

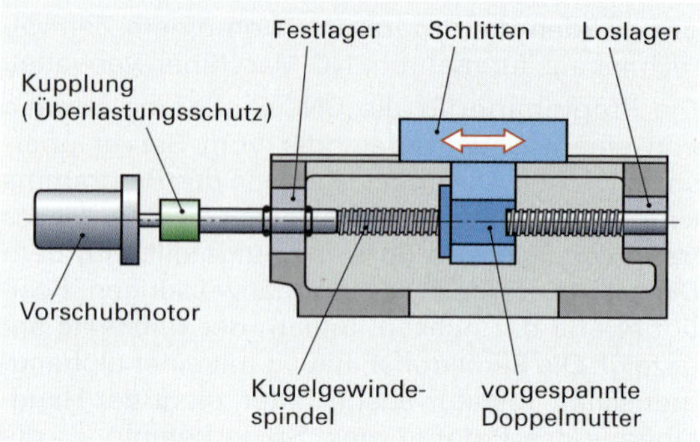

Bild 2: Vorschubantrieb mit Kugelgewindespindel

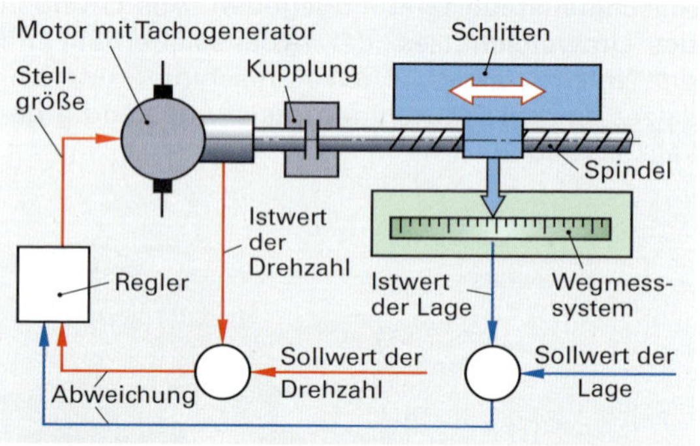

Bild 3: Lageregelkreis eines Vorschubantriebes

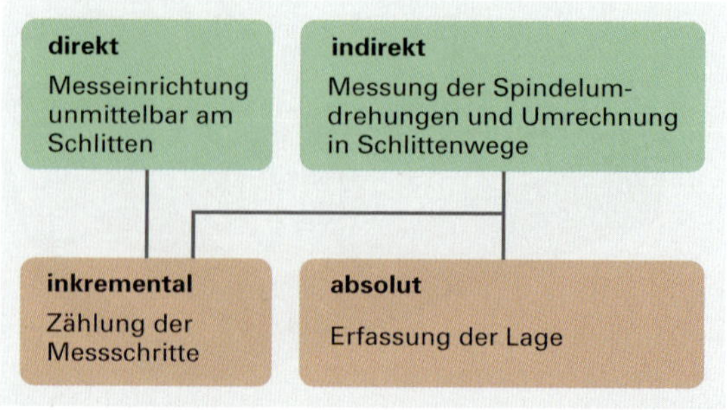

Bild 4: Häufige Wegmesssysteme

Wegmesssysteme liefern induktiv oder fotoelektrisch erzeugte Messsignale. Diese werden in der CNC-Steuerung verarbeitet. Fotoelektrische Wegmesssysteme bestehen aus einem Strichmaßstab oder einer Strichscheibe und einer Abtasteinrichtung (Messkopf).

Direkte Wegmessung (Bild 1)

Bei der direkten Wegmessung befindet sich die Messeinrichtung an dem Schlitten, für den die Lage bestimmt werden soll. Der Strichmaßstab kann am Schlitten und der Messkopf am feststehenden Gestell oder umgekehrt angebracht sein. Die Messeinrichtung muss zum Schutz vor Verschmutzung und Beschädigung sorgfältig abgedeckt sein.

Indirekte Wegmessung (Bild 2)

Die Strichscheibe des Drehgebers ist starr mit der Vorschubspindel verbunden. Bei der Drehbewegung des Vorschubmotors werden die am Messkopf vorbeilaufenden Striche der Strichscheibe und damit die Umdrehungen gezählt. Aus der Anzahl der gemessenen Umdrehungen und der Steigung der Vorschubspindel wird durch die CNC-Steuerung die Position des Schlittens errechnet. Systematische Abweichungen, z. B. durch Fehler der Spindelsteigung, können durch die Software der CNC-Steuerung ausgeglichen werden. Gegen Verschmutzung ist das Messsystem unempfindlich, da es vollständig gekapselt werden kann.

Inkrementale Wegmesssysteme (Bild 3)

Bei diesen Messsystemen werden beim Abtasten eines Strichgitters gleich große Messschritte (Inkremente) addiert oder subtrahiert. Die Summe der Zählimpulse entspricht dem Weg des Schlittens. Parallel zum Strichgitter sind über die gesamte Länge codierte Referenzmarken mit bekannter Position angebracht, damit nach dem Einschalten der Maschine oder bei Stromausfall die Stellung des Schlittens festgestellt werden kann.

> Bei inkrementalen Wegmesssystemen muss nach dem Einschalten der Versorgungsspannung zuerst eine Referenzmarke angefahren werden.

Absolute Wegmesssysteme (Bild 3)

Bei absoluten Wegmesssystemen ist jedem Teilungsschritt ein exakter Zahlenwert zugeordnet. Die Abtasteinrichtung erfasst durch die lichtdurchlässigen und undurchlässigen Markierungen auf dem Maßstab die Stellung des Schlittens. Nach dem Einschalten der Versorgungsspannung steht die Position der Maschinenachse ohne Anfahren einer Referenzmarke fest.

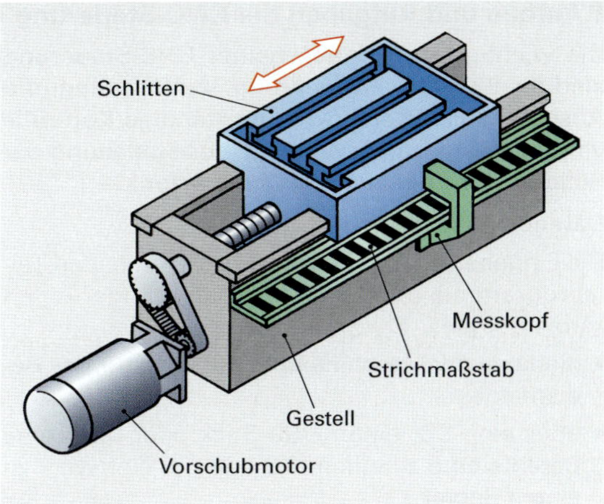

Bild 1: Direkte Wegmessung

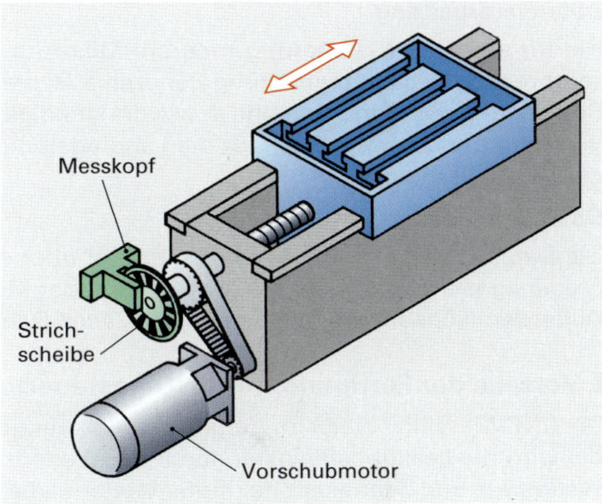

Bild 2: Indirekte Wegmessung

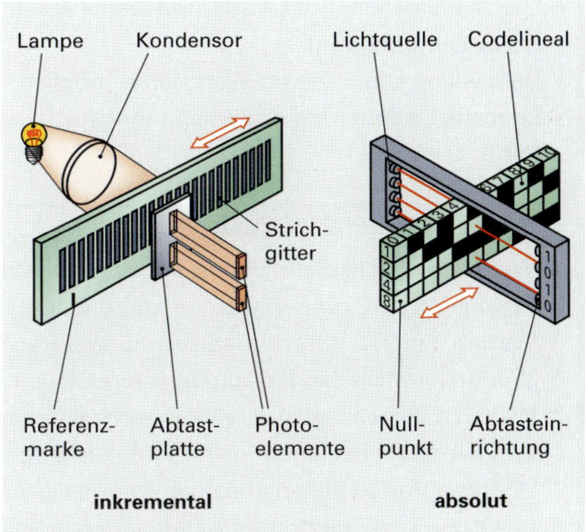

Bild 3: Inkrementale und absolute Wegmessung

Aufbau und Aufgaben der CNC-Steuerung

Die wichtigsten Aufgaben einer CNC-Steuerung sind die Eingabe, Speicherung, Verarbeitung und Ausgabe von Daten sowie die ständige Kontrolle von Regelungsvorgängen, z.B. zur Einhaltung der Solldrehzahl oder der Schlittenposition.

Dateneingabe (Bild 1)

Die Eingabe der vom Programmierer erstellten Teileprogramme oder von Programmänderungen kann erfolgen:

- direkt an der Maschine über die Tastatur des Bedienfeldes
- über eine CD, einen USB-Stick oder über eine Datenleitung zu einem PC oder im Netzwerk zu einem Server

Die Datenspeicherung erfolgt in elektronischen Speicherbausteinen.

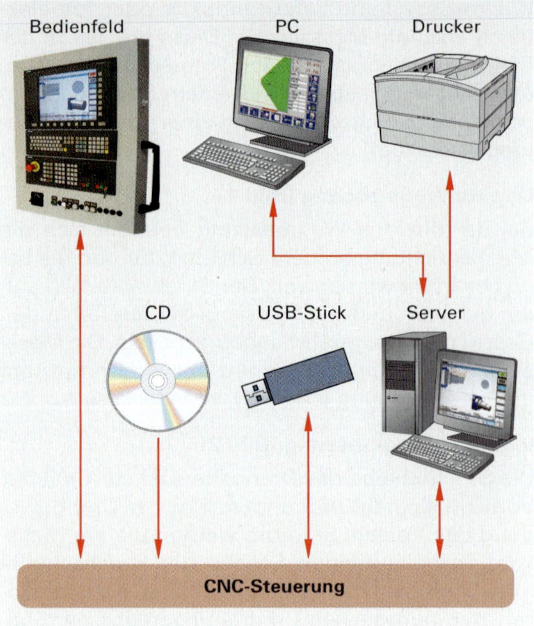

Bild 1: Möglichkeiten der Datenein- und Datenausgabe

Datenverarbeitung

Hierfür enthält die Steuerung mehrere Mikroprozessoren. Zur Datenverarbeitung gehören z. B. die Berechnung der Werkzeugbahn sowie die ständige Verrechnung der Messdaten für die Lageregelung der Vorschubmotoren.

Datenausgabe

Die Datenausgabe an die Maschine erfolgt über eine Anpasssteuerung. Sie verstärkt und wandelt die Steuersignale so, dass sie die Ansteuerung der Motoren, Ventile und anderer Stellglieder ermöglichen. Außerdem können über die Schnittstelle auch Daten (Programme, Betriebsdaten) ausgegeben werden.

Vorteile der Fertigung mit CNC-gesteuerten Werkzeugmaschinen

Die CNC-Maschine bietet im Vergleich zu konventionellen Werkzeugmaschinen wesentliche Vorteile. Dabei wird die Leistungsfähigkeit durch die Weiterentwicklung der Steuerungen, der CNC-Maschine, der Werkzeuge und Schneidstoffe immer weiter verbessert.

Vorteile der CNC-Fertigung

- Gleich bleibende, hohe Fertigungsgenauigkeit
- Kurze Fertigungszeit
- Herstellung komplizierter Werkstücke möglich
- Einfache Optimierung des Zerspanungsprozesses
- Einfache Wiederholung gespeicherter Programme
- Hohe Flexibilität
- Gute Automatisierungsmöglichkeit
- Mehrmaschinenbedienung möglich

Wiederholung und Vertiefung

1 Welche Möglichkeiten gibt es, die Drehzahl von Antriebsmotoren zu regeln?
2 Welche Anforderungen werden an Vorschubantriebe gestellt?
3 Warum sind bei Vorschubantrieben zwei Regelkreise erforderlich?
4 Wodurch unterscheidet sich die indirekte von der direkten Wegmessung?
5 Welchen Vorteil bieten direkte Wegmesssysteme?
6 Wie wirkt sich bei einem inkrementalen Wegmesssystem das Abschalten der Maschine aus?
7 Welchen Vorteil bieten absolute Wegmesssysteme?
8 In welchen Fällen erfolgt die Dateneingabe in die CNC-Steuerung über eine Schnittstelle?
9 Welche Aufgabe erfüllt die Anpasssteuerung?

4.1.2 Koordinaten, Null- und Bezugspunkte

Koordinatensystem

Das rechtwinklige Koordinatensystem wird auf das Werkstück bezogen. Die Achsen werden mit X, Y und Z bezeichnet **(Bild 1)**. Die Z-Achse entspricht der Achse der Hauptspindel. Bei einer Senkrechtfräsmaschine ist deshalb das Koordinatensystem anders definiert als bei einer Waagrechtfräsmaschine. Kann die Drehbewegung um eine Achse gesteuert werden, so werden dafür die Buchstaben A, B und C verwendet. Die positive Drehung erfolgt im Uhrzeigersinn, wenn man vom Nullpunkt aus in positiver Achsrichtung blickt.

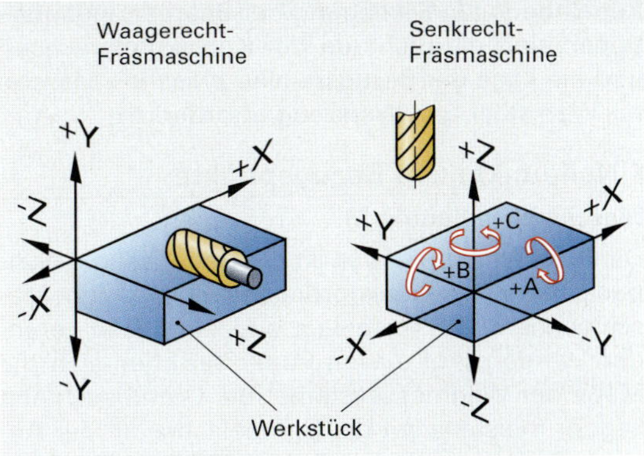

Bild 1: Koordinatensysteme bei Fräsmaschinen

Koordinatenvorzeichen und Verfahrbewegungen

Für das Programmieren wird immer angenommen, dass sich das Werkzeug bewegt **(Bild 2)**. Dadurch erhält man auch dann eine einheitliche Programmierung, wenn sich statt des Werkzeuges der Schlitten bewegt. Soll zum Beispiel bei der Senkrechtfräsmaschine der Fräser in der X-Achse das Maß 80 mm erreichen, so ist der Wert X80 zu programmieren. Tatsächlich bewegt sich aber der Schlitten nach links, in Minus-Richtung der X-Achse.

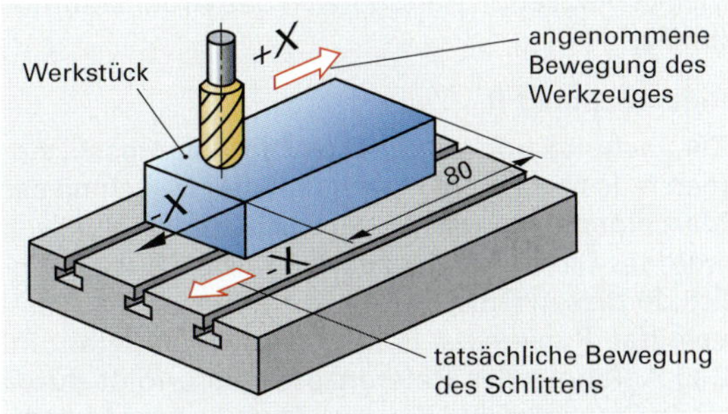

Bild 2: Bewegung von Werkzeug und Werkstück

Erfolgt das Anfahren von Schlittenpositionen durch Handeingabe der Koordinatenwerte, muss beachtet werden, dass sich die Maschine so verhält, als würde sich das Werkzeug bewegen. Soll der Schlitten nach rechts, in Plus-Richtung der X-Achse bewegt werden, ist die Verfahrbewegung mit Minus einzugeben. Bei der Senkrechtfräsmaschine bewegt sich der Schlitten auch in der Richtung der Z-Achse **(Bild 3)**. Will man den Schlitten nach unten in Minus-Richtung der Z-Achse bewegen, muss die Verfahrbewegung der Z-Achse positiv eingegeben werden.

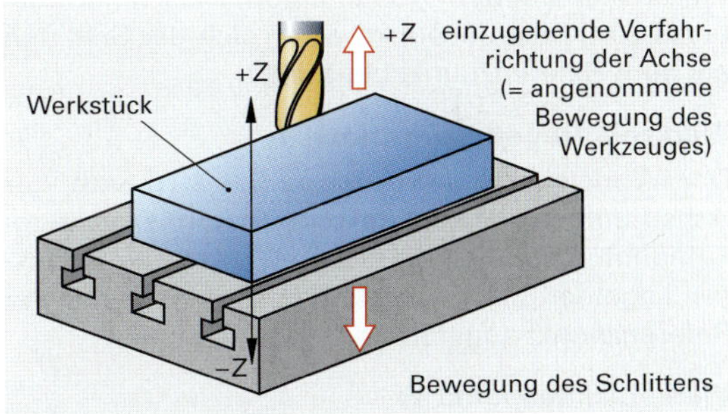

Bild 3: Verfahren des Schlittens in der Z-Richtung

> Beim Verfahren von Schlitten und beim Programmieren der Koordinaten nimmt man immer an, dass sich das Werkzeug bewegt.

Koordinaten bei Drehmaschinen (Bild 4)

Das Vorzeichen der Achsen ist so festgelegt, dass sich das Werkzeug beim Verfahren in positiver Achsrichtung vom Werkstück weg bewegt. Deshalb gibt es je nach Lage des Werkzeuges verschiedene Koordinatensysteme. Die positive X-Achse zeigt in die Richtung des Werkzeuges. Als X-Koordinate wird der Durchmesser eingegeben. Das Vorzeichen der X-Achse wird z. B. bei inkrementaler Maßeingabe oder für die Werkzeugkorrekturen benötigt.

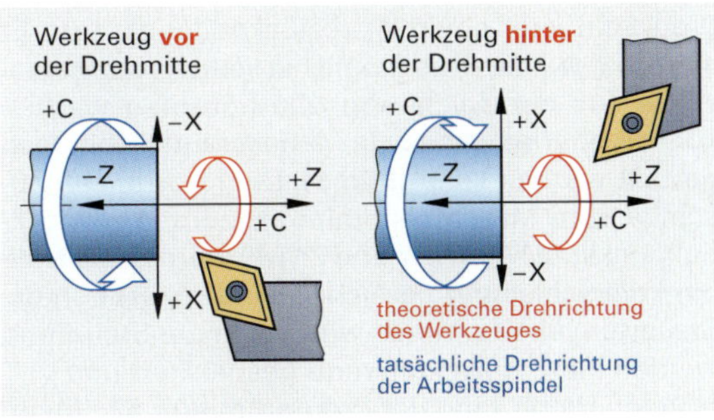

Bild 4: Koordinaten bei Drehmaschinen

Zur eindeutigen Festlegung der Bearbeitungspositionen sind die Richtung der Koordinatenachsen und die Lage der Bezugspunkte zwischen Maschine, Werkstück und Werkzeug erforderlich.

Nullpunkte und Bezugspunkte

Maschinennullpunkt M

Der Maschinennullpunkt ist der gemeinsame Nullpunkt der Maschinenkoordinaten. Er wird vom Maschinenhersteller festgelegt und kann nicht verändert werden. Auf diesen Punkt beziehen sich die Maße der Wegmesssysteme. Bei Drehmaschinen liegt er meistens auf der Spindelachse an der Anschlagfläche des Spannfutters **(Bild 1)**. Bei Fräsmaschinen ist die Lage des Maschinennullpunktes je nach Hersteller sehr unterschiedlich. Im Allgemeinen liegt er im Randbereich des Arbeitsraumes **(Bild 2)**.

Referenzpunkt R

Zur Eichung von inkrementalen Wegmesssystemen muss nach dem Einschalten der Maschine der Maschinennullpunkt mit dem Schlitten angefahren werden. Dies ist nicht bei allen Maschinen möglich. In diesen Fällen wird ein anderer, genau festgelegter Punkt, der Referenzpunkt, angefahren. Das Anfahren des Referenzpunktes erfolgt durch einen Steuerbefehl über eine Taste auf der Maschinensteuertafel. Auf dem Bildschirm wird die aktuelle Position jeder Achse angezeigt. Der angezeigte Wert entspricht dem Abstand vom Maschinennullpunkt zum Referenzpunkt, wenn sich der Schlitten auf dem Referenzpunkt befindet.

Werkzeugträgerbezugspunkt T

Der Werkzeugträgerbezugspunkt wird von der Achse und der Anschlagfläche für die Werkzeugaufnahme gebildet. Mit diesem Bezugspunkt, dessen Lage der CNC-Steuerung bekannt ist, wird der Referenzpunkt angefahren.

Werkstücknullpunkt W

Bei der Programmierung der Werkstückgeometrie müssten sich alle Maße auf den Maschinennullpunkt beziehen. Da dies umständlich ist, legt der Programmierer einen Werkstücknullpunkt fest. Er wird so gewählt, dass möglichst viele Koordinatenwerte aus der Zeichnung übernommen werden können oder seine Lage im Arbeitsraum leicht festgestellt werden kann **(Bild 3)**. Die Koordinatenabstände vom Maschinennullpunkt zum Werkstücknullpunkt (XMW, YMW und ZMW) werden als **Nullpunktverschiebung** bezeichnet und müssen in die Steuerung übernommen werden. In der Steuerung werden diese Korrekturwerte gespeichert und verrechnet. Damit kann der Programmierer alle Maße auf den Werkstücknullpunkt beziehen.

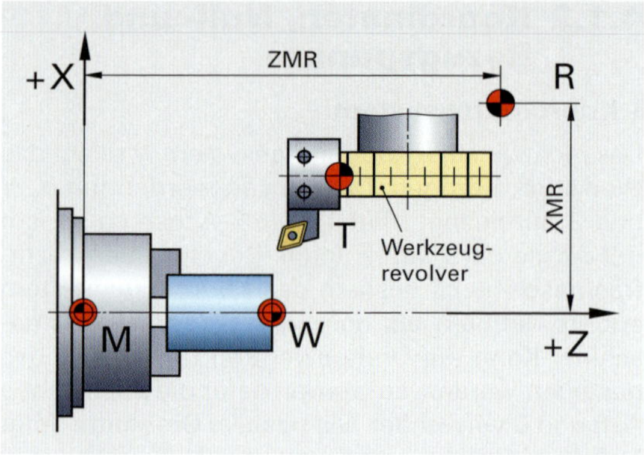

Bild 1: Null- und Bezugspunkte an der Drehmaschine

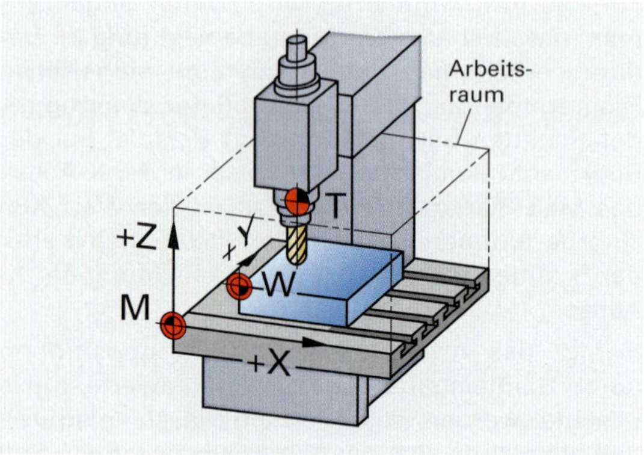

Bild 2: Null- und Bezugspunkte an der Fräsmaschine

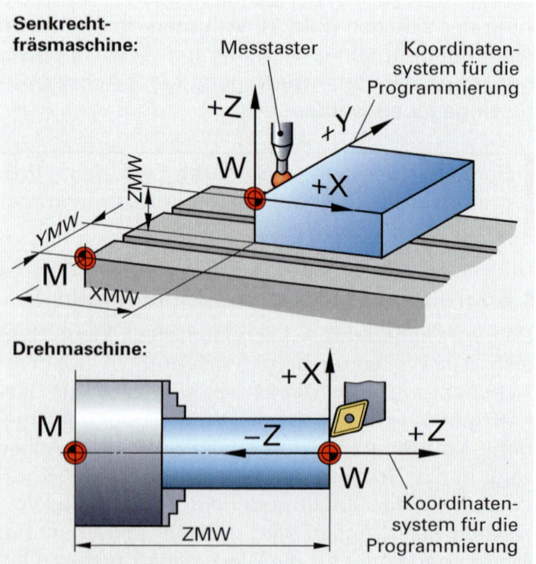

Bild 3: Günstige Lage des Werkstücknullpunktes

4.1.3 Steuerungsarten, Korrekturen

Steuerungsarten

CNC-Maschinen sind je nach Anforderung mit einer Punkt-, Strecken- oder Bahnsteuerung ausgerüstet.

Punktsteuerung (Bild 1)

Diese einfache CNC-Steuerung wird bei Maschinen eingesetzt, bei denen das Werkzeug an einer bestimmten Stelle positioniert werden soll. Die Schlitten oder Werkzeugträger werden gleichzeitig oder nacheinander bis an ihre Bearbeitungsposition verfahren. Diese Bewegung erfolgt mit Eilganggeschwindigkeit ohne Werkzeugeingriff. Mit Punktsteuerungen werden z. B. CNC-Bohrmaschinen, Stanz- oder Punktschweißmaschinen ausgerüstet.

Streckensteuerung (Bild 2)

Mit Streckensteuerungen sind nur achsparallele Vorschubbewegungen möglich. Streckensteuerungen werden bei der Werkstückhandhabung und zur Steuerung einfacher Werkzeugmaschinen eingesetzt.

Bahnsteuerungen (Bild 3)

Mit Bahnsteuerungen können Schlitten oder Werkzeugträger **gleichzeitig** in 2 oder mehr Achsen mit programmiertem Vorschub verfahren werden. Dazu müssen die Geschwindigkeiten der einzelnen Achsantriebe aufeinander abgestimmt werden. Diese Aufgabe übernimmt der Interpolator der CNC-Steuerung. Dies ist ein Softwareprogramm zur Berechnung von Zwischenpositionen und Geschwindigkeitsverhältnissen der einzelnen Achsen, sodass der Schlitten der programmierten Bahn folgen kann **(Bild 4)**. Erfolgt die Interpolation nur in 2 Achsen (z. B. X und Y), so genügt eine **2-D-Bahnsteuerung** (zweidimensional). Eine **2½-D-Bahnsteuerung** liegt vor, wenn die Interpolation wahlweise auf jeweils zwei der drei verschiedenen Hauptebenen umgeschaltet werden kann. Die Auswahl der Ebenen erfolgt über die Programmanweisungen G17 bis G19 **(Bild 5)**. Mit **3-D-Bahnsteuerungen** (dreidimensional) können Schlitten gleichzeitig in allen drei Achsen der programmierten Bahn folgen.

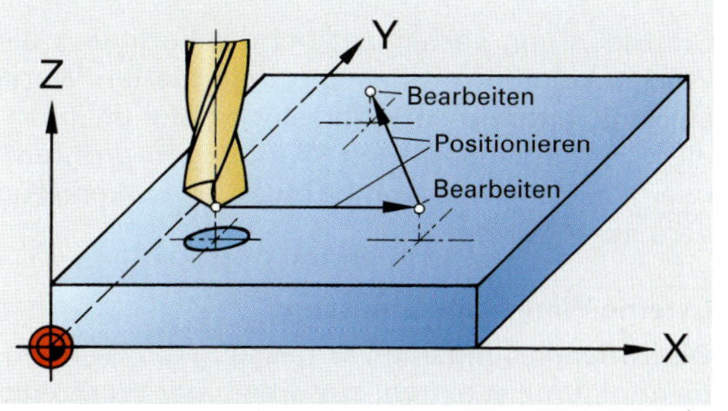

Bild 1: Punktsteuerung

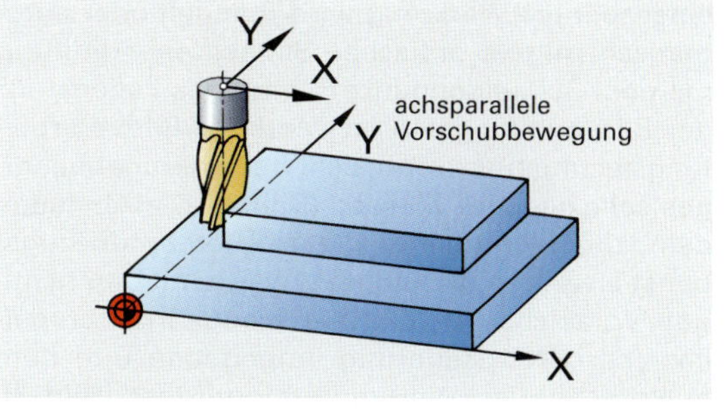

Bild 2: Streckensteuerung

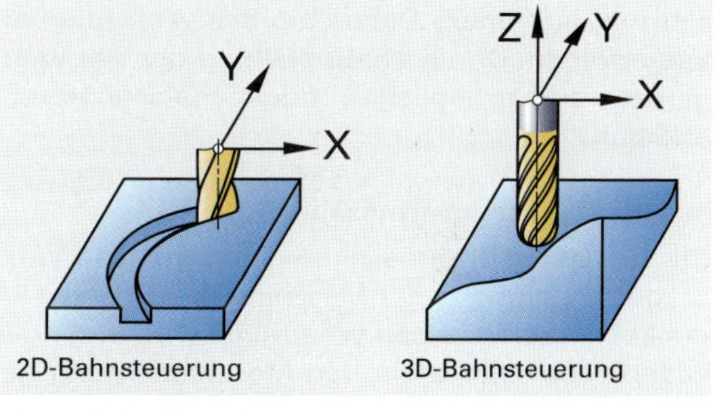

Bild 3: Bahnsteuerungen

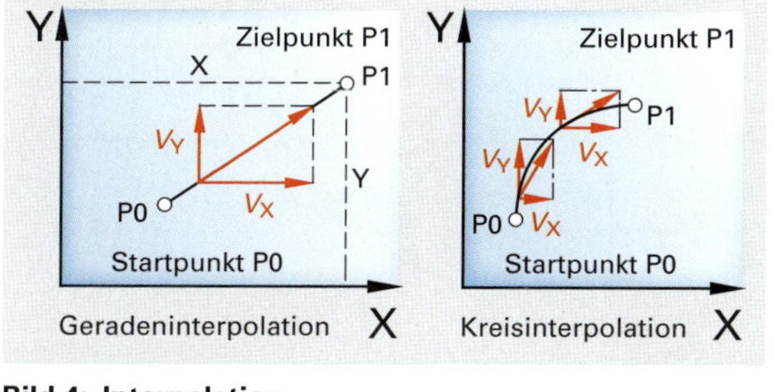

Bild 4: Interpolation

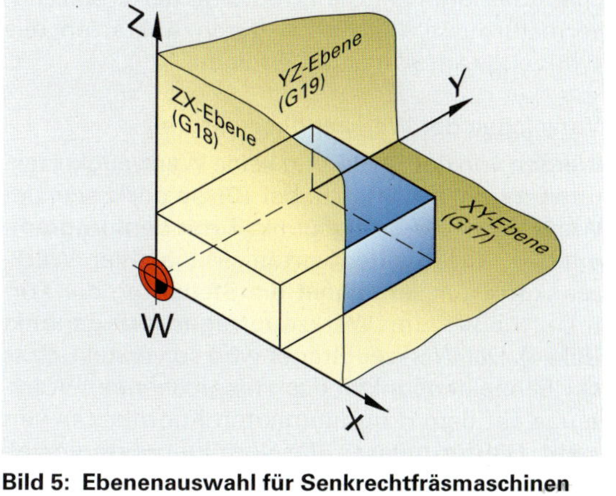

Bild 5: Ebenenauswahl für Senkrechtfräsmaschinen

Werkzeugvermessung und Werkzeugkorrekturen

Die Steuerung verrechnet bei der Fertigung die Werkzeugmaße mit den programmierten Werkstückmaßen, damit die Werkstückkontur unabhängig von den eingesetzten Werkzeugen programmiert werden kann. Vorher muss jedes Werkzeug vermessen werden.

Externe Werkzeugvermessung

Die Voreinstellung und Vermessung der Werkzeuge erfolgt meist extern, außerhalb der Werkzeugmaschine, z. B. in einem Werkzeugvoreinstellgerät oder einer Werkzeug-Messmaschine **(Bild 1)**. Das eingespannte Werkzeug wird manuell oder automatisch mittels optischer Schneidenerkennung mit dem Schneidenpunkt P unter das Fadenkreuz des Bildschirms gefahren. Moderne Bildverarbeitungstechnologie ermöglicht bedienerunabhängiges sehr genaues Messen **(Bild 2)**. Die Abstände des Schneidenpunktes P zum Werkzeugbezugspunkt E werden als Korrekturwerte mit den richtigen Vorzeichen in den Werkzeugkorrekturspeicher der CNC-Steuerung eingegeben und dem entsprechenden Werkzeug zugeordnet **(Bild 3)**. Dies kann manuell über die Tastatur der Steuerung, online über Datenleitung oder über Speicherung auf einem Datenchip des Werkzeughalters erfolgen. Durch Voreinstellung der Werkzeuge kann eine erhebliche Produktivitätssteigerung erfolgen.

Interne Werkzeugvermessung

Bei manchen Drehmaschinen erfolgt die Werkzeugvermessung in der Maschine. Der Schneidenpunkt P jedes einzelnen Werkzeugs wird unter das Fadenkreuz einer optischen Messeinrichtung gefahren und die gemessenen Korrekturmaße des Werkzeugs werden in den Werkzeugkorrekturspeicher übernommen. Die Ermittlung der Werkzeugkorrekturmaße kann auch durch Ankratzen des Werkzeugs am Werkstück erfolgen.

Vorzeichen der Werkzeugkorrekturen

Werden von der Steuerung keine Werkzeugkorrekturwerte verrechnet (z. B. bei T0), so deckt sich der Werkzeugträger-Bezugspunkt T mit den programmierten Koordinatenwerten. Mit aktiver Werkzeugkorrektur verrechnet die Steuerung die Korrekturmaße zum Werkzeugträger-Bezugspunkt **(Bild 4)**. Der Werkzeugträger wird so verstellt, dass der Schneidenpunkt P des entsprechenden Werkzeugs auf dem programmierten Koordinatenwert steht. Hierfür müssen die Korrekturwerte vorzeichenrichtig eingegeben werden.

Bild 1: Externe Werkzeugvermessung

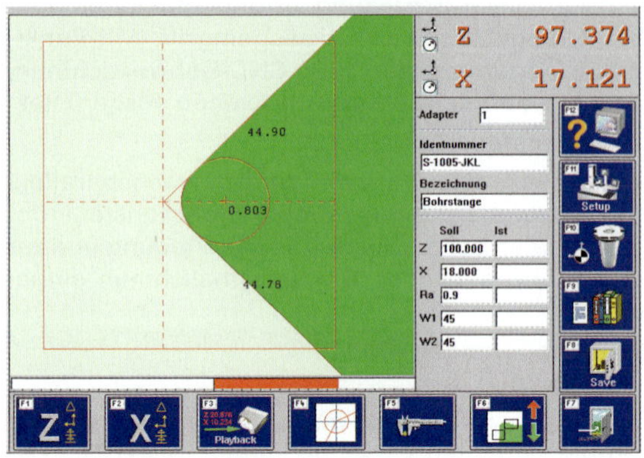

Bild 2: Bildschirmanzeige mit Softkeys

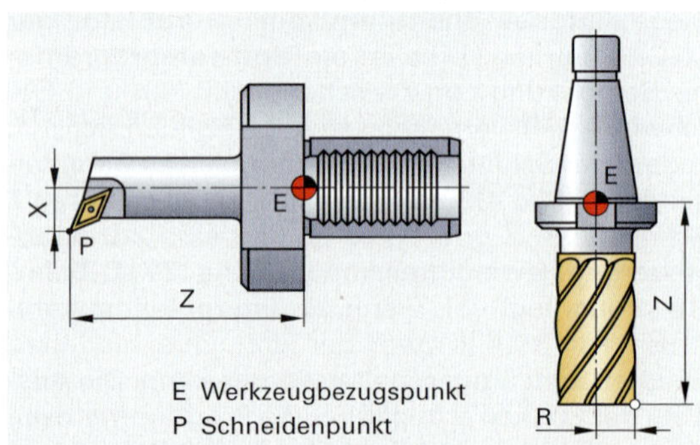

Bild 3: Werkzeugkorrekturmaße

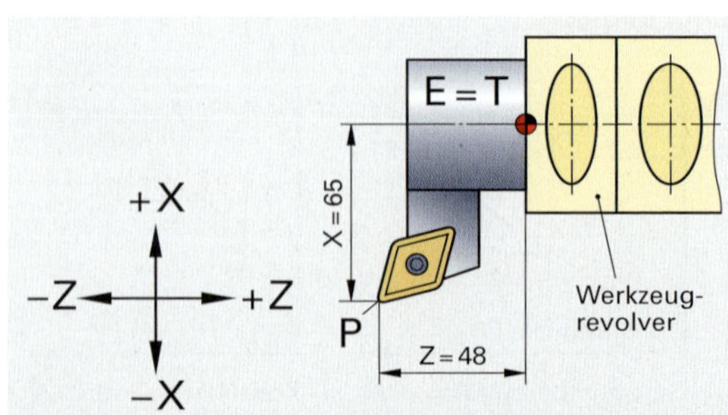

Bild 4: Korrekturwerte eines Drehwerkzeuges

Die Vorzeichen der Werkzeugkorrektur und die Korrekturmaße ergeben sich dadurch, dass man den Schneidenpunkt P auf den Werkzeugträger-Bezugspunkt T verschiebt.

Wiederholung und Vertiefung

1 In welcher Richtung bewegt sich das Werkzeug, wenn bei der Drehmaschine Z-20 programmiert wird **(Bild 1)?**

2 Die Drehbewegung der Arbeitsspindel einer Drehmaschine kann gesteuert werden.
In welcher Richtung dreht sich die Arbeitsspindel, wenn der Drehwinkel mit 30° angegeben wird?

3 Bei einer Senkrechtfräsmaschine führt der Maschinentisch die Verfahrwege in X- und Z-Richtung aus **(Bild 2)**.
   a) In welcher Richtung bewegt sich der Maschinentisch, wenn X100 programmiert wird?
   b) In welcher Richtung bewegt sich der Maschinentisch, wenn Z-10 programmiert wird?

4 Wozu benötigen CNC-Maschinen einen Referenzpunkt?

5 Bei einer Drehmaschine liegt der Referenzpunkt an der angegebenen Stelle **(Bild 3)**.
   a) Welcher Bezugspunkt der CNC-Maschine deckt sich mit dem Referenzpunkt, wenn dieser ohne wirksame Werkzeugkorrekturen angefahren wird?
   b) Welche Koordinatenwerte werden angezeigt, wenn der Referenzpunkt angefahren ist? Die X-Koordinate wird als Durchmesser angezeigt.

6 Auf welchen Nullpunkt beziehen sich die in die Steuerung eingegebenen Koordinatenmaße, wenn keine Nullpunktverschiebung wirksam ist?

7 Das Spannfutter hat die angegebenen Maße (Bild 3). Bestimmen Sie die Nullpunktverschiebung ZMW, wenn die Rohlänge des Werkstückes 80 mm beträgt. Für das Plandrehen werden 2 mm benötigt.

8 Welche Steuerungsart ist mindestens erforderlich, wenn ein Kegel gedreht werden soll?

9 Erklären Sie den Unterschied zwischen interner und externer Werkzeugvermessung.

10 Auf dem Werkzeugvoreinstellgerät wurden die zwei Werkzeuge vermessen **(Bild 4)**. Ermitteln Sie die Werkzeugkorrekturwerte X und Z für beide Werkzeuge mit den richtigen Vorzeichen.

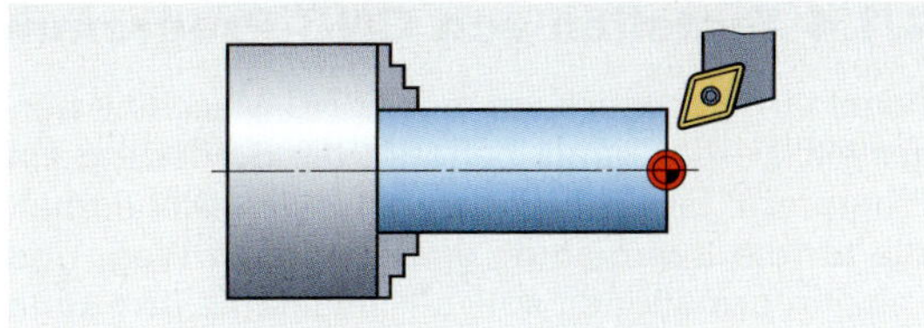

Bild 1: Verfahrbewegungen einer Drehmaschine

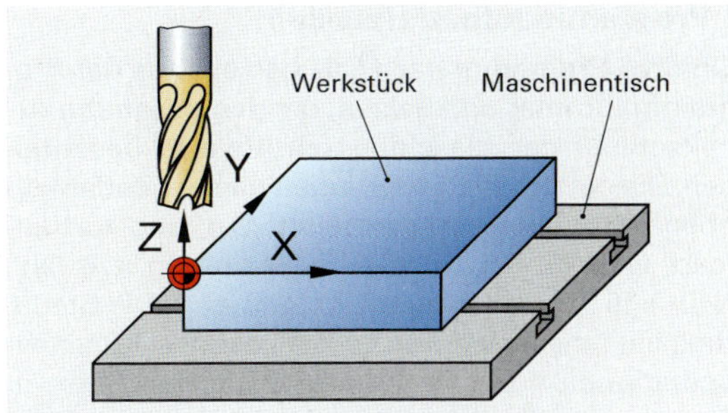

Bild 2: Bestimmung der Verfahrbewegungen

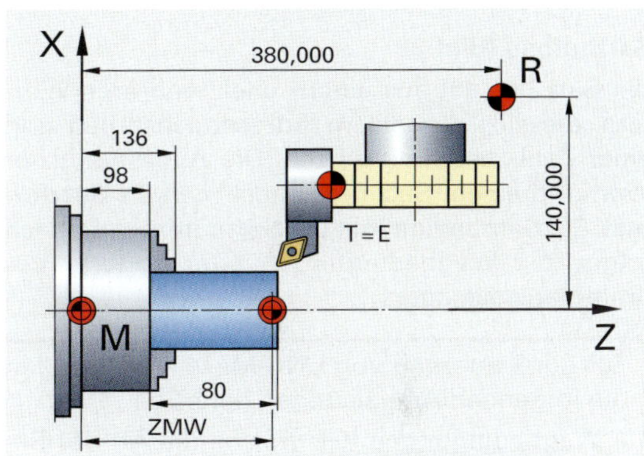

Bild 3: Bestimmung der Nullpunktverschiebung

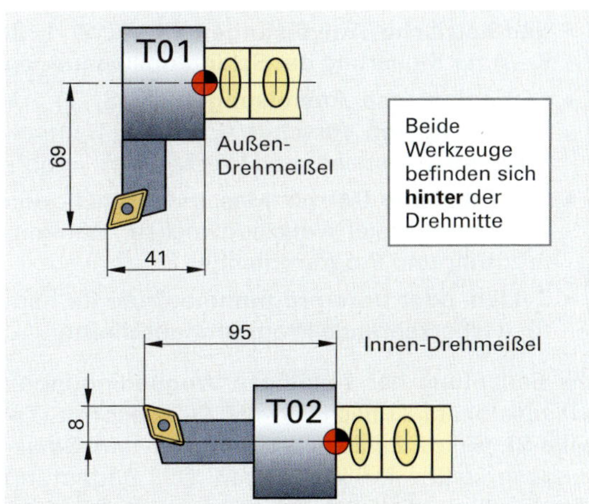

Bild 4: Ermittlung von Korrekturwerten

4.1.4 Erstellen von CNC-Programmen nach DIN

Damit ein Werkstück auf einer CNC-Maschine hergestellt werden kann, benötigt die Steuerung ein Programm. Ein CNC-Programm nach DIN enthält alle für die Bearbeitung erforderlichen Weg- und Schaltinformationen sowie Hilfsbefehle und kann von jeder CNC-Maschine gelesen werden.

Programmaufbau (Tabelle 1)

Ein CNC-Programm nach DIN besteht aus der Programmnummer und Sätzen, die den gesamten Arbeitsablauf der Maschine schrittweise beschreiben. Die einzelnen Sätze werden nacheinander von oben nach unten abgearbeitet. Sie sind fortlaufend, N1, N2, N3 ..., oder in Sprüngen, z. B. N5, N10, N15 ..., nummeriert (N = **n**umber). Die Steuerung liest mehrere Sätze voraus, damit sie Rechenoperationen durchführen kann. Werden Sätze in Sprüngen nummeriert, lassen sich weitere Sätze ohne Änderung der folgenden Satznummern dazwischenschieben.

Satzaufbau (Bild 1)

Ein Satz besteht aus einem oder mehreren Wörtern, die sich aus einem Adressbuchstaben und einer Zahl zusammensetzen. Die Anordnung der Wörter in einem Satz bezeichnet man als **Satzformat**. Ein Satz beginnt mit der Satznummer. Danach folgen die Wegbedingungen oder andere Programmanweisungen.

Für die Steuerung von CNC-Maschinen werden die folgenden **Anweisungen** benötigt:

- **Wegbedingungen (G),** welche die Art der Bewegung bestimmen, z. B. Eilgang, Linear- oder Kreisinterpolation, Ebenenauswahl, Bemaßungsart, Korrekturen
- **geometrische Anweisungen (X, Y, Z, I, J, K ...)** zur Steuerung der Schlittenbewegungen
- **technologische Anweisungen (F, S, T)** zur Festlegung von Vorschub (F = **f**eed), Spindeldrehzahl (S = **s**peed) und Werkzeug (T = **t**ool)
- **Schaltbefehle (M)** für Maschinenfunktionen wie zum Beispiel Werkzeugwechsel, Kühlmittelzufuhr und Programmende
- **Zyklen- oder Unterprogrammaufrufe** für häufig wiederkehrende Programmabschnitte

Die Bedeutung der 2-stelligen Wegbedingungen (G-Funktionen) ist nach DIN 66025-2 genormt **(Tabelle 2)**. Einige Zahlenwerte sind für den Steuerungshersteller frei verfügbar. Die Bedeutung eines Teils der Schaltfunktionen ist ebenfalls festgelegt **(Tabelle 3)**.

Tabelle 1: Beispiel für einen Programmaufbau

Teileprogramm		Erklärung
%1000		Programm-Nr. } Vorspann
(Gewindebolzen)		Benennung } Vorspann
N5	G90	
N10	G00 G53 X280 Z380 T0	1. Satz
N15	G59 X0 Z180	2. Satz
N25	G96 F0.2 S180 T01	3. Satz
N30	G00 X62 Z0.1	
N35	G01 X-1.6	
N40	G00 Z2	
:		
N285	M30	letzter Satz (Programmende)

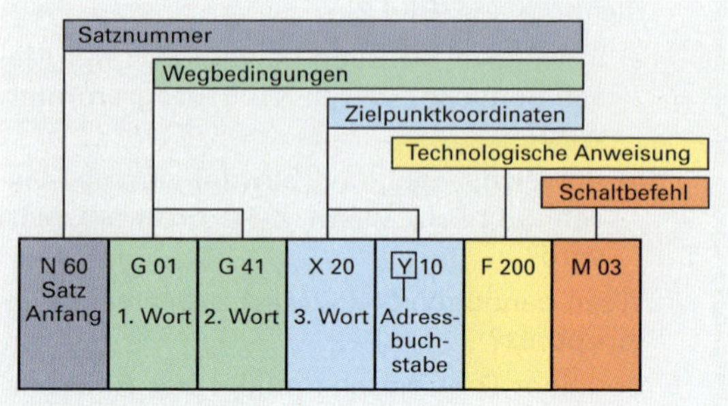

Bild 1: Beispiel für den Satzaufbau

Tabelle 2: G-Funktionen (Auswahl)

Code	Bedeutung
G00	Positionieren im Eilgang
G01	Geradeninterpolation
G02	Kreisinterpolation im Uhrzeigersinn
G03	Kreisinterpolation im Gegenuhrzeigersinn
G40	Aufheben der Werkzeugbahnkorrektur
G41	Werkzeugbahnkorrektur, Werkzeug links
G42	Werkzeugbahnkorrektur, Werkzeug rechts
G53	Löschen der Nullpunktverschiebung
G59	programmierbare Nullpunktverschiebung
G90	absolute Maßangaben
G91	inkrementale Maßangaben
G96	konstante Schnittgeschwindigkeit
G98	vorläufig frei verfügbar

Tabelle 3: M-Funktionen (Auswahl)

Code	Bedeutung
M03	Spindel EIN, Rechtslauf
M04	Spindel EIN, Linkslauf
M05	Spindel STOP
M08	Kühlmittel EIN
M09	Kühlmittel AUS
M30	Programmende mit Rücksetzen

Weginformationen

Die G-Funktionen (G = **g**eometric function) legen fest, **wie** das Werkzeug die nachfolgenden Zielkoordinaten erreichen soll. Einige G-Funktionen sind bereits nach dem Einschalten aktiv und müssen nicht programmiert werden, z. B. G17, G40 und G90. Dieser Einschaltzustand ist steuerungs- und maschinenabhängig. Gespeichert (modal) wirkende G-Funktionen sind so lange aktiv, bis sie durch andere, gegenläufig wirkende überschrieben oder gelöscht werden **(Tabelle 1)**.

Der anzufahrende Zielpunkt wird mit den Adressbuchstaben der entsprechenden Achsen und den Koordinatenwerten angegeben, z. B. X100 Y20. Bei den meisten Steuerungen sind die Koordinatenwerte gespeichert wirksam. Eine erneute Eingabe eines unveränderten Wertes kann daher entfallen. Bei Kreisinterpolation ist dagegen die Angabe **aller** Zielpunktkoordinaten erforderlich, auch wenn sie unverändert sind.

Mit der Wegbedingung G94 entspricht die Vorschubgeschwindigkeit des Schlittens dem unter F programmierten Wert. G95 bedeutet, dass der unter F programmierte Wert als Vorschub in mm/Umdrehung ausgeführt wird. Wird G96 programmiert, regelt die Steuerung die Drehzahl der Arbeitsspindel so, dass der unter S programmierte Wert der Schnittgeschwindigkeit v_c entspricht. Mit G97 ist die Drehzahl der Arbeitsspindel konstant. Sie entspricht dem unter S programmierten Wert.

Beispiel:

G94 F200	Bahngeschwindigkeit 200 mm/min
G95 F0.2	Vorschub 0,2 mm (je Umdrehung)
G96 S180	Schnittgeschwindigkeit 180 m/min
G97 S950	Drehzahl 950/min

Programmieren mit Absolut- und Inkrementalmaßen

Bei der Programmierung mit Absolutmaßen (G90) beziehen sich alle Maße auf den Werkstücknullpunkt **(Bild 1)**. Die nachträgliche Änderung einer Position beeinflusst andere Wegmaße nicht. Bei Bedarf kann auf Inkrementalbemaßung (G91) umgeschaltet werden **(Bild 2)**. Hierbei beziehen sich die Maßangaben auf die vorangehende Position des Werkzeuges. Der Schlitten verfährt um das programmierte Maß in positiver oder negativer Richtung (Inkrement = Zuwachs). Die Programmierung mit Inkrementalmaßen erfolgt unabhängig vom Werkstücknullpunkt.

Tabelle 1: Gespeichert wirkende G-Funktionen

Auszug aus dem Teileprogramm	Erläuterung
:	
N8 G00 X-20 Y-10	Positionieren im Eilgang
N9 Z-5	G00 wirkt modal
N10 G41	Aktivieren der Bahnkorrektur
N11 G01 X0 Y0	Geradeninterpolation
N12 X10 Y20	G01 wirkt modal
N13 Y24.5	G01 wirkt modal
N14 G02 X34.5 Y30 R10	Kreisinterpolation im Uhrzeigersinn
N15 G40	Abwahl der modal wirkenden Bahnkorrektur G41
:	

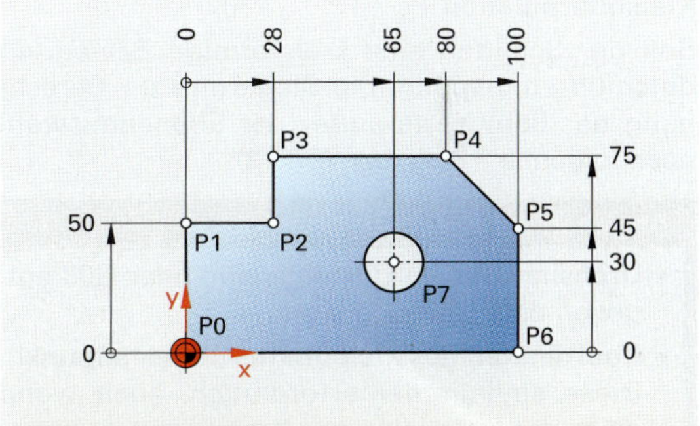

Koordinatentabelle					
Punkt	X	Y	Punkt	X	Y
P0	0	0	P4	80	75
P1	0	50	P5	100	45
P2	28	50	P6	100	0
P3	28	75	P7	65	30

Bild 1: Absolutbemaßung einer Platte

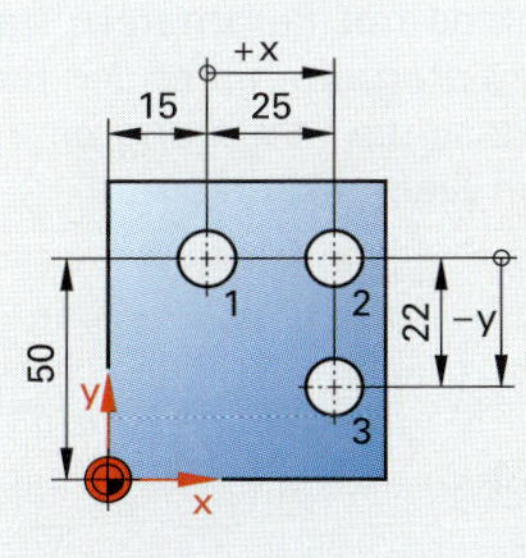

Koordinatentabelle			
Wegbedingung	Position	X	Y
G90	1	15	50
G91	2	25	0
	3	0	−22

Bild 2: Inkrementalbemaßung von Bohrungen

Bei der Programmierung mit Absolutmaßen (G90) beziehen sich alle Maße auf den Werkstücknullpunkt.

Bei der Programmierung mit Inkrementalmaßen (G91) wird der Zuwachs zum vorangehenden Punkt vorzeichenrichtig angegeben (Kettenmaß).

Programmieren mit Polarkoordinaten

Die Eingabe von Polarkoordinaten erleichtert die Programmierung, wenn die Zeichnung Winkelangaben enthält. Für die Punkte P1 bis P4 benötigt die Steuerung die Lage des Poles, den Radius R und die Polarwinkel φ **(Bild 1)**. Von der positiven X-Achse ausgehend ist die Winkelangabe entgegen dem Uhrzeigersinn positiv, im Uhrzeigersinn negativ. Die Programmierung mit Polarkoordinaten ist z. B. mit der Siemens-Steuerung (Seite 294) und der PAL-Steuerung **(Bild 2)** möglich. Hier werden eine Zielkoordinate und der Polarwinkel φ eingegeben.

Geradeninterpolation

Wenn die Wegbedingung G01 programmiert ist, wird der Zielpunkt mit dem programmierten Vorschub angefahren. Als Koordinatenwert ist die Toleranzmitte anzugeben.

Kreisinterpolation

Soll der Schlitten eine kreisförmige Bewegung durchführen, benötigt die Steuerung zur Berechnung der Bahnwerte außer der Ebenenauswahl noch folgende 3 Angaben **(Bild 3)**:

Angaben zur Kreisinterpolation

- **Drehsinn** G02 im Uhrzeigersinn oder G03 entgegen dem Uhrzeigersinn
- **Koordinaten des Zielpunktes** (Kreisendpunkt). Diese sind immer erforderlich, auch wenn einer der Zielpunkte des Kreises mit dem Anfangspunkt übereinstimmt.
- **Lage des Kreismittelpunktes** durch Angabe der Mittelpunktsparameter oder des Radius

Den Achsen X, Y und Z sind die Parameter I, J und K für die Lage des Kreismittelpunktes M zugeordnet **(Bild 4)**. Bei den meisten Steuerungen wird mit I, J und K der Abstand vom Kreisanfang zum Kreismittelpunkt inkremental angegeben, auch wenn die Wegbedingung G90 (Absolutmaß) ansteht. Die Angabe des Kreismittelpunktes mit Parametern hat gegenüber der einfacher zu programmierenden Radiusangabe den Vorteil, dass die Steuerung einen fehlerhaft programmierten Zielpunkt erkennt.

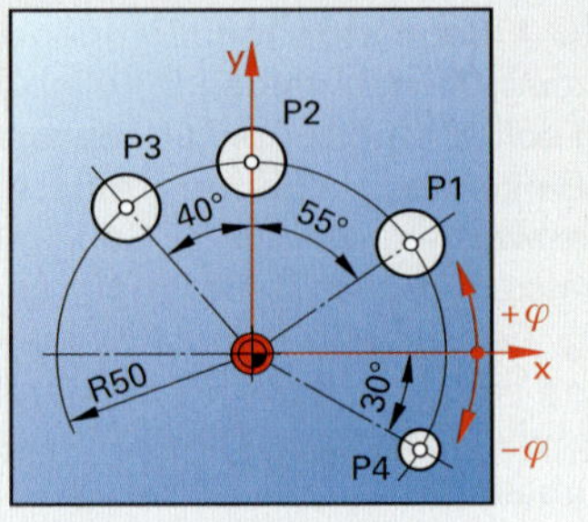

Punkt	R	φ
1	50	35
2	50	90
3	50	130
4	50	−30 oder 330

Bild 1: Lochkreis mit Polarkoordinaten

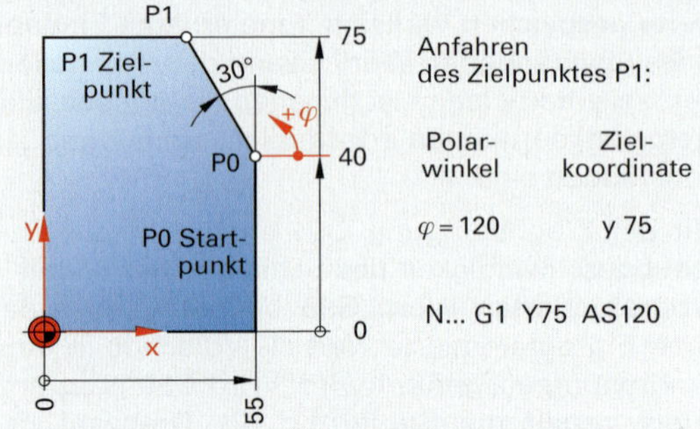

Bild 2: Werkstückkontur mit Polarkoordinaten

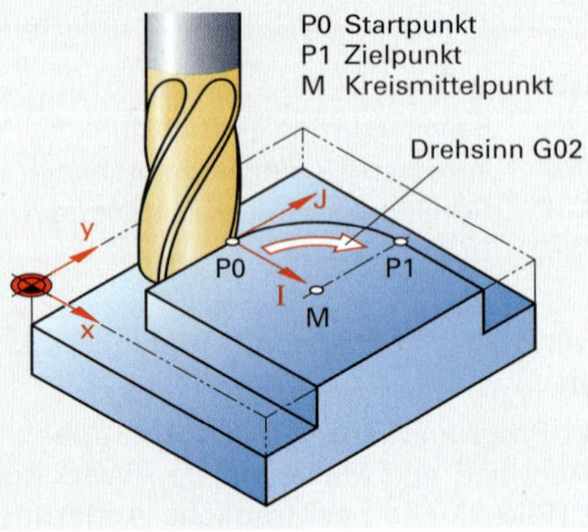

Bild 3: Kreisinterpolation

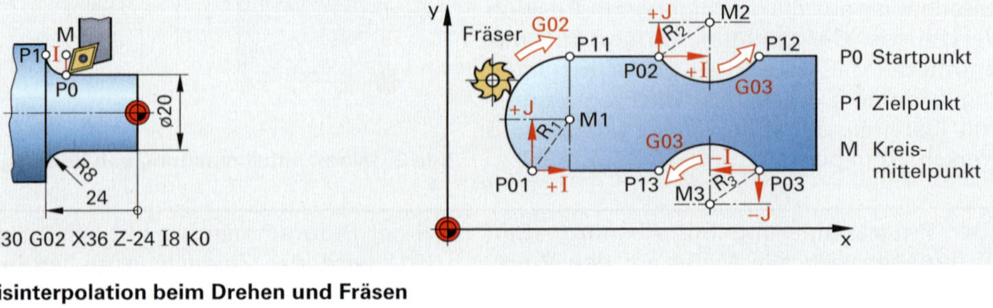

Bild 4: Kreisinterpolation beim Drehen und Fräsen

Programmierung von Werkstückkonturen

Die beiden Programme für ein zu fräsendes Werkstück **(Bild 1)** und ein zu schlichtendes Drehteil **(Bild 2)** enthalten nur die Wegbedingungen und die Koordinatenwerte. Die vorhergehenden Sätze für Nullpunktverschiebung, Werkzeugaufruf und Schaltbefehle werden bei den Programmbeispielen für Frästeile (Seite 301) und für Drehteile (Seite 295) erläutert. Als Koordinatenwert wird in jedem Satz jeweils der anzufahrende Zielpunkt programmiert. **Tabelle 1** enthält einen Programmausschnitt mit Erläuterungen.

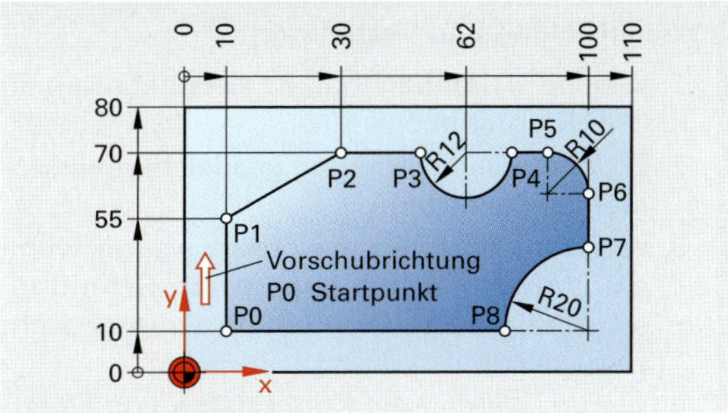

Bild 1: Grundplatte

Tabelle 1: Programmausschnitt für das Herstellen der Werkstückkontur (Bild 1)

Teile-Programm						Erläuterung
%1007						Programmanfang, Programmnummer
:						vorbereitende Sätze, Werkzeugaufruf und Anstellen des Werkzeuges
N50	G01	Y55				Geradeninterpolation zum Punkt P1
N55		X30	Y70			Geradeninterpolation zum Punkt P2
N60		X50				Geradeninterpolation zum Punkt P3
N65	G03	X74	Y70	I12	J0	Kreisinterpolation im Gegenuhrzeigersinn zum Punkt P4
N70	G01	X90				Geradeninterpolation zum Punkt P5
N75	G02	X100	Y60	I0	J-10	Kreisinterpolation im Uhrzeigersinn zum Punkt P6
N80	G01	Y30				Geradeninterpolation zum Punkt P7
N85	G03	X80	Y10	I0	J-20	Kreisinterpolation im Gegenuhrzeigersinn zum Punkt P8
N90	G01	X9				Geradeninterpolation bis 1 mm über Punkt P0

Bei Drehteilen wird der X-Koordinatenwert bei der absoluten Programmierung (G90) im Durchmesser angegeben, damit beim Programmieren die Zeichnungsmaße übernommen werden können. Die Steuerung rechnet die Durchmesser in Radien um. In der Z-Richtung gibt man dann sowohl bei Geraden, als auch bei Kreisen den anzufahrenden Zielpunkt vom Werkstücknullpunkt aus an. Bei der Programmierung eines Kreises wird zusätzlich der Kreismittelpunkt mit den Koordinaten I und K inkremental vom Anfangspunkt angegeben **(Tabelle 2)**. Bei dem Wellenzapfen **(Bild 2)** wird die Kontur geschlichtet. Bei Drehmaschinen wird der Vorschub in mm je Umdrehung programmiert.

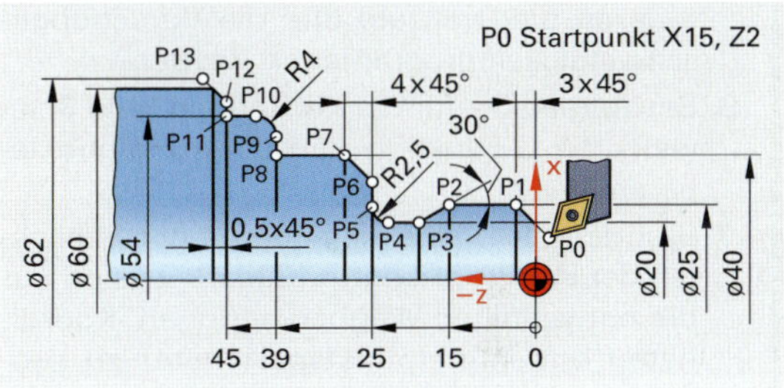

Bild 2: Schlichten eines Wellenzapfens

Tabelle 2: Programmausschnitt für das Schlichten des Wellenzapfens (Bild 2)

Teile-Programm						Erläuterung
N70	G01	X25	Z-3			Drehen der Fase bis P1
N75		Z-15				Längsdrehen zum Punkt P2
N80		X20	Z-19.33			Drehen mit fallender Kontur zum Punkt P3
N85		Z-22.5	F0.1			Längsdrehen zum Punkt P4, Vorschub 0,1 mm
N90	G02	X25	Z-25	I2.5	K0	Kreisinterpolation im Uhrzeigersinn bis zum Punkt P5
N95	G01	X32				Plandrehen bis P6
N100		X40	Z-29			Drehen der Fase bis P7
N105		Z-39				Drehen des Ansatzes bis P8
N110		X46				Plandrehen bis P9
N115	G03	X54	Z-43	I0	K-4	Kreisinterpolation im Gegenuhrzeigersinn bis zum Punkt P10
N120	G01	Z-45				Längsdrehen zum Punkt P11
N125		X59				Plandrehen bis P12
N130		X62	Z-46,5			Drehen bis zum Endpunkt P13 außerhalb des Rohrdurchmessers

Wiederholung und Vertiefung

1 Welche Aufgaben haben G-Funktionen in CNC-Programmen?

2 Erklären Sie die Wirkung gespeichert wirksamer G-Funktionen.

3 Wie lautet die Programmieranweisung, wenn ein Werkstück mit konstanter Schnittgeschwindigkeit von v_c = 220 m/min gedreht werden soll?

4 Warum werden die Koordinaten von Unterprogrammen meist als Inkrementalmaß eingegeben?

5 Ermitteln Sie für die Punkte 1 bis 5 auf dem Lochkreis **(Bild 1)** die Polarkoordinaten im Absolutmaß.

6 Die Werkstückkontur des Achsbolzens **(Bild 2)** soll mit Polarkoordinaten programmiert werden. Ermitteln Sie die Polarwinkel φ_1 bis φ_5.

7 Welche Angaben benötigt eine Steuerung zur Ausführung einer kreisförmigen Bahn?

8 Eine Stahlplatte soll mit einem Fräskopf mit einem Durchmesser von 63 mm und 9 Schneiden überfräst werden. Die Schnittgeschwindigkeit beträgt 120 m/min, der Vorschub 0,15 mm je Zahn. Mit welchen Wörtern müssen die Drehzahl und die Vorschubgeschwindigkeit programmiert werden?

9 Bestimmen Sie für die Kreisbögen **(Bild 3)** jeweils die G-Funktion und die Mittelpunktsparameter.

10 Programmieren Sie die Sätze für das Schlichten der Werkstückkontur **(Bild 4)**. Es sind nur die notwendigen Wegbedingungen, Koordinaten und Mittelpunktsparameter zu programmieren.

11 Programmieren Sie die Sätze mit den Wegbedingungen, Koordinaten und Mittelpunktsangaben der Radien für das Schlichten des Wellenzapfens **(Bild 5)**.

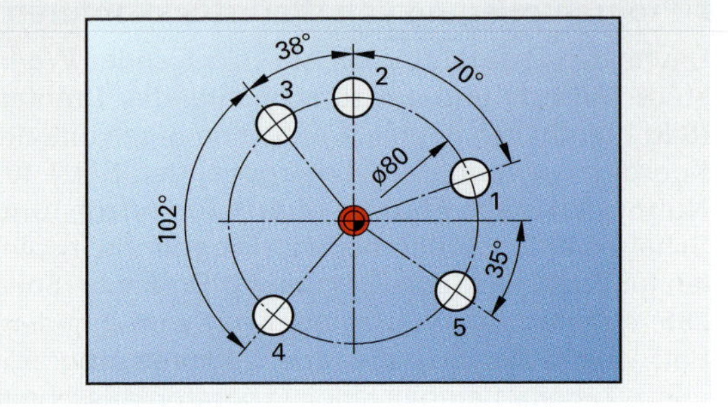

Bild 1: Lochkreis

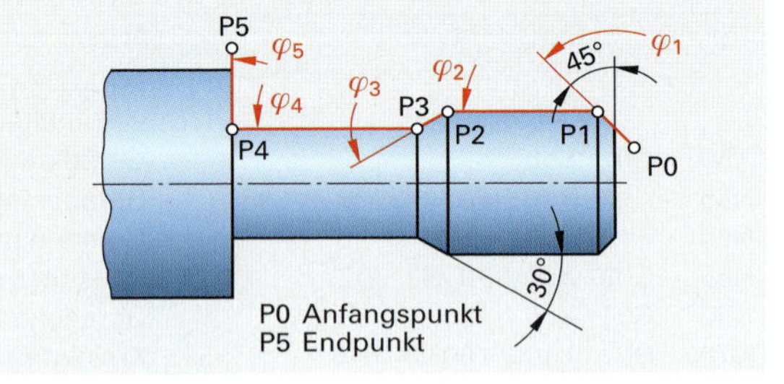

Bild 2: Achsbolzen

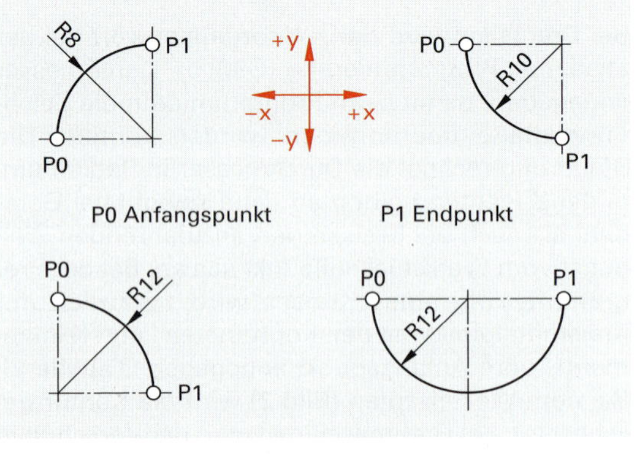

Bild 3: Programmierung von Kreisbögen

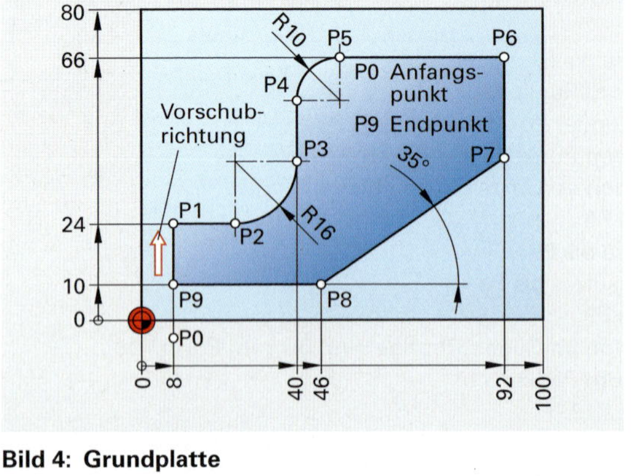

Bild 4: Grundplatte

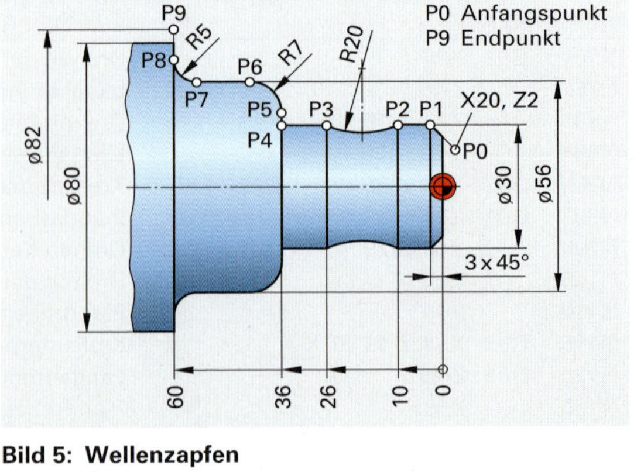

Bild 5: Wellenzapfen

4.1.5 Zyklen und Unterprogramme

Zur Vereinfachung der Programmierung verwendet man Zyklen und Unterprogramme.

Bearbeitungszyklen

Häufig vorkommende Folgen von Einzelbearbeitungsschritten, z. B. die Bohroperation, werden von den Steuerungsherstellern vorprogrammiert und in der Steuerung als **Zyklus** gespeichert **(Bild 1)**. Den Koordinaten, Wegbedingungen und den technologischen Anweisungen sind im gespeicherten Zyklus noch keine Werte zugeordnet. Der Ablauf des Zyklus ist vom Steuerungshersteller mit veränderlichen Größen, die als Parameter bezeichnet werden, programmiert.

Bei der Erstellung des Teileprogramms legt dann der Programmierer in der Zyklusdefinition fest, welche Anweisungen für die Parameter gelten sollen. Im nachfolgenden Satz wird der Zyklus aufgerufen und abgearbeitet **(Bild 2)**. Das Werkzeug steht nach Beendigung des Zyklus wieder an derselben Stelle wie beim Start.

Je nach Maschine und Steuerungshersteller stehen verschiedene Zyklen zur Verfügung, z. B. für das Bohren, Tiefbohren, Gewindebohren, Reiben, Rechteck- und Kreistaschenfräsen, Langlochfräsen, Abspanen beim Drehen und Gewindedrehen.

Unterprogramme

Unterprogramme werden vom Teileprogrammierer für Konturelemente oder Bearbeitungsfolgen, die häufiger vorkommen, erstellt und im Unterprogrammspeicher der Steuerung abgespeichert. Sind z. B. die Maße der Einstiche eines Werkstückes gleich, muss das Einstechprogramm nur einmal als Unterprogramm erstellt werden **(Bild 3)**. Nach dem Positionieren des Stechdrehmeißels am Punkt P1 im Teileprogramm (Hauptprogramm), wird das Unterprogramm aufgerufen. Die Koordinatenwerte für den Einstich werden inkremental eingegeben. Der Stechdrehmeißel befindet sich am Ende des Unterprogrammes wieder am Punkt P1. Nach dem Umschalten mit G90 auf Absolutmaßeingabe springt mit dem Unterprogrammende M17 die Steuerung wieder in den Satz des Teileprogrammes zurück, der dem Unterprogrammaufruf folgt. Durch erneuten Unterprogrammaufruf können weitere gleiche Einstiche am Punkt P2 oder anderen Punkten hergestellt werden.

Unterprogramme können von jedem beliebigen Teileprogramm aus aufgerufen werden. Innerhalb eines Unterprogrammes können weitere Unterprogrammaufrufe erfolgen **(Bild 4)**. Man bezeichnet diese Anordnung als Schachtelung.

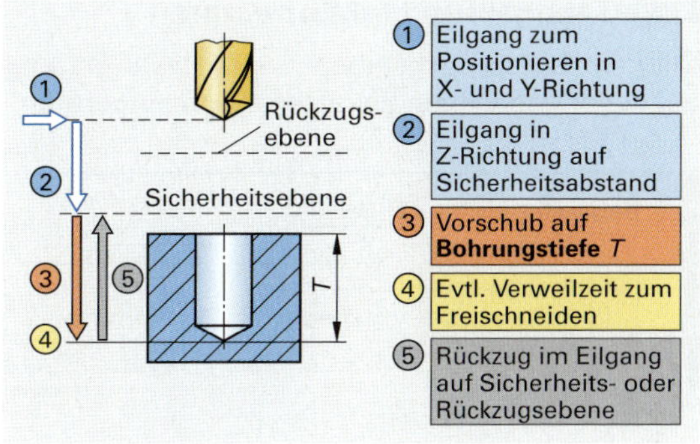

Bild 1: Bewegungsablauf beim Bohren

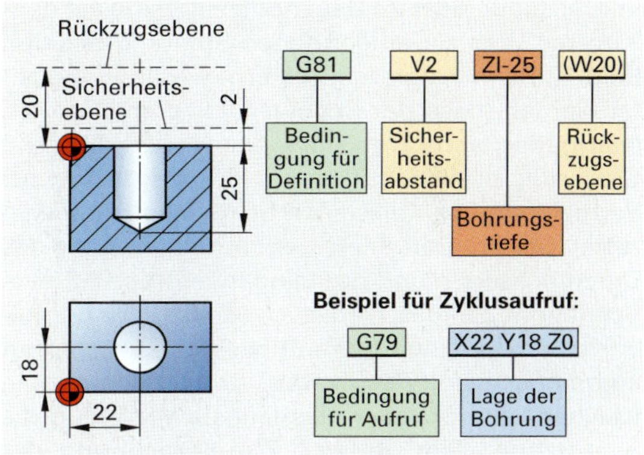

Bild 2: Zyklusdefinition und Aufruf nach PAL

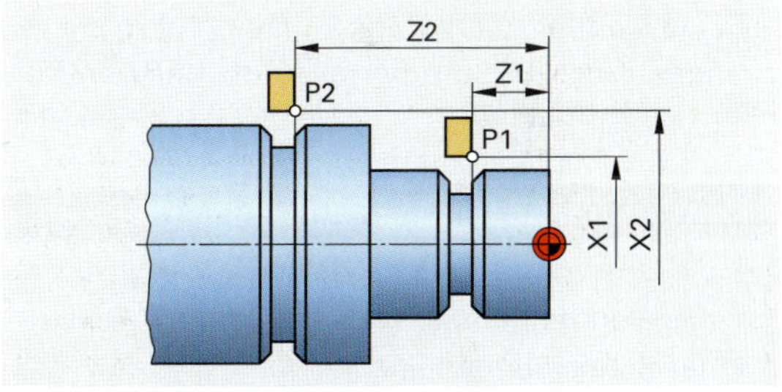

Bild 3: Achsbolzen mit Einstichen

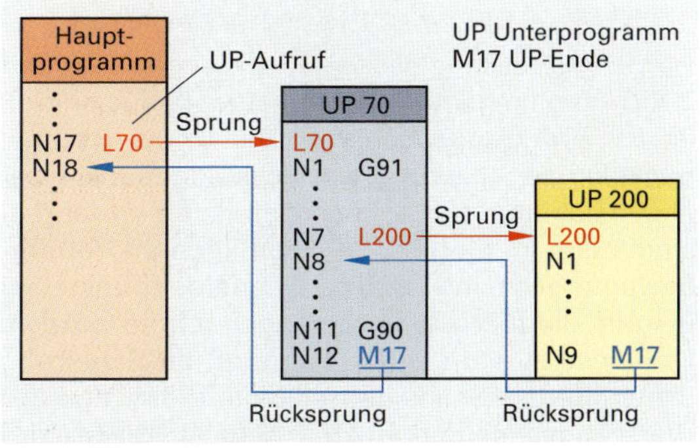

Bild 4: Schachtelung von Unterprogrammen

4.1.6 Programmieren von CNC-Drehmaschinen

Werkzeugaufruf und Korrekturen

Mit dem Adressbuchstaben T wird das Werkzeug auf der angegebenen Revolverstation aufgerufen.

SimMetall S33

Beispiel:

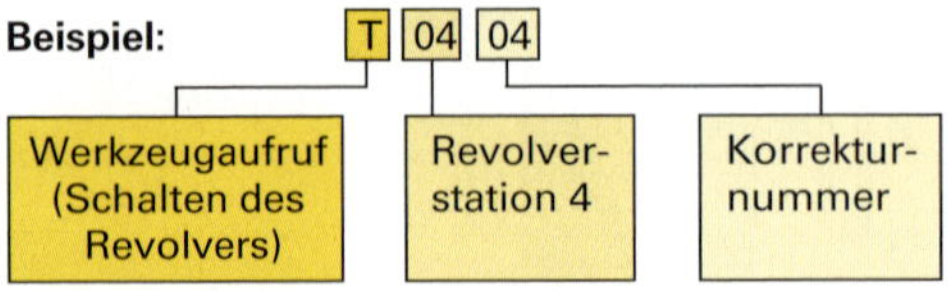

Die meisten CNC-Maschinen verfügen über eine Richtungslogik. Damit wird der Revolver entweder im Uhrzeiger- oder im Gegenuhrzeigersinn auf dem kürzeren Weg zur aufgerufenen Station geschaltet **(Bild 1)**. Beim Programmieren muss darauf geachtet werden, dass der Revolver vor dem Schalten weit genug vom Werkstück entfernt ist. Manche Steuerungen sind mit einem Rückzugzyklus zur Vermeidung von Kollisionen beim Schalten ausgerüstet. Der Programmierer legt mit der Angabe des Durchmessers *d* und der Längendifferenz ΔZ eine Schutzzone um das Werkstück **(Bild 2)**. Vor der Revolverschaltung wird dann über den Zyklusaufruf automatisch eine Revolverposition angefahren, in welcher beim Schalten das längste Werkzeug die Schutzzone nicht verletzt. Zur Berechnung der Revolverposition werden von der Steuerung die Werkzeugmaße aus dem Werkzeugkorrekturspeicher entnommen. In diesem sind unter der entsprechenden Korrekturnummer alle notwendigen Korrekturmaße abgelegt.

Korrekturmaße bei Drehwerkzeugen (Bild 3):

- die Querablage Q der X-Achse
- die Werkzeuglängenkorrektur L der Z-Achse
- der Schneidenradius r_ε
- die Lage des Werkzeugschneidenpunktes P in Bezug auf den Schneidenradiusmittelpunkt M

Da die Vermessung des Drehwerkzeuges in X- und Z-Richtung tangential am Schneidenradius erfolgt, ist der Werkzeugschneidenpunkt P der Bezugspunkt für die Steuerung. Der Schneidenpunkt P befindet sich aber nur bei achsparallelen Verfahrbewegungen im Eingriff. Bei allen anderen Verfahrbewegungen sind andere Schneidenpunkte im Eingriff, die zu Maßabweichungen führen würden. Um diese zu vermeiden, benötigt die Steuerung die Größe des Schneidenradius und die Lage des Werkzeugschneidenpunktes **(Bild 4)**. Diese wird mit einer Kennzahl nach Bild 4 angegeben.

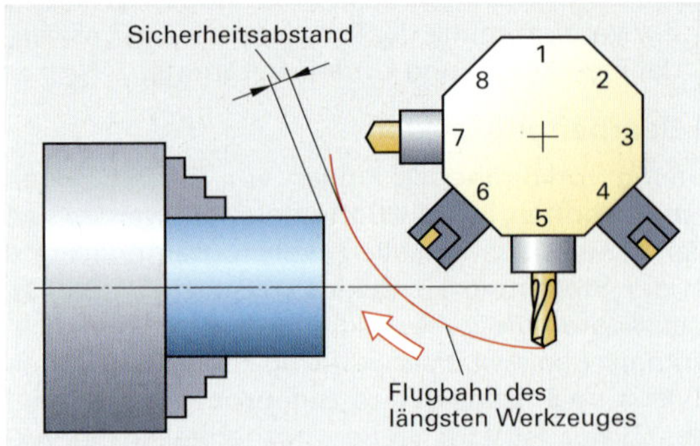

Bild 1: Schalten des Revolvers bei Aufruf von T04

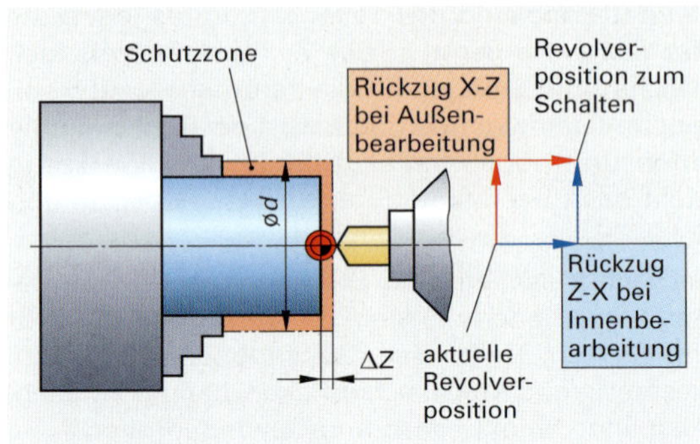

Bild 2: Schutzzone und Rückzugzyklus

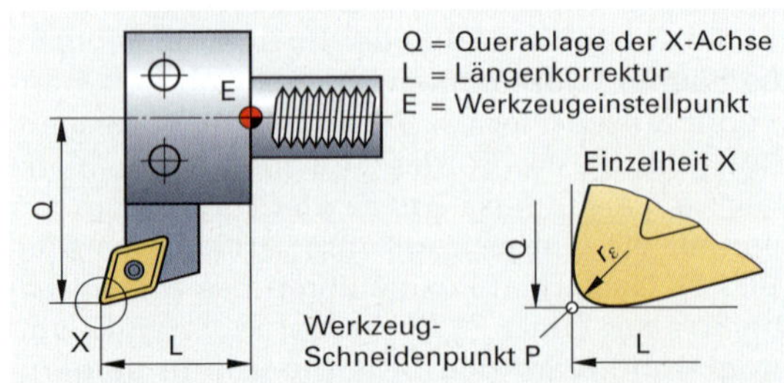

Bild 3: Korrekturmaße bei Drehwerkzeugen

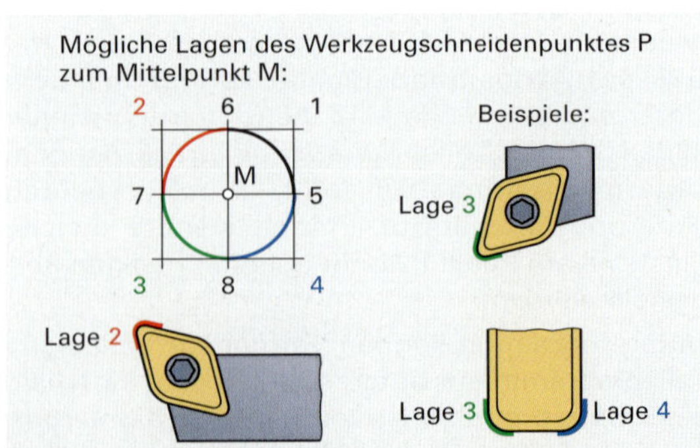

Bild 4: Lage des Werkzeugschneidenpunktes

Schneidenradiuskompensation SRK

Beim Programmieren werden die vom Werkzeug anzufahrenden Zielpunkte X und Z angegeben. Der Werkzeugschneidenpunkt P deckt sich beim Abfahren des Programmes mit den programmierten Koordinaten. Die Zwischenpunkte werden von der Steuerung berechnet. Bei nicht achsparallelen Verfahrbewegungen ergeben sich durch den Schneidenradius Konturabweichungen **(Bild 1)**. Je größer der Schneidenradius ist, desto größer wird die Konturabweichung. Diese Abweichung wird verhindert, wenn die Schneidenradiuskompensation SRK durch die Wegbedingung G41 oder G42 aktiviert wird. Die Steuerung berechnet dann eine Bahn, bei welcher der Mittelpunkt des Schneidenradius auf einer Äquidistanten (= Linie gleichen Abstandes von der Kontur) mit dem Schneidenradius des aufgerufenen Werkzeuges geführt wird. Konturabweichungen werden dadurch vermieden. Befindet sich das Werkzeug in Vorschubrichtung **rechts** von der Kontur, so wird die Schneidenradiuskompensation mit **G42** aktiviert **(Bild 2)**. Wenn sich das Werkzeug in Vorschubrichtung **links** von der Kontur befindet, wird **G41** programmiert. Die Schneidenradiuskompensation wird mit **G40** gelöscht.

- **G41** Werkzeug **links** von der Kontur
- **G42** Werkzeug **rechts** von der Kontur

Nach dem Aktivieren mit G41 oder G42 wird die Schneidenradiuskompensation am Ende des Satzes, der eine Verfahrbewegung enthält, wirksam. Hierbei wird das Werkzeug so angestellt, dass die nachfolgende Kontur richtig ausgeführt wird. Beim Anstellen mit aktivierter SRK ist deshalb darauf zu achten, dass die programmierten X- und Z-Werte des Anstellpunktes so groß sind, dass noch genügend Sicherheitsabstand l_a vorhanden ist **(Bild 3)**.

Beim Anstellen mit aktiver SRK muss die programmierte Anstellposition um den Schneidenradius r_ε und den Sicherheitsabstand l_a von der anzufahrenden Werkstückkante entfernt liegen.

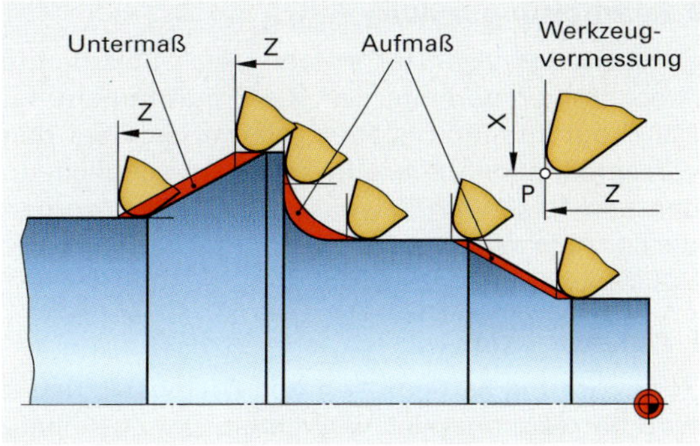

Bild 1: Konturabweichung ohne SRK

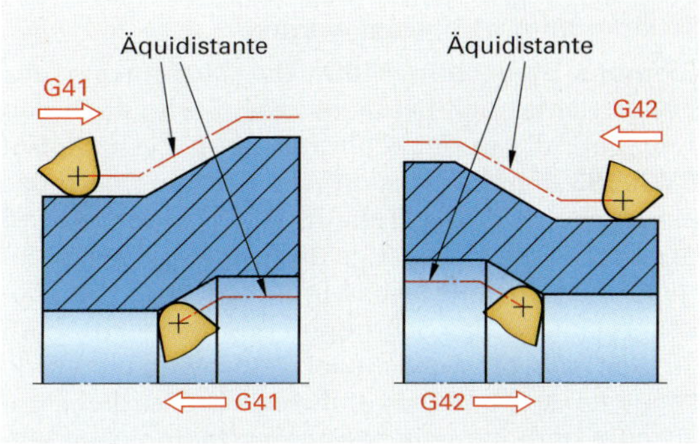

Bild 2: SRK in Abhängigkeit von der Vorschubrichtung

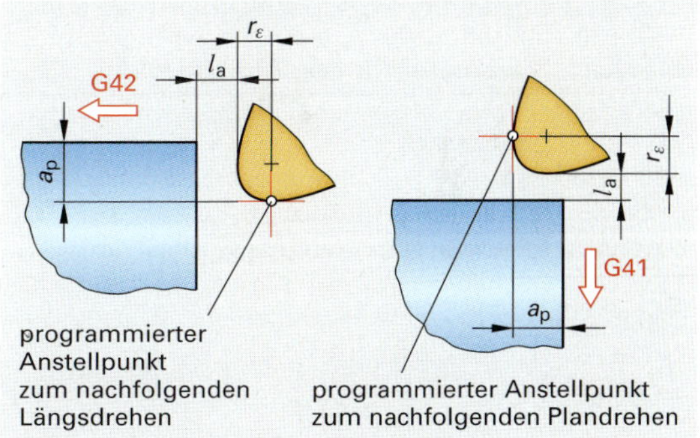

Bild 3: Anstellpunkte mit aktiver SRK

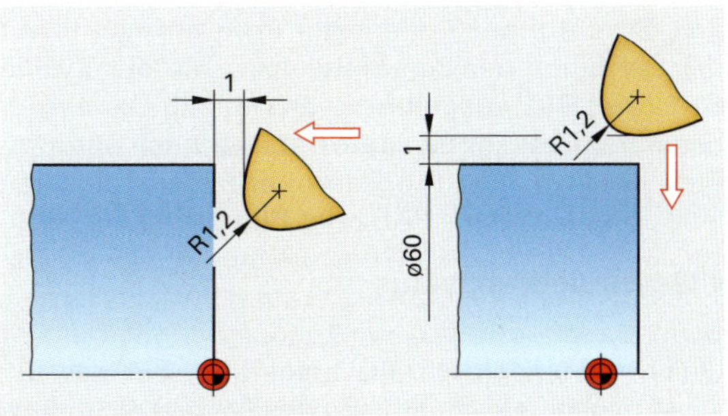

Bild 4: Längs- und Plandrehen mit aktiver SRK

Wiederholung und Vertiefung

1 Welche Größen müssen in den Werkzeugkorrekturspeicher eingegeben werden, damit die SRK durchgeführt werden kann?

2 Das Anstellen des Werkzeuges erfolgt mit aktiver SRK **(Bild 4)**. Bestimmen Sie die zu programmierenden Koordinatenwerte Z für das Längsdrehen und X für das Plandrehen.

Bearbeitungszyklen

Bearbeitungszyklen für immer gleich ablaufende Arbeitsfolgen vereinfachen die Programmierung. Die Programmierung der Zyklen erfolgt bei den verschiedenen Steuerungen unterschiedlich. In den nachfolgenden Beispielen für Zyklen werden die Formate der Siemens-Steuerung 840D und der PAL-Steuerung angewendet.

Abspanzyklus

Zum Vor- und Fertigdrehen von Drehwerkstücken wird der Abspanzyklus verwendet. Die Zustellung erfolgt je nach Werkstück in radialer oder axialer Richtung **(Bild 1)**. Die Fertigkontur des Werkstücks kann im Unterprogrammspeicher oder auch im Teileprogramm abgelegt werden.

Siemens-Steuerung 840D: Die Ausführung des Zyklus richtet sich bei dieser Steuerung nach den Angaben, die in der Klammer beim Zyklusaufruf **CYCLE95** angegeben sind. Die Reihenfolge muss eingehalten werden **(Tabelle 1)**. Nach dem Aufruf des benötigten Werkzeugs und der Angabe der zugehörigen Schnittgeschwindigkeit wird der Abspanzyklus für das Schruppen programmiert. Zum Einwechseln des Schlichtwerkzeugs wird der Werkzeugwechselpunkt angefahren, der Revolver geschaltet und die neue Schnittgeschwindigkeit eingegeben. Durch den Zyklusaufruf mit den Werten für das Schlichten wird die Kontur fertiggedreht. GXZ73 ist eine steuerungsspezifische Anweisung.

Tabelle 1: Parameter für den Abspanzyklus

```
T7    D7     ;Schruppen
G96   S200   M4
CYCLE95      („L10",4.0,0.1,0.5,0,0.4,0.1,0.1,1, , ,)
GXZ73        ;Rückzug zum Werkzeugwechselpunkt
T8    D8     ;Schlichten
G96   S240   M4
CYCLE95      („L10",4.0,0,0,0,0.1,0.1,0.1,5, , ,)
GXZ73
```

Bei der Programmeingabe an der Maschine werden die Bearbeitungsdaten in einer Maske eingegeben **(Bild 2)**.

PAL-Steuerung: Hier legt der Programmierer mit der Definition der Parameter fest, wie der Zyklus **G81** oder **G82** ausgeführt werden soll. Die einzelnen Parameter können dem Tabellenbuch entnommen werden. Ein Programmierbeispiel für den Schruppzyklus nach PAL zeigt **Bild 3.**

Gewindedrehzyklus

Beim Gewindedrehen wird jeder Schnitt mit der gleichen Spindeldrehzahl ausgeführt. Für das Beschleunigen und Abbremsen des Revolverschlittens werden ein Ein- und Auslaufweg benötigt **(Bild 4)**.

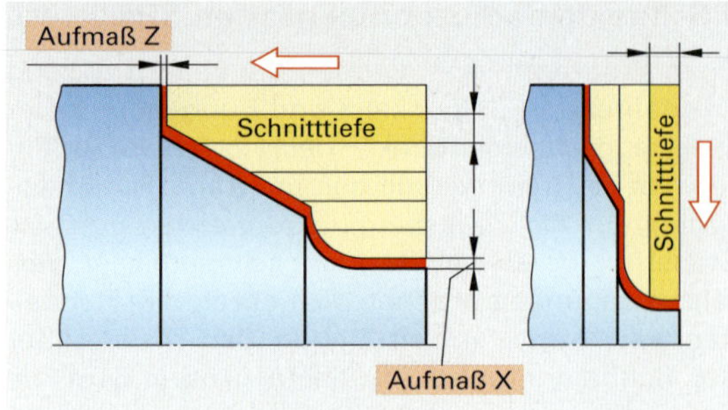

Bild 1: Längs- und Plandrehzyklus (Abspanzyklus)

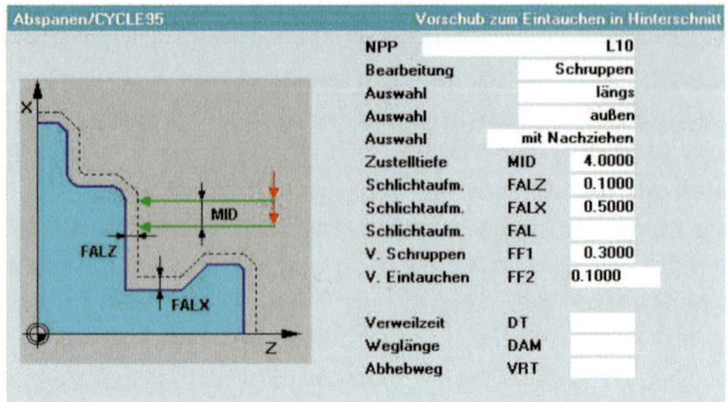

Bild 2: Eingabemaske für den Abspanzyklus

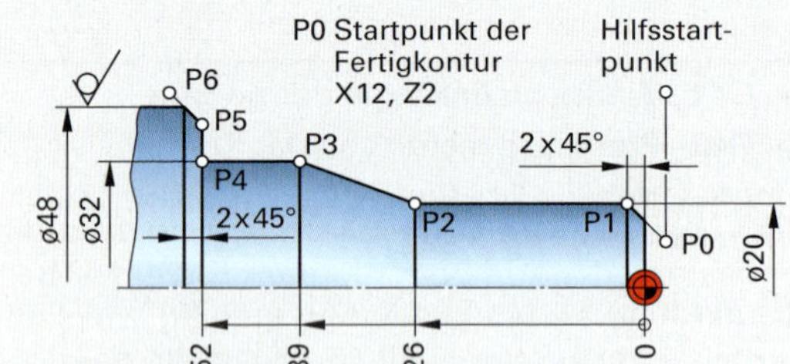


```
     ;Kontur längs schruppen
N11  T7 TC7 G95 F0.5 G96 S200 M4
N12  G0 X48 Z2
N13  G81 D4 H3 E0.1 AZ0.1 AX0.5
N14  X12 Z2                       ;P0
N15  G1 X20 Z-2                   ;P1
N16  G1 Z-26                      ;P2
N17  G1 X32 Z-39                  ;P3
N18  G1 Z-52                      ;P4
N19  G1 X44                       ;P5
N20  G1 X50 Z-55                  ;P6
N21  G80
```

Bild 3: Programmbeispiel für einen Abspanzyklus

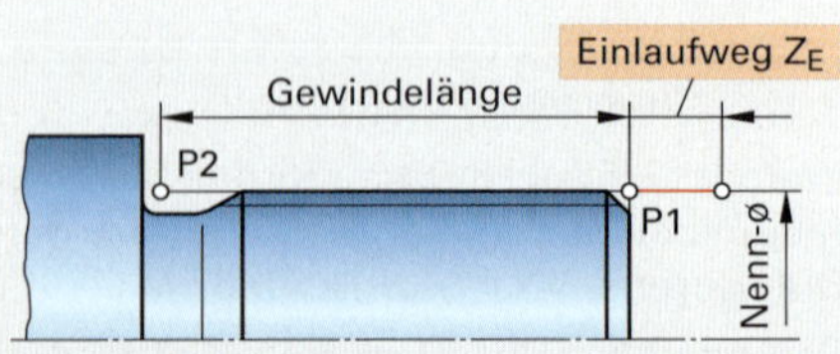

P2 Gewindeendpunkt einschließlich Auslaufweg
P1 Gewindeanfangspunkt

Bild 4: Gewindedrehzyklus

Die Größe des Ein- und Auslaufweges ist von der zu beschleunigenden Masse des Revolverschlittens, ausgedrückt durch eine Maschinenkenngröße *K*, und seiner Vorschubgeschwindigkeit abhängig.

Beispiel: Drehen eines Gewindes M24 x 1,5 mit v_c = 150 m/min. Wie groß sind *n* und der Einlaufweg Z_E (Maschinenkenngröße *K* = 600/min)?

Lösung: $$\boldsymbol{n} = \frac{v_c}{d \cdot \pi} = \frac{150\,000\ \text{mm/min}}{24\ \text{mm} \cdot \pi} = \mathbf{1990/min}$$

$$\boldsymbol{Z_E} = \frac{P \cdot n}{K} = \frac{1{,}5\ \text{mm} \cdot 1990/\text{min}}{600/\text{min}} = \mathbf{5\ mm}$$

Für den Auslaufweg kann der Wert 0 eingegeben werden. Von der Steuerung wird dann die Position, ab welcher der Revolverschlitten abgebremst wird, selbsttätig festgelegt. Werden kleine Ein- und Auslaufwege benötigt, muss die Drehzahl und damit die Vorschubgeschwindigkeit verringert werden.

Bei der Siemens-Steuerung Sinumerik werden die zu programmierenden Werte für das Gewindedrehen in der Klammer nach dem Zyklusaufruf **CYCLE 97** angegeben. Wie beim Abspanzyklus ist auch hier die Reihenfolge zwingend vorgeschrieben. Bei der Programmierung an der Maschine werden die Werte in eine Maske eingegeben **(Bild 1)**. Bei der PAL-Steuerung erfolgt die Eingabe der verpflichtenden Adressen im Zyklusaufruf **G31**.

Durch Zustellung in Richtung der Flanke erfolgt ein besserer Spanablauf und die Werkzeugschneide wird geschont **(Bild 2)**. Der Programmauszug zeigt die Programmierung der Gewindezyklen für die Achse **(Bild 3)**.

Wiederholung und Vertiefung

1 Warum werden beim Gewindedrehen Ein- und Auslaufwege benötigt?

2 Von welchen Größen ist die Länge dieser Wege abhängig?

3 Durch welche Maßnahme können der Ein- und Auslaufweg beim Gewindedrehen verringert werden?

4 Erstellen Sie einen Auszug eines Teileprogramms für das Vor- und Fertigdrehen des Achsbolzens (Bild 3) und das zugehörige Unterprogramm für die Fertigkontur.

5 Das Gewinde des Achsbolzens (Bild 3) wird mit v_c = 150 m/min gedreht. Die Maschinenkenngröße *K* beträgt 600/min. Bestimmen Sie die Parameter für den Gewindedrehzyklus.

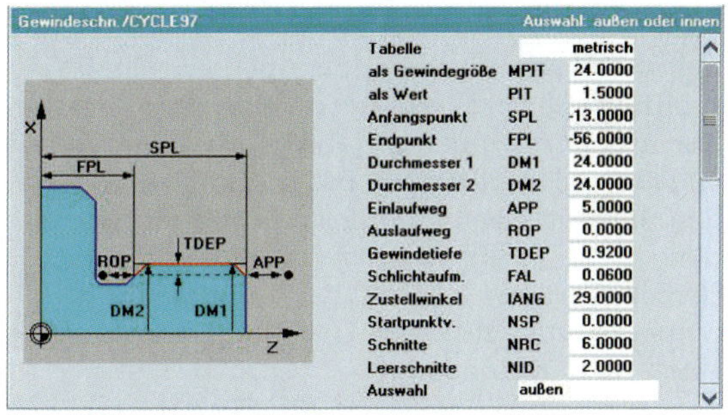

Bild 1: Eingabemaske für den Gewindedrehzyklus

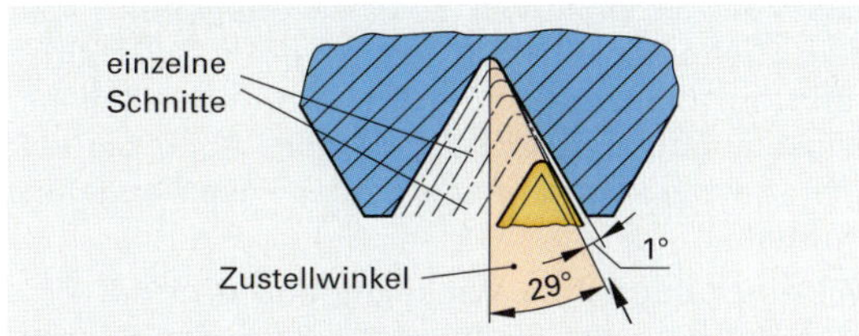

Bild 2: Flankenzustellung beim Gewindedrehen

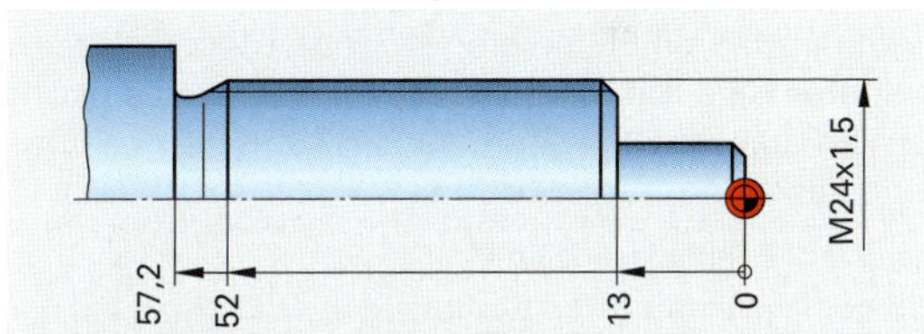

Siemens-Steuerung Sinumerik:

```
G0 X25 Z5
CYCLE97 (1.5, , -13,-56,24,24,5,0,0.92,0.06,29,0,6,2,1,1)
```

PAL-Steuerung:

```
G31 X24 Z-56 F1.5 D0.92 ZS-13 XS24 Q6 O2 H14
```

Bild 3: Gewindezyklen für den Achsbolzen

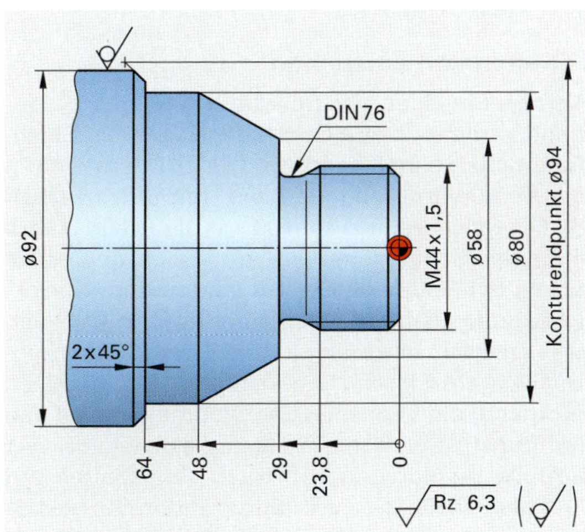

Bild 4: Achsbolzen

Konturzüge

Die Anwendung von Konturzügen erleichtert die Programmierung erheblich. Bei den meisten Steuerungen können am Ende eines Satzes mit einer Verfahrbewegung Programmieranweisungen angefügt werden, die das Einfügen von Radien, Fasen oder Freistichen erlauben **(Bild 1)**. Zur Berechnung der Übergangspunkte benötigt die Steuerung zusätzlich einen nachfolgenden Satz mit einer Verfahrbewegung.

Polarkoordinaten erleichtern ebenfalls die Programmierung **(Bild 2)**. Mit der Angabe eines Winkels von der positiven Z-Achse ausgehend und dem Zielpunkt entweder in X- oder Z-Richtung kann auf die Berechnung der Konturpunkte bei Winkelangaben verzichtet werden. Auch bei solchen Sätzen können Radien oder Fasen angefügt werden.

Mit einer doppelten Winkelangabe und der Programmierung des Zielpunktes wird der Schnittpunkt der beiden Geraden von der Steuerung berechnet **(Bild 3)**. Am Übergangspunkt können ein Radius oder eine Fase eingefügt werden. Folgt ein weiterer Satz mit einer Verfahrbewegung, so können an diesem Übergang ebenfalls ein Radius oder eine Fase eingefügt werden.

Beispiel: Achsbolzen **(Bild 4)**

Mit der Anwendung von Konturzügen erhält man bei der Siemens-Steuerung 840D für das Drehen der Fertigkontur das folgende einfache Programm:

```
N5   G1 ANG=90
N10  X32 Z-4 ANG=150           ;P1
N15  Z-18                      ;P2
N20  ANG=210 RND=0.8
N25  X26 Z-32 ANG=180 RND=0.8  ;P3
N30  X48 CHR=1
N35  Z-50 RND=5                ;P4
N40  ANG=90 RND=4
N45  X96 Z-68 ANG=140          ;P5
```

Drehen von Einstichen

Werden Einstiche mit Schrägen und Radien gedreht, kommen beide Schneidenecken des Stechdrehmeißels zum Einsatz **(Bild 5)**. Zur Vermeidung von Konturverfälschungen wird mit SRK gearbeitet. Der Stechdrehmeißel T09 mit der Breite *b* wird an beiden Schneidenecken vermessen und erhält für die Schneidpunktlage A3 eine andere Korrekturnummer als für die Schneidpunktlage A4. Nach dem Anstellen des Stechdrehmeißels T9 D9 erfolgt zunächst ein Einstich in der Mitte der Nut. Nach Rückgang und Verstellen des Drehmeißels auf den Startpunkt S1 wird mit T9 D9 und aktiver SRK G41 die linke Kontur gedreht. Nach Umschalten auf T9 D10 (gleiche Revolverstation, andere Korrekturnummer) wird ausgehend vom Startpunkt S2 mit aktiver SRK G42 die rechte Kontur gedreht.

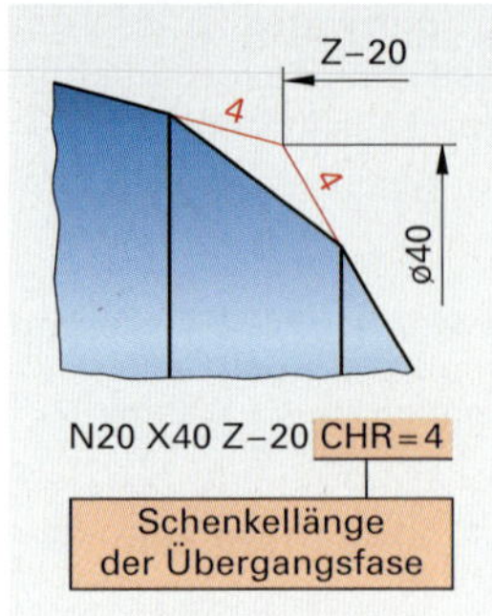

Bild 1: Einfügen einer Fase

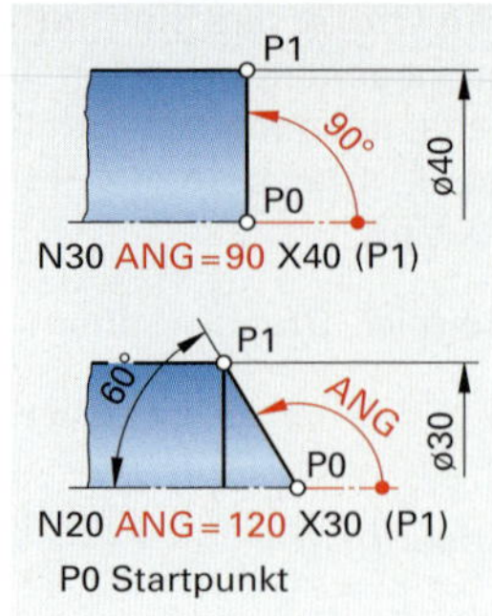

Bild 2: Polarkoordinaten

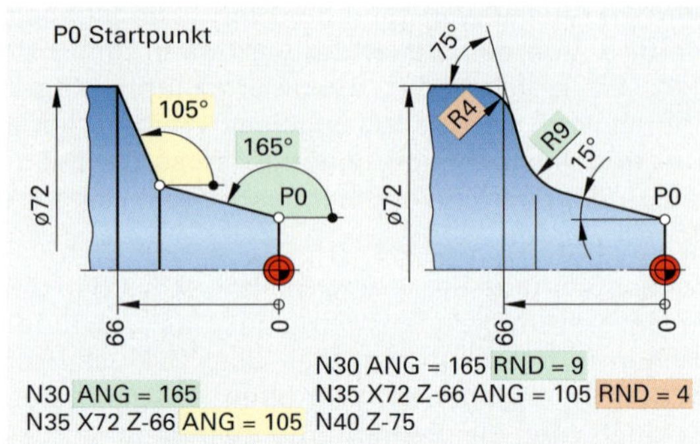

Bild 3: Doppelte Winkelangabe und Einfügen von Radien

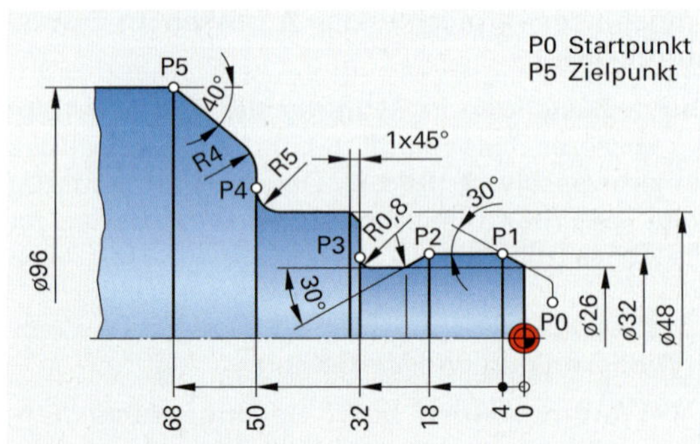

Bild 4: Achsbolzen

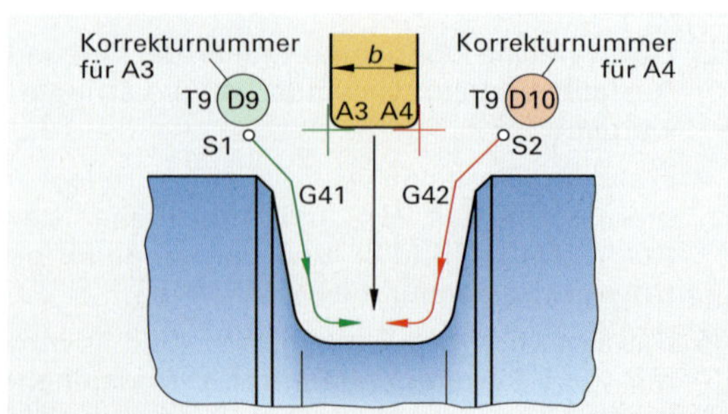

Bild 5: Drehen eines Einstichs

Programmbeispiel für ein Drehteil

Vor der Programmerstellung für das Drehen des Schraubstutzens **(Bild 1)** müssen zunächst die Werkzeuge **(Tabelle 1)** ausgewählt und das Einrichteblatt mit den Schnittdaten **(Tabelle 2)** erstellt werden. Die Programmierung erfolgt bei diesem Beispiel mit Ausnahme der steuerungsspezifischen Anweisungen nach DIN. Vorgestellt werden das CNC-Programm der Siemens-Steuerung Sinumerik 840D **(Tabelle 3)** und die Programmierung nach PAL **(Tabelle 1, nächste Seite)**.

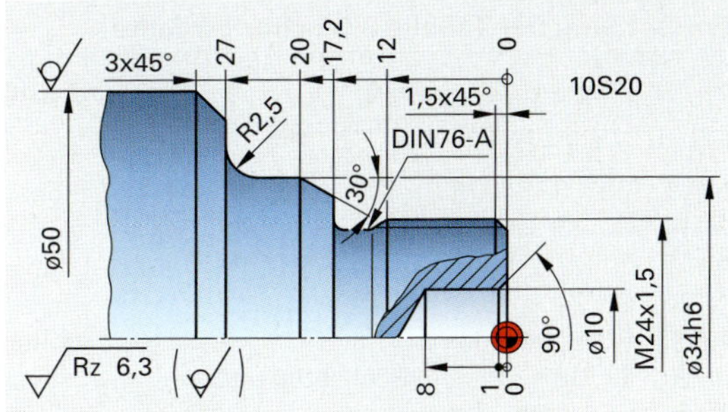

Bild 1: Schraubstutzen aus Automatenstahl

Tabelle 1: Eingesetzte Werkzeuge

Wz.-Nr. (PAL-Nr.)	Wz.-Benennung	
T1	NC-Anbohrer ∅16 HSS, rechts	
T6	Plandrehmeißel r_ε 0.8 HC-P20, links	
T7	Schruppdrehmeißel r_ε 0.6 HC-P20, links, 80°	
T8	Schlichtdrehmeißel r_ε 0.4 HC-P20, links, 55°	
T11	Gewindedrehmeißel HC-P20, rechts	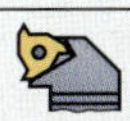 über Kopf gespannt
T12	Spiralbohrer ∅10 HSS, rechts	

Tabelle 2: Einrichteblatt (vereinfacht)

EINRICHTEBLATT Schraubstutzen				Progr. Nr. 1000
Nullpunktverschiebung: X0 Z175				
Arbeitsgang	Werkz.	r_ε	v_c m/min	*f* mm
1 Planen	T6	0.8	250	0.2
2 Außenkontur vordr.	T7	0.8	200	0.4
3 Zentrieren	T1		31	0.13
4 Bohren ∅10	T12		37	0.27
5 Außenkontur fertigdr.	T8	0.4	300	0.1
6 Gewinde drehen	T11		150	1.5

Tabelle 3: CNC-Hauptprogramm und Unterprogramm für Schraubstutzen, Steuerung: Siemens Sinumerik

Satz-Nr.	Programmanweisung	Erläuterung
;Schraubstutzen		Name des Teileprogramms
N5	G90 G0 G53 X280 Z380 D0	Absolutmaßangabe, Anfahren des Startpunktes, Unterdrückung der Nullpunktverschiebung, Ausschalten der Werkzeugkorrektur
N10	G59 X0 Z175	programmierbare Nullpunktverschiebung
N15	LIMS = 5000	Drehzahlbegrenzung auf 5000 1/min
N20	T6 D6 ;Planen	Revolverschaltung auf Station 6 (D6 = Werkzeugkorrekturmaße)
N25	G96 S150 M4	konstante Schnittgeschwindigkeit 150 m/min, Linkslauf
N30	G0 X52 Z0 M8	Anstellen des Drehwerkzeugs, Kühlschmiermittel ein
N35	G1 X-1.6 F0.2	butzenfreies Planen (–X = 2 · Eckenradius), Vorschub 0,2 mm
N40	G0 Z1	Abheben mit Eilgang
N45	G0 X100 Z50	Anfahren der Revolver-Schaltposition im Eilgang
N50	T7 D7 ;Schruppen außen	Revolverschaltung
N55	G96 S250 M4	konstante Schnittgeschwindigkeit 250 m/min, Linkslauf
N60	CYCLE95 („L10",4.0, 0.1,0.5,0,0.4,0.1,0.1,1, , ,)	Ausführung des Abspanzyklus für das Schruppen (Reihenfolge der Eingabewerte muss eingehalten werden, bei Eingabe an der Maschinensteuerung erfolgt die Eingabe über eine Maske, sodass versehentliches Vertauschen der Werte nicht möglich ist)
N65	G0 X100 Z50	Anfahren der Revolver-Schaltposition
N70	T1 D1 ;Zentrieren	Revolverschaltung
N75	G97 S822	konstante Drehzahl 822 1/min, Spindel-Rechtslauf
N80	G0 X0 Z1 M8	Anstellen mit Sicherheitsabstand, Kühlschmiermittel ein
N85	G1 Z-6 F0.13	Zentrieren und Fasen mit Vorschub 0,13 mm
N90	G0 Z1	im Eilgang zurück
N95	G0 X100 Z50	Anfahren der Revolver-Schaltposition

Fortsetzung der Tabelle 3 (vorherige Seite)

Satz-Nr.	Programmanweisung	Erläuterung
N100	T12 D12 ;Bohren	Revolverschaltung
N105	G97 S1177 M3	konstante Drehzahl 1177 1/min, Spindel-Rechtslauf
N110	G0 X0 Z1 M8	Anstellen, Kühlschmiermittel ein
N115	G1 Z-11 F0.27	Bohren auf Bohrtiefe plus Anschnittlänge mit 0,27 mm Vorschub
N120	G0 Z1	im Eilgang zurück
N125	G0 X100 Z50	Anfahren der Revolver-Schaltposition
N130	T8 D8 ;Schlichten außen	Revolverschaltung
N135	G96 S300 M4	konstante Schnittgeschwindigkeit 300 m/min, Linkslauf
N140	CYCLE95 („L10“,4.0,0,0,0,0.4,0.1,0.1,5, , ,)	Ausführung des Zyklus für das Schlichten
N145	G0 X100 Z50	Anfahren der Revolver-Schaltposition
N150	T11 D11 ;Gewindedrehen	Revolverschaltung
N155	G95 S1989 M3	konstante Drehzahl 1989 1/min, Rechtslauf
N160	CYCLE97 (1.5, ,0,–16,24,24,5,0,0.92,0.06,29,0,6,2,1,1)	Gewindedaten und Ausführung
N165	G0 X100 Z50	Anfahren des Startpunktes
N170	M30	Programmende mit Rücksetzen
Kontur-Unterprogramm L10		
; Außenkontur Schraubstutzen		
N5	G0 X17 Z2	Startpunkt für die Kontur
N10	G1 X24 Z-1.5	Drehen der Gewindefase
N15	G1 Z-12	Längsdrehen
N20	G1 X20.5 ANG=210 RND=0.8	Eintauchen für Gewindefreistich
N25	G1 Z-17.2 RND=0.8	Längsdrehen Gewindefreistich
N30	G1 ANG=90	Plandrehen (Schnittpunkt berechnet die Steuerung)
N35	G1 X33.992 Z-20 ANG=150	Drehen der Fase 30°
N40	G1 Z-27 RND=2.5	Längsdrehen mit Radius zur nachfolgenden Kontur
N45	G1 X44	Plandrehen
N50	G1 X52 ANG=135	Drehen der 45°-Fase
N55	M17	Unterprogrammende

Tabelle 1: CNC-Programm für Schraubstutzen, Steuerung PAL

Satz-Nr.	Programmanweisung	Erläuterung
N1	G54	Nullpunktverschiebung vom Maschinen- zum Werkstücknullpunkt
N2	G92 S5000	Drehzahlbegrenzung auf 5000 min^{-1}
N3	G14 H0	Werkzeug-Wechselpunkt anfahren
	;Plandrehen	Kommentar zur Arbeitsfolge
N4	G96 T6 S250 F0.2 M4	Werkzeug T6 einwechseln, $f = 0{,}2$ mm, $v_{c\,konstant} = 150$ m/min, Spindel-Linkslauf
N5	G0 X52 Z0.1 M8	Positionieren im Eilgang, Schlichtaufmaß 0,1 mm, Kühlschmiermittel ein
N6	G1 X-1.6	Planen bis $2 \cdot r_\varepsilon$ über Drehmitte
N7	G0 Z1	Abheben
N8	G14 H0 M9	Werkzeug-Wechselpunkt anfahren, Kühlschmiermittel aus
	;Kontur längs schruppen	
N9	G96 T7 S200 F0.4 M4	T7, $f = 0{,}4$ mm, $v_c = 200$ m/min, Spindel-Linkslauf
N10	G0 X50 Z1 M8	Positionieren im Eilgang, Kühlschmiermittel ein
N11	G81 D3 AX0.5 AZ0.1	Längsschruppzyklus, Zustellung 3 mm, Aufmaße in X 0,5 mm, in Z 0,1 mm
	;Konturbeschreibung	
N12	G1 X21 Z0	1. Konturpunkt der Fertigkontur
N13	G1 X24 Z-1.5	Gewindefase
N14	G85 X24 Z-17.2 I1.15 K5.2	Zyklus Gewindefreistich, Endpunkte in X und Z, Freistichtiefe und -breite

Fortsetzung der Tabelle 1 (vorherige Seite)

Satz-Nr.	Programmanweisung	Erläuterung
N15	G1 X30.759	Plandrehen bis ∅ X = (33,992 – 2 · 1,6166) mm = 30,759 mm
N16	G1 X33.992 Z-20	Fase 30° bis Z-20 mm und ∅34 h6 auf Toleranzmitte = 33,992 mm
N17	G1 Z-27 RN2.5	Längsdrehen und Verrundung mit R = 2,5 mm zum nächsten Konturelement
N18	G1 X44	Plandrehen bis X = 44 mm
N19	G1 X52 Z-31	Fase 3x45° (letzter Konturpunkt 1 mm über Außendurchmesser)
N20	G80	Abschluss der Konturbeschreibung
N21	G14 M9	Werkzeug-Wechselpunkt anfahren, Kühlschmiermittel aus
	;Zentrieren und Fasen	
N22	G97 T1 S822 F0.13 M3	T1, f = 0,13 mm, n = 822 min^{-1}, Spindel-Rechtslauf
N23	G0 X0 Z1 M8	Positionieren, Kühlschmiermittel ein
N24	G84 ZA-6 U0.1 O1	Bohrzyklus, Z = –(0,5 · 10 + 1) mm = –6 mm, Verweildauer 0,1 s
N25	G14 H2 M9	Werkzeug-Wechselpunkt anfahren, Kühlschmiermittel aus
	;Bohren	
N26	G97 T12 S1177 F0.27 M3	T12, f = 0,27 mm, n = 1177 min^{-1}, Spindel-Rechtslauf
N27	G0 X0 Z1 M8	Positionieren, Kühlschmiermittel ein
N28	G84 ZA-11 U1	Bohrzyklus, Z = –(8 + 0,3 · 10) mm = –11 mm, Verweildauer 1 s
N29	G14 H2 M9	Werkzeug-Wechselpunkt anfahren, Kühlschmiermittel aus
	;Kontur schlichten	
N30	G96 T8 S300 F0.1 M4	T8, f = 0,1 mm, v_c = 300 m/min, Spindel-Linkslauf
N31	G0 X10 Z1 M8	Positionieren, Kühlschmiermittel ein
N32	G42	Schneidenradius-Korrektur in Vorschubrichtung rechts von der Kontur
N33	G1 Z0	1. Konturpunkt (Werkzeugschneide außerhalb des Werkstücks)
N34	G23 N12 N19	Programmteil von Satz 12 bis Satz 19 wiederholen
N35	G40	Schneidenradius-Korrektur aufheben
N36	G14 H0 M9	Werkzeug-Wechselpunkt anfahren, Kühlschmiermittel aus
	;Außengewinde M24x1,5	
N37	G97 T11 S1989 M3	T11, n = 1790 min^{-1}, Spindel-Rechtslauf (Werkzeug über Kopf)
N38	G0 X24 Z4.5 M8	Positionieren, Abstand in Z-Richtung mind. 3 · P, Kühlschmiermittel ein
N39	G31 XA24 ZA-16.7 F1.5 D0.92 Q9 O2 H14	Gewindezyklus, Endpunkt XA = 24 mm / ZA = –16,7 mm, P = 1,5 mm, t = 0,92 mm, 9 Schnitte, 2 Leerschnitte, Zustellung wechselseitig
N40	G14 H0 M9	Werkzeug-Wechselpunkt anfahren, Kühlschmiermittel aus
N41	M30	Hauptprogramm-Ende, Rücksetzen auf Programm-Anfang

Wiederholung und Vertiefung

1 Programmieren Sie die Fertigkontur **(Bild 1)** mit Polarkoordinaten.

2 Programmieren Sie die Ansätze **(Bild 2)** mit Polarkoordinaten und Übergangsradius.

3 Erstellen Sie ein Unterprogramm für das Drehen der Kontur des Gewindebolzens **(Bild 3)**.

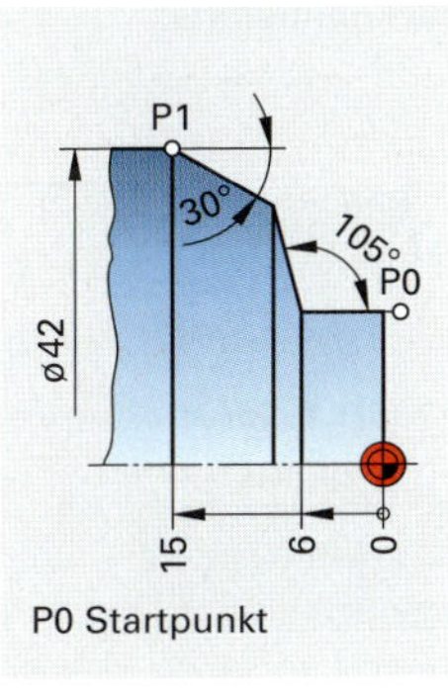

Bild 1: Polarkoordinaten

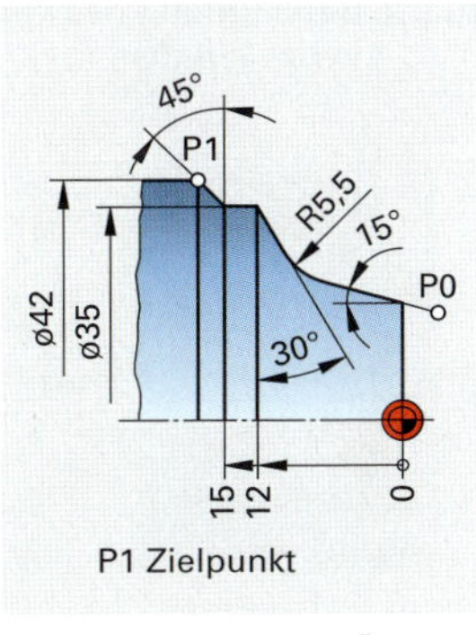

Bild 2: Ansätze mit Übergangsradius

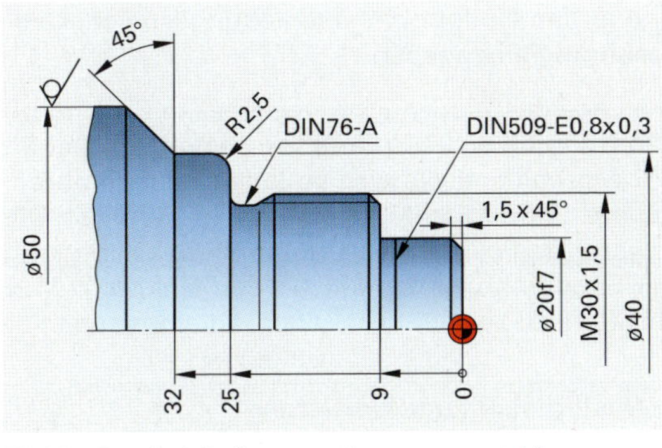

Bild 3: Gewindebolzen aus Automatenstahl

4.1.7 Programmieren von CNC-Fräsmaschinen

Werkzeugwechsel und Korrekturen

Das Einwechseln der Werkzeuge erfolgt bei Fräsmaschinen entweder von Hand oder bei Maschinen mit Werkzeugmagazin mithilfe eines Werkzeugwechslers. Damit die Werkzeugschneide den programmierten Zielpunkt in Z-Richtung erreicht, muss die Steuerung eine Werkzeuglängenkorrektur durchführen **(Bild 1)**. Die hierfür benötigten Längenmaße der einzelnen Werkzeuge müssen im Werkzeugkorrekturspeicher abgelegt sein und werden verrechnet, sobald das Werkzeug im Programm aufgerufen ist. Damit der Fräsermittelpunkt um den Werkzeugradius zur Kontur versetzt werden kann, ist der Radius ebenfalls einzugeben. Dieser wird auch für eine Programmsimulation benötigt. Ein automatischer Werkzeugwechsel wird durch eine M-Funktion ausgelöst.

Ermitteln des Werkstücknullpunktes bei Senkrecht-Fräsmaschinen

Die genaue Lage des aufgespannten Werkstückes in Bezug auf den Maschinennullpunkt muss der Steuerung bekannt sein. Das Ausmessen der Bezugsflächen kann mit einem 3-D-Taster oder einem Kantentaster erfolgen. Mit dem Kantentaster werden die Bezugsflächen in X- und Y-Richtung angefahren **(Bild 2)**. Das Werkstück wird im Handbetrieb langsam an den in einer Werkzeugaufnahme gespannten Taster herangefahren. Dieser dreht sich mit geringer Drehzahl, wobei der untere Zylinder exzentrisch verschoben wurde. Kurz bevor sich die beiden Achsen von Ober- und Unterteil des Kantentasters decken, ist die Bewegung des unteren Zylinders nahezu zentrisch. Bei weiterer Annäherung gleitet der untere Zylinder seitlich weg. In dieser Stellung wird unter Berücksichtigung des Zylinderradius der Abstand der Bezugskante zum Maschinennullpunkt abgelesen und in den Nullpunkt-Verschiebungsspeicher der Steuerung eingegeben.

Die Lage des Werkstücknullpunktes in Z-Richtung wird mithilfe eines Endmaßes bestimmt **(Bild 3)**. Der Maschinentisch wird so lange hochgefahren, bis das Endmaß unter die Spindelnase passt. Die angezeigte Position wird unter Berücksichtigung der Endmaßhöhe ebenfalls in den Nullpunkt-Verschiebungsspeicher der Steuerung eingegeben.

Wiederholung und Vertiefung

Bestimmen Sie die Koordinatenwerte der Nullpunktverschiebung für die angezeigten Positionen **(Bild 4)**.

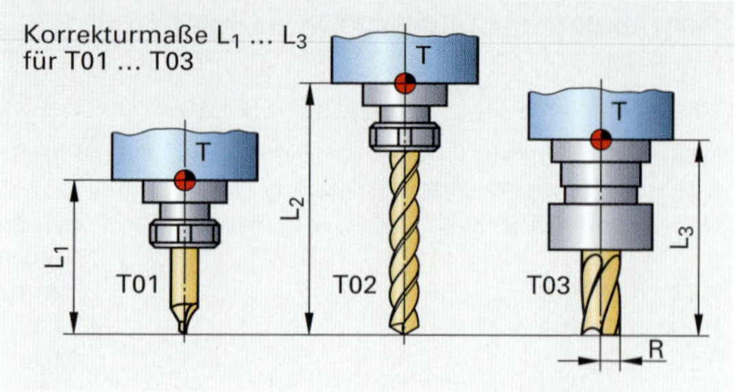

Bild 1: Werkzeuglängen- und Radiuskorrektur

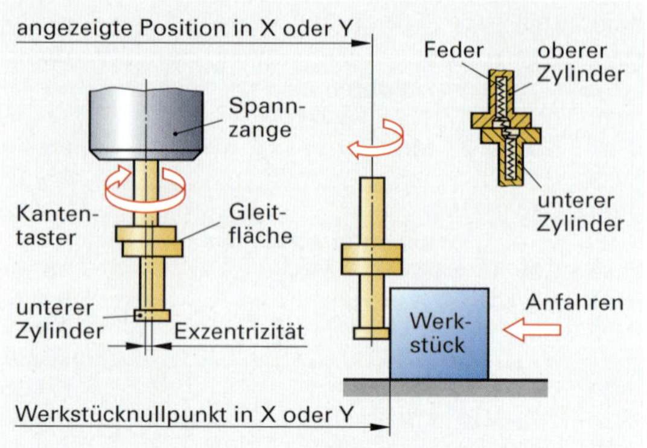

Bild 2: Anfahren von Bezugsflächen mit dem Kantentaster

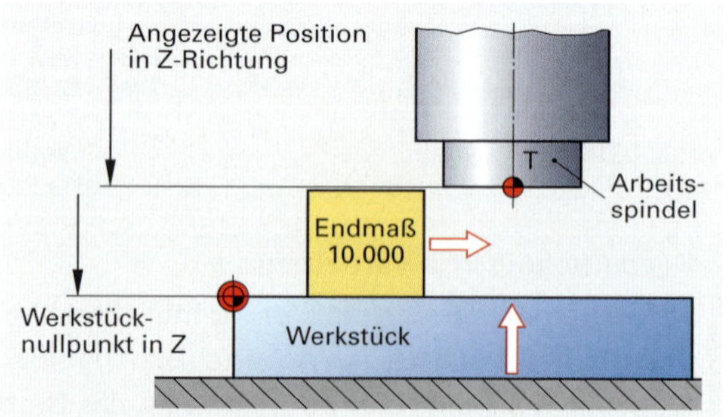

Bild 3: Bestimmung des Werkstücknullpunktes in der Z-Achse

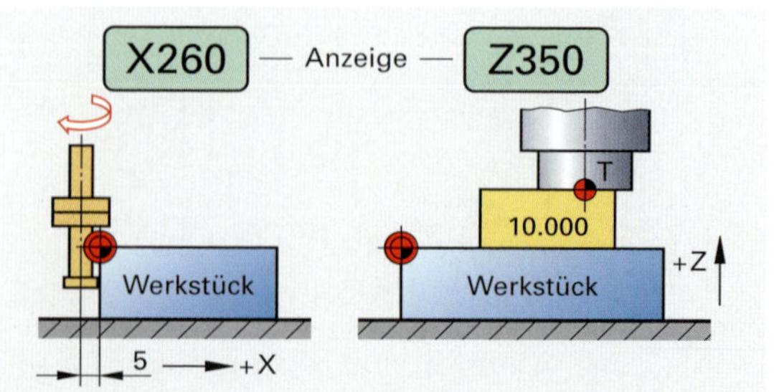

Bild 4: Werkstücknullpunkt in X- und Z-Richtung

Werkzeugbahnkorrektur

Beim Programmieren wird der vom Werkzeug anzufahrende Zielpunkt angegeben. Die Verfahrbewegung des Werkzeuges entspricht der Mittelpunktsbahn. Beim Fräsen von Konturen muss die Werkzeugbahn in Vorschubrichtung nach links oder rechts von der Kontur versetzt werden **(Bild 1)**. Die Werkzeugbahnkorrektur ermöglicht die Programmierung der Kontur des Werkstücks, wobei die Steuerung die Berechnung der Frásermittelpunktsbahn durchführt. Die Aktivierung der Bahnkorrektur erfolgt durch G41, wenn sich das Werkzeug in Vorschubrichtung links von der Kontur befindet. Befindet es sich rechts von der Kontur, ist G42 zu programmieren. Mit G40 wird die Bahnkorrektur aufgehoben.

G41	Werkzeug **links** von der Kontur
G42	Werkzeug **rechts** von der Kontur
G40	Löschen der Werkzeugbahnkorrektur

Die erste Verfahrbewegung nach Aktivieren von G41 oder G42 wird so durchgeführt, dass der Frásermittelpunkt auf einer Senkrechten zur nachfolgenden Kontur des programmierten Zielpunktes liegt **(Bild 2)**. Der Abstand des Fräsermittelpunktes entspricht dem Werkzeugradius, der von der Steuerung dem Werkzeugspeicher des aktuellen Werkzeuges entnommen wird. Um Konturverletzungen durch noch nicht abgeschlossene Ausgleichsbewegungen zu vermeiden, sollte als erster Konturpunkt ein außerhalb des Werkstückes liegender Hilfspunkt P1 programmiert werden.

Programmieren des Schlichtaufmaßes

Zur Erzeugung des Schlichtaufmaßes beim Schruppen müssen die Konturpunkte nicht verändert werden, wenn die Werkzeugkorrekturen verändert werden. Beim Schruppen wird statt der tatsächlichen Werkzeuglänge in den Werkzeugkorrekturspeicher ein Betrag eingegeben, der um das Aufmaß in Z-Richtung größer ist **(Bild 3)**. Der Radiuskorrekturwert wird ebenfalls um das Aufmaß vergrößert. Dadurch wird bei aktiver Werkzeugbahnkorrektur die Fräsermittelpunktsbahn um den Fräserradius und das Aufmaß von der Kontur versetzt. Für das Schlichten erfolgt nur ein Korrekturwechsel auf die tatsächlichen Werkzeugmaße ohne das Werkzeug selbst zu wechseln.

Tangentiales Anfahren der Kontur

Die Fertigkontur sollte beim Schlichten tangential angefahren werden, um unerwünschte Konturmarkierungen zu vermeiden **(Bild 4)**. Beim Fräsen von Taschen sollte das Werkzeug ebenfalls tangential von der Kontur weggefahren werden.

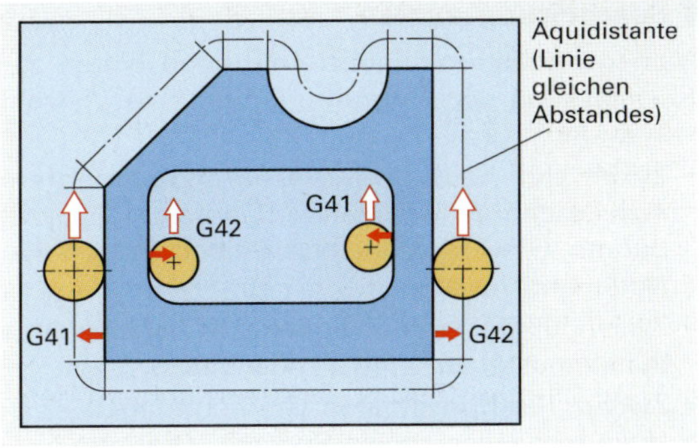

Bild 1: Werkzeugbahnkorrektur

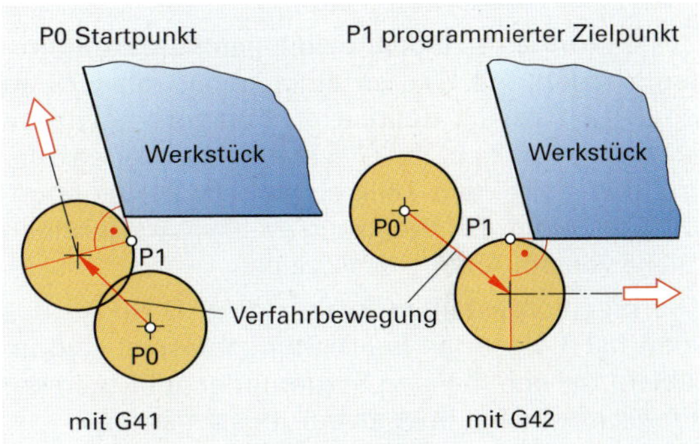

Bild 2: Verfahrbewegung nach Aktivieren der Werkzeugbahnkorrektur

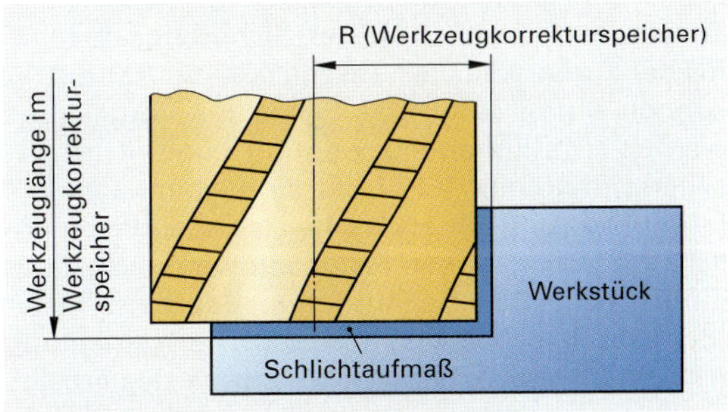

Bild 3: Aufmaß durch Werkzeugkorrektur

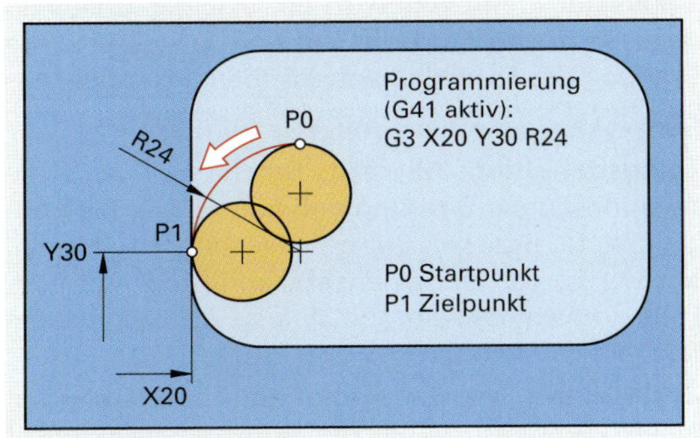

Bild 4: Tangentiales Anfahren einer Innenkontur mit einem Viertelkreis

Bearbeitungszyklen

Moderne Fräsmaschinensteuerungen bieten zur Erleichterung der Programmierung eine Vielzahl von Zyklen an wie

- Zyklen für häufig wiederkehrende, mehrere Arbeitsschritte umfassende Bearbeitungen, z. B. Bohren, Gewindeschneiden, Reiben, Fräsen von Nuten und Taschen
- Zyklen für Musterdefinitionen, z. B. verschiedene Punktemuster auf Kreisen oder Linien
- Zyklen für Koordinaten-Umrechnungen, z. B. Nullpunktverschiebung, Spiegeln, Drehung
- Sonderzyklen, z. B. Zyklen zum Abzeilen oder Fertigen von Konturen etc.

Zyklen können an jedem beliebigen Punkt aufgerufen werden: mit G78 an einer polar, mit G79 an einer karthesisch definierten Position, sowie an mehreren Punkten: mit G76 auf einer Geraden oder mit G77 auf einem Teilkreis. Ist ein Zyklus abgearbeitet, steht das Werkzeug wieder an derselben Stelle wie am Anfang des Zyklus.

Die hier vorgestellten Zyklen nach DIN/PAL aus dem nachfolgenden Bearbeitungsbeispiel sind im Ablauf bei den meisten Steuerungen gleich, in der Programmierung aber steuerungsabhängig.

Rechteck-Taschenfräszyklus (Bild 1)

Zyklusdefinition: Mit LP, BP und ZA werden die Abmessungen der Tasche festgelegt, mit D die maximale Zustelltiefe. V ist der Sicherheitsabstand, RN der Eckenradius der Tasche und mit AK und AL können Aufmaße für das Schlichten vorgesehen werden. Die Eintauchbewegung beginnt im Taschenmittelpunkt (EP0), es sind aber auch die Eckpunkte der Rechtecktasche als Startpunkt möglich. Weiterhin können festgelegt werden: Art des Eintauchens und Schnittdaten, Bearbeitungsart (Schruppen, Schlichten) und Bearbeitungsrichtung (Gleichlauf, Gegenlauf), Schnittbreite des Fräsers in % des Durchmessers (Überdeckung) und mit W eine Rückzugsebene.

Zyklusaufruf: Mit G79 wird der aktuelle Zyklus an der karthesisch definierten Position ausgeführt. Eine Drehung des Formelements ist ebenfalls möglich.

Bohrzyklus auf einem Teilkreis (Bild 2)

Zyklusdefinition: Mit dem Befehl G81 wird die Ausführung der Bohrung definiert. ZA ist die Bohrungstiefe, bezogen auf den Werkstücknullpunkt. Mit V wird der Sicherheitsabstand programmiert. Falls notwendig, kann mit W eine Rückzugsebene festgelegt werden.

Zyklusaufruf: Mit G77 erfolgt die Abarbeitung auf einem Teilkreis, wobei die Bohrungspunkte auf dem Teilkreis mit entsprechenden Adressbuchstaben definiert werden.

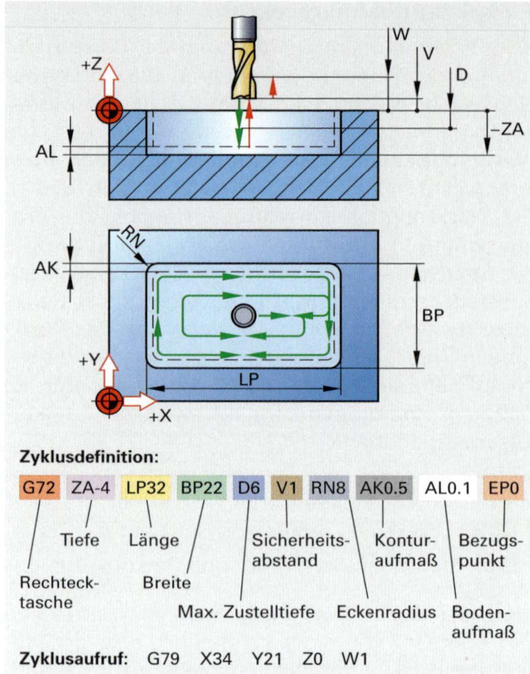

Bild 1: Fräszyklus Rechtecktasche und Zyklusaufruf an einem Punkt

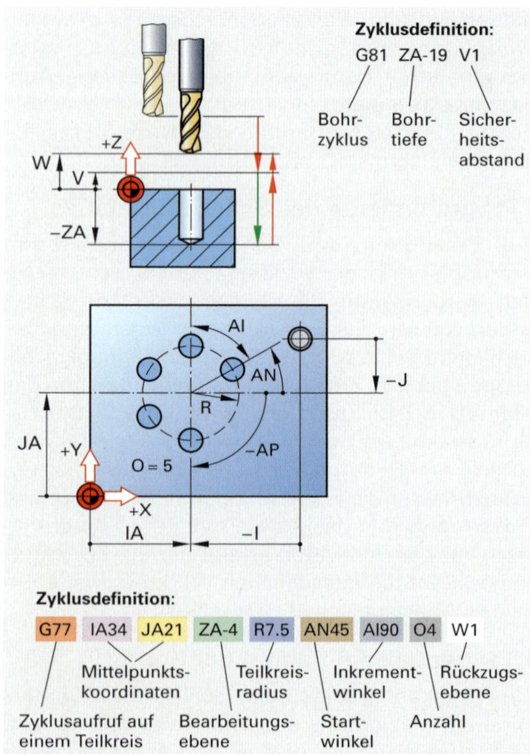

Bild 2: Bohrzyklus und Zyklusaufruf an mehreren Punkten auf einem Teilkreis

Programmbeispiel für das Fräsen

Zur Fertigung der Grundplatte **(Bild 1)** wird eine CNC-Fräsmaschine mit Werkzeugmagazin und Werkzeugwechsler eingesetzt. Das Einrichteblatt enthält die Arbeitsfolgen und die Fertigungsdaten der Grundplatte **(Tabelle 1).** Die eingesetzten Werkzeuge sind aus **Tabelle 2** ersichtlich.

In **Tabelle 3** wird die Programmierung nach PAL vorgestellt. In einem weiteren Programmbeispiel erfolgt die Fertigung auf einer Fräsmaschine mit einer Heidenhain-Steuerung **(Tabelle 1, nächste Seite).**

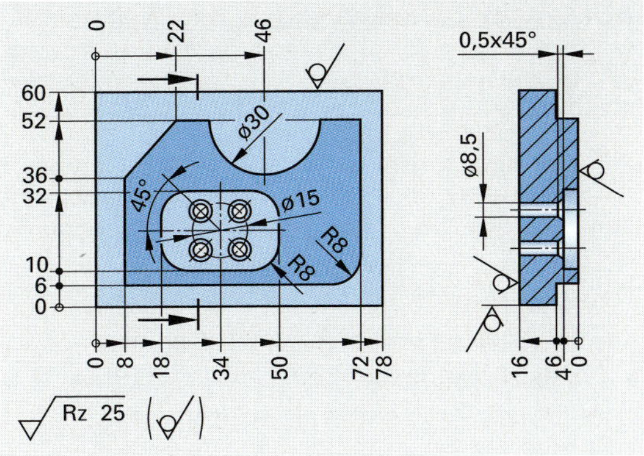

Bild 1: Grundplatte aus C15E

Tabelle 1: Einrichteblatt (vereinfacht)

Werkzeug- und Schnittdaten / Arbeitsfolge		Ø mm / z	v_c m/min / n 1/min	f_z mm / v_f mm/min
1 Kontur schruppen	T4	25	120	0,1
		3	1528	458
2 Kontur schlichten		25	150	0,06
		3	1910	344
3 Tasche schruppen	T6	12	50	0,1
		2	1326	265
4 Tasche schlichten		12	60	0,06
		2	1592	191
5 Zentrieren	T1	10	20	$f = 0,14$
			670	
6 Bohren	T12	8,5	17	$f = 0,12$
			637	

Tabelle 2: Eingesetzte Werkzeuge

Wz.-Nr.	Wz.-Benennung	
T1	NC-Anbohrer ∅10 HSS, rechts	
T4	Schaftfräser ∅25 HC-P20	
T6	Nutenfräser ∅12 HSS	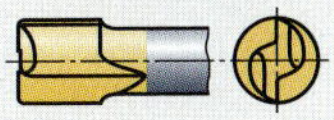
T12	Spiralbohrer ∅8,5 HSS, rechts	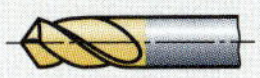

Tabelle 3: CNC-Programm für Grundplatte, Steuerung: PAL

Satz-Nr.	Programmanweisung	Erläuterung
	;Kontur schruppen	Kommentar zur Arbeitsfolge
N1	G54	Nullpunktverschiebung vom Maschinen- zum Werkstücknullpunkt
N2	T4 F458 S1528 M13 TR0.5 TL0.1	Werkzeug T4 einwechseln, Vorschubgeschwindigkeit (engl. feed) in mm/min, Spindeldrehzahl in min^{-1}, Spindeldrehung rechts und Kühlschmiermittel ein, Werkzeugfeinkorrektur für Schlichtaufmaße 0,5 mm (Radius) und 0,1 mm (Länge)
N3	G0	Eilgang
N4	G41 G45 D20 X8 Y6 Z-6 W1	Fräserradiuskorrektur links, Vorpositionieren im Eilgang in der XY-Ebene und dann in Z-Richtung, lineares tangentiales Anfahren der Kontur mit Vorschubgeschwindigkeit, D20 = Länge des Anfahrweges bis zum 1. Konturpunkt X8/Y6, W1 = Zustellebene 1 mm über dem Rohteil
N5	G1 Y36	Gerade fräsen bis Y36
N6	G1 X22 Y52	Gerade fräsen bis X22/Y52
N7	G1 X31	Gerade fräsen bis X31
N8	G3 X61 Y52 I15 J0	Kreisbogen linksdrehend fräsen bis X61 Y52, Koordinaten des Mittelpunkts inkremental zum Kreisanfangspunkt
N9	G1 X72	Gerade fräsen bis X72
N10	G1 Y6 RN8	Gerade fräsen bis Y14, Verrundung mit R8
N11	G1 X8	Gerade fräsen bis X8
N12	G46 G40 D22 Z1	Tangentiales gerades Verlassen der Kontur, Abwahl der Fräserradiuskorrektur, D22 = Länge des Abfahrweges, mit Vorschubgeschwindigkeit auf Z1 fahren

Fortsetzung der Tabelle 3 (vorherige Seite)

Satz-Nr.	Programmanweisung	Erläuterung
	;Kontur schlichten	
N13	T4 F344 S1910	Werkzeug T4 aufrufen ohne Werkzeugfeinkorrektur, Vorschubgeschwindigkeit in mm/min, Spindeldrehzahl in min^{-1},
N14	G23 N3 N12	Programmteil von Satz N3 bis Satz N12 wiederholen
	;Tasche schruppen	
N15	T6 F265 S1326 M13	T6 einwechseln, Vorschubgeschwindigkeit in mm/min, Spindeldrehzahl in min^{-1}, Spindeldrehung rechts und Kühlschmiermittel ein
N16	G72 ZA-4 LP32 BP22 D6 V1 RN8 AK0.5 AL0.1 EP0	Definition des Zyklus Rechtecktasche: Tiefe 4 mm, Länge 32 mm, Breite 22 mm, max. Zustelltiefe 6 mm (0,5 · d), Sicherheitsabstand 1 mm, Eckenradius 8 mm; Konturaufmaß 0,5 mm und Bodenaufmaß 0,1 mm, Bezugspunkt ist die Taschenmitte
N17	G79 X34 Y21 Z0 W1	Aufruf des aktuellen Rechtecktaschenzyklus am Bezugspunkt Taschenmitte X34/Y21 und Z0 als Oberflächen-Koordinate der Bearbeitungsebene, W1 = Rückzugsebene bei Z = 1 mm (absolut)
	;Tasche schlichten	
N18	F191 S1592	Vorschubgeschwindigkeit und Spindeldrehzahl zum Schlichten
N19	G72 ZA-4 LP32 BP22 D6 V1 RN8 EP0	Definition des Zyklus Rechtecktasche: Tiefe 4 mm, Länge 32 mm, Breite 22 mm, max. Zustelltiefe 6 mm (0,5 · d), Sicherheitsabstand 1 mm, Eckenradius 8 mm; Bezugspunkt ist die Taschenmitte
N20	G79 X34 Y21 Z0 W1	Aufruf des Rechtecktaschenzyklus, Programmierung wie in Satz N17
	;Zentrieren	
N21	T1 F94 S670 M13	T1 einwechseln, Vorschubgeschwindigkeit in mm/min, Spindeldrehzahl in min^{-1} (∅ 9,5 mm), Spindeldrehung rechts und Kühlschmiermittel ein
N22	G81 ZI-4.75 V1	Definition des Bohrzyklus G81 zum Zentrieren und Senken mit Senktiefe (inkremental) 4,75 mm (0,5 · d), Sicherheitsebene 1 mm
N23	G77 IA34 JA21 ZA-4 R7.5 AN45 AI90 O4 W1	Aufruf des aktuellen Bohrzyklus auf einem Teilkreis mit den Koordinaten des Mittelpunkts I und J absolut bei X34 und Y21, Bearbeitungsebene Z-4 absolut, Teilkreisradius R7,5, Startwinkel für die erste Bohrposition 45° absolut, Inkrement-Winkel 90°, 4 Bohrpositionen, W1 = Rückzugsebene bei Z = 1 mm (absolut),
	;Bohren	
N24	T12 F76 S637 M13	T12 einwechseln, Vorschubgeschwindigkeit in mm/min, Spindeldrehzahl in min^{-1}, Spindeldrehung rechts und Kühlschmiermittel ein
N25	G81 ZA-19 V1	Definition des Bohrzyklus, Bohrtiefe absolut
N26	G77 IA34 JA21 ZA-4 R7.5 AN45 AI90 O4 W1	Aufruf des Bohrzyklus, Programmierung wie in Satz N23
N27	T0 M9	Ablegen des aktuellen Werkzeugs im Magazin, Kühlschmiermittel aus
N28	M30	Programm-Ende mit Rücksetzen auf Programm-Anfang

Tabelle 1: CNC-Programm für Grundplatte, Steuerung: Heidenhain iTNC 530

Satz-Nr.	Programmanweisung	Erläuterung
0	BEGIN PGM Grundplatte MM	Programm-Beginn; Name, Maßeinheit
1	BLK FORM 0.1 Z X+0 Y+0 Z-16	Rohteil-Definition: Spindelachse, Minimum- und Maximumpunkt-
2	BLK FORM 0.2 X+78 Y+60 Z+0	Koordinaten des Rohteil-Quaders (für die grafische Simulation nötig)
3	;Kontur schruppen	Kommentar zur Arbeitsfolge
4	TOOL CALL 4 Z S1528 F458 DL+0.1 DR+0.5	Werkzeug 4 einwechseln in der Z-Achse (tool call = Werkzeug-Aufruf), Spindeldrehzahl in min^{-1}, Vorschubgeschwindigkeit (feed) in mm/min, Deltawerte für Länge und Radius des Werkzeugs als Schlichtaufmaße
5	L X-15 Y-15 R0 FMAX	Auf einer Gerade (L = line) das Werkzeug vorpositionieren in XY ohne Radiuskorrektur (R0) im Eilgang
6	L Z+2 R0 FMAX M13	Vorpositionieren in Z im Eilgang (FMAX), Spindel und Kühlschmiermittel ein
7	L Z-6 R0 F AUTO	Zustellen auf Frästiefe mit der beim Werkzeug definierten Vorschubgeschwindigkeit (F AUTO)

Fortsetzung der Tabelle 1 (vorherige Seite)

Satz-Nr.	Programmanweisung	Erläuterung
8	CALL LBL 1	Aufruf von Unterprogramm 1 (Kontur) (LBL = label = Marke, Kennzeichnung)
9	;Kontur schlichten	
10	TOOL CALL 5 Z S1910 F344	Werkzeug 5 erneut aufrufen (oder einen anderen Fräser einwechseln, z.B. einen speziellen Schlichtfräser) in der Z-Achse, Spindeldrehzahl in min^{-1}, Vorschubgeschwindigkeit in mm/min
11	L X-15 Y-15 R0 FMAX	Vorpositionieren in XY ohne Radiuskorrektur im Eilgang
12	L Z+2 R0 FMAX M13	Vorpositionieren in Z im Eilgang, Spindel und Kühlschmiermittel ein
13	L Z-6 R0 F AUTO	Zustellen auf Frästiefe mit Vorschubgeschwindigkeit
14	CALL LBL 1	Aufruf von Unterprogramm 1 (Kontur)
15	;Tasche schruppen und schlichten	
16	TOOL CALL 6 Z S1326	
17	CYCL DEF 251 RECHTECK-TASCHE	Werkzeug 6 einwechseln in der Z-Achse, Spindeldrehzahl in min^{-1} Zyklus-Definition Rechteck-Tasche (schruppen und schlichten) (Die Parameter für die Definition eines Zyklus werden grafisch unterstützt in einer Maske eingegeben.)
18	L X+34 Y+21 R0 FMAX M13 M99	Positionierung in XY auf Taschenmitte, ohne Radiuskorrektur, im Eilgang, Spindel und Kühlschmiermittel ein, Aufruf des zuletzt definierten Zyklus
19	;Zentrieren und Bohren	
20	PATTERN DEF CIRC1 (X+34 Y+21 D15 START+45 NUM4 Z+0)	Definition des Musters Kreis (pattern = Muster; circle = Kreis) Mitte Lochkreis in X und Y, Lochkreis-Durchmesser, Polarwinkel der ersten Bearbeitungsposition, Anzahl der Positionen auf dem Kreis, Z-Koordinate, an der die Bearbeitung starten soll. Ein Bearbeitungsmuster ist solange aktiv (modal wirksam), bis ein neues definiert wird.
21	; Zentrieren	
22	TOOL CALL 1 Z S670	Werkzeug 1 einwechseln in der Z-Achse, Spindeldrehzahl in min^{-1}
23	CYCL DEF 200 BOHREN	Zyklus-Definition Zentrieren
24	L Z+2 R0 FMAX M13	Vorpositionieren in Z im Eilgang, Spindel und Kühlschmiermittel ein
25	CYCL CALL PAT FMAX	Aufruf des zuletzt definierten Musters Kreis Verfahren im Eilgang zwischen den Bearbeitungspositionen
26	;Bohren	
27	TOOL CALL 12 Z S637	Werkzeug 12 einwechseln in der Z-Achse, Spindeldrehzahl in min^{-1}
28	CYCL DEF 200 BOHREN	Zyklus-Definition Bohren
29	L Z+2 R0 FMAX M13	Vorpositionieren in Z im Eilgang, Spindel und Kühlschmiermittel ein
30	CYCL CALL PAT FMAX	Aufruf des zuletzt definierten Musters Kreis Verfahren im Eilgang zwischen den Bearbeitungspositionen
31	L Z+100 R0 FMAX M30	Freifahren auf sichere Höhe im Eilgang, Hauptprogramm Ende
32	;Kontur	
33	LBL 1	Unterprogramm 1 Der Beginn eines Unterprogramms kann durch eine Label-Nummer oder einen Label-Namen definiert werden.
34	APPR LCT X+8 Y+6 R10 RL F AUTO	Anfahren (approach = Anfahrt) zunächst auf einer Geraden, dann auf einer Kreisbahn mit tangentialem Anschluss an die Kontur (LCT= line circle tangential), Radiuskorrektur links (RL)
35	L Y+36	Gerade fräsen bis Y36
36	L X+22 Y+52	Gerade fräsen bis X22/Y52
37	L X+31	Gerade fräsen bis X31
38	CC X+46 Y+52	Mittelpunkts-Koordinaten (CC = circle center = Kreis-Mittelpunkt)
39	C X+61 Y+52 DR+	Kreisbogen (C = circle = Kreisbogen) fräsen bis X61 Y52 mit positivem Drehsinn, d.h gegen den Uhrzeigersinn
40	L X+72	Gerade fräsen bis X72
41	L Y+6	Gerade fräsen bis Y14

Fortsetzung der Tabelle 1 (vorherige Seite)

Satz-Nr.	Programmanweisung	Erläuterung
42	RND R8	Verrunden der Ecke (RND = rounding of corner) mit R8
43	L X+8	Gerade fräsen bis X8
44	DEP LCT X-15 Y-15 R10	Tangentiales Verlassen der Kontur (departure = Abfahrt) auf einer Kreisbahn mit tangentialem Anschluss (LCT)
45	LBL 0	Unterprogramm-Ende
		Ende des Unterprogramms
46	55 END PGM Grundplatte MM	Programm-Ende, Name, Maßeinheit

Programmsimulation

Bei modernen Steuerungen kann das CNC-Programm am Bedienfeld der CNC-Drehmaschine **(Bild 1)** simuliert werden, um Programmierfehler zu erkennen. Eine Auswahl verschiedener Bildschirmgrafiken lässt zum Beispiel grafisch-dynamische Bearbeitungssimulation, perspektivische Darstellung oder Abbildung in mehreren Ansichten zu **(Bild 2)**. Durch Ausschnittvergrößerungen (Zoomen) können Konturabweichungen besser erkannt werden. Allerdings gibt ein einwandfreier Testlauf noch keine Gewähr für ein voll funktionsfähiges Programm, da Feinheiten wie zum Beispiel nicht aktivierte Schneidenradiuskorrektur nicht bemerkt werden.

Bild 1: CNC-Drehmaschine mit Bedienfeld

4.1.8 Programmierverfahren

CNC-Programme werden manuell oder rechnergestützt erstellt. Bei der rechnergestützten Programmierung wird die Kontur schrittweise aus einzelnen Konturelementen (Gerade, Kreis ...) aufgebaut **(Bild 2)**. Notwendige Berechnungen werden von einem Geometrieprozessor übernommen. Das so erstellte Programm hat ein steuerungsspezifisches Format.

Bei der **Werkstattprogrammierung** wird das CNC-Programm direkt an der Maschine erstellt und eingegeben. Dies kann bei den meisten Steuerungen parallel, d. h. während ein anderes Programm an der Maschine abgearbeitet wird, erfolgen. Bei der **AV-Programmierung** wird das CNC-Programm an einem Programmierplatz erstellt.

Unter **WOP**, **W**erkstatt-**O**rientiertes-**P**rogrammieren, versteht man ein einheitliches Programmiersystem, bei dem sowohl an der Maschine als auch in der AV Programme mit Grafikunterstützung werkstattgerecht erstellt und geändert werden. Programmiert wird nicht mit CNC-Codes und Programmanweisungen, sondern mit leicht verständlichen Bildsymbolen und Eingabemasken **(Bild 3)**. Über Eingabefenster werden benötigte Werkstück- und Einspannmaße im Dialog angefordert (= Dialogsteuerung).

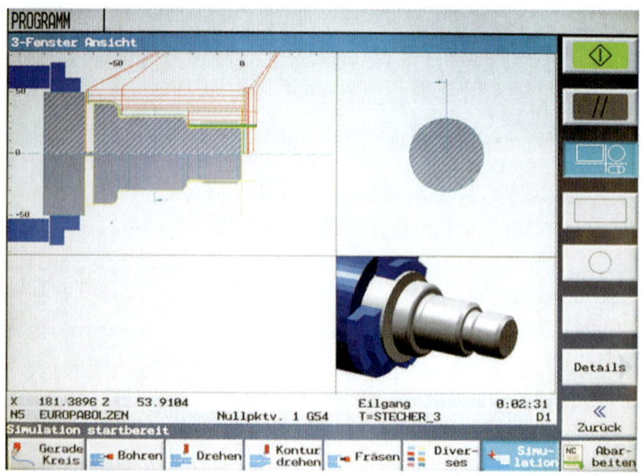

Bild 2: Simulationsgrafik

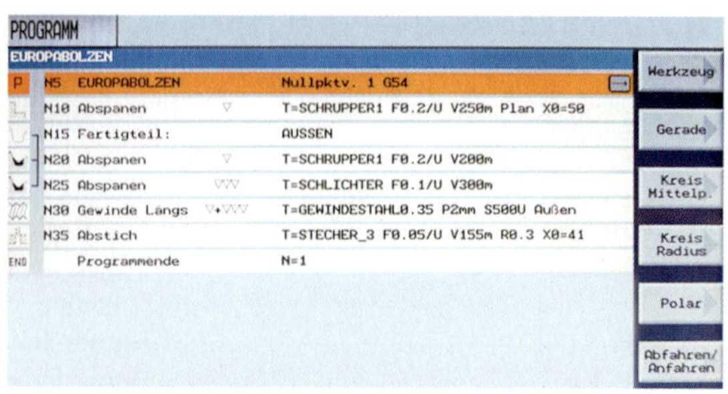

Bild 3: Eingabemaske zur Programmerstellung

Werkstattorientierte Programmiersysteme ermöglichen eine schnelle und einfache Programmierung an der Maschine. Dadurch ist es möglich, das Erfahrungswissen des Facharbeiters zu nutzen. Bei AV-Programmierung wird das Programm an einem maschinen- und steuerungsunabhängigen Programmierplatz erstellt. Unabhängig von der eingesetzten Maschine beschreibt der Bediener das Roh- und Fertigteil. Ein Geometrieprozessor übernimmt die Berechnung unbekannter Konturpunkte. Über eine CAD-Kopplung ist es möglich, auch die Geometriedaten der Zeichnung zu übernehmen und in das CNC-Programm umzusetzen. Die Definition von Bearbeitungsvorgängen an ausgewählten Konturelementen, zum Beispiel das Drehen eines Gewindefreistiches oder das Erzeugen eines Schleifaufmaßes, erfolgt über Eingabefenster **(Bild 1)**. Nach der Geometriebeschreibung werden die Bearbeitungsschritte aus dem Menü automatisch erzeugt. Zu jedem Schritt wird das geeignete Werkzeug vorgeschlagen, das akzeptiert oder geändert werden kann.

Nach Auswahl der eingesetzten Maschine folgen maschinenabhängig die Ermittlung der Spanungsdaten, der Bearbeitungsfolge und die Belegung des Werkzeugträgers **(Bild 2)**. Für den jeweiligen Bearbeitungsfall werden Schnittdaten angeboten, die akzeptiert oder geändert werden können.

Durch einen Postprozessorlauf (Software zur „Programmübersetzung") wird ein steuerungsspezifisches CNC-Programm erzeugt. Dieses kann zur Kontrolle auf dem Bildschirm angezeigt und der Bearbeitungsablauf simuliert werden **(Bild 3)**.

Wiederholung und Vertiefung

1 Mit welcher G-Funktion wird die Bahnkorrektur aktiviert, wenn ein rechtsschneidender Fräser im Gleichlauf fräsen soll?

2 Welche Position wird vom Fräsermittelpunkt nach Aktivieren der Bahnkorrektur angefahren?

3 Beschreiben Sie zwei Möglichkeiten, beim Schruppfräsen das Schlichtaufmaß zu erzeugen.

4 Wie muss der Fräser beim Schlichten die Kontur anfahren, um Konturmarkierungen zu vermeiden?

5 Wozu dient die Simulation von CNC-Programmen?

6 Welche Vorteile bieten werkstattorientierte Programmiersysteme?

7 Erstellen Sie das Teileprogramm für das Konturfräsen und Bohren der Abdeckplatte **(Bild 4)** aus Einsatzstahl mit den Werkzeugen von Seite 301.

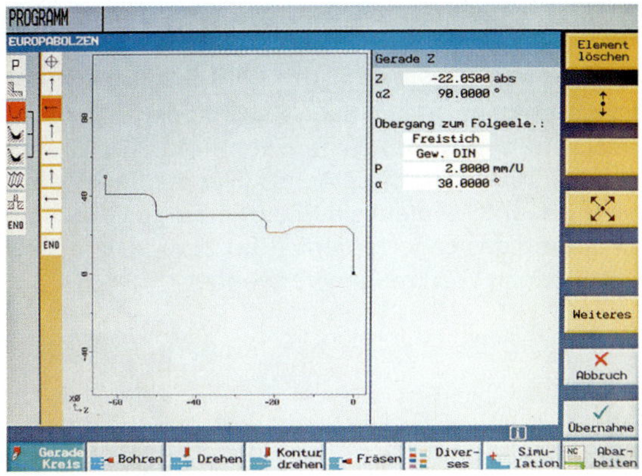

Bild 1: Eingabefenster für Gewindefreistich

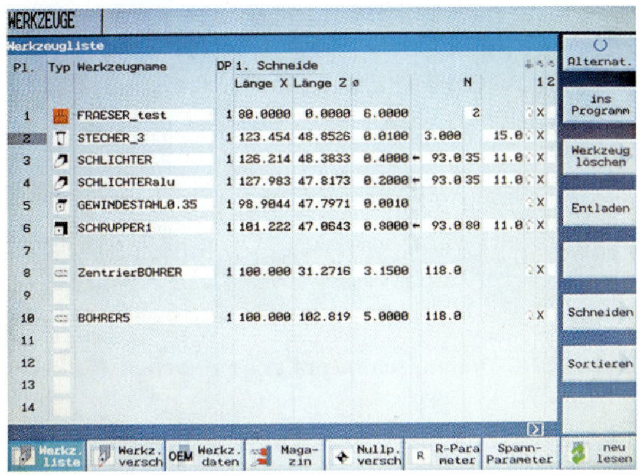

Bild 2: Belegung des Werkzeugträgers

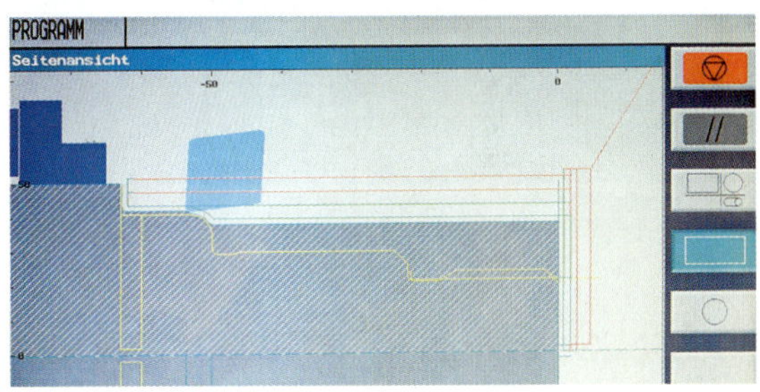

Bild 3: Grafisch-dynamische Simulation

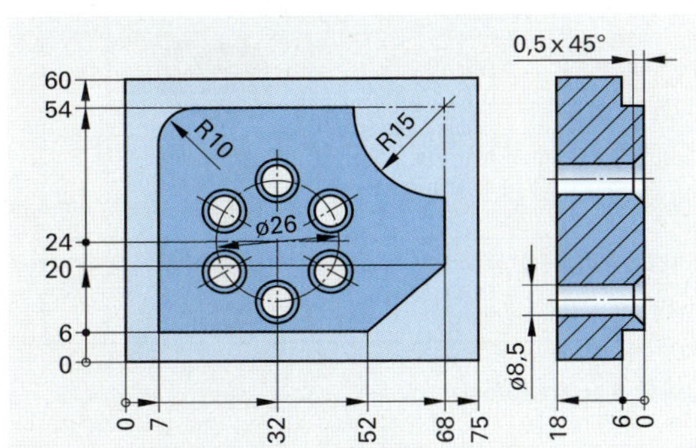

Bild 4: Abdeckplatte aus C15E

4.1.9 5-Achs-Bearbeitung nach PAL

Programmierbeispiel für das CNC-Drehen mit angetriebenen Werkzeugen

Ist neben dem Drehen auch Fräsen oder Bohren außerhalb der Drehmitte notwendig, um eine Komplettbearbeitung zu ermöglichen, kommen CNC-Drehmaschinen mit angetriebenen Werkzeugen zum Einsatz **(Bild 1)**. Hierbei ist die Z-Achse (Hauptspindel) als Drehachse (sog. C-Achse) ausgeführt. Dadurch können an Stirn- und Mantelfläche Bearbeitungen durchgeführt werden, die nicht rotationssymmetrisch sind. Zur Fertigung des Lagerzapfens **(Bild 2)** wird eine solche CNC-Drehmaschine mit Werkzeugrevolver und angetriebenen Werkzeugen verwendet.

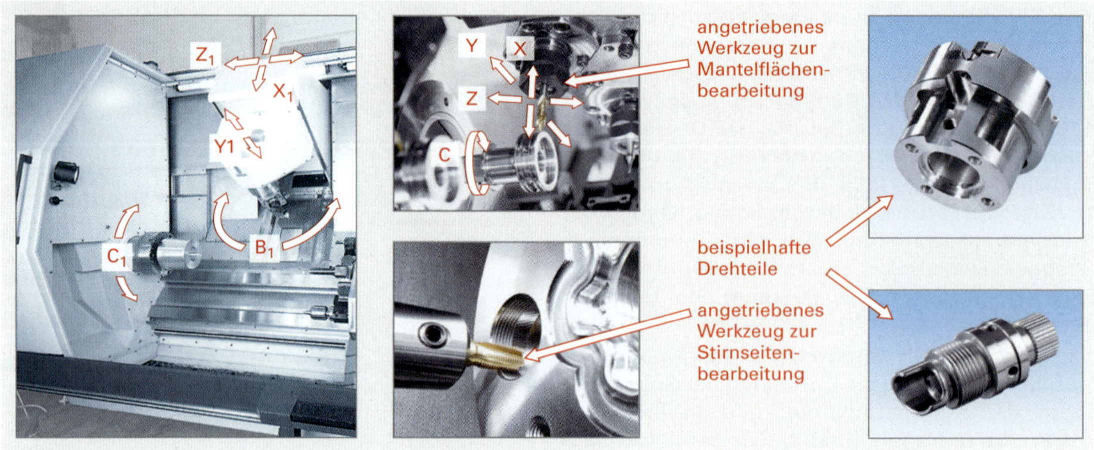

Bild 1: CNC-Drehmaschine mit angetriebenen Werkzeugen

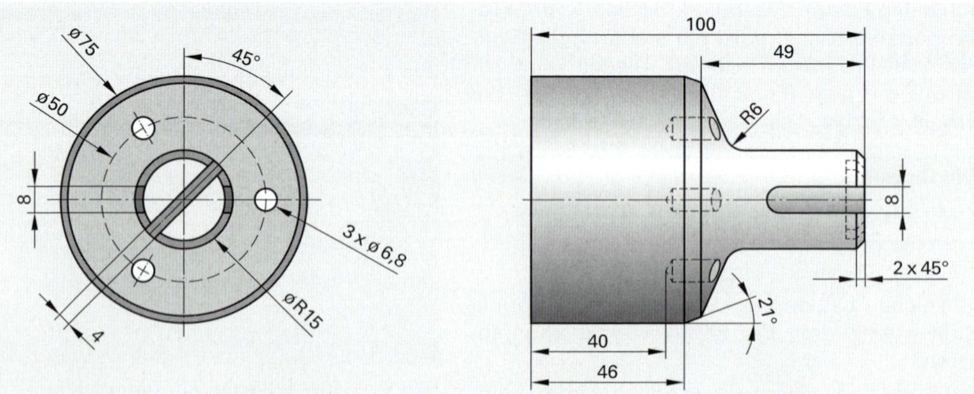

Arbeitsplan

1	Stirnfläche plandrehen		T1
2	Kontur schruppen längs		T1
3	Kontur schlichten längs		T2

Arbeitsplan

4	Zentrieren und bohren	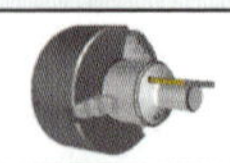	T7 T6
5	Stirnnut fräsen	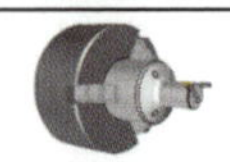	T4
6	Passfeder-nutzen fräsen		T5

Bild 2: Lagerzapfen

Die technologischen Vorgaben für die Werkzeuge sind auf der nächsten Seite in **Tabelle 1** festgelegt, wo auch die Programmierung nach PAL in **Tabelle 2** zu finden ist.

Tabelle 1: Technologiedaten der Werkzeuge

Rohteilabmaße: ∅ 75 · 102				
Werkzeug-Nr.	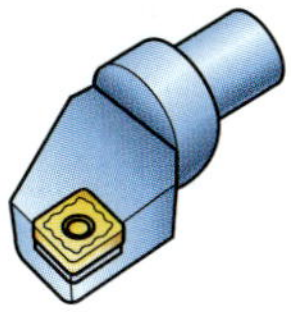	T1 Schruppmeißel	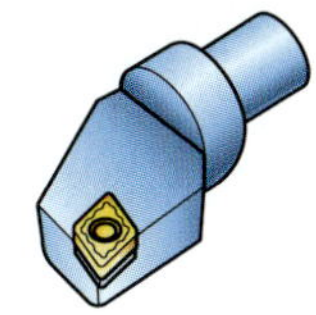	T2 Schlichtmeißel
Durchmesser *d*/Schneidenradius		0,8 mm		0,4 mm
Schnittgeschwindigkeit v_c		150 m/min		200 m/min
Drehzahl *n*				
Schnitttiefe/Zustellung		3 mm		0,5 mm
Anzahl Schneiden *z*				
Vorschub		0,25 mm/U		0,15 mm/U
Vorschubgeschwindigkeit v_f				
Schneidstoff		P10		P10
Werkzeug-Nr.	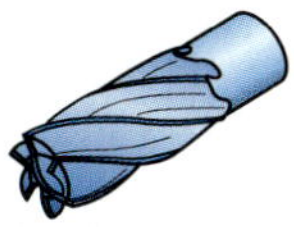	T4 Schaftfräser axial	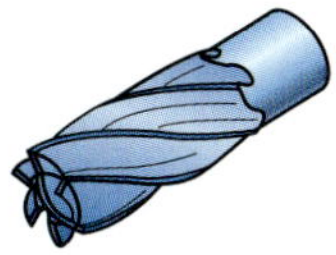	T5 Schaftfräser radial
Durchmesser *d*/Schneidenradius		4 mm		6 mm
Schnittgeschwindigkeit v_c		120 m/min		120 m/min
Drehzahl *n*		9500 1/min		6300 1/min
Schnitttiefe $a_{p,max}$				
Anzahl Schneiden *z*		2		2
Vorschub *f* bzw. Vorschub je Schneide f_z		0,05 mm		0,05 mm
Vorschubgeschwindigkeit v_f		950 mm/min		630 mm/min
Schneidstoff		Vollhartmetall		Vollhartmetall
Werkzeug-Nr.	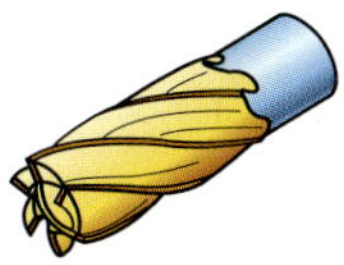	T6 angetr. Bohrer	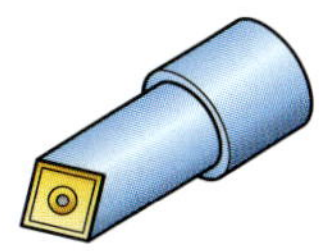	T7 NC-Anbohrer 90°
Durchmesser *d*		6,8 mm		Schaftdurchmesser 10 mm
Schnittgeschwindigkeit v_c		60 m/min		60 m/min
Drehzahl *n*		2800 1/min		1900 1/min
Schnitttiefe $a_{p,max}$		25 mm		3,5 mm
Anzahl Schneiden *z*				
Vorschub *f* bzw. Vorschub je Schneide f_z		0,14 mm/U		0,1 mm/U
Vorschubgeschwindigkeit v_f		390 mm/min		190 mm/min
Schneidstoff		Vollhartmetall		K20

Tabelle 2: Teileprogramm für Lagerzapfen

```
; HAUPTPROGRAMM %3000
N1 G54 G90 G18
N2 G92 S4000
N3 G96 S150 F.25 T1 TC1 M4 M8
; PLANDREHEN
N4 G0 X77 Z0
N5 G1 X-1.6
N6 G0 Z2
N7 X75
; KONTUR SCHRUPPEN
N8 G81 D3 H2 AZ.2 AX.3 O2
N9 G01 Z1 X26
N10 G1 Z-1 X30
N11 G01 Z-40 RN6
N12 G01 X75 Z-50 RN-2
N13 G1 Z-56
N14 G80
N15 G14 H0
; KONTUR SCHLICHTEN
N16 G96 S200 F.15 T2 TC1 M4 M8
N17 G81 D0 H4 O2
N18 G23 N9 N13 H1
N19 G80
N20 G14 H0
N21 M5
; AXIAL ZENTRIEREN; (Polar)
N22 G97 S1900 F190 T7 TC1 M23
N23 P1=-48
N24 G17 C30
N25 G0 X25 Z-40
N26 G1 Z=P1
N27 G0 Z-40
N28 G0 CI120
N29 G23 N26 N28 H2
N30 G0 C0
N31 G14 H0
; AXIAL BOHREN; (Polar)
N32 G97 S2800 F390 T6 TC1 M23
N33 P1=-62.3
N34 G23 N24 N29
N35 G0 X25 Z-40
N36 G0 C0
N37 G14 H0
; STIRNNUT (virtuelle Y-Achse)
N38 G97 S9500 F950 T4 TC1 M23
N39 G17
N40 G0 X15 Y-15 Z-5
N41 G1 X-15 Y15
N42 G0 Z2
N43 G14 H0
; PASSFEDERNUTEN FRÄSEN (Polar)
N44 G97 S6300 F630 T5 TC1 M3
N45 G17 C90
N46 G0 X12.5 Z5
N47 G1 Z-25
N48 G0 X17
N49 G0 Z5
N50 G0 C180
N51 G0 X12.5 Z5
N52 G1 Z-25
N53 G0 X17
N54 G14 H0
N55 G0 C0
N56 G18 M30
```

Erläuterung:

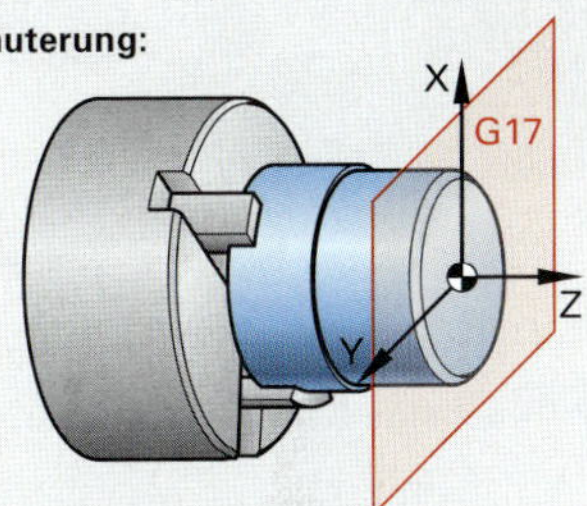

G17 C.....
Polarkoordinaten X; C; Zustellung in Z
C ist der absolute Drehwinkel der Hauptspindel (von 0° bis 360°)
CI ist der relative Drehwinkel
Die X-Achse wird mit Radiusangaben programmiert

G17
Programmierung mit virtueller Y-Achse im G17-Koordinatensystem XZY
Die Y-Achse wird aus einer gemeinsamen Bewegung zwischen X- und C-Achse erzeugt.

G18
Aufheben der Zusatzachseninterpolation

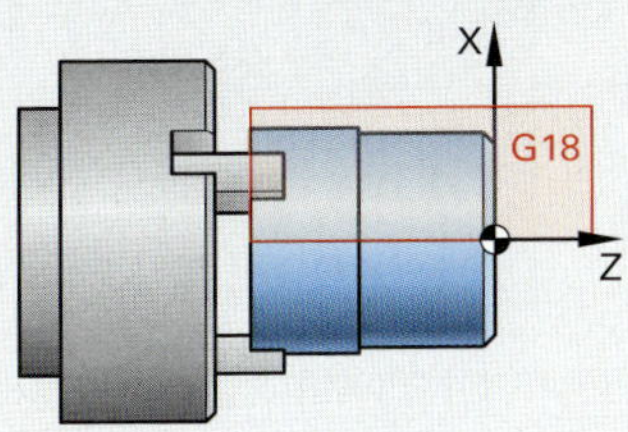

CNC-Fräsen mit Mehrseitenbearbeitung

Sollen Werkstücke an fünf Seiten in einer Aufspannung bearbeitet oder 5-achsige Konturen hergestellt werden, braucht man 5-Achs-CNC-Fertigungsmaschinen. Zusätzlich zu den linearen X-Y-Z-Achsen stehen zwei Drehachsen zur Verfügung. Eine schwenkbare X-Achse wird als A-Achse und eine schwenkbare Z-Achse als C-Achse bezeichnet **(Bild 1).** Analog hierzu gibt es 5-Achsen-Fräsmaschinen, bei denen um die Y- (sog. B-Achse) und die Z-Achse geschwenkt werden kann. Speziell bei diesen Maschinen mit Drehbewegungen um die Y-Achse (sog. B-Achse) unterscheidet man zwei Ausführungen. Einmal wird die Drehachse durch Drehung des Werkzeuges (sog. Schwenk-Fräskopf) erzeugt **(Bild 2, rechts),** zum anderen kann der Werkstücktisch um die Y-Achse gedreht werden **(Bild 2, links).**

Zur Fertigung des Stützlagers **(Bild 3)** wird eine 5-Achsen-CNC-Fräsmaschine mit Werkzeugmagazin und Werkzeugwechsler verwendet. Es handelt sich hierbei um eine Fräsmaschine, bei der sowohl die X- als auch die Z-Achse schwenkbar sind.

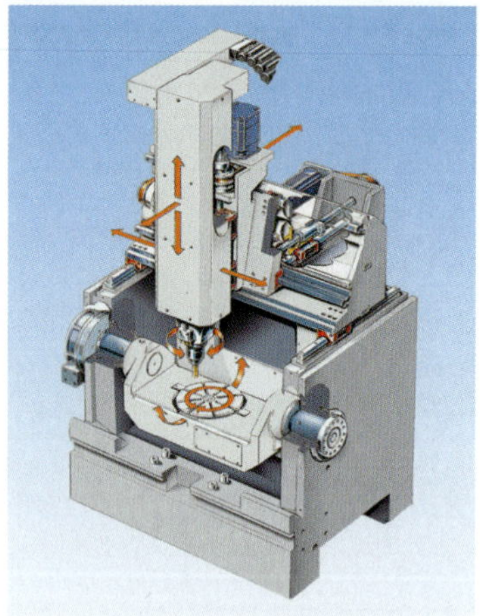

Bild 1: 5-achsige CNC-Fräsmaschine mit A- und C-Drehachse

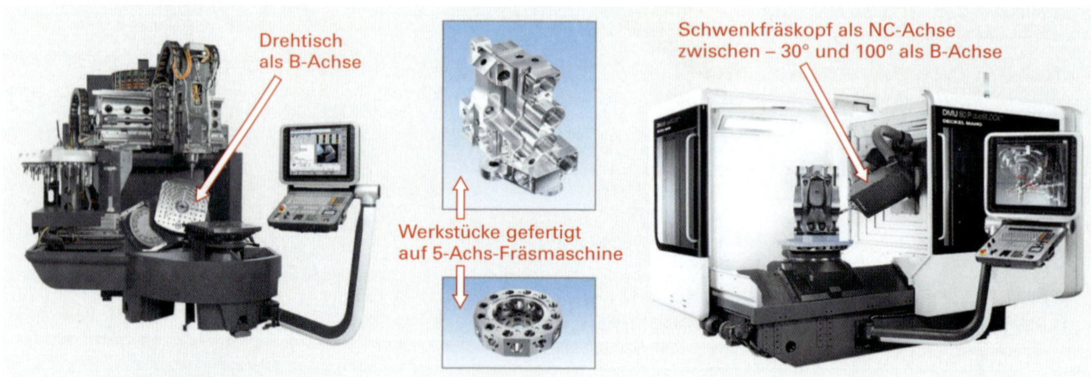

Bild 2: 5-achsige CNC-Fräsmaschine mit B- und C-Drehachse

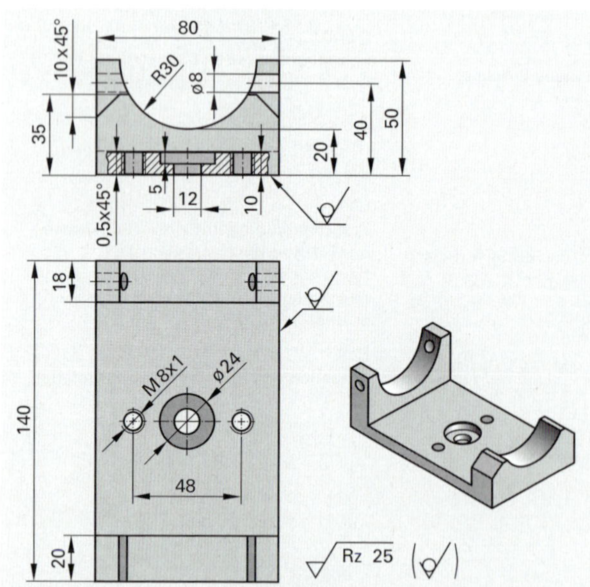

Arbeitsplan

1	Innenkontur; Bohrung 12 mm; Kreistasche 24 mm; Fase 0,5 * 45° Gewinde M8		T1 T2 T6 T3;T5
2	Bohrung 8 mm		T4
3	Kreistasche (rechts)		T1
4	Kreistasche (links) Kontur (links)		T1

Bild 3: Stützlager mit zugehörigem Arbeitsplan

Tabelle 1: Technologiedaten der Werkzeuge

Rohteilabmaße: 140 · 80 · 50   Werkstoff: S 235

Werkzeug-Nr.		T1 Schaftfräser		T2 Schaftfräser
Durchmesser d	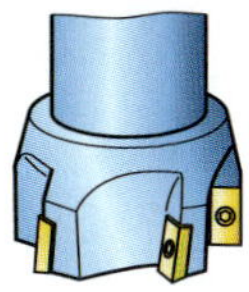	25 mm	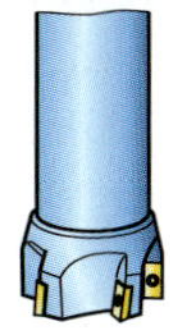	10 mm
Schnittgeschwindigkeit v_c		250 m/min		250 m/min
Drehzahl n		3180 1/min		7950 1/min
Schnitttiefe $a_{p,max}$		5 mm		5 mm
Anzahl Schneiden z		4		4
Vorschub f bzw. Vorschub je Schneide f_z		0,05 mm		0,05 mm
Vorschubgeschwindigkeit v_f		636 mm/min		1590 mm/min
Schneidstoff		Hartmetall		Hartmetall

Werkzeug-Nr.		T3 Bohrer		T4 Bohrer
Durchmesser d	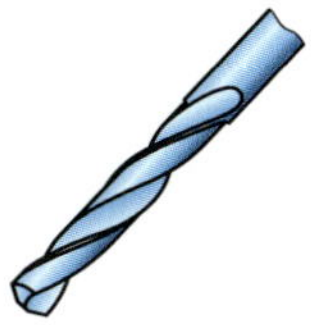	6,8 mm		6 mm
Schnittgeschwindigkeit v_c		60 m/min		60 m/min
Drehzahl n		2800 1/min		2390 1/min
Schnitttiefe $a_{p,max}$				
Anzahl Schneiden z		2		2
Vorschub f bzw. Vorschub je Schneide f_z		0,14 mm/U		0,14 mm/U
Vorschubgeschwindigkeit v_f		392 mm/min		334 mm/min
Schneidstoff		Vollhartmetall		Vollhartmetall

Werkzeug-Nr.		T5 Gewindebohrer		T6 Entgrater
Durchmesser d		8 mm	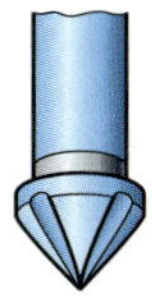	12 mm
Schnittgeschwindigkeit v_c		16 m/min		40 m/min
Drehzahl n		636 1/min		1061 1/min
Schnitttiefe $a_{p,max}$				
Anzahl Schneiden z				2
Vorschub f bzw. Vorschub je Schneide f_z				
Vorschubgeschwindigkeit v_f		1 mm/U = 636 mm/min		0,15 mm/U = 159 mm/min
Schneidstoff		HSS		HSS

Tabelle 2: Teileprogramm für Stützlager (5-achsige CNC-Fräsmaschine mit A-C-Achsen)

```
; Innenkontur
N1 G54
N2 G17 T1 TC1 F636 S3180 M3 M6
N3 G72 ZA-40 LP102 BP130 D5 V2
   W2 RN15 AK0 AL0 EP0 DB80 O1
   Q1 H1 BS0
N4 G79 X2 Y0 Z0
N5 G0 X-200 Y-200 Z250 M9
; Kreistasche ø 24
N6 G17 T2 TC1 F1590 S7950 M3 M6
N7 G73 ZA-45 R12 D5 V2 W55 AK0
   AL0 DB80 O1 Q1 H1
N8 G79 X0 Y0 Z-40
; Bohrung ø 12
N9 G73 ZA-52 R6 D5 V2 W55 AK0
   AL0 DB80 O1 Q1 H1
N10 G79 X0 Y0 Z-45
N11 G0 X-200 Y-200 Z250 M9
; FASE
N12 T6 TC1 F159 S1061 M3 M6
N13 G0 X0 Y0 Z0
N14 Z-40
N15 X-10
N16 G1 Z-42.5
N17 G2 X-10 Y0 I10 J0
N18 G0 Z10
N19 X-200 Y-200 Z250
; Bohrungen ø 6.8
N20 G17 T3 TC1 F392 S2800 M3 M6
N21 G81 ZA-53 V2 W2
N22 G79 X0 Y24 Z-40
N23 G79 X0 Y-24 Z-40
N24 G0 X-200 Y-200 Z250 M9
```

```
; M8 Gewinde
N25 G17 T5 S636 F636 M3 M6
N26 G84 ZA-53 F1 M3 V2 W2 S50
N27 G23 N22 N23
; Bohrung
N28 T4 TC1 F334 S2390 M3 M6
N29 G17 AM-90 ;Drehung A-Achse
N30 G55
N31 G83 ZA-83 D20 V2 W2 DT1 DM10
U0
N32 G79 X-9 Y-40 Z0
N33 G0 X-200 Y-200 Z250 M9
; 1. Kreistasche
N34 G17 CM-90 ;Drehung C-Achse
N35 G56
N36 T1 TC1 F636 S3180 M3 M6
N37 G73 ZA-20 R30 D5 V2 W2 AK0
   AI0 DB80 O1 Q1 H1
N38 G79 X40 Y-50 Z0
N39 G0 X-200 Y-200 Z250 M9
; 2. Kreistasche
N40 G17 CM90 ;Drehung C-Achse
N41 G57
N42 G73 ZA-22 R30 D5 V2 W2 AK0
   AL0 DB80 O1 Q1 H1 M8
N43 G79 X40 Y0 Z0
N44 G0 X-200 Y-200 Z250 M9
; Kontur links
N45 G0 X110 Y50 Z2
N46 G1 Z0
N47 G22 L1 H6
N48 G0 Z2
N49 G0 X-200 Y-200 Z250 M9
```

```
; Rückstellung der Drehachsen
N50 G17 AM0 BM0 CM0
N51 M30

; Unterprogramm L1
N1 G91
N2 G1 Z-4
N3 G90
N4 G41
N5 G45 D15 X80 Y25
N6 G1 X80 Y25
N7 G1 X70 Y15
N8 G1 X10 Y15
N9 G1 X0 Y25
N10 G0 X-2 Y52
N11 G0 X82 Y52
N12 G40
N13 G0 X110 Y50
N14 M17
```

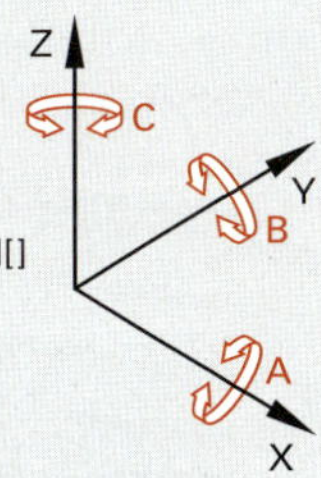

; Erläuterung

G17 AM[] BM[] CM[] H[]
AM, BM und CM sind die Drehwinkel um die jeweilige Drehachse

- H0 Einschwenken der Drehachsen, NPV bleibt stehen
- H1 Einschwenken der Drehachsen, NPV dreht mit; H1 ist voreingestellt
- H2 wie H1 aber mit Werkzeugausgleichsbewegung

4.2 Handhabungsroboter in der Fertigung

4.2.1 Handhabungssystemtechnik

Handhabungsvorgänge sind bei allen Transport-, Bearbeitungs-, Montage- und Prüfabläufen in der Fertigung erforderlich. Deren Ausführungen erledigen geeignete Handhabungssysteme, z. B. ein Industrieroboter in einer Montagelinie **(Bild 1)**.

Es besteht ein **Materialfluss** zu den Fertigungs- und Montageplätzen, sowie von ihnen weg. Das **Handhaben** ist eine Teilfunktion dieses Materialflusses, wie auch das **Fördern** und **Lagern**.

Handhabungsfunktionen werden in fünf Teilbereiche gegliedert. Zur einfacheren Beschreibung und Dokumentation dieser Funktionen werden entsprechende Symbole verwendet **(Bild 2)**.

Handhabungseinrichtungen für das Beladen und Entladen von Drehmaschinen führen überwiegend lineare (horizontale, vertikale) oder drehende Bewegungen aus. Dabei wird ein Rohteil zur Spannvorrichtung geführt und nach Ablauf der Bearbeitung als Fertigteil in einem Transportbehälter abgelegt **(Bild 3)**.

Die Freiheitsgrade eines Handhabungssystems ermöglichen diese Bewegungen. Der mechanische **Freiheitsgrad** *f* gibt die Anzahl der unabhängigen Bewegungen, z. B. Verschiebungen oder Drehungen eines Bauteils gegenüber seinem Bezugssystem, an **(Bild 4)**. Es gibt drei **translatorische** (lineare) Freiheitsgrade, also Bewegungen in X-, Y- und Z-Richtung. Diese Verschiebungen verändern die Position eines Bauteils.

Drei **rotatorische** (drehende) Freiheitsgrade verändern die **Orientierung** des Körpers. Es handelt sich jeweils um die Drehungen A, B und C.

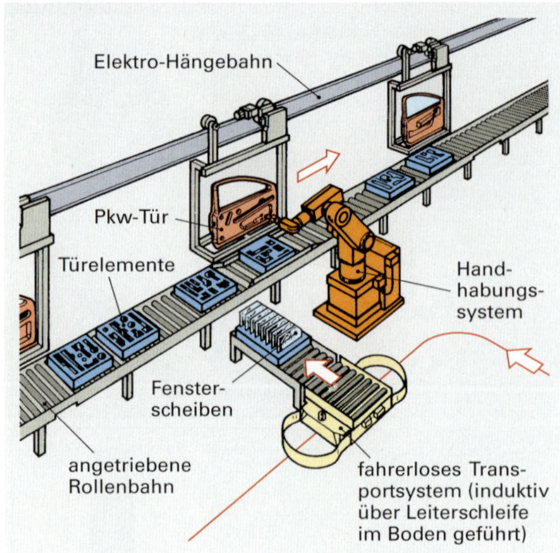

Bild 1: Bauteilmontage an Autotüren mittels Handhabungseinrichtung

Speichern	Mengen ändern	Bewegen	Sichern	Kontrolle
geordnet speichern	ver-zweigen	posi-tionieren	spannen	prüfen
z. B. Magazin, Speicher	z. B. Weiche, Verteiler	z. B. Anschlag	z. B. Greifer, Aufnahme	z. B. Sensor, Prüfeinrichtung

Beispiel: Handhabungsvorgang an einer Prüfstation

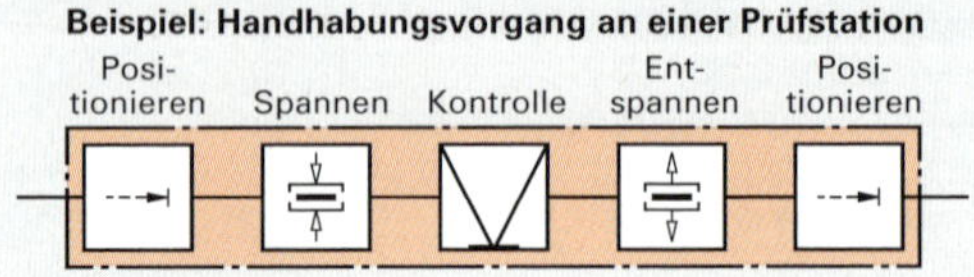

Bild 2: Symboldarstellungen von Funktionen beim Handhaben

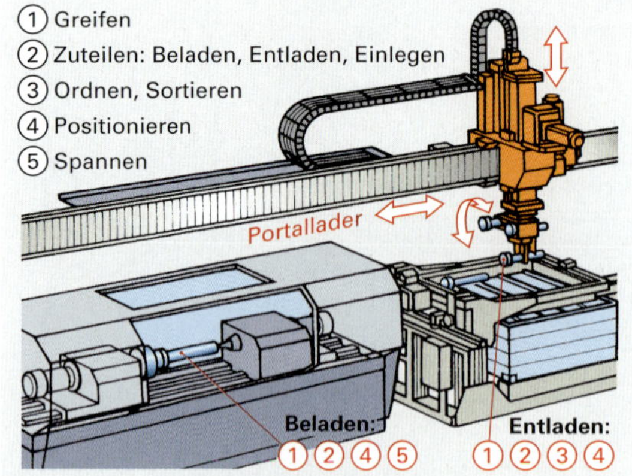

Bild 3: Handhabungsfunktionen beim Beladen und Entladen einer Drehmaschine

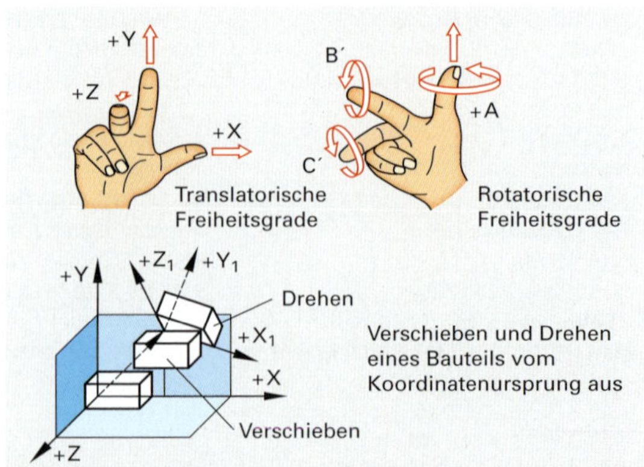

Bild 4: Freiheitsgrade eines Körpers

4.2.2 Einteilung der Handhabungssysteme

Man unterscheidet Manipulatoren, Einlegegeräte und Industrieroboter. Sie haben unterschiedliche Steuerungen und Programmiermöglichkeiten für den Bewegungsablauf.

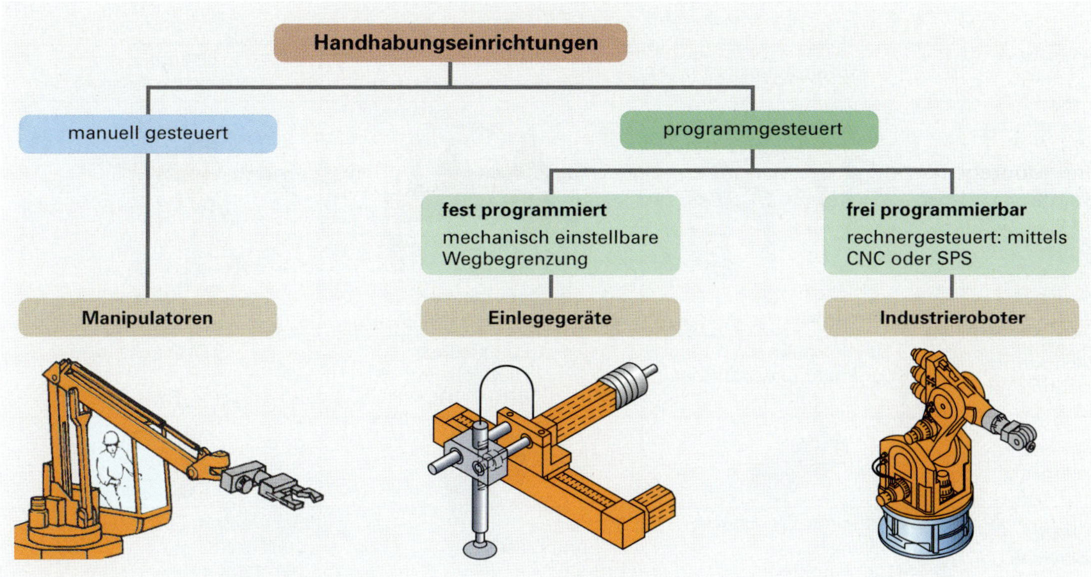

Bild 1: Einteilung von Handhabungssystemen nach der Steuerungsart

Manipulatoren ermöglichen das Bewegen schwerer Bauteile und gefährlicher Lasten über eine Handsteuerung. Ferngesteuert sind sie in Räumen einsetzbar, die wegen Hitze, Kälte, Druck oder radioaktiver Strahlung nicht betreten werden dürfen.

Einlegegeräte sind mit Greifern ausgerüstete Bewegungsautomaten. Sie werden in der Großserienfertigung eingesetzt, wenn eine Punkt-zu-Punkt-Bewegung auszuführen ist, z. B. Werkstück- oder Werkzeugzuführung aus einem Magazin in die Maschine. Die einfachen Bewegungsabläufe, also die Hub- und Schwenkbewegungen, können über Anschläge oder Endschalter eingestellt werden.

Industrieroboter haben nahezu unbegrenzte Bewegungsmöglichkeiten innerhalb ihres Arbeitsraumes. Die Bewegungen sind frei programmierbar oder über Sensoren gesteuert.

4.2.3 Kinematik und Bauarten von Industrierobotern

Der kinematische Aufbau von Industrierobotern wird durch die Anordnung, Art und Anzahl seiner Achsen bestimmt, die an einer Bewegung beteiligt sind. **Achsen** sind die geführten und unabhängig voneinander angetriebenen Bewegungselemente des Roboters.

Man unterscheidet:

Rotatorische Achsen: Damit können schnelle Drehbewegungen in den Drehgelenken A1 bis A6 ausgeführt werden **(Bild 2)**.

Translatorische Achsen: Damit sind geradlinige, lineare Achsbewegungen parallel der X-, Y- und Z-Koordinatenachsen möglich.

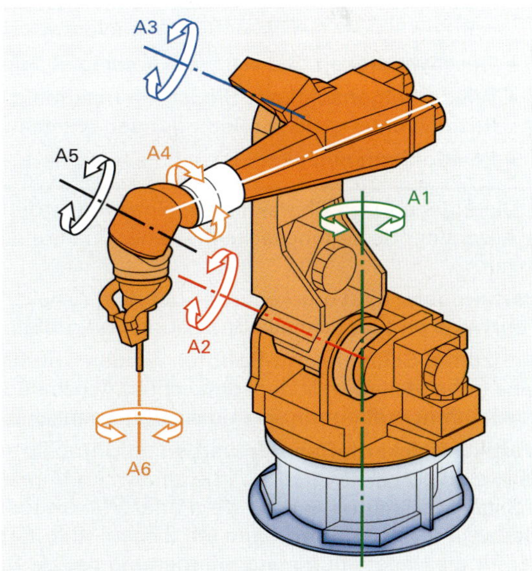

Bild 2: 6-achsiger Knickarmroboter

Die Bauart und die Bewegungsmöglichkeiten (= Kinematik) der Roboter sowie das Vorhandensein von rotatorischen (R) oder translatorischen (T) Hauptachsen des Roboters bestimmen den möglichen **Arbeitsraum (Bild 1)**: Der Raum kann zylindrisch, kugel- oder quaderförmig sein. Mischformen dieser Grundelemente werden als hybrid bezeichnet: z. B. der Arbeitsraum beim Scara[1]-Typ.

Merkmale	Bauart		
	Portalroboter	Horizontal-Schwenkarm-Roboter	Vertikal-Knickarm-Roboter
Anordnung der Bewegungsachsen (kinematischer Aufbau)	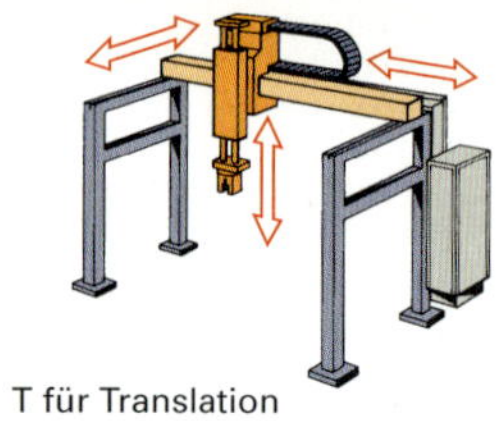	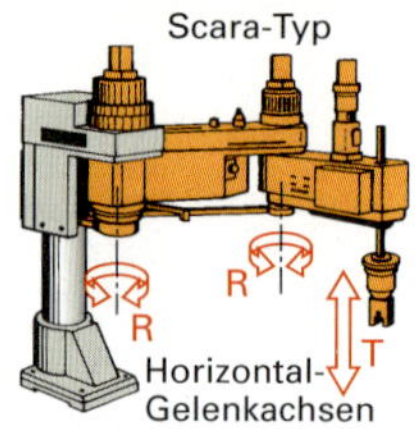	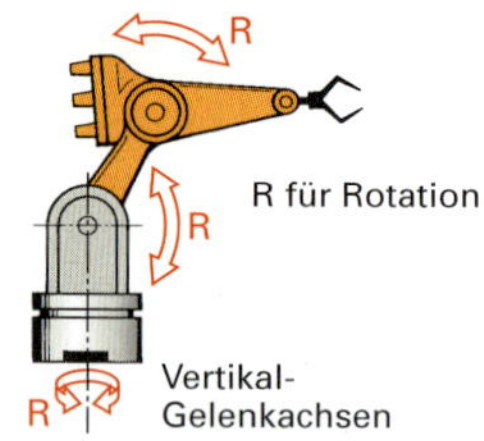
Achskombination	3 Linearachsen Koordinatenbauweise TTT	1 Linearachse 2 Drehachsen RRT (TRR)	3 Drehachsen RRR
Arbeitsraum	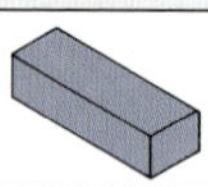	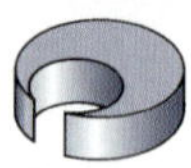	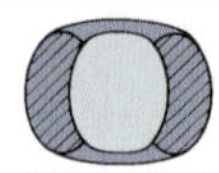
Einsatzbereiche	Werkzeug- und Werkstück-Beschickung, Montage, Palettieren	Montage, Bohren, Fräsen, Prüfen	Schweißen, Entgraten, Lackieren, Montage

Bild 1: Bauarten und Einsatzbereiche von Industrierobotern

Die Leistungsmerkmale von Industrierobotern ergeben sich aus der Bauart:

- **Anzahl der Bewegungsachsen.** Je mehr Achsen (Gelenke) ein Roboter besitzt, desto beweglicher ist er. Der höchste Freiheitsgrad $f = 6$ erfordert mindestens sechs Bewegungsachsen.
- **Arbeitsraum.** Er beschreibt den möglichen Bewegungsraum. Dieser wird aus den Verfahrbereichen aller Achsen gebildet und stellt gleichzeitig den **Gefahrenbereich** für das Bedien- und Wartungspersonal des Roboters dar.
- **Nennlast.** Sie ist immer kleiner als die maximal zulässige Traglast und kann vom Roboter ohne Einschränkung der Geschwindigkeit bewegt werden.
- **Geschwindigkeit.** Sie setzt sich anteilig aus den Bewegungen der Achsen zusammen.
- **Wiederholgenauigkeit.** Sie ist die maximale Abweichung, die beim wiederholten Anfahren einer Position unter gleichen Bedingungen entsteht, und liegt im Bereich von ± 0,01 mm und ± 2 mm.
- **Positioniergenauigkeit.** Sie ist die maximale Abweichung beim Positionieren der Nennlast.

Die Eigenart und Charakteristik eines Industrieroboters richtet sich nach seinem Leistungsprofil: der Anzahl der Bewegungsachsen, seiner Positionier- und Wiederholgenauigkeit sowie der Geschwindigkeit.

Portalroboter sind brückenartig über dem Arbeitsraum angeordnet. Sie eignen sich besonders für große Fahrwege und die schnelle Bewegung von großen Traglasten.

Horizontal-Schwenkarm-Roboter werden überwiegend als Montage-Roboter eingesetzt. Sie besitzen eine hohe Steifigkeit in der senkrechten Achse und können schnelle horizontale Bewegungen ausführen. Nach ihrem Aufbauprinzip sind sie dem menschlichen Arm am ähnlichsten.

Vertikal-Knickarm-Roboter werden aufgrund ihrer Bauart auch als **Gelenkroboter** bezeichnet. Ihre Vorteile sind ein relativ großer Arbeitsraum im Verhältnis zur Baugröße, schnelle Bewegungen und die beliebige Ausrichtung von Greifern oder Werkzeugen im Raum. Aufgrund dieser Beweglichkeit sind viele Schweiß- und Lackierarbeiten mit diesem Robotertyp durchführbar. Der universelle Einsatz dieser Roboter für die Handhabung und Bearbeitung hat zur Bezeichnung **Universalroboter** geführt.

[1] scara, engl. Abkürzung von **s**elective **c**ompli**a**nce **r**obot **a**rm

4.2.4 Funktionseinheiten von Industrierobotern

Der **Antrieb** von Industrierobotern besteht meistens aus drehzahlregelbaren Drehstrom-Servomotoren mit elektromagnetischen Bremsen. Die hohen Drehzahlen der Elektromotoren werden mit Harmonic-Drive- **(Bild 1, Seite 490)** oder Cyclo-Fine-Getrieben stark untersetzt. Man erhält Drehzahlen im Bereich von 0,2 bis 2 Umdrehungen pro Sekunde.

Die **Sensoren** sind die „Sinnesorgane" des Roboters. Es gibt eine Vielzahl von eingesetzten Sensoren mit unterschiedlichen Funktionen **(Bild 1)**. Taktile (= berührende) Signalelemente fühlen die Form und Lage des zu bearbeitenden Werkstückes. Berührungslos arbeitende optische oder elektrische Sensoren übermitteln Informationen aus dem Arbeitsraum des Roboters an die Steuerung, um die auftretenden Kräfte und Bewegungen zu überwachen (Seite 582).

Das digitale absolute **Wegmesssystem** mit codierten Segmentscheiben erfasst die IST-Positionen der Dreh- und Linearachsen.

Analoge Drehmelder, sog. **Resolver**[1] für Drehwinkelerfassung und Linearpotenziometer für translatorische (geradlinige) Verschiebungen, sind weit verbreitet **(Bild 2)**. **Resolver** werden an den Läuferwellen angebracht. Sie entsprechen im Aufbau einem Wechselstromgenerator mit einer Rotorwicklung und zwei um 90° zueinander versetzten Statorwicklungen. Beide Statorwicklungen werden mit Spannung versorgt. Im Rotor wird beim Drehen eine phasen-verschobene Spannung induziert. Der Phasenverschiebungswinkel α_x ist eine analoge Größe zum Drehwinkel der jeweiligen Achse.

Sensortyp	Funktion
Winkelschrittgeber (Segmentscheibe)	Lage, Position, Geschwindigkeit, Beschleunigung bestimmen
Endschalter Lichtschranke	Sicherheit überwachen
induktiver oder kapazitiver Näherungssensor: 0,1…10 mm optischer Entfernungssensor: 1 mm…10 mm Schaltsensor: 0,1…10 m Taster	Abstände messen, Bauteile erfassen
Taster Bildverarbeitung über Kamerasystem	Werkstückkontur erfassen, Bahnführung, Lage und Zustand erkennen
Kraftsensor	Kraft, Druck, Drehmoment messen

Bild 1: Sensoren und ihre Funktion

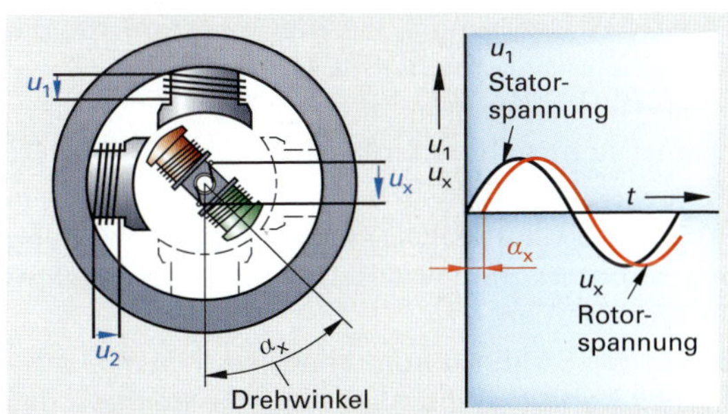

Bild 2: Drehwinkelerfassung mit Resolver

4.2.5 Programmierung von Industrierobotern

Die **Programmierung** erfolgt entweder ON-LINE, d. h. direkt am Roboterbedienpanel in der Arbeitszelle, oder ohne direkte Sichtverbindung zum Roboter OFF-LINE an einem PC-Programmierplatz **(Bild 3)**.

Bei der **Teach-In-Programmierung**[2] werden von Hand über ein entsprechendes Bedienpanel Raumpunkte angefahren und Greiferfunktionen ausgelöst. Das dabei entstehende Programm kann getestet und optimiert werden. Die Handverfahr- und Programmgeschwindigkeiten lassen sich stufenlos einstellen.

Bild 3: Roboter-Programmierverfahren

[1] von engl. to resolve = auflösen

[2] von engl. to teach = lehren

Bei der **textuellen Programmierung** wird der Programmablauf durch Anweisungen (Befehle) in einer Programmiersprache des Roboters beschrieben. Für die einzelnen Robotersysteme stehen unterschiedliche Sprachen zur Verfügung.

Die **grafisch interaktive Programmierung** greift auf CAD-Daten der Roboterzelle (Peripheriesystem) und Roboterdaten in Form von Draht-, Flächen- oder Volumenmodellen zurück. Handhabungsfunktionen können somit virtuell auf einer aufwendigen Benutzeroberfläche offline programmiert und simuliert werden, bevor sie an realen Anlagen getestet und eingesetzt werden.

Anders als beim Programmieren von CNC-Maschinen werden die Raumpunkte, die ein Roboter anfahren soll, über das **Teachen** gefunden. Dabei kommen roboterspezifische Bedieneinheiten zum Einsatz **(Bild 1)**. Diese Panels besitzen integrierte Sicherheitseinrichtungen, z.B. Zustimmtaster, ohne deren Aktivierung der Roboter stehenbleiben würde.

4.2.6 Koordinatensysteme

Um die Lage dieser Raumpunkte bezüglich der Achsbewegungen zu beschreiben, benötigt man verschiedene **Koordinatensysteme (KoSyst)**:

WORLD: Das WORLD-Koordinatensystem ist ein fest definiertes kartesisches Koordinatensystem.

Es ist das Ursprungskoordinatensystem für die Koordinatensysteme ROBROOT und BASE.

In der Grundeinstellung liegt das WORLD-Koordinatensystem im Roboterfuß und ist mit ROBROOT deckungsgleich **(Bild 2)**.

ROBROOT: Mit ROBROOT kann eine Verschiebung des Roboters zum WORLD-Koordinatensystem definiert werden.

BASE: Das BASE-Koordinatensystem ist ein kartesisches Koordinatensystem, das die Position des Werkstücks beschreibt. Es bezieht sich auf das WORLD-Koordinatensystem und muss vom Anwender eingemessen werden.

TOOL: Das TOOL-Koordinatensystem ist ein kartesisches Koordinatensystem, das im Arbeitspunkt (TCP) des Werkzeugs liegt. Es bezieht sich auf das BASE-Koordinatensystem.

In der Grundeinstellung liegt der Ursprung des TOOL-Koordinatensystems im Flanschmittelpunkt. Das TOOL-Koordinatensystem wird vom Benutzer in den Arbeitspunkt des Werkzeugs verschoben **(Bild 3)**.

Ein Vorteil der Verschiebung des TCP vom Flanschmittelpunkt zum TCP des Werkzeugs ist das geradlinige Verfahren in Werkzeugstoßrichtung (X_{Tool}), wenn es schräg im Raum steht.

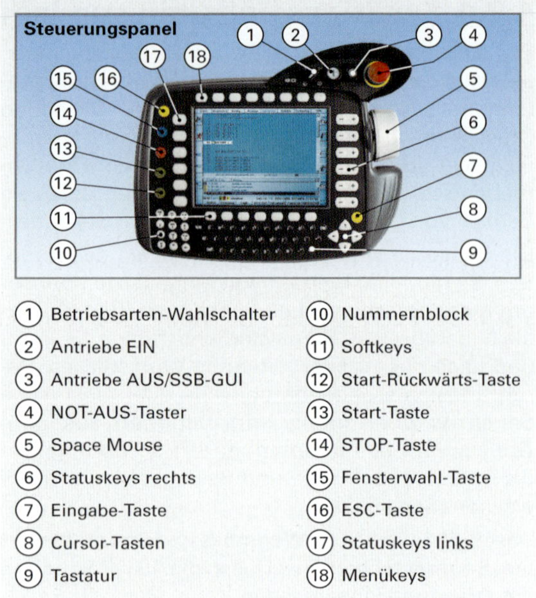

Bild 1: Steuerungspanel zur Programmerstellung eines Roboters

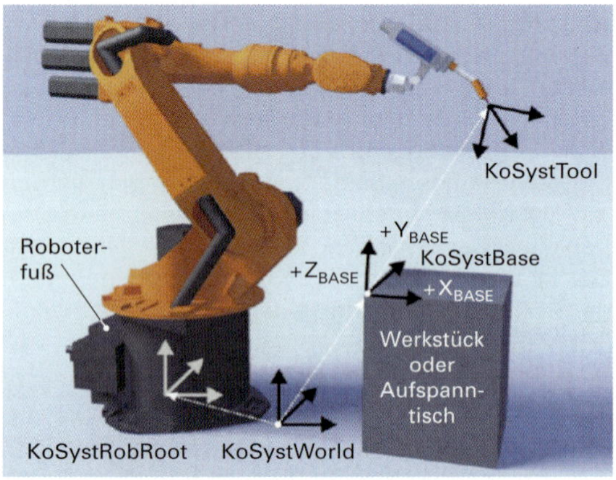

Bild 2: Übersicht über Koordinatensysteme (KoSyst) an einem Knickarmroboter

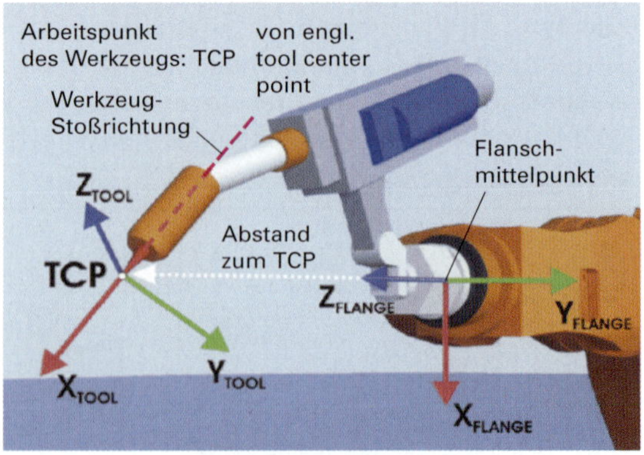

Bild 3: Ermittlung des TCP in Bezug auf das Flanschkoordinatensystem

Wenn das Werkzeug und evtl. das Werkstück vermessen sind, kann mit der Programmierung von Bewegungen begonnen werden. Die Programmiersprache ist englisch **(Bild 1)**.

4.2.7 Bewegungsarten von Industrierobotern

- **PTP-Bewegung** (von engl. point to point)

Der Roboter führt den TCP (Werkzeugarbeitspunkt) entlang der schnellsten Bahn zum Zielpunkt. Die Roboterachsen bewegen sich rotatorisch. Der exakte Verlauf der Bewegung ist nicht vorhersehbar. In einer Programmzeile wird PTP ausgewählt **(Bild 2)**,

z. B. PTP | P1 | CONT | Vel= 100 %

Die Zeile bedeutet, dass von einem unkritischen Punkt (z. B. HOME-Punkt bezeichnet) der Punkt P1 mit einer Geschwindigkeit vel (engl. velocity) von 100 % (beim manuellen Verfahren z. B. 250 mm/s) mit einer PTP-Bewegung angefahren wird.

- **LIN-Bewegung** (von engl. linear)

Der Roboter führt den TCP mit der definierten Geschwindigkeit von 2 m/s entlang einer Geraden zum Zielpunkt P1,

z. B. LIN | P1 | CONT | Vel= 2 m/s

- **CIRC-Bewegung** (von engl. circular)

Der Roboter führt den TCP mit der definierten Geschwindigkeit von 2 m/s entlang einer Kreisbahn zum Zielpunkt. Die Kreisbahn ist definiert durch Startpunkt, Hilfspunkt und Zielpunkt,

z. B. CIRC | P1 | P2 | CONT | Vel= 2 m/s

Der Punkt P1 in der Programmzeile ist der Punkt P_{AUX}, ein Hilfspunkt, um vom Startpunkt P_{START} zum Endpunkt P2 zu gelangen **(Bild 3)**.

Bei den Linear- und Kreisbewegungen LIN und CIRC werden die Geschwindigkeiten direkt eingegeben, z. B. vel = 2 m/s, und nicht in Prozent.

Bei allen drei Beispielen wird der Befehl **„CONT"**[1] verwendet. Er steht für das sogenannte **Überschleifen** der Positionen.

Überschleifen bedeutet: Der TCP verlässt die Bahn, auf der er den Zielpunkt genau anfahren würde, und fährt eine schnellere Bahn. **Bild 4** zeigt ein Überschleifen bei einer **PTP**-Bewegung. Der programmierte Punkt P2 wird **nicht** angefahren.

Bei **LIN**-Bewegungen muss beim Überschleifen von P2 ein Abstand angegeben werden, von dem aus von der geraden Bewegung abgewichen werden darf **(Bild 5)**. Es entsteht **keine** Kreisbahn.

Bei **CIRC**-Bewegungen wird P_{aux} immer exakt angefahren. Die Übergangsbahn vom Kreis zur Linie entspricht auch hier keinem Radius.

[1] cont, engl. continuous path

```
DEF my_program( )
INI

PTP HOME  Vel= 100 % DEFAULT
...
LIN point_5 CONT Vel= 2 m/s CPDAT1 Tool[3] Base[4]
...
PTP point_1 CONT Vel= 100 % PDAT1 Tool[3] Base[4]
...
PTP HOME  Vel= 100 % DEFAULT

END
```

Bild 1: Programm mit Bewegungsbefehlen

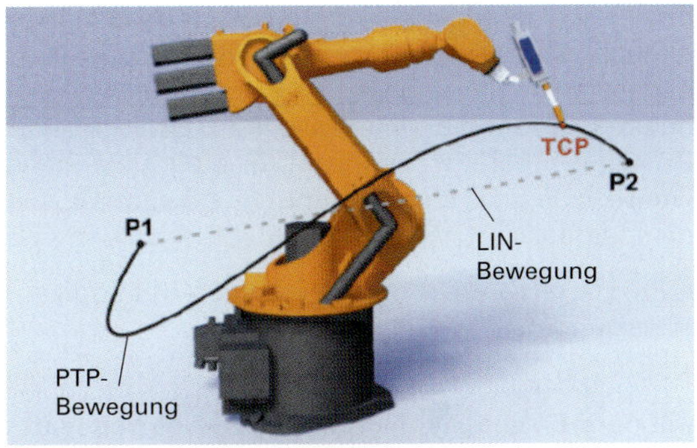

Bild 2: PTP- und LIN-Bewegung

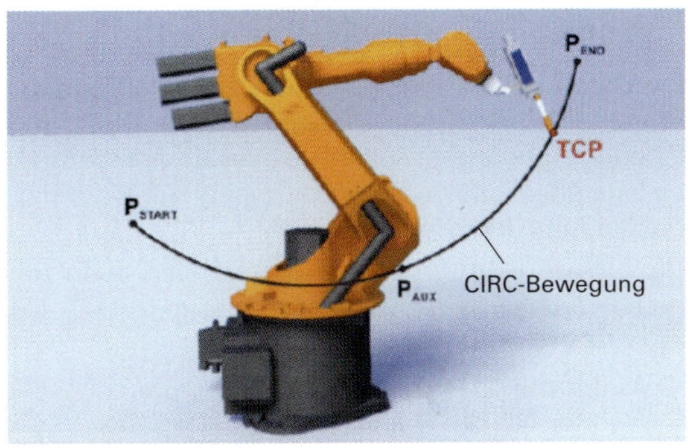

Bild 3: CIRC-Bewegung

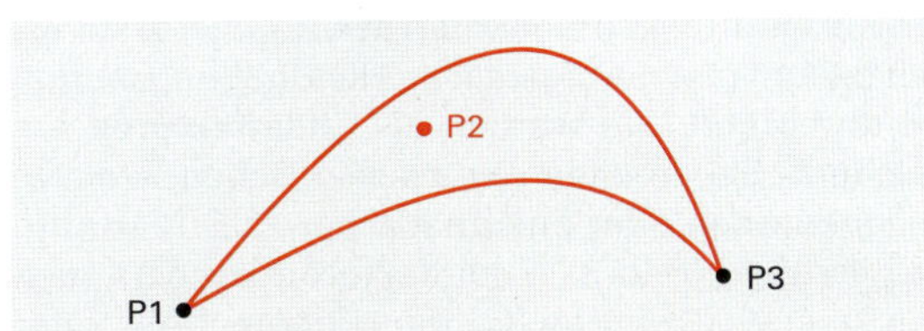

Bild 4: Überschleifen bei PTP-Bewegung

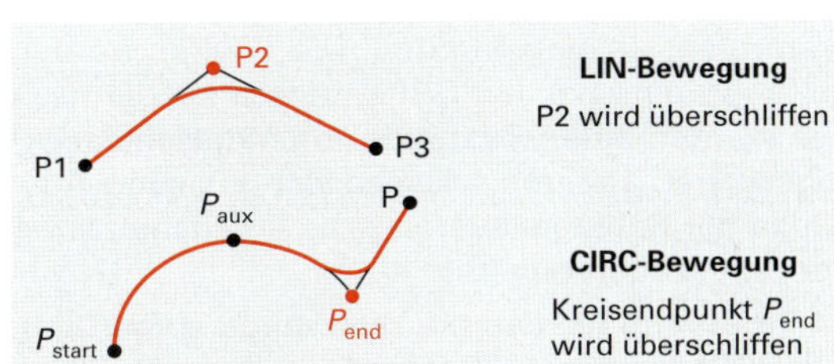

Bild 5: Überschleifen bei LIN- und CIRC-Bewegungen

4.2.8 Kommunikation von Industrierobotern und Peripherie

Zur Programmierung einer Robotersteuerung gehören auch Befehle, die eine **Kommunikation** mit peripheren Komponenten ermöglichen. Dabei geht es um das Empfangen und Verarbeiten von Eingangssignalen aus der Roboterzelle. Zudem werden vom Roboter Ausgangssignale in die Zelle gesendet **(Bild 1)**.

Es werden zahlreiche digitale Ein- und Ausgänge genutzt. Die Anzahl der **analogen** Ein- und Ausgangssignale ist erheblich kleiner. Bei diesen Signalen werden die physikalischen Größen, z.B. Druck, Temperatur, Drehzahl, in eine elektrische Größe, wie z.B. eine Spannung, gewandelt, die dann digitalisiert wird.

- Programmieren von **E-/A**-Befehlen mit Logikanweisungen

OUT 1 State= TRUE

Mit dem Befehl **„OUT"** wird der **Roboterausgang** mit der Nummer 1 angesteuert. Er wird auf den Status „TRUE" gesetzt; er erhält die logische „1".

WAIT FOR [IN 7]

Der Befehl **„WAIT FOR"** setzt eine signalabhängige Wartezeit. Das Signal „TRUE" wird am Eingang IN1 des Roboters erwartet. In **Bild 2** wird gezeigt, an welcher Stelle des Bewegungsablaufes der Eingangsbefehl IN1 stehen könnte.

Die „WAIT FOR"-Anweisung lässt sich auch mit den einfachen logischen Verknüpfungen AND, OR oder NOT verbinden:

Wait for (IN1) **and** (IN2) oder
Wait for **NOT** (IN1 **and** IN2)

- Greiferprogrammierung

Greifer sind Teilkomponenten des Robotersystems, mit denen man die eigentliche Handhabungsaufgabe durchführt. Sie werden als **Endeffektoren** bezeichnet. Sie arbeiten mit mechanischen, elektromagnetischen oder pneumatischen (z.B. Vakuum) Haltekräften **(Bild 3)**. Endeffektoren können auch Punktschweißzangen in der Fügetechnik oder Spritzwerkzeuge für die Farbbeschichtung sein.

Greifer werden in der Software über spezielle Programmfenster eingebunden. Die Greifer werden im Programm, z.B. mit GRP1, bezeichnet. Je nach Typ werden ihnen **Zustände** (offen/geschlossen) zugeordnet; außerdem lassen sich Ein- und Ausgänge der Robotersteuerung zur Arbeitshandlung der Greifer zuordnen **(Bild 4)**.

Im Programm werden die Werkzeuge aufgerufen, z.B. **GRP1** (gripper 1 = Greifer 1), und es wird ihnen ein Zustand (STATE) zugewiesen **(Bild 5)**.

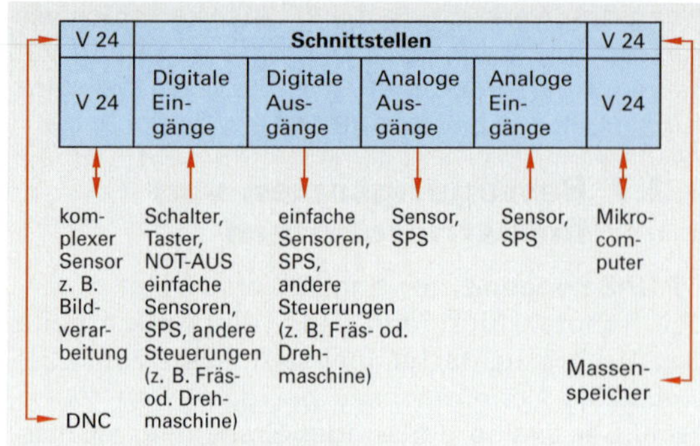

Bild 1: Roboterschnittstellen

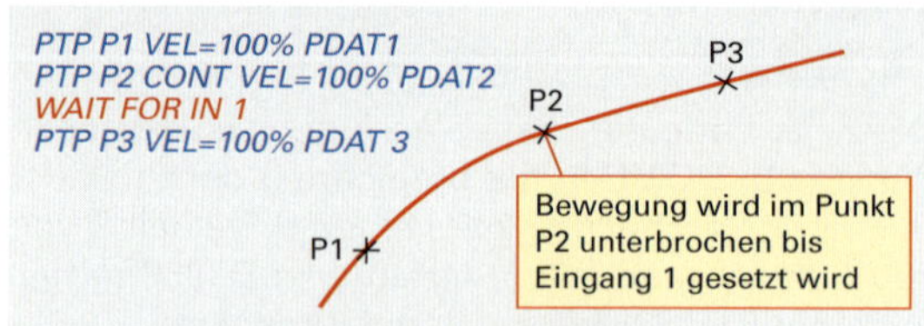

Bild 2: Signalabhängige Wartefunktion

Bild 3: Vakuum-Haltegreifer beim Waferhandling

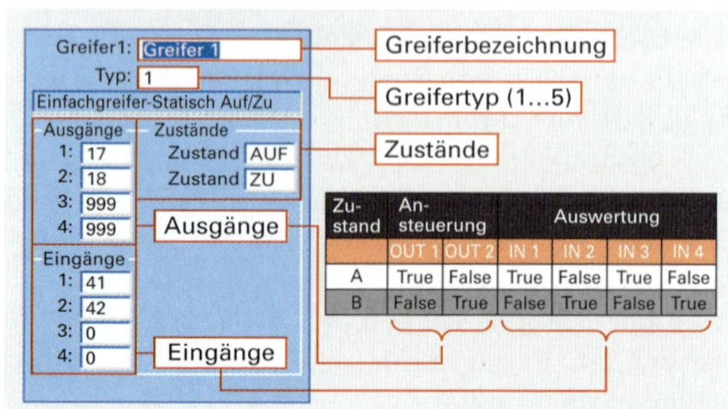

Bild 4: Programmfenster für die Greiferkonfiguration

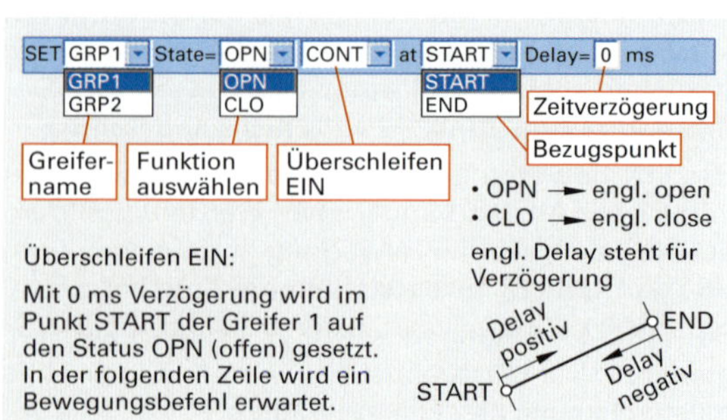

Bild 5: Greiferbefehle in einem Programm

4.2.9 Sicherheit beim Einsatz von Handhabungssystemen

Ohne Beachtung von Sicherheitsvorschriften wären beim Einsatz von Industrierobotern das Bedienungspersonal und die Betriebseinrichtungen erheblich gefährdet.

Mögliche Gefahrenquellen in der Handhabungstechnik entstehen durch

- hohe Verfahrgeschwindigkeiten der einzelnen Achsen,
- unvorhersehbare Bewegungsabläufe, z.B. bei PTP-Bewegungen,
- hohe Lasten und schnell bewegte Massen,
- sich lösende und umherfliegende Bauteile,
- Kollision mit Peripheriegeräten.

Weitere Gefahren entstehen bei spezifischen Fertigungsprozessen, z.B. beim Schweißen durch die UV-Strahlung oder starker Wärmeentwicklung **(Bild 1)**.

Schutzeinrichtungen, die den Zutritt zur Roboterzelle verhindern oder erschweren, sind z.B.:

- Umzäunungen, Verkleidungen und Abdeckungen der Arbeitszelle,
- Sicherheitslaserscanner zur Überwachung von Schutz- und Warnfeldern vor und in der Arbeitszelle **(Bild 2)**,
- Optoelektronische Lichtvorhänge und Lichtschranken **(Bild 3)**, Sicherheitsschaltmatten,
- Personenidentitätskontrolle mit Sicherheitsschlössern oder Chipkarten.

Zum Programmieren und Einrichten der Industrieroboter in der Roboterzelle werden diese Sicherheitseinrichtungen zum Teil außer Kraft gesetzt.

Um trotzdem ein hohes Maß an Sicherheit zu gewährleisten, besitzen die Robotersteuerungen zusätzliche Sicherheitselemente:

- Zustimmtaster am Bedienpanel: Beim Loslassen oder Durchdrücken bleibt der Industrieroboter stehen **(Bild 1, Seite 314)**.
- NOT-AUS-Einrichtung und STOPP-Taste.
- Reduzierte Verfahrgeschwindigkeiten sind für den Einricht- und Testbetrieb über Betriebsartenwahlschalter möglich. Zum Testen der Automatikfunktionen muss die Roboterzelle verlassen und abgesichert sein.
- Software-Endschalter grenzen den möglichen Schwenk- und Bewegungsraum der Einzelachsen ein.

Bild 1: Sperrgitter und Strahlenschutz bei einer Roboterschweißzelle

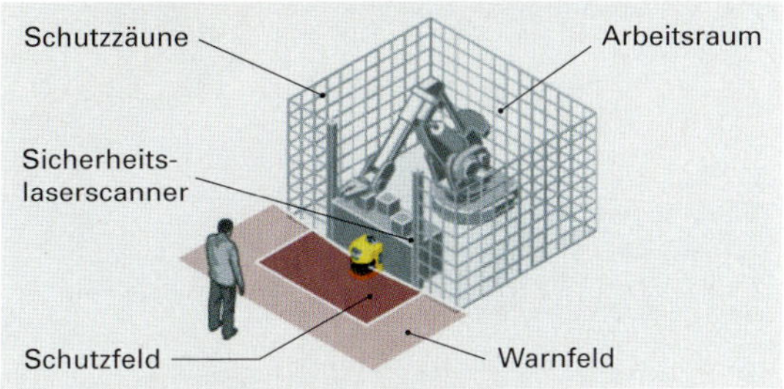

Bild 2: Sicherung der Zugangsöffnung einer Roboterzelle mit einem Laserscanner

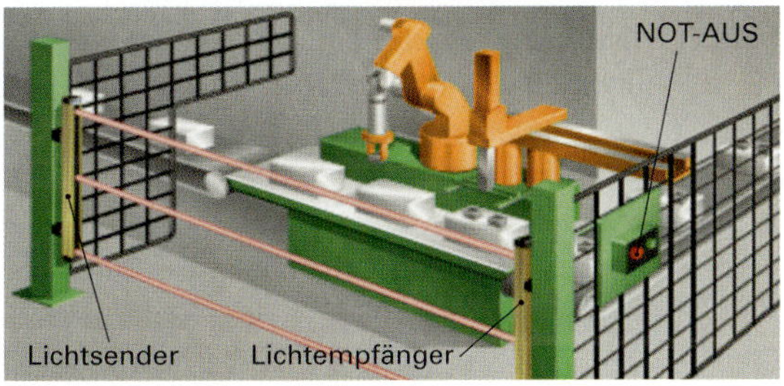

Bild 3: Möglichkeiten der Absicherung des Zugangsbereiches

Wiederholung und Vertiefung

1 Wie viele Freiheitsgrade können Industrieroboter haben?

2 Welche Roboterbauarten ergeben sich aus den rotatorischen und translatorischen Bewegungsachsen?

3 Nennen Sie drei Sensortypen und ihre Funktionen bei Industrierobotern.

4 Erklären Sie den Begriff Arbeitspunkt TCP.

5 Welche Getriebebauformen werden bei Robotern verwendet?

6 Wodurch unterscheidet sich der Bewegungsbefehl PTP vom LIN-Befehl?

7 Nennen Sie Möglichkeiten der Absicherung der Arbeitsräume von Industrierobotern.

4.3 Automatisierte CNC-Werkzeugmaschinen

Die Standard-Fertigungsmaschinen bei der flexiblen Fertigung sind CNC-Drehmaschinen und Bearbeitungszentren. Ihre Automatisierung ist der Schlüssel der automatisierten flexiblen Fertigung.

4.3.1 Automatisierung eines CNC-Bearbeitungszentrums

Die wichtigsten Baugruppen zur Automatisierung eines Bearbeitungszentrums (BAZ) sind, neben der CNC-Steuerung, das Werkzeugmagazin, der Werkzeugzubringer mit Werkzeugwechsler, der Rundschalt- und Schwenktisch zur Fräs- und Drehbearbeitung sowie der Palettenwechsler **(Bild 1)**.

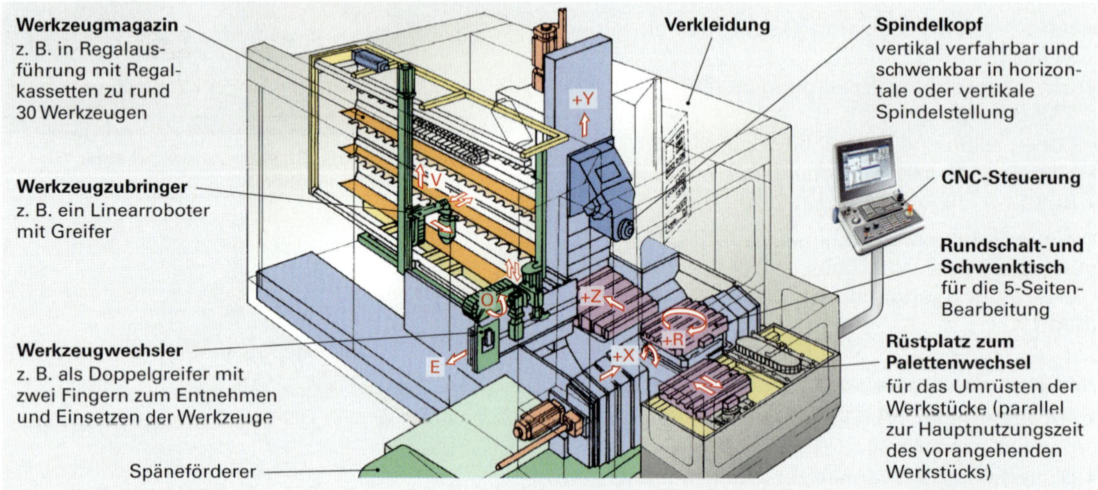

Bild 1: Baugruppen zur Automatisierung eines CNC-Bearbeitungszentrums für die 5-Seiten-Bearbeitung

Die **CNC-Steuerung** ist das zentrale Anlagenteil zur Automatisierung eines Bearbeitungszentrums **(Bild 2)**.

Mit der CNC-Steuerung werden eine Vielzahl von Baugruppen und Bearbeitungsparametern gesteuert:

- Die Drehzahl der Antriebsspindel
- Die verfahrbaren Linearachsen und Drehachsen
- Der Wechsel und der Einsatz des geeigneten Werkzeugs
- Der Austausch und die Zuführung der gespannten Werkstückpaletten
- Die Versorgungsaggregate der Hydraulik, der Elektrik, des Kühlschmierstoffs usw.

Im **Werkzeugmagazin** werden die für die Bearbeitung erforderlichen Werkzeuge auf Trägern bereit gehalten.

Das Werkzeugmagazin kann aus linearen Regalreihen bestehen (Bild 1) oder als Rundscheibenmagazin gestaltet sein **(Bild 3)**.

Im Magazin sind die Werkzeuge mit Werkzeughaltern (Hohlschaftkegel) in Aussparungen mit Klickverbindungen aufgereiht. Durch mehrere Regalreihen- bzw. mehrere Rundscheibenmagazine können bis zu 200 Werkzeuge bereit gehalten werden.

Der **Werkzeugwechsler** dient zum automatischen Entnehmen von Werkzeugen aus dem Spindelkopf und dem Einsetzen eines anderen Werkzeuges. Das entnommene Werkzeug wird entweder in das Werkzeugmagazin rückgeführt und dort eingelagert oder bei Verschleiß aussortiert.

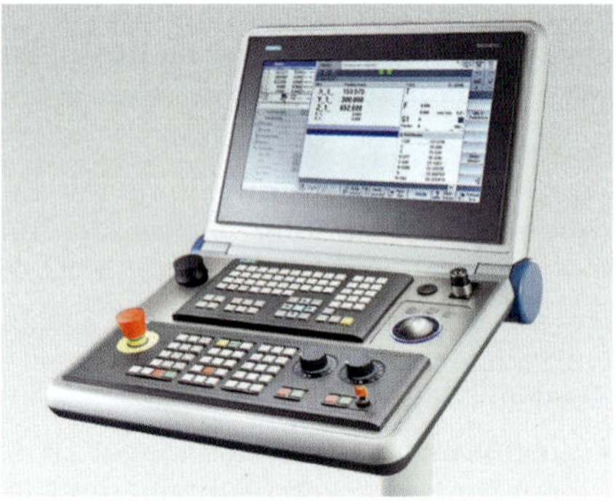

Bild 2: CNC-Steuerung

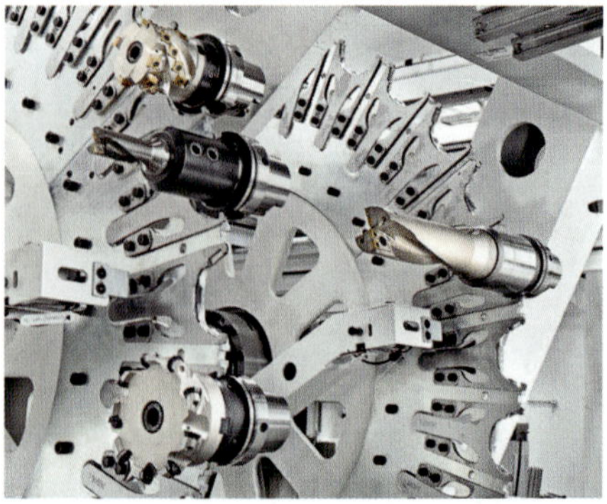

Bild 3: Rundscheiben-Werkzeugmagazin

Der automatische Werkzeugwechsel verläuft bei dem Linearroboter mit Doppelgreifer in mehreren Schritten:

1. Der **Werkzeugzubringer**, z. B. ein Linear-Roboter mit Greifer, entnimmt das neue Werkzeug aus dem **Werkzeugmagazin** und fährt damit zum Werkzeugwechsler **(Bild 1, vorherige Seite)**.
2. Der eine Greifer des **Doppelgreifer-Werkzeugwechslers** übernimmt das neue Werkzeug und fährt zum Spindelkopf **(Bild 1)**. Dort nimmt der zweite Greifer das alte Werkzeug aus dem Spindelkopf. Der Werkzeugwechsler klappt um und setzt das neue Werkzeug in den Spindelkopf ein.
3. Beim nächsten Werkzeugwechsel wird das alte Werkzeug im Magazin für gebrauchte Werkzeuge abgelegt.

Der Werkzeugwechsel aus einem Rundscheiben-Werkzeugmagazin erfolgt in derselben Weise.

Ein **CNC-Bearbeitungszentrum** hat fünf **Achsen:**

Drei Linearachsen X, Y und Z sowie die Schwenkachse A' und die Drehachse B' **(Bild 2)**.

Die Drehachse B' kann mit Winkelbewegungen zur Mehrseitenbearbeitung geschaltet werden. Sie kann aber auch vollständige Drehbewegungen mit unterschiedlichen Drehzahlen ausführen. Hierdurch wird auf dem Bearbeitungszentrum auch das Drehen von Werkstücken möglich.

Die **Arbeitsspindel** kann senkrecht angeordnet sein (Bild 1, vorherige Seite) oder waagrecht stehen (Bild 2, diese Seite). Zudem kann sie um 90° schwenkbar sein.

Bei waagrechter Anordnung oder bei Bearbeitung von unten fallen die Späne aus dem Arbeitsraum und der Kühlschmierstoff fließt ungehindert nach unten ab.

Auch der **Schwenk-/Rundtisch** zur Fünf-Seiten-Bearbeitung in einer Aufspannung ist ein wichtiges Element zur Steigerung des Automationsgrads und der Produktivität (Bild 2). Durch ihn sind Bearbeitungen an fünf Seiten des Werkstücks in einer Aufspannung möglich.

Die in **Bild 3** dargestellte Fünf-Seiten-Bearbeitung wird durch den Rundschalttisch und die in horizontaler und vertikaler Stellung arbeitende Arbeitsspindel ermöglicht. Dadurch werden der Zeitaufwand für das Umspannen und Lageabweichungen durch das Umspannen der Werkstücke vermieden.

Die meisten Bearbeitungszentren sind mit einem **Rüstplatz zum Palettenwechseln** ausgestattet **(Bild 4)**. Dort wird das Abspannen des bearbeiteten Werkstücks und das Aufspannen des Rohteils während der Hauptzeit (Bearbeitung) des vorangehenden Werkstücks vom Facharbeiter ausgeführt.

Eine präzise Führung der gewechselten Paletten, kombiniert mit dem automatischen Synchronisieren des Nullpunkt-Spannsystems, gewährleisten eine hohe Prozesssicherheit.

Durch einen Handhabungsautomat (Roboter) für den automatischen Palettenwechsel und einen Palettenspeicher kann der Automatisierungsgrad weiter gesteigert werden.

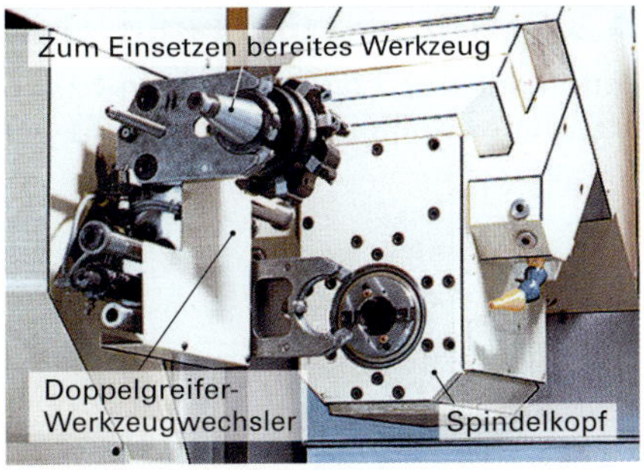

Bild 1: Spindelkopf mit Werkzeugwechsler

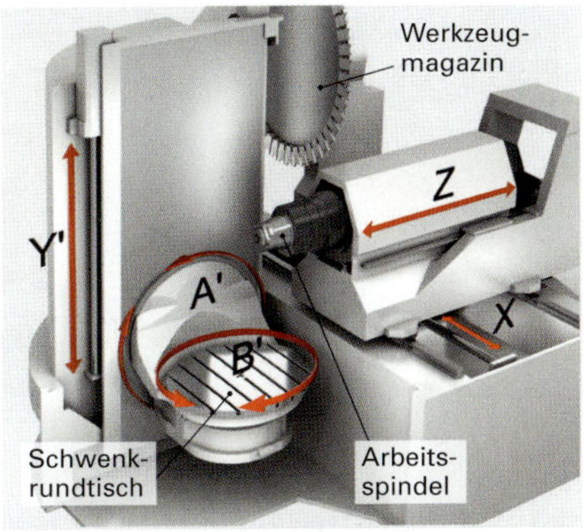

Bild 2: Achsen eines Bearbeitungszentrums mit horizontaler Spindel

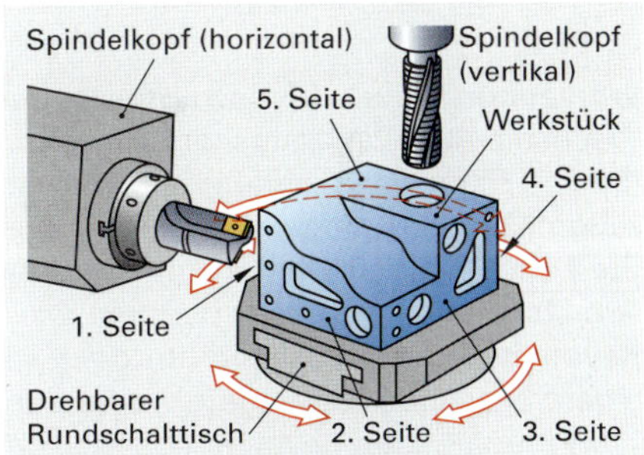

Bild 3: Fünf-Seiten-Bearbeitung am Rundschalttisch

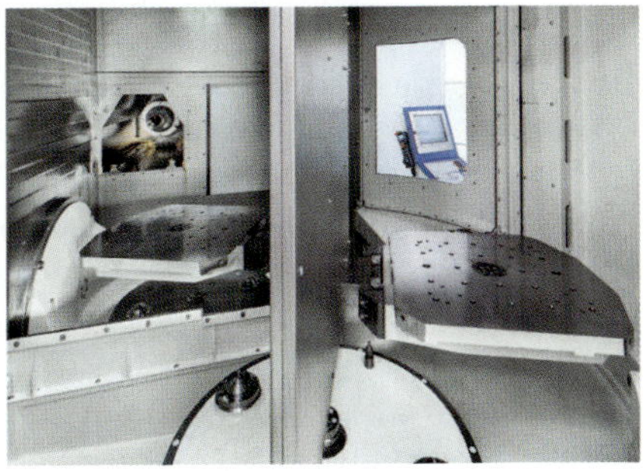
Bild 4: Palettenwechsler

4.3.2 Automatisierung einer CNC-Drehmaschine

Automatisierte CNC-Maschinen haben Baugruppen, die den erweiterten automatischen Betrieb der Maschine ermöglichen **(Bild 1)**. Alle automatisierten Baugruppen werden durch die CNC-Steuerung der Maschine bewegt.

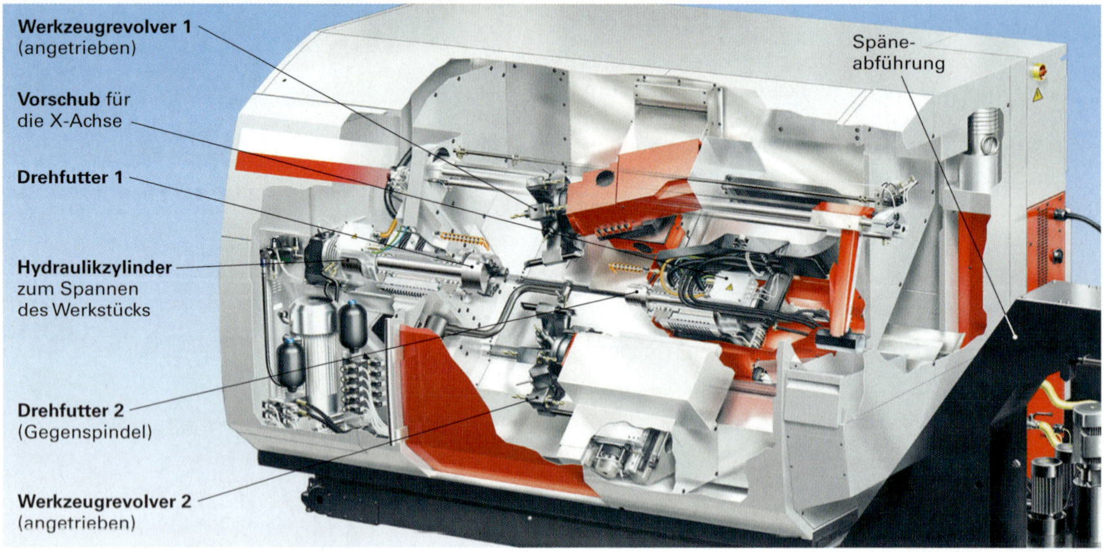

Bild 1: Automatisierte CNC-Drehmaschine

Die Baugruppen der Automatisierung sind:

Eine **zweite angetriebene Arbeitsspindel** (Gegenspindel). Sie macht die Bearbeitung des Werkstücks von einer zweiten Seite möglich (Bild 1). Dazu wird das Drehteil, nach dem Spanen der einen Seite, automatisch aus dem Drehfutter entnommen, im Gegenfutter gespannt und auf der anderen Seite fertig bearbeitet.

Werkzeugrevolver. CNC-Drehmaschinen besitzen zum schnellen Wechseln des Werkzeugs einen oder mehrere Werkzeugrevolver (Bild 1). Einfache Werkzeugrevolver haben **fest gespannte** Werkzeuge **(Bild 2)**. Auf ihm sind 10 bis 20 Drehwerkzeuge gespannt. Sie können durch Drehen und Verfahren des Revolvers in die Arbeitsposition gebracht werden. Die Drehwerkzeuge auf dem Revolver sind so ausgewählt, dass sämtliche Dreharbeiten an einem Werkstück durchgeführt werden können, ohne ein neues Werkzeug auf den Revolver spannen zu müssen.

Bild 2: Einfacher Werkzeugrevolver mit festgespannten Werkzeugen

Werkzeugrevolver mit Antrieb. Um aus einer normalen CNC-Drehmaschine ein **Drehzentrum für die Komplettbearbeitung** zu machen, muss sie mit angetriebenen Werkzeugen zum Fräsen und Bohren ausgestattet sein.

Dazu besitzt sie neben dem Werkzeugrevolver mit feststehenden Drehwerkzeugen weitere Werkzeugrevolver oder Werkzeugträger mit **angetriebenen Fräs- und Bohrwerkzeugen (Bild 3)**.

Damit können bei Hauptspindelstillstand auf der Stirn- und Seitenfläche des Werkstücks Fräs- und Bohrarbeiten ausgeführt werden.

Durch Ausführen der Arbeitsspindel als gesteuerte, fein einstellbare C-Achse (in 1/1000°-Schritten) und schwenkbare Werkzeuge können auf den Außenflächen des Drehteils präzise Konturen gefräst und Löcher gebohrt werden (Bild 3).

Bild 3: Werkzeugrevolver mit angetriebenen Bearbeitungswerkzeugen

Weitere Automatisierungs-Peripheriesysteme, wie z. B. Vorrichtungen zum Zuführen von Rohmaterial oder Rohteilen sowie zum Entnehmen, vervollständigen die Automatisierung der CNC-Drehmaschinen.

Die Steuerung dieser Be- und Entladungssysteme ist als Peripherie-Steuerung eigenständig, aber mit der Programmierung der CNC-Bearbeitung der Drehmaschine vernetzt und arbeitet mit ihr „Hand-in-Hand". Dadurch ist eine „Mann-arme" bzw. „Mann-lose" Fertigung möglich.

Automatische Stangenzuführung

Beim Drehen „von der Stange", besitzt die CNC-Drehmaschine eine automatische Stangenlade-Vorrichtung, die direkt an die CNC-Drehmaschine angebaut ist **(Bild 1).** Dazu muss die CNC-Drehmaschine eine Antriebsspindel mit Hohlwelle besitzen.

Das z. B. 3 Meter lange Stangenmaterial liegt auf einer Schräge im Stangenmagazin und rutscht in den Zuführungskanal. Vom Vorschubstößel wird die Stange von hinten durch die Hohlspindel in das Drehfutter geschoben und gespannt. Dann beginnt der Bearbeitungsvorgang. Danach wird das Werkstück abgestochen und verlässt den Arbeitsraum. Anschließend wird das Drehfutter geöffnet und die Stange für das nächste Werkstück nachgeschoben.

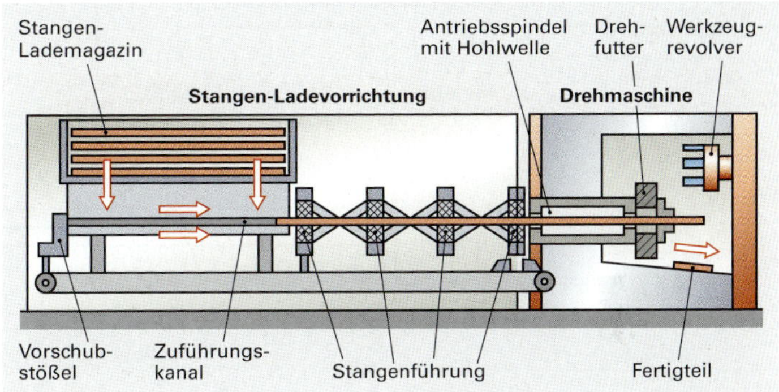

Bild 1: Stangenbeladung durch die Antriebsspindel-Hohlwelle

Automatische Beladung kleinerer Rohteile

Kleine vorgeformte Rohteile, wie z. B. pressgeschmiedete Lagergehäuse, werden mit Vorrichtungen beladen, die an die CNC-Drehmaschine angebaut sind **(Bild 2).** Die Zuführung der Rohteile in den Arbeitsraum erfolgt z. B. mit einem Taktförderband. Ein verfahrbarer Schwenklader mit Werkstückgreifer fasst das einzelne Werkstück und führt es in das Drehfutter, wo es gespannt wird. Nach der Bearbeitung fällt das Fertigteil auf eine Schräge und wird von einem Fertigteileband in Paletten oder einem Gitterbehälter abgelegt.

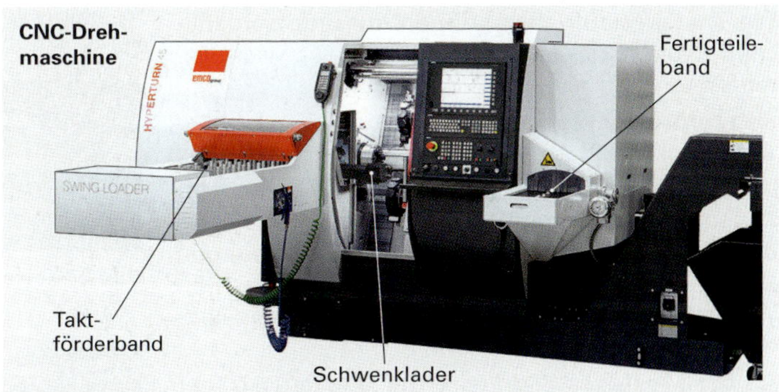

Bild 2: Beladung mit Förderband und Schwenklader

Automatische Beladung mit Industrierobotern

Bestehen die Drehteil-Rohlinge aus größeren Stangenprofilstücken oder größeren Schmiede-Rohteilen, so erfolgt die Zuführung z. B. mit einem Kettenförderer und die Werkstückhandhabung mit einem Portallader **(Bild 3).** Dazu besitzt die CNC-Drehmaschine ein seitlich angeordnetes Rohteil-Taktförderband. Der Portallader mit Greifer entnimmt ein Rohteil vom Förderband, fährt über die CNC-Drehmaschine, führt das Rohteil von oben in den Arbeitsraum und setzt es in das Drehfutter ein. Nach der Bearbeitung entnimmt er das Fertigteil und legt es auf ein Fertigteileband.

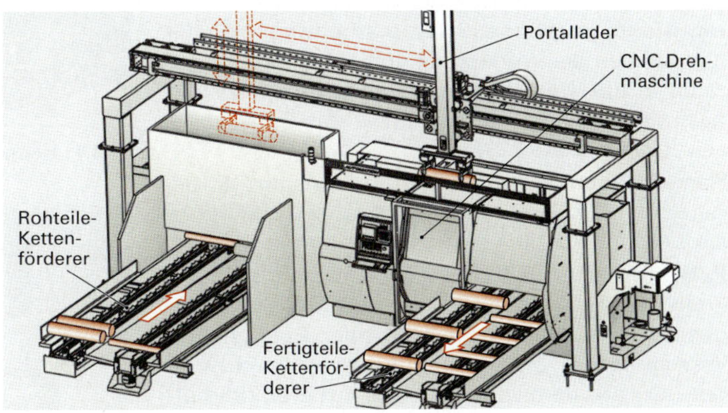

Bild 3: Automatische Be- und Entladung mit Kettenförderern und Portallader

4.4 Transportsysteme in automatisierten Fertigungsanlagen

Ein weiteres Element automatisierter Fertigungsanlagen ist ein weitgehend automatisiertes Transportsystem. Es verkettet die einzelnen Bearbeitungsstationen zur Fertigungsanlage **(Intralogistik)**.

Bild 1 zeigt z. B. das Schema eines Transportsystems für eine automatisierte Fertigungsanlage aus zwei flexiblen Fertigungszellen (FFZ1 und FFZ2) und einem Härteautomat (HA). Von der einen Seite erfolgt die Versorgung mit Werkzeugen, von der anderen Seite werden die Rohlinge auf Paletten an die Fertigungszellen herangeführt. Nach der Bearbeitung werden die fertigen Werkstücke (WSt) zur Lagerung und Auslieferung in das Fertigteilelager weggeführt.

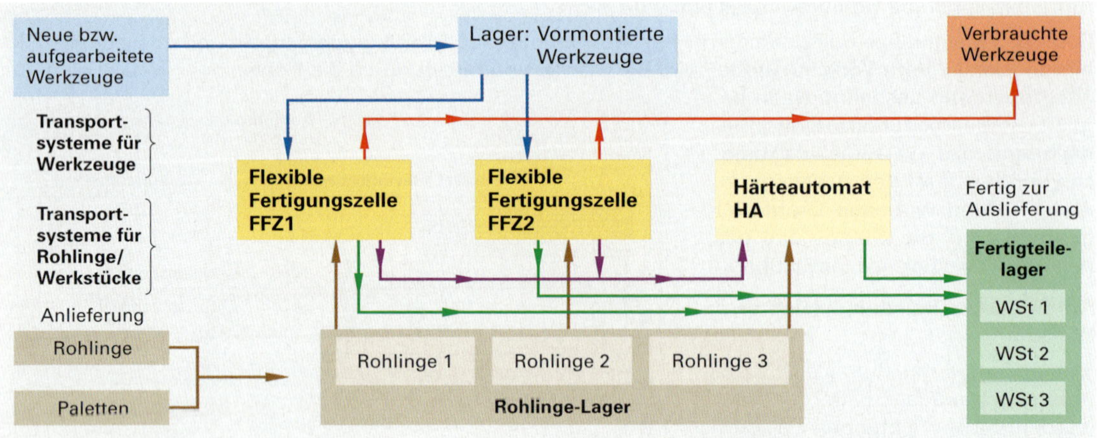

Bild 1: Schema der Transportsysteme für ein automatisiertes Fertigungssystem

Die Transportaufgaben können mit unterschiedlichen Systemen ausgeführt werden. Die wichtigsten sind:

Kettenförderer dienen zum Transport mittelgroßer Werkstücke **(Bild 2)**.

Die Transportstrecken zwischen den Montagestationen und Werkzeugmaschinen werden aus geraden Teilstücken, Umlenkungen, Ausschleusungen usw. zusammengestellt. Transportaufsätze und Werkstückträger ermöglichen den Transport jedweder Werkstücke und Bauteile.

An der Montagestation wird der Werkstückträger in die Station geschleust. Dort werden Teile am Werkstück montiert. Dasselbe erfolgt in den weiteren Montagestationen. An Bearbeitungsmaschinen werden die Werkstücke von Handhabungsgeräten in die Werkzeugmaschinen eingesetzt und nach der Bearbeitung wieder auf das Band abgesetzt **(Bild 3, Seite 321)**.

Hängebahnen dienen meist zum Transport größerer Bauteile, z. B. von Pkw-Karosserien **(Bild 3)**. An sie werden Bauteile von allen Seiten montiert.

Fahrerlose Flurförderfahrzeuge, die entlang von Führungsleitungen im Boden fahren, werden eingesetzt, um größere Bauteile oder Paletten mit Werkstücken an die Bearbeitungsmaschine bzw. in das oder aus dem Lager zu transportieren **(Bild 4)**.

Die **Steuerung** der Transportsysteme ist als Teilsteuerung in den Fertigungs-Leitrechner integriert.

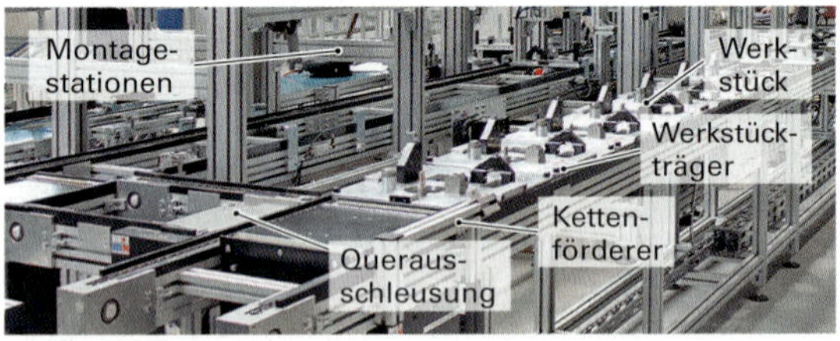

Bild 2: Kettenförderer in der Bauteilmontage

Bild 3: Hängebahn bei der Pkw-Teilefertigung

Bild 4: Fahrerlose Flurfahrzeuge bei der Beladung

4.5 Überwachungseinrichtungen in Werkzeugmaschinen

Überwachungs- und Messeinrichtungen, inklusive der leitungsgebundenen oder drahtlosen Datenübertragung der gewonnenen Daten an die Maschinensteuerung, sind eine weitere Voraussetzung zur automatisierten Fertigung auf CNC-Werkzeugmaschinen.

Sie stellen die ständige Verfügbarkeit der Maschine und die Qualität der gefertigten Produkte sicher.

Standzeit-Überwachung

Bei der Standzeit-Überwachung werden alle Einsatzzeiten eines Werkzeugs von der Maschinensteuerung erfasst und mit der eingegebenen Soll-Standzeit verglichen. Dazu besitzt die Werkzeughalterung ein eingebettetes **Cyber-physikalisches System CPS**. Es hat einen Sensor mit Minisender, der die Einsatzzeiten erfasst und per Funk an die Maschinensteuerung sendet **(Bild 1)**. Bei Einsatz des Werkzeugs muss die noch verfügbare Reststandzeit größer sein als die Zeit für den nächsten Arbeitsvorgang.

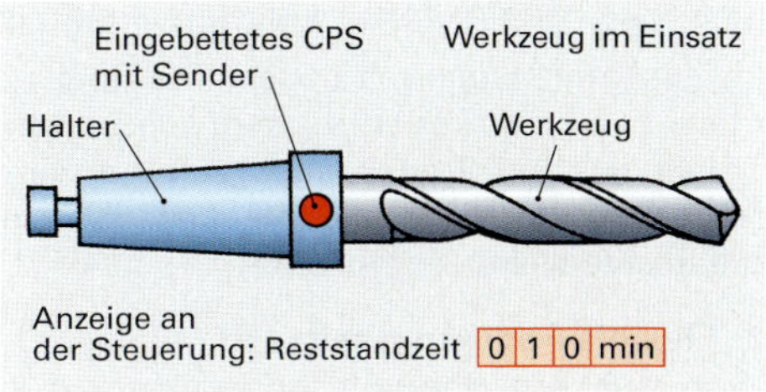

Bild 1: Standzeit-Überwachung eines Bohrers durch Erfassen der Einsatzzeiten

Verschleißüberwachung durch Stromstärkemessung

Bei größeren Werkzeugen und dadurch bedingter großer Stromentnahme aus dem Stromnetz, kann der Werkzeugzustand über die Spindelantriebsleistung und damit über die Stromaufnahme des Antriebsmotors erkannt werden. Die Stromaufnahme mit neuem Werkzeug I_0 wird in einem ersten Schritt ermittelt **(Bild 2)**. Mit zunehmendem Verschleiß des Werkzeugs steigt die Stromaufnahme, da das Werkzeug eine größere Schnittkraft erfordert. Bei Erreichen der Verschleißgrenzen-Stromstärke I_{VG} wird ein neues Werkzeug eingewechselt.

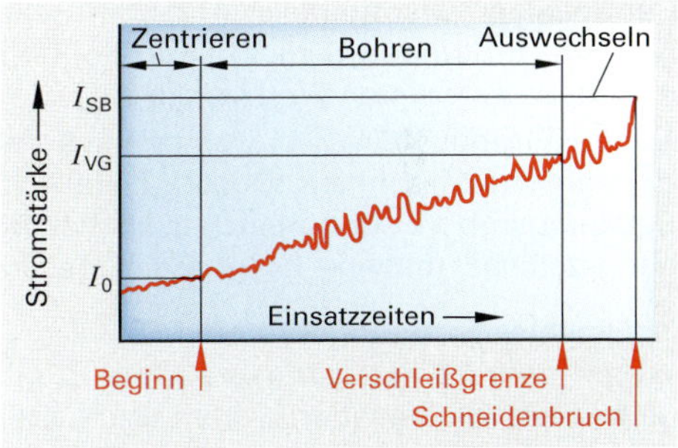

Bild 2: Werkzeugverschleiß-Überwachung eines Bohrers durch Messung der Stromstärke des Spindelantriebs

Laser-Messsystem für Bohr- und Fräswerkzeuge

Bei bruchempfindlichen Werkzeugen, wie dünnen Bohrern oder Fingerfräsern, ist eine optische Bruchkontrolle sinnvoll **(Bild 3)**. Der Infrarot-Laserstrahl eines Sender/Empfänger-Systems wird vor und nach dem Bohrvorgang auf die Bohrerspitze gerichtet und die reflektierte Infrarotstrahlung gemessen. Veränderte Infrarot-Messwerte zeigen einen Bohrerbruch an und lösen ein Programm zum automatischen Bohrerwechsel aus.

Das Messsystem kann neben Werkzeugbruch auch die Werkzeuglänge, den Durchmesser, den Verschleiß und den Schneidenzustand messen.

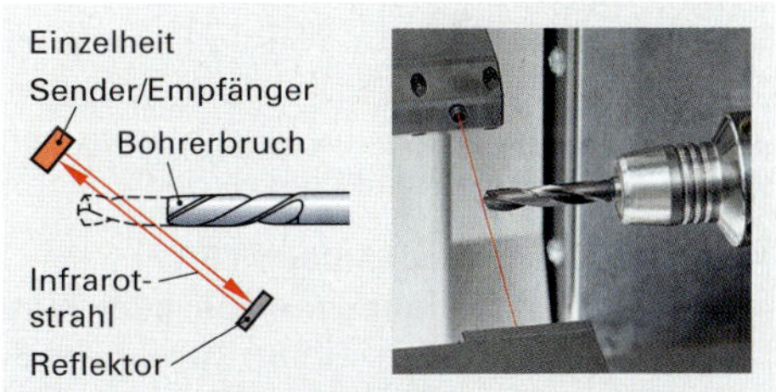

Bild 3: Überwachung von Bohrern oder Fräsern mit Laser-Messsystem

Messtastersysteme

Ein Messtastersystem besteht aus dem Messtaster und dem Messkopf mit der Elektronik zur Datenerfassung und Übertragung **(Bild 4)**. Zur Messung wird der Messkopf nach dem Spindelstillstand in den Arbeitsraum geschwenkt und die Messstelle angetastet (auch Seite 39).

Mit Messsystemen können eine Reihe von Aufgaben bewältigt werden, die die CNC-Maschine zu einer autonomen, automatisierten Fertigungseinheit machen:

- Messen von Maßen an Werkstücken
- Messen und Ausrichten von Spannvorrichtungen
- Setzen von Nullpunkten und Bezugspunkten
- Vermessen der Maschinenkinematik, d.h. dem Schwingungsverhalten der Arbeitsspindel bei der Bearbeitung.

Der Messtasterkopf überträgt die gewonnenen Daten per Funk an die Maschinensteuerung.

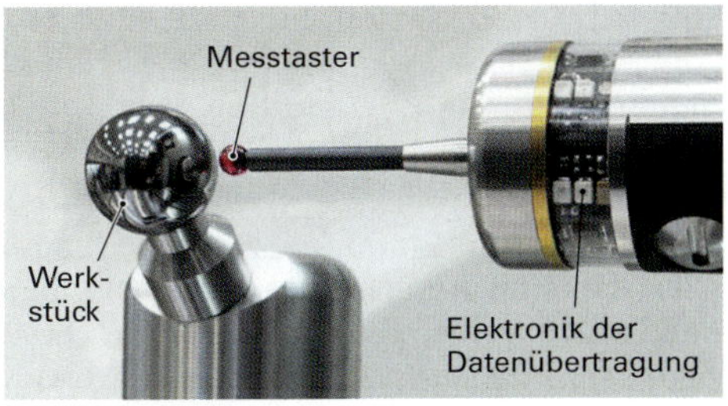

Bild 4: Vermessen eines Werkstücks mit einem Messtaster

4.6 Automatisierungsstufen von Fertigungsanlagen

Die fortschreitende Automatisierung der Fertigungseinrichtungen kann man in Stufen darstellen:

1. Automatisierte Werkzeugmaschinen

Die Basis-Maschinen der automatisierten, flexiblen Fertigungsanlagen sind automatisierte CNC-Drehmaschinen und CNC-Bearbeitungszentren **(Bild 1a)**.

Im Zusammenspiel mit Lager- und Speichersystemen, Be- und Entladungsvorrichtungen sowie Transport- und Steuerungssystemen werden daraus automatisierte flexible Fertigungsanlagen unterschiedlicher Komplexität.

2. Flexible Fertigungszelle FFZ

Wird z. B. ein Bearbeitungszentrum mit einem Werkstückspeicher und einem Überkopf-Beladungsroboter zu einer Einheit verbunden, so entsteht eine flexible Fertigungszelle **(Bild 1b)**.

Der Speicher versorgt die Werkzeugmaschine, z. B. für eine 8-Stunden-Schicht, mit Rohteilen und nimmt die gefertigten Werkstücke auf.

Neben Einzel-CNC-WZ-Maschinen werden auch zwei gleiche Maschinen (Duplex-Zelle) mit einem Beladungsroboter und Speicher als flexible Fertigungszelle bei mittlerer Losgröße eingesetzt.

3. Flexibles Fertigungssystem FFS

Wenn mehrere Fertigungsmaschinen mit einem gemeinsamen Transportsystem und Lagern bzw. Speichern über ein Steuerungs- und Informationssystem verkettet werden, entsteht ein flexibles Fertigungssystem **(Bild 1c)**.

Die Werkzeugversorgung und das Rohteile/Fertigteile-Management stellen sicher, dass Werkzeuge, Spannmittel, Rohteile und Fertigteile in ausreichender Zahl, z. B. für eine Woche, in Magazinen und Lagern gespeichert sind und automatisch geholt, gespannt und wieder abgelegt werden können.

4. Flexible Fertigungsanlage FFA

In der flexiblen Fertigungsanlage, auch Fertigungsinsel genannt, sind in einem größeren Betriebsbereich mehrere CNC-Werkzeugmaschinen und andere Arbeitsstationen, Härteautomaten sowie Fertigungszellen, z. B. Montageplätze, mit Handhabungs-Robotern, Lagereinrichtungen sowie einem Transportsystem verkettet **(Bild 1d)**. Damit können ähnliche Werkstücke, sogenannte Teilefamilien, automatisch gefertigt und zum fertigen Bauteil montiert werden.

Gesteuert und überwacht werden die einzelnen WZ-Maschinen, Stationen, Roboter, Lager, Speicher, das Transportsystem und die Montagestationen von einem zentralen Fertigungsrechner.

Der Facharbeiter braucht nur zum Einrichten sowie bei Störungen eingreifen. Er hat überwiegend überwachende Aufgaben.

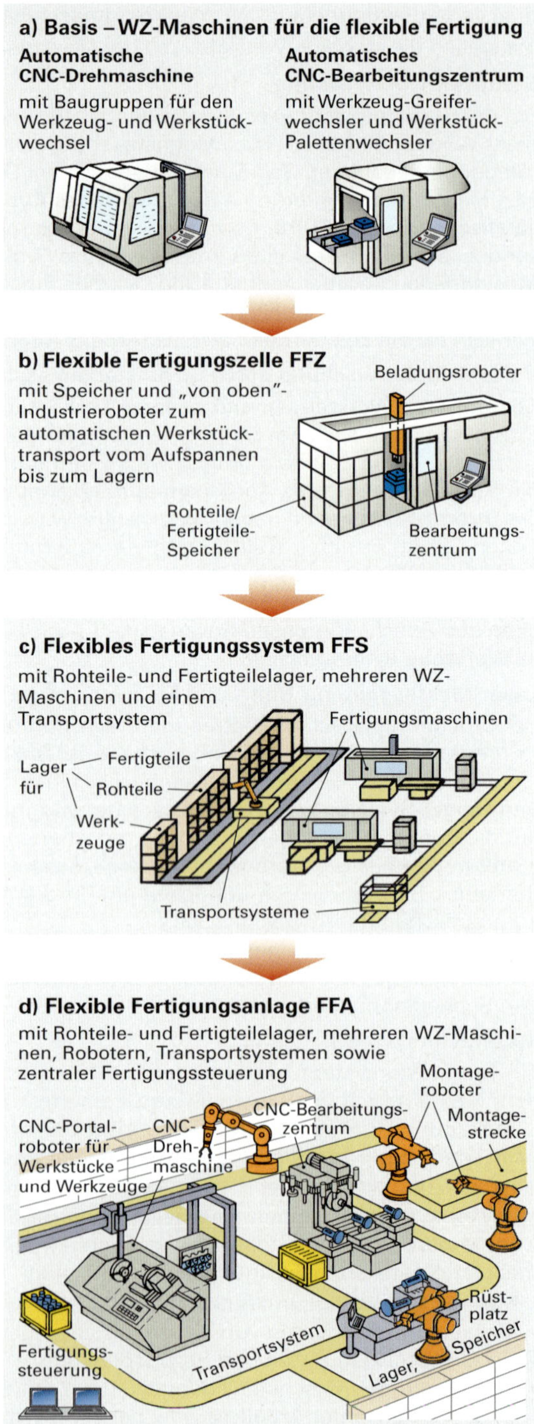

Bild 1: Übersicht der Automatisierungsstufen von Fertigungsanlagen

4.7 Beispiel einer automatisierten Fertigungsanlage für Getriebewellen

Das nachfolgende **Bild 1** zeigt eine automatisierte flexible Fertigungsanlage, mit der Getriebewellen und ähnliche Bauteile (eine Teilefamilie) vollautomatisch gefertigt werden.

Zum Betrieb der Anlage ist nur wenig Personal erforderlich: Ein Anlagenführer im Fertigungs-Leitstand, ein Wartungs-Facharbeiter sowie betriebsübergreifend ein Reparaturdienst für größere Anlagenstörungen und ein Maschineneinrichte-Team zur Einrichtung neuer Fertigungszyklen.

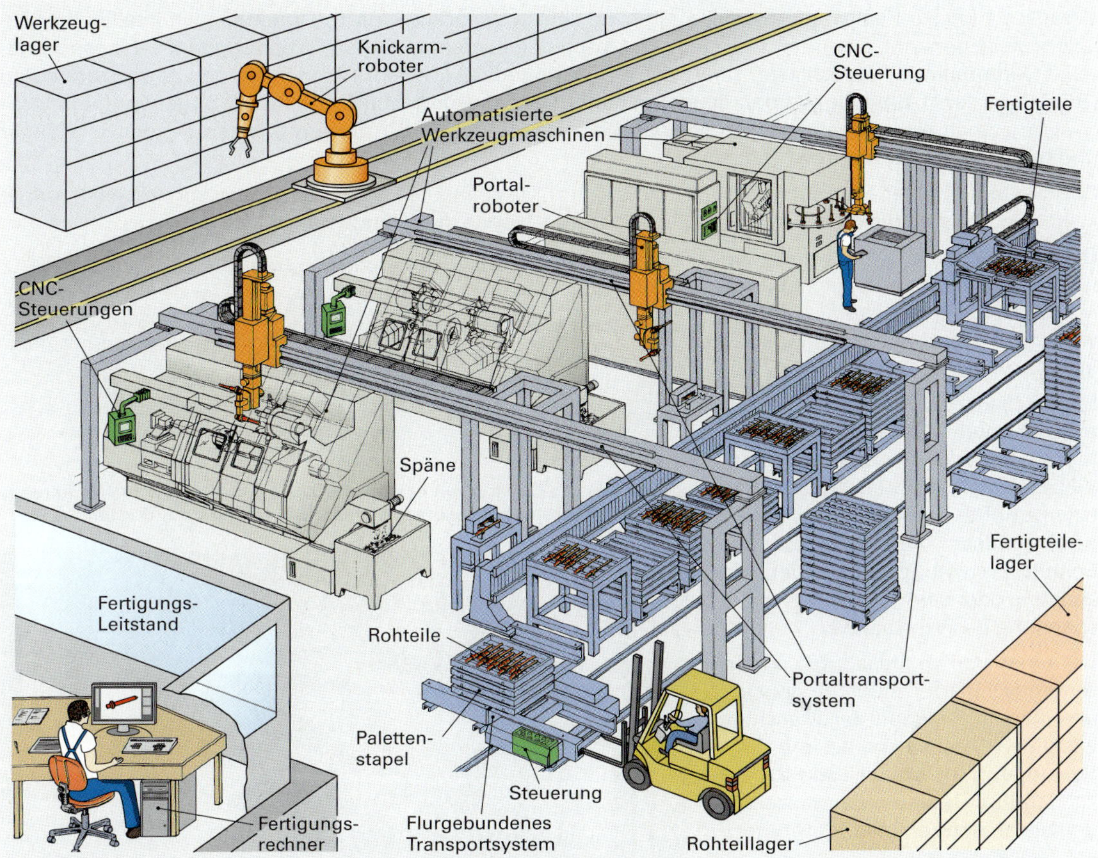

Bild 1: Automatisierte flexible Fertigungsanlage zur Klein- und Mittelserienfertigung von Getriebewellen

Komponenten von automatisierten flexiblen Fertigungsanlagen (Bild 1)

- Die **Bearbeitung** der Werkstücke wird auf CNC-gesteuerten, automatisierten Werkzeugmaschinen in hintereinander geschalteten Fertigungsschritten durchgeführt.
- Die **Werkzeugversorgung** wird aus einem Werkzeuglager sichergestellt. Dort sind die Werkzeuge z. B. in 10er-Kassetten gelagert und werden von einem Knickarmroboter in das Werkzeug-Magazin der Werkzeug-Maschine eingebracht.
- Der **Materialtransport** wird von mehreren, ineinander greifenden Transportsystemen realisiert. Gabelstapler führen die Rohteile-Palettenstapel aus dem Rohteilelager heran und setzen sie auf ein flurgebundenes Paletten-Transportsystem. Portalroboter entnehmen die Rohteile aus den Paletten, führen sie in die WZ-Maschine ein, entnehmen die Werkstücke nach der Bearbeitung, legen sie in Paletten ab und halten sie für den nächsten Bearbeitungsschritt bereit.

  Die Fertigteile werden nach Kundenwunsch in Paletten gestapelt und im Fertigteilelager zur Auslieferung an den Kunden bereitgestellt.
- Die **Versorgung mit Hilfsstoffen,** wie z. B. mit Kühlschmierstoffen und Schmierstoffen, erfolgt wie die **Entsorgung der Späne** bedarfsgesteuert mit Flurfahrzeugen.

4.8 Industrie 4.0

Die weitere Automatisierung der industriellen Fertigungsprozesse wird heute unter dem Stichwort **Industrie 4.0** voran getrieben. Begriffe mit gleicher Bedeutung sind „die vierte industrielle Revolution", „die smarte Produktion" oder „das Internet der Dinge".

Unter Industrie 4.0 versteht man die Ausstattung der Bauteile eines Fertigungssystems zu smarten Objekten und die digitale Vernetzung der smarten Objekte in einem **virtuellen Fertigungssystem.**

Voraussetzung zur Realisierung von Industrie 4.0 sind sogenannte **smarte Objekte**, auch intelligente Maschinenteile genannt. Darunter versteht man Maschinenelemente, wie z.B. Werkzeughalter, Transportsysteme, Motorspindeln, Messtaster usw., die mit eingebetteten Sensor/Aktor-Systemen ausgestattet sind **(Bild 1).** In der IT-Sprache werden diese Bauteile **Cyber-physikalische Systeme (CPS)** genannt. Ein CPS-System enthält einen Identifikationscode, verschiedene Sensoren, Prozessoren, einen Sender-Empfänger und manchmal auch Aktoren.

CPS-Systeme haben etwa Erbsengröße und sind im Maschinenteil eingebettet oder können auch aufgeklebt sein. Sie sind die digitalen „Augen" und „Ohren" sowie die „Hände" des Maschinenteils.

Die eingebetteten CPS-Systeme erheben fortlaufend Daten der smarten Maschinenteile und senden sie entweder per Datenbus oder Funk an einen zentralen Computer.

So messen z.B. die Sensoren des eingebetteten CPS-Systems in der Motorspindel die Temperatur sowie Vibrationen. Verstärkte Vibrationen bzw. erhöhte Temperaturen geben Rückschlüsse auf eine falsche Schnittgeschwindigkeit bei der Zerspanung oder eine nicht korrekte Einspannung des Werkstücks.

Bei einer voll digitalisierten Werkzeugmaschine für Industrie 4.0 sind alle, für die Funktion der Maschine wichtigen Maschinenteile, mit CPS-Systemen ausgestattet **(Bild 2).** Sie senden ihre Daten im Zehntelsekundentakt an den zentralen Computer.

Bei der Vielzahl der smarten Maschinenteile und der erhobenen Messungen handelt es sich um sehr große Datenmengen. Sie werden **Big Data** genannt. Der eingesetzte Computer muss diese Datenmengen verarbeiten können bzw. lagert ihre Verarbeitung in die Internet-Cloud aus.

Auf dem Computer ist ein Haupt-Softwareprogramm installiert, das einem virtuellen Abbild der Fertigungsanlage aus smarten Maschinenteilen und den erfassten Daten der CPS-Systeme entspricht **(Bild 3).**

Unterprogramme, z.B. für die automatische Instandhaltung oder die Rohteile-Zuführung, ergänzen das Hauptprogramm.

Bild 1: Smarte Objekte mit eingebetteten CPS-Systemen aus Codierung, Sensoren, Prozessoren, Sender, Empfänger und Aktoren

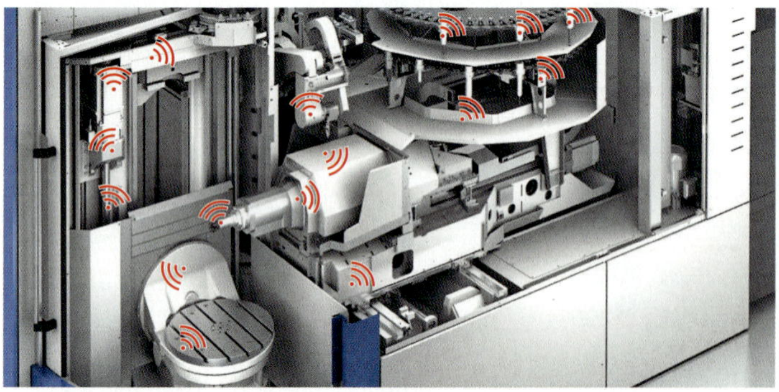

Bild 2: Ausstattung der Maschinenteile eines Bearbeitungszentrums mit CPS-Systemen (Maschinenverkleidung geöffnet)

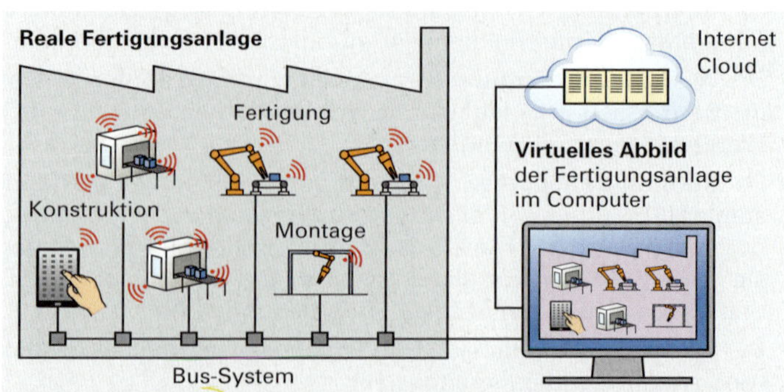

Bild 3: Reale Fertigungsanlage und virtuelles Abbild der Fertigungsanlage auf dem Computer

Zur realen Fertigungsanlage existiert parallel die **virtuelle Fertigungsanlage** im Computer. Da es sich, wie beim normalen Dokumenten-Internet, um digitalisierte, virtuelle Elemente handelt, bezeichnet man es auch als **Internet der Fertigungsanlage** oder allgemein als **Internet der Dinge.**

Durch die Verknüpfung mit intelligenter Steuer-Software können die Fertigungsprozesse in der virtuellen Fertigungsanlage simuliert werden und mit den Aktoren der CPS-Systeme in der realen Fertigungsanlage gesteuert und durchgeführt werden.

Beispiele:

- Ein Unterprogramm der virtuellen Fertigungsanlage registriert z. B. die Einsatzzeiten eines Werkzeugs und misst die von einem eingebetteten CPS-System im Werkzeug gemessenen Schnittkräfte bei der spanenden Bearbeitung **(Bild 1 und 2, Seite 323)**. Beim Überschreiten einer festgelegten Einsatzzeit oder einer maximalen Schnittkraft ist das Werkzeug verschlissen.
  → Das Programm setzt daraufhin die automatische Auswechslung des Werkzeugs in Gang.
- Das Messtastersystem **(Bild 4, Seite 323)** liefert die Daten für eine in der virtuellen Fertigungsanlage geführte Qualitätsregelkarte (Seite 87). Das Software-Programm erkennt das Überschreiten der Eingriffsgrenze des Toleranzbereichs der gefertigten Teile.
  → Das Programm setzt daraufhin durch Verstellen der Fertigungsparameter eine Rückführung der Maße der gefertigten Teile in den Toleranzbereich in Gang.
- Ein CPS-System erfasst den Vorrat an gefüllten Rohteilepaletten im Rohteile-Lager **(Bild 1, Seite 325)** und übermittelt die Rohteile-Kennung sowie die Palettenanzahl an den Zentral-Computer.
  → Das Programm übernimmt das Rohteile-Management, d. h. es fordert z. B. bei Unterschreiten eines bestimmten Mindest-Vorrats direkt beim Rohteile-Lieferanten die erforderliche Anzahl von gefüllten Rohteile-Paletten an.

Durch eine Vielzahl solcher Einzelsteuerungen kann mit dem Softwareprogramm der virtuellen Fertigungsanlage die reale Fertigung von Bauteilen per Mausklick am Computer in Gang gesetzt werden **(Bild 1)**.

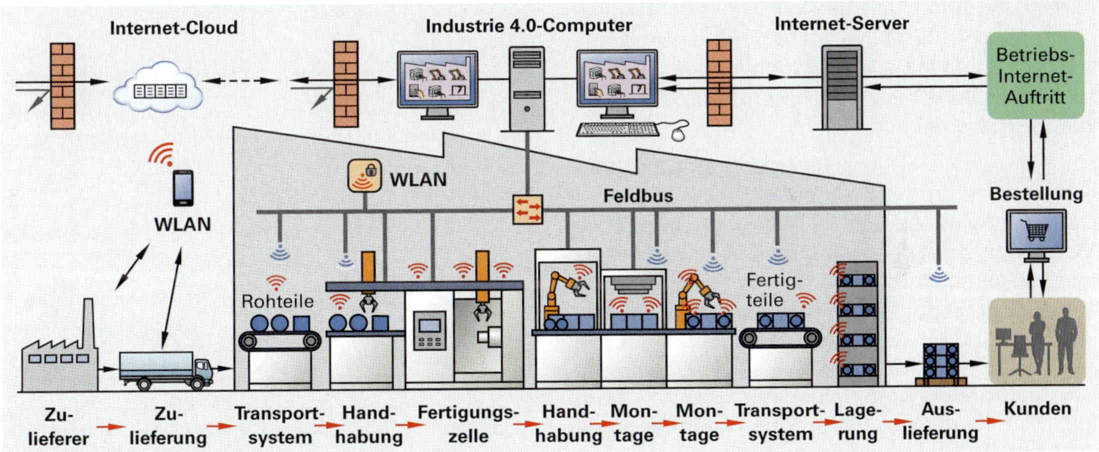

Bild 1: Schema einer Fertigungsanlage mit der Struktur von Industrie 4.0

Das Industrie 4.0-System bearbeitet und managt die in der Fertigungsanlage anfallenden Arbeiten (Bild 1):

- Es verwaltet die Bestellung, Lagerung und Zulieferung der Rohteile.
- Es führt die Rohteile mit Transport- und Handhabungssystemen der Fertigungszelle zu.
- Es setzt die passenden Werkzeuge ein und sorgt für einen ausreichenden Werkzeugvorrat.
- Es steuert und überwacht die Fertigung und Montage der Teile gemäß den gespeicherten CNC-Programmen.
- Es steuert und überwacht die Montage der Einzelteile zum Fertigteil (Produkt).
- Es prüft die Fertigteile, steuert die Lagerung und veranlasst die Auslieferung an die Kunden.

Gleichzeitig wird die Anlage überwacht, gewartet, verschlissene Werkzeuge gewechselt, die Fertigungsqualität überwacht und alle anderen Aktivitäten zum reibungslosen Ablauf der Fertigung ausgeführt.

Der Facharbeiter sorgt für die Einrichtung und die Funktion der Elemente der Fertigungsanlage und überwacht den störungsfreien Ablauf der Industrie 4.0-gesteuerten Fertigung. Im Störungsfall behebt er die Störung bzw. organisiert die Behebung durch fachkundige Dienstleister.

4.9 Betriebswirtschaftliche Anforderungen und Ziele der Fertigung

Für einen Fertigungsbetrieb ändern sich fortlaufend die **Marktanforderungen (Bild 1)**. Gefragt sind hohe Produktqualität, hohe Variantenvielfalt und kurze Lieferzeiten. Zudem werden durch den technischen Fortschritt Produkte häufig schon nach kurzer Zeit vom Markt verdrängt und durch neue ersetzt (kurze Produkt-Lebensdauer). Diese Marktanforderungen sind mit starken Nachfrageschwankungen bei einzelnen Produkten verbunden.

Die Fertigungsbetriebe müssen kostengünstig Produkte hoher Qualität anbieten sowie schnell und flexibel bei der Fertigung reagieren **(Bild 2)**.

Eine hohe **Flexibilität** ist in der Fertigung dann gegeben, wenn der Umrüstaufwand für unterschiedliche Werkstücke und Bearbeitungsverfahren gering ist. Die optimale automatisierte flexible Fertigung mit der Losgröße 1 ist dann erreicht, wenn unterschiedliche Werkstücke in beliebiger Reihenfolge ohne nennenswerte Mehrkosten gefertigt werden können. Meistens jedoch ist die Losgröße nach unten begrenzt. So werden z. B. bei Frästeilen die Losgröße 10 und bei Drehteilen die Losgröße 40 selten unterschritten.

Durch die automatisierte flexible Fertigung sollen
- unterschiedliche Werkstücke mit wechselnden Losgrößen in beliebiger Reihenfolge
- vollautomatisch zu geringen Stückkosten gefertigt werden.

Für eine wirtschaftliche Fertigung sind mehrere Faktoren von großer Bedeutung:

Geringe Lagerbestände und niedrige Liegezeiten. Man erzielt sie durch rechnergestützte Bedarfsplanung, Lagerhaltung und Materialbereitstellung.

Montagegerechte Losgrößen. Sie verringern die Bestände und Kosten für die Zwischenlagerung. In der Fertigung werden nur so viele Teile gefertigt, wie die Montage unmittelbar zu dieser Zeit benötigt. Man nennt dies **Just in time-Produktion** oder auch **bedarfssynchrone Produktion.**

Kurze Durchlaufzeiten. Sie sind möglich bei Verringerung der Rüst- und Nebenzeiten (Komplettbearbeitung) und rechtzeitiger Bereitstellung von Material, Werkzeugen und CNC-Programmen.

Niedrige Stückkosten. Sie sind zu realisieren durch einen hohen Maschinennutzungsgrad und niedrige Gemeinkosten pro gefertigtes Werkstück **(Bild 3)**. Man erreicht niedrige Stückkosten z. B. durch die weiterlaufende Fertigung in den Arbeitspausen mit automatischer Werkstückzuführung aus einem Speicher, durch eine vollautomatisierte 24-Stunden-Fertigung in automatisierten Fertigungsanlagen und noch effektiver in Industrie 4.0-Anlagen.

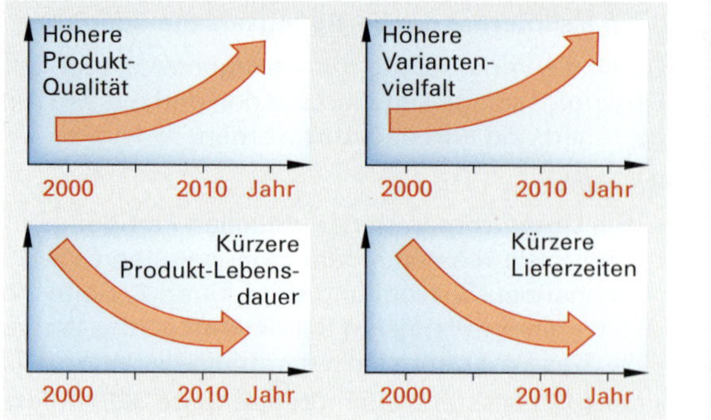

Bild 1: Marktanforderungen in der Fertigungstechnik

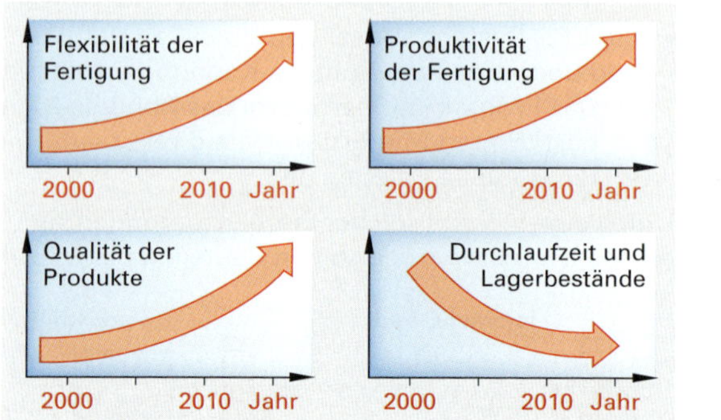

Bild 2: Unternehmensziele eines Fertigungsbetriebs

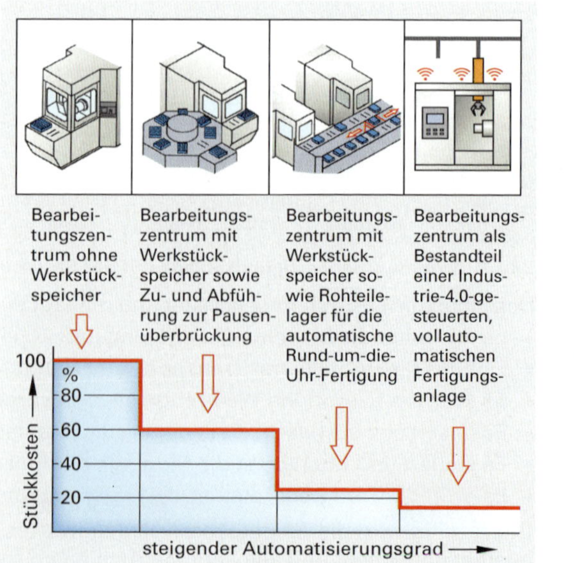

Bild 3: Stückkosten in Abhängigkeit vom Automatisierungsgrad der Fertigung am Beispiel eines Bearbeitungszentrums

4.10 Vergleich der Flexibilität und Produktivität von Fertigungsanlagen

Trägt man für die verschiedenen Typen von Fertigungsanlagen die Losgröße über der Teilevielfalt in einem Diagramm als Fläche auf, so erhält man eine Übersicht über die Einsatzbereiche der Fertigungsanlagen **(Bild 1).** Da die Losgröße und die Teilevielfalt über mehrere Zehnerbereiche (Dekaden) reichen, haben die Achsen des Schaubilds eine logarithmische Teilung.

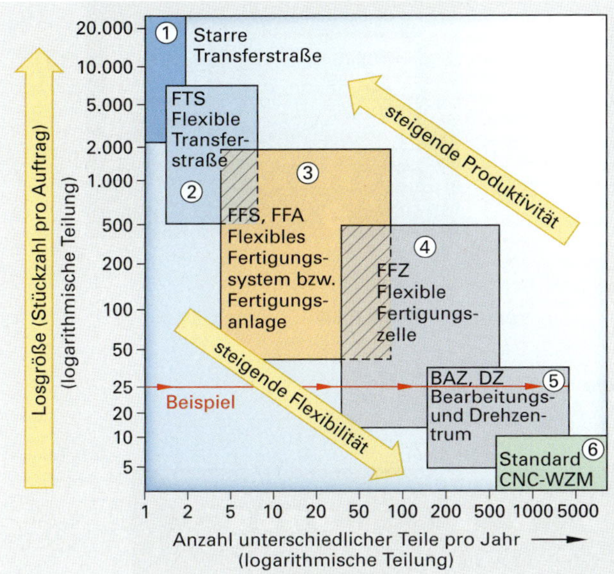

Fertigungsanlage	>	Einsatzbereich
① Starre (getaktete) Transferstraße Rundtaktmaschine	>	Massenfertigung gleicher Teile
② Flexible automatisierte Transferstraße	>	Großserienfertigung formähnlicher Teile
③ Flexibles Fertigungs-system FFS	>	Mittelserienfertigung von Teilefamilien, Komplettbearbeitung
④ Flexible Fertigungszelle FFZ	>	Mittel- und Kleinserienfertigung, große Formenvielfalt, Komplettbearbeitung
⑤ Bearbeitungs-zentrum BAZ, Drehzentrum DZ	>	
⑥ Einzelne Standard-CNC-Werkzeug-maschine	>	Einzelfertigung, große Formenvielfalt

Bild 1: Einsatzbereiche von Fertigungsanlagen

Starr automatisierte Transferstraßen ① besitzen eine hohe Produktivität, aber eine geringe Flexibilität bezüglich der Teilevielfalt. Sie haben lange Umrüstzeiten, da Positionen und Verfahrwege von Werkzeugen oder Werkstückträgern sehr zeitaufwendig mechanisch eingestellt werden müssen.

Flexible Transferstraßen ② haben eine etwas größere Flexibilität bei hoher Produktivität.

Im Vergleich dazu haben einzelne Standard-CNC-Werkzeugmaschinen ⑥ durch die langen Umspannzeiten eine geringe Produktivität. Sie besitzen jedoch eine hohe Flexibilität.

Bearbeitungszentren BAZ und Drehzentren DZ ⑤ haben durch die Komplettbearbeitung eine deutlich höhere Produktivität bei gleichzeitig großer Flexibilität. Bei ihnen entfällt das zeitaufwendige Umspannen.

Die flexiblen Fertigungsanlagen ③ und ④ überdecken den Bereich zwischen der hochproduktiven Transferstraße ① für die Massenfertigung und der hochflexiblen Einzelfertigung auf Bearbeitungs- und Drehzentren ⑤. Die Produktivität der Fertigungsanlagen verläuft in gegenläufiger Richtung.

Für die noch in der betrieblichen Entwicklung befindlichen Industrie 4.0-Fertigungsanlagen ist eine hohe Produktivität und hohe Flexibilität von großen bis zu kleinen Losgrößen zu erwarten.

Für einen Arbeitsauftrag kommt je nach Losgröße und Teilevielfalt die betriebswirtschaftlich günstigste Fertigungsanlage zum Einsatz. Sie kann aus dem Schaubild (Bild 1) bestimmt werden.

Beispiel: Für eine Losgröße von 25 Teilen ist je nach Teilevielfalt eine Flexible Fertigungszelle FFZ oder ein Bearbeitungszentrum BAZ die geeignete Fertigungsanlage (Bild 1).

Wiederholung und Vertiefung

1 Welches sind die Baugruppen zur Automatisierung eines Bearbeitungszentrums?

2 Welche Arbeiten ermöglicht ein Schwenk-/Rundtisch bei einem Bearbeitungszentrum?

3 Welche Vorteile hat bei einer Drehmaschine ein Werkzeugrevolver mit angetriebenen Werkzeugen?

4 Wie kann bei einer CNC-Werkzeugmaschine der Werkzeugverschleiß überwacht werden?

5 Was ist das Typische einer Fertigungsanlage mit Industrie 4.0-Steuerung?

6 Mit welchen Fertigungsanlagen kann eine hohe Produktivität und mit welchen eine hohe Flexibilität der Fertigung erreicht werden?

4.11 Practise your English

Controls and operating modes of a CNC lathe

Operating elements of a control panel

The **control panel** of the CNC is divided into two areas.

There is the screen and the keys for the program input **(Figure 1)**. The buttons and switches on the **machine control table** enable different functions of the machine **(Figure 2)**.

Layout of the control panel

① display
② alphanumerical keys
③ direction keys for the cursor
④ horizontal and vertical soft keys
⑤ input buttons

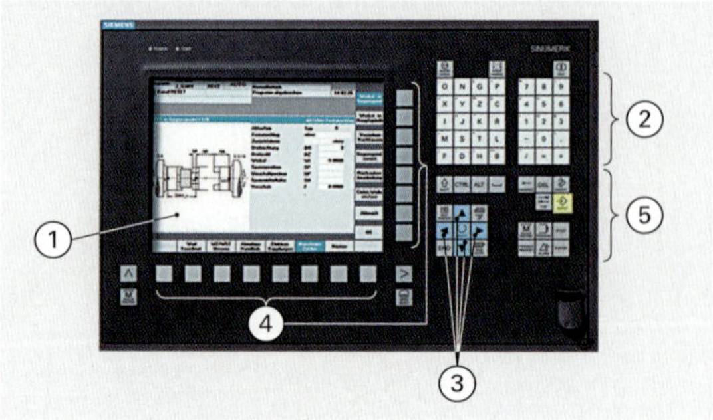

Figure 1: Control panel

Keys and switches of the machine control table

① key switch
② cycle start
③ spindle and feed, stop
④ feed-override
⑤ coolant on/off
⑥ traverse for X- and Z-axis
⑦ rapid mode
⑧ allowance for movement with door open
⑨ clamping open/close
⑩ emergency stop

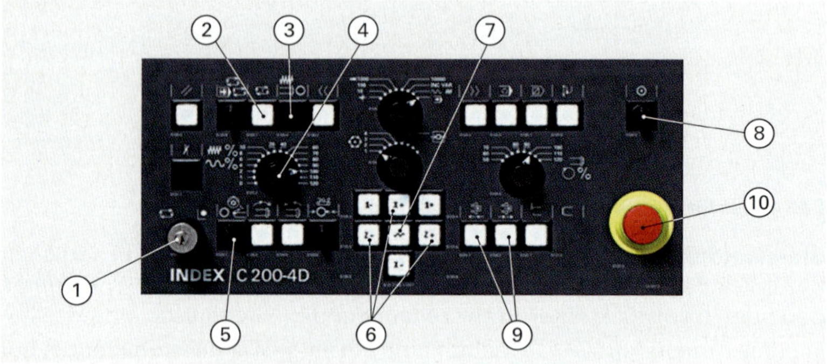

Figure 2: Machine control table

Instructions for setting up and operating a CNC lathe

Setup mode

During setup, alignment, the installation of tools and manual program input are completed in a CNC machine. In order to avoid misuse by unauthorized persons, the key switch ① on the front panel must be rotated to the SETUP position. After completion of the setup, this switch is rotated to the AUTO position and should then be removed.

For safety reasons, the setup is very limited when the sliding door is open. The axes, for example, can only be moved by the simultaneous operation of two controls, the corresponding axis key ⑥ and an enabling switch ⑧.

Safety note:
There should be no obstacles in the traverse range.
Do not put your arms in the traverse range.

Automatic operation

Before a CNC program can be started, the hydraulics must be turned on, the reference points must be approached and a workpiece program must be created and selected. With the CYCLE START button ② the NC program is started. This is only possible if the sliding door is closed and locked. SPINDLE AND FEED STOP button ③ pauses the program. This means that all feed movements are stopped immediately, the spindles runs briefly for chip breaking.

5 Werkstofftechnik

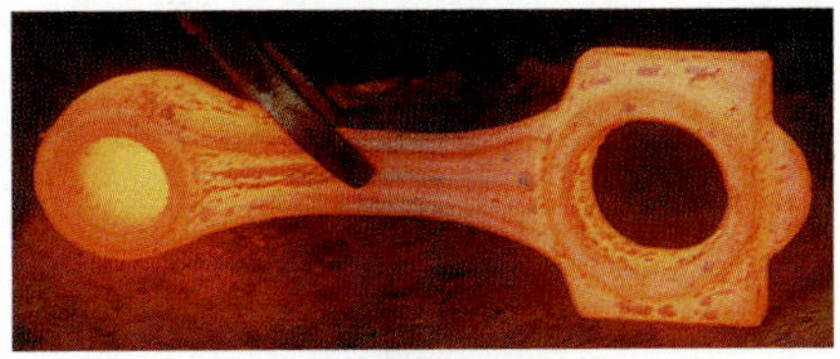

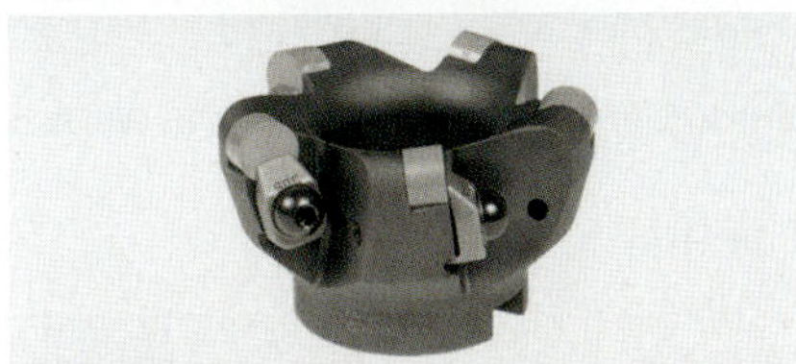

5 Werkstofftechnik

5.1 Übersicht der Werk- und Hilfsstoffe

5.1.1 Einteilung der Werkstoffe

Um einen Überblick über die Vielfalt der Werkstoffe zu erhalten, ordnet man sie nach ihrer Zusammensetzung oder gemeinsamen Eigenschaften in Werkstoffgruppen **(Bild 1)**.

Die drei Hauptgruppen der Werkstoffe sind die Metalle, die Nichtmetalle und die Verbundwerkstoffe. Sie können dann nochmals in Untergruppen unterteilt werden, wie z. B. die Eisenwerkstoffe in Stähle und Gusseisenwerkstoffe oder die Nichteisenmetalle in Schwer- und Leichtmetalle.

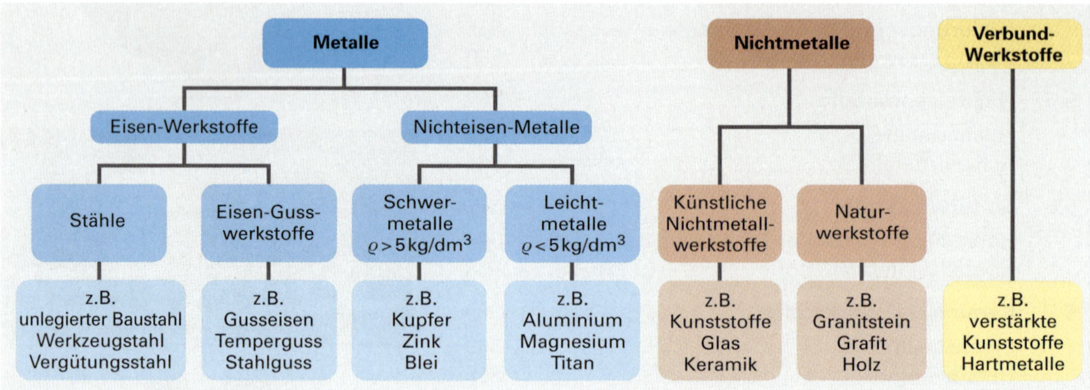

Bild 1: Einteilung der Werkstoffe in Werkstoffgruppen

Stähle

Stähle sind Eisen-Basiswerkstoffe mit großer Festigkeit. Aus ihnen werden vor allem Maschinenteile hergestellt, die Kräfte aufnehmen und übertragen müssen: Schrauben, Bolzen, Zahnräder, Profile, Wellen **(Bild 2)**.

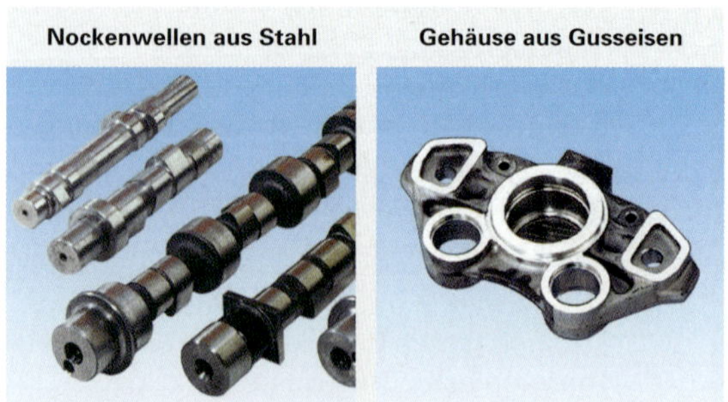

Bild 2: Werkstücke aus Eisenwerkstoffen

Gusseisenwerkstoffe

Gusseisenwerkstoffe sind gut vergießbare Eisen-Basiswerkstoffe. Sie werden zu Bauteilen gegossen, deren schwierige Form am besten durch Gießen herstellbar ist, z. B. Gehäuse (Bild 2).

Schwermetalle (Dichte ϱ größer 5 kg/dm^3)

Schwermetalle sind z. B. Kupfer, Zink, Chrom, Nickel, Blei. Sie werden meist wegen besonderer werkstofftypischer Eigenschaften verwendet:

Kupfer z. B. wegen seiner guten elektrischen Leitfähigkeit für Wicklungsdrähte **(Bild 3)**.

Chrom und **Nickel** z. B. als Legierungselement in Stählen, um bestimmte Eigenschaften zu erzielen bzw. zu verbessern.

Leichtmetalle (Dichte ϱ kleiner 5 kg/dm^3)

Leichtmetalle sind Aluminium, Magnesium und Titan. Es sind leichte Werkstoffe mit zum Teil hoher Festigkeit. Ihr Hauptanwendungsgebiet sind Leichtbauteile z. B. für Pkw und Flugzeuge (Bild 3).

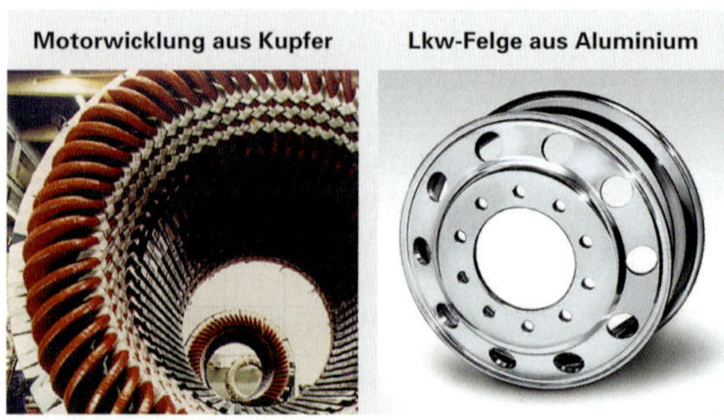

Bild 3: Bauteile aus Nichteisen-Metallen (NE-Metallen)

Künstliche nichtmetallische Werkstoffe

Zu ihnen zählt die große Gruppe der **Kunststoffe** sowie die Gläser und Keramiken.

Kunststoffe sind leicht, elektrisch isolierend und in Sorten von gummiartig bis formstabil und hart erhältlich. Ihre Verwendung ist äußerst vielseitig und reicht vom Reifenwerkstoff bis zu Bauteilen von Kleingetrieben **(Bild 1)**.

Industrie-keramische Werkstoffe werden vor allem wegen ihrer Härte und Verschleißfestigkeit eingesetzt, z. B. als Schneidplatten, Düsen, Gleitringe.

Natur-Werkstoffe

Dies sind in der Natur vorkommende Stoffe wie Gesteinsarten oder Holz. Verwendung: z. B. Granit als Platte eines Prüftisches **(Bild 1)**.

Verbundwerkstoffe

Verbundwerkstoffe sind aus mehreren Werkstoffen zusammengesetzt und vereinen die positiven Eigenschaften der Einzelwerkstoffe in einem neuen Werkstoff.

Glasfaserverstärkte Kunststoffe (GFK) z. B. sind hochfest, zähelastisch und leicht. Man fertigt aus ihnen z. B. Pkw- und Flugzeugteile **(Bild 2)**.

Ein anderer Verbundwerkstoff, die **Hartmetalle**, besitzen die Härte der Hartstoffkörner und die Zähigkeit des zusammenhaltenden Metalls (Bild 2). Hartmetalle werden als Schneidstoffe verwendet.

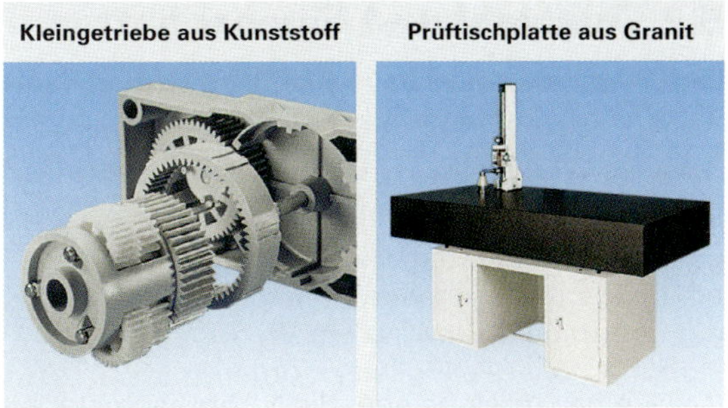

Bild 1: Bauteile aus nichtmetallischen Werkstoffen

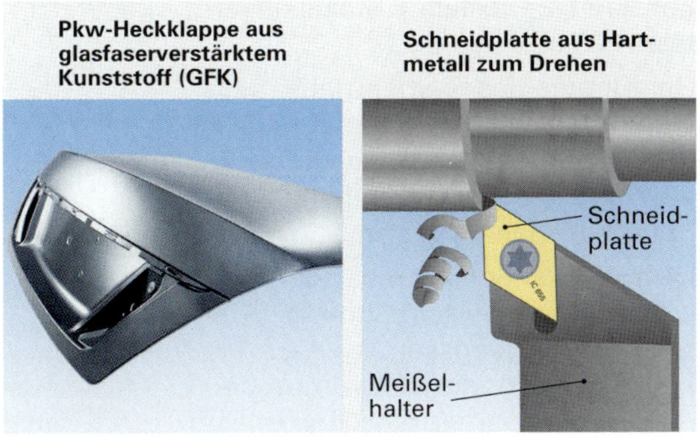

Bild 2: Bauteile aus Verbundwerkstoffen

5.1.2 Herstellung der Werkstoffe

Die Herstellung der Werkstoffe geht von den Rohstoffen aus **(Bild 3)**. Sie werden überwiegend aus Lagerstätten in der Erdkruste gewonnen, wie z. B. die zur Metallgewinnung dienenden Erze oder das zur Kunststoffherstellung erforderliche Erdöl. Durch chemische Umwandlung werden aus den Rohstoffen die Werkstoffe gewonnen und kommen als Halbzeuge und Fertigerzeugnisse in den Handel. Daraus werden die Werkstücke gefertigt. Die Naturwerkstoffe werden direkt der Natur entnommen.

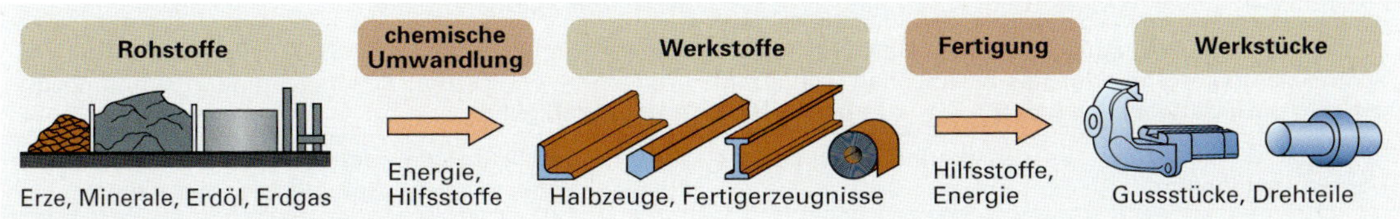

Bild 3: Vom Rohstoff zum Werkstück

5.1.3 Hilfsstoffe und Energie

Zur Herstellung der Werkstoffe und bei der Fertigung der Werkstücke sowie zum Betreiben von Maschinen braucht man zusätzliche Hilfsstoffe und Energien **(Bild 4)**. So benötigt man z. B. beim Drehen eines Werkstücks Kühlschmierstoff zum Kühlschmieren der Werkzeugschneide, Schmierstoffe zum Schmieren der Lager und elektrische Energie zum Antreiben der Werkzeugmaschine.

Kühlschmierstoffe	Schleif- und Poliermittel	Reinigungsmittel	Löt- und Schweiß-Hilfsmittel	Beschichtungsstoffe	Schmierstoffe	Treibstoffe	Drucköl Druckluft	Elektrischer Strom

Bild 4: Hilfsstoffe und Energien

5.2 Auswahl und Eigenschaften der Werkstoffe

Eine Maschine besteht aus einer Vielzahl von Bauteilen aus unterschiedlichen Werkstoffen. Jedes Bauteil hat eine bestimmte Aufgabe zu erfüllen und ist aus einem dazu geeigneten Werkstoff gefertigt.

Beispiel: Werkstoffe der Bauteile einer Bohrmaschine (Bild 1)

Die Zahnräder des Handvorschubgetriebes z. B. müssen die Handkraft auf die heruntergehende Bohrspindel übertragen. Dazu ist ein Werkstoff mit hoher **Festigkeit** erforderlich, z. B. ein Vergütungsstahl.

Der Bohrer muss aus einem Werkstoff mit großer **Härte** gefertigt sein, damit er in den zu bohrenden Werkstoff eindringen und Späne abheben kann. Er besteht z. B. aus gehärtetem Werkzeugstahl.

Der Riemen des Riementriebs muss **elastisch** sein und große Zugkräfte übertragen können. Dies kann z. B. ein gummiartiger Kunststoff mit Stahldrahteinlage leisten.

Der Fuß und der Tisch der Bohrmaschine müssen wegen ihrer schwierigen Form gegossen werden. Sie sollen zudem die Schwingungen dämpfen. Dazu ist ein Gusseisenwerkstoff am besten geeignet.

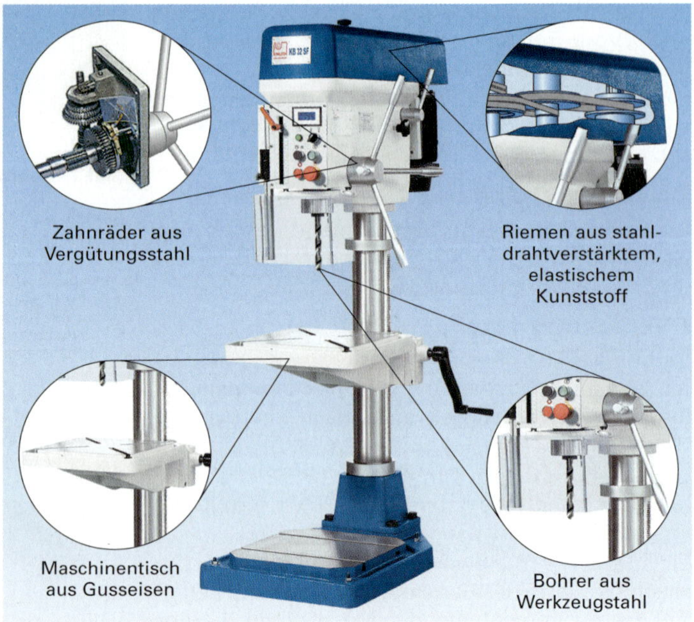

Bild 1: Werkstoffe der Bauteile einer Bohrmaschine

5.2.1 Werkstoffauswahl

Bei der Auswahl des geeigneten Werkstoffs für ein Maschinenteil sind die vom Bauteil zu leistenden Aufgaben klar zu beschreiben und danach die Forderungen an den Werkstoff zu formulieren **(Tabelle 1)**.

Tabelle 1: Technische Aufgabe des Werkstoffs und Werkstoffauswahl

Forderungen an den Werkstoff	Erforderliche Eigenschaften
Ist der Werkstoff z. B. aufgrund seines Gewichts, seiner Schmelztemperatur oder seines elektrischen Leitvermögens für diese Aufgabe geeignet?	Antwort geben die **physikalischen Eigenschaften** des Werkstoffs, wie Dichte, Schmelztemperatur und elektrische Leitfähigkeit.
Kann der Werkstoff den auf das Bauteil einwirkenden Kräften standhalten?	Dies beantworten die **mechanisch-technologischen Eigenschaften,** wie Festigkeit, Härte, Elastizität.
Verschleißt der Werkstoff an Gleitflächen?	Auskunft darauf geben die **Verschleißeigenschaften.**
Mit welchem Fertigungsverfahren lässt sich das Bauteil kostengünstig fertigen?	Hierüber informieren die **fertigungstechnischen Eigenschaften,** wie Gießbarkeit und Spanbarkeit.
Wird der Werkstoff des Bauteils bei seinem vorgesehenen Verwendungszweck von umgebenden Stoffen oder bei erhöhter Temperatur angegriffen?	Dieses Verhalten beschreiben die **chemisch-technologischen Eigenschaften,** wie das Korrosionsverhalten und die Zunderbeständigkeit.

Arbeitsregeln

Nach Abwägung aller Gesichtspunkte wird für ein Bauteil **der Werkstoff** ausgewählt,

- der die Funktion des Bauteils und die technischen Anforderungen am besten erfüllt,
- dessen Fertigung und Werkstoffpreis am günstigsten ist und
- der bei der Fertigung und nach dem Gebrauch keine Belastung für die Umwelt darstellt.

5.2.2 Physikalische Eigenschaften der Werkstoffe

Die physikalischen Eigenschaften beschreiben die grundlegenden Eigenschaften des Werkstoffs, unabhängig von seiner Form. Sie werden durch physikalische Größen angegeben.

Dichte

Unter der Dichte ϱ eines Stoffes versteht man den Quotienten aus der Masse m und dem Volumen V eines Körpers.

Dichte $\varrho = \frac{m}{V}$

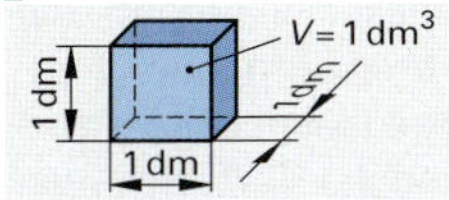

Anschaulich vorstellen kann man sich die Dichte als die Masse eines Würfels mit 1 dm Kantenlänge.

Einheiten der Dichte sind kg/dm³, g/cm³ oder t/m³ für Feststoffe und Flüssigkeiten sowie kg/m³ für Gase **(Tabelle 1)**.

Tabelle 1: Dichte von Stoffen

Stoff	Dichte kg/dm³	Stoff	Dichte kg/dm³
Wasser	1,0	Kupfer	8,9
Aluminium	2,7	Blei	11,3
Unleg. Stahl	7,8	Wolfram	19,3
Luft (0 °C, 1,013 bar): ϱ = 1,29 kg/m³			

Schmelzpunkt (Schmelztemperatur)

Der Schmelzpunkt ist die Temperatur, bei der ein Werkstoff zu schmelzen beginnt.

Die Schmelztemperatur wird meist in der Einheit Grad Celsius (°C) angegeben **(Tabelle 2)**.

Die reinen Metalle haben einen genauen Schmelzpunkt. Die Metallgemische (Legierungen), wie z. B. Stähle und CuZn-Legierungen, besitzen einen Schmelzbereich.

Tabelle 2: Schmelztemperaturen

Stoff	Schmelzpunkt (°C)	Stoff	Schmelzpunkt (°C)
Zinn	232	Kupfer	1083
Blei	327	Eisen	1536
Aluminium	658	Wolfram	3387

Elektrische Leitfähigkeit

Die elektrische Leitfähigkeit beschreibt die Fähigkeit eines Stoffes, den elektrischen Strom zu leiten.

Gute elektrische Leiter sind Silber, Kupfer und Aluminium. Sie werden als Leiterwerkstoffe verwendet **(Tabelle 3)**.

Stoffe, die den Strom nicht leiten, nennt man Isolierwerkstoffe. Zu ihnen gehören die Kunststoffe, Keramik, Glas.

Tabelle 3: Elektrische Leitfähigkeit in Prozent der Leitfähigkeit von Kupfer

Stoff	Prozent	Stoff	Prozent
Kupfer	100	Zink	29
Silber	106	Eisen, Stahl	17
Aluminium	62	Blei	8

Thermische Längenausdehnung (Bild 1)

Der thermische Längenausdehnungskoeffizient α gibt die Längenänderung Δl eines 1 m langen Körpers bei einer Temperaturänderung von $\Delta t = 1\,°C$ an.

Die Wärmeausdehnung Δl muss z. B. bei Messzeugen und Einbauteilen oder bei Gussteilen berücksichtigt werden. Gussteile haben eine Wärmeschwindung nach dem Gießen, die durch eine Maßzugabe der Gussform ausgeglichen werden muss.

Thermische Längenausdehnung $\Delta l = l_1 \cdot \alpha \cdot \Delta t$

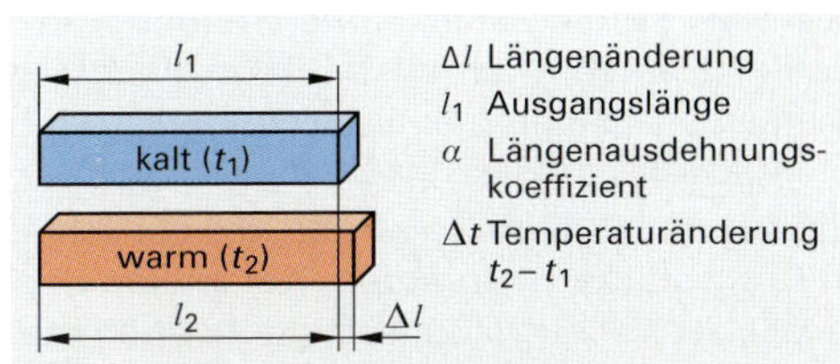

Bild 1: Thermische Längenausdehnung

Wärmeleitfähigkeit

Die Wärmeleitfähigkeit ist das Maß für die Fähigkeit eines Stoffes, Wärmeenergie in sich zu leiten **(Bild 2)**.

Hohe Wärmeleitfähigkeit besitzen die Metalle, insbesondere Kupfer, Aluminium und Eisen bzw. Stahl. Niedrige Wärmeleitfähigkeit haben die Kunststoffe, Glas und die Luft. Sie werden zur Wärmedämmung eingesetzt.

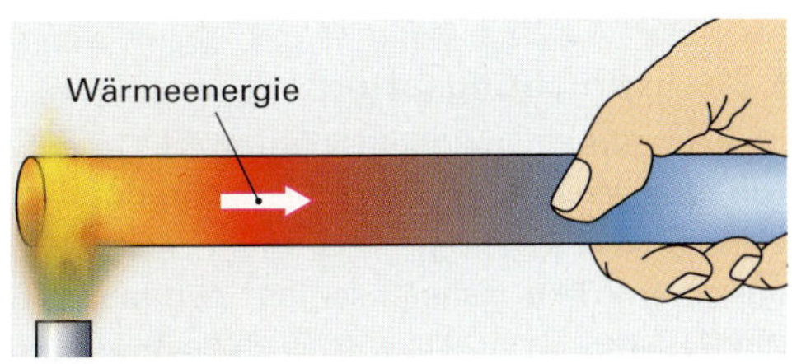

Bild 2: Wärmeleitfähigkeit

5.2.3 Mechanisch-technologische Eigenschaften

Die mechanisch-technologischen Eigenschaften kennzeichnen das Werkstoffverhalten unter der Wirkung von Kräften.

Elastische und plastische Verformung

Unter der Wirkung einer Kraft verformen sich die verschiedenen Werkstoffe ganz unterschiedlich.

Ein Sägeblatt aus gehärtetem Werkzeugstahl z.B. lässt sich biegen und federt nach Wegnahme der Kraft wieder in seine ursprüngliche, gerade Form zurück **(Bild 1)**. Dieses Verhalten nennt man elastische Verformung oder **Elastizität** des Werkstoffs. Rein elastisches Verformungsverhalten haben z. B. die Stähle für Sägeblätter oder für Federn.

Ein Stab aus Blei hingegen behält nach dem Biegen zum überwiegenden Teil die Verformung bei **(Bild 2)**. Dieser Werkstoff verformt sich annähernd rein plastisch. Diese Eigenschaft nennt man die **Plastizität** des Werkstoffs. Überwiegend plastisch verformbar sind z.B. auf Schmiedetemperatur erwärmter Stahl oder Weicheisen.

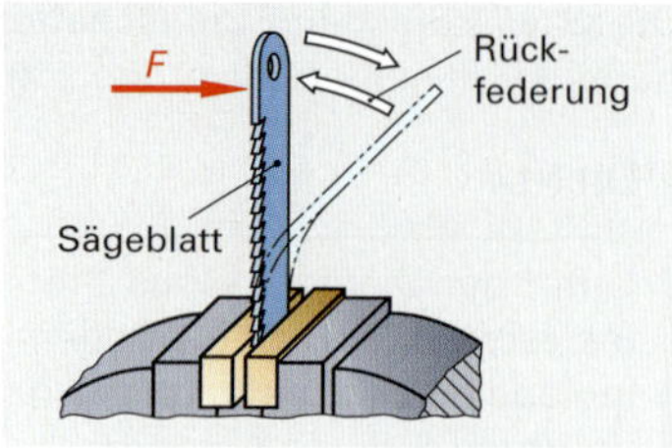

Bild 1: Elastizität eines Sägeblatts

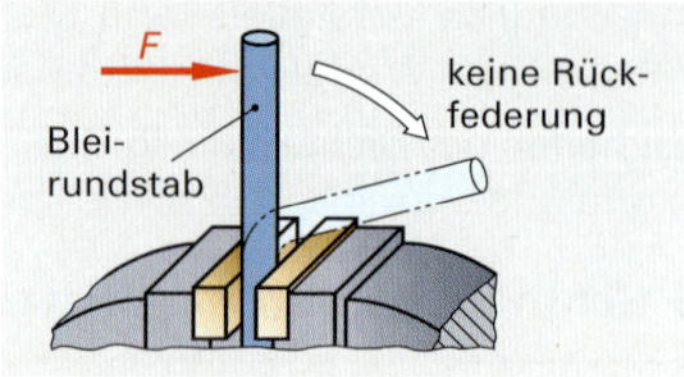

Bild 2: Plastizität eines Bleistabes

Elastisch-plastisches Verformungsverhalten

Ein Vierkantstab aus unlegiertem Baustahl zeigt beim Biegen sowohl elastische als auch plastische Verformung:

Bei starkem Biegen federt der Stab nur noch teilweise zurück. Es verbleibt eine bleibende plastische Verformung **(Bild 3)**. Der Werkstoff hat bei starker Belastung eine elastisch-plastische Verformung.

Elastisch-plastisches Verformungsverhalten zeigen viele Werkstoffe, wie z.B. ungehärtete Stähle, Aluminium- und Kupfer-Legierungen.

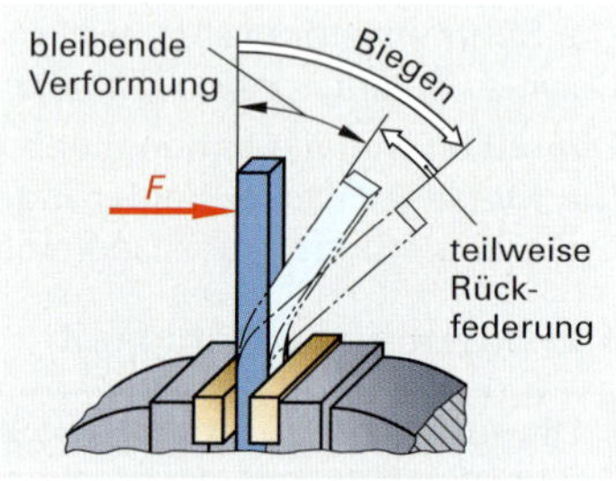

Bild 3: Elastisch-plastische Verformung eines Stabstahls

Die verschiedenen Werkstoffe können elastisches, plastisches und elastisch-plastisches Verformungsverhalten haben.

Zähigkeit, Sprödigkeit, Härte

Als **zäh** bezeichnet man einen Werkstoff, der sich bei starker Belastung in geringem Maß elastisch-plastisch verformen lässt, der Verformung aber großen Widerstand entgegensetzt. Baustähle oder die nichtrostenden Stähle z.B. sind zähe Werkstoffe.

Als Maß für die Zähigkeit verwendet man die **Kerbschlagarbeit** in Joule (J). Man misst sie im Kerbschlagbiegeversuch. Hierbei lässt man einen Fallhammer auf eine Werkstoffprobe fallen und misst die Energie (Arbeit), die zum Durchschlagen der Probe verbraucht wird.

Spröde nennt man Werkstoffe, die bei schlagartiger Beanspruchung in Bruchstücke zerspringen. Keramiken und Glas, aber auch einige Gusseisensorten und unsachgemäß gehärteter Stahl sind spröde.

Unter **Härte** versteht man den Widerstand, den ein Werkstoff dem Eindrücken eines Prüfkörpers entgegensetzt **(Bild 4)**. Harte Werkstoffe sind z.B. gehärteter Stahl und die Hartmetalle. Relativ weiche Werkstoffe sind Aluminium und Kupfer.

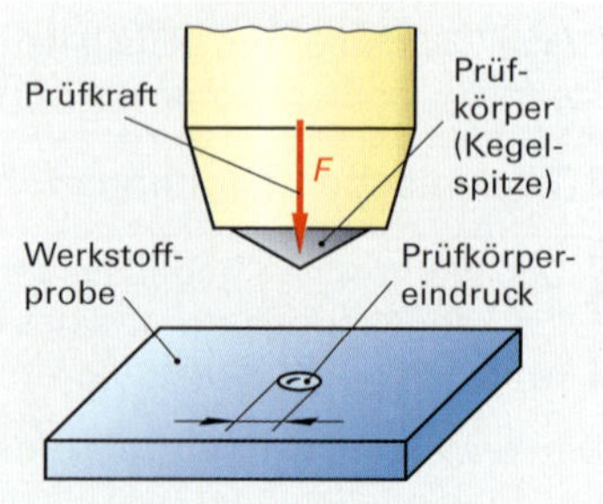

Bild 4: Bestimmung der Härte

Beanspruchungsarten

Je nachdem, in welcher Richtung Kräfte auf ein Bauteil wirken, herrschen im Werkstoff unterschiedliche Beanspruchungen.

Wirken zwei Kräfte in entgegengesetzter Richtung vom Bauteil weg auf einer Wirkungslinie, so liegt Zugbeanspruchung vor **(Bild 5)**.

Bei Einwirkung zweier Kräfte von entgegengesetzten Seiten auf das Bauteil hin herrscht Druckbeanspruchung.

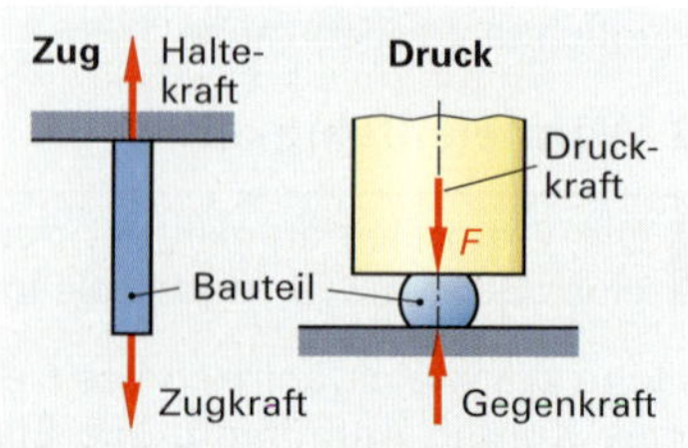

Bild 5: Zug- und Druckbeanspruchung

Weitere Beanspruchungsarten sind Biegung, Scherung, Verdrehung (Torsion) und Knickung **(Bild 1)**.

Für jede Beanspruchungsart hat ein Werkstoff eine höchste Belastungsgrenze, die man **Festigkeit** nennt. Je nach Beanspruchungsart heißen diese Belastungsgrenzen Zugfestigkeit, Druckfestigkeit, Biegefestigkeit, Scherfestigkeit usw.

In der Technik haben die Werkstoff-Kennwerte bei Zugbelastung die größte Bedeutung.

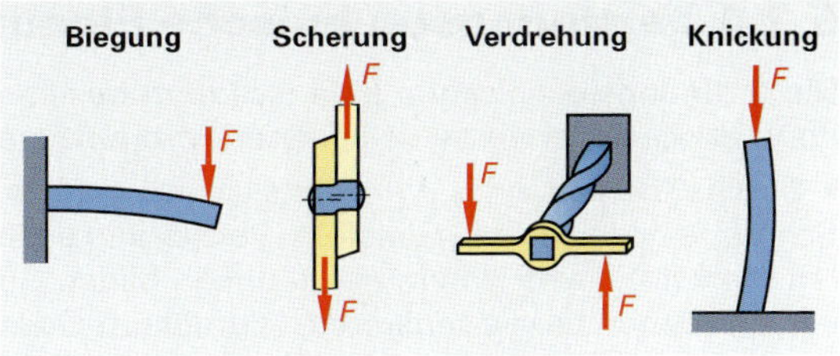

Bild 1: Weitere Beanspruchungsarten

Zugfestigkeit, Streckgrenze

Um die Größe der Zugbeanspruchung in einem Bauteil, unabhängig von der Bauteilgröße, zu beschreiben, bezieht man die einwirkende Zugkraft F auf den Bauteilquerschnitt S_0. Diese Größe nennt man Zugspannung σ_z. Ihre Einheit ist N/mm².

Zugspannung $\sigma_z = \frac{F}{S_0}$

Als Kenngrößen für die Belastbarkeit eines Werkstoffs benutzt man die in einem Probestab herrschenden Zugspannungen bei bestimmten Verformungszuständen **(Bild 2)**.

Wird der Probestab mit einer kleinen Zugkraft belastet, so dehnt er sich zunächst nur elastisch. Dies gilt, so lange die Zugkraft unter der Grenzkraft der elastischen Verformung F_e bleibt. Steigert man die Zugkraft über F_e, dann beginnt sich der Stab erheblich zu verlängern. Man sagt, der Werkstoff „wird gestreckt". Diese Verformung ist überwiegend plastisch.

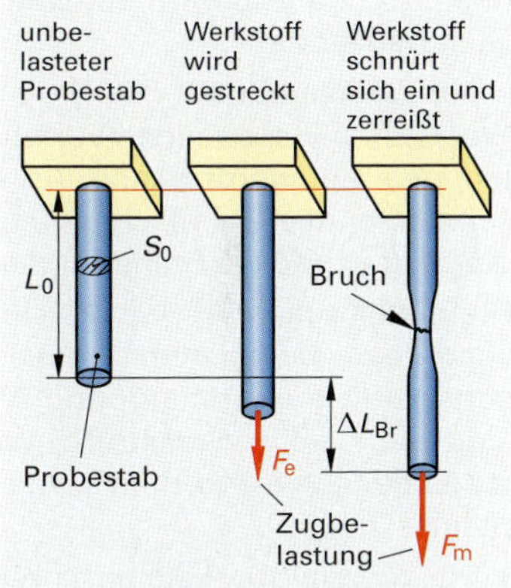

Bild 2: Probestab, unbelastet und unter Zugbeanspruchung

Die Zugspannung, die unmittelbar vor Beginn des Streckens im Werkstoff herrscht, nennt man **Streckgrenze R_e**. Sie berechnet sich als Quotient aus der Kraft F_e und dem Stabquerschnitt S_0 und ist eine Kenngröße (Grenzwert) für die Belastbarkeit eines Werkstoffs ohne wesentliche plastische Verformung.

Streckgrenze $R_e = \frac{F_e}{S_0}$

Wird die Zugbeanspruchung auf den Probestab über die Streckgrenze hinaus gesteigert, so beginnt er sich einzuschnüren und zerreißt schließlich (Bild 2). Die bei der größten Zugkraft F_m im Werkstoff herrschende Zugspannung ist die **Zugfestigkeit R_m**. Sie berechnet sich als Quotient aus F_m und S_0 und ist die maximale Zugspannung, die in einem Werkstoff herrschen kann.

Zugfestigkeit $R_m = \frac{F_m}{S_0}$

Die Streckgrenze R_e und die Zugfestigkeit R_m haben die gleiche Einheit N/mm². Der Stahl S235JR hat z. B. eine Streckgrenze von $R_e \approx 235$ N/mm² und eine Zugfestigkeit von $R_m \approx 360$ N/mm².

Dehnung, Bruchdehnung

Durch die einwirkende Kraft verlängert sich der Probestab (Bild 2). Die auf die Ausgangslänge L_0 bezogene Verlängerung ΔL in Prozent nennt man **Dehnung ε**. Die bleibende Dehnung nach dem Bruch des Probestabes heißt **Bruchdehnung A**. Sie ist ein Maß für die größtmögliche Dehnung eines Werkstoffes.

Dehnung $\varepsilon = \frac{\Delta L}{L_0} \cdot 100\,\%$

Bruchdehnung $A = \frac{\Delta L_{Br}}{L_0} \cdot 100\,\%$

Verschleißfestigkeit

Zwischen sich gegeneinander bewegenden Maschinenteilen, wie z. B. dem Maschinenbett und dem Längsschlitten einer Drehmaschine, tritt Reibung und Verschleiß der Bauteiloberflächen auf **(Bild 3)**. Die Verschleißfestigkeit eines Bauteils hängt außer von der Werkstoffpaarung und dem Schmiermittel von den Beanspruchungen ab: Kräfte, Geschwindigkeiten, Temperatur, Zeitdauer, Bewegungsart und umgebende Atmosphäre.

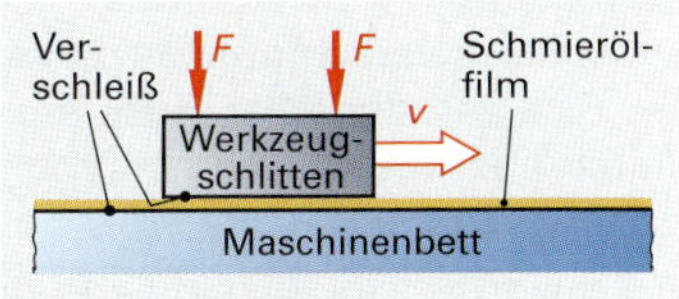

Bild 3: Verschleiß an Gleitflächen

5.2.4 Fertigungstechnische Eigenschaften

Die fertigungstechnischen Eigenschaften beschreiben die Eignung der Werkstoffe für die verschiedenen Fertigungsverfahren **(Bild 1)**.

- Die **Gießbarkeit** eines Werkstoffs ist gut, wenn er eine dünnflüssige Schmelze bildet, die die Gussform vollständig ausfüllt und im erstarrten Werkstoff keine Hohlräume (Lunker) bildet. Gut gießbar sind die verschiedenen Gusseisensorten, Aluminium-Gusslegierungen, Kupfer-Zink- und Zink-Gusslegierungen.
- Die **Umformbarkeit** ist die Fähigkeit eines Werkstoffs, sich unter Krafteinwirkung durch plastische Verformung zu einem Werkstück formen zu lassen. Warmumformverfahren sind z. B. das Warmwalzen und Schmieden, Kaltumformverfahren sind z. B. das Kaltwalzen, Biegen, Abkanten und Tiefziehen.

Gut umformbar sind kohlenstoffarme Stähle, Weicheisen sowie Aluminium- und Kupfer-Knetlegierungen. Nicht umformbar sind Eisen-Gusswerkstoffe.

- Die **Zerspanbarkeit** gibt an, ob und bei welchen Bedingungen ein Werkstoff mit spanenden Verfahren, wie z. B. Drehen, Fräsen, Schleifen, gefertigt werden kann. Als Bewertungsgrößen der Zerspanbarkeit dienen die Oberflächengüte der gespanten Fläche, die Spanbedingungen und die Standzeit der Spanwerkzeuge.

Die metallischen Werkstoffe sind überwiegend gut spanbar, insbesondere die unlegierten und niedrig legierten Stähle und Gusseisensorten sowie Aluminium und Al-Legierungen. Schwierig zu spanen sind sehr zähe Werkstoffe, wie weichgemachtes Kupfer, nichtrostende Stähle und Titan sowie sehr harte Werkstoffe, wie gehärtete Stähle.

- Die **Schweißbarkeit** beschreibt die Eignung oder Nichteignung eines Werkstoffes für das Schweißen.

Gut schweißbar sind unlegierte und niedrig legierte Stähle mit niedrigem Kohlenstoffgehalt. Mit Sonderschweißverfahren sind auch die hochlegierten Stähle sowie Aluminium- und Kupferlegierungen schweißbar.

- Die **Härtbarkeit** und die Vergütbarkeit ist die Fähigkeit eines Werkstoffs, durch eine gezielte Wärmebehandlung eine Steigerung seiner Härte und Festigkeit zu erlangen.

Härtbar sind die meisten Stähle, einige Eisen-Gusswerkstoffe und die aushärtbaren Aluminiumlegierungen.

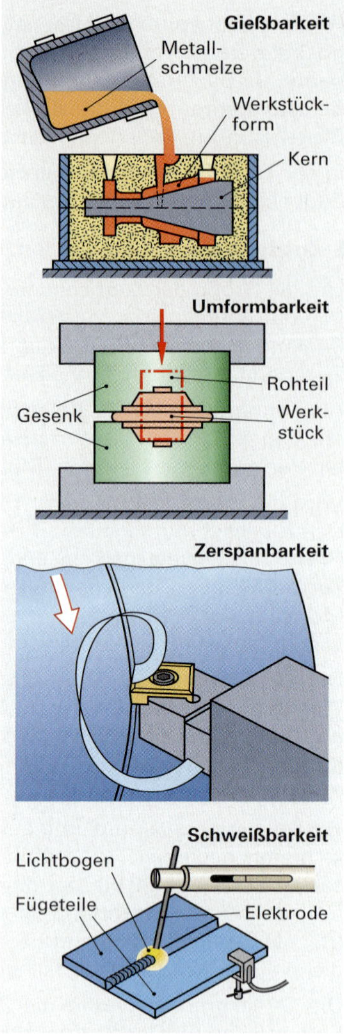

Bild 1: Fertigungstechnische Eigenschaften

5.2.5 Chemisch-technologische Eigenschaften

Die chemisch-technologischen Eigenschaften befassen sich mit den stoffverändernden Wirkungen von Umwelteinflüssen und aggressiven Stoffen (Wirkmedien) sowie hoher Temperaturen auf die Werkstoffe.

- Das **Korrosionsverhalten** beschreibt das Verhalten eines Werkstoffs unter der zerstörenden Wirkung von feuchter Luft, Industrieatmosphäre, verschmutztem Wasser oder anderen aggressiven Stoffen. Die von der Oberfläche ausgehende Zerstörung des Werkstoffs durch chemische und elektrochemische Vorgänge wird **Korrosion** genannt **(Bild 2)**.

Korrosionsbeständig sind z. B. die nichtrostenden Stähle sowie viele Kupfer- und Aluminium-Werkstoffe. Nicht korrosionsbeständig an

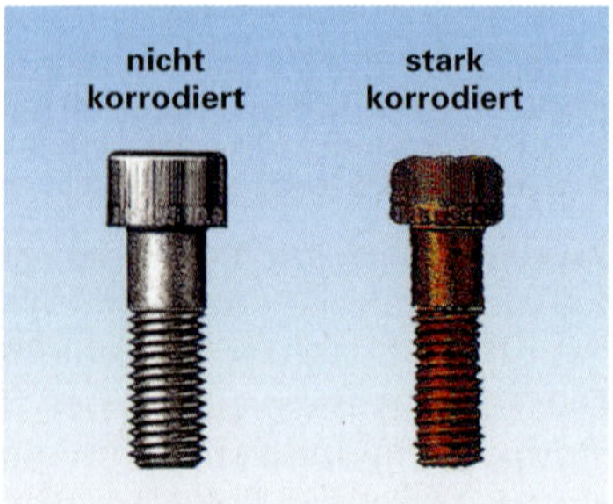

Bild 2: Korrosionsverhalten

feuchter Luft oder Industrieatmosphäre sind die unlegierten und niedrig legierten Stähle sowie Gusseisen; sie rosten.

Durch eine Oberflächenbehandlung, einen Anstrich oder eine Beschichtung kann die Korrosion für lange Zeit vermieden werden.

- Eine weitere chemisch-technologische Eigenschaft ist die **Verzunderungsbeständigkeit (Bild 1).** Sie beschreibt das Reaktionsverhalten der Werkstoffe bei hohen Temperaturen.
- Bei einigen Werkstoffen, wie z. B. den Kunststoffen, ist zudem die **Brennbarkeit** bei der Werkstoffwahl zu beachten.

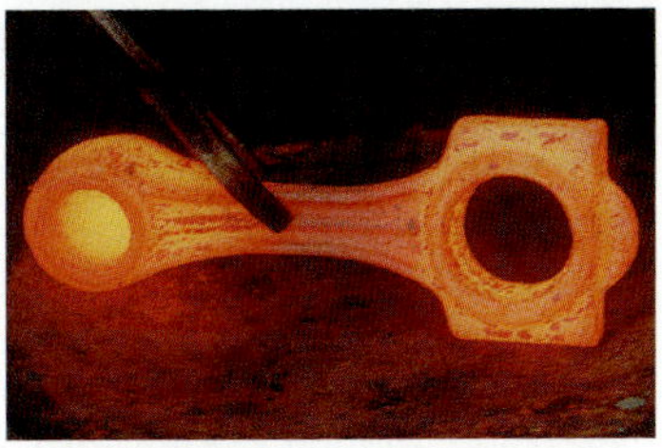

Bild 1: Verzundertes Schmiedeteil

5.2.6 Umweltverträglichkeit, gesundheitliche Unschädlichkeit

Die Werk- und Hilfsstoffe sollen bei ihrer Herstellung, bei der Bearbeitung und beim sachgemäßen Gebrauch keine gesundheitsgefährdende Wirkung ausüben. Nach dem Gebrauch der Geräte und Maschinen sollen die Werkstoffe wiederaufarbeitbar sein (Recycling).

- **Umweltverträgliche Stoffe.** Die am häufigsten verwendeten metallischen Werkstoffe sind überwiegend umweltverträglich und gesundheitlich unbedenklich: Stähle und Gusseisen, Aluminium- und Kupferwerkstoffe. Sie werden nach dem Gebrauch sortenrein gesammelt **(Bild 2),** eingeschmolzen und zu neuen Werkstoffen verarbeitet.
- **Giftige Stoffe.** Die Metalle Blei (Pb) und Cadmium (Cd) sind giftig, wenn sie z. B. als Feinstaub eingeatmet werden. Ihr Gebrauch ist auf ein Mindestmaß einzuschränken. Bei ihrer Verarbeitung, z. B. beim Löten mit Pb- und Cd-haltigem Weichlot, muss die Abluft abgesaugt und der Arbeitsraum gut gelüftet werden. Das gilt ebenso beim Schweißen **(Bild 3).** Auch beim Spanen mit Kühlschmierstoff sollte das Einatmen von Kühlschmierstoffnebel vermieden werden.

Hochgiftig sind die Härtesalze (Cyanidsalze), die bei speziellen Härteverfahren zum Einsatz kommen (Seite 381). Für diese Giftstoffe gibt es ein Sicherheitsdatenblatt des Herstellers und eine Betriebsanweisung des verarbeitenden Betriebs, die zu befolgen sind.

Beim Umgang mit Giftstoffen sind die Hinweise, Schutzmaßnahmen und Verhaltensregeln der Betriebsanweisung gemäß Gefahrstoffverordnung zu beachten.

Bild 2: Recycling-Material

Bild 3: Absaugung von Gasen

Wiederholung und Vertiefung

1 Ordnen Sie die Metalle Kupfer, Eisen, Titan, Zink, Magnesium, Blei und Aluminium in die Gruppen Leichtmetalle und Schwermetalle ein.

2 Auf welchen Eigenschaften beruht die vielseitige Anwendung der Kunststoffe?

3 Aus welchen Werkstoffen könnte der Fräser und das bearbeitete Werkstück im gezeigten Bild bestehen? Begründen Sie Ihre Antwort.

4 Ein Werkstück hat eine Masse von 6,48 kg und ein Volumen von 2,4 dm³.
  a) Welche Dichte hat der Werkstoff des Werkstücks?
  b) Um welchen Werkstoff könnte es sich handeln?

5 Beschreiben Sie das elastisch-plastische Verformungsverhalten eines Stahlstabs.

6 Was geben die Streckgrenzen R_e und die Zugfestigkeit R_m eines Werkstoffs an?

7 Nennen Sie drei fertigungstechnische Eigenschaften. Erläutern Sie diese Eigenschaften mit jeweils einem Werkstoff, der für dieses Fertigungsverfahren gut geeignet ist.

8 Wie kann die Korrosion von Metallteilen vermieden werden?

5.3 Innerer Aufbau der Metalle

In natürlicher Größe erscheinen die Metalle als einheitlicher Stoff ohne erkennbare innere Struktur **(Bild 1, linker Bildteil).**

Betrachtet man die angeätzte Oberfläche eines Metalls rund 10 000-fach vergrößert, z. B. mit einem Elektronenmikroskop, so sieht man, dass die Metalle einen äußerst komplizierten Feinbau besitzen **(Bild 1, rechts).** Man erkennt, dass sie sich aus einer Vielzahl kleiner, regelmäßig geformter Körner, auch **Kristalle** genannt, zusammensetzen.

Den Feinbau der Metalle bezeichnet man als **kristallinen Aufbau** oder als **kristalline Struktur.**

Vergrößert man die Ecke eines Kristalls noch stärker, z. B. 10 000 000-fach, so gelangt man zu den kleinsten Teilchen der Metalle, den Atomen[1] **(Bild 1, unten).** Sie sind in genauen Abständen und Winkeln angeordnet.

Verbindet man die Mittelpunkte der Metallatome, so ergeben die Verbindungslinien ein räumliches Gitter, das als **Raumgitter** oder **Kristallgitter** bezeichnet wird. Die kleinste typische Einheit dieses Kristallgitters nennt man **Elementarzelle.**

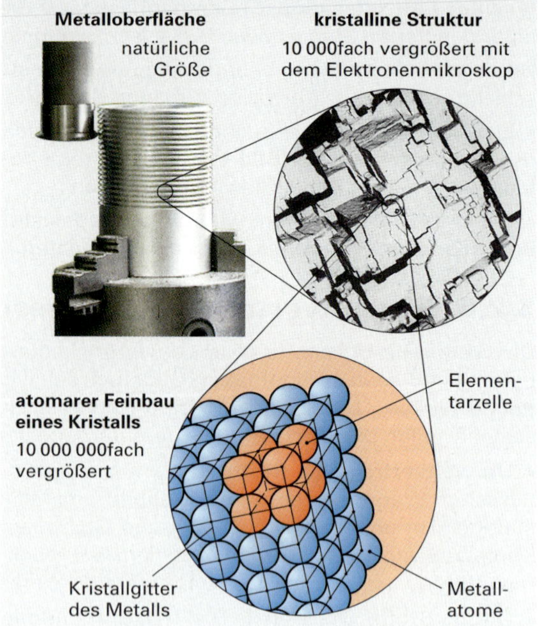

Bild 1: Metalloberfläche und innerer Aufbau

5.3.1 Innerer Aufbau und Eigenschaften der Metalle

Metallbindung und Festigkeit

Im festen Aggregatzustand besitzen die Metalle einen festen Zusammenhalt. Ursache hierfür ist die Metallbindung, die die einzelnen Metallteilchen zusammenhält. Die Metallbindung entsteht bei der Gewinnung des Metalls durch Zusammenlagern der Metallatome direkt nach der Reduktion des Erzes (Seite 342). Dabei werden locker gebundene Elektronen der Metallatome abgegeben **(Bild 2).** Sie umgeben den Metallatom-Verband als Elektronenwolke. Die Elektronen können sich in der Elektronenwolke frei bewegen, sie aber nicht verlassen. Sie halten die Metallatome[1] wie eine Art „Elektronenkitt" zusammen.

Die Metallbindung bewirkt den äußerst festen Zusammenhalt der Metallteilchen und damit die **Festigkeit** der Metalle.

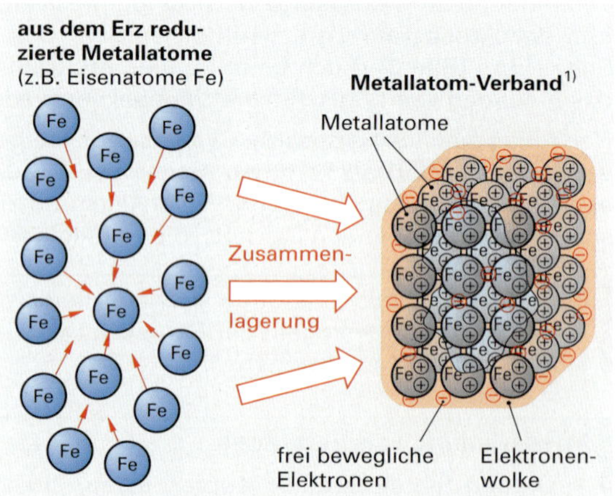

Bild 2: Entstehung der Metallbindung (Beispiel Eisen)

Elektrische Leitfähigkeit

Die frei beweglichen Elektronen können durch eine angelegte elektrische Spannung in Bewegung gesetzt werden **(Bild 3).** Es fließt dann ein Strom von Elektronen (elektrischer Strom).

Metalle sind gute **elektrische Leiter.**

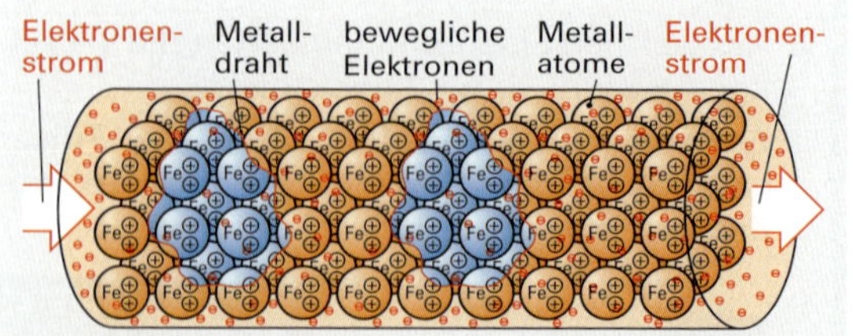

Bild 3: Stromleitung in einem Metalldraht

[1] Hier wird vereinfachend von Metallatomen gesprochen. Wissenschaftlich exakt müssten sie Metallionen genannt werden.

Verformungsverhalten der Metalle

Metalle verformen sich bei geringer Belastung elastisch und bei hoher Belastung zusätzlich plastisch (Seite 336). Dieses Verformungsverhalten beruht auf ihrem kristallinen Feinbau **(Bild 1)**.

Ist die Krafteinwirkung gering, so werden die Metallatome nur geringfügig von ihrem Gitterplatz verdrängt und federn bei Wegnahme der Kraft wieder in ihre Ausgangslage zurück. Sie verformen sich elastisch.

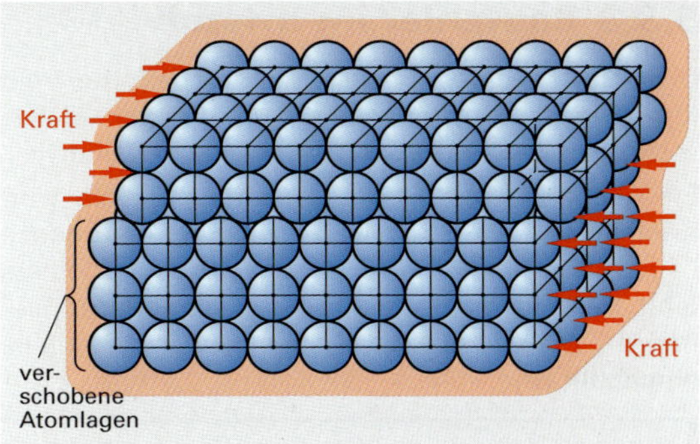

Bild 1: Plastische Verformung eines Kristalls durch Verschieben einer Metallatomlage

Bei großer Krafteinwirkung kann an einer Stelle des Kristalls die obere Atomlage von der stabilen „Übereinander-Anordnung“ in die ebenfalls stabile „Auf-Lücke-Anordnung“ verschoben werden. Diese neue stabile Lage bleibt auch erhalten, wenn die Kraft weggenommen wird. Der Körper hat sich bleibend verformt **(plastische Verformung)**. Nach der Verschiebung wirken wieder ähnlich große Bindungskräfte zwischen den Metallatomen wie vorher. Deshalb erfolgt durch die Verschiebung kein Auseinanderbrechen des Körpers, sondern lediglich eine bleibende Verformung. Die Verformung kann bei fortdauernder Krafteinwirkung so lange fortschreiten, bis alle Metallatomlagen im belasteten Bereich des Bauteils verschoben sind. Erst dann führt weitere Belastung zum Bruch des Körpers.

5.3.2 Kristallgittertypen der Metalle

Die Atome der verschiedenen Metalle können sich in unterschiedlichen geometrischen Anordnungen zusammenfügen. Diese sind von der Metallart und teilweise von der Temperatur abhängig.

> Die Metalle haben kubisch-raumzentrierte, kubisch-flächenzentrierte oder hexagonale Kristallgitter.

Die grafische Darstellung der Anordnung der Metallatome erfolgt an Hand einer Elementarzelle **(Bild 2)**.

Kubisch-raumzentriertes Kristallgitter

Beim kubisch-raumzentrierten Kristallgitter (krz) ordnen sich die Metallatome so, dass die Verbindungslinien von Atommittelpunkt zu Atommittelpunkt einen Würfel (Kubus) bilden (Bild 2, oberer Bildteil). Zusätzlich befindet sich noch ein Metallatom in der Würfelmitte. Ein kubisch-raumzentriertes Kristallgitter hat z. B. Eisen bei Temperaturen unter 911 °C sowie Chrom, Wolfram und Vanadium.

Kubisch-flächenzentriertes Kristallgitter

Das kubisch-flächenzentrierte Kristallgitter (kfz) hat ebenfalls einen Würfel als Grundkörper und zusätzlich je ein Atom in der Mitte der Seitenflächen (Bild 2, mittlerer Bildteil). Diese Kristallform haben Aluminium, Kupfer und Nickel sowie Eisen über 911 °C.

Hexagonales Kristallgitter

Ein hexagonales Kristallgitter (hex) besitzen die Metalle Magnesium, Zink und Titan. Bei diesem Gittertyp bilden die Metallatome ein sechseckiges Prisma mit je einem Atom in der Mitte der Grundflächen sowie drei Atomen innerhalb des Prismas (Bild 2, unterer Bildteil).

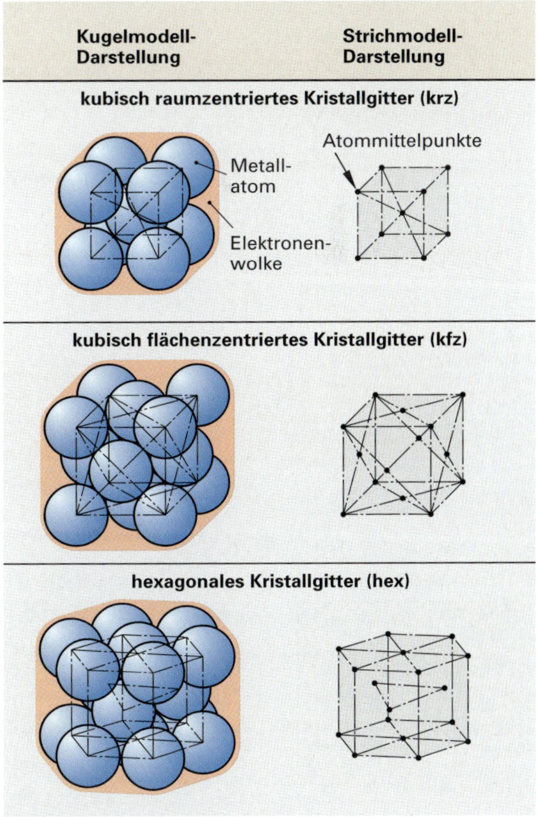

Bild 2: Kristallgittertypen

5.3.3 Baufehler im Kristall

Die Kristalle eines Metalls sind nicht fehlerfreie Idealkristalle, sondern mit Fehlern wie Lücken, Versetzungen und Fremdatomen durchsetzt **(Bild 1)**.

Eine **Lücke** ist ein nicht besetzter Gitterplatz im Kristallgitter. Bei einer **Versetzung** ist eine ganze Lage von Metallatomen eingeschoben oder sie fehlt. **Fremdatome** sind Atome eines anderen Elementes, die in das Kristallgitter des Grundmetalls eingebaut sind.

Baufehler bewirken Verzerrungen im Kristallgitter und führen zur Erhöhung der Festigkeit.

Die festigkeitssteigernde Wirkung tritt z. B. beim Legieren auf. Hierbei werden Fremdatome in das Kristallgitter des Grundmetalls eingelagert.

Bei der Verfestigung durch Kaltverformung entstehen festigkeitssteigernde Lücken und Versetzungen.

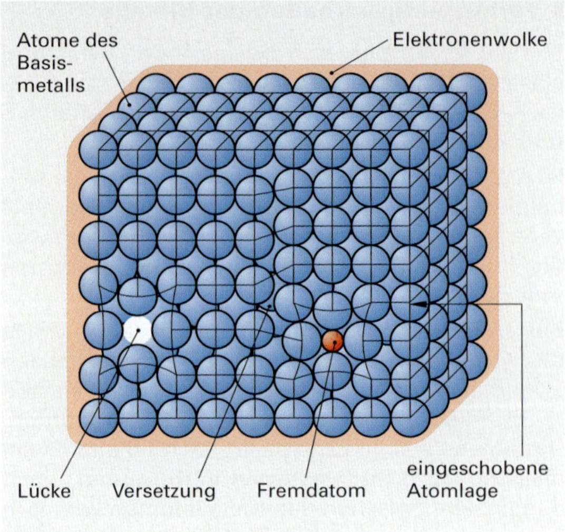

Bild 1: Baufehler im Metallkristall

5.3.4 Entstehung des Metallgefüges

Das Gefüge eines metallischen Werkstoffs, d. h. seine Gliederung in Kristalle **(Bild 1, Seite 340)**, entsteht nach dem Vergießen beim Erstarren der Metallschmelze zum festen Metallkörper.

Die Erstarrung einer Metallschmelze verläuft nicht schlagartig, sondern über Zwischenstufen.

Beispiel: Die Abkühlung von reinem Eisen und die dabei ablaufenden Vorgänge in der Schmelze **(Bild 2)**.

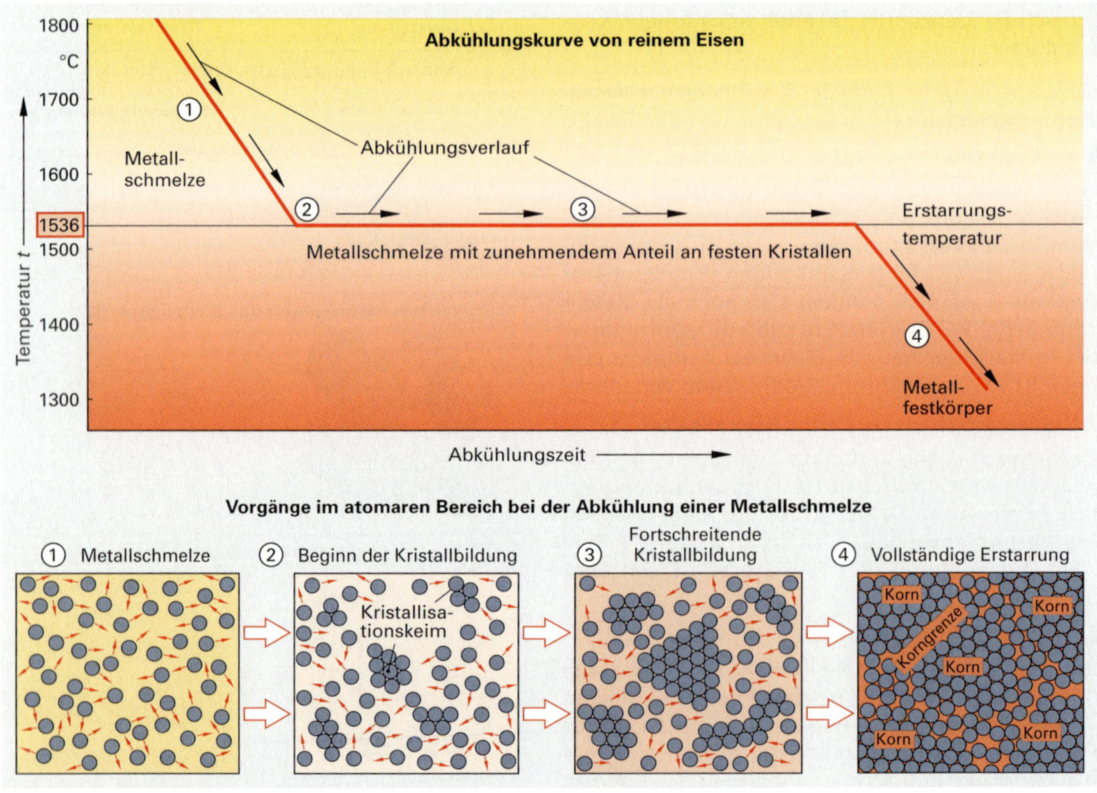

Bild 2: Abkühlungskurve und kristalline Vorgänge in einer Metallschmelze

Es kommt bei den in **Bild 2, vorherige Seite,** gezeigten Abkühlungsstufen ① bis ④ zu folgenden Vorgängen:

① **Metallschmelze.** In der Metallschmelze bewegen sich die Metallatome frei und regellos durcheinander. Bei der Abkühlung der Schmelze wird die Bewegung der Metallatome langsamer.

② **Beginn der Kristallbildung.** Bei Erreichen der Erstarrungstemperatur (bei Eisen: 1536 °C) in der Schmelze beginnt die Zusammenlagerung der Metallatome nach einem Kristallgittertyp. Die Stellen, an denen das Kristallwachstum beginnt, nennt man **Kristallisationskeime**.

③ **Fortschreitende Kristallbildung.** Von den Kristallisationskeimen ausgehend gliedern sich immer mehr Metallatome aus der Restschmelze den Kristallen an. Die Temperatur bleibt während des gesamten Auskristallisierens unverändert auf der Erstarrungstemperatur, da die entzogene Wärme zur Kristallbildung verbraucht wird. Die Abkühlungskurve verläuft waagrecht.

Wenn die Schmelze fast aufgebraucht ist, stoßen die wachsenden Kristalle an ihren Grenzen aneinander. Die dadurch unregelmäßig begrenzten Kristalle nennt man **Kristallite** oder **Körner**. Die Metallatome im Grenzbereich zwischen den Körnern können teilweise nicht in das Kristallgitter eingeordnet werden. Sie bilden zusammen mit Fremdatomen zwischen den einzelnen Körnern eine ungeordnete Begrenzungsschicht, die **Korngrenze**.

④ **Vollständige Erstarrung.** Haben alle Metallatome ihren festen Platz, so ist die Schmelze vollständig erstarrt. Das Gefüge des Werkstoffs hat sich gebildet. Die Temperatur des entstandenen, festen Metallkörpers nimmt durch den Wärmeentzug nun wieder stetig ab, die Abkühlungskurve fällt.

5.3.5 Gefügearten und Werkstoffeigenschaften

Das Gefüge eines Werkstoffs ist mit bloßem Auge nicht sichtbar. Die einzelnen Gefügekörner sind zu klein (im Größenbereich von 1 µm bis 100 µm) und die Korngrenzen sind nicht zu erkennen.

Um das Gefüge eines Werkstoffs sichtbar zu machen, bedarf es einer besonderen Technik, der **Metallografie**. Man trennt ein etwa walnussgroßes Stück des Werkstoffs ab, bettet es in Gießharz ein, schleift es auf einer Seite plan und poliert diese Fläche. Dann wird die polierte Metalloberfläche mit einem Ätzmittel angeätzt und unter einem Metallmikroskop betrachtet **(Bild 1)**.

Das sich darbietende Bild im Mikroskop wird **Schliffbild** genannt. Es zeigt das Werkstoffgefüge mit den Körnern und Korngrenzen.

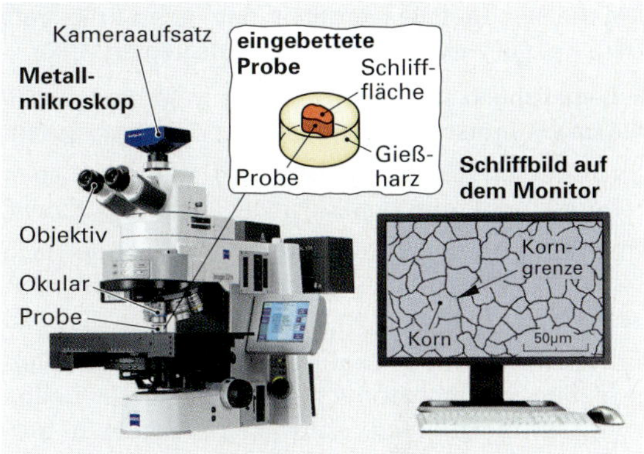

Bild 1: Sichtbarmachen eines Schliffbildes mit dem Metallmikroskop

Kornformen

Die verschiedenen Metalle und auch die unterschiedlichen Kristallgittertypen eines Metalls bilden bestimmte typische Kornformen **(Bild 2)**.

Reines Eisen bildet z. B. rundliche Körner (globulare Körner). Eisen mit Austenitgefüge hat Vieleckkörner (polyedrisch). Gehärteter Stahl (Martensitgefüge) zeigt nadelartiges Gefüge (dendritisch). Der Streifenzementit des Perlits und der Lamellengrafit von Grauguss bilden lamellenartige Schichten (lamellares Gefüge).

Die Kornform des Gefüges wird z. B. beim Kaltwalzen verändert. Hierbei werden die Körner in Walzrichtung gereckt, das Gefüge hat eine **Textur**. Die Festigkeit des Werkstoffs wird dadurch in Walzrichtung erhöht, die Dehnbarkeit verringert. Durch Rekristallisationsglühen kann die Textur wieder aufgehoben werden.

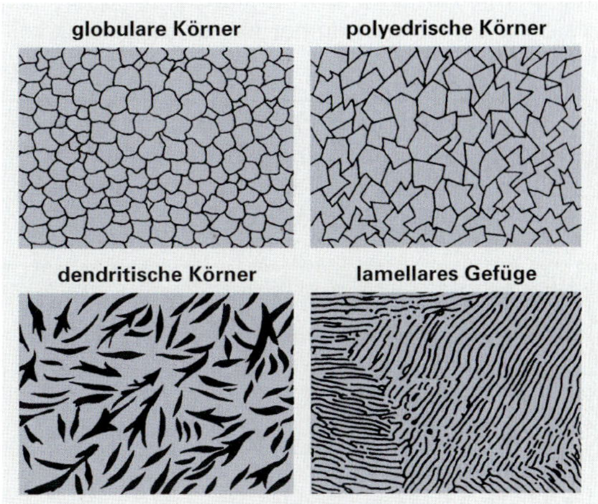

Bild 2: Kornformen bei Metallen

Korngrößen

Metalle haben Korngrößen von weniger als 1 µm bis zu 100 µm **(Bild 1)**. Ein Werkstoff mit feinkörnigem Gefüge hat eine höhere Festigkeit und eine bessere Dehnbarkeit als mit grobkörnigem Gefüge.

Die gewünschte Korngröße kann erzielt werden

- durch Wärmebehandlung, z. B. Normalglühen
- durch Warmumformen, z. B. Warmwalzen
- durch Zugabe von Legierungselementen, wie z. B. Mangan bei den Feinkornbaustählen.

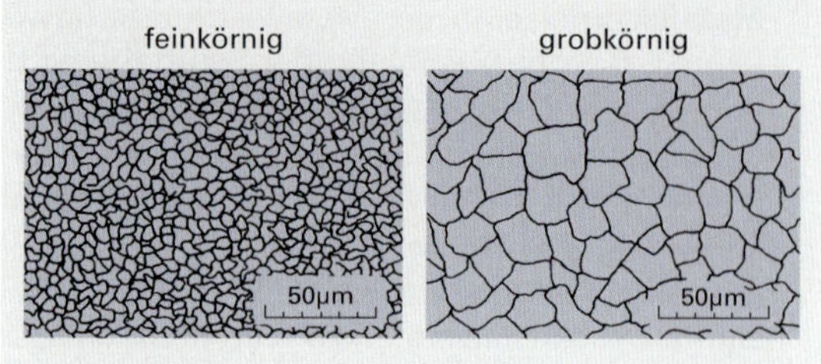

Bild 1: Gefüge mit unterschiedlichen Korngrößen

5.3.6 Gefüge reiner Metalle und Gefüge von Legierungen

Reine Metalle haben ein einheitliches (homogenes) Gefüge **(Bild 2)**. Alle Körner bestehen aus derselben Metallatomsorte und haben denselben Bauplan nach einem Kristallgittertyp. Bei Eisen z. B. sind die Eisenatome kubisch-raumzentriert angeordnet. Die Körner unterscheiden sich in der Ausrichtung des Kristallgitters.

Die reinen Metalle haben eine geringe Festigkeit.

Die meisten Metalle werden in der Technik nicht als Reinmetalle verwendet, sondern als Legierungen.

Legierungen sind Gemische aus mehreren Metallen bzw. Gemische aus Metallen und Nichtmetallen.

Im flüssigen Zustand (Schmelze) sind die Legierungselemente gleichmäßig in der Legierung verteilt.

Beim Erstarren der Schmelze bilden sich je nach Grundmetall und den Legierungselementen unterschiedliche Gefügearten aus.

Bei **Kristallgemisch-Legierungen** bleiben die verschiedenen Metallatome beim Erstarren der Legierungsschmelze nicht vermischt, sondern entmischen sich und lagern sich getrennt zu verschiedenartigen Gefügekörnern zusammen **(Bild 3)**.

Bei **Mischkristall-Legierungen** bleiben die Atome der Legierungselemente beim Erstarren der Schmelze gleichmäßig im Kristallgitter des Grundmetalls verteilt **(Bild 4)**.

> Legierungen haben gegenüber ihrem reinen Grundmetall meist verbesserte Eigenschaften, z. B. eine höhere Festigkeit, verbessertes Korrosionsverhalten oder größere Härte.

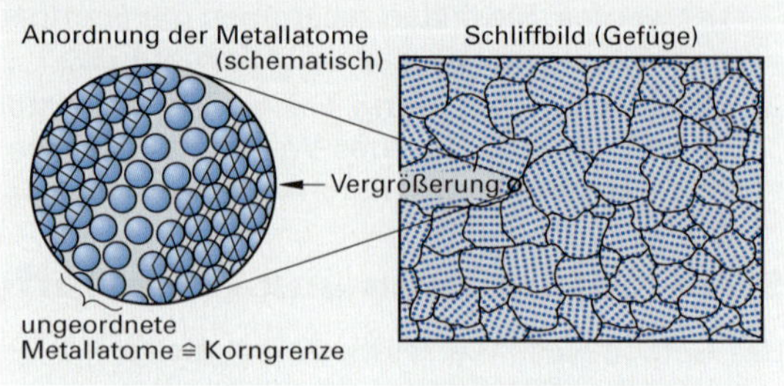

Bild 2: Innerer Aufbau eines reinen Metalls

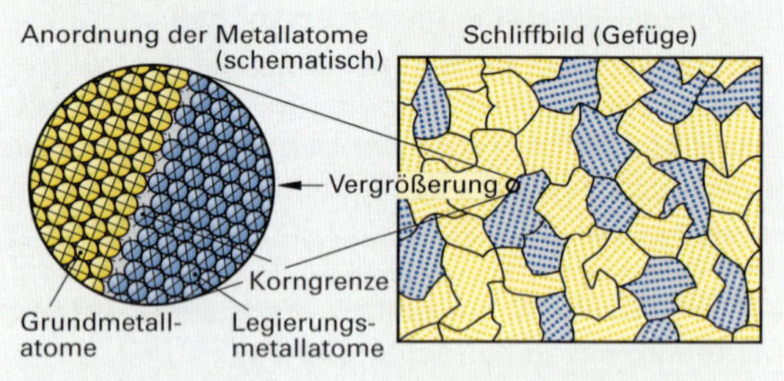

Bild 3: Innerer Aufbau einer Kristallgemisch-Legierung

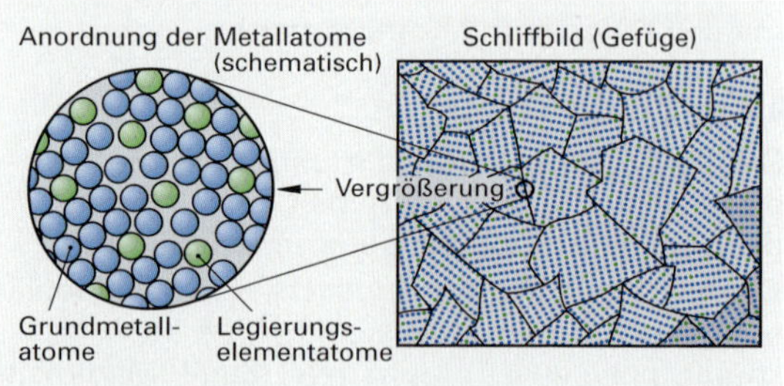

Bild 4: Innerer Aufbau einer Mischkristall-Legierung

Wiederholung und Vertiefung

1. Was zeigt das Gefüge eines Metalls?
2. Wie sind die Metalle im atomaren Größenbereich aufgebaut?
3. Welche drei Kristallgittertypen findet man bei den Metallen?
4. Welche Kristallbaufehler gibt es?
5. Worauf beruht die elastische und die plastische Verformbarkeit der Metalle?
6. Wie entsteht das Metallgefüge?
7. Wie wird das Metallgefüge sichtbar gemacht?
8. Wodurch unterscheiden sich reine Metalle und Legierungen bezüglich Gefüge und Eigenschaften?

5.4 Stähle und Eisen-Gusswerkstoffe

Als **Stähle** bezeichnet man Werkstoffe, deren Hauptbestandteil Eisen ist, die im Allgemeinen weniger als 2 % Kohlenstoffgehalt aufweisen und die zusätzlich noch andere Elemente enthalten. Stähle werden durch Walzen zu Halbzeugen und Fertigerzeugnissen weiterverarbeitet.

Eisen-Gusswerkstoffe sind ebenfalls Eisen-Basiswerkstoffe. Sie enthalten jedoch mehr als 2 % Kohlenstoff, können ebenfalls andere Elemente enthalten und werden durch Gießen zu Werkstücken vergossen.

Stähle und Eisen-Gusswerkstoffe können durch gezielte Herstellung, durch Legieren und durch Wärmebehandlung ganz verschiedene Werkstoffeigenschaften erhalten **(Bild 1)**. Da sie außerdem preisgünstig hergestellt werden können, sind sie die am meisten verwendeten metallischen Werkstoffe.

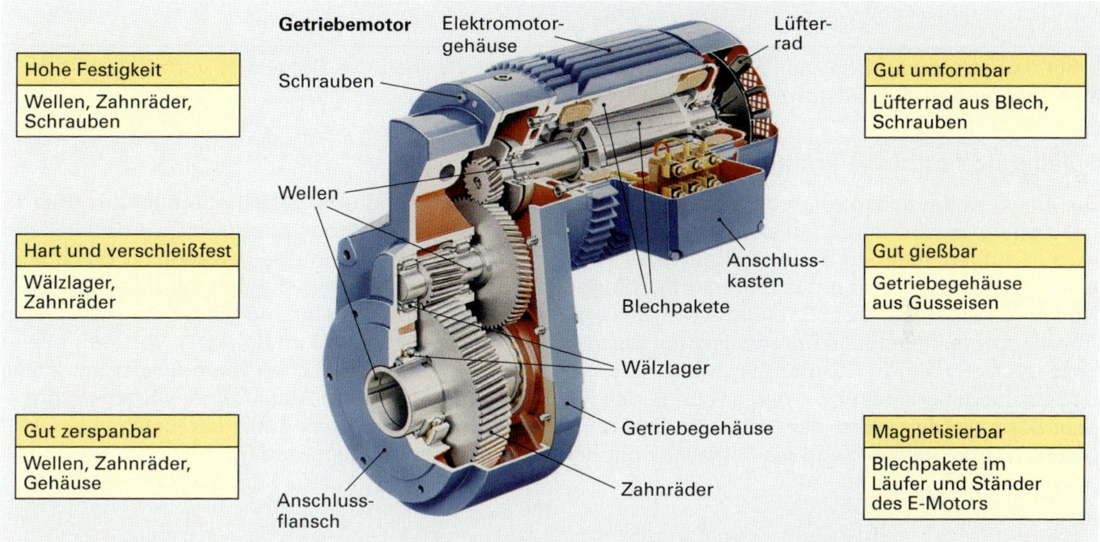

Bild 1: Eigenschaften der Stähle und Eisen-Gusswerkstoffe am Beispiel eines Getriebemotors

Weitere typische Eigenschaften der Stähle und Eisen-Gusswerkstoffe sind:

- korrosionsanfällig im unlegierten Zustand
- korrosionsbeständig durch Legieren
- große Dichte: $\varrho = 7{,}85\ kg/dm^3$
- wiederverwertbar

5.4.1 Gewinnung von Roheisen

Stähle und Eisen-Gusswerkstoffe werden aus Roheisen hergestellt. Das Roheisen selbst wird im Hochofen aus Eisenerzen gewonnen **(Bild 2)**.

Vorgänge im Hochofen. Der Hochofen wird schichtweise mit einem Gemisch aus Erz, Zuschlägen und Koks beschickt. Die Zuschläge nehmen beim Schmelzen die erdigen Bestandteile der Erze auf. Der Koks verbrennt durch eingeblasene Heißluft teilweise und liefert dadurch die Schmelzwärme für die Einsatzstoffe. Der Rest des Kokses reduziert das Eisenerz zum metallischen Eisen. Es enthält aus dem Koks gelösten Kohlenstoff. Das entstehende flüssige Roheisen sammelt sich am Boden des Hochofens. Es wird in Abstichen abgelassen.

Im Hochofen werden Eisenerze durch Reduktion in Roheisen umgewandelt.

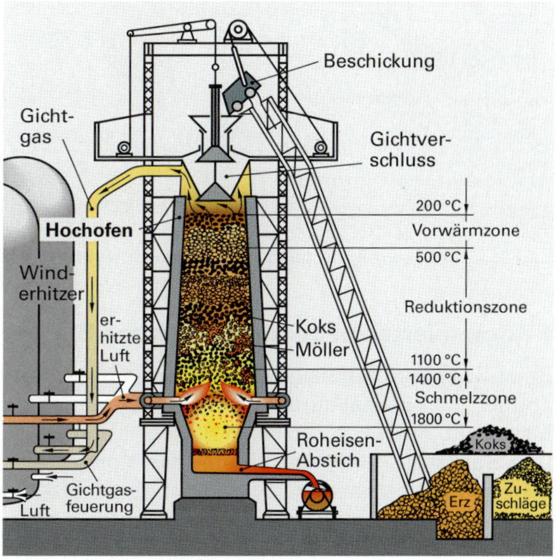

Bild 2: Roheisengewinnung im Hochofen

5.4.2 Herstellung von Stahl

5.4.2.1 Frischen

Roheisen enthält neben dem Hauptbestandteil Eisen etwa 4 % Kohlenstoff und unerwünschte oder zu hohe Mengen der Begleitstoffe Silicium, Mangan, Schwefel und Phosphor.

Bei der Herstellung von Stahl aus Roheisen müssen der Kohlenstoffgehalt herabgesetzt und die unerwünschten Begleitstoffe fast ganz beseitigt werden. Diesen Vorgang nennt man **Frischen.**

Nach dem Frischen wird der Stahl nachbehandelt (folgende Seite).

Die wichtigsten Frischverfahren sind das Sauerstoffaufblas-Verfahren, das kombinierte Sauerstoff/Inertgas-Blasverfahren und das Elektrostahl-Verfahren.

Beim Frischen von Roheisen zu Stahl wird der Kohlenstoffgehalt des Roheisens vermindert und die unerwünschten Begleitstoffe werden weitgehend beseitigt.

Sauerstoffaufblas-Verfahren

Das Sauerstoffaufblas-Verfahren wird in einem Konverter (Umwandlungsgefäß) durchgeführt **(Bild 1)**. Der Konverter wird in der Füllstellung mit Schrott und flüssigem Roheisen beschickt ①. Anschließend wird er aufgerichtet und Sauerstoff mit 8 bis 12 bar auf die Roheisenschmelze geblasen ②. Es beginnt eine stürmische Reaktion des Sauerstoffs mit den Eisenbegleitern, welche die Schmelze kochen lässt. Nun wird Kalk zugegeben. Er bildet eine flüssige Schlacke auf der Schmelze und bindet darin die festen Abbrandprodukte und die unerwünschten Eisenbegleiter. Der Kohlenstoff im Roheisen verbrennt beim Frischen fast völlig zu CO und CO_2, die als Gase aufsteigen. Die erforderlichen Legierungsbestandteile und Desoxidationsmittel werden am Ende des Frischvorganges vor dem Abgießen des Stahls zugegeben. Dann werden zuerst der Stahl durch das Ausgussloch des Konverters in die bereitstehende Gießpfanne ③ und anschließend die Schlacke über den Konverterrand abgegossen ④.

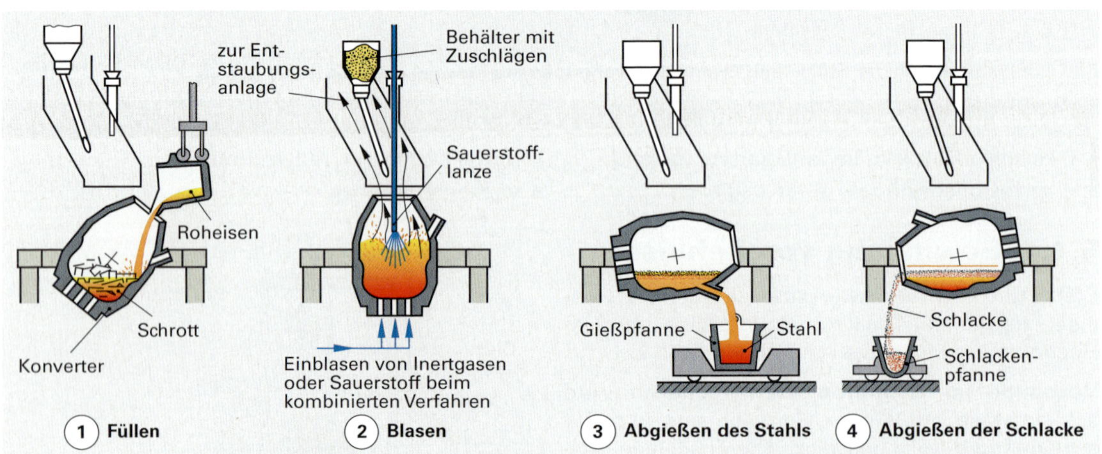

Bild 1: Stahlherstellung nach dem Sauerstoffaufblas-Verfahren sowie dem kombinierten Blasverfahren

Kombiniertes Sauerstoff-/Inertgas-Blasverfahren

Beim Sauerstoffaufblas-Verfahren wird das Schmelzbad durch den von oben auftreffenden Sauerstoffstrahl nicht optimal durchmischt. Außerdem ist der Schrotteinsatz begrenzt und die Schlacke enthält viel Eisenoxid. Beim kombinierten Blasverfahren bläst man zusätzlich Sauerstoff und inerte Gase wie Argon und Stickstoff durch den Boden des Konverters in die Schmelze. Diese Gase mischen die Schmelze besser durch, sodass mehr Schrott eingesetzt werden kann. Außerdem ist die Blaszeit kürzer und der Verlust an Eisen und Legierungselementen geringer. Der gefrischte Stahl enthält weniger oxidische Einschlüsse und kann für weiche Stahlsorten bis zu einem Kohlenstoffgehalt von weniger als 0,02 % verwendet werden. Wegen dieser Vorteile wird meist nur noch das kombinierte Verfahren angewandt.

Elektrostahl-Verfahren

Das Elektrostahl-Verfahren wird in einem elektrischen Lichtbogenofen oder einem Induktionsofen durchgeführt **(Bild 1)**.

Der **Lichtbogenofen** wird überwiegend mit Stahlschrott, zum Teil auch mit Eisenschwamm und Roheisen beschickt. Außerdem werden noch Kalk zur Schlackenbildung und Reduktionsmittel zugegeben. Der zwischen den Kohleelektroden und dem Schmelzgut verlaufende Lichtbogen erzeugt Temperaturen bis zu 3500 °C. Deshalb können auch schwer schmelzbare Legierungselemente wie Wolfram und Molybdän eingeschmolzen werden.

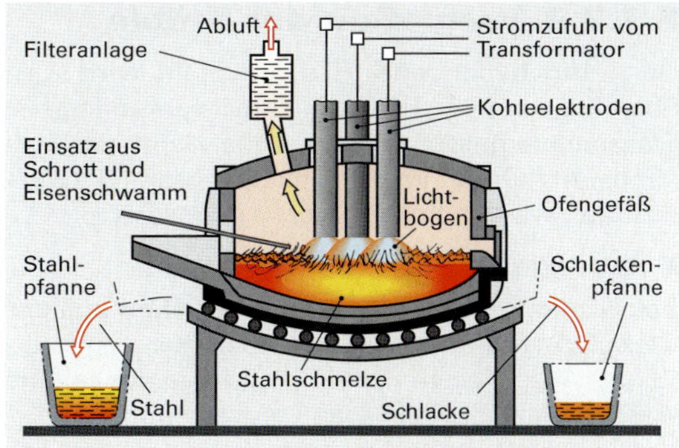

Bild 1: Elektrostahl-Verfahren im Lichtbogenofen

> Mit Lichtbogenöfen wird bevorzugt Stahlschrott zu Stahl verarbeitet (recycelt).

5.4.2.2 Nachbehandlungsverfahren für Stähle

Desoxidation

Bei der Desoxidation wird der Stahlschmelze Silicium oder Aluminium zugesetzt. Diese Elemente binden den beim Erstarren der Schmelze frei werdenden Sauerstoff. In der Stahlschmelze steigen keine Gasblasen auf, sodass im Stahlblock keine Gasblasen-Hohlräume vorliegen **(Bild 2)**. Der Stahl erstarrt desoxidiert (beruhigt). Die Randzone und der Kern haben die gleiche Zusammensetzung. Deswegen werden alle Stähle desoxidiert vergossen.

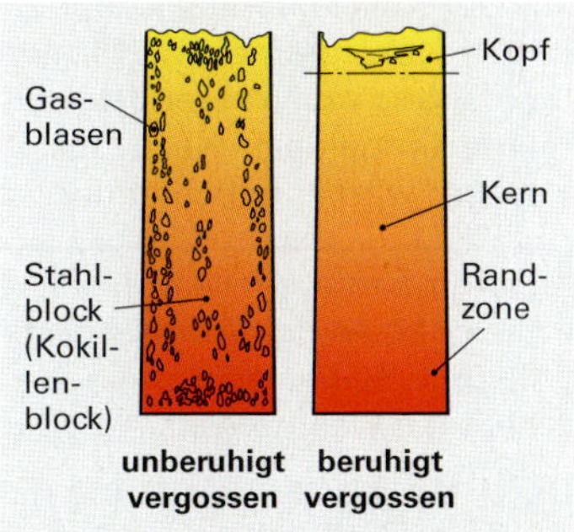

Bild 2: Unberuhigt und beruhigt vergossene Stahlblöcke

Vakuum-Entgasung

Auch nach der Desoxidation verbleibt ein Rest an gelösten Gasen, vor allem Wasserstoff, im Stahl. Sie scheiden sich im Laufe der Zeit aus, bewirken starke Spannungen und kleine Risse im Gefüge des Stahls und setzen dadurch Dehnung und Alterungsbeständigkeit herab. Durch Umgießen des flüssigen Stahls in einen Vakuumbehälter entweichen die Gase fast vollständig aus der Schmelze und können abgesaugt werden **(Bild 3)**.

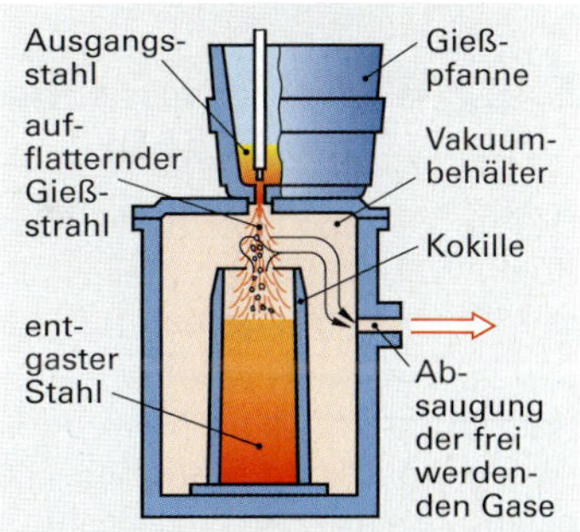

Bild 3: Vakuum-Entgasung

Spülgasbehandlung

Bei der Spülgasbehandlung wird Spülgas (Argon) von unten durch die Schmelze gepresst. Es durchmischt sie und schwemmt dabei die Verunreinigungen an die Oberfläche. Die Spülgasbehandlung mit Argon kann die Vakuumbehandlung ersetzen oder ergänzen.

Umschmelzverfahren

Mit dem Umschmelzverfahren werden besonders reine Edelstähle hergestellt. Beim **Elektro-Schlacke-Umschmelzverfahren** taucht der mit dem Elektrostahl-Verfahren hergestellte Edelstahlblock als Abschmelzelektrode in die flüssige Schlacke einer Kokille **(Bild 4)**. Die notwendige Schmelzwärme entsteht beim Stromdurchgang durch das Schlackenbad, das als elektrischer Widerstand wirkt. Der abgeschmolzene Stahl tropft durch die reinigende Schlacke und erstarrt in der wassergekühlten Kupferkokille zum umgeschmolzenen Block mit äußerst reiner und gleichmäßiger Zusammensetzung.

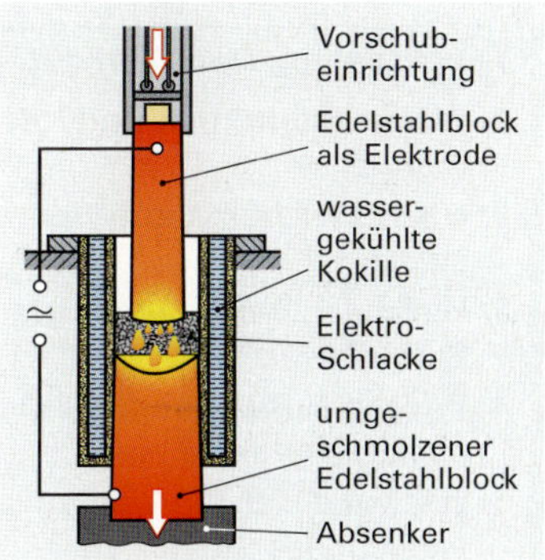

Bild 4: Elektro-Schlacke-Umschmelzverfahren

> Durch die Nachbehandlungsverfahren wird die Stahlqualität verbessert, indem unerwünschte Begleitstoffe entfernt werden.

5.4.2.3 Vergießen der Stähle

Der fertig behandelte, flüssige Stahl wird zum überwiegenden Teil in einer Stranggussanlage zu Strängen vergossen **(Bild 1)**. Er hat damit die Ausgangsform für das Walzen. Für sehr große Schmiedestücke werden Kokillenblöcke gegossen.

Strangguss

Beim Strangguss wird der flüssige Stahl aus der Gießpfanne in einen Zwischenbehälter gegossen (Bild 1). Aus diesem fließt er kontinuierlich in eine wassergekühlte Kokille aus Kupfer und erstarrt dort in der Randzone. Der entstehende, innen noch flüssige Stahlstrang wird fortlaufend nach unten aus der Kokille herausgezogen. In einer bogenförmigen Kühlkammer mit Umlenkwalzen wird der Stahlstrang mit Wasser besprüht und in die Waagrechte umgelenkt. Nach der Umlenk- und Kühlkammer wird er gerichtet und abgelängt.

Durch Stranggießen erhält man Walzstränge, die nahe an den Abmessungen der Fertigprofile liegen. Beim nachfolgenden Walzen sind deshalb nur wenige Walz-Arbeitsgänge erforderlich.

Durch die rasche Abkühlung hat der stranggegossene Stahl ein feineres Gefüge als beim Blockguss. Durch diese Vorteile hat der Strangguss den Blockguss **(Bild 2)** weitgehend verdrängt.

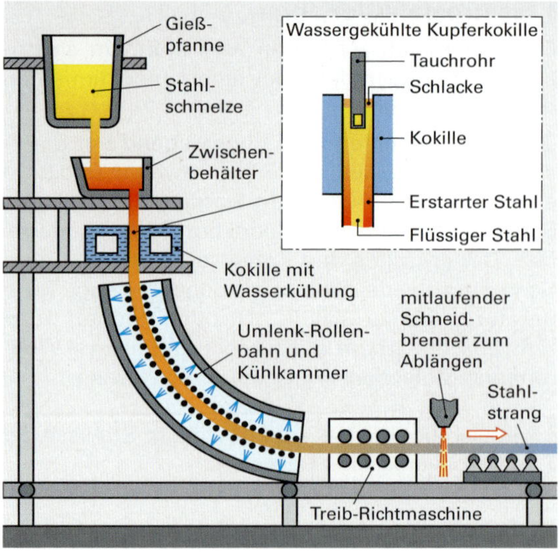

Bild 1: Stranggussanlage

5.4.2.4 Weiterverarbeitung der Stähle

Der zum Strang oder Block vergossene Stahl wird durch Walzen, Ziehen (Seite 117), Schmieden (Seite 119) und Strangpressen (Seite 120) zu Halbzeugen und Fertigerzeugnissen umgeformt.

Halbzeuge sind Zwischenprodukte, wie z.B. vorgewalzte Blöcke und Brammen. Sie werden zu Fertigerzeugnissen weiterverarbeitet. **Fertigerzeugnisse** sind Form- und Stabstähle, Bleche, Rohre und Drähte.

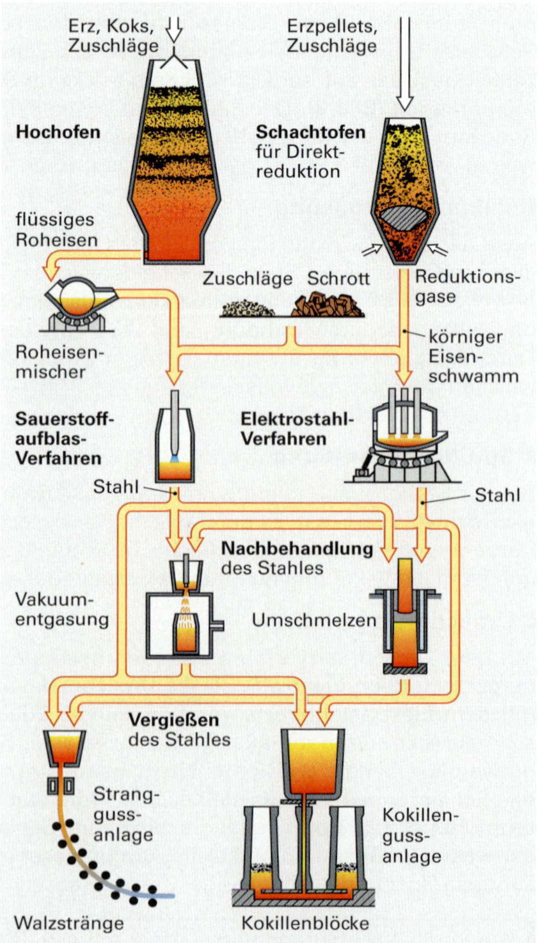

Bild 2: Übersicht über die Stahlherstellung

Wiederholung und Vertiefung

1 Was versteht man unter dem „Frischen" des Stahls?
2 Nach welchen Verfahren wird Stahl hergestellt?
3 Welchen Zweck hat die Nachbehandlung des Stahls?
4 Welche Auswirkung hat die Desoxidation auf das Stahlgefüge?
5 Wie wirkt sich die Vakuumbehandlung auf die Qualität des Stahles aus?
6 Welche Vorteile hat der Strangguss gegenüber dem Blockguss?

5.4.3 Das Bezeichnungssystem für Stähle

Die Bezeichnungssystematik der Stähle ist in Europa einheitlich durch die Normen DIN EN 10027 festgelegt. Teil 1 dieser Norm legt den Aufbau der Kurznamen, Teil 2 den Aufbau der Werkstoffnummern fest.

Die Kurznamen werden bei den Hauptsymbolen nach dem Verwendungszweck und den Eigenschaften oder nach der chemischen Zusammensetzung der Stähle gebildet.

Die Zusatzsymbole sind von der jeweiligen Stahlgruppe bzw. Erzeugnisgruppe abhängig.

5.4.3.1 Kurznamen von Stählen nach Verwendungszweck und Eigenschaften

Die Kurznamen werden aus Haupt- und Zusatzsymbolen zusammengesetzt **(Bild 1)**. Die Hauptsymbole bestehen aus dem Kennbuchstaben mit dem Hinweis auf die Verwendung und einer Zahl bzw. einem weiteren Buchstaben und einer Zahl für die mechanischen oder physikalischen Eigenschaften **(Tabelle 1)**. Die Zusatzsymbole für den jeweiligen Stahl werden ohne Leerzeichen direkt am Hauptsymbol angehängt **(Tabelle 2)**. Weitere Zusatzsymbole für die Stahlerzeugnisse dürfen mit einem Pluszeichen (+) angehängt werden (Seite 351).

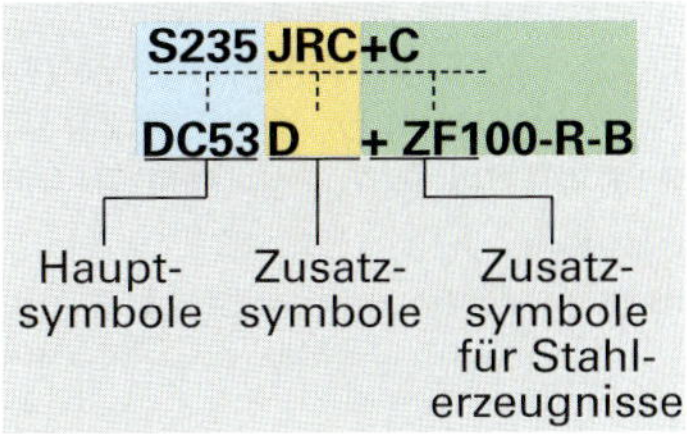

Bild 1: Aufbau von Kurznamen

Für die Maschinenbaustähle und die Stähle für den Stahlbau sind die Zusatzsymbole in zwei Gruppen unterteilt **(Tabelle 2)**. Die Gruppe 1 enthält Zusatzsymbole für die Kerbschlagarbeit und die Wärmebehandlung sowie die Möglichkeit, andere Merkmale zu erfassen. Die Gruppe 2 enthält Zusatzsymbole für besondere Eigenschaften und Eignung, z. B. für die besondere Eignung eines Stahles zum Kaltumformen.

Tabelle 1: Hauptsymbole für Kurznamen von Stählen nach Verwendung und Eigenschaften (Auswahl)

Verwendung	Hauptsymbole (Beispiele)		Verwendung	Hauptsymbole (Beispiele)	
Betonstähle	B	500[1]	Stähle für den Druckbehälterbau	P	265[1]
Flacherzeugnisse zum Kaltumformen	D	X52[2]	Schienenstähle	R	260[4]
Maschinenbaustähle	E	360[1]	Stähle für den Stahlbau	S	235[1]
Flacherzeugnisse aus höherfesten Stählen	H	C400[2]	Verpackungsblech und -band	T	S550[1]
Stähle für Leitungsrohre	L	360[1]	Spannstähle	Y	1770[3]
		Mechanische oder physikalische Eigenschaften			

[1] Streckgrenze R_e für die kleinste Erzeugnisdicke
[2] Walzzustand C, D, X und zwei Symbole bzw. Mindeststreckgrenze R_e
[3] Nennwert für Mindestzugfestigkeit R_m
[4] Mindesthärte nach Brinell HBW

Tabelle 2: Zusatzsymbole für Kurznamen der Stähle für den Stahlbau (Auswahl)

Gruppe 1						Gruppe 2	
Kerbschlagarbeit in Joule			Prüftemp. in °C	A	ausscheidungshärtend	C	besonders kaltumformbar
27 J	40 J	60 J		M	thermomechanisch gewalzt	D	für Schmelztauchüberzüge
JR	KR	LR	+20	N	normalgeglüht oder normalisierend gewalzt	L	für tiefe Temperaturen
J0	K0	L0	0	Q	vergütet	T	für Rohre
...	...	...	...			W	wetterfest

Beispiel: Stähle für den Stahlbau

Stähle für den Stahlbau haben den Kennbuchstaben S. Diese Stähle werden zu Profilen und Stabstählen warm gewalzt. Sie werden für Stahlkonstruktionen wie z. B. für Hallentragwerke, Krananlagen und Brücken, aber auch im Maschinenbau, z. B. für geschweißte Maschinengestelle, verwendet.

Beispiel eines unlegierten Stahls nach DIN EN 10025-2:

S235 JRC

Hauptsymbole	Zusatzsymbole Gruppe 1	Zusatzsymbole Gruppe 2
S Stähle für den Stahlbau **235** Mindeststreckgrenze R_e = 235 N/mm²	**JR** Kerbschlagarbeit 27 J bei +20 °C	**C** besondere Kaltumformbarkeit

5.4.3.2 Kurznamen von Stählen nach der chemischen Zusammensetzung

Mit diesen Kurznamen werden die unlegierten Stähle, die nicht nach ihrer Verwendung bezeichnet sind, die nichtrostenden Stähle und die anderen legierten Stähle bezeichnet.

Man unterscheidet bei der Bildung der Kurznamen nach der chemischen Zusammensetzung vier Untergruppen:

Unlegierte Stähle mit einem Mangangehalt kleiner als 1 %
(außer Automatenstähle)

Die Kurznamen setzen sich aus Haupt- und Zusatzsymbolen zusammen **(Tabelle 1)**. Weitere Zusatzsymbole für die Stahlerzeugnisse werden mit dem Pluszeichen angehängt (folgende Seite).

Beispiel:

C35E ist ein unlegierter Stahl (C) mit einem Mangangehalt < 1 %, einem C-Gehalt von 35:100 = 0,35 % und einem vorgeschriebenen maximalen Schwefelgehalt (E). Er wird wegen seines C-Gehalts als Vergütungsstahl verwendet.

Unlegierte Stähle mit einem Mangangehalt ≥ 1 %, Automatenstähle sowie legierte Stähle, sofern der Gehalt jedes Legierungselementes unter 5 % liegt (außer Schnellarbeitsstähle)

Der Kurzname besteht aus:

- der Kennzahl für den Kohlenstoffgehalt (Kennzahl = Kohlenstoffgehalt in % · 100)
- den chemischen Symbolen der Legierungselemente, in der Reihenfolge nach deren Gehalten
- den mit Faktoren multiplizierten Gehalten der Legierungselemente **(Tabelle 2)**

Beispiel (Bild 1):

22CrMoS3-3 ist ein legierter Stahl (Einsatzstahl) mit 22 : 100 = 0,22 % C, 3 : 4 = 0,75 % Cr und 3 : 10 = 0,3 % Mo-Gehalt. Der S-Gehalt ist nicht angegeben.

Legierte Stähle (außer Schnellarbeitsstähle), sofern der Gehalt eines Legierungselementes ≥ 5 % ist

Der Kurzname besteht aus:

- dem Kennbuchstaben X für „hochlegierte" Stähle
- der Kennzahl für den Kohlenstoffgehalt (Kennzahl = Kohlenstoffgehalt in % · 100)
- den chemischen Symbolen der Legierungselemente
- den Gehalten der Legierungselemente, die direkt in Prozent angegeben sind

Beispiel (Bild 2):

X37CrMoV5-1 ist ein legierter Warmarbeitsstahl mit 37 : 100 = 0,37 % C, 5 % Cr und 1 % Mo. Der V-Gehalt ist nicht angegeben.

Schnellarbeitsstähle

Der Kurzname besteht aus:

- den Kennbuchstaben HS für Schnellarbeitsstähle
- den Gehalten der Legierungselemente (Reihenfolge W, Mo, V, Co), direkt in Prozent

Beispiel:

HS6-5-2-5 ist ein Schnellarbeitsstahl mit 6 % Wolfram, 5 % Molybdän, 2 % Vanadium und 5 % Cobalt.

Tabelle 1: Haupt- und Zusatzsymbole unlegierter Stähle mit Benennung nach chemischer Zusammensetzung

Hauptsymbole	
C und **Kennzahl** für den Kohlenstoffgehalt (Kennzahl = Kohlenstoffgehalt in % · 100)	
Zusatzsymbole	
E	maximaler S-Gehalt
R	Bereich des S-Gehaltes
C	besondere Eignung zum Kaltumformen
G	andere Merkmale
S	für Federn
U	für Werkzeuge
W	für Schweißdraht
D	zum Drahtziehen

Tabelle 2: Multiplikationsfaktoren

Legierungselement	Faktor
Cr, Co, Mn, Ni, Si, W	4
Al, Cu, Mo, Pb, Ta, Ti, V	10
C, Ce, N, P, S	100
B	1000

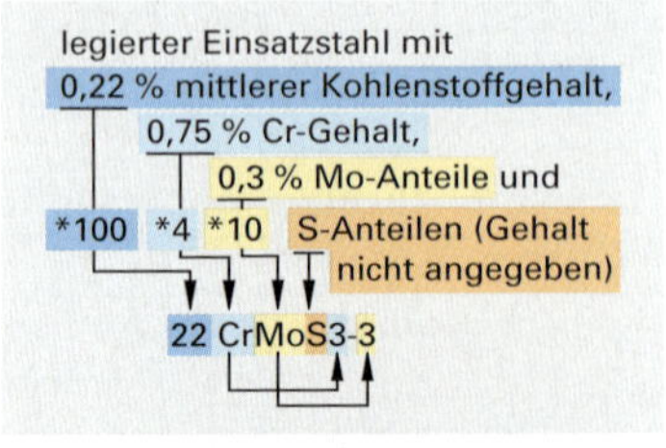

Bild 1: Kurznamenbildung legierter Stähle, jedes Legierungselement < 5 %

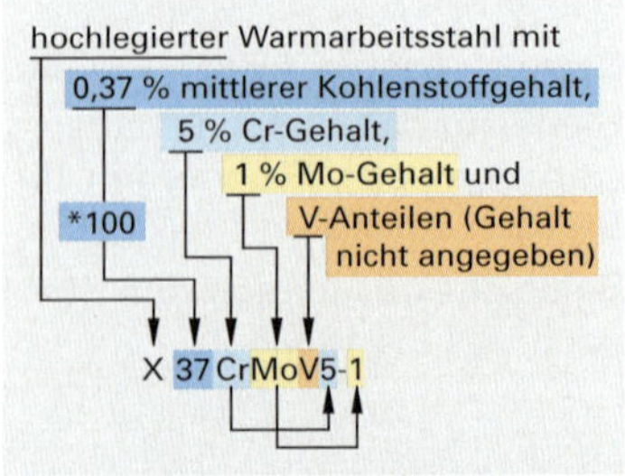

Bild 2: Kurznamenbildung legierter Stähle, mindestens ein Legierungselement ≥ 5 %

5.4.3.3 Zusatzsymbole für Stahlerzeugnisse

Werden Stähle bei der Verarbeitung zu Stahlerzeugnissen, z. B. zu Profilstählen, einer weiteren Behandlung unterzogen, kann diese im Kurznamen durch Zusatzsymbole angegeben werden. Diese Symbole betreffen die Eignung des Stahles für besondere Anforderungen, die Art des Überzugs oder den Behandlungszustand **(Tabelle 1)**. Die Zusatzsymbole bestehen aus Buchstaben und Zahlen. Sie werden an den eigentlichen Kurznamen des Stahles durch ein Pluszeichen angehängt.

Beispiele:

S235J2+Z ist ein Stahlbaustahl mit einer Mindeststreckgrenze R_e = 235 N/mm², einer Kerbschlagarbeit von 27 J bei –20 °C (Seite 349), feuerverzinkt.

X30Cr13+C ist ein nichtrostender Stahl mit 0,3 % Kohlenstoff, 13 % Chrom, kaltverfestigt.

Tabelle 1: Zusatzsymbole für Stahlerzeugnisse (Auswahl)

für besondere Anforderungen	
+CH	mit Kernhärtbarkeit
+H	mit Härtbarkeit
+Z15	Mindestbrucheinschnürung 15 %
+Z25	Mindestbrucheinschnürung 25 %
+Z35	Mindestbrucheinschnürung 35 %
für die Art des Überzuges	
+AZ	AlZn-Überzug
+CU	Kupferüberzug
+Z	feuerverzinkt
+S	feuerverzinnt
+SE	elektrolytisch verzinnt
für den Behandlungszustand	
+A	weichgeglüht
+C	kaltverfestigt
+N	normalgeglüht
+QT	vergütet
+U	unbehandelt

5.4.3.4 Bezeichnung von Stählen mit Werkstoffnummern

Alle metallischen Werkstoffe können entweder mit Kurznamen oder mit Werkstoffnummern bezeichnet werden.

Die Werkstoffnummern der Stähle bestehen aus der Hauptgruppennummer 1 für Stahl, einer zweistelligen Nummer für die Stahlgruppe und einer zweistelligen Zählnummer (00...99), die bei Bedarf auf vier Stellen (9901...9999) erweitert werden kann.

Beispiel: 1.0143(XX) (S275J0)

Werkstoff-Hauptgruppe 1 für Stahl	Stahlgruppen-Nummer 01 für Baustahl	Zählnummer 43 (erweiterbar)

Das System für die Stahlgruppen-Nummer unterscheidet unlegierte Stähle und legierte Stähle, die jeweils in Qualitäts- und Edelstähle unterteilt sind **(Tabelle 2)**.

Der vollständige Nummernschlüssel kann Tabellenbüchern entnommen werden.

Die Werkstoffnummern haben sich beim Wechsel der Kurznamen, z. B. von St37-2 auf S235JR, nicht geändert.

Tabelle 2: Stahlgruppen-Nummern (Auswahl)

Nummer	Stahlgruppe
unlegierte Qualitätsstähle	
01, 91	allgemeine Baustähle, R_m < 500 N/mm²
02, 92	sonstige, nicht für eine Wärmebehandlung bestimmte Baustähle mit R_m < 500 N/mm²
03, 93	Stähle mit C < 0,12 % oder R_m < 400 N/mm²
04, 94	Stähle mit 0,12 % ≤ C < 0,25 % oder 400 N/mm² ≤ R_m < 500 N/mm²
unlegierte Edelstähle	
11	Bau-, Maschinenbau- und Behälterstähle mit C < 0,5 %
12	Maschinenbaustähle mit C ≥ 0,5 %
legierte Qualitätsstähle	
08, 98	Stähle mit besonderen physikalischen Eigenschaften
09, 99	Stähle für verschiedene Anwendungsbereiche
legierte Edelstähle	
20 ... 28	legierte Werkzeugstähle
32	Schnellarbeitsstähle ohne Cobalt
33	Schnellarbeitsstähle mit Cobalt
35	Wälzlagerstähle
40 ... 45	nichtrostende Stähle
47, 48	hitzebeständige Stähle
85	Nitrierstähle

Wiederholung und Vertiefung

1 Wie sind die Kurznamen von Stählen nach dem Verwendungszweck aufgebaut?

2 Wodurch unterscheiden sich die Kurznamen der legierten Stähle, bei denen der Gehalt jedes Legierungselementes unter 5 % bzw. über 5 % liegt?

3 Ordnen Sie die folgenden Werkstoffbezeichnungen den richtigen Stahlgruppen zu: S355JR, 42CrMo4, X30Cr13.

5.4.4 Einteilung der Stähle nach Zusammensetzung und Güteklassen

Die Eigenschaften der Stähle, wie z. B. die Zugfestigkeit, Zähigkeit und Umformbarkeit, werden durch ihre Zusammensetzung (Kohlenstoffgehalt, Legierungselemente), ihr Gefüge und ihren Behandlungszustand bestimmt. Bei den Gefügen spielen die Gefügebestandteile, wie z. B. Ferrit und Perlit, und die Korngröße, wie z. B. Feinkorn und Grobkorn, eine entscheidende Rolle.

Die Stähle werden nach der Zusammensetzung und nach Hauptgüteklassen in Stahlgruppen eingeteilt.

Einteilung nach der Zusammensetzung

Unlegierte Stähle

Bei den unlegierten Stählen darf kein Legierungselement die in der **Tabelle 1** genannten Grenzwerte erreichen.

Nichtrostende Stähle

Nichtrostende Stähle besitzen einen Chromgehalt von mindestens 10,5 % und einen Kohlenstoffgehalt von höchstens 1,2 %. Nach den Haupteigenschaften unterscheidet man korrosionsbeständige, hitzebeständige und warmfeste Stähle.

Tabelle 1: Grenzwerte der Legierungselemente für unlegierte Stähle

Element	%	Element	%	Element	%
Al	0,30	Mo	0,08	Te	0,10
Bi	0,10	Nb	0,06	Ti	0,05
Co	0,30	Ni	0,30	V	0,10
Cr	0,30	Pb	0,40	W	0,30
Cu	0,40	Se	0,10	Zr	0,05
Mn	1,65	Si	0,60		

Andere legierte Stähle

Zu diesen gehören alle legierten Stähle, die wenigstens einen Grenzwert der Tabelle 1 erreichen oder überschreiten und keine nichtrostenden Stähle sind.

Einteilung nach Hauptgüteklassen

Von großem Einfluss ist auch der Restgehalt an Roheisen-Begleitstoffen im Stahl, die durch den Roheisen-Gewinnungsprozess im Stahl enthalten sind (Seite 345). Diese Roheisen-Begleitstoffe, wie Kohlenstoff, Phosphor, Schwefel, Wasserstoff usw., wurden durch den Stahl-Herstellungsprozess sowie durch die Stahl-Nachbehandlungsprozesse (Desoxidation, Vakuumbehandlung) vermindert (Seite 346).

Nach dem erzielten Verminderungsgrad der Begleitstoffe sowie der Genauigkeit der Legierungselement-Gehalte unterteilt man die Stähle in **Qualitätsstähle** und **Edelstähle**.

Die Edelstähle zeichnen sich durch eine besonders hohe Reinheit und Genauigkeit der Zusammensetzung aus. Nur sie erhalten durch eine Wärmebehandlung gewährleistete Härte- und Festigkeitswerte.

Man unterscheidet vier Hauptgüteklassen:
- Unlegierte Qualitätsstähle
- Unlegierte Edelstähle
- Legierte Qualitätsstähle
- Legierte Edelstähle

Beispiele für Stahlgruppen in den vier Hauptgüteklassen

Unlegierte Qualitätsstähle

Stahlgruppe	Beispiel
unlegierte Baustähle	S275J0
unlegierte Baustähle	E295
Automatenstähle	35S20
unlegierte Vergütungsstähle	C60
unlegierte Feinkornbaustähle	S355N
unlegierte Druckbehälterstähle	P265GH

Legierte Qualitätsstähle

Stahlgruppe	Beispiel
Schienenstähle	R260Mn
Elektroblech und -band	M390-50E
Mikrolegierte Stähle mit höherer Streckgrenze	H400M
Phosphorlegierte Stähle mit höherer Streckgrenze	H180P

Unlegierte Edelstähle

Stahlgruppe	Beispiel
unlegierte Einsatzstähle	C10E
unlegierte Vergütungsstähle	C60E
unlegierte Werkzeugstähle	C45U
unlegierte Stähle für Flamm- und Induktionshärtung	C45E

Legierte Edelstähle

Stahlgruppe	Beispiel
legierte Einsatzstähle	16MnCr5
legierte Vergütungsstähle	50CrMo4
Nitrierstähle	34CrAlMo5
legierte Werkzeugstähle	115CrV3
Schnellarbeitsstähle	HS10-4-3-10

5.4.5 Stahlsorten und ihre Verwendung

Die Stähle können nach ihrer Verwendung in **Baustähle** oder **Werkzeugstähle** eingeteilt werden. Aus Baustählen werden Teile für den Maschinen- und Fahrzeugbau sowie für den Stahl-, Behälter- und Schiffsbau hergestellt. Werkzeugstähle verwendet man für spanende Werkzeuge und für Spritzgieß- und Gesenkformen.

5.4.5.1 Baustähle

Baustähle müssen je nach Verwendung unterschiedliche Eigenschaften aufweisen:

- ausreichende Festigkeit und Zähigkeit
- gute Zerspanbarkeit
- gute Umformbarkeit, Schweißeignung
- Korrosions- und Verschleißfestigkeit

Zu den Baustählen gehören die folgenden Stahlgruppen:

Unlegierte Baustähle

Unlegierte Baustähle für den Stahl- und Maschinenbau sind preiswerte Stähle mit mittlerer Zugfestigkeit und Streckgrenze für niedrige und mittlere Belastungen. Sie besitzen ihre Gebrauchseigenschaften im Anlieferungszustand und werden deshalb nicht wärmebehandelt. Sie kommen als warmgewalzte oder blankgezogene Stäbe und Profile in den Handel. Die Stahlbaustähle sind gut schweißbar.

Beispiel: S235J0 ⇒ unlegierter Baustahl mit R_e = 235 N/mm², Kerbschlagarbeit 27 J bei 0 °C

Schweißgeeignete Feinkornbaustähle (Bild 1)

Diese Stähle besitzen einen niedrigen C-Gehalt sowie geringe Anteile an Cr, Ni, Cu und V. Dadurch sind sie gut schweißbar sowie alterungs- und sprödbruchunempfindlich. Eine thermomechanische Nachbehandlung macht sie besonders zäh. Sie werden für hochbelastete Schweißkonstruktionen eingesetzt.

Beispiel: S275M ⇒ schweißgeeigneter Feinkornbaustahl, R_e = 275 N/mm², thermomechanisch gewalzt (M)

Bild 1: Geschweißtes Pressengestell aus Feinkornbaustahl

Automatenstähle (Bild 2)

Automatenstähle besitzen einen erhöhten Schwefelgehalt und zum Teil einen Zusatz an Blei. Durch diese Legierungsbestandteile brechen die Späne beim Zerspanen kürzer. Automatenstähle werden auf Drehautomaten zu Drehteilen verarbeitet.

Beispiel: 10SPb20 ⇒ Unlegierter Automateneinsatzstahl mit 0,10 % C, 0,20 % S und Bleizusatz

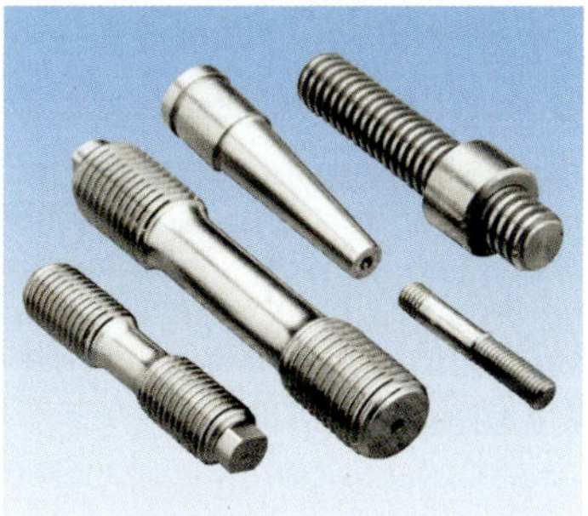

Bild 2: Drehteile aus Automatenstahl

Einsatzstähle (Bild 3)

Einsatzstähle sind Stähle mit einem geringen Kohlenstoffgehalt. Durch das Einsatzhärten (Seite 381) erhalten sie eine kohlenstoffreiche Randschicht und sind dort härtbar. Man fertigt daraus Bauteile, die einen zähen Kern sowie eine harte und verschleißfeste Randschicht benötigen, wie z. B. Zahnräder.

Beispiel: 20MoCr4 ⇒ Legierter Einsatzstahl mit 0,20 % C, 0,4 % Mo und etwas Cr

Bild 3: Zahnräder aus Einsatzstahl

Nitrierstähle

Nitrierstähle erhalten durch Nitrieren eine dünne, aber besonders harte Randschicht (Seite 382). Sie eignen sich für Teile, die eine harte und verschleißfeste Oberfläche benötigen, z. B. Ventile.

Beispiel: 31CrMoV9 ⇒ Nitrierstahl mit 0,31 % C, 2,25 % Cr, wenig Mo und V

Vergütungsstähle

Vergütungsstähle haben Kohlenstoffgehalte zwischen 0,2 % und 0,65 % und erhalten durch Vergüten (Seite 379) ihre hohe Festigkeit. Sie werden hauptsächlich zu dynamisch hoch beanspruchten Bauteilen verarbeitet, wie z. B. Getriebewellen.

Beispiele: 51CrV4 ⇒ Legierter Vergütungsstahl mit 0,51 % C, 1 % Cr und etwas V

Stähle für besondere Anwendungen

Zu diesen Stählen gehören z. B. die kaltzähen Stähle und die nichtrostenden Stähle.

Kaltzähe Stähle behalten ihre Zähigkeit auch bei tiefen Temperaturen. Sie werden z. B. in der Kältetechnik und bei Flüssiggasanlagen eingesetzt.

Nichtrostende Stähle unterteilt man in korrosionsbeständige, hitzebeständige und warmfeste Stähle. Sie werden verwendet, wenn eine dieser Eigenschaften oder die Kombination der Eigenschaften gefordert wird, z. B. in der Lebensmittelindustrie oder bei Turbinenlaufrädern **(Bild 1)**.

Beispiel: X10CrAl24 ⇒ Hitzebeständiger Stahl, besonders verzunderungsbeständig gegen schwefelhaltige Gase

Bild 1: Turbinenlaufrad aus warmfestem Stahl

Stähle für Stahlbleche und Druckbehälter

Stahlbleche werden nach der Dicke in Feinstbleche (unter 0,5 mm), Feinbleche (0,5 bis 3 mm), Mittelbleche (3 bis 4,75 mm) und Grobbleche (über 4,75 mm) eingeteilt. Sie werden aus speziellen Stahlsorten hergestellt. **Feinbleche** werden hauptsächlich im Karosseriebau und für Haushaltsgeräte verwendet **(Bild 2)**. **Mittel- und Grobbleche** verwendet man vor allem für tragende Konstruktionen, z. B. im Maschinen-, Behälter-, Kran- und Schiffsbau.

Druckbehälter und Kessel werden aus sprödbruchsicheren und schmelzschweißbaren, oft warmfesten Stählen hergestellt.

Beispiele:

DC03 Kaltgewalztes Blech aus weichem Stahl mit einer Streckgrenze R_e = 240 N/mm²

HC420LA Kaltgewalztes Blech aus mikrolegiertem Stahl mit hoher Streckgrenze R_e = 420 N/mm²

P265GH Flacherzeugnis aus Druckbehälterstahl mit einer Streckgrenze R_e = 265 N/mm²

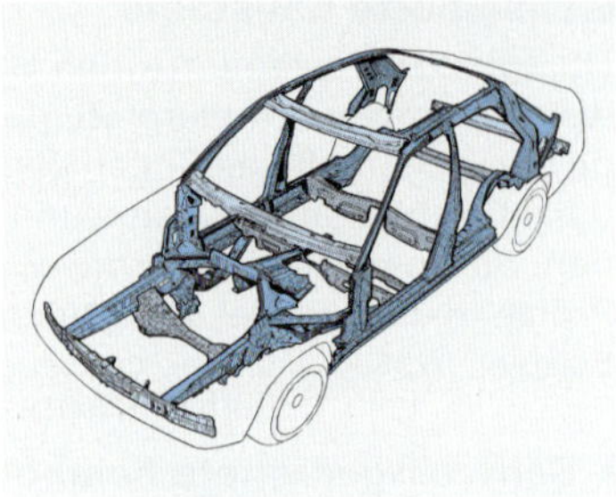

Bild 2: Selbsttragender Karosserierahmen aus mikrolegiertem Stahlblech (1,5 bis 2 mm dick)

5.4.5.2 Werkzeugstähle

Aus Werkzeugstählen werden Werkzeuge hergestellt. Sie werden nach den Temperaturen bei ihrer Verwendung in Kaltarbeits-, Warmarbeits- und Schnellarbeitsstähle eingeteilt. Außer wenigen Stahlsorten bei den Kaltarbeitsstählen sind alle Werkzeugstähle legiert. Sie werden vor ihrer Verwendung gehärtet (Seite 375).

Kaltarbeitsstähle

Aus Kaltarbeitsstählen hergestellte Teile sollten beim Gebrauch höchstens einer Temperatur von 200 °C ausgesetzt sein. Sie werden für einfache Werkzeuge, wie Meißel, oder für Schneidplatten und Schneidstempel von Schneidwerkzeugen (Seite 124) sowie für Tiefziehwerkzeuge und Spritzgießformen verwendet **(Bild 3)**.

Beispiel: X42Cr13 ⇒ Kaltarbeitsstahl mit 0,42 % C und 13 % Cr

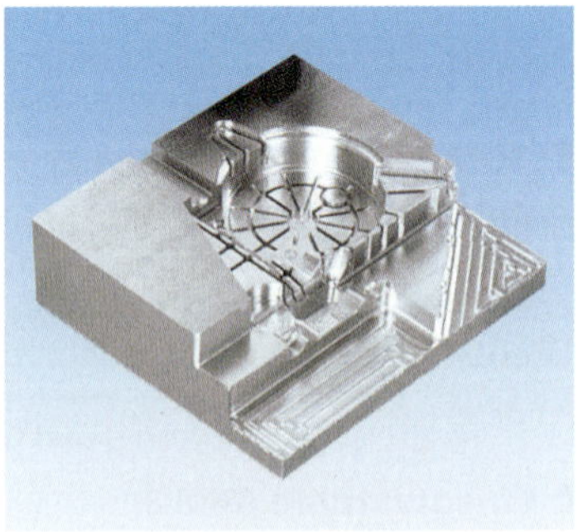

Bild 3: Spritzgießform für Pkw-Scheibenwischer-Getriebe aus Kaltarbeitsstahl

Warmarbeitsstähle

Warmarbeitsstähle werden verwendet, wenn bei der Anwendung die Temperatur bis 400 °C betragen darf. Dazu gehören Pressenstempel für Strangpressen, Druckgießformen für Leicht- und Schwermetalle sowie Schmiedegesenke **(Bild 4)**.

Beispiel: X38CrMoV5-3 ⇒ Warmarbeitsstahl mit 0,38 % C, 5 % Cr, 3 % Mo und wenig V

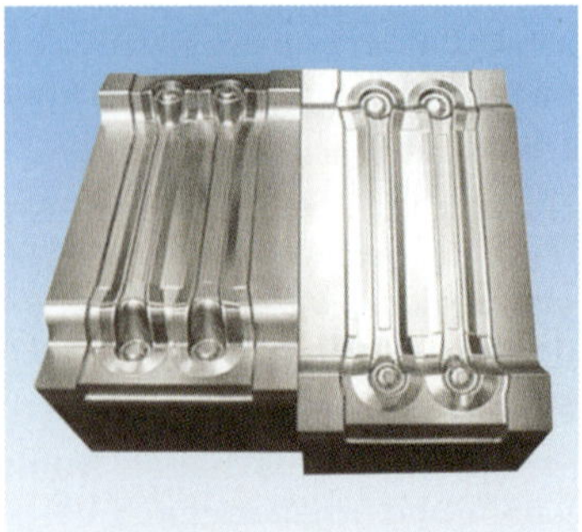

Bild 4: Schmiedegesenk für Ringschlüssel aus Warmarbeitsstahl

Schnellarbeitsstähle

Schnellarbeitsstähle werden hauptsächlich zum Zerspanen (Seite 137) und Umformen verwendet. Aufgrund ihrer Zusammensetzung sind Schnellarbeitsstähle bis etwa 600 °C einsetzbar.

Beispiel: HS6-5-2 ⇒ Schnellarbeitsstahl mit 6 % W, 5 % Mo und 2 % V

5.4.6 Handelsformen der Stähle

Der erschmolzene Stahl wird durch Stranggießen zu Strängen vergossen, die durch Walzen, Strangpressen und Ziehen zu den verschiedenen Stahlerzeugnissen für den Handel geformt werden **(Tabelle 1).** Die häufigsten Stahlerzeugnisse sind Formstähle, Stabstähle, Rohre und Hohlprofile, Bleche und Bänder sowie Drähte. Sie werden mit genormten Kurzzeichen bezeichnet.

Tabelle 1: Handelsformen der Stähle (Beispiele)

Form	Beispiel	Kurzbezeichnung
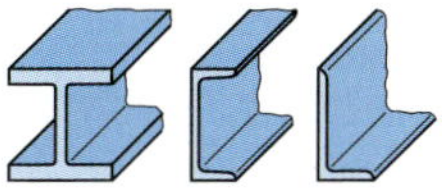 **Formstähle**	Breiter I-Träger (Doppel-T-Träger), 220 mm hoch, aus Stahl S275JR, warmgewalzt	I-Profil DIN 1025 – IPB220 – S235JR
	U-Stahl mit 240 mm Höhe aus Stahl S235JR	U-Profil DIN 1026 – U240 – S235JR
	Ungleichschenkliger Winkelstahl, Schenkelbreiten 100 mm und 50 mm, Schenkeldicke 8 mm, aus Stahl S235J0	L-Profil EN 10056 – 100x5x8 – S235J0
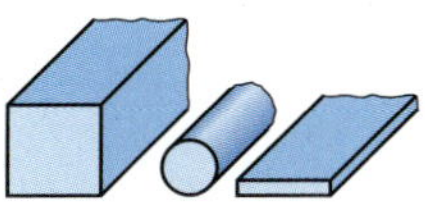 **Stabstähle**	Warmgewalzter Vierkantstahl mit 10 mm Seitenlänge aus Werkzeugstahl	Vierkant EN 10059 – 10 – C80U
	Blanker Rundstahl, ∅ 32 mm, ISO-Toleranzklasse h8 aus Automatenstahl 35S20, kaltverformt	Rund EN 10278-32h8 – EN 10277-3 – 35S20+C
	Blanker Flachstahl, 16 mm breit, 8 mm dick, aus nichtrostendem Stahl	Flach EN 10278 – 16x8 – EN 10088-3 – X5CrNi18-10
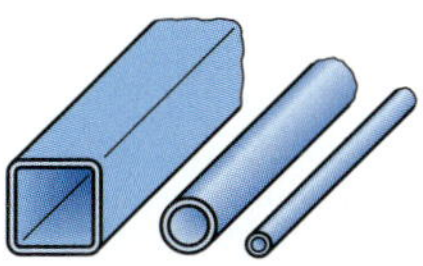 **Rohre, Hohlprofile**	Rechteckiges Vierkantrohr, Außenmaße 115 mm x 140 mm, Wanddicke 8 mm, aus Stahl S275JR	Hohlprofil DIN EN 10210 – 140x115x8 – S275JR
	Nahtloses Präzisionsstahlrohr, 60 mm Außen-∅, 4 mm Wanddicke, aus Stahl S355J2+N	Rohr EN 10305 – 60x4 – S355J2+N
	Quadratisches Hohlprofil, 60 mm breit, Wanddicke 5 mm, verzinkt, aus Stahl S355J0	Hohlprofil EN 10210 – 60x60x5 – S355J0, verzinkt
Bänder, Coils 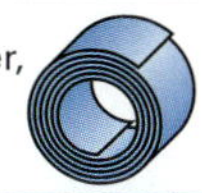	Warmgewalztes Stahlblech, 4,5 mm dick, aus S235J0, 2000 mm breit, 4500 mm lang	Blech EN 10029 – 4,5x2000x4500 – S235J0
 **Bleche (Tafeln)**	Kaltgewalztes Blech aus weichen Stählen, 2 mm dick, beste Oberfläche, matte Ausführung	Blech EN 10130 – 2 – DC04 – B-m
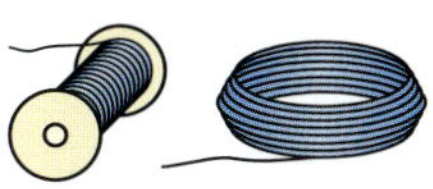 **Drähte**	Verzinkter Stahldraht aus unlegiertem Stahl C4D, ∅ 5 mm	Draht EN 10016 – 5, verzinkt
	Runder, warmgewalzter Federdraht, ∅ 8 mm, aus Vergütungsstahl 50CrV	Draht DIN 2077 – 50CrV-8

Wiederholung und Vertiefung

1 Nach welchen Unterscheidungsmerkmalen werden die Stähle eingeteilt?

2 Wodurch unterscheiden sich die Edelstähle von den Qualitätsstählen?

3 Welche Hauptgüteklassen unterscheidet man bei den Stählen?

4 Nennen Sie mindestens vier zu den Baustählen gehörende Stahlgruppen.

5 Aus welchen Teilen besteht die Bezeichnung eines Stahlerzeugnisses?

6 Nennen Sie je einen Kurznamen eines unlegierten Vergütungsstahls, eines legierten Einsatzstahls, eines Automatenstahls und eines Warmarbeitsstahls.

5.4.7 Legierungs- und Begleitelemente der Stähle und Eisen-Gusswerkstoffe

Die Eigenschaften der Stähle und der Eisen-Gusswerkstoffe hängen weitgehend von ihren Legierungselementen und den erwünschten oder unerwünschten Begleitelementen ab **(Tabelle 1)**.

Die Legierungselemente, z. B. Chrom, Wolfram und Vanadium, bilden mit dem Basiswerkstoff Eisen Mischkristalle oder führen zu feinkörnigen Karbidausscheidungen. Dadurch können Eigenschaften wie Zugfestigkeit, Verschleißfestigkeit und Korrosionsbeständigkeit verbessert werden.

Die Begleitelemente, z. B. Kohlenstoff und Silicium, beeinflussen besonders die Festigkeit und die Zähigkeit.

Tabelle 1: Legierungs- und Begleitelemente bei Stählen und Eisen-Gusswerkstoffen

Elemente	Das Element erhöht	Das Element vermindert	Anwendungsbeispiele
Legierungsmetalle			
Aluminium Al	Zunderwiderstand, Eindringen von Stickstoff	–	**34CrAlMo5-10** Nitrierstahl; Desoxidationsmittel bei der Stahlherstellung
Chrom Cr	Zugfestigkeit, Härte, Warmfestigkeit, Verschleißfestigkeit, Korrosionsbeständigkeit	Dehnung (in geringem Maße)	**X5CrNi18-10** Nichtrostender Stahl
Cobalt Co	Härte, Schneidhaltigkeit, Warmfestigkeit	Kornwachstum bei höheren Temperaturen	**HS10-4-3-10** Schnellarbeitsstahl mit 10 % Co, z. B. für Drehmeißel
Mangan Mn	Zugfestigkeit, Durchhärtbarkeit, Zähigkeit (bei wenig Mn)	Zerspanbarkeit, Kaltformbarkeit, Grafitausscheidung bei Grauguss	**28Mn6** Vergütungsstahl, z. B. für Schmiedeteile
Molybdän Mo	Zugfestigkeit, Warmfestigkeit, Schneidhaltigkeit, Durchhärtung	Anlasssprödigkeit, Schmiedbarkeit (bei höherem Mo-Anteil)	**55NiCrMoV7** Warmarbeitsstahl, z. B. für Strangpressdorne
Nickel Ni	Festigkeit, Zähigkeit, Durchhärtbarkeit, Korrosionsbeständigkeit	Wärmedehnung	**45NiCrMo16** Kaltarbeitsstahl für Biegewerkzeuge
Vanadium V	Dauerfestigkeit, Härte, Warmfestigkeit	Empfindlichkeit gegen Überhitzung	**HS10-4-3-10** Schnellarbeitsstahl mit 3 % V z. B. für Drehmeißel
Wolfram W	Zugfestigkeit, Härte, Warmfestigkeit, Schneidhaltigkeit	Dehnung (in geringem Maße), Zerspanbarkeit	**HS6-5-2-5** Schnellarbeitsstahl mit 6 % W, z. B. für Räumnadeln
Begleitelemente			
Kohlenstoff C	Festigkeit und Härte (Maximum bei C ≈ 0,9 %), Härtbarkeit, Rissbildung (Flocken)	Schmelzpunkt, Dehnung, Schweiß- und Schmiedbarkeit	**C60E** Vergütungsstahl mit $R_m \approx 800$ N/mm²
Wasserstoff H_2	Alterung durch Versprödung, Zugfestigkeit	Kerbschlagzähigkeit	Wird bei der Stahlherstellung weitgehend entfernt, z. B. durch Vakuumbehandlung
Stickstoff N_2	Versprödung, Austenitbildung	Alterungsbeständigkeit, Tiefziehfähigkeit	**X2CrNiMoN17-13-5** Austenitischer Stahl
Phosphor P	Zugfestigkeit, Warmfestigkeit, Korrosionswiderstand	Kerbschlagzähigkeit, Schweißbarkeit	Macht die Schmelze von Stahlguss und Gusseisen dünnflüssig
Schwefel S	Zerspanbarkeit	Kerbschlagzähigkeit, Schweißbarkeit	**10SPb20** Automatenstahl
Silicium Si	Zugfestigkeit, Dehngrenze, Korrosionsbeständigkeit	Bruchdehnung, Schweißbarkeit, Zerspanbarkeit	**61SiCr7** Federstahl mit einer Zugfestigkeit $R_m \approx 1600$ N/mm²

5.4.8 Erschmelzen der Eisen-Gusswerkstoffe

Ausgangsstoffe der Eisen-Gusswerkstoffe sind Gießerei-Roheisen, Stahl- und Gussschrott und Kreislaufmaterial der Gießerei. Zum Kreislaufmaterial einer Gießerei gehören z.B. die Eingüsse und Speiser (Seite 99) der Gussstücke. Dazu kommen Legierungselemente in Form von Ferrolegierungen. Ferrolegierungen sind Legierungen aus Eisen und einem hohen Anteil (z.B. 60 %) eines Legierungsmetalls.

Zur Herstellung der Eisen-Gusswerkstoffe werden die metallischen Ausgangsstoffe in Öfen eingeschmolzen. Je nach Gusseisenart, Einsatzstoffen und verwendeter Heizenergie werden unterschiedliche Ofentypen eingesetzt.

Kupolofen (Bild 1). Der Kupolofen, auch als Gießerei-Schachtofen bezeichnet, ist die häufigste Schmelzeinrichtung für Eisen-Gusswerkstoffe, vor allem für Gusseisen mit Lamellengrafit.

Einsatzstoffe des Kupolofens sind:

- Gießerei-Roheisen, Schrott, Kreislaufmaterial und Legierungselemente
- Koks als Heiz- und Aufkohlungsmittel
- schlackenbildende Zuschläge (Kalkstein)

Der Kupolofen hat einen schachtförmigen, feuerfest ausgemauerten Ofenraum. Die Verbrennungsluft, der „Wind", wird von unten durch Düsen eingeblasen und verbrennt den Koks. Die aufsteigenden heißen Verbrennungsgase erwärmen den von oben nachrutschenden Einsatz. Kurz über den Düsen schmilzt das Eisen und tropft in den Herd. Das flüssige Eisen läuft aus dem Kupolofen in einen Vorherd, der als Sammelbehälter dient. Durch einen Siphonabfluss wird das Gusseisen von der leichteren Schlacke getrennt.

Heißwind-Kupolöfen arbeiten mit vorgewärmter Verbrennungsluft. Dadurch können höhere Ofentemperaturen und höhere Durchsatzmengen erreicht werden.

Induktions-Tiegelofen (Bild 2). Dieser Ofen wird sowohl zum Schmelzen als auch zum Warmhalten von Gusseisen-Schmelzen eingesetzt. Induktionsöfen bestehen aus einem feuerfesten Tiegel, um den eine wassergekühlte Kupferspule angeordnet ist. Durch diese Spule fließt Wechselstrom und induziert in dem Einsatz des Tiegels ein elektromagnetisches Wechselfeld, das den Einsatz zum Schmelzen bringt. Durch das Wechselfeld entsteht zudem eine Rührbewegung, welche die Legierungselemente gleichmäßig verteilt.

Lichtbogenöfen. Zum Erschmelzen von Eisen-Gusswerkstoffen werden die gleichen Lichtbogenöfen wie zum Einschmelzen von Stahl (Seite 347) eingesetzt.

Mit Induktions- und Lichtbogenöfen können Gussschmelzen großer Reinheit und exakter Zusammensetzung erzielt werden.

Duplex-Verfahren. Beim Duplex-Verfahren wird das im Kupolofen erschmolzene Gusseisen vor dem Vergießen in Induktionsöfen umgefüllt und dort legiert.

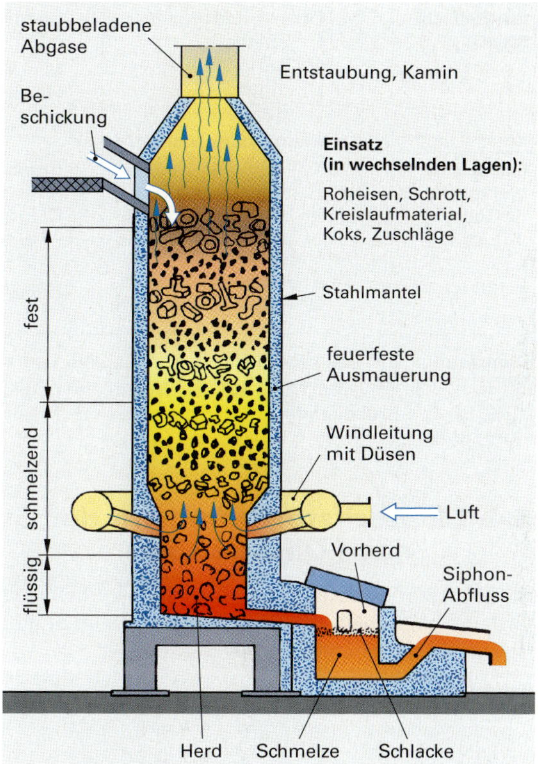

Bild 1: Kupolofen

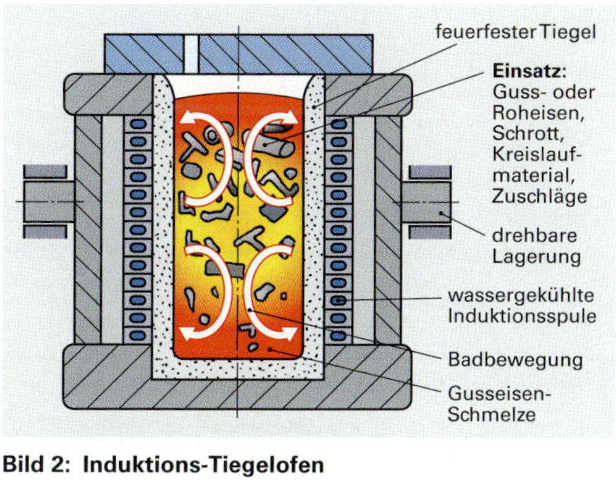

Bild 2: Induktions-Tiegelofen

5.4.9 Das Bezeichnungssystem für Gusseisenwerkstoffe

5.4.9.1 Kurznamen der Gusseisenwerkstoffe nach DIN EN 1560

Für die Kurznamen der Gusseisen-Werkstoffe sind sechs Teile vorgesehen, die aber nicht alle belegt sein müssen.

Beispiele:

EN – GJ L – HB215

EN – GJ MW – 360 – 12C – W

Europäische Norm

Gusseisenwerkstoffe
G Guss
J Eisen

Grafitstruktur, z. B.
L lamellar
M Temperkohle
S kugelig
N grafitfrei

Mikro- oder Makrostruktur, z. B.
A Austenit
B nicht entkohlend geglüht
F Ferrit
P Perlit
W entkohlend geglüht

Chemische Zusammensetzung
oder
Mindestzugfestigkeit R_m
in N/mm²

Bruchdehnung *A* in % mit Hinweis auf Probestück, z. B.
C Probe dem Gussstück entnommen
oder
Härte (HB, HV oder HR)

Zusatzanforderungen,
z. B.
H wärmebehandeltes Gussstück
W Schweißeignung

Erläuterung: **EN-GJL-HB215:** Gusseisen (GJ) mit Lamellengrafit (L), Härte HB 215

EN-GJMW-360-12C-W: Entkohlend geglühter Temperguss (GJMW), Zugfestigkeit R_m = 360 N/mm², Bruchdehnung 12 %, Probe dem Gussstück entnommen (C), zum Schweißen geeignet (W)

5.4.9.2 Werkstoffnummern der Gusseisenwerkstoffe nach DIN EN 1560

Die Werkstoffnummern der Gusseisenwerkstoffe bestehen aus sechs Bezeichnungspositionen (fünf Ziffern und ein Punkt), die ohne Zwischenraum aneinander geschrieben werden. Der grundsätzliche Aufbau ist wie bei den Stählen in DIN EN 10027-2.

Beispiele:

5 . 1 3 0 5
5 . 3 1 0 6
5 . 4 2 0 5

Werkstoffgruppe
5. Gusseisen

Grafitstruktur
1 lamellar
2 vermikular
3 kugelig
4 Temperkohle (auch entkohlend geglüht)
5 grafitfrei

Matrixstruktur
1 Ferrit
2 Ferrit/Perlit
3 Perlit
4 Ausferrit
5 Austenit
6 Ledeburit

Werkstoffkennziffer
00–99
Jedem Gusseisen ist eine zweistellige Kennziffer zugeordnet. Eine höhere Kennziffer weist auf eine höhere Festigkeit hin.

Erläuterung: **5.1305:** Gusseisen (5.), mit Lamellengrafit (1), perlitische Matrixstruktur (3), Werkstoffkennziffer 05

5.3106: Gusseisen (5.), mit Kugelgrafit (3), ferritische Matrixstruktur (1), Werkstoffkennziffer 06

5.4205: Gusseisen (5.), Temperguss (4), Ferrit/Perlit-Matrixstruktur (2), Werkstoffkennziffer 05

Wiederholung und Vertiefung

1 Erläutern Sie den Gusseisen-Kurznamen EN-GJL-200.

2 Entschlüsseln Sie die Gusseisen-Nummer 5.3100.

5.4.10 Eisen-Gusswerkstoffarten

5.4.10.1 Gusseisen mit Lamellengrafit (EN-GJL)

Beim Gusseisen mit Lamellengrafit (Grauguss) ist ein großer Teil des Kohlenstoffs als mikroskopisch feiner, blättchenförmiger Grafit im Gefüge eingelagert **(Bild 1)**.

Eigenschaften. Der schwarze, weiche Grafit im hellen, ferritisch-perlitischen Grundgefüge lässt die Bruchfläche des Gusseisens grau erscheinen. Er bewirkt die guten Gleiteigenschaften, die leichte Zerspanbarkeit und die Fähigkeit, Schwingungen zu dämpfen. Der hohe Kohlenstoffgehalt von 2,6 % bis 3,6 % verursacht die gute Vergießbarkeit von Grauguss. Dadurch können aus Grauguss auch aufwendig geformte Werkstücke gegossen werden **(Bild 2)**.

Die Grafitlamellen im Grauguss wirken bei Belastung wie innere Kerben, die die Zugfestigkeit und Bruchdehnung wesentlich herabsetzen. Die Größe der Grafitlamellen hängt von der Abkühlungsgeschwindigkeit ab. Größere Lamellen vermindern die Festigkeit stärker als feinere Lamellen. Die Festigkeit hängt auch vom Grundgefüge ab. Sie ist bei ferritischem Gefüge relativ gering und nimmt bei steigendem Perlitanteil zu **(Bild 3)**. Die Druckfestigkeit des Gusseisens mit Lamellengrafit dagegen ist etwa viermal so groß wie die Zugfestigkeit.

Gusseisen mit Lamellengrafit ist wegen seiner speziellen Eigenschaften und der preiswerten Herstellung der häufigste Gusswerkstoff. Durch den lamellenförmigen Grafit ist die Festigkeit begrenzt und die Zähigkeit sehr gering.

Einteilung. Gusseisen mit Lamellengrafit wird entweder nach der Zugfestigkeit oder nach der Brinellhärte in jeweils sechs Sorten eingeteilt:

EN-GJL-100...EN-GJL-350 bzw. EN-GJL-HB155...EN-GJL-HB255

Die Kennzeichnung nach der Brinellhärte wird gewählt, wenn die Härte z. B. für Verschleißteile oder für die Bearbeitung maßgebend ist.

Verwendung. Aus Grauguss werden z. B. Ständer und Schlitten für Werkzeugmaschinen sowie Getriebe- und Kurbelgehäuse hergestellt.

Gusseisen mit Vermiculargrafit besitzt wurmförmige Grafitausscheidungen. Die Festigkeit ist daher bei etwa gleichgroßer Wärmeleitfähigkeit höher als bei Gusseisen mit Lamellengrafit. Es eignet sich besonders für wärmebeanspruchte Teile wie Zylinderblöcke, Zylinderköpfe und Teile von Fahrzeugbremsen.

Gusseisen mit Lamellengrafit	
Kurzname (z. B.)	EN-GJL-200
Dichte	7,25 kg/dm³
Schmelzpunkt	1150...1250 °C
Zugfestigkeit	100...350 N/mm²
Bruchdehnung	etwa 1 %
Schwindmaß	1 %

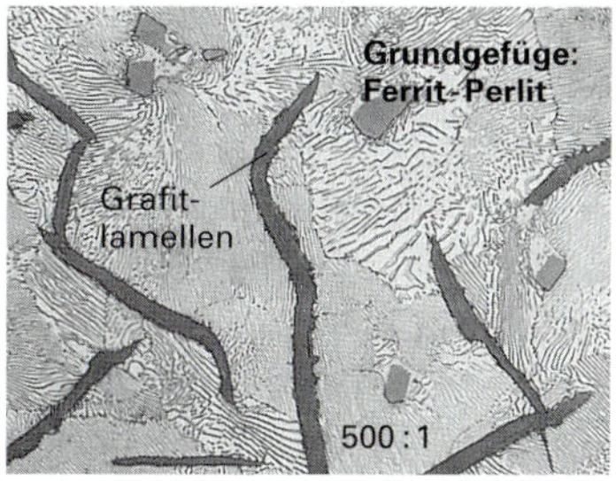

Bild 1: Gefüge von Gusseisen mit Lamellengrafit

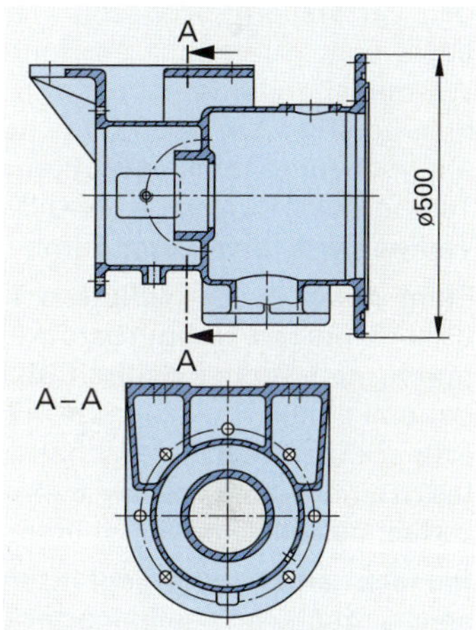

Bild 2: Gehäuse einer Filterpresse aus EN-GJL-250

Merkmale	Gusseisen		Schwarzer Temperguss	Unlegierter Stahlguss
	mit Lamellengrafit	mit Kugelgrafit		
Gefügebilder M 100 : 1 100 µm		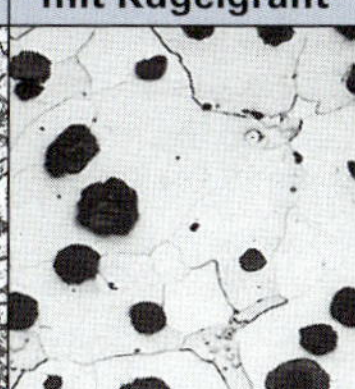	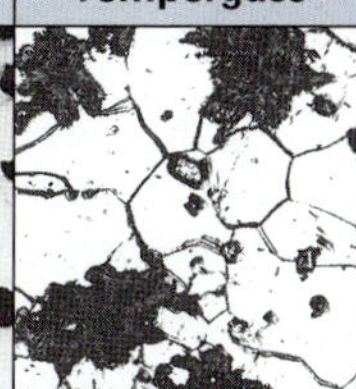	
Form des ausgeschiedenen Kohlenstoffs	grobblätterig ... feinblätterig	kugelig	flockig	(keine Grafitausscheidung)
	Grafit + Streifenzementit			
Grundgefüge	Ferrit ... Perlit		Ferrit	Perlit und Ferrit
Zugfestigkeit N/mm²	100...450	350...900	300...800	380...600

Bild 3: Gefüge der verschiedenen Eisen-Gusswerkstoffe

5.4.10.2 Gusseisen mit Kugelgrafit (EN-GJS)

Beim Gusseisen mit Kugelgrafit ist der Grafit in kugeliger Form in dem stahlähnlichen Grundgefüge eingelagert **(Bild 3, vorherige Seite).**

Eigenschaften. Durch die Kugelform des Grafits ist die Kerbwirkung gering. Gusseisen mit Kugelgrafit besitzt daher eine höhere Festigkeit und Bruchdehnung als Grauguss. Es kommt in seinen Eigenschaften von allen Gusseisenarten dem Stahlguss am nächsten. Durch Glühen lässt sich die Bruchdehnung, durch Vergüten die Festigkeit zusätzlich erhöhen. Werkstücke aus Gusseisen mit Kugelgrafit können auch randschichtgehärtet werden.

> Gusseisen mit Kugelgrafit enthält Grafit in kugeliger Form. Es besitzt eine hohe Festigkeit und Bruchdehnung.

Verwendung. Für Gussstücke, die hohe Festigkeit und Zähigkeit aufweisen müssen, wie große Zahnräder, Kurbelwellen, Pumpen- und Turbinengehäuse, Radträger **(Bild 1).**

Gusseisen mit Kugelgrafit	
Kurzname (z. B.)	EN-GJS-700-2
Dichte	7,2 kg/dm³
Zugfestigkeit	350 ... 900 N/mm²
Bruchdehnung	22 ... 2 %
Schwindmaß	0,5 ... 1,2 %

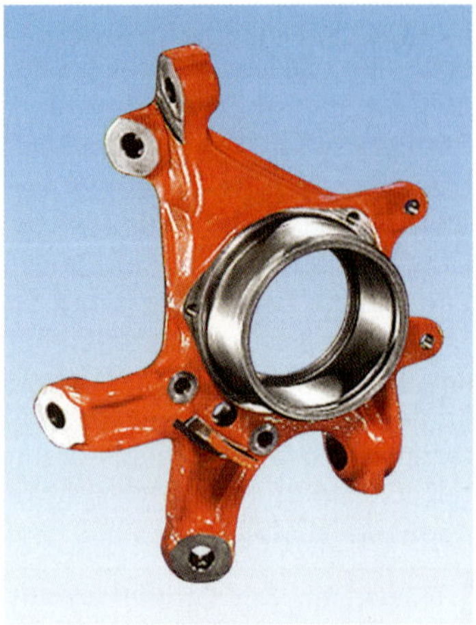

Bild 1: Pkw-Radträger aus Gusseisen mit Kugelgrafit

5.4.10.3 Temperguss (EN-GJMW und EN-GJMB)

Ausgangsstoff für Temperguss ist eine Eisenschmelze mit rund 3 % Kohlenstoff, 1 % Silicium und 0,5 % Mangan. Sie wird zu dünnwandigen Gussteilen vergossen (Temperrohguss). Diese sprödharten, noch nicht verwendbaren Rohteile werden einer langandauernden Wärmebehandlung unterzogen. Nach den Vorgängen bei der Glühbehandlung bzw. nach dem Aussehen des entstehenden Gefüges unterscheidet man **entkohlend geglühten Temperguss** (Weißer Temperguss; Kurzname EN-GJMW) und **nicht entkohlend geglühten Temperguss** (Schwarzer Temperguss; Kurzname EN-GJMB).

Beim **entkohlend geglühten Temperguss** wird den kleinen bzw. dünnwandigen Rohgussstücken in oxidierender Ofenatmosphäre durch mehrtägiges Glühen Kohlenstoff entzogen. Die Bruchfläche der entkohlten Randzone ist metallisch hell **(Bild 2).** Er hat stahlähnliche mechanische Eigenschaften. Die Werkstücke werden jedoch nur bis zu einer Tiefe von etwa 5 mm entkohlt. Bei dickeren Querschnitten zerfällt das Eisenkarbid im Innern der Werkstücke in Temperkohle.

Bei **nicht entkohlend geglühtem Temperguss** werden die Rohgussstücke mehrere Tage in inerter Ofenatmosphäre (Stickstoff) geglüht. Dabei zerfällt der Zementit (Fe_3C) in Ferrit (Fe) und flockenförmige Temperkohle (C). Das schwarzkörnige Bruchgefüge **(Bild 3, vorherige Seite)** ist unabhängig von der Wanddicke überall gleich.

Eigenschaften. Beide Tempergusssorten sind wesentlich zäher als Gusseisen mit Lamellengrafit und lassen sich gut gießen. Schweißbar ist die Temperguss-Sondergüte EN-GJMW-360-12.

> Entkohlend geglühter Temperguss enthält in der Randzone wenig Kohlenstoff. Beim nicht entkohlend geglühten Temperguss ist der Kohlenstoff in flockiger Form enthalten.

Bei den Kurzzeichen der Tempergusssorte wird an den Kurznamen EN-GJMW bzw. EN-GJMB die Zugfestigkeit in N/mm² und die Bruchdehnung in % angefügt.

Verwendung. Temperguss wird vor allem im Fahrzeugbau, z. B. für Pleuelstangen, Lenksäulen und Schaltgabeln, eingesetzt. Daneben wird er im Maschinenbau, z. B. für Hebel und in der Installationstechnik für Fittings und Ventilgehäuse verwendet **(Bild 3).**

Temperguss	
Kurzname (z. B.)	EN-GJMW-450-7
Dichte	7,4 kg/dm³
Zugfestigkeit	350 ... 550 N/mm²
Bruchdehnung	12 ... 4 %
Schwindmaß	1,6 %

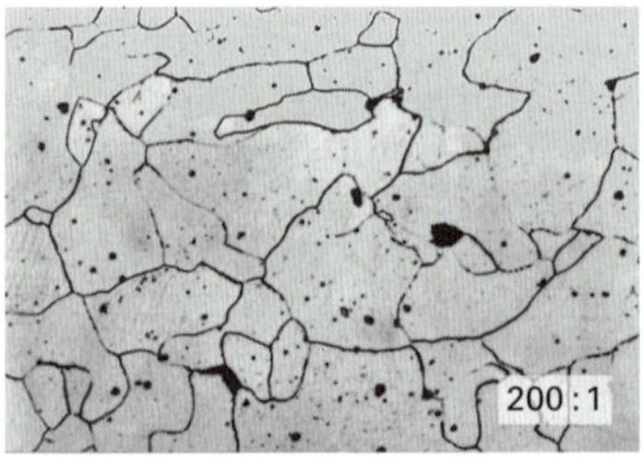

Bild 2: Gefüge von entkohlend geglühtem Temperguss

Bild 3: Installationsteile aus entkohlend geglühtem Temperguss

5.4.10.4 Stahlguss

Bei Stahlguss verbinden sich die Vorteile des Stahls mit den Möglichkeiten der Werkstück-Formgebung durch Gießen. So können z. B. hochfeste und zähe Werkstücke hergestellt werden, deren Form nur durch Gießen erreicht werden kann **(Bild 1)**. Es gibt verschiedene Stahlgusssorten, deren Zusammensetzung sich nach dem Verwendungszweck richtet **(Tabelle 1)**. Im Unterschied zu den Stählen enthalten die Stahlgusswerkstoffe geringe Zusätze zur Verbesserung der Gießbarkeit, wie z. B. Phosphor. Bei Stahlguss wird dem Hauptsymbol des Stahls der Buchstabe G vorangestellt.

Stahlguss ist in Formen gegossener Spezialstahl.

Tabelle 1: Stahlgusssorten mit Beispielen

Stahlguss für allgemeine Verwendungszwecke	GE240
Vergütungsstahlguss	G34CrMo4
Nichtrostender Stahlguss	GX6CrNi26-7
Warmfester Stahlguss	G17CrMo5-5
Hitzebeständiger Stahlguss	GX40CrNiSi27-4
Nichtmagnetisierbarer Stahlguss	GX2CrNi18-11

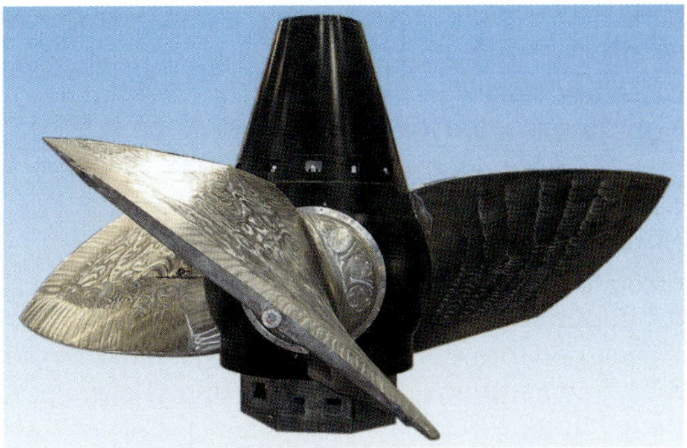

Bild 1: Kaplan-Laufrad, Schaufeln und Nabe aus GX5CrNi13-4

Verwendung. Aus Stahlguss werden hoch belastete Teile des Großmaschinenbaus wie Turbinengehäuse, Pressenständer und Kranhaken, hochbelastbare Fahrzeugteile, aber auch kleinere Werkstücke für Maschinen hergestellt.

5.4.11 Kohlenstoffgehalt der Stähle und Eisen-Gusswerkstoffe im Vergleich

Der Kohlenstoffgehalt der Stähle und Eisen-Gusswerkstoffe **(Tabelle 2)** beeinflusst zusammen mit den anderen Legierungselementen das Gefüge (Seite 344). Das Gefüge ist maßgebend für die mechanischen Eigenschaften (Seite 336), z. B. für die Zugfestigkeit, und für die fertigungstechnischen Eigenschaften (Seite 338), z. B. für die Gießbarkeit, Spanbarkeit oder die Umformbarkeit.

Tabelle 2: Kohlenstoffgehalt der Stähle und Eisen-Gusswerkstoffe

		Kohlenstoffgehalt (%C)
Stähle	Baustähle, unlegiert	0,17 – 0,5
	Einsatzstähle, unlegiert	0,1 – 0,9 (Randzone eingesetzt)
	Vergütungsstähle, unlegiert	0,2 – 0,6
	Werkzeugstähle, unlegiert	0,5 – 1,4
	Werkzeugstähle, legiert	0,2 – 2,2
Gusswerkstoffe	Gusseisen mit Lamellengrafit (GJL)	2,6 – 3,6
	Gusseisen mit Kugelgrafit (GJS)	3,2 – 4,0
	Temperguss, entkohlend geglüht (GJMW)	0,5 – 1,7 (getempert); 2,5 – 3,5 (ungetempert)
	Temperguss, nicht entkohlend geglüht (GJMB)	2,0 – 2,9
	Stahlguss (GS)	0,15 – 0,45
Kohlenstoffgehalt		0 · 1 · 2 · 3 %C

Wiederholung und Vertiefung

1 Welche Eigenschaften verleihen die Grafitausscheidungen dem Gusseisen mit Lamellengrafit?
2 Welche Vorteile hat Gusseisen mit Kugelgrafit gegenüber Gusseisen mit Lamellengrafit?
3 Erläutern Sie die Werkstoffbezeichnungen EN-GJL-300, EN-GJMW-400-5, GE240.
4 Wodurch unterscheidet sich Weißer Temperguss von Schwarzem Temperguss?

5.5 Nichteisenmetalle (NE-Metalle)

Als Nichteisenmetalle bezeichnet man alle reinen Metalle und ihre Legierungen, bei denen Eisen nicht den größten Anteil besitzt. Sie werden nach ihrer Dichte in **Leichtmetalle** und **Schwermetalle** eingeteilt **(Tabelle 1).**

Die reinen NE-Metalle sind weich und als Konstruktionswerkstoff nicht verwendbar. Durch Legieren wird insbesondere ihre Festigkeit verbessert, sodass sie vielseitig einsetzbar sind.

Die NE-Metalle werden nach ihrer Herstellung in **Knetlegierungen** und **Gusslegierungen** eingeteilt.

Tabelle 1: Einteilung der NE-Metalle

Nichteisenmetalle	
Leichtmetalle und ihre Legierungen	**Schwermetalle** und ihre Legierungen
Dichte ϱ < 5 kg/dm³ z. B. Aluminium, Titan	Dichte ϱ > 5 kg/dm³ z. B. Kupfer, Nickel

5.5.1 Leichtmetalle

Die wichtigsten Leichtmetalle sind Aluminium (ϱ = 2,7 kg/dm³), Magnesium (ϱ = 1,7 kg/dm³) und Titan (ϱ = 4,5 kg/dm³). Durch ihr geringes Gewicht, ihre Korrosionsbeständigkeit und ihre ausreichende Festigkeit haben die Leichtmetall-Legierungen im Fahrzeug- und Flugzeugbau große Bedeutung.

Bild 1: Pressgeschmiedete Pkw-Felgen aus einer AlMgSi-Knetlegierung

5.5.1.1 Aluminium-Werkstoffe

Eigenschaften der Al-Werkstoffe:

- Dichte: rund 2,7 kg/dm³ (≈ 1/3 der Dichte von Stahl)
- Niedriger Schmelzpunkt: ≈ 660 °C
- Gut umformbar, schweißbar, gießbar
- Witterungs- und korrosionsbeständig

Al-Knetlegierungen

Al-Knetlegierungen sind mit Mg, Mn, Si, Zn oder Cu sowie Kombinationen dieser Metalle legiert. Sie haben das geringe Gewicht des Aluminiums und annähernd die Festigkeit unlegierter Baustähle: Zugfestigkeit R_m = 200 N/mm² bis 450 N/mm².

Die Mg- und Mn-haltigen Al-Legierungen haben eine mittlere Festigkeit und können durch Schmieden weiter verfestigt werden. Man fertigt aus ihnen Fahrzeugteile für mittelhohe Belastung, wie z. B. Pkw-Felgen **(Bild 1)**.

Beispiel: EN AW-5754 [Al Mg3]: Al-Legierung mit 3 % Mg, Zugfestigkeit R_m: bis 300 N/mm²

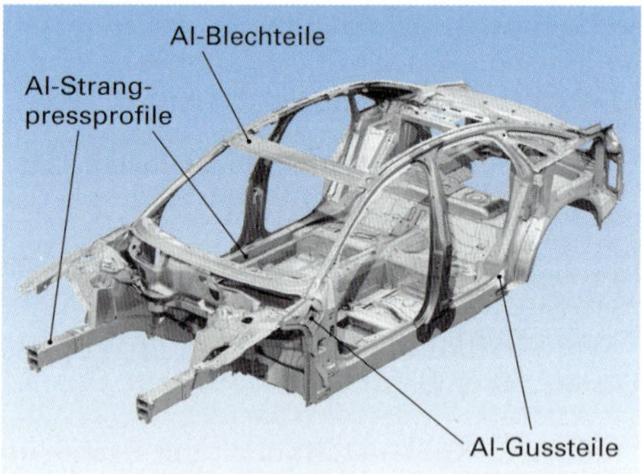

Bild 2: Geschweißter Karosserierahmen eines hochwertigen Pkw aus verschiedenen Al-Legierungen

Aushärtbare Al-Knetlegierungen enthalten Anteile an Mg und Si, Zn und Mg oder Cu und Mg. Sie werden nach der Formgebung gehärtet (siehe folgende Seite). Aus ihnen werden hoch belastbare Bauteile gefertigt **(Bild 2).**

Beispiel: EN AW-2024 [Al Cu4Mg1]: Aushärtbare Al-Legierung mit 4 % Cu und 1 % Mg, Zugfestigkeit R_m: bis 425 N/mm²

Al-Automatenlegierungen haben neben den anderen Legierungselementen einen Bleizusatz (Pb). Er macht sie kurzspanend und daher besonders für zu spanende Bauteile geeignet. **Beispiel: EN AW-2030 [Al CuPbMg]**

Bild 3: Motorblock aus einer Al-Gusslegierung

Al-Gusslegierungen

Im Maschinenbau wird überwiegend die Al-Gusslegierung mit 12 % Silicium eingesetzt: **EN AC-44200 [Al Si12]**. Sie ist gut vergießbar, hat eine mittlere Zugfestigkeit (R_m bis 170 N/mm²) und ist korrosionsbeständig.

Aus AlSi12-Gusslegierungen werden kompliziert geformte, dünnwandige Bauteile gefertigt, die ein geringes Gewicht haben müssen: Gerätegehäuse, Karosserieknotenteile, Pkw-Motorenblöcke **(Bild 3).**

Aushärten von Aluminiumlegierungen

Das Aushärten besteht aus Lösungsglühen bei rund 500 °C, Abschrecken in Wasser und Auslagern. Die aushärtbaren Al-Legierungen erhalten durch das Aushärten deutlich verbesserte Festigkeitswerte. Die Endfestigkeit wird nicht sofort, sondern im Laufe von einigen Tagen erreicht.

Aushärtbare Al-Legierungen werden z. B. für den Bau von ICE-Fahrzeugrahmen, von tragenden Flugzeugteilen und Bootskörpern eingesetzt **(Bild 1)**.

Bezeichnung von Aluminiumlegierungen

Die **Aluminium-Werkstoffe** werden nach DIN EN 573 mit einem Kurznamen oder mit einer Werkstoffnummer bezeichnet. Der **Kurzname** besteht bei Knetlegierungen aus den Buchstaben EN AW-Al und bei Gusslegierungen aus EN AC-Al **(Bild 2)**. Dann folgen die Symbole der Legierungselemente und teilweise die Gehalte in Prozent. Am Schluss können noch Werkstoffzustände genannt sein.

Bild 1: Bootskörper aus meerwasserfester Al-Legierung EN AW-5083 [Al Mg4,5Mn0,7]

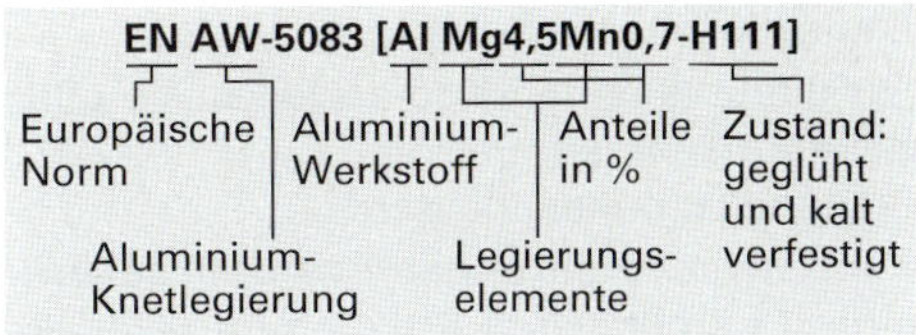

Bild 2: Kurzname einer Al-Knetlegierung

5.5.1.2 Magnesium-Werkstoffe

Die besondere Eigenschaft der Magnesium-Werkstoffe ist ihre geringe Dichte von 1,8 bis 2,0 kg/dm³. Damit sind sie der Metallwerkstoff mit der geringsten Dichte (rund 1/4 der Dichte von Stahl). Mg-Legierungen sind im Aussehen, der Korrosionsbeständigkeit und der Festigkeit den Al-Werkstoffen vergleichbar.

Zum Einsatz kommen überwiegend Mg-Gusslegierungen, wie z. B. EN MC-21110 [MgAl8Zn1]. Daraus werden Leichtbau-Gehäuse für Getriebe, Motoren, Maschinen und Kleingeräte (z. B. Laptopgehäuse) gefertigt **(Bild 3)**. Magnesium-Gusslegierungen werden überwiegend durch Druckgießen vorgefertigt und spanend nachbearbeitet.

Bei der spanenden Bearbeitung von Bauteilen aus Mg-Werkstoffen besteht die Gefahr der Entzündung der Späne. Deswegen sind Schutzmaßnahmen zu treffen. Auftretende Brände dürfen nicht mit Wasser, sondern müssen mit Feuerlöschern der Brandklasse D gelöscht werden.

Bild 3: Gehäuse einer Kettensäge aus Magnesium-Druckguss

5.5.1.3 Titan-Werkstoffe

Titan-Werkstoffe haben eine Dichte von rund 4,5 kg/dm³ und sind damit 40 % leichter als Stahl. Sie besitzen hohe Festigkeit, Zähigkeit und Korrosionsbeständigkeit. Titan ist jedoch ein teurer Werkstoff.

Unlegiertes Titan, wie Ti1, wird z. B. in der Medizintechnik als Hüftprothesen u. Ä. eingesetzt.

Legierte Titanwerkstoffe, wie z. B. TiAl6V4, besitzen etwa die gleiche Festigkeit wie legierte Vergütungsstähle: R_m bis 1000 N/mm². Aus ihnen werden hoch belastbare Bauteile für Flugzeuge gefertigt **(Bild 4)**.

Bild 4: Schaufelkranz eines Jet-Triebwerks aus der Titanlegierung TiAl6V4

Wiederholung und Vertiefung

1 Welche Dichte haben die NE-Metalle Aluminium, Magnesium und Titan?
2 Welche Al-Werkstoffe eignen sich besonders für hoch belastbare Bauteile?
3 Was kann aus dem Kurznamen der Al-Legierung EN AW-7022[Al Zn5Mg3Cu] abgelesen werden?
4 Welche besonderen Eigenschaften haben die Magnesiumwerkstoffe bzw. die Titanwerkstoffe?

5.5.2 Schwermetalle

Die wichtigsten Schwermetalle, die im Maschinenbau für Bauteile verwendet werden, sind Kupfer (Cu), Zinn (Sn) und Zink (Zn) sowie ihre Legierungen. Mit weiteren Schwermetallen wie z. B. Chrom (Cr), Nickel (Ni) und Vanadium (V) werden Stähle legiert.

5.5.2.1 Kurzbezeichnung der Schwermetalle

Die Kurznamen der Schwermetall-Legierungen bestehen aus dem chemischen Symbol des Basismetalls, gefolgt von den Symbolen der Legierungselemente und Gehaltsangaben in Prozent **(Bild 1).**

Vorangestellt sein können bei Gusswerkstoffen Buchstaben für die Gussart, z. B. G für Sandguss, GD für Druckguss usw. Nachgestellt sein können Angaben zur Festigkeit, wie z. B. R420, d. h. eine Zugfestigkeit von 420 N/mm².

Für die unlegierten Kupferwerkstoffe gibt es spezielle Kurznamen. Beispiel: Cu-DHP-R220. Die Bedeutung ist unten erläutert.

Kupfer-Knetlegierungen werden zusätzlich mit einem numerischen Kurznamen (Werkstoffnummer) benannt. Er besteht aus den Buchstaben CW und einer Zählnummer **(Bild 2).** Angehängt sein kann ein Buchstabe für die Legierungsgruppe.

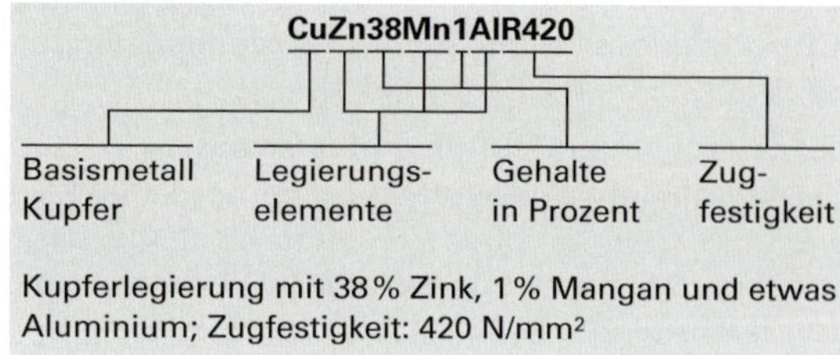

Bild 1: Kurzname einer Schwermetall-Legierung

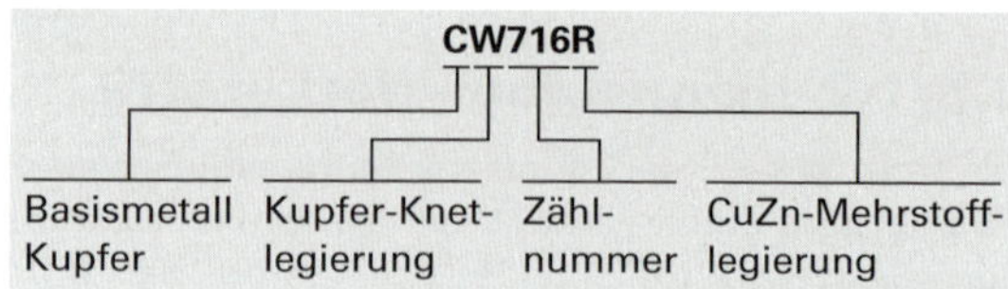

Bild 2: Numerischer Kurzname einer Kupferlegierung

5.5.2.2 Kupfer und Kupferlegierungen

Unlegiertes Kupfer

Eigenschaften und Verwendung

Kupfer ist ein Metall mit roter Farbe sowie einer Dichte von 8,94 kg/dm³ und einer Schmelztemperatur von 1083 °C.

Unlegiertes Kupfer ist im warmgewalzten Zustand weich und gut dehnbar. Durch Hämmern oder Pressen (Kaltverfestigung) wird es hart. Durch Glühen wird es wieder weich.

Kupfer besitzt eine hohe Leitfähigkeit für Wärme und Elektrizität. Es wird für elektrische Leitungen **(Bild 3)** und im Anlagenbau für Kühl- und Wärmetauscherrohre verwendet.

Für den Anlagenbau wichtig sind die schweiß- und hartlötbaren Kupfersorten, wie **Cu-DPH.** Für elekrische Leitungen wird die Kupfersorte **Cu-ETP** verwendet.

Bild 3: Kupferleitungen für die Stromleitung aus Cu-ETP

Kupfer-Zink-Legierungen (Messing)

Eigenschaften und Verwendung

CuZn-Legierungen enthalten 5 % bis 40 % Zink und haben eine goldgelbe Farbe. Sie sind korrosionsbeständig und haben eine gleitfähige Oberfläche. Bei niedrigem Zn-Gehalt sind sie weich und gut umformbar, bei hohem Zn-Gehalt sind sie härter. Durch Kaltverfestigung kann ihre Zugfestigkeit von 250 N/mm² auf ca. 600 N/mm² gesteigert werden. CuZn-Legierungen lassen sich gut umformen, gießen und spanend bearbeiten. Man fertigt aus ihnen Armaturengehäuse, korrosionsbeständige Schrauben, Kleindrehteile **(Bild 4).** Teilweise erhalten sie zusätzlich zum Zink weitere Legierungselemente.

Beispiel: CuZn36Pb3 ⇒ Kupfer-Zink-Blei-Knetlegierung mit 36 % Zn und 3 % Blei; für Automatendrehteile.

Bild 4: Drehteile aus Kupfer-Zink-Legierungen

Kupfer-Zinn-Legierungen (Zinnbronze)

CuSn-Legierungen enthalten 2 % bis 15 % Zinn und haben eine goldbraune Farbe.

Sie sind korrosionsbeständig und besitzen hohe Zugfestigkeit, Verschleißfestigkeit und gute Gleiteigenschaften. Mit steigendem Zinngehalt werden die Festigkeit und der Verschleißwiderstand erhöht. Durch Kaltverfestigen (z. B. Walzen) können sie bis auf „federhart" verfestigt werden und besitzen dann eine Zugfestigkeit von 750 N/mm^2.

CuSn-Legierungen werden zu Schneckenrädern, Spindelmuttern, Kontaktfedern, Gleit- und Führungsbahnen sowie Lagerschalen verarbeitet **(Bild 1)**.

Beispiele für Kupfer-Zinn-Legierungen:

CuSn8P ⇒ Knetlegierung mit sehr guten Gleiteigenschaften und hoher Verschleißfestigkeit, z. B. für hochbelastete Gleitlager in Motoren

G-CuSn12Pb ⇒ Gusslegierung mit Bleizusatz, sehr verschleißfest, mit Notlaufeigenschaften, z. B. für Gleitlagerschalen **(Bild 2)**

Kupfer-Zinn-Zink-Gusslegierungen

Diese Legierungen sind gut vergießbar, korrosionsbeständig, gut spanend bearbeitbar und haben gute Gleiteigenschaften. Sie werden z. B. zu Armaturen- und Pumpengehäusen verarbeitet **(Bild 3)**.

Beispiel: G-CuSn6Zn4Pb2

Kupfer-Aluminium-Legierungen

Die CuAl-Legierungen zeichnen sich durch hohe Festigkeit, Zähigkeit und Korrosionsbeständigkeit, insbesondere gegen Meerwasser aus. Sie werden bevorzugt im Schiffbau sowie im Anlagenbau für Meerwasser führende Anlagenteile und im Chemieanlagenbau verwendet.

Beispiele:

CuAl7Si2 ⇒ Meerwasser-beständige Legierung für Schiffbauteile

CuAl10Fe3Mn2 ⇒ Korrosionsbeständige verschleißfeste Knetlegierung, z. B. für Schneckenräder und Ventilsitze

Kupfer-Nickel-Legierungen

Kupfer-Nickel-Legierungen (silberfarbig) sind federhart, elektrisch gut leitend, korrosionsbeständig und haben eine silberartig aussehende Oberfläche. Sie werden z. B. zu federnden elektrischen Kontakten, zu Schlüsseln, Reißzeugen, Wasserarmaturen, Geräteverkleidungen und den „Silbermünzen" verarbeitet **(Bild 4)**.

Beispiel:

CuNi9Sn2 ⇒ Federnde elektrische Kontakte

Eine Besonderheit ist die Legierung **CuNi44,** auch Konstantan genannt. Sie besitzt einen temperaturkonstanten elektrischen Widerstand und wird zu elektrischen Widerständen verarbeitet.

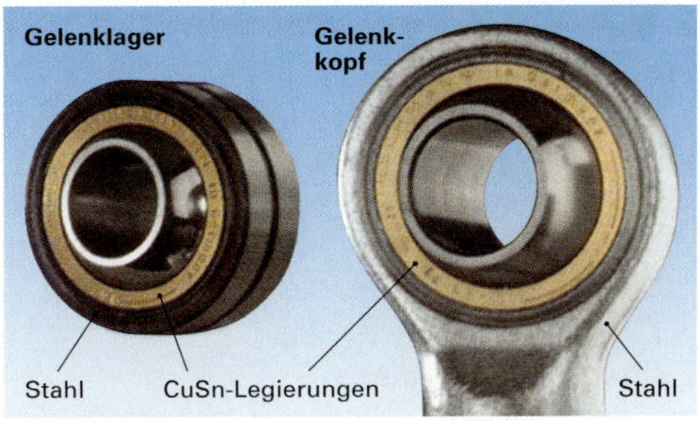

Bild 1: Lagerschalen für Gelenklager und Gelenkkopf aus der CuSn-Legierung CuSn8P

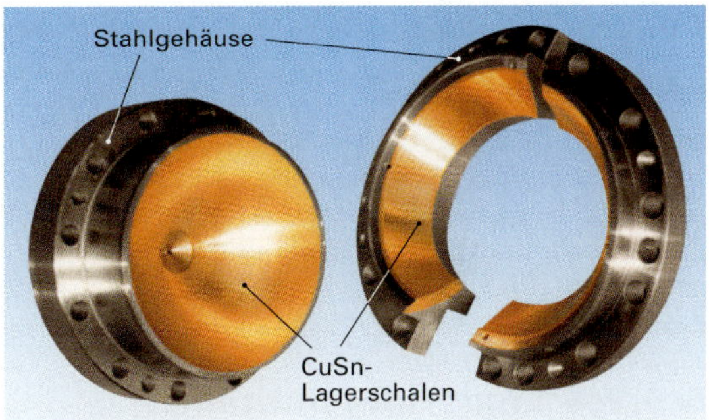

Bild 2: Kalotten-Lagerschalen aus G-CuSn12Pb in Stahlgehäuse

Bild 3: Pumpengehäuse aus CuSnZn-Gusslegierung

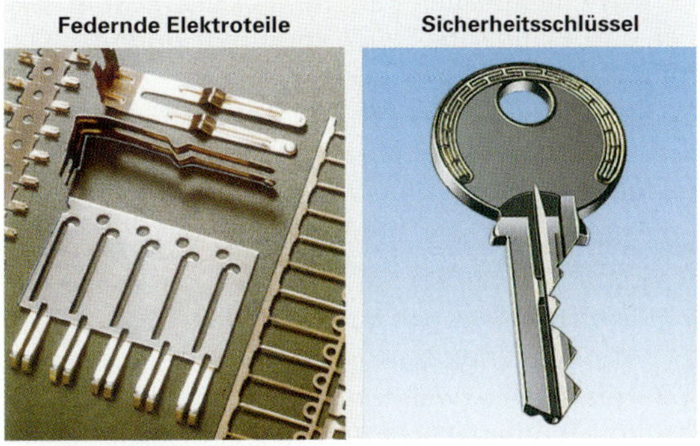

Bild 4: Teile aus CuNi-Legierungen

5.5.2.3 Weitere Schwermetall-Legierungen

Zinklegierungen

Zinklegierungen (Dichte rund 7 kg/dm³, Schmelztemperatur rund 420 °C) enthalten vor allem Zusätze von Aluminium und Kupfer. Sie eignen sich besonders für dünnwandige Druckgussteile, aber auch für Blas- und Tiefziehformen für Kunststoffe.

Beispiel: G-ZnAl6Cu1 ⇒ für dünnwandige Gussteile

Zinn/Blei-Legierungen

Zinn/Blei-Legierungen werden zu Weichloten (Zinn-Blei-Lote) verarbeitet. Sie haben einen Schmelzbereich von 183 °C bis 325 °C (Seite 245).

Beispiel: S-Sn60Pb40 ist ein Weichlot mit 60 % Zinn und 40 % Blei.

Nickellegierungen

Nickel kann z. B. mit Cr, Mn, Mg, Al und Be legiert werden. Je nach den zulegierten Metallen erhält man Legierungen mit hoher Festigkeit, Elastizität sowie besonders guter Wärme- und Korrosionsbeständigkeit **(Bild 1)**.

Beispiel: NiCr22Mo9Nb ⇒ z. B. für warmfeste Armaturen

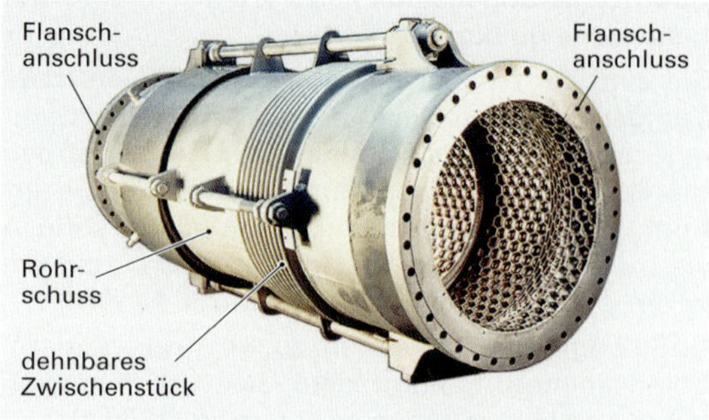

Bild 1: Chemieapparat aus einer korrosionsbeständigen Nickellegierung NiCu30Fe

5.5.2.4 Legierungsmetalle

Viele Metalle haben als Konstruktionswerkstoff keine Bedeutung, wie z. B. Chrom oder Nickel. Sie sind jedoch als Legierungsmetalle von großer Bedeutung **(Tabelle 1)**. So enthalten z. B. die nichtrostenden Stähle vor allem Chrom und Nickel, die Schnellarbeitsstähle Wolfram, Molybdän, Vanadium und Cobalt.

Während die **hochschmelzenden Metalle** Chrom, Nickel, Vanadium, Cobalt und Mangan vor allem die Korrosionsbeständigkeit und die mechanischen Eigenschaften der Stähle verbessern, ergeben die **höchstschmelzenden Metalle** Wolfram, Tantal, Molybdän und Niob Verbesserungen bei der Warmfestigkeit.

Tabelle 1: Schmelzpunkt und Verwendung der Legierungs-Schwermetalle[1]

Metall	Schmelzpunkt (°C)	Verwendung
Hochschmelzende Legierungsmetalle		
Chrom (Cr)	1903	Legierungsmetall für Stahl, galvanische Überzüge, Hartverchromung, z. B. für Werkzeuge
Nickel (Ni)	1453	Legierungsmetall für Stahl und Kupfer, dekorative Überzüge, Thermoelemente, Batterien
Vanadium (V)	1890	Legierungsmetall für Stahl
Cobalt (Co)	1493	Legierungsmetall für Stahl, Hartmetalle, Dauermagnete
Mangan (Mn)	1244	Legierungsmetall für Stahl, Kupfer und Aluminium
Höchstschmelzende Legierungsmetalle		
Wolfram (W)	3380	Legierungsmetall für Stahl, Hartmetalle, Schweißelektroden, Kontaktwerkstoffe
Tantal (Ta)	3000	Eichgewichte, Bauteile der Vakuum- und Medizintechnik, Hartmetalle
Molybdän (Mo)	2600	Legierungsmetall für Stahl, Verschleißschichten, Heizleiter, Röntgenröhren
Niob (Nb)	2410	Legierungsmetall für Stahl

[1] Beispiele bei Stählen Seite 349

5.5.2.5 Edelmetalle

Zu den Edelmetallen gehören vor allem Gold, Silber und Platin, aber auch Iridium, Rhodium, Osmium und Palladium.

In der Technik werden Gold und Silber als elektrische Leiter- und Kontaktwerkstoffe verwendet, Platin für Thermoelemente und Laborgeräte.

Wiederholung und Vertiefung

1 Welche Angaben enthalten die Kurznamen von Kupferlegierungen?

2 Nennen Sie zwei Arten von Kupferlegierungen mit je einer konkreten Legierung und ihren Eigenschaften.

3 Welche Schwermetalle bzw. Schwermetalllegierungen eignen sich für Gleitlager?

4 Wofür werden die folgenden Schwermetalle eingesetzt: Kupfer, Zinn, Chrom, Wolfram, Platin?

5.6 Sinterwerkstoffe

Sinterwerkstoffe werden aus Metallpulvern hergestellt, die in einem mehrstufigen Herstellungsverfahren durch Pressen von Rohteilen und anschließendem Sintern hergestellt werden. Diese Herstellungstechnik nennt man wegen der Ausgangsstoffe **Pulvermetallurgie** oder aufgrund der Fertigung **Sintertechnik.**

Im Gegensatz dazu erfolgt die übliche Herstellung metallischer Bauteile durch Gießen der Metallschmelze in eine Form oder durch Gießen eines Strangs und anschließendem Walzen (Seite 348).

5.6.1 Herstellung von Sinter-Formteilen aus Metallen

Die Herstellung der Sinter-Formteile erfolgt in mehreren Fertigungsstufen **(Bild 1).**

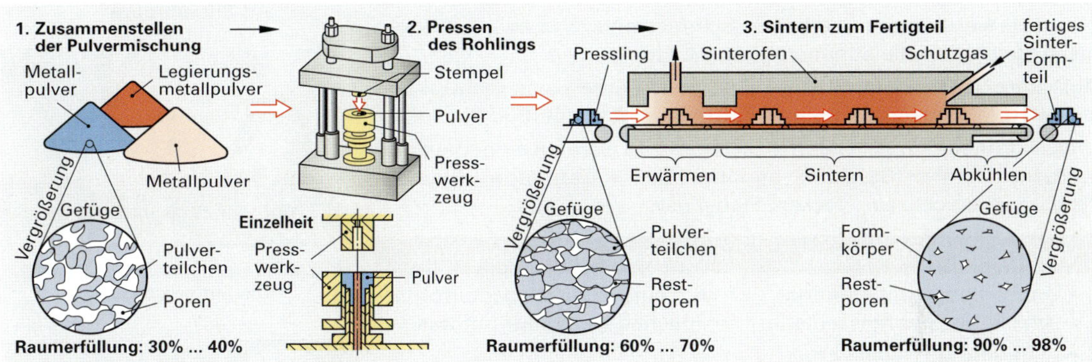

Bild 1: Fertigung von Sinter-Formteilen aus Metallpulver

Mischen der Pulver: Die Pulverteilchen haben entweder die gewünschte Zusammensetzung oder die gewünschte Pulvermischung wird durch Mischen verschiedener Metallpulver erzeugt. Um beim anschließenden Pressen das Verdichten zu erleichtern, werden dem Pulver Gleitmittel zugesetzt.

Pressen: Im Presswerkzeug wird eine abgemessene Pulvermenge bei Drücken bis zu 6000 bar zu Formteil-Presslingen verdichtet **(Bild 1, Einzelheit).** Dabei verformen sich die Pulverteilchen, vergrößern ihre Berührungsflächen und der Porenraum wird kleiner. Sie haften durch Adhäsion und mechanische Verklammerung aneinander, sodass der Pressling (Rohteil) zusammenhält.

Sintern. Die endgültige Festigkeit erhalten die Presslinge durch Sintern beim Durchlauf durch einen Sinterofen. Dabei werden die Presslinge auf eine Temperatur erwärmt, die bei etwa 25% unterhalb der Schmelztemperatur des Sinterwerkstoffs liegt, z.B. bei Sinterstahl auf 1000°C bis 1300°C.

Bei Sintertemperatur verschweißen die aneinandergrenzenden Pulverteilchen und es bilden sich Stoffbrücken. Im weiteren Verlauf des Sinterprozesses werden die Stoffbrücken immer größer und es entsteht das Gefüge des kompakten Sinter-Formteils.

Sintern ist ein Glühprozess für gepresste Rohteile aus Metallpulver, bei dem durch Diffusion und Rekristallisation ein Sinter-Fertigteil mit einem zusammenhängenden Werkstoffgefüge entsteht.

Wenn an die Eigenschaften der Sinterteile besondere Ansprüche gestellt werden, dann können diese Eigenschaften durch verschiedene Nachbehandlungen verbessert werden **(Bild 2).**

Durch **Kalibrieren** wird auf genaues Maß und hohe Oberflächengüte bei Raumtemperatur nachgepresst.

Durch **Pressschmieden** bei Schmiedetemperatur erfolgt eine weitere Verdichtung der Sinterteile. Sie werden dadurch kompakter, formgenau und haben erhöhte Festigkeitswerte. Die geschmiedeten Sinterteile können anschließend zur weiteren Verbesserung der Festigkeitswerte **gehärtet** oder **vergütet** werden.

Durch **Tränken** unter Druck werden die Poren poröser Sinter-Gleitlager mit flüssigem Schmiermittel gefüllt. Sie sind dann für lange Zeit selbstschmierend und wartungsfrei.

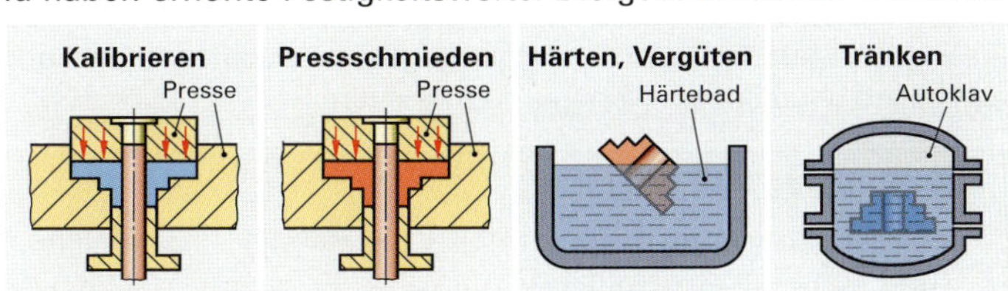

Bild 2: Nachbehandlungsverfahren für Sinterteile

5.6.2 Eigenschaften und Verwendung von Sinter-Formteilen

Die Eigenschaften der Sinterteile sind von mehreren Dingen abhängig: dem Pulverwerkstoff, der Pulver-Teilchengröße, dem Pressdruck und der Sintertemperatur. Niedrige Pressdrücke ergeben poröse Formteile, hohe Pressdrücke dichte Werkstücke mit hoher Festigkeit.

Grob-poröse Sinterteile aus Bronze, Messing oder nichtrostendem Stahl sind aus Metallkügelchen gesintert und werden z. B. als Filter und Flammenrückschlagsperre in Schweißgasleitungen eingesetzt **(Bild 1)**.

Die **selbstschmierenden Gleitlager** bestehen aus feinporigen Lagerwerkstoffen, deren Poren mit Schmiermittel gefüllt sind **(Bild 2)**. Im Einsatz erwärmen sich die Lager; Schmiermittel tritt aus den Poren aus und sorgt für die Schmierung des Lagers.

Aus **Sinterstählen** mit mittlerer Festigkeit werden eine Vielzahl von kleinen und mittelgroßen Sinter-Formteilen gefertigt **(Bild 3)**.

Diese Formteile sind in vielen Maschinen und Geräten eingebaut und werden in großer Stückzahl benötigt: Hebel, Zahnräder, Riemenscheiben, Verschlüsse, Nocken, Pleuel usw.

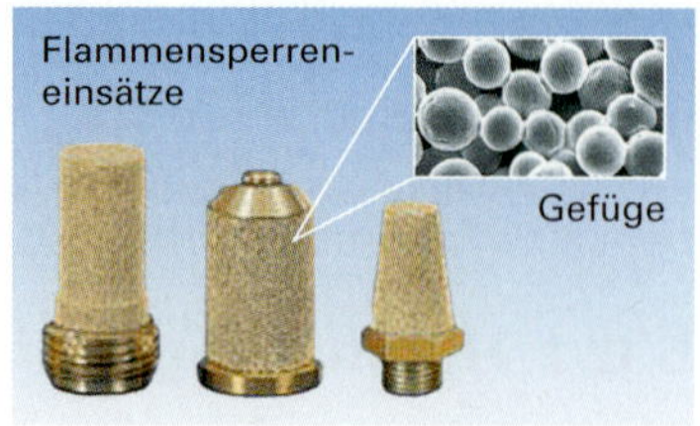

Bild 1: Flammenrückschlagsperren aus Sinterbronze

Bild 2: Wartungsfreie Gleitlager aus Sinterbronze

Bild 3: Sinterstahl-Formteile für Maschinen und Geräte

Vorteile der Sintertechnik	Nachteile der Sintertechnik
• Herstellung einbaufertiger, preisgünstiger Massenteile. • Nur geringe Nachbearbeitung erforderlich. • Poröse und dichte Sinterteile herstellbar. • Werkstoffeigenschaften durch entsprechende Pulvermischungen wählbar.	• Teure Pressformen erforderlich, deshalb nur für Massenteile geeignet. • Begrenzte Werkstückgröße • Teure Pressen mit großer Presskraft erforderlich. • Keine höchstbelastbaren Bauteile herstellbar (begrenzte Belastbarkeit).

5.6.3 Spezial-Sinterwerkstoffe

Mit der Sintertechnik werden spezielle Werkstoffe gefertigt, die mit der herkömmlichen Gießtechnik nicht herstellbar sind. Beispiele:

Pulvermetallurgische Werkzeugstähle werden aus Werkzeugstahl-Pulver durch Heißpressen und Sintern hergestellt. Sie besitzen beste Werkzeugstahl-Eigenschaften. Man fertigt aus ihnen Gewindebohrer, Schaftfräser, Reibahlen **(Bild 4)**.

Hartmetalle sind Verbundwerkstoffe aus harten, feinkörnigen Carbidteilchen (z. B. Wolframcarbid WC) und einem zähen Bindemetall, meist Cobalt (Bild 4). Sie werden durch Flüssigsintern der Pulvermischung gefertigt. Beim Sintern schmilzt das Cobalt und verbindet die Carbidteilchen zu einem kompakten Formteil. Hartmetalle werden zu Schneidplatten verarbeitet. Näheres zu den Eigenschaften und zur Verwendung auf Seite 137.

Schneidkeramik und **technische Keramikwerkstoffe** bestehen aus Aluminimoxid (Al_2O_3), Zirkonoxid (ZrO_2), Titancarbid (TiC) oder Siliciumnitrid (Si_3N_4). Sie werden durch Sintern (Brennen) bei 1500 °C bis 2500 °C aus Pulvern gefertigt. Man stellt daraus Schneidplättchen und andere technische Bauteile her. Näheres dazu auf den Seiten 138 und 369.

Bild 4: Durch Sintern hergestellte Spezialwerkstoffe

Wiederholung und Vertiefung

1 Welche Fertigungsstufen umfasst die Herstellung von Sinter-Formteilen?

2 Was versteht man unter Sintern?

3 Welche Vorteile hat die Sintertechnik im Vergleich zur herkömmlichen Gießtechnik?

4 Warum sind Sinter-Gleitlager wartungsfrei?

5.7 Keramische Werkstoffe

Keramische Werkstoffe sind nichtmetallische, anorganische Werkstoffe, die durch Brennen aus gepressten Pulverrohlingen hergestellt werden.

Die modernen keramischen Werkstoffe, **Technische Keramik** oder **Hochleistungskeramik** genannt, werden zunehmend im Maschinenbau als Einbauteile und in der Fertigungstechnik als Werkzeuge verwendet **(Bild 1)**. Sie übernehmen spezifische Aufgaben, die nur sie aufgrund ihrer besonderen Eigenschaften erfüllen können.

Eigenschaften keramischer Werkstoffe

Die keramischen Werkstoffe haben ein gemeinsames Eigenschaftsprofil, das sie insbesondere von den Stählen unterscheidet.

Günstige Eigenschaften sind:

- Große Härte und Druckfestigkeit
- Gleitfähige Oberfläche mit hoher Verschleißfestigkeit
- Hohe Temperaturbeständigkeit bis ca. 1500 °C
- Korrosions- und Chemikalienbeständigkeit
- Geringe Dichte von etwa 2 kg/dm³ bis 4 kg/dm³
- Überwiegend elektrisch isolierend

Keramische Werkstoffe sind jedoch nicht verformbar und gegen starken Schlag empfindlich. Sie können keine Spannungsspitzen z. B. an Kerben abbauen und keine großen Zugbelastungen tragen.

Aufgrund dieser Eigenschaften erfüllen Bauteile aus keramischen Werkstoffen entweder Sonderaufgaben **(Bild 2)** oder sie sind als Spezialbauteil in eine Baugruppe eingebaut **(Bild 3)**. Dort übernehmen sie z. B. eine Verschleiß- oder Hochtemperaturaufgabe.

Herstellung

Die Herstellung der keramischen Werkstoffe geht von den pulverisierten mineralischen Ausgangsstoffen aus und umfasst mehrere Fertigungsschritte **(Bild 4)**:

1. **Mahlen und Mischen** des Ausgangspulvers mit Wasser zur Ausgangsmasse.
2. **Formgebung** der Rohteile (Grünlinge). Sie kann durch Formpressen von feuchtem Pulver oder durch Spritzgießen und Extrudieren teigiger Pulverpasten erfolgen.
3. **Brennen** der Rohlinge zum Keramik-Bauteil bei Temperaturen von 1400 °C bis 2500 °C. Dabei sintern die Pulverteilchen zum Bauteil.
4. **Endbearbeitung** der Bauteile durch Schleifen, falls glatte Gleitflächen erforderlich sind.

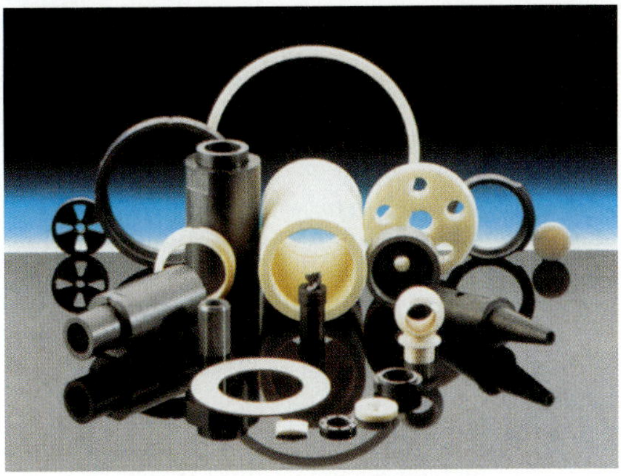

Bild 1: Bauteile aus keramischen Werkstoffen

Bild 2: Keramik-Hochleistungsbremsscheibe für einen Sportwagen

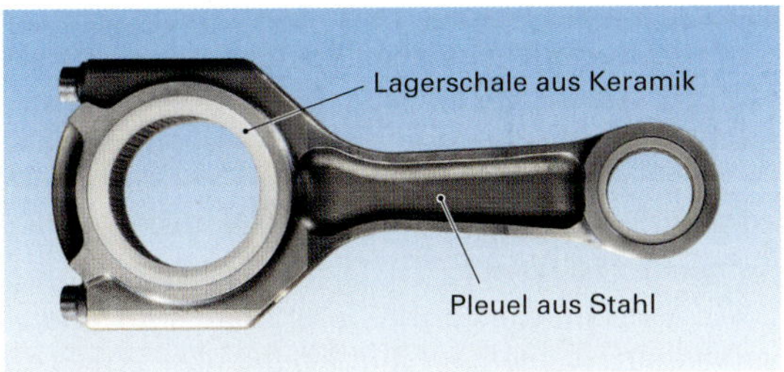

Bild 3: Keramik-Lagerschale in einem Pleuel

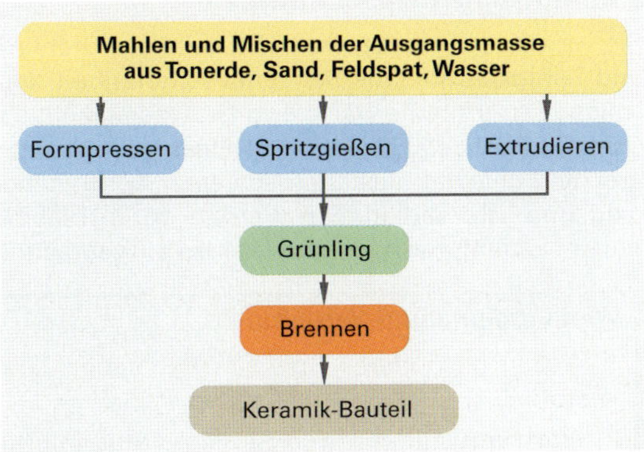

Bild 4: Herstellung keramischer Werkstoffe (Schema)

Keramiksorten und ihre Verwendung

Silikatkeramik

Dieser keramische Werkstoff, auch **Industrieporzellan** oder **technisches Porzellan** genannt, wird aus 50 % Tonerde (Al_2O_3), 25 % Quarzsand (SiO_2) und 25 % Feldspat ($KAlSi_3O_8$) gebrannt.

Technisches Porzellan hat einen weißen, dichten Scherben. Es besitzt ausreichende Festigkeit bei Sprödbruchempfindlichkeit, Beständigkeit gegen viele Chemikalien und sehr gutes elektrisches Isolationsvermögen. Haupteinsatzgebiet sind elektrische Isolierteile in Maschinen, Elektro-Heizgeräten, Schaltern und Lampen **(Bild 1)**.

Oxidkeramik

Hochdichtes, gesintertes **Aluminiumoxid** (Al_2O_3) ist der wichtigste oxidkeramische Werkstoff. Es besitzt hohe Druckfestigkeit, Härte und Verschleißfestigkeit sowie Temperaturbeständigkeit und eine recht gute Wärmeleitfähigkeit. Es wird z. B. zu Spinndüsen, Dichtscheiben, Fadenführungen, Biegerollen, Gleitringdichtungsringen und Schneidplatten verarbeitet **(Bild 2)**. Auch druckgesintertes **Zirkoniumoxid** (ZrO_2) wird für ähnliche Anwendungen eingesetzt.

Nichtoxidkeramik

Die wichtigsten Nichtoxidkeramik-Werkstoffe sind Siliciumcarbid und Siliciumnitrid.

Siliciumcarbid-Keramik (SiC) besitzt neben hoher Härte, Verschleißfestigkeit und Temperaturbeständigkeit eine niedrige thermische Ausdehnung, eine hohe Wärmeleitfähigkeit und beste Korrosionsbeständigkeit gegen Säuren und Metallschmelzen. Es wird zu Thermometer-Schutzrohren und Schmelzbadauskleidungen für Aluminiumschmelzen, zu Heizstäben und Gleitringdichtungsringen verarbeitet **(Bild 3)**.

Siliciumnitrid-Keramik (Si_3N_4) verfügt über eine einmalige Eigenschaftskombination von Härte, Verschleiß- und Temperaturfestigkeit, chemischer Korrosionsbeständigkeit sowie großer Druckfestigkeit und hinreichender Zähigkeit. Siliciumnitrid-Keramik kann für mechanisch hoch belastete und schnell bewegte Bauteile, wie z. B. Gleitringe, Wälzlagerkugeln, Walzkörper und Werkzeuge für die Gussbearbeitung eingesetzt werden **(Bild 4)**.

Kohlenstoff-Keramik

Diese Verbundwerkstoffe aus Kohlenstoff und z. B. Siliciumcarbid vereinigen Hochtemperaturbeständigkeit sowie höchste Zug-, Druck- und Verschleißfestigkeit. Man fertigt daraus z. B. Hochleistungsbremsscheiben **(Bild 2, vorherige Seite)**.

Keramische Beschichtungen

Sie werden eingesetzt, wenn Bauteile aus Stahl mit hoher Festigkeit und Zähigkeit die Oberflächenbeschaffenheit der Keramik erhalten sollen: Extrem hohe Härte und Druckfestigkeit, Verschleißfestigkeit, Chemikalienbeständigkeit und elektrische Isolation. Häufig aufgebrachte Schichten bestehen aus einer Kombination aus Aluminiumoxid und Titandioxid. Sie werden durch Plasmaspritzen z. B. auf Rollen, Fadenführungen und Walzen aufgebracht **(Bild 5)**.

Wiederholung und Vertiefung

1 Welche besonderen Eigenschaften haben die keramischen Werkstoffe?

2 Wozu verwendet man gesintertes Aluminiumoxid?

3 Warum beschichtet man Stahlbauteile mit einer Keramikschicht?

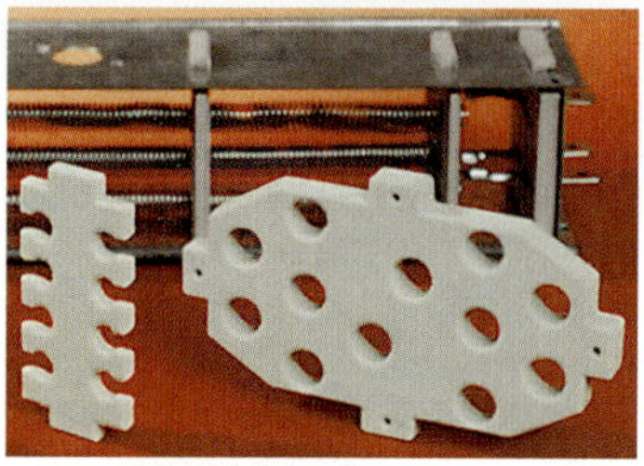

Bild 1: Heizleiterträger aus technischem Porzellan

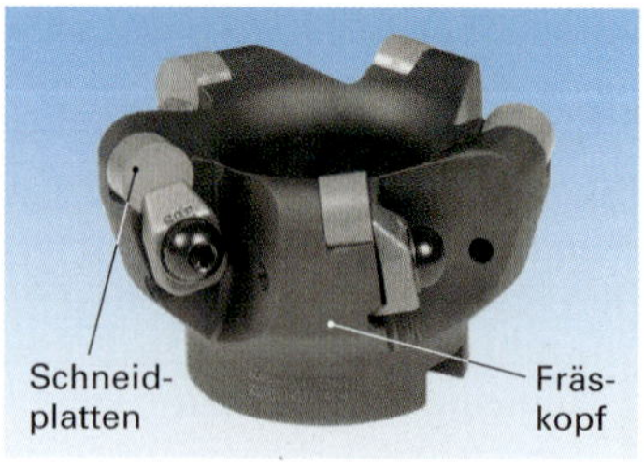

Bild 2: Fräser-Schneidplatten aus Aluminiumoxid-Keramik

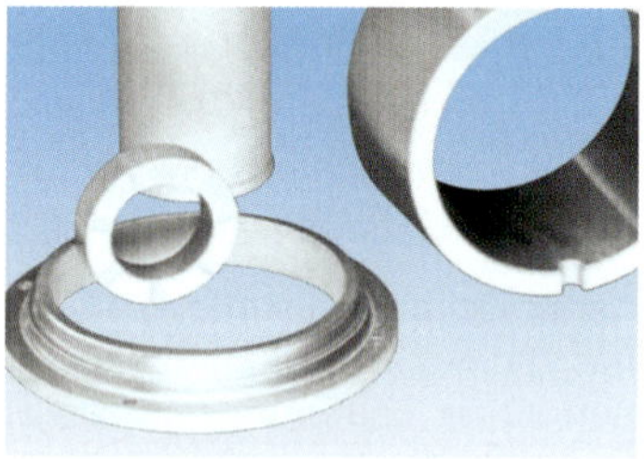

Bild 3: Gleitringe aus Siliciumcarbid SiC

Bild 4: Wälzlager aus Siliciumnitrid Si_3N_4

Bild 5: Keramik-beschichtete Bauteile aus Stahl

5.8 Wärmebehandlung der Stähle

Durch Wärmebehandlung können die Eigenschaften der Stähle und Eisen-Gusswerkstoffe in gewünschter Weise verändert werden. Besonders die Härte, die Festigkeit und die Bearbeitbarkeit lassen sich verbessern. Ursache der Verbesserung der Eigenschaften sind Veränderungen des Werkstoffgefüges.

5.8.1 Gefügearten der Eisenwerkstoffe

Eisenwerkstoffe enthalten aus dem Herstellungsprozess einen bestimmten Gehalt an Kohlenstoff. Dieser Kohlenstoffgehalt kann störend sein, weil er das Eisen bei zu großem Gehalt versprödet. Andererseits ist ein gewisser Kohlenstoffgehalt im Eisen die Voraussetzung vieler Eigenschaftsverbesserungen durch Wärmebehandlung.

Die Ursache dieser Wirkung des Kohlenstoffs im Eisen ist sein Einfluss auf den inneren Aufbau, das **Gefüge**.

Untersucht man das Gefüge (Seite 343) von langsam abgekühltem Eisen, so stellt man fest, dass es je nach Kohlenstoffgehalt unterschiedliche Gefügearten besitzt **(Bild 1)**.

Technisch **reines Eisen** bildet ein Gefüge aus abgerundeten Körnern (Bild 1a). Dieses Gefüge wird **Ferrit** oder *α*-**Eisen** genannt. Es ist relativ weich, leicht umformbar und magnetisierbar.

Eisen mit 0,1 % bis rund 2 % Kohlenstoff nennt man Stahl.

Stahl enthält den Kohlenstoff nicht in reiner Form, sondern als chemische Verbindung **Eisencarbid Fe_3C**. Man nennt diesen Gefügebestandteil **Zementit**. Er ist hart und spröde.

Bei geringem Kohlenstoffgehalt im Stahl (0,1 % bis 0,8 %) scheidet sich der Zementit in Form dünner Streifen (Streifenzementit) aus, die einzelne Ferritkörner durchziehen (Bild 1b).

In **Stahl mit 0,8 % Kohlenstoff** (eutektoider Stahl) sind alle Ferritkörner mit **Streifenzementit** durchzogen (Bild 1c). Dieses Gefüge heißt wegen seines perlmuttartigen Aussehens im Schliffbild **Perlit**.

Stähle mit weniger als 0,8 % Kohlenstoff (untereutektoider Stahl) haben ein Gefüge, das Ferritkörner und Perlitkörner enthält. Man bezeichnet es als **Ferrit-Perlit-Gefüge** (Bild 1b).

Stähle mit mehr als 0,8 % Kohlenstoff (übereutektoider Stahl) enthalten so viel Kohlenstoff, dass sich zusätzlich zum Streifenzementit in den Perlitkörnern noch Zementit an den Korngrenzen **(Korngrenzenzementit)** ablagert (Bild 1d). Je größer der Zementitanteil im Gefüge ist, umso härter, aber auch umso spröder ist der Stahl.

Eisen mit 2,5 % bis 3,7 % Kohlenstoff ist Gusseisen.

Gusseisen enthält zusätzlich zum Kohlenstoff einen hohen Siliciumanteil. Er bewirkt, dass sich der überwiegende Teil des Kohlenstoffs nicht in chemisch gebundener Form als Zementit Fe_3C, sondern als reiner Kohlenstoff C in Form von Grafitlamellen ausscheidet.

Im Allgemeinen liegt in Gussstücken folgende Ausscheidungsart vor: Der über 0,8 % liegende Anteil des Kohlenstoffs scheidet sich als Grafitlamellen an den Korngrenzen aus, während der übrige Anteil des Kohlenstoffs als Streifenzementit kristallisiert. Das Gefüge der Eisen-Gusswerkstoffe besteht demnach aus einer **perlitischen** oder **ferritisch-perlitischen Grundmasse** und zwischen den Körnern eingelagerten **Grafitlamellen** (Bild 1e).

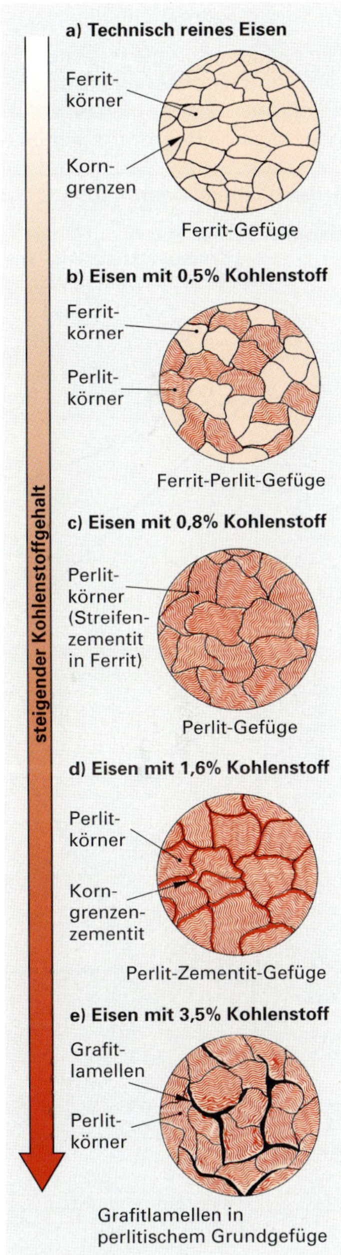

Bild 1: Gefügearten von Eisenwerkstoffen mit unterschiedlichem Kohlenstoffgehalt

5.8.2 Eisen-Kohlenstoff-Zustandsdiagramm

Eisenwerkstoffe haben bei Raumtemperatur und bis 723 °C je nach Kohlenstoffgehalt unterschiedliche Gefüge **(Bild 1, vorherige Seite).** Erwärmt man sie über 723 °C hinaus, so treten noch andere Gefügearten auf.

Eine Übersicht, welche Gefügeart ein Eisenwerkstoff mit einem bestimmten Kohlenstoffgehalt bei einer bestimmten Temperatur hat, gibt das **Eisen-Kohlenstoff-Zustandsdiagramm (Bild 1)**.

Die durchgezogenen und unterbrochenen Linien im Schaubild begrenzen die Gefügebereiche. So trennt z. B. die Linie P–S den Bereich des Ferrit-Perlit-Gefüges vom Bereich des Austenit-Ferrit-Gefüges oder die Linie G–S den Bereich des Austenit-Ferrit-Gefüges vom Bereich des Austenit-Gefüges.

Die Gefügearten bei Raumtemperatur und bis 723 °C sind im Eisen-Kohlenstoff-Zustandsdiagramm über der Kohlenstoffachse eingetragen. **Beispiele:** Eisen mit 0,5 % Kohlenstoff hat ein Ferrit-Perlit-Gefüge, Eisen mit 1,2 % Kohlenstoff ein Perlit-Korngrenzenzementit-Gefüge. Beide Gefügebereiche haben ihre gegenseitige Begrenzungslinie bei 0,8 % Kohlenstoff. Dort liegt reines Perlit-Gefüge vor.

Beim Überschreiten bzw. Unterschreiten einer Gefügebegrenzungslinie wandelt sich das Gefüge um.

Beispiel: Bei der Abkühlung einer Stahlschmelze mit 0,8 % Kohlenstoff beginnt in der Schmelze ab 1480 °C die Bildung von Austenitkristallen. Unter 1380 °C ist der ganze Werkstoff erstarrt und besteht aus Austenitkristallen. Bei weiterer Abkühlung wandelt sich das Austenit-Gefüge bei 723 °C in Perlit-Gefüge um.

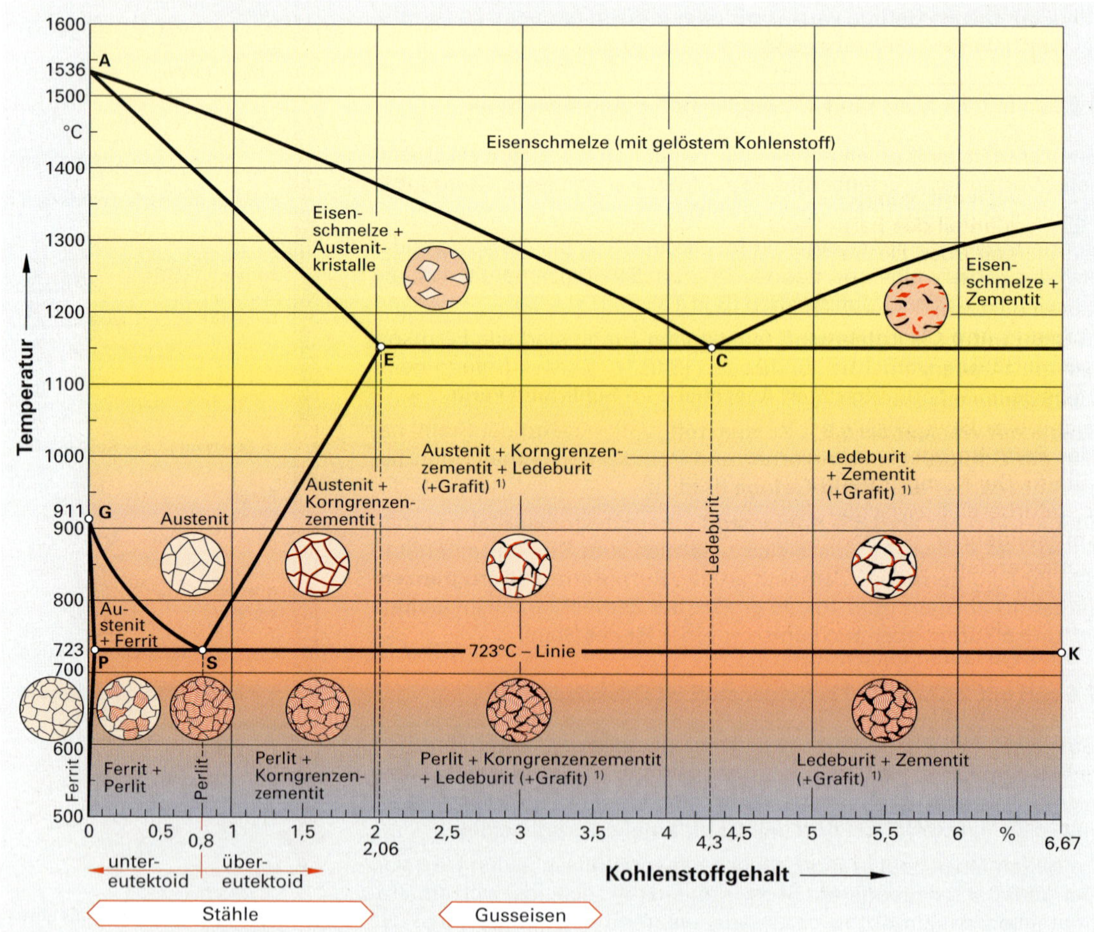

Bild 1: Eisen-Kohlenstoff-Zustandsdiagramm (mit den Gefügebereichen kohlenstoffhaltiger Eisenwerkstoffe)

[1] Bei Eisensorten mit einem Kohlenstoffgehalt über 2,06 % (Gusseisen) und zusätzlichem Si-Gehalt scheidet sich ein Teil des Kohlenstoffs in Form von Grafit aus (Bild 1).

5.8.3 Gefüge und Kristallgitter bei Erwärmung

Von besonderer Bedeutung ist das Eisen-Kohlenstoff-Zustandsdiagramm für die Stähle **(Bild 1)**.

Ihr Kohlenstoffgehalt reicht bis etwa 2%, die Wärmebehandlungs-Temperaturen bis etwa 1100°C.

Die Stähle werden wärmebehandelt, um bestimmte Eigenschaften zu verbessern. Dabei laufen im Werkstoffinnern vielfältige Vorgänge ab.

Erwärmt man kohlenstoffhaltiges Eisen (Stahl) auf über 723°C, so wandelt sich sein Gefüge um. Ursache dieser Gefügeumwandlung sind Veränderungen des Kristallgitters **(Bild 2)**. Bei Erwärmung auf 723°C klappt das kubisch-raumzentrierte (krz) Ferritgitter in das kubisch-flächenzentrierte (kfz) Austenitgitter um. In die frei werdende Würfelmitte des kfz-Gitters lagert sich ein Kohlenstoffatom aus dem angrenzenden Streifenzementit ein. Es entstehen Mischkristalle. Man bezeichnet das entstehende Gefüge als **Austenit** oder **γ-Eisen**. Austenit bildet eckige Gefügekörner, ist zäh sowie leicht umformbar und im Gegensatz zum Ferrit nicht magnetisierbar.

Bei **Stahl mit 0,8% Kohlenstoff** (Perlitgefüge) erfolgt diese Umwandlung vollständig bei 723°C (Punkt S in Bild 1).

Bei **Stählen mit weniger als 0,8% Kohlenstoff** geht der Perlitanteil des Ferrit-Perlit-Gefüges bei 723°C in Austenit über. Der restliche Ferritanteil des Gefüges wandelt sich im Temperaturbereich zwischen der Linie P–S und der Linie G–S allmählich in Austenit um. Oberhalb der Linie G–S ist das gesamte Gefüge in Austenit umgewandelt.

Bei **Stählen mit mehr als 0,8% Kohlenstoff** wandelt sich beim Überschreiten der Linie S–K der Perlit des Perlit-Korngrenzenzementit-Gefüges in Austenit um. Der Korngrenzenzementit löst sich im Temperaturbereich zwischen den Linien S–K und S–E mit steigender Temperatur allmählich im bereits vorliegenden Austenit auf. Oberhalb der Linie S–E besteht das Gefüge ausschließlich aus Austenit.

Die bei der Erwärmung des Stahls beschriebenen Vorgänge laufen bei **langsamer Abkühlung** umgekehrt ab. Der Austenit wandelt sich bei 723°C wieder in Perlit um, das kubisch-flächenzentrierte Austenitgitter klappt wieder in das kubisch-raumzentrierte Ferritgitter zurück.

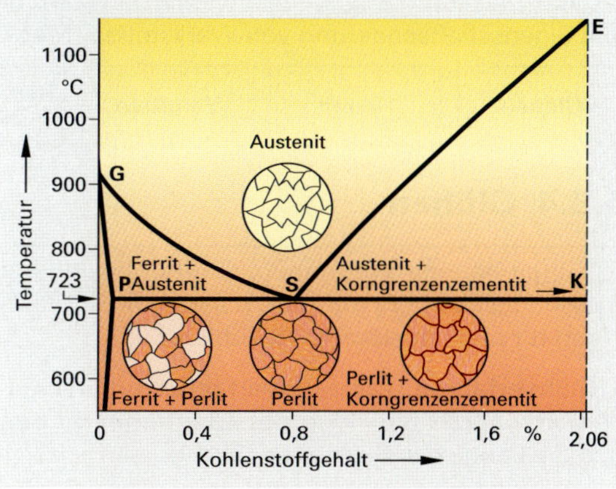

Bild 1: Stahlecke des Fe-C-Zustandsdiagramms

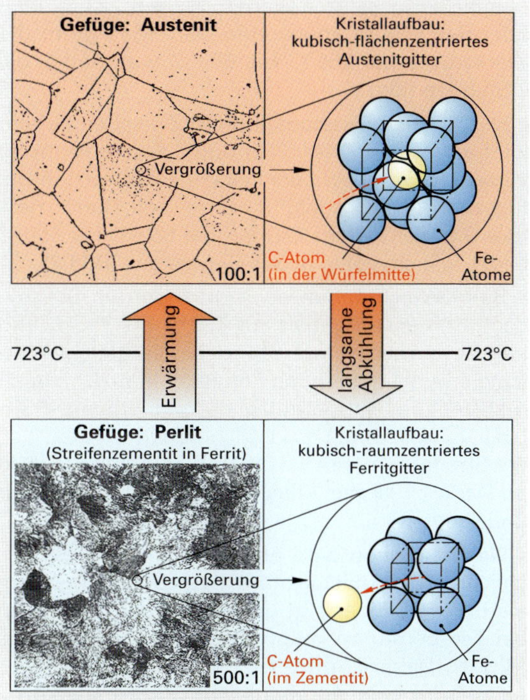

Bild 2: Gitter- und Gefügeänderung eines Stahls mit 0,8% Kohlenstoff bei 723°C

Wiederholung und Vertiefung

1 Welches Gefüge hat Eisen mit 0,8% Kohlenstoff bei Temperaturen über bzw. unter 723°C?

2 Welche Gefügebestandteile enthält Gusseisen?

3 Was kann man aus dem Eisen-Kohlenstoff-Zustandsdiagramm ablesen?

4 Welche Gefügebestandteile kann man für einen Stahl mit 0,4% C aus dem Fe-C-Diagramm ablesen?

5 Wie verändert sich das Gefüge von Stahl mit 1% Kohlenstoff beim Erwärmen von Raumtemperatur (20°C) auf 1000°C?

6 Welche Kristallgitterform hat Stahl unter 723 °C und welche über 723 °C?

Übersicht über die Wärmebehandlungsarten

Als Wärmebehandlung bezeichnet man eine durch Wärmeeinwirkung hervorgerufene, bleibende Gefüge- und Eigenschaftsänderung von Werkstoffen. Man unterscheidet folgende Wärmebehandlungsverfahren:

Glühen	**Härten**	**Vergüten**	**Randschicht-härten**	**Einsatz-härten**	**Nitrier-härten**	**Carbo-nitrieren**

5.8.4 Glühen

Glühen ist eine Wärmebehandlung, bestehend aus langsamem Erwärmen, Halten auf Glühtemperatur und langsamem Abkühlen.

Glühverfahren. Die Glühverfahren unterscheiden sich durch die Höhe der Glühtemperaturen und die Länge der Glühzeiten **(Bild 1)**.

- Durch **Spannungsarmglühen** werden innere Spannungen im Werkstück durch plastisches Fließen des Werkstoffs verringert. Die inneren Spannungen können durch Gießen, Walzen, Schmieden oder Schweißen entstanden sein. Man glüht die Werkstücke bei 550 °C bis 650 °C während 1 bis 2 Stunden (Bild 1).
- Das **Rekristallisationsglühen** (Zwischenglühen) wird angewandt, wenn ein durch Kaltverformung verzerrtes Gefüge wieder in einen unverzerrten Gefügezustand zurückgeführt werden soll. Durch mehrere Stunden langes Glühen bei 550 °C bis 650 °C bildet sich ein völlig neues Gefüge aus **(Bild 2)**.
- Beim **Weichglühen** erwärmt man den Stahl je nach Kohlenstoffgehalt auf 680 °C bis 750 °C und hält ihn dort mehrere Stunden. Die gleiche Wirkung erreicht man durch Pendelglühen, d. h. durch mehrmalige Temperaturänderung um die PSK-Linie (Bild 1). Durch das Weichglühen wandelt sich der Streifenzementit in körnigen Zementit um **(Bild 3)**. Dadurch ist der Werkstoff leichter umformbar und spanbar.
- **Normalglühen** wird angewandt, wenn ein ungleichmäßiges oder grobkörniges Gefüge beseitigt werden soll. Es erfolgt durch kurzzeitiges Glühen bei Temperaturen knapp oberhalb der GSK-Linie (Bild 1). Dabei kommt es zur völligen Kornneubildung. Es entsteht ein gleichmäßiges, feinkörniges Gefüge **(Bild 4)**. Diesen Vorgang nennt man auch **Rückfeinen**.
- Unter **Diffusionsglühen** versteht man ein langzeitiges Glühen bei 1050 °C bis 1250 °C. Es dient dazu, beim Vergießen eingetretene Konzentrationsunterschiede im Gussstück (Seigerung) auszugleichen.

Glühfehler. Nicht eingehaltene Glühtemperaturen und Glühzeiten führen zu nicht beabsichtigten Gefügeumwandlungen. Bei lang anhaltender, weit überschrittener Glühtemperatur wird der Werkstoff geschädigt oder zerstört.

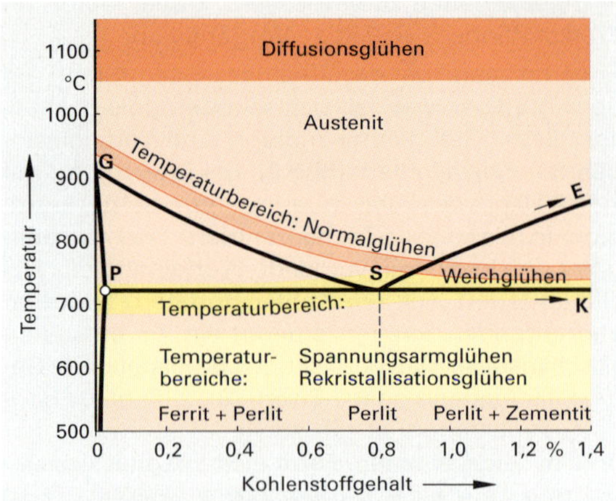

Bild 1: Glühtemperaturen unlegierter Stähle, eingezeichnet im Fe-C-Zustandsdiagramm

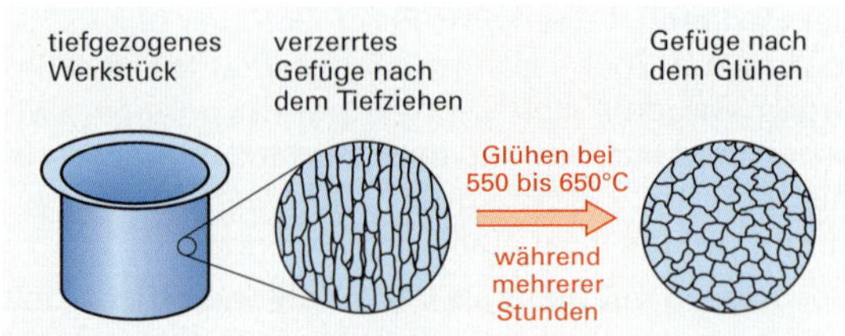

Bild 2: Rekristallisationsglühen

Bild 3: Weichglühen

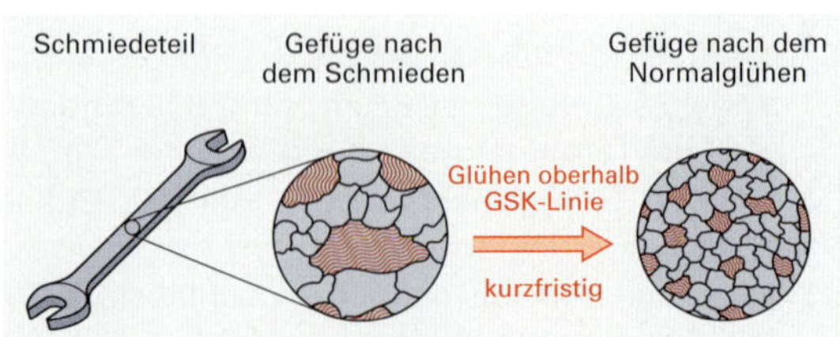

Bild 4: Normalglühen (Rückfeinen)

5.8.5 Härten

Härten besteht aus mehreren Arbeitsgängen **(Bild 1)**. Zuerst wird das Werkstück auf Härtetemperatur **erwärmt** und anschließend auf Härtetemperatur gehalten. Dann wird es **abgeschreckt**, d. h. in Wasser oder Öl getaucht. Dadurch wird der Stahl sehr hart, aber auch spröde und bruchempfindlich. Deshalb wird das Werkstück anschließend **angelassen**, d. h. auf Anlasstemperatur erwärmt. Dann lässt man das Werkstück an der Luft abkühlen. Der Stahl hat dann seine Gebrauchshärte.

Härten ist eine Wärmebehandlung, die Stähle hart und verschleißfest macht.

Vor allem Werkzeuge und auf Verschleiß beanspruchte Bauteile werden gehärtet **(Bild 2)**.

Innere Vorgänge beim Härten

- Beim **Erwärmen** von Stahl über die Linie GSK im Fe-C-Zustandsdiagramm wandelt sich das kubisch-raumzentrierte Ferritgitter in das kubisch-flächenzentrierte Austenitgitter um **(Bild 2, Seite 373)**. Der freiwerdende Platz in der Kristallmitte wird von einem Kohlenstoffatom besetzt, das aus dem Gefügebestandteil Zementit (Fe_3C) stammt. Im Schliffbild ist diese Umwandlung als Austenitgefüge sichtbar.
- **Langsame Abkühlung.** Kühlt man den austenitisierten Stahl langsam ab, so wird die Umwandlung rückgängig gemacht. Es entsteht wieder ein kubisch-raumzentriertes Kristallgitter (Bild 2, Seite 373). Das Kohlenstoffatom wandert (diffundiert) aus der Würfelmitte heraus und bildet mit Eisenatomen Zementit (Fe_3C), der sich als Streifenzementit ausscheidet. Es entsteht perlitisches Gefüge, wie es vor der Erwärmung vorlag.
- **Abschrecken.** Wird der austenitisierte Stahl jedoch sehr rasch abgekühlt, dann klappt das kubisch-flächenzentrierte Austenitgitter bei Unterschreiten der Linie GSK schlagartig in das kubisch-raumzentrierte Ferritgitter um (**Bild 3**, rechter Bildteil). Das Kohlenstoffatom in der Kristallmitte hat keine Zeit aus dem Gitter herauszuwandern. Es befindet sich nun ein Kohlenstoffatom und zusätzlich ein Eisenatom in der Gittermitte. Dadurch wird das Kristallgitter stark verzerrt und verspannt. Es entsteht ein feinnadeliges Gefüge, das man **Martensit** nennt. Es ist sehr hart, aber spröde.

Martensit entsteht nur, wenn das Werkstück ausreichend schnell abgeschreckt wird (mit einer Mindestabkühlgeschwindigkeit) und wenn ein ausreichender Kohlenstoffgehalt des Stahls vorhanden ist.

Nur Stähle mit mehr als 0,2 % Kohlenstoff sind zum Härten geeignet.

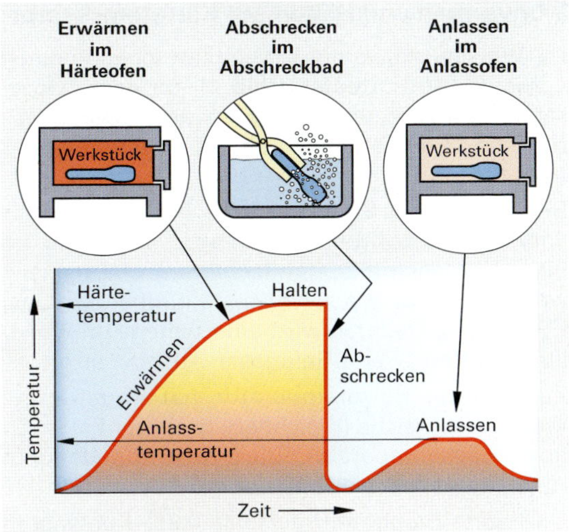

Bild 1: Temperaturverlauf beim Härten

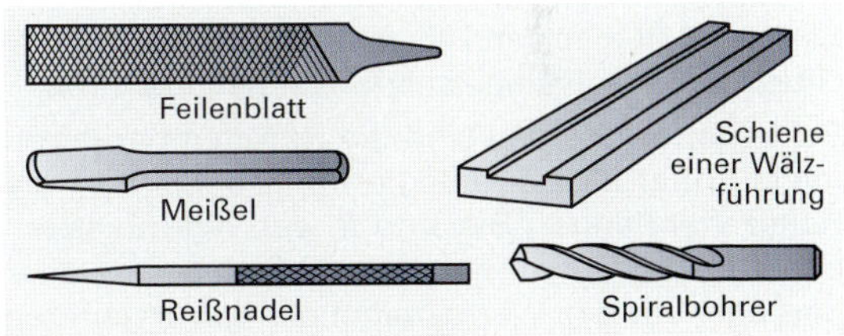

Bild 2: Gehärtete Werkstücke

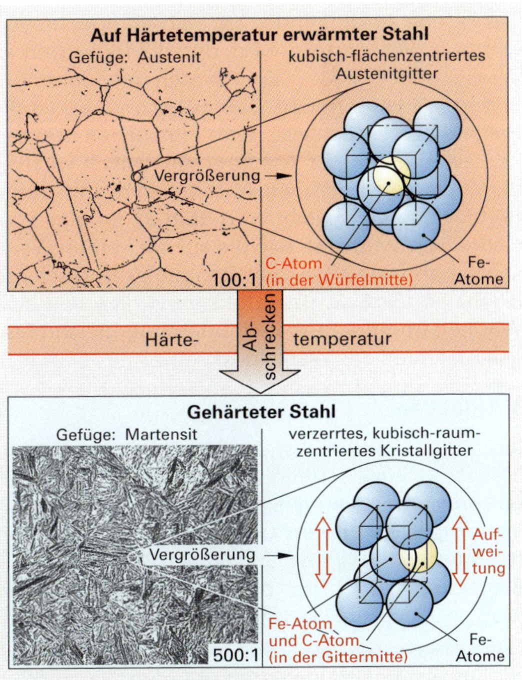

Bild 3: Gefügeumwandlung beim Abschrecken

Erwärmen und Halten auf Härtetemperatur

Die Werkstücke werden durch Einbringen in einen vorgeheizten Härteofen **(Bild 1)** im vollen Querschnitt auf Härtetemperatur erwärmt (Durchwärmen) und für bestimmte Zeit auf Härtetemperatur gehalten.

Bei **unlegierten Stählen** ist die Härtetemperatur vom Kohlenstoffgehalt abhängig und kann im Eisen-Kohlenstoff-Zustandsdiagramm abgelesen werden **(Bild 2)**. Sie soll etwa 40 °C über der Linie GSK liegen. Dadurch wird eine sichere Umwandlung des Ferrit-Perlit-Gefüges in Austenit erreicht.

Zu niedrige Härtetemperatur hat ungehärtete Werkstückbereiche (Weichfleckigkeit) zur Folge. Zu hohe Härtetemperatur führt zu grobnadeligem Härtegefüge mit großer Sprödigkeit.

Unlegierte Stähle mit mehr als 0,8 % Kohlenstoff werden vor dem Härten weichgeglüht, sodass sie aus einer ferritischen Grundmasse mit kleinen Zementitkörnern bestehen **(Bild 3, Seite 374)**. Beim Härten erhält man dann ein feinnadeliges Martensit-Grundgefüge mit eingelagerten Zementitkörnern.

Bei **legierten Stählen** sind die Härtetemperaturen meist höher als bei unlegierten Stählen und die Haltezeiten länger. Sie sind in den Normblättern der Werkstoffe enthalten und können entweder dort oder aus den Wärmebehandlungsvorschriften der Stahlhersteller abgelesen werden.

Bild 1: Beschicken eines Industrie-Härteofens

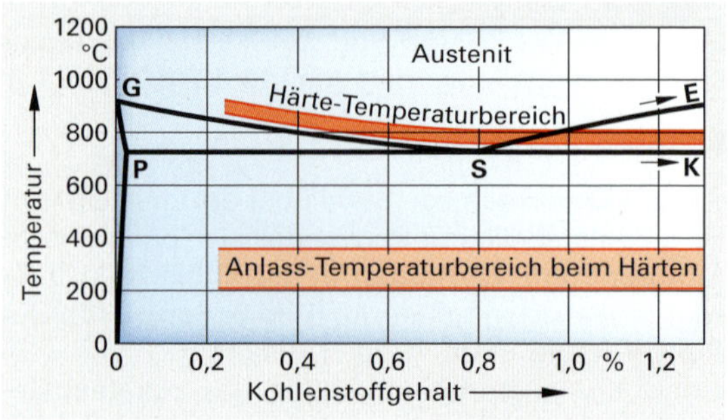

Bild 2: Härte- und Anlasstemperaturen unlegierter Stähle im Fe-C-Zustandsdiagramm

Abschrecken

Das rasche Abkühlen der auf Härtetemperatur erwärmten Werkstücke wird durch Eintauchen in Wasser oder Öl bzw. in Emulsionen oder durch Anblasen mit Luft erreicht. Beim Abschrecken ist die Haltung des Werkstücks beim Eintauchen und seine Bewegung in der Abschreckflüssigkeit wichtig, damit ungleichmäßiges Abschrecken und damit Härteverzug vermieden wird **(Bild 3)**. Es muss gewährleistet sein, dass sich die auf der heißen Werkstückoberfläche bildenden Dampfblasen rasch ablösen. Anhaftende Dampfblasen wirken wie eine Wärmedämmung und verhindern ein gleichmäßiges Abkühlen des Werkstücks.

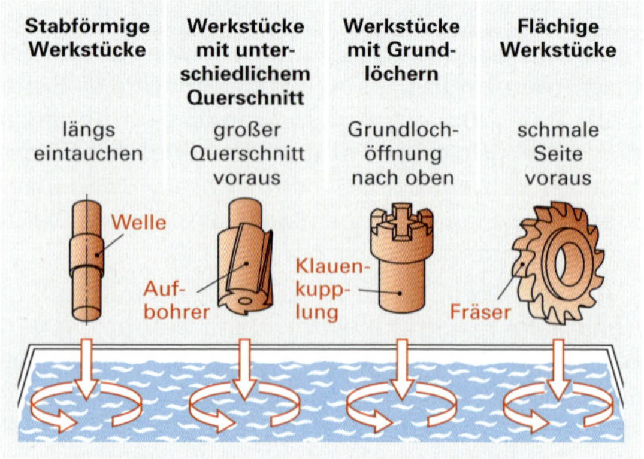

Bild 3: Richtiges Eintauchen beim Abschrecken

Anlassen

Nach dem Abschrecken ist der Stahl sehr hart und spröde. Er besitzt wegen des harten und spröden Martensits innere Gefügeverspannungen, die Härteverzug, Härterisse und bei Belastung Sprödbruch bewirken können. Um diese Versprödung zu verringern, werden die frisch gehärteten Werkstücke auf Anlasstemperatur erwärmt, eine Zeitlang auf Temperatur gehalten und dann langsam abgekühlt. Unlegierte und niedrig legierte Stähle werden bei 200 °C bis 350 °C angelassen (Bild 2), hochlegierte Stähle bei 500 °C bis 700 °C. Durch das Anlassen wird die Sprödigkeit des Stahls vermindert, er erhält ein gewisses Maß an Zähigkeit. Die Härte nimmt durch das Anlassen nur geringfügig ab.

Beim Anlassen bilden sich auf blanken Werkstückoberflächen **Anlassfarben**. Sie können zum Abschätzen der Anlasstemperatur benutzt werden. Damit die Anlassfarben gut sichtbar sind, müssen die anzulassenden Teile an einer Stelle durch Schleifen blank gemacht werden.

Abschreckmittel

Die Abkühlungsgeschwindigkeit im Werkstück kann durch Verwendung verschiedener Abschreckmittel eingestellt werden **(Bild 1)**.

- **Wasser** besitzt die stärkste Abschreckwirkung. Mit Wasser werden unlegierte Stähle wie z.B. C60U abgeschreckt, da sie zum Härten eine schroffe Abschreckwirkung (Mindestabkühlungsgeschwindigkeit) benötigen.
- **Öle** haben eine mildere Abschreckwirkung als Wasser. Die Verzugs- und Rissgefahr ist wesentlich geringer. In Öl werden niedrig legierte Stähle abgeschreckt, wie z.B. 50CrMo4.
- **Wasser-Öl-Emulsionen** oder **Wasser-Polymer-Emulsionen** liegen in ihrer Abschreckwirkung zwischen Wasser und Öl.
- **Warmbad-Abschreckbäder** sind Salzschmelzen von 200 °C bis 500 °C. Die Werkstücke werden im Warmbad abgeschreckt, dort 5 bis 15 Minuten gehalten und dann an der Luft abgekühlt.
- **Bewegte Luft** hat die mildeste Abschreckwirkung. Sie wird bei hochlegierten Stählen, z.B. HS6-5-2-5, zum Abkühlen verwendet.

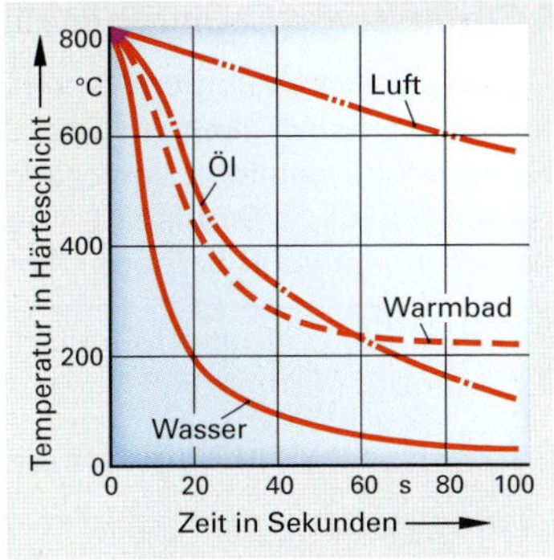

Bild 1: Abkühlungskurven bei verschiedenen Abschreckmitteln

Einhärtungstiefe

Beim Abschrecken wird die Wärme in der Randschicht des Werkstücks schneller abgeleitet als im Werkstückinnern. Die Abkühlungsgeschwindigkeit ist daher in der Randschicht am größten und nimmt nach innen ab. Bei unlegiertem Werkzeugstahl bildet sich aufgrund der unterschiedlichen Abkühlungsgeschwindigkeit nur in der Randschicht Martensit, im Werkstückinnern entsteht Perlit **(Bild 2)**.

Unlegierte Stähle haben deshalb nur eine rund 5 mm tiefe, gehärtete Randschicht, der Werkstückkern ist ungehärtet. Sie härten nicht durch. Für eine Reihe von Anwendungen ist geringe Einhärtetiefe erwünscht, z.B. bei Zahnrädern. In anderen Fällen benötigt man durchgehärtete Werkstücke, z.B. bei Wälzlagern. Legierte Stähle härten überwiegend durch.

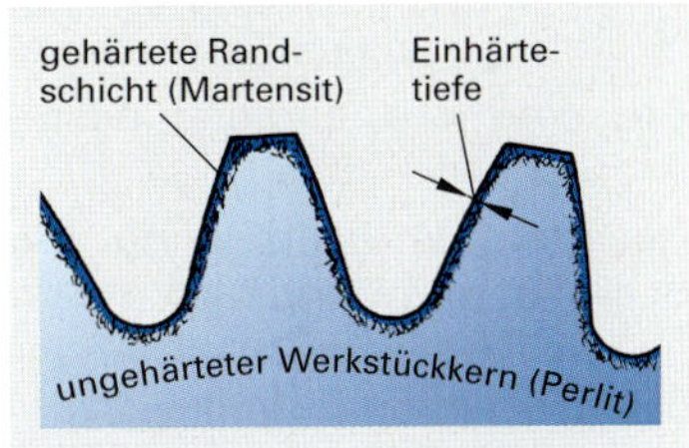

Bild 2: Schnitt durch ein gehärtetes Zahnrad aus unlegiertem Stahl

Härteverzug und Härterisse

Gehärtete Werkstücke weisen Maß- und Formänderungen auf, den sogenannten Härteverzug **(Bild 3)**. Bei besonders schroffer Abschreckung können sogar Härterisse auftreten.

Härteverzug und Härterisse entstehen in zwei Phasen **(Bild 4)**:

Beim Eintauchen in das Abschreckmittel erkaltet die Randzone sehr schnell und verkürzt sich dadurch (1. Phase). Der noch heiße Kern hat noch seine ursprüngliche Größe und behindert das Schrumpfen der Randzone. Es kommt zu Verspannungen, Verzug oder Rissen am Umfang. Im weiteren Verlauf kühlt auch der Kern ab und will schrumpfen (2. Phase). Dabei wird er von der starren Randzone behindert. Es entstehen Verspannungen, Verzug und Risse zwischen Kern und Randzone. Zusätzlich kommt es noch durch die Martensitbildung zu Verspannungen, da Martensit ein um 1 % größeres Volumen als Ferrit hat.

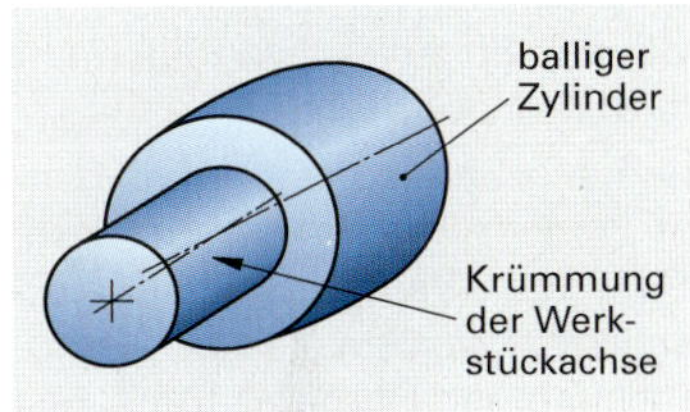

Bild 3: Härteverzug

Verzugarmes und rissfreies Härten erreicht man durch:

- Verwendung eines milderen Abschreckmittels.
- Gebrochenes Härten: das Werkstück wird kurz in Wasser abgeschreckt, dann herausgenommen und im Ölbad abgekühlt.
- Stufenhärten: das Werkstück wird in einem Salzbad, z.B. bei 450 °C, abgeschreckt und danach an der Luft abgekühlt.

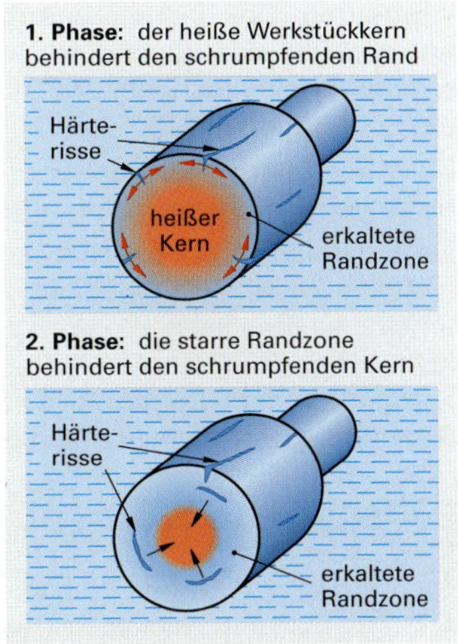

Bild 4: Entstehung von Härteverzug und Härterissen

Einfluss von Legierungselementen

Viele Legierungselemente, wie z.B. Chrom, Wolfram, Mangan und Nickel, setzen die **kritische Abkühlungsgeschwindigkeit** zur Bildung von Martensit herab, d.h. es wird auch bei langsamerer Abkühlung Härtegefüge gebildet. Legierte Stähle dürfen deshalb nicht im schroffen Abschreckmittel Wasser, sondern nur in Öl, in Emulsionen oder im Warmbad abgeschreckt werden. Bei manchen Stählen mit hohem Legierungsanteil führt sogar Abkühlung an der Luft zur Martensitbildung.

Unlegierte und niedrig legierte Stähle sind Wasserhärter oder Ölhärter, hochlegierte Stähle sind Ölhärter oder Lufthärter.

Arbeitsschritte beim Härten der Werkzeugstähle

Werkzeugstähle erlangen ihre Härte, Verschleißfestigkeit und ausreichende Zähigkeit durch die sachgerechte Wärmebehandlung.

Vom Hersteller werden die Werkzeugstähle meist im weichgeglühten Zustand angeliefert (Seite 354).

Die Wärmebehandlung besteht aus mehreren Arbeitsgängen **(Bild 1)**.

Nach der Vorbearbeitung (Sägen, Schmieden, Schruppen usw.) werden die Werkstücke zum Abbau von Bearbeitungsspannungen bei 600 °C bis 650 °C **spannungsarmgeglüht**. Anschließend wird fertigbearbeitet, z.B. geschlichtet. Dann erfolgt das **Erwärmen** auf Härtetemperatur über eine oder mehrere Vorwärmstufen, die ein Durchwärmen des gesamten Werkstückquerschnittes gewährleisten. Erst danach wird rasch auf Härtetemperatur erwärmt und zur vollständigen Umwandlung in Austenit dort gehalten.

Je nach Stahlsorte erfolgt dann das **Abschrecken** in Wasser, in Öl, im Warmbad oder an der Luft. Sind die Werkstücke bis auf rund 80 °C abgeschreckt, werden sie zum Temperaturausgleich direkt in einen Ofen mit 100 °C bis 150 °C gelegt.

Nach dem Abschrecken und Ausgleichen muss sofort **angelassen** werden, um Spannungsrisse zu vermeiden. Die geeignete Anlasstemperatur ist aus dem Anlassschaubild des betreffenden Stahls zu entnehmen und richtet sich nach der gewünschten Endhärte **(Bild 2)**.

Die Wärmebehandlungen werden von den Stahlherstellern auf einem **Werkstoffblatt** angegeben.

Nach dem Härten ist der Stahl so hart, dass er spanend nur noch durch Schleifen und Hartdrehen bearbeitet werden kann. Die Werkstücke müssen deshalb vor dem Härten ein Aufmaß besitzen, damit Formänderungen aufgrund von Härteverzug durch Schleifen abgetragen werden können.

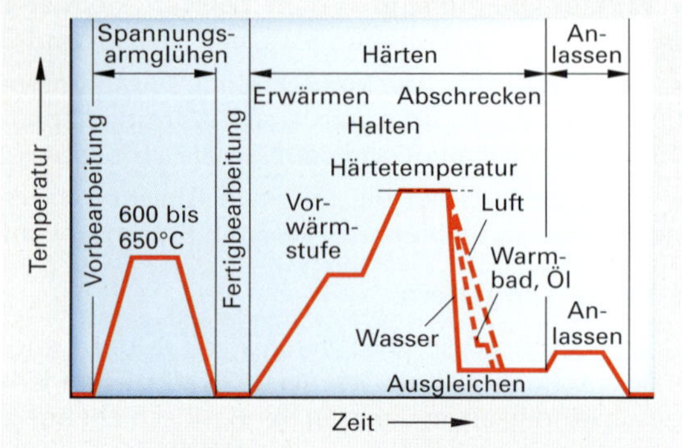

Bild 1: Temperatur-Zeit-Folge-Schaubild für die Wärmebehandlung von Werkzeugstählen

Tabelle 1: Wärmebehandlungstemperaturen in °C

Stahl	Weichglühen	Härten	Abschreckmittel
C80 W1	680...710	780...820	Wasser
60WCrV7	710...750	870...900	Öl
X155CrVMo12-1	780...820	1020...1050	Öl/Luft
HS6-5-2	770...840	1190...1230	Luft/Öl

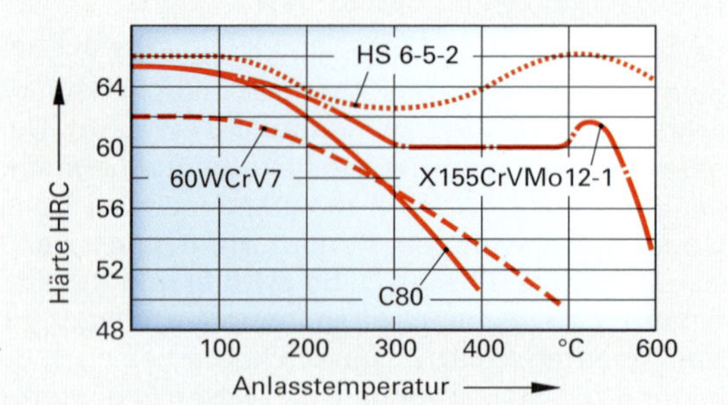

Bild 2: Anlassschaubild verschiedener Stähle

Wiederholung und Vertiefung

1 Welche Glühverfahren gibt es?
2 Wie beseitigt man grobkörniges Gefüge?
3 Aus welchen Arbeitsgängen besteht Härten?
4 Welches Gefüge entsteht beim Abschrecken?
5 Wie bestimmt man die Härtetemperatur unlegierter Stähle?
6 Welche Abschreckmittel werden eingesetzt?
7 Wie entsteht Härteverzug in einem Drehteil?

5.8.6 Vergüten

Bauteile, die hoher und schlagartiger Belastung ausgesetzt sind, benötigen hohe Festigkeit und gleichzeitig große Zähigkeit. Diese Eigenschaften erzielt man bei den dazu geeigneten Vergütungsstählen durch eine Wärmebehandlung aus Härten und anschließendem Anlassen auf Temperaturen zwischen 500 °C und 700 °C. Diese Wärmebehandlung nennt man **Vergüten**.

Vergütet werden z. B. Getriebe- und Kurbelwellen, Schrauben, Hebel, Bolzen, Gestänge **(Bild 1)**.

Durch Vergüten erhält man Bauteile mit hoher Festigkeit und großer Zähigkeit.

Die Anlasstemperaturen beim Vergüten liegen mit 500 °C bis 700 °C deutlich höher als beim Anlassen nach dem Härten **(Bild 2)**.

Zum Vergüten werden unlegierte und legierte Stähle verwendet. Unlegierte Vergütungsstähle enthalten 0,2 % bis 0,6 % Kohlenstoff, legierte Vergütungsstähle zusätzlich geringe Anteile an Chrom, Molybdän, Nickel oder Mangan.

Unlegierte Vergütungsstähle sind: C35, C45E, C60E. Legierte Vergütungsstähle sind: 28Mn6, 42CrMo4.

Die durch Vergüten erreichbaren Streckgrenzen R_e betragen bei unlegierten Stählen bis zu 500 N/mm², bei legierten Stählen bis zu 850 N/mm².

Vergütungsschaubild

Nach dem Härten ist der Stahl sehr hart und hochfest, aber auch spröde und bruchempfindlich. Durch das nachfolgende Anlassen vermindern sich Härte, Zugfestigkeit und Streckgrenze. Die Zähigkeit und die Bruchdehnung nehmen zu.

Die mechanischen Eigenschaften, die ein Stahl durch das Anlassen erhält, können aus seinem Vergütungsschaubild abgelesen werden **(Bild 3)**.

Beispiel: Der Vergütungsstahl **C45E** erreicht beim Anlassen auf 550 °C folgende mechanische Eigenschaften: Zugfestigkeit R_m = 730 N/mm², Streckgrenze R_e = 390 N/mm², Bruchdehnung A = 16 %.

Innere Vorgänge beim Vergüten

Nach dem Abschrecken liegt nadeliger Martensit vor **(Bild 4)**, ein hartsprödes Gefüge ①.

Beim Anlassen auf 400 °C zerfällt ein Teil des Martensits in feinverteilten Ferrit und Zementitnadeln, die sich im restlichen Martensit ausscheiden ②. Mit zunehmender Anlasstemperatur schreitet der Martensitzerfall voran. Beim Anlassen auf 550 °C zerfällt er vollständig in Ferrit und Zementitnadeln ③. Beim Anlassen auf 700 °C schließlich ballen sich die Zementitnadeln zu Zementitkörnern zusammen ④.

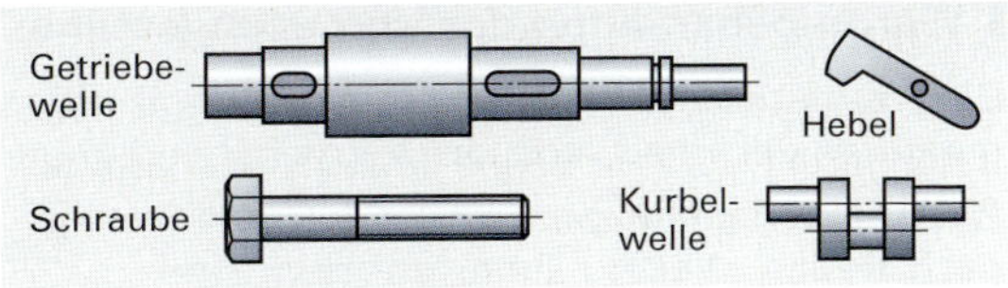

Bild 1: Vergütete Bauteile

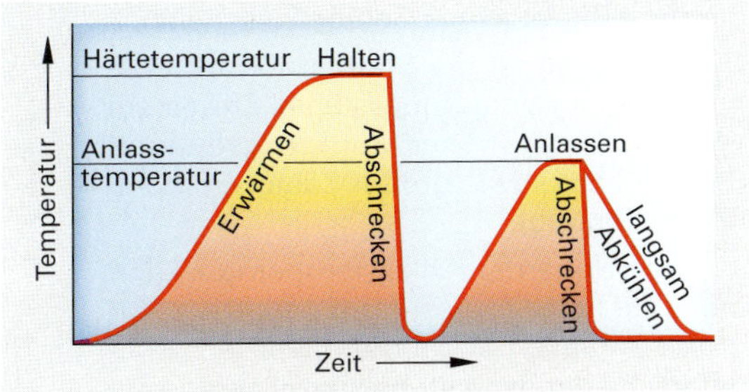

Bild 2: Temperaturverlauf beim Vergüten

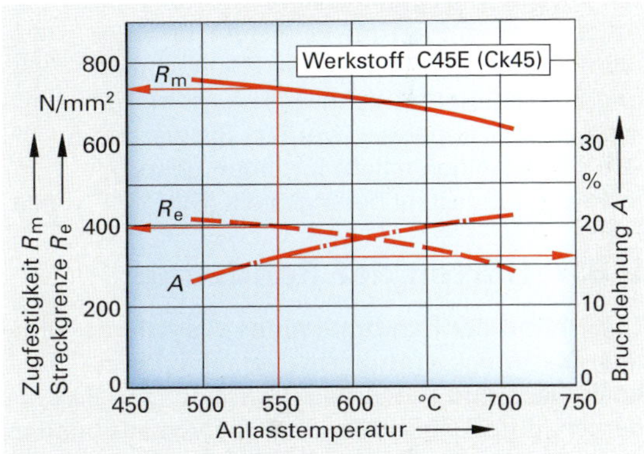

Bild 3: Vergütungsschaubild des Stahls C45E

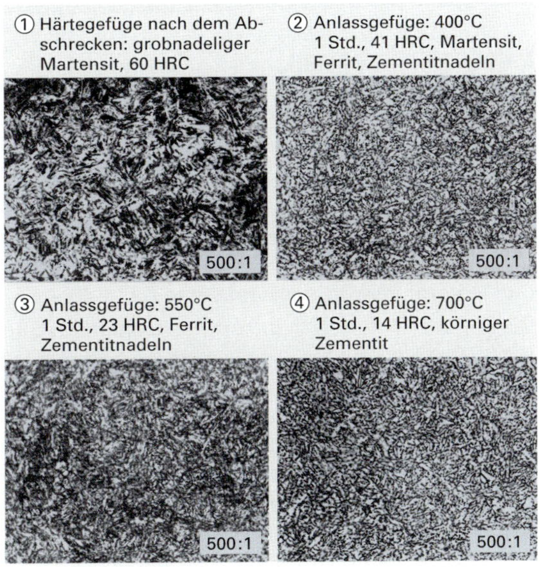

Bild 4: Gefüge nach dem Härten und Anlassen

Wärmebehandlung der Vergütungsstähle

Die Wärmebehandlungsverfahren der Vergütungsstähle sind **Glühbehandlungen** und **Vergüten.** Die Temperaturen der verschiedenen Wärmebehandlungen können Tabellen entnommen werden **(Tabelle 1).**

Als **Glühbehandlungen** verwendet man je nach Bedarf Weichglühen, um den Streifenzementit in feinkörnigen Zementit umzuwandeln, und Normalglühen, um ein gleichmäßiges, feines Gefüge zu erzielen.

Das **Vergüten** ist die Standard-Wärmebehandlung der Vergütungsstähle. Ziel ist ein Werkstück mit hoher Zugfestigkeit und Streckgrenze sowie großer Zähigkeit (hohe Bruchdehnung).

Je nach Höhe der Anlasstemperatur kann mehr auf hohe Zugfestigkeit oder mehr auf große Zähigkeit angelassen werden. Man unterscheidet deshalb **hartvergütete** Stähle und **zähvergütete** Stähle.

Die für einen Vergütungsstahl erforderliche Anlasstemperatur zum Erreichen des gewünschten Verhältnisses von Zugfestigkeit und Bruchdehnung kann aus Vergütungsschaubildern abgelesen werden. Sie werden von den Stahlherstellern für jeden genormten Vergütungsstahl bereitgestellt **(Bild 1).**

Tabelle 1: Wärmebehandlungstemperaturen einiger Vergütungsstähle in °C

Stahl	Weichglühen	Normalglühen	Vergüten	
			Härten[1)]	Anlassen
C35E	650 ... 700	860 ... 900	840 ... 880	550 ... 660
34Cr4	680 ... 720	850 ... 890	830 ... 870	540 ... 680
34CrMo4	680 ... 720	850 ... 890	830 ... 870	540 ... 680

[1)] Unterer Wert gilt für Härten in Wasser, oberer Wert für Härten in Öl

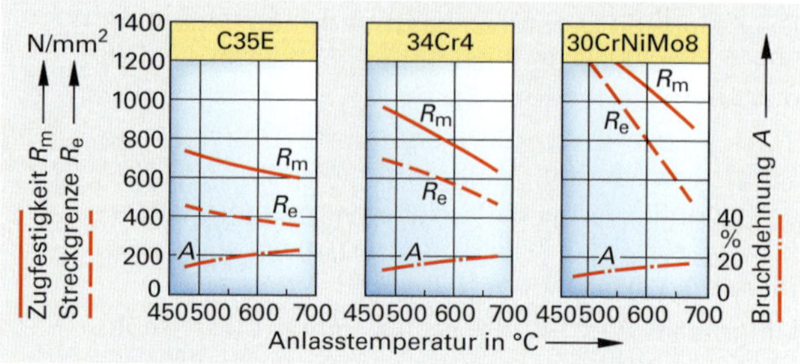

Bild 1: Vergütungsschaubilder verschiedener Stähle

5.8.7 Härten der Randzone

Das Härten der Randzone eines Werkstücks wird angewandt, wenn das Werkstück eine harte, verschleißfeste Randzone, aber einen hochfesten und zähen Kern benötigt. Dies ist bei Werkstücken erforderlich, deren Oberflächen auf Verschleiß beansprucht sind und die stoßartige und wechselnde mechanische Belastungen tragen müssen, wie z. B. Wellen, Bolzen, Zahnräder und Gleitbahnen **(Bild 2).**

Zum Härten der Randzone gibt es mehrere Verfahren.

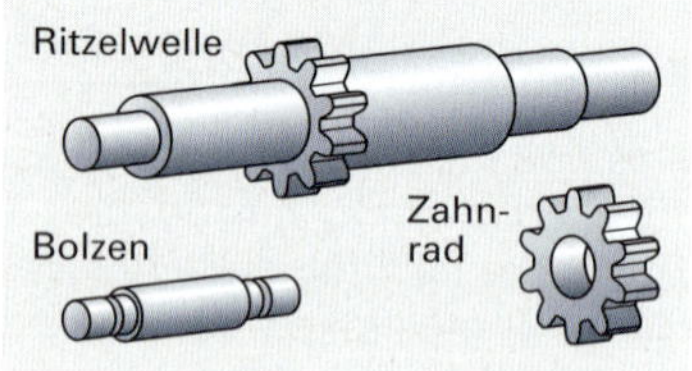

Bild 2: Bauteile mit gehärteter Randzone und zähem Kern

Randschichthärten

> Beim Randschichthärten wird eine dünne Außenschicht des Werkstücks aus härtbarem Stahl durch starke Wärmezufuhr rasch erwärmt und durch sofortiges Abschrecken gehärtet.

Die tiefer liegenden Werkstückbereiche sind in der kurzen Aufwärmzeit noch nicht bis auf Härtetemperatur erwärmt und bleiben deshalb ungehärtet. Zum Randschichthärten eignen sich spezielle unlegierte und legierte Vergütungsstähle, wie z. B. C45E (Ck 45) oder 42CrMo4.

Die Randschichterwärmung erfolgt nach unterschiedlichen Verfahren:

Beim **Induktionshärten** wird die Wärme durch Wirbelströme in der Randschicht des Werkstücks erzeugt. Die Wirbelströme werden von einer Induktionsspule hervorgerufen, durch die hochfrequenter Wechselstrom fließt **(Bild 3).** Das Werkstück wird mit gleichbleibender Geschwindigkeit durch die Induktionsspule geführt, erwärmt sich nur in der Randschicht auf Härtetemperatur und wird in einer Brause abgeschreckt. Die Einhärtetiefe kann durch die Durchlaufgeschwindigkeit und die Stromfrequenz eingestellt werden. Zum Induktionshärten eignen sich insbesondere drehsymmetrische Bauteile.

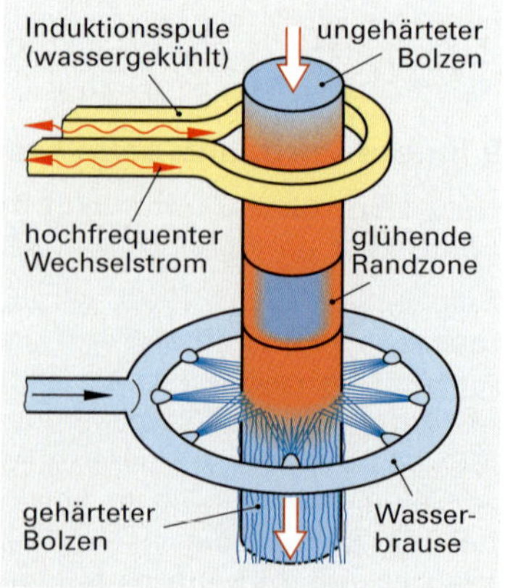

Bild 3: Induktionshärten

Laserhärten wird zum Randschichthärten kleiner Bereiche eines Bauteils eingesetzt, wie z. B. den Nocken und Lagerzapfen einer Welle. Ein Laserstrahl erwärmt diese Bereiche auf Härtetemperatur, die von einer Wasserbrause sofort anschließend abgeschreckt werden.

Beim **Flammhärten** wird die Randschicht mit starken Brennerflammen rasch auf Härtetemperatur erwärmt und mit einer Wasserbrause abgeschreckt **(Bild 1)**. Dazu führt man die hintereinander angeordneten Heizflammen und Wasserbrausen langsam über das Werkstück. Die Tiefe der gehärteten Randschicht kann durch die Vorschubgeschwindigkeit des Brenners eingestellt werden. Die Form des Brenners und der Brause sind der Werkstückform angepasst.

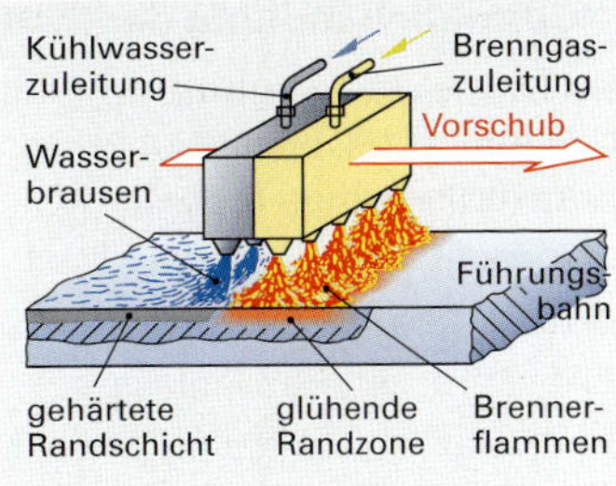

Bild 1: Flammhärten einer Führungsbahn

Einsatzhärten

Beim Einsatzhärten wird die Randschicht eines kohlenstoffarmen Stahls mit Kohlenstoff angereichert (aufgekohlt) und anschließend gehärtet **(Bild 2)**. Man erhält dadurch ein Werkstück mit gehärteter, kohlenstoffreicher Randschicht und einem kohlenstoffarmen, ungehärteten zähen Werkstückkern.

Aufkohlen

Zum Einsatzhärten werden Stähle mit 0,1 % bis 0,2 % Kohlenstoff verwendet, wie z. B. C10E. Sie sind wegen des niedrigen Kohlenstoffgehalts an sich nicht härtbar. Das Anreichern mit Kohlenstoff, **Aufkohlen** genannt, erfolgt durch Glühen der Werkstücke in kohlenstoffabgebenden Einsatzmitteln über mehrere Stunden bei 880 °C bis 980 °C. Dabei dringt Kohlenstoff in die Randschicht ein, die dadurch härtbar wird. Der Kohlenstoffgehalt in der Randschicht ist vom Einsatzmittel, die Aufkohlungstiefe von der Temperatur und Dauer der Behandlung abhängig. Als Einsatzmittel verwendet man feste, flüssige und gasförmige Stoffe.

Das **Aufkohlen in festem Einsatzmittel** (Pulveraufkohlen) erfolgt durch Einpacken der Werkstücke in einen mit Koks-Holzkohle-Granulat gefüllten Kasten (Bild 2), der in einen Glühofen geschoben wird. Bei Glühtemperatur bilden sich aus dem Granulat und Luft die Gase CO und CO_2. Sie dringen in die Werkstück-Randschicht ein und bilden dort mit dem Eisen des Werkstücks Eisenkarbid Fe_3C. Die Dicke der aufgekohlten Schicht beträgt bis 1 mm.

Zum **Aufkohlen in flüssigem Einsatzmittel** werden die Werkstücke in eine heiße Kohlenstoff-abgebende Salzschmelze (Cyansalze) getaucht und dort gehalten (Bild 2). Cyansalzschmelzen sind stark giftig. Die Arbeit muss nach den Richtlinien der Berufsgenossenschaft für den Umgang mit giftigen Substanzen erfolgen. Cyansalzrückstände und cyanhaltiges Waschwasser sind sachgerecht zu entsorgen.

Beim **Gasaufkohlen** werden die Werkstücke in einen gasdichten Ofen eingesetzt (Bild 2), der von Kohlenstoff-abgebendem Gas durchströmt wird. Als Aufkohlungsgas verwendet man verschiedene Gasmischungen, deren wesentliche Bestandteile Kohlenstoffmonoxid CO und Wasserstoff H_2 sind. Da die Gase giftig und explosibel sind, müssen strenge Sicherheitsmaßnahmen eingehalten werden.

Härten und Anlassen

Die gewünschten Gebrauchseigenschaften erhalten die aufgekohlten Werkstücke erst durch das anschließende Härten und Anlassen (Bild 2). Nur die aufgekohlte Randschicht wird gehärtet, der Werkstückkern bleibt ungehärtet und zäh.

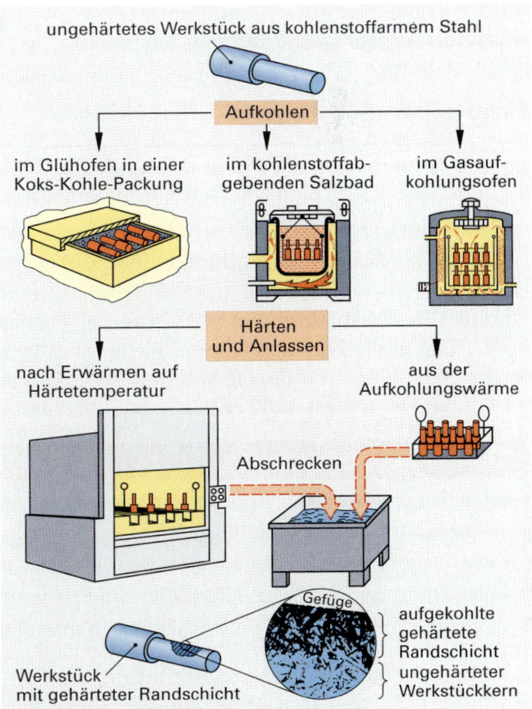

Bild 2: Arbeitsablauf beim Einsatzhärten

Wärmebehandlung der Einsatzstähle

Die Wärmebehandlung der Einsatzstähle (C-Gehalt 0,1% bis 0,2%) besteht aus mehreren Teilschritten **(Tabelle 1)**:

- Normalglühen
- Aufkohlen
- Abschrecken und Anlassen.

Durch das Aufkohlen wird der Kohlenstoffgehalt in der Randschicht des Werkstücks auf 0,6% bis 0,8% erhöht, sodass eine Martensithärtung möglich ist. Nach dem Aufkohlen hat die Randschicht ein anderes Gefüge als der Kern. Das kann zu Härterissen an den Gefügeübergängen der Randschicht führen. Um dies zu vermeiden, wendet man verschiedene Temperaturführungen beim Einsatzhärten an **(Bild 1)**.

Beim **Direkthärten** erfolgt die Härtung direkt aus der Aufkohlungswärme. Vor dem Abschrecken wird von Aufkohlungstemperatur auf Härtetemperatur gekühlt.

Beim **Einfachhärten** wird nach dem Aufkohlen auf Raumtemperatur abgekühlt und anschließend zum Härten nochmal erwärmt.

Beim **Härten nach isothermischer Umwandlung** wird in einem Salzbad auf 500 °C bis 550 °C abgekühlt und dort gehalten (Bild 1). Das anschließende Härten führt zu großer Randschichthärte und guter Verklammerung der gehärteten Randschicht mit dem Kern.

Tabelle 1: Wärmebehandlungstemperaturen einiger Einsatzstähle in °C

Stahl	Normalglühen	Einsatzhärten		
		Aufkohlen	Abschrecken	Anlassen
C15E	880 ... 920	880 bis 980	880 ... 920	150 ... 200
17Cr3	900 ... 1000		860 ... 900	150 ... 200
17CrNi6-6	900 ... 1000		830 ... 870	150 ... 200

Verfahren und Temperaturführung | **Ergebnisse**

Direkthärten

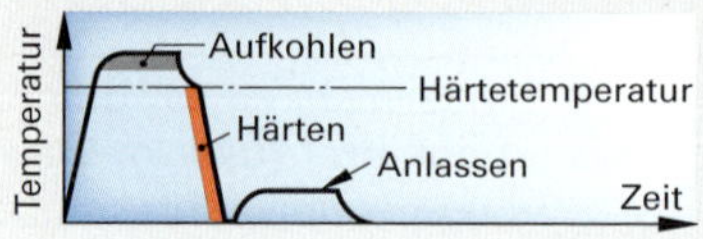

Hohe Randschichthärte, weicher Kern mit vergröbertem Korn, geringer Verzug, geringe Energiekosten

Einfachhärten

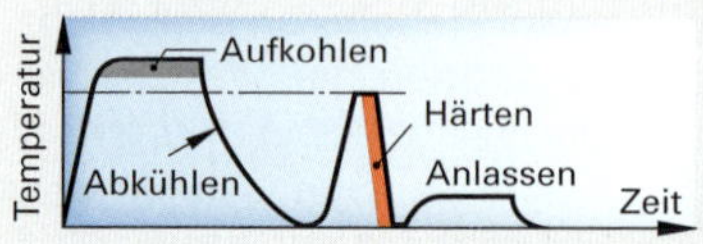

Hohe Randschichthärte, verbesserte Kerneigenschaften

Härten nach isothermischer Umwandlung im Warmbad

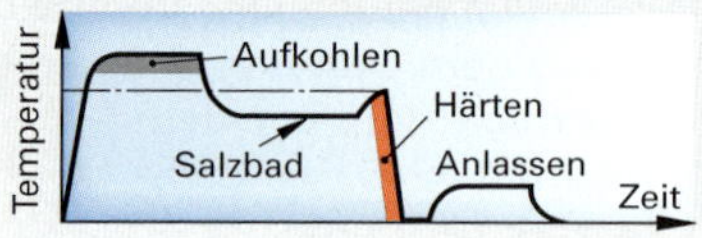

Hohe Randschichthärte, zäher Kern mit hoher Festigkeit, geringe Riss- und Verzugsgefahr

Bild 1: Verschiedene Einsatz-Härteverfahren (Auswahl)

Nitrierhärten (Nitrieren)

Beim Nitrierhärten wird eine dünne Randschicht eines Werkstücks aus Nitrierstahl mit Stickstoff angereichert, wobei eine sehr harte und verschleißfeste Randzone entsteht.

Die Härtesteigerung beruht beim Nitrierhärten nicht auf Martensitbildung, sondern auf der Bildung äußerst harter Stickstoffverbindungen (Nitride) in der Randschicht des Werkstücks.

Die Anreicherung des Stickstoffs in der Randschicht erfolgt durch Glühen der Werkstücke in stickstoffabgebenden Salzbädern von 560 °C bis 580 °C oder in ammoniakdurchströmten Nitrieröfen bei 500 °C bis 520 °C. Der in die Randschicht eindringende Stickstoff bildet mit dem Eisen und den Legierungselementen im Stahl Metallnitride, die sehr hart sind. Sie verleihen der Nitrierhärteschicht die höchste bei Stählen erreichbare Härte (bis 1200 HV). Die Einhärtetiefe beträgt wenige Zehntel Millimeter.

Vorteile des Nitrierhärtens:

- Nach dem Nitrieren braucht nicht erwärmt, abgeschreckt und angelassen zu werden, da die Härte direkt beim Nitrieren entsteht.
- Nitriergehärtete Bauteile sind verzugsfrei, da sie nur auf etwa 500 °C erwärmt werden.
- Die Härte der Nitrierschicht bleibt bei Erwärmung bis 500 °C erhalten (Anlassbeständigkeit).
- Nitrierhärten ergibt eine äußerst harte, dabei verschleißfeste und gleitfähige Randschicht.

Nachteilig ist die geringe Verklammerung der Nitrierhärteschicht mit dem Grundwerkstoff, die bei hohen Flächenpressungen zum Abplatzen der Härteschicht führen kann.

Nitriergehärtet werden z. B. Messspindeln, Steuernocken, Extruderschnecken, Strangpresswerkzeuge.

5.8.8 Fertigungsbeispiel: Wärmebehandlung einer Spannpratze

(Fortsetzung des Fertigungsbeispiels von Seite 231)

Die im Fertigungsbeispiel beschriebenen Spannpratzen sollen nach der spanenden Fertigung auf 700 N/mm² Zugfestigkeit vergütet und im Bereich der Nut randschichtgehärtet werden **(Bild 1)**. Dadurch sollen die Bauteile hohe Festigkeit und Zähigkeit sowie im Nutgrund große Härte erhalten. Die Werkstücke bestehen aus dem zum Vergüten und Flammhärten geeigneten Stahl C45E.

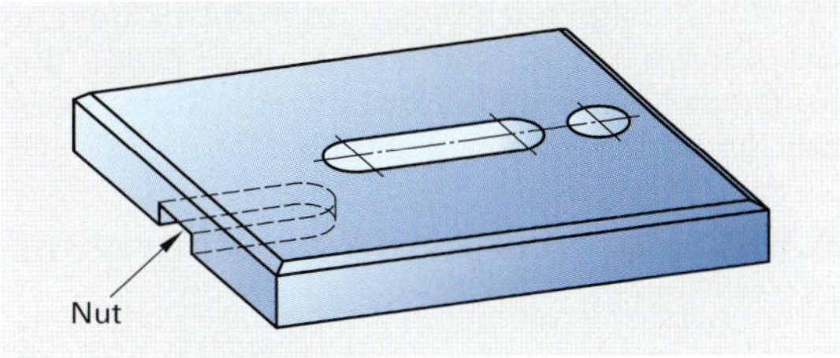

Bild 1: Spannpratze

Vergüten der Spannpratze

Aus einem Tabellenbuch werden für den Stahl C45E (Werkstoff-Nr. 1.1191) die Vergütungsbedingungen entnommen. Diese sind:

Härte-Temperatur: 820 ... 860 °C und Wasser- oder Ölabschrecken

Anlasstemperatur: 550 ... 660 °C

Als Härtetemperatur wird 830 °C und Abschrecken im Ölbad gewählt, um Härteverzug durch das schroffe Abschreckmittel Wasser zu vermeiden.

Aus dem Vergütungsschaubild des Stahls C45E wird zum Erreichen der Zugfestigkeit 700 N/mm² eine Anlasstemperatur von 630 °C abgelesen **(Bild 2)**. Bei diesen Temperaturen wird dann das Vergüten durch Erwärmen im Härteofen auf Härtetemperatur, Abschrecken in Öl und anschließendem Anlassen durchgeführt.

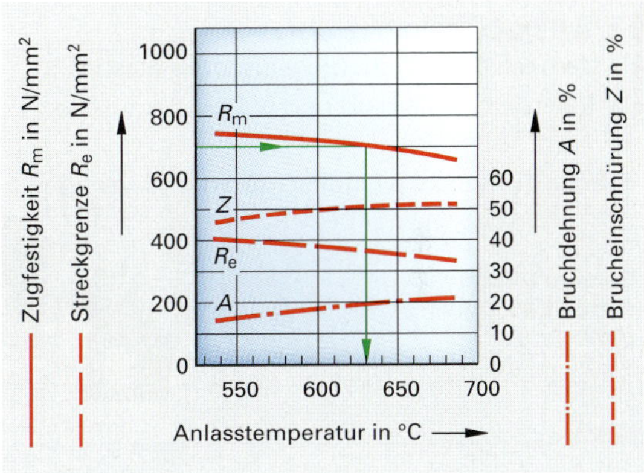

Bild 2: Vergütungsschaubild des Stahls C45E

Randschichthärten der Nut

Die Spannpratzen sollen im Nutbereich randschichtgehärtet werden, um die Flächenpressung der Druckschraube aufnehmen zu können **(Bild 1, Seite 231)**. Aus einem Tabellenbuch wird eine Randschicht-Härtetemperatur von 820 °C bis 900 °C abgelesen. Die Härte beträgt dann mindestens 55 HRC.

Zum Randschichthärten werden die Werkstücke mit einer Brennerflamme im Nutbereich rasch erwärmt und sofort nach Erreichen der Härtetemperatur in einem Wasserbad abgeschreckt. Zum Bestimmen der Härtetemperatur kann die Glühfarbe der Werkstückoberfläche im Nutbereich herangezogen werden. Sie lässt sich mit einer Glühfarben-Tafel näherungsweise ermitteln.

Die sachgerecht durchgeführte Randschichthärtung im Nutgrund kann mit einer Rockwell-Härteprüfung (Seite 402) nachgeprüft werden.

Wiederholung und Vertiefung

1 Welche Eigenschaften soll ein Werkstück aus Stahl durch das Vergüten erhalten?

2 Aus welchen Arbeitsgängen besteht das Vergüten und wodurch unterscheidet es sich vom Härten?

3 Was kann aus dem Vergütungsschaubild eines Stahls abgelesen werden?

4 Welche Streckgrenze hat ein Werkstück aus 34Cr4, das beim Vergüten auf 550 °C angelassen wurde?

5 Wie wird das Randschichthärten ausgeführt?

6 Wie wird beim Einsatzhärten die Härtbarkeit der Randschicht erreicht?

7 Welche Verfahren des Aufkohlens gibt es?

8 Welche Einsatz-Härteverfahren gibt es für Einsatzstähle?

9 Was versteht man unter Nitrieren?

10 Welche Eigenschaften haben Nitrierschichten?

11 Ermitteln Sie mit einem Tabellenbuch die Härtebedingungen für einen Hammer aus C80U, seine Oberflächenhärte soll nach dem Anlassen mindestens 60 HRC betragen.

5.9 Kunststoffe

Die Kunststoffe, auch Plaste oder Plastik genannt, sind synthetisch erzeugte, organische Werkstoffe. Sie werden aus Rohstoffen, wie z. B. Erdöl, durch chemische Umwandlung (Synthese) hergestellt. Kunststoffe werden als organische Stoffe bezeichnet, weil sie aus organischen Kohlenstoff- oder Siliciumverbindungen bestehen.

5.9.1 Eigenschaften und Verwendung

Die Kunststoffe nehmen heute in der Technik als Werkstoffe einen bedeutenden Platz ein. Ihre vielseitige Verwendbarkeit beruht auf ihren besonderen Eigenschaften sowie der Möglichkeit, Kunststoffe mit sehr unterschiedlichen Eigenschaften herzustellen **(Tabelle 1)**.

Typische Eigenschaften der Kunststoffe sind:

- Geringe Dichte
- Je nach Sorte hart, biegsam oder elastisch
- Elektrisch isolierend und wärmedämmend
- Witterungs- und chemikalienbeständig
- Glatte, dekorative Oberfläche
- Kostengünstige Formgebung

Tabelle 1: Typische Eigenschaften und Verwendungen der Kunststoffe

Geringe Dichte: 0,9 bis 1,4 kg/dm³ (Ausnahme PTFE: ϱ = 2,2 kg/dm³)	Behälter Kfz-Teile Flugzeugteile Leichtbauteile	 Fässer, Kanister	 Lüfterrad	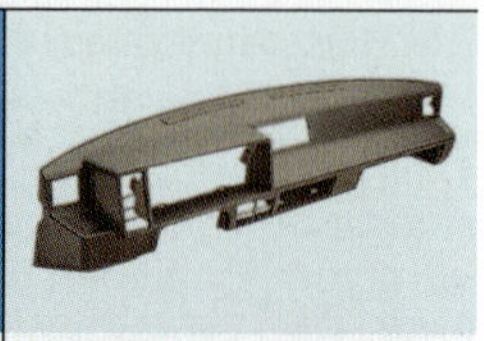 Pkw-Armaturenträger
Je nach Sorte hart und fest oder weich und elastisch. Gut formbar und bearbeitbar	Maschinenteile Gummi-elastische Bauteile Gehäuse	 Teile für Kleingetriebe	 Pkw-Reifen	 Maschinengehäuse
Elektrisch isolierend, wärme- und schalldämmend	Werkzeuggriffe Elektrobauteile Wärmedämm-material	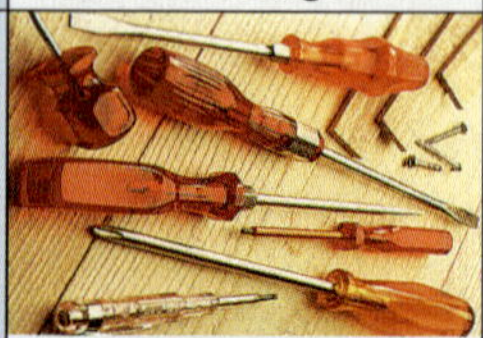 Werkzeuggriffe	 Drehstromstecker	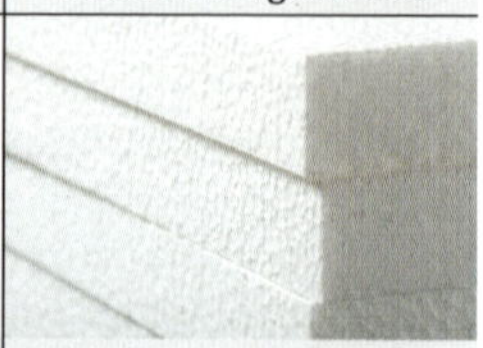 Wärmedämmplatten
Witterungs- und chemikalien-beständig gegen viele Chemikalien und aggressive Umwelteinflüsse	Chemikalien-gefäße Rohrleitungen Armaturen Beschichtungen	 Pkw-Aggregatgehäuse	 Rohr-Auskleidungen	 Beschichtungen

Kunststoffe besitzen aber auch Eigenschaften, die ihre Einsetzbarkeit begrenzen:

- Sie haben im Vergleich zu den Metallen eine geringe Wärmebeständigkeit.
- Sie sind zum Teil brennbar.
- Sie besitzen Festigkeiten, die deutlich geringer als bei Metallen sind.
- Sie sind z.T. unbeständig gegen Lösungsmittel.
- Sie sind nur begrenzt durch Recycling wiederverwendbar.

5.9.2 Chemische Zusammensetzung und Herstellung

Die Kunststoffe bestehen zum überwiegenden Teil aus Kohlenstoffverbindungen, die zu Großmolekülen (Makromolekülen) zusammengelagert sind. Neben Kohlenstoff enthalten sie das Element Wasserstoff sowie z. T. Sauerstoff, Stickstoff, Chlor usw.

Die **Herstellung** der Kunststoffe geht von den Hauptrohstoffen Erdgas oder Erdöl aus und gliedert sich in zwei Schritte **(Bild 1)**:

- der **Synthese von reaktionsfähigen Vorprodukten.** Sie bestehen aus einzelnen Molekülen und werden Monomere genannt (von griechisch mono = einzeln).
- der **Verknüpfung tausender Einzelmoleküle zu Makromolekülen** (Großmolekülen). Die dabei entstehenden Substanzen nennt man **Polymere** (von griechisch poly = viel).

Die Zusammenlagerung der Einzelmoleküle zu Makromolekülen kann bei den unterschiedlichen Kunststoffen nach verschiedenen Reaktionsarten erfolgen: durch Polymerisation, durch Polykondensation und durch Polyaddition.

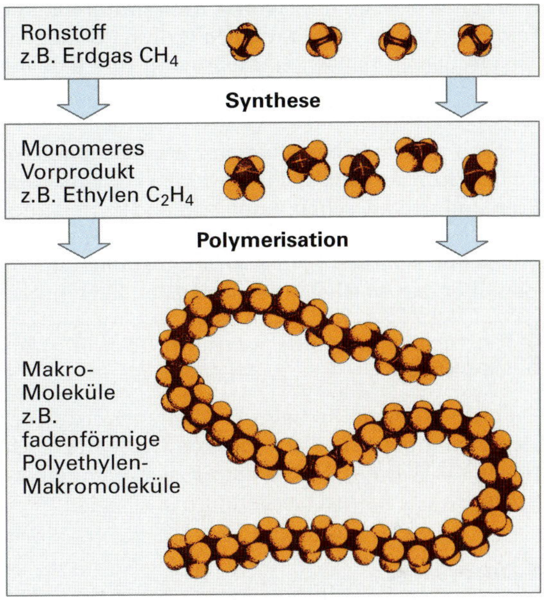

Bild 1: Vorgänge im Molekülbereich bei der Herstellung von Kunststoffen

Polymerisation

Bei der Polymerisation entstehen Makromoleküle durch Aneinanderreihung der reaktionsfähigen Moleküle einer einzigen Monomerart unter Aufhebung der Doppelbindung.

Beispiel: Die Bildung von Polyethylen aus Ethylen. Es entstehen fadenartige Makromoleküle.

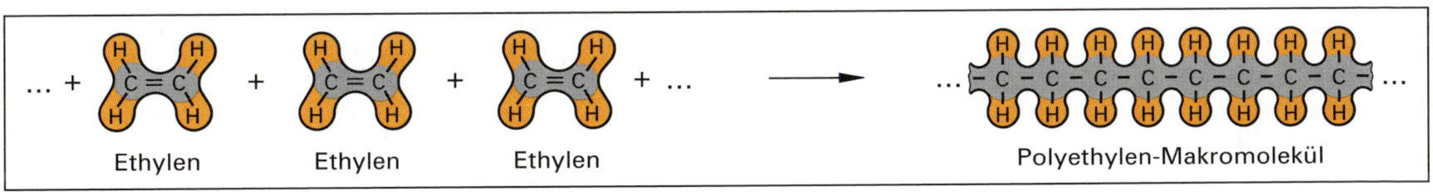

Polykondensation

Bei der Polykondensation verbinden sich gleiche oder verschiedenartige Moleküle zu Makromolekülen unter Abspaltung eines niedermolekularen Stoffes, wie z. B. Wasser (H_2O) oder Ammoniak (NH_3).

Beispiel: Die Bildung von Polyesterharz*. Es entstehen engmaschig vernetzte Makromolekülketten.

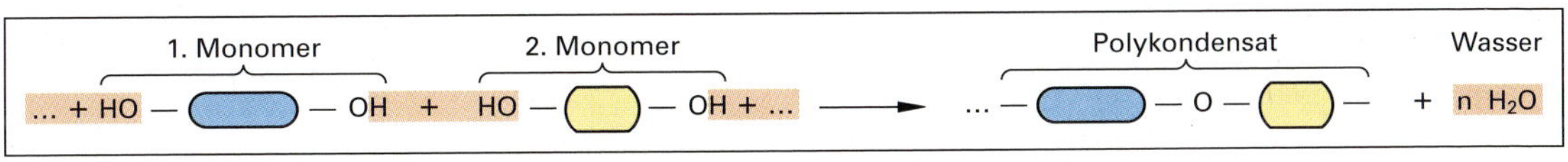

Polyaddition

Bei der Polyaddition verbinden sich gleiche oder verschiedenartige Monomermoleküle ohne Abspaltung eines Nebenproduktes zu Makromolekülen.

Beispiel: Die Bildung von Polyurethan*. Es entstehen eng- oder weitmaschig vernetzte Makromoleküle.

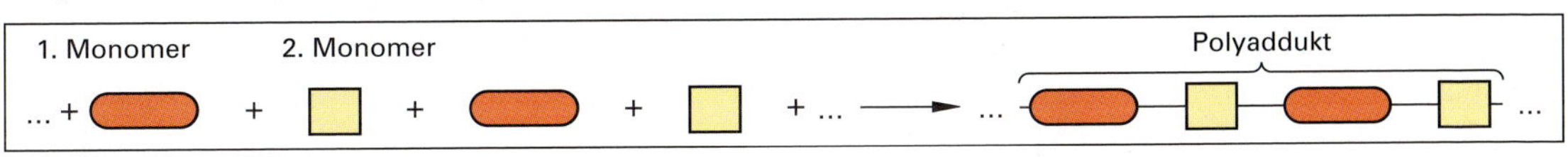

* die Symbole  in den Formeln stehen für kompliziert gebaute Molekülteile.

5.9.3 Technologische Einteilung und innere Struktur

Man unterteilt die Kunststoffe nach ihrem inneren Aufbau in drei Gruppen: Thermoplaste, Duroplaste und Elastomere. Jede Kunststoffgruppe besitzt einen typischen inneren Aufbau, der ein ähnliches mechanisches Verhalten bei Erwärmung zur Folge hat.

Thermoplaste

Die Thermoplaste bestehen aus fadenförmigen Makromolekülen, die keine gegenseitigen Vernetzungsstellen besitzen **(Bild 1)**. Ihre Festigkeit erhalten diese Kunststoffe aus der Verschlingung der Makromoleküle und den zwischen ihnen wirkenden Reibungskräften. Bei Raumtemperatur sind die Thermoplaste hart-elastisch. Mit zunehmender Temperatur werden sie elastischer, bei weiterer Erwärmung plastisch weich und schließlich flüssig. Bei Abkühlung der heißen Kunststoffmasse verändern sie sich vom flüssigen über den weichen und elastischen Zustand wieder zum harten Kunststoff.

Thermoplaste sind warmumformbar und schweißbar.

Da diese Kunststoffe beim Erwärmen weich werden, nennt man sie Thermoplaste (von griechisch thermo = Wärme). Sie zersetzen sich beim Überschreiten einer Grenztemperatur.

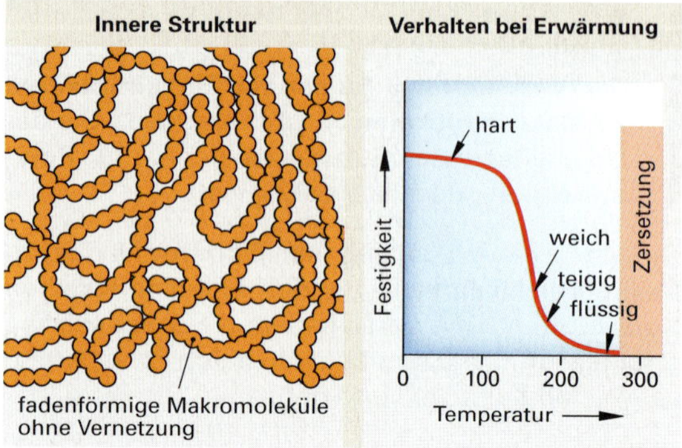

Bild 1: Thermoplaste

Duroplaste

Die Duroplaste bestehen aus Makromolekülen, die an vielen Stellen durch chemische Bindungen engmaschig miteinander vernetzt sind **(Bild 2)**. Duroplastische Kunststoffe verändern ihr mechanisches Verhalten durch Erwärmung nur geringfügig, da die Vernetzungsstellen keine Verschiebung der Makromoleküle zulassen. Wegen dem Erhalt der Härte und Festigkeit auch bei Erwärmung, nennt man diese Kunststoffe Duroplaste (von lat. durus = hart). Bei Erwärmung über die Zersetzungstemperatur hinaus, zersetzen sich die Duroplaste, ohne weich zu werden.

Duroplaste sind nicht umformbar und nicht schweißbar.

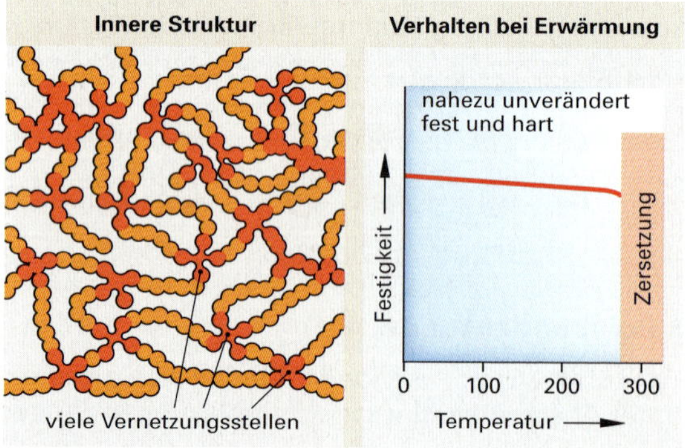

Bild 2: Duroplaste

Elastomere

Die Elastomere sind aus Makromolekülen aufgebaut, die ineinander verknäult und zusätzlich an wenigen Stellen weitmaschig vernetzt sind **(Bild 3)**. Durch äußere Krafteinwirkung lassen sich Elastomere um mehrere hundert Prozent elastisch verformen und nehmen nach Wegnahme der Kraft wieder ihre alte Form an. Diese gummielastischen Kunststoffe nennt man Elastomere. Durch Erwärmung wird das gummielastische Verhalten der Elastomere nur wenig verändert, sie werden lediglich etwas weicher. Bei zu starker Erwärmung zersetzen sie sich.

Elastomere sind gummielastisch sowie nicht warm umformbar und nicht schweißbar.

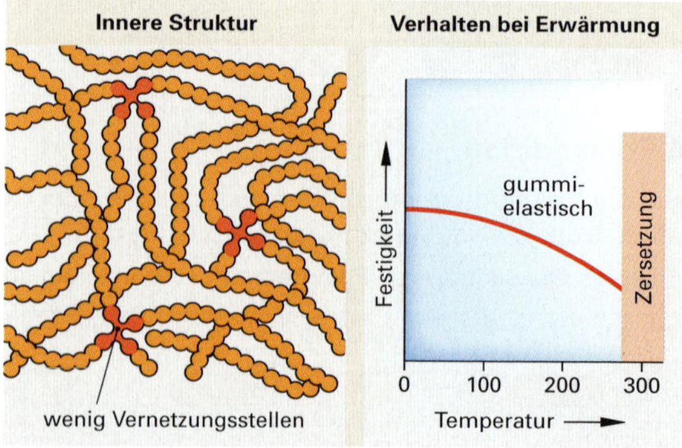

Bild 3: Elastomere

5.9.4 Thermoplaste

Die Thermoplaste stellen mengenmäßig die größte Kunststoffgruppe dar. Das liegt an der Vielzahl der thermoplastischen Kunststoffsorten mit ganz unterschiedlichen Eigenschaften und vor allem an der kostengünstigen Fertigung von Massenteilen durch Spritzgießen und Extrudieren. Außerdem können sie durch Warmumformen und Schweißen weiterverarbeitet werden.

Polyethylen (PE)

Eigenschaften: Farblos, wachsartige, gleitfähige Oberfläche. Formsteif bis 80 °C, beständig gegen Säuren und Laugen. Massenkunststoff mit niedrigem Preis.

Niederdruck-Polyethylen: Steif, schwer biegbar.

Hochdruck-Polyethylen: Weich, leicht biegbar.

Verwendung: Niederdruck-PE (steif): Behälter, Rohre, Tanks, Lagerringe **(Bild 1).** Hochdruck-PE (weich): Schläuche, elastische Folien zum Verpacken und Schrumpfen.

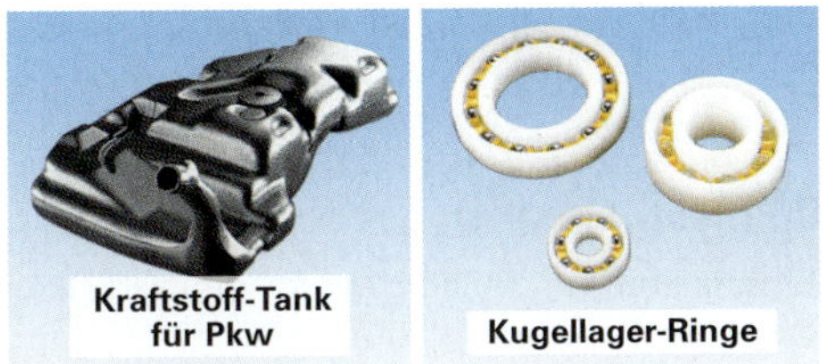

Bild 1: Typische Verwendung von Polyethylen

Polypropylen (PP)

Eigenschaften: Dem Niederdruck-PE (steif) sehr ähnlich, jedoch bis 130 °C formbeständig.

Verwendung: Waschmaschinenteile, Kfz-Teile, Behälter, Kraftstofftanks.

Polyvinylchlorid (PVC)

Eigenschaften: Farblos, chemikalienbeständig.

Hart-PVC: Hart, zäh, schwer zerbrechlich.

Weich-PVC: Weichgummielastisch oder lederartig. Weich-PVC wird durch Zusatz sogenannter Weichmacher zum Hart-PVC hergestellt.

Verwendung: Hart-PVC: Abwasserrohre, Gehäuse, Fensterrahmen, Ventile. Weich-PVC: Kunstleder, Schläuche, Stiefel, Schutzhandschuhe, Kabelummantelungen **(Bild 2).**

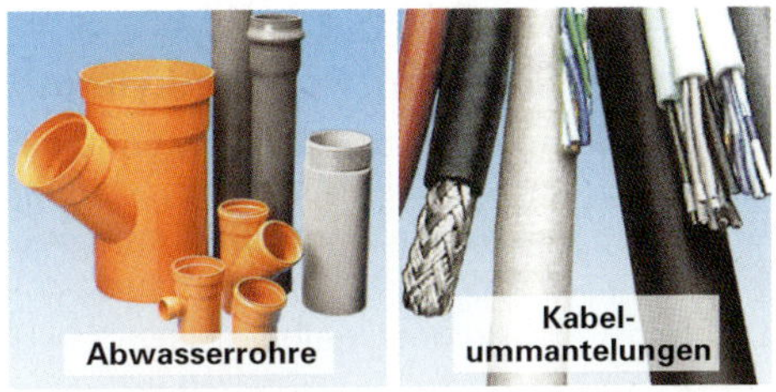

Bild 2: Typische Verwendung von PVC

Polystyrol (PS)

Eigenschaften: Hohe Oberflächenqualität, beständig gegen verdünnte Säuren und Laugen. Reines Polystyrol ist hartsteif, spröde und schlagempfindlich.

Polystyrol-Copolymerisate. Zur Beseitigung der Sprödigkeit mischt man der Polystyrol-Ausgangsmasse Acrylnitril, gummielastisches Butadien oder beides bei (ABS-, SAN- und ASA-Copolymerisate). Man erhält dadurch steife und schlagzähe Kunststoffsorten.

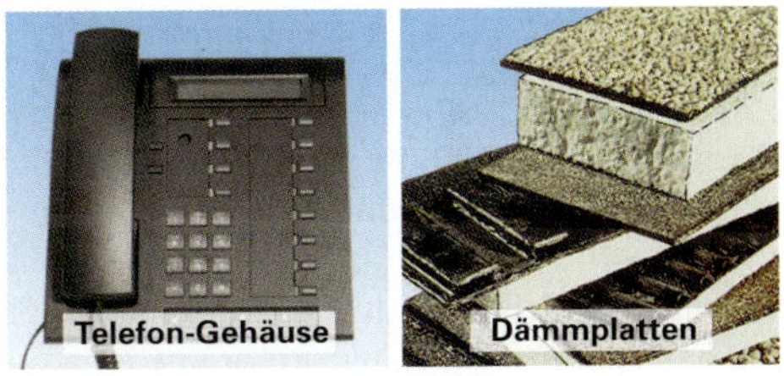

Bild 3: Typische Verwendung von Polystyrol

Verwendung: Maschinen- und Gerätegehäuse, steife Pkw-Verkleidungen und Schaumformteile **(Bild 3).**

Geschäumtes Polystyrol: Polystyrol kann durch Treibmittel aufgeschäumt werden. Es entsteht ein Hartschaumstoff mit geschlossener Porenstruktur, der eine geringe Dichte von rund 0,02 kg/dm³ und ausgezeichnete Wärmedämmeigenschaften besitzt. Handelsbezeichnungen: Styropor, Hostapor.

Verwendung: Dämmplatten, Verpackungsmittel.

Polycarbonate (PC)

Eigenschaften: Glasklar, lichtecht, unverzerrte Durchsicht. Hohe Festigkeit, schlagzäh, unzerbrechlich. Beständig gegen verdünnte Säuren und Laugen. Formbeständigkeit in der Wärme, hohe Maßhaltigkeit, gute elektrische Isolation, gute Verarbeitbarkeit durch Spritzgießen.

Dichte $\varrho = 1{,}2\ \text{kg/dm}^3$ (halb so schwer wie Fensterglas).

Verwendung: Unzerbrechliche Verglasungen, Lüfter, elektrische Schalter und Stecker, Zeichengeräte **(Bild 4).**

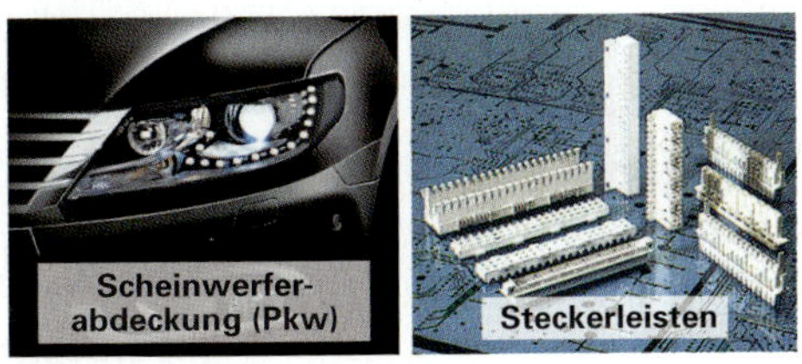

Bild 4: Typische Verwendung von Polycarbonat

Polymerblends

Polymerblends sind Mischungen aus mehreren Kunststoffen (von blend, engl. = Mischung). Dadurch werden Kunststoffe mit den kombinierten Eigenschaften der Einzelkunststoffe geschaffen. **Beispiel:** Der (ASA+PC)-Blend ist ein Mischkunststoff aus dem Copolymeren Acrylnitril/Styrol/Acrylester und Polycarbonat. Er besitzt Formstabilität bis etwa 120 °C, ist witterungs- und vergilbungsbeständig und eignet sich gut zum Spritzgießen.

Verwendung: Gehäuse, Pkw- und Elektroteile **(Bild 1).**

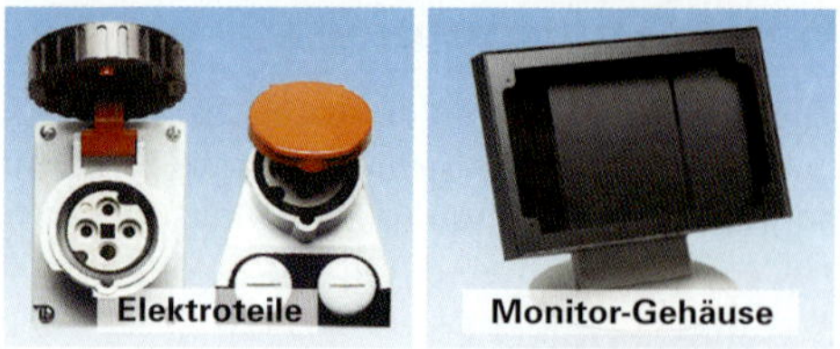

Bild 1: Verwendung von Polymerblends

Polyamide (PA)

Eigenschaften: Milchig weiß, gleitfähige und abriebfeste Oberfläche. Chemikalien- und lösungsmittelbeständig. Hart und zäh, hohe Zugfestigkeit bis 70 N/mm².

Verwendung: Zahnräder, Lagerschalen, Kugellagerkäfige, Gleitschienen, Pkw-Ansauggehäuse **(Bild 2).**

Polyamidfasern. Polyamide können zu Fasern versponnen werden (Perlon, Nylon). Aus ihnen stellt man reißfeste Gewebe, Schnüre und Seile her.

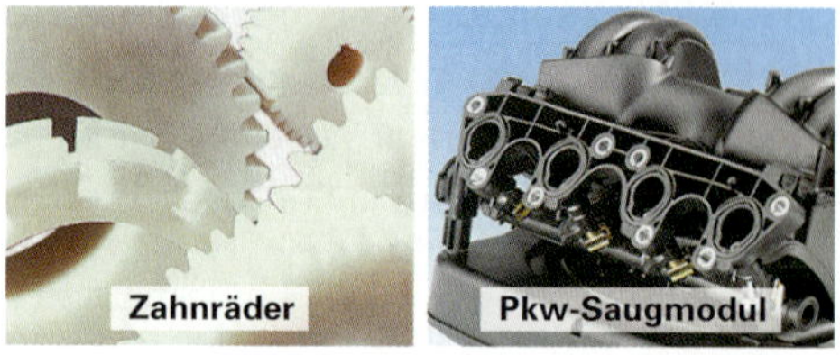

Bild 2: Typische Verwendung von Polyamiden

Acrylglas (PMMA), Polymethylmethacrylat

Eigenschaften: Farblos, glasklar, lichtecht, zu optischen Gläsern verarbeitbar. Hart, zäh, schwer zerbrechlich. Beständig gegen verdünnte Säuren, Laugen sowie Umwelteinflüsse, löslich in einigen Lösungsmitteln.

Dichte ϱ = 1,18 kg/dm³ (halb so schwer wie Fensterglas).

Verwendung: Schutzbrillen, durchsichtige Gehäuse, Dachverglasungen, Sanitärartikel, Rückleuchten **(Bild 3).**

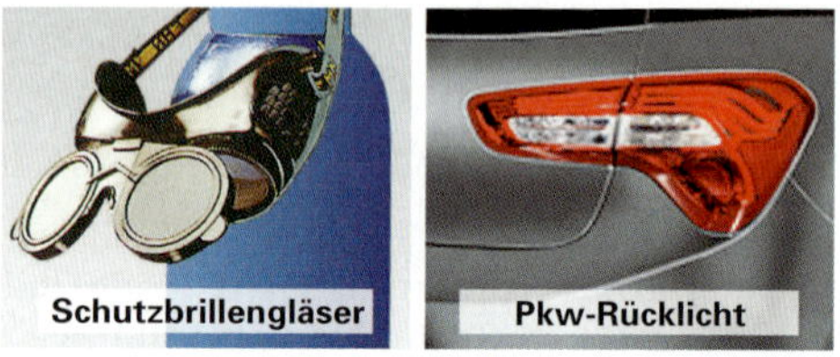

Bild 3: Typische Verwendung von Acrylglas

Polytetrafluorethylen (PTFE)

Eigenschaften: Milchig weiß, wachsartige, gleitfähige Oberfläche, weich, biegsam und zäh, abriebfest. Beständig gegen die meisten Chemikalien. Große Temperaturbeständigkeit: von −150 °C bis +280 °C. Dichte ϱ = 2,2 kg/dm³.

Handelsbezeichnungen: Hostaflon TF, Teflon.

Verwendung: Gleitbahnen für Führungen, Beschichtungen, Schmiermittel, Dichtungen, Lagerschalen **(Bild 4).**

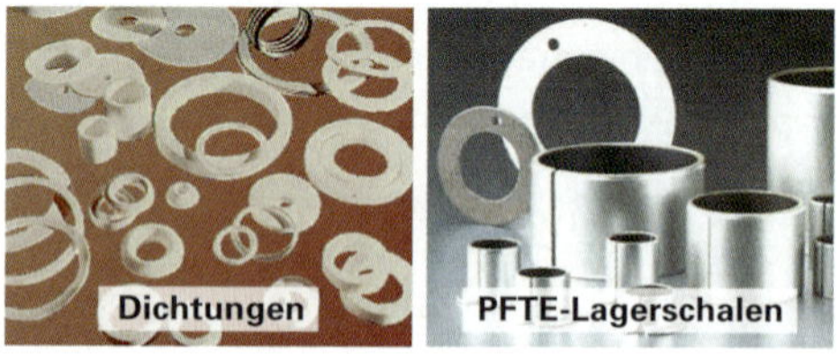

Bild 4: Typische Verwendung von PTFE

Polyoximethylen (POM)

Eigenschaften: Milchig weiß, gleitfähige, abriebfeste Oberfläche, hohe Festigkeit, Härte und Steifigkeit, große Zähigkeit auch bei tiefen Temperaturen, gute Federungseigenschaften (gute Schnappverbindungen).

Beständig gegen Lösungsmittel sowie verdünnte Säuren und Laugen; problemlose Verarbeitung.

Verwendung: Zahnräder, Kettenglieder, Haken **(Bild 5).**

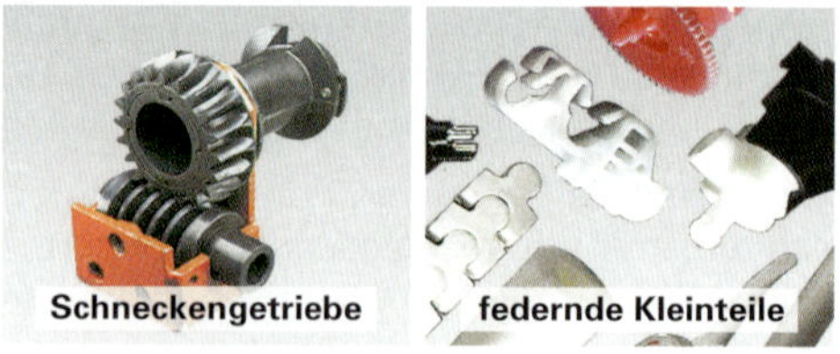

Bild 5: Bauteile aus POM

Polybutylenterephthalat (PBT)

Eigenschaften: elfenbeinfarbig; glatte, abriebfeste Oberfläche; hohe Steifigkeit; Formbeständigkeit bis rund 140 °C. Beständig gegen Treibstoffe, Schmier- und Lösungsmittel; leichte Verarbeitung; gute elektrische Isoliereigenschaften.

Verwendung: Elektroteile, Gehäuse, Platinen **(Bild 6).**

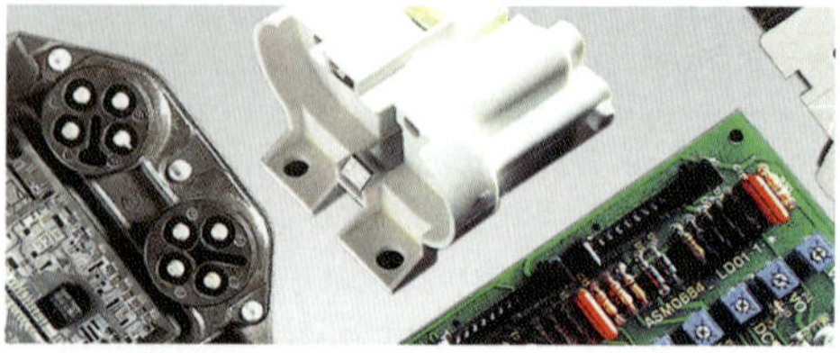

Bild 6: Typische Verwendung von PBT

5.9.5 Duroplaste

Die duroplastischen Kunststoffe sind entweder als Fertigteil im Gebrauch, z. B. als Gehäuse, Profile, Formteile, oder sie gelangen als flüssiges Vorprodukt, z. B. als Basisharz, Gießharz, Kleber, Lack oder Dichtungsmasse zum Anwender.

Die flüssigen Vorprodukte bestehen aus unvernetzten Makromolekülen, die durch Zugabe eines Härters oder unter Druck und Hitze engmaschig vernetzen und damit ihre endgültige, feste Gestalt als Formkörper erhalten. Diesen Vorgang nennt man **Aushärten** und die Duroplaste auch **aushärtbare Kunststoffe**. Die Duroplast-Fertigteile härten beim Urformen aus.

Nach dem Aushärten können duroplastische Kunststoffe nicht mehr umgeformt werden, da sie beim Erwärmen nicht erweichen. Sie können deshalb auch nicht geschweißt werden.

Duroplaste sind im Allgemeinen bei Erwärmung formbeständiger als Thermoplaste, je nach Duroplastsorte bis 220 °C. Bei zu starker Erwärmung zersetzen sich die Duroplaste, ohne weich zu werden. Wegen des meist harzartigen Aussehens der Duroplast-Vorprodukte nennt man die Duroplaste auch **Harze**.

Ungesättigte Polyesterharze (UP)

Eigenschaften: Farblos, glasklar mit Oberflächenglanz. Von hart und spröde bis zäh und elastisch. Als flüssiges Harz gute Haftfähigkeit und Vergießbarkeit. Beständig gegen Kraftstoffe sowie verdünnte Säuren und Laugen.

Verwendung: Basisharz für glasfaserverstärkte Kunststoff-Bauteile für Pkw **(Bild 1)**, Klebeharz für Metalle, Lackharz für kratzfeste Lacke, Gießharz für Modelle, Ausgangsharz für Fasern.

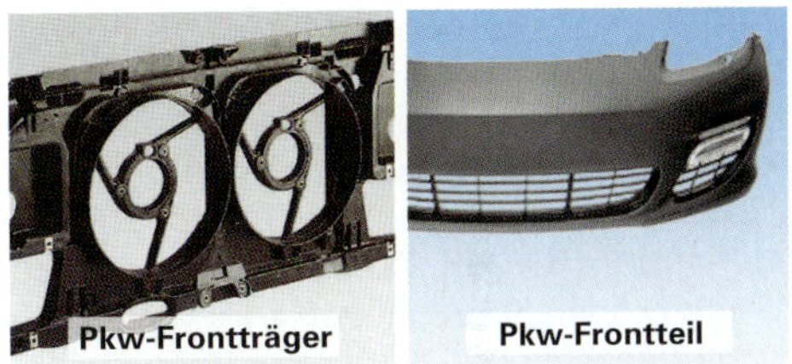

Bild 1: Verwendung verstärkter UP-Harze

Epoxidharze (EP)

Eigenschaften: Farblos bis honiggelb. Hartelastisch, schlagzäh. Klebend auf Metallen, gut vergießbar. Beständig gegen schwache Säuren, Laugen, Salzlösungen und Lösungsmittel. Temperaturbeständig bis 180 °C

Verwendung: Als Klebeharz, Lackharz und Gießharz sowie als Bindeharz für glasfaserverstärkte Kunststoffe, Formmassen und Gießerei-Formsandkerne **(Bild 2)**.

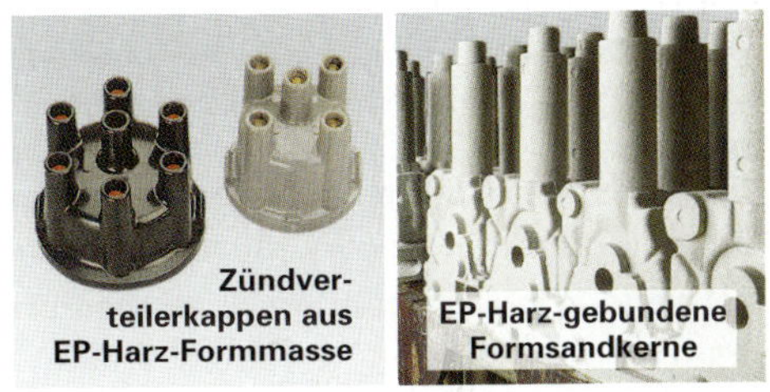

Bild 2: Typische Verwendung von Epoxidharz

Faserverstärkte Polyester- und Epoxidharze

Ein großer Teil der Polyester- und Epoxidharze wird als Bindeharz mit Glasfasern zu **faserverstärkten Kunststoff-Bauteilen** (GFK, CFK) verarbeitet (Seite 393).

Polyurethanharze (PUR)

Eigenschaften: Honiggelb, durchsichtig. Je nach Sorte von hartelastisch und zäh bis gummielastisch. Gute Haftfähigkeit. Beständig gegen schwache Säuren, Laugen, Salzlösungen und viele Lösungsmittel, schäumbar.

Verwendung: Hart PUR: Lagerschalen, Zahnräder, Rollen.

Halbhartes PUR: Zahnriemen, Puffer, Stoßfänger **(Bild 3)**.

Weich-PUR: Dichtungen, Kabelummantelungen.

Polyurethan kann zudem als Lack (DD-Lack), als Gießharz und Klebstoff sowie als Schaumstoff verwendet werden.

Bild 3: Anwendung von Polyurethanharzen

Außerdem lässt es sich schäumen: Je nach Vernetzungsgrad erhält man Hartschaumstoffe oder Weichschaumstoffe, die zur Wärmedämmung oder Polsterung sowie zur Stoßabsorption eingesetzt werden.

Für die Pkw-Innenauskleidung verwendet man stoßabsorbierenden **PUR-Integralschaum (Bild 5, Seite 109)**. Er hat eine lederartig aussehende Oberfläche mit einem geschäumten Bauteilkern und wird in einem Arbeitsgang, d. h. integral gefertigt. **Verwendung**: Verkleidungen für Armaturenträger, Lenkräder, Türen.

5.9.6 Elastomere

Die Elastomere, in der Umgangssprache Gummi genannt (englisch: rubber, Kurzzeichen R), bestehen meist aus weitmaschig vernetzten Polymeren. Je nach Vernetzungsgrad sind sie weich- oder hartgummiartig. Ihre hervorstechende Eigenschaft ist die hohe Elastizität mit z. T. mehreren Hundert Prozent.

Naturgummi (NR)

Sein Ausgangsstoff Naturkautschuk wird aus dem Saft eines tropischen Baumes gewonnen. Naturgummi zeichnet sich durch höchste Elastizität und Kaltflexibilität aus und wird als Beimischkomponente für Reifen-Gummimischungen und für Spezialzwecke, z. B. Luftballons oder Schwämme, verwendet.

Die überwiegende Masse der heute gebräuchlichen Elastomere sind synthetisch hergestellt, z. B. Styrol-Butadien-Gummi, Acryl-Butadien-Gummi, Chloropren-Gummi, Silicon-Gummi, Polyurethan-Gummi.

Styrol-Butadien-Gummi (SBR)

Eigenschaften: Gute Abriebfestigkeit, hohe Wärme- und Alterungsbeständigkeit, gute Elastizität.

Verwendung: SBR-Gummi ist der gebräuchlichste Gummiwerkstoff für normale Anwendungen **(Bild 1).** Der überwiegende Teil geht in die Reifenproduktion. Eine typische Zusammensetzung einer Reifen-Gummimischung ist: 42 % SBR, 18 % NR, 28 % Ruß, 12 % andere Zusatzstoffe. Weitere Anwendungen von SBR-Gummi sind Radialdichtringe, Manschetten, Gummipuffer.

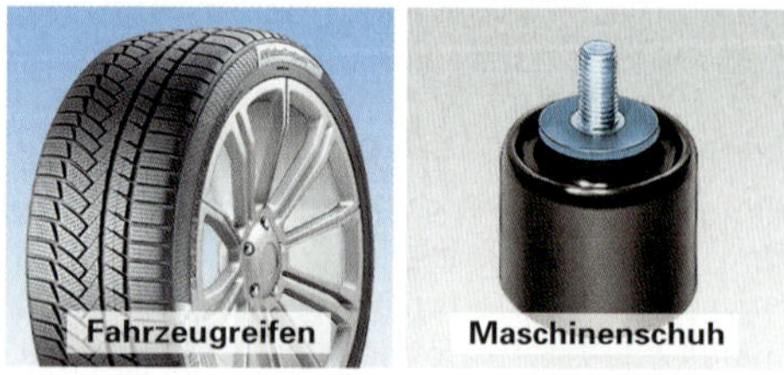

Bild 1: Typische Verwendung von SBR-Gummi

Silikon-Gummi (SIR)

Eigenschaften: Milchig weiß, Wasser und Klebstoff abweisend. Je nach Herstellung: von steifelastisch bis weichgummielastisch. Beständig gegen Schmieröle, unbeständig gegen starke Säuren, Laugen und Lösungsmittel.

Temperaturbeständig bis +180 °C, elastisch bis −40 °C.

Verwendung: Manschetten, Elektrostecker, Kunststoff-Gießformen, Fugenfüllmasse, Dichtungen **(Bild 2).**

In Lösung: Isolierlacke, Wasser abstoßende Anstriche.

Bild 2: Dichtungen aus Silikon-Gummi

Thermoplastische Polyurethan-Elastomere PUR(T)

Durch ihre thermoplastische Eigenschaft lassen sich diese Elastomere mit den wirtschaftlichen Verarbeitungsverfahren Spritzgießen und Extrudieren formen.

Eigenschaften: Hohe Verschleißfestigkeit, chemische Beständigkeit, herstellbar mit unterschiedlicher Härte.

Verwendung: Hartelastisches PUR(T) für Rollen **(Bild 3),** Zahnräder, Skistiefel. Weichelastisches PUR(T) für Kabelummantelungen, Schläuche, Abdichtungsmanschetten.

Bild 3: Bauteile aus thermoplastischen Polyurethan-Elastomeren

5.9.7 Kennwerte der Kunststoffe

Die Kennwerte der Kunststoffe werden mit speziellen Prüfverfahren ermittelt (Seite 408).

Zugfestigkeit, Streckspannung

Die verschiedenen Kunststoffsorten zeigen unterschiedliche mechanische Belastungs-Kennlinien **(Bild 4).** Die hartsteifen Kunststoffe, wie z. B. Polyamide (PA), Polycarbonate (PC), Acrylglas (PMMA)

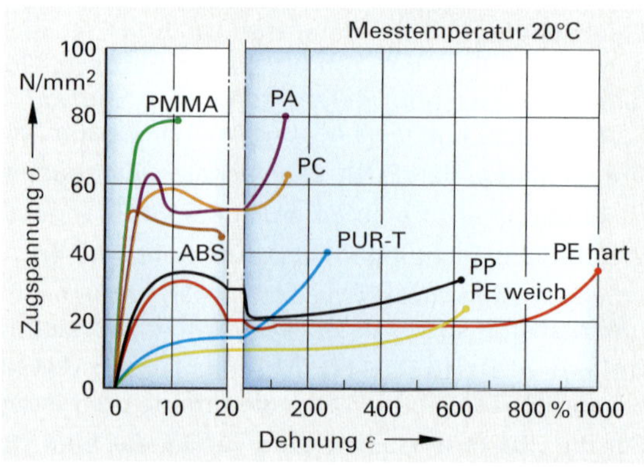

Bild 4: Spannungs-Dehnungs-Diagramm verschiedener Kunststoffe

und die verschiedenen Polystyrol-Copolymerisate (ABS-Sorten), haben Zugfestigkeiten bzw. Streckspannungen von 50 N/mm² bis 80 N/mm².

Weniger feste Kunststoffe wie z. B. Polyethylen (PE), Polypropylen (PP) und Polyurethan (PUR-T) haben Werte zwischen 30 N/mm² und 40 N/mm².

Vergleicht man diese Zugfestigkeits-Werte mit den Stählen, die Zugfestigkeiten von 300 N/mm² bis 1500 N/mm² aufweisen, so erkennt man, dass die reinen Kunststoffe nur für schwach belastete Bauteile geeignet sind. Durch Verstärkung mit hochfesten Glasfasern oder Kohlenstofffasern erhält man faserverstärkte Kunststoffe, die Zugfestigkeiten wie unlegierte Stähle besitzen (Seite 393).

Steifigkeit

Der Elastizitätsmodul, der die Formsteifigkeit eines Werkstoffs charakterisiert, hat bei den verschiedenen Kunststoffsorten bei Raumtemperatur (20 °C) Werte von 500 N/mm² bis 3500 N/mm² **(Bild 1).** Mit steigender Temperatur fällt er meist stark ab.

Vergleicht man mit Stahl, der einen E-Modul von 210 000 N/mm² besitzt, so erkennt man die wesentlich geringere Steifigkeit der Kunststoffe. Unverstärkte Kunststoffe sind deshalb für Bauteile mit hoher mechanischer Belastung nicht geeignet.

Faserverstärkte Kunststoffe, wie z. B. glasfaserverstärkte Polyamide (GF-PA) haben einen deutlich höheren E-Modul und damit eine größere Steifigkeit. Sie besitzen auch eine höhere Kriechfestigkeit. Mit ihrer geringen Dichte von rund 2 kg/dm³ eignen sich diese Werkstoffe zum hochbelasteten Leichtbau (Fahrzeug- und Flugzeugbau).

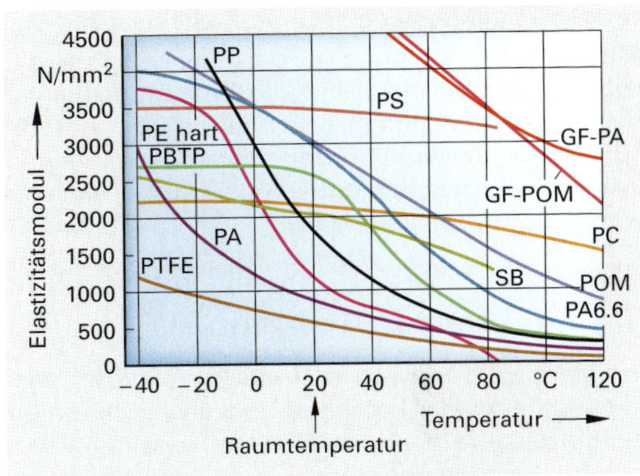

Bild 1: Temperaturabhängigkeit des E-Moduls (Steifigkeit) verschiedener Kunststoffe

Beständigkeit bei erhöhten Temperaturen

Die für den kurzzeitigen Einsatz maßgebende **Vicat-Erweichungstemperatur** zeigt für die verschiedenen Kunststoffe eine große Bandbreite. Während PVC nur bis rund 70 °C annähernd seine Formbeständigkeit behält, sind die Polyamide (PA) z. B. bis ca. 200 °C formstabil **(Bild 2).**

Die für den Dauereinsatz charakteristische **Dauergebrauchs-Temperatur** begrenzt den langandauernden Einsatz auch formstabiler Kunststoffe, wie z. B. von Polyamiden, auf rund 130 °C (Bild 2).

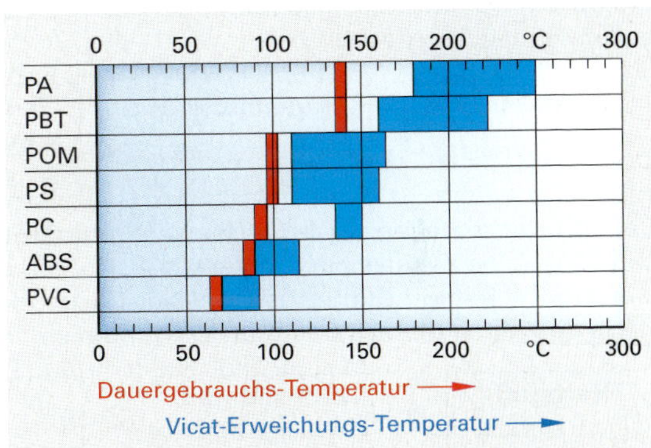

Bild 2: Wärmebeständigkeit von Kunststoffen

Wiederholung und Vertiefung

1 Welche typischen Eigenschaften haben die Kunststoffe?

2 Welche Eigenschaften begrenzen die Verwendung der Kunststoffe in der Technik?

3 In welche Gruppen teilt man die Kunststoffe ein?

4 Warum sind Thermoplaste schweißbar, Duroplaste und Elastomere nicht?

5 Was bedeuten die Kurznamen PE, PA, PUR?

6 Nennen Sie drei Thermoplaste mit Namen, Kurzbezeichnung und typischer Verwendung.

7 Warum nennt man die Duroplaste auch aushärtbare Kunststoffe bzw. Harze?

8 Was versteht man unter Polymerblends?

9 Wozu werden Polyurethanharze verwendet?

10 Welche Vorteile haben thermoplastische Elastomere gegenüber nicht thermoplastischen und duroplastischen Elastomeren?

11 Mit welchen Kennwerten misst man die Formbeständigkeit eines Kunststoffs bei Erwärmung?

12 Welche Zugfestigkeit und Steifigkeit (E-Modul) haben Kunststoffe im Vergleich zu Stahl?

5.10 Verbundwerkstoffe

Als Verbundwerkstoffe bezeichnet man Werkstoffe, die aus mehreren Einzelstoffen bestehen und zu einem neuen Werkstoff verbunden wurden.

Wichtige Verbundwerkstoffgruppen für den Maschinenbau sind z. B. **glasfaserverstärkte Kunststoffe**, kurz **GFK** genannt, oder **Hartmetalle** aus einem zähen Metall und Hartstoffteilchen **(Bild 1)**.

Nicht zu den Verbundwerkstoffen gehören die Legierungen. Bei ihnen sind die Einzelstoffe (Legierungselemente) gelöst oder im Gefüge äußerst fein verteilt. Bei den Verbundwerkstoffen hingegen liegen die Einzelstoffe unverändert und in wesentlich größeren Teilchen vor.

Bugklappe des ICE aus glasfaserverstärktem Kunststoff | **Wendeschneidplatten aus Hartmetall**

Bild 1: Bauteile aus Verbundwerkstoffen

5.10.1 Innerer Aufbau

In einem Verbundwerkstoff sind zueinander passende Einzelwerkstoffe miteinander kombiniert, so dass sich die guten Eigenschaften der Einzelstoffe im neuen Werkstoff vereinen. Die nachteiligen Eigenschaften werden überdeckt.

So sind bei den glasfaserverstärkten Kunststoffen die hohe Zugfestigkeit der Glasfasern mit der Zähigkeit der Kunststoffe kombiniert. Die Sprödigkeit der Glasfasern und die geringe Festigkeit der Kunststoffe werden überdeckt.

Glasfaser (hochfest, spröde) + **Kunststoff** (geringe Festigkeit, zäh) ⇒ **Glasfaserverstärkter Kunststoff (GFK)** (hochfest und zäh)

Bei den Hartmetallen wird die Härte der Hartstoffe (z. B. Wolframcarbid) und die Zähigkeit der Metalle (z. B. Cobalt) in einem Verbundwerkstoff vereinigt. Die Sprödigkeit der Hartstoffe und die geringe Härte des zähen Metalls treten im Verbund nicht in Erscheinung.

Hartstoff (hart, spröde) + **zähes Metall** (weich, zäh) ⇒ **Hartmetall** (hart und zäh)

Durch geeignete Auswahl und Kombination von Einzelstoffen ist es möglich, Verbundwerkstoffe mit Eigenschaften herzustellen, die genau auf eine technische Anforderung passen.

Der Stoff, der im Verbund eine Erhöhung der Festigkeit bewirkt, heißt **Verstärkungsmaterial**. Den anderen Stoff, der den Zusammenhalt des Körpers sicherstellt, nennt man **Bindung** oder **Matrix**.

Nach der Form der im Verbund vorliegenden Stoffe unterscheidet man verschiedene **Verbundwerkstoffarten (Bild 2)**:

- Faserverstärkte Verbundwerkstoffe, z. B. GFK oder CFK
- Teilchenverstärkte Verbundwerkstoffe, z. B. Hartmetalle
- Durchdringungs-Verbundwerkstoffe, z. B. schmierstoffgetränkte Sinterlager
- Schichtverbundwerkstoffe, z. B. plattierte Bleche, Bimetalle
- Strukturverbunde, z. B. Pkw-Stoßfänger.

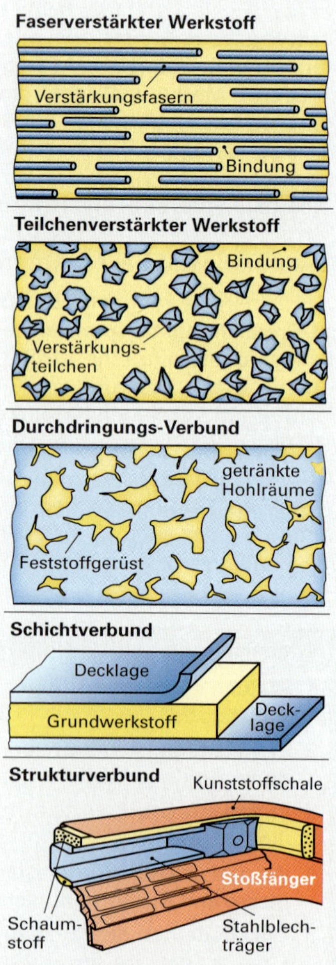

Bild 2: Verbundwerkstoffarten

5.10.2 Faserverstärkte Kunststoffe

Die faserverstärkten Kunststoffe bestehen aus einer Kunststoff-Grundmasse, in die zur Verstärkung Fasern, wie z. B. Glasfasern oder Kohlenstofffasern, eingearbeitet sind.

Als Kunststoff-Grundmasse werden hartzähe, duroplastische Kunststoffe, wie Polyester- und Epoxidharze, aber auch thermoplastische Kunststoffe, wie z. B. Polyethylen, eingesetzt. Die eingearbeiteten Fasern besitzen eine hohe Zugfestigkeit (bis 1500 N/mm²) und eine geringe Dichte (1,8 bis 2,5 kg/dm³). Die einzelnen Fasern sind 10 µm bis 100 µm dünn und zur besseren Handhabung in Strängen (engl. Rovings) mit mehreren Hundert bis Tausenden Einzelfasern zusammengefasst und zu Matten, Geweben oder Vlies verarbeitet.

Bei normal belasteten Bauteilen werden Glasfasern in die Kunststoffe eingearbeitet: man erhält **glasfaserverstärkte Kunststoffe**, kurz **GFK** genannt **(Bild 1)**.

Für besonders hoch belastete und formsteife Bauteile werden die hochfesten und hochsteifen, aber teuren Kohlenstofffasern eingesetzt. Diese **Kohlenstofffaser-verstärkten Kunststoffe** haben den Kurznamen **CFK** oder **Carbon.**

Carbon ist die englische Abkürzung für Carbonfiber-reinforced Composite, auf deutsch Kohlenstofffaser-verstärkter Verbundwerkstoff.

Die Fasern übertragen ihre hohe Zugfestigkeit in **der** Richtung auf den Verbund, in dem sie im Werkstoff liegen **(Bild 2)**. Für Bauteile, die bevorzugt in einer Richtung beansprucht werden, bringt man die Fasern in dieser Richtung ein. Werkstücke, die allseitig belastet werden, enthalten Fasern in allen Richtungen.

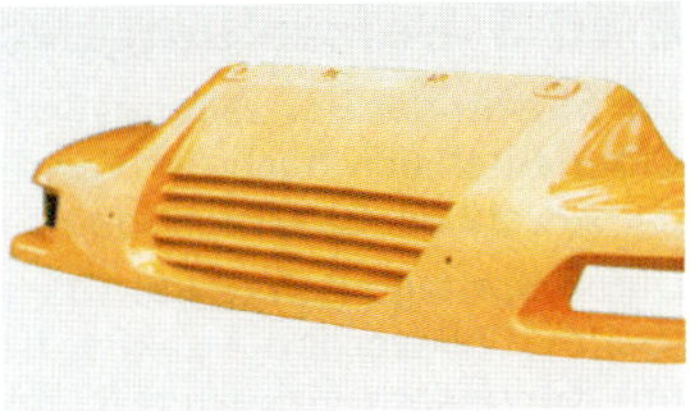

Bild 1: Lkw-Motorhaube aus GFK

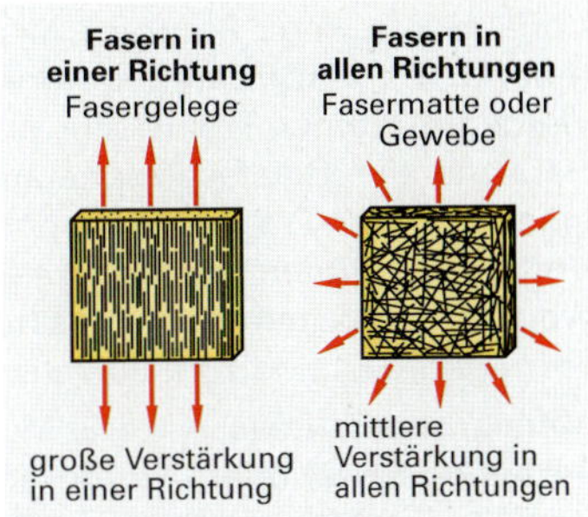

Bild 2: Faseranordnung und Verstärkungsrichtungen

Eigenschaften

Die mechanischen Eigenschaften des jeweiligen faserverstärkten Kunststoffs werden durch den verwendeten Kunststoff und die Art der Fasern sowie durch den Volumenanteil der Fasern im Verbund und ihre Anordnung im Bauteil bestimmt. Die Festigkeit nimmt mit steigendem Fasergehalt und der Ausrichtung der Fasern in eine Richtung zu.

Sowohl die GFK als auch die CFK haben sehr hohe Zugfestigkeiten bis 1000 bzw. 1500 N/mm² **(Tabelle 1)**. Ihre Dichte ist mit 1,5 kg/dm³ bis 2,0 kg/dm³ außerordentlich niedrig. Die Steifigkeit ist bei GFK ausreichend, bei CFK ist sie hoch (hoher E-Modul). GFK und CFK erreichen damit die Zugfestigkeit von Vergütungsstählen, CFK annähernd auch deren Steifigkeit **(Tabelle 2)**. Da ihre Dichte mit 1,5 kg/dm³ bis 2,0 kg/dm³ nur 20 bis 25 % der Dichte von Stahl beträgt, sind GFK und CFK Leichtbauwerkstoffe.

Auch im Vergleich mit dem Leichtbauwerkstoff Aluminium (ϱ_{Al} = 2,7 kg/dm³) haben CFK eine deutlich geringere Dichte und zudem eine höhere Festigkeit und Steifigkeit. Dies macht insbesondere CFK zum **Hochleistungs-Leichtbauwerkstoff (Bild 3)**.

Bild 3: Rotorflügel einer Windkraftanlage aus CFK

Tabelle 1: Eigenschaften von faserverstärkten Kunststoffen

		GFK	CFK
Zugfestigkeit	in N/mm²	bis 1000	bis 1500
E-Modul	in N/mm²	bis 30 000	bis 160 000
Dichte ϱ	in kg/dm³	rund 2,0	rund 1,5

Anwendungen

Hauptanwendungsgebiete für GFK und CFK sind der Fahrzeugbau (Karosserieteile, Blattfedern, Kardanwellen), der Schiffsbau (Bootskörper, Masten, Tanks) und der Flugzeugbau (Strukturteile, Rumpfteile, Tragflächen).

Auch im Maschinen- und Anlagenbau finden GFK und CFK vielfache Verwendung. Man fertigt daraus Zahnräder, Behälter, Rotorblätter (Bild 3).

Tabelle 2: Eigenschaften von Metall-Werkstoffen

zum Vergleich		Vergütungsstahl	Al-Legierungen
Zugfestigkeit	in N/mm²	bis 1500	bis 500
E-Modul	in N/mm²	210 000	rund 70 000
Dichte ϱ	in kg/dm³	rund 7,8	rund 2,7

5.10.3 Herstellungsverfahren für faserverstärkte Verbundwerkstoffe

Der Einsatz der Herstellungsverfahren für GFK und CFK richtet sich nach der Form und Größe sowie der Anzahl der zu fertigenden Teile.

Durch **Spritzgießen** (Seite 105) oder **Formpressen** (Seite 108) werden Kunststoff-Formmassen, die mit Kurzfasern von rund 1 mm Länge verstärkt sind, meist zu kleinformatigen Bauteilen verarbeitet, wie z. B. Zahnräder, Hebel oder Deckel.

Vorlaminate, engl. Prepregs, werden durch **kontinuierliches Laminieren** gefertigt **(Bild 1)**. Dazu werden auf einer Trennfolie fortlaufend flüssiges Harz und eine Glasfasermatte aufgebracht und mit einer zweiten Trennfolie abgedeckt. Das fertige Vorlaminat wird in Formstücke geschnitten, lagenweise in eine beheizte Pressform eingelegt, in Form gepresst und zum Formteil ausgehärtet.

Mittelgroße Bauteile, wie z. B. Motorhauben **(Bild 1, vorherige Seite)** oder Armaturenträger, die in großen Stückzahlen zu fertigen sind, werden durch **Warm-Formpressen** gefertigt **(Bild 2)**. Hierzu werden dünn mit Harz besprühte Fasermatten zugeschnitten und auf einer Presse zu einem Vorformteil geformt. Es wird in das untere Formwerkzeug einer Presse eingelegt. Dann wird das Presswerkzeug mit dem Oberteil geschlossen und evakuiert. Flüssiges Harz wird eingespritzt und imprägniert das Vorformteil. Durch Zufahren des beheizten Presswerkzeugs erhält das Formteil seine Endmaße und härtet in wenigen Minuten aus.

Das **Faserharzspritzen** dient zur Fertigung mittelgroßer bis großer Bauteile sowie von Vor-Laminaten **(Bild 3)**. In einem Druckluft-Spritzgerät werden Glasfasern zerschnitten und gleichzeitig mit einem aushärtenden Kunststoffnebel in ein Formwerkzeug geblasen. Die Kurzfasern und die Kunststofftröpfchen ergeben auf dem Formwerkzeug ein Laminat. Es kann auf dem Formwerkzeug aushärten oder als Vor-Laminat in eine Pressform gelegt und warm verpresst und gehärtet werden.

Sehr große Bauteile, wie z. B. Bootsrümpfe, Windkraft-Rotorflügel und Flugzeugtragflächen, werden durch **Laminieren** hergestellt **(Bild 4)**. Dabei werden Fasermatten von Hand oder von Robotern lagenweise auf einen ausgesteiften Formkern aufgetragen und durch Aufspritzen mit Harz getränkt. Durch Abpressen mit Handwalzen werden Lufteinschlüsse und überschüssiges Harz entfernt. Abschließend wird durch Warm-Formpressen ausgehärtet.

Beim **Nasswickeln** werden Faserstränge durch flüssigen, warmaushärtenden Kunststoff hindurchgezogen **(Bild 5)**. Sie saugen sich voll und werden zu einem Wickelkörper aufgewickelt. Es können rotationssymmetrische Bauteile wie Rohre, Behälter und Tanks gefertigt werden.

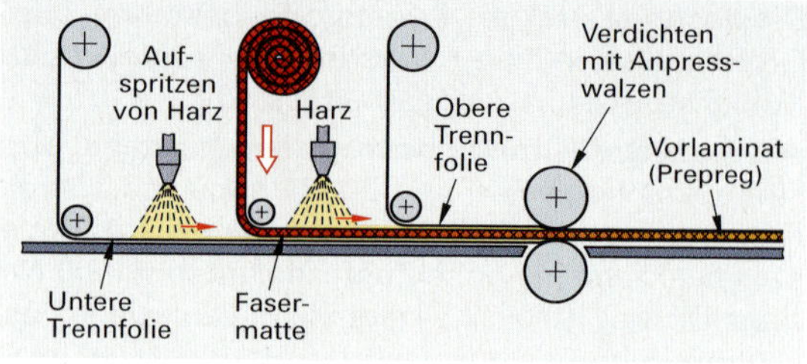

Bild 1: Kontinuierliches Laminieren von Vorlaminat

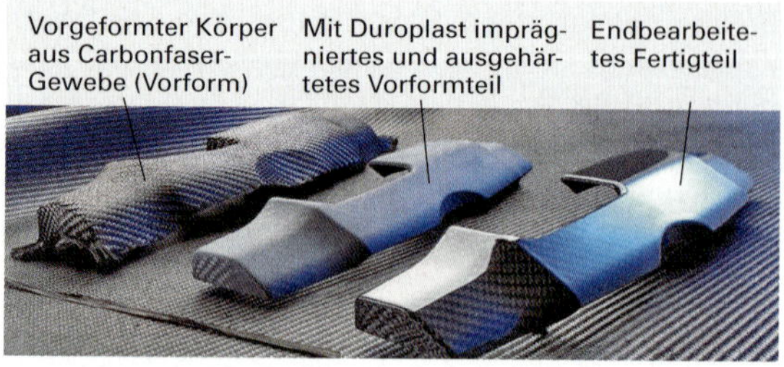

Bild 2: Warm-Formpressen eines Armaturenträgers

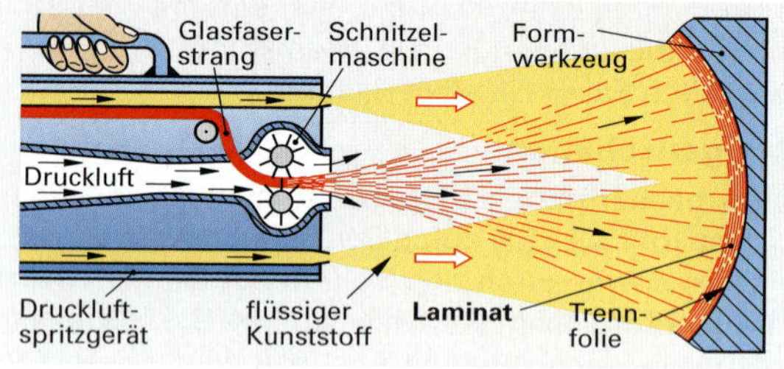

Bild 3: Faserharzspritzen eines Laminats

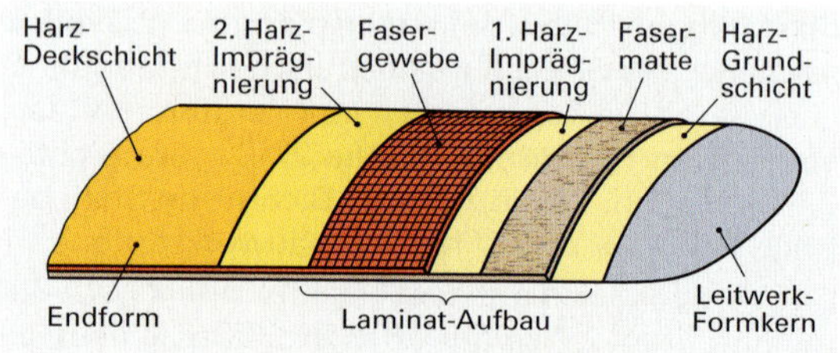

Bild 4: Laminieren eines Flugzeug-Leitwerks

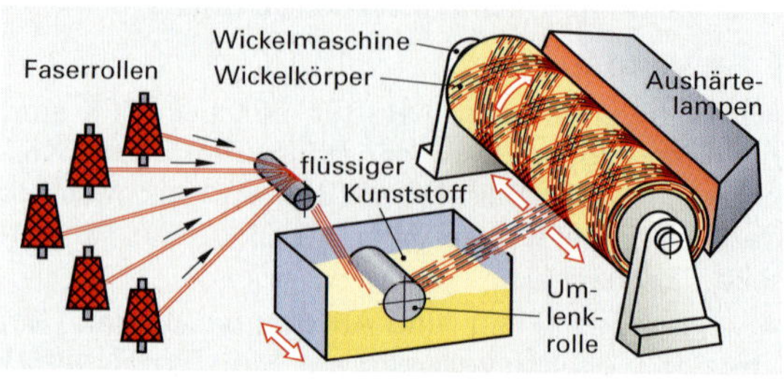

Bild 5: Nasswickeln eines Flugzeugtanks

5.10.4 Teilchenverstärkte und Durchdringungs-Verbundwerkstoffe

Kunststoff-Pressmassen. Sie bestehen aus einer thermoplastischen oder duroplastischen Kunststoffmasse (Bindung) und darin feinverteilten Füllstoffteilchen. Als Kunststoff verwendet man Polyesterharz sowie die Thermoplaste Polyamid PA, Polyoximethylen, POM und Styrolcopolymere ABS. Füllstoffe sind Gesteinsmehl, Glasmehl oder Ruß. Gegenüber reinem Kunststoff haben die Pressmassen eine höhere Zähigkeit und Festigkeit. Sie werden durch Spritzgießen oder Formpressen zu Kleinteilen wie Hebeln, Griffen, Elektrobauteilen, Gehäusen usw. verarbeitet **(Bild 1)**.

Bild 1: Elektro-Reihenklemme aus Kunststoff-Pressmasse

Polymerbeton, auch Mineralguss genannt, ist ein teilchenverstärkter Verbundwerkstoff aus rund 80 % Epoxidharz und 20 % splittrigen Granitkörnern als Füllstoff. Die Herstellung der Bauteile erfolgt durch Formgießen, Pressen und Aushärten. Hauptanwendungsgebiet im Maschinenbau sind Gestelle von Werkzeugmaschinen **(Bild 2)**. Es können Leitungen und Stahlgewinde eingegossen werden. Verwendet werden auch Gestellformen aus Gusseisen, die mit Polymerbeton ausgegossen sind. Polymerbeton-Maschinengestelle haben ein wesentlich besseres Dämpfungsverhalten als Maschinenkörper aus Grauguss und damit eine höhere Fertigungsgenauigkeit.

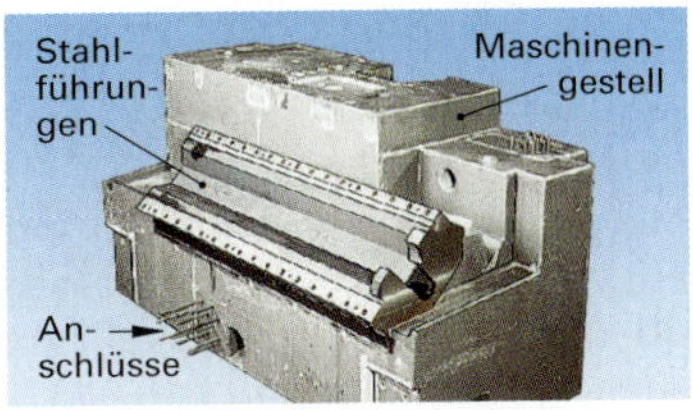

Bild 2: Drehmaschinengestell aus Polymerbeton

Schleifkörper und Honsteine (Bild 3). Sie bestehen aus dem körnigen Schleifmittel (harte Edelkorund-, Siliciumkarbid- oder Diamantkörner) und einer Kunststoff-, Weichkeramik- oder Metallbindung. Bei diesen Verbundwerkstoffen übernehmen die sprödharten Schleifmittelkörner die Spanabnahme, während die Bindung dem Schleifkörper Zusammenhalt, Festigkeit und Zähigkeit verleiht.

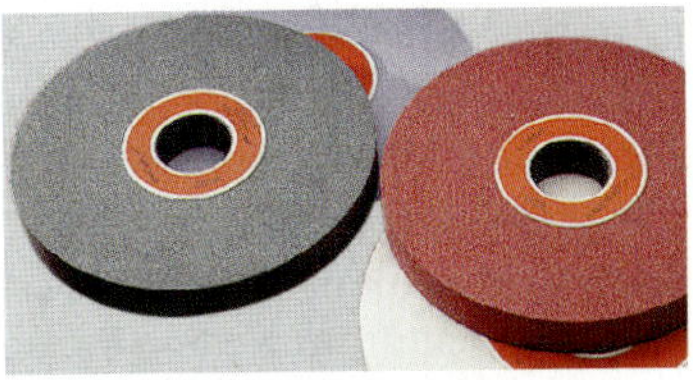

Bild 3: Schleifkörper aus Hartstoffkörnern und Bindung

Hartmetalle und keramische Schneidstoffe

Die Hartmetalle bestehen aus einem Gerüst aus mikroskopisch kleinen, sprödharten Carbidkörnern (Verstärkungsteilchen) und einer metallischen Bindung (meist Cobalt), die die Räume zwischen den Carbidsplittern füllt. Diese Kombination ergibt einen Verbundwerkstoff, der seine Härte und Verschleißfestigkeit von den Carbidkörnern und seine Zähigkeit von der Cobaltbindung erhält. Er wird als Schneidwerkstoff verwendet **(Bild 4)**.

Die oxidkeramischen Schneidstoffe bestehen aus Edelkorundteilchen (Al_2O_3) und einer keramischen ZrO_2-Bindung. Mischkeramik-Schneidstoffe enthalten zusätzlich TiC- und TiCN-Körner.

Bild 4: Wendeschneidplatten aus Hartmetall (WC-Körner und Cobaltbindung)

5.10.5 Schicht-Verbundwerkstoffe

Kunststoff-Pressholz besteht aus dünnen, harzgetränkten Holzlagen, die zu Platten verpresst sind **(Bild 5)**. Seine mechanischen Eigenschaften sowie seine Bearbeitbarkeit sind ähnlich wie die von Hartholz. Sein Hauptanwendungsgebiet ist der Modellbau.

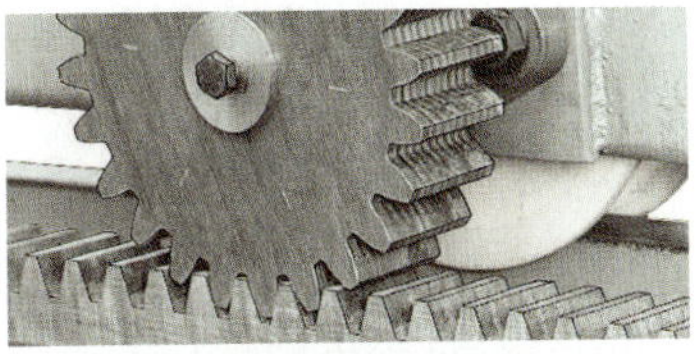

Bild 5: Zahnstangentrieb (Modell)

Hartgewebe Hgw und **Hartpapier HP,** auch als **Vulkanfiber** bezeichnet, besteht aus Gewebe- oder angelösten Papierbahnen, die mit Harz getränkt, verpresst und zu Verbundplatten ausgehärtet werden. Sie haben hornartig-zähelastische Eigenschaften und werden zu Dichtungen und Leiterplatten verarbeitet.

Plattierte Bleche bestehen aus einem billigen Grundwerkstoff, meist unlegiertem Stahl, auf den eine dünne Schicht eines rost- und säurebeständigen Werkstoffs aufgewalzt ist **(Bild 6)**. Plattierte Werkstoffe werden vor allem im chemischen Apparatebau eingesetzt.

Bild 6: Chemieapparat

Bimetalle sind dünne Blechstreifen aus zwei aufeinander gewalzten und dabei pressverschweißten Blechen unterschiedlicher Metalle. Erwärmt man das Bimetall, so verbiegt es sich nach der Seite des Werkstoffs mit der geringeren Wärmeausdehnung.

Bimetalle verwendet man in Thermometern als Bimetall-Spiralen, die sich aufweiten und zusammenziehen **(Bild 1)** sowie in Schaltern als selbstschaltende elektrische Kontakte (Thermoschalter).

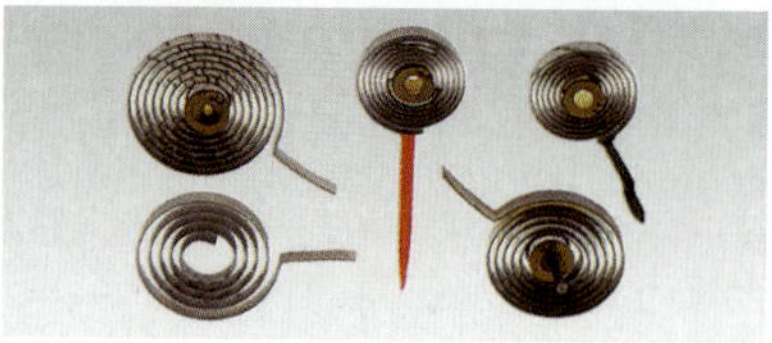

Bild 1: Bimetall-Spiralen

5.10.6 Struktur-Verbundbauteile

Struktur-Verbundbauteile sind aus mehreren Bauteilen aus unterschiedlichen Werkstoffen zusammengesetzt (strukturiert). Durch die Kombination verschiedener Werkstoffe in einem Bauteil können Bauteil-Eigenschaften erreicht werden, die mit einem Werkstoff allein nicht möglich sind.

Struktur-Verbundbauteile werden dort eingesetzt, wo Bauteile mit einem geringen Gewicht, mit großer mechanischer Steifigkeit und Formstabilität sowie gleichzeitig einem großen Energie-Absorptionsvermögen benötigt werden. Ein moderner **Pkw-Stoßfänger** z. B. ist ein Struktur-Verbundbauteil. Er besteht aus einer Kunststoffschale, einer Schaumstofffüllung und einem Stahlblechkern **(Bild 2)**. Jeder Werkstoff übernimmt im Bauteil eine besondere Aufgabe.

Die aus faserverstärktem Polypropylen bestehende, hart-elastische Außenschale gewährleistet die Formstabilität und Elastizität, sodass bei kleinen Stößen keine bleibenden Beulen entstehen.

Der Polyurethan-Schaumstoffkern nimmt bei mittleren Stößen die Stoßenergie durch bleibende Verformung auf, sodass der Schaden auf den Stoßfänger begrenzt bleibt.

Bei schweren Stößen leitet der Stahlblechkern die Kräfte an den Stoßabsorber weiter, der verformt wird. Dadurch bleibt die Fahrgastzelle unbeschädigt und die Insassen im Fahrzeug geschützt.

Auch eine moderne **Pkw-Karosserie** ist ein Struktur-Verbundbauteil. Sie besteht aus mehreren Teilbereichen aus unterschiedlichen Werkstoffen **(Bild 3)**.

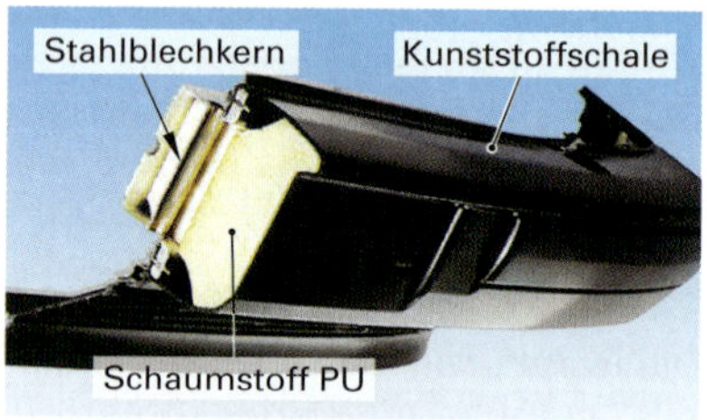

Bild 2: Pkw-Stoßfänger mit Verbundstruktur

Die Fahrgastzelle hat einen Rahmen aus warm- bzw. kaltgeformten, hochfesten Stahlblech-Formteilen (Seite 354). Sie behält auch bei einem starken Aufprall ihre Grundform und schützt die Insassen vor Verletzungen. Durch eine begrenzte Verformung absorbiert sie viel kinetische Energie beim Aufprall.

Die Stütz- und Tragsättel des Motors und der Radaufhängungen sind aus Al-Gusswerkstoffen gefertigt. Sie fangen die Stöße und Schläge der Räder sowie die Massenkräfte des Motors auf.

Die Motorhaube, die Radkästen und die Türen der Karosserie bestehen aus dünnen Verbundblechen aus weichem Stahl bzw. Aluminium-Legierungen. Sie nehmen bei kleineren Unfällen durch Verformung einen Großteil der kinetischen Energie auf und tragen damit zum Schutz der Insassen bei.

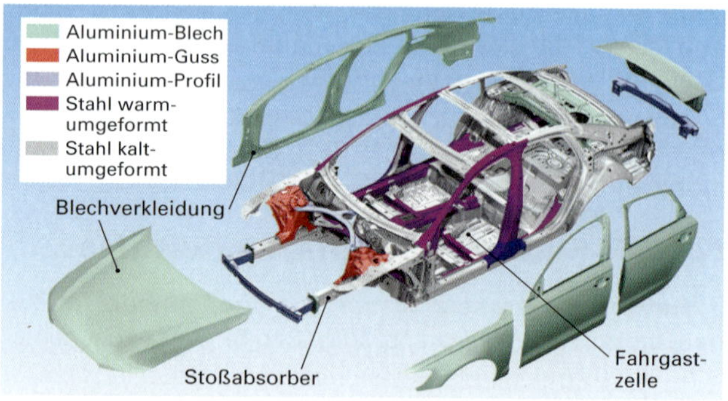

Bild 3: Karosserie eines modernen Pkws aus mehreren Werkstoffen (Verbundbauweise)

Wiederholung und Vertiefung

1 Welche Vorteile haben Verbundwerkstoffe gegenüber Einzelwerkstoffen?

2 Was bedeuten die Kurznamen GFK und CFK?

3 Welche besonderen Eigenschaften haben GFK und CFK?

4 Beschreiben Sie das Herstellungsverfahren Warm-Formpressen für ein CFK-Bauteil.

5 Welchen Aufbau haben Schleifkörper?

6 Beschreiben Sie die verschiedenen Werkstoffe bei einer Pkw-Karosserie in Verbundbauweise.

5.11 Werkstoffprüfung

Die Werkstoffprüfung hat drei Aufgabenbereiche:

- **Bestimmung technologischer Eigenschaften** der Werkstoffe, wie z. B. der Festigkeit, der Härte und der Fertigungseignung. Dadurch erhält man Hinweise für die Verwendbarkeit der Werkstoffe.
- **Überprüfung fertiger Werkstücke,** z. B. auf Risse oder fehlerhafte Wärmebehandlung. Dadurch soll verhindert werden, dass fehlerhafte Werkstücke zum Einsatz kommen und Schadensfälle verursacht werden.
- **Ermittlung der Schadensursachen** bei Werkstücken, die zu Bruch gegangen sind **(Bild 1).** Dadurch werden geeignetere Werkstoffe ausgewählt und damit ähnliche Schäden in Zukunft vermieden.

Fragen an die Werkstoffprüfung:

- Wurde der richtige Werkstoff verwendet?
- Hatte der Werkstoff die vom Hersteller gewährleisteten technologischen Eigenschaften?
- Lagen Werkstofffehler vor?
- Wurde die vorgeschriebene Wärmebehandlung durchgeführt?
- Welchen Korrosionsbedingungen war das Bauteil ausgesetzt?

Bild 1: Gebrochene Hohlwelle und mögliche werkstoffbedingte Bruchursachen

5.11.1 Prüfung der Verarbeitungseigenschaften

Zur Prüfung der Eignung eines Werkstoffs oder eines Halbzeugs für eine bestimmte Anwendung oder ein Fertigungsverfahren dienen die technologischen Prüfungen **(Bild 2).**

Der **Biegeversuch** und **Faltversuch** dient dazu, das Umformvermögen von Stabmaterial und Schweißnähten zu prüfen (2a). Die Probe wird in einer Biegevorrichtung gebogen, bis ein Riss eintritt. Der Biegewinkel beim Auftreten des Risses wird gemessen und dient als Maßzahl. Tritt kein Riss auf, wird die Probe anschließend bis auf 180° gefaltet.

Der **Hin- und Herbiegeversuch** prüft die Eignung zum mehrmaligen Biegen von Blechen und Bändern aus Stahl (2b). Die Probe wird solange hin und her gebogen, bis ein Riss auftritt. Die Anzahl der Biegevorgänge dient als Maßzahl.

Der **Tiefungsversuch nach Erichsen** liefert Anhaltswerte über die Tiefziehfähigkeit von Blechen. Die Eindrücktiefe *IE* bis zum Anriss dient als Kennwert (2c).

Beim **Stauchversuch** wird die Warmstauchfähigkeit von Niet- und Schraubenwerkstoffen geprüft. Sie müssen ohne Riss bis auf $^1/_3$ der Ausgangshöhe stauchbar sein (2d).

Mit dem **Ausbreitversuch** wird die Schmiedbarkeit von Stählen geprüft (2e). Hierzu wird eine Flachprobe bei Rotglut mit der Finne eines Handhammers auf 1,5-fache Breite geschmiedet. Dabei darf kein Riss auftreten.

Die **Schweißnahtprüfung** dient zur Beurteilung von Schweißnähten (2f). Eine geschweißte Probe wird im Schraubstock oder mit Hammerschlägen bis zum Bruch der Schweißnaht gebogen. Beurteilt wird das Bruchgefüge und etwa vorhandene Schweißfehler.

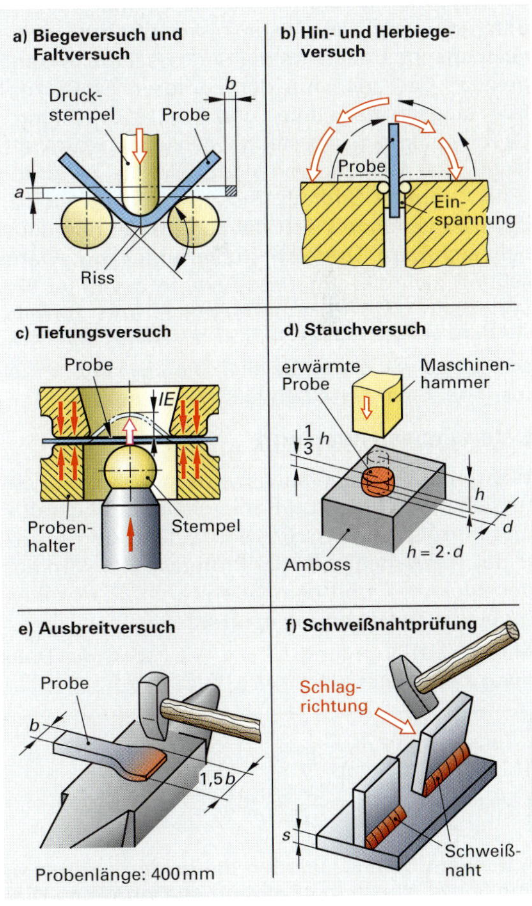

Bild 2: Technologische Prüfverfahren

5.11.2 Prüfung mechanischer Eigenschaften

Prüfverfahren mit schlagartiger, schnell aufgegebener oder wechselnder Belastung nennt man **dynamische Prüfungen**, wie z.B. den Kerbschlagbiegeversuch, die Dauerfestigkeitsprüfung und die Bauteil-Betriebslasten-Prüfung.

Wird die Belastung dagegen langsam aufgebracht oder konstant gehalten, so spricht man von **statischen Prüfungen**. Dazu gehören der Zugversuch, der Druckversuch, der Scherversuch sowie die Härteprüfungen.

5.11.2.1 Zugversuch

SimMetall S34

Der Zugversuch dient zur Bestimmung der mechanischen Kennwerte eines Werkstoffes bei Zugbeanspruchung. Er wird mit einer runden oder flachen Zugprobe durchgeführt (**Bild 1**, rechts oben). Bei runden Zugproben ist die Anfangsmesslänge L_0 fünfmal so groß wie ihr Durchmesser d_0.

Versuchsdurchführung

Der Zugversuch wird auf einer **Universalprüfmaschine** durchgeführt (Bild 1).

Die Zugprobe wird an den Einspannenden in den unteren und oberen Spannkopf der Prüfmaschine eingespannt. Dann wird die Prüfmaschine in Gang gesetzt: Das Joch mit dem unteren Spannkopf fährt langsam nach unten und belastet die Zugprobe mit einer langsam stetig wachsenden Zugkraft. Unter ihrer Wirkung verlängert sich die Zugprobe (**Bild 2**, oberer Bildteil). Bis zum Höchstwert der Zugkraft verlängert sich die Zugprobe ohne deutlich sichtbare Querschnittsveränderung. Dann schnürt sich die Zugprobe etwa in der Mitte ein, verlängert sich dort beträchtlich und zerreißt schließlich an dieser Stelle. Während des Einschnürens der Zugprobe sinkt die Zugkraft immer mehr ab. Beim Zerreißen fällt sie auf null.

Versuchsauswertung

Während des Zugversuchs wird mit Messeinrichtungen die auf die Zugprobe wirkende Zugkraft F und ihre Verlängerung ΔL fortlaufend gemessen. In der Auswerteeinheit der Prüfmaschine wird aus der Zugkraft F und dem Querschnitt S_0 der Zugprobe die **Zugspannung σ_z** ermittelt.

Mit der Verlängerung $\Delta L = L - L_0$ wird die **Dehnung ε** errechnet.

Zugspannung $$\sigma_z = \frac{F}{S_0}$$

Dehnung $$\varepsilon = \frac{L - L_0}{L_0} \cdot 100\,\% = \frac{\Delta L}{L_0} \cdot 100\,\%$$

Auf einem Monitor werden die beiden Größen σ_z und ε als Kurve im **Spannungs-Dehnungs-Diagramm** aufgezeichnet (**Bild 2**, unterer Bildteil).

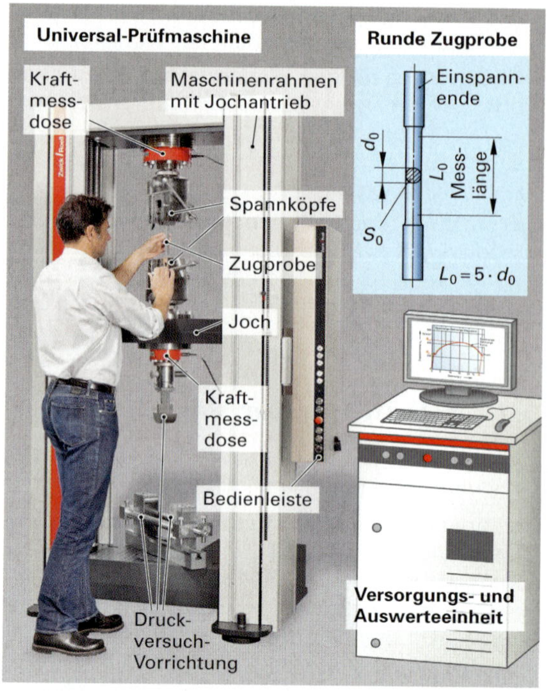

Bild 1: Zugversuch mit der Universalprüfmaschine

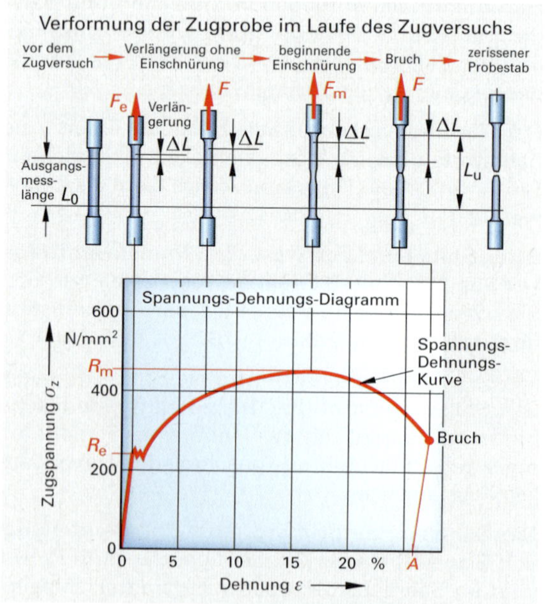

Bild 2: Verformung einer Zugprobe und Spannungs-Dehnungs-Diagramm eines Stahls mit ausgeprägter Streckgrenze (S235JR)

Kennwerte für Werkstoffe mit ausgeprägter Streckgrenze

Unlegierter Baustahl, z. B. S235JR (St 37-2), hat eine Spannungs-Dehnungs-Kurve mit **ausgeprägter Streckgrenze (Bild 2, vorherige Seite)**. Bei ihm steigt die Spannung σ_z im Anfangsbereich proportional (in gleichem Maß) mit der Dehnung ε an. Deshalb ist die Kurve im Anfangsbereich eine Gerade.

Dieser proportionale Zusammenhang zwischen Spannung σ_z und Dehnung ε wird mit dem **Hooke'schen Gesetz** beschrieben (siehe rechts). Der Faktor ***E*** in der Gleichung heißt **Elastizitätsmodul** und ist ein Kennwert für die Steifigkeit eines Werkstoffs. Für Stähle ist $\boldsymbol{E_{\text{Stahl}}}$ **= 210 000 N/mm²**.

Bei Erreichen einer bestimmten Spannung, man nennt sie **Streckgrenze** $\boldsymbol{R_e}$, verlängert sich die Zugprobe bei gleich bleibender Zugkraft: Die Probe wird „gestreckt". Im σ_z-E-Diagramm (Bild 2, vorherige Seite) verläuft die Kurve waagerecht.

Nach dem Streckbereich steigt die Spannung in der Zugprobe langsam bis zum höchsten Punkt der Kurve. Diesen Höchstwert der Zugspannung bezeichnet man als **Zugfestigkeit** $\boldsymbol{R_m}$.

Danach fällt die Kurve wieder ab. Die Zugprobe schnürt sich hier immer mehr ein und zerreißt schließlich.

Die bleibende Dehnung, die die Zugprobe nach dem Bruch hat, heißt **Bruchdehnung *A*** (Bild 2, vorherige Seite).

Berechnungsformeln	
Hooke'sches Gesetz	$\sigma_z = E \cdot \varepsilon$
Streckgrenze	$R_e = \dfrac{F_e}{S_0}$
Zugfestigkeit	$R_m = \dfrac{F_m}{S_0}$
Bruchdehnung	$A = \dfrac{L_u - L_0}{L_0} \cdot 100\,\%$

Beispiel: Eine runde Zugprobe mit dem Anfangsdurchmesser d_0 = 8 mm und einer Anfangsmesslänge L_0 = 40 mm wird in einem Zugversuch geprüft. Die Zugkraft bei der Streckgrenze beträgt F_e = 11 810 N, die Höchstzugkraft F_m = 18 095 N. Nach dem Bruch der Zugprobe wird eine bleibende Länge der Messlänge L_u = 50,8 mm gemessen. Wie groß sind a) die Streckgrenze, b) die Zugfestigkeit und c) die Bruchdehnung?

Lösung: $S_0 = \dfrac{\pi}{4} \cdot d^2 = \dfrac{\pi}{4} \cdot (8\text{ mm})^2 = \mathbf{50{,}265\ mm^2}$

a) $R_e = \dfrac{F_e}{S_0} = \dfrac{11\,810\text{ N}}{50{,}265\text{ mm}^2} = \mathbf{235\ \dfrac{N}{mm^2}}$

b) $R_m = \dfrac{F_m}{S_0} = \dfrac{18\,095\text{ N}}{50{,}265\text{ mm}^2} = \mathbf{360\ \dfrac{N}{mm^2}}$

c) $A = \dfrac{L_u - L_0}{L_0} \cdot 100\,\% = \dfrac{50{,}8\text{ mm} - 40\text{ mm}}{40\text{ mm}} \cdot 100\,\% = \mathbf{27\,\%}$

Kennwerte für Werkstoffe ohne ausgeprägte Streckgrenze

Bei **Werkstoffen ohne ausgeprägte Streckgrenze**, wie z. B. bei Aluminium- und Kupfer-Werkstoffen oder bei vergütetem Stahl, hat die Spannungs-Dehnungs-Kurve keine Streckgrenze. Die Kurve steigt vom Beginn als Gerade an, geht dann in eine gekrümmte Kurve über und steigt bis zur Zugfestigkeit R_m. Nach Erreichen der Zugfestigkeit R_m fällt sie bis zum Bruch ab **(Bild 1)**.

Die Spannung im höchsten Punkt der Kurve wird auch hier als **Zugfestigkeit** $\boldsymbol{R_m}$ bezeichnet. Die bleibende Dehnung beim Bruch ist die **Bruchdehnung *A*** (Berechnungsformeln siehe oben).

Da bei Werkstoffen mit diesem Spannungs-Dehnungs-Verlauf eine Streckgrenze fehlt, diese aber für die Festigkeitsberechnung wichtig ist, hat man als Ersatz die **0,2 %-Dehngrenze** $\boldsymbol{R_{p0,2}}$ eingeführt. Dies ist die Spannung, bei der die Zugprobe nach Entlastung eine bleibende Dehnung von 0,2 % aufweist.

Bestimmt wird die 0,2 %-Dehngrenze $R_{p0,2}$ in der Spannungs-Dehnungs-Kurve mit einer Parallelen zur Geraden am Kurvenanfang bei ε = 0,2 % (Bild 1).

Beispiel: Der in Bild 1 dargestellte Aluminium-Werkstoff hat eine 0,2 %-Dehngrenze von $R_{p0,2}$ = 123 N/mm².

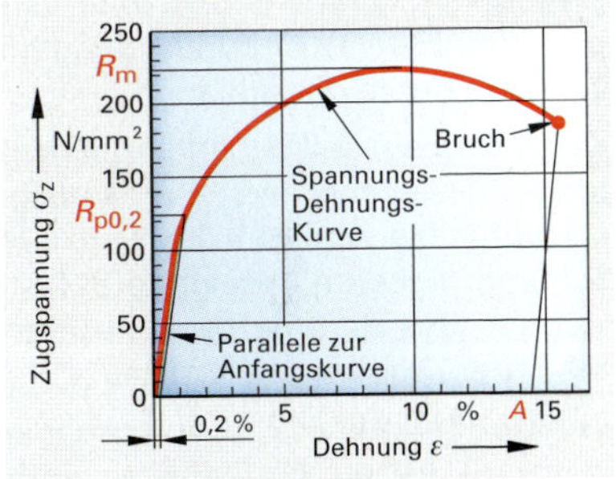

Bild 1: Spannungs-Dehnungs-Diagramm einer Aluminiumlegierung ohne ausgeprägte Streckgrenze

Werkstoffe im Vergleich

Jeder Werkstoff hat eine typische Spannungs-Dehnungs-Kurve.

Trägt man die Kurven verschiedener Werkstoffe in ein Schaubild ein, so erkennt man das unterschiedliche Verformungsverhalten der Werkstoffe **(Bild 2)**.

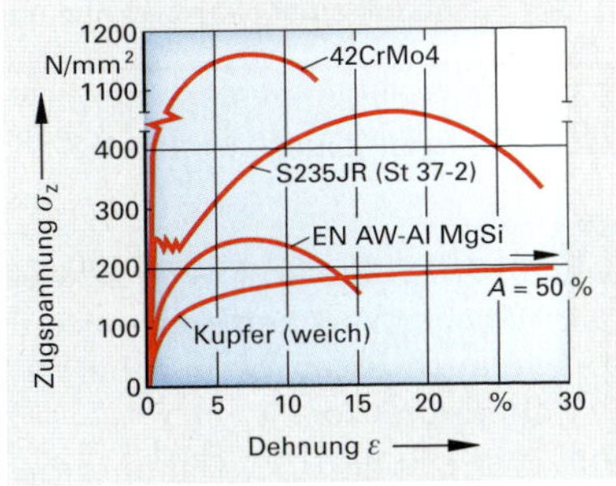

Bild 2: Spannungs-Dehnungs-Diagramm verschiedener Werkstoffe im Vergleich

5.11.2.2 Druckversuch

Auf einer Universalprüfmaschine (Seite 398) wird eine Druckprobe einer langsam zunehmenden Druckkraft F ausgesetzt und bis zum Bruch oder Anriss belastet **(Bild 1)**. Sprödharte Werkstoffe, wie z. B. Gusseisen oder gehärteter Stahl, zerspringen in mehrere große Stücke. Zähe Werkstoffe, wie z. B. ungehärteter Stahl, werden zu einem tonnenförmigen Gebilde verformt, das in Kraftrichtung Risse aufweist.

Die maximal erzielbare Druckspannung in einer Druckprobe heißt **Druckfestigkeit** σ_{dB}.

Druckfestigkeit $\sigma_{dB} = \frac{F_m}{S_0}$

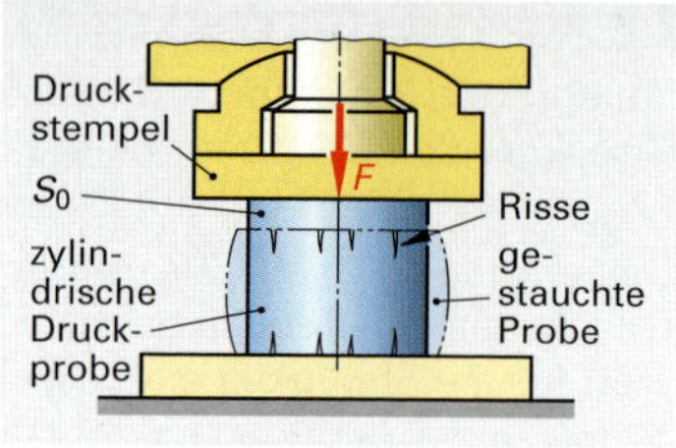

Bild 1: Druckversuch-Vorrichtung

5.11.2.3 Scherversuch

Mit dem Scherversuch wird die Belastungsfähigkeit des Werkstoffs auf Abscheren geprüft.

Dazu wird eine Rundstabprobe in der Schervorrichtung einer Universalprüfmaschine (Seite 398) mit einer langsam wachsenden Scherbeanspruchung belastet, bis sie abschert **(Bild 2)**.

Die zum Abscheren erforderliche Maximalkraft F_m wird gemessen und mit den beiden Scherflächen ($2 \cdot S_0$) die Scherfestigkeit τ_{aB} berechnet.

Scherfestigkeit $\tau_{aB} = \frac{F_m}{2 \cdot S_0}$

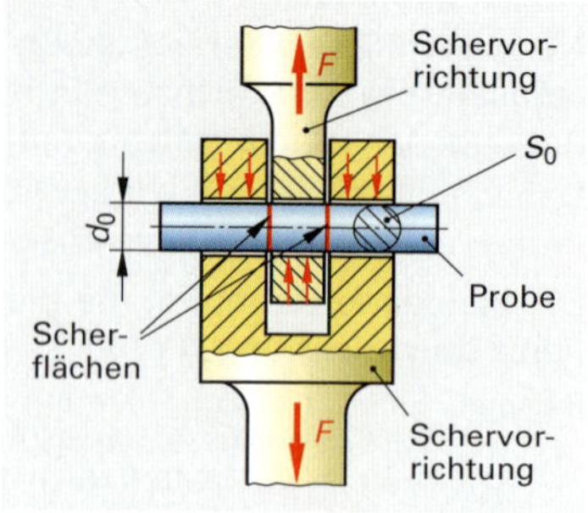

Bild 2: Scherversuch-Vorrichtung

5.11.3 Kerbschlagbiegeversuch

Beim Kerbschlagbiegeversuch nach Charpy wird eine genormte Probe mit U- oder V-förmiger Kerbe in einem Schlagwerk von einem herunterfallenden Pendelhammer getroffen **(Bild 3)**. Er durchschlägt die Probe oder zieht sie verformt durch die Auflager.

Dabei wird ein Teil der anfänglich im Hammer gespeicherten potenziellen Energie verbraucht. Der Pendelhammer schwingt bis zum Umkehrpunkt weiter, der von einem Schleppzeiger am Anzeigegerät festgehalten wird. Die Bewegung des Hammers wird umso mehr abgebremst, je zäher der Probenwerkstoff ist.

Der Höhenunterschied von Ausgangsstellung und Umkehrpunkt ist ein Maß für die **verbrauchte Schlagarbeit** W_v. Sie kann am Anzeigegerät abgelesen werden und wird als Prüfergebnis in der Einheit Joule (J) angegeben.

Beispiel: Angabe eines Prüfergebnisses: **KU = 68 J**
(Die verbrauchte Kerbschlagarbeit beträgt 68 J, gemessen mit einer Normalprobe mit U-Kerbe.)

Der Kerbschlagbiegeversuch liefert einen Hinweis auf die Zähigkeit eines Werkstoffs.

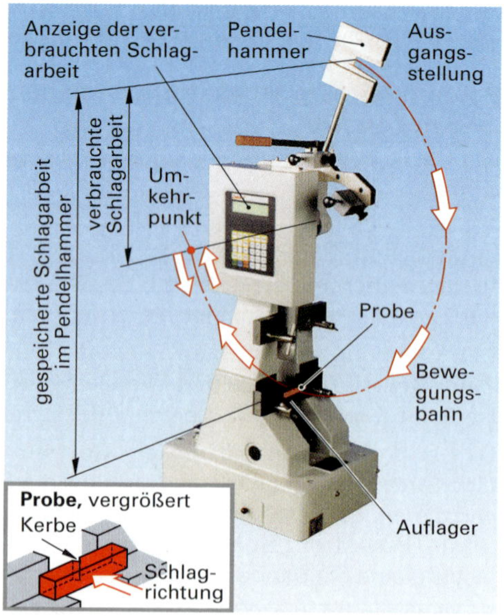

Bild 3: Kerbschlagbiegeversuch nach Charpy

Wiederholung und Vertiefung

1 Welche Werkstoffkennwerte liefert der Zugversuch eines Werkstoffs mit ausgeprägter Streckgrenze?

2 Was gibt die 0,2 %-Dehngrenze an?

3 Wie wird der Kerbschlagbiegeversuch durchgeführt?

4 Der Zugversuch an einer Zugprobe mit d_0 = 16 mm und L_0 = 80 mm liefert folgende Messwerte: Zugkraft bei der Streckgrenze F_e = 55 292 N, Höchstzugkraft F_m = 96 510 N, Messlänge nach dem Bruch L_u = 96,8 mm. Zu berechnen sind Streckgrenze, Zugfestigkeit und Bruchdehnung.

5.11.4 Härteprüfungen

Härte ist der Widerstand, den ein Werkstoff dem Eindringen eines Prüfkörpers entgegensetzt.

Härteprüfung nach Vickers

Bei der Härteprüfung nach Vickers wird die Spitze einer vierseitigen Pyramide aus Diamant mit einer Prüfkraft *F* in die Probe eingedrückt und die Diagonalen des entstandenen Pyramideneindrucks gemessen **(Bild 1)**.

Die Diagonale *d* bestimmt man durch Ausmessen der beiden Diagonalen d_1 und d_2 des Eindrucks (Bild 1) und Bildung des Mittelwertes: $d = (d_1 + d_2)/2$.

Die **Vickershärte** errechnet sich aus der Prüfkraft *F* (in N) und der Pyramideneindruckdiagonalen *d* (in mm) nach nebenstehender Formel:

$$HV = 0{,}189 \cdot \frac{F}{d^2}$$

Beispiel: Ein Pyramideneindruck mit d = 0,47 mm bei einer Prüfkraft *F* von 490,3 N ergibt: $\mathbf{HV\,50} = 0{,}189 \cdot \frac{490{,}3}{0{,}47^2} = \mathbf{419}$

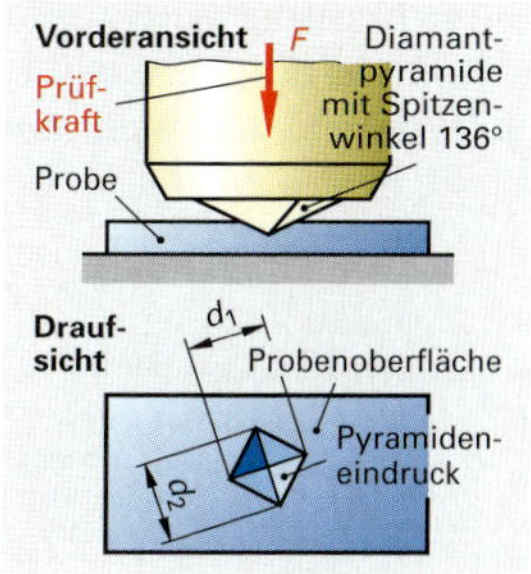

Bild 1: Härteprüfung nach Vickers

Versuchsdurchführung. Die Härteprüfung wird meist mit einer Universal-Härteprüfmaschine durchgeführt **(Bild 2)**. Sie hat einen Werkzeugrevolver mit den verschiedenen Eindrückkörpern und Objektiven. Der Eindrückkörper, z. B. bei der Vickers-Härteprüfung eine Diamantpyramide, wird mit der Prüfkraft in die Probe eingedrückt. Nach 10 bis 15 Sekunden wird der Eindrückkörper zur Seite geschwenkt. Dadurch gelangt ein Objektiv über den entstandenen Eindruck, der erfasst und auf einem Monitor abgebildet wird. Dort wird er mit einer virtuellen Messschiene ausgemessen. Daraus werden die Härtewerte berechnet und angezeigt.

Bei der **Vickershärteprüfung** für den **Makrobereich** werden Prüfkräfte von 49,03 N (HV 5) bis 980,7 N (HV 100) eingesetzt.

Bei der Vickershärteprüfung gibt es nur einen Eindringkörper, mit dem sowohl weiche als auch harte Werkstoffe geprüft werden.

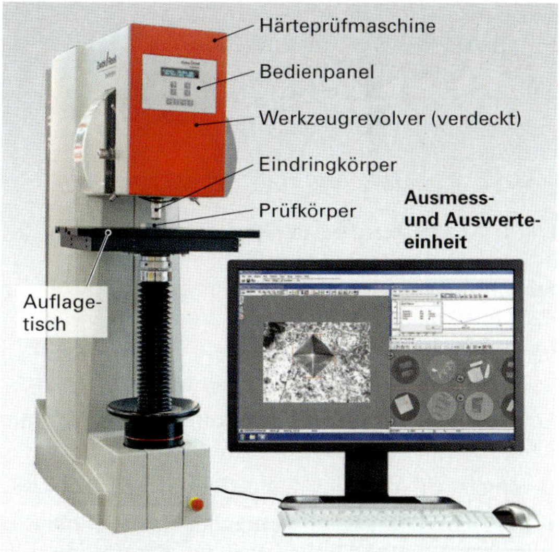

Bild 2: Universal-Härteprüfmaschine mit Auswerte-Computer

Kurzzeichen. Die Vickershärte wird mit einem Kurzzeichen angegeben. Es besteht aus dem Härtewert, den Kennbuchstaben HV sowie den Prüfbedingungen (Beispiel rechts).

Beträgt die Einwirkdauer 10 bis 15 Sekunden, so wird diese Angabe im Kurzzeichen weggelassen, also z. B. 360 HV 50.

Für weiche und mittelharte Werkstoffe (bis 350 HV) ergeben die Vickers- und Brinellhärteprüfung gleiche Zahlenwerte. Bei härteren Werkstoffen weichen die Werte voneinander ab.

Beispiel einer Härteangabe nach Vickers

210 HV 50 / 30

210	HV	50	30
Härtewert	Härte nach Vickers	Prüfkraft $F = 50 \cdot 9{,}81$ N = 490,3 N	Einwirkdauer in Sekunden

Kleinlast- und Mikrohärteprüfung nach Vickers. Soll der Prüfkörper-Eindruck möglichst klein sein, dann verwendet man Kleinlast-Härteprüfgeräte. Die Prüfkräfte betragen bei der Kleinlasthärteprüfung 2 N bis 50 N (HV 0,2 bis HV 5) und ergeben Eindrücke, die mit einem Mikroskop ausgemessen werden, das am Gerät angebaut ist. Die Kleinlasthärteprüfung wird zur Prüfung dünner Härteschichten und bei fertigen Werkstücken angewandt. Für die Vickershärteprüfung im **Mikrobereich**, z. B. an einzelnen Gefügekörnern, werden Prüfkräfte von weniger als 2 N eingesetzt.

Härteprüfung nach Knoop. Sie wird ähnlich der Vickershärteprüfung durchgeführt und dient zur Prüfung sprödharter Werkstoffe, z. B. von Keramiken. Der Prüfkörper ist eine rhombische Diamantpyramide.

Härteprüfung nach Rockwell

Eine Härteprüfung nach Rockwell besteht aus vier Arbeitsschritten **(Bild 1).** Sie werden von der Härteprüfmaschine automatisch durchgeführt und ausgewertet.

Ein Prüfkörper wird zunächst mit einer Prüfvorkraft (z. B. 98 N) in die Probe gedrückt ① und dann die Eindringtiefe auf 0 gestellt ②. Danach wird die eigentliche Prüfkraft (z. B. 1373 N beim HRC-Verfahren) aufgegeben ③ und nach kurzer Zeit wieder weggenommen. Die bleibende Eindringtiefe *h* des Prüfkörpers in die Probe wird auf dem Display direkt als Rockwellhärtewert angezeigt ④.

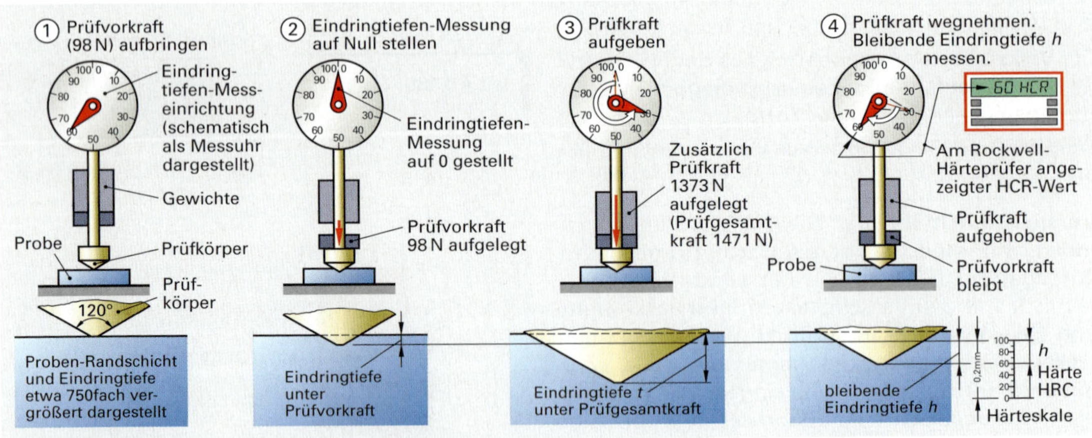

Bild 1: Arbeitsablauf bei der Rockwell-Härteprüfung (HRC) und Eindringtiefen in der Probe

Für harte Werkstoffe verwendet man als Prüfkörper einen Diamantkegel mit einem Spitzenwinkel von 120° (z. B. beim HRC- und HRA-Verfahren).

Weiche Werkstoffe werden mit einer Hartmetallkugel von 1,59 mm oder 3,175 mm Durchmesser geprüft (z. B. beim HRB- und HRF-Verfahren).

Um verschieden harte Werkstoffe prüfen zu können, werden unterschiedliche Prüfkräfte eingesetzt.

Beispiele: HRA: $F = 490{,}3$ N, HRB: $F = 882{,}6$ N, HRC: $F = 1373$ N.

Kurzzeichen. Das Kurzzeichen der Rockwellhärte besteht aus dem Härtewert und dem Zeichen für das angewandte Verfahren (siehe Beispiel).

Beispiel einer Härteangabe nach Rockwell

56 HRC

Härtewert — Härte nach Rockwell C

> Mit den verschiedenen Rockwell-Härteprüfverfahren können weiche und harte Werkstoffe geprüft werden.

Härteprüfung nach Brinell

Bei der Härteprüfung nach Brinell wird eine Kugel aus Hartmetall mit einer Prüfkraft in die Probe eingedrückt und der Durchmesser des entstandenen Kugeleindrucks ermittelt **(Bild 2).**

Die **Brinellhärte** wird aus der Prüfkraft *F* (in N) und der Oberfläche des Kugeleindrucks in der Probe berechnet. In der Praxis wird der Brinell-Härtewert mit der Prüfkraft *F* und dem Eindruckdurchmesser *d* des Monitorbildes geräteintern berechnet und auf dem Monitor angezeigt **(Bild 2, Seite 401).**

Die Prüfkraft wird an der Universal-Härteprüfmaschine eingestellt, der Kugeleindruckdurchmesser *d* wird durch Mittelwertbildung aus d_1 und d_2 (Bild 1) berechnet: $d = \frac{d_1 + d_2}{2}$

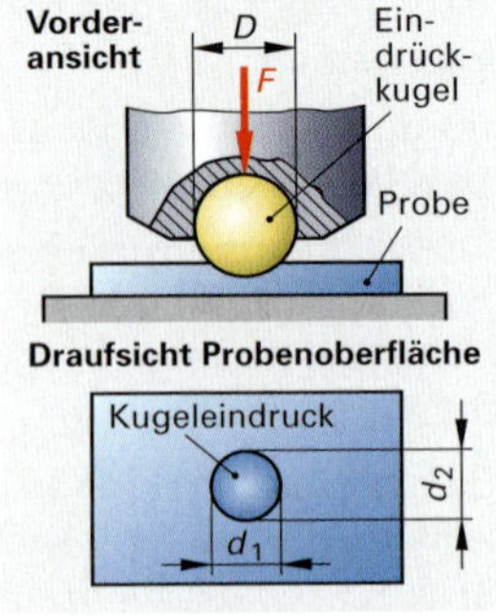

Bild 2: Härteprüfung nach Brinell

Beispiel: Bei einer Brinellhärteprüfung mit einer Prüfkugel von $D = 2{,}5$ mm und einer Prüfkraft von $F = 1839$ N wird ein mittlerer Eindruckdurchmesser von $d = 1{,}35$ mm ermittelt. Die Auswerteeinheit der Härteprüfmaschine errechnet damit einen Brinellhärtewert von 121 HBW.

Versuchsdurchführung. Die Härteprüfung nach Brinell wird üblicherweise auf einer Universal-Härteprüfmaschine **(Bild 2, Seite 401)** ähnlich der Vickershärteprüfung durchgeführt.

Es kann mit unterschiedlich großen Hartmetall-Prüfkugeln geprüft werden: 1 mm, 2 mm, 2,5 mm, 5 mm und 10 mm. Die Prüfkräfte müssen jeweils so gewählt werden, dass der **Beanspruchungsgrad** $\boldsymbol{a = 0{,}102 \cdot F/D^2}$ gleich groß ist. Man hat deshalb für Werkstoffgruppen mit etwa gleicher Härte jeweils einen Beanspruchungsgrad festgelegt. Die Prüfmaschine stellt die zu einem Prüfkugel-Durchmesser einzustellende Prüfkraft automatisch ein.

Mit der Brinellhärteprüfung können nur weiche und mittelharte Werkstoffe geprüft werden.

Kurzzeichen. Der Brinellhärtewert wird mit einem Kurzzeichen angegeben. Es besteht aus dem Härtewert, den Kennbuchstaben HBW (Härte nach Brinell mit Prüfkugel aus Hartmetall) und den Prüfbedingungen (siehe nebenstehendes Beispiel).

Beträgt die Einwirkdauer 10 bis 15 Sekunden, so wird sie in der Kurzbezeichnung weggelassen.

Härte und Zugfestigkeit. Bei unlegiertem Stahl kann aus dem Brinellhärtewert HBW annähernd die Zugfestigkeit R_m berechnet werden. Die Umrechnungsformel lautet: $\boldsymbol{R_m \approx 3{,}5 \cdot \text{HBW}}$.

Beispiel einer Härteangabe nach Brinell

229 HBW 2,5 / 187,5 / 30

229	HBW	2,5	187,5	30
Härtewert	Härte nach Brinell (Hartmetallkugel)	Prüfkugeldurchmesser in mm	Prüfkraft F = 187,5 · 9,81 N = 1839 N	Einwirkdauer in Sekunden

Martenshärte-Prüfung

Hierbei wird ein Vickers-Eindrückkörper (Diamantpyramide) mit einer anwachsenden Prüfkraft in die Werkstoffprobe gedrückt und nach Erreichen der Maximalkraft wieder entlastet **(Bild 1)**. Es werden für den Makrobereich Prüfkräfte von 2 N bis 30000 N eingesetzt. Ein Kraftmesser misst fortlaufend die augenblickliche Prüfkraft F und ein Wegmesssystem die dazu gehörende Eindringtiefe h. Auf dem Bildschirm des angeschlossenen Auswertecomputers wird das Prüfkraft/Eindringtiefen-Diagramm aufgezeichnet **(Bild 2)**.

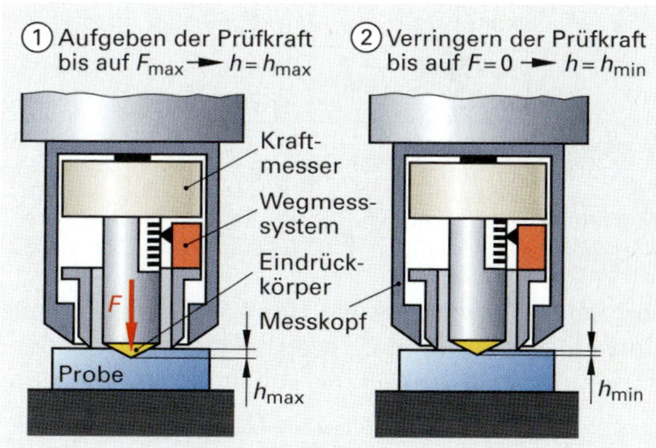

Bild 1: Universalhärte-Prüfung

Die Martenshärte HM wird von der Auswerteeinheit der Härteprüfmaschine nach nebenstehender Gleichung bestimmt und auf dem Monitorbild angezeigt.

$$\text{HM} = \frac{F}{26{,}43 \cdot h^2}$$

Die Martenshärte wird mit einem Kurzzeichen angegeben.

Beispiel einer Martenshärteangabe

HM 580/20/20 = 2540 N/mm²

580	20	20	2540
Maximalprüfkraft in N	Aufgabezeit in s	Haltezeit der Prüfkraft in s	Martenshärte 2540 N/mm²

Die Angabe der Aufgabe- und Haltezeit in Sekunden (s) kann entfallen.

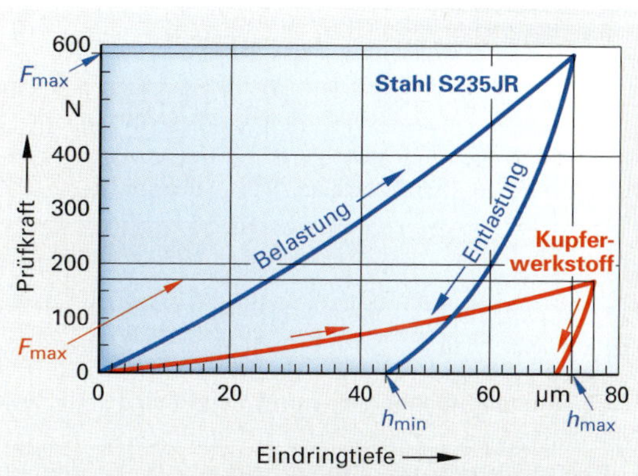

Bild 2: Monitorbild der Prüfkraft/Eindringtiefen-Diagramme nach Martens von Stahl und Kupfer

Vorteile der Martenshärteprüfung:

- Werkstoffe aller Härten, von Kunststoff bis Hartmetall, können geprüft werden.
- Bestimmen des elastisch/plastischen Werkstoffverhaltens durch h_{max}/h_{min}-Verhältnis möglich.
- Automatisierbarkeit des Prüfvorgangs.

Mobile Härteprüfung

Die Härteprüfung bei großen Bauteilen oder an schwer zugänglichen Bauteilstellen wird mit kleinen Handgeräten durchgeführt **(Bild 1)**.

Das Härteprüfgerät wird auf das Bauteil aufgesetzt und die Messung durch Knopfdruck ausgelöst. Der gemessene Härtewert wird am Gerät oder auf einem tragbaren Handgerät angezeigt.

Das **UCI-Verfahren** beruht auf der Veränderung einer vom Prüfgerät ausgehenden Ultraschallschwingung durch die Härte des Werkstoffs.

Beim **Rückprallverfahren** trifft eine kleine Stahlkugel auf die Bauteiloberfläche. Aus der Rückprallgeschwindigkeit wird die Härte ermittelt.

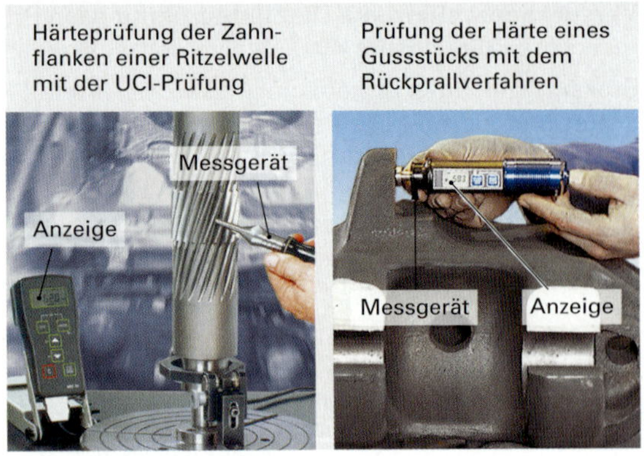

Bild 1: Mobile Härteprüfung

Vergleich der Härteprüfverfahren

Verfahren	Prüfkörper	Messwert	Kennzeichen des Verfahrens, Anwendung
Brinell HB	Hartmetallkugel	Eindruckdurchmesser	Genaue, reproduzierbare Werte. Für weiche und mittelharte Werkstoffe, z. B. unlegierter Stahl, Al- und Cu-Legierungen.
Vickers HV	Diamantpyramide	Eindruckdiagonale	Universell einsetzbar; auch für Kleinlast- und Mikrohärteprüfung. Weiche bis sehr harte Werkstoffe, Randschichten, Gefügeteile.
Rockwell	Kegel oder Kugel	Eindrucktiefe	Direkte Anzeige des Härtewerts. Je nach Prüfkörper und Prüfkräften für weiche und harte Werkstoffe.
Martenshärte HM	Diamantpyramide	Prüfkraft/ Eindringtiefe	Universell einsetzbar für weiche bis sehr harte Werkstoffe sowie für dünne Randschichten und Gefügebestandteile.

Für welche Werkstoffe ein Härteprüfverfahren einsetzbar ist, kann aus einer vergleichenden Grafik abgelesen werden **(Bild 2)**. Man erkennt daraus den begrenzten Einsatzbereich der Brinell- und Rockwell-Härteprüfverfahren und die universelle Anwendungsmöglichkeit der Vickers- und Martens-Härteprüfung.

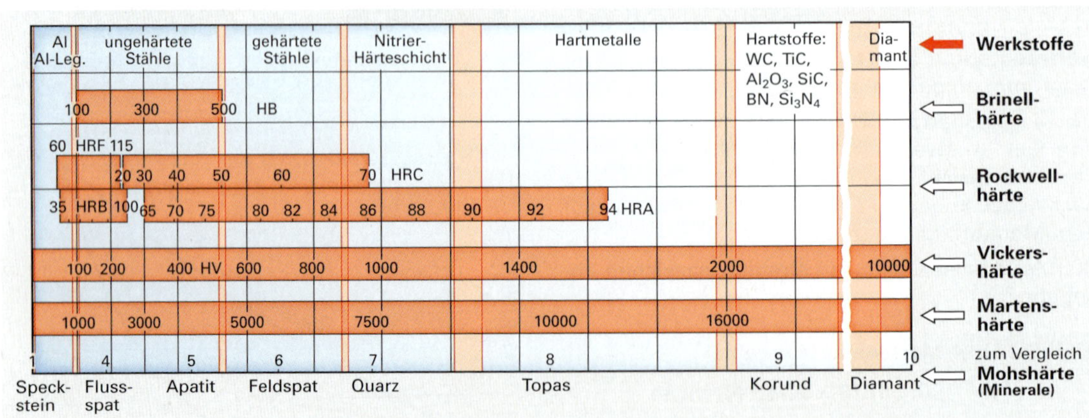

Bild 2: Anwendungsbereiche und Vergleich der Härtewerte verschiedener Härteprüfverfahren

Wiederholung und Vertiefung

1. Wie wird die Vickershärteprüfung durchgeführt?
2. Wozu dient die Mikrohärteprüfung?
3. Für welche Werkstoffe ist die Brinell- bzw. die Vickershärteprüfung geeignet?
4. Welche Vorteile hat die Martenshärteprüfung gegenüber der Härteprüfung nach Brinell?
5. Die Vickershärteprüfung HV 50 eines Werkstücks aus gehärtetem Stahl ergibt die Eindruckdiagonalen 0,35 mm und 0,39 mm. Wie groß ist die Vickershärte des Stahls?
6. In welchen Fällen wird die Härte mit mobilen Härteprüfgeräten geprüft?
7. Welche HRC-Härte entspricht 800 HV?

5.11.5 Dauerfestigkeitsprüfung

Bei Maschinen unterliegen die Bauteile sich häufig wiederholenden Belastungen während eines langen Zeitraums. Dies gilt insbesondere für Maschinenelemente, z.B. für Schrauben, Achsen und Wellen. Diese Bauteile können zu Bruch gehen, auch wenn die wechselnde Belastung weit unterhalb der Streckgrenze des Werkstoffs liegt. Man nennt diese Bruchart **Dauerbruch** oder **Ermüdungsbruch (Bild 1)**.

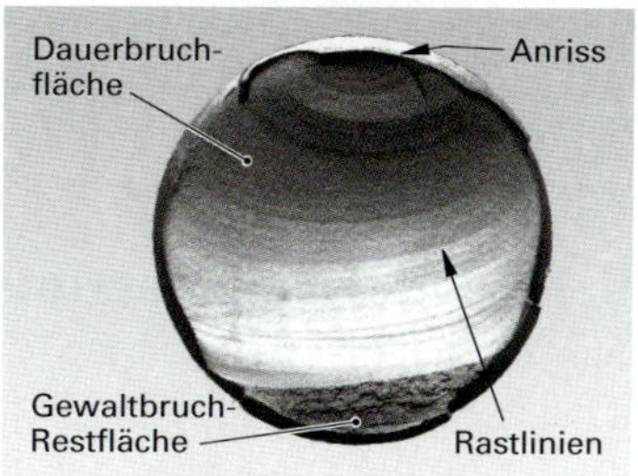

Bild 1: Dauerbruchfläche einer Welle

> Dauerbrüche können am typischen Aussehen ihrer Bruchfläche erkannt werden. Sie haben einen Anriss, eine Dauerbruchfläche mit Rastlinien und eine Gewaltbruch-Restfläche.

Die Dauerfestigkeit wird im **Dauerschwingversuch** geprüft. Die Probe wird in schnellem Wechsel (Frequenz z.B. 50 Schwingspiele pro Sekunde) mit einer abwechselnden Zug- und Druckkraft belastet **(Bild 2)**.

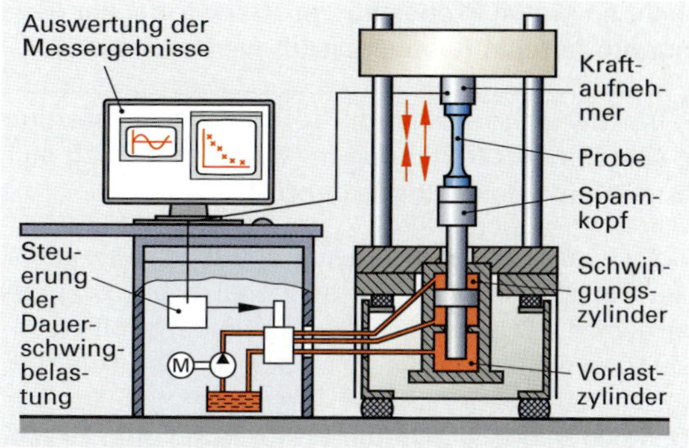

Bild 2: Dauerschwingmaschine mit Steuer- und Auswerteeinheit

Bei der Dauerfestigkeitsprüfung sind verschiedene Beanspruchungsbereiche möglich **(Bild 3)**. Die Beanspruchung kann um den Nullpunkt schwanken ($\sigma_m = 0$), man nennt sie dann **Wechselbelastung**. Liegt die wechselnde Spannung nur im Druckbereich ($\sigma < 0$) oder nur im Zugbereich ($\sigma > 0$), so spricht man von **Druckschwellbelastung** bzw. **Zugschwellbelastung**. Der Höchstwert der Wechselspannung heißt **Spannungsausschlag σ_A**.

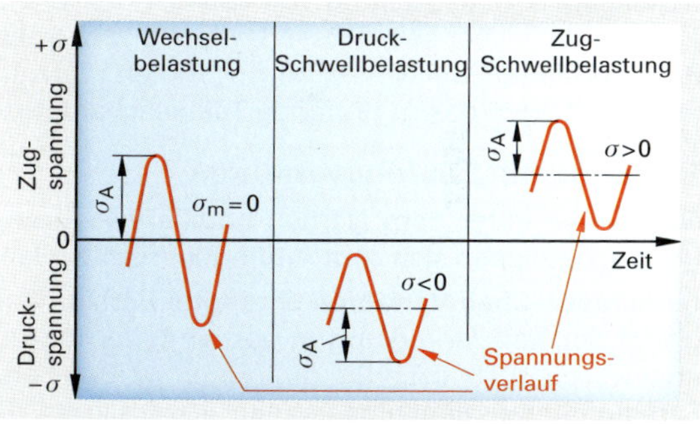

Bild 3: Bereiche der Schwingbeanspruchung

Der einzelne Dauerschwingversuch läuft so lange, bis die Probe bricht, bzw. bis die Probe 10^7 = 10 000 000 Lastwechsel ertragen hat. Beim Bruch wird die **Bruch-Schwingspielzahl *N*** gemessen.

Eine Dauerschwingversuchsreihe besteht aus etwa 10 Einzelversuchen mit Proben des gleichen Werkstoffs. Der Spannungsausschlag σ_A der Wechselbelastung wird ausgehend von der Streckgrenze R_e von Versuch zu Versuch gesenkt. In einem Diagramm werden die Ergebnisse der Einzelversuche zusammengetragen **(Bild 4)**. Die Verbindung der einzelnen Messpunkte ergibt die sogenannte **Wöhlerkurve** (August Wöhler: Materialforscher). Sie fällt zuerst ab und verläuft ab etwa 10^6 = 1 000 000 Schwingspielen horizontal. Die dazu gehörende Spannung heißt **Dauerschwingfestigkeit σ_D**.

Wird der Werkstoff mit einer Wechselspannung belastet, die kleiner als die Dauerschwingfestigkeit ist, so ermüdet er auch bei unendlich häufigen Schwingspielen nicht, man sagt er ist **dauerfest**. Der im Bild 4 gezeigte legierte Stahl z.B. ist bei wechselnder Belastung unter 180 N/mm² dauerfest. Wird er mit einer Wechselspannung belastet, die größer als die Dauerschwingfestigkeit ist, so bricht er nach der Bruch-Schwingspielzahl, man sagt er ist **zeitfest**. Der Werkstoff in Bild 4 ist z.B. bei einer wechselnden Belastung von 500 N/mm² nur rund 5000 Schwingspiele zeitfest.

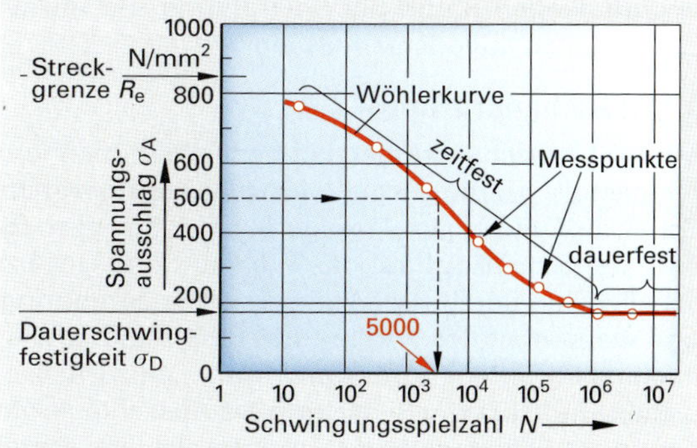

Bild 4: Wöhlerkurve eines legierten Stahls

Gestaltsfestigkeit. Die im Dauerschwingversuch ermittelten Werkstoffkennwerte gelten für glatte Probestäbe. Maschinenbauteile besitzen eine ihrer Funktion angepasste Form. Um eine Aussage über die Belastbarkeit eines konkreten Bauteils zu erhalten, muss man Proben mit der Gestalt des Bauteils im Dauerschwingversuch prüfen. Die dabei ermittelte Dauerfestigkeit bezeichnet man als Gestaltsfestigkeit.

5.11.6 Bauteil-Betriebslasten-Prüfung

Bauteile sind im Betrieb einer Vielzahl von gleichzeitig wirkenden Belastungen ausgesetzt. Ein Baggerarm z. B. ist gleichzeitig auf Zug, Druck, Verdrehung und Schwingung belastet. Die sich überlagernden Belastungen und ihre Wirkung können nicht an einem Probestab des Werkstoffs, sondern nur am fertigen Bauteil geprüft werden.

Bei der Betriebslasten-Prüfung werden fertige Maschinenteile mit den im späteren Betrieb auftretenden Belastungen geprüft.

Dazu wird das Bauteil auf einem Prüfstand simulierten Betriebsbelastungen ausgesetzt. Ein Baggerarm wird z. B. mittels Hydraulikzylindern mit wechselnden Kräften in Richtung des Baggerarms und quer dazu belastet **(Bild 1)**. Die Schwachstellen des Bauteils zeigen sich durch Verformung oder Bruch.

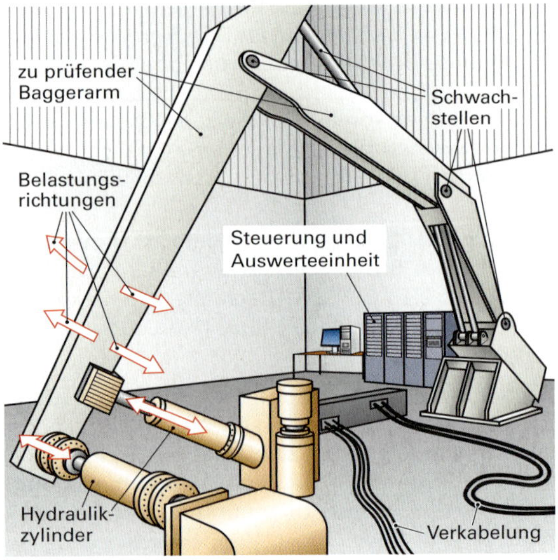

Bild 1: Betriebslasten-Prüfung eines Baggerarms

5.11.7 Zerstörungsfreie Werkstoffprüfungen

Sie dienen zur Feststellung von Fehlern (Risse, Einschlüsse) in Bauteilen, die hohe Belastungen tragen und absolut sicher sein müssen, wie z. B. Schweißnähte an Druckrohren, Druckbehältern, Pipelines und Reaktorgefäßen. Bei den zerstörungsfreien Werkstoffprüfungen braucht man keine Materialprobe zu nehmen, noch wird das zu prüfende Teil beschädigt.

Prüfung mit Eindringverfahren

Diese auch unter dem Namen **Kapillarverfahren, Saugverfahren** oder **Penetrierverfahren** bekannten Prüfungen eignen sich zum Auffinden feinster Haarrisse, die bis an die Werkstückoberfläche reichen.

Beim **Met-L-Chek-Verfahren** wird roter Farbstoff auf das zu prüfende Werkstück gesprüht. Er dringt aufgrund der Kapillarwirkung in vorhandene Haarrisse ein. Anschließend wird das Werkstück gründlich abgewaschen. Dann sprüht man einen weißen Farbstoff auf, der den in den Rissen eingedrungenen roten Farbstoff herauszieht. Es zeichnen sich Risse ab, die vorher selbst mit der Lupe nicht wahrnehmbar sind.

Beim **Fluoreszenzverfahren**, das ähnlich wie das Met-L-Chek-Verfahren durchgeführt wird, verwendet man als Eindringflüssigkeit fluoreszierende Substanzen, die in einem abgedunkelten Raum bei Bestrahlung mit ultraviolettem Licht die Fehlerstellen aufleuchten lassen.

Ultraschallprüfung

Mit der Ultraschallprüfung können Fehler im Innern von Werkstücken festgestellt werden. Das Ultraschallprüfgerät besteht aus einem Schallkopf und einem Messgerät mit Bildschirm **(Bild 2)**. Zur Prüfung wird der Schallkopf auf das Werkstück aufgesetzt. Er sendet Ultraschallwellen durch das Werkstück. Sie durchdringen das Werkstück und werden an der Vorder- und Rückwand sowie von vorhandenen Fehlern im Innern zurückgeworfen. Die zurückkommenden Schallwellen sind auf dem Bildschirm als Ausschlag sichtbar. Die Lage und Größe der Fehler im Werkstück lässt sich aus der Lage und Größe des Ausschlags auf dem Bildschirm ablesen.

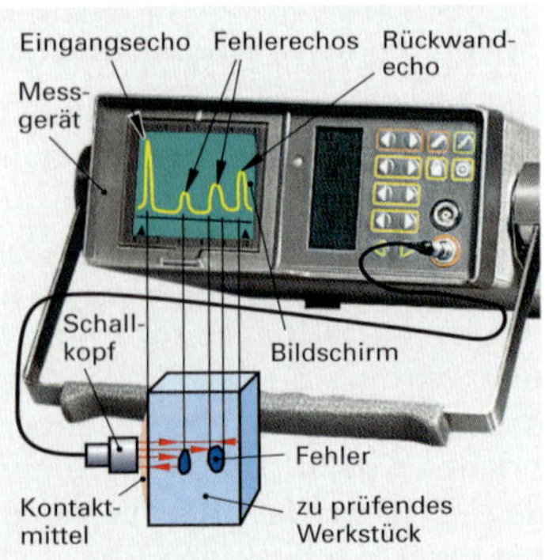

Bild 2: Ultraschallprüfung

Prüfung mit Röntgen- oder Gammastrahlen

Zur **Prüfung mit Röntgenstrahlen** wird das zu prüfende Bauteil in den Strahlengang einer Röntgenröhre gebracht **(Bild 1)**. Mit einer Fernsehkamera wird das Durchstrahlungsbild des Prüfstücks aufgenommen und auf einem Monitor ausgegeben. Fehlerstellen im Prüfstück sind als hellere Stellen erkennbar. Röntgenstrahlen durchdringen Stahl bis 80 mm und Aluminium bis 400 mm Dicke.

Bei der **Prüfung mit Gammastrahlen** verwendet man als Strahlungsquelle radioaktive Stoffe, wie z. B. Cobalt 60. Man erhält auf einem Film ein Durchstrahlungsbild des Prüfstücks mit den Fehlern als hellere Stellen. Gammastrahlen durchdringen Stahl bis 200 mm.

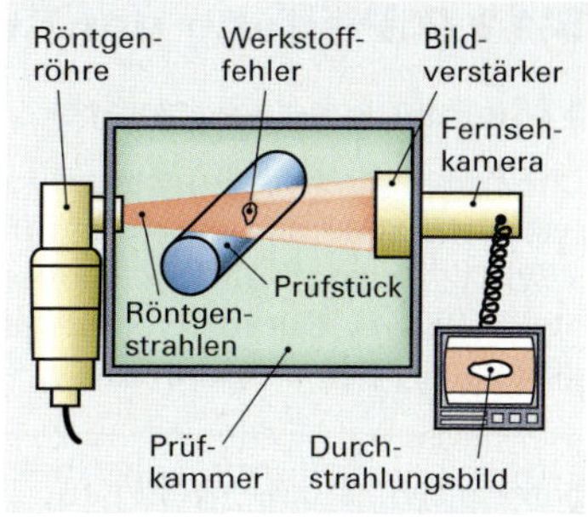

Bild 1: Röntgenstrahlen-Prüfung

> Die Prüfung mit Röntgen- und Gammastrahlen darf nur von Fachpersonal durchgeführt werden. Vorsicht: Strahlengefahr.

Prüfung mit dem Magnetpulververfahren

Hierbei wird das Prüfstück magnetisiert. Die magnetischen Kraftlinien verdichten sich an Fehlern und Rissen. Übergießt man das Prüfstück mit Petroleum, dem feine Eisenspäne beigemischt sind, so sammelt sich das Pulver infolge höherer Feldliniendichte hauptsächlich um die Fehlerstellen und zeigt so die Risse an **(Bild 2)**.

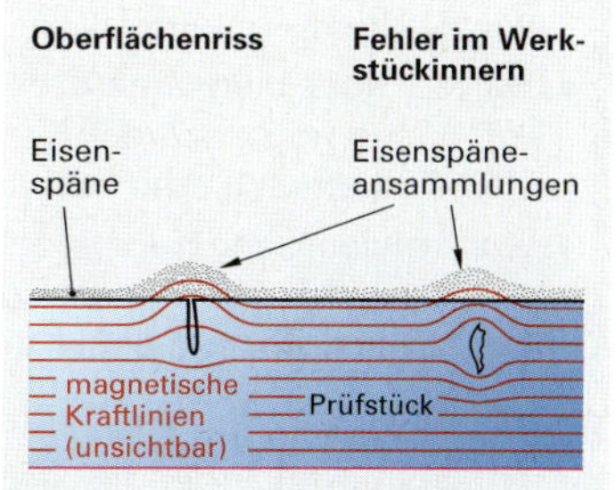

Bild 2: Magnetpulververfahren

5.11.8 Metallografische Untersuchungen

Metallografische Untersuchungen machen das **Gefüge** der Werkstoffe sichtbar.

Gefügebilder ohne Vergrößerung

Drückt man die frische Schlifffläche eines Metalls auf ein mit Schwefelsäure getränktes Fotopapier, so wird die Verteilung der Eisenbegleiter Phosphor und Schwefel im Stahl auf dem Fotopapier sichtbar (**Bild 3**, links). Dieser sogenannte **„Baumann-Abdruck"** dient zur Prüfung auf Seigerungen.

Durch Auftragen eines Ätzmittels auf die Schlifffläche wird die Ausrichtung der Gefügekörner, der **„Faserverlauf"**, deutlich (Bild 3, rechts). Er wird zur Kontrolle umgeformter Werkstücke benutzt.

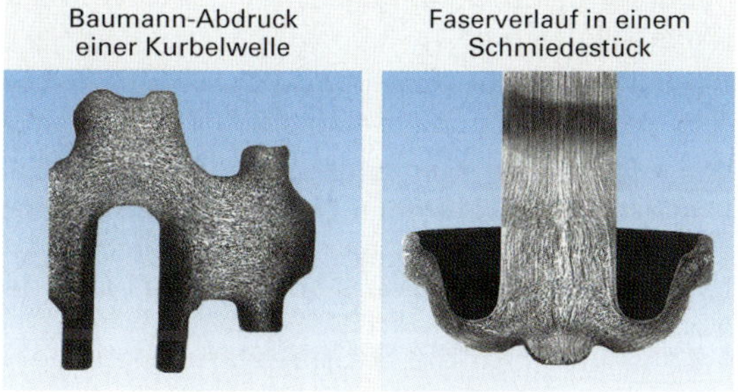

Bild 3: Gefügebilder ohne Vergrößerung

Mikroskopische Gefügebilder

Bei Betrachtung der polierten und geätzten Metalloberfläche unter dem Metallmikroskop sieht man ein **Schliffbild** des Gefüges (**Bild 4**, links). Schliffbilder dienen zur Kontrolle des Gefüges z. B. bei der Wärmebehandlung von Werkstücken.

Mit dem **Elektronenmikroskop** können auch von unebenen Oberflächen tiefenscharfe Bilder bis zu 10 000-facher Vergrößerung erzielt werden (Bild 4). Hiermit werden z. B. Bruchvorgänge untersucht.

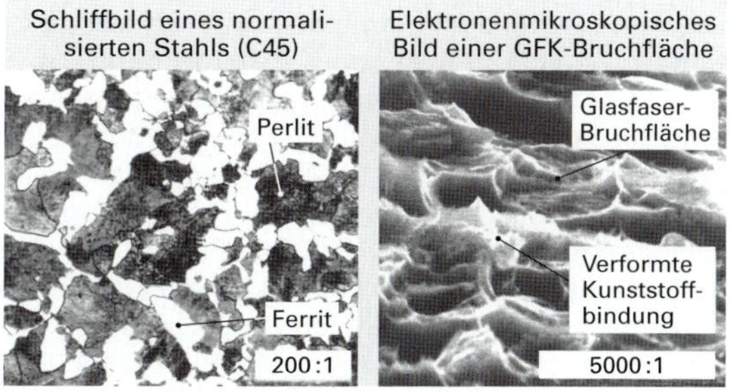

Bild 4: Mikroskopische Gefügebilder

Wiederholung und Vertiefung

1 Wie sieht eine Ermüdungsbruchfläche aus?
2 Wozu dient die Bauteil-Betriebslasten-Prüfung?
3 Wie wird eine Ultraschallprüfung durchgeführt?
4 Was zeigt ein Faserverlauf bzw. ein Schliffbild?

5.11.9 Prüfung der Kunststoff-Kennwerte

Mechanische Kennwerte

Der **Zugversuch** für Kunststoffe wird mit den gleichen Prüfmaschinen und nach demselben Arbeitsablauf wie für die Metalle durchgeführt (Seite 398). Als Probekörper verwendet man Flachproben. Gemessen wird die Zugkraft und die Probenverlängerung. Mit ihnen wird ein Spannungs-Dehnungs-Diagramm erstellt **(Bild 1)**. Daraus werden die mechanischen Kennwerte der Kunststoffe abgelesen: die **Zugfestigkeit σ_B**, die **Streckspannung σ_S** (falls vorhanden) und die **Reißdehnung ε_R**.

Nach den Verformungsverhalten lassen sich drei Kunststofftypen unterscheiden:

- Hartsteife Kunststoffe, wie z. B. Polystyrol, Hart-PVC oder PMMA mit dem Kurventyp ①. Ihr wichtigster Kennwert ist die Zugfestigkeit σ_B.
- Harte – aber biegsame (flexible) – Kunststoffe mit ausgeprägter Streckspannung σ_S, wie z. B. Hart-Polyethylen oder Polyamid, Kurventyp ②
- Gummielastische Kunststoffe mit großer Reißdehnung ε_R, wie z. B. Styrol-Butadiengummi oder Weich-Polyethylen, Kurventyp ③

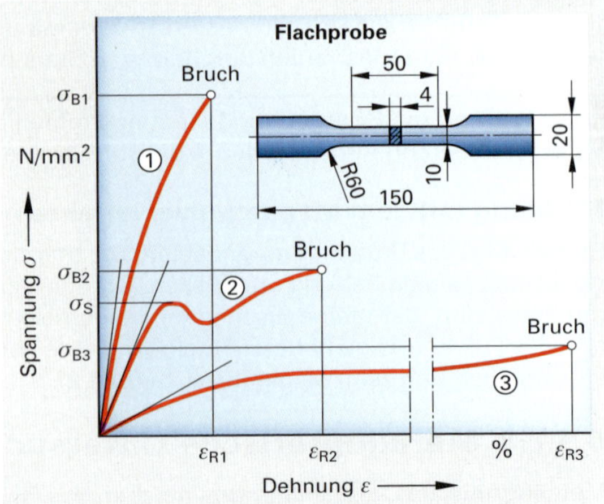

Bild 1: **Verformungsverhalten verschiedener Kunststoffe im Spannungs-Dehnungs-Diagramm**

Ein weiterer wichtiger Werkstoff-Kennwert ist der **Elastizitätsmodul *E*,** der die Steifigkeit eines Werkstoffs kennzeichnet. Er ist der Quotient aus Spannung und Dehnung ($E = \sigma/\varepsilon$) und entspricht der Steigung der Spannungs-Dehnungs-Kurve beim Kurvenbeginn (Bild 1).

Die **Härte von Kunststoffen** wird entweder mit einem **Kugel-Eindrückverfahren** (ähnlich der Rockwell HRB-Härteprüfung, Seite 402) oder mit dem **Spitzen-Eindrückversuch nach Shore** geprüft.

Das **Kriechen der Kunststoffe,** d. h. ihre langsam fortschreitende Verformung schon bei geringer, aber lang dauernder, konstanter Belastung, wird mit dem **Zeitstand-Zugversuch** geprüft. Dabei werden Kunststoffproben über Wochen und Monate einer konstanten Zugspannung ausgesetzt und die dabei eintretenden Dehnungen gemessen. Man erhält ein Kriechkurven-Schaubild der Dehnung ε über der Zeit.

Kennwerte für die Formbeständigkeit bei erhöhten Temperaturen

Die **Vicat-Erweichungstemperatur** dient zur Abschätzung der oberen, kurzzeitig zulässigen Temperatur, bei der Formbeständigkeit unter einer gewissen Belastung noch gewährleistet ist. Zur Prüfung wird eine Stahlnadel mit einer 1 mm² ebenen Querschnittsfläche mit einer Kraft von 50 N in den Kunststoff gedrückt **(Bild 2).** Er befindet sich in einer Wärmekammer, die von Raumtemperatur beginnend langsam mit einer Steigerungsrate von 50 °C/Stunde erwärmt wird. Die Temperatur, bei der die Stahlnadel 1 mm tief in den Kunststoff eingedrungen ist, nennt man Vicat-Erweichungstemperatur VST B/50. Sie beträgt z. B. bei PP: VSt B/50 = 154 °C. **Die Wärmeformbeständigkeits-Temperatur HDT** wird mit einem Dreipunkt-Biegeversuch bei konstanter Belastung unter langsam steigender Temperatur ermittelt. Sie beträgt z. B. für den Kunststoff PP: HDT = 115 °C.

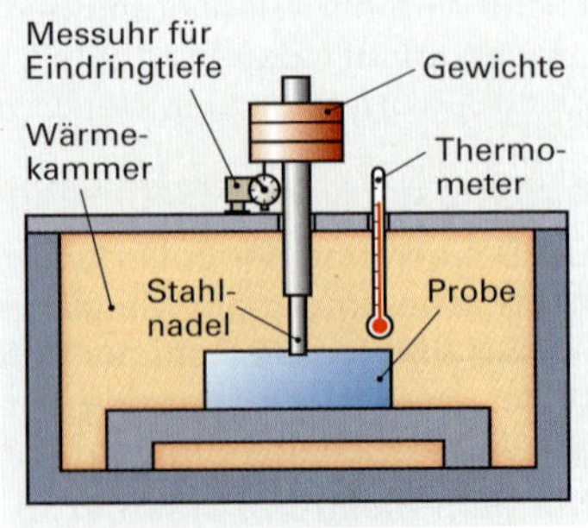

Bild 2: **Prüfung der Vicat-Erweichungstemperatur**

Besondere Kunststoff-Eigenschaften

Mit spezifischen Prüfverfahren werden die folgenden Eigenschaften der Kunststoffe geprüft:

- Entflammbarkeit und Brennbarkeit
- Bewitterungs-, Alterungs- und Chemikalienbeständigkeit
- Kugel-Rückprall – Elastizität von Elastomeren
- Versprödung bei tiefen Temperaturen
- Elektrisches Isolationsvermögen
- Wasseraufnahme bei Wasserlagerung

5.12 Umweltproblematik der Werk- und Hilfsstoffe

In metallverarbeitenden Fertigungsbetrieben werden neben den überwiegend unschädlichen Werkstoffen, wie z. B. den Stählen, den Al-Werkstoffen und den meisten Kunststoffen, auch eine Reihe von gesundheitsschädlichen und umweltbelastenden Werk- und Hilfsstoffen verwendet. Beispiele hierfür sind die Werkstoffe Blei und Cadmium sowie die Hilfsstoffe Kaltreiniger, Kühlschmierstoffe und Härtesalze.

Ziel der Umweltbemühungen eines metallverarbeitenden Betriebes ist es, problematische Stoffe möglichst zu vermeiden. Falls dies technisch nicht möglich ist, sollten die Mengen der Schadstoffe durch verbesserte Fertigungsverfahren und sparsamen Umgang mit diesen Stoffen möglichst niedrig sein (Seite 270). Durch Aufarbeitung und Wiederverwendung (Recycling) sollten Werkstoffabfälle und Verbrauchsstoffe wieder in die Fertigung rückgeführt werden **(Bild 1)**. Der nicht verwertbare Rest muss auf Sonder-Deponien entsorgt werden.

Bild 1: Sortenreines Sammeln von Metallabfällen

Gesundheitsschädliche und umweltbelastende Stoffe dürfen nicht in die Umwelt gelangen.

Auswahl der Werk- und Hilfsstoffe

Es sollten nur Werk- und Hilfsstoffe eingesetzt werden, die nicht gesundheitsschädlich sind und die ohne Schädigung der Umwelt zu erzeugen, zu verarbeiten und zu entsorgen sind.

Zu berücksichtigen ist bei der Bewertung eines Werkstoffs die Gesamtheit der umweltbelastenden Faktoren: Sie beginnt bei der Erzeugung des Werkstoffs, beinhaltet vor allem seine schadlose Verwendung in der Gebrauchsphase und schließt auch seine Recyclingfähigkeit ein.

Energieverbrauch und Umweltbelastung bei der Herstellung der Werkstoffe

Energieverbrauch. Zur Erzeugung der Werkstoffe aus den natürlichen Rohstoffen (Primärerzeugung) ist ein hoher Energieaufwand erforderlich **(Tabelle 1)**.

Dies gilt insbesondere für Aluminium und Kupfer.

Wesentlich geringer ist der Energieverbrauch bei der Gewinnung der Metalle aus Metallschrott, d. h. aus Recyclingmaterial.

Metallschrott wird überwiegend recycelt. Bei den Kunststoffen sucht man noch nach geeigneten Verfahren.

Tabelle 1: Energieverbrauch in kWh zur Erzeugung von 1 t Werkstoff

Werkstoffe	Primär-erzeugung	Recycling-gewinnung
Eisen/Stahl	4300	1670
Aluminium	16000	2000
Kupfer	13500	1730
Polyethylen (PE)	3500	–
Polyvinylchrorid (PVC)	4000	–

Umweltbelastung. Bei der Erzeugung der Metalle entstehen durch Stäube und Abgase starke Umweltbelastungen. Durch aufwendige Abgasreinigungsanlagen können sie auf ein für die Umwelt erträgliches Maß gesenkt werden.

Bei den Kunststoffen gibt es bezüglich der Umweltverträglichkeit große Unterschiede. Während die Herstellung vieler Kunststoffe, wie z. B. Polyethylen, unproblematisch ist, müssen bei der PVC-Produktion durch den Chloranteil der Ausgangsstoffe und die Giftigkeit der Zwischenprodukte umfangreiche Umweltschutzmaßnahmen getroffen werden. Dasselbe gilt für die Verbrennung von PVC-Abfällen.

Recycling der Metalle

Bei den meisten Fertigungsverfahren fallen Werkstoffabfälle an, z. B. Späne, Stanzreste, Gießereiabfälle und Ausschussteile **(Bild 1)**. Auch die Produkte der metallverarbeitenden Fertigung, wie z. B. Maschinen, Pkws, Haushaltsgeräte usw., landen nach ihrer Nutzung auf dem Schrottplatz und müssen entsorgt werden.

Diese Abfälle und Altgeräte sind eine wertvolle Rohstoffquelle und werden in den Stoffkreislauf rückgeführt **(Bild 2)**. Sie müssen entweder sortenrein gesammelt oder sortenrein getrennt werden.

Bei den Metallen wird das Recycling schon lange praktiziert. Eisen- und Stahlwerkstoffe werden annähernd zu 100 % wiederverwertet. Bei Kupfer- und Aluminiumwerkstoffen liegt die Recyclingquote wegen der Kleinteile bei etwa 75 %.

Bild 1: Metallabfälle und Altgeräteschrott

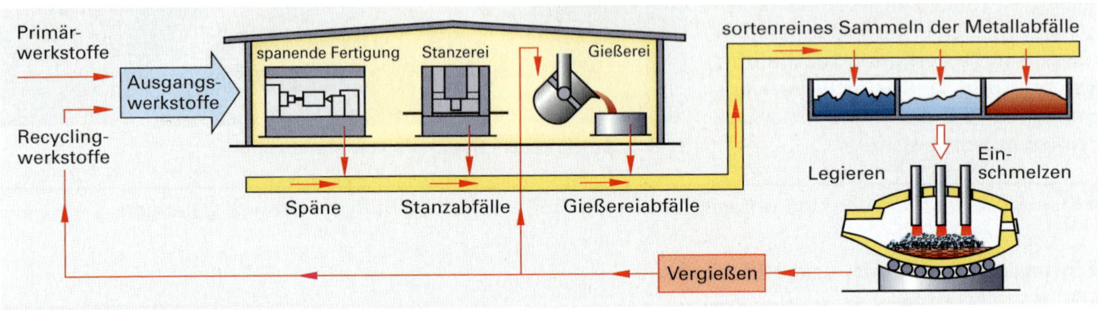

Bild 2: Stoffströme in einem metallverarbeitenden Betrieb und Verfahren beim Metall-Recycling

Recycling der Kunststoffe

Das Recycling der Kunststoffe befindet sich erst in den Anfängen. In der Automobilindustrie wurden erste Erfolge erzielt: Thermoplast-Kunststoffbauteile von Altfahrzeugen werden zu Granulat zerkleinert und daraus werden neue Bauteile gefertigt **(Bild 3)**. Voraussetzung ist das sortenreine Sammeln oder Sortieren der Altbauteile. Dies wird durch die leichte Demontierbarkeit und eine eingeprägte Sortenkennzeichnung in den Bauteilen erleichtert.

Beispiel einer Kennzeichnung: ABS Typ 207; bedeutet Acrylnitril-Butadien-Styrol, Typ 207.

Bild 3: Kunststoff-Recycling (Beispiel)

Recycling der Hilfsstoffe

Auch viele Hilfsstoffe können nach dem Gebrauch aufgearbeitet und wiederverwertet werden.

- Verbrauchtes Schmier- und Schneidöl
- Verbrauchte Kühlschmierstoffe
- Verbrauchte Galvanik-Flüssigkeiten

→ Sortenreines Sammeln →

Fremdstoffe, Schmutz und unwirksam gewordene Bestandteile werden abgetrennt.

Verbrauchte Wirkstoffe und Additive werden zugesetzt und mit Neumaterial aufgefüllt.

Verbrauchte Kühlschmierstoffe, Schmier- und Schneidöle sowie verbrauchte Chemikalien dürfen nicht in die Kanalisation, in Gewässer und den Erdboden geschüttet werden.

5.13 Practise your English

Classification of materials

To provide an overview of the variety of materials, they are classified in material groups according to their composition or common properties **(Figure)**.

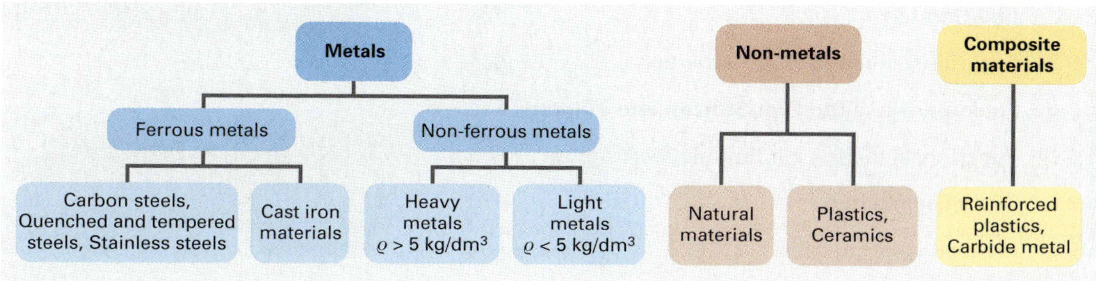

Steels are iron-based materials with a high strength. They are used mainly for machine parts to withstand and transfer forces: e.g. screws, bolts, gears, profiles, shafts. There are approximately 2000 standardized steels. Most commonly used steel grades are alloy steels, quenched and tempered steels and stainless steels.

Cast iron materials are easy to cast. They are poured into a mold to make complex components, for example housings, or cylinder blocks.

Heavy metals are for example copper, zinc, chromium, nickel, lead. They are usually used due to special material properties:

Copper, for example, has good electrical conductivity for winding wires.

Chromium and nickel are alloying elements used, for example in order to achieve and improve certain steel properties.

Light metals are aluminium, magnesium and titanium. They are lightweight materials with a high strength. Their main area of application are lightweight components in cars and airplanes, etc.

Natural materials are naturally occurring substances such as granite, marble or wood.

Plastics are lightweight and electrically insulating. The hardness varies from rubbery to extremely rigid. Their use is extremely versatile and ranges from materials for tires to components of small gears.

Industrial ceramic materials are used mainly because of their hardness and resistance to wear. Uses include cutting inserts, nozzles and seal rings.

Composites contain several materials, such as glass-reinforced plastics or metals from carbide powder and cobalt.

Important properties of materials

The **hardness** of a material is defined as the resistance of a material to withstand the force of a specimen

The **density** ϱ of a material is calculated from the mass m of a component divided by its volume V.

$$\varrho = \frac{m}{V}$$

The **melting point** ϑ_m is the temperature of a material when it begins to melt or become liquid.

Corrosion is the attack and destruction of metallic materials by chemical and electrochemical reactions from other materials or elements in the environment.

The **thermal expansion coefficient** α is the change in length Δl of a part with the length of 1 m at temperature change of $\Delta\vartheta = 1\,°C$.

The **tensile strength** R_m is the material's resistance to tension. It is calculated by the highest existing force F_m divided by the cross section of a component S_0.

$$R_m = \frac{F_m}{S_0}$$

The **yield strength** R_e is the stress at which a material deforms permanently.

$$R_e = \frac{F_e}{S_0}$$

Elongation at fracture means the quotient of the compressed length ΔL_{Br} and the initial length L_0, which a probe has to withstand till it fractures. It is normally written as a percentage.

$$El = \frac{\Delta L_{Br}}{L_0} \cdot 100\,\%$$

6 Maschinentechnik

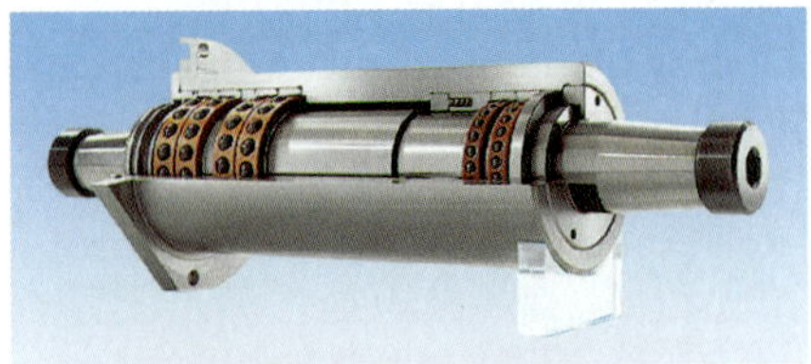

7 Elektrotechnik

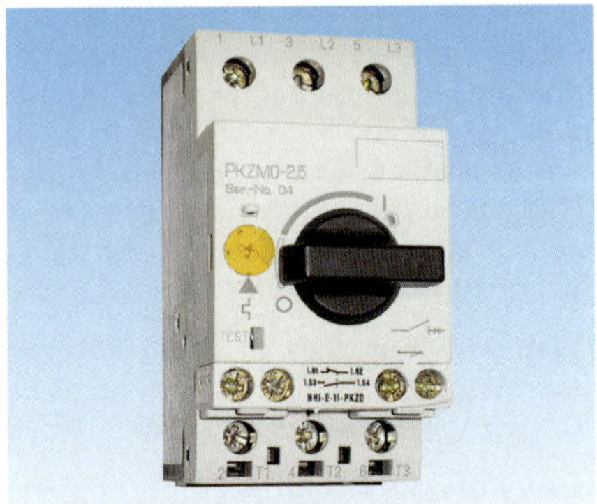

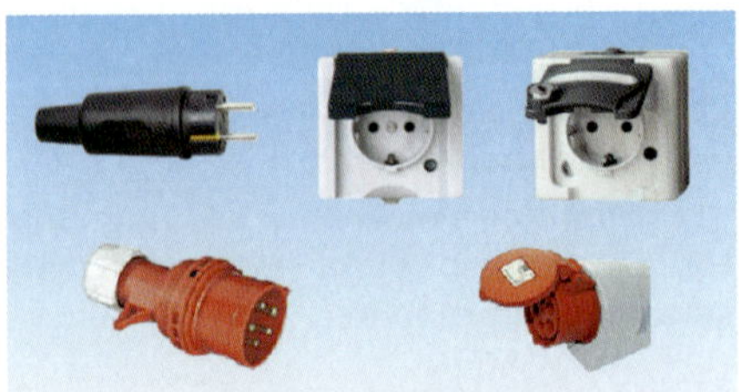

8 Montage, Inbetriebnahme, Instandhaltung

6 Maschinentechnik

Maschinen unterstützen den Menschen bei seiner Arbeit. Sie führen Fertigungsschritte aus, entweder durch Befehle des Maschinenbedieners oder automatisch gesteuert nach Programmanweisungen. Moderne Maschinen sind die Hauptvoraussetzung, um die Produktivität einer Fertigung zu erhöhen.

6.1 Einteilung der Maschinen

Maschinen als technische Systeme

Um die Funktion und Wirkungsweise einer Maschine zu erkennen, kann man sie verallgemeinernd als **technisches System** betrachten, dem Energie, Stoffe oder Informationen zugeführt werden. Sie erfahren dort eine Umsetzung und verlassen danach die Maschine wieder **(Bild 1)**.

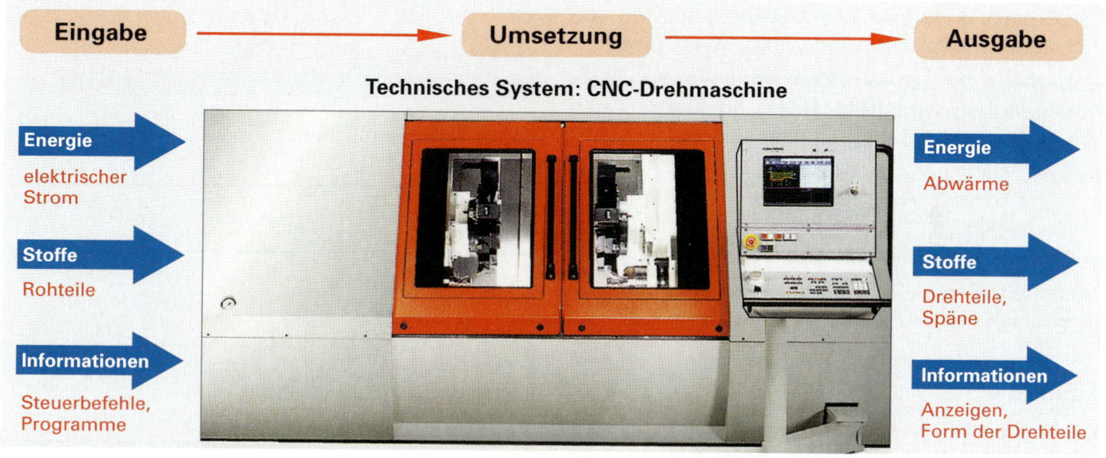

Bild 1: Die Maschine als technisches System am Beispiel einer CNC-Drehmaschine

Nach der systemtechnischen Betrachtungsweise kann man die Maschinen entsprechend ihrer Hauptfunktion in drei Maschinenarten unterteilen:

- Energieumsetzende Maschinen: **Kraftmaschinen**
- Stoffumsetzende Maschinen: **Arbeitsmaschinen**
- Informationsumsetzende Maschinen: **EDV-Anlagen**

6.1.1 Kraftmaschinen

Kraftmaschinen sind in ihrer **Hauptfunktion** Maschinen zur **Energieumwandlung.** In ihnen wird eine zugeführte Energie in eine für einen bestimmten Verwendungszweck erforderliche Energieform umgewandelt.

Beispiel: Der Pkw-Motor ist eine Kraftmaschine. In ihm wird die im Kraftstoff gespeicherte chemische Energie in die für den Antrieb des Pkws benötigte Bewegungsenergie umgesetzt.

Mithilfe eines **Energieflusses** kann dies anschaulich dargestellt werden **(Bild 2)**. Die Energie wird der Kraftmaschine zugeführt. Nach der Umsetzung steht sie als nutzbare Energie zur Verfügung.

Nebenfunktionen sind bei Kraftmaschinen:

- Der **Stofffluss,** z.B. das Eintreten des Kraftstoffs in den Motor und das Austreten der Verbrennungsgase.
- Der **Informationsfluss,** d.h. die Ein- und Ausgabe von Signalen.

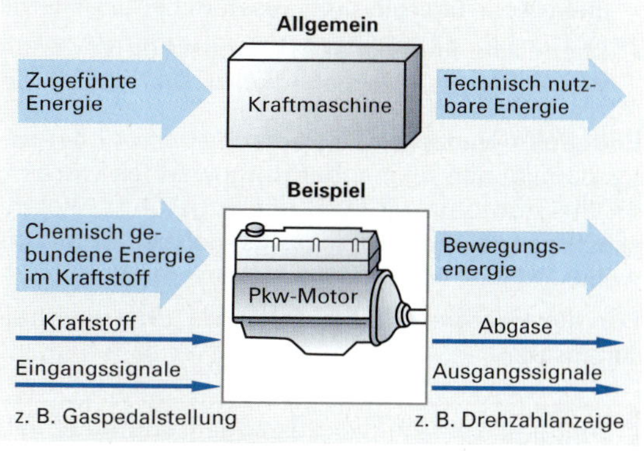

Bild 2: Das technische System Kraftmaschine am Beispiel eines Pkw-Motors

6.1.1.1 Physikalische Grundlagen der Kraftmaschinen

Um die Wirkung und die Qualität von Kraftmaschinen zu beschreiben, benötigt man Begriffe aus der Physik, wie z. B. Arbeit, Energie, Leistung, Wirkungsgrad.

Arbeit

Als Arbeit W bezeichnet man bei Bewegungsvorgängen das Produkt aus der Kraft F und dem Weg s: $W = F \cdot s$

Die Einheit der Arbeit ist das **Joule** (Einheitenzeichen **J**).

Die Arbeit 1 J wird verrichtet, wenn eine Kraft von 1 N auf der Strecke von 1 m wirkt: **1 J = 1 Nm**

Hubarbeit wird z. B. verrichtet, wenn ein Werkstück hochgehoben wird **(Bild 1)**. Im hochgehobenen Werkstück ist die Hubarbeit gespeichert.

Beispiel: Ein Werkstück von $m = 4{,}5$ kg wird mit der Hubkraft $F = 44{,}15$ N auf eine Höhe von 2,4 m gehoben. Wie groß ist die Hubarbeit?

Lösung: $W = F \cdot s = 44{,}15\ \text{N} \cdot 2{,}4\ \text{m} = \mathbf{105{,}96\ Nm}$

Auch beim Zerspanen von Werkstoff oder beim Beschleunigen eines Pkw wird Arbeit verrichtet.

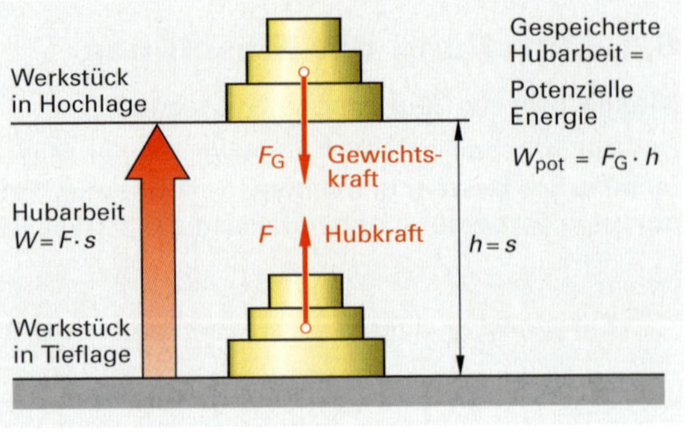

Bild 1: Arbeit und Energie

Arbeit	$W = F \cdot s$
Potenzielle Energie	$W_{pot} = F_G \cdot h$ $W_{pot} = m \cdot g \cdot h$
Erdbeschleunigung	$g = 9{,}81\,\frac{\text{m}}{\text{s}^2} = 9{,}81\,\frac{\text{N}}{\text{kg}}$; $1\ \text{N} = 1\,\frac{\text{kg} \cdot \text{m}}{\text{s}^2}$
Kinetische Energie	$W_{kin} = \frac{1}{2} \cdot m \cdot v^2$

Energie

Die in einem Körper gespeicherte Arbeit bzw. seine Fähigkeit, Arbeit zu verrichten, bezeichnet man als **Energie**.

Die Einheit der Energie ist das **Joule (J)**. Energie kommt in verschiedenen **Energieformen** vor:

- **Potenzielle Energie W_{pot}** (Energie der Lage) ist z. B. die gespeicherte Hubarbeit in einem hochgehobenen Werkstück. Sie berechnet sich aus der Gewichtskraft F_G des Werkstücks und der Hubhöhe h. Die **Gewichtskraft F_G** des Körpers ermittelt man aus der Masse m des Körpers und der Erdbeschleunigung g zu: $F_G = m \cdot g$. Die Erdbeschleunigung g beträgt $g = 9{,}81\ \text{m/s}^2$.
- **Kinetische Energie W_{kin}** (Bewegungsenergie) ist die Energie, die in bewegten Körpern steckt. Sie hängt von der Masse m des Körpers und seiner Geschwindigkeit v ab.
- **Wärmeenergie** steckt in erwärmten Körpern, z. B. in einem heißen Gas, das eine Turbine antreibt.
- **Elektrische Energie** kann aus dem Leitungsnetz entnommen werden und einen Elektromotor antreiben.
- **Chemische Energie** ist in chemischen Verbindungen gespeichert. Sie wird frei, wenn die chemische Verbindung aufgebrochen wird. Dies ist z. B. beim Verbrennen eines Kraftstoffs der Fall.

Energieumwandlung. Die verschiedenen Energieformen können ineinander umgewandelt werden. Im Elektromotor wird z. B. die zugeführte elektrische Energie in die Bewegungsenergie der Motorwelle und in Wärmeenergie umgewandelt **(Bild 2)**.

Für die Energie gilt der folgende **Energieerhaltungssatz**.

Energie lässt sich nicht erzeugen und nicht vernichten. Sie kann nur von einer Energieform in eine andere umgewandelt werden.

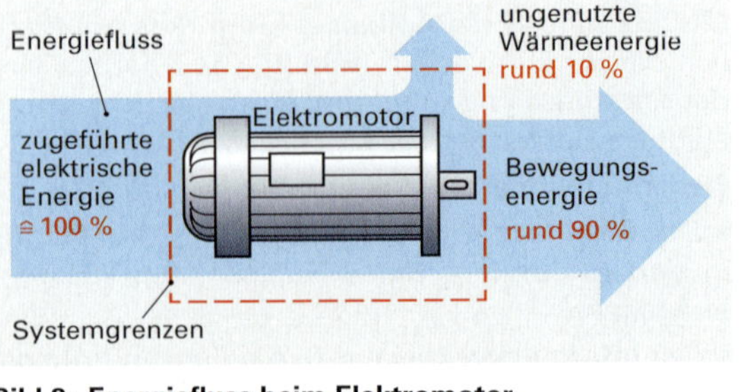

Bild 2: Energiefluss beim Elektromotor

Energiebilanz. In der Technik wird zur Beurteilung der Leistungsfähigkeit einer Maschine die zugeführte Energie mit der abgegebenen Energie verglichen. Dazu zieht man eine gedachte Grenze um ein technisches System und betrachtet die in das System eintretenden und aus dem System austretenden Energien (**Bild 2, vorherige Seite**). Üblicherweise drückt man die Energien in Bilanzbetrachtungen in Prozent aus.

Leistung

Um Maschinen miteinander vergleichen zu können, wird die umgesetzte Energie bzw. die geleistete mechanische Arbeit einer Maschine auf die dazu benötigte Zeit bezogen.

Die pro Zeiteinheit *t* geleistete Arbeit *W* nennt man **Leistung *P*.**

Leistung $P = \frac{W}{t} = \frac{F \cdot s}{t} = F \cdot v$

Die Einheit der Leistung ist das **Watt**, Einheitenzeichen **W**; benannt nach dem engl. Physiker James Watt.

Vielfache der Basiseinheit Watt sind: Kilowatt (kW), Megawatt (MW) und Gigawatt (GW).

1 kW = 1000 W; 1 MW = 1000 kW = 1 000 000 W; 1 GW = 1000 MW = 1 000 000 kW

Beispiel: Eine Werkzeugmaschine mit einer Gewichtskraft F_G = 15400 N wird von einem Elektrohebezeug innerhalb 12 Sekunden um 1,8 m angehoben. Wie groß ist die dabei aufgebrachte Leistung des Hebezeugs?

Lösung: $\boldsymbol{P} = \frac{F_G \cdot h}{t} = \frac{15400\ \text{N} \cdot 1{,}8\ \text{m}}{12\ \text{s}} = 2310 \frac{\text{N} \cdot \text{m}}{\text{s}} = 2310\ \text{W} = \mathbf{2{,}31\ kW}$

Wirkungsgrad

Bei Maschinen und Geräten kann nur ein Teil der zugeführten Leistung in technisch nutzbare Leistung umgesetzt werden. Der andere Teil der Leistung wird z. B. bei Maschinen mit bewegten Teilen in Reibungswärme umgewandelt oder geht bei Wärmekraftmaschinen und elektrischen Maschinen als Abwärme verloren. Sie kann technisch meistens nicht genutzt werden.

Das Verhältnis der technisch nutzbaren Leistung P_2 zur zugeführten Leistung P_1 wird als Wirkungsgrad η bezeichnet.

Wirkungsgrad $\eta = \frac{P_2}{P_1}$

Der Wirkungsgrad wird entweder als Dezimalzahl oder als Prozentzahl angegeben, z. B. η = 0,85 bzw. η = 85 %. Der Wirkungsgrad ist immer kleiner als 1 bzw. kleiner als 100 %, da die technisch nutzbare Leistung P_2 aufgrund der Verluste immer kleiner ist als die zugeführte Leistung P_1.

Beispiel: Einem Zahnradgetriebe wird von einem Elektromotor eine Eingangsleistung von 12 kW zugeführt. An der Abtriebswelle des Getriebes werden 10,8 kW Leistung an ein Hebezeug abgegeben. Wie groß ist der Wirkungsgrad des Getriebes?

Lösung: $\boldsymbol{\eta} = \frac{P_2}{P_1} = \frac{10{,}8\ \text{kW}}{12\ \text{kW}} = \mathbf{0{,}90} = \mathbf{90\,\%}$

6.1.1.2 Arten von Kraftmaschinen

Elektromotore sind die am häufigsten eingesetzten stationären Kraftmaschinen im industriellen Bereich **(Bild 1).** Sie dienen z. B. als Antriebseinheit für Werkzeugmaschinen, Hebezeuge, Transportsysteme, Pumpen, Verdichter.

In Elektromotoren wird elektrische Energie in Bewegungsenergie umgesetzt. Elektromotore zeichnen sich durch einen hohen Wirkungsgrad aus (η = 70 ... 95 %).

Sie werden in Baugrößen von wenigen Watt bis mehreren zehntausend Kilowatt gebaut. Elektromotore laufen geräusch- und schwingungsarm, sind sofort betriebsbereit und kurzzeitig überlastbar. Außerdem sind sie umweltfreundlich, da sie keine Abgase erzeugen.

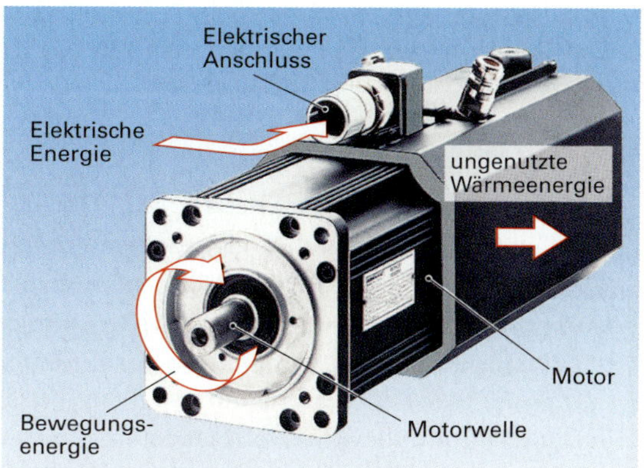

Bild 1: Energieumwandlung beim Elektromotor

Verbrennungskraftmaschinen sind Maschinen, in denen die in einem Kraftstoff gespeicherte chemische Energie durch Verbrennen zuerst in Wärmeenergie und dann durch thermodynamische Umsetzung (Wärme-Kraft-Umsetzung) in Bewegungsenergie umgewandelt wird. Verbrennungskraftmaschinen sind z. B. die Gasturbine, der Dieselmotor und der Ottomotor **(Bild 1)**. Sie sind die bevorzugten Antriebseinheiten für nichtstationäre Maschinen, wie z. B. Kraftfahrzeuge oder Baumaschinen. Ihr Wirkungsgrad beträgt 30 % bis 40 %.

Eine moderne Anwendung von Verbrennungskraftmaschinen ist ihr Einsatz als Mini-Kraftwerk durch die **Kraft-Wärme-Kopplung**. Hierbei treibt ein Dieselmotor einen Generator an und erzeugt Strom. Die Abwärme des Dieselmotors wird zur Gebäudeheizung genutzt. Der Gesamtwirkungsgrad einer solchen Anlage beträgt bis zu 90 %.

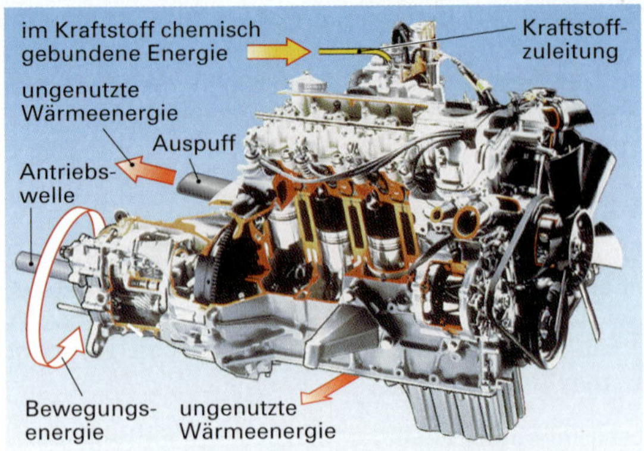

Bild 1: Energieumwandlung beim Ottomotor

Hydraulische Kraftmaschinen sind z. B. Wasserkraftmaschinen sowie Hydromotore und Hydrozylinder **(Bild 2)**. In hydraulischen Kraftmaschinen wird die Strömungs- und Druckenergie von Flüssigkeiten in mechanische Energie bewegter Bauteile umgesetzt. Wasserkraftmaschinen treiben z. B. den Läufer von Stromgeneratoren an. Hydromotore erzeugen eine Drehbewegung, Hydrozylinder eine geradlinige Bewegung. Durch den hohen Druck in hydraulischen Bauelementen können auf kleinem Raum sehr große Kräfte erzeugt werden. Sie dienen zur Bewegung von Maschinenteilen (Seite 596).

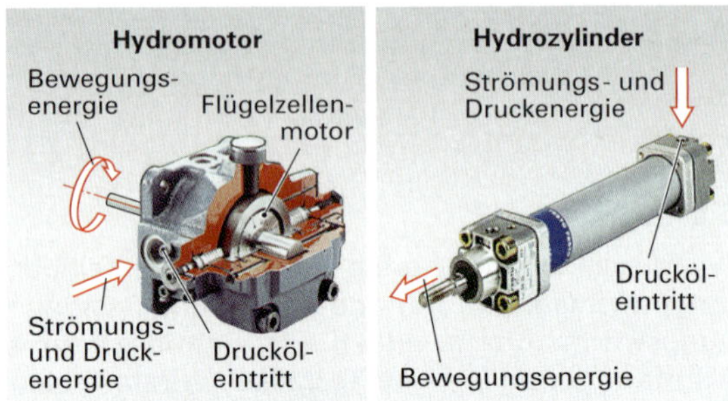

Bild 2: Energieumwandlung bei hydraulischen Kraftmaschinen

Pneumatische Kraftmaschinen sind z. B. Windkraftmaschinen, Pneumatikzylinder von Steuerungen oder Druckluftmotoren in Druckluft-Schraubern **(Bild 3)**. In ihnen wird die Strömungs- und Druckenergie von bewegter oder unter Druck stehender Luft in mechanische Bewegungsenergie umgewandelt.

Häufige Anwendungen für pneumatische Kraftmaschinen sind der Druckluft-Schlagschrauber sowie druckluftbetriebene Zylinder und Motore in Werkzeugmaschinen und Steuerungen.

Bild 3: Energieumwandlung beim Druckluft-Schrauber

Wiederholung und Vertiefung

1 Welche Hauptfunktionen haben Kraftmaschinen bzw. Arbeitsmaschinen?

2 Erläutern Sie mit einer Handskizze den Energiefluss bei einem Verbrennungsmotor.

3 Mit welcher physikalischen Größe kann man das Arbeitsvermögen von Maschinen beschreiben?

4 Was versteht man unter dem Wirkungsgrad einer Maschine?

5 Mit welcher Energie prallt ein Gesenkschmiedehammer auf ein Schmiedestück, wenn der Hammer (m = 1,2 t) aus 0,8 m Höhe auf das Schmiedestück fällt?

6 Der Elektromotor eines Hebezeugs entnimmt während des Betriebs aus dem Leitungsnetz eine Leistung von 8,4 kW. Der Motor und das Hebezeuggetriebe haben insgesamt einen Wirkungsgrad von 82 %. Welche Last kann das Hebezeug in 20 Sekunden auf eine Höhe von 4 m anheben?

6.1.2 Arbeitsmaschinen

Arbeitsmaschinen sind in ihrer Hauptfunktion stoffumsetzende Maschinen **(Bild 1)**.

Mit ihnen werden Stoffe mithilfe von Energie

- von Ort zu Ort transportiert (Stofftransport)
- in eine andere Form gebracht (Stoffumformung)
- in einen anderen Energiezustand versetzt (Stoffzustandsänderung)

Beispiele: Auf einer Drehmaschine werden aus Stangenmaterial mithilfe der elektrischen Antriebsenergie Drehteile hergestellt (Stoffumformung).

Mit Pumpen und Hebezeugen werden Stoffe transportiert (Stofftransport).

Mit Glühöfen wird das Gefüge von Werkstoffen verändert (Änderung des Stoffzustandes).

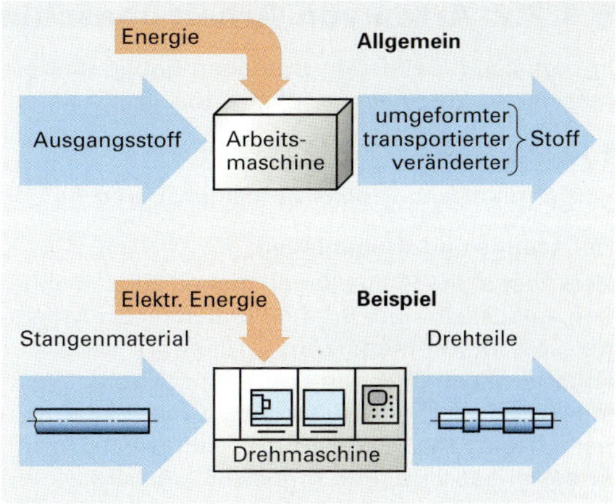

Bild 1: Die Arbeitsmaschine als technisches System

6.1.2.1 Physikalische Grundlagen der Arbeitsmaschinen

Zur Beschreibung der Stoffe, der Stoffgrößen und des Stofftransports in einer Arbeitsmaschine benötigt man physikalische Größen.

- Die **Masse *m*** eines Stoffes wird in Kilogramm (kg) oder Tonnen (t) angegeben. 1 t = 1000 kg

Die **Dichte ϱ** gibt die Masse eines Stoffes *m* pro Volumeneinheit *V* an. Einheiten der Dichte sind kg/dm³, g/cm³ oder t/m³ für Feststoffe und Flüssigkeiten sowie kg/m³ für Gase.

$$\textbf{Dichte} = \frac{\textbf{Masse}}{\textbf{Volumen}} \qquad \varrho = \frac{m}{V}$$

- **Stoffarten.** Je nach Anwendungszweck gibt es verschiedene Möglichkeiten, die Stoffe zu gliedern:

- Nach ihrem Aggregatzustand unterteilt man sie in **Feststoffe, Flüssigkeiten** und **Gase**.
- In der Produktion und Fertigung unterteilt man sie in **formlose Stoffe**: Flüssigkeiten, Pulver, Granulat, sowie **Stoffe mit geometrisch bestimmter Form**: Halbzeuge, Werkstücke, Bauteile.

- **Stofftransport.** Ein Stofftransport ist gekennzeichnet durch die Geschwindigkeit und den Stoffstrom.

Die **Geschwindigkeit *v*** ist der von einem Körper pro Zeiteinheit *t* zurückgelegte Weg *s*. Einheiten der Geschwindigkeit sind: m/s, m/min, mm/min, km/h.

$$\textbf{Geschwindigkeit} = \frac{\textbf{Weg}}{\textbf{Zeit}} \qquad v = \frac{s}{t}$$

Mit der **Drehzahl *n*,** auch Umdrehungsfrequenz genannt, beschreibt man die Drehbewegung eines Maschinenteils. Sie gibt die Anzahl der Umdrehungen *z* in der Zeiteinheit *t* an. Einheiten der Drehzahl sind: 1/min bzw. min^{-1} oder 1/s bzw. s^{-1}.

$$\textbf{Drehzahl} = \frac{\textbf{Umdrehungen}}{\textbf{Zeit}} \qquad n = \frac{z}{t}$$

Die Menge des transportierten Stoffes wird bei Feststoffen durch den **Massestrom $\dot{m}$**, bei Flüssigkeiten und Gasen durch den **Volumenstrom $\dot{V}$** beschrieben. Hierbei handelt es sich um die in der Zeit *t* transportierte Masse *m* bzw. das pro Zeit geförderte Volumen *V*. Einheiten des Masse- bzw. Volumenstroms sind kg/s oder t/h bzw. l/s, l/min oder m³/h.

$$\textbf{Massestrom} = \frac{\textbf{Masse}}{\textbf{Zeit}} \qquad \dot{m} = \frac{m}{t}$$

$$\textbf{Volumenstrom} = \frac{\textbf{Volumen}}{\textbf{Zeit}} \qquad \dot{V} = \frac{V}{t}$$

Für Stoffe gilt, ähnlich wie bei der Energie (Seite 414), ein **Satz von der Erhaltung der Materie**: Materie kann nicht erzeugt und nicht zerstört, sondern nur umgewandelt werden.

Eine **Stoffbilanz** besagt, dass die in ein System eintretende Masse genauso groß ist, wie die aus dem System austretende Masse **(Bild 2)**. So ist z. B. bei einer Drehmaschine die als Stangenmaterial zugeführte Masse genauso groß wie die Massen der erzeugten Werkstücke und Späne zusammen.

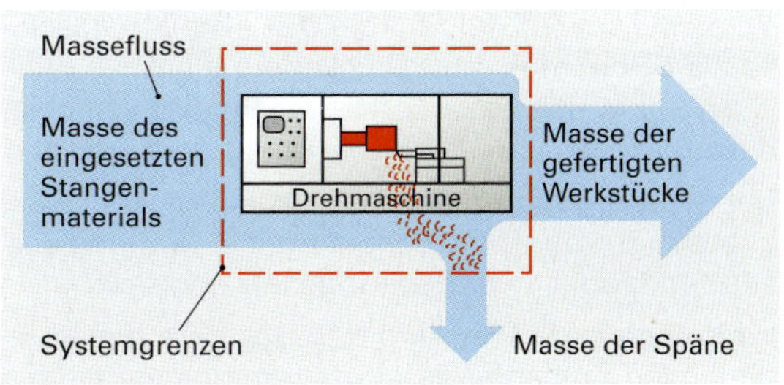

Bild 2: Stoffbilanz an einer Werkzeugmaschine

6.1.2.2 Arten von Arbeitsmaschinen

In metallverarbeitenden Betrieben häufig eingesetzte Arbeitsmaschinen sind Fördermittel, Werkzeugmaschinen, Wärmebehandlungsöfen sowie Klima- und Heizungsanlagen.

Fördermittel

Fördermittel sind Arbeitsmaschinen, deren Aufgabe der Transport von Stoffen ist.

Hebezeuge und Krananlagen

Hebezeuge und Krananlagen dienen zum Hochheben von Lasten, zum Be- und Entladen, zur Montage von Maschinen, zum Transport schwerer Palettenwagen und zum Zuführen schwerer Werkstücke bei Werkzeugmaschinen. Eine Fertigungshalle besitzt meist einen **Brückenkran** (Laufkran). Er besteht aus Trägern, Kranbrücke, Laufkatze und Elektrozug **(Bild 1)**. Mit seinen vier Bewegungen Heben, Senken, Katzfahren und Kranfahren überstreicht er die gesamte Fläche einer Fertigungshalle und ermöglicht damit den Transport schwerer Lasten an jede Stelle der Halle.

Fertigungsbereiche mit häufiger Be- und Entladung in einem begrenzten Arbeitsbereich werden zusätzlich mit einem **Schwenkkran** versorgt.

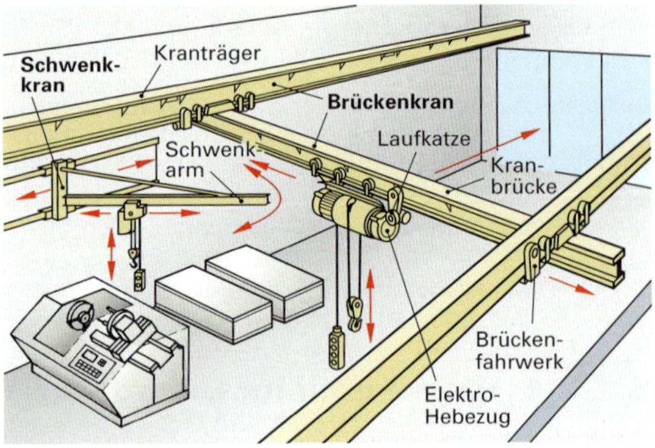

Bild 1: Krananlagen einer Fertigungshalle

Förderer, Transportsysteme

Der Transport der Werkstücke zwischen den Bearbeitungsstationen einer Fertigungsanlage wird von Förderern durchgeführt **(Bild 2)**. Bei der Großserienfertigung werden **Transportbänder** und Hängeförderer eingesetzt, die je nach Werkstückgröße und Werkstückform eine Gliederkette oder eine Rollenbahn besitzen. Sie gewährleisten einen kontinuierlichen Materialfluss; Werkstück-Speicher dienen als Puffer. Kleinere Werkstücke werden in **Paletten** transportiert. Sie werden entweder mit einem schienengebundenen Transportwagen oder einem Gabelstapler bewegt. Die Entnahme der Werkstücke vom Transportband oder der Palette und die Beladung in die Bearbeitungsmaschine übernehmen bei automatischer Fertigung Handhabungsgeräte, wie z. B. ein Portallader.

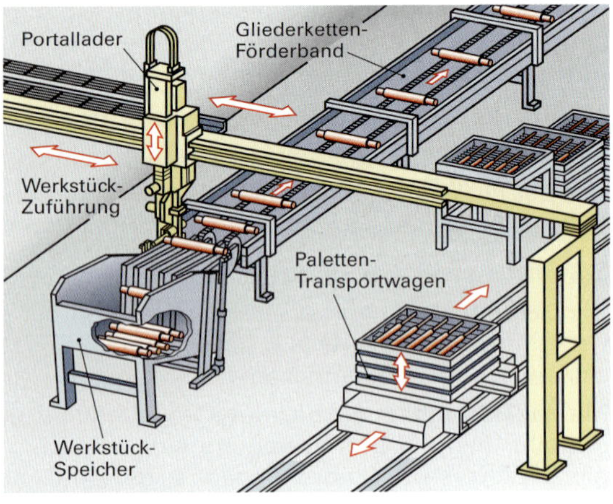

Bild 2: Transportsystem für Werkstücke

Pumpen, Verdichter

Pumpen dienen zum Fördern von Flüssigkeiten. Verdichter verwendet man zum Fördern von Gasen und zur Erzeugung von Druckgas. In Pumpen und Verdichtern wird die Energie der Antriebsmaschine als Strömungs- und Druckenergie auf die Flüssigkeit bzw. das Gas übertragen. Es gibt verschiedene Bauarten **(Bild 3)**.

Bei **Kreiselradpumpen** wird die Flüssigkeit axial angesaugt, von einem Schaufelrad in Drehung versetzt und radial in das Leitungsnetz gedrückt.

Im **Kolbenverdichter** wird das Gas vom heruntergehenden Kolben angesaugt, vom hochgehenden Kolben komprimiert und ausgestoßen.

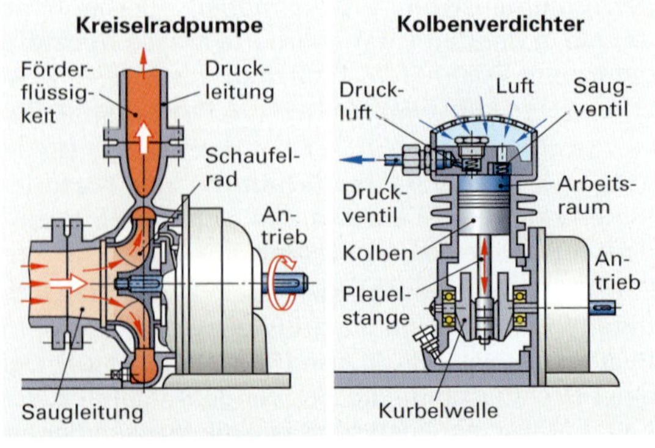

Bild 3: Pumpen- bzw. Verdichterbauarten

Werkzeugmaschinen

Werkzeugmaschinen sind Arbeitsmaschinen zur Fertigung von Werkstücken (Stoffumformung).

Je nach Fertigungsverfahren unterscheidet man:

Werkzeugmaschinen zum Urformen

Werkzeugmaschinen zum Urformen sind z. B. Druckgießmaschinen für niedrigschmelzende NE-Metalle, wie z. B. Aluminium oder Zink sowie Formteilpressen für Sinterteile oder Extruder für Kunststoffe (**Bild 1** diese Seite und **Bild 1, Seite 104**).

Das Ausgangsmaterial ist ein formloser Stoff, z. B. eine Metallschmelze, ein Metallpulver oder ein Kunststoffgranulat. In der Maschine erfährt der formlose Stoff eine Formgebung zum Halbzeug oder zum Fertigteil.

Werkzeugmaschinen zum Umformen

Werkzeugmaschinen zum Umformen sind z. B. Biegemaschinen, Tiefziehmaschinen und Schmiedepressen **(Bild 2)**. Ausgangsmaterial ist ein vorbereitetes Rohteil, z. B. ein Profilabschnitt, ein Blechabschnitt oder ein Stangenabschnitt. Sie werden in der Umformmaschine umgeformt.

Werkzeugmaschinen zum Spanen

Werkzeugmaschinen zum Spanen sind z. B. Sägen, Schleifmaschinen, Bohrmaschinen, Fräsmaschinen, Drehmaschinen und Bearbeitungszentren **(Bild 3)**. Ausgangsmaterial sind Stangen- oder Profilabschnitte sowie vorgefertigte Werkstücke, die fertigbearbeitet werden. In der spanenden Werkzeugmaschine wird durch Abheben von Spänen das Werkstück geformt.

Die zum Spanen des Werkstoffs erforderliche Energie wird von Elektromotoren bereitgestellt, die in die Werkzeugmaschine eingebaut sind.

Wärmebehandlungsöfen, Heizungsanlagen

Öfen und Heizungsanlagen sind Anlagen (Arbeitsmaschinen), die Wärmeenergie bereitstellen, um die Temperatur von Stoffen zu erhöhen und damit in ihrem Innern Stoffumsetzungen (Gefügeveränderungen) ablaufen zu lassen.

In **Durchlauf-Wärmebehandlungsöfen (Bild 4)** z. B. werden Werkstücke aus Stahl erwärmt und anschließend abgeschreckt. Dadurch werden gewünschte Veränderungen des Werkstoffgefüges erzielt. In der Folge werden die mechanischen Eigenschaften der Stähle, z. B. die Härte und die Festigkeit, wesentlich verbessert.

Im **Heizkessel** einer Heizungsanlage wird ein Wärmeträger (Luft oder Wasser) erwärmt und durch Leitungen in die Räume transportiert, wo die Wärme benötigt wird.

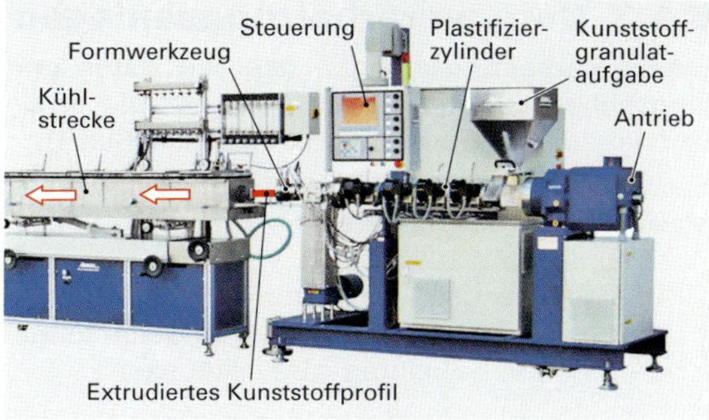

Bild 1: Extruder zum Urformen von Kunststoffrohren und Profilen

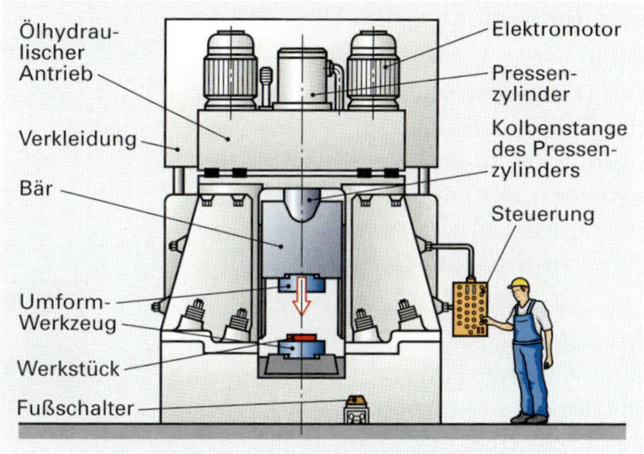

Bild 2: Schmiedepresse zum Umformen von Schmiedeteilen

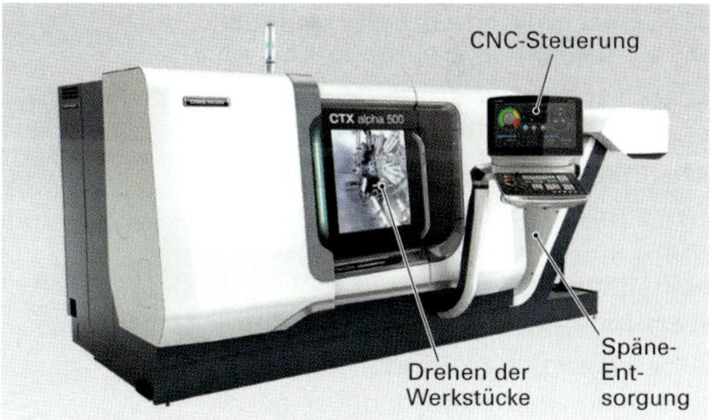

Bild 3: Drehmaschine zum Spanen

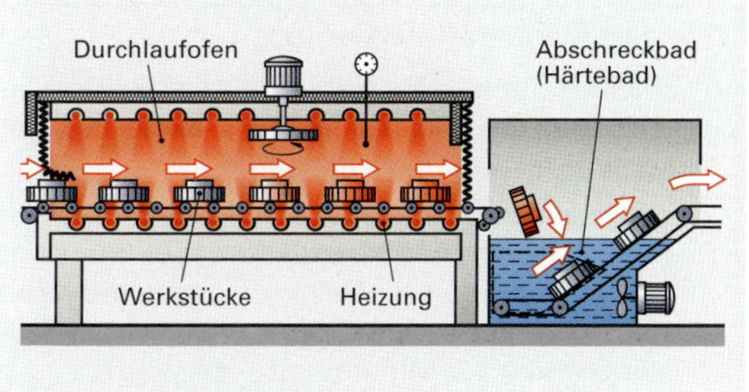

Bild 4: Wärmebehandlungs-Durchlaufofen zum Härten

6.1.3 Datenverarbeitungsanlagen

Datenverarbeitungsanlagen nehmen Daten und Eingabebefehle (Informationen) auf, verarbeiten sie und geben Daten und Steuerbefehle aus **(Bild 1)**.

Sie können allgemein als informationsumsetzende Maschinen bezeichnet werden.

> Die Arbeitsweise der Datenverarbeitungsanlagen nennt man kurz **EVA-Prinzip**: Daten-**E**ingabe – Daten-**V**erarbeitung – Daten-**A**usgabe.

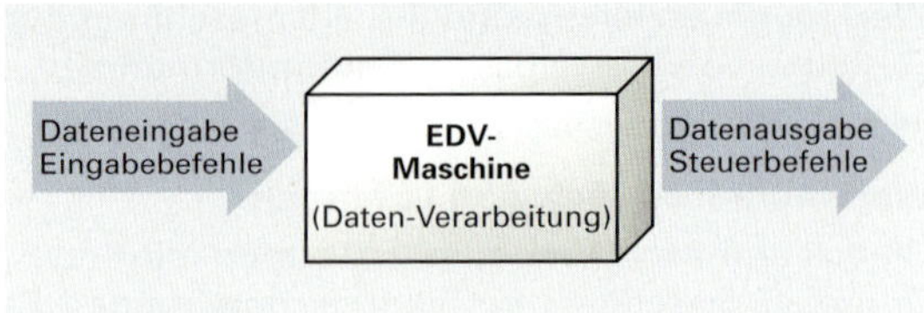

Bild 1: Die Datenverarbeitungsanlage als technisches System

Datenverarbeitungsanlagen bestehen aus Geräte-Baugruppen, der sogenannten **Hardware (Bild 2)**.

Die **Daten-Eingabe** erfolgt über Eingabegeräte, z. B. eine Tastatur oder das Bedienfeld einer CNC-Steuerung.

Die **Daten-Verarbeitung** übernimmt der Rechner. Er besteht aus der Zentraleinheit sowie den internen und externen Speichern. Die Arbeitsanweisungen erhält der Rechner von Programmen, der **Software**.

Die **Daten-Ausgabe** kann z. B. als Messwert bzw. Bilddarstellung auf einem Monitor oder als Schaltbefehl für die Vorschubmotore einer Werkzeugmaschine erfolgen.

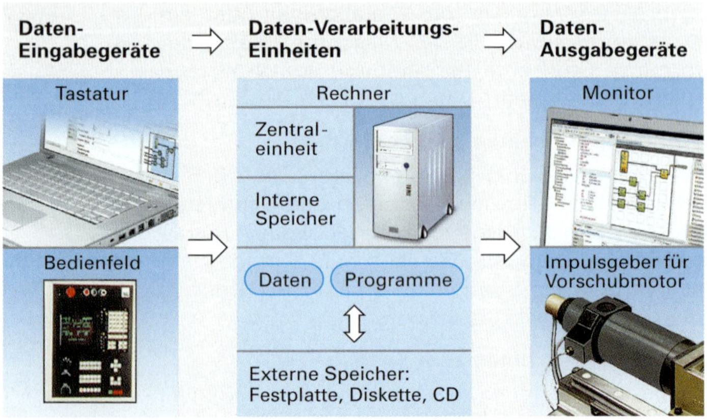

Bild 2: Aufbau von Datenverarbeitungsanlagen aus Komponenten

Geräte und Anlagen zur Datenverarbeitung

EDV-Geräte sind heute allgegenwärtig im Privat- und Berufsleben: Taschenrechner, Personalcomputer, Laptops, Tablett-PCs, Smartphones.

Mit **CNC-Steuerungen** werden die einzelnen Arbeitsschritte der Fertigung auf einer Werkzeugmaschine selbsttätig gesteuert **(Bild 3)**.

CAD-Anlagen (von engl. **C**omputer **A**ided **D**esign = Computergestütztes Konstruieren) dienen der Anfertigung von Konstruktionszeichnungen am Bildschirm.

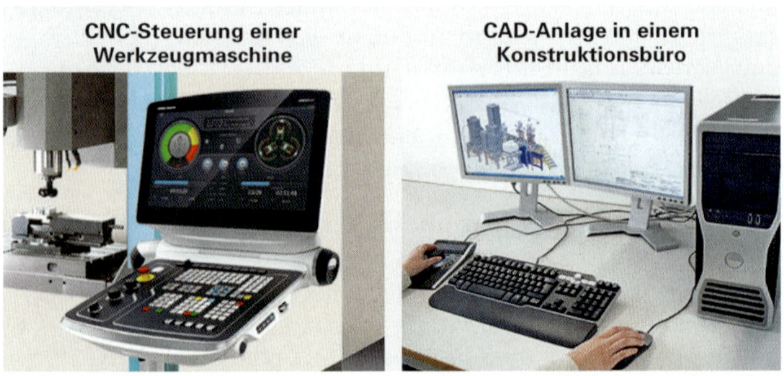

Bild 3: Datenverarbeitungsgeräte im Betrieb

Wiederholung und Vertiefung

1 Erklären Sie den Begriff stoffumsetzende Maschine am Beispiel des in **Bild 3, Seite 193,** gezeigten Bearbeitungszentrums.

2 Feuchtes Schüttgut läuft zur Trocknung auf einem Gliederförderband durch einen 12 m langen Tunnelofen. Welche Geschwindigkeit muss das Förderband haben, damit eine Trockenzeit von 1,6 Minuten erreicht wird?

3 Wie lautet die Formel für die Dichte?

4 Wie groß ist die Drehzahl eines Elektromotors in 1/min, wenn er in 3 Sekunden 36 Umdrehungen ausführt?

5 Mit welcher Gleichung berechnet man den Massestrom auf einem Transportband?

6 Welche Umwandlungen erfährt die der Antriebswelle einer Kreiselradpumpe zugeführte Energie bis zur Druckleitung **(Bild 3, Seite 418)**?

7 Was versteht man unter dem EVA-Prinzip?

6.2 Funktionseinheiten von Maschinen und Geräten

Maschinen und Geräte lassen sich nach ihrem konstruktiven Aufbau in **Baugruppen** (auch **Baueinheiten** genannt) untergliedern. Eine Säulenbohrmaschine besteht z. B. aus den Baugruppen Elektromotor, Riementrieb, Bohrspindel, Maschinentisch, Maschinenfuß und Steuerung **(Bild 1)**.

Andererseits kann man Maschinen und Geräte nach den von ihren Baugruppen zu leistenden Aufgaben (Funktionen) in **Funktionseinheiten** unterteilen. Eine Säulenbohrmaschine hat z. B. Funktionseinheiten zum Antreiben, zur Drehmomentübersetzung, zum Bohren, zum Stützen und zum Steuern.

Gleiche Funktionen können durch unterschiedliche Baueinheiten erfüllt werden. Die Übertragung des Drehmoments vom Elektromotor zur Bohrerspindel kann z. B. mit einem Zahnradgetriebe, mit einem Riementrieb oder mit einem Reibradgetriebe erfolgen.

Durch Untergliederung einer Maschine in Funktionseinheiten kann die Arbeitsweise der Maschine, unabhängig von der Bauart der Baueinheiten, besser verstanden werden.

Durch Kenntnis der Aufgaben der einzelnen Funktionseinheiten und ihr Zusammenwirken kann die Arbeitsweise der Maschine oder des Gerätes erkannt werden.

6.2.1 Innerer Aufbau von Maschinen

Eine Maschine ist ein technisches Gesamtsystem (Bild 1). Es besteht aus einer Reihe von Teilsystemen, den Baueinheiten. Sie erfüllen bestimmte Teilfunktionen.

Das Gesamtsystem Maschine hat eine **Gesamt-** oder **Hauptfunktion**. Bei einer Bohrmaschine z. B. ist die Gesamtfunktion das Bohren von Löchern in Werkstücke.

Die **Gesamtfunktion** einer Maschine wird durch mehrere Teilfunktionseinheiten verwirklicht (Bild 1).

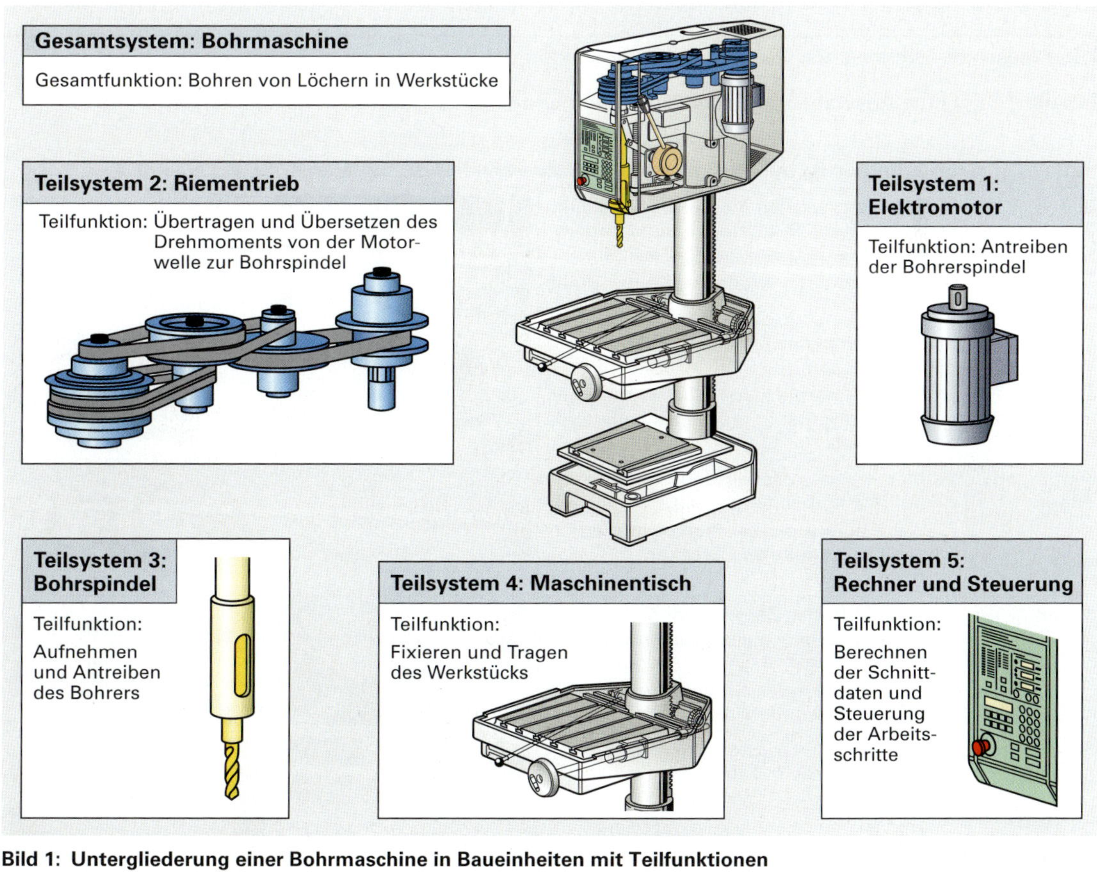

Bild 1: Untergliederung einer Bohrmaschine in Baueinheiten mit Teilfunktionen

Die Teilfunktionen einer **Bohrmaschine** sind z. B. das Antreiben der Bohrspindel durch den Elektromotor, das Übertragen des Drehmoments von der Motorwelle zur Bohrspindel, das Bohren der Löcher mit dem Bohrer, das Fixieren und Tragen des Werkstücks durch den Maschinentisch, das Steuern der Zustellbewegung des Bohrers und die Kapselung des Riementriebs zum Schutz vor Verletzungen.

Bei einer **Drehmaschine (Bild 1, folgende Seite)** erhält man ähnliche Funktionseinheiten. Teilfunktionen sind hierbei z. B. das Antreiben der Hauptspindel der Drehmaschine, die Übertragung des Drehmoments vom Motor auf die Hauptspindel, die spanende Bearbeitung des Werkstücks, das Steuern der Vorschub- und Zustellbewegungen, das Tragen und Führen des Werkzeugschlittens und die Kapselung der Maschine.

Maschinen erfüllen ihre Gesamtfunktion mit einer begrenzten Anzahl typischer Funktionseinheiten.

Die Baugruppen aller Maschinen und Geräte lassen sich in wenige Funktionseinheiten gliedern:

- Antriebseinheiten
- Übertragungseinheiten
- Arbeitseinheiten
- Stütz- und Trageinheiten
- Verbindungseinheiten
- Mess-, Steuer- und Regeleinheiten
- Einheiten für Umweltschutz und Arbeitssicherheit

Maschinentechnische Grundfunktionen

Untergliedert man die einzelnen Funktionseinheiten einer Maschine weiter, so erkennt man, dass sie ihre Funktion durch das Zusammenwirken sogenannter maschinentechnischer Grundfunktionen erfüllen.

Beispiel: Die Antriebseinheit einer Drehmaschine, der Elektromotor, besteht aus mehreren Bauelementen mit maschinentechnischen Grundfunktionen. Das Kabel dient zum **Leiten** des elektrischen Stroms zum Elektromotor; die Wicklung des Motors bewirkt das **Umwandeln** der elektrischen Energie in mechanische Rotationsenergie; die Motorwelle **überträgt** das im Motorinnern entstehende Drehmoment zum Getriebe; die Wälzlager **stützen und tragen** die Motorwelle.

Die maschinentechnischen Grundfunktionen werden von Maschinenelementen ausgeführt.

Tabelle 1 zeigt eine Auswahl von Grundfunktionen und dazu eingesetzten Maschinenelementen.

Tabelle 1: Grundfunktionen bei Maschinen und dazu verwendete Bauelemente (Beispiele)

Leiten, Transportieren	Flüssigkeiten werden durch **Rohre** geleitet, Feststoffe durch Rüttelrinnen transportiert. Elektrische Energie wird durch Kabel geleitet, Drehmomente werden mit einer **Welle** übertragen.		
Umformen, Wandeln, Übersetzen	Drehzahlen werden mit einem **Zahnradpaar** übersetzt. Elektrische Energie wird in den Wicklungen des **Elektromotors** in mechanische Energie umgewandelt.		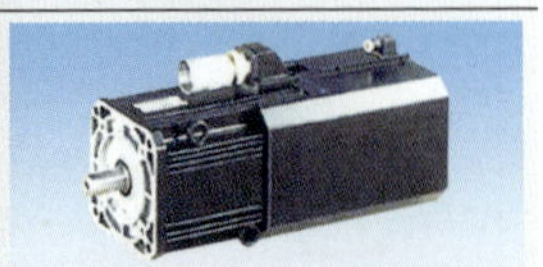
Verbinden, Fügen	Verbindungen zwischen Bauteilen werden z.B. mit **Schrauben** hergestellt. Die Verbindung elektrischer Leitungen erfolgt mit **Steckdose und Stecker.**		
Teilen, Trennen	Teilen ist z. B. das **Zerschneiden** eines Bleches, das **Spanen** eines Werkstücks oder das **Brennschneiden** eines Trägers. Energieströme oder Signale werden mit einem **Schalter** unterbrochen (getrennt).		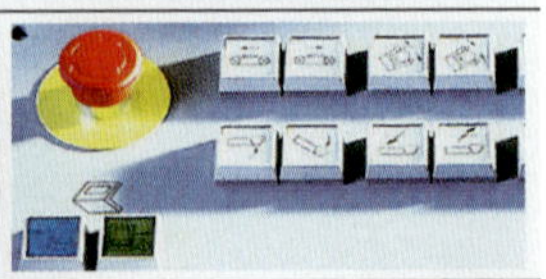
Speichern	Gase werden in **Druckgasflaschen** gespeichert, Werkstücke in **Paletten.** Elektrische Energie lässt sich in **Akkus** speichern, mechanische Energie in Federn.	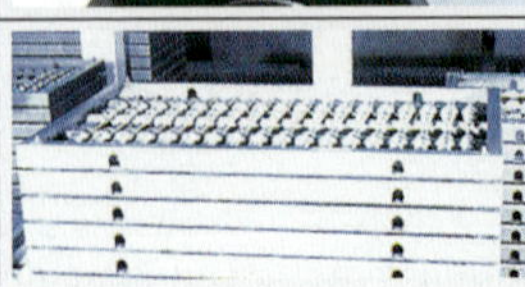	

6.2.2 Funktionseinheiten einer CNC-Werkzeugmaschine

Auch eine CNC-Drehmaschine lässt sich in Baugruppen untergliedern, die den typischen Funktionseinheiten der Maschinen und Geräte entsprechen **(Bild 1)**.

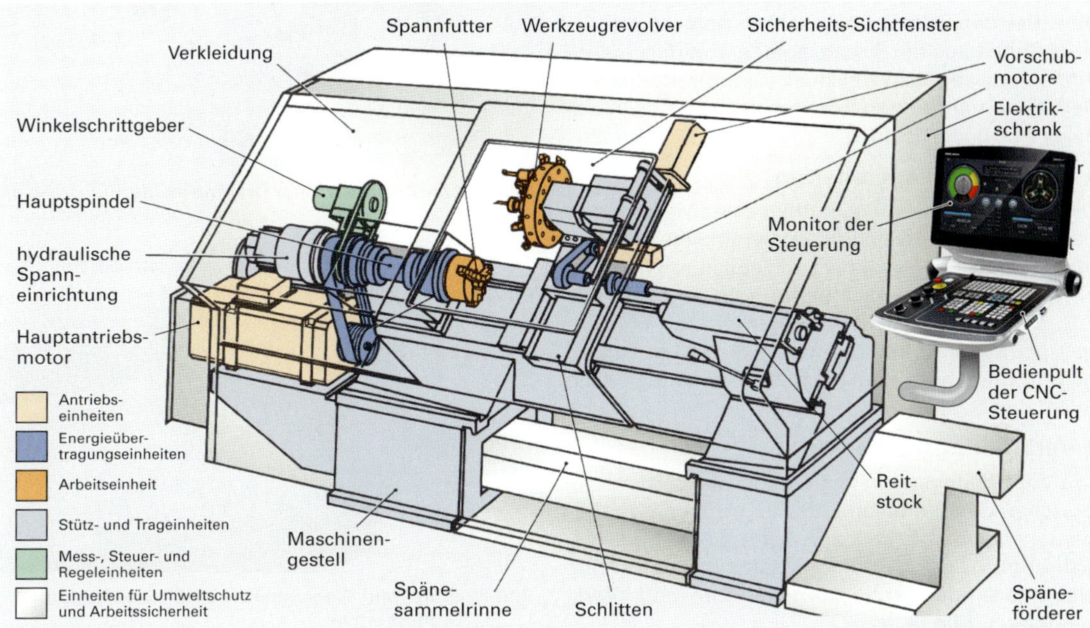

Bild 1: CNC-Schrägbett-Drehmaschine und ihre Funktionseinheiten

Antriebseinheiten

Die Antriebseinheiten stellen die zum Betrieb einer Maschine erforderliche mechanische Energie bereit. Bei Werkzeugmaschinen sind dies **Elektromotore** für den Hauptantrieb, für die Vorschubantriebe, für die Hydraulikpumpe und den Späneförderer. Die vollständigen Antriebseinheiten einer CNC-Drehmaschine bestehen aus den Elektromotoren und den im Schaltschrank untergebrachten Steuereinheiten **(Bild 2)**. Sie stellen die Stromversorgung der Motore sicher und ermöglichen die stufenlose Drehzahlverstellung.

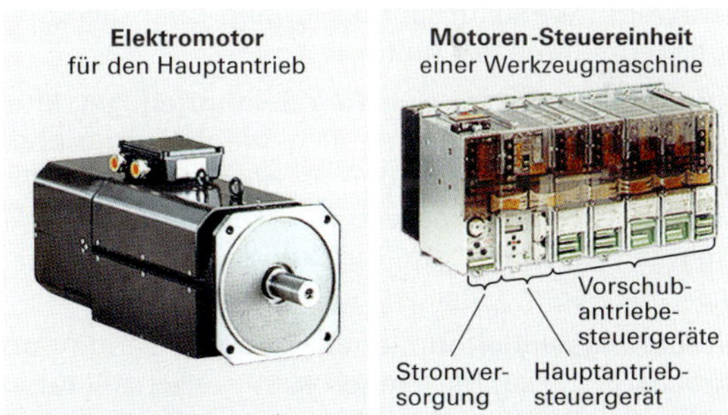

Bild 2: Antriebseinheit (Elektromotor) für die Hauptspindel und Motoren-Steuereinheit

Energieübertragungseinheiten

Die von der Antriebseinheit bereitgestellte Bewegungsenergie muss zur Arbeitseinheit geleitet und bezüglich der Drehzahl so umgeformt werden, dass sie den Anforderungen der Arbeitseinheit entspricht. Bauteile zur Energieübertragung sind Riemen, Wellen, Spindeln, Kupplungen, Zahnräder und Getriebe **(Bild 3)**.

Bei der CNC-Drehmaschine (Bild 1) erfolgt die Energieübertragung vom Motor des Hauptantriebs über einen Riementrieb, die Kupplung, die Hauptspindel und das Spannfutter auf das Werkstück.

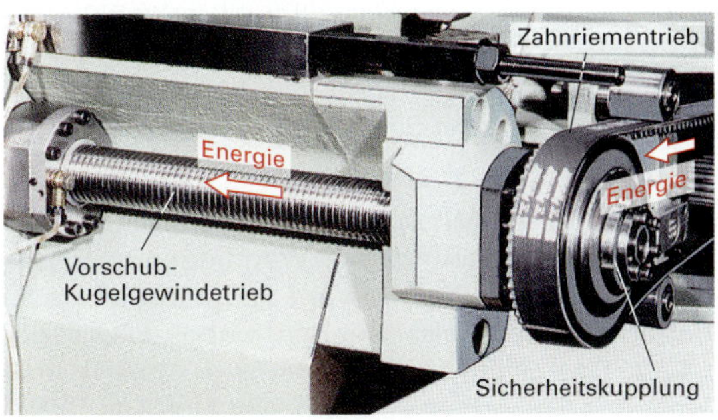

Bild 3: Energieübertragungseinheiten

Arbeitseinheiten

Die Arbeitseinheit ist der Teil der Maschine, der die eigentliche Hauptfunktion der Maschine ausführt. Die Hauptfunktion einer Drehmaschine ist die spanende Bearbeitung von Werkstücken durch Drehen. Bei der CNC-Drehmaschine besteht die Arbeitseinheit aus der Arbeitsspindel mit der Spanneinrichtung für das Werkstück (Spannfutter) sowie dem Revolver mit den Werkzeugen, die das Werkstück bearbeiten **(Bild 1)**.

Stütz- und Trageinheiten

Die Basis-Stütz- und Trageinheit einer Maschine ist das Maschinengestell **(Bild 2)**. Darauf sind alle weiteren Baugruppen montiert und stützen sich darauf ab. Bauteile, die verschiebbar sein müssen, wie z. B. der Werkzeugschlitten, werden von Führungen getragen. Rotierende Bauteile sind in Lagern geführt und übertragen die auf sie wirkenden Kräfte auf das Gestell.

Verbindungseinheiten

Die Verbindungseinheiten stellen die Verbindung zwischen den Bauteilen und Baugruppen her. Verbindungselemente sind z. B. Stifte, Schnapphaken, Schrauben und Muttern, Passfedern für Welle-Nabe-Verbindungen, Spannelemente und Werkzeughalter **(Bild 3)**.

Mess-, Regel- und Steuerungseinheiten

Messeinrichtungen messen z. B. Drehzahlen, Verfahrwege, Werkstückabmessungen oder die Leistungsaufnahme der Motore.

Kombinierte **Mess- und Regeleinheiten** gewährleisten die Einhaltung einer gewählten Betriebsgröße. Bei CNC-Werkzeugmaschinen wird z. B. der Vorschubweg gemessen. Bei Abweichung vom Sollwert korrigiert die Regeleinrichtung die Vorschubbewegung, bis der Sollwert erreicht ist.

Steuerungseinheiten dienen dazu, Vorgänge und Arbeitsgänge auf Maschinen automatisch ablaufen zu lassen. Bei einer CNC-Maschine z. B. wird über das Bedienpult der gewünschte Arbeitsablauf (das Programm) in die Steuerung eingegeben und gespeichert **(Bild 4)**. Die Maschine führt die eingegebene Arbeitsfolge dann durch die Steuerbefehle selbsttätig aus.

Einheiten für Umweltschutz, Entsorgung und Arbeitssicherheit

Zum Schutz der Mitarbeiter hat die Maschine eine geschlossene Verkleidung. Wegfliegende Späne werden abgefangen und vom Späneförderer ausgetragen. Der Kühlschmierstoffnebel wird abgesaugt. Das Sicherheits-Sichtfenster schafft freie Sicht auf den Arbeitsvorgang. Der Not-Aus-Schalter ermöglicht den Sofortstopp der Maschine.

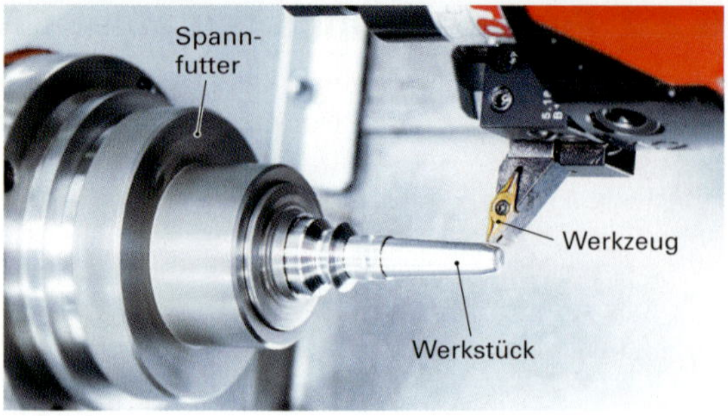

Bild 1: Arbeitseinheit einer Drehmaschine

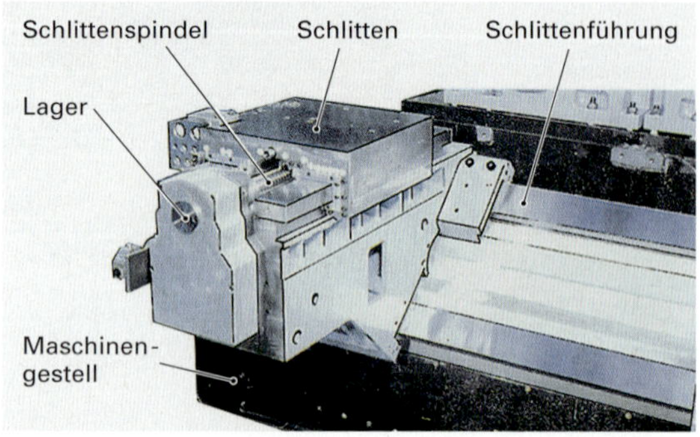

Bild 2: Stütz- und Trageinheit einer CNC-Schrägbett-Drehmaschine

Bild 3: Verbindungseinheiten einer Drehmaschine

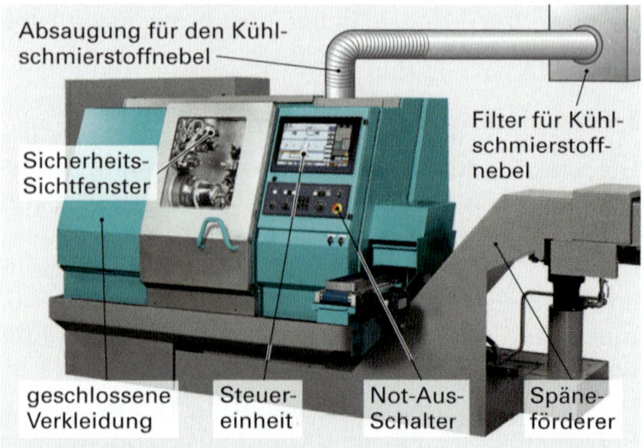

Bild 4: Funktionseinheiten Regeln und Steuern, Umweltschutz, Entsorgung und Arbeitssicherheit

6.2.3 Funktionseinheiten einer Klimaanlage

Aufgabe einer Klimaanlage ist es, in einem Raum ein gesundes und für die Arbeit angenehmes Raumklima zu schaffen sowie ausreichend saubere und sauerstoffreiche Atemluft zur Verfügung zu stellen.

Erforderlich ist eine Klimaanlage, wenn in einer großen Fertigungshalle mit zahlreichen Werkzeugmaschinen und Wärmebehandlungsöfen im Sommer soviel Wärme freigesetzt wird, dass es zu einer unerträglichen Aufheizung kommt, die durch natürliche Lüftung nicht beseitigt werden kann. Im Winter ist z. B. bei Betrieben mit Wärmebehandlungs-Salzbädern oder Lötarbeitsplätzen zusätzlich zur Heizung ein geregelter Luftaustausch erforderlich, um gesundheitsschädliche Abgase rasch abzusaugen.

Eine Klimaanlage umfasst die eigentliche **Klimazentrale**, in der die Reinigung und Befeuchtung bzw. Trocknung der Luft durchgeführt werden, sowie ein Luftkanalsystem für die Zuluft und die Abluft **(Bild 1)**.

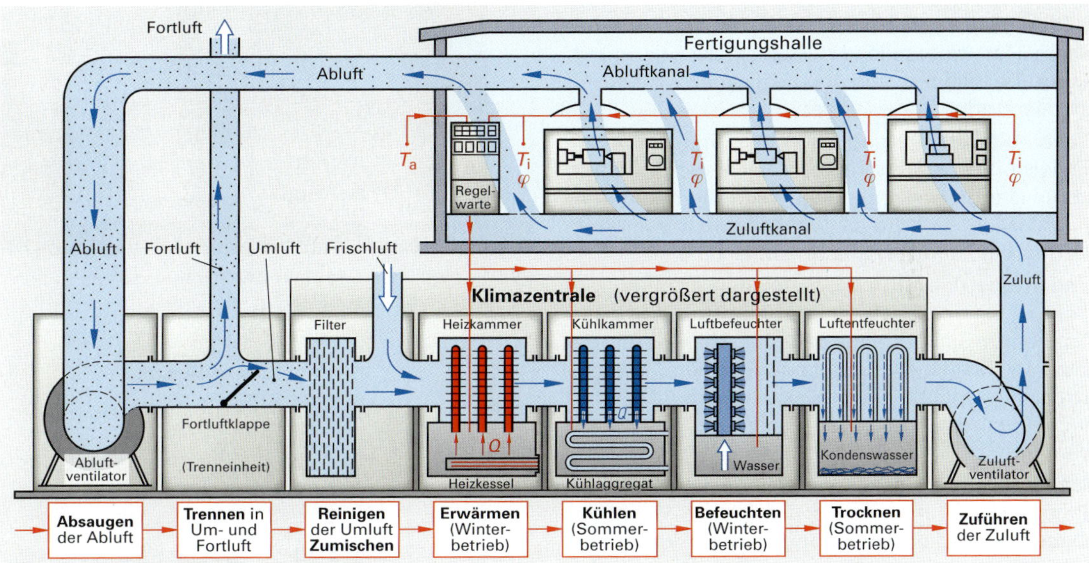

Bild 1: Klimazentrale einer Fertigungshalle mit den einzelnen Funktionseinheiten (schematisch)

Die Klimazentrale besteht aus einer Reihe von baukastenartig hintereinander geschalteten Baugruppen, welche die einzelnen **Funktionseinheiten** enthalten. Sie werden von der Luft nacheinander durchströmt.

Der **Abluftventilator** saugt die Abluft aus der Fertigungshalle und drückt sie in die Klimazentrale. Mit einer **Fortluftklappe** (Trenneinheit) wird ein Teil der Abluft abgetrennt und ausgeblasen. Die im Kreislauf geführte Luft (Umluft) wird in einem **Filter** gereinigt und mit Frischluft angereichert.

Dann durchströmt sie einen **Heizkessel**, der im Winter in Betrieb ist und die kalte Umluft auf die gewünschte Raumtemperatur erwärmt. Im Sommer ist der Heizkessel außer Betrieb. Dafür arbeitet das **Kühlaggregat** und kühlt die überhitzte Umluft auf eine angenehme Arbeitstemperatur herunter.

Der **Luftbefeuchter** ist im Winter in Betrieb und befeuchtet die trockene Heizungsluft. Im Sommer ist er außer Betrieb. Dann arbeitet der **Luftentfeuchter**, der der feuchtwarmen Sommer-Umluft überschüssige Feuchtigkeit entzieht. In einer Übergangsphase im Herbst und Frühling, wenn weder Heizung noch Kühlung erforderlich sind, arbeitet die Klimaanlage nur als Raumlüftung mit Luftreinigung.

Die Klimazentrale wird von einer Regelwarte aus überwacht, geregelt und gesteuert, die die Außentemperatur (T_a), die Raumtemperatur (T_i) und die Luftfeuchtigkeit (φ) in der Fertigungshalle misst und nach vorgegebenen Sollwerten die Funktionseinheiten regelt.

Wiederholung und Vertiefung

1 Aus welchen Funktionseinheiten besteht eine Säulenbohrmaschine **(Bild 1, Seite 421)**?
2 Nennen Sie drei Grundfunktionen bei Maschinen und die dazu verwendeten Bauelemente.
3 Welche Aufgaben haben die Mess-, Regel- und Steuereinheiten einer CNC-Drehmaschine?
4 Welche Funktionseinheiten besitzt eine Klimazentrale (Bild 1)?

6.2.4 Sicherheitseinrichtungen an Maschinen

Die Sicherheitseinrichtungen an Maschinen dienen dem Schutz der arbeitenden Menschen (Personenschutz), dem Werterhalt der Maschine (Maschinenschutz) und dem Schutz der Umwelt vor Beeinträchtigungen und gesundheitsschädlichen Stoffen (Umweltschutz).

Personenschutz

Sicherheitstechnische Gestaltung. Maschinen müssen so gebaut bzw. verkleidet sein, dass keine Gefahr von ihnen ausgeht. Moderne Werkzeugmaschinen besitzen z. B. eine Vollkapselung mit Spritzschutzkabine, Schiebetür und Sicherheitsfenster **(Bild 1)**. Dadurch werden Verletzungen durch bewegte Maschinenteile und Werkstücke oder durch Späne vermieden und das Einatmen von Kühlschmierstoffnebel verhindert.

Sicherheitsverriegelung. Die Kabinentür hat einen Sicherheits-Kontaktschalter. Die Maschine kann erst in Gang gesetzt werden, wenn die Kabinentür geschlossen ist. Wird sie während des Arbeitszyklus geöffnet, dann schaltet die Maschine ab.

Einrichtebetrieb. Durch Umschalten am Eingabepult auf Einrichtebetrieb (Handbetrieb) wird der Kabinentür-Sicherheitsschalter außer Betrieb gesetzt, sodass die Maschine bei geöffneter Maschinentür eingerichtet werden kann. Diese Arbeit darf nur von einem erfahrenen Fachmann ausgeführt werden.

Schutzgitter. Der Arbeitsbereich von Pressen und Handhabungsautomaten ist durch ein Schutzgitter abgesperrt und darf nicht betreten werden.

Schalter und Kontrolllampen (Bild 2). Mit dem **Schlüsselschalter** wird die Inbetriebnahme einer Maschine durch unbefugte Personen verhindert. Der **Not-Aus-Schalter** dient dem sofortigen Stillstand der Maschine im Notfall. Die **Funktionskontrolllampen** zeigen durch Aufleuchten die ordnungsgemäße Funktion der Baugruppen an, während die **Störungsanzeigeleuchten** durch Aufleuchten eine Störung melden. Der Fachmann kann durch **einen** Blick auf das Bedienfeld den Maschinenzustand rasch erfassen.

Zusätzliche **Sicherheitseinrichtungen** gibt es z. B. an Pressen **(Bild 3)**. Der **Zweihandschalter** muss gleichzeitig mit beiden Händen betätigt werden, sodass keine Hand im Gefahrenbereich der Maschine ist. Eine **Lichtschranke** setzt die Maschine still, wenn eine Hand in den Gefahrenbereich greift.

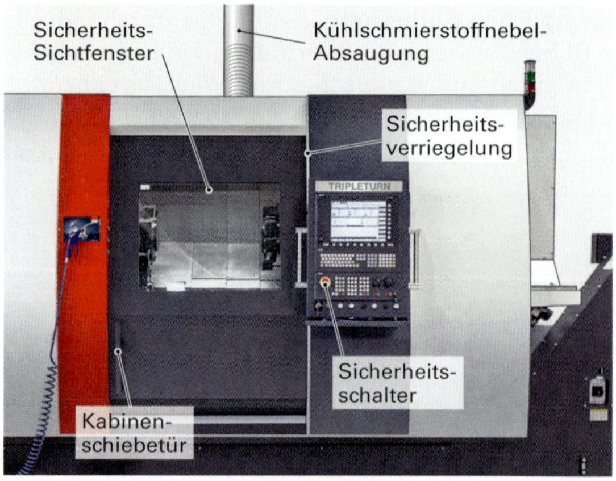

Bild 1: Vollkapselung einer CNC-Drehmaschine

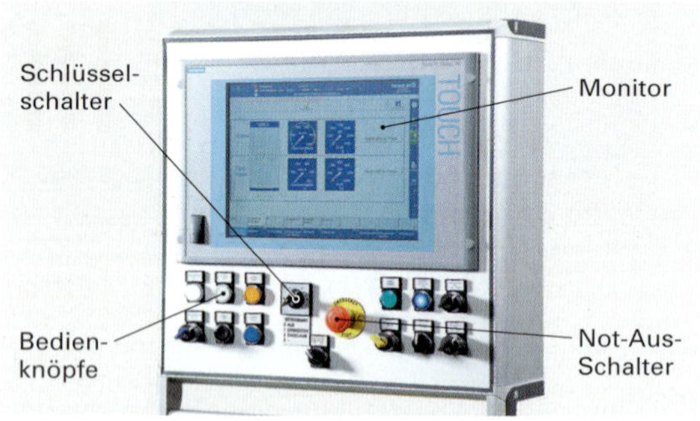

Bild 2: Bedienfeld einer Pressensteuerung

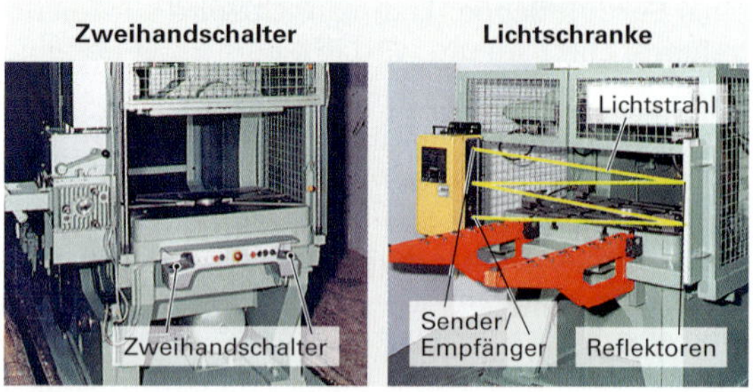

Bild 3: Sicherheitseinrichtungen an Pressen

Sicherheitsvorschriften

- Bei Wartungs- und Reparaturarbeiten im Arbeitsbereich ist die Maschine durch den Schlüsselschalter am Bedienpult und durch den Hauptschalter am Schaltschrank außer Betrieb zu setzen.
- Sicherheitseinrichtungen dürfen während der Fertigung nicht außer Kraft gesetzt werden.
- Arbeiten und Reparaturen an der Elektrik sind nur vom Elektro-Fachmann auszuführen.
- Undichtigkeiten am Hydrauliksystem sind sofort zu beseitigen (Brandgefahr, Sturzgefahr).

Maschinenschutz

Eine **Absicherung** gegen das gewaltsame Auffahren eines verfahrbaren Maschinenteils wird durch Begrenzung des Verfahrweges mit **Grenztastern** erreicht **(Bild 1)**. Eine Schaltnocke am bewegten Maschinenteil löst den Grenztaster aus und schaltet den Vorschub ab. Es müssen alle drei Bearbeitungsachsen (X, Y, Z) sowie die Zusatzaggregate abgesichert sein.

Die **mechanische Überlastung** von Bauteilen der Antriebs- und Energieübertragungseinheiten (Wellen, Kupplungen, Getriebe) wird durch die Zwischenschaltung einer **Sicherheitskupplung** vermieden **(Bild 2)**. Je nach Bauart der Kupplung rutscht sie bei Überschreiten einer einstellbaren Last durch oder schaltet die Maschine ab.

Bei spanenden Werkzeugmaschinen sind die Führungen besonders durch Späne gefährdet und deshalb durch **Teleskopabdeckungen** oder durch **Späneabstreifer** geschützt.

Zur Überwachung des **Schmiersystems** dienen z. B. elektronische Störungsanzeigen auf dem Bedienfeld der Steuerung oder Schmierdruckwächter.

> Die **Betriebssicherheit** einer Maschine wird vor allem durch die einwandfreie Funktion seines Schmiersystems gewährleistet.

Kollisionsschutz. Um ein Kollidieren der Werkzeuge mit dem Spannfutter oder dem Reitstock zu vermeiden, sind viele Werkzeugmaschinensteuerungen mit einem elektronischen Kollisionsschutz durch Begrenzung des Arbeitsraums ausgerüstet. Dazu wird in das Programm der Steuerung eine Schutzzone eingegeben, in der sich das Spannfutter und der Reitstock befinden **(Bild 3)**. Das Werkzeug kann nicht in diese Schutzzone verfahren werden, sodass eine Kollision ausgeschlossen ist.

Elektrische Absicherung. Die Bauelemente der elektrischen Absicherung sind in einem Schaltschrank an der Rückseite der Maschine untergebracht **(Bild 4)**. Sie schützen die elektrisch betriebenen Baugruppen gegen Schäden durch den elektrischen Strom. Überlastungssicherungen und Motor-Schutzschalter schalten die Stromzufuhr bei zu hoher Stromstärke ab.

Umweltschutz

Von einer Maschine dürfen keine Schadstoffe in die Umwelt freigesetzt werden. Werkzeugmaschinen besitzen dazu eine Vollkapselung **(Bild 1, vorherige Seite)**.

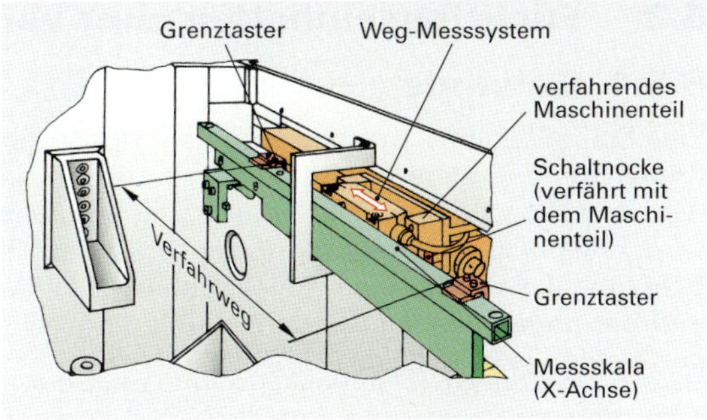

Bild 1: Grenztaster am Verfahrweg der X-Achse

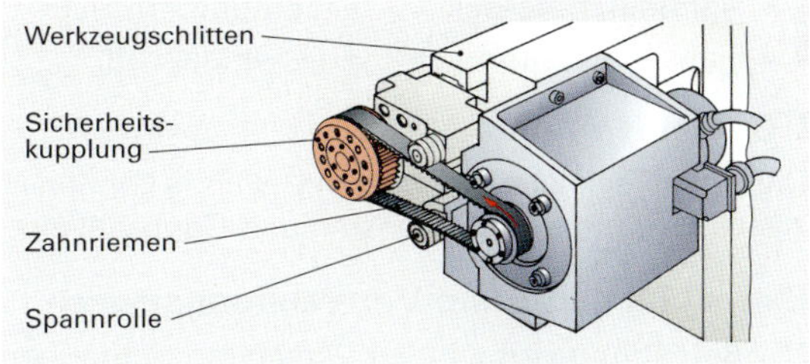

Bild 2: Sicherheitskupplung

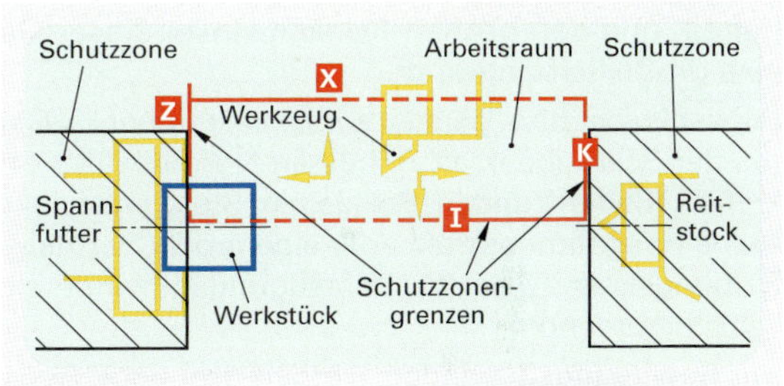

Bild 3: Monitorbild beim Schutzzonen-Setzen

Bild 4: Schaltschrank einer Werkzeugmaschine

Wiederholung und Vertiefung

1 Nennen Sie drei Arten von Sicherheitsschaltern und beschreiben Sie ihre Arbeitsweise.

2 Welche Aufgabe haben Grenztaster?

3 Wie funktioniert eine Schutzzonen-Sicherung bei einer Werkzeugmaschine?

6.3 Funktionseinheiten zum Verbinden

6.3.1 Gewinde

Eine Schraubenlinie entsteht, wenn auf der Mantelfläche eines sich drehenden Zylinders ein Punkt parallel zur Zylinderachse bewegt wird. Der Weg, der bei einer Umdrehung des Zylinders zurückgelegt wird, entspricht der **Steigung *P*** des Gewindes. Die Abwicklung der Schraubenlinie ergibt eine schiefe Ebene **(Bild 1).** Der vom Umfang und der abgewickelten Schraubenlinie eingeschlossene Winkel ist der **Steigungswinkel α** des Gewindes.

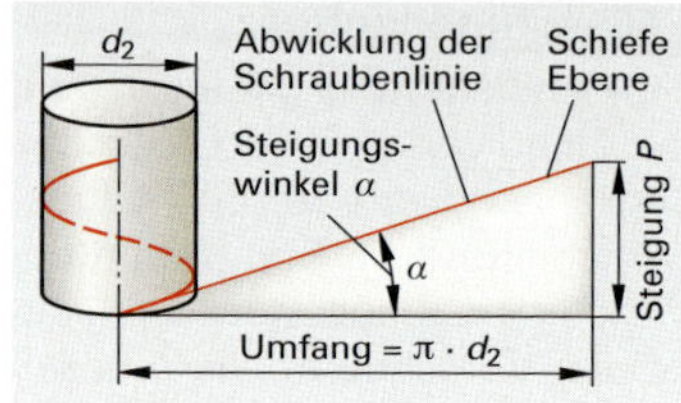

Bild 1: Schraubenlinie

Bezeichnungen am Gewinde

Wichtige Bezeichnungen am Gewinde sind (Bild 2):

- Nenndurchmesser
- Kerndurchmesser
- Flankenwinkel
- Flankendurchmesser
- Gewindeprofil
- Steigung

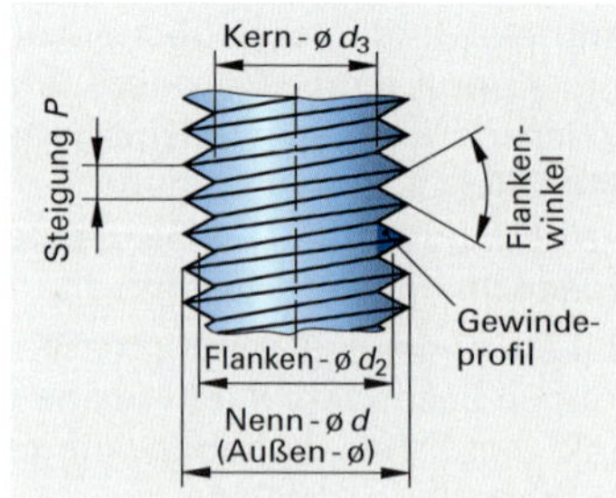

Bild 2: Bezeichnungen am Gewinde

Gewindearten

Die in der Technik verwendeten Gewinde können nach Verwendungszweck, Gewindeprofil, Drehsinn und Gangzahl eingeteilt werden.

Einteilung nach dem Verwendungszweck

Mit **Befestigungsgewinden** versehene Schrauben und Muttern sollen Bauteile fest miteinander verspannen (**Bild 3,** links). Um ein selbstständiges Lösen zu erschweren, verwendet man für Befestigungsgewinde eingängige Spitzgewinde. Durch den kleinen Steigungs- und den großen Flankenwinkel dieser Gewinde ergibt sich eine große Reibungskraft.

Die senkrecht bzw. parallel zur schiefen Ebene wirkenden Komponenten der Schraubenkraft F_S heißen Normalkraft F_N bzw. Hangabtriebskraft F_H **(Bilder 4 und 5).** Bei kleinen Steigungswinkeln erhält man eine kleine Hangabtriebskraft, aber eine große Normalkraft, die eine große Reibungskraft F_R ergibt. Befestigungsgewinde sind deshalb immer selbsthemmend.

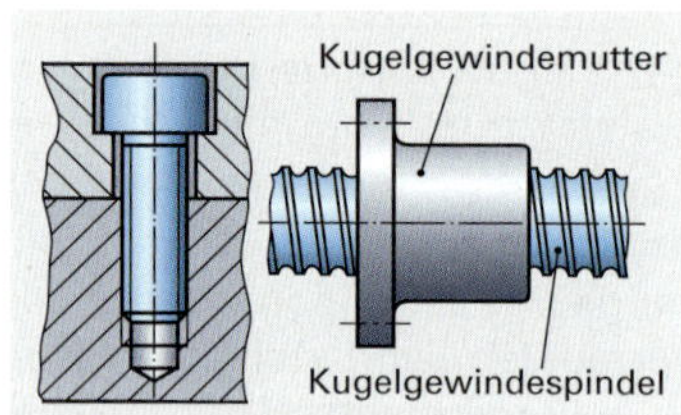

Bild 3: Befestigungs- und Bewegungsgewinde

Mit **Bewegungsgewinden** werden drehende Bewegungen in geradlinige umgewandelt (**Bild 3,** rechts). Bewegungsgewinde sind selbsthemmend oder nicht selbsthemmend. Selbsthemmende Bewegungsgewinde, wie z. B. Trapezgewinde in Schraubstöcken und Vorschubspindeln von Werkzeugmaschinen, bleiben unter Betriebslast stehen.

Durch große Steigungen und kleine Flankenwinkel, vor allem aber durch die Verringerung der Reibung, wird die Selbsthemmung aufgehoben (Kugelgewindetrieb, Seite 493). Solche Gewindespindeln benötigen im Stillstand eine Lagepositionierung (Lageregelung bei CNC-Maschinen, Seite 276). Wegen des nur geringen Unterschiedes zwischen Haft- und Gleitreibungskraft tritt kein Ruckgleiten (Seite 446) auf. Dadurch ist eine genaue Positionierung des angetriebenen Werkzeugschlittens möglich.

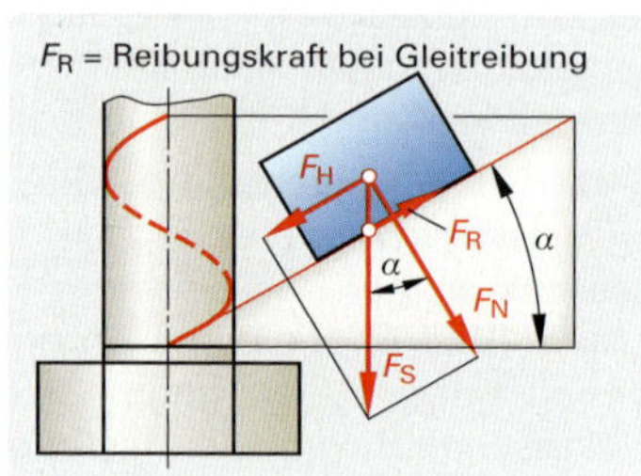

Bild 4: Nicht selbsthemmendes Gewinde

Beispiel: Ein Trapezgewinde Tr20x4 (α = 3,64°) wird mit der Schraubenkraft F_S = 8 kN in Achsrichtung belastet. Die Gleitreibungszahl beträgt μ = 0,1, die Haftreibungszahl μ = 0,12. Durch Rechnung soll untersucht werden, ob das Gewinde selbsthemmend ist.

Lösung: $F_H = F \cdot \sin\alpha = 8000\ \text{N} \cdot 0{,}0635 = \mathbf{507\ N}$

$F_N = F \cdot \cos\alpha = 8000\ \text{N} \cdot 0{,}9979 = \mathbf{7983\ N}$

$F_R = \mu \cdot F_N = 0{,}1 \cdot 7983\ \text{N} = \mathbf{798\ N}$; $F_R = \mu \cdot F_N = 0{,}12 \cdot 7983\ \text{N} = \mathbf{958\ N}$

Das Gewinde ist selbsthemmend, weil die Hangabtriebskraft F_H kleiner ist als die errechneten Reibungskräfte F_R.

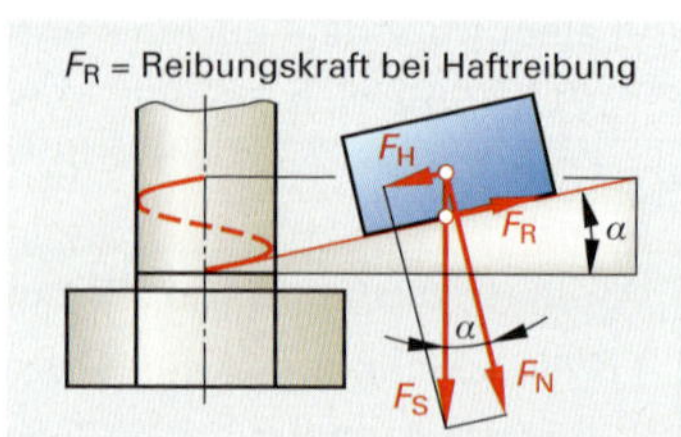

Bild 5: Selbsthemmendes Gewinde

Einteilung nach dem Gewindeprofil

Metrische ISO-Gewinde. Bei den metrischen ISO-Gewinden beträgt der Flankenwinkel 60° **(Bild 1)**. Je nach Größe der Steigung wird in Regelgewinde und Feingewinde unterschieden. Bei **Regelgewinden** wird nur das Kurzzeichen M mit dem Nenndurchmesser in der Bezeichnung angegeben, z. B. **M16.** Sie werden vorwiegend als Befestigungsgewinde eingesetzt. **Feingewinde** haben bei gleichem Nenndurchmesser eine kleinere Steigung als Regelgewinde. In der Gewindebezeichnung wird außer dem Nenndurchmesser auch die Steigung (z. B. **M16 x 1,5**) angegeben.

Rohrgewinde. Rohrgewinde besitzen einen Flankenwinkel von 55° **(Bild 2)**. Das Außengewinde am Rohr wird nach dem Bohrungsdurchmesser des Rohres in Inch bzw. Zoll (1 in = 1″ = 25,4 mm) bezeichnet. Bei einem zylindrischen Außen- und Innengewinde wird ein **G** verwendet (z. B. **G¾**). Hierbei liegt keine dichtende Verbindung vor. Wird ein metallisch dichtendes Gewinde gefordert, setzt man zu dem zylindrischen Innengewinde (z. B. **Rp¾**) ein kegliges Außengewinde (z. B. **R¾**) ein. In der Bezeichnung wird dann, wie im Beispiel verdeutlicht, ein **Rp** bzw. **R** verwendet.

Trapezgewinde. Bei Trapezgewinden beträgt der Flankenwinkel 30° **(Bild 3)**. Man verwendet sie meist als Bewegungsgewinde, z. B. bei Schraubstöcken. Die Gewindebezeichnung enthält das Kurzzeichen **Tr** mit der Angabe des Nenndurchmessers und der Steigung (z. B. **Tr 24 x 6**).

Sägengewinde. Sägengewinde besitzen einen Flankenwinkel von 33° **(Bild 4)**. Wegen des unsymmetrischen Gewindeprofils sind sie in einer Richtung hoch belastbar. Sie werden meist als Bewegungsgewinde, z. B. für Spannzangen an Werkzeugmaschinen, verwendet. In der Gewindebezeichnung werden das Kurzzeichen **S,** der Nenndurchmesser und die Steigung angegeben, z. B. **S 24 x 5.**

Nach dem Gewindeprofil unterscheidet man vor allem Metrische-, Rohr-, Trapez- und Sägengewinde.

Einteilung nach dem Drehsinn

Linksgewinde werden entgegen dem Uhrzeigersinn eingeschraubt und nur dann verwendet, wenn sich ein **Rechtsgewinde** lösen würde, z. B. bei einer Schleifscheibenbefestigung, oder wenn eine bestimmte Bewegungsrichtung bei gegebener Drehrichtung verlangt wird, z. B. bei der Planzugspindel einer Drehmaschine. **Linksgewinde** müssen mit den Buchstaben „**LH**" (Left Hand) zusätzlich gekennzeichnet werden, z. B. **M 16-LH.**

Einteilung nach der Gangzahl

Mehrgängige Gewinde verwendet man, wenn bei einer Umdrehung große axiale Bewegungen verlangt werden, wie z. B. bei Spindelpressen **(Bild 5)**. Bei der Bezeichnung von mehrgängigen Gewinden folgt nach dem Nenndurchmesser und der Steigung die Teilung *P*, z. B. **Tr 32 x 18 P6** (18 : 6 = 3-gängiges Trapezgewinde mit 32 mm Nenndurchmesser, 18 mm Steigung und 6 mm Teilung).

Wiederholung und Vertiefung

1 Welches sind die wichtigsten Gewindemaße?

2 Wie werden Gewinde nach dem Verwendungszweck eingeteilt?

3 Welche Aufgaben haben Befestigungsgewinde?

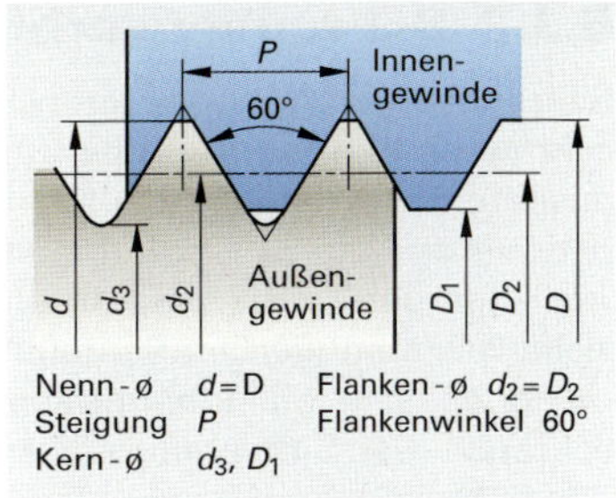

Bild 1: Metrisches ISO-Gewinde

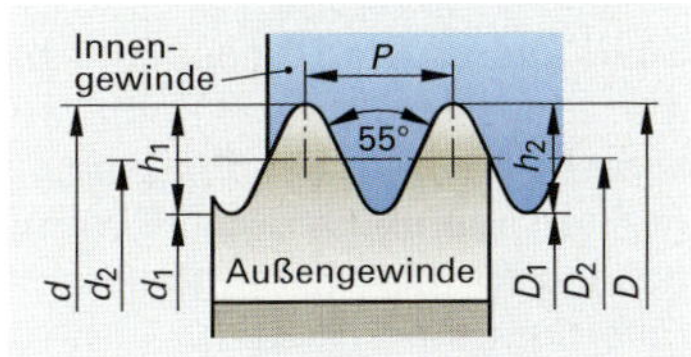

Bild 2: Rohrgewinde (zylindrisch)

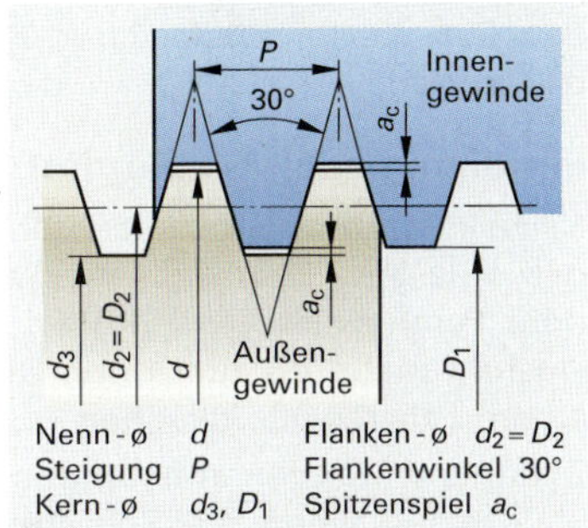

Bild 3: Trapezgewinde

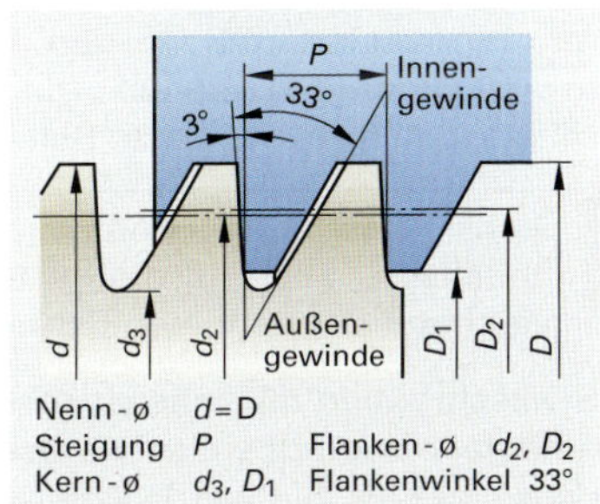

Bild 4: Sägengewinde

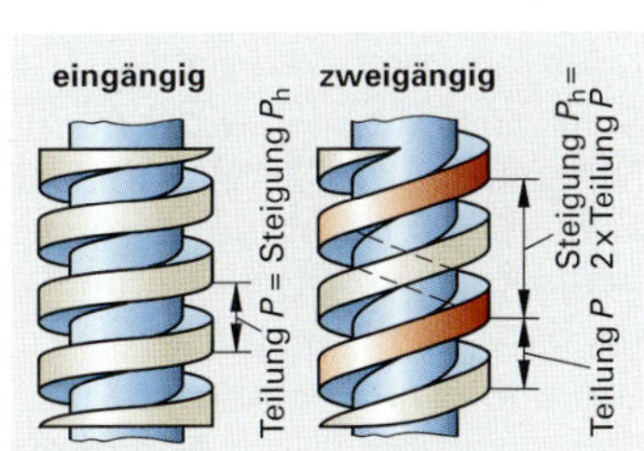

Bild 5: Ein- und zweigängiges Gewinde

6.3.2 Schraubenverbindungen

Schraubenverbindungen können mit **Durchsteckschrauben, Einziehschrauben** und **Stiftschrauben** ausgeführt werden **(Bild 1)**. Bei Durchsteckschrauben werden die zu verbindenden Teile durch das Anziehen der Mutter zusammengepresst. Mit Einziehschrauben werden Bauteile mit Werkstücken, in denen sich ein Innengewinde befindet, verschraubt. Bei Stiftschrauben ersetzt eine Mutter den Schraubenkopf.

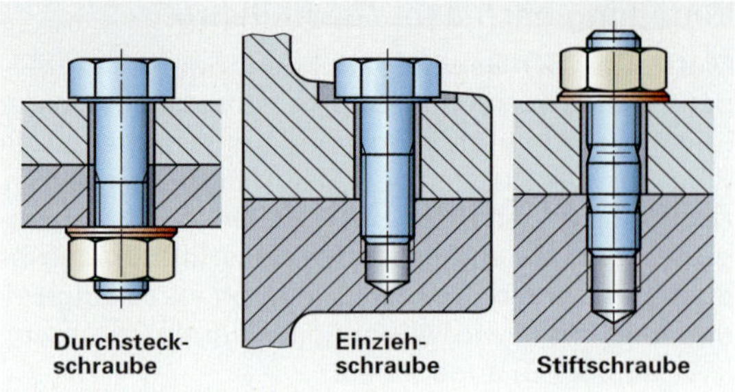

Bild 1: Schraubenverbindungen

Schrauben

Schrauben dürfen weder auf Abscherung (Ausnahme: Passschrauben) noch auf Biegung beansprucht werden. Um Biegebeanspruchung zu vermeiden, werden z. B. bei Gussstücken die Auflageflächen für den Schraubenkopf mit Flachsenkern gefertigt (**Bild 1,** Mitte).

Die Schrauben unterscheiden sich durch Kopfform, Schaftabmessungen, Gewindemaße und andere Einzelheiten **(Bilder 2** und **3** und **Bild 1, folgende Seite).**

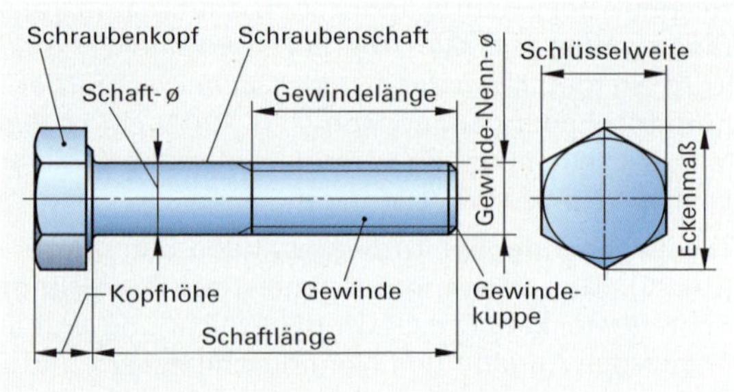

Bild 2: Bezeichnungen an einer Sechskantschraube

Einteilung nach der Kopfform

Sechskantschrauben bieten den Schraubwerkzeugen eine gute Führung. Das Gewinde, als Regel- oder Feingewinde ausgeführt, reicht bei einigen Ausführungen bis zum Kopf. Dieser ist meist mit einem Telleransatz versehen.

Zylinderschrauben mit Innensechskant werden verwendet, wenn die Schraubenabstände klein sind oder wenn der Schraubenkopf nicht aus dem Werkstück herausragen darf. Zylinderschrauben mit Innensechskant werden mit hohem Kopf ($h = d$), niedrigem Kopf und mit oder ohne Schlüsselführungen als hochfeste Schrauben hergestellt.

> Sechskantschrauben und Zylinderschrauben mit Innensechskant sind die im Maschinenbau am häufigsten verwendeten Schrauben.

Senkschrauben mit Innensechskant besitzen eine geringere Kopfhöhe als Zylinderschrauben mit Innensechskant. Sie werden meist dann verwendet, wenn Werkstücke mit geringen Wanddicken verschraubt werden sollen. Wegen ihrer kegeligen Kopfform zentrieren sie das Werkstück.

Schlitzschrauben werden mit dem Schraubendreher angezogen. Sie werden deshalb nur mit relativ kleinen Gewindeabmessungen geliefert. Die erzielbaren Klemmkräfte sind erheblich geringer als z. B. bei Sechskantschrauben.

Schrauben mit Kreuzschlitz lassen sich wegen der tieferen und größeren Mitnahmefläche und wegen des sich selbst zentrierenden Schraubendrehers fester anziehen als Schlitzschrauben.

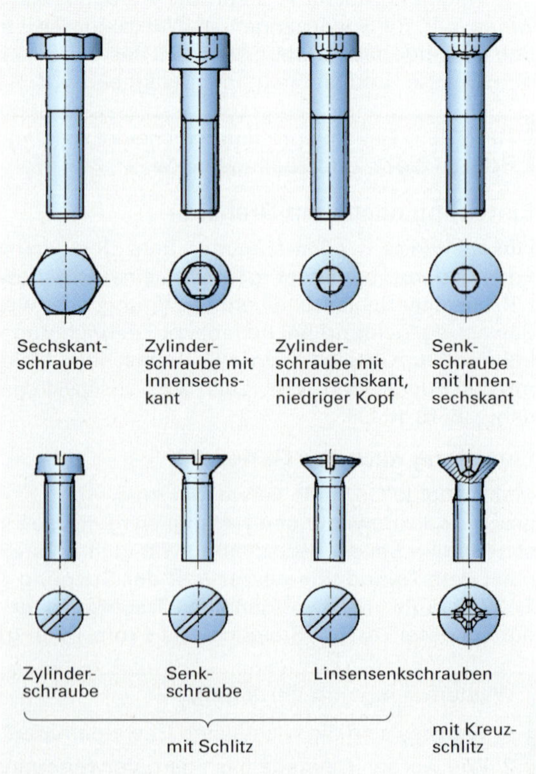

Bild 3: Kopfformen von Schrauben

Einteilung nach der Schaftform

Mit **Stiftschrauben** werden die Innengewinde der Bauteile, z. B. bei Turbinen und Lagergehäusen, geschont **(Bild 1)**. Durch kräftiges Einschrauben der Stiftschraube oder durch Sicherung mit Klebstoffen wird ein Mitdrehen beim Anziehen oder Lösen der Mutter verhindert. Stiftschrauben werden anstelle von Kopfschrauben verwendet, wenn die Verbindung häufig gelöst werden muss.

Bei **Dehnschrauben**, z. B. für Pleuelstangen und Hochdruckflanschverbindungen, wird der lange, dünne Schaft beim Anziehen elastisch gedehnt **(Bild 2)**. Dehnschrauben benötigen deshalb keine Schraubensicherung. Der Schaftdurchmesser beträgt etwa 90 % des Gewindekerndurchmessers. Dehnschrauben müssen mit hoher Vorspannkraft montiert werden, wenn sie ihre Aufgabe richtig erfüllen sollen (Seit 437).

> Dehnschrauben verwendet man bei dynamischer Beanspruchung und bei größeren Schaftlängen.

Passschrauben werden eingesetzt, wenn die Schraubenverbindung Querkräfte aufnehmen muss oder wenn die Lage der Werkstücke zueinander gesichert werden soll **(Bild 3)**. Passschraubenverbindungen sind teuer, weil der Schraubenschaft geschliffen und die Bohrung gerieben werden.

Gewindestifte verwendet man hauptsächlich zur Sicherung der Lage von Werkstücken mit Naben auf Wellen und Achsen. Ihre Enden sind oft gehärtet und, je nach Art der Befestigung auf der Welle, unterschiedlich geformt **(Bild 4)**.

Blechschrauben sind gehärtet und haben ein scharfkantiges Gewinde mit großer Steigung **(Bild 5)**. Sie werden zum Verbinden von Blechen bis 2,5 mm Blechdicke verwendet. Beim Einschrauben formen sie das Muttergewinde selbst.

Bohrschrauben gleichen in ihrem Aufbau den Blechschrauben, besitzen aber am Schaftanfang zusätzlich eine Bohrspitze zum Bohren des Grundlochs (Bild 5). Mit ihnen lassen sich bis zu 10 mm dicke Bleche durchbohren.

Fließbohrschrauben erfordern zum Eindrehen hohe Schrauber-Drehzahlen. Durch Druck auf die Schraube entsteht Reibungswärme zwischen der konischen Schraubenspitze und dem Blech: Der Blechwerkstoff beginnt zu fließen. In das so entstehende Grundloch furcht die Schraube ihr Muttergewinde **(Bild 6)**. Beim Abkühlen schrumpft das Innengewinde auf die eingeschraubte Fließbohrschraube. Eine zusätzliche Schraubensicherung ist deshalb meist nicht erforderlich.

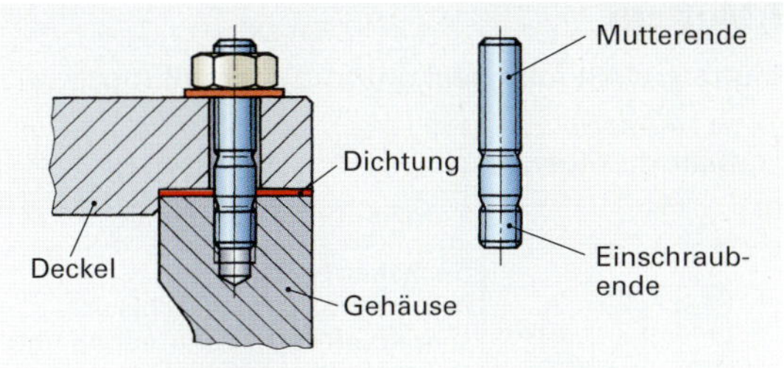

Bild 1: Stiftschraube

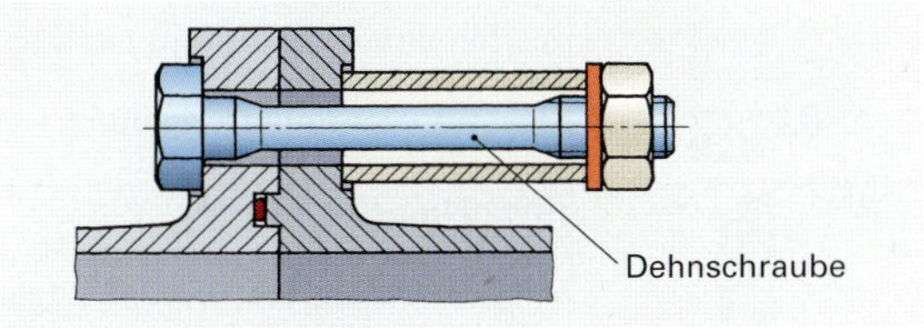

Bild 2: Dehnschraube

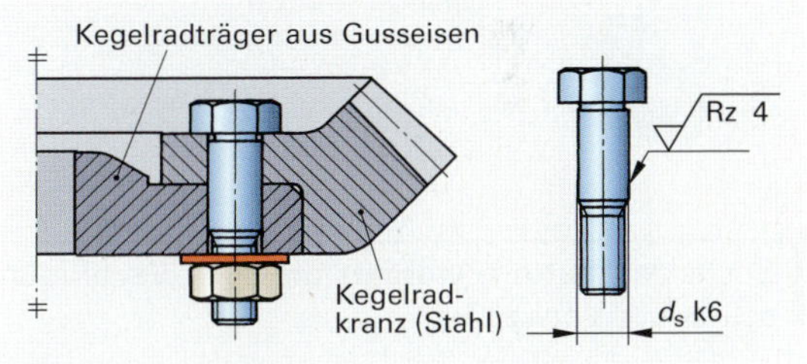

Bild 3: Passschraube

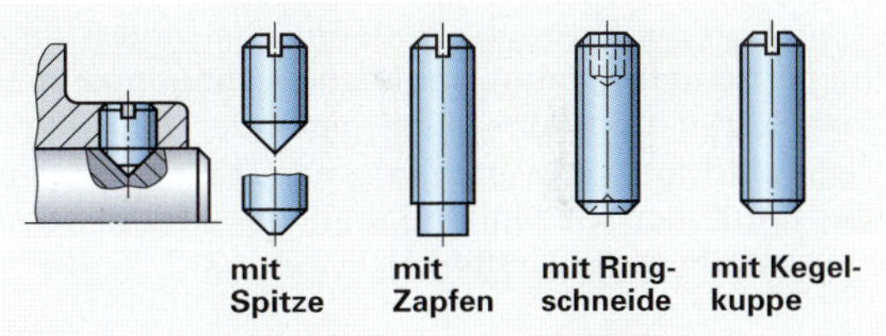

Bild 4: Gewindestifte

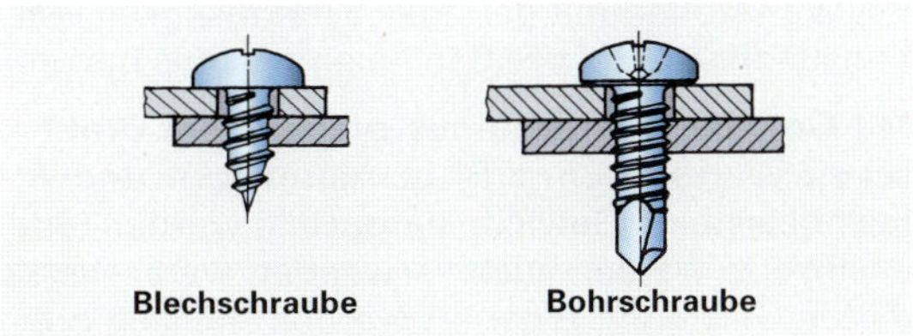

Bild 5: Blech- und Bohrschraube

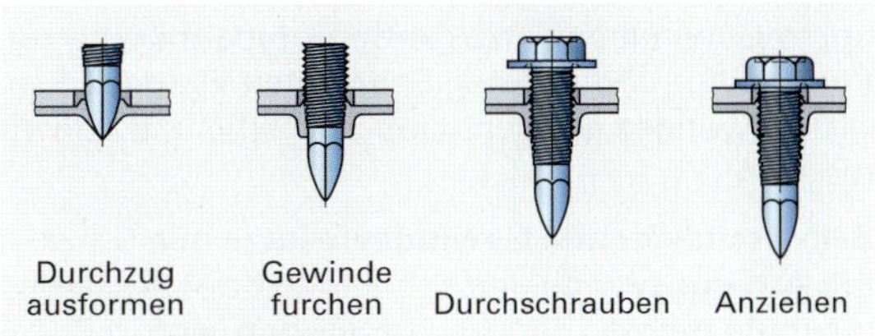

Bild 6: Fließbohrschraube

Muttern

Muttern stellt man nach ihrem Verwendungszweck in verschiedenen Formen her **(Tabelle 1)**.

Tabelle 1: Muttern

Form	Bezeichnung/Verwendung	Form	Bezeichnung/Verwendung
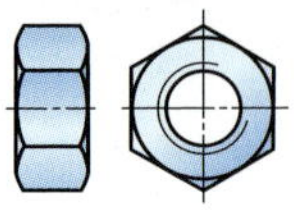	**Sechskantmutter** In Verbindung mit Sechskantschrauben, Schlitzschrauben und Stiftschrauben.	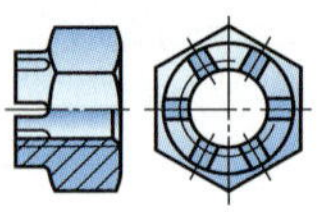	**Kronenmutter** Wenn die Schraubenverbindung mit Splinten gesichert werden soll.
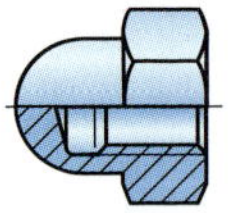	**Hutmutter** Verhindern Beschädigung und Korrosion des Gewindeendes; schützen vor Verletzung durch scharfe Schraubenenden.	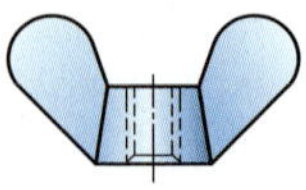	**Flügelmutter** Wenn die Schraubenverbindung oft gelöst werden muss, z. B. bei Vorrichtungen.
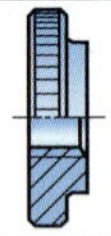	**Rändelmutter** Wenn die Schraubenverbindung oft von Hand gelöst werden muss, z. B. bei Vorrichtungen.	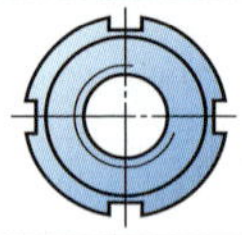	**Nutmutter** Zum Ein- und Nachstellen des axialen Spiels und zum Befestigen von Wälzlagern auf Wellen.
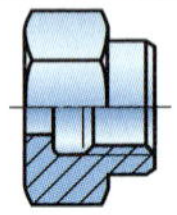	**Überwurfmutter** Für Rohrverschraubungen.	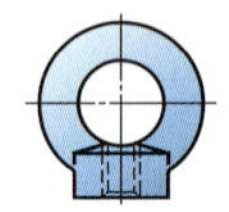	**Ringmutter** Als Ösen zum Transport von Maschinen.

Sechskantmuttern werden meist in Verbindung mit Sechskantschrauben verwendet.

Die in der Schraube wirkende Zugkraft wird durch Schraubenkopf und Mutter auf die Bauteile übertragen. Beim Anziehen der Verbindung wird die Schraube gedehnt, die Mutter dagegen in Achsrichtung gestaucht. Dadurch entstehen Steigungsunterschiede zwischen dem Bolzen- und dem Muttergewinde, die bewirken, dass der erste tragende Muttergewindegang am stärksten beansprucht wird. Bei den folgenden Gewindegängen der Mutter nimmt die Beanspruchung dann stetig ab **(Bild 1)**.

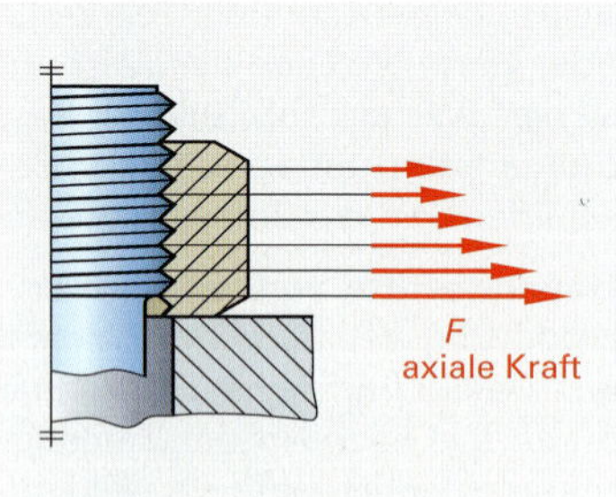

Bild 1: Kraftverteilung auf die Gewindegänge

Gewindeeinsätze

Bei Werkstoffen mit geringer Scherfestigkeit, wie z. B. Leichtmetall, Kunststoff und Holz, reißen Innengewinde bei großer Belastung aus.

Mit **Gewindeeinsätzen aus profiliertem Draht** können in metallischen Werkstoffen, z. B. in Aluminium und Al-Mg-Legierungen, hochbelastbare Gewinde hergestellt werden **(Bild 2)**. Solche Gewindeeinsätze werden auch verwendet, wenn Werkstücke mit beschädigten Gewinden repariert werden müssen oder wenn Schrauben oft in Gewinde eingedreht werden, wie z. B. bei Rasterspannplatten flexibler Vorrichtungssysteme. Weil die aus legiertem Stahl gefertigten Gewindeeinsätze große Vorspannkräfte zulassen, können bei Verwendung hochfester Schrauben kleinere Schraubendurchmesser verwendet werden. Dadurch sind z. B. Gewichtseinsparungen möglich.

Selbstschneidende Gewindeeinsätze aus Cu-Zn-Legierungen besitzen Außengewinde und schneiden oder drücken sich ihr Aufnahmegewinde selbst (Bild 2). Sie eignen sich z. B. für Kunststoffe und Holz.

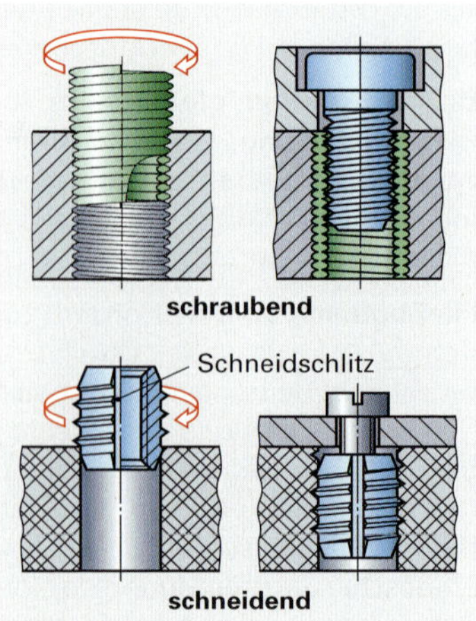

Bild 2: Gewindeeinsätze

Festigkeitsklassen für Schrauben

Bei Schrauben aus **unlegierten** und **legierten** Stählen wird die Festigkeitsklasse durch zwei Zahlen auf dem Schraubenkopf, z. B. 10.9 (zehn Punkt neun), angegeben (**Tabelle 1** und **Bild 1**). Die Zugfestigkeit R_m wird durch die Multiplikation der 1. Zahl mit 100 berechnet. Die Streckgrenze R_e ergibt sich aus dem Produkt beider Zahlen und der Zahl 10.

Beispiel: Sechskantschraube ISO 4017 – M12 x 50 – 10.9
- $R_m = 10 \cdot 100\ \text{N/mm}^2 = 1000\ \text{N/mm}^2$
- $R_e = 10 \cdot 9 \cdot 10\ \text{N/mm}^2 = 900\ \text{N/mm}^2$

Tabelle 1: Zuordnung der Festigkeitsklassen von Schrauben zum Werkstoff der Fügeteile

Schraube			Verbindung
Festigkeitsklasse	Zugfestigkeit R_m in N/mm²	Streckgrenze R_e bzw. Dehngrenze $R_{p0,2}$ in N/mm²	Werkstoff der Fügeteile
6.8	600	480	unlegierte und legierte Stähle $R_e < 350\ \text{N/mm}^2$
8.8	800	640	
10.9	1000	900	legierte Stähle $R_e > 350\ \text{N/mm}^2$
12.9	1200	1080	hochfeste Vergütungsstähle
A2-50	500	210	nichtrostende Stähle
A2-70	700	450	
A4-50	500	210	nichtrostende und säurebeständige Stähle

Schrauben aus **nichtrostenden Stählen** werden mit der Festigkeitsklasse **A2** bezeichnet. Nichtrostende und **säurebeständige** Schrauben erhalten die Festigkeitsklasse **A4.** Zu der Festigkeitsklasse wird eine 2-stellige Zahl angegeben (Tabelle 1 und Bild 1). Aus dieser Zahl berechnet sich die Zugfestigkeit R_m durch die Multiplikation mit der Zahl 10.

Beispiel: Sechskantschraube ISO 4017–M12x50–A2-50
- $R_m = 50 \cdot 10\ \text{N/mm}^2 = 500\ \text{N/mm}^2$

Wegen der Gefahr einer bleibenden Verlängerung darf bei Schrauben die Streckgrenze R_e bzw. die 0,2-Dehngrenze $R_{p0,2}$ nicht überschritten werden.

Aus Sicherheitsgründen liegt die zulässige Spannung niedriger. Dies wird durch eine Sicherheitszahl ν berücksichtigt. Sie beträgt 1,5 bis 3.

Zulässige Spannung $\sigma_{zzul} = \frac{R_e}{\nu}$

Der bei Zugbeanspruchung gefährdete Querschnitt ist der **Spannungsquerschnitt A_s.** Er kann berechnet werden, wird aber meist aus Tabellenbüchern entnommen.

Die in der Schraube auftretende Spannung σ_z errechnet sich aus der im Schraubenschaft wirkenden Zugkraft F dividiert durch den Spannungsquerschnitt A_s:

Zugspannung $\sigma_z = \frac{F}{A_s}$

Beispiel: Ein Blindflansch soll mit $n = 6$ Schrauben der Festigkeitsklasse 10.9 abgedichtet werden. Die aufzunehmende Gesamtkraft beträgt F_{ges} = 288 kN, die Sicherheitszahl ν = 1,5. Welche Schraubengröße muss verwendet werden?

Lösung: $\sigma_{zzul} = \frac{R_e}{\nu} = \frac{900\ \text{N/mm}^2}{1{,}5} = 600\ \text{N/mm}^2$

$$\sigma_{zzul} = \frac{F}{A_s};\quad F = \frac{F_{ges}}{n} = \frac{288\,000\ \text{N}}{6} = 48\,000\ \text{N}$$

$$A_s = \frac{F}{\sigma_{zzul}} = \frac{48\,000\ \text{N}}{600\ \text{N/mm}^2} = 80\ \text{mm}^2.$$ **Gewählt: M 12** (mit $A_s = 84{,}3\ \text{mm}^2$, → Tabellenbuch)

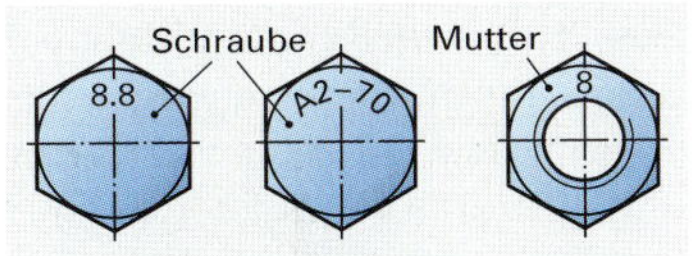

Bild 1: Kennzeichnung der Festigkeitsklassen bei Schrauben und Muttern

Festigkeitsklassen für Muttern

Bei Muttern aus unlegierten und legierten Stählen wird die Festigkeitsklasse durch eine Zahl, z. B. 10, angegeben. Die Mindestzugfestigkeit R_m berechnet sich durch Multiplizieren der Zahl mit 100.

Beispiel: Sechskantmutter ISO 4032 – M12 – 10
- $R_m = 10 \cdot 100\ \text{N/mm}^2 = 1000\ \text{N/mm}^2$

Bei nichtrostenden Stählen erhält die Mutter die gleiche Bezeichnung wie die Schraube (vgl. Beispiel Sechskantschraube).

Beispiel: Sechskantmutter ISO 4032 – M12 – A2-50

Eine Mutter, die mit einer Schraube kombiniert werden soll, muss mindestens dieselbe Festigkeitsklasse wie die Schraube besitzen **(Tabelle 2).**

Tabelle 2: Festigkeitsklassen von Muttern

Festigkeitsklasse	
Mutter	zugehörige Schraube
6	6.8
8	8.8
10	10.9
12	12.9
A2-50	A2-50
A2-70	A2-70
A4-50	A4-50

Ab der Festigkeitsklasse 8 müssen Muttern mit der Festigkeitsklasse gekennzeichnet werden (Bild 1).

Schraubensicherungen

Durch kontrolliertes Anziehen wird in der Schraube eine Vorspannkraft F_V erzeugt, welche die Schraubenverbindung z. B. bei Verwendung langer Schrauben ohne zusätzliche Elemente sichert.

Setzsicherungen. Die Vorspannkraft kann durch Kriechen des Werkstoffes, z. B. durch plastische Verformung der Schraube, und durch Setzen abnehmen. Als Setzen wird z. B. das Einebnen der Oberflächenrauheiten im Gewinde und unter dem Schraubenkopf bezeichnet.

> Setzsicherungen gleichen Kriech- und Setzbeträge aus und verhindern so, dass Vorspannkräfte unzulässig abnehmen.

Zu den Setzsicherungen zählen **Spannscheiben** und **Tellerfedern,** die sich, bei gleicher Form, nur in den Abmessungen unterscheiden **(Bild 1)**. Andere federnde Elemente, wie z. B. **Federringe, Zahnscheiben** und **Fächerscheiben,** sind ab der Schraubenfestigkeitsklasse 8.8 unwirksam, weil sie bei großen Vorspannkräften nicht mehr federn.

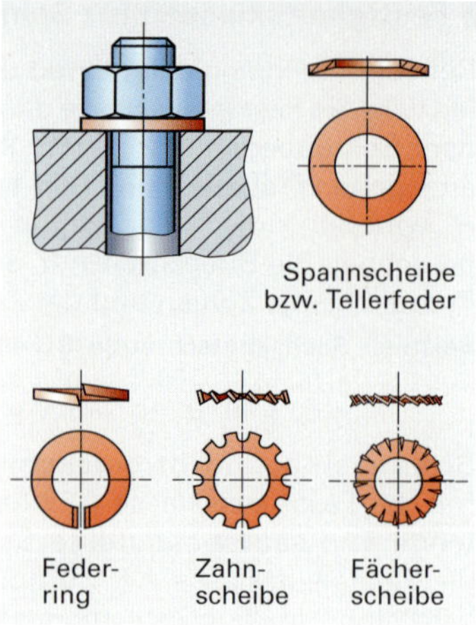

Bild 1: Setzsicherungen

Losdrehsicherungen. Bei Schraubenverbindungen, die in Achsrichtung stark dynamisch beansprucht werden, können Gleitbewegungen z. B. zwischen den Gewindeflanken von Schraube und Mutter auftreten, die durch Verformung der Verbindungselemente verursacht werden. Dabei kann sich die Schraubenverbindung losdrehen.

> Losdrehsicherungen verhindern ein Losdrehen der Schraubenverbindung.

Als Losdrehsicherungen verwendet man **Sperrzahnschrauben, Sperrzahnmuttern** und **Klebstoffe (Bild 2)**. Sperrzahnschrauben und Sperrzahnmuttern besitzen radial verlaufende Verriegelungszähne, die sich beim Anziehen der Verbindung in das Werkstück eindrücken und so durch Formschluss ein selbsttätiges Losdrehen verhindern. Ihre Sicherungseigenschaften sind gut, solange die Werkstückhärte geringer ist als die Härte der Zähne.

Klebstoff, der sich z. B. auf dem Schraubengewinde befindet, ist in kleinen Kapseln eingeschlossen und von einer dünnen Härterschicht umgeben. Beim Eindrehen platzen die Kapseln; Kleber und Härter mischen sich und härten innerhalb von 24 Stunden aus. Klebstoffe können auch bei gehärteten Oberflächen verwendet werden.

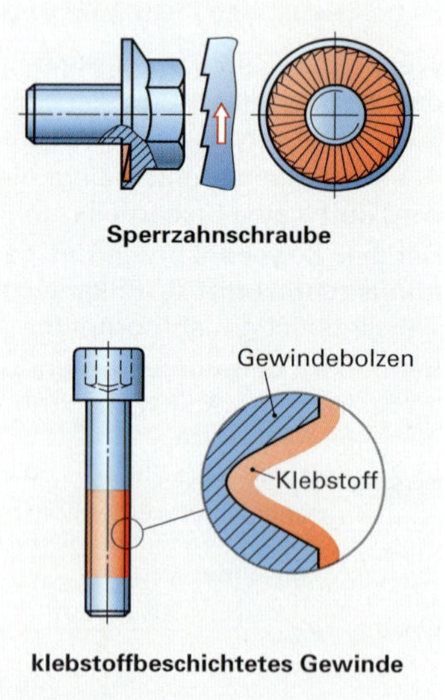

Bild 2: Losdrehsicherungen

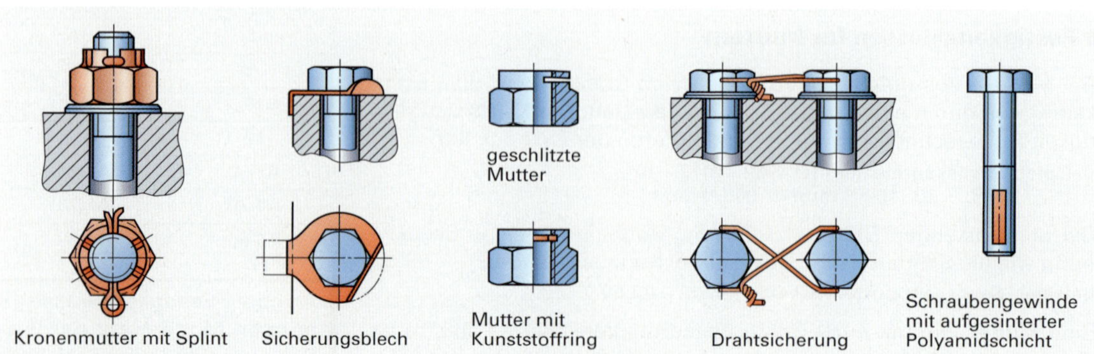

Bild 3: Verliersicherungen

Verliersicherungen. Schraubenverbindungen können nach dem Losdrehen, z. B. durch Erschütterungen, gänzlich auseinanderfallen.

Verliersicherungen verhindern das Auseinanderfallen der verschraubten Teile.

Als Verliersicherungen werden z. B. **Kronenmuttern mit Splint, Sicherungsbleche, geschlitzte Muttern, Muttern mit Kunststoffringen, Drahtsicherungen** und **kunststoffbeschichtete Schrauben** verwendet **(Bild 3, vorherige Seite)**.

Anziehen von Schraubenverbindungen

Beim **Anziehen von Hand** werden Sechskantschrauben oft mit Maul-, Ring- oder Steckschlüsseln, Nutmuttern mit Hakenschlüsseln **(Bild 1)** und Zylinderschrauben mit Innensechskant mit Winkelschraubendrehern angezogen. Schrauben mit Schlitz, Kreuzschlitz oder Innenvielzahn werden mit Schraubendrehern zugezogen **(Bild 2)**.

Beim **Drehmoment-Anziehverfahren** wird die Schraubenverbindung z. B. mittels Messschlüsseln auf ein einstellbares Drehmoment angezogen **(Bild 3)**.

In der Serienfertigung werden pneumatisch oder hydraulisch angetriebene **Drehschrauber,** die vorwählbare Drehmomente, oder **Impulsschrauber,** die tangentiale Drehschläge (Drehimpulse) auf die Schraubenverbindung übertragen, eingesetzt **(Bild 4)**. Da bei all diesen Anziehverfahren ein Großteil des aufgebrachten Drehmomentes zur Überwindung der stark unterschiedlichen Reibung zwischen Schraubenkopf bzw. Mutter und Auflagefläche und in den Gewindegängen erforderlich ist, schwankt die Vorspannkraft sehr stark. Um eine ausreichend große Vorspannkraft zu erreichen, müssen sicherheitshalber große Schraubendurchmesser gewählt werden.

Die Sicherheit einer Schraubenverbindung ist von der beim Anziehen der Schraube erreichten Vorspannkraft F_V abhängig.

Beim **drehwinkelgesteuerten Anziehen** werden die Schrauben zunächst mit einem kleineren Drehmoment angezogen. Die richtige Vorspannkraft wird durch zusätzliches Anziehen um einen errechneten Winkel erreicht. Die Streuung der Vorspannkraft ist bei diesem Anzieh-Verfahren relativ gering.

Beim **streckgrenzgesteuerten Anziehen** wird der Schraubenwerkstoff bis zur Streckgrenze belastet. Wie beim drehwinkelgesteuerten Anziehen können wegen der relativ geringen Streuung der Vorspannkräfte kleinere Schrauben verwendet werden.

Die geringste Streuung der Vorspannkräfte wird durch **Ultraschalltechnik** erreicht. Dabei werden Schrauben verwendet, auf deren Kopf ein ca. 40 µm dicker Sensor aufgebracht ist. Der Sensor wandelt einen z. B. von einem Schrauber am Schraubenkopf angelegten Spannungsimpuls in einen Ultraschallimpuls um, der vom Schraubenende reflektiert und vom Sensor wieder empfangen wird **(Bild 5)**. Die Durchlaufzeit hängt von der Belastung der Schraube ab: Mit zunehmender Vorspannkraft verringert sich die Geschwindigkeit der Ultraschallwellen. Außerdem müssen die Schallwellen wegen der Schraubendehnung einen größeren Weg zurücklegen. Die Änderung der Laufzeit ist direkt proportional der Vorspannkraft. Bei Erreichen der richtigen Vorspannkraft wird der Schrauber abgeschaltet.

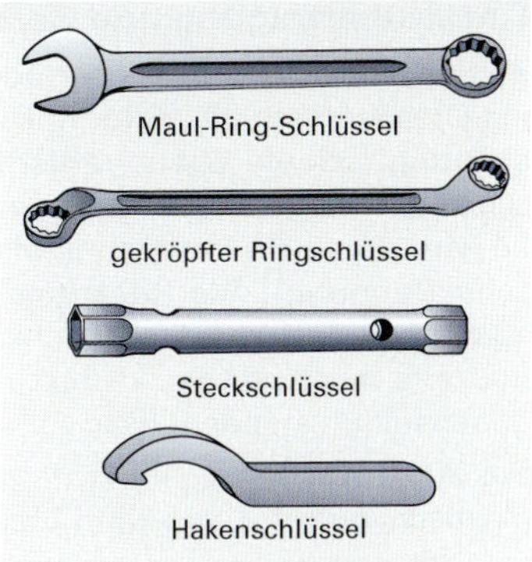

Bild 1: Schraubenschlüssel

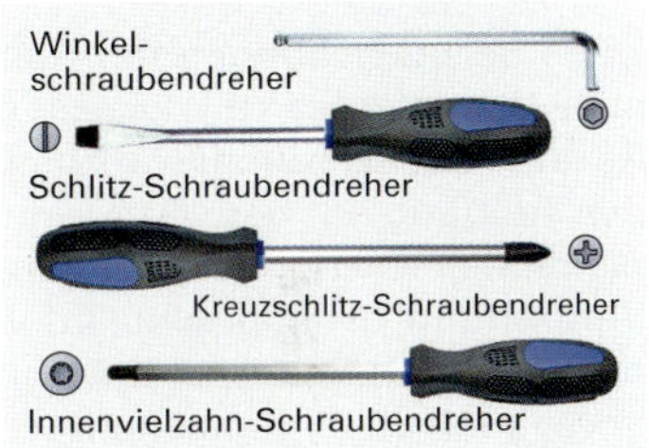

Bild 2: Schraubendreher

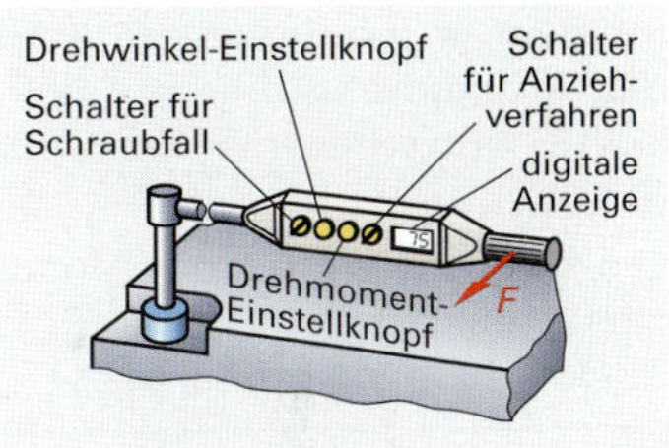

Bild 3: Elektronischer Messschlüssel

Bild 4: Impulsschrauber

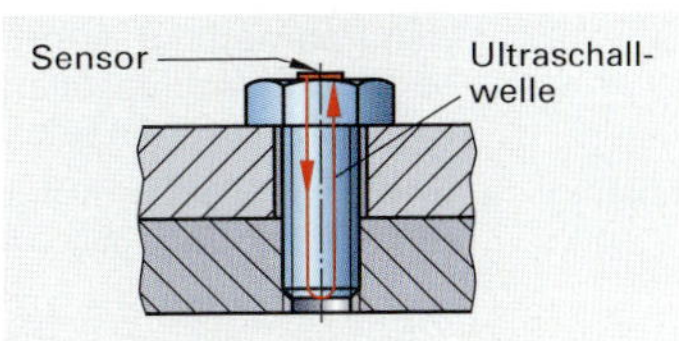

Bild 5: Ultraschallgesteuertes Anziehen

Kraftübertragung und Beanspruchung

Beim Anziehen einer Mutter oder Schraube wirkt ein Drehmoment M_A **(Bild 1)**. Durch die Gewindesteigung (schiefe Ebene) entsteht im Schraubenschaft eine Zugkraft (Vorspannkraft F_V). Die Schraube wird durch die Vorspannkraft verlängert (elastische Dehnung). Als Reaktionskraft auf die Vorspannkraft entsteht die Stauchkraft F_S, welche die Bauteile aufeinander drückt (staucht) und so gegenseitig verspannt **(Bild 2)**.

Bei zu großer Vorspannkraft wird die Schraube plastisch verformt und kann brechen.

> Schrauben müssen mit der richtigen Vorspannkraft angezogen werden.

Ohne Berücksichtigung der Reibung ist die maximale Vorspannkraft F_V nur von der Schraubengröße und vom Schraubenwerkstoff abhängig. Wegen der Reibung in den Gewindegängen wird die Schraube nicht nur auf Zug, sondern zusätzlich auf Verdrehung beansprucht. Infolge dieser zusammengesetzten Beanspruchung wird die maximale Vorspannkraft F_V mit zunehmender Reibung kleiner **(Tabelle 1)**.

Die Vorspannkraft F_V wird durch das Anziehdrehmoment M_A erzeugt. Beim Anziehen von Hand ist das Anziehdrehmoment das Produkt aus Handkraft F_1 und wirksamer Schraubenschlüssellänge l (Bild 1).

Um die vorgeschriebene Vorspannkraft zu erreichen, muss das Anziehdrehmoment mit zunehmender Reibung größer sein (Tabelle 1).

Anziehdrehmoment $M_A = F_1 \cdot l$

Wegen der Gefahr, dass bei einem zu großen Drehmoment die Schraube bleibend verformt oder zerstört wird, gelten für die Anziehdrehmomente festgelegte Höchstwerte, die Tabellen entnommen werden können (Tabelle 1).

Die zulässigen Tabellenwerte werden z. B. überschritten, wenn der Hebelarm l eines Maulschlüssels mit einem Rohr verlängert wird.

Beispiel: a) Welche Handkraft darf an einem Maulschlüssel mit $l = 200$ mm wirken, wenn eine Schraube M10 der Festigkeitsklasse 8.8 angezogen wird und eine Reibungszahl $\mu = 0{,}12$ vorhanden ist?

b) Um welchen Faktor x wird das zulässige Anziehdrehmoment vergrößert, wenn die wirksame Maulschlüssellänge mit einem Rohr auf 500 mm verlängert wird?

Lösung: a) Nach Tabelle 1 beträgt das maximale Anziehdrehmoment $M_A = 46$ N · m

$$M_A = F_1 \cdot l; \quad F_1 = \frac{M_A}{l} = \frac{46 \text{ N} \cdot \text{m}}{0{,}2 \text{ m}} = \mathbf{230\ N}$$

b) $x = \frac{500 \text{ mm}}{200 \text{ mm}} = \mathbf{2{,}5}$

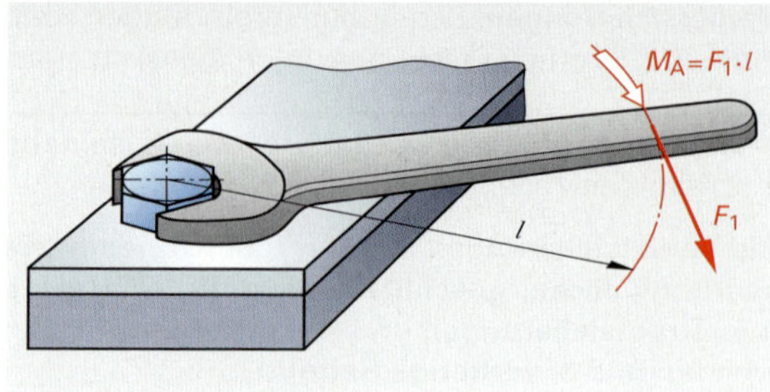

Bild 1: Anziehdrehmoment

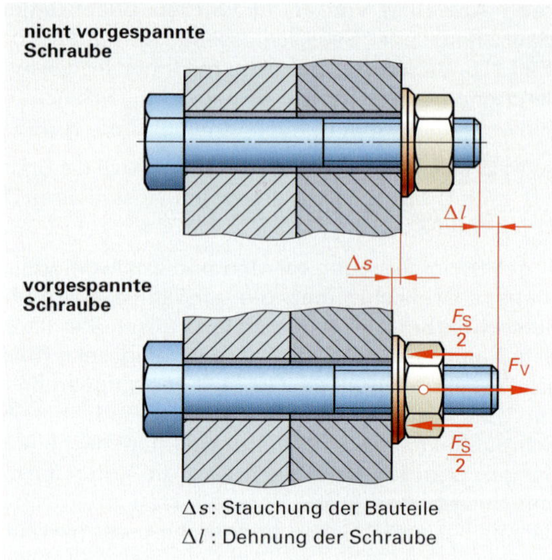

Bild 2: Auswirkung der Vorspannkraft

Tabelle 1: Vorspannkräfte und Anziehdrehmomente für Schaftschrauben

Gewindebezeichnung		Maximale Vorspannkraft F_V in kN und maximales Anziehdrehmoment M_A in N · m								
		Festigkeitsklasse								
		8.8			10.9			12.9		
		Reibungszahl μ								
		0,08	0,12	0,14	0,08	0,12	0,14	0,08	0,12	0,14
M8	F_V	18,6	17,2	16,5	27,1	25,2	24,2	31,9	29,5	28,3
	M_A	17,9	23,1	25,3	26,2	34	37,2	30,7	39,6	43,6
M10	F_V	29,5	27,3	26,2	43,3	40,2	38,5	50,7	47	45
	M_A	36	46	51	53	68	75	61	80	88
M12	F_V	43	39,9	38,3	63	58,5	56,2	73,9	68,5	65,8
	M_A	61	80	87	90	117	128	105	137	150
M16	F_V	81	75,3	72,4	119	111	106	140	130	124
	M_A	147	194	214	216	285	314	253	333	367
M20	F_V	131	121	117	186	173	166	218	202	194
	M_A	297	391	430	423	557	615	495	653	720
M24	F_V	188	175	168	268	250	238	313	291	280
	M_A	512	675	743	730	960	1060	855	1125	1240

Durch das Anziehdrehmoment M_A entsteht eine Umfangskraft F_U, die eine große Vorspannkraft F_V verursacht **(Bild 1)**. Bei gegebener Handkraft F_1 ist die Vorspannkraft F_V von der Steigung P (Steigungswinkel) des Gewindes abhängig: Große Steigungswinkel bewirken kleinere, kleine Steigungswinkel größere Vorspannkräfte F_V.

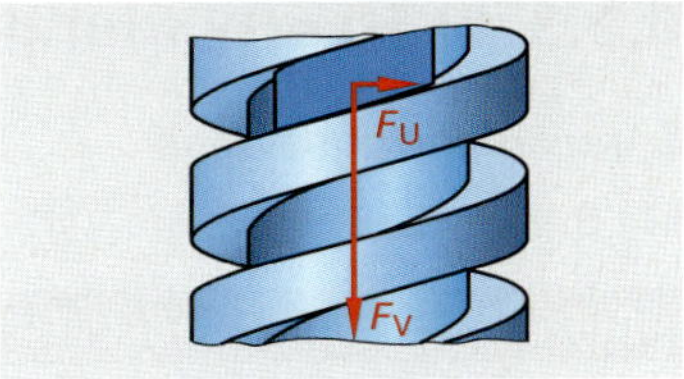

Bild 1: Kräfte an einer Schraube

Vorspannkraft (ohne Reibung) $$F_V = \frac{M_A \cdot 2 \cdot \pi}{P}$$

Beim Aufeinandergleiten der Gewindeflanken sowie der Mutter oder des Schraubenkopfes auf der Auflagefläche entstehen Reibungsverluste. Diese verringern die Vorspannkraft F_V, weil ein Gewindereibmoment und ein Kopfreibmoment dem Anziehdrehmoment M_A entgegenwirken **(Bild 2)**. Die Reibungsverluste, die bis zu 90 % betragen, werden durch den Wirkungsgrad η berücksichtigt.

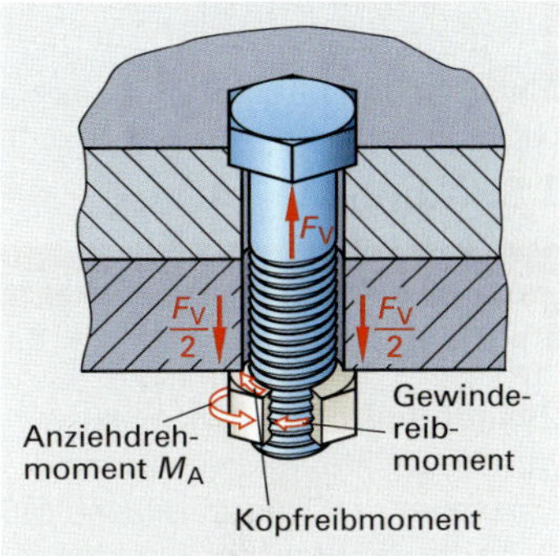

Bild 2: Drehmomente an einer Schraubenverbindung

Vorspannkraft (mit Reibung) $$F_V = \frac{M_A \cdot 2 \cdot \pi}{P} \cdot \eta$$

Beispiel: Wie groß ist die Vorspannkraft F_V, wenn eine Schraube M12 (P = 1,75 mm) mit dem Drehmoment M_A = 55 N · m angezogen wird (η = 0,11)?

Lösung: $$\mathbf{F_V} = \frac{M_A \cdot 2 \cdot \pi}{P} \cdot \eta = \frac{55\,000 \text{ N} \cdot \text{mm} \cdot 2 \cdot \pi}{1{,}75 \text{ mm}} \cdot 0{,}11 = \mathbf{21\,722 \text{ N}}$$

Für eine geforderte Vorspannkraft F_V kann das Anziehdrehmoment M_A berechnet werden:

Anziehdrehmoment $$M_A = \frac{F_V \cdot P}{2 \cdot \pi \cdot \eta}$$

Beispiel: Wie groß muss das Anziehdrehmoment M_A gewählt werden, wenn in einer Schraube M16 (P = 2 mm) eine Vorspannkraft F_V = 100 kN herrschen soll und der Wirkungsgrad η = 15 % beträgt?

Lösung: $$\mathbf{M_A} = \frac{F_V \cdot P}{2 \cdot \pi \cdot \eta} = \frac{100\,000 \text{ N} \cdot 0{,}002 \text{ m}}{2 \cdot \pi \cdot 0{,}15} = \mathbf{212 \text{ N} \cdot \text{m}}$$

Wenn eine Schraubenverbindung zusätzlich eine Betriebskraft F_B aufnehmen muss, wird der Schraubenschaft stärker gedehnt **(Bild 3)**. Die Klemmkraft nimmt dadurch ab. Sie darf nie null werden, weil sonst die Bauteile voneinander abheben.

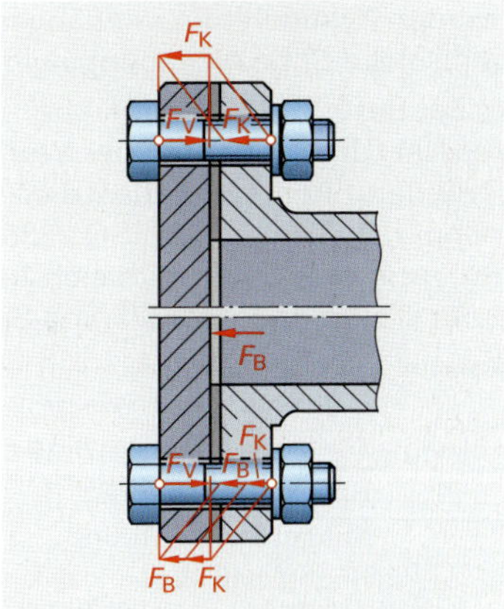

Bild 3: Schraubenverbindung mit auftretender Betriebskraft

Wiederholung und Vertiefung

1 Wie können Schrauben nach der Kopfform eingeteilt werden?

2 Wie kann erreicht werden, dass Innengewinde in Al-Legierungen große Kräfte übertragen können?

3 Warum darf die Zugspannung einer Schraube nicht größer sein als R_e bzw. $R_{p0,2}$?

4 Wie groß sind Mindestzugfestigkeit und Mindeststreckgrenze einer Schraube der Festigkeitsklasse 8.8?

5 Welche Mindestzugfestigkeit muss eine Mutter besitzen, die zusammen mit einer Schraube der Festigkeitsklasse 10.9 verwendet wird?

6 Worin besteht der Unterschied zwischen Losdreh- und Verliersicherungen?

7 Warum können kleinere Schraubendurchmesser verwendet werden, wenn die Vorspannkraft F_V ganz ausgenützt wird?

8 Zwei Platten werden mit einer Zylinderschraube M16 der Festigkeitsklasse 12.9 verbunden. Welche Sicherheit gegen R_e ist vorhanden, wenn die Vorspannkraft F_V = 110 kN beträgt?

9 Welches Anziehdrehmoment muss aufgebracht werden, wenn in einer Schraube M10 eine Vorspannkraft von 15 kN herrschen soll und der Wirkungsgrad η = 0,12 beträgt?

6.3.3 Stiftverbindungen

Verwendungszweck

Mit Stiften werden lösbare Verbindungen hergestellt.

Stifte werden verwendet als

- Passstifte zur Lagesicherung **(Bild 1),**
- Befestigungsstifte zur kraft- oder/und formschlüssigen Verbindung,
- Abscherstifte, um Schäden an Bauteilen zu verhindern.

Stiftformen

Nach der Form unterscheidet man

- Zylinderstifte
- Kegelstifte
- Kerbstifte

Zylinderstifte werden meist als Passstifte verwendet (Bild 1). Ungehärtete Zylinderstifte werden in den Toleranzklassen h8 und m6, gehärtete in der Toleranzklasse m6 hergestellt **(Bild 2).** Gehärtete Zylinderstifte werden bei hochbeanspruchten Bauteilen verwendet. Zur Erleichterung der Montage sind die Zylinderstifte angefast.

Damit bei der Montage die Luft aus Grundlöchern entweichen kann, werden Zylinderstifte mit Längsrillen verwendet. Zum Ausbau besitzen solche Stifte ein Innengewinde (Bild 2).

In der Bezeichnung werden bei gehärteten Zylinderstiften der Durchmesser, die Länge und der Werkstoff angegeben. Bei ungehärteten Zylinderstiften steht zusätzlich die Toleranzklasse in der Bezeichnung, z. B. **Zylinderstift ISO 2338 – 6m6 – 30 – St.** Je nach Istmaß von Bohrung und Stift ergibt sich beim Fügen mit der geriebenen Bohrung (Toleranzklasse H7) eine Spiel- oder Übergangspassung.

Beispiel: 2 Platten mit Bohrungen 6H7 sollen mit einem Zylinderstift 6m6 verbunden werden. Wie groß sind Höchstspiel und Höchstübermaß?

Lösung: Für die Paarung 6 H7/m6 ergeben sich nach Tabellenbuch:

Höchstmaß Bohrung $G_{oB} = 6{,}012$ mm
Mindestmaß Bohrung $G_{uB} = 6{,}000$ mm
Höchstmaß Welle $G_{oW} = 6{,}012$ mm
Mindestmaß Welle $G_{uW} = 6{,}004$ mm

Höchstspiel P_{SH} $= G_{oB} - G_{uW} = 6{,}012\text{ mm} - 6{,}004\text{ mm} =$
$= \mathbf{0{,}008\text{ mm}}$

Höchstübermaß $P_{ÜH}$ $= G_{uB} - G_{oW} = 6{,}000\text{ mm} - 6{,}012\text{ mm} =$
$= \mathbf{-0{,}012\text{ mm}}$

Kegelstifte werden meist als Befestigungsstifte verwendet. Sie besitzen eine Kegelverjüngung $C = 1:50$ **(Bild 3).** In der Bezeichnung werden die Form, der kleine Kegeldurchmesser, die Länge und der Werkstoff angegeben, z. B. **Kegelstift ISO 2339 – A – 5 x 40 – St.** Kegelstifte verspannen sich beim Eintreiben mit dem Hammer in die geriebenen Aufnahmebohrungen elastisch. Die entstandene kraft- und formschlüssige Verbindung ist aber nicht rüttelsicher. Zur Demontage aus Grundlöchern verwendet man Kegelstifte mit Außen- oder Innengewinden (Bild 3).

Kerbstifte dienen zum Fügen gering beanspruchter Bauteile, die selten gelöst werden müssen **(Bild 4).** Sie besitzen an ihrem Umfang drei Längskerben, die sich beim Eintreiben in die mit dem Spiralbohrer hergestellte Aufnahmebohrung elastisch verformen.

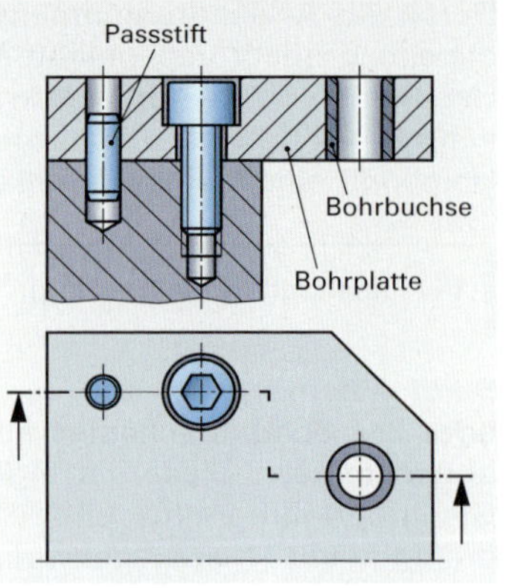

Bild 1: Passstifte

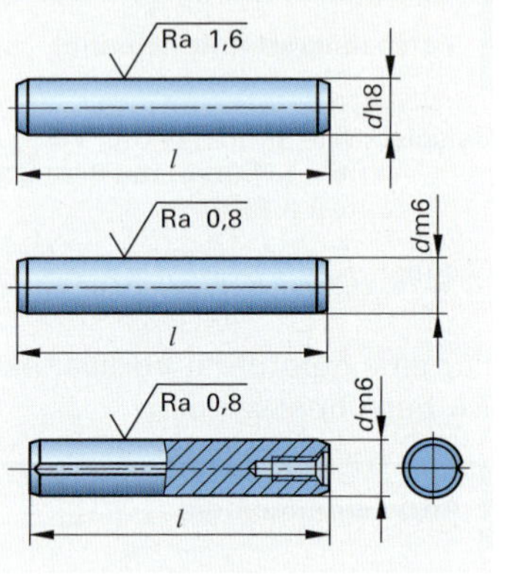

Bild 2: Zylinderstifte

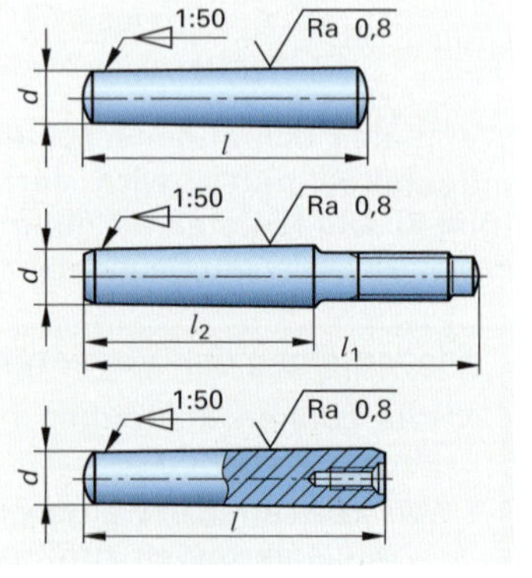

Bild 3: Kegelstifte

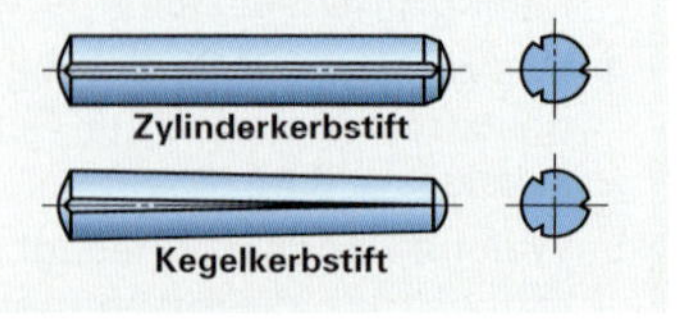

Bild 4: Kerbstifte

Bei Stiftverbindungen genügt es meist, wenn die Stiftenden ungefähr auf die Länge, die dem Stiftdurchmesser entspricht, in die Aufnahmebohrungen der Bauteile hineinragen **(Bild 1)**. Bei dicken Werkstücken sollten deshalb die Stiftbohrungen aufgebohrt werden, um die Reibwerkzeuge zu schonen und die Montage zu erleichtern. Für den Ausbau der Stifte können zudem durchgehende Bohrungen angebracht werden (Bild 1).

Bei Stiften, die große Querkräfte aufnehmen, müssen der gefährdete Querschnitt auf Abscherung **(Bild 2)** und die Aufnahmebohrung auf die zulässige Flächenpressung berechnet werden **(Tabelle 1)**. Die Scherspannung errechnet sich aus der am gefährdeten Querschnitt wirkenden Kraft *F*, dividiert durch den Stiftquerschnitt *S*:

Scherspannung $\tau_a = \frac{F}{S}$

Die zulässigen Scherspannungen $\tau_{a\,zul}$ sind Erfahrungswerte des Maschinen- und Gerätebaus. Sie sind abhängig vom jeweiligen Belastungsfall (Seite 544). Für ungehärtete Stifte wird empfohlen:

Belastungsfall		
I (ruhend)	II (schwellend)	III (wechselnd)
$\tau_{a\,zul}$ = 80 N/mm²	$\tau_{a\,zul}$ = 60 N/mm²	$\tau_{a\,zul}$ = 40 N/mm²

Die Flächenpressung *p* in der Aufnahmebohrung wird berechnet aus der Kraft *F*, dividiert durch die projizierte Fläche *A*:

Flächenpressung $p = \frac{F}{A}$

Beispiel: Ein Zahnrad soll auf einer Welle mit d_W = 40 mm mit einem Zylinderstift ISO 2338 befestigt werden. Das zu übertragende Drehmoment beträgt *M* = 65 N · m. Wie groß muss der Stiftdurchmesser mindestens sein, wenn schwellende Belastung vorliegt? Anzahl der beanspruchten Querschnitte *n* = 2.

Lösung: Bei schwellender Belastung beträgt $\tau_{a\,zul}$ = 60 N/mm² (Tabelle oben).

$$M = F \cdot \frac{d_W}{2}$$

$$F = \frac{2 \cdot M}{d_W} = \frac{2 \cdot 65\,000\ \text{N} \cdot \text{mm}}{40\ \text{mm}} = 3250\ \text{N}$$

$$S_i = \frac{F}{\tau_{a\,zul} \cdot n} = \frac{3250\ \text{N}}{60\ \text{N/mm}^2 \cdot 2} = 27{,}1\ \text{mm}^2$$

$$d = \sqrt{\frac{4 \cdot S_i}{\pi}} = \sqrt{\frac{4 \cdot 27{,}1\ \text{mm}^2}{\pi}} = 5{,}9\ \text{mm}$$

gewählt: ***d* = 6 mm**

Wiederholung und Vertiefung

1. Wozu werden Passstifte verwendet?
2. In welchen Toleranzklassen werden ungehärtete Zylinderstifte (DIN EN ISO 2338) hergestellt?
3. Warum werden für Grundlöcher Zylinderstifte mit Längsrillen verwendet?
4. Beim Fügen eines Zylinderstiftes 8h8 mit einer Bohrung 8H7 ergibt sich eine Spielpassung. Wie groß sind Höchst- und Mindestspiel?
5. Wie groß ist die Verjüngung von Kegelstiften?

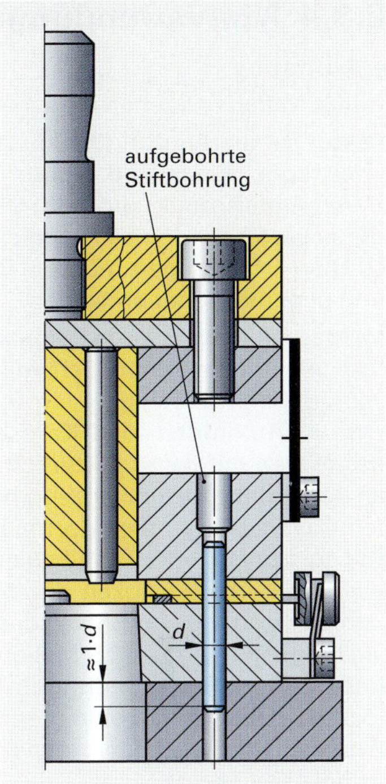

Bild 1: Montierter Zylinderstift

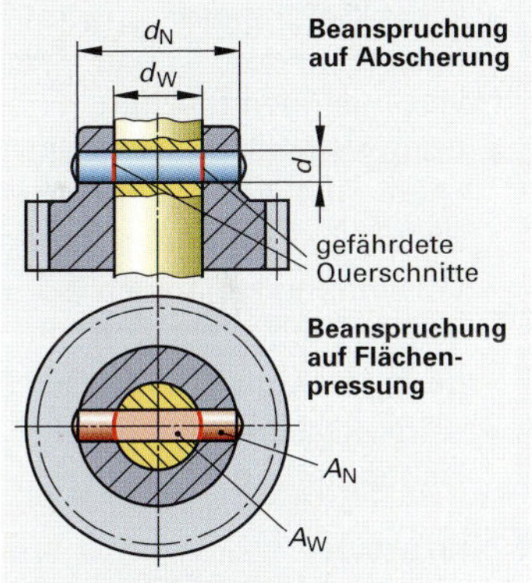

Bild 2: Gefährdete Stiftquerschnitte

Tabelle 1: Zulässige Flächenpressung bei schwellender Belastung (Erfahrungswerte)

Werkstoff	Flächenpressung p_{zul} in N/mm²
S235	70
E295	75
EN-GJL-150	50
EN AC-AlSi	30
EN AW-AlCu4Mg1	45

6.3.4 Nietverbindungen

Aufgaben

Durch Nieten entstehen unlösbare Verbindungen.

Feste Nietverbindungen können große Kräfte übertragen. **Feste und dichte** Nietverbindungen müssen gleichzeitig große Kräfte übertragen und die zu verbindenden Teile abdichten. **Extrem dichte** Nietverbindungen müssen Bauteile verbinden und gegeneinander abdichten.

Im Maschinenbau wurde das herkömmliche Nieten fast vollständig durch Schweißen ersetzt (Seite 248). Bei der Herstellung von Blechverbindungen, z. B. im Automobil- und Karosseriebau, gewinnt das Nieten mit fester Nietverbindung zunehmend an Bedeutung. In der Flugzeugindustrie ist das Nieten unverzichtbar, weil dort vielfach aushärtbare Al-Legierungen oder Titan-Legierungen verarbeitet werden, deren Festigkeit durch Schweißen stark herabgesetzt würde. So werden z. B. für die Herstellung eines Airbus 3,5 Millionen Niete für feste und dichte Nietverbindungen benötigt **(Bild 1)**. Extrem dichte Nietverbindungen werden im Rohrleitungsbau sowie in der Hochdruck- und Vakuumtechnik eingesetzt.

Vorteile des Nietens gegenüber dem Schweißen

- keine Gefügeänderung und damit keine Festigkeitsminderung und Versprödung in den zu verbindenden Blechen
- unterschiedliche Werkstoffe sowie oberflächenveredelte, z. B. polierte oder beschichtete Bleche können gefügt werden
- Verbindung kann auch bei einseitiger Zugänglichkeit hergestellt werden
- geringerer Energieverbrauch
- keine Gesundheitsgefahr durch Gase und Lichtstrahlung

Nietarten

Niete können nach der Kopfform, nach der Ausführung des Schaftes und nach dem Verfahren beim Nieten eingeteilt werden **(Bild 2)**.

Verfahren beim Nieten

Hammernieten. Der fertig geformte Niet besteht aus Setzkopf, Schaft und Schließkopf **(Bild 3)**. Die gebohrten und angesenkten Teile werden mit dem Nietenzieher zusammengepresst. Durch Anstauchen wird die Bohrung vollständig ausgefüllt. Anschließend wird der aus dem Nietloch herausragende Schaftteil zum Schließkopf geformt.

Taumelnieten. Beim Taumelnieten drückt ein Nietwerkzeug bei einer taumelartigen Kreisbewegung um die Nietachse den umzuformenden Werkstoff in die gewünschte Kopfform **(Bild 4)**.

Bild 1: Airbus mit vernieteter Außenkontur

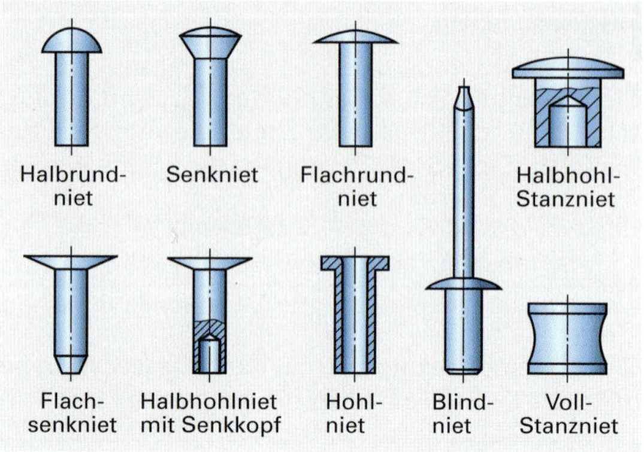

Bild 2: Nietarten

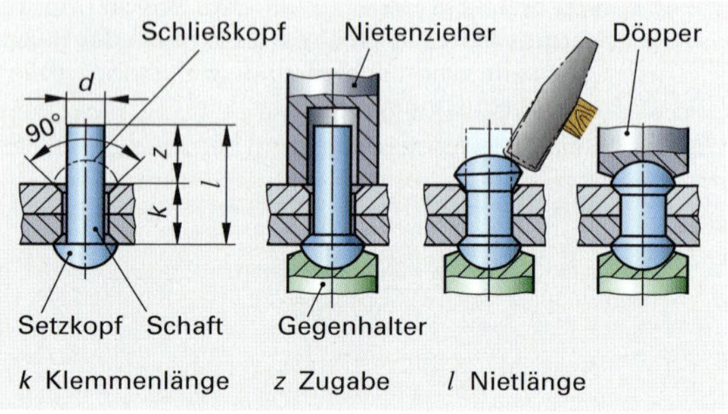

Bild 3: Hammernieten

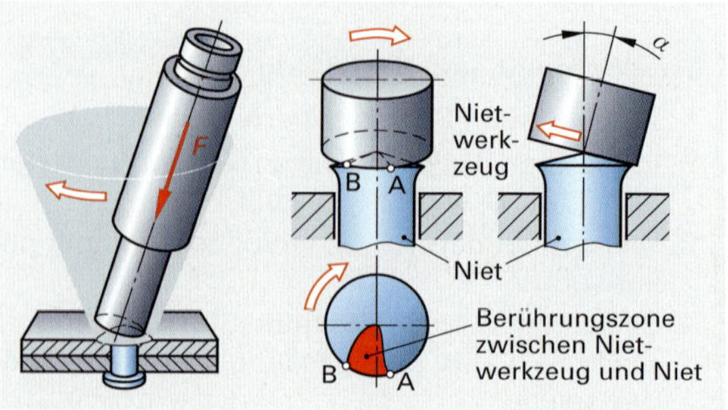

Bild 4: Taumelnieten

Blindnieten. Blindniete werden verwendet, wenn die Nietstelle nur von einer Seite aus zugänglich ist. Sie bestehen aus einer Niethülse und dem Nietdorn. Dieser besitzt eine Sollbruchstelle. Mit einem Nietwerkzeug wird der Kopf des Dornes in das überstehende Schaftende des hohlen Niets gezogen. Dadurch wird dieses plastisch verformt und bildet den Schließkopf. Beim Erreichen des größtmöglichen Anpressdruckes reißt der Nietdorn an der Sollbruchstelle **(Bild 1)**.

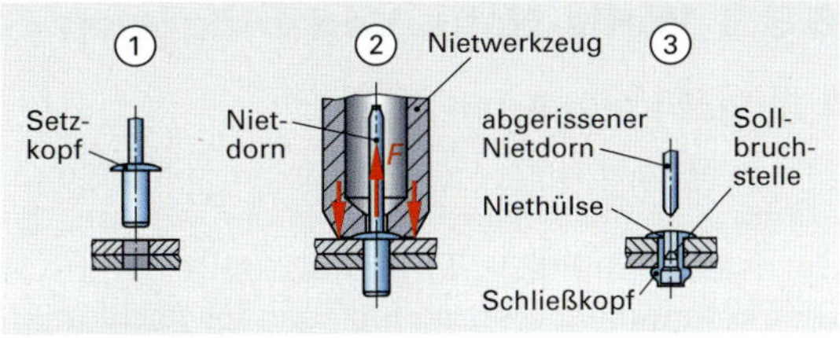

Bild 1: Blindnieten

Stanznieten. Beim Stanznieten stanzt sich der Niet seine Aufnahmebohrung selbst. Man unterscheidet Stanznieten mit Halbhohlnieten und mit Vollnieten.

Der **Halbhohlniet** durchstanzt zunächst das stempelseitige Blech. Anschließend weitet er sich und verformt dabei das matrizenseitige Blech. Die Werkstoffe werden in den Matrizenhohlraum verdrängt und bilden den Schließkopf **(Bild 2)**. Das aus dem stempelseitigen Blech ausgestanzte Teil füllt den hohlen Nietschaft und wird dort eingeschlossen. Weil das matrizenseitige Blech nicht durchstoßen wird, ist die Verbindung hochfest und dicht.

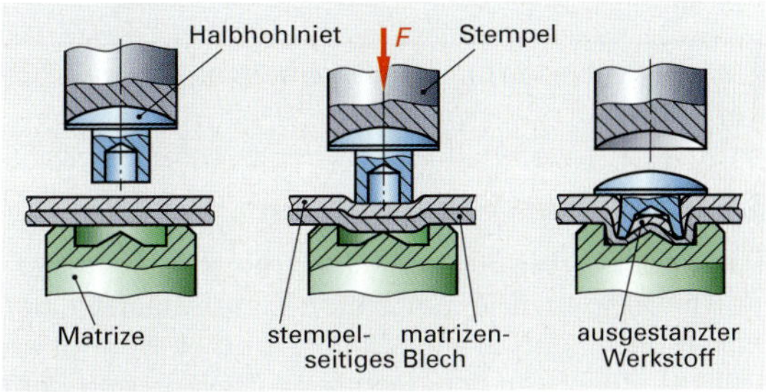

Bild 2: Stanznieten mit Halbhohlniet

Der **Vollniet** wird beim Nietvorgang nicht umgeformt. Er durchtrennt die Bleche; das ausgestanzte Material fällt durch die Matrize. Stempel und Matrize besitzen an den Stirnseiten Ansätze. Dadurch wird gegen Ende des Stempelhubs Fügeteilwerkstoff in den Hinterschneidungsbereich des Niets gedrängt **(Bild 3)**.

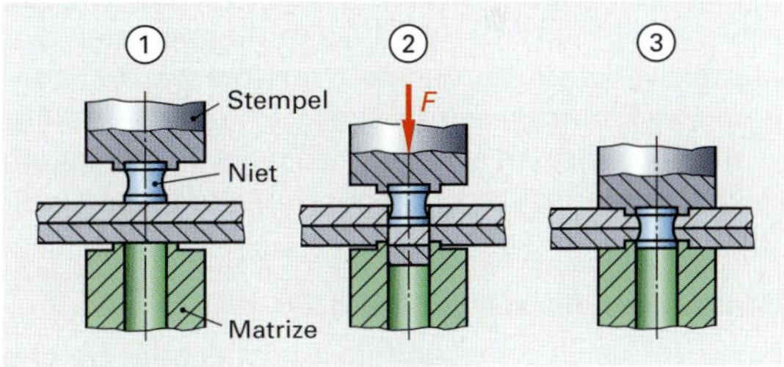

Bild 3: Stanznieten mit Vollniet

Nietähnliche Verfahren

Durchsetzfügen. Beim Durchsetzfügen werden die Bleche ohne Niet durch Kaltumformung miteinander verbunden. Ein Stempel zieht die zu verbindenden Teile in die Matrize. Sobald der Stempel den Matrizenboden erreicht hat, fließen die Werkstoffe in die Breite. Die Bleche verbinden sich formschlüssig miteinander **(Bild 4)**.

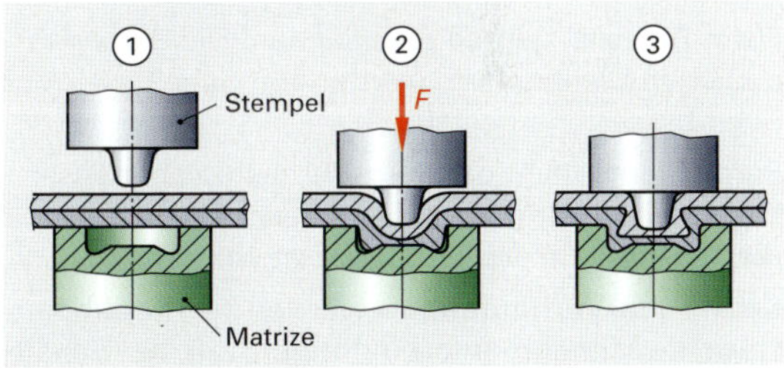

Bild 4: Durchsetzfügen

Nietwerkstoffe

Als Nietwerkstoffe verwendet man Stahl, Kupfer, Kupfer-Zink- und Al-Legierungen, in Ausnahmefällen auch Kunststoffe und Titan. Um elektrochemische Korrosion und ein Lockern der Verbindung bei Erwärmung zu vermeiden, sollen die Niete möglichst aus dem gleichen Werkstoff wie die zu fügenden Teile bestehen.

Niete sollen eine ausreichende Festigkeit aufweisen und sich gut umformen lassen.

Wiederholung und Vertiefung

1 Wie können Nietverbindungen nach den an sie gestellten Anforderungen eingeteilt werden?
2 Welche Vorteile hat das Nieten gegenüber dem Schweißen?
3 In welchen Fällen verwendet man Blindniete?
4 Welche Vorteile bietet das Stanznieten?
5 Aus welchen Werkstoffen werden Niete hergestellt?
6 Warum sollen die Bauteile und die Niete aus dem gleichen Werkstoff bestehen?

6.3.5 Welle-Nabe-Verbindungen

Aufgabe und Arten

Maschinenelemente wie Kupplungen und Zahnräder müssen mit Wellen so verbunden werden, damit das Drehmoment übertragen werden kann.

Die Drehmomentübertragung kann formschlüssig, vorgespannt formschlüssig, kraftschlüssig oder stoffschlüssig erfolgen **(Seite 237, Tabelle 1)**.

Welle-Nabe-Verbindungen übertragen Drehmomente.

Formschluss-Verbindungen

Passfederverbindungen sind reine Mitnehmer-Verbindungen. Die parallelen Seitenflächen der Passfeder liegen in der Wellen- und Nabennut an **(Bild 1)**. Zwischen dem Passfeder-Rücken und dem Nabennut-Grund ist Spiel vorhanden. Für stoßartige Belastung ist diese Verbindung nicht geeignet, weil dabei Passfeder und Seitenflächen der Nut plastisch verformt und damit zerstört werden können. Bei Zahnrädern, die zum Schalten auf einer Welle verschoben werden müssen, erhalten die Passfedern durch entsprechende Toleranzen einen Gleitsitz.

Formen von Passfedern (Bild 2):

Form A besitzt abgerundete Stirnflächen. Solche Passfedern werden in Wellennuten eingepasst, die mit Langlochfräsern hergestellt werden.

Form B besitzt gerade Stirnflächen. Die dazu erforderlichen Wellennuten werden mit Scheiben- oder Schaftfräsern hergestellt.

Form C entspricht der Form A, besitzt aber zusätzlich eine Bohrung für eine Halteschraube, mit der die Passfeder in der Nut befestigt werden kann.

Keilwellen-Verbindungen werden für hochbeanspruchte Mitnehmerverbindungen, z. B. bei Schaltgetriebewellen von Werkzeugmaschinen, verwendet. Durch eine gerade Anzahl von Nuten entsteht eine gerade Anzahl von Passfedern (nicht „Keilen"), welche das Drehmoment gleichmäßig über den Umfang verteilt übertragen **(Bild 3)**. Welle und Nabe einer Keilwellen-Verbindung können bei geeigneten Passungen axial verschoben werden. Deshalb wendet man sie auch bei Verschieberädern an **(Bild 4)**. Die Zentrierung der Nabe auf der Welle erfolgt meist durch die Innenzentrierung von Welle und Nabe (Bild 3).

Mit Keilwellen-Verbindungen versehene Bauteile sind axial verschiebbar und können große Drehmomente übertragen.

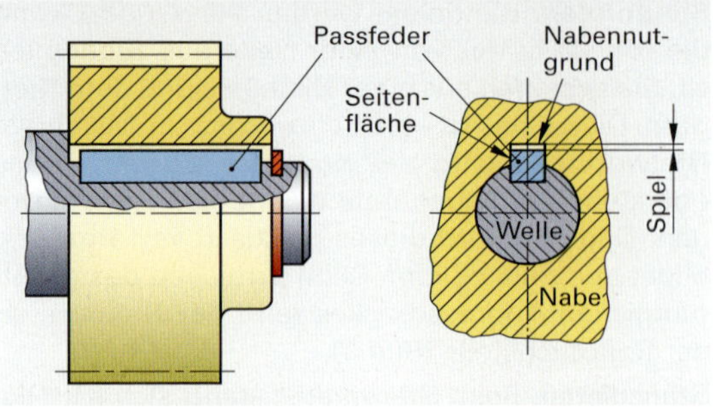

Bild 1: Passfeder-Verbindung

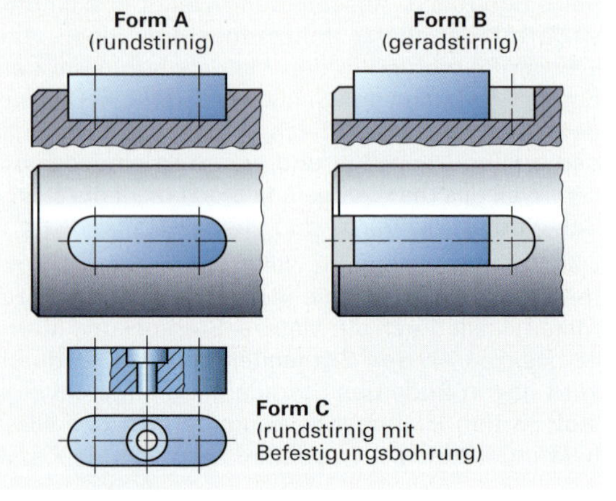

Bild 2: Formen von Passfedern

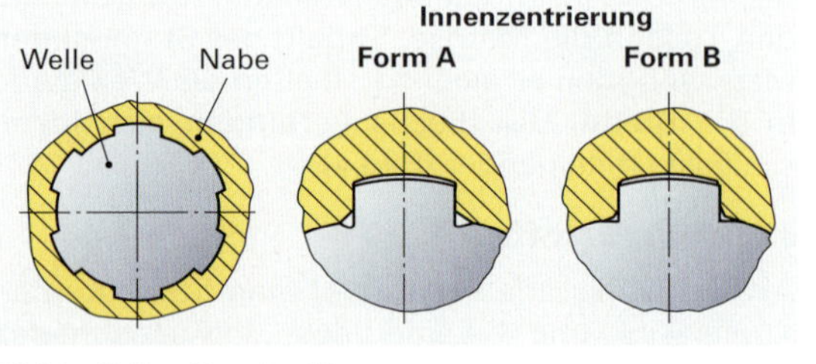

Bild 3: Keilwellen-Profile

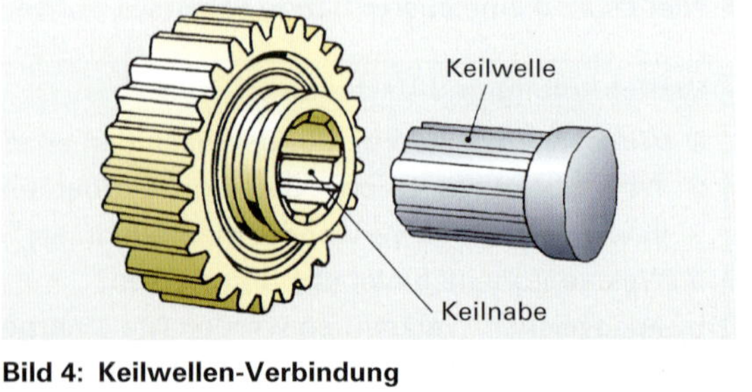

Bild 4: Keilwellen-Verbindung

Bei **Zahnwellen-Verbindungen** werden durch die feinere Zahnung die Welle und Nabe gegenüber dem Keilwellenprofil weniger geschwächt **(Bild 1)**. Deshalb können bei gleichem Durchmesser größere Drehmomente übertragen werden. Wegen der vielen Zähne sind Zahnwellen-Verbindungen besonders für stoßartige Belastungen geeignet. Außerdem kann die Winkellage zwischen Welle und Nabe, z. B. bei Hebeln, schrittweise von Zahn zu Zahn verändert werden.

Zahnwellenverbindungen werden nach der Form der Zahnflanken unterschieden. Die überwiegend eingesetzte **Evolventenverzahnung** („involute spline") hat eine Zahnform wie bei Zahnrädern. Die Anzahl der Zähne ist vom Durchmesser der Welle und vom Modul abhängig.

Bei der **Parallelverzahnung** haben die Zähne Keilflanken („straight sided spline"). Die beiden Flanken des Zahns bilden parallele Ebenen.

Die **Kerbverzahnung** mit ihren Kerbflanken („serration spline") hat spitze Zähne.

Die Zahnwellenverbindung erfordert eine hohe Fertigungsgenauigkeit, damit möglichst alle Flanken an der Drehmomentenübertragung beteiligt sind. Welle und Nabe lassen sich grundsätzlich axial verschieben, was in vielen Anwendungsfällen ausgenutzt wird.

Polygonwellen-Verbindungen sind Welle-Nabe-Verbindungen mit großer Zentriergenauigkeit. Da sie praktisch keine Kerbwirkung haben, können gegenüber Passfeder-Verbindungen größere Drehmomente übertragen werden **(Bilder 2 und 3)**.

> Polygonwellen-Verbindungen sind selbstzentrierend und kerbwirkungsfrei.

Vorgespannte Formschluss-Verbindungen

Keilverbindungen werden durch Keile, die eine Neigung von 1:100 und seitlich geringes Spiel in der Wellen- und Nabennut aufweisen, hergestellt. Durch das Eintreiben werden Welle und Nabe gegeneinander verspannt **(Bild 4)**. Durch dieses Verspannen werden die Mittelachsen von Welle und Nabe geringfügig gegeneinander verschoben. Die Verschiebung darf die Funktion der verbundenen Teile nicht beeinträchtigen.

Wegen der durch die Verschiebung der Mittelachsen entstehenden Unwucht eignen sich Keilverbindungen nicht für hohe Drehzahlen.

Stirnzahn-Verbindungen sind selbstzentrierende Verbindungselemente, bei denen an Planflächen radial angeordnete Zähne ineinander greifen **(Bild 5)**. Stirnzahnverbindungen werden z. B. wegen der möglichen hohen Teilgenauigkeit für Rundschalttische, wegen des geringen Platzbedarfs in Getrieben eingesetzt.

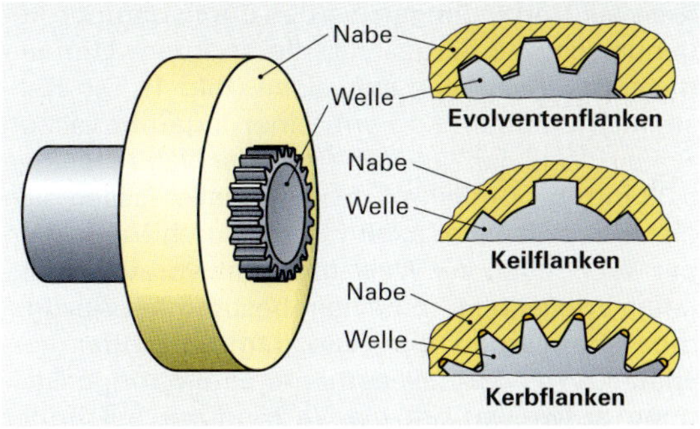

Bild 1: Zahnwellen-Verbindung

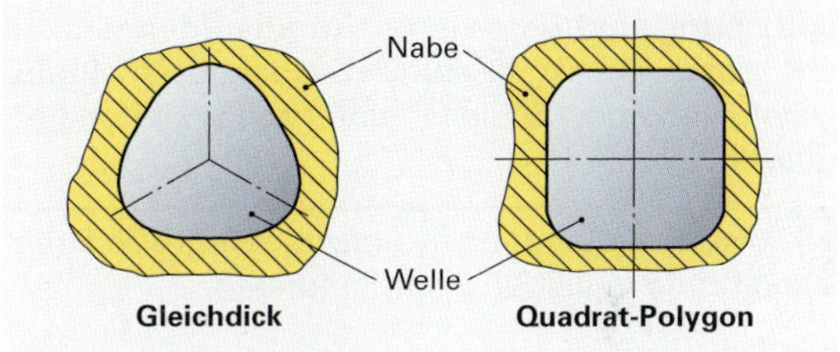

Bild 2: Polygon-Profile

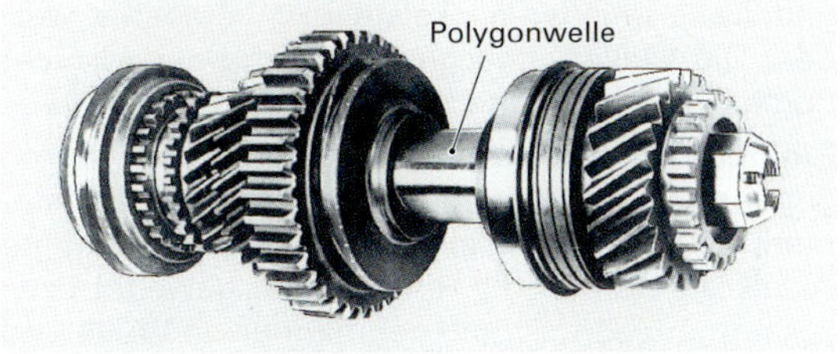

Bild 3: Polygonwellen-Verbindung in einem Schaltgetriebe

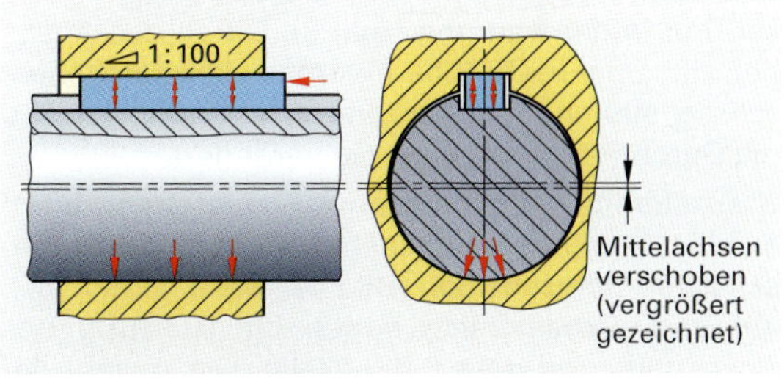

Bild 4: Keilverbindung

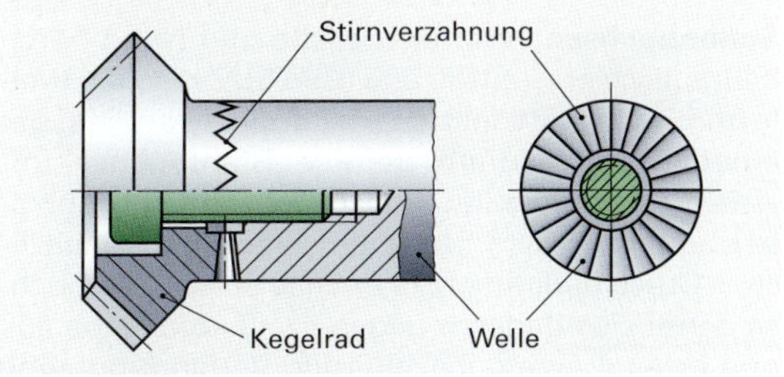

Bild 5: Stirnzahn-Verbindung

Kreiskeil-Verbindungen werden durch unrunde Fügequerschnitte hergestellt, die an ihrem Umfang meist drei Kreiskeile aufweisen **(Bild 1)**. Die Keilsegmente haben die Form einer logarithmischen Spirale. Weil das Kreiskeil-Profil der Nabe um etwa 0,03 mm größer ist als das der Welle, lassen sich die Teile mit Spiel axial fügen. Durch Verdrehen der Nabe relativ zur Welle um einen vorausberechneten Winkel oder mit einem bestimmten Anzugsmoment werden die Teile gegeneinander verspannt. Weil die Keilsegmente eine geringe Steigung aufweisen, ist die Verbindung bei hoher Rundlaufgenauigkeit in beiden Richtungen selbsthemmend. Die Fügeprofile werden je nach Beanspruchung und geforderter Rundlaufgenauigkeit z. B. durch Druckgießen, CNC-Hochgeschwindigkeitsfräsen oder -Schleifen und Profilschleifen hergestellt.

Kreiskeil-Verbindungen übertragen große Drehmomente in beiden Drehrichtungen.

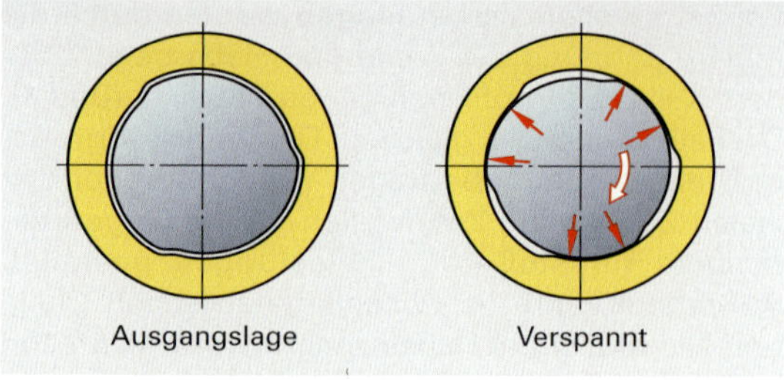

Bild 1: Kreiskeil-Verbindung

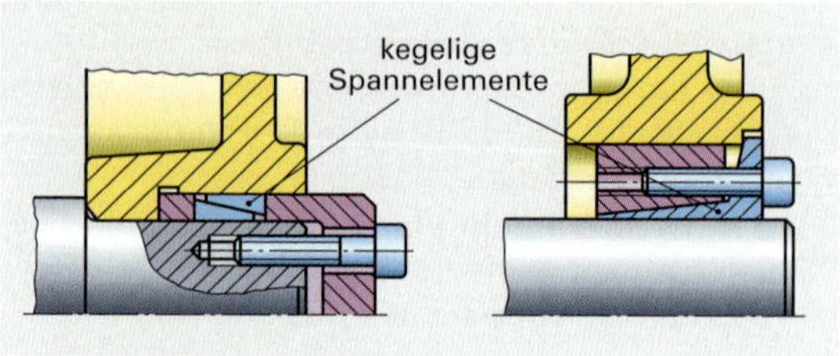

Bild 2: Ringfeder-Spannverbindungen

Kraftschluss-Verbindungen

Bei den Kraftschluss-Verbindungen können Nabe und Welle in jeder Winkelstellung verspannt werden. Die Wellen sind glatt ausgeführt und nicht durch Nuten oder Querbohrungen geschwächt.

Ringfeder-Spannverbindungen entstehen durch gegenseitiges Verspannen kegeliger Spannelemente **(Bild 2)**. Durch eine mit Schrauben erzeugte Axialkraft werden die Ringe radial geweitet bzw. zusammengedrückt und verspannen so Welle und Nabe miteinander.

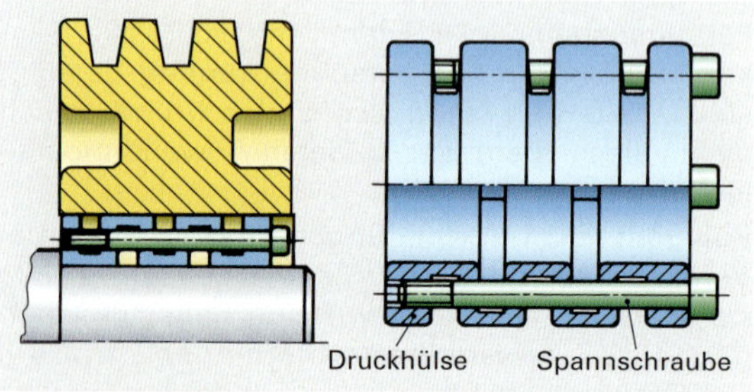

Bild 3: Druckhülse

Druckhülsen sind Spannelemente aus federhartem Stahl mit Eindrehungen am Außendurchmesser und in der Bohrung **(Bild 3)**. Durch das Anziehen der Spannschrauben werden die radial leicht schräg stehenden Wandungen aufgerichtet und die Durchmesser geringfügig verändert.

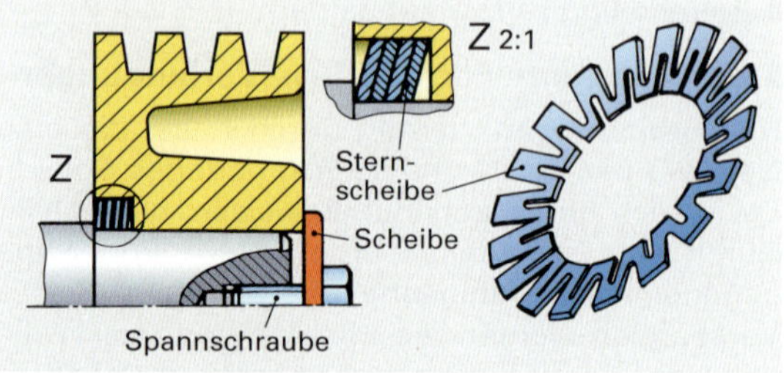

Bild 4: Sternscheiben-Verbindung

Sternscheiben-Verbindungen entstehen durch axiales Spannen von flachkegeligen, radial geschlitzten Ringscheiben **(Bild 4)**. Diese richten sich auf und pressen sich gegen die Bohrung des Außenteils und gegen die Welle. Die Anzahl der Scheiben ist abhängig vom zu übertragenden Drehmoment.

Spannbuchsen verbinden Welle und Nabe durch hydraulisch erzeugte Kräfte **(Bild 5)**. Zwischen Welle und Nabe befindet sich eine doppelwandige, mit einem Druckmedium gefüllte Stahlbuchse mit einem Flanschteil. Im Flansch ist ein Schraubkolben untergebracht, der beim Eindrehen zusätzliches Druckmedium in die Buchse presst. Die Buchse dehnt sich dadurch gegen Welle und Nabe aus und erzeugt eine reibschlüssige Verbindung. Eine Stahlkugel verhindert den Druckabbau.

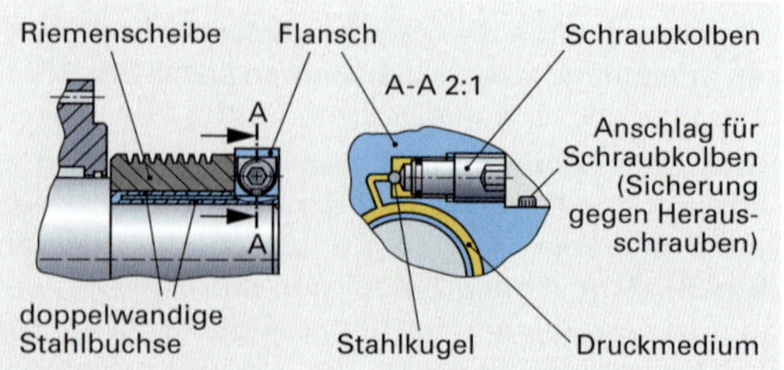

Bild 5: Spannbuchse

Wellensicherungen

Formschlüssige Welle-Nabe-Verbindungen und Bauteile wie Wälzlager, die sich auf Wellen oder in Bohrungen verschieben können, müssen axial gesichert werden. Die Sicherung erfolgt formschlüssig oder kraftschlüssig.

Formschlüssige Wellensicherungen. Die aufnehmbaren axialen Kräfte sind von der Bauart des Sicherungselements und von der konstruktiven Gestaltung der Maschinenteile abhängig **(Bild 1).** So muss z. B. die Wellennut für einen Sicherungsring einen genügend großen Abstand vom Wellenende besitzen. Die Anlagefläche des zu sichernden Maschinenteils soll möglichst großflächig am Sicherungsring anliegen. Sind Maschinenteile mit großen Fasen oder Abrundungen zu sichern, werden zusätzlich Stützscheiben oder Sicherungsringe mit am Umfang verteilten Lappen verwendet.

Die meisten formschlüssigen Sicherungselemente erfordern eine Bearbeitung der Welle. Dies kann zu einer Schwächung des Wellenquerschnitts, zu zusätzlicher Kerbwirkung oder zu Unwucht führen.

Kraftschlüssige Wellensicherungen. Mit kraftschlüssigen Sicherungselementen, wie z. B. Nut- oder Kreuzlochmuttern, können diese Nachteile vermieden werden. Neben der axialen Lagesicherung beliebiger Bauteile kann mit ihnen z. B. das Spiel bei Kegelrollen- oder Axial-Zylinderrollenlagern durch Verdrehen der Mutter auf dem Feingewinde der Welle exakt eingestellt werden. Die Sicherung erfolgt entweder durch die Verformung einer genuteten Kreuzlochmutter mittels einer Innensechskantschraube **(Bild 2, oben)** oder durch Gewindestifte, mit denen Sicherungsstifte auf die Gewindeflanken des Wellengewindes gepresst werden **(Bild 2, unten).**

Als Wellensicherungen werden verwendet
- Sicherungsringe
- Sicherungsringe mit Lappen
- Sicherungsscheiben
- Sprengringe
- Nutmuttern

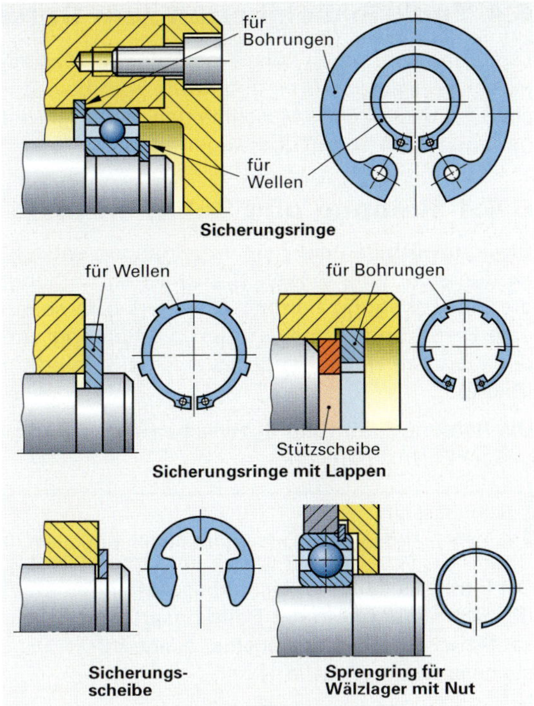

Bild 1: Formschlüssige Wellensicherungen

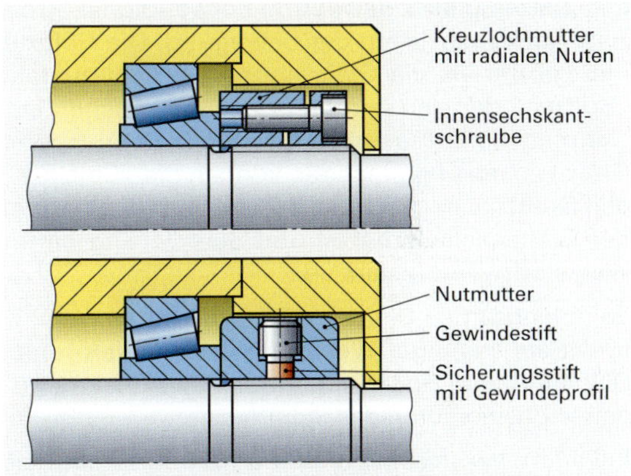

Bild 2: Kraftschlüssige Wellensicherungen

Wiederholung und Vertiefung

1 In welche Gruppen lassen sich Welle-Nabe-Verbindungen einteilen?

2 Welche Fügeart liegt bei einer Keilwellen-Verbindung vor?

3 Worin unterscheiden sich Passfeder- und Keilverbindungen?

4 Wie erfolgt die Übertragung des Drehmomentes bei einer Passfederverbindung?

5 Warum sind Passfederverbindungen für stoßartige Belastungen nicht geeignet?

6 In welchen Fällen verwendet man Zahnwellen-Verbindungen?

7 Wie wird das Drehmoment bei einer Ringfeder-Spannverbindung übertragen?

8 Warum können Polygonwellen-Verbindungen größere Drehmomente übertragen als Keilwellen-Verbindungen?

9 Auf welche Weise können Naben gegen axiales Verschieben gesichert werden?

10 Welche Funktion haben Stützscheiben?

6.4 Funktionseinheiten zum Stützen und Tragen

Lager und Führungen haben die Aufgabe, Maschinenteile genau zu führen und Kräfte vom beweglichen auf das ruhende Maschinenteil mit möglichst geringen Verlusten zu übertragen **(Bild 1)**.

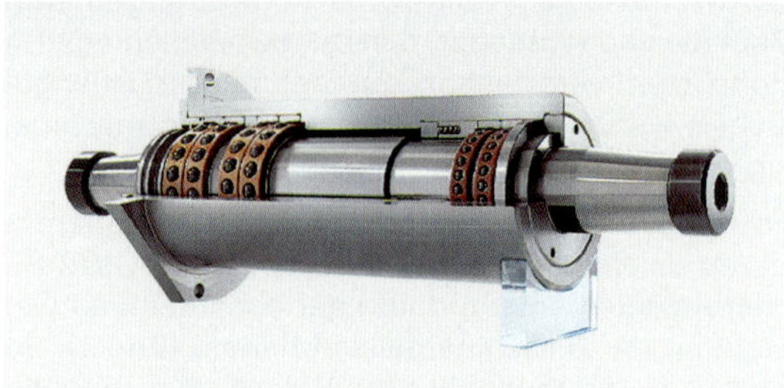

Bild 1: Werkzeugmaschinenspindel

6.4.1 Reibung und Schmierstoffe

Bewegen sich Bauteile relativ zueinander, entsteht an den sich berührenden Grenzflächen Reibung, die die Bewegung hemmt. Schmierstoffe sollen eine Berührung vermeiden und die Reibung und den dadurch entstehenden Verschleiß mindern **(Bild 2)**.

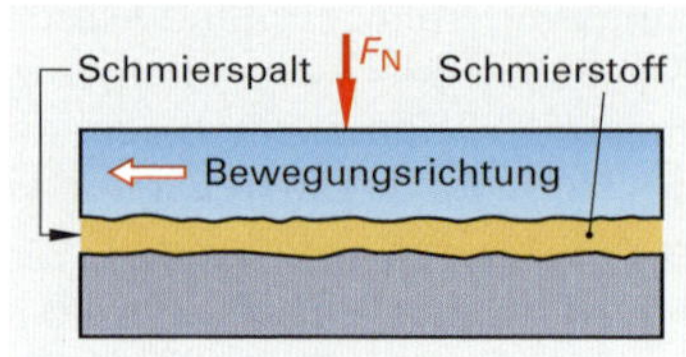

Bild 2: Durch Schmierstoff getrennte Gleitflächen

Die Reibungskraft **(Bild 3)** zwischen starren Körpern wird nach folgender Formel berechnet:

Reibungskraft $F_R = \mu \cdot F_N$
mit $\mu = \mu_0$ (Haftreibung), $\mu = \mu_G$ (Gleitreibung), $\mu = \mu_R$ (Rollreibung)

Die Einflüsse der Oberflächenbeschaffenheit, der Werkstoffpaarung, der Schmierung und der Reibungsart werden durch den Reibungskoeffizienten μ (dimensionslos) ausgedrückt. Dieser wird durch Versuche ermittelt **(Tabelle 1)**.

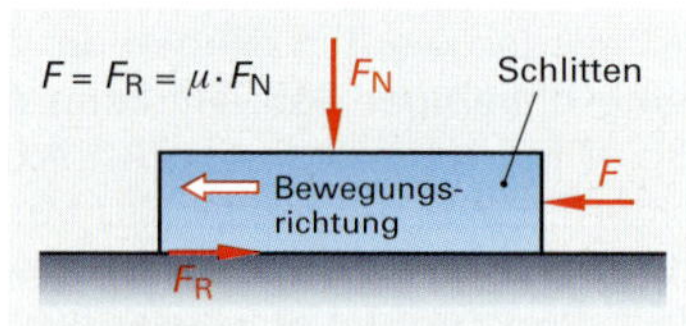

Bild 3: Wirksame Kräfte

Will man einen Körper langsam aus der Ruhe in eine gleichförmige Bewegung versetzen, so stellt man fest, dass die Kraft, die zum Ingangsetzen dieser Bewegung notwendig ist, größer ist als die Kraft zum Aufrechterhalten der Bewegung. Die Haftreibung ist somit immer größer als die Gleitreibung. Im Ruhezustand können sich die „Spitzen" der sich berührenden Grenzflächen ineinander verhaken, während sie im Bewegungszustand aufeinander gleiten. Gleiten die Grenzflächen übereinander, können die „Spitzen" der sich berührenden Grenzflächen nicht so tief ineinander eindringen. Mit zunehmender Gleitgeschwindigkeit und Schmierung nimmt der Einfluss der Werkstoffpaarung stark ab.

Beim langsamen Gleiten, z. B. von Werkzeugschlitten auf Führungen, findet ein ständiger Wechsel zwischen Haft- und Gleitreibung statt. Dies führt zum Ruckgleiten (Stick-Slip-Effekt) und verhindert ein genaues Positionieren des Schlittens.

In Lagern verursacht die Reibungskraft F_R ein Reibungsmoment M_R, das der Drehbewegung entgegenwirkt.

Reibungsmoment $M_R = F_R \cdot r$

Die auftretende Reibungsenergie muss als Wärmeenergie abgeführt werden.

Reibungsenergie $W_R = F_R \cdot v \cdot t$

Beispiel: Ein Lagerzapfen mit d = 40 mm nimmt eine Kraft F_N = 2,5 kN auf. Seine Drehzahl beträgt n = 500/min, die Reibungszahl μ = 0,04, die Laufzeit t = 5 h. Wie groß sind F_R, M_R und W_R?

Lösung: $\boldsymbol{F_R} = \mu \cdot F_N = 0{,}04 \cdot 2500\ \text{N} = \mathbf{100\ N}$
$\boldsymbol{M_R} = F_R \cdot r = 100\ \text{N} \cdot 0{,}02\ \text{m} = \mathbf{2\ N \cdot m}$
$\boldsymbol{W_R} = F_R \cdot v \cdot t = F_R \cdot \pi \cdot d \cdot n \cdot t$
$= 100\ \text{N} \cdot \pi \cdot 0{,}04\ \text{m} \cdot 500/\text{min} \cdot 300\ \text{min} = \mathbf{1{,}88\ MJ}$

Tabelle 1: Reibungszahlen

Werkstoff \ Reibfaktor	Haftreibung μ_0 trocken	Haftreibung μ_0 geschmiert
Stahl–Stahl	0,15–0,3	0,1–0,12
Stahl–GG	0,18–0,2	0,1–0,2
Stahl–CuSn	0,18–0,2	0,1–0,2
Stahl–Reibbelag	0,6	–
Werkstoff \ Reibfaktor	**Gleitreibung μ_G trocken**	**Gleitreibung μ_G geschmiert**
Stahl–Stahl	0,1–0,12	0,04–0,07
Stahl–GG	0,15–0,2	0,05–0,1
Stahl–CuSn	0,15–0,2	0,05–0,1
Stahl–Reibbelag	0,5	–
Werkstoff \ Reibfaktor	**Rollreibung μ_R**	
Stahl–Stahl	0,005	
Gummi–Asphalt	0,015	

Reibungszustände

Bei der **Festkörperreibung** berühren sich die aufeinander gleitenden Flächen und ebnen die Oberflächenerhöhungen ein **(Bild 1)**. Bei ungünstiger Werkstoffpaarung und großer Flächenpressung verschweißen die Oberflächen (Fressen).

Mischreibung entsteht bei Beginn der Bewegung oder unzureichender Schmierung. Die Gleitflächen berühren sich dabei noch an einzelnen Stellen **(Bild 2)**. Die auftretende Reibungskraft und der Verschleiß sind geringer als bei der Festkörperreibung. Für den Dauerbetrieb ist dieser Zustand jedoch nicht zulässig.

Flüssigkeitsreibung. Unter idealen Bedingungen ist soviel Schmierstoff zwischen den Gleitflächen, dass diese vollständig voneinander getrennt sind **(Bild 3)**. Die Reibungskraft ist deshalb sehr klein; sie entsteht durch das Gleiten der Schmierstoffmoleküle aufeinander.

Reibungsarten

Gleitreibung tritt zwischen zwei aufeinander gleitenden Werkstücken auf, wie. z. B. bei einem Gleitlager **(Bild 4)**.

Rollreibung nennt man den Widerstand, der bei aufeinander abrollenden Werkstücken zu überwinden ist. Die Werkstückgrenzflächen berühren sich punkt- oder linienförmig, wie z. B. bei Zylinderrollenlagern zwischen den Rollen und dem Innenring **(Bild 5)**.

Bei der **Wälzreibung** tritt gleichzeitig Roll- und Gleitreibung auf. Die Kugel des Wälzlagers berührt z. B. den Außenring auf einer Linie, d. h. auf verschiedenen Durchmessern auf der Rille **(Bild 6)**. Wegen der verschiedenen Berührungsdurchmesser werden bei einem bestimmten Kugelweg unterschiedliche Wege am Rillenumfang zurückgelegt. Mit dem Abrollen ist daher auch ein Gleiten verbunden. Deswegen müssen Wälzlager geschmiert werden.

Schmierstoffe

Die wichtigsten Aufgaben der Schmierstoffe sind:

- Verminderung der Reibung
- Dämpfung von Stößen
- Korrosionsschutz
- Wärmeabfuhr
- Abfuhr von Verschleißteilchen
- Geräuschminderung

Schmierstoffe sollen folgende Eigenschaften besitzen:

- druckfest
- geringe innere Reibung
- säure- und wasserfrei
- haftfähig
- frei von festen Bestandteilen
- geringe Viskositätsänderung
- hoher Flammpunkt
- hoher Brennpunkt
- niedrige Fließgrenze
- alterungsbeständig

Eigenschaften der Schmierstoffe. Die **Viskosität** (Zähflüssigkeit) ist ein Maß für die innere Reibung des Schmierstoffes, die zwischen den Schmierstoffmolekülen stattfindet. Flüssigkeiten mit hoher Viskosität (z. B. Honig) sind zähflüssig, solche mit niedriger Viskosität (z. B. Wasser) dünnflüssig **(Bild 1, folgende Seite)**. Als **Fließgrenze** bezeichnet man die Temperatur, bei welcher der Schmierstoff unter Prüfbedingungen gerade noch fließt. Der **Flammpunkt** ist die Temperatur, bei der ein Schmierstoff brennbare Gase entwickelt. Beim **Brennpunkt** brennen die vom Schmierstoff gebildeten Gase nach ihrer Entzündung von selbst weiter. Der **Zündpunkt** ist die Temperatur, bei der sich ein Schmierstoffgas-Luftgemisch von selbst entzündet.

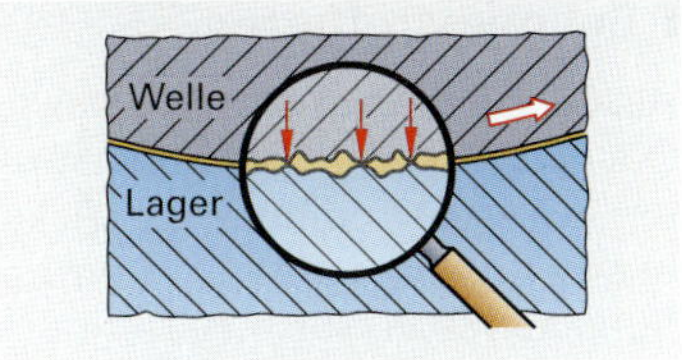

Bild 1: Festkörperreibung

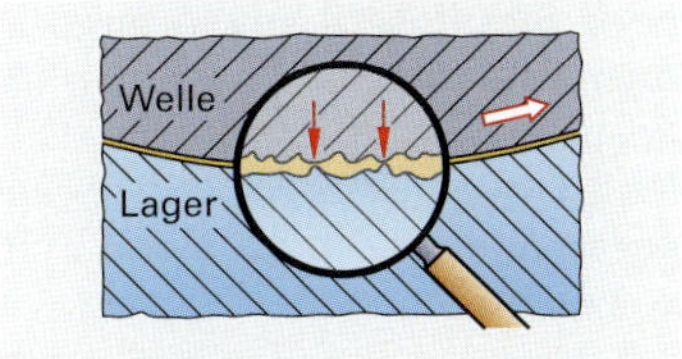

Bild 2: Mischreibung

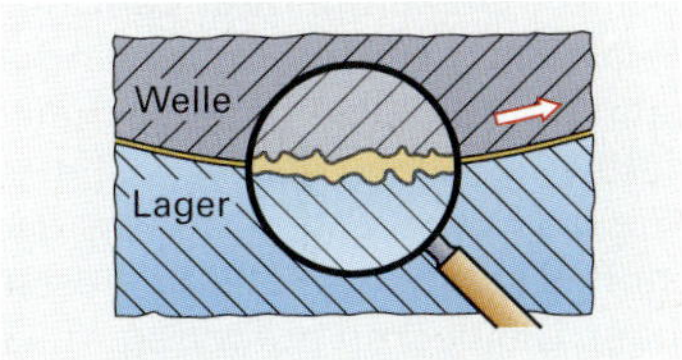

Bild 3: Flüssigkeitsreibung

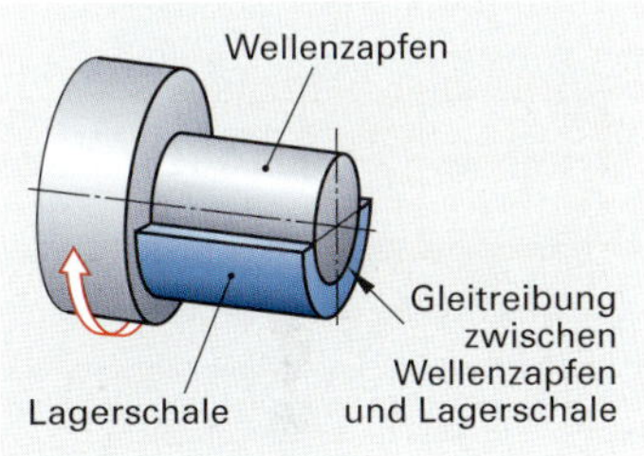

Bild 4: Gleitreibung

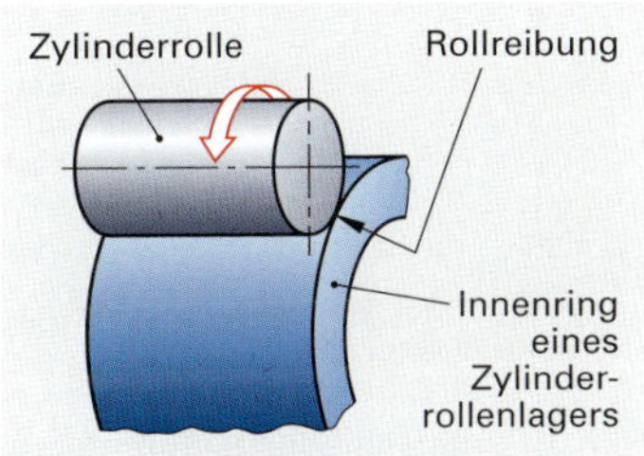

Bild 5: Rollreibung

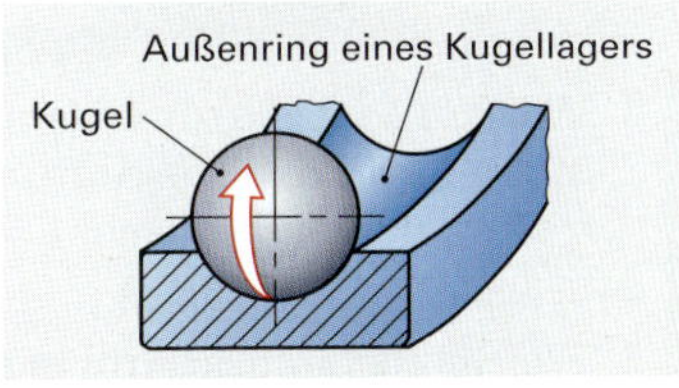

Bild 6: Wälzreibung

Schmierstoffarten

Als **flüssige Schmierstoffe** werden meist Mineralöle und synthetische Öle verwendet. **Mineralöle** werden aus Erdöl gewonnen und enthalten Zusätze (Additive), die Viskosität, Druckfestigkeit und Alterungsbeständigkeit erhöhen. **Synthetische Öle** besitzen ein wesentlich günstigeres Viskositäts-Temperatur-Verhalten **(Bild 1)** und eine höhere Alterungsbeständigkeit als Mineralöle. Sie sind aber teurer.

Schmierfette sind pastenartige Schmierstoffe, die aus Mineralöl und/oder Syntheseöl sowie einem Dickungsmittel (Barium-, Natrium- oder Lithiumseifen) bestehen **(Bild 3)**. Sie können Additive und/oder Festschmierstoffe enthalten (DIN 51825). Neben der Schmierung sollen sie gegen Wasser und abrasive (lat.: abkratzen) Stoffe abdichten, vor Korrosion schützen und Schmutz aufnehmen, ohne die Funktion zu beeinträchtigen.

Festschmierstoffe (Tabelle 1) werden verwendet, wenn sich wegen zu geringer Gleitgeschwindigkeit kein Schmierfilm bilden kann oder die Betriebstemperatur sehr niedrig bzw. sehr hoch ist. Es kommen Pulver aus Grafit, Molybdändisulfid (MoS_2) und Kunststoff (PTFE) zum Einsatz. Die Pulverteilchen von Grafit und MoS_2 sind plättchenförmig, gleichen dadurch Oberflächenunebenheiten aus, trennen somit die Grenzflächen, sodass das Gleiten nur innerhalb des Schmierstoffes stattfindet **(Bild 2)**. Festschmierstoffe werden meist in Pasten oder Gleitlacken aufgetragen. Gleitlacke sind Festschmierstoffe, die an Kunststoffharze gebunden sind. Sie schmieren z.B. Gewindespindeln und Gleitführungen (Bild 3).

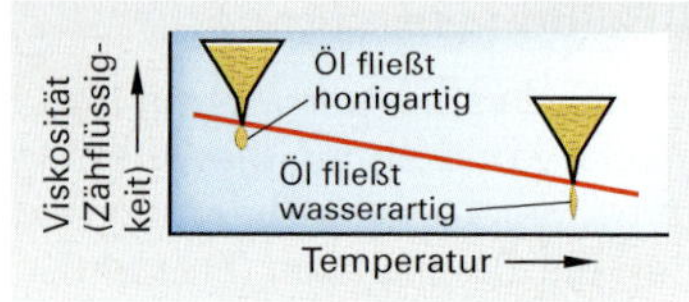

Bild 1: Abhängigkeit der Viskosität von der Temperatur

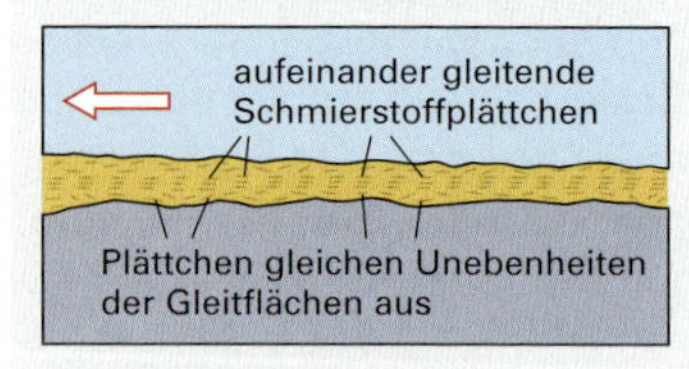

Bild 2: Schmierspalt mit Festschmierstoff

Tabelle 1: Festschmierstoffe

	Farbe	Betriebstemperatur °C	Gleitreibungszahl μ
Grafit	grauschwarz	−120 bis +600	0,1 bis 0,2
Molybdändisulfid	grauschwarz	−100 bis +400	0,04 bis 0,09

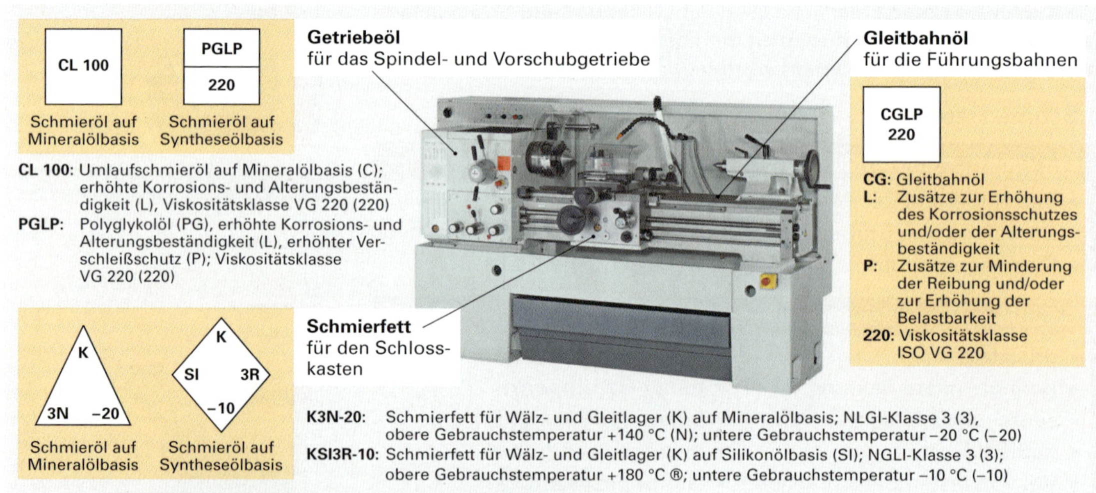

Bild 3: Unterschiedliche Schmierstoffarten an einer Drehmaschine (Erläuterung weiterer Kurzzeichen siehe Tabellenbuch)

Wiederholung und Vertiefung

1 Wie groß ist die zum Verschieben des Reitstockes erforderliche Kraft, wenn die Masse m = 80 kg und die Reibzahl μ = 0,09 beträgt?

2 Welche Reibungsarten unterscheidet man?

3 Welche Reibungsart tritt in einem Rillenkugellager auf?

4 Welche Aufgaben haben Schmierstoffe?

5 Welche Ursachen kann das Verschweißen (Fressen) beim Gleitvorgang haben?

6 Was versteht man unter Viskosität von Schmierstoffen?

7 Wo werden Festschmierstoffe verwendet?

6.4.2 Lager

Lager führen und stützen Wellen und Achsen, die durch radiale und axiale Kräfte belastet sind. Nach der Art der zwischen den Maschinenteilen auftretenden Reibung unterscheidet man **Gleitlager** und **Wälzlager (Bild 1)**, nach der Richtung der vom Lager aufgenommenen Kräfte **Radiallager** und **Axiallager (Bild 2)**.

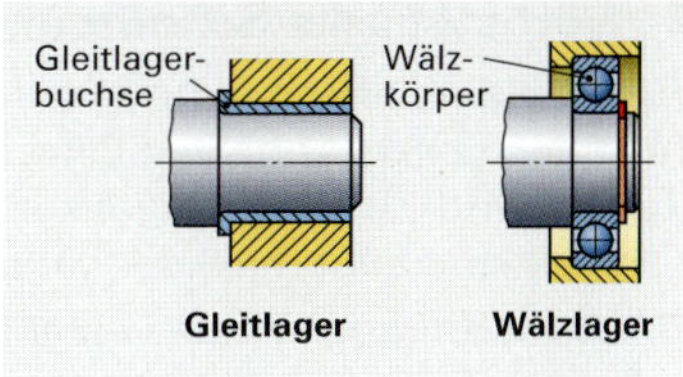

Bild 1: Gleitlager und Wälzlager

6.4.2.1 Gleitlager

Bei einem Gleitlager dreht sich der Wellenzapfen in einer Lagerschale oder Lagerbuchse (Bild 1). Die Lagerkraft F, die das Lager aufnehmen muss, erzeugt bei der Drehung eine Reibungskraft F_R, welche der Bewegung entgegenwirkt (Seite 446).

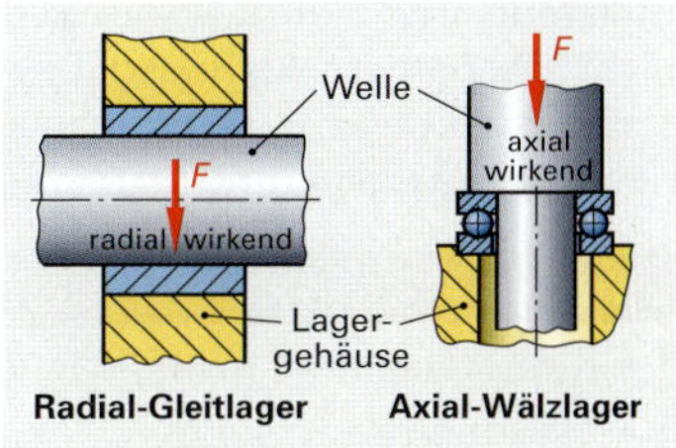

Bild 2: Radiallager und Axiallager

> Um die Reibungskraft und damit das Reibungsmoment klein zu halten, muss zwischen den Gleitflächen ausreichend Schmierstoff vorhanden sein.

Man unterscheidet hydrodynamische und hydrostatische Schmierung.

Hydrodynamische Schmierung

Bei Gleitlagern mit hydrodynamischer Schmierung wird der Schmierfilm durch die Drehbewegung des Zapfens erzeugt **(Bild 3)**. Beim Anlaufen der Welle sind Zapfen und Lagerschale noch nicht vollständig durch den Schmierfilm getrennt (Mischreibung). Mit zunehmender Drehzahl wird das an der unbelasteten Lagerseite zugeführte Schmieröl vom Zapfen in den sich verengenden Schmierspalt gezogen. Der steigende Druck im Schmierspalt bewirkt, dass die Welle angehoben und dadurch die Reibung verkleinert wird. Bei genügend großer Gleitgeschwindigkeit wird der Abstand der Gleitteile so groß, dass der Zapfen auf dem Ölfilm schwimmt (Flüssigkeitsreibung).

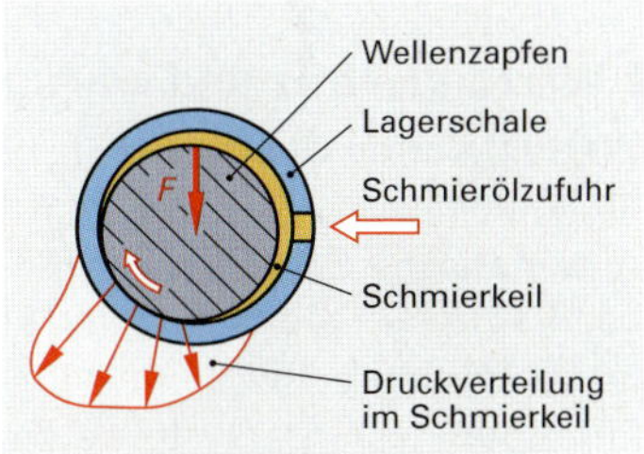

Bild 3: Druckverteilung im Schmierkeil

Mehrflächengleitlager besitzen mehrere Schmierspalte **(Bild 4)**. Bei exzentrischer Lage des Wellenzapfens werden in den betroffenen Schmierspalten Öldrücke aufgebaut, welche den Zapfen sofort wieder zentrieren.

Hydrodynamisch geschmierte Axialgleitlager mit Kippsegmenten können sehr hohe Axialkräfte aufnehmen, wie z. B. die Spurlager von Wasserturbinen mit senkrechter Welle **(Bild 5)**.

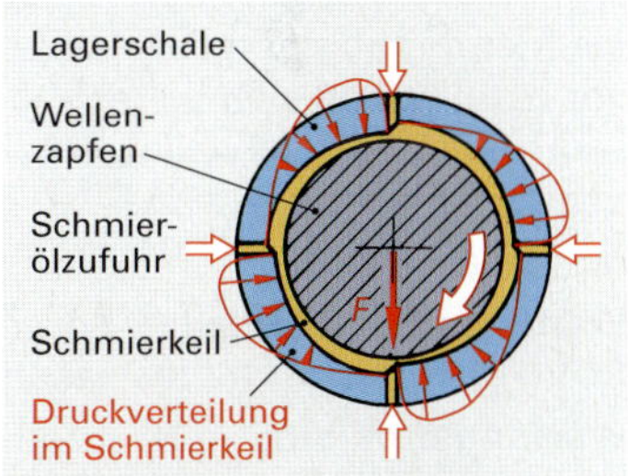

Bild 4: Hydrodynamisches Mehrflächengleitlager

Schmiereinrichtungen

Der Schmierstoff muss dem Gleitlager durch Schmierbohrungen und Schmiertaschen zugeführt werden. Diese sollten auf der unbelasteten Lagerseite liegen.

Schmierfette können z. B. über Schmiernippel oder durch dünne Rohrleitungen von einer Zentralschmiereinrichtung aus an die Lagerstellen gepresst werden.

Bei Gleitlagern mit **Ölbadschmierung** wird das Öl durch drehende Teile, wie z. B. Tauchringe oder Schmierscheiben, zur Schmierstelle transportiert.

Bei hochbelasteten Wellen sorgt eine **Ölumlaufschmierung** für eine ausreichende Menge Schmierstoff. Durch eine Pumpe wird das Öl mit einem Druck zwischen 0,5 und 3 bar in den Lagerspalt gepresst. Von dort fließt es in den Ölbehälter zurück. Bei Lagern, die sich wegen hoher Belastung stark erwärmen würden, muss das Öl in einem Ölkühler gekühlt werden.

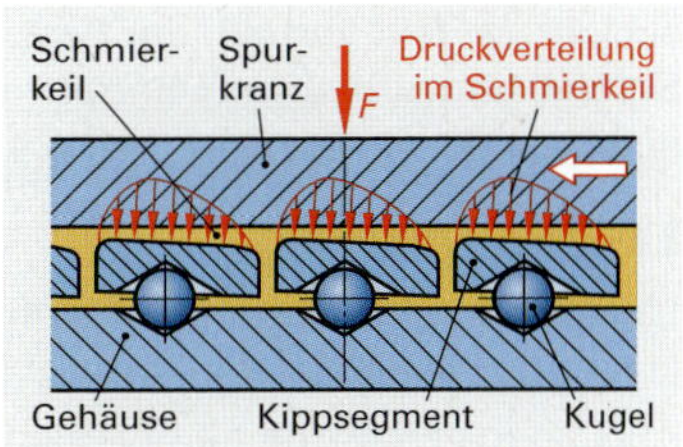

Bild 5: Axialgleitlager mit Kippsegmenten

Hydrostatische Schmierung

Bei Gleitlagern mit hydrostatischer Schmierung wird Öl in die am Umfang des Lagers verteilten Öltaschen gepresst **(Bilder 1 und 2)**. Jede Tasche wird dabei mit einem konstanten Volumenstrom versorgt. Der Öldruck wird außerhalb der Lager von besonderen Pumpen erzeugt.

Bei Belastung der Welle verschiebt sich deren Mittelpunkt in Kraftrichtung. Wegen des konstanten Volumenstroms steigt der Druck auf der Seite mit den engeren Spalten, auf der anderen Seite fällt er ab. Dadurch wird die Welle wieder in die Lagermitte gedrückt. Auch im Stillstand und beim Anlauf berühren sich Welle und Lagerschale nicht. Deshalb ist ein Ruckgleiten (Stick-Slip) ausgeschlossen. Hydrostatisch werden z. B. Drehmaschinenhauptspindeln geschmiert, wenn hohe Tragfähigkeit und große Rundlaufgenauigkeit verlangt sind.

Vorteile:	Nachteile:
• Kein Verschleiß beim Anlauf • Geringe Erwärmung • Hohe Rundlaufgenauigkeit • Kein Ruckgleiten	• Aufwendige, teure Schmiereinrichtung • Sorgfältige Überwachung des Schmiersystems erforderlich

Wartungsarme und wartungsfreie Gleitlager

Wartungsarme Gleitlager. Sie besitzen einen Schmierstoffvorrat, der für längere Zeit, z. B. für mehrere Monate, ausreicht.

Automatische Schmiersysteme werden außer bei Gleitlagern auch bei Wälzlagern (Seite 452) und Führungen (Seite 458) verwendet und als Einzelpunkt- oder Mehrpunktschmiersysteme gebaut.

Einzelpunktschmiersysteme können elektrochemisch angetrieben werden. Durch Eindrehen einer Aktivierungsschraube fällt z. B. eine gesinterte ZnMo-Tablette in Zitronensäure und bildet mit dieser ein galvanisches Element **(Bild 3)**. Die Tablette wird zersetzt; es bildet sich Wasserstoffgas. Durch den entstehenden Gasdruck dehnt sich die Membrane und verschiebt den Trennkolben. Dadurch wird das vor dem Kolben sich befindende Schmiermittel (Fett oder Öl) langsam an die Schmierstelle gedrückt.

Mehrpunktschmiersysteme werden meist durch Kleingetriebemotoren angetrieben.

Wartungsfreie Gleitlager. Bei solchen Lagern reicht der vorhandene Schmierstoffvorrat für die gesamte Lebensdauer des Lagers **(Bild 4)**.

Wartungsfrei sind z. B. Gleitlager aus dem Kunststoff PTFE, schmierstoffgetränkte Sinterlager sowie Lager mit Laufschichten, die Festschmierstoffe enthalten.

Wartungsfreie Verbundgleitlager können auch aus einer Stahlstützschale mit aufgesinterter Bronze-Laufschicht bestehen. In der Laufschicht ist, fein verteilt, der Festschmierstoff Grafit enthalten **(Bild 5)**. Solche Lager besitzen neben guten mechanischen Eigenschaften eine geringe Reibung und sind für Temperaturen bis 350 °C geeignet.

Gleitwerkstoffe

Lagerwerkstoff, Zapfenwerkstoff und Schmierstoff müssen bei Gleitlagern aufeinander abgestimmt sein.

Als **Lagerwerkstoffe** eignen sich Legierungen aus Kupfer, Zinn, Blei, Zink, Aluminium sowie Sintermetalle, Kunststoffe, wie z. B. Polyamid, für untergeordnete Zwecke auch Gusseisen mit Lamellengrafit.

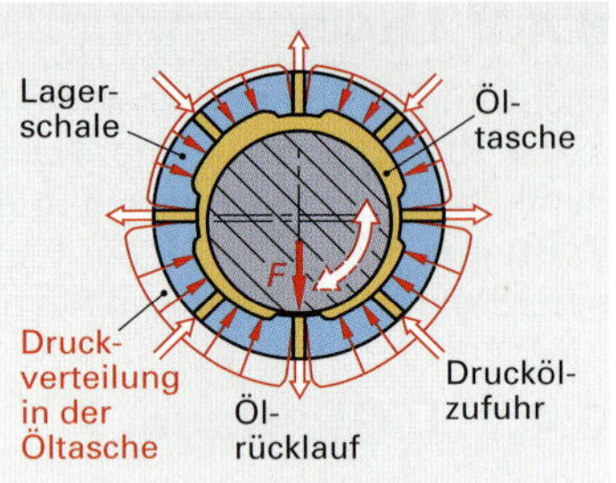

Bild 1: Hydrostatisches Radiallager

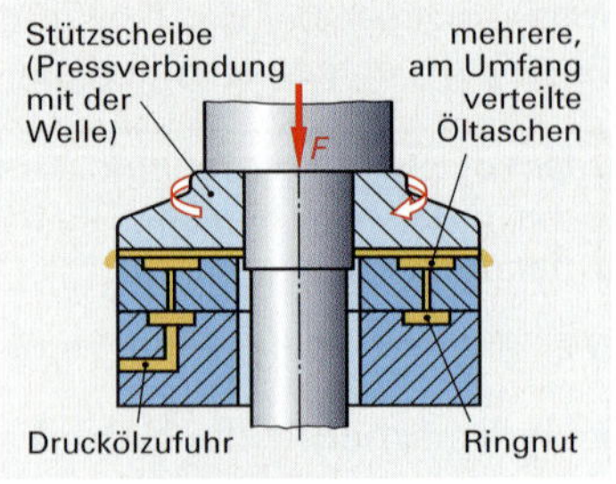

Bild 2: Hydrostatisches Axiallager

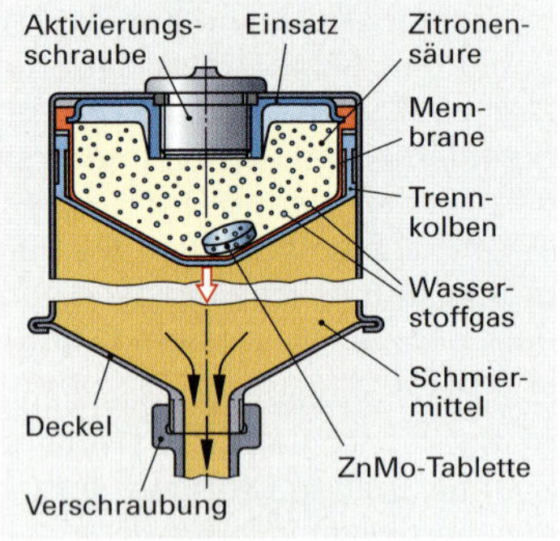

Bild 3: Automatischer Schmierstoffgeber

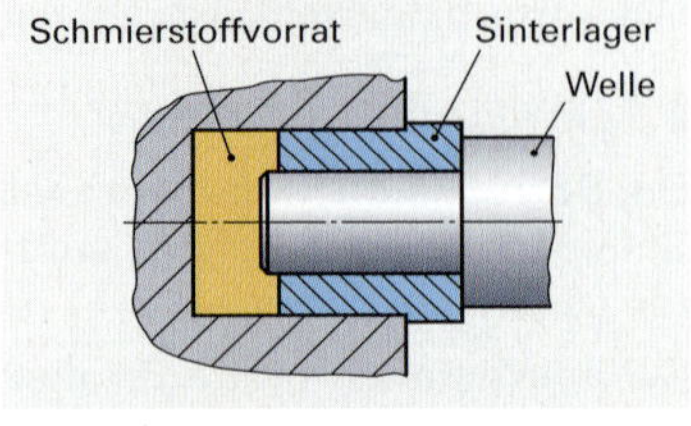

Bild 4: Wartungsfreies Sinterlager

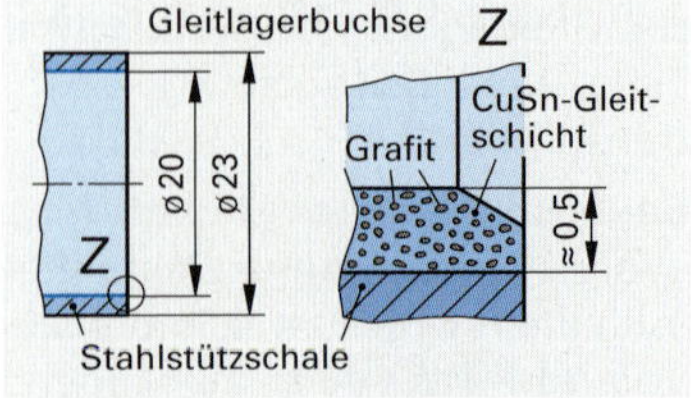

Bild 5: Aufbau eines wartungsfreien Gleitlagers

Lagerwerkstoffe sollen folgende Eigenschaften besitzen:

- Hohe Verschleißfestigkeit
- Gute Notlaufeigenschaften
- Hohe Wärmeleitfähigkeit
- Gute Benetzbarkeit durch den Schmierstoff
- Einbettungsfähigkeit für Abrieb

Mehrschichtgleitlager werden bei hochbelasteten, schnell laufenden Wellen, z.B. bei Kurbelwellen, eingesetzt **(Bild 1)**. Sie bestehen aus einer Stahlstützschale und mehreren dünnen Lagermetallschichten. Sie besitzen eine hohe Tragfähigkeit bei geringem Einbauraum.

Die zulässige Flächenpressung der Lagerwerkstoffe ist unterschiedlich hoch. Erfahrungswerte können Tabellen entnommen werden **(Tabelle 1)**.

Die Flächenpressung p ist umso größer, je größer die Kraft F und je kleiner die tragende Fläche A ist:

Flächenpressung $$p = \frac{F}{A}$$

Die tragende Fläche A entspricht der Fläche des projizierten Wellenzapfens **(Bild 2)**.

Beispiel: Ein Lagerzapfen mit einem Durchmesser $d = 50$ mm und einer Länge $l = 40$ mm soll eine Lagerkraft $F = 50$ kN aufnehmen. Welcher Werkstoff nach Tabelle 1 muss verwendet werden?

Lösung: $$\boldsymbol{p} = \frac{F}{A} = \frac{F}{d \cdot l} = \frac{50\,000\ \text{N}}{50\ \text{mm} \cdot 40\ \text{mm}} = \mathbf{25\ N/mm^2}$$

Als Gleitlagerwerkstoff eignet sich G-CuSn12 mit $p_{zul} = 25$ N/mm².

Die in den Lagern aufzuwendende Reibungsarbeit W_R (Seite 446) wird in Wärmeenergie umgewandelt.

Beispiel: Ein Gleitlager aus SnSb12Cu6Pb soll eine Lagerkraft $F = 15$ kN aufnehmen. Welche Abmessungen d und l muss das Lager haben, wenn $d \approx 0{,}8 \cdot l$ sein soll?

Lösung: $$A = \frac{F}{p} = \frac{15\,000\ \text{N}}{15\ \text{N/mm}^2} = 1000\ \text{mm}^2$$

$$A = d \cdot l = 0{,}8 \cdot l \cdot l = 0{,}8 \cdot l^2$$

$$l = \sqrt{\frac{A}{0{,}8}} = \sqrt{\frac{1000\ \text{mm}^2}{0{,}8}} = \mathbf{35\ mm}$$

$$\boldsymbol{d} = 0{,}8 \cdot l = 0{,}8 \cdot 35\ \text{mm} = 28\ \text{mm};\quad \text{gewählt } \boldsymbol{d} = \mathbf{30\ mm}$$

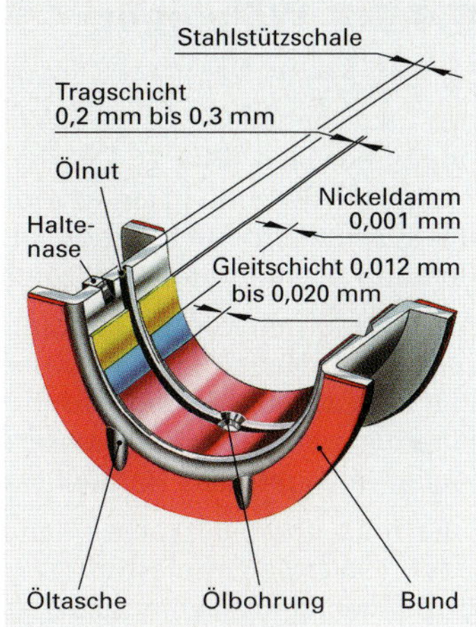

Bild 1: Mehrschichtgleitlager

Tabelle 1: Zulässige Flächenpressung

Werkstoff	p_{zul} in N/mm²
SnSb12Cu6Pb	15
PbSb14Sn9CuAs	12,5
G-CuSn12	25
EN-GJL-250	5
PA 66	7

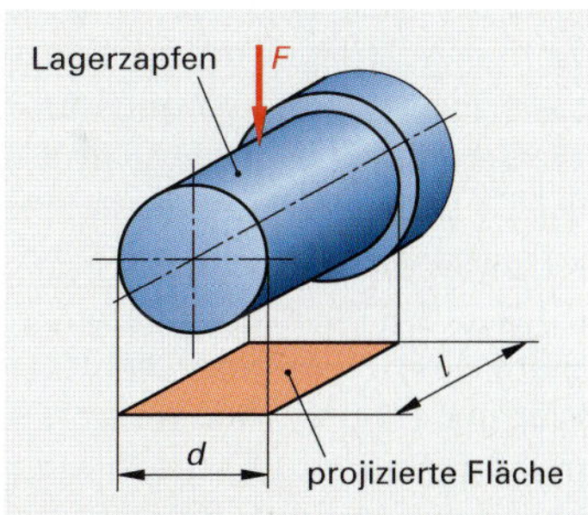

Bild 2: Projizierte Fläche

Wiederholung und Vertiefung

1 Welche Ursache hat das Ruckgleiten (Stick-Slip-Effekt)?

2 Wie entsteht der Schmierfilm bei Gleitlagern mit hydrodynamischer Schmierung?

3 Warum laufen hydrostatisch geschmierte Lager verschleißfrei?

4 Welche Vor- und Nachteile besitzt eine hydrostatische Schmierung gegenüber einer hydrodynamischen?

5 Warum muss bei starker Schmierölerwärmung ein Ölkühler verwendet werden?

6 Welche Ursachen kann eine starke Erwärmung des Schmieröles haben?

7 Wie funktioniert eine Ölumlaufschmierung?

8 Welche Werkstoffe werden als Lagerwerkstoffe verwendet?

9 Welcher Gleitlagerwerkstoff (Tabelle 1) kann verwendet werden, wenn die Abmessungen des Lagerzapfens einer Welle $d = 30$ mm und $l = 25$ mm betragen und die Lagerstelle eine Kraft $F = 9$ kN aufnehmen muss?

6.4.2.2 Wälzlager

Bei Wälzlagern erfolgt die Kraftübertragung vom Wellenzapfen auf das Lagergehäuse über Wälzkörper, die zwischen den beiden Laufringen abrollen **(Bild 1)**. Die dabei entstehende Wälzreibung ist kleiner als die Reibung in einem Gleitlager. Besonders vorteilhaft gegenüber Gleitlagern mit hydrodynamischer Schmierung ist die geringere Reibung bei niedrigen Drehzahlen und beim Anlaufen.

Als Wälzkörper werden Kugeln, Zylinderrollen, Kegelrollen, Tonnenrollen und Nadelrollen verwendet **(Bild 2)**. Die Wälzkörper können ein- oder zweireihig angeordnet sein. Der Käfig hält die Wälzkörper in einem gleichmäßigen Abstand voneinander und verhindert bei zerlegbaren Lagern das Herausfallen der Wälzkörper.

Laufringe und Wälzkörper werden aus Wälzlagerstahl, z. B. 100Cr6 oder 100CrMo6, gefertigt. Lagerkäfige bestehen aus Stahl- oder CuZn-Blech, massivem CuZn oder Polyamid-Kunststoff.

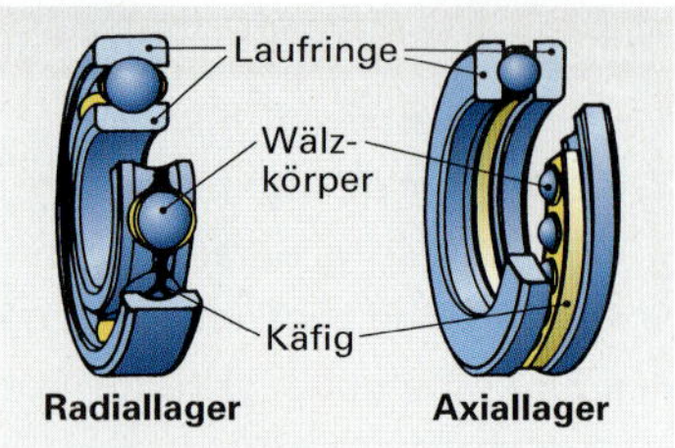

Bild 1: Bezeichnungen am Wälzlager

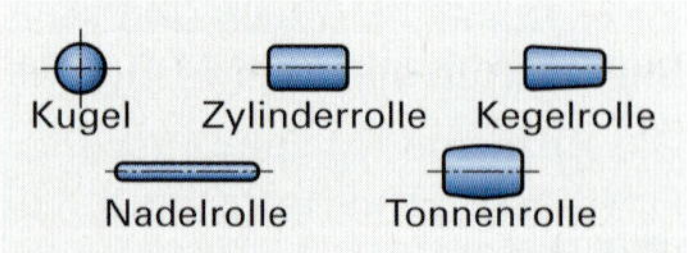

Bild 2: Wälzkörper

Vorteile gegenüber Gleitlagern	Nachteile gegenüber Gleitlagern
• Geringe Reibung und Wärmeentwicklung, geringer Schmierstoffverbrauch • Hohe Tragfähigkeit bei kleinen Drehzahlen • Austauschbarkeit durch genormte Größen • Ausgleich von Durchbiegungen der Wellen bei Pendellagern	• Empfindlich gegen Schmutz, Stoß und hohe Temperaturen • Höhere Geräuschentwicklung • Größerer Einbaudurchmesser • Geringere Tragfähigkeit bei gleicher Baugröße und geringe Schwingungsdämpfung

Hybridlager. Wenn an eine Lagerung höchste Anforderungen an Laufgenauigkeit, Drehzahl und Steifigkeit gestellt werden, wie z. B. an die Lagerung der Arbeitsspindel einer Werkzeugmaschine, werden Wälzlager mit Keramikwälzkörpern eingesetzt (Seite 370). Wegen der unterschiedlichen Werkstoffe für Lagerringe und Wälzkörper werden solche Lager als Hybridlager bezeichnet.

Keramikwälzkörper bestehen aus Siliziumnitrid (Si_3N_4). Sie besitzen gegenüber Wälzkörpern aus Stahl eine niedrigere Dichte und eine geringere Wärmedehnung. Außerdem sind sie härter, elektrisch isolierend, besitzen eine höhere Druckfestigkeit und stellen geringere Anforderungen an die Schmierung **(Tabelle 1)**.

Tabelle 1: Vergleich von Werkstoffeigenschaften

Kennwerte	Wälzlagerstahl 100Cr6	Siliziumnitrid Si_3N_4
Dichte ϱ	7,9 g/cm³	3,25 g/cm³
Ausdehnungskoeffizient α_1	$12 \cdot 10^{-6}$/K	$3 \cdot 10^{-6}$/K
Härte HV10	700 kg/mm²	1600 kg/mm²
Elektrischer Widerstand ϱ	$0{,}4 \cdot 10^{-6}\ \Omega \cdot m$ (Leiter)	$10^{12}\ \Omega \cdot m$ (Nichtleiter)
Druckfestigkeit σ_d	880 N/mm²	3000 N/mm²
Elastizitätsmodul E	210 kN/mm²	310 kN/mm²

Wegen der geringen Dichte sind die Fliehkräfte der Wälzkörper auf die Außenringe und dadurch die Reibung wesentlich kleiner. Hybridlager werden deshalb nicht so warm und lassen höhere Drehzahlen zu **(Bild 3)**. Wegen der geringeren Wärmedehnung sind bei unter Vorspannung eingebauten Lagern die Reibung und die Betriebstemperatur kleiner. Die hohe Härte und Druckfestigkeit sowie die geringe Fressneigung der Stahl-Keramik-Reibpaarung ergeben eine höhere Lagersteifigkeit und eine große Verschleißfestigkeit.

Vollkeramiklager. Bei Vollkeramiklagern sind auch die Laufringe aus Siliziumnitrid gefertigt. Solche Lager sind z. B. korrosionsbeständig gegen viele Säuren und Laugen, warmfest bis 800 °C sowie unmagnetisch. Sie können, wenn sie in Pumpen eingebaut sind, mit den Medien, die sie fördern, z. B. Wasser oder Säuren, geschmiert werden.

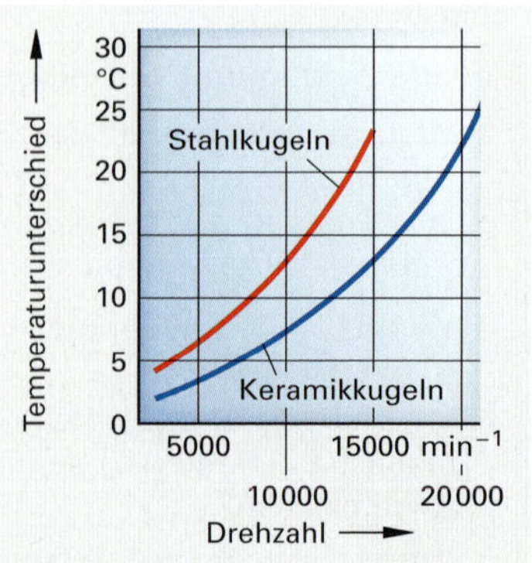

Bild 3: Erwärmung von Wälzlagern

Wälzlagerarten

Nach der Grundform der Wälzkörper unterscheidet man Kugellager und Rollenlager **(Bild 1)**.

Kugellager

Rillenkugellager in ein- und zweireihiger Ausführung eignen sich für mittlere radiale und kleine axiale Belastungen und für hohe Drehzahlen.

Schrägkugellager können axiale Kräfte in einer Richtung und radiale Kräfte aufnehmen. Sie werden meist paarweise eingebaut und vorgespannt.

Axial-Rillenkugellager und **Axial-Zylinderrollenlager** nehmen nur axiale Lagerkräfte auf. Sie werden in Verbindung mit Radiallagern eingebaut.

Rollenlager

Zylinderrollenlager verwendet man bei hohen radialen Belastungen und großen Wellen.

Kegelrollenlager können große radiale Kräfte sowie axiale Kräfte in einer Richtung aufnehmen. Sie werden meist paarweise eingebaut.

Pendelkugellager, Pendelrollenlager, Tonnenlager und **Axial-Pendelrollenlager** können Fluchtungsfehler ausgleichen, die z. B. durch Bearbeitungsfehler und Wellendurchbiegungen entstehen.

Nadellager benötigen wenig Einbauraum. Sie können auch ohne Laufringe zwischen Welle und Lagergehäuse eingebaut werden (Nadelkränze).

Lageranordnung

Fest- und Loslager. Bei der Lagerung von Wellen wird ein Lager meist als Festlager, das andere als Loslager eingebaut **(Bild 2)**. Beide Lager werden durch radiale Kräfte belastet. Das axial nicht bewegliche Festlager nimmt zudem die gesamte Axialkraft auf, während sich das Loslager bei Ausdehnung der Welle in Achsrichtung verschieben kann. Dadurch wird ein Verspannen der Wälzkörper in den Laufringen verhindert.

Zylinderrollenlager ohne Anlaufborde und Nadellager können axiale Verschiebungen in den Lagern selbst ausgleichen.

Gegenseitige Führung. Bei der gegenseitigen Führung können beide Lager Axialkräfte aufnehmen, jedoch jeweils nur in einer Richtung **(Bild 3)**. Bei dieser Anordnung ist eine axiale Verschiebung bei Temperaturschwankungen nicht möglich. Sie ist deshalb nur für kurze Wellen anwendbar.

Schwimmende Lagerung. Bei der schwimmenden Lagerung wird ein Einbauspiel von 0,5 mm bis 1 mm vorgesehen. Dadurch werden die Montagekosten gesenkt. Bei jedem Richtungswechsel der Axialkraft kann sich die Welle geringfügig verschieben. Die schwimmende Lagerung eignet sich ebenfalls nur für kurze Wellen **(Bild 4)**.

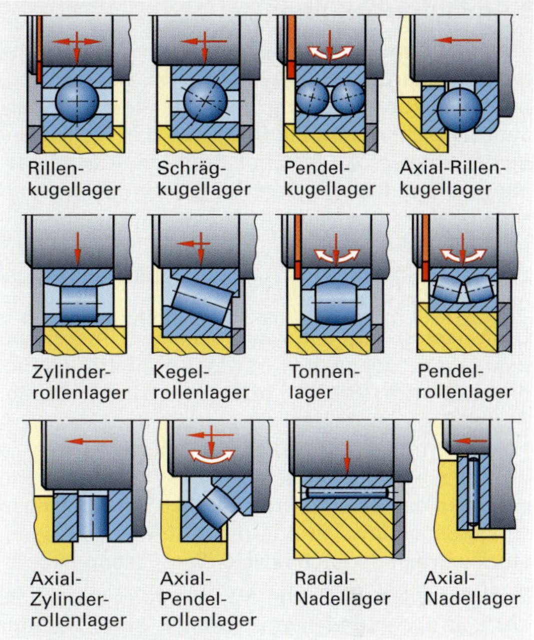

Bild 1: Wälzlagerarten

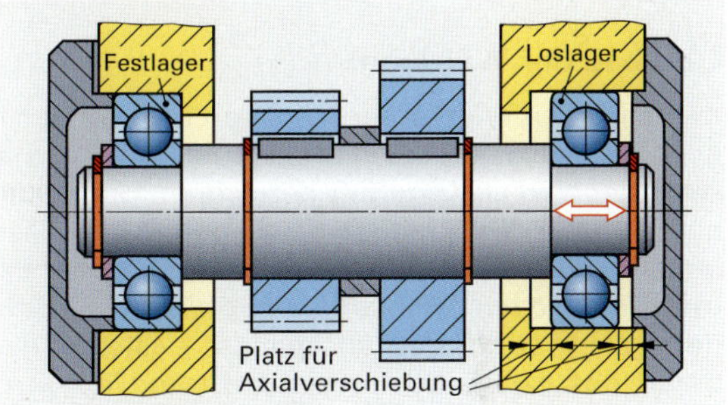

Bild 2: Fest- und Loslager

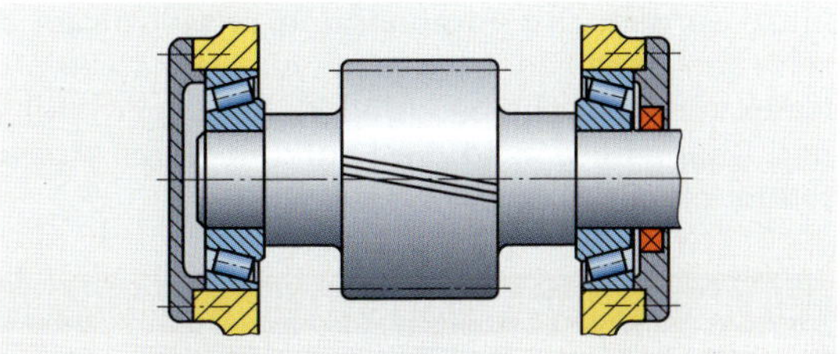

Bild 3: Gegenseitige Führung

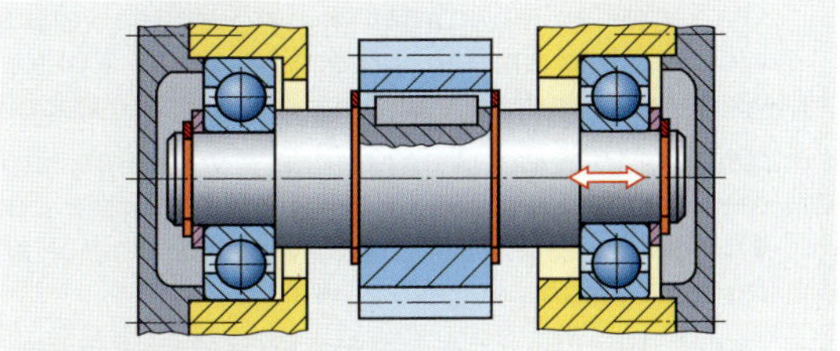

Bild 4: Schwimmende Lagerung

Umlaufverhältnisse

Bei nicht zerlegbaren Wälzlagern, die als Loslager wirken sollen, muss *ein* Laufring axial verschiebbar sein. Voraussetzung dafür ist eine Spielpassung zwischen dem Laufring und der Welle oder dem Gehäuse. An welcher Stelle eine Spielpassung vorhanden sein darf, hängt vom Umlaufverhältnis ab. Unter dem Umlaufverhältnis versteht man die Bewegung des Laufringes im Verhältnis zur Lastrichtung. Man unterscheidet Umfangs- und Punktlast.

Umfangslast liegt vor, wenn bei einer Umdrehung des Lagers jeder Punkt der Laufringbahn einmal belastet wird **(Bild 1,** oben: Innenring, unten: Außenring). Laufringe, die eine Umfangslast aufnehmen, müssen umso fester gefügt werden, je größer die Belastung ist. Bei einer Spielpassung zwischen den Teilen würde nämlich der Laufring in Umfangsrichtung „wandern"; Laufring und Gegenstück würden dadurch beschädigt (Passungsrost).

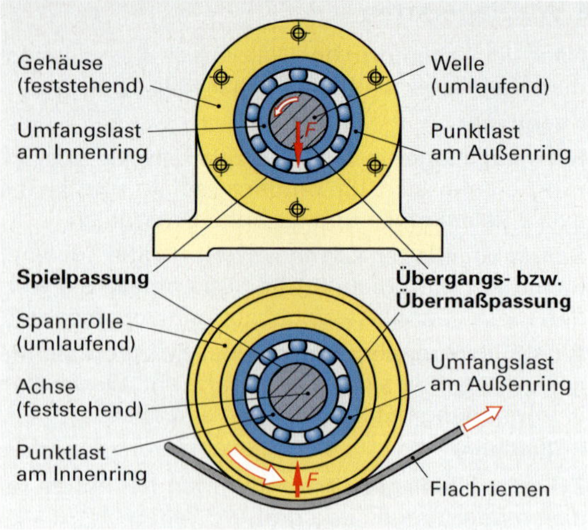

Bild 1: Umlaufverhältnisse

Punktlast liegt vor, wenn die Belastung ständig auf denselben Punkt des Laufringes gerichtet ist **(Bild 1,** oben: Außenring, unten: Innenring). Bei Punktlast wandert der Ring nicht. Er kann mit kleinem Spiel eingebaut werden und ist dann axial verschiebbar.

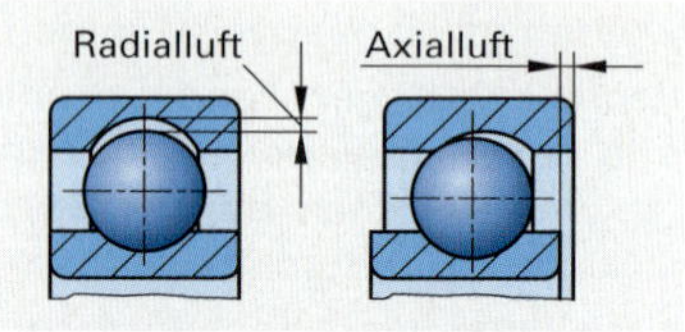

Bild 2: Radial- und Axialluft

Einbau der Wälzlager

Zwischen den Wälzkörpern und den Lagerringen ist meist ein geringes Spiel in axialer und in radialer Richtung vorhanden **(Bild 2)**. Dieses Spiel wird als **Lagerluft** bezeichnet. Die radiale Lagerluft verringert sich bei der Montage der Lager wegen Passungsübermaßen, im Betriebszustand durch Wärmedehnung der Bauteile. Das im Betriebszustand noch vorhandene Spiel wird als Betriebsspiel bezeichnet. Je kleiner das Betriebsspiel ist, desto genauer ist die Führung durch das Lager. Die präzise Führung der Arbeitsspindel einer Werkzeugmaschine wird z. B. dadurch erreicht, dass solche Lagerungen mit Vorspannung, d. h. mit negativem Betriebsspiel, ausgeführt werden. Die Vorspannung erreicht man durch axiales Verschieben eines Lagerringes mit einer Einstellmutter oder durch Einlegen von Passscheiben **(Bild 3)**. Bei Lagern mit kegeliger Bohrung und Spannhülse wird die Lagerluft durch Anziehen einer Spannmutter eingestellt.

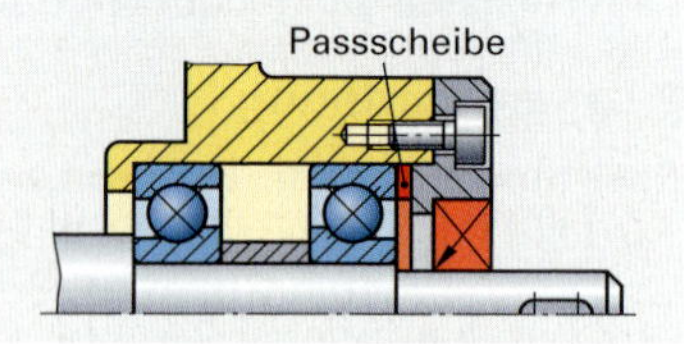

Bild 3: Lagerung mit Vorspannung

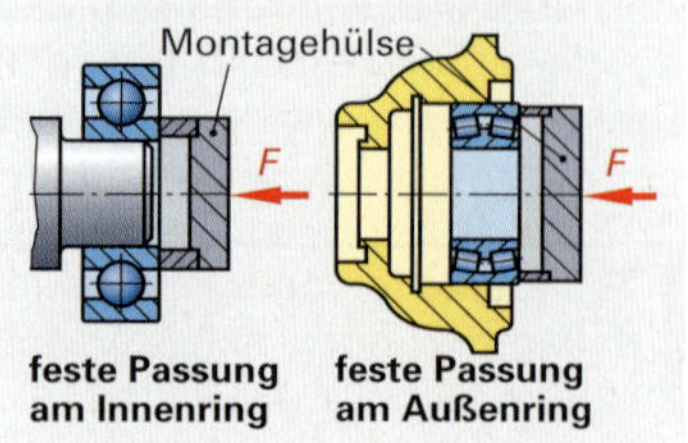

Bild 4: Montage mit Presshülsen

Bei der Wälzlagermontage ist besonders zu beachten:

- Wälzlager sind sehr empfindlich gegen Verschmutzung und Korrosion. Beim Einbau ist deshalb auf größte Sauberkeit zu achten. Die Lager sollen immer in der Originalverpackung aufbewahrt werden. Das an den Lagern haftende Korrosionsschutzöl darf, wenn erforderlich, erst bei der Montage abgewischt werden.
- Bei der Montage eines Lagers ist vor allem darauf zu achten, dass die Einpresskraft nicht über die Wälzkörper übertragen wird **(Bild 4)**. Die Montagehülse muss deshalb immer am Laufring mit der festen Passung angesetzt werden.
- Mit mechanischen oder hydraulischen Pressen können Wälzlager sicher und schnell eingebaut werden **(Bild 5)**.

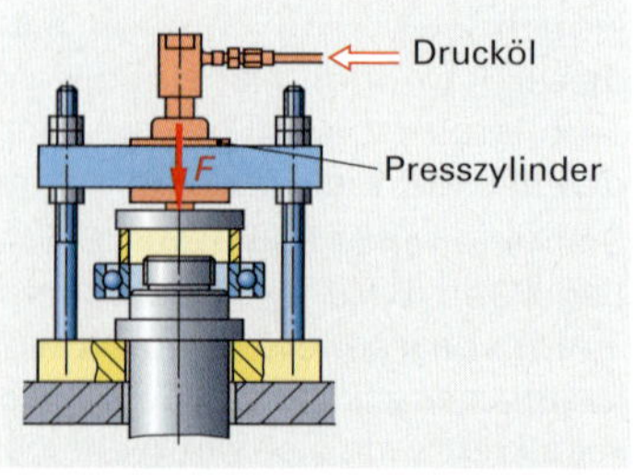

Bild 5: Montage mit hydraulischer Presse

Weitere Montagemöglichkeiten bei Wälzlagern

- Bei größeren Lagern sind auch die Einpresskräfte größer. Deshalb werden sie vor der Montage im Ölbad oder mit einem elektrischen Heizgerät auf 80 °C bis 100 °C erwärmt.
- Lager mit kegeliger Bohrung werden entweder auf einem kegeligen Zapfen der Welle oder mit einer geschlitzten **Spannhülse** auf der zylindrischen Welle befestigt **(Bild 1)**.
- Große Wälzlager mit kegeliger Bohrung können mit dem Hydraulikverfahren montiert werden **(Bild 2)**. Dabei wird Drucköl zwischen die Passflächen gepresst. Der Innenring weitet sich dadurch geringfügig auf. Anschließend kann das Lager von Hand oder mit einer Ringkolbenpresse auf den Wellenzapfen geschoben werden.

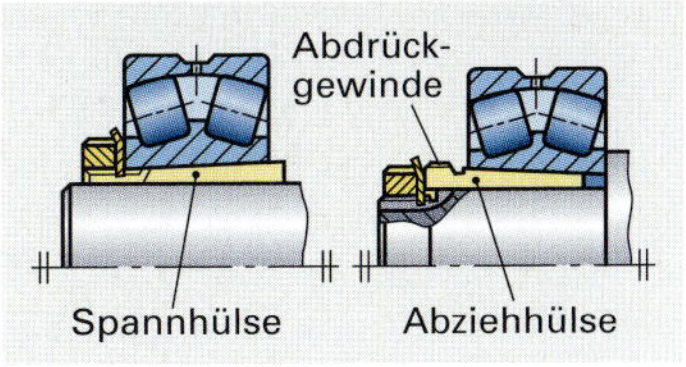

Bild 1: Spann- und Abziehhülse

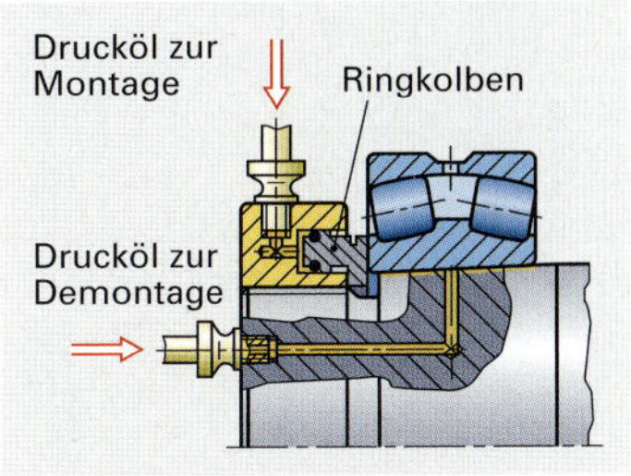

Bild 2: Hydraulikverfahren

Ausbau der Wälzlager

Zum Ausbau der Wälzlager sind geeignete **Abziehvorrichtungen** zu verwenden. Es ist darauf zu achten, dass die Ausziehkraft nicht durch die Wälzkörper übertragen wird **(Bild 3)**. Auf **Abziehhülsen** montierte Wälzlager lassen sich durch Anziehen der Abdrückmutter leicht ausbauen (Bild 1). Mit dem **Hydraulikverfahren** können auch große, festsitzende Wälzlager abgezogen werden (Bild 2).

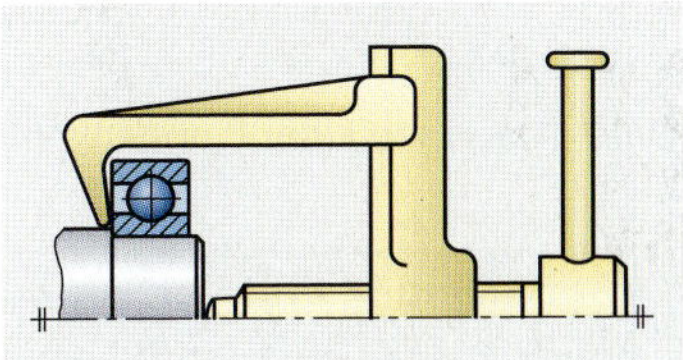

Bild 3: Ausbau eines Wälzlagers

Schmierung von Wälzlagern

Bei Wälzlagern bildet der Schmierstoff eine Trennschicht zwischen den Wälzkörpern und den Laufrollen des Lagers. Außerdem schützt der Schmierstoff das Lager vor Korrosion und verhindert bei Fettschmierung das Eindringen von Schmutz.

Zum Schmieren der Wälzlager dürfen nur die vom Wälzlagerhersteller empfohlenen Schmierstoffe verwendet werden.

Fettschmierung. Wegen der einfachen Nachschmiermöglichkeit und der guten Abdichtung werden die meisten Wälzlager mit Fett geschmiert, wobei die Hälfte des Lagerhohlraumes mit Fett gefüllt wird. Wälzlager mit Dichtscheiben erhalten bereits vom Wälzlagerhersteller eine Fettfüllung, die für die Lebensdauer des Lagers ausreichend ist.

Ölschmierung. Ölschmierung wird für Wälzlager nur angewandt, wenn wegen hoher Drehzahlen Reibungswärme abgeführt werden muss, oder wenn benachbarte Maschinenelemente, wie z. B. die Zahnräder in Getrieben, ebenfalls mit Öl geschmiert werden.

Je nach Schmierölzuführung unterscheidet man Ölbadschmierung, Ölumlaufschmierung, Ölnebelschmierung und Öl-Luft-Schmierung.

Bei der **Ölbadschmierung** tauchen die jeweils unteren Wälzkörper bis zur Hälfte in das Ölbad ein **(Bild 4)**. Durch die Drehbewegung werden alle Lagerteile ausreichend mit Öl versorgt.

Bei der **Ölumlaufschmierung** wird das Schmieröl durch eine Ölpumpe dem Lager zugeführt **(Bild 5)**. Das aus dem Lager austretende Öl fließt über Rücklaufkanäle in den Ölbehälter zurück.

Bei besonders schnell laufenden Wälzlagern wird die **Ölnebelschmierung** oder die **Öl-Luft-Schmierung** eingesetzt. Während bei der Ölnebelschmierung fortlaufend Öl mit Druckluft vernebelt und an die Schmierstelle geblasen wird, bläst man bei der Öl-Luft-Schmierung das Öl in bestimmten Zeitabständen in das Lager.

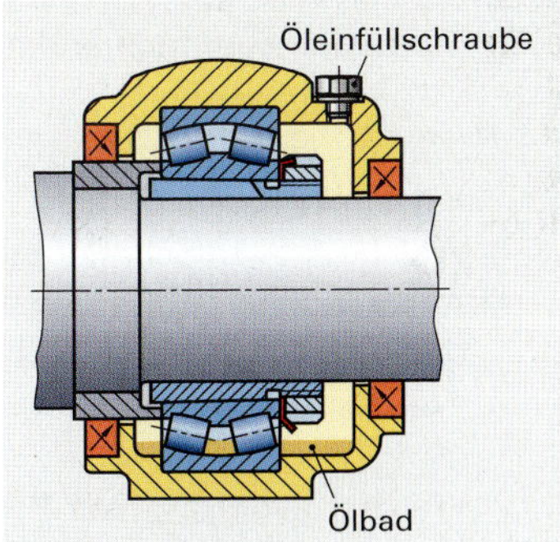

Bild 4: Ölbadschmierung

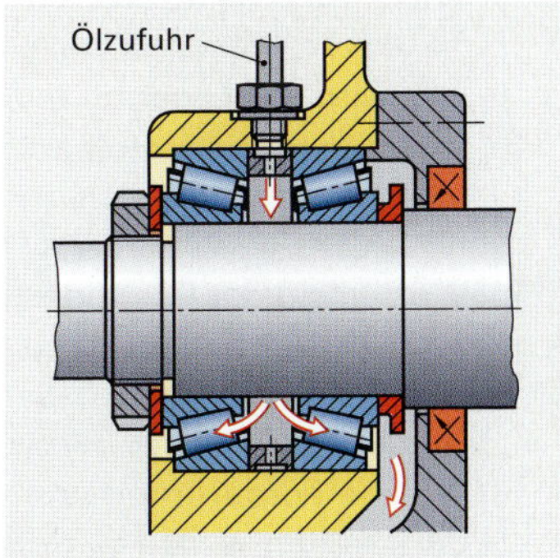

Bild 5: Ölumlaufschmierung

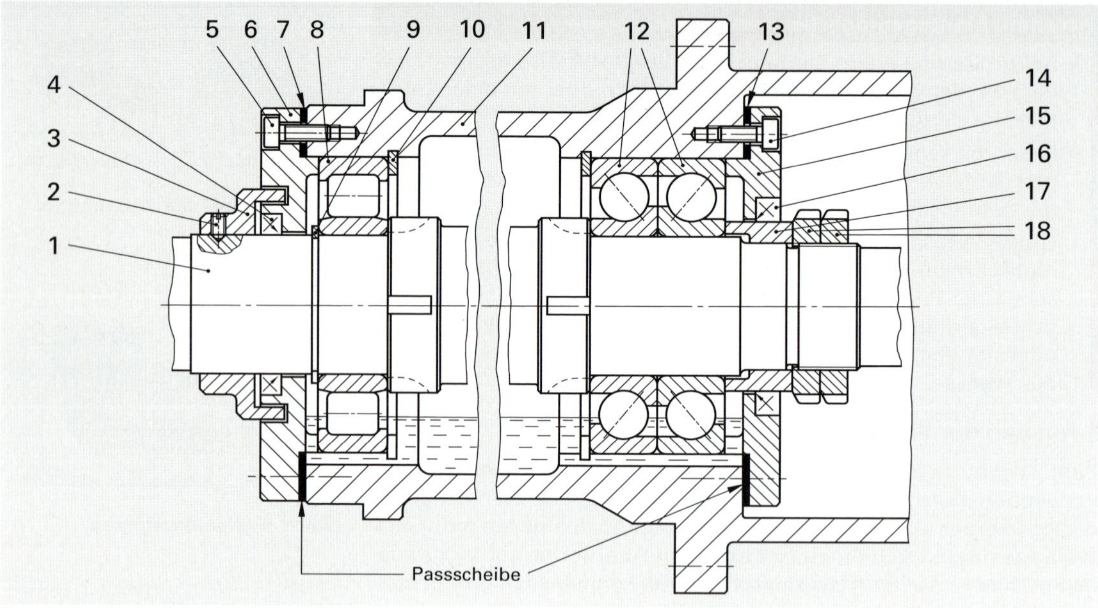

Bild 1: Lagerung einer Pumpenwelle

Wiederholung und Vertiefung

Die Fragen 1...16 beziehen sich auf die Pumpenwellenlagerung **Bild 1**.

1 Welche Wälzlagerarten werden bei der Pumpenwellenlagerung verwendet?

2 Welches Lager dient als Loslager?

3 Warum ist bei der Pumpenwellenlagerung ein Loslager erforderlich?

4 Welche Art von Schmierung wird verwendet?

5 Aus welchem Grund ragt Pos. 3 in eine Ausdrehung des Lagerdeckels (6)?

6 Welche Aufgabe haben die sinnbildlich dargestellten Pos. 4 und 16?

7 Welcher Lagerring von Pos. 8 hat Umfangslast, wenn die Pumpenwelle (1) immer in derselben Kraftrichtung belastet wird?

8 Wie wird erreicht, dass zwischen den Pos. 10, 12 und 15 kein Spiel vorhanden ist?

9 Wie wird das Lager (8) montiert?

10 In welcher Reihenfolge müssen die Einzelteile der Lagerung demontiert werden, wenn die Lager (12) auszutauschen sind?

11 Wozu dient der Gewindestift (2)?

12 Warum hat die Pumpenwelle (1) im Bereich der Distanzbuchse (17) einen kleineren Durchmesser als im Bereich der Pos. 12?

13 Welche Forderung muss an die Oberfläche der Pumpenwelle (1) im Bereich von Pos. 4 gestellt werden?

14 Aus welchem Grund sind die Wellenbunde der Pumpenwelle (1), an denen die Pos. 8 und 12 anliegen, mit Nuten versehen?

15 Wie kann die Montage desjenigen Laufringes von Pos. 8, der Umfangslast aufnehmen muss, erleichtert werden?

16 Warum befindet sich im unteren Bereich des Gehäuses (11) eine Nut?

17 Welche Vor- und Nachteile besitzen Wälzlager gegenüber Gleitlagern?

18 Warum erwärmt sich ein Hybridlager bei gleicher Belastung weniger als ein herkömmliches Wälzlager?

19 Warum soll der Lagerring eines Wälzlagers, der Umfangslast aufnehmen muss, mit einer Übermaßpassung gefügt werden?

20 Was versteht man bei Wälzlagern unter dem Betriebsspiel?

21 Was versteht man unter Punktlast?

22 Worauf ist beim Einbau eines Wälzlagers zu achten?

23 Welche Auswirkungen auf die Lagerluft hat die Montage eines Wälzlagers, wenn beim Fügen eine Übermaßpassung entsteht?

24 Wie können Wälzlager mit Vorspannung montiert werden?

25 Worauf ist beim Ausbau eines Wälzlagers zu achten?

6.4.2.3 Magnetlager

Bei Magnetlagern zentrieren elektromagnetische Kräfte (Seite 479) die zu lagernde Welle. Der ferromagnetische Rotor, der sich mit der Welle dreht, kann die Statorbohrung nicht berühren, weil er in den Magnetfeldern der paarweise einander gegenüberliegend angeordneten Elektromagneten „schwebt" **(Bild 1).**

Sensoren überwachen ständig die Mittellage des Rotors (Bild 1). Die Messsignale der Sensoren werden in einer Auswerteelektronik verarbeitet. Bei Abweichungen des Rotors von der Solllage werden über Leistungsverstärker die Erregerströme in den Feldwicklungen der Elektromagnete verändert und der Rotor wieder in die gewünschte Lage gebracht **(Bild 2).**

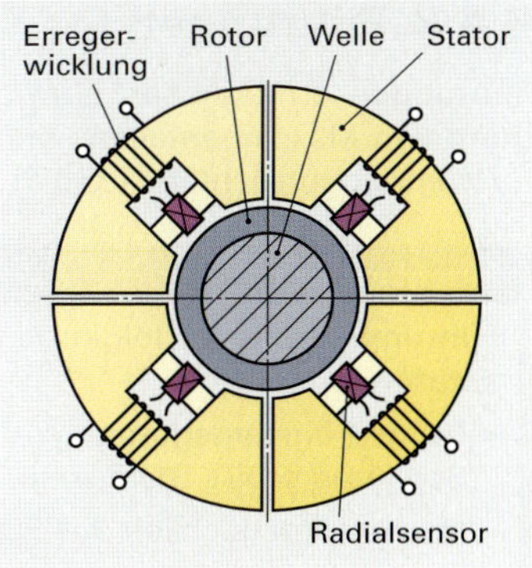

Bild 1: Radial-Magnetlager

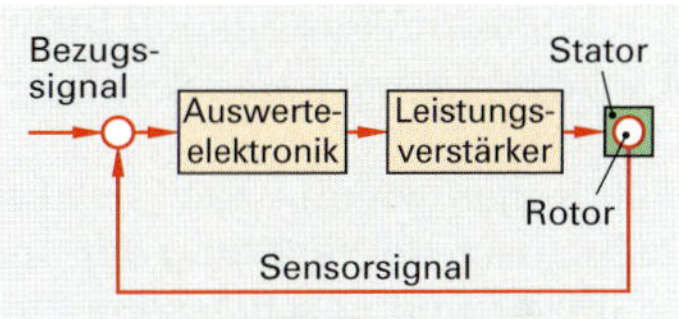

Bild 2: Regelkreis eines Magnetlagers

> Magnetlager können als Radial- und als Axiallager ausgeführt werden.

Radiallager. Bei einem Radiallager besteht der Rotor aus einem ringförmigen Eisenblechpaket. Der ebenfalls aus einem Blechpaket bestehende Stator enthält die Erregerwicklungen (Bild 1).

Axiallager. Der scheibenförmige Rotor eines Axiallagers besteht aus massivem Stahl. Im Stator befinden sich zwei Ringmagnete sowie die Axial-Sensoren **(Bild 3).**

Um eine Berührung von Rotor und Stator z. B. bei Stromausfall und damit Beschädigungen an den Oberflächen der Blechpakete zu verhindern, sind im Stator Fanglager in Form von Wälzlagern eingebaut **(Bild 4).** Das zwischen den Fanglagern und dem Rotor vorhandene Spiel ist kleiner als die Lagerluft im Magnetlager.

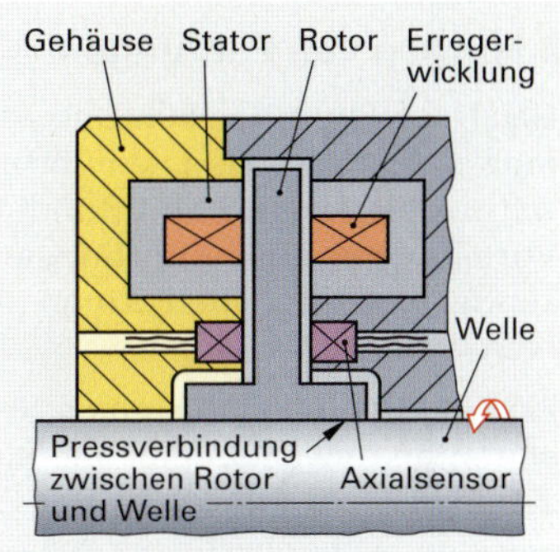

Bild 3: Axial-Magnetlager

Vorteile der Magnetlager gegenüber Wälz- und Gleitlagern

	Magnetlager	Wälzlager	Gleitlager
Reibung	sehr gering	gering	mittel
Verschleiß	kein Verschleiß	mittel	groß
Laufgeräusch	geräuschlos	mittel	gering
Erwärmung	ganz gering	gering	mittel
Umfangsgeschwindigkeit	bis 200 m/s	bis 100 m/s	bis 50 m/s
Schmierung	keine	Fett oder Öl	Öl

Eine komplette Magnetlagerung besteht aus mindestens zwei Radiallagern und den dazugehörigen Radialsensoren sowie einem zweiseitig wirkenden Axiallager mit den Axialsensoren.

Anwendungsbeispiele: Lagerung schnelllaufender Rotoren in Zentrifugen, Pumpen, Verdichtern, Turbinen und Werkzeugspindeln (Hochgeschwindigkeits-Zerspanung – „HSC"); Vakuumkammern der Halbleiterindustrie, in denen keine Schmiermittel verwendet werden dürfen.

Der Antrieb magnetgelagerter Werkzeugspindeln erfolgt meist über einen Asynchromotor, der sich auf der Spindel befindet (Bild 4).

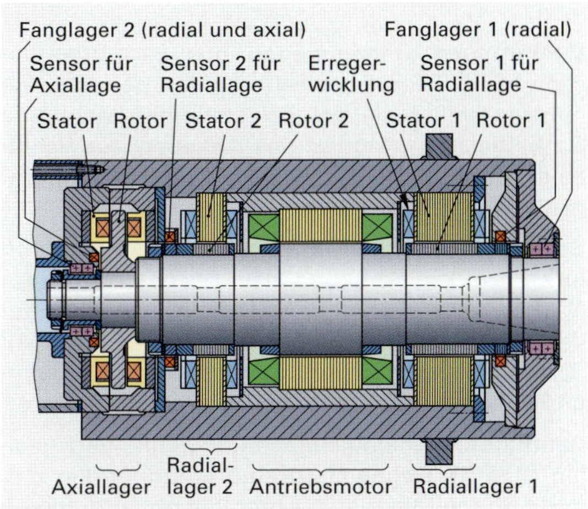

Bild 4: Magnetgelagerte Werkzeugspindel

Wiederholung und Vertiefung

1 Wie funktionieren Magnetlager?

2 Welche Aufgaben haben die Fanglager?

6.4.3 Führungen

Führungen ermöglichen eine geradlinige Bewegung von Maschinenteilen, wie z. B. von Schlitten an Werkzeugmaschinen **(Bild 1)**.

Eigenschaften

Führungen müssen folgende **Eigenschaften** besitzen:

- Hohe Führungsgenauigkeit durch geringes Spiel und große Steifigkeit
- Nachstellmöglichkeit des Führungsspiels
- Geringe Reibung und niedriger Verschleiß
- Möglichst gute Dämpfungseigenschaften
- Einfache Wartung und Schmiermöglichkeit
- Abdichtung gegen Schmutz und Späne

Führungen können nach der **Form der Führungsbahn**, nach der **Richtung der übertragbaren Kräfte** in **offene** und **geschlossene Führungen** und nach der **Art der Reibung** in **Gleit-** und **Wälzführungen** eingeteilt werden.

Formen von Führungen

Nach der Form der Führungsbahn unterscheidet man Flachführungen, V-Führungen, Schwalbenschwanzführungen und Rundführungen. Um die Vorteile mehrerer Führungsarten auszunutzen, können verschiedene Formen miteinander kombiniert werden.

Flachführungen sind einfach herzustellen. Bei bestimmten Anwendungen benötigen sie eine Nachstellleiste zum Einstellen des Führungsspiels sowie eine Schließleiste, die das Abheben des Schlittens verhindert **(Bild 2)**. Flachführungen können nur Kräfte senkrecht zur Führungsbahn aufnehmen.

V-Führungen können wegen ihrer geneigten Flächen auch kleine Querkräfte aufnehmen. Bei Abnutzung stellen sie sich selbstständig nach. Eine Schließleiste verhindert das Abheben des Schlittens. Häufig werden V-Führungen mit Flachführungen kombiniert **(Bild 3)**.

Schwalbenschwanzführungen verhindern durch ihre Form ein Abheben des Tisches. Mit einer Nachstellleiste können das Spiel eingestellt oder der Verschleiß ausgeglichen werden **(Bild 4)**. Schwalbenschwanzführungen besitzen eine geringe Bauhöhe, sind aber in der Herstellung teuer.

Rundführungen sind einfach und genau herzustellen **(Bild 5)**. Gegen Verdrehung können sie z. B. durch Nuten oder durch Kombination mit anderen Führungen gesichert werden.

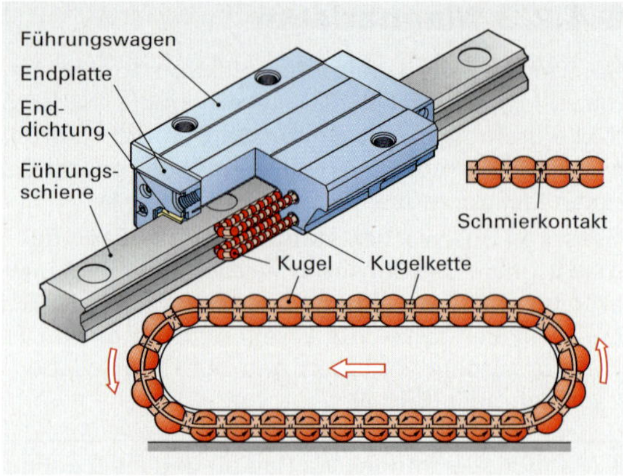

Bild 1: Schienenführung

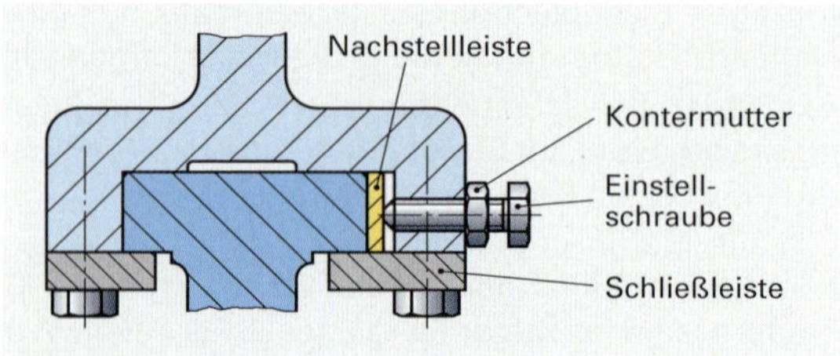

Bild 2: Flachführung

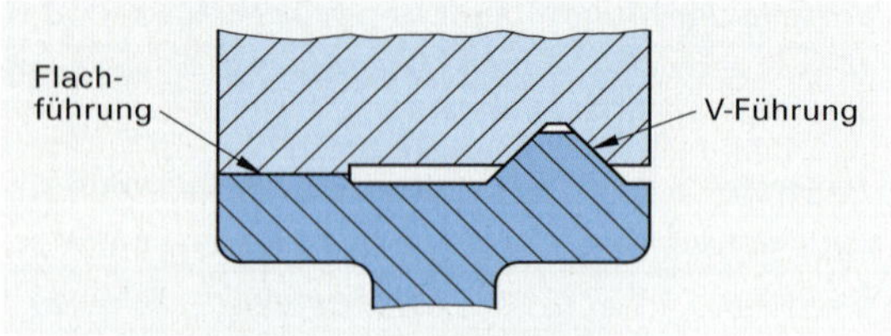

Bild 3: Kombinierte V-Flach-Führung

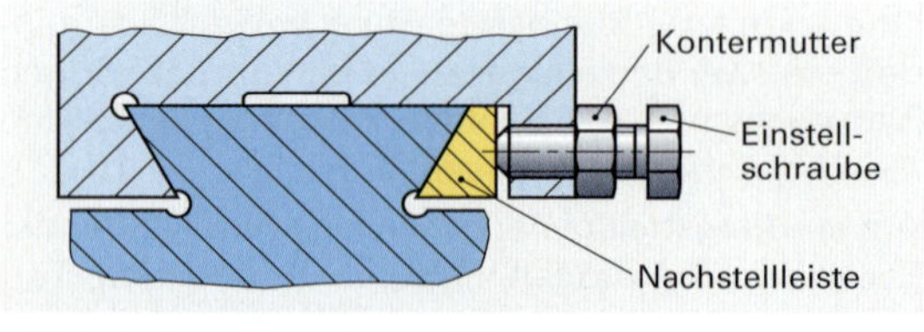

Bild 4: Schwalbenschwanzführung

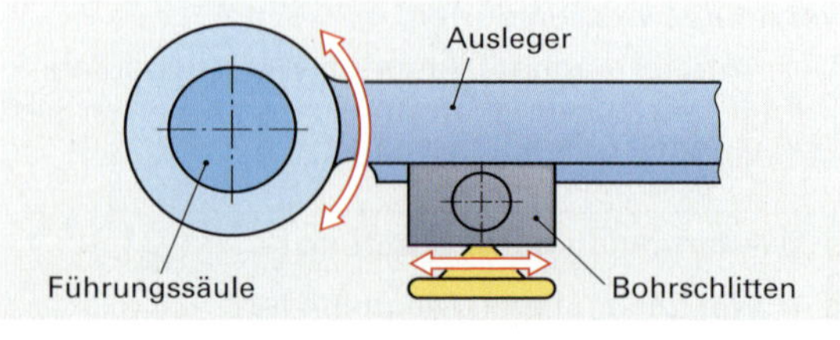

Bild 5: Rundführung bei einer Radialbohrmaschine

Offene und geschlossene Führungen

Bei **offenen** Führungen kann der Schlitten nur in bestimmten Richtungen Kräfte aufnehmen. So sind bei der kombinierten Führung in **Bild 3, vorherige Seite,** große senkrechte, aber nur kleinere Querkräfte möglich.

Geschlossene Führungen gestatten die Kraftübertragung in allen Richtungen quer zur Bewegungsrichtung **(Bilder 1 und 5, vorherige Seite, und Bild 1).**

Wälz- und Gleitführungen

Wälzführungen besitzen dieselben Vor- und Nachteile wie Wälzlager (Seite 452). Die Kraftübertragung erfolgt durch Kugeln oder Rollen, die sich z. B. zwischen einer Führungsschiene und einem Führungswagen abwälzen (Bild 1). Wegen der hohen Flächenpressung sind Führungsschiene und Führungswagen, die z. B. an Bett und Schlitten einer Werkzeugmaschine geschraubt werden, im Laufbahnbereich gehärtet und geschliffen.

Bei Wälzführungen für lange Verschiebewege laufen die Wälzkörper nach dem Verlassen der Lastzone in einem Rückführkanal wieder zum Anfang der Lastzone zurück **(Bild 2)**. Für Wälzführungen mit runden Führungsbahnen haben sich Kugelbuchsen bewährt. Solche Rundführungen gestatten neben der geradlinigen Bewegung auch Drehbewegungen. Verdrehfeste Kugelführungen besitzen Wellen mit Laufbahnrillen **(Bild 3).**

Bei Wälzführungen mit Laufrollen sind z. B. geschliffene runde Stahlführungen in Tragschienen aus Aluminium befestigt **(Bild 4).** Die Stahlwellen führen den Laufwagen, dessen Laufrollen sich spielfrei auf den Stahlwellen abwälzen. Neben Führungen für lineare Bewegungen werden auch bogen-, halbkreis- und kreisförmige Tragschienen, z. B. für Montage- oder Transporteinrichtungen, eingesetzt.

Gleitführungen werden wie Gleitlager geschmiert (Seite 449). Wegen der geringen Gleitgeschwindigkeit tritt bei hydrodynamisch geschmierten Führungen häufig Mischreibung auf. Werkzeugmaschinen besitzen deshalb meist kunststoffbeschichtete Führungen, die gute Gleit- und Dämpfungseigenschaften besitzen und kostengünstig sind **(Bild 1, folgende Seite).** Außerdem ist die Haftreibungszahl etwa so klein wie die Gleitreibungszahl. Dadurch wird das Ruckgleiten (Stick-Slip-Effekt) weitgehend vermieden. Die Kunststoffbeläge für solche Führungen werden vielfach auf die vorgearbeiteten Führungsformen aufgeklebt.

> Wälz- und Gleitführungen werden meist im Maschinenbau und in Handhabungseinrichtungen zur exakten Führung der Schlitten verwendet.

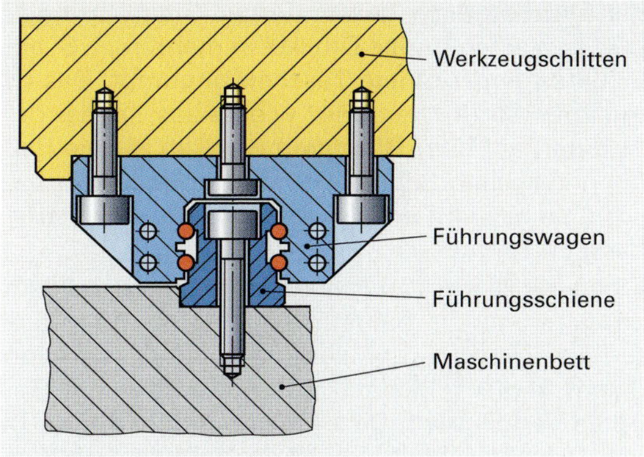

Bild 1: Montierte Wälzführung

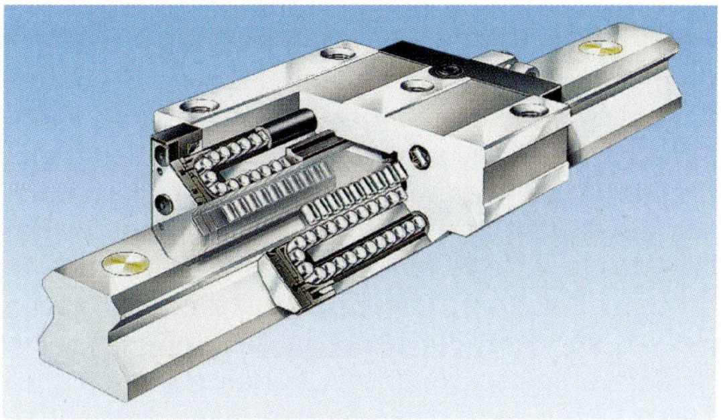

Bild 2: Wälzkörper-Rückführung

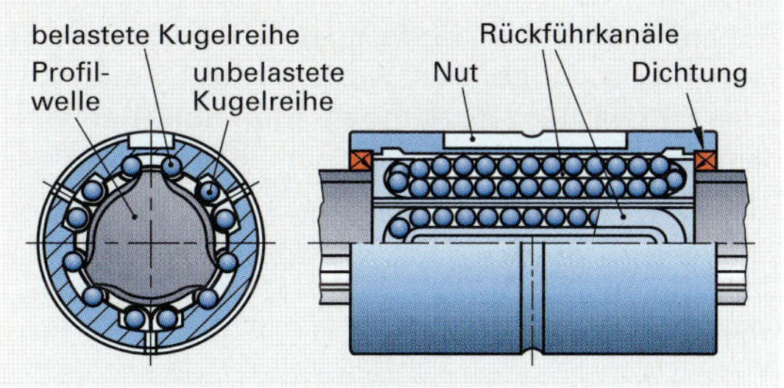

Bild 3: Verdrehfeste Kugelführung

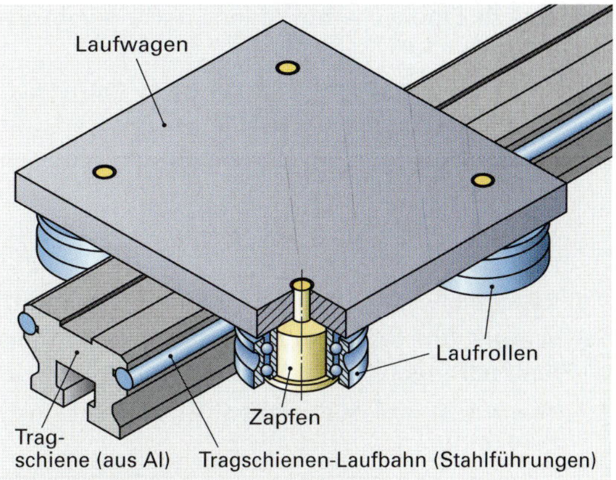

Bild 4: Wälzführung mit Laufrollen

Bei **hydrostatisch** geschmierten Gleitführungen wird von einer Pumpe Drucköl in mehrere, z. B. am Schlitten angeordnete Taschen gepumpt. Das Öl tritt über die Taschenspalte wieder aus, sodass der Schlitten auf dem Öl schwimmt **(Bild 2)**. Die Reibung zwischen Schlitten und Führungsbahn beschränkt sich auf die sehr geringe Flüssigkeitsreibung im Schmieröl.

Wenn der Öldruck fehlt, liegt der Schlitten auf dem Taschenrand auf. Beim Einschalten der Maschine fördert eine Ölpumpe kontinuierlich Öl, das von einem Regler gleichmäßig auf die einzelnen Taschen verteilt wird. Dadurch steigt der Öldruck in den Taschen schnell so weit an, dass der Schlitten vom Taschenrand um etwa 0,025 mm abgehoben wird. Der Schlitten kann jetzt fast reibungsfrei auf der Führung verschoben werden.

Damit die Führung unterschiedlich große Belastungen bzw. Bearbeitungskräfte aufnehmen kann, ohne dass sich die senkrechte Lage des Schlittens zur Führung und damit die Spaltweite ändert, müssen die Drücke in den einzelnen Taschen der Belastung angepasst werden. Wird z. B. durch eine größere Belastung die Spaltweite einer Tasche kleiner, so steigt der Druck in dieser Tasche. Ein Regler veranlasst durch die Förderung einer größeren Ölmenge in diese Tasche, dass die richtige Spaltweite wieder hergestellt wird.

Weil eine Tasche nur Kräfte senkrecht zu ihrer Fläche aufnehmen und übertragen kann, müssen die Taschen so angeordnet werden, dass Kräfte aus unterschiedlichen Richtungen aufgenommen werden können **(Bild 3)**.

Bei **aerostatischen** Gleitführungen, bei denen Druckluft anstelle von Öl verwendet wird, ist die Reibung noch geringer als bei hydrostatischen Gleitführungen.

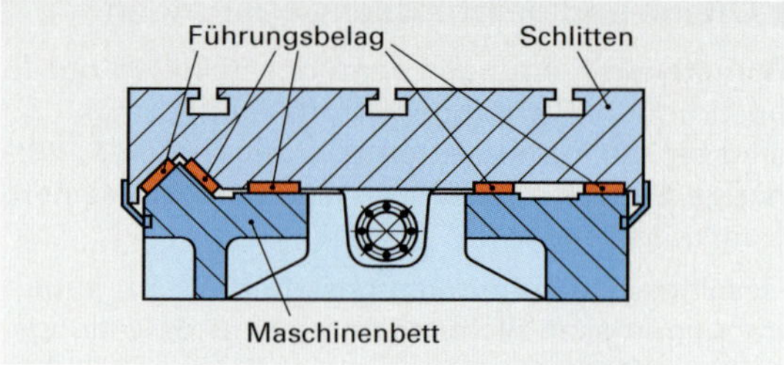

Bild 1: Kunststoffbeschichtete Schlittenführung

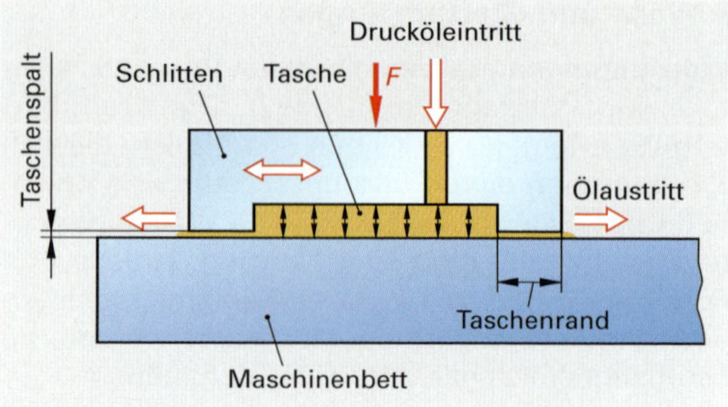

Bild 2: Prinzip der hydrostatischen Führung

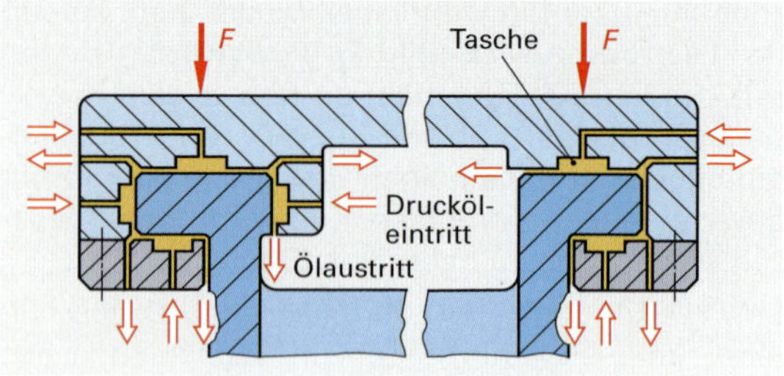

Bild 3: Hydrostatische Schlittenführung

Bei hydrostatischen und aerostatischen Gleitführungen wird das Ruckgleiten vermieden.

Wiederholung und Vertiefung

1 Welche Eigenschaften sollen Führungen besitzen?

2 Welche Führungen unterscheidet man nach der Form der Führungsbahn?

3 Welche Bewegungen sind mit Rundführungen möglich?

4 Was versteht man unter geschlossenen Führungen?

5 Welchen Nachteil besitzen offene Führungen?

6 Warum tritt bei hydrodynamisch geschmierten Führungen häufig Mischreibung auf?

7 Warum ist das Ruckgleiten (Stick-Slip-Effekt) bei Führungen unerwünscht?

8 Bei welchen Führungen wird das Ruckgleiten vermieden?

9 Wie funktionieren Wälzführungen für unbegrenzte Verschiebewege?

10 Warum ist die Reibung bei aerostatischen Gleitführungen geringer als bei hydrostatischen?

11 Welche Taschen in Bild 3 sind erforderlich, um den Schlitten bei Belastung durch die Kraft *F* in der richtigen Höhenposition zu halten?

12 Warum bleibt der Schlitten in Bild 3, auch wenn die Kraft *F* größer wird, in gleicher Höhenlage?

13 Welche Taschen in Bild 3 werden benötigt, um den Schlitten bei nicht senkrechten Bearbeitungskräften in seiner Position zu halten?

14 Wie funktionieren aerostatische Gleitführungen?

6.4.4 Dichtungen

Aufgaben

Dichtungen sollen das Austreten oder Eindringen von Flüssigkeiten, Gasen oder festen Stoffen, wie z. B. Staub, an Trennstellen von Bauteilen verhindern oder verringern **(Bild 1)**.

Dichtungsarten

Man unterscheidet ruhende (statische) Dichtungen und Bewegungsdichtungen (dynamische Dichtungen, **Tabelle 1)**.

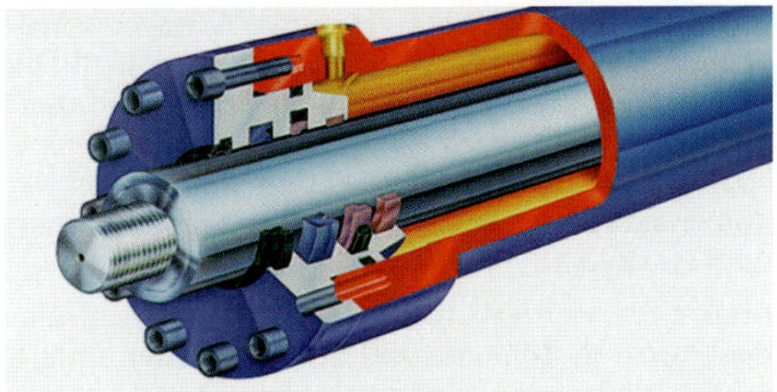

Bild 1: Abdichtung der Kolbenstange eines Hydraulikzylinders

Tabelle 1: Dichtungsarten

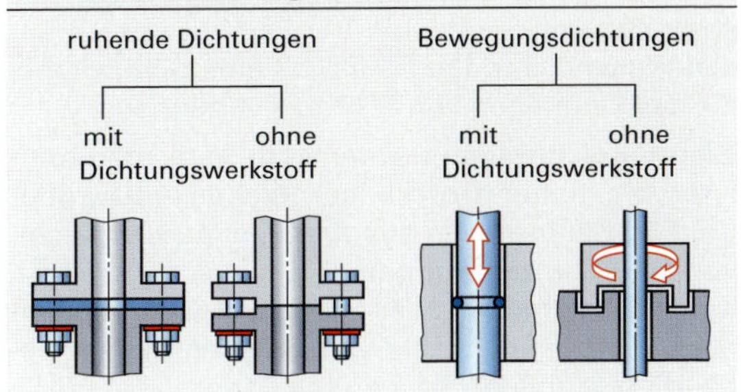

Ruhende Dichtungen

Ruhende Dichtungen dichten zwischen Bauteilen ab, die sich zueinander nicht bewegen.

> Dichtungen werden beim Einbau elastisch oder plastisch verformt.

Flachdichtungen. Flachdichtungen besitzen eine breite Auflagefläche **(Bild 2)**. Wenn hohe Anpressdrücke erforderlich sind, werden Flachdichtungen mit Metallauflagen oder Metallbördeln verwendet.

Profildichtungen. Häufig verwendete Profildichtungen sind Runddichtringe (O-Ringe). In Verbindung mit Dichtringen werden die gummielastischen O-Ringe z. B. als Vorspannelemente zur Abdichtung von Kolben und Kolbenstangen in Hydraulikzylindern verwendet **(Bild 4)**.

Flüssige Dichtungswerkstoffe. Flüssige Dichtungswerkstoffe füllen die Rautiefen der Dichtflächen vollständig und härten nach dem Auftragen zu einer elastischen Masse aus **(Bild 3)**.

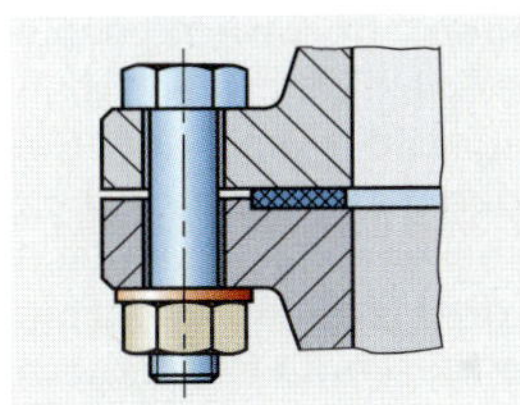

Bild 2: Flachdichtung

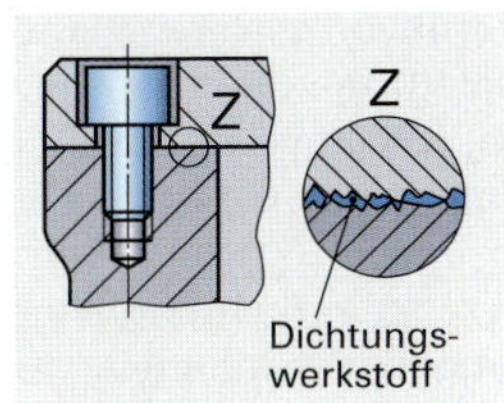

Bild 3: Flüssige Dichtung

Bewegungsdichtungen

Bewegungsdichtungen dichten zwischen Bauteilen ab, die sich gegeneinander bewegen. Da die Abdichtung nie vollkommen ist, tritt immer eine kleine Leckmenge aus. Man unterscheidet schleifende und berührungsfreie Dichtungen.

Schleifende Dichtungen. Schleifende Dichtungen werden auf ein bewegtes Bauteil gepresst. Damit die Reibung klein bleibt, sind glatte und harte Oberflächen erforderlich. Verunreinigungen sowie fehlende oder mangelhafte Schmierung der Gleitflächen führen zu erhöhtem Verschleiß an Laufstelle und Dichtung. Häufig müssen schleifende Dichtungen gleichzeitig statisch abdichten.

Dachmanschetten dienen z. B. zur Abdichtung von Kolbenstangen in hydraulischen Pressen. Einem Nutring sind Manschetten als Druckminderer vorgeschaltet. Der im Nutring eingebaute Gleitring gewährleistet die Leichtgängigkeit des Systems. Durch den Stützring wird die Vorspannung im Dichtelement erzeugt **(Bild 5)**.

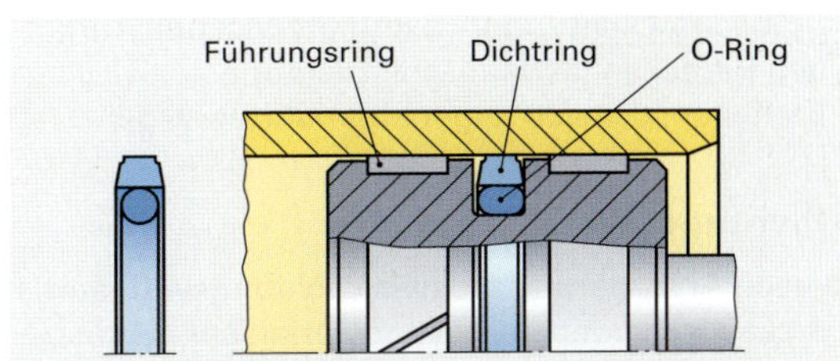

Bild 4: Kolbendichtung

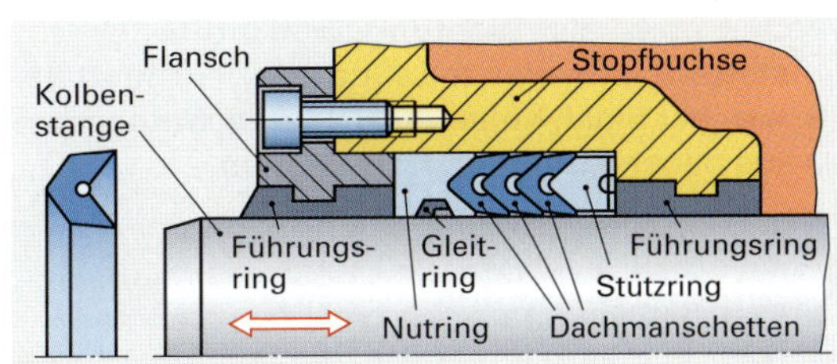

Bild 5: Stopfbuchse mit Dachmanschetten

Nutringe werden meist als Abdichtung von Kolbenstangen in Hydraulikzylindern eingesetzt. Die Dichtwirkung entsteht durch die Eigenvorspannung und durch das Zusammenpressen der Dichtlippen beim Einbau. Nutringe dichten gegen die Kolbenstange dynamisch, gegen das Gehäuse statisch ab **(Bild 1).**

Abstreifer werden in Hydraulikzylindern eingebaut, um z. B. Schmutz und Späne von der einfahrenden Kolbenstange abzustreifen (Bild 1).

Radial-Wellendichtringe sind Manschetten mit besonderer Lippenform **(Bild 2).** Sie werden zum Abdichten von Wellen bei geringen Drücken verwendet. Dichtkante bzw. Dichtlippe verhindern das Austreten von Schmieröl. Bei Bedarf besitzen Radial-Wellendichtringe zusätzlich eine Schutzlippe, die das Eindringen von Schmutz verhindert.

Gleitringdichtungen werden zum Abdichten mittlerer bis hoher Drücke bei Wellen verwendet **(Bild 3).** Sie bestehen aus zwei plangeschliffenen, verschleißarmen Ringen, z. B. aus Kunststoff, Keramik, Hartmetall oder Grafit. Ein Gleitring läuft mit der Welle um, während der Gegenring am Gehäuse fest anliegt. Durch eine Feder werden die Gleitringe aufeinander gedrückt.

Berührungsfreie Dichtungen. Berührungsfreie Dichtungen dichten durch einen schmalen Spalt ab, der labyrinthförmig ausgebildet sein kann. Bei ungeteilten Gehäusen werden die Labyrinthgänge in axialer Richtung **(Bild 4),** bei geteilten Gehäusen in radialer Richtung angeordnet **(Bild 5).** Spaltdichtungen werden meist bei fettgeschmierten Lagern verwendet. Die Dichtwirkung ist erheblich größer, wenn die Spalte mit Fett gefüllt sind (Bild 5).

> Statische Dichtungen dichten zwischen ruhenden Bauteilen, dynamische Dichtungen zwischen Bauteilen, die sich gegeneinander bewegen.

Dichtungswerkstoffe

Je nach Anforderung müssen Dichtungswerkstoffe z. B. plastisch oder elastisch formbar, chemisch beständig, temperatur- und alterungsbeständig sowie verschleißfest sein und eine geringe Reibung aufweisen. Entsprechend den Anforderungen verwendet man als Dichtungswerkstoffe **Grafit, Kunststoffe,** z. B. Polytetrafluorethylen, **Metalle,** z. B. weicher Stahl, Kupfer, Blei, und **Dichtungspasten** aus dauerelastischen Kunststoffen.

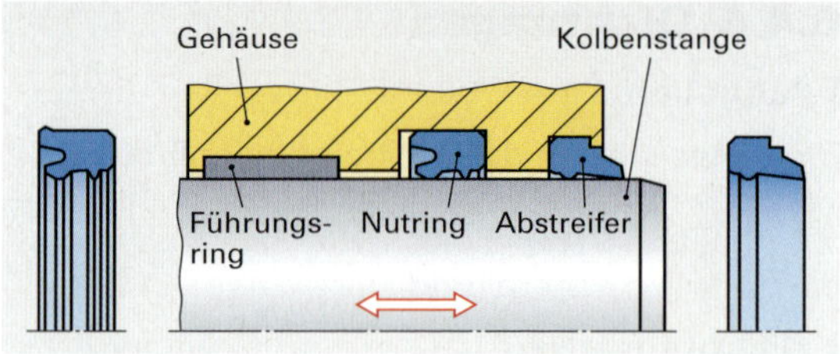

Bild 1: Nutring und Abstreifer

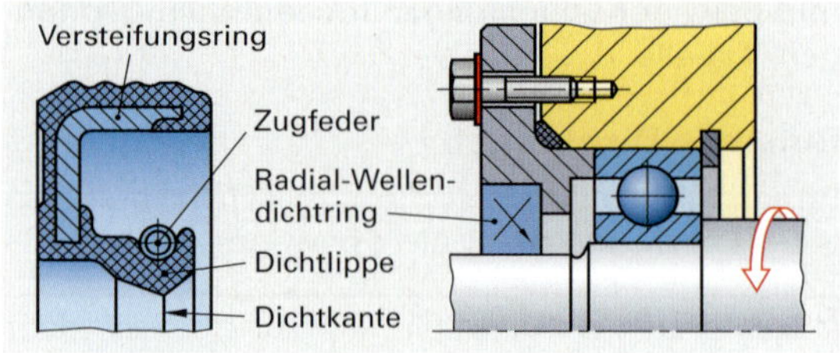

Bild 2: Radial-Wellendichtring

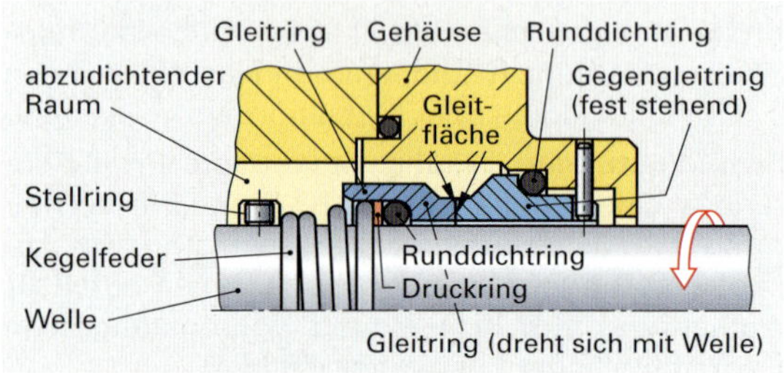

Bild 3: Gleitringdichtung

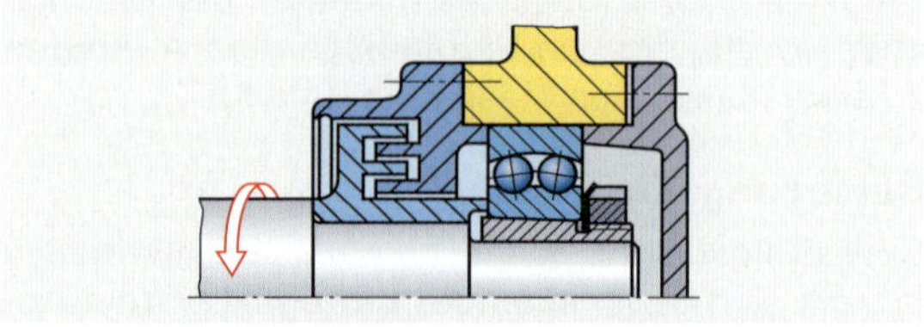

Bild 4: Axiale Labyrinthdichtung zur Abdichtung eines Pendelkugellagers

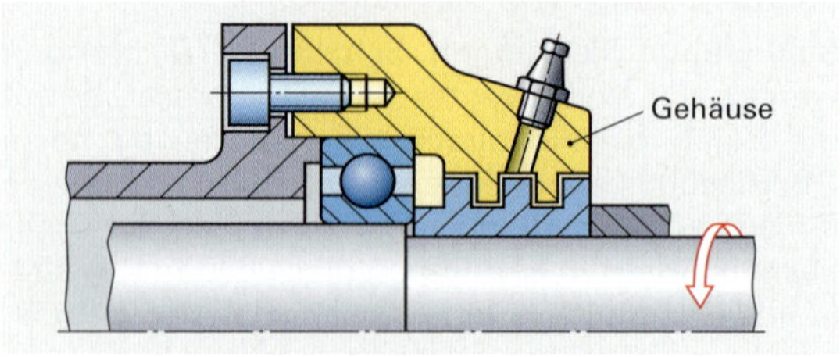

Bild 5: Radiale Labyrinthdichtung zur Abdichtung eines Rillenkugellagers

Wiederholung und Vertiefung

1 Welche Dichtungsarten unterscheidet man?
2 Wie wird bei ruhenden Dichtungen die Dichtwirkung erreicht?
3 Wozu werden Radial-Wellendichtringe verwendet?
4 Wie dichten Labyrinthdichtungen ab?

6.4.5 Federn

Federn verformen sich bei Belastung elastisch **(Bild 1)**. Die für die Verformung aufgewendete Arbeit wird in der Feder gespeichert und bei Entlastung wieder abgegeben.

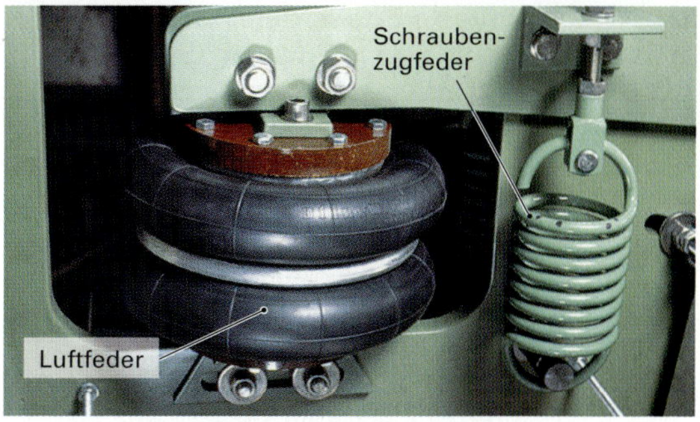

Bild 1: Luftfeder in einer Textilbearbeitungsmaschine

Aufgaben

Federn dienen z. B. zum Auffangen von Stößen und Schwingungen (Federung von Fahrzeugen, Gummifedern in Kupplungen), zum Aufeinanderpressen von Maschinenteilen (Kupplungsfedern), zur Speicherung von Spannenergie (Stirnmitnehmer) und zur Rückholung von Maschinenteilen (einfachwirkender Pneumatik-Zylinder).

Eigenschaften

Die zur Verformung einer Feder erforderliche Kraft wird mit zunehmendem Federweg größer. Die Abhängigkeit der Kraft vom Federweg wird durch Kennlinien dargestellt. Federkennlinien dienen zur Beurteilung der Federeigenschaften. Sie können linear, progressiv oder degressiv verlaufen **(Bild 2)**.

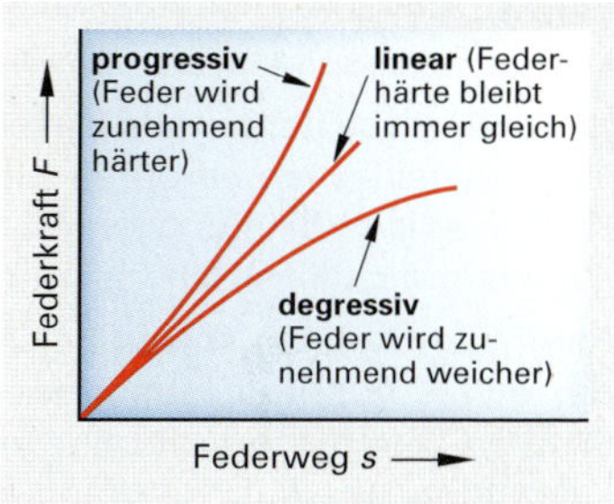

Bild 2: Kennlinienverlauf von Federn

> Je steiler die Federkennlinie verläuft, desto größere Kräfte sind zur Verformung der Feder erforderlich.

Bei linearen Kennlinien verdoppelt sich der Federweg bei doppelter Kraft. Federn, bei denen der Federweg bei kleiner Kraftänderung groß ist, bezeichnet man als „weich", solche mit kleinem Federweg bei großer Kraftänderung als „hart" **(Bild 3)**.

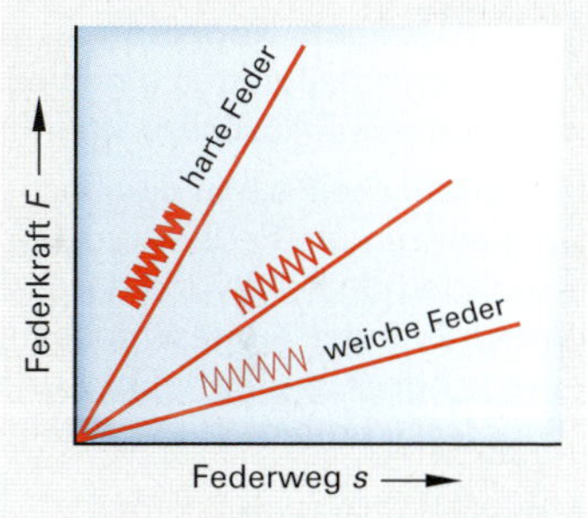

Bild 3: Federhärte und Federkennlinie

Das Verhältnis von Federkraft F zum Federweg s nennt man Federrate R.

Federrate $$R = \frac{F}{s}$$

Beispiel: Welche Kraft F ist erforderlich, um eine Druckfeder mit der Federrate $R = 60$ N/mm um $s = 3$ mm zusammenzudrücken?

Lösung: $\boldsymbol{F} = R \cdot s = 60\ \text{N/mm} \cdot 3\ \text{mm} = \mathbf{180\ N}$

Federarten

Federn werden nach der **Art der Beanspruchung** in Druckfedern, Zugfedern, Biegefedern und Drehfedern eingeteilt. Nach der **äußeren Form** unterscheidet man z. B. Schraubenfedern, Drehstabfedern, Tellerfedern, Ringfedern, Gummifedern und pneumatische Federn.

Schraubenfedern werden meist aus einem zylindrisch aufgewickelten Federstahldraht hergestellt und als Zug- und Druckfedern verwendet **(Bild 4)**. Sie besitzen lineare Federkennlinien und eignen sich besonders für große Federwege.

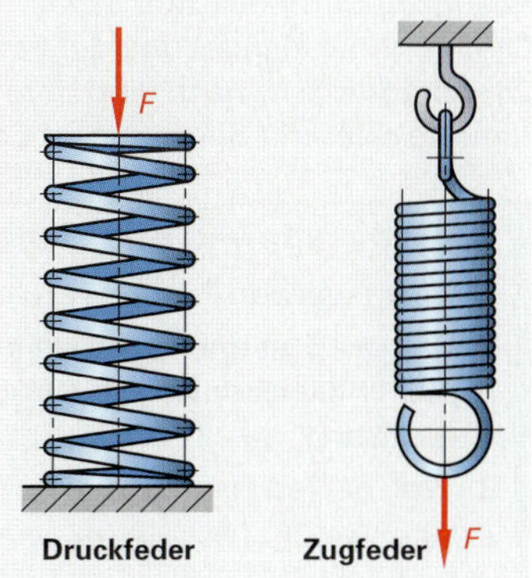

Bild 4: Schraubenfedern

Schraubendrehfedern sind zylindrische Schraubenfedern, die in Richtung der Federwicklung belastet werden **(Bild 1, folgende Seite)**. Sie werden z. B. als Rückstellfedern bei Sperrklinken verwendet.

Drehstabfedern besitzen meist runde Querschnitte. Durch angreifende Kräfte wird der zwischen den Einspannteilen liegende Federquerschnitt elastisch verdreht **(Bild 2, folgende Seite)**. Drehstabfedern werden z. B. zur Achsfederung bei Kraftfahrzeugen und zur Messung von Drehmomenten bei Drehmomentschlüsseln verwendet.

Tellerfedern sind Druckfedern aus kegelförmigen Ringscheiben, die in axialer Richtung belastet werden **(Bild 3)**.

> Tellerfedern eignen sich für große Federkräfte bei kleinen Federwegen.

Tellerfedern lassen sich gleich- oder wechselsinnig zu Federpaketen schichten. Bei gleichsinniger Schichtung wird die Federkraft, bei wechselsinniger Schichtung der Federweg vergrößert. Tellerfedern werden z. B. im Werkzeug-, Maschinen- und Vorrichtungsbau verwendet.

Schraubentellerfedern können geschichtete Tellerfedersäulen ersetzen. Eine Schraubentellerfeder besteht aus zwei gleichen, ineinander geschraubten Schraubendruckfedern, die einen tellerfederähnlichen Querschnitt besitzen und aus Federbandstahl hergestellt werden **(Bild 4)**. Schraubentellerfedern werden z. B. zur Erzeugung der Spannkraft in Fräserspannsystemen verwendet.

Ringfedern bestehen aus geschlossenen Stahlringen, die sich an ihren Kegelflächen berühren **(Bild 5)**. Wirkt auf die Ringfedern eine Kraft in axialer Richtung, werden die Außenringe elastisch geweitet, die Innenringe elastisch zusammengedrückt.

Ringfedern können soweit belastet werden, bis sich die Planflächen der etwas höheren Innenringe berühren und einen Block bilden (Bild 5). Durch die Reibung an den Kegelflächen wird eine gute Dämpfung erreicht. Ringfedern werden z. B. zur Abfederung des Walzgutes in Walzwerken und als Puffer bei Eisenbahnwagen verwendet.

Gummifedern werden meist zur Dämpfung von Schwingungen und Stößen, z. B. bei Kupplungen, verwendet. Das in Metallhülsen oder zwischen Metallplatten einvulkanisierte oder eingeklebte Gummielement kann auf Abscherung und Druck beansprucht werden **(Bild 6)**.

Pneumatische Federn dienen z. B. zur Federung von Kraftfahrzeugen. Sie besitzen als Federungselement Luft oder ein anderes Gas. Die abzufedernde Kraft wirkt durch einen beweglichen Kolben auf das in einem Zylinder eingeschlossene Gas. Pneumatische Federn haben eine progressive Kennlinie und werden häufig mit hydraulischen Dämpfern kombiniert (Stoßdämpfer).

Federwerkstoffe

Zur Herstellung von Federn wird meist Federstahl verwendet, der durch Härten, Vergüten oder Kaltverformung (Ziehen) seine hohe Festigkeit und Elastizität erhält. Wärmebehandelt wird entweder der Draht vor der Herstellung der Federn oder die Federn, z. B. Teller- und Drehstabfedern, nach der Herstellung. Federstähle sind meist unlegierte oder mit Silicium und Chrom legierte Stähle.

Wiederholung und Vertiefung

1 Wozu werden Federn verwendet?
2 Wie groß ist die Federrate einer Druckfeder, wenn eine Kraft von 400 N erforderlich ist, um die Feder um 5,5 mm zusammenzudrücken?
3 Welche Federarten unterscheidet man?
4 Wie kann bei Tellerfedern der Federweg ohne Veränderung der Federkraft vergrößert werden?
5 Wie funktioniert die Federung bei Ringfedern?

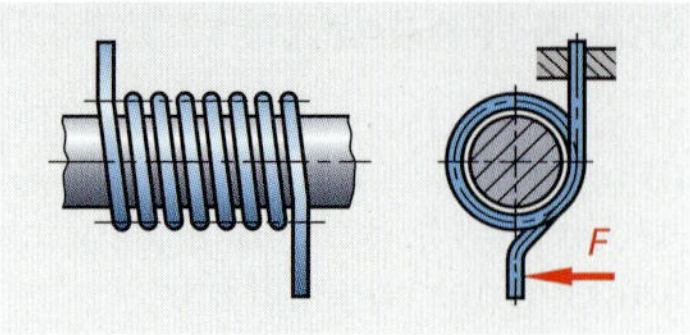

Bild 1: Schraubendrehfeder

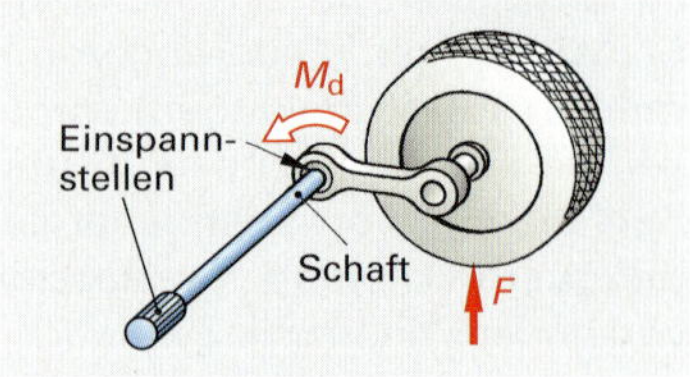

Bild 2: Drehstabfeder

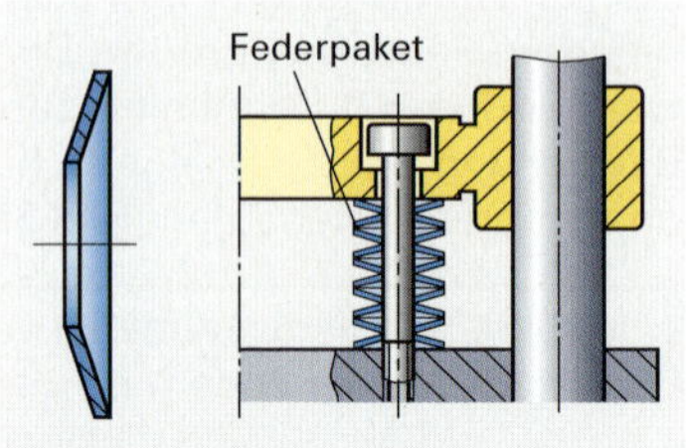

Bild 3: Tellerfedern

Bild 4: Schraubentellerfeder

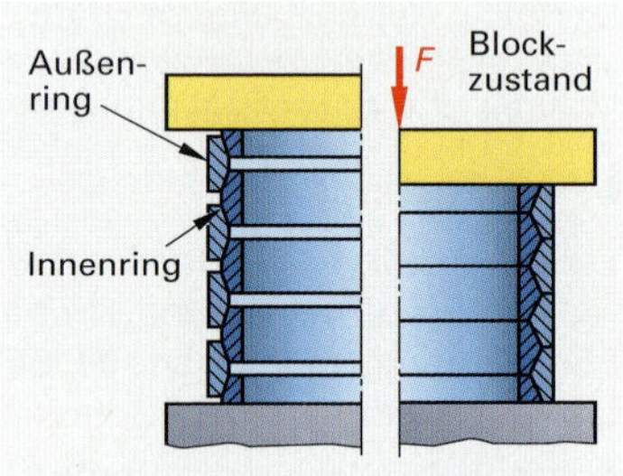

Bild 5: Ringfedern

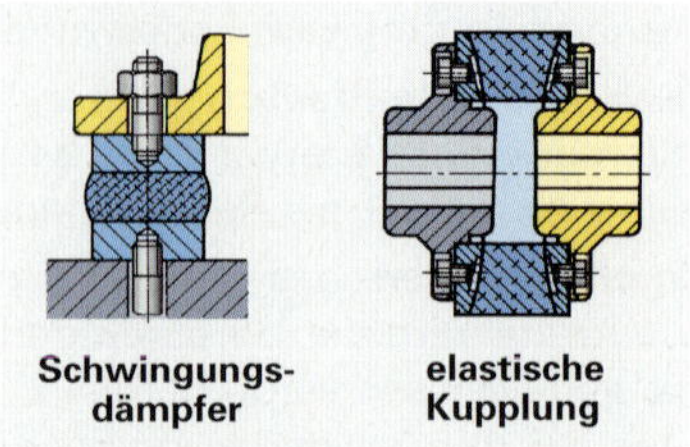

Bild 6: Gummifedern

6.5 Funktionseinheiten zur Energieübertragung

6.5.1 Wellen und Achsen

Wellen übertragen Drehbewegungen und Drehmomente und damit Energie. Achsen dagegen dienen zur Aufnahme sich drehender Bauteile. Sie übertragen keine Energie.

Wellen

Wellen werden direkt von Motoren und Kupplungen oder durch Zahnräder, Ketten und Riemen angetrieben.

Beanspruchung, Gestaltung, Lagerung

Beanspruchung. Wellen werden durch die auftretenden Kräfte auf Biegung und durch das Drehmoment auf Torsion beansprucht **(Bild 1).**

Gestaltung. Die **Durchmesser** der Welle müssen so groß sein, dass die zulässigen Spannungen für Biegung und Torsion nicht überschritten werden. Die **Abstufung der Durchmesser** richtet sich nach den Innendurchmessern der zugehörenden Bauelemente (Kupplung, Dichtungen, Lager, Verzahnung) und danach, wie diese Bauelemente montiert werden sollen.

Am **Übergang zwischen zwei Durchmessern** tritt verstärkt Kerbwirkung auf. Diese mindert die Dauerfestigkeit der Welle. Die Kerbwirkung kann durch Ausrunden des Überganges oder durch genormte Freistiche verkleinert werden **(Bild 2).**

Lagerung. Wellen werden meist in zwei Lagern gelagert. Diese übertragen die auftretenden radialen und axialen Kräfte auf das Gehäuse. Sehr lange, schlanke Wellen sowie Kurbel- und Nockenwellen von Verbrennungsmotoren müssen in mehr als zwei Lagen gelagert werden, um Durchbiegung und Schwingungen zu vermeiden.

Bauarten

Wellen können nach ihrer Funktion in Antriebs- und Getriebewellen, Spindeln, Gelenkwellen sowie Kurbel- und Nockenwellen eingeteilt werden.

Antriebswellen

Antriebswellen leiten das Drehmoment auf andere Wellen, Maschinen oder Werkzeuge weiter. So überträgt z. B. in **Bild 3** die von der Riemenscheibe angetriebene Sägewelle das Drehmoment auf das Sägeblatt.

Getriebewellen haben die Aufgabe, zusammen mit Zahnrädern Drehzahlen zu ändern (Seiten 465 bis 469). Die Getriebewelle (**Bild 4**) wird über den Antriebsflansch angetrieben. Der Abtrieb erfolgt entweder über das linke Zahnrad z_1 oder über das rechte Zahnrad z_2. Die beiden Zahnräder werden wechselweise über die Zahnkupplung zugeschaltet.

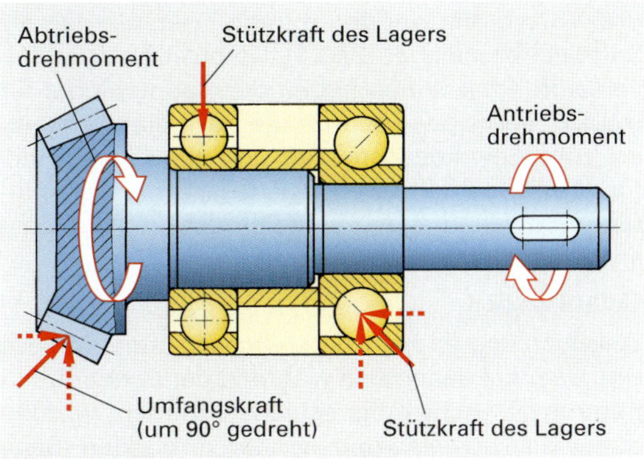

Bild 1: Beanspruchung einer Welle

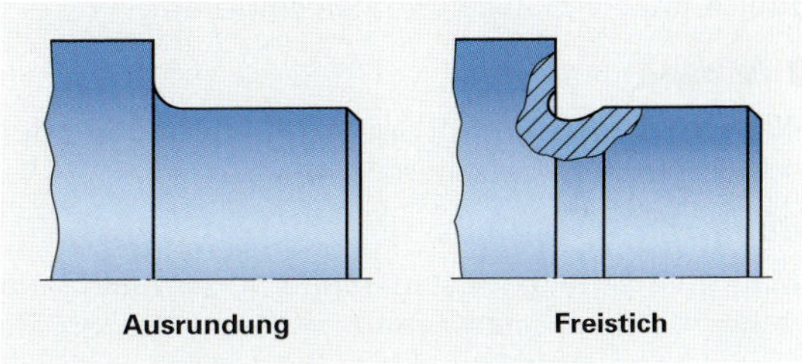

Bild 2: Durchmesserübergänge an Wellen

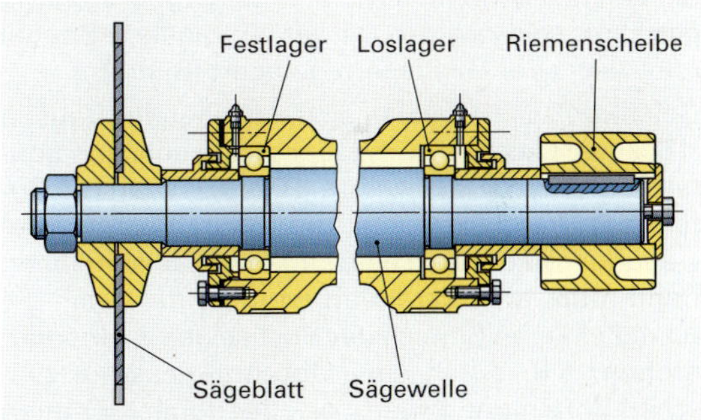

Bild 3: Kreissägewelle

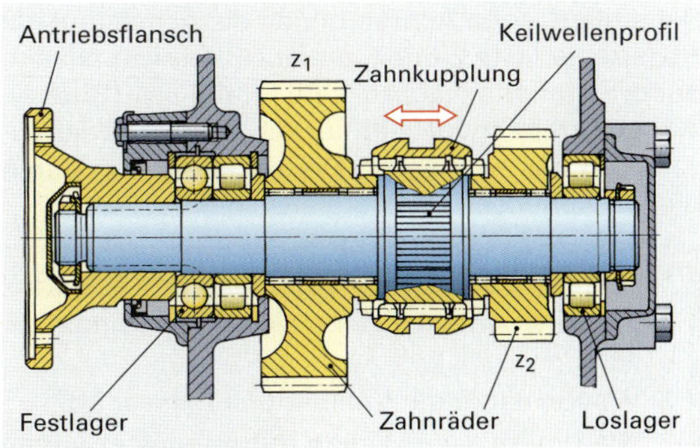

Bild 4: Getriebewelle

Spindeln

Wellen in Werkzeugmaschinen, welche die Schnitt- und Vorschubbewegung durchführen, werden als Spindeln bezeichnet **(Bild 1).** So besitzen z. B. Universaldrehmaschinen neben der Hauptspindel für die Aufnahme der Spannzeuge noch eine Leitspindel zum Gewindeschneiden und eine Zugspindel für die Vorschubbewegung des Werkzeugschlittens. Schnelllaufende Spindeln müssen besonders sorgfältig ausgewuchtet werden.

Gelenkwellen

Zwischen Baugruppen, deren Achsen radial versetzt sind oder bei denen sich während der Energieübertragung die Achsen verschieben können, werden durch Gelenkwellen miteinander verbunden (Seite 468). Sie werden vor allem bei Kraftfahrzeugen zwischen Motor und Achsantrieb sowie bei Traktoren zum Antrieb von Zusatzgeräten eingesetzt.

Achsen

Achsen dienen zum Tragen umlaufender oder schwingender Maschinenelemente.

Bauarten

Man unterscheidet feststehende und umlaufende Achsen. Kleine feststehende Achsen werden als Gelenkbolzen bezeichnet.

Feststehende Achsen

Bei den feststehenden Achsen, die gegen Drehung gesichert sein müssen, ist das zu tragende Bauteil mit Wälz- oder Gleitlagern gelagert **(Bild 2).**

Gelenkbolzen verbinden ein feststehendes Bauteil, z. B. einen Lagerblock, mit einem beweglichen Bauteil, z. B. einem Gelenkstück **(Bild 3).** Wenn die Gefahr besteht, dass Bolzen und Bauteil bei der Bewegung fressen, wird eine Lagerbuchse eingebaut. Dann muss aber garantiert werden, dass sich die Bauteile nur im Bereich der Buchse gegeneinander drehen, z. B. durch eine Übermaßpassung zwischen Bolzen und Lagerbock oder durch Klemmen des Bolzens.

Umlaufende Achsen

Bei umlaufenden Achsen bilden die Achse und die Räder eine feste Einheit, die auch bei weit auseinanderliegenden Lagern sehr stabil ist **(Bild 4).** Außerdem benötigt man für die beiden Räder zusammen nur zwei Lager. Die Lager werden durch die feststehenden Lagergehäuse geschmiert.

Wiederholung und Vertiefung

1 Wodurch unterscheiden sich Wellen und Achsen?
2 Wovon hängt der Wellendurchmesser ab?
3 Warum müssen Wellen mit mindestens zwei Lagern gelagert werden?

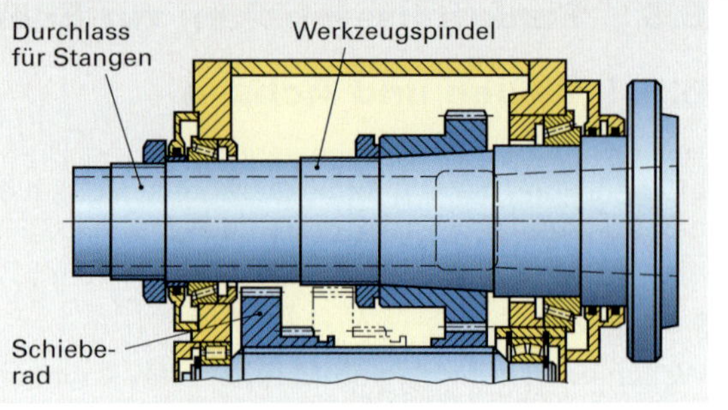

Bild 1: Arbeitsspindel einer Drehmaschine

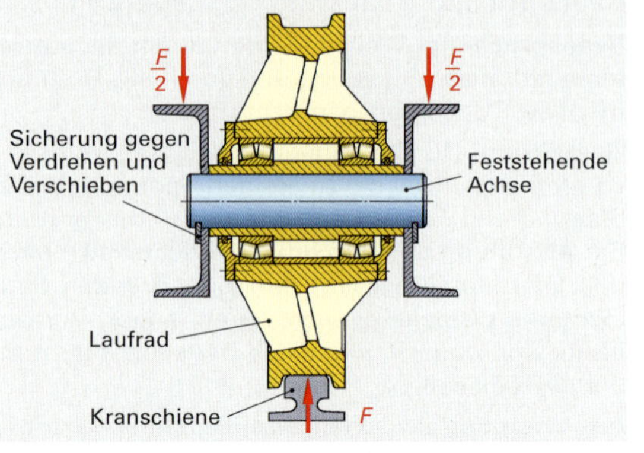

Bild 2: Feststehende Achse eines Kranlaufrades

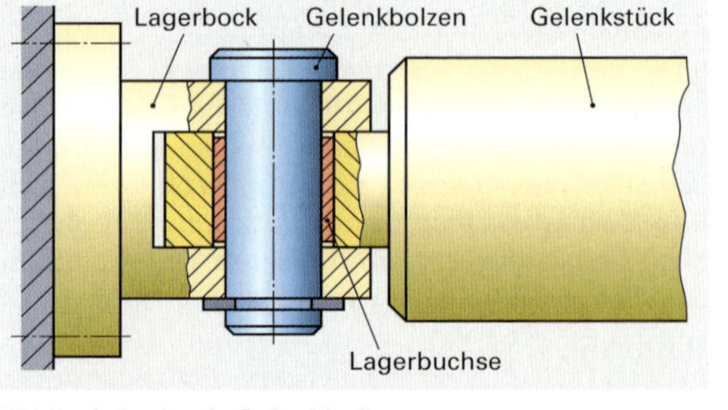

Bild 3: Gelenk mit Gelenkbolzen

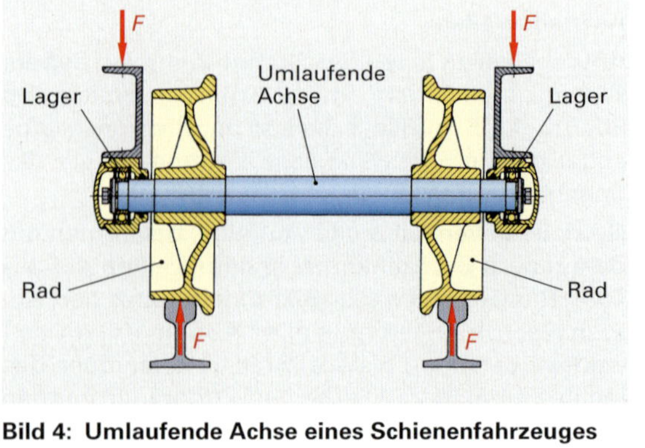

Bild 4: Umlaufende Achse eines Schienenfahrzeuges

6.5.2 Kupplungen

Kupplungen dienen zur Energieübertragung zwischen Wellen. Sie können verschiedene Aufgaben erfüllen:

- Verbindung von Wellen, z. B. Motorwelle mit Getriebewelle **(Bild 1)**
- Unterbrechung oder Übertragung von Drehmomenten, z. B. Kraftfahrzeugkupplung
- Schalten von Getriebestufen, z. B. bei Getrieben an Werkzeugmaschinen
- Schutz vor Überlastung, z. B. im Kollisionsfall bei NC-Maschinen
- Dämpfung von Stößen, z. B. Kupplungen in Förderanlagen
- Ausgleich von Wellenversetzungen, z. B. Gelenkkupplungen (Bild 1)

Die Art der Kupplung richtet sich vor allem nach der zu erfüllenden Aufgabe. Die Baugröße einer Kupplung ist abhängig vom zu übertragenden Drehmoment.

Kupplungen können in nichtschaltbare und schaltbare Kupplungen sowie in Kupplungen für Sonderzwecke eingeteilt werden **(Bild 2)**.

6.5.2.1 Nicht schaltbare Kupplungen

Bei nicht schaltbaren Kupplungen kann die Antriebswelle während des Betriebes nicht von der Abtriebswelle getrennt werden.

Starre Kupplungen

Starre Kupplungen werden zur Kraftübertragung zwischen zwei fluchtenden Wellen eingesetzt, die auch in axialer Richtung fest miteinander verbunden werden sollen. Sie können keine Wellenversetzungen ausgleichen.

Starre Kupplungen sind meist kostengünstige und kleinbauende Kupplungen für einfache Antriebe. Sie werden aber auch bei sehr hohen Drehmomenten und Drehzahlen, z. B. mit angeschmiedeten Flanschen, eingesetzt.

Scheibenkupplungen. Bei Scheibenkupplungen erfolgt die gegenseitige Zentrierung der Wellenflansche durch einen Zentrieransatz oder durch einen Zentrierring **(Bild 3)**.

Schalenkupplungen mit Kegelhülse. Diese Bauart verbindet zwei fluchtende Wellen mit gleichem Durchmesser miteinander **(Bild 4)**. Durch die geschlitzten kegeligen Klemmflächen lässt sich die Kupplung ohne Passfedern kraftschlüssig auf den Wellenenden befestigen. Diese Kupplungen sind aber nicht für wechselnde, stoßartige Belastungen geeignet.

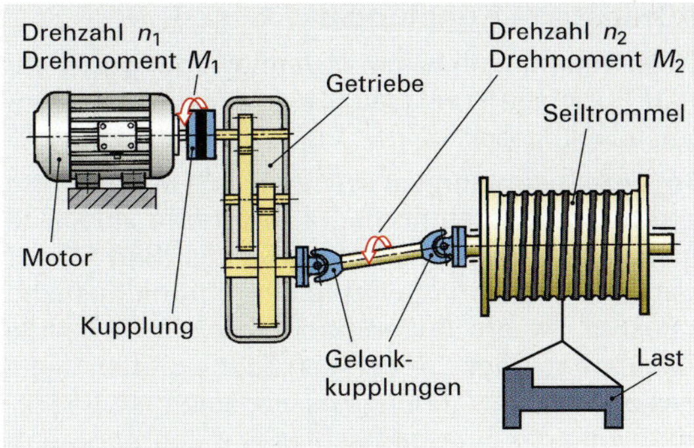

Bild 1: Einsatz von Kupplungen

- **nicht schaltbare Kupplungen**
  - starre Kupplungen
  - drehstarre Kupplungen
  - elastische Kupplungen
- **schaltbare Kupplungen**
  - formschlüssige Kupplungen
  - kraftschlüssige Kupplungen
- **Kupplungen für Sonderzwecke**
  - Sicherheitskupplungen
  - Anlaufkupplungen
  - Freilaufkupplungen

Bild 2: Bauarten von Kupplungen

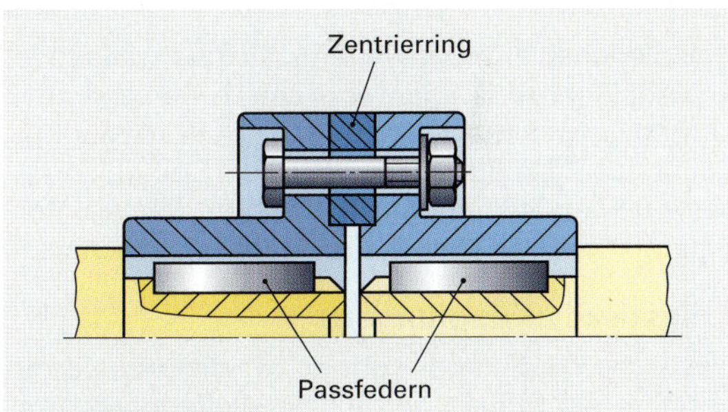

Bild 3: Scheibenkupplung

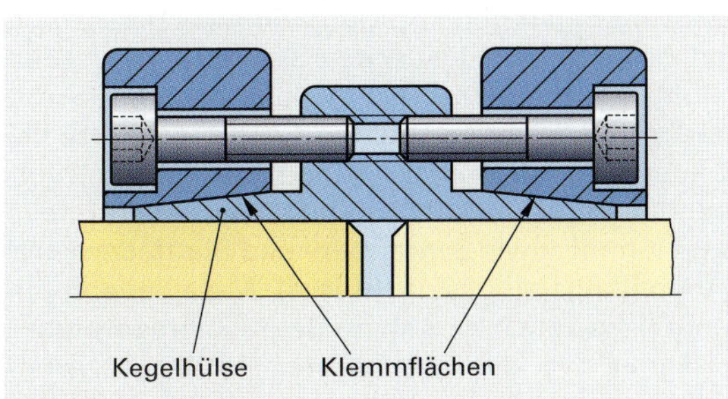

Bild 4: Schalenkupplung mit Kegelhülse

Drehstarre Kupplungen

Diese Kupplungen können Drehbewegungen drehstarr übertragen und gleichzeitig Wellenversetzungen ausgleichen.

Bogenzahnkupplungen zeichnen sich durch große übertragbare Drehmomente und hohe zulässige Drehzahlen bei kleiner Baugröße aus **(Bild 1)**. Auf beiden Wellenenden wird je eine Kupplungsnabe befestigt, die am Außendurchmesser eine ballige Verzahnung trägt. Die balligen Zähne greifen in die gerade Innenverzahnung des Gehäuses ein und ermöglichen so eine formschlüssige Drehmomentübertragung. Dabei ist ein kleiner axialer und Winkel-Versatz zwischen den beiden Wellen möglich.

Gelenkkupplungen können größere Wellenversetzungen ausgleichen als Bogenzahnkupplungen. Bei Gleichlaufgelenken übertragen Kugeln die Drehbewegung zwischen den beiden Wellen.

Topfgelenke sind Gleichlaufgelenke mit axialer Verschiebemöglichkeit **(Bild 2)**. Sie sind mit Kugeln ausgerüstet, die durch einen Käfig geführt werden und auf geraden Bahnen laufen. Sie erlauben einen Winkelversatz bis 20° und axiale Verschiebungen bis 30 mm.

Gleichlaufgelenke werden vorwiegend als Achsantriebe in Kraftfahrzeugen eingesetzt.

Gleichlaufgelenke (homokinetische Gelenke) übertragen die Drehzahlen der Antriebswelle auch bei größeren Winkelversetzungen ohne Drehzahlunterschied auf die Antriebswelle.

Gelenkwellen (Kardanwellen) bestehen aus zwei Kreuzgelenkkupplungen und einem Schiebestück für den Längenausgleich **(Bild 3)**. Im Werkzeugmaschinenbau dienen Gelenkwellen als Spindelantriebe von Mehrspindelbohrmaschinen und als Vorschubantrieb von kleinen Fräsmaschinentischen.

Elastische Kupplungen

Elastische Kupplungen können wie die drehstarren Kupplungen radiale und axiale Wellenversetzungen ausgleichen. Durch ihre zusätzliche Nachgiebigkeit in Umfangsrichtung werden Stöße und Schwingungen gedämpft und ein weiches Anfahren ermöglicht. Elastische Kupplungen werden häufig zum Antrieb von Arbeitsmaschinen mit stark schwankenden Drehmomenten, wie z. B. bei Kolbenpumpen und bei Kolbenverdichtern, verwendet. Als elastische Elemente werden Formteile aus Gummi sowie Schrauben- und Blattfedern und Gummibälge eingesetzt **(Bild 4)**. Metallfederkupplungen sind auch für höhere Betriebstemperaturen geeignet. Um einen spielfreien Betrieb zu erreichen, werden die Federelemente unter Vorspannung eingebaut.

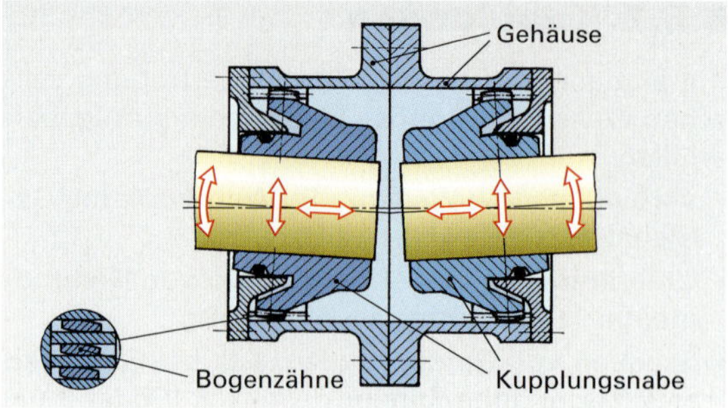

Bild 1: Bogenzahnkupplung

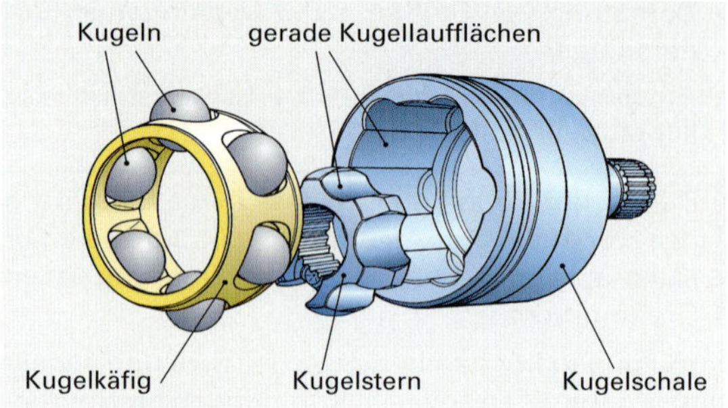

Bild 2: Topfgelenk

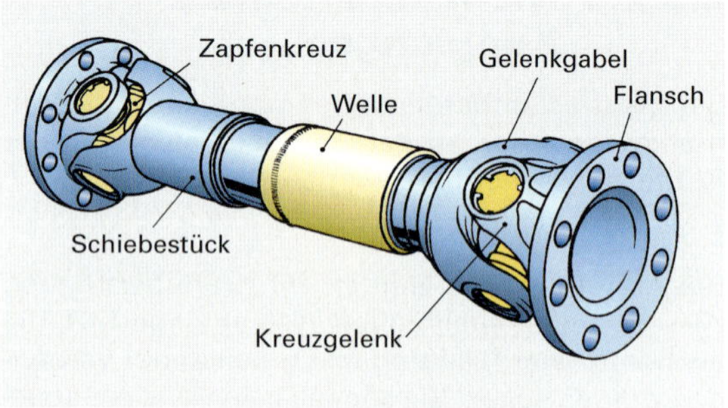

Bild 3: Kreuzgelenk an einer Gelenkwelle

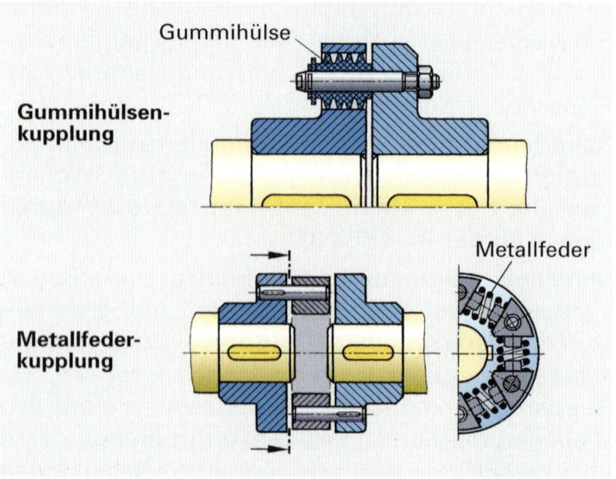

Bild 4: Elastische Kupplungen

Metallbalgkupplungen werden im allgemeinen Maschinenbau eingesetzt. Dabei verbinden sie z. B. bei Vorschubantrieben den Servomotor mit der Kugelgewindespindel und gewährleisten selbst bei sehr kleinen Drehzahlen eine ruhige und gleichmäßige Bewegung des Werkzeugschlittens **(Bild 1)**. Metallbalgkupplungen übertragen Drehmomente von 0,1 N·m bis 4 kN·m und Drehzahlen bis 13 000 min^{-1}.

Die besondere geometrische Form des Balges garantiert eine hohe Torsionsfestigkeit **(Bilder 2 und 3)**. Sie ermöglicht gleichzeitig einen Ausgleich von axialem, radialem und winkligem Wellenversatz. Die Bälge bestehen meist aus Edelstahllegierungen. Die Verbindung der Kupplung mit den Wellen erfolgt hauptsächlich kraftschlüssig durch Konusbuchsen, Klemmnabe, Spreizkonus oder Konusspannringnaben.

Vorteile der Metallbalgkupplungen

- spielfreie Drehmomentübertragung
- geringes Massenträgheitsmoment
- hohe Verdrehfestigkeit
- Einsatz bis 250 °C
- einfache, schnelle Montage
- sichere Drehmomentübertragung auch bei hohen Drehzahlen
- Ausgleich von radialem, axialem und winkligem Wellenversatz
- wartungsfrei

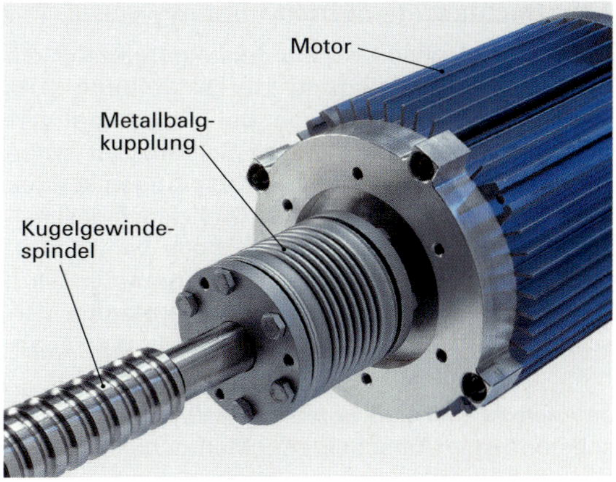

Bild 1: Antriebseinheit mit Metallbalgkupplung

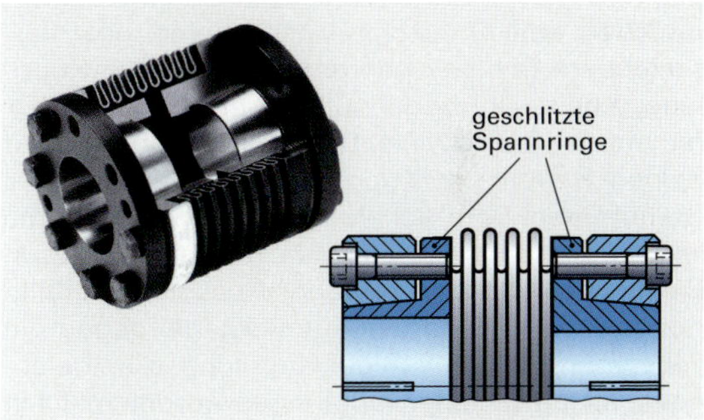

Bild 2: Metallbalgkupplung mit Spannringnabe

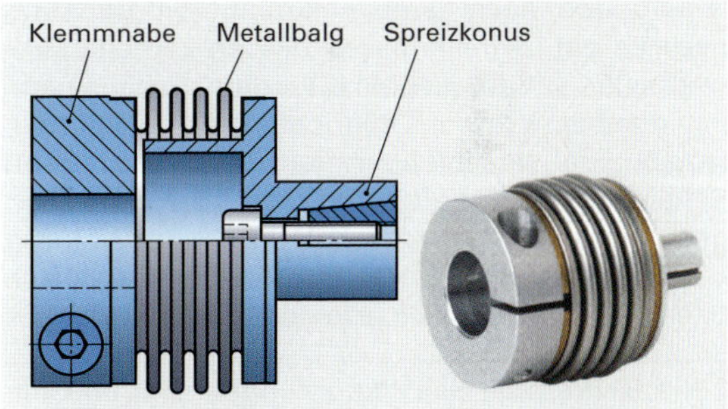

Bild 3: Metallbalgkupplung mit Spreizkonus und Klemmnabe

6.5.2.2 Schaltbare Kupplungen

Schaltbare Kupplungen werden verwendet, wenn die Verbindung der beiden Wellen zeitweise unterbrochen werden soll. Je nach Art der Drehmomentübertragung unterscheidet man **formschlüssige** und **kraftschlüssige** Schaltkupplungen, die mechanisch, hydraulisch, pneumatisch oder elektromagnetisch betätigt werden können.

Formschlüssige Schaltkupplungen

Bei diesen Kupplungen wird das Drehmoment durch ineinander greifende Kupplungselemente (Klauen, Zähne, Bolzen usw.) übertragen **(Bild 4)**. Im eingeschalteten Zustand ist keine äußere Schließkraft nötig, um die Kraftübertragung aufrechtzuerhalten. Die Verbindung zwischen dem beweglichen Teil der Kupplung und der Welle erfolgt durch Gleitfederverbindungen oder durch Profilwellen. Zahnkupplungen werden im Getriebebau verwendet.

Formschlüssige Schaltkupplungen sind nur im Stillstand oder bei geringem Drehzahlunterschied der beiden Wellen schaltbar.

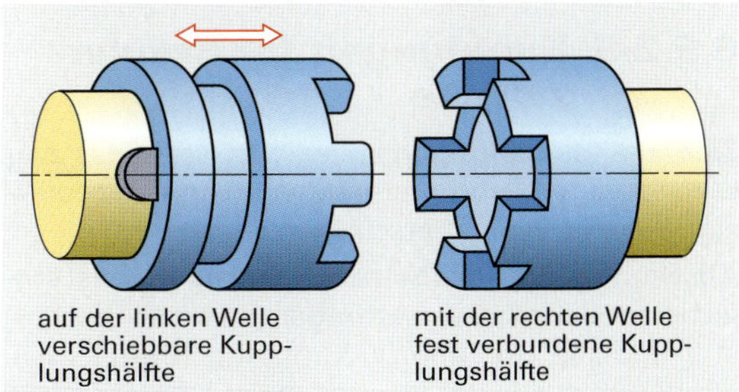

Bild 4: Klauenkupplung

Kraftschlüssige Schaltkupplungen

Bei kraftschlüssigen Schaltkupplungen erfolgt die Drehmomentübertragung durch Reibung. Die Reibflächen müssen auch bei eingeschalteter Kupplung durch eine äußere Schließkraft aufeinander gepresst werden. Die Kupplungen können auch unter Last und bei hohen Drehzahlen geschaltet werden, da die getriebene Welle beim Einrücken der Kupplung allmählich mitgenommen wird. Da bei jedem Schaltvorgang Reibwärme und Verschleiß auftreten, ist für ausreichende Wärmeabfuhr zu sorgen.

Je nach Anzahl und Form der Reibflächen unterscheidet man Einscheiben-, Mehrscheiben- und Kegelkupplungen.

Einscheibenkupplungen. Bei Einscheibenkupplungen wird durch Federkraft (Druckfeder oder Membranfeder) eine Druckplatte gegen eine axial verschiebbare Scheibe gepresst **(Bild 1).** Die Kupplungsscheibe drückt dadurch gegen das Schwungrad auf der Kurbelwelle. Durch die Reibbeläge auf beiden Seiten der Kupplungsscheibe wird das Drehmoment vom Schwungrad über die Scheibe auf die Getriebeantriebswelle übertragen. Zum Entkuppeln wird die Kupplungsdruckplatte mithilfe des Ausrückers und der Ausrückgabel gegen die Federvorspannung von der Kupplungsscheibe abgehoben. Einscheibenkupplungen werden meist in Kraftfahrzeugen verwendet.

Mehrscheibenkupplungen. Die Mehrscheibenkupplungen, auch Lamellenkupplungen genannt, besitzen ein Lamellenpaket, dessen Lamellen abwechselnd außen mit dem Kupplungsgehäuse und innen mit der Welle in Drehrichtung formschlüssig, jedoch axial verschiebbar, verbunden sind. Beim Schalten der Kupplung werden die Lamellen gegeneinander gepresst. Die Schaltbewegung kann mechanisch, hydraulisch bzw. pneumatisch oder elektromagnetisch erfolgen **(Bild 2).**

> Kraftschlüssige Schaltkupplungen sind im Stillstand und im Betrieb schaltbar. Der Schaltvorgang kann mechanisch, hydraulisch, pneumatisch oder elektromagnetisch erfolgen.

6.5.2.3 Kupplungen für Sonderzwecke

Sicherheitskupplungen sollen den Kraftfluss zwischen zwei Wellen unterbrechen, wenn das zulässige Drehmoment überschritten wird.

Abscherstifte, Brechbolzenkupplungen. Die einfachsten Sicherheitskupplungen sind der Abscherstift und die Brechbolzenkupplung **(Bild 3).** Sie werden so ausgelegt, dass sie beim Überschreiten des zulässigen Drehmomentes abscheren.

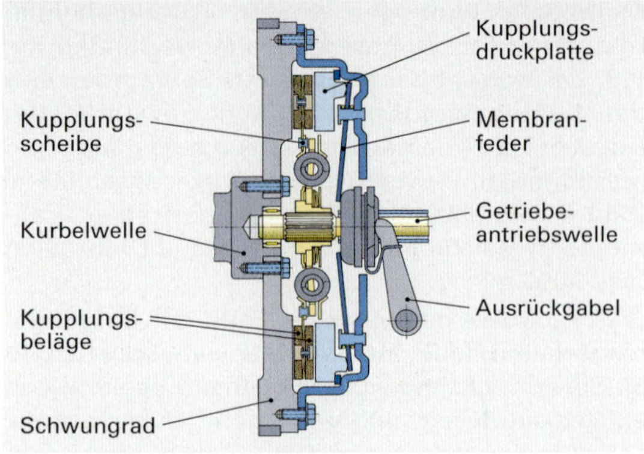

Bild 1: Einscheibenkupplung

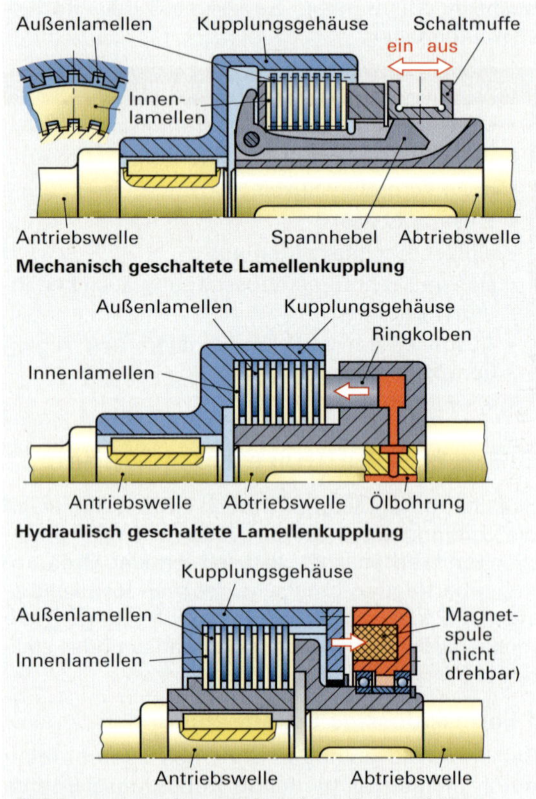

Bild 2: Lamellenkupplungen

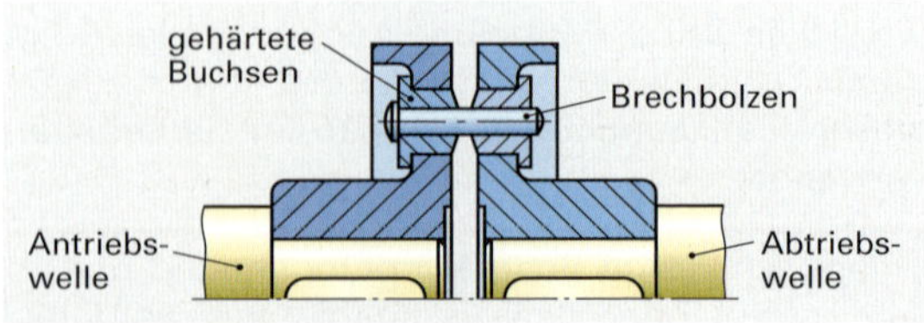

Bild 3: Brechbolzenkupplung

Rutschkupplungen sind wie Lamellenkupplungen oder Einscheibenkupplungen aufgebaut und übertragen das Drehmoment kraftschlüssig über Reibbeläge **(Bild 1)**. Das übertragbare Drehmoment wird durch die Vorspannung der Anpressfeder eingestellt. Beim Überschreiten des zulässigen Drehmoments rutscht die Kupplung durch.

Bei **Durchrastkupplungen** wird mit der skalierten Einstellmutter das Grenzdrehmoment (Überlastdrehmoment) durch Vorspannen der Tellerfedern eingestellt **(Bild 2)**. Bei Überlast rasten die Kugeln aus ihrem Sitz aus; das Schaltteil führt dadurch einen axialen Hub aus. Dieser wird von einem Sensor mechanisch oder berührungslos erfasst und der Antrieb innerhalb von 2 bis 3 ms abgeschaltet **(Bild 3)**. Die Kupplung rastet automatisch an einem beliebigen der direkt aufeinander folgenden Kugelsitze wieder ein. Dadurch ist eine sofortige automatische Betriebsbereitschaft nach der Behebung der Überlastung gegeben.

Sicherheitskupplungen. Sicherheitskupplungen in NC-Maschinen, z. B. Schleppfehlerkupplungen, stellen über ein Messsystem Drehzahlunterschiede (Schleppfehler) zwischen An- und Abtriebswelle fest. Diese Schleppfehler können z. B. durch Überlastung oder Kollision entstehen; in diesem Falle wird der Antrieb der Maschine über ein NOT-AUS-System sofort abgeschaltet.

Anlaufkupplungen

Anlaufkupplungen werden meist zwischen Kraft- und Arbeitsmaschinen eingebaut. Sie ermöglichen der Kraftmaschine, z.B. einem Verbrennungsmotor, unbelastet hochzufahren. Erst ab einer bestimmten Drehzahl wird die Arbeitsmaschine selbstständig angekoppelt.

Freilaufkupplungen

Bei Freilauf- oder Überholkupplungen erfolgt die Drehmomentübertragung durch Sperrklinken, Klemmkörper, Rollen oder Kugeln, die zwischen dem treibenden und dem getriebenen Teil der Kupplung eingebaut werden **(Bild 4)**. Dreht sich die Antriebswelle schneller als die Abtriebswelle, so werden die Zylinderrollen nach außen gedrängt und klemmen sich zwischen Antriebs- und Abtriebswelle. Das Gehäuse wird mitgenommen. Dreht sich dagegen das Gehäuse schneller als die Antriebswelle, wandern die Rollen nach innen und die Kraftübertragung wird unterbrochen.

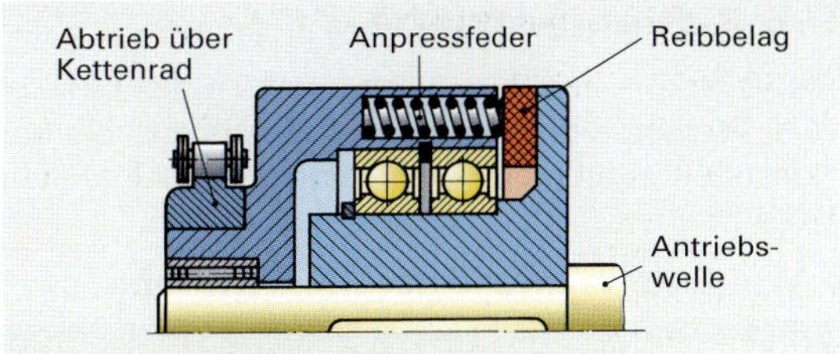

Bild 1: Rutschkupplung

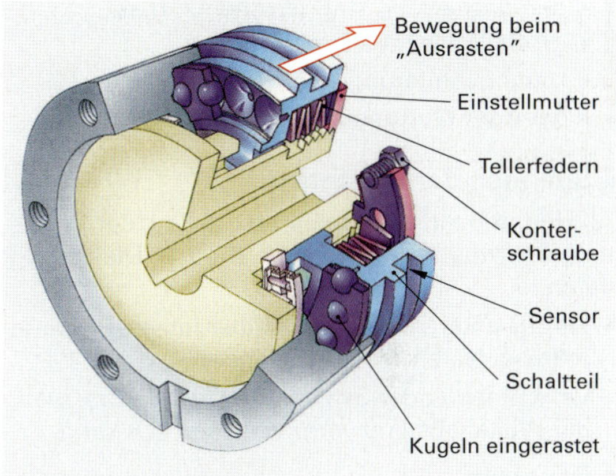

Bild 2: Durchrastkupplung

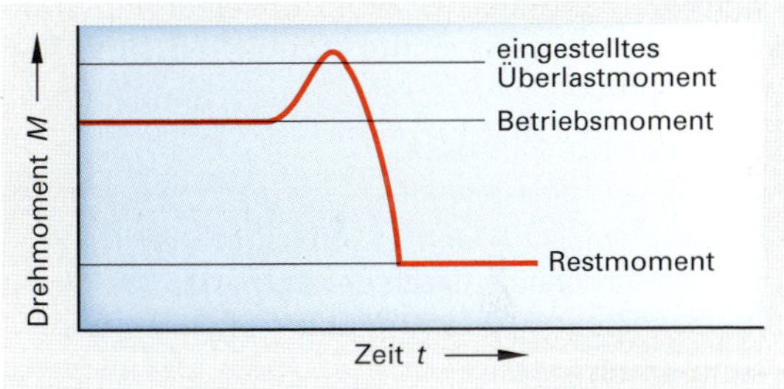

Bild 3: Schaltverhalten einer Durchrastkupplung

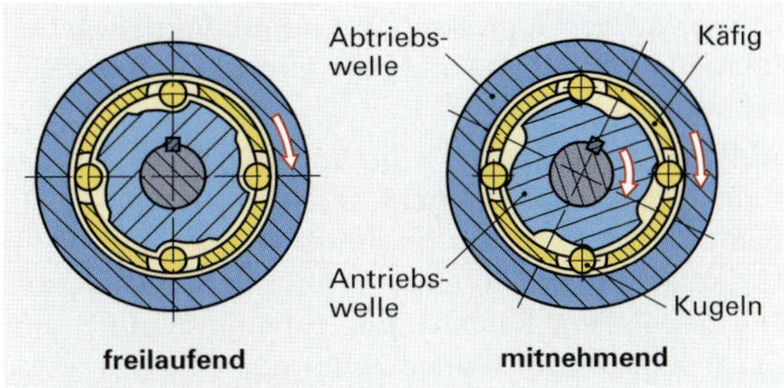

Bild 4: Freilaufkupplung

Wiederholung und Vertiefung

1 Welche Aufgaben haben Kupplungen?
2 Wie arbeitet eine Einscheibenkupplung?
3 Wo werden elastische Kupplungen eingesetzt?
4 Welche Vorteile bieten Metallbalgkupplungen?
5 Wie werden Lamellenkupplungen geschaltet?
6 Welche Vorteile bieten Durchrastkupplungen?
7 Welche Aufgaben erfüllen Freilaufkupplungen?

6.5.3 Riementriebe

Riementriebe sind Zugmittelgetriebe (Seite 491). Sie übersetzen Drehmomente und Drehzahlen zwischen zwei Wellen, die einen größeren Abstand als bei Zahnradtrieben haben können. Da alle Riemen aus Kunststoff oder auch Textilien bestehen, unterscheidet sich ihr Verhalten wesentlich von Zahnrad- oder Kettentrieben.

Vor- und Nachteile der Riementriebe

Vorteile:	Nachteile:
• elastische Kraftübertragung • geräuscharmer, stoßdämpfender Lauf • große Wellenabstände möglich • keine Schmierung erforderlich • geringer Wartungsaufwand	• Schlupf durch Dehnung der Riemen • dadurch kein genaues Übersetzungsverhältnis • begrenzte Anwendungstemperatur • zusätzliche Lagerbelastung durch notwendige Spannkraft der Riemen

Spannen der Riemen

Alle Riemen müssen gespannt werden, damit Leistung übertragen werden kann **(Bild 1)**. Dies erfolgt durch

- Einbau unter Vorspannung oder mit einer Spannrolle bei festen Wellenabständen,
- Verschieben oder Schwenken des Motors, wenn der Wellenabstand vergrößert werden kann.

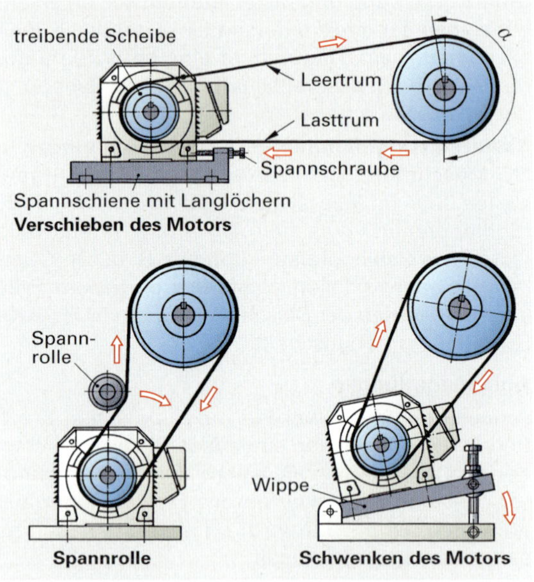

Bild 1: Möglichkeiten zum Spannen von Riemen

Bauarten

Die Riemen werden nach der Art der Mitnahme durch die Riemenscheiben in unverzahnte (kraftschlüssige) und verzahnte (formschlüssige) Riemen eingeteilt.

Unverzahnte Riemen

Unverzahnte Riemen übertragen die Zugkraft durch Reibung zwischen den Laufflächen von Riemen und Riemenscheibe. Nach der Form der Lauffläche unterscheidet man Flachriemen und Keilriemen.

Flachriemen

Die Umfangskraft an der Riemenscheibe und damit das übertragbare Drehmoment hängt im Wesentlichen von der Spannkraft, dem Reibwert zwischen Riemen und Scheibe und dem Umschlingungswinkel ab.

Aufbau. Flachriemen sind meist aus zwei oder mehr Schichten aufgebaut. Die Laufschicht besteht aus Chromleder, das gegenüber der Stahl- oder Gusseisenlauffläche einen guten Reibwert besitzt. Die Zugschicht besteht aus Kunststoff mit hoher Zugfestigkeit und kleiner Dehnung.

Besondere Eigenschaften. Durch die hohe Flexibilität des Riemens können Übersetzungen bis 20:1, kleine Wellenabstände, hohe Riemengeschwindigkeiten (bis 100 m/s) und große übertragbare Leistungen erreicht werden **(Bild 2)**.

Anwendungsbeispiele. Antriebe bei Werkzeug-, Textil- und Papiermaschinen, Antriebe von Rollenförderern, Transportbänder.

Bild 2: Antrieb mit einem Flachriemen

Keilriemen

Keilriemen werden bei Belastung in die Scheibenrille gezogen und pressen sich dadurch an die Rillenflanken an. Die entstehenden großen Normalkräfte ermöglichen große Reibkräfte und die Übertragung großer Drehmomente **(Bild 1).**

Aufbau. Keilriemen bestehen aus einem Polyester-Zugstrang, einem Gummikern, der teilweise durch quergerichtete Fasern verstärkt wird, und einem abriebfesten Umhüllungsgewebe. Bei flankenoffenen Keilriemen entfällt diese Umhüllung.

Besondere Eigenschaften. Durch den hohen Reibschluss, der durch die Keilwirkung entsteht, sind die notwendigen Vorspannkräfte geringer als bei Flachriemen. Durch den hohen Querschnitt ist der Biegewiderstand jedoch relativ hoch. Er kann durch Verzahnung an der Unterseite des Keilriemens verringert werden.

Bauarten. Für die unterschiedlichen Anforderungen wurden verschiedene Keilriemenprofile entwickelt **(Tabelle 1).**

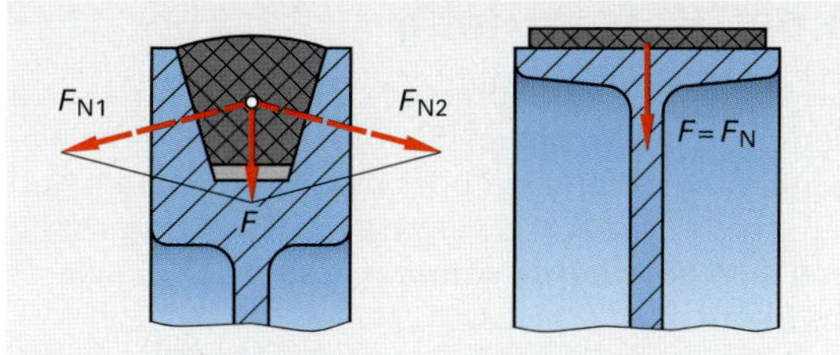

Bild 1: Kräfte bei Keilriemen und Flachriemen

Tabelle 1: Bauarten von Keilriemen

Profil	Eigenschaften
Schmalkeilriemen	
	Universell einsetzbar; hohe Leistung; Scheiben größer als bei Normalkeilriemen; meist verwendeter Riementyp
Flankenoffene Keilriemen	
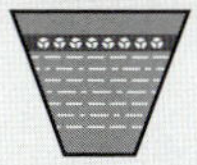	Besonders hohe Leistungsübertragung möglich, kleinere Scheibendurchmesser, höhere Temperaturbeständigkeit
Verbundkeilriemen (Kraftband)	
	Schwingungs- und stoßunempfindlich, kein Verdrehen in den Rillen, für große Wellenabstände und kleine Scheiben
Keilrippenriemen (Rippenband)	
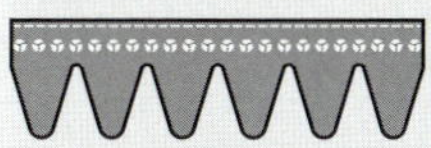	Flexibel; biegewechselbeständig; kleine Dehnung; gleichmäßige Kraftverteilung über der Riemenscheibe
Breitkeilriemen	
	sehr gute Querfestigkeit und Profilanpassung; Verwendung in Drehzahlverstellgetrieben (Seite 491)

Synchronriemen (Zahnriemen)

Bei Synchronriementrieben erfolgt die Kraftübertragung nicht durch Reibung, sondern formschlüssig durch die Zähne des Riemens. Zahnriemen verbinden die Vorteile der Flach- und Keilriemen mit der Schlupffreiheit der Ketten.

Bauarten. Synchronriemen werden als Einfach- und Doppelverzahnung und mit verschiedenen Zahnformen hergestellt **(Bild 2).**

Besondere Eigenschaften. Synchronriementriebe zeichnen sich durch geringe Riemenvorspannung und daher kleine Lagerbelastungen aus. Sie eignen sich zur schlupflosen Übertragung von kleinen und mittleren Leistungen.

Anwendungsbeispiele. Vorschubantriebe an Werkzeugmaschinen, Kopiergeräte **(Bild 3),** Drucker, Münzautomaten, Nockenwellenantriebe.

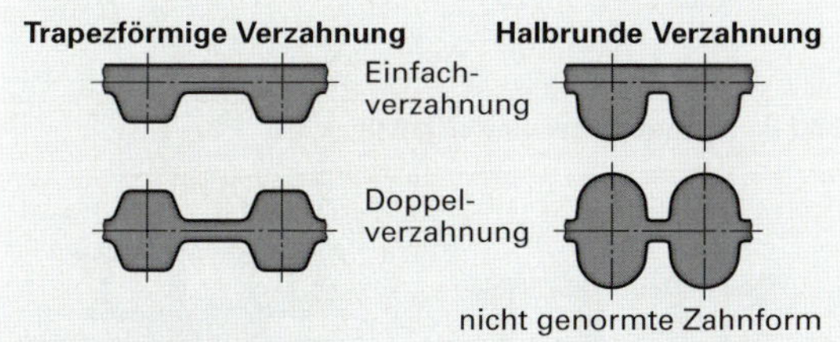

Bild 2: Zahnformen

Bild 3: Doppelzahnriemen in einem Fotokopiergerät

Wiederholung und Vertiefung

1 Welche besonderen Eigenschaften haben Flachriemenantriebe?
2 Welche Keilriemenprofile gibt es?
3 Was versteht man unter flankenoffenen Keilriemen?
4 Wodurch zeichnen sich Zahnriementriebe aus?

6.5.4 Kettentriebe

Die Kettentriebe gehören wie die Riementriebe zu den Zugmittelgetrieben. Sie übertragen Drehbewegungen zwischen zwei oder mehreren Wellen. Ketten werden meist aus vergütetem Stahl hergestellt und sind dadurch belastbarer, aber auch schwerer als Riemen.

Bild 1: Kettenantrieb einer Stahlprofilieranlage

Eigenschaften und Einsatzbereiche

Ketten werden meist für Antriebe mit genauen Übersetzungsverhältnissen, bei größeren Achsabständen und großen Zugkräften eingesetzt. Sie sind auch bei ungünstigen Umgebungseinflüssen zuverlässig und werden deshalb z.B. bei Umformmaschinen **(Bild 1)**, in der Fördertechnik, bei Zweiradfahrzeugen, bei Hebezeugen sowie bei Holzbearbeitungs- und Baumaschinen eingesetzt.

Vorteile:	Nachteile:
• Schlupffreie Kraftübertragung	• Kettengeschwindigkeit begrenzt
• Konstantes Übersetzungsverhältnis	• Hohe Laufgeräusche
• Übertragung großer Kräfte möglich	• Schmierung erforderlich
• Kaum empfindlich gegen Feuchtigkeit, Schmutz und höhere Temperaturen	• Neigung zum Schwingen bei stoßartiger Belastung

Bauarten von Ketten

Bei den Ketten unterscheidet man zwischen **Gliederketten** und **Gelenkketten (Bild 2)**. Gliederketten werden lediglich als Lastketten verwendet. Gelenkketten werden meist in Kettentrieben eingesetzt. Man unterscheidet Rollenketten, Bolzenketten und Buchsenketten.

Bild 2: Glieder- und Gelenkkette

Rollenketten (Bild 3). Durch das Abrollen der gehärteten und geschliffenen Rollen an den Zahnflanken des Kettenrads erhält man eine kleine Reibung und damit einen geringen Verschleiß. Der Schmierfilm zwischen Kettenrad, Rollen und Buchsen dämpft zudem die Geräuschentwicklung.

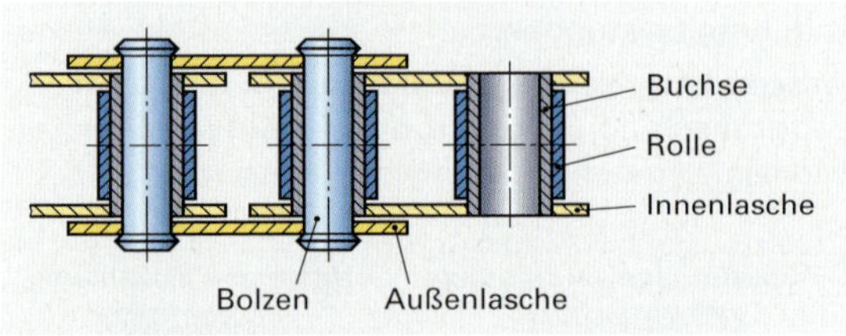

Bild 3: Aufbau einer Rollenkette

Anwendungsbeispiele von Rollenketten:

- Steuerkette in Kfz-Motoren
- Antriebskette bei Motorrädern
- Transportketten in Förderanlagen

Sind sehr große Kräfte zu übertragen, wie z.B. in Stahlverarbeitungsanlagen (Bild 1), werden **Mehrfachrollenketten (Bild 4)** als Zwei-, Drei- oder Vierfachrollenketten eingesetzt.

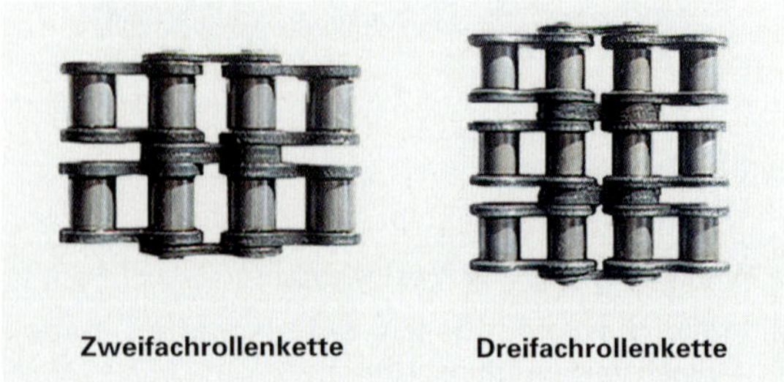

Bild 4: Mehrfachrollenketten

Bolzenketten (Bild 1, folgende Seite). Sie sind die einfachste Bauart der Gelenkketten, da sie nur aus Laschen und Bolzen bestehen. Zu den Bolzenketten gehören die **Gallketten** und die **Fleyerketten.** Gallketten werden bei kleinen Leistungen und Kettengeschwindigkeiten bis 0,5 m/s eingesetzt.

Fleyerketten sind reine Lastketten und werden nicht über Kettenräder, sondern über Umlenkrollen geführt. Sie finden z. B. als Hubketten in Hubstaplern und als Spann- und Gegengewichtsketten Anwendung.

Zahnketten als Sonderform der Bolzenketten laufen geräuscharm und sind für Geschwindigkeiten bis 30 m/s geeignet. Sie werden z. B. als Steuerketten in Verbrennungsmotoren verwendet.

Buchsenketten. Bei diesen sind die Innenlaschen auf Buchsen gepresst **(Bild 1).** Die Buchsen sitzen beweglich auf den mit den Außenlaschen fest vernieteten Bolzen. Buchsenketten haben gegenüber Bolzenketten durch die kleinere Flächenpressung zwischen Bolzen und Buchse einen geringeren Verschleiß. Sie werden z. B. als Förderketten mit kleinen Teilungen ausgeführt.

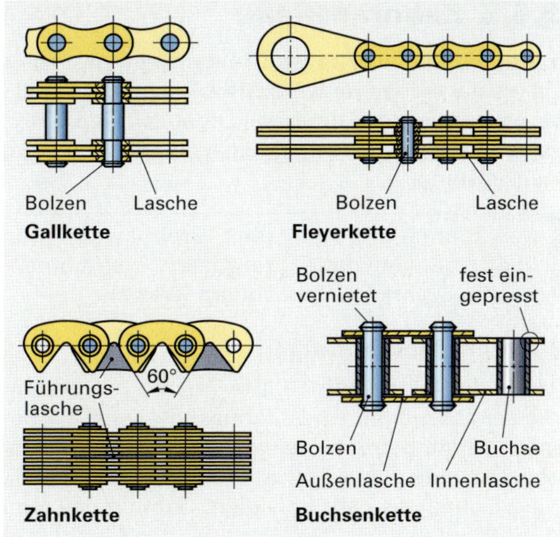

Bild 1: Bauformen von Gelenkketten

Kettenräder und Kettenspannung

Kettenräder (Bild 2). Die Größe und Form der Kettenräder wird durch die Kettengröße, die Zähnezahl und das zu übertragende Drehmoment bestimmt. Es werden zwei Grundbauformen von Kettenradkörpern unterschieden. Kettenräder mit Nabe übertragen größere Drehmomente. Kettenradscheiben werden eingesetzt, wenn kleinere Drehmomente vorhanden sind.

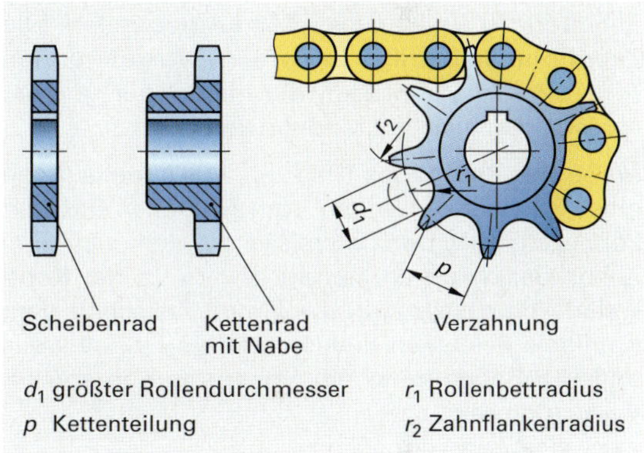

Bild 2: Kettenräder

Triebanordnung. Die Lebensdauer und Zuverlässigkeit der Kettentriebe werden entscheidend durch die Anordnung der Kettenräder mitbestimmt **(Bild 3).** Günstig für einen ruhigen Lauf der Kette ist eine waagrechte Anordnung der Kettenräder. Bis zu einer Neigung von 60° zur Waagerechten sind keine Spann- und Führungseinrichtungen erforderlich. Damit die Kette störungsfrei in der Verzahnung läuft, muss der Lasttrum oben liegen.

> Bei waagrechter Anordnung des Kettentriebes muss der Leertrum einen Durchhang von 1 % bis 2 % haben.

Kettenspanner. Spannvorrichtungen sollen die durch Verschleiß, ungleichförmige Belastung oder Wärmedehnung hervorgerufene Verlängerung der Kette ausgleichen und Schwingungen dämpfen.

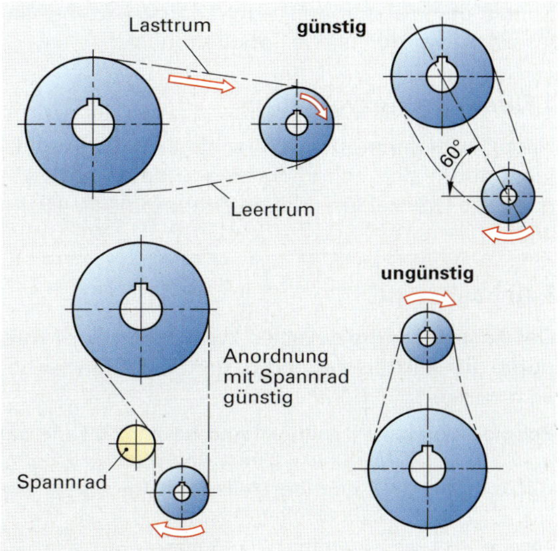

Bild 3: Triebanordnung

Wiederholung und Vertiefung

1 Welche Gruppen von Kettenbauarten werden grundsätzlich unterschieden?

2 Erläutern Sie vier Merkmale, durch welche sich die Ketten von den Riemen unterscheiden.

3 Erklären Sie den Aufbau einer Rollenkette und erläutern Sie ihre Vorteile.

4 Welche Merkmale kennzeichnen Zahnketten? Nennen Sie einen Einsatzbereich.

6.5.5 Zahnradtriebe

Zahnradtriebe übertragen Drehbewegungen von einer Welle auf eine andere **(Bild 1)**. Dabei greifen die Zähne der beiden Räder formschlüssig und damit ohne Schlupf ineinander. Dadurch können kleine Kräfte, wie z. B. in der Feintechnik, oder sehr große Kräfte, wie z. B. bei Walzenantrieben, übertragen und genaue Übersetzungsverhältnisse eingehalten werden. Außerdem benötigen Zahnräder einen geringen Achsabstand.

Mit Zahnrädern kann man Drehbewegungen übertragen und dabei Drehzahlen, Drehmomente oder Drehrichtungen ändern **(Bild 2)**.

Zahnradabmessungen

Maße der Zähne (Bild 3). Die Teilung *p* bestimmt die Abmessungen eines Zahnes. Sie wird als Bogenmaß auf dem Teilkreis des Zahnrades gemessen. Um eine glatte Zahl zu erhalten, wird die Teilung *p* durch die Zahl π dividiert. Damit erhält man den Modul $m = p/\pi$. Die Werte für den Modul sind genormt und haben die Einheit einer Länge, z. B. $m = 2$ mm. Die anderen Zahnradmaße wie z. B. die Zahnhöhe *h* sind an den Modul gebunden. Die Zahnhöhe *h* beträgt bei vielen Verzahnungen $h = 13/6 \cdot m$. Zahnräder, die ineinander greifen, müssen den gleichen Modul haben.

Maße des Zahnrades (Bild 3). Die Abmessungen eines Zahnrades hängen vom Modul *m* und der Zähnezahl *z* ab. Der Teilkreis *d*, auf dem sich zwei Zahnräder berühren, beträgt $d = m \cdot z$, der Kopfkreisdurchmesser $d_a = d + 2 \cdot m$. Zwischen dem Kopfkreis des einen Rades und dem Fußkreis des anderen Rades muss ein Spiel, das Kopfspiel *c*, vorhanden sein.

Sind Modul, Zähnezahl und Kopfspiel eines Zahnrades bekannt, können alle für die Herstellung der Verzahnung notwendigen Maße berechnet werden (siehe Tabellenbuch).

Übersetzungsverhältnis

Haben zwei Zahnräder unterschiedliche Zähnezahlen, ändern sich beim Übertragen der Drehbewegung die Drehzahlen und die Drehmomente (Seite 486).

Achsabstand

Der Achsabstand *a* zwischen zwei Zahnrädern wird durch die Teilkreise d_1 und d_2 der beiden Räder bestimmt: $a = (d_1 + d_2)/2$.

Beispiel: Von einem Zahnrad sind bekannt: Zähnezahl $z = 20$, Modul $m = 2$ mm, Kopfspiel $c = 0{,}2 \cdot m$.
Wie groß sind der Teilkreisdurchmesser und der Kopfkreisdurchmesser?

Lösung: $d = m \cdot z = 2\ \text{mm} \cdot 20 = 40\ \text{mm}$

$d_a = d + 2 \cdot m = 40\ \text{mm} + 2 \cdot 2\ \text{mm} =$ **44 mm**

Bild 1: Zahnräder in einem Getriebe

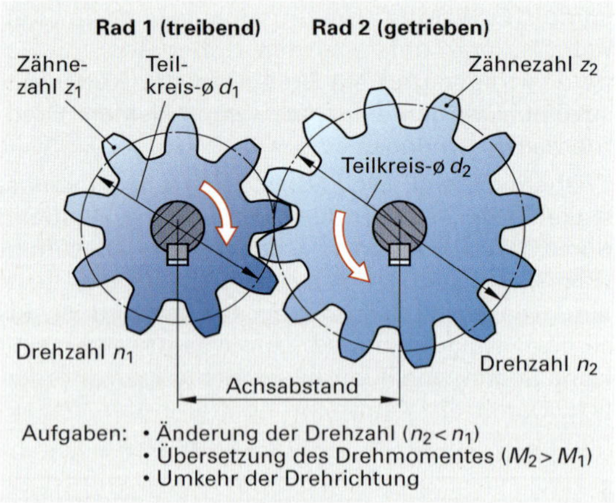

Bild 2: Aufgaben der Zahnräder

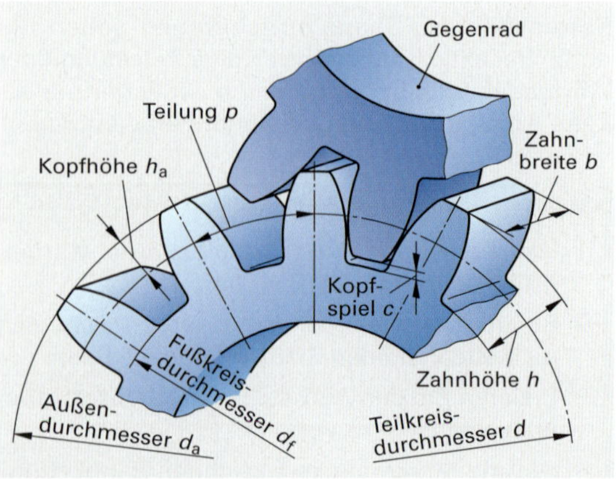

Bild 3: Zahnradabmessungen

Zahnflankenform

Beim Ineinandergreifen zweier Zahnräder wälzen sich die Zahnflanken aufeinander ab. Sie sollen dabei möglichst wenig gleiten, damit Verschleiß, Erwärmung und Geräuschentwicklung gering bleiben. Außerdem soll sich die Verzahnung durch möglichst einfache Werkzeuge kostengünstig herstellen lassen. Bei der Montage auftretende geringe Achsabstandfehler dürfen im Betrieb nicht zu Beschädigungen führen.

Evolventenverzahnung. Die oben genannten Bedingungen lassen sich erfüllen, wenn der Krümmungsverlauf der Zahnflanken einer Evolvente entspricht **(Bild 1).**

Die Evolvente entsteht, wenn ein Faden von einem Zylinder abgewickelt wird. Von dieser Evolventenkurve wird lediglich ein kurzes Stück der Abwicklung für die Zahnflanken verwendet.

> Im Maschinenbau und im Kfz-Bau verwendet man Zahnräder mit Evolventenverzahnung.

Bei der Herstellung einer Evolventenverzahnung wird eine Zahnstange benutzt, die einen Flankenwinkel von 40° hat **(Bild 2)**. Die Berührungspunkte von Zahnstange und Zahnrad liegen dabei auf einer Geraden, der Eingriffslinie. Diese Eingriffslinie ist zur Tangente an den Teilkreis genau um den halben Flankenwinkel, dem **Eingriffswinkel** von 20°, geneigt.

Im Normalfall berührt die Profilmittellinie den Teilkreis des Zahnrades. Man spricht in diesem Fall von Nullrädern (N-Rädern).

Unterhalb von 17 Zähnen tritt bei Nullrädern ein Unterschneiden der Zähne auf **(Bild 3)**. Dadurch werden die Zähne geschwächt, die Eingriffsverhältnisse verschlechtert. Verschiebt man die Profilmittellinie gegenüber dem Teilkreisdurchmesser nach außen, wird das Unterschneiden vermieden.

Neben der Evolventenverzahnung wird im Feingerätebau immer mehr die Kreisbogenverzahnung und im Großmaschinenbau bei Drehkränzen die Triebstockverzahnung verwendet.

Zahnradarten

Je nach Lage der Achsen der ineinandergreifenden Zahnräder unterscheidet man **Stirnrad-, Kegelrad-, Schraubenrad-** und **Schneckentriebe (Tabelle 1)**.

Stirnradgetriebe

Bei parallelen Achsen erfolgt die Drehmomentübertragung durch Stirnräder mit Außen- oder Innenverzahnung. Nach der Lage der Zähne zur Drehachse unterscheidet man Gerad-, Schräg- und Pfeilverzahnung **(Tabelle 2)**.

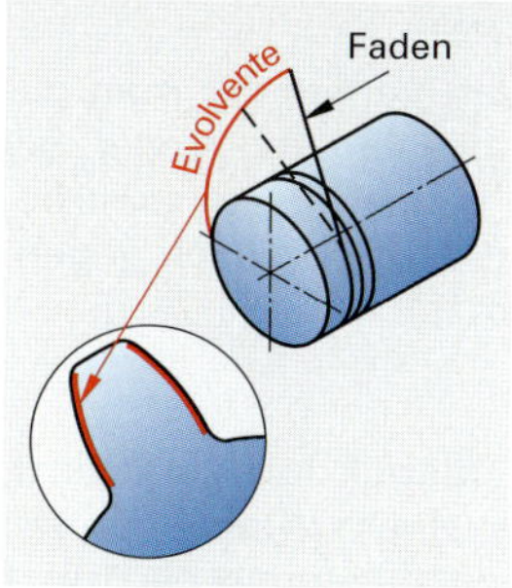

Bild 1: Entstehung einer Evolvente

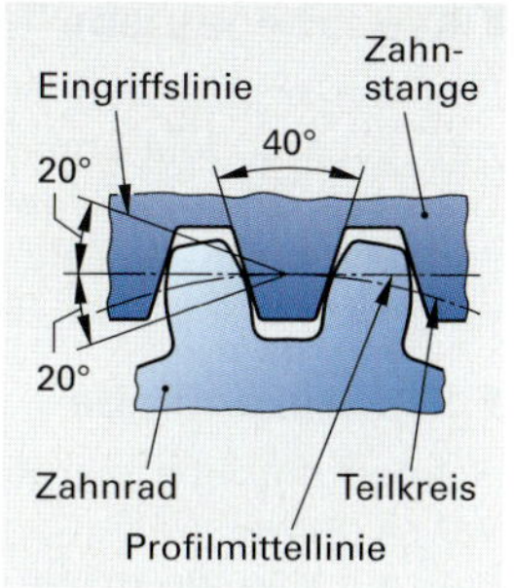

Bild 2: Zahnstange mit Nullrad

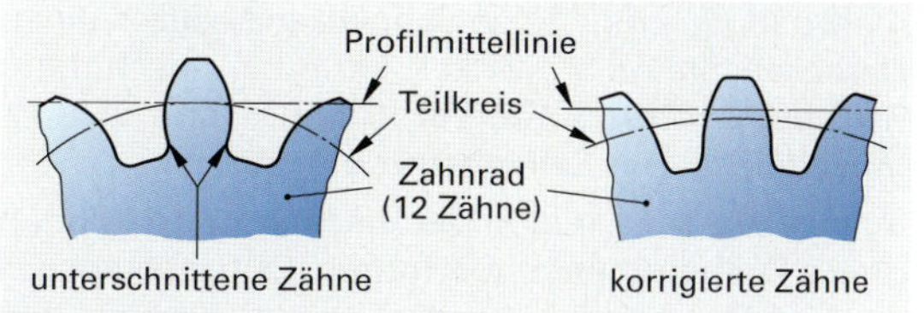

Bild 3: Unterschneidung und Profilverschiebung

Tabelle 1: Grundformen der Zahnradgetriebe

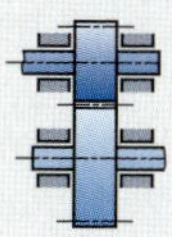 **Außenverzahnung**	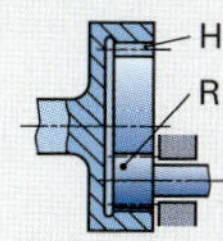 **Innenverzahnung**	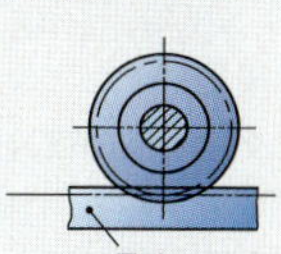 Zahnstange
Stirnradtriebe Wellen liegen parallel zueinander		
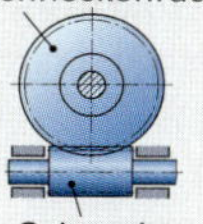	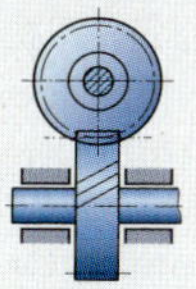	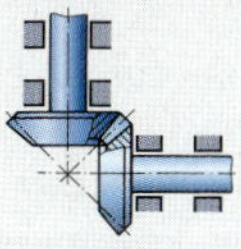
Schneckentriebe Wellen kreuzen sich	**Schraubenradtriebe** Wellen kreuzen sich	**Kegelradtriebe** Wellen schneiden sich

Tabelle 2: Verzahnungsarten bei Stirnrädern

geradverzahnt 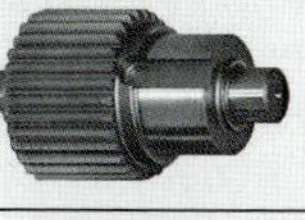	• geringe Reibverluste • hohe Geräuschentwicklung • empfindlich gegen Zahnformfehler
schrägverzahnt 	• höhere Laufruhe • bessere Eignung für hohe Drehzahlen • geringerer Wirkungsgrad • geringe Empfindlichkeit gegen Zahnformfehler
pfeilverzahnt 	• Axialkräfte werden durch die Pfeilverzahnung ausgeglichen

Kegelradgetriebe

Bei sich kreuzenden Wellen verwendet man gerad-, schräg- oder bogenverzahnte Kegelräder. Bei bogenverzahnten Rädern können durch eine besondere Form der Zähne die Achsen auch gegeneinander versetzt sein **(Bild 1)**.

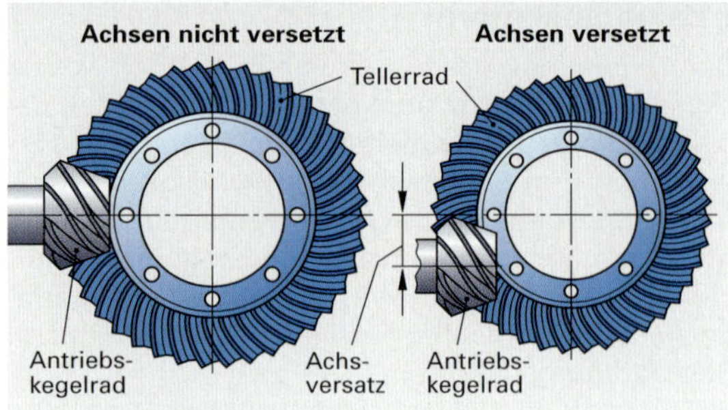

Bild 1: Bogenverzahnte Kegelräder

Schneckentriebe

Schneckentriebe werden überall dort eingesetzt, wo sich zwei Wellen unter einem Winkel von 90° kreuzen und wo große Übersetzungen bis 100:1 verlangt werden **(Bild 1, Seite 486)**. Man baut die Schnecken rechts- und linksgängig sowie ein- und mehrgängig. Eingängige Schnecken besitzen einen kleineren Steigungswinkel, dadurch eine höhere Reibung und größeren Verschleiß. Unter 5° Steigungswinkel tritt Selbsthemmung ein.

Schneckentriebe laufen geräuscharm und können große Drehmomente übertragen. Es treten aber in der Schnecke große Axialkräfte auf, die von den Lagern aufgenommen werden müssen.

Herstellung von Zahnrädern

Zahnräder werden vorwiegend spanend hergestellt.

Bei den Wälzverfahren ist unabhängig von der Zähnezahl für jeden Modul nur ein Werkzeug erforderlich.

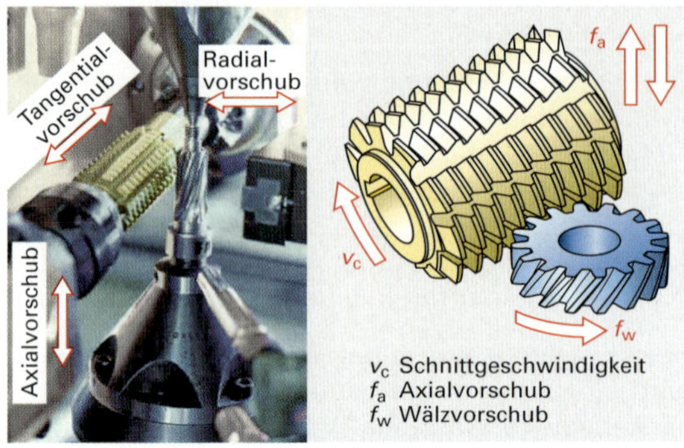

Bild 2: Wälzfräsen von schrägverzahnten Stirnrädern

Beim **Wälzfräsen** hat der Wälzfräser hintereinander angeordnete „Zahnstangen“, die untereinander wie auf einer Schraubenlinie angeordnet sind **(Bild 2)**. Der Schraubenbewegung entsprechend muss das Werkstück (Werkrad) bei einer Fräsumdrehung um die Zahnteilung p verstellt werden. Das Werkrad wird dabei schraubend verstellt, sodass kontinuierlich gefertigt werden kann.

Weitere Wälzverfahren sind das Wälzhobeln, Wälzstoßen **(Bild 3)**, Wälzschleifen und Schaben.

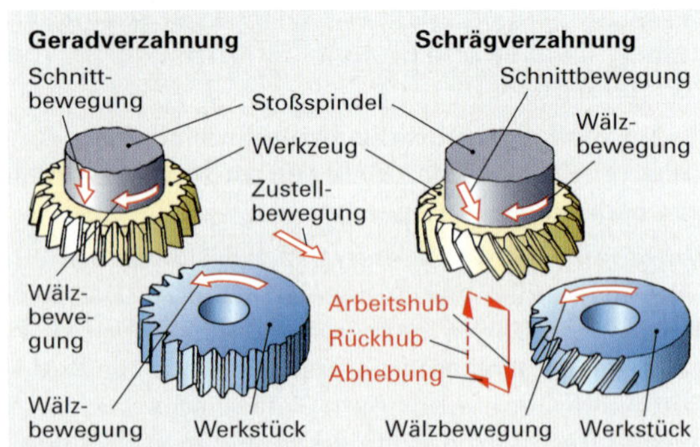

Bild 3: Wälzstoßen von Stirnrädern

Die Profilverfahren wie **Profilfräsen** und **Profilschleifen** können auf einfachen Werkzeugmaschinen ausgeführt werden. Sie benötigen aber für jeden Modul, jede Zähnezahl und jede Profilverschiebung ein eigenes Profilwerkzeug, da das Werkzeug genau das gleiche Profil wie die herzustellende Zahnlücke besitzen muss.

Entsprechend dem Verwendungszweck werden die Zahnräder entweder sofort fertigverzahnt oder zuerst vorverzahnt und nach dem Härten an den Flanken und oft auch am Fuß durch Schleifen, Schaben, Rollen, Honen und Läppen fertig bearbeitet.

Wiederholung und Vertiefung

1 Welche Aufgabe haben Zahnräder?
2 Was versteht man unter dem Modul eines Zahnrades?
3 Eine häufige Zahnflankenform ist die Evolvente. Wie entsteht eine Evolvente?
4 Welche Grundformen der Zahnradtriebe unterscheidet man?
5 Welche Vor- und Nachteile haben schrägverzahnte Stirnräder?
6 Welche Wälzverfahren zur Zahnradherstellung unterscheidet man?

6.6 Antriebseinheiten

6.6.1 Elektromotoren

Die meisten Arbeitsmaschinen werden durch Elektromotoren angetrieben **(Bild 1)**.

Wichtige Eigenschaften der Elektromotoren:

- Einfacher Anschluss ans elektrische Netz
- Die Leistung steht sofort bereit
- Sie sind wartungs- und verlustarm
- Für sehr kleine bis sehr große Leistungen
- Sie sind geräuscharm und umweltfreundlich

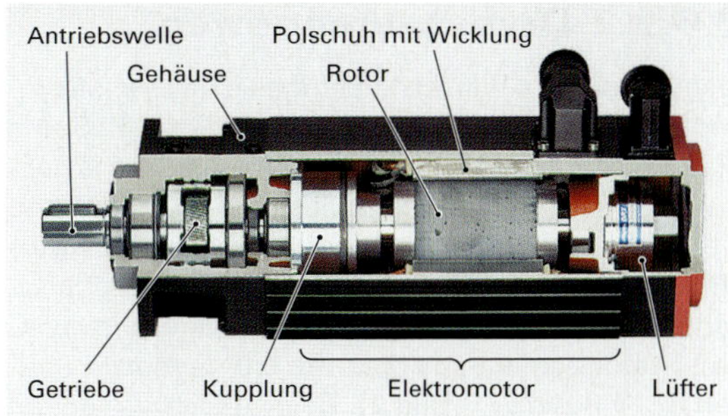

Bild 1: Motor für den Vorschubantrieb einer Werkzeugmaschine

6.6.1.1 Funktionsprinzip

Elektromotoren werden durch elektromagnetische Kräfte angetrieben. Wird ein stromdurchflossener Leiter z. B. in das Magnetfeld eines Dauermagneten gebracht, so überlagern sich die Magnetfeldlinien **(Bild 2)**.

Bei Stromfluss ins **Bild 2 (a)** wird das Magnetfeld rechts vom Leiter verstärkt und links davon geschwächt. Es entsteht eine Kraft, die den Leiter nach links bewegt. Bei umgekehrter Stromrichtung **(b)** erfährt der Leiter eine Kraft nach rechts. Ist ein Leiter in Form einer Schleife in einem Magnetfeld angeordnet, so wirken zwei Kräfte, die die Leiterschleife in Drehungen versetzen.

In einem Elektromotor sind viele Leiterschleifen auf einen Drehkörper aufgewickelt und bilden den Rotor. Um den Rotor sind im Gehäuse z. B. vier Elektromagnete, bestehend aus Polschuh und Wicklung, angeordnet und bilden den Stator. Bei Anschluss an ein Drehstromnetz überlagern sich die Magnetfelder des Rotors und des Stators und versetzen den Rotor in Drehung. Dabei ist die Rotordrehzahl der Frequenz der Spannung proportional.

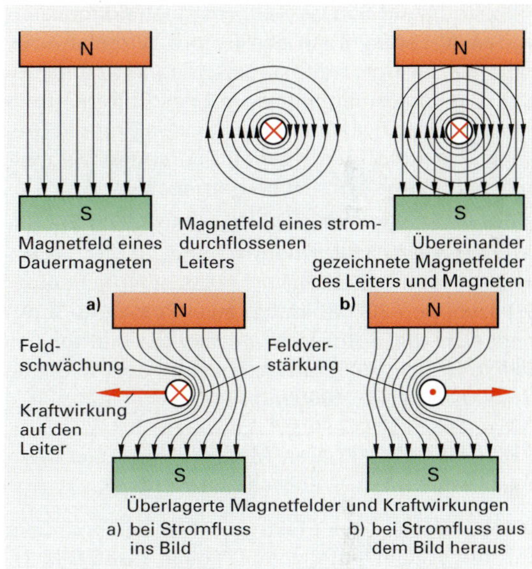

Bild 2: Wirkungen auf einen stromdurchflossenen Leiter im Feld eines Dauermagneten

Das Hauptunterscheidungsmerkmal der Elektromotoren ist die Art des antreibenden Stroms. Danach unterscheidet man Drehstrommotoren, Gleichstrommotoren und Universalmotoren **(Tabelle 1)**.

Tabelle 1: Bauarten von Elektromotoren

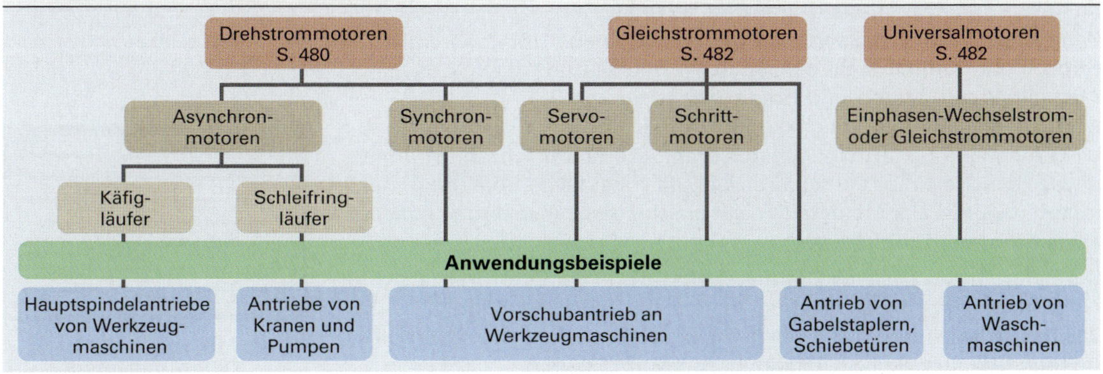

6.6.1.2 Drehstrommotoren

Der weitaus am häufigsten eingesetzte Drehstrommotor ist der Drehstromasynchronmotor. Seine Hauptbestandteile sind die im Gehäuse fest eingebauten Polschuhe mit den Wicklungen (Stator) und der in ihnen drehbar gelagerte Läufer, der Rotor **(Bild 1).** Der Rotor kann entweder als Kurzschlussläufer oder als Schleifringläufer ausgeführt sein. Der Stator besteht aus drei um 120° versetzte Spulen U1, V1 und W1 **(Bild 2).** Beim Anschluss an ein Drehstromnetz werden diese von drei an- und abschwellenden Wechselströmen I_1, I_2 und I_3 nacheinander durchflossen. Dadurch entsteht im Stator ein umlaufendes Magnetfeld **(Drehfeld)** mit einem Polpaar (N und S). Das Statormagnetfeld induziert in den Al-Leiterstäben des Rotors Wirbelströme, die auch im Rotor ein starkes Magnetfeld erzeugen. Das Statormagnetfeld und das Rotormagnetfeld stoßen sich ab und versetzen den Rotor in Drehung. Der Rotor wird vom umlaufenden Magnetfeld des Stators vor sich hergetrieben.

Bei einem Polpaar läuft der Rotor ungefähr mit der Frequenz des Statormagnetfeldes (= der Netzfrequenz von z. B. 50 Hz) um. Dies entspricht einer Drehzahl von 3000/min. Bei zwei Polpaaren reduziert sich die Rotordrehzahl auf die Hälfte, n = 3000/min : 2 = 1500/min und bei drei auf ein Drittel n = 3000/min : 3 = 1000/min.

Bei polumschaltbaren Motoren kann die Drehzahl in Schritten umgeschaltet werden.

Die Kenndaten des Elektromotors sind auf dem Leistungsschild angegeben **(Tabelle 1 und Bild 3).**

Drehstrom-Asynchronmotoren werden überwiegend mit Kurzschlussrotor gebaut **(Bild 1, folgende Seite).** Bei diesem Motor sind die Aluminium-Leiterstäbe durch Ringe an beiden Enden des Rotors kurzgeschlossen. Man nennt diese Motoren deshalb auch **Kurzschlussläufermotoren.** Das umlaufende Statormagnetfeld induziert (erzeugt) in den Leiterstäben eine Spannung und somit einen Stromfluss. Dadurch baut sich auch im Rotor ein Magnetfeld auf. Stator- und Rotormagnetfeld wirken so aufeinander, dass sich der Rotor in Richtung des drehenden Statormagnetfeldes dreht. Die Rotordrehzahl ist immer etwas kleiner als die Drehfelddrehzahl, da sonst keine Spannung mehr induziert würde. Der Motor läuft nicht gleichlaufend (synchron), sondern **asynchron** zum Drehfeld um.

Die Differenz zwischen der Drehfelddrehzahl und der Rotordrehzahl wird als **Schlupf** bezeichnet. Er beträgt je nach Belastung des Motors 3% bis 7% der Netzfrequenz. Die Drehzahl eines Drehstromasynchronmotors beträgt deshalb z. B. nicht 1500/min, sondern 1460/min.

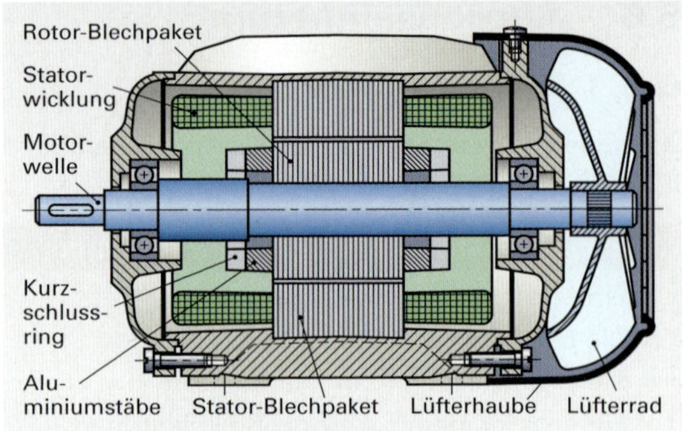

Bild 1: Aufbau eines Drehstrommotors

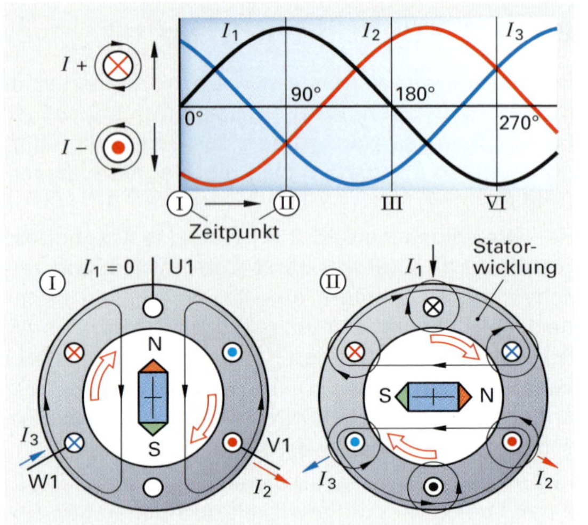

Bild 2: Entstehung eines zweipoligen elektromagnetischen Drehfeldes

Tabelle 1: Kenndaten eines Elektromotors

Schildangabe	Bedeutung	Schildangabe	Bedeutung
D-Motor	Drehstrommotor	cos φ 0,89	Leistungsfaktor
400 V	Nennspannung	1460/min	Nenndrehzahl
16,6 A	Nennstrom	Isol.-Kl. B	Isolationsklasse
9 kW	Nennleistung	IP 44	Schutzart

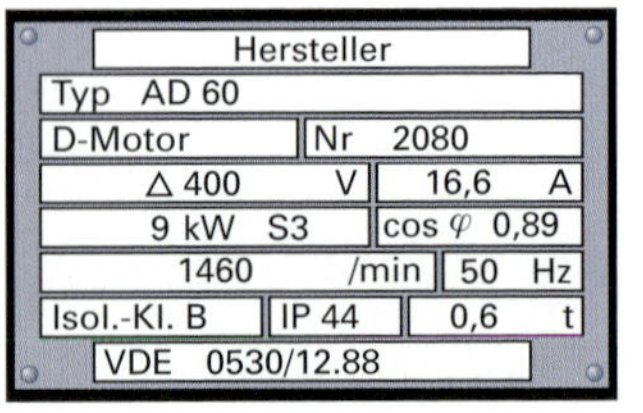

Bild 3: Leistungsschild eines Drehstrommotors

Betriebsverhalten des Drehstrom-Asynchronmotors

Beim Einschalten des Motors ist das Anzugsmoment M_A vorhanden **(Bild 2)**. Es lässt den Motor hochlaufen, bis er beim **Nennmoment M_N** seine **Nenndrehzahl n_N** erreicht hat. Sinkt das Lastmoment auf null, erhöht sich die Drehzahl bis zur **Leerlaufdrehzahl n_L**. Steigt das Lastmoment, so vermindert sich die Drehzahl bis zur **Kippdrehzahl n_K**. Das **Kippmoment M_K** ist das größte Drehmoment, welches der Motor abgeben kann. Übersteigt die Belastung das Kippmoment, so wird der Motor langsamer und bleibt stehen, d. h., er „kippt". Sein Nennmoment M_N erreicht der Motor bei der auf dem Leistungsschild angegebenen Nenndrehzahl. Der Asynchronmotor wird im Bereich zwischen dem Leerlaufdrehmoment und dem Nenndrehmoment betrieben.

Merkmale von Drehstrom-Asynchronmotoren:

- Einfacher, robuster Aufbau, da dem Rotor kein Strom zugeführt werden muss.
- Sie sind wartungsarm und wenig störungsanfällig.
- Die Drehzahlregelung erfolgt elektronisch über Frequenzumrichter.
- Sie sind für Dauerbetrieb und Unterbrechungsbetrieb geeignet.
- Die Drehzahl fällt bei Belastung nur wenig ab.
- Das Anzugsmoment ist begrenzt.

Drehstrom-Asynchronmotoren werden für sehr vielfältige Antriebsaufgaben eingesetzt, z. B. als Hauptspindelantriebe an Werkzeugmaschinen oder zum Antrieb von Pumpen, Verdichtern und Förderanlagen.

Eine Sonderbauform des Drehstrom-Asynchronmotors ist der **Schleifringläufer-Asynchronmotor.** Er wird eingesetzt, wenn, wie z. B. bei Baukranen, große Anlaufdrehmomente erforderlich sind.

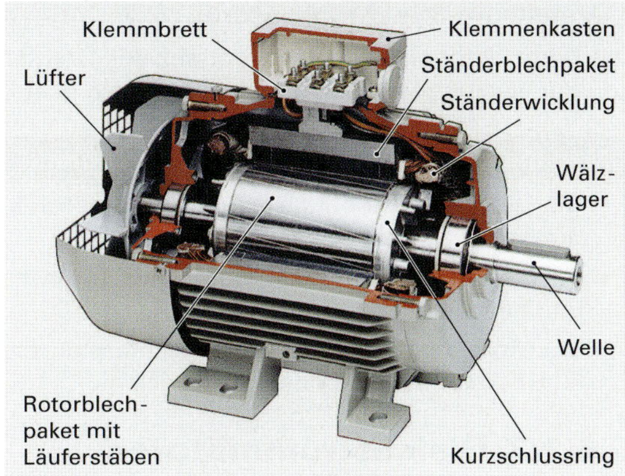

Bild 1: Kurzschlussläufermotor

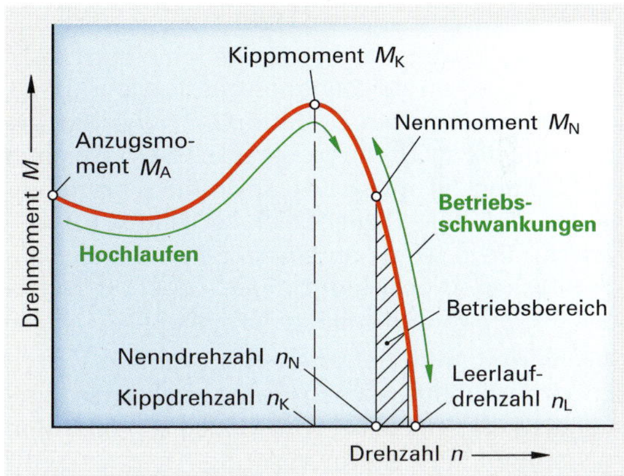

Bild 2: Betriebsverhalten von Asynchronmotoren

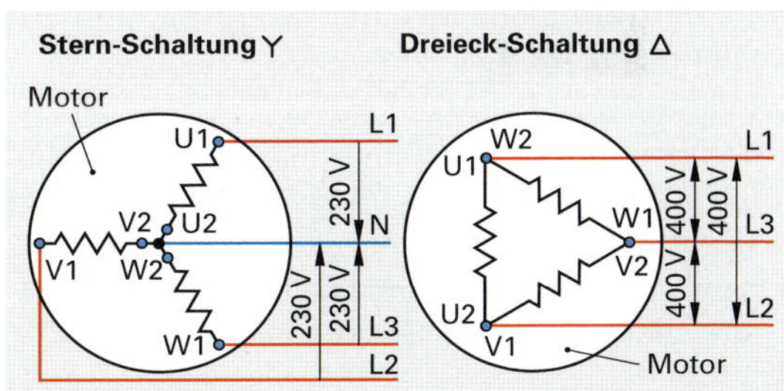

Bild 3: Stern-Dreieck-Schalter der Motorwicklungen

Anlasssteuerung von Drehstrom-Asynchronmotoren

Große Elektromotoren entnehmen dem Netz beim Anlaufen hohe Ströme. Dadurch fällt die Spannung im Netz ab. Um unzulässig hohe Spannungsschwankungen im Netz zu vermeiden, dürfen Asynchronmotoren mit einem Anlaufstrom über 60 A nicht direkt eingeschaltet werden. Sie besitzen eine **Anlasssteuerung**.

- Beim **Stern-Dreieck-Schalter** werden die Motorwicklungen zunächst in der Stellung **Y (Stern)** mit 230 V, danach in der Stellung **(Dreieck)** mit der vollen Spannung von 400 V versorgt **(Bild 3)**.
- **Elektronische Sanftanlaufgeräte** bewirken einen schonenden An- und Auslauf durch die elektronische Verringerung der Klemmenspannung und des Motorstromes und vermeiden dadurch auch stoßartige Belastungen und Momentensprünge. Sie können optimal an jede Anwendung angepasst werden.
- Ein über **Umrichter** gesteuerter Hochlauf ergibt vor allem bei Antrieben, die sehr oft eingeschaltet werden, eine hohe Energieeinsparung.

Drehstrom-Synchronmotoren

Der Rotor dreht sich mit der Frequenz des Drehfeldes. Er läuft synchron. Die Drehzahl ist nur abhängig von der Netzfrequenz und kann elektronisch gesteuert werden.

Merkmale von Drehstrom-Synchronmotoren:

- Die Drehzahl bleibt auch bei unterschiedlicher Belastung konstant.
- Bei Überlastung fällt der Motor „außer Tritt" und bleibt stehen.
- Der Motor benötigt z. B. beim Anschluss an ein 50-Hz-Netz eine besondere Anlaufhilfe.

6.6.1.3 Gleichstrommotoren

Setzt man eine von Gleichstrom durchflossene, drehbar gelagerte Leiterschleife in das Magnetfeld z. B. eines Dauermagneten **(Bild 1, a)**, so wird das Magnetfeld an der einen Seite der Schleife verdichtet **(b, 1)** und an der anderen geschwächt **(b, 2)**. Dadurch entsteht ein Drehmoment, welches die Leiterschleife in Drehung versetzt. Bei Erreichen der Stellung **(c)** muss der Stromfluss umgepolt werden, damit die Schleife sich in Stellung **(d)** weiterdreht. Dazu ist sie an einem Stromwender angeschlossen. Dieser sorgt dafür, dass der Strom stets in die erforderliche Richtung fließt.

Gleichstrommotoren bestehen aus dem Rotor mit den stromdurchflossenen Rotorwicklungen (Leiterschleifen) und den im Gehäuse eingebauten Polschuhen mit Statorwicklung (fremderregt) oder mit Permanentmagneten (permanenterregt). Die Stromzuführung zum Rotor und die Stromwendung erfolgen über den Kollektor und die Kohlebürsten **(Bild 2)**.

Anwendung:

- fremderregte Motoren im höheren Leistungsbereich z. B. für Aufzüge, Transportanlagen und Verpackungsmaschinen
- permanenterregte Motoren im unteren Leistungsbereich z. B. für Scheibenwischer

6.6.1.4 Universalmotoren

Universalmotoren sind eine Sonderform der Gleichstrommotoren. Bei Anschluss an Wechselspannung ändern sich die Erreger- und die Rotorstromrichtung gleichzeitig, dadurch behält der Motor seine Drehrichtung bei. Universalmotoren können somit auch an Einphasen-Wechselspannung betrieben werden. Sie sind in vielen Haushalts- und Kleingeräten, wie z. B. Staubsaugern, Handbohrmaschinen oder Ventilatoren eingebaut **(Bild 3)**. Sie besitzen ein hohes Drehmoment bezogen auf ihr Gesamtgewicht. Die Drehzahl ist jedoch stark lastabhängig.

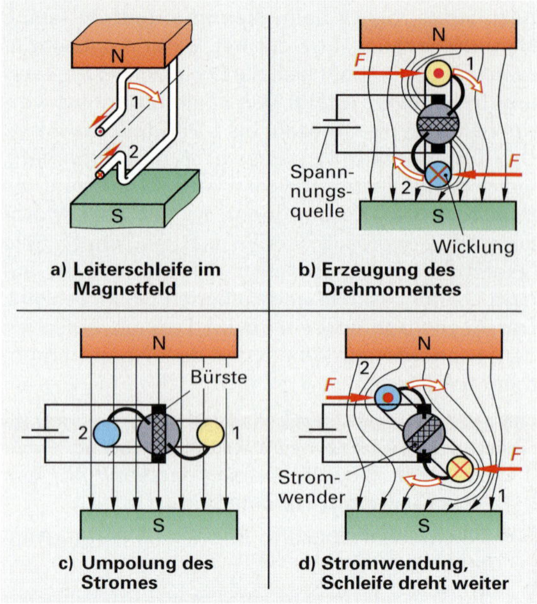

Bild 1: Prinzip des Gleichstrommotors

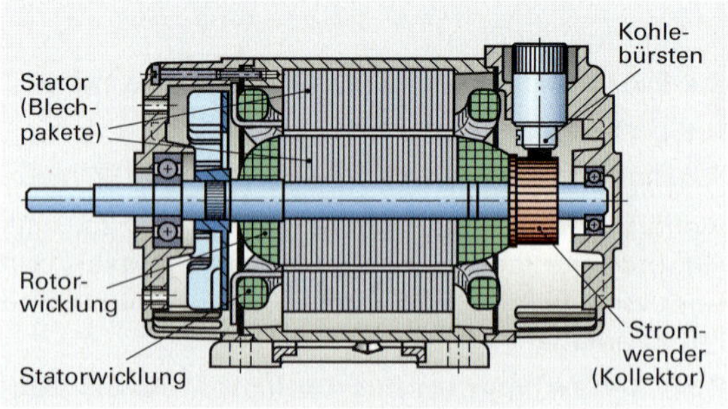

Bild 2: Fremderregter Gleichstrommotor

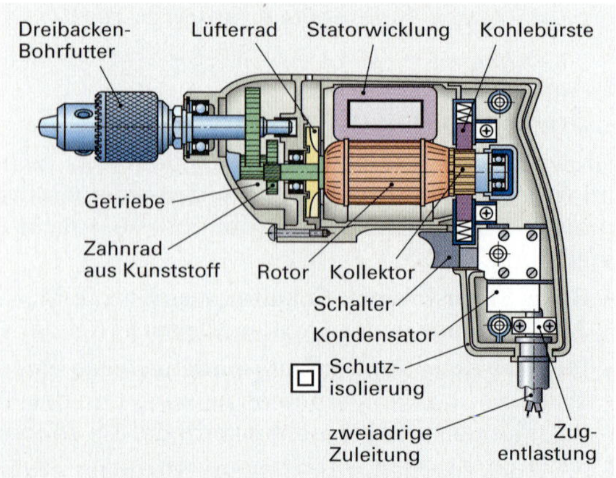

Bild 3: Handbohrmaschine mit Universalmotor

6.6.1.5 Elektrische Antriebe von Werkzeugmaschinen

Die Antriebe einer Werkzeugmaschine beeinflussen durch ihr Hochlauf- und Bremsverhalten, ihren Leistungs- und Momentenverlauf sowie die Möglichkeit der Winkelpositionierung und Drehzahlsteuerung die Qualität des Fertigungsprozesses **und** somit die Güte des Produktes **(Tabelle 1, folgende Seite)**.

Man unterscheidet im Wesentlichen **Hauptspindelantriebe** und **Vorschubantriebe (Bild 1)**. Jeder moderne elektrische Antrieb ist ein Antriebssystem aus Motor und elektronischem Steuergerät. Das Steuergerät befindet sich im Schaltschrank der Werkzeugmaschine. Es steuert die Drehzahl und die Drehmomentcharakteristik des Motors sowie seinen Anlauf.

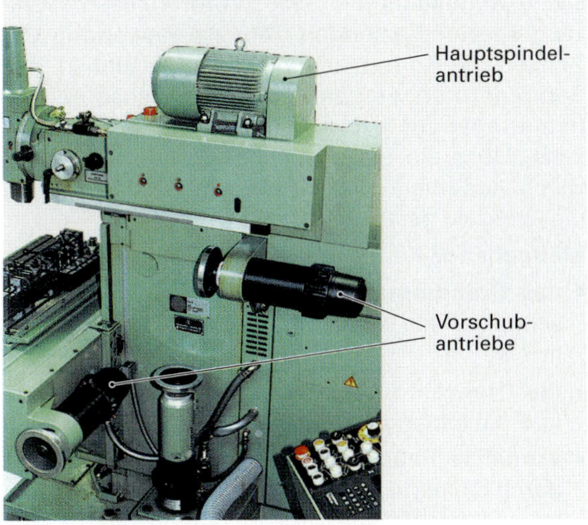

Bild 1: Hauptspindel- und Vorschubantriebe

Hauptspindelantriebe

Als Hauptspindelantriebe werden überwiegend Drehstrom-Asynchronmotoren eingesetzt. Sie treiben die Hauptspindel entweder über einen Keilriemenantrieb an **(Bild 3, Seite 491)** oder sie sind als **Hauptspindeleinbaumotoren** direkt auf die Hauptspindel aufgebaut (Direktantrieb).

Direktantrieb. Als Spindeldirektantrieb werden flüssigkeitsgekühlte Drehstrom-Asynchron- oder Synchron-Einbaumotoren direkt auf die Arbeitsspindel montiert **(Bild 2)**. Dadurch entfallen Bauteile wie Motorwippe, Riementrieb und Kugelgewindetrieb. Auch störende Einflüsse durch Querkräfte, Umkehrspiel und Schwingungen können dadurch weitgehend vermieden werden.

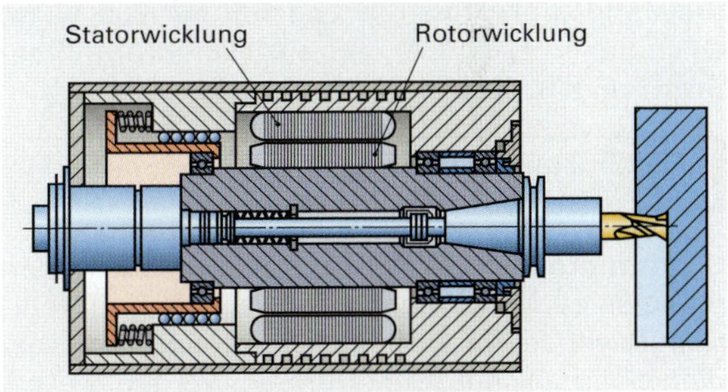

Bild 2: Direktantrieb einer Frässpindel

Merkmale des Direktantriebs:

- Hohe Torsionssteifigkeit durch Wegfall von elastischen Übertragungselementen
- Hohe Vibrationsdämpfung und Laufruhe
- Geringe Geräuschentwicklung
- Positionierung bei C-Achsbetrieb < 0,01°
- Kreisformfehler unter 0,5 µm
- Üblicher Spindelantrieb bei HSC-Bearbeitung

Kennlinien eines Hauptantriebs. Hauptantriebe in Zerspanungsmaschinen erfordern einen hohen Drehzahlstellbereich bei konstanter Leistung. Sie werden überwiegend zwischen der Nenndrehzahl n_{nenn} und der Maximaldrehzahl n_{max} bei fallendem Drehmoment betrieben **(Bild 3)**. Diese Drehmomentencharakteristik wird von elektronischen Bauteilen in der Steuerung gewährleistet.

Vorschubantriebe benötigen im Gegensatz dazu ein konstantes Drehmoment für eine konstante Vorschubkraft bei unterschiedlichen Drehzahlen. Auch diese Charakteristik kann von einer elektronischen Steuerung realisiert werden.

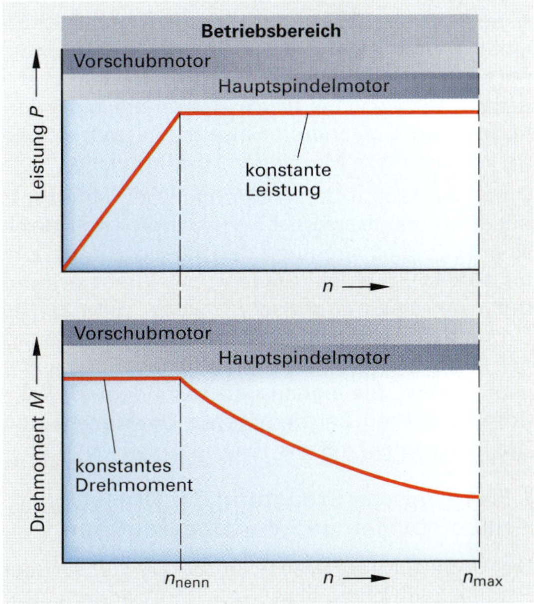

Bild 3: Kennlinien von Hauptspindel- und Vorschubantrieben

Vorschubantriebe

Die Vorschubantriebe (Servomotoren) einer Werkzeugmaschine erzeugen über die Bewegung der Achsen die Kontur des Werkstücks **(Bild 1)**. Als Servomotoren werden meist bürstenlose permanenterregte Drehstrom-Synchronmotoren eingesetzt. Über ein elektronisches Steuergerät wird durch Änderung der Frequenz und der Spannung die Drehzahl gesteuert.

Maßgebende Kenngrößen sind:

- **das Drehmoment,** da für eine konstante Vorschubkraft ein konstantes Drehmoment erforderlich ist.
- **die Drehzahl** für die Vorschubgeschwindigkeit und die Eilgangbewegung
- **schnelles Reagieren** bei Drehzahländerungen durch ein geringes Trägheitsmoment des Rotors sowie kurze Beschleunigungs- und Bremszeiten

Technische Merkmale von Servomotoren sind z. B. Stillstandsdrehmomente von 0,5 bis 500 N · m, Leistungen bis 26 kW und ein Nenndrehzahlbereich von z. B. 1200 bis 6000/min.

Vorschubantriebe werden im Bereich des konstanten Drehmoments betrieben.

Schrittmotoren. Bei Werkzeugmaschinen werden teilweise als Vorschubantriebe auch Schrittmotoren verwendet. In Verbindung mit einfachen, bedienerfreundlichen Steuerungen werden sie bei kleineren CNC-Maschinen eingesetzt. Die Schrittmotortechnik ist in der Lage, eine Motorumdrehung in bis zu 10 000 Schritte aufzulösen. Dies ergibt im Zusammenhang mit einer Kugelrollspindel mit einer Steigung von z. B. 5 mm eine Positioniergenauigkeit von 5 bis 10 µm. Besonders in der Fertigung von einfacheren Einzelteilen und kleinen Serien sind diese Maschinen kostengünstig.

Durch Ansteuern der Wicklungen der Statorpole mit Stromimpulsen dreht sich der Rotor schrittweise mit der Impulsfrequenz des Steuerstromes, z. B. bis 40 kHz. Bei jedem Steuerimpuls dreht sich der Rotor um einen Winkelschritt weiter **(Bild 2)**. Die Größe des Winkelschrittes hängt von der Bauart des Motors ab. Schrittmotoren haben einen einfachen Aufbau. Sie eignen sich besonders für Positionieraufgaben bei geringeren Drehzahlen und Drehmomenten, z. B. bis 15 N · m.

Elektronische Steuerung der Drehstrom-Hauptspindel- und Vorschubmotoren

Die Drehzahl von Drehstrommotoren wird über Frequenzumrichter verändert und geregelt. Der Umrichter setzt die feste Netzspannungsfrequenz in eine variable Motorfrequenz um. Die Drehzahl

Tabelle 1: Anforderungen an die Antriebe

Hauptantriebe
• Konstante Leistung über einen hohen Drehzahlstellbereich und stufenlose Drehzahlverstellung • Hohe Rundlaufgüte auch bei kleinsten Drehzahlen • Möglichkeit der Winkelpositionierung z. B. beim Werkzeugwechsel oder bei Bohroperationen
Vorschubantriebe
• Große Dynamik beim Beschleunigen und Bremsen • Hohes Haltemoment bei Stillstand • Möglichst überschwingfreies Anfahren der Position • Zustellung kleiner Weginkremente

Bild 1: Drehstrom-Servomotoren

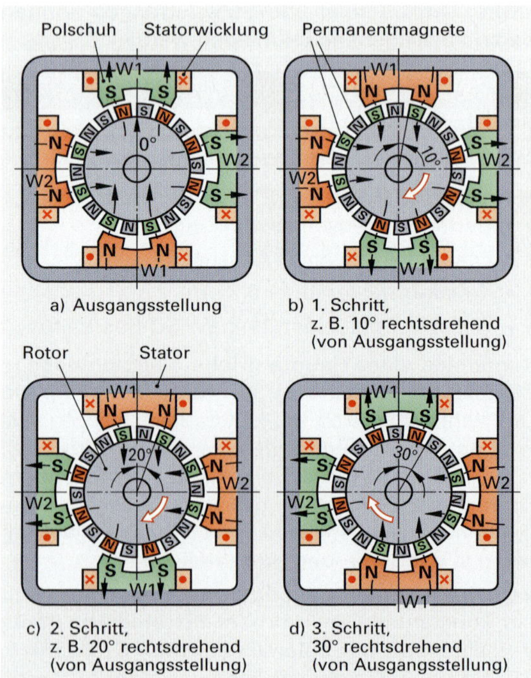

Bild 2: Funktionsweise eines Schrittmotors

des Motors ändert sich proportional mit der erzeugten Motorfrequenz.

Aufbau. Der Frequenzumrichter kann in vier Hauptbestandteile unterteilt werden **(Bild 1)**. Der Gleichrichter erzeugt aus dem Drehstromnetz eine pulsierende Gleichspannung. Der Kondensator im Zwischenkreis glättet die Gleichspannung. Halbleiter im Wechselrichter leiten und sperren Signale je nach Ansteuerung durch den Steuerkreis. Dadurch wird die Gleichspannung in eine Wechselspannung mit variabler Frequenz umgeformt.

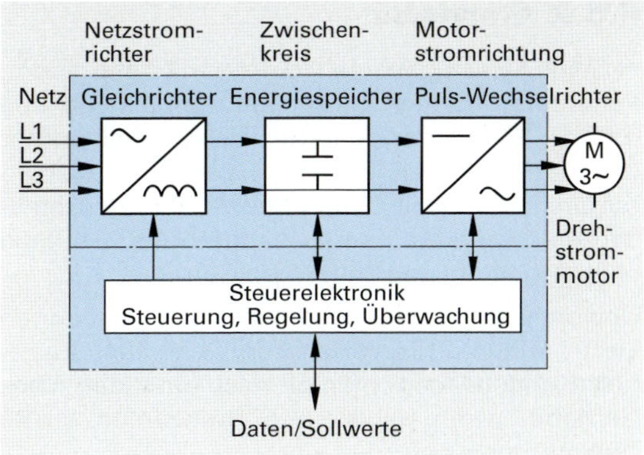

Bild 1: Frequenzumrichter

6.6.1.6 Linearmotor-Antrieb

Linearmotoren werden eingesetzt, wenn geradlinige Bewegungen präzise und schnell ausgeführt werden müssen. Dies ist z. B. bei Vorschubantrieben von Bearbeitungszentren der Fall. Durch die hohen erreichbaren Beschleunigungen der Linearantriebe bis 20 m/s^2 und Vorschubgeschwindigkeiten von z. B. 120 m/min können die Eilgangzeiten und die Zeiten für Werkzeugwechsel deutlich reduziert werden.

In Vorschubantrieben von Werkzeugmaschinen wird meist der Synchronlinearmotor eingesetzt. Er entspricht einem in die Ebene abgewickelten Drehstrom-Synchronmotor. Der Primärteil enthält die Drehstromwicklungen, der Sekundärteil die Permanentmagnete **(Bild 2)**. Werden die Wicklungen an ein Drehstromnetz angeschlossen, entsteht ein sich in der Ebene bewegendes elektromagnetisches Wanderfeld, welches den Sekundärteil mitzieht. In Werkzeugmaschinen ist meist der Sekundärteil am Maschinenbett befestigt, während der Primärteil mit den Wicklungen als beweglicher Schlitten die Vorschubeinheit antreibt. Problematisch bei Linearmotoren ist die hohe Wärmeentwicklung in der Maschine.

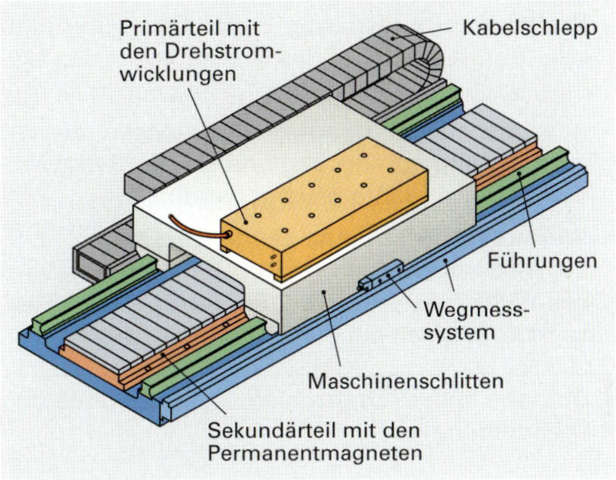

Bild 2: Aufbau eines Linearmotor-Antriebs

Die Linearmotoren werden daher wassergekühlt und wärmeisoliert.

Merkmale von Linearmotoren:

- im HSC-Bereich Geschwindigkeiten bis 600 m/min und Beschleunigungen bis 100 m/s^2
- sehr schnelles und sehr genaues Positionieren auf z. B. 0,003 mm bei Bearbeitungszentren
- Vorschubkräfte bis 20000 N erreichbar
- kein Umkehrspiel, da keine Spindeln vorhanden
- direkte Kraftübertragung ohne bewegliche Teile, daher hohe statische und dynamische Steifigkeit
- hohe Wiederholgenauigkeit, z. B. beim Schleifen bis 0,1 µm
- außer den Führungen keine mechanischen Verschleißteile

Wiederholung und Vertiefung

1 Welche Elektromotorenarten unterscheidet man nach der Stromart?

2 Welches sind die kennzeichnenden Eigenschaften des Drehstromasynchronmotors?

3 Erläutern Sie den Aufbau und die Funktion eines Drehstromasynchronmotors.

4 Warum benötigen Drehstrom-Asynchronmotoren höherer Leistung Anlasssteuerung?

5 Erläutern Sie die Anforderungen an Hauptspindel- und Vorschubantriebe von Werkzeugmaschinen.

6 Erläutern Sie den Aufbau eines Linearmotors

6.6.2 Getriebe

In Gehäusen eingebaute Antriebe mit Zahnrädern, Ketten oder Riemen bezeichnet man als Getriebe **(Bild 1)**. Sie werden zwischen den Antriebsmotor und die anzutreibende Welle montiert. Sie übersetzen Drehzahlen und Drehmomente. Bei den Getrieben unterscheidet man Schaltgetriebe, Getriebe ohne Schaltung und stufenlose Getriebe.

Obwohl viele Maschinen mit drehzahlgesteuerten Elektromotoren (Servomotoren, Seite 484) ausgerüstet sind, benötigt man oft noch ein zusätzliches Getriebe, wenn bei kleinen Drehzahlen große Drehmomente gefordert sind.

Anwendungsbeispiele

- **Kraftfahrzeuggetriebe**: Beim Beschleunigen oder Bergfahren wird das Drehmoment des Motors durch einen „kleineren" Gang vergrößert.
- **Achsantriebe bei Robotern**: Die Achsen müssen auch bei hoher Belastung und kleiner Geschwindigkeit gleichmäßig bewegt werden.
- **Werkzeugmaschinen**: Beim Zerspanen, z. B. beim Schruppdrehen großer Durchmesser, wird das nicht ausreichende Drehmoment des Elektromotors durch ein Schaltgetriebe erhöht.

> Getriebe ändern Drehzahlen, Drehmomente und Drehrichtungen.

Drehzahlen, Drehmomente und Leistung als maßgebliche Kenngrößen von Getrieben

Bei Zahnrad-, Riemen- und Kettengetrieben sind die Umfangskraft F_u und die Umfangsgeschwindigkeit v an beiden Rädern gleich groß, die Durchmesser d_1 und d_2 jedoch verschieden **(Bild 2)**.

$$v_1 = v_2$$
$$n_1 \cdot \pi \cdot d_1 = n_2 \cdot \pi \cdot d_2 \qquad \frac{n_1}{n_2} = \frac{d_2}{d_1}$$

Für Zahnräder gilt:

$$n_1 \cdot m \cdot z_1 = n_2 \cdot m \cdot z_2$$
$$n_1 \cdot z_1 = n_2 \cdot z_2 \qquad \frac{n_1}{n_2} = \frac{z_2}{z_1}$$

Das Verhältnis der Antriebsdrehzahl n_1 zur Abtriebsdrehzahl n_2 bezeichnet man als **Übersetzungsverhältnis** i. Es kann aus den Zähnezahlen z_2/z_1 oder aus den Durchmessern d_2/d_1 der Antriebs- bzw. Abtriebsscheibe berechnet werden.

Für die Drehmomente gilt: $\frac{M_2}{M_1} = \frac{F \cdot d_2/2}{F \cdot d_1/2} = \frac{d_2}{d_1} = i$

Reibung mindert das Antriebsmoment M_2, jedoch nicht das Übersetzungsverhältnis i. Die Verluste werden durch den Wirkungsgrad η berücksichtigt.

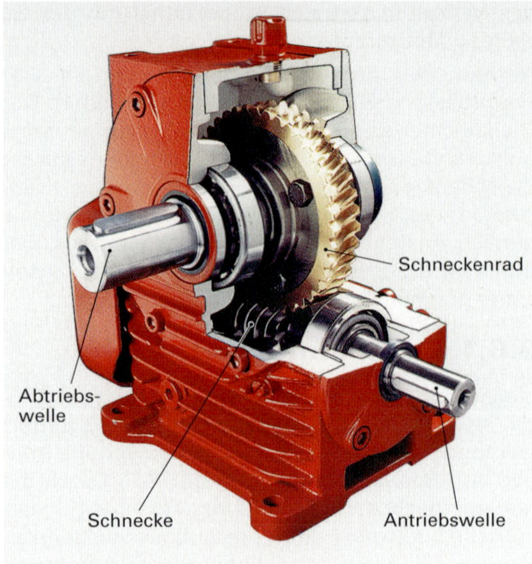

Bild 1: Schneckengetriebe

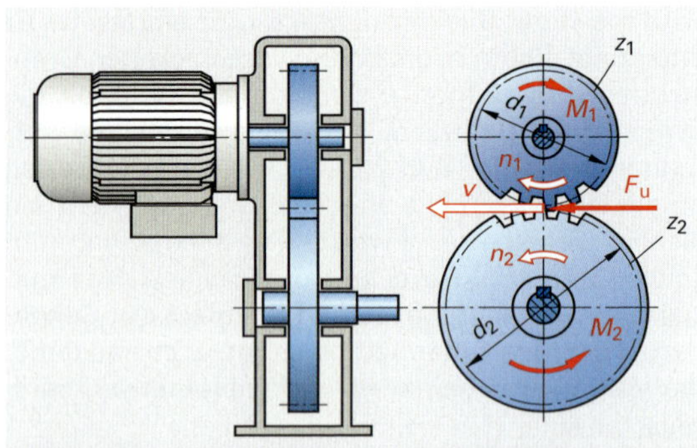

Größen	Antrieb	Abtrieb
Drehzahlen	n_1	n_2
Zähnezahlen, Durchmesser	z_1, d_1	z_2, d_2
Drehmomente, Leistungen	M_1, P_1	M_2, P_2

Bild 2: Einstufiges Zahnradgetriebe

Übersetzungsverhältnis $i = \frac{n_1}{n_2} \quad i = \frac{d_2}{d_1} \quad i = \frac{z_2}{z_1}$

Theoretisches Abtriebsmoment $M_2 = M_1 \cdot i$

Tatsächliches Abtriebsmoment $M_2 = M_1 \cdot i \cdot \eta$

Beispiel: Einstufiges Zahnrädergetriebe **(Bild 1)**.
Wie groß sind i, n_2 und M_2?

Lösung: $\boldsymbol{i} = \frac{z_2}{z_1} = \frac{65}{21} = \mathbf{3{,}1}$

$\boldsymbol{n_2} = \frac{n_1 \cdot z_1}{z_2} = \frac{1400 \frac{1}{\text{min}} \cdot 21}{65} = \mathbf{452\,\frac{1}{min}}$

$\boldsymbol{M_2} = M_1 \cdot i \cdot \eta = 250\ \text{N} \cdot \text{m} \cdot 3{,}1 \cdot 0{,}88 = \mathbf{682\ N \cdot m}$

Die abgegebene Leistung P_2 ist kleiner als die zugeführte Leistung P_1. Der Verlust wird wie beim Drehmoment durch den Wirkungsgrad η berücksichtigt.

Bei Drehantrieben kann die Leistung P an jeder Stelle aus dem Drehmoment M und der Drehzahl n an der betreffenden Stelle berechnet werden.

Beispiel: Getriebe mit $P_1 = 12$ kW; $n_1 = 1400\,\frac{1}{\text{min}}$; $\eta = 0{,}90$; $i = 5{,}62$ **(Bild 2)**.
Wie groß sind M_1, n_2, M_2 und P_2?

Lösung: $\boldsymbol{M_1} = \frac{P_1}{2 \cdot \pi \cdot n_1} = \frac{12\,000 \frac{\text{N} \cdot \text{m}}{\text{s}}}{2 \cdot \pi \cdot \frac{1400}{60} \frac{1}{\text{s}}} = \mathbf{81{,}85\ N \cdot m}$

$\boldsymbol{n_2} = \frac{n_1}{i} = \frac{1400 \frac{1}{\text{min}}}{5{,}62} = \mathbf{249\,\frac{1}{min}}$

$\boldsymbol{M_2} = M_1 \cdot i \cdot \eta = 81{,}85\ \text{N} \cdot \text{m} \cdot 5{,}62 \cdot 0{,}90 = \mathbf{414\ N \cdot m}$

$\boldsymbol{P_2} = P_1 \cdot \eta = 12\ \text{kW} \cdot 0{,}90 = \mathbf{10{,}8\ kW}$

Bei mehrstufigen Getrieben gelten die gleichen Zusammenhänge zwischen den Antriebs- und Abtriebsgrößen wie bei den einstufigen Getrieben. Das Gesamtübersetzungsverhältnis i ist das Verhältnis der Anfangsdrehzahl n_a zur Enddrehzahl n_e und damit gleich dem Produkt $i_1 \cdot i_2 \cdot i_3 \ldots$ der Übersetzungsverhältnisse der hintereinander geschalteten Zahnradstufen.

Beispiel: **Fahrantrieb eines Kranes (Bild 3).**
Wie groß sind i, i_1, i_2 und die Fahrgeschwindigkeit v?

Lösung: $\boldsymbol{i_1} = \frac{z_2}{z_1} = \frac{70}{17} = \mathbf{4{,}12}$

$\boldsymbol{i_2} = \frac{z_4}{z_3} = \frac{60}{16} = \mathbf{3{,}75}$

$\boldsymbol{i} = i_1 \cdot i_2 = 4{,}12 \cdot 3{,}75 = \mathbf{15{,}45}$

$\boldsymbol{n_e} = \frac{n_e}{i} = \frac{1400 \frac{1}{\text{min}}}{15{,}45} = \mathbf{90{,}6\,\frac{1}{min}}$

$\boldsymbol{v} = \pi \cdot d \cdot n = \pi \cdot 0{,}4\ \text{m} \cdot 90{,}6\,\frac{1}{\text{min}} = \mathbf{114\,\frac{m}{min}}$

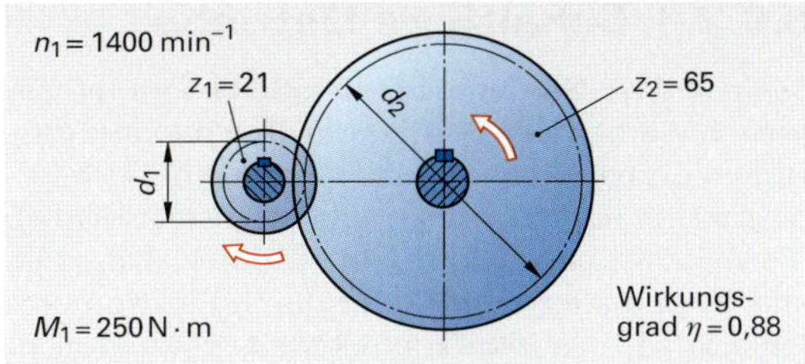

Bild 1: Einstufiges Zahnrädergetriebe

Abgegebene Leistung $P_2 = P_1 \cdot \eta$

Leistung bei Drehbewegungen $P = 2 \cdot \pi \cdot n \cdot M$

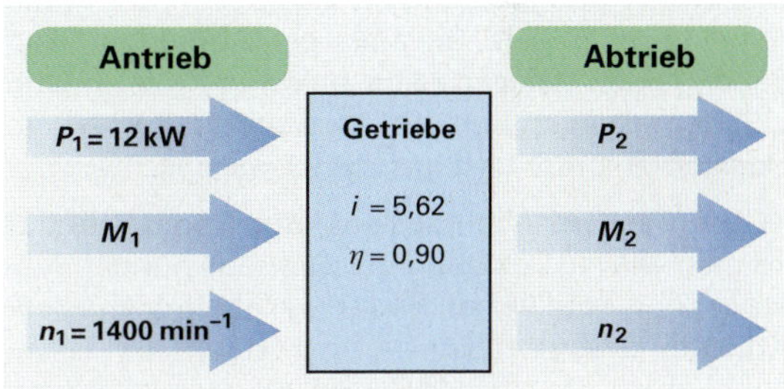

Bild 2: Getriebe als Blockschaltbild

Gesamtübersetzungsverhältnis $i = \frac{n_a}{n_e}$ $i = i_1 \cdot i_2 \cdot \ldots$

Einzelübersetzungsverhältnis $i_1 = \frac{z_2}{z_1}$ $i_2 = \frac{z_4}{z_3} \ldots$

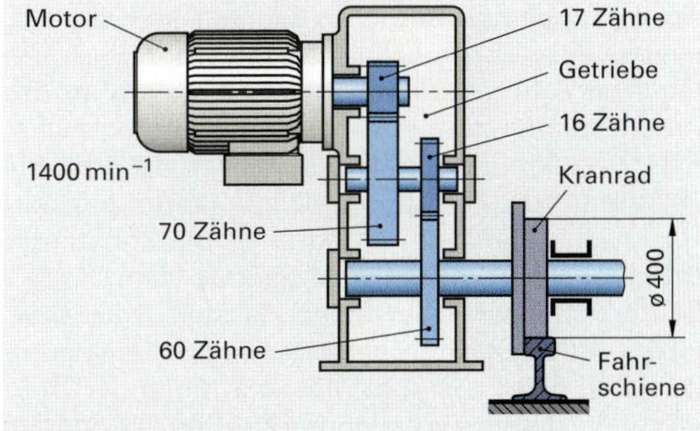

Bild 3: Fahrantrieb eines Kranes

6.6.2.1 Schaltbare Getriebe

Schieberäder-Getriebe. Bei den Schieberäder-Getrieben werden die verschiedenen Übersetzungsstufen durch axiales Verschieben eines Räderblockes auf einer Getriebewelle eingestellt **(Bild 1)**. Die Verschiebung kann von Hand, durch Hydraulik- oder Pneumatikzylinder oder durch Elektromotoren erfolgen. Schieberäder-Getriebe können nicht unter Last und nur bei geringen Drehzahlunterschieden zwischen den beiden Wellen oder im Stillstand geschaltet werden. Mit dem Getriebe in Bild 1 erhält man an der Abtriebswelle drei verschiedene Drehzahlen.

Kupplungs-Getriebe. Bei den Kupplungs-Getrieben werden die verschiedenen Zahnradpaare durch Kupplungen zugeschaltet. Dabei bleiben alle Zahnräder dauernd im Eingriff **(Bild 2)**. Die Übersetzung z_4/z_3 z. B. erhält man, wenn die Kupplung K2 geschaltet und dadurch das bisher lose auf der Antriebswelle mitlaufende Zahnrad z_3 von der Welle mitgenommen wird. Die anderen Kupplungen sind dabei gelöst. Werden reibschlüssige Kupplungen, z. B. Lamellenkupplungen, verwendet, können die Drehzahlen unter Last geschaltet werden.

Kupplungs-Getriebe mit Zahnkupplungen **(Bild 3)** können wie die Schieberäder-Getriebe nur bei Stillstand der beteiligten Räder geschaltet werden. **Kraftfahrzeuggetriebe** besitzen ebenfalls Zahnkupplungen. Da sie jedoch im Lauf geschaltet werden müssen, werden vorher das zu schaltende Zahnrad und die „Schaltmuffe" durch eine Gleichlaufeinrichtung auf die gleiche Drehzahl gebracht. Ehe dieser Gleichlauf nicht erreicht ist, kann die Schaltmuffe nicht verschoben und damit der gewünschte Gang nicht geschaltet werden (Sperrsynchronisierung).

Bei Schaltgetrieben erhält man die verschiedenen Übersetzungen, indem man Zahnräder verschiebt oder Kupplungen schaltet.

Drehzahlgesteuerter Elektromotor kombiniert mit einem Kupplungs-Getriebe (Bild 3). Durch die stufenlose Antriebsdrehzahl des Elektromotors und die zwei Zahnräderübersetzungen stehen an der Arbeitsspindel zwei stufenlose Drehzahlbereiche, z. B. von 25/min bis 430/min und von 400/min bis 6000/min zur Verfügung. Damit kann bei Abspanzyklen und beim Plandrehen mit konstanter Schnittgeschwindigkeit gearbeitet werden. Die beiden schaltbaren Übersetzungsstufen (z_2/z_1 bzw. z_4/z_3) und die nachgeschaltete feste Übersetzung (z_6/z_5) erhöhen das vom Motor kommende Drehmoment. Damit sind auch bei großen Durchmessern große Spanungsquerschnitte möglich.

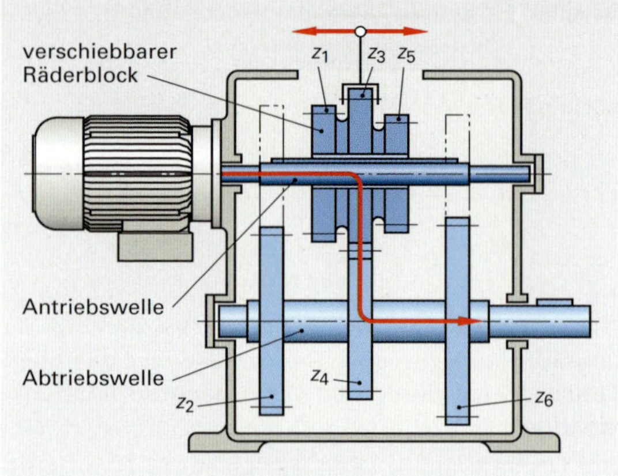

Bild 1: Schieberäder-Getriebe

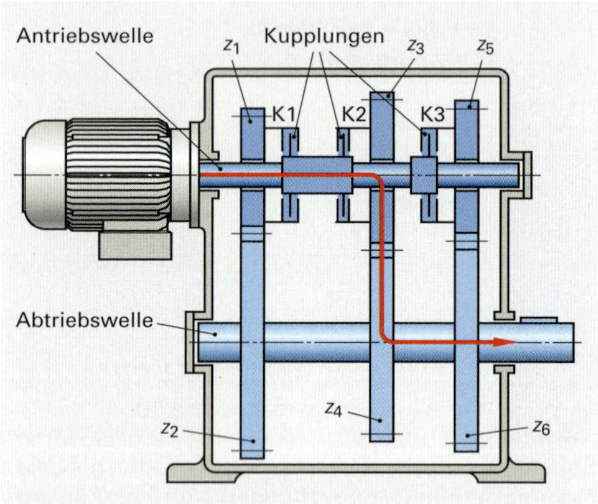

Bild 2: Kupplungs-Getriebe

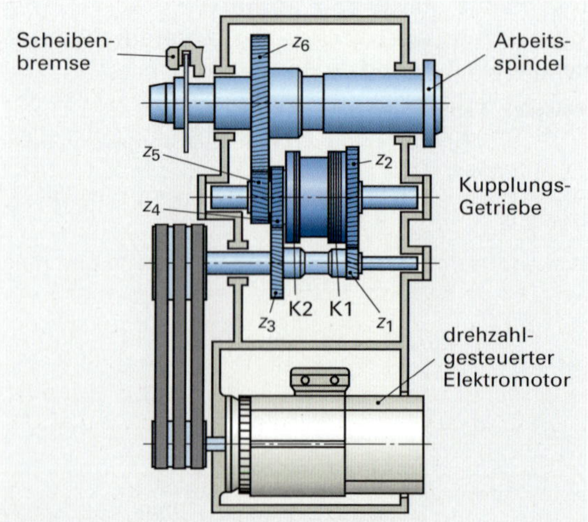

Bild 3: Spindelantrieb einer Drehmaschine

6.6.2.2 Getriebe ohne Schaltung

Getriebe ohne Schaltung werden eingesetzt, wenn Antriebe mit großen Drehmomenten bei kleinen Drehzahlen gefordert sind. In solchen Fällen, z. B. beim Antrieb von Roboterachsen, werden zwischen den Antriebsmotoren und den Achsen Getriebe ohne Schaltung mit großer Übersetzung ins Langsame eingebaut. Zu diesen Getrieben gehören Stirnräder-, Schnecken- und Kegelradgetriebe, Planeten- und Harmonic-Drive-Getriebe (Firmenbezeichnung).

Stirnräder-, Schnecken- und Kegelradgetriebe

Getriebemotor (Bild 1). Die beiden Zahnradstufen haben jeweils ein Übersetzungsverhältnis von etwa $i = 4$. Die Drehzahl der Abtriebswelle ist damit $4 \cdot 4 = 16$-mal kleiner als die Motordrehzahl, das abgegebene Drehmoment 16-mal größer als das zugeführte Drehmoment. Wesentlich größere Übersetzungsverhältnisse als $i = 6$ je Zahnradstufe sind nicht möglich, da die Zähnezahl der treibenden Räder zu klein würde. Die Zähne erhalten dadurch eine ungünstige Zahnform. Größere Übersetzungsverhältnisse können nur durch weitere Zahnradstufen erreicht werden.

Vorteile: Für kleine bis sehr große Leistungen, robust, sehr genaue und gleichmäßige Übersetzung.

Anwendungsbeispiele: Zum Antrieb von Förderbändern, Schiffsschrauben, Walzgerüsten, Druckmaschinen

6.6.2.3 Planetengetriebe

Ein einfaches Planetengetriebe besteht aus dem Sonnenrad in der Mitte, dem Hohlrad, Planetenrädern und dem Planetenradträger **(Bilder 2 und 3).** Alle Zahnräder sind ständig im Eingriff.

Bei den Planetengetrieben Bild 2 und Bild 3 wird das Sonnenrad angetrieben (n_1). Der Abtrieb erfolgt über den Planetenradträger (n_2). Das Hohlrad wird festgehalten und dreht sich nicht. Damit sind Übersetzungen ins Langsame bis etwa $i = n_1/n_2 = 10$ möglich.

Da Planetengetriebe nicht nur über das Sonnenrad, sondern auch über das Hohlrad oder den Planetenradträger angetrieben werden können, sind mit einem Getriebe verschiedene Übersetzungen möglich. Planetenradgetriebe eignen sich deshalb besonders für Automatikgetriebe in Kraftfahrzeugen.

Vorteile: Für kleine und große Drehmomente sowie für große und kleine Antriebsdrehzahlen geeignet, kompakte Bauweise, An- und Abtrieb liegen in einer Achse.

Anwendungsbeispiele: In Achsantrieben von Robotern, Rundschalttischen, Werkzeugwechselmagazinen, Klappenverstellung von Flugzeugen.

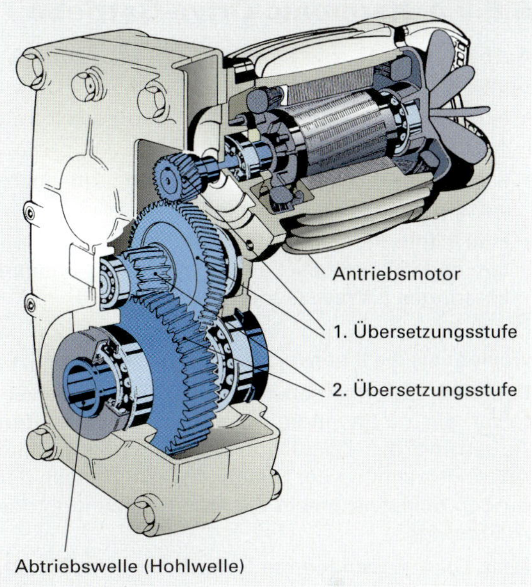

Bild 1: Getriebemotor

SimMetall S32

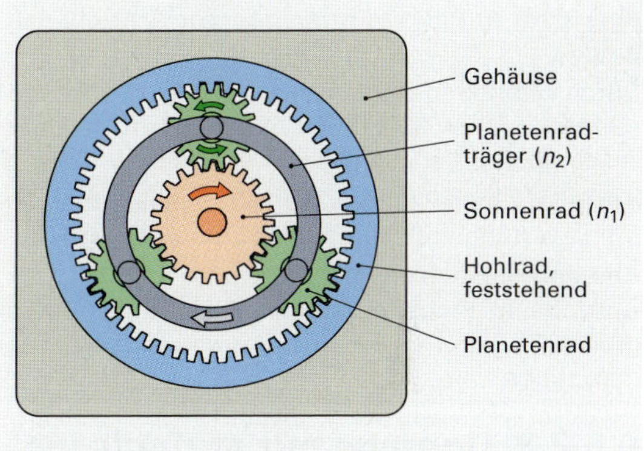

Bild 2: Bezeichnungen und Drehbewegungen bei Planetengetrieben

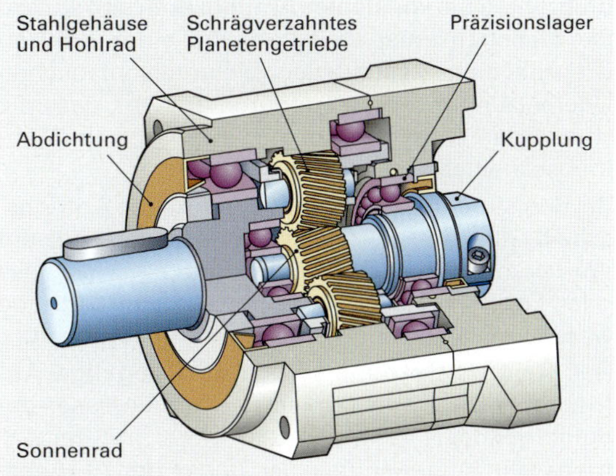

Bild 3: Planetengetriebe

6.6.2.4 Harmonic-Drive-Getriebe

Aufbau (Bild 1). Die Übersetzung der Antriebsdrehzahl ins Langsame erfolgt durch

- eine verformbare zylindrische Stahlbüchse mit Außenverzahnung **(„Flexspline")**,
- einen starren zylindrischen Außenring mit Innenverzahnung **(„Circular Spline")** und
- eine elliptische Stahlscheibe mit aufgeschrumpftem ebenfalls elliptischen Kugellager mit dünnen Laufringen **(„Wave Generator")**.

Die Außenverzahnung der Stahlbüchse hat 2 Zähne weniger als die Innenverzahnung des Außenrings.

Funktion. Die angetriebene elliptische Scheibe verformt die dünnwandige Stahlbüchse über den Außenring des Kugellagers. Dadurch greift die Außenverzahnung der Stahlbüchse im Bereich der großen Ellipsenachse in die Innenverzahnung des Außenrings.

Beim Drehen wandert der Eingriffsbereich **(Bild 2)**. Hält man den Außenring fest, bewegt sich die Stahlbüchse, die als Abtrieb dient, bei einer Umdrehung der Antriebsscheibe um 2 Zähne gegenüber dem Außenring entgegen der Antriebsrichtung.

Durch die hohen Zähnezahlen der feinen Verzahnungen, z. B. $z = 200$, erhält man sehr große Übersetzungen ins Langsame, z. B. $i = 200 : 2 = 100$.

Vorteile: Übersetzungen bis 160 : 1, spielfreier Antrieb, wartungsfrei, kompaktes Einbau-Volumen.

Anwendungsbeispiele: Achsantrieb bei Robotern, Antriebe in Flugsimulatoren, Nachführung von großen Parabol-Antennen, in Antrieben von Druckmaschinen.

6.6.2.5 Getriebe mit stufenloser Übersetzung

Mit stufenlosen Getrieben können die Abtriebsdrehzahlen bei konstanter Antriebsdrehzahl stufenlos zwischen einer kleinsten und einer größten Drehzahl eingestellt werden. Die unterschiedlichen Übersetzungen werden dadurch erreicht, dass die wirksamen Durchmesser der Antriebs- und Abtriebsscheiben verstellt werden.

Bei den stufenlosen Getrieben nimmt die Antriebsscheibe die Abtriebsscheibe direkt oder über ein Wälzelement bzw. ein Zugmittel durch Kraftschluss oder Formschluss mit. Die stufenlosen Getriebe werden in verschiedenen Ausführungen gebaut.

Das **Reibrad-Getriebe** besitzt eine kegelige Antriebsscheibe, deren wirksamer Durchmesser dadurch geändert wird, dass der Motor mit der Antriebsscheibe gegenüber der Achse der Abtriebsscheibe radial verschoben wird **(Bild 3)**.

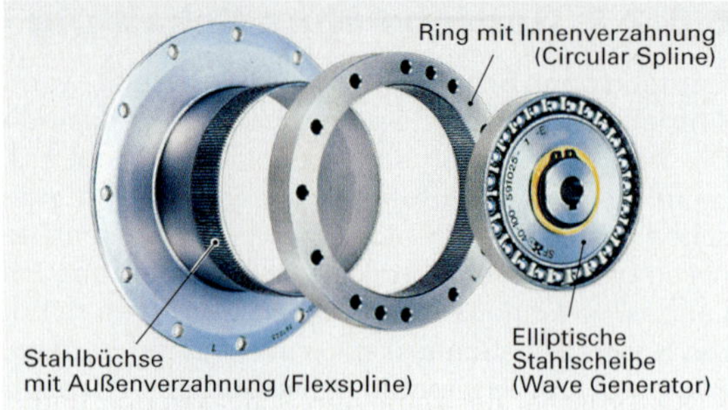

Bild 1: Harmonic-Drive-Getriebe

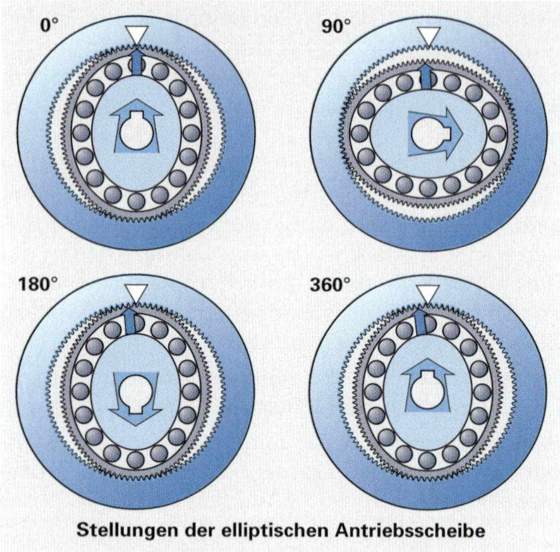

Bild 2: Drehbewegung bei einem Harmonic-Drive-Getriebe

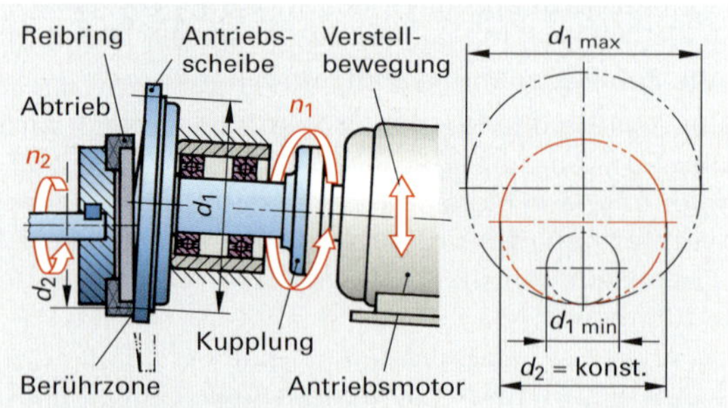

Bild 3: Reibrad-Getriebe

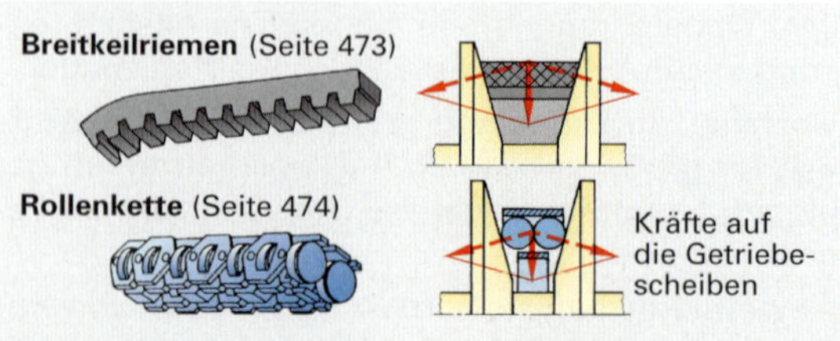

Bild 4: Zugmittel kraftschlüssiger Getriebe

Zugmittel-Getriebe übertragen die Bewegung von der Antriebs- zur Abtriebswelle durch Riemen oder Ketten **(Bild 4, vorherige Seite)**. Sie besitzen meist zwei Kegelscheibenpaare, deren Scheibenabstand verändert werden kann **(Bild 1)**. Durch die unterschiedlichen Einstellungen ändern sich die Laufdurchmesser so, dass sowohl Übersetzungen ins Schnelle als auch ins Langsame möglich sind.

Bei stufenlosen Getrieben wird der wirksame Durchmesser der kegeligen Scheiben und damit das Übersetzungsverhältnis geändert.

Für trocken laufende Antriebe verwendet man als Zugmittel meist Breitkeilriemen. Durch sie erreicht man einen ruhigen, schwingungsgedämpften Lauf. Durch den breiten Riemen sind größere Scheiben-Verstellwege und damit ein größerer Übersetzungsbereich möglich als bei der Verwendung von Normalkeilriemen.

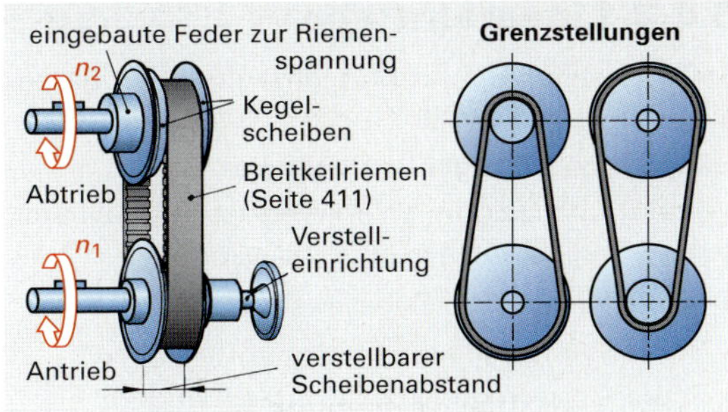

Bild 1: Breitkeilriemen-Getriebe

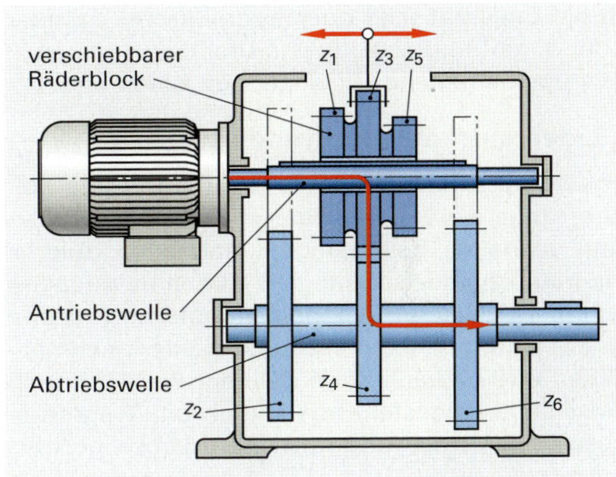

Bild 2: Schieberäder-Getriebe

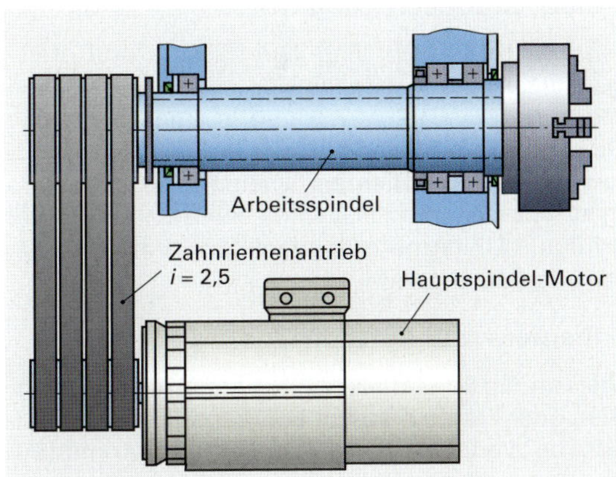

Bild 3: Hauptspindel-Antrieb

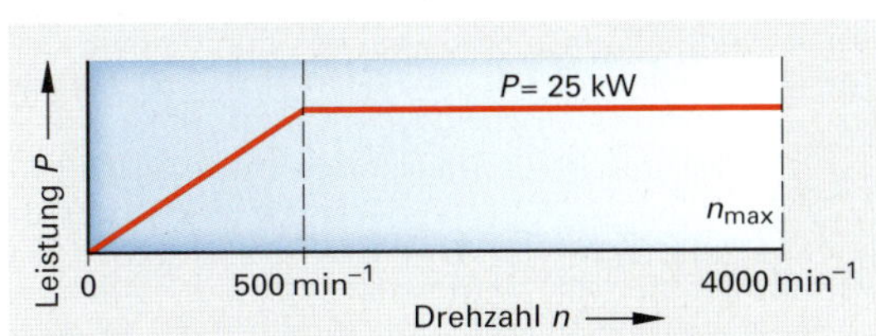

Bild 4: Kennlinie des Hauptspindel-Antriebes

Wiederholung und Vertiefung

1 Welche Aufgaben haben Getriebe?

2 Welche Bauarten unterscheidet man bei den mechanischen Getrieben?

3 Wie können sechs verschiedene Drehzahlen durch ein Getriebe mit Schieberäderblöcken verwirklicht werden, wenn der Antriebsmotor nur eine Drehzahl hat?

4 Welche Vorteile haben stufenlose Getriebe?

5 Welche Getriebe ermöglichen große Übersetzungen ins Langsame?

6 Das Schieberädergetriebe **Bild 2** wird mit 40 kW bei 910/min angetrieben. Die Zähnezahlen betragen:
$z_1 = 34$; $z_2 = 54$; $z_3 = 44$; $z_4 = 44$; $z_5 = 25$; $z_6 = 63$.
Wie groß sind
a) die Übersetzungsverhältnisse der einzelnen Übersetzungsstufen,
b) die Leistung, das Drehmoment und die Drehzahl bei der größten Übersetzung bei einem Getriebewirkungsgrad von 92%?

7 Der Hauptspindelantrieb einer Drehmaschine **(Bild 3)** arbeitet nach der in **Bild 4** beschriebenen Kennlinie.
a) Wie groß sind die vom Motor bei den Drehzahlen 500/min, 2000/min und 4000/min abgegebenen Drehmomente?
b) Der Zahnriementrieb zwischen Motor und Hauptspindel hat ein Übersetzungsverhältnis $i = 2{,}5$. Wie wirkt sich dieses auf die Drehmomente und Drehzahlen an der Hauptspindel aus?

6.6.3 Linearantriebe

Viele Bewegungen an Maschinen werden geradlinig (linear) ausgeführt.

Beispiele geradliniger Bewegungen:

- Vorschubbewegungen an Werkzeugmaschinen
- Bewegungen von Handhabungsgeräten
- Hubbewegung bei Gabelstaplern
- Schließbewegung bei Spritzgießmaschinen
- Transportbewegung bei Montagebändern
- Hubbewegung bei Pressen

Die geradlinigen Bewegungen werden entweder durch pneumatische oder hydraulische Zylinder oder durch Umwandlung von Drehbewegungen in hin- und hergehende Bewegungen ausgeführt.

Linearantriebe mit Zylindern

Pneumatikzylinder (Seite 561) mit und ohne Kolbenstange werden bei kleinen Verschiebekräften und schnellen Bewegungen eingesetzt **(Bild 1)**. **Hydraulikzylinder** (Seite 597) können dagegen schon bei kleinen Zylinderdurchmessern große Kräfte aufbringen. Die Verfahrwege der pneumatischen und hydraulischen Zylinder werden durch Anschläge eingestellt oder durch ein Wegmesssystem in Verbindung mit einem Lageregelkreis gesteuert.

Linearantriebe durch Umwandlung einer Drehbewegung

Mit Elektromotoren sind zuverlässige und preisgünstige Antriebe möglich. Für Linearbewegungen muss dazu die Drehbewegung in eine geradlinige Bewegung umgewandelt werden. Die Umwandlung kann durch Riemen-, Ketten- und Zahnstangentriebe oder durch Gewindespindeln mit Mutter erfolgen. Linearmotoren erzeugen direkt eine geradlinige Bewegung.

Riemen- und Kettentriebe

Die von einem Getriebemotor angetriebenen Riemen oder Ketten nehmen bei Transporteinrichtungen die Werkstücke oder Werkstückträger mit **(Bilder 2 und 3)**. Die Transportgeschwindigkeit entspricht dabei der Umfangsgeschwindigkeit der angetriebenen Riemenscheibe.

Beispiel: Antrieb eines Förderbandes durch einen Getriebemotor (n_{mot} = 1420/min, i = 60 : 1) mit einer Riemenscheibe d = 80 mm.
Wie groß ist die Transportgeschwindigkeit v?

Lösung: $$\mathbf{v} = \frac{\pi \cdot d \cdot n_{mot}}{i} = \frac{\pi \cdot 0{,}08\ \text{mm} \cdot 1420 \frac{1}{\text{min}}}{60}$$

$$= \mathbf{5{,}95\ \frac{m}{min}}$$

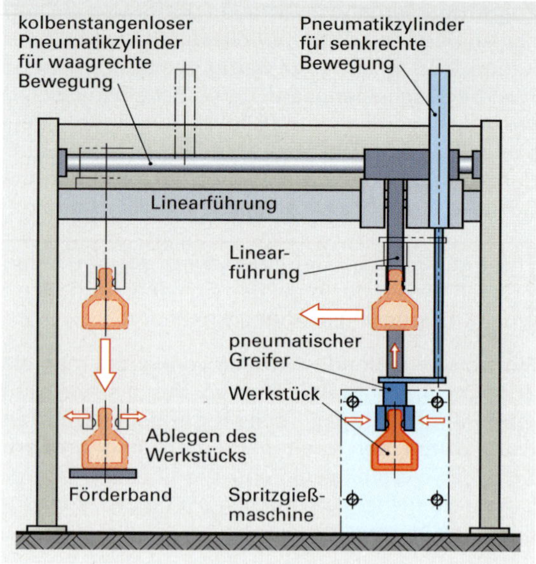

Bild 1: Handhabungsgerät an einer Spritzgießmaschine

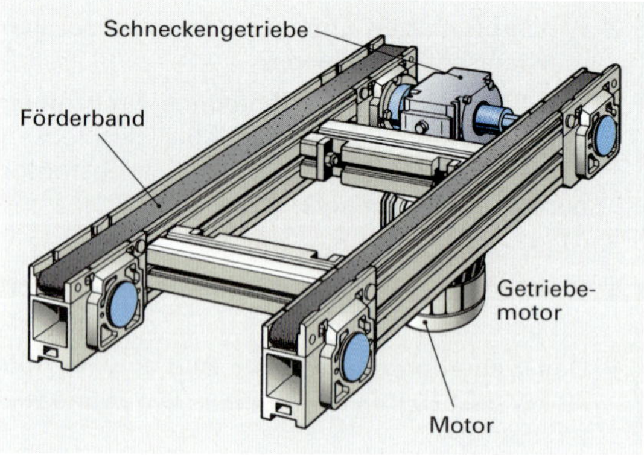

Bild 2: Konstruktiver Aufbau des Förderbandes

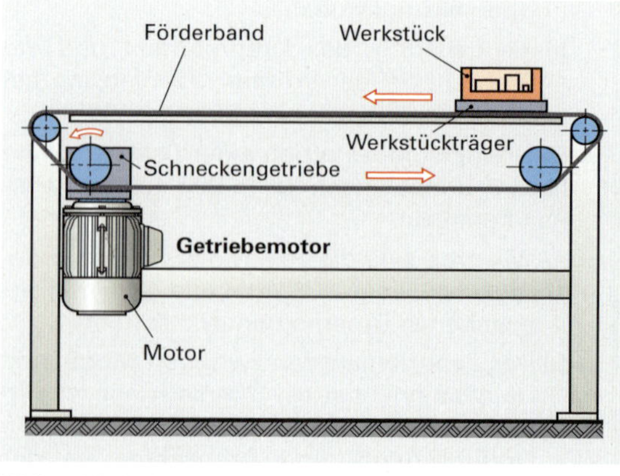

Bild 3: Förderband

Gewindespindeln mit Mutter

Bei Antrieben mit Gewindespindel und Mutter wird die Gewindespindel angetrieben. Sie verschiebt dabei die Mutter, die an dem zu bewegenden Bauteil befestigt ist. Aus der Drehzahl n und der Steigung P der Spindel ergibt sich die Vorschubgeschwindigkeit $v = n \cdot P$.

Für geradlinige Antriebe werden vor allem Trapezgewindespindeln und Kugelgewindetriebe verwendet.

Trapezgewindespindeln werden z. B. als Leitspindeln in einfachen Drehmaschinen oder bei Schraubstöcken eingesetzt. Sie besitzen eine relativ große Reibung und sind daher selbsthemmend. Deshalb muss die Ruhelage meist nicht besonders gesichert werden.

Kugelgewindetriebe dagegen sind äußerst leichtgängig und spielfrei einstellbar, aber nicht selbsthemmend **(Bild 1)**. Bei den Kugelgewindetrieben sind die Laufrillen für die Kugeln in Spindel und Mutter gehärtet und geschliffen. Da die Kugeln beim Drehen der Spindel axial wandern, müssen sie am Ende der Mutter durch einen Rückführkanal zurückgeholt werden. Kugelgewindetriebe werden vor allem in die Vorschubantriebe der NC-Maschinen eingebaut **(Bild 2)**. Sie erlauben auch das Fahren mit sehr kleinen Geschwindigkeiten ohne Ruckgleiten (Stick-Slip-Effekt). Dadurch können Schlittenpositionen sehr genau angefahren werden. Da Kugelgewindetriebe aber nicht selbsthemmend sind, muss der Maschinentisch in Ruhelagen z. B. durch Klemmen festgehalten werden.

Vorteile der Kugelgewindetriebe:

- Leichtgängig durch geringe Reibung
- Spielfrei einstellbar
- Geringe Nachgiebigkeit auch bei hoher Belastung

Zahnrad mit Zahnstange

Die Pinole von Bohrmaschinen wird meist durch die Drehbewegung eines Zahnrades angetrieben, das in eine Zahnstange eingreift. Auch der Vorschubantrieb einfacher Leit- und Zugspindel-Drehmaschinen in der Längsachse erfolgt durch Zahnrad und Zahnstange.

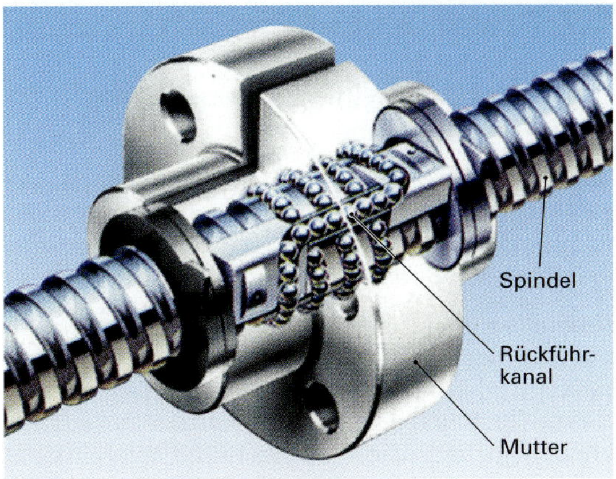

Bild 1: Kugelgewindetrieb

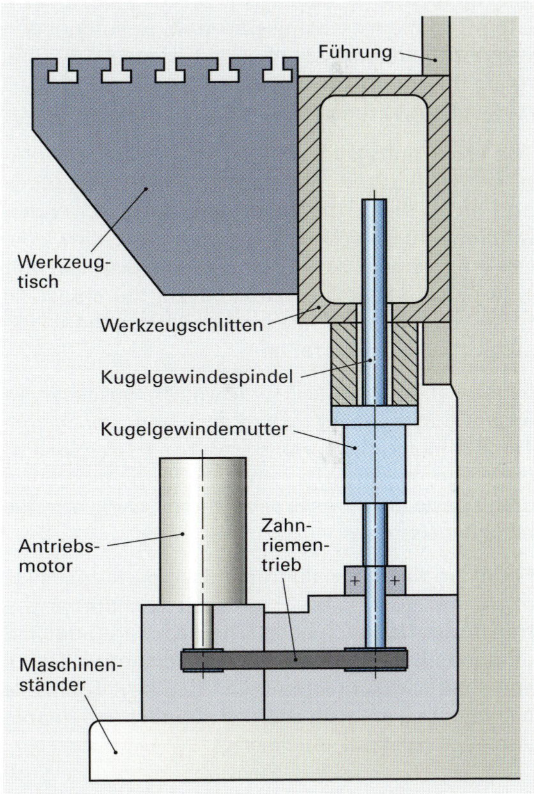

Bild 2: Antrieb der Z-Achse einer NC-Fräsmaschine

Wiederholung und Vertiefung

1 Welche Antriebsarten gibt es für geradlinige Bewegungen?

2 Wie kann die Geschwindigkeit eines hydraulischen Vorschubantriebes eingestellt werden?

3 Welche Vorteile hat ein Kugelgewindetrieb?

4 Der Schlitten einer Maschine soll mit der Geschwindigkeit v = 4000 mm/min verschoben werden. Der eingebaute Kugelgewindetrieb hat die Steigung P = 4 mm. Welche Spindeldrehzahl ist dazu erforderlich?

6.7 Practise your English

Functional units and basic tasks of a conventional lathe

The overall function of a machine or an appliance can easily be identified. The **main task** of the conventional lathe **(Figure 1)** is turning cylindrical workpieces and removing material.

A detailed analysis of the machine or the equipment is necessary to see how the main task is fulfilled. The **operation of the machine** can be clearly illustrated if the different units of the system are categorized. The example of the conventional lathe shows which units are relevant to perform the **main task** of „turning". Each of the color-coded functional units in Figure 1 fulfill a specific task.

The **drive unit** is usually an electric motor in a lathe. The **main transmission unit,** in conjunction with **a control unit** can change the speed. By operating the control lever, the gears are pushed apart and it changes the configuration of the spur gears.

The **work units** allow the "turning" of the workpiece. For the feed movements of the longitudinal and cross slide, the **feed-gear unit** and **transmission unit** is needed. The guiding unit allows the linear movement of the carriage. The **disposal unit** with its chip tray is used to collect the chips. All functional units are attached or integrated in the **support and structural unit.**

In general, several basic functions are necessary to ensure that the **main task** of each unit is achieved. **Table 1** illustrates some of the basic functions of the different units of a lathe. The implementation of the basic functions is achieved by using specific machine elements.

For example: the main transmission unit consists of several gear pairs. Their basic function is **the transformation** of speeds. The gears are attached on shafts in order to **transmit** the torque. Gears and shaft are **connected** by a fitted key. There are ball bearings on each shaft to **support** and enable a smooth rotation.

By using machine elements, the basic functions of a machine or a unit can be realized. Their concurrence lead to the formation of functional units.

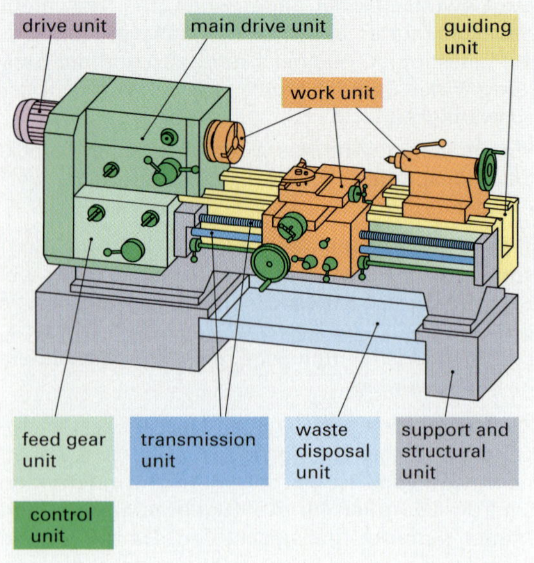

Figure 1: Individual functional units of a conventional lathe

Table 1: Functions of a conventional lathe

functional unit	main tasks
drive unit	• converting and providing energy • transmitting the torque
main drive unit and feed gear unit	• transforming the speeds • transmitting the torque • connecting drive and work unit
transmission unit	• converting the rotational movement into a linear feed motion
control unit	• moving the gears • setting the slide motion
work unit	• performing the main task "turning"
guiding unit	• guiding of the slide • guiding tailstock
waste disposal unit	• chip collection • collection of cooling lubricant
support and structural unit	• supporting the functional units

7 Elektrotechnik

Viele Maschinen, Geräte und Anlagen der Fertigungs-, Verkehrs-, Informations-, Steuerungs- und Nachrichtentechnik enthalten elektrotechnische oder elektronische Bauteile. Sie arbeiten mit elektrischem Strom. Wegen der einfachen Transportierbarkeit der elektrischen Energie mittels Leitungen steht sie praktisch überall zur Verfügung. Sie wird in den Maschinen und Geräten in andere Energieformen umgewandelt oder direkt mit geeigneter Spannung, Frequenz und Stromstärke verwendet.

Im Bereich der Fertigungstechnik spielt die Umwandlung der elektrischen Energie in mechanische Energie, z.B. bei Elektromotoren, sowie in Wärmeenergie, z.B. beim Induktionshärten, eine große Rolle.

Im Bereich der Automatisierungstechnik wird elektrische Energie z.B. in der Elektropneumatik oder Hydraulik zum Ansteuern von Relais oder Schütze bzw. zum Antreiben von Pumpen eingesetzt.

7.1 Der elektrische Stromkreis

Elektrischer Strom fließt nur im geschlossenen Stromkreis. Dieser besteht mindestens aus einem Erzeuger, einem Verbraucher sowie einer Hin- und Rückleitung **(Bild 1)**.

In diesem geschlossenem Stromkreis fließt der Strom vom Erzeuger zum Verbraucher und wieder zurück zum Erzeuger.

- Elektrischer Strom fließt nur im geschlossenen Stromkreis.
- Der Stromkreis besteht mindestens aus Erzeuger, Verbraucher und aus dem Hin- und Rückleiter.

SimMetall 1.0 S1

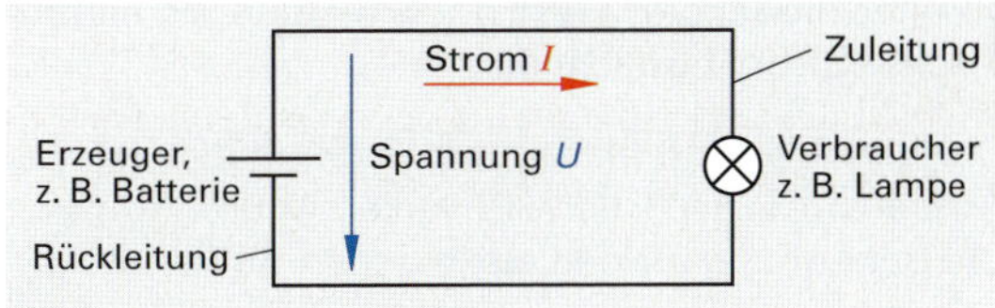

Bild 1: Elektrischer Stromkreis

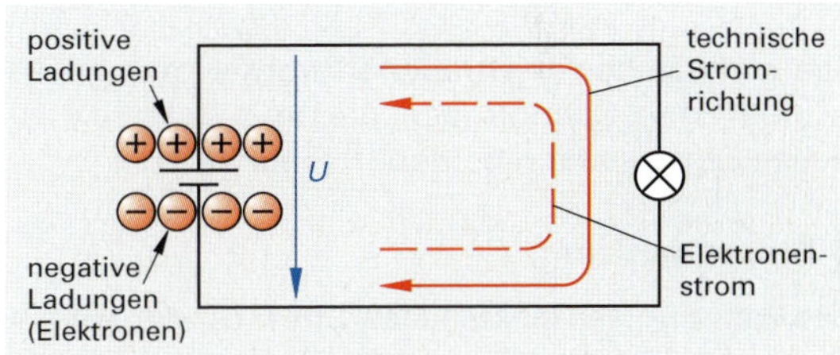

Bild 2: Spannung und Strom

7.1.1 Die elektrische Spannung

Elektrische Spannung entsteht durch die Trennung elektrischer Ladungen. Positive und negative Ladungen ziehen sich an. Zum Trennen dieser Ladungen muss Arbeit aufgewendet werden. Diese Arbeit ist als Energie in den Ladungsträgern gespeichert. Das Bestreben der getrennten Ladungen sich wieder auszugleichen wird als Spannung bezeichnet **(Bild 2)**.

Die aufgewendete Arbeit zur Ladungstrennung wird als Spannung bezeichnet.

Die **Einheit der elektrischen Spannung** ist das Volt, benannt nach dem Physiker Alessandro Volta. Die Benennung für die elektrische Spannung ist V.

Die elektrische Spannung U wird in Volt (V) gemessen.

Zur Versorgung mit elektrischer Spannung stehen verschiedene Spannungsquellen zur Verfügung **(Tabelle 1)**. Spannung wird unterschieden in Gleichspannung und Wechselspannung **(Bild 3)**. Während bei Gleichspannung immer der gleiche Spannungswert anliegt, ändert sich bei der Wechselspannung der Wert der Spannung fortlaufend.

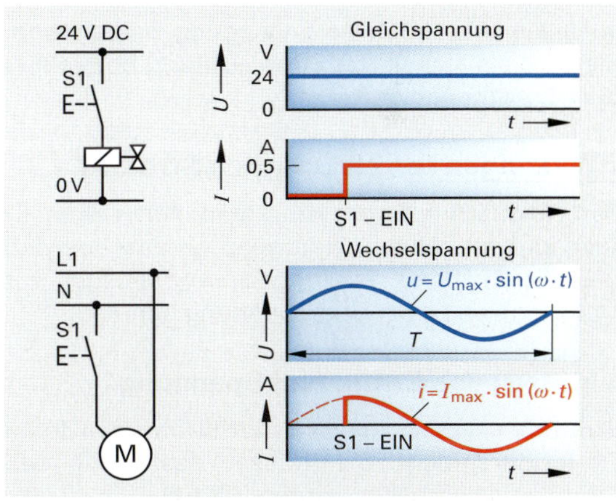

Bild 3: Gleich- und Wechselspannung

Tabelle 1: Spannungsquellen

Spannungsquelle	Nennspannung
Monozelle	1,5 V
Autobatterie	12 V
Wechselstromnetz	230 V
Drehstromnetz	400 V

7.1.2 Der elektrische Strom

Wird ein elektrischer Verbraucher an eine Spannungsquelle angeschlossen, können sich die unterschiedlichen Ladungen ausgleichen. Die Elektronen fließen dabei vom Minuspol der Spannungsquelle über den Verbraucher zum Pluspol. Die fließenden Elektronen werden als elektrischer Strom bezeichnet. Dieser ist umso größer, je mehr Elektronen pro Sekunde durch den Leiterquerschnitt fließen.

Die durch einen Verbraucher bzw. durch einen Leiter fließenden Elektronen werden als elektrischer Strom bezeichnet.

Die Einheit der elektrischen Stromstärke ist das Ampere (A), nach dem Physiker André Ampere. Die Benennung für den elektrischen Strom ist A.

Der elektrische Strom wird in Ampere (A) gemessen.

Die elektrischen Verbraucher werden mit unterschiedlichen Spannungen und mit unterschiedlichen Stromstärken betrieben **(Tabelle 1)**.

Stromrichtung

Die Richtung des elektrischen Stromes wurde vom Plus- zum Minuspol festgelegt. Erst später erkannte man, dass sich die Elektronen vom Minuspol zum Pluspol bewegen. In der Technik wurde jedoch die ursprüngliche Festlegung beibehalten. Sie wird als technische Stromrichtung bezeichnet **(Bild 2, vorherige Seite)**.

Wirkungen des elektrischen Stromes

Den elektrischen Strom kann man nicht sehen. Er kann nur an seinen Wirkungen erkannt werden **(Tabelle 2)**. Diese Wirkungen werden auch zur Messung von Strom und Spannung benutzt.

Messen von Strom und Spannung

Strommessgeräte messen den Strom, der durch sie hindurchfließt. Sie müssen deshalb in den Stromkreis geschaltet werden **(Bild 1)**.

Spannungsmessgeräte messen den Spannungsunterschied zwischen zwei Punkten im Stromkreis. Sie müssen deshalb parallel zum Verbraucher oder zur Spannungsquelle geschaltet werden.

Strommessgeräte werden in Reihe zum Verbraucher, **Spannungsmessgeräte** parallel zum Verbraucher bzw. der Spannungsquelle geschaltet.

Tabelle 1: Stromstärken verschiedener Verbraucher

Verbraucher	Stromstärke
Elektronische Messschieber	0,1 A
Glühlampe	0,5 A
10-kW-Motor bei 400 V	18 A
Schweißtransformator	300 A
Lichtbogenofen	150000 A

Tabelle 2: Wirkungen des elektrischen Stromes

Physikalischer Effekt	Anwendung
Wärmewirkung	
Ein vom Strom durchflossener Leiter erwärmt sich.	Induktionshärten, Lötkolben
Magnetische Wirkung	
Um einen stromdurchflossenen Leiter entsteht ein Magnetfeld.	Elektromotor, Relais, Magnetspannplatte
Lichtwirkung	
Stromdurchflossene Drähte können glühen und dabei Licht aussenden.	Glühlampen, Halogenlampen
Gase können durch Strom zum Leuchten angeregt werden.	Leuchtstoffröhren, Energiesparlampen
Bestimmte Halbleiter senden bei Stromdurchgang Licht aus.	Leuchtdioden (LED)
Chemische Wirkung	
Elektrischer Strom zersetzt leitende Flüssigkeiten, sog. Elektrolyte	Elektrolyse von Aluminium, Galvanotechnik
Physiologische Wirkung	
Elektrischer Strom wirkt auf Lebewesen. Stromstärken ab 50 mA sind lebensgefährlich.	Herzschrittmacher, Elektrozäune, Therapie bei Nerven- oder Muskelverletzungen

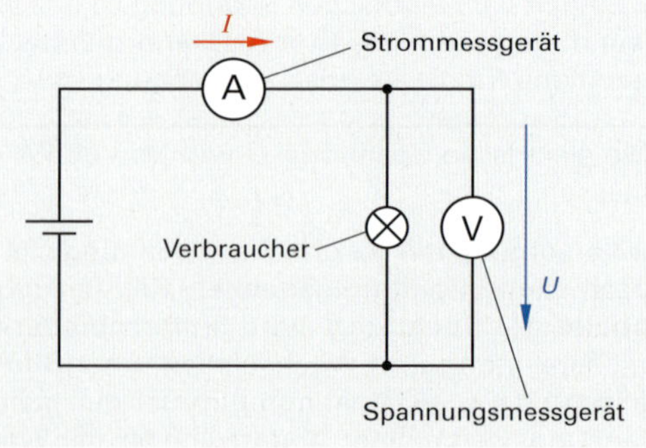

Bild 1: Messen von Spannung und Strom

7.1.3 Der elektrische Widerstand

In einem geschlossenen Stromkreis mit einer Spannungsquelle und einem Verbraucher (Widerstand) fließt ein elektrischer Strom.

Die Größe des fließenden Stromes ist von der Größe des elektrischen Widerstandes des Verbrauchers abhängig. Bei gleicher Spannung U fließt bei einem Verbraucher mit kleinem Widerstand R ein großer Strom I, bei einem Verbraucher mit großem Widerstand R fließt ein kleiner Strom I **(Bild 1)**.

Den Zusammenhang zwischen Spannung, Strom und elektrischem Widerstand beschreibt das **Ohm'sche Gesetz (Bild 2)**. Es besagt: Die Stromstärke I in einem Stromkreis ist der Quotient aus der angelegten Spannung U und dem Widerstand R des Verbrauchers.

Ohm'sche Gesetz	$I = \frac{U}{R}$

Die Einheit des elektrischen Widerstandes R eines Verbrauchers ist das Ohm (Ω), benannt nach dem Physiker Georg Simon Ohm.

> Der elektrische Widerstand wird in Ohm (Ω) gemessen.

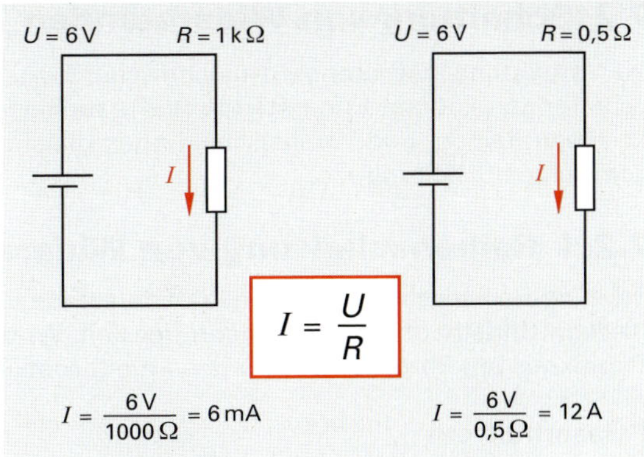

Bild 1: Stromkreise mit kleinem und großem Widerstand

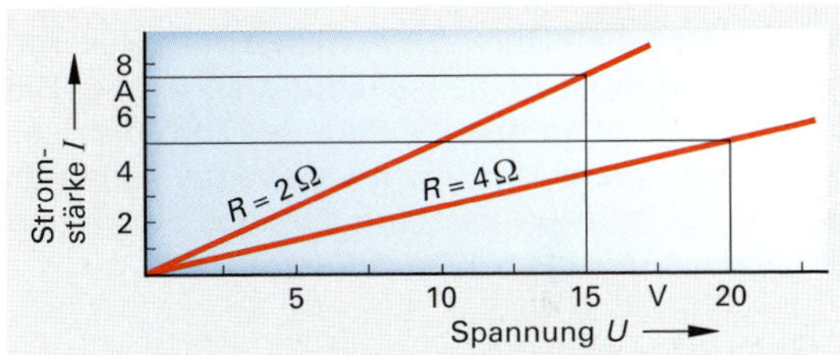

Bild 2: Ohm'sches Gesetz als Diagramm

Spezifischer elektrischer Widerstand

Der spezifische elektrische Widerstand ρ eines Werkstoffes gibt an, wie gut dieser Werkstoff den elektrischen Strom leitet. Dazu wird der Widerstand eines 1 m langen Drahtes mit 1 mm² Querschnitt gemessen **(Tabelle 1)**.

Tabelle 1: Spezifischer elektrischer Widerstand ρ

Werkstoff	Spezifischer elektrischer Widerstand ρ in $\frac{\Omega \cdot mm^2}{m}$
Aluminium	0,0265
Gold	0,0220
Kupfer	0,0179
Silber	0,0149
Wolfram	0,0550

Leiterwiderstand

Auch die Leitungen im elektrischen Stromkreis haben einen elektrischen Widerstand. Er wird Leiterwiderstand genannt.

Der Leiterwiderstand ist abhängig vom spezifischen elektrischen Widerstand ρ des Leiterwerkstoffes, der Länge l des Leiters und dem Querschnitt A des Leiters.

Leiterwiderstand	$R_l = \frac{\rho \cdot l}{A}$

Temperaturabhängige Widerstandsänderung	$\Delta R = R_{20} \cdot \alpha \cdot \Delta\vartheta$

Temperaturabhängiger Widerstand	$R_\vartheta = R_{20} + \Delta R$

Temperaturabhängiger Widerstand

Fast alle Leiterwerkstoffe ändern ihren elektrischen Widerstand mit der Temperatur. Die Widerstandsänderung ΔR ist abhängig vom Leiterwerkstoff des Widerstands **(Tabelle 2)** und von der Temperaturdifferenz $\Delta\vartheta$.

Es wird zwischen Kaltleiter und Heißleiter unterschieden. **Kaltleiter** werden auch als PTC[1]-Widerstände bezeichnet. Ihr Widerstand nimmt bei Erwärmung zu. **Heißleiter** werden auch als NTC[2]-Widerstände bezeichnet. Ihr Widerstand nimmt bei Erwärmung ab. Als Berechnungsbasis dient die Maßzahl des elektrischen Widerstandes bei 20 °C (R_{20}).

Tabelle 2: Temperaturkoeffizient α

Werkstoff	α in K^{-1}
Aluminium	0,0040
Gold	0,0037
Kupfer	0,0039
Konstantan	±0,00001
Grafit	−0,0013

[1] PTC (Positive Temperature Coefficient)
[2] NTC (Negative Temperature Coefficient)

7.2 Schaltung von Widerständen

Die Verbindung mehrerer elektrotechnischer Bauteile wird als elektrische Schaltung bezeichnet. In diesen Schaltungen können Widerstände (Verbraucher) in Reihe oder parallel geschaltet (angeordnet) sein. Kommen Reihen- und Parallelschaltungen gleichzeitig in einem Stromkreis vor, spricht man von einer gemischten Schaltung.

7.2.1 Reihenschaltung von Widerständen

Bei einer Reihenschaltung sind alle Widerstände hintereinander geschaltet **(Bild 1)**. Dies ist z. B. bei elektrischen Christbaumbeleuchtungen der Fall. Wird bei dieser Schaltung an einer beliebigen Stelle der Stromkreis unterbrochen, ist der gesamte Stromkreis unterbrochen.

SimMetall S2/S5

Gesamtstrom

Werden in Reihe geschaltete Widerstände in einem Stromkreis an die Spannung U angeschlossen, fließt ein Strom I. Die Größe des fließenden Stromes ist nach dem Ohm'schen Gesetz vom Gesamtwiderstand R der Reihenschaltung abhängig. Die Stromstärke ist an allen Stellen des Stromkreises gleich groß, da er sich nicht verzweigen kann. Es fließt durch jeden Widerstand derselbe Strom und es gilt: $I = I_1 = I_2 = \ldots = I_n$.

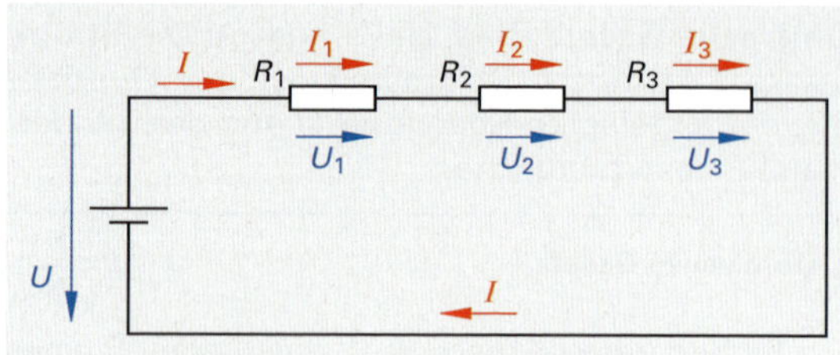

Bild 1: Stromkreis mit in Reihe geschalteten Widerständen

Gesamtstrom $I = I_1 = I_2 = \ldots = I_n$

In einer Reihenschaltung fließt überall der gleiche Strom.

Gesamtspannung

Bei der Reihenschaltung liegt an jedem Widerstand ein Teil der Gesamtspannung, z. B. am Widerstand R_1 die Teilspannung $U_1 = I \cdot R_1$. Die Gesamtspannung teilt sich an den einzelnen Widerständen auf (Spannungsteilung). Dieser Sachverhalt wird auch als Spannungsabfall am Widerstand bezeichnet. Da der Strom überall gleich groß ist, ist der Spannungsabfall an einem großen Widerstand größer als an einem kleinen Widerstand.

Die Summe der Teilspannungen $U_1 + U_2 + \ldots + U_n$ ergeben zusammen die Gesamtspannung U.

Einzelspannung $U_1 = I \cdot R_1$; ...; $U_n = I \cdot R_n$

Gesamtspannung $U = U_1 + U_2 + \ldots + U_n$

Bei der Reihenschaltung ist die Summe der Teilspannungen so groß wie die angelegte Gesamtspannung.

Gesamtwiderstand

Die Einzelwiderstände R_1, R_2, ... , R_n der Reihenschaltung können zu einem Gesamtwiderstand $R = R_1 + R_2 + \ldots + R_n$, dem sogenannten Ersatzwiderstand, zusammengefasst werden. Dieser Ersatzwiderstand nimmt bei gleicher Spannung U den gleichen Strom I auf, wie die Reihenschaltung der Einzelwiderstände.

Gesamtwiderstand $R = R_1 + R_2 + \ldots + R_n$

Bei der Reihenschaltung ist der Gesamtwiderstand gleich der Summe der Einzelwiderstände.

Beispiel: Zwei Widerstände $R_1 = 30\ \Omega$ und $R_2 = 80\ \Omega$ sind in Reihe geschaltet und liegen an der Netzspannung von 230 V **(Bild 2)**.

Wie groß sind die Stromstärke I und die Teilspannungen U_1 und U_2?

Lösung: $R = R_1 + R_2 = 30\ \Omega + 80\ \Omega = 110\ \Omega$

$$I = \frac{U}{R} = \frac{230\ \text{V}}{110\ \Omega} = 2{,}091\ \text{A}$$

$$U_1 = I \cdot R_1 = 2{,}091\ \text{A} \cdot 30\ \Omega = 62{,}7\ \text{V}$$

$$U_2 = I \cdot R_2 = 2{,}091\ \text{A} \cdot 80\ \Omega = 167{,}3\ \text{V}$$

$$U = U_1 + U_2 = 62{,}7\ \text{V} + 167{,}3\ \text{V} = 230\ \text{V}$$

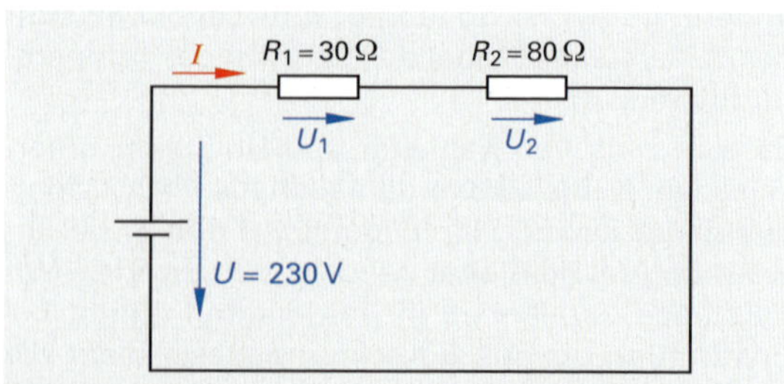

Bild 2: Reihenschaltung von zwei Widerständen

7.2.2 Parallelschaltung von Widerständen

Bei einer Parallelschaltung sind die Widerstände parallel angeordnet. Dadurch ist es möglich, gleichzeitig mehrere Verbraucher unabhängig voneinander an dieselbe Spannungsquelle anzuschließen.

Gesamtspannung

Bei der Parallelschaltung liegt an jedem Widerstand die gleiche Spannung U an, deshalb ist die Gesamtspannung gleich den Teilspannungen $U = U_1 = U_2 = \ldots = U_n$.

Gesamtstrom

Werden parallel geschaltete Widerstände in einem Stromkreis an die Spannung U angeschlossen, so fließt der Strom I. Dieser spaltet sich an der Verzweigungsstelle in Teilströme I_1, I_2, ..., I_n auf und fließt durch die parallel angeordneten Leitungsstränge **(Bild 1)**. Dabei fließt durch jeden Widerstand ein Teil des Gesamtstromes.

Der Gesamtstrom I ist die Summe der Teilströme $I_1 + I_2 + \ldots + I_n$.

Gesamtwiderstand

Die Teilströme I_1, I_2, ..., I_n werden durch die Größe des jeweiligen elektrischen Widerstandes bestimmt. Sie können mit dem Ohm'schen Gesetz berechnet werden, z. B. $I_1 = U/R_1$.

Durch einen kleinen Widerstand fließt dabei ein großer Strom und durch einen großen Widerstand ein kleiner Strom. Dabei ist der Gesamtwiderstand (Ersatzwiderstand) der Parallelschaltung immer kleiner als der kleinste Widerstand in der Parallelschaltung.

Beispiel: An zwei parallel geschalteten Widerständen $R_1 = 48\ \Omega$ und $R_2 = 72\ \Omega$ liegt eine Spannung von $U = 24$ V an (Bild 1).

Wie groß sind

a) die Teilströme I_1 und I_2,

b) der Gesamtstrom I,

c) der Gesamtwiderstand R?

Lösung: a) $I_1 = \frac{U}{R_1} = \frac{24\ \text{V}}{48\ \Omega} = 0{,}50\ \text{A}$; $I_1 = \frac{U}{R_2} = \frac{24\ \text{V}}{72\ \Omega} = 0{,}33\ \text{A}$

b) $I = I_1 + I_2 = 0{,}50\ \text{A} + 0{,}33\ \text{A} = 0{,}83\ \text{A}$

c) $R = \frac{R_1 \cdot R_2}{R_1 + R_2} = \frac{48\ \Omega \cdot 72\ \Omega}{48\ \Omega + 72\ \Omega} = 28{,}8\ \Omega$

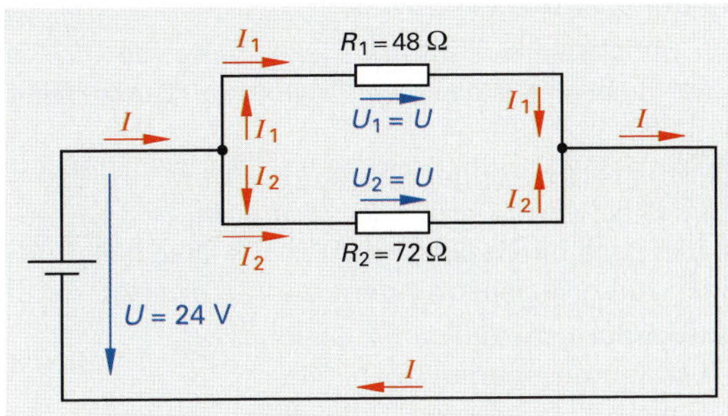

Bild 1: Stromkreis mit Parallelschaltung von zwei Widerständen

Gesamtspannung $U = U_1 = U_2 = \ldots = U_n$

Die Gesamtspannung ist gleich den Teilspannungen.

Teilströme $I_1 = \frac{U}{R_1}$; $I_2 = \frac{U}{R_2}$; ...; $I_n = \frac{U}{R_n}$

Gesamtstrom $I = I_1 + I_2 + \ldots + I_n$

Der Gesamtstrom ist gleich der Summe der Teilströme.

Gesamtwiderstand $R = \frac{1}{\frac{1}{R_1} + \frac{1}{R_2} + \ldots + \frac{1}{R_n}}$

für zwei Widerstände $R = \frac{R_1 \cdot R_2}{R_1 + R_2}$

Bei der Parallelschaltung von Widerständen ist der Gesamtwiderstand kleiner als der kleinste Teilwiderstand.

Wiederholung und Vertiefung

1 Welche Wirkungen hat der elektrische Strom? Geben Sie zu den einzelnen Wirkungen jeweils ein Beispiel an.

2 Wie müssen die Messgeräte

a) zum Messen des elektrischen Stromes,

b) zum Messen der elektrischen Spannung

geschaltet werden?

3 Welche Auswirkungen hat es auf den Stromfluss, wenn die Zuleitung zu einem Verbraucher unterbrochen wird

a) bei einer Reihenschaltung,

b) bei einer Parallelschaltung?

4 Warum sind in Firmen und Haushalten praktisch alle Geräte und Maschinen parallel geschaltet?

7.3 Stromarten

Elektrische Ströme werden nach dem zeitlichen Verlauf der Richtung und der Stromstärke in Gleichstrom und Wechselstrom eingeteilt **(Bild 1)**. Eine besondere Form des Wechselstromes ist der Drehstrom.

Gleichstrom (DC[1])

Bei Gleichstrom fließt der Elektronenstrom nur in einer Richtung und in gleichbleibender Stärke **(Bild 1,** links).

Gleichstrom niedriger Spannung liefern z. B. Batterien. Gleichstrom größerer Spannung und Stromstärke wird durch Gleichrichter aus Wechselstrom oder durch Gleichstromgeneratoren erzeugt.

Anwendungsbeispiele für Gleichstrom:
- Längenmessgeräte (Seite 28)
- Gleichstrommotoren (Seite 482)
- Beschichten durch Galvanisieren (Seite 268)
- Lichtbogenschweißen (Seite 250)

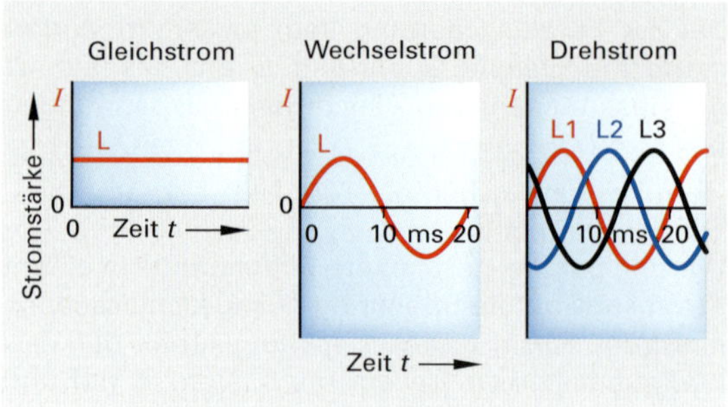

Bild 1: Zeitlicher Verlauf der Stromstärke bei verschiedenen Stromarten

SimMetall S3

Wechselstrom (AC[2])

Bei Wechselstrom ändern sich die Richtung und Stromstärke des Stromes ständig **(Bild 1,** mitte und rechts). Elektronen pendeln dabei mit einer harmonischen Schwingung zwischen einem positiven und negativen Höchstwert, dem Scheitelwert. Die Anzahl der Schwingungen je Sekunde wird als Frequenz *f* bezeichnet. Sie wird in Hertz (Hz) angegeben, nach dem Physiker Heinrich Hertz. Im europäischen Energieversorgungsnetz beträgt die Frequenz 50 Hertz.

Anwendungsbeispiele für Wechselstrom:
- Leitungsnetz der Energieversorger **(Bild 2)**
- Motoren an Werkzeugmaschinen (Seite 483)
- Schweißtechnik (Seite 254)

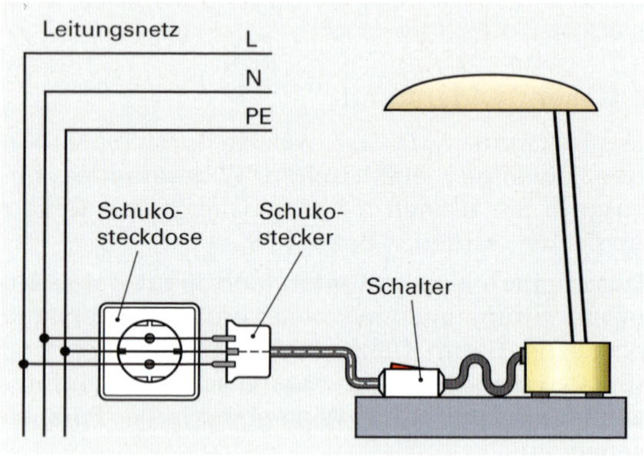

Bild 2: Anschluss einer Lampe über eine Schukosteckdose an das Wechselstromnetz

SimMetall S20

Dreiphasen-Wechselstrom (Drehstrom)

Dreiphasen-Wechselstrom wird in Generatoren mit drei Wicklungen erzeugt **(Bild 3)**. An jeder ihrer drei Wicklungen liegt Wechselstrom mit 50 Hz an. Er wird in das Leitungsnetz eingespeist.

Ein Dreiphasen-Wechselstrom-Leitungsnetz hat fünf Leitungen: L1, L2, L3, N und PE. L1, L2 und L3 sind Stromführende Leitungen. Die gemeinsame Rückleitung wird als Neutralleiter N bezeichnet. Der PE-Leiter (von englisch protection earth) ist ein geerdeter Schutzleiter und dient zur Ableitung eines Fehlerstroms bei einem Körperschluss.

Im Energieversorgungsnetz beträgt die Spannung zwischen einem Außenleiter und dem Neutralleiter 230 V, die Spannung zwischen zwei Außenleitern, z. B. zwischen L1 und L2 beträgt 400 V.

Anwendungsbeispiele für Drehstrom:
- Leistungsstarke Antriebsmotoren (Seite 480)
- Schmelzöfen für Metalle (Seite 347)

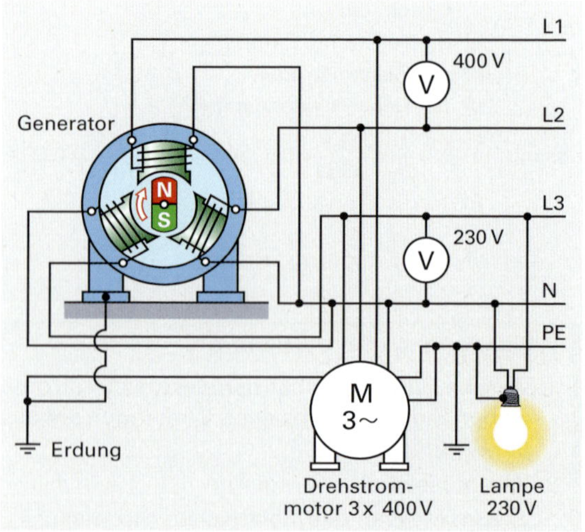

Bild 3: Generator für Dreiphasen-Wechselstrom mit Fünfleiternetz

[1] DC von direct current (engl.) = Gleichstrom
[2] AC von alternating current (engl.) = Wechselstrom

7.4 Elektrische Leistung und elektrische Arbeit

Die Energie-Versorgungs-Unternehmen (EVU) stellen allen Nutzern elektrischer Maschinen und Geräte elektrische Energie zur Verfügung.

Die dem elektrischen Netz pro Zeiteinheit entnommene Energie nennt man elektrische Leistung. Sie wird in Watt (W), Kilowatt (kW) oder Megawatt (MW) gemessen.

Bei elektrischen Betriebsmitteln, wie z. B. einem Zinkbad, wird auf dem Leistungsschild die dem Netz entnommene Leistung, bei Elektromotoren hingegen die abgegebene Leistung angegeben **(Bild 1)**.

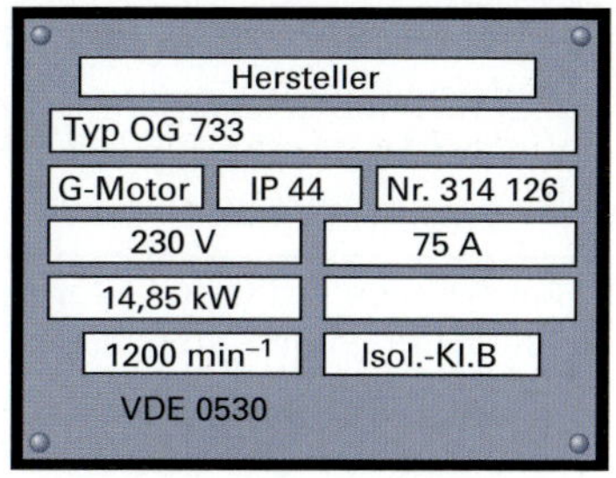

Bild 1: Leistungsschild eines Gleichstrommotors

Elektrische Leistung bei Gleichstrom und induktionsfreiem Wechselstrom oder Drehstrom

Bei einem an Gleichspannung betriebenen Verbraucher ist die Leistung P umso größer, je größer die angelegte Spannung U und der Strom I sind. Gleiches gilt für Verbraucher an Wechselspannung, wenn sie neben dem ohmschen Widerstand keine induktiven Teile (Spulen) oder kapazitive Teile (Kondensatoren) enthalten **(Bild 2)**.

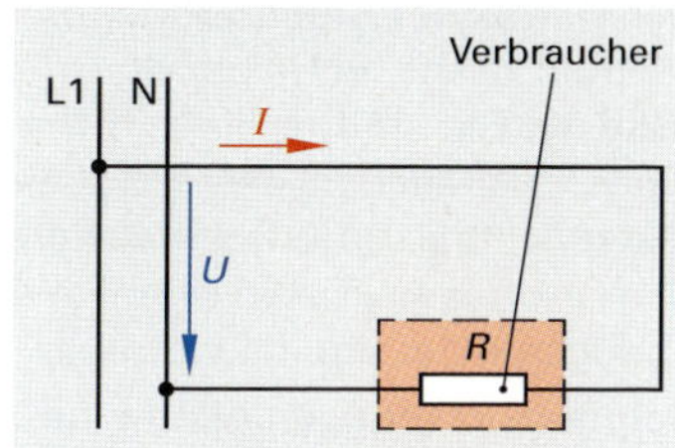

Bild 2: Leistung bei Gleichstrom im Stromkreis mit ohmschen Verbraucher

Elektrische Leistung bei ohmschen Verbraucher an Gleichstrom und induktionsfreiem Wechselstrom $P = U \cdot I$

Beim Drehstrom ist der Stromverlauf in den drei Leitern zeitlich gegeneinander verschoben. Die Leistung berechnet man mit dem Verkettungsfaktor $\sqrt{3}$ **(Bild 3)**.

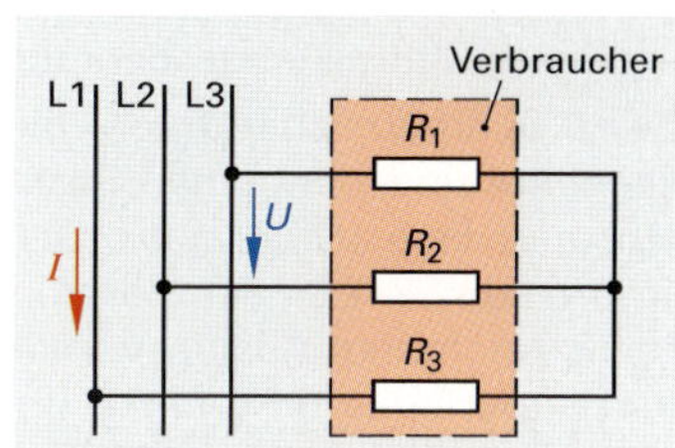

Bild 3: Leistung bei Drehstrom im Stromkreis mit drei ohmschen Verbrauchern

Elektrische Leistung bei ohmschen Verbraucher an Drehstrom $P = \sqrt{3} \cdot U \cdot I$

Elektrische Leistung von Verbrauchern mit induktiven und kapazitiven Anteilen bei Wechselstrom und Drehstrom

Bei Verbrauchern, die neben dem ohmschen Widerstand auch Spulen und Kondensatoren enthalten, kommt es zu einer zeitlichen Verschiebung (Phasenverschiebung) zwischen Strom und Spannung. Diese Verschiebung mindert die tatsächlich am Verbraucher umgesetzte Leistung, Wirkleistung genannt, um den Leistungsfaktor $\cos\varphi$ (**Bild 4** und **Bild 5**).

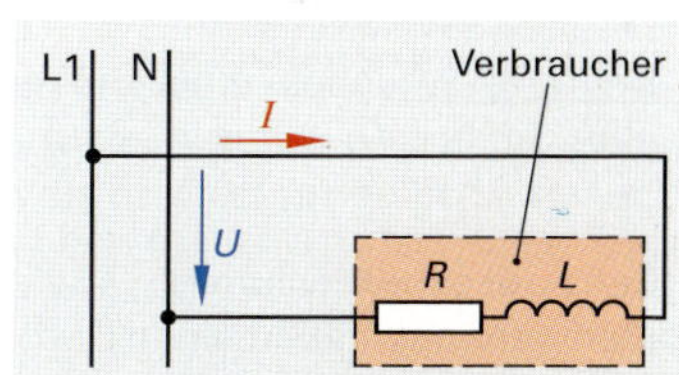

Bild 4: Leistung bei Wechselstrom mit ohmschen und induktivem Verbraucher

Wirkleistung bei Wechselstrom $P = U \cdot I \cdot \cos\varphi$

Wirkleistung bei Drehstrom $P = \sqrt{3} \cdot U \cdot I \cdot \cos\varphi$

Beispiel: Für einen Dreiphasen-Drehstrommotor gibt der Hersteller folgende Daten an: $U = 400$ V, $I = 26{,}6$ A, $\cos\varphi = 0{,}87$, $\eta = 93{,}5\,\%$
Wie groß sind a) aufgenommene und b) abgegebene Leistung?

Lösung: a) $P_1 = \sqrt{3} \cdot U \cdot I \cdot \cos\varphi = \sqrt{3} \cdot 400\ \text{V} \cdot 26{,}6\ \text{A} \cdot 0{,}87 = 16\,033\ \text{W}$

b) $P_2 = P_1 \cdot \eta = 16\,033\ \text{W} \cdot 0{,}935 = 14\,990\ \text{W}$

Elektrische Arbeit

Je größer die Leistung P und die Betriebsdauer t eines Verbrauchers ist, desto größer ist die elektrische Arbeit.

Elektrische Arbeit $W = P \cdot t$

Einheiten der Arbeit sind: Wattsekunde (Ws) und Kilowattstunde (kWh). Die elektrische Arbeit wird von Stromzählern in kWh gemessen.

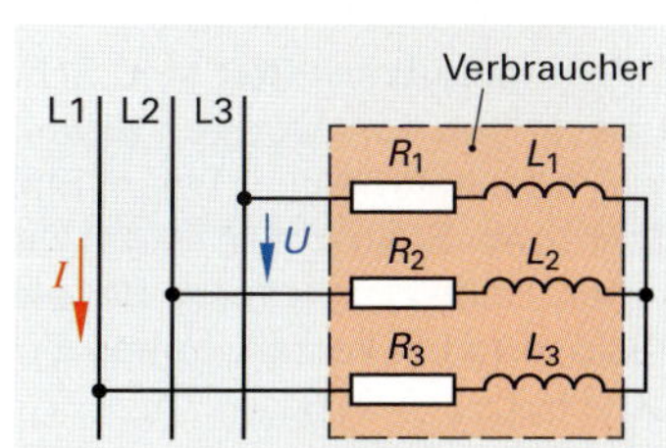

Bild 5: Leistung bei Drehstrom mit ohmschen und induktivem Verbraucher

7.5 Überstrom-Schutzeinrichtungen

Um Geräte und Leistungen vor Überlastung durch zu hohe Ströme zu schützen, werden sie durch Überstrom-Schutzeinrichtungen, kurz Sicherungen, geschützt. Sicherungen sind Bauteile, die beim Überschreiten des zulässigen Höchststromes den Stromkreis unterbrechen.

Sicherungen schützen Leitungen und Geräte vor Überlastung und Kurzschluss.

Man unterscheidet Schmelzsicherungen, Sicherungsautomaten und Motorschutzschalter.

Schmelzsicherungen

Schmelzsicherungen enthalten im Inneren einen dünnen draht- oder bandförmigen Schmelzleiter **(Bild 1).** Sie sind in die zuführende Stromleitung eines Verbrauchers eingebaut. Bei zu hoher Stromstärke schmilzt der Schmelzleiter und unterbricht den Stromkreis. Dabei schmilzt auch der Unterbrechungsmelder und fällt heraus.

Schmelzsicherungen gibt es für Absicherungsströme von 10 A bis 50 A. Sie haben unterschiedliche Kennfarben und die Fußkontakte haben verschiedene Durchmesser (Bild 1). Dadurch können Schmelzsicherungen für höhere Ströme nicht in Einsätze für niedrigere Ströme eingeschraubt werden.

Kleine Schmelzsicherungen, die in Elektrogeräte eingebaut sind, nennt man **Geräteschutzsicherungen** oder Feinsicherungen. Sie dienen zum Absichern von Geräten der Messtechnik und der Elektronik. Nach dem Auslöseverhalten unterscheidet man superflinke (FF), flinke (F), mittelträge (M), träge (T) und superträge (TT) Feinsicherungen.

Sicherungen dürfen nicht geflickt oder überbrückt werden.

Beim Auswechseln einer Sicherung ist unbedingt eine Sicherung mit dem vom Hersteller angegebenen Absicherungsstrom zu verwenden.

Leitungsschutzschalter, auch Sicherungsautomaten genannt, haben einen Sofort- und einen Langzeit-Abschaltmechanismus **(Bild 2).** Ein Bimetallschalter wird bei fortlaufender Überlastung des Stromnetzes wirksam und ein magnetischer Schalter unterbricht bei Kurzschluss den Stromkreis sofort.

Motorschutzschalter sind Schalter zum Ein- und Ausschalten von Motoren **(Bild 3).** Auch sie haben zwei Abschaltmechanismen. Ein thermischer Auslöser zum Schutz der Motorwicklung bei langer hoher Belastung und eine elektromagnetische Auslösung bei kurzen, hohen Stromstärken (Überlastschutz).

Motorschutzschalter, die den Motor vor Überlast und Kurzschluss schützen, müssen am Anfang der Motorzuleitung eingebaut sein.

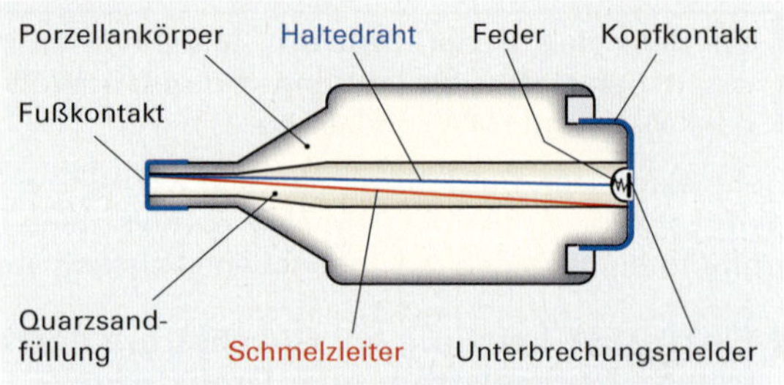

Bild 1: Schmelzeinsatz einer Schraubsicherung

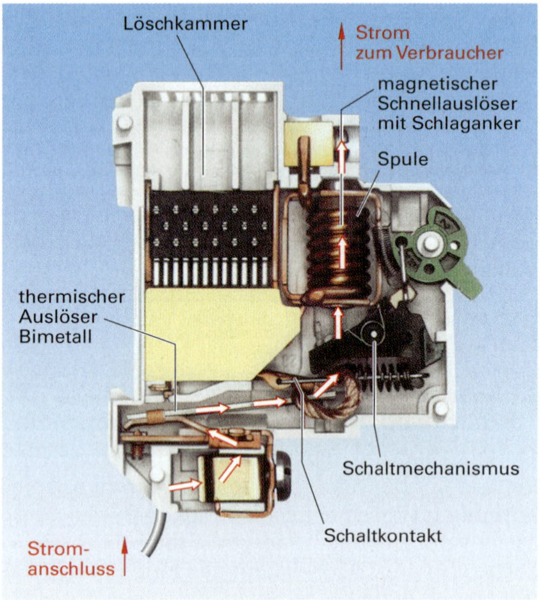

Bild 2: Leitungsschutzschalter (geöffnet)

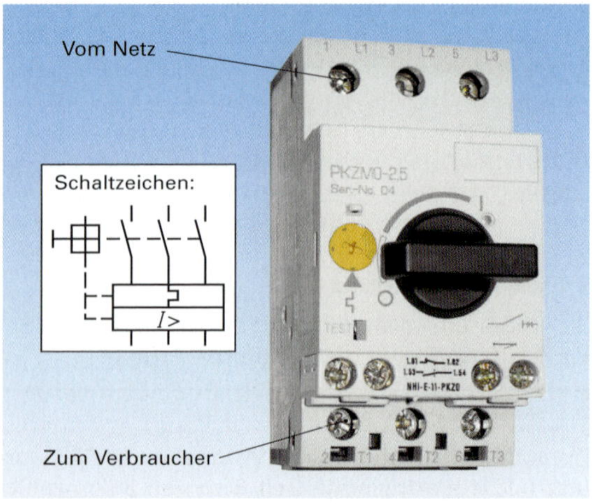

Bild 3: Motorschutzschalter eines Drehstrommotors

7.6 Fehler an elektrischen Anlagen

Unfälle durch elektrischen Strom entstehen durch technische Mängel an Geräten und Anlagen, vor allem aber durch Unachtsamkeit.

Wirkungen des elektrischen Stromes im menschlichen Körper

Fließt elektrischer Strom durch den Menschen, z. B. beim Berühren eines unter Spannung stehenden Leiters, wird ab einer bestimmten Stromstärke die Atemmuskulatur gelähmt. Die Folgen sind Nichtloslassen-Können, Verkrampfungen, Gleichgewichtsstörungen, Herzkammerflimmern und Atemstillstand.

Ströme mit Stromstärken über 50 mA und Wechselspannungen über 50 V sind lebensgefährlich.

Bei Arbeiten an elektrischen Anlagen oder nach einem Unfall durch Elektrizität sind folgende **fünf lebenswichtige Sicherheitsregeln** zu beachten, deren Reihenfolge unbedingt eingehalten werden muss **(Tabelle 1)**.

Tabelle 1: Sicherheitsregeln bei Anlagen oder Maschinen, die unter Spannung stehen

1. Freischalten	Abschalten aller nicht geerdeten Leitungen, Sicherungsautomaten abschalten, Verbotsschilder anbringen
2. Gegen Wiedereinschalten sichern	Herausnehmen und Verwahren der Sicherungen, Abschließen (Vorhängeschloss) von Schaltern, Sicherungseinsätze mitnehmen
3. Spannungsfreiheit feststellen	Durch Elektrofachkraft mit geeigneten Messgeräten oder Spannungsprüfern
4. Erden und Kurzschließen	Teile, an denen gearbeitet wird, müssen zuerst geerdet und dann kurzgeschlossen werden
5. Benachbarte, unter Spannung stehende Teile abdecken	Es ist zu vermeiden, dass arbeitende Personen mit Werkzeugen und Hilfsmitteln an leitende oder Spannung führende Teile geraten, daher Körperschutz, z. B. Schutzhelm und Handschuhe, tragen

Fehler an elektrischen Anlagen

Durch Fehler an der Isolation können an elektrischen Anlagen Kurzschluss, Erdschluss, Leiterschluss und Körperschluss auftreten **(Bild 1)**.

Kurzschluss entsteht zwischen zwei unter Spannung stehenden elektrischen Leitern, wenn sie sich ohne Isolation berühren. Die vorgeschaltete Sicherung schaltet den dabei entstehenden großen Kurzschlussstrom ab.

Erdschluss entsteht durch eine direkte Verbindung eines Spannung führenden Leiters mit der Erde bzw. geerdeten Teilen. Auch hier schaltet die Sicherung den Erdschlussstrom ab.

Leiterschluss entsteht z. B. durch die schadhafte Überbrückung eines Schalters, wodurch die Anlage nicht abgeschaltet werden kann.

Beim **Berühren eines Gerätes mit Körperschluss** fließt Strom durch den Menschen zur Erde **(Bild 2)**. Die Größe dieses Fehlerstroms hängt vom Widerstand des menschlichen Körpers und vom Leitvermögen der Erdverbindung ab. Steht der Berührende mit einer gut geerdeten Leitung in Verbindung (Wasser-, Gas- oder Heizleitung), kann durch ihn ein gefährlich starker Strom fließen **(Bild 3)**.

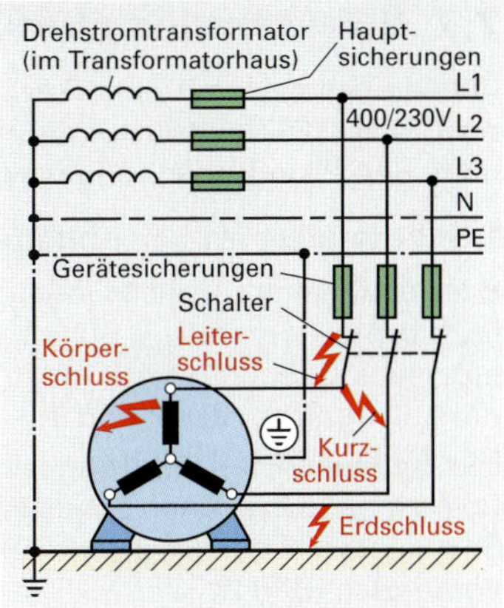

Bild 1: Kurzschluss, Erdschluss, Leiterschluss, Körperschluss

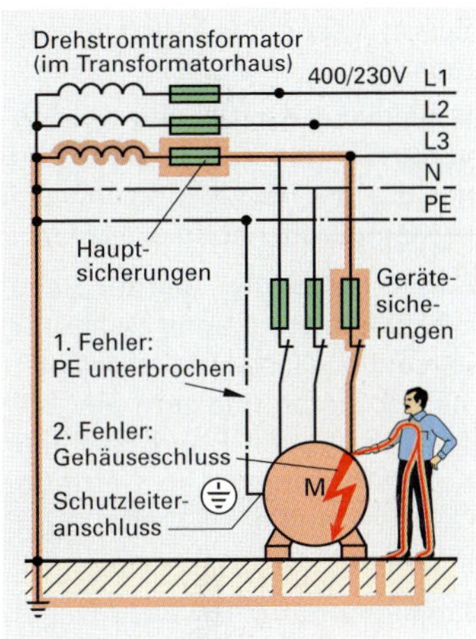

Bild 2: Körperschluss mit Stromfluss

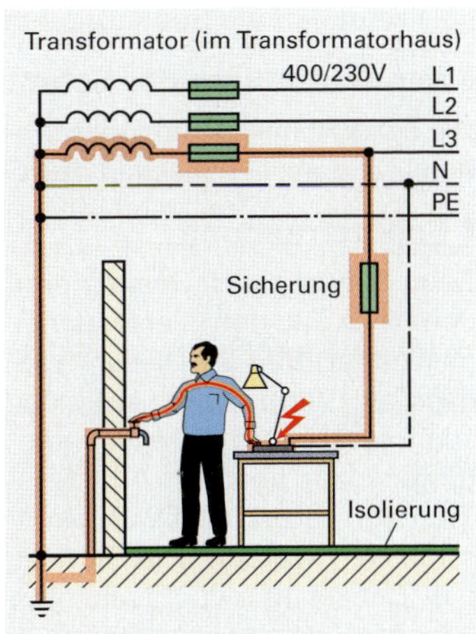

Bild 3: Fehlerstromkreis

7.7 Schutzmaßnahmen bei elektrischen Maschinen

In allen Anlagen mit Betriebsspannungen über 50 V-Wechselspannung bzw. 120 V-Gleichspannung sind Schutzmaßnahmen gegen zu hohe Berührungsspannung vorgeschrieben.

Schutzleiter im Leitungsnetz und in den Geräten

Das Leitungsnetz in allen Gebäuden enthält einen **PE**-Leiter (von englisch **p**rotection **e**arth = Schutzerdung). Er ist mit dem Fundamenterder des Gebäudes verbunden und ermöglicht einem Fremdstrom die Ableitung zur Erde **(Bild 1)**.

Die Gehäusekörper der angeschlossenen elektrischen Geräte sind über einen gelb-grünen Schutzleiter im Stromanschlusskabel und die Schukosteckdose mit diesem PE-Schutzleiter des Leitungssystems verbunden **(Bild 2)**.

Liegt ein Körperschluss im Gerät vor, so kann der Fehlerstrom über den PE-Leiter abfließen. Fasst ein Mensch das spannungsführende Gerätegehäuse an, so fließt über den menschlichen Körper mit seinem großen Widerstand nur ein kleiner Strom, während über den Schutzleiter mit seinem kleinen Widerstand der Großteil des Stromes abfließt.

Bewegliche Kleingeräte werden über **Schutzkontakt-(Schuko-)Steckverbindungen** angeschlossen (Bild 2). Die Anschlussleitung besteht aus Zu- und Rückleitung sowie dem Schutzleiter (gelb-grün). Stationäre Kleingeräte haben einen fest eingebauten Schukostecker am Gerät.

Schutzisolierung. Bei der Schutzisolierung werden alle Metallteile, die im Fehlerfall unter Spannung stehen können, mit einer Isolierung versehen. Diese Schutzmaßnahme wird z. B. bei netzbetriebenen Rasierapparaten und zum Teil bei Handbohrmaschinen angewandt. In schutzisolierten Bohrmaschinen ist z. B. die Bohrspindel durch ein Kunststoffzahnrad im Getriebe elektrisch vom Motor getrennt. Das Gehäuse und der Schalter der Bohrmaschine müssen zusätzlich isoliert sein.

Kleinspannung. Bei elektrischen Geräten, bei denen nicht zu vermeiden ist, dass der Mensch mit leitenden Teilen in Berührung kommt, dürfen aus Sicherheitsgründen nur Kleinspannungen verwendet werden. Elektrische Schweißgeräte in Kesseln und engen Räumen dürfen höchstens 50 V Spannung führen. Bei Klingelanlagen und Kinderspielzeug darf die Spannung höchstens 25 V betragen.

Kennzeichnung der Schutzmaßnahmen

Die elektrischen Schutzmaßnahmen bei Geräten werden durch Symbole auf dem Typenschild des Gerätes angegeben **(Tabelle 1)**.

Schutztrennung

Beim Schutz durch Schutztrennung wird zwischen dem Netz und dem Verbraucher ein Transformator geschaltet **(Bild 3)**. Dieser Transformator bewirkt, dass am Verbraucher eine kleine Transformatorspannungen und nicht die hohe Spannung des Leitungsnetzes anliegt. Auf der Ausgangsseite des Transformators darf **nur ein Verbraucher** angeschlossen werden. Die Schutztrennung wird z. B. bei Betonrüttlern, Nassschleifmaschinen, bei Arbeiten in Schweissanlagen oder Rasiersteckdosen in Badezimmern angewandt.

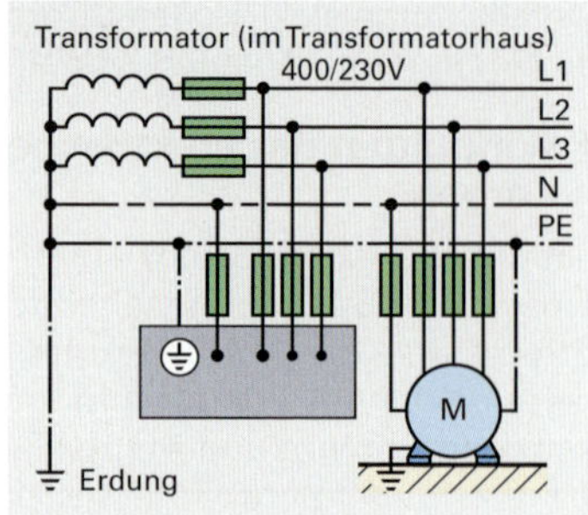

Bild 1: Schutzleiter PE des Leitungsnetzes

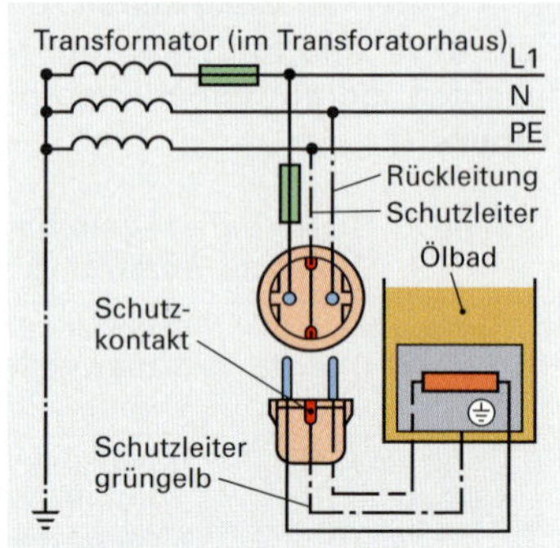

Bild 2: Schutzkontaktstecker und Schutzleiter im Gerät

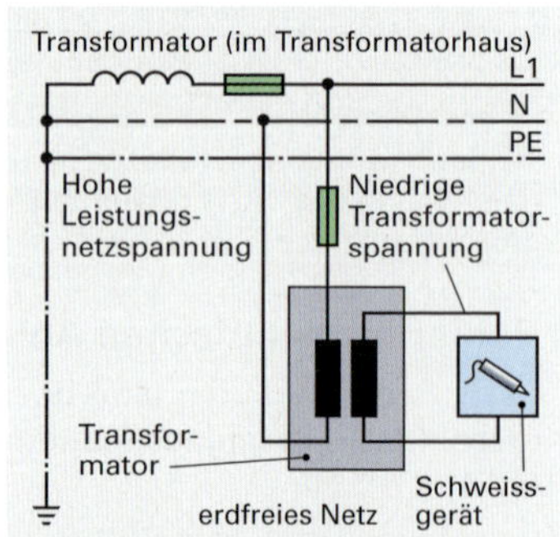

Bild 3: Schutztrennung mit Transformator

Tabelle 1: Symbole für Schutzmaßnahmen

Symbol	Schutzklasse	Anwendungen
	**Schutzklasse I** Schutzmaßnahmen mit **Schutzleiter**	Geräte mit Metallgehäuse, wie z. B. Elektromotoren
	**Schutzklasse II** **Schutzisolierung** Keine Anschlussstelle für Schutzleiter	Geräte mit Kunststoffgehäuse, wie z. B. Handbohrmaschinen
	**Schutzklasse III** **Schutzkleinspannung**	Kleingeräte mit Nennspannungen bis AC 50 V oder DC 120 V

Fehlerstrom-Schutzschalter (FI-Schalter)

Fehlerstrom-Schutzschalter sichern ein Einzelgerät oder einen Raum durch Einbau des Schutzschalters im Schaltkasten der Anlage gegen einen Fehlerstrom ab **(Bild 1)**. Für viele Bereiche in Gebäuden, wie z. B. in Nassräumen oder Außenanlagen sind FI-Schutzschalter vorgeschrieben.

Die Funktion der FI-Schutzschalter beruht auf der Messung der Stromstärke in der Stromzuleitung und der Stromrückleitung. Im störungsfreien Betrieb ist der Strom in der Zuleitung genau so groß wie der Strom in der Rückleitung. Im Falle eines Schadens durch Körperschluss fließt ein Teil des Rückstroms über die Erde ab. Der FI-Schutzschalter reagiert auf die Stromstärkedifferenz und schaltet innerhalb 0,2 Sekunden den Geräteanschluss ab. Mit der Prüftaste T kann ein Fehlerstrom simuliert werden: Wird die Prüftaste betätigt, muss der Schutzschalter auslösen.

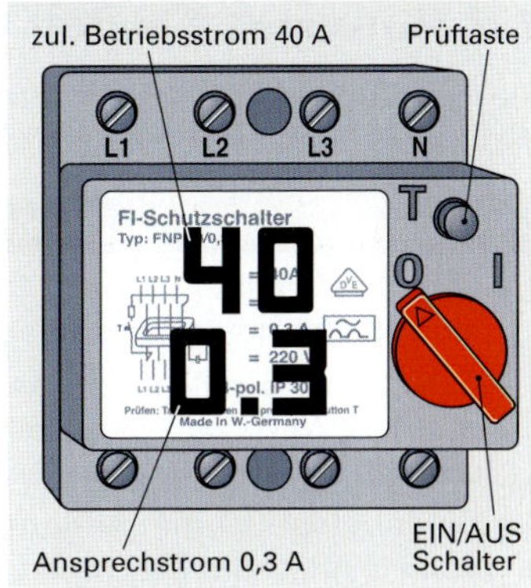

Bild 1: FI-Schutzschalter

Schutz durch die Ausstattung des Gerätegehäuses (IP-Schutzarten)

Elektrische Geräte und Anlagen müssen je nach Einsatz und Aufstellungsort durch die Bauart ihres Gehäuses gegen zufällige Berührung, Fremdkörper und Wasser geschützt werden. Die Schutzarten werden durch ein Kurzzeichen beschrieben, das sich aus den Kennbuchstaben **IP** (**I**nternational **P**rotection = Internationaler Schutz) und zwei Kennziffern für den Schutzgrad zusammensetzt **(Tabelle 1)**. Weicht die Schutzart eines Teiles eines Gerätes von der eines anderen Teiles ab, sind beide anzugeben, z. B. Motor IP21, Klemmenkasten IP54.

Tabelle 1: IP-Schutzarten elektrischer Betriebsmittel

1. Ziffer	Berührungs- und Fremdkörperschutz	2. Ziffer	Wasserschutz
0	kein besonderer Schutz	0	kein besonderer Schutz
1	gegen Eindringen fester Körper (∅ > 50 mm)	1	gegen senkrecht tropfendes Wasser
2	gegen Eindringen fester Körper (∅ > 12 mm)	2	gegen senkrecht tropfendes Wasser; Betriebsmittel bis 15° gekippt
3	gegen Eindringen fester Körper (∅ > 2,5 mm)	3	gegen Sprühwasser bis 60° zur Senkrechten
4	gegen Eindringen fester Körper (∅ > 1 mm)	4	gegen Spritzwasser aus allen Richtungen
5	staubgeschützt; vollständiger Berührungsschutz	5	gegen Strahlwasser aus allen Richtungen
6	staubdicht; vollständiger Berührungsschutz	6	gegen Wasserstrahl, schwere See
		7	gegen Eintauchen unter Druck- und Zeitbedingungen
		8	gegen dauerndes Untertauchen

Beispiel: Motor mit Schutzart IP44 = Schutz gegen Eindringen fester Körper > 1 mm und Schutz gegen Spritzwasser aus allen Richtungen

Die IP-Schutzarten von Leuchten, Wärmegeräten, Geräten mit elektromotorischem Antrieb, Elektrowerkzeugen und elektromedizinischen Geräten können auch durch Bildzeichen angegeben werden **(Tabelle 2)**.

Tabelle 2: Bildzeichen für IP-Schutzarten

Bildzeichen	Schutzart	IP-Kennziffer	Bildzeichen	Schutzart	IP-Kennziffer
	tropfwasser-geschützt	IP31		wasserdicht	IP67
	regen-geschützt	IP33		druckwasser-dicht	IP68
	spritzwasser-geschützt	IP54		staubgeschützt	IP5X (X = fehlende Kennziffer
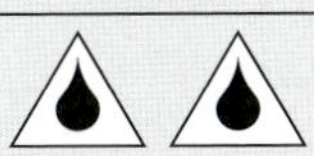	strahlwasser-geschützt	IP55	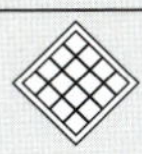	staubdicht	IP6X

7.8 Hinweise für den Umgang mit Elektrogeräten

Die meisten Elektrounfälle mit tödlichem Ausgang sind auf schadhafte Steckverbindungen und Leitungen zurückzuführen. Daher sollten folgende **Hinweise** beachtet werden:

Hinweise für den Umgang mit Elektroleitungen und Elektrogeräten

- Schadhafte Leitungen und Steckverbindungen sind spannungsfrei zu stellen.
- Schadhafte Geräte und Maschinen sind sofort mit dem NOT-AUS-Schalter oder dem Hauptschalter der Maschine außer Betrieb zu setzen.
- Die Inbetriebnahme, Änderung und Reparatur von elektrischen Maschinen darf nur von einer Elektrofachkraft ausgeführt werden.
- Doppel- und Dreifachstecker sind verboten.
- Leitungen dürfen nicht geflickt oder verlängert werden, z. B. durch Zusammenwürgen und notdürftiges Isolieren.
- Strom führende blanke oder umhüllte Leitungen, z. B. Freileitungen, dürfen nicht berührt werden, auch nicht mittelbar durch Werkzeuge, Eisenstangen oder Kranausleger.

Elektrogeräte, Steckverbindungen und Leitungen müssen den **VDE-Bestimmungen** (VDE = **V**erband **D**eutscher **E**lektrotechniker) oder den EU-Richtlinien entsprechen. Es sollten nur Geräte mit einem VDE- oder EU-Prüfzeichen eingesetzt werden **(Bild 1)**.

Bild 1: Prüf- und Schutzzeichen für Elektrogeräte

Steckverbindungen

Mobile Elektrogeräte mit geringer Leistung, wie z. B. eine Handbohrmaschine oder eine Arbeitsleuchte, werden mit einem gummierten Schukostecker an das 230 V-Leitungsnetz angeschlossen.

Für leistungsstärkere Elektrogeräte, wie z. B. ein fahrbares Trocknergerät, kommen Rundsteckverbindungen nach **CEE**-Norm (CEE = Internationale **C**ommission für Regeln zur Begutachtung **E**lektrischer **E**rzeugnisse) zum Einsatz **(Bild 2)**.

Bild 2: Industrie-Steckverbindungen

Es gibt eine Vielzahl von CEE-Steckverbindungen für 3, 4 und 5 Pole so wie die verschiedenen Spannungen und Stromarten. Die Unverwechselbarkeit ist durch eine Nut/Feder und einen größeren Durchmesser des Schutzkontaktstiftes gewährleistet.

Stationäre Maschinen und Anlagen, wie z. B. Elektromotoren sind durch eine Festverdrahtung an das Leitungsnetz angeschlossen. Elektromotore haben z.B. einen Klemmkasten, in den die Stromleitungen geführt und die einzelnen Pole fest klemmverschraubt werden **(Bild 3)**. Der Anschluss eines E-Motors darf nur von Elektrofachkräften durchgeführt werden.

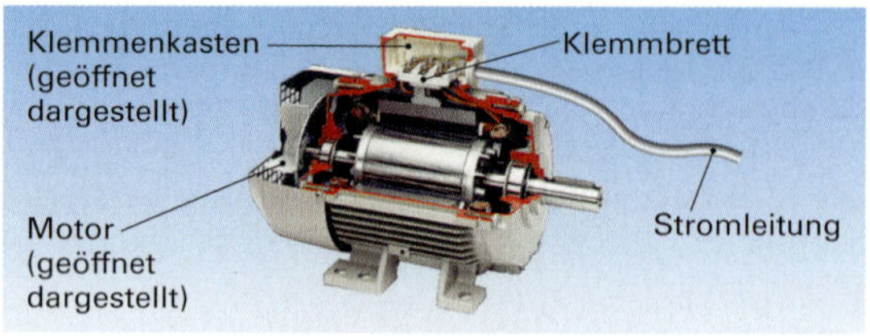

Bild 3: Elektrischer Anschluss eines Motors

Wiederholung und Vertiefung

1 Welche und wie viele Leiter hat ein Wechselstrom- bzw. ein Drehstromleiternetz?

2 Mit welcher Gleichung berechnet man die Leistung eines Drehstroms?

3 Wie berechnet man die verbrauchte elektrische Arbeit eines Elektrogerätes?

4 Welche Arten von Sicherungen gibt es und wo werden sie eingesetzt?

5 Wie entstehen Kurzschluss, Erdschluss, Leiterschluss und Körperschluss?

6 Welchen Schutz bietet ein Schutzleiter im Leitungsnetz bei einem Körperschluss im Gerät?

7 Welches Symbol tragen Elektrogeräte mit Schutzleiter?

8 Wie arbeitet ein FI-Schutzschalter?

9 Welche Schutzmaßnahmen haben CEE-Stecker?

7.9 Practise your English

Electrical Engineering

Almost all machinery, devices and equipment in advanced manufacturing, transportation, information and communication technology include electrical components. Within these systems the electrical energy is converted into other forms of energy, such as mechanical energy or thermal energy.

Important technical terms in electrical engineering

The closed circuit

Electric current can only flow when the electrical circuit is closed. The circuit consists of a power source (e.g. socket), live and negative conductor (e.g. copper wires) and an electrical device (e.g. motor).

The electrical voltage

Electric voltage is produced by the separation of positive and negative charge carriers. Examples of power sources are batteries or the power grid of the energy supplier. *E* is the voltage in Volts (V).

The electric current

Electric current is defined as the flow of electrons through conductors in a closed circuit. Electricity cannot be seen, you can recognize it only on its effects. It heats the conductor. It causes a magnetic field in the area around it. It lights gas and separates conductive liquids. The electric current I has the unit ampere (A).

The electrical resistance

Electrical resistance is the measurement of the interference of flowing electrons in electrical conductors. It depends on the material of the electrical conductor (e.g. copper or gold), the length and the cross section of the conductor.

Rule: the longer and the smaller the cross section of the conductor, the larger the electric resistance. The electrical resistance *R* is measured in ohms (Ω).

Ohm's Law

Ohm's law describes the correlation between electric current, electrical voltage and electrical resistance in a closed circuit.

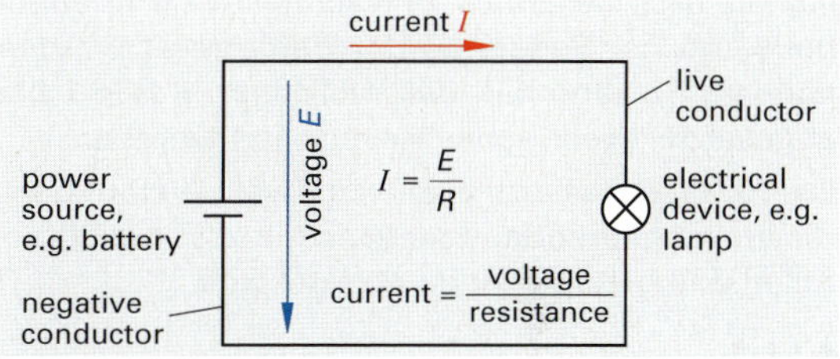

Figure 1: Electrical Circuit

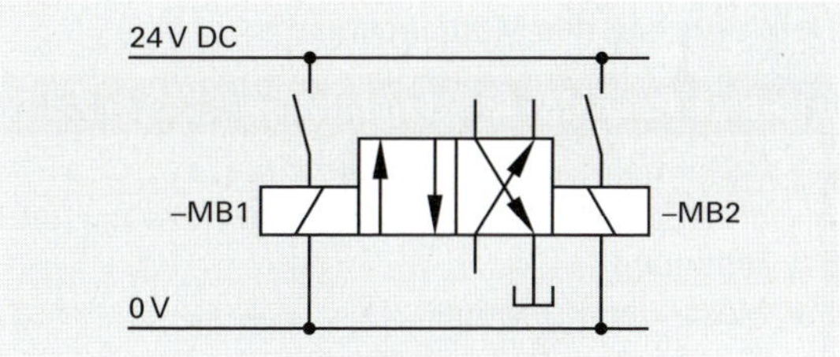

Figure 2: Circuit of a magnetic valve

Sample: The coil of a solenoid valve –MB1 has a resistance $R = 48\ \Omega$ **(Fig 2)**. Calculate the current I in the closed circuit.

Solution: $I = \frac{E}{R} = \frac{24\ \text{V}}{48\ \Omega} = 0{,}5\ \text{A} = 500\ \text{mA}$

How to handle electrical devices

To avoid accidents with electrical appliances note the following:

- Damaged cables, connectors and devices should be immediately removed from use.
- Changes to and repair of electrical appliances should only be carried out by a qualified electrician.
- Cables must not be patched or extended.
- When replacing fuses on electrical devices or systems the correct fuse rating must be used.
- Electrical appliances, connectors and cables must comply with VDE regulations and should have the VDE test mark **(Figure 3)**.

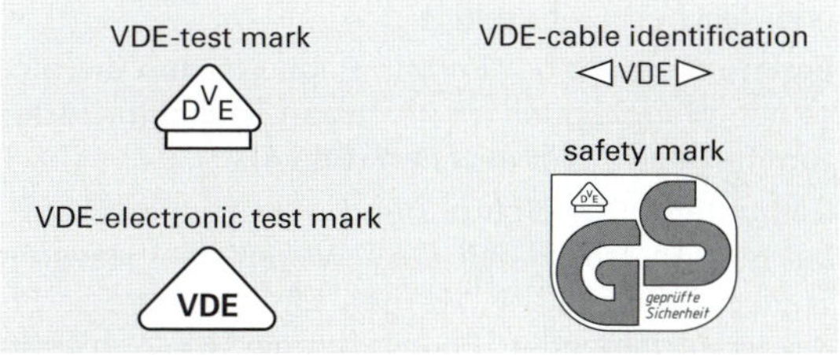

Figure 3: VDE-test mark

8 Montage, Inbetriebnahme, Instandhaltung

8.1 Montagetechnik

Die Montage im Maschinenbau umfasst alle Tätigkeiten, die notwendig sind, um aus fertig bearbeiteten Einzelteilen der eigenen Fertigung und Kaufteilen ein funktionsfähiges Erzeugnis herzustellen.

8.1.1 Montageplanung

Voraussetzungen

Die Montageplanung beginnt schon beim Konstruieren. Der Konstrukteur sollte die Einzelteile so gestalten, dass sie einfach und schnell zusammengebaut und bei Bedarf wieder demontiert werden können. So kann z. B. das Wälzlager in **Bild 1** bei abgesetzter Welle schneller montiert werden.

Die Qualitätssicherung muss gewährleisten, dass die zu montierenden Einzelteile ihre Funktion erfüllen und gereinigt und entgratet sind.

Montageplan

Der Montageplan enthält außer den zur Montage erforderlichen Zeichnungen alle Anweisungen zur Durchführung des Montageablaufs.

Bestandteile des Montageplanes

- Reihenfolge des Zusammenbaus
- erforderliche Vorrichtungen, Werkzeuge und Hilfsmittel
- Mess- und Prüfmittel
- Vorgabezeiten für die Montage

Zur Montageplanung gehört auch, dass alles, was zur Montage benötigt wird, zur vorgegebenen Zeit am Montageplatz zur Verfügung steht **(Bild 2)**.

Montageschritte

Baugruppenmontage. In vielen Fällen ist es zweckmäßig, die Einzelteile zunächst zu **Baugruppen** zu montieren **(Bild 3)**. Um die Genauigkeit und damit die Brauchbarkeit einer Maschine zu gewährleisten, wird schon bei der Baugruppenmontage die gegenseitige Lage der Einzelteile kontrolliert. Festgestellte Abweichungen werden durch Nachstellen oder Nacharbeit beseitigt.

Endmontage. In der Endmontage werden die einzelnen Baugruppen zur fertigen Maschine oder zum fertigen Gerät montiert **(Bild 4)**.

Demontage. Zur Überprüfung oder zur Reparatur, bei großen Maschinen auch wegen der besseren Transportmöglichkeit, werden fertig montierte Erzeugnisse demontiert. Ebenso wie die Montage muss auch die Demontage sorgfältig geplant werden.

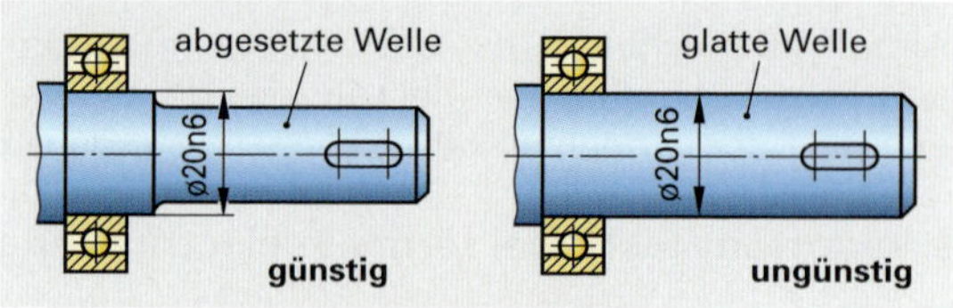

Bild 1: Montagegerechte Konstruktion

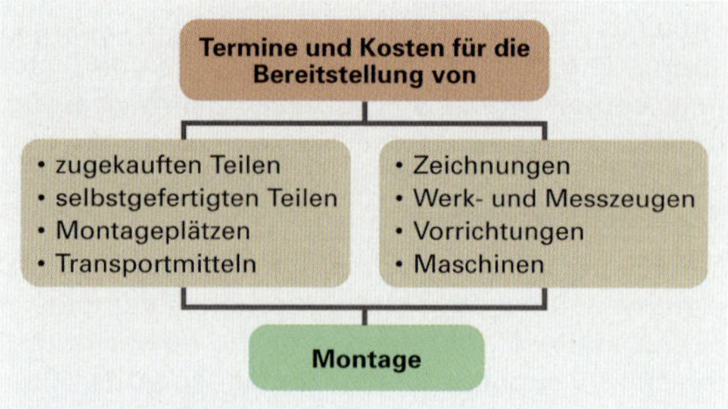

Bild 2: Montageplanung

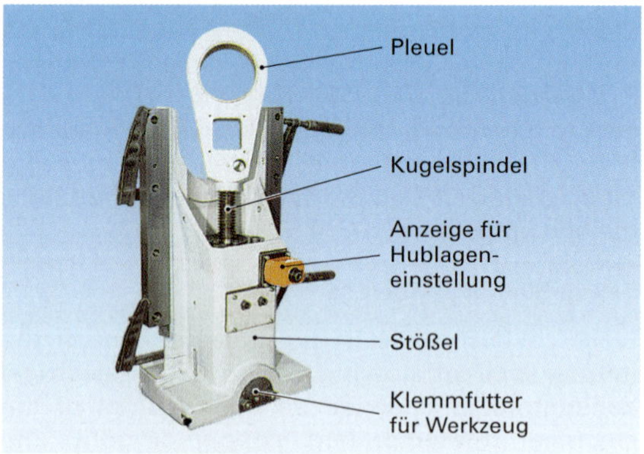

Bild 3: Baugruppe Exzenterpressen-Stößel

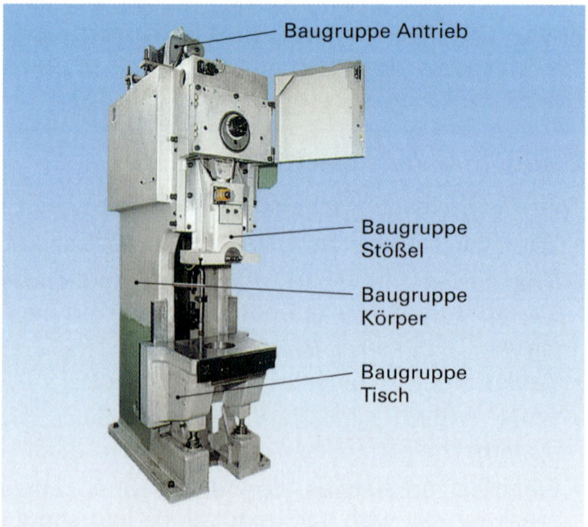

Bild 4: Endmontierte Exzenterpresse

8.1.2 Organisationsformen bei der Montage

Unverzweigter und verzweigter Montageablauf

Beim unverzweigten Montageablauf werden die Montagearbeiten nacheinander **(Bild 1)**, beim verzweigten teilweise auch parallel zueinander durchgeführt **(Bild 2)**.

Fließprinzip

Bei der **Fließmontage** werden Erzeugnisse, wie z. B. Autos, mit dem bewegten Objekt und mit bewegtem Arbeitsplatz an Bändern oder Hängebahnen montiert. Sie wird bei größeren Serien angewandt. Bei der **Taktstraßenmontage (Bild 3)** bewegen sich die zu montierenden Erzeugnisse, wie z. B. Getriebe in der Endmontage, an den Mitarbeitern vorbei.

Verrichtungsprinzip

Durch die **periodische Gruppenmontage** werden z. B. Fräsmaschinen, die in Serien gebaut werden, hergestellt. Dabei bewegen sich die Mitarbeiter nach vorgegebenen Taktzeiten zu den einzelnen, stationären Montageplätzen **(Bild 4)**.

Bei der **Baustellenmontage** erfolgt der Zusammenbau an einem festen Standort. Stationär werden z. B. große Werkzeugmaschinen und Pressen montiert **(Bild 5)**. Dies hat den Vorteil, dass die schweren Maschinenteile während des Montageablaufs nicht bewegt werden müssen. Nachteilig ist, dass Einzelteile oder vormontierte Baugruppen sowie Vorrichtungen zum Montageplatz transportiert werden müssen.

Montagegruppen

Die Fertigungszeiten bei der Fließmontage sind kürzer als bei der stationären Montage, weil die Mitarbeiter immer dieselbe Arbeit mit wenigen Handgriffen verrichten. Um den deshalb oft eintönigen Arbeitsablauf zu vermeiden, können mehrere Mitarbeiter zu einer Montagegruppe zusammengefasst werden. Eine solche Gruppe montiert dann z. B. eine Baugruppe oder eine ganze Maschine.

8.1.3 Automatisierung der Montage

Die Montage erfolgt meist manuell, weil Montageabläufe schwierig zu automatisieren sind. Eine Automatisierung ist nur bei Großserienfertigung sinnvoll. So werden z. B. bei der Automobilfertigung die Windschutzscheiben der Personenkraftwagen von Robotern eingeklebt.

Die Automatisierung der Montage soll
- die Qualität der Erzeugnisse steigern
- die Montagezeiten verkürzen
- die Arbeitsproduktivität erhöhen

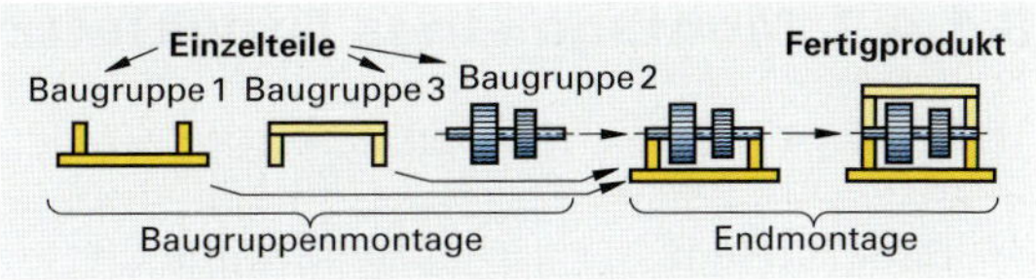

Bild 1: Unverzweigter Montageablauf

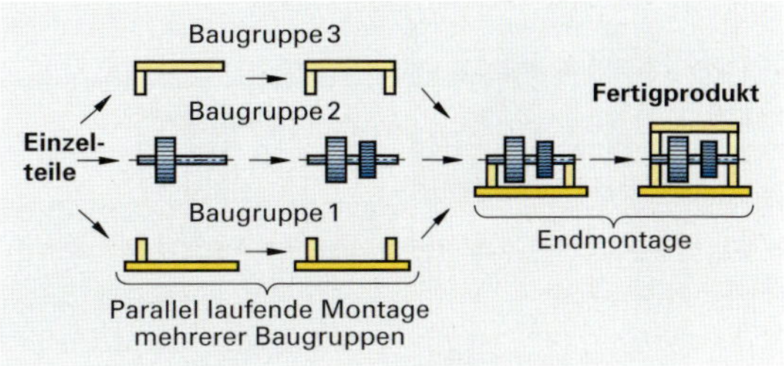

Bild 2: Verzweigter Montageablauf

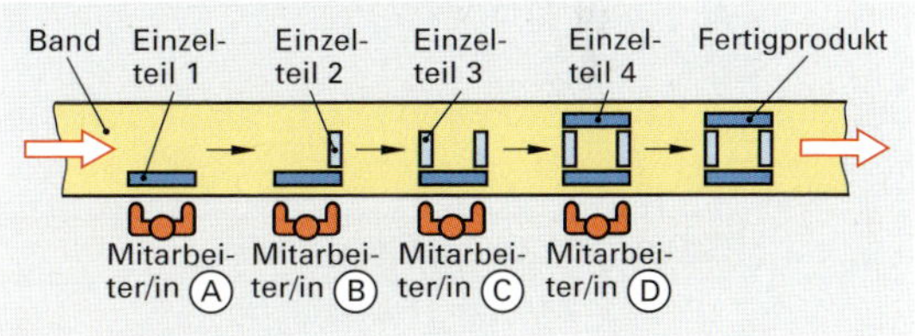

Bild 3: Taktstraßenmontage

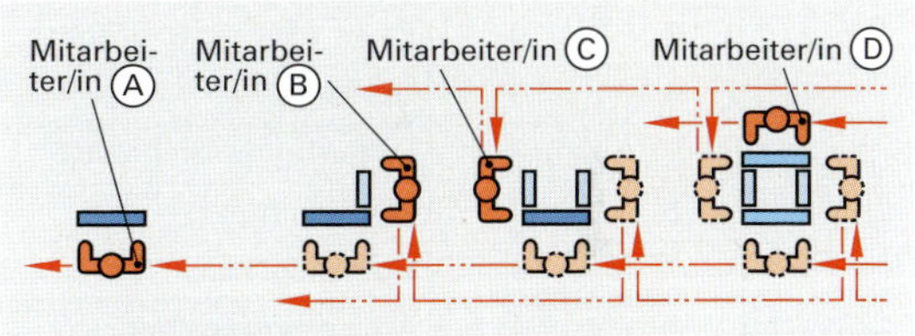

Bild 4: Periodische Gruppenmontage

Bild 5: Stationäre Montage einer CNC-Drehmaschine

8.1.4 Montagebeispiele

8.1.4.1 Montage eines Druckluftzylinders

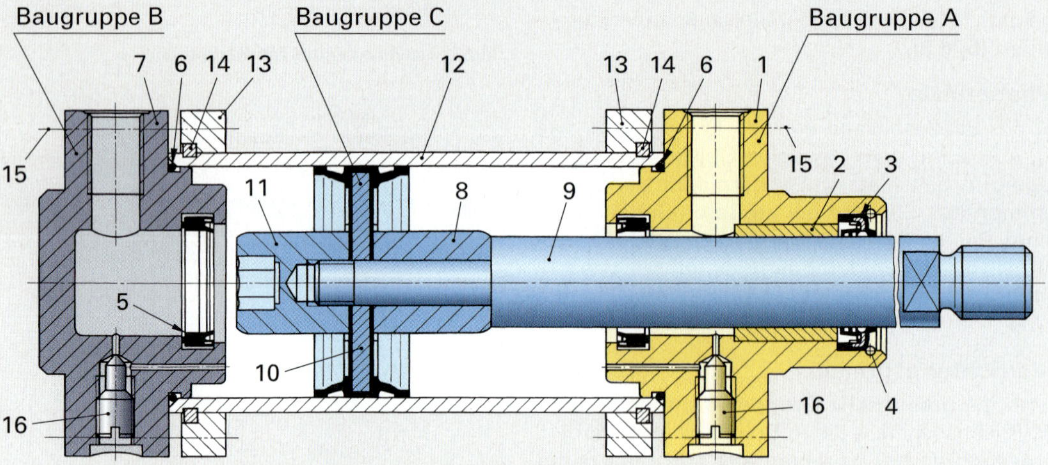

Stückliste: Druckluftzylinder					
Pos.	Menge	Benennung	Pos.	Menge	Benennung
1	1	Vorderdeckel	9	1	Kolbenstange
2	1	Führungsbuchse	10	1	Kolben
3	1	Dicht-Abstreif-Element	11	1	Dämpfungskolben
4	1	Sprengring	12	1	Zylinder
5	2	Dämpfungs-Dichtring	13	2	Zylinderflansch
6	2	Runddichtring	14	2	Sicherungsring
7	1	Bodendeckel	15	8	Zylinderschraube
8	1	Dämpfungskolben	16	2	Dämpfungsschraube

Bild 1: Druckluftzylinder – Gesamtzeichnung und Stückliste

Der Druckluftzylinder **(Bild 1)** besteht aus den Baugruppen A (Zylinderkopf), B (Zylinderboden) und C (Kolben). Jede Baugruppe wird zunächst für sich montiert. Anschließend werden die Baugruppen mit anderen Einzelteilen zum Druckluftzylinder zusammengebaut.

Baugruppe A

Zuerst wird die am Außendurchmesser leicht eingefettete Führungsbuchse (2) mithilfe einer hydraulischen Presse mit dem Vorderdeckel (1) gefügt **(Bild 1, folgende Seite)**. Als Hilfsmittel wird ein abgesetzter Bolzen verwendet, der die Buchse auf ihrem Innendurchmesser zentriert. Danach wird das Dicht-Abstreif-Element (3) mithilfe einer Buchse bis zur Anlage in die gefettete Aufnahmebohrung gepresst. Mit einem Sprengring (4) wird seine Lage fixiert.

Der **Dämpfungs-Dichtring** (5), der aus gummielastischem Kunststoff besteht, wird von Hand zusammengedrückt und in die Bohrung eingeführt. Er zentriert sich nach dem Loslassen in der Bohrungsnut, in der er geringes axiales Spiel besitzen muss. Abschließend wird ein zuvor gefetteter **Runddichtring** (6) in die dafür vorgesehene Nut des Vorderdeckels gelegt. Er darf beim Montieren nicht beschädigt werden.

Baugruppe B

Die Baugruppe B besteht aus dem **Bodendeckel** (7) und den **Dichtungen** (5) und (6) **(Bild 2)**. Sie werden wie die entsprechenden Dichtungen der Baugruppe A montiert.

Baugruppe C

Die Baugruppe C enthält alle Teile, die mit dem Kolben (10) fest verbunden sind **(Bild 3)**.

Zunächst wird der **Dämpfungskolben** (8) auf den leicht eingefetteten Absatz der **Kolbenstange** (9) geschoben. Der **Kolben** (10), der aus einer gummiummantelten Metallscheibe besteht und zwei Dichtlippen besitzt, wird ebenfalls auf die Kolbenstange geschoben. Schließlich wird der **Dämpfungskolben** (11) auf das Gewinde der Kolbenstange geschraubt und mit einem Sechskantschlüssel mit dem vorgeschriebenen Drehmoment angezogen. Zum Gegenhalten dient ein Gabelschlüssel, der an der Schlüsselfläche von Teil 9 angesetzt wird. Dadurch werden die Teile gleichmäßig verspannt und der Kolben (10) an den Planflächen der Dämpfungskolben (8) und (11) abgedichtet.

Fertigmontage (Endmontage)

Reihenfolge. Zuerst werden die **Zylinderflansche** (13) über den **Zylinder** (12) geschoben und die **Sicherungsringe** (14) in die im Zylinderrohr eingestochene Nut eingesetzt **(Bild 1, vorherige Seite).**

Vor dem Einbau der Baugruppe C in die Baugruppe A wird die Kolbenstange (9) eingefettet und danach in die Führungsbuchse (2) des Vorderdeckels gesteckt. Dabei ist besonders darauf zu achten, dass die Dichtungen nicht beschädigt werden.

Anschließend werden die Schmierstoffräume am Kolben (10) mit Fett gefüllt. Diese befinden sich zwischen den Dichtlippen und dem Führungsteil und sind durch axial angeordnete Stege in zahlreiche Taschen unterteilt. Der durch die Kolbenstange mit der Baugruppe A verbundene Kolben wird nun vorsichtig, um die Dichtlippe des Kolbens nicht zu beschädigen, in den Zylinder (12) gesteckt und mit dem Vorderdeckel so weit in die Zylinderbohrung gedrückt, bis die Planfläche des Zylinders, dessen angefaste Bohrung vom Runddichtring (6) abgedichtet wird, am Vorderdeckel (1) anliegt.

Mit **4 Zylinderschrauben** (15), die über Kreuz zunächst nur leicht, dann kräftiger und zuletzt fest mit dem vorgeschriebenen Drehmoment angezogen werden, wird der Vorderdeckel mit dem Zylinderflansch verschraubt.

Sinngemäß wird die Baugruppe B mit dem Zylinderflansch verschraubt.

Endkontrolle. Die **Endkontrolle** beginnt mit der **Prüfung auf Leichtgängigkeit**. Dabei wird durch axiales Verschieben der Kolbenstange der Kolben bis in die Endlagen bewegt.

Nach dem **Eindrehen der Dämpfungsschrauben** (16) erfolgt die **Dichtheitsprüfung**. Alle Dichtelemente werden zunächst bei einem Druck von etwa 1 bar, die beiden Zylinderräume anschließend bei einem Druck von 6 bar auf Dichtheit geprüft.

Bei der abschließenden **Funktionsprüfung** wird die Endlagendämpfung mit den Dämpfungsschrauben (16) eingestellt. Die Dämpfungsschrauben werden anschließend durch mechanische Verformung des oberen Bohrungsrandes gegen Verlieren gesichert.

Nach dem **Aufkleben der Typenschilder** werden die Druckluftzylinder für den Versand in Kunststofffolien eingeschweißt.

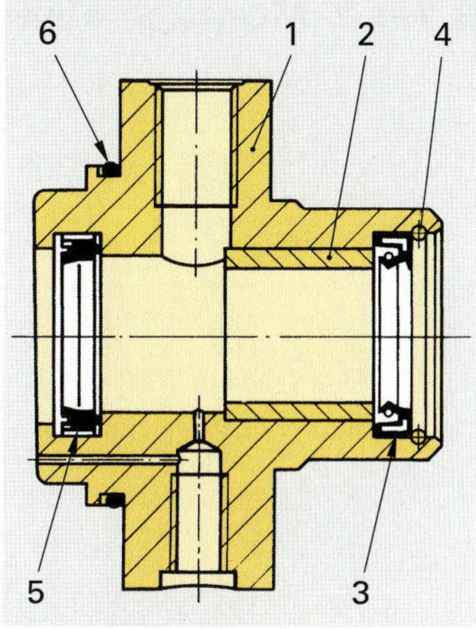

Bild 1: Baugruppe A

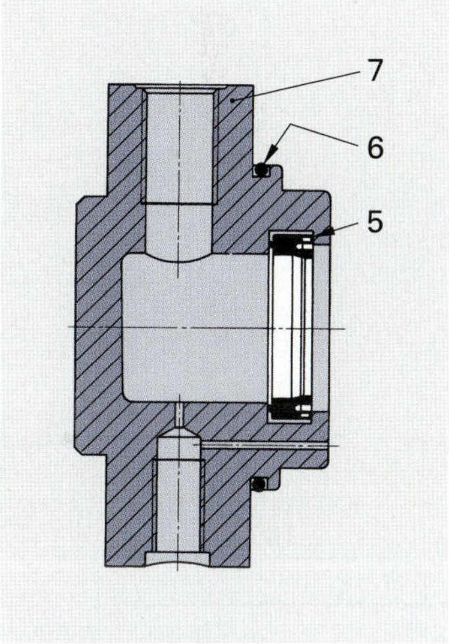

Bild 2: Baugruppe B

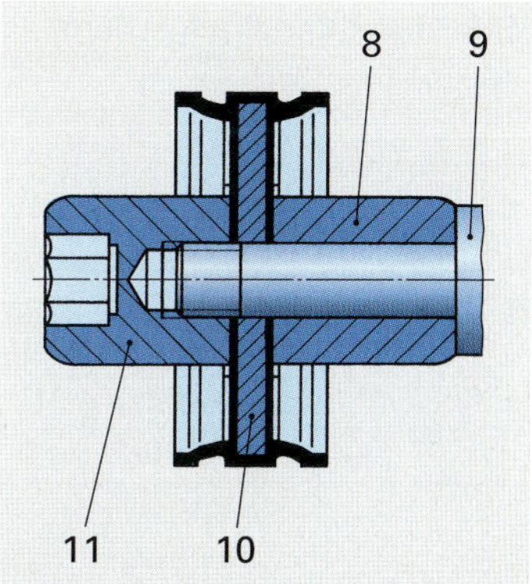

Bild 3: Baugruppe C

8.1.4.2 Montage eines Kegelradgetriebes

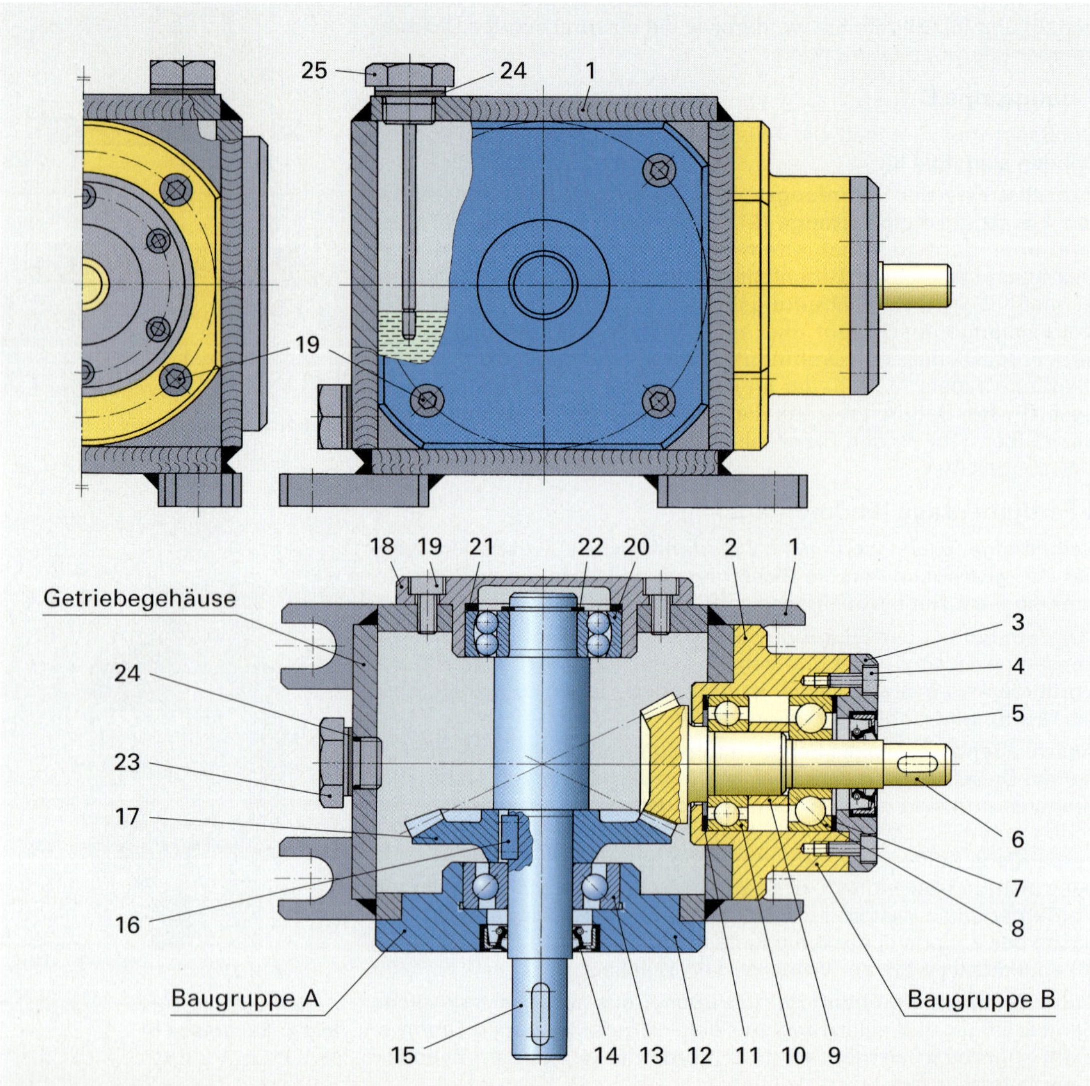

Stückliste: Kegelradgetriebe								
Pos.	Menge	Benennung	Pos.	Menge	Benennung	Pos.	Menge	Benennung
1	1	Getriebegehäuse	10	1	Rillenkugellager	19	12	Zylinderschraube
2	1	Lagergehäuse	11	1	Passscheibe	20	1	Pendelkugellager
3	1	Lagerdeckel	12	1	Lagergehäuse	21	1	Federnde Abstandsscheibe
4	6	Zylinderschraube	13	1	Schrägkugellager			
5	1	Radial-Wellendichtring	14	1	Radial-Wellendichtring	22	1	Sicherungsring
6	1	Kegelradritzel	15	1	Welle	23	1	Verschlussschraube
7	1	Passscheibe	16	1	Passfeder	24	2	Flachdichtring
8	1	Schrägkugellager	17	1	Kegelrad	25	1	Verschlussschraube mit Peilstab
9	1	Abstandsring	18	1	Lagergehäuse			

Bild 1: Kegelradgetriebe – Gesamtzeichnung und Stückliste

Das Kegelradgetriebe **(Bild 1, vorherige Seite)** wird in zwei Baugruppen vor- und anschließend fertigmontiert.

Allgemeine Regeln für die Getriebemontage

- Bei geschweißten Getriebegehäusen müssen Schweißnähte und innere Gehäuseflächen verputzt werden.
- Bearbeitungsgrate müssen entfernt, alle Kanten gebrochen werden.
- Nach dem Reinigen sollten innere Gehäuseflächen einen Schutzanstrich erhalten.
- Wellen- und Gehäusemaße müssen vor der Montage überprüft werden.
- Die Formtoleranzen der Sitzflächen und die Rauheit der Lagersitze sind zu kontrollieren.
- Der Montageplatz muss staubfrei sein.
- Das Korrosionsschutzöl an Wälzlagern muss vor der Montage abgewischt werden.

Baugruppe A

Die Baugruppe A enthält diejenigen Bauteile, die vor der Fertigmontage mit der Welle (15) gefügt werden müssen (**Bild 1**). Die Montage erfolgt nach dem Montageplan für die Baugruppe A **(Tabelle 1)**.

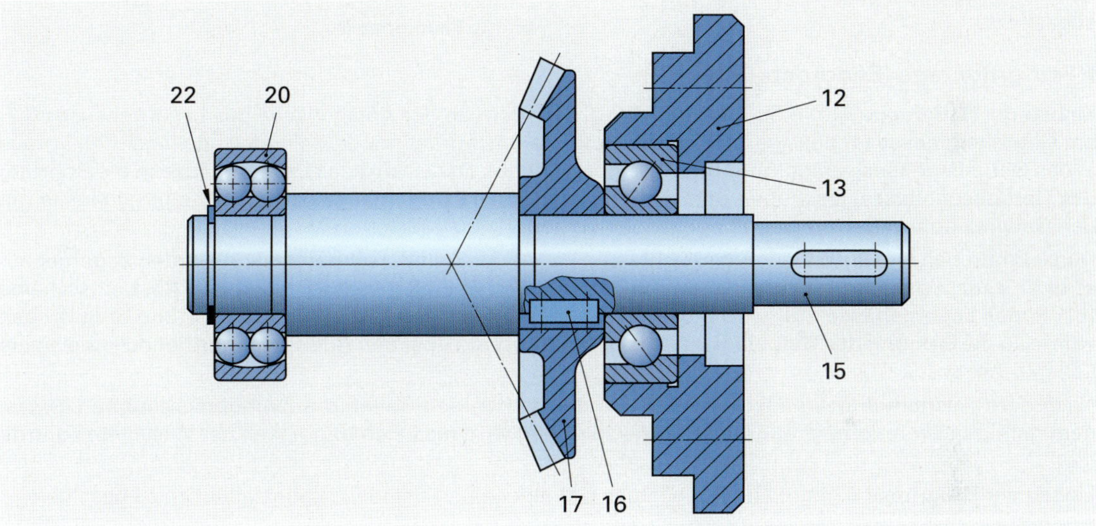

Bild 1: Baugruppe A

Tabelle 1: Montageplan für Baugruppe A

Nr.	Arbeitsgang	Betriebsmittel	Montagehinweis
1	Einzelteile ggf. entgraten und reinigen, auf Vollständigkeit prüfen		
2	Passfeder (16) in Welle (15) montieren		
3	Kegelrad (17) auf Welle (15) pressen	Hydraulische Presse, Montagehülse	Welle leicht einölen, Bohrungsnut auf Passfeder ausrichten
4	Wälzlager (13) auf Welle (15) pressen	Anwärmgerät, Hydraulische Presse, Montagehülse	Wälzlagertemperatur max. 100 °C, Fügekraft muss auf Innenring wirken, Wälzlagerspiel kontrollieren
5	Wälzlager (20) auf Welle (15) pressen	wie bei Nr. 4	wie bei Nr. 4
6	Sicherungsring (22) montieren	Spreizzange	
7	Lagergehäuse (12) auf Wälzlager (13) schieben		Bohrung leicht einölen
8	Welle (15) auf Leichtgängigkeit prüfen		

Baugruppe B

Die Baugruppe B umfasst die Teile, die im **Lagergehäuse** (2) montiert werden müssen. Es sind dies die Teile 2 – 6 – 8 – 9 – 10 – 11 **(Bild 1)**. Nach dem Einlegen der **Scheibe** (11), die bei der Fertigmontage gegen eine andere Scheibe ausgetauscht wird, wird das **Rillenkugellager** (10) soweit in die Lagergehäusebohrung geschoben, bis zwischen den Teilen 10 – 11 – 2 kein Spiel mehr vorhanden ist.

Der **Abstandsring** (9), der im Getriebe die Axialkraft auf den **Innenring des Schrägkugellagers** (8) überträgt, wird mithilfe des anschließend in die Bohrung geschobenen Schrägkugellagers zentriert.

Zum **Einpressen des Kegelradritzels** (6) wird der Innenring des Schrägkugellagers mit einer Buchse abgestützt.

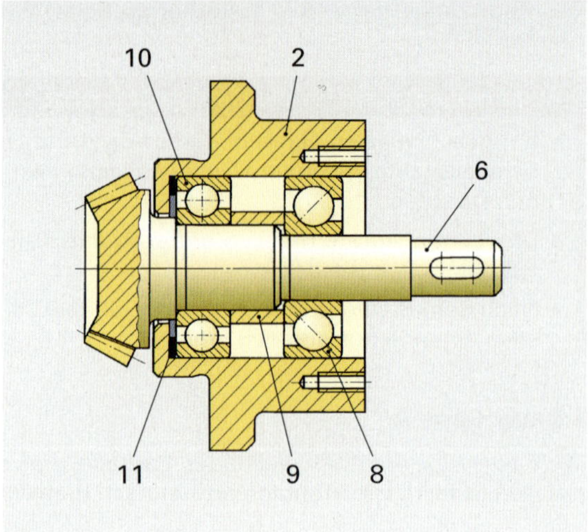

Bild 1: Baugruppe B

Fertigmontage (Endmontage)

Einbau der Baugruppe A. Die Baugruppe A wird, nachdem an der Anlagefläche des Lagergehäuses (12) am **Getriebegehäuse** (1) flüssige Dichtmasse aufgetragen wurde, mit dem Pendelkugellager (20) voraus in das Getriebegehäuse eingeführt **(Bild 1, folgende Seite)**. Dabei wird das Lagergehäuse in die Bohrung des Getriebegehäuses geschoben und so gedreht, dass die Durchgangslöcher des Lagergehäuses mit den Gewindebohrungen im Getriebegehäuse fluchten.

Durch Eindrehen und anschließendes leichtes Anziehen der **Zylinderschrauben** (19) werden Lagergehäuse und Getriebegehäuse miteinander verbunden. Nach dem Einlegen einer federnden **Abstandsscheibe** (21) in das **Lagergehäuse** (18) wird dieses, nachdem an der Planfläche flüssige Dichtung aufgetragen wurde, in die Bohrung des Getriebegehäuses und gleichzeitig über den Außenring des Pendelkugellagers (20) geschoben.

Nach dem Ausrichten des Lagergehäuses werden auf beiden Seiten die Zylinderschrauben (19) mit dem richtigen Drehmoment angezogen. Anschließend wird die Leichtgängigkeit der Welle (15) kontrolliert.

Einbau der Baugruppe B. Beim Einführen in das Getriebegehäuse sind die Zahnstellungen zu beachten.

Das Spiel zwischen den Zähnen des Kegelrades (17) und des Kegelradritzels (6) wird durch Probefügen ermittelt. Dabei wird die axiale Lage des Kegelradritzels (6) durch eine entsprechend dicke Scheibe (11) angepasst.

Zunächst wird das Lagergehäuse (2) so weit in die Gehäusebohrung geschoben, bis es an 3 Spaltlehren mit z.B. 0,8 mm Dicke, die radial an der Planfläche der rechten Gehäuseseite gleichmäßig verteilt angeordnet sind, anliegt. Nun wird die Leichtgängigkeit bzw. noch vorhandenes Spiel zwischen den Zähnen der Kegelräder durch kurzes, schnelles Hin- und Herdrehen des Kegelradritzels (6) festgestellt. Durch Herantasten mit immer dünneren Spaltlehren wird das richtige Einbaumaß ermittelt. Wenn bei einer Spaltlehrendicke von z.B. 0,4 mm gerade noch Leichtgängigkeit vorhanden ist, wird die Baugruppe B aus dem Getriebegehäuse gezogen und auseinander gebaut, weil die Scheibe (11) nun durch eine um 0,4 mm dickere ersetzt werden muss.

Nach der erneuten Montage der Baugruppe B wird diese mit 4 Zylinderschrauben am Getriebegehäuse, an dessen Planfläche vorher flüssige Dichtung aufgetragen wurde, festgeschraubt.

Die Bestimmung der richtigen Dicke der **Scheibe** (7) erfolgt anschließend. Dabei wird mithilfe einer eingelegten, jetzt noch zu dicken Scheibe mit Spaltlehren der Abstand zwischen den entsprechenden Planflächen von Lagergehäuse (2) und Lagerdeckel (3) festgestellt. Durch den Einbau einer um das Spaltlehrenmaß dünneren Scheibe (7) wird erreicht, dass nach dem Anziehen der sechs **Zylinderschrauben** (4) zwischen den Planflächen kein Spiel mehr vorhanden ist.

Nun werden die beiden **Radial-Wellendichtringe** (5) und (14) eingebaut. Diese müssen so in den Gehäusen sitzen, dass die Dichtlippen jeweils nach innen zeigen.

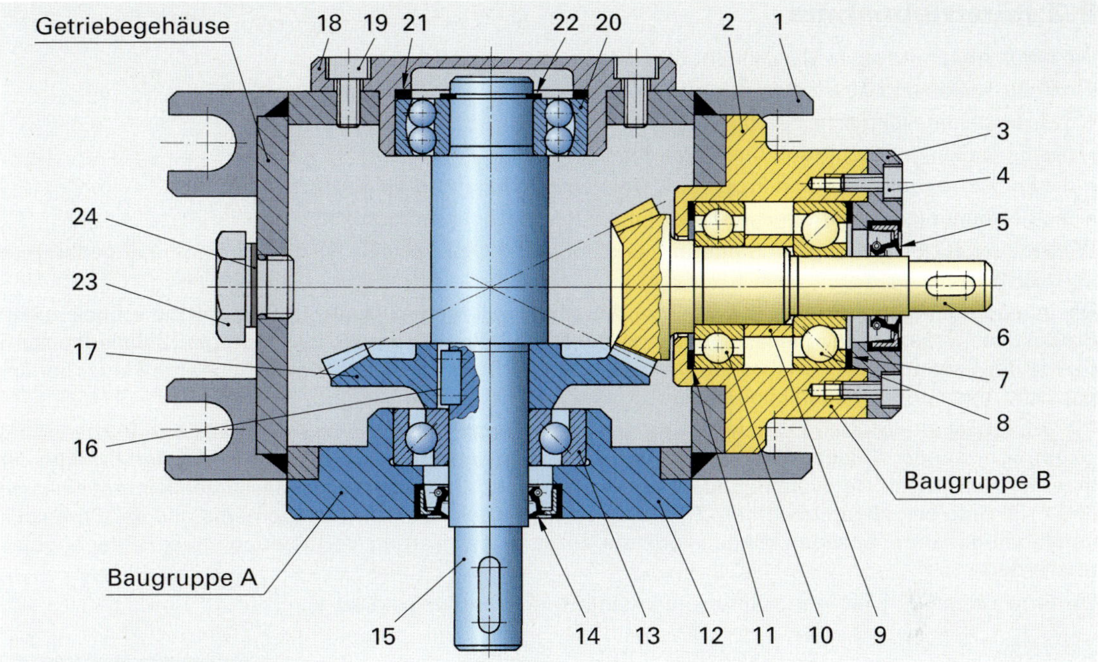

Bild 1: Kegelradgetriebe (Schnitt)

Zur Montage der Wellendichtringe werden Hülsen mit geringer Wanddicke und langen Außenkegeln an beiden Enden verwendet. Über diese Hülsen, die ein Beschädigen der Dichtlippen beim Fügen über die Passfedern verhindern, werden die Wellendichtringe auf die Welle geschoben. Da zwischen Dichtring-Außendurchmesser und Lagerbohrung Übermaß vorhanden ist, werden die Dichtringe mithilfe von Buchsen unverkantet bis zu den Anlageflächen gepresst.

Ölfüllung

Nach dem Einschrauben der **Verschlussschraube** (23) mit dem **Flachdichtring** (24) wird Öl durch die Bohrung für die **Verschlussschraube** (25) in das Getriebegehäuse gefüllt **(Bild 1, Seite 512).** Am **Peilstab** der Verschlussschraube (25) wird der richtige Ölstand kontrolliert. Wegen der großen Flächenpressung an den Zahnflanken muss unbedingt das vorgeschriebene Öl verwendet werden. Anschließend wird die Verschlussschraube (25) mit dem **Flachdichtring** (24) fest in das Getriebegehäuse eingeschraubt.

Probelauf

Durch einen mehrstündigen Probelauf wird das Kegelradgetriebe **unter Last** geprüft. Während des Probelaufs wird vor allem festgestellt, ob sich die durch Reibung verursachte Temperaturerhöhung innerhalb vorgeschriebener Grenzen hält. Außerdem wird das Gehäuse auf eventuelle Undichtheiten kontrolliert.

Nach dem Probelauf wird das Getriebeöl, das jetzt Abriebteilchen enthält, abgelassen. Anschließend wird die Ölablassöffnung wieder verschlossen. Die gesamte Baugruppe B wird jetzt aus dem Getriebegehäuse gezogen, um das **Tragbild der Kegelradflanken** zu prüfen. Nach der erneuten Montage der Baugruppe B wird das Getriebegehäuse mit neuem Öl gefüllt. Es ist nun gebrauchsfertig.

Wiederholung und Vertiefung

1 Welchen Vorteil hat die Fließmontage?

2 Was versteht man unter Baustellenmontage?

3 Warum werden große Maschinen stationär montiert?

4 Welche allgemeinen Regeln sind bei der Getriebemontage zu beachten?

5 Warum müssen Dichtungen sorgfältig montiert werden?

6 In welchen Fällen muss bei Wälzlagern der Außenring vor dem Innenring montiert werden?

7 Welchen Zweck hat der Probelauf einer Maschine?

8.2 Inbetriebnahme

Die Inbetriebnahme einer Maschine oder Anlage umfasst im Allgemeinen

- das Aufstellen und Ausrichten der Maschine
- das Herstellen elektrischer Verbindungen
- das Einstellen der Steuerung und Regelung
- die Funktionskontrolle durch Probeläufe der verschiedenen Arbeitsprozesse und
- die Bestätigung der ordnungsgemäßen Funktion mit Abnahmeprotokoll

Die Arbeiten zur Einstellung der Steuerung und Regelung nehmen etwa 90 % der Inbetriebnahmetätigkeit in Anspruch.

Die Inbetriebnahmephase einer Anlage bzw. Maschine soll möglichst kurz sein, damit sie schnell in den Produktionsprozess eingegliedert werden kann. Die Inbetriebnahmekosten betragen bei Neuanlagen 5–20 % der Gesamtinvestitionskosten. Diese Kosten sind vor allem von der Inbetriebnahmedauer abhängig. Störungen und Schäden können diese Kosten noch erheblich steigern.

Die erfolgreiche und rasche Durchführung der Inbetriebnahme setzt eine systematisierte Vorbereitung schon während der Anlagen-Entwicklung und Montageplanung voraus. Wesentlich für den Erfolg einer Inbetriebnahme sind die System- und Anlagenkenntnisse der Monteure des Maschinenlieferanten sowie ihre Erfahrung bei Inbetriebnahmen. Aus Auswertungen des Qualitätsmanagements und der Protokolle von Inbetriebnahme-Schäden können konkrete Vorgehensweisen zur Vermeidung neuer Fehler abgeleitet werden.

Die Entwicklung von Fertigungsanlagen verläuft meist schrittweise **(Bild 1)**.

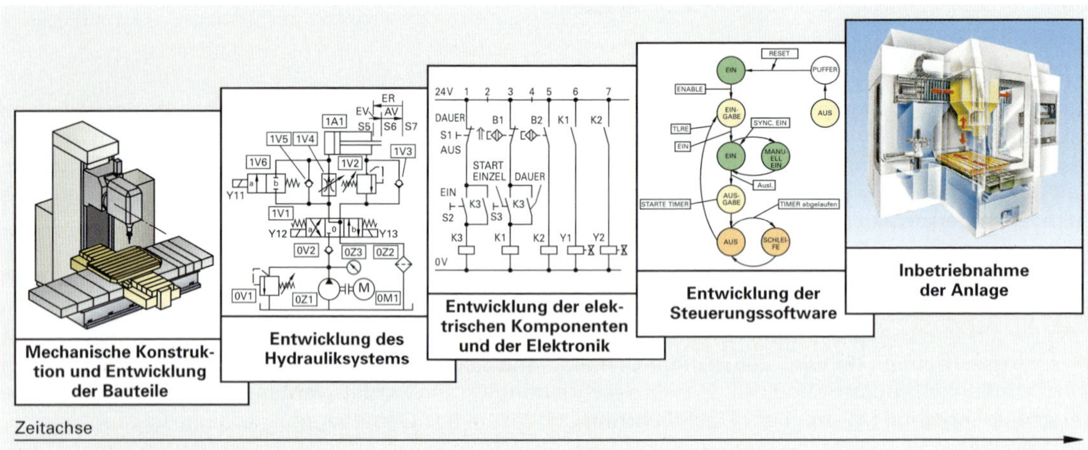

Bild 1: Schrittweiser Entwicklungsablauf einer Fertigungsanlage

Die Konstruktion der Mechanik sowie die Entwicklung der Hydraulik, Elektrik und Elektronik und die Entwicklung der Steuerungssoftware erfolgen nacheinander. Inbetriebnahme, Test und Optimierung der Steuerungssoftware erfolgen erst an der realen Maschine. Dies ist ein gravierender Nachteil, da Softwarefehler erst spät erkannt und beseitigt werden können. In den meisten Fällen ist die Fehlerbehebung mit hohem zeitlichem und finanziellem Aufwand verbunden. Außerdem können viele Störungssituationen wegen sicherheitstechnischen Risiken gar nicht geprüft werden.

Die Notwendigkeit von kürzeren Entwicklungs- und Inbetriebnahmezeiten zwingt zu einem Wechsel von der schrittweisen zur parallelen, fachübergreifenden Entwicklung. Ein Lösungsansatz ist die Verwendung eines virtuellen Prototyps, der alle beteiligten Fachbereiche berücksichtigt. Auf diese Weise können schon in einer frühen Phase der Konstruktion und Entwicklung sowohl das Betriebs- als auch das Störungsverhalten der Maschine getestet und optimiert werden, obwohl die reale Maschine noch nicht existiert. Durch den annähernden Gleichschritt zwischen Softwareentwicklung und Entwicklung von Mechanik, Hydraulik, Elektrik und Elektronik ist eine Rückwirkung von Ergebnissen aus der Softwareentwicklung auf die beiden anderen Gebiete möglich. Wichtig bei der Inbetriebnahmesimulation ist, dass das Simulationsmodell möglichst alle Zustände der Maschine unter Arbeitsbedingungen darstellen kann.

8.2.1 Aufstellung von Maschinen oder Anlagen

Von der sachgemäßen Aufstellung hängen die Leistungsfähigkeit und die Arbeitsgenauigkeit der Maschine oder Anlage ab. Darum ist die mitgelieferte Aufstellanleitung des Herstellers zu beachten.

Transport. Vor dem Transport müssen alle beweglichen Teile der Maschine befestigt werden. Beim Transportieren mit dem Kran sind die vom Hersteller vorgesehenen Aufhängepunkte zu benutzen **(Bild 1)**.

Die Maschine darf nur an den dafür vom Hersteller vorgesehenen Stellen angehoben, gestützt, geschoben und befestigt werden.

Eingangskontrolle und Reinigung. Maschine und Zubehör sind auf Vollständigkeit zu überprüfen und festgestellte Schäden umgehend der Lieferfirma mitzuteilen. Von den Führungsbahnen und anderen blanken Teilen der Maschine ist das Korrosionsschutzöl mit einem weichen Lappen zu entfernen. Anschließend sind die Führungsbahnen mit Gleitöl einzuölen.

Aufstellung. Eine Werkzeugmaschine muss sorgfältig und sachgerecht aufgestellt werden. Sie wird entweder am Werkstattboden verschraubt oder auf einstellbare Schwingelemente gesetzt. Die Fundamentanschlüsse und der Platzbedarf für die Maschine sind dem Aufstellplan zu entnehmen **(Bild 2)**.

Aufstellbedingungen sind:

- Tragfähiger und erschütterungsfreier Untergrund bzw. ein Fundament
- Gleichmäßige Raumtemperatur am Aufstellplatz
- Allseitige Zugänglichkeit der Maschine für Wartung und Reparatur
- Sicherheitsabstand zwischen Wand und ausgefahrenem Maschinentisch, um Unfälle durch Einklemmen zu vermeiden.

Ausrichten. Beim Ausrichten z. B. einer Drehmaschine wird der Werkzeugschlitten in die Mitte der Führungsbahn gefahren **(Bild 3)**. Dann wird an den Stellen a, b, c und d ein Laser in Längsrichtung und an den Stellen e und f in Querrichtung aufgelegt und die Maschine ausgerichtet. Beim Ausrichten einer Fräsmaschine wird der Maschinentisch genau in die Waagerechte gebracht, damit man die anschließenden Prüfungen, z. B. die Rundlaufprüfung des Innenkegels der Frässpindel, leichter durchführen kann.

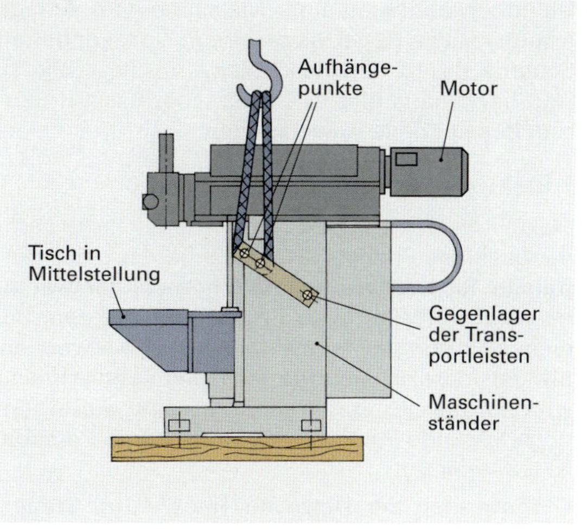

Bild 1: Transport einer Fräsmaschine

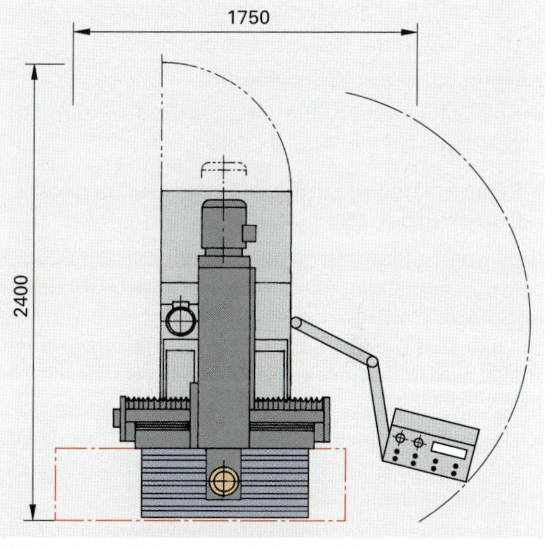

Bild 2: Aufstellplan einer Fräsmaschine

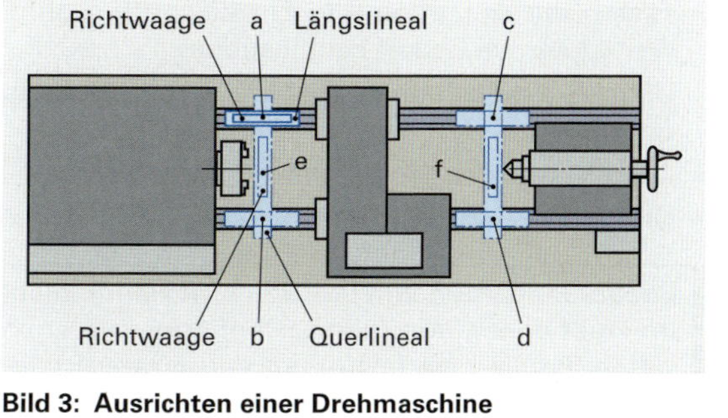

Bild 3: Ausrichten einer Drehmaschine

8.2.2 Inbetriebnahme von Maschinen oder Anlagen

Die Inbetriebnahme einer Maschine oder Anlage erfolgt in der Regel nach einem vorgegebenen Schema, das für alle Maschinen ähnlich ist **(Bild 1)**. Darüber hinaus gibt es für die spezifischen Baugruppen spezielle Anweisungen.

Elektrische Baugruppen (Bild 2)

Elektrische Baugruppen sind im Bereich der Fertigungsanlagen meist Untersysteme der gesamten Anlage. Sie werden deshalb schon vor der Montage vom Hersteller einer Prüfung unterzogen. Bei diesen Prüfungen müssen sie den Nachweis erbringen, dass alle geforderten Leistungen erbracht werden. Bei der Inbetriebnahme sind außerdem noch folgende Punkte von **autorisiertem Personal** zu kontrollieren:

- Überprüfen der Netze für Haupt- und Steuerstromkreis
- Überprüfen der Verkabelung auf Schäden
- Kontrollieren und Einsetzen der Sicherungen
- Überprüfen der anliegenden Spannung
- Überprüfen der Schutzmaßnahmen
- Überprüfen der Kühlsysteme
- Kontrollieren, ob alle Vorschriften eingehalten wurden

Pneumatische und elektropneumatische Baugruppen (Bild 3)

Die Inbetriebnahme pneumatischer Baugruppen birgt Unfallrisiken, wie z. B. fehlerhafte Funktionen von Aktoren (Druckluftzylinder, Druckluftmotore), für das Montagepersonal. Zur Vermeidung dieser Risiken wird folgende Vorgehensweise empfohlen:

- Überprüfen der technischen Daten (pneumatischer Druck, Spannung der Stromkreise bei elektropneumatischen Anlagen)
- Überprüfen der Rohrleitungen und ihrer Anschlüsse auf Dichtheit
- Kontrollieren der Grundstellung der Arbeitselemente und Ventile
- Testen der Ablauffolge in Einzelschritten ohne Werkstück, bei Bedarf nachjustieren
- Überprüfen des kompletten Steuerungsablaufs ohne Werkstück
- Durchführen des Probelaufs mit Werkstück
- Übergeben der Maschine an den Kunden

Bei der Inbetriebnahme dürfen sich Hände nicht im Hubbereich der Zylinder befinden, da auch kleine Zylinder Verletzungen verursachen können.

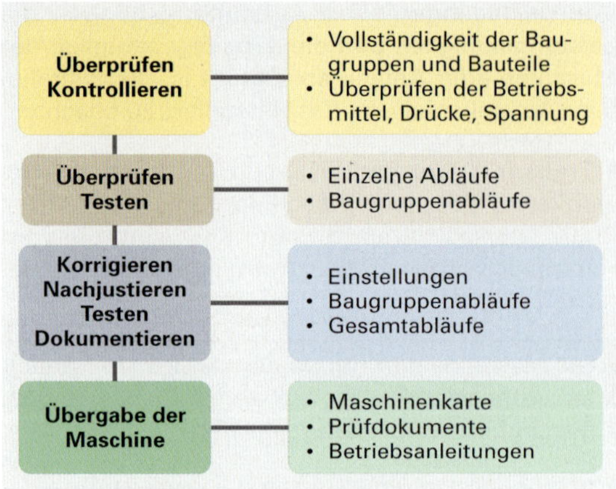

Bild 1: Funktionsplan der Inbetriebnahme von Maschinen und Anlagen

Bild 2: Elektrische Baugruppe

Bild 3: Elektropneumatische Baugruppe

Hydraulische Baugruppen (Bild 1)

Wegen des hohen Drucks und der großen Kräfte muss bei der Inbetriebnahme von hydraulischen Baugruppen besonders sorgfältig und systematisch vorgegangen werden. Es sind folgende Punkte zu beachten:

- Kontrollieren der Lage der Rohrleitungen, der Spannungsfreiheit, der Befestigungen und der Biegeradien der Rohre
- Kontrollieren von Ölvorratsbehälter, Filter, Saugleitungen, Ölfördereinrichtung und Druckspeicher
- Befüllen der Anlage mit vom Hersteller genehmigten Druckflüssigkeiten mit der vorgeschriebenen Viskosität
- Einstellen und Verplomben des Sicherheitsventils zur Druckbegrenzung nach Herstellerangaben
- Entlüften des Hydrauliksystems nach Anlauf der Hydraulikpumpe sowie erneutes Entlüften nach Erreichen der Betriebstemperatur
- Überprüfen der gesamten Anlage auf Leckstellen

Mechanische Baugruppen (Bild 2)

Mechanische Baugruppen erfordern für einen fehlerfreien Betrieb sehr kleine Toleranzen. Vor Betrieb sind zu beachten:

- Leichtgängigkeit der Kupplung auf der Welle prüfen
- Schmierung kontrollieren
- Ausrichtung der Kupplungsteile kontrollieren
- Maximale Radialkraft prüfen
- Kupplung im Betrieb auf Unwucht prüfen
- Sichtprüfung von Oberfläche und Form

Fehlerdiagnose bei der Inbetriebnahme

Als Fehler wird die Nichterfüllung mindestens einer Anforderung bezeichnet. Fehler verursachen Ausfälle oder Störungen eines Systems.

Die meisten Fehler, die bei Maschinen auftreten, sind ursächlich Bauteil-, Montage- oder Inbetriebnahmefehler. Da Fehler häufig mit Kosten bzw. Gefahren für Mensch und Maschine verbunden sind, ist eine systematisch durchgeführte Fehlerdiagnose (Fehlereingrenzung) sehr wichtig. Offensichtliche Fehler können durch Hören, Sehen oder Riechen wahrgenommen werden. So kann ein defektes Lager Pfeifgeräusche, Schmorstellen in Verkabelungen Brandgeruch oder Rauchentwicklung und Öl-Leckstellen verursachen. Versteckte Fehler können durch ein Fehlerdiagnosesystem, z.B. durch Druckmessung, Spannungs-, Strom- oder Widerstandsprüfung, festgestellt werden **(Bild 3)**.

Bild 1: Hydraulische Baugruppe einer Anlage

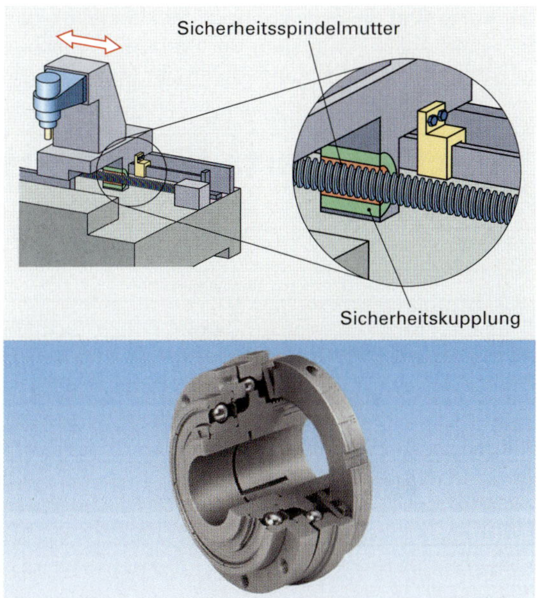

Bild 2: Mechanische Baugruppe (Sicherheitskupplung)

Bild 3: Monitorbild eines Fehlerdiagnosesystems

8.2.3 Abnahme von Maschinen oder Anlagen

Abnahme. In DIN 8605 ff. und verschiedenen VDI-Richtlinien sind mögliche Inhalte für die Abnahme und Aufstellung von Werkzeugmaschinen festgelegt.

Zu den Abnahmeprüfungen an Werkzeugmaschinen gehören **geometrische Prüfungen** durch direkte Messung, z. B. der Rechtwinkligkeit von Vorschubachsen, **Prüfverfahren mit Musterwerkstücken** und die **Fähigkeitsuntersuchung** der Werkzeugmaschine (Seite 83).

Geometrische Prüfung. Unter geometrischer Prüfung versteht man die Prüfung der Maße und der Form und Lage, z. B. von Aufspanntisch und Spindelachsen und deren Bewegungen zueinander. Geprüft werden z. B. Geradheit, Parallelität, Rechtwinkligkeit und Rundlauf von Vorschubachsen.

Prüfung mit Musterwerkstücken. Für die zu prüfende Maschine werden typische Prüfwerkstücke und Bearbeitungsbedingungen, z. B. Schnittgeschwindigkeit und Vorschub, festgelegt. Damit lassen sich Eigenschaften, wie z. B. Positionsgenauigkeit und Umkehrspanne der Vorschubantriebe, Kreisformabweichungen, Maß- und Winkelabweichungen oder die Parallelität und Oberflächengüte bearbeiteter Flächen beurteilen. In einem Prüfprotokoll werden die Ergebnisse der Prüfungen festgehalten.

Maschinenkarte. Die Maschinenkarte wird vom Maschinenhersteller mitgeliefert. Sie enthält die wesentlichen Kenndaten der Maschine und dient zur Arbeitsplanung und Kalkulation. Auf der Vorderseite der Karte sind die Bezeichnung, der Hersteller, der Maschinentyp und die Maschinennummer sowie das Bau- und Anschaffungsjahr der Werkzeugmaschine aufgeführt **(Bild 1)**. Die Rückseite der Maschinenkarte enthält z. B. die Leistungsdaten der Motoren und die Stufungen der Getriebe.

1	2	3	4	5	6	7	8	9	10	11	12	13	14	15	16	17	18	19	20	21	22	23	24	25	26	27	28	29	30	31

Maschinenkarte für Universal - Fräsmaschine

Bezeichnung Universal Fräsmaschine	Baumuster	Inv.-Nr.
Hersteller	Fabrik-Nr.	Bestell -Tag/-Nr.
Lieferer	Baujahr Anschaffung	Liefer
Kennzeichen der Maschine	Zubehör/Sondereinrichtung	Kostenstelle

Arbeitsbereich			NC-Rundtisch, 4. Achse ø500 mm	Standort
Frässpindel Stellung senkrecht	kl. u. gr. Entf. v. Frässp. b. Oberk. Winkeltisch	105/605 mm		Maschinen-Gruppe
	kl. u. gr. Entf. v. Frässp. b. Oberk. NC-Rundtisch	110/610 mm	Uni-Tisch o. Teilsp. ø650x395 mm	Kostenklasse
	Entf. v. Frässpindel bis zur Drehachse f. Fräskopfes	120 mm	Uni-Tisch m. Teilsp. ø650x395 mm	Gütegrad
Frässpindel Stellung waagerecht	kl. u. gr. Entf. v. Frässp.-Achse b. Oberk. Winkeltisch	115/615 mm	Winkeltisch 900x528 mm	Besonders geeignet für
	kl. u. gr. Entf. v. Frässp.-Achse b. Oberk. NC-Rundtisch	120/620 mm	NC-Teilapparat	Einzelfertigung u. Werkzeugbau
	Entf. v. Frässpindelachse bis zur Drehachse f. Fräskopfes	110 mm	Messtastsystem	komplizierte CNC-Fräsarbeiten

Schwenkbarkeit des Spindelkopfes		0-90°
Pinole ø 100 mm	ausfahrbar	75 mm
Längsbewegung	autom.	630 (875) mm
Querbewegung d. Spindelschlittens	autom.	500 mm
Senkrechtbewegung	autom.	500 mm
Frässpindel ø im vorderen Lager	Horizontal/Vertikal	80/55 mm
Spanneinrichtung für Werkzeuge mit Anzugsbolzen		Sk 40 DIN 69871 DIN 69872-19
Aufspannfläche Winkeltisch		900x528 mm
T-Nuten, Anzahl 7, Breite 14 H7 mm		63 mm
Entf. Anschraubfläche Aufspannt. senkr. b. zur 1. T-Nute		47 mm
Schutzkabine mit Sicherheitseinrichtung		
Vertikal-Werkzeugwechsler HTC 16		

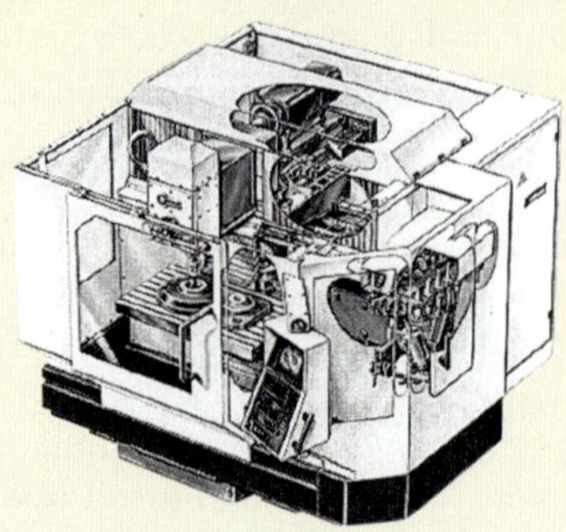

Bild 1: Maschinenkarte (Vorderseite)

Wiederholung und Vertiefung

1 Erläutern Sie den schrittweisen Entwicklungsablauf einer Fertigungsanlage.
2 Nennen Sie wichtige Aufstellbedingungen für eine Maschine oder Anlage.
3 Welche wesentlichen Punkte müssen bei der Inbetriebnahme einer pneumatischen Anlage kontrolliert werden?
4 Womit können Fehler bei der Inbetriebnahme festgestellt werden?
5 Welche Abnahmeprüfungen erfolgen an einer Maschine oder Anlage?

8.3 Instandhaltung

8.3.1 Tätigkeitsgebiete und Definition

Der reibungslose Fertigungsprozess bei der Produktion bzw. Herstellung von Bauteilen, Maschinen oder kompletten Anlagen sowie die maximale Ausnutzung der Lebenszeit des Bauteils, der Maschine oder der Anlage verlangen eine optimale Instandhaltung.

Unter Instandhaltung versteht man alle Maßnahmen zur Bewahrung, Feststellung, Wiederherstellung und Verbesserung des funktionsfähigen Zustandes einer Maschine oder Anlage. Die Instandhaltung umfasst die Wartung, die Inspektion, die Instandsetzung und die Verbesserung **(Bild 1)**.

Die Betriebe investieren aus Kostengründen nur soviel in die Instandhaltung, wie zum Erreichen ihrer Fertigungsziele unbedingt erforderlich ist.

Der Investitionsaufwand hängt dabei oft von der Betriebsgröße ab. So existiert in **Großbetrieben** eine **Instandhaltungsabteilung,** welche die Vorschriften des Maschinen- oder Anlagenherstellers, darüber hinaus aber auch zusätzliche betriebliche Instandhaltungsvorschriften an der Maschine oder Anlage durchführt.

Bei **mittelständischen Betrieben** beschränkt sich die Instandhaltung meist auf die **Empfehlungen des Maschinen- oder Anlagenherstellers.** Dabei werden Arbeiten wie z.B. Filter- oder Ölwechsel durchgeführt, vorgeschriebene Reinigungs- und Schmierpläne vom Maschinenführer- oder Anlagebetreuer beachtet und die dazu erforderlichen Arbeiten ausgeführt.

In **Kleinbetrieben** ist eine planmäßige **Instandhaltung meist nicht organisiert.** Sie hängt vom Interesse und der Verantwortung des Bedieners der Anlage oder Maschine ab. Häufig werden erst bei Störungen Maßnahmen eingeleitet und von fachkundigen Personen durchgeführt.

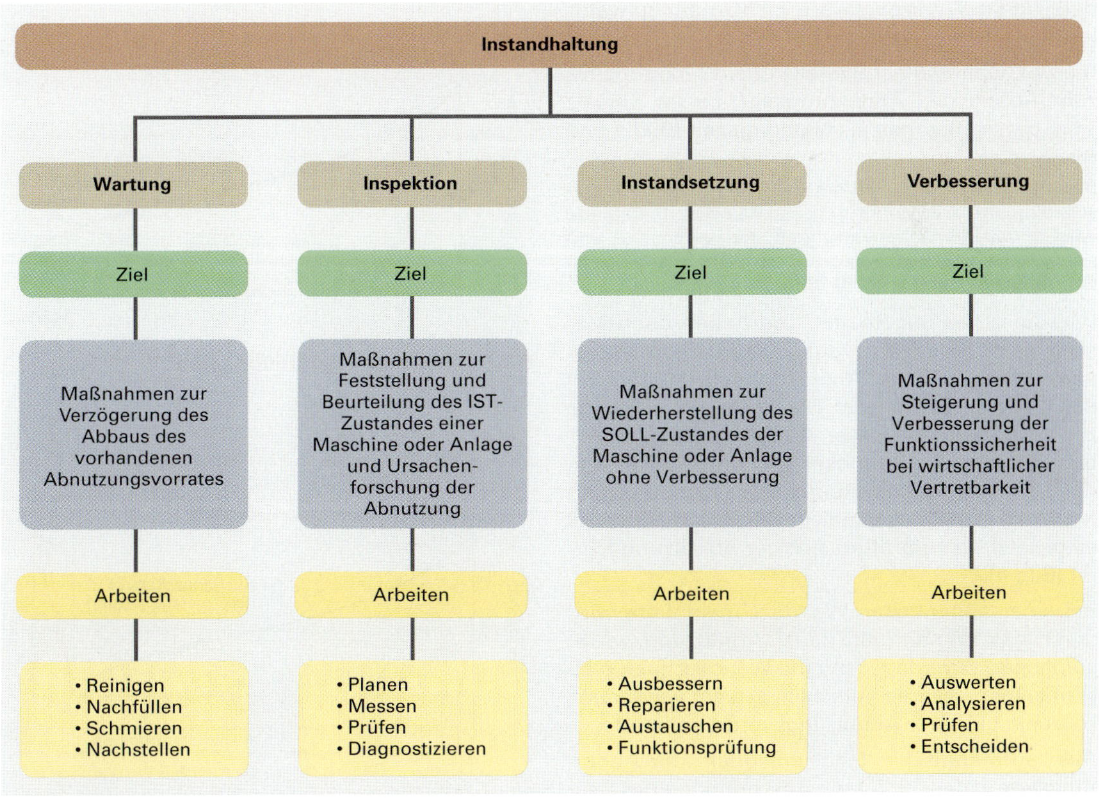

Bild 1: Überblick über die Teilbereiche der Instandhaltung

8.3.2 Begriffe der Instandhaltung

Abnutzung und Abnutzungsvorrat

Abnutzung ist der Abbau des Abnutzungsvorrats an Bauteilen, z. B. Wellen, oder an Werkzeugen, z. B. Wendeschneidplatten.

Unter dem **Abnutzungsvorrat** versteht man den maximalen maßlichen Bereich, bis zu dem das Bauteil oder Werkzeug abgenutzt werden darf, ohne dass eine Auswechslung stattfinden müsste. Ursache der Abnutzung sind z. B. Verschleiß, Alterung oder Korrosion.

Der Verschleiß erfolgt ungleichmäßig über die Nutzungsdauer **(Bild 1).** In der Einlaufphase (Phase I) ist der Verschleiß groß. Hier kommt es bei rotierenden Teilen zum Abtrag der Oberflächenrauheit. In Phase II verläuft die Verschleißkurve zunächst flacher. Der Oberflächenverschleiß eines in Phase I „geglätteten" Bauteils ist deutlich geringer. Gegen Ende der Phase II nimmt der Verschleiß pro Zeiteinheit wieder zu.

Wenn der gesamte Abnutzungsvorrat aufgebraucht ist, muss das Bauteil oder Werkzeug ausgetauscht werden, weil nach Phase II die Abnutzungskurve überproportional ansteigt. Die Bauteilfunktion bzw. der Zerspanungsprozess mit einem derartigem Werkzeug wäre nicht mehr gewährleistet.

Die Zeit, während der Bauteile oder Werkzeuge bis zum Abbau des Abnutzungsvorrats im Einsatz sind, bezeichnet man als **Nutzungszeit** (Bild 1 und **Bild 3).**

Beispiel: Bild 2 zeigt die Verschleißkurve einer Wendeschneidplatte. Die Abnutzung der Wendeschneidplatte wird durch Freiflächenverschleiß, Kolkverschleiß und Kantenverschleiß verursacht. Nach 8000 m Spanlänge ist der Abnutzungsvorrat von 0,25 mm aufgebraucht.

Wie die einzelnen Bauteile, so haben auch Maschinen und ganze Anlagen einen Abnutzungsvorrat (Bild 3). Dieser Abnutzungsvorrat steht bei der Inbetriebnahme der Maschine oder Anlage zur Verfügung. Ist dieser Abnutzungsvorrat verbraucht, ist eine Instandsetzung erforderlich. Dadurch wird erneut ein Abnutzungsvorrat geschaffen. Wird in die Maschine ein verbessertes Bauteil eingesetzt, so vergrößert sich der Abnutzungsvorrat **(Bild 4).**

Bei einer abgenutzten Wendeschneidplatte wird durch das Wenden ein neuer Abnutzungsvorrat aufgebaut. Wird dagegen eine Wendeschneidplatte mit einer dickeren Verschleißschicht verwendet, so ist ein größerer Abnutzungsvorrat vorhanden.

Aus kaufmännischer Sicht entspricht der Abnutzungsvorrat der Zeit für die Abschreibung des Bauteils bzw. der Maschine.

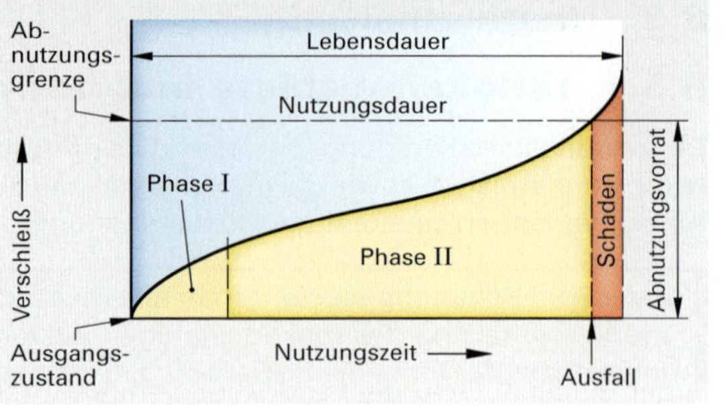

Bild 1: Verschleißkurve allgemein

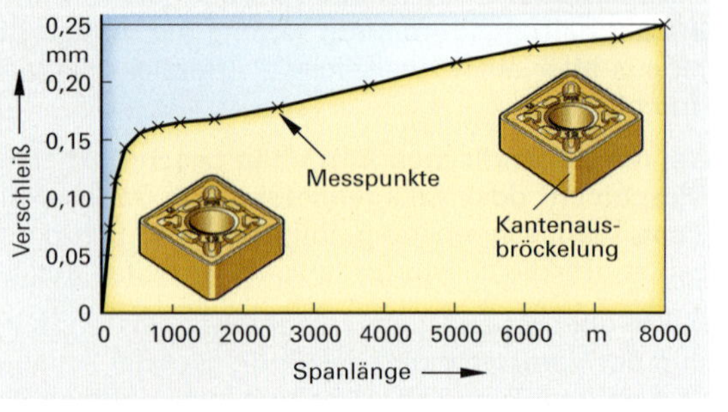

Bild 2: Verschleißkurve einer Wendeschneidplatte

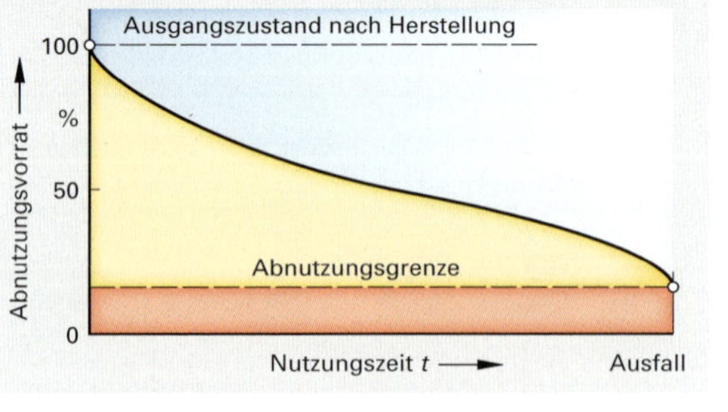

Bild 3: Abbau des Abnutzungsvorrats

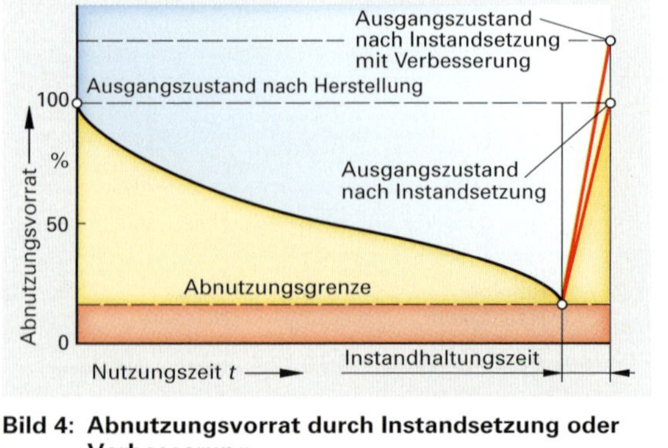

Bild 4: Abnutzungsvorrat durch Instandsetzung oder Verbesserung

8.3.3 Ziele der Instandhaltung

Ein Hauptziel der Instandhaltung ist die Steigerung der Wirtschaftlichkeit des Betriebes. Dabei ist auf die Bewahrung der Gesundheit der Beschäftigten und die Bewahrung einer lebenswerten Umwelt zu achten.

Wirtschaftliche Ziele

Das wirtschaftliche Ziel der Instandhaltung besteht in der Sicherstellung der Produktionsfähigkeit der technischen Anlagen bzw. des Produktionssystems zu günstigsten Kosten.

Die Instandhaltung kann vom betriebseigenen Personal **(autonome Instandhaltung)** oder von einer Fremdfirma durchgeführt werden.

Wird eine autonome Instandhaltung angestrebt, so müssen die Mitarbeiter zu verantwortungsbewussten Maschinenführern geschult werden und eine hohe Sensibilität gegen Unregelmäßigkeiten und Störungen in der Produktion und Fertigung entwickeln.

Humanitäre und ökologische Ziele

Die humanitäre Ausrichtung der Instandhaltung soll die Gesundheit und die Arbeitsfähigkeit der Mitarbeiter erhalten, sowie Umwelt und Ressourcen schonen.

So müssen z. B. Kühlschmierstoffe oder Altöl sachgerecht gehandhabt, umweltschonend gelagert und entsorgt werden. Sie dürfen keinesfalls ausgeschüttet oder in die öffentliche Kanalisation oder in Gewässer gelangen.

Bedingungen zum Erreichen der wirtschaftlichen Ziele der Instandhaltung

- Hohe Anlagenlaufzeit
- Hohe Anlagenverfügbarkeit
- Hohe Zuverlässigkeit der Einzelbauteile
- Vermeidung von Produktionsstörungen
- Vermeidung von Produktionsausfällen
- Erkennen von Schwachstellen und deren Beseitigung
- Erkennen sich anbahnender Schäden und deren Verhinderung
- Reduzierung der Instandhaltungszeit

Humanitäre und ökologische Ziele der Instandhaltung

- Erhöhung der Arbeitssicherheit
- Erhöhung der Anlagensicherheit
- Einhaltung gesetzlicher Vorschriften
- Vermeidung von Umweltbelastungen
- Vermeidung von Umweltschäden
- Vermeidung von Materialverschwendung

8.3.4 Instandhaltungskonzepte

Man unterscheidet drei Instandhaltungskonzepte **(Tabelle 1)**.

Tabelle 1: Instandhaltungskonzepte

Intervallabhängige Instandhaltung	Die Instandhaltungsarbeiten erfolgen in regelmäßigen festgelegten Zeitabständen.
Zustandsabhängige Instandhaltung	Die Instandhaltungsarbeiten erfolgen nach dem Verbrauch des Abnutzungsvorrats des Werkzeuges oder der Maschine.
Störungsbedingte Instandhaltung	Die Instandhaltungsarbeiten erfolgen erst nach dem Schadensfall des Werkzeuges oder der Maschine.

Intervallabhängige Instandhaltung

Die intervallabhängige Instandhaltung erfolgt bei der in regelmäßigen Zeitabständen ausgeführten Wartung (Seite 562). Es handelt sich deshalb um eine **vorbeugende** Instandhaltung. Verschleißteile, wie z. B. Dichtungen, Lager oder Ölfilter, haben eine durch Erfahrung zu erwartende Lebensdauer. Vor deren Ablauf werden sie ausgewechselt.

Bei dieser vorbeugenden Instandhaltung wird unabhängig vom noch vorhandenen Abnutzungsvorrat eine Instandhaltungsmaßnahme durchgeführt. Sie dient der Vermeidung von Schäden durch Unterschreitung der Abnutzungsgrenze und kommt zum Einsatz, wenn Maschinen oder Bauteile auf keinen Fall versagen dürfen oder gesetzliche Vorschriften eine regelmäßige Inspektion erfordern.

Vorteile intervallabhängiger Instandhaltung

- Gute Planbarkeit der Maßnahme
- Minimierung der Ersatzteilhaltung
- Reduzierung unvorhersehbarer Ausfälle
- Hohe Zuverlässigkeit der Maschinen
- Planungssicherheit des Personaleinsatzes

Nachteile intervallabhängiger Instandhaltung

- Abnutzungsvorrat wird nicht bis zur Abnutzungsgrenze verbraucht
- Lebensdauer von Bauteilen wird nicht voll ausgenutzt
- Hoher Ersatzteilbedarf
- Hohe Instandhaltungskosten
- Ausfallverhalten von Maschinen kann nicht ermittelt werden

Zustandsabhängige Instandhaltung

Die zustandsabhängige Instandhaltung gehört ebenfalls zur vorbeugenden Instandhaltung und beruht auf der messenden Überwachung der Maße sich abnutzender Verschleißteile sowie sich ändernder Einstellmaße.

Beispiel: Die Überprüfung und Nachjustierung des Einstellmaßes der Eindringtiefe eines Werkzeughalters in den Werkzeugspanner **(Bild 1)**. Das eng tolerierte Einstellmaß garantiert, dass die Spannzange in eine Nut im Werkzeughalter einrastet und den Werkzeughalter in den Kegelsitz zieht und fixiert. Das Einstellmaß kann z. B. durch Verschmutzung oder Verschleiß verändert sein. Werden Maßabweichungen festgestellt, so ist eine Reinigung durchzuführen oder der Werkzeughalter muss ausgetauscht werden.

Die Auswechslung des Verschleißteils erfolgt entweder

- nach Überschreiten einer Maßabweichung **(Bild 2)**

oder

- nach Erschöpfung des Abnutzungsvorrats.

Um den Abnutzungsvorrat bei der spanenden Bearbeitung zu ermitteln, wird zurzeit mit „Intelligenten Drehmeißeln“ **(Bild 3)** Forschung betrieben. Die mit Verschleißsensoren versehene Wendeschneidplatte gibt ein Signal an die Steuerung, wenn die Abnutzungsgrenze erreicht ist, sodass das Werkzeug rechtzeitig gewechselt werden kann.

Die zustandsabhängige Instandhaltung setzt Zusatzwissen voraus, das entweder durch Stichproben oder durch Dauerüberwachung der Maschine oder Anlage erreicht wird.

Vorteile der zustandsabhängigen Instandhaltung

- Maximale Nutzung der Lebensdauer der Bauteile und Anlagen
- Erkenntnisse des Abnutzungsvorrates lassen terminabhängige Planungen zu
- Betriebssicherheit ist gewährleistet
- Geringere Lagerkosten der Betrachtungseinheit
- Längere Verfügbarkeit der Betrachtungseinheit

Nachteile der zustandsabhängigen Instandhaltung

- Erhöhter messtechnischer Aufwand
- Zusätzliche Inspektionsmittel
- Erhöhter Planungsaufwand
- Erhöhter Kostenaufwand
- Zusätzliches Personal

Beispiel eines Störfalls: Der Werkzeughalter rastet nicht mehr problemlos in die Arbeitsspindel ein.

Lösung: Störfallbeseitigung durch Reinigung des Anschlags und der Einfahröffnung oder Austausch des beschädigten Werkzeughalters.

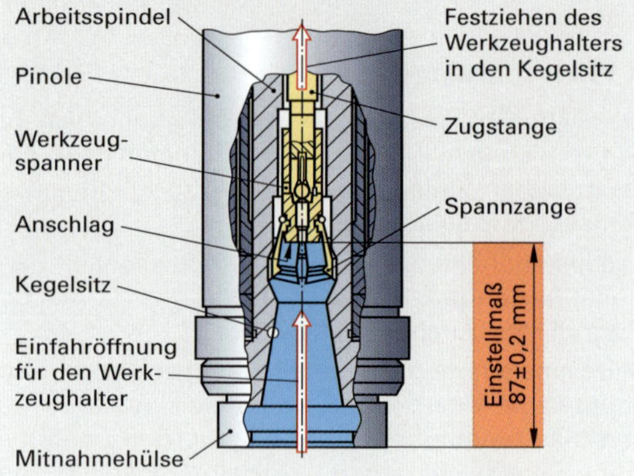

Bild 1: Kontrolle des Einstellmaßes bei einem Werkzeughalter

Während der Fertigung von Drehteilen wird der Durchmesser in bestimmten Zeitabständen geprüft und mit einer Qualitätsregelkarte überwacht. Kommt es zu Abweichungen außerhalb der erlaubten Toleranzgrenzen, wird das Werkzeug gewechselt.

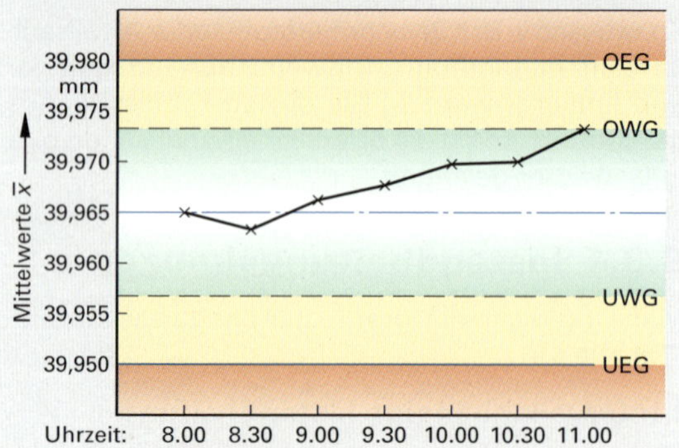

Bild 2: Qualitätsregelkarte

Bild 3: Wendeschneidplatte mit Verschleiß- und Temperatursensoren

Störungsbedingte Instandhaltung

Die störungsbedingte Instandhaltung erfolgt, wenn eine Maschine während der Fertigung durch eine Störung außer Betrieb gesetzt wird oder die geforderte Fertigungsqualität nicht mehr gewährleistet ist. Ursache ist häufig die Erschöpfung des Abnutzungsvorrats. Ist die Störungsursache ermittelt, z. B. ein defekter Werkzeugspanner, wird das schadhafte Bauteil ersetzt **(Bild 1).** Der Ausbau des defekten Bauteils und der Einbau des Ersatzteils erfolgen anhand von Ausbauanweisungen und einem Anordnungsplan aus dem Benutzerhandbuch. Es dürfen nur die vom Maschinenhersteller benannten Ersatzteile verwendet werden.

Beispiel: Der Keilriemen eines Antriebmotors ist eingerissen **(Bild 2).** Bei der Instandhaltung muss ein neuer Keilriemen eingebaut werden. Dabei ist auf das Fluchten der Riemenscheiben zu achten.

Vorteile störungsbedingter Instandhaltung

- Ausnutzung des gesamten Abnutzungsvorrates
- Geringer Planungsaufwand

Nachteile störungsbedingter Instandhaltung

- Überraschende und unvorhersehbare Maschinenausfälle
- Instandhaltung muss oft unter Zeitdruck ausgeführt werden
- Hohe Kosten für Beschaffung und Lagerung von Ersatzteilen
- Hohe Fertigungs-Ausfallkosten, wenn Ersatzteile nicht vorrätig sind

Betriebsgerechte Instandhaltung

Die **optimale Instandhaltung** für einen Fertigungsbetrieb ist von der Betriebsgröße und der Firmenstrategie abhängig. Häufig ist eine Kombination aus vorbeugender und zustandsabhängiger Instandhaltung das wirtschaftlich optimale Konzept. Die Auswechslung von Verschleißteilen wird auf das Notwendige, aber Erforderliche begrenzt und die Instandhaltungskosten sowie die Stillstandzeiten minimiert.

Beispiel: Der Bohrer lässt sich nicht mehr spielfrei im Werkzeugspanner befestigen.

Lösung: Anhand der Ersatzteilbezeichnung der Bohrmaschine wird beim Maschinenhersteller ein Werkzeugspanner bestellt und entsprechend den Anleitungen in die Maschine eingebaut.

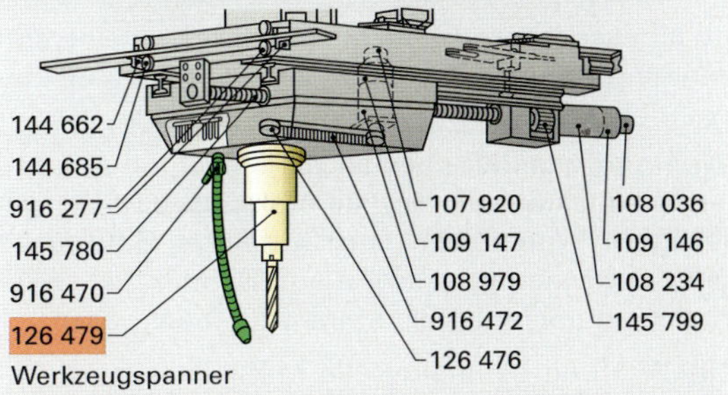

Bild 1: Bohrmaschine mit Werkzeugspanner

Bild 2: Eingerissener Keilriemen eines Riemengetriebes

Bild 3: Schrägbett-Drehmaschine

Wiederholung und Vertiefung

1 Welche Maßnahmen versteht man unter dem Begriff Instandhaltung in der Fertigungstechnik?

2 Wie unterscheiden sich häufig die Instandhaltungsmaßnahmen zwischen Großbetrieb und Kleinbetrieb?

3 Erklären Sie am Beispiel eines PKW-Reifens die Begriffe Abnutzung und Abnutzungsvorrat.

4 Welche wirtschaftlichen Ziele werden durch die Instandhaltung verfolgt?

5 In der Verdichterstation eines Betriebes wird vorsorglich ein Ölfilter gewechselt. Um welche Instandhaltungsmaßnahme handelt es sich?

6 Nennen Sie für jedes Instandhaltungskonzept ein Beispiel anhand der Bauteile einer Schrägbett-Drehmaschine **(Bild 3).**

8.3.5 Wartung

Die Wartung zählt zu den vorbeugenden (präventiven) Instandhaltungsmaßnahmen. Durch die Wartung wird der Abbau des Abnutzungsvorrates während der Nutzungsdauer der Maschine oder Anlage hinausgezögert **(Bild 1)**. Dadurch wird eine störungsfreie Fertigung über eine längere Zeit gewährleistet.

Während des Betriebes ist die Maschine auf ihre Arbeitsqualität, d.h. auf die Maßhaltigkeit der gefertigten Werkstücke, auf auffällige Geräusche oder Schwingungen sowie auf Dichtheit der Hydraulik- und Schmierölleitungen zu überwachen.

Die Wartung beinhaltet alle Maßnahmen zur Bewahrung des ordnungsgemäßen Zustands einer Maschine oder Anlage **(Tabelle 1)**.

Beispiel: Wartungsarbeiten an einem Bearbeitungszentrum

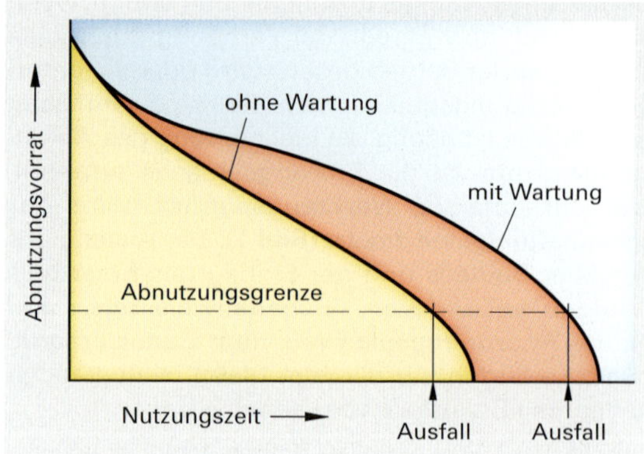

Bild 1: Abbau des Abnutzungsvorrats, ohne Wartung und mit Wartung

Reinigen

Entfernen von Spänen und Schmutzpartikeln mittels Spanhaken oder Handbesen aus dem Bearbeitungs- und Maschinenraum.

Keine fasernden Lappen oder Putzwolle verwenden. Keine Druckluft einsetzen, da durch hohen Druck Späne und Schmutzpartikel unter die Abdichtungen der Maschine gedrückt werden können.

Schmieren

Einölen, einfetten oder einsprühen von Gleitbahnen und Führungsschienen oder Werkzeugspannsystemen. Vom Hersteller vorgeschriebene Schmierstoffe verwenden.

Ergänzen

Kühlschmierstoffeinrichtungen und Zentralschmieraggregate für Führungsbahnen nachfüllen, Ölbehälter an Schmieraggregaten nachfüllen.

Nachstellen

Werkzeuge vermessen und kalibrieren. Keilriemen oder Zahnriemen nachspannen.

Auswechseln

Bei Bedarf sind Späne- und Spritzschutzeinrichtungen, Drehdurchführungen, Leitungen, Kabel, Schläuche, Abstreifer und Filter zu tauschen.

Konservieren

Werkzeuge, die z.B. gelagert werden, sind mittels Überzug gegen Umwelteinflüsse und Korrosion zu schützen.

Tabelle 1: Wartungsarbeiten

Reinigen	Schmieren	Ergänzen
		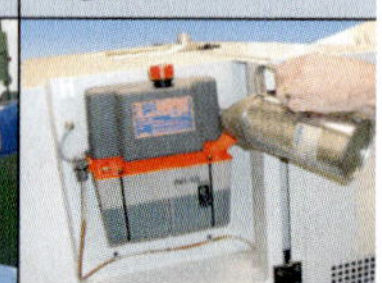
Entfernen von Fremdkörpern	Bewahrung der Gleitfähigkeit	Auffüllen von Hilfsstoffen
durch Putzen, Saugen, Verwendung von Lösungsmitteln	durch Zuführung von Schmierstoffen an den Schmierstellen	z.B. Kühlmittel, Getriebeöl, Hydrauliköl, Emulsionen
Nachstellen	Auswechseln	Konservieren
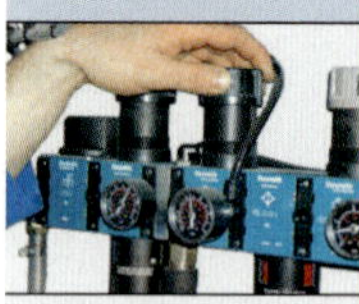		
Justieren einstellbarer Maße	Austausch von Teilen und Hilfsstoffen	Schutz gegen äußere Einflüsse
Beseitigung von Abweichungen, z.B. Lagerspiel, Anschläge, Druck	Ölwechsel, Filterwechsel, Schlauchklemmen, Dichtungen	durch Abdichten, Einfetten, Anstreichen, Folienüberzug

Die regelmäßige Wartung einer Maschine erfolgt am Ende eines Arbeitstages oder einer Schicht durch den Maschinenführer.

Für eine fachmännische Wartung ist es erforderlich, dass exakte Arbeitsanweisungen vorliegen. Diese Anweisungen sind z. B. in einem Wartungs- und Inspektionsplan einer Maschine enthalten **(Bild 1)**.

In einem beigefügten Wartungsplan sind die Wartungsarbeiten im Einzelnen aufgeführt **(Tabelle 1)**.

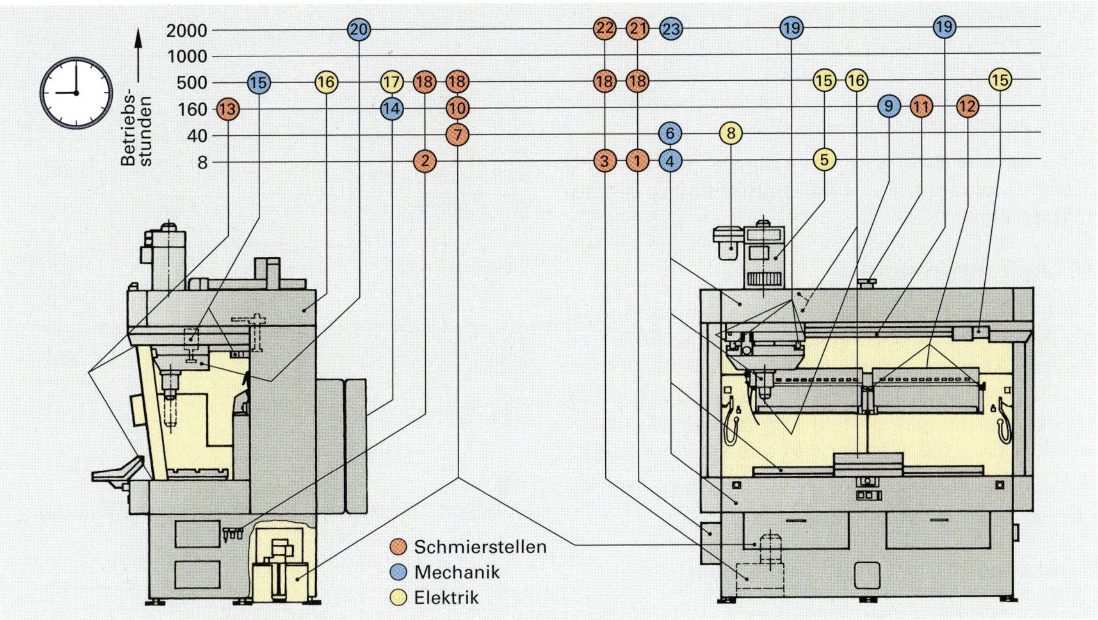

Bild 1: Wartungs- und Inspektionsplan eines Bearbeitungszentrums

Übliche Wartungs- und Inspektionsintervalle sind 8, 40, 160 und 500 und 2000 Betriebsstunden.

Das bedeutet, dass jeweils nach 8 Betriebsstunden die im Wartungsplan genannten Wartungsarbeiten durchgeführt werden müssen, nach 40 Betriebsstunden zusätzlich die dann geforderten Wartungsarbeiten, nach 160 Betriebsstunden zusätzlich die dann genannten Wartungsarbeiten usw.

Tabelle 1: Wartungsarbeiten an einem Bearbeitungszentrum

Wartung nach	**Durchzuführende Arbeiten** (Nummer im Kreis aus Bild 1)
8 Betriebsstunden (bei Einschichtbetrieb täglich)	– Ölstände der Zentralschmierung ①, der Pneumatik-Wartungseinheit ② und der Hydraulik ③ überprüfen und bei Bedarf Öl nachfüllen. – Allgemeine Reinigung der Maschine, insbesondere des Arbeitsraumes und der Führungsbahnen ④. Entfernen von Spänen und Kühlschmierstoffresten. – Antriebmotore auf Laufruhe und Temperatur prüfen ⑤.
40 Betriebsstunden (bei Einschichtbetrieb wöchentlich)	– Gründliche Reinigung der ganzen Maschine, insbesondere Endschalter, Führungsbahnen, Abdeckungen, Sichtfenster, bewegliche Teile ⑥. – Späneräume entleeren und reinigen sowie Sieb des Kühlschmieraggregats reinigen ⑦. – Filter des Kühlgebläsemotors prüfen und reinigen oder austauschen ⑧.
160 Betriebsstunden (bei Einschichtbetrieb monatlich)	– Mechanische Bauteile, wie z. B. Werkzeughalter, auf Funktion prüfen ⑨. – Kühlschmierstoffe erneuern ⑩, Schmierfilmbildung auf den Führungen und der Kugelrollspindel überprüfen. – Stößelstangen ⑪, Werkzeugmagazin ⑫ und Schiebetürführungen ⑬ ölen. – Lüftermotor überprüfen, reinigen ⑭.
500 Betriebsstunden (bei Einschichtbetrieb vierteljährlich)	– Kohlebürsten und Kollektoren der Elektromotore überprüfen, reinigen, erneuern ⑮. – Grenzschalter und Not-Aus-Schalter auf Funktion überprüfen ⑯. – Überprüfen der Schützkontakte auf Abbrand sowie der Sicherung (im Schaltschrank) ⑰. – Schlauchanschlüsse an Hydraulik-, Kühlschmier- und Schmiersystem prüfen ⑱.
2000 Betriebsstunden (bei Einschichtbetrieb jährlich)	– Führungsbahnen auf Verschleiß und Schmierfilmbildung prüfen ⑲, nachstellen. – Zahnriemen der Antriebe prüfen, nachspannen ⑳. – Ölwechsel im Zentralschmiersystem ㉑ und im Hydraulikaggregat ㉒ durchführen. – Verschleißteile austauschen ㉓.

Insbesondere Hydraulikanlagen, Führungen und Kühlschmierstoffanlagen bedürfen der regelmäßigen Wartung. Der Maschinenhersteller schreibt vor, welche Schmierstoffe und Hydraulikflüssigkeiten zu verwenden sind **(Tabelle 1)**. In den Anleitungen werden Symbole für Wartungsarbeiten verwendet. Die Positionsnummern sind im Wartungs- und Instandhaltungsplan angegeben, sodass eine eindeutige Zuordnung möglich ist.

Besonders wichtig sind der richtige Schmierstoff und die Verträglichkeit von Schmierstoff und Kühlschmierstoff.

Funktionsprüfung

Nach Durchführung der Wartungsmaßnahmen ist die Maschine wieder in Betriebsbereitschaft zu stellen. Absperrungen und Warnhinweisschilder sind zu entfernen, die Energieversorgung muss wieder hergestellt und das Personal informiert werden, dass die Wartungsarbeiten beendet sind.

Mit einer Funktionsprüfung muss die Arbeitsfähigkeit der Maschine nachgewiesen werden.

Dokumentation und Protokollierung

Herstellerfirmen von Maschinen und Anlagen übernehmen keine Gewährleistung für Schäden, wenn bei Wartungsarbeiten die verbindlichen Angaben zu den Wartungsintervallen nicht beachtet oder falsche Schmierstoffe verwendet werden. Alle durchgeführten Wartungsarbeiten und aufgetretenen Störungen müssen in ein Logbuch eingetragen oder in einer Wartungsliste dokumentiert werden **(Tabelle 2)**.

Die durchgeführten Wartungsarbeiten und die eingesetzten Hilfsstoffe und Austauschteile sind dort einzutragen und die Liste ist dann vom Wartungspersonal zu unterzeichnen.

Abschließend ist ein Abnahmeprotokoll zu fertigen. In diesem Protokoll sind neben den Maschinendaten auch die durchgeführten Arbeiten und die benötigten Zeiten für die Arbeiten einzutragen.

> Wartungs-, Inspektions- und Instandsetzungsarbeiten werden in der Praxis häufig zusammen mit Inspektionen durchgeführt.

Tabelle 1: Schmierarbeiten und Schmierstoffe (für das Bearbeitungszentrum Seite 457)

Schmierstelle	①	②	③
Maschinenteil	Zentralschmierung	Nebelöler	Hydrauliksystem
Wartungsarbeit Symbol Bedeutung	Nachfüllen	6 bar Öldruck	Nachfüllen
Schmierstoff bzw. Hydrauliköl	CG-LP 68	HLPD 22	HLPD 22
Schmierstelle	⑦	⑪	⑫
Maschinenteil	Kühlschmierstoff	Stößelstange	Werkzeugmagazin
Wartungsarbeit Symbol Bedeutung	Nachfüllen	Ölen per Hand	Ölen per Hand
Schmierstoff	CG-LP 68	CG-LP 68	CG-LP 68

Tabelle 2: Wartungsliste einer Hydraulikanlage (Ausschnitt)

Lfd. Nr.	Arbeiten	Ergebnis
1	Sichtkontrolle (Istzustand)	
1.1	äußerer Zustand	
1.2	Geräusche	
. .		
2	Wartungsarbeiten	
2.1	alle Baugruppen reinigen	
2.2	Ölzustand prüfen	
2.3	Ölstand ergänzen/erneuern	
2.4	Ölfilter reinigen/erneuern	
2.5	Luftfilter reinigen/erneuern	
2.6	Leckagen beseitigen	
2.7	Drücke nachstellen	
3	Wiederinbetriebnahme	
3.1	Druck mit Prüfmanometer prüfen	
3.2	auf Leckölstrom kontrollieren	
.		

Maschine Nr.: .... Datum: ....
Wartungspersonal
Name: .... Unterschrift: ....

Wiederholung und Vertiefung

1 Warum zählt die Wartung zu den vorbeugenden Instandhaltungsmaßnahmen?

2 Welche typischen Wartungsarbeiten werden am Ende eines Arbeitstages an einer Drehmaschine durchgeführt?

3 Welche Angaben können aus dem Wartungs- und Pflegeplan einer Maschine herausgelesen werden?

4 Warum müssen bei der Wartung die vom Maschinenhersteller vorgeschriebenen Schmierstoffe verwendet werden?

8.3.6 Inspektion

Zur Inspektion gehören alle Maßnahmen zur Feststellung und Beurteilung des **aktuellen Zustandes** einer Maschine. Diese Ermittlung ist auch bei der Wartung und der Instandsetzung notwendig. Der IST-Zustand einzelner Bauteile durch Verschleiß und Abnutzung wird dokumentiert.

> Inspektionen an einer Maschine erfassen deren Abnutzungszustand sowie Abweichungen vom Sollzustand.

Neben den reinen Inspektionstätigkeiten sind die Bestimmung der Ursachen für Verschleiß und Abnutzung und die Ableitung der notwendigen Konsequenzen für die künftige Nutzung von Interesse. Die Inspektion liefert somit auch Informationen für die Planung und Steuerung der Instandhaltungsmaßnahmen.

Zu bestimmten Inspektionszeiten werden die Zustände Z_0 bis Z_N festgestellt:

- **Erstinspektion (Z_0):** Sie erfolgt nach dem Aufstellen und der Erstinbetriebnahme einer Maschine. Mit einer Prüfvorschrift wird dabei ein Abnahmeprotokoll **(Bild 1)** erstellt, in dem die Prüfgegenstände, die Prüfmittel sowie die zulässigen und gemessenen Abweichungen festgehalten sind (Sollzustand Z_0 = 100 %).
- **Regelinspektionen (Z_1, Z_2, Z_3):** Sie werden im Rahmen eines Instandhaltungsplans in regelmäßigen Intervallen durchgeführt.
- **Sonderinspektionen (Z_S):** Diese können erforderlich sein, wenn unzulässige Abweichungen der Fertigungsgenauigkeit festgestellt werden oder eine schwere Betriebsstörung, wie das Auffahren der Bohrspindel auf die Spannvorrichtung, erfolgt ist.

Die Lebensdauer eines technischen Systems und die durchgeführten Inspektionen lassen sich in einem Abnutzungsdiagramm anschaulich darstellen **(Bild 2)**.

Inspektionsmaßnahmen, vor allem an großen industriellen Fertigungs- und Produktionsanlagen, untergliedern sich in **fünf Einzelschritte:**

1. **Erstellen eines Inspektionsplanes (Bild 3):** Dieser ist auf die spezifischen Belange des jeweiligen Betriebes oder der betrieblichen Anlage abgestellt und gilt hierfür verbindlich. Der Plan enthält Angaben über Ort, Termin, Methode, Geräte und Maßnahmen.

Senkrechtbohrmaschinen
Säulenbohrmaschinen
Abnahmebedingungen

Typ: ______ Maschinen-Nummer: ______ Tag: ______ Abnehmer: ______

Nr	Gegenstand der Prüfung	Bild	Prüfmittel	Prüfanleitung	Abweichungen zul./gemessen	
1	Ebenheit der Aufspannfläche (Bohrtisch / Grundplatte)	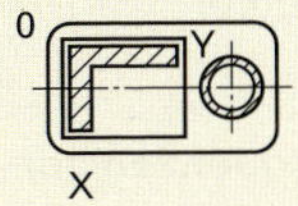	Stahllineal, Spion	Stahllineal in den Richtungen 0 – X und 0 – Y auflegen. Mit Spion Auflage prüfen 0 – X über die gesamte 0 – Y Aufspannfläche	0,1/1000 eben oder konkav	0 – X ..... 0 – Y .....
2	Rundlauf des Innenkegels der Bohrspindel a) dicht an der Aufnahme b) in der Entfernung „L"	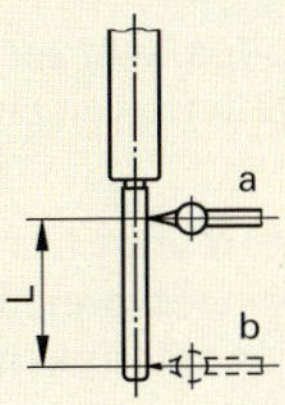	Messständer, Messuhr DIN 878, Prüfdorn	Messständer am Spindelstock befestigen. Taststift der Messuhr bei a am Prüfdorn anstellen, Bohrspindel drehen und Anzeigen ablesen. Messung bei b wiederholen. Messlänge „L" bei Morse 1 = 100 Morse 2 = 100 Morse 3 = 200 Morse 4 = 300	L = 100 a 0,015 b 0,020 L = 200 a 0,020 b 0,035 L = 300 a 0,025 b 0,050	a 0,01 b 0,015

Bild 1: Erstinspektionsprotokoll an einer Senkrecht-Bohrmaschine

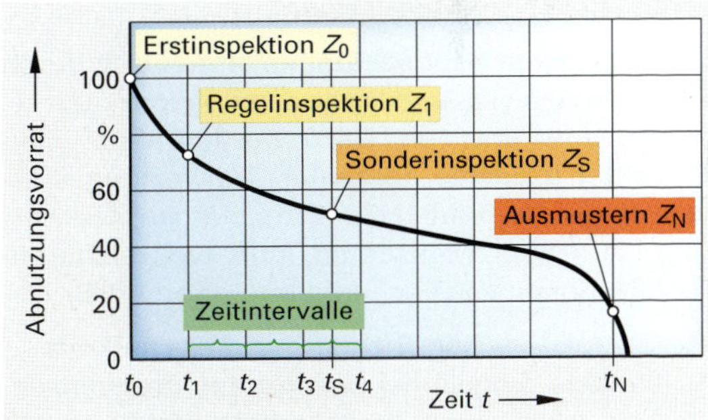

Bild 2: Inspektionsintervalle während der Lebensdauer eines technischen Systems

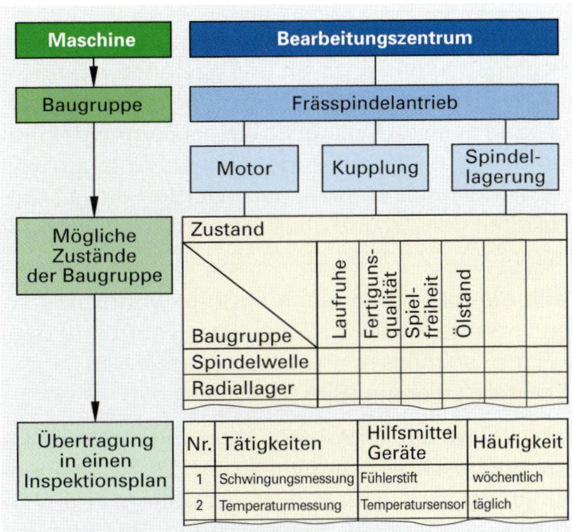

Bild 3: Beispiel für die Erstellung eines Inspektionsplans und deren Umsetzung

2. **Vorbereitende Maßnahmen:** Bereitstellen von entsprechender Arbeitsplatzausrüstung (z. B. Arbeitsbühnen), Schutz- und Sicherheitsmaßnahmen treffen, Freigeben der Anlage aus der laufenden Produktion.
3. **Durchführung** der Inspektionsarbeiten.
4. **Auswertung** der Ergebnisse.
5. **Ableitung** der notwendigen **Konsequenzen** aufgrund der Fehleranalyse.

Bei der Ermittlung des IST-Zustandes werden unterschiedliche Methoden und Verfahrensweisen angewendet.

Die **direkten Kurzinspektionen** werden vom Maschinenführer mit den natürlichen Sinnesorganen zu Beginn und während der Maschinentätigkeit durchgeführt **(Tabelle 1). Indirekte** Hinweise auf Verschleiß und Abnutzung liefern z. B. eine ungenügende Fertigungsqualität, die Auswertung von Qualitätsregelkarten oder z. B. auftretende Leckageverluste am Hydrauliksystem.

Die **subjektiven** Beobachtungen lassen sich durch **objektive** Analyse- und Diagnosemöglichkeiten ergänzen oder ersetzen. Dazu werden Mess- und Prüfmittel inklusive spezieller Auswertungssoftware eingesetzt **(Bild 1).** Zur Ermittlung und Bewertung derartiger Messdaten sind weitreichende Qualifikationen von Facharbeitern erforderlich.

Das Beispiel im **Bild 2** zeigt drei aussagekräftige steilflankige Signale bei bestimmten Frequenzen. Über ein Analyseverfahren und den Vergleich mit einem unbeschädigten Lager lässt sich folgern, dass es sich hier um einen Schaden am Lageraußenring handelt. Die periodischen Einzelausschläge im Diagramm entstehen beim Überrollen der Schadensstelle.

Mit eingebauten Sensoren und geeigneten Einrichtungen der Zustandsüberwachung kann eine Inspektion auch im Onlinebetrieb als **Ferninspektion** erfolgen. Bei schwer zugänglichen Anlagen wie z. B. Windkraftstromerzeugern werden diese Möglichkeiten genutzt und über Teleservicesysteme zur weiteren Auswertung übertragen.

Stellt die Inspektion einen außergewöhnlich starken Verschleiß oder die Schädigung einzelner Bauteile fest, so müssen die Schadensursachen genauer ermittelt werden **(Bild 3).**

Dazu liefert die **Tribologie** wertvolle Informationen. Sie beschreibt und analysiert die Zusammenhänge der Abnutzung durch Reibung und Verschleiß, den Einfluss von Belastung, Bewegungsart, Temperatur und umgebender Atmosphäre auf die Bauteile.

Tabelle 1: Einfache Inspektionsmöglichkeiten

Sehen:	Flüssigkeitsstände, Bauteilrisse
Hören:	Laufgeräusche von Motoren, Spindeln
Riechen:	Abgase, verschmorte Dichtungen
Fühlen:	raue Oberflächen, erhitzte Bauteile
Ablesen:	Druck- und Temperaturanzeigen

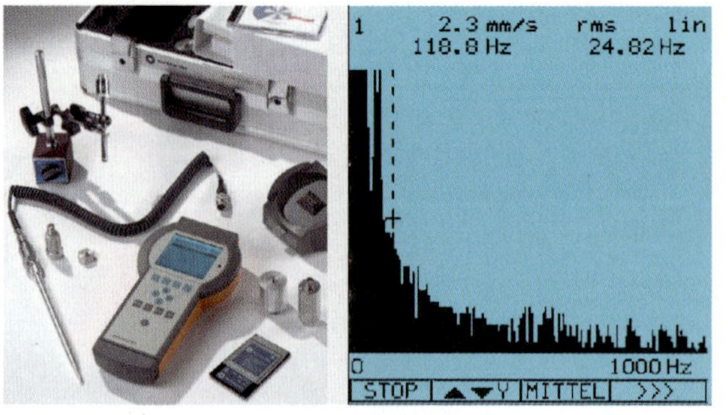

Bild 1: Ausrüstung zur Schwingungsanalyse mit Softwareanzeige im Display

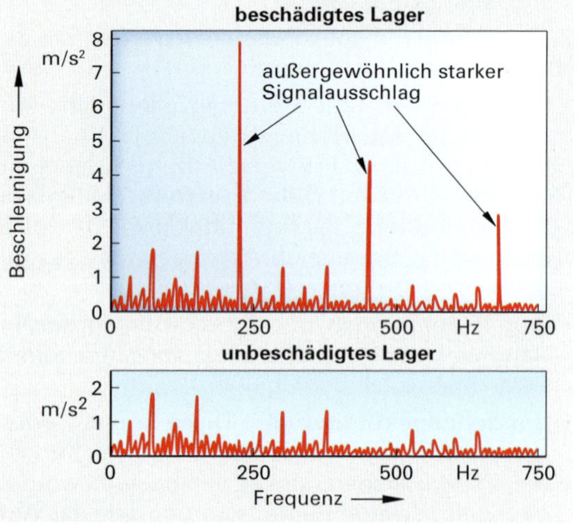

Bild 2: Vergleich von Frequenzverläufen bei Lagern

Bild 3: Ermüdungsschaden der Außenringlauffläche eines Kegelrollenlagers

Die **Tribologie**[1] beschreibt den Zusammenhang von Reibung, Verschleiß und Schmierung. Es lassen sich vier Verschleißmechanismen **(Bild 1)** unterscheiden:

- **Adhäsion:** Beim Abgleiten von Grund- und Gegenkörper wird bei unzureichender Schmierung ein erheblicher Verschleiß erzeugt.
- **Abrasion:** Harte Teilchen dringen in die Randschicht ein und erzeugen Riefen.
- **Zerrüttung:** Sie entsteht durch ständige stoßartige Belastungen, z. B. durch Lastwechsel beim Abrollen von Wälzkörpern in Lagerringen.
- **Tribochemische Reaktion:** Die zerrütteten Oberflächen beginnen bei gleichzeitigem Eindringen von aggressiven Stoffen zu oxidieren.

Die gesamten Inspektionsergebnisse werden mithilfe der EDV erfasst, gesammelt und ausgewertet **(Bild 2).** Aus der Analyse des Datenmaterials werden weitere Handlungsschritte abgeleitet. Kleinere Wartungsmaßnahmen können direkt nach der Inspektion erfolgen.

Bei aufgebrauchtem Abnutzungsvorrat der Anlage sind eine grundlegende Instandsetzung und Reparaturen notwendig.

8.3.7 Instandsetzung

Die Instandsetzung umfasst alle Maßnahmen zur Rückführung einer Maschine oder eines Systems in den funktionsfähigen Zustand.

Sie ist der aufwendigste Teil der Instandhaltung und erzeugt in der Regel kostenintensive Ausfallzeiten der Maschinen. Eine Instandsetzung lässt sich wegen korrodierender, fehlerhafter oder ermüdeter Materialien, Gewalt- und Dauerbrüchen sowie Bedienungs- und Betriebsfehlern prinzipiell nicht vermeiden.

Je nach Instandhaltungskonzept werden die Instandhaltungsmaßnahmen intervallabhängig, zustandsabhängig oder störungsbedingt durchgeführt.

Die verbrauchten oder defekten Bauteile müssen je nach technischer Machbarkeit und Wirtschaftlichkeit entweder ausgetauscht oder repariert bzw. ausgebessert werden **(Bild 3).**

Den Ablauf einer Instandsetzung zeigt **Bild 4.** Voraussetzung ist ein Vergleich des SOLL-IST-Zustandes und eine systematische Fehlersuche. Dabei ist zu klären, in welchen Anlagenbereichen, z. B. in der Mechanik, der Elektrik oder Hydraulik, der Fehler zu suchen ist. Voraussetzung für die Fehlerfindung ist ein hohes Maß an Systemverständnis.

[1] Tribologie, griechisch, Reibungslehre

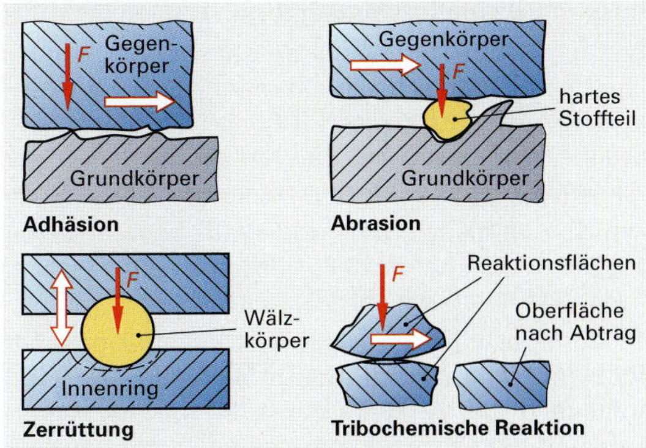

Bild 1: Verschleißmechanismen der Tribologie

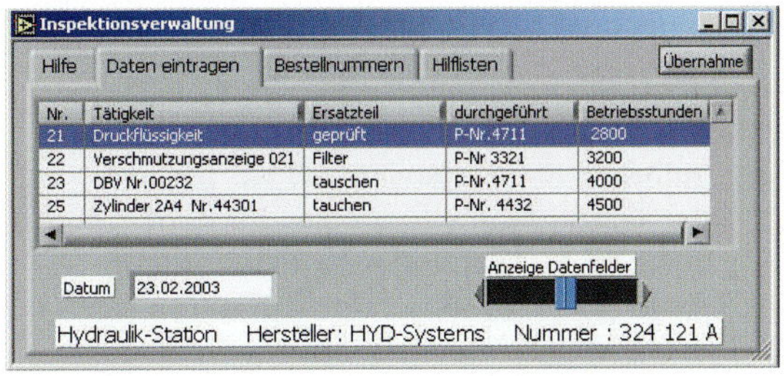

Nr.	Tätigkeit	Ersatzteil	durchgeführt	Betriebsstunden
21	Druckflüssigkeit	geprüft	P-Nr.4711	2800
22	Verschmutzungsanzeige 021	Filter	P-Nr 3321	3200
23	DBV Nr.00232	tauschen	P-Nr.4711	4000
25	Zylinder 2A4 Nr.44301	tauchen	P-Nr. 4432	4500

Bild 2: EDV-Verwaltung von Inspektionsdaten

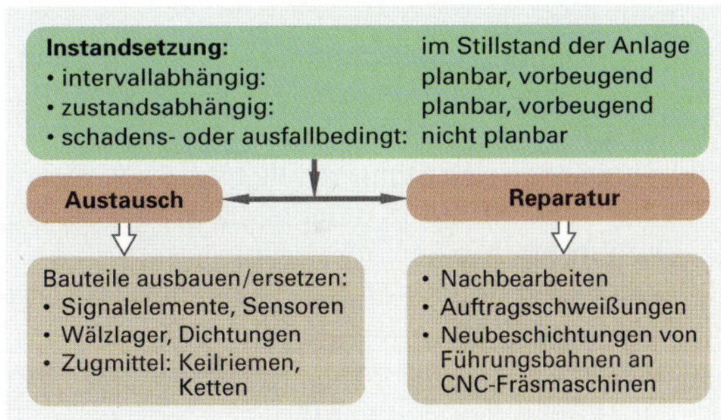

Bild 3: Maßnahmen bei der Instandsetzung

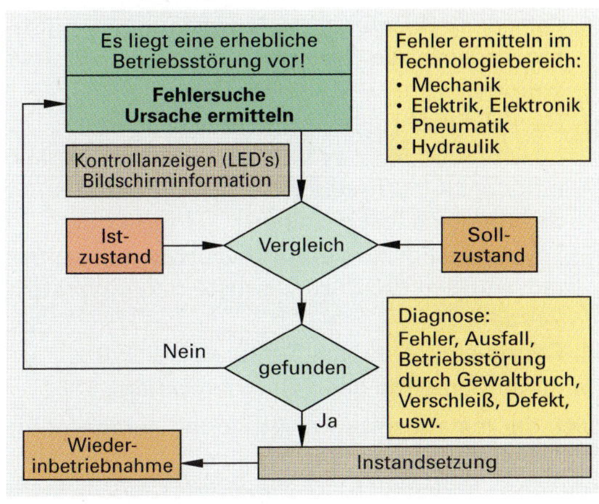

Bild 4: Ablaufschema einer Instandsetzung

Beispiel für eine Instandsetzung:

An einer Bestückungsanlage lässt sich der Greifer eines Industrieroboters nicht mehr richtig schwenken. Zur unkontrollierten Bewegung kommt ein schleifendes Geräusch. Es wird ein Fehler in der Mechanik, z. B. ein defekter Zahnriemen, vermutet.

Gemäß den Inspektions- und Wartungshinweisen des Herstellers ist im 2000-h-Intervall ein Wechsel dieses Zahnriemens vorgesehen.

Die Anlage wird vorschriftsgemäß still gesetzt, der Hauptschalter der Anlage ausgeschaltet. Ein Austausch des Verschleißteils ist ohne größeren Aufwand und Kosten möglich, das notwendige Fachwissen betriebsintern vorhanden. Die Demontage des Gehäuses wird durch eine Anordnungszeichnung aus der Betriebsanweisung erleichtert **(Bild 1)**.

Arbeitsschritte:

1. Entfernen der Gehäuseteile Pos. 10.
2. Markieren der Justierpunkte auf dem Zahnriemen und den Zahnriemenrädern **(Bild 2)**.
3. Lösen der drei Befestigungsschrauben und Entfernen des verschlissenen Zahnriemens.
4. Markieren der Justierpunkte auf dem neuen Zahnriemen. Zahnriemen dabei gespannt halten.
5. Einsetzen des neuen Riemens über die Zahnriemenscheiben. Übereinstimmung der Justierpunkte herstellen.
6. Verschieben des Motors in Richtung a (= Spannung) bzw. Richtung b (= Entspannung) bis die Durchbiegung ungefähr stimmt.
7. Durchbiegung mit Durchbiegungsmessgerät messen (**Bild 3**).
8. Daten zur Durchbiegung und Belastung sind der **Tabelle 1** zu entnehmen.
9. Motorbefestigungsschrauben bei richtiger Spannung des Riemens fest anziehen.
10. Falls beim Positionieren Abweichungen auftreten, müssen die Bezugspunkte neu eingestellt werden.
11. Deckel aufschrauben, Schrauben sichern.
12. Inbetriebnahme des Industrieroboters. Motorbefestigungsschrauben bei richtiger Spannung des Riemens fest anziehen.
13. Falls beim Positionieren Abweichungen auftreten, müssen die Bezugspunkte neu eingestellt werden.
14. Deckel aufschrauben, Schrauben sichern.
15. Inbetriebnahme des Industrieroboters.

Nach der Instandsetzung werden die durchgeführten Arbeiten dokumentiert. In einer Maschinenstörungsliste finden sich die dabei erforderlichen Informationen **(Bild 1, folgende Seite)**.

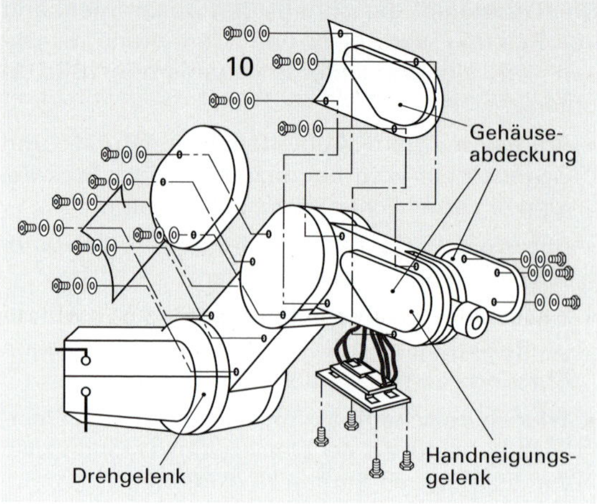

Bild 1: Anordnungszeichnung zum Abbau des Gehäuses

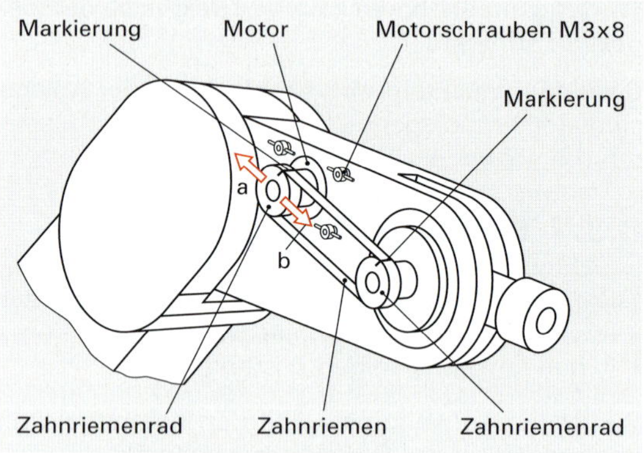

Bild 2: Austausch des Zahnriemens am Handneigungsgelenk des Gelenkroboters

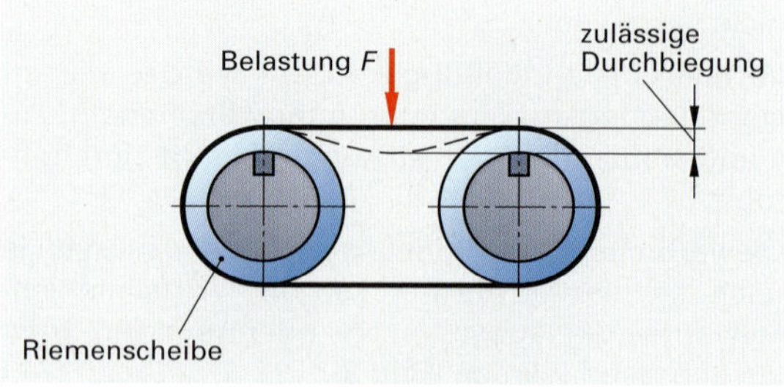

Bild 3: Einstellung der Riemenspannung

Tabelle 1:	Durchbiegung	Belastung
Handneigungsgelenk	2,0 mm	0,5–0,9 N
Handdrehgelenk	1,2 mm	0,5–0,9 N

8.3.8 Verbesserungen

Grundlage für die Optimierung der Anlagenverfügbarkeit ist die Auswertung von Dokumentationen, z. B. der Maschinenstörungsliste.

Sie werden bei der Wartung, Inspektion und der Instandsetzung geführt **(Bild 1)**.

Problematische Baugruppen lassen sich durch Sammeln der Daten über einen längeren Zeitraum herausfinden. In einer Baugruppenstatistik werden alle wichtigen Instandhaltungsdaten für ein Bearbeitungszentrum zentral gespeichert (**Tabelle 1**). In der Auswertung der gesammelten Daten zeigt das Balkendiagramm, dass der Palettenwechsler (Pwe) erhöhte Stillstandszeiten verursacht **(Bild 2)**. Ähnliches gilt für den Spindelstock (Spi). Eine weitere Aufschlüsselung nach einzelnen Bauelementen zeigt, dass überwiegend die Förderkette des Palettenwechslers zu den Stillstandszeiten geführt hat **(Bild 3)**.

Das Sammeln derartiger Daten gibt Aufschluss über die gewählte Instandhaltungsstrategie oder die festgelegten Intervallzeiten.

Die Daten liefern aber auch die Entscheidungsgrundlage für eine Instandsetzung oder für eine Verbesserung der Schwachstellen des Systems.

Im Sinne der Instandhaltung beinhaltet die **Verbesserung** die Erhöhung der Funktionsfähigkeit, z. B. durch Beseitigung von Schwachstellen im System oder in der Anlage.

Als **Verbesserungen** können wirken:

- Bauteile einbauen mit höheren Festigkeiten und besseren Verschleißeigenschaften. Dies wird durch geeignete Werkstoffauswahl, z. B. hochlegierte Stähle oder Keramik, durch Wärmebehandlung, z. B. Randschichthärtung wie Nitrieren, neue Verbundwerkstoffe oder Beschichtungen erreicht.
- Wechsel zu instandhaltungsgerechter Konstruktion: Einfache Demontage- und Montagemöglichkeiten für verschleißgefährdete Teile schaffen, Zugänglichkeit durch Verzicht auf behindernde Verkleidungen und Abdeckungen verbessern, Einplanen von Inspektions- und Diagnosemöglichkeiten in das System.
- Systemveränderungen: Teile der Mechanik, z. B. im Getriebebau, werden durch elektrische Servomotoren ersetzt, elektromechanische Steuerungs- und Regelungseinrichtungen durch elektronische Komponenten, z. B. Proportionalventile.
- Wechsel zu zertifizierten Herstellern, deren Produkte höheren Ansprüchen gerecht werden.

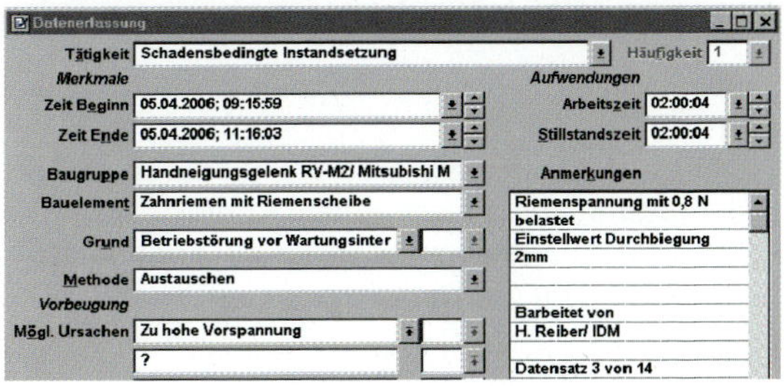
Datenerfassung
Tätigkeit: Schadensbedingte Instandsetzung
Häufigkeit: 1
Merkmale
Zeit Beginn: 05.04.2006; 09:15:59
Zeit Ende: 05.04.2006; 11:16:03
Baugruppe: Handneigungsgelenk RV-M2/ Mitsubishi M
Bauelement: Zahnriemen mit Riemenscheibe
Grund: Betriebstörung vor Wartungsinter
Methode: Austauschen
Vorbeugung
Mögl. Ursachen: Zu hohe Vorspannung
?
Aufwendungen
Arbeitszeit: 02:00:04
Stillstandszeit: 02:00:04
Anmerkungen
Riemenspannung mit 0,8 N belastet
Einstellwert Durchbiegung 2mm
Barbeitet von
H. Reiber/ IDM
Datensatz 3 von 14

Bild 1: Datenerfassungsfenster einer Störungsliste

Tabelle 1: Baugruppenliste eines CNC-Bearbeitungszentrums mit zusätzlicher Werkstückhandhabung

Arb	Arbeitsraum des Bearbeitungszentrums
Bbt	Bearbeitungstisch in X/Y-Ebene
Hyd	Hydrauliksystem (Spannen der Werkzeuge)
Kms	Kühlmittelsystem
Pas	Palettenspeicher (Peripheriesystem)
Pwe	Palettenwechsler (Peripheriesystem)
Pnm	Pneumatiksystem (Türverriegelung)
Spi	Spindelstock
Wes	Werkzeugwechselsystem

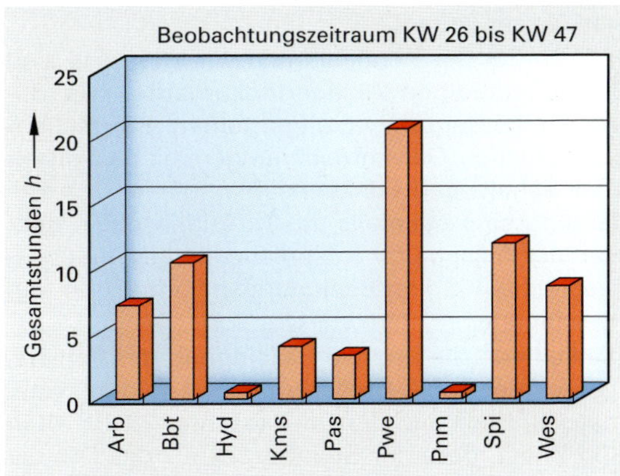

Bild 2: Stillstandszeiten der Baugruppen des Bearbeitungszentrums

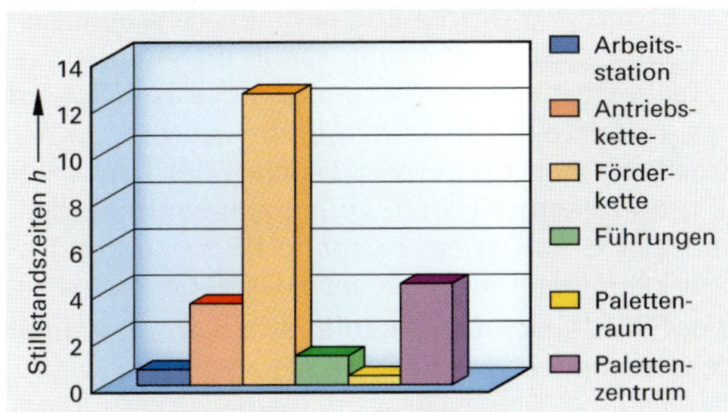

Bild 3: Stillstandszeiten der Bauelemente des Palettenwechslers

8.3.9 Auffinden von Störstellen und Fehlerquellen

Einfache Methoden zum Auffinden von Störstellen sind

- Sichtprüfen auf Festsetzen, z. B. durch eingeklemmte Späne, verschmutzte Kontakte
- Achten auf ungewöhnliche Maschinengeräusche und Auffinden der Ursachen
- Prüfen auf Überhitzung durch vorsichtiges Fühlen mit der Hand, z. B. an Lagergehäusen
- Überprüfen der Druckversorgung im Pneumatiksystem
- Prüfen der elektrischen Versorgung, vor allem der Kontakte und Steckverbindungen.

Ziel dieser einfachen Prüfungen ist es, die Störursachen möglichst einzugrenzen, z. B. als Fehler im elektrischen oder elektronischen System, im hydraulischen System oder in einer bestimmten mechanischen Baugruppe der Maschine.

Ein systematisches Vorgehen bei der Störstellen- und Fehlersuche zeigt **Bild 1**.

Schwierig ist die Störstellensuche, wenn keine Störursache erkennbar ist und die Anlage automatisch abgeschaltet hat. In diesem Fall sind Erfahrung und genaue Kenntnisse der defekten Maschine sowie systemübergreifendes Wissen vom Instandsetzer gefragt.

Hilfreich für das Kennenlernen der Maschine sind die vollständigen Anlagendokumente, wie Betriebsanleitungen mit allgemeinen Störstellensuchschleifen, Gesamtzeichnungen mit Stücklisten oder Schalt- und Funktionsablaufpläne. Von Bedeutung sind ebenfalls das in Augenschein nehmen der Anlage und entsprechende Informationsgespräche mit dem Bedienungspersonal und den Maschineneinrichtern vor Ort.

Die Fehlersuche und die Beseitigung des Fehlers, z. B. an einer CNC-Drehmaschine, erfolgen systematisch. Stellt z. B. der Druckwächter 2 (–BP10) in **Bild 2** fest, dass der Spanndruck für das Dreibackenfutter nicht ausreichend ist, schaltet die Maschine ab. Gleichzeitig erscheint auf dem Monitor der Maschine dieser Fehler.

Zur Ermittlung des Ist-Zustands im Hydrauliksystem sind zwei Messanschlüsse in die Anlage eingebaut. Dort können Messungen des Drucks und des Volumenstroms durchgeführt werden. In der Zuleitung zum Spannzylinder wird der Druck vor (P1) und nach (P3) dem Druckregelventil gemessen. Der Druck ist am Ausgang P3 zu gering. Daraus kann man schließen, dass das Ventil defekt ist.

Beim Austausch des Ventils ist auf Druckfreiheit des Hydrospeichers zu achten.

Nach dem Ermitteln der Fehlerursache und der Beseitigung, z. B. durch Ventilaustausch, muss der Fehler dokumentiert werden.

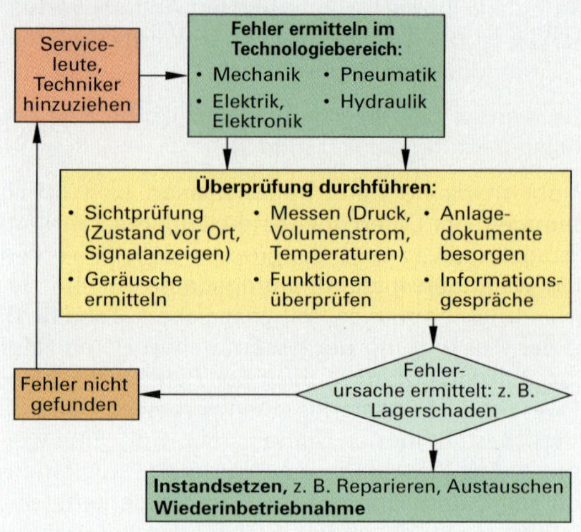

Bild 1: Ablaufschema einer Fehlersuche

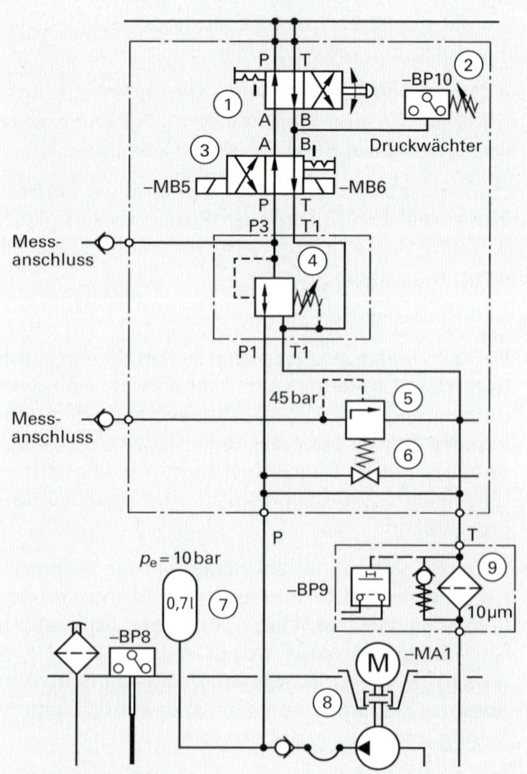

1	4/2 Wegeventil	6	Absperrventil
2	Druckwächter	7	Hydrospeicher
3	4/2 Wegeventil	8	Hydraulikaggregat
4	Druckminderventil	9	Rücklauffilter
5	Druckbegrenzungsventil		

Bild 2: Hydraulikplan zum Spannsystem

8.4 Korrosion und Korrosionsschutz

Unter **Korrosion** versteht man den Angriff und die Zerstörung metallischer Werkstoffe durch chemische oder elektrochemische Reaktionen mit Wirkstoffen der Umgebung.

Korrosive Mittel (Wirkstoffe) sind die Stoffe, die das Bauteil umgeben, auf den Werkstoff einwirken und die Korrosion verursachen, z. B. die Raumluft, Freiluftatmosphäre mit oder ohne Industrieverschmutzung, Meeres-Atmosphäre, Süß- und Salzwasser, Erdboden oder Chemikalien.

Die durch Korrosion verursachten Schäden an Pkws, Maschinen und Stahlbauten sind sehr groß **(Bild 1)**.

Ein Teil dieser Schäden kann durch Anwendung geeigneter Schutzmaßnahmen vermieden werden.

Bild 1: Durch Korrosion zerstörtes Bauteil

8.4.1 Ursachen der Korrosion

Korrosionsvorgänge laufen, je nach den Gegebenheiten, nach unterschiedlichen Wirkungsweisen ab. Danach unterscheidet man die elektrochemische Korrosion und die Hochtemperaturkorrosion.

Die häufigsten Korrosionsschäden an Maschinen beruhen auf elektrochemischer Korrosion.

Elektrochemische Korrosionsvorgänge

Bei der elektrochemischen Korrosion laufen die Korrosionsvorgänge auf der Metalloberfläche in einer elektrisch leitenden Wasserschicht, dem **Elektrolyt**, ab. Als Elektrolyt genügt ein hauchdünner Feuchtigkeitsfilm oder Wasserreste in einem Spalt, aber auch Handschweißflecken auf Werkstücken.

Elektrochemische Sauerstoffkorrosion feuchter Stahloberflächen

Die Oberfläche von Metallbauteilen ist in feuchten Räumen und bei feuchter Witterung im Freien mit einem Feuchtigkeitsfilm überzogen. Blanke Bauteile aus unlegierten und niedrig legierten Stählen sind bei diesen Bedingungen nach wenigen Tagen mit Rostflecken übersät **(Bild 2)**. Die Vorgänge, die diesem Korrosionsvorgang zu Grunde liegen, beruhen auf der Wirkung des Luftsauerstoffs in Verbindung mit Wasser auf dem Eisenwerkstoff.

Bild 2: Rost auf blankem Stahl

An einem Werkstoffbereich unter einem Wassertropfen kann man die dabei ablaufenden Vorgänge erläutern **(Bild 3)**:

In der Mitte des Tropfens geht Eisen als Fe^{2+}-Ionen in Lösung. Dieser Werkstoffbereich wirkt wie eine örtliche Anode **(Lokalanode)**.

Im Randbereich des Tropfens reagieren OH^--Ionen, die sich aus gelöstem Luftsauerstoff im Wasser gebildet haben, mit den gelösten Eisenionen Fe^{2+} und bilden zuerst Eisenhydroxid $Fe(OH)_3$ und daraus **Rost $FeO(OH)$**. Er scheidet sich ringförmig am Tropfenrand ab.

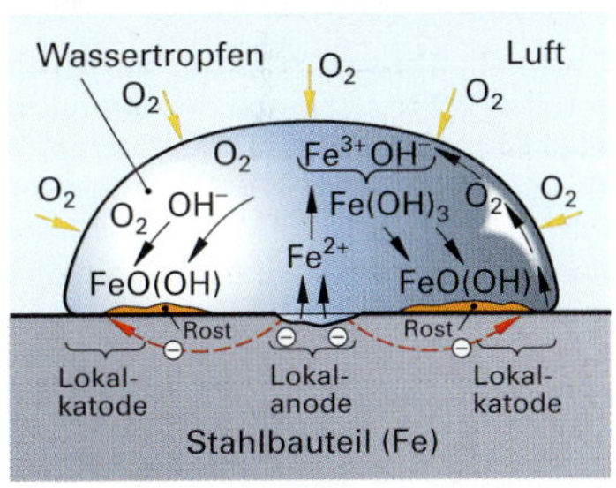

Bild 3: Vorgänge bei elektrochemischer Sauerstoffkorrosion

Die fleckenförmig beginnende Rostbildung kann man auf Stahloberflächen beobachten (Bild 2). Im weiteren Verlauf der Korrosion wird die ganze Stahloberfläche von diesen Stellen aus zerfressen.

Elektrochemische Korrosion an Korrosionselementen

Diese Korrosion beruht auf denselben Vorgängen, die in einem **galvanischen Element** ablaufen. Ein galvanisches Element besteht aus zwei Elektroden aus unterschiedlichen Metallen, die in eine elektrisch leitende Flüssigkeit, den Elektrolyt, tauchen **(Bild 4)**. In dieser Anordnung löst sich das unedlere der beiden Metalle auf; es wird korrodiert.

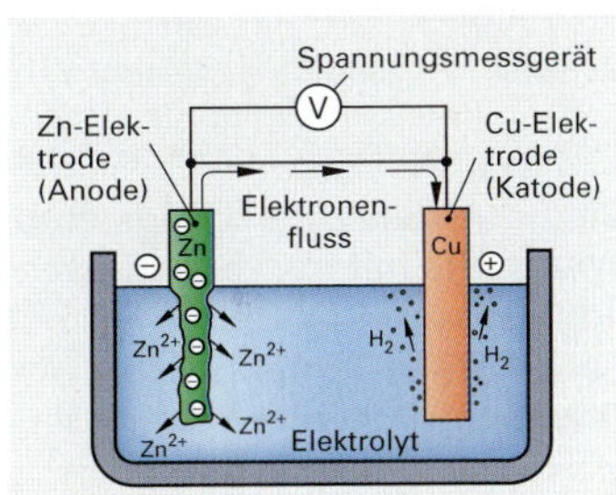

Bild 4: Galvanisches Element

Bei dem galvanischen Element Zink/Kupfer geht die Zink-Elektrode (Anode) als Zn^{2+}-Ionen in Lösung, während an der Kupfer-Elektrode (Katode) durch Wasserzersetzung Wasserstoff entsteht. Zwischen beiden Elektroden herrscht eine kleine elektrische Spannung, die von den Werkstoffen der Elektroden abhängt.

Durch Messungen wurden die Spannungen der einzelnen Elektrodenwerkstoffe ermittelt; man nennt sie **Normalpotenziale**. Sie sind in der **Spannungsreihe der Metalle** aufgetragen **(Bild 1)**. Links vom Wasserstoff-Nullpotenzial stehen die unedlen Metalle, rechts die edlen Metalle. In einem galvanischen Element wird das weiter links stehende Metall aufgelöst, z. B. bei einem Zn/Cu-Element das Zink **(Bild 4, vorherige Seite)**.

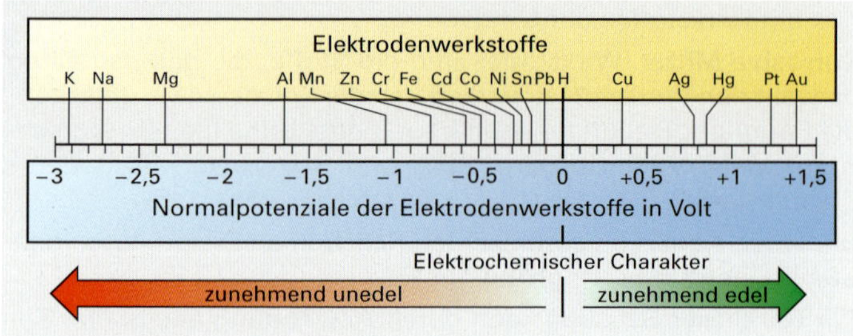

Bild 1: Spannungsreihe der Metalle

Die Größe der Spannung im galvanischen Element kann aus dem Unterschied der Normalpotenziale errechnet werden.

Beispiel: Galvanisches Element Zn/Cu. Das Normalpotenzial von Kupfer beträgt +0,34 V, das von Zink −0,76 V. Damit herrscht bei diesem galvanischen Element die Spannung +0,34 V − (−0,76 V) = + 0,34 V + 0,76 V = **1,1 V**.

Die Bedingungen für ein galvanisches Element liegen an vielen Stellen bei Maschinen und Bauteilen vor. Man nennt diese Bereiche **Korrosionselemente**. Dazu sind zwei unterschiedliche Metalle (Elektroden) und etwas Flüssigkeit (Elektrolyt) erforderlich.

Typische Korrosionselemente sind z. B. Schadstellen an Metallüberzügen auf Stahlbauteilen oder die Berührungsstellen zweier Bauteile aus unterschiedlichen Werkstoffen sowie die verschiedenen Gefügebestandteile in Legierungen **(Bild 2)**. Das jeweils unedlere Metall wird an diesen Stellen durch elektrolytisches Auflösen zerstört.

Passivierung. Einige Metalle verhalten sich in der Praxis nicht so, wie es aus der Spannungsreihe der Metalle zu erwarten ist.

Beispiel: Chromschichten auf Stahl. Bei Ausbildung eines Korrosionselementes sollte sich nach der Spannungsreihe das weiter links stehende Metall, also Chrom, auflösen. Das Korrosionsbild von verchromtem Stahl ist jedoch durch Unterrosten und Abplatzen der Chromschicht gekennzeichnet. Ursache ist die Passivierung der Chromoberfläche durch Bildung einer Chromoxidschicht. Deshalb wird der Stahl korrodiert und nicht das elektrochemisch unedlere Chrom.

Die passivierende Wirkung des Chroms ist auch die Ursache der Korrosionsbeständigkeit chromhaltiger Stähle, z. B. bei X5CrNi18-10.

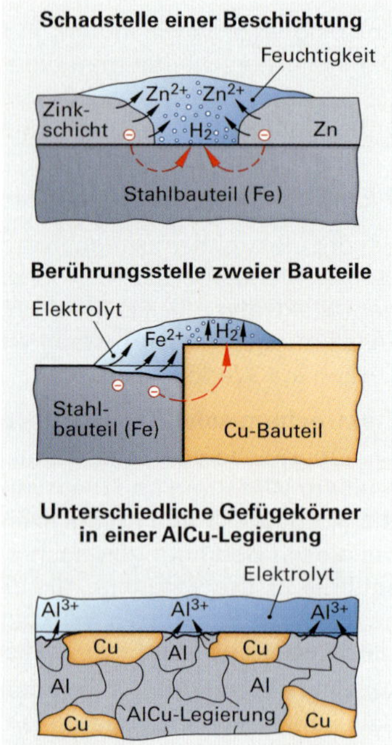

Bild 2: Korrosionselemente

Hochtemperatur-Korrosion

Bei der **Hochtemperatur-Korrosion** reagiert der Werkstoff direkt mit dem angreifenden Wirkstoff, ohne die Mitwirkung von Feuchtigkeit.

Beispiel: Verzundern glühender Schmiedeteile beim Warmumformen **(Bild 3)**. Hierbei reagiert das Eisen (Fe) mit dem Luftsauerstoff (O_2) zu Zunder (Fe_2O_3) nach der Reaktionsgleichung: $4\,Fe + 3\,O_2 \rightarrow 2\,Fe_2O_3$

Bei normalen Umgebungstemperaturen reagieren die metallischen Werkstoffe mit trockenen Gasen nur in Ausnahmefällen, wie z. B. mit aggressivem Chlorgas. Mit trockener Luft reagieren die Metalle erst bei erhöhten Temperaturen. Man nennt diese Korrosionsart deshalb **Hochtemperaturkorrosion** oder einfach **Verzunderung**.

Bild 3: Verzunderte Schmiedestücke

> Hochtemperaturkorrosion tritt beim Schmieden, beim Glühen und beim Härten von Werkstücken auf.

8.4.2 Korrosionsarten und ihr Erscheinungsbild

Je nach Werkstoff und korrosivem Wirkstoff bilden sich die Korrosionsarten mit ihren typischen Erscheinungsbildern aus.

- Bei der **gleichmäßigen Flächenkorrosion (Bild 1)** wird die Oberfläche annähernd gleichmäßig und langsam vom Korrosionsangriff abgetragen. Diese Korrosionsart tritt bei nicht beschichteten Bauteilen aus unlegierten Baustählen im Freien oder beim Verzundern von Schmiedeteilen auf.

- **Mulden- und Lochkorrosion (Bild 2)** ist meist gekennzeichnet durch einen flächigen Korrosionsabtrag mit zusätzlicher Mulden- und Lochbildung.

- **Lochfraß**

Bei nichtrostenden Stählen in Kontakt mit Chlorionen-haltigem Wirkmedium, z. B. mit Meerwasser oder gechlortem Wasser, kommt es zu alleinigem Lochfraß mit nadelstichartigen Einkerbungen in den Werkstoff **(Bild 2)**. Diese Korrosionsart ist bei unter Druck stehenden Leitungen und Behältern sehr gefährlich.

- **Kontaktkorrosion (Bild 3)** liegt vor, wenn zwei Bauteile aus unterschiedlichen Werkstoffen direkt aneinander grenzen und Feuchtigkeit (als Elektrolyt) vorhanden ist. Das unedlere der beiden Metalle wird bei diesem Korrosionselement durch Auflösen zerstört.

Kontaktkorrosion entsteht z. B. bei Gleitlagern, wenn die Lagerbuchsen aus einem anderen Werkstoff als das Gehäuse hergestellt sind oder bei Verschraubungen, wenn Schrauben und Fügeteile aus unterschiedlichen Werkstoffen bestehen.

- **Spaltkorrosion (Bild 4)** tritt auf, wenn durch behinderten Luftzutritt in einem Spalt unterschiedliche Sauerstoffkonzentrationen im Elektrolyt herrschen. Dies ist z. B. im Passungsspalt zwischen zwei Bauteilen (Passungsrost) oder im Spalt zwischen Durchgangsloch und Schraube oder bei aufeinander liegenden, punktgeschweißten Blechen der Fall.

- **Belüftungskorrosion (Bild 5)** tritt z. B. bei Behältern auf, die teilweise mit Wasser gefüllt sind. Bevorzugt erfolgt der Korrosionsangriff etwas unterhalb des Flüssigkeitsstandes. Ursache ist die unterschiedliche Sauerstoffkonzentration an der Oberfläche und in tieferen Schichten des Wassers.

- Bei der **selektiven Korrosion (Bild 6)** verläuft der Korrosionsangriff bevorzugt (selektiv) entlang bestimmter Gefügebereiche des Werkstoffs.

Nach dem Bereich des zerstörten Gefüges unterscheidet man

- **interkristalline Korrosion,** wenn die Zerstörung entlang der Korngrenzen verläuft,
- **transkristalline Korrosion,** wenn sie durch die Körner verläuft.

Da die selektive Korrosion im Korngrößenbereich auftritt, ist sie mit bloßem Auge nicht erkennbar und deshalb besonders gefährlich.

- **Spannungsriss- und Schwingungsrisskorrosion (Bild 7)** entstehen beim Zusammenwirken von elektrochemischem Angriff (z. B. in Industrieatmosphäre) und starker Zugbelastung eines Bauteils. Die Korrosion verläuft je nach Wirkmedium und Belastungsart interkristallin oder transkristallin.

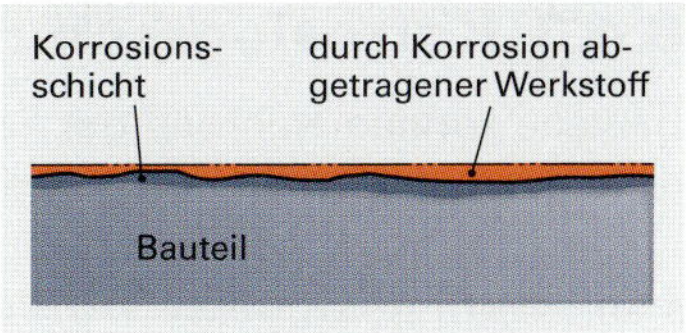

Bild 1: Gleichmäßige Flächenkorrosion

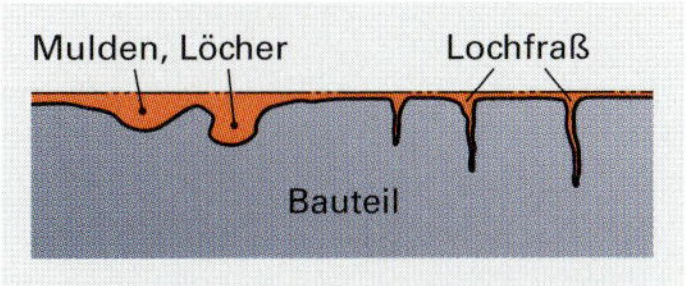

Bild 2: Muldenkorrosion, Lochfraß

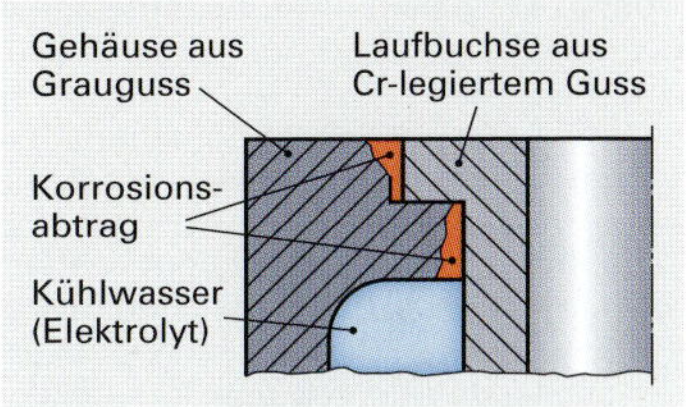

Bild 3: Kontaktkorrosion

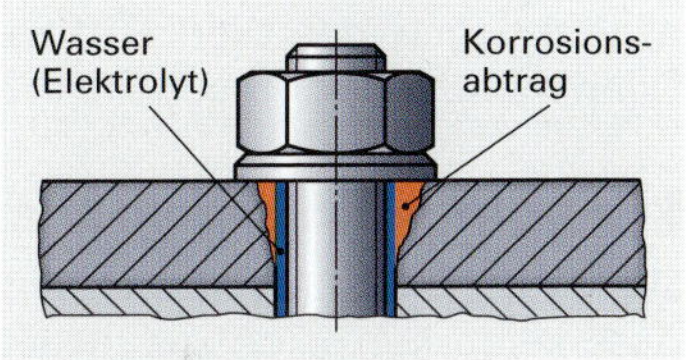

Bild 4: Spaltkorrosion

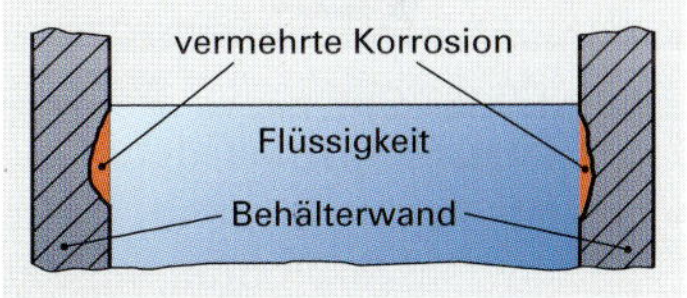

Bild 5: Belüftungskorrosion

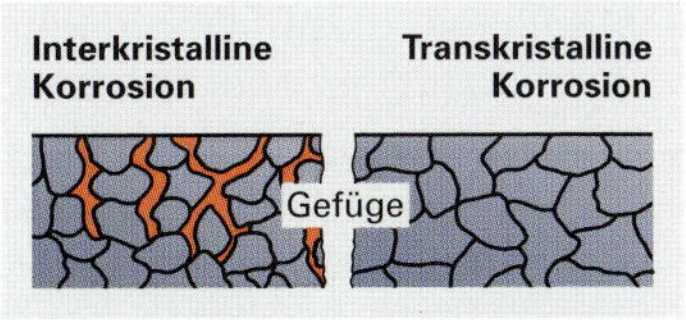

Bild 6: Selektive Korrosion

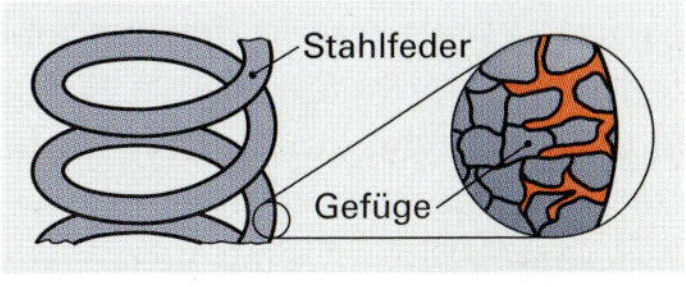

Bild 7: Spannungsrisskorrosion

8.4.3 Korrosionsschutz-Maßnahmen

Bauteile können während der Fertigung, im Teilelager oder eingebaut in die Maschine Korrosion erleiden. Durch geeignete Schutzmaßnahmen kann die Korrosion verhindert werden.

Auswahl geeigneter Werkstoffe

Der beste und billigste Korrosionsschutz für ein Bauteil ist die Auswahl eines geeigneten Werkstoffs, der bei den zu erwartenden Umgebungsbedingungen keine Korrosion erleidet. Dazu ist es erforderlich, das Korrosionsverhalten der Werkstoffe gegenüber den verschiedenen Wirkmedien zu kennen **(Tabelle 1)**.

Tabelle 1: Korrosionsverhalten der metallischen Stoffe

Werkstoffe	Allgemeine Beschreibung des Korrosionsverhaltens	Trockene Raumluft	Land-Atmosphäre	Indutrie-Luft	Meer-Atmosphäre	Meerwasser
Unlegierte und niedr. leg. Stähle	Wenig korrosionsbeständig. Ohne Schutz nur in trockenen Räumen beständig.	●	◔	◔	○	○
Nichtrost. Stahl (X5CrNiMo17-12-2)	Im Allgemeinen beständig. Korrosionsgefahr durch aggressive Chemikalien.	●	●	◐	◐	◐
Aluminium und Al-Legierungen	Im Allgemeinen recht gut beständig. Ausnahme: Cu-haltige Al-Legierungen	●	◐	◐	◐	●...◔
Kupfer und Cu-Legierungen	Recht gut beständig, besonders die Ni-haltigen Cu-Legierungen.	●	●	◐	◐	●...◔

Zeichenerklärung: ● praktisch beständig ◐ ziemlich beständig ◔ unbeständig ○ unbrauchbar

Häufig ist es aus technischen Gründen, z. B. wegen Festigkeitsanforderungen oder aus Kostengründen, nicht möglich, den Werkstoff auszuwählen, der unter Korrosionsgesichtspunkten am günstigsten wäre. Dann muss der vorgegebene Werkstoff durch korrosionsverhindernde Maßnahmen geschützt werden.

Korrosionsschutzgerechte Konstruktion

Die Bauteile und Maschinen sind so zu gestalten, dass keine korrosionsgefährdeten Stellen vorliegen oder entstehen können.

Bild 1 zeigt einige Beispiele:

- Kontaktkorrosionsstellen ausschalten durch gleiche Werkstoffe in der Bauteilgruppe oder durch Isolierzwischenschichten.
- Spalte vermeiden durch sachgerecht ausgeführte Schweißverbindungen, anstelle von Schraubenverbindungen. Verwendung geschlossener Profile, z. B. Rohre.
- Möglichst glatte Oberflächen schaffen, z. B. durch Schleifen oder Polieren.
- Spannungsspitzen im Bauteil ausschließen durch Vermeidung von scharfkantigen Kerben oder schroffen Querschnittsübergängen.

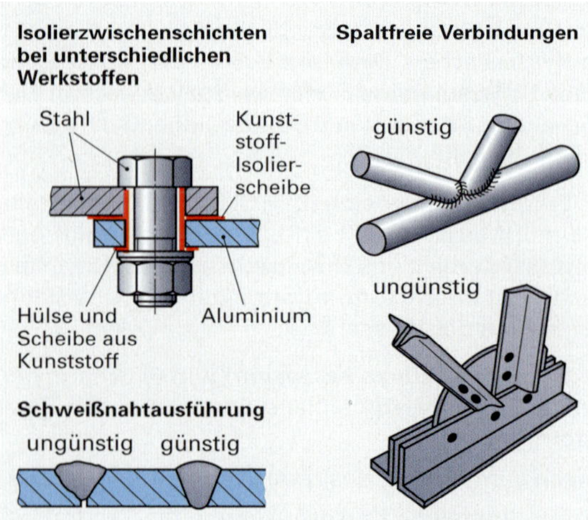

Bild 1: Korrosionsschutzgerechte Gestaltung

Verminderung der Aggressivität des umgebenden Stoffes

In vielen Fällen wirkt der umgebende Stoff nicht insgesamt korrosiv, sondern nur einzelne Stoffbestandteile sind aggressiv, wie z. B. die Feuchtigkeit in der Luft oder Säureionen im Kühlschmierstoff. Durch Wegnahme der korrosiven Stoffe aus dem umgebenden Medium kann die Korrosion wesentlich vermindert oder ganz ausgeschaltet werden. Dies ist teilweise auf einfache Weise möglich.

Beispiel: Kühlschmierstoffen und Schmierstoffen werden **Inhibitoren** beigemischt. Sie binden eingeschleppte aggressive Bestandteile, wie z. B. Salz- oder Säureionen, und machen sie damit unschädlich.

Korrosionsschutz während und nach der spanenden Fertigung

Während der spanenden Fertigung wird die Korrosion des Werkstücks durch **Inhibitoren** verhindert, die dem Kühlschmierstoff beigemischt sind. Inhibitoren sind passivierend wirkende, ölige oder salzartige Stoffe. Sie bilden einen für das Auge unsichtbaren, nur wenige Molekülagen dicken Schutzfilm auf dem Werkstoff.

Direkt nach der Fertigung muss das mit dem Kühlschmierstoff auf der Werkstückoberfläche haftende Wasser entfernt werden und das Werkstück bis zum nächsten Bearbeitungsschritt geschützt werden. Dies geschieht durch Tauchen in **Korrosionsschutzöl** mit Inhibitor- und Wasserverdränger-Zusatz.

Werkstücke, die nach der Fertigung auf Lager gehen, werden nach dem Reinigen und Trocknen durch Tauchen mit einer dünnen Lage aus **Klarlack** überzogen **(Bild 1)** oder in Korrosionsschutzöl-getränktes Spezialpapier eingewickelt.

Bild 1: Klarlack-geschützte Werkzeuge und Bauteile

Korrosions-Schutzschichten auf Eisen-Werkstoffen

Der Korrosionsschutz durch Aufbringen eines dünnen Films oder einer Schutzschicht auf das Bauteil wird bei unlegierten und niedrig legierten Stählen sowie bei Eisen-Gusswerkstoffen eingesetzt. Je nach der angestrebten Schutzdauer, den geforderten Eigenschaften der geschützten Werkstoffoberfläche und den angreifenden Stoffen kommen unterschiedliche Beschichtungen zum Einsatz.

- **Korrosionsschutz blanker Stahlteile**

Die Oberfläche vieler Bauteile von Maschinen muss blank bleiben, damit sie ihren Zweck erfüllen können, z. B. Gleitbahnen, Führungen, Spindeln, Zahnräder, Wälzlagerringe, Messzeuge, Hydraulikkolben **(Bild 2)**. Voraussetzung für die Korrosionsbeständigkeit dieser Flächen ist eine geschliffene oder polierte Oberfläche und das Einölen oder Einfetten mit einem Korrosionsschutzöl bzw. Korrosionsschutzfett.

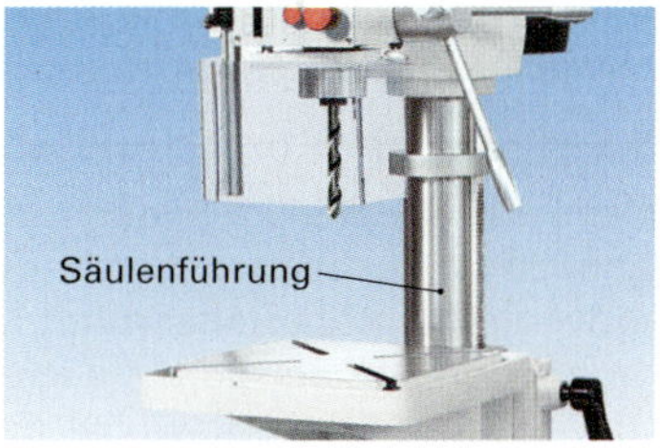

Bild 2: Mit Korrosionsschutzöl geschützte Säulenführung

- **Korrosionsschutz durch chemische Oberflächenbehandlung**

Bei diesem Verfahren wird das Werkstück in ein Behandlungsbad getaucht. Auf seiner Oberfläche bildet sich durch chemische Reaktion eine mit dem Werkstoff fest verwachsene, mikroporige Reaktionsschicht von wenigen µm Dicke. Durch anschließendes Einölen mit Korrosionsschutzöl werden die Poren geschlossen und dadurch das Bauteil mit einem wasserabweisenden Schutzfilm versehen.

Gebräuchliche chemische Oberflächenbehandlungen sind das **Phosphatieren**, das **Brünieren** und das **Chromatieren**. Sie bieten für Teile, die in der Werkstatt und im Fertigungsbetrieb verwendet werden, einen ausreichenden Korrosionsschutz **(Bild 3)**.

Für einen dauerhaften Korrosionsschutz im Freien sind sie ungeeignet. Phosphatschichten eignen sich außerdem als Haftgrund und Unterrostungsschutz für Lackierungen (Seite 266).

Bild 3: Phosphatierter Werkzeugrevolver

- **Korrosionsschutzanstriche**

Korrosionsschutzanstriche werden z. B. auf Maschinengehäusen, Blechverkleidungen oder Stahltragwerken aufgebracht. Sie überziehen das Bauteil mit einer zusammenhängenden Lackschicht, die es vor dem Kontakt mit der Umgebung schützt. Ihre Schutzdauer beträgt meist viele Jahre.

Die Haltbarkeit des Korrosionsschutzanstrichs hängt vor allem von der sachgerechten Vorbehandlung der zu beschichtenden Oberfläche ab. Sie muss absolut fettfrei und frei von anhaftendem Schmutz und Rost sein. Verrostete Bauteile werden z. B. durch Strahlen oder Schleifen entrostet. Entfettet wird durch Waschen in einer Waschlauge (Seite 266). Eine gute Haftung der Lackschicht und ein Schutz gegen Unterrosten wird durch Phosphatieren von Stahlteilen bzw. Chromatieren von Al-Teilen oder durch einen Anstrich mit Wash-Primer (chromat- und phosphathaltige Lösungen) erreicht.

Das Aufbringen des Schutzanstrichs erfolgt durch Spritzen, durch elektrostatisches Spritzlackieren, Pulverlackieren oder durch Tauchen (Seite 267).

Einfache Korrosionsschutzanstriche, z. B. auf Verkleidungen von Werkzeugmaschinen, bestehen aus einer Lackgrundschicht und einer Lackdeckschicht, die auf einem phosphatierten Blech aufgetragen werden **(Bild 1)**. Die Lacke sind aus einem Bindemittel, z. B. Alkydharz oder Polyurethanharz, und feinkörnigen Pigmenten gemischt. Aufwendige Korrosionsschutzanstriche, z. B. auf Pkw-Karosserieblech, sind aus bis zu 6 Schichten aufgebaut.

Bild 1: Beschichtete Blechverkleidung (Drehmaschine)

Metallische Beschichtungen

Feuerverzinken. Einen guten Schutz gegen die Korrosion im Freien erhält man für Stahlbauteile durch eine Zinkschicht **(Bild 2)**. Sie wird durch Tauchen des Bauteils in ein Zink-Schmelzbad aufgebracht (Seite 268).

Galvanisch abgeschiedene Metallüberzüge werden zum Korrosionsschutz und wegen ihres dekorativen Aussehens z. B. für Pkw-Zierteile eingesetzt. Bevorzugte Schichtmetalle sind Nickel und Chrom sowie Cu-Zn-Cr-Mehrfachschichten.

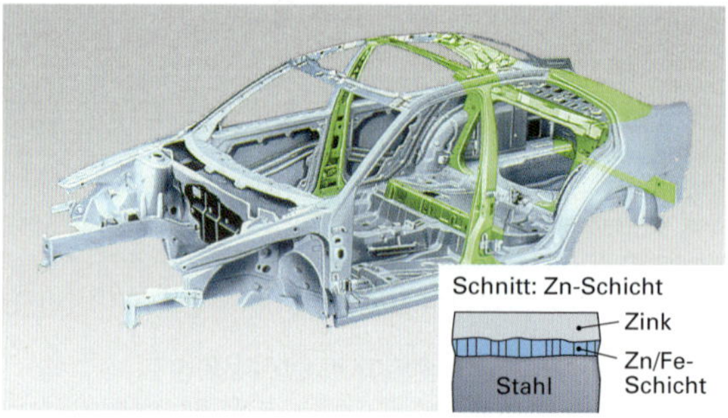

Bild 2: Vollverzinkter Pkw-Karosserierahmen aus Stahl

Katodischer Korrosionsschutz

Beim **katodischen Korrosionsschutz mit Opferanoden** wird das zu schützende Bauteil, z. B. ein erdverlegtes Rohr, leitend mit Magnesiumplatten verbunden. Mit der Bodenfeuchtigkeit entsteht ein galvanisches Element, wobei die unedlen Magnesiumplatten (Opferanoden genannt) sich auflösen. Das Rohr ist Katode und damit geschützt.

Beim **katodischen Korrosionsschutz mit Fremdstromanoden** ist das Bauteil als Katode an den negativen Pol einer Batterie angeschlossen, während Grafitanoden am positiven Pol hängen **(Bild 3)**. Das Bauteil ist dadurch Katode und somit gegen Korrosion geschützt.

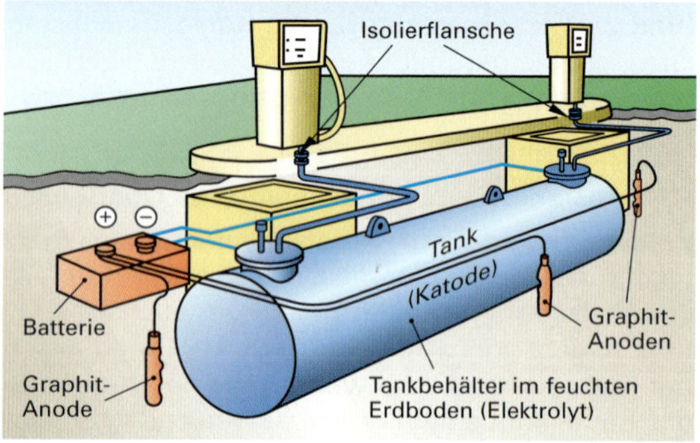

Bild 3: Korrosionsschutz mit Fremdstromanoden

Korrosionsschutz von Al-Werkstoffen

Bei Aluminium-Bauteilen wird die natürliche Korrosionsbeständigkeit des Aluminiums durch **anodische Oxidation** zusätzlich verbessert.

Dazu wird das Bauteil als Anode in eine Elektrolysezelle gehängt (Seite 269). Auf dem Al-Bauteil bildet sich eine harte, korrosionsbeständige, fest haftende Oxidschicht aus Al_2O_3 **(Bild 4)**. Diese **Eloxalschicht** ist durchscheinend, sodass das Al-Bauteil seinen ursprünglichen Metallglanz behält.

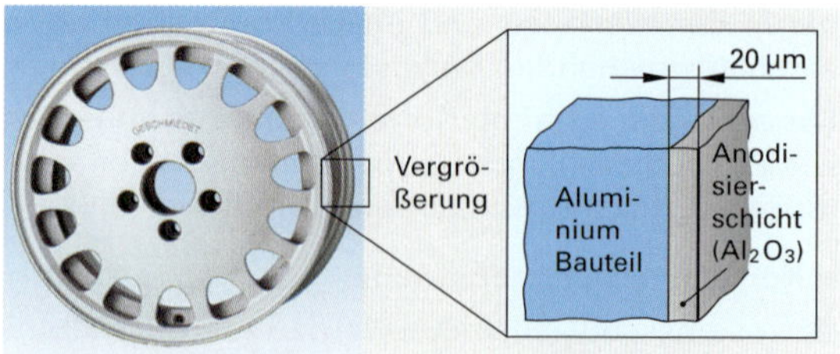

Bild 4: Anodisch oxidierte Aluminiumfelge

Wiederholung und Vertiefung

1 Was geschieht bei der Sauerstoffkorrosion?
2 Welche elektrochemischen Vorgänge laufen an einem Korrosionselement ab?
3 Welche Korrosionsarten unterscheidet man?
4 Durch welche Maßnahmen wird Korrosion während der spanenden Fertigung vermieden?
5 Wie wird die Stahloberfläche vor dem Auftrag eines Korrosionsschutzanstriches behandelt?

8.5 Schadensanalyse und Schadensvermeidung

Tritt an einem Bauteil einer Maschine ein Schaden auf **(Bild 1)**, so muss das Bauteil schnellstens ersetzt werden.

Ausfallzeiten von Maschinen verursachen große wirtschaftliche Verluste. Außerdem kann es durch Bauteilversagen zu Unfällen oder zur Verletzung von Menschen kommen.

Schadensuntersuchung

Um eine Wiederholung desselben Schadens zu vermeiden, wird eine systematische Schadensuntersuchung durchgeführt **(Bild 2)**.

Die Schadensuntersuchung (Schadensanalyse) dient zur Ursachenermittlung und soll gleichartige Schäden in Zukunft vermeiden.

Zuerst wird der ohne Hilfsmittel erkennbare, offensichtliche Schadensbefund festgestellt, wie z.B. das Bruchbild, aufgetretene Risse oder Verformungen am Bauteil. Ebenso können die Werkstoffdaten (Zusammensetzung, Behandlungszustand), das Schadensumfeld (Belastungsart und Höhe der Belastung) und die Umgebungsbedingungen (Temperatur, korrosive Medien) erfasst werden.

Wenn die Ursache des Schadens schwierig zu beurteilen ist, müssen aufwendige Verfahren zur Klärung eingesetzt werden, wie z.B. mikroskopische Gefügeuntersuchungen, rasterelektronenmikroskopische Oberflächenuntersuchungen (REM), Schwingungsmessungen oder Bauteil-Betriebslasten-Prüfungen (folgende Seite).

Schadensursache

Aus den Ergebnissen der Schadensuntersuchung wird die Schadensursache ermittelt **(Bild 3)**.

Zum Erkennen schwieriger Schadensursachen ist langjährige Erfahrung oder speziell geschultes Personal erforderlich.

Hilfreich bei der Ermittlung sind Schadensanalysesysteme, die in die Software der Maschine integriert sind. Sie liefern entweder einen Hinweis auf die Baugruppe, die versagt hat (Mechanik, Hydraulik, Elektrik bzw. Elektronik), oder benennen direkt das schadhafte Bauteil.

Durch die Beseitigung der Schadensursache und die Instandsetzung wird die Fertigungsqualität der Maschine wieder hergestellt.

Damit sind Ermittlung und Beseitigung der Schadensursache auch wesentlicher Bestandteil des Qualitätsmanagements (Seite 72).

Bild 1: Gebrochene Getriebewelle

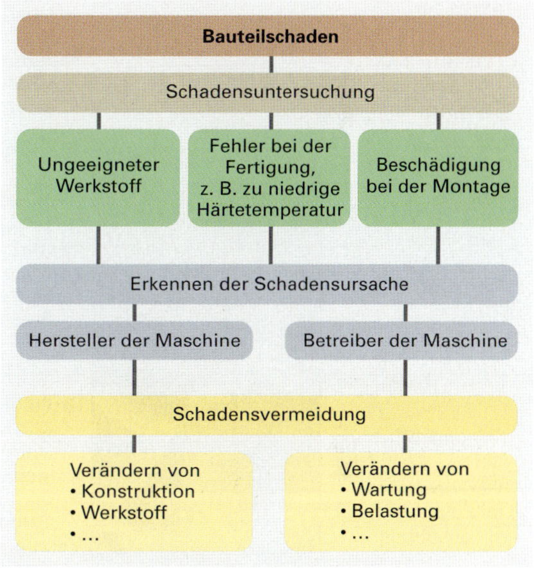

Bild 2: Schema der Schadensanalyse

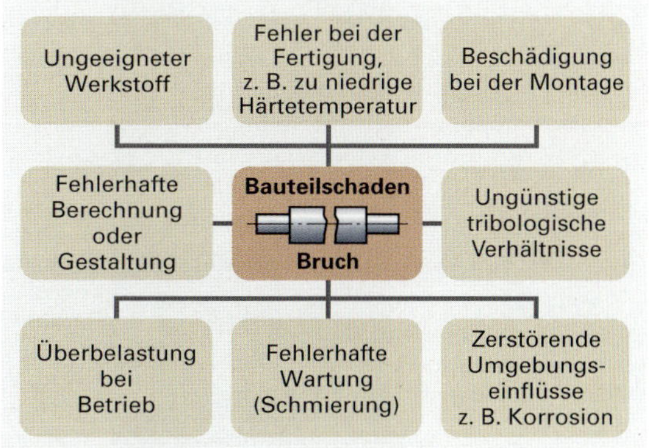

Bild 3: Mögliche Schadensursachen

Schadensvermeidung.

Die ermittelte Schadensursache dient dem Hersteller bzw. dem Betreiber der schadhaften Maschine als Grundlage zur Schadensvermeidung in der Zukunft und damit der Verbesserung der Funktionssicherheit.

Schadensvermeidende Maßnahmen des Maschinenherstellers können z. B. die Verwendung eines anderen Werkstoffs, die Änderung der Bauteilform, ein Überlastschutz (z. B. Rutschkupplung) sein.

Der Maschinenbetreiber kann z. B. einen Überhitzungsschaden durch eine verbesserte Kühlung, einen Festfress-Schaden durch eine verbesserte Schmierung und Wartung oder einen Überlastungsschaden durch eine Absenkung der zulässigen Belastung in Zukunft vermeiden.

Tabelle 1 zeigt typische Schadensbilder und die ihnen zugrunde liegenden möglichen Schadensuntersuchungen.

Tabelle 1: Schadensfälle und mögliche Ursachen

Schadensfälle ⇓ Untersuchungsmethode	Schadensbilder	Schadensarten ⇒ Schadensursachen	Schadensvermeidung
Bauteilbruch ⇓ Bruchflächenbeurteilung anhand von REM[1]-Aufnahmen		**Gewaltbruch:** ⇒ Überlastung durch zu hohe Kräfte **Dauerbruch:** ⇒ Überlastung durch zu hohe Wechselbelastung (Schwingungen)	• Bauteilform konstruktiv verbessern • Bauteile stärker dimensionieren • Verwenden höher beanspruchbarer Werkstoffe
Bauteilbruch ⇓ Korrosionsstellen	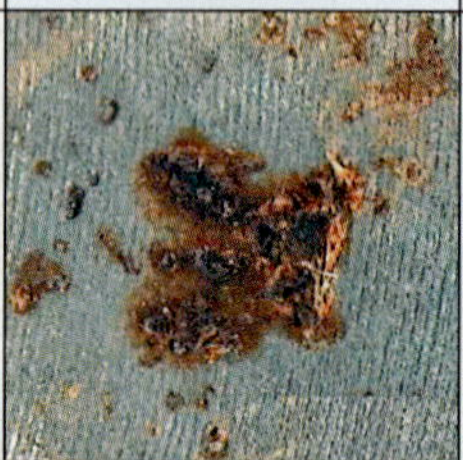	**Lochfraßkorrosion:** ⇒ korrosives Einwirkmedium **Interkristalline Spannungsrisskorrosion:** ⇒ aggressives Medium bei großer Belastung	• Kontakt mit korrosivem Medium vermeiden • Verwenden von korrosionsbeständigem Werkstoff • Bauteil beschichten
Bauteilbruch ⇓ Gefügeschäden, mikroskopisches Schliffbild		**Grobkorn:** ⇒ Kornwachstum durch örtliche Überhitzung **Aufgeweitete Korngrenzen:** ⇒ durch Wasserstoff und hohe Temperaturen **Verzug, Beulen, Aufschmelzen:** ⇒ Warmverformung	• Vermeiden von Überhitzung • Verwenden von hitzebeständigem oder wasserstoffversprödungsbeständigem Werkstoff
Schweißnahtfehler ⇓ Ultraschalluntersuchungen, mikroskopisches Schliffbild	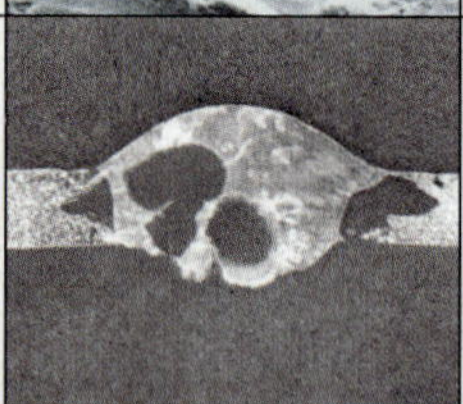	**Wurzelfehler:** ⇒ zu wenig Zusatzwerkstoff beim Schweißen **Bindefehler:** ⇒ zu niedrige Schweißtemperatur	• Prüfen von Schweißgerät und Zusatzwerkstoff • Beachten der Schweißbedingungen
Erhöhte Laufgeräusche ⇓ Tribologische Prüfung von Gleitflächen (REM[1]-Aufnahmen)		**Riefen, Furchen, Auskolkungen:** ⇒ Gleitverschleiß **Grübchen:** ⇒ Wälz- oder Stoßverschleiß **Reiboxidation:** ⇒ Schwingungsverschleiß **Rillen, Wellen, Mulden:** ⇒ Strömungsverschleiß	• Verkürzen der Schmierintervalle • Randschichthärten der Werkstücke • Abdichten der Reibflächen

[1] REM = Rasterelektronenmikroskop

8.6 Beanspruchung und Festigkeit der Bauelemente

Die Beanspruchung eines Maschinenteils wird durch die Kräfte und Drehmomente verursacht, die auf dieses Bauteil einwirken.

Beanspruchungsarten (Tabelle 1)

- Zug
- Druck
- Abscherung
- Biegung
- Verdrehung (Torsion)

Zur Beanspruchungsart Druck zählt bei schlanken Bauteilen die **Knickung.** Bei Knickung versucht das auf Druck beanspruchte Teil senkrecht zur Kraftrichtung auszuweichen, wie z. B. dünne Stempel von Schneidwerkzeugen.

Die Beanspruchung der Berührungsflächen zweier aufeinander gedrückter Bauteile heißt **Flächenpressung.** So wird z. B. die Lagerschale eines Gleitlagers durch den Lagerzapfen auf Flächenpressung beansprucht.

Vielfach treten in einem Maschinenteil gleichzeitig mehrere Beanspruchungsarten auf. So wird z. B. eine Getriebewelle durch Radial- und Umfangskraft am Zahnrad gleichzeitig auf Biegung und Verdrehung (Torsion) beansprucht. In solchen Fällen spricht man von einer **zusammengesetzten Beanspruchung**.

Durch die Beanspruchung wird im Werkstück eine **Spannung** erzeugt. Diese ist von der Größe der Kraft und des Querschnitts, bei Biegung, Knickung und Verdrehung auch von der Form des Querschnitts abhängig. Sie wird in Newton pro Quadratmillimeter (N/mm²) angegeben.

Die Spannung, bei der die Zerstörung des Werkstoffs beginnt, wird als Festigkeit des betreffenden Werkstoffs bezeichnet.

Jeder Beanspruchungsart wird eine Festigkeit zugeordnet, z. B. der Beanspruchungsart Zug die Zugfestigkeit und der Beanspruchungsart Druck die Druckfestigkeit.

Belastungsarten

Auf Bauteile einwirkende Kräfte können in ihrem zeitlichen Verlauf unterschiedliche Größe annehmen **(Bild 1, folgende Seite)**.

Bei **statischer Belastung** (Belastungsfall I) steigt die auf ein Maschinenteil einwirkende Kraft und dadurch die Spannung von null bis zu einem Höchstwert an und bleibt dann gleich groß.

Beispiel: Die Torsionsspannung der Antriebswelle eines Ventilators steigt beim Einschalten von null bis zu einem Höchstwert und bleibt dann konstant.

Bei **dynamischer Belastung** ändern sich Größe und gegebenenfalls Richtung der Spannung dauernd.

Bei **dynamisch-schwellender Belastung** (Belastungsfall II) schwankt die Spannung zwischen null und einem Höchstwert.

Beispiel: Biegespannung in einem Kipphebel beim Öffnen eines Motorventils.

Bei **dynamisch-wechselnder Belastung** (Belastungsfall III) schwankt die Spannung dauernd zwischen einem positiven und einem negativen Höchstwert.

Beispiel: Bei einer sich drehenden Achse wechselt die Biegespannung, die eine Zug- und Druckspannung enthält, bei jeder halben Umdrehung ihre Richtung.

Tabelle 1: Beanspruchungsarten

Zugbeanspruchung

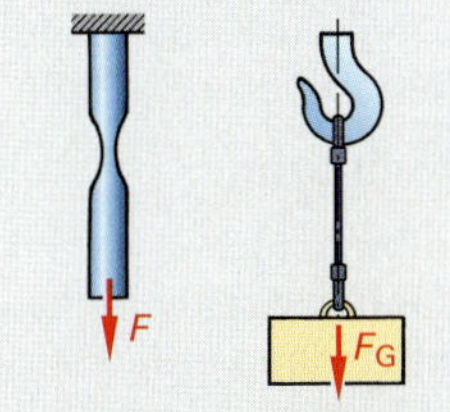

Druckbeanspruchung

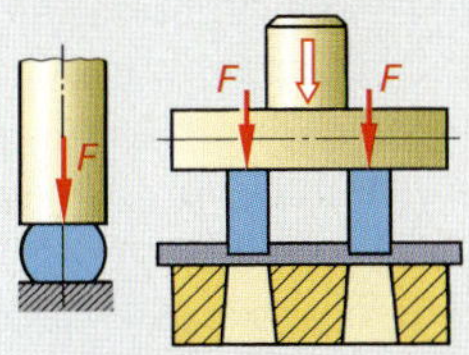

Abscherbeanspruchung

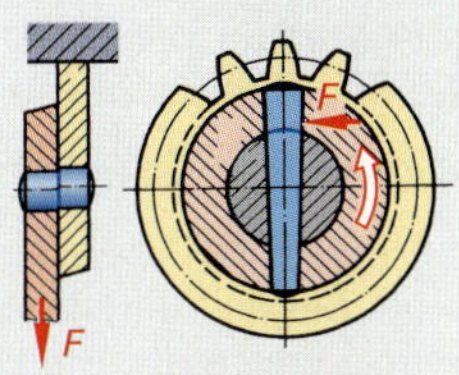

Biegebeanspruchung

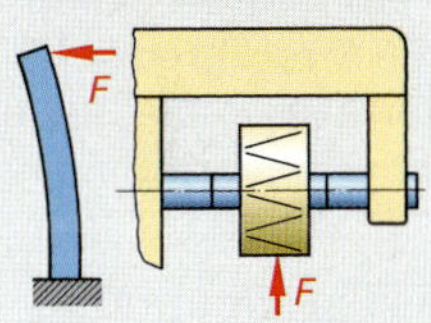

Verdrehbeanspruchung (Torsionsbeanspruchung)

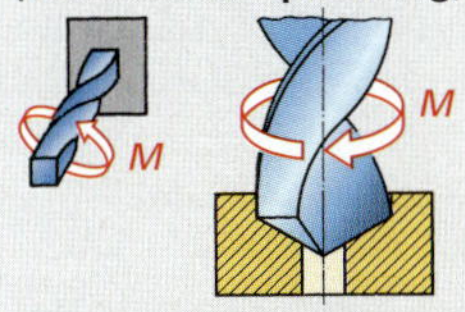

Zusammengesetzte Beanspruchung (Biegung und Verdrehung)

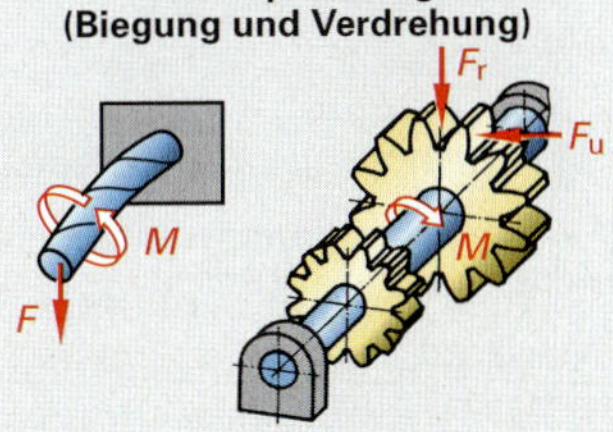

Bei **allgemein-dynamischer Belastung** schwankt die Spannung ungleichmäßig zwischen einem Höchst- und einem Tiefstwert **(Bild 1).**

Beispiel: Torsionsspannung infolge Schnittkraftschwankungen in einer Frässpindel beim Umfangsfräsen.

Dynamisch beanspruchte Teile sind durch Werkstoffermüdung und Kerbwirkung stärker gefährdet als statisch beanspruchte. Aus diesem Grund liegt die Dauerfestigkeit (Seite 405) niedriger als die Festigkeit statisch belasteter Bauteile.

Kerbwirkung

Die bei Werkstücken ohne Kerben gleichmäßig über den Querschnitt verlaufenden Kraftlinien sind an gekerbten Querschnitten im Bereich der Kerbstellen verdichtet **(Bild 2)**. Die Spannung ist deshalb im gekerbten Bereich wesentlich größer.

Damit kein Dauerbruch (Seite 405) entsteht, wird bei der Berechnung der zulässigen Spannung σ_{zul} im gekerbten Werkstück die maßgebende Grenzspannung σ_{lim} durch die **Kerbwirkungszahl β_K** geteilt.

Die Größe der Kerbwirkungszahl β_K ist von der Form und Größe der Kerben **(Bild 3)**, vom Werkstoff und der Beanspruchungsart abhängig; sie kann Werte zwischen 1,3 und 3 annehmen.

Als Kerben wirken vor allem Querschnittsveränderungen an einem Bauteil, wie z. B. Wellenabsätze, Nuten und Riefen. Grafitlamellen in Gusseisen mit Lamellengrafit wirken wie innere Kerben.

Durch Radien an Wellenabsätzen und durch Entlastungskerben werden die Spannungsspitzen verkleinert **(Bild 4)**.

Maßgebende Grenzspannung

Die maßgebende Grenzspannung σ_{lim} für ein Bauteil ist die Spannung, bei der schädigende Formänderungen, Bruch oder Werkstoffermüdung eintreten. Sie hängt vom Werkstoff, dem Belastungsfall und der Beanspruchungsart ab. So wird z. B. bei statischer Beanspruchung auf Zug bei zähen Werkstoffen als maßgebende Grenzspannung die **Streckgrenze R_e** oder die **0,2 %-Dehngrenze $R_{p0,2}$**, bei spröden Werkstoffen die **Zugfestigkeit R_m** verwendet (Seite 398). Bei dynamischer Beanspruchung ist die **Dauerfestigkeit** die maßgebende Grenzspannung.

Zulässige Spannung

Aus Sicherheitsgründen muss die für ein Bauteil zulässige Spannung unterhalb der maßgebenden Grenzspannung liegen. Die zulässige Spannung σ_{zul} erhält man, wenn die maßgebende Grenzspannung σ_{lim} durch eine **Sicherheitszahl ν** geteilt wird.

Zulässige Spannung $$\sigma_{zul} = \frac{\sigma_{lim}}{\nu}$$

Beispiel: Der Werkstoff eines Zugseils für ein Gegengewicht hat eine Streckgrenze R_e = 540 N/mm². Wie groß ist die zulässige Spannung bei einer Sicherheitszahl ν = 1,8?

Lösung: $$\sigma_{zul} = \frac{R_e}{\nu} = \frac{540\ \text{N/mm}^2}{1{,}8} = \mathbf{300\ N/mm^2}$$

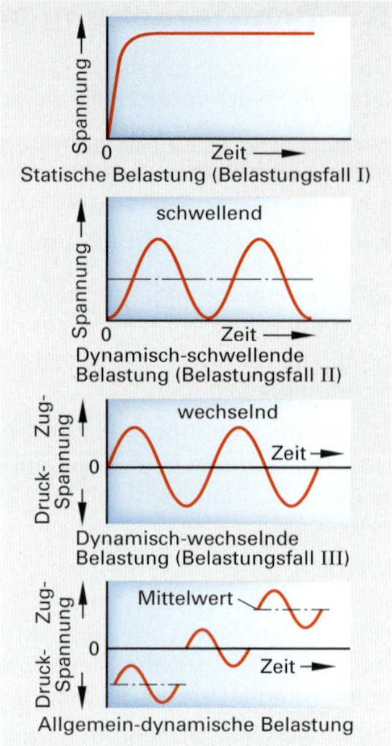

Bild 1: Belastungsarten

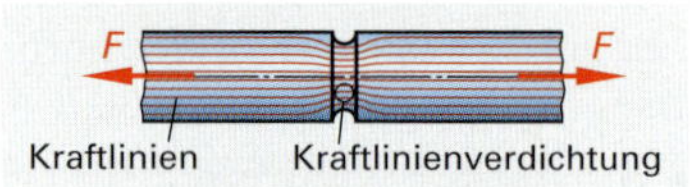

Bild 2: Kraftlinienverlauf im gekerbten Zugstab

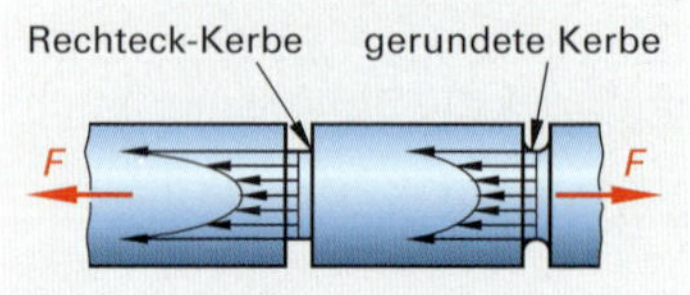

Bild 3: Spannungsverlauf im Zugstab bei unterschiedlicher Kerbenform

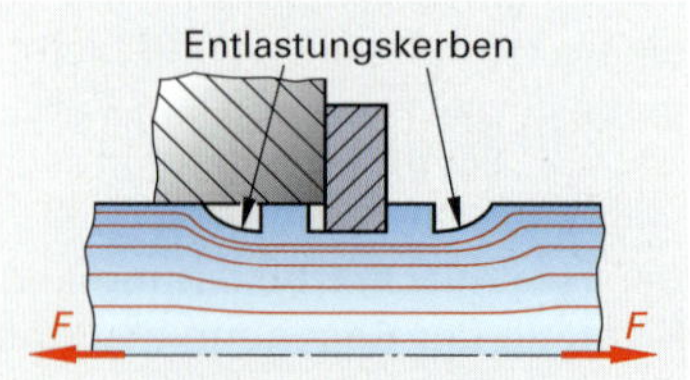

Bild 4: Kraftlinienverlauf bei Entlastungskerben

Wiederholung und Vertiefung

1 Welche Beanspruchungsarten unterscheidet man?

2 Was versteht man unter der Festigkeit eines Werkstoffs?

3 Welche Maßnahmen dienen zur Verminderung der Kerbwirkung?

4 Warum ist die zulässige Spannung geringer als die maßgebende Grenzspannung?

8.7 Practise your English

Maintenance: Contamination of lubricants and hydraulic fluids

Maintenance involves inspection, repair and improvements. This entails measures for the preservation, identification, restoration and improvement of the functional state of a machine or system performance.

During the lifetime of a plant, costs occur caused by functional breakdown, downtime and associated maintenance measures. An important criteria is the state of the working medium: 70 % of the failures of lubrication and hydraulic systems are caused by the fluid.

Impurities and contamination of the fluid significantly affect the function of hydraulic and lubricating fluids.

Contamination is caused by the integrated components such as valves, cylinders, pumps, tanks, hydraulic motors, hoses, tubes or by contamination from outside, e.g. by ventilation or defective seals **(Figure 1)**.

The severity of the component's damage essentially depends on the material of the particles, their shape (round or sharp edge) and their size and number.

Rule: The harder the particles, the greater the damage to components. Another factor is the operating pressure: the higher the pressure, the higher the amount of the particles, which are forced into the lubrication gap.

The majority of these solid particles are smaller than 30 microns (μm) and not visible to the naked eye. Particularly critical are particles that are as large as the fit clearance of the moving parts **(Figure 2)**.

The solid contamination is classified in accordance to ISO 4406/1999 **(Figure 3)**. To determine the level of contamination, the solid particles, present in 100 ml of liquid, are counted, ordered by size/ number and divided into areas.

The level of contamination is determined by electronic particle counters and is indicated by a triple combination of numbers, e.g. 21/18/15. If counting of particle numbers is carried out microscopically, it is expressed by a double combination of numbers, e.g. 18/15th

Many manufacturers recommend certain purity levels for system pressures of 100 to 160 bar in different components **(Figure 4)**.

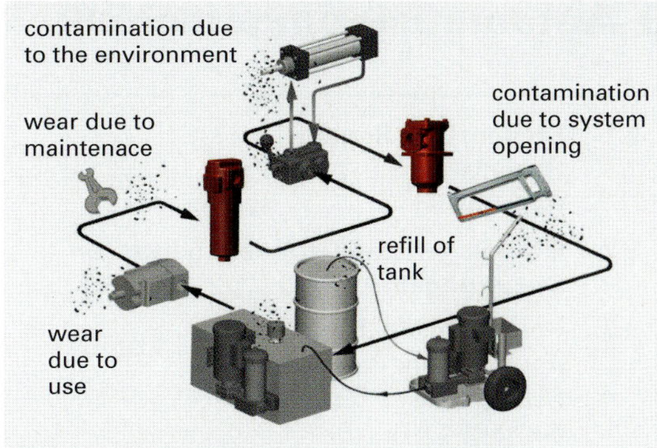

Figure 1: Formation of contamination in hydraulic systems

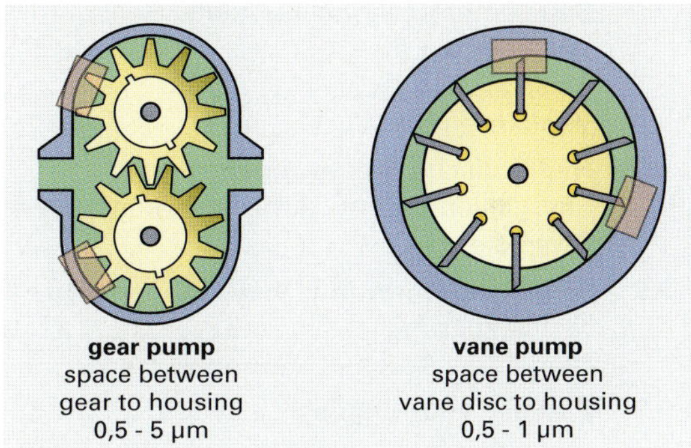

Figure 2: Fit clearance of hydro pumps

ISO code*	Amount of particles/100 ml from	to
5	16	32
6	32	64
7	64	130
8	130	250
9	250	500
10	500	1000
11	1000	2000
12	2000	4000
13	4000	8000
14	8000	16000
15	16000	32000
16	32000	64000
17	64000	130000
18	130000	260000
19	260000	500000
20	500000	1000000
21	1000000	2000000
22	2000000	4000000
23	4000000	8000000
24	8000000	16000000
25	16000000	32000000
26	32000000	64000000

Determination by...
...electronic particle counters
21 / 18 / 15
$>4\,\mu m_c$ $>6\,\mu m_c$ $14\,\mu m_c$

...microscopic counting
– / 18 / 15
$>5\,\mu m_c$ $15\,\mu m_c$

* according to ISO 4406

Figure 3: Determination of the level of contamination

System/application/components	Purity level
Fresh oil	21/19/16
Pumps/engines	
• Axial piston pumps	18/16/13
• Radial piston pumps	19/17/13
• Gear pump	20/18/15

Figure 4: Recommended purity levels

9 Automatisierungstechnik

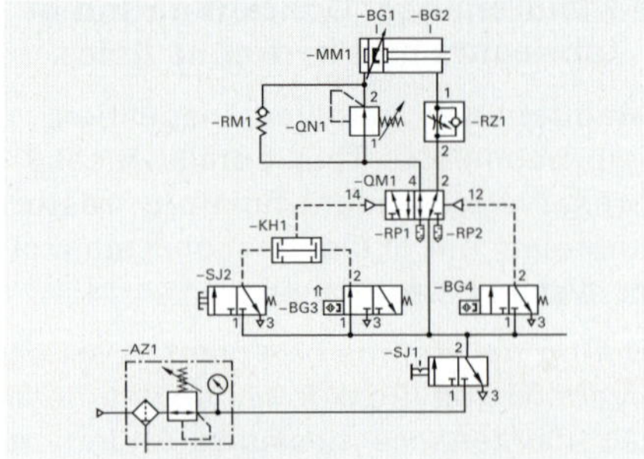

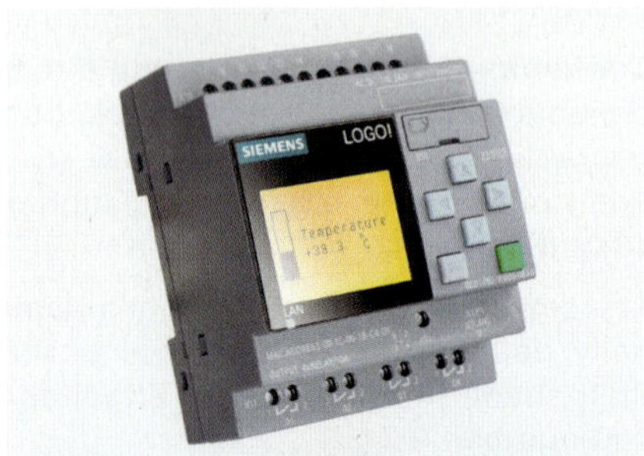

10 Technische Projekte

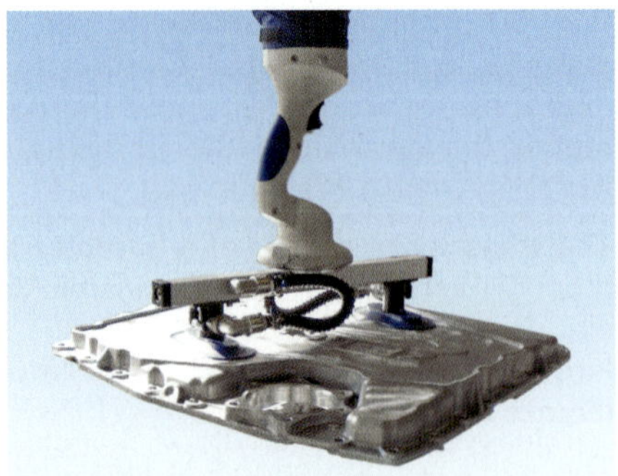

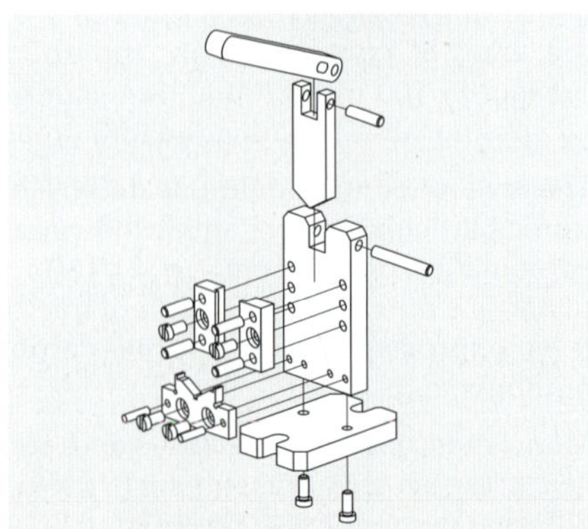

9 Automatisierungstechnik

9.1 Steuern und Regeln

Maschinen und Anlagen werden mithilfe der Steuerungs- und Regelungstechnik automatisiert. Wird z.B. der Antriebsmotor für die Arbeitsspindel einer Drehmaschine auf die Drehzahl 1000/min geschaltet, so bezeichnet man diesen Vorgang als **Steuern.** Beim **Regeln** dagegen wird der Istwert der Drehzahl gemessen, mit dem vorgegebenen Sollwert verglichen und bei Abweichungen auf den Sollwert korrigiert.

9.1.1 Grundlagen der Steuerungstechnik

Steuerungen arbeiten nach dem E-V-A-Prinzip

- **Eingabe** der Signale z.B. durch Taster, Druckschalter und Sensoren
- **Verarbeitung** der Signale z.B. durch Verknüpfen in einem Relais
- **Ausgabe** der Signale z.B. an einen Antriebsmotor

Beim Antrieb des Maschinentisches **(Bild 1)** wird der Elektromotor durch einen Taster über ein Steuergerät eingeschaltet und treibt die Spindel an. Der Maschinentisch fährt aus, bis der Nocken den Grenztaster erreicht und ein AUS-Signal auslöst. Eine Abweichung vom eingestellten Verfahrweg infolge einer Störung wird nicht erfasst und korrigiert. Dieses Ein- und Ausschalten nennt man Steuern.

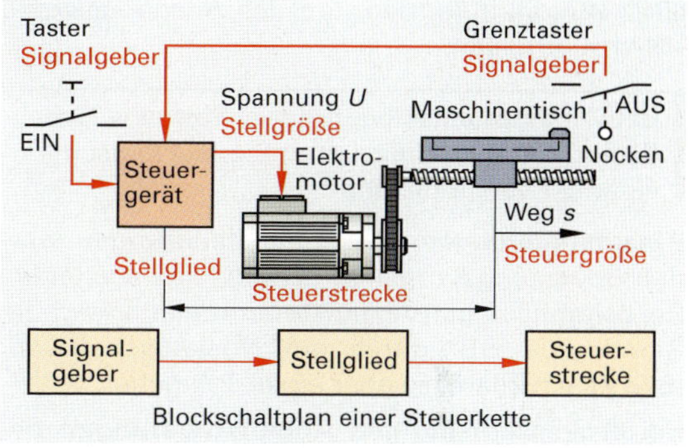

Bild 1: Beispiel einer Steuerung

Grundbegriffe

Die Elemente einer Steuerung werden durch genormte Begriffe bezeichnet (Bild 1):

Signalgeber ist der EIN-Taster, das Steuergerät das **Stellglied,** die elektrische Spannung *U*, mit welcher der Elektromotor angesteuert wird, die **Stellgröße.** Der Weg *s* des Maschinentisches wird als **Steuergröße** bezeichnet. Die Baueinheiten der Maschine, welche durch die Signalgabe beeinflusst werden, nennt man **Steuerstrecke.**

Die Gesamtanlage, kurz Steuerung genannt, kann vereinfacht durch einen Blockschaltplan dargestellt werden, in dem die einzelnen Elemente der Steuerung als Rechteckblöcke gezeichnet sind (Bild 1). Der Signalfluss zwischen den Blöcken wird durch **Wirklinien** dargestellt. Eine Rückwirkung von der Steuergröße auf die Stellgröße findet nicht statt. Deshalb spricht man von einer **Steuerkette** oder von einem offenen Wirkungsablauf.

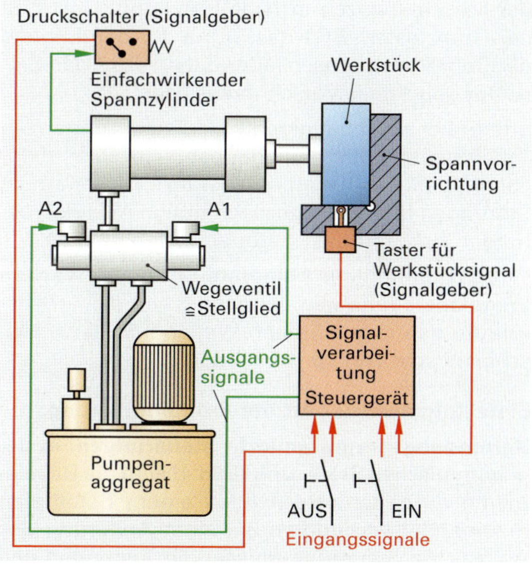

Bild 2: Hydraulische Spanneinrichtung

Beim Steuern wird eine Abweichung der Istgröße von der Sollgröße nicht korrigiert.

Beispiel einer Steuerung (Bild 2)

Der Kolben des Spannzylinders darf erst ausfahren, wenn sich ein Werkstück in der Vorrichtung befindet UND der EIN-Taster gedrückt ist. Die Verknüpfung beider Eingangssignale schaltet das Wegeventil auf Zylindervorlauf (Seite 486). Ist der Spanndruck erreicht, gibt der Druckschalter das Signal für die Werkstückbearbeitung. Durch den AUS-Taster und das Signal A2 wird der Zylinder zurückgesteuert.

Steuerungsarten

Steuerungen kann man nach der Signalverarbeitung und nach der Programmierung unterscheiden.

Einteilung nach der Art der Signalverarbeitung

Verknüpfungssteuerungen. Um den Vorschubmotor des Maschinentisches einzuschalten (–MA1), muss das Schutzgitter zu (–BG1), der Tisch in Endlage (–BG2) und der Taster (–SJ1) betätigt sein **(Bild 1).** Es müssen also drei Eingangssignale UND-verknüpft werden, um das Ausgangssignal –MA1 zu erhalten.

> Bei Verknüpfungssteuerungen wird eine Schaltbedingung nur erfüllt, wenn Signale logisch miteinander verknüpft sind.

Ablaufsteuerungen. Bei Ablaufsteuerungen werden Bewegungsvorgänge schrittweise ausgelöst. Bei **zeitabhängigen Ablaufsteuerungen** erfolgt die Signalgabe z. B. durch ein Nockenschaltwerk **(Bild 2),** ein Zeitrelais oder einen Taktgeber.

Bei **prozessabhängigen Ablaufsteuerungen** beginnt ein nachfolgender Arbeitsschritt erst, wenn der vorhergehende abgeschlossen ist **(Bild 3).** Nach dem Start durch den Tastschalter –SJ1 fährt der Maschinentisch in Arbeitsstellung. Dort gibt der Grenztaster –BG1 das Signal für den Eilgang der Bohreinheit. Anschließend löst –BG2 das Signal für den Arbeitsvorschub aus usw.

Erfolgt bei zeitabhängigen Ablaufsteuerungen ein Arbeitsschritt fehlerhaft oder gar nicht, so wird der nachfolgende trotzdem ausgeführt. Dies kann zu Störungen führen. Prozessabhängige Ablaufsteuerungen sind darum sicherer als zeitabhängige.

Prozessabhängige Ablaufsteuerungen werden **Wegplansteuerungen** genannt, wenn die Arbeitsschritte den abgefahrenen Wegen z. B. eines Maschinentisches entsprechen (Bild 3).

Einteilung nach der Art der Programmierung

Verbindungsprogrammierte Steuerungen. In der pneumatischen Steuerung **(Bild 4)** sind die Bauelemente durch Leitungen nach einem Schaltplan miteinander verbunden. Bei einer Änderung des Ablaufs der Steuerung müssen die Leitungen neu verlegt werden.

> Bei verbindungsprogrammierten Steuerungen ist der Programmablauf durch die Bauteile und deren Verbindung fest vorgegeben.

Speicherprogrammierte Steuerungen (SPS). Bei speicherprogrammierten Steuerungen (Bild 4) wird der Steuerungsablauf durch ein Programm festgelegt (Seite 615).

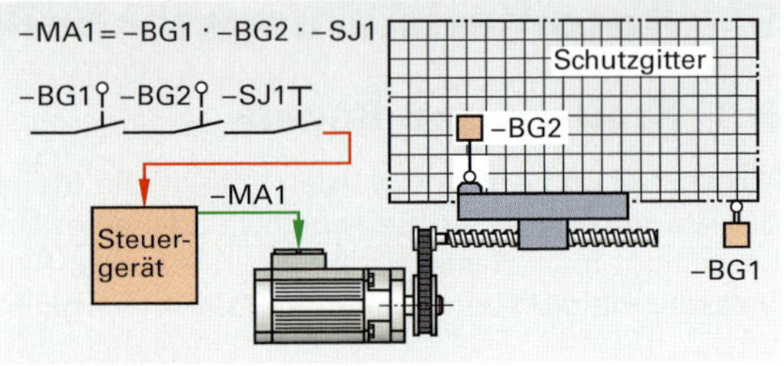

Bild 1: Verknüpfungssteuerung

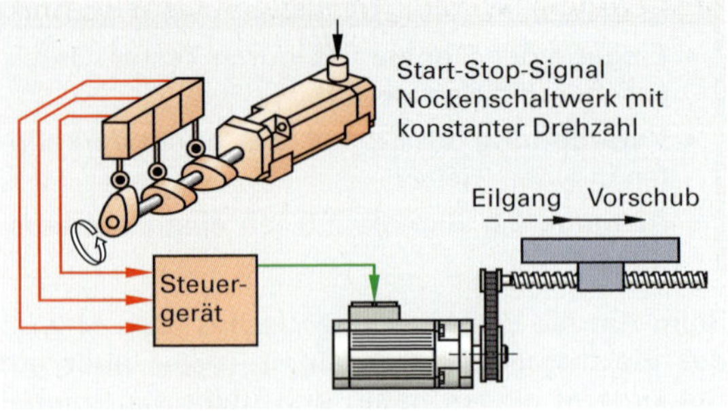

Bild 2: Zeitabhängige Ablaufsteuerung

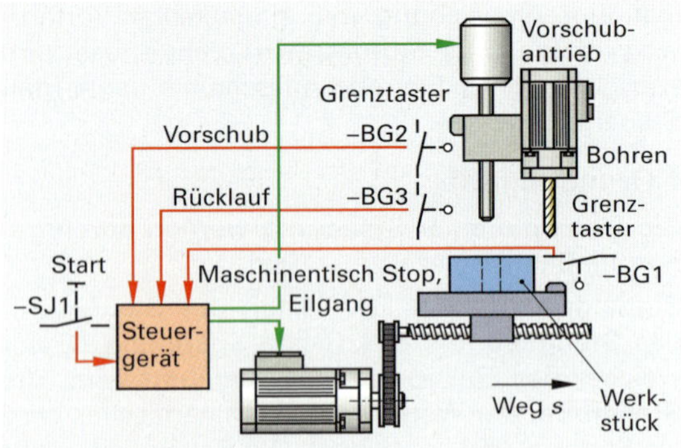

Bild 3: Prozessabhängige Ablaufsteuerung

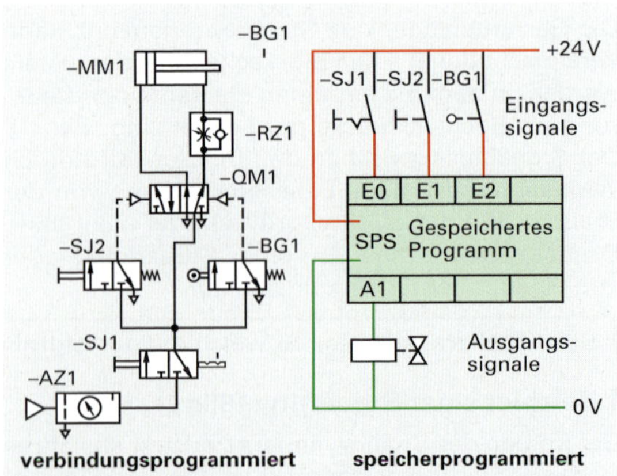

Bild 4: Verbindungs- und speicherprogrammierte Steuerungen

9.1.2 Grundlagen der Regelungstechnik

Mit Regelungseinrichtungen werden in der Technik Vorgänge automatisiert. Die Aufgabe der Regeleinrichtungen ist es, vorgegebene Werte wie z. B. Drehzahlen, Positionen, Geschwindigkeiten, Temperaturen usw. zu erreichen oder einzuhalten.

Festwertregelung. Muss ein vorgegebener Wert konstant gehalten werden, z. B. die Drehzahl beim Drehen, so bezeichnet man dies als Festwertregelung.

Folgeregelung. Wird das Werkzeug einem laufend vorausberechneten Wert nachgeführt, z. B. dem Durchmesser beim Konturdrehen, so spricht man von einer Folgeregelung.

Beispiel: Drehzahlregelung an einer CNC-Drehmaschine (Bild 1)

Die Drehzahl der Arbeitsspindel **(Regelgröße)** wird z. B. digital durch einen Tachogenerator gemessen und an der Vergleichsstelle fortlaufend mit dem Sollwert der Drehzahl **(Führungsgröße)** verglichen. Bei einer Abweichung z. B. durch schwankende Schnittkraft **(Störgröße)** regelt der Regler die Drehzahl nach und gleicht sie dem Sollwert an.

Eine Regelung bildet durch den fortlaufenden Vergleich des Istwertes der Regelgröße mit dem Sollwert immer einen geschlossenen Kreislauf. Deshalb spricht man von einem Regelkreis **(Bild 2)**.

Jede Regelung ist durch drei Vorgänge gekennzeichnet:

- **Messen** der Regelgröße
- **Vergleichen** mit der Führungsgröße
- **Angleichen** durch Nachstellen

Der Regler und die Nachstelleinrichtung bilden zusammen die **Regeleinrichtung**. Die durch die Regeleinrichtung beeinflusste Einheit wird als **Regelstrecke** bezeichnet.

Beispiel einer Lageregelung (Bild 3)

Jede CNC-Maschine besitzt außer der Drehzahlregelung auch eine Lageregelung, um das Werkzeug oder den Maschinentisch dem vom Programm vorgegebenen Sollwert nachführen zu können (Seite 276). Die Regelstrecke des Lagerregelkreises (Bild 3) umfasst den Antriebsmotor, den Kugelgewindetrieb, den Maschinentisch und die Messeinrichtung.

Die Position des Maschinentisches wird fortlaufend gemessen und mit den Sollwerten des Programmes verglichen. Weicht der Istwert vom Sollwert ab, wird der Maschinentisch solange bewegt, bis der Sollwert erreicht ist.

Beispiele für Regelungsvorgänge
• Regelung der Drehzahl beim Plandrehen
• Geschwindigkeitsregelung beim Kfz (Tempomat)
• Regelung der Temperatur im Härteofen
• Druckregelung in Pneumatikanlagen
• Abstandsregelung der Düse beim Laserschneiden

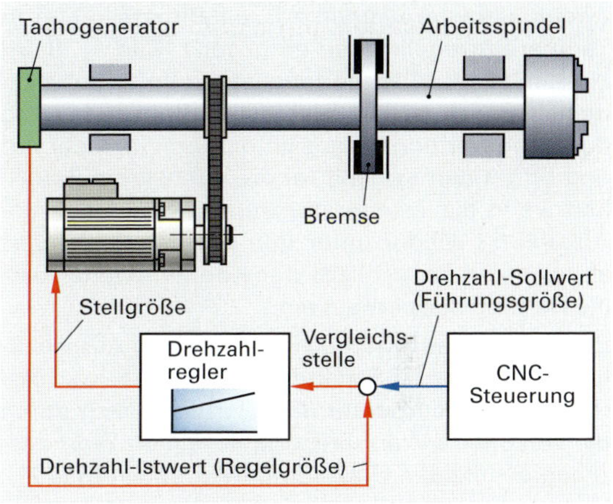

Bild 1: Drehzahlregelung beim Drehen

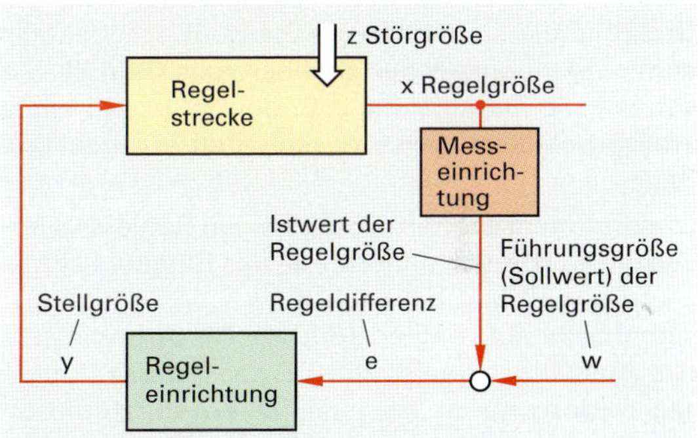

Bild 2: Blockschaltbild eines Regelkreises

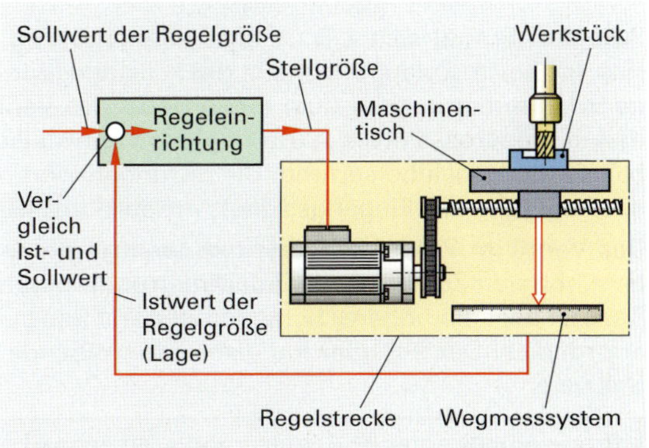

Bild 3: Lageregelkreis eines Vorschubantriebes

Reglerarten

Nach ihrer Wirkungsweise unterscheidet man unstetige und stetige Regler.

Unstetige Regler

Ein unstetiger Regler besitzt zwei oder mehrere Schaltstellungen. Er verändert die Stellgröße unstetig durch Schalten in Stufen. Besitzt der Regler nur zwei Schaltstellungen EIN und AUS, so wird er auch Zweipunktregler genannt.

Zweipunktregler werden z. B. als Bimetallregler in Temperaturregelkreisen eingesetzt **(Bild 1).** Beim Einschalten der Ofenheizung ist der Kontakt der Bimetallfeder zunächst geschlossen. Bei Erwärmung durch die Heizung biegt sich die Bimetallfeder auf und öffnet den Kontakt (obere Grenztemperatur). Erst wenn die Temperatur durch die einsetzende Abkühlung wieder unter den unteren Grenzwert abgesunken ist, schließt der Kontakt wieder und die Heizung setzt erneut ein.

Der Unterschied zwischen Einschalt- und Ausschalttemperatur ist die **Schaltdifferenz** des Zweipunktreglers. Die Temperatur im Ofen stellt sich durch die verzögerte Wärmeleitung auf einen Wert zwischen den beiden Grenztemperaturen ein **(Bild 2).**

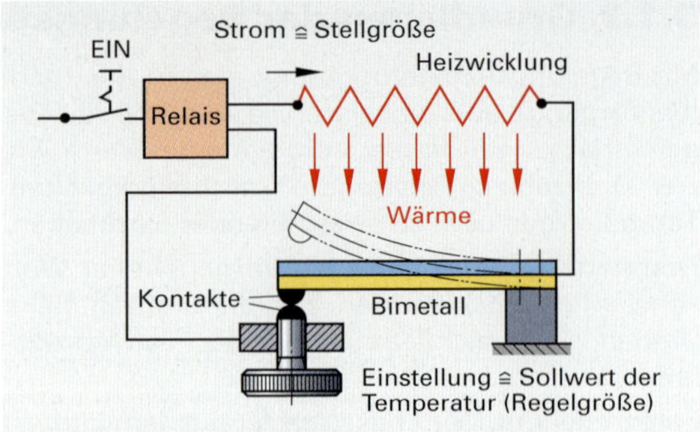

Bild 1: Unstetiger Regler einer Ofenheizung

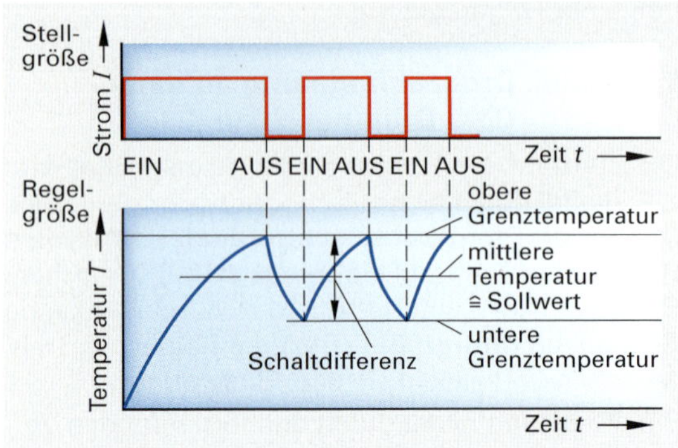

Bild 2: Regelverhalten eines Zweipunktreglers

Stetige Regler

Stetige Regler erfassen die Regelgröße *x* stufenlos (stetig) und ändern dann die Stellgröße *y* ebenfalls stufenlos innerhalb des Stellbereichs **(Bild 3).** Sie können die Regelgröße, z. B. den Füllstand eines Wasserbehälters, genauer einhalten als unstetige Regler.

Um die Eigenschaften eines stetigen Reglers untersuchen zu können, ändert man das Eingangssignal *x* sprunghaft und beobachtet, wie das Ausgangssignal *y* darauf reagiert **(Bild 4).** Die Art, wie sich das Ausgangssignal während der Beobachtungszeit ändert, nennt man die **Übergangsfunktion** oder die **Sprungantwort** des Reglers. Bei den stetigen Reglern unterscheidet man P-Regler, I-Regler, PI-Regler, D-Regler und PID-Regler.

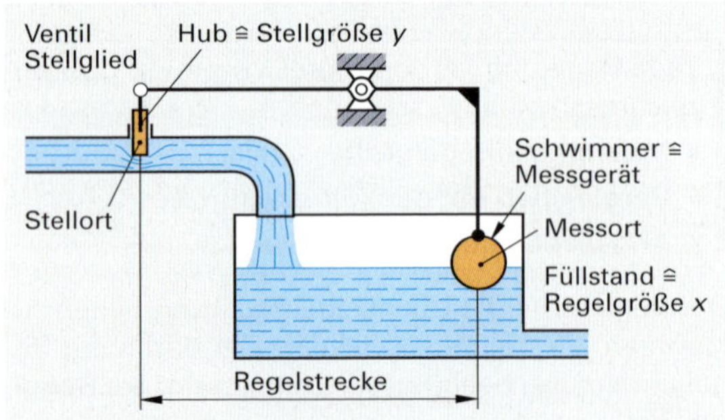

Bild 3: Stetiger Regler

P-Regler. Erhöht sich z. B. infolge einer Störung der Wasserzulauf (Störgröße) im Zulaufrohr, steigt der Füllstand (Bild 3). Der mitsteigende Schwimmer betätigt über einen Hebel das Ventil, der Zulauf wird dadurch gedrosselt. Die Änderung der Ventilstellung erfolgt im Verhältnis der Hebelübersetzung. Die Sprungantwort des Reglers ist also der Änderung des Eingangssignals **proportional** (Bild 4).

Das Ventil im Zulaufrohr muss so weit geschlossen werden, dass trotz höheren Zuflusses die Zulaufmenge zum Behälter gleich bleibt. Dazu ist aber ein höherer Schwimmerstand und somit auch Füllstand erforderlich. Der **P-Regler** hat also eine bleibende Abweichung vom Sollwert.

> **Proportionalregler (P-Regler)** reagieren schnell auf Signaländerungen, besitzen aber eine bleibende Regelabweichung.

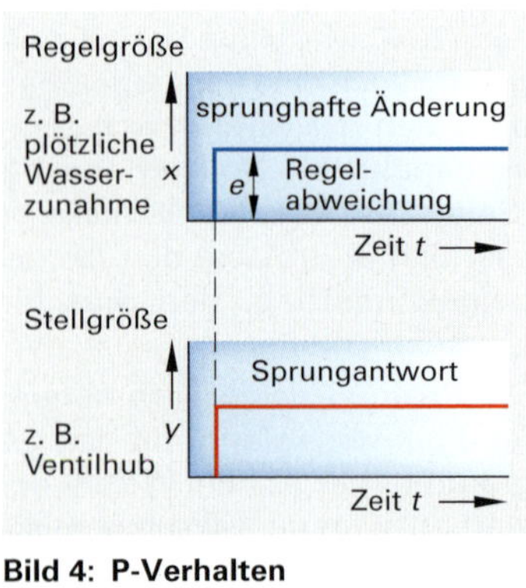

Bild 4: P-Verhalten

I-Regler. Beim **Integralregler** (I-Regler) bewirkt eine sprunghafte Änderung der Regelgröße eine Änderung der Geschwindigkeit der Stellgröße **(Bild 1)**. Je größer die Regelabweichung (e_2, e_1) am Eingang des I-Reglers ist, desto schneller wird das Stellglied verstellt (Kennlinien 1 und 2).

Der Füllstand eines Behälters wird durch einen I-Regler konstant gehalten **(Bild 2)**. Hat der Füllstand seinen Sollwert erreicht, ist der Spannungsabgriff am Potenziometer gleich null. Der Motor steht still. Senkt sich der Schwimmer, erhält der Motor Spannung. Diese wird umso größer, je mehr sich der Füllstand absenkt. Der Motor dreht sich entsprechend der größeren Absenkung schneller. Somit öffnet sich auch das Ventil schneller. Die Verstellgeschwindigkeit des Ventils ist also direkt abhängig von der Regelabweichung des Schwimmers. Die Spannungsrichtung wechselt, wenn sich der Schwimmer wieder hebt. Dadurch ändert sich die Drehrichtung des Motors. Das Ventil schließt sich. Der Sollwert wird ohne bleibende Regelabweichung wieder erreicht.

I-Regler sind langsamer als P-Regler, beseitigen aber die Regelabweichung vollständig.

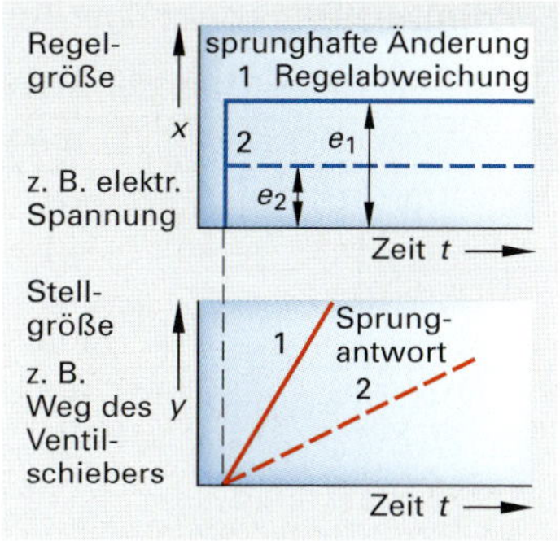

Bild 1: I-Verhalten

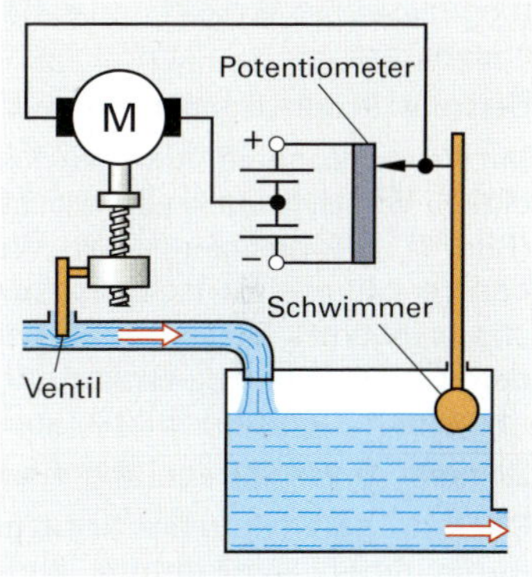

Bild 2: I-Regler

PI-Regler. Beim **PI-Regler** werden ein P-Regler und ein I-Regler parallel geschaltet. Der PI-Regler verbindet dadurch den Vorteil des P-Reglers, die schnelle Regelung, mit dem Vorteil des I-Reglers, der keine bleibende Regelabweichung zulässt. Er wird z. B. bei der Lageregelung für die Positionierung des Maschinentisches bei NC-Maschinen eingesetzt.

D-Regler. Beim **differenzierend** wirkenden Regler (D-Regler) ändert sich bei einer sehr schnellen Regelabweichung e die Stellgröße y kurzzeitig und kehrt dann wieder auf ihren ursprünglichen Wert zurück **(Bild 3)**. Die Änderung der Stellgröße ist umso größer, je schneller die Abweichung erfolgt. Da der **D-Regler** nur kurzzeitig die Stellgröße ändert, gleicht er eine konstante Regelabweichung nicht aus. Er kann nur zusammen mit einem P-, I- oder PI-Regler eingesetzt werden.

Der **differenzierende Anteil** (D-Anteil) eines Reglers beschleunigt die Stellgröße und bewirkt ein sehr schnelles Eingreifen.

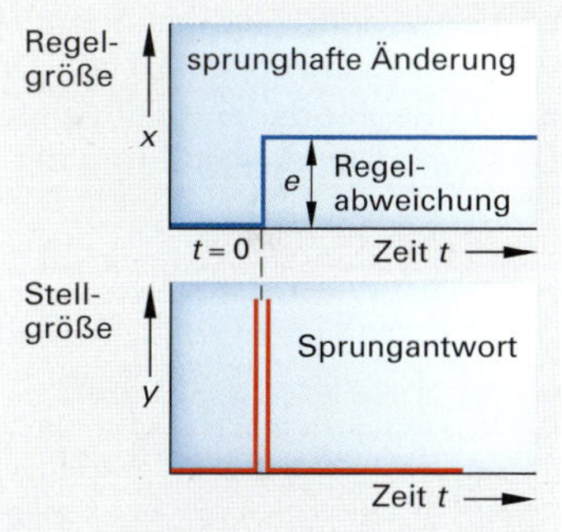

Bild 3: D-Verhalten

PID-Regler. PID-Regler wirken noch schneller als PI-Regler. Nach einem sprunghaft veränderten Eingangssignal **(Bild 4)** wird durch den D-Einfluss die Stellgröße kurzzeitig verändert (P1). Da nun der P-Anteil des Reglers eine der Regelabweichung proportionale, sehr schnelle Verstellung der Stellgröße bewirkt, kehrt diese nicht wieder auf den ursprünglichen Wert zurück (P2). Zum neuen Wert der Stellgröße wird nun der I-Anteil des Reglers addiert. Damit geht die Regelabweichung wieder auf null zurück.

Mit einem PID-Regler lässt sich z.B. die Drehzahl eines Gleichstrommotors regeln. Dadurch bleibt die Drehzahl des Motors auch bei unterschiedlicher Belastung konstant.

Der **PID-Regler** verbindet die Vorteile des P-, I- und D-Reglers. Er reagiert schnell und hebt die Regelabweichung völlig auf.

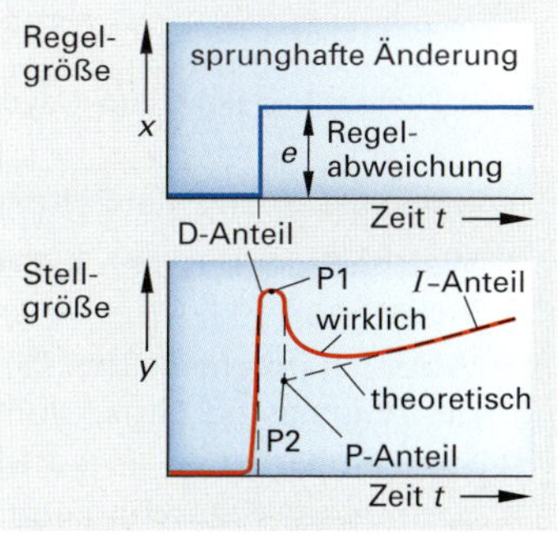

Bild 4: PID-Verhalten

Für die Darstellung wichtiger Teile des Regelkreises werden genormte Bildzeichen verwendet **(Tabelle 1).**

Tabelle 1: Bildzeichen der Steuerungs- und Regelungstechnik

Bildzeichen	Bedeutung	Bildzeichen	Bedeutung	Beispiel: Druckregelung
	Messort, Fühler		Signal- oder Messumformer	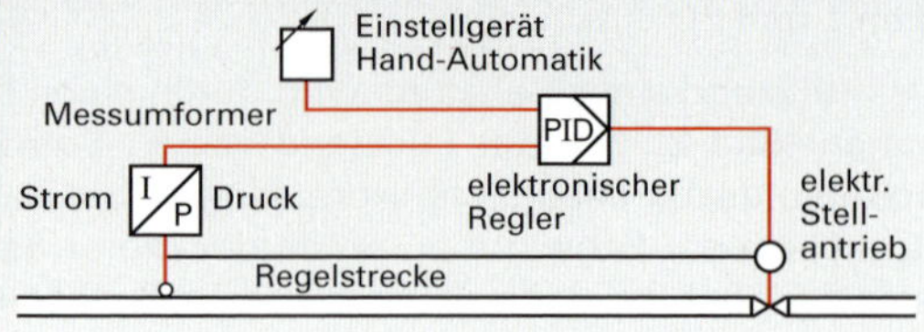
	Stellglied, Stellort		Regler, allgemein	
	Stellantrieb, allgemein		Einsteller, allgemein	

Elektrische Regler

In der Regelungstechnik wird die Signalverarbeitung fast ausschließlich mit elektronischen Reglern ausgeführt.

Beispiel: Proportionalventil mit PID-Regler

Mit Proportionalventilen wird z. B. die Geschwindigkeit von Hydraulikzylindern stufenlos eingestellt **(Bild 1).** Sie besitzen einen Wegaufnehmer, der den Ventilhub elektrisch misst und in einen Steuerstrom umsetzt. Dieser wird über einen PID-Regler dem Sollwert nachgeregelt und den Proportionalmagneten zugeführt (Bild 4, vorige Seite).

Beispiel: Drehzahlregelung eines Hydromotors

Die Extruderwelle einer Spritzgießmaschine wird durch einen Hydromotor angetrieben. Um die Drehzahl des Motors konstant zu halten, wird ein PI-Regler eingesetzt **(Bild 2).** Stellglied ist ein Proportionalventil. Ein Tachogenerator liefert den Istwert der Drehzahl. Sinkt die Drehzahl, wird über den PI-Regler der Durchfluss des Ventils verstellt. Dies bewirkt eine Änderung der Drehzahl.

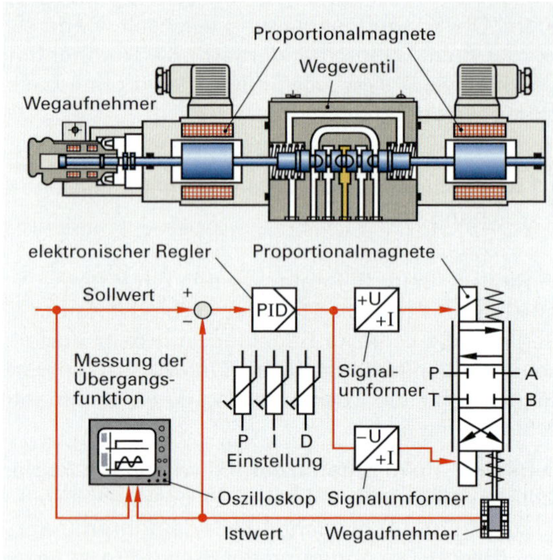

Bild 1: Proportional-Wegeventil mit PID-Regler

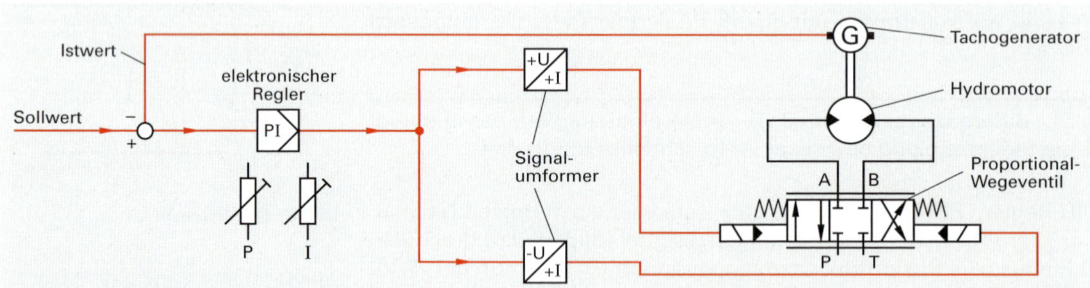

Bild 2: Drehzahlregelung eines Hydromotors

Wiederholung und Vertiefung

1 Welche Eigenschaften hat eine Verknüpfungssteuerung?

2 Wodurch unterscheiden sich die beiden Arten der Ablaufsteuerungen voneinander?

3 Wie unterscheidet sich eine verbindungsprogrammierte Steuerung von einer speicherprogrammierten Steuerung?

4 Wie unterscheiden sich unstetige und stetige Regler?

5 Welche Eigenschaften hat ein P- bzw. I-Regler?

6 Was bewirkt der D-Anteil bei einem stetigen Regler?

7 Nennen Sie zwei Anwendungsbeispiele von PID-Reglern.

9.2 Grundlagen und Grundelemente von Steuerungen

Die Funktion von Maschinen, Geräten und ganzen Anlagen wird durch ihre Steuerungen bestimmt. Die Steuerungen bestehen aus Signalgebern, Steuerelementen, Schaltgeräten und Antriebselementen (Aktoren). Diese Bauelemente können elektrisch, hydraulisch, pneumatisch oder mechanisch betrieben sein. Der grundsätzliche Aufbau und die Funktion der Steuerungen kann aber unabhängig von der Betriebsart einheitlich dargestellt werden.

9.2.1 Arbeitsweise von Steuerungen

Steuerungen nehmen die von den Signalgebern kommenden Signale auf, „verarbeiten" sie in den eigentlichen Steuerelementen und geben danach Schaltbefehle an die Schaltgeräte aus. Die von den Schaltgeräten gesteuerten Antriebselemente führen dann die Bewegung an den Maschinen aus.

Beispiel einer Steuerung:

Sortiereinrichtung für Werkstücke (Bild 1)

Aufgabe. Lange Werkstücke (W1) und kurze Werkstücke (W2) werden auf einem Förderband einer Sortiereinrichtung zugeführt und sollen dort sortiert werden.

Sortiervorgang. In der Sortiereinrichtung laufen die Werkstücke an drei Sensoren –BG1, –BG2 und –BG3 vorbei. Die langen Werkstücke überdecken dabei kurzzeitig alle drei Sensoren, die kurzen Werkstücke kurzzeitig nur den mittleren Sensor allein. Die Signale der Sensoren werden in der Steuerung miteinander verknüpft (Seite 556) und das Ergebnis als Schaltbefehl an das 5/2-Wegeventil ausgegeben. Dieses steuert den Pneumatikzylinder. Bei langen Werkstücken zieht der Zylinder die Weiche nach links. Sie bleibt so lange in dieser Stellung, bis wieder ein kurzes Werkstück von den Sensoren erfasst wird. Erst dann schiebt der Zylinder die Weiche nach rechts. Auch diese Stellung wird bis zum nächsten langen Werkstück beibehalten.

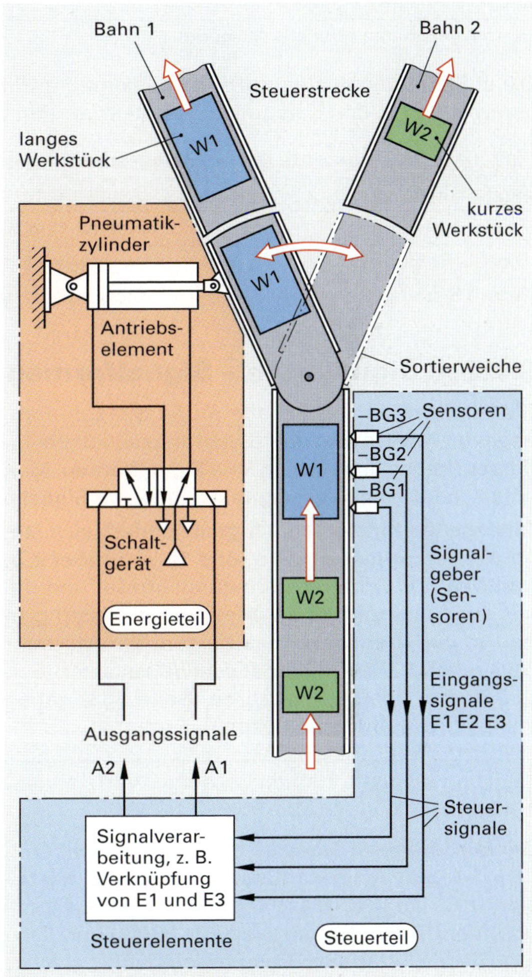

Bild 1: Steuerung einer Sortiereinrichtung

Baugruppen von Steuerungen

Steuerungen kann man in den eigentlichen Steuerteil und in den Energieteil gliedern **(Bild 2).** Steuer- und Energieteil sind durch Schnittstellen verbunden. Die im Steuerteil aufgenommenen und verarbeiteten Signale werden über die Schnittstelle an den Energieteil weitergegeben, in dem die Schaltgeräte die Antriebselemente steuern.

Um die Steuerung möglichst klein zu halten, wird der Steuerteil oft mit kleinerer Spannung oder geringerem Druck als der Energieteil betrieben. An der Schnittstelle müssen dann die Ausgangssignale des Steuerteiles verstärkt werden.

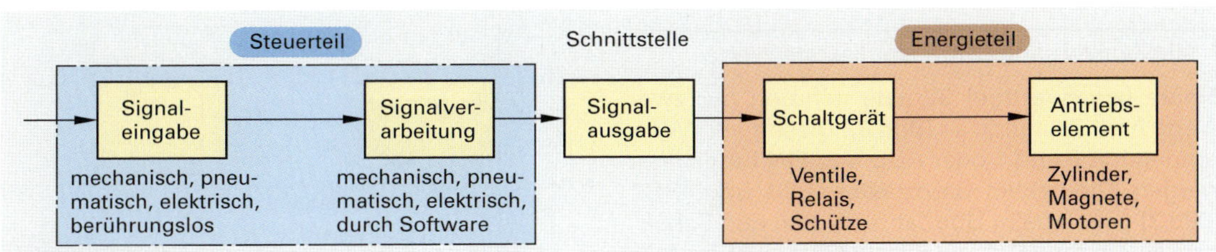

Bild 2: Baugruppen von Steuerungen

9.2.2 Steuerungskomponenten

Steuerungen bestehen aus **Signalgebern**, z.B. Schaltern und Sensoren, **Steuerelementen**, z.B. Relais und Mikroprozessoren, **Stellelementen**, z.B. monostabile oder bistabile Ventile, sowie **Antriebselementen**, z.B. Zylinder, Schütze und Motoren **(Tabelle 1)**.

Tabelle 1: Aufbau einer Steuerung (EVA-Prinzip)

Steuerungskomponenten	Bauelemente
Signalgeber (Signal – **E**ingabe)	Schalter, Taster, Sensoren
Steuerelemente (Signal – **V**erarbeitung)	Zweidruckventile, Wechselventile, Relais
Antriebselemente (Signal – **A**usgabe)	Zylinder, Greifer, Verdichter, Pumpen, Schütze, Motoren

Die in Steuerungen eingesetzten Bauelemente können nach der Art des Signaleingangs und der Signalverarbeitung in drei Kategorien eingeteilt werden **(Tabelle 2)**.

Tabelle 2: Bauelemente der Signalverarbeitung einer Steuerung

Steuerungsarten	Bauelemente
Analoge Steuerung	Stetigventile, stufenlose Getriebe, analoge Sensoren
Digitale Steuerung	Wegmesssysteme, Mikroprozessoren, digitale Sensoren
Binäre Steuerung	Tastschalter und Stellschalter; Wegeventile; binäre Näherungsschalter

9.2.2.1 Signalarten – Signalformen

Die Signale, die von Schaltern und Sensoren abgegeben werden und den Steuerungsablauf beeinflussen, haben unterschiedliche **Signalformen**. Man unterscheidet **analoge, digitale** und **binäre Signale**.

Analoge (kontinuierliche) Signale ändern sich stetig mit der Eingangsgröße **(Bild 1)**. Je größer z.B. der Weg des Schlittens (Eingangsgröße) und damit des Messbolzens der Messuhr ist, desto größer ist der Drehwinkel des Zeigers der Messuhr (Ausgangsgröße). Pneumatische Messtaster (Seite 34) oder analoge Sensoren (Seite 583) geben analoge Ausgangssignale ab.

> Analoge Signale können beliebige Werte annehmen.

Digitale (diskrete) Signale bestehen aus einer endlichen Anzahl von gestuften Werten **(Bild 2)**. So besteht z.B. bei CNC-Maschinen das digitale Signal für einen 10 mm langen Weg aus 10000 Impulsen am Glasmaßstab der Wegmesseinrichtung. Werden digitale Signale benötigt, so werden die analogen Signale in einem Analog-Digitalwandler in digitale Signale gewandelt.

> Alle Zählvorgänge ergeben diskrete Werte.

Binäre (zweiwertige) Signale nehmen nur zwei Werte bzw. Zustände an **(Bild 3)**. Diese zwei Werte können mit 0 und 1 oder AUS und EIN bezeichnet werden. Die beiden Grenztaster –BG1 und –BG2 **(Bild 3)** geben beim Überfahren durch den Schaltnocken ein Signal ab, sodass der Vorschubmotor stillgesetzt wird.

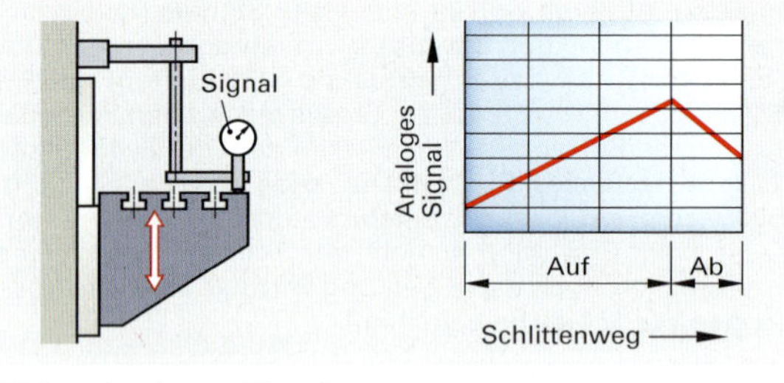

Bild 1: Analoges Signal

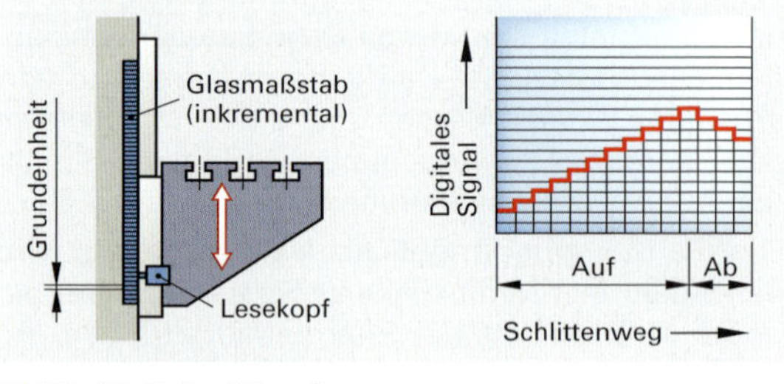

Bild 2: Digitales Signal

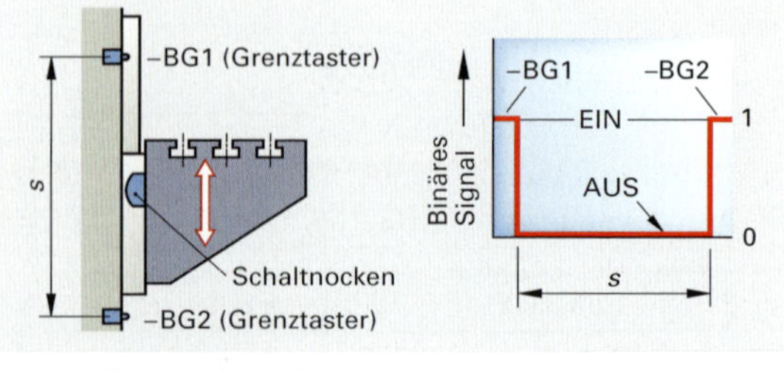

Bild 3: Binäres Signal

Bei statischen Elementen (Schalter) wird der Signalzustand bei Betätigung sprunghaft hergestellt. Probleme können bei dynamischen Signalgliedern (z.B. Transistoren) auftreten, denn hier fehlt das Kippverhalten. Durch Restströme oder Restspannungen bzw. Spannungsschwankungen können Fehlsignale entstehen. Deshalb wird vom Hersteller (z.B. einer SPS) ein High-Bereich bzw. ein Low-Bereich definiert **(Bild 1)**. Würde der Signalpegel im Sicherheitsbereich anliegen, so könnte es zu Fehlschaltungen kommen. Deshalb sind die Signalgeber z.B. mit einem Schnappmechanismus (Seite 579) versehen.

Binärsignale stellen die kleinste Einheit der Information dar, die abgeleitet von **bi**nary digi**t** als **bit** bezeichnet wird.

Stellt man sich die Signalarten als geometrische Gebilde dar, so entspricht das Analogsignal einer Kugel, das Digitalsignal einem Würfel und das Binärsignal einer Münze **(Bild 2)**.

9.2.2.2 Bauarten von Signalgebern

Signalgeber werden unterschieden in **mechanische Positionsschalter** (Grenztaster) und **Sensoren (Bild 3)**.

Mechanische Positionsschalter

Schalter

Mit Schaltern werden vor allem Bewegungsabläufe und Arbeitsvorgänge an Maschinen gestartet und gestoppt. Sie sind binär arbeitende Bauteile. Schalter werden von Hand, mechanisch, z.B. durch Schaltnocken, elektromagnetisch oder durch Luft- bzw. Öldruck betätigt.

Tastschalter geben nur während der Betätigung ein Signal ab. Auch pneumatische oder hydraulische Wegeventile können als Tastschalter verwendet werden **(Bild 4)**.

Stellschalter rasten bei Betätigung ein und geben dann ein Dauersignal ab.

NOT-AUS-Schalter sind Stellschalter mit einer pilzförmigen roten Betätigungskappe. Nach der Betätigung rastet der Schalter ein und darf erst nach der Behebung der Gefahr wieder entriegelt werden.

Tastschalter geben nur ein kurzes Signal, Stellschalter geben ein Dauersignal ab.

Elektrische Schalter (Seite 579) können mit mehreren Kontaktpaaren ausgestattet sein, z.B. je einem Öffner und einem Schließer oder einem Wechsler.

Grenztaster werden durch Nocken in den Grenzstellungen einer Baueinheit betätigt. Sie müssen so eingebaut werden, dass sie „schleifend" angefahren werden **(Bild 5)**, um Schäden zu vermeiden.

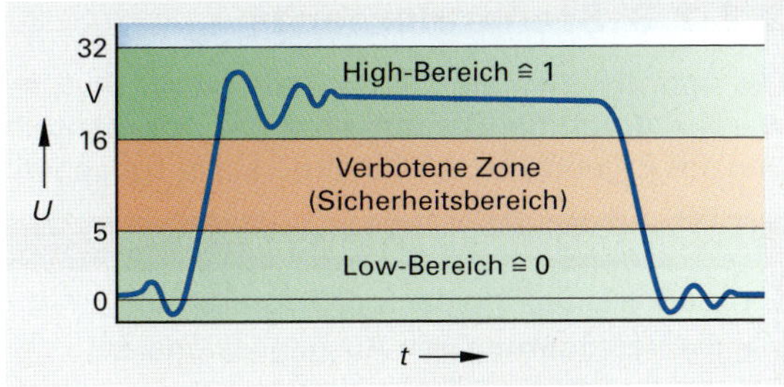

Bild 1: 0–1-Signal am Eingang einer SPS

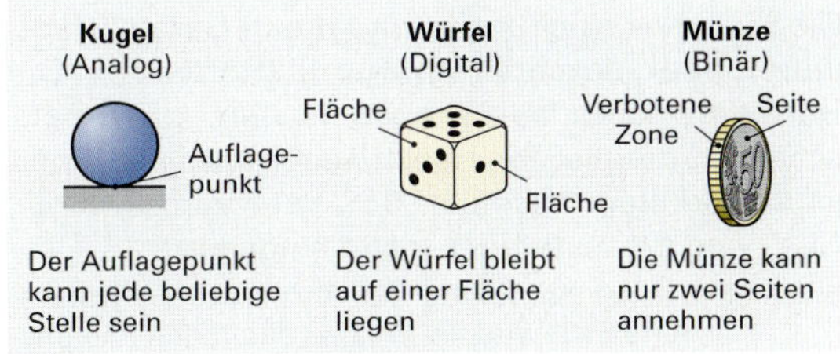

Bild 2: Signaldarstellungen

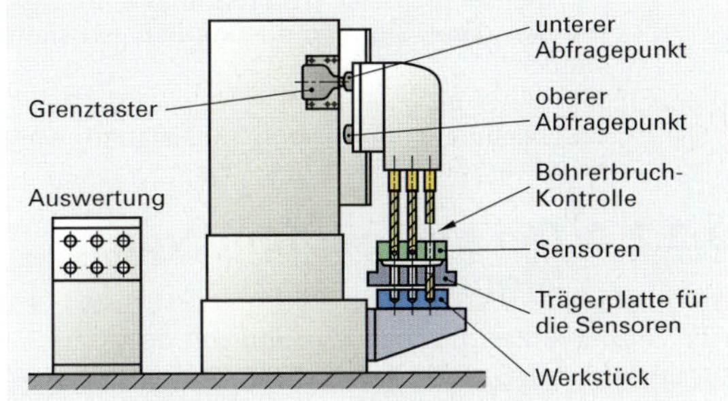

Bild 3: Signalgeber in der Steuerungstechnik

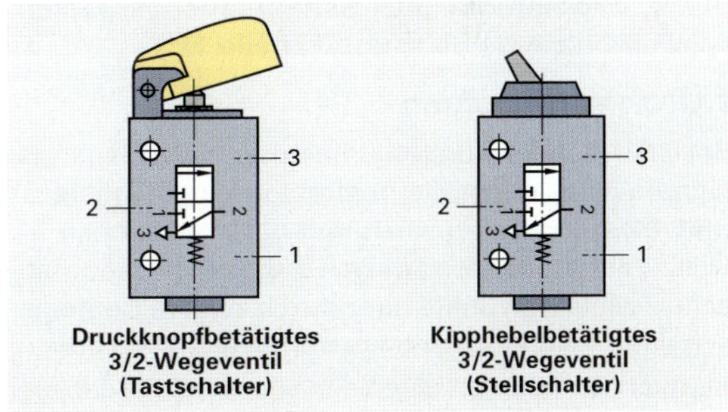

Bild 4: Pneumatische Ventile als Tast- und Stellschalter

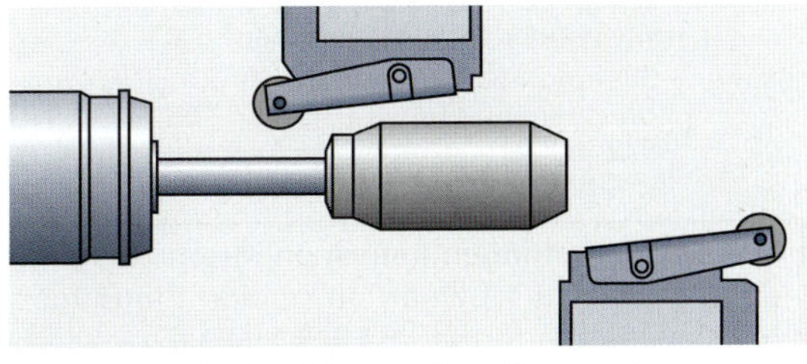

Bild 5: Korrekte Betätigung eines Grenztasters

9.2.2.3 Steuerelemente

Die von den Signalgebern kommenden Signale werden durch die Steuerelemente „verarbeitet" und das Ergebnis an die Schaltgeräte ausgegeben.

Zur Signalverarbeitung gehören

- die **Verknüpfung** der Eingangssignale
- die **Verzögerung** von Ausgangssignalen
- das **Speichern** von Signalverknüpfungen
- die **Vervielfältigung** von Signalen

Die Signalverarbeitung erfolgt durch Geräte (Hardware) oder durch Programme (Software). Die Hardware kann aus mechanischen, pneumatischen, hydraulischen, elektrischen und elektronischen Geräten bestehen. Software wird in SPS-, CNC- und Prozesssteuerungen eingesetzt.

Beispiel: Bei der Steuerung der Sortierweiche **(Bild 1, Seite 553)** wird die Weiche durch den Pneumatikzylinder nach links geschwenkt, wenn bei langen Werkstücken die drei Eingangssignale E1, E2 und E3 gleichzeitig vorhanden sind. Wie müssen diese Signale miteinander verknüpft werden?

Lösung: Die drei Signale können z. B. durch zwei Zweidruckventile pneumatisch miteinander verknüpft werden **(Bild 1)**.

9.2.2.4 Die Verknüpfung von Signalen

Alle Signalverknüpfungen werden mit den Grundfunktionen UND, ODER und NEGATION verwirklicht. Die Verknüpfungen können durch Funktionsgleichungen (Schaltalgebra), Wertetabellen, Logikpläne, Programme und Schaltpläne dargestellt werden (folgende Seite und **Tabelle 1**).

UND-Verknüpfung

Bei UND-Verknüpfungen erhält man das Ausgangssignal A nur, wenn die beiden Eingangssignale E1 und E2 gleichzeitig vorhanden sind (Tabelle 1). UND-Verknüpfungen können z. B. durch pneumatische Zweidruckventile oder durch zwei in Reihe geschaltete Schließerkontakte verwirklicht werden.

Beispiel: Ein hydraulischer Spannstock **(Bild 2)** darf erst schließen (A = 1), wenn die beiden Tastschalter gleichzeitig gedrückt werden (–SJ1 = 1, –SJ2 = 1). Wie müssen die Eingangssignale miteinander verknüpft werden?

Lösung: –SJ1 und –SJ2 werden durch die UND-Funktion verknüpft (Tabelle 1). Sind –SJ1 = 1 UND –SJ2 = 1, erhält man das Ausgangssignal A. Der Spannzylinder fährt aus.

UND-Verknüpfungen liefern an ihrem Ausgang ein Signal (A = 1), wenn an beiden Eingängen gleichzeitig ein Signal (E1 = 1 UND E2 = 1) anliegt.

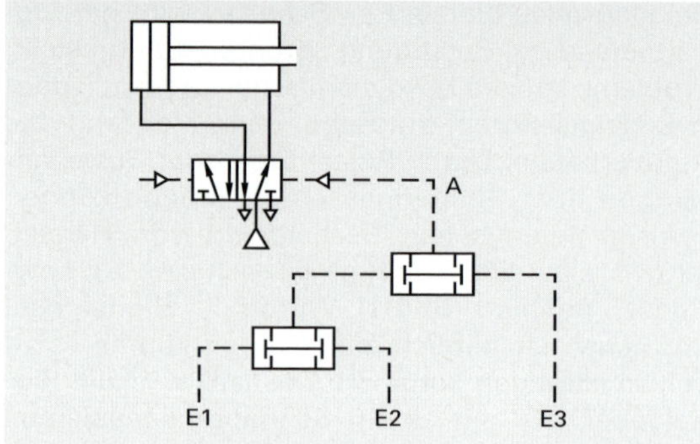

Bild 1: Pneumatische UND-Verknüpfung von drei Eingangssignalen

Tabelle 1: UND-Verknüpfung

Schaltalgebra	Wertetabelle	Logikplan
Funktionsgleichung E1 · E2 = A (E1 UND E2 ist gleich A) · Zeichen für UND-Verknüpfung	E2 | E1 | A 0 | 0 | 0 0 | 1 | 0 1 | 0 | 0 1 | 1 | 1	2 Eingangssignale 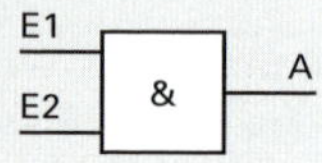
Pneumatischer Schaltplan	**Relais-Schaltung**	**SPS-Funtionsplan**
mit Wegeventilen: 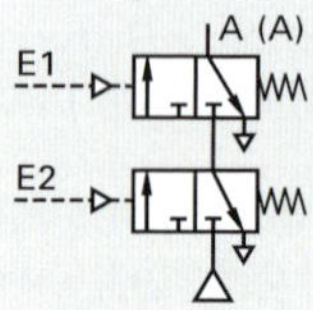 mit Zweidruckventil: 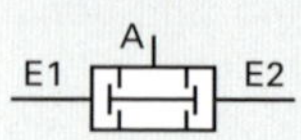	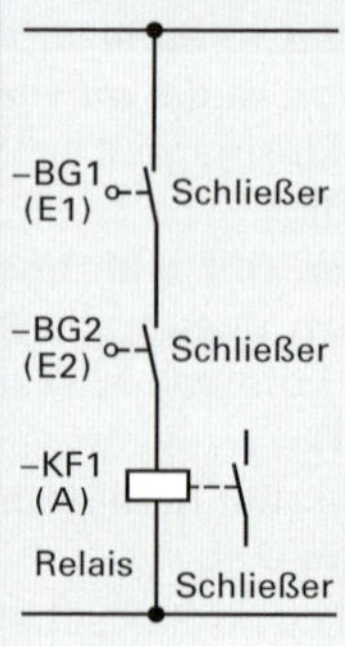	Allgemein | SPS E1 | E0.0 E2 | E0.1 A | A0.0 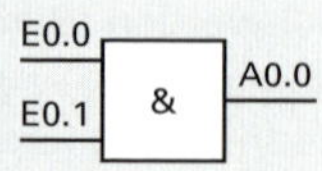

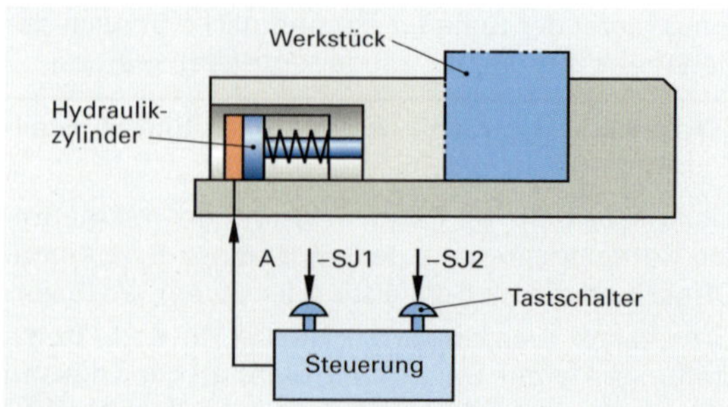

Bild 2: Vereinfachte Zweihandbedienung

Darstellung von Signalverknüpfungen

Die **Schaltalgebra** kann benutzt werden, um Steuerungen zu entwerfen oder zu vereinfachen. Die Verknüpfungen werden dabei durch **Funktionsgleichungen** beschrieben.

In **Wertetabellen** wird zu allen möglichen Kombinationen der Eingangssignale E1, E2 ... die sich durch die Verknüpfung ergebende Ausgangsgröße A dargestellt. Bei 3 Eingangsgrößen ergeben sich $2^3 = 8$, bei 4 Eingangsgrößen $2^4 = 16$ Kombinationsmöglichkeiten. Zur Vereinfachung werden oft nur die Kombinationen aufgeführt, welche die Ausgangsgröße A = 1 ergeben.

Im **Logikplan** werden die Verknüpfungen mit genormten Symbolen dargestellt. Sie werden von links nach rechts aufgebaut und gelesen.

Die logischen Verknüpfungen können auch durch **Programme,** z. B. Anweisungslisten, beschrieben werden. Diese Programme werden in besonderen oder in allgemeinen Programmiersprachen geschrieben. Die Ausgangssignale werden an die zu steuernden Geräte ausgegeben.

Beispiel: Die Steuerung für die linke Stellung der Sortierweiche **(Bild 1, Seite 553)** soll durch einen Logikplan und durch eine Wertetabelle beschrieben werden.

Lösung: Lange Werkstücke überdecken kurzfristig alle drei Sensoren gleichzeitig. Dadurch erhält man: E1 = 1 UND E2 = 1 UND E3 = 1. Nur bei dieser Kombination darf das Ausgangssignal A = 1 werden **(Bild 1)**.

Logikplan

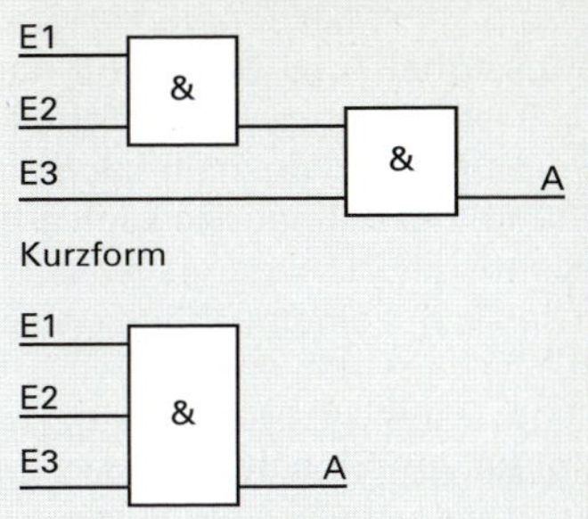

Wertetabelle

E3	E2	E1	A
0	0	0	0
0	0	1	0
0	1	0	0
0	1	1	0
1	0	0	0
1	0	1	0
1	1	0	0
1	1	1	1

Bild 1: UND-Verknüpfung von 3 Eingangssignalen

ODER-Verknüpfung

Bei der ODER-Verknüpfung wird das Ausgangssignal A = 1, wenn entweder das Eingangssignal E1 = 1 oder das Eingangssignal E2 = 1 oder beide Eingangssignale 1 sind **(Tabelle 1)**. Die ODER-Verknüpfung kann z. B. durch ein Wechselventil oder durch parallel geschaltete Schließerkontakte verwirklicht werden.

Beispiel: Ein Förderband kann durch je einen Tastschalter an den beiden Enden des Bandes oder vom Leitstand aus stillgesetzt werden. Die Verknüpfung soll durch Logikplan und Wertetabelle dargestellt werden.

Lösung: Wenn mindestens eines der drei Eingangssignale E1 ODER E2 ODER E3 vorhanden ist, wird das Ausgangssignal A = 1 **(Bild 2)**.

ODER-Verknüpfungen liefern an ihrem Ausgang ein Signal A = 1, wenn an einem der Eingänge oder an allen Eingängen ein Signal (E1 = 1 ODER E2 = 1) ansteht.

Tabelle 1: ODER-Verknüpfung

Schaltalgebra	Wertetabelle	Logikplan
Funktionsgleichung E1 + E2 = A (E1 ODER E2 ist gleich A) + Zeichen für ODER-Verknüpfung	E2 / E1 / A: 0 0 0 0 1 1 1 0 1 1 1 1	2 Eingangssignale 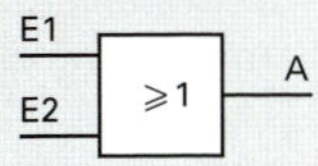
Pneumatischer Schaltplan	**Relais-Schaltung**	**SPS-Funtionsplan**
mit Wegeventilen: 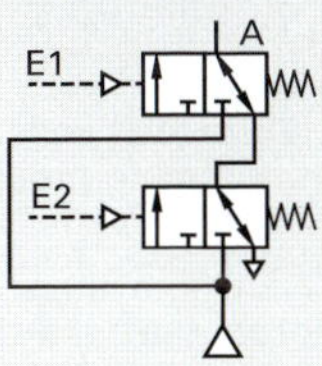 mit Wechselventil: 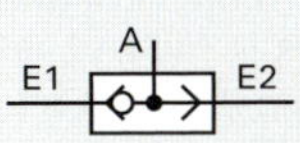	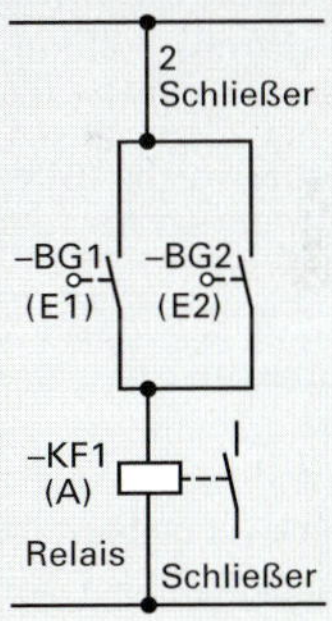	Allgemein / SPS: E1 – E0.0 E2 – E0.1 A – A0.0 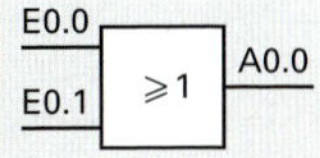

Logikplan

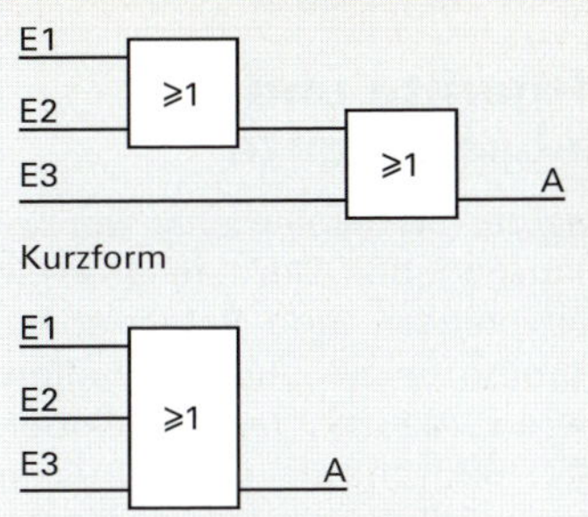

Wertetabelle

E3	E2	E1	A
0	0	0	0
0	0	1	1
0	1	0	1
0	1	1	1
1	0	0	1
1	0	1	1
1	1	0	1
1	1	1	1

Bild 2: ODER-Verknüpfung von 3 Eingangssignalen

NICHT-Verknüpfung

Die NICHT-Verknüpfung kehrt das Eingangssignal E1 um. Das Ausgangssignal A ist "1", wenn das Eingangssignal E1 = 0 ist und umgekehrt **(Tabelle 1)**. Die NICHT-Verknüpfung wird deshalb auch als NEGATION (Verneinung) bezeichnet. Sie kann z. B. durch ein 3/2-Wegeventil mit Durchgangs-Nullstellung oder durch ein Relais mit einem Öffnerkontakt verwirklicht werden.

Beispiel: Eine Meldeleuchte soll eingeschaltet werden, wenn eine elektrische Leitung bricht. Die NICHT-Funktion soll mithilfe eines Relais verwirklicht werden.

Lösung: **Stromlaufplan.** Wenn die Leitung im Strompfad 1 unterbrochen wird, fällt das Relais ab. Der Öffnerkontakt im Strompfad 2 schließt und schaltet die Meldeleuchte ein **(Bild 1).**

> Die **NICHT-Funktion** kehrt Eingangssignale um. Aus einem "1"-Signal am Eingang wird ein "0"-Signal am Ausgang und aus einem "0"-Signal am Eingang ein "1"-Signal am Ausgang.

Tabelle 1: NICHT-Verknüpfung

Schaltalgebra	Wertetabelle	Logikplan
Funktionsgleichung $\overline{E1} = A$ E1 nicht ist gleich A oder $E1 = \overline{A}$ E1 ist gleich nicht A	E1 | A: 0 | 1; 1 | 0	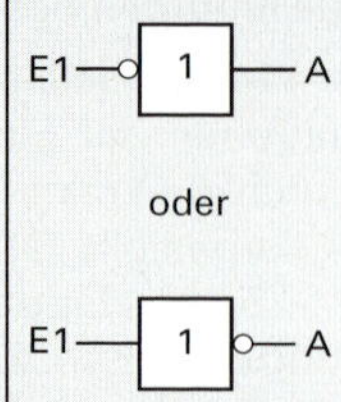
Pneumatischer Schaltplan	**Relais-Schaltung**	**SPS-Funtionsplan**
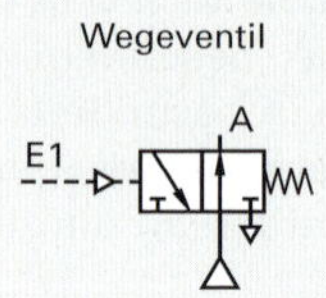	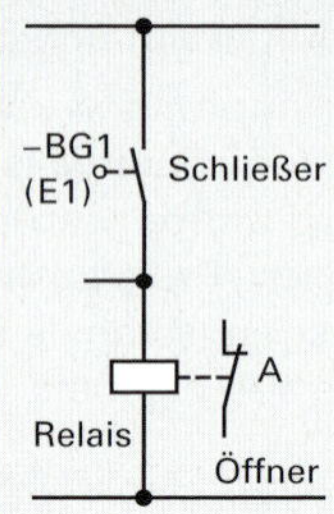	Allgemein – SPS: E1 – E0.0; A – A0.0 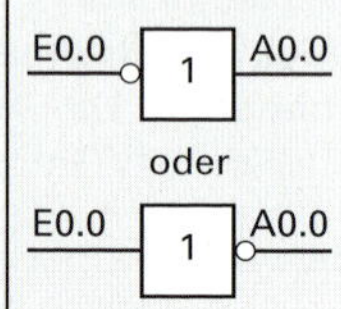

Verknüpfung mehrerer Grundfunktionen

Bei Steuerungen werden oft viele Grundfunktionen miteinander verknüpft. Die Verknüpfungen können auch hier durch Logikpläne und Wertetabellen übersichtlich dargestellt werden. Die Logikpläne können an Rechnern mit geeigneter Software erstellt und durch grafische Simulation getestet werden.

Beispiel: Bei der Sortierweiche **(Bild 1, Seite 553)** sollen die Verknüpfungen für folgende Betätigungen dargestellt werden:

a) Schwenken auf Bahn 1, wenn ein langes Werkstück an den Sensoren vorbeiläuft (A1 = 1)

b) Schwenken auf Bahn 2, wenn ein kurzes Werkstück vorbeiläuft (A2 = 1)

Lösung: Die Eingangssignale E1, E2 und E3 werden folgendermaßen verknüpft **(Bild 2)**:

a) E1 UND E2 UND E3 = A1

b) $\overline{E1}$ UND E2 UND $\overline{E3}$ = A2

9.2.2.5 Schaltgeräte und Antriebselemente

Die Ausgangssignale der Steuerelemente werden an die Schaltgeräte ausgegeben. Dazu gehören die Ventile, die Zylinder steuern, und Relais sowie Schütze, die Elektromotoren zu- und abschalten. Die Antriebselemente („Aktoren“) wie Zylinder, Motoren, Heizgeräte, Bildschirme oder Drücker führen dann als letztes Glied der Steuerkette die von der Steuerung vorgegebenen Schritte aus.

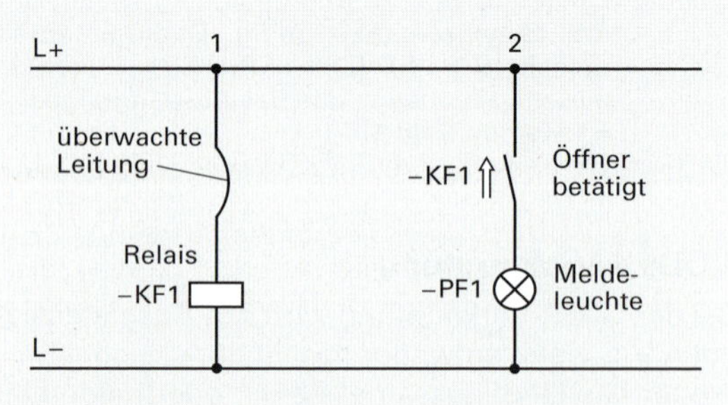

Bild 1: NICHT-Funktion bei der Überwachung einer elektrischen Leitung

Logikplan

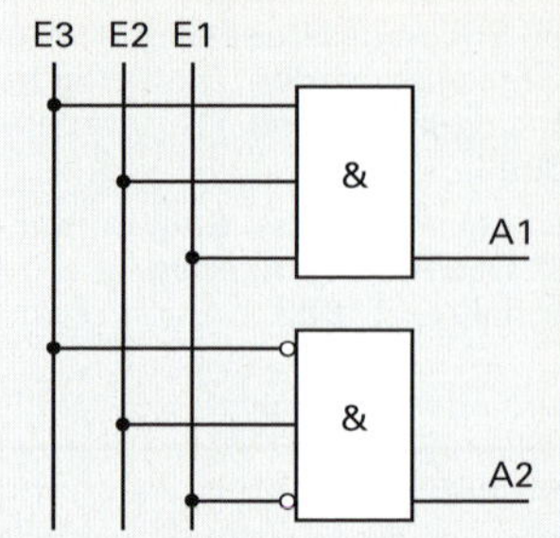

Wertetabelle

E3	E2	E1	A1	A2
0	0	0	0	0
0	0	1	0	0
0	1	0	0	1
0	1	1	0	0
1	0	0	0	0
1	0	1	0	0
1	1	0	0	0
1	1	1	1	0

Bild 2: Logikplan und Wertetabelle für die Steuerung der Sortierweiche

9.3 Pneumatische Steuerungen

Unter Pneumatik versteht man die Lehre vom Verhalten der Gase, insbesondere der Luft. In der Technik umfasst die Pneumatik vor allem die Erzeugung der Druckluft und ihre Nutzung zur Steuerung und zum Antrieb von Maschinen. Pneumatische Steuerungen werden z. B. in Türschließanlagen von Schienenfahrzeugen und Kraftfahrzeugen, bei Verpackungsmaschinen, in Handhabungssystemen und in Montagewerkzeugen eingesetzt.

9.3.1 Baugruppen pneumatischer Anlagen

Pneumatikanlagen können in drei Baugruppen gegliedert werden **(Bild 1)**.

- **Drucklufterzeugung** mit Verdichter, Kühler, Trockner und Druckluftbehälter
- **Druckluftaufbereitung,** bestehend aus Filter, Druckregelventil, eventuell Öler und Hauptventil
- **Pneumatische Steuerung** mit Wege-, Sperr- und Stromventilen, Zeitbausteinen sowie Pneumatikzylindern und Druckluftmotoren.

Pneumatikanlagen und ihre Bauelemente werden bildlich oder mit Schaltplänen dargestellt. Bei den Schaltplänen werden dazu international genormte Symbole verwendet. Sie vereinfachen den Entwurf, das Verstehen der Funktion, die Montage und die Fehlersuche bei pneumatischen Steuerungen wesentlich und sind weltweit verständlich.

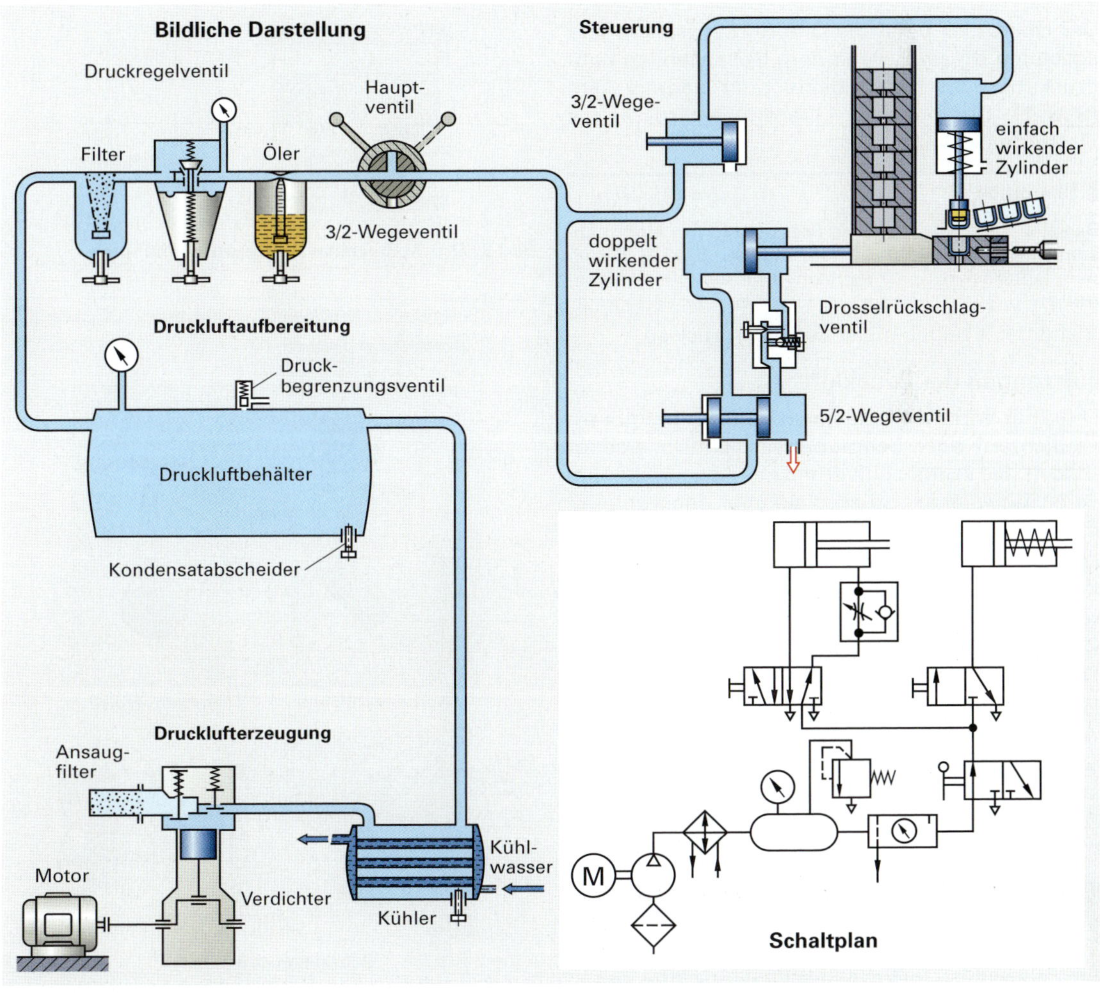

Bild 1: Bildliche Darstellung und Schaltplan einer Pneumatikanlage

9.3.2 Bauelemente der Pneumatik

9.3.2.1 Druckluftanlage

Druckeinheiten und Druckarten

Drückt ein Kolben der Fläche *A* mit der Kraft *F* auf eine eingeschlossene Luftmenge, entsteht dort der Überdruck p_e **(Bild 1).**

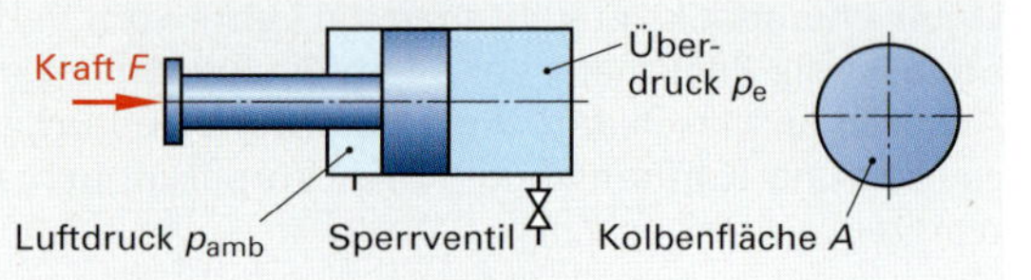

Bild 1: Entstehung des Druckes

Druck $p_e = \frac{F}{A}$

Die Einheiten des Druckes sind das Pascal (Pa) und das Bar (bar):

$$1\ \text{Pa} = 1\frac{\text{N}}{\text{m}^2} = 0{,}00001\ \text{bar}; \quad 1\ \text{bar} = 10\frac{\text{N}}{\text{cm}^2}$$

Beispiel: Zylinder (Bild 1) mit $F = 4$ kN, $A = 78{,}5$ cm². Welcher Überdruck p_e entsteht?

Lösung: $\boldsymbol{p_e} = \frac{F}{A} = \frac{4000\ \text{N}}{78{,}5\ \text{cm}^2} = 51\frac{\text{N}}{\text{cm}^2} = \mathbf{5{,}1\ bar}$

Der Überdruck p_e ist die Differenz zwischen dem absoluten Druck p_{abs} und dem herrschenden Luftdruck p_{amb}. Er kann positiv oder negativ sein **(Bild 2)**. Der negative Überdruck wird oft als „Unterdruck" bezeichnet.

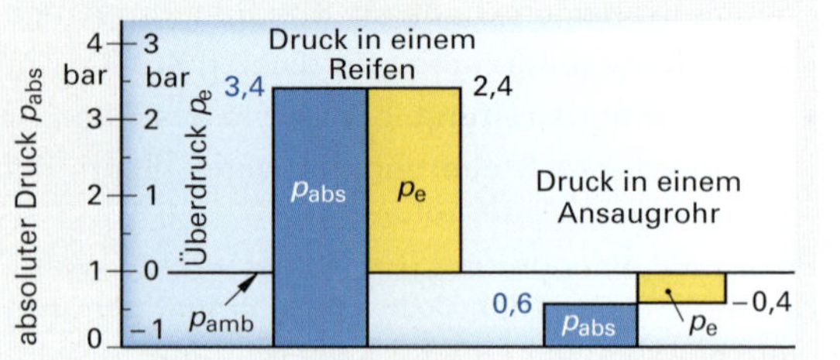

Bild 2: Absoluter Druck und Überdruck

Überdruck $p_e = p_{abs} - p_{amb}$

Beispiel: Eine pneumatische Presse wird mit einem absoluten Druck von p_{abs} = 7 bar betrieben **(Bild 3)**. Bei einem Luftdruck p_{amb} = 1 bar stehen für die Presskraft somit $p_e = p_{abs} - p_{amb}$ = 7 bar − 1 bar = 6 bar zur Verfügung.

Manometer zeigen meist den Überdruck an.

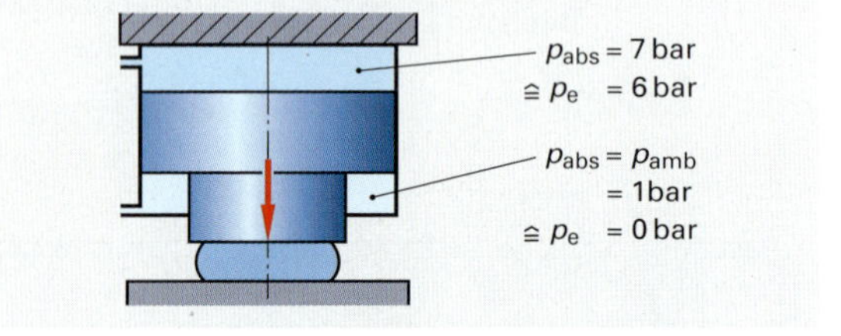

Bild 3: Drücke bei einer pneumatischen Presse

Erzeugen der Druckluft

Druckluft wird mit Kolbenverdichtern, Membranverdichtern oder Schraubenverdichtern erzeugt **(Bild 4)**. Sie saugen Luft durch das Ansaugfilter an, verdichten sie und drücken sie über den Kühler in den Druckluftbehälter **(Bild 1, folgende Seite)**.

Die sich beim Verdichten erwärmende Luft wird im Kühler gekühlt. Das entstehende Kondenswasser wird abgeschieden. Druckluft mit sehr geringer Restfeuchtigkeit erhält man durch Abkühlen der Druckluft auf 4 °C (Kältetrocknung).

Ist der maximale Druck im Druckluftbehälter erreicht, wird die Zufuhr weiterer Druckluft ausgesetzt. Dazu wird der Antriebsmotor des Verdichters stillgesetzt (Aussetzregelung) oder es werden die Ansaugventile offen gehalten, während der Antriebsmotor weiterläuft (Entlastungsregelung).

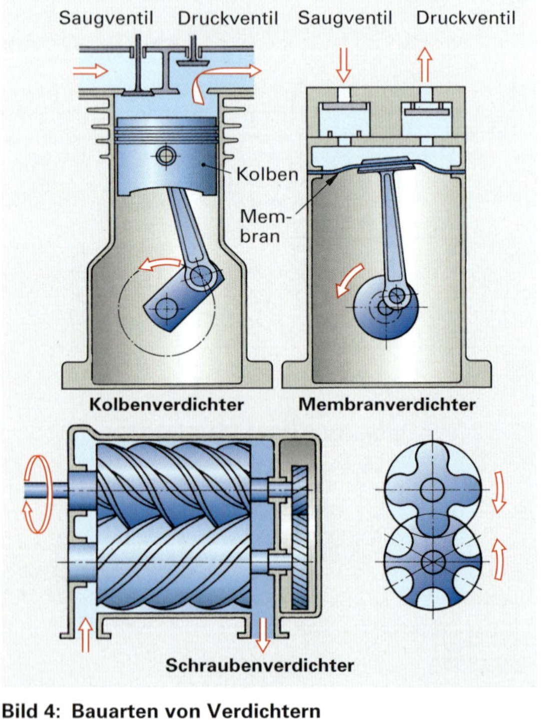

Bild 4: Bauarten von Verdichtern

Aufgaben der Druckluftbehälter

- Speichern und Kühlen der Druckluft
- Abscheiden restlicher Luftfeuchtigkeit
- Ausgleich von Druckschwankungen

Verteilung und Aufbereitung der Druckluft

Die Druckluft wird vom Druckbehälter über Rohrleitungen den Entnahmestellen zugeführt **(Bild 1)**.

Forderungen an das Druckluftnetz

- Das Druckluftnetz ist als Ringleitung anzulegen, um die Versorgung auch bei Reparaturen zu gewährleisten.
- Die Leitungsquerschnitte sind so groß zu wählen, dass nicht mehr als 0,2 bar Druckverlust entsteht.
- Die Leitungen sind mit Gefälle zu verlegen, damit das Kondenswasser abgelassen werden kann.

Vor den Zylindern und Ventilen einer Pneumatiksteuerung ist die Aufbereitungseinheit (Wartungseinheit) eingebaut **(Bild 2)**. Sie besteht aus Druckluftfilter, Druckregelventil und Drucklufttöler. Der Filter reinigt die Druckluft von restlichen Verunreinigungen. Das Druckregelventil hält den Druck in der Steuerung konstant. Der Öler mischt der Druckluft fein zerstäubtes Öl bei, um bewegte Bauteile zu schmieren und Korrosion zu verhindern.

Viele pneumatische Steuerungen, z. B. in der Computer- und Nahrungsmittelindustrie, benötigen ölfreie und hochreine Druckluft. Bei diesen Steuerungen entfällt der Öler. Auch bei anderen Anwendungen wird zunehmend ölfreie Druckluft verwendet, um Mitarbeiter und Umwelt vor ölhaltiger Abluft zu schützen.

9.3.2.2 Pneumatische Arbeitselemente

Druckluftzylinder

Die Druckluftzylinder führen hin- und hergehende Bewegungen aus. Man unterscheidet einfachwirkende und doppeltwirkende Zylinder.

Beim **einfachwirkenden Zylinder** verschiebt die Druckluft den Kolben nur in eine Richtung **(Bild 3)**. Eine eingebaute Feder holt den Kolben in seine Ausgangslage zurück.

Bei **doppeltwirkenden Zylindern** wird der Kolben in beiden Richtungen durch Druckluft bewegt **(Bild 4)**. Zylinder mit eingebauter Endlagendämpfung bremsen den Kolben am Ende des Hubes ab. Die vom Kolben verdrängte Druckluft kann nicht mehr durch die große Mittelbohrung entweichen, weil diese durch den Dämpfungszapfen gesperrt wird. Sie muss jetzt den engen Drosselspalt durchströmen und baut dadurch einen Gegendruck auf. Der Kolben wird elastisch abgebremst und fährt mit verminderter Geschwindigkeit in seine Endlage ein. Die Geschwindigkeit lässt sich durch Verändern des Drosselspaltes einstellen.

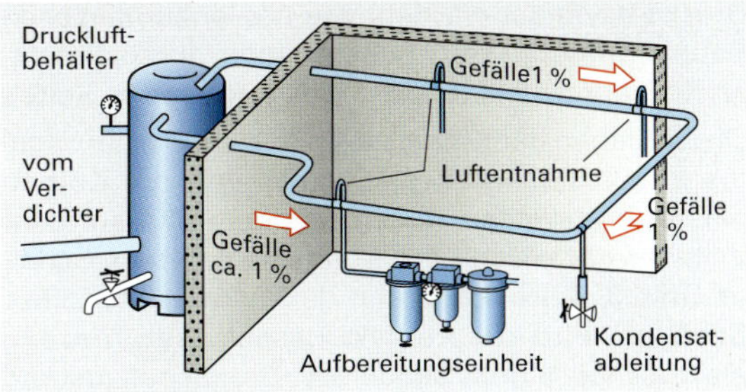

Bild 1: Druckluftverteilung

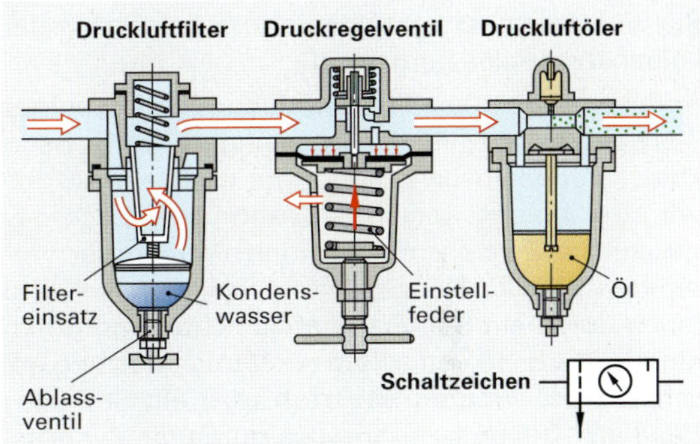

Bild 2: Aufbereitungseinheit

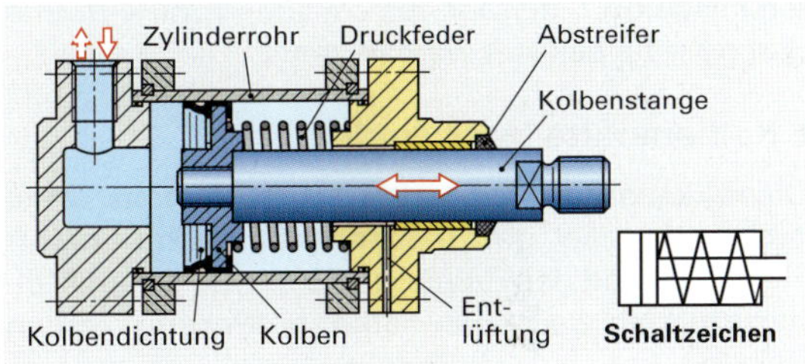

Bild 3: Einfachwirkender Zylinder

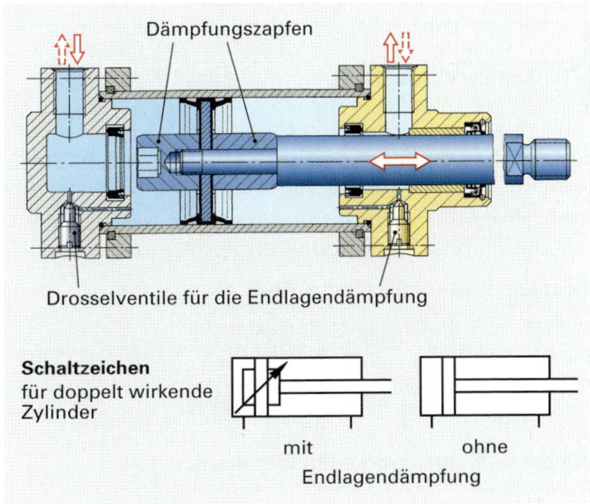

Bild 4: Doppeltwirkender Zylinder mit beidseitiger einstellbarer Endlagendämpfung

SimMetall S31

Druckluftzylinder werden, wie alle pneumatischen Bauelemente, in den Schaltplänen durch Schaltzeichen dargestellt **(Bilder 3 und 4, vorherige Seite).**

Die Endlagen der Kolben können auch berührungslos abgetastet werden. Dazu haben die Kolben einen ringförmigen Dauermagneten und auf dem Zylinderrohr sitzen berührungslos betätigte Schalter **(Bild 3, Seite 585).** Fährt der Kolben unter diese Schalter, wird ein Kontakt geschlossen und ein elektrisches Signal ausgelöst. Der Schaltzustand der Kontakte wird durch eine Diode angezeigt.

Kolbenstangenlose Zylinder

Pneumatikzylinder werden mit Kolbenstangen oder kolbenstangenlos hergestellt.

Kolbenstangenlose Zylinder benötigen weniger Platz als Zylinder mit Kolbenstange **(Bild 1).** Beim kolbenstangenlosen Zylinder mit direktem Antrieb wird der Kolben über eine Kraftbrücke durch das geschlitzte Zylinderrohr mit dem Mitnehmer verbunden **(Bild 2).** Der Schlitz im Zylinderrohr wird innen durch ein Stahlband abgedichtet und durch ein zweites Band von außen vor Verschmutzung geschützt. Bei anderen Bauarten wird ein Seil oder Band am Kolben befestigt, das durch die Zylinderdeckel geführt und umgelenkt wird (Bild 2). Der Mitnehmer wird bei allen Bauarten auch als Laufschlitten ausgeführt, der auf dem Zylinderrohr läuft und durch Kräfte belastet werden kann.

Kolbenkräfte bei Zylindern

Die wirksame Kolbenkraft F erhält man als Differenz zwischen der theoretischen Kolbenkraft $F_{th} = p_e \cdot A$ und den Reibungskräften F_R, die am Kolben und an der Kolbenstangenführung wirken **(Bild 3).**

Die Reibungskräfte werden durch den Wirkungsgrad η des Zylinders berücksichtigt.

Wirksame Kolbenkraft

$$F = F_{th} - F_R$$
$$F = F_{th} \cdot \eta$$
$$F = p_e \cdot A \cdot \eta$$

Die wirksame Kolbenkraft bei Zylindern mit einseitiger Kolbenstange ist beim Einfahren kleiner als beim Ausfahren, weil die wirksame Kolbenfläche um die Fläche der Kolbenstange geringer ist.

Beispiel: Pneumatikzylinder **(Bild 4)**

Wirksame Kolbenkraft beim Ausfahren:

$$\boldsymbol{F} = p_e \cdot A \cdot \eta = 60\,\frac{\text{N}}{\text{cm}^2} \cdot \frac{\pi \cdot (10\ \text{cm})^2}{4} \cdot 0{,}90 = \mathbf{4241\ N}$$

Wirksame Kolbenkraft beim Einfahren:

$$\boldsymbol{F} = p_e \cdot A \cdot \eta = 60\,\frac{\text{N}}{\text{cm}^2} \cdot \frac{\pi \cdot (10^2 - 2{,}5^2)\ \text{cm}^2}{4} \cdot 0{,}85 = \mathbf{3755\ N}$$

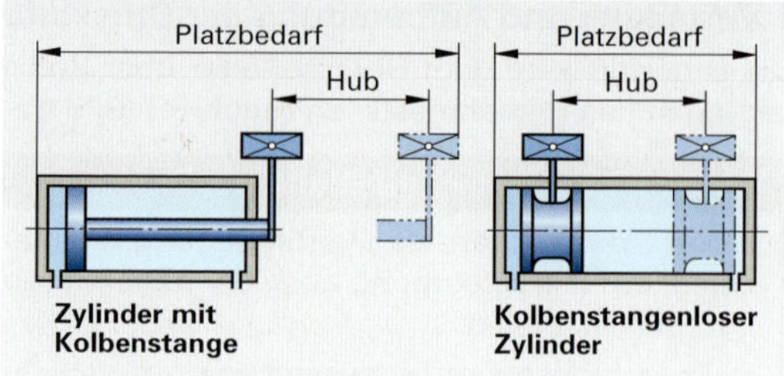

Bild 1: Platzbedarf von Zylindern

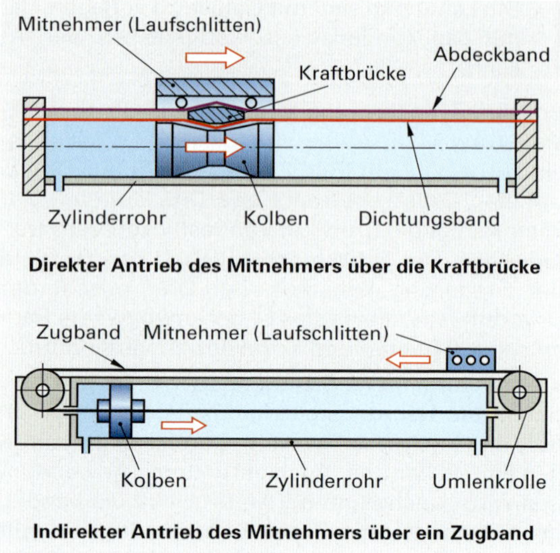

Bild 2: Bauarten kolbenstangenloser Zylinder

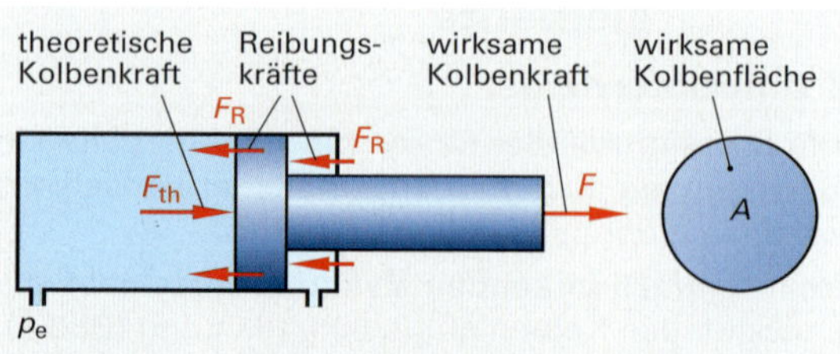

Bild 3: Kolbenkräfte bei Zylindern

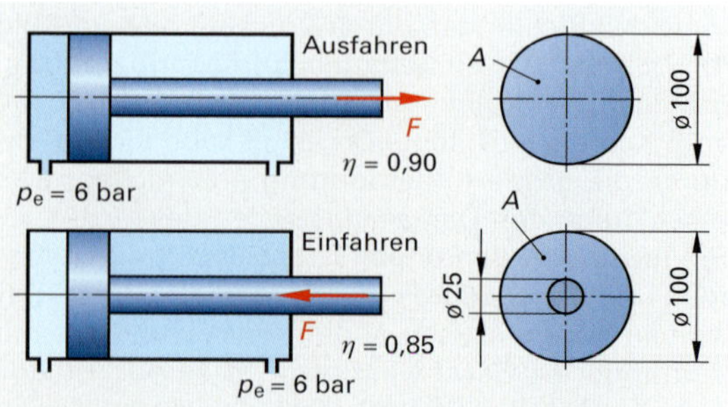

Bild 4: Kolbenkräfte beim Ausfahren und Einfahren

Druckluftmotoren

Druckluftmotoren treiben Schrauber, Handschleifgeräte, Hebezeuge und andere Maschinen mit drehender Arbeitsbewegung an. Sie werden als **Lamellen-, Kolben- und Zahnradmotoren** gebaut.

Druckluft-Lamellenmotoren bestehen aus dem Gehäuse mit zylindrischer Bohrung und dem Rotor mit den Lamellen, die den sichelförmigen Arbeitsraum in mehrere Druckkammern unterteilen **(Bild 1)**. Die durch die Druckluftzuführung einströmende Druckluft dreht den exzentrisch gelagerten Rotor über die in Schlitzen radial verschiebbaren Lamellen. Da sich die Druckkammern bei der Drehung vergrößern, entspannt sich die Druckluft und strömt dann durch den Auslass ins Freie. Das abgegebene Drehmoment des Motors hängt vom Druck der Luft und von der beaufschlagten Fläche der Lamellen ab. Druckluftmotoren für zwei Drehrichtungen besitzen zwei Druckluftanschlüsse, die je nach der gewünschten Drehrichtung des Motors abwechselnd über ein 4/2-Wegeventil mit Druckluft versorgt werden.

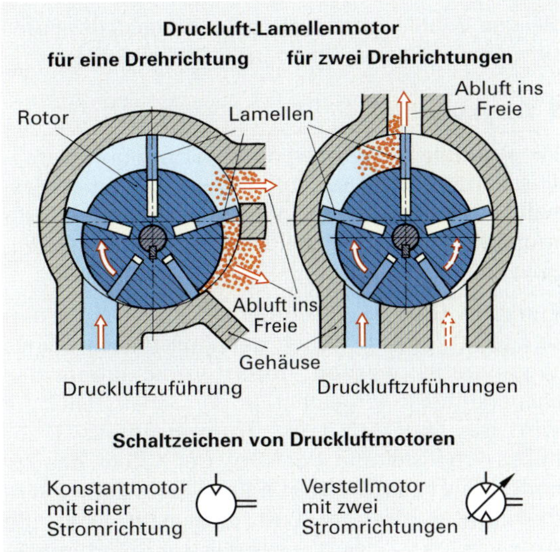

Bild 1: Druckluft-Lamellenmotor

Beispiel für die Anwendung pneumatischer Arbeitselemente

In der automatischen Montage- und Bearbeitungsmaschine (**Bild 2**) werden durch den doppeltwirkenden **Zylinder –MM1** Gehäuse aus einem Fallmagazin gegen einen Anschlag geschoben und gespannt. Anschließend werden Buchsen, die von einem Schwingförderer zugeführt werden, durch den einfachwirkenden **Zylinder –MM2** eingepresst. Danach wird mit einer Bohrvorschubspindel die fehlende seitliche Bohrung gebohrt. Die Vorschubbewegung der Bohrspindel erfolgt durch einen doppeltwirkenden **Pneumatikzylinder –MM3,** der Drehantrieb durch einen Druckluft-Lamellenmotor. Der waagrechte **Zylinder –MM4,** der hinter der Spannstelle liegt, schiebt das fertige Werkstück aus der Maschine. Der Ablauf der Bewegungen kann in einem GRAFCET dargestellt werden (Seite 571).

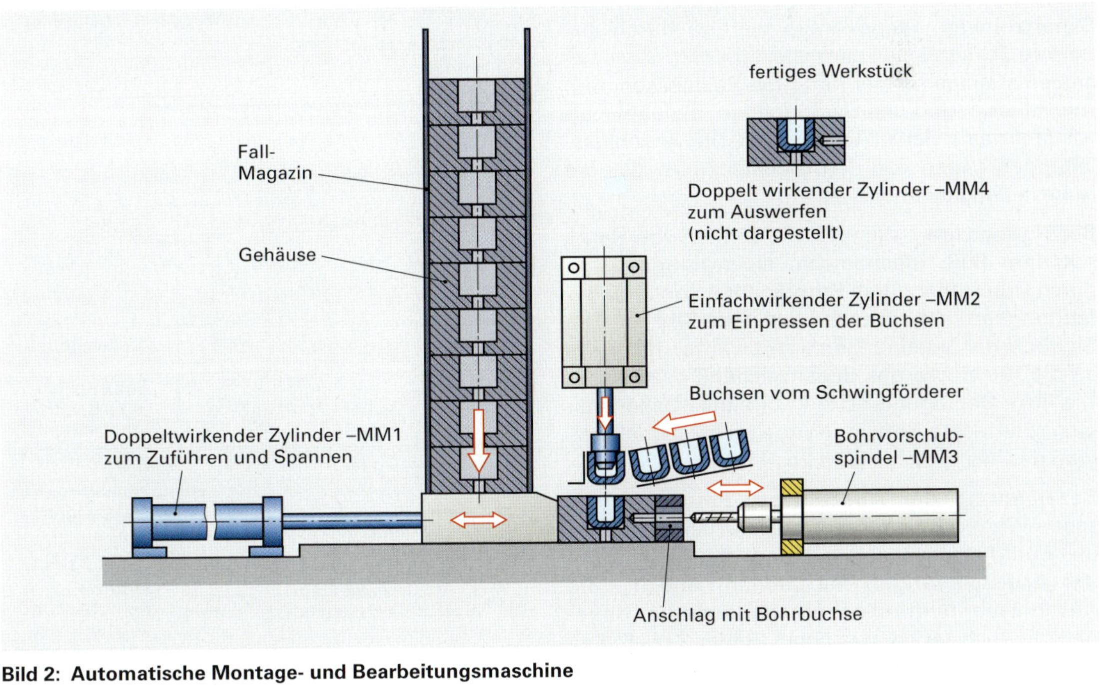

Bild 2: Automatische Montage- und Bearbeitungsmaschine

9.3.2.3 Ventile

Bei den Ventilen unterscheidet man nach der Funktion Wege-, Sperr-, Strom- und Druckventile.

Wegeventile

Wegeventile bestimmen Start, Stopp und Durchflussrichtung der Druckluft. Mit ihnen werden deshalb die Bewegungen von Zylindern und Druckluftmotoren sowie die Schaltstellungen anderer Wegeventile gesteuert.

Funktion (Bild 1). Die unterschiedlichen Verbindungen (Wege) zwischen den Anschlüssen eines Wegeventils werden durch Verschieben des Steuerkolbens hergestellt. In der Schaltstellung a wird die Druckluft vom Druckanschluss 1 zur linken Arbeitsleitung 4 geleitet. Der Kolben des Zylinders fährt aus. Die vom Kolben im rechten Zylinderraum verdrängte Luft entweicht über die Arbeitsleitung 2 des Wegeventils zur Entlüftung 3.

In der Schaltstellung b des Wegeventils strömt die Druckluft von 1 nach 2 und von dort in den rechten Zylinderraum. Die aus dem linken Zylinderraum verdrängte Luft entweicht von 4 nach 5. Der Kolben fährt ein.

Bezeichnung. Wegeventile werden nach der Anzahl ihrer Anschlüsse und nach der Anzahl ihrer Schaltstellen bezeichnet. Das in Bild 1 gezeigte Wegeventil hat 5 Anschlüsse (1, 2, 3, 4, 5) und 2 Schaltstellungen (a und b). Es ist demnach ein 5/2-Wegeventil.

Schaltzeichen. Wegeventile werden durch genormte Schaltzeichen dargestellt **(Bild 2).** Diese bestehen aus aneinander gefügten Rechtecken, den Anschlüssen und den Betätigungen. Jedes Rechteck stellt eine Schaltstellung dar. Die Anschlussleitungen gehen von dem Rechteck aus, das die Ruhestellung symbolisiert.

Betätigungsarten. Wegeventile können von Hand, mit dem Fuß, mechanisch, elektromagnetisch, durch Druck oder durch Kombination von zwei Betätigungsarten geschaltet werden **(Bild 3).** Die Symbole der Betätigungen werden links und rechts an die Rechtecke des Schaltzeichens gezeichnet. Die linke Betätigung bewirkt die linke Schaltstellung, die rechte Betätigung die rechte Schaltstellung des Wegeventils (Bild 2).

Bezeichnung der Anschlüsse. Bei pneumatischen Wegeventilen werden der Druckanschluss, die Entlüftungsanschlüsse und die Anschlüsse der Arbeitsleitungen mit Zahlen (Bild 1), die Anschlüsse hydraulischer Wegeventile dagegen mit Buchstaben bezeichnet **(Bilder 2 bis 5, Seite 601).**

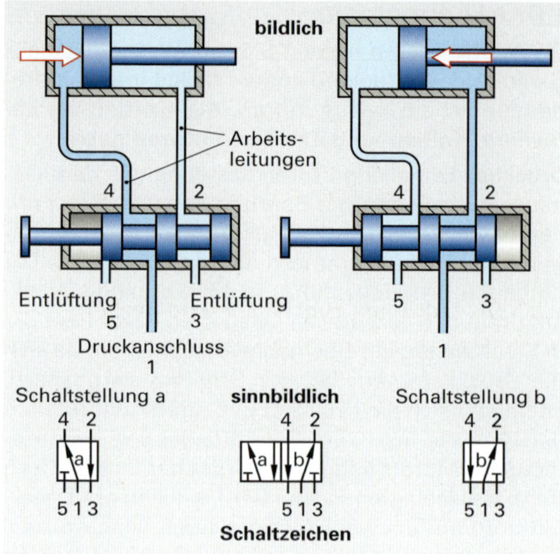

Bild 1: Darstellung von Wegeventilen

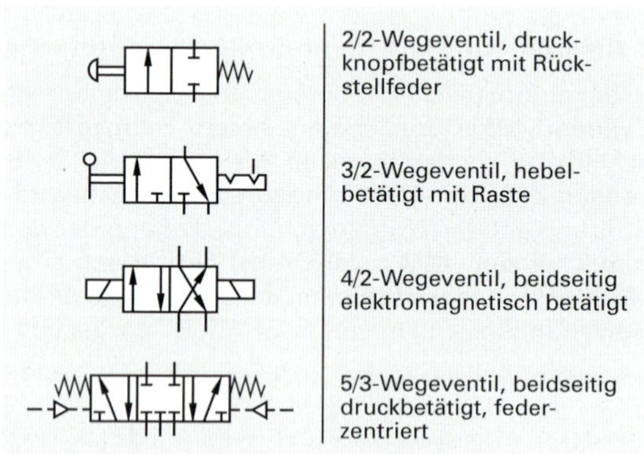

Bild 2: Schaltzeichen von Wegeventilen

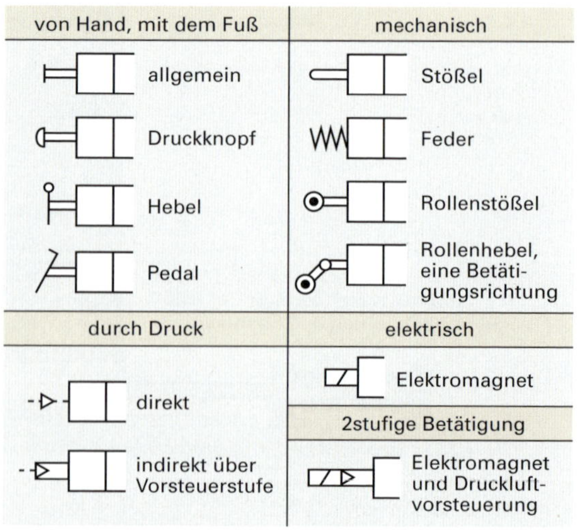

Bild 3: Betätigungsarten von Ventilen

Direkte Steuerung mit Wegeventilen. In nicht automatisierten Maschinen wird die Bewegung pneumatischer Zylinder und Motoren durch hand- oder pedalbetätigte Ventile „direkt" ausgelöst. Bei einem Druckluftschrauber z. B. sitzt das 3/2-Wegeventil im Gehäuse und wird durch die Drucktaste geöffnet und geschlossen **(Bild 1)**. In der Schaltstellung „a" erhält der Druckluftmotor Luft. Die Schraubspindel dreht sich. Wird der Handhebel des Ventils losgelassen, drückt die Feder das Ventil in die Stellung „b". Die Luftzufuhr zum Motor wird gesperrt.

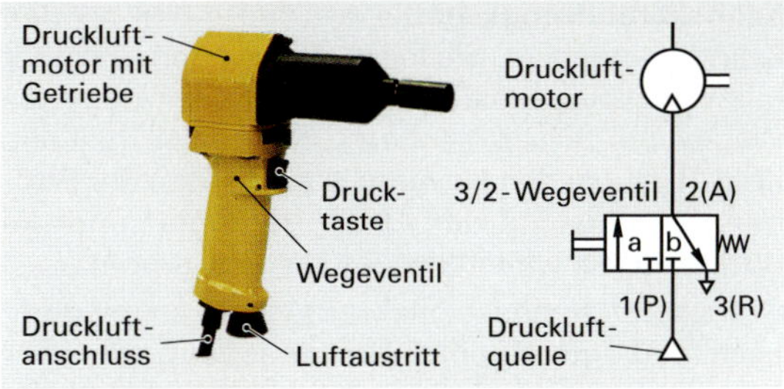

Bild 1: Direkte Steuerung eines Druckluftmotors

Indirekte Steuerung mit Wegeventilen. Müssen die Bewegungen von Zylindern selbsttätig erfolgen, werden die Wegeventile zur Steuerung der Zylinder nicht mehr von Hand betätigt. Die Umsteuerung erfolgt durch Signale weiterer Wegeventile oder Sensoren. Der Zylinder zum Einpressen von Stiften z. B. fährt von selbst zurück, wenn er in der vorderen Endlage das 3/2-Wegeventil –SJ1 betätigt **(Bild 2)**.

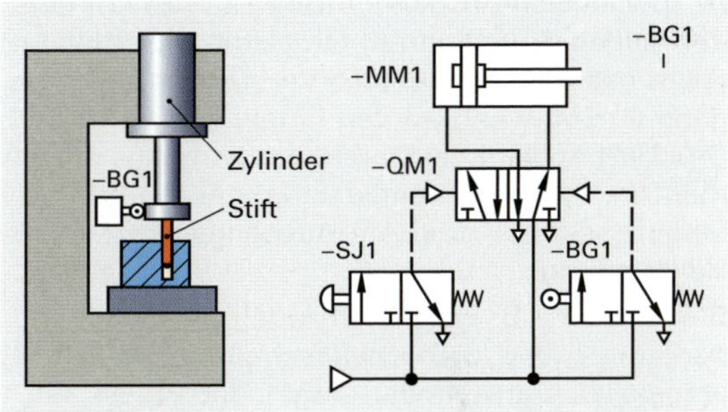

Bild 2: Indirekte Steuerung eines Druckluftzylinders

Sperrventile

Sperrventile verhindern den Durchfluss der Luft in einer Richtung.

Das Sperrelement wird von der Druckluft so verschoben, dass immer ein Anschluss nach außen gesperrt wird.

Rückschlagventile lassen die Luft von A nach B durchströmen, sperren aber den Durchfluss in der Sperrrichtung von B nach A **(Bild 3)**.

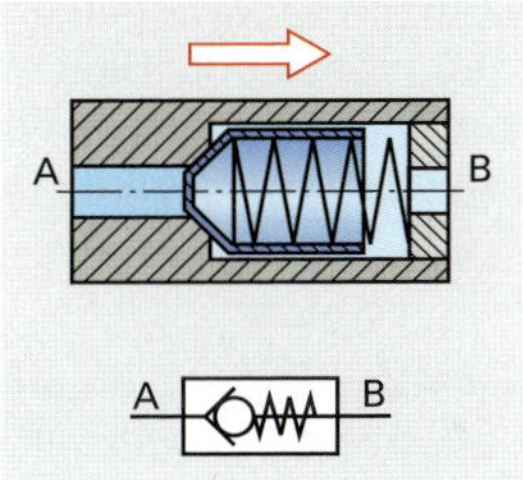

Bild 3: Rückschlagventil

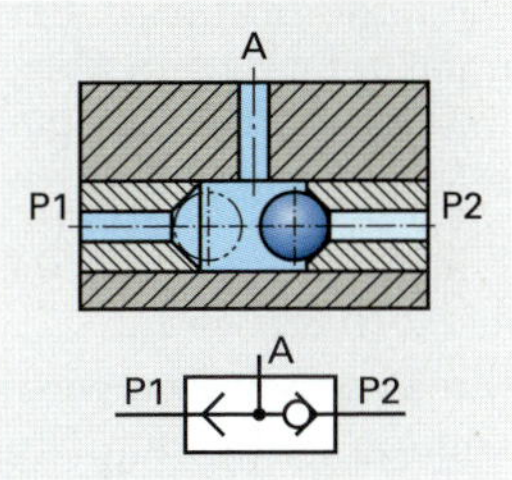

Bild 4: Wechselventil

Wechselventile besitzen zwei wechselseitig sperrbare Anschlüsse P1 und P2 sowie einen Ausgang A **(Bild 4)**. Wird entweder der Eingang P1 **oder** der Eingang P2 mit Druckluft beaufschlagt, sperrt das Sperrelement den nicht beaufschlagten Eingang ab und die Druckluft gelangt zum Anschluss A. Ein Wechselventil wirkt als logische **ODER-Verknüpfung.**

Mit Wechselventilen kann z. B. ein doppeltwirkender Zylinder von zwei räumlich getrennten Stellen aus gesteuert werden **(Bild 5)**. Der kolbenstangenlose Zylinder –MM1 betätigt die Schiebetür zum Arbeitsraum einer Drehmaschine. Mit den beiden Wegeventilen –SJ1 **oder** –SJ2 wird das Ventil –QM1 in die Stellung „a" geschaltet und die Schiebetür damit geöffnet. Mit den Ventilen –SJ3 **oder** –SJ4 wird sie wieder geschlossen.

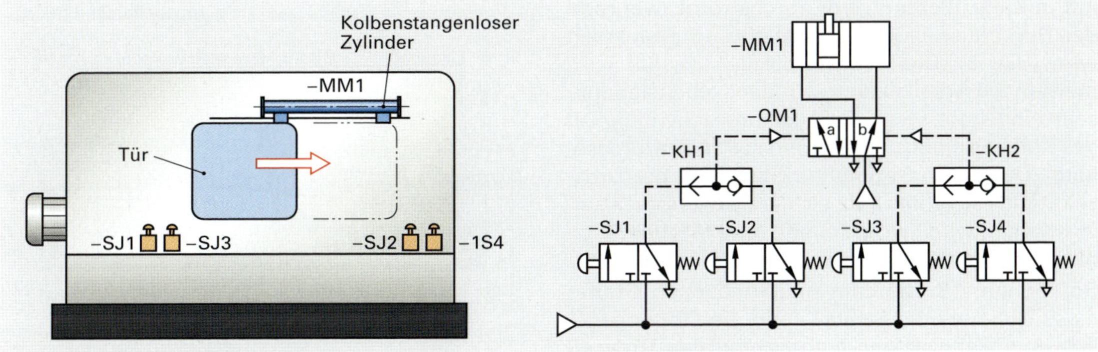

Bild 5: Steuerung einer Schiebetür von zwei Stellen aus

Schnellentlüftungsventile werden direkt an den Zylinder angebaut. Sie leiten die aus dem Zylinder beim Rückhub ausströmende Luft nicht über das Wegeventil zurück, sondern unmittelbar ins Freie **(Bild 1)**. Durch den kürzeren Weg werden der Strömungswiderstand der Abluft verringert und die Rücklaufgeschwindigkeit des Kolbens erhöht.

Schnellentlüftungsventile werden z. B. an pneumatisch betätigte Kupplungen angebaut, die sehr schnell schalten sollen.

Zweidruckventile besitzen zwei Eingänge P1 und P2 sowie einen Ausgang A **(Bild 2)**. Wird nur einer der beiden Eingänge mit Druckluft beaufschlagt, sperrt das Sperrelement die Verbindung zum Ausgang A. Erst wenn an den Eingängen P1 **und** P2 Druckluft ansteht, ist Durchfluss zum Ausgang A möglich. Zweidruckventile verknüpfen somit zwei Eingangssignale zu einem Ausgangssignal **(UND-Verknüpfung)**.

Sie werden z. B. bei Steuerungen mit Zweihandbedienung und Sicherheitsschaltungen **(Bild 3)** eingesetzt. Der Zylinder –MM1 der Presse fährt erst aus, wenn das Schutzgitter beim Schließen das Wegeventil –BG2 betätigt **und** das Startventil –SJ1 gedrückt wird. Bei Zweihandsteuerungen an unfallgefährlichen Maschinen müssen die beiden mit den Händen ausgelösten Signale gleichzeitig erfolgen und vor jedem neuen Hub des Zylinders ganz gelöscht sein.

Stromventile

Mit Stromventilen wird die Größe des durch eine Leitung fließenden Druckluftstromes eingestellt. Es gibt Drosselventile und Drosselrückschlagventile. Sie können in die zum Zylinder führende Leitung (Zuluftdrosselung) oder in die vom Zylinder kommende Leitung (Abluftdrosselung) eingebaut werden.

Drosselventile haben eine konstante oder eine einstellbare Engstelle (Drossel), welche den Durchfluss der Luftmenge beeinflusst **(Bild 4)**.

Drosselrückschlagventile werden von der Druckluft in einer Richtung frei durchströmt, während der Durchfluss in der Gegenrichtung gedrosselt wird **(Bild 5)**. Das Drosselrückschlagventil wird meist in die Arbeitsleitung auf der Kolbenstangenseite eingebaut, wenn die Ausfahrgeschwindigkeit des Kolbens eingestellt werden soll **(Abluftdrosselung)**. Durch den Strömungswiderstand des Drosselrückschlagventils baut sich ein Gegendruck auf. Der Kolben wird „eingespannt" und fährt dadurch gleichmäßiger aus.

So können z. B. bei dem pneumatischen Greifer eines Roboters die Schließ- und die Öffnungsgeschwindigkeit mit den eingeschraubten Drosselventilen eingestellt werden **(Bild 6)**.

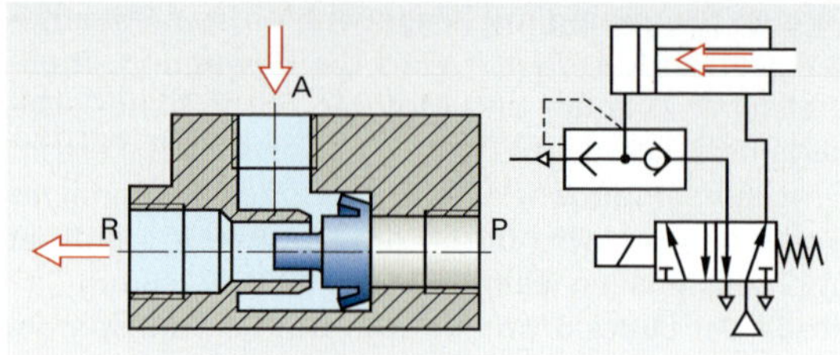

Bild 1: Schnellentlüftungsventil

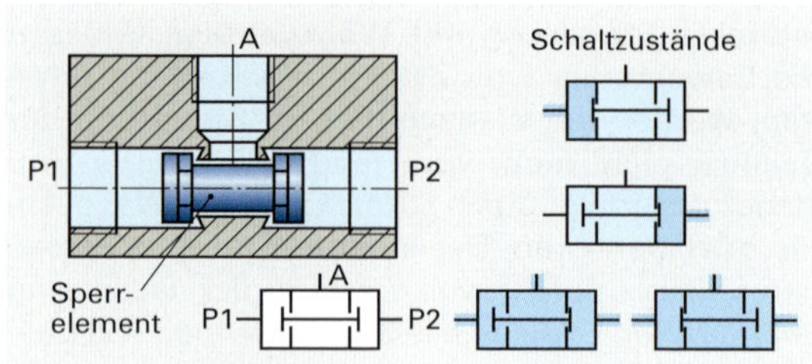

Bild 2: Zweidruckventil

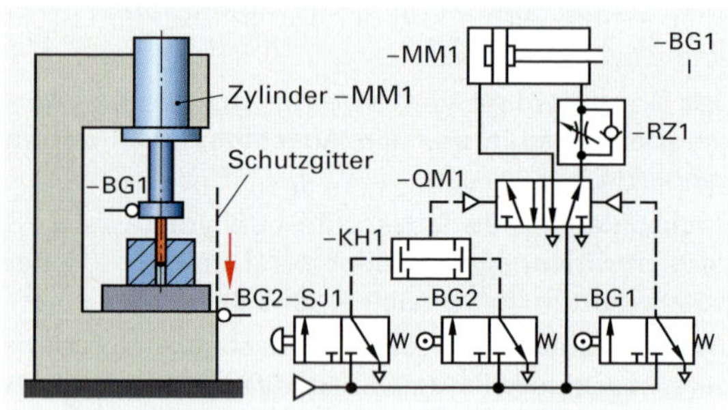

Bild 3: UND-Verknüpfung

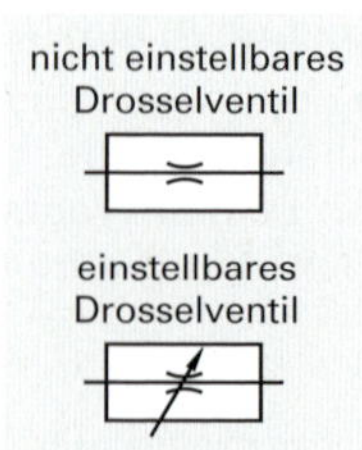

Bild 4: Drosselventile

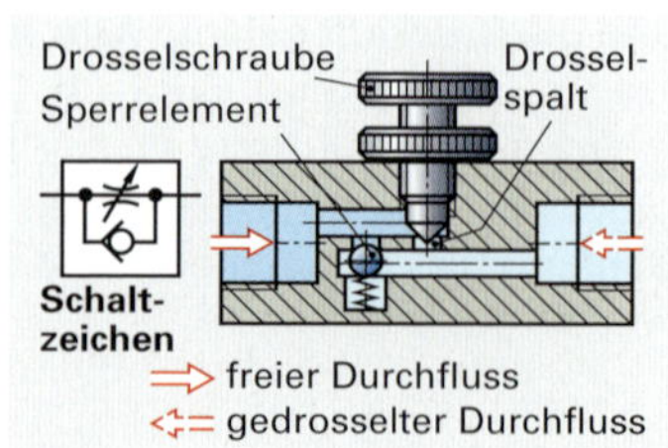

Bild 5: Drosselrückschlagventil

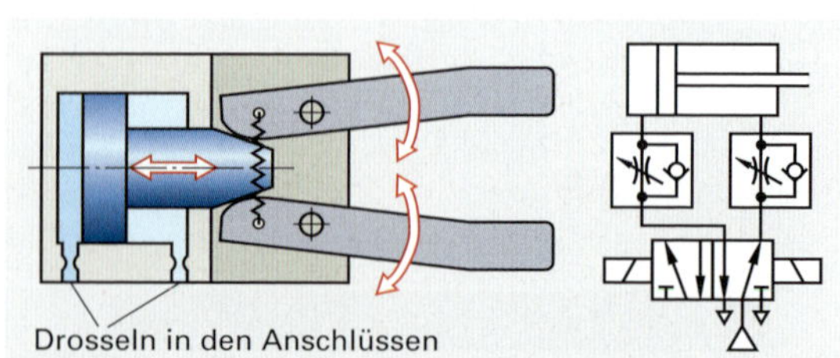

Bild 6: Pneumatischer Greifer mit Drosseln

9.3.2.4 Zeitelemente in der Pneumatik

Ventile, die ein Ausgangssignal erst nach einer eingestellten Zeit (zeitverzögert) weiterleiten, werden als Verzögerungsventile bezeichnet **(Bild 1)**.

Das Zeitverzögerungsventil setzt sich aus einem 3/2-Wegeventil (in Sperrnullstellung oder Durchflussnullstellung), einem Drosselrückschlagventil und einem kleinen Luftspeicher zusammen, die zu einer Baugruppe zusammengefasst sind.

Zeitelement als Einschaltverzögerung

Die Einschaltverzögerung gibt das Eingangssignal verzögert weiter, sodass das Ausgangssignal erst nach der eingestellten Zeit ansteht **(Bild 3)**.

Die Zeitverzögerung wird am verstellbaren Durchflussquerschnitt am Drosselrückschlagventil eingestellt (Bild 1). Wird dann am Steueranschluss 12 Druck angelegt (1-Signal), so muss die Druckluft durch das Drosselventil und füllt den Luftspeicher. Im Luftspeicher baut sich Druck auf, der den Steuerkolben des 3/2-Wegeventils belastet. Ist die aus dem Druck resultierende Kraft größer als die Vorspannkraft der Feder am Steuerkolben, schaltet das 3/2-Wegeventil und die Druckluft fließt von 1 nach 2. Die Verzögerungszeit ist die Zeit zum Druckaufbau. Fällt am Steueranschluss 12 die Druckluft ab, so drückt die Feder den Steuerkolben sofort wieder in die Ruhestellung, denn die Steuerluft entweicht über das Rückschlagventil.

Beispiel: Ein doppelt wirkender Zylinder soll nach Betätigung eines Signalelements ausfahren und nach 20 Sekunden wieder automatisch zurückfahren.

Lösung: Bei der Steuerung **(Bild 2)** erhält das Zeitverzögerungsventil –KH1 seine Steuerluft aus der Arbeitsleitung 4 des 5/2 Wegeventils, wenn dieses von –SJ1 auf Stellung a geschaltet wird. Nach Ablauf der Verzögerungszeit $t = 20$ s wird –QM1 von –KH1 wieder zurückgeschaltet, –MM1 fährt ein.

Zeitelement als Ausschaltverzögerung

Die Ausschaltverzögerung gibt das Eingangssignal sofort weiter, schaltet es jedoch erst nach einer eingestellten Zeit ab **(Bild 4)**. Dieses Zeitverhalten wird durch die Umkehrung der Durchflussrichtung erreicht. Die Zeitverzögerung wird am verstellbaren Durchflussquerschnitt am Drosselrückschlagventil eingestellt. Wird am Steueranschluss 12 Druck angelegt, so strömt die Druckluft ungedrosselt durch das Rückschlagventil und schaltet das 3/2-Wegeventil und die Druckluft fließt von 1 nach 2. Verschwindet am Steueranschluss 12 das 1-Signal, so kann die Feder das Ventil nicht sofort in Sperrstellung schalten, da die Luft zwischen dem 3/2-Wegeventil und Drosselrückschlagventil über die Drossel abgeleitet wird. Die Verzögerungszeit ist die Zeit des Druckabbaus über die Drossel.

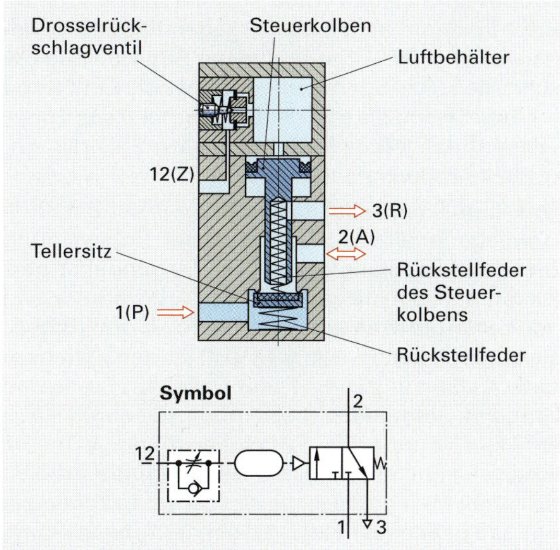

Bild 1: Zeitverzögerungsventil

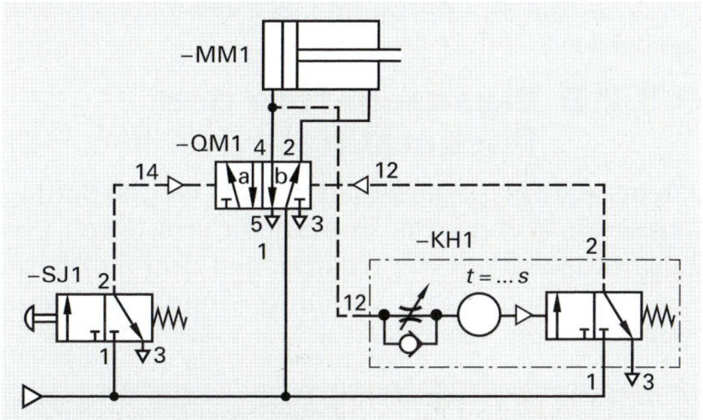

Bild 2: Zeitabhängige Steuerung

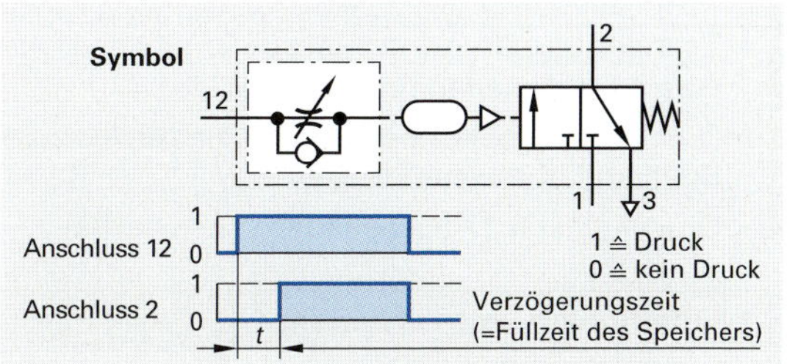

Bild 3: Zeitdiagramm der Einschaltverzögerung

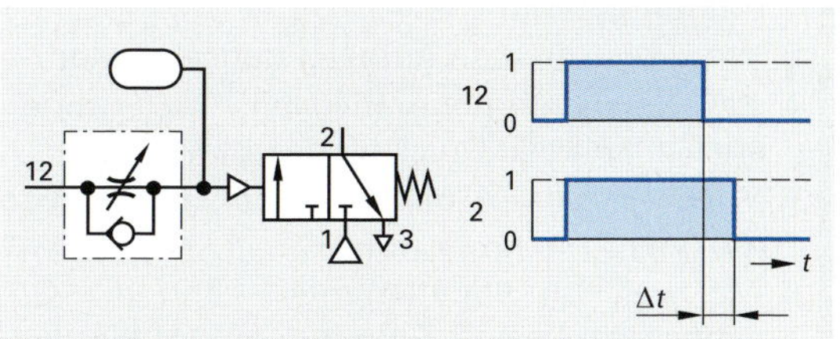

Bild 4: Zeitdiagramm der Ausschaltverzögerung

Druckventile

Druckbegrenzungsventile sichern Druckbehälter, Leitungen und Bauelemente gegen unzulässig hohen Druck **(Bild 1)**. Sie sind in der Ruhestellung geschlossen. Das Sperrelement öffnet die Entlüftung ins Freie, wenn die von der Druckluft auf das Sperrelement ausgeübte Kraft größer wird als die eingestellte Federkraft.

Druckregelventile halten den Druck in der Pneumatikanlage konstant. Sie sind in der Ruhestellung offen. Die Regelung des Druckes erfolgt über eine Membrane, auf die von oben der Arbeitsdruck und von unten die Kraft der Einstellfeder wirken **(Bild 2)**. Sinkt der Arbeitsdruck, weil Luft zu den Zylindern strömt, dann drückt die Feder über Membrane und Stift den Ventilteller nach oben. Dadurch kann Druckluft durch den Ringspalt so lange in die Arbeitsleitung strömen, bis der steigende Arbeitsdruck die Membrane in die Ausgangslage gedrückt hat. Steigt dagegen der Druck in der Arbeitsleitung z. B. durch Erwärmung an, hebt die Membran vom Stift ab und Luft kann von der Arbeitsleitung über die Entlüftungsbohrung im Gehäuse ins Freie entweichen.

SimMetall S31

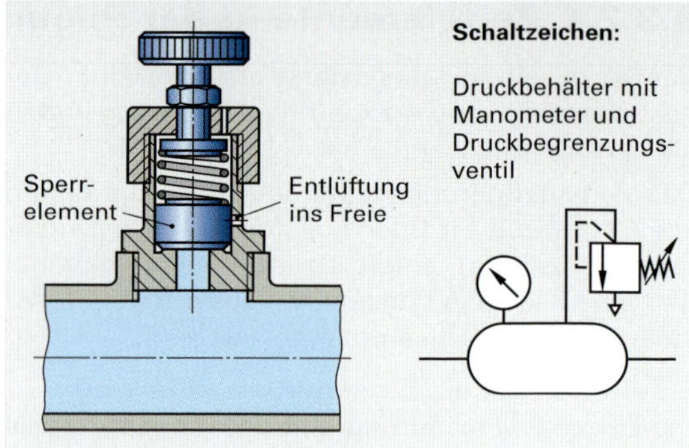

Bild 1: Druckbegrenzungsventil

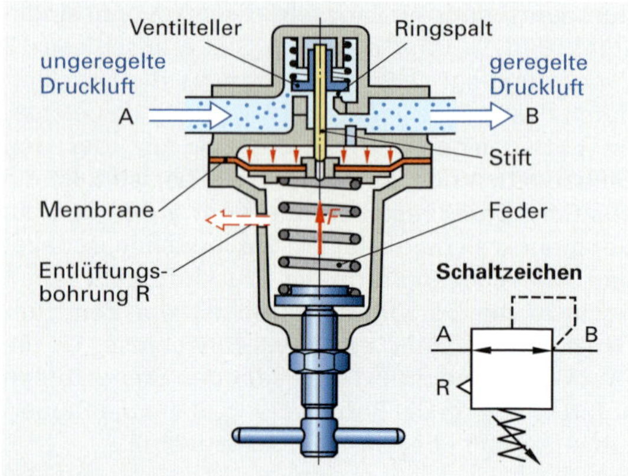

Bild 2: Druckregelventil

9.3.2.5 Eigenschaften der Pneumatik

Pneumatische Steuerungen werden wegen der besonderen Vorteile der Pneumatik und durch das Zusammenwirken mit elektrischen und elektronischen Komponenten vielfältig eingesetzt (Seite 588).

Vorteile der Pneumatik

- Kräfte und Geschwindigkeiten der Zylinder sind stufenlos einstellbar.
- Zylinder und Druckluftmotoren erreichen hohe Geschwindigkeiten und Drehzahlen.
- Druckluftgeräte können ohne Schaden bis zum Stillstand überlastet werden.
- Druckluft ist in Druckbehältern speicherbar.

Nachteile der Pneumatik

- Große Kolbenkräfte sind nicht erreichbar, da der Betriebsdruck meist weniger als 10 bar beträgt.
- Gleichförmige Kolbengeschwindigkeiten sind nicht möglich (Kompressibilität der Luft).
- Ohne Festanschläge können mit Zylindern keine genauen Stellungen angefahren werden.
- Ausströmende Druckluft verursacht Lärm.

Wiederholung und Vertiefung

1 Welche Vorteile hat die Pneumatik?
2 Welche Anforderungen werden an das Druckluftnetz gestellt?
3 Wozu braucht man Aufbereitungseinheiten?
4 Bei welchen pneumatischen Steuerungen wird mit ölfreier Druckluft gearbeitet?
5 Welchen Vorteil haben kolbenstangenlose Zylinder?
6 Mit welchen Bauelementen kann die Geschwindigkeit von Zylindern eingestellt werden?
7 Skizzieren Sie das Schaltzeichen eines 5/3-Wegeventiles, bei dem in der Mittelstellung alle Anschlüsse gesperrt sind und das durch einen Hebel betätigt wird.
8 Welche Signalverknüpfung ist mit Wechselventilen möglich?
9 Warum bezeichnet man die Funktion von Zweidruckventilen auch als „UND"-Verknüpfung?
10 Welche Aufgaben haben Druckbegrenzungsventile und Druckregelventile?

9.3.3 Schaltpläne pneumatischer Steuerungen

Aufbau von Schaltplänen

Pneumatische Steuerungen werden in Richtung des Energieflusses von unten nach oben angeordnet, beginnend mit der Energieversorgung über die Signal- und Steuerelemente zum Stellelement. Von diesem wichtigen Ventil werden ggf. über zusätzliche Stromventile die Aktoren (Arbeitselemente) in eine lineare oder drehende Bewegung gebracht.

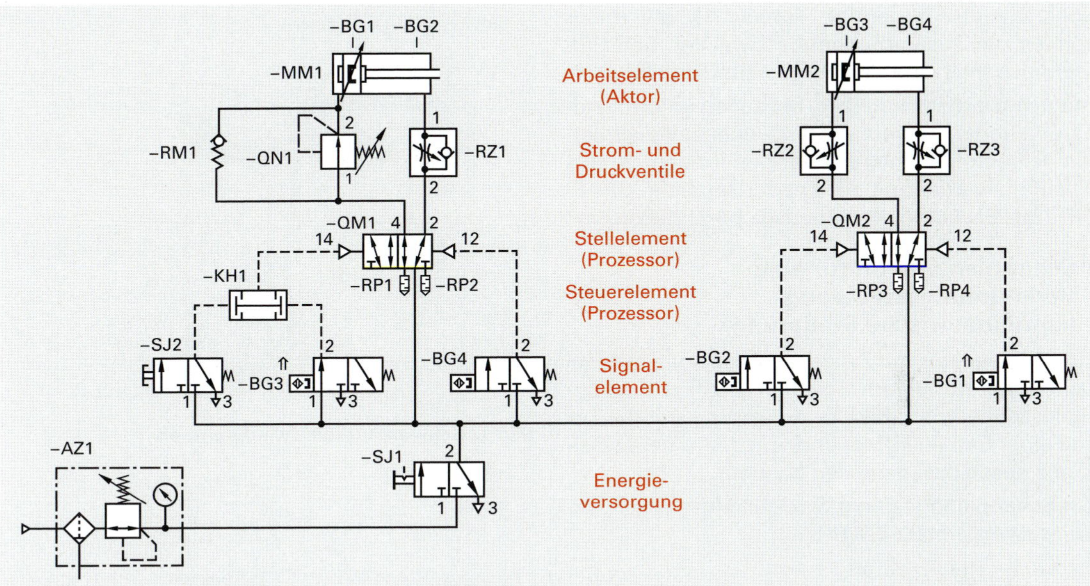

Bild 1: Aufbau und Bezeichnung eines pneumatischen Schaltplans am Beispiel einer Hubeinrichtung

Bezeichnung der Bauelemente (Objekte)

Zur Bezeichnung der Bauelemente in Schaltplänen können die Normen ISO 1219-2 (von 2012) oder die Referenznorm DIN EN 81346-2 (von 2010) verwendet werden. Wegen der Reichweite über die Fluidmechanik hinaus in die Elektrotechnik, Elektronik usw., wird in diesem Buch die Referenznorm[1] verwendet.

Das grundlegende Konzept dieser Norm ist, alle Bauelemente als **Objekte** zu betrachten. Die innere Struktur des Objekts interessiert nicht, sondern nur dessen Zweck oder Aufgabe. Dementsprechend werden diese Objekte in Ober- und Unterklassen eingeteilt.

Beispiel: Das Signalelement **–BG1** zur Erfassung der hinteren Endlage des Kolbens von –MM1.

- **Oberklasse B**: Umwandeln einer Eingangsvariablen (physikalische Eigenschaft, Zustand oder Ereignis) in ein zur Weiterverarbeitung bestimmtes Signal.
- **Unterklasse G**: Es wird die Eingangsgröße gemessen über Abstand, Stellung oder die Länge.
- Das **Minuszeichen** "–" steht für den Produktcharakter des Objekts, die Zahl "**1**" ist lediglich eine Zählnummer.

Tabelle 1: Beispiele für die Bauteilbezeichnungen im Schaltplan nach DIN EN 81346-2

–AZ1	Wartungseinheit	**–QN1**	Druckregelventil (Ändern eines umschlossenen Flusses)
–BG1, –BG2 ...	Signalelement (Sensor)	**–RM1**	Rückschlagventil
–KH1	UND oder Zweidruckventil (Verarbeitung von Signalen)	**–RP1, –RP2 ...**	Schalldämpfer (Dämmen von Lärm)
–MM1, –MM2	Pneumatikzylinder (Bereitstellen mechanischer Energie)	**–RZ1, –RZ2 ...**	Drosselrückschlagventil
–QM1, –QM2	5/2-Wegeventil (Schalten von Signalen)	**–SJ1, –SJ2 ...**	3/2-Wegeventil (manuell betätigt)

[1] Referenznorm DIN EN 81346-2, ISO 1219-2 für Fluidmechanik

9.3.4 Systematischer Schaltplanentwurf

Sollen Schaltpläne oder Programme der Automatisierungstechnik systematisch entworfen und geplant werden, so stehen unterschiedliche Werkzeuge für verschiedene Steuerungsarten zur Verfügung. Für Verknüpfungssteuerungen (kombinatorische Schaltungen) werden vor allem Funktionstabellen verwendet **(Tabelle 1)**. Mit ihnen können die Zusammenhänge zwischen den Ein- und Ausgangsvariablen dargestellt werden.

Automatisierungsaufgaben, bei denen unterscheidbare Aktionen in einer prozess- oder zeitgesteuerten Reihenfolge hintereinander oder auch parallel ablaufen, werden mit der Entwurfssprache GRAFCET (DIN EN 60848) systematisch beschrieben.

Tabelle 1: Steuerungsarten

Verknüpfungssteuerungen (kombinatorische Steuerungen)	Ablaufsteuerungen (sequentielle Steuerungen)
• Funktionstabelle • Funktionsgleichung • Funktionsplan (Logikplan)	GRAFCET (DIN EN 60848)

Schaltplanentwurf für eine Verknüpfungssteuerung (kombinatorische Steuerung)

Eine Schwenktür mit Zylinderantrieb soll von zwei Seiten aus mit einem Schalter geöffnet und geschlossen werden **(Bild 1)**. Außerdem soll die Tür von einer Seite geöffnet und von der anderen Seite aus geschlossen werden können.

Zur Schaltplanerstellung wird zunächst eine Funktionstabelle erstellt (Seite 556):

	E2	E1	A
	–SJ2	–SJ1	14
1	0	0	0
2	0	1	1
3	1	0	1
4	1	1	0

Es ergeben sich die Funktionsgleichungen:

$A = (E1 \wedge \overline{E2}) \vee (\overline{E1} \wedge E2)$

oder:

$14 = (-SJ1 \wedge \overline{-SJ2}) \vee (\overline{-SJ1} \wedge -SL2)$

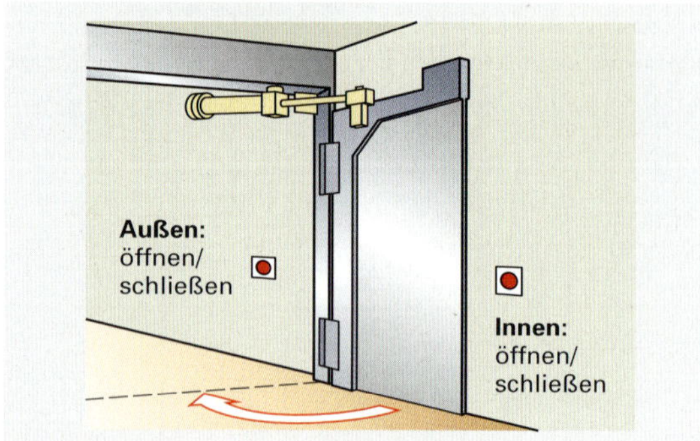

Bild 1: Schwenktür mit Zylinderantrieb

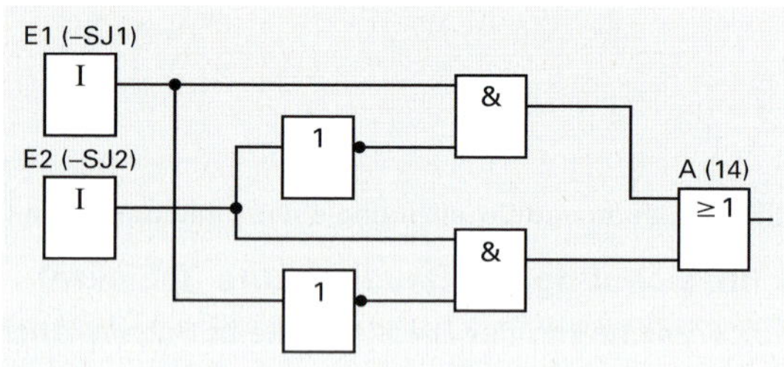

Bild 2: Funktionsplan (Logikplan)

Die Umsetzung der Funktionsgleichung erfolgt in einem Funktions- oder Logikplan **(Bild 2)**.

Der pneumatische Schaltplan setzt die logischen Grund- und Verknüpfungselemente aus dem Funktionsplan (Algebra nach Boole) mit Pneumatikbauteilen um **(Bild 3)**.

Die Lösung der Schaltung wird als Exklusiv-Oder-Verknüpfung oder Wechselschaltung bezeichnet (X-OR-Verknüpfung). In gleicher Weise könnte man in der Elektropneumatik oder bei SPS-Steuerungen vorgehen.

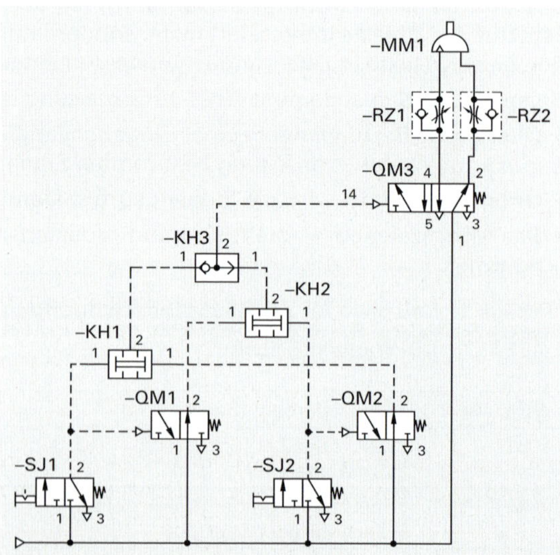

Bild 3: Pneumatischer Schaltplan – Türöffnung und Schließung

Schaltplanentwurf für eine Ablauf-Steuerung (sequentielle Steuerung)

Eine Reihe von Steuerungsaufgaben lassen sich über logische Verknüpfungselemente nicht lösen. Immer wenn eine bestimmte Aktion an vorherige Schritte geknüpft wird und darauf eine weitere Aktion folgt, wird zum Entwerfen des Ablaufs auf GRAFCET (DIN EN 60848) zurückgegriffen.

GRAFCET (**GRA**phe **F**onctionnel de **C**ommande **E**tape **T**ransition) ist die Darstellung einer Steuerungsfunktion mit Schritten und Weiterschaltbedingungen. Mit GRAFCET können lediglich Ablaufsteuerungen dargestellt werden, die nach dem Prinzip der löschenden Taktkette umgesetzt werden.

GRAFCET ist nach EN 60848:2002-12 in Europa gültig und löst als grafische Beschreibungssprache den Funktionsplan nach der deutschen Norm DIN 40719-6 ab. Er ersetzt ferner das Funktions- bzw. Weg-Schritt-Diagramm.

Komplexere Aufgabenstellungen werden durch mehrere miteinander verknüpfte Grafcets (Teil-Grafcets) beschrieben: Mit GRAFCET ist es möglich, eine Steuerung geräteneutral zu beschreiben oder eine bestimmte Steuerungsart, z. B. eine pneumatische oder elektropneumatische Ausführung, zu berücksichtigen **(Bild 1)**.

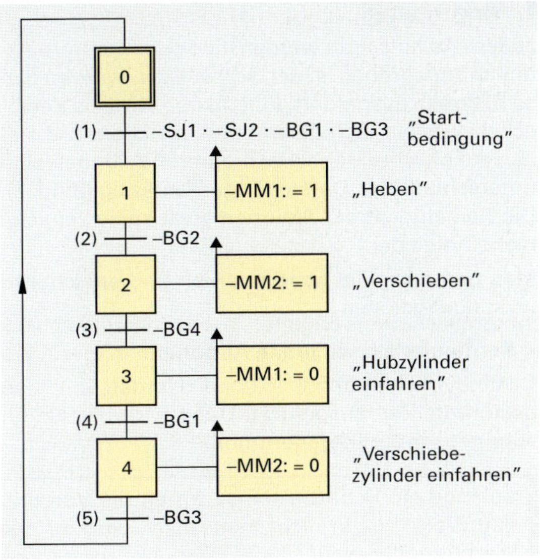

Bild 1: Beispiel eines GRAFCET

Aufbau und Grundprinzipien von GRAFCETs

Ein GRAFCET besitzt im **Strukturteil** die Elemente Schritt und Transition, im **Wirkungsteil** die Aktionen **(Bild 2)**. Schritte und Transitionen eines GRAFCET wechseln sich ständig ab. Bei linearen Abläufen ist immer nur ein Schritt aktiv, der beliebig viele Aktionen auslösen kann. In einem GRAFCET können an beliebigen Stellen Kommentare mit Anführungszeichen eingefügt werden.

Neben linearen Abläufen sind auch alternative oder parallele Verzweigungen möglich. Hier können auch mehrere Schritte aktiv sein. GRAFCETs können hierarchisch strukturiert werden, z. B. in Teil-GRAFCETs für Betriebsartenfunktionen (Automatik-, Tippbetrieb usw.). Man verwendet dabei z. B. Makroschritte (in Bild 2 den Makroschritt M3).

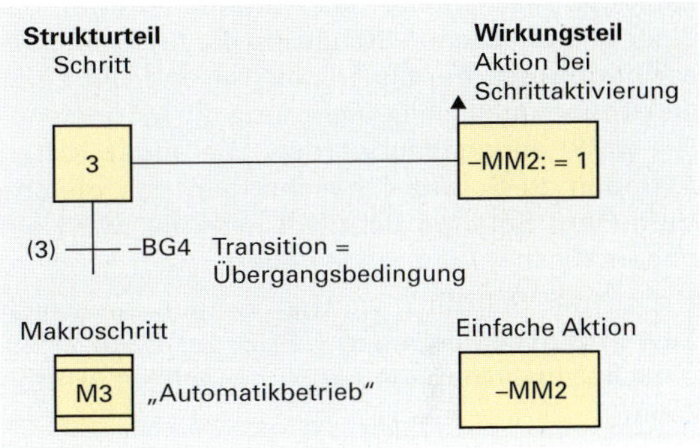

Bild 2: Elemente eines GRAFCET

Strukturteil (Bild 3)

- **Startschritt**

Der Start- bzw. Initialisierungsschritt gibt die Ausgangsstellung einer Steuerung an. Er erhält die Nummer 0 in einem doppelten Rahmen. Damit wird der Ablauf in Gang gesetzt.

- **Schritt**

Jeder weitere Schritt wird meist mit einer Zahl in einem einfachen Rahmen bezeichnet. Der Zustand eines Schrittes kann durch seine Schrittvariable X (Wert 1 oder 0) abgefragt werden.

- **Transition**

Als Transition (Übergang) zwischen zwei Schritten wird die Bedingung für die Einleitung des nächsten Schrittes neben einer waagrechten Linie angegeben. Links (in Klammern) steht der Name der Transition, rechts die Übergangsbedingung als Text oder Boole'scher Ausdruck.

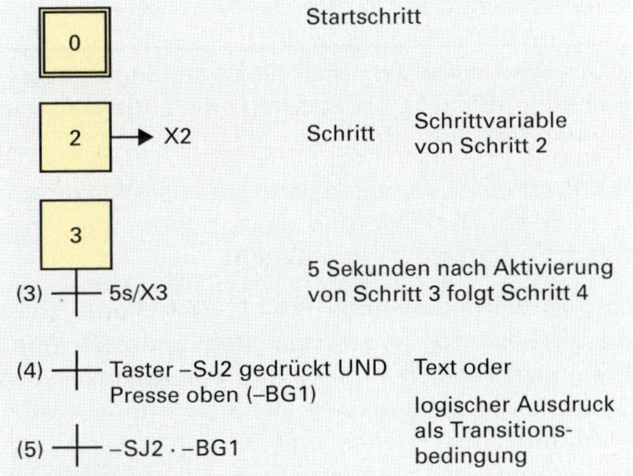

Bild 3: Beispiele zum Strukturteil

Wirkungsteil

Jedem Ablaufschritt werden eine oder mehrere Aktionen zugeordnet. Ist der Schritt aktiv, werden diese Aktionen ausgeführt. Eine Aktion wird als Rechteck dargestellt, Schrittsymbol und Aktionsfeld stehen auf gleicher Höhe. Bei mehreren Aktionen sind unterschiedliche Darstellungen zulässig **(Bild 1)**. Die Reihenfolge der Aktionen stellt keine zeitliche Reihenfolge dar.

Man unterscheidet **kontinuierlich** und **speichernd** wirkende Aktionen.

- **Kontinuierlich wirkende Aktionen**

Kontinuierlich wirkende Aktionen werden über eine bestimmte Zeit ausgeführt. Dann wird die Aktion automatisch zurückgenommen.

> Solange ein Schritt aktiv ist, erhält die Variable den Wert 1, ist er nicht mehr aktiv, wird ihr der Wert 0 zugewiesen.

Im Aktionsfeld kann ein Text in Befehls- oder hinweisender Form oder der Name einer Variablen stehen **(Bild 2)**. Bei technologieneutraler Planung kann die Bezeichnung des Antriebs (–MM2), bei einer pneumatischen Steuerung die Anschlussbezeichnung des Ventils (–QM2-14) und bei einer elektropneumatischen Steuerung die Magnetspule (–MB3) angegeben werden. Die abgebildeten Aktionen zu Schritt 4 beschreiben das gleiche Verhalten: Solange Schritt 4 aktiv ist, wird ein pneumatischer Aktor angesteuert.

Neben der Schrittaktivierung können zusätzlich **Zuweisungsbedingungen** (–BG8, 3s/–BG9) erforderlich sein, bevor eine Aktion ausgeführt werden kann.

- **Speichernd wirkende Aktionen**

Speichernd wirkende Aktionen werden in einem bestimmten Ablaufschritt speichernd auf logisch "1" gesetzt und zu einem späteren Zeitpunkt in einem weiteren Schritt auf logisch "0" zurückgesetzt.

> Der Wert einer Variablen bleibt so lange gespeichert (–MB5:= 1), bis er durch eine andere Aktion verändert wird (–MB5:= 0).

Der Wert einer Variablen kann sich bei Aktivierung (↑) oder bei Deaktivierung eines Schrittes (↓ – nur mit SPS möglich) ändern **(Bild 3)**.

Der seitwärts weisende Pfeil („Fähnchen") zeigt an, dass eine Aktion erst nach dem Eintreten eines **Ereignisses** speichernd ausgeführt wird. Im Schritt 9 taucht vor der Variablen –BG3 ein Pfeil auf. Hier wird der Signalwechsel von "0" auf "1" als Ereignis interpretiert, man spricht von einer positiven Flanke.

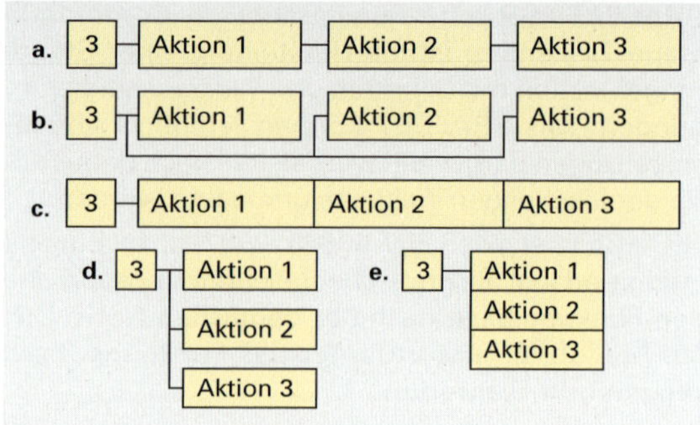

Bild 1: Darstellung von Aktionen

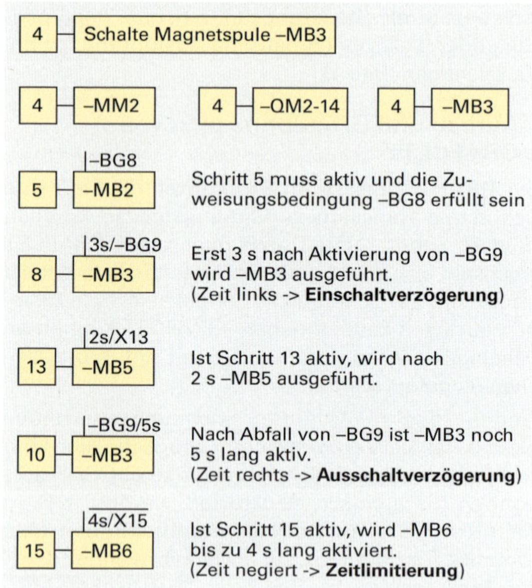

Bild 2: Beispiele für kontinuierlich wirkende Aktionen

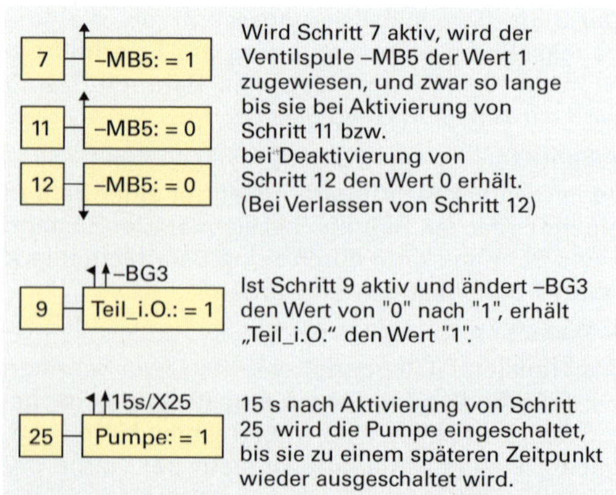

Bild 3: Beispiele für speichernd wirkende Aktionen

Beispiel: Hubeinrichtung

Das **Technologieschema** (Lageplan) zeigt in einer übersichtlichen Skizze die Anordnung der verwendeten Bauteile und lässt den Ablauf erkennen: Werkstücke werden durch den Hubzylinder –MM1 angehoben und in der oberen Endlage durch den Verschiebezylinder –MM2 auf eine Rollenbahn geschoben. Danach kehren beide Zylinder in die Ausgangsstellung zurück **(Bild 1)**.

Der Bewegungsablauf lässt sich in Kurzschreibweise wie folgt angeben (+ = aus-, – = einfahren):

–MM1+ –MM2+ –MM1– –MM2–

GRAFCET lässt unterschiedliche Darstellungen zu. Während der GRAFCET-Plan nach **Bild 1, Seite 571,** den Ablauf der Hubeinrichtung auf der Aktorebene beschreibt, ist der GRAFCET nach **Bild 2** für eine pneumatische Steuerung mit bistabilen Stellelementen (5/2-Impulsventilen) mit kontinuierlich wirkenden Aktionen erstellt.

Der Steuerungsablauf ist in 5 Ablaufschritte gegliedert. Der Startschritt 0 kennzeichnet die Ausgangsstellung der Steuerung unmittelbar nach dem Einschalten. An den Übergängen zwischen den Schritten sind die Bedingungen aufgeführt, die für das Weiterschalten der Steuerung notwendig sind. Schritt "1" z. B. wird erst ausgeführt, wenn

- der Starttaster –SJ2 gedrückt wird,
- das Hauptventil –SJ1 in Schaltstellung "a" steht,
- der pneumatische Näherungsschalter –BG1 durch den Zylinder –MM1 betätigt ist
- und der pneumatische Näherungsschalter –BG3 durch den Zylinder –MM2 betätigt ist.

Schaltpläne zeigen die Funktion einer Steuerung in der gewählten Technik, z. B. Pneumatik, und die Verbindung der einzelnen Elemente der Steuerung untereinander **(Bild 3)**. Die Bauteile eines Schaltplans werden nicht nach ihrer Lage, sondern entsprechend ihrer Funktion übersichtlich in den Funktionsebenen Versorgungs-, Signal-, Verknüpfungs-, Stell- und Antriebselemente (von unten nach oben) angeordnet.

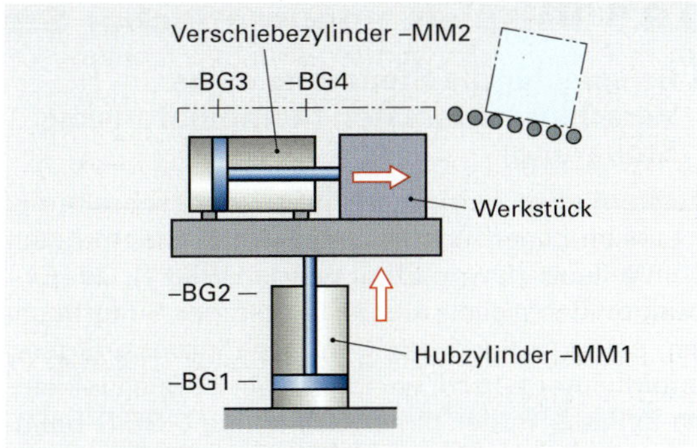

Bild 1: Technologieschema der Hubeinrichtung

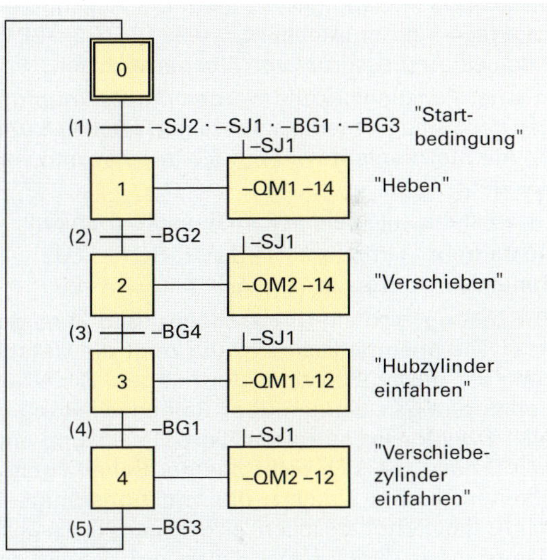

Bild 2: GRAFCET der Hubeinrichtung

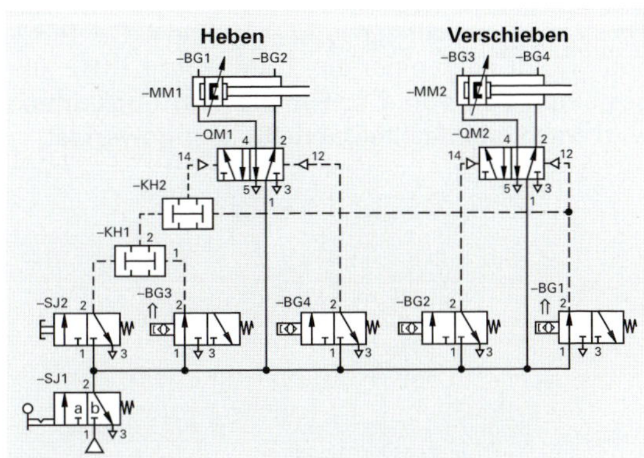

Bild 3: Pneumatik-Schaltplan der Hubeinrichtung

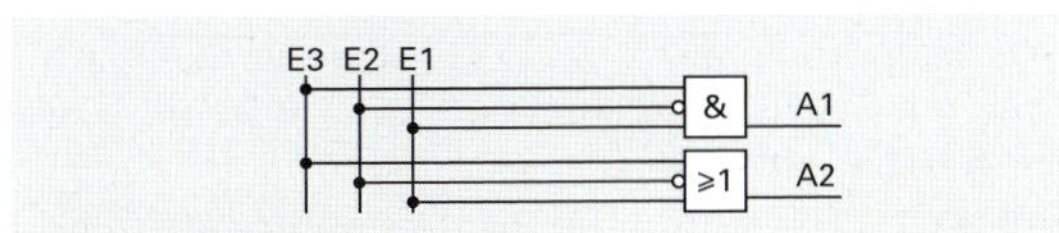

Bild 4: Logikplan

Wiederholung und Vertiefung

1 Wodurch unterscheidet sich eine kontinuierliche Aktion von einer gespeicherten Aktion?

2 Erklären Sie den Begriff "Schrittvariable X3".

3 Wie werden Zeitverzögerungen im GRAFCET dargestellt?

4 Erstellen Sie für die Hubvorrichtung (Bild 3) einen GRAFCET mit den Aktoren –MM1 und –MM2 in den Aktionen.

5 Stellen Sie für den Logikplan **(Bild 4)** eine vollständige Funktionstabelle auf.

9.3.5 Beispiele pneumatischer Steuerungen

Beispiel für die Steuerung eines Verschlussautomaten (kombinatorische Steuerung)

Technologieschema und Aufgabenbeschreibung: Es sollen Lagerbuchsen an einem Halbautomaten auf Wellenenden gepresst werden **(Bild 1).** Das Einbringen der Wellen und Aufsetzen der Sinterbuchsen soll von Hand erfolgen, der Einpressvorgang erfolgt automatisch, wenn sich der doppelt wirkende Zylinder in der hinteren Endlage (–BG1) befindet, der Hauptschalter (–SJ1) zur Druckluftversorgung umgelegt ist und die Anlage mit einem Fußtaster –SJ2 in Gang gesetzt wird. Der Rückhub erfolgt lage- und druckabhängig (–SJ1, –BG2, –BP1), wenn ein Anpressdruck von 5 bar erreicht ist.

In einer Funktionstabelle werden die Verknüpfungen der Signalelemente aufgezeigt **(Tabellen 1 und 2).** Als Stellelement wird ein 5/2-Impulsventil verwendet.

So entstehen die beiden Funktionsgleichungen:

Ausfahren: Impuls 14 = –SJ1 $\wedge$ –BG1 $\wedge$ –SJ2
Einfahren: Impuls 12 = –SJ1 $\wedge$ –BG2 $\wedge$ –BP1

Zur Lösung wird ein Druckschalter **(Bild 2)** eingesetzt. Die pneumatische Lösung zeigt die Umsetzung der beiden Funktionsgleichungen. Die UND-Verknüpfungen werden über Reihenschaltungen oder Zweidruckventilen realisiert. Die Lösung enthält Details, die sich nicht aus der Schaltalgebra ableiten lassen, sondern die Funktionsfähigkeit der Anlage erhöhen sollen: einstellbare Endlagendämpfungen, Drosselrückschlagventil sowie ein Schnellentlüftungsventil **(Bild 3),** um die Nebenzeiten gering zu halten.

Eine Variation dieser Lösung zeigt **Bild 4.** Der Rückhub erfolgt nach einer am Zeitelement –KH2 eingestellten Zeit von 1 s. Für die Wartungseinheit wird eine vereinfachte Darstellung angewendet.

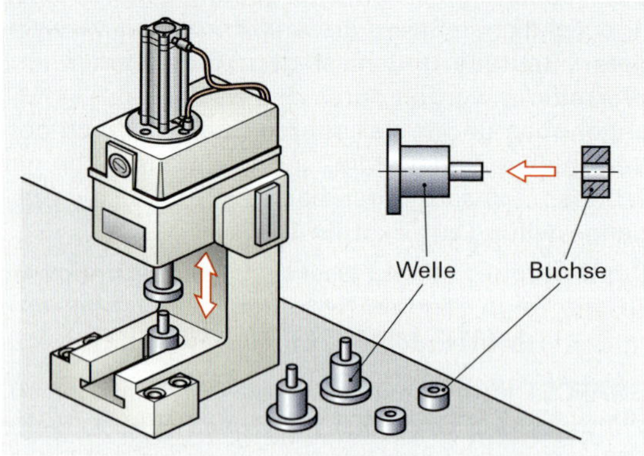

Bild 1: Aufpressen von Sinterbuchsen

Tabelle 1: Ausfahren

–SJ2	–BG1	–SJ1	14
0	0	0	0
0	0	1	0
0	1	0	0
0	1	1	0
1	0	0	0
1	0	1	0
1	1	0	0
1	1	1	1

Tabelle 2: Einfahren

–BP1	–BG2	–SJ1	12
0	0	0	0
0	0	1	0
0	1	0	0
0	1	1	0
1	0	0	0
1	0	1	0
1	1	0	0
1	1	1	1

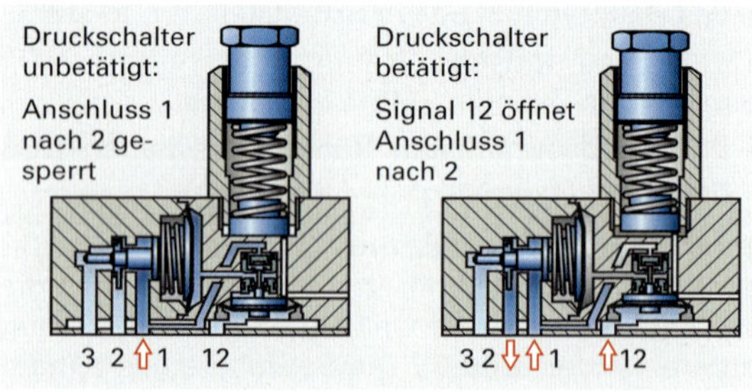

Bild 2: Pneumatischer Druckschalter

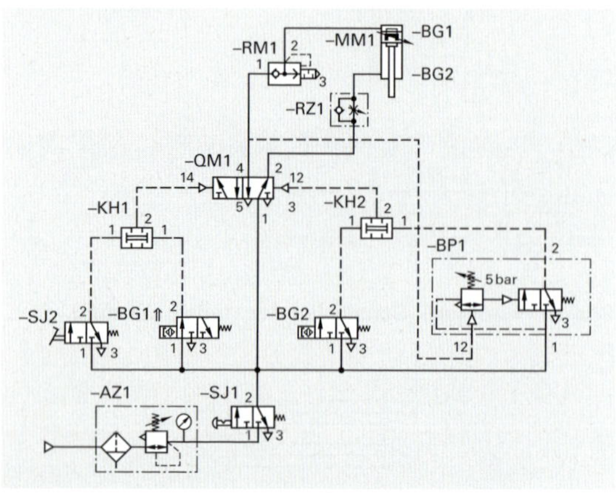

Bild 3: Pneumatische Lösung mit Druckschalter

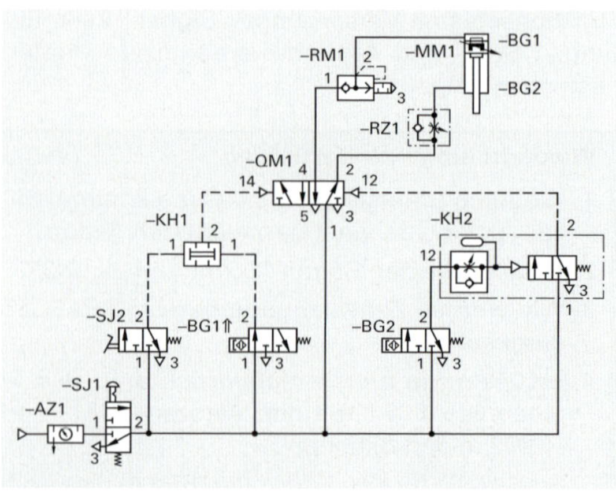

Bild 4: Pneumatische Lösung mit Zeitfunktion

Förderanlage für Behälter

Auf einer Rollbahn ankommende Behälter sollen vereinzelt, angehoben und auf eine zweite Rollbahn geschoben werden **(Bild 1)**.

Die auf der unteren Rollbahn ankommenden Behälter werden durch den Sperrzylinder –MM1 gestoppt. Nach dem Startsignal –SJ1 fährt der Sperrzylinder zurück und der Behälter rollt auf die Hubplattform. Dort löst er das Signal –BG1 aus. Der Zylinder –MM1 fährt wieder in die Sperrstellung und der Hubzylinder –MM2 hebt den Behälter an. In der Endstellung –BG2 wird der Verschiebezylinder –MM3 ausgelöst, der den Behälter seitlich auf die Rollbahn schiebt. Danach fahren die beiden Zylinder –MM2 und –MM3 zurück. Der „Zyklus" ist abgeschlossen.

GRAFCET (Bild 2). Der Ablauf der Zylinderbewegungen kann im GRAFCET übersichtlich dargestellt werden.

Im **Strukturteil** können die einzelnen Schritte der Steuerung abgelesen werden. Sie wechseln ständig mit den Transitionen ab.

Im **Wirkteil** werden innerhalb des Rechteckrahmens jedem Ablaufschritt eine oder mehrere Aktionen zugeordnet.

Das Einfahren des Verschiebezylinders –MM3 ist nicht dargestellt, da, sobald die Transition (4) mit –BG3 erfüllt ist, der Zylinder –MM3 wegen der Verwendung eines 5/2-Wegeventils –QM3 mit Federrückstellung sofort wieder einfährt.

Schaltplan (Bild 3). Der Schaltplan zeigt die Verknüpfung aller Bauelemente einer Steuerung. Da die Bauelemente durch Schaltzeichen dargestellt werden, kann der Steuerungsablauf durch systematisches Überlegen nachvollzogen werden.

Das „Lesen" von Schaltplänen muss gelernt und geübt werden. Nur dadurch können Steuerungen richtig verstanden, zusammengebaut und instand gesetzt werden.

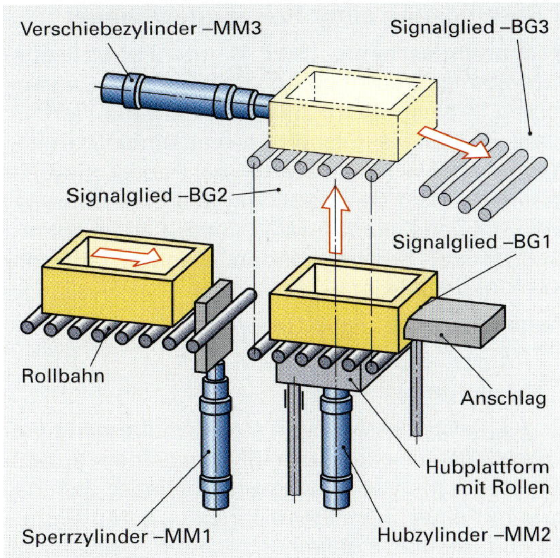

Bild 1: Technologieschema der Förderanlage

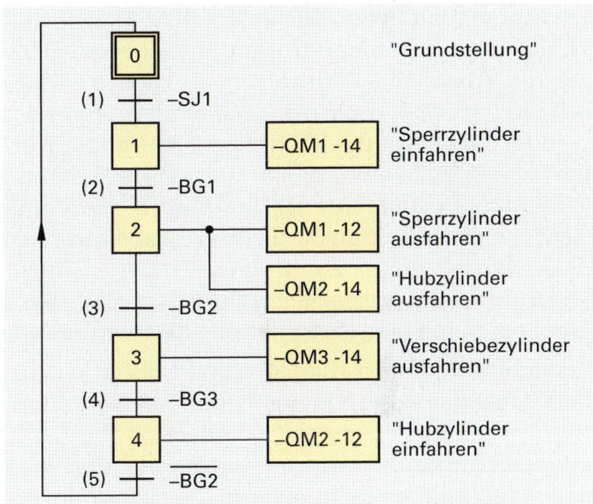

Bild 2: GRAFCET für den Ablauf an der Förderanlage

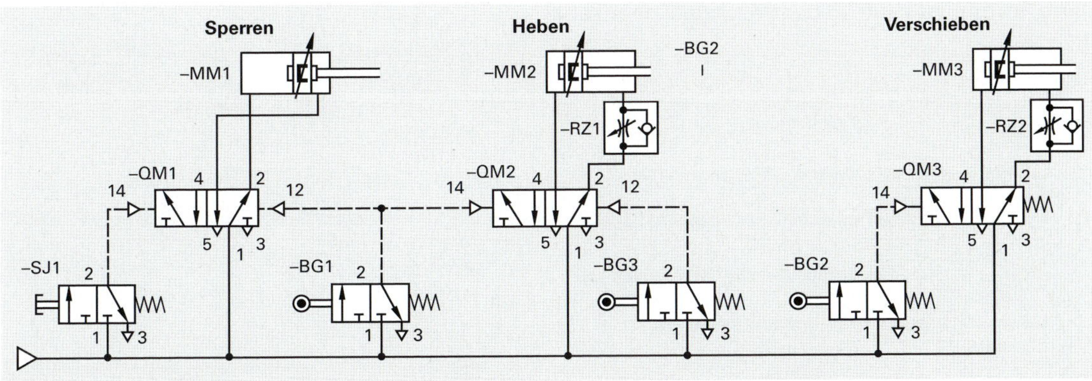

Bild 3: Pneumatischer Schaltplan der Förderanlage

Beschickung einer Reinigungsanlage

Technologieschema (Bild 1) und Funktionsbeschreibung. Werkstücke müssen vor dem Galvanisieren in einem Reinigungsbad entfettet werden. Dazu werden sie in einen Korb an einem Portallader gelegt. Nach dem Startsignal transportiert der Zylinder –MM1 den Korb über das Bad. Dort wird er durch den Zylinder –MM2 in das Bad abgesenkt und wieder herausgehoben. Danach fährt der Korb in die Beladeposition zurück.

Ablaufbeschreibung in Gruppenschreibweise:

| –MM1+ –MM2+ | | –MM2+ –MM1– |
Steuergruppe I Steuergruppe II

Es zeigt sich, dass sich am Gruppenübergang von I nach II der gleiche Aktor –MM2 mit einem bistabilen Stellelement (= Impulsventil) befindet. Es muss hier mit einer Signalüberschneidung von Impuls 14 und Impuls 12 gerechnet werden. Das Gleiche gilt für das Impulsventil für den Zylinder –MM1. Ein Neustart wäre nicht möglich, da das Signal von –BG3 in der Grundstellung permanent anliegt.

Schaltplan (Bild 2) und GRAFCET (Bild 3). Das Signal des pneumatischen Näherungssensors –BG2, das die Absenkbewegung des Zylinders –MM2 auslöst, darf nicht mehr vorhanden sein, wenn der Zylinder –MM2 wieder hochfahren soll, sonst würden zwei Signale am Stellelement –QM2 anstehen (= Signalüberschneidung). Daher wird das Ventil –KH2 mit einer Zeitfunktion zum Abschalten nach einer Sekunde eingebaut (Seite 567). Die 2. Signalüberschneidung (letzter Schritt und Neustart) wird ebenfalls durch eine Zeitfunktion –KH1 verhindert.

Kaskadensteuerung (Bild 4). Eine Methode, Signalüberschneidungen in der Pneumatik zu verhindern, ist der Einsatz eines Umschaltventils –QM3. Es versorgt die beiden Steuerstränge I und II zu einem bestimmten Zeitpunkt mit Druckenergie, sodass nur die zum Ablauf notwendigen Signalelemente mit Druckluft versorgt werden. Die anderen Signalelemente bekommen keine Energie.

Diese Technik ist heute in der Pneumatik eher selten.

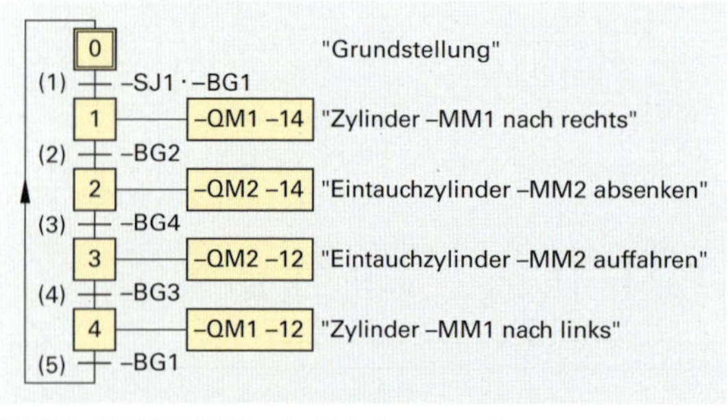

Bild 3: GRAFCET für die Reinigungsanlage

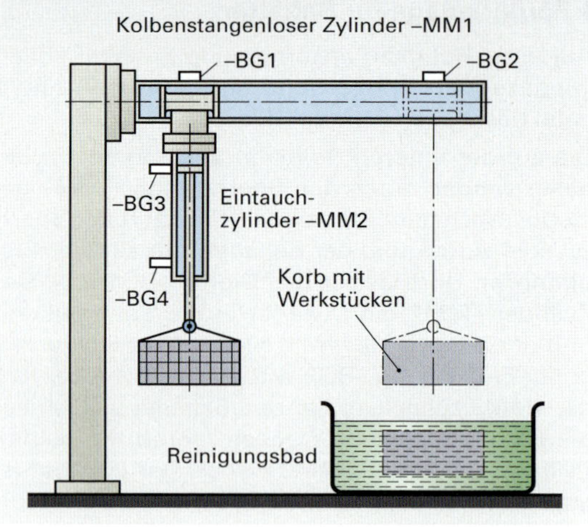

Bild 1: Technologieschema für Portallader einer Reinigungsanlage

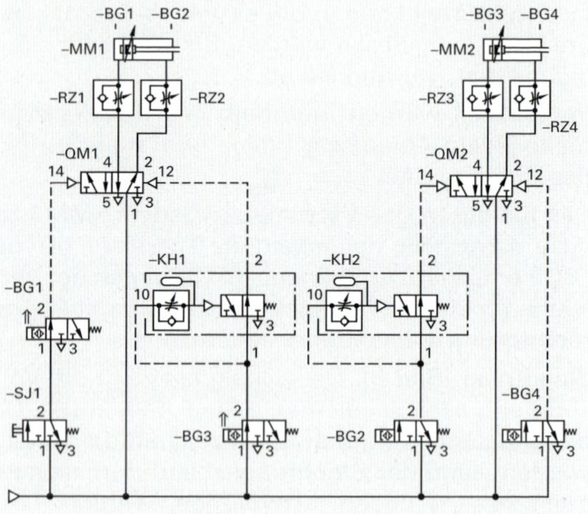

Bild 2: Steuerung mit Wegeventilen mit Rollenhebel

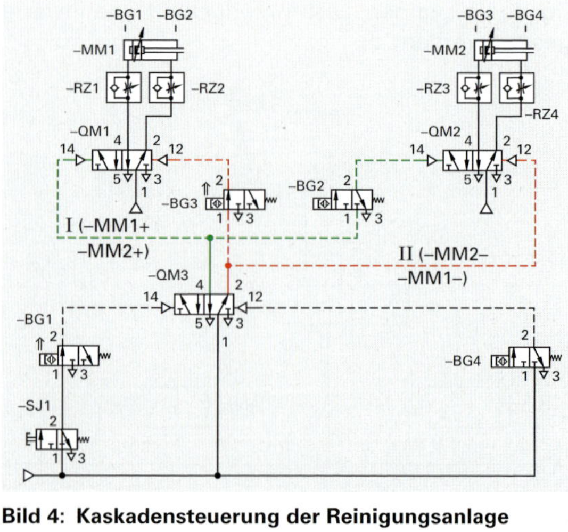

Bild 4: Kaskadensteuerung der Reinigungsanlage

9.3.6 Vakuumtechnik

Vakuumsysteme in der Handhabungstechnik stellen eine wichtige Erweiterung der Einsatzmöglichkeiten von Pneumatik (Fluidmechanik) dar. Mit ihnen lassen sich Bauteile mit glatter bis rauer Oberfläche von unterschiedlichen Werkstoffen (z. B. aus Metall, Kunststoff, Holz, Papier) sowohl mit ebenem als auch mit gekrümmtem Profil transportieren. Die Systeme bestehen aus einem Sauggreifer, entsprechenden Befestigungselementen und Verschlauchungen, sowie dem eigentlichen Vakuumerzeuger **(Bild 1 und Tabelle 1).** Filter schützen diese Einheit, Druckschalter und Messkomponenten für den Unterdruck sorgen für einen sicheren Betrieb des Vakuumsystems.

Vakuumbegriff

Man spricht von einem Vakuum, wenn in einem geschlossenen Raum der Druck deutlich geringer ist als der Umgebungsdruck. Dieser Druck beträgt auf Höhe des Meeresspiegels 1013 mbar. Pro 100 m Höhenzunahme verringert sich der Luftdruck um ca. 12,5 mbar, sodass auf 2000 m Höhe der Luftdruck nur noch 763 mbar beträgt.

Das Vakuum wird als Relativwert angegeben, d. h. der Unterdruck wird in Bezug zum Umgebungsdruck angegeben. Er hat stets ein negatives Vorzeichen, weil der Umgebungsdruck als Bezugspunkt mit 0 mbar dient **(Bild 2).**

Üblich sind die folgenden Arbeitsbereiche:

- Dichte Oberflächen (Metall, Kunststoff usw.) mit –600 mbar bis –800 mbar
- Poröse Materialien (Spanplatten, Kartonagen usw.) mit –200 mbar bis –400 mbar.

Vakuumerzeuger

Der Ejektor ist ein pneumatischer Vakuumerzeuger **(Bild 3).** Die Druckluft strömt in die Venturidüse[1]. Nach dem Austritt aus der Düse strömt die expandierende Luft in den Schalldämpfer. An der engsten Stelle entsteht ein Unterdruck. Dieser entstehende Unterdruck wird zum Absaugen von Luft benutzt. Schließt man einen Sauger an den Anschluss des Vakuumerzeugers an, so wird die Luft zwischen Sauger und Werkstück abgesaugt. Der umgebende höhere Atmosphärendruck drückt den Sauggreifer fest auf das Werkstück **(Bild 4).**

Diesen Zusammenhang beschreibt das Gesetz von Bernoulli[2], nach dem ein Anstieg der Strömungsgeschwindigkeit in der Engstelle der Düse mit einem Abfall des Druckes verbunden ist.

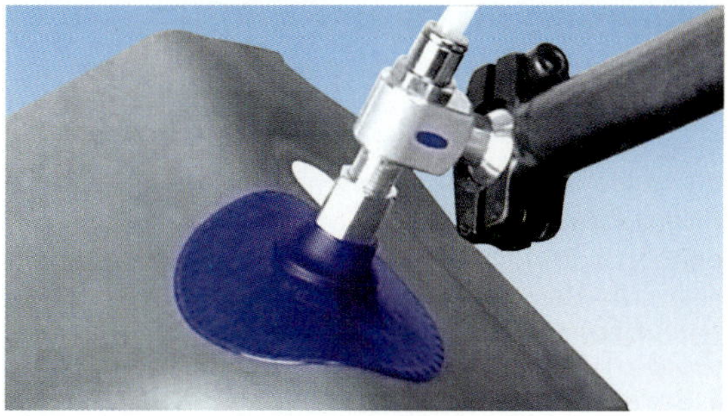

Bild 1: Sauggreifer bei Blechteilehandling

Tabelle 1: Symbole aus der Vakuumtechnik

	Filter		Ejektor, einstufig
	Manometer		Ejektor, mehrstufig
	Flachsauggreifer, Einfachlippe		Schalldämpfer
	Faltenbalgsauggreifer		Vakuum-Gebläse
	Federstößel		Vakuum-Pumpe

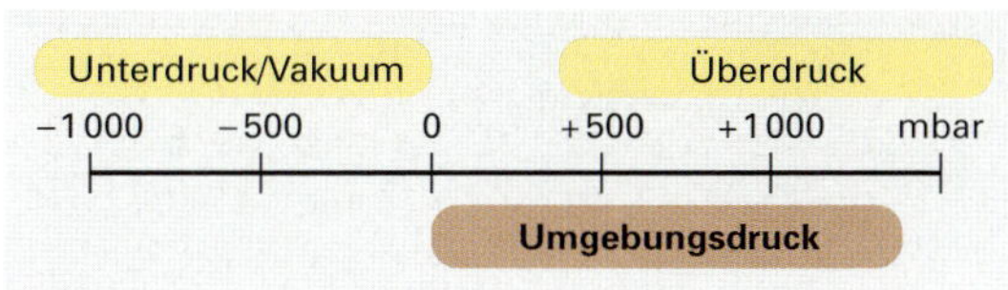

Bild 2: Vakuum als Relativwert p_e

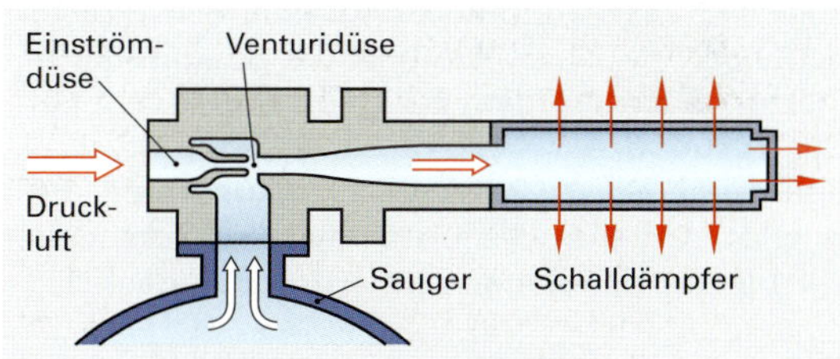

Bild 3: Funktionsprinzip eines Ejektors

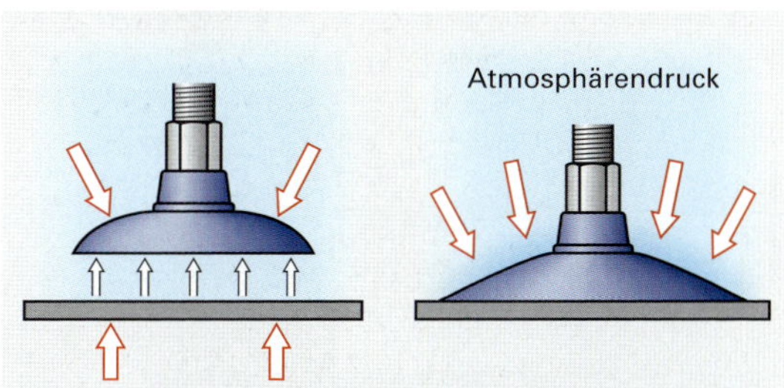

Bild 4: Anpressung durch Atmosphärendruck

[1] Giovanni Battista Venturi, ital. Physiker (1746–1822)

[2] Daniel Bernoulli, schweizer Physiker (1700–1782)

Auslegung von Sauggreifern

Die Sauggreifer bestehen aus dem Saugnapf und einem Anbindungselement. Die Saugnäpfe sind als Flach- oder Balgsauger ausgeführt. Flachsauger lassen sich schnell evakuieren, da sie ein geringes inneres Volumen besitzen. Sie werden bei ebenen oder leicht gewölbten Oberflächen eingesetzt. Die Balgsauger eignen sich für unebene Flächen **(Bild 1** und **Tabelle 1)**.

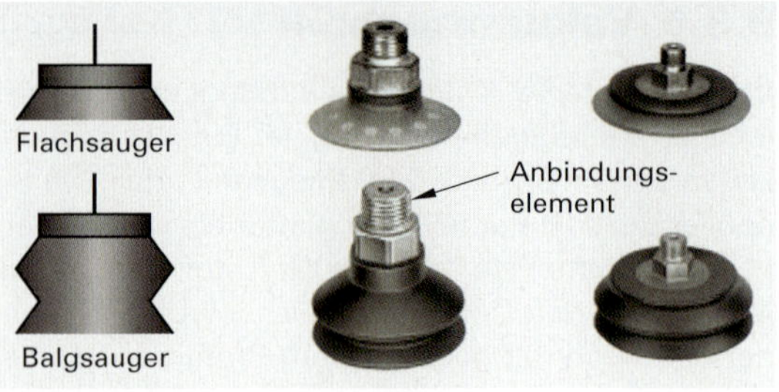

Bild 1: Formen von Saugnäpfen

Tabelle 1: Saugerformen

Bauart	Vorteile	Einsatz
Flachsauger	Niedrige Bauform, minimale Ansaugzeit	Glatte bis leicht raue Oberflächen, Prozess mit kurzen Zykluszeiten
Balgsauger	Für unebene Flächen, Ausgleich unterschiedlicher Höhen	Karosseriebleche, Rohre, Kartonagen, empfindliche Elektronikbauteile

Berechnung der Haltekraft

Bei der Berechnung ist die Lage des Werkstückes zu beachten: Bei horizontaler Werkstücklage ist die vertikale Kraft F_V, bei vertikaler Werkstücklage die horizontale Kraft F_H zu berechnen **(Bild 2)**. Der Reibungskoeffizient μ berücksichtigt die Werkstückoberfläche.

Es gelten folgende Richtwerte zur Orientierung:

- Glas, Stein, Kunststoff (trocken) μ ca. 0,5
- Sandpapier $\mu = 1{,}1$
- Feuchte, ölige Oberflächen $\mu = 0{,}1–0{,}4$

Beispiel: Welche theoretische horizontale Haltekraft erzeugt ein Sauggreifer, dessen Unterdruck p_e = –0,6 bar von einem Ejektor aufgebaut wird. Der Sauggreifer hat eine Fläche von $A = 32\ \text{cm}^2$, das Werkstück besteht aus Glas, mit einer trockenen glatten Oberfläche.

Lösung: $F_H = F_V \cdot \mu = A \cdot p_e \cdot \mu = 32\ \text{cm}^2 \cdot (-6\frac{\text{N}}{\text{cm}^2}) \cdot 0{,}5 =$ **–96 N**

Haltekräfte an Sauggreifern		
$F_V = A \cdot p_e$		
$F_H = F_V \cdot \mu$		
F_V	theoretische vertikale Haltekraft	N
F_H	theoretische horizontale Haltekraft	N
A	Fläche	cm²
p_e	Unterdruck	N/cm²
μ	Reibungskoeffizient	–

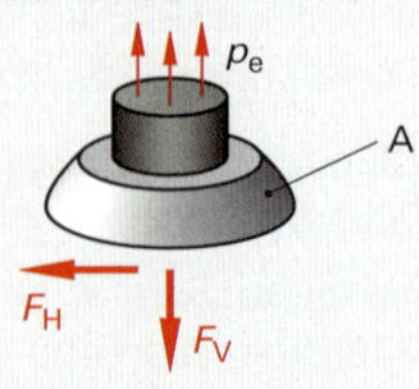

Bild 2: Haltekraft am Sauger

Vakuumschaltkreis mit Unterdruckabfrage

In einem Vakuumschaltkreis soll der Unterdruck abgefragt werden. **Bild 3** zeigt eine Schwenkvorrichtung. Am Schwenkarm ist der Sauggreifer mit Ejektor –GS1 und dem Saugnapf –UQ1 montiert. Der Vakuumfilter –HQ1 verhindert eine Störfunktion durch Staub, ein Vakuummanometer –PG1 zeigt den Unterdruck an, der Vakuumdruckschalter –BP1 ist auf den nötigen Unterdruck eingestellt.

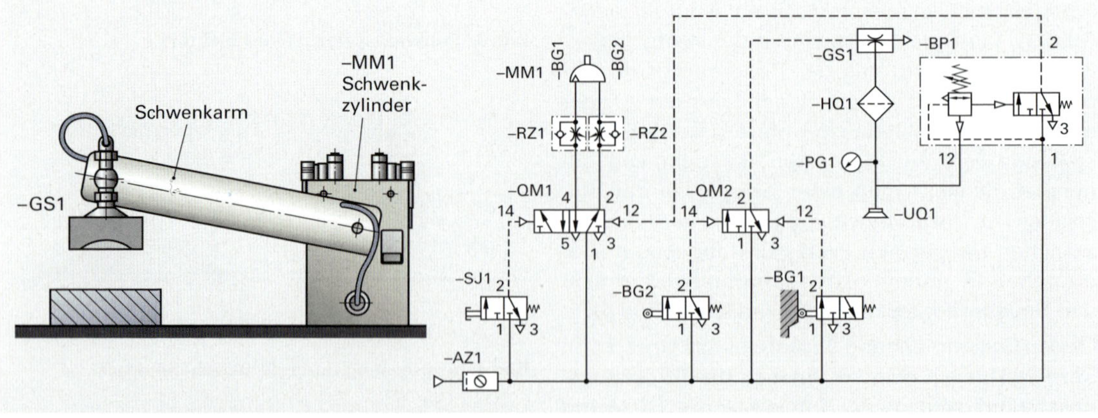

Bild 3: Vakuumschaltkreis mit Vakuumdruckschalter

9.4 Elektropneumatische Steuerungen

In elektropneumatischen Steuerungen werden die Vorteile der Pneumatik mit den Möglichkeiten der Elektrik verknüpft. Eine Schaltung hat immer zwei Teile **(Bild 1).**

Die Pneumatik erzeugt im Leistungsteil der Schaltung die Bewegungsenergie an den Aktoren (Zylindern). Die elektrische Energie wird eingesetzt, um Signale mittels Taster oder Sensoren zu erfassen. Die elektrische Signalverarbeitung bietet den Vorteil, dass die Schaltlogik mittels Reihen- oder Parallelschaltung von Signalen realisiert wird und somit Bauteile entfallen. Weitere Vorteile sind der geringe Wartungsaufwand und die im Verhältnis kostengünstigeren elektrischen Bauteile. Die Magnetspulen –MB1 und –MB2 am 5/2-Wegeventil sind die Schnittstelle zwischen Elektrik und Pneumatik.

Zu den Bauelementen elektrischer Steuerungen gehören vor allem Taster, Schalter, Sensoren, Relais und Schütze. In Schaltplänen werden sie durch Schaltzeichen dargestellt **(Tabelle 1).**

9.4.1 Bauelemente elektrischer Kontaktsteuerungen

Bei Kontaktsteuerungen erfolgt die Signalübertragung durch das Schalten elektrischer Kontakte entweder durch Taster und Schalter direkt oder elektromagnetisch indirekt durch Relais. Sie werden entweder von Hand oder mechanisch, z. B. über die Kolbenstange des Zylinders, betätigt. Ihre Kontakte sind so angeordnet, dass sie bei Betätigung entweder geöffnet (Öffner – NC) oder geschlossen (Schließer – NO) werden **(Bild 2).** Die Kontakte werden mit den Funktionsziffern 1–2 bei Öffnern und 3–4 bei Schließern bezeichnet. Eine Kombination von Öffner und Schließer ist der Wechsler (1–2, 1–4).

Taster werden nach dem Loslassen durch eine Feder wieder in die Ausgangsstellung zurückgedrückt, während Schalter durch Einrasten ihre Schaltstellung beibehalten. Sie speichern mechanisch das einmal kurz gesetzte Signal bis zum Entrasten.

Zu den Signalelementen gehören Grenztaster oder Druckschalter **(Bild 3).** Sie wandeln die pneumatische Druckenergie an der Steuerleitung X in ein elektrisch-mechanisches Signal um.

Sensoren (Näherungsschalter). Sie schalten bei Annäherung eines Maschinenteils oder Werkstückes ohne mechanische Berührung. Dazu zählen magnetische, induktive, kapazitive und optoelektronische Sensoren (Seite 584).

Sie besitzen kleine Abmessungen, sind verschleißfrei und haben hohe Schaltgeschwindigkeiten. Sie werden im Schaltplan mit „B" bezeichnet.

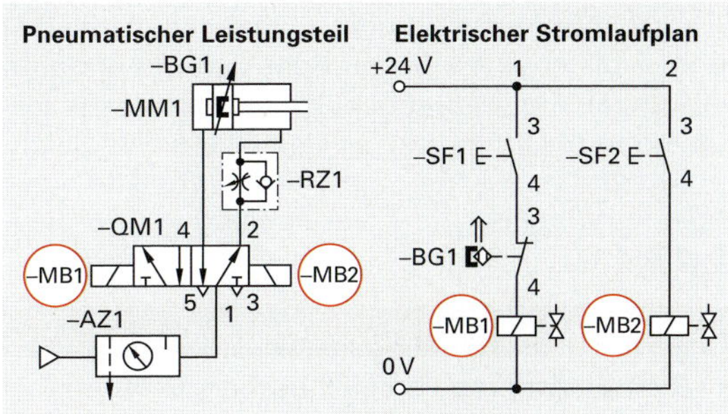

Bild 1: Direkte Schaltung in der Elektropneumatik

Tabelle 1: Elektrische Schaltzeichen

Betriebsmittel	Schaltzeichen	Betriebsmittel	Schaltzeichen
Handbetätigter Taster	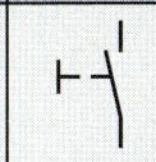	Notausschalter rastend	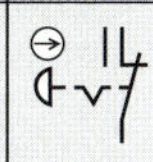
Durch Drücken betätigter Taster	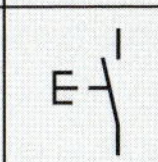	Näherungsschalter	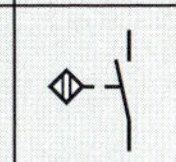
Handbetätigter Schalter mit Raste	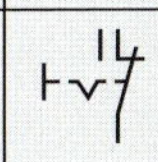	Induktiver Näherungsschalter	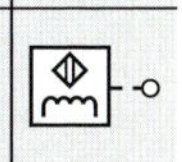
Rollenbetätigter Taster	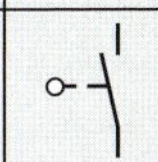	Relais mit Wechsler	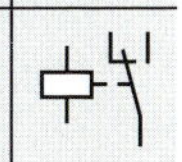
Rollentaster in Ausgangsstellung betätigt (Schließer)	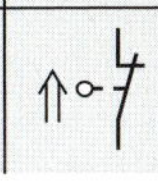	Elektromagnetisch betätigtes Wegeventil	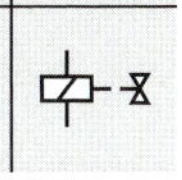

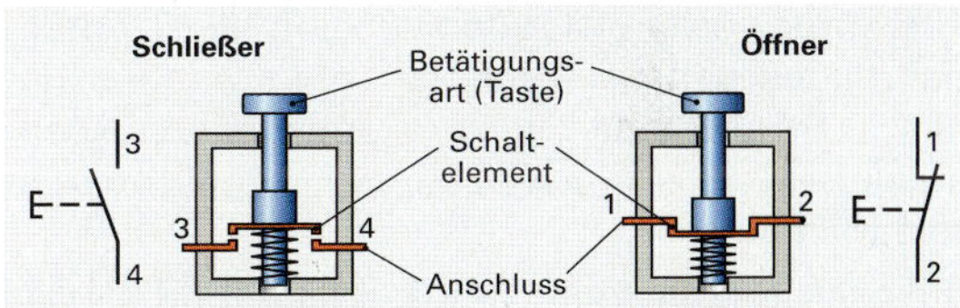

Bild 2: Elektrische Taster (Schließer/Öffner)

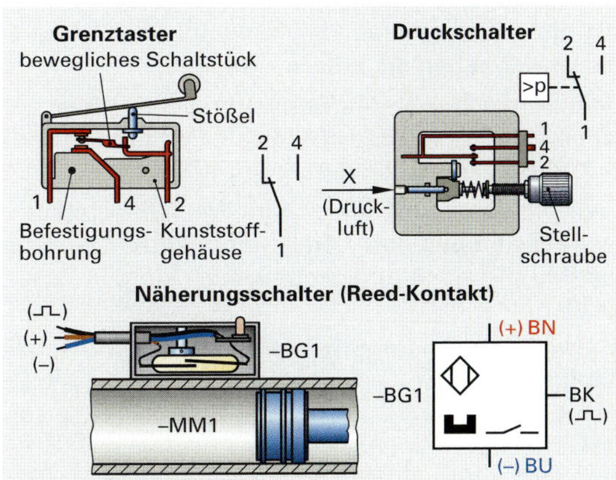

Bild 3: Signalelemente und Sensoren

Relais und Schütze. Schalter mit elektromagnetisch betätigten Kontakten nennt man Relais oder Schütze. Mit Relais schaltet man elektrische Leistungen bis etwa 1 kW, mit Schützen die höheren Leistungen. Relais und Schütze besitzen in der Regel mehrere Öffner und Schließer, die alle gleichzeitig betätigt werden. Sie werden vor allem zur Signalverarbeitung und Vervielfältigung verwendet **(Bild 1)**.

Aufgaben von Relais und Schützen:

- **Fernbetätigung** von elektrischen Geräten
- **Verstärkung** von Steuersignalen für den Hauptstromkreis
- **Vervielfachung** von Signalen durch die verschiedenen Öffner und Schließer
- **Umkehr** von Signalen durch Öffner und Schließer
- **Logische Verknüpfung** von Signalen
- **Speicherung** von Signalen durch die Selbsthalteschaltung

Funktionsweise von Relais

Fließt ein 24-V-Gleichstrom durch die Erregerspule (Anschlüsse A1 und A2), so wird der bewegliche Anker angezogen und die Schaltkontakte durch die Schaltzunge betätigt. Dabei wird der Öffnerkontakt NC (11–12) geöffnet und die Kontaktfedern des Schließers NO (23–24) zusammengedrückt. Wird der Stromdurchfluss unterbrochen, stellt eine Feder den Anker wieder in die Ausgangsstellung zurück. Mit Relais können Stromkreise potenzialfrei geschaltet werden, d.h. die Kontakte können in Stromkreise mit unterschiedlichen Spannungen (12 V, 24 V oder 230 V …) angeschlossen sein **(Bild 2)**.

Anschlussbezeichnungen am Relais (Bild 3). Das Bauteil Relais wird im Schaltplan mit –KF1, die beiden Spulenanschlüsse mit A1 und A2 bezeichnet. Alle Schließer erhalten die Funktionsziffer 3 und 4, die Öffner haben die Ziffern 1 und 2.

Befinden sich mehrere Schließer oder Öffner auf einem Relais, werden diese mit Ordnungsziffern 1, 2, 3 usw. zusätzlich durchnummeriert.

Vielfach werden an Relais auch Wechsler statt einfache Schließer und Öffner eingesetzt. Dadurch werden die schaltungstechnischen Möglichkeiten größer.

In der Elektropneumatik befinden sich am Relais häufig drei Schließer und ein Öffner. Damit lassen sich ohne großen Aufwand die Einzelschritte von Ablaufsteuerungen nach einem üblichen Industriestandard aufbauen (= löschende Taktkette, siehe auch Seite 591).

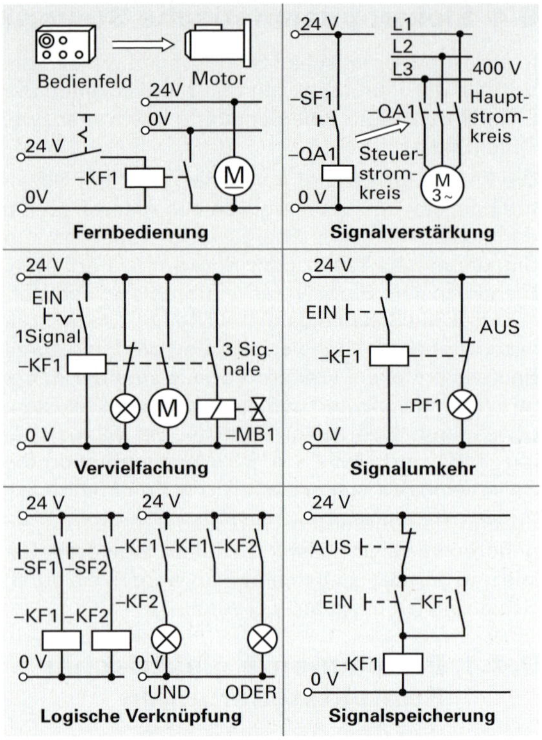

Bild 1: Grundsätzliche Aufgaben von Relais

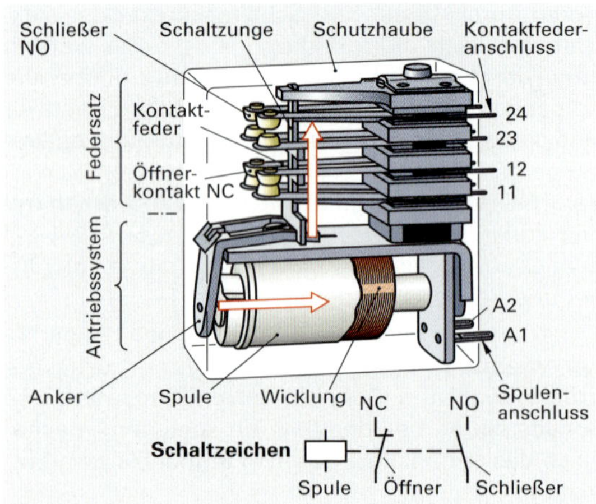

Bild 2: Relais mit Schließer- und Öffnerhilfskontakten

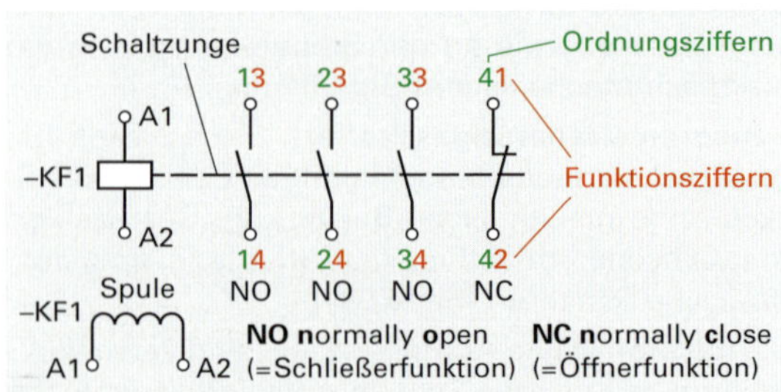

Bild 3: Anschlussbezeichnung am Relais

Zeitabhängige elektromagnetische Schalter

Zeitabhängige elektromagnetische Schalter bezeichnet man in der Steuerungstechnik als Zeitrelais **(Bild 1)**. Sie besitzen einen Anschluss an eine Versorgungsspannung A1–A2 und Schließer, Öffner oder auch Wechsler, die zeitverzögert betätigt werden.

Bei den Zeitrelais in der Steuerungstechnik unterscheidet man vor allem zwischen den einschalt- oder ausschaltverzögernden Relais **(Bild 2)**.

Das **einschaltverzögerte Relais** schaltet erst nach einer eingestellten Zeit **"t"** den entsprechenden Schließer oder Öffner. Diese fallen sofort auf den Signalzustand "0" zurück, wenn die Betätigung des Zeitrelais entfällt. Bei den **ausschaltverzögerten Relais** werden die Schließer und Öffner sofort betätigt. Bei Spannungsabfall an den Anschlüssen A1–A2 beginnt die Ausschaltverzögerung: Erst nach der eingestellten Zeit am Drehpotenziometer (Verstellwiderstand) fallen die Schließer und Öffner wieder in ihren Grundzustand zurück.

Die Zeitbetätigung der an der Schaltzunge betätigten Schließer und Öffner wird durch einen Halbkreis („Fallschirm") symbolisiert. Zu beachten ist ebenfalls die vom normalen Relais unterschiedliche Funktionsbezeichnung der Schließerfunktion mit 7–8 und der Öffnerfunktion mit 5–6.

Magnetventile

Magnetventile sind elektropneumatische Wandler. Sie bestehen aus einer Magnetspule, der elektrischen Schaltkomponente und einem Pneumatikventil. Fließt durch die Magnetspule ein elektrischer Strom, wird ein elektromagnetisches Feld aufgebaut, das den Spulenanker bewegt. Dieser Spulenanker ist mit dem Ventilstößel verbunden, der den Luftdurchfluss steuert, indem er einen Schieber oder ein Ventilstößel bewegt und so die Schaltstellung verändert **(Bild 3)**. Beim Schaltvorgang kann die Luft vom Druckluftanschluss 1 zur Arbeitsleitung 2 strömen. Eine Handhilfsbetätigung ermöglicht das Durchströmen ohne elektrische Energie für den Einrichtebetrieb einer Anlage.

Das 5/2-Wege-Impulsventil **(Bild 4)** ist ein typisches Stellelement mit bistabiler Schaltfunktion. Nach Abfall der elektrischen Spannung bleibt jeweils die Schaltstellung a oder b erhalten, bis es erneut angesteuert wird.

Durch die pneumatische Vorsteuerung kann die Magnetspule klein dimensioniert werden. Damit wird der Stromverbrauch geringer. Ein elektrisches Signal betätigt einen Anker, welcher das Vorsteuerventil öffnet. Der Hauptsteuerkolben wird durch die Druckluft bewegt.

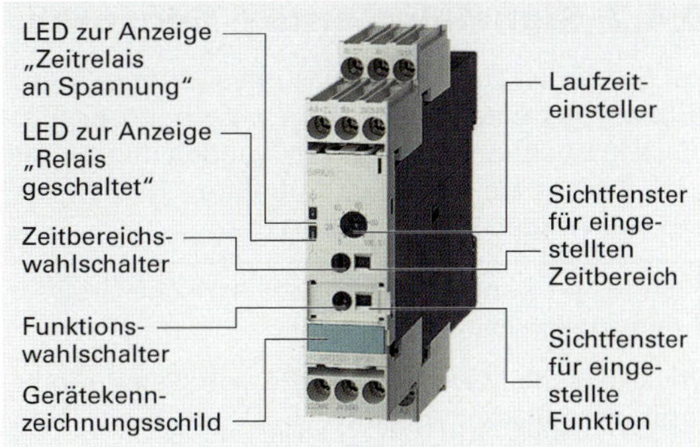

Bild 1: Zeitrelais mit unterschiedlichen Zeitfunktionen

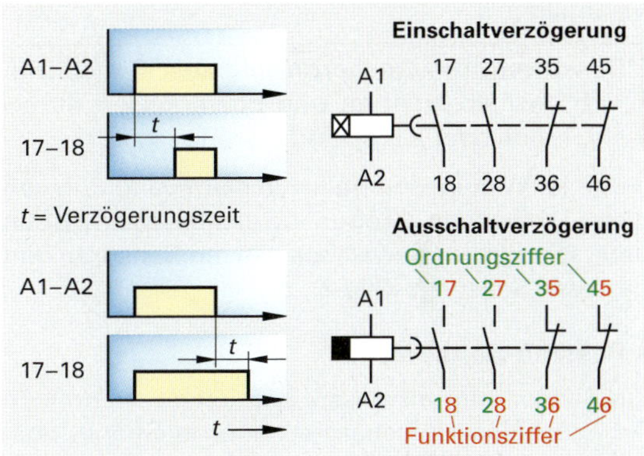

Bild 2: Einschalt- und ausschaltverzögertes Zeitrelais

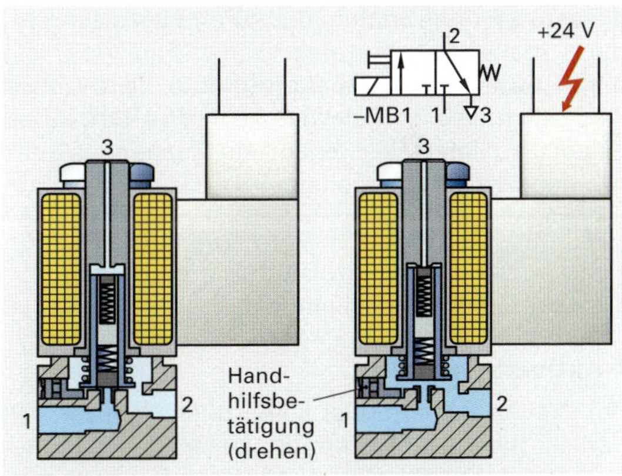

Bild 3: Elektromagnetische Betätigung von 3/2-WV

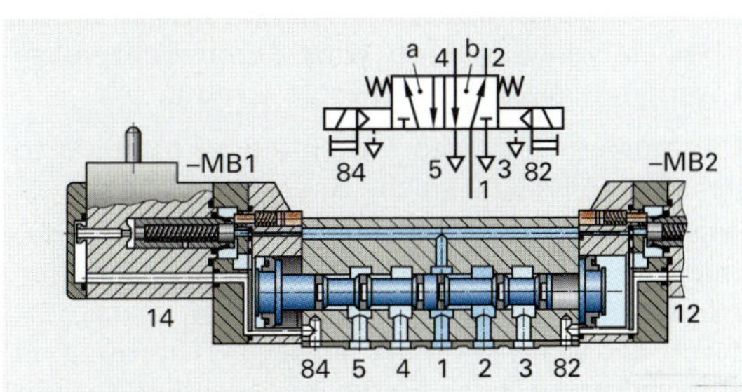

Bild 4: 5/2-Magnetimpulsventil mit Vorsteuerung

9.4.2 Signalelemente – Sensoren

Ein Sensor ist ein Bauteil, das physikalische Messgrößen aus einem technischen Vorgang erfasst, diese in Spannung oder Strom wandelt und weitergibt, sodass sie vom nachfolgenden Bauteil verarbeitet werden können **(Bild 1)**.

> Sensoren wandeln eine nichtelektrische Größe in eine elektrische Größe um.

Physikalische Messgrößen, die von Sensoren erfasst werden können, sind z. B. Druck, Kraft, Drehzahl, Geschwindigkeit, Durchfluss, Temperatur, geometrische Größen oder Stoffe verschiedener Materialien.

> Sensoren arbeiten berührungslos. Sie nutzen sich deshalb nicht ab und beeinflussen die zu steuernde oder zu regelnde Größe nicht.

Nach der Wirkungsweise bei der Umwandlung von nichtelektrischen Größen in elektrische Größen unterscheidet man zwischen aktiven Sensoren und passiven Sensoren **(Bild 2)**.

Passive Sensoren

Ein Sensor wird als passiv bezeichnet, wenn zum Arbeiten eine Hilfsenergie (externe Spannungsquelle) erforderlich ist.

Passive Sensoren beinhalten Bauteile wie z. B. Kondensatoren oder Spulen, die durch Energieversorgung von außen ein elektrisches Feld oder ein magnetisches Feld aufbauen **(Bild 3)**. Wird dieses Feld durch eine nichtelektrische Größe von außen gestört, so liefert der Sensor ein Ausgangssignal, das dann weiterverarbeitet wird.

> Bei passiven Sensoren wird eine von außen erzeugte elektrische Größe durch eine nichtelektrische Störgröße beeinflusst.

Aktive Sensoren

Bei aktiven Sensoren ist keine Hilfsenergie erforderlich. Sie wandeln Energie von außen (z. B. mechanische, thermische, chemische Energie oder Lichtenergie) direkt in elektrische Energie um.

> Bei aktiven Sensoren wird durch Energieumwandlung elektrische Energie erzeugt.

Thermoelemente, Fotoelemente oder piezoelektrische Elemente sind solche Spannungserzeuger.

So wandelt z. B. in einem Härteofen ein Thermopaar, das verschweißt ist (Eisen und Konstantan), Wärmeenergie in elektrische Energie um. Die durch die Wärmeenergie erzeugte Thermospannung liefert die Daten für die Temperatur (Messort) im Ofen **(Bild 4)**.

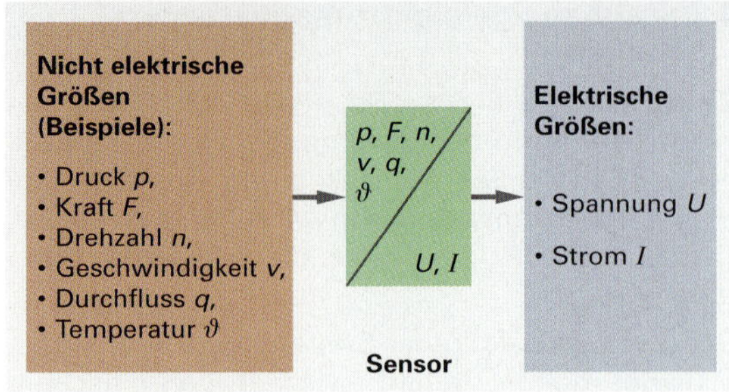

Bild 1: Umwandlung physikalischer Größen durch einen Sensor

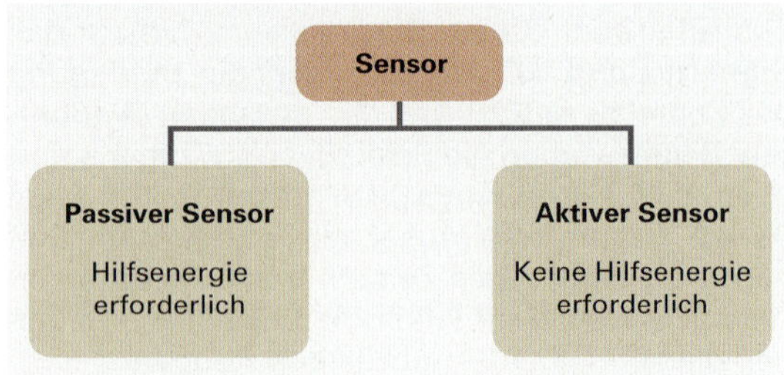

Bild 2: Sensoren

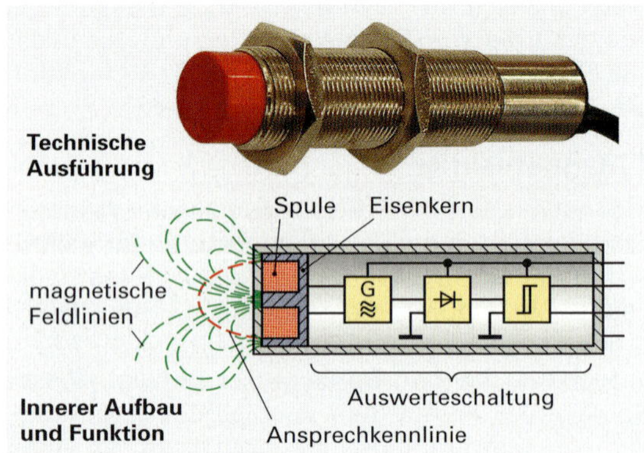

Bild 3: Passiver Sensor

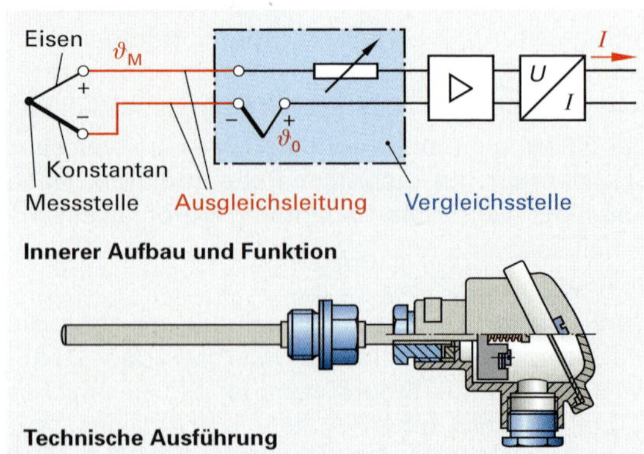

Bild 4: Aktiver Sensor (Thermoelement)

Bei Sensoren unterscheidet man nicht nur zwischen aktiven und passiven Sensoren, sondern man unterteilt die Sensoren auch nach der Art des Ausgangssignals in

- **analoge Sensoren**
- **binäre Sensoren**
- **digitale Sensoren**

Analoge Sensoren

Analoge Sensoren liefern am Signalausgang ein Analogsignal zur Weiterverarbeitung ab.

Sensoren mit **Linearpotenziometer (Bild 1)** oder **Drehpotenziometer (Bild 2)** sind analoge, passive Sensoren und werden zum Messen für Winkel, von Wegen, Abständen und Dicken verwendet. Diese Sensoren werden mit einer Gleichspannung versorgt, die an einem Potenziometer im Bauteil anliegt, das als Spannungsteiler betrieben wird. Durch das Messobjekt wird der Schleifer des Potenziometers bewegt und ändert somit die Spannung am Ausgang. Diese Spannung ist dann proportional zur Schleiferstellung und somit zum gemessenen Weg s bzw. zum Drehwinkel φ des Messobjekts.

Linearpotenziometer können Wege von 5 mm bis 4 m aufnehmen und werden z. B. zur Wegmessung bei Werkzeugmaschinentischen eingesetzt.

Drehpotenziometer sind meist durchdrehbar mit einem Messbereich von 0° bis 360° und werden z. B. bei der Drehwinkelerfassung bei Industrierobotern (Seite 311) oder allgemein in der Messtechnik eingesetzt.

Induktive Wegsensoren (Bild 3) beinhalten als Führungselement eine Doppelspule mit Eisenkern, die mit Wechselstrom versorgt wird. Bewegt sich der Eisenkern in der Spule, so ist die Veränderung der Induktivität der Spulenhälften ein Maß für die Wegänderung. Sie werden z. B. als Taster bei Dickenmessungen von Werkstücken, als Weggeber bei kleinen Maschinentischen oder in Greifern von Robotern eingesetzt.

Kapazitive Wegsensoren (Bild 4) beinhalten als Führungselement einen Kondensator. Durch die Bewegung des Kolbens verändert sich die Kapazität des Kondensators, die als Messsignal verwendet wird. Kapazitive Wegsensoren werden z. B. beim Laserschneiden eingesetzt, um den Abstand zwischen Schneiddüse und Werkstück zu messen und zu regeln.

> Mit analogen Sensoren lassen sich physikalische Größen, z. B. Weglängen oder Drehwinkel als analoge elektrische Größen, z. B. Spannung oder Strom, darstellen.

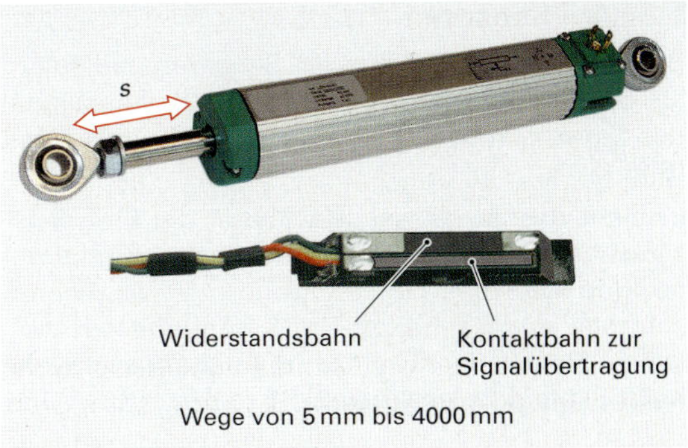

Bild 1: Linearpotenziometer

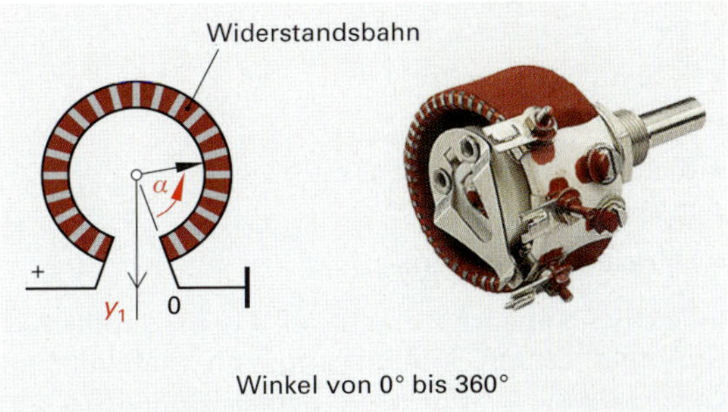

Bild 2: Drehpotenziometer

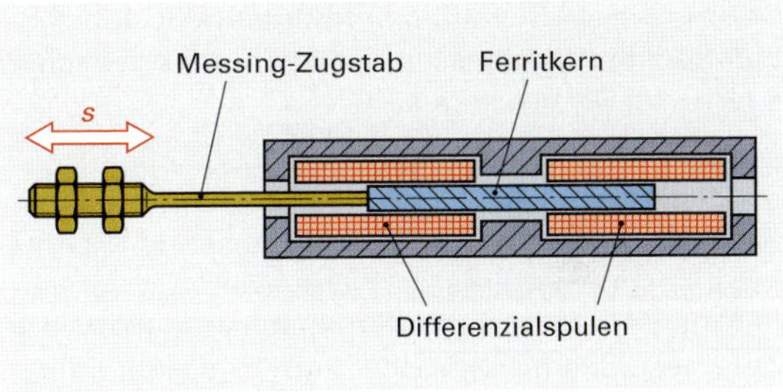

Bild 3: Induktiver Wegsensor

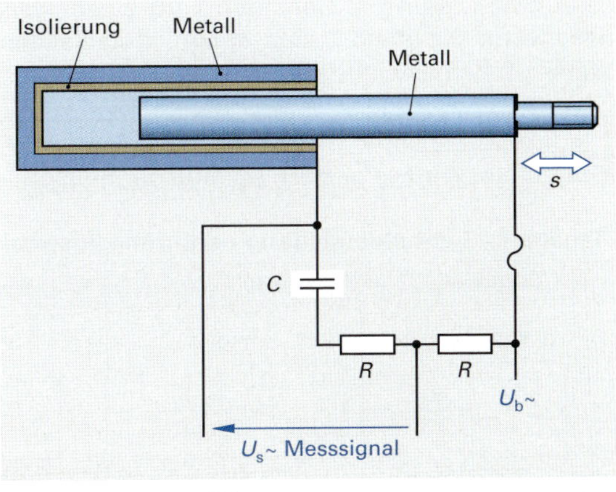

Bild 4: Kapazitiver Wegsensor

Binäre Sensoren

Binäre Sensoren sind passive Sensoren und liefern als Ausgang ein Binärsignal. Das Ausgangssignal des Sensors wird in Reihe an eine Last geschaltet **(Bild 1)**.

Erreicht das zu erfassende Signal die Eingangsschwelle, dann wird eingeschaltet. Bei Signalentfernung wird das Unterschreiten der Ausschaltschwelle ausgeschaltet. Die Signaldifferenz zwischen Einschaltschwelle und Ausgangsschwelle heißt Schaltdifferenz **(Bild 2)**.

Alle binären Signale haben eine Schaltdifferenz.

Nach dem Messprinzip unterscheidet man **(Tabelle 1)**:

- Induktive Sensoren
- Kapazitive Sensoren
- Magnetische Sensoren
- Optische Sensoren
- Ultraschallsensoren

Induktive Sensoren erzeugen ein magnetisches Streufeld. Durch Annäherung von metallischen Gegenständen an die aktive Sensorfläche wird dieses Streufeld gestört und dadurch ein Schaltkontakt ausgelöst **(Bild 3)**.

Der maximale Schaltabstand entspricht dem halben Sensordurchmesser und kann etwa zwischen 4 mm und 80 mm liegen.

Die Schalthäufigkeit liegt bei ca. 3000 Schaltungen pro Sekunde, deshalb können sie auch zur Drehzahlüberwachung und Drehzahlmessung (Schlitzsensor) eingesetzt werden. Des Weiteren verwendet man sie z.B. als Endlagenschalter bei Werkzeugmaschinentischen oder zum Erfassen, Zählen bzw. Sortieren von Werkstücken.

Die Stellung der Weiche in der Sortiereinrichtung kann durch induktive Sensoren kontrolliert werden, wenn die Weiche aus einem metallischen Werkstoff hergestellt ist **(Bild 4)**.

Induktive Sensoren erzeugen ein magnetisches Streufeld. Wird es gestört, schaltet der Sensor.

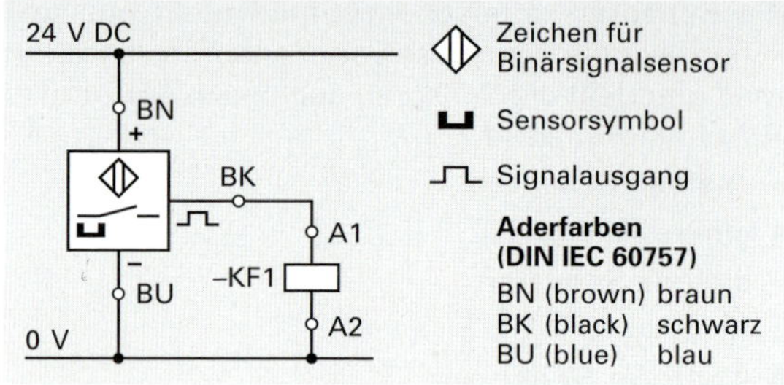

Bild 1: Sensor in Dreidrahtausführung

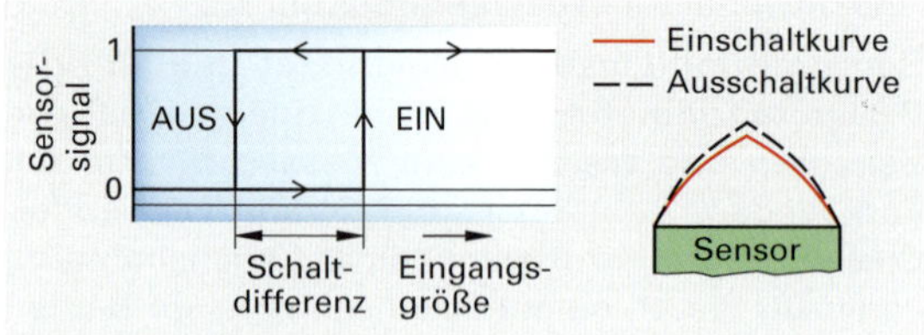

Bild 2: Schaltdifferenz

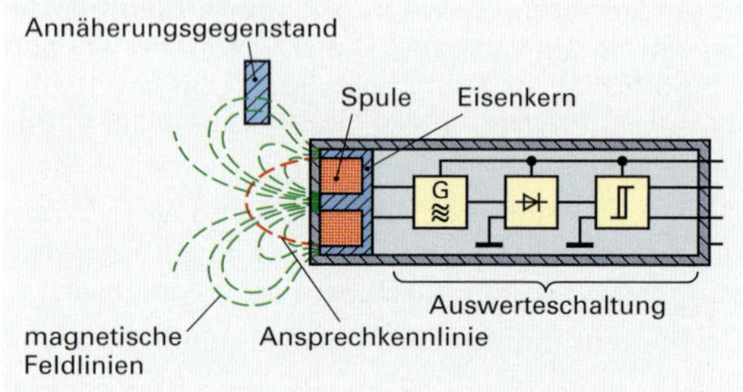

Bild 3: Aufbau eines induktiven Sensors

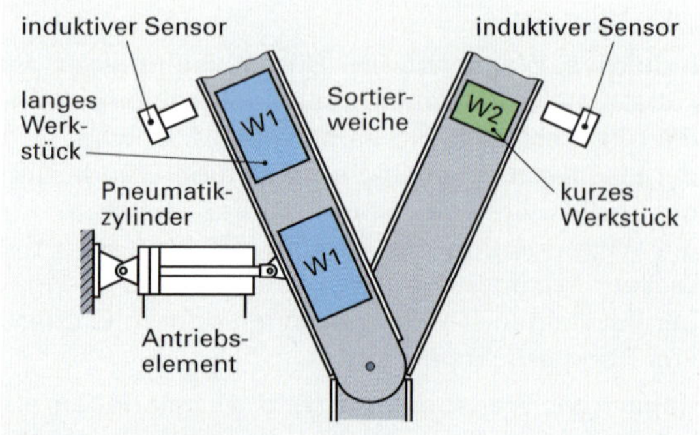

Bild 4: Einsatz induktiver Sensoren

Tabelle 1: Symboldarstellung berührungsloser binärer Näherungsschalter

induktiv	kapazitiv	magnetisch	optisch	Ultraschall
+BN, BK, –BU	+BN, BK, –BU	+BN, BK, –BU	+BN, BK, –BU	+BN, BK, –BU

Kapazitive Sensoren erzeugen ein elektrisches Streufeld. Durch Annäherung auch nichtmetallischer Gegenstände an die aktive Sensorfläche wird dieses Streufeld gestört und ein Schaltkontakt ausgelöst. Der Gehäuseaufbau ist der gleiche wie bei induktiven Sensoren **(Bild 1)**.

Der Schaltabstand ist abhängig vom Werkstoff des Messobjekts und liegt zwischen 2 mm und 40 mm.

Die Sensoren erfassen außer Metallen und Nichtmetallen auch flüssige, körnige und pulverisierte Werkstoffe. So können z. B. Kunststoffpaletten auf einer Montagelinie erfasst werden **(Bild 2)** oder Füllstände von Flüssigkeiten gemessen werden.

Kapazitive Sensoren erzeugen ein elektrisches Streufeld. Wird es gestört, schaltet der Sensor.

Magnetische Sensoren (Reed-Kontakte) sind spezielle induktive Sensoren und werden als Grenzschalter bei Pneumatikzylindern eingesetzt **(Bild 3)**. Sie werden direkt auf den Zylinderkörper montiert. Durch die Gehäusewand lösen sie bei Annäherung des Dauermagneten, der im Kolben der Zylinderstange integriert ist, ein Schaltsignal aus. So könnte z. B. die Grenzstellung der Weiche in **Bild 4, vorherige Seite,** auch über die Abfrage der Grenzstellung des Pneumatikzylinderkolbens kontrolliert werden.

Magnetische Sensoren werden durch ein permanentes Magnetfeld geschaltet.

Optische Sensoren

Optoelektronische Näherungstaster werden nach Bauart und Wirkprinzip in drei Gruppen eingeteilt **(Bild 4)**:

- Lichttaster
- Reflexions-Lichtschranke
- Einweg-Lichtschranke

Lichttaster bestehen nur aus einem Bauteil, in dem Sender und Empfänger untergebracht sind. Die von einer Infrarot-Diode ausgesandte gepulste Infrarotstrahlung wird bei Annäherung eines Objektes reflektiert und über einen Fototransistor empfangen und dann verarbeitet. Der Erkennungsbereich reicht bis zu 2 m und ist stark vom Objekt abhängig.

Reflexions-Lichtschranken haben ebenfalls Sender und Empfänger in einem Gehäusebauteil. Das vom Sender ausgesandte gepulste Infrarotlicht wird durch einen gegenüberliegend angebrachten Reflektor zurückgeworfen. Die Reichweite beträgt ca. 5 m.

Einweg-Lichtschranken bestehen aus zwei räumlich getrennten Sender- und Empfängerelementen. Wird der Lichtstrahl zwischen Sender und Empfänger unterbrochen, wird ein Signal ausgelöst. Sie haben eine Reichweite bis zu 40 m.

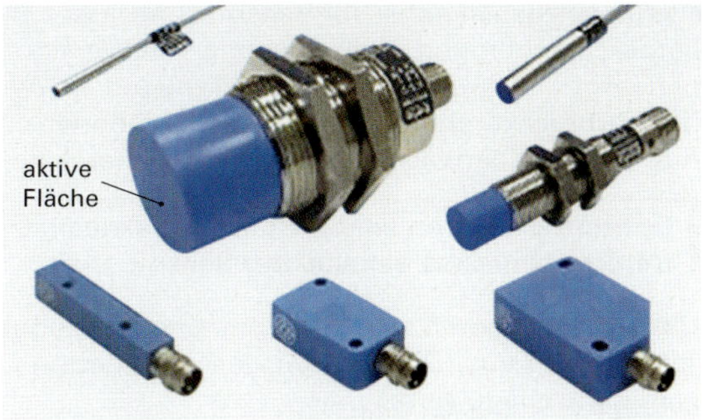

Bild 1: Bauformen kapazitiver Sensoren

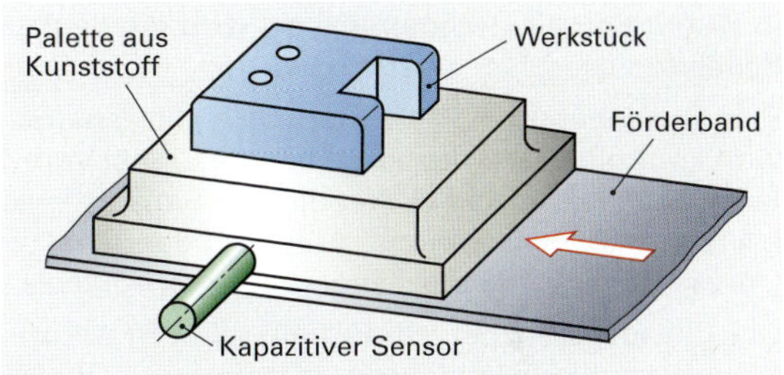

Bild 2: Einsatz kapazitiver Sensoren

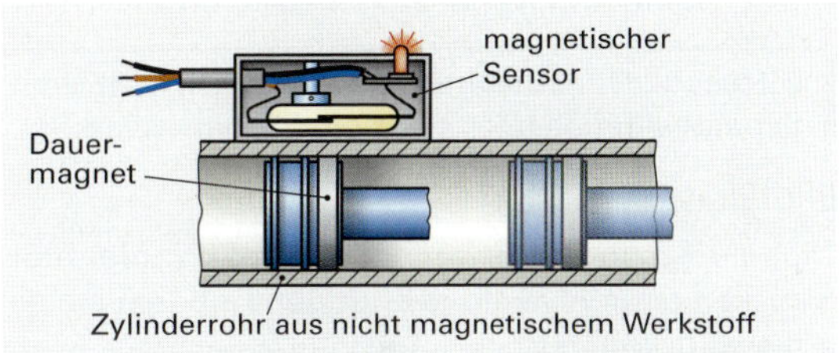

Bild 3: Reed-Sensoren an einem Pneumatikzylinder

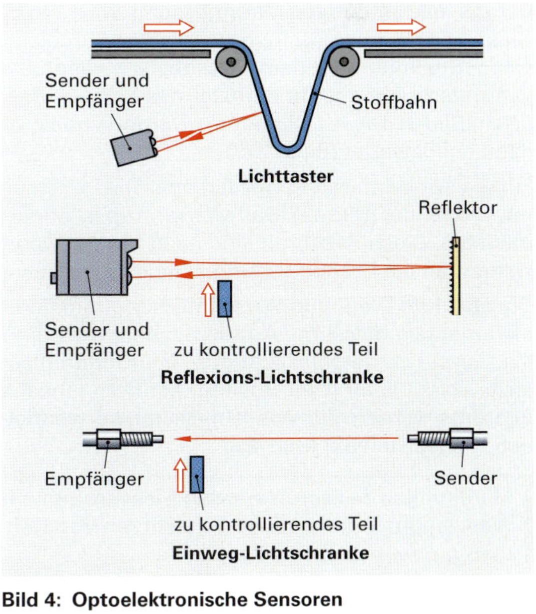

Bild 4: Optoelektronische Sensoren

Das Einsatzgebiet optischer Sensoren umfasst z. B. Zählfunktionen in Fördereinrichtungen, Überwachung von Werkstoffen auf Transportbändern, Überwachung von Werkzeugen in Werkzeugmaschinen (Bohrerbruchkontrolle) oder Sicherheitsüberwachung an Werkzeugmaschinen (Überwachung von Gefahrenbereichen).

Optische Sensoren erzeugen ein gepulstes Infrarotlicht. Wird der Lichtstrahl gestört, schaltet der Sensor.

Ultraschallsensoren senden durch einen Piezoquarz erzeugte Ultraschallwellen aus. Die Laufzeit der reflektierten Ultraschallimpulse wird dann ausgewertet.

Ähnlich wie bei den optischen Sensoren gibt es bei den Ultraschallsensoren zwei Funktionsarten. Befinden sich Sender und Empfänger in einem Bauteil (Tastbetrieb), so wird die Laufzeit des reflektierten Schallimpulses ausgewertet **(Bild 1)**.

Sind Sender und Empfänger räumlich getrennt (Schrankenbetrieb), so wird kontrolliert, ob das ausgesandte Signal vom Sender beim Empfänger ankommt **(Bild 2)**. Mit diesem Sensortyp können Reichweiten bis zu 6 m erreicht werden. Aufgrund der Schallwellenlaufzeit haben Ultraschallsensoren eine längere Auswertezeit als Lichtsensoren.

Das Einsatzgebiet der Ultraschallsensoren ist groß. Es können feste, flüssige, pulverförmige und transparente Objekte erkannt werden. Sie können zur objektunabhängigen Materialerfassung auch bei Dunst, Staub und Nebel eingesetzt werden.

Ultraschallsensoren senden Ultraschallwellen aus. Werden die Schallwellen gestört, wird ein Signal ausgelöst.

Digitale Sensoren

Digitale Sensoren verwendet man zum zahlenmäßigen Erfassen von Strecken oder Winkelbewegungen und teilt sie ein in

- **inkrementale[1] Weg- und Winkelmessung**
- **absolute Weg- und Winkelmessung**

Bei der **inkrementalen** Wegmessung wird ein Strichmaßstab aus Glas mit lichtdurchlässigen und lichtundurchlässigen Strichen von einem Stellmotor mit dem Messobjekt bewegt. Bei diesen Bewegungen unterbricht das Strichraster des Lineals eine Lichtquelle periodisch **(Bild 3)**. Diese Lichtsignale werden von Fotodioden erfasst und dann ausgewertet (Seite 277).

Für die Winkelmessung werden optische inkrementale Winkelsensoren verwendet **(Bild 4a)**. Das Messprinzip ist ähnlich wie beim Linearmaßstab. Diese Sensoren sind auch für die Wegmessung geeignet, wenn man die Drehbewegung in eine Linearbewegung umsetzt.

Die **absolute** Weg- und Winkelmessung funktioniert ähnlich wie die inkrementale Messung. Auf dem Lineal wird die Logik der Dualzahlen durch lichtdurchlässige bzw. lichtundurchlässige Felder dargestellt. Damit kann jeder Position auf dem Lineal ein Zahlenwert zugeordnet werden. Zur Winkelmessung verwendet man Winkelscheiben (Codescheiben) **(Bild 4b)**.

Mit digitalen Sensoren werden Messgrößen wie Wegstrecken an Werkzeugmaschinen oder Bahnkurven von Roboterarmen zahlenmäßig erfasst und verarbeitet.

[1] Inkrement (lat.) = Betrag, um den eine Größe zunimmt

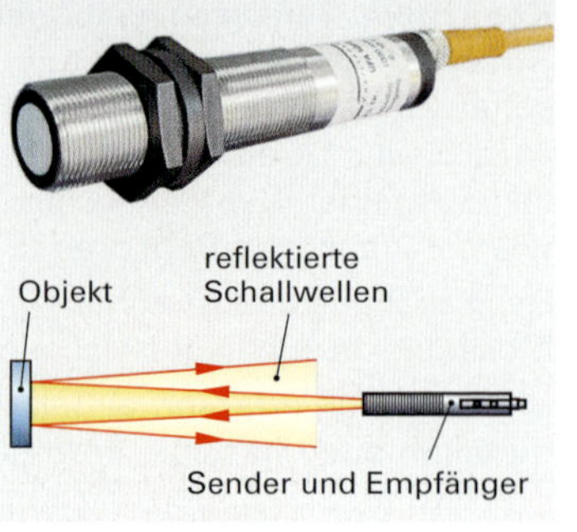

Bild 1: Tastbetrieb

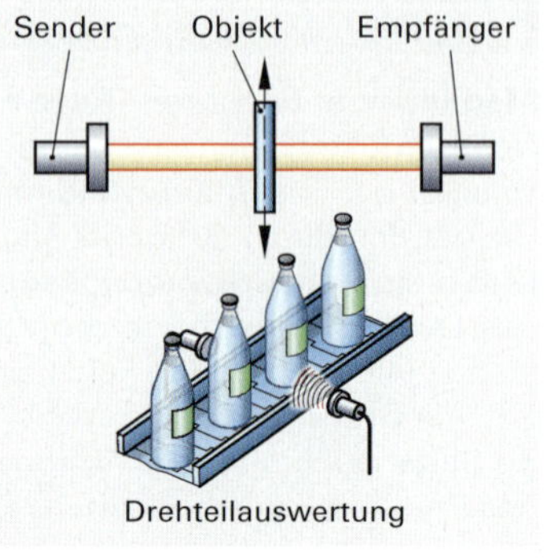

Bild 2: Einweg-Schranke

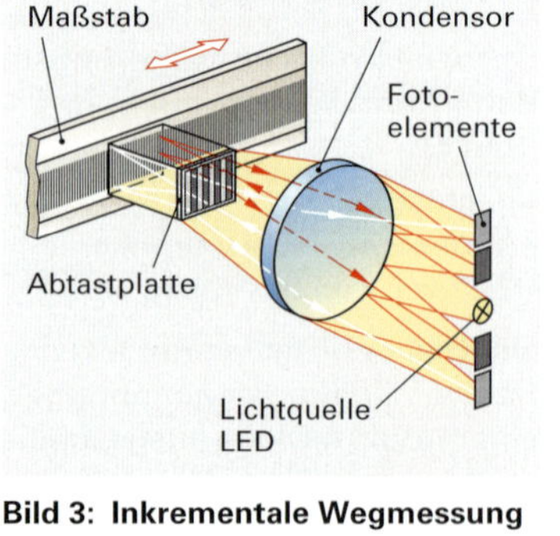

Bild 3: Inkrementale Wegmessung

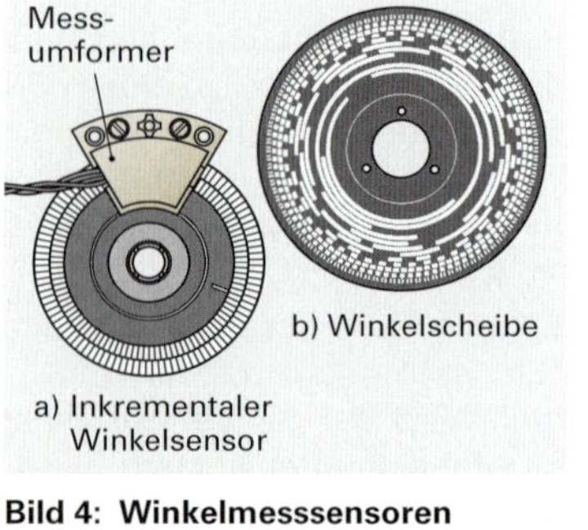

Bild 4: Winkelmesssensoren

9.4.3 Verdrahtung mit Klemmleiste

Bei elektropneumatischen oder speicherprogrammierten Steuerungen mit Einzelverdrahtung werden Klemmenleisten eingesetzt, die entweder an der Anlage direkt oder in einem Schaltschrank untergebracht werden **(Bild 1)**. Über Kabelkanäle führt man mehrere Leitungen gemeinsam geschützt zum Schaltschrank.

Zielsetzungen sind: niedrigere Verdrahtungskosten, eine Erleichterung bei der Fehlersuche und eine höhere Reparaturfreundlichkeit. So lassen sich defekte Bauelemente problemlos an der Leiste abklemmen und austauschen.

Aufbau von Klemmen. Einer Klemme wird von links eine Leitung 1 von der Steuerung zugeführt, z. B. die Spulenleitung des Magnetventils –MB1. Auf der Klemme wird die abisolierte Leitung verschraubt. Von rechts führt eine 2. Leitung z. B. zum Schließeranschluss 24 des Relais –KF1 **(Bild 2)**. Die Klemme wird nummeriert z. B. mit 12. Nebeneinander liegende Klemmen sind isoliert und lassen sich durch Brücken verbinden, z. B. die Klemmen Nr. 7–8 **(Bild 4)**.

Klemmenanschlussplan. Die Belegung der einzelnen Klemmen dokumentiert man im Stromlaufplan und der Klemmenbelegungsliste (Bild 4). Von links im Stromlaufplan beginnend trägt man alle Bauteile, die am Pluspotenzial mit 24 V liegen, in die Belegungsliste ein und brückt die Nummern 1 bis 3. Genauso verfährt man mit dem Minuspotenzial. Danach werden alle Bauteile in den einzelnen Strompfaden 1 bis 5 auf die Klemmen gelegt, z. B. –SF1 auf Klemme Nr. 7 und –BG1 auf Klemme Nr. 8. Auch hier muss gebrückt werden. Im 2. Strompfad führt man –KF2 mit Anschluss 12 und K1 mit Anschluss A1 **nicht** auf die Leiste. Diese Verbindung wird direkt verdrahtet. Der Strompfad 5 schließt die Klemmenbelegungsliste ab. Danach werden die Klemmennummern X1 bis X12 in den Stromlaufplan eingetragen **(Bild 3)**. Werden mehrere Klemmleisten verwendet, so werden diese durchnummeriert. Bei Schaltplänen, die mittels Programmen erstellt werden, werden derartige Belegungslisten automatisch generiert.

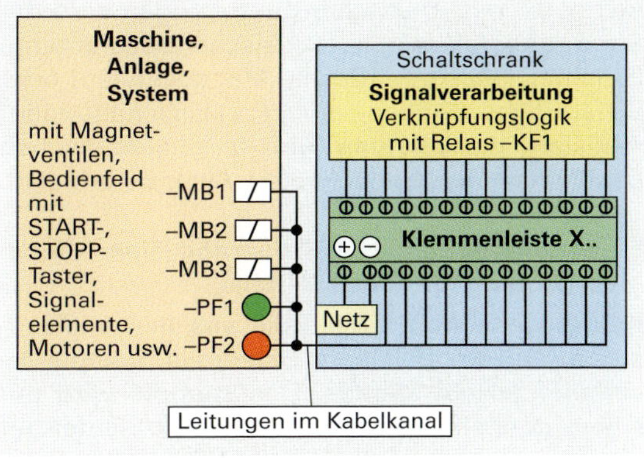

Bild 1: Prinzipieller Schaltschrankaufbau

Bild 2: Einzelklemme Nr. 12 auf Hutschiene

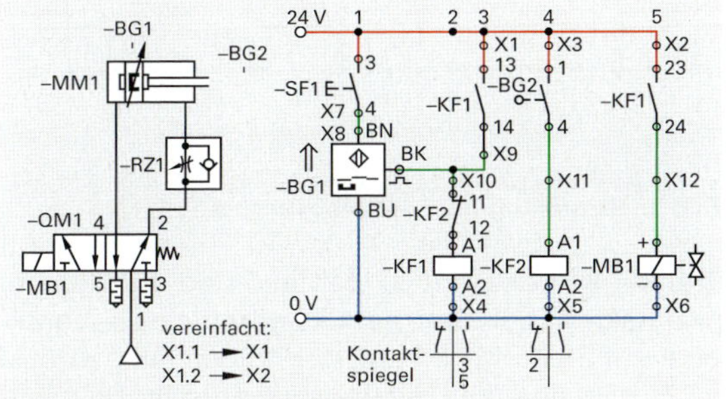

Bild 3: Steuerungsbeispiel E-Pneumatik

	Ziel: Bauteilbezeichnung	Ziel: Anschlussbezeichnung	Verbindungsbrücke	Klemmen-Nr.X 1..	Ziel: Bauteilbezeichnung	Ziel: Anschlussbezeichnung
Netz (+)	24V	+	o	1	–KF1	13
	–SF1	3	o	2	–KF1	23
	–BG2	1	o	3		
Netz (−)	0V	—	o	4	–KF1	A2
	–BG1	BU	o	5	–KF2	A2
	–MB1	—	o	6		
Pfad 1	–SF1	4	o	7		
	–BG1	BN	o	8		
Pfad 2 + 3	–BG1	BK	o	9	–KF1	14
			o	10	–KF2	11
Pfad 4	–BG2	4	o	11	–KF2	A1
Pfad 5	–MB1	+	o	12	–KF1	24
	alle Bauteile der Steuerung		o	13	nur Relais	
			o	14		
			o	15		
			o	16		
			o	17		
			o	18		
			o	19		
			o	20		

Bild 4: Klemmenbelegungsliste

9.4.4 Beispiele für elektropneumatische Steuerungen

Bei elektropneumatischen Steuerungen wird der **Steuerungsteil** durch elektrische Bauelemente (Schalter, Sensoren, Relais, Magnetspulen) oder Schaltungen (Reihen- oder Parallelschaltungen) realisiert, die **Leistung** wird in pneumatischen Bauelementen (Stellelementen, Aktoren) erbracht.

Elektropneumatische Steuerung einer Klebevorrichtung für Kunststoffteile

Aufgabenstellung. Zwei Teile aus thermoplastischem Kunststoff sollen durch einen Stempel zusammengeklebt werden. Der Stempel wird mit einem doppelt wirkenden Pneumatikzylinder auf die eingespannten Teile gedrückt **(Bild 1)**.

Die Klebezeit soll durch ein Zeitrelais einstellbar sein und bei Bedarf geändert werden können. Während des Klebevorganges leuchtet eine orangefarbene Leuchte auf.

Zur Abfrage der beiden Endlagen werden Näherungssensoren (Reedkontakte) direkt am Zylinderkörper montiert **(Bild 3, Seite 585)**.

Für diese Aufgabenstellung sind der GRAFCET, der pneumatische Schaltplan, der elektrische Schaltplan (Relaissteuerung) sowie ein Klemmenbelegungsplan (vorherige Seite) zu entwerfen.

Im **GRAFCET (Bild 2)** werden keine speichernden Aktionen verwendet. Im Schritt 2 wird die Aktion –MB2 fünf Sekunden nach Aktivierung der Schrittvariablen X2 aktiv. Die Darstellung entspricht einer **Einschaltverzögerung (Bild 2, Seite 572)**. Die Variable X2 taucht später im Schaltplan nicht mehr auf. Der Schließer von –KF2 im Strompfad 5 übernimmt diese Funktion **(Bild 3)**.

Beschreibung des Stromlaufplanes. Durch Drücken des Handtasters –SF1 zieht das Relais –KF1 an, wenn sich der Stempel in der hinteren Endlage (–BG1) befindet.

Durch den Schließkontakt des Relais –KF1 im Strompfad 6 erhält der Magnet –MB1 Spannung. Das 5/2-Impulsventil –QM1 im Pneumatikplan schaltet in die Stellung „a". Der Kolben des Zylinders –MM1 fährt gedrosselt aus. Das Erreichen der vorderen Endlage nach Signalabfall von –SF1 wird durch die Speicherfunktion des Impulsventils –QM1 erzielt.

In der Endstellung wird der Sensor –BG2 aktiviert. Dadurch wird der Strompfad 4 des Relais –KF2 geschlossen. Das Relais –KF2 zieht an. Seine beiden Kontakte schließen die Strompfade 5 und 7. Das **Zeitrelais** –KF3 beginnt zu „laufen" und die Leuchte –PF1 ist an. Nach der eingestellten Zeit t = 5 s wird der Kontakt –KF3 in Strompfad 8 geschlossen, Ventilmagnet –MB2 hat Spannung. Das 5/2-Wegeventil schaltet auf Stellung „b" um, der Kolben fährt zurück. Dabei wird der Sensor –BG2 verlassen, das Relais –KF2 fällt ab und die Leuchte –PF1 erlischt. Das Zeitrelais wird ebenfalls stromlos. In der hinteren Endlage betätigt der Zylinder den Sensor –BG1.

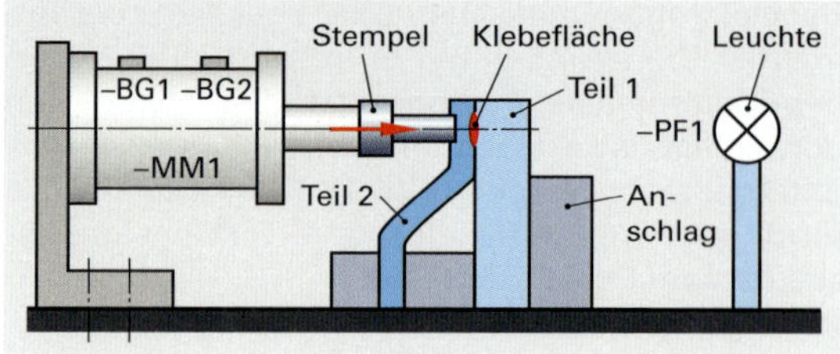

Bild 1: Technologieschema der Klebevorrichtung

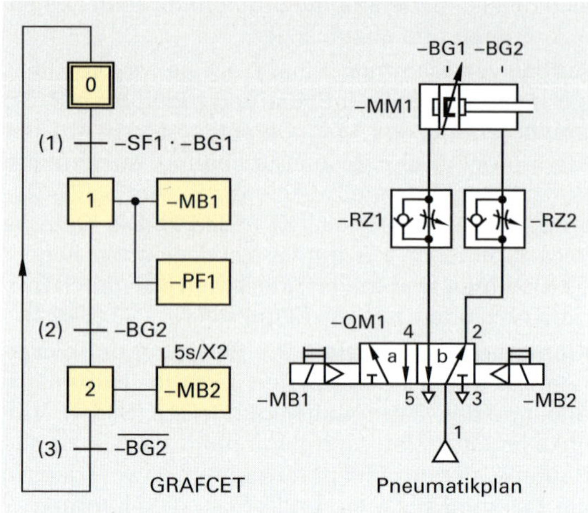

Bild 2: GRAFCET und Pneumatikplan für die Klebevorrichtung

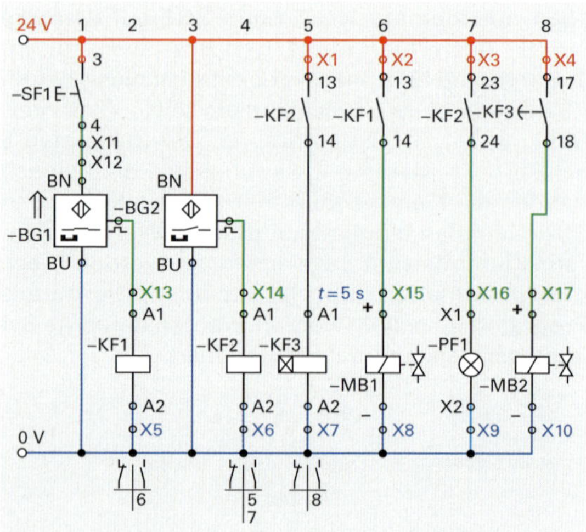

Bild 3: Stromlaufplan der Klebevorrichtung

Das in der Aufgabe auf der vorherigen Seite verwendete Zeitrelais hat das Verhalten einer Einschaltverzögerung. **Tabelle 1** zeigt die verschiedenen Zeitfunktionen bei elektropneumatischen Schaltungen im Vergleich. Die mit dem Zeitrelais verbundenen Schließer- oder Öffnerkontakte werden zeitverzögert betätigt. So ist z.B. bei der ersten dargestellten Ausschaltverzögerung nach Abfall des Eingangssignals E der Schließer mit den Abschlussnamen 7/8 noch 10 s geschlossen, bis er abfällt. Die Tabelle zeigt auch die entsprechenden Lösungen für die pneumatischen Schaltungen sowie die Darstellung im Logikplan.

Im Beispiel soll eine Klemmenbelegungsliste erstellt werden **(Bild 1)**. Sie enthält alle Bauteile, die auf eine Klemmenleiste gelegt werden. Somit erfolgt die Verdrahtung nicht nach der Schaltplanlogik. Die Vorteile liegen in der einfacheren und übersichtlicheren Verdrahtung und der Möglichkeit einer systematischen Fehlersuche bei Drahtbruch.

Von der linken Seite der Klemmenbelegungsliste werden alle Bauteile außerhalb eines Schaltschranks in der Klemmenleiste aufgelistet, z.B. Starttaster –SF1, Sensoren –BG1 oder das Magnetventil –MB1. Auf der rechten Seite befinden sich die Bauteile, die sich evtl. in einem Schaltschrank befinden können, z.B. die Relais –KF1, –KF2 und –KF3 sowie deren Hilfsschließer.

Grundsätzlich wird mit dem Plus-Potenzial begonnen, die Klemmen 1 bis 4 werden gebrückt, dann folgt das Minus-Potenzial. Auch hier werden die Klemmennummern 5 bis 10 gebrückt. Zum Schluss werden alle fehlenden Teilstücke von den linken Strompfaden beginnend nach rechts auf die Klemmenbelegungsliste aufgelistet. Der Strompfad 5 erscheint nicht in der Liste. Hier muss direkt von Schließer –KF2 auf die Spule A1 des Zeitrelais –KF3 verdrahtet werden.

	zum Schaltschrank: Ziel				Bauteile im Schaltschrank: Ziel	
	Bauteil-bezeichnung	Anschluss-bezeichnung	Verbindungs-brücken	Klemmen-Nr.X	Bauteil-bezeichnung	Anschluss-bezeichnung
+	24V	+	o	1	-KF2	13
+	-SF1	3	o	2	-KF1	13
+	-BG2	BN	o	3	-KF2	23
+			o	4	-KF3	17
−	0V	—	o	5	-KF1	A2
−	-BG1	BU	o	6	-KF2	A2
−	-BG2	BU	o	7	-KF3	A2
−	-MB1	—	o	8		
−	-PF1	X2	o	9		
−	-MB2	—	o	10		
Pfade 1-8	-SF1	4	o	11		
Pfade 1-8	-BG1	BN	o	12		
Pfade 1-8	-BG1	⎍	o	13	-KF1	A1
Pfade 1-8	-BG2	⎍	o	14	-KF2	A1
Pfade 1-8	-MB1	+	o	15	-KF1	14
Pfade 1-8	-PF1	X1	o	16	-KF2	24
Pfade 1-8	-MB2	+	o	17	-KF3	18
			o	18		
			o	19		
			o	20		

Bild 1: Klemmenbelegungsliste der Klebevorrichtung

Tabelle 1: Signal-Zeit-Diagramme von pneumatischen und elektropneumatischen Zeitfunktionen

Pneumatisch	Elektrisch	Zeitverhalten (t_0, t_1, t_2, t_3)	Logikplan
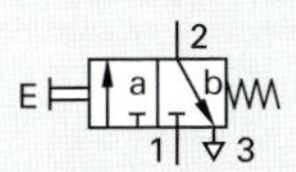	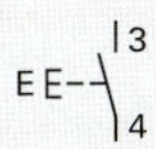		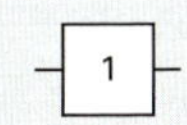
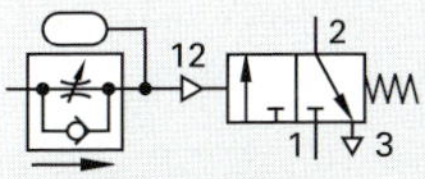 Sperr-Ruhe-Stellung	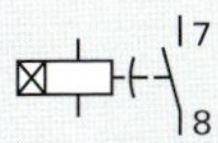 Schließer	Einschalt-verzögerung 	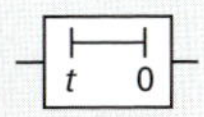
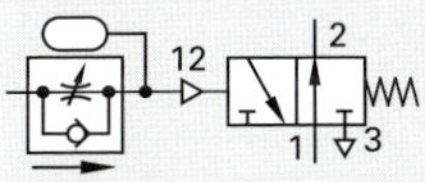 Durchfluss-Ruhe-Stellung	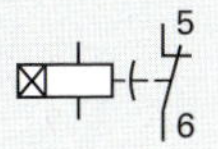 Öffner	Einschalt-verzögerung 	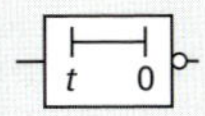
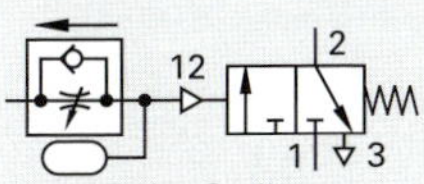 Sperr-Ruhe-Stellung	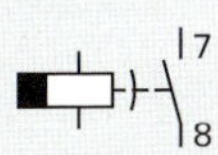 Schließer	Ausschalt-verzögerung 	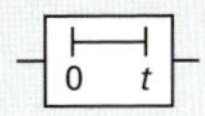
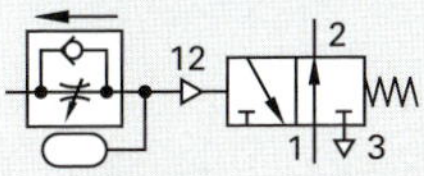 Durchfluss-Ruhe-Stellung	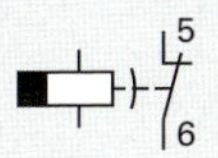 Öffner	Ausschalt-verzögerung 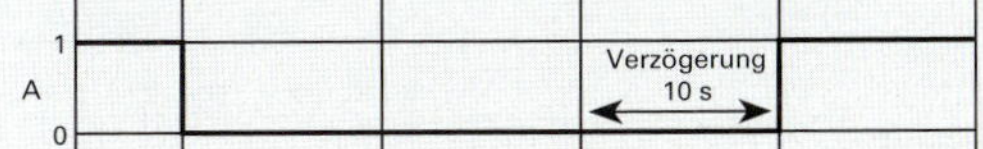	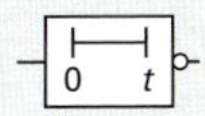

Speicherung von Signalen

In vielen Fällen der Elektropneumatik muss ein Tastersignal gespeichert werden. Dies erreicht man mit der **Selbsthalteschaltung** eines Relais **(Bild 1)**.

SimMetall S22

Mit dem EIN-Taster –SF1 wird der Stromkreis der Relaisspule geschlossen. Ein Schließerkontakt des Relais –KF1 wird zu –SF1 parallel geschaltet und hält auch dann noch den Spulenstrom aufrecht, wenn –SF1 losgelassen wird. Damit bleibt das Signal EIN gespeichert (= Setzen/Set von –KF1). Mit dem Taster –SF2 (Öffner) wird die Selbsthaltung wieder unterbrochen (= Rücksetzen/Reset von –KF1).

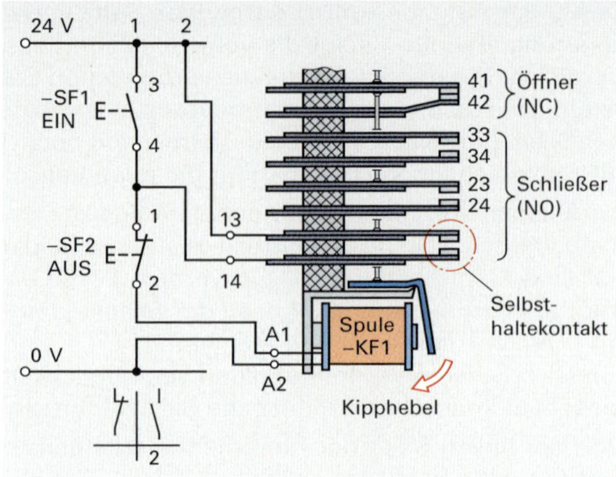

Bild 1: Selbsthalteschaltung mit Relais K1

Beispiel einer Selbsthalteschaltung

Ein doppelt wirkender Pneumatikzylinder wird über ein 5/2-Wegeventil, das mit einem Elektromagneten –MB1 und Federrückstellung ausgerüstet ist, angesteuert **(Bild 2)**. Diese Art von Stellelement ist **monostabil**, d.h., bei Abfall der Spannung von –MB1 fällt das Ventil durch den Federdruck in den stabilen Zustand **"b"** zurück. Die verwendete Selbsthaltung ist eine dominierend löschende Schaltung: Betätigt man –SF1 und –BG1 gleichzeitig, dann kann an Spule –KF1 **keine** Spannung liegen.

Tabelle 1 beschreibt das Schaltverhalten der Selbsthalteschaltungen (= Speicherschaltungen).

Kontaktsteuerung mit 5/2-Wege-Impulsventil. Im Stellelement –QM1 wird die Rückstellfeder durch einen 2. Magneten –MB2 ersetzt. Ein kurzer Stromimpuls auf –MB1 steuert das Ventil auf "a" um. Eine Selbsthaltung ist nicht nötig, da das Stellelement **„bistabil“** ist. Es hält die Schaltstellung "a" bis der Gegenimpuls durch –MB2 kommt. Dann steuert –QM1 auf Stellung "b" um und hält diese Stellung.

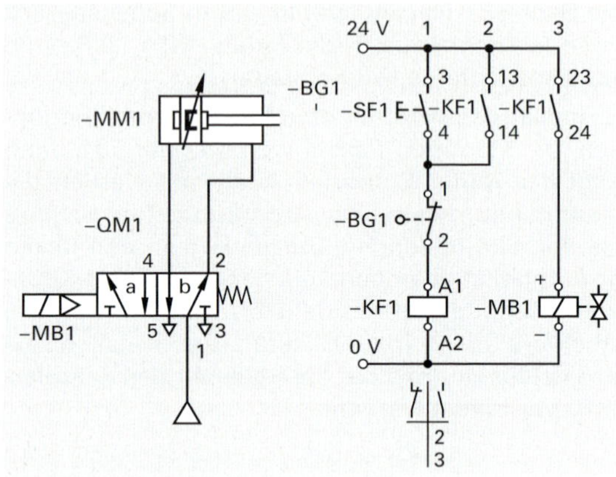

Bild 2: Selbsthaltung bei Verwendung eines monostabilen Stellelementes

Tabelle 1: Selbsthaltung, dominierend löschend

Funktionsgleichung	A_n	E2	E1	A_{n+1}	Logikplan	Pneumatik	Elektrik
$A_{n+1} = (E1 \vee A_n) \wedge \overline{E2}$	0	0	0	0	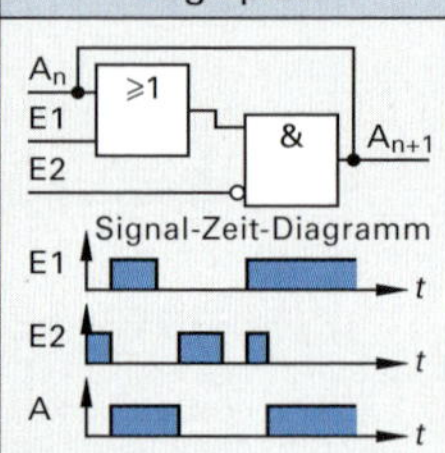	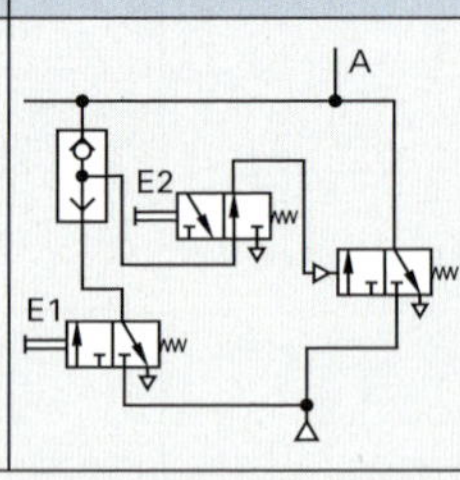	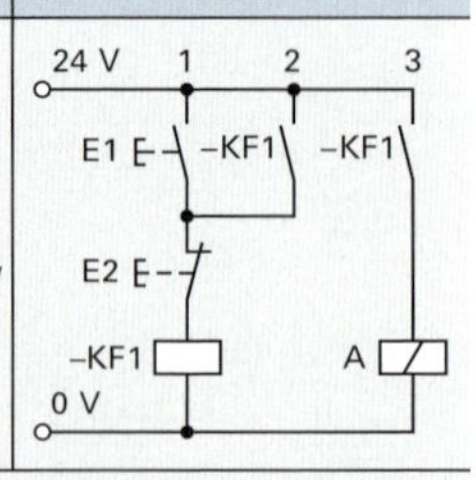
	0	0	1	1			
	0	1	0	0			
	0	1	1	0			
A_n und A_{n+1} gibt Signalzustand vor und nach erneuter Signaleingabe an.	1	0	0	1			
	1	0	1	1			
	1	1	0	0			
	1	1	1	0			

Selbsthaltung, dominierend setzend

Funktionsgleichung	A_n	E2	E1	A_{n+1}	Logikplan	Pneumatik	Elektrik
$A_{n+1} = E1 \vee (A_n \wedge \overline{E2})$	0	0	0	0	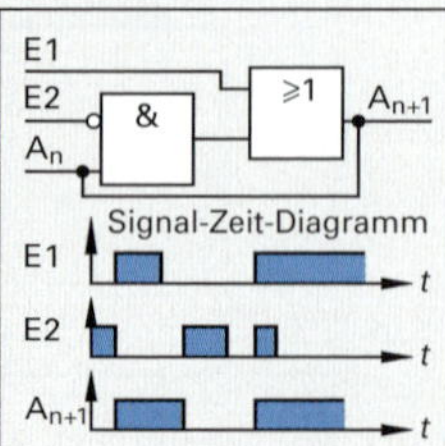	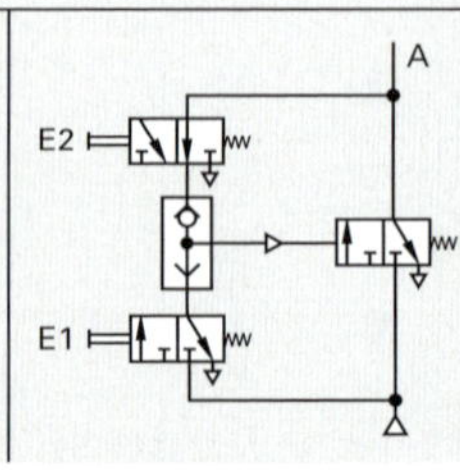	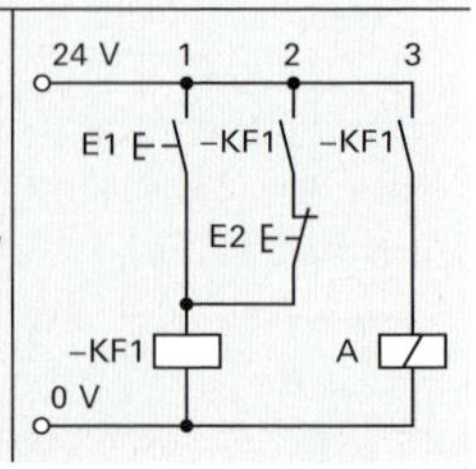
	0	0	1	1			
	0	1	0	0			
	0	1	1	1			
A_n und A_{n+1} gibt Signalzustand vor und nach erneuter Signaleingabe an.	1	0	0	1			
	1	0	1	1			
	1	1	0	0			
	1	1	1	1			

Beispiel einer elektropneumatischen Schaltung (Portallader)

Die auf Seite 576 beschriebene Steuerung des Portalladers einer Reinigungsanlage soll elektropneumatisch ausgeführt werden. Die Aufgabe soll nach den Grundsätzen für Ablaufsteuerungen in Form einer löschenden Taktkette umgesetzt werden.

Grundsätzliche Vereinbarungen für den Aufbau eines **Einzelschrittes einer Taktkette (Bild 1):**

1. Jede Endlage wird über ein Signalelement, z. B. **–BG1** und **–BG3**, abgefragt **(Bild 2)**.
2. Jeder Arbeitsschritt wird durch eine Selbsthaltung umgesetzt (dominierend löschend).
3. Jeder Schritt wird durch ein Signalelement oder einen Sensor eingeleitet (**–SF_N**).
4. Jeder Schritt kann nur ablaufen, wenn der vorhergehende Schritt gesetzt wurde (**–KF_N-1**).
5. Der nächste Schritt löscht den vorhergehenden Schritt (Spätöffner **–KF_N+1**).

Damit wird gewährleistet, dass jeweils nur ein einziger Ablaufschritt aktiv ist. Damit das Setzen der Schritte und das Löschen des vorhergehenden Schrittes ohne Störungen abläuft, werden Frühschließer und Spätöffner verwendet **(Bild 3)**.

Stromlaufplan für den Portallader (Bild 4)

Die Lösung zeigt exemplarisch die Umsetzung der vorher genannten Ablaufregeln.

Der Taster –SF2 in Pfad 9 wird als Quittierungstaster bezeichnet. Er ist bei einem Neustart der Anlage nötig, um in Pfad 1 den Schließer –KF4 zu betätigen.

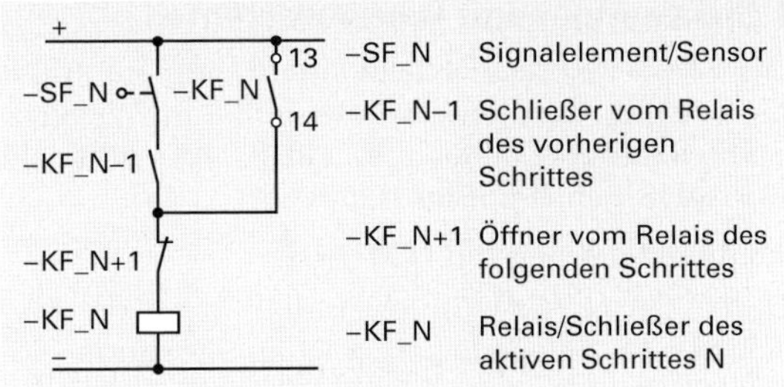

Bild 1: Einzelschritt N in einer Taktkette

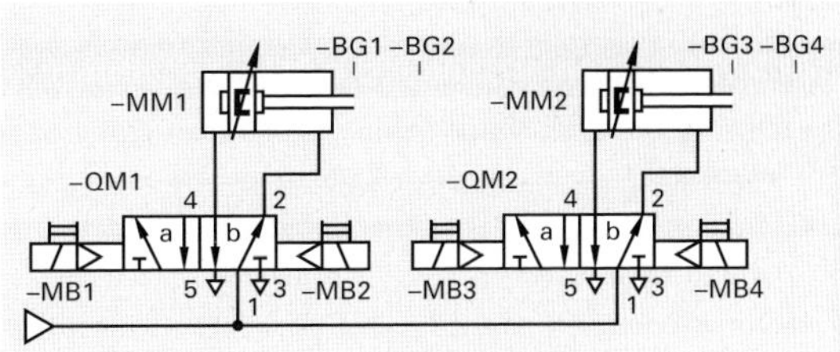

Bild 2: Pneumatikplan des Portalladers

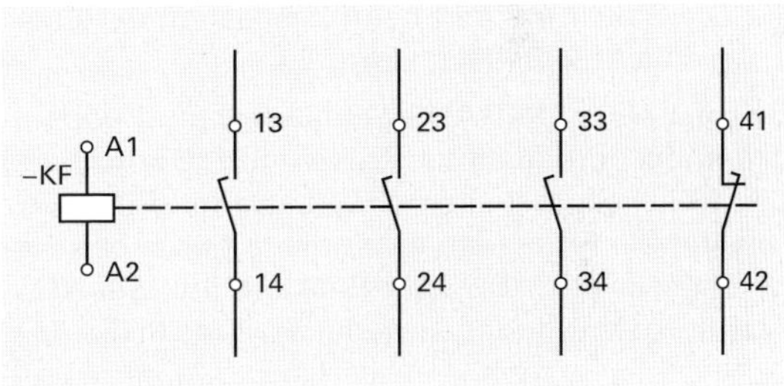

Bild 3: Frühschließer und Spätöffner

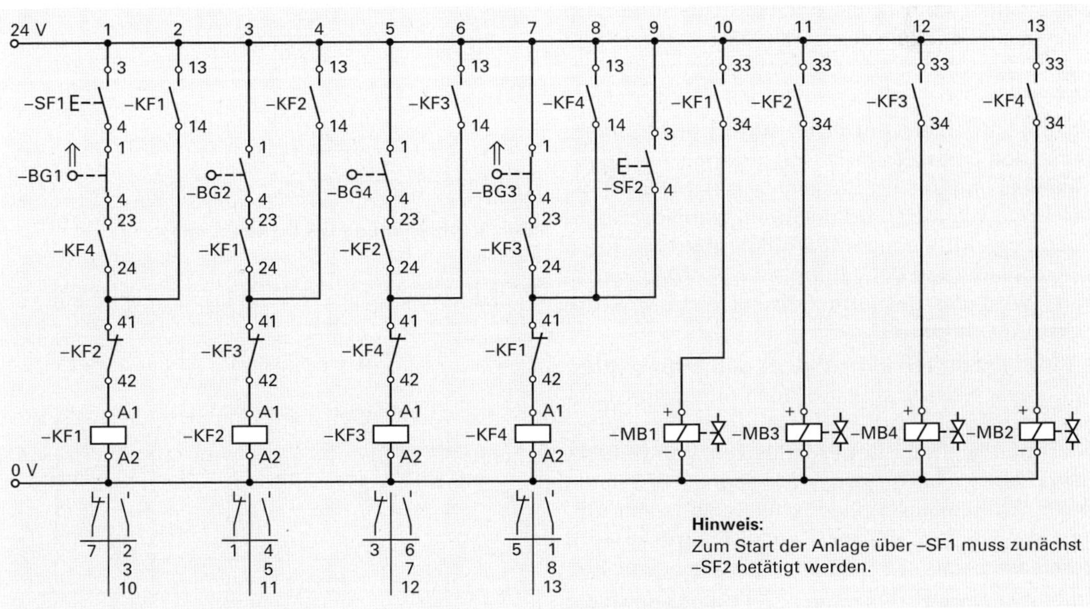

Bild 4: Elektrischer Stromlaufplan für Portallader der Reinigungsanlage

Steuerungen mit Betriebsartenteil

Die Steuerung des Portalladers (Seite 576) erfüllt die vom Kunden gewünschte Funktion. Wichtige Bedienelemente aber, z.B. ein Haupt- oder ein NOT-AUS-Schalter **(Bild 1)**, fehlen.

Kontaktsteuerung mit NOT-AUS

Durch die NOT-AUS-Einrichtung muss die Maschine oder Anlage in gefährlichen Situationen sofort stillgesetzt werden können. Dadurch sollen Gefahren für Menschen und Maschine vermieden werden.

Anforderungen an eine NOT-AUS-Schaltung:

- Der Funktionsablauf muss sofort unterbrochen werden.
- Die Steuerung muss von der Stromversorgung getrennt werden.
- Das Arbeitselement (z.B. Zylinder) muss über eine eigene Schaltung in eine ungefährliche Lage fahren.
- Die Steuerung darf beim Zuschalten der Energie nicht selbsttätig starten.

Beispiel einer NOT-AUS-Schaltung. Ein Pneumatikzylinder wird über den Taster –SF1 (START) und den Näherungsschalter –BG1 gestartet **(Bild 2)**. Er schaltet bei Erreichen der Endlage durch den Näherungsschalter –BG2 auf Rücklauf um. Bei NOT-AUS soll der Zylinder aus jeder Stellung in die Ausgangsstellung zurückfahren. Über den einrastenden NOT-AUS-Schalter –SF2 wird die Steuerung abgeschaltet.

Der Zylinder fährt in die Endlage. Die Steuerung kann nach Entriegeln des NOT-AUS-Schalters –SF2 und quittieren wieder in Betrieb genommen werden.

Schutz vor unerwünschten Aktorbewegungen. Durch den Einsatz eines 5/3-Wegeventils mit Sperrmittelstellung für das Stellelement –QM1 wird die Kolbenbewegung sofort gestoppt, wenn die Spannung von –MB1 oder –MB2 abfällt **(Bild 3)**. Durch eine schlagartige Betätigung des 3/2-Wegeventils –SJ1 wird die gesamte Druckenergie von der Schaltung genommen.

Automatikbetrieb: Einzelzyklus und Dauerzyklus. Mit dieser Schaltung kann der Kolben entweder nur einmal aus- und wieder eingefahren werden oder man kann auf Dauerzyklus schalten **(Bild 4)**. Beim Dauerzyklus muss das Startsignal –SF3 durch die Parallelschaltung eines Schließerkontaktes umgangen werden. Dieser Schließerkontakt wird durch das Relais –KF3 in Selbsthaltung geschaltet.

Für einen Einzelzyklus muss –SF3 (Start Einzel) betätigt werden.

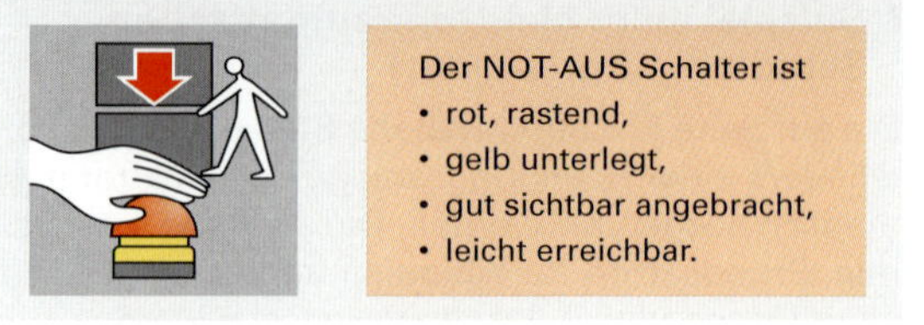

Bild 1: NOT-AUS-Abschaltung

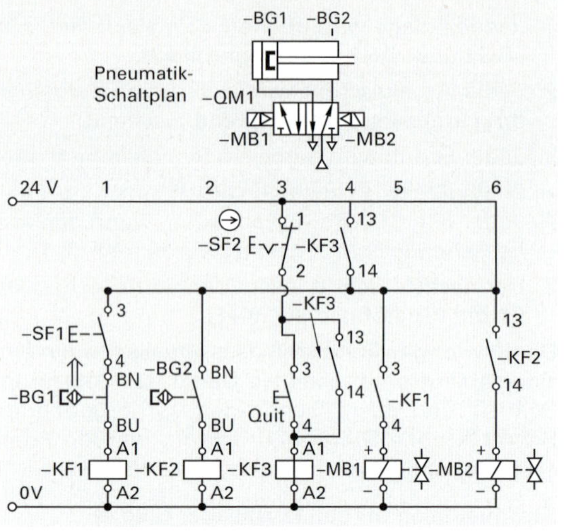

Bild 2: Abschaltung mit NOT-AUS

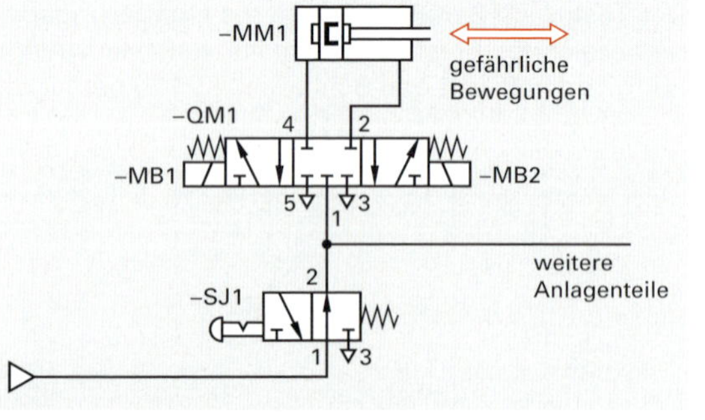

Bild 3: Abschaltung der Druckenergie

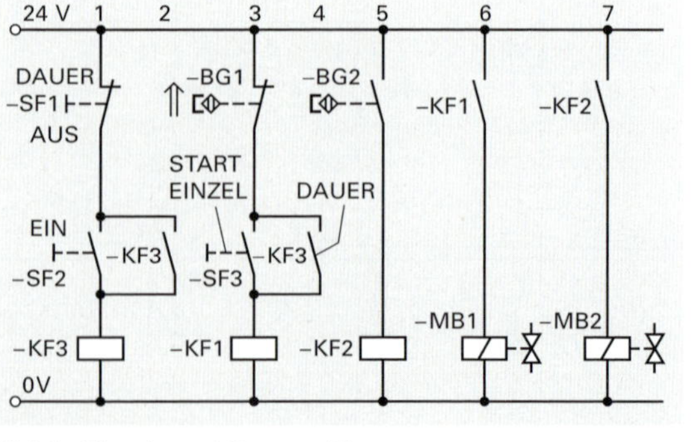

Bild 4: Einzel- und Dauerzyklus

9.4.5 Ventilinseln

In der Elektropneumatik und der SPS-Technik werden heute statt einzelner Magnetventile ganze Ventilinseln eingesetzt. In einem modularen Baukastensystem werden dabei Ventilscheiben in eine gemeinsame Reihe kompakt zusammengebaut **(Bild 1)**. Es sind dabei die unterschiedlichsten Ventilkombinationen möglich, z. B. können vier monostabil 5/2-Wegeventile und vier 5/2-Impulsventile zu einer Ventilinsel zusammengefasst werden. Dadurch wird der gesamte Systemaufbau sehr platzsparend und übersichtlich.

Hauptelemente der Insel sind die Ventilscheiben. Durch zwei Funktionen pro Ventilscheibe (z. B. 2 x 3/2-Wegeventile) kann die doppelte Packungsdichte erreicht werden. Dies spart Bauraum und senkt die Kosten. So wird z. B. die Funktion eines 5/3-Wegeventils mit „Sperr-Mittelstellung" aus einem 2 x 3/2-Wegeventil in Ruhestellung geschlossen, gebildet. Dieser Ventilbausatz ist nur für den Einsatz mit einem Arbeitsdruck gedacht. Ein Zweidruckbetrieb (unterschiedliche Drücke an Anschluss 1 und 11) **(Bild 2)**, bei dem man den Zylinderkolben mit hohem Druck ausfahren und mit geringem Druck einfahren lassen könnte, ist hier nicht möglich.

Pneumatische Druckluftversorgung

Die Ventilinsel besitzt neben der Ventilfunktion auch alle pneumatischen Kanäle zur Versorgung, zur Entlüftung und für die Arbeitsanschlüsse. Es wird ungeölte Druckluft verwendet. Alle Ventile haben eine pneumatische Vorsteuerung. Die eigentliche Ventilfunktion, das Öffnen und Schließen der Anschlüsse, basiert auf dem Kolbenschiebersystem. Die Rückstellung der Ventile erfolgt pneumatisch und nicht mit mechanischen Federn.

Die Arbeitsanschlüsse befinden sich seitlich an den Ventilscheiben **(Bild 3 a)**, z. B. für Quick-Star-Steckverschraubungen (QS). Eine Variante ist der pneumatische Multipol **(Bild 3 b)**, bei dem sich alle Arbeits- und Versorgungsanschlüsse an einer Grundplatte befinden. Er ermöglicht unterschiedliche Montagearten, von der Wandmontage bis zum direkten Durchgang durch eine Gehäusewand.

Elektrische Anschlusstechnik

Nach oben geführte Kontakfedern an den Ventilscheiben bilden die Schnittstelle zu verschiedenen elektrischen Anschlussarten **(Bild 4)**. Magnetventile werden entweder mit Einzelleitungen angeschlossen oder über einen Steckverbinder, dem Multipol. Dies ist ein 9- oder 25-poliger Sub-D-Stecker, der die Montage und elektrische Installation der Ventilplatten vereinfacht. Eine LED zeigt die Funktion an. Der Multipol kann durch einen Direktanschluss für ein standardisiertes Bussystem (z. B. Profibus oder Profinet) ersetzt werden.

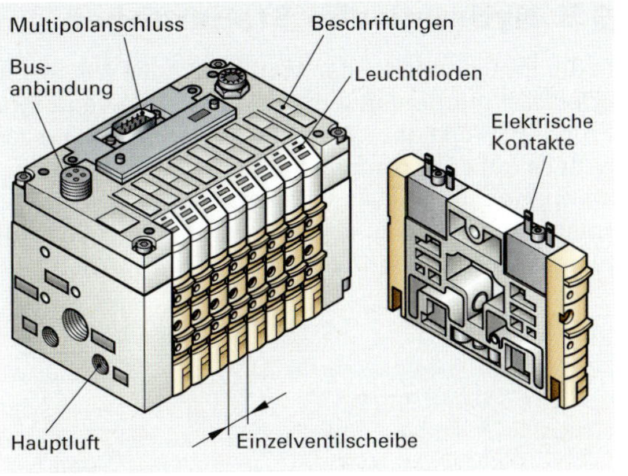

Bild 1: Ventilinsel – Ventilscheibe

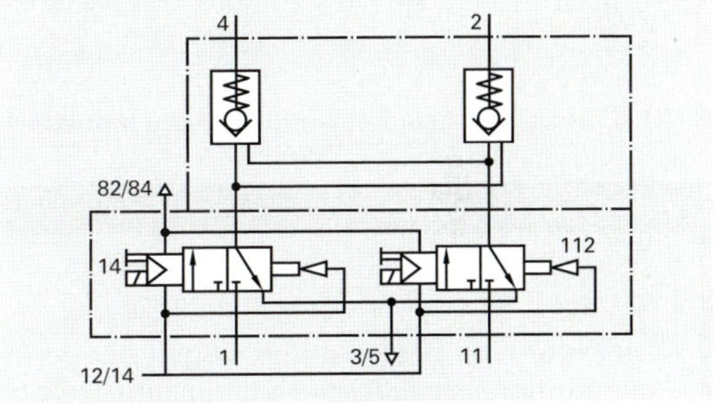

Bild 2: Ventilscheibe für 5/3-Wegeventil – Mittenstellung geschlossen

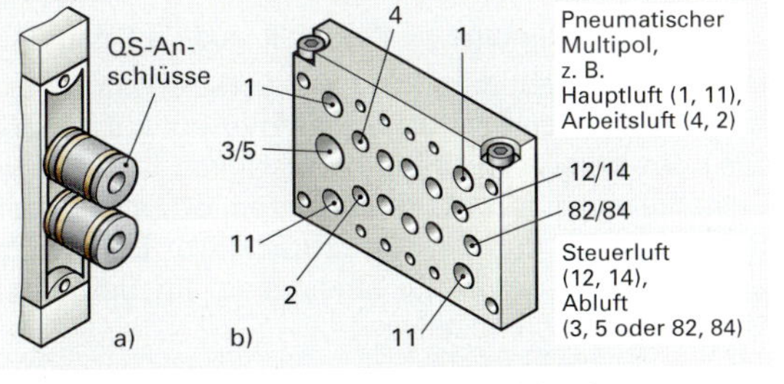

Bild 3: Pneumatikanschlüsse an Ventilinseln

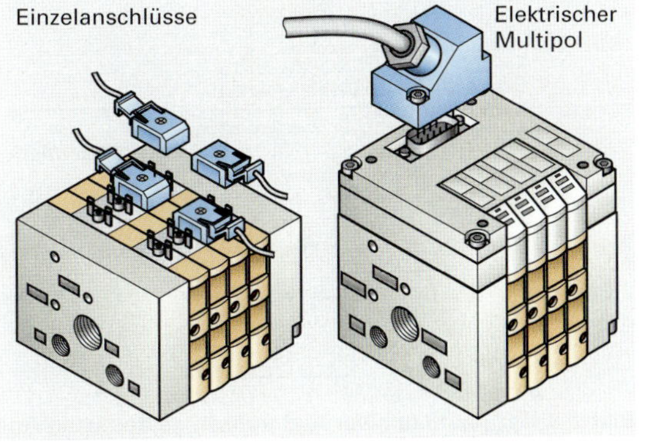

Bild 4: Elektrische Anschlüsse an Ventilinseln

9.5 Hydraulische Steuerungen

In der Industrie- oder der Mobilhydraulik werden zum Erzeugen hoher Kräfte (bei linearen Bewegungen), oder Drehmomenten (bei rotierenden Bewegungen) als Arbeitsmedium Flüssigkeiten eingesetzt **(Bild 1).** Früher hat man dazu Wasser[1] verwendet, heute verwendet man spezielle Hydrauliköle. In der Hydrostatik geht es um das Erzeugen hoher Kräfte mittels hoher Drücke und deren Übertragung (z. B. Schneidzangenwerkzeuge für den Unfalleinsatz). In der Hydrodynamik möchte man mit geringeren Drücken lineare oder rotatorische Bewegungen in den Arbeitselementen erzeugen. Die Linearbewegungen können hierbei extrem langsam und konstant erzeugt werden.

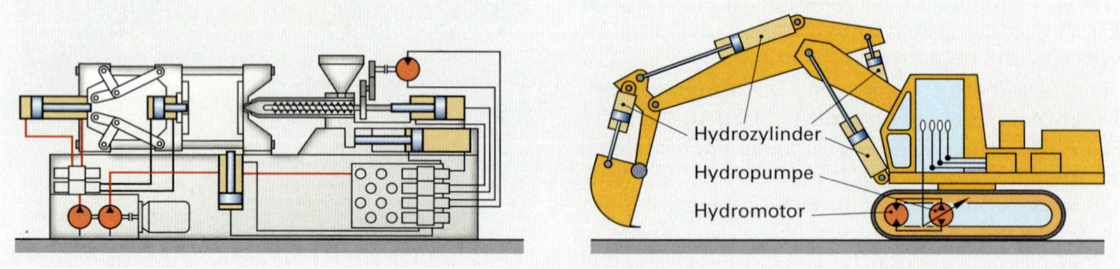

Bild 1: Einsatz hydraulischer Antriebe in der Industrie- und Mobilhydraulik

Vorteile der Hydraulik	Nachteile der Hydraulik
• Große Kräfte durch hohe Drücke möglich • Stufenlos einstellbare Geschwindigkeiten • Gleichförmige Bewegungen wegen der geringen Kompressibilität der Hydraulikflüssigkeit • Sicherer Überlastungsschutz durch Druckbegrenzungsventile	• Entwicklung von Wärme und dadurch Änderung der Viskosität der Hydraulikflüssigkeit • Lärm durch Pumpen und Hydromotoren sowie Schaltgeräusche der Ventile • Entstehung von Lecköl • Erhöhte Unfallgefahr

Eine Hydraulikanlage besteht z. B. aus den Bauelementen Pumpe, Ventilen und einem Zylinder **(Bild 2).**

Die Pumpe (nicht dargestellt der Elektromotor, der die Pumpe antreibt) saugt die Hydraulikflüssigkeit aus dem Behälter an und drückt das Hydrauliköl über das Wegeventil in den Zylinder oder einen Hydromotor. Die vom Kolben verdrängte Flüssigkeit fließt über das Wegeventil in den Behälter zurück. Wird der eingestellte Höchstdruck überschritten, öffnet sich das Druckbegrenzungsventil und die Druckflüssigkeit gelangt direkt in den Behälter zurück. Der Behälter speichert die Hydraulikflüssigkeit, ersetzt Leckverluste und kühlt die erwärmte Flüssigkeit. Im Behälter können sich auch vom Hydrauliköl mitgenommene Schmutzteilchen absetzen.

SimMetall S23

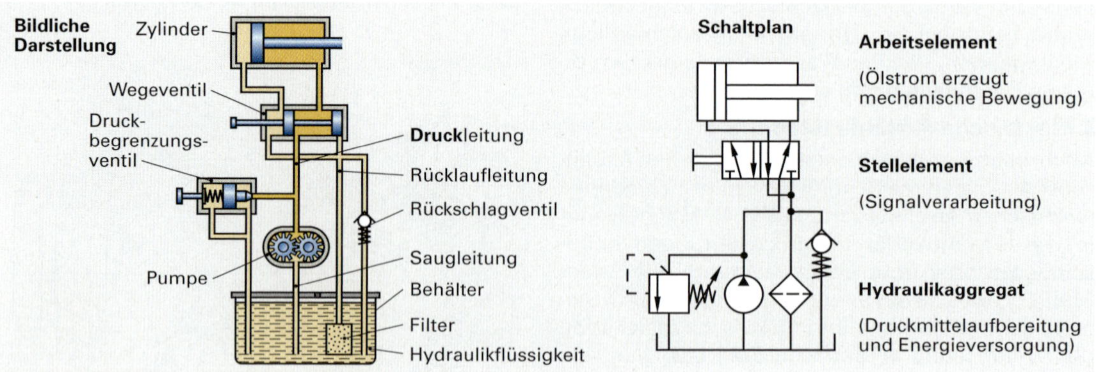

Bild 2: Prinzipaufbau einer hydraulisch gesteuerten Anlage mit Schaltplan

[1] griech. hydor = Wasser, Flüssigkeit

9.5.1 Energieversorgung und Druckmittelaufbereitung

Hydraulikaggregat

Um ein Hydrauliksystem mit ausreichender Energie zu versorgen **(Bild 1)**, setzt man einen entsprechend dimensionierten Ölbehälter ein, auf dem der Elektromotor, die Hydraulikpumpe, ein Ölrücklauffilter und ein im Verschlussdeckel integrierter Luftfilter befestigt sind.

Der Ölbehälter speichert die Hydraulikflüssigkeit. Die Größe des Behälters sollte bei stationären Anlagen dem Fünffachen des Volumenstroms entsprechen. Der Behälter dient als Absetzbecken für Verunreinigungen. Ungelöste Luft wird im Ölbehälter ausgeschieden wie auch Kondenswasser.

Ein Druckbegrenzungsventil wird vom Hersteller auf den maximal zulässigen Pumpendruck voreingestellt und verplombt.

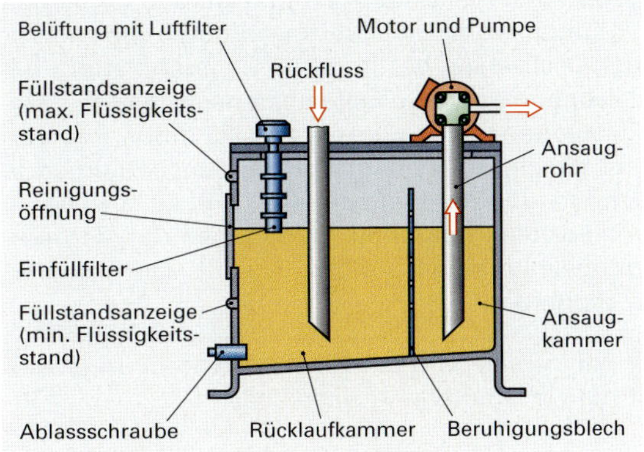

Bild 1: Ölbehälter mit Hydraulikaggregat

Hydraulikflüssigkeiten

Als Arbeitsmedium werden Mineralöle, schwer entflammbare Flüssigkeiten und biologisch abbaubare Flüssigkeiten verwendet **(Tabelle 1)**. Hydraulikflüssigkeiten sollen die beweglichen Bauteile schmieren. Öle sind alterungsbeständig und nicht aufschäumend, außerdem dürfen sie die Dichtungen sowie die Werkstoffe der Bauelemente nicht korrosiv angreifen.

In Hydraulikanlagen, die hohen Temperaturen ausgesetzt sind (z. B. Schmiedepressen oder im Aluminiumdruckguss) werden schwer entflammbare Hydraulikflüssigkeiten verwendet. In sensiblen Gebieten, z. B. im Bereich von Wasserschutzgebieten oder in der Land- und Forstwirtschaft (Mobilhydraulik), arbeiten hydraulisch betriebene Maschinen mit biologisch abbaubaren Flüssigkeiten.

Hydraulikflüssigkeiten gelten als nicht kompressibel. Bei sehr hohen Drücken lassen sich Flüssigkeiten aber um 1 bis 2 Volumenprozent komprimieren.

Hydraulikflüssigkeiten können Gas (Stickstoff und Sauerstoff) aus der Luft aufnehmen. Diese Gasmenge ist vom Druck und der Temperatur abhängig. Entsteht in bestimmten Anlageteilen ein lokaler Unterdruck ($p_e < -0{,}3$ bar), so wird die maximale Löslichkeit überschritten, es werden Gasblasen ausgeschieden, die zu einer Geräuschbildung und sogenannten **Kavitationsschäden** führen können.

Die wichtigste Kenngröße einer Hydraulikflüssigkeit ist ihre **Viskosität ν** (Zähflüssigkeit), gemessen in mm²/s. Diese ist temperaturabhängig **(Bild 2)**: ISO VG 46 hat bei 40 °C eine Viskosität von $\nu = 46$ mm²/s. Je höher die Temperatur in der Anlage ansteigt, desto dünnflüssiger wird das Hydrauliköl, die Viskositätszahl ν wird kleiner.

Tabelle 1: Hydraulikflüssigkeiten

Hydrauliköle auf Mineralölbasis	
HLP	Hydrauliköl mit Zusätzen zur Verbesserung von Alterungsbeständigkeit, Korrosionsschutz und Verschleißschutz. Gute Luftabscheidung.
HVLP	Hydrauliköl mit Eigenschaften wie Typ HLP, jedoch kleinerer Viskositätsänderung.
Schwerentflammbare Flüssigkeiten	
HFC	Wässrige Lösungen, z. B. 35 % Polyglykol in Wasser; nur für geringe Drücke.
HFD	Wasserfreie synthetische Flüssigkeiten, z. B. Phosphorsäureester.
Biologisch abbaubare Flüssigkeiten	
—	Hydraulikflüssigkeiten auf der Basis von Pflanzenölen, z. B. Rapsöl, synthetische Ester oder Polyglykolöle; weitgehend abbaubar.

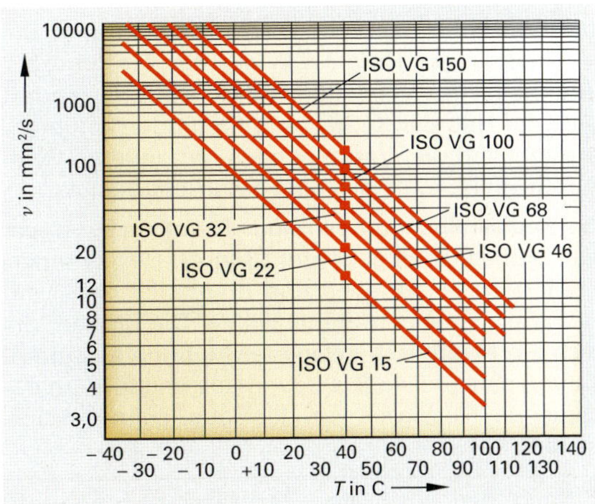

Bild 2: Druck- und Temperaturabhängigkeit der Viskosität

Hydraulikpumpen

Größe und Bauart der Pumpen werden durch den Volumenstrom, den Druck und durch die zulässigen Drehzahlen bestimmt. Als Volumenstrom bezeichnet man das je Zeiteinheit geförderte Flüssigkeitsvolumen der Pumpe, z. B. 25 l/min. Pumpen mit gleich bleibendem Verdrängungsvolumen je Umdrehung der Pumpenwelle, z. B. 10 cm³, nennt man **Konstantpumpen**. Ist dagegen das Verdrängungsvolumen einstellbar, spricht man von **Verstellpumpen**.

Bei Verstellpumpen ist das Verdrängungsvolumen je Umdrehung einstellbar.

Zahnradpumpen

Zahnradpumpen werden als Außen- und Innenzahnradpumpen gebaut **(Bild 1)**. Sie fördern die Flüssigkeit in den Zahnlücken beider Zahnräder vom Saugraum in den Druckraum. Zahnradpumpen sind immer Konstantpumpen.

Flügelzellenpumpen

Bei Flügelzellenpumpen läuft die Pumpenwelle mit den Flügeln in einem Gehäuse, das zwei meist sichelförmige Ausfräsungen besitzt **(Bild 2)**. Dabei wird die Hydraulikflüssigkeit in den von je zwei Flügeln und der Gehäusewand gebildeten Zellen von der Saugseite auf die Druckseite verdrängt.

Kolbenpumpen

Bei den Kolbenpumpen unterscheidet man **Axial-** und **Radial**kolbenpumpen. Bei Axialkolbenpumpen in Schrägachsenbauart werden die Kolben während einer halben Umdrehung der Trommel von der feststehenden Steuerscheibe weggezogen **(Bild 3)**. Sie saugen dabei die Flüssigkeit an. In der zweiten Hälfte der Umdrehung drücken die Kolben die Hydraulikflüssigkeit in die Druckleitung. Bei Verstellpumpen kann der Winkel der Trommel zur Antriebsachse verstellt werden. Dadurch ändert sich der Hub der Kolben und damit der Volumenstrom. Wird die Trommel nach der anderen Seite geschwenkt, kehrt sich die Förderrichtung um.

Bei **Radialkolbenpumpen** sind die Kolben senkrecht zur Drehachse angeordnet **(Bild 4)**. Der Zylinderstern wird angetrieben und dreht sich dabei auf dem feststehenden Steuerzapfen. Die Kolben, die sich am exzentrisch gelagerten Hubring abstützen, führen eine radiale Bewegung aus und fördern dadurch die Flüssigkeit von der Saug- auf die Druckseite.

Nach der Form der Verdrängungselemente unterscheidet man **Zahnrad-, Flügelzellen-** und **Kolbenpumpen**.

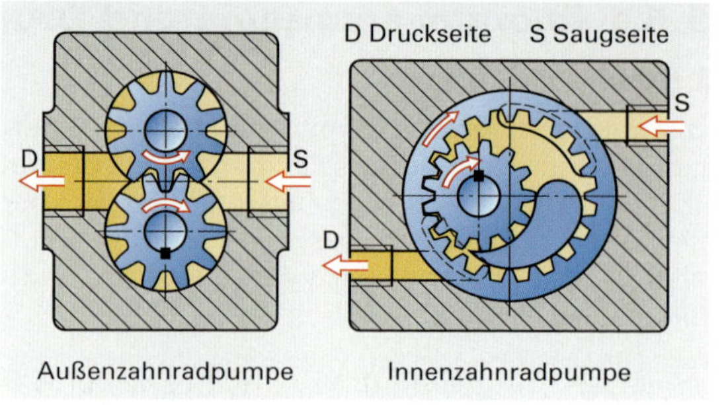

Bild 1: Zahnradpumpen

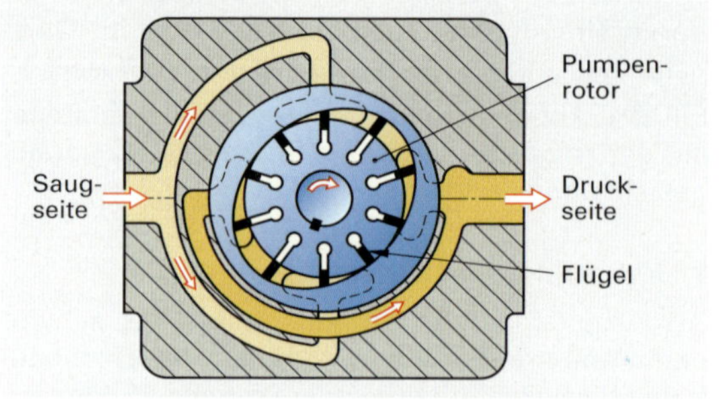

Bild 2: Flügelzellenpumpe als Konstantpumpe

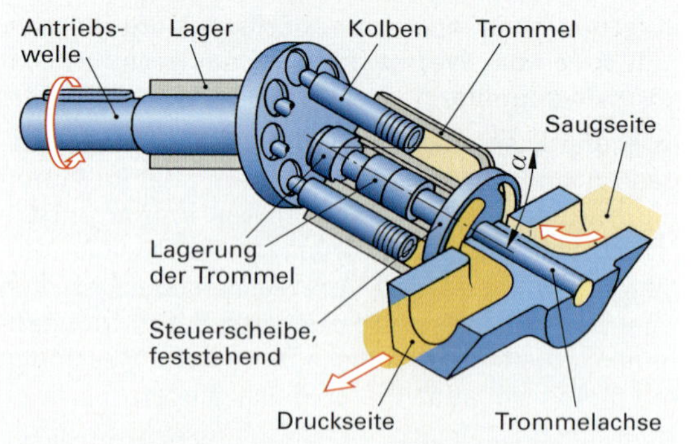

Bild 3: Axialkolbenpumpe als Verstellpumpe, Schrägachsenbauart

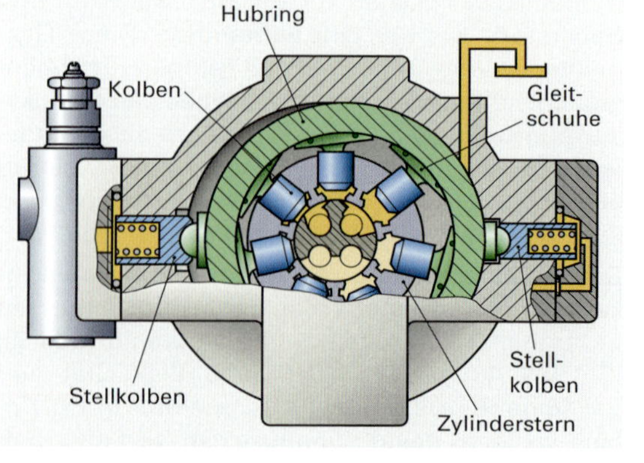

Bild 4: Radialkolbenpumpe als Verstellpumpe

9.5.2 Arbeitselemente und Hydrospeicher

Zu den hydraulischen Arbeitselementen gehören Hydraulikzylinder, Hydromotoren sowie die Hydrospeicher.

Hydrozylinder

Hydraulische Zylinder (Hydrozylinder) führen geradlinige Bewegungen aus. Wegen der hohen Drücke werden sie stabiler als pneumatische Zylinder (Seite 561) ausgeführt **(Bild 1)**. Hydrozylinder werden einfach- und doppeltwirkend, mit und ohne Dämpfung gebaut.

Kolbenkräfte. Die Kolbenkräfte werden wie bei den Pneumatikzylindern (Seite 562) berechnet.

Kraftübersetzung. In abgeschlossenen Hydrauliksystemen, in denen die einzelnen Räume miteinander verbunden sind, herrscht überall der gleiche Druck p_e **(Bild 2)**. Wirkt der Druck auf unterschiedlich große Flächen, entstehen unterschiedlich große Kräfte.

Einzelkräfte: $F_1 = p_e \cdot A_1$ und $F_2 = p_e A_2$

Kraftübersetzung: $\frac{F_2}{F_1} = \frac{p_e A_2}{p_e A_1} = \frac{A_2}{A_1}$

Kolben- und Durchflussgeschwindigkeiten. Die Kolbengeschwindigkeiten v bei Hydrozylindern sind vom zugeführten Volumenstrom Q und der maßgebenden Kolbenfläche A abhängig **(Bild 3)**. Als Volumenstrom bezeichnet man die je Zeiteinheit durch einen Querschnitt fließende Flüssigkeitsmenge, z. B. $Q = 16$ l/min. Die Durchflussgeschwindigkeit v von Flüssigkeiten in Rohren und Schläuchen ist umso größer, je größer der Volumenstrom Q und umso kleiner, je größer der Leitungsquerschnitt A ist **(Bild 4)**.

Kolben- und Durchflussgeschwindigkeit $v = \frac{Q}{A}$

Beispiel: Der Hydrozylinder (Bild 3) wird über eine Leitung (d_i = 16 mm) mit dem Volumenstrom Q = 12 l/min beaufschlagt. Wie groß sind Ausfahr- und Rückfahrgeschwindigkeit sowie die Durchflussgeschwindigkeit in der Zuleitung?

Lösung: Ausfahren:

$$v = \frac{Q}{A_1} = \frac{12\,000 \frac{\text{cm}^3}{\text{min}}}{38{,}5\ \text{cm}^2} = \mathbf{312\ \frac{cm}{min}}$$

Einfahren:

$$v = \frac{Q}{A_2} = \frac{12\,000 \frac{\text{cm}^3}{\text{min}}}{18{,}9\ \text{cm}^2} = \mathbf{635\ \frac{cm}{min}}$$

Strömungsgeschwindigkeit in der Zuleitung:

$$v = \frac{Q}{A} = \frac{12\,000 \frac{\text{cm}^3}{\text{min}}}{2{,}01\ \text{cm}^2} = \mathbf{59{,}7\ \frac{m}{min}} \approx \mathbf{1\ \frac{m}{s}}$$

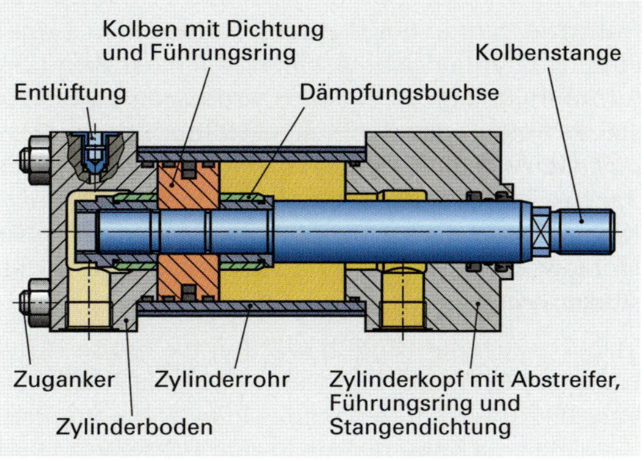

Bild 1: Doppeltwirkender Hydrozylinder

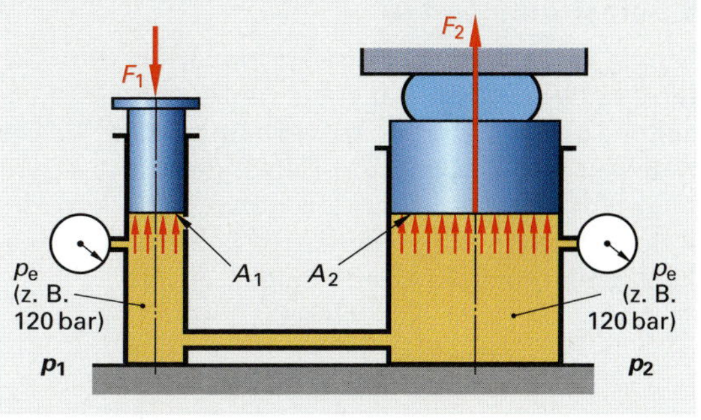

Bild 2: Kraftübersetzung bei einer hydraulischen Presse

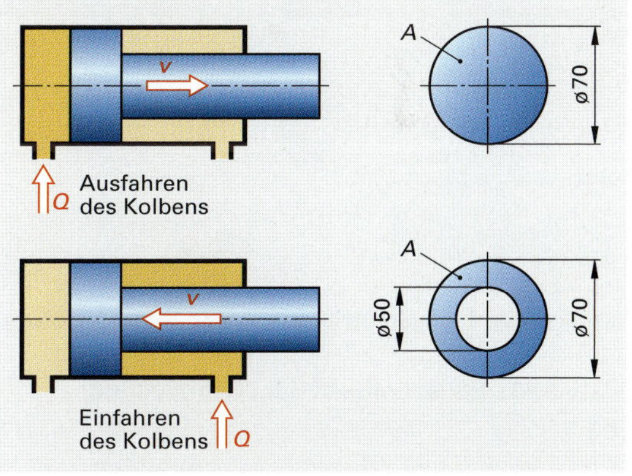

Bild 3: Kolbengeschwindigkeit beim Ausfahren und Einfahren eines Hydrozylinders

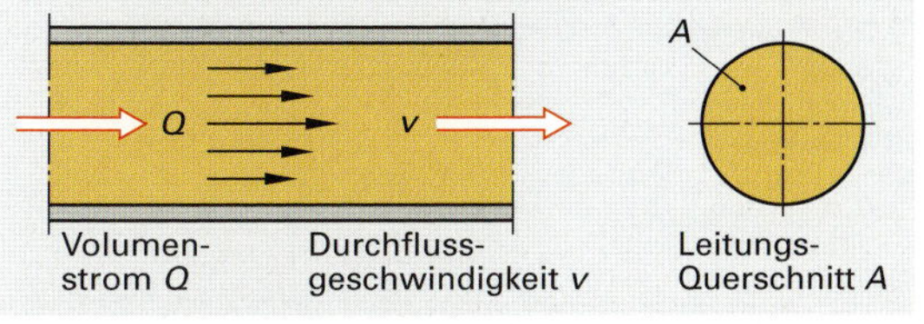

Bild 4: Durchflussgeschwindigkeit in Rohren

Sonderbauformen von Hydrozylinder

Einfach wirkende Zylinder **(Tabelle 1)** werden für Hubbühnen oder hydraulische Fahrkabinen eingesetzt, wo hydraulische Arbeit nur in einer Richtung erforderlich ist. Der Kolben wird durch eine sehr stabile Feder oder durch eine äußere Last zurückgestellt. Ähnliches gilt auch für den Plunger- oder Tauchkolbenzylinder **(Bild 1)**, bei dem Kolben und Kolbenstange eine Einheit bilden. Er sinkt bei senkrechtem Einbau durch eine Last von alleine in die Ausgangsposition zurück.

Teleskopzylinder **(Bild 2)** werden für große Hübe bei kleinen Einbaugrößen eingesetzt. Nachteilig ist, dass beim Ausfahren der einzelnen Komponenten, die wirksame Kolbenfläche immer kleiner wird und die Geschwindigkeit größer.

Befestigungsarten

Durch verschiedene Befestigungsarten und Gelenkkonstruktionen hat man zahlreiche Möglichkeiten, große Zylinder zu verbauen **(Bild 3)**. Die Kenntnis der Einbau- und Befestigungsart ist vor allem bei langen Zylinder notwendig, um die Knickbelastung zu berechnen, da lange und schlanke Bauteile zum „Knicken" neigen.

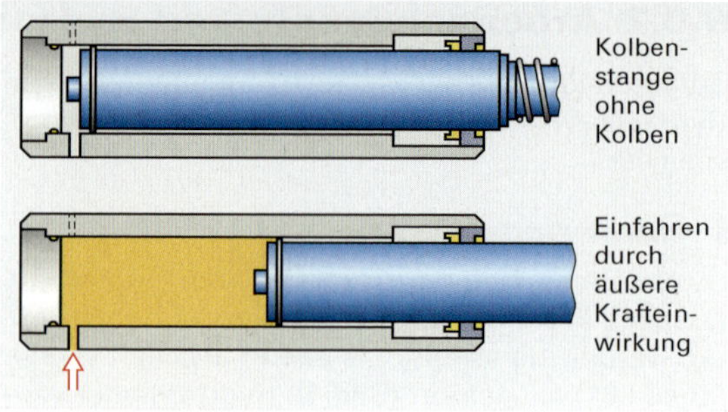

Bild 1: Plungerzylinder

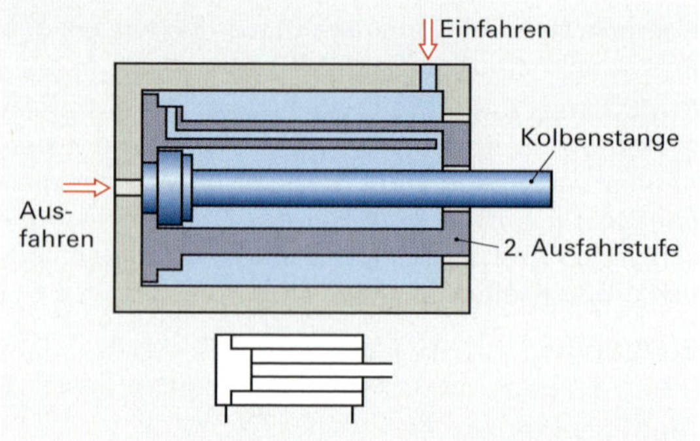

Bild 2: Teleskopzylinder

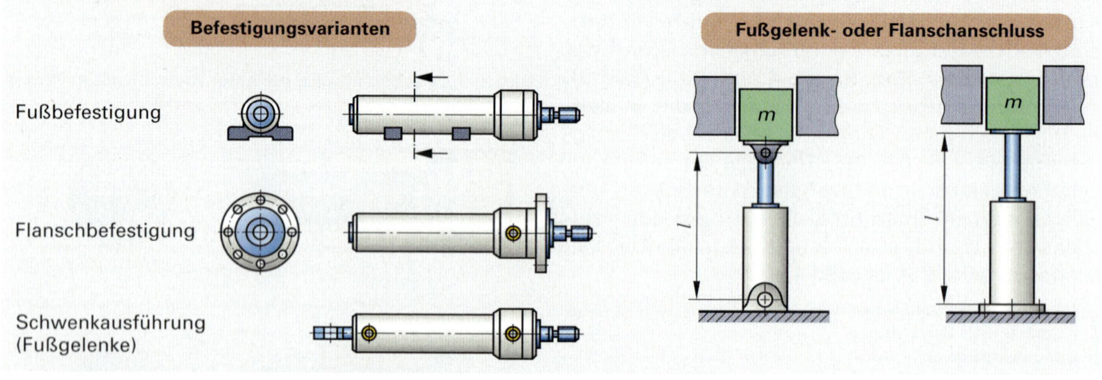

Bild 3: Befestigungsmöglichkeiten von Hydrozylindern mit Einbaubeispielen

Tabelle 1: Schaltzeichen der Hydrozylinder

Benennung	Sinnbild	Merkmale	Benennung	Sinnbild	Merkmale
Plungerzylinder	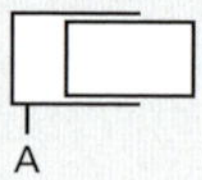 A	Kraftwirkung nur in einer Richtung, Kolben und Stange haben gleichen Durchmesser, Bsp.: Radbremszylinder	Gleichgangzylinder mit zweiseitiger Kolbenstange	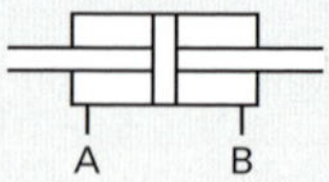 A B	Gleiche Flächen in beide Wirkrichtungen, Bsp.: Lenkungszylinder
Einfach wirkender Zylinder mit einseitiger Kolbenstange	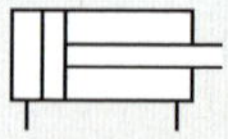 A	Kraftwirkung nur in einer Richtung, Rückstellung durch äußere Kraft	Teleskopzylinder	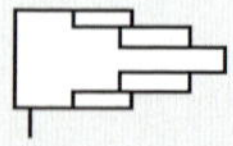 A	Kurze Bauform bei langem Hub, Bsp.: Lkw-Kipper
Doppelt wirkender Zylinder mit einseitiger Kolbenstange	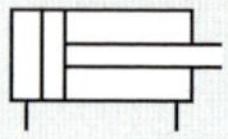 A B	Kraftwirkung in beiden Richtungen, Ungleiche Flächen, Häufigste Bauform	Sonderzylinder	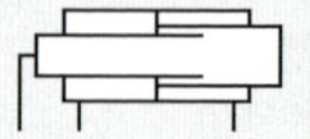 A B C	Mehrere wirksame Flächen für Eilgang, Arbeitsgang, Bsp.: Pressen

Hydromotoren

Hydromotoren haben in der Regel den gleichen konstruktiven Aufbau wie Hydropumpen des Hydroaggregats.

Hydromotoren formen die von den Pumpen an die Druckflüssigkeit abgegebene hydraulische Energie wieder in mechanische Energie (Rotationsbewegung) um **(Bild 1).** Dabei treibt die Druckflüssigkeit die Verdrängungselemente (Zahnräder, ggf. Flügel, Kolben usw.) an.

Für kleine Abtriebsdrehzahlen (Langsamläufer) eignen sich besonders Radialkolbenmotoren. Hydromotoren werden für eine oder zwei Stromrichtungen und als Konstant- oder Verstellmotoren gebaut. Damit können angeschlossene Baugruppen in einer oder beiden Drehrichtungen und mit konstanter oder verstellbarer Drehzahl angetrieben werden.

Bei Pumpen ist das Fördervolumen pro Umdrehung eine wichtige Kenngröße, bei Hydromotoren spricht man von einem Schluckvolumen V in cm³/U.

Beispiel: Ein Zahnradmotor hat ein Schluckvolumen von V = 11 cm³/U. Wie groß ist der Schluckstrom bei einer Drehzahl von 1800/min?

Lösung: Aus dem Diagramm in **Bild 2** kann der Wert entnommen werden. Der Schluckstrom Q beträgt 20 l/min.

Beispiel: Aus dem Diagramm kann man ferner bei einer Druckbelastung des Motors von 150 bar eine Antriebsleistung von 5 kW ablesen. Wie lässt sich dieser Wert überprüfen?

Lösung: Die Leistung lässt sich wie folgt errechnen:

$$\boldsymbol{P} = \frac{P_e \cdot Q}{600}\ [\text{kW}] = \frac{150 \cdot 20}{600} = \mathbf{5\ kW}$$

Beispiel: Ein Konstantmotor nimmt ein Volumen V = 10 cm³ je Umdrehung auf und wird mit dem Volumenstrom Q = 2 l/min gespeist. Welche Drehzahl hat der Motor?

Lösung: $$\boldsymbol{n} = \frac{Q}{V} = \frac{2000\frac{\text{cm}^3}{\text{min}}}{10\ \text{cm}^2} = \mathbf{200\ \frac{1}{min}}$$

Schaltplan für einen hydromechanischen Antrieb:

Der Maschinentisch wird mit einem Hydromotor über eine Gewindespindel angetrieben **(Bild 3).** Die Drehrichtungen des Hydromotors und damit die Bewegungsrichtungen des Maschinentisches werden durch ein 4/3-Wegeventil gesteuert. Die Nullstellung des Ventils erzeugt einen Stopp an der jeweiligen Position.

Die Verstellpumpe –GP1 bewirkt das variable Einstellen der Drehzahlen des Hydromotors. Durch den Einbau von Stromregelventilen lassen sich die Drehzahlen ebenfalls variabel einstellen. Dann kann man auf die Verstellpumpe verzichten und diese durch eine einfachere Konstantpumpe ersetzen.

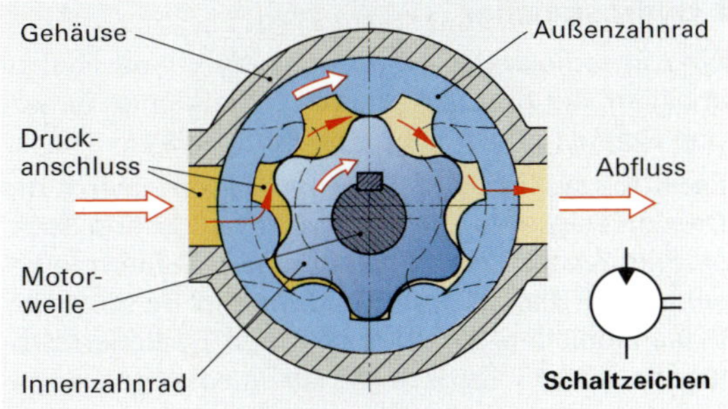

Bild 1: Zahnring – Hydromotor

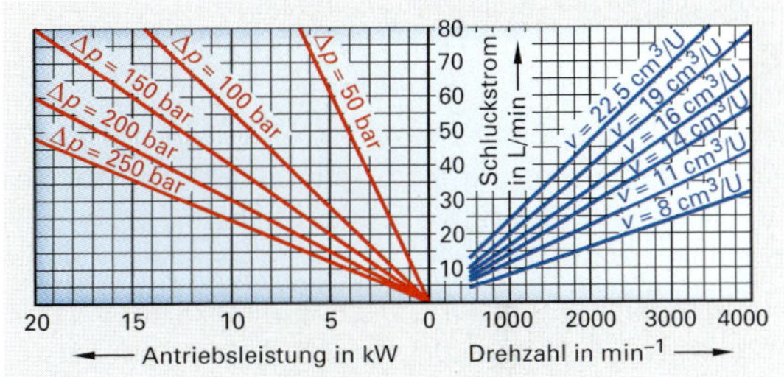

Bild 2: Kennlinie eines Zahnradmotors

Leistung der Hydropumpe oder eines Hydromotors:

$$P = \frac{p_e \cdot Q}{600}\ [\text{kW}] \qquad p_e = \text{bar} \qquad Q = \frac{l}{\text{min}}$$

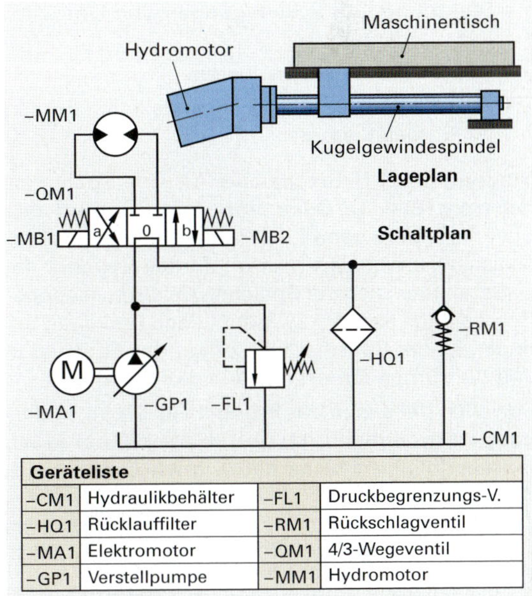

Geräteliste			
–CM1	Hydraulikbehälter	–FL1	Druckbegrenzungs-V.
–HQ1	Rücklauffilter	–RM1	Rückschlagventil
–MA1	Elektromotor	–QM1	4/3-Wegeventil
–GP1	Verstellpumpe	–MM1	Hydromotor

Bild 3: Hydromechanischer Tischantrieb

Hydrospeicher

Eine Energiequelle in der Hydraulik sind Hydrospeicher. Es gibt sie in unterschiedlicher Bauart und Größe mit diversem Zubehör **(Bild 1)**.

Funktionsweise. In Hydrospeichern wird die Druckflüssigkeit gegen eine abgeschlossene Stickstoffmenge (N2) gedrückt und dadurch Energie gespeichert **(Bild 2)**. Beim Laden zum Beispiel des Blasenspeichers drückt die in den Speicher strömende Druckflüssigkeit die Blase solange zusammen, bis der Gasdruck in der Blase gleich dem Flüssigkeitsdruck ist. Sinkt der Druck an der Anschlussleitung des Speichers, dann drückt die Blase so viel Druckflüssigkeit in die Leitung zurück, bis im Speicher wieder Druckgleichgewicht zwischen Öl und Gas herrscht (Entladen).

In Membranspeichern trennt eine Membran, in Kolbenspeichern ein im Speicherzylinder frei beweglicher Kolben den Flüssigkeitsraum vom gasbefüllten Raum.

Hydrospeicher glätten einen pulsierenden Volumenstrom und sorgen für eine wesentlich geräusch- und schwingungsärmeren Lauf beim Einsatz von Konstantpumpen. Diese fördern wegen ihrer Verzahnungsgeometrie einen ungleichmäßigen pulsierenden Volumenstrom **(Bild 3)**.

Aufgaben der Hydrospeicher

- Speichern von Druckflüssigkeit, solange die Zylinder und Hydromotoren nicht arbeiten
- Abgabe zusätzlicher Druckflüssigkeit bei Eilgangbewegungen
- Dämpfung von Schwingungen und Druckstößen
- Ausgleich von Leckverlusten
- Kurzzeitiger Ersatz einer ausgefallenen Pumpe für Notbetätigungen

Steuerung mit Hydrospeicher für eine Spannvorrichtung (Bild 3). Beim Vor- und Rücklauf des Spannzylinders geben die Pumpe und der Hydrospeicher gemeinsam Drucköl an den Zylinder ab. Dabei entleert sich der Speicher. Er wird wieder gefüllt, solange sich der Zylinder in den Endlagen befindet. Ist der Speicher voll, öffnet das Folgeventil und die Pumpe fördert direkt in den Behälter.

Speicher, bei denen das Produkt aus Druck (in bar) und Nennvolumen (in l) größer als 200 bar · l ist, müssen folgende **Sicherheitseinrichtungen** besitzen:

- Nicht abschaltbare Manometer (–PG1)
- Eigenes Druckbegrenzungsventil (–FL1)
- Sperrventil zur übrigen Anlage (–RM2)
- Ablassventil zum Entleeren des Speichers (–RM1)

Bild 1: Speicherkomponenten

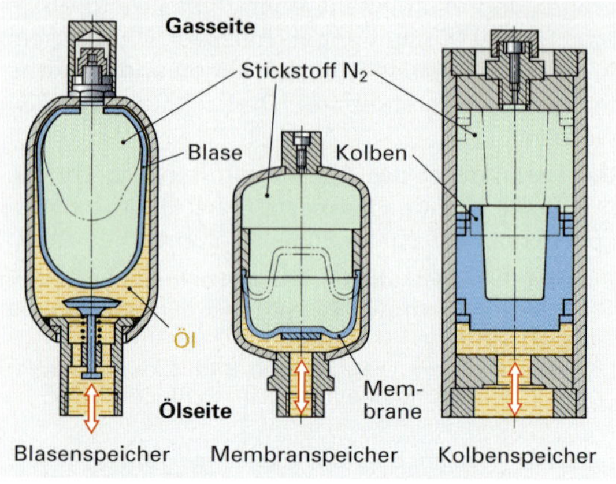

Bild 2: Hydrospeicher

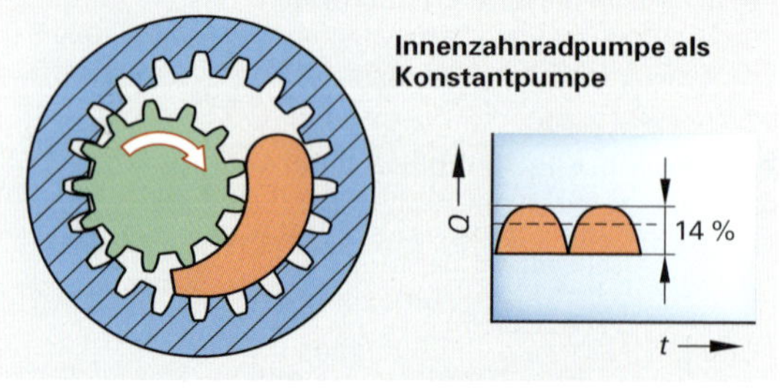

Bild 3: Pulsation des Pumpenvolumenstroms

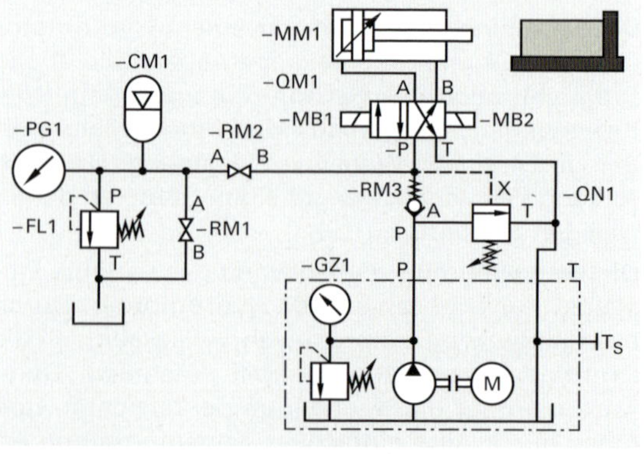

Bild 4: Steuerung mit Hydraulikspeicher

9.5.3 Hydraulikventile

Bei den hydraulischen Ventilen unterscheidet man wie bei den pneumatischen Ventilen Wege-, Druck-, Sperr- und Stromventile.

Wegeventile

Wegeventile werden nach ihrer Bauart in Sitz- oder Schieberventile eingeteilt **(Bild 1)**. Die Sperrkugel oder der Längsschieber öffnen oder schließen die Anschlüsse P (Druck), T (Tank) oder die Arbeitsleitungen A bzw. B.

Sitzventile haben wegen der Geometrie der Abdichtelemente (Kugel, Kegel oder Ventilteller) eine hohe Leckagesicherheit und Schmutzunempfindlichkeit, das durchströmende Öl hat einen Selbstreinigungseffekt. Für ihre Betätigung sind jedoch hohe Kräfte erforderlich, sodass Sitzventile nur selten zum Einsatz kommen.

Bei Kolbenschieberventilen wird das Schaltverhalten durch die Kolbenüberdeckung bestimmt **(Bild 2)**.

Bei **positiver** Schaltüberdeckung sind beim Umschalten von Schaltstellung b nach a alle Anschlüsse gegeneinander abgesperrt. Der Druck bricht nicht zusammen, es entstehen aber hohe Druckspitzen, und die angesteuerten Arbeitselemente sprechen heftig an.

Die **Nullüberdeckung** ist für schnelles Schalten und kurze Schaltwege wichtig. Eine **Druckvoröffnung** bedeutet, dass zuerst Pumpe und Zylinderzulauf verbunden werden, bevor der Ablauf zum Tank öffnet. Bei der **Ablaufvoröffnung** wird dagegen zuerst der Ablauf des Arbeitselements zum Tank entlastet, bevor Zulauf und Pumpe verbunden werden.

Bei **negativer** Schaltüberdeckung sind alle Anschlüsse kurzzeitig miteinander verbunden **(Bild 3)**. Der Druck fällt kurzzeitig auf 0 bar. Eine Last würde sich beim Umschalten absenken. Es entstehen jedoch keine Druckspitzen und Schaltschläge.

Die hydraulischen Wegeventile erhalten im Schaltplan im Gegensatz zur Pneumatik (**Bild 4** und Seite 564) die Anschlussbezeichnungen A, B usw.

Bei größeren Wegeventilen würde bei direkter elektrischer Betätigung des axialen Steuerkolbens die zum Schalten notwendige elektrische Leistung sehr groß werden. Deshalb wird nur das zusätzlich aufgebaute kleine **Vorsteuerventil** elektromagnetisch betätigt. Dieses gibt Druckflüssigkeit frei, die das Hauptventil schaltet **(Bild 5)**.

Beim Betätigen des Elektromagneten für Schaltstellung a wird der Kolben des Vorsteuerventils nach rechts geschoben. Dadurch fließt im Vorsteuerventil Druckflüssigkeit von P nach A und damit auf die rechte Seite des Hauptventils. Der Hauptsteuerkolben schaltet nach links und gibt die Wege von P nach A und von B nach T frei.

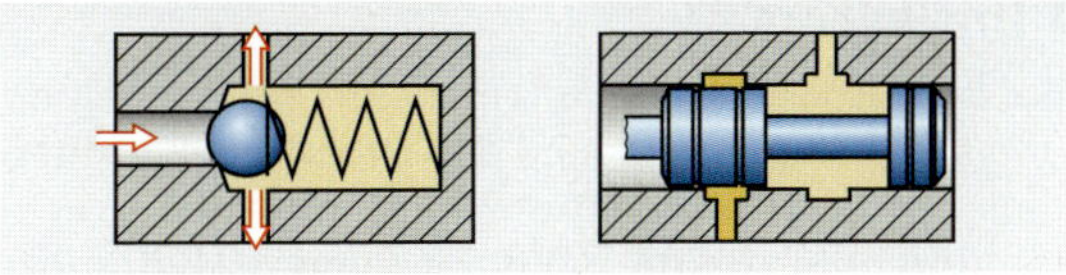

Bild 1: Sitz- und Längsschieberprinzip

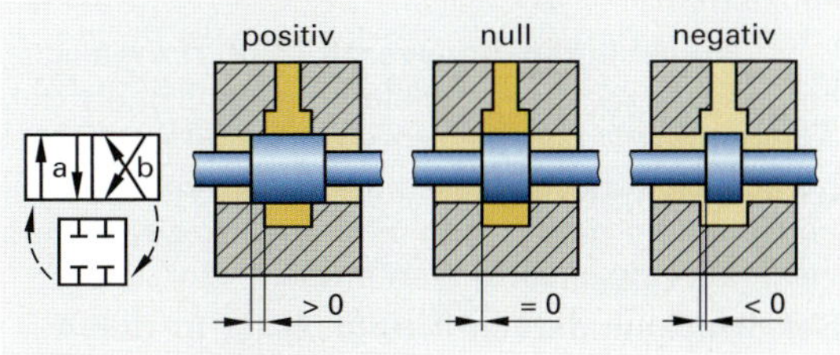

Bild 2: Schaltüberdeckungen

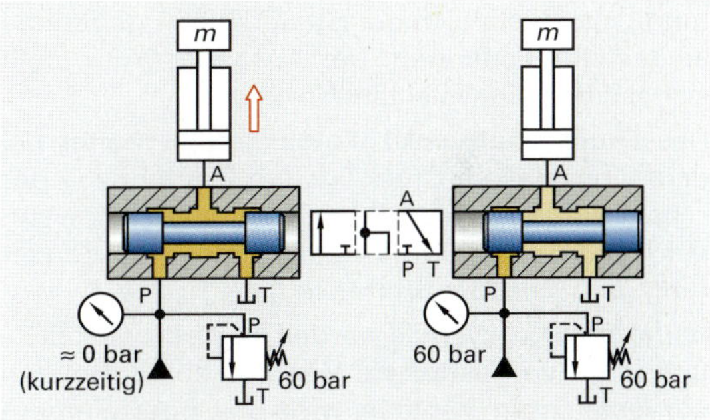

Bild 3: Zylinderbewegung bei negativer Überdeckung des Kolbenschiebers

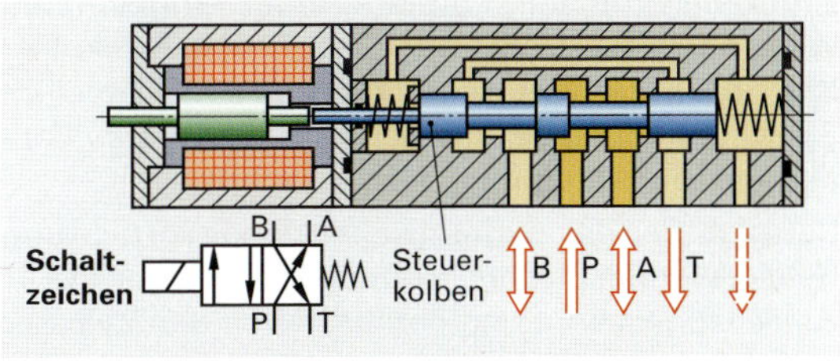

Bild 4: Elektromagnetisch betätigtes 4/2-Wegeventil

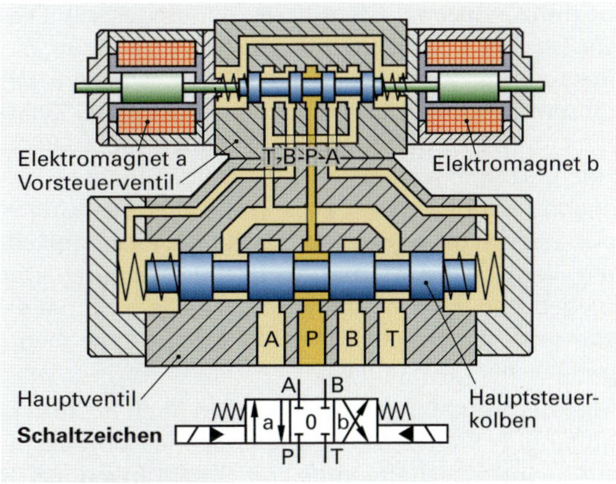

Bild 5: Hydraulisch vorgesteuertes Wegeventil

Druckventile

Bei den Druckventilen unterscheidet man regelnde und schaltende Ventile. Zu den **Druckregelventilen** gehören das Druckbegrenzungs- und das Druckminderventil. Beide halten in einem Hydrauliksystem den Druck unabhängig von der Belastung konstant.

Beim **Druckbegrenzungsventil (Bild 1)** regelt der Eingangsdruck die Ventilstellung. Es sichert den Anlagendruck des Systems oder die Hydraulikpumpe ab. Zunächst geschlossen, beginnt der Kolbenschieber gegen den Federdruck zu öffnen, wenn ein eingestellter Wert erreicht wird.

Das **Druckminderventil (Bild 2)** ist in der Ausgangsstellung zunächst offen. Steigt der Ausgangsdruck und damit der Druck in der Steuerleitung, verschiebt sich der Steuerkolben gegen die eingestellte Federkraft. Der Ausgangsdruck stellt sich auf den eingestellten Wert ein.

Das **Druckschaltventil** (Folgeventil) schaltet bei dem eingestellten Druck weitere Zylinder zu oder schaltet Pumpen ab **(Bild 4)**. Es öffnet sich, wenn der Druck an der vorgesehenen Stelle der Steuerung den Schaltdruck erreicht hat.

Bauarten. Druckventile werden als direkt gesteuerte und als **vorgesteuerte Ventile** gebaut. Bei den vorgesteuerten Ventilen wird das Sperrelement nicht durch eine Feder, sondern durch die Druckflüssigkeit selbst geschlossen **(Bild 3)**. Erreicht der Druck den mit der Vorsteuerfeder eingestellten Wert, öffnet das Vorsteuerventil. Durch das Abfließen der Druckflüssigkeit und durch die Drossel im Sperrelement nimmt die Schließkraft ab. Das Ventil öffnet den Durchgang von A nach B.

Beispiel. Bei der **hydraulischen Biegevorrichtung** (Bild 4) werden Blechteile durch den Zylinder –MM1 zunächst gespannt und danach durch den Zylinder –MM2 gebogen. Der Systemdruck und gleichzeitig die Absicherung der Pumpe werden mit dem Druckbegrenzungsventil z. B. auf 250 bar eingestellt. Dieser Druck wird mit dem Druckminderventil im Zufluss zum 4/2-Wegeventil auf 100 bar reduziert. Mit diesem Druckwert und der Kolbenfläche des Zylinders –MM2 ist die maximale Biegekraft festgelegt. Hat der Spannzylinder –MM1 das Blechteil gespannt, baut sich der Druck in der Steuerleitung X auf. Erreicht dieser den am Zuschaltventil eingestellten Wert von z. B. 150 bar, schaltet dieses durch. Der Biegezylinder kann jetzt ausfahren. Dadurch ist sichergestellt, dass das Werkstück vor dem Biegevorgang sicher gespannt ist.

Eine derartige Folgeschaltung wird auch als druckabhängige Fremdsteuerung bezeichnet. Voraussetzung sind Zuschaltventile mit Steueranschluss X **(Bild 5)**.

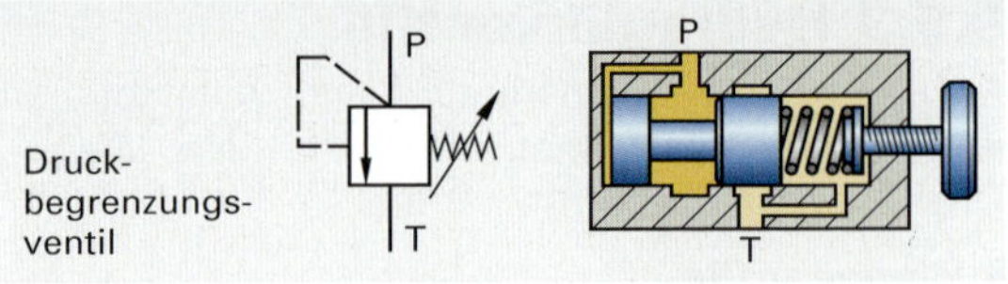

Bild 1: Druckbegrenzungsventil (regelnd)

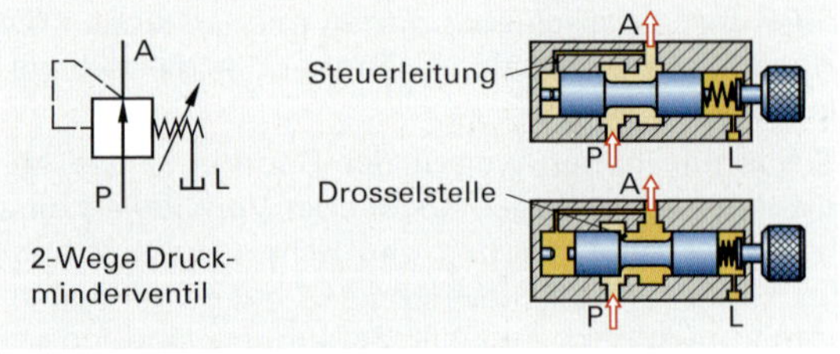

Bild 2: Druckminderventil (regelnd)

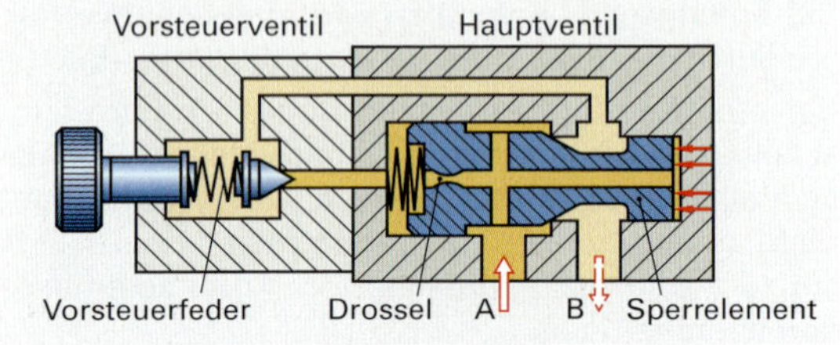

Bild 3: Vorgesteuertes Druckventil

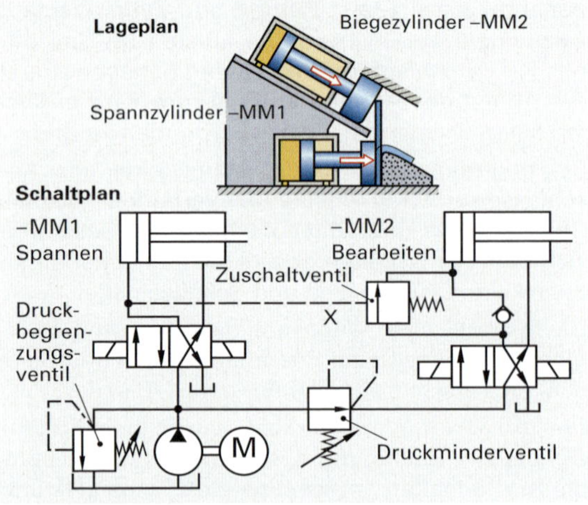

Bild 4: Druckventile in der Steuerung einer hydraulischen Biegevorrichtung

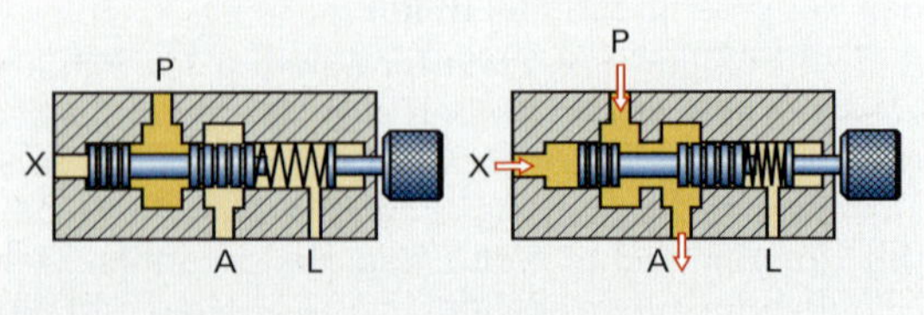

Bild 5: Zuschaltventil oder Folgeventil

Sperrventile

Alle Sperrventile ermöglichen den Durchfluss der Hydraulikflüssigkeit nur in einer Richtung und sperren den Durchfluss in der Gegenrichtung. Eine Ausnahme sind die entsperrbaren Rückschlagventile, bei denen man durch eine hydraulische Gegenkraft mit Druckübersetzung entsperren kann **(Bild 1)**.

Die Ventile müssen leckölfrei schließen. In der Bauweise als Sitzventil werden sie in Kegel-, Kugel-, Patronen- oder Tellerform gebaut.

Rückschlagventile lassen sich in Schaltung vielfältig einsetzen **(Bild 2)**. Sie verhindern das ungewollte Antreiben von Pumpen (–RM1). In Bypassleitungen können verschmutzte Filter kurzfristig umströmt werden (–RM3), unerwünschte Strömungsrichtungen können gesperrt werden, z. B. bei –RM2.

Entsperrbare Rückschlagventile werden eingesetzt, wenn man das langsame Absinken von großen Lasten verhindern möchte, z. B. an Kfz-Hubbühnen. Die Absperrwirkung der Steuerkolben der Stellelemente ist nicht groß genug, der Sperrkörper eines vorgeschalteten Rückschlagventils dichtet besser **(Bild 3)**.

Die Sperrwirkung muss jedoch über den **Steueranschluss X** aufgehoben werden können. Der Steuerkolben drückt das Kegelsitzventil im Sperrventil auf. Dadurch sinkt der Druck im Anschluss B. Der Steuerkolben kann nun den Sperrkörper öffnen. Konstruktiv muss dazu die Kolbenfläche des Steuerkolbens wesentlich größer sein, damit das Kegelsitzventil mit kleiner Fläche gegen den anstehenden Druck verschoben werden kann.

Stromventile

Die hydraulischen Stromventile gibt es als Steuer- oder Regelventile **(Bild 4)**. Sie werden eingesetzt, um die **Geschwindigkeit** eines Zylinders oder die **Drehzahl** eines Hydromotors zu ändern. Das geht nur über eine Veränderung des Volumenstroms Q, der der Geschwindigkeit v proportional ist.

Konstantpumpen liefern immer einen konstanten Volumenstrom. Würde man an einer einstellbaren Drossel den Querschnitt kleiner machen, würde lediglich der Druck vor der Engstelle des Stromventils ansteigen.

Der Druckanstieg muss so groß werden, dass man in den Regelbereich des Druckbegrenzungsventils gerät. Dann beginnt sich der Volumenstrom zu teilen: Ein Teil des Öls strömt weiterhin zum Hydrozylinder oder einen Hydromotor, der andere Teil geht über das Druckbegrenzungsventil in den Tank zurück. Auf diese Art lassen sich die Geschwindigkeiten oder Drehzahlen verändern.

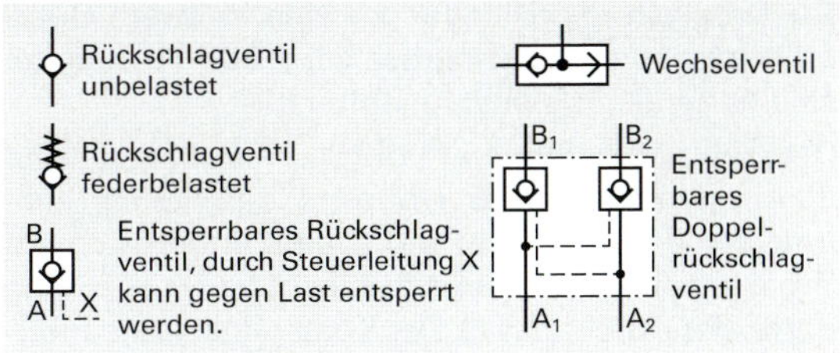

Bild 1: Übersicht Sperrventile

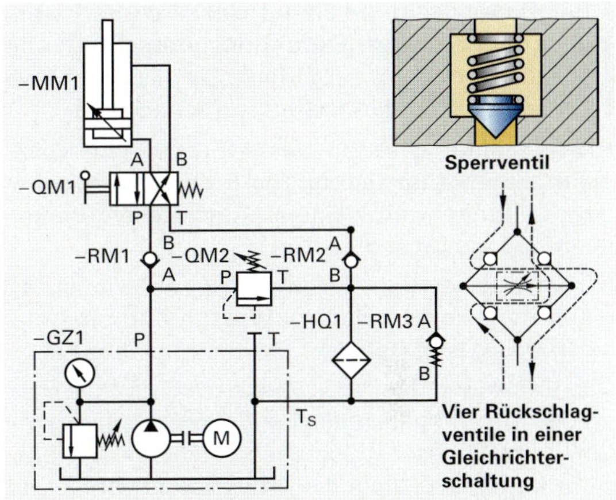

Bild 2: Einsatzmöglichkeiten von Sperrventilen in hydraulischen Schaltplänen

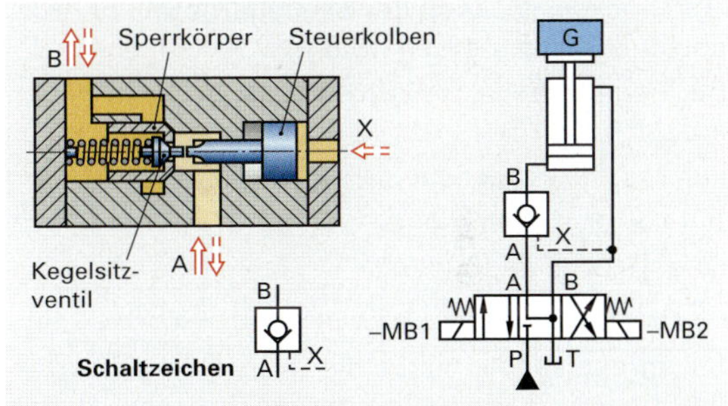

Bild 3: Entsperrbares Rückschlagventil

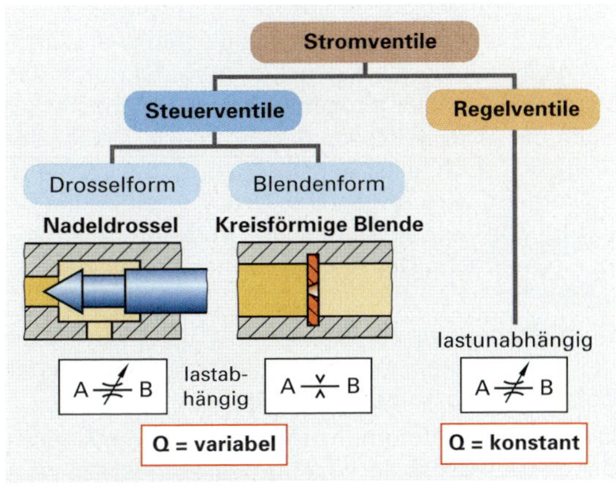

Bild 4: Stromventile – Drossel-/Blendenform

Die Drosseln und Blenden können in ihrem Querschnitt fest oder veränderlich sein **(Bild 1)**. Blenden sind generell viskositätsunabhängig.

Drosselventile. Bei der hydraulischen Presse **(Bild 2)** tritt am Werkstück während des Hubes eine unterschiedliche Kraft F auf. Damit ändert sich am Drosselventil die Druckdifferenz $\Delta p = p_1 - p_2$ und damit der Durchfluss Q. Der Kolben fährt mit unterschiedlicher Geschwindigkeit v aus.

Bei Drosselventilen hängt der Volumenstrom vom eingestellten Durchflussquerschnitt und von der Differenz der Drücke $\Delta p = p_1 - p_2$ zwischen den beiden Anschlüssen A und B ab.

Drosselventile werden deshalb nur eingesetzt, wenn sich die Belastung des Kolbens wenig ändert. Leitungen mit kleinem Durchmesser wirken ebenfalls wie Drosselventile.

Stromregelventile. Stromregelventile besitzen einen Regelkolben als Druckwaage und eine einstellbare Drossel **(Bild 3)**.

Die Anordnung der Druckwaage bestimmt die Bauart des Stromregelventils: Bei Reihenschaltung mit der Einstelldrossel spricht man von einem 2-Wege-Stromregelventil, liegt die Druckwaage parallel zur Einstelldrossel, erhält man ein 3-Wege-Stromregelventil.

Die Druckwaage kann der Einstelldrossel vor- oder nachgeschaltet werden **(Bild 4)**.

Der Regelkolben wird von der rechten Seite mit p_2, auf der linken Seite von p_3 und F_f beaufschlagt.

Für das Gleichgewicht gilt die Bedingung:

$$p_2 \cdot A = (p_3 \cdot A) + F_f \Rightarrow p_2 \cdot A - p_3 \cdot A = F_f$$

$$A \cdot (p_2 - p_3) = F_f$$

für $\Delta p = p_2 - p_3$ ergibt sich $\Delta p = \frac{F_f}{A} = \text{const.}$

Stromregelventile halten die Druckdifferenz Δp an der Blende unabhängig von den Drücken an den Anschlüssen A und B konstant und damit auch den durchfließenden Volumenstrom.

Sinkt z. B. der Druck am Arbeitsanschluss B, würde bei gleich bleibendem Druck p_1 mehr Öl durch das Ventil fließen. Der sinkende Druck p_3 entlastet jedoch die linke Seite des Regelkolbens. Dieser bewegt sich nach links. Der Spalt am Zufluss des Regelkolbens wird enger. Der Druck p_2 sinkt, bis an der Blende wieder die gleiche Druckdifferenz $\Delta p = p_2 - p_3$ herrscht. Der Regelkolben wirkt als „Druckwaage".

Der Volumenstrom und damit die Geschwindigkeit des Kolbens bleiben konstant, unabhängig von der Belastung des Kolbens **(Bild 5)**.

Die Größe des Volumenstroms kann durch Ändern des festen Drosselquerschnittes eingestellt werden.

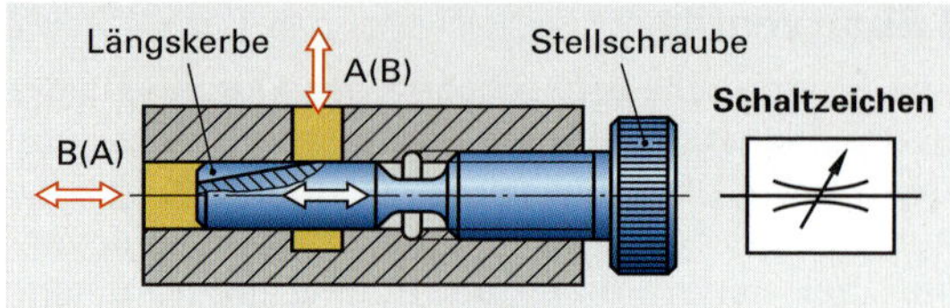

Bild 1: Einstellbares Drosselventil

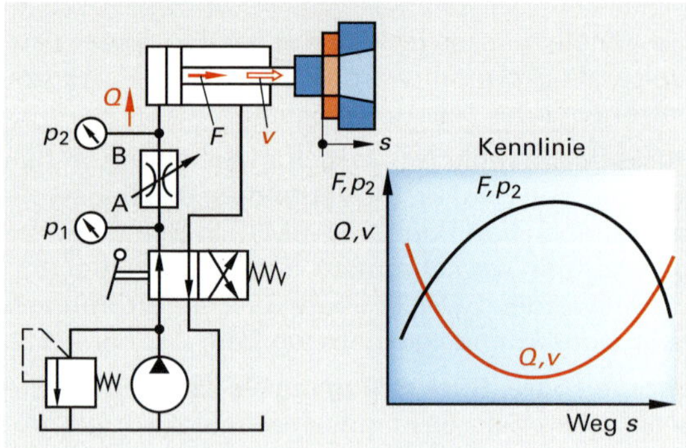

Bild 2: Verhalten von Drosselventilen

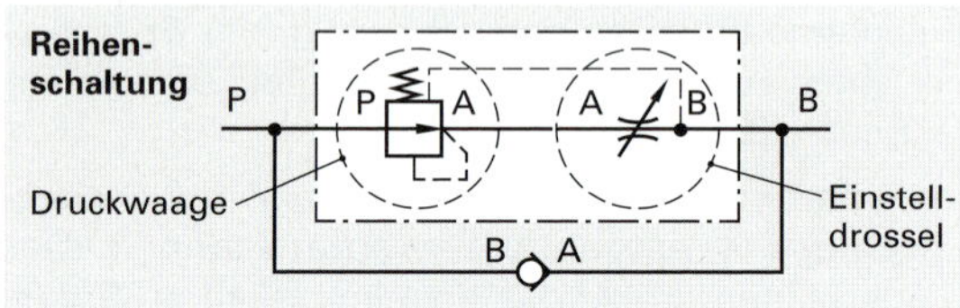

Bild 3: Prinzip 2-Wege-Stromregelventil

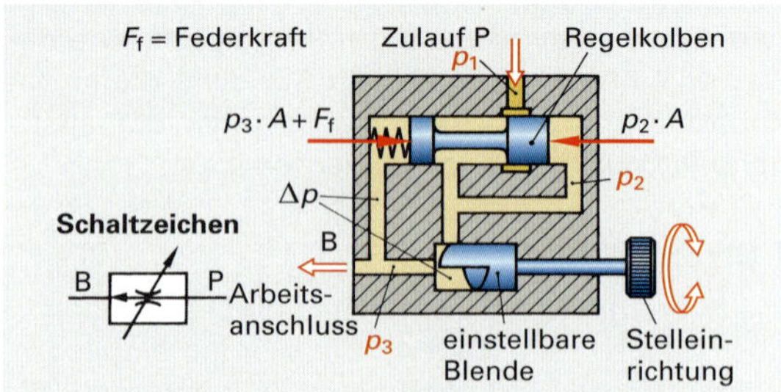

Bild 4: 2-Wege-Stromregelventil mit vorgeschalteter Druckwaage

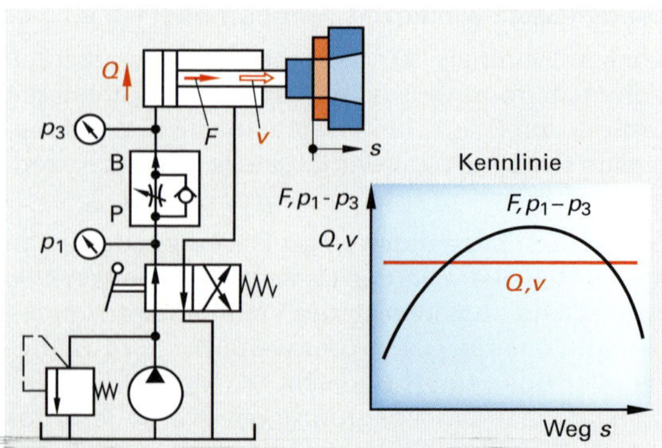

Bild 5: Verhalten von Stromregelventilen

9.5.4 Proportionalhydraulik

Bei der **Proportionaltechnik** in der Hydraulik wird die vom Regler an einer elektronischen Verstärkerkarte anliegende Spannung in einen elektrischen Strom umgewandelt (z. B. 10 mV → 10 mA). Dieser elektrische Strom ist die Eingangsgröße am Proportionalmagneten **(Bild 1)**. Dieser Magnet, der mit einem Ventil kombiniert ist, liefert proportional zur Stromstärke die Ausgangsgröße Kraft oder Weg.

Elektronische Verstärkerkarte

Proportionalventile werden mit einem Eingangsstrom I, der zwischen −20 mA und +20 mA variiert, elektronisch angesteuert. Diesen variablen Strom liefern elektronische Bauteile, die auf einer Leiterplatte in der Verstärkerkarte angebracht sind **(Bild 2)**. Desweiteren befindet sich auf der Verstärkerkarte ein Netzteil, das die gewünschte Sollwertspannung für die einstellbaren Potenziometer liefert.

Der Verstärkerkartenausgang liefert den proportional gewandelten Spannungssollwert als Magnetstrom an den Proportionalmagneten.

> Elektronische Verstärker werden für die Ansteuerung von Proportionalventilen verwendet.

Proportionalmagnet

Proportionalmagnete werden mit Gleichstrom betrieben **(Bild 3)**. Sie werden deshalb auch als Gleichstrommagnete bezeichnet. Sie setzen den Eingangsstrom in eine proportionale Kraft am Stößel des Magneten um. Im Arbeitsbereich des Magneten ist die Kraft-Hubkennlinie konstant (waagerecht) und somit direktproportional zum fließenden Strom durch die Spule.

Proportionalmagnete können kraftgesteuert oder weggesteuert sein.

Bei der **Kraftsteuerung** ist die Magnetkraft direkt proportional zum Strom, bei einem Hub nahe Null.

Dabei steht der elektromagnetischen Kraft die Hydraulische Druckkraft am Drosselspalt entgegen **(Bild 4)**.

Bei der **Wegsteuerung** wirkt die Magnetkraft über einen Magnetstößel gegen eine Feder und erzeugt einen Hub (2 bis 3 mm). Der Hub entspricht z. B. einer Drosselstellung und ist somit proportional zum Durchfluss Q des Öls im Ventil (Bild 4).

> Proportionalmagnete sind stetig steuerbare Gleichstrommagnete, die den durch sie fließenden Strom proportional in Kraft oder Weg umsetzen.

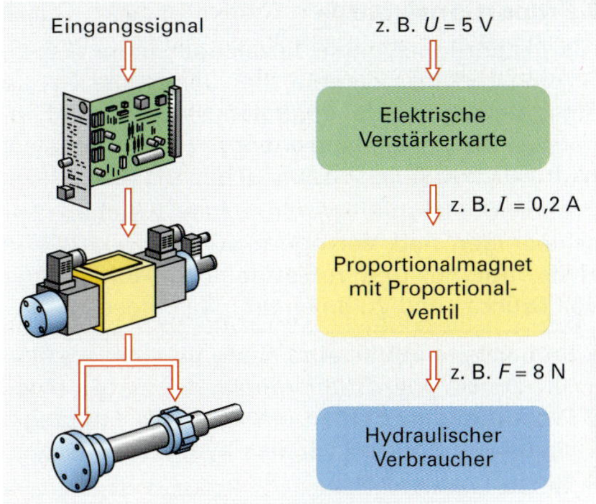

Bild 1: Signalverlauf der Proportionalhydraulik

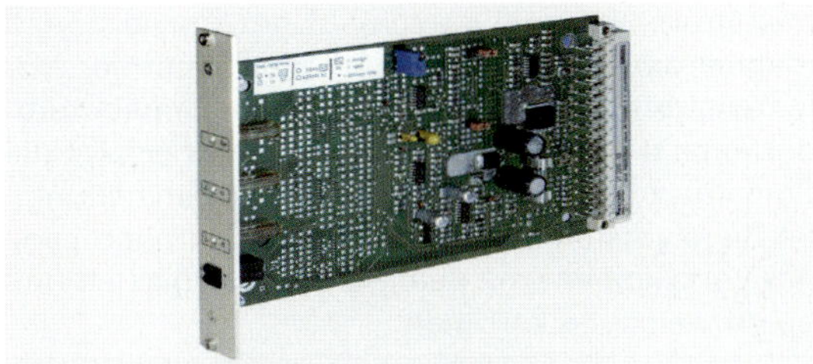

Bild 2: Elektronische Verstärkerkarte

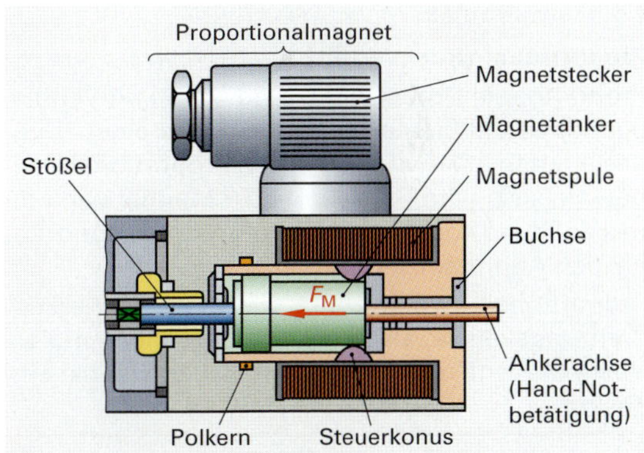

Bild 3: Proportionalmagnet

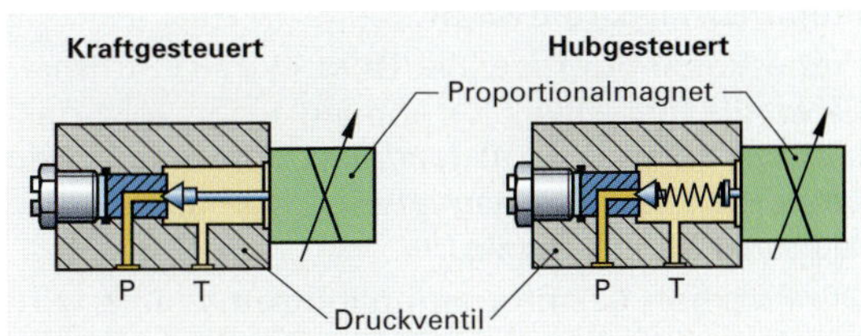

Bild 4: Arbeitsweise der Proportionalmagnete

Proportionalventile

Als Proportionalventile bezeichnet man Wege-, Strom- und Druckventile, bei denen die Größe eines analogen oder digitalen elektrischen Eingangssignals ein entsprechendes (proportionales) hydraulisches Ausgangssignal bewirkt **(Bild 1)**.

Proportionalventile werden zum weichen Beschleunigen und Verzögern von Zylindern und Hydromotoren und zur stufenlosen Einstellung von Drücken und Volumenströmen eingesetzt.

> Proportionalventile sind stetig verstellbare Wege-, Druck- oder Stromventile, die mittels eines Proportionalmagneten ein analoges Eingangssignal in ein proportionales hydraulisches Ausgangssignal wandeln.

Proportional-Wegeventil

Das Proportional-Wegeventil **(Bild 2)** dient zur Beeinflussung von Richtung und Größe eines Volumenstromes. Dabei verschiebt der Proportionalmagnet den Steuerkolben und gibt damit den Volumenstrom Q frei, welcher zur Stromstärke I proportional ist. Über den Wegaufnehmer erfolgt die Signalrückführung des Istwertes (Kolbenstellung). Im Regelverstärker wird die eingenommene Lage des Ventilkolbens mit dem Sollwert verglichen und bei Abweichung korrigiert.

> Proportional-Wegeventile werden durch Proportionalmagnete direkt betätigt. Sie dienen zur Beeinflussung von Größe und Richtung eines Flüssigkeitsstromes.

Proportional-Druckventil

Proportionale-Druckventile sind Vorsteuerventile, bei denen die Einstellschraube durch einen weggesteuerten bzw. weggeregelten Proportionalmagneten ersetzt wird **(Bild 3)**. Dieser Magnet wirkt direkt auf den Kegel. Damit gibt der Strom proportional den Anpressdruck vor.

Proportionale Druckventile werden als Druckbegrenzungsventile, als Druckreduzierventile und als Vorsteuerventile für Proportional-Wegeventile eingesetzt.

> Proportionale-Druckventile sind Steuerungsventile, bei denen ein induktiver Wegaufnehmer am Magnetanker seine Stellung überwacht.

Proportional-Stromventil

Proportional-Stromventile **(Bild 4)** sind Stromregelventile (Seite 604). Sie können, einen vom elektrischen Sollwert vorgegebenen Ölstrom über den proportionalen Hubmagneten, druck- und temperaturunabhängig regeln.

Die Funktion der Proportional-Stromventile wird häufig von Proportional-Wegeventilen wahrgenommen.

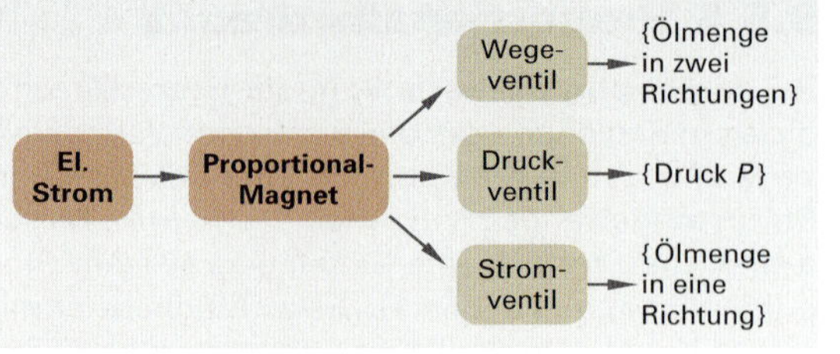

Bild 1: Proportionalventilarten

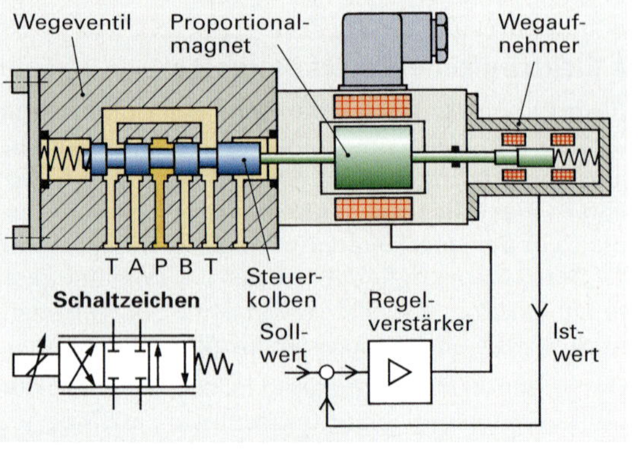

Bild 2: Proportional-Wegeventil

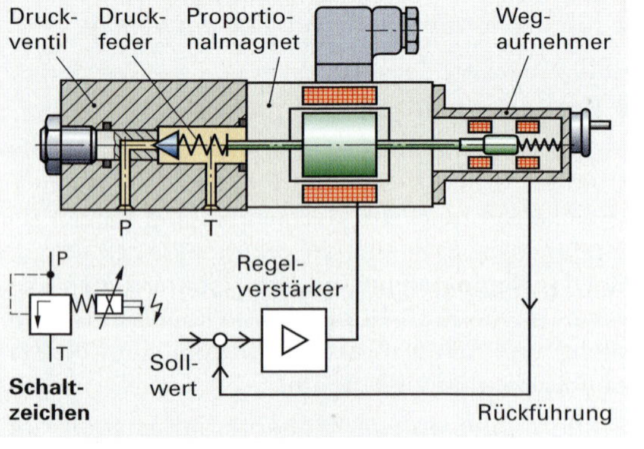

Bild 3: Proportional-Druckventil

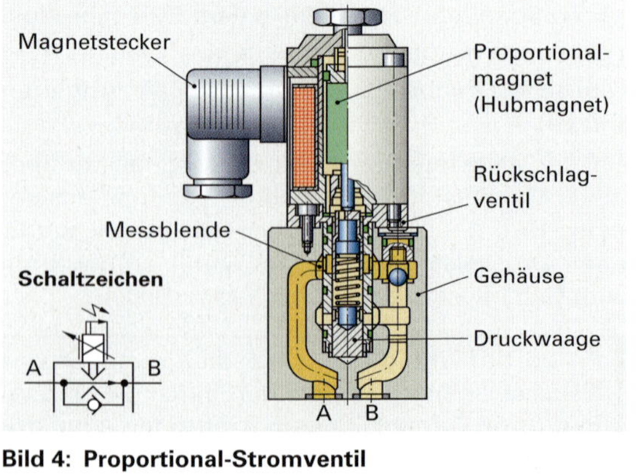

Bild 4: Proportional-Stromventil

9.5.5 Hydraulikleitungen und Zubehör

Rohre, Schläuche und Verschraubungen transportieren das Hydrauliköl vom Hydroaggregat zu den hydraulischen Arbeitselementen und zurück. Die Leitungsverbindungen wirken im hydraulischen Kreislauf immer als Widerstand.

Der hydraulische Widerstand hängt von der Strömungsgeschwindigkeit und der Strömungsart (laminar oder turbulent) ab **(Bild 1).** Verschraubungselemente und lange Leitungen erhöhen den Widerstand und damit die Verluste zusätzlich. Bestimmte Strömungsgeschwindigkeiten sollen daher nicht überschritten werden **(Tabelle 1).**

Beispiel: Der Volumenstrom einer Hydraulikpumpe beträgt Q = 12 l/min. Der Rohrinnendurchmesser d_i = 8 mm. Wie hoch wird die Strömungsgeschwindigkeit?

Lösung: $Q = A \cdot v \rightarrow v = \frac{Q}{A} = \frac{Q \cdot 4}{d^2 \cdot \pi}$

$= \frac{12\,000\ \text{cm}^3 \cdot 4}{0{,}8^2\ \text{cm}^2 \cdot \pi\ \text{min}}$

$= 23\,873{,}24\ \frac{\text{cm}}{\text{min}} = 3{,}98\ \frac{\text{m}}{\text{s}}$

Der Wert liegt im Bereich der Richtwerte (Tabelle 1) für Druckleitungen über 50 bar.

Rohre und Rohrverschraubungen

Rohre. Als Rohre werden vorwiegend blankgezogene Präzisionsstahlrohre (NBK) verwendet. Die Rohrverschraubung greift am Außendurchmesser d_a an. Der Innendurchmesser d_i wird nach dem Volumenstrom Q, der Wanddicke s und dem Betriebsdruck p_{zul} der Leitung gewählt **(Tabelle 2).**

Die Bezeichnung des Rohres enthält den Außendurchmesser d_a und die Wanddicke s, z. B.

Rohr HPL E335-NBK12x2.

Die Rohre werden in Vorrichtungen gebogen. Der Biegeradius richtet sich nach dem Rohrdurchmesser. Vor der Rohrverschraubung muss der Bogen in ein gerades Stück übergehen.

Rohrverschraubungen. Es werden Schneidringverschraubungen **(Bild 2)** und Bördelverschraubungen verwendet. Bei der Schneidringverschraubung wird durch das Anziehen der Überwurfmutter ein Schneidring in den Innenkegel des Anschlussstutzens gedrückt. Der Schneidring schneidet sich dabei in das Rohr ein, presst es gegen die Planfläche des Anschlussstutzens und dichtet so ab. Das Rohrende muss genau rechtwinklig zur Rohrachse abgelängt werden.

Man unterscheidet gerade Verschraubungen, Winkel- und T-Verschraubungen **(Bild 3).**

Muss das Rohr bei der Montage genau in eine bestimmte Winkelstellung gebracht werden, benutzt man Schwenkverschraubungen **(Bild 4).**

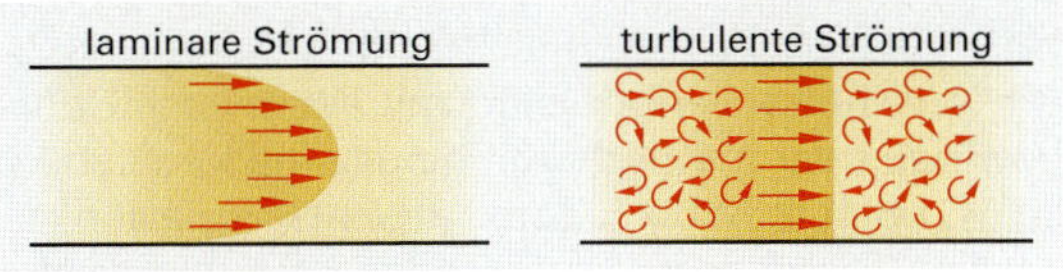

Bild 1: Strömungsarten

Tabelle 1: Richtwerte Strömungsgeschwindigkeiten

Betriebsdruck p_e in bar	Strömungsgeschwindigkeit v in m/s	
50	4,0	Saugleitung
100	4,5	0,5 bis 1,5 m/s
150	5,0	
200	5,5	Rücklaufleitung
300	6,0	3 m/s

Tabelle 2: Hydraulikrohre

$d_a \cdot s$ mm · mm	d_i mm	p_{zul} bar	Q[1)] l/min
8 x 1	6	300	7
8 x 2	4	550	3
12 x 1	10	230	19
12 x 2	8	400	12
20 x 2	16	250	48
20 x 3	14	350	37
25 x 2	21	220	83
25 x 3	19	340	68

1) Bei der Strömungsgeschwindigkeit v = 4 m/s

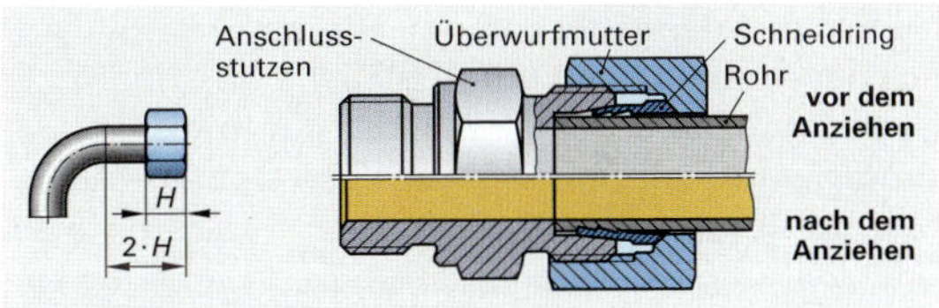

Bild 2: Schneidringverschraubung

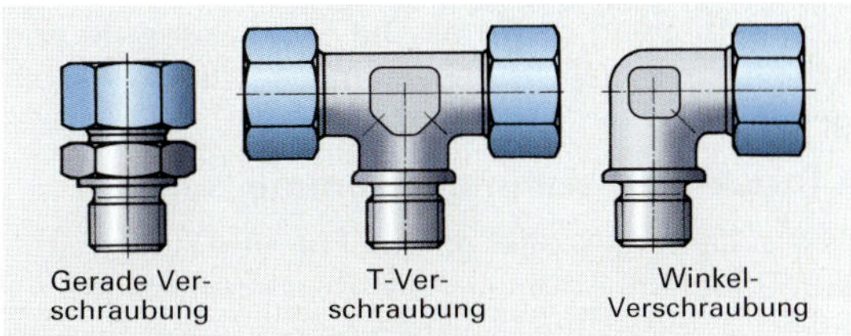

Bild 3: Rohrleitungsverschraubungen

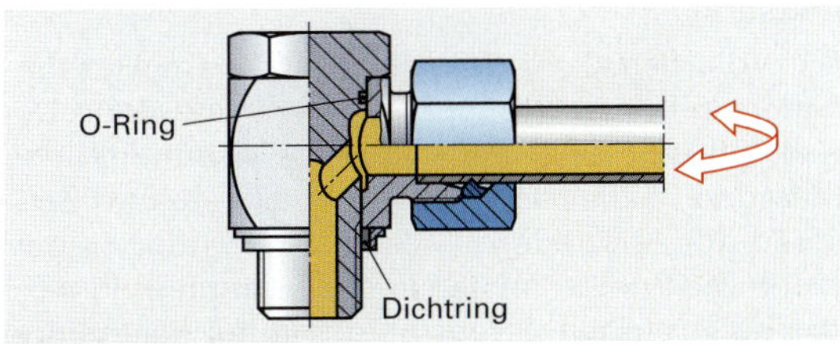

Bild 4: Schwenkverschraubung

Soll ein feststehendes Bauteil mit einem drehenden Bauteil verbunden werden, muss eine Drehverbindung eingebaut werden **(Bild 1)**.

Die Anschlussgewinde sind mit Whitworth-Rohrgewinde oder metrischem Feingewinde versehen, z. B. G1/8 oder M12x1. Zum Abdichten müssen zusätzlich Dichtringe oder flüssige bzw. plastische Dichtmittel verwendet werden.

Schlauchleitungen

Hydraulikelemente, die sich bewegen, müssen durch Schlauchleitungen verbunden werden. Die Schlauchseele besteht aus einem ölfesten Gummi-, Teflon-, Neoprenmaterial, der Druckträger aus einer Geflechteinlage aus Stahl und die Oberdecke aus einem abriebfesten Gummi oder Polyester **(Bild 2)**. Die Verbindungen zu Geräten werden über Armaturen am Schlauchende hergestellt. Schlauchleitungen werden mit Armaturen oder untereinander durch Verschraubungen bzw. Schnellverschlusskupplungen verbunden. Beim Verlegen der Schläuche muss auf genügend große Biegeradien und auf ausreichenden Bewegungsspielraum geachtet werden **(Bild 3)**.

Schnellverschlusskupplungen

Müssen Hydraulikschläuche oft gelöst werden, z. B. bei Prüfeinrichtungen, werden die Schläuche und die Anschlüsse der Bauelemente mit Schnellverschlusskupplungen ausgerüstet **(Bild 4)**.

Diese Kupplungen bestehen aus einer Kupplungsmuffe und dem Stecknippel. Sie sperren die Anschlüsse beim Lösen der Schläuche ab, indem die Sperrelemente durch eine Feder auf ihren Sitz gedrückt werden. Dadurch bleibt das Öl beim Abziehen der Kupplung in den Zylindern, Hydromotoren oder Leitungen eingeschlossen. Es dringt auch keine Luft ein, die später wieder entfernt werden müsste. Die Sperre wird beim Stecken der Kupplung selbsttätig geöffnet. Die Sperrelemente von Kupplungsmuffe und Stecknippel drücken sich gegenseitig auf.

Druck- und Volumenstrommessung

In den Leitungen oder an den Ein- und Ausgängen von Bauelementen wird der Druck mittels Manometer an speziellen Messpunkten ermittelt. Es wird der Überdruck gegen den Atmosphärendruck gemessen.

Der Volumenstrom lässt sich mit einem Messbehälter und einer Stoppuhr messen und dann berechnen. Für eine automatisierte kontinuierliche Messung verwendet man jedoch Geräte und Sensoren mit Zahnrädern, Messturbinen oder Flügelräder. Die Punkte, an denen später gemessen werden soll, müssen bereits beim Planen der Anlage vorgesehen werden.

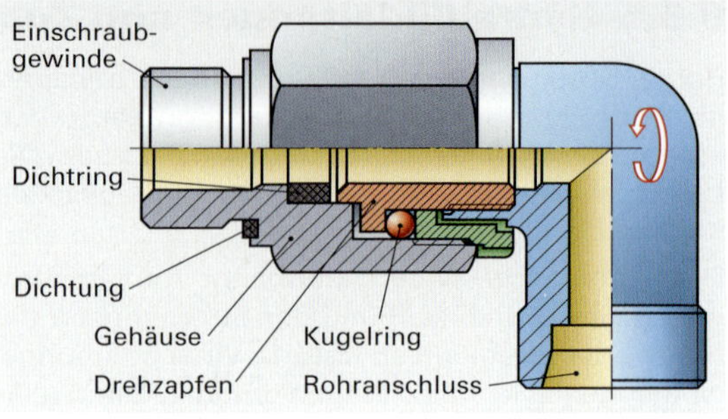

Bild 1: Drehverbindung

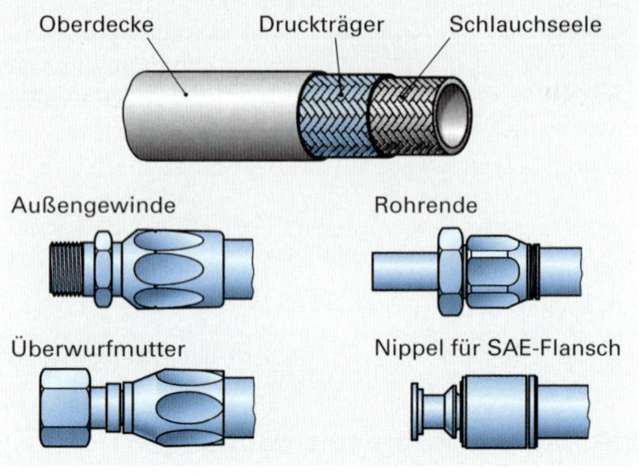

Bild 2: Hydraulikschläuche und Armaturen

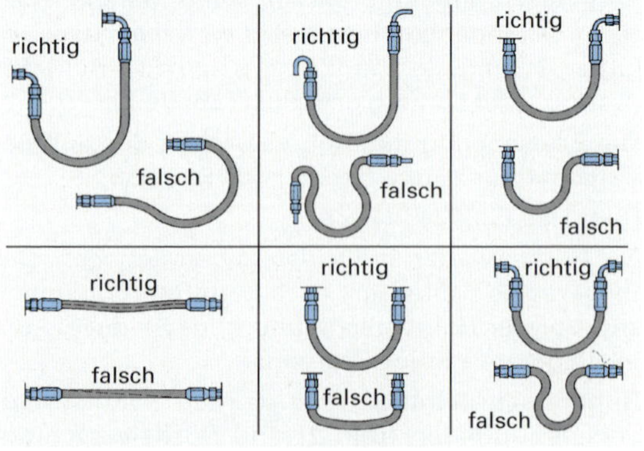

Bild 3: Verlegung von Schlauchleitungen

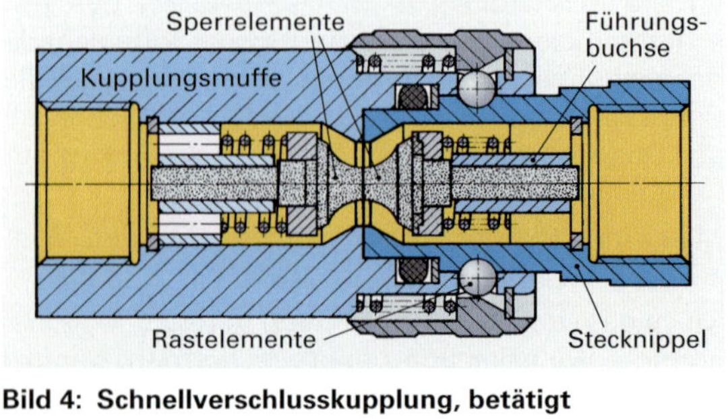

Bild 4: Schnellverschlusskupplung, betätigt

9.5.6 Beispiele für hydraulische Schaltungen

Hydraulische Schaltungen werden nach den gleichen Regeln wie in der Pneumatik erstellt, Daneben gibt es eine Reihe technologischer Besonderheiten zu berücksichtigen: Lange Hubwege, hohe Drücke in der Anlage sowie die Rückführung und Speicherung der Hydraulikflüssigkeiten in einen Behälter.

Beispiel für die hydraulische Schaltung einer Absetzmulde

Lastkraftfahrzeuge sind zum Be- und Entladen von Absetzbehältern mit zwei doppelt wirkenden Zylindern ausgestattet **(Bild 1)**. Diese Zylinder sind wechselnden Belastungen ausgesetzt: Beim Absetzen auf dem Boden wirkt eine ziehende Last, beim Aufladen eine drückende Belastung. Es ist daher erforderlich, die beiden Zylinder hydraulisch einzuspannen.

Zur Lösung der Aufgabe wird ein Hydroaggregat verwendet, bei dem das rückströmende Öl gefiltert wird **(Bild 2)**. Beide Zylinder sind durch zwei Druckbegrenzungsventile –QN2 und –QN3 hydraulisch eingespannt. Bei Einstellung der beiden Druckbegrenzungsventile wird die Fahrbewegung mit dem jeweils im Rückfluss liegenden DBV gebremst. Den Gegenhaltedruck kann man jeweils an den beiden Manometern ablesen. Beide DBV werden in der Gegenrichtung durch Rückschlagventile umgangen.

Beispiel für die elektrohydraulische Steuerung einer Bohreinheit

Die Bohreinheit **(Bild 3)** soll nach folgendem Ablauf gesteuert werden:

- Halten in der linken Ausgangsposition
- Eilgang bis vor das Werkstück (EV)
- Bohren mit Vorschubgeschwindigkeit (AV)
- Rücklauf im Eilgang in die Ausgangsstellung (ER)

Der zeitliche Ablauf wird in einem Weg-Zeit-Diagramm dargestellt. Die Steuerung kann mit einem 2-Wege-Stromregelventil oder mit einem Proportionalventil verwirklicht werden.

Das Stromregelventil dient zum Einstellen der Vorschubgeschwindigkeit. Beim Eilvorlauf wird es über das 2/2-Wegeventil (–QM2), beim Eilrücklauf über das Rückschlagventil (–RM3) umgangen **(Bild 1, folgende Seite)**.

Bei der Steuerung mit 4/3-Wege-Proportionalventil –QM1 werden alle Geschwindigkeiten mit diesem Ventil eingestellt. Beim Eilvor- und Rücklauf wird der Steuerkolben des Proportional-Wegeventils ganz durchgeschaltet. Die Endlagen werden gedämpft angefahren, wenn das Proportional-Wegeventil fast geschlossen wird.

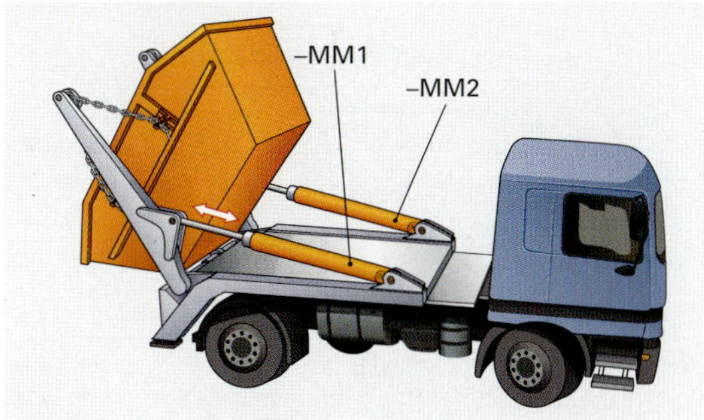

Bild 1: Hydraulischer Hebe- und Absetzbehälter

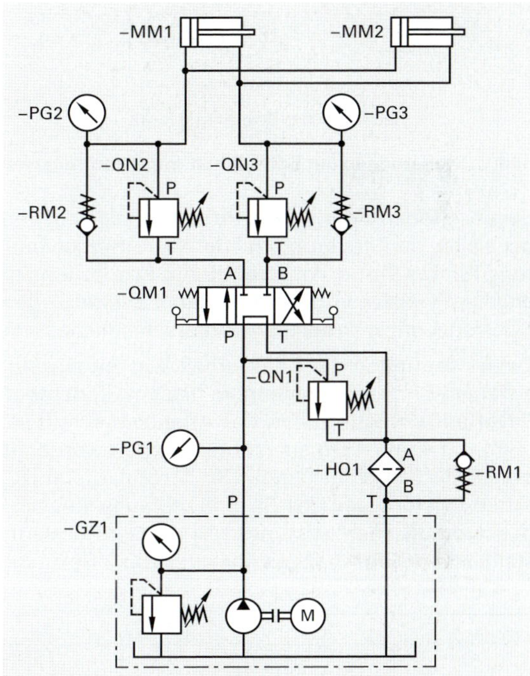

Bild 2: Hydraulischer Schaltplan – Absetzbehälter

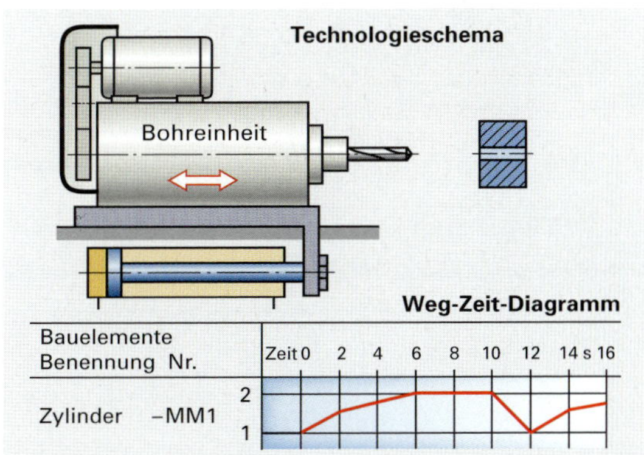

Bild 3: Bohreinheit und Weg-Zeit-Diagramm

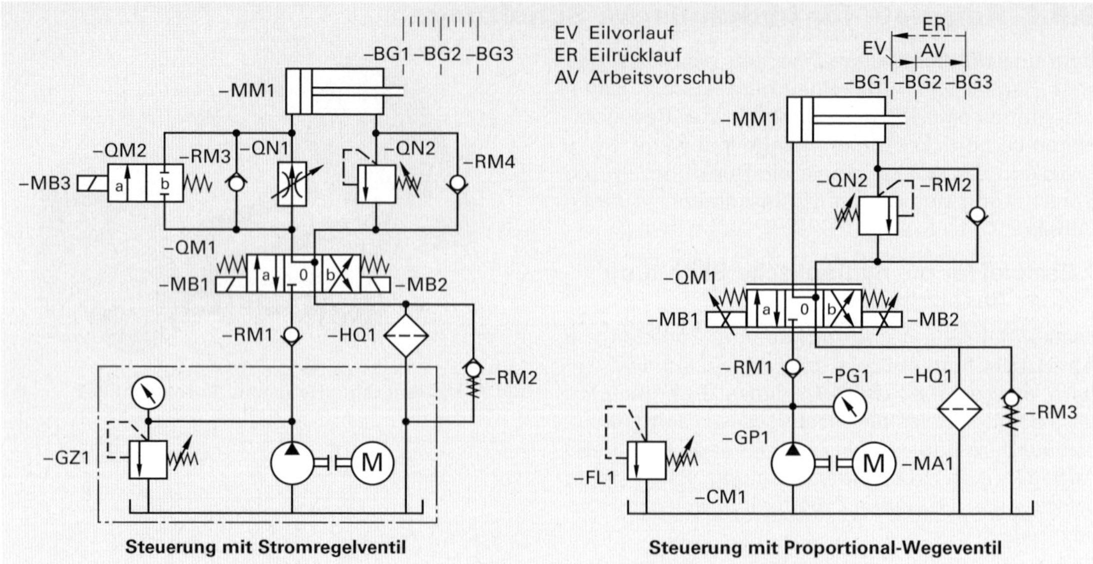

Bild 1: Steuerungen der Bohreinheit mit Stromregelventil und mit Proportional-Wegeventil

Bei der Steuerung mit dem Proportional-Wegeventil ist die Anzahl der hydraulischen Bauelemente kleiner als bei der Steuerung mit dem Stromregelventil. Dafür benötigt man aber eine elektronische Ansteuerung für das Proportionalventil. Am Proportionalmagneten muss eine variable und regelbare Spannung angelegt werden können. Das dabei entstehende veränderliche Magnetfeld bringt den Regelkolben des 4/3-Wegeventils stufenlos in unterschiedliche Schaltstellungen.

Die Bewegungen der Bohreinheit können einzeln durch Hand ausgelöst werden. Dazu muss der Stellschalter –SF7 auf "0" stehen. In diesem Einrichtbetrieb können durch die Taster –SF1, –SF3 und –SF5 die Eilvorlaufbewegung (EV), der Arbeitsvorschub (AV) und der Eilrücklauf (ER) einzeln ausgelöst und mit –SF2, –SF4 und –SF6 auch unterbrochen werden **(Bild 2).** Durch Stellschalter –SF7 auf "1" kann ein automatischer Ablauf erfolgen. Der Stromlaufplan zeigt diese Betriebsarten im Steuerungsteil. Im elektrischen Leistungsteil des Stromlaufplanes steuern die Hilfsschließer –KF1, –KF4 usw. die Magnetventile des hydraulischen Leistungsteils an. Der Rücklauf erfolgt zeitabhängig mit einem Zeitrelais –KF3. Eingestellt ist eine Einschaltverzögerung von 3 Sekunden.

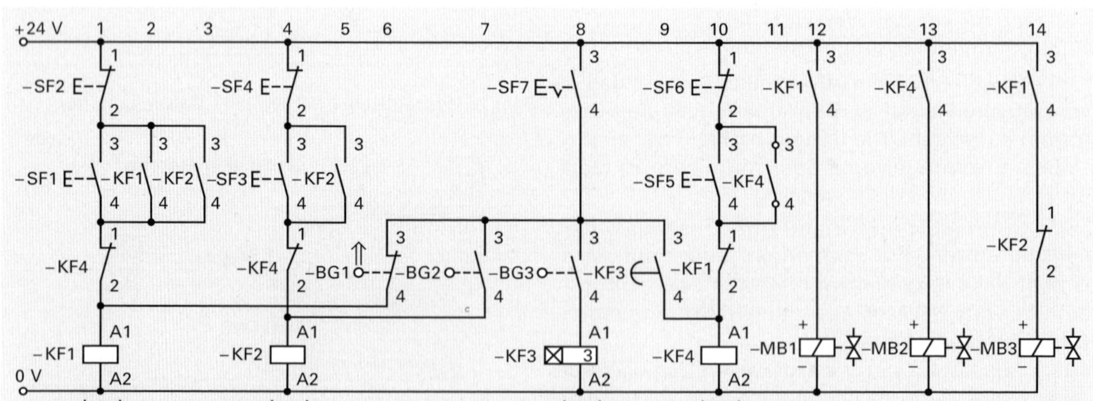

Bild 2: Stromlaufplan zur Steuerung der Bohreinheit mit Stromregelventil (Kontakte vereinfacht)

Wiederholung und Vertiefung

1 Welche Aufgaben haben Hydraulikflüssigkeiten?

2 Worin besteht der Unterschied zwischen Antrieben mit Konstantpumpen und Antrieben mit Verstellpumpen?

3 Wie sind Hydrospeicher aufgebaut?

4 In welchen Fällen werden vorgesteuerte Wegeventile eingesetzt?

5 Wofür werden entsperrbare Rückschlagventile eingesetzt?

6 Wodurch unterscheidet sich ein Stromregelventil von einem Drosselventil?

7 Eine hydraulische Presse soll bei einem Druck von p_e = 80 bar und einem Volumenstrom von Q =12 l/min eine Kolbenkraft F = 100 kN erzeugen **(Bild 1).**

a) Wie groß muss der Zylinderdurchmesser sein, wenn als Wirkungsgrad η = 0,92 angenommen wird?

b) Der Zylinder soll aus der folgenden genormten Durchmesserreihe ausgewählt werden: 50, 70, 100, 140, 200, 280, 400 (d in mm).

c) Wie schnell fährt der Kolben ein, wenn der Durchmesser der Kolbenstange halb so groß wie der Kolbendurchmesser ist?

8 Der pneumatisch-hydraulische Druckübersetzer **(Bild 2)** wird mit p_{e1} = 6 bar angetrieben.

a) Wie groß ist der Druck auf der Hydraulikseite, wenn die Reibungsverluste unberücksichtigt bleiben?

b) Wie groß ist dieser Druck bei einem Wirkungsgrad von 85 %?

c) Welches Flüssigkeitsvolumen gibt der Druckübersetzer bei einem Kolbenhub s = 50 mm ab?

9 Für die Vorschubsteuerung **(Bild 1, vorherige Seite)** ist eine Liste mit den Namen der Bauelemente zu erstellen.

10 Auf einem Rundschalttisch ist ein Hydraulikzylinder mit Drucköl zu versorgen **(Bild 3).** Welche Verschraubungen braucht man dazu an den Stellen 1, 2 und 3?

11 Welchen Bewegungsablauf hat der Zylinder **(Bild 4)** und welche Funktion haben dabei die Ventile?

12 Welche Ventile müssen bei Wartungsarbeiten an der Steuerung (Bild 4) geschlossen bzw. geöffnet werden?

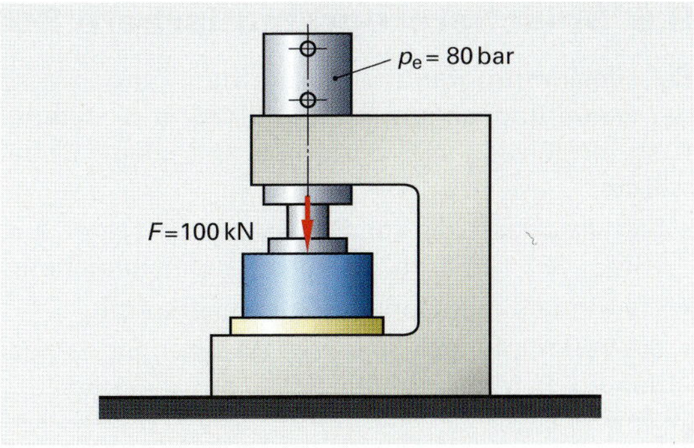

Bild 1: Hydraulische Presse

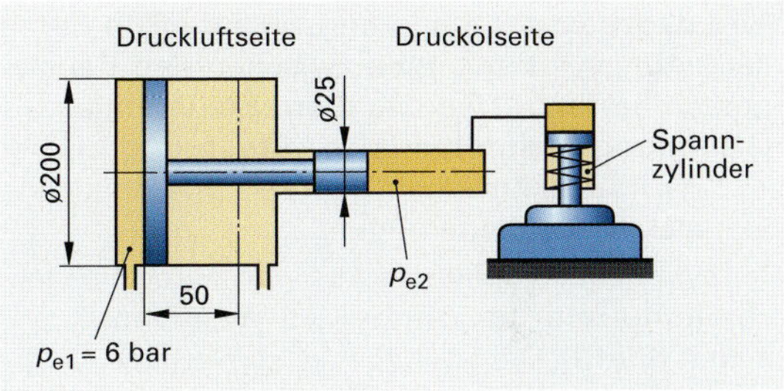

Bild 2: Druckübersetzer

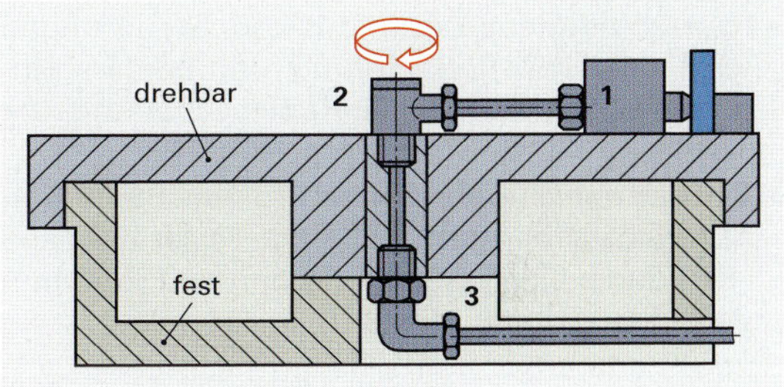

Bild 3: Rundschalttisch

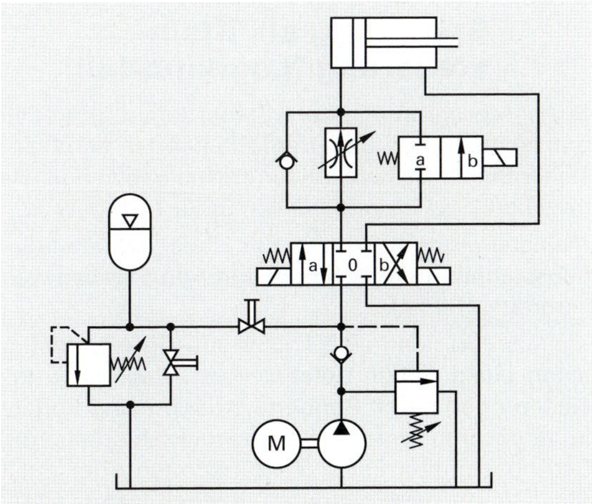

Bild 4: Steuerung mit Hydrospeicher

9.6 Speicherprogrammierbare Steuerungen

Bei speicherprogrammierbaren Steuerungen wird der Steuerungsablauf mithilfe eines in die Steuerung eingelesenen Programms festgelegt. Dabei werden

- Signale erfasst, die von Sensoren oder Taster, z. B. –SF1, –SF2, –SF3, an Signaleingängen eingehen,
- die Signale miteinander logisch verknüpft,
- die Verknüpfungsergebnisse an einen Signalausgang, z. B. Magnetventil –MB1, ausgegeben.

Bei speicherprogrammierbaren Steuerungen **(SPS)** wird der Steuerungsablauf durch ein Programm (Software) festgelegt.

Wird dagegen der Steuerungsablauf allein durch die Leitungsverbindungen zwischen den Bauelementen bestimmt, werden diese Steuerungen als **verbindungsprogrammierte Steuerungen** bezeichnet (VPS). Zu ihnen gehören pneumatische oder elektrische Steuerungen.

Der Zylinder des Spannstockes wird durch ein elektromagnetisch betätigtes 3/2-Wegeventil gesteuert **(Bild 1)**. Die Spannbacke schließt, wenn die beiden Taster –SF2 und –SF3 gleichzeitig gedrückt werden. Durch Betätigen des Tasters –SF1 wird der Spannstock wieder geöffnet.

- In verbindungsprogrammierten Steuerungen wird die UND-Verknüpfung der beiden Eingangssignale durch die Reihenschaltung der Taster –SF2 und –SF3 erreicht **(Bild 2)**.
- Bei der speicherprogrammierbaren Steuerung dagegen werden die Signale der Taster –SF2 und –SF3 durch eine UND-Anweisung im Programm der SPS verknüpft **(Bild 3)**.

Beide Steuerungsarten arbeiten nach dem EVA-Prinzip (**E**ingabe – **V**erarbeitung – **A**usgabe).

9.6.1 Speicherprogrammierbare Steuerung als Kleinsteuerung (Logikmodul)

Speicherprogrammierbare Steuerungen gibt es in unterschiedlichen Bauarten: Sie werden als Kleinsteuerung für kleinere Steuerungsaufgaben oder als modulare SPS im industriellen Bereich eingesetzt.

Kleinsteuerungen sind in der Haus- und Installationstechnik, im Maschinen- und Apparatebau weit verbreitet **(Bild 4)**.

Kleinsteuerungen sind kostengünstig und bieten einen beachtlichen Befehlsvorrat. Zahlreiche Erweiterungen durch Sonderfunktionen sind bereits im Gerät integriert, wie z. B. Stückzahlerfassung, Betriebsstundenzähler, Zeitfunktionen oder auch die Kommunikationsmöglichkeiten über ASI[1]- oder EIB[2]-Bus.

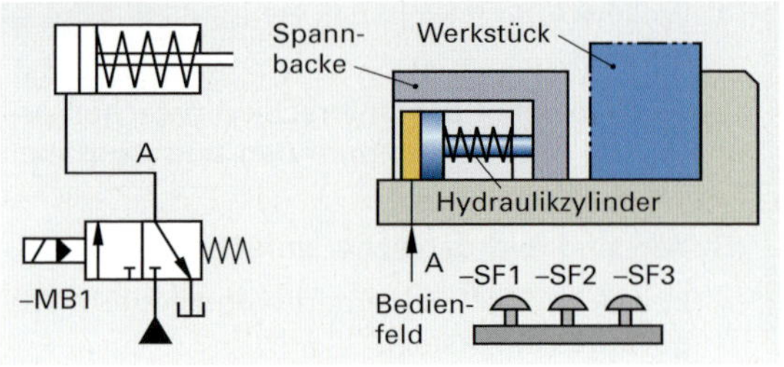

Bild 1: Hydraulischer Spannstock

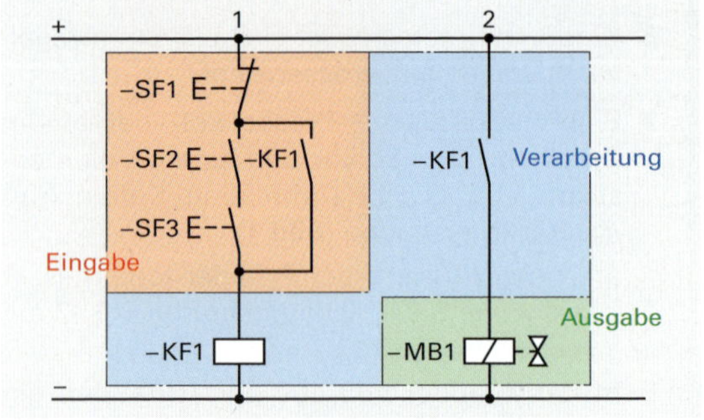

Bild 2: Verbindungsprogrammierte Steuerung

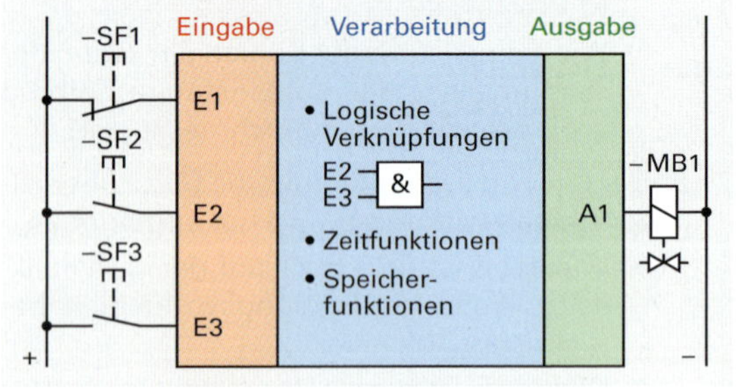

Bild 3: Speicherprogrammierbare Steuerung

Bild 4: Kleinsteuerung – Logikmodul

[1] ASI für **A**ktor-**S**ensor-**I**nterface ist ein Bus auf der untersten Automatisierungsebene

[2] EIB steht für Europäischer Installationsbus

Bereits an den Kleinsteuerungen lassen sich die typischen Merkmale einer SPS erkennen:

Taster, Schalter oder Näherungssensoren als Befehlsgeber werden an den Eingangsklemmen verdrahtet **(Bild 1)**. Basisgeräte besitzen acht digitale Eingänge und vier Ausgänge. Sie liefern die logischen Signalzustände low = "0" (false) oder high = "1" (true).

Die Ausgänge könnten auch als Relaiskontakt für eine 230-V-Spannung ausgelegt sein.

Gleichspannungsgeräte mit 12 V und 24 V besitzen Transistorausgänge mit einer 24-V-Ausgangsspannung bei max. 0,3 A.

Zur Menüführung und kleineren Programmierungen dienen vier Bedientasten, eine ESC- und eine OK-Taste. Ein LCD-Display ermöglicht die Beobachtung der Signalzustände. Komfortabler sind die Schnittstellen RS 232 oder USB zum PC, von dem aus die Programme erstellt, vor dem Einsatz simuliert und dann auf das Steuergerät übertragen werden können **(Bild 2)**. Bei neueren Geräteversionen ist eine Online-Beobachtung während des aktuellen Betriebes möglich.

Programmiert wird in zwei Sprachen:

- **Funktionsblockdarstellung (FBD):** Bild 2 zeigt die Elemente UND, einen RS-Baustein, drei Eingänge und einen Ausgang. Diese Sprache wird auch als **Funktionsplan** bezeichnet.
- **Ladder-Darstellung (LAD):** Dies ist die englische Bezeichnung für den **Kontaktplan,** der stark dem Stromlaufplan ähnelt **(Bild 3)**. Diese Darstellung wird vor allem im englischsprachigen Raum bevorzugt.

Beispiel: Automatisches Öffnen und Schließen einer Durchgangstüre (Bild 4)

Zwei Räume sollen durch eine Schiebetüre voneinander abgetrennt werden.

Die Tür wird über einen pneumatischen Zylinder bewegt. Dieser wird durch ein 5/2-Wege-Impulsventil angesteuert.

Die Türe ist von beiden Seiten durch die Taster –SF1 oder –SF2 zu öffnen. Die Endlagenschalter –BG1 und –BG2 fragen die aktuelle Position der Türe ab. Zur Sicherheit sind diese als Öffner (NC) ausgeführt.

Nach 15 Sekunden geht die Türe automatisch wieder zu, sofern der Türbereich frei ist. Eine Lichtschranke –BG3 überwacht, ob sich Personen oder Geräte im Bereich hinter der Tür befinden. Ist dies der Fall, so hat die Lichtschranke den Signalzustand "0".

Über den Schlüsselschalter –SF3 (Schließerkontakt) wird die Anlage "betriebsbereit" geschaltet. Am Display des Steuermoduls soll der Meldetext "Türe öffnet" ausgegeben werden.

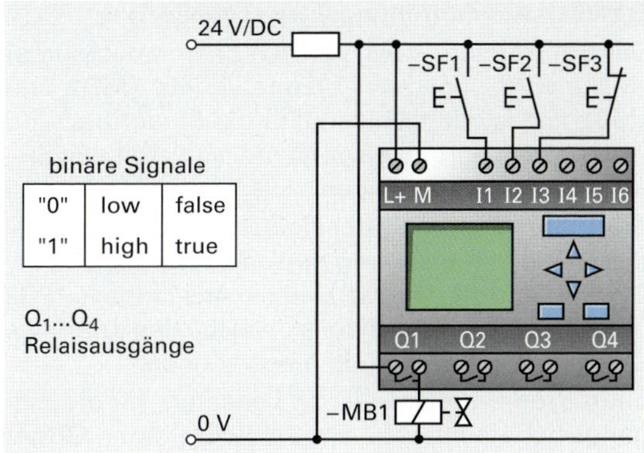

Bild 1: Verdrahtung der Ein- und Ausgänge an einer Kleinsteuerung

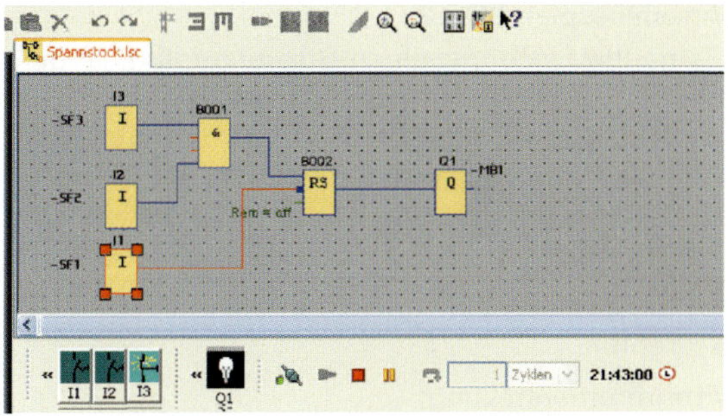

Bild 2: Spannstocksteuerung in der PC-Simulation

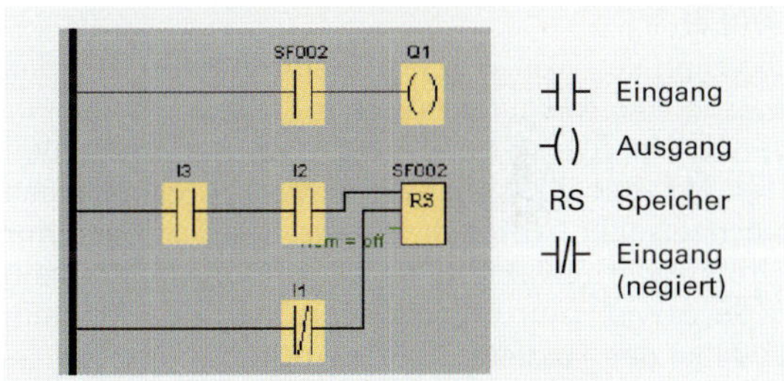

Bild 3: Kontaktplan einer Kleinsteuerung

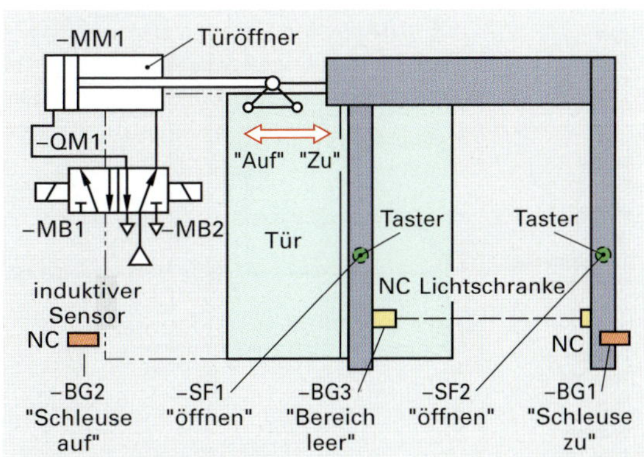

Bild 4: Technologieschema für eine Durchgangstüre

Erstellen der Zuordnungsliste (Tabelle 1):

Das Stellelement –QM1 für den Pneumatikzylinder –MM1 wird über zwei Magnetventile –MB1 und –MB2 angesteuert **(Bild 1)**. Für die Steuerung wird eine Kleinsteuerung gewählt mit acht digitalen Ein- und vier Relaisausgängen.

Die Zuordnungsliste listet die Bauteile auf und weist diesen die Ein- und Ausgangsadressen der SPS zu. Die Eingänge (I1, I2 usw.) und die Ausgänge (Q1, Q2 usw.) der SPS sind Variablen, welche den logischen Zustand "1" oder "0" einnehmen können.

Beim Programmieren ist zu beachten, ob die Eingangssignalelemente als **Schließer** oder **Öffner** vorliegen. Für die Programmierung oder die spätere Fehlersuche ist eine Zuordnungsliste als Anlagendokument ein notwendiges Werkzeug.

Anschlussplan (Bild 2):

Es handelt sich um einen Stromlaufplan, in dem Sensoren und Aktoren an die verwendete SPS angeschlossen werden. Die dort verwendeten Symbole sind normgerecht zu zeichnen und die Betriebsmittel müssen mit der Zuordnungsliste übereinstimmen.

Der Anschlussplan erleichtert die praktische Verdrahtung.

Programmerstellung:

Mithilfe der Software zum Steuermodul lässt sich die SPS-Lösung im Funktionsplan (FBD) erstellen **(Bild 3)**.

Die Signale –BG1 und –BG2 sind negiert, für das Setzen der Ausgänge werden zwei RS-Speicher verwendet. Diese gehen auf zwei Zwischenspeicher M1 und M2, sogenannte Merker, welche sich wechselseitig verriegeln, sodass die Schleuse nur öffnen oder nur schließen kann. Der Zeitbaustein B009 bewirkt eine Einschaltverzögerung. Baustein B004 ist das Textfeld für "Türe öffnet".

Tabelle 1: Zuordnungsliste

Bauteil	Adresse	Kommentar
–SF3	I1	Schlüsselschalter "betriebsbereit", **Schließer**
–SF1	I2	Taster "Schleuse öffnen" , **Schließer**
–SF2	I3	Taster "Schleuse öffnen" , **Schließer**
–BG1	I4	Endlage "Schleuse zu", **Öffner**
–BG2	I5	Endlage "Schleuse zu", **Öffner**
–BG3	I6	Lichtschranke "Bereich leer", **Öffner**
–MB1	Q1	Magnetventil "Schleuse öffnen"
–MB2	Q2	Magnetventil "Schleuse schließen"

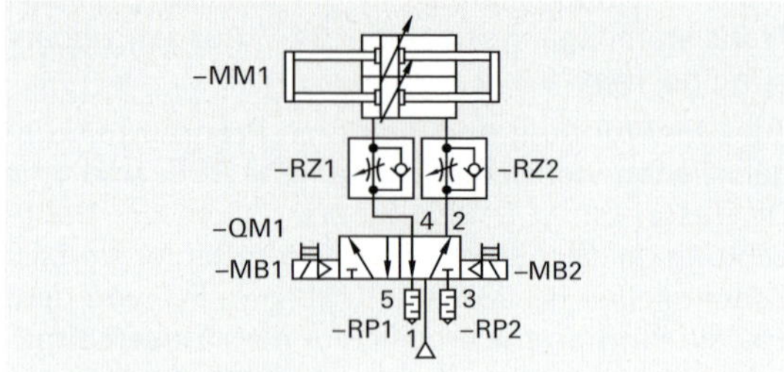

Bild 1: Pneumatikplan

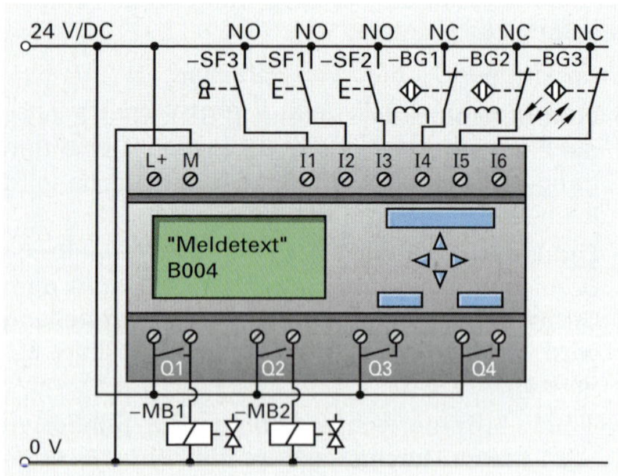

Bild 2: Anschlussplan (Stromlaufplan)

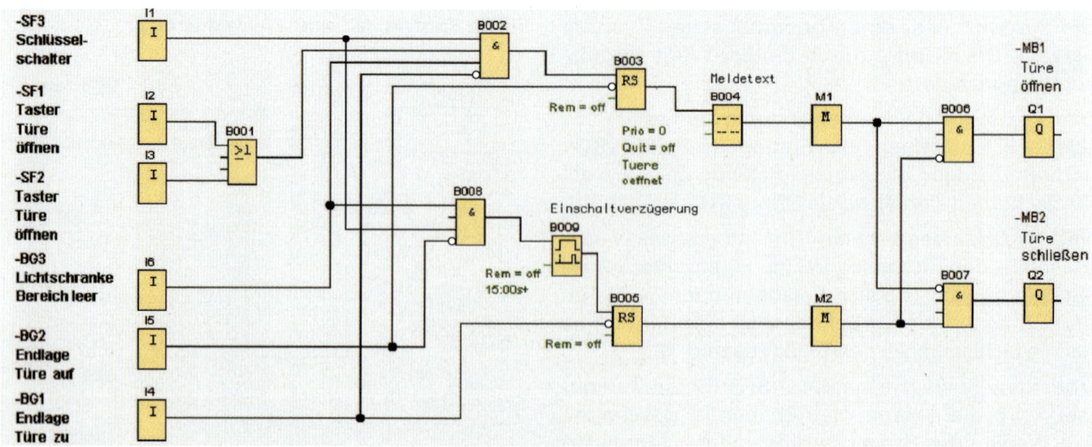

Bild 3: Schaltplanlösung in FBS-Sprache/Funktionsplan

9.6.2 Speicherprogrammierbare Steuerung als modulares Automatisierungssystem

Bei umfangreicheren Steuerungsprojekten in der SPS werden modulare Systeme eingesetzt **(Bild 1)**.

9.6.2.1 Aufbau einer modularen SPS

Wesentliche Baugruppen sind: Eingabebaugruppe, Zentraleinheit (CPU) mit Programmspeicher und Ausgabebaugruppe. Die Baugruppen sind durch einen Busstecker in der Rückwand miteinander verbunden. Der Rückwandbus ermöglicht die Kommunikation zur CPU. Eine serielle Schnittstelle dient zur Programmierung, z. B. über einen PC.

Eingabebaugruppe: Signalmodul SM/DE

Diese Baugruppe besitzt Anschlüsse für die Signalgeber oder Sensoren. Die digitalen Eingangssignale werden nicht direkt elektrisch auf einen Rückwandbus zur CPU übertragen, sondern über Optokoppler **(Bild 2)**. Diese ermöglichen die Übertragung von Signalen zwischen zwei galvanisch getrennten Stromkreisen. Dadurch werden die empfindlichen 3 V-Kreise vor Überspannungen geschützt.

Zentraleinheit mit Programmspeicher: CPU

Die Zentraleinheit wird von einem Betriebssystem gesteuert und hat verschiedene Speicherbereiche, in denen z. B. das Anwenderprogramm gespeichert und bearbeitet wird. Die Speicherkapazität und die Verarbeitungsgeschwindigkeit sind Merkmale einer CPU **(Bild 3)**.

Ausgabebaugruppe: Signalmodul DA

Von der Ausgabeeinheit werden die Ausgangssignale der SPS ebenfalls über Optokoppler an die zu steuernden Geräte wie Relais, Transistoren, Magnetventile, Anzeiger und Melder ausgegeben.

9.6.2.2 Arbeitsweise einer modularen SPS

Nach dem CPU-Anlauf durch das Betriebssystem (BESY) wird zuerst das Prozessabbild der Ausgänge (PAA) auf die tatsächlichen Ausgänge der Baugruppen geschrieben und der Zustand der Eingänge ins Prozessabbild der Eingänge (PAE) gelesen **(Bild 4)**. Bei einem vollständigen Neustart wird das PAA grundsätzlich gelöscht.

Die Bildung der Prozessabbilder **(Bild 5)** hat gegenüber dem direkten Zugriff auf die Ein- oder Ausgänge den Vorteil, dass für die Dauer der zyklischen Programmbearbeitung ein konstantes Abbild der Prozesssignale zur Verfügung steht. Ändert sich während der Programmbearbeitung ein Signalzustand auf einer Eingabebaugruppe, bleibt der Signalzustand im Prozessabbild erhalten, bis beim nächsten Durchgang die Aktualisierung der Prozessabbilder erfolgt.

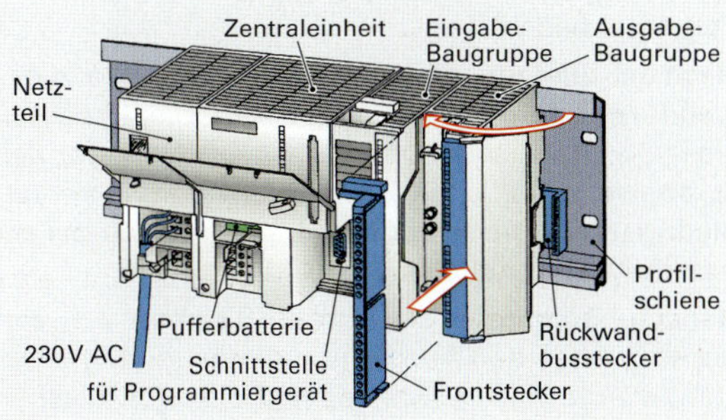

Bild 1: Modulares SPS-System

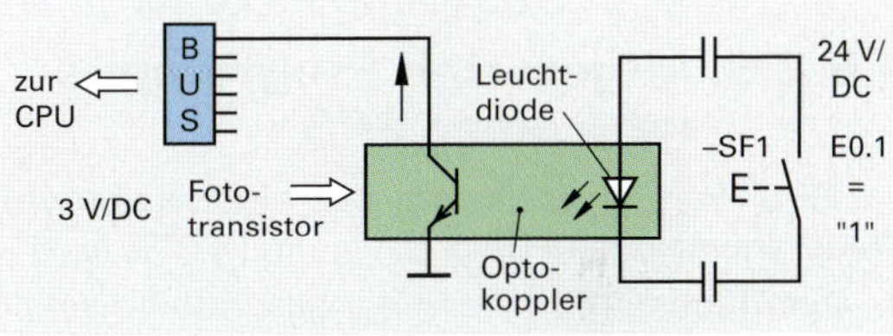

Bild 2: Eingabebaugruppe mit Optokoppler

Leistungsmerkmal	312-C	313	314	314-C	315	315-2DP
Arbeitsspeicher (integriert)	6kByte	12kByte	24kByte	24kByte	48kByte	
Ladespeicher • integriert	30kByte RAM, 30kByte EEPROM	20kByte RAM	40kByte RAM	40kByte RAM, 40kByte EEPROM	80kByte RAM	
• erweiterbar mit Memory Card	—	bis 512kByte	bis 512kByte	—	bis 512kByte (in CPU programmierbar bis 256kByte)	
Geschwindigkeit ms/1000 Binäranweisungen	ca. 0,7		ca. 0,3			

Bild 3: Leistungsmerkmale verschiedener CPUs

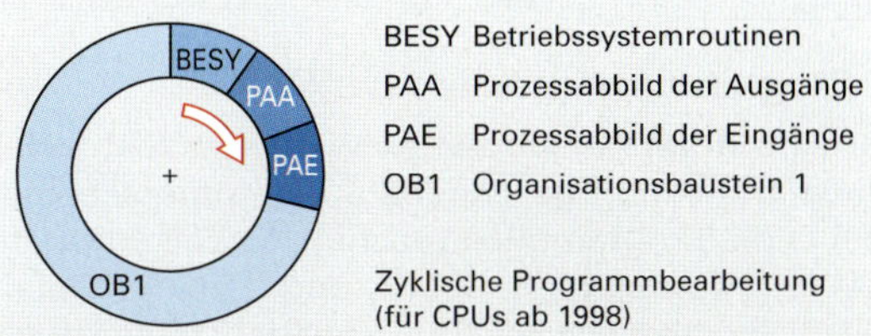

Bild 4: Zyklische Programmbearbeitung für CPUs

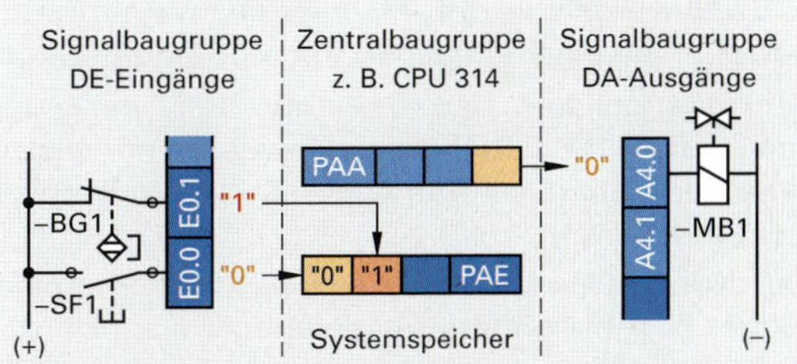

Bild 5: Bildung der Prozessabbilder PAA/PAE

Wird ein Eingangssignal innerhalb eines Anwenderprogramms mehrmals abgefragt, ist gewährleistet, dass die Information immer unverändert im Prozessabbild vorliegt.

Nach der Bildung der Prozessabbilder wird das Anwenderprogramm, welches im Organisationsbaustein OB1 liegt, sequenziell, das heißt Zeile für Zeile, abgearbeitet. Ein Adresszähler beginnt mit der niedrigsten Adresse 0000 und arbeitet sich bis zur letzten Adresse 0002 durch **(Bild 1)**.

Danach beginnt der gesamte SPS-Zyklus von vorne; es werden den Ausgängen die neuen Signalzustände zugewiesen. Ein Nachteil dieser zyklischen Arbeitsweise ist, dass eine SPS erst verzögert auf sich ändernde Eingangssignale reagieren kann.

9.6.2.3 Allgemeine Programmierung einer SPS

Ein SPS-Programm besteht aus einer Reihe von **Steueranweisungen (Bild 2)**.

Im **Operationsteil** erscheint der gesamte Vorrat an Befehlen, der einer SPS in einer bestimmten SPS-Sprache zur Verfügung steht.

Im **Operandenteil** erscheinen alle Variablen einer SPS, z.B. Eingänge E, Ausgänge A, Timer T. Interessant sind Merker, z.B. M 0.1. Solche 1-Bit-Speicher werden zur Speicherung von logischen Zwischenverknüpfungen verwendet. Sollte die Betriebsspannung der SPS abfallen, so sind diese Speicherinhalte in der Regel nicht mehr vorhanden.

Hinter einer **Operandennummer** verbirgt sich eine Byte- und eine Bitadresse, die man aus der Hardwarekonfiguration der SPS ablesen kann **(Bild 3)**.

Für eine CPU314C-2 könnte die Adresse eines Eingangs E136.0 bis E138.7 lauten.

Programmiersprachen der SPS

SPS-Programme werden entweder in Text- oder einer Grafikform geschrieben. Man unterscheidet dabei die Programmiersprachen Anweisungsliste (AWL), Kontaktplan (KOP) und Funktionsplan (FUP), heute auch als Funktionsbausteinsprache (FBS) bezeichnet, sowie eine Darstellung in einer Ablaufkette, die dem GRAFCET ähnlich ist **(Bild 4)**. In **Bild 5** werden die drei wichtigsten Programmiersprachen an einer einfachen Verknüpfung gezeigt.

Anweisungslisten beginnen mit dem Verknüpfungsbefehl **"U"** (UND). Danach werden die auszuführenden Steuerschritte (Operationen) zeilenweise abgearbeitet.

Der **Kontaktplan** ähnelt dem Stromlaufplan. Er eignet sich besonders für solche Anwender, die bisher mit Relais- und Schützsteuerungen gearbeitet haben.

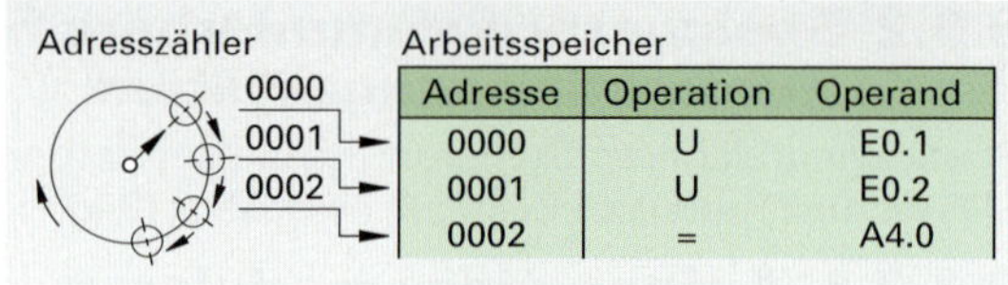

Bild 1: Zyklische Programmbearbeitung (AWL)

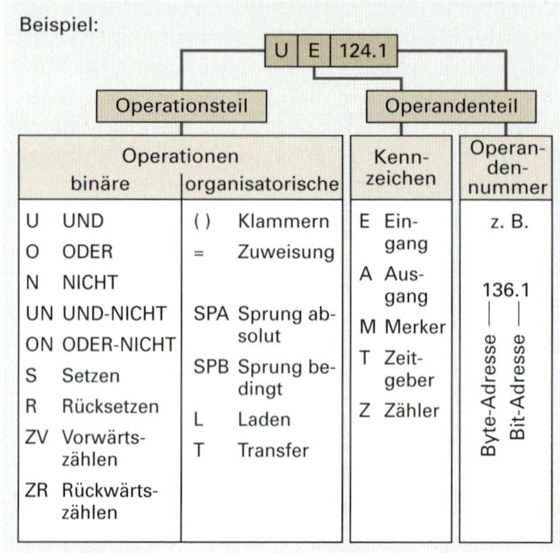

Bild 2: Aufbau einer Steueranweisung

Steckplatz	Baugruppe	Bestellnummer	Firmware	MPI-Adresse	E-Adresse	A-Adresse
1	PS 307 2A	6ES7 307 -1BA00-0AA0				
2	CPU 314 C-2	6ES7 314-5AE03-0AB0	V1.2	2	136...138	136...137

Bild 3: Byteadressen der Hardwarekonfiguration

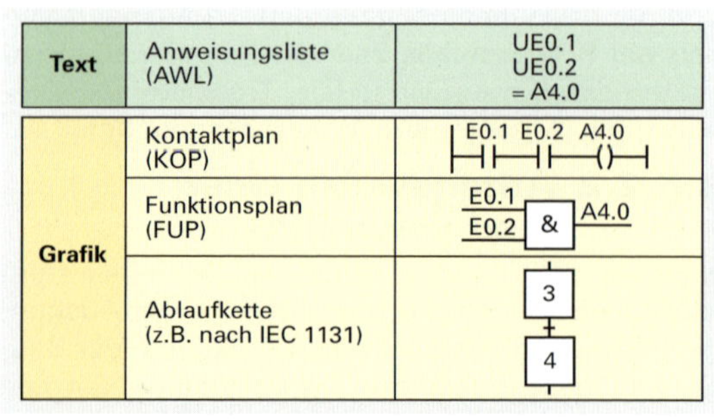

Bild 4: Übersicht der Programmiersprachen

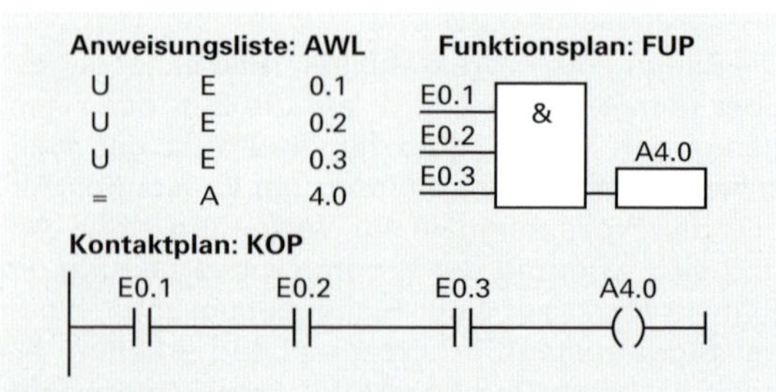

Bild 5: Beispiel für die Programmiersprachen

Bei der Sprache **Funktionsplan**[1] wird das Anwenderprogramm durch genormte grafische Symbole dargestellt. Diese Symbole sind an die Logiksymbole der DIN EN 60617 angepasst **(Tabelle 1)**.

Verdrahtung einer SPS

Die Taster und Sensoren werden auf die SPS-Eingänge verdrahtet **(Bild 1)**. Grundsätzlich sollen Anlagen und Maschinen mit einem Schließerkontakt eingeschaltet, einem logischen "1"-Signal und mit einem Öffnerkontakt, einem "0"-Signal, ausgeschaltet werden. Dann werden Aktoren, z. B. Magnetventile, Meldeleuchten oder Schütze den Ausgängen der SPS zugeordnet.

Grundoperationen der SPS

Beispiel: Pneumatischer Schieber

Ein pneumatischer Schieber soll über eine SPS gesteuert werden **(Bild 2)**. Der Schieber fährt aus, wenn er in der hinteren Endlage steht und die Handtaste START betätigt ist. Der Schieber fährt nach Erreichen der vorderen Endlage wieder ein.

Erstellen einer **Symboltabelle**: Sie ersetzt die Zuordnungsliste **(Bild 3)**.

Für das 5/2-Wege-Impulsventil benötigt man ein bistabiles Magnetventil, die Signalelemente werden durch elektrisch betätigte Handtaster und Tastrollen ersetzt. Es ergibt sich die Symboltabelle in Bild 3. Die Betriebsmittelbezeichnung –BG1 wird zum **Symbol**, das bedeutet, dass im Programmeditor auch diese Bezeichnung an Stelle von E0.1 verwendet werden könnte.

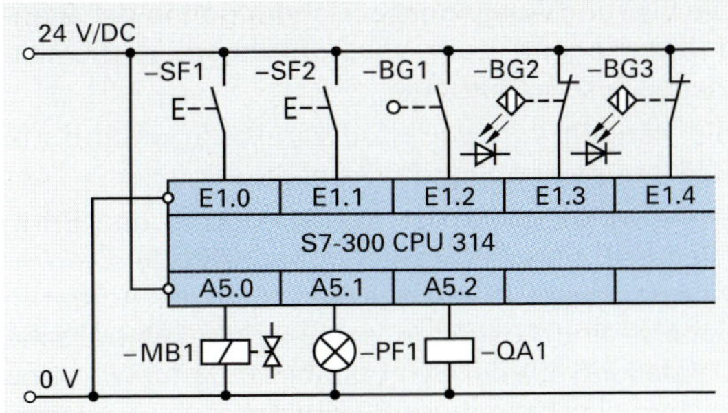

Bild 1: Verdrahtung einer SPS

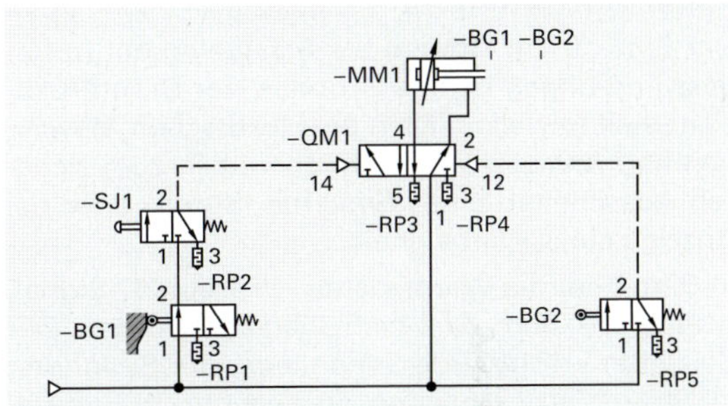

Bild 2: Pneumatikplan für einen Schieber

Symbol	Adresse	Kommentar
–BG1	E0.1	Hintere Endlage, Schließer
–BG2	E0.2	Vordere Endlage, Schließer
–SF1	E0.3	Taster START, Schließer
–MB1	A4.0	Magnetspule; ausfahren von –MM1
–MB2	A4.1	Magnetspule; einfahren von –MM1

Bild 3: Symboltabelle als Zuordnungsliste

Tabelle 1: Elementare logische Grundoperationen und ihre Umsetzung in SPS-Sprachen

Schaltzeichen DIN EN 60617	Funktionstabelle	Signal-Zeit-Diagramm	FUP/FBS	AWL	KOP
E – 1 – A Identität	E A 0 0 1 1	Eing. 1/0, t Ausg. 1/0, t	E0.0 → [=] A4.0	U E 0.0 = A 4.0	E0.0 –| |– ( ) A4.0
E – 1 o– A E –o 1 – A Negation	E A 0 1 1 0	Eing. 1/0, t Ausg. 1/0, t	E0.0 o→ [=] A4.0	UN E 0.0 = A 4.0	E0.0 –|/|– ( ) A4.0
E1, E2 – & – A UND	E2 E1 A 0 0 0 0 1 0 1 0 0 1 1 1	Eing. 1 1/0, t Eing. 2 1/0, t Ausg. 1/0, t	E0.0, E0.1 → [&] → [=] A4.0	U E 0.0 U E 0.1 = A 4.0	E0.0 –| |– E0.1 –| |– ( ) A4.0
E1, E2 – ≥1 – A ODER	E2 E1 A 0 0 0 0 1 1 1 0 1 1 1 1	Eing. 1 1/0, t Eing. 2 1/0, t Ausg. 1/0, t	E0.0, E0.1 → [≥1] → [=] A4.0	O E 0.0 O E 0.1 = A 4.0	E0.0 –| |– parallel E0.1 –| |– ( ) A4.0

[1] Anstatt Funktionsbausteinsprache FBS nach DIN EN 61131-3 wird im Folgenden der Begriff Funktionsplan FUP verwendet.

Die Ein- und Ausgangsbezeichnungen in der Symboltabelle und dem Verdrahtungsplan müssen identisch sein **(Bild 1)**.

Sie hängen von der Hardwarekonfiguration ab. **Bild 2** zeigt eine Standardkonfiguration.

Das **Programm** für den Schieber ist in den Sprachen FUP und AWL geschrieben **(Bild 3)**. Die Anweisungsliste verwendet hier nicht die Adressen der Ein- und Ausgänge, sondern die **symbolische** Darstellung aus der Symboltabelle. Damit wird eine leichtere Lesbarkeit des Programmcodes erreicht.

Signalinvertierung[1)]

Der Einsatz von **Öffnern** als Schaltelement in Relaissteuerungen ist aus Gründen der Drahtbruchsicherheit in vielen Fällen bei elektrischen Maschinen und Anlagen vorgeschrieben, z.B. zum sicheren Ausschalten eines Systems (Stopp) oder bei Anzeige eines Warnsignals.

In **Bild 4** hat die Warnleuchte –PF1 ein "1"-Signal, wenn –SF1 und –SF2 nicht betätigt werden. Der Schließer –KF1 würde bei anliegender Spannung im Strompfad 2 schließen, die Leuchte –PF1 im selben Strompfad aufleuchten.

Die beiden Öffner werden auf zwei SPS-Eingänge verdrahtet. Das SPS-Programm muss berücksichtigen, dass im Moment des Anlegens von Spannung an den SPS-Eingängen E0.0 und E0.1 jeweils schon "1"-Signale anliegen.

Das Programm lautet in der AWL **(Bild 5)**:

U E0.0	"1"	beim Einschalten als Verknüpfungsergebnis
U E0.1	"1"	
= A 4.0	"1"	

Es sollen die beiden Öffner durch zwei Schließer ersetzt werden. Die Leuchte –PF1 soll wieder leuchten, wenn –SF1 und –SF2 **nicht** betätigt werden. –SF1 und –SF2 liefern bei Nichtbetätigung an den Eingängen E0.0 und E0.1 logische "0"-Signale.

Anweisungsliste AWL:

UN E0.0	"0" am Eingang	intern "1"
UN E0.1	"0" am Eingang	intern "1"
= A 4.0	"1" als Verknüpfungsergebnis	

Die Negation **"N"** bedeutet: Eine "0" am Eingang E0.0 wird intern durch die Negation (entspricht einer Signalumkehrung) zur logischen "1".

Speicherfunktionen

Eine häufige Anforderung in der Steuerungstechnik ist das Speichern von nur kurzfristig auftretenden Signalen. Die Speicherung kann dann mechanisch mit einer Raste erfolgen oder durch eine Selbsthalteschaltung über den Schließer eines Relais **(Bild 1, folgende Seite)**.

[1)] 1 Signalinvertierung, d.h. Umkehrung eines Signals von "0" in "1" oder von "1" in "0"

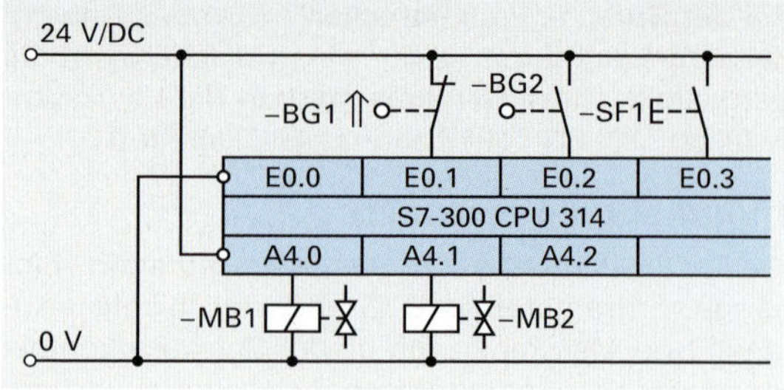

Bild 1: Verdrahtung des pneumatischen Schiebers

Steckplatz	Baugruppe	Bestellnummer	Firmw....	MPI-Adresse	E-Adresse	A-Adresse
1	PS 307 2A	6ES7 307 -1BA00-0AA0				
2	CPU 314	6ES7 314-1AE04-0AB0	V1.1	2		
3						
4	DI32xDC24V	6ES7 321-1BL00-0AA0			0...3	
5	DO32xDC24V/0,5A	6ES7 322-1BLOO-0AA0				4...7

Bild 2: Hardwarekonfiguration

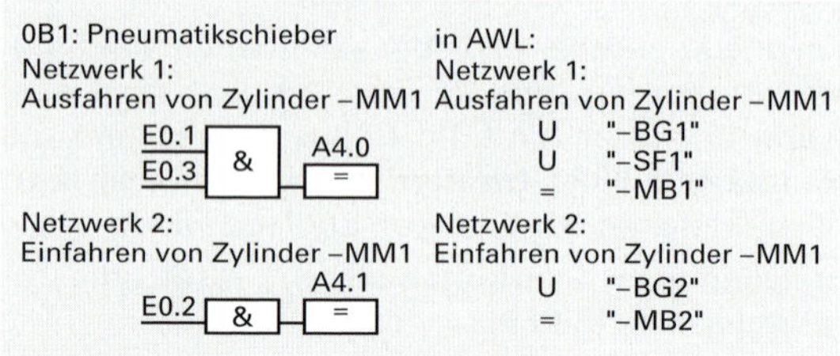

Bild 3: SPS-Programm für Schieber

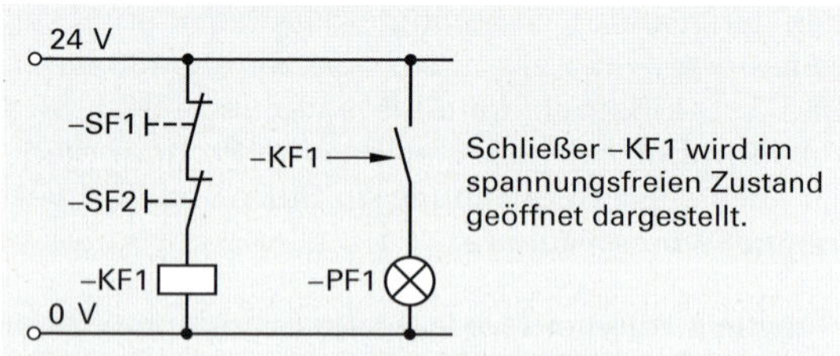

Bild 4: Einsatz von Öffnern in Schaltungen

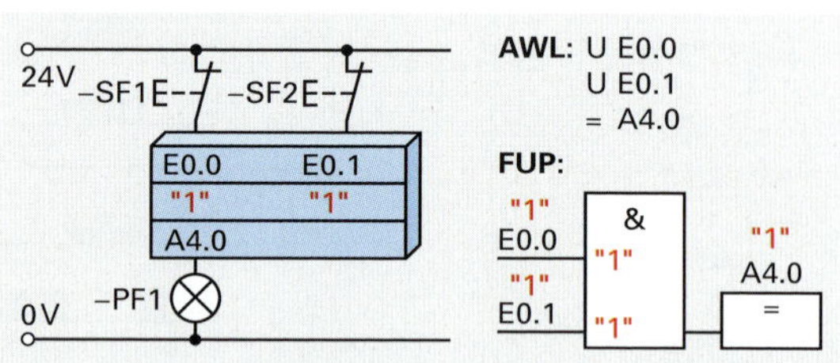

Bild 5: Einsatz von Öffnern in der SPS-Technik

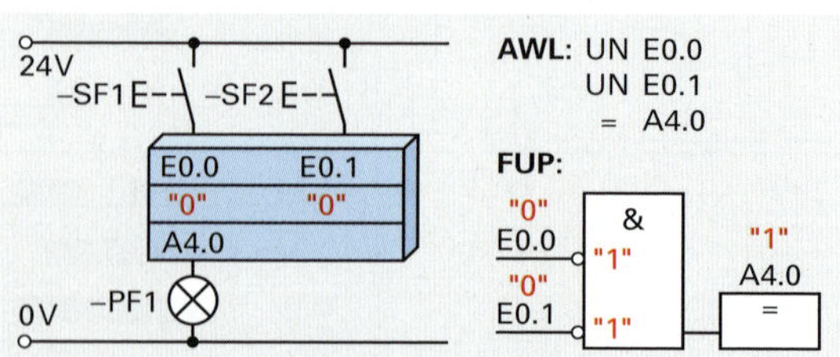

Bild 6: Einsatz von Schließern in der SPS-Technik

Bild 1 zeigt die löschdominante Variante einer Selbsthaltung. Das Rücksetzsignal dominiert über das Setzsignal, d. h., sind beide Signalelemente –SF1 und –SF2 betätigt, so ist der Zustand von Relais –KF1 auf logisch "0"-Signal. Die Leuchte –PF1 ist aus.

Bei der setzdominanten Selbsthalteschaltung dominiert das Setzsignal –SF1 das Rücksetzsignal –SF2, d. h. die Leuchte –PF1 wäre an. –SF2 müsste sich bei dieser Schaltung im 2. Strompfad hinter dem Schließer von –KF1 befinden.

Eine Umsetzung in die SPS-Technik bedeutet eine Verdrahtung des Schließers –SF1 als Setz-Signal auf E0.0 und die Verdrahtung des Öffners –SF2 auf E0.1. Die Taste –SF2 muss hier aus Gründen der Drahtbruchsicherheit als Öffner ausgeführt sein. In **Tabelle 1** sind die beiden Selbsthaltungen in den SPS-Sprachen gezeigt.

In Tabelle 1 sind die Selbsthaltungen nach der Logik der Relaistechnik umgesetzt. Da die Speicherfunktion in der SPS-Technik sehr häufig zu finden ist, z. B. bei Ablaufsteuerungen, gibt es eigene **S**- und **R**-Befehle **(Tabelle 2)**.

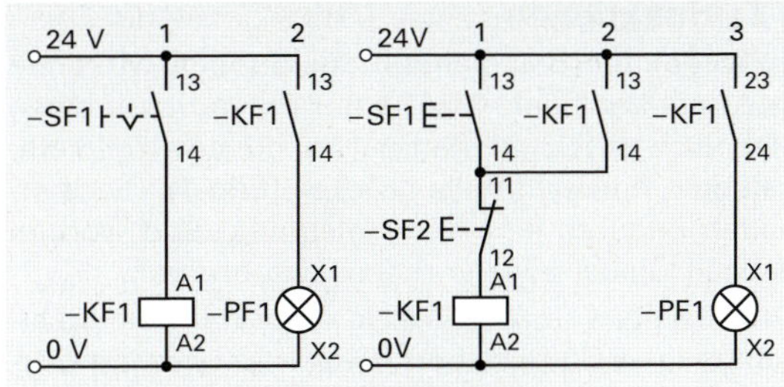

Bild 1: Selbsthaltung von Signalen

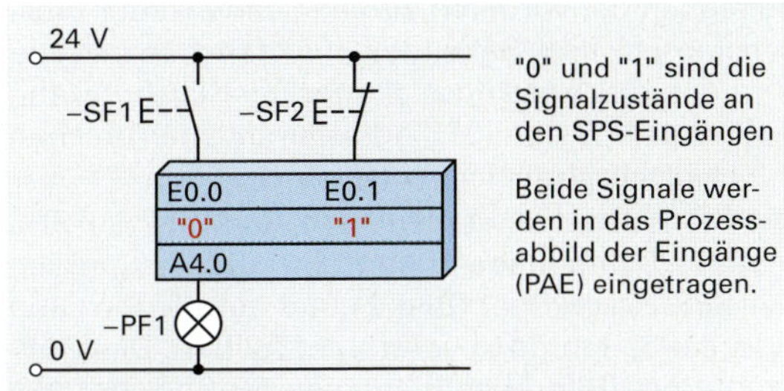

Bild 2: Verdrahtung der Selbsthaltung auf SPS

Tabelle 1: Selbsthalteschaltungen (Rücksetzsignal E0.1 ist ein Öffner)

	FUP/FBS	AWL	KOP
Rücksetzen dominant	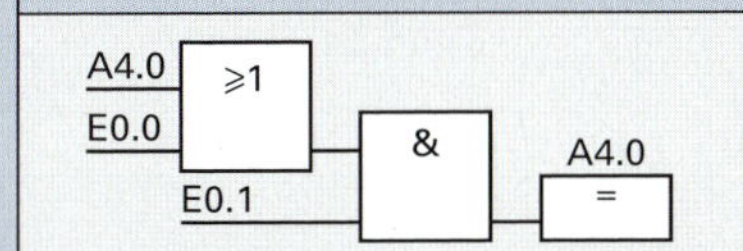	U(O A 4.0 O E 0.0) U E 0.1 = A 4.0	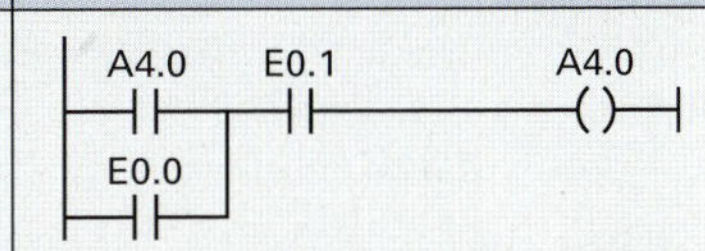
Setzen dominant	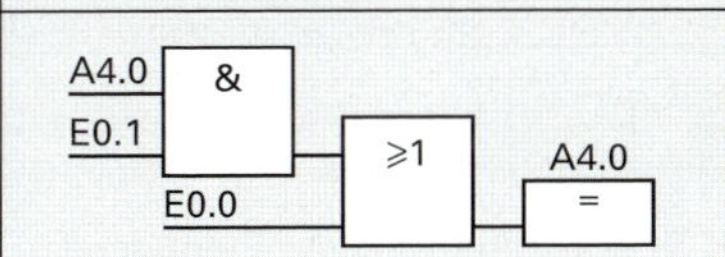	U A 4.0 U E 0.1 O E 0.0 = A 4.0	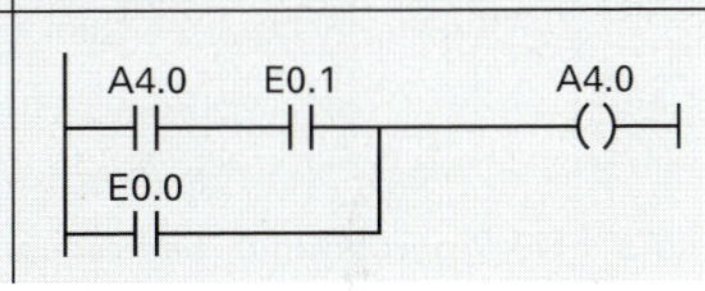

Tabelle 2 zeigt z. B. in der AWL: **U** E0.0
S A4.0

Das bedeutet, wenn E0.0 eine "1" hat, dann wird der Ausgang speichernd auf "1" gesetzt, auch wenn E0.0 wieder zu "0" wird. Erst über einen R-Befehl kann der Ausgang wieder auf "0" zurückgesetzt werden.

Das **SR-Flipflop** entspricht einer dominierend **löschenden** Selbsthaltung. Die letzte Zuweisung in der 4. Zeile der AWL auf den Ausgang A4.0 ist entscheidend. Die letzte Zuweisung ist **"R"** (= **R**ücksetzen speichernd oder **R**eset).

Das **RS-Flipflop** entspricht einer dominierend setzenden Selbsthaltung, letzte Anweisung ist **"S"**.

Bild 3 zeigt die Arbeitsweise eines Speichers: Im Prozessabbild der Eingänge PAE befinden sich zweimal die "1", da der Taster E0.0 betätigt wird. In der 3. Zeile wird das Verknüpfungsergebnis (VKE) durch die **"N"**-Anweisung zu logisch "0", sodass in der Zeile 4 der Ausgang A4.0 im Prozessabbild der Ausgänge PAA auf "1" gesetzt bleibt.

Tabelle 2: Speicherfunktionen

Operation	FUP/FBS	AWL	KOP
Setzen speichernd	E0.0 → [S] A4.0	U E 0.0 S A 4.0	E0.0 A4.0 —||—(S)—
Rücksetzen speichernd	E0.1 → [R] A4.0	U E 0.1 R A 4.0	E0.1 A4.0 —||—(R)—
SR-Flipflop	A4.0 SR E0.0 – S E0.1 –o R Q	U E 0.0 S A 4.0 U E 0.1 R A 4.0 NOP 0	A4.0 SR E0.0 – S Q E0.1 – R
RS-Flipflop	A4.0 RS E0.1 –o R E0.0 – S Q	U E 0.1 R A 4.0 U E 0.0 S A 4.0 NOP 0 4.0	A4.0 RS E0.1 – R Q E0.0 – S

Programmzeile	AWL	Signalzustand im PAE	Verknüpfungsvorschrift	VKE	PAA
1	U E0.0	1	→	1	
2	S A4.0		← S →		1
3	UN E0.1	1	→	0	
4	R A4.0		← R →		1

Bild 3: Bearbeitung von AWL-Befehlen

Zeitfunktionen

Im folgenden Beispiel soll der doppelt wirkende Pneumatikzylinder –MM1 einer Prägepresse einen elektrisch beheizten Stempel auf die von Hand eingelegten Kunststoffteile drücken **(Bild 1)**. Diese erhalten dadurch eine Kennzeichnung und werden danach wieder aus der Presse entnommen.

Der Arbeitsraum der Presse ist durch eine Lichtschranke –BG3 gesichert. Gestartet wird die Vorrichtung mit Taster –SF1. Die beiden Endlagen des Kolbens werden über magnetische Sensoren abgefragt. In der vorderen Endlage verweilt der Pressenstempel drei Sekunden und fährt selbsttätig zurück in die Ausgangsstellung. Der Rückhub kann auch durch Taster –SF2 oder durch Unterbrechen der Lichtschranke eingeleitet werden.

Die Betriebsmittel werden nach Auswahl der SPS in einer Symboltabelle den Ein- und Ausgängen der SPS zugeordnet **(Bild 2)** und auf die Ein- und Ausgabebaugruppen verdrahtet **(Bild 4)**. Das FUP-Programm **(Bild 3)** enthält einen SR-Speicher wegen des monostabilen Stellelements –QM1 und eine Einschaltverzögerung S_EVERZ **(Tabelle 1)**.

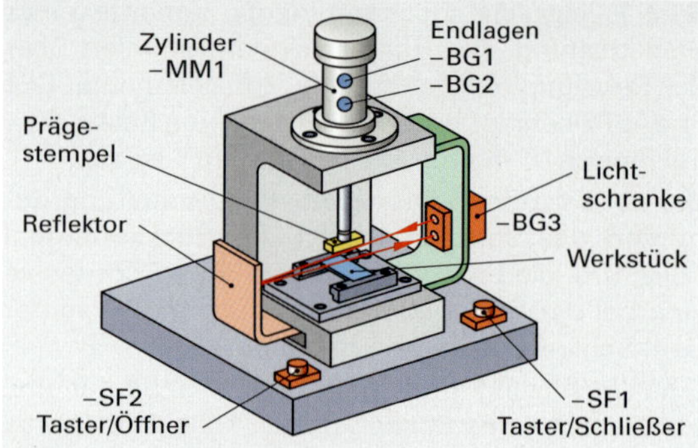

Bild 1: Technologieschema der Prägepresse

	Symbol	Adresse	Datentyp	Kommentar
1	–BG3	E 0.0	BOOL	Lichtschranke; betätigt = "0"; Öffner
2	–SF1	E 0.1	BOOL	Taster START, Schließer
3	–SF2	E 0.2	BOOL	Taster ZURÜCK, Öffner
4	–BG1	E 0.3	BOOL	magn. Sensor für hintere Endlage von –MM1; Schließer
5	–BG2	E 0.4	BOOL	magn. Sensor für vordere Endlage von –MM1; Schließer
6	–MB1	A 4.0	BOOL	Magnetventil für Zylinder –MM1 ausfahren, monstabil

Bild 2: Symboltabelle für die Prägepresse

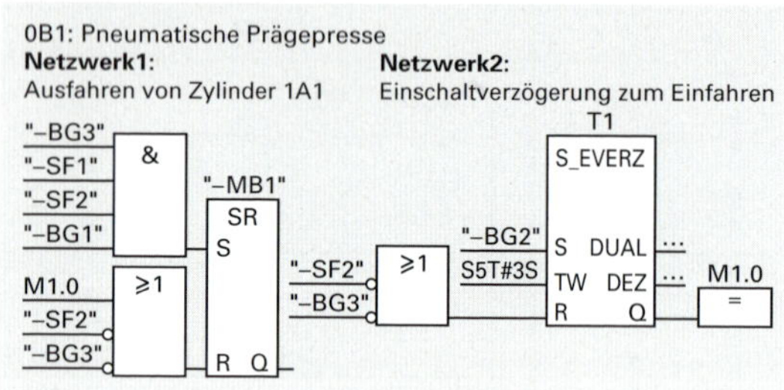

Bild 3: FUP-Programm für die Prägepresse

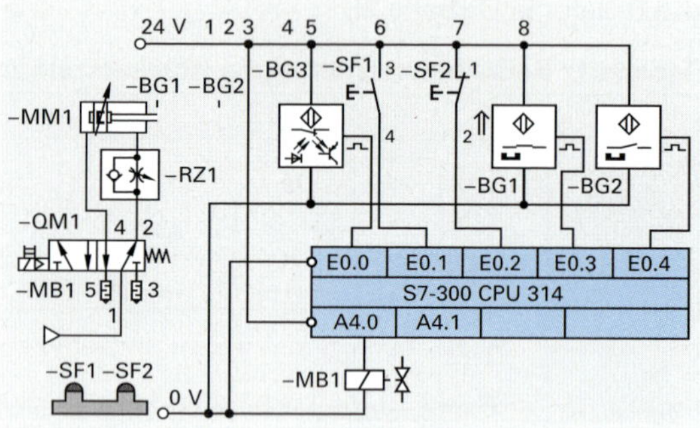

Bild 4: SPS-Verdrahtung der Prägepresse

Tabelle 1: Zeitfunktionen von modularen SPS-Systemen

Funktion	Funktionsplan	Kontaktplan	Anwendungsliste	Signal-Zeit-Diagramm
Impuls **S_Impuls**	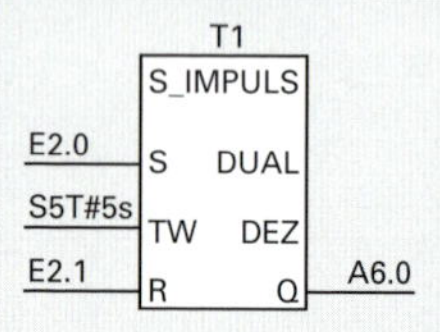	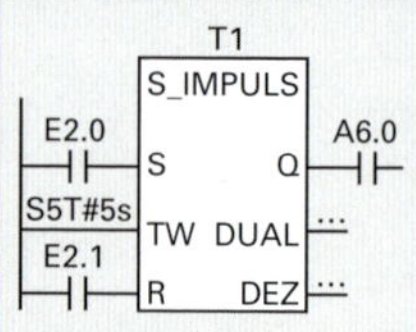	U E 2.0 L S5T#5s SI T 1 U E 2.1 R T 1 U T 1 = A 6.0	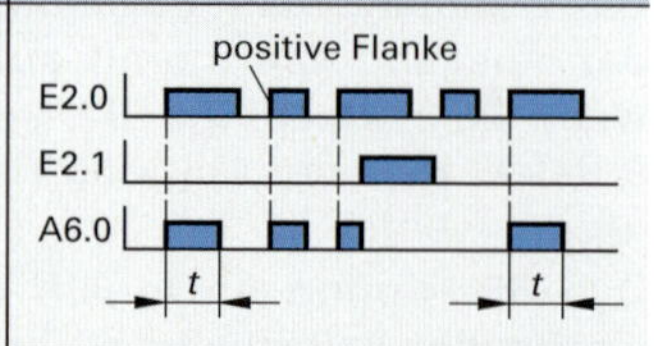
Einschalt- verzögerung **S_EVERZ**	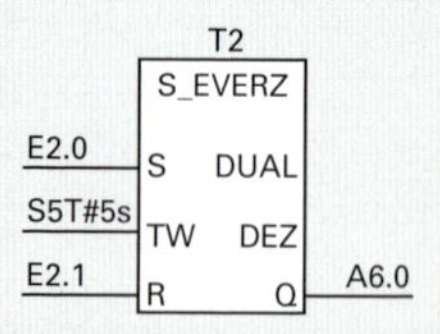	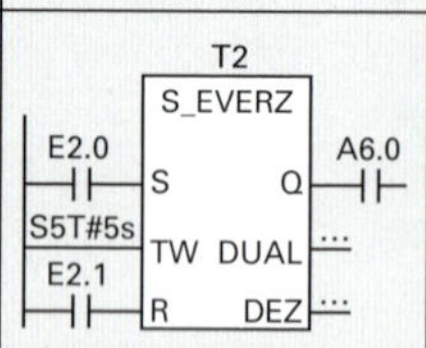	U E 2.0 L S5T#5s SE T 2 U E 2.1 R T 2 U T 2 = A 6.0	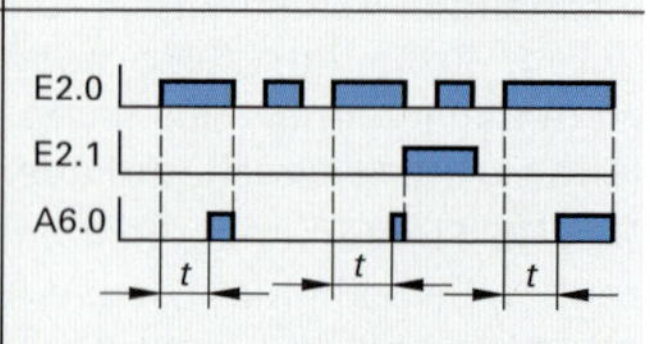
Ausschalt- verzögerung **S_AVERZ**	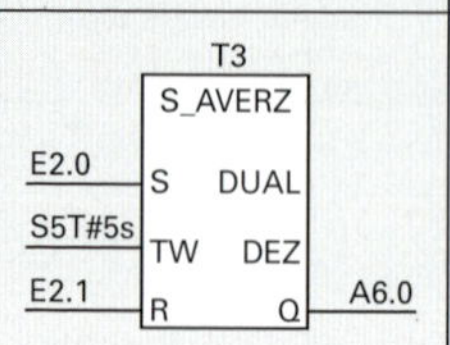	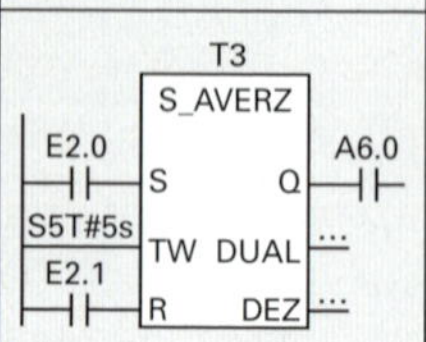	U E 2.0 L S5T#5s SA T 3 U E 2.1 R T 3 U T 3 = A 6.0	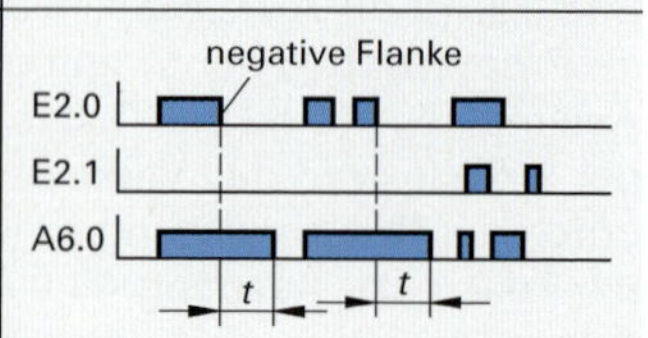

9.6.2.4 Ablaufsteuerungen in der SPS

Bei Ablaufsteuerungen folgen die einzelnen Schritte in einer festen Reihenfolge aufeinander. Ablaufsteuerungen können zeitgeführt oder prozessabhängig (Ergebnis von Ablaufschritten) sein.

Beispiel: Farbenmischanlage (Bild 1)

Dem Mischbehälter sollen zwei Farbkomponenten zugeführt werden. Die Komponenten werden eine bestimmte Zeit gemischt und danach als fertige Mischfarbe abgelassen.

Nach dem Startsignal durch den Taster –SF1 werden die Magnetventile –MB1 und –MB2 geöffnet. Die Farbkomponenten laufen bis zum maximalen Füllstand ein, der durch den Sensor –BG2 erfasst wird. Danach werden beide Ventile wieder geschlossen, der Motor –MA1 des Rührwerks eingeschaltet und nach zwei Minuten wieder abgeschaltet. Die fertig gemischte Farbe wird durch die vom Motor –MA2 angetriebene Pumpe abgepumpt, bis der Behälter leer ist. Dieser Zustand wird durch den Sensor –BG1 erfasst.

Zusatzbedingungen: Die Anlage soll mittels Drehschalter –SF2 im Automatik- und Tippbetrieb (manuell) betrieben werden können. Über Stopp-Taster –SF3 (Öffner) wird der Dauerbetrieb beendet. Mit Taster –SF4 kann der Behälter im Handbetrieb ablaufunabhängig geleert werden. Befindet sich die Anlage in der Grundstellung "GS", so hat die grüne Meldeleuchte –PF1 ein Signal. Läuft die Anlage im Automatikbetrieb "Auto", so hat die Meldeleuchte –PF2 ein Signal "1" und leuchtet.

Der Steuerungsablauf wird in einem **GRAFCET** nach DIN EN 60848 dargestellt **(Bild 2)**. Durch "BA-Wahl" wird die Anlage im Automatik- oder Tippbetrieb betrieben.

Die **Symboltabelle** gibt die Zuordnung der Ein- und Ausgänge auf die SPS-Baugruppen wieder **(Bild 3)**.

Die Ablaufsteuerung hat eine andere Struktur als Verknüpfungssteuerungen. Folgende Elemente sind typisch:

- **Betriebsartenteil** (Tippen oder Automatik),
- **Schrittkette** mit Schrittmerkern,
- **Befehlsausgabe** mit Aktionen,
- **Meldeteil** mit Zustands- ggf. Störungsanzeigen.

Strukturierte Programmierung: Um diese Struktur in einem SPS-Programm übersichtlich wiedergeben zu können, führt man zusätzlich zum Organisationsbaustein OB1, der als Schnittstelle zwischen einem Anwenderprogramm und dem Betriebssystem der SPS steht, weitere Programmbausteine ein **(Bild 1, folgende Seite)**.

Diese Bausteine heißen **Funktionen FC** und können wie der OB1 vom Anwender frei programmiert werden.

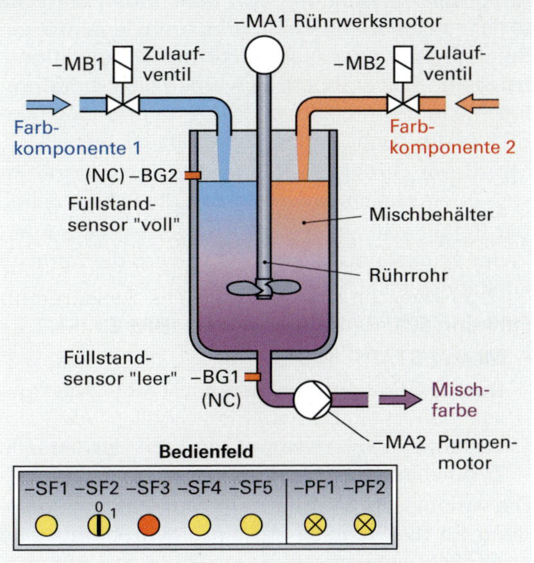

Bild 1: Technologieschema einer Farbenmischanlage

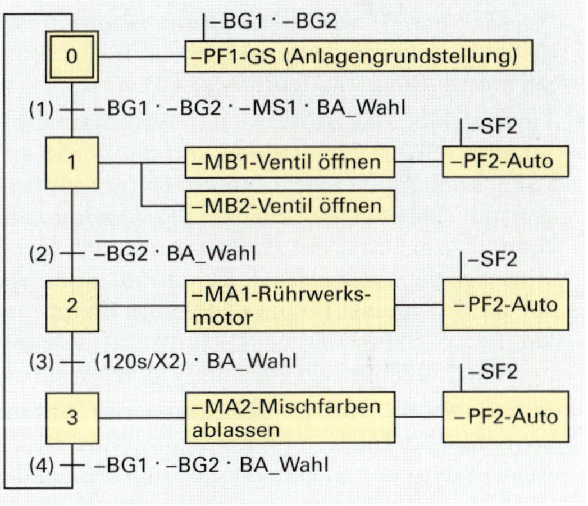

Bild 2: GRAFCET für Automatikbetrieb der Farbenmischanlage

	Symbol	Adresse	Kommentar
1	–SF1	E0.1	Start-Taster, Schließer
2	–SF2	E0.2	Drehschalter, Auto = 1, Tipp = 0
3	–SF3	E0.3	Stopp-Taster, Öffner
4	–SF4	E0.4	Handtaster, Farbe ablassen, Schließer, Reset
5	–SF5	E0.5	Tipp-Taster, Schließer
6	–BG1	E0.6	kapaz. Sensor, Behälter "leer", Öffner
7	–BG2	E0.7	kapaz. Sensor, Behälter "voll", Öffner
8	–MB1	A4.0	Zulaufventil –MB1 "Öffnen"; Farbkomponente 1
9	–MB2	A4.1	Zulaufventil –MB2 "Öffnen"; Farbkomponente 2
10	–MA1	A4.2	Rührwerksmotor –MA1 "AN"
11	–MA2	A4.3	Pumpenmotor –MA2 "AN"
12	–PF1	A4.4	Meldeleuchte –PF1; grün; Anlage in Grundstellung GS
13	–PF2	A4.5	Meldeleuchte –PF2; weiß; Anlage im Automatikbetrieb
14	Schritt 0	M0.0	Initialisierungsschritt
15	Schritt 1	M0.1	beide Ventile öffnen (–MB1, –MB2)
16	Schritt 2	M0.2	Rührwerksmotor –MA1 ein
17	Schritt 3	M0.3	Pumpenmotor –MA2 ein
18	MS	M50.0	Merker Start
19	BA_Wahl	M50.1	Betriebsartenwahl (Tippen-Automatik)
20	Tippen	M50.2	Flankenmerker Tippen
21	Reset	M50.3	Initialisieren und Zurücksetzen der Ablaufschritte
22	GS	M50.4	Grundzustand der Anlage (Grundstellung)

Bild 3: Symboltabelle für Rührwerk

Durch die Verwendung von Funktionen wird die übliche zeilenorientierte Abarbeitung der einzelnen Befehlszeilen oder Netzwerke im Organisationsbaustein OB1 verändert. Es werden die Programmbefehle in den Funktionen FC1, FC2 usw. in einem SPS-Zyklus nacheinander abgearbeitet.

Mit dieser Struktur wird das Gesamtprogramm sehr übersichtlich und erleichtert die Fehlersuche.

Der Befehl "call" ist aus der Anweisungsliste AWL. In den Funktionen FC1, FC2 usw. wird die Sprache Funktionsplan FUP verwendet.

Funktion FC1: Betriebsartenwahl (Bild 2).

- **Merker START "MS":**
  Durch –SF1 wird der Merker START „MS“ gesetzt. So ist ein Dauerbetrieb möglich. Wird dieser durch –SF3 gestoppt, so läuft der aktuelle Zyklus bis zum Ende durch.

Die Variable **"BA-Wahl"** ist eine notwendige Bedingung für die Freigabe der einzelnen Schritte und ermöglicht entweder den Tipp- oder den Automatikbetrieb:

- **Automatikbetrieb:** Mit dem Automatikdrehschalter –SF2 auf "1" wird der Automatikbetrieb vorgewählt, die Schrittkette wird wiederholt solange bis Merker Start "MS" zurückgesetzt wird.
- **Tippbetrieb:** Hierzu muss der Automatikdrehschalter –SF2 auf "0" stehen und die Tipp-Taste –SF5 betätigt werden. Die UND-Verknüpfung geht auf eine Funktion, die man **„Flankenauswertung“** bezeichnet, ein Rechteck mit **"P"**. Dabei wird nur der Wechsel des Signalzustandes von **"0"** auf **"1"** erfasst und ausgewertet. Bleibt man länger auf –SF5, so läuft die Schrittkette nicht weiter. Man braucht einen erneuten Flankenwechsel.
- **Initialisierung und Zurücksetzen der Ablaufschritte:** Die Taste –SF4 wird zum "Reset". Die Auswirkung kann man in der Funktion **FC2** sehen **(Bild 3)**. Durch "Reset" erfolgt hier das speichernde Setzen von Schritt 0, dem Initialisierungsschritt. Bei einem Neustart des Programmes ist "Reset" zwingend notwendig, da die Variable "Schritt 3" der UND-Verknüpfung mit "BA-Wahl" zu "0" führt. Variable "Schritt 3", der letzte Schritt der Ablaufkette, ist erst nach einmaligem Durchlauf auf "1".

  Weiterhin wird "Reset" zum Entleeren der Anlage per Hand verwendet (siehe folgende Seite in Bild 2, Netzwerk 3).
- **Grundzustand der Anlage** (Bild 2): Mit der Variablen "GS" wird der Anfangszustand oder die Grundstellung einer Anlage beschrieben, z.B. dass der Behälter "leer" ist. Damit hat der Sensor –BG1 als Öffner die "1" am SPS-Eingang E0.6. Er ist nicht betätigt. Das Gleiche gilt für den Sensor –BG2 an E0.7.

```
OB1 : S7- Programm für Farbenmischanlage-Strukturierte Programmierung
Netzwerk 1: CALL  FC  1  "Aufruf Betriebsart"
Netzwerk 2: CALL  FC  2  "Schrittkette"
Netzwerk 3: CALL  FC  3  "Befehlsausgabe"
Netzwerk 4: CALL  FC  4  "Zustandsanzeige"
```

Bild 1: Funktionenaufruf im OB1

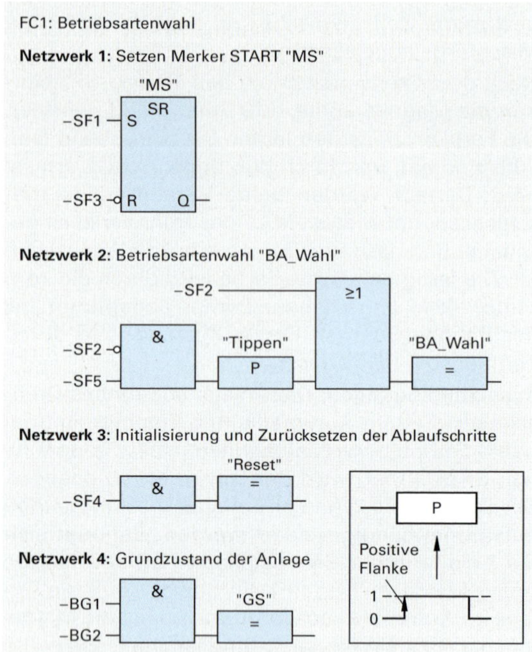

Bild 2: Wahl der Betriebsart, Reset und Grundstellungsabfrage in der Funktion FC1

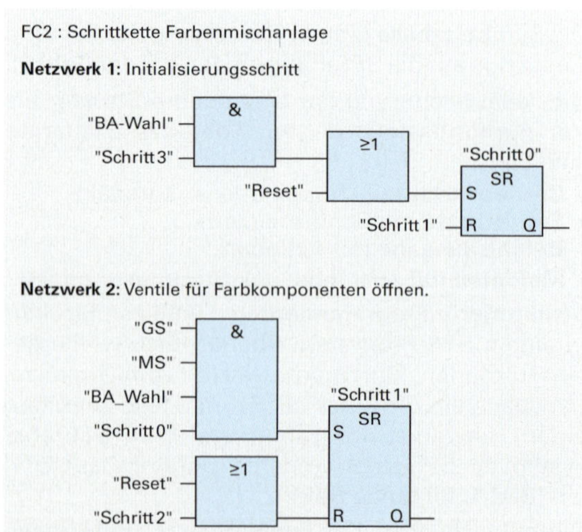

Bild 3: Initialisierungsschritt und 1. Schritt „Ventile öffnen“ in Funktion FC2

Funktion FC2: Schrittkette (Bild 1 und **Bild 3, vorherige Seite)**

Die einzelnen Schritte des Ablaufes werden in Schrittmerkern abgelegt. Alle Schritte der Ablaufkette werden mit **SR-Speichern** programmiert. Am S-Eingang ist jeweils eine UND-Verknüpfung mit dem Schrittmerker des vorhergehenden Schrittes und der Transitionsbedingung, z.B. Sensor –BG2. Wird mit Betriebsarten gearbeitet, findet sich hier auch die Freigabe mit der Variablen "BA-Wahl". Am R-Eingang des Speichers findet sich eine **ODER**-Verknüpfung: Zurückgesetzt wird mit dem folgenden Schritt oder mit "Reset". So wird sichergestellt, dass jeweils nur ein Ablaufschritt aktiv ist.

Der Übergang vom Netzwerk 3 ins Netzwerk 4 erfolgt über eine Einschaltverzögerung. Damit wird die zunächst prozessgeführte Ablaufsteuerung zu einem zeitgeführten Ablauf. Der letzte Ablaufschritt wird durch den "Schritt 0" gelöscht, d.h. zurückgesetzt.

Man spricht von einer löschenden Taktkette. Nur für diese Taktkettenart ist eine Ablaufbeschreibung mittels GRAFCET zulässig.

Funktion FC3: Befehlsausgabe (Bild 2)

Die einzelnen Schrittmerker, z.B. "Schritt 1", werden im FC3 den SPS-Ausgängen zugewiesen. So wird gleichzeitig sichergestellt, dass die Ausgänge nur einmal innerhalb des Programmes eine Zuweisung bekommen und eine Überschreibung innerhalb eines SPS-Zyklus nicht möglich ist.

Sollen "–MB1" oder "–MB2" über den Schritt 1 hinaus aktiv bleiben, so müsste mit SR-Speichern gearbeitet werden oder man hat bistabile Stellelemente, z.B. 5/2-Impulsventile im Einsatz, wie sie häufig in der Elektropneumatik verwendet werden.

Funktion FC4: Meldungen (Bild 3)

Befindet sich die Anlage in Grundstellung "GS", so zeigt die Leuchte "–PF1" dies an. Befindet sich die Anlage im Automatikbetrieb so leuchtet "–PF2".

Den Verdrahtungsplan der Aufgabe zeigt **Bild 4**.

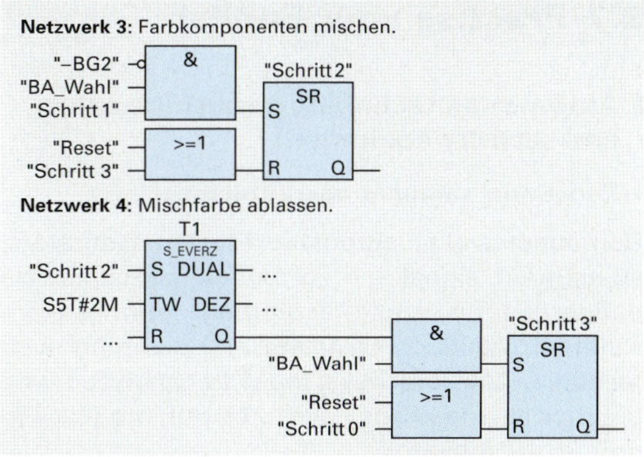

Bild 1: Ablaufschritte „Farben rühren" und „Farbe ablassen" in Funktion FC2

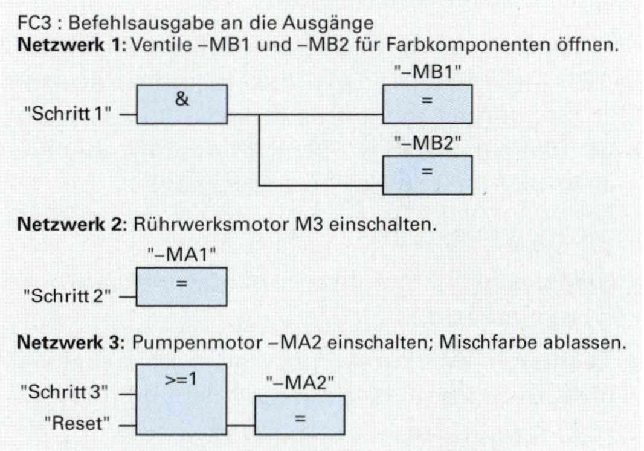

Bild 2: Befehlsausgabe in der Funktion FC3

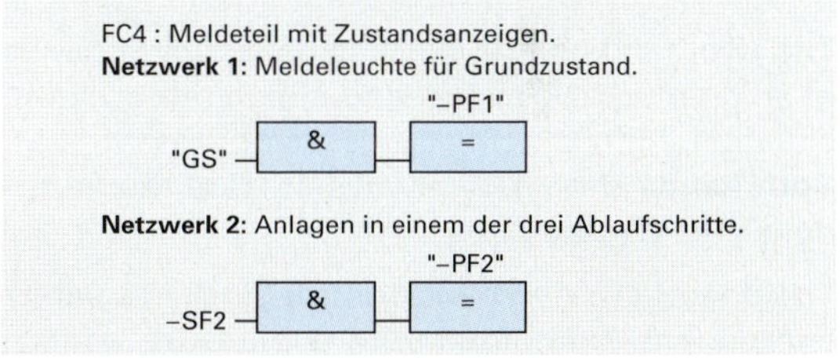

Bild 3: Meldungen in Funktion FC4

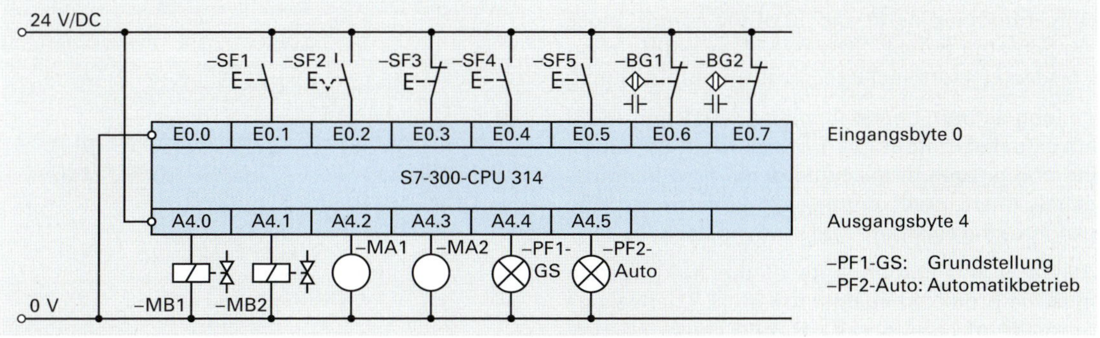

Bild 4: Verdrahtung der Ein- und Ausgänge für die Farbenmischanlage

9.7 Practise your English

Automation technology: machine safety and security equipment

• Functional safety at operating machines

Components of an automation system (actuators, adjustment, signal and control elements) can be dangerous for people, equipment and the environment. While constructing and planning such facilities, possible risks must be analyzed and appropriate measures have to be put into place to protect the operator.

Hazard analysis and risk assessment require an appropriate security level (PL a, b, c ...) of deployed security technology.

The **"performance levels"** are defined in EN ISO 14121-1 **(Figure 1):** Low risk is indicated with "PL = a" (small measures for risk-depreciation). High risk results in a "PL = e" (comprehensive measures for risk reduction necessary).

Basic methods for risk reduction:

- **Safe design:** eliminate or minimize risks through design measures
- **Technical measures:** provision of necessary precautions against risks eg. machine guards
- **User information** on residual risks

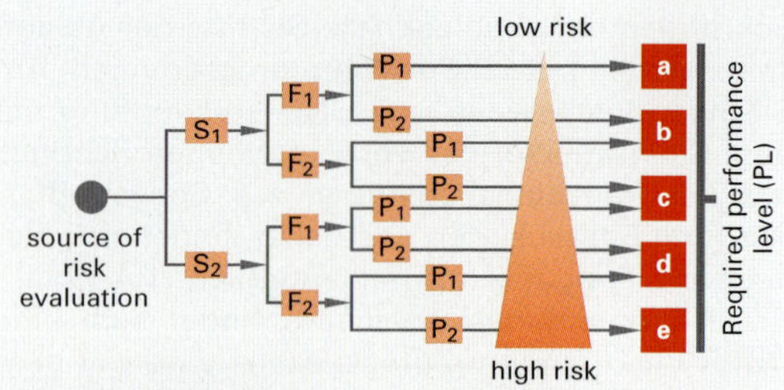

S – Severity of injury
S_1 = Slight injury (normally reversible injury)
S_2 = Serious injury, including death (normally irreversible)

F – Frequency and / or exposure to hazard
F_1 = Seldom to quite often and / or short duration
F_2 = Frequent to continuous and / or long duration

P – Possibility of avoiding the hazard
P_1 = Possible under certain conditions
P_2 = Unlikely

Figure 1: Performance levels PL

Example of the use of a safety component

The two-hand control block is used, when hands of an operator are exposed to a high risk accident situation, for example at presses or press brakes. **Both hands** should be always outside the hazardous area **(Figure 2).**

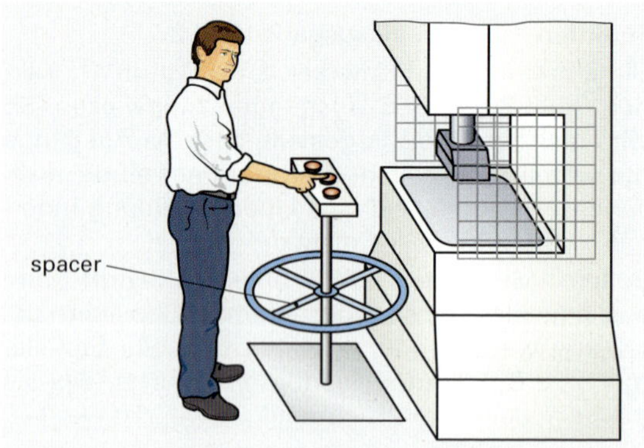

Figure 2: Operating punches and presses

The pneumatic two-hand control block is a safety component. Combined with a pressure control valve it has the security level PL "c" according to EN ISO 13849-1 **(Figure 3).**

Only if both inputs 11 and 12 of the control block are actuated by two 3/2-way valves within max. 0.5 seconds, terminal 2 receives an output signal.

As long as both operated valves (–SJ1 and –SJ2) are actuated, output "2" is pressurized. By releasing one or both of the buttons the flow is immediately interrupted, output 2 is depressurized. The piston of the cylinder –MM1 moves back.

All parts and components of the fluid system must be protected against pressure. The leakage of inside of components should cause no risk. Silencers provide an acceptable noise level.

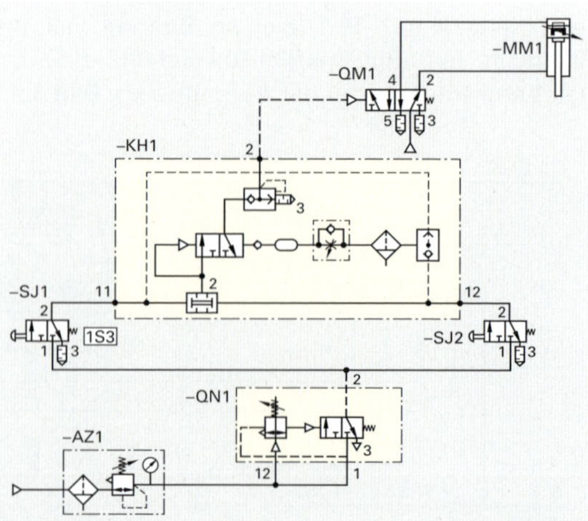

Figure 3: Pneumatic plan of a two-hand control block

10 Technische Projekte

10.1 Grundlagen der Projektarbeit

10.1.1 Arbeitsorganisation Linie und Projekt

Seit der Einführung des Fließbandes hat sich in der Industrie die Arbeitsteilung entlang des Herstellungsprozesses über viele Jahre als sogenannte **Linienorganisation** weiterentwickelt **(Bild 1)**. Die Aufgaben und erforderlichen Tätigkeiten werden dabei nach Fachbereichen und Abteilungen entlang des Herstellungsprozesses, möglichst routinemäßig, fachlich spezialisiert und in einer Linie aufeinander folgend bearbeitet. Die Organisation und Betreuung der Arbeitsaufträge erfolgt hierarchisch durch Delegation von oben nach unten.

Durch die Globalisierung der Märkte und den damit verbundenen Kosten-, Zeit- und Qualitätswettbewerb werden Routinearbeiten weitgehend automatisiert. Gleichzeitig müssen sich die Unternehmen stärker an dem Markt und den individuellen Kundenwünschen ausrichten. Dadurch werden vielfach komplexe Aufgabenstellungen und Aufträge ausgelöst, die eine fach- und abteilungsübergreifende Zusammenarbeit erforderlich machen. Da die klassische Linienorganisation nicht zur Führung und Bearbeitung dieser neuartigen und meist einmaligen „Querschnittsaufgaben" geeignet ist, werden diese heute zunehmend als **Projekt** organisiert und durchgeführt (Bild 1).

> Die Organisationsstruktur Projekt eignet sich besonders zur Bearbeitung fachübergreifender, einmaliger und individueller Aufträge.

Die Arbeitsorganisation im Projekt ist im Gegensatz zur Linienorganisation durch eine vernetzte Kommunikation, simultane Zusammenarbeit und Teamarbeit gekennzeichnet.

10.1.2 Der Projektbegriff

Die Norm DIN 69901-5 (2009-01) definiert den Begriff „Projekt" folgendermaßen:

> Projekte sind Vorhaben, die im Wesentlichen durch die Einmaligkeit der Bedingungen in ihrer Gesamtheit gekennzeichnet sind.

Daraus ergeben sich kennzeichnende Merkmale für Projekte, wobei auf ein einzelnes Projekt nicht zwingend sämtliche Merkmale zutreffen müssen **(Bild 2)**.

Einmalige Sonderaufträge, die im Wesentlichen durch eine einzelne Person erfüllt werden oder kontinuierliche Prozesse, wie z. B. Lernprozesse sind keine Projekte im Sinne der DIN.

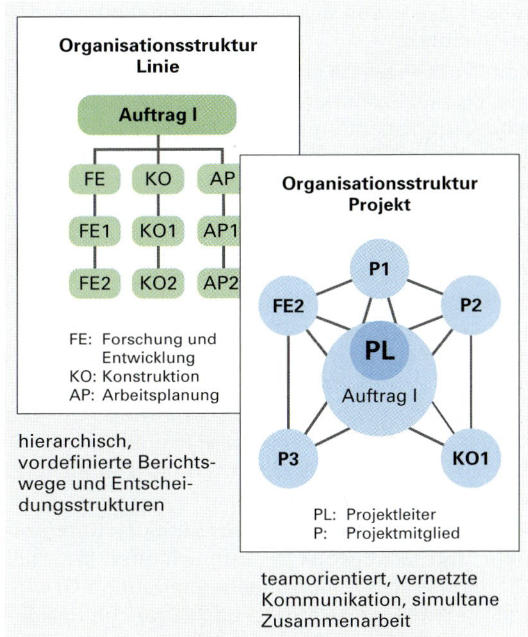

Bild 1: Organisationsstrukturen Linie und Projekt

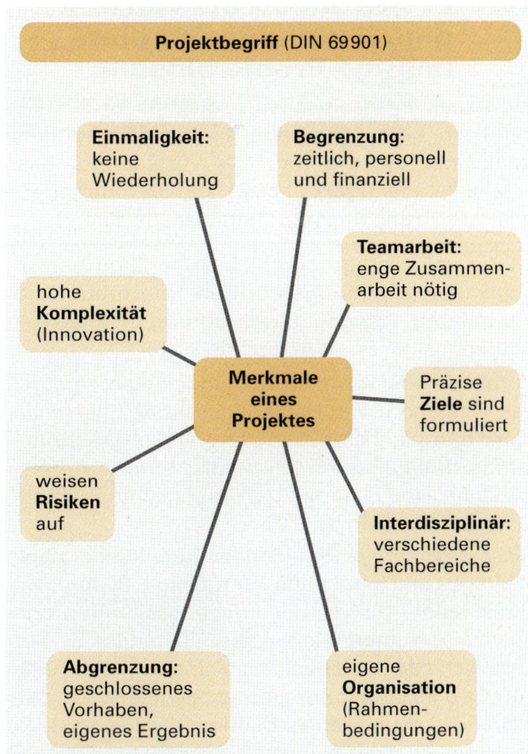

Bild 2: Merkmale zur Projektdefinition

10.1.3 Technische Projektarten

Technische Projekte werden in großer Vielfalt und in unterschiedlichsten Bereichen durchgeführt **(Tabelle 1).** Sie lassen sich nach unterschiedlichen Kriterien einteilen.

Non-Profit-Projekte sind Projekte von Organisationen, die nicht kommerziell tätig sind, wie z. B. staatliche Organisationen oder Kirchen. Hierzu zählen Entwicklungshilfeprojekte ebenso wie die zahlreichen Schul- und Ausbildungsprojekte. Die Vermittlung von Projektkompetenz und das selbstständige Erarbeiten von Projekten nimmt heute in der Ausbildung einen hohen Stellenwert ein.

Wirtschaftsprojekte werden von Wirtschaftsunternehmen durchgeführt und je nach Rolle des Auftraggebers als externe oder interne Projekte unterschieden. Beim **externen Projekt** erteilt ein rechtlich eigenständiges externes Unternehmen den Projektauftrag. Beim **internen Projekt** wird der Auftrag innerhalb des Unternehmens erteilt und angenommen.

Nach dem Umfang des Projektes können **Kleinprojekte und Großprojekte** unterschieden werden. Allerdings gibt es hierzu keine eindeutige Grenze und die Einteilung variiert nach Branche und Ermessen des Unternehmens.

Tabelle 1: Projektarten und Projektbeispiele

Projektart		Beispiel
Non-Profit-Projekt	Entwicklungsprojekt	Bau einer Trinkwasserstation in Afrika durch den Deutschen Entwicklungsdienst
Non-Profit-Projekt	Schulprojekt	Herstellung und Betreuung einer Regenwassersammelstation als fächerverbindendes Lernprojekt
Non-Profit-Projekt	Ausbildungsprojekt	Entwurf und Herstellung einer Biegevorrichtung als Lernfeldprojekt im Rahmen der Lernortkooperation
Wirtschaftsprojekt	Technikprojekt	Entwicklung und Konstruktion einer Sondermaschine
Wirtschaftsprojekt	Wissenschaftsprojekt	Analyse des Vorspannkraftverlustes bei Schraubenverbindungen als Hochschuluntersuchung
Wirtschaftsprojekt	Organisationsprojekt	Änderung der Betriebsorganisation hinsichtlich der Erfassung der Arbeitszeiten

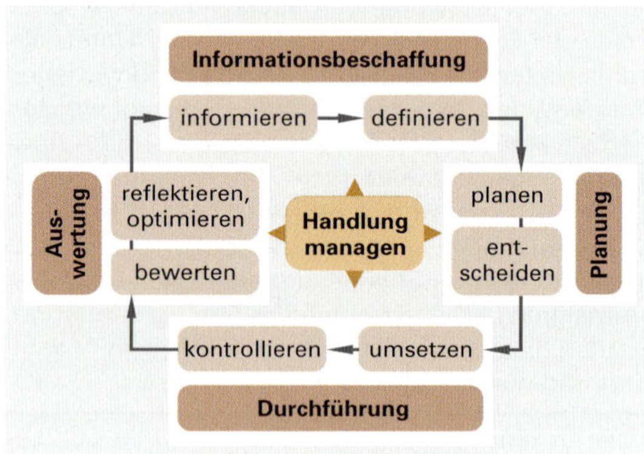

Bild 1: Schritte einer vollständigen Handlung

Bild 2: Arbeitsschritte einer planmäßig, durchdachten Problemlösung

10.2 Projektarbeit als vollständige Handlung und planmäßige Problemlösung

Die Arbeit in technischen Projekten fordert von Schülern oder Mitarbeitern eine ganzheitliche Denkweise. Dazu gehört das Verständnis, dass eine vollständige berufliche Handlung immer aus mehreren Handlungsschritten besteht **(Bild 1).**

> Eine vollständige berufliche Handlung besteht aus den Handlungsschritten Informationsbeschaffung, Planung, Durchführung und Auswertung.

Vorhaben oder Aufgabenstellungen werden durch das Verständnis der Handlungsschritte überschaubarer und planbarer. Aus den Handlungsschritten lässt sich eine systematisch strukturierte Arbeitsweise für eine planmäßige, durchdachte Problemlösung entwickeln **(Bild 2).**

Diese planmäßige Problemlösung hilft, ein unvollständiges und fehlerhaftes Vorgehen z. B. durch unzureichende Analyse der Ausgangssituation oder durch einen unterlassenen abschließenden Soll-Ist-Vergleich zu vermeiden. Auch eine in vielen Fällen voreilige Fixierung auf eine „nahe liegende" oder bisherige Lösung kann z. B. durch das bewusste Suchen nach Lösungsalternativen vermieden werden. Bei der Projektarbeit werden diese Problemlösungsschritte meist mehrfach durchlaufen. Die Gewichtung der einzelnen Schritte verändert sich jedoch im Projektablauf.

10.3 Projekte in Phasen erarbeiten am Projektbeispiel Hebevorrichtung

Zur Projektbearbeitung sind Projekte sinnvoll in Projektphasen mit überschaubaren Teiletappen und vordefinierten Zwischenstationen zu untergliedern. Projektphasen sollen logisch und zeitlich zusammenhängende Abschnitte sein und können sich je nach Projektart und Firma unterscheiden. Genormte Projektmanagementphasen können in der Praxis bei der Einteilung eines Projekts in konkrete Projektphasen helfen **(Bild 1)**.

> Projektphasen unterteilen die Projektbearbeitung (Projektlebenszyklus) in zeitlich und logisch zusammenhängende Abschnitte.

Meilensteine

In jeder Phase müssen vordefinierte Ergebnisse erarbeitet werden, um Entscheidungen über den weiteren Verlauf des Projektes fällen zu können. Diese Ergebnisse oder Entscheidungen sind wichtige Ereignisse im Projektverlauf und werden üblicherweise als Meilensteine bezeichnet **(Bild 2)**.

Meilensteine sind Eckpunkte für die laufende Planung, die Überwachung und für den strukturierten Ablauf des Projektes. Neben den vorgesehenen Meilensteinen können grobe Abweichungen oder Krisen zusätzliche Entscheidungen erforderlich machen.

10.3.1 Die Initialisierungsphase

Die Initialisierungsphase beschreibt allgemein den Weg vom Erkennen eines Problems oder einer Projektidee bis zur Entscheidung, dies als Projekt aufzugreifen und etwas Konkretes zu tun **(Bild 3)**.

Projektbeispiel Hebevorrichtung

Bei der Serienmontage von Getrieben werden die Ölwannen von Hand montiert. Dies stellt für die Mitarbeiter aufgrund des Bauteilgewichts eine hohe körperliche Belastung dar **(Bild 4)**. Beim Aufsetzen der Ölwanne auf das Getriebe und dem Herausziehen der Hände entsteht für die Mitarbeiter eine zusätzliche Verletzungsgefahr und das Problem, dass eine zuvor eingelegte Dichtung mit nach außen verschoben wird.

Die Montagetätigkeit kann aufgrund dieser Situation nicht dauerhaft von einem Mitarbeiter ausgeführt werden, sondern nur rollierend von mehreren Mitarbeitern am Montageband.

Der Montageleiter hat ausgehend von dieser Problematik die Projektidee, dass die manuelle Montage der Ölwannen durch eine „Hebevorrichtung" unterstützt werden sollte. Er stellt einen Projektantrag an die Geschäftsleitung der Getriebemontage, da diese auch für die Zuteilung erforderlicher Mittel und die Erteilung eines Projektauftrages als Projektvereinbarung zuständig ist.

Bild 1: Phasenmodelle

- Projekt weiterführen oder abbrechen
- nächste Projektphase freigeben
- nächste Arbeitspakete freigeben
- wesentliche Zieländerungen vornehmen
- Änderungen am Projekablauf vornehmen
- zusätzliche Maßnahmen einleiten
- personelle Maßnahmen vornehmen
- zusätzliche Investitionen bewilligen

Bild 2: Meilensteine (Beispiele)

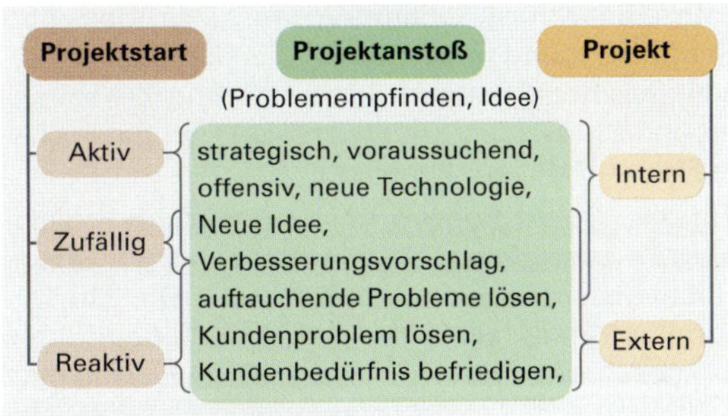

Bild 3: Von der Projektidee zum Projekt

Bild 4: Ölwannenmontage

Die im Unternehmen begrenzt zur Verfügung stehenden Ressourcen müssen zielgerichtet eingesetzt werden, weshalb nicht jede Projektidee als Projekt ausgeführt werden kann.

In der Initialisierungsphase geht es im Wesentlichen darum, dass unter Berücksichtigung der Unternehmensziele und -möglichkeiten die (wenigen) richtigen Projekte gestartet werden.

Die Projektwürdigkeit der Projektidee muss zuerst geprüft werden, ehe sie als Projekt in die Projektübersicht aufgenommen und entsprechend der Vorrangigkeiten eingeordnet werden kann **(Bild 1)**. Die beantragte Hebevorrichtung bringt z. B. keine unmittelbare Zeitersparnis in der Getriebemontage. Sie kann aber den Arbeitsschutz erhöhen und unterstützt die Firmenstrategie, wonach ältere Mitarbeiter länger in der Montage tätig bleiben sollen. Die weitere Ausarbeitung der Projektvereinbarung als Projektauftrag übernimmt ein Montageplaner.

Ziel der Initialisierungsphase ist die Festlegung eines Verantwortlichen für die nächsten Schritte und ein vereinbarter **Projektauftrag (Bild 2)**.

Im Projektauftrag müssen sowohl die Projektziele skizziert, als auch der Projektaufwand grob geklärt sein. Die erforderlichen Voraussetzungen und Randbedingungen sowie die Projektphasen müssen vereinbart werden. Resultate und Zwischenergebnisse werden grob terminiert und die nächste Phase (Definition) geplant.

Für das Projekt Hebevorrichtung wird im Projektauftrag zusätzlich eine Marktanalyse für Kran-Hebevorrichtungen aufgenommen. Die Umsetzung soll innerhalb eines halben Kalenderjahres mit geschätzten Kosten von ca. 20000 € erfolgen.

10.3.2 Die Definitionsphase

In dieser Phase wird der Projektauftrag durch die Festlegung der formalen und inhaltlichen Rahmenbedingungen konkretisiert. Haupt-Themenbereiche der Definitionsphase sind die Bildung des Projektkernteams, die Definition der Projektziele, eine Grobstrukturierung des Projekts und eine Grobschätzung der erforderlichen Ressourcen sowie die Bewertung der Machbarkeit **(Bild 3)**.

Die Definitionsphase umfasst alle Tätigkeiten, Prozesse und Entscheidungen zur genauen Definition des Projekts.

Allgemein stellt die Definitionsphase hohe Ansprüche an das Management und alle Beteiligten des Projektes, da wesentliche Entscheidungen zu einem Zeitpunkt zu fällen sind, wo weder genügend detailliertes Fachwissen noch Erfahrung in der Zusammenarbeit der Projektbeteiligten bestehen (**Bild 4**).

Bild 1: Projektübersicht (Projektportfolio)

- Ausgangslage
- Ziele mit Muss- und Wunschzielen
- Abgrenzungen (Projektgrenzen, -umfang
- Abhängigkeiten und Einflüsse
- Rahmenbedingungen
- Grundlagen
- Ergebnisse
- Projektkosten
- Projektnutzen
- Projektrisiken
- Vorgehen, Terminplan
- Priorität
- Projektorganisation
- Information, Kommunikation
- Unterschriften
- Anhang

Bild 2: Inhalte eines Projektauftrags

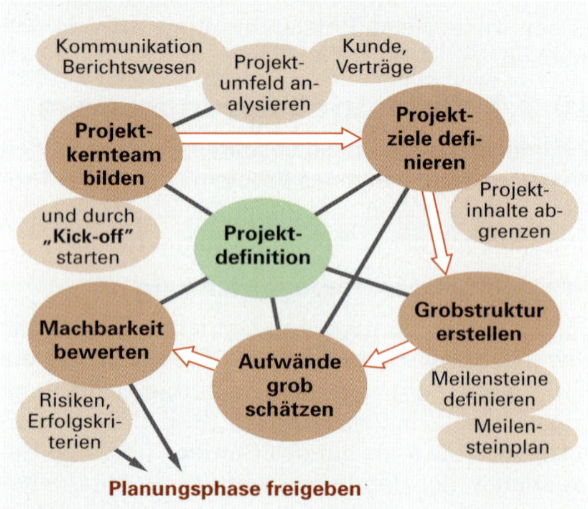

Bild 3: Definitionsphase im Überblick

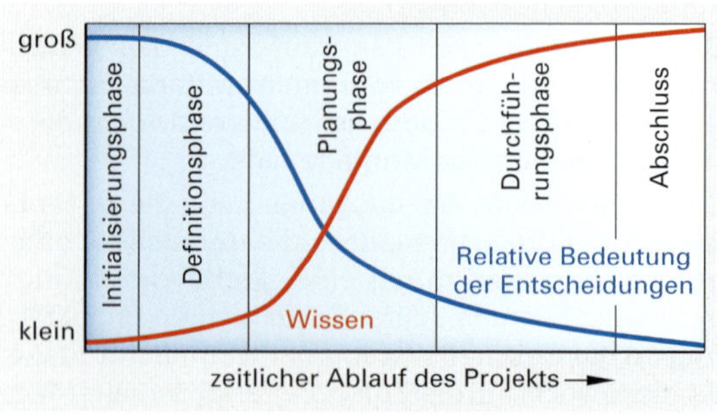

Bild 4: Einfluss der Entscheidungen und Wissen im Projekt

Projektkernteam bilden

Die Bildung des Projektkernteams steht an erster Stelle und hat zentrale Bedeutung, da es die anderen Bereiche der Definitionsphase mit zu gestalten hat. Die Besetzung des Teams sollte möglichst interdisziplinär aus allen betroffenen Bereichen des Projekts anhand einer Projektumfeldanalyse erfolgen, um die Gesamtbedeutung des Projekts angemessen abzubilden **(Bild 1).**

Im Projekt Hebevorrichtung zeigt sich z. B., dass aufgrund der geforderten Marktanalyse, der Beschaffung von Komponenten, der konstruktiven Ansätze, der realen Umsetzung und der Veränderungen in der Montagesituation mehrere interne Abteilungen am Projekt beteiligt oder zumindest interessiert sind. Die Hebevorrichtung erfordert aber eventuell auch eine andere Bauteillage oder Transportvorrichtung bei der Zulieferung, wodurch auch Externe vom Projekt betroffen werden.

> Die richtige Besetzung des Projektkernteams, über alle vom Projekt betroffenen Bereiche hinweg, verringert später das Konfliktpotenzial.

Die Projektumfeldanalyse unterstützt auch die Organisation der Kommunikation und des Berichtswesens im Projekt und im Projektumfeld. Sie hilft somit bei der Beantwortung einer wichtigen Frage: Wer informiert wen, wann, wie und worüber?

In einer Auftaktveranstaltung **(„Kick-Off")** wird das Kernteam über den Projektauftrag informiert und die weiteren Arbeiten in Gang gesetzt.

Projektziele definieren

Auf der Basis der Projektidee und der skizzierten Ziele der Initialisierungsphase müssen die Projektziele als klar beschriebene Funktion oder Zustand am Projektende definiert werden **(Bild 2).** Projektziele beschreiben das Sachziel als inhaltliche Beschreibung, das Zeitziel in Form eines Vorgabe-Termins und das Kostenziel als Budgetvorgabe. Um Missverständnisse und Mehraufwände schon frühzeitig zu verhindern, ist die genaue Abklärung der Ziele mit dem Auftraggeber erforderlich.

> Projektziele sind möglichst spezifisch, messbar, attraktiv, realistisch und terminiert zu formulieren.

Häufig bestehen die Projektziele aus dem eigentlichen „Kernziel" und mehreren inhaltlich detaillierenden Teilzielen. Gegebenenfalls ist auch eine strukturierte Darstellung mit Zielhierarchie und Zielgewichtung hilfreich **(Bild 3).** Die Projektinhalte sind anhand der Zieldefinitionen und z. T. zusätzlich durch die Definition von **„Nichtzielen"** nochmalig exakt und verbindlich mit dem Auftraggeber abzugrenzen.

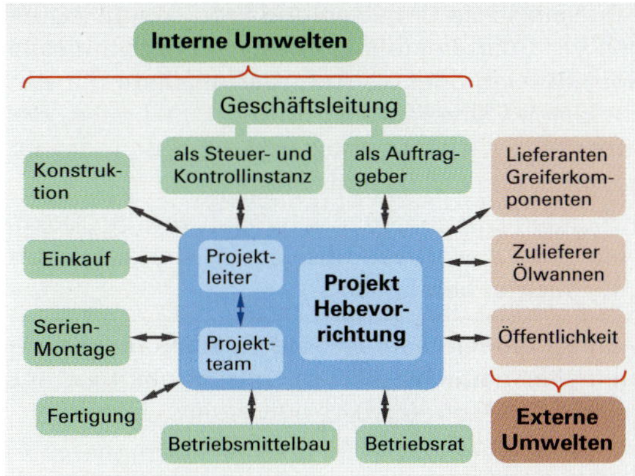

Bild 1: Projektumfeldanalyse Hebevorrichtung

Bild 2: Projektziele

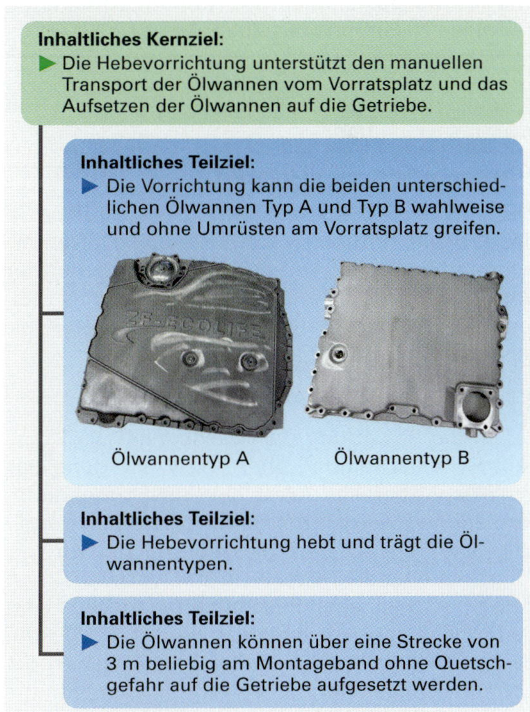

Bild 3: Projektziele; Beispiele auszugsweise

Bei technischen Projekten und Produktentwicklungen wird die Zieldefinition intern als **technische Spezifikation** oder als **Anforderungsliste** mit den konkreten Zielvorgaben z.B. der Funktionen, der Abmessungen, der Leistungskenngrößen, der Ergonomie und des Designs ausgeführt.

In Kunden-Lieferantenbeziehungen sind zur Dokumentation dieser Auftragsklärung ein **Lastenheft** und **Pflichtenheft** üblich.

> Im **Lastenheft** werden Zieldefinition und Projektinhalte möglichst konkret und strukturiert aus Sicht des Auftraggebers aufgeführt.
>
> Im **Pflichtenheft** beschreibt der Auftragnehmer, wie er bei der Projektrealisierung vorgeht.

Grobstruktur als Vorstudie erstellen und Meilensteine definieren

In der Grobstruktur geht es darum, die Projekte je nach Größe und Komplexität für alle Beteiligten übersichtlich zu strukturieren und somit beherrschbar zu machen. Die Grobstruktur zeigt den gesamten Umfang des Projekts in Hauptbestandteile aufgegliedert und deren Abhängigkeiten in einer übersichtlichen Form. Die Strukturierung kann objekt-, funktionsorientiert, ablauforientiert oder gemischt erfolgen **(Bilder 1 und 2)**.

Wichtige Zwischenergebnisse und Zwischenentscheidungen werden als Meilensteine definiert und im Meilensteinplan mit groben, vorläufigen Terminen zusammengestellt **(Tabelle 1)**.

> Im Meilensteinplan werden die einzelnen Meilensteine in eine zeitliche Reihenfolge gebracht und grob terminiert.

Aufwände grob schätzen

Ziel ist eine erste Aussage über die Gesamtkosten des Projekts (Projektbudget). Hierzu schätzen erfahrene Mitarbeiter und das Projektteam, auf der Basis der Projektziele, der Grobstruktur, des Meilensteinplans und Erfahrungswerten, den zu erwartenden Aufwand über alle Kostenarten.

Machbarkeit bewerten

Durch die Bewertung der Machbarkeit wird eine zentrale Entscheidung über den Weitergang des Projekts vorbereitet. Alle bisher gesammelten Informationen werden mit den Projektzielen verglichen. Die Frage, ob die Projektziele mit den zur Verfügung stehenden Mitteln in der vorgegebenen Zeit mit vorhandenen Ressourcen umgesetzt werden können, muss beantwortet werden. Mit besonderem Blick auf eventuell kritische Faktoren, sogenannte Erfolgskriterien, kann z.B. auch für die Hebevorrichtung die nachfolgende Konzeptphase freigegeben werden.

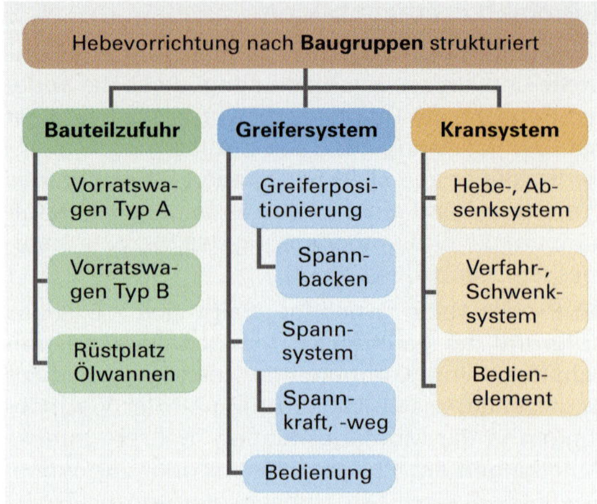

Bild 1: Grobstruktur (objekt-, funktionsorientiert)

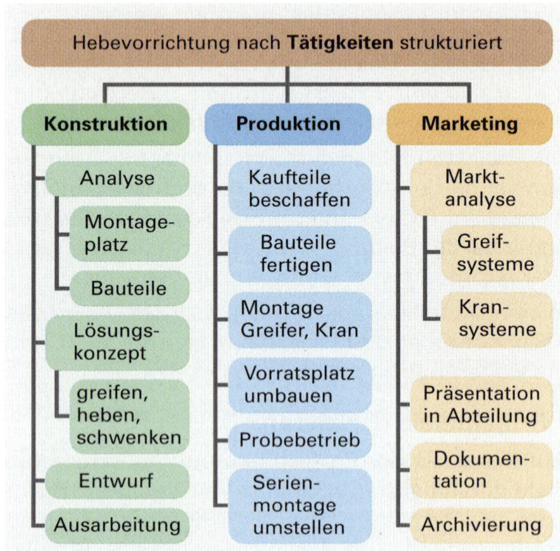

Bild 2: Grobstruktur (ablauforientiert)

Tabelle 1: Meilensteinplan Hebevorrichtung

Nr.	Meilenstein	Termin	
		Plan	Ist
1	Projektauftrag erteilt	16.04.	16.04.
2	Projektdefinition und Grobplanung erstellt	19.04.	18.04.
3	Marktanalysen abgeschlossen	03.05.	08.05.
4	Lösungskonzepte festgelegt	16.05.	...
5	Greifer, Kran-Hebesystem einbaufertig vorrätig	28.05.	...
6	Hebevorrichtung montiert und Serienmontage umgestellt	04.06.	...
7	Projektdokumentation und -Abschlussbericht erstellt und archiviert	07.06.	...

10.3.3 Die Planungsphase mit Konzeptentwicklung

10.3.3.1 Projektorganisation planen

Die mit dem Projekt gebildete Projektorganisation bestehend aus Auftraggeber, Projektleiter und Kernteam muss spätestens zu Beginn der Planungsphase mit der Unternehmensorganisation abgestimmt werden. Insbesondere die Positionierung und die Zusammenarbeit mit der normalen Linienorganisation muss geklärt werden, da auf gemeinsame Ressourcen zugegriffen wird. Gremien und Rollen müssen definiert und damit klar abgegrenzt werden **(Bild 1)**. Um den Auftraggeber zu entlasten, wird meist eine Steuergruppe, die auch Projektausschuss oder Lenkungsausschuss genannt werden kann, als zusätzliches Entscheidungsgremium eingerichtet. Sie übernimmt die Steuerung des Einzelprojektes oder auch die Steuerung über mehrere gleichzeitig ablaufende Projekte. Je nach Projektumfang kann die Bildung von Teilprojektteams erforderlich werden, um die inhaltliche Planung und Erarbeitung des Gesamtkonzeptes zu fördern. Der Projektleiter ist verantwortlich für die planvolle Abwicklung des Projekts.

10.3.3.2 Projektplanung im Überblick

In der Planungsphase wird ein Gesamtkonzept entwickelt und im Detail bis hin zu den ausführungsreifen Plänen ausgearbeitet, um die nachfolgende Projektrealisierung vorzubereiten.

Nach dem Prinzip „Vom Groben zum Feinen" werden in der Planungsphase immer konkretere Pläne erstellt und kontrolliert umgesetzt.

> Die Projektplanung sowie die Projektsteuerung und -lenkung und die spätere Realisierung umfassen immer die drei Größen Zielerreichung (Qualität, Ergebnis), Zeit (Dauer, Termine) und Kosten (Aufwand, Ressourcen).

Im Spannungsfeld dieser drei Größen, das auch als magisches Dreieck der Projektziele bezeichnet wird, wirkt sich jede Änderung an einer Größe unmittelbar auf die anderen beiden aus **(Bild 2)**.

Parallel zur inhaltlichen Entwicklung und Strukturierung des Gesamtkonzepts wird die Planung in allen relevanten Projektbereichen verfeinert und erweitert **(Bild 3)**. Kernstück der Planungstätigkeiten und weiteren Projektabwicklung ist der Projektplan **(Bild 2, Seite 633)**. In ihm werden die wesentlichen Planungsbereiche zusammengeführt. Er bildet die Grundlage der späteren Projektsteuerung und der projektübergreifenden Planung, falls mehrere Projekte gleichzeitig durchgeführt werden.

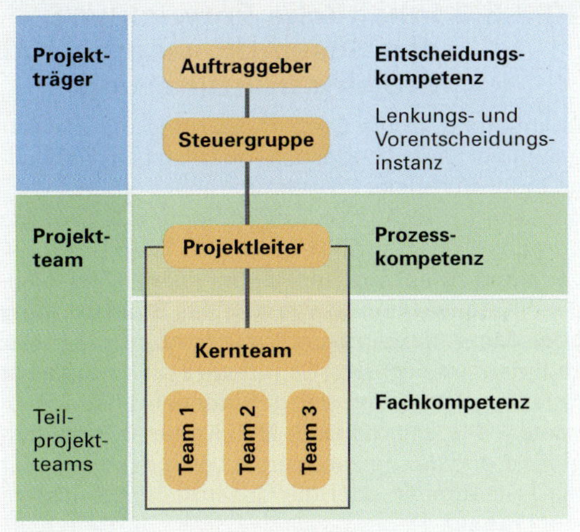

Bild 1: Idealtypische Projektorganisation

Bild 2: „Magisches Dreieck" der Projektziele

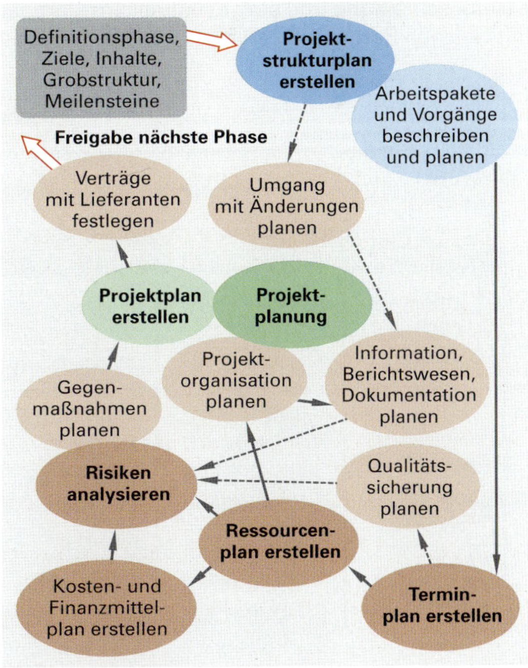

Bild 3: Projektplanung im Überblick

10.3.3.3 Inhaltliche Entwicklung des Gesamtkonzeptes und Projektstrukturierung

Anknüpfend an die Grobstruktur und die Zielvorgaben der Definitionsphase muss jetzt die Kreativität möglichst vieler Projektmitarbeiter genutzt werden, um für sämtliche Teilprobleme des Projekts und das Gesamtprojekt Lösungen bzw. Lösungsvarianten zu entwickeln. Hierbei können verschiedene Kreativtechniken wie z. B. das Brainstorming oder Mind-Mapping unterstützend zum Einsatz kommen. Im nächsten Schritt wird eine möglichst rationale Bewertung der gefundenen Lösungsvarianten, z. B. anhand einer Nutzwertanalyse durchgeführt und das umzusetzende Lösungskonzept für die Teilaufgaben oder die Gesamtaufgabe festgelegt **(Tabelle 1)**.

Tabelle 1: Nutzwertanalyse für Hebezeug

Kriterien/Detailziele		Variante 1		Variante 2	
Muss-Ziele, Forderungen als Ausscheidekriterien		Info	Erfüllt	Info	Erfüllt
Beschaffungskosten < 4000 €		1800 €	ja	2700 €	ja
Hubkraft min. 1000 N		3500 N	ja	3200 N	ja
min. Verfahrweg 3 m x 1,5 m		$R = 4$ m	ja	3,2 x 2	ja
Wunschziele, Optimierungskriterien	Gewicht G	Wert W max. 5	G x W	Wert W max. 5	G x W
geringe Kosten	3	3	9	2	6
geräuscharm	1	4	4	4	4
hohe Stabilität	4	4	16	5	20
wenig Störkontur	8	4	32	2	16
leichtes Verfahren	2	2	4	3	6
Gesamtnutzen (ΣG x W, max. 90)		Σ	65	Σ	52
Zielerreichungsgrad in %			72		58

Variante 1: Wandschwenkkran mit Elektrokettenzug
Variante 2: Portalkran mit Elektroseilzug

Parallel zur Entwicklung des Gesamtkonzeptes wird die Projektstruktur als Projektstrukturplan fortlaufend verfeinert und konkretisiert **(Bild 1)**.

Im Projektstrukturplan wird das gesamte Projekt in planbare und kontrollierbare Arbeitspakete aufgeteilt und vollständig, hierarchisch dargestellt.

Zur Erstellung des Projektstrukturplanes sind zwei verschiedene Methoden praktikabel:

Die **Zerlegungsmethode** greift die Grobstruktur auf und zerlegt das Projekt gegliedert soweit, bis alle Teile des Projekts in Arbeitspakete zerlegt sind.

Bei der **Zusammensetzungsmethode** werden mithilfe von Kreativitätsmethoden Arbeitspakete eines Projekts gesammelt und nach Analyse der Beziehungen wird eine Struktur erstellt.

Der Projektstrukturplan dient auch zur Orientierung für die Beteiligten und hilft, das Risiko von nachträglichen Erweiterungen bzw. Änderungen zu verringern. **Arbeitspakete** stellen die kleinste Einheit im Projektstrukturplan dar, können aber wiederum mehrere Aktivitäten und Vorgänge umfassen. Eine Arbeitspaketbeschreibung und eine eventuell anzufertigende Vorgangsbeschreibung legen fest, was, bis wann, mit welchen Ressourcen erarbeitet werden muss.

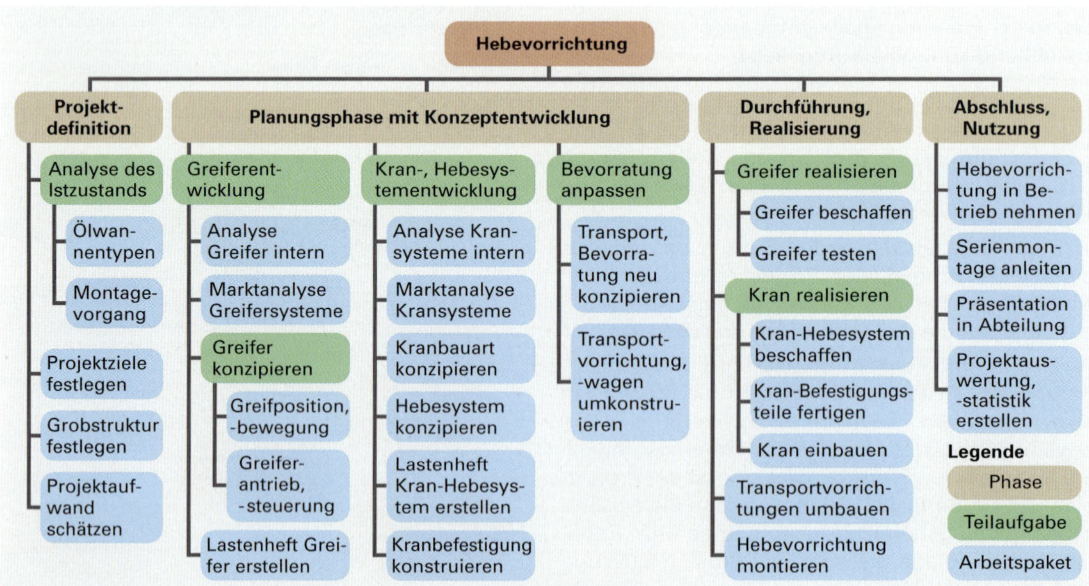

Bild 1: Projektstrukturplan Hebevorrichtung (Zerlegungsmethode)

10.3.3.4 Termin- und Ablaufplanung

Nachdem im Projektstrukturplan die inhaltliche, zielorientierte Planung vorangetrieben wurde, muss die Zeit- und Terminschiene erarbeitet werden. Sämtliche Arbeitspakete aus dem Projektstrukturplan werden als Vorgänge mit einer geplanten erforderlichen Arbeitszeit im Terminplan erfasst und die verschiedenen Beziehungen zwischen den Vorgängen geklärt und erfasst **(Tabelle 1).** Die geplanten Meilensteine (MS) werden eingefügt und die Struktur des Projektstrukturplans wird durch Bildung von Sammelvorgängen übernommen **(Bild 1).** Zur weiteren Konkretisierung des Terminplans muss die Kalendersituation (z.B. Arbeitsstunden, -tage, arbeitsfreie Tage, Urlaubsplanung usw.) möglichst genau hinterlegt werden. Der zeitliche Ablauf des Projekts lässt sich durch ein **Balkendiagramm (Gantt-Diagramm)** visualisieren. Die Dauer von jedem Vorgang wird durch einen entsprechend langen Balken dargestellt (Bild 1). Der so entstandene Projektablaufplan enthält noch keine Ressourcenbetrachtung, ermöglicht aber eine erste noch sehr unvollkommene Terminkalkulation **(Bild 2).**

Tabelle 1: Beziehungsarten zwischen Vorgängen

Beziehungsart	Kürzel	Beschreibung
Ende – Anfang	E-A	Der erste Vorgang muss abgeschlossen sein, bevor der zweite beginnen kann, eventuell mit Abstand.
Anfang – Anfang	A-A	Beide Vorgänge beginnen gemeinsam, eventuell mit einem Abstand.
Ende – Ende	E-E	Beide Vorgänge enden gemeinsam, eventuell mit einem Abstand.
Anfang – Ende	A-E	Der erste Vorgang muss angefangen sein, bevor der zweite enden kann.

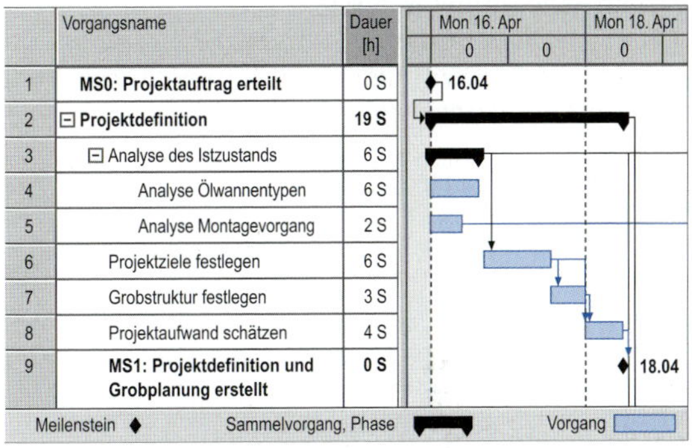

Bild 1: Strukturabbildung im Projektablaufplan

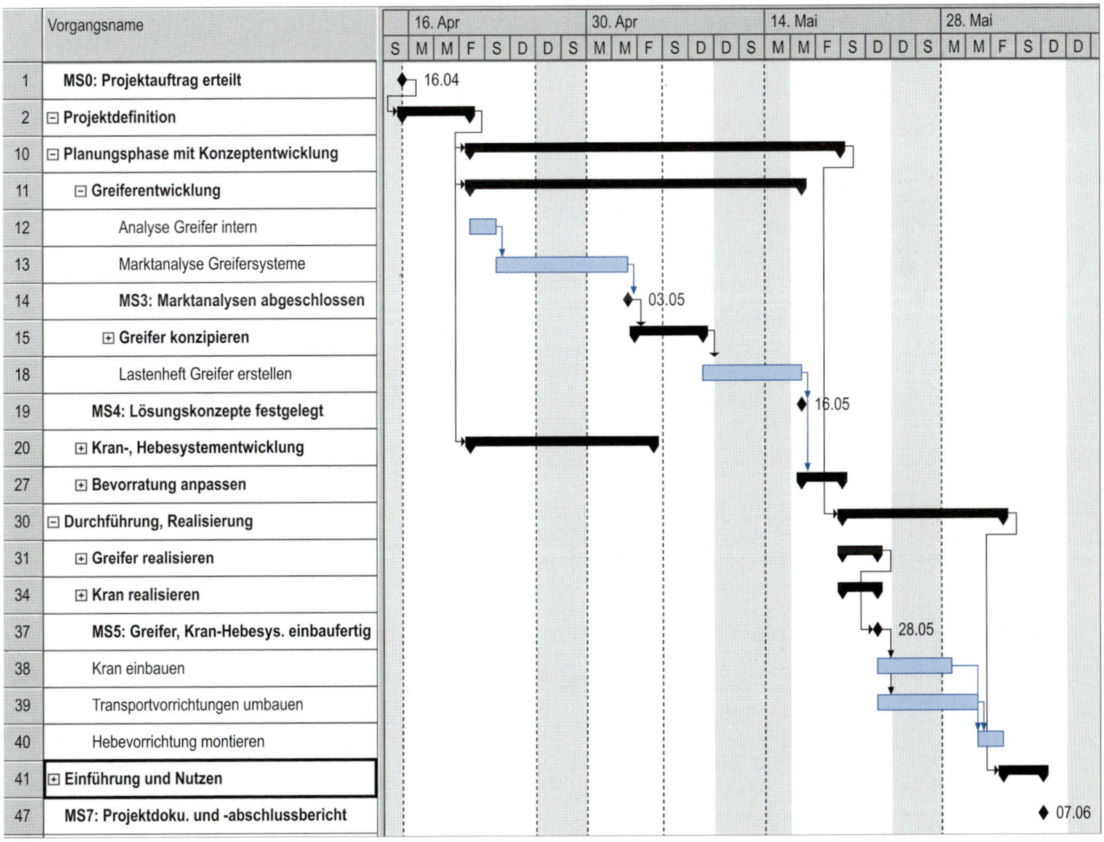

Bild 2: Projektplan ohne Ressourcenbetrachtung (Projektablaufplan)

10.3.3.5 Ressourcen und Kostenplanung

Die Planung der Ressourcen beginnt mit der Erfassung der erforderlichen bzw. zur Verfügung stehenden Ressourcen wie Mitarbeiter, Fertigungsteile, Kaufteile und Maschinen **(Tabelle 1)**.

Anschließend erfolgt die geschätzte Zuordnung der Ressourcen zu den einzelnen Arbeitspaketen (Vorgängen) im Projektplan **(Bild 1)**. Diese Zuordnung lässt sich zusammen mit den dabei anfallenden Kosten und Finanzmitteln über dem Projektverlauf hinweg abbilden, überprüfen und schließlich möglichst optimal planen **(Bild 2)**. Werden die Kosten aller Ressourcen über dem Projektverlauf aufsummiert (kumuliert), entsteht die Kostenkurve **(Bild 3)**.

Tabelle 1: Ressourcenerfassung und Definition für Projekt „Hebevorrichtung" (Auszug)

Nr.	Ressourcenname	Art	Max. Einh.	Satz €/Std.	Fällig am
1	Konstrukteur	Arbeit	500 %	55,00	Anteilig
2	Montageleiter	Arbeit	100 %	55,00	Anteilig
3	Abteilungsleiter	Arbeit	100 %	60,00	Anteilig
4	Einkäufer	Arbeit	100 %	50,00	Anteilig
...	...				
	Greifer	Material		8000,00	Ende
	Kran, Hebevorr.	Material		3000,00	Ende
	Kranbefestigung	Material		300,00	Anteilig
	Transportvorr.	Material		500,00	Ende
...	...				

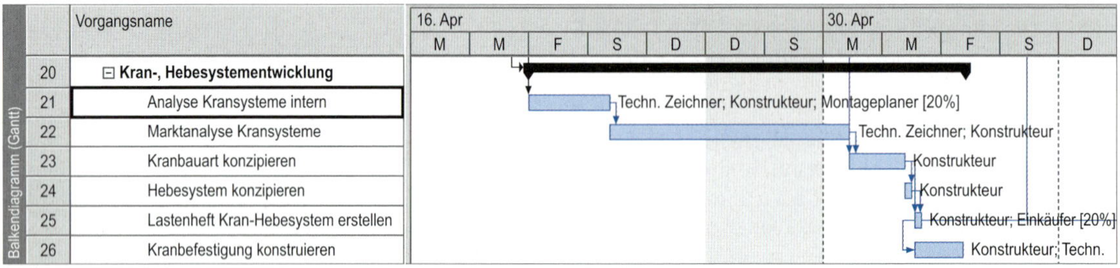

Bild 1: Zuordnung der Ressourcen zu den Vorgängen (Auszug)

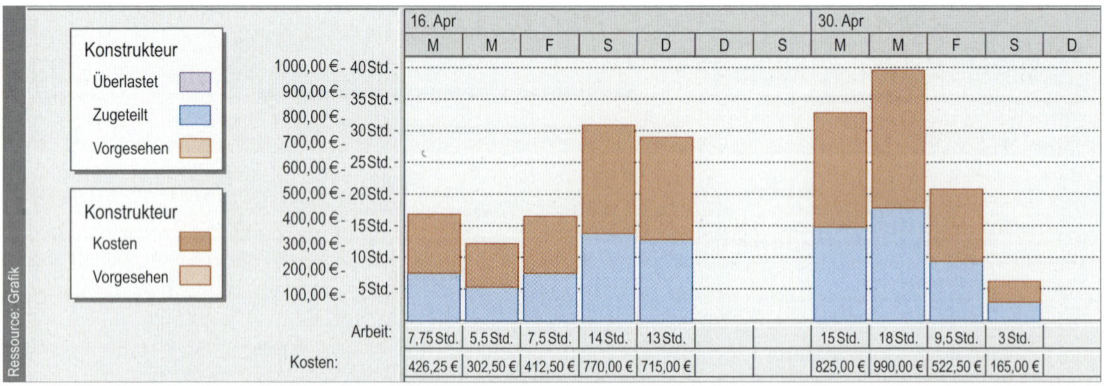

Bild 2: Einzelressource Konstrukteur, Zuteilung und Kosten (Auszug)

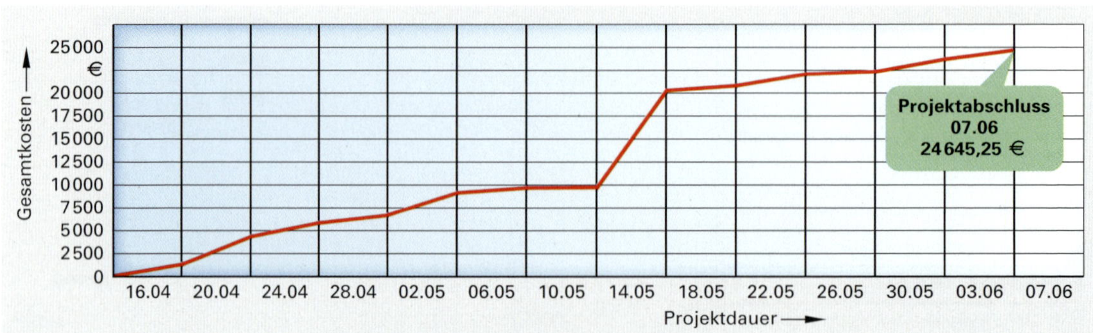

Bild 3: Geplante Gesamtkosten Projekt Hebevorrichtung als Kostenkurve

10.3.3.6 Analyse und Umgang mit Projektrisiken

Projekte sind aufgrund ihrer Einmaligkeit und Komplexität nicht frei von Risiken und Unsicherheiten. Diese können den Projektablauf empfindlich stören und den Projekterfolg gefährden. Im Rahmen der Projektplanung müssen diese Risiken identifiziert und analysiert sowie entsprechende Gegenmaßnahmen oder der weitere Umgang mit den Risiken geplant werden **(Bild 1)**.

Ziel der **Risikoidentifikation** ist es, alle denkbaren Gefahren für den Projekterfolg durch Kreativität und Erfahrungen zu finden. Möglichst viele Projektbeteiligte sollten hierzu, auf Basis des Projektstrukturplans, mögliche Risiken benennen. Durch Expertenbefragungen anhand von Checklisten lassen sich auch Erfahrungen aus anderen Projekten hilfreich nutzen.

Typische Projektrisiken sind z. B.:

- Zu optimistische Zeit- und Kostenplanung
- Ausfall von wichtigen Mitarbeitern durch Krankheit, Kündigung
- Nichteinhaltung von vereinbarten Terminen
- Konflikte zwischen Teammitgliedern
- Fehlende Unterstützung bei der Leitungsebene
- Fehlende Akzeptanz bei den potenziellen Nutzern des Produktes
- Technologische Machbarkeit, z. B. begrenzte Materialeigenschaften oder Baugröße
- Rechtliche Risiken wie z. B. Produkthaftung

Bei der **Risikoanalyse** werden alle gesammelten Risiken bewertet und in einer Risikenübersicht (Risikoportfolio) klassifiziert **(Bild 2)**. Ein Risiko ist immer dann ein „hohes" Risiko, wenn zwei Eigenschaften zutreffen:

- Die Wahrscheinlichkeit, dass das Risiko auftaucht, ist hoch.
- Die Auswirkungen bei Eintreten des Risikos (Tragweite, Maximaler Schaden) sind hoch.

Risikohöhe = Wahrscheinlichkeit x Auswirkung

Bei der Analyse von Produktrisiken können auch Methoden des Qualitätsmanagements wie das Ursache-Wirkungs-Diagramm und die ABC-Analyse angewendet werden (Seite 76 und 75). Mit einer Fehlermöglichkeiten- und Einflussanalyse (FMEA) kann neben der Wahrscheinlichkeit und der Auswirkung zusätzlich auch die Entdeckungswahrscheinlichkeit eines Risikos bzw. des Fehlers berücksichtigt werden.

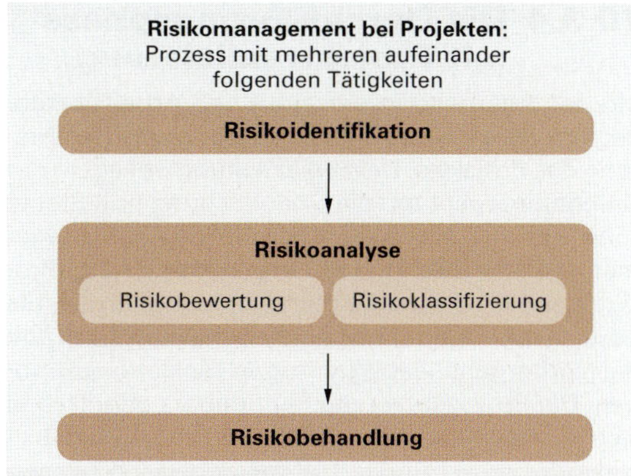

Bild 1: Risikomanagement

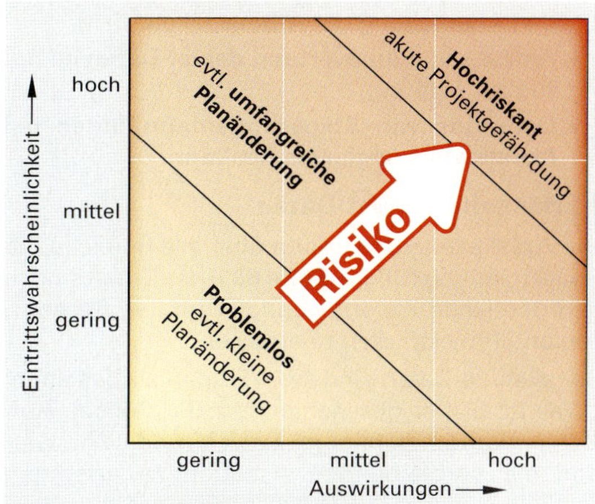

Bild 2: Risikenübersicht (Risikoportfolio)

Tabelle 1: Risikobehandlungen, Fragen und Umgang

Vermeiden	**Wie kann das Risiko vermieden bzw. eliminiert werden?** Lösungen entwickeln, welche das Risiko nicht enthalten
Vermindern	**Wie kann das Risiko vermindert, abgeschwächt werden?** Verbesserungspotenzial nutzen, Alternativen entwickeln
Abwälzen	**Wie kann das Risiko auf andere abgewälzt werden?** Vertragsanpassungen (z. B. Gewährleistung einschränken), Versicherung, Konventionalstrafe vereinbaren
Bewusst tragen	**Wie kann das Risiko getragen werden?** Rückstellungen bilden, Risiko dokumentieren, kommunizieren

Maßnahmen zur Beherrschung von Risiken können entweder die Eintrittswahrscheinlichkeit oder die Auswirkungen bei Eintreten eines Risikos mindern. Sowohl gezielte vorbeugende Maßnahmen als auch geplante Notfall- und Krisenmaßnahmen verfolgen dabei immer gleiche typische Risikobehandlungen **(Tabelle 1)**.

10.3.4 Die Durchführungsphase mit Projektrealisierung

Mit der Abarbeitung der einzelnen Arbeitspakete beginnt die eigentliche Durchführung und Realisierung des Projektes. Der Projektleitung obliegt in der Durchführungsphase die Überwachung und Steuerung des Projektes als übergeordnete Managementaufgabe **(Bild 1)**. Unter **Projektsteuerung** (Projektcontrolling) versteht man alle Maßnahmen, die dazu dienen, den tatsächlichen Projektablauf mit der vorhergehenden Planung in Einklang zu bringen. Die Projektsteuerung läuft dabei periodisch in sich immer wiederholenden Schleifen ab **(Bild 2)**.

Vorgehensschritte der Projektsteuerung sind:

- **Erfassung von Ist-Daten** bezüglich der laufenden Abarbeitung der Arbeitspakete
- **Analyse und Auswertung der Ist-Daten** im Bezug zur Planung
- **Definition von Steuerungsmaßnahmen bei Planabweichungen als Reaktion**

Erfassung von Ist-Daten

Die Projektsteuerung erfolgt über alle Bereiche der Projektplanung **(Bild 3, Seite 631)**. Ist-Daten sind in den Bereichen Zielerreichung, Termine, Ressourcen und Projektrisiken zu erfassen.

Bei allen Ist-Daten sind zwei Fragen zu beachten: „Was ist bisher geschehen?", z. B. „Welche Aufwände wurden bereits geleistet?" und „Wie werden die verbleibenden Arbeiten zu erledigen sein?", z. B. der voraussichtliche Fertigstellungstermin eines Arbeitspaketes.

Die Frage nach dem voraussichtlichen weiteren Projektverlauf ist für die aktive Steuerung eines Projektes wichtiger als die Frage nach der Vergangenheit.

Eine wichtige Kennzahl zur Berichterstattung ist der Fertigstellungsgrad **(Bild 3)**. Er beschreibt, wie weit eine Aufgabe (oder das Projekt) bereits fortgeschritten ist.

Analyse der Ist-Daten

Die erhobenen Ist-Daten werden in Bezug zur Planung gesetzt. Ziel ist es, herauszufinden, ob und in welchem Maße sich aus der derzeitigen Situation Veränderungen im Projektverlauf gegenüber dem geplanten Projektablauf ergeben.

Im **Soll/Ist-Vergleich** wird die ursprüngliche Planung (= Soll) und momentane Situation (= Ist) gegenübergestellt und damit Abweichungen transparent gemacht. Zur Visualisierung nutzt man am besten die entsprechenden Planungsinstrumente wie z. B. das Balkendiagramm **(Bild 4)** oder die Kostenkurve **(Bild 5)**.

Bild 1: Übergeordnete Steuerungsphase über der konkreten Durchführungsphase

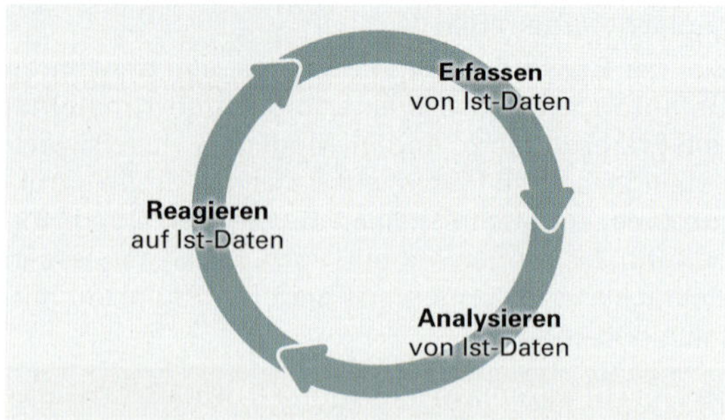

Bild 2: Vorgehensweise der Projektsteuerung

Fertigstellungsgrad FG in %

$$\text{FG (zeitlich)} = \frac{\text{Ist-Dauer} \times 100}{\text{voraussichtliche Gesamtdauer}}$$

$$\text{FG (leistungsmäßig)} = \frac{\text{Ist-Aufwand} \times 100}{\text{voraussichtlicher Gesamtaufwand}}$$

Bild 3: Definition Fertigstellungsgrad

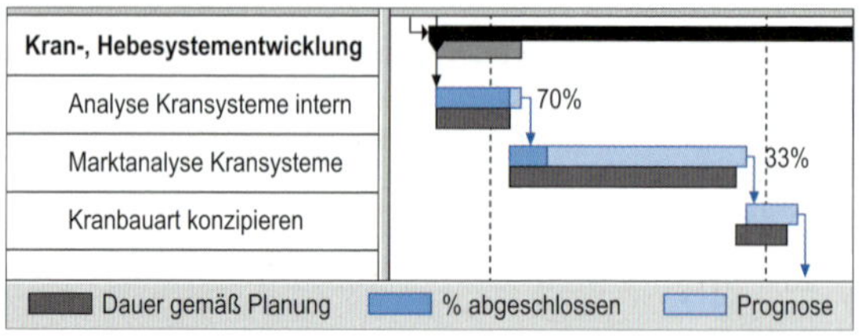

Bild 4: Soll/Ist-Vergleich Projektablauf (Auszug Projekt Hebevorrichtung)

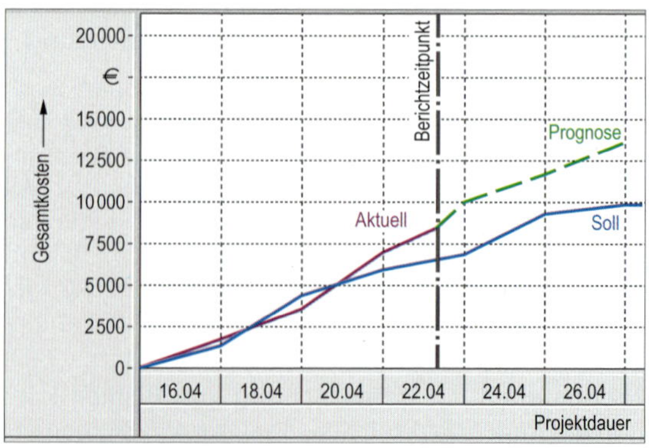

Bild 5: Soll/Ist-Vergleich Projektkosten (Auszug Projekt Hebevorrichtung)

Eine besondere Variante des Soll/Ist-Vergleichs für größere Projekte ist die **Meilenstein-Trend-Analyse (Bild 1).** Diese stellt in einer einzigen Grafik einfach und übersichtlich dar, welche zeitliche Verschiebung sich für die ursprünglich geplanten Meilensteintermine über den Projektverlauf ergeben. Die Meilensteintermine sind an der Senkrechten eingetragen. Bei den über der Waagrechten vermerkten Berichtszeitpunkten werden die ggf. korrigierten Meilensteintermine vermerkt, wodurch für jeden Meilenstein eine „Trendkurve“ entsteht. Werden diese Änderungen dokumentiert und begründet, entsteht auch automatisch eine Dokumentation der wichtigsten Planänderungen.

Eine Meilenstein-Trend-Analyse veranschaulicht die Trends im Projektverlauf im Überblick und ist deshalb besonders für Bericht und Präsentation des Projektstatus geeignet.

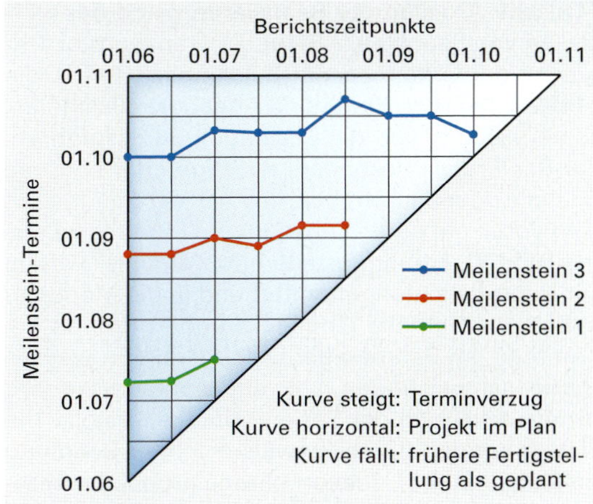

Bild 1: Meilenstein-Trend-Analyse

Definition von Steuerungsmaßnahmen

Werden bei der Analyse der Ist-Daten mögliche Probleme für die weitere Projektabwicklung bezüglich Terminen, Kosten, Aufwand oder Produktqualität erkannt, müssen Gegenmaßnahmen getroffen werden **(Tabelle 1).** Bei der Auswahl und Festlegung der Gegenmaßnahmen sind aber auch diese hinsichtlich ihrer Kosten und Wirkung zu beurteilen und gegeneinander abzuwägen.

Tabelle 1: Steuerungsmaßnahmen

Problem	mögliche Gegenmaßnahmen
Terminverzug	**Zeitliche Verkürzung** terminbestimmender Vorgänge durch: • Erhöhung der verfügbaren Kapazität (Überstunden, Fremdvergabe ...) • Höhere Effizienz (Schulung, Spezialist ...) • Verminderung des Aufgabenumfangs **Änderung der Reihenfolge** (Überlappung, Parallelisierung ...) **Verschieben von Terminen**
Aufwands- oder Kostenüberschreitung	**Höhere Effizienz** bei der Auftragsabwicklung (wirtschaftlichere Lösungen ...) **Verminderung des Leistungsumfangs,** z. B. als Release-Konzept, bei dem volle Funktionalität erst in späterer Ausbaustufe erreicht wird

Projektrealisierung

Das Lösungskonzept, das in der Planungsphase als Struktur entwickelt und während der Durchführung in den einzelnen Arbeitspaketen entworfen und ausgearbeitet wurde, wird im weitesten Sinne realisiert und eingeführt.

Bei der **Hebevorrichtung** wurde in der Definition und Planung erst von einem mechanischen Greifersystem für die Ölwannen ausgegangen, das an einem üblichen Hebe-Kransystem aufgehängt wird. Während der detaillierten Konzeptentwicklung in den einzelnen Arbeitspaketen tauchte allerdings die gleichzeitige ergonomische Bedienung dieser beiden Teilsysteme als Projektrisiko auf. Die Konzeption und der Projektablauf musste während der Durchführung angepasst werden.

Die Lösung sieht die Verwendung eines Saughebers vor, welcher das Greifen und Heben der Ölwannen kombiniert und sich einfach mit einer Hand bedienen lässt **(Bild 2).** Die Aufhängung an einer zusätzlichen Kranschiene im bereits bestehenden Kransystem für Montagewerkzeuge ermöglicht den geforderten Schwenk- und Verfahrweg. Der Ölwannentransport und die Bereitstellung am Vorratsplatz muss allerdings dahingehend umorganisiert werden, dass alle Ölwannen flachliegend abgegriffen werden können.

Bild 2: Saugheber für Projekt Hebevorrichtung

Typische Arbeiten der Realisierung sind das Herstellen von Bauteilen, z. B. für die Transportvorrichtungen der Ölwannen. Für Zukaufteile wie z. B. die zusätzliche Kranschiene sind Angebote einzuholen, zu vergleichen und die Bestellung durchzuführen. Für das Projekt besonders wichtige oder kritische Bauteile oder Baugruppen, wie z. B. der Saugheber, sind vorab auf deren Funktion und Eignung zu testen **(Bild 1)**. Fertigungsteile und Kaufteile werden zur Hebevorrichtung montiert und in die Montageanlage für Getriebe eingebaut und in Betrieb genommen. Im Rahmen der Dokumentation werden Betriebsanweisungen, z. B. ein Montagestandard für die Anleitung der Serienmontage, erstellt. Die Nutzer werden durch Einweisung oder Schulung befähigt, mit der Hebevorrichtung produktiv umzugehen **(Bild 2)**. Für Steuerungsaufgaben ist die Software zu erstellen und zu programmieren. Im Bereich von Fertigungsprozessen ist eventuell eine Nullserie zu fertigen.

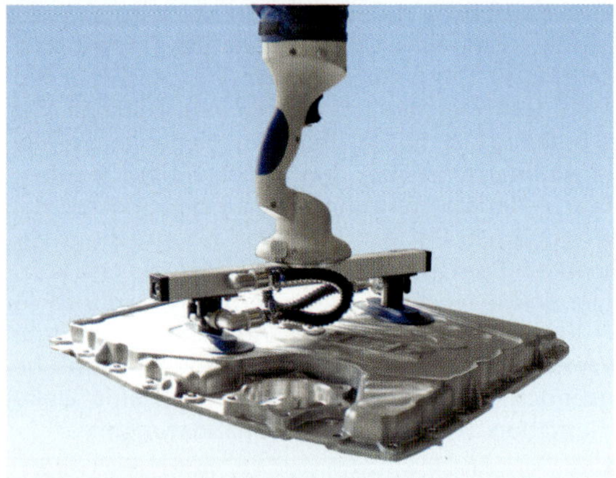

Bild 1: Testvorführung Saugheber

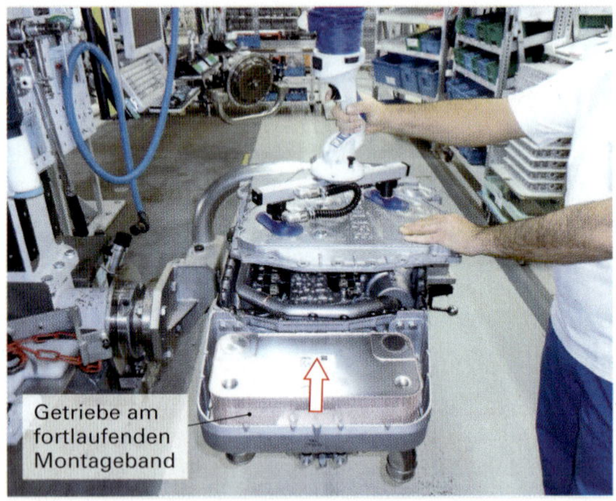

Bild 2: Ölwannenmontage mit Hebevorrichtung

10.3.5 Der Projektabschluss

Bei einer Abnahme wird überprüft, ob die Projektziele wie vereinbart erreicht wurden. Wird die Abnahme erteilt und im Abnahmeprotokoll dokumentiert, kommt es zum Projektabschluss. In Sonderfällen kann es auch durch einen Projektabbruch zum Projektabschluss kommen. Der Projektabschluss ist der offizielle Schlusspunkt eines Projektes. Damit nach dem Projektabschluss keine Projektaufwände mehr anfallen, z. B. Nachforderungen, müssen alle im Kontext des Projektes geschlossenen Verträge beendet werden. Die weitere Betreuung des entstandenen Produktes muss geregelt werden. Die Hebevorrichtung z. B. wird in die Zuständigkeit der Montageabteilung überstellt. Der betriebswirtschaftliche Erfolg des Projektes wird in einer Nachkalkulation ermittelt. Ein ausführlicher Projektabschlussbericht dient als Grundlage für die Abschlusssitzung. Im Rahmen der Abschlusssitzung kann das Projekt präsentiert und die wesentlichen Erkenntnisse sowie geeignete Maßnahmen im Kreis aller Projektbeteiligten diskutiert und protokolliert werden **(Tabelle 1)**.

Nachkalkulation, Projektabschlussbericht und Protokoll der Abschlusssitzung dienen der Erfahrungssicherung. Zukünftige Projekte werden nur dann besser laufen, wenn aus den Fehlern des abgeschlossenen Projektes gelernt wird.

Nach der oft hektischen, stressigen und z. T. konfliktbehafteten Projektarbeit ist es für die langfristige Arbeitszufriedenheit der Projektmitarbeiter notwendig, dass die Leistungen angemessen gewürdigt werden. Entstandene Gräben sind zu „kitten", ehe die Projektorganisation aufgelöst und die Mitarbeiter für neue Projekte freigegeben werden.

Tabelle 1: Themen für eine Projektabschlusssitzung
1. **Berichterstattung zur Kundenzufriedenheit,** eventuell direkt durch Auftraggeber
2. **Rückschau** (Reflexion und Feedback) Was war gut? Was war weniger gut? Welche Ziele wurden erreicht, nicht erreicht, übererreicht?
3. **Anerkennung und Kritik**
4. **Erfahrungssicherung für künftige Projekte** Was kann aus dem Projektverlauf gelernt werden? Maßnahmen, um Fehler nicht zu wiederholen?
5. **Überführung der Projektmitarbeiter in neue Aufgabengebiete**
6. **Information über den Projektabschluss** Wer bekommt Abschlussbericht? Wer wird über Projektabschluss informiert?
7. **Abschlussfeier**

10.4 Veränderte Vorgehensmodelle bei der Projektarbeit

Die Bearbeitung von Projekten nach dem klassischen Phasenkonzept mit seinen sequenziell angeordneten Projektphasen ist für die Praxis nicht immer die ideale Vorgehensweise. Weiterentwicklungen des Phasenmodells und alternative Vorgehensmodelle kommen bei der Projektarbeit deshalb vermehrt zur Anwendung.

Überlappendes Phasenkonzept (Simultaneous Engineering)

Die Forderung nach immer schnellerer Projektabwicklung zwingt zur teilweisen Parallelisierung der Abläufe **(Bild 1).** Eine teilsimultane Erarbeitung durch gezielte Überlappung der Phasen, ist schon bei vielen Projekten mehr oder weniger üblich. Der Betreuungsaufwand durch die Projektleitung und die Risiken, z. B. eines nutzlosen Arbeitsaufwandes durch sich verändernde Vorbedingungen und Parallelentscheidungen, erhöhen sich jedoch.

Arbeiten mit Musterteilen (Prototyping)

Mit relativ geringem Aufwand wird ein „Prototyp" des Bauteils oder der Baugruppe gefertigt. Dieser ermöglicht eine bessere Beurteilung des geplanten Konzepts und ist für eventuelle Tests geeignet. Keine Projektphase wird dadurch überflüssig. Planung und Durchführung nähern sich in mehreren Wiederholungen der Lösung an. Das Prototyping birgt die Gefahr, dass sich Projektbeteiligte vorschnell auf diese Lösung fixieren und der Kunde durch den Prototyp ungeduldig wird.

Versionenkonzept (Spiralmodell)

Ähnlich dem Prototyping wird dem Benutzer möglichst schnell eine erste Version, z. B. mit geringem Automatisierungsgrad, zur Verfügung gestellt. Diese wird in mehreren Versionen auch unter Berücksichtigung der laufenden Betriebserfahrungen perfektioniert oder z. B. weiter automatisiert. Die Vorgehensweise wird aufgrund des zyklischen Vorgehens auch als Spiralmodell bezeichnet **(Bild 2).**

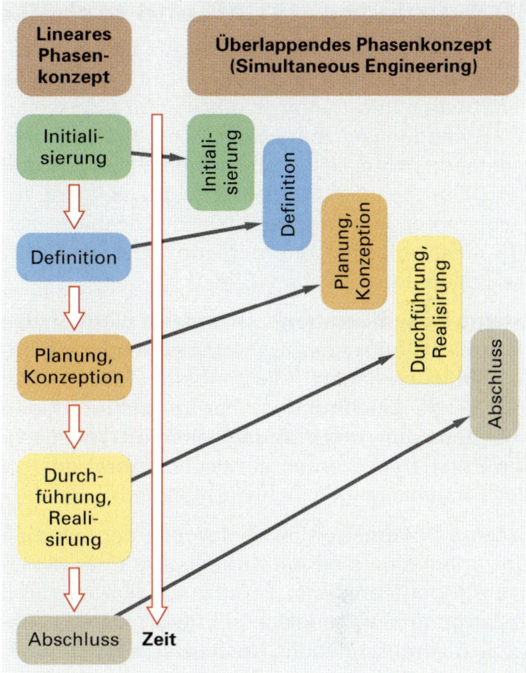

Bild 1: Überlappendes Phasenkonzept

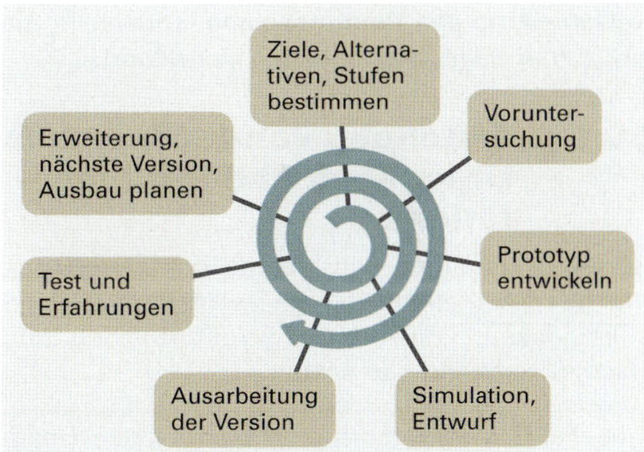

Bild 2: Versionenkonzept (Spiralmodell)

Wiederholung und Vertiefung

1 Weshalb werden komplexe Aufgabenstellungen als Projekt organisiert?
2 Nennen Sie fünf kennzeichnende Merkmale von Projekten.
3 Welche Handlungsschritte gehören zu einer vollständigen beruflichen Handlung?
4 Weshalb kann die Initialisierungsphase auch als Vorprojekt bezeichnet werden?
5 Nennen Sie fünf wesentliche Projektbereiche, die in der Definitionsphase zu klären sind.
6 Worauf ist bei der Formulierung von Projektzielen zu achten?
7 Wie werden die Aspekte Inhalt, Zeit und Kosten bei der Projektplanung berücksichtigt?
8 Wie lässt sich ein „hohes" Risiko bei einem Projekt beschreiben?
9 In welchen Schritten erfolgt die Projektsteuerung?
10 Wie erfolgt ein strukturierter und sinnvoller Projektabschluss?

10.5 Dokumentation und technische Unterlagen

Technische Projekte, betriebliche Abläufe und Prozesse werden in der Regel dokumentiert, d. h. die verfügbaren Informationen werden für eine weitere Verwendung nutzbar gemacht. Die Art der Dokumentation richtet sich nach der Interessenlage und der Zielgruppe; ein Kunde benötigt z. B. keine firmeninternen Informationen. Es wird deshalb nach VDI 4500 zwischen interner und externer Dokumentation unterschieden **(Bild 1)**.

Interne Dokumentation. Sie umfasst die Archivierung aller produktspezifischen Dokumente wie z. B. Angebotsunterlagen, Pflichtenhefte, Testberichte, technische Zeichnungen, Fertigungsunterlagen oder Reparatur- und Wartungsleitfäden **(Tabelle 1)**. Die Unterlagen werden entweder zentral oder in den Fachabteilungen archiviert (Bild 1).

Externe Dokumentation. Zielgruppe der externen Dokumentation sind die Kunden, die über die sichere Inbetriebnahme, Benutzung, Wartung und Entsorgung des Produktes informiert werden. Gesetzlich vorgeschriebene Nachweise bei Behörden und vergleichbaren Institutionen zählen ebenfalls zur externen Dokumentation. Gängige Dokumentationsformen sind beispielsweise Gebrauchsanweisung, Sicherheitshinweise, Montageanleitung, Kurzanleitung und Wartungspläne (Tabelle 1). Sie sind in der Regel mehrsprachig ausgeführt.

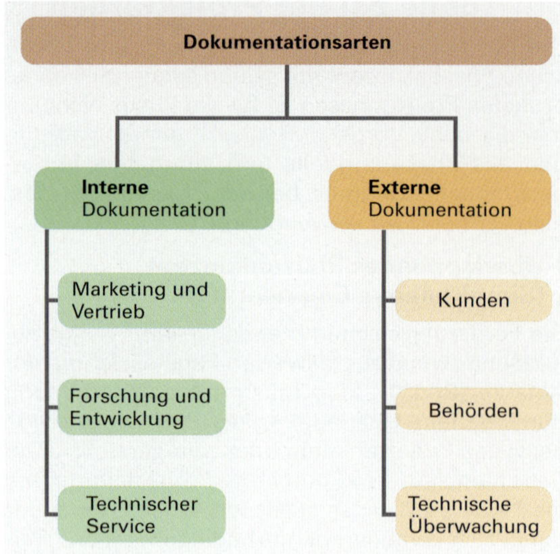

Bild 1: Interne und externe Dokumentation

Tabelle 1: Dokumentationsarten (Beispiele)

Dokumentationsart	Beispiele
Interne Dokumentation	Angebotsunterlagen Pflichtenhefte Testberichte Fertigungsunterlagen Techn. Zeichnungen Reparaturanleitungen Wartungsleitfäden
Externe Dokumentation	Gebrauchsanweisungen Sicherheitshinweise Montageanleitungen Kurzanleitungen Wartungspläne Betriebsanleitungen

10.5.1 Erstellung von technischen Unterlagen und Dokumentationen

Bei der Herstellung von technischen Unterlagen und Dokumentationen ist auf Vollständigkeit, Verständlichkeit, Objektivität, Strukturiertheit und Nachvollziehbarkeit zu achten.

> Im Falle einer fehlerhaften technischen Dokumentation kann der Hersteller im Schadensfall zur Haftung herangezogen werden.

Die Art und Ausgestaltung von technischen Dokumentationen und Unterlagen richtet sich nach dem Empfänger und dem Dokumentierenden, dem Dokumentationsgrund und den Informationsbedürfnissen. Im US-amerikanischen Raum orientieren sich Anforderungen an Dokumentationen z. B. an der Normenreihe ANSI-Z535.1-6.

10.5.2 Anleitungen

Sie finden sowohl betriebsintern als auch -extern Verwendung. Anleitungen müssen sowohl Informationen über den Umgang mit dem Produkt als auch über die Eigenschaften des Produktes enthalten. Die Formulierung von Anleitungen muss verständlich und eindeutig sein. Ihre Gestaltung ist übersichtlich und einfach und orientiert sich an den Erfordernissen der Zielgruppe. Anleitungen sind häufig mehrsprachig und werden vielfach von technischen Redakteuren abgefasst. Es gibt verschiedene Arten von Anleitungen **(Tabelle 1, folgende Seite)**.

Betriebsanleitung. Sie ist die bekannteste Form der Anleitung und wird auch als Gebrauchsanleitung, Gebrauchsanweisung oder Bedienungsanweisung bezeichnet. Die Betriebsanleitung ist Teil des Produktes und gehört zur technischen Dokumentation, sodass ein fehlerhafter Inhalt als Sachmangel gewertet wird. Der Inhalt der Betriebsanleitung ist festgelegt durch Normen (EN 82079 – Erstellen von Gebrauchsanleitungen), Richtlinien und Gesetze und kann von Land zu Land unterschiedlich sein.

Betriebsanleitungen werden beim Kauf des Produktes mitgeliefert. Es sind verschiedene Formen möglich wie z. B. als Heft oder Buch, als Schild, als Film, als Datei auf einer CD oder als Link zur Nutzung im Internet.

Montageanleitung. Sie zählt ebenfalls zur technischen Dokumentation und ist erforderlich, wenn der Zusammenbau des Produktes am Einsatzort erfolgt. Die Form ist vielfach tabellarisch und besteht aus einem Kopf für die Rahmendaten und einer Auflistung der Arbeitsschritte **(Tabelle 1).** Die Beschreibung erfolgt zusätzlich anhand von geeigneten technischen Zeichnungen. Neben der Papierform ist auch die Umsetzung als Videoanleitung möglich.

Wartungsanleitung. Sie enthält die vom Hersteller vorgeschriebenen Vorgaben zur Wartung des Produktes **(Bild 1).**

> Die Einhaltung von Wartungsplänen ist erforderlich, um die Funktionsfähigkeit und Betriebssicherheit des Produktes zu gewährleisten und Gewährleistungsansprüche seitens des Herstellers aufrechtzuerhalten.

10.5.3 Technische Kommunikation

Neben der Dokumentation technischer Projekte durch z. B. Anleitungen, Berichte und Anweisungen stellen technische Zeichnungen im Maschinenbau ein weiteres wichtiges Kommunikationsmittel dar. Sie enthalten Informationen über

- Form
- Größe
- Aufbau
- Funktion
- Werkstoff

von Werkstücken, Baugruppen und kompletten Systemen. Beim Erstellen von Zeichnungen sind Normen, Richtlinien und auch Werksnormen zu beachten.

Tabelle 1: Inhalte von Anleitungen

Anleitung	Inhalt	
Betriebsanleitung	Sicherheitshinweise Hinweise (Fotos) zu Bedienelementen bestimmungsgemäße Verwendung Hinweise zur (wirtschaftlichen) Nutzung Garantiebedingungen Fehlerdiagnosehinweise CE-Kennzeichnung/Konformitätserklärung	
Montageanleitung	Auftragsnummer/Baugruppennummer Benennung der Montagearbeit Termin/Vorgabezeit Zeichnungnummer	Kopf
	Arbeitsschritte Werkzeuge und Prüfmittel Prüfmaße und Prüfmerkmale Vorgabezeiten	Tabelle
Wartungs-/Reparaturanleitung	Wartungsintervalle Maßnahmen, Umfang der Arbeiten Diagnosehilfen Vorgehensweise bei Demontage/Montage Technische Zeichnungen	

Wartungs- und Pflegeplan

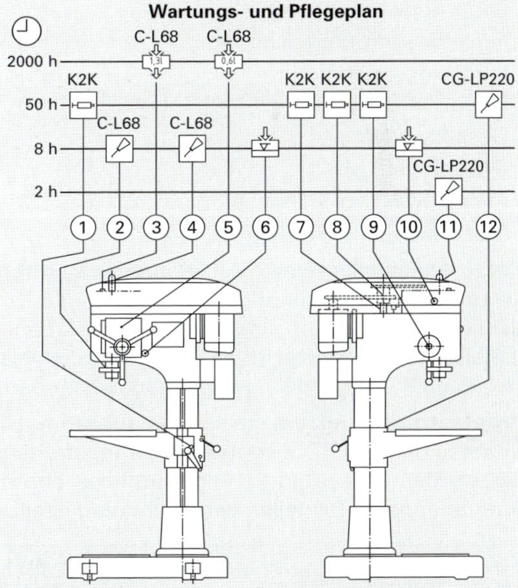

Teileliste (ohne Normteile)			Schmierstellensymbole	
1 Tischhubgetriebe	5 Öleinfüllschraube Vorschubgetriebe	9 Vorschubwelle	C-L68 Auffüllen von 1,3 l Schmieröl C-L68	CG-LP220 Ölen mit Schmieröl CG-LP220
2 Pinole	6 Ölschauglas Vorschubgetriebe	10 Ölschauglas Schaltgetriebe		
3 Öleinfüllstopfen	7 Drehzahlverstellung	11 Leitpatrone	Auffüllen mit Schmieröl auf Markierung	K2K Abschmieren mit Schmierfett K2K
4 Spindelkeilwelle	8 Stufenloser Antrieb	12 Säule		

Bild 1: Beispiel einer Wartungsanleitung

Normen und Richtlinien. Die Erstellung von Normen dient dazu, Standards für z. B. wiederkehrende Anwendungen oder Gegenstände zu schaffen. Normen basieren auf gesicherten Ergebnissen von Wissenschaft, Technik und Erfahrungswerten und entstehen durch ein festgelegtes Normungsverfahren. Normen werden in Normblättern veröffentlicht.

Normen besitzen eine Kennzeichnung, z. B. DIN EN **(Tabelle 1)**, eine Ordnungsnummer und ein Ausgabedatum.

Anhand der Kennzeichnung kann der Ursprung der Norm bestimmt werden. Die Normbezeichnung DIN EN ISO besagt, dass die Norm gleichzeitig eine deutsche, europäische und internationale Norm ist.

Technische Zeichnung. Dieses Dokument enthält alle notwendigen Informationen, die zur Beschreibung eines Einzelteils, einer Baugruppe oder eines kompletten Produktes erforderlich sind. Technische Zeichnungen sind Teil der technischen Produktdokumentation. Es gibt verschiedene Arten von technischen Zeichnungen und Darstellungsformen:

- Skizze
- Einzelteilzeichnung (auch: Teilzeichnung)
- Baugruppenzeichnung
- Funktionsgruppenzeichnung
- Explosionszeichnung (auch: Anordnungszeichnung/-plan)
- Gesamtzeichnung
- CAD-Modell
- Foto
- Stückliste

Skizze. Für einfache Einzel- und Reparaturaufträge, zur Unterstützung mündlicher Erläuterungen, zur Ideenfindung und zum Dokumentieren von Sachverhalten dienen Skizzen **(Bild 1)**. Sie werden meist freihändig erstellt und sind nicht maßstabsgetreu.

Einzelteilzeichnung. Sie stellt maßstabsgetreu ein Einzelteil dar, das nicht weiter zerstörungsfrei zerlegt werden kann **(Bild 2)**. Die räumliche Zuordnung zu anderen Bauteilen wird nicht dargestellt.

Die Einzelteilzeichnung enthält alle für die Fertigung erforderlichen Angaben.

Dazu zählen unter anderem Maße, Toleranzen, Oberflächenangaben, Werkstoffangaben und Vorgaben zur Wärmebehandlung. Die Darstellung des Einzelteils erfolgt in Ansichten nach den Regeln der Pfeilmethode oder der rechtwinkligen Parallelprojektion (z. B. Projektionsmethode 1).

Tabelle 1: Normen

Norm	Erklärung
DIN	Deutsche Norm (DIN = Deutsches Institut für Normung)
DIN EN	Europäische Norm, die in deutscher Fassung vorliegt.
DIN ISO	Internationale Norm, die in deutscher Fassung vorliegt.
DIN EN ISO	Europäische Norm, die eine unveränderte internationale Norm enthält und in deutscher Fassung vorliegt.

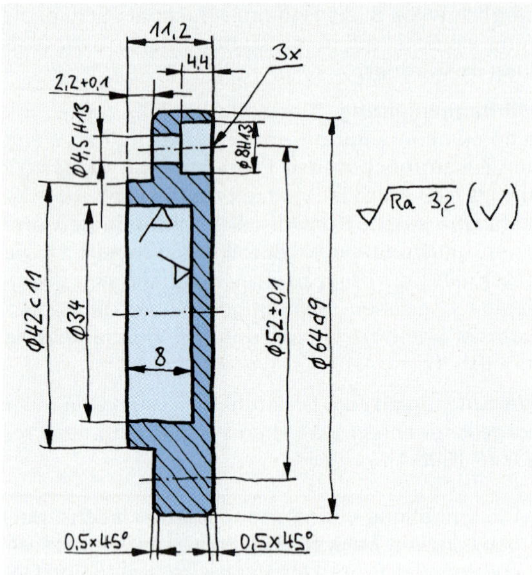

Bild 1: Skizze eines Lagerdeckels

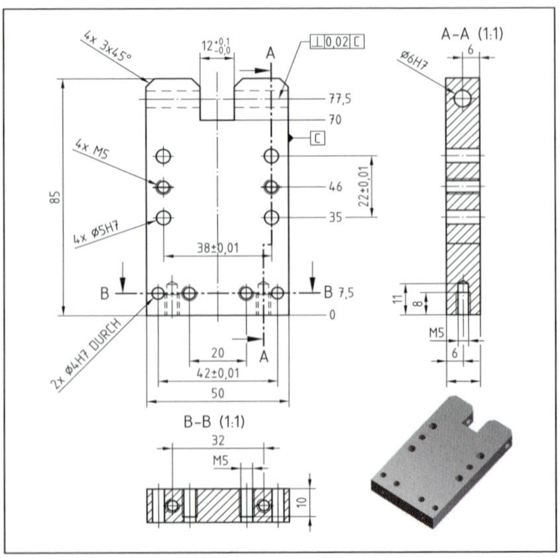

Bild 2: Einzelteilzeichnung

Baugruppenzeichnung. Sie stellt eine Baugruppe in zusammengebautem Zustand dar **(Bild 1)** und dient als Fertigungsunterlage für die Endmontage. Es sind alle für den Zusammenbau relevanten Informationen enthalten.

Funktionsgruppenzeichnung. Das Zusammenwirken funktionell zusammengehöriger Teile und Baugruppen wird in Funktionsgruppenzeichnungen dargestellt.

Explosionszeichnung. Die Teile einer Baugruppe oder eines Erzeugnisses werden so angeordnet, dass die Reihenfolge für die Montage gezeigt wird. So können komplexe Baugruppen perspektivisch in ihre Einzelteile zerlegt gezeigt werden **(Bild 2).** Explosionszeichnungen werden auch als Anordnungspläne oder Anordnungszeichnungen bezeichnet.

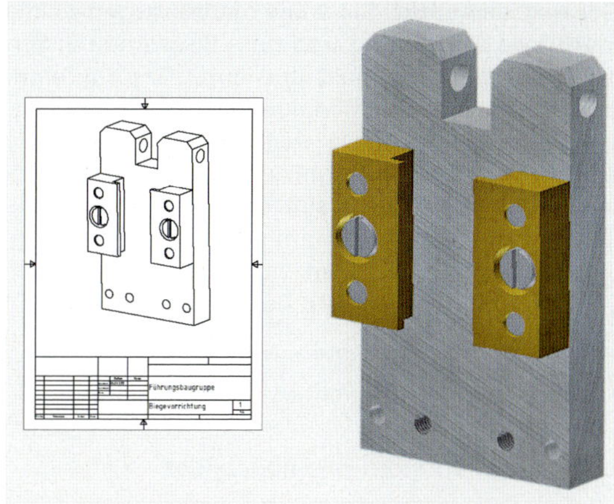

Bild 1: Baugruppenzeichnung und zugehöriges 3D-Modell

Merkmale von Explosionszeichnungen

- Darstellung der Lage der Bauteile zueinander in Montagereihenfolge
- Dreidimensionale Darstellung des Erzeugnisses (z. B. isometrische Projektion)
- Positionsnummern der Einzelteile und ggf. auch Kurzbezeichnungen sind vorhanden
- Keine Maßeintragungen
- Ohne besondere Vorkenntnisse lesbar

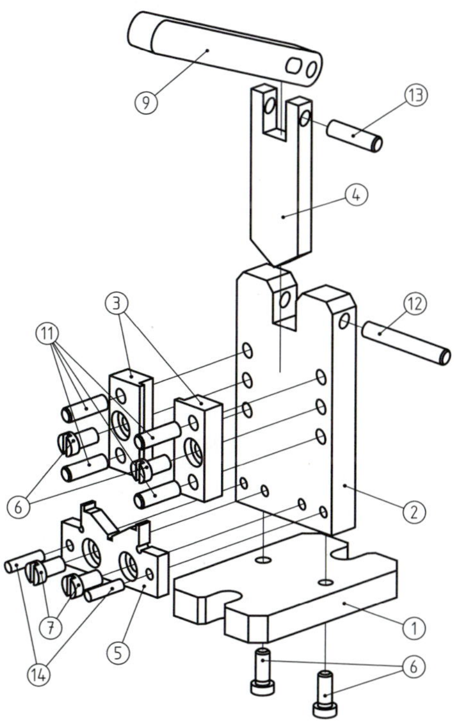

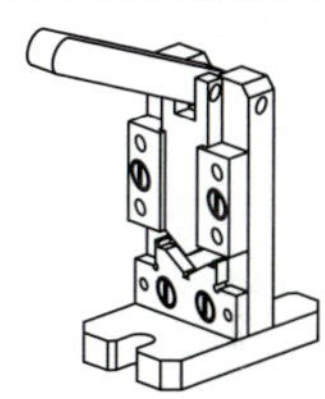

TEILELISTE			
OBJ.	ANZ.	BAUTEILNUMMER	Beschreibung
14	2	ISO 2338 - 4 h8 x 18	Zylinderstift
13	1	ISO 2338 - 5 h8 x 24	Zylinderstift
12	1	ISO 2338 - 6 h8 x 45	Zylinderstift
11	4	ISO 2338 - 5 h8 x 20	Zylinderstift
10	1	Batteriekontakt gebogen	
9	1	06 Hebel	
8	4	Batteriekontakt gebogen	
7	2	ISO 1207 - M5 x 8	Zylinderschraube mit Schlitz
6	4	ISO 1207 - M5 x 12	Zylinderschraube mit Schlitz
5	1	05 Prismenstück	
4	1	04 Schieber	
3	2	03 Führungsleiste	
2	1	02 Ständer	
1	1	01 Grundplatte	

Biegevorrichtung

Bild 2: Explosionszeichnung mit Stückliste

Gesamtzeichnung. Sie zeigt maßstabsgetreu die räumliche Anordnung und das Zusammenwirken der Einzelteile einer Maschine, eines Gerätes, einer Baugruppe oder einer Anlage in zusammengebautem Zustand **(Bild 1).** Der Aufbau und die Funktion des dargestellten Erzeugnisses sowie das Zusammenwirken der Bauteile sind daraus erkennbar. Die Zeichnung dient als Unterlage für die Fertigung. Gesamtzeichnungen besitzen folgende Merkmale:

- Darstellung in zusammengebautem Zustand
- Abbildung in genormtem Maßstab
- Darstellung in Ansichten (wie Einzelteilzeichnung)
- Positionsnummern sind abgebildet
- In der Regel keine Maßeintragungen

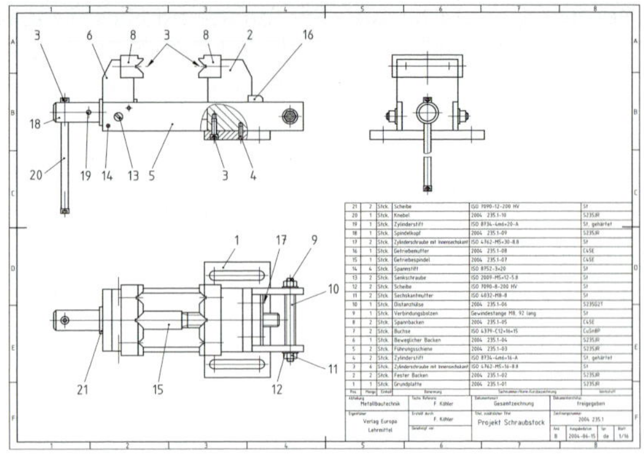

Bild 1: Gesamtzeichnung mit Stückliste

CAD-Modelle. Heutige Neukonstruktionen erfolgen mithilfe einer CAD-Software (rechnerunterstützte Konstruktion, engl. **C**omputer-**A**ided **D**esign), die dreidimensionale Volumenmodelle **(Bild 2)** erzeugt. Alle weiteren erforderlichen Daten, wie z. B. Einzelteilzeichnungen, Gesamtzeichnungen, Stücklisten und Fertigungsdaten, werden aus dem CAD-Modell abgeleitet.

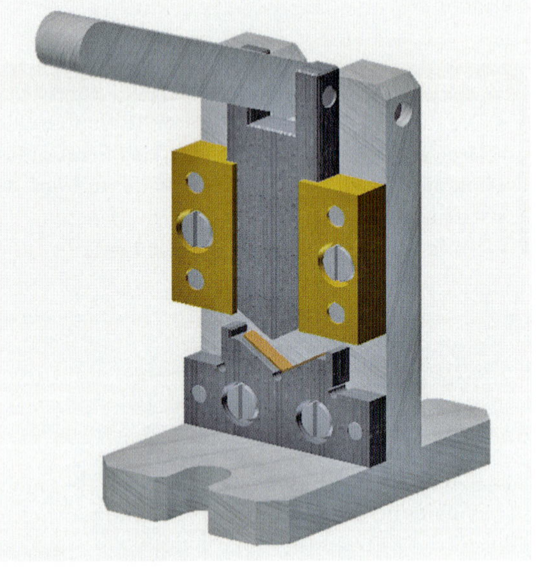

Bild 2: CAD-Modell

Vorteile von CAD:

- Einsparung von Kosten
- Steigerung der Produktivität
- Verbesserung der Qualität
- Erhöhung der Flexibilität
- Schnellere Korrekturen am Produkt

CAD-Modellen können spezifische Werkstoffeigenschaften wie z. B. Dichte, Wärmeausdehnungskoeffizienten und Zugfestigkeiten zugewiesen werden. Damit eignen sie sich für Analysen mit der Finite-Elemente-Methode (FEM), Gewichts- und Kräfteberechnungen **(Bild 4).** Aus CAD-Modellen können mithilfe von Rapid-Prototyping-Verfahren (z. B. 3D-Druck) in kurzer Zeit Prototypen hergestellt werden.

Fotos. Sie finden Verwendung in Katalogen und Zeitschriften. Fotos können neben der räumlichen Anordnung und dem Zusammenwirken der Einzelteile auch die Umgebungssituation (Hintergrund) und Farben darstellen **(Bild 3).**

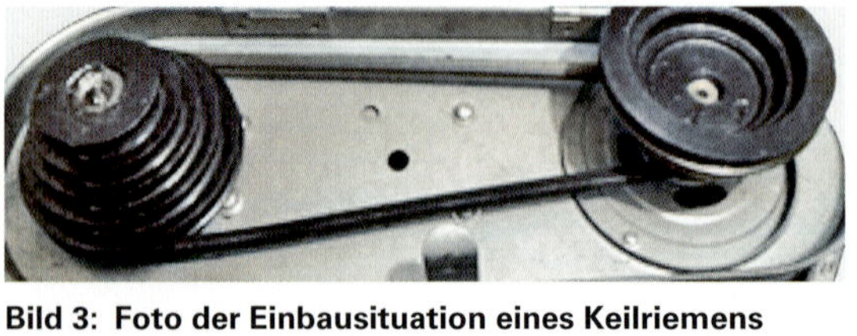

Bild 3: Foto der Einbausituation eines Keilriemens

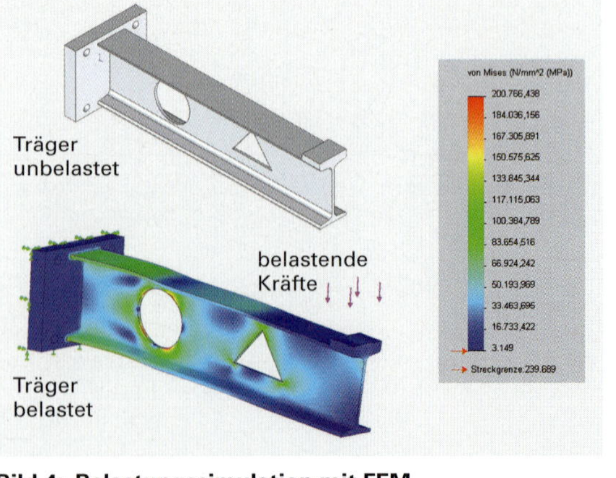

Bild 4: Belastungssimulation mit FEM

Stücklisten. Sie dokumentieren Materialien, Teile und Baugruppen, die zur Herstellung eines übergeordneten Produktes benötigt werden. Verwendungsbereiche für Stücklisten sind Fertigungsplanung, Materialbedarfsermittlung und Ermittlung von Kosten. Eine Stückliste ordnet mittels Positionsnummer jedem Einzelteil verschiedene Informationen zu **(Bild 1)**.

Pos.	Menge	Einh.	Benennung	Sachnr./Norm-Kurzbezeichnung	Bemerkung
(1)	(2)	(3)	(4)	(5)	(6)

(1) **Pos. (Position):** Teilenummer

(2) **Menge:** Losgröße, Stückzahl

(3) **Einh. (Einheit):** Maßeinheit, z. B. Stück

(4) **Benennung:** Bezeichnung des Bauteils

(5) **Sachnr. (Sachnummer)/Norm-Kurzbezeichnung:** Kurzname nach Norm

(6) **Bemerkung:** z. B. Werkstoffangaben

Bild 1: Aufbau einer Stückliste

In der Explosions- bzw. Gesamtzeichnung finden sich die in der Stückliste enthaltenen Positionsnummern der einzelnen Teile. Die Stückliste kann bei kleineren Zeichnungen direkt auf der Zeichnung **(Bild 1, vorherige Seite)** und bei umfangreichen Konstruktionen als separates Blatt geführt werden. Nach Möglichkeit sollen zuerst die zu fertigenden Teile, dann die Normteile und zuletzt die Kaufteile aufgeführt werden. Stücklisten können nach ihrem Anwendungsbereich **(Tabelle 1)** oder nach ihrem formalen bzw. strukturellen Aufbau unterschieden werden.

Unterscheidung nach dem Stücklistenaufbau

- Mengenübersichtsstücklisten
- Strukturstücklisten
- Baukastenstücklisten
- Variantenstückliste

Werden in einem Unternehmen zu einem Produkt unterschiedliche Stücklisten verwendet und gespeichert, kann es systemintern zu Inkonsistenzen führen.

Zur Darstellung der Erzeugnisstruktur, die den Aufbau eines Erzeugnisses darstellt, sind in DIN 199 verschiedene Begrifflichkeiten definiert: Erzeugnis/Produkt, Gruppe/Baugruppe, Teil und Einzelteil **(Tabelle 2)**.

Tabelle 1: Unterscheidung von Stücklisten nach Anwendungsbereich

Stücklistenbezeichnung	Anwendungsbereich
Entwicklungsstückliste Konstruktionsstückliste	Konstruktion
Fertigungsstückliste	Fertigung
Terminstückliste	Arbeitsvorbereitung
Teilebereitstellungsliste	Lagerhaltung
Beschaffungsstückliste Einkaufsstückliste	Einkauf
Ersatzteilstückliste	Service

Tabelle 2: Begriffe der Erzeugnisgliederung

Erzeugnis [E]/Produkt [P]	Gruppe [G]/Baugruppe [B]	Teil [T]	Einzelteil [E1]
Ein durch Fertigung entstandener, gebrauchsfähiger Gegenstand wird Erzeugnis genannt. Andere Bezeichnungen wie Produkt, Ware oder Gut werden ebenfalls verwendet.	Eine Gruppe besteht aus mindestens zwei Teilen oder Gruppen niederer Ordnung. Eine Gruppe erfüllt innerhalb des Produktes eine oder mehrere unselbstständige Funktionen und muss nicht zwingend in sich geschlossen (montiert) sein.	Ein Teil ist ein Gegenstand, der aus Anwendersicht nicht weiter aufgegliedert werden muss. Kennzeichnende Merkmale können aus der Bezeichnung abgeleitet werden, z. B. Ersatzteil, Rohteil.	Ein Einzelteil ist ein Teil, das nicht zerstörungsfrei weiter zerlegt werden kann.

Stücklistenarten. Je nach formalem bzw. strukturellem Aufbau werden verschiedene Stücklistenarten unterschieden. Der Aufbau der Listen richtet sich nach der Erzeugnisstruktur des Produktes **(Bild 1),** die in mehrere Ebenen gegliedert ist. Der Aufbau des Produktes in Bild 1 gliedert sich z. B. in drei unterschiedliche Ebenen. Aus diesem Aufbau können je nach Bedarf Mengenübersichtsstücklisten, Strukturstücklisten, Baukastenstücklisten oder Variantenstücklisten erzeugt werden.

Mengenübersichtsstückliste. Sie enthält je Erzeugnis E eine Auflistung der Einzelteile mit ihren Mengenangaben, ohne dass Erzeugnisstruktur oder (Bau-)Gruppen erkennbar sind **(Tabelle 1).** Sie eignet sich für einfache, wenig komplexe Produkte.

Strukturstückliste. Sie beinhaltet neben den Mengenangaben auch die Gliederung des Erzeugnisses E **(Tabelle 2)**. Die Gliederung wird in einer separaten Spalte dargestellt, in der die Ebenenzugehörigkeit der Bauelemente dargestellt wird.

Baukastenstückliste. Das Erzeugnis wird ebenenweise betrachtet, wobei jede Baugruppe des Erzeugnisses eine eigenständige Stückliste erhält, die in der übergeordneten Baugruppe aufgeht. Das in Bild 1 beschriebene Erzeugnis besitzt drei Baukastenstücklisten für die Baugruppen und eine Baukastenstückliste für das gesamte Erzeugnis/Produkt **(Bild 2).** Sie ist exemplarisch in **Tabelle 3** dargestellt. Baukastenstücklisten können mithilfe der EDV aus Strukturstücklisten generiert werden.

Variantenstückliste. Sie dient dazu, verschiedene Varianten eines Erzeugnisses in einem Dokument zu verwalten. Formen von Variantenstücklisten sind z. B.

- Plus/Minus-Stückliste
- Gleichteile- und Variantenteile-Stückliste

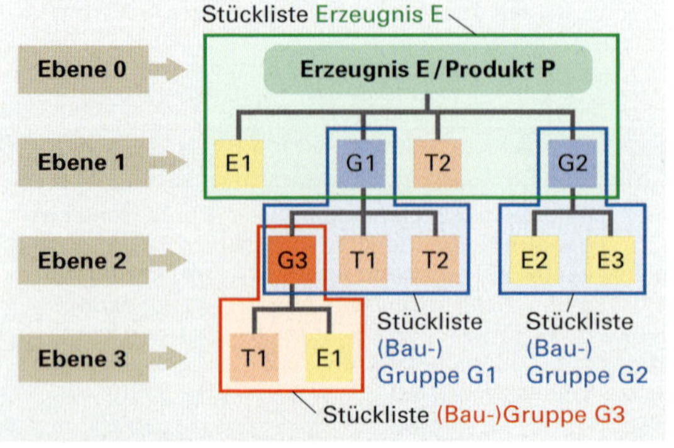

Bild 2: Struktur von Baukastenstücklisten

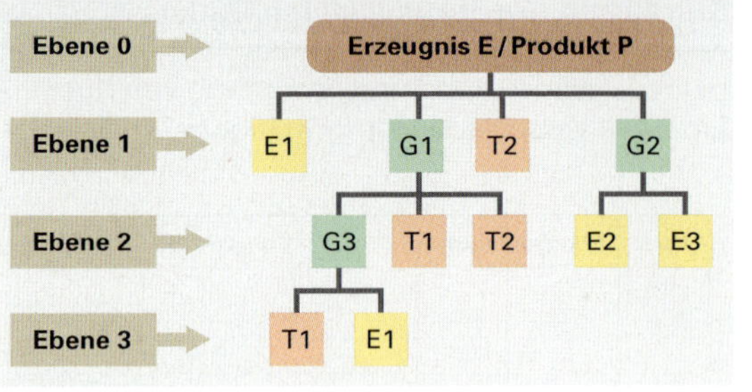

Bild 1: Erzeugnisstruktur

Tabelle 1: Mengenübersichtsstückliste

Pos.	Menge	Einh.	Benennung
1	2	Stk.	Einzelteil E1
2	1	Stk.	Einzelteil E2
3	1	Stk.	Einzelteil E3
4	2	Stk.	Teil T1
5	2	Stk.	Teil T2

Tabelle 2: Strukturstückliste

Pos.	Ebene	Menge	Einh.	Benennung
1	1	1	Stk.	Einzelteil E1
2	1	1	Stk.	Gruppe G1
3	1	1	Stk.	Teil T2
4	1	1	Stk.	Gruppe G2
5	2	1	Stk.	Gruppe G3
6	2	1	Stk.	Teil T1
7	2	1	Stk.	Teil T2
8	2	1	Stk.	Einzelteil E2
9	2	1	Stk.	Einzelteil E3
10	3	1	Stk.	Teil T1
11	3	1	Stk.	Einzelteil E1

Tabelle 3: Baukastenstückliste Erzeugnis/Produkt

Pos.	Menge	Einh.	Benennung
1	1	Stk.	Einzelteil E1
2	1	Stk.	(Bau-)Gruppe G1
3	1	Stk.	Teil T2
4	1	Stk.	(Bau-)Gruppe G2

10.5.4 Office-Lösungen in der Dokumentation

Die Dokumentation und Präsentation technischer Projekte geschieht heute fast ausschließlich mithilfe von Software auf digitalem Weg. Es kommen Office-Lösungen zum Einsatz, die mindestens Textverarbeitung, Tabellenkalkulation und Präsentationssoftware enthalten. Das Programmlayout innerhalb des Softwarepaketes ist ähnlich **(Bild 1)**, um die Einarbeitungszeit in die verschiedenen Programme zu verkürzen. Vorteilhaft ist, dass Daten innerhalb des Paketes problemlos hin- und hertransportiert werden können. Dazu stehen mehrere Möglichkeiten zur Verfügung:

- Datenaustausch ohne Verknüpfung (Copy and Paste – Kopieren und Einfügen)
- Einbetten von Objekten (Object Embedding)
- Datenaustausch mit Verknüpfung (Object Linking)

Textverarbeitung. Sie ermöglicht das Erstellen von Dokumenten bestehend aus Text, Tabellen, Grafiken und Bildern. Inhalts- und Stichwortverzeichnisse können automatisch generiert werden. Es ist möglich, innerhalb des Dokumentes Tabellen zu erstellen, externe Grafiken einzubinden, den Text mehrspaltig zu setzen, automatisch Kapitelüberschriften, Tabellen- und Bildunterschriften zu nummerieren.

Vorteile der Textverarbeitung

- Text kann am Ende formatiert werden
- Bilder und Grafiken können nachträglich eingebunden werden
- Nummerierungsfehler werden durch Automatismen minimiert

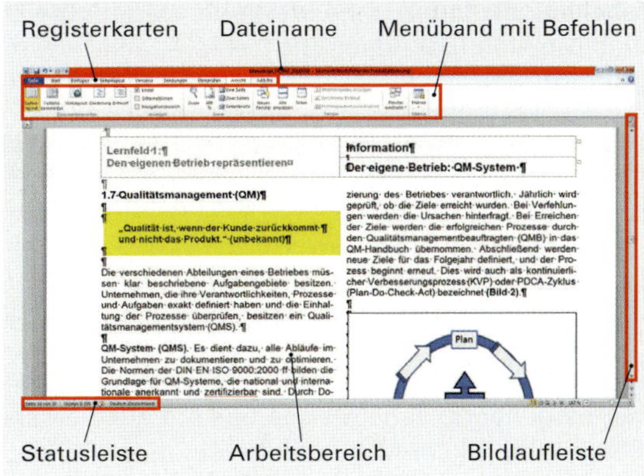

Bild 1: Layout Anwendungsfenster

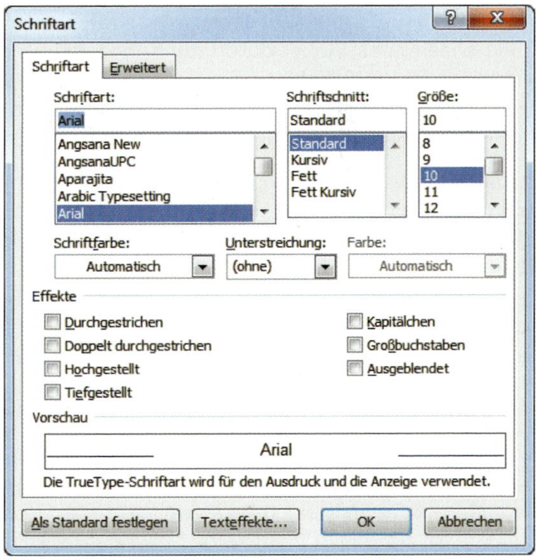

Bild 2: Zeichenformatierung

Das Layout des Dokumentes wird hauptsächlich durch das Seitenlayout, die Absatzformatierung und die Zeichenformatierung bestimmt.

Seitenlayout. Die Gestaltung der Seite, z. B. DIN-A4-Hoch- oder Querformat, Größe der Seitenränder, Textrahmen und Hintergrundfarbe werden über das Seitenlayout festgelegt.

Absatzformatierung. Das Layout eines Absatzes wird durch die Absatzformatierung bestimmt, z. B. die Größe von Abständen und Einzügen, Zeilen- und Seitenumbrüchen.

Zeichenformatierung. Mithilfe der Zeichenformatierung werden z. B. die Schriftart, die Schriftgröße, der Schriftschnitt, die Schriftfarbe und der Zeichenabstand beeinflusst **(Bild 2)**.

Dokumentenvorlagen. Individuell erstellte Layouts können als Dokumentenvorlagen definiert und abgespeichert werden. Das vorgefertigte Dokument, z. B. ein Geschäftsbrief mit Briefkopf, kann dann direkt aufgerufen werden.

Formatvorlagen. Das individuelle Formatieren eines jeden Absatzes ist mühsam und zeitaufwendig. Es gibt deshalb die Möglichkeit, Formatvorlagen zu benutzen, in denen Formatierungen voreingestellt sind. Sie sind ebenfalls individuell veränderbar.

Tabellenkalkulation. Eine Methode, statistische Daten darzustellen, sind Tabellen, bei denen die Zahlen nach bestimmten Regeln eingetragen werden.

Tabellenkalkulationsprogramme helfen dem Anwender (Bild 1)

- Zahlen strukturiert darzustellen (in tabellarische Form zu bringen),
- Zahlenmaterial auszuwerten,
- mit Zahlenmaterial zu rechnen,
- Zahlenmaterial durch Diagramme übersichtlich darzustellen.

Eine Datei wird in Tabellenkalkulationen häufig Mappe oder Arbeitsmappe genannt. Jede Mappe besteht aus verschiedenen Tabellenblättern, die in der Mappe hintereinander liegen **(Bild 2).** Die Informationen der einzelnen Tabellenblätter können untereinander verknüpft werden.

Eine Tabelle besteht aus Spalten, die alphabetisch, und Zeilen, die numerisch eindeutig gekennzeichnet sind. Ein Tabellenfeld wird als Zelle bezeichnet. Sie ist durch die Kennzeichnung eindeutig adressierbar, z. B. B4 (Bild 2). In die Zellen können Texte, Werte, mathematische Formeln oder logische Ausdrücke eingetragen und, ähnlich der Textverarbeitung, beliebig formatiert werden.

Arbeiten mit Formeln. Mithilfe der Zelladressen können über mathematische Formeln neue Werte ermittelt werden, z. B. berechnet die Funktionsanweisung SUMME (D10:D13) die Summe aller Werte, die im Zellbereich D10 bis D13 stehen **(Bild 3).** Diese Art Berechnungen durchzuführen hat den Vorteil, dass Zahlenänderungen vorgenommen werden können und die Formel immer wieder das entsprechende Ergebnis berechnet, ohne dass der Anwender selbst die Werte in die Formel eingeben muss. Es gibt verschiedene Arten von Formeln:

- **Textformeln:** Sie verketten Text und Zelleinträge wieder zu Text, z. B. *="Geburtsjahr"&G11* liefert als Ergebnis *Geburtsjahr 1960*, wenn in G11 die Zahl 1960 steht.
- **Numerische Formeln:** Sie verrechnen Variablen und Konstanten zu einer neuen Zahl, z. B. *=F12*1.16* liefert als Ergebnis *20.32*, wenn in F12 die Zahl 20 steht.
- **Logische Formeln:** Sie überprüfen logische Bedingungen, die entweder wahr (logisch 1) oder falsch (logisch 0) sein können, z. B. *=(A6>A4)+1* liefert das Ergebnis *2*, wenn A6 größer als A4 ist, und *1*, wenn A6 kleiner als A4 ist. Logische Bedingungen können über logische Operatoren (UND; ODER; NICHT) verknüpft werden.
- **Funktionen:** Sie sind von der Anwendung zur Verfügung gestellte Formeln, die komplizierte Berechnungen erlauben. Die Programmierung ist vorgegeben **(Bild 4).** Zu jeder Funktion existiert eine Beschreibung der Syntax, damit der Anwender die Parameter der Funktion richtig eingeben kann.

Bei der Eingabe von Formeln muss die Syntax der Formel (z. B. Anzahl der Klammern) stimmen, sonst gibt die Software Fehlermeldungen aus.

	Filiale A	Filiale B	Filiale C
1. Quartal	251	365	616
2. Quartal	300	376	676
3. Quartal	243	500	743
4. Quartal	291	389	680
Summe	1085	1630	2715

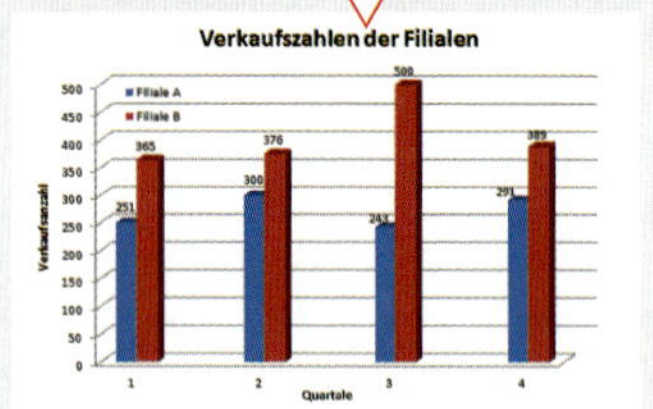

Bild 1: Darstellung von Zahlenmaterial

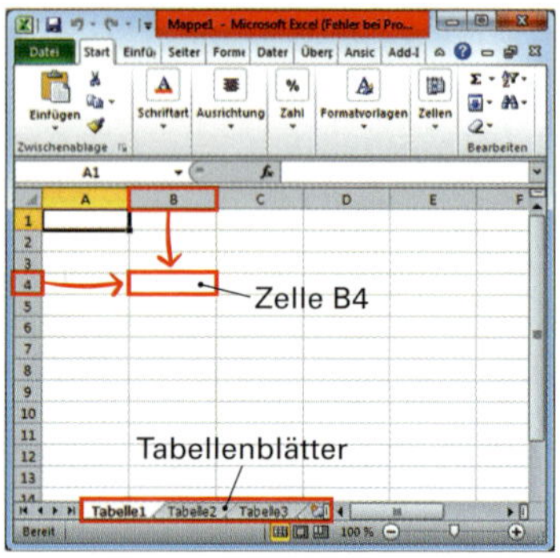

Bild 2: Aufbau einer Mappe

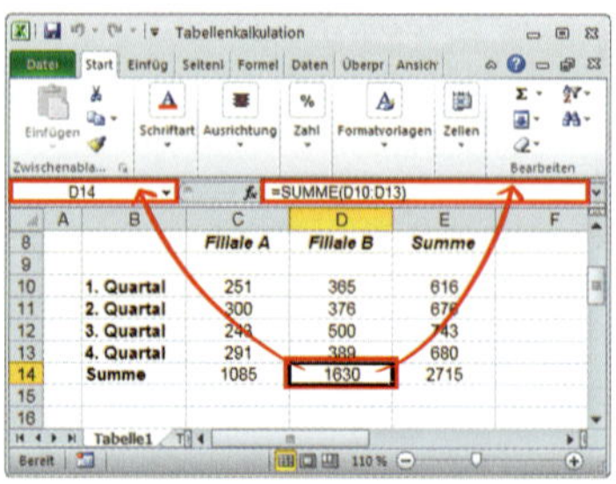

Bild 3: Berechnungen mit Zelladressen

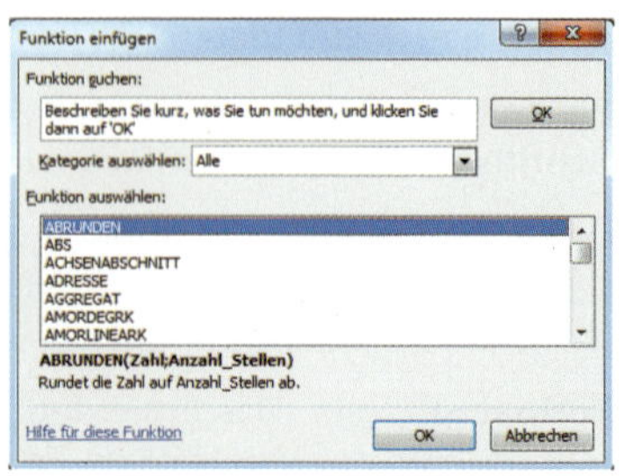

Bild 4: Funktionen

Diagramme. Bei großen Zahlenmengen lassen sich mit der tabellarischen Darstellung der Werte schlecht Entwicklungstendenzen, Abweichungen vom Mittelwert etc. veranschaulichen.

Diagramme visualisieren Daten oder Informationen **(Bild 1)**.

Je weniger Informationen ein Diagramm enthält, umso leichter kann es vom Betrachter erfasst werden. Eine einfache Form lässt dem Betrachter die Möglichkeit, sich auf Inhalt und Bedeutung zu konzentrieren.

Regeln zur Erstellung von Diagrammen

- Übersichtlichkeit (große Schrift, breite Linien, einheitliche Darstellung)
- Bündeln der Informationen zu einer Aussage
- Farbe sparsam verwenden **(Bild 2)**
- Wenig Text verwenden
- Schwarz-weiße Ausgaben durch unterschiedliche Schraffuren, Graustufen oder Linienmuster verwenden
- Verwechslungsmöglichkeiten minimieren
- Geeignete Schriftgrößen verwenden (z. B. für Papierformat DIN A4: 22 Pt für Überschriften, 18 Pt für Texte, Schrifttyp Arial oder Verdana)

Es gibt verschiedene Diagrammtypen, die sich zur Visualisierung von Daten anbieten **(Tabelle 1)**:

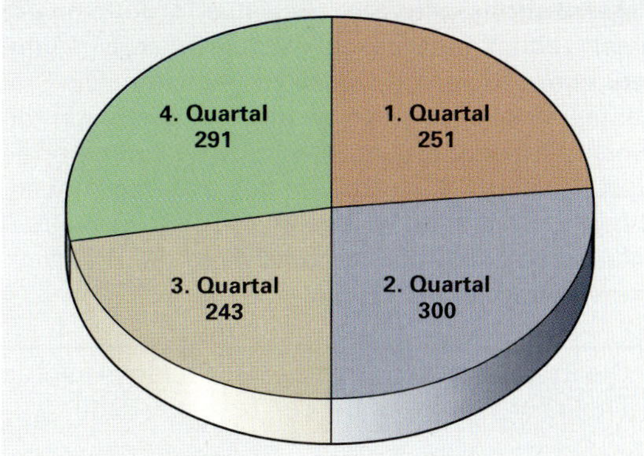

Bild 1: Kreisdiagramm

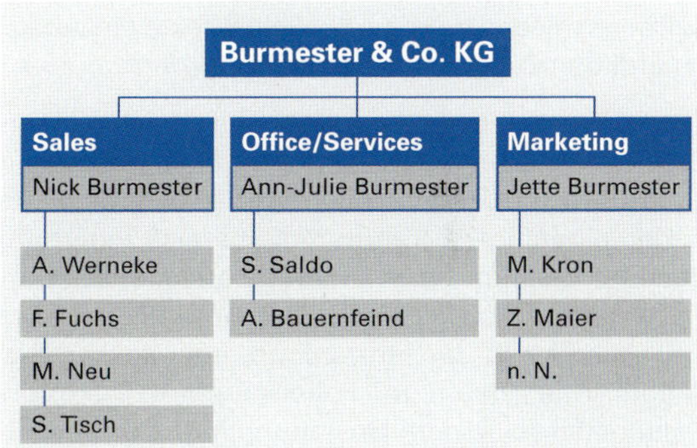

Bild 2: Sparsame Farbverwendung im Organigramm

Tabelle 1: Diagrammtypen

Typ	Abbildung	Erläuterung
Punkt-diagramm	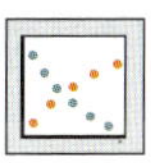	Zwei orthogonale Koordinatenachsen spannen eine Fläche auf, in die Wertepaare als Kreuze oder Punkte eingetragen werden.
Kreis-diagramm	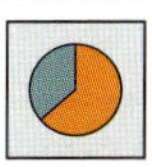	Wird genutzt für die Darstellung von prozentualen Anteilen (Kreissektoren) an einer Gesamtmenge (= 360°). In der dreidimensionalen Form wird es als Tortendiagramm bezeichnet.
Linien-diagramm		Die durch Punkte dargestellten Wertepaare werden durch Linien verbunden. Wird für zeitabhängige Verläufe verwendet.
Kurven-diagramm	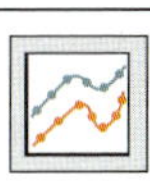 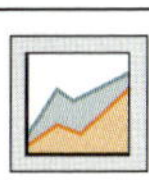	Die durch Punkte dargestellten Wertepaare werden durch interpolierte Kurven verbunden. Wird wie das Liniendiagramm eingesetzt, auch als Flächendiagramm möglich.
Säulen-diagramm	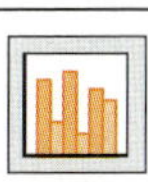	Der Abstand zwischen Abszissenachse und Datenpunkt wird durch eine Säule dargestellt. Mit einem gestapelten Säulendiagramm können auch Inhalte innerhalb der Säulen dargestellt werden.
Balken-diagramm		Wie Säulendiagramm. Unterschied: Die Balken sind horizontal orientiert (Platzersparnis in vertikaler Richtung).
Pareto-diagramm		Das Pareto-Diagramm ist eine Sonderform des Säulendiagramms und zeigt Gruppen nach ihrer Bedeutung (Größe) geordnet.

Präsentationssoftware. Sie ist erforderlich, um einen zeitlich begrenzten Vortrag (max. 60 Minuten) über ein Thema visuell zu begleiten. Die Präsentationsseiten (Folien) werden in der Regel mit einem Projektor (Beamer) an eine Leinwand projiziert. Es ist möglich, Objekte aus anderen Anwendungen, Sound- und Videoeffekte oder Filme über interaktive Schaltflächen **(Bild 1)** in die Präsentation zu integrieren.

Die Erstellung des Layouts der Folien erfolgt in ähnlicher Weise wie bei der Textverarbeitung.

Trotz der weitreichenden Möglichkeiten der Präsentationssoftware sollten grundlegende didaktische Prinzipien beachtet werden **(Tabelle 1)**. Es sollte vermieden werden, zu viele Effekte einzubauen und den Zuhörer damit zu überfordern.

Folienlayout. Eine Folie besteht aus verschiedenen Elementen: Rahmen, Hintergrund, Titel, grafischen Objekten und Text. Ein Folienrahmen hilft, die Folie in den eigentlichen Informationsbereich innerhalb des Rahmens und den organisatorischen Teil im Folienrahmen zu gliedern. Der organisatorische Teil enthält z. B. das Firmenlogo, den Namen des Autors, Titel, Datum und Foliennummer. Der Informationsteil sollte dem Gestaltungsprinzip des Goldenen Schnittes folgen: Strecken mit einem Verhältnis von 1 : 1,6 wirken besonders harmonisch. Im Bereich der vier resultierenden Punkte sind Informationen besonders ansprechend platziert **(Bild 2)**. Der Blick des Betrachters verläuft, bedingt durch die Lesegewohnheit, von links oben (Folientitel) nach rechts unten. Auf dieser Achse können ebenfalls Informationen positioniert werden.

Wichtige Informationen werden links oben und rechts unten nahe des Zentrums auf der Folie platziert.

Folieninhalte. Sie werden im Informationsteil der Folie innerhalb des Rahmens eingebunden. Es gelten folgende Regeln:

- Nicht mehr als 50 % der Fläche für Informationsdarstellung
- Darstellung von maximal fünf Informationen auf einer Folie
- Optische Hervorhebung (fett/kursiv) von höchstens 10 bis 20 % der gesamten Informationen
- Nur Darstellung von relevanten Informationen
- Verwendung von wenig Text und mehr Bildern **(Bild 3)**
- Darstellung von Zahlenreihen durch Diagramme

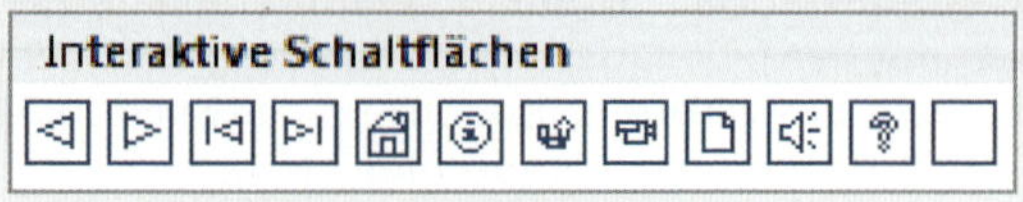

Bild 1: Interaktive Schaltflächen

Tabelle 1: Didaktische Grundprinzipien

Grundprinzip
Zusammensetzung der Zielgruppe beachten (homogen: z. B. nur Entscheidungsträger/ heterogen: z. B. Schüler und Lehrer)
Vorkenntnisse der Zielgruppe kennen
Erwartungen der Zielgruppe ermitteln
Problematisieren – Lösungswege aufzeigen – Lösungswege wählen
Von bekannten Inhalten auf neue Inhalte schließen
Vom Überblick zum Detail führen
Vom konkreten zum abstrakten Sachverhalt überleiten

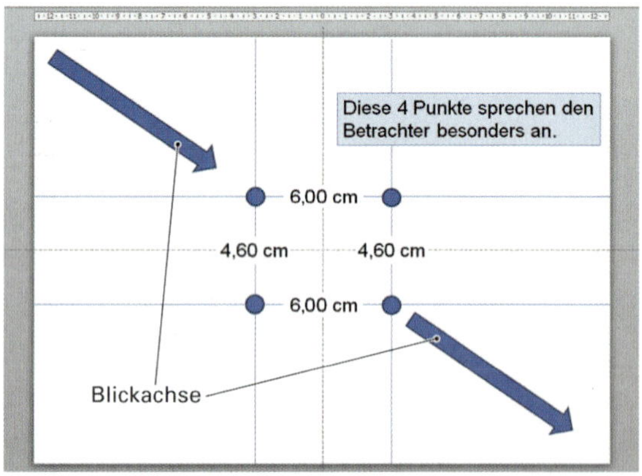

Bild 2: Folienlayout (Goldener Schnitt) und Blickachse

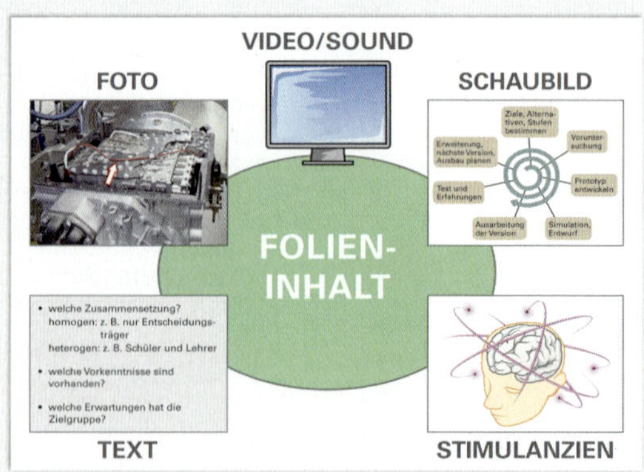

Bild 3: Folieninhalte

Gliederung. Jede Präsentation besteht aus drei Teilen **(Bild 1)**:

- Eröffnung,
- Hauptteil
- Schlussphase

Die Eröffnung beinhaltet die Begrüßung, die Vorstellung der eigenen Person und des Themas sowie eine kurze Beschreibung des Ablaufes. Der Hauptteil der Präsentation behandelt das eigentliche Thema und wird logisch gegliedert. Die Schlussphase dient dazu, das Wesentliche nochmals zusammenzufassen und das Ergebnis herauszustellen. Anschließend sollte zur Diskussion übergeleitet werden, indem Fragen an die Zuhörer gestellt werden oder um ein Feedback gebeten wird.

Präsentationen dürfen nicht zu textlastig sein.

Texte werden von Zuhörern am schlechtesten aufgenommen bzw. ermüden den Zuhörer. Folgende Punkte sind zu beachten:

- nur ein Thema pro Folie
- so wenig Text wie möglich
- nur Schlagworte, keine ganzen Sätze

Trotz des Einsatzes einer Präsentationssoftware steht der Vortragende im Mittelpunkt des Geschehens. Die digitale Präsentation dient nur der Unterstützung des Vortrags. Das Präsentieren aller Folien sollte grundsätzlich nach einem bestimmten, immer ähnlichen Schema erfolgen **(Bild 2)**. Einige zusätzliche Tipps zur Durchführung einer Präsentation sind in **Bild 3** aufgeführt.

Zusammenfassend kann festgestellt werden, dass bei einer Präsentation die drei Bereiche Textdarstellung, Vortrag und Bild miteinander verknüpft werden. Nach der Präsentation sollte reflektiert werden, was gut bzw. schlecht war (z.B. Zeiteinteilung, Unterlagen, Folien), und was noch verbessert werden kann.

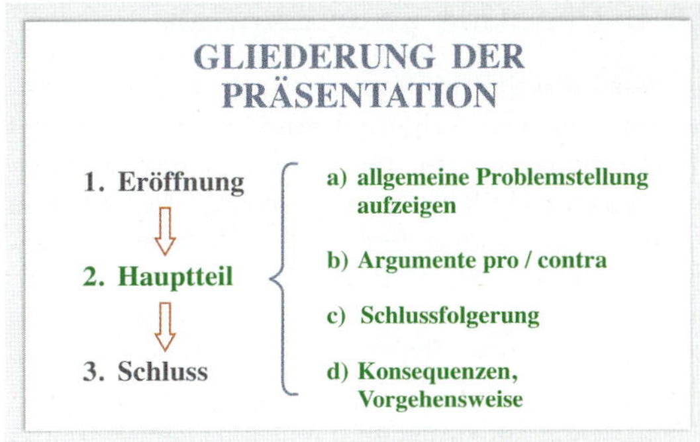

Bild 1: Gliederung der Präsentation

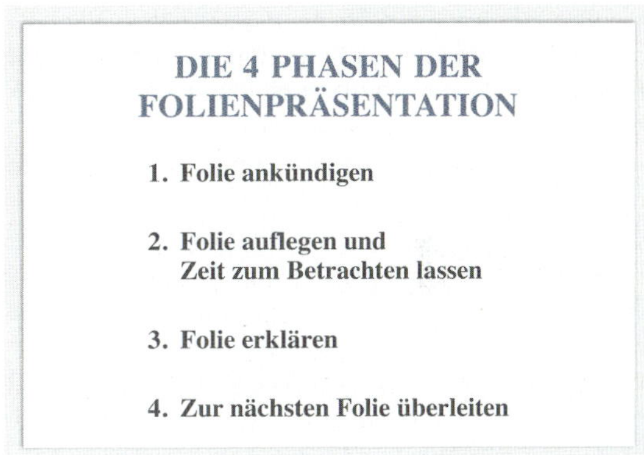

Bild 2: Präsentationsphasen

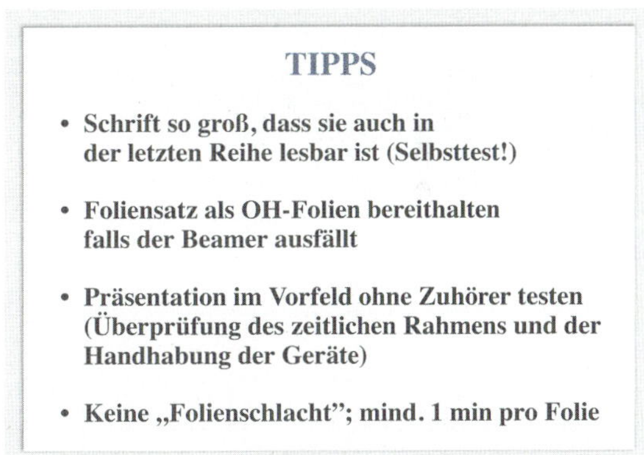

Bild 3: Tipps zur Durchführung

Wiederholung und Vertiefung

1 Erläutern Sie den Unterschied zwischen interner und externer Dokumentation.
2 In welchen Formen werden Betriebsanleitungen dem Produkt mitgegeben?
3 Nennen Sie Arten von technischen Zeichnungen und Darstellungsformen.
4 Welche Vorteile bietet der Einsatz eines CAD-Systems?
5 Erläutern Sie den Unterschied zwischen Tabelle und Mappe bei einer Tabellenkalkulation.
6 Was ist beim Erstellen von Folien und Folienlayouts zu beachten?

10.6 Practise your English

Technical projects

A sorting device must be modernized in order to shorten the cycle time. Parts of the plant have to be reconstructed and the operator panel **(Figure 1)** has to be changed completely. Furthermore, a new PLC (Programmable Logic Controller) needs to be installed. As time pressure for change is high and the incurred jobs have different focal points, the tasks should be carried out by a team.

A PLC must be integrated via Ethernet into the existing network. Since there are only hand-drawn plans of the old facility, a pneumatic plan and a circuit diagram have to be drawn. As well as a terminal configuration plan, a technology diagram **(Figure 2)** and an assignment list is needed (task list for employee 1).

Improvements are necessary in the supply of parts in order to reduce cycle times. These changes should be added in the existing CAD documentation (task list for employee 2).

The panel including the case is made of stainless steel and the labeling is applied by laser technology by a foreign company. A CAD documentation for the panel **(Figure 3)** has to be to created (task list of employee 3).

The head of department asks the team members for a preliminary study containing different solutions. Using these variants, the resulting cost and the time frame should be visible. As a first milestone, the departmental leader has set a presentation date on which the team has to show these results.

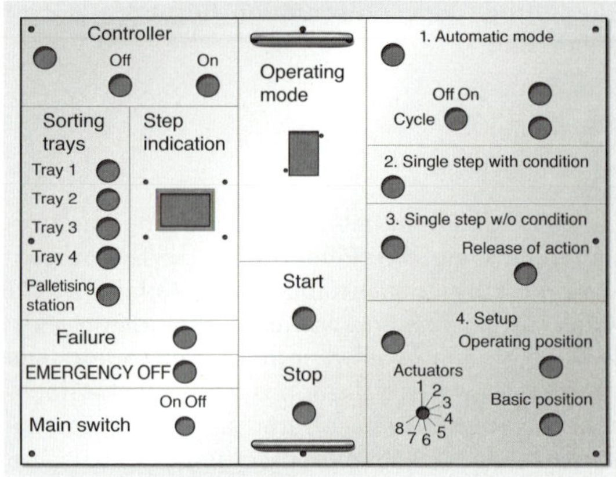

Figure 1: Control panel

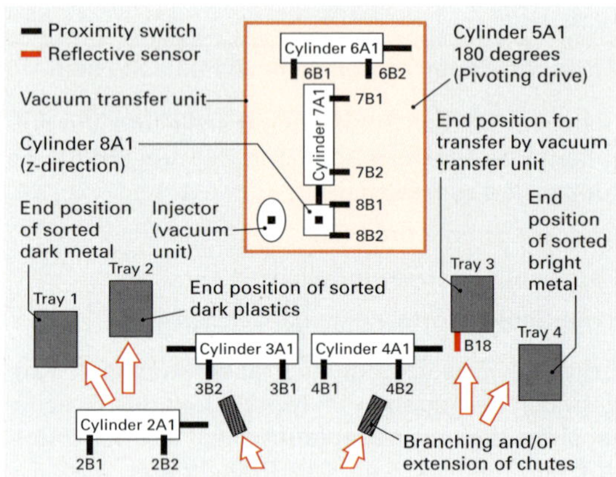

Figure 2: Technology scheme

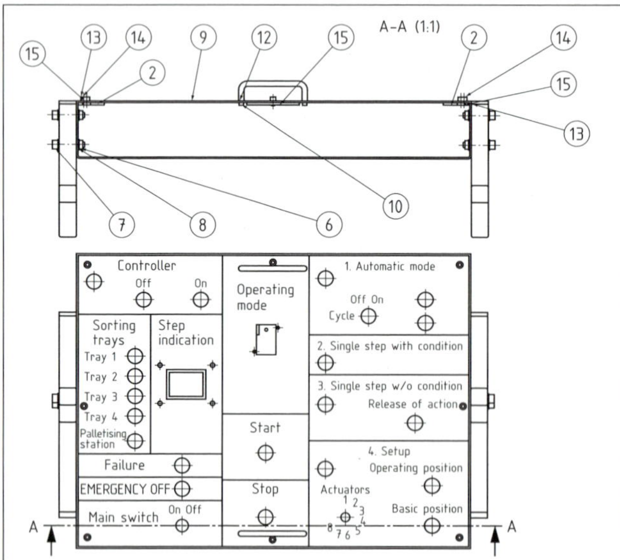

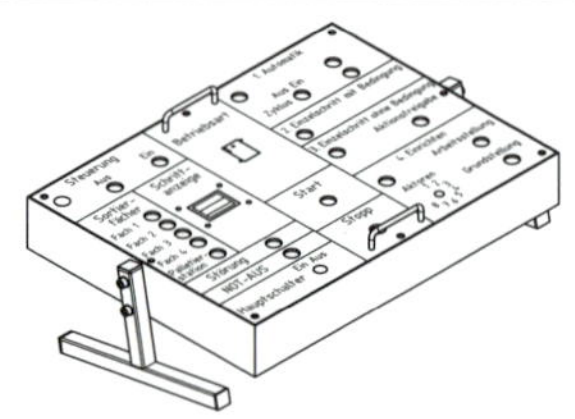

BILL OF MATERIALS

ITEM	QUANTITY	PART NUMBER	DESCRIPTION
1	1	5101	Case
2	4	5103	Corner connector
3	2	5104	Square tube
4	2	5105	Square tube
5	6	5108	Sealing cap
6	8	5109	Washer ISO 7092 – ST8
7	4	5110	Hexagon socket bolt ISO 4762 – M8 x 40
8	4	5111	Hexagon nut ISO 4032 – M8
9	1	5102	Cover panel
10	4	5112	Hexagon socket bolt ISO 4762 – M4 x 8
11	2	5107	Handle
12	4	5113	Washer ISO 7092 – ST4
13	8	5114	Washer ISO 7092 – ST5
14	8	5115	Hexagon socket bolt ISO 4762 – M5 x 8
15	4	5106	Connector

Scale 1:5
Operating panel
5100

Figure 3: CAD-Data for the control panel

Informationen zum lernfeldorientierten Unterrichten

Ziele des lernfeldorientierten Unterrichtens

- Das im Unterricht erworbene Wissen soll in die betriebliche Praxis übertragen werden können.
- Der Theorie-Praxis-Bezug wird durch die Vorgehensweise „Von der Lernsituation zum Tätigkeitsfeld" bzw. „Vom Wissen zum Handeln" gefördert.
- Die Fähigkeit zur Nutzung aller möglichen Informationsquellen wie z. B. Fachbücher, Tabellenbücher, Hersteller-Kataloge und Web-Seiten wird entwickelt.
- Die Fähigkeit zur Problemanalyse und Problemlösung, kooperatives Lernen im handlungsorientierten Unterricht sowie selbstorganisiertes individuelles Lernen werden gefördert.

Merkmale des lernfeldorientierten Lernens

- Die lernfeldorientierten Lehrpläne sind nicht nach Fächern gegliedert, sondern durch die beruflichen Tätigkeitsfelder (Handlungsfelder) vorgegeben. In diesem Rahmen werden die technischen Kenntnisse und die Handlungskompetenz vermittelt.
- Die Lernfelder beschreiben die Ziele des Unterrichts in den Handlungsfeldern eines Berufes, z. B. Fertigen, Montieren, Instandhalten und Automatisieren im Ausbildungsberuf Industriemechanikerin/Industriemechaniker.
- Geeignete Leitprojekte und Lernsituationen richten sich nach dem regionalen industriellen Umfeld, den Möglichkeiten der Schule und der Lernfähigkeit der Schüler.
- Die Aufteilung des Unterrichts zwischen Klassenraum, Labors und fachpraktischen Räumen sowie die Zusammenarbeit der Lehrer einer Klasse müssen besonders sorgfältig abgestimmt werden.

Grundsätzlicher Aufbau eines Lernfeldes am Beispiel Herstellen einfacher Baugruppen

Bezeichnung **Ausbildungsjahr** **Zeitrichtwert**	Herstellen einfacher Baugruppen 1. Ausbildungsjahr 80 Stunden
Lernziele (Auszug)	Die Schülerinnen und Schüler bereiten die Herstellung von einfachen Baugruppen vor. Sie unterscheiden Fügeverfahren nach ihren Wirkprinzipien und ordnen sie anwendungsbezogen zu.
Lerninhalte (Auszug)	Teil-, Gruppen- und Gesamtzeichnungen, Stückliste, Montagebeschreibung, Grundlagen des kraft-, form- und stoffschlüssigen Fügens, Normteile, Fertigungsverfahren, Grundlagen des Qualitätsmanagements.
Anmerkung	Die Aufteilung der Gesamtzeit auf die einzelnen Inhalte sowie auf die Klassen- und Fachräume liegt im Ermessen der Schule.

Lernschritte bei der Erarbeitung eines Lernfeldes an Hand eines Leitprojektes

Analysieren des gewählten Projektes. Aufgabenstellung erfassen, Informationsquellen sichten
Planen. Berechnungen durchführen, Werkstoffe auswählen, Arbeitsplan erstellen
Fachkenntnisse vermitteln durch Unterricht, Fachbücher, Herstellerunterlagen, Filme ...
Durchführen. Fertigen, montieren, prüfen, optimieren, in Stand halten
Bewerten. Einhalten der Zeit- und Kostenpläne, Vergleich verschiedener Lösungen
Dokumentieren. Foto, Gesamtzeichnung, Stückliste, Prüfprotokoll, Beschreibung
Präsentieren. Werbend oder informierend, abgestimmt auf die Bezugsgruppe

Auf den folgenden Seiten 654 bis 679 werden die Lernfelder anhand eines jeweils gewählten Leitprojekts vorgestellt und ihre Erarbeitung stichwortartig skizziert.

Lernfeld: Fertigen von Bauelementen mit handgeführten Werkzeugen

Gewähltes Leitprojekt: Schlüsselanhänger

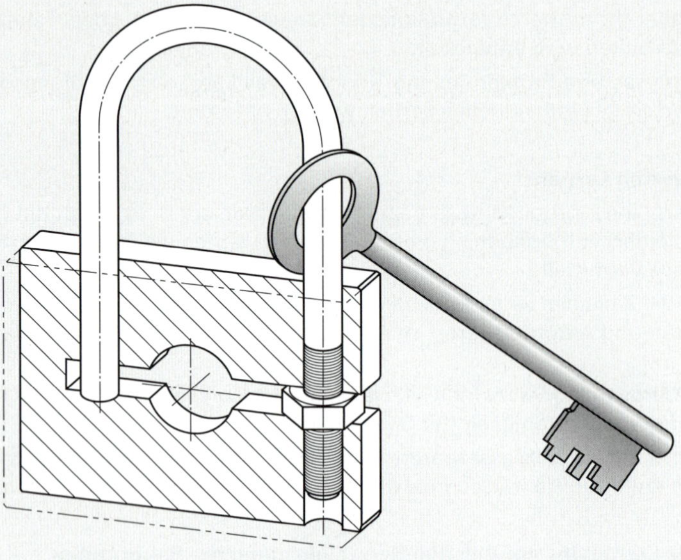

Gesamtzeichnung des Schlüsselanhängers

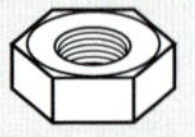

Sechskantmutter

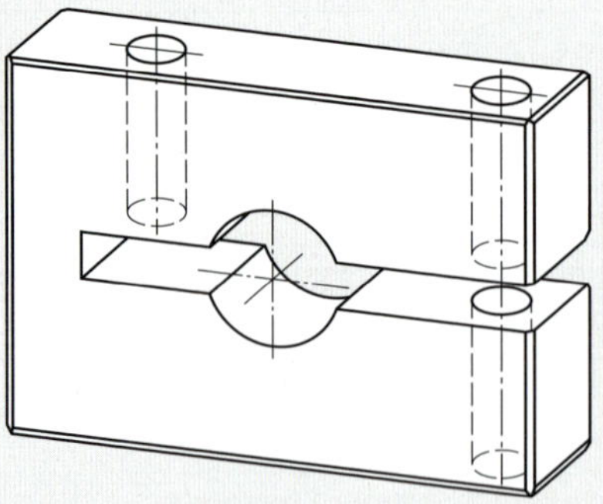

Stahlklotz

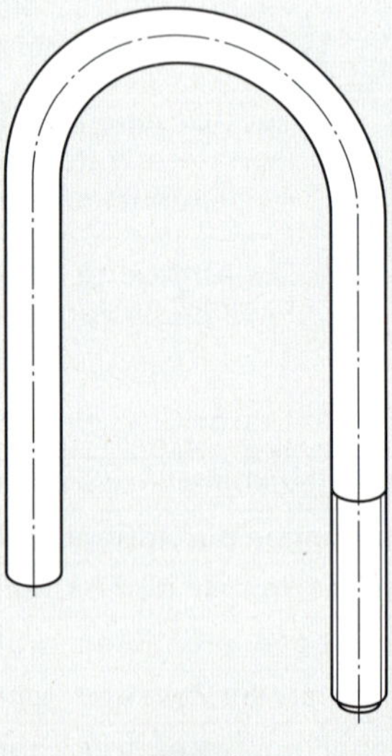

Bügel

Lernfeld: Fertigen von Bauelementen mit handgeführten Werkzeugen

Gewähltes Leitprojekt: Schlüsselanhänger

Ziele und Inhalte	Hinweise, Hilfsmittel

Analysieren: Aufgabe und Funktion des Schlüsselanhängers

• **Beschreibung** der Aufgabe und Funktion anhand der vorgegebenen Zeichnungen (Seite 638) • **Grundlagen der Darstellung**: Anforderungen an technische Zeichnungen; Projektionsarten • **Erstellen der Teilzeichnungen,** eventuell nur als Handskizzen; notwendige Bemaßung, einfache Toleranzen • **Auswahl der Normteile,** die für den Schlüsselanhänger benötigt werden • Einfache **Stückliste** erstellen	Prüfen, ob die angebotenen zeichnerischen Darstellungen zum Verständnis ausreichen. Vor- und Nachteile der dimetrischen Projektion diskutieren, ebenso der üblichen zweidimensionalen Teilezeichnungen. Möglichkeit eines einfachen CAD-Programms nutzen. Fachzeichnen-, Tabellen-, Fachkundebuch

Berechnen: Grundlagen

• **Vorhandenes mathematisches Können** der Schüler und **Umgang mit dem Taschenrechner** feststellen und durch Übungen angleichen • **Größen und Einheiten:** Umrechnung und Anwendung • **Formeln und Gleichungen:** Umstellen, Auflösen • **Berechnung:** Längen, Flächen, Volumen und Masse der Bauteile	Der Umgang mit Hilfsmitteln wie Taschenrechner, Fachkunde- und Tabellenbüchern könnte dem 1. Lernfeld auch in einem eigenen Unterrichtsblock vorangestellt werden. Berechnungen immer mit Zahlenwerten und Einheiten ausführen. Fachrechnen- und Tabellenbuch

Werkstoffe

• **Übersicht** über die Werkstoffe • **Werkstoffeigenschaften** • **Bezeichnung** der Stähle; Werkstoffnummern • **Halbzeuge:** Kurzbezeichnungen • **Andere** geeignete Werkstoffe kennenlernen	Auf den Kostenfaktor eingehen. Fachkunde- und Tabellenbuch

Fertigen

• Übersicht über die Fertigungsverfahren • Sägen, Feilen, Bohren[1)] und Gewindebohren • Umformen durch Biegen • Arbeitsschritte, Werkzeuge, Spannmöglichkeiten • Geeignete Mess- und Prüfmittel • Arbeitsschutz	Im 1. Ausbildungsjahr werden die Fertigungsverfahren, die sich später wiederholen, nur grundlegend behandelt. [1)] Bohren wird hier zum Fertigen mit handgeführten Werkzeugen hinzugenommen, um das 1. Lernfeld interessanter gestalten zu können. Fachkunde- und Tabellenbuch

Prüfen, Bewerten, Dokumentieren, Präsentieren

Prüfen:	Längenmaße, Oberflächenbeschaffenheit, Ebenheit, Rechtwinkligkeit und Funktion
Bewerten:	Einhaltung des Zeitplanes, Teamarbeit
Dokumentieren:	Zeichnungen, Berechnungen, Arbeitspläne
Präsentieren:	Arbeitsvorgänge, Arbeitsergebnisse, Verbesserungsmöglichkeiten

Lernfeld: Fertigen von Bauelementen mit Maschinen

Gewähltes Leitprojekt: Spanngerät für runde Werkstücke

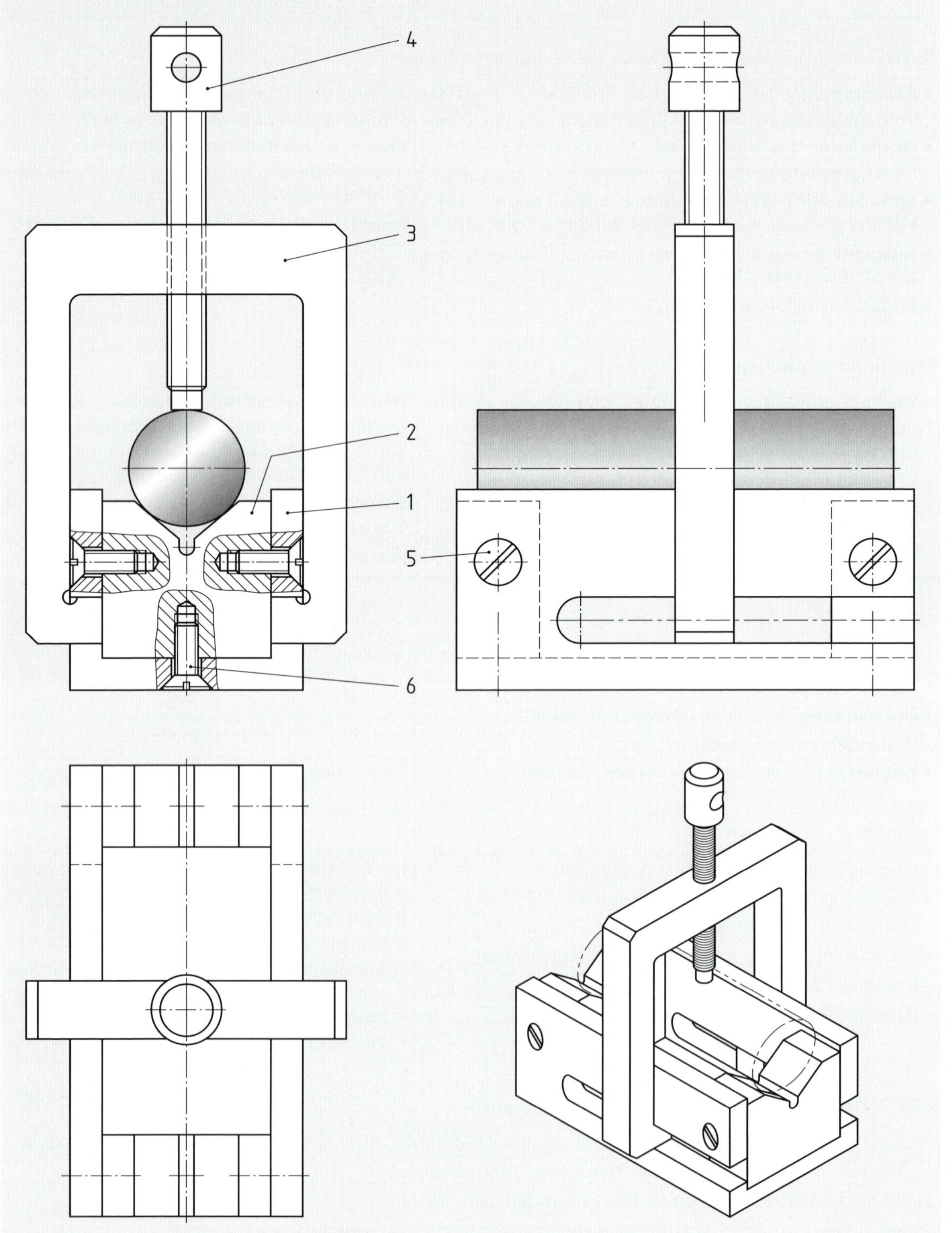

Lernfeld: Fertigen von Bauelementen mit Maschinen

Gewähltes Leitprojekt: Spanngerät für runde Werkstücke

Ziele und Inhalte	Hinweise, Hilfsmittel

Analysieren: Aufgabe und Funktion des Spanngerätes

• **Beschreibung** der Aufgabe und Funktion anhand der vorgegebenen Zeichnungen (Seite 640)	Prüfen, welche Vor- und Nachteile die isometrische Darstellung des Spanngerätes hat.
• **Festlegen,** welche Werkstückformen mit dem Spanngerät gespannt werden können	
• **Stückliste** in vereinfachter Form erstellen	Position, Menge, Benennung, Normenbezeichnung und Werkstoff
• **Teilzeichnungen** der zu fertigenden Teile mit allen für die Herstellung nötigen Angaben anfertigen	Maße Toleranzen, Oberflächenangaben, Grundlagen der Passungen
• **Bügel** (Pos. 3) so ändern, dass für die Herstellung der Innenkontur weniger Handarbeit erforderlich ist	

Berechnen

• **Spannkraft** der Spannschraube und ihre Einflussgrößen	Vorteile (z. B. Selbsthemmung) und Nachteile (z. B. geringer Wirkungsgrad) der mechanischen Spannelemente besprechen.
• **Zusammenhang** zwischen Durchmesser, Drehzahl und Schnittgeschwindigkeit bei der spanenden Bearbeitung	Zwischen stufenlosen elektrischen Antrieben und gestuften Antrieben für Drehzahlen und Vorschubgeschwindigkeiten unterscheiden
• **Vorschubgeschwindigkeit** beim Bohren und Fräsen	
• **Überschlägige Berechnung** des Gewichtes des fertigen Spanngerätes	Absoluter und prozentualer Werkstoffverlust durch die spanende Bearbeitung

Festlegen geeigneter Werkstoffe, Wärmebehandlung

• **Anforderungen** an die Werkstoffe bestimmen	Normgerechte Werkstoffbezeichnungen, Halbzeuge, Stahlerzeugnisse
• **Wärmebehandlung** erwägen	
• **Überblick** über Wärmebehandlungsverfahren	Möglichkeiten der Härteprüfung
• **Abmessungen der Werkstoffe**: Möglichst genormte und im Betrieb vorhandene Halbzeuge und Erzeugnisse verwenden	Prüfen, ob durch Verwendung von blankgezogenen Profilen die spanende Bearbeitung teilweise eingespart werden kann.

Fertigen bzw. Planen der Fertigung

• **Arbeitsplan** erstellen	
• **Drehen und Fräsen**: Grundlagen	Einteilung der Verfahren; Aufbau der Maschinen
• **Schneidstoffe**: Arten, Eigenschaften, Verwendung	
• **Schnittdaten,** Werkzeuge, Spannmöglichkeiten	Vorgang bei der Zerspanung: Nur Grundlagen, Vertiefung erfolgt bei späteren Lernfeldern
• **Kühlschmierung**: Zweck, Arbeitsregeln	
• **Mess- und Prüfmittel** festlegen	Einfacher Prüfplan
• **Arbeits- und Umweltschutz** beachten	

Prüfen, Bewerten, Dokumentieren, Präsentieren

Lernfeld: Herstellen einfacher Baugruppen

Gewähltes Leitprojekt: Bohrständer für Handbohrmaschine

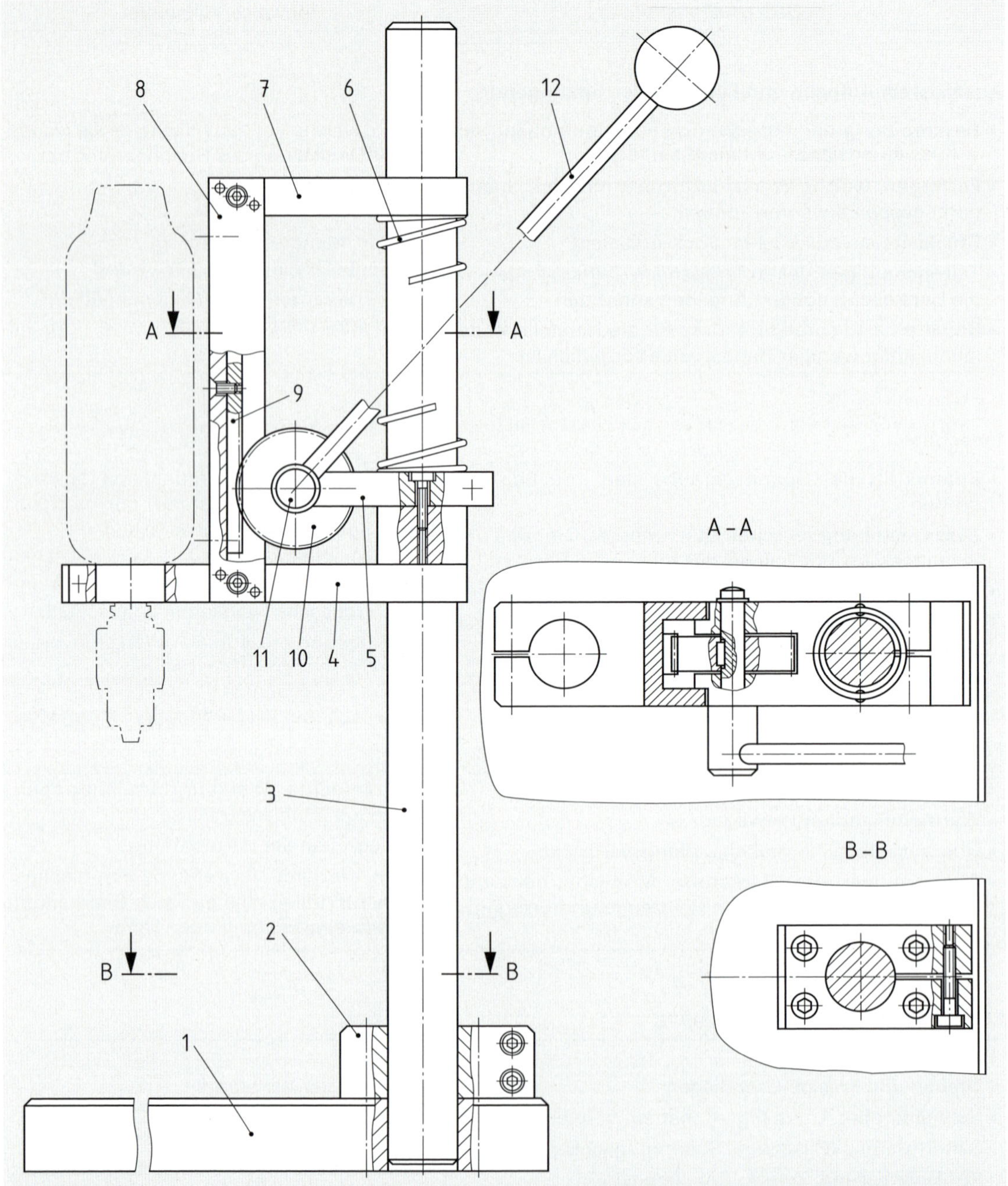

Teileliste (ohne Normteile)							
Pos.	Benennung	Pos.	Benennung	Pos.	Benennung	Pos.	Benennung
1	Grundplatte	4	Bohrmaschinenhalter	7	Führungsplatte	10	Zahnrad
2	Säulenbefestigung	5	Zahnradaufnahme	8	Verbindungsplatte	11	Welle
3	Säule	6	Druckfeder	9	Zahnstange	12	Handhebel

Lernfeld: Herstellen einfacher Baugruppen

Gewähltes Leitprojekt: Bohrständer für Handbohrmaschine

Ziele und Inhalte	Hinweise, Hilfsmittel

Analysieren: Funktion des Bohrständers

• **Vorbemerkung:** Der auf der vorherigen Seite dargestellte Bohrständer wurde von Auszubildenden des 1. Ausbildungsjahres entwickelt. • **Erfassen** der Fertigungsaufgabe und der Funktion des Bohrständers anhand der Gesamtzeichnung. • **Die Anforderungen** an einen Bohrständer definieren und diskutieren, ob diese mit der vorgesehenen Konstruktion erfüllt werden. • **Den projektierten Bohrständer** mit einem vorhandenen gekauften hinsichtlich Preis und Funktionsfähigkeit vergleichen. • **Teilzeichnungen** der zu fertigenden Teile in Gruppenarbeit erstellen.	Die Bohrständer sollen in größeren Stückzahlen gefertigt und an Betriebsangehörige verkauft werden. Auf einer Kopie der Zeichnung farbliche Kennzeichnung aller Teile, die mit dem Bohrschlitten nach unten bewegt werden. Die Schwachstellen dieser Konstruktion benennen und Verbesserungen vorschlagen. Bezeichnung der wichtigsten Teile auch in Englisch. Betriebsanleitung erstellen.

Berechnen

• **Geradlinige und Drehbewegungen** • **Drehwinkel** des Handhebels für einen bestimmten Hub bzw. Vorschubweg • **Den Zusammenhang** zwischen Drehwinkel und Hub in einem Diagramm darstellen • **Vorschubkraft** mittels Hebelgesetz ermitteln • **Notwendige Vorspannkraft** der Druckfeder bestimmen und die Abmessungen der Druckfeder mithilfe einer Tabelle festlegen • Die **Federkennlinie** grafisch darstellen	Grafische Darstellungen: Einführung, Erstellen und Ablesen Schwierige Berechnungen, z. B. einer Druckfeder, durch Ablesen aus Tabellen ersetzen

Festlegen geeigneter Werkstoffe

• Die Werkstoffe der Teile nach den **Anforderungen** an die Teile festlegen • **Vergleich** der gewählten Werkstoffe mit den Werkstoffen des gekauften Bohrständers • **Prüfen** der wichtigsten Werkstoffeigenschaften und Werkstoffkennwerte im Labor	Überblick über Stähle, Gusseisenwerkstoffe und die Kunststoffe Diskussion der Werkstoffwahl beim gekauften Bohrständer Sichtprüfung, einfache Werkstattprüfverfahren

Planen, Fertigen, Prüfen

• **Arbeitsplan** erstellen • **Teile fertigen:** Drehen, Fräsen, Bohren • **Verbindungstechnik:** Überblick über feste und lösbare, form- und kraftschlüssige Verbindungen • **Verbindungen am Bohrständer** festlegen und die zugehörigen Normteile bestimmen • **Teile montieren** und **Funktion prüfen**	Im Labor: Belastung von Schrauben bestimmen; auf ausreichende, aber nicht zu große Einschraubtiefen achten Möglichkeit des Schweißens prüfen, um die Anzahl der Teile zu reduzieren und die Stabilität des Ständers zu erhöhen Montageplan für den Zusammenbau

Lernfeld: Warten technischer Systeme

Gewähltes Leitprojekt: Warten einer Säulenbohrmaschine

Wartungs- und Pflegeplan

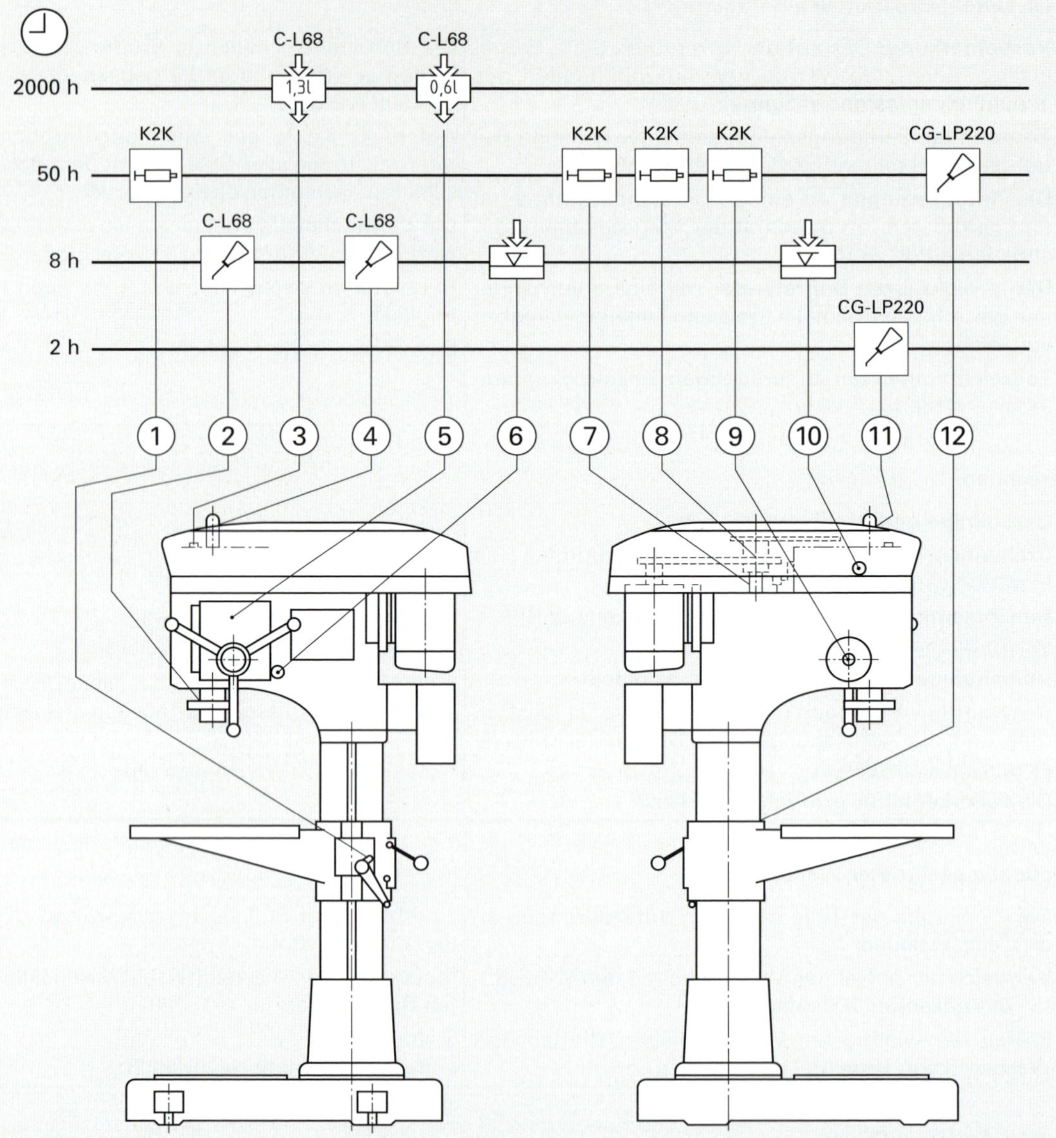

Teileliste (ohne Normteile)			**Schmierstellensymbole**	
1 Tischhubgetriebe	5 Öleinfüllschraube Vorschubgetriebe	9 Vorschubwelle	C-L68 1,3l — Auffüllen von 1,3 l Schmieröl C-L68	CG-LP220 — Ölen mit Schmieröl CG-LP220
2 Pinole	6 Ölschauglas Vorschubgetriebe	10 Ölschauglas Schaltgetriebe		
3 Öleinfüllstopfen	7 Drehzahlverstellung	11 Leitpatrone	Auffüllen mit Schmieröl auf Markierung	K2K — Abschmieren mit Schmierfett K2K
4 Spindelkeilwelle	8 Stufenloser Antrieb	12 Säule		

Lernfeld: Warten technischer Systeme

Gewähltes Leitprojekt: Warten einer Säulenbohrmaschine

Ziele und Inhalte	Hinweise, Hilfsmittel

Arbeitsauftrag analysieren

Grundbegriffe der Instandhaltung erörtern: Wartung, Inspektionen, Instandsetzung. Bedeutung der Instandsetzung	Aspekte der Sicherheit, Betriebsbereitschaft, Verfügbarkeit und Wirtschaftlichkeit erörtern.

Arbeitsunterlagen besorgen und bereitstellen

Wartungs- und Pflegepläne, Anordnungspläne, Betriebs- und Bedienungsanleitungen Störstellen- und Fehlersuchhilfen Schmiermittelempfehlungen des Maschinenherstellers, Schmiermittelkataloge Verschleißteilelisten Schaltungsunterlagen	Arbeitsunterlagen besorgen bzw. anfordern und bereitstellen: Maschinenhersteller-Unterlagen Schmiermittelherstellerkataloge Unterlagen von Herstellern der Verschleißteile, wie z. B. Kugellager, Dichtringe, Keilriemen Fachkundebuch, Tabellenbuch

Technische Inhalte erarbeiten

Grundlagen der Maschinen- und Gerätetechnik Baugruppen und Funktionseinheiten von Maschinen Maschinenelemente: Lager, Dichtungen, Wellen, Achsen, Kupplungen, Führungen, Zahnräder- und Riemengetriebe Verschleiß, Störungsursachen, Schadensanalyse Schmiermittel und Kühlschmiermittel, Entsorgung Korrosion und Korrosionsschutz Elektrische Bauelemente und Verschaltung: Schalter, Sicherungen, Elektromotoren, Gefahren, Sicherheit	Beteiligte Maschinenelemente kennenlernen, insbesondere solche, die Verschleiß unterliegen und geschmiert werden müssen. Möglichkeiten der Vermeidung bzw. Verminderung des Verschleißes besprechen. Kataloge und Prospekte von Maschinen- und Elektromotorherstellern durchsehen. Fachkundebuch, Tabellenbuch

Berechnungen durchführen

Drehzahlen, Übersetzungen, Vorschubwege und Vorschubgeschwindigkeiten Spannung und Stromstärke, Ohm'sches Gesetz, Elektrische Arbeit und Leistung Kenndaten von Elektromotoren	Gefahren des elektrischen Stroms besprechen Fachkundebuch, Rechenbuch, Tabellenbuch

Arbeitsauftrag durchführen

Wartungsarbeiten nach Beendigung einer Arbeitsschicht an einer Säulenbohrmaschine ausführen	Im Maschinenlabor oder in den Werkstätten der Schule oder in Zusammenarbeit mit dem Ausbildungsbetrieb durchführen

Arbeits- und Umweltschutz berücksichtigen

Sicherheitsvorschriften, elektrische Schutzmaßnahmen, gesundheitliche Belastung Entsorgung verbrauchter Schmierstoffe und Kühlschmierstoffe	Unterlagen zur Arbeitssicherheit der Berufsgenossenschaften Richtlinie zur Entsorgung von Altölen Fachkundebuch

Projektkontrolle, Dokumentation und Bewertung

Prüfung der durchgeführten Wartungsmaßnahmen Überschlägige Kostenbetrachtung für die Arbeitszeit und den Materialverbrauch Verbesserungsmöglichkeiten erörtern	Diskussion der verschiedenen Wartungsmöglichkeiten und Instandhaltungsstrategien Fachkundebuch

Lernfeld: Fertigen von Einzelteilen mit Werkzeugmaschinen

Gewähltes Leitprojekt: Hydraulisches Spannelement

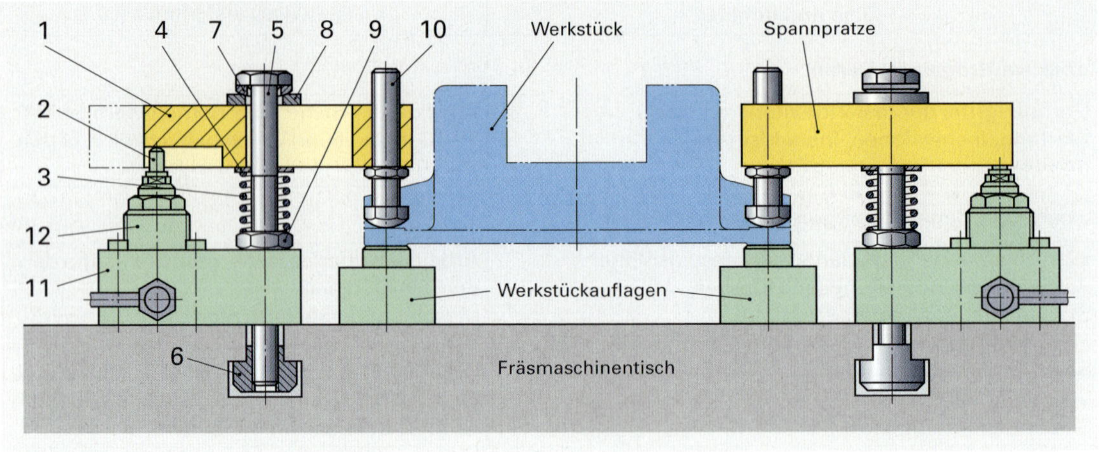

Teilzeichnung einer Spannpratze (Pos. 1):

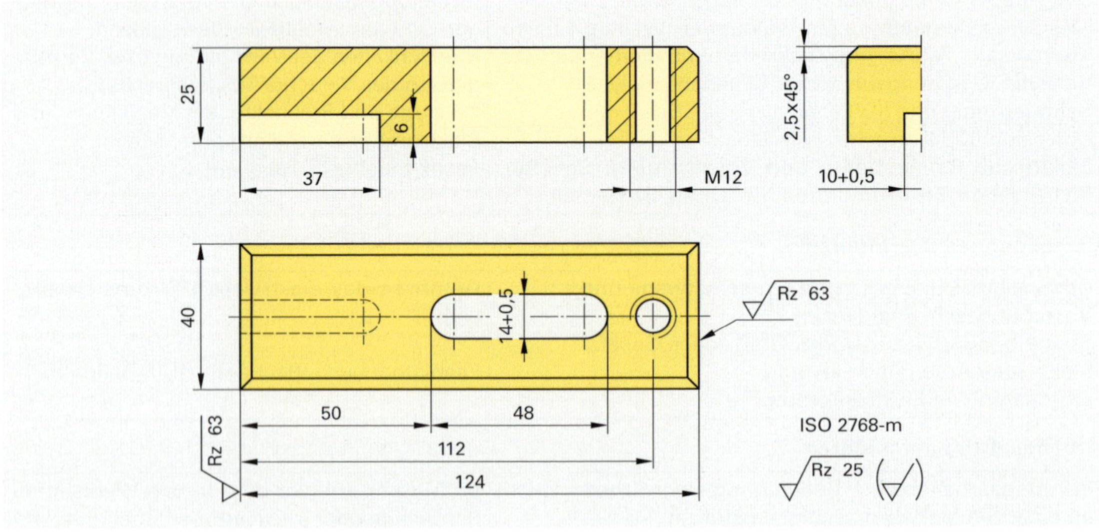

Stückliste eines Hydraulischen Spannelements							
Pos.	Menge	Benennung	Norm-Kurzbezeichnung bzw. Werkstoff	Pos.	Menge	Benennung	Norm-Kurzbezeichnung bzw. Werkstoff
1	1	Spannpratze	C45E	7	1	Kugelscheibe	DIN 6319 – C13
2	1	Druckschraube	16MnCr5	8	1	Kegelpfanne	DIN 6319 – D13
3	1	Druckfeder	DIN 2098 – 1,6x15x70	9	1	Sechskantmutter	ISO 6768 – M12
4	1	Scheibe	ISO 7090 – 13 – 200HV	10	1	Spannschraube	16MnCr5
5	1	Sechskantschraube	ISO 4014 – M12x130-8.8	11	1	Grundkörper	S235JR (St 37-2)
6	1	Mutter	DIN 508 – M12 x 25	12	1	Hydraulik-Einschraubzylinder	∅ 16x12

Lernfeld: Fertigen von Einzelteilen mit Werkzeugmaschinen

Gewähltes Leitprojekt: Hydraulisches Spannelement

Ziele und Inhalte	Hinweise, Hilfsmittel

Analysieren: Aufgabe und Funktion der Hydraulischen Spannvorrichtung

• **Beschreibung** der Aufgabe und Funktion anhand der vorgegebenen Zeichnung und Stückliste (vorherige Seite) • **Festlegen,** welche Werkstückformen mit der Spannvorrichtung gespannt werden können • **Teilzeichnungen** der zu fertigenden Teile mit allen für die Herstellung nötigen Angaben anfertigen • **Festlegen** der Größe der Hydraulik-Einschubzylinder mit Kenndaten (Pos. 12)	Prüfen, welche Vor- und Nachteile die Spannvorrichtung hat, alternative Spannmöglichkeiten mit Vor- und Nachteilen Maße, Toleranzen, Oberflächenangaben, Passungen, Wärmebehandlung, Form- und Lagetoleranzen Erforderliche Spannkraft am Werkstück, Hebelübersetzungen, Kräfte auf das Werkstück

Berechnen

• **Druckkraft** am Einschraubzylinder • **Spannkraft** der Spannschraube und ihre Einflussgrößen • **Zusammenhang** zwischen Durchmesser, Drehzahl und Schnittgeschwindigkeit bei der spanenden Bearbeitung • **Vorschubgeschwindigkeit** bei der spanenden Bearbeitung • **Federberechnungen** nach dem Hooke'schen Gesetz • **Hauptzeitberechnungen** für die spanenden Fertigungsverfahren • **Kostenberechnungen**	Druck in Flüssigkeiten und Gasen Hebel, Auflagerkräfte, Schraubenberechnungen Anwendung von Tabellen und Diagrammen, Herstellerunterlagen Zwischen stufenlosen und gestuften Antrieben für Drehzahl und Vorschubgeschwindigkeit unterscheiden. Vergleich der unterschiedlichen Fertigungsverfahren und prüfen, ob durch Verwendung geeigneter Halbzeuge Kosten eingespart werden können.

Festlegen geeigneter Werkstoffe, Wärmebehandlung

• **Anforderungen** an die Werkstoffe bestimmen • **Wärmebehandlung** erwägen • **Überblick** über Wärmebehandlungsverfahren • **Normteile** und **Halbzeuge** festlegen • **Schneidstoffe** auswählen • **Kühl- und Schmierstoffe** und deren Entsorgung	Normgerechte Werkstoffbezeichnungen, Halbzeuge, Stahlerzeugnisse Tabellenbuch, Fachbücher Herstellerangaben beachten

Planen, Fertigen, Prüfen

• **Arbeitspläne** erstellen • **Teile fertigen** • **Mess- und Prüfmittel** festlegen • **Messen** der Längen-, Form- und Lagetoleranzen und Möglichkeiten der Härtprüfung • Führen und interpretieren der **Prüfprotokolle** • **Arbeits- und Umweltschutz** beachten	Abhängigkeit der Qualität vom Fertigungsprozess UVV beachten Kosten der Mess- und Prüfmittel ermitteln, Prüfkosten abschätzen Sichtprüfungen, einfache Werkstattprüfverfahren Pflichtenhefteintrag

Bewerten, Dokumentieren, Präsentieren

Lernfeld: Installieren und in Betrieb nehmen steuerungstechnischer Systeme

Gewähltes Leitprojekt: Vereinzelung unterschiedlicher Metallkugeln

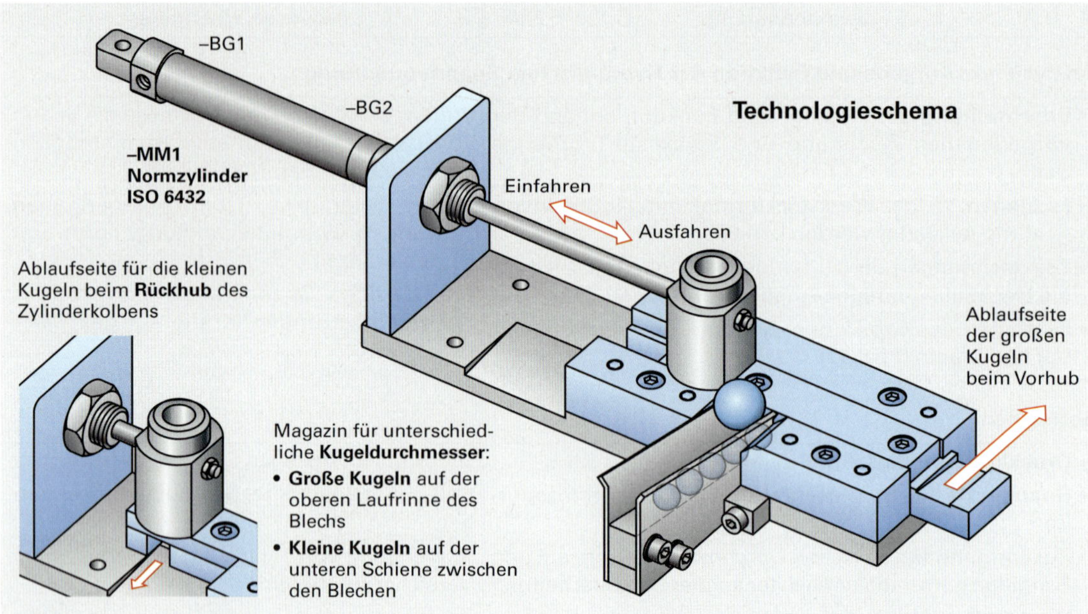

Pneumatische Schaltplanvorlage:

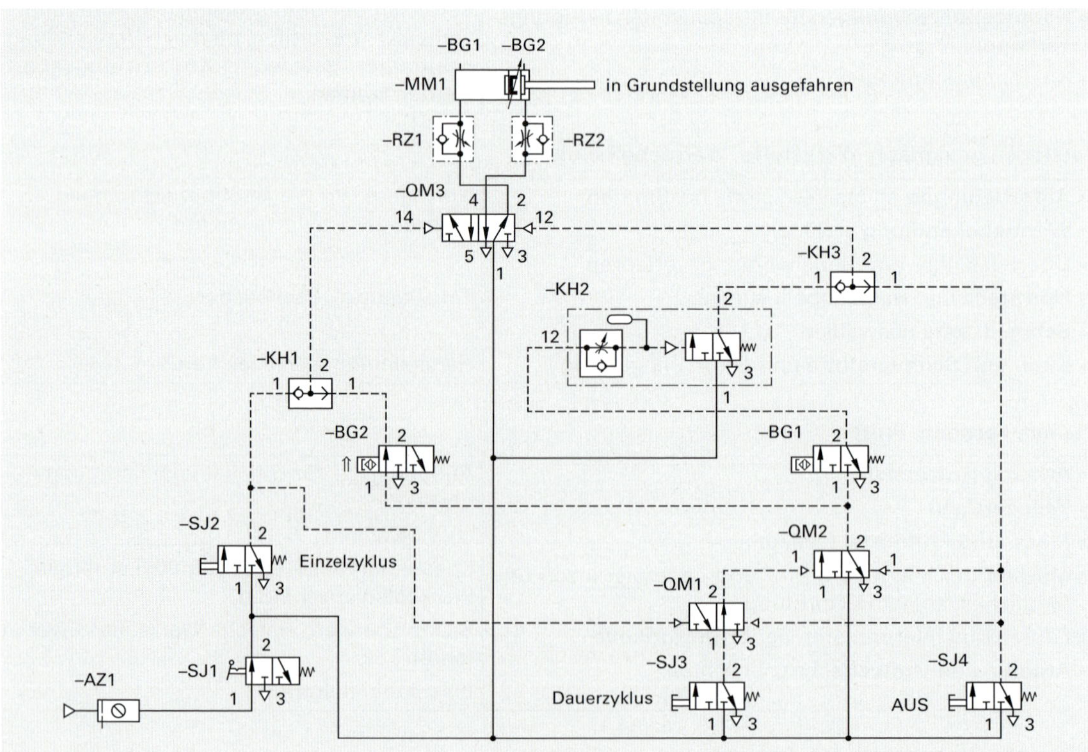

Lernfeld: Installieren und in Betrieb nehmen steuerungstechnischer Systeme

Gewähltes Leitprojekt: Vereinzelung unterschiedlicher Metallkugeln

Funktionsbeschreibung: An einer automatisierten Anlage sollen unterschiedliche Metallkugeln vereinzelt werden. Diese sind in einem Magazin so gespeichert, dass sich die **kleinen** Kugeln auf einer Laufrinne, die **großen** auf einer Schiene darüber zur Vorrichtung geneigt bewegen können. In der Grundstellung ist die Kolbenstange des doppelt wirkenden Zylinders ausgefahren. In dieser Stellung kann je eine kleine Kugel in die Aussparung eines Schiebers **(kleines Bild, vorherige Seite)** hineinrollen. Beim Rückhub wird diese Kugel mitgenommen und seitlich nach links in der hinteren Endlage herausrollen. Gleichzeitig läuft eine große Kugel in die schräge Aussparung des Schiebers. Beim Vorhub wird die große Kugel mitgenommen und in der vorderen Endlage (= Grundstellung) kann sie seitlich nach rechts hinauslaufen. Die Anlage ist im Einzel- als auch im Dauerbetrieb zu betreiben. Beim Dauerbetrieb wird der Hub in die Grundstellung um 2 s verzögert. Von der Steuerung ist ein pneumatischer Schaltplan vorhanden. Dieser soll in eine elektropneumatische oder SPS-Schaltplanlösung mit einer Kleinsteuerung umgebaut werden.

Planung:	Ziele, Inhalte	Durchführung, Hinweise
Art und Umfang des Kundenwunsches wird analysiert und geklärt.	**Informationsphase** Produktkataloge, Datenblätter und Betriebsanweisung für geplante Bauelemente besorgen Beschaffung von Werkzeugen und Bereitstellung von pneumatischer und elektrischer Energie Einsatz von fluidmechanischer Software zur Planung und Dokumentation	Erstellen eines Pflichtenheftes. **Projektmanagement:** Teilaufgaben definieren. Zeitlichen Ablauf planen: Termine setzen. Aufbau und Funktionen der notwendigen pneumatischen, elektrischen Bauteile und ggf. SPS-Komponenten. Gefährdungsanalyse durchführen.

Durchführung:	Ziele, Inhalte	Durchführung, Hinweise
Steuerungslösungen werden erstellt. Die Anlage wird installiert und in Betrieb genommen.	Beschreiben des Funktionsablaufes z. B. mit Funktionstabellen oder über GRAFCET usw. Erstellen von elektropneumatischen Schaltplänen; ggf. Simulation der Schaltungen. Erstellen von Klemmenplan. Erstellen einer Bauteilliste. Zuordnungsliste und Verdrahtung bei SPS-Lösung (in FUP oder KOP). Installation: Aufbau der mechanischen, pneumatischen und elektrischen Komponenten; Verschlauchung der Pneumatik und Verdrahten der Elektrik. Inbetriebnahme der Anlage.	Alle Anlagendokumente werden mit EDV-Unterstützung erstellt und ggf. getestet. Zum Zeitpunkt der Montage der Baugruppen müssen diese besorgt sein und bereit stehen. Berechnungen zu Luftbedarf, Kolbenkräfte und Druck sollen exemplarisch durchgeführt sein. Querschnitte und Anschlüsse der Pneumatikschläuche sind definiert. Netzteile zur Spannungsversorgung sind ausgewählt. Die Sicherheitsvorschriften beim Betrieb von fluidmechanischen Anlagen sowie die VDE-Bestimmungen in der Elektrik sind berücksichtigt. Arbeitsschutzbestimmungen werden eingehalten.

Kontrolle:	Ziele, Inhalte	Durchführung, Hinweise
Funktionen nach Lasten- und Pflichtenheft sind vorhanden. Die Anlage wird dem Kunden übergeben.	Die gewünschten Funktionen in der Mechanik, der Pneumatik und der Elektrik sind gegeben, z. B. Einzel- und Dauerbetrieb sind möglich; Zeiten und Geschwindigkeiten sind eingestellt; es kommt zu keinen Störungen im Ablauf; ggf. Fehler- und Störungsbeseitigung. Die Gesamtkosten und Arbeitszeiten sind ermittelt und im Rahmen der Planung. Die Anlagensicherheit ist gegeben; unzulässige Eingriffe werden durch Abdeckungen und dergleichen verhindert; die Anlage lässt sich druck- und spannungsfrei schalten.	Die kontrollierten Funktionen sind dokumentiert, die Sicherheit im Übergabeprotkoll festgestellt. Anlagendokumente an den Kunden übergeben. Dazu gehört ggf. eine Betriebsanweisung.

Lernfeld: Montieren von technischen Teilsystemen

Gewähltes Leitprojekt: Kegelradgetriebe

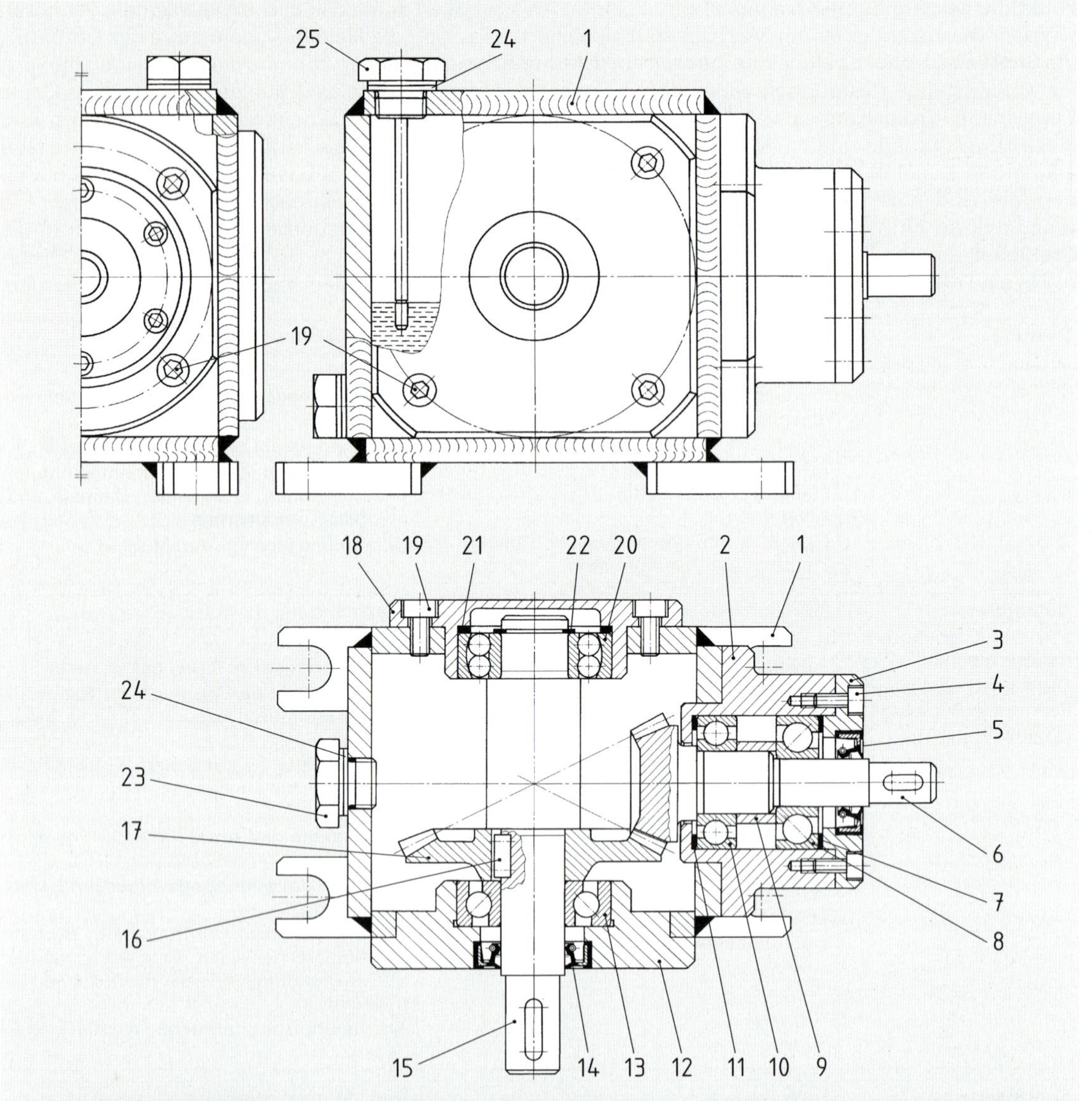

Stückliste: Kegelradgetriebe								
Pos.	Menge	Benennung	Pos.	Menge	Benennung	Pos.	Menge	Benennung
1	1	Getriebegehäuse	10	1	Rillenkugellager	19	12	Zylinderschraube
2	1	Lagergehäuse	11	1	Passscheibe	20	1	Pendelkugellager
3	1	Lagerdeckel	12	1	Lagergehäuse	21	1	Federnde Abstandsscheibe
4	6	Zylinderschraube	13	1	Schrägkugellager			
5	1	Radial-Wellendichtring	14	1	Radial-Wellendichtring	22	1	Sicherungsring
6	1	Kegelradritzel	15	1	Welle	23	1	Verschlussschraube
7	1	Passscheibe	16	1	Passfeder	24	2	Flachdichtring
8	1	Schrägkugellager	17	1	Kegelrad	25	1	Verschlussschraube mit Peilstab
9	1	Abstandsring	18	1	Lagergehäuse			

Lernfeld: Montieren von technischen Teilsystemen

Gewähltes Leitprojekt: Kegelradgetriebe

Ziele und Inhalte	Hinweise, Hilfsmittel
Aufgabe des Kegelradgetriebes erkennen, seine Funktion erfassen	
• Aufgaben des Kegelradgetriebes • Funktion • verwirklicht durch Kegelräder mit unterschiedlichen Zähnezahlen • Getriebe mit anderen Verzahnungen • Vergleich des Kegelradgetriebes mit Stirnräder- und Schneckengetrieben	Gesamtzeichnung, Stückliste Fachbücher Evtl. Getriebegehäuse eines vorhandenen Stirnradgetriebes öffnen, Funktion dieses Getriebes erfassen
Maschinenelemente	
• Kegelräder (Herstellung, Zahnform) • Schrauben (Festigkeit, Anzugsverfahren) • Lager (Wälzlagerarten, Vor- und Nachteile gegenüber Gleitlagern, Schmierung) • Dichtungen (Arten, Einbaurichtung, flüssige Dichtung, alternative Dichtungen) • Welle-Nabe-Verbindungen (Passfedern, Spannsätze) • Alternative Welle-Nabe-Verbindungen	Fachbücher Tabellenbuch Firmenkataloge (Wälzlager, Dichtungen, Welle-Nabe-Verbindungen)
Berechnungen	
• Übersetzungen, Drehmomente, Leistung und Wirkungsgrad, Passungen, Reibung	Tabellenbuch
Montageplanung	
• Montageplan erstellen • Montageplatz und Prüfstand für Probelauf reservieren • Bauteile auf Vollständigkeit überprüfen • Montagehilfen und Getriebeöl bereitstellen	Gesamtzeichnung, Stückliste Spindelpresse, Hülsen zur Montage der Wellendichtringe
Baugruppen- und Fertigmontage	
• Baugruppen- und Fertigmontage • Ablauf begründen • Einstellung des Flankenspiels • Alternativer Montageablauf	Spaltlehren Flachschleifmaschine
Funktionskontrolle	
• Prüfung auf Leichtgängigkeit • Probelauf unter Last • Tragbildkontrolle der Kegelradflanken • Ölwechsel nach Probelauf begründen • Prüfprotokoll erstellen	Temperaturfühler
Demontage (Radial-Wellendichtring muss ersetzt werden)	
• Mögliche Ursachen für Verschleiß ermitteln • Verbesserungsvorschläge diskutieren • Demontage nach Plan durchführen	Montagefehler, Bauteil-Oberflächen entsprechen nicht den Anforderungen; Gesamtzeichnung

Lernfeld: Fertigen auf numerisch gesteuerten Werkzeugmaschinen

Arbeitsauftrag: Fertigung der Getriebewelle **(Bild 1)** auf einer CNC-Drehmaschine und des Lagerdeckels **(Bild 2)** auf einer CNC-Fräsmaschine

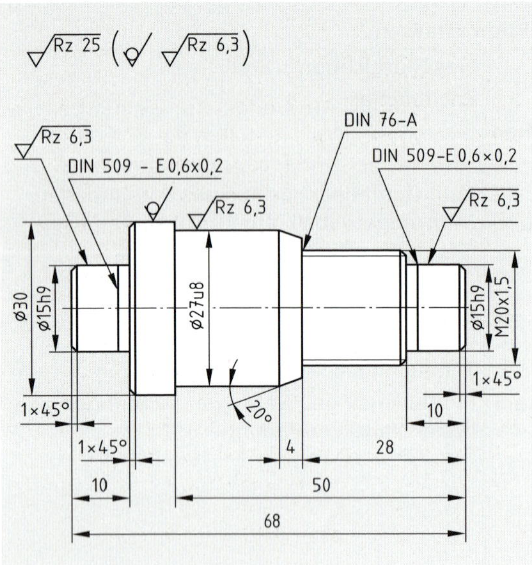

Bild 1: Getriebewelle aus C45

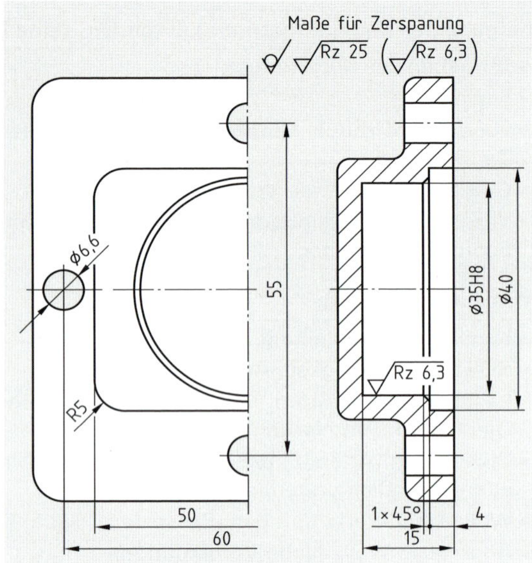

Bild 2: Lagerdeckel aus EN AC-AlSi9

Aufgabenstellung erkennen und in überschaubaren Lernsituationen bearbeiten

Lernsituation 1:	Ziele, Inhalte	Durchführung, Hinweise
Kennenlernen der Baugruppen und Funktion der CNC-Maschine	Aufbau und Funktion von CNC-Maschinen, Koordinatensysteme und Achsen, Bezugspunkte	– Aufbau und Funktion der CNC-Dreh- und -Fräsmaschine im Labor untersuchen und erklären – Referenzpunkt anfahren – Werkstücknullpunkt ermitteln und anfahren

Lernsituation 2:	Ziele, Inhalte	Durchführung, Hinweise
Planen der Wellenfertigung auf der CNC-Drehmaschine	Arbeitsplan, Werkzeugplan, Einrichteblatt, Technologiedaten für das Drehen, Berechnung fehlender geometrischer Daten, Spannskizze	Zunächst Beschränkung auf eine Seite der Welle: Festlegung der Arbeitsfolgen, Auswahl der Werkzeuge, Ermittlung von v_C, f und a_P, Erstellen einer Spannskizze

Lernsituation 3:	Ziele, Inhalte	Durchführung, Hinweise
Planen der Bohr- und Fräsarbeiten des Lagerdeckels auf der CNC-Fräsmaschine	Koordinatenbemaßung, Werkzeugplan, Einrichteblatt, Technologiedaten für das Fräsen und Bohren	Koordinatentabelle erstellen, Technologiedaten ermitteln, Drehzahl und Vorschubgeschwindigkeit berechnen, Einrichteblatt und Spannskizze erstellen

Lernfeld: Fertigen auf numerisch gesteuerten Werkzeugmaschinen

Aufgabenstellung erkennen und in überschaubaren Lernsituationen bearbeiten

Lernsituation 4: CNC-Programmerstellung für das Drehen und Fräsen, Simulation am PC	Ziele, Inhalte	Durchführung, Hinweise
	Programmaufbau, Erstellen der CNC-Programme (auch mithilfe grafischer Programmierverfahren, z. B. für die Werkstückkontur), Überprüfung durch Simulation	Grundlagen der Programmierung, Programmierung nach DIN, Anwendung von Zyklen (Gewinde- und Taschenfräszyklus), Erstellen der CNC-Dreh- und Fräsprogramme, Anwendung der vorhandenen Programmiersoftware, Simulation und Behebung von Programmierfehlern, Programmspeicherung und -Ausdruck

Lernsituation 5: Fertigung der Werkstücke auf der CNC-Dreh- und CNC-Fräsmaschine	Ziele, Inhalte	Durchführung, Hinweise
	Einrichten der CNC-Dreh- und -Fräsmaschine, Fertigen der Getriebewelle und des Lagerdeckels unter Beachtung des Arbeitsschutzes	Werkzeugvermessung, Eingabe der Werkzeugdaten in den Werkzeugspeicher, Rüsten der CNC-Dreh- und -Fräsmaschine, Eingabe des CNC-Programms (manuell oder online), Probelauf und Fertigung der Werkstücke

Lernsituation 6: Prüfen der Werkstücke und Optimieren des Zerspanungsprozesses	Ziele, Inhalte	Durchführung, Hinweise
	Auswahl der Prüfmittel, Erstellen von Prüfplänen im Hinblick auf die Serienfertigung, Werkzeugkorrekturen, Optimieren der Fertigung im Hinblick auf Maße, Oberflächengüte und Produktivität **(Tabelle 1)**	Festlegung der Prüfmerkmale und der Prüfmittel, Prüfung der gefertigten Werkstücke und Durchführung notwendiger Korrekturen zur Verbesserung der Qualität und der Produktivität

Tabelle 1: Maßnahmen zur Optimierung der Fertigung

Angestrebtes Ziel	Mögliche Maßnahmen
Korrektur der Fertigungsmaße (Beseitigung von Maßabweichungen oder Korrektur auf Toleranzmitte)	Änderungen der Korrekturmaße im Werkstückspeicher, Änderung der programmierten Koordinatenwerte im CNC-Programm, Überprüfung der Schneidenradius- oder Bahnkorrektur
Verbesserung der Oberflächengüte	Erhöhung der Schnittgeschwindigkeit, Verringerung des Vorschubs, Verwendung von Kühlschmiermitteln, Auswechseln des Werkzeugs bei Verschleiß, Einsatz von Wendeschneidplatten mit anderer Geometrie oder Beschichtung, Auswählen eines anderen Schneidstoffes, Schaffung von stabileren Schnittbedingungen (Werkstück- und Werkzeugspannung)
Erhöhung der Produktivität	Größerer Vorschub beim Vordrehen, Erhöhung der Vorschubgeschwindigkeit beim Fräsen, Erhöhung der Schnittgeschwindigkeit und Verwendung von Kühlschmiermitteln, Verringerung der notwendigen Werkzeugwechsel durch Einsatz anderer Werkzeuge, Programmierung kürzerer Eilgangwege, Vermeidung unnötig großer Anstellwege

Lernfeld: Instandsetzen von technischen Systemen

Gewähltes Leitprojekt: Motorspindel einer CNC-Fräsmaschine

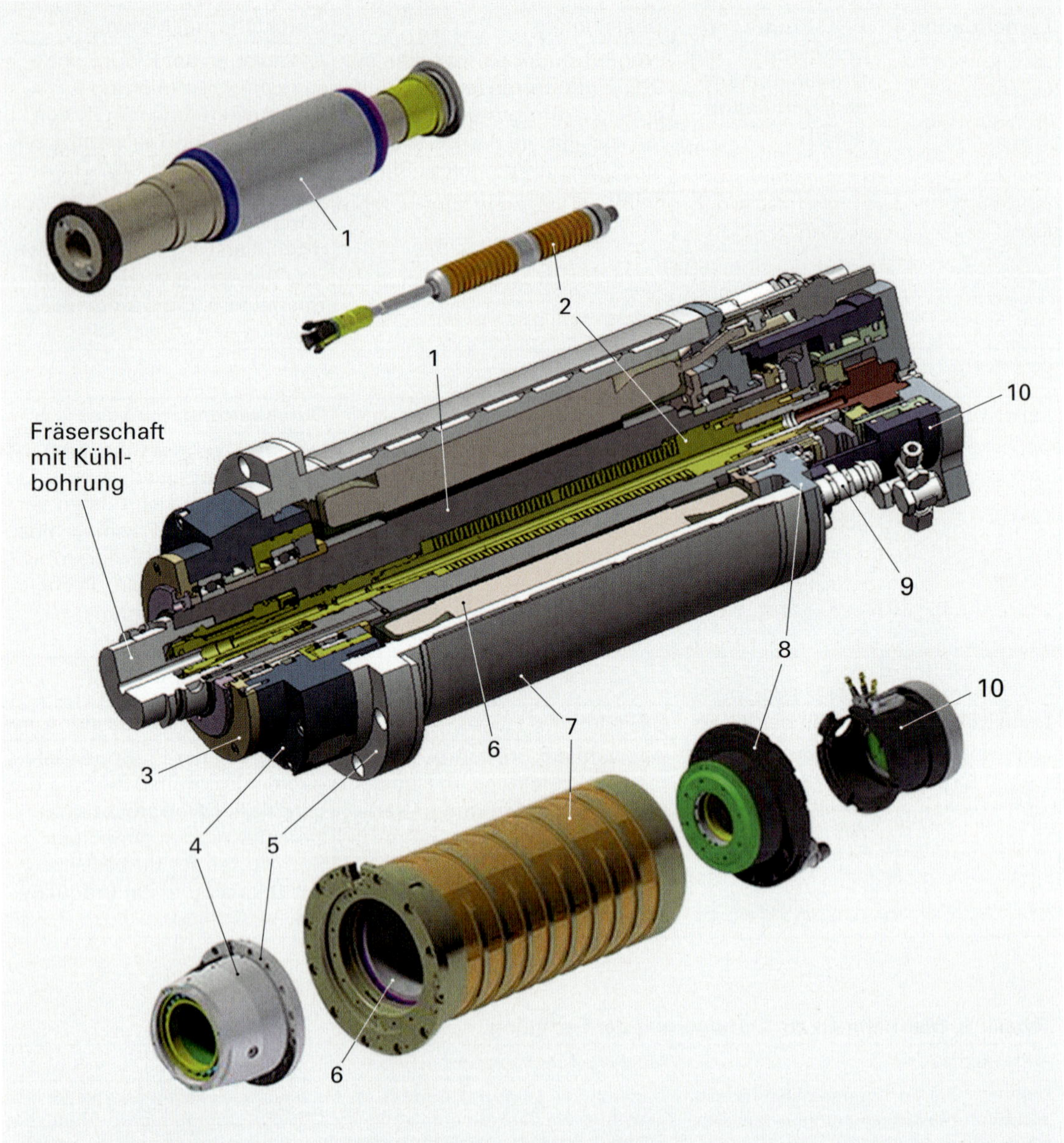

Teileliste (Auszug)			
Pos.	Benennung	Pos.	Benennung
1	Arbeitsspindel und Rotor	6	Stator
2	Werkzeugspanner	7	Motorgehäuse mit Statorkühlsystem
3	Abschlussdeckel	8	Lageraufnahme B-Seite
4	Lageraufnahme A-Seite	9	Kühlmittelkupplung
5	Befestigungsflansch	10	Werkzeug-Löseeinheit

Lernfeld: Instandsetzen von technischen Systemen

Gewähltes Leitprojekt: Motorspindel einer CNC-Fräsmaschine

Vorbemerkungen: Die Motorspindel enthält folgende Hauptkomponenten: Den Asynchronmotor mit der integrierten Arbeitsspindel (Pos. 1), den Werkzeugspanner (Pos. 2), das wassergekühlte Motorgehäuse mit dem Statorkühlsystem (Pos. 7) sowie die Lageraufnahmen (Pos. 3 und 8) und die Werkzeug-Löseeinheit (Pos. 10). Alle Einheiten sind in kompakten Bauweise zusammengefasst.

Der Asynchronmotor besteht hauptsächlich aus dem festliegenden Stator mit den versetzt angeordneten Elektrospulen und dem drehenden Rotor. Arbeitsspindel und Rotor bilden eine Einheit. Der Stator wird von außen mit Wasser gekühlt. Somit können höhere Motorleistungen erzielt werden. In den Lageraufnahmen befinden sich Schrägkugellager in O-Anordnung zur Aufnahme der Arbeitsspindel. Die Spindellager werden dauerfett geschmiert.

In der Arbeitsspindel liegt der Werkzeugspanner mit der Spannzange und dem Federpaket. Die Spannzange kann ein Werkzeug mit einem Hohlschaftkegel (HSK) aufnehmen. Mittels der Werkzeug-Löseeinheit kann die Spannzange des Werkzeugspanners hydraulisch betätigt werden.

Arbeitsauftrag: Austausch des verschlissenen Werkzeugspanners zur Wiederherstellung der Wiederholgenauigkeit und der Rundlaufgenauigkeit der Motorspindel.

Ziele und Inhalte	Hinweise, Hilfsmittel

Aufgabe der Motorspindel erkennen und seine Funktion erfassen

• Aufgabe der Motorspindel beschreiben • Aufbau des Asynchronmotors verdeutlichen • Notwendigkeit des Statorkühlsystems analysieren • Funktion des Werkzeugspanners und der Werkzeug-Löseeinheit erläutern	Zeichnung, Teileliste, Fachbücher
• Lageranordnungen von Kegelrollenlagern vergleichen	Tabellenbuch, Lagerkataloge

Planung der durchzuführenden Arbeiten

• Erstellen eines Demontage- und Montageplans der Motorspindel zum Austausch des Werkzeugspanners • Schaden am Werkzeugspanner analysieren • Fehlermöglichkeiten an der Motorspindel bestimmen • Schadensbericht erstellen	nicht aufgeführte Schrauben u.a. ergänzen Montageplanformular anfertigen Zeichnung, Teileliste, Fachbücher

Beschaffung von Material

• Teileliste für Normteile erstellen, die bei der Montage erneuert werden müssen • Schmierstoffe für die Montage der Lager auswählen • Reinigungs- und Korrosionsschutzmittel bestimmen	Zeichnung, Tabellenbuch, Fachbücher

Inbetriebnahme der Motorspindel

• Funktionsprüfung der Motorspindel beschreiben • Aufbau der Messung zur Ermittlung des Plan- und Rundlaufs der Arbeitsspindel angeben • Wiederholgenauigkeit des Werkzeugspanners überprüfen	Zeichnung, Tabellenbuch, Fachbücher

Lernfeld: Herstellen und in Betrieb nehmen von technischen Teilsystemen

Gewähltes Leitprojekt: Vorschubantrieb einer CNC-Fräsmaschine

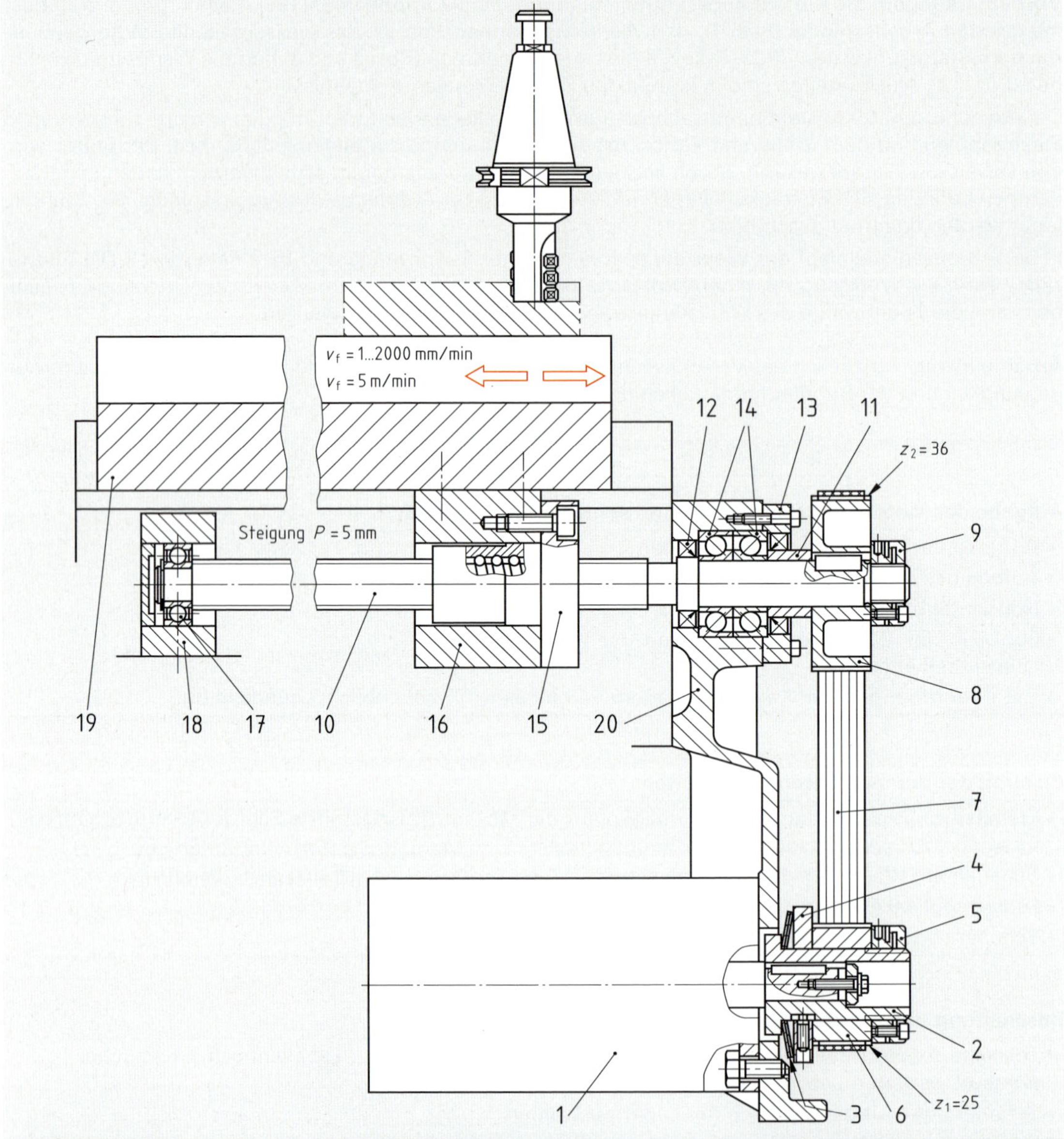

Teileliste (Auszug)					
Pos.	Benennung	Pos.	Benennung	Pos.	Benennung
1	Drehstrommotor	8	Spindel-Riemenscheibe	15	Kugelgewindemutter
2	Nabe	9	Obere Anstellmutter	16	Lagerbock
3	Tellerfeder	10	Kugelgewindespindel	17	Rillenkugellager
4	Reibscheibe	11	Distanzhülse	18	Loslagerbock
5	Untere Anstellmutter	12	Radialdichtring	19	Maschinentisch
6	Motor-Riemenscheibe	13	Lagerdeckel	20	Lagerflansch
7	Zahnriemen	14	Schrägkugellager		

Lernfeld: Herstellen und in Betrieb nehmen von technischen Teilsystemen

Gewähltes Leitprojekt: Vorschubantrieb einer CNC-Fräsmaschine

Ziele und Inhalte	Hinweise, Hilfsmittel

Aufgabenstellung erkennen und formulieren

• **Verstehen der Funktion** bei Vorschub- und Eilgangbewegungen des Maschinentisches und beim Anfahren • **Aufgabe des Teilsystems** (Vorschubantrieb) im Gesamtsystem (CNC-Fräsmaschine) • **Alternative Antriebssysteme** mit ihren Vor- und Nachteilen grob analysieren (Gruppenarbeit) • **Entscheidung** für eine der Möglichkeiten	Gesamtzeichnung Betriebsanleitung, Maschinenkarte Besichtigen einer CNC-Fräsmaschine, vor allem ihre Antriebe Fachbücher, Prospekte von Maschinenherstellern Maschinen in den Ausbildungsfirmen und in den Ausbildungsabteilungen

Planung der Teilbereiche

• **Lernziele,** geordnet nach Prioritäten und **Zeitrahmen** festlegen • **Bildung von Arbeitsgruppen** • **Rollen- und Aufgabenverteilung**	Rahmenlehrplan, ergänzt durch eigene Ideen; Zielformulierung und Inhalte sind verpflichtend.
• **Kauf- bzw. Normteile** und zu fertigende Teile festlegen • **Maschinenelemente** kennenlernen: Einteilung, Funktion, Bezeichnung • **Berechnungen** durchführen: Übersetzungen, Drehzahl- und Geschwindigkeitsbereiche • **Werkstoffe** entweder nach Eignung festlegen oder vorgesehene Werkstoffe auf Eignung überprüfen. Gegebenenfalls Wärmebehandlung vorsehen • **Montage** planen: Bereitstellen der Teile, Möglichkeit der Teilmontage prüfen, notwendige Werkzeuge bereitstellen, Testlauf vorsehen	Teileliste zur vollständigen Stückliste ergänzen. Bezeichnungen auch in Englisch. Fach- und Tabellenbücher, Firmenkataloge, Kontakt zu Herstellern und Händlern, auch im Internet Besonders wichtig: Kugelgewindetrieb mit seiner Lagerung. Passungen.

Herstellung

Zusammentragen der von den Gruppen erarbeiteten Ergebnisse aus den Teilbereichen und Formulierung der Herstellung einschließlich der Montage	
Allgemein: Viele der in den Maschinenbauberufen geeigneten Projekte können in den Schulen nicht hergestellt werden.	Abhilfe: Hersteller überlassen der Schule geeignete Systeme, z. B. aus dem Programm genommene Getriebemotoren.

Inbetriebnahme und Prüfung

• Prüfen: – Beweglichkeit aller Bewegungsteile	Notwendiges Spiel beachten;
– aller Verbindungen	Umkehrspanne beim Kugelgewindetrieb
– Riemenspannung – Auslösermoment der Sicherheitskupplung	Prüfmöglichkeiten für die Riemenspannung erörtern
• Probelauf, kurzzeitig und langfristig	
• Prüfprotokoll	Nochmals Pflichtenheft durchgehen

Lernfeld: Überwachen der Produkt- und Prozessqualität

Gewähltes Leitprojekt: Richtwaage (Wasserwaage)

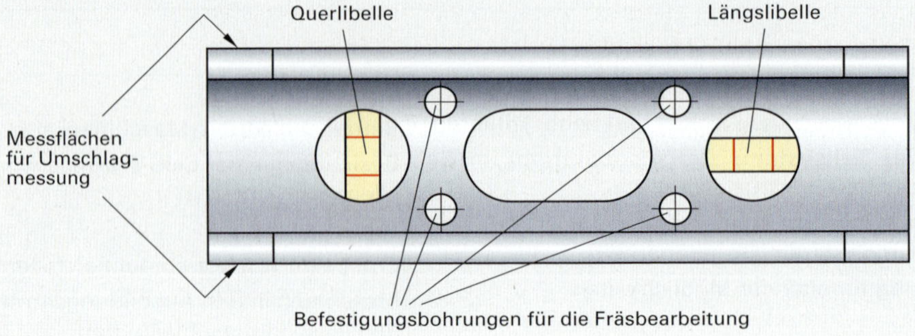

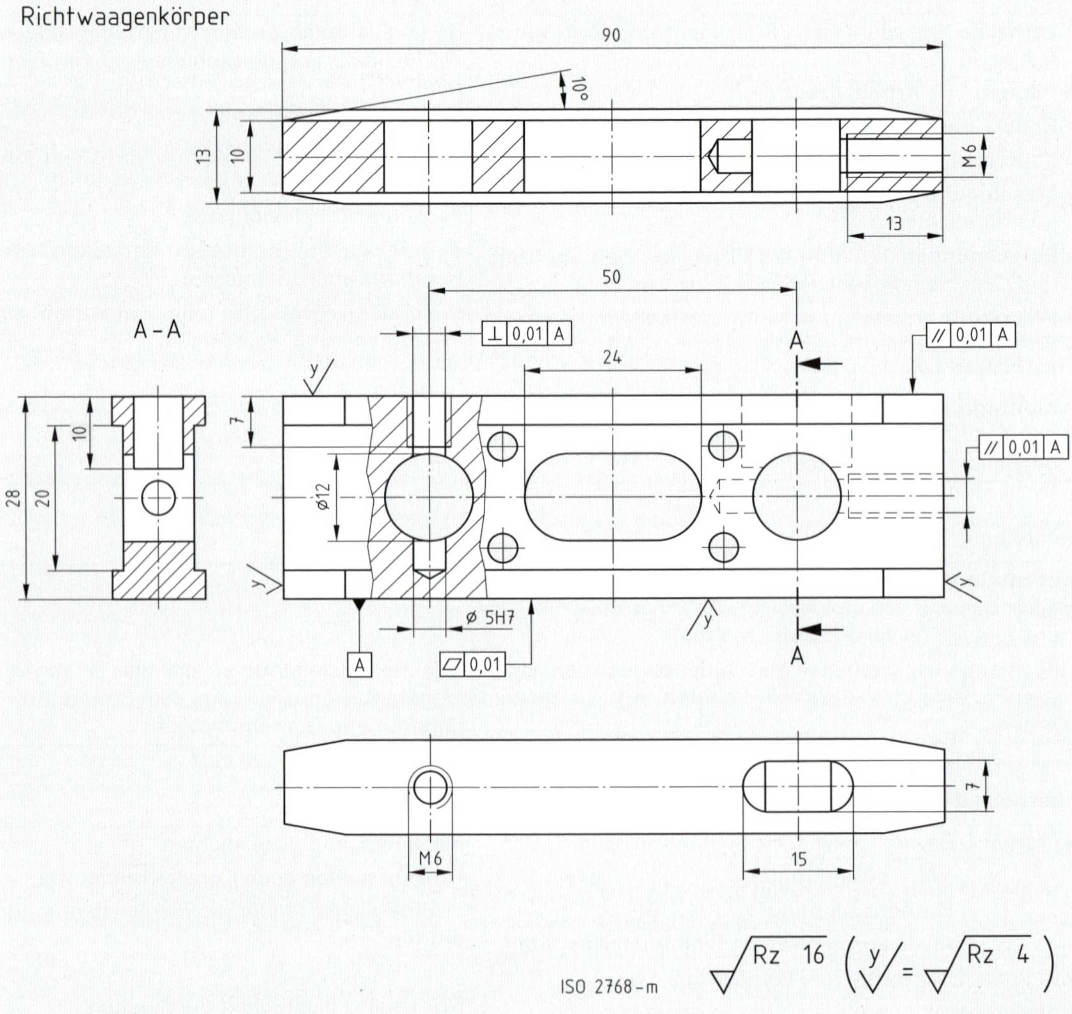

Lernfeld: Überwachen der Produkt- und Prozessqualität

Gewähltes Leitprojekt: Richtwaage (Wasserwaage)

Vorbemerkung: Der Körper der Richtwaage besteht aus einer Aluminium-Legierung und wird aus dem Vollen gefräst. Danach werden die Aufnahmebohrungen für die Querlibelle und die Längslibelle hergestellt und gerieben. Die Produktqualität muss dabei so hoch sein, dass kleine Neigungen mit der Richtwaage sicher gemessen werden können.

Qualitätsanforderungen	Hinweise, Fragen
Die planparallelen Messflächen der Richtwaage müssen so mit der Lage der Libellen abgestimmt sein, dass nur kleine Messabweichungen auftreten können. In waagerechter Lage der Richtwaage sollte die zulässige Abweichung von der Null-Lage 0,5 mm/m nicht überschreiten. Aufgrund der kleinen Röhrenlibellen und der relativ geringen Länge der Richtwaage muss mit einem Skalenteilungswert Skt > 1,0 mm/m gerechnet werden.	Wenn keine Abweichungen von der Null-Lage vorliegen, soll die Luftblase in der Libelle zwischen den Nullstrichen stehen. Warum werden die Gewindebohrungen im Gehäuse für die Aufnahme der Libellen passgenau gerieben? Warum sollen die Libellen vorsichtig in das Gehäuse eingeschoben werden? Warum werden meist Libellenskalen mit einer Teilung von 2 mm gewählt?

Qualitätsprüfung	Prüfmittelauswahl, Messabweichungen
Prüfen aller für die Funktion der Richtwaage wichtigen Prüfmerkmale: • Maße des Richtwaagenkörpers • Ebenheit der Bezugsfläche A • Parallelität der beiden Messflächen • parallele Ausrichtung der Längslibelle zur Bezugsfläche A • rechtwinklige Ausrichtung der Querlibelle zur Bezugsfläche A • Rautiefe $Rz = 4$ µm der Messflächen	Welche Messgeräte sind fähig, die Einhaltung der Toleranzen bei Ebenheit, Parallelität und Rechtwinkligkeit zu prüfen? Bei Umschlagmessungen können die Luftblasen in den Libellen von der Null-Lage abweichen. Welche Ursachen kann das haben? Warum werden die Messflächen mit einer Rautiefe $Rz = 4$ µm gefräst und nicht mit der allgemeinen Rautiefe $Rz = 16$ µm?

Qualitätslenkung	Einflüsse auf die Streuung von Merkmalswerten
• Vorbeugende Vermeidung von Fehlern • Maßnahmen zur Überwachung des Fräsprozesses, z. B. Vermeidung von Fehlern durch Trenderkennung bei Maßen • Qualitätslenkung durch Mess- und Regeleinrichtungen in der Fräsmaschine • Qualitätsprüfungen während oder unmittelbar nach der Fertigung • Maßnahmen am Produkt durch Aussortieren fehlerhafter Teile oder Nacharbeit	Mensch: Qualifikation, Verantwortungsbewusstsein, Motivation Maschine: Steifigkeit, Bearbeitungsqualität, Werkzeug- und Spannsystem Material: Zerspanbarkeit des Aluminiumgehäuses, Festigkeit, Härte Methode: Fräsverfahren, Arbeitsfolge, Schnittbedingungen Mitwelt: Temperatur, Bodenerschütterungen

Präsentation	Hinweise zur Präsentation
• Thema und Ziel des Lernprojektes • Arbeitsvorgehen beim Fräsen und Prüfen • Bewerten der Produktqualität hinsichtlich der Projektziele • Bedeutung des Projektes für die Methodenkompetenz	– Richtigkeit der Erkenntnisse prüfen – Vorstellung der Richtwaage und ihrer Funktion – Fachliche Richtigkeit und Verständlichkeit – Beschränkung auf das Wesentliche – Angenehmes Auftreten und Sprache – Blickkontakt mit den Zuhörern

Lernfeld: Instandhalten von technischen Systemen

Gewähltes Leitprojekt: Getränkeabfüllanlage

Zur Instandhaltung gehören die Teilbereiche Wartung, Inspektion, Instandsetzung und Verbesserung. Getränkeabfüllanlagen sind komplexe technische Anlagen, für deren Instandhaltung entsprechendes Expertenwissen erforderlich ist.

In Getränkeabfüllanlagen ist eine Vielzahl von verschiedenen **Wälzlagern** verbaut. Diese müssen regelmäßig geschmiert, überprüft und bei Beschädigungen ausgetauscht werden. Für die Instandhaltung dieser Wälzlager ist Fachpersonal erforderlich, das über ein detailliertes Wissen im Bereich der Wälzlagertechnik verfügen muss. Neben der Kenntnis der verschiedenen Lagerarten und ihrer Funktion ist es wichtig, die verschiedenen Ein- und Ausbauverfahren sicher zu beherrschen und umgehend ausführen zu können, um Stillstandzeiten der Anlagen zu minimieren.

Ferner sind die auftretenden Schäden zu dokumentieren und auszuwerten, um erforderliche Maßnahmen zur Mängelbehebung und Verbesserung der Funktionssicherheit vorzunehmen. Zudem muss eine Gefährdungsbeurteilung für die Wartung erstellt werden, um den Vorgaben des Arbeitsschutzes gerecht zu werden.

Laut Untersuchungen von Wälzlagerherstellern ließen sich ca. 60 % aller Ausfälle durch sachgemäßen Einbau der Lager sowie durch geeignete Instandhaltungsmaßnahmen vermeiden.

Ursachen für Lagerausfälle:

- Etwa 15 % aller vorzeitigen Lagerausfälle sind auf unsachgemäßen Einbau zurückzuführen.
- Weitere 15 % der Lager fallen aufgrund von Verunreinigung und deren Konsequenzen aus.
- 34 % aller Lager fallen aus als Folge von Überbeanspruchung oder Ermüdung wegen mangelnder Wartung.
- Ca. 36 % der vorzeitigen Lagerausfälle haben ihre Ursache in mangelnder oder falscher Schmierung. (Etwa 90 % der Lager werden mit Fett geschmiert.)

Lernfeld: Instandhalten von technischen Systemen

Gewähltes Leitprojekt: Getränkeabfüllanlage

Ziele und Inhalte	Hinweise, Hilfsmittel

Regelmäßige Wartung der Wälzlager

• Schmierung • Reinigung • Ausfallzeiten und Kosten senken	Wartungsheft, Schmierplan Nur geeignete Schmiermittel bei richtiger Dosierung verwenden

Zustandsüberwachung der Wälzlager

• Regelmäßige Sichtprüfung • Geräuschüberwachung mit Horchgerät (wie Stethoskop) • thermische Überwachung mithilfe von Infrarotthermometern oder durch Thermografie • Überwachen des Schmierstoffs, z.B. mithilfe von Sensoren • Schwingungsdiagnose • Schwingungsmodell einer Anlage erstellen und dreidimensional darstellen (Modalanalyse) zur Bestimmung von Eigen- oder Resonanzfrequenzen • Online-Überwachung von Drehmomenten, Dehnungen, Kräften, Drücken, Temperaturen	Ein störungsfreier und optimierter Betrieb von komplexen Maschinen und Anlagen ist nur über zustandsbezogene Instandhaltung durch kontinuierliche (online) oder regelmäßige Überwachung (offline) zu erreichen. Optimierte Bauteilnutzung und Instandhaltungsplanung durch Erkennung von Überlastungen und Abschätzung der Restlebensdauer.

Austausch der Wälzlager

• Austausch bei Erreichen der Lebensdauer • Schadensbedingter Austausch	Wartungsheft Aus- und Einbauanleitung des Herstellers

Schadensanalyse, Dokumentation, Auswertung

• Schaden begutachten • Die Ursachen eines Schadens eingrenzen und bestimmen • Werkstoffprüfungen durchführen • Schäden dokumentieren • Schadenhäufigkeiten berücksichtigen	Vergleich mit typischen Schadensbildern Ursache-Wirkungs- bzw. Ishikawa-Diagramm Fehlersammelkarte Pareto-Analyse nach Häufigkeit und Kosten

Maßnahmen zur Verbesserung

• Geeignete bzw. bessere Schmierstoffe verwenden • Umgebungsbedingungen verbessern • Verwendung von abgedichteten Lagern • Technische Neuentwicklungen und Alternativen berücksichtigen • Höherwertige Lager einsetzen • Vorgehen nach Pareto-Analyse • Instandhaltungskonzept verbessern	Zuerst die Schäden mit den größten Auswirkungen beheben Online-Informationsportale der Lagerhersteller nutzen

Lernfeld: Sicherstellen der Betriebsfähigkeit automatisierter Systeme

Gewähltes Leitprojekt: Automatisieren eines Handarbeitsplatzes

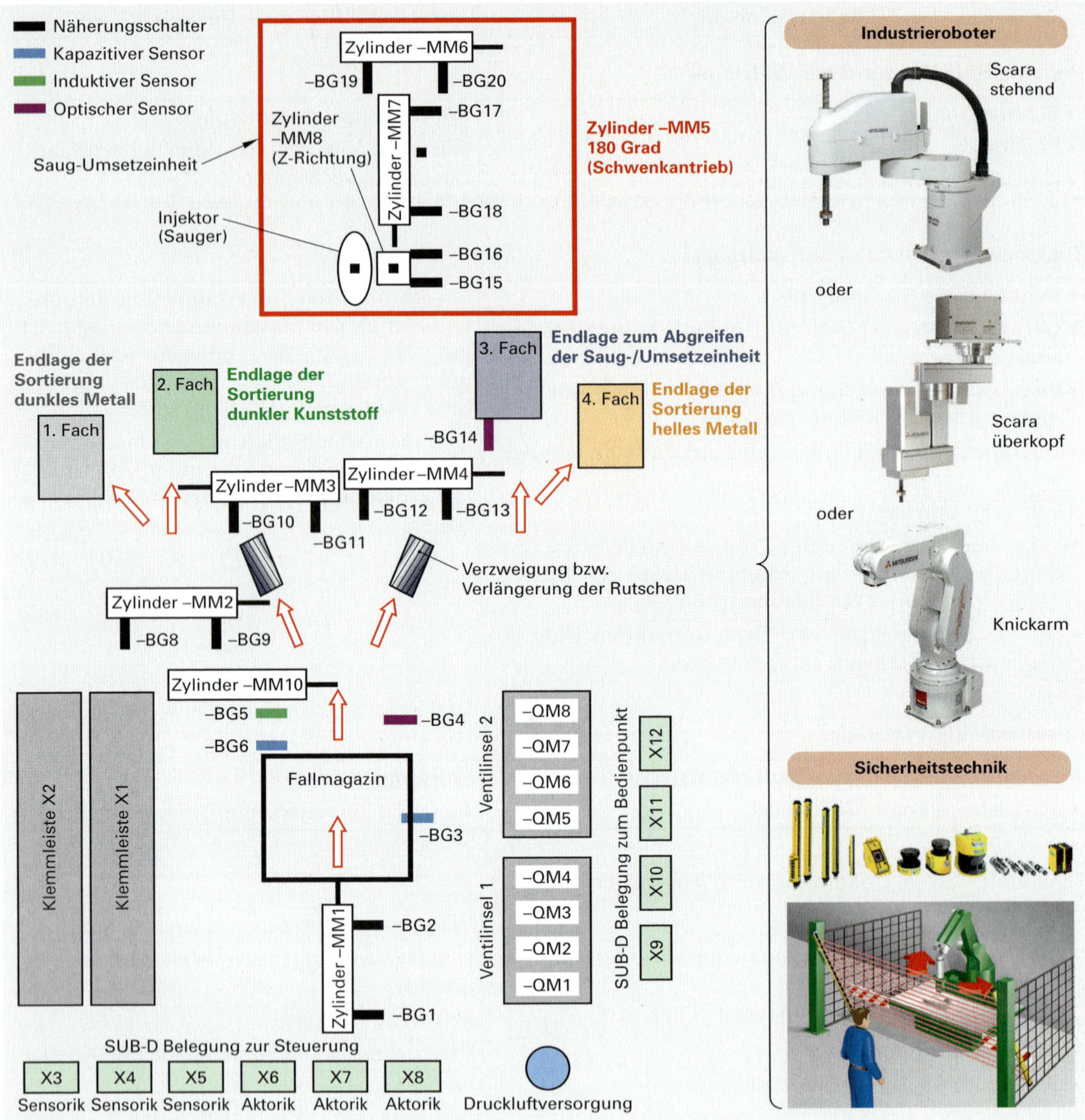

Bild 1: Sortiereinrichtung

Über ein Fallmagazin werden unsortiert vier verschiedene Werkstücke (Kunststoff hell/dunkel; Metall hell/dunkel) zugeführt (ausgeschoben durch Zylinder –MM1). Am Stoppzylinder –MM10 erfolgt durch entsprechende Sensorik die Erkennung. Je nach Werkstück positionieren dann die Zylinder –MM2 bis –MM4 die Rutschen. Zylinder –MM2 stellt eine Rutsche zur Unterscheidung hell/dunkel (eingefahren = dunkel; ausgefahren = hell). Die Zylinder –MM3 bzw. –MM4 positionieren für Kunststoff (eingefahren) und Metall (ausgefahren). Somit stehen vier unterschiedliche Wege zu den vier Ablagefächern zur Verfügung. Eine XYZ-Saugeinheit (Zylinder –MM6 bis –MM8) setzt das Werkstück aus Fach 3 zur Weiterverarbeitung um. Die Werkstücke aus den Fächern 1, 2 und 4 werden von Hand entnommen.

Lernfeld: Sicherstellen der Betriebsfähigkeit automatisierter Systeme

Gewähltes Leitprojekt: Automatisieren eines Handarbeitsplatzes

Ein teilautomatisierter Handarbeitsplatz soll mithilfe eines Industrieroboters (IR) voll automatisiert werden. Der IR nimmt an den jeweiligen Endpositionen (Fach 1, 2 und 4; **Bild 1, vorherige Seite**) das Produkt auf und setzt es dann auf unterschiedliche Paletten ab.

Hierzu sind folgende Arbeiten durchzuführen

- Einen IR hinsichtlich seiner Kinematik (Knickarm, Scara, stehend/überkopf) auswählen.
- Diesen IR mechanisch durch Anbau eines Gestelles aus Alu-Profil in die Anlage integrieren.
- Zwei Lichtvorhänge zur Absicherung gegen Zugriff zum IR einbauen und optische Sensoren an den Fächern 1, 2 und 4 anbringen.
- Den IR und die Lichtvorhänge mit ihrer EA-Kopplung in Absprache mit dem SPS-Programmierer an die vorhandene SPS anschließen.
- Alle Änderungen in die bestehenden betrieblichen Dokumentationen einarbeiten.

Ziele und Inhalte	Hinweise, Hilfsmittel

Informieren

• Unterschiedliche Bauarten von IR beschreiben und deren Vor- und Nachteile erläutern können. Recherche über schon vorhandene IR und deren Steuerungen im Betrieb. • Vorhandene SPS hinsichtlich ihres Aufbaus und ihrer Programmierung untersuchen, um über evtl. notwendige EA-Baugruppenerweiterungen entscheiden zu können. • Unterschiedliche Bauarten von Lichtvorhängen beschreiben	Grundlegende Kinematiken von IR/Achsarten Flexibilität des IR hinsichtlich eines weiteren Einsatzes Unterschiedliche Programmiersprachen für SPS (z. B. Funktionsbausteinsprache, Ablaufsprache) Sicherheitstechnik

Planen und Entscheiden

• Auswahl des IR und der Sicherheitstechnik • Konstruktion der neuen Bauteile • Beschreibung der Schnittstellen zur SPS • Auswahl der Lichtvorhänge	GRAFCET für den IR erstellen Verbindungstechnik mit Alu-Profilen EA-Kopplungen: IR – SPS; opt. Sensoren – SPS; Lichtvorhänge – SPS

Ausführen und Kontrollieren

• Fertigung der neuen Bauteile • Inbetriebnahme des IR • Programmierung des IR • Inbetriebnahme der Sicherheitstechnik • Inbetriebnahme der Gesamtanlage mit SPS-Programmierer	Teachpunkte des IR festlegen Programm für IR inkl. Palettierung erstellen Optische Sensoren anbringen Betriebliche Dokumentationen ergänzen

Bewerten

• Kostenkalkulation erstellen • Auswirkungen der gesellschaftlichen Aspekte dieser Maßnahme analysieren	Alternative Arbeitsplätze für die Mitarbeiterin/den Mitarbeiter des Handarbeitsplatzes recherchieren.

Die Autoren und der Verlag danken den folgenden Firmen und Institutionen, die sie bei der Bearbeitung durch Beratung, Bilder und Druckschriften unterstützt haben.

A ... D

AGA	Hamburg
AGIE CHARMILLES	CH – Lonsone/ Fellbach
Alma driving elements	Wertheim
Aluminium-Zentrale	Düsseldorf
Alusingen	Singen
Alzmetall	Altenmarkt
AMF Andreas Maier	Fellbach
ANDRITZ HYDRO	Ravensburg
Arnold und Stolzenberg	Einbeck
Arntz-Optibelt	Höxter
Atlas Copco	Essen
Audi AG	Neckarsulm
Aventis	F – Straßburg
Balluf	Neuhausen
BASF	Ludwigshafen
Battenberg	Meinerzhagen
Bauer	Esslingen
Bauer&Schaurte Karcher	Neuss
Bayer	Leverkusen
Bayside	Ludwigshafen
Belin	F – Lavancia
Benteler-SGL Composite-Technology	A – Ried im Innkreis
Blankenhorn	Esslingen
Blum-Novotest GmbH	Grünkraut
BMW	München
Bodmer	CH – Küsnacht
BÖGER GmbH	Bielefeld
Böhler	A – Kapfenberg
Böllhoff	Bielefeld
Bosch	Stuttgart
Bosch Rexroth AG	Lohr am Main
Braun	Kronberg
Brown & Sharpe/TESA	Ludwigsburg
Brüel & Kjaer Vibro GmbH	Darmstadt
Bundesanstalt für Materialforschung	Berlin
Burgmann	Wolfratshausen
Busak & Shamban	Stuttgart
Buser	CH – Wiler
CE Johansson	Weiterstadt
CeramTec	Plochingen
CEROBEAR	Herzogenrath
Chemische Werke Hüls	Marl
c-mill technologie	CH – Nidau
ContiTech	Hannover
Daimler AG	Stuttgart
Deutsche Castrol	Hamburg
Deutsche Gesetzliche Unfallversicherung (DGUV)	Berlin
Deutsche Star	Schweinfurt
DMG	Bielefeld/Stuttgart
Dow corning	Wiesbaden
Dürr Anlagenbau	Stuttgart

E ... G

EAAT	Chemnitz
Ecanto GmbH	Bruchsal
EJOT	Bad Laasphe
Elb-Schliff WZM GmbH	Aschaffenburg
EMCO Maier GmbH	A – Hallein
Euchner & Co	Leinfelden-Stuttgart
FAG Kugelfischer	Schweinfurt
FANUC Robotics	Neustadt
Federal-Mogul-Deva	Stadtallendorf
Feldmühle	Plochingen
FerMeTec	Dietzenbach
FESTO	Esslingen
Fette	Schwarzenbek
Flender Himmelwerke	Tübingen
Forkardt	Düsseldorf
FORD-Werke	Köln
Fotolia.com	Berlin
Franke	Aalen
Fraunhofer-Institut für Lasertechnik	ILT-Aachen
Freudenberg	Weinheim
Fuchs Metallwerke	Meinerzhagen
Fuchs Mineralölwerke	Mannheim
Gehring	Ostfildern
Gesamtverband der Aluminiumindustrie	Düsseldorf
Getriebebau Nord	Bargteheide
Gießerei-Verlag	Düsseldorf
Gildemeister	Bielefeld
GKN Sintermetals	Radevormwald
Gom	Braunschweig
Gühring	Albstadt

H ... K

Hahn & Kolb	Stuttgart
HAINBUCH	Marbach
Halder	Laupheim
Harmonic Drive	Limburg/Lahn
Hauni-Werke Körber	Hamburg
Heller	Nürtingen
Hermle	Gosheim
Heule	CH – Balgach
Hilger & Kern	Mannheim
Hilma-Röhmheld	Hilchenbach
Hirschmann	Fluorn-Winzeln
Hoffmann	München
Hommel CNC-Technik	Köln
Hommelwerke	Villingen-Schwenningen
Honsel	Fröndenberg
HSK Kunststoff Schweißtechnik GmbH	Bad Honnef
Hüller Hille	Ludwigsburg
Hunger DFE	Würzburg
Hydac International GmbH	Sulzbach
Hyprostatik-Schönfeld	Göppingen
INA Lineartechnik	Herzogenaurach
INDEX Werke	Esslingen
Informationsstelle Schmiedestücke	Hagen
INKOMA	Schandelah
Institut für Metallkunde Universität Clausthal	Clausthal
ISCAR Hartmetall	Ettlingen
Jakob	Kleinwallstadt
KADIA	Nürtingen
Karl Klink GmbH	Niefern-Öschelbronn
KASTO	Achern
Kemper	Vreden
Kennametall Hertel	Friedrichsdorf
Kerb-Konus	Amberg
Kesel	Kempten
Keyence	Neu-Isenburg
Kipp	Sulz a.N.
Knuth Werkzeugmaschinen GmbH	Wasbek
Koenig Verbindungstechnik	Illerrieden
Komet	Besigheim
Kopp Heinrich GmbH	Kahl/Main
Krautkrämer	Hürth
Krones AG	Neutraubling
Kühl	Schlierbach
KUKA	Augsburg

L ... P

Lasco Umformtechnik	Coburg
LEIPOLD	Wolfach
Lenze	Hameln
Lenze Verbindungstechnik	Waiblingen
Leuze Elektronik	Owen/Teck
Liebherr	Kempten
Linde	Höllriegelskreuth
LOCTITE Deutschland	München
Lorenz	Ettlingen
Lufthansa	Köln
Mahr	Esslingen/Göttingen
MAPAL	Aalen
MAPROS	Fellbach
Mayr	Mauerstetten
Maxdata	Marl
MBB Drehflügler und Verkehr	Donauwörth
Mentec GmbH	Riemerling
Microna	Saarwellingen
Microtec	Renningen
Mikron	CH – Lugano/Fellbach
Mitutoyo	Neuss
MTU Aeroengines	München
Müller-Weingarten	Weingarten
Nadella	Stuttgart
Nagel	Nürtingen
Nordmann	Hürth
Norsk Hydro Magnesium	Bottrop
Oel-Held	Stuttgart
OKS	München
Ophardt Maritim	Duisburg
Ott-Jakob	Lengenwang
Parker Hannifin-Ermeto	Bielefeld
Pepperl & Fuchs	Mannheim
perma-tec	Euerdorf
Pilz GmbH	Ostfildern
PIV Antrieb Werner Reimers	Bad Homburg
Plansee Tizit	A – Reutte
Porsche AG	Weissach
Prototyp	Zell a. H.
PSM-Druckluftechnik	Martinsried

Q ... S

Q-DAS Gesellschaft für Datenverarbeitung	Weinheim
Renishaw	Pliezhausen
Repower Systems	Hamburg
Revolve Magnetic Bearing	CND – Calgary
Ringfeder	Krefeld
Ringspann A. Maurer	Bad Homburg
Röhm	Sontheim
Röhmheld	Laubach
Röhrs	Sonthofen
SANDVIK Coromant	Düsseldorf
Sauter Feinmechanik	Metzingen
Schaeffler Wälzlager	Homburg
SCHAUDT	Stuttgart
Schenk	Darmstadt
Schmalz GmbH	Glatten
Schuler	Göppingen
Schunk	Lauffen
Schunk Ingenieurkeramik	Willich-Münchheide
Seco-Tools	CH – Biel
Sempress-Pneumatik	Langenfeld
SHW	Aalen-Wasseralfingen
Sick AG	Waldkirch
Siegling	Hannover
Siemens	Karlsruhe
Siemens Antriebstechnik	Erlangen
SKF Kugellagerfabriken	Schweinfurt
SMG	Waghäusel
Spieth Maschinenelemente	Esslingen
SPINNER Werkzeugmaschinenfabrik	Sauerlach
Stähli	CH – Pieterlen/Biehl
Stahl-Informations-Zentrum	Düsseldorf
STAMA	Schlierbach
Steidle	Leverkusen
Stöber Antriebstechnik	Pforzheim
Studer	CH – Thun
Supfina	Remscheid

T ... Z

Tayler Hobson	Wiesbaden
TESA/Brown & Sharpe	CH – Renens
TESA Technology/ Hexagon Metrology GmbH	Ingersheim
Texas Instruments	Weingarten
THK	Ratingen
TITEX PLUS	Frankfurt a. M.
TOX	Weingarten
Trumpf GmbH & Co. KG	Ditzingen
Tyrolit Schleifmittel	A – Schwaz
Ultracoat	Eisenach
Unbrako Schrauben	Koblenz
Verband der keramischen Industrie	Selb
Vogel Germany GmbH u. Co. KG	Kevelaer
Voith Antriebstechnik	Heidenheim
Wacker Chemie	München
Walter	Tübingen
Walther Flender	Düsseldorf
Weiler	Emskirchen
Wemotec	Eggenstein
Werth	Gießen
WIDIA Valenite	Essen
Wieland-Werke	Ulm
WIKUS	Spangenberg
Wohlhaupter	Frickenhausen
Wolters	Regensburg
Zeiss	Oberkochen
Zentrale für Gussverwendung	Düsseldorf
ZF Friedrichshafen AG	Friedrichshafen
Zinser	Albershausen
ZOLLER	Freiberg/Neckar
Zollern	Herbertingen
Zwick	Ulm

A

C

D

E

F

G

H

I

K

N

O

P

Q

R

S

T

U

V

W

Z